D1696771

HGB-Bilanzrecht
1. Teilband: §§ 238–289 HGB
Großkommentar

Peter Ulmer (Hrsg.)

HGB-Bilanzrecht

Rechnungslegung
Abschlußprüfung
Publizität

Großkommentar

1. Teilband:
§§ 238–289 HGB
Grundlagen. Jahresabschluß der
Personen- und Kapitalgesellschaften

2002

Walter de Gruyter · Berlin · New York

Zitiervorschlag z. B.: *Hüttemann* in Großkomm. Bilanzrecht, § 271 Rdn. 24

Herausgeber und Autoren:

Professor Dr. Dr. h.c. mult. *Peter Ulmer*, Universität Heidelberg
Professor Dr. *Gerhard Dannecker*, Universität Bayreuth
Professor Dr. *Peter Hommelhoff*, Universität Heidelberg
Professor Dr. *Uwe Hüffer*, Universität Bochum
Professor Dr. *Rainer Hüttemann*, Universität Osnabrück
Professor Dr. *Peter Kindler*, Universität Bochum
Professor Dr. *Detlef Kleindiek*, Universität Bielefeld
Dr. *Ernst Thomas Kraft*, Wirtschaftsprüfer, Rechtsanwalt und Steuerberater,
  Frankfurt/Main
Professor Dr. *Daniel Zimmer*, LL.M., Bonn

Die Deutsche Bibliothek – CIP-Einheitsaufnahme

HGB-Bilanzrecht : Rechnungslegung, Abschlußprüfung, Publizität ;
Großkommentar / Peter Ulmer (Hrsg.). – Berlin ; New York :
de Gruyter
   (Großkommentare der Praxis)

Teilbd. 1. §§ 238 – 289 HGB : Grundlagen, Jahresabschluß der Perso-
nen- und Kapitalgesellschaften. – 2002
   ISBN 3-11-011947-1

Printed in Germany

Einbandgestaltung: Christopher Schneider, Berlin
Datenkonvertierung/Satz: WERKSATZ Schmidt & Schulz, Gräfenhainichen
Druck: H. Heenemann GmbH & Co., Berlin
Bindearbeiten: Lüderitz & Bauer GmbH, Berlin

Vorwort

I.

1. Das *Bilanzrichtlinien-Gesetz* (BiRiLiG) vom 19. Dezember 1985 hat – in Umsetzung der Vorgaben der 4., 7. und 8. EG-Richtlinie zur Koordinierung des Gesellschaftsrechts – zum Erlaß eines neuen Dritten Buches des HGB betr. „Handelsbücher" geführt. Seine Vorschriften, die zwischenzeitlich in nicht wenigen Teilen geändert oder ergänzt wurden, befassen sich schwerpunktmäßig mit der Rechnungslegung (Buchführung, Bilanzierung u. a.), der Prüfung und der Offenlegung des Jahresabschlusses kaufmännischer Unternehmen und Konzerne.

Sieht man von der durch die EG-Richtlinien angestrebten, infolge zahlreicher Wahlrechte für die EU-Mitgliedstaaten bisher allerdings nur in beschränktem Ausmaß erreichten Harmonisierung des Rechts der Rechnungslegung ab, so besteht ein besonderes Kennzeichen des BiRiLiG in dessen *rechtsformübergreifendem Regelungsansatz.* Es enthält in seinem Ersten Abschnitt (§§ 238–263) Vorschriften für alle Kaufleute. Im Zweiten Abschnitt (§§ 264–335b) stellt es weitergehende Anforderungen auf für den Jahres- und Konzernabschluß von Kapitalgesellschaften (AG, KGaA und GmbH, seit 2000 unter Ausweitung auf die GmbH & Co KG) sowie für dessen Prüfung und Offenlegung (Publizität), während in AktG und GmbHG nur wenige rechtsformspezifische Regelungen verblieben sind. Ergänzende Vorschriften finden sich im Dritten und Vierten Abschnitt (§§ 336–341o) für eingetragene Genossenschaften sowie für Unternehmen bestimmter Geschäftszweige (Kredit- und Finanzdienstleistungsinstitute, Versicherungen). Bestimmungen aus dem Jahr 1998 über ein – vom BMJ vertraglich anzuerkennendes – Privates Rechnungslegungsgremium sowie (hilfsweise) einen Rechnungslegungsbeirat (§§ 342, 342a) runden das Dritte Buch ab.

2. Die grundlegende Neugestaltung des Rechts der Rechnungslegung und seine rechtsformübergreifende *Konzentration im HGB* haben Herausgeber und Verlag des Großkommentars zum HGB („Staub") im Einvernehmen mit den Herausgebern der Großkommentare zum AktG und zum GmbHG („Hachenburg") veranlaßt, sich für eine an die Bezieher und Benutzer aller drei Großkommentare adressierte *einheitliche Kommentierung* im Rahmen des „Staub" zu entscheiden. Wir folgen damit der gesetzlichen Systematik und sind gemeinsam mit den Autoren des Bilanzrechtsbands bestrebt, der Einheitlichkeit der Neuregelung durch eine zwar umfassende, gleichwohl aber die Besonderheiten der jeweiligen Rechtsformen respektierende Kommentierung optimal Rechnung zu tragen. Die Kommentierung im „Staub" bietet damit für alle kaufmännisch tätigen Unternehmen die grundlegende Information über das geltende Bilanzrecht, während sich die Darstellungen im Großkomm. z. AktG und im „Hachenburg" auf die Erläuterungen der wenigen dort verbliebenen Spezialvorschriften (§§ 150, 152, 158, 160 AktG; § 42 GmbHG) beschränken.

II.

1. Seit dem Inkrafttreten des BiRiLiG sind bis zum Erscheinen dieses Bandes mehr als anderthalb Jahrzehnte vergangen, sieht man von der bereits 1988 erstmals erläuterten, für die jetzt vorgelegte Veröffentlichung überarbeiteten und aktualisierten Kommentierung der §§ 238–245, 257–263 aus der Feder von *Hüffer* ab. Das große *zeitliche Intervall* beruht auf der Neuartigkeit vieler Teile des BiRiLiG und auf den Schwierigkeiten, für die Kommentierung sachkundige, herausragende Autoren zu gewinnen. Er forderte den Benutzern der Großkommentare viel Geduld ab, verschaffte ihnen freilich zugleich einen doppelten Vorteil. Denn einerseits wurden die Autoren dadurch in die Lage versetzt, bereits die „erste Generation" der Erläuterungswerke zu verarbeiten und daraus sowie aus der zwischenzeitlich ergangenen höchstrichterlichen Rechtsprechung und den sonstigen Veröffentlichungen die „Summe" zu ziehen. Und andererseits konnte eine Reihe einschlägiger Reformgesetze aus den letzten Jahren in die Kommentierung einbezogen werden. Unter ihnen verdient namentlich das KonTraG von 1998 Hervorhebung, das zahlreiche Neuregelungen für den Bereich der Abschlußprüfung gebracht hat, aber auch das KapCoRiLiG von 2000 betr. die Einbeziehung der GmbH & Co. KG in den für Kapitalgesellschaften geltenden Zweiten Abschnitt des Bilanzrechts. Auch das KapAEG mit seiner Öffnung des Rechts der Konzernrechnungslegung für internationale Standards (§ 292a HGB) sowie das EuroEG und das StückAG, alle von 1998, haben ihren Niederschlag in den Kommentierungen gefunden. Diese befinden sich durchgängig auf dem Stand vom September 2001. Teilweise, so in bezug auf das EuroBilG v. 10.12.2001, wurden auch noch neuere Entwicklungen berücksichtigt.

2. Von besonderer Bedeutung für Verständnis, Auslegung und Anwendung des durch das BiRiLiG neugefaßten Rechts der Rechnungslegung ist sein *europäischer Regelungshintergrund*. Er macht es notwendig, die nationalen Vorschriften im Zusammenhang mit den Vorgaben des europäischen Rechts zu sehen und diesen in Zweifelsfällen oder bei nicht deckungsgleichem Wortlaut durch richtlinienkonforme Interpretation Rechnung zu tragen. Auch ist mit neuen europäischen Entwicklungen zu rechnen, die der weiter zunehmenden Globalisierung der Kapitalmärkte und dem davon ausgehenden Druck auf international vereinheitlichte Rechnungslegungsstandards innerhalb der EU Rechnung tragen sollen. So will die EU-Kommission künftig alle börsennotierten EU-Unternehmen zur Aufstellung ihrer konsolidierten Abschlüsse nach den IAS verpflichten. Die 1998 in Deutschland mit § 292a HGB begonnene, zunächst bis Ende 2004 befristete fakultative Öffnung der Konzernrechnungslegung für internationale Standards würde damit zur obligatorischen, dem Einfluß internationaler Standardsetter unterliegenden Dauerlösung. Den Mitgliedstaaten soll es darüber hinaus freistehen, die Anwendung der IAS auch auf Einzelabschlüsse vorzuschreiben oder zu gestatten. Insoweit bleibt die Entwicklung abzuwarten.

III.

Hervorhebung verdienen schließlich zwei weitere Besonderheiten, die die Kommentierung des Bilanzrechts im „Staub" von derjenigen vergleichbarer Erläuterungswerke unterscheiden.

Der erste Unterschied beruht darauf, daß als Verfasser neben einem Wirtschafts-strafrechtler durchweg Spezialisten des Handels-, Gesellschafts- und Kapitalmarkt-rechts gewonnen werden konnten, während bisher die Kommentierung des Bilanz-rechts überwiegend in den Händen von Betriebswirten lag. Dementsprechend orientieren sich die Erläuterungen, wie im Rahmen der Großkommentare auch sonst üblich, in erster Linie an Normzweck, Systematik und Regelungshintergrund der jeweiligen Bilanzrechtsnormen, ohne darüber die Besonderheiten der Regelungsma-terie und die ihr zugrundeliegenden Grundsätze ordnungsmäßiger Buchführung und Bilanzierung zu vernachlässigen. Auch beziehen sie durchweg die europäische Per-spektive mit ein und weisen aus Gründen richtlinienkonformer Auslegung nicht selten neue Wege. Verfasser, Herausgeber und Verlag sind zuversichtlich, daß der Kommen-tar auch aus diesem Grund richtungsweisende Akzente setzen und unter den nicht wenigen Erläuterungswerken des Bilanzrechts einen herausragenden Platz einnehmen wird.

Dem Grundlagencharakter des Werkes entspricht zum anderen eine bewußte Kon-zentration auf die allgemein geltenden, zentralen Vorschriften des Bilanzrechts unter Verzicht auf eine Erläuterung der branchenspezifischen Rechnungslegungsvorschrif-ten für Kreditinstitute, Finanzdienstleister und Versicherungsunternehmen. Sie sind, auch abgesehen vom Spezialschrifttum, in anderen Erläuterungswerken behandelt und bedürfen keiner speziellen Vertiefung im Großkommentar. Demgegenüber sind die ergänzenden Vorschriften für die Rechnungslegung von Genossenschaften in die Kom-mentierung einbezogen, da sie ganz überwiegend auf das Bilanzrecht der Kapitalgesell-schaften verweisen und wie dieses branchenübergreifende Geltung beanspruchen.

IV.

Mit seiner Verbindung von Grundlagencharakter und Anwendungsbezug wendet sich der Bilanzrechtsband des „Staub" nicht nur an Rechtsprechung und Rechnungs-legungs-Wissenschaft, sondern auch an die wirtschaftsberatenden Berufe, darunter neben Rechtsanwälten vor allem an Wirtschaftsprüfer und Steuerberater. Er will damit zum fachübergreifenden Dialog zwischen Juristen und Wirtschaftswissenschaftlern beitragen. Mit Rücksicht hierauf hat sich der Verlag entschlossen, den Bilanzrechts-band des „Staub" auch als Sonderausgabe anzubieten, um seinen Erwerb auch den-jenigen Interessenten zu ermöglichen, die nicht zum Kreis der Großkommentar-Bezieher gehören.

Heidelberg/Berlin, Januar 2002   Herausgeber und Verlag

Inhaltsübersicht

1. Teilband

	Seite	Bearbeiter
Vorwort	VII	
Verzeichnis der Literatur zum Bilanzrecht	XVII	
Abkürzungsverzeichnis	XXI	

TEXTE

	Seite	
Drittes Buch des Handelsgesetzbuchs – §§ 238 bis 342a HGB	1	
4. Richtlinie des Rates	86	
7. Richtlinie des Rates	117	

ERLÄUTERUNGEN

Drittes Buch. Handelsbücher

Erster Abschnitt. Vorschriften für alle Kaufleute

Erster Unterabschnitt. Buchführung. Inventar

	Seite	Bearbeiter
Vorbemerkungen	141	Hüffer
§ 238 Buchführungspflicht	157	
§ 239 Führung der Handelsbücher	196	
§ 240 Inventar	216	
§ 241 Inventurvereinfachungsverfahren	251	

Zweiter Unterabschnitt. Eröffnungsbilanz. Jahresabschluß

Erster Titel. Allgemeine Vorschriften

	Seite	
§ 242 Pflicht zur Aufstellung	275	
§ 243 Aufstellungsgrundsatz	299	
Anhang zu § 243: Handels- und Steuerbilanz	315	
§ 244 Sprache. Währungseinheit	342	
§ 245 Unterzeichnung	350	

Zweiter Titel. Ansatzvorschriften

	Seite	Bearbeiter
§ 246 Vollständigkeit. Verrechnungsverbot	357	Kleindiek
§ 247 Inhalt der Bilanz	394	
§ 248 Bilanzierungsverbote	420	
§ 249 Rückstellungen	426	
§ 250 Rechnungsabgrenzungsposten	459	
§ 251 Haftungsverhältnisse	473	

Inhaltsübersicht

Dritter Titel. Bewertungsvorschriften

§ 252 Allgemeine Bewertungsgrundsätze   483
§ 253 Wertansätze der Vermögensgegenstände und
        Schulden   507
§ 254 Steuerrechtliche Abschreibungen   538
§ 255 Anschaffungs- und Herstellungskosten   542
§ 256 Bewertungsvereinfachungsverfahren   566

Dritter Unterabschnitt. Aufbewahrung und Vorlage

§ 257 Aufbewahrung von Unterlagen. Aufbewahrungs-
        fristen   571   Hüffer
§ 258 Vorlegung im Rechtsstreit   594
§ 259 Auszug bei Vorlegung im Rechtsstreit   604
§ 260 Vorlegung bei Auseinandersetzung   608
§ 261 Vorlegung von Unterlagen auf Bild- oder Daten-
        trägern   610

Vierter Unterabschnitt. Landesrecht

§ 262 (aufgehoben)   616
§ 263 Vorbehalt landesrechtlicher Vorschriften   617

Zweiter Abschnitt. Ergänzende Vorschriften für Kapitalgesellschaften (Aktiengesellschaften, Kommanditgesellschaften auf Aktien und Gesellschaften mit beschränkter Haftung) sowie bestimmte Personenhandelsgesellschaften

Erster Unterabschnitt. Jahresabschluß der Kapitalgesellschaft und Lagebericht

Erster Titel. Allgemeine Vorschriften

§ 264 Pflicht zur Aufstellung   623   Hüttemann
§ 264a Anwendung auf bestimmte offene Handelsgesell-
        schaften und Kommanditgesellschaften   650
§ 264b Befreiung von der Pflicht zur Aufstellung eines
        Jahresabschlusses nach den für Kapitalgesellschaf-
        ten geltenden Vorschriften   656
§ 264c Besondere Bestimmungen für offene Handels-
        gesellschaften und Kommanditgesellschaften im
        Sinnes des § 264a   659
§ 265   670

Zweiter Titel. Bilanz

§ 266 Gliederung der Bilanz   680
§ 267 Umschreibung der Größenklassen   698
§ 268 Vorschriften zu einzelnen Posten der Bilanz. Bilanz-
        vermerke   706
§ 269 Aufwendung für die Ingangsetzung und Erweite-
        rung des Geschäftsbetriebs   720

Inhaltsübersicht

§ 270 Bildung bestimmter Posten 727
§ 271 Beteiligungen. Verbundene Unternehmen 729
§ 272 Eigenkapital 742
§ 273 Sonderposten mit Rücklageanteil 764
§ 274 Steuerabgrenzung 768
§ 274a Größenabhängige Erleichterungen 780

Dritter Titel. Gewinn- und Verlustrechnung

§ 275 Gliederung 782
§ 276 Größenabhängige Erleichterungen 804
§ 277 Vorschriften zu einzelnen Posten der Gewinn- und
Verlustrechnung 806
§ 278 Steuern 816

Vierter Titel. Bewertungsvorschriften

§ 279 Nichtanwendung von Vorschriften. Abschreibungen 821
§ 280 Wertaufholungsgebot 823
§ 281 Berücksichtigung steuerrechtlicher Vorschriften . 833
§ 282 Abschreibung der Aufwendungen für die Ingangsetzung und Erweiterung des Geschäftsbetriebes 839
§ 283 Wertansatz des Eigenkapitals 842

Fünfter Titel. Anhang

§ 284 Erläuterung der Bilanz und der Gewinn- und Verlustrechnung 843
§ 285 Sonstige Pflichtangaben 863
§ 286 Unterlassen von Angaben 889
§ 287 Aufstellung des Anteilsbesitzes 897
§ 288 Größenabhängige Erleichterungen 898

Sechster Titel. Lagebericht

§ 289 . . . . 900 Hommelhoff

2. Teilband

Zweiter Unterabschnitt. Konzernabschluß und Konzernlagebericht

Erster Titel. Anwendungsbereich

Vorbemerkungen . . . . 948 Kindler
§ 290 Pflicht zur Aufstellung 971
§ 291 Befreiende Wirkung von EU/EWR-Konzernab-
schlüssen 1001
§ 292 Rechtsverordnungsermächtigung für befreiende
Konzernabschlüsse und Konzernlageberichte . . 1020
§ 292a Befreiung von der Aufstellungspflicht . . . . . . 1027 Hommelhoff
Anhang zu § 292a: Einführung in die Rechnungs-
legung nach IAS 1047
§ 293 Größenabhängige Befreiung . . . . 1060 Kindler

Inhaltsübersicht

Zweiter Titel. Konsolidierungskreis

§ 294   Einzubeziehende Unternehmen. Vorlage- und Aus-
         kunftspflichten   1068
§ 295   Verbot der Einbeziehung   1077
§ 296   Verzicht auf die Einbeziehung   1084

Dritter Titel. Inhalt und Form des Konzernabschlusses

§ 297   Inhalt   1095   Kraft
§ 298   Anzuwendende Vorschriften. Erleichterungen . .   1127
§ 299   Stichtag für die Aufstellung   1169

Vierter Titel. Vollkonsolidierung

§ 300   Konsolidierungsgrundsätze. Vollständigkeitsgebot   1191
§ 301   Kapitalkonsolidierung   1206
§ 302   Kapitalkonsolidierung bei Interessenzusammen-
         führung   1281
§ 303   Schuldenkonsolidierung   1303
§ 304   Behandlung der Zwischenergebnisse   1320
§ 305   Aufwands- und Ertragskonsolidierung   1349
§ 306   Steuerabgrenzung   1372
§ 307   Anteile anderer Gesellschafter   1388

Fünfter Titel. Bewertungsvorschriften

§ 308   Einheitliche Bewertung   1409
§ 309   Behandlung des Unterschiedsbetrags   1427

Sechster Titel. Anteilmäßige Konsolidierung

§ 310   1451

Siebenter Titel. Assoziierte Unternehmen

§ 311   Definition. Befreiung   1476   Kindler
§ 312   Wertansatz der Beteiligung und Behandlung des
         Unterschiedsbetrags   1487   Kraft

Achter Titel. Konzernanhang

§ 313   Erläuterung der Konzernbilanz und der Konzern-
         Gewinn- und Verlustrechnung. Angaben zum
         Beteiligungsbesitz   1531
§ 314   Sonstige Pflichtangaben   1566

Neunter Titel. Konzernlagebericht

§ 315   1580   Kindler

Dritter Unterabschnitt. Prüfung

§ 316   Pflicht zur Prüfung   1590   Zimmer
§ 317   Gegenstand und Umfang der Prüfung   1602

§ 318   Bestellung und Abberufung des Abschlußprüfers   1616
§ 319   Auswahl der Abschlußprüfer   1648
§ 320   Vorlagepflicht. Auskunftsrecht   1675
§ 321   Prüfungsbericht   1686
§ 322   Bestätigungsvermerk   1704
§ 323   Verantwortlichkeit des Abschlußprüfers   1719
§ 324   Meinungsverschiedenheiten zwischen Kapital-
        gesellschaft und Abschlußprüfer   1741

Vierter Unterabschnitt. Offenlegung (Einreichung zu einem Register, Bekanntmachung im Bundesanzeiger), Veröffentichung und Vervielfältigung. Prüfung durch das Registergericht

§ 325   Offenlegung   1746
§ 325a   Zweigniederlassungen von Kapitalgesellschaften
         mit Sitz im Ausland   1772
§ 326   Größenabhängige Erleichterungen für kleine Kapi-
         talgesellschaften bei der Offenlegung   1784
§ 327   Größenabhängige Erleichterungen für mittelgroße
         Kapitalgesellschaften bei der Offenlegung   1787
§ 328   Form und Inhalt der Unterlagen bei der Offen-
         legung, Veröffentlichung und Vervielfältigung . .   1790
§ 329   Prüfungspflicht des Registergerichts   1803

Fünfter Unterabschnitt. Verordnungsermächtigung für Formblätter und andere Vorschriften

§ 330   1808

Sechster Unterabschnitt. Straf- und Bußgeldvorschriften. Zwangsgelder

Vor §§ 331 ff   1814   Dannecker
§ 331   Unrichtige Darstellung   1863
§ 332   Verletzung der Berichtspflicht   1903
§ 333   Verletzung der Geheimhaltungspflicht   1924
Anhang § 333: §§ 340m, 341m Strafvorschriften   1949
§ 334   Bußgeldvorschriften   1955
Anhang § 334: §§ 340n, 341n Bußgeldvorschriften . .   1984
Vor §§ 335 ff   2005
§ 335   Festsetzung von Zwangsgeld   2009
§ 335a   Festsetzung von Ordnungsgeld   2020
§ 335b   Anwendung der Straf- und Bußgeldvorschriften
         sowie der Zwangs- und Ordnungsgeldvorschrif-
         ten auf bestimmte offene Handelsgesellschaften
         und Kommanditgesellschaften.   2027
Anhang 335b: §§ 340o, 341o Festsetzung von Zwangs-
und Ordnungsgeld   2028

Dritter Abschnitt. Ergänzende Vorschriften für eingetragene Genossenschaften

§ 336 Pflicht zur Aufstellung von Jahresabschluß und Lagebericht . . . . 2034 Hüttemann
§ 337 Vorschriften zur Bilanz 2038
§ 338 Vorschriften zum Anhang 2041
§ 339 Offenlegung . . . . 2043 Zimmer

Vierter Abschnitt. Ergänzende Vorschriften für Unternehmen bestimmter Geschäftszweige

§ 340–341o Einführende Hinweise . . . . 2047 Herausgeber

Fünfter Abschnitt. Privates Rechnungslegungsgremium; Rechnungslegungsbeirat

§ 342   Privates Rechnungslegungsgremium . . . . 2052 Hommelhoff/
§ 342a Rechnungslegungsbeirat . . . . 2092 Schwab

Sachregister 2101

Verzeichnis der Literatur zum Bilanzrecht

Adler/Düring/Schmaltz Rechnungslegung und Prüfung der Unternehmen[6], 8 Teilbände (1995–2000); *Altmeier* Rückstellungsbilanzierung in Deutschland und Frankreich (1999); *Arnold* Die Bilanzierung des Geschäfts- oder Firmenrechtes in der Handels-, Steuer- und Ergänzungsbilanz (1997); *Baetge* Bilanzen[4] (1996); *Baetge/Dörner/Kleekämper/Wollmert* Rechnungslegung nach International Accounting Standards (1997); *Baetge/Fischer/Paskert* Der Lagebericht – Aufstellung, Prüfung und Offenlegung (1998); *Baetge/Kirch/Thiele* Konzernbilanzen[5] (2000); *Balthasar* Die Bestandskraft handelsrechtlicher Jahresabschlüsse (1999); *Bauch/Oestreicher* Handels- und Steuerbilanzen[5] (1993); *Baumbach/Hopt* Handelsgesetzbuch[30] (2000); *Baumbach/Hueck* Kommentar zum GmbH-Gesetz[17] (2000); *Bernards* Segmentberichterstattung diversifizierter Unternehmen (1994); *Biener/Berneke* Bilanzrichtlinien-Gesetz (1986); *Biener/Schatzmann* Konzernrechnungslegung (1983); *Bitz/Schneeloch/Wittstock* Der Jahresabschluß[3] (2000); *Blumers* Bilanzierungstatbestände und Bilanzierungsfristen im Handelsrecht und Strafrecht (1983); *Böcking* Bilanztheorie und Verzinslichkeit (1988); *Born* Rechnungslegung international[2] (1999); *Breidert* Grundsätze ordnungsmäßiger Abschreibungen auf abnutzbare Anlagegegenstände (1994); *Brönner/Bareis* Die Bilanz nach Handels- und Steuerrecht[9] (1991); *Budde/Clemm/Ellrot/Förschle/Hoyos* Beck'scher Bilanz-Kommentar[4] (1999); *Budde/Förschle* Sonderbilanzen[2] (1999); *Budde/Schnicke/Stöffler/Stuirbrink* Beck'scher Versicherungsbilanz-Kommentar (1998); *Busse v. Colbe/Ordelheide* Konzernabschlüsse[6] (1993); *Castan/Heymann/Müller/Ordelheide/Scheffler* (Hrsg.) Beck'sches Handbuch der Rechnungslegung, Loseblatt; *Ciric* Grundsätze ordnungsmäßiger Wertaufhellung (1995); *Coenenberg/v. Wysocki* Handbuch der Abschlußprüfung (1985); *Crezelius* Bilanzrecht[2] (1995); *Delany/Adler/Epstein/Foran* GAAP 2000, Interpretation and Application of Generally Accepted Accounting Principles 2000 (2000); *Dietrich* Die Bewertungseinheit im allgemeinen Handelsbilanzrecht (1998); *Dörner/Menold/Pfitzer* Reform des Aktienrechts, der Rechnungslegung und Prüfung (1999); *Druey* Information als Gegenstand des Rechts (1995); *Dusemond* Konzernanschaffungs- und Konzernherstellungskosten nach § 304 HGB (1994); *Ebenroth/Boujong/Joost* (Hrsg.) Handelsgesetzbuch (2001); *Ebeling* Die Einheitsfiktion als Grundlage der Konzernrechnungslegung (1995); *Ekkenga* Anlegerschutz, Rechnungslegung und Kapitalmarkt (1998); *Ensthaler* (Hrsg.) Gemeinschaftskomm. z. HGB[5] (1997); *Erle* Der Bestätigungsvermerk des Abschlußprüfers (1990); *Ernst/Seibert/Stuckert* KonTraG, KapAEG, StückAG, EuroEG (1998); *Euler* Das System der Grundsätze ordnungsmäßiger Bilanzierung (1996); *Fey* Grundsätze ordnungsmäßiger Bilanzierung für Haftungsverhältnisse (1989); *Fey* Imparitätsprinzip und GoB-System im Bilanzrecht (1987); *Fricke* Rechnungslegung für Beteiligungen nach der Anschaffungskostenmethode und nach der Equity-Methode (1983); *Gelhausen* Das Realisationsprinzip im Handels- und Steuerbilanzrecht (1985); *Gersenich* Konzernrechnungslegung in der Bundesrepublik Deutschland, Belgien und den Niederlanden (1993); *Geßler/Hefermehl/Eckardt/Kropff* (Hrsg.) Kommentar zum Aktiengesetz (1973 ff); *Glade* Praxishandbuch der Rechnungslegung und Prüfung[2] (1995); *Glade* Rechnungslegung und Prüfung nach dem Bilanzrichtlinien-Gesetz (1986); *Glanegger* Heidelberger Komm. z. HGB[5] (1999); *Göth* Das Eigenkapital im Konzernabschluß (1997); *Gross/Schruff* Der Jahresabschluß nach neuem Recht[2] (1986); *Gross/Schruff/v. Wysocki* Der Konzernabschluß nach neuem Recht (1986); *Grossfeld* Bilanzrecht[3] (1998); *Günther* Aktivische Bilanzierungshilfen im deutschen und französischen Bilanzrecht (1999); *Hachenburg* Gesetz betreffend die Gesellschaften mit beschränkter Haftung (GmbHG). Großkommentar, 8. Aufl. (1991 ff); *Hartmann* Das neue Bilanzrecht und der Gesellschaftsvertrag der GmbH (1986); *Hasenburg* Die Bilanzierungshilfe als Rechtsbegriff (1999); *Heddäus* Handelsrechtliche Grundsätze ordnungsmäßiger Buchführung für Drohverlustrückstellungen (1997); *Helmrich* Bilanzrichtlinien-Gesetz (1986); *Hennrichs* Wahlrechte im Bilanzrecht der Kapitalgesellschaften (1999); *E. Herrmann* Ökonomische Analyse der Haftung des Wirtschaftsprüfers (1997); *Heymann* Handelsgesetzbuch², Bd. 3 (1999); *Hofbauer/Kupsch* Bonner Handbuch Rechnungslegung, Loseblatt; *Hommel* Bilanzierung immaterieller Anlagewerte (1998); *Hopt* Vertrags- und Formularbuch zum Handels-, Gesellschafts-, Bank- und Transportrecht² (2000); *Hopt/Wiedemann* (Hrsg.) Großkommentar zum Aktiengesetz, 3. Aufl. 1970–1975, 4. Aufl. seit 1992; *Huber* Vermögensanteil, Kapitalanteil und Gesellschaftsanteil an Personengesellschaften des Handelsrechts (1970); *Hüffer* Aktiengesetz⁴ (1999); *Hütten* Der Geschäftsbericht als Informationsinstrument (2000); *Institut der Wirtschaftsprüfer* Die Fachgutachten und Stellungnahmen auf dem Gebiet der Rechnungslegung und Prüfung (Loseblatt); *IDW*, Wirtschaftsprüfer-Handbuch 1996[11], Bd. I; *Jonas* Der Konzernabschluß (1986); *Kirch* Die Equity-Methode im Konzernabschluß (1989); *Knobbe-Keuk* Bilanz- und Unternehmenssteuerrecht⁹ (1993); *Korth/Kasperzak* Konzernrechnungslegung nach HGB unter Berücksichtigung der Konzernöffnungsklausel und der Bilanzierung nach IAS (1999); *Kramer* True and Fair View in der Konzernrechnungslegung (1999); *Kropf/Semler* (Hrsg.) Aktiengesetz² (2000ff); *Krumnow/Sprißler/Bellavite-Hövermann/Kemmer/Steinbrücker* Rechnungslegung der Kreditinstitute (1994); *Küting/Hean* Zur Bilanzierung im Rahmen der Equity-Methode im Konzernabschluß (1989); *Küting/Weber* Der Konzernabschluß⁵ (1999); *Küting/Weber* Der Konzernabschluß. Lehrbuch und Fallstudie zur Praxis der Konzernrechnungslegung⁶ (2000); *Küting/Weber* Handbuch der Konzernrechnungslegung² (1998); *Küting/Weber* Handbuch der Rechnungslegung³ (1990); *Küting/Weber* Handbuch der Rechnungslegung⁴, Bd. Ia (1995); *Land* Wirtschaftsprüferhaftung gegenüber Dritten in Deutschland, England und Frankreich (1996); *Leffson* Grundsätze ordnungsmäßiger Buchführung⁷ (1987); *Leffson* Wirtschaftsprüfung⁴ (1988); *Leffson/Rückle/Grossfeld* (Hrsg.) Handwörterbuch unbestimmter Rechtsbegriffe im Bilanzrecht des HGB (1986); *Lück* Die Umrechnung der Jahresabschlüsse ausländischer Konzerngesellschaften und die Behandlung von Umrechnungsdifferenzen für die Aufstellung internationaler Konzernabschlüsse (1974); *Lück* Rechnungslegung im Konzern (1994); *Lutter* Europäisches Unternehmensrecht⁴ (1996); *Lutter* (Hrsg.) Umwandlungsgesetz² (2000); *Lutter/Hommelhoff* GmbH-Gesetz¹⁵ (2000); *Mai* Rechtsverhältnis zwischen Abschlußprüfer und prüfungspflichtiger Kapitalgesellschaft (1993); *Möhler* Absicherung des Wechselkurs-, Warenpreis- und Erfüllungsrisikos im Jahresabschluß (1992); *Moxter* Bilanzlehre³ Bd. I und II (1984); *Moxter* Bilanzrechtsprechung⁵ (1999); *Naumann* Die Bewertung von Rückstellungen in der Einzelbilanz nach Handels- und Ertragsteuerrecht² (1993); *Niemann* Immaterielle Wirtschaftsgüter im Handels- und Steuerrecht (1999); *Olfert/Körner/Langenbeck* Sonderbilanzen⁴ (1994); *Pellens* Der Informationswert von Konzernabschlüssen (1989); *Pellens* Internationale Rechnungslegung² (1998); *Peter/v. Bornhaupt/Körner* Ordnungsmäßigkeit der Buchführung nach dem Bilanzrichtlinien-Gesetz (1987); *Rebmann/Säcker/Rixecker* (Hrsg.) Münchner Kommentar zum Bürgerlichen Gesetzbuch⁴ (2000); *Richter/Treuberg* Rechnungslegung und Prüfung der Versicherungsunternehmen (1989); *Roth/Altmeppen* GmbHG³ (1997); *Rowedder* Kommentar zum GmbH-Gesetz³ (1997); *Ruppert* Währungsumrechnung im Konzernabschluß (1993); *Schäfer* Bilanzierung von Beteiligungen an assoziierten Unternehmen nach der Equity-Methode (1982); *Scheffler* Konzernmanagement – Betriebswirtschaftliche und rechtliche Grundlagen der Konzernführungspraxis (1992); *Schildbach* Der handelsrechtliche Konzernabschluß⁴ (1996); *Schindler* Kapitalkonsolidierung nach dem Bilanzrichtlinien-Gesetz (1986); *Schmalenbach-Gesellschaft* – Deutsche Gesellschaft für Betriebswirtschaft e. V., ZfbF Sonderheft 21 (1987), 2. Auflage; *Schmidt, Karsten* (Hrsg.) Münchner Kommentar zum Handelsgesetzbuch, Bd. 4 (2001); *Scholz* Kommentar zum GmbH-Gesetz, Bd. I⁹ (2000); *Schröer* Das Realisationsprinzip in Deutschland und Großbritannien (1998); *Schruff* Einflüsse der 7. EG-Richtlinie auf die Aussagefähigkeit des Konzernabschlusses (1984); *Schwab* Rechtsfragen der Politikberatung im Spannungsfeld zwischen Wissenschaftsfreiheit und Unternehmensschutz (1999); *Schwarz* Europäisches Gesellschaftsrecht (2000); *Steiner* Der Prüfungsbericht des Abschlußprüfers (1991); *Thiel* Bilanzrecht – Handelsbilanz, Steuerbilanz⁴ (1990); *Tipke/Kruse* Abgabenordnung, Finanzgerichtsordnung¹⁶ (1998); *Tschesche* IAS-Konzernabschlüsse (2000); *Vogel* Die Rechnungslegungsvorschriften des HGB für Kapitalgesellschaften und die 4. EG-Richtlinie (Bilanzrichtlinie) 1993; *Weber-Grellet* Steuerbilanzrecht (1996); *Wentland* Die Konzernbilanz als Bilanz der wirtschaftlichen Einheit Konzern (1979); *Wiedmann*

Bilanzrecht (1999); *Winnefeld* Bilanz-Handbuch[2] (1999); *Witt* Der Umfang der Herstellungskosten im handelsrechtlichen Jahresabschluß (1997); *Wlecke* Währungsumrechnung und Gewinnbesteuerung bei international tätigen deutschen Unternehmen (1989); *Wöhe* Die Handels- und Steuerbilanz[3] (1996); *Wöhe* Bilanzierung und Bilanzpolitik[9] (1997); *Wunderlin* Die Einbeziehung von ausländischen Unternehmen in den konsolidierten Abschluß (1967); *v. Wysocki/Schulze-Osterloh* Handbuch des Jahresabschlusses in Einzeldarstellungen, Loseblatt Stand 1997; *v. Wysocki/Wohlgemuth* Konzernrechnungslegung[4] (1996); *Zöllner* (Hrsg.) Kölner Kommentar zum Aktiengesetz[2] (1987ff); *Zündorf* Der Anlagespiegel im Konzernabschluß (1990); *Zündorf* Quotenkonsolidierung versus Equity-Methode (1987).

Abkürzungsverzeichnis

a. A.	anderer Ansicht
a. a. O.	am angegebenen Ort
ABl.EG	Amtsblatt der Europäischen Gemeinschaften
Abs.	Absatz
Abschn.	Abschnitt
Abt.	Abteilung
ADHGB	Allgemeines Deutsches Handelsgesetzbuch von 1861
ADS[5]	Adler/Düring/Schmaltz, Rechnungslegung und Prüfung der Unternehmen (Loseblatt, seit 1987)
ADS[6]	Adler/Düring/Schmaltz, Rechnungslegung und Prüfung der Unternehmen (acht Teilbände, seit 1995)
a. F.	alte(r) Fassung
AfA	Absetzung für Abnutzung
AfaA	Absetzung für außergewöhnliche technische und wirtschaftliche Abnutzung
AFIZ	Ausschuß für internationale Zusammenarbeit des Instituts der Wirtschaftsprüfer in Deutschland e. V.
AG	Aktiengesellschaft, auch Zeitschrift „Die Aktiengesellschaft"
AICPA	American Institute of Certified Public Accountants, New York
AK	Arbeitskreis
AktG	Aktiengesetz
AKU	Arbeitskreis Unternehmensbewertung des Instituts der Wirtschaftsprüfer in Deutschland e. V.
ÄndG	Änderungsgesetz
Anm.	Anmerkung
AnwBl.	Anwaltsblatt (Zeitschrift)
AO	Abgabenordnung
APB	Accouting Principles Board
ArchBürgR	Archiv für Bürgerliches Recht
Art.	Artikel
Aufl.	Auflage
AusfVO	Ausführungsverordnung
AuslInvestmG	Auslandsinvestmentgesetz
AuslInvG	Auslandsinvestitionengesetz
AWV	Ausschuß für wirtschaftliche Verwaltung in Wirtschaft und öffentlicher Hand e. V.
BAG	Bundesarbeitsgericht
BAnz.	Bundesanzeiger
Baumbach/Hopt	Baumbach/Hopt, Handelsgesetzbuch, 30. Aufl. 2000
Baumbach/Hueck	Baumbach/Hueck, GmbH-Gesetz, 17. Aufl. 2000
Baumbach/Lauterbach/ Albers/Hartmann	Zivilprozeßordnung mit Gerichtsverfassungsgesetz und anderen Nebengesetzen, 59. Aufl. 2000
BausparkG	Gesetz über Bausparkassen
BayObLG	Bayerisches Oberstes Landesgericht

BayObLGZ	Amtliche Sammlung des Bayerischen Obersten Landesgerichts in Zivilsachen
BB	Der Betriebs-Berater (Zeitschrift)
BBK	Buchführung, Bilanz, Kostenrechnung, Zeitschrift für das gesamte Rechnungswesen
Bd.	Band
Beck BilKomm	Budde/Clemm/Ellrott/Förschle/Hoyos, Beckscher Bilanzkommentar. Der Jahresabschluß nach Handels- und Steuerrecht, 4. Aufl. 1999
Beck HdR	Castan/Heymann/Müller/Ordelheide/Scheffler, Beck'sches Handbuch der Rechnungslegung (Loseblatt, seit 1987)
BegleitG	Begleitgesetz
Begr.	Begründung
Bek.	Bekanntmachung
BerlinFG	Berlinförderungsgesetz
Beschl.	Beschluß
BetrAV	Betriebliche Altersversorgung (Zeitschrift)
BetrAVG	Gesetz zur Verbesserung der betrieblichen Altersversorgung
BewDV	Durchführungsverordnung zum Bewertungsgesetz
BewG	Bewertungsgesetz
BewRGr	Richtlinien für die Bewertung des Grundvermögens
BFA	Bankenfachausschuß des Instituts der Wirtschaftsprüfer in Deutschland e.V.
BFH	Bundesfinanzhof
BFHE	Sammlung der Entscheidungen des Bundesfinanzhofs
BFuP	Betriebswirtschaftliche Forschung und Praxis (Zeitschrift)
BGB	Bürgerliches Gesetzbuch
BGBl.	Bundesgesetzblatt
BGH	Bundesgerichtshof
BGHZ	Entscheidungen des Bundesgerichtshofs in Zivilsachen
BiRiLiG	Gesetz zur Durchführung der Vierten, Siebenten und Achten Richtlinie des Rates der Europäischen Gemeinschaften zur Koordinierung des Gesellschaftsrechts (Bilanzrichtlinien-Gesetz)
BMF	Bundesminister der Finanzen
BMJ	Bundesminister der Justiz
BMWF	Bundesminister für Wirtschaft und Finanzen
BMWi	Bundesminister für Wirtschaft
BNotK	Bundesnotarkammer
Bonner HdR	Bonner Handbuch der Rechnungslegung, hrsg. von Hofbauer/Kupsch (Loseblatt), 1987
BörsG	Börsengesetz
BörsZVlVO	Verordnung über die Zulassung von Wertpapieren zur amtlichen Notierung an einer Wertpapierbörse
BöUSt	Börsenumsatzsteuer
BRDrucks.	Bundesrats-Drucksache
BStBl.	Bundessteuerblatt
BT	Bundestag
BTDrucks.	Bundestags-Drucksache
Bull. EG	Bulletin der Europäischen Gemeinschaften
BVerfG	Bundesverfassungsgericht
BVerfGE	Entscheidungen des Bundesverfassungsgerichts
BW	Der Betriebswirt (Zeitschrift)
CMLR	Common Market Law Report
COM	Computer Output on Microfilm

CR	Computer und Recht
DB	Der Betrieb (Zeitschrift)
DBA	Doppelbesteuerungsabkommen
DBW	Die Betriebswirtschaft (Zeitschrift)
DepG	Depotgesetz
d. h.	das heißt
DIHT	Deutscher Industrie- und Handelstag
Diss.	Dissertation
DJT	Deutscher Juristentag
DJZ	Deutsche Juristenzeitung
DMBilErgG	DM-Bilanz-Ergänzungsgesetz
DMBilG	DM-Bilanzgesetz
DNA	Deutscher Normenausschuß
DNotZ	Deutsche Notar-Zeitschrift
DOR	Digital Optical Recording
DÖV	Die Öffentliche Verwaltung (Zeitschrift)
DRSC	Deutsches Rechnungslegungs Standards Commitee
DSR	Deutscher Standardisierungsrat
DStJG	Deutsche Steuerjuristische Gesellschaft e. V.
DStR	Deutsche Steuerrundschau (Zeitschrift) bis 1960, auch Deutsches Steuerrecht (Zeitschrift) 1. Jg. 1962/63
DStZ	Deutsche Steuerzeitung (Ausgabe A)
DStZB	Deutsche Steuerzeitung (Ausgabe B – Eildienst)
DSWR	Datenverarbeitung in Steuer, Wirtschaft und Recht (Zeitschrift)
Düringer/Hachenburg	Düringer/Hachenburg, Das Handelsgesetzbuch vom 10. Mai 1897, 3. Aufl. 1930–1935
DVO	Durchführungsverordnung
DVR	Deutsche Verkehrsteuer-Rundschau (Zeitschrift)
E	Entwurf
EAR	European Accounting Review (Zeitschrift)
EDV	Elektronische Datenverarbeitung
EFG	Entscheidungen der Finanzgerichte (Zeitschrift)
EG	Einführungsgesetz, Europäische Gemeinschaften
EGAO	Einführungsgesetz zur Abgabenordnung
EGHGB	Einführungsgesetzbuch zum Handelsgesetzbuche
EG-RL	Richtlinie des Rates der Europäischen Gemeinschaften
EGV	Vertrag zur Gründung der Europäischen Wirtschaftsgemeinschaft
ErbbauVO	Verordnung über das Erbbaurecht
ErbSt	Erbschaftsteuer
ErbStDV	Erbschaftsteuer – Durchführungsverordnung
ErbStG	Erbschaftsteuer- und Schenkungsteuergesetz
Erl.	Erlaß, auch Erläuterung
ESt	Einkommensteuer
EStDV	Einkommensteuer-Durchführungsverordnung
EStG	Einkommensteuergesetz
EStR	Einkommensteuer-Richtlinien
EuGH	Europäischer Gerichtshof
EuGHE	Sammlung der Rechtsprechung des Gerichtshofs der Europäischen Gemeinschaften
EuGVÜ	Europäisches Übereinkommen über die gerichtliche Zuständigkeit und die Vollstreckung gerichtlicher Entscheidungen in Zivil- und Handelssachen

EuroEG	Euro-Einführungsgesetz
e. V.	eingetragener Verein
EWG	Europäische Wirtschaftsgemeinschaft
EWiR	Entscheidungen zum Wirtschaftsrecht (Zeitschrift)
EWIV	Europäische Wirtschaftliche Interessenvereinigung
EWR	Europäischer Wirtschaftsraum
f	folgende
FA	Finanzamt
FAMA	Fachausschuß für moderne Abrechnungssysteme des Instituts der Wirtschaftsprüfer in Deutschland e. V.
FART	Fachausschuß für Rechts- und Treuhandfragen des Instituts der Wirtschaftsprüfer in Deutschland e. V.
FASB	Financial Accounting Standards Board
FAUB	Fachausschuß für Unternehmensberatung des Instituts der Wirtschaftsprüfer in Deutschland e. V.
FB	Finanzbehörde, auch Finanzbetrieb (Zeitschrift)
FG	Finanzgericht, auch Fachgutachten
FGG	Gesetz über die Angelegenheiten der freiwilligen Gerichtsbarkeit
FGO	Finanzgerichtsordnung
FGPrax	Praxis der Freiwilligen Gerichtsbarkeit
FIW	Forschungsinstitut für Wirtschaftsverfassung und Wettbewerb e. V.
FN	Fachnachrichten des Instituts der Wirtschaftsprüfer in Deutschland e. V., auch Fußnote
FR	Finanzrundschau (Zeitschrift)
FS	Festschrift
GedS	Gedächtnisschrift
GEFIU	Gesellschaft für Finanzwirtschaft in der Unternehmensführung e. V.
GenG	Genossenschaftsgesetz
Geßler/Hefermehl	Geßler/Hefermehl/Eckardt/Kropff, Kommentar zum Aktiengesetz, 1973 ff
GewSt	Gewerbesteuer
GewStDV	Gewerbesteuer-Durchführungsverordnung
GewStG	Gewerbesteuergesetz
GewStR	Gewerbesteuer-Richtlinien
GG	Grundgesetz
GK-HGB	Ensthaler (Hrsg.) Gemeinschaftskommentar z. HGB[5] (1997)
GKR	Gemeinschaftskontenrahmen
Glade	Praxishandbuch der Rechnungslegung und Prüfung, 2. Aufl. 1995
GmbH	Gesellschaft mit beschränkter Haftung
GmbHG	Gesetz betreffend die Gesellschaften mit beschränkter Haftung
GmbHR	GmbH-Rundschau (Zeitschrift)
GoB	Grundsätze ordnungsmäßiger Buchführung
GoBil	Grundsätze ordnungsmäßiger Bilanzierung
GoBS	Grundsätze ordnungsmäßiger DV-gestützter Buchführungssysteme
GoDV	Grundsätze für eine ordnungsmäßige Datenverarbeitung
GoK	Grundsätze ordnungsmäßiger Konsolidierung
GoI	Grundsätze ordnungsmäßiger Inventur und Inventarisierung
GoS	Grundsätze ordnungsmäßiger Speicherbuchführung

GrESt	Grunderwerbsteuer
GrEStG	Grunderwerbsteuergesetz
GroßkommAktG	Hopt/Wiedemann (Hrsg.). Großkommentar zum Aktiengesetz, 3. Aufl. 1970–1975, 4. Aufl. seit 1992
GrS	Großer Senat
GrSt	Grundsteuer
GrStG	Grundsteuergesetz
GU	Gemeinschaftsunternehmen
GuV	Gewinn- und Verlustrechnung
GVBl.	Gesetz- und Verordnungsblatt
GVBlWi	Gesetz- und Verordnungsblatt des Wirtschaftsrates des Vereinigten Wirtschaftsgebietes
GWB	Gesetz gegen Wettbewerbsbeschränkungen
Hachenburg	Hachenburg, Gesetz betreffend die Gesellschaften mit beschränkter Haftung (GmbHG). Großkommentar, 8. Aufl. 1991 ff
HdJ	Handbuch des Jahresabschlusses in Einzeldarstellungen. Beratende Herausgeber Klaus v. Wysocki und Joachim Schulze-Osterloh
HdKR	Küting/Weber (Hrsg.), Handbuch der Konzernrechnungslegung, 2. Aufl. 1996
HdR	Handwörterbuch des Rechnungswesens, herausgegeben von Kosiol, 1970
HdW	Handbuch der Wirtschaftswissenschaften, herausgegeben von Max/Wessels, 2. Auflage, 1966
HdWiStR	Handwörterbuch des Wirtschafts- und Steuerstrafrechts
Heymann	Handelsgesetzbuch (ohne Seerecht), Kommentar von Emmerich/Honsell/Jung/Otto/Herrmann/Horn/Niehus/Sonnenschein, 1989
HFA	Hauptfachausschuß des Instituts der Wirtschaftsprüfer in Deutschland e. V.
HFR	Höchstrichterliche Finanzrechtsprechung (Zeitschrift)
HGB	Handelsgesetzbuch
h. M.	herrschende Meinung
HRefG	Handelsrechtsreformgesetz
HRR	Höchstrichterliche Rechtsprechung
Hrsg.	Herausgeber
HuRB	Handwörterbuch unbestimmter Rechtsbegriffe im Bilanzrecht des HGB, hrsg. von Leffson/Rückle/Großfeld, 1986
HWB	Handwörterbuch der Betriebswirtschaft, herausgegeben von Grochla/Wittmann, 4. Auflage, 1974/1976
HWF	Handwörterbuch der Finanzwirtschaft, herausgegeben von Büschgen, 1976
HWR	Handwörterbuch des Rechnungswesens, herausgegeben von Kosiol/Chmielewicz/Schweitzer, 2. Auflage, 1981
HWRev	Handwörterbuch der Revision, herausgegeben von Coenenberg/v. Wysocki, 1983
HypBankG	Hypothekenbankgesetz
IAS	International Accounting Standard
IASC	International Accounting Standards Commitee
ICCAP	International Coordination Committee for the Accountants Profession
i. d. F.	in der Fassung
i. d. R.	in der Regel

IdW	Institut der Wirtschaftsprüfer Deutschland e. V.
IDW EPS	Entwurf eines Prüfungsstandards des IDW
IDW FN	IDW-Fachnachrichten
IDW IAS	Rechnungslegung nach International Accounting Standards. Praktischer Leitfaden für die Aufstellung IAS-konformer Jahres- und Konzernabschlüsse in Deutschland, 1995
IDW PH	IDW Prüfungshinweise
IDW PS	IDW Prüfungsstandards
IDW RH	IDW Regelungshinweise
IDW RS	Stellungnahme zur Rechnungslegung des IDW
IFAC	International Federation of Accountants
IHK	Industrie- und Handelskammer
IKR	Industriekontenrahmen
Inf.	Die Information über Steuer und Wirtschaft (Zeitschrift)
InsO	Insolvenzordnung
InvZulG	Investitionszulagengesetz
IOSCO	International Organisation of Securities Commissions
IPRax	Praxis des Internationalen Privat- und Verfahrensrechts (Zeitschrift)
i. S. d.	im Sinne der, des
IStR	Internationales Steuerrecht (Zeitschrift)
i. V. m.	in Verbindung mit
JbfSt	Jahrbuch der Fachanwälte für Steuerrecht
Jg	Jahrgang
JMBl.	Justizministerialblatt
JuS	Juristische Schulung (Zeitschrift)
JW	Juristische Wochenschrift (Zeitschrift)
JZ	Juristenzeitung (Zeitschrift)
KAGG	Gesetz über Kapitalanlagegesellschaften
KapAEG	Gesetz zur Verbesserung der Wettbewerbsfähigkeit deutscher Konzerne an Kapitalmärkten und zur Erleichterung der Aufnahme von Gesellschafterdarlehen (Kapitalaufnahmeerleichterungsgesetz)
KapCoRiLiG	Gesetz zur Durchführung der Richtlinie des Rates der Europäischen Union zur Änderung der Bilanz- und der Konzernbilanzrichtlinie hinsichtlich ihres Anwendungsbereichs (90/605/EWG), zur Verbesserung der Offenlegung von Jahresabschlüssen und zur Änderung anderer handelsrechtlicher Bestimmungen (Kapitalgesellschaften- und Co-Richtlinie-Gesetz)
KapErhG	Kapitalerhöhungsgesetz
KapErhStG	Kapitalerhöhungs-Steuergesetz
KapESt	Kapitalertragsteuer
KFA	Fachausschuß für kommunales Prüfungswesen des Instituts der Wirtschaftsprüfer in Deutschland e. V.
KG	Kommanditgesellschaft, auch Kammergericht
KGaA	Kommanditgesellschaft auf Aktien
KGJ	Jahrbuch für Entscheidungen des Kammergerichts
KHBV	Krankenhaus-BuchführungsVO
KK	Zöllner (Hrsg.), Kölner Kommentar zum Aktiengesetz, 2. Aufl. 1987 ff
Knobbe-Keuk	Knobbe-Keuk, Bilanz- und Unternehmenssteuerrecht, 9. Aufl. 1993
KO	Konkursordnung

KOM	Europäische Kommission
KonBefrVO	Konzernabschlußbefreiungsverordnung
KonTraG	Gesetz zur Kontrolle und Transparenz im Unternehmensbereich
KoR	Kapitalmarktorientierte Rechnungslegung (Zeitschrift)
KRP	Kostenrechnungs-Praxis (Zeitschrift, Loseblattsammlung)
KSt	Körperschaftsteuer
KStDV	Durchführungsverordnung zum Körperschaftsteuergesetz
KStG	Körperschaftsteuergesetz
KStR	Körperschaftsteuer-Richtlinien
KStZ	Kommunale Steuer-Zeitschrift
KTS	Konkurs-, Treuhand- und Schiedsgerichtswesen (Zeitschrift)
Küting/Weber	Küting/Weber, Der Konzernabschluß. Lehrbuch und Fallstudie zur Praxis der Konzernrechnungslegung, 6. Aufl. 2000
KVStG	Kapitalverkehrsteuergesetz
KWG	Gesetz über das Kreditwesen
LAG	Lastenausgleichsgesetz, auch Landesarbeitsgericht
Lfg.	Lieferung
LG	Landgericht
LKStGB	Strafgesetzbuch. Leipziger Kommentar, Großkommentar, 11. Aufl. 1992 ff
LM	Lindenmaier/Möhring, Nachschlagewerk des Bundesgerichtshofes Loseblattsammlung, München
LStDV	Lohnsteuer-Durchführungsverordnung
LStR	Lohnsteuer-Richtlinien
LZ	Leipziger Zeitschrift für Deutsches Recht
MaBV	Makler- und Bauträgerverordnung
MDR	Monatsschrift für Deutsches Recht (Zeitschrift)
MDA	Management's Discussion and Analysis
MinBl.	Ministerialblatt
MitbestErgG	Mitbestimmungs-Ergänzungsgesetz
MitbestG	Mitbestimmungsgesetz
Mitt.	Mitteilung
Montan-MitbestG	Montan-Mitbestimmungsgesetz
MStb	Der Steuerberater, Mitteilungsblatt (Zeitschrift), ab 1962 Der Steuerberater
MünchHdBAG	Münchener Handbuch des Gesellschaftsrechts. Bd. 4: Aktiengesellschaft, hrsg. von Hoffmann-Becking, 2. Aufl. 1999
MünchHdBKG	Münchener Handbuch des Gesellschaftsrechts. Bd. 2: Kommanditgesellschaft, Stille Gesellschaft, hrsg. von Riegger/Weipert, 1991
MünchKommAktG	Kropff/Semler (Hrsg.), Münchner Kommentar zum Aktiengesetz, 2. Aufl. 2000 ff
MünchKommBGB	Rebmann/Säcker/Rixecker (Hrsg.), Münchener Kommentar zum Bürgerlichen Gesetzbuch, 3. Aufl. 1991 ff; 4. Aufl. 2000 ff
MünchKommHGB	Schmidt (Hrsg.) Münchner Kommentar zum Handelsgesetzbuch, 1. Aufl. 2001
m. w. N.	mit weiteren Nachweisen
MwSt	Mehrwertsteuer
NA	Sonderausschuß Neues Aktienrecht des Instituts der Wirtschaftsprüfer in Deutschland e. V.
NB	Neue Betriebswirtschaft (Zeitschrift)
n. F.	neue Fassung

NJW	Neue Juristische Wochenschrift (Zeitschrift)
Nr.	Nummer
nrkr.	nicht rechtskräftig
NSt	Neues Steuerrecht von A–Z, Loseblattsammlung, Berlin/Biele-feld
NWB	Neue Wirtschaftsbriefe (Zeitschrift) Loseblattsammlung
NZG	Neue Zeitschrift für Gesellschaftsrecht
OFD	Oberfinanzdirektion
OHG	Offene Handelsgesellschaft
OLG	Oberlandesgericht
OLGR	Die Rechtsprechung der Oberlandesgerichte auf dem Gebiet des Zivilrechts (1900–1928)
OLGZ	Entscheidungen der Oberlandesgerichte in Zivilsachen
ÖVD	Öffentliche Verwaltung und Datenverarbeitung (Zeitschrift)
OVG	Oberverwaltungsgericht
PartGG	Gesetz über Partnerschaftsgesellschaften
Peter/v. Bornhaupt/Körner	Peter/v. Bornhaupt/Körner, Ordnungsmäßigkeit der Buchfüh-rung nach dem Bilanzrichtlinien-Gesetz, 1987
PublG	Publizitätsgesetz
RA	Rechtsanwalt
RabelsZ	Zeitschrift für ausländisches und internationales Privatrecht
RAO	Reichsabgabenordnung
RBerG	Rechtsberatungsgesetz
Rdn.	Randnummer
RdSchr.	Rundschreiben
RdVfg.	Rundverfügung
RegBl.	Regierungsblatt
RegE	Regierungsentwurf
RFH	Reichsfinanzhof
RFHE	Sammlung der Entscheidungen und Gutachten des Reichsfinanz-hofes
RG	Reichsgericht
RGBl.	Reichsgesetzblatt
RGSt	Entscheidung des Reichsgerichts in Strafsachen
RGZ	Entscheidung des Reichsgerichts in Zivilsachen
RIW	Recht der Internationalen Wirtschaft (Zeitschrift)
rkr.	rechtskräftig
Rn.	Randnote
Rowedder	Rowedder, Kommentar zum GmbH-Gesetz, 3. Aufl. 1977
Rspr.	Rechtsprechung
RStBl.	Reichssteuerblatt
RVO	Reichsversicherungsordnung, auch Rechtsverordnung
RWP	Rechts- und Wirtschaftspraxis, Blattei-Handbuch (Zeitschrift)
S.	Seite, Satz
SABI	Sonderausschuß Bilanzrichtliniengesetz des IdW
ScheckG	Scheckgesetz
Schlegelberger	Schlegelberger, Handelsgesetzbuch, 5. Aufl. 1986
SEC	Securities and Exchange Commission
SFAS	Statement of Financial Accounting Standards
SIC	Standard Interpretations Committee
Sp.	Spalte
SparPG	Sparprämiengesetz

Abkürzungsverzeichnis

StAnpG	Steueranpassungsgesetz
StAnz.	Staatsanzeiger
Stat.Jahrb.	Statistisches Jahrbuch für die Bundesrepublik Deutschland
Staub	Canaris/Schilling/Ulmer (Hrsg.) Handelsgesetzbuch, Großkommentar, 4. Aufl. 1983 ff
StB	Steuerberater, Berufsbezeichnung und Zeitschrift
StBauFG	Städtebauförderungsgesetz
StBerG	Steuerberatungsgesetz
StbJb.	Steuerberater-Jahrbuch
StBK	Steuerberaterkammer
StbKongreßRep	Steuerberaterkongreß-Report
StBp	Die steuerliche Betriebsprüfung (Zeitschrift)
StEK	Steuererlasse in Karteiform, Loseblattsammlung, Köln
StGB	Strafgesetzbuch
str.	strittig
StRK	Steuerrechtsprechung in Karteiform, Loseblattsammlung, Köln
st.Rspr.	ständige Rechtsprechung
StSenkG	Gesetz zur Senkung der Steuersätze und zur Reform der Unternehmensbesteuerung (Steuersenkungsgesetz)
StuB	Steuer- und Bilanzpraxis (Zeitschrift)
StuW	Steuer und Wirtschaft (Zeitschrift)
StWa.	Steuerwarte (Zeitschrift)
StZBl.	Steuer- und Zollblatt
Tipke/Kruse	Abgabenordnung. Finanzgerichtsordnung, Kommentar, 16. Aufl. 1998
Tz.	Textziffer
u. a.	unter anderem
UEC	Union Européenne des Experts Comptables Economiques et Financiers
UmwG	Umwandlungsgesetz
UmwStG	Umwandlungs-Steuergesetz
Urt.	Urteil
US-GAAP	United States Generally Accepted Accounting Principles
USt	Umsatzsteuer
UStDV	Umsatzsteuer-Durchführungsverordnung
UStG	Umsatzsteuergesetz
UStR	Umsatzsteuer-Rundschau (Zeitschrift)
UWG	Gesetz gegen unlauteren Wettbewerb
VAG	Versicherungsaufsichtsgesetz
VerBAV	Veröffentlichungen des Bundesaufsichtsamtes für das Versicherungs- und Bausparwesen
VerglO	Vergleichsordnung
VFA	Versicherungsfachausschuß des Instituts der Wirtschaftsprüfer in Deutschland e. V.
Vfg.	Verfügung
VG	Verwaltungsgericht
vGA	Verdeckte Gewinnausschüttung
vH	vom Hundert
VO	Verordnung
VOBl.	Verordnungsblatt
Vorb., Vorbem.	Vorbemerkung
VSt	Vermögensteuer

VStG	Vermögensteuergesetz
VStR	Vermögensteuer-Richtlinien
vT	vom Tausend
VVaG	Versicherungsverein auf Gegenseitigkeit
VVG	Versicherungsvertragsgesetz
VwGO	Verwaltungsgerichtsordnung
WEG	Wohnungseigentumsgesetz
WFA	Wohnungswirtschaftlicher Fachausschuß des Instituts der Wirtschaftsprüfer in Deutschland e. V.
WG	Wechselgesetz
WGG	Wohnungsgemeinnützigkeitsgesetz
WGGDV	Durchführungsverordnung zum Wohnungsgemeinnützigkeitsgesetz
WiKG (1.)	Erstes Gesetz zur Bekämpfung der Wirtschaftskriminalität
wistra	Zeitschrift für Wirtschafts- und Steuerstrafrecht
WM	Wertpapier-Mitteilungen, Zeitschrift für Wirtschafts- und Bankrecht
WoBauG	Wohnungsbaugesetz
WP	Wirtschaftsprüfer
WPg	Die Wirtschaftsprüfung (Zeitschrift)
WPG	Wirtschaftsprüfungsgesellschaft
WpHG	Wertpapierhandelsgesetz
WPK	Wirtschaftsprüferkammer
WPO	Wirtschaftsprüferordnung
WPr.	Der Wirtschaftsprüfer (Zeitschrift)
WRP	Wettbewerb in Recht und Praxis (Zeitschrift)
WT	Der Wirtschaftstreuhänder (Zeitschrift)
WuW	Wirtschaft und Wettbewerb (Zeitschrift)
z. B.	zum Beispiel
ZfB	Zeitschrift für Betriebswirtschaft
ZfbF	Schmalenbachs Zeitschrift für betriebswirtschaftliche Forschung (bis 1963 ZfhF)
ZfgG	Zeitschrift für das gesamte Genossenschaftswesen
ZfhF	Zeitschrift für handelswissenschaftliche Forschung (ab 1964 ZfbF)
ZfO	Zeitschrift für Organisation
ZfR	Zeitschrift für das gesamte Rechnungswesen
ZGR	Zeitschrift für Unternehmens- und Gesellschaftsrecht
ZHR	Zeitschrift für das gesamte Handelsrecht und Wirtschaftsrecht (bis 123. Bd. (1960) Zeitschrift für das gesamte Handels- und Konkursrecht)
Ziff.	Ziffer
ZInsO	Zeitschrift für das gesamte Insolvenzrecht
ZIP	Zeitschrift für Wirtschaftsrecht und Insolvenzpraxis
ZIR	Zeitschrift Interne Revision
ZKT	Konkurs- und Treuhandwesen (Zeitschrift, ab 16. Jg. (1955) Konkurs-, Treuhand- und Schiedsgerichtswesen)
ZKW	Zeitschrift für das gesamte Kreditwesen
ZonenRFG	Zonenrandförderungsgesetz
ZPO	Zivilprozeßordnung
ZRP	Zeitschrift für Rechtspolitik
z. T.	zum Teil
ZVG	Gesetz über die Zwangsversteigerung und die Zwangsverwaltung

Texte

DRITTES BUCH
Handelsbücher

Erster Abschnitt
Vorschriften für alle Kaufleute

Erster Unterabschnitt
Buchführung. Inventar

§ 238
Buchführungspflicht

(1) Jeder Kaufmann ist verpflichtet, Bücher zu führen und in diesen seine Handelsgeschäfte und die Lage seines Vermögens nach den Grundsätzen ordnungsmäßiger Buchführung ersichtlich zu machen. Die Buchführung muß so beschaffen sein, daß sie einem sachverständigen Dritten innerhalb angemessener Zeit einen Überblick über die Geschäftsvorfälle und über die Lage des Unternehmens vermitteln kann. Die Geschäftsvorfälle müssen sich in ihrer Entstehung und Abwicklung verfolgen lassen.

(2) Der Kaufmann ist verpflichtet, eine mit der Urschrift übereinstimmende Wiedergabe der abgesandten Handelsbriefe (Kopie, Abdruck, Abschrift oder sonstige Wiedergabe des Wortlauts auf einem Schrift-, Bild- oder anderen Datenträger) zurückzubehalten.

§ 239
Führung der Handelsbücher

(1) Bei der Führung der Handelsbücher und bei den sonst erforderlichen Aufzeichnungen hat sich der Kaufmann einer lebenden Sprache zu bedienen. Werden Abkürzungen, Ziffern, Buchstaben oder Symbole verwendet, muß im Einzelfall deren Bedeutung eindeutig festliegen.

(2) Die Eintragungen in Büchern und die sonst erforderlichen Aufzeichnungen müssen vollständig, richtig, zeitgerecht und geordnet vorgenommen werden.

(3) Eine Eintragung oder eine Aufzeichnung darf nicht in einer Weise verändert werden, daß der ursprüngliche Inhalt nicht mehr feststellbar ist. Auch solche Veränderungen dürfen nicht vorgenommen werden, deren Beschaffenheit es ungewiß läßt, ob sie ursprünglich oder erst später gemacht worden sind.

(4) Die Handelsbücher und die sonst erforderlichen Aufzeichnungen können auch in der geordneten Ablage von Belegen bestehen oder auf Datenträgern geführt werden, soweit diese Formen der Buchführung einschließlich des dabei angewandten Verfahrens den Grundsätzen ordnungsmäßiger Buchführung entsprechen. Bei der Führung der Handelsbücher und der sonst erforderlichen Aufzeichnungen auf Datenträgern muß insbesondere sichergestellt sein, daß die Daten während der Dauer der Aufbewahrungsfrist verfügbar sind und jederzeit innerhalb angemessener Frist lesbar gemacht werden können. Absätze 1 bis 3 gelten sinngemäß.

§ 240
Inventar

(1) Jeder Kaufmann hat zu Beginn seines Handelsgewerbes seine Grundstücke, seine Forderungen und Schulden, den Betrag seines baren Geldes sowie seine sonstigen Vermögensgegenstände genau zu verzeichnen und dabei den Wert der einzelnen Vermögensgegenstände und Schulden anzugeben.

(2) Er hat demnächst für den Schluß eines jeden Geschäftsjahres ein solches Inventar aufzustellen. Die Dauer des Geschäftsjahrs darf zwölf Monate nicht überschreiten. Die Aufstellung des Inventars ist innerhalb der einem ordnungsmäßigen Geschäftsgang entsprechenden Zeit zu bewirken.

(3) Vermögensgegenstände des Sachanlagevermögens sowie Roh-, Hilfs- und Betriebsstoffe können, wenn sie regelmäßig ersetzt werden und ihr Gesamtwert für das Unternehmen von nachrangiger Bedeutung ist, mit einer gleichbleibenden Menge und einem gleichbleibenden Wert angesetzt werden, sofern ihr Bestand in seiner Größe, seinem Wert und seiner Zusammensetzung nur geringen Veränderungen unterliegt. Jedoch ist in der Regel alle drei Jahre eine körperliche Bestandsaufnahme durchzuführen.

(4) Gleichartige Vermögensgegenstände des Vorratsvermögens sowie andere gleichartige oder annähernd gleichwertige bewegliche Vermögensgegenstände und Schulden können jeweils zu einer Gruppe zusammengefaßt und mit dem gewogenen Durchschnittswert angesetzt werden.

§ 241
Inventurvereinfachungsverfahren

(1) Bei der Aufstellung des Inventars darf der Bestand der Vermögensgegenstände nach Art, Menge und Wert auch mit Hilfe anerkannter mathematisch-statistischer Methoden auf Grund von Stichproben ermittelt werden. Das Verfahren muß den Grundsätzen ordnungsmäßiger Buchführung entsprechen. Der Aussagewert des auf diese Weise aufgestellten Inventars muß dem Aussagewert eines auf Grund einer körperlichen Bestandsaufnahme aufgestellten Inventars gleichkommen.

(2) Bei der Aufstellung des Inventars für den Schluß eines Geschäftsjahres bedarf es einer körperlichen Bestandsaufnahme der Vermögensgegenstände für diesen Zeitpunkt nicht, soweit durch Anwendung eines den Grundsätzen ordnungsmäßiger Buchführung entsprechenden anderen Verfahrens gesichert ist, daß der Bestand der

Vermögensgegenstände nach Art, Menge und Wert auch ohne die körperliche Bestandsaufnahme für diesen Zeitpunkt festgestellt werden kann.

(3) In dem Inventar für den Schluß eines Geschäftsjahrs brauchen Vermögensgegenstände nicht verzeichnet zu werden, wenn

1. der Kaufmann ihren Bestand auf Grund einer körperlichen Bestandsaufnahme oder auf Grund eines nach Absatz 2 zulässigen anderen Verfahrens nach Art, Menge und Wert in einem besonderen Inventar verzeichnet hat, das für einen Tag innerhalb der letzten drei Monate vor oder der ersten beiden Monate nach dem Schluß des Geschäftsjahrs aufgestellt ist, und

2. auf Grund des besonderen Inventars durch Anwendung eines den Grundsätzen ordnungsmäßiger Buchführung entsprechenden Fortschreibungs- oder Rückrechnungsverfahrens gesichert ist, daß der am Schluß des Geschäftsjahrs vorhandene Bestand der Vermögensgegenstände für diesen Zeitpunkt ordnungsgemäß bewertet werden kann.

Zweiter Unterabschnitt

Eröffnungsbilanz. Jahresabschluß

Erster Titel

Allgemeine Vorschriften

§ 242

Pflicht zur Aufstellung

(1) Der Kaufmann hat zu Beginn seines Handelsgewerbes und für den Schluß eines jeden Geschäftsjahrs einen das Verhältnis seines Vermögens und seiner Schulden darstellenden Abschluß (Eröffnungsbilanz, Bilanz) aufzustellen. Auf die Eröffnungsbilanz sind die für den Jahresabschluß geltenden Vorschriften entsprechend anzuwenden, soweit sie sich auf die Bilanz beziehen.

(2) Er hat für den Schluß eines jeden Geschäftsjahrs eine Gegenüberstellung der Aufwendungen und Erträge des Geschäftsjahrs (Gewinn- und Verlustrechnung) aufzustellen.

(3) Die Bilanz und die Gewinn- und Verlustrechnung bilden den Jahresabschluß.

§ 243

Aufstellungsgrundsatz

(1) Der Jahresabschluß ist nach den Grundsätzen ordnungsmäßiger Buchführung aufzustellen.

(2) Er muß klar und übersichtlich sein.

(3) Der Jahresabschluß ist innerhalb der einem ordnungsmäßigen Geschäftsgang entsprechenden Zeit aufzustellen.

§ 244

Sprache. Währungseinheit

Der Jahresabschluß ist in deutscher Sprache und in Euro aufzustellen.

§ 245

Unterzeichnung

Der Jahresabschluß ist vom Kaufmann unter Angabe des Datums zu unterzeichnen. Sind mehrere persönlich haftende Gesellschafter vorhanden, so haben sie alle zu unterzeichnen.

Zweiter Titel

Ansatzvorschriften

§ 246

Vollständigkeit. Verrechnungsverbot

(1) Der Jahresabschluß hat sämtliche Vermögensgegenstände, Schulden, Rechnungsabgrenzungsposten, Aufwendungen und Erträge zu enthalten, soweit gesetzlich nichts anderes bestimmt ist. Vermögensgegenstände, die unter Eigentumsvorbehalt erworben oder an Dritte für eigene oder fremde Verbindlichkeiten verpfändet oder in anderer Weise als Sicherheit übertragen worden sind, sind in die Bilanz des Sicherungsgebers aufzunehmen. In die Bilanz des Sicherungsnehmers sind sie nur aufzunehmen, wenn es sich um Bareinlagen handelt.

(2) Posten der Aktivseite dürfen nicht mit Posten der Passivseite, Aufwendungen nicht mit Erträgen, Grundstücksrechte nicht mit Grundstückslasten verrechnet werden.

§ 247

Inhalt der Bilanz

(1) In der Bilanz sind das Anlage- und das Umlaufvermögen, das Eigenkapital, die Schulden sowie die Rechnungsabgrenzungsposten gesondert auszuweisen und hinreichend aufzugliedern.

(2) Beim Anlagevermögen sind nur die Gegenstände auszuweisen, die bestimmt sind, dauernd dem Geschäftsbetrieb zu dienen.

(3) Passivposten, die für Zwecke der Steuern vom Einkommen und vom Ertrag zulässig sind, dürfen in der Bilanz gebildet werden. Sie sind als Sonderposten mit Rücklageanteil auszuweisen und nach Maßgabe des Steuerrechts aufzulösen. Einer Rückstellung bedarf es insoweit nicht.

§ 248

Bilanzierungsverbote

(1) Aufwendungen für die Gründung des Unternehmens und für die Beschaffung des Eigenkapitals dürfen in die Bilanz nicht als Aktivposten aufgenommen werden.

(4)

(2) Für immaterielle Vermögensgegenstände des Anlagevermögens, die nicht entgeltlich erworben wurden, darf ein Aktivposten nicht angesetzt werden.

(3) Aufwendungen für den Abschluß von Versicherungsverträgen dürfen nicht aktiviert werden.

§ 249
Rückstellungen

(1) Rückstellungen sind für ungewisse Verbindlichkeiten und für drohende Verluste aus schwebenden Geschäften zu bilden. Ferner sind Rückstellungen zu bilden für
1. im Geschäftsjahr unterlassene Aufwendungen für Instandhaltung, die im folgenden Geschäftsjahr innerhalb von drei Monaten, oder für Abraumbeseitigung, die im folgenden Geschäftsjahr nachgeholt werden,
2. Gewährleistungen, die ohne rechtliche Verpflichtung erbracht werden.
Rückstellungen dürfen für unterlassene Aufwendungen für Instandhaltung auch gebildet werden, wenn die Instandhaltung nach Ablauf der Frist nach Satz 2 Nr. 1 innerhalb des Geschäftsjahrs nachgeholt wird.

(2) Rückstellungen dürfen außerdem für ihrer Eigenart nach genau umschriebene, dem Geschäftsjahr oder einem früheren Geschäftsjahr zuzuordnende Aufwendungen gebildet werden, die am Abschlußstichtag wahrscheinlich oder sicher, aber hinsichtlich ihrer Höhe oder des Zeitpunkts ihres Eintritts unbestimmt sind.

(3) Für andere als die in den Absätzen 1 und 2 bezeichneten Zwecke dürfen Rückstellungen nicht gebildet werden. Rückstellungen dürfen nur aufgelöst werden, soweit der Grund hierfür entfallen ist.

§ 250
Rechnungsabgrenzungsposten

(1) Als Rechnungsabgrenzungsposten sind auf der Aktivseite Ausgaben vor dem Abschlußstichtag auszuweisen, soweit sie Aufwand für eine bestimmte Zeit nach diesem Tag darstellen. Ferner dürfen ausgewiesen werden
1. als Aufwand berücksichtigte Zölle und Verbrauchsteuern, soweit sie auf am Abschlußstichtag auszuweisende Vermögensgegenstände des Vorratsvermögens entfallen,
2. als Aufwand berücksichtigte Umsatzsteuer auf am Abschlußstichtag auszuweisende oder von den Vorräten offen abgesetzte Anzahlungen.

(2) Auf der Passivseite sind als Rechnungsabgrenzungsposten Einnahmen vor dem Abschlußstichtag auszuweisen, soweit sie Ertrag für eine bestimmte Zeit nach diesem Tag darstellen.

(3) Ist der Rückzahlungsbetrag einer Verbindlichkeit höher als der Ausgabebetrag, so darf der Unterschiedsbetrag in den Rechnungsabgrenzungsposten auf der Aktivseite aufgenommen werden. Der Unterschiedsbetrag ist durch planmäßige jährliche Abschreibungen zu tilgen, die auf die gesamte Laufzeit der Verbindlichkeit verteilt werden können.

§ 251
Haftungsverhältnisse

Unter der Bilanz sind, sofern sie nicht auf der Passivseite auszuweisen sind, Verbindlichkeiten aus der Begebung und Übertragung von Wechseln, aus Bürgschaften, Wechsel- und Scheckbürgschaften und aus Gewährleistungsverträgen sowie Haftungsverhältnisse aus der Bestellung von Sicherheiten für fremde Verbindlichkeiten zu vermerken; sie dürfen in einem Betrag angegeben werden. Haftungsverhältnisse sind auch anzugeben, wenn ihnen gleichwertige Rückgriffsforderungen gegenüberstehen.

Dritter Titel
Bewertungsvorschriften

§ 252
Allgemeine Bewertungsgrundsätze

(1) Bei der Bewertung der im Jahresabschluß ausgewiesenen Vermögensgegenstände und Schulden gilt insbesondere folgendes:
1. Die Wertansätze in der Eröffnungsbilanz des Geschäftsjahrs müssen mit denen der Schlußbilanz des vorhergehenden Geschäftsjahrs übereinstimmen.
2. Bei der Bewertung ist von der Fortführung der Unternehmenstätigkeit auszugehen, sofern dem nicht tatsächliche oder rechtliche Gegebenheiten entgegenstehen.
3. Die Vermögensgegenstände und Schulden sind zum Abschlußstichtag einzeln zu bewerten.
4. Es ist vorsichtig zu bewerten, namentlich sind alle vorhersehbaren Risiken und Verluste, die bis zum Abschlußstichtag entstanden sind, zu berücksichtigen, selbst wenn diese erst zwischen dem Abschlußstichtag und dem Tag der Aufstellung des Jahresabschlusses bekanntgeworden sind; Gewinne sind nur zu berücksichtigen, wenn sie am Abschlußstichtag realisiert sind.
5. Aufwendungen und Erträge des Geschäftsjahrs sind unabhängig von den Zeitpunkten der entsprechenden Zahlungen im Jahresabschluß zu berücksichtigen.
6. Die auf den vorhergehenden Jahresabschluß angewandten Bewertungsmethoden sollen beibehalten werden.

(2) Von den Grundsätzen des Absatzes 1 darf nur in begründeten Ausnahmefällen abgewichen werden.

§ 253
Wertansätze der Vermögensgegenstände und Schulden

(1) Vermögensgegenstände sind höchstens mit den Anschaffungs- oder Herstellungskosten, vermindert um Abschreibungen nach den Absätzen 2 und 3 anzusetzen. Verbindlichkeiten sind zu ihrem Rückzahlungsbetrag, Rentenverpflichtungen, für die eine Gegenleistung nicht mehr zu erwarten ist, zu ihrem Barwert und Rückstellungen nur in Höhe des Betrags anzusetzen, der nach vernünftiger kaufmännischer Beurteilung notwendig ist; Rückstellungen dürfen nur abgezinst werden, soweit die ihnen zugrundeliegenden Verbindlichkeiten einen Zinsanteil enthalten.

(2) Bei Vermögensgegenständen des Anlagevermögens, deren Nutzung zeitlich begrenzt ist, sind die Anschaffungs- oder Herstellungskosten um planmäßige Abschreibungen zu vermindern. Der Plan muß die Anschaffungs- oder Herstellungskosten auf die Geschäftsjahre verteilen, in denen der Vermögensgegenstand voraussichtlich genutzt werden kann. Ohne Rücksicht darauf, ob ihre Nutzung zeitlich begrenzt ist, können bei Vermögensgegenständen des Anlagevermögens außerplanmäßige Abschreibungen vorgenommen werden, um die Vermögensgegenstände mit dem niedrigeren Wert anzusetzen, der ihnen am Abschlußstichtag beizulegen ist; sie sind vorzunehmen bei einer voraussichtlich dauernden Wertminderung.

(3) Bei Vermögensgegenständen des Umlaufvermögens sind Abschreibungen vorzunehmen, um diese mit einem niedrigeren Wert anzusetzen, der sich aus einem Börsen- oder Marktpreis am Abschlußstichtag ergibt. Ist ein Börsen- oder Marktpreis nicht festzustellen und übersteigen die Anschaffungs- oder Herstellungskosten den Wert, der den Vermögensgegenständen am Abschlußstichtag beizulegen ist, so ist auf diesen Wert abzuschreiben. Außerdem dürfen Abschreibungen vorgenommen werden, soweit diese nach vernünftiger kaufmännischer Beurteilung notwendig sind, um zu verhindern, daß in der nächsten Zukunft der Wertansatz dieser Vermögensgegenstände auf Grund von Wertschwankungen geändert werden muß.

(4) Abschreibungen sind außerdem im Rahmen vernünftiger kaufmännischer Beurteilung zulässig.

(5) Ein niedrigerer Wertansatz nach Absatz 2 Satz 3, Absatz 3 oder 4 darf beibehalten werden, auch wenn die Gründe dafür nicht mehr bestehen.

§ 254
Steuerrechtliche Abschreibungen

Abschreibungen können auch vorgenommen werden, um Vermögensgegenstände des Anlage- oder Umlaufvermögens mit dem niedrigeren Wert anzusetzen, der auf einer nur steuerrechtlich zulässigen Abschreibung beruht. § 253 Abs. 5 ist entsprechend anzuwenden.

§ 255
Anschaffungs- und Herstellungskosten

(1) Anschaffungskosten sind die Aufwendungen, die geleistet werden, um einen Vermögensgegenstand zu erwerben und ihn in einen betriebsbereiten Zustand zu versetzen, soweit sie dem Vermögensgegenstand einzeln zugeordnet werden können. Zu den Anschaffungskosten gehören auch die Nebenkosten sowie die nachträglichen Anschaffungskosten. Anschaffungspreisminderungen sind abzusetzen.

(2) Herstellungskosten sind die Aufwendungen, die durch den Verbrauch von Gütern und die Inanspruchnahme von Diensten für die Herstellung eines Vermögensgegenstands, seine Erweiterung oder für eine über seinen ursprünglichen Zustand hinausgehende wesentliche Verbesserung entstehen. Dazu gehören die Materialkosten, die Fertigungskosten und die Sonderkosten der Fertigung. Bei der Berechnung der Herstellungskosten dürfen auch angemessene Teile der notwendigen Materialgemeinkosten, der notwendigen Fertigungsgemeinkosten und des Wertverzehrs des Anlage-

vermögens, soweit er durch die Fertigung veranlaßt ist, eingerechnet werden. Kosten der allgemeinen Verwaltung sowie Aufwendungen für soziale Einrichtungen des Betriebs, für freiwillige soziale Leistungen und für betriebliche Altersversorgung brauchen nicht eingerechnet zu werden. Aufwendungen im Sinne der Sätze 3 und 4 dürfen nur insoweit berücksichtigt werden, als sie auf den Zeitraum der Herstellung entfallen. Vertriebskosten dürfen nicht in die Herstellungskosten einbezogen werden.

(3) Zinsen für Fremdkapital gehören nicht zu den Herstellungskosten. Zinsen für Fremdkapital, das zur Finanzierung der Herstellung eines Vermögensgegenstands verwendet wird, dürfen angesetzt werden, soweit sie auf den Zeitraum der Herstellung entfallen; in diesem Falle gelten sie als Herstellungskosten des Vermögensgegenstands.

(4) Als Geschäfts- oder Firmenwert darf der Unterschiedsbetrag angesetzt werden, um den die für die Übernahme eines Unternehmens bewirkte Gegenleistung den Wert der einzelnen Vermögensgegenstände des Unternehmens abzüglich der Schulden im Zeitpunkt der Übernahme übersteigt. Der Betrag ist in jedem folgenden Geschäftsjahr zu mindestens einem Viertel durch Abschreibungen zu tilgen. Die Abschreibung des Geschäfts- oder Firmenwerts kann aber auch planmäßig auf die Geschäftsjahre verteilt werden, in denen er voraussichtlich genutzt wird.

§ 256
Bewertungsvereinfachungsverfahren

Soweit es den Grundsätzen ordnungsmäßiger Buchführung entspricht, kann für den Wertansatz gleichartiger Vermögensgegenstände des Vorratsvermögens unterstellt werden, daß die zuerst oder daß die zuletzt angeschafften oder hergestellten Vermögensgegenstände zuerst oder in einer sonstigen bestimmten Folge verbraucht oder veräußert worden sind. § 240 Abs. 3 und 4 ist auch auf den Jahresabschluß anwendbar.

Dritter Unterabschnitt
Aufbewahrung und Vorlage

§ 257
Aufbewahrung von Unterlagen. Aufbewahrungsfristen

(1) Jeder Kaufmann ist verpflichtet, die folgenden Unterlagen geordnet aufzubewahren:
1. Handelsbücher, Inventare, Eröffnungsbilanzen, Jahresabschlüsse, Lageberichte, Konzernabschlüsse, Konzernlageberichte sowie die zu ihrem Verständnis erforderlichen Arbeitsanweisungen und sonstigen Organisationsunterlagen,
2. die empfangenen Handelsbriefe,
3. Wiedergaben der abgesandten Handelsbriefe,
4. Belege für Buchungen in den von ihm nach § 238 Abs. 1 zu führenden Büchern (Buchungsbelege).

(2) Handelsbriefe sind nur Schriftstücke, die ein Handelsgeschäft betreffen.

(3) Mit Ausnahme der Eröffnungsbilanzen, Jahresabschlüsse und der Konzernabschlüsse können die in Absatz 1 aufgeführten Unterlagen auch als Wiedergabe auf

einem Bildträger oder auf anderen Datenträgern aufbewahrt werden, wenn dies den Grundsätzen ordnungsmäßiger Buchführung entspricht und sichergestellt ist, daß die Wiedergabe oder die Daten

1. mit den empfangenen Handelsbriefen und den Buchungsbelegen bildlich und mit den anderen Unterlagen inhaltlich übereinstimmen, wenn sie lesbar gemacht werden,
2. während der Dauer der Aufbewahrungsfrist verfügbar sind und jederzeit innerhalb angemessener Frist lesbar gemacht werden können.

Sind Unterlagen auf Grund des § 239 Abs. 4 Satz 1 auf Datenträger hergestellt worden, können statt des Datenträgers die Daten auch ausgedruckt aufbewahrt werden; die ausgedruckten Unterlagen können auch nach Satz 1 aufbewahrt werden.

(4) Die in Absatz 1 Nr. 1 und 4 aufgeführten Unterlagen sind zehn Jahre, die sonstigen in Absatz 1 aufgeführten Unterlagen sechs Jahre aufzubewahren.

(5) Die Aufbewahrungsfrist beginnt mit dem Schluß des Kalenderjahrs, in dem die letzte Eintragung in das Handelsbuch gemacht, das Inventar aufgestellt, die Eröffnungsbilanz oder der Jahresabschluß festgestellt, der Konzernabschluß aufgestellt, der Handelsbrief empfangen oder abgesandt worden oder der Buchungsbeleg entstanden ist.

§ 258
Vorlegung im Rechtsstreit

(1) Im Laufe eines Rechtsstreits kann das Gericht auf Antrag oder von Amts wegen die Vorlegung der Handelsbücher einer Partei anordnen.

(2) Die Vorschriften der Zivilprozeßordnung über die Verpflichtung des Prozeßgegners zur Vorlegung von Urkunden bleiben unberührt.

§ 259
Auszug bei Vorlegung im Rechtsstreit

Werden in einem Rechtsstreit Handelsbücher vorgelegt, so ist von ihrem Inhalt, soweit er den Streitpunkt betrifft, unter Zuziehung der Parteien Einsicht zu nehmen und geeignetenfalls ein Auszug zu fertigen. Der übrige Inhalt der Bücher ist dem Gericht insoweit offenzulegen, als es zur Prüfung ihrer ordnungsmäßigen Führung notwendig ist.

§ 260
Vorlegung bei Auseinandersetzung

Bei Vermögensauseinandersetzungen, insbesondere in Erbschafts-, Gütergemeinschafts- und Gesellschaftsteilungssachen, kann das Gericht die Vorlegung der Handelsbücher zur Kenntnisnahme von ihrem ganzen Inhalt anordnen.

§ 261
Vorlegung von Unterlagen auf Bild- und Datenträgern

Wer aufzubewahrende Unterlagen nur in der Form einer Wiedergabe auf einem Bildträger oder auf anderen Datenträgern vorlegen kann, ist verpflichtet, auf seine Kosten diejenigen Hilfsmittel zur Verfügung zu stellen, die erforderlich sind, um die Unterlagen lesbar zu machen; soweit erforderlich, hat er die Unterlagen auf seine Kosten auszudrucken oder ohne Hilfsmittel lesbare Reproduktionen beizubringen.

Vierter Unterabschnitt
Landesrecht

§ 262
aufgehoben

§ 263
Vorbehalt landesrechtlicher Vorschriften

Unberührt bleiben bei Unternehmen ohne eigene Rechtspersönlichkeit einer Gemeinde, eines Gemeindeverbandes oder eines Zweckverbandes landesrechtliche Vorschriften, die von den Vorschriften dieses Abschnitts abweichen.

Zweiter Abschnitt

Ergänzende Vorschriften für Kapitalgesellschaften (Aktiengesellschaften, Kommanditgesellschaften auf Aktien und Gesellschaften mit beschränkter Haftung) sowie bestimmte Personenhandelsgesellschaften

Erster Unterabschnitt
Jahresabschluß der Kapitalgesellschaft und Lagebericht

Erster Titel
Allgemeine Vorschriften

§ 264
Pflicht zur Aufstellung

(1) Die gesetzlichen Vertreter einer Kapitalgesellschaft haben den Jahresabschluß (§ 242) um einen Anhang zu erweitern, der mit der Bilanz und der Gewinn- und Verlustrechnung eine Einheit bildet, sowie einen Lagebericht aufzustellen. Der Jahres-

abschluß und der Lagebericht sind von den gesetzlichen Vertretern in den ersten drei Monaten des Geschäftsjahrs für das vergangene Geschäftsjahr aufzustellen. Kleine Kapitalgesellschaften (§ 267 Abs. 1) brauchen den Lagebericht nicht aufzustellen; sie dürfen den Jahresabschluß auch später aufstellen, wenn dies einem ordnungsgemäßen Geschäftsgang entspricht, jedoch innerhalb der ersten sechs Monate des Geschäftsjahres.

(2) Der Jahresabschluß der Kapitalgesellschaft hat unter Beachtung der Grundsätze ordnungsmäßiger Buchführung ein den tatsächlichen Verhältnissen entsprechendes Bild der Vermögens-, Finanz- und Ertragslage der Kapitalgesellschaft zu vermitteln. Führen besondere Umstände dazu, daß der Jahresabschluß ein den tatsächlichen Verhältnissen entsprechendes Bild im Sinne des Satzes 1 nicht vermittelt, so sind im Anhang zusätzliche Angaben zu machen.

(3) Eine Kapitalgesellschaft, die Tochterunternehmen eines nach § 290 zur Aufstellung eines Konzernabschlusses verpflichteten Mutterunternehmens ist, braucht die Vorschriften dieses Unterabschnitts und des Dritten und Vierten Unterabschnitts dieses Abschnitts nicht anzuwenden, wenn

1. alle Gesellschafter des Tochterunternehmens der Befreiung für das jeweilige Geschäftsjahr zugestimmt haben und der Beschluß nach § 325 offengelegt worden ist,

2. das Mutterunternehmen zur Verlustübernahme nach § 302 des Aktiengesetzes verpflichtet ist oder eine solche Verpflichtung freiwillig übernommen hat und diese Erklärung nach § 325 offengelegt worden ist,

3. das Tochterunternehmen in den Konzernabschluß nach den Vorschriften dieses Abschnitts einbezogen worden ist,

4. die Befreiung des Tochterunternehmens im Anhang des von dem Mutterunternehmen aufgestellten Konzernabschlusses angegeben wird und

5. die von dem Mutterunternehmen nach den Vorschriften über die Konzernrechnungslegung gemäß § 325 offenzulegenden Unterlagen auch zum Handelsregister des Sitzes der die Befreiung in Anspruch nehmenden Kapitalgesellschaft eingereicht worden sind.

(4) Absatz 3 ist auf Kapitalgesellschaften, die Tochterunternehmen eines nach § 11 des Publizitätsgesetzes zur Aufstellung eines Konzernabschlusses verpflichteten Mutterunternehmens sind, entsprechend anzuwenden, soweit in diesem Konzernabschluß von dem Wahlrecht des § 13 Abs. 3 Satz 1 des Publizitätsgesetzes nicht Gebrauch gemacht worden ist.

§ 264a

Anwendung auf bestimmte offene Handelsgesellschaften und Kommaditgesellschaften

(1) Die Vorschriften des Ersten bis Fünften Unterabschnitts des Zweiten Abschnitts sind auch anzuwenden auf offene Handelsgesellschaften und Kommanditgesellschaften, bei denen nicht wenigstens ein persönlich haftender Gesellschafter

1. eine natürliche Person oder

2. eine offene Handelsgesellschaft, Kommanditgesellschaft oder andere Personengesellschaft mit einer natürlichen Person als persönlich haftendem Gesellschafter

ist oder sich die Verbindung von Gesellschaften in dieser Art fortsetzt.

(2) In den Vorschriften dieses Abschnitts gelten als gesetzliche Vertreter einer offenen Handelsgesellschaft und Kommanditgesellschaft nach Absatz 1 die Mitglieder des vertretungsberechtigten Organs der vertretungsberechtigten Gesellschaften.

§ 264b
Befreiung von der Pflicht zur Aufstellung eines Jahresabschlusses nach den für Kapitalgesellschaften geltenden Vorschriften

Eine Personenhandelsgesellschaft im Sinne des § 264a Abs. 1 ist von der Verpflichtung befreit, einen Jahresabschluss und einen Lagebericht nach den Vorschriften dieses Abschnitts aufzustellen, prüfen zu lassen und offen zu legen, wenn
1. sie in den Konzernabschluss eines Mutterunternehmens mit Sitz in einem Mitgliedstaat der Europäischen Union oder einem anderen Vertragsstaat des Abkommens über den Europäischen Wirtschaftsraum oder in den Konzernabschluss eines anderen Unternehmens, das persönlich haftender Gesellschafter dieser Personenhandelsgesellschaft ist, einbezogen ist;
2. der Konzernabschluss sowie der Konzernlagebericht im Einklang mit der Richtlinie 83/349/EWG des Rates vom 13. Juni 1983 auf Grund von Artikel 54 Abs. 3 Buchstabe g des Vertrages über den konsolidierten Abschluss (ABl. EG Nr. L 193 S. 1) und der Richtlinie 84/253/EWG des Rates vom 10. April 1984 über die Zulassung der mit der Pflichtprüfung der Rechnungslegungsunterlagen beauftragten Personen (ABl. EG Nr. L 126 S. 20) nach dem für das den Konzernabschluss aufstellende Unternehmen maßgeblichen Recht aufgestellt, von einem zugelassenen Abschlussprüfer geprüft und offen gelegt worden ist;
3. das den Konzernabschluss aufstellende Unternehmen die offen zu legenden Unterlagen in deutscher Sprache auch zum Handelsregister des Sitzes der Personenhandelsgesellschaft eingereicht hat und
4. die Befreiung der Personenhandelsgesellschaft im Anhang des Konzernabschlusses angegeben ist.

§ 264c
Besondere Bestimmungen für offene Handelsgesellschaften und Kommanditgesellschaften im Sinne des § 264a

(1) Ausleihungen, Forderungen und Verbindlichkeiten gegenüber Gesellschaftern sind in der Regel als solche jeweils gesondert auszuweisen oder im Anhang anzugeben. Werden sie unter anderen Posten ausgewiesen, so muss diese Eigenschaft vermerkt werden.

(2) § 266 Abs. 3 Buchstabe A ist mit der Maßgabe anzuwenden, dass als Eigenkapital die folgenden Posten gesondert auszuweisen sind:
I. Kapitalanteile
II. Rücklagen
III. Gewinnvortrag/Verlustvortrag
IV. Jahresüberschuss/Jahresfehlbetrag.
Anstelle des Postens „Gezeichnetes Kapital" sind die Kapitalanteile der persönlich haftenden Gesellschafter auszuweisen; die dürfen auch zusammengefasst ausgewiesen werden. Der auf den Kapitalanteil eines persönlich haftenden Gesellschafters für das

Geschäftsjahr entfallende Verlust ist von dem Kapitalanteil abzuschreiben. Soweit der Verlust den Kapitalanteil übersteigt, ist er auf der Aktivseite unter der Bezeichnung, „Einzahlungsverpflichtungen persönlich haftender Gesellschafter" unter den Forderungen gesondert auszuweisen, soweit eine Zahlungsverpflichtung besteht. Besteht keine Zahlungsverpflichtung, so ist der Betrag als „Nicht durch Vermögenseinlagen gedeckter Verlustanteil persönlich haftender Gesellschafter" zu bezeichnen und gemäß § 268 Abs. 3 auszuweisen. Die Sätze 2 bis 5 sind auf die Einlagen von Kommanditisten entsprechend anzuwenden, wobei diese insgesamt gesondert gegenüber den Kapitalanteilen der persönlich haftender Gesellschafter auszuweisen sind. Eine Forderung darf jedoch nur ausgewiesen werden, soweit eine Einzahlungsverpflichtung besteht; dasselbe gilt, wenn ein Kommanditist Gewinnanteile entnimmt, während sein Kapitalanteil durch Verlust unter den Betrag der geleisteten Einlage herabgemindert ist, oder soweit durch die Entnahme der Kapitalanteil unter den bezeichneten Betrag herabgemindert wird. Als Rücklagen sind nur solche Beträge auszuweisen, die auf Grund einer gesellschaftsrechtlichen Vereinbarung gebildet worden sind. Im Anhang ist der Betrag der im Handelsregister gemäß § 172 Abs. 1 eingetragenen Einlagen anzugeben, soweit diese nicht geleistet sind.

(3) Das sonstige Vermögen der Gesellschafter (Privatvermögen) darf nicht in die Bilanz und die auf das Privatvermögen entfallenden Aufwendungen und Erträge dürfen nicht in die Gewinn- und Verlustrechnung aufgenommen werden. In der Gewinn- und Verlustrechnung darf jedoch nach dem Posten „Jahresüberschuss/Jahresfehlbetrag" ein dem Steuersatz der Komplementärgesellschaft entsprechender Steueraufwand der Gesellschafter offen abgesetzt oder hinzugerechnet werden.

(4) Anteile an Komplementärgesellschaften sind in der Bilanz auf der Aktivseite unter den Posten A.III.1 oder A.III.3 auszuwerten. § 272 Abs. 4 ist mit der Maßgabe anzuwenden, dass für diese Anteile in Höhe des aktivierten Betrags nach dem Posten „Eigenkapital" ein Sonderposten unter der Bezeichnung „Ausgleichsposten für aktivierte eigene Anteile" zu bilden ist. §§ 269, 274 Abs. 2 sind mit der Maßgabe anzuwenden, dass nach dem Posten „Eigenkapital" ein Sonderposten in Höhe der aktivierten Bilanzierungshilfen anzusetzen ist.

§ 265

(1) Die Form der Darstellung, insbesondere die Gliederung der aufeinanderfolgenden Bilanzen und Gewinn- und Verlustrechnungen, ist beizubehalten, soweit nicht in Ausnahmefällen wegen besonderer Umstände Abweichungen erforderlich sind. Die Abweichungen sind im Anhang anzugeben und zu begründen.

(2) In der Bilanz sowie in der Gewinn- und Verlustrechnung ist zu jedem Posten der entsprechende Betrag des vorhergehenden Geschäftsjahres anzugeben. Sind die Beträge nicht vergleichbar, so ist dies im Anhang anzugeben und zu erläutern. Wird der Vorjahresbetrag angepaßt, so ist auch dies im Anhang anzugeben und zu erläutern.

(3) Fällt ein Vermögensgegenstand oder eine Schuld unter mehrere Posten der Bilanz, so ist die Mitzugehörigkeit zu anderen Posten bei dem Posten, unter dem der Ausweis erfolgt ist, zu vermerken oder im Anhang anzugeben, wenn dies zur Aufstellung eines klaren und übersichtlichen Jahresabschlusses erforderlich ist. Eigene Anteile dürfen unabhängig von ihrer Zweckbestimmung nur unter dem dafür vorgesehenen Posten im Umlaufvermögen ausgewiesen werden.

(4) Sind mehrere Geschäftszweige vorhanden und bedient dies die Gliederung des Jahresabschlusses nach verschiedenen Gliederungsvorschriften, so ist der Jahresabschluß nach der für einen Geschäftszweig vorgeschriebenen Gliederung aufzustellen und nach der für die anderen Geschäftszweige vorgeschriebenen Gliederung zu ergänzen. Die Ergänzung ist im Anhang anzugeben und zu begründen.

(5) Eine weitere Untergliederung der Posten ist zulässig; dabei ist jedoch die vorgeschriebene Gliederung zu beachten. Neue Posten dürfen hinzugefügt werden, wenn ihr Inhalt nicht von einem vorgeschriebenen Posten gedeckt wird.

(6) Gliederung und Bezeichnung der mit arabischen Zahlen versehene Posten der Bilanz und der Gewinn- und Verlustrechnung sind zu ändern, wenn dies wegen Besonderheiten der Kapitalgesellschaft zur Aufstellung eines klaren und übersichtlichen Jahresabschlusses erforderlich ist.

(7) Die mit arabischen Zahlen versehenen Posten der Bilanz und der Gewinn- und Verlustrechnung können, wenn nicht besondere Formblätter vorgeschrieben sind, zusammengefaßt ausgewiesen werden, wenn

1. sie einen Betrag enthalten, der für die Vermittlung eines den tatsächlichen Verhältnissen entsprechenden Bildes im Sinne des § 264 Abs. 2 nicht erheblich ist,

oder

2. dadurch die Klarheit der Darstellung vergrößert wird; in diesem Falle müssen die zusammengefaßten Posten jedoch im Anhang gesondert ausgewiesen werden.

(8) Ein Posten der Bilanz oder der Gewinn- und Verlustrechnung, der keinen Betrag ausweist, braucht nicht aufgeführt zu werden, es sei denn, daß im vorhergehenden Geschäftsjahr unter diesem Posten ein Betrag ausgewiesen wurde.

Zweiter Titel

Bilanz

§ 266

Gliederung der Bilanz

(1) Die Bilanz ist in Kontoform aufzustellen. Dabei haben große und mittelgroße Kapitalgesellschaften (§ 267 Abs. 3, 2) auf der Aktivseite die in Absatz 2 und auf der Passivseite die in Absatz 3 bezeichneten Posten gesondert und in der vorgeschriebenen Reihenfolge auszuweisen. Kleine Kapitalgesellschaften (§ 267 Abs. 1) brauchen nur eine verkürzte Bilanz aufzustellen, in die nur die in den Absätzen 2 und 3 mit Buchstaben und römischen Zahlen bezeichneten Posten gesondert und in der vorgeschriebenen Reihenfolge aufgenommen werden.

(2) Aktivseite

A. Anlagevermögen:
    I. Immaterielle Vermögensgegenstände:
        1. Konzessionen, gewerbliche Schutzrechte und ähnliche Rechte und Werte sowie Lizenzen an solchen Rechten und Werten;

    2. Geschäfts- oder Firmenwert;

    3. geleistete Anzahlungen;

  II. Sachanlagen:

    1. Grundstücke, grundstücksgleiche Rechte und Bauten einschließlich der Bauten auf fremden Grundstücken;

    2. technische Anlagen und Maschinen;

    3. andere Anlagen, Betriebs- und Geschäftsausstattung;

    4. geleistete Anzahlungen und Anlagen im Bau;

  III. Finanzanlagen:

    1. Anteile an verbundenen Unternehmen;

    2. Ausleihungen an verbundene Unternehmen;

    3. Beteiligungen;

    4. Ausleihungen an Unternehmen, mit denen ein Beteiligungsverhältnis besteht;

    5. Wertpapiere des Anlagevermögens;

    6. sonstige Ausleihungen.

B. Umlaufvermögen:

  I. Vorräte:

    1. Roh-, Hilfs- und Betriebsstoffe;

    2. unfertige Erzeugnisse, unfertige Leistungen;

    3. fertige Erzeugnisse und Waren;

    4. geleistete Anzahlungen;

  II. Forderungen und sonstige Vermögensgegenstände:

    1. Forderungen aus Lieferungen und Leistungen;

    2. Forderungen gegen verbundene Unternehmen;

    3. Forderungen gegen Unternehmen, mit denen ein Beteiligungsverhältnis besteht;

    4. sonstige Vermögensgegenstände;

  III. Wertpapiere:

    1. Anteile an verbundenen Unternehmen;

    2. eigene Anteile;

    3. sonstige Wertpapiere;

  IV. Kassenbestand, Bundesbankguthaben, Guthaben bei Kreditinstituten und Schecks.

C. Rechnungsabgrenzungsposten.

(3) Passivseite

A. Eigenkapital:

  I. Gezeichnetes Kapital;

  II. Kapitalrücklage;

  III. Gewinnrücklagen:

    1. gesetzliche Rücklage;

    2. Rücklage für eigene Anteile;

    3. satzungsmäßige Rücklagen;

    4. andere Gewinnrücklagen;

  IV. Gewinnvortrag/Verlustvortrag;

  V. Jahresüberschuß/Jahresfehlbetrag.

B. Rückstellungen:

    1. Rückstellungen für Pensionen und ähnliche Verpflichtungen;

    2. Steuerrückstellungen;

    3. sonstige Rückstellungen.

C. Verbindlichkeiten:
    1. Anleihen, davon konvertibel,
    2. Verbindlichkeiten gegenüber Kreditinstituten;
    3. erhaltene Anzahlungen auf Bestellungen;
    4. Verbindlichkeiten aus Lieferungen und Leistungen;
    5. Verbindlichkeiten aus der Annahme gezogener Wechsel und der Ausstellung eigener Wechsel;
    6. Verbindlichkeiten gegenüber verbundenen Unternehmen;
    7. Verbindlichkeiten gegenüber Unternehmen, mit denen ein Beteiligungsverhältnis besteht;
    8. sonstige Verbindlichkeiten;
    davon aus Steuern,
    davon im Rahmen der sozialen Sicherheit.
D. Rechnungsabgrenzungsposten.

§ 267
Umschreibung der Größenklassen

(1) Kleine Kapitalgesellschaften sind solche, die mindestens zwei der drei nachstehenden Merkmale nicht überschreiten.
1. 3 438 000 Euro Bilanzsumme nach Abzug eines auf der Aktivseite ausgewiesenen Fehlbetrags (§ 268 Abs. 3).
2. 6 875 000 Euro Umsatzerlöse in den zwölf Monaten vor dem Abschlußstichtag.
3. Im Jahresdurchschnitt fünfzig Arbeitnehmer.

(2) Mittelgroße Kapitalgesellschaften sind solche, die mindestens zwei der drei in Absatz 1 bezeichneten Merkmale überschreiten und jeweils mindestens zwei der drei nachstehenden Merkmale nicht überschreiten.
1. 13 750 000 Euro Bilanzsumme nach Abzug eines auf der Aktivseite ausgewiesenen Fehlbetrags (§ 268 Abs. 3).
2. 27 500 000 Euro Umsatzerlöse in den zwölf Monaten vor dem Abschlußstichtag.
3. Im Jahresdurchschnitt zweihundertfünfzig Arbeitnehmer.

(3) Große Kapitalgesellschaften sind solche, die mindestens zwei der drei in Absatz 2 bezeichneten Merkmale überschreiten. Eine Kapitalgesellschaft gilt stets als große, wenn sie einen organisierten Markt im Sinne des § 2 Abs. 5 des Wertpapierhandelsgesetzes durch von ihr ausgegebene Wertpapiere im Sinne des § 2 Abs. 1 Satz 1 des Wertpapierhandelsgesetzes in Anspruch nimmt oder die Zulassung zum Handel an einem organisierten Markt beantragt worden ist.

(4) Die Rechtsfolgen der Merkmale nach den Absätzen 1 bis 3 Satz 1 treten nur ein, wenn sie an den Abschlußstichtagen von zwei aufeinanderfolgenden Geschäftsjahren über- oder unterschritten werden. Im Falle der Umwandlung oder Neugründung treten die Rechtsfolgen schon ein, wenn die Voraussetzungen des Absatzes 1, 2 oder 3 am ersten Abschlußstichtag nach der Umwandlung oder Neugründung vorliegen.

(5) Als durchschnittliche Zahl der Arbeitnehmer gilt der vierte Teil der Summe aus den Zahlen der jeweils am 31. März, 30. Juni, 30. September und 31. Dezember

beschäftigten Arbeitnehmer einschließlich der im Ausland beschäftigten Arbeitnehmer, jedoch ohne die zu ihrer Berufsausbildung Beschäftigten.

(6) Informations- und Auskunftsrechte der Arbeitnehmervertretungen nach anderen Gesetzen bleiben unberührt.

§ 268
Vorschriften zu einzelnen Posten der Bilanz. Bilanzvermerke

(1) Die Bilanz darf auch unter Berücksichtigung der vollständigen oder teilweisen Verwendung des Jahresergebnisses aufgestellt werden. Wird die Bilanz unter Berücksichtigung der teilweisen Verwendung des Jahresergebnisses aufgestellt, so tritt an die Stelle der Posten „Jahresüberschuß/Jahresfehlbetrag" und „Gewinnvortrag/Verlustvortrag" der Posten „Bilanzgewinn/Bilanzverlust"; ein vorhandener Gewinn- oder Verlustvortrag ist in den Posten „Bilanzgewinn/Bilanzverlust" einzubeziehen und in der Bilanz oder im Anhang gesondert anzugeben.

(2) In der Bilanz oder im Anhang ist die Entwicklung der einzelnen Posten des Anlagevermögens und des Postens „Aufwendungen für die Ingangsetzung und Erweiterung des Geschäftsbetriebs" darzustellen. Dabei sind, ausgehend von den gesamten Anschaffungs- und Herstellungskosten, die Zugänge, Abgänge, Umbuchungen und Zuschreibungen des Geschäftsjahrs sowie die Abschreibungen in ihrer gesamten Höhe gesondert aufzuführen. Die Abschreibungen des Geschäftsjahrs sind entweder in der Bilanz bei dem betreffenden Posten zu vermerken oder im Anhang in einer der Gliederung des Anlagevermögens entsprechenden Aufgliederung anzugeben.

(3) Ist das Eigenkapital durch Verluste aufgebraucht und ergibt sich ein Überschuß der Passivposten über die Aktivposten, so ist dieser Betrag am Schluß der Bilanz auf der Aktivseite gesondert unter der Bezeichnung „Nicht durch Eigenkapital gedeckter Fehlbetrag" auszuweisen.

(4) Der Betrag der Forderungen mit einer Restlaufzeit von mehr als einem Jahr ist bei jedem gesondert ausgewiesenen Posten zu vermerken. Werden unter dem Posten „sonstige Vermögensgegenstände" Beträge für Vermögensgegenstände ausgewiesen, die erst nach dem Abschlußstichtag rechtlich entstehen, so müssen Beträge, die einen größeren Umfang haben, im Anhang erläutert werden.

(5) Der Betrag der Verbindlichkeiten mit einer Restlaufzeit bis zu einem Jahr ist bei jedem gesondert ausgewiesenen Posten zu vermerken. Erhaltene Anzahlungen auf Bestellungen sind, soweit Anzahlungen auf Vorräte nicht von dem Posten „Vorräte" offen abgesetzt werden, unter den Verbindlichkeiten gesondert auszuweisen. Sind unter dem Posten „Verbindlichkeiten" Beträge für Verbindlichkeiten ausgewiesen, die erst nach dem Abschlußstichtag rechtlich entstehen, so müssen Beträge, die einen größeren Umfang haben, im Anhang erläutert werden.

(6) Ein nach § 250 Abs. 3 in den Rechnungsabgrenzungsposten auf der Aktivseite aufgenommener Unterschiedsbetrag ist in der Bilanz gesondert auszuweisen oder im Anhang anzugeben.

(7) Die in § 251 bezeichneten Haftungsverhältnisse sind jeweils gesondert unter der Bilanz oder im Anhang unter Angabe der gewährten Pfandrechte und sonstigen Sicherheiten anzugeben; bestehen solche Verpflichtungen gegenüber verbundenen Unternehmen, so sind sie gesondert anzugeben.

§ 269
Aufwendungen für die Ingangsetzung und Erweiterung des Geschäftsbetriebs

Die Aufwendungen für die Ingangsetzung des Geschäftsbetriebs und dessen Erweiterung dürfen, soweit sie nicht bilanzierungsfähig sind, als Bilanzierungshilfe aktiviert werden; der Posten ist in der Bilanz unter der Bezeichnung „Aufwendungen für die Ingangsetzung und Erweiterung des Geschäftsbetriebs" vor dem Anlagevermögen auszuweisen und im Anhang zu erläutern. Werden solche Aufwendungen in der Bilanz ausgewiesen, so dürfen Gewinne nur ausgeschüttet werden, wenn die nach der Ausschüttung verbleibenden jederzeit auflösbaren Gewinnrücklagen zuzüglich eines Gewinnvortrags und abzüglich eines Verlustvortrags dem angesetzten Betrag mindestens entsprechen.

§ 270
Bildung bestimmter Posten

(1) Einstellungen in die Kapitalrücklage und deren Auflösung sind bereits bei der Aufstellung der Bilanz vorzunehmen. Satz 1 ist auf Einstellungen in den Sonderposten mit Rücklageanteil und dessen Auflösung anzuwenden.

(2) Wird die Bilanz unter Berücksichtigung der vollständigen oder teilweisen Verwendung des Jahresergebnisses aufgestellt, so sind Entnahmen aus Gewinnrücklagen sowie Einstellungen in Gewinnrücklagen, die nach Gesetz, Gesellschaftsvertrag oder Satzung vorzunehmen sind oder auf Grund solcher Vorschriften beschlossen worden sind, bereits bei der Aufstellung der Bilanz zu berücksichtigen.

§ 271
Beteiligungen. Verbundene Unternehmen

(1) Beteiligungen sind Anteile an anderen Unternehmen, die bestimmt sind, dem eigenen Geschäftsbetrieb durch Herstellung einer dauernden Verbindung zu jenen Unternehmen zu dienen. Dabei ist es unerheblich, ob die Anteile in Wertpapieren verbrieft sind oder nicht. Als Beteiligung gelten im Zweifel Anteile an einer Kapitalgesellschaft, die insgesamt den fünften Teil des Nennkapitals dieser Gesellschaft überschreiten. Auf die Berechnung ist § 16 Abs. 2 und 4 des Aktiengesetzes entsprechend anzuwenden. Die Mitgliedschaft in einer eingetragenen Genossenschaft gilt nicht als Beteiligung im Sinne dieses Buches.

(2) Verbundene Unternehmen im Sinne dieses Buches sind solche Unternehmen, die als Mutter- oder Tochterunternehmen (§ 290) in den Konzernabschluß eines Mutterunternehmens nach den Vorschriften über die Vollkonsolidierung einzubeziehen sind, das als oberstes Mutterunternehmen den am weitestgehenden Konzernabschluß nach dem Zweiten Unterabschnitt aufzustellen hat, auch wenn die Aufstellung unterbleibt, oder das einen befreienden Konzernabschluß nach § 291 oder nach einer nach § 292 erlassenen Rechtsverordnung aufstellt oder aufstellen könnte; Tochterunternehmen, die nach § 295 oder § 296 nicht einbezogen werden, sind ebenfalls verbundene Unternehmen.

§ 272
Eigenkapital

(1) Gezeichnetes Kapital ist das Kapital, auf das die Haftung der Gesellschafter für die Verbindlichkeiten der Kapitalgesellschaft gegenüber den Gläubigern beschränkt ist. Die ausstehenden Einlagen auf das gezeichnete Kapital sind auf der Aktivseite vor dem Anlagevermögen gesondert auszuweisen und entsprechend zu bezeichnen; die davon eingeforderten Einlagen sind zu vermerken. Die nicht eingeforderten ausstehenden Einlagen dürfen auch von dem Posten „Gezeichnetes Kapital" offen abgesetzt werden; in diesem Falle ist der verbleibende Betrag als Posten „Eingefordertes Kapital" in der Hauptspalte der Passivseite auszuweisen und ist außerdem der eingeforderte, aber noch nicht eingezahlte Betrag unter den Forderungen gesondert auszuweisen und entsprechend zu bezeichnen. Der Nennbetrag oder, falls ein solcher nicht vorhanden ist, der rechnerische Wert von nach § 71 Abs. 1 Nr. 6 oder 8 des Aktiengesetzes zur Einziehung erworbenen Aktien ist in der Vorspalte offen von dem Posten „Gezeichnetes Kapital" als Kapitalrückzahlung abzusetzen. Ist der Erwerb der Aktien nicht zur Einziehung erfolgt, ist Satz 4 auch anzuwenden, soweit in dem Beschluß über den Rückkauf die spätere Veräußerung von einem Beschluß der Hauptversammlung in entsprechender Anwendung des § 182 Abs. 1 Satz 1 des Aktiengesetzes abhängig gemacht worden ist. Wird der Nennbetrag oder der rechnerische Wert von Aktien nach Satz 4 abgesetzt, ist der Unterschiedsbetrag dieser Aktien zwischen ihrem Nennbetrag oder dem rechnerischen Wert und ihrem Kaufpreis mit den anderen Gewinnrücklagen (§ 266 Abs. 3 A.III.4.) zu verrechnen; weitergehende Anschaffungskosten sind als Aufwand des Geschäftsjahres zu berücksichtigen.

(2) Als Kapitalrücklage sind auszuweisen
1. der Betrag, der bei der Ausgabe von Anteilen einschließlich von Bezugsanteilen über den Nennbetrag oder, falls ein Nennbetrag nicht vorhanden ist, über den rechnerischen Wert hinaus erzielt wird;
2. der Betrag, der bei der Ausgabe von Schuldverschreibungen für Wandlungsrechte und Optionsrechte zum Erwerb von Anteilen erzielt wird;
3. der Betrag von Zuzahlungen, die Gesellschafter gegen Gewährung eines Vorzugs für ihre Anteile leisten;
4. der Betrag von anderen Zuzahlungen, die Gesellschafter in das Eigenkapital leisten.

(3) Als Gewinnrücklagen dürfen nur Beträge ausgewiesen werden, die im Geschäftsjahr oder in einem früheren Geschäftsjahr aus dem Ergebnis gebildet worden sind. Dazu gehören aus dem Ergebnis zu bildende gesetzliche oder auf Gesellschaftsvertrag oder Satzung beruhende Rücklagen und andere Gewinnrücklagen.

(4) In eine Rücklage für eigene Anteile ist ein Betrag einzustellen, der dem auf der Aktivseite der Bilanz für die eigenen Anteile anzusetzenden Betrag entspricht. Die Rücklage darf nur aufgelöst werden, soweit die eigenen Anteile ausgegeben, veräußert oder eingezogen werden oder soweit nach § 253 Abs. 3 auf der Aktivseite ein niedrigerer Betrag angesetzt wird. Die Rücklage, die bereits bei der Aufstellung der Bilanz vorzunehmen ist, darf aus vorhandenen Gewinnrücklagen gebildet werden, soweit diese frei verfügbar sind. Die Rücklage nach Satz 1 ist auch für Anteile eines herrschenden oder eines mit Mehrheit beteiligten Unternehmens zu bilden.

§ 273

Sonderposten mit Rücklageanteil

Der Sonderposten mit Rücklageanteil (§ 247 Abs. 3) darf nur insoweit gebildet werden, als das Steuerrecht die Anerkennung des Wertansatzes bei der steuerrechtlichen Gewinnermittlung davon abhängig macht, daß der Sonderposten in der Bilanz gebildet wird. Er ist auf der Passivseite vor den Rückstellungen auszuweisen; die Vorschriften, nach denen er gebildet worden ist, sind in der Bilanz oder im Anhang anzugeben.

§ 274

Steuerabgrenzung

(1) Ist der dem Geschäftsjahr und früheren Geschäftsjahren zuzurechnende Steueraufwand zu niedrig, weil der nach den steuerrechtlichen Vorschriften zu versteuernde Gewinn niedriger als das handelsrechtliche Ergebnis ist, und gleicht sich der zu niedrige Steueraufwand des Geschäftsjahrs und früherer Geschäftsjahre in späteren Geschäftsjahren voraussichtlich aus, so ist in Höhe der voraussichtlichen Steuerbelastung nachfolgender Geschäftsjahre eine Rückstellung nach § 249 Abs. 1 Satz 1 zu bilden und in der Bilanz oder im Anhang gesondert anzugeben. Die Rückstellung ist aufzulösen, sobald die höhere Steuerbelastung eintritt oder mit ihr voraussichtlich nicht mehr zu rechnen ist.

(2) Ist der dem Geschäftsjahr und früheren Geschäftsjahren zuzurechnende Steueraufwand zu hoch, weil der nach den steuerrechtlichen Vorschriften zu versteuernde Gewinn höher als das handelsrechtliche Ergebnis ist, und gleicht sich der zu hohe Steueraufwand des Geschäftsjahrs und früherer Geschäftsjahre in späteren Geschäftsjahren voraussichtlich aus, so darf in Höhe der voraussichtlichen Steuerentlastung nachfolgender Geschäftsjahre ein Abgrenzungsposten als Bilanzierungshilfe auf der Aktivseite der Bilanz gebildet werden. Dieser Posten ist unter entsprechender Bezeichnung gesondert auszuweisen und im Anhang zu erläutern. Wird ein solcher Posten ausgewiesen, so dürfen Gewinne nur ausgeschüttet werden, wenn die nach der Ausschüttung verbleibenden jederzeit auflösbaren Gewinnrücklagen zuzüglich eines Gewinnvortrags und abzüglich eines Verlustvortrags dem angesetzten Betrag mindestens entsprechen. Der Betrag ist aufzulösen, sobald die Steuerentlastung eintritt oder mit ihr voraussichtlich nicht mehr zu rechnen ist.

§ 274a

Größenabhängige Erleichterungen

Kleine Kapitalgesellschaften sind von der Anwendung der folgenden Vorschriften befreit:
1. § 268 Abs. 2 über die Aufstellung eines Anlagegitters,
2. § 268 Abs. 4 Satz 2 über die Pflicht zur Erläuterung bestimmter Forderungen im Anhang,
3. § 268 Abs. 5 Satz 3 über die Erläuterung bestimmter Verbindlichkeiten im Anhang,
4. § 268 Abs. 6 über den Rechnungsabgrenzungsposten nach § 250 Abs. 3,
5. § 269 Satz 1 insoweit, als die Aufwendungen für die Ingangsetzung und Erweiterung des Geschäftsbetriebs im Anhang erläutert werden müssen.

Dritter Titel
Gewinn- und Verlustrechnung

§ 275
Gliederung

(1) Die Gewinn- und Verlustrechnung ist in Staffelform nach dem Gesamtkosten-verfahren oder dem Umsatzkostenverfahren aufzustellen. Dabei sind die in Absatz 2 oder 3 bezeichneten Posten in der angegebenen Reihenfolge gesondert auszuweisen.

(2) Bei Anwendung des Gesamtkostenverfahrens sind auszuweisen:
1. Umsatzerlöse
2. Erhöhung oder Verminderung des Bestands zu fertigen und unfertigen Erzeugnissen
3. andere aktivierte Eigenleistungen
4. sonstige betriebliche Erträge
5. Materialaufwand
   a) Aufwendungen für Roh-, Hilfs- und Betriebsstoffe und für bezogene Waren
   b) Aufwendungen für bezogene Leistungen
6. Personalaufwand:
   a) Löhne und Gehälter
   b) soziale Abgaben und Aufwendungen für Altersversorgung und für Unter-stützung,
   davon für Altersversorgung
7. Abschreibungen:
   a) auf immaterielle Vermögensgegenstände des Anlagevermögens und Sachanlagen sowie auf aktivierte Aufwendungen für die Ingangsetzung und Erweiterung des Geschäftsbetriebs
   b) auf Vermögensgegenstände des Umlaufvermögens, soweit diese die in der Kapi-talgesellschaft üblichen Abschreibungen überschreiten
8. sonstige betriebliche Aufwendungen
9. Erträge aus Beteiligungen,
   davon aus verbundenen Unternehmen
10. Erträge aus anderen Wertpapieren und Ausleihungen des Finanzanlagevermögens,
    davon aus verbundenen Unternehmen
11. sonstige Zinsen und ähnliche Erträge,
    davon aus verbundenen Unternehmen
12. Abschreibungen auf Finanzanlagen und auf Wertpapiere des Umlaufvermögens
13. Zinsen und ähnliche Aufwendungen,
    davon an verbundene Unternehmen
14. Ergebnis der gewöhnlichen Geschäftstätigkeit
15. außerordentliche Erträge
16. außerordentliche Aufwendungen
17. außerordentliches Ergebnis
18. Steuern vom Einkommen und vom Ertrag
19. sonstige Steuern
20. Jahresüberschuß/Jahresfehlbetrag.

(3) Bei Anwendung des Umsatzkostenverfahrens sind auszuweisen:
1. Umsatzerlöse
2. Herstellungskosten der zur Erzielung der Umsatzerlöse erbrachten Leistungen

3. Bruttoergebnis vom Umsatz
4. Vertriebskosten
5. allgemeine Verwaltungskosten
6. sonstige betriebliche Erträge
7. sonstige betriebliche Aufwendungen
8. Erträge aus Beteiligungen,
   davon aus verbundenen Unternehmen
9. Erträge aus anderen Wertpapieren und Ausleihungen des Finanzanlagevermögens,
   davon aus verbundenen Unternehmen
10. sonstige Zinsen und ähnliche Erträge,
    davon aus verbundenen Unternehmen
11. Abschreibungen auf Finanzanlagen und auf Wertpapiere des Umlaufvermögens
12. Zinsen und ähnliche Aufwendungen,
    davon an verbundene Unternehmen
13. Ergebnis der gewöhnlichen Geschäftstätigkeit
14. außerordentliche Erträge
15. außerordentliche Aufwendungen
16. außerordentliches Ergebnis
17. Steuern vom Einkommen und vom Ertrag
18. sonstige Steuern
19. Jahresüberschuß/Jahresfehlbetrag.

(4) Veränderungen der Kapital- und Gewinnrücklagen dürfen in der Gewinn- und Verlustrechnung erst nach dem Posten „Jahresüberschuß/Jahresfehlbetrag" ausgewiesen werden.

§ 276

Größenabhängige Erleichterungen

Kleine und mittelgroße Kapitalgesellschaften (§ 267 Abs. 1, 2) dürfen die Posten § 275 Abs. 2 Nr. 1 bis 5 oder Abs. 3 Nr. 1 bis 3 und 6 zu einem Posten unter der Bezeichnung „Rohergebnis" zusammenfassen. Kleine Kapitalgesellschaften brauchen außerdem die in § 277 Abs. 4 Satz 2 und 3 verlangten Erläuterungen zu den Posten „außerordentliche Erträge" und „außerordentliche Aufwendungen" nicht zu machen.

§ 277

Vorschriften zu einzelnen Posten der Gewinn- und Verlustrechnung

(1) Als Umsatzerlöse sind die Erlöse aus dem Verkauf und der Vermietung oder Verpachtung von für die gewöhnliche Geschäftstätigkeit der Kapitalgesellschaft typischen Erzeugnissen und Waren sowie aus von für die gewöhnliche Geschäftstätigkeit der Kapitalgesellschaft typischen Dienstleistungen nach Abzug von Erlösschmälerungen und der Umsatzsteuer auszuweisen.

(2) Als Bestandsveränderungen sind sowohl Änderungen der Menge als auch solche des Wertes zu berücksichtigen; Abschreibungen jedoch nur, soweit diese die in der Kapitalgesellschaft sonst üblichen Abschreibungen nicht überschreiten.

(3) Außerplanmäßige Abschreibungen nach § 253 Abs. 2 Satz 3 sowie Abschreibungen nach § 253 Abs. 3 Satz 3 sind jeweils gesondert auszuweisen oder im Anhang

anzugeben. Erträge und Aufwendungen aus Verlustübernahme und auf Grund einer Gewinngemeinschaft, eines Gewinnabführungs- oder eines Teilgewinnabführungsvertrags erhaltene oder abgeführte Gewinne sind jeweils gesondert unter entsprechender Bezeichnung auszuweisen.

(4) Unter den Posten „außerordentliche Erträge" und „außerordentliche Aufwendungen" sind Erträge und Aufwendungen auszuweisen, die außerhalb der gewöhnlichen Geschäftstätigkeit der Kapitalgesellschaft anfallen. Die Posten sind hinsichtlich ihres Betrages und ihrer Art im Anhang zu erläutern, soweit die ausgewiesenen Beträge für die Beurteilung der Ertragslage nicht von untergeordneter Bedeutung sind. Satz 2 gilt auch für Erträge und Aufwendungen, die einem anderen Geschäftsjahr zuzurechnen sind.

§ 278

Steuern

Die Steuern vom Einkommen und vom Ertrag sind auf der Grundlage des Beschlusses über die Verwendung des Ergebnisses zu berechnen; liegt ein solcher Beschluß im Zeitpunkt der Feststellung des Jahresabschlusses nicht vor, so ist vom Vorschlag über die Verwendung des Ergebnisses auszugehen. Weicht der Beschluß über die Verwendung des Ergebnisses vom Vorschlag ab, so braucht der Jahresabschluß nicht geändert zu werden.

Vierter Titel

Bewertungsvorschriften

§ 279

Nichtanwendung von Vorschriften. Abschreibungen

(1) § 253 Abs. 4 ist nicht anzuwenden. § 253 Abs. 2 Satz 3 darf, wenn es sich nicht um eine voraussichtlich dauernde Wertminderung handelt, nur auf Vermögensgegenstände, die Finanzanlagen sind, angewendet werden.

(2) Abschreibungen nach § 254 dürfen nur insoweit vorgenommen werden, als das Steuerrecht ihre Anerkennung bei der steuerrechtlichen Gewinnermittlung davon abhängig macht, daß sie sich aus der Bilanz ergeben.

§ 280

Wertaufholungsgebot

(1) Wird bei einem Vermögensgegenstand eine Abschreibung nach § 253 Abs. 2 Satz 3 oder Abs. 3 oder § 254 Satz 1 vorgenommen und stellt sich in einem späteren Geschäftsjahr heraus, daß die Gründe dafür nicht mehr bestehen, so ist der Betrag dieser Abschreibung im Umfang der Werterhöhung unter Berücksichtigung der Abschreibungen, die inzwischen vorzunehmen gewesen wären, zuzuschreiben. § 253 Abs. 5, § 254 Satz 2 sind insoweit nicht anzuwenden.

(2) Von der Zuschreibung nach Absatz 1 kann abgesehen werden, wenn der niedrigere Wertansatz bei der steuerrechtlichen Gewinnermittlung beibehalten werden kann und wenn Voraussetzung für die Beibehaltung ist, daß der niedrigere Wertansatz auch in der Bilanz beibehalten wird.

(3) Im Anhang ist der Betrag der im Geschäftsjahr aus steuerrechtlichen Gründen unterlassenen Zuschreibungen anzugeben und hinreichend zu begründen.

§ 281
Berücksichtigung steuerrechtlicher Vorschriften

(1) Die nach § 254 zulässigen Abschreibungen dürfen auch in der Weise vorgenommen werden, daß der Unterschiedsbetrag zwischen der nach § 253 in Verbindung mit § 279 und der nach § 254 zulässigen Bewertung in den Sonderposten mit Rücklageanteil eingestellt wird. In der Bilanz oder im Anhang sind die Vorschriften anzugeben, nach denen die Wertberichtigung gebildet worden ist. Unbeschadet steuerrechtlicher Vorschriften über die Auflösung ist die Wertberichtigung insoweit aufzulösen, als die Vermögensgegenstände, für die sie gebildet worden ist, aus dem Vermögen ausscheiden oder die steuerrechtliche Wertberichtigung durch handelsrechtliche Abschreibungen ersetzt wird.

(2) Im Anhang ist der Betrag der im Geschäftsjahr allein nach steuerrechtlichen Vorschriften vorgenommenen Abschreibungen, getrennt nach Anlage- und Umlaufvermögen, anzugeben, soweit er sich nicht aus der Bilanz oder der Gewinn- und Verlustrechnung ergibt, und hinreichend zu begründen. Erträge aus der Auflösung des Sonderpostens mit Rücklageanteil sind in dem Posten „sonstige betriebliche Erträge", Einstellungen in den Sonderposten mit Rücklageanteil sind in dem Posten „sonstige betriebliche Aufwendungen" der Gewinn- und Verlustrechnung gesondert auszuweisen oder im Anhang anzugeben.

§ 282
Abschreibung der Aufwendungen für die Ingangsetzung und Erweiterung des Geschäftsbetriebes

Für die Ingangsetzung und Erweiterung des Geschäftsbetriebs ausgewiesene Beträge sind in jedem folgenden Geschäftsjahr zu mindestens einem Viertel durch Abschreibungen zu tilgen.

§ 283
Wertansatz des Eigenkapitals

Das gezeichnete Kapital ist zum Nennbetrag anzusetzen.

Fünfter Titel

Anhang

§ 284

Erläuterungen der Bilanz und der Gewinn- und Verlustrechnung

(1) In den Anhang sind diejenigen Angaben aufzunehmen, die zu den einzelnen Posten der Bilanz oder der Gewinn- und Verlustrechnung vorgeschrieben oder die im Anhang zu machen sind, weil sie in Ausübung eines Wahlrechts nicht in die Bilanz oder in die Gewinn- und Verlustrechnung aufgenommen wurden.

(2) Im Anhang müssen

1. die auf die Posten der Bilanz und der Gewinn- und Verlustrechnung angewandten Bilanzierungs- und Bewertungsmethoden angegeben werden;

2. die Grundlagen für die Umrechnung in Euro angegeben werden, soweit der Jahresabschluß Posten enthält, denen Beträge zugrunde liegen, die auf fremde Währung lauten oder ursprünglich auf fremde Währung lauteten;

3. Abweichungen von Bilanzierungs- und Bewertungsmethoden angegeben und begründet werden; deren Einfluß auf die Vermögens-, Finanz- und Ertragslage ist gesondert darzustellen;

4. bei Anwendung einer Bewertungsmethode nach § 240 Abs. 4, § 256 Satz 1 die Unterschiedsbeträge pauschal für die jeweilige Gruppe ausgewiesen werden, wenn die Bewertung im Vergleich zu einer Bewertung auf der Grundlage des letzten vor dem Abschlußstichtag bekannten Börsenkurses oder Marktpreises einen erheblichen Unterschied aufweist;

5. Angaben über die Einbeziehung von Zinsen für Fremdkapital in die Herstellungskosten gemacht werden.

§ 285

Sonstige Pflichtangaben

Ferner sind im Anhang anzugeben:

1. zu den in der Bilanz ausgewiesenen Verbindlichkeiten
   a) der Gesamtbetrag der Verbindlichkeiten mit einer Restlaufzeit von mehr als fünf Jahren,
   b) der Gesamtbetrag der Verbindlichkeiten, die durch Pfandrechte oder ähnliche Rechte gesichert sind, unter Angabe von Art und Form der Sicherheiten;

2. die Aufgliederung der in Nummer 1 verlangten Angaben für jeden Posten der Verbindlichkeiten nach dem vorgeschriebenen Gliederungsschema, sofern sich diese Angaben nicht aus der Bilanz ergeben;

3. der Gesamtbetrag der sonstigen finanziellen Verpflichtungen, die nicht in der Bilanz erscheinen und auch nicht nach § 251 anzugeben sind, sofern diese Angabe für die Beurteilung der Finanzlage von Bedeutung ist; davon sind Verpflichtungen gegenüber verbundenen Unternehmen gesondert anzugeben;

4. die Aufgliederung der Umsatzerlöse nach Tätigkeitsbereichen sowie nach geographisch bestimmten Märkten, soweit sich, unter Berücksichtigung der Organisation des Verkaufs von für die gewöhnliche Geschäftstätigkeit der Kapitalgesellschaft

typischen Erzeugnissen und der für die gewöhnliche Geschäftstätigkeit der Kapitalgesellschaft typischen Dienstleistungen, die Tätigkeitsbereiche und geographisch bestimmten Märkte untereinander erheblich unterscheiden;

5. das Ausmaß, in dem das Jahresergebnis dadurch beeinflußt wurde, daß bei Vermögensgegenständen im Geschäftsjahr oder in früheren Geschäftsjahren Abschreibungen nach §§ 254, 280 Abs. 2 auf Grund steuerrechtlicher Vorschriften vorgenommen oder beibehalten wurden oder ein Sonderposten nach § 273 gebildet wurde; ferner das Ausmaß erheblicher künftiger Belastungen, die sich aus einer solchen Bewertung ergeben;

6. in welchem Umfang die Steuern vom Einkommen und vom Ertrag das Ergebnis der gewöhnlichen Geschäftstätigkeit und das außerordentliche Ergebnis belasten;

7. die durchschnittliche Zahl der während des Geschäftsjahrs beschäftigten Arbeitnehmer getrennt nach Gruppen;

8. bei Anwendung des Umsatzkostenverfahrens (§ 275 Abs. 3)
   a) der Materialaufwand des Geschäftsjahrs, gegliedert nach § 275 Abs. 2 Nr. 5,
   b) der Personalaufwand des Geschäftsjahrs, gegliedert nach § 275 Abs. 2 Nr. 6;

9. für die Mitglieder des Geschäftsführungsorgans, eines Aufsichtsrats, eines Beirats oder einer ähnlichen Einrichtung jeweils für jede Personengruppe
   a) die für die Tätigkeit im Geschäftsjahr gewährten Gesamtbezüge (Gehälter, Gewinnbeteiligungen, Bezugsrechte, Aufwandsentschädigungen, Versicherungsentgelte, Provisionen und Nebenleistungen jeder Art). In die Gesamtbezüge sind auch Bezüge einzurechnen, die nicht ausgezahlt, sondern in Ansprüche anderer Art umgewandelt oder zur Erhöhung anderer Ansprüche verwendet werden. Außer den Bezügen für das Geschäftsjahr sind die weiteren Bezüge anzugeben, die im Geschäftsjahr gewährt, bisher aber in keinem Jahresabschluß angegeben worden sind;
   b) die Gesamtbezüge (Abfindungen, Ruhegehälter, Hinterbliebenenbezüge und Leistungen verwandter Art) der früheren Mitglieder der bezeichneten Organe und ihrer Hinterbliebenen. Buchstabe a Satz 2 und 3 ist entsprechend anzuwenden. Ferner ist der Betrag der für diese Personengruppe gebildeten Rückstellungen für laufende Pensionen und Anwartschaften auf Pensionen und der Betrag der für diese Verpflichtungen nicht gebildeten Rückstellungen anzugeben;
   c) die gewährten Vorschüsse und Kredite unter Angabe der Zinssätze, der wesentlichen Bedingungen und der gegebenenfalls im Geschäftsjahr zurückgezahlten Beträge sowie die zugunsten dieser Personen eingegangenen Haftungsverhältnisse;

10. alle Mitglieder des Geschäftsführungsorgans und eines Aufsichtsrats, auch wenn sie im Geschäftsjahr oder später ausgeschieden sind, mit dem Familiennamen und mindestens einem ausgeschriebenen Vornamen, einschließlich des ausgeübten Berufs und bei börsennotierten Gesellschaften auch der Mitgliedschaft in Aufsichtsräten und anderen Kontrollgremien im Sinne des § 125 Abs. 1 Satz 3 des Aktiengesetzes. Der Vorsitzende eines Aufsichtsrats, seine Stellvertreter und ein etwaiger Vorsitzender des Geschäftsführungsorgans sind als solche zu bezeichnen;

11. Name und Sitz anderer Unternehmen, von denen die Kapitalgesellschaft oder eine für Rechnung der Kapitalgesellschaft handelnde Person mindestens den fünften Teil der Anteile besitzt; außerdem sind die Höhe des Anteils am Kapital, das Eigenkapital und das Ergebnis des letzten Geschäftsjahrs dieser Unternehmen anzugeben, für das ein Jahresabschluß vorliegt; auf die Berechnung der Anteile ist

§ 16 Abs. 2 und 4 des Aktiengesetzes entsprechend anzuwenden, ferner sind von börsennotierten Kapitalgesellschaften zusätzlich alle Beteiligungen an großen Kapitalgesellschaften anzugeben, die fünf vom Hundert der Stimmrechte überschreiten.

11a. Name, Sitz und Rechtsform der Unternehmen, deren unbeschränkt haftender Gesellschafter die Kapitalgesellschaft ist;

12. Rückstellungen, die in der Bilanz unter dem Posten „sonstige Rückstellungen" nicht gesondert ausgewiesen werden, sind zu erläutern, wenn sie einen nicht unerheblichen Umfang haben;

13. bei Anwendung des § 255 Abs. 4 Satz 3 die Gründe für die planmäßige Abschreibung des Geschäfts- oder Firmenwerts;

14. Name und Sitz des Mutterunternehmens der Kapitalgesellschaft, das den Konzernabschluß für den größten Kreis von Unternehmen aufstellt, und ihres Mutterunternehmens, das den Konzernabschluß für den kleinsten Kreis von Unternehmen aufstellt, sowie im Falle der Offenlegung der von diesen Mutterunternehmen aufgestellten Konzernabschlüsse der Ort, wo diese erhältlich sind.

15. soweit es sich um den Anhang des Jahresabschlusses einer Personenhandelsgesellschaft im Sinne des § 264a Abs. 1 handelt, Name und Sitz der Gesellschaften, die persönlich haftende Gesellschafter sind, sowie deren gezeichnetes Kapital.

§ 286
Unterlassen von Angaben

(1) Die Berichterstattung hat insoweit zu unterbleiben, als es für das Wohl der Bundesrepublik Deutschland oder eines ihrer Länder erforderlich ist.

(2) Die Aufgliederung der Umsatzerlöse nach § 285 Nr. 4 kann unterbleiben, soweit die Aufgliederung nach vernünftiger kaufmännischer Beurteilung geeignet ist, der Kapitalgesellschaft oder einem Unternehmen, von dem die Kapitalgesellschaft mindestens den fünften Teil der Anteile besitzt, einen erheblichen Nachteil zuzufügen.

(3) Die Angaben nach § 285 Nr. 11 und 11a können unterbleiben, soweit sie
1. für die Darstellung der Vermögens-, Finanz- und Ertragslage der Kapitalgesellschaft nach § 264 Abs. 2 von untergeordneter Bedeutung sind oder
2. nach vernünftiger kaufmännischer Beurteilung geeignet sind, der Kapitalgesellschaft oder dem anderen Unternehmen einen erheblichen Nachteil zuzufügen.
Die Angabe des Eigenkapitals und des Jahresergebnisses kann unterbleiben, wenn das Unternehmen, über das zu berichten ist, seinen Jahresabschluß nicht offenzulegen hat und die berichtende Kapitalgesellschaft weniger als die Hälfte der Anteile besitzt. Die Anwendung der Ausnahmeregelung nach Satz 1 Nr. 2 ist im Anhang anzugeben.

(4) Die in § 285 Nr. 9 Buchstabe a und b verlangten Angaben über die Gesamtbezüge der dort bezeichneten Personen können unterbleiben, wenn sich anhand dieser Angaben die Bezüge eines Mitglieds dieser Organe feststellen lassen.

§ 287
Aufstellung des Anteilsbesitzes

Die in § 285 Nr. 11 und 11a verlangten Angaben dürfen statt im Anhang auch in einer Aufstellung des Anteilsbesitzes gesondert gemacht werden. Die Aufstellung ist Bestandteil des Anhangs. Auf die besondere Aufstellung nach Satz 1 und den Ort ihrer Hinterlegung ist im Anhang hinzuweisen.

§ 288
Größenabhängige Erleichterungen

Kleine Kapitalgesellschaften im Sinne des § 267 Abs. 1 brauchen die Angaben nach § 284 Abs. 2 Nr. 4, § 285 Nr. 2 bis 8 Buchstabe a, Nr. 9 Buchstabe a und b und Nr. 12 nicht zu machen. Mittelgroße Kapitalgesellschaften im Sinne des § 267 Abs. 2 brauchen die Angaben nach § 285 Nr. 4 nicht zu machen.

Sechster Titel

Lagebericht

§ 289

(1) Im Lagebericht sind zumindest der Geschäftsverlauf und die Lage der Kapitalgesellschaft so darzustellen, daß ein den tatsächlichen Verhältnissen entsprechendes Bild vermittelt wird; dabei ist auch auf die Risiken der künftigen Entwicklung einzugehen.

(2) Der Lagebericht soll auch eingehen auf:
1. Vorgänge von besonderer Bedeutung, die nach dem Schluß des Geschäftsjahrs eingetreten sind;
2. die voraussichtliche Entwicklung der Kapitalgesellschaft;
3. den Bereich Forschung und Entwicklung;
4. bestehende Zweigniederlassungen der Gesellschaft.

Zweiter Unterabschnitt
Konzernabschluß und Konzernlagebericht

Erster Titel
Anwendungsbereich

§ 290
Pflicht zur Aufstellung

(1) Stehen in einem Konzern die Unternehmen unter der einheitlichen Leitung einer Kapitalgesellschaft (Mutterunternehmen) mit Sitz im Inland und gehört dem Mutterunternehmen eine Beteiligung nach § 271 Abs. 1 an dem oder den anderen unter der einheitlichen Leitung stehenden Unternehmen (Tochterunternehmen), so haben die gesetzlichen Vertreter des Mutterunternehmens in den ersten fünf Monaten des Konzerngeschäftsjahrs für das vergangene Konzerngeschäftsjahr einen Konzernabschluß und einen Konzernlagebericht aufzustellen.

(2) Eine Kapitalgesellschaft mit Sitz im Inland ist stets zur Aufstellung eines Konzernabschlusses und eines Konzernlageberichts verpflichtet (Mutterunternehmen), wenn ihr bei einem Unternehmen (Tochterunternehmen)
1. die Mehrheit der Stimmrechte der Gesellschafter zusteht,
2. das Recht zusteht, die Mehrheit der Mitglieder des Verwaltungs-, Leitungs- oder Aufsichtsorgans zu bestellen oder abzuberufen, und sie gleichzeitig Gesellschafter ist oder
3. das Recht zusteht, einen beherrschenden Einfluß auf Grund eines mit diesem Unternehmen geschlossenen Beherrschungsvertrags oder auf Grund einer Satzungsbestimmung dieses Unternehmens auszuüben.

(3) Als Rechte, die einem Mutterunternehmen nach Absatz 2 zustehen, gelten auch die einem Tochterunternehmen zustehenden Rechte und die den für Rechnung des Mutterunternehmens oder von Tochterunternehmen handelnden Personen zustehenden Rechte. Den einem Mutterunternehmen an einem anderen Unternehmen zustehenden Rechten werden die Rechte hinzugerechnet, über die es oder ein Tochterunternehmen auf Grund einer Vereinbarung mit anderen Gesellschaftern dieses Unternehmens verfügen kann. Abzuziehen sind Rechte, die
1. mit Anteilen verbunden sind, die von dem Mutterunternehmen oder von Tochterunternehmen für Rechnung einer anderen Person gehalten werden, oder
2. mit Anteilen verbunden sind, die als Sicherheit gehalten werden, sofern diese Rechte nach Weisung des Sicherungsgebers oder, wenn ein Kreditinstitut die Anteile als Sicherheit für ein Darlehen hält, im Interesse des Sicherungsgebers ausgeübt werden.

(4) Welcher Teil der Stimmrechte einem Unternehmen zusteht, bestimmt sich für die Berechnung der Mehrheit nach Absatz 2 Nr. 1 nach dem Verhältnis der Zahl der Stimmrechte, die es aus den ihm gehörenden Anteilen ausüben kann, zur Gesamtzahl aller Stimmrechte. Von der Gesamtzahl aller Stimmrechte sind die Stimmrechte aus eigenen Anteilen abzuziehen, die dem Tochterunternehmen selbst, einem seiner Tochterunternehmen oder einer anderen Person für Rechnung dieser Unternehmen gehören.

§ 291
Befreiende Wirkung von EU/EWR-Konzernabschlüssen

(1) Ein Mutterunternehmen, das zugleich Tochterunternehmen eines Mutterunternehmens mit Sitz in einem Mitgliedstaat der Europäischen Union oder in einem anderen Vertragsstaat des Abkommens über den Europäischen Wirtschaftsraum ist, braucht einen Konzernabschluß und einen Konzernlagebericht nicht aufzustellen, wenn ein den Anforderungen des Absatzes 2 entsprechender Konzernabschluß und Konzernlagebericht seines Mutterunternehmens einschließlich des Bestätigungsvermerks oder des Vermerks über dessen Versagung nach den für den entfallenden Konzernabschluß und Konzernlagebericht maßgeblichen Vorschriften in deutscher Sprache offengelegt wird. Ein befreiender Konzernabschluß und ein befreiender Konzernlagebericht können von jedem Unternehmen unabhängig von seiner Rechtsform und Größe aufgestellt werden, wenn das Unternehmen als Kapitalgesellschaft mit Sitz in einem Mitgliedstaat der Europäischen Union oder in einem anderen Vertragsstaat des Abkommens über den Europäischen Wirtschaftsraum zur Aufstellung eines Konzernabschlusses unter Einbeziehung des zu befreienden Mutterunternehmens und seiner Tochterunternehmen verpflichtet wäre.

(2) Der Konzernabschluß und Konzernlagebericht eines Mutterunternehmens mit Sitz in einem Mitgliedstaat der Europäischen Union oder in einem anderen Vertragsstaat des Abkommens über den Europäischen Wirtschaftsraum haben befreiende Wirkung, wenn

1. das zu befreiende Mutterunternehmen und seine Tochterunternehmen in den befreienden Konzernabschluß unbeschadet der §§ 295, 296 einbezogen worden sind,
2. der befreiende Konzernabschluß und der befreiende Konzernlagebericht im Einklang mit der Richtlinie 83/349/EWG des Rates vom 13. Juni 1983 über den konsolidierten Abschluß (ABl. EG Nr. L 193 S. 1) und der Richtlinie 84/253/EWG des Rates vom 10. April 1984 über die Zulassung der mit der Pflichtprüfung der Rechnungslegungsunterlagen beauftragten Personen (ABl. EG Nr. L 126 S. 20) nach dem für das aufstellende Mutterunternehmen maßgeblichen Recht aufgestellt und von einem zugelassenen Abschlußprüfer geprüft worden sind,
3. der Anhang des Jahresabschlusses des zu befreienden Unternehmens folgende Angaben enthält:
   a) Name und Sitz des Mutterunternehmens, das den befreienden Konzernabschluß und Konzernlagebericht aufstellt,
   b) einen Hinweis auf die Befreiung von der Verpflichtung, einen Konzernabschluß und einen Konzernlagebericht aufzustellen, und
   c) eine Erläuterung der im befreienden Konzernabschluß vom deutschen Recht abweichend angewandten Bilanzierungs-, Bewertungs- und Konsolidierungsmethoden.

Satz 1 gilt für Kreditinstitute und Versicherungsunternehmen entsprechend; unbeschadet der übrigen Voraussetzungen in Satz 1 hat die Aufstellung des befreienden Konzernabschlusses und des befreienden Konzernlageberichts bei Kreditinstituten im Einklang mit der Richtlinie 86/635/EWG des Rates vom 8. Dezember 1986 über den Jahresabschluß und den konsolidierten Abschluß von Banken und anderen Finanzinstituten (ABl. EG Nr. L 372 S. 1) und bei Versicherungsunternehmen im Einklang mit der Richtlinie 91/674/EWG des Rates vom 19. Dezember 1991 über den Jahresabschluß und den konsolidierten Jahresabschluß von Versicherungsunternehmen (ABl. EG Nr. L 374 S. 7) zu erfolgen.

(3) Die Befreiung nach Absatz 1 kann trotz Vorliegens der Voraussetzungen nach Absatz 2 von einem Mutterunternehmen nicht in Anspruch genommen werden, wenn Gesellschafter, denen bei Aktiengesellschaften und Kommanditgesellschaften auf Aktien mindestens zehn vom Hundert und bei Gesellschaften mit beschränkter Haftung mindestens zwanzig vom Hundert der Anteile an dem zu befreienden Mutterunternehmen gehören, spätestens sechs Monate vor dem Ablauf des Konzerngeschäftsjahrs die Aufstellung eines Konzernabschlusses und eines Konzernlageberichts beantragt haben. Gehören dem Mutterunternehmen mindestens neunzig vom Hundert der Anteile an dem zu befreienden Mutterunternehmen, so kann Absatz 1 nur angewendet werden, wenn die anderen Gesellschafter der Befreiung zugestimmt haben.

§ 292

Rechtsverordnungsermächtigung für befreiende Konzernabschlüsse und Konzernlageberichte

(1) Das Bundesministerium der Justiz wird ermächtigt, im Einvernehmen mit dem Bundesministerium der Finanzen und dem Bundesministerium für Wirtschaft und Technologie durch Rechtsverordnung, die nicht der Zustimmung des Bundesrates bedarf, zu bestimmen, daß § 291 auf Konzernabschlüsse und Konzernlageberichte von Mutterunternehmen mit Sitz in einem Staat, der nicht Mitglied der Europäischen Union und auch nicht Vertragsstaat des Abkommens über den Europäischen Wirtschaftsraum ist, mit der Maßgabe angewendet werden darf, daß der befreiende Konzernabschluß und der befreiende Konzernlagebericht nach dem mit den Anforderungen der Richtlinie 83/349/EWG übereinstimmenden Recht eines Mitgliedstaates der Europäischen Union oder eines anderen Vertragsstaates des Abkommens über den Europäischen Wirtschaftsraum aufgestellt worden oder einem nach diesem Recht eines Mitgliedstaates der Europäischen Union oder eines anderen Vertragsstaates des Abkommens über den Europäischen Wirtschaftsraum aufgestellten Konzernabschluß und Konzernlagebericht gleichwertig sein müssen. Das Recht eines anderen Mitgliedstaates der Europäischen Union oder Vertragsstaates des Abkommens über den Europäischen Wirtschaftsraum kann einem befreienden Konzernabschluß und einem befreienden Konzernlagebericht jedoch nur zugrunde gelegt oder für die Herstellung der Gleichwertigkeit herangezogen werden, wenn diese Unterlagen in dem anderen Mitgliedstaat oder Vertragsstaat anstelle eines sonst nach dem Recht dieses Mitgliedstaates oder Vertragsstaates vorgeschriebenen Konzernabschlusses und Konzernlageberichts offengelegt werden. Die Anwendung dieser Vorschrift kann in der Rechtsverordnung nach Satz 1 davon abhängig gemacht werden, daß die nach diesem Unterabschnitt aufgestellten Konzernabschlüsse und Konzernlageberichte in dem Staat, in dem das Mutterunternehmen seinen Sitz hat, als gleichwertig mit den dort für Unternehmen mit entsprechender Rechtsform und entsprechendem Geschäftszweig vorgeschriebenen Konzernabschlüssen und Konzernlageberichten angesehen werden.

(2) Ist ein nach Absatz 1 zugelassener Konzernabschluß nicht von einem in Übereinstimmung mit den Vorschriften der Richtlinie 84/253/EWG zugelassenen Abschlußprüfer geprüft worden, so kommt ihm befreiende Wirkung nur zu, wenn der Abschlußprüfer eine den Anforderungen dieser Richtlinie gleichwertige Befähigung hat und der Konzernabschluß in einer den Anforderungen des Dritten Unterabschnitts entsprechenden Weise geprüft worden ist.

(3) In einer Rechtsverordnung nach Absatz 1 kann außerdem bestimmt werden, welche Voraussetzungen Konzernabschlüsse und Konzernlageberichte von Mutterunternehmen mit Sitz in einem Staat, der nicht Mitglied der Europäischen Union und auch nicht Vertragsstaat des Abkommens über den Europäischen Wirtschaftsraum ist, im einzelnen erfüllen müssen, um nach Absatz 1 gleichwertig zu sein, und wie die Befähigung von Abschlußprüfern beschaffen sein muß, um nach Absatz 2 gleichwertig zu sein. In der Rechtsverordnung können zusätzliche Angaben und Erläuterungen zum Konzernabschluß vorgeschrieben werden, soweit diese erforderlich sind, um die Gleichwertigkeit dieser Konzernabschlüsse und Konzernlageberichte mit solchen nach diesem Unterabschnitt oder dem Recht eines anderen Mitgliedstaates der Europäischen Union oder Vertragsstaates des Abkommens über den Europäischen Wirtschaftsraum herzustellen.

(4) Die Rechtsverordnung ist vor Verkündung dem Bundestag zuzuleiten. Sie kann durch Beschluß des Bundestages geändert oder abgelehnt werden. Der Beschluß des Bundestages wird dem Bundesministerium der Justiz zugeleitet. Das Bundesministerium der Justiz ist bei der Verkündung der Rechtsverordnung an den Beschluß gebunden. Hat sich der Bundestag nach Ablauf von drei Sitzungswochen seit Eingang einer Rechtsverordnung nicht mit ihr befaßt, so wird die unveränderte Rechtsverordnung dem Bundesministerium der Justiz zur Verkündung zugeleitet. Der Bundestag befaßt sich mit der Rechtsverordnung auf Antrag von so vielen Mitgliedern des Bundestages, wie zur Bildung einer Fraktion erforderlich sind.

§ 292a
Befreiung von der Aufstellungspflicht

(1) Ein Mutterunternehmen, das einen organisierten Markt im Sinne des § 2 Abs. 5 des Wertpapierhandelsgesetzes durch von ihm oder einem seiner Tochterunternehmen ausgegebene Wertpapiere im Sinne des § 2 Abs. 1 Satz 1 des Wertpapierhandelsgesetzes in Anspruch nimmt, braucht einen Konzernabschluß und einen Konzernlagebericht nach den Vorschriften dieses Unterabschnitts nicht aufzustellen, wenn es einen den Anforderungen des Absatzes 2 entsprechenden Konzernabschluß und Konzernlagebericht aufstellt und ihn in deutscher Sprache und Euro nach den §§ 325, 328 offenlegt. Satz 1 gilt auch, wenn die Zulassung zum Handel an einem organisierten Markt beantragt worden ist. Bei der Offenlegung der befreienden Unterlagen ist ausdrücklich darauf hinzuweisen, daß es sich um einen nicht nach deutschem Recht aufgestellten Konzernabschluß und Konzernlagebericht handelt.

(2) Der Konzernabschluß und der Konzernlagebericht haben befreiende Wirkung, wenn
1. das Mutterunternehmen und seine Tochterunternehmen in den befreienden Konzernabschluß unbeschadet der §§ 295, 296 einbezogen worden sind,
2. der Konzernabschluß und der Konzernlagebericht
   a) nach international anerkannten Rechnungslegungsgrundsätzen aufgestellt worden sind,
   b) im Einklang mit der Richtlinie 83/349/EWG und gegebenenfalls den für Kreditinstitute und Versicherungsunternehmen in § 291 Abs. 2 Satz 2 bezeichneten Richtlinien stehen,
3. die Aussagekraft der danach aufgestellten Unterlagen der Aussagekraft eines nach den Vorschriften dieses Unterabschnitts aufgestellten Konzernabschlusses und Konzernlageberichts gleichwertig ist,

4. der Anhang oder die Erläuterungen zum Konzernabschluß die folgenden Angaben enthält:
   a) die Bezeichnung der angewandten Rechnungslegungsgrundsätze,
   b) eine Erläuterung der vom deutschen Recht abweichenden Bilanzierungs-, Bewertungs- und Konsolidierungsmethoden, und
5. die befreienden Unterlagen von dem nach § 318 bestellten Abschlußprüfer geprüft worden sind und von dem Abschlußprüfer außerdem bestätigt worden ist, daß die Bedingungen für die Befreiung erfüllt sind.

(3) Das Bundesministerium der Justiz kann im Einvernehmen mit dem Bundesministerium der Finanzen und dem Bundesministerium für Wirtschaft und Technologie durch Rechtsverordnung bestimmen, welche Voraussetzungen Konzernabschlüsse und Konzernlageberichte von Mutterunternehmen im einzelnen erfüllen müssen, um nach Absatz 2 Nr. 3 gleichwertig zu sein. Dies kann auch in der Weise geschehen, daß Rechnungslegungsgrundsätze bezeichnet werden, bei deren Anwendung die Gleichwertigkeit gegeben ist.

§ 293
Größenabhängige Befreiung

(1) Ein Mutterunternehmen ist von der Pflicht, einen Konzernabschluß und einen Konzernlagebericht aufzustellen, befreit, wenn
1. am Abschlußstichtag seines Jahresabschlusses und am vorhergehenden Abschlußstichtag mindestens zwei der drei nachstehenden Merkmale zutreffen:
   a) Die Bilanzsummen in den Bilanzen des Mutterunternehmens und der Tochterunternehmen, die in den Konzernabschluß einzubeziehen wären, übersteigen insgesamt nach Abzug von in den Bilanzen auf der Aktivseite ausgewiesenen Fehlbeträgen nicht 16 500 000 Euro.
   b) Die Umsatzerlöse des Mutterunternehmens und der Tochterunternehmen, die in den Konzernabschluß einzubeziehen wären, übersteigen in den zwölf Monaten vor dem Abschlußstichtag insgesamt nicht 33 000 000 Euro.
   c) Das Mutterunternehmen und die Tochterunternehmen, die in den Konzernabschluß einzubeziehen wären, haben in den zwölf Monaten vor dem Abschlußstichtag im Jahresdurchschnitt nicht mehr als 250 Arbeitnehmer beschäftigt;
oder
2. am Abschlußstichtag eines von ihm aufzustellenden Konzernabschlusses und am vorhergehenden Abschlußstichtag mindestens zwei der drei nachstehenden Merkmale zutreffen:
   a) Die Bilanzsumme übersteigt nach Abzug eines auf der Aktivseite ausgewiesenen Fehlbetrags nicht 13 750 000 Euro.
   b) Die Umsatzerlöse in den zwölf Monaten vor dem Abschlußstichtag übersteigen nicht 27 500 000 Euro.
   c) Das Mutterunternehmen und die in den Konzernabschluß einbezogenen Tochterunternehmen haben in den zwölf Monaten vor dem Abschlußstichtag im Jahresdurchschnitt nicht mehr als 250 Arbeitnehmer beschäftigt.
Auf die Ermittlung der durchschnittlichen Zahl der Arbeitnehmer ist § 267 Abs. 5 anzuwenden.

(2), (3) *(aufgehoben)*

(4) Außer in den Fällen des Absatzes 1 ist ein Mutterunternehmen von der Pflicht zur Aufstellung des Konzernabschlusses und des Konzernlageberichts befreit, wenn

die Voraussetzungen des Absatzes 1 nur am Abschlußstichtag oder am vorhergehenden Abschlußstichtag erfüllt sind und das Mutterunternehmen am vorhergehenden Abschlußstichtag von der Pflicht zur Aufstellung des Konzernabschlusses und des Konzernlageberichts befreit war.

(5) Die Absätze 1 und 4 sind nicht anzuwenden, wenn das Mutterunternehmen oder ein in den Konzernabschluß des Mutterunternehmens einbezogenen Tochterunternehmen am Abschlußstichtag einen organisierten Markt im Sinne des § 2 Abs. 5 des Wertpapierhandelsgesetzes durch von ihm ausgegebene Wertpapiere im Sinne des § 2 Abs. 1 Satz 1 des Wertpapierhandelsgesetzes in Anspruch nimmt oder die Zulassung zum Handel an einem organisierten Markt beantragt worden ist.

Zweiter Titel

Konsolidierungskreis

§ 294

Einzubeziehende Unternehmen. Vorlage- und Auskunftspflichten

(1) In den Konzernabschluß sind das Mutterunternehmen und alle Tochterunternehmen ohne Rücksicht auf den Sitz der Tochterunternehmen einzubeziehen, sofern die Einbeziehung nicht nach den §§ 295, 296 unterbleibt.

(2) Hat sich die Zusammensetzung der in den Konzernabschluß einbezogenen Unternehmen im Laufe des Geschäftsjahrs wesentlich geändert, so sind in den Konzernabschluß Angaben aufzunehmen, die es ermöglichen, die aufeinanderfolgenden Konzernabschlüsse sinnvoll zu vergleichen. Dieser Verpflichtung kann auch dadurch entsprochen werden, daß die entsprechenden Beträge des vorhergehenden Konzernabschlusses an die Änderung angepaßt werden.

(3) Die Tochterunternehmen haben dem Mutterunternehmen ihre Jahresabschlüsse, Lageberichte, Konzernabschlüsse, Konzernlageberichte und, wenn eine Prüfung des Jahresabschlusses oder des Konzernabschlusses stattgefunden hat, die Prüfungsberichte sowie, wenn ein Zwischenabschluß aufzustellen ist, einen auf den Stichtag des Konzernabschlusses aufgestellten Abschluß unverzüglich einzureichen. Das Mutterunternehmen kann von jedem Tochterunternehmen alle Aufklärungen und Nachweise verlangen, welche die Aufstellung des Konzernabschlusses und des Konzernlageberichts erfordert.

§ 295

Verbot der Einbeziehung

(1) Ein Tochterunternehmen darf in den Konzernabschluß nicht einbezogen werden, wenn sich seine Tätigkeit von der Tätigkeit der anderen einbezogenen Unternehmen derart unterscheidet, daß die Einbeziehung in den Konzernabschluß mit der Verpflichtung, ein den tatsächlichen Verhältnissen entsprechendes Bild der Vermögens-, Finanz- und Ertragslage des Konzerns zu vermitteln, unvereinbar ist; § 311 über die Einbeziehung von assoziierten Unternehmen bleibt unberührt.

(2) Absatz 1 ist nicht allein deshalb anzuwenden, weil die in den Konzernabschluß einbezogenen Unternehmen teils Industrie-, teils Handels- und teils Dienstleistungsunternehmen sind oder weil diese Unternehmen unterschiedliche Erzeugnisse herstellen, mit unterschiedlichen Erzeugnissen Handel treiben oder Dienstleistungen unterschiedlicher Art erbringen.

(3) Die Anwendung des Absatzes 1 ist im Konzernanhang anzugeben und zu begründen. Wird der Jahresabschluß oder der Konzernabschluß eines nach Absatz 1 nicht einbezogenen Unternehmens im Geltungsbereich dieses Gesetzes nicht offengelegt, so ist er gemeinsam mit dem Konzernabschluß zum Handelsregister einzureichen.

§ 296
Verzicht auf die Einbeziehung

(1) Ein Tochterunternehmen braucht in den Konzernabschluß nicht einbezogen zu werden, wenn

1. erhebliche und andauernde Beschränkungen die Ausübung der Rechte des Mutterunternehmens in bezug auf das Vermögen oder die Geschäftsführung dieses Unternehmens nachhaltig beeinträchtigen,
2. die für die Aufstellung des Konzernabschlusses erforderlichen Angaben nicht ohne unverhältnismäßig hohe Kosten oder Verzögerungen zu erhalten sind oder
3. die Anteile des Tochterunternehmens ausschließlich zum Zwecke ihrer Weiterveräußerung gehalten werden.

(2) Ein Tochterunternehmen braucht in den Konzernabschluß nicht einbezogen zu werden, wenn es für die Verpflichtung, ein den tatsächlichen Verhältnissen entsprechendes Bild der Vermögens-, Finanz- und Ertragslage des Konzerns zu vermitteln, von untergeordneter Bedeutung ist. Entsprechen mehrere Tochterunternehmen der Voraussetzung des Satzes 1, so sind diese Unternehmen in den Konzernabschluß einzubeziehen, wenn sie zusammen nicht von untergeordneter Bedeutung sind.

(3) Die Anwendung der Absätze 1 und 2 ist im Konzernanhang zu begründen.

Dritter Titel
Inhalt und Form des Konzernabschlusses

§ 297
Inhalt

(1) Der Konzernabschluß besteht aus der Konzernbilanz, der Konzern-Gewinn- und Verlustrechnung und dem Konzernanhang, die eine Einheit bilden. Die gesetzlichen Vertreter eines börsennotierten Mutterunternehmens haben den Konzernanhang um eine Kapitalflußrechnung und eine Segmentberichterstattung zu erweitern.

(2) Der Konzernabschluß ist klar und übersichtlich aufzustellen. Er hat unter Beachtung der Grundsätze ordnungsmäßiger Buchführung ein den tatsächlichen Ver-

hältnissen entsprechendes Bild der Vermögens-, Finanz- und Ertragslage des Konzerns zu vermitteln. Führen besondere Umstände dazu, daß der Konzernabschluß ein den tatsächlichen Verhältnissen entsprechendes Bild im Sinne des Satzes 2 nicht vermittelt, so sind im Konzernanhang zusätzliche Angaben zu machen.

(3) Im Konzernabschluß ist die Vermögens-, Finanz- und Ertragslage der einbezogenen Unternehmen so darzustellen, als ob diese Unternehmen insgesamt ein einziges Unternehmen wären. Die auf den vorhergehenden Konzernabschluß angewandten Konsolidierungsmethoden sollen beibehalten werden. Abweichungen von Satz 2 sind in Ausnahmefällen zulässig. Sie sind im Konzernanhang anzugeben und zu begründen. Ihr Einfluß auf die Vermögens-, Finanz- und Ertragslage des Konzerns ist anzugeben.

§ 298
Anzuwendende Vorschriften. Erleichterungen

(1) Auf den Konzernabschluß sind, soweit seine Eigenart keine Abweichung bedingt oder in den folgenden Vorschriften nichts anderes bestimmt ist, die §§ 244 bis 256, §§ 265, 266, 268 bis 275, §§ 277 bis 283 über den Jahresabschluß und die für die Rechtsform und den Geschäftszweig der in den Konzernabschluß einbezogenen Unternehmen mit Sitz im Geltungsbereich dieses Gesetzes geltenden Vorschriften, soweit sie für große Kapitalgesellschaften gelten, entsprechend anzuwenden.

(2) In der Gliederung der Konzernbilanz dürfen die Vorräte in einem Posten zusammengefaßt werden, wenn deren Aufgliederung wegen besonderer Umstände mit einem unverhältnismäßigen Aufwand verbunden wäre.

(3) Der Konzernanhang und der Anhang des Jahresabschlusses des Mutterunternehmens dürfen zusammengefaßt werden. In diesem Falle müssen der Konzernabschluß und der Jahresabschluß des Mutterunternehmens gemeinsam offengelegt werden. Bei Anwendung des Satzes 1 dürfen auch die Prüfungsberichte und die Bestätigungsvermerke jeweils zusammengefaßt werden.

§ 299
Stichtag für die Aufstellung

(1) Der Konzernabschluß ist auf den Stichtag des Jahresabschlusses des Mutterunternehmens oder auf den hiervon abweichenden Stichtag der Jahresabschlüsse der bedeutendsten oder der Mehrzahl der in den Konzernabschluß einbezogenen Unternehmen aufzustellen; die Abweichung vom Abschlußstichtag des Mutterunternehmens ist im Konzernanhang anzugeben und zu begründen.

(2) Die Jahresabschlüsse der in den Konzernabschluß einbezogenen Unternehmen sollen auf den Stichtag des Konzernabschlusses aufgestellt werden. Liegt der Abschlußstichtag eines Unternehmens um mehr als drei Monate vor dem Stichtag des Konzernabschlusses, so ist dieses Unternehmen auf Grund eines auf den Stichtag und den Zeitraum des Konzernabschlusses aufgestellten Zwischenabschlusses in den Konzernabschluß einzubeziehen.

(3) Wird bei abweichenden Abschlußstichtagen ein Unternehmen nicht auf der Grundlage eines auf den Stichtag und den Zeitraum des Konzernabschlusses aufgestellten Zwischenabschlusses in den Konzernabschluß einbezogen, so sind Vorgänge

von besonderer Bedeutung für die Vermögens-, Finanz- und Ertragslage eines in den Konzernabschluß einbezogenen Unternehmens, die zwischen dem Abschlußstichtag dieses Unternehmens und dem Abschlußstichtag des Konzernabschlusses eingetreten sind, in der Konzernbilanz und der Konzern-Gewinn- und Verlustrechnung zu berücksichtigen oder im Konzernanhang anzugeben.

Vierter Titel

Vollkonsolidierung

§ 300

Konsolidierungsgrundsätze. Vollständigkeitsgebot

(1) In dem Konzernabschluß ist der Jahresabschluß des Mutterunternehmens mit den Jahresabschlüssen der Tochterunternehmen zusammenzufassen. An die Stelle der dem Mutterunternehmen gehörenden Anteile an den einbezogenen Tochterunternehmen treten die Vermögensgegenstände, Schulden, Rechnungsabgrenzungsposten, Bilanzierungshilfen und Sonderposten der Tochterunternehmen, soweit sie nach dem Recht des Mutterunternehmens bilanzierungsfähig sind und die Eigenart des Konzernabschlusses keine Abweichungen bedingt oder in den folgenden Vorschriften nichts anderes bestimmt ist.

(2) Die Vermögensgegenstände, Schulden und Rechnungsabgrenzungsposten sowie die Erträge und Aufwendungen der in den Konzernabschluß einbezogenen Unternehmen sind unabhängig von ihrer Berücksichtigung in den Jahresabschlüssen dieser Unternehmen vollständig aufzunehmen, soweit nach dem Recht des Mutterunternehmens nicht ein Bilanzierungsverbot oder ein Bilanzierungswahlrecht besteht. Nach dem Recht des Mutterunternehmens zulässige Bilanzierungswahlrechte dürfen im Konzernabschluß unabhängig von ihrer Ausübung in den Jahresabschlüssen der in den Konzernabschluß einbezogenen Unternehmen ausgeübt werden. Ansätze, die auf der Anwendung von für Kreditinstitute oder Versicherungsunternehmen wegen der Besonderheiten des Geschäftszweigs geltenden Vorschriften beruhen, dürfen beibehalten werden; auf die Anwendung dieser Ausnahme ist im Konzernanhang hinzuweisen.

§ 301

Kapitalkonsolidierung

(1) Der Wertansatz der dem Mutterunternehmen gehörenden Anteile an einem in den Konzernabschluß einbezogenen Tochterunternehmen wird mit dem auf diese Anteile entfallenden Betrag des Eigenkapitals des Tochterunternehmens verrechnet. Das Eigenkapital ist anzusetzen

1. entweder mit dem Betrag, der dem Buchwert der in den Konzernabschluß aufzunehmenden Vermögensgegenstände, Schulden, Rechnungsabgrenzungsposten, Bilanzierungshilfen und Sonderposten, gegebenenfalls nach Anpassung der Wertansätze nach § 308 Abs. 2, entspricht, oder

2. mit dem Betrag, der dem Wert der in den Konzernabschluß aufzunehmenden Vermögensgegenstände, Schulden, Rechnungsabgrenzungsposten, Bilanzierungshilfen und Sonderposten entspricht, der diesen an dem für die Verrechnung nach Absatz 2 gewählten Zeitpunkt beizulegen ist.

Bei Ansatz mit dem Buchwert nach Satz 2 Nr. 1 ist ein sich ergebender Unterschiedsbetrag den Wertansätzen von in der Konzernbilanz anzusetzenden Vermögensgegenständen und Schulden des jeweiligen Tochterunternehmens insoweit zuzuschreiben oder mit diesen zu verrechnen, als deren Wert höher oder niedriger ist als der bisherige Wertansatz. Bei Ansatz mit den Werten nach Satz 2 Nr. 2 darf das anteilige Eigenkapital nicht mit einem Betrag angesetzt werden, der die Anschaffungskosten des Mutterunternehmens für die Anteile an dem einbezogenen Tochterunternehmen überschreitet. Die angewandte Methode ist im Konzernanhang anzugeben.

(2) Die Verrechnung nach Absatz 1 wird auf der Grundlage der Wertansätze zum Zeitpunkt des Erwerbs der Anteile oder der erstmaligen Einbeziehung des Tochterunternehmens in den Konzernabschluß oder, beim Erwerb der Anteile zu verschiedenen Zeitpunkten, zu dem Zeitpunkt, zu dem das Unternehmen Tochterunternehmen geworden ist, durchgeführt. Der gewählte Zeitpunkt ist im Konzernanhang anzugeben.

(3) Ein bei der Verrechnung nach Absatz 1 Satz 2 Nr. 2 entstehender oder ein nach Zuschreibung oder Verrechnung nach Absatz 1 Satz 3 verbleibender Unterschiedsbetrag ist in der Konzernbilanz, wenn er auf der Aktivseite entsteht, als Geschäfts- oder Firmenwert und, wenn er auf der Passivseite entsteht, als Unterschiedsbetrag aus der Kapitalkonsolidierung auszuweisen. Der Posten und wesentliche Änderungen gegenüber dem Vorjahr sind im Anhang zu erläutern. Werden Unterschiedsbeträge der Aktivseite mit solchen der Passivseite verrechnet, so sind die verrechneten Beträge im Anhang anzugeben.

(4) Absatz 1 ist nicht auf Anteile an dem Mutterunternehmen anzuwenden, die dem Mutterunternehmen oder einem in den Konzernabschluß einbezogenen Tochterunternehmen gehören. Solche Anteile sind in der Konzernbilanz als eigene Anteile im Umlaufvermögen gesondert auszuweisen.

§ 302
Kapitalkonsolidierung bei Interessenzusammenführung

(1) Ein Mutterunternehmen darf die in § 301 Abs. 1 vorgeschriebene Verrechnung der Anteile unter den folgenden Voraussetzungen auf das gezeichnete Kapital des Tochterunternehmens beschränken:

1. die zu verrechnenden Anteile betragen mindestens neunzig vom Hundert des Nennbetrags oder, falls ein Nennbetrag nicht vorhanden ist, des rechnerischen Wertes der Anteile des Tochterunternehmens, die nicht eigene Anteile sind,
2. die Anteile sind auf Grund einer Vereinbarung erworben worden, die die Ausgabe von Anteilen eines in den Konzernabschluß einbezogenen Unternehmens vorsieht, und
3. eine in der Vereinbarung vorgesehene Barzahlung übersteigt nicht zehn vom Hundert des Nennbetrags, oder, falls ein Nennbetrag nicht vorhanden ist, des rechnerischen Wertes der ausgegebenen Anteile.

(2) Ein sich nach Absatz 1 ergebender Unterschiedsbetrag ist, wenn er auf der Aktivseite entsteht, mit den Rücklagen zu verrechnen oder, wenn er auf der Passivseite entsteht, den Rücklagen hinzuzurechnen.

(3) Die Anwendung der Methode nach Absatz 1 und die sich daraus ergebenden Veränderungen der Rücklage sowie Name und Sitz des Unternehmens sind im Konzernanhang anzugeben.

§ 303
Schuldenkonsolidierung

(1) Ausleihungen und andere Forderungen, Rückstellungen und Verbindlichkeiten zwischen den in den Konzernabschluß einbezogenen Unternehmen sowie entsprechende Rechnungsabgrenzungsposten sind wegzulassen.

(2) Absatz 1 braucht nicht angewendet zu werden, wenn die wegzulassenden Beträge für die Vermittlung eines den tatsächlichen Verhältnissen entsprechenden Bildes der Vermögens-, Finanz- und Ertragslage des Konzerns nur von untergeordneter Bedeutung sind.

§ 304
Behandlung der Zwischenergebnisse

(1) In den Konzernabschluß zu übernehmende Vermögensgegenstände, die ganz oder teilweise auf Lieferungen oder Leistungen zwischen in den Konzernabschluß einbezogenen Unternehmen beruhen, sind in der Konzernbilanz mit einem Betrag anzusetzen, zu dem sie in der auf den Stichtag des Konzernabschlusses aufgestellten Jahresbilanz dieses Unternehmens angesetzt werden könnten, wenn die in den Konzernabschluß einbezogenen Unternehmen auch rechtlich ein einziges Unternehmen bilden würden.

(2) Absatz 1 braucht nicht angewendet zu werden, wenn die Lieferung oder Leistung zu üblichen Marktbedingungen vorgenommen worden ist und die Ermittlung des nach Absatz 1 vorgeschriebenen Wertansatzes einen unverhältnismäßig hohen Aufwand erfordern würde. Die Anwendung des Satzes 1 ist im Konzernanhang anzugeben und, wenn der Einfluß auf die Vermögens-, Finanz- und Ertragslage des Konzerns wesentlich ist, zu erläutern.

(3) Absatz 1 braucht außerdem nicht angewendet zu werden, wenn die Behandlung der Zwischenergebnisse nach Absatz 1 für die Vermittlung eines den tatsächlichen Verhältnissen entsprechenden Bildes der Vermögens-, Finanz- und Ertragslage des Konzerns nur von untergeordneter Bedeutung ist.

§ 305
Aufwands- und Ertragskonsolidierung

(1) In der Konzern-Gewinn- und Verlustrechnung sind
1. bei den Umsatzerlösen die Erlöse aus Lieferungen und Leistungen zwischen den in den Konzernabschluß einbezogenen Unternehmen mit den auf sie entfallenden Aufwendungen zu verrechnen, soweit sie nicht als Erhöhung des Bestands an fertigen und unfertigen Erzeugnissen oder als andere aktivierte Eigenleistungen auszuweisen sind,
2. andere Erträge aus Lieferungen und Leistungen zwischen den in den Konzernabschluß einbezogenen Unternehmen mit den auf sie entfallenden Aufwendungen zu verrechnen, soweit sie nicht als andere aktivierte Eigenleistungen auszuweisen sind.

(2) Aufwendungen und Erträge brauchen nach Absatz 1 nicht weggelassen zu werden, wenn die wegzulassenden Beträge für die Vermittlung eines den tatsächlichen Verhältnissen entsprechenden Bildes der Vermögens-, Finanz- und Ertragslage des Konzerns nur von untergeordneter Bedeutung sind.

§ 306

Steuerabgrenzung

Ist das im Konzernabschluß ausgewiesene Jahresergebnis auf Grund von Maßnahmen, die nach den Vorschriften dieses Titels durchgeführt worden sind, niedriger oder höher als die Summe der Einzelergebnisse der in den Konzernabschluß einbezogenen Unternehmen, so ist der sich für das Geschäftsjahr und frühere Geschäftsjahre ergebende Steueraufwand, wenn er im Verhältnis zum Jahresergebnis zu hoch ist, durch Bildung eines Abgrenzungspostens auf der Aktivseite oder, wenn er im Verhältnis zum Jahresergebnis zu niedrig ist, durch Bildung einer Rückstellung nach § 249 Abs. 1 Satz 1 anzupassen, soweit sich der zu hohe oder der zu niedrige Steueraufwand in späteren Geschäftsjahren voraussichtlich ausgleicht. Der Posten ist in der Konzernbilanz oder im Konzernanhang gesondert anzugeben. Er darf mit den Posten nach § 274 zusammengefaßt werden.

§ 307

Anteile anderer Gesellschafter

(1) In der Konzernbilanz ist für nicht dem Mutterunternehmen gehörende Anteile an in den Konzernabschluß einbezogenen Tochterunternehmen ein Ausgleichsposten für die Anteile der anderen Gesellschafter in Höhe ihres Anteils am Eigenkapital unter entsprechender Bezeichnung innerhalb des Eigenkapitals gesondert auszuweisen. In den Ausgleichsposten sind auch die Beträge einzubeziehen, die bei Anwendung der Kapitalkonsolidierungsmethode nach § 301 Abs. 1 Satz 2 Nr. 2 dem Anteil der anderen Gesellschafter am Eigenkapital entsprechen.

(2) In der Konzern-Gewinn- und Verlustrechnung ist der im Jahresergebnis enthaltene, anderen Gesellschaftern zustehende Gewinn und der auf sie entfallende Verlust nach dem Posten „Jahresüberschuß/Jahresfehlbetrag" unter entsprechender Bezeichnung gesondert auszuweisen.

Fünfter Titel

Bewertungsvorschriften

§ 308

Einheitliche Bewertung

(1) Die in den Konzernabschluß nach § 300 Abs. 2 übernommenen Vermögensgegenstände und Schulden der in den Konzernabschluß einbezogenen Unternehmen sind nach den auf den Jahresabschluß des Mutterunternehmens anwendbaren Bewer-

tungsmethoden einheitlich zu bewerten. Nach dem Recht des Mutterunternehmens zulässige Bewertungswahlrechte können im Konzernabschluß unabhängig von ihrer Ausübung in den Jahresabschlüssen der in den Konzernabschluß einbezogenen Unternehmen ausgeübt werden. Abweichungen von den auf den Jahresabschluß des Mutterunternehmens angewandten Bewertungsmethoden sind im Konzernanhang anzugeben und zu begründen.

(2) Sind in den Konzernabschluß aufzunehmende Vermögensgegenstände oder Schulden des Mutterunternehmens oder der Tochterunternehmen in den Jahresabschlüssen dieser Unternehmen nach Methoden bewertet worden, die sich von denen unterscheiden, die auf den Konzernabschluß anzuwenden sind oder die von den gesetzlichen Vertretern des Mutterunternehmens in Ausübung von Bewertungswahlrechten auf den Konzernabschluß angewendet werden, so sind die abweichend bewerteten Vermögensgegenstände oder Schulden nach den auf den Konzernabschluß angewandten Bewertungsmethoden neu zu bewerten und mit den neuen Wertansätzen in den Konzernabschluß zu übernehmen. Wertansätze, die auf der Anwendung von für Kreditinstitute oder Versicherungsunternehmen wegen der Besonderheiten des Geschäftszweigs geltenden Vorschriften beruhen, dürfen beibehalten werden; auf die Anwendung dieser Ausnahme ist im Konzernanhang hinzuweisen. Eine einheitliche Bewertung nach Satz 1 braucht nicht vorgenommen zu werden, wenn ihre Auswirkungen für die Vermittlung eines den tatsächlichen Verhältnissen entsprechenden Bildes der Vermögens-, Finanz- und Ertragslage des Konzerns nur von untergeordneter Bedeutung sind. Darüber hinaus sind Abweichungen in Ausnahmefällen zulässig; sie sind im Konzernanhang anzugeben und zu begründen.

(3) Wurden in den Konzernabschluß zu übernehmende Vermögensgegenstände oder Schulden im Jahresabschluß eines in den Konzernabschluß einbezogenen Unternehmens mit einem nur nach Steuerrecht zulässigen Wert angesetzt, weil dieser Wertansatz sonst nicht bei der steuerrechtlichen Gewinnermittlung berücksichtigt werden würde, oder ist aus diesem Grunde auf der Passivseite ein Sonderposten gebildet worden, so dürfen diese Wertansätze unverändert in den Konzernabschluß übernommen werden. Der Betrag der im Geschäftsjahr nach Satz 1 in den Jahresabschlüssen vorgenommenen Abschreibungen, Wertberichtigungen und Einstellungen in Sonderposten sowie der Betrag der unterlassenen Zuschreibungen sind im Konzernanhang anzugeben; die Maßnahmen sind zu begründen.

§ 309
Behandlung des Unterschiedsbetrags

(1) Ein nach § 301 Abs. 3 auszuweisender Geschäfts- oder Firmenwert ist in jedem folgenden Geschäftsjahr zu mindestens einem Viertel durch Abschreibungen zu tilgen. Die Abschreibung des Geschäfts- oder Firmenwerts kann aber auch planmäßig auf die Geschäftsjahre verteilt werden, in denen er voraussichtlich genutzt werden kann. Der Geschäfts- oder Firmenwert darf auch offen mit den Rücklagen verrechnet werden.

(2) Ein nach § 301 Abs. 3 auf der Passivseite auszuweisender Unterschiedsbetrag darf ergebniswirksam nur aufgelöst werden, soweit
1. eine zum Zeitpunkt des Erwerbs der Anteile oder der erstmaligen Konsolidierung erwartete ungünstige Entwicklung der künftigen Ertragslage des Unternehmens

eingetreten ist oder zu diesem Zeitpunkt erwartete Aufwendungen zu berücksichtigen sind oder

2. am Abschlußstichtag feststeht, daß er einem realisierten Gewinn entspricht.

Sechster Titel

Anteilmäßige Konsolidierung

§ 310

(1) Führt ein in einen Konzernabschluß einbezogenes Mutter- oder Tochterunternehmen ein anderes Unternehmen gemeinsam mit einem oder mehreren nicht in den Konzernabschluß einbezogenen Unternehmen, so darf das andere Unternehmen in den Konzernabschluß entsprechend den Anteilen am Kapital einbezogen werden, die dem Mutterunternehmen gehören.

(2) Auf die anteilmäßige Konsolidierung sind die §§ 297 bis 301, §§ 303 bis 306, 308, 309 entsprechend anzuwenden.

Siebenter Titel

Assoziierte Unternehmen

§ 311

Definition. Befreiung

(1) Wird von einem in den Konzernabschluß einbezogenen Unternehmen ein maßgeblicher Einfluß auf die Geschäfts- und Finanzpolitik eines nicht einbezogenen Unternehmens, an dem das Unternehmen nach § 271 Abs. 1 beteiligt ist, ausgeübt (assoziiertes Unternehmen), so ist diese Beteiligung in der Konzernbilanz unter einem besonderen Posten mit entsprechender Bezeichnung auszuweisen. Ein maßgeblicher Einfluß wird vermutet, wenn ein Unternehmen bei einem anderen Unternehmen mindestens den fünften Teil der Stimmrechte der Gesellschafter innehat.

(2) Auf eine Beteiligung an einem assoziierten Unternehmen brauchen Absatz 1 und § 312 nicht angewendet zu werden, wenn die Beteiligung für die Vermittlung eines den tatsächlichen Verhältnissen entsprechenden Bildes der Vermögens-, Finanz- und Ertragslage des Konzerns von untergeordneter Bedeutung ist.

§ 312

Wertansatz der Beteiligung und Behandlung des Unterschiedsbetrags

(1) Eine Beteiligung an einem assoziierten Unternehmen ist in der Konzernbilanz

1. entweder mit dem Buchwert oder
2. mit dem Betrag, der dem anteiligen Eigenkapital des assoziierten Unternehmens entspricht,

anzusetzen. Bei Ansatz mit dem Buchwert nach Satz 1 Nr. 1 ist der Unterschiedsbetrag zwischen diesem Wert und dem anteiligen Eigenkapital des assoziierten Unternehmens bei erstmaliger Anwendung in der Konzernbilanz zu vermerken oder im Konzernanhang anzugeben. Bei Ansatz mit dem anteiligen Eigenkapital nach Satz 1 Nr. 2 ist das Eigenkapital mit dem Betrag anzusetzen, der sich ergibt, wenn die Vermögensgegenstände, Schulden, Rechnungsabgrenzungsposten, Bilanzierungshilfen und Sonderposten des assoziierten Unternehmens mit dem Wert angesetzt werden, der ihnen an dem nach Absatz 3 gewählten Zeitpunkt beizulegen ist, jedoch darf dieser Betrag die Anschaffungskosten für die Anteile an dem assoziierten Unternehmen nicht überschreiten; der Unterschiedsbetrag zwischen diesem Wertansatz und dem Buchwert der Beteiligung ist bei erstmaliger Anwendung in der Konzernbilanz gesondert auszuweisen oder im Konzernanhang anzugeben. Die angewandte Methode ist im Konzernanhang anzugeben.

(2) Der Unterschiedsbetrag nach Absatz 1 Satz 2 ist den Wertansätzen von Vermögensgegenständen und Schulden des assoziierten Unternehmens insoweit zuzuordnen, als deren Wert höher oder niedriger ist als der bisherige Wertansatz. Der nach Satz 1 zugeordnete oder der sich nach Absatz 1 Satz 1 Nr. 2 ergebende Betrag ist entsprechend der Behandlung der Wertansätze dieser Vermögensgegenstände und Schulden im Jahresabschluß des assoziierten Unternehmens im Konzernabschluß fortzuführen, abzuschreiben oder aufzulösen. Auf einen nach Zuordnung nach Satz 1 verbleibenden Unterschiedsbetrag und einen Unterschiedsbetrag nach Absatz 1 Satz 3 zweiter Halbsatz ist § 309 entsprechend anzuwenden.

(3) Der Wertansatz der Beteiligung und die Unterschiedsbeträge werden auf der Grundlage der Wertansätze zum Zeitpunkt des Erwerbs der Anteile oder der erstmaligen Einbeziehung des assoziierten Unternehmens in den Konzernabschluß oder beim Erwerb der Anteile zu verschiedenen Zeitpunkten zu dem Zeitpunkt, zu dem das Unternehmen assoziiertes Unternehmen geworden ist, ermittelt. Der gewählte Zeitpunkt ist im Konzernanhang anzugeben.

(4) Der nach Absatz 1 ermittelte Wertansatz einer Beteiligung ist in den Folgejahren um den Betrag der Eigenkapitalveränderungen, die den dem Mutterunternehmen gehörenden Anteilen am Kapital des assoziierten Unternehmens entsprechen, zu erhöhen oder zu vermindern; auf die Beteiligung entfallende Gewinnausschüttungen sind abzusetzen. In der Konzern-Gewinn- und Verlustrechnung ist das auf assoziierte Beteiligungen entfallende Ergebnis unter einem gesonderten Posten auszuweisen.

(5) Wendet das assoziierte Unternehmen in seinem Jahresabschluß vom Konzernabschluß abweichende Bewertungsmethoden an, so können abweichend bewertete Vermögensgegenstände oder Schulden für die Zwecke der Absätze 1 bis 4 nach den auf den Konzernabschluß angewandten Bewertungsmethoden bewertet werden. Wird die Bewertung nicht angepaßt, so ist dies im Konzernanhang anzugeben. § 304 über die Behandlung der Zwischenergebnisse ist entsprechend anzuwenden, soweit die für die Beurteilung maßgeblichen Sachverhalte bekannt oder zugänglich sind. Die Zwischenergebnisse dürfen auch anteilig entsprechend den dem Mutterunternehmen gehörenden Anteilen am Kapital des assoziierten Unternehmens weggelassen werden.

(6) Es ist jeweils der letzte Jahresabschluß des assoziierten Unternehmens zugrunde zu legen. Stellt das assoziierte Unternehmen einen Konzernabschluß auf, so ist von diesem und nicht vom Jahresabschluß des assoziierten Unternehmens auszugehen.

Achter Titel
Konzernanhang

§ 313
Erläuterung der Konzernbilanz und der Konzern-Gewinn- und Verlustrechnung. Angaben zum Beteiligungsbesitz

(1) In den Konzernanhang sind diejenigen Angaben aufzunehmen, die zu einzelnen Posten der Konzernbilanz oder der Konzern-Gewinn- und Verlustrechnung vorgeschrieben oder die im Konzernanhang zu machen sind, weil sie in Ausübung eines Wahlrechts nicht in die Konzernbilanz oder in die Konzern-Gewinn- und Verlustrechnung aufgenommen wurden. Im Konzernanhang müssen

1. die auf die Posten der Konzernbilanz und der Konzern-Gewinn- und Verlustrechnung angewandten Bilanzierungs- und Bewertungsmethoden angegeben werden;
2. die Grundlagen für die Umrechnung in Euro angegeben werden, sofern der Konzernabschluß Posten enthält, denen Beträge zugrunde liegen, die auf fremde Währung lauten oder ursprünglich auf fremde Währung lauteten;
3. Abweichungen von Bilanzierungs-, Bewertungs- und Konsolidierungsmethoden angegeben und begründet werden; deren Einfluß auf die Vermögens-, Finanz- und Ertragslage des Konzerns ist gesondert darzustellen.

(2) Im Konzernanhang sind außerdem anzugeben:

1. Name und Sitz der in den Konzernabschluß einbezogenen Unternehmen, der Anteil am Kapital der Tochterunternehmen, der dem Mutterunternehmen und den in den Konzernabschluß einbezogenen Tochterunternehmen gehört oder von einer für Rechnung dieser Unternehmen handelnden Person gehalten wird, sowie der zur Einbeziehung in den Konzernabschluß verpflichtende Sachverhalt, sofern die Einbeziehung nicht auf einer der Kapitalbeteiligung entsprechenden Mehrheit der Stimmrechte beruht. Diese Angaben sind auch für Tochterunternehmen zu machen, die nach den §§ 295, 296 nicht einbezogen worden sind;
2. Name und Sitz der assoziierten Unternehmen, der Anteil am Kapital der assoziierten Unternehmen, der dem Mutterunternehmen und den in den Konzernabschluß einbezogenen Tochterunternehmen gehört oder von einer für Rechnung dieser Unternehmen handelnden Person gehalten wird. Die Anwendung des § 311 Abs. 2 ist jeweils anzugeben und zu begründen;
3. Name und Sitz der Unternehmen, die nach § 310 nur anteilmäßig in den Konzernabschluß einbezogen worden sind, der Tatbestand, aus dem sich die Anwendung dieser Vorschrift ergibt, sowie der Anteil am Kapital dieser Unternehmen, der dem Mutterunternehmen und den in den Konzernabschluß einbezogenen Tochterunternehmen gehört oder von einer für Rechnung dieser Unternehmen handelnden Person gehalten wird;
4. Name und Sitz anderer als der unter den Nummern 1 bis 3 bezeichneten Unternehmen, bei denen das Mutterunternehmen, ein Tochterunternehmen oder eine für Rechnung eines dieser Unternehmen handelnde Person mindestens den fünften Teil der Anteile besitzt, unter Angabe des Anteils am Kapital sowie der Höhe des Eigenkapitals und des Ergebnisses des letzten Geschäftsjahrs, für das ein Abschluß aufgestellt worden ist. Ferner sind anzugeben alle Beteiligungen an großen Kapitalgesellschaften, die andere als die in Nummer 1 bis 3 bezeichneten Unternehmen

sind, wenn sie von einem börsennotierten Mutterunternehmen, einem börsennotierten Tochterunternehmen oder einer für Rechnung eines dieser Unternehmen
handelnden Person gehalten werden und fünf vom Hundert der Stimmrechte überschreiten. Diese Angaben brauchen nicht gemacht zu werden, wenn sie für die Vermittlung eines den tatsächlichen Verhältnissen entsprechenden Bildes der Vermö-
gens-, Finanz- und Ertragslage des Konzerns von untergeordneter Bedeutung sind.
Das Eigenkapital und das Ergebnis brauchen nicht angegeben zu werden, wenn das
in Anteilsbesitz stehende Unternehmen seinen Jahresabschluß nicht offenzulegen
hat und das Mutterunternehmen, das Tochterunternehmen oder die Person weniger als die Hälfte der Anteile an diesem Unternehmen besitzt.

(3) Die in Absatz 2 verlangten Angaben brauchen insoweit nicht gemacht zu werden, als nach vernünftiger kaufmännischer Beurteilung damit gerechnet werden muß,
daß durch die Angaben dem Mutterunternehmen, einem Tochterunternehmen oder
einem anderen in Absatz 2 bezeichneten Unternehmen erhebliche Nachteile entstehen
können. Die Anwendung der Ausnahmeregelung ist im Konzernanhang anzugeben.

(4) Die in Absatz 2 verlangten Angaben dürfen statt im Anhang auch in einer Aufstellung des Anteilsbesitzes gesondert gemacht werden. Die Aufstellung ist Bestandteil des Anhangs. Auf die besondere Aufstellung des Anteilsbesitzes und den Ort ihrer
Hinterlegung ist im Anhang hinzuweisen.

§ 314

Sonstige Pflichtangaben

(1) Im Konzernanhang sind ferner anzugeben:

1. der Gesamtbetrag der in der Konzernbilanz ausgewiesenen Verbindlichkeiten mit
   einer Restlaufzeit von mehr als fünf Jahren sowie der Gesamtbetrag der in der
   Konzernbilanz ausgewiesenen Verbindlichkeiten, die von in den Konzernabschluß
   einbezogenen Unternehmen durch Pfandrechte oder ähnliche Rechte gesichert
   sind, unter Angabe von Art und Form der Sicherheiten;
2. der Gesamtbetrag der sonstigen finanziellen Verpflichtungen, die nicht in der
   Konzernbilanz erscheinen oder nicht nach § 298 Abs. 1 in Verbindung mit § 251
   anzugeben sind, sofern diese Angabe für die Beurteilung der Finanzlage des
   Konzerns von Bedeutung ist; davon und von den Haftungsverhältnissen nach § 251
   sind Verpflichtungen gegenüber Tochterunternehmen, die nicht in den Konzernabschluß einbezogen werden, jeweils gesondert anzugeben;
3. die Aufgliederung der Umsatzerlöse nach Tätigkeitsbereichen sowie nach geographisch bestimmten Märkten, soweit sich, unter Berücksichtigung der Organisation des Verkaufs von für die gewöhnliche Geschäftstätigkeit des Konzerns typischen Erzeugnissen und der für die gewöhnliche Geschäftstätigkeit des Konzerns
   typischen Dienstleistungen, die Tätigkeitsbereiche und geographisch bestimmten
   Märkte untereinander erheblich unterscheiden;
4. die durchschnittliche Zahl der Arbeitnehmer der in den Konzernabschluß einbezogenen Unternehmen während des Geschäftsjahrs, getrennt nach Gruppen, sowie
   der in dem Geschäftsjahr verursachte Personalaufwand, sofern er nicht gesondert
   in der Konzern-Gewinn- und Verlustrechnung ausgewiesen ist; die durchschnittliche Zahl der Arbeitnehmer von nach § 310 nur anteilmäßig einbezogenen Unternehmen ist gesondert anzugeben;
5. das Ausmaß, in dem das Jahresergebnis des Konzerns dadurch beeinflußt wurde,
   daß bei Vermögensgegenständen im Geschäftsjahr oder in früheren Geschäfts-

jahren Abschreibungen nach den §§ 254, 280 Abs. 2 oder in entsprechender Anwendung auf Grund steuerrechtlicher Vorschriften vorgenommen oder beibehalten wurden oder ein Sonderposten nach § 273 oder in entsprechender Anwendung gebildet wurde; ferner das Ausmaß erheblicher künftiger Belastungen, die sich für den Konzern aus einer solchen Bewertung ergeben;

6. für die Mitglieder des Geschäftsführungsorgans, eines Aufsichtsrats, eines Beirats oder einer ähnlichen Einrichtung des Mutterunternehmens, jeweils für jede Personengruppe:

   a) die für die Wahrnehmung ihrer Aufgaben im Mutterunternehmen und den Tochterunternehmen im Geschäftsjahr gewährten Gesamtbezüge (Gehälter, Gewinnbeteiligungen, Aufwandsentschädigungen, Versicherungsentgelte, Provisionen und Nebenleistungen jeder Art). In die Gesamtbezüge sind auch Bezüge einzurechnen, die nicht ausgezahlt, sondern in Ansprüche anderer Art umgewandelt oder zur Erhöhung anderer Ansprüche verwendet werden. Außer den Bezügen für das Geschäftsjahr sind die weiteren Bezüge anzugeben, die im Geschäftsjahr gewährt, bisher aber in keinem Konzernabschluß angegeben worden sind;

   b) die für die Wahrnehmung ihrer Aufgaben im Mutterunternehmen und den Tochterunternehmen gewährten Gesamtbezüge (Abfindungen, Ruhegehälter, Hinterbliebenenbezüge und Leistungen verwandter Art) der früheren Mitglieder der bezeichneten Organe und ihrer Hinterbliebenen; Buchstabe a Satz 2 und 3 ist entsprechend anzuwenden. Ferner ist der Betrag der für diese Personengruppe gebildeten Rückstellungen für laufende Pensionen und Anwartschaften auf Pensionen und der Betrag der für diese Verpflichtungen nicht gebildeten Rückstellungen anzugeben;

   c) die vom Mutterunternehmen und den Tochterunternehmen gewährten Vorschüsse und Kredite unter Angabe der Zinssätze, der wesentlichen Bedingungen und der gegebenenfalls im Geschäftsjahr zurückgezahlten Beträge sowie die zugunsten dieser Personengruppe eingegangenen Haftungsverhältnisse;

7. der Bestand an Anteilen an dem Mutterunternehmen, die das Mutterunternehmen oder ein Tochterunternehmen oder ein anderer für Rechnung eines in den Konzernabschluß einbezogenen Unternehmens erworben oder als Pfand genommen hat; dabei sind die Zahl und der Nennbetrag oder rechnerische Wert dieser Anteile sowie deren Anteil am Kapital anzugeben.

(2) Die Umsatzerlöse brauchen nicht nach Absatz 1 Nr. 3 aufgegliedert zu werden, soweit nach vernünftiger kaufmännischer Beurteilung damit gerechnet werden muß, daß durch die Aufgliederung einem in den Konzernabschluß einbezogenen Unternehmen erhebliche Nachteile entstehen. Die Anwendung der Ausnahme ist im Konzernanhang anzugeben.

Neunter Titel

Konzernlagebericht

§ 315

(1) Im Konzernlagebericht sind zumindest der Geschäftsverlauf und die Lage des Konzerns so darzustellen, daß ein den tatsächlichen Verhältnissen entsprechendes Bild vermittelt wird; dabei ist auch auf die Risiken der künftigen Entwicklung einzugehen.

(2) Der Konzernlagebericht soll auch eingehen auf:
1. Vorgänge von besonderer Bedeutung, die nach dem Schluß des Konzerngeschäftsjahrs eingetreten sind;
2. die voraussichtliche Entwicklung des Konzerns;
3. den Bereich Forschung und Entwicklung des Konzerns.

(3) § 298 Abs. 3 über die Zusammenfassung von Konzernanhang und Anhang ist entsprechend anzuwenden.

Dritter Unterabschnitt

Prüfung

§ 316

Pflicht zur Prüfung

(1) Der Jahresabschluß und der Lagebericht von Kapitalgesellschaften, die nicht kleine im Sinne des § 267 Abs. 1 sind, sind durch einen Abschlußprüfer zu prüfen. Hat keine Prüfung stattgefunden, so kann der Jahresabschluß nicht festgestellt werden.

(2) Der Konzernabschluß und der Konzernlagebericht von Kapitalgesellschaften sind durch einen Abschlußprüfer zu prüfen.

(3) Werden der Jahresabschluß, der Konzernabschluß, der Lagebericht oder der Konzernlagebericht nach Vorlage des Prüfungsberichts geändert, so hat der Abschlußprüfer diese Unterlagen erneut zu prüfen, soweit es die Änderung erfordert. Über das Ergebnis der Prüfung ist zu berichten; der Bestätigungsvermerk ist entsprechend zu ergänzen.

§ 317

Gegenstand und Umfang der Prüfung

(1) In die Prüfung des Jahresabschlusses ist die Buchführung einzubeziehen. Die Prüfung des Jahresabschlusses und des Konzernabschlusses hat sich darauf zu erstrecken, ob die gesetzlichen Vorschriften und sie ergänzende Bestimmungen des Gesellschaftsvertrags oder der Satzung beachtet worden sind. Die Prüfung ist so anzulegen, daß Unrichtigkeiten und Verstöße gegen die in Satz 2 aufgeführten Bestimmungen, die sich auf die Darstellung des sich nach § 264 Abs. 2 ergebenden Bildes der Vermögens-, Finanz- und Ertragslage des Unternehmens wesentlich auswirken, bei gewissenhafter Berufsausübung erkannt werden.

(2) Der Lagebericht und der Konzernlagebericht sind darauf zu prüfen, ob der Lagebericht mit dem Jahresabschluß und der Konzernlagebericht mit dem Konzernabschluß sowie mit den bei der Prüfung gewonnenen Erkenntnissen des Abschlußprüfers in Einklang stehen und ob der Lagebericht insgesamt eine zutreffende Vorstellung von der Lage des Unternehmens und der Konzernlagebericht insgesamt eine zutreffende Vorstellung von der Lage des Konzerns vermittelt. Dabei ist auch zu prüfen, ob die Risiken der künftigen Entwicklung zutreffend dargestellt sind.

(3) Der Abschlußprüfer des Konzernabschlusses hat auch die im Konzernabschluß zusammengefaßten Jahresabschlüsse, insbesondere die konsolidierungsbedingten Anpassungen, in entsprechender Anwendung des Absatzes 1 zu prüfen. Dies gilt nicht für Jahresabschlüsse, die aufgrund gesetzlicher Vorschriften nach diesem Unterabschnitt oder die ohne gesetzliche Verpflichtungen nach den Grundsätzen dieses Unterabschnitts geprüft worden sind. Satz 2 ist entsprechend auf die Jahresabschlüsse von in den Konzernabschluß einbezogenen Tochterunternehmen mit Sitz im Ausland anzuwenden; sind diese Jahresabschlüsse nicht von einem in Übereinstimmung mit den Vorschriften der Richtlinie 84/253/EWG zugelassenen Abschlußprüfer geprüft worden, so gilt dies jedoch nur, wenn der Abschlußprüfer eine den Anforderungen dieser Richtlinie gleichwertige Befähigung hat und der Jahresabschluß in einer den Anforderungen dieses Unterabschnitts entsprechenden Weise geprüft worden ist.

(4) Bei einer Aktiengesellschaft, die Aktien mit amtlicher Notierung ausgegeben hat, ist außerdem im Rahmen der Prüfung zu beurteilen, ob der Vorstand die ihm nach § 91 Abs. 2 des Aktiengesetzes obliegenden Maßnahmen in einer geeigneten Form getroffen hat und ob das danach einzurichtende Überwachungssystem seine Aufgaben erfüllen kann.

§ 318
Bestellung und Abberufung des Abschlußprüfers

(1) Der Abschlußprüfer des Jahresabschlusses wird von den Gesellschaftern gewählt; den Abschlußprüfer des Konzernabschlusses wählen die Gesellschafter des Mutterunternehmens. Bei Gesellschaften mit beschränkter Haftung kann der Gesellschaftsvertrag etwas anderes bestimmen. Der Abschlußprüfer soll jeweils vor Ablauf des Geschäftsjahrs gewählt werden, auf das sich seine Prüfungstätigkeit erstreckt. Die gesetzlichen Vertreter, bei Zuständigkeit des Aufsichtsrats dieser, haben unverzüglich nach der Wahl den Prüfungsauftrag zu erteilen. Der Prüfungsauftrag kann nur widerrufen werden, wenn nach Absatz 3 ein anderer Prüfer bestellt worden ist.

(2) Als Abschlußprüfer des Konzernabschlusses gilt, wenn kein anderer Prüfer bestellt wird, der Prüfer als bestellt, der für die Prüfung des in den Konzernabschluß einbezogenen Jahresabschlusses des Mutterunternehmens bestellt worden ist. Erfolgt die Einbeziehung auf Grund eines Zwischenabschlusses, so gilt, wenn kein anderer Prüfer bestellt wird, der Prüfer als bestellt, der für die Prüfung des letzten vor dem Konzernabschlußstichtag aufgestellten Jahresabschlusses des Mutterunternehmens bestellt worden ist.

(3) Auf Antrag der gesetzlichen Vertreter, des Aufsichtsrats oder von Gesellschaftern, bei Aktiengesellschaften und Kommanditgesellschaften auf Aktien jedoch nur, wenn die Anteile dieser Gesellschafter zusammen den zehnten Teil des Grundkapitals oder den anteiligen Betrag in Höhe von einer Million Euro erreichen, hat das Gericht nach Anhörung der Beteiligten und des gewählten Prüfers einen anderen Abschlußprüfer zu bestellen, wenn dies aus einem in der Person des gewählten Prüfers liegenden Grund geboten erscheint, insbesondere wenn Besorgnis der Befangenheit besteht. Der Antrag ist binnen zwei Wochen seit dem Tage der Wahl des Abschlußprüfers zu stellen; Aktionäre können den Antrag nur stellen, wenn sie gegen die Wahl des Abschlußprüfers bei der Beschlußfassung Widerspruch erklärt haben. Stellen Aktionäre den Antrag, so haben sie glaubhaft zu machen, daß die seit

mindestens drei Monaten vor dem Tage der Hauptversammlung Inhaber der Aktien sind. Zur Glaubhaftmachung genügt eine eidesstattliche Versicherung vor einem Notar. Unterliegt die Gesellschaft einer staatlichen Aufsicht, so kann auch die Aufsichtsbehörde den Antrag stellen. Gegen die Entscheidung ist die sofortige Beschwerde zulässig.

(4) Ist der Abschlußprüfer bis zum Ablauf des Geschäftsjahrs nicht gewählt worden, so hat das Gericht auf Antrag der gesetzlichen Vertreter, des Aufsichtsrats oder eines Gesellschafters den Abschlußprüfer zu bestellen. Gleiches gilt, wenn ein gewählter Abschlußprüfer die Annahme des Prüfungsauftrags abgelehnt hat, weggefallen ist oder am rechtzeitigen Abschluß der Prüfung verhindert ist und ein anderer Abschlußprüfer nicht gewählt worden ist. Die gesetzlichen Vertreter sind verpflichtet, den Antrag zu stellen. Gegen die Entscheidung des Gerichts findet die sofortige Beschwerde statt; die Bestellung des Abschlußprüfers ist unanfechtbar.

(5) Der vom Gericht bestellte Abschlußprüfer hat Anspruch auf Ersatz angemessener barer Auslagen und auf Vergütung für seine Tätigkeit. Die Auslagen und die Vergütung setzt das Gericht fest. Gegen die Entscheidung ist die sofortige Beschwerde zulässig. Die weitere Beschwerde ist ausgeschlossen. Aus der rechtskräftigen Entscheidung findet die Zwangsvollstreckung nach der Zivilprozeßordnung statt.

(6) Ein von dem Abschlußprüfer angenommener Prüfungsauftrag kann von dem Abschlußprüfer nur aus wichtigem Grund gekündigt werden. Als wichtiger Grund ist es nicht anzusehen, wenn Meinungsverschiedenheiten über den Inhalt des Bestätigungsvermerks, seine Einschränkung oder Versagung bestehen. Die Kündigung ist schriftlich zu begründen. Der Abschlußprüfer hat über das Ergebnis seiner bisherigen Prüfung zu berichten; § 321 ist entsprechend anzuwenden.

(7) Kündigt der Abschlußprüfer den Prüfungsauftrag nach Absatz 6, so haben die gesetzlichen Vertreter die Kündigung dem Aufsichtsrat, der nächsten Hauptversammlung oder bei Gesellschaften mit beschränkter Haftung den Gesellschaftern mitzuteilen. Den Bericht des bisherigen Abschlußprüfers haben die gesetzlichen Vertreter unverzüglich dem Aufsichtsrat vorzulegen. Jedes Aufsichtsratsmitglied hat das Recht, von dem Bericht Kenntnis zu nehmen. Der Bericht ist auch jedem Aufsichtsratsmitglied oder, soweit der Aufsichtsrat dies beschlossen hat, den Mitgliedern eines Ausschusses auszuhändigen. Ist der Prüfungsauftrag vom Aufsichtsrat erteilt worden, obliegen die Pflichten der gesetzlichen Vertreter dem Aufsichtsrat einschließlich der Unterrichtung der gesetzlichen Vertreter.

§ 319
Auswahl der Abschlußprüfer

(1) Abschlußprüfer können Wirtschaftsprüfer und Wirtschaftsprüfungsgesellschaften sein. Abschlußprüfer von Jahresabschlüssen und Lageberichten mittelgroßer Gesellschaften mit beschränkter Haftung (§ 267 Abs. 2) können auch vereidigte Buchprüfer und Buchprüfungsgesellschaften sein.

(2) Ein Wirtschaftsprüfer oder verteidigter Buchprüfer darf nicht Abschlußprüfer sein, wenn er oder eine Person, mit der er seinen Beruf gemeinsam ausübt,
1. Anteile an der zu prüfenden Kapitalgesellschaft besitzt;
2. gesetzlicher Vertreter oder Mitglied des Aufsichtsrats oder Arbeitnehmer der zu prüfenden Kapitalgesellschaft ist oder in den letzten drei Jahren vor seiner Bestellung war;

3. gesetzlicher Vertreter oder Mitglied des Aufsichtsrats einer juristischen Person, Gesellschafter einer Personengesellschaft oder Inhaber eines Unternehmens ist, sofern die juristische Person, die Personengesellschaft oder das Einzelunternehmen mit der zu prüfenden Kapitalgesellschaft verbunden ist oder von dieser mehr als zwanzig vom Hundert der Anteile besitzt;

4. Arbeitnehmer eines Unternehmens ist, das mit der zu prüfenden Kapitalgesellschaft verbunden ist oder an dieser mehr als zwanzig vom Hundert der Anteile besitzt, oder Arbeitnehmer einer natürlichen Person ist, die an der zu prüfenden Kapitalgesellschaft mehr als zwanzig vom Hundert der Anteile besitzt;

5. bei der Führung der Bücher oder der Aufstellung des zu prüfenden Jahresabschlusses der Kapitalgesellschaft über die Prüfungstätigkeit hinaus mitgewirkt hat;

6. gesetzlicher Vertreter, Arbeitnehmer, Mitglied des Aufsichtsrats oder Gesellschafter einer juristischen oder natürlichen Person oder einer Personengesellschaft oder Inhaber eines Unternehmens ist, sofern die juristische oder natürliche Person, die Personengesellschaft oder einer ihrer Gesellschafter oder das Einzelunternehmen nach Nummer 5 nicht Abschlußprüfer der zu prüfenden Kapitalgesellschaft sein darf;

7. bei der Prüfung eine Person beschäftigt, die nach den Nummern 1 bis 6 nicht Abschlußprüfer sein darf;

8. in den letzten fünf Jahren jeweils mehr als dreißig vom Hundert der Gesamteinnahmen aus seiner beruflichen Tätigkeit aus der Prüfung und Beratung der zu prüfenden Kapitalgesellschaft und von Unternehmen, an denen die zu prüfende Kapitalgesellschaft mehr als zwanzig vom Hundert der Anteile besitzt, bezogen hat und dies auch im laufenden Geschäftsjahr zu erwarten ist; zur Vermeidung von Härtefällen kann die Wirtschaftsprüferkammer befristete Ausnahmegenehmigungen erteilen.

Ein Wirtschaftsprüfer oder vereidigter Buchprüfer darf ferner nicht Abschlußprüfer sein, wenn er

1. in entsprechender Anwendung von Absatz 3 Nr. 6 ausgeschlossen wäre;

2. über keine wirksame Bescheinigung über die Teilnahme an der Qualitätskontrolle nach § 57a der Wirtschaftsprüferordnung verfügt und die Wirtschaftsprüferkammer keine Ausnahmegenehmigung erteilt hat.

(3) Eine Wirtschaftsprüfungsgesellschaft oder Buchprüfungsgesellschaft darf nicht Abschlußprüfer sein, wenn

1. sie Anteile an der zu prüfenden Kapitalgesellschaft besitzt oder mit dieser verbunden ist oder wenn ein mit ihr verbundenes Unternehmen an der zu prüfenden Kapitalgesellschaft mehr als zwanzig vom Hundert der Anteile besitzt oder mit dieser verbunden ist;

2. sie nach Absatz 2 Nr. 6 als Gesellschafter einer juristischen Person oder einer Personengesellschaft oder nach Absatz 2 Nr. 5, 7 oder 8 nicht Abschlußprüfer sein darf;

3. bei einer Wirtschaftsprüfungsgesellschaft oder Buchprüfungsgesellschaft, die juristische Person ist, ein gesetzlicher Vertreter oder ein Gesellschafter, der fünfzig vom Hundert oder mehr der den Gesellschaftern zustehenden Stimmrechte besitzt, oder bei anderen Wirtschaftsprüfungsgesellschaften oder Buchprüfungsgesellschaften ein Gesellschafter nach Absatz 2 Nr. 1 bis 4 nicht Abschlußprüfer sein darf;

4. einer ihrer gesetzlichen Vertreter oder einer ihrer Gesellschafter nach Absatz 2 Nr. 5 oder 6 nicht Abschlußprüfer sein darf;

5. eines ihrer Aufsichtsratmitglieder nach Absatz 2 Nr. 2 oder 5 nicht Abschlußprüfer sein darf oder

6. sie bei der Prüfung einer Aktiengesellschaft, die Aktien mit amtlicher Notierung ausgegeben hat, einen Wirtschaftsprüfer beschäftigt, der in den dem zu prüfenden Geschäftsjahr vorhergehenden zehn Jahren den Bestätigungsvermerk nach § 322 über die Prüfung der Jahres- oder Konzernabschlüsse der Kapitalgesellschaft in mehr als sechs Fällen gekennzeichnet hat.

7. sie über keine wirksame Bescheinigung über die Teilnahme an der Qualitätskontrolle nach § 57a der Wirtschaftsprüferordnung verfügt und die Wirtschaftsprüferkammer keine Ausnahmegenehmigung erteilt hat.

(4) Die Absätze 2 und 3 sind auf den Abschlußprüfer des Konzernabschlusses entsprechend anzuwenden.

§ 320
Vorlagepflicht. Auskunftsrecht

(1) Die gesetzlichen Vertreter der Kapitalgesellschaft haben dem Abschlußprüfer den Jahresabschluß und den Lagebericht unverzüglich nach der Aufstellung vorzulegen. Sie haben ihm zu gestatten, die Bücher und Schriften der Kapitalgesellschaft sowie die Vermögensgegenstände und Schulden, namentlich die Kasse und die Bestände an Wertpapieren und Waren, zu prüfen.

(2) Der Abschlußprüfer kann von den gesetzlichen Vertretern alle Aufklärungen und Nachweise verlangen, die für eine sorgfältige Prüfung notwendig sind. Soweit es die Vorbereitung der Abschlußprüfung erfordert, hat der Abschlußprüfer die Rechte nach Absatz 1 Satz 2 und nach Satz 1 auch schon vor Aufstellung des Jahresabschlusses. Soweit es für eine sorgfältige Prüfung notwendig ist, hat der Abschlußprüfer die Rechte nach den Sätzen 1 und 2 auch gegenüber Mutter- und Tochterunternehmen.

(3) Die gesetzlichen Vertreter einer Kapitalgesellschaft, die einen Konzernabschluß aufzustellen hat, haben dem Abschlußprüfer des Konzernabschlusses den Konzernabschluß, den Konzernlagebericht, die Jahresabschlüsse, Lageberichte und, wenn eine Prüfung stattgefunden hat, die Prüfungsberichte des Mutterunternehmens und der Tochterunternehmen vorzulegen. Der Abschlußprüfer hat die Rechte nach Absatz 1 Satz 2 und nach Absatz 2 bei dem Mutterunternehmen und den Tochterunternehmen, die Rechte nach Absatz 2 auch gegenüber den Abschlußprüfern des Mutterunternehmens und der Tochterunternehmen.

§ 321
Prüfungsbericht

(1) Der Abschlußprüfer hat über Art und Umfang sowie über das Ergebnis der Prüfung schriftlich und mit der gebotenen Klarheit zu berichten. In dem Bericht ist vorweg zu der Beurteilung der Lage des Unternehmens oder Konzerns durch die gesetzlichen Vertreter Stellung zu nehmen, wobei insbesondere auf die Beurteilung des Fortbestandes und der künftigen Entwicklung des Unternehmens unter Berücksichtigung des Lageberichts und bei der Prüfung des Konzernabschlusses von Mutterunternehmen auch des Konzerns unter Berücksichtigung des Konzernlageberichts einzugehen ist, soweit die geprüften Unterlagen und der Lagebericht oder der Konzernlagebericht eine solche Beurteilung erlauben. Außerdem ist darzustellen, ob bei Durchführung der Prüfung Unrichtigkeiten oder Verstöße gegen gesetzliche Vor-

schriften sowie Tatsachen festgestellt worden sind, die den Bestand des geprüften Unternehmens oder des Konzerns gefährden oder seine Entwicklung wesentlich beeinträchtigen können oder die schwerwiegende Verstöße der gesetzlichen Vertreter oder von Arbeitnehmern gegen Gesetz, Gesellschaftsvertrag oder die Satzung darstellen.

(2) Im Hauptteil des Prüfungsberichts ist darzustellen, ob die Buchführung und die weiteren geprüften Unterlagen, der Jahresabschluß, der Lagebericht, der Konzernabschluß und der Konzernlagebericht den gesetzlichen Vorschriften und den ergänzenden Bestimmungen des Gesellschaftsvertrags oder der Satzung entsprechen und ob die gesetzlichen Vertreter die verlangten Aufklärungen und Nachweise erbracht haben. Es ist auch darauf einzugehen, ob der Abschluß insgesamt unter Beachtung der Grundsätze ordnungsmäßiger Buchführung ein den tatsächlichen Verhältnissen entsprechendes Bild der Vermögens-, Finanz- und Ertragslage der Kapitalgesellschaft vermittelt. Die Posten des Jahres- und des Konzernabschlusses sind aufzugliedern und ausreichend zu erläutern, soweit dadurch die Darstellung der Vermögens-, Finanz- und Ertragslage wesentlich verbessert wird und diese Angaben im Anhang nicht enthalten sind.

(3) In einem besonderen Abschnitt des Prüfungsberichts sind Gegenstand, Art und Umfang der Prüfung zu erläutern.

(4) Ist im Rahmen der Prüfung eine Beurteilung nach § 317 Abs. 4 abgegeben worden, so ist deren Ergebnis in einem besonderen Teil des Prüfungsberichts darzustellen. Es ist darauf einzugehen, ob Maßnahmen erforderlich sind, um das interne Überwachungssystem zu verbessern.

(5) Der Abschlußprüfer hat den Bericht zu unterzeichnen und den gesetzlichen Vertretern vorzulegen. Hat der Aufsichtsrat den Auftrag erteilt, so ist der Bericht ihm vorzulegen; dem Vorstand ist vor Zuleitung Gelegenheit zur Stellungnahme zu geben.

§ 322
Bestätigungsvermerk

(1) Der Abschlußprüfer hat das Ergebnis der Prüfung in einem Bestätigungsvermerk zum Jahresabschluß und zum Konzernabschluß zusammenzufassen. Der Bestätigungsvermerk hat neben einer Beschreibung von Gegenstand, Art und Umfang der Prüfung auch eine Beurteilung des Prüfungsergebnisses zu enthalten. Sind vom Abschlußprüfer keine Einwendungen zu erheben, so hat er in seinem Bestätigungsvermerk zu erklären, daß die von ihm nach § 317 durchgeführte Prüfung zu keinen Einwendungen geführt hat und daß der von den gesetzlichen Vertretern der Gesellschaft aufgestellte Jahres- oder Konzernabschluß aufgrund der bei der Prüfung gewonnenen Erkenntnisse des Abschlußprüfers nach seiner Beurteilung unter Beachtung der Grundsätze ordnungsmäßiger Buchführung ein den tatsächlichen Verhältnissen entsprechendes Bild der Vermögens-, Finanz- und Ertragslage des Unternehmens oder des Konzerns vermittelt.

(2) Die Beurteilung des Prüfungsergebnisses soll allgemeinverständlich und problemorientiert unter Berücksichtigung des Umstandes erfolgen, daß die gesetzlichen Vertreter den Abschluß zu verantworten haben. Auf Risiken, die den Fortbestand des Unternehmens gefährden, ist gesondert einzugehen.

(3) Im Bestätigungsvermerk ist auch darauf einzugehen, ob der Lagebericht und der Konzernlagebericht insgesamt nach der Beurteilung des Abschlußprüfers eine zutreffende Vorstellung von der Lage des Unternehmens oder des Konzerns vermit-

telt. Dabei ist auch darauf einzugehen, ob die Risiken der künftigen Entwicklung zutreffend dargestellt sind.

(4) Sind Einwendungen zu erheben, so hat der Abschlußprüfer seine Erklärung nach Absatz 1 Satz 3 einzuschränken oder zu versagen. Die Versagung ist in den Vermerk, der nicht mehr als Bestätigungsvermerk zu bezeichnen ist, aufzunehmen. Die Einschränkung und die Versagung sind zu begründen. Einschränkungen sind so darzustellen, daß deren Tragweite erkennbar wird.

(5) Der Abschlußprüfer hat den Bestätigungsvermerk oder den Vermerk über seine Versagung unter Angabe von Ort und Tag zu unterzeichnen. Der Bestätigungsvermerk oder der Vermerk über seine Versagung ist auch in den Prüfungsbericht aufzunehmen.

§ 323
Verantwortlichkeit des Abschlußprüfers

(1) Der Abschlußprüfer, seine Gehilfin und die bei der Prüfung mitwirkenden gesetzlichen Vertreter einer Prüfungsgesellschaft sind zur gewissenhaften und unparteiischen Prüfung und zur Verschwiegenheit verpflichtet. Sie dürfen nicht unbefugt Geschäfts- und Betriebsgeheimnisse verwerten, die sie bei ihrer Tätigkeit erfahren haben. Wer vorsätzlich oder fahrlässig seine Pflichten verletzt, ist der Kapitalgesellschaft und, wenn ein verbundenes Unternehmen geschädigt worden ist, auch diesem zum Ersatz des daraus entstehenden Schadens verpflichtet. Mehrere Personen haften als Gesamtschuldner.

(2) Die Ersatzpflicht von Personen, die fahrlässig gehandelt haben, beschränkt sich auf eine Million Euro für eine Prüfung. Bei Prüfung einer Aktiengesellschaft, die Aktien mit amtlicher Notierung ausgegeben hat, beschränkt sich die Ersatzpflicht von Personen, die fahrlässig gehandelt haben, abweichend von Satz 1 auf vier Millionen Euro für eine Prüfung. Dies gilt auch, wenn an der Prüfung mehrere Personen beteiligt gewesen oder mehrere zum Ersatz verpflichtende Handlungen begangen worden sind, und ohne Rücksicht darauf, ob andere Beteiligte vorsätzlich gehandelt haben.

(3) Die Verpflichtung zur Verschwiegenheit besteht, wenn eine Prüfungsgesellschaft Abschlußprüfer ist, auch gegenüber dem Aufsichtsrat und den Mitgliedern des Aufsichtsrats der Prüfungsgesellschaft.

(4) Die Ersatzpflicht nach diesen Vorschriften kann durch Vertrag weder ausgeschlossen noch beschränkt werden.

(5) Die Ansprüche aus diesen Vorschriften verjähren in fünf Jahren.

§ 324
Meinungsverschiedenheiten zwischen Kapitalgesellschaft und Abschlußprüfer

(1) Bei Meinungsverschiedenheiten zwischen dem Abschlußprüfer und der Kapitalgesellschaft über die Auslegung und Anwendung der gesetzlichen Vorschriften sowie von Bestimmungen des Gesellschaftsvertrags oder der Satzung über den Jahresabschluß, Lagebericht, Konzernabschluß oder Konzernlagebericht entscheidet auf

Antrag des Abschlußprüfers oder der gesetzlichen Vertreter der Kapitalgesellschaft ausschließlich das Landgericht.

(2) Auf das Verfahren ist das Gesetz über die Angelegenheiten der freiwilligen Gerichtsbarkeit anzuwenden. Das Landgericht entscheidet durch einen mit Gründen versehenen Beschluß. Die Entscheidung wird erst mit der Rechtskraft wirksam. Gegen die Entscheidung findet die sofortige Beschwerde statt, wenn das Landgericht sie in der Entscheidung zugelassen hat. Es soll sie nur zulassen, wenn dadurch die Klärung einer Rechtsfrage von grundsätzlicher Bedeutung zu erwarten ist. Die Beschwerde kann nur durch Einreichung einer von einem Rechtsanwalt unterzeichneten Beschwerdeschrift eingelegt werden. Über sie entscheidet das Oberlandesgericht; § 28 Abs. 2 und 3 des Gesetzes über die Angelegenheiten der freiwilligen Gerichtsbarkeit ist entsprechend anzuwenden. Die weitere Beschwerde ist ausgeschlossen. Die Landesregierung kann durch Rechtsverordnung die Entscheidung über die Beschwerde für die Bezirke mehrerer Oberlandesgerichte einem der Oberlandesgerichte oder dem Obersten Landesgericht übertragen, wenn dies der Sicherung einer einheitlichen Rechtsprechung dient. Die Landesregierung kann die Ermächtigung durch Rechtsverordnung auf die Landesjustizverwaltung übertragen.

(3) Für die Kosten des Verfahrens gilt die Kostenordnung. Für das Verfahren des ersten Rechtszugs wird das Doppelte der vollen Gebühr erhoben. Für den zweiten Rechtszug wird die gleiche Gebühr erhoben; dies gilt auch dann, wenn die Beschwerde Erfolg hat. Wird der Antrag oder die Beschwerde zurückgenommen, bevor es zu einer Entscheidung kommt, so ermäßigt sich die Gebühr auf die Hälfte. Der Geschäftswert ist von Amts wegen festzusetzen. Er bestimmt sich nach § 30 Abs. 2 der Kostenordnung. Der Abschlußprüfer ist zur Leistung eines Kostenvorschusses nicht verpflichtet. Schuldner der Kosten ist die Kapitalgesellschaft. Die Kosten können jedoch ganz oder zum Teil dem Abschlußprüfer auferlegt werden, wenn dies der Billigkeit entspricht.

Vierter Unterabschnitt

Offenlegung (Einreichung zu einem Register, Bekanntmachung im Bundesanzeiger), Veröffentlichung und Vervielfältigung. Prüfung durch das Registergericht

§ 325
Offenlegung

(1) Die gesetzlichen Vertreter von Kapitalgesellschaften haben den Jahresabschluß unverzüglich nach seiner Vorlage an die Gesellschafter, jedoch spätestens vor Ablauf des neunten Monats des dem Abschlußstichtag nachfolgenden Geschäftsjahrs, mit dem Bestätigungsvermerk oder dem Vermerk über dessen Versagung zum Handelsregister des Sitzes der Kapitalgesellschaft einzureichen; gleichzeitig sind der Lagebericht, der Bericht des Aufsichtsrats und, soweit sich der Vorschlag für die Verwendung des Ergebnisses und der Beschluß über seine Verwendung aus dem eingereichten Jahresabschluß nicht ergeben, der Vorschlag für die Verwendung des Ergebnisses und der Beschluß über seine Verwendung unter Angabe des Jahresüber-

schusses oder Jahresfehlbetrags einzureichen; Angaben über die Ergebnisverwendung brauchen von Gesellschaften mit beschränkter Haftung nicht gemacht zu werden, wenn sich anhand dieser Angaben die Gewinnanteile von natürlichen Personen feststellen lassen, die Gesellschafter sind. Die gesetzlichen Vertreter haben unverzüglich nach der Einreichung der in Satz 1 bezeichneten Unterlagen im Bundesanzeiger bekanntzumachen, bei welchem Handelsregister und unter welcher Nummer diese Unterlagen eingereicht worden sind. Werden zur Wahrung der Frist nach Satz 1 der Jahresabschluß und der Lagebericht ohne die anderen Unterlagen eingereicht, so sind der Bericht und der Vorschlag nach ihrem Vorliegen, die Beschlüsse nach der Beschlußfassung und der Vermerk nach der Erteilung unverzüglich einzureichen; wird der Jahresabschluß bei nachträglicher Prüfung oder Feststellung geändert, so ist auch die Änderung nach Satz 1 einzureichen.

(2) Absatz 1 ist auf große Kapitalgesellschaften (§ 267 Abs. 3) mit der Maßgabe anzuwenden, daß die in Absatz 1 bezeichneten Unterlagen zunächst im Bundesanzeiger bekanntzumachen sind und die Bekanntmachung unter Beifügung der bezeichneten Unterlagen zum Handelsregister des Sitzes der Kapitalgesellschaft einzureichen ist; die Bekanntmachung nach Absatz 1 Satz 2 entfällt. Die Aufstellung des Anteilsbesitzes (§ 287) braucht nicht im Bundesanzeiger bekannt gemacht zu werden.

(3) Die gesetzlichen Vertreter einer Kapitalgesellschaft, die einen Konzernabschluß aufzustellen hat, haben den Konzernabschluß unverzüglich nach seiner Vorlage an die Gesellschafter, jedoch spätestens vor Ablauf des neunten Monats des dem Konzernabschlußstichtag nachfolgenden Geschäftsjahrs, mit dem Bestätigungsvermerk oder dem Vermerk über dessen Versagung und den Konzernlagebericht im Bundesanzeiger bekanntzumachen und die Bekanntmachung unter Beifügung der bezeichneten Unterlagen zum Handelsregister des Sitzes der Kapitalgesellschaft einzureichen. Die Aufstellung des Anteilsbesitzes (§ 313 Abs. 4) braucht nicht im Bundesanzeiger bekannt gemacht zu werden. Absatz 1 Satz 3 ist entsprechend anzuwenden.

(4) Bei Anwendung der Absätze 2 und 3 ist für die Wahrung der Fristen nach Absatz 1 Satz 1 und Absatz 3 Satz 1 der Zeitpunkt der Einreichung der Unterlagen beim Bundesanzeiger maßgebend.

(5) Auf Gesetz, Gesellschaftsvertrag oder Satzung beruhende Pflichten der Gesellschaft, den Jahresabschluß, Lagebericht, Konzernabschluß oder Konzernlagebericht in anderer Weise bekanntzumachen, einzureichen oder Personen zugänglich zu machen, bleiben unberührt.

§ 325a

Zweigniederlassungen von Kapitalgesellschaften mit Sitz im Ausland

(1) Bei inländischen Zweigniederlassungen von Kapitalgesellschaften mit Sitz in einem anderen Mitgliedstaat der Europäischen Wirtschaftsgemeinschaft oder Vertragsstaat des Abkommens über den Europäischen Wirtschaftsraum haben die in § 13e Abs. 2 Satz 4 Nr. 3 genannten Personen oder, wenn solche nicht angemeldet sind, die gesetzlichen Vertreter der Gesellschaft die Unterlagen der Rechnungslegung der Hauptniederlassung, die nach dem für die Hauptniederlassung maßgeblichen Recht erstellt, geprüft und offengelegt worden sind, nach den §§ 325, 328, 329 Abs. 1 offenzulegen. Die Unterlagen sind zu dem Handelsregister am Sitz der Zweigniederlassung einzureichen; bestehen mehrere inländische Zweigniederlassungen derselben Gesellschaft, brauchen die Unterlagen nur zu demjenigen Handelsregister eingereicht zu werden, zu dem gemäß § 13e Abs. 5 die Satzung oder der Gesellschaftsvertrag ein-

gereicht wurde. Die Unterlagen sind in deutscher Sprache einzureichen. Soweit dies nicht die Amtssprache am Sitz der Hauptniederlassung ist, können die Unterlagen auch in englischer Sprache oder in einer von dem Register der Hauptniederlassung beglaubigten Abschrift eingereicht werden; von der Beglaubigung des Registers ist eine beglaubigte Übersetzung in deutscher Sprache einzureichen. § 325 Abs. 2 ist nur anzuwenden, wenn die Merkmale für große Kapitalgesellschaften (§ 267 Abs. 3) von der Zweigniederlassung überschritten werden.

(2) Diese Vorschrift gilt nicht für Zweigniederlassungen, die von Kreditinstituten im Sinne des § 340 oder von Versicherungsunternehmen im Sinne des § 341 errichtet werden.

§ 326
Größenabhängige Erleichterungen für kleine Kapitalgesellschaften bei der Offenlegung

Auf kleine Kapitalgesellschaften (§ 267 Abs. 1) ist § 325 Abs. 1 mit der Maßgabe anzuwenden, daß die gesetzlichen Vertreter nur die Bilanz und den Anhang spätestens vor Ablauf des zwölften Monats des dem Bilanzstichtag nachfolgenden Geschäftsjahrs einzureichen haben. Der Anhang braucht die die Gewinn- und Verlustrechnung betreffenden Angaben nicht zu enthalten.

§ 327
Größenabhängige Erleichterungen für mittelgroße Kapitalgesellschaften bei der Offenlegung

Auf mittelgroße Kapitalgesellschaften (§ 267 Abs. 2) ist § 325 Abs. 1 mit der Maßgabe anzuwenden, daß die gesetzlichen Vertreter
1. die Bilanz nur in der für kleine Kapitalgesellschaften nach § 266 Abs. 1 Satz 3 vorgeschriebenen Form zum Handelsregister einreichen müssen. In der Bilanz oder im Anhang sind jedoch die folgenden Posten des § 266 Abs. 2 und 3 zusätzlich gesondert anzugeben:
Auf der Aktivseite

A I 2	Geschäfts- oder Firmenwert;
A II 1	Grundstücke, grundstücksgleiche Rechte und Bauten einschließlich der Bauten auf fremden Grundstücken;
A II 2	technische Anlagen und Maschinen;
A II 3	andere Anlagen, Betriebs- und Geschäftsausstattung;
A II 4	geleistete Anzahlungen und Anlagen im Bau;
A III 1	Anteile an verbundenen Unternehmen;
A III 2	Ausleihungen an verbundene Unternehmen;
A III 3	Beteiligungen;
A III 4	Ausleihungen an Unternehmen, mit denen ein Beteiligungsverhältnis besteht;
B II 2	Forderungen gegen verbundene Unternehmen;
B II 3	Forderungen gegen Unternehmen, mit denen ein Beteiligungsverhältnis besteht;
B III 1	Anteile an verbundenen Unternehmen;
B III 2	eigene Anteile.

Auf der Passivseite
C 1   Anleihen,
       davon konvertibel;
C 2   Verbindlichkeiten gegenüber Kreditinstituten;
C 6   Verbindlichkeiten gegenüber verbundenen Unternehmen;
C 7   Verbindlichkeiten gegenüber Unternehmen, mit denen ein Beteiligungs-
       verhältnis besteht;
2. den Anhang ohne die Angaben nach § 285 Nr. 2, 5 und 8 Buchstabe a, Nr. 12 zum
Handelsregister einreichen dürfen.

§ 328
Form und Inhalt der Unterlagen bei der Offenlegung, Veröffentlichung und Vervielfältigung

(1) Bei der vollständigen oder teilweisen Offenlegung des Jahresabschlusses und des Konzernabschlusses und bei der Veröffentlichung oder Vervielfältigung in anderer Form auf Grund des Gesellschaftsvertrags oder der Satzung sind die folgenden Vorschriften einzuhalten:

1. Der Jahresabschluß und der Konzernabschluß sind so wiederzugeben, daß sie den für ihre Aufstellung maßgeblichen Vorschriften entsprechen, soweit nicht Erleichterungen nach §§ 326, 327 in Anspruch genommen werden; sie haben in diesem Rahmen vollständig und richtig zu sein. Das Datum der Feststellung ist anzugeben, sofern der Jahresabschuß festgestellt worden ist. Wurde der Jahresabschluß oder der Konzernabschluß auf Grund gesetzlicher Vorschriften durch einen Abschlußprüfer geprüft, so ist jeweils der vollständige Wortlaut des Bestätigungsvermerks oder des Vermerks über dessen Versagung wiederzugeben; wird der Jahresabschluß wegen der Inanspruchnahme von Erleichterungen nur teilweise offengelegt und bezieht sich der Bestätigungsvermerk auf den vollständigen Jahresabschluß, so ist hierauf hinzuweisen.

2. Werden der Jahresabschluß oder der Konzernabschluß zur Wahrung der gesetzlich vorgeschriebenen Fristen über die Offenlegung vor der Prüfung oder Feststellung, sofern diese gesetzlich vorgeschrieben sind, oder nicht gleichzeitig mit beizufügenden Unterlagen offengelegt, so ist hierauf bei der Offenlegung hinzuweisen.

(2) Werden der Jahresabschluß oder der Konzernabschluß in Veröffentlichungen und Vervielfältigungen, die nicht durch Gesetz, Gesellschaftsvertrag oder Satzung vorgeschrieben sind, nicht in der nach Absatz 1 vorgeschriebenen Form wiedergegeben, so ist jeweils in einer Überschrift darauf hinzuweisen, daß es sich nicht um eine der gesetzlichen Form entsprechende Veröffentlichung handelt. Ein Bestätigungsvermerk darf nicht beigefügt werden. Ist jedoch auf Grund gesetzlicher Vorschriften eine Prüfung durch einen Abschlußprüfer erfolgt, so ist anzugeben, ob der Abschlußprüfer den in gesetzlicher Form erstellten Jahresabschluß oder den Konzernabschluß bestätigt hat oder ob er die Bestätigung eingeschränkt oder versagt hat. Ferner ist anzugeben, bei welchem Handelsregister und in welcher Nummer des Bundesanzeigers die Offenlegung erfolgt ist oder daß die Offenlegung noch nicht erfolgt ist.

(3) Absatz 1 Nr. 1 ist auf den Lagebericht, den Konzernlagebericht, den Vorschlag für die Verwendung des Ergebnisses und den Beschluß über seine Verwendung sowie auf die Aufstellung des Anteilsbesitzes entsprechend anzuwenden. Werden die in Satz 1 bezeichneten Unterlagen nicht gleichzeitig mit dem Jahresabschluß oder dem Konzern-

abschluß offengelegt, so ist bei ihrer nachträglichen Offenlegung jeweils anzugeben, auf welchen Abschluß sie sich beziehen und wo dieser offengelegt worden ist; dies gilt auch für die nachträgliche Offenlegung des Bestätigungsvermerks oder des Vermerks über seine Versagung.

§ 329
Prüfungspflicht des Registergerichts

(1) Das Gericht prüft, ob die vollständig oder teilweise zum Handelsregister einzureichenden Unterlagen vollzählig sind und, sofern vorgeschrieben, bekanntgemacht worden sind.

(2) Gibt die Prüfung nach Absatz 1 Anlaß zu der Annahme, daß von der Größe der Kapitalgesellschaft abhängige Erleichterungen nicht hätten in Anspruch genommen werden dürfen, so kann das Gericht zu seiner Unterrichtung von der Kapitalgesellschaft innerhalb einer angemessenen Frist die Mitteilung der Umsatzerlöse (§ 277 Abs. 1) und der durchschnittlichen Zahl der Arbeitnehmer (§ 267 Abs. 5), in den Fällen des § 325a Abs. 1 Satz 5 zusätzlich die Bilanzsumme der Zweigniederlassung und in den Fällen des § 340l Abs. 2 in Verbindung mit Abs. 4 Satz 1 die Bilanzsumme der Zweigstelle des Kreditinstitutes verlangen. Unterläßt die Kapitalgesellschaft die fristgemäße Mitteilung, so gelten die Erleichterungen als zu Unrecht in Anspruch genommen.

(3) In den Fällen des § 325a Abs. 1 Satz 4, § 340l Abs. 2 Satz 4 kann das Gericht im Einzelfall die Vorlage einer Übersetzung in die deutsche Sprache verlangen.

Fünfter Unterabschnitt
Verordnungsermächtigung für Formblätter und andere Vorschriften

§ 330

(1) Das Bundesministerium der Justiz wird ermächtigt, im Einvernehmen mit dem Bundesministerium der Finanzen und dem Bundesministerium für Wirtschaft und Technologie durch Rechtsverordnung, die nicht der Zustimmung des Bundesrates bedarf, für Kapitalgesellschaften Formblätter vorzuschreiben oder andere Vorschriften für die Gliederung des Jahresabschlusses oder des Konzernabschlusses oder den Inhalt des Anhangs, des Konzernanhangs, des Lageberichts oder des Konzernlageberichts zu erlassen, wenn der Geschäftszweig eine von den §§ 266, 275 abweichende Gliederung des Jahresabschlusses oder des Konzernabschlusses oder von den Vorschriften des Ersten Abschnitts und des Ersten und Zweiten Unterabschnitts des Zweiten Abschnitts abweichende Regelungen erfordert. Die sich aus den abweichenden Vorschriften ergebenden Anforderungen an die in Satz 1 bezeichneten Unterlagen sollen den Anforderungen gleichwertig sein, die sich für große Kapitalgesellschaften (§ 267 Abs. 3) aus den Vorschriften des Ersten Abschnitts und des Ersten und Zweiten Unterabschnitts des Zweiten Abschnitts sowie den für den Geschäftszweig geltenden Vorschriften ergeben. Über das geltende Recht hinausgehende Anforderungen dürfen nur gestellt werden, soweit sie auf Rechtsakten des Rates der Europäischen Union beruhen.

(2) Absatz 1 ist auf Kreditinstitute im Sinne des § 1 Abs. 1 des Gesetzes über das Kreditwesen, soweit sie nach dessen § 2 Abs. 1, 4 oder 5 von der Anwendung nicht ausgenommen sind, und auf Finanzdienstleistungsinstitute im Sinne des § 1 Abs. 1a des Gesetzes über das Kreditwesen, soweit sie nach dessen § 2 Abs. 6 oder 10 von der Anwendung nicht ausgenommen sind, nach Maßgabe der Sätze 3 und 4 ungeachtet ihrer Rechtsform anzuwenden. Satz 1 ist auch auf Zweigstellen von Unternehmen mit Sitz in einem Staat anzuwenden, der nicht Mitglied der Europäischen Gemeinschaft und auch nicht Vertragsstaat des Abkommens über den Europäischen Wirtschaftsraum ist, sofern die Zweigstelle nach § 53 Abs. 1 des Gesetzes über das Kreditwesen als Kreditinstitut oder als Finanzinstitut gilt. Die Rechtsverordnung bedarf nicht der Zustimmung des Bundesrates; sie ist im Einvernehmen mit dem Bundesministerium der Finanzen und im Benehmen mit der Deutschen Bundesbank zu erlassen. In die Rechtsverordnung nach Satz 1 können auch nähere Bestimmungen über die Aufstellung des Jahresabschlusses und des Konzernabschlusses im Rahmen der vorgeschriebenen Formblätter für die Gliederung des Jahresabschlusses und des Konzernabschlusses sowie des Zwischenabschlusses gemäß § 340a Abs. 3 und des Konzernzwischenabschlusses gemäß § 340i Abs. 4 aufgenommen werden, soweit dies zur Erfüllung der Aufgaben des Bundesaufsichtsamts für das Kreditwesen oder der Deutschen Bundesbank erforderlich ist, insbesondere um einheitliche Unterlagen zur Beurteilung der von den Kreditinstituten und Finanzdienstleistungsinstituten durchgeführten Bankgeschäfte und erbrachten Finanzdienstleistungen zu erhalten.

(3) Absatz 1 ist auf Versicherungsunternehmen nach Maßgabe der Sätze 3 und 4 ungeachtet ihrer Rechtsform anzuwenden. Satz 1 ist auch auf Niederlassungen im Geltungsbereich dieses Gesetzes von Versicherungsunternehmen mit Sitz in einem anderen Staat anzuwenden, wenn sie zum Betrieb des Direktversicherungsgeschäfts der Erlaubnis durch die Deutsche Versicherungsaufsichtsbehörde bedürfen. Die Rechtsverordnung bedarf der Zustimmung des Bundesrates und ist im Einvernehmen mit dem Bundesministerium der Finanzen zu erlassen. In die Rechtsverordnung nach Satz 1 können auch nähere Bestimmungen über die Aufstellung des Jahresabschlusses und des Konzernabschlusses im Rahmen der vorgeschriebenen Formblätter für die Gliederung des Jahresabschlusses und des Konzernabschlusses sowie Vorschriften über den Ansatz und die Bewertung von versicherungstechnischen Rückstellungen, insbesondere die Näherungsverfahren, aufgenommen werden.

(4) In der Rechtsverordnung nach Absatz 1 in Verbindung mit Absatz 3 kann bestimmt werden, daß Versicherungsunternehmen, auf die die Richtlinie 91/674/EWG nach deren Artikel 2 in Verbindung mit Artikel 3 der Richtlinie 73/239/EWG oder in Verbindung mit Artikel 2 Nr. 2 oder 3 oder Artikel 3 der nicht anzuwenden ist, von den Regelungen des Zweiten Unterabschnitts des Vierten Abschnitts ganz oder teilweise befreit werden, soweit dies erforderlich ist, um eine im Verhältnis zur Größe der Versicherungsunternehmen unangemessene Belastung zu vermeiden; Absatz 1 Satz 2 ist insoweit nicht anzuwenden. In der Rechtsverordnung dürfen diesen Versicherungsunternehmen auch für die Gliederung des Jahresabschlusses und des Konzernabschlusses, für die Erstellung von Anhang und Lagebericht und Konzernanhang und Konzernlagebericht sowie für die Offenlegung ihrer Größe angemessene Vereinfachungen gewährt werden.

(5) Die Absätze 3 und 4 sind auf Pensionsfonds (§ 112 Abs. 1 des Versicherungsaufsichtsgesetzes) entsprechend anzuwenden.

Sechster Unterabschnitt

Straf- und Bußgeldvorschriften. Zwangsgelder

§ 331
Unrichtige Darstellung

Mit Freiheitsstrafe bis zu drei Jahren oder mit Geldstrafe wird bestraft, wer

1. als Mitglied des vertretungsberechtigten Organs oder des Aufsichtsrats einer Kapitalgesellschaft die Verhältnisse der Kapitalgesellschaft in der Eröffnungsbilanz, im Jahresabschluß, im Lagebericht oder im Zwischenabschluß nach § 340a Abs. 3 unrichtig wiedergibt oder verschleiert,

2. als Mitglied des vertretungsberechtigten Organs oder des Aufsichtsrats einer Kapitalgesellschaft die Verhältnisse des Konzerns im Konzernabschluß, im Konzernlagebericht oder im Konzernzwischenabschluß nach § 340i Abs. 4 unrichtig wiedergibt oder verschleiert,

3. als Mitglied des vertretungsberechtigten Organs einer Kapitalgesellschaft zum Zwecke der Befreiung nach den §§ 291, 292a oder einer nach § 292 erlassenen Rechtsverordnung einen Konzernabschluß oder Konzernlagebericht, in dem die Verhältnisse des Konzerns unrichtig wiedergegeben oder verschleiert worden sind, vorsätzlich oder leichtfertig offenlegt oder

4. als Mitglied des vertretungsberechtigten Organs einer Kapitalgesellschaft oder als Mitglied des vertretungsberechtigten Organs oder als vertretungsberechtigter Gesellschafter eines ihrer Tochterunternehmen (§ 290 Abs. 1, 2) in Aufklärungen oder Nachweisen, die nach § 320 einem Abschlußprüfer der Kapitalgesellschaft, eines verbundenen Unternehmens oder des Konzerns zu geben sind, unrichtige Angaben macht oder die Verhältnisse der Kapitalgesellschaft, eines Tochterunternehmens oder des Konzerns unrichtig wiedergibt oder verschleiert.

§ 332
Verletzung der Berichtspflicht

(1) Mit Freiheitsstrafe bis zu drei Jahren oder mit Geldstrafe wird bestraft, wer als Abschlußprüfer oder Gehilfe eines Abschlußprüfers über das Ergebnis der Prüfung eines Jahresabschlusses, eines Lageberichts, eines Konzernabschlusses, eines Konzernlageberichts einer Kapitalgesellschaft oder eines Zwischenabschlusses nach § 340a Abs. 3 oder eines Konzernzwischenabschlusses gemäß § 340i Abs. 4 unrichtig berichtet, im Prüfungsbericht (§ 321) erhebliche Umstände verschweigt oder einen inhaltlich unrichtigen Bestätigungsvermerk (§ 322) erteilt.

(2) Handelt der Täter gegen Entgelt oder in der Absicht, sich oder einen anderen zu bereichern oder einen anderen zu schädigen, so ist die Strafe Freiheitsstrafe bis zu fünf Jahren oder Geldstrafe.

§ 333
Verletzung der Geheimhaltungspflicht

(1) Mit Freiheitsstrafe bis zu einem Jahr oder mit Geldstrafe wird bestraft, wer ein Geheimnis der Kapitalgesellschaft, eines Tochterunternehmens (§ 290 Abs. 1, 2),

eines gemeinsam geführten Unternehmens (§ 310) oder eines assoziierten Unternehmens (§ 311), namentlich ein Betriebs- oder Geschäftsgeheimnis, das ihm in seiner Eigenschaft als Abschlußprüfer oder Gehilfe eines Abschlußprüfers bei Prüfung des Jahresabschlusses oder des Konzernabschlusses bekannt geworden ist, unbefugt offenbart.

(2) Handelt der Täter gegen Entgelt oder in der Absicht, sich oder einen anderen zu bereichern oder einen anderen zu schädigen, so ist die Strafe Freiheitsstrafe bis zu zwei Jahren oder Geldstrafe. Ebenso wird bestraft, wer ein Geheimnis der in Absatz 1 bezeichneten Art, namentlich ein Betriebs- oder Geschäftsgeheimnis, das ihm unter den Voraussetzungen des Absatzes 1 bekannt geworden ist, unbefugt verwertet.

(3) Die Tat wird nur auf Antrag der Kapitalgesellschaft verfolgt.

§ 334
Bußgeldvorschriften

(1) Ordnungswidrig handelt, wer als Mitglied des vertretungsberechtigten Organs oder des Aufsichtsrats einer Kapitalgesellschaft
1. bei der Aufstellung oder Feststellung des Jahresabschlusses einer Vorschrift
   a) des § 243 Abs. 1 oder 2, der §§ 244, 245, 246, 247, 248, 249 Abs. 1 Satz 1 oder Abs. 3, des § 250 Abs. 1 Satz 1 oder Abs. 2, des § 251 oder des § 264 Abs. 2 über Form oder Inhalt,
   b) des § 253 Abs. 1 Satz 1 in Verbindung mit § 255 Abs. 1 oder 2 Satz 1, 2 oder 6, des § 253 Abs. 1 Satz 2 oder Abs. 2 Satz 1, 2 oder 3, dieser in Verbindung mit § 279 Abs. 1 Satz 2, des § 253 Abs. 3 Satz 1 oder 2, des § 280 Abs. 1, des § 282 oder des § 283 über die Bewertung,
   c) des § 265 Abs. 2, 3, 4 oder 6, der §§ 266, 268 Abs. 2, 3, 4, 5, 6 oder 7, der §§ 272, 273, 274 Abs. 1, des § 275 oder des § 277 über die Gliederung oder
   d) des § 280 Abs. 3, des § 281 Abs. 1 Satz 2 oder 3 oder Abs. 2 Satz 1, des § 284 oder des § 285 über die in der Bilanz oder im Anhang zu machenden Angaben,
2. bei der Aufstellung des Konzernabschlusses einer Vorschrift
   a) des § 294 Abs. 1 über den Konsolidierungskreis,
   b) des § 297 Abs. 2 oder 3 oder des § 298 Abs. 1 in Verbindung mit den §§ 244, 245, 246, 247, 248, 249 Abs. 1 Satz 1 oder Abs. 3, dem § 250 Abs. 1 Satz 1 oder Abs. 2 oder dem § 251 über Inhalt oder Form,
   c) des § 300 über die Konsolidierungsgrundsätze oder das Vollständigkeitsgebot,
   d) des § 308 Abs. 1 Satz 1 in Verbindung mit den in Nummer 1 Buchstabe b bezeichneten Vorschriften oder des § 308 Abs. 2 über die Bewertung,
   e) des § 311 Abs. 1 Satz 1 in Verbindung mit § 312 über die Behandlung assoziierter Unternehmen oder
   f) des § 308 Abs. 1 Satz 3, des § 313 oder des § 314 über die im Anhang zu machenden Angaben,
3. bei der Aufstellung des Lageberichts einer Vorschrift des § 289 Abs. 1 über den Inhalt des Lageberichts,
4. bei der Aufstellung des Konzernlageberichts einer Vorschrift des § 315 Abs. 1 über den Inhalt des Konzernlageberichts,
5. bei der Offenlegung, Veröffentlichung oder Vervielfältigung einer Vorschrift des § 328 über Form oder Inhalt oder

6. einer auf Grund des § 330 Abs. 1 Satz 1 erlassenen Rechtsverordnung, soweit sie für einen bestimmten Tatbestand auf diese Bußgeldvorschrift verweist, zuwiderhandelt.

(2) Ordnungswidrig handelt auch, wer zu einem Jahresabschluß oder einem Konzernabschluß, der auf Grund gesetzlicher Vorschriften zu prüfen ist, einen Vermerk nach § 322 erteilt, obwohl nach § 319 Abs. 2 er oder nach § 319 Abs. 3 die Wirtschaftsprüfungsgesellschaft oder Buchprüfungsgesellschaft, für die er tätig wird, nicht Abschlußprüfer sein darf.

(3) Die Ordnungswidrigkeit kann mit einer Geldbuße bis zu fünfundzwanzigtausend Euro geahndet werden.

(4) Die Absätze 1 bis 3 sind auf Kreditinstitute im Sinne des § 340 und auf Versicherungsunternehmen im Sinne des § 341 Abs. 1 nicht anzuwenden.

§ 335

Festsetzung von Zwangsgeld

Mitglieder des vertretungsberechtigten Organs einer Kapitalgesellschaft, die
1. § 242 Abs. 1 und 2, § 264 Abs. 1 über die Pflicht zur Aufstellung eines Jahresabschlusses und eines Lageberichts,
2. § 290 Abs. 1 und 2 über die Pflicht zur Aufstellung eines Konzernabschlusses und eines Konzernlageberichts,
3. § 318 Abs. 1 Satz 4 über die Pflicht zur unverzüglichen Erteilung des Prüfungsauftrags,
4. § 318 Abs. 4 Satz 3 über die Pflicht, den Antrag auf gerichtliche Bestellung des Abschlußprüfers zu stellen oder
5. § 320 über die Pflichten gegenüber dem Abschlussprüfer,

nicht befolgen, sind hierzu vom Registergericht durch Festsetzung von Zwangsgeld nach § 140a Abs. 1 des Gesetzes über die Angelegenheiten der freiwilligen Gerichtsbarkeit anzuhalten. Das Registergericht schreitet jedoch nur auf Antrag ein; § 14 ist insoweit nicht anzuwenden. Das einzelne Zwangsgeld darf den Betrag von fünftausend Euro nicht übersteigen.

§ 335a

Festsetzung von Ordnungsgeld

Gegen die Mitglieder des vertretungsberechtigten Organs einer Kapitalgesellschaft, die
1. § 325 über die Pflicht zur Offenlegung des Jahresabschlusses, des Lageberichts, des Konzernabschlusses, des Konzernlageberichts und anderer Unterlagen der Rechnungslegung oder
2. § 325a über die Pflicht zur Offenlegung der Rechnungslegungsunterlagen der Hauptniederlassung

nicht befolgen, ist wegen des pflichtwidrigen Unterlassens der rechtzeitigen Offenlegung vom Registergericht ein Ordnungsgeld nach § 140a Abs. 2 des Gesetzes über die Angelegenheiten der freiwilligen Gerichtsbarkeit festzusetzen; im Falle der Nummer 2 treten die in § 13e Abs. 2 Satz 4 Nr. 3 genannten Personen, sobald sie angemeldet sind, an die Stelle der Mitglieder des vertretungsberechtigten Organs der Kapitalgesellschaft. Einem Verfahren nach Satz 1 steht nicht entgegen, daß eine in § 335 Satz 1 bezeichnete Pflicht noch nicht erfüllt ist. Das Registergericht schreitet jedoch nur auf Antrag ein; § 14 ist insoweit nicht anzuwenden. Das Ordnungsgeld beträgt mindestens zweitausendfünfhundert und höchstens fünfundzwanzigtausend Euro; § 140a Abs. 2 Satz 4 des Gesetzes über die Angelegenheiten der freiwilligen Gerichtsbarkeit bleibt unberührt.

§ 335b
Anwendung der Straf- und Bußgeldvorschriften sowie der Zwangs- und Ordnungsgeldvorschriften auf bestimmte offene Handelsgesellschaften und Kommanditgesellschaften

Die Strafvorschriften der §§ 331 bis 333, die Bußgeldvorschriften des § 334, die Zwangs- und Ordnungsgeldvorschriften der §§ 335, 335a gelten auch für offene Handelsgesellschaften und Kommanditgesellschaften im Sinne des § 264a Abs. 1.

Dritter Abschnitt
Ergänzende Vorschriften für eingetragene Genossenschaften

§ 336
Pflicht zur Aufstellung von Jahresabschluß und Lagebericht

(1) Der Vorstand einer Genossenschaft hat den Jahresabschluß (§ 242) um einen Anhang zu erweitern, der mit der Bilanz und der Gewinn- und Verlustrechnung eine Einheit bildet, sowie einen Lagebericht aufzustellen. Der Jahresabschluß und der Lagebericht sind in den ersten fünf Monaten des Geschäftsjahrs für das vergangene Geschäftsjahr aufzustellen.

(2) Auf den Jahresabschluß und den Lagebericht sind, soweit in den folgenden Vorschriften nichts anderes bestimmt ist, § 264 Abs. 1 Satz 3 Halbsatz 1, Abs. 2, §§ 265 bis 289 über den Jahresabschluß und den Lagebericht entsprechend anzuwenden; § 277 Abs. 3 Satz 1, §§ 279, 280, 281 Abs. 2 Satz 1, § 285 Nr. 5, 6 brauchen jedoch nicht angewendet zu werden. Sonstige Vorschriften, die durch den Geschäftszweig bedingt sind, bleiben unberührt.

(3) § 330 Abs. 1 über den Erlaß von Rechtsverordnungen ist entsprechend anzuwenden.

§ 337
Vorschriften zur Bilanz

(1) An Stelle des gezeichneten Kapitals ist der Betrag der Geschäftsguthaben der Genossen auszuweisen. Dabei ist der Betrag der Geschäftsguthaben der mit Ablauf des Geschäftsjahrs ausgeschiedenen Genossen gesondert anzugeben. Werden rückständige fällige Einzahlungen auf Geschäftsanteile in der Bilanz als Geschäftsguthaben ausgewiesen, so ist der entsprechende Betrag auf der Aktivseite unter der Bezeichnung „Rückständige fällige Einzahlungen auf Geschäftsanteile" einzustellen. Werden rück-

ständige fällige Einzahlungen nicht als Geschäftsguthaben ausgewiesen, so ist der Betrag bei dem Posten „Geschäftsguthaben" zu vermerken. In beiden Fällen ist der Betrag mit dem Nennwert anzusetzen.

(2) An Stelle der Gewinnrücklagen sind die Ergebnisrücklagen auszuweisen und wie folgt aufzugliedern:
1. Gesetzliche Rücklage;
2. andere Ergebnisrücklagen; die Ergebnisrücklage nach § 73 Abs. 3 des Gesetzes betreffend die Erwerbs- und Wirtschaftsgenossenschaften und die Beträge, die aus dieser Ergebnisrücklage an ausgeschiedene Genossen auszuzahlen sind, müssen vermerkt werden.

(3) Bei den Ergebnisrücklagen sind gesondert aufzuführen:
1. Die Beträge, welche die Generalversammlung aus dem Bilanzgewinn des Vorjahres eingestellt hat;
2. die Beträge, die aus dem Jahresüberschuß des Geschäftsjahrs eingestellt werden;
3. die Beträge, die für das Geschäftsjahr entnommen werden.

§ 338
Vorschriften zum Anhang

(1) Im Anhang sind auch Angaben zu machen über die Zahl der im Laufe des Geschäftsjahrs eingetretenen oder ausgeschiedenen sowie die Zahl der am Schluß des Geschäftsjahrs der Genossenschaft angehörenden Genossen. Ferner sind der Gesamtbetrag, um welchen in diesem Jahr die Geschäftsguthaben, sowie die Haftsummen der Genossen sich vermehrt oder vermindert haben, und der Betrag der Haftsummen anzugeben, für welche am Jahresschluß alle Genossen zusammen aufzukommen haben.

(2) Im Anhang sind ferner anzugeben:
1. Name und Anschrift des zuständigen Prüfungsverbandes, dem die Genossenschaft angehört;
2. alle Mitglieder des Vorstands und des Aufsichtsrats, auch wenn sie im Geschäftsjahr oder später ausgeschieden sind, mit dem Familiennamen und mindestens einem ausgeschriebenen Vornamen; ein etwaiger Vorsitzender des Aufsichtsrats ist als solcher zu bezeichnen.

(3) An Stelle der in § 285 Nr. 9 vorgeschriebenen Angaben über die an Mitglieder von Organen geleisteten Bezüge, Vorschüsse und Kredite sind lediglich die Forderungen anzugeben, die der Genossenschaft gegen Mitglieder des Vorstands oder Aufsichtsrats zustehen. Die Beträge dieser Forderungen können für jedes Organ in einer Summe zusammengefaßt werden.

§ 339
Offenlegung

(1) Der Vorstand hat unverzüglich nach der Generalversammlung über den Jahresabschluß den festgestellten Jahresabschluß, den Lagebericht und den Bericht des Aufsichtsrats zum Genossenschaftsregister des Sitzes der Genossenschaft einzureichen. Ist die Erteilung eines Bestätigungsvermerks nach § 58 Abs. 2 des Gesetzes betreffend die Erwerbs- und Wirtschaftsgenossenschaften vorgeschrieben, so ist dieser mit dem

Jahresabschluß einzureichen; hat der Prüfungsverband die Bestätigung des Jahresabschlusses versagt, so muß dies auf dem eingereichten Jahresabschluß vermerkt und der Vermerk vom Prüfungsverband unterschrieben sein. Ist die Prüfung des Jahresabschlusses im Zeitpunkt der Einreichung der Unterlagen nach Satz 1 nicht abgeschlossen, so ist der Bestätigungsvermerk oder der Vermerk über seine Versagung unverzüglich nach Abschluß der Prüfung einzureichen. Wird der Jahresabschluß oder der Lagebericht nach der Einreichung geändert, so ist auch die geänderte Fassung einzureichen.

(2) Der Vorstand einer Genossenschaft, die die Größenmerkmale des § 267 Abs. 3 erfüllt, hat ferner unverzüglich nach der Generalversammlung über den Jahresabschluß den festgestellten Jahresabschluß mit dem Bestätigungsvermerk in den für die Bekanntmachungen der Genossenschaft bestimmten Blättern bekanntzumachen und die Bekanntmachung zu dem Genossenschaftsregister des Sitzes der Genossenschaft einzureichen. Ist die Prüfung des Jahresabschlusses im Zeitpunkt der Generalversammlung nicht abgeschlossen, so hat die Bekanntmachung nach Satz 1 unverzüglich nach dem Abschluß der Prüfung, jedoch spätestens vor Ablauf des zwölften Monats des dem Abschlußstichtag nachfolgenden Geschäftsjahrs, zu erfolgen.

(3) Die §§ 326 bis 329 über die größenabhängigen Erleichterungen bei der Offenlegung, über Form und Inhalt der Unterlagen bei der Offenlegung, Veröffentlichung und Vervielfältigung sowie über die Prüfungspflicht des Registergerichts sind entsprechend anzuwenden.

Vierter Abschnitt

Ergänzende Vorschriften für Unternehmen bestimmter Geschäftszweige

Erster Unterabschnitt

Ergänzende Vorschriften für Kreditinstitute und Finanzdienstleistungsinstitute

Erster Titel

Anwendungsbereich

§ 340

(1) Dieser Unterabschnitt ist auf Kreditinstitute im Sinne des § 1 Abs. 1 des Gesetzes über das Kreditwesen anzuwenden, soweit sie nach dessen § 2 Abs. 1, 4 oder 5 von der Anwendung nicht ausgenommen sind, sowie auf Zweigstellen von Unternehmen mit Sitz in einem Staat, der nicht Mitglied der Europäischen Gemeinschaft und auch nicht Vertragsstaat des Abkommens über den Europäischen Wirtschaftsraum ist, sofern die Zweigstelle nach § 53 Abs. 1 des Gesetzes über das Kreditwesen als Kreditinstitut gilt. § 340l Abs. 2 bis 4 ist außerdem auf Zweigstellen im Sinne des § 53b

Abs. 1 Satz 1 und Abs. 7 des Gesetzes über das Kreditwesen, auch in Verbindung mit einer Rechtsverordnung nach § 53c Nr. 1 dieses Gesetzes, anzuwenden, sofern diese Zweigstellen Bankgeschäfte im Sinne des § 1 Abs. 1 Satz 2 Nr. 1 bis 5 und 7 bis 12 dieses Gesetzes betreiben. Zusätzliche Anforderungen auf Grund von Vorschriften, die wegen der Rechtsform oder für Zweigstellen bestehen, bleiben unberührt.

(2) Dieser Unterabschnitt ist auf Unternehmen der in § 2 Abs. 1 Nr. 4 und 5 des Gesetzes über das Kreditwesen bezeichneten Art insoweit ergänzend anzuwenden, als sie Bankgeschäfte betreiben, die nicht zu den ihnen eigentümlichen Geschäften gehören.

(3) Dieser Unterabschnitt ist auf Wohnungsunternehmen mit Spareinrichtung nicht anzuwenden.

(4) Dieser Unterabschnitt ist auch auf Finanzdienstleistungsinstitute im Sinne des § 1 Abs. 1a des Gesetzes über das Kreditwesen anzuwenden, soweit sie nicht nach dessen § 2 Abs. 6 oder 10 von der Anwendung ausgenommen sind, sowie auf Zweigstellen von Unternehmen mit Sitz in einem anderen Staat, der nicht Mitglied der Europäischen Gemeinschaft und auch nicht Vertragsstaat des Abkommens über den Europäischen Wirtschaftsraum ist, sofern die Zweigstelle nach § 53 Abs. 1 des Gesetzes über das Kreditwesen als Finanzdienstleistungsinstitut gilt. § 340c Abs. 1 ist nicht anzuwenden auf Finanzdienstleistungsinstitute und Kreditinstitute, soweit letztere Skontroführer im Sinne des § 8b Abs. 1 Satz 1 des Börsengesetzes und nicht Einlagenkreditinstitute im Sinne des § 1 Abs. 3d Satz 1 des Gesetzes über das Kreditwesen sind. § 340l ist nur auf Finanzdienstleistungsinstitute anzuwenden, die Kapitalgesellschaften sind. Zusätzliche Anforderungen auf Grund von Vorschriften, die wegen der Rechtsform oder für Zweigstellen bestehen, bleiben unberührt.

Zweiter Titel

Jahresabschluß, Lagebericht, Zwischenabschluß

§ 340a

Anzuwendende Vorschriften

(1) Kreditinstitute, auch wenn sie nicht in der Rechtsform einer Kapitalgesellschaft betrieben werden, haben auf ihren Jahresabschluß die für große Kapitalgesellschaften geltenden Vorschriften des Ersten Unterabschnitts des Zweiten Abschnitts anzuwenden, soweit in den Vorschriften dieses Unterabschnitts nichts anderes bestimmt ist; Kreditinstitute haben außerdem einen Lagebericht nach § 289 aufzustellen.

(2) § 265 Abs. 6 und 7, §§ 267, 268 Abs. 4 Satz 1, Abs. 5 Satz 1 und 2, §§ 276, 277 Abs. 1, 2, 3 Satz 1, § 279 Abs. 1 Satz 2, § 284 Abs. 2 Nr. 4, § 285 Nr. 8 und 12, § 288 sind nicht anzuwenden. An Stelle von § 247 Abs. 1, §§ 251, 266, 268 Abs. 2 und 7, §§ 275, 285 Nr. 1, 2, 4 und 9 Buchstabe c sind die durch Rechtsverordnung erlassenen Formblätter und anderen Vorschriften anzuwenden. § 246 Abs. 2 ist nicht anzuwenden, soweit abweichende Vorschriften bestehen. § 264 Abs. 3 und § 264b sind mit der Maßgabe anzuwenden, daß das Kreditinstitut unter den genannten Voraussetzungen die Vorschriften des Vierten Unterabschnitts des Zweiten Abschnitts nicht anzuwenden braucht.

(3) Sofern Kreditinstitute Zwischenabschlüsse zur Ermittlung von Zwischenergebnissen im Sinne des § 10 Abs. 3 des Gesetzes über das Kreditwesen aufstellen, gelten die Bestimmungen über den Jahresabschluß und § 340k über die Prüfung entsprechend.

(4) Zusätzlich haben Kreditinstitute im Anhang zum Jahresabschluß anzugeben:
1. alle Mandate in gesetzlich zu bildenden Aufsichtsgremien von großen Kapitalgesellschaften (§ 267 Abs. 3), die von gesetzlichen Vertretern oder anderen Mitarbeitern wahrgenommen werden;
2. alle Beteiligungen an großen Kapitalgesellschaften, die fünf vom Hundert der Stimmrechte überschreiten.

§ 340b
Pensionsgeschäfte

(1) Pensionsgeschäfte sind Verträge, durch die ein Kreditinstitut oder der Kunde eines Kreditinstituts (Pensionsgeber) ihm gehörende Vermögensgegenstände einem anderen Kreditinstitut oder einem seiner Kunden (Pensionsnehmer) gegen Zahlung eines Betrags überträgt und in denen gleichzeitig vereinbart wird, daß die Vermögensgegenstände später gegen Entrichtung des empfangenen oder eines im voraus vereinbarten anderen Betrags an den Pensionsgeber zurückübertragen werden müssen oder können.

(2) Übernimmt der Pensionsnehmer die Verpflichtung, die Vermögensgegenstände zu einem bestimmten oder vom Pensionsgeber zu bestimmenden Zeitpunkt zurückzuübertragen, so handelt es sich um ein echtes Pensionsgeschäft.

(3) Ist der Pensionsnehmer lediglich berechtigt, die Vermögensgegenstände zu einem vorher bestimmten oder von ihm noch zu bestimmenden Zeitpunkt zurückzuübertragen, so handelt es sich um ein unechtes Pensionsgeschäft.

(4) Im Falle von echten Pensionsgeschäften sind die übertragenen Vermögensgegenstände in der Bilanz des Pensionsgebers weiterhin auszuweisen. Der Pensionsgeber hat in Höhe des für die Übertragung erhaltenen Betrags eine Verbindlichkeit gegenüber dem Pensionsnehmer auszuweisen. Ist für die Rückübertragung ein höherer oder ein niedrigerer Betrag vereinbart, so ist der Unterschiedsbetrag über die Laufzeit des Pensionsgeschäfts zu verteilen. Außerdem hat der Pensionsgeber den Buchwert der in Pension gegebenen Vermögensgegenstände im Anhang anzugeben. Der Pensionsnehmer darf die ihm in Pension gegebenen Vermögensgegenstände nicht in seiner Bilanz ausweisen; er hat in Höhe des für die Übertragung gezahlten Betrags eine Forderung an den Pensionsgeber in seiner Bilanz auszuweisen. Ist für die Rückübertragung ein höherer oder ein niedrigerer Betrag vereinbart, so ist der Unterschiedsbetrag über die Laufzeit des Pensionsgeschäfts zu verteilen.

(5) Im Falle von unechten Pensionsgeschäften sind die Vermögensgegenstände nicht in der Bilanz des Pensionsgebers, sondern in der Bilanz des Pensionsnehmers auszuweisen. Der Pensionsgeber hat unter der Bilanz den für den Fall der Rückübertragung vereinbarten Betrag anzugeben.

(6) Devisentermingeschäfte, Börsentermingeschäfte und ähnliche Geschäfte sowie die Ausgabe eigener Schuldverschreibungen auf abgekürzte Zeit gelten nicht als Pensionsgeschäfte im Sinne dieser Vorschrift.

§ 340c
Vorschriften zur Gewinn- und Verlustrechnung und zum Anhang

(1) Als Ertrag oder Aufwand aus Finanzgeschäften ist der Unterschiedsbetrag der Erträge und Aufwendungen aus Geschäften mit Wertpapieren des Handelsbestands, Finanzinstrumenten, Devisen und Edelmetallen sowie der Erträge aus Zuschreibungen und der Aufwendungen aus Abschreibungen bei diesen Vermögensgegenständen auszuweisen. In die Verrechnung sind außerdem die Aufwendungen für die Bildung von Rückstellungen für drohende Verluste aus den in Satz 1 bezeichneten Geschäften und die Erträge aus der Auflösung dieser Rückstellungen einzubeziehen.

(2) Die Aufwendungen aus Abschreibungen auf Beteiligungen, Anteile an verbundenen Unternehmen und wie Anlagevermögen behandelte Wertpapiere dürfen mit den Erträgen aus Zuschreibungen zu solchen Vermögensgegenständen verrechnet und in einem Aufwand- oder Ertragsposten ausgewiesen werden. In die Verrechnung nach Satz 1 dürfen auch die Aufwendungen und Erträge aus Geschäften mit solchen Vermögensgegenständen einbezogen werden.

(3) Kreditinstitute, die dem haftenden Eigenkapital nicht realisierte Reserven nach § 10 Abs. 2b Satz 1 Nr. 6 oder 7 des Gesetzes über das Kreditwesen zurechnen, haben den Betrag, mit dem diese Reserven dem haftenden Eigenkapital zugerechnet werden, im Anhang zur Bilanz und zur Gewinn- und Verlustrechnung anzugeben.

§ 340d
Fristengliederung

Die Forderungen und Verbindlichkeiten sind im Anhang nach der Fristigkeit zu gliedern. Für die Gliederung nach der Fristigkeit ist die Restlaufzeit am Bilanzstichtag maßgebend.

Dritter Titel
Bewertungsvorschriften

§ 340e
Bewertung von Vermögensgegenständen

(1) Kreditinstitute haben Beteiligungen einschließlich der Anteile an verbundenen Unternehmen, Konzessionen, gewerbliche Schutzrechte und ähnliche Rechte und Werte sowie Lizenzen an solchen Rechten und Werten, Grundstücke, grundstücksgleiche Rechte und Bauten einschließlich der Bauten auf fremden Grundstücken, technische Anlagen und Maschinen, andere Anlagen, Betriebs- und Geschäftsausstattung sowie Anlagen im Bau nach den für das Anlagevermögen geltenden Vorschriften zu bewerten, es sei denn, daß sie nicht dazu bestimmt sind, dauernd dem Geschäftsbetrieb zu dienen; in diesem Falle sind sie nach Satz 2 zu bewerten. Andere Vermögensgegenstände, insbesondere Forderungen und Wertpapiere, sind nach den für das Umlaufvermögen geltenden Vorschriften zu bewerten, es sei denn, daß sie dazu

bestimmt werden, dauernd dem Geschäftsbetrieb zu dienen; in diesem Falle sind sie nach Satz 1 zu bewerten. § 253 Abs. 2 Satz 3 darf auf die in Satz 1 bezeichneten Vermögensgegenstände mit Ausnahme der Beteiligungen und der Anteile an verbundenen Unternehmen nur angewendet werden, wenn es sich um eine voraussichtlich dauernde Wertminderung handelt.

(2) Abweichend von § 253 Abs. 1 Satz 1 dürfen Hypothekendarlehen und andere Forderungen mit ihrem Nennbetrag angesetzt werden, soweit der Unterschiedsbetrag zwischen dem Nennbetrag und dem Auszahlungsbetrag oder den Anschaffungskosten Zinscharakter hat. Ist der Nennbetrag höher als der Auszahlungsbetrag oder die Anschaffungskosten, so ist der Unterschiedsbetrag in den Rechnungsabgrenzungsposten auf der Passivseite aufzunehmen; er ist planmäßig aufzulösen und in seiner jeweiligen Höhe in der Bilanz oder im Anhang gesondert anzugeben. Ist der Nennbetrag niedriger als der Auszahlungsbetrag oder die Anschaffungskosten, so darf der Unterschiedsbetrag in den Rechnungsabgrenzungsposten auf der Aktivseite aufgenommen werden; er ist planmäßig aufzulösen und in seiner jeweiligen Höhe in der Bilanz oder im Anhang gesondert anzugeben.

§ 340f
Vorsorge für allgemeine Bankrisiken

(1) Kreditinstitute dürfen Forderungen an Kreditinstitute und Kunden, Schuldverschreibungen und andere festverzinsliche Wertpapiere sowie Aktien und andere nicht festverzinsliche Wertpapiere, die weder wie Anlagevermögen behandelt werden noch Teil des Handelsbestands sind, mit einem niedrigeren als dem nach § 253 Abs. 1 Satz 1, Abs. 3 vorgeschriebenen oder zugelassenen Wert ansetzen, soweit dies nach vernünftiger kaufmännischer Beurteilung zur Sicherung gegen die besonderen Risiken des Geschäftszweigs der Kreditinstitute notwendig ist. Der Betrag der auf diese Weise gebildeten Vorsorgereserven darf vier vom Hundert des Gesamtbetrags der in Satz 1 bezeichneten Vermögensgegenstände, der sich bei deren Bewertung nach § 253 Abs. 1 Satz 1, Abs. 3 ergibt, nicht übersteigen.

(2) Ein niedrigerer Wertansatz nach Absatz 1 darf beibehalten werden; § 280 ist auf die in Absatz 1 bezeichneten Vermögensgegenstände nicht anzuwenden. In der Bilanz oder im Anhang brauchen die in § 281 Abs. 1 Satz 2, Abs. 2 verlangten Angaben und Aufgliederungen nicht gemacht zu werden, soweit Satz 1 angewendet wird.

(3) Aufwendungen und Erträge aus der Anwendung von Absatz 1 und aus Geschäften mit in Absatz 1 bezeichneten Wertpapieren und Aufwendungen aus Abschreibungen sowie Erträge aus Zuschreibungen zu diesen Wertpapieren dürfen mit den Aufwendungen aus Abschreibungen auf Forderungen, Zuführungen zu Rückstellungen für Eventualverbindlichkeiten und für Kreditrisiken sowie mit den Erträgen aus Zuschreibungen zu Forderungen oder aus deren Eingang nach teilweiser oder vollständiger Abschreibung und aus Auflösungen von Rückstellungen für Eventualverbindlichkeiten und für Kreditrisiken verrechnet und in der Gewinn- und Verlustrechnung in einem Aufwand- oder Ertragsposten ausgewiesen werden.

(4) Angaben über die Bildung und Auflösung von Vorsorgereserven nach Absatz 1 sowie über vorgenommene Verrechnungen nach Absatz 3 brauchen im Jahresabschluß, Lagebericht, Konzernabschluß und Konzernlagebericht nicht gemacht zu werden.

§ 340g
Sonderposten für allgemeine Bankrisiken

(1) Kreditinstitute dürfen auf der Passivseite ihrer Bilanz zur Sicherung gegen allgemeine Bankrisiken einen Sonderposten „Fonds für allgemeine Bankrisiken" bilden, soweit dies nach vernünftiger kaufmännischer Beurteilung wegen der besonderen Risiken des Geschäftszweigs der Kreditinstitute notwendig ist.

(2) Die Zuführungen zum Sonderposten oder die Erträge aus der Auflösung des Sonderpostens sind in der Gewinn- und Verlustrechnung gesondert auszuweisen.

Vierter Titel
Währungsumrechnung

§ 340h

(1) Auf ausländische Währung lautende Vermögensgegenstände, die wie Anlagevermögen behandelt werden, sind, soweit sie weder durch Verbindlichkeiten noch durch Termingeschäfte in derselben Währung besonders gedeckt sind, mit ihrem Anschaffungskurs in Euro umzurechnen. Andere auf ausländische Währung lautende Vermögensgegenstände und Schulden sowie am Bilanzstichtag nicht abgewickelte Kassageschäfte sind mit dem Kassakurs am Bilanzstichtag in Euro umzurechnen. Nicht abgewickelte Termingeschäfte sind zum Terminkurs am Bilanzstichtag umzurechnen.

(2) Aufwendungen, die sich aus der Währungsumrechnung ergeben, sind in der Gewinn- und Verlustrechnung zu berücksichtigen. Erträge, die sich aus der Währungsumrechnung ergeben, sind in der Gewinn- und Verlustrechnung zu berücksichtigen, soweit die Vermögensgegenstände, Schulden oder Termingeschäfte durch Vermögensgegenstände, Schulden oder andere Termingeschäfte in derselben Währung besonders gedeckt sind. Liegt keine besondere Deckung vor, aber eine Deckung in derselben Währung, so dürfen Erträge nach Satz 2 berücksichtigt werden, soweit sie einen nur vorübergehend wirksamen Aufwand aus den zur Deckung dienenden Geschäften ausgleichen. In allen anderen Fällen dürfen Erträge aus der Währungsumrechnung nicht berücksichtigt werden; sie dürfen auch mit Aufwendungen nach Satz 1 nicht verrechnet werden.

Fünfter Titel
Konzernabschluß, Konzernlagebericht, Konzernzwischenabschluß

§ 340i
Pflicht zur Aufstellung

(1) Kreditinstitute, auch wenn sie nicht in der Rechtsform einer Kapitalgesellschaft betrieben werden, haben unabhängig von ihrer Größe einen Konzernabschluß und einen Konzernlagebericht nach den Vorschriften des Zweiten Unterabschnitts des

Zweiten Abschnitts über den Konzernabschluß und Konzernlagebericht aufzustellen, soweit in den Vorschriften dieses Unterabschnitts nichts anderes bestimmt ist. Zusätzliche Anforderungen auf Grund von Vorschriften, die wegen der Rechtsform bestehen, bleiben unberührt.

(2) Auf den Konzernabschluß sind, soweit seine Eigenart keine Abweichung bedingt, die §§ 340a bis 340g über den Jahresabschluß und die für die Rechtsform und den Geschäftszweig der in den Konzernabschluß einbezogenen Unternehmen mit Sitz im Geltungsbereich dieses Gesetzes geltenden Vorschriften entsprechend anzuwenden, soweit sie für große Kapitalgesellschaften gelten. Die §§ 293, 298 Abs. 1 und 2, § 314 Abs. 1 Nr. 1, 3, 6 Buchstabe c sind nicht anzuwenden.

(3) Als Kreditinstitute im Sinne dieses Titels gelten auch Mutterunternehmen, deren einziger Zweck darin besteht, Beteiligungen an Tochterunternehmen zu erwerben sowie die Verwaltung und Verwertung dieser Beteiligungen wahrzunehmen, sofern diese Tochterunternehmen ausschließlich oder überwiegend Kreditinstitute sind.

(4) Sofern Kreditinstitute Konzernzwischenabschlüsse zur Ermittlung von Konzernzwischenergebnissen im Sinne des § 10a Abs. 1 Satz 2 in Verbindung mit § 10 Abs. 3 des Gesetzes über das Kreditwesen aufstellen, gelten die Bestimmungen über den Konzernabschluß und § 340k über die Prüfung entsprechend.

§ 340j
Einzubeziehende Unternehmen

(1) Eine unterschiedliche Tätigkeit im Sinne des § 295 Abs. 1 liegt nicht vor, wenn das Tochterunternehmen eines Kreditinstituts eine Tätigkeit ausübt, die eine unmittelbare Verlängerung der Banktätigkeit oder eine Hilfstätigkeit für das Mutterunternehmen darstellt.

(2) Bezieht ein Kreditinstitut ein Tochterunternehmen, das Kreditinstitut ist, nach § 296 Abs. 1 Nr. 3 in seinen Konzernabschluß nicht ein und ist der vorübergehende Besitz von Aktien oder Anteilen dieses Unternehmens auf eine finanzielle Stützungsaktion zur Sanierung oder Rettung des genannten Unternehmens zurückzuführen, so hat es den Jahresabschluß dieses Unternehmens seinem Konzernabschluß beizufügen und im Konzernanhang zusätzliche Angaben über die Art und die Bedingungen der finanziellen Stützungsaktion zu machen.

Sechster Titel
Prüfung

§ 340k

(1) Kreditinstitute haben unabhängig von ihrer Größe ihren Jahresabschluß und Lagebericht sowie ihren Konzernabschluß und Konzernlagebericht unbeschadet der Vorschriften der §§ 28 und 29 des Gesetzes über das Kreditwesen nach den Vorschriften des Dritten Unterabschnitts des Zweiten Abschnitts über die Prüfung prüfen zu lassen; § 319 Abs. 1 Satz 2 ist nicht anzuwenden. Die Prüfung ist späte-

stens vor Ablauf des fünften Monats des dem Abschlußstichtag nachfolgenden Geschäftsjahrs vorzunehmen. Der Jahresabschluß ist nach der Prüfung unverzüglich festzustellen.

(2) Ist das Kreditinstitut eine Genossenschaft oder ein rechtsfähiger wirtschaftlicher Verein, so ist die Prüfung abweichend von § 319 Abs. 1 Satz 1 von dem Prüfungsverband durchzuführen, dem das Kreditinstitut als Mitglied angehört, sofern mehr als die Hälfte der Mitglieder des Vorstands dieses Prüfungsverbands Wirtschaftsprüfer sind. Hat der Prüfungsverband nur zwei Vorstandsmitglieder, so muß einer von ihnen Wirtschaftsprüfer sein. § 319 Abs. 2 und 3 ist entsprechend anzuwenden; § 319 Abs. 3 Nr. 5 ist nicht anzuwenden, sofern sichergestellt ist, daß der Abschlußprüfer die Prüfung unabhängig von den Weisungen durch das Aufsichtsorgan des Prüfungsverbands durchführen kann. Ist das Mutterunternehmen eine Genossenschaft, so ist der Prüfungsverband, dem die Genossenschaft angehört, unter den Voraussetzungen der Sätze 1 bis 3 auch Abschlußprüfer des Konzernabschlusses und des Konzernlageberichts.

(3) Ist das Kreditinstitut eine Sparkasse, so dürfen die nach Absatz 1 vorgeschriebenen Prüfungen abweichend von § 319 Abs. 1 Satz 1 von der Prüfungsstelle eines Sparkassen- und Giroverbands durchgeführt werden. Die Prüfung darf von der Prüfungsstelle jedoch nur durchgeführt werden, wenn der Leiter der Prüfungsstelle die Voraussetzungen des § 319 erfüllt. Außerdem muß sichergestellt sein, daß der Abschlußprüfer die Prüfung unabhängig von den Weisungen der Organe des Sparkassen- und Giroverbands durchführen kann. Soweit das Landesrecht nichts anderes vorsieht, findet § 319 Abs. 2 Satz 2 Nr. 2 mit der Maßgabe Anwendung, dass die Bescheinigung der Prüfungsstelle erteilt worden sein muss.

(4) Finanzdienstleistungsinstitute, deren Bilanzsumme am Stichtag 150 Millionen Euro nicht übersteigt, dürfen auch von den in § 319 Abs. 1 Satz 2 genannten Personen geprüft werden.

Siebenter Titel

Offenlegung

§ 3401

(1) Kreditinstitute haben den Jahresabschluß und den Lagebericht sowie den Konzernabschluß und den Konzernlagebericht und die anderen in § 325 bezeichneten Unterlagen nach § 325 Abs. 2 bis 5, §§ 328, 329 Abs. 1 offenzulegen. Kreditinstitute, die nicht Zweigstellen sind, haben die in Satz 1 bezeichneten Unterlagen außerdem in jedem anderen Mitgliedstaat der Europäischen Gemeinschaft und in jedem anderen Vertragsstaat des Abkommens über den Europäischen Wirtschaftsraum offenzulegen, in dem sie eine Zweigstelle errichtet haben. Die Offenlegung (Einreichung zu einem Register, Bekanntmachung in einem Amtsblatt) richtet sich nach dem Recht des jeweiligen Mitgliedstaats oder Vertragsstaats.

(2) Zweigstellen im Geltungsbereich dieses Gesetzes von Unternehmen mit Sitz in einem anderen Staat haben die in Absatz 1 Satz 1 bezeichneten Unterlagen ihrer Hauptniederlassung, die nach deren Recht aufgestellt und geprüft worden sind, nach

§ 325 Abs. 2 bis 5, §§ 328, 329 Abs. 1 offenzulegen. Zweigstellen im Geltungsbereich dieses Gesetzes von Unternehmen mit Sitz in einem Staat, der nicht Mitglied der Europäischen Gemeinschaft und auch nicht Vertragsstaat des Abkommens über den Europäischen Wirtschaftsraum ist, brauchen auf ihre eigene Geschäftstätigkeit bezogene gesonderte Rechnungslegungsunterlagen nach Absatz 1 Satz 1 nicht offenzulegen, sofern die nach Satz 1 offenzulegenden Unterlagen nach einem an die Richtlinie 86/635/EWG angepaßten Recht aufgestellt und geprüft worden oder den nach einem dieser Rechte aufgestellten Unterlagen gleichwertig sind. Die Unterlagen sind in deutscher Sprache einzureichen. Soweit dies nicht die Amtssprache am Sitz der Hauptniederlassung ist, können die Unterlagen der Hauptniederlassung auch in englischer Sprache oder in einer von dem Register der Hauptniederlassung beglaubigten Abschrift eingereicht werden; von der Beglaubigung des Registers ist eine beglaubigte Übersetzung in deutscher Sprache einzureichen.

(3) Ist das Kreditinstitut eine Genossenschaft, so tritt an die Stelle des Handelsregisters das Genossenschaftsregister. § 339 ist auf Kreditinstitute, die Genossenschaften sind, nicht anzuwenden.

(4) Kreditinstitute oder Zweigstellen im Sinne des Absatzes 2, deren Bilanzsumme am Bilanzstichtag 200 Millionen Euro nicht übersteigt, dürfen anstelle von § 325 Abs. 2 auf die Offenlegung § 325 Abs. 1 anwenden.

Achter Titel

Straf- und Bußgeldvorschriften, Zwangsgelder

§ 340m

Strafvorschriften

Die Strafvorschriften der §§ 331 bis 333 sind auch auf nicht in der Rechtsform einer Kapitalgesellschaft betriebene Kreditinstitute sowie auf Finanzdienstleistungsinstitute im Sinne des § 340 Abs. 4 Satz 1 anzuwenden. § 331 ist darüber hinaus auch anzuwenden auf die Verletzung von Pflichten durch den Geschäftsleiter (§ 1 Abs. 2 Satz 1 des Gesetzes über das Kreditwesen) eines nicht in der Rechtsform einer Kapitalgesellschaft betriebenen Kreditinstituts oder Finanzdienstleistungsinstituts im Sinne des § 340 Abs. 4 Satz 1, durch den Inhaber eines in der Rechtsform des Einzelkaufmanns betriebenen Kreditinstituts oder Finanzdienstleistungsinstituts im Sinne des § 340 Abs. 4 Satz 1 oder durch den Geschäftsleiter im Sinne des § 53 Abs. 2 Nr. 1 des Gesetzes über das Kreditwesen.

§ 340n

Bußgeldvorschriften

(1) Ordnungswidrig handelt, wer als Geschäftsleiter im Sinne des § 1 Abs. 2 Satz 1 oder des § 53 Abs. 2 Nr. 1 des Gesetzes über das Kreditwesen oder als Inhaber eines in der Rechtsform des Einzelkaufmanns betriebenen Kreditinstituts oder Finanz-

dienstleistungsinstituts im Sinne des § 340 Abs. 4 Satz 1 oder als Mitglied des Aufsichtsrats

1. bei der Aufstellung oder Feststellung des Jahresabschlusses oder bei der Aufstellung des Zwischenabschlusses gemäß § 340a Abs. 3 einer Vorschrift

   a) des § 243 Abs. 1 oder 2, der §§ 244, 245, 246 Abs. 1 oder 2, dieser in Verbindung mit § 340a Abs. 2 Satz 3, des § 247 Abs. 2 oder 3, der §§ 248, 249 Abs. 1 Satz 1 oder Abs. 3, des § 250 Abs. 1 Satz 1 oder Abs. 2 des § 264 Abs. 2, des § 340b Abs. 4 oder 5 oder des § 340c Abs. 1 über Form oder Inhalt,

   b) des § 253 Abs. 1 Satz 1 in Verbindung mit § 255 Abs. 1 oder 2 Satz 1, 2 oder 6, des § 253 Abs. 1 Satz 2 oder Abs. 2 Satz 1, 2 oder 3, dieser in Verbindung mit § 340e Abs. 1 Satz 3, des § 253 Abs. 3 Satz 1 oder 2, des § 280 Abs. 1 in Verbindung mit § 340f Abs. 2, der §§ 282, 283, des § 340e Abs. 1, des § 340f Abs. 1 Satz 2 oder des § 340g Abs. 2 über die Bewertung,

   c) des § 265 Abs. 2, 3 oder 4, des § 268 Abs. 3 oder 6, der §§ 272, 273, 274 Abs. 1 oder des § 277 Abs. 3 Satz 2 oder Abs. 4 über die Gliederung,

   d) des § 280 Abs. 3, des § 281 Abs. 1 Satz 2, dieser in Verbindung mit § 340f Abs. 2 Satz 2, oder des § 281 Abs. 1 Satz 3 oder Abs. 2 Satz 1, dieser in Verbindung mit § 340f Abs. 2 Satz 2, des § 284 Abs. 1, 2 Nr. 1, 3 oder 5 oder des § 285 Nr. 3, 5 bis 7, 9 Buchstabe a oder b, Nr. 10, 11, 13 oder 14 über die in der Bilanz oder im Anhang zu machenden Angaben oder

2. bei der Aufstellung des Konzernabschlusses oder des Konzernzwischenabschlusses gemäß § 340i Abs. 4 einer Vorschrift

   a) des § 294 Abs. 1 über den Konsolidierungskreis,

   b) des § 297 Abs. 2 oder 3 oder des § 340i Abs. 2 Satz 1 in Verbindung mit einer der in Nummer 1 Buchstabe a bezeichneten Vorschriften über Form oder Inhalt,

   c) des § 300 über die Konsolidierungsgrundsätze oder das Vollständigkeitsgebot,

   d) des § 308 Abs. 1 Satz 1 in Verbindung mit den in Nummer 1 Buchstabe b bezeichneten Vorschriften oder des § 308 Abs. 2 über die Bewertung,

   e) des § 311 Abs. 1 Satz 1 in Verbindung mit § 312 über die Behandlung assoziierter Unternehmen oder

   f) des § 308 Abs. 1 Satz 3, des § 313 oder des § 314 über die im Anhang zu machenden Angaben,

3. bei der Aufstellung des Lageberichts einer Vorschrift des § 289 Abs. 1 über den Inhalt des Lageberichts,

4. bei der Aufstellung des Konzernlageberichts einer Vorschrift des § 315 Abs. 1 über den Inhalt des Konzernlageberichts,

5. bei der Offenlegung, Veröffentlichung oder Vervielfältigung einer Vorschrift des § 328 über Form oder Inhalt oder

6. einer auf Grund des § 330 Abs. 2 in Verbindung mit Abs. 1 Satz 1 erlassenen Rechtsverordnung, soweit sie für einen bestimmten Tatbestand auf diese Bußgeldvorschrift verweist,

zuwiderhandelt.

(2) Ordnungswidrig handelt auch, wer zu einem Jahresabschluß oder einem Konzernabschluß, der auf Grund gesetzlicher Vorschriften zu prüfen ist, einen Vermerk nach § 322 erteilt, obwohl nach § 319 Abs. 2 er, nach § 319 Abs. 3 die Wirtschaftsprüfungsgesellschaft oder nach § 340k Abs. 2 oder 3 der Prüfungsverband, für die oder für den er tätig wird, nicht Abschlußprüfer sein darf.

(3) Die Ordnungswidrigkeit kann mit einer Geldbuße bis zu fünfundzwanzigtausend Euro geahndet werden.

§ 340o
Festsetzung von Zwangs- und Ordnungsgeld

Personen, die
1. als Geschäftsleiter im Sinne des § 1 Abs. 2 Satz 1 des Gesetzes über das Kreditwesen eines Kreditinstituts oder Finanzdienstleistungsinstituts im Sinne des § 340 Abs. 4 Satz 1, das nicht Kapitalgesellschaft ist, oder als Inhaber eines in der Rechtsform des Einzelkaufmanns betriebenen Kreditinstituts oder Finanzdienstleistungsinstituts im Sinne des § 340 Abs. 4 Satz 1
   a) eine der in § 335 Satz 1 Nr. 1, 3 bis 5 bezeichneten Vorschriften,
   b) § 325 über die Pflicht zur Offenlegung des Jahresabschlusses, des Lageberichts, des Konzernabschlusses, des Konzernlageberichts und anderer Unterlagen der Rechnungslegung oder
   c) § 340i Abs. 1 Satz 1 oder
2. als Geschäftsleiter von Zweigstellen im Sinne des § 53 Abs. 1 des Gesetzes über das Kreditwesen § 340l Abs. 1 oder 2 über die Offenlegung der Rechnungslegungsunterlagen

nicht befolgen, sind hierzu vom Registergericht in den Fällen der Nummer 1 Buchstabe a und c durch Festsetzung von Zwangsgeld nach § 335 und in den Fällen der Nummer 1 Buchstabe b und der Nummer 2 durch Festsetzung von Ordnungsgeld nach § 335a anzuhalten.

Zweiter Unterabschnitt
Ergänzende Vorschriften für Versicherungsunternehmen

Erster Titel
Anwendungsbereich

§ 341

(1) Dieser Unterabschnitt ist, soweit nichts anderes bestimmt ist, auf Unternehmen, die den Betrieb von Versicherungsgeschäften zum Gegenstand haben und nicht Träger der Sozialversicherung sind (Versicherungsunternehmen), anzuwenden. Dies gilt nicht für solche Versicherungsunternehmen, die auf Grund von Gesetz, Tarifvertrag oder Satzung ausschließlich für ihre Mitglieder oder die durch Gesetz oder Satzung begünstigten Personen Leistungen erbringen oder als nicht rechtsfähige Einrichtungen ihre Aufwendungen im Umlageverfahren decken, es sei denn, sie sind Aktiengesellschaften, Versicherungsvereine auf Gegenseitigkeit oder rechtsfähige kommunale Schadenversicherungsunternehmen.

(2) Versicherungsunternehmen im Sinne des Absatzes 1 sind auch Niederlassungen im Geltungsbereich dieses Gesetzes von Versicherungsunternehmen mit Sitz in einem anderen Staat, wenn sie zum Betrieb des Direktversicherungsgeschäfts der Erlaubnis durch die deutsche Versicherungsaufsichtsbehörde bedürfen.

(3) Zusätzliche Anforderungen auf Grund von Vorschriften, die wegen der Rechtsform oder für Niederlassungen bestehen, bleiben unberührt.

Zweiter Titel

Jahresabschluß, Lagebericht

§ 341a
Anzuwendende Vorschriften

(1) Versicherungsunternehmen haben einen Jahresabschluß und einen Lagebericht nach den für große Kapitalgesellschaften geltenden Vorschriften des Ersten Unterabschnitts des Zweiten Abschnitts in den ersten vier Monaten des Geschäftsjahres für das vergangene Geschäftsjahr aufzustellen und dem Abschlußprüfer zur Durchführung der Prüfung vorzulegen; die Frist des § 264 Abs. 1 Satz 2 gilt nicht.

(2) § 265 Abs. 6, §§ 267, 268 Abs. 4 Satz 1, Abs. 5 Satz 1 und 2, §§ 276, 277 Abs. 1 und 2, § 279 Abs. 1 Satz 2, § 285 Nr. 8 Buchstabe a und § 288 sind nicht anzuwenden. Anstelle von § 247 Abs. 1, §§ 251, 265 Abs. 7, §§ 266, 268 Abs. 2 und 7, §§ 275, 281 Abs. 2 Satz 2, § 285 Nr. 4 und 8 Buchstabe b sowie § 286 Abs. 2 sind die durch Rechtsverordnung erlassenen Formblätter und anderen Vorschriften anzuwenden. § 246 Abs. 2 ist nicht anzuwenden, soweit abweichende Vorschriften bestehen. § 264 Abs. 3 und § 264b sind mit der Maßgabe anzuwenden, daß das Versicherungsunternehmen unter den genannten Voraussetzungen die Vorschriften des Vierten Unterabschnitts des Zweiten Abschnitts nicht anzuwenden braucht. § 285 Nr. 3 gilt mit der Maßgabe, daß die Angaben für solche finanzielle Verpflichtungen nicht zu machen sind, die im Rahmen des Versicherungsgeschäfts entstehen.

(3) Auf Krankenversicherungsunternehmen, die das Krankenversicherungsgeschäft ausschließlich oder überwiegend nach Art der Lebensversicherung betreiben, sind die für die Rechnungslegung der Lebensversicherungsunternehmen geltenden Vorschriften entsprechend anzuwenden.

(4) Auf Versicherungsunternehmen, die nicht Aktiengesellschaften, Kommanditgesellschaften auf Aktien oder kleinere Vereine sind, sind § 152 Abs. 2 und 3 sowie die §§ 170 bis 176 des Aktiengesetzes entsprechend anzuwenden; § 160 des Aktiengesetzes ist entsprechend anzuwenden, soweit er sich auf Genußrechte bezieht.

(5) Bei Versicherungsunternehmen, die ausschließlich die Rückversicherung betreiben oder deren Beiträge aus in Rückdeckung übernommenen Versicherungen die übrigen Beiträge übersteigen, verlängert sich die in Absatz 1 erster Halbsatz genannte Frist von vier Monaten auf zehn Monate, sofern das Geschäftsjahr mit dem Kalenderjahr übereinstimmt; die Hauptversammlung oder die Versammlung der obersten Vertretung, die den Jahresabschluß entgegennimmt oder festzustellen hat, muß abweichend von § 175 Abs. 1 Satz 2 des Aktiengesetzes spätestens 14 Monate nach dem Ende des vergangenen Geschäftsjahres stattfinden.

Dritter Titel
Bewertungsvorschriften

§ 341b
Bewertung von Vermögensgegenständen

(1) Versicherungsunternehmen haben immaterielle Vermögensgegenstände, soweit sie entgeltlich erworben wurden, Grundstücke, grundstücksgleiche Rechte und Bauten einschließlich der Bauten auf fremden Grundstücken, technische Anlagen und Maschinen, andere Anlagen, Betriebs- und Geschäftsausstattung, Anlagen im Bau und Vorräte nach den für das Anlagevermögen geltenden Vorschriften zu bewerten. Satz 1 ist vorbehaltlich Absatz 2 und § 341c auch auf Kapitalanlagen anzuwenden, soweit es sich hierbei um Beteiligungen, Anteile an verbundenen Unternehmen, Ausleihungen an verbundene Unternehmen oder an Unternehmen, mit denen ein Beteiligungsverhältnis besteht, Namensschuldverschreibungen, Hypothekendarlehen und andere Forderungen und Rechte, sonstige Ausleihungen und Depotforderungen aus dem in Rückdeckung übernommenen Versicherungsgeschäft handelt. § 253 Abs. 2 Satz 3 darf, wenn es sich nicht um eine voraussichtlich dauernde Wertminderung handelt, nur auf die in Satz 2 bezeichneten Vermögensgegenstände angewendet werden.

(2) Auf Kapitalanlagen, soweit es sich hierbei um Aktien einschließlich der eigenen Anteile, Investmentanteile sowie sonstige festverzinsliche und nicht festverzinsliche Wertpapiere handelt, sind die für das Umlaufvermögen geltenden § 253 Abs. 1 Satz 1, Abs. 3, §§ 254, 256, 279 Abs. 1 Satz 1, Abs. 2, § 280 anzuwenden. Satz 1 gilt nicht für Namensschuldverschreibungen. Pensions- und Sterbekassen, die nach § 5 Abs. 1 Nr. 3 des Körperschaftsteuergesetzes von der Körperschaftsteuer befreit sind, brauchen § 280 Abs. 1 Satz 1 nicht anzuwenden.

(3) § 256 Satz 2 in Verbindung mit § 240 Abs. 3 über die Bewertung zum Festwert ist auf Grundstücke, Bauten und im Bau befindliche Anlagen nicht anzuwenden.

§ 341c
Namensschuldverschreibungen, Hypothekendarlehen und andere Forderungen

(1) Abweichend von § 253 Abs. 1 Satz 1 dürfen Namensschuldverschreibungen, Hypothekendarlehen und andere Forderungen mit ihrem Nennbetrag angesetzt werden.

(2) Ist der Nennbetrag höher als die Anschaffungskosten, so ist der Unterschiedsbetrag in den Rechnungsabgrenzungsposten auf der Passivseite aufzunehmen, planmäßig aufzulösen und in seiner jeweiligen Höhe in der Bilanz oder im Anhang gesondert anzugeben. Ist der Nennbetrag niedriger als die Anschaffungskosten, darf der Unterschiedsbetrag in den Rechnungsabgrenzungsposten auf der Aktivseite aufgenommen werden; er ist planmäßig aufzulösen und in seiner jeweiligen Höhe in der Bilanz oder im Anhang gesondert anzugeben.

§ 341d
Anlagestock der fondsgebundenen Lebensversicherung

Kapitalanlagen für Rechnung und Risiko von Inhabern von Lebensversicherungen, für die ein Anlagestock nach § 54b des Versicherungsaufsichtsgesetzes zu bilden ist, sind mit dem Zeitwert unter Berücksichtigung des Grundsatzes der Vorsicht zu bewerten; die §§ 341b, 341c sind nicht anzuwenden.

Vierter Titel
Versicherungstechnische Rückstellungen

§ 341e
Allgemeine Bilanzgrundsätze

(1) Versicherungsunternehmen haben versicherungstechnische Rückstellungen auch insoweit zu bilden, wie dies nach vernünftiger kaufmännischer Beurteilung notwendig ist, um die dauernde Erfüllbarkeit der Verpflichtungen aus den Versicherungsverträgen sicherzustellen. Dabei sind die im Interesse der Versicherten erlassenen aufsichtsrechtlichen Vorschriften über die bei der Berechnung der Rückstellungen zu verwendenden Rechnungsgrundlagen einschließlich des dafür anzusetzenden Rechnungszinsfußes und über die Zuweisung bestimmter Kapitalerträge zu den Rückstellungen zu berücksichtigen.

(2) Versicherungstechnische Rückstellungen sind außer in den Fällen der §§ 341 f bis 341h insbesondere zu bilden
1. für den Teil der Beiträge, der Ertrag für eine bestimmte Zeit nach dem Abschlußstichtag darstellt (Beitragsüberträge);
2. für erfolgsabhängige und erfolgsunabhängige Beitragsrückerstattungen, soweit die ausschließliche Verwendung der Rückstellung zu diesem Zweck durch Gesetz, Satzung, geschäftsplanmäßige Erklärung oder vertragliche Vereinbarung gesichert ist (Rückstellung für Beitragsrückerstattung);
3. für Verluste, mit denen nach dem Abschlußstichtag aus bis zum Ende des Geschäftsjahres geschlossenen Verträgen zu rechnen ist (Rückstellung für drohende Verluste aus dem Versicherungsgeschäft).

(3) Soweit eine Bewertung nach § 252 Abs. 1 Nr. 3 oder § 240 Abs. 4 nicht möglich ist oder der damit verbundene Aufwand unverhältnismäßig wäre, können die Rückstellungen auf Grund von Näherungsverfahren geschätzt werden, wenn anzunehmen ist, daß diese zu annähernd gleichen Ergebnissen wie Einzelberechnungen führen.

§ 341f
Deckungsrückstellung

(1) Deckungsrückstellungen sind für die Verpflichtungen aus dem Lebensversicherungs- und dem nach Art der Lebensversicherung betriebenen Versicherungsgeschäft in Höhe ihres versicherungsmathematisch errechneten Wertes einschließlich bereits zugeteilter Überschußanteile mit Ausnahme der verzinslich angesammelten Überschußanteile und nach Abzug des versicherungsmathematisch ermittelten Barwerts

der künftigen Beiträge zu bilden (prospektive Methode). Ist eine Ermittlung des Wertes der künftigen Verpflichtungen und der künftigen Beiträge nicht möglich, hat die Berechnung auf Grund der aufgezinsten Einnahmen und Ausgaben der vorangegangenen Geschäftsjahre zu erfolgen (retrospektive Methode).

(2) Bei der Bildung der Deckungsrückstellung sind auch gegenüber den Versicherten eingegangene Zinssatzverpflichtungen zu berücksichtigen, sofern die derzeitigen oder zu erwartenden Erträge der Vermögenswerte des Unternehmens für die Deckung dieser Verpflichtungen nicht ausreichen.

(3) In der Krankenversicherung, die nach Art der Lebensversicherung betrieben wird, ist als Deckungsrückstellung eine Alterungsrückstellung zu bilden; hierunter fallen auch der Rückstellung bereits zugeführte Beträge aus der Rückstellung für Beitragsrückerstattung sowie Zuschreibungen, die dem Aufbau einer Anwartschaft auf Beitragsermäßigung im Alter dienen. Bei der Berechnung sind die für die Berechnung der Prämien geltenden aufsichtsrechtlichen Bestimmungen zu berücksichtigen.

§ 341g
Rückstellung für noch nicht abgewickelte Versicherungsfälle

(1) Rückstellungen für noch nicht abgewickelte Versicherungsfälle sind für die Verpflichtungen aus den bis zum Ende des Geschäftsjahres eingetretenen, aber noch nicht abgewickelten Versicherungsfällen zu bilden. Hierbei sind die gesamten Schadenregulierungsaufwendungen zu berücksichtigen.

(2) Für bis zum Abschlußstichtag eingetretene, aber bis zur inventurmäßigen Erfassung noch nicht gemeldete Versicherungsfälle ist die Rückstellung pauschal zu bewerten. Dabei sind die bisherigen Erfahrungen in bezug auf die Anzahl der nach dem Abschlußstichtag gemeldeten Versicherungsfälle und die Höhe der damit verbundenen Aufwendungen zu berücksichtigen.

(3) Bei Krankenversicherungsunternehmen ist die Rückstellung anhand eines statistischen Näherungsverfahrens zu ermitteln. Dabei ist von den in den ersten Monaten des nach dem Abschlußstichtag folgenden Geschäftsjahres erfolgten Zahlungen für die bis zum Abschlußstichtag eingetretenen Versicherungsfälle auszugehen.

(4) Bei Mitversicherungen muß die Rückstellung der Höhe nach anteilig zumindest derjenigen entsprechen, die der führende Versicherer nach den Vorschriften oder der Übung in dem Land bilden muß, von dem aus er tätig wird.

(5) Sind die Versicherungsleistungen auf Grund rechtskräftigen Urteils, Vergleichs oder Anerkenntnisses in Form einer Rente zu erbringen, so müssen die Rückstellungsbeträge nach anerkannten versicherungsmathematischen Methoden berechnet werden.

§ 341h
Schwankungsrückstellung und ähnliche Rückstellungen

(1) Schwankungsrückstellungen sind zum Ausgleich der Schwankungen im Schadenverlauf künftiger Jahre zu bilden, wenn insbesondere
1. nach den Erfahrungen in dem betreffenden Versicherungszweig mit erheblichen Schwankungen der jährlichen Aufwendungen für Versicherungsfälle zu rechnen ist,

2. die Schwankungen nicht jeweils durch Beiträge ausgeglichen werden und
3. die Schwankungen nicht durch Rückversicherungen gedeckt sind.

(2) Für Risiken gleicher Art, bei denen der Ausgleich von Leistung und Gegenleistung wegen des hohen Schadenrisikos im Einzelfall nach versicherungsmathematischen Grundsätzen nicht im Geschäftsjahr, sondern nur in einem am Abschlußstichtag nicht bestimmbaren Zeitraum gefunden werden kann, ist eine Rückstellung zu bilden und in der Bilanz als „ähnliche Rückstellung" unter den Schwankungsrückstellungen auszuweisen.

Fünfter Titel

Konzernabschluß, Konzernlagebericht

§ 341i
Aufstellung Fristen

(1) Versicherungsunternehmen, auch wenn sie nicht in der Rechtsform einer Kapitalgesellschaft betrieben werden, haben unabhängig von ihrer Größe einen Konzernabschluß und einen Konzernlagebericht aufzustellen. Zusätzliche Anforderungen auf Grund von Vorschriften, die wegen der Rechtsform bestehen, bleiben unberührt.

(2) Als Versicherungsunternehmen im Sinne dieses Titels gelten auch Mutterunternehmen, deren einziger oder hauptsächlicher Zweck darin besteht, Beteiligungen an Tochterunternehmen zu erwerben, diese Beteiligungen zu verwalten und rentabel zu machen, sofern diese Tochterunternehmen ausschließlich oder überwiegend Versicherungsunternehmen sind.

(3) Die gesetzlichen Vertreter eines Mutterunternehmens haben den Konzernabschluß und den Konzernlagebericht abweichend von § 290 Abs. 1 innerhalb von zwei Monaten nach Ablauf der Aufstellungsfrist für den zuletzt aufzustellenden und in den Konzernabschluß einzubeziehenden Abschluß, spätestens jedoch innerhalb von zwölf Monaten nach dem Stichtag des Konzernabschlusses, für das vergangene Konzerngeschäftsjahr aufzustellen und dem Abschlußprüfer des Konzernabschlusses vorzulegen. § 299 Abs. 2 Satz 2 ist mit der Maßgabe anzuwenden, daß der Stichtag des Jahresabschlusses eines Unternehmens nicht länger als sechs Monate vor dem Stichtag des Konzernabschlusses liegen darf.

(4) Der Konzernabschluß und der Konzernlagebericht sind abweichend von § 337 Abs. 2 des Aktiengesetzes spätestens der nächsten nach Ablauf der Aufstellungsfrist für den Konzernabschluß und Konzernlagebericht einzuberufenden Hauptversammlung, die einen Jahresabschluß des Mutterunternehmens entgegennimmt oder festzustellen hat, vorzulegen.

§ 341j
Anzuwendende Vorschriften

(1) Auf den Konzernabschluß und den Konzernlagebericht sind die Vorschriften des Zweiten Unterabschnitts des Zweiten Abschnitts über den Konzernabschluß und den Konzernlagebericht und, soweit die Eigenart des Konzernabschlusses keine

Abweichungen bedingt, die §§ 341a bis 341h über den Jahresabschluß sowie die für die Rechtsform und den Geschäftszweig der in den Konzernabschluß einbezogenen Unternehmen mit Sitz im Geltungsbereich dieses Gesetzes geltenden Vorschriften entsprechend anzuwenden, soweit sie für große Kapitalgesellschaften gelten. Die §§ 293, 298 Abs. 1 und 2 sowie § 314 Abs. 1 Nr. 3 sind nicht anzuwenden. § 314 Abs. 1 Nr. 2 gilt mit der Maßgabe, daß die Angaben für solche finanzielle Verpflichtungen nicht zu machen sind, die im Rahmen des Versicherungsgeschäfts entstehen.

(2) § 304 Abs. 2 Satz 1 über die Behandlung der Zwischenergebnisse ist bei Lieferungen und Leistungen, die zu üblichen Marktbedingungen vorgenommen worden sind und die Rechtsansprüche der Versicherungsnehmer begründet haben, auch dann anzuwenden, wenn die Ermittlung des nach § 304 Abs. 1 vorgeschriebenen Wertansatzes keinen unverhältnismäßig hohen Aufwand erfordern würde.

(3) Auf Versicherungsunternehmen, die nicht Aktiengesellschaften, Kommanditgesellschaften auf Aktien oder kleinere Vereine sind, ist § 337 Abs. 1 des Aktiengesetzes entsprechend anzuwenden.

Sechster Titel

Prüfung

§ 341k

(1) Versicherungsunternehmen haben unabhängig von ihrer Größe ihren Jahresabschluß und Lagebericht sowie ihren Konzernabschluß und Konzernlagebericht nach den Vorschriften des Dritten Unterabschnitts des Zweiten Abschnitts prüfen zu lassen. § 319 Abs. 1 Satz 2 ist nicht anzuwenden. Hat keine Prüfung stattgefunden, so kann der Jahresabschluß nicht festgestellt werden.

(2) § 318 Abs. 1 Satz 1 ist mit der Maßgabe anzuwenden, daß der Abschlußprüfer des Jahresabschlusses und des Konzernabschlusses vom Aufsichtsrat bestimmt wird. § 318 Abs. 1 Satz 3 und 4 gilt entsprechend.

(3) In den Fällen des § 321 Abs. 1 Satz 3 hat der Abschlußprüfer die Aufsichtsbehörde unverzüglich zu unterrichten.

Siebenter Titel

Offenlegung

§ 341l

(1) Versicherungsunternehmen haben den Jahresabschluß und den Lagebericht sowie den Konzernabschluß und den Konzernlagebericht und die anderen in § 325 bezeichneten Unterlagen nach § 325 Abs. 2 bis 5, §§ 328, 329 Abs. 1 offenzulegen. Von den in § 341a Abs. 5 genannten Versicherungsunternehmen ist § 325 Abs. 2 Satz 1 mit der Maßgabe anzuwenden, daß die Frist für die Einreichung der Unterlagen beim Bundesanzeiger 15 Monate beträgt.

(2) Ist das Versicherungsunternehmen nicht in das Handelsregister eingetragen, so sind die Unterlagen bei dem für den Sitz des Unternehmens zuständigen Registergericht einzureichen.

(3) Die gesetzlichen Vertreter eines Mutterunternehmens haben abweichend von § 325 Abs. 3 unverzüglich nach der Hauptversammlung oder der dieser entsprechenden Versammlung der obersten Vertretung, welcher der Konzernabschluß und der Konzernlagebericht vorzulegen sind, jedoch spätestens vor Ablauf des dieser Versammlung folgenden Monats den Konzernabschluß mit dem Bestätigungsvermerk oder dem Vermerk über dessen Versagung und den Konzernlagebericht mit Ausnahme der Aufstellung des Anteilsbesitzes im Bundesanzeiger bekanntzumachen und die Bekanntmachung unter Beifügung der bezeichneten Unterlagen zum Handelsregister des Sitzes des Mutterunternehmens einzureichen.

Achter Titel
Straf- und Bußgeldvorschriften, Zwangsgelder

§ 341m
Strafvorschriften

Die Strafvorschriften der §§ 331 bis 333 sind auch auf nicht in der Rechtsform einer Kapitalgesellschaft betriebene Versicherungsunternehmen anzuwenden. § 331 ist darüber hinaus auch anzuwenden auf die Verletzung von Pflichten durch den Hauptbevollmächtigten (§ 106 Abs. 3 des Versicherungsaufsichtsgesetzes).

§ 341n
Bußgeldvorschriften

(1) Ordnungswidrig handelt, wer als Mitglied des vertretungsberechtigten Organs oder des Aufsichtsrats eines Versicherungsunternehmens oder als Hauptbevollmächtigter (§ 106 Abs. 3 des Versicherungsaufsichtsgesetzes)
1. bei der Aufstellung oder Feststellung des Jahresabschlusses einer Vorschrift
   a) des § 243 Abs. 1 oder 2, der §§ 244, 245, 246 Abs. 1 oder 2, dieser in Verbindung mit § 341a Abs. 2 Satz 3, des § 247 Abs. 3, der §§ 248, 249 Abs. 1 Satz 1 oder Abs. 3, des § 250 Abs. 1 Satz 1 oder Abs. 2, des § 264 Abs. 2, des § 341e Abs. 1 oder 2 oder der §§ 341f, 341g oder 341h über Form oder Inhalt,
   b) des § 253 Abs. 1 Satz 1 in Verbindung mit § 255 Abs. 1 oder 2 Satz 1, 2 oder 6, des § 253 Abs. 1 Satz 2 oder Abs. 2 Satz 1, 2 oder 3, dieser in Verbindung mit § 341b Abs. 1 Satz 3, des § 253 Abs. 3 Satz 1 oder 2, des § 280 Abs. 1, der §§ 282, 283, des § 341b Abs. 1 Satz 1 oder des § 341d über die Bewertung,
   c) des § 265 Abs. 2, 3 oder 4, des § 268 Abs. 3 oder 6, der §§ 272, 273, 274 Abs. 1 oder des § 277 Abs. 3 Satz 2 oder Abs. 4 über die Gliederung,
   d) des § 280 Abs. 3, des § 281 Abs. 1 Satz 2 oder 3 oder Abs. 2 Satz 1, des § 284 oder des § 285 Nr. 1, 2 oder 3 in Verbindung mit § 341a Abs. 2 Satz 4, § 285 Nr. 5 bis 7, 9 bis 14 über die in der Bilanz oder im Anhang zu machenden Angaben oder

2. bei der Aufstellung des Konzernabschlusses einer Vorschrift
   a) des § 294 Abs. 1 über denKonsolidierungskreis,
   b) des § 297 Abs. 2 oder 3 oder des § 341j Abs. 1 Satz 1 in Verbindung mit einer der in Nummer 1 Buchstabe a bezeichneten Vorschriften über Form oder Inhalt,
   c) des § 300 über die Konsolidierungsgrundsätze oder das Vollständigkeitsgebot,
   d) des § 308 Abs. 1 Satz 1 in Verbindung mit den in Nummer 1 Buchstabe b bezeichneten Vorschriften oder des § 308 Abs. 2 über die Bewertung,
   e) des § 311 Abs. 1 Satz 1 in Verbindung mit § 312 über die Behandlung assoziierter Unternehmen oder
   f) des § 308 Abs. 1 Satz 3, des § 313 oder des § 314 in Verbindung mit § 341j Abs. 1 Satz 2 oder 3 über die im Anhang zu machenden Angaben,
3. bei der Aufstellung des Lageberichts einerVorschrift des § 289 Abs. 1 über den Inhalt des Lageberichts,
4. bei der Aufstellung des Konzernlageberichts einerVorschrift des § 315 Abs. 1 über den Inhalt des Konzernlageberichts,
5. bei der Offenlegung, Veröffentlichung oder Vervielfältigung einer Vorschrift des § 328 über Form oder Inhalt oder
6. einer auf Grund des § 330 Abs. 3 und 4 in Verbindung mit Abs. 1 Satz 1 erlassenen Rechtsverordnung, soweit sie für einen bestimmten Tatbestand auf diese Bußgeldvorschrift verweist,

zuwiderhandelt.

(2) Ordnungswidrig handelt auch, wer zu einem Jahresabschluß oder einem Konzernabschluß, der auf Grund gesetzlicher Vorschriften zu prüfen ist, einen Vermerk nach § 322 erteilt, obwohl nach § 319 Abs. 2 er oder nach § 319 Abs. 3 die Wirtschaftsprüfungsgesellschaft, für die er tätig wird, nicht Abschlußprüfer sein darf.

(3) Die Ordnungswidrigkeit kann mit einer Geldbuße bis zu fünfundzwanzigtausend Euro geahndet werden.

(4) Verwaltungsbehörde im Sinne des § 36 Abs. 1 Nr. 1 des Gesetzes über Ordnungswidrigkeiten ist bei Ordnungswidrigkeiten nach den Absätzen 1 und 2 das Bundesaufsichtsamt für das Versicherungswesen für die seiner Aufsicht unterliegenden Versicherungsunternehmen. Unterliegt ein Versicherungsunternehmen der Aufsicht einer Landesbehörde, so ist diese zuständig.

§ 341o
Festsetzung von Zwangs- und Ordnungsgeld

Personen die,
1. als Mitglieder des vertretungsberechtigten Organs eines Versicherungsunternehmens, das nicht Kapitalgesellschaft ist,
   a) eine der in § 335 Satz 1 Nr. 1, 3 bis 5 bezeichneten Vorschriften,
   b) § 325 über die Pflicht zur Offenlegung des Jahresabschlusses, des Lageberichts, des Konzernabschlusses, des Konzernlageberichts und anderer Unterlagen der Rechnungslegung oder
   c) § 341i Abs. 1 Satz 1 oder
2. als Hauptbevollmächtigter (§ 106 Abs. 3 des Versicherungsaufsichtsgesetzes) § 341l Abs. 1 über die Offenlegung der Rechnungslegungsunterlagen

nicht befolgen, sind hierzu vom Registergericht in den Fällen der Nummer 1 Buchstabe a und c durch Festsetzung von Zwangsgeld nach § 335 und in den Fällen der Nummer 1 Buchstabe b und der Nummer 2 durch Festsetzung von Ordnungsgeld nach § 335a anzuhalten.

Fünfter Abschnitt

Privates Rechnungslegungsgremium; Rechnungslegungsbeirat

§ 342

Privates Rechnungslegungsgremium

(1) Das Bundesministerium der Justiz kann eine privatrechtlich organisierte Einrichtung durch Vertrag anerkennen und ihr folgende Aufgaben übertragen:
1. Entwicklung von Empfehlungen zur Anwendung der Grundsätze über die Konzernrechnungslegung,
2. Beratung des Bundesministeriums der Justiz bei Gesetzgebungsvorhaben zu Rechnungslegungsvorschriften und
3. Vertretung der Bundesrepublik Deutschland in internationalen Standardisierungsgremien.

Es darf jedoch nur eine solche Einrichtung anerkannt werden, die aufgrund ihrer Satzung gewährleistet, daß die Empfehlungen unabhängig und ausschließlich von Rechnungslegern in einem Verfahren entwickelt und beschlossen werden, das die fachlich interessierte Öffentlichkeit einbezieht. Soweit Unternehmen oder Organisationen von Rechnungslegern Mitglied einer solchen Einrichtung sind, dürfen die Mitgliedschaftsrechte nur von Rechnungslegern ausgeübt werden.

(2) Die Beachtung der die Konzernrechnungslegung betreffenden Grundsätze ordnungsmäßiger Buchführung wird vermutet, soweit vom Bundesministerium der Justiz bekanntgemachte Empfehlungen einer nach Absatz 1 Satz 1 anerkannten Einrichtung beachtet worden sind.

§ 342a

Rechnungslegungsbeirat

(1) Beim Bundesministerium der Justiz wird vorbehaltlich Absatz 9 ein Rechnungslegungsbeirat mit den Aufgaben nach § 342 Abs. 1 Satz 1 gebildet.

(2) Der Rechnungslegungsbeirat setzt sich zusammen aus
1. einem Vertreter des Bundesministeriums der Justiz als Vorsitzendem sowie je einem Vertreter des Bundesministeriums der Finanzen und des Bundesministeriums für Wirtschaft und Technologie,
2. vier Vertretern von Unternehmen,
3. vier Vertretern der wirtschaftsprüfenden Berufe,
4. zwei Vertretern der Hochschulen.

(3) Die Mitglieder des Rechnungslegungsbeirats werden durch das Bundesministerium der Justiz berufen. Als Mitglieder sollen nur Rechnungsleger berufen werden.

(4) Die Mitglieder des Rechnungslegungsbeirats sind unabhängig und nicht weisungsgebunden. Ihre Tätigkeit im Beirat ist ehrenamtlich.

(5) Das Bundesministerium der Justiz kann eine Geschäftsordnung für den Beirat erlassen.

(6) Der Beirat kann für bestimmte Sachgebiete Fachausschüsse und Arbeitskreise einsetzen.

(7) Der Beirat, seine Fachausschüsse und Arbeitskreise sind beschlußfähig, wenn mindestens zwei Drittel der Mitglieder anwesend sind. Bei Abstimmungen entscheidet die Stimmenmehrheit, bei Stimmengleichheit die Stimme des Vorsitzenden.

(8) Für die Empfehlungen des Rechnungslegungsbeirats gilt § 342 Abs. 2 entsprechend.

(9) Die Bildung eines Rechnungslegungsbeirats nach Absatz 1 unterbleibt, soweit das Bundesministerium der Justiz eine Einrichtung nach § 342 Abs. 1 anerkennt.

Vierte Richtlinie des Rates
vom 25. Juli 1978
aufgrund von Artikel 54 Absatz 3 Buchstabe g) des Vertrages über den Jahresabschluß
von Gesellschaften bestimmter Rechtsformen
(78/660/EWG)

Der Rat der Europäischen Gemeinschaften –
gestützt auf den Vertrag zur Gründung der Europäischen Wirtschaftsgemeinschaft,
insbesondere auf Artikel 54 Absatz 3 Buchstabe g),
auf Vorschlag der Kommission,
nach Stellungnahme des Europäischen Parlaments,
nach Stellungnahme des Wirtschafts- und Sozialausschusses,
in Erwägung nachstehender Gründe:

Der Koordinierung der einzelstaatlichen Vorschriften über die Gliederung und den
Inhalt des Jahresabschlusses und des Lageberichts sowie über die Bewertungsmethoden
und die Offenlegung dieser Unterlagen, insbesondere bei der Aktiengesellschaft und
der Gesellschaft mit beschränkter Haftung, kommt im Hinblick auf den Schutz der
Gesellschafter sowie Dritter besondere Bedeutung zu.

Eine gleichzeitige Koordinierung auf diesen Gebieten ist bei den vorgenannten
Gesellschaftsformen deswegen erforderlich, weil die Tätigkeit der betreffenden
Gesellschaften einerseits häufig über das nationale Hoheitsgebiet hinausreicht und die
Gesellschaften andererseits Dritten eine Sicherheit nur durch ihr Gesellschaftsvermögen bieten. Die Notwendigkeit und die Dringlichkeit einer solchen Koordinierung
wurden im übrigen durch Artikel 2 Absatz 1 Buchstabe f) der Richtlinie 68/151/EWG
anerkannt und bestätigt.

Außerdem ist es erforderlich, daß hinsichtlich des Umfangs der zu veröffentlichen-
den finanziellen Angaben in der Gemeinschaft gleichwertige rechtliche Mindestbedin-
gungen für miteinander im Wettbewerb stehende Gesellschaften hergestellt werden.

Der Jahresabschluß muß ein den tatsächlichen Verhältnissen entsprechendes Bild
der Vermögens-, Finanz- und Ertragslage der Gesellschaft vermitteln. Zu diesem
Zweck müssen für die Aufstellung der Bilanz sowie der Gewinn- und Verlustrechnung zwingend vorgeschriebene Gliederungsschemata vorgesehen und muß der Mindestinhalt des Anhangs sowie des Lageberichts festgelegt werden. Jedoch können für
bestimmte Gesellschaften wegen ihrer geringeren wirtschaftlichen und sozialen
Bedeutung Ausnahmen zugelassen werden.

Die verschiedenen Bewertungsmethoden müssen, soweit erforderlich, vereinheit-
licht werden, um die Vergleichbarkeit und die Gleichwertigkeit der in den Jahresabschlüssen gemachten Angaben zu gewährleisten.

Der Jahresabschluß aller Gesellschaften, für die diese Richtlinie gilt, muß gemäß
der Richtlinie 68/151/EWG offengelegt werden. Jedoch können auch in dieser Hinsicht Ausnahmen zugunsten kleiner und mittlerer Gesellschaften gemacht werden.

Der Jahresabschluß muß von dazu befugten Personen geprüft werden; hinsichtlich
dieser Personen werden die für ihre Befähigung zu verlangenden Mindestanforderun-

gen zu einem späteren Zeitpunkt koordiniert werden; lediglich bei kleinen Gesellschaften soll eine Befreiung von dieser Prüfungspflicht möglich sein.

Gehört eine Gesellschaft zu einem Konzern, so ist es wünschenswert, daß der Konzernabschluß, der ein den tatsächlichen Verhältnissen entsprechendes Bild von der Tätigkeit des Konzerns insgesamt vermittelt, offengelegt wird. Jedoch sind bis zum Inkrafttreten der Richtlinie des Rates über die Konzernabschlüsse Ausnahmen von einzelnen Bestimmungen der vorliegenden Richtlinien notwendig.

Um den Schwierigkeiten zu begegnen, die sich aus den gegenwärtigen Rechtsvorschriften einiger Mitgliedstaaten ergeben, muß die Frist, die für die Anwendung einzelner Bestimmungen dieser Richtlinie eingeräumt wird, länger sein als die in solchen Fällen sonst vorgesehene Frist –

hat folgende Richtlinie erlassen:

Artikel 1

(1) Die durch diese Richtlinie vorgeschriebenen Maßnahmen der Koordinierung gelten für die Rechts- und Verwaltungsvorschriften der Mitgliedstaaten für Gesellschaften folgender Rechtsformen:
- in der Bundesrepublik Deutschland:
  die Aktiengesellschaft, die Kommanditgesellschaft auf Aktien, die Gesellschaft mit beschränkter Haftung;
- in Belgien:
  la société anonyme/de naamloze vennootschap, la société en commandite par actions/de commanditaire vennootschap op aandelen, la société de personnes à responsabilité limitée/de personenvennootschap met beperkte aansprakelijkheid;
- in Dänemark:
  aktieselskaber, kommanditaktieselskaber, anpartsselskaber;
- in Frankreich:
  la société anonyme, la société en commandite par actions, la société à responsabilité limitée;
- in Irland:
  public companies limited by shares or by guarantee, private companies limited by shares or by guarantee;
- in Italien:
  la società per azioni, la società in accomandita per azioni, la società a responsabilità limitata;
- in Luxemburg:
  la société anonyme, la société en commandite par actions, la société à responsabilité limitée;
- in den Niederlanden:
  de naamloze vennootschap, de besloten vennootschap met beperkte aansprakelijkheid;
- im Vereinigten Königreich:
  public companies limited by shares or by guarantee, private companies limited by shares or by guarantee.
- in Griechenland:
  ή ἀνώνυμος ἑταιρία

ή ἑταιρία περιωρισμένης εὐθύνης

ή ἑτερόρρυθμος κατὰ μετοχὰς ἑταιρία;

- in Spanien:
  la sociedad anónima, la sociedad comanditaria por acciones, la sociedad de responsabilidad limitada;
- in Portugal:
  a sociedade anónima de responsabilidade limitada, a sociedade em comandita por ações, a sociedade por quotas de responsabilidade limitada;
- in Österreich:
  die Aktiengesellschaft, die Gesellschaft mit beschränkter Haftung;
- in Finnland:
  aktiebolag;
- in Schweden:
  aktiebolag.

Die durch diese Richtlinie vorgeschriebenen Maßnahmen der Koordinierung gelten auch für die Rechts- und Verwaltungsvorschriften der Mitgliedstaaten für Gesellschaften folgender Rechtsform:

a) in Deutschland:
   die offene Handelsgesellschaft; die Kommanditgesellschaft;
b) in Belgien:
   la société en nom collectif/de vennootschap onder firma, la société en commandité simple/de gewone commanditaire vennootschap;
c) in Dänemark:
   interessentskaber, kommanditselskaber;
d) in Frankreich:
   la société en nom collectif, la société en commandite simple;
e) in Griechenland:
   η ομόρρυθμος εταιρια, η ετερόρρυθμος εταιρία;
f) in Spanien:
   sociedad colectiva, sociedad en comandita simple;
g) in Irland:
   the partnership, the limited partnership, the unlimited company;
h) in Italien:
   la società in nome collettivo, la società in accomandita semplice;
i) in Luxemburg:
   la société en nom collectif, la société en commandite simple;
j) in den Niederlanden:
   de vennootschap onder firma, de commanditaire vennootschap;
k) in Portugal:
   sociedade em nome colectivo, sociedade em comandita simples;
l) im Vereinigten Königreich:
   the partnership, the limited partnership, the unlimited company;
m) in Österreich:
   die offene Handelsgesellschaft, die Kommanditgesellschaft;
n) in Finnland:
   avoin yhtiö/öppet bolag, kommandiittiyhtiö/kommanditbolag;

o) in Schweden:
handelsbolag, kommanditbolag,

sofern alle ihre unbeschränkt haftenden Gesellschafter Gesellschaften im Sinne von Unterabsatz 1 oder Gesellschaften sind, welche nicht dem Recht eines Mitgliedstaates unterliegen, deren Rechtsform jedoch den Rechtsformen im Sinne der Richtlinie 68/151/EWG vergleichbar ist.

Die Richtlinie findet auch auf die Gesellschaftsformen im Sinne von Unterabsatz 2 Anwendung, sofern alle deren unbeschränkt haftenden Gesellschafter eine Rechtsform im Sinne von Unterabsatz 2 oder 1 haben.

(2) Bis zu einer späteren Koordinierung können die Mitgliedstaaten von einer Anwendung dieser Richtlinie auf Banken und andere Finanzinstitute sowie auf Versicherungsgesellschaften absehen.

Abschnitt 1
Allgemeine Vorschriften
Artikel 2

(1) Der Jahresabschluß besteht aus der Bilanz, der Gewinn- und Verlustrechnung und dem Anhang zum Jahresabschluß. Diese Unterlagen bilden eine Einheit.

(2) Der Jahresabschluß ist klar und übersichtlich aufzustellen; er muß dieser Richtlinie entsprechen.

(3) Der Jahresabschluß hat ein den tatsächlichen Verhältnissen entsprechendes Bild der Vermögens-, Finanz- und Ertragslage der Gesellschaft zu vermitteln.

(4) Reicht die Anwendung dieser Richtlinie nicht aus, um ein den tatsächlichen Verhältnissen entsprechendes Bild im Sinne des Absatzes 3 zu vermitteln, so sind zusätzliche Angaben zu machen.

(5) Ist in Ausnahmefällen die Anwendung einer Vorschrift dieser Richtlinie mit der in Absatz 3 vorgesehenen Verpflichtung unvereinbar, so muß von der betreffenden Vorschrift abgewichen werden, um sicherzustellen, daß ein den tatsächlichen Verhältnissen entsprechendes Bild im Sinne des Absatzes 3 vermittelt wird. Die Abweichung ist im Anhang anzugeben und hinreichend zu begründen; ihr Einfluß auf die Vermögens-, Finanz- und Ertragslage ist darzulegen. Die Mitgliedstaaten können die Ausnahmefälle bezeichnen und die entsprechende Ausnahmeregelung festlegen.

(6) Die Mitgliedstaaten können gestatten oder vorschreiben, daß in dem Jahresabschluß neben den Angaben, die aufgrund dieser Richtlinie erforderlich sind, weitere Angaben gemacht werden.

Abschnitt 2
Allgemeine Vorschriften über die Bilanz und die Gewinn- und Verlustrechnung
Artikel 3

Hinsichtlich der Gliederung der aufeinanderfolgenden Bilanzen und Gewinn- und Verlustrechnungen, insbesondere in der Wahl der Darstellungsform, muß Stetigkeit gewahrt werden. Abweichungen von diesem Grundsatz sind in Ausnahmefällen zulässig. Finden derartige Abweichungen statt, so sind sie im Anhang anzugeben und hinreichend zu begründen.

Artikel 4

(1) In der Bilanz sowie in der Gewinn- und Verlustrechnung sind die Posten, die in den Artikeln 9, 10 und 23 bis 26 vorgesehen sind, gesondert und in der angegebenen Reihenfolge auszuweisen. Eine weitere Untergliederung der Posten ist gestattet; dabei ist jedoch die Gliederung der Schemata zu beachten. Neue Posten dürfen hinzugefügt werden, soweit ihr Inhalt nicht von einem der in den Schemata vorgesehenen Posten gedeckt wird. Die Mitgliedstaaten können eine solche weitere Untergliederung oder die Hinzufügung eines neuen Postens vorschreiben.

(2) Eine Anpassung der Gliederung, Nomenklatur und Terminologie bei mit arabischen Zahlen versehenen Posten der Bilanz und der Gewinn- und Verlustrechnung muß erfolgen, wenn dies aufgrund der Besonderheit des Unternehmens erforderlich ist. Eine solche Anpassung kann von den Mitgliedstaaten für die Unternehmen eines bestimmten Wirtschaftszweigs vorgeschrieben werden.

(3) Die mit arabischen Zahlen versehenen Posten der Bilanz und der Gewinn- und Verlustrechnung können zusammengefaßt ausgewiesen werden,
a) wenn sie in bezug auf die Zielsetzung des Artikels 2 Absatz 3 einen nicht nennenswerten Betrag darstellen oder
b) wenn dadurch die Klarheit vergrößert wird; die zusammengefaßten Posten müssen jedoch gesondert im Anhang ausgewiesen werden. Eine solche Zusammenfassung kann durch die Mitgliedstaaten vorgeschrieben werden.

(4) In der Bilanz sowie in der Gewinn- und Verlustrechnung ist zu jedem Posten die entsprechende Zahl des vorhergehenden Geschäftsjahres anzugeben. Die Mitgliedstaaten können vorsehen, daß die Zahl des vorhergehenden Geschäftsjahres angepaßt werden muß, wenn diese Zahlen nicht vergleichbar sind. Besteht diese Vergleichbarkeit nicht und werden die Zahlen gegebenenfalls angepaßt, so ist dies im Anhang anzugeben und hinreichend zu erläutern.

(5) Ein Posten der Bilanz oder der Gewinn- und Verlustrechnung, der keine Zahl aufweist, wird nicht aufgeführt, es sei denn, daß im vorhergehenden Geschäftsjahr eine entsprechende Zahl gemäß Absatz 4 ausgewiesen wurde.

Artikel 5

(1) Die Mitgliedstaaten können abweichend von Artikel 4 Absätze 1 und 2 Sondergliederungen für den Jahresabschluß von Investmentgesellschaften sowie von Beteiligungsgesellschaften vorsehen, sofern diese Sondergliederungen ein dem Artikel 2 Absatz 3 entsprechendes Bild von diesen Gesellschaften vermitteln.

(2) Als Investmentgesellschaften im Sinne dieser Richtlinie gelten ausschließlich
a) Gesellschaften, deren einziger Zweck darin besteht, ihre Mittel in Wertpapieren oder Immobilien verschiedener Art oder in anderen Werten anzulegen mit dem einzigen Ziel, das Risiko der Investitionen zu verteilen und ihre Aktionäre oder Gesellschafter an dem Gewinn aus der Verwaltung ihres Vermögens zu beteiligen;
b) Gesellschaften, die mit Investmentgesellschaften verbunden sind, die ein festes Kapital haben, sofern der einzige Zweck dieser verbundenen Gesellschaften darin besteht, voll eingezahlte Aktien, die von diesen Investmentgesellschaften ausgegeben worden sind, zu erwerben, unbeschadet des Artikels 20 Absatz 1 Buchstabe h) der Richtlinie 77/91/EWG.

(3) Als Beteiligungsgesellschaften im Sinne dieser Richtlinie gelten ausschließlich Gesellschaften, deren einziger Zweck darin besteht, Beteiligungen an anderen Unternehmen zu erwerben sowie die Verwaltung und Verwertung dieser Beteiligungen

wahrzunehmen, ohne daß diese Gesellschaften unmittelbar oder mittelbar in die Verwaltung dieser Unternehmen eingreifen, unbeschadet der Rechte, die den Beteiligungsgesellschaften in ihrer Eigenschaft als Aktionärin oder Gesellschafterin zustehen. Die Einhaltung der für die Tätigkeit dieser Gesellschaften bestehenden Beschränkungen muß durch ein Gericht oder eine Verwaltungsbehörde überwacht werden können.

Artikel 6

Die Mitgliedstaaten können gestatten oder vorschreiben, daß die Gliederung der Bilanz und der Gewinn- und Verlustrechnung für den Ausweis der Verwendung der Ergebnisse angepaßt werden kann.

Artikel 7

Eine Verrechnung zwischen Aktiv- und Passivposten sowie zwischen Aufwands- und Ertragsposten ist unzulässig.

Abschnitt 3
Gliederung der Bilanz
Artikel 8

Für die Aufstellung der Bilanz sehen die Mitgliedstaaten eine oder beide der in den Artikeln 9 und 10 vorgesehenen Gliederungen vor. Sieht ein Mitgliedstaat beide Gliederungen vor, so kann er den Gesellschaften die Wahl zwischen diesen Gliederungen überlassen.

Artikel 9
Aktiva

A. Ausstehende Einlagen auf das gezeichnete Kapital
davon eingefordert
(sofern nicht die einzelstaatlichen Rechtsvorschriften den Ausweis des eingeforderten Kapitals auf der Passivseite vorsehen. In diesem Fall muß derjenige Teil des Kapitals, der eingefordert aber noch nicht eingezahlt ist, entweder unter dem Posten A oder unter dem Posten D. II. 5 auf der Aktivseite ausgewiesen werden).

B. Aufwendungen für die Errichtung und Erweiterung des Unternehmens
wie in den entsprechenden einzelstaatlichen Rechtsvorschriften festgelegt und soweit diese eine Aktivierung gestatten. Die einzelstaatlichen Rechtsvorschriften können ebenfalls vorsehen, daß die Aufwendungen für die Errichtung und Erweiterung des Unternehmens als erster Posten unter „Immaterielle Anlagewerte" ausgewiesen werden.

C. Anlagevermögen
  I. Immaterielle Anlagewerte
    1. Forschungs- und Entwicklungskosten, soweit die einzelstaatlichen Rechtsvorschriften eine Aktivierung gestatten;
    2. Konzessionen, Patente, Lizenzen, Warenzeichen und ähnliche Rechte und Werte, soweit sie
      a) entgeltlich erworben wurden und nicht unter dem Posten C. I. 3 auszuweisen sind oder

    b) von dem Unternehmen selbst erstellt wurden, soweit die einzelstaatlichen Rechtsvorschriften eine Aktivierung gestatten;

  3. Geschäfts- oder Firmenwert, sofern er entgeltlich erworben wurde;

  4. Geleistete Anzahlungen.

 II. Sachanlagen

  1. Grundstücke und Bauten.

  2. Technische Anlagen und Maschinen.

  3. Andere Anlagen, Betriebs- und Geschäftsausstattung.

  4. Geleistete Anzahlungen und Anlagen im Bau.

 III. Finanzanlagen

  1. Anteile an verbundenen Unternehmen.

  2. Forderungen gegen verbundene Unternehmen.

  3. Beteiligungen.

  4. Forderungen gegen Unternehmen, mit denen ein Beteiligungsverhältnis besteht.

  5. Wertpapiere des Anlagevermögens.

  6. Sonstige Ausleihungen.

  7. Eigene Aktien oder Anteile (unter Angabe ihres Nennbetrages oder, wenn ein Nennbetrag nicht vorhanden ist, ihres rechnerischen Wertes), soweit die einzelstaatlichen Rechtsvorschriften eine Bilanzierung gestatten.

D. Umlaufvermögen

 I. Vorräte

  1. Roh-, Hilfs- und Betriebsstoffe.

  2. Unfertige Erzeugnisse.

  3. Fertige Erzeugnisse und Waren.

  4. Geleistete Anzahlungen.

 II. Forderungen (Bei den folgenden Posten ist jeweils gesondert anzugeben, in welcher Höhe Forderungen mit einer Restlaufzeit von mehr als einem Jahr enthalten sind)

  1. Forderungen aus Lieferungen und Leistungen.

  2. Forderungen gegen verbundene Unternehmen.

  3. Forderungen gegen Unternehmen, mit denen ein Beteiligungsverhältnis besteht.

  4. Sonstige Forderungen.

  5. Gezeichnetes Kapital, das eingefordert, aber noch nicht eingezahlt ist (sofern nicht die einzelstaatlichen Rechtsvorschriften den Ausweis des eingeforderten Kapitals unter dem Posten A. auf der Aktivseite vorsehen).

  6. Rechnungsabgrenzungsposten (sofern nicht die einzelstaatlichen Rechtsvorschriften den Ausweis der Rechnungsabgrenzungsposten unter dem Posten E. auf der Aktivseite vorsehen).

 III. Wertpapiere

  1. Anteile an verbundenen Unternehmen.

  2. Eigene Aktien oder Anteile (unter Angabe ihres Nennbetrages oder, wenn ein Nennbetrag nicht vorhanden ist, ihres rechnerischen Wertes), soweit die einzelstaatlichen Rechtsvorschriften eine Bilanzierung gestatten.

  3. Sonstige Wertpapiere.

 IV. Guthaben bei Kreditinstituten, Postscheckguthaben, Schecks und Kassenbestand.

E. Rechnungsabgrenzungsposten
(sofern nicht die einzelstaatlichen Rechtsvorschriften den Ausweis der Rechnungs-abgrenzungsposten unter den Posten D. II. 6 auf der Aktivseite vorsehen).

F. Verlust des Geschäftsjahres
(sofern nicht die einzelstaatlichen Rechtsvorschriften den Ausweis unter dem Posten A. VI auf der Passivseite vorsehen).

Passiva

A. Eigenkapital
    I. Gezeichnetes Kapital (sofern nicht die einzelstaatlichen Rechtsvorschriften den Ausweis des eingeforderten Kapitals unter diesem Posten vorsehen. In diesem Fall müssen das gezeichnete und das eingezahlte Kapital gesondert ausgewiesen werden).
   II. Agio
  III. Neubewertungsrücklage
  IV. Rücklagen
     1. Gesetzliche Rücklage, soweit einzelstaatliche Rechtsvorschriften die Bildung einer derartigen Rücklage vorschreiben.
     2. Rücklage für eigene Aktien oder Anteile, soweit einzelstaatliche Rechtsvorschriften die Bildung einer derartigen Rücklage vorschreiben, unbeschadet des Artikels 22 Absatz 1 Buchstabe b) der Richtlinie 77/91/EWG.
     3. Satzungsmäßige Rücklagen.
     4. Sonstige Rücklagen.
   V. Ergebnisvortrag
  VI. Ergebnis des Geschäftsjahres (sofern nicht die einzelstaatlichen Rechtsvorschriften den Ausweis dieses Postens unter dem Posten F. auf der Aktivseite oder unter dem Posten E. auf der Passivseite vorschreiben).

B. Rückstellungen
   1. Rückstellungen für Pensionen und ähnliche Verpflichtungen.
   2. Steuerrückstellungen.
   3. Sonstige Rückstellungen.

C. Verbindlichkeiten
(Bei den folgenden Posten ist jeweils gesondert und für diese Posten insgesamt anzugeben, in welcher Höhe Verbindlichkeiten mit einer Restlaufzeit von bis zu einem Jahr und Verbindlichkeiten mit einer Restlaufzeit von mehr als einem Jahr enthalten sind):
   1. Anleihen, davon konvertibel.
   2. Verbindlichkeiten gegenüber Kreditinstituten.
   3. Erhaltene Anzahlungen auf Bestellungen, soweit diese nicht von dem Posten Vorräte offen abgesetzt werden.
   4. Verbindlichkeiten aus Lieferungen und Leistungen.
   5. Verbindlichkeiten aus Wechseln.
   6. Verbindlichkeiten gegenüber verbundenen Unternehmen.
   7. Verbindlichkeiten gegenüber Unternehmen, mit denen ein Beteiligungsverhältnis besteht.

8. Sonstige Verbindlichkeiten, davon Verbindlichkeiten aus Steuern und Verbindlichkeiten im Rahmen der sozialen Sicherheit.
9. Rechnungsabgrenzungsposten (sofern nicht die einzelstaatlichen Rechtsvorschriften den Ausweis der Rechnungsabgrenzungsposten unter dem Posten D. auf der Passivseite vorsehen).

D. Rechnungsabgrenzungsposten
(sofern nicht die einzelstaatlichen Rechtsvorschriften den Ausweis der Rechnungsabgrenzungsposten unter dem Posten C. 9 auf der Passivseite vorsehen).

E. Gewinn des Geschäftsjahres
(sofern nicht die einzelstaatlichen Rechtsvorschriften den Ausweis unter dem Posten A.VI auf der Passivseite vorsehen).

Artikel 10

A. Ausstehende Einlagen auf das gezeichnete Kapital
davon eingefordert
(sofern nicht die einzelstaatlichen Rechtsvorschriften den Ausweis des eingeforderten Kapitals unter dem Posten L. vorsehen. In diesem Fall muß derjenige Teil des Kapitals, der eingefordert, aber noch nicht eingezahlt ist, entweder unter dem Posten A. oder unter dem Posten D. II. 5 ausgewiesen werden).

B. Aufwendungen für die Errichtung und Erweiterung des Unternehmens
wie in den entsprechenden einzelstaatlichen Rechtsvorschriften festgelegt und soweit diese eine Aktivierung gestatten. Die einzelstaatlichen Rechtsvorschriften können ebenfalls vorsehen, daß die Aufwendungen für die Errichtung und Erweiterung des Unternehmens als erster Posten unter „Immaterielle Anlagewerte" ausgewiesen werden.

C. Anlagevermögen
  I. Immaterielle Anlagewerte
    1. Forschungs- und Entwicklungskosten, soweit die einzelstaatlichen Rechtsvorschriften eine Aktivierung gestatten.
    2. Konzessionen, Patente, Lizenzen, Warenzeichen und ähnliche Rechte und Werte, soweit sie
      a) entgeltlich erworben wurden und nicht unter dem Posten C. I. 3 auszuweisen sind oder
      b) von dem Unternehmen selbst erstellt wurden, soweit die einzelstaatlichen Rechtsvorschriften eine Aktivierung gestatten.
    3. Geschäfts- oder Firmenwert, sofern er entgeltlich erworben wurde.
    4. Geleistete Anzahlungen.
  II. Sachanlagen
    1. Grundstücke und Bauten.
    2. Technische Anlagen und Maschinen.
    3. Andere Anlagen, Betriebs- und Geschäftsausstattung.
    4. Geleistete Anzahlungen und Anlagen im Bau.
  III. Finanzanlagen
    1. Anteile an verbundenen Unternehmen.
    2. Forderungen gegen verbundene Unternehmen.
    3. Beteiligungen.

4. Forderungen gegen Unternehmen, mit denen ein Beteiligungsverhältnis besteht.
5. Wertpapiere des Anlagevermögens.
6. Sonstige Ausleihungen.
7. Eigene Aktien oder Anteile (unter Angabe ihres Nennbetrages oder, wenn ein Nennbetrag nicht vorhanden ist, ihres rechnerischen Wertes), soweit die einzelstaatlichen Rechtsvorschriften eine Bilanzierung gestatten.

D. Umlaufvermögen
  I. Vorräte
  1. Roh-, Hilfs- und Betriebsstoffe.
  2. Unfertige Erzeugnisse.
  3. Fertige Erzeugnisse und Waren.
  4. Geleistete Anzahlungen.
  II. Forderungen (Bei den folgenden Posten ist jeweils gesondert anzugeben, in welcher Höhe Forderungen mit einer Restlaufzeit von mehr als einem Jahr enthalten sind)
  1. Forderungen aus Lieferungen und Leistungen.
  2. Forderungen gegen verbundene Unternehmen.
  3. Forderungen gegen Unternehmen, mit denen ein Beteiligungsverhältnis besteht.
  4. Sonstige Forderungen.
  5. Gezeichnetes Kapital, das eingefordert, aber noch nicht eingezahlt ist (sofern nicht die einzelstaatlichen Rechtsvorschriften den Ausweis des eingeforderten Kapitals unter dem Posten A. vorsehen).
  6. Rechnungsabgrenzungsposten (sofern nicht die einzelstaatlichen Rechtsvorschriften den Ausweis der Rechnungsabgrenzungsposten unter dem Posten E. vorsehen).
  III. Wertpapiere
  1. Anteile an verbundenen Unternehmen.
  2. Eigene Aktien oder Anteile (unter Angabe ihres Nennbetrages oder, wenn ein Nennbetrag nicht vorhanden ist, ihres rechnerischen Wertes), soweit die einzelstaatlichen Rechtsvorschriften eine Bilanzierung gestatten.
  3. Sonstige Wertpapiere.
  IV. Guthaben bei Kreditinstituten, Postscheckguthaben, Schecks und Kassenbestand.

E. Rechnungsabgrenzungsposten
(sofern nicht die einzelstaatlichen Rechtsvorschriften den Ausweis der Rechnungsabgrenzungsposten unter dem Posten D. II. 6 vorsehen)

F. Verbindlichkeiten mit einer Restlaufzeit bis zu einem Jahr
  1. Anleihen, davon konvertibel.
  2. Verbindlichkeiten gegenüber Kreditinstituten.
  3. Erhaltene Anzahlungen auf Bestellungen, soweit diese nicht von dem Posten Vorräte offen abgesetzt werden.
  4. Verbindlichkeiten aus Lieferungen und Leistungen.
  5. Verbindlichkeiten aus Wechseln.
  6. Verbindlichkeiten gegenüber verbundenen Unternehmen.
  7. Verbindlichkeiten gegenüber Unternehmen, mit denen ein Beteiligungsverhältnis besteht.

8. Sonstige Verbindlichkeiten, davon Verbindlichkeiten aus Steuern und Verbindlichkeiten im Rahmen der sozialen Sicherheit.

9. Rechnungsabgrenzungsposten (sofern nicht die einzelstaatlichen Rechtsvorschriften den Ausweis der Rechnungsabgrenzungsposten unter dem Posten K. vorsehen).

G. Umlaufvermögen (einschließlich der Rechnungsabgrenzungsposten, sofern unter Posten E. angegeben), das die Verbindlichkeiten mit einer Restlaufzeit von bis zu einem Jahr (einschließlich der Rechnungsabgrenzungsposten, sofern unter Posten K. angegeben) übersteigt.

H. Gesamtbetrag des Vermögens nach Abzug der Verbindlichkeiten mit einer Restlaufzeit von bis zu einem Jahr.

I. Verbindlichkeiten mit einer Restlaufzeit von über einem Jahr
1. Anleihen, davon konvertibel.
2. Verbindlichkeiten gegenüber Kreditinstituten.
3. Erhaltene Anzahlungen auf Bestellungen, soweit sie nicht von den Vorräten gesondert abgezogen werden.
4. Verbindlichkeiten aus Lieferungen und Leistungen.
5. Verbindlichkeiten aus Wechseln.
6. Verbindlichkeiten gegenüber verbundenen Unternehmen.
7. Verbindlichkeiten gegenüber Unternehmen, mit denen ein Beteiligungsverhältnis besteht.
8. Sonstige Verbindlichkeiten, davon Verbindlichkeiten aus Steuern und Verbindlichkeiten im Rahmen der sozialen Sicherheit.
9. Rechnungsabgrenzungsposten (sofern nicht die einzelstaatlichen Rechtsvorschriften den Ausweis der Rechnungsabgrenzungsposten unter dem Posten K. vorsehen).

J. Rückstellungen
1. Rückstellungen für Pensionen und ähnliche Verpflichtungen.
2. Steuerrückstellungen.
3. Sonstige Rückstellungen.

K. Rechnungsabgrenzungsposten
(sofern nicht die einzelstaatlichen Rechtsvorschriften den Ausweis der Rechnungsabgrenzungsposten unter dem Posten F. 9 oder I. 9 vorsehen)

L. Eigenkapital
I. Gezeichnetes Kapital (sofern nicht die einzelstaatlichen Rechtsvorschriften den Ausweis des eingeforderten Kapitals unter diesem Posten vorsehen. In diesem Fall müssen das gezeichnete und das eingezahlte Kapital gesondert ausgewiesen werden).
II. Agio
III. Neubewertungsrücklage
IV. Rücklagen
1. Gesetzliche Rücklage, soweit einzelstaatliche Rechtsvorschriften die Bildung einer derartigen Rücklage vorschreiben.
2. Rücklage für eigene Aktien oder Anteile, soweit einzelstaatliche Rechtsvorschriften die Bildung einer derartigen Rücklage vorschreiben, unbeschadet des Artikels 22 Absatz 1 Buchstabe b) der Richtlinie 77/91/EWG.

3. Satzungsmäßige Rücklagen.
4. Sonstige Rücklagen.
V. Ergebnisvortrag
VI. Ergebnis des Geschäftsjahres

Artikel 11

Die Mitgliedstaaten können zulassen, daß Gesellschaften, bei denen am Bilanz-stichtag die Grenzen von zwei der drei folgenden Größenmerkmale, nämlich
- Bilanzsumme: 3 125 000 EUR;
- Nettoumsatzerlöse: 6 250 000 EUR;
- durchschnittliche Anzahl der während des Geschäftsjahrs Beschäftigten: 50,
nicht überschritten werden, eine verkürzte Bilanz aufstellen, in die nur die in den Arti-keln 9 und 10 vorgesehenen mit Buchstaben und römischen Zahlen bezeichneten Posten aufgenommen werden, wobei die bei dem Posten D. II der Aktiva und dem Posten C. der Passiva des Artikels 9 sowie bei dem Posten D. II des Artikels 10 in Klammern verlangten Angaben gesondert, jedoch zusammengefaßt für jeden betroffe-nen Posten, zu machen sind.
Die Mitgliedstaaten können zulassen, daß Artikel 15 Absatz 3 Buchstabe a) und Absatz 4 nicht für die verkürzte Bilanz gilt.

Artikel 12

(1) Überschreitet eine Gesellschaft zum Bilanzstichtag die Grenzen von zwei der drei in Artikel 11 genannten Größenmerkmale oder überschreitet sie diese nicht mehr, so wirken sich diese Umstände auf die Anwendung der in dem genannten Artikel vor-gesehenen Ausnahmen nur dann aus, wenn sie während zwei aufeinanderfolgenden Geschäftsjahren fortbestanden haben.

(2) Bei der Umrechnung in nationale Währungen darf von den in Artikel 11 genannten und in Europäischen Rechnungseinheiten ausgedrückten Beträgen nur um höchstens 10 % nach oben abgewichen werden.

(3) Die in Artikel 11 bezeichnete Bilanzsumme setzt sich bei der Gliederung nach Artikel 9 aus den Posten A. bis E. der Aktiva und bei der Gliederung nach Artikel 10 aus den Posten A. bis E. zusammen.

Artikel 13

(1) Fällt ein Vermögensgegenstand auf der Aktiv- oder Passivseite unter mehrere Posten des Gliederungsschemas, so ist die Mitzugehörigkeit zu den anderen Posten bei dem Posten, unter dem er ausgewiesen wird, oder im Anhang zu vermerken, wenn eine solche Angabe zur Aufstellung eines klaren und übersichtlichen Jahresabschlusses nötig ist.

(2) Eigene Aktien und Anteile sowie Anteile an verbundenen Unternehmen dür-fen nur unter den dafür vorgesehenen Posten ausgewiesen werden.

Artikel 14

Unter der Bilanz oder im Anhang sind, sofern sie nicht auf der Passivseite auszu-weisen sind, alle Garantieverpflichtungen, gegliedert nach den Garantiearten, die die einzelstaatlichen Rechtsvorschriften vorsehen, und unter Angabe der gewährten ding-lichen Sicherheiten anzugeben. Bestehen die Garantieverpflichtungen gegenüber ver-bundenen Unternehmen, so ist dies gesondert anzugeben.

Abschnitt 4

Vorschriften zu einzelnen Posten

Artikel 15

(1) Für die Zuordnung der Vermögenswerte zum Anlage- oder Umlaufvermögen ist ihre Zweckbestimmung maßgebend.

(2) Das Anlagevermögen umfaßt die Vermögensgegenstände, die dazu bestimmt sind, dauernd dem Geschäftsbetrieb zu dienen.

(3) a) Die Entwicklung der einzelnen Posten des Anlagevermögens ist in der Bilanz oder im Anhang darzustellen. Dabei müssen, ausgehend von den Anschaffungs- oder Herstellungskosten, die Zu- und Abgänge sowie die Umbuchungen in dem Geschäftsjahr, die bis zum Bilanzstichtag vorgenommenen Wertberichtigungen sowie die Zuschreibungen von Wertberichtigungen früherer Geschäftsjahre für jeden Posten des Anlagevermögens gesondert aufgeführt werden. Die Wertberichtigungen sind entweder in der Bilanz von dem betreffenden Posten offen abgesetzt oder im Anhang auszuweisen.

b) Wenn zum Zeitpunkt der erstmals nach dieser Richtlinie vorgenommenen Aufstellung des Jahresabschlusses die Anschaffungs- oder Herstellungskosten eines Gegenstandes des Anlagevermögens nicht ohne ungerechtfertigte Kosten oder Verzögerungen festgestellt werden können, kann der Restbuchwert am Anfang des Geschäftsjahres als Anschaffungs- oder Herstellungskosten betrachtet werden. Die Anwendung dieses Buchstabens b) ist im Anhang zu erwähnen.

c) Bei Anwendung von Artikel 33 ist der durch Buchstabe a) dieses Absatzes vorgeschriebene Ausweis der Entwicklung der einzelnen Posten des Anlagevermögens aufgrund der neu bewerteten Anschaffungs- oder Herstellungskosten vorzunehmen.

(4) Die Vorschriften des Absatzes 3 Buchstabe a) und b) gelten entsprechend für die Darstellung des Postens „Aufwendungen für die Errichtung und Erweiterung des Unternehmens".

Artikel 16

Unter dem Posten „Grundstücke und Bauten" sind Rechte an Grundstücken sowie grundstücksgleiche Rechte auszuweisen, wie sie das nationale Recht festlegt.

Artikel 17

Beteiligungen im Sinne dieser Richtlinie sind Anteile an anderen Unternehmen, die dazu bestimmt sind, dem eigenen Geschäftsbetrieb durch Herstellung einer dauernden Verbindung zu jenen Unternehmen zu dienen; dabei ist es gleichgültig, ob die Anteile in Wertpapieren verbrieft sind oder nicht. Es wird eine Beteiligung an einer anderen Gesellschaft vermutet, wenn der Anteil an ihrem Kapital über einem Vomhundertsatz liegt, der von den Mitgliedstaaten auf höchstens 20 % festgesetzt werden darf.

Artikel 18

Als Rechnungsabgrenzungsposten auf der Aktivseite sind Ausgaben vor dem Abschlußstichtag auszuweisen, soweit sie Aufwendungen für eine bestimmte Zeit nach diesem Tag darstellen, sowie Erträge, die erst nach dem Abschlußstichtag fällig werden. Die Mitgliedstaaten können jedoch vorsehen, daß diese Erträge unter den Forderungen ausgewiesen werden; erreichen sie einen größeren Umfang, so müssen sie im Anhang näher erläutert werden.

Artikel 19

Wertberichtigungen beinhalten alle Wertänderungen von Vermögensgegenständen; sie dienen der Berücksichtigung endgültiger oder nicht endgültiger Wertminderungen, welche am Bilanzstichtag festgestellt werden.

Artikel 20

(1) Als Rückstellungen sind ihrer Eigenart nach genau umschriebene Verluste oder Verbindlichkeiten auszuweisen, die am Bilanzstichtag wahrscheinlich oder sicher, aber hinsichtlich ihrer Höhe oder dem Zeitpunkt ihres Eintritts unbestimmt sind.

(2) Die Mitgliedstaaten können außerdem die Bildung von Rückstellungen für ihrer Eigenart nach genau umgeschriebene, dem Geschäftsjahr oder einem früheren Geschäftsjahr zuzuordnende Aufwendungen zulassen, die am Bilanzstichtag als wahrscheinlich oder sicher, aber hinsichtlich ihrer Höhe oder dem Zeitpunkt ihres Eintritts unbestimmt sind.

(3) Rückstellungen dürfen keine Wertberichtigungen zu Aktivposten darstellen.

Artikel 21

Als Rechnungsabgrenzungsposten auf der Passivseite sind Einnahmen vor dem Abschlußstichtag auszuweisen, soweit sie Erträge für eine bestimmte Zeit nach diesem Tag darstellen, sowie Aufwendungen vor dem Abschlußstichtag, welche erst nach diesem Tag zu Ausgaben führen. Die Mitgliedstaaten können jedoch vorsehen, daß diese Aufwendungen unter den Verbindlichkeiten ausgewiesen werden; erreichen sie einen größeren Umfang, so müssen sie im Anhang näher erläutert werden.

Abschnitt 5
Gliederung der Gewinn- und Verlustrechnung
Artikel 22

Für die Aufstellung der Gewinn- und Verlustrechnung sehen die Mitgliedstaaten eine oder mehrere der in den Artikeln 23 bis 26 aufgeführten Gliederungen vor. Sieht ein Mitgliedstaat mehrere Gliederungen vor, so kann er den Gesellschaften die Wahl zwischen diesen Gliederungen überlassen.

Artikel 23

1. Nettoumsatzerlöse,
2. Veränderung des Bestandes an fertigen und unfertigen Erzeugnissen.
3. Andere aktivierte Eigenleistungen.
4. Sonstige betriebliche Erträge.
5. a) Materialaufwand.
   b) Sonstige externe Aufwendungen.
6. Personalaufwand:
   a) Löhne und Gehälter.
   b) Soziale Aufwendungen, davon für Altersversorgung.
7. a) Wertberichtigungen zu Aufwendungen für die Errichtung und Erweiterung des Unternehmens und zu Sachanlagen und immateriellen Anlagewerten.
   b) Wertberichtigungen zu Gegenständen des Umlaufvermögens, soweit diese die in dem Unternehmen üblichen Wertberichtigungen überschreiten.

8. Sonstige betriebliche Aufwendungen.
9. Erträge aus Beteiligungen, davon aus verbundenen Unternehmen.
10. Erträge aus sonstigen Wertpapieren und Forderungen des Anlagevermögens, davon aus verbundenen Unternehmen.
11. Sonstige Zinsen und ähnliche Erträge, davon aus verbundenen Unternehmen.
12. Wertberichtigungen zu Finanzanlagen und zu Wertpapieren des Umlaufvermögens.
13. Zinsen und ähnliche Aufwendungen, davon betreffend verbundene Unternehmen.
14. Steuern auf das Ergebnis der normalen Geschäftstätigkeit.
15. Ergebnis der normalen Geschäftstätigkeit nach Abzug der Steuern.
16. Außerordentliche Erträge.
17. Außerordentliche Aufwendungen.
18. Außerordentliches Ergebnis.
19. Steuern auf das außerordentliche Ergebnis.
20. Sonstige Steuern, soweit nicht unter obigen Posten enthalten.
21. Ergebnis des Geschäftsjahres.

Artikel 24

A. Aufwendungen
1. Verringerung des Bestandes an fertigen und unfertigen Erzeugnissen.
2. a) Materialaufwand.
    b) Sonstige externe Aufwendungen.
3. Personalaufwand:
    a) Löhne und Gehälter.
    b) Soziale Aufwendungen, davon für Altersversorgung.
4. a) Wertberichtigungen zu Aufwendungen für die Errichtung und Erweiterung des Unternehmens und zu Sachanlagen und immateriellen Anlagewerten.
    b) Wertberichtigungen zu Gegenständen des Umlaufvermögens, soweit diese die in den Unternehmen üblichen Wertberichtigungen überschreiten.
5. Sonstige betriebliche Aufwendungen.
6. Wertberichtigungen zu Finanzanlagen und zu Wertpapieren des Umlaufvermögens.
7. Zinsen und ähnliche Aufwendungen, davon an verbundene Unternehmen.
8. Steuern auf das Ergebnis der normalen Geschäftstätigkeit.
9. Ergebnis der normalen Geschäftstätigkeit nach Abzug der Steuern.
10. Außerordentliche Aufwendungen.
11. Steuern auf das außerordentliche Ergebnis.
12. Sonstige Steuern, soweit nicht unter obigen Posten enthalten.
13. Ergebnis des Geschäftsjahres.

B. Erträge
1. Nettoumsatzerlöse.
2. Erhöhung des Bestandes an fertigen und unfertigen Erzeugnissen.
3. Andere aktivierte Eigenleistungen.
4. Sonstige betriebliche Erträge.
5. Erträge aus Beteiligungen, davon aus verbundenen Unternehmen.
6. Erträge aus sonstigen Wertpapieren und Forderungen des Anlagevermögens, davon aus verbundenen Unternehmen.

7. Sonstige Zinsen und ähnliche Erträge, davon aus verbundenen Unternehmen.
8. Ergebnis der normalen Geschäftstätigkeit nach Abzug der Steuern.
9. Außerordentliche Erträge.
10. Ergebnis des Geschäftsjahres.

Artikel 25

1. Nettoumsatzerlöse.
2. Herstellungskosten der zur Erzielung der Umsatzerlöse erbrachten Leistungen (einschließlich der Wertberichtigungen).
3. Bruttoergebnis vom Umsatz.
4. Vertriebskosten (einschließlich der Wertberichtigungen).
5. Allgemeine Verwaltungskosten (einschließlich der Wertberichtigungen).
6. Sonstige betriebliche Erträge.
7. Erträge aus Beteiligungen, davon aus verbundenen Unternehmen.
8. Erträge aus sonstigen Wertpapieren und Forderungen des Anlagevermögens, davon aus verbundenen Unternehmen.
9. Sonstige Zinsen und ähnliche Erträge, davon aus verbundenen Unternehmen.
10. Wertberichtigungen zu Finanzanlagen und zu Wertpapieren des Umlaufvermögens.
11. Zinsen und ähnliche Aufwendungen, davon an verbundene Unternehmen.
12. Steuern auf das Ergebnis der normalen Geschäftstätigkeit.
13. Ergebnis der normalen Geschäftstätigkeit nach Abzug der Steuern.
14. Außerordentliche Erträge.
15. Außerordentliche Aufwendungen.
16. Außerordentliches Ergebnis.
17. Steuern auf das außerordentliche Ergebnis.
18. Sonstige Steuern, soweit nicht unter obigem Posten enthalten.
19. Ergebnis des Geschäftsjahres.

Artikel 26

A. Aufwendungen
1. Herstellungskosten der zur Erzielung der Umsatzerlöse erbrachten Leistungen (einschließlich der Wertberichtigungen).
2. Vertriebskosten (einschließlich der Wertberichtigungen).
3. Allgemeine Verwaltungskosten (einschließlich der Wertberichtigungen).
4. Wertberichtigungen zu Finanzanlagen und zu Wertpapieren des Umlaufvermögens.
5. Zinsen und ähnliche Aufwendungen, davon an verbundene Unternehmen.
6. Steuern auf das Ergebnis der normalen Geschäftstätigkeit.
7. Ergebnis der normalen Geschäftstätigkeit nach Abzug der Steuern.
8. Außerordentliche Aufwendungen.
9. Steuern auf das außerordentliche Ergebnis.
10. Sonstige Steuern, soweit nicht unter obigen Posten enthalten.
11. Ergebnis des Geschäftsjahres.

B. Erträge:
1. Nettoumsatzerlöse.
2. Sonstige betriebliche Erträge.
3. Erträge aus Beteiligungen, davon aus verbundenen Unternehmen.

4. Erträge aus sonstigen Wertpapieren und Forderungen des Anlagevermögens, davon aus verbundenen Unternehmen.
5. Sonstige Zinsen und ähnliche Erträge, davon aus verbundenen Unternehmen.
6. Ergebnis der normalen Geschäftstätigkeit nach Abzug der Steuern.
7. Außerordentliche Erträge.
8. Ergebnis des Geschäftsjahres.

Artikel 27

Die Mitgliedstaaten können für Gesellschaften, bei denen am Bilanzstichtag die Grenzen von zwei der drei folgenden Größenmerkmalen, nämlich
– Bilanzsumme: 12 500 000 EUR,
– Nettoumsatzerlöse: 25 000 000 EUR,
– durchschnittliche Anzahl der während des Geschäftsjahres Beschäftigten: 250,
nicht überschritten werden, folgen Abweichungen von den in den Artikeln 23 bis 26 aufgeführten Gliederungen gestatten:
a) in Artikel 23: Zusammenfassung der Posten 1 bis 5 zu einem Posten unter der Bezeichnung „Rohergebnis";
b) in Artikel 24: Zusammenfassung der Posten A. 1, A. 2 und B. 1 bis B. 4 zu einem Posten unter der Bezeichnung „Rohertrag" oder gegebenenfalls „Rohaufwand";
c) in Artikel 25: Zusammenfassung der Posten 1, 2, 3 und 6 zu einem Posten unter der Bezeichnung „Rohergebnis";
d) in Artikel 26: Zusammenfassung der Posten A. 1, B. 1 und B. 2 zu einem Posten unter der Bezeichnung „Rohertrag" oder gegebenenfalls „Rohaufwand".
Artikel 12 findet Anwendung.

Abschnitt 6
Vorschriften zu einzelnen Posten der Gewinn- und Verlustrechnung
Artikel 28

Zu den Nettoumsatzerlösen zählen die Erlöse aus dem Verkauf von für die normale Geschäftstätigkeit der Gesellschaft typischen Erzeugnissen und der Erbringung von für die Tätigkeit der Gesellschaft typischen Dienstleistungen nach Abzug von Erlösschmälerungen, der Mehrwertsteuer und anderer unmittelbar auf den Umsatz bezogener Steuern.

Artikel 29

(1) Unter den Posten „Außerordentliche Erträge" und „Außerordentliche Aufwendungen" sind Erträge und Aufwendungen zu erfassen, die außerhalb der normalen Geschäftstätigkeit der Gesellschaft anfallen.

(2) Sind die in Absatz 1 genannten Erträge und Aufwendungen für die Beurteilung der Ertragslage nicht von untergeordneter Bedeutung, so sind sie hinsichtlich ihres Betrags und ihrer Art im Anhang zu erläutern.

Dies gilt auch für die Erträge und Aufwendungen, die einem anderen Geschäftsjahr zuzurechnen sind.

Artikel 30

Die Mitgliedstaaten können zulassen, daß die Steuern auf das Ergebnis der normalen Geschäftstätigkeit und die Steuern auf das außerordentliche Ergebnis zusammengefaßt und in der Gewinn- und Verlustrechnung unter einem Posten ausgewiesen werden, der vor dem Posten „Sonstige Steuern, soweit nicht unter obigem Posten enthalten" steht. In diesem Fall wird der Posten „Ergebnis der normalen Geschäftstätigkeit nach Abzug der Steuern" in den Gliederungen der Artikel 23 bis 26 gestrichen.

Wird diese Ausnahmeregelung angewandt, so müssen die Gesellschaften im Anhang angeben, in welchem Umfang die Steuern auf das Ergebnis das Ergebnis der normalen Geschäftstätigkeit und das außerordentliche Ergebnis belasten.

Abschnitt 7
Bewertungsregeln
Artikel 31

(1) Die Mitgliedstaaten stellen sicher, daß für die Bewertung der Posten im Jahresabschluß folgende allgemeine Grundsätze gelten:
a) Eine Fortsetzung der Unternehmenstätigkeit wird unterstellt.
b) In der Anwendung der Bewertungsmethoden soll Stetigkeit bestehen.
c) Der Grundsatz der Vorsicht muß in jedem Fall beachtet werden. Das bedeutet insbesondere:
  aa) Nur die am Bilanzstichtag realisierten Gewinne werden ausgewiesen.
  bb) Es müssen alle voraussehbaren Risiken und zu vermutenden Verluste berücksichtigt werden, die in dem Geschäftsjahr oder einem früheren Geschäftsjahr entstanden sind, selbst wenn diese Risiken oder Verluste erst zwischen dem Bilanzstichtag und dem Tag der Aufstellung der Bilanz bekanntgeworden sind.
  cc) Wertminderungen sind unabhängig davon zu berücksichtigen, ob das Geschäftsjahr mit einem Gewinn oder einem Verlust abschließt.
d) Aufwendungen und Erträge für das Geschäftsjahr, auf das sich der Jahresabschluß bezieht, müssen berücksichtigt werden, ohne Rücksicht auf den Zeitpunkt der Ausgabe oder Einnahme dieser Aufwendungen oder Erträge.
e) Die in den Aktiv- und Passivposten enthaltenen Vermögensgegenstände sind einzeln zu bewerten.
f) Die Eröffnungsbilanz eines Geschäftsjahres muß mit der Schlußbilanz des vorhergehenden Geschäftsjahres übereinstimmen.

(2) Abweichungen von diesen allgemeinen Grundsätzen sind in Ausnahmefällen zulässig. Die Abweichungen sind im Anhang anzugeben und hinreichend zu begründen; ihr Einfluß auf die Vermögens-, Finanz- und Ertragslage ist gesondert anzugeben.

Artikel 32

Für die Bewertung der Posten im Jahresabschluß gelten die Artikel 34 bis 42, die die Anschaffungs- und Herstellungskosten zur Grundlage haben.

Artikel 33

(1) Die Mitgliedstaaten können gegenüber der Kommission erklären, daß sie sich bis zu einer späteren Koordinierung die Möglichkeit vorbehalten, in Abweichung von Artikel 32 allen Gesellschaften oder einzelnen Gruppen von Gesellschaften zu gestatten oder vorzuschreiben:
a) die Bewertung auf der Grundlage des Wiederbeschaffungswertes für Sachanlagen, deren Nutzung zeitlich begrenzt ist, und für Vorräte;
b) die Bewertung der Posten im Jahresabschluß, einschließlich des Eigenkapitals, auf der Grundlage anderer Methoden als der unter Buchstabe a) bezeichneten Methode, die der Inflation Rechnung tragen sollen;
c) die Neubewertung der Sachanlagen sowie der Finanzanlagen.

Sehen die einzelstaatlichen Rechtsvorschriften Bewertungsmethoden nach Buchstabe a), b) oder c) vor, so sind der Inhalt, der Anwendungsbereich und das Verfahren dieser Methoden festzulegen.

Wird eine solche Methode angewandt, so ist dies unter Angabe der betreffenden Posten der Bilanz und der Gewinn- und Verlustrechnung sowie der für die Berechnung der ausgewiesenen Werte angewandten Methode im Anhang zu erwähnen.

(2) a) Bei Anwendung des Absatzes 1 ist der Unterschiedsbetrag, welcher sich aus der Bewertung auf der Grundlage der angewandten Methode und der Bewertung nach dem Grundsatz des Artikels 32 ergibt, auf der Passivseite unter dem Posten „Neubewertungsrücklage" auszuweisen. Die steuerliche Behandlung dieses Postens ist in der Bilanz oder im Anhang zu erläutern.

Zur Anwendung des letzten Unterabsatzes von Absatz 1 veröffentlichen die Gesellschaften im Anhang insbesondere eine Übersicht, aus der bei jeder Änderung der Rücklage während des Geschäftsjahres folgendes ersichtlich ist:
- der Betrag der Neubewertungsrücklage zu Beginn des Geschäftsjahres;
- die Unterschiedsbeträge aus der Neubewertung, die während des Geschäftsjahres auf die Neubewertungsrücklage übertragen worden sind;
- die Beträge, die während des Geschäftsjahres in Kapital umgewandelt oder auf andere Weise von der Neubewertungsrücklage übertragen worden sind, sowie die Angabe der Art einer solchen Übertragung;
- der Betrag der Neubewertungsrücklage am Ende des Geschäftsjahres.
b) Die Neubewertungsrücklage kann jederzeit ganz oder teilweise in Kapital umgewandelt werden.
c) Die Neubewertungsrücklage ist aufzulösen, soweit die darin enthaltenen Beträge nicht mehr für die Anwendung der benutzten Bewertungsmethode und die Erfüllung ihres Zwecks erforderlich sind.

Die Mitgliedstaaten können Vorschriften über die Verwendung der Neubewertungsrücklage vorsehen, sofern Übertragungen aus der Neubewertungsrücklage auf die Gewinn- und Verlustrechnung nur insoweit vorgenommen werden dürfen, als die übertragenen Beträge zu Lasten der Gewinn- und Verlustrechnung verbucht worden sind oder einen tatsächlich realisierten Gewinn darstellen. Diese Beträge sind gesondert in der Gewinn- und Verlustrechnung auszuweisen. Die Neubewertungsrücklage darf, außer wenn sie einen realisierten Gewinn darstellt, weder unmittelbar noch mittelbar auch nicht zum Teil ausgeschüttet werden.
d) Außer in den unter den Buchstaben b) und c) erwähnten Fällen darf die Neubewertungsrücklage nicht aufgelöst werden.

(3) Die Wertberichtigungen sind jährlich anhand des für das betreffende Geschäftsjahr zugrunde gelegten Wertes zu berechnen. Die Mitgliedstaaten können jedoch in Abweichung von den Artikeln 4 und 22 gestatten oder vorschreiben, daß nur der sich aus der Anwendung des Grundsatzes des Artikels 32 ergebende Betrag der Wertberichtigungen unter den betreffenden Posten in den Gliederungen der Artikel 23 bis 26 ausgewiesen wird und daß die Differenz, die sich aus der nach diesem Artikel vorgenommenen Bewertungsmethode ergibt, in den Gliederungen gesondert ausgewiesen wird. Im übrigen sind die Artikel 34 bis 42 entsprechend anzuwenden.

(4) Bei Anwendung von Absatz 1 ist in der Bilanz oder im Anhang für jeden Posten der Bilanz, mit Ausnahme der Vorräte, nach den in den Artikeln 9 und 10 aufgeführten Gliederungen folgendes getrennt auszuweisen:
a) entweder der Betrag der Bewertungen nach dem Grundsatz des Artikels 32 und der Betrag der bis zum Bilanzstichtag vorgenommenen Wertberichtigungen

b) oder der sich am Bilanzstichtag ergebende Betrag aus der Differenz zwischen der Bewertung nach diesem Artikel und der Bewertung, die sich bei Anwendung des Artikels 32 ergeben würde, sowie gegebenenfalls der Betrag aus zusätzlichen Wertberichtigungen.

(5) Unbeschadet von Artikel 52 nimmt der Rat auf Vorschlag der Kommission innerhalb von 7 Jahren nach der Bekanntgabe dieser Richtlinie eine Prüfung und gegebenenfalls eine Änderung dieses Artikels unter Berücksichtigung der Wirtschafts- und Währungsentwicklung in der Gemeinschaft vor.

Artikel 34

(1) a) Soweit die einzelstaatlichen Rechtsvorschriften eine Aktivierung der Aufwendungen für die Errichtung und Erweiterung des Unternehmens gestatten, müssen sie spätestens nach fünf Jahren abgeschrieben sein.

b) Solange diese Aufwendungen nicht vollständig abgeschrieben worden sind, ist die Ausschüttung von Gewinnen verboten, es sei denn, daß die dafür verfügbaren Rücklagen und der Gewinnvortrag wenigstens so hoch wie der nicht abgeschriebene Teil dieser Aufwendungen sind.

(2) Der Inhalt des Postens „Aufwendungen für die Errichtung und Erweiterung des Unternehmens" ist im Anhang zu erläutern.

Artikel 35

(1) a) Die Gegenstände des Anlagevermögens sind unbeschadet der Buchstaben b) und c) zu den Anschaffungs- oder Herstellungskosten zu bewerten.

b) Bei den Gegenständen des Anlagevermögens, deren wirtschaftliche Nutzung zeitlich begrenzt ist, sind die Anschaffungs- und Herstellungskosten um Wertberichtigungen zu vermindern, die so berechnet sind, daß der Wert des Vermögensgegenstandes während dieser Nutzungszeit planmäßig zur Abschreibung gelangt.

c) aa) Bei Finanzanlagen können Wertberichtigungen vorgenommen werden, um sie mit dem niedrigeren Wert anzusetzen, der ihnen am Bilanzstichtag beizulegen ist.

bb) Bei einem Gegenstand des Anlagevermögens sind ohne Rücksicht darauf, ob seine Nutzung zeitlich begrenzt ist, Wertberichtigungen vorzunehmen, um ihn mit dem niedrigeren Wert anzusetzen, der ihm am Bilanzstichtag beizulegen ist, wenn es sich voraussichtlich um eine dauernde Wertminderung handelt.

cc) Die unter den Unterabsätzen aa) und bb) genannten Wertberichtigungen sind in der Gewinn- und Verlustrechnung aufzuführen und gesondert im Anhang anzugeben, wenn sie nicht gesondert in der Gewinn- und Verlustrechnung ausgewiesen sind.

dd) Der niedrigere Wertansatz nach den Unterabsätzen aa) und bb) darf nicht beibehalten werden, wenn die Gründe der Wertberichtigungen nicht mehr bestehen.

d) Wenn bei einem Gegenstand des Anlagevermögens allein für die Anwendung von Steuervorschriften außerordentliche Wertberichtigungen vorgenommen werden, ist der Betrag dieser Wertberichtigungen im Anhang zu erwähnen und hinreichend zu begründen.

(2) Zu den Anschaffungskosten gehören neben dem Einkaufspreis auch die Nebenkosten.

(3) a) Zu den Herstellungskosten gehören neben den Anschaffungskosten der Roh-, Hilfs- und Betriebsstoffe die dem einzelnen Erzeugnis unmittelbar zurechenbaren Kosten.

b) Den Herstellungskosten dürfen angemessene Teile der dem einzelnen Erzeugnis nur mittelbar zurechenbaren Kosten, welche auf den Zeitraum der Herstellung entfallen, hinzugerechnet werden.

(4) Zinsen für Fremdkapital, das zur Finanzierung der Herstellung von Gegenständen des Anlagevermögens gebraucht wird, dürfen in die Herstellungskosten einbezogen werden, sofern sie auf den Zeitraum der Herstellung entfallen. Ihre Aktivierung ist im Anhang zu erwähnen.

Artikel 36

Die Mitgliedstaaten können abweichend von Artikel 35 Absatz 1 Buchstabe c) Unterabsatz cc) den Investmentgesellschaften im Sinne des Artikels 5 Absatz 2 gestatten, Wertberichtigungen bei Wertpapieren unmittelbar aus dem Eigenkapital vorzunehmen. Die betreffenden Beträge müssen auf der Passivseite der Bilanz gesondert ausgewiesen werden.

Artikel 37

(1) Artikel 34 gilt entsprechend für den Posten „Forschungs- und Entwicklungskosten". Die Mitgliedstaaten können jedoch für Ausnahmefälle Abweichungen von Artikel 34 Abs. 1 Buchstabe a) gestatten. In diesem Fall können sie auch Abweichungen von Artikel 34 Abs. 1 Buchstabe b) zulassen. Diese Abweichungen sind im Anhang zu erwähnen und hinreichend zu begründen.

(2) Artikel 34 Absatz 1 Buchstabe a) gilt entsprechend für den Posten „Geschäfts- oder Firmenwert". Die Mitgliedstaaten können jedoch Gesellschaften gestatten, ihren Geschäfts- oder Firmenwert im Verlauf eines befristeten Zeitraums von mehr als fünf Jahren planmäßig abzuschreiben, sofern dieser Zeitraum die Nutzungsdauer dieses Gegenstands des Anlagevermögens nicht überschreitet und im Anhang erwähnt und begründet wird.

Artikel 38

Gegenstände des Sachanlagevermögens sowie Roh-, Hilfs- und Betriebsstoffe, die ständig ersetzt werden und deren Gesamtwert für das Unternehmen von nachrangiger Bedeutung ist, können mit einer gleichbleibenden Menge und einem gleichbleibenden Wert angesetzt werden, wenn ihr Bestand in seiner Größe, seinem Wert und seiner Zusammensetzung nur geringfügigen Veränderungen unterliegt.

Artikel 39

(1) a) Gegenstände des Umlaufvermögens sind unbeschadet der Buchstaben b) und c) zu den Anschaffungs- oder Herstellungskosten zu bewerten.

b) Bei Gegenständen des Umlaufvermögens sind Wertberichtigungen vorzunehmen, um diese Gegenstände mit dem niedrigeren Marktpreis oder in Sonderfällen mit einem anderen niedrigeren Wert anzusetzen, der ihnen am Bilanzstichtag beizulegen ist.

c) Die Mitgliedstaaten können außerordentliche Wertberichtigungen gestatten, soweit diese bei vernünftiger kaufmännischer Beurteilung notwendig sind, um zu verhindern, daß in der nächsten Zukunft der Wertansatz dieser Gegenstände infolge von Wertschwankungen geändert werden muß. Der Betrag dieser Wertberichtigungen ist gesondert in der Gewinn- und Verlustrechnung oder im Anhang auszuweisen.

d) Der niedrigere Wertansatz nach den Buchstaben b) und c) darf nicht beibehalten werden, wenn die Gründe der Wertberichtigungen nicht mehr bestehen.

e) Werden bei einem Gegenstand des Umlaufvermögens außerordentliche Wertberichtigungen allein für die Anwendung von Steuervorschriften vorgenommen, so ist ihre Höhe im Anhang zu erwähnen und hinreichend zu begründen.

(2) Für die Feststellung der Anschaffungs- oder Herstellungskosten gilt Artikel 35 Absätze 2 und 3. Die Mitgliedstaaten können auch Artikel 35 Absatz 4 anwenden. Die Vertriebskosten dürfen nicht in die Herstellungskosten einbezogen werden.

Artikel 40

(1) Die Mitgliedstaaten können zulassen, daß die Anschaffungs- oder Herstellungskosten gleichartiger Gegenstände des Vorratsvermögens sowie alle beweglichen Vermögensgegenstände einschließlich der Wertpapiere nach den gewogenen Durchschnittswerten oder aufgrund des „First in – First out (Fifo)"- oder „Last in – First out (Lifo)"-Verfahrens oder eines vergleichbaren Verfahrens berechnet werden.

(2) Weist am Bilanzstichtag die Bewertung in der Bilanz wegen der Anwendung der Berechnungsmethode nach Absatz 1 im Vergleich zu einer Bewertung auf der Grundlage des letzten vor dem Bilanzstichtag bekannten Marktpreises einen beträchtlichen Unterschied auf, so ist dieser Unterschiedsbetrag im Anhang pauschal für die jeweilige Gruppe auszuweisen.

Artikel 41

(1) Ist der Rückzahlungsbetrag von Verbindlichkeiten höher als der erhaltene Betrag, so kann der Unterschiedsbetrag aktiviert werden. Er ist gesondert in der Bilanz oder im Anhang auszuweisen.

(2) Dieser Betrag ist jährlich mit einem angemessenen Betrag und spätestens bis zum Zeitpunkt der Rückzahlung der Verbindlichkeiten abzuschreiben.

Artikel 42

Rückstellungen sind nur in Höhe des notwendigen Betrages anzusetzen.

Rückstellungen, die in der Bilanz unter dem Posten „Sonstige Rückstellungen" ausgewiesen werden, sind im Anhang zu erläutern, sofern sie einen gewissen Umfang haben.

Abschnitt 8
Inhalt des Anhangs
Artikel 43

(1) Im Anhang sind außer den in anderen Bestimmungen dieser Richtlinie vorgeschriebenen Angaben zumindest Angaben zu machen über:

1. die auf die verschiedenen Posten des Jahresabschlusses angewandten Bewertungsmethoden sowie die Methoden zur Berechnung der Wertberichtigungen. Für die in dem Jahresabschluß enthaltenen Werte, welche in fremder Währung lauten oder ursprünglich in fremder Währung lauteten, ist anzugeben, auf welcher Grundlage sie in Landeswährung umgerechnet worden sind;

2. Name und Sitz der Unternehmen, bei denen die Gesellschaft entweder selbst oder durch eine im eigenen Namen, aber für Rechnung der Gesellschaft handelnde Person mit mindestens einem Prozentsatz am Kapital beteiligt ist, den die Mitgliedstaaten auf höchstens 20 % festsetzen dürfen, unter Angabe des Anteils am Kapital sowie der Höhe des Eigenkapitals und des Ergebnisses des letzten Geschäftsjahres, für das das betreffende Unternehmen einen Jahresabschluß festgestellt hat. Dies Angaben können unterbleiben, wenn sie in bezug auf die Zielsetzung des Artikels 2 Absatz 3 von untergeordneter Bedeutung sind. Die Angabe des Eigenkapitals und des Ergebnisses kann ebenfalls unterbleiben, wenn das betreffende Unternehmen seine Bilanz nicht veröffentlicht und es sich mittelbar oder unmittelbar zu weniger als 50 % im Besitz der Gesellschaft befindet.
   Name, Sitz und Rechtsform der Unternehmen, deren unbeschränkt haftender Gesellschafter die Gesellschaft ist. Diese Angabe kann unterbleiben, wenn sie in bezug auf die Zielsetzung des Artikels 2 Absatz 3 von untergeordneter Bedeutung ist.
3. die Zahl und den Nennbetrag oder, wenn ein Nennbetrag nicht vorhanden ist, den rechnerischen Wert der während des Geschäftsjahres im Rahmen eines genehmigten Kapitals gezeichneten Aktien, unbeschadet der Bestimmungen des Artikels 2 Absatz 1 Buchstabe e) der Richtlinie 68/151/EWG und des Artikels 2 Buchstabe c) der Richtlinie 77/91/EWG über den Betrag dieses Kapitals;
4. sofern es mehrere Gattungen von Aktien gibt, die Zahl und den Nennbetrag oder, falls ein Nennbetrag nicht vorhanden ist, den rechnerischen Wert für jede von ihnen;
5. das Bestehen von Genußscheinen, Wandelschuldverschreibungen und vergleichbaren Wertpapieren oder Rechten, unter Angabe der Zahl der Rechte, die sie verbriefen;
6. die Höhe der Verbindlichkeiten der Gesellschaft mit einer Restlaufzeit von mehr als fünf Jahren sowie die Höhe aller Verbindlichkeiten der Gesellschaft, die dinglich gesichert sind, unter Angabe ihrer Art und Form. Diese Angaben sind jeweils gesondert für jeden Posten der Verbindlichkeiten gemäß den in den Artikeln 9 und 10 aufgeführten Gliederungen zu machen;
7. den Gesamtbetrag der finanziellen Verpflichtungen, die nicht in der Bilanz erschienen, sofern diese Angabe für die Beurteilung der Finanzlage von Bedeutung ist. Davon sind Pensionsverpflichtungen und Verpflichtungen gegenüber verbundenen Unternehmen gesondert zu vermerken;
8. Die Aufgliederung der Nettoumsatzerlöse im Sinne des Artikels 28 nach Tätigkeitsbereichen sowie nach geographisch bestimmten Märkten, soweit sich, unter Berücksichtigung der Organisation des Verkauf von für die normale Geschäftstätigkeit der Gesellschaft typischen Erzeugnissen und der Erbringung von für die normale Geschäftstätigkeit der Gesellschaft typischen Dienstleistungen, die Tätigkeitsbereiche und geographisch bestimmten Märkte untereinander erheblich unterscheiden;
9. den durchschnittlichen Personalbestand während des Geschäftsjahres getrennt nach Gruppen, sowie, falls sie nicht gesondert in der Gewinn- und Verlustrechnung erscheinen, die gesamten in dem Geschäftsjahr verursachten Personalaufwendungen gemäß Artikel 23 Nummer 6;
10. das Ausmaß, in dem die Berechnung des Jahresergebnisses von einer Bewertung der Posten beeinflußt wurde, die in Abweichung von den Grundsätzen der Artikel 31 und 34 bis 42 während des Geschäftsjahres oder eines früheren Geschäftsjahres im Hinblick auf Steuererleichterungen durchgeführt wurde. Wenn eine

solche Bewertung die künftige steuerliche Belastung erheblich beeinflußt, muß dies angegeben werden;

11. den Unterschied zwischen dem Steueraufwand, der dem Geschäftsjahr und den früheren Geschäftsjahren zugerechnet wird, und den für diese Geschäftsjahre gezahlten oder zu zahlenden Steuern, sofern dieser Unterschied für den künftigen Steueraufwand von Bedeutung ist. Dieser Betrag kann auch als Gesamtbetrag in der Bilanz unter einem gesonderten Posten mit entsprechender Bezeichnung ausgewiesen werden;

12. die für ihre Tätigkeit im Geschäftsjahr gewährten Bezüge der Mitglieder der Verwaltungs-, Geschäftsführungs- oder Aufsichtsorgane sowie die entstandenen oder eingegangenen Pensionsverpflichtungen gegenüber früheren Mitgliedern der genannten Organe. Diese Angaben sind zusammengefaßt für jede dieser Personengruppen zu machen;

13. die Beträge der den Mitgliedern der Verwaltungs- und Geschäftsführungs- oder Aufsichtsorgane gewährten Vorschüsse und Kredite unter Angabe der Zinsen, der wesentlichen Bedingungen und der gegebenenfalls zurückgezahlten Beträge sowie die Garantieverpflichtungen zugunsten dieser Personen. Diese Angaben sind zusammengefaßt für jede dieser Personengruppen zu machen.

(2) Bis zu einer späteren Koordinierung brauchen die Mitgliedstaaten Absatz 1 Nummer 2 auf Beteiligungsgesellschaften im Sinne von Artikel 5 Absatz 3 nicht anzuwenden.

(3) Die Mitgliedstaaten können zulassen, daß die in Absatz 1 Nummer 12 vorgesehenen Angaben nicht gemacht werden, wenn sich anhand dieser Angaben der Status eines bestimmten Mitglieds dieser Organe feststellen läßt.

Artikel 44

(1) Die Mitgliedstaaten können gestatten, daß die in Artikel 11 bezeichneten Gesellschaften einen verkürzten Anhang aufstellen, der die in Artikel 43 Absatz 1 Nummern 5 bis 12 verlangten Angaben nicht enthält. Jedoch sind im Anhang zusammengefaßt für alle betreffenden Posten die in Artikel 43 Absatz 1 Nummer 6 verlangten Angaben zu machen.

(2) Die Mitgliedstaaten können die in Absatz 1 bezeichneten Gesellschaften darüber hinaus von der Verpflichtung befreien, die in Artikel 15 Absatz 3 Buchstabe a) und Absatz 4, den Artikeln 18 und 21 und Artikel 29 Absatz 2, Artikel 30 Absatz 2, Artikel 34 Absatz 2, Artikel 40 Absatz 2 und Artikel 42 Absatz 2 verlangten Angaben zu machen.

(3) Artikel 12 ist anzuwenden.

Artikel 45

(1) Die Mitgliedstaaten können gestatten, daß die in Artikel 43 Absatz 1 Nummer 2 geforderten Angaben
a) in einer Aufstellung gemacht werden, die gemäß Artikel 3 Absätze 1 und 2 der Richtlinie 68/151/EWG hinterlegt wird; im Anhang ist auf diese Aufstellung zu verweisen;
b) nicht gemacht zu werden brauchen, soweit sie geeignet sind, einem in Artikel 43 Absatz 1 Nummer 2 bezeichneten Unternehmen einen erheblichen Nachteil zuzufügen. Die Mitgliedstaaten können dazu die vorherige Zustimmung einer Verwaltungsbehörde oder eines Gerichts verlangen. Das Unterlassen dieser Angaben ist im Anhang zu erwähnen.

(2) Absatz 1 Buchstabe b) findet ebenfalls Anwendung auf die in Artikel 43 Absatz 1 Nummer 8 geforderten Angaben.

Die Mitgliedstaaten können den in Artikel 27 bezeichneten Gesellschaften gestatten, die in Artikel 43 Absatz 1 Nummer 8 geforderten Angaben nicht zu machen. Artikel 12 ist anzuwenden.

Abschnitt 9
Inhalt des Lageberichts
Artikel 46

(1) Der Lagebericht hat zumindest den Geschäftsverlauf und die Lage der Gesellschaft so darzustellen, daß ein den tatsächlichen Verhältnissen entsprechendes Bild entsteht.

(2) Der Lagebericht soll auch eingehen auf
a) Vorgänge von besonderer Bedeutung, die nach Schluß des Geschäftsjahres eingetreten sind;
b) die voraussichtliche Entwicklung der Gesellschaft;
c) den Bereich Forschung und Entwicklung;
d) die in Artikel 22 Absatz 2 der Richtlinie 77/91/EWG bezeichneten Angaben über den Erwerb eigener Aktien;
e) bestehende Zweigniederlassungen der Gesellschaft.

(3) Die Mitgliedstaaten können gestatten, daß die in Artikel 11 bezeichneten Gesellschaften nicht zur Aufstellung eines Lageberichtes verpflichtet sind, sofern sie die in Artikel 22 Absatz 2 der Richtlinie 77/91/EWG verlangten Angaben betreffend den Erwerb eigener Aktien im Anhang machen.

Abschnitt 10
Offenlegung
Artikel 47

(1) Der ordnungsgemäß gebilligte Jahresabschluß und der Lagebericht sowie der Bericht der mit der Abschlußprüfung beauftragten Person sind nach den in den Rechtsvorschriften der einzelnen Mitgliedstaaten gemäß Artikel 3 der Richtlinie 68/151/EWG vorgesehenen Verfahren offenzulegen.

Die Rechtsvorschriften eines Mitgliedstaates können jedoch den Lagebericht von der genannten Offenlegung freistellen. In diesem Fall ist der Lagebericht am Sitz der Gesellschaft in dem betreffenden Mitgliedstaat zur Einsichtnahme für jedermann bereitzuhalten. Eine vollständige oder teilweise Ausfertigung dieses Berichts muß auf bloßen Antrag kostenfrei erhältlich sein.

(1a) Der Mitgliedstaat der in Artikel 1 Absatz 1 Unterabsätze 2 und 3 bezeichneten Gesellschaft (betroffene Gesellschaft) kann diese Gesellschaft von der Pflicht, ihren Abschluß gemäß Artikel 3 der Richtlinie 68/151/EWG zu veröffentlichen, mit der Maßgabe befreien, daß ihr Abschluß am Sitz der Gesellschaft zur Einsicht für jedermann bereitgehalten wird, sofern:
a) alle ihre unbeschränkt haftenden Gesellschafter Gesellschaften nach Artikel 1 Absatz 1 Unterabsatz 1 sind, die dem Recht eines anderen Mitgliedstaates als dem Mitgliedstaat der betroffenen Gesellschaft unterliegen, und keine dieser Gesellschaften den Abschluß der betroffenen Gesellschaft mit ihrem eigenen Abschluß veröffentlicht oder

b) alle unbeschränkt haftenden Gesellschafter Gesellschaften sind, welche nicht dem Recht eines Mitgliedstaates unterliegen, deren Rechtsform jedoch den Rechtsformen im Sinne der Richtlinie 68/151/EWG vergleichbar ist.

Ausfertigungen des Abschlusses müssen auf Antrag erhältlich sein. Das dafür berechnete Entgelt darf die Verwaltungskosten nicht übersteigen. Geeignete Sanktionen sind für den Fall vorzusehen, daß die in diesem Absatz vorgesehene Offenlegung nicht erfolgt.

(2) Abweichend von Absatz 1 können die Mitgliedstaaten zulassen, daß die in Artikel 11 bezeichneten Gesellschaften folgendes offenlegen:
a) eine verkürzte Bilanz, in die nur die in den Artikeln 9 und 10 vorgesehenen mit Buchstaben und römischen Zahlen vezeichneten Posten aufgenommen werden, wobei die bei dem Posten D. II der Aktiva und dem Posten C. der Passiva des Artikels 9 sowie bei dem Posten D. II des Artikels 10 in Klammern verlangten Angaben gesondert, jedoch zusammengefaßt für alle betreffenden Posten, zu machen sind;
b) einen gemäß Artikel 44 gekürzten Anhang. Artikel 12 ist anzuwenden.

Die Mitgliedstaaten können diesen Gesellschaften ferner gestatten, die Gewinn- und Verlustrechnung, den Lagebericht sowie den Bericht der mit der Abschlußprüfung beauftragten Person nicht offenzulegen.

(3) Die Mitgliedstaaten können zulassen, daß die in Artikel 27 bezeichneten Gesellschaften folgendes offenlegen:
a) eine verkürzte Bilanz, welche nur die in den Artikeln 9 und 10 vorgesehenen mit Buchstaben und römischen Zahlen bezeichneten Posten enthält, wobei entweder in der Bilanz oder im Anhang gesondert anzugeben sind:
  – die Posten C. I. 3, C. II. 1, 2, 3 und 4, C. III. 1, 2, 3, 4 und 7, D. II. 2, 3 und 6 und D. III. 1 und 2 der Aktiva sowie C. 1, 2, 6, 7 und 9 der Passiva des Artikels 9;
  – die Posten C. I. 3, C. II. 1, 2, 3 und 4, C. III. 1, 2, 3, 4 und 7, D. II. 2, 3 und 6, D. III. 1 und 2, F. 1, 2, 6, 7 und 9 sowie I. 1, 2, 6, 7 und 9 des Artikels 10;
  – die bei den Posten D. II der Aktiva und C. der Passiva des Artikels 9 in Klammern verlangten Angaben, jedoch zusammengefaßt für alle betreffenden Posten und gesondert für die Posten D. II. 2 und 3 der Aktiva sowie C. 1, 2, 6, 7 und 9 der Passiva;
  – die bei dem Posten D. II des Artikels 10 in Klammern verlangten Angaben, jedoch zusammengefaßt für die betreffenden Posten, und gesondert für die Posten D. II. 2 und 3;
b) einen verkürzten Anhang, der die in Artikel 43 Absatz 1 Nummern 5, 6, 8, 10 und 11 verlangten Angaben nicht enthält. Jedoch sind im Anhang die in Artikel 43 Absatz 1 Nummer 6 vorgesehenen Angaben zusammengefaßt für alle betreffenden Posten zu machen.

Dieser Absatz berührt nicht die Bestimmungen des Absatzes 1 hinsichtlich der Gewinn- und Verlustrechnung, des Lageberichts sowie des Berichts der mit der Abschlußprüfung beauftragten Person.

Artikel 12 ist anzuwenden.

Artikel 48

Jede vollständige Veröffentlichung des Jahresabschlusses und des Lageberichts ist in der Form und mit dem Wortlaut wiederzugeben, auf deren Grundlage die mit der Abschlußprüfung beauftragte Person ihren Bericht erstellt hat. Der Bestätigungsvermerk muß in vollem Wortlaut beigefügt sein. Hat die mit der Abschlußprüfung beauftragte Person die Bestätigung eingeschränkt oder verweigert, so ist dies unter Angabe der Gründe gleichfalls bekanntzugeben.

Artikel 49

Bei einer unvollständigen Veröffentlichung des Jahresabschlusses ist zu erwähnen, daß es sich um eine gekürzte Wiedergabe handelt; es ist auf das Register hinzuweisen, bei welchem der Jahresabschluß nach Artikel 47 Absatz 1 hinterlegt worden ist. Ist diese Hinterlegung noch nicht erfolgt, so ist dies zu erwähnen. Der Bestätigungsvermerk der mit der Abschlußprüfung beauftragten Person darf nicht beigefügt werden; es ist jedoch anzugeben, ob der Bestätigungsvermerk uneingeschränkt oder eingeschränkt erteilt oder ob er verweigert wurde.

Artikel 50

Gleichzeitig mit dem Jahresabschluß und in derselben Weise sind offenzulegen
– der Vorschlag zur Verwendung des Ergebnisses,
– die Verwendung des Ergebnisses,
falls diese Angaben nicht im Jahresabschluß enthalten sind.

Artikel 50a

Die Jahresabschlüsse können neben der Währung, in der sie aufgestellt wurden, auch in Ecu offengelegt werden. Dabei ist der am Bilanzstichtag gültige Umrechnungskurs zugrunde zu legen. Dieser Kurs ist im Anhang anzugeben.

Abschnitt 11
Prüfung
Artikel 51

(1) a) Die Gesellschaften sind verpflichtet, ihren Jahresabschluß durch eine oder mehrere Personen prüfen zu lassen, die nach einzelstaatlichem Recht zur Prüfung des Jahresabschlusses zugelassen sind.
b) Die mit der Abschlußprüfung beauftragte Person hat auch zu prüfen, ob der Lagebericht mit dem Jahresabschluß des betreffenden Geschäftsjahres in Einklang steht.
(2) Die Mitgliedstaaten können die in Artikel 11 bezeichneten Gesellschaften von der in Absatz 1 genannten Verpflichtung befreien.
Artikel 12 ist anzuwenden.
(3) Im Falle des Absatzes 2 nehmen die Mitgliedstaaten in ihre Rechtsvorschriften geeignete Sanktionen für den Fall auf, daß der Jahresabschluß oder der Lagebericht dieser Gesellschaften nicht nach dieser Richtlinie erstellt sind.

Abschnitt 12
Schlußbestimmungen
Artikel 52

(1) Bei der Kommission wird ein Kontaktausschuß eingesetzt, der zur Aufgabe hat,
a) unbeschadet der Bestimmungen der Artikel 169 und 170 des Vertrags eine gleichmäßige Anwendung dieser Richtlinie durch eine regelmäßige Abstimmung, insbesondere in konkreten Anwendungsfragen, zu erleichtern;

b) die Kommission, falls dies erforderlich sein sollte, bezüglich Ergänzungen oder Änderungen dieser Richtlinie zu beraten.

(2) Der Kontaktausschuß setzt sich aus Vertretern der Mitgliedstaaten sowie Vertretern der Kommission zusammen. Der Vorsitz ist von einem Vertreter der Kommission wahrzunehmen. Die Sekretariatsgeschäfte werden von den Dienststellen der Kommission wahrgenommen.

(3) Der Vorsitzende beruft den Ausschuß von sich aus oder auf Antrag eines der Mitglieder des Ausschusses ein.

Artikel 53

(1) Als Ecu im Sinne dieser Richtlinie gilt die Rechnungseinheit, die durch die Verordnung (EWG) Nr. 3180/78, in der Fassung der Verordnungen (EWG) Nr. 2626/84 und (EWG) Nr. 1971/89, festgelegt worden ist.

Der Gegenwert in Landeswährung ist derjenige, welcher am 8. November gilt.

(2) Der Rat prüft auf Vorschlag der Kommission alle fünf Jahre die in Europäischen Rechnungseinheiten ausgedrückten Beträge dieser Richtlinie unter Berücksichtigung der wirtschaftlichen und monetären Entwicklung in der Gemeinschaft und ändert diese Beträge gegebenenfalls.

Artikel 54 *(aufgehoben)*.

Artikel 55

(1) Die Mitgliedstaaten erlassen die erforderlichen Rechts- und Verwaltungsvorschriften, um dieser Richtlinie innerhalb von zwei Jahren nach ihrer Bekanntgabe nachzukommen. Sie setzen die Kommission davon unverzüglich in Kenntnis.

(2) Die Mitgliedstaaten können vorsehen, daß die in Absatz 1 bezeichneten Vorschriften erst 18 Monate nach dem in Absatz 1 bezeichneten Zeitpunkt anzuwenden sind.
Diese 18 Monate können jedoch auf fünf Jahre verlängert werden:
a) bei den „unregistered companies" im Vereinigten Königreich und in Irland;
b) für die Anwendung der Artikel 9 und 10 sowie der Artikel 23 bis 26 hinsichtlich der Gliederungen der Bilanz und der Gewinn- und Verlustrechnung, soweit ein Mitgliedstaat in den letzten drei Jahren vor der Bekanntgabe dieser Richtlinie andere Gliederungen für die bezeichneten Unterlagen in Kraft gesetzt hat;
c) für die Anwendung der Bestimmungen dieser Richtlinie über die Berechnung und die Bilanzierung von Abschreibungen für Vermögensgegenstände, die unter Artikel 9, Posten C. II. 2 und 3 der Aktiva und unter Artikel 10, Posten C. II. 2 und 3 fallen;
d) für die Anwendung von Artikel 47 Absatz 1, außer bei Gesellschaften, die aufgrund von Artikel 2 Absatz 1 Buchstabe f) der Richtlinie 68/151/EWG bereits zur Offenlegung verpflichtet sind; in diesem Fall findet Artikel 47 Absatz 1 Unterabsatz 2 dieser Richtlinie auf den Jahresabschluß und auf den Bericht der mit der Abschlußprüfung beauftragten Person Anwendung;
e) für die Anwendung von Artikel 51 Absatz 1.
Im übrigen kann diese Frist für die Gesellschaften, deren Hauptzweck die Schiffahrt ist und die im Zeitpunkt des Inkrafttretens der in Absatz 1 bezeichneten Vorschriften bereits begründet sind, von 18 Monaten auf acht Jahre verlängert werden.

(3) Die Mitgliedstaaten teilen der Kommission den Wortlaut der wichtigsten innerstaatlichen Rechtsvorschriften mit, die sie auf dem von dieser Richtlinie erfaßten Gebiet erlassen.

Artikel 56

(1) Die Verpflichtung zur Angabe der in den Artikeln 9, 10 und 23 bis 26 vorgesehenen Posten bezüglich verbundener Unternehmen im Sinne des Artikels 41 der Richtlinie 83/349/EWG im Jahresabschluß sowie die Verpflichtung, die in Artikel 13 Absatz 2, Artikel 14 und Artikel 43 Absatz 1 Nummer 7 hinsichtlich verbundener Unternehmen vorgesehenen Angaben zu machen, treten zu dem in Artikel 49 Absatz 2 der bezeichneten Richtlinie genannten Zeitpunkt in Kraft.

(2) Im Anhang sind auch Angaben zu machen über:
a) Name und Sitz des Unternehmens, das den konsolidierten Abschluß für den größten Kreis von Unternehmen aufstellt, dem die Gesellschaft als Tochterunternehmen angehört.
b) Name und Sitz des Unternehmens, das den konsolidierten Abschluß für den kleinsten Kreis von Unternehmen aufstellt, der in den unter Buchstabe a) bezeichneten Kreis von Unternehmen einbezogen ist und dem die Gesellschaft als Tochterunternehmen angehört.
c) den Ort, wo der konsolidierte Abschluß erhältlich ist, es sei denn, das ein solcher nicht zur Verfügung steht.

Artikel 57

Unbeschadet der Richtlinien 68/151/EWG und 77/91/EWG brauchen die Mitgliedstaaten die Bestimmungen der vorliegenden Richtlinie über den Inhalt, die Prüfung und die Offenlegung des Jahresabschlusses nicht auf Gesellschaften anzuwenden, die ihrem Recht unterliegen und Tochterunternehmen im Sinne der Richtlinie 83/349/EWG sind, sofern folgende Voraussetzungen erfüllt sind:
a) das Mutterunternehmen unterliegt dem Recht eines Mitgliedstaats;
b) alle Aktionäre oder Gesellschafter des Tochterunternehmens haben sich mit der bezeichneten Befreiung einverstanden erklärt; diese Erklärung muß für jedes Geschäftsjahr abgegeben werden;
c) das Mutterunternehmen hat sich bereit erklärt, für die von dem Tochterunternehmen eingegangenen Verpflichtungen einzustehen;
d) die Erklärungen nach Buchstaben b) und c) sind nach den in den Rechtsvorschriften der einzelnen Mitgliedstaaten vorgesehenen Verfahren gemäß Artikel 3 der Richtlinie 68/151/EWG offenzulegen;
e) das Tochterunternehmen ist in den von dem Mutterunternehmen nach der Richtlinie 83/349/EWG aufgestellten konsolidierten Jahresabschluß einbezogen;
f) die bezeichnete Befreiung wird im Anhang des von dem Mutterunternehmen aufgestellten konsolidierten Abschlusses angegeben;
g) der unter Buchstabe e) bezeichnete konsolidierte Abschluß, der konsolidierte Lagebericht sowie der Bericht der mit der Prüfung beauftragten Person werden für das Tochterunternehmen nach den in den Rechtsvorschriften der einzelnen Mitgliedstaaten vorgesehenen Verfahren gemäß Artikel 3 der Richtlinie 68/151/EWG offengelegt.

Artikel 57 a

(1) Die Mitgliedstaaten können von den ihrem Recht unterliegenden Gesellschaften nach Artikel 1 Absatz 1 Unterabsatz 1, die unbeschränkt haftende Gesellschafter einer der in Artikel 1 Absatz 1 Unterabsätze 2 und 3 genannten Gesellschaften (betroffene Gesellschaften) sind, verlangen, daß der Abschluß der betroffenen Gesellschaft

gemeinsam mit ihrem eigenen Abschluß gemäß dieser Richtlinie aufgestellt, geprüft und offengelegt wird.

In diesem Fall gelten die Anforderungen dieser Richtlinie nicht für die betroffene Gesellschaft.

(2) Die Mitgliedstaaten brauchen die Bestimmungen dieser Richtlinie nicht auf die betroffene Gesellschaft anzuwenden, sofern

a) der Abschluß dieser Gesellschaft im Einklang mit dieser Richtlinie von einer Gesellschaft nach Artikel 1 Absatz 1 Unterabsatz 1, die unbeschränkt haftender Gesellschafter der betroffenen Gesellschaft ist und dem Recht eines anderen Mitgliedstaates unterliegt, aufgestellt, geprüft und offengelegt wird;

b) die betroffene Gesellschaft in einen konsolidierten Abschluß einbezogen ist, der im Einklang mit der Richtlinie 83/349/EWG von einem unbeschränkt haftenden Gesellschafter aufgestellt, geprüft und offengelegt wird oder, sofern die betroffene Gesellschaft in den konsolidierten Abschluß einer größeren Gesamtheit von Unternehmen einbezogen ist, der im Einklang mit der Richtlinie 83/349/EWG von einem Mutterunternehmen, das dem Recht eines Mitgliedstaates unterliegt, aufgestellt, geprüft und offengelegt wird. Diese Befreiung ist im Anhang zum konsolidierten Abschluß anzugeben.

(3) In diesen Fällen ist die betroffene Gesellschaft gehalten, jedermann auf Anfrage den Namen der Gesellschaft zu nennen, die den Abschluß offenlegt.

Artikel 58

Die Mitgliedstaaten brauchen die Bestimmungen der vorliegenden Richtlinie über die Prüfung und Offenlegung der Gewinn- und Verlustrechnung nicht auf Gesellschaften anzuwenden, die ihrem Recht unterliegen und Mutterunternehmen im Sinne der Richtlinie 83/349/EWG sind, sofern folgende Voraussetzungen erfüllt sind:

a) das Mutterunternehmen stellt einen konsolidierten Abschluß nach der Richtlinie 83/349/EWG auf und ist in diesen Abschluß einbezogen;

b) die bezeichnete Befreiung wird im Anhang des Jahresabschlusses des Mutterunternehmens angegeben;

c) die bezeichnete Befreiung wird im Anhang des vom Mutterunternehmen aufgestellten konsolidierten Abschlusses angegeben;

d) das nach der vorliegenden Richtlinie errechnete Ergebnis des Geschäftsjahres des Mutterunternehmens wird in der Bilanz des Mutterunternehmens ausgewiesen.

Artikel 59

(1) Die Mitgliedstaaten können gestatten oder vorschreiben, daß eine Beteiligung im Sinne des Artikels 17 am Kapital eines Unternehmens, auf dessen Geschäfts- und Finanzpolitik ein maßgeblicher Einfluß ausgeübt wird, in der Bilanz nach den folgenden Absätzen 2 bis 9 je nach Lage des Falles entweder als Unterposten des Postens ,Anteile an verbundenen Unternehmen' oder als Unterposten des Postens ,Beteiligungen' ausgewiesen wird. Es wird vermutet, daß ein Unternehmen einen maßgeblichen Einfluß auf ein anderes Unternehmen ausübt, sofern jenes Unternehmen 20 % oder mehr der Stimmrechte der Aktionäre oder Gesellschafter dieses Unternehmens besitzt. Artikel 2 der Richtlinie 83/349/EWG findet Anwendung.

(2) Bei der erstmaligen Anwendung des vorliegenden Artikels auf eine Beteiligung im Sinne von Absatz 1 wird diese in der Bilanz wie folgt ausgewiesen:

a) entweder mit dem Buchwert nach den Artikeln 31 bis 42; dabei wird der Unterschiedsbetrag zwischen diesem Wert und dem Betrag, der dem auf die Beteiligung entfallenden Teil des Eigenkapitals entspricht, in der Bilanz oder im Anhang gesondert ausgewiesen. Bei der Berechnung dieses Unterschiedsbetrags wird der Zeitpunkt der erstmaligen Anwendung dieser Methode zugrunde gelegt;

b) oder mit dem Betrag, der dem auf die Beteiligung entfallenden Teil des Eigenkapitals entspricht; dabei wird der Unterschiedsbetrag zwischen diesem Wert und dem nach den Bewertungsvorschriften der Artikel 31 bis 42 ermittelte Buchwert in der Bilanz oder im Anhang gesondert ausgewiesen. Bei der Berechnung dieses Unterschiedsbetrags wird der Zeitpunkt der erstmaligen Anwendung dieser Methode zugrunde gelegt.

c) Die Mitgliedstaaten können die Anwendung nur eines der Buchstaben a) und b) vorschreiben. In der Bilanz oder im Anhang ist anzugeben, ob von Buchstabe a) oder b) Gebrauch gemacht worden ist.

d) Die Mitgliedstaaten können ferner im Hinblick auf die Anwendung der Buchstaben a) und b) gestatten oder vorschreiben, daß die Berechnung des Unterschiedsbetrags zum Zeitpunkt des Erwerbs der Beteiligung im Sinne von Absatz 1 erfolgt oder beim Erwerb zu verschiedenen Zeitpunkten zu dem Zeitpunkt, zu dem die Anteile oder Aktien Beteiligungen im Sinne des Absatzes 1 geworden sind.

(3) Sind Gegenstände des Aktiv- oder Passivvermögens des Unternehmens, an dem eine Beteiligung nach Absatz 1 besteht, nach anderen Methoden bewertet worden, als sie die Gesellschaft anwendet, die den Jahresabschluß aufstellt, so können diese Vermögenswerte für die Berechnung des Unterschiedsbetrags nach Absatz 2 Buchstabe a) oder Absatz 2 Buchstabe b) nach den Methoden neu bewertet werden, welche die Gesellschaft anwendet, die den Jahresabschluß aufstellt. Wird eine solche Neubewertung nicht vorgenommen, so ist dies im Anhang zu erwähnen. Die Mitgliedstaaten können eine solche Neubewertung vorschreiben.

(4) Der Buchwert nach Absatz 2 Buchstabe a) oder der Betrag, der dem auf die Beteiligung entfallenden Teil des Eigenkapitals nach Absatz 2 Buchstabe b) entspricht, wird um die während des Geschäftsjahres eingetretenen Änderungen des auf die Beteiligung entfallenden Eigenkapitals erhöht oder vermindert; er vermindert sich außerdem um den Betrag der auf die Beteiligung entfallenden Dividenden.

(5) Sofern ein positiver Unterschiedsbetrag nach Absatz 2 Buchstabe a) oder Absatz 2 Buchstabe b) nicht einer bestimmten Kategorie von Gegenständen des Aktiv- oder Passivvermögens zugerechnet werden kann, wird dieser nach den Vorschriften für den Posten 'Firmen- oder Geschäftswert' behandelt.

(6) a) Der auf die Beteiligung im Sinne von Absatz 1 entfallende Teil des Ergebnisses wird unter einen gesonderten Posten mit entsprechender Bezeichnung in der Gewinn- und Verlustrechnung ausgewiesen.

b) Sofern dieser Betrag denjenigen übersteigt, der als Dividende bereits eingegangen ist oder auf deren Zahlung ein Anspruch besteht, ist der Unterschiedsbetrag in eine Rücklage einzustellen, die nicht an die Aktionäre ausgeschüttet werden darf.

c) Die Mitgliedstaaten können gestatten oder vorschreiben, daß der auf die Beteiligung im Sinne von Absatz 1 entfallende Teil des Ergebnisses in der Gewinn- und Verlustrechnung nur ausgewiesen wird, soweit er Dividenden entspricht, die bereits eingegangen sind oder auf deren Zahlung ein Anspruch besteht.

(7) Die Weglassungen nach Artikel 26 Absatz 1 Buchstabe c) der Richtlinie 83/349/EWG werden nur insoweit vorgenommen, als die betreffenden Tatbestände bekannt oder zugänglich sind. Artikel 26 Absätze 2 und 3 der genannten Richtlinie sind anwendbar.

(8) Sofern das Unternehmen, an dem eine Beteiligung im Sinne von Absatz 1 besteht, einen konsolidierten Abschluß aufstellt, sind die vorstehenden Absätze auf das in diesem konsolidierten Abschluß ausgewiesene Eigenkapital anzuwenden.

(9) Auf die Anwendung des vorliegenden Artikels kann verzichtet werden, wenn die Beteiligung im Sinne von Absatz 1 im Hinblick auf die Zielsetzung des Artikels 2 Absatz 3 nur von untergeordneter Bedeutung ist.

Artikel 60

Bis zu einer späteren Koordinierung können die Mitgliedstaaten vorsehen, daß die Werte, in denen die Investmentgesellschaften im Sinne des Artikel 5 Absatz 2 ihre Mittel angelegt haben, auf der Grundlage des Marktpreises bewertet werden.

In diesem Falle können die Mitgliedstaaten auch die Investmentgesellschaften mit veränderlichem Kapital davon freistellen, die in Artikel 36 erwähnten Beträge der Wertberichtigungen gesondert auszuweisen.

Artikel 61

Die Mitgliedstaaten brauchen die Vorschriften des Artikels 43 Absatz 1 Nummer 2 hinsichtlich der Höhe des Eigenkapitals sowie des Ergebnisses der betroffenen Unternehmen nicht anzuwenden auf Unternehmen, die ihrem Recht unterliegen und Mutterunternehmen im Sinne der Richtlinie 83/349/EWG sind, sofern

a) diese Unternehmen in den von dem Mutterunternehmen erstellten konsolidierten Abschluß oder in den konsolidierten Abschluß eines größeren Kreises von Unternehmen nach Artikel 7 Absatz 2 der Richtlinie 83/349/EWG einbezogen worden sind, oder

b) die Beteiligungen am Kapital dem betroffenen Unternehmen entweder im Jahresabschluß des Mutterunternehmens gemäß Artikel 59 oder in dem konsolidierten Abschluß des Mutterunternehmens nach Artikel 33 der Richtlinie 83/349/EWG behandelt werden.

Artikel 62

Diese Richtlinie ist an die Mitgliedstaaten gerichtet.

Siebente Richtlinie des Rates
vom 13. Juni 1983
aufgrund von Artikel 54 Absatz 3 Buchstabe g) des Vertrages
über den konsolidierten Abschluß
(83/349/EWG)

Der Rat der Europäischen Gemeinschaften -
gestützt auf den Vertrag zur Gründung der Europäischen Wirtschaftsgemeinschaft und insbesondere auf Artikel 54 Absatz 3 Buchstabe g),
auf Vorschlag der Kommission,
nach Stellungnahme des Europäischen Parlaments,
nach Stellungnahme des Wirtschafts- und Sozialausschusses,
in Erwägung nachstehender Gründe:

Der Rat hat am 25. Juli 1978 die Richtlinie 78/660/EWG zur Koordinierung der einzelstaatlichen Vorschriften über den Jahresabschluß von Gesellschaften bestimmter Rechtsformen erlassen. Eine bedeutende Anzahl von Gesellschaften gehört Unternehmenszusammenschlüssen an. Damit die Informationen über die finanziellen Verhältnisse dieser Unternehmenszusammenschlüsse zur Kenntnis der Gesellschafter und Dritter gebracht wird, muß ein konsolidierter Abschluß erstellt werden. Eine Koordinierung der nationalen Vorschriften über den konsolidierten Abschluß ist daher geboten, um die Vergleichbarkeit und Gleichwertigkeit der Informationen zu verwirklichen.

Um die Bedingungen der Konsolidierung zu bestimmen, müssen sowohl die Fälle berücksichtigt werden, in denen die Beherrschungsbefugnis auf einer Mehrheit der Stimmrechte beruht, als auch jene, in denen dies aufgrund von Vereinbarungen, sofern sie zulässig sind, geschieht. Den Mitgliedstaaten ist weiterhin zu gestatten, daß sie gegebenenfalls den Fall regeln, daß unter bestimmten Umständen aufgrund einer Minderheitsbeteiligung eine tatsächliche Beherrschung ausgeübt wird. Es ist den Mitgliedstaaten weiterhin die Möglichkeit einzuräumen, den Fall von auf gleichberechtigter Ebene zustande gekommenen Unternehmenszusammenschlüssen zu regeln.

Die Koordinierung im Bereich des konsolidierten Abschlusses ist abgestellt auf den Schutz der Interessen, die gegenüber Kapitalgesellschaften bestehen. Dieser Schutz beinhaltet den Grundsatz der Aufstellung eines konsolidierten Abschlusses, wenn eine solche Gesellschaft zu einem Unternehmenszusammenschluß gehört; dieser konsolidierte Abschluß ist zumindest dann zwingend zu erstellen, wenn eine solche Gesellschaft ein Mutterunternehmen ist. In Fällen, in denen ein Tochterunternehmen selbst Mutterunternehmen ist, ist es im Interesse einer vollständigen Information weiterhin erforderlich, einen konsolidierten Abschluß aufzustellen. Indessen kann – beziehungsweise in bestimmten Fällen muß – ein Mutterunternehmen von der Pflicht, einen konsolidierten Teilabschluß aufzustellen, befreit werden, sofern seine Gesellschafter und Dritte hinreichend geschützt sind.

Bei Unternehmenszusammenschlüssen, die eine bestimmte Größe nicht überschreiten, ist eine Ausnahme von der Verpflichtung zur Erstellung eines konsolidierten Abschlusses gerechtfertigt. Es ist daher erforderlich, Höchstgrenzen für eine solche Freistellung festzulegen. Daraus ergibt sich, daß die Mitgliedstaaten schon das Überschreiten eines der drei Größenmerkmale für die Nichtanwendung der Ausnahme als ausreichend ansehen oder aber niedrigere Größenmerkmale als die in der Richtlinie vorgesehenen festlegen können.

Der konsolidierte Abschluß muß ein den tatsächlichen Verhältnissen entsprechendes Bild der Vermögens-, Finanz- und Ertragslage der insgesamt in die Konsolidierung einbezogenen Unternehmen geben. Zu diesem Zweck muß die Konsolidierung grundsätzlich alle Unternehmen des Zusammenschlusses einbeziehen. Im Rahmen dieser Konsolidierung müssen die betreffenden Gegenstände des Aktiv- und Passivvermögens, die Erträge und Aufwendungen dieser Unternehmen voll in den konsolidierten Abschluß übernommen werden; dabei sind die Anteile der außerhalb dieses Zusammenschlusses stehenden Personen gesondert anzugeben. Es sind jedoch die erforderlichen Berichtigungen vorzunehmen, um die Auswirkungen finanzieller Beziehungen zwischen den konsolidierten Unternehmen wegzulassen.

Eine bestimmte Anzahl von Grundsätzen für die Erstellung der konsolidierten Abschlüsse und die Bewertung im Rahmen dieser Abschlüsse müssen festgelegt werden, um sicherzustellen, daß diese übereinstimmende und vergleichbare Vermögenswerte umfassen, sowohl was die hierauf angewandten Bewertungsmethoden als auch die berücksichtigten Geschäftsjahre angeht.

Die Beteiligung am Kapital von Unternehmen, bei denen von der Konsolidierung betroffene Unternehmen einen maßgeblichen Einfluß ausüben, müssen in die konsolidierten Abschlüsse auf der Grundlage der Equity-Methode einbezogen werden.

Es ist unentbehrlich, daß der Anhang des konsolidierten Abschlusses genaue Angaben über die zu konsolidierenden Unternehmen enthält.

Bestimmte in der Richtlinie 78/660/EWG ursprünglich übergangsweise vorgesehene Ausnahmen können vorbehaltlich einer späteren Überprüfung aufrechterhalten bleiben –

hat folgende Richtlinie erlassen:

1. Abschnitt
Voraussetzungen für die Aufstellung des konsolidierten Abschlusses
Artikel 1

(1) Die Mitgliedstaaten schreiben jedem ihrem Recht unterliegenden Unternehmen vor, einen konsolidierten Abschluß und einen konsolidierten Lagebericht zu erstellen, wenn dieses Unternehmen (Mutterunternehmen)

a) die Mehrheit der Stimmrechte der Aktionäre oder Gesellschafter eines Unternehmens (Tochterunternehmens) hat oder

b) das Recht hat, die Mehrheit der Mitglieder des Verwaltungs-, Leitungs- oder Aufsichtsorgans eines Unternehmens (Tochterunternehmens) zu bestellen oder abzuberufen und gleichzeitig Aktionär oder Gesellschafter dieses Untenehmen ist oder

c) das Recht hat, auf ein Unternehmen (Tochterunternehmen), dessen Aktionär oder Gesellschafter es ist, einen beherrschenden Einfluß aufgrund eines mit diesem Unternehmen geschlossenen Vertrags oder aufgrund einer Satzungsbestimmung dieses Unternehmens auszuüben, sofern das Recht, dem dieses Tochterunternehmen unterliegt, es zuläßt, daß dieses solchen Verträgen oder Satzungsbestimmungen unterworfen wird. Die Mitgliedstaaten brauchen nicht vorzuschreiben, daß das Mutterunternehmen Aktionär oder Gesellschafter des Tochterunternehmens sein muß. Mitgliedstaaten, deren Recht derartige Verträge oder Satzungsbestimmungen nicht vorsieht, sind nicht gehalten, diese Bestimmungen anzuwenden oder

d) Aktionär oder Gesellschafter eines Unternehmens ist und

    aa) allein durch die Ausübung seiner Stimmrechte die Mehrheit der Mitglieder des Verwaltungs-, Leitungs- oder Aufsichtsorgans dieses Unternehmens (Tochterunternehmens), die während des Geschäftsjahres sowie des vorhergehenden Geschäftsjahres bis zur Erstellung des konsolidierten Abschlusses im Amt sind, bestellt worden sind, oder

    bb) aufgrund einer Vereinbarung mit anderen Aktionären oder Gesellschaftern dieses Unternehmens allein über die Mehrheit der Stimmrechte der Aktionäre oder Gesellschafter dieses Unternehmens (Tochterunternehmens) verfügt. Die Mitgliedstaaten können nähere Bestimmungen über Form und Inhalt einer solchen Vereinbarung treffen.

Die Mitgliedstaaten schreiben mindestens die unter Unterbuchstabe bb) angeführte Regelung vor.

Sie können die Anwendung von Unterbuchstabe aa) davon abhängig machen, daß auf die Beteiligung 20 % oder mehr der Stimmrechte der Aktionäre oder Gesellschafter entfallen.

Unterbuchstabe aa) findet jedoch keine Anwendung, wenn ein anderes Unternehmen gegenüber diesem Tochterunternehmen die Rechte im Sinne der Buchstaben a), b) oder c) hat.

(2) Außer den in Absatz 1 bezeichneten Fällen können die Mitgliedstaaten bis zu einer späteren Koordinierung jedem ihrem Recht unterliegenden Unternehmen die Aufstellung eines konsolidierten Abschlusses und eines konsolidierten Lageberichts vorschreiben, wenn dieses Unternehmen (Mutterunternehmen) an einem anderen Unternehmen (Tochterunternehmen) eine Beteiligung im Sinne von Artikel 17 der Richtlinie 78/660/EWG besitzt und

a) das Mutterunternehmen tatsächlich einen beherrschenden Einfluß auf das Tochterunternehmen ausübt oder

b) Mutter- und Tochterunternehmen unter einheitlicher Leitung des Mutterunternehmens stehen.

Artikel 2

(1) Bei der Anwendung von Artikel 1 Absatz 1 Buchstaben a), b) und d) sind den Stimm-, Bestellungs- oder Abberufungsrechten des Mutterunternehmens die Rechte eines anderen Tochterunternehmens oder einer Person, die in eigenem Namen, aber für Rechnung des Mutterunternehmens oder eines anderen Tochterunternehmens handelt, hinzuzurechnen.

(2) Bei der Anwendung von Artikel 1 Absatz 1 Buchstaben a), b) und d) sind von den in Absatz 1 des vorliegenden Artikels bezeichneten Rechten die Rechte abzuziehen,

a) die mit Aktien oder Anteilen verbunden sind, die für Rechnung einer anderen Person als das Mutterunternehmen oder ein Tochterunternehmen gehalten werden, oder

b) die mit Aktien oder Anteilen verbunden sind, die als Sicherheit gehalten werden, sofern diese Rechte nach erhaltenen Weisungen ausgeübt werden, oder der Besitz dieser Anteile oder Aktien für das haltende Unternehmen ein laufendes Geschäft im Zusammenhang mit der Gewährung von Darlehen darstellt, sofern die Stimmrechte im Interesse des Sicherungsgebers ausgeübt werden.

(3) Für die Anwendung von Artikel 1 Absatz 1 Buchstaben a) und d) sind von der Gesamtheit der Stimmrechte der Aktionäre oder Gesellschafter eines Tochterunternehmens die Stimmrechte abzuziehen, die mit Aktien oder Anteilen verbunden sind, die von diesem Unternehmen selbst, von einem seiner Tochterunternehmen oder von einer im eigenen Namen, aber für Rechnung dieser Unternehmen handelnden Person gehalten werden.

Artikel 3

(1) Das Mutterunternehmen sowie alle seine Tochterunternehmen sind ohne Rücksicht auf deren Sitz zu konsolidieren; Artikel 13, 14 und 15 bleiben unberührt.

(2) Für die Anwendung von Absatz 1 gilt jedes Tochterunternehmen eines Tochterunternehmens als das des Mutterunternehmens, das an der Spitze der zu konsolidierenden Unternehmen steht.

Artikel 4

(1) Das Mutterunternehmen sowie alle seine Tochterunternehmen sind zu konsolidierende Unternehmen im Sinne dieser Richtlinie, wenn entweder das Mutterunter-

nehmen oder eines oder mehrere seiner Tochterunternehmen eine der folgenden Rechtsformen haben:

a) in Deutschland:
Aktiengesellschaft, Kommanditgesellschaft auf Aktien, Gesellschaft mit beschränkter Haftung;

b) in Belgien:
Société anonyme/Naamloze vennootschap, Société en commandite par actions/ Commanditaire vennootschap op aandelen, Société der personnes à responsabilité limitée/Personenvennootschap met beperkte aansprakelijkheid;

c) in Dänemark:
aktieselskaber, kommanditaktieselskaber, anpartsselskaber;

d) in Frankreich:
Société anonyme, Société en commandite par actions, Société à responsabilité limitée;

e) in Griechenland:
η ανωνυμη εταιρια, η εταιρια περιοριομενξ εωθνηξ, η ετεροορρνθμη κατά μετοχξ εταιρια;

f) in Irland:
Public companies limited by shares or by guarantee, Private companies limited by shares or by guarantee;

g) in Italien:
Società per azioni, Società in accomandita per azioni, Società a responsabilità limitata;

h) in Luxemburg:
Société anonyme, Société en commandite par actions, Société a responsabilité limitée;

i) in den Niederlanden:
Naamloze vennootschap, Besloten vennootschap met beperkte aansprakelijkheid;

j) im Vereinigten Königreich:
Public companies limited by shares or by guarantee, Private companies limited by shares or by guarantee.

k) in Spanien:
la sociedad anónima, la sociedad comanditaria por acciones, la sociedad de responsabilidad limitada;

l) in Portugal:
a sociedade anónima de responsabilidade limitada, a sociedade em comandita por ações, a sociedade por quotas de responsabilidade limitada;

m) in Österreich:
die Aktiengesellschaft, die Gesellschaft mit beschränkter Haftung;

n) in Finnland:
osakeyhtiö/aktiebolag;

o) in Schweden:
aktiebolag.

Unterabsatz 1 findet auch Anwendung, wenn entweder das Mutterunternehmen oder eines oder mehrere seiner Tochterunternehmen eine der in Artikel 1 Absatz 1 Unterabsätze 2 oder 3 der Richtlinie 78/660/EWG bezeichneten Rechtsformen haben.

(2) Die Mitgliedstaaten können jedoch eine Befreiung von der in Artikel 1 Absatz 1 genannten Verpflichtung vorsehen, wenn das Mutterunternehmen nicht eine der in Absatz 1 des vorliegenden Artikels oder in Artikel 1 Absatz 1 Unterabsätze 2 oder 3 der Richtlinie 78/660/EWG bezeichneten Rechtsformen hat.

Artikel 5

(1) Die Mitgliedstaaten können eine Befreiung von der in Artikel 1 Absatz 1 bezeichneten Verpflichtung vorsehen, wenn das Mutterunternehmen eine Beteiligungsgesellschaft im Sinne des Artikels 5 Absatz 3 der Richtlinie 78/660/EWG ist und
a) während des Geschäftsjahres weder mittelbar noch unmittelbar in die Verwaltung des Tochterunternehmens eingegriffen hat, und
b) das mit der Beteiligung verbundene Stimmrecht bei der Bestellung eines Mitglieds des Verwaltungs-, Leitungs- oder Aufsichtsorgans eines Tochterunternehmens während des Geschäftsjahres sowie der fünf vorhergehenden Geschäftsjahre nicht ausgeübt hat oder, falls die Ausübung des Stimmrechts für die Tätigkeit des Verwaltungs-, Leitungs- oder Aufsichtsorgans des Tochterunternehmens notwendig war, sofern kein mit der Mehrheit der Stimmrechte beteiligter Aktionär oder Gesellschafter des Mutterunternehmens und kein Mitglied des Verwaltungs-, Leitungs- oder Aufsichtsorgans dieses Unternehmens oder seines mit der Mehrheit der Stimmrechte beteiligten Aktionärs oder Gesellschafters den Verwaltungs-, Leitungs- oder Aufsichtsorganen des Tochterunternehmens angehört und die so bestellten Mitglieder dieser Organe ihr Amt ohne Einmischung oder Einflußnahme des Mutterunternehmens oder eines seiner Tochterunternehmen ausgeübt haben und
c) Darlehen nur solchen Unternehmen gewährt hat, an denen es eine Beteiligung besitzt. Sind Darlehen an andere Empfänger gegeben worden, so müssen diese bis zum Stichtag des Jahresabschlusses für das vorhergehende Geschäftsjahr zurückgezahlt worden sein, und
d) die Befreiung von einer Behörde nach Prüfung der vorstehend aufgeführten Voraussetzungen erteilt worden ist.

(2) a) Wird eine Beteiligungsgesellschaft befreit, so findet Artikel 43 Absatz 2 der Richtlinie 78/660/EWG von dem in Artikel 49 Absatz 2 bezeichneten Zeitpunkt an keine Anwendung auf den Jahresabschluß dieser Gesellschaft im Hinblick auf Mehrheitsbeteiligungen an ihren Tochterunternehmen.
b) Die für Mehrheitsbeteiligungen nach Artikel 43 Absatz 1 Ziffer 2 der Richtlinie 78/660/EWG vorgeschriebenen Angaben brauchen nicht gemacht zu werden, soweit sie geeignet sind, der Gesellschaft, ihren Aktionären oder Gesellschaftern oder einem ihrer Tochterunternehmen einen erheblichen Nachteil zuzufügen. Die Mitgliedstaaten können dazu die vorherige Zustimmung einer Verwaltungsbehörde oder eines Gerichts verlangen. Das Unterlassen dieser Angaben ist im Anhang zu erwähnen.

Artikel 6

(1) Die Mitgliedstaaten können ferner von der in Artikel 1 Absatz 1 bezeichneten Verpflichtung unbeschadet von Artikel 4 Absatz 2 und Artikel 5 befreien, wenn zum Bilanzstichtag des Mutterunternehmens die zu konsolidierenden Unternehmen insgesamt aufgrund ihrer letzten Jahresabschlüsse zwei der drei in Artikel 27 der Richtlinie 78/660/EWG bezeichneten Größenmerkmale nicht überschreiten.

(2) Die Mitgliedstaaten können gestatten oder vorschreiben, daß bei der Berechnung der vorgenannten Größenmerkmale weder die Verrechnung nach Artikel 19

Absatz 1 noch die Weglassung nach Artikel 26 Absatz 1 Buchstaben a) und b) vorgenommen wird. In diesem Fall werden die Größenmerkmale in bezug auf die Bilanzsumme und die Nettoumsatzerlöse um 20 % erhöht.

(3) Auf die genannten Größenmerkmale ist Artikel 12 der Richtlinie 78/660/EWG anwendbar.

(4) Der vorliegende Artikel darf nicht angewendet werden, wenn eines der zu konsolidierenden Unternehmen eine Gesellschaft ist, deren Wertpapiere zur amtlichen Notierung an einer Wertpapierbörse in einem Mitgliedstaat zugelassen sind.

(5) Bis zum Ablauf einer Frist von zehn Jahren, gerechnet von dem in Artikel 49 Absatz 2 genannten Zeitpunkt an, können die Mitgliedstaaten die in ECU ausgedrückten Größenmerkmale bis auf das Zweieinhalbfache und die durchschnittliche Anzahl der während des Geschäftsjahres Beschäftigten bis auf 500 erhöhen.

Artikel 7

(1) Die Mitgliedstaaten befreien, unbeschadet von Artikel 4 Absatz 2 und der Artikel 5 und 6, jedes ihrem Recht unterliegende Mutterunternehmen, das gleichzeitig Tochterunternehmen ist, von der in Artikel 1 Absatz 1 genannten Verpflichtung, sofern dessen Mutterunternehmen dem Recht eines Mitgliedstaats unterliegt, in den folgenden zwei Fällen:
a) das Mutterunternehmen besitzt sämtliche Aktien oder Anteile des befreiten Unternehmens. Die Aktien oder Anteile dieses Unternehmens, die aufgrund einer gesetzlichen oder satzungsmäßigen Verpflichtung von Mitgliedern des Verwaltungs-, Leitungs- oder Aufsichtsorgans gehalten werden, werden nicht berücksichtigt,
b) das Mutterunternehmen besitzt 90 % oder mehr der Aktien oder Anteile des befreiten Unternehmens und die anderen Aktionäre dieses Unternehmens haben der Befreiung zugestimmt.

Sofern nach dem Recht eines Mitgliedstaats zum Zeitpunkt der Annahme dieser Richtlinie konsolidierte Abschlüsse in diesem Falle vorgeschrieben sind, braucht dieser Mitgliedstaat diese Vorschrift bis zum Ablauf einer Frist von zehn Jahren ab dem in Artikel 49 Absatz 2 genannten Zeitpunkt nicht anzuwenden.

(2) Die Befreiung hängt von folgenden Voraussetzungen ab:
a) Das befreite Unternehmen sowie alle seine Tochterunternehmen sind unbeschadet der Artikel 13, 14 und 15 in den konsolidierten Abschluß eines größeren Kreises von Unternehmen einbezogen worden, dessen Mutterunternehmen dem Recht eines Mitgliedstaats unterliegt;
b) aa) der unter Buchstabe a) bezeichnete konsolidierte Abschluß und der konsolidierte Lagebericht des größeren Kreises von Unternehmen sind von dem Mutterunternehmen dieses Kreises von Unternehmen im Einklang mit dieser Richtlinie nach dem Recht des Mitgliedstaats erstellt und geprüft worden, dem das Mutterunternehmen unterliegt;
   bb) der unter Buchstabe a) bezeichnete konsolidierte Abschluß, der konsolidierte Lagebericht nach Unterbuchstabe aa) sowie der Bericht, der mit der Prüfung dieses Abschlusses beauftragten Person und gegebenenfalls die in Artikel 9 bezeichneten Unterlagen sind von dem befreiten Unternehmen nach dem Recht des Mitgliedstaats, dem dieses Unternehmen unterliegt, nach Artikel 38 offengelegt worden. Der betreffende Mitgliedstaat kann vorschreiben, daß die genannten Unterlagen in seiner Amtssprache offengelegt werden und die Übersetzung dieser Unterlagen beglaubigt wird.

c) Der Anhang des Jahresabschlusses des befreiten Unternehmens enthält:
    aa) Name und Sitz des Mutterunternehmens, das den unter Buchstabe a) bezeichneten konsolidierten Abschluß aufstellt, und
    bb) einen Hinweis auf die Befreiung von der Verpflichtung, einen konsolidierten Abschluß und einen konsolidierten Lagebericht aufzustellen.

(3) Die Mitgliedstaaten brauchen den vorliegenden Artikel nicht auf Gesellschaften anzuwenden, deren Wertpapiere zur amtlichen Notierung an einer Wertpapierbörse in einem Mitgliedstaat zugelassen sind.

Artikel 8

(1) Die Mitgliedstaaten können in den von Artikel 7 Absatz 1 nicht erfaßten Fällen unbeschadet von Artikel 4 Absatz 2 und der Artikel 5 und 6 jedes ihrem Recht unterliegenden Mutterunternehmen, das gleichzeitig Tochterunternehmen ist, dessen eigenes Mutterunternehmen dem Recht eines Mitgliedstaats unterliegt, von der in Artikel 1 Absatz 1 genannten Verpflichtung befreien, wenn alle in Artikel 7 Absatz 2 bezeichneten Voraussetzungen erfüllt sind und Aktionäre oder Gesellschafter des befreiten Unternehmens, die einen Mindestprozentsatz des gezeichneten Kapitals dieses Unternehmens besitzen, nicht spätestens sechs Monate vor dem Ablauf des Geschäftsjahres die Aufstellung eines konsolidierten Abschlusses verlangt haben. Die Mitgliedstaaten dürfen diesen Prozentsatz für Aktiengesellschaften und Kommanditgesellschaften auf Aktien auf nicht höher als 10 % und für Unternehmen in anderer Rechtsform auf nicht höher als 20 % festlegen.

(2) Ein Mitgliedstaat kann die Befreiung nicht davon abhängig machen, daß das Mutterunternehmen, das den in Artikel 7 Absatz 2 Buchstabe a) bezeichneten konsolidierten Abschluß aufstellt, ebenfalls seinem Recht unterliegt.

(3) Ein Mitgliedstaat kann die Befreiung nicht von Bedingungen bezüglich der Aufstellung und Prüfung des in Artikel 7 Absatz 2 Buchstabe a) bezeichneten konsolidierten Abschlusses abhängig machen.

Artikel 9

(1) Die Mitgliedstaaten können die in den Artikeln 7 und 8 vorgesehene Befreiung davon abhängig machen, daß zusätzliche Angaben in Übereinstimmung mit dieser Richtlinie in dem in Artikel 7 Absatz 2 Buchstabe a) genannten konsolidierten Abschluß oder in einer als Anhang beigefügten Unterlage erfolgen, sofern diese Angaben auch von den dem Recht dieses Mitgliedstaats unterliegenden Unternehmen, die zur Aufstellung eines konsolidierten Abschlusses verpflichtet sind und sich in derselben Lage befinden, verlangt werden.

(2) Darüber hinaus können die Mitgliedstaaten die Befreiung davon abhängig machen, daß im Anhang zu dem in Artikel 7 Absatz 2 Buchstabe a) bezeichneten konsolidierten Abschluß oder im Jahresabschluß des befreiten Unternehmens für den Kreis von Unternehmen, deren Mutterunternehmen sie von der Aufstellung eines konsolidierten Abschlusses befreien, alle oder einige der folgenden Angaben gemacht werden:
– Höhe des Anlagevermögens,
– Nettoumsatzerlöse,
– Jahresergebnis und Eigenkapital,
– Zahl der im Geschäftsjahr durchschnittlich beschäftigten Arbeitnehmer.

Artikel 10

Die Artikel 7 bis 9 berühren nicht die Rechtsvorschriften der Mitgliedstaaten über die Aufstellung eines konsolidierten Abschlusses oder eines konsolidierten Lageberichts
- sofern diese Unterlagen zur Unterrichtung der Arbeitnehmer oder ihrer Vertreter verlangt werden

  oder
- auf Verlangen einer Verwaltungsbehörde oder eines Gerichts für deren Zwecke.

Artikel 11

(1) Die Mitgliedstaaten können unbeschadet von Artikel 4 Absatz 2 und der Artikel 5 und 6 jedes ihrem Recht unterliegende Mutterunternehmen, das gleichzeitig Tochterunternehmen eines nicht dem Recht eines Mitgliedstaats unterliegenden Mutterunternehmens ist, von der in Artikel 1 Absatz 1 genannten Verpflichtung befreien, wenn alle folgenden Voraussetzungen erfüllt sind:
a) das befreite Unternehmen sowie alle seine Tochterunternehmen werden unbeschadet der Artikel 13, 14 und 15 in den konsolidierten Abschluß eines größeren Kreises von Unternehmen einbezogen;
b) der unter Buchstabe a) bezeichnete konsolidierte Abschluß und gegebenenfalls der konsolidierte Lagebericht sind entweder nach dieser Richtlinie oder derart erstellt worden, daß sie einem nach dieser Richtlinie erstellten konsolidierten Abschluß und konsolidierten Lagebericht gleichwertig sind;
c) der unter Buchstabe a) bezeichnete konsolidierte Abschluß ist von einer oder mehreren Personen geprüft worden, die aufgrund des Rechts, dem das Unternehmen unterliegt, das diesen Abschluß aufgestellt hat, zur Prüfung von Jahresabschlüssen zugelassen sind.

(2) Artikel 7 Absatz 2 Buchstabe b) Unterbuchstabe bb), Buchstabe c) sowie die Artikel 8 bis 10 finden Anwendung.

(3) Ein Mitgliedstaat darf Befreiungen nach dem vorliegenden Artikel nur insoweit vorsehen, als er die gleichen Befreiungen auch nach den Artikeln 7 bis 10 vorsieht.

Artikel 12

(1) Unbeschadet der Artikel 1 bis 10 können die Mitgliedstaaten jedem ihrem Recht unterliegenden Unternehmen vorschreiben, einen konsolidierten Abschluß und einen konsolidierten Lagebericht aufzustellen, wenn
a) dieses Unternehmen sowie ein oder mehrere andere Unternehmen, die untereinander nicht in der in Artikel 1 Absatz 1 oder 2 bezeichneten Beziehung stehen, aufgrund eines mit diesem Unternehmen geschlossenen Vertrages oder einer Satzungsbestimmung dieser Unternehmen einer einheitlichen Leitung unterstehen oder
b) das Verwaltungs-, Leitungs- oder Aufsichtsorgan dieses Unternehmens sowie dasjenige eines oder mehrerer Unternehmen, die miteinander nicht in der in Artikel 1 Absatz 1 oder 2 bezeichneten Beziehung stehen, sich mehrheitlich aus denselben Personen zusammensetzen, die während des Geschäftsjahres und bis zur Aufstellung des konsolidierten Abschlusses im Amt sind.

(2) Bei Anwendung des Absatzes 1 sind die Unternehmen, die untereinander in der in Absatz 1 bezeichneten Beziehung stehen, sowie jedes ihrer Tochterunternehmen zu konsolidierende Unternehmen im Sinne dieser Richtlinie, sofern eines oder mehrere dieser Unternehmen eine der in Artikel 4 genannten Rechtsformen haben.

(3) Artikel 3, Artikel 4 Absatz 2, die Artikel 5 und 6, die Artikel 13 bis 28, Artikel 29 Absätze 1, 3, 4 und 5, die Artikel 30 bis 38 sowie Artikel 39 Absatz 2 finden Anwendung auf den konsolidierten Abschluß und konsolidierten Lagebericht nach dem vorliegenden Artikel; die Hinweise auf das Mutterunternehmen sind als Bezugnahme auf die in Absatz 1 bezeichneten Unternehmen anzusehen. Jedoch sind unbeschadet von Artikel 19 Absatz 2 die in den konsolidierten Abschluß einzubeziehenden Posten „Kapital", „Agio", „Neubewertungsrücklage", „Rücklagen", „Ergebnisvortrag" und „Jahresergebnis" die addierten Beträge der jeweiligen Posten sämtlicher in Absatz 1 bezeichneter Unternehmen.

Artikel 13

(1) Ein Unternehmen braucht nicht in die Konsolidierung einbezogen zu werden, wenn es im Hinblick auf die Zielsetzung des Artikels 16 Absatz 3 nur von untergeordneter Bedeutung ist.

(2) Entsprechen mehrere Unternehmen den Voraussetzungen des Absatzes 1, so sind diese Unternehmen dennoch in die Konsolidierung einzubeziehen, sofern sie insgesamt im Hinblick auf die Zielsetzung von Artikel 16 Absatz 3 nicht von untergeordneter Bedeutung sind.

(3) Außerdem braucht ein Unternehmen auch dann nicht in die Konsolidierung einbezogen zu werden, wenn
a) erhebliche und andauernde Beschränkungen
    aa) die Ausübung der Rechte des Mutterunternehmens in bezug auf Vermögen oder Geschäftsführung dieses Unternehmens
    oder
    bb) die Ausübung der einheitlichen Leitung dieses Unternehmens, das in der in Artikel 12 Absatz 1 bezeichneten Beziehung steht,
    nachhaltig beeinträchtigen,
b) die für die Aufstellung eines konsolidierten Abschlusses nach dieser Richtlinie erforderlichen Angaben nicht ohne unverhältnismäßig hohe Kosten oder Verzögerungen zu erhalten sind,
c) die Anteile oder Aktien dieses Unternehmens ausschließlich zum Zwecke ihrer Weiterveräußerung gehalten werden.

Artikel 14

(1) Wenn ein oder mehrere zu konsolidierende Unternehmen derart unterschiedliche Tätigkeiten ausüben, daß sich ihre Einbeziehung in die Konsolidierung als mit der in Artikel 16 Absatz 3 vorgesehenen Verpflichtung unvereinbar erweist, sind diese Unternehmen unbeschadet von Artikel 33 nicht in den konsolidierten Abschluß einzubeziehen.

(2) Absatz 1 ist nicht allein deshalb anwendbar, weil die in die Konsolidierung einzubeziehenden Unternehmen teils herstellende, teils Handel treibende und teils Dienstleistungen erbringende Unternehmen sind oder weil diese Unternehmen jeweils verschiedene Erzeugnisse herstellen, mit verschiedenen Erzeugnissen Handel treiben oder Dienstleistungen unterschiedlicher Art erbringen.

(3) Die Anwendung des Absatzes 1 ist im Anhang zu erwähnen und hinreichend zu begründen. Werden die Jahresabschlüsse oder die konsolidierten Abschlüsse der so ausgeklammerten Unternehmen nicht in demselben Mitgliedstaat nach der Richtlinie 68/151/EWG offengelegt, so sind sie den konsolidierten Abschlüssen beizufügen oder

der Öffentlichkeit zur Verfügung zu halten. Im letzteren Falle muß eine Abschrift dieser Unterlagen auf bloßen Antrag erhältlich sein; das dafür berechnete Entgelt darf die Verwaltungskosten nicht übersteigen.

Artikel 15

(1) Sofern ein Mutterunternehmen, das keine gewerbliche Tätigkeit ausübt und keinen Handel treibt, aufgrund einer Vereinbarung mit einem oder mehreren nicht in die Konsolidierung einbezogenen Unternehmen Aktien oder Anteile eines Tochterunternehmens hält, können die Mitgliedstaaten gestatten, daß dieses Mutterunternehmen in Anwendung des Artikels 16 Absatz 3 nicht in die Konsolidierung einbezogen wird.

(2) Der Jahresabschluß des Mutterunternehmens ist dem konsolidierten Abschluß beizufügen.

(3) Wird von dieser Ausnahme Gebrauch gemacht, ist entweder Artikel 59 der Richtlinie 78/660/EWG auf den Jahresabschluß des Mutterunternehmens anzuwenden oder sind die Angaben, die sich aus einer Anwendung der genannten Vorschrift ergeben würden, im Anhang zu machen.

2. Abschnitt
Art und Weise der Aufstellung des konsolidierten Abschlusses
Artikel 16

(1) Der konsolidierte Abschluß besteht aus der konsolidierten Bilanz, der konsolidierten Gewinn- und Verlustrechnung sowie dem Anhang. Diese Unterlagen bilden eine Einheit.

(2) Der konsolidierte Abschluß ist klar und übersichtlich aufzustellen und hat dieser Richtlinie zu entsprechen.

(3) Der konsolidierte Abschluß hat ein den tatsächlichen Verhältnissen entsprechendes Bild der Vermögens-, Finanz- und Ertragslage der Gesamtheit der in die Konsolidierung einbezogenen Unternehmen zu vermitteln.

(4) Reicht die Anwendung dieser Richtlinie nicht aus, um ein den tatsächlichen Verhältnissen entsprechendes Bild im Sinne des Absatzes 3 zu vermitteln, so sind zusätzliche Angaben zu machen.

(5) Ist in Ausnahmefällen die Anwendung einer Vorschrift der Artikel 17 bis 35 und des Artikels 39 mit der in Absatz 3 vorgesehenen Verpflichtung unvereinbar, so muß von der betreffenden Vorschrift abgewichen werden, damit ein den tatsächlichen Verhältnissen entsprechendes Bild im Sinne des Absatzes 3 vermittelt wird. Eine solche Abweichung ist im Anhang zu erwähnen und hinreichend zu begründen; ihr Einfluß auf die Vermögens-, Finanz- und Ertragslage ist darzulegen. Die Mitgliedstaaten können die Ausnahmefälle bezeichnen und die entsprechende Ausnahmeregelung festlegen.

(6) Die Mitgliedstaaten können gestatten oder vorschreiben, daß in dem konsolidierten Abschluß neben den Angaben, die aufgrund der vorliegenden Richtlinie erforderlich sind, weitere Angaben gemacht werden.

Artikel 17

(1) Für die Gliederung des konsolidierten Abschlusses gelten die Artikel 3 bis 10, 13 bis 26 und 28 bis 30 der Richtlinie 78/660/EWG unbeschadet der Bestimmungen der vorliegenden Richtlinie und unter Berücksichtigung der Anpassungen, die sich aus

den besonderen Merkmalen eines konsolidierten Abschlusses im Vergleich zum Jahresabschluß zwangsläufig ergeben.

(2) Die Mitgliedstaaten können bei Vorliegen besonderer Umstände, die einen unverhältnismäßigen Aufwand erfordern, gestatten, daß die Vorräte in dem konsolidierten Abschluß zusammengefaßt werden.

Artikel 18

Die Gegenstände des Aktiv- und Passivvermögens der in die Konsolidierung einbezogenen Unternehmen werden vollständig in die konsolidierte Bilanz übernommen.

Artikel 19

(1) Die Buchwerte der Anteile oder Aktien am Kapital der in die Konsolidierung einbezogenen Unternehmen werden mit dem auf sie entfallenden Teil des Eigenkapitals der in die Konsolidierung einbezogenen Unternehmen verrechnet.

a) Die Verrechnung erfolgt auf der Grundlage der Buchwerte zu dem Zeitpunkt, zu dem diese Unternehmen erstmalig in die Konsolidierung einbezogen werden. Die sich bei der Verrechnung ergebenden Unterschiedsbeträge werden, soweit möglich, unmittelbar unter Posten der konsolidierten Bilanz verbucht, deren Wert höher oder niedriger ist als ihr Buchwert.

b) Die Mitgliedstaaten können gestatten oder vorschreiben, daß die Verrechnung auf der Grundlage der Werte der feststellbaren Aktiva und Passiva des zu konsolidierenden Unternehmens zum Zeitpunkt des Erwerbs der Anteile oder Aktien erfolgt oder, beim Erwerb zu verschiedenen Zeitpunkten, zu dem Zeitpunkt, zu dem das Unternehmen Tochterunternehmen geworden ist.

c) Ein nach Buchstabe a) verbleibender oder nach Buchstabe b) entstehender Unterschiedsbetrag ist in der konsolidierten Bilanz unter einem gesonderten Posten mit entsprechender Bezeichnung auszuweisen. Der Posten, die angewendeten Methoden und wesentliche Änderungen gegenüber dem Vorjahr sind im Anhang zur Bilanz zu erläutern. Läßt ein Mitgliedstaat eine Verrechnung von positiven mit negativen Unterschiedsbeträgen zu, so sind diese ebenfalls im Anhang aufzugliedern.

(2) Absatz 1 gilt jedoch nicht für Anteile oder Aktien am Kapital des Mutterunternehmens, die sich im Besitz des Mutterunternehmens selbst oder eines anderen in die Konsolidierung einbezogenen Unternehmens befinden. Diese Anteile oder Aktien werden im konsolidierten Abschluß als eigene Aktien oder Anteile nach der Richtlinie 78/660/EWG betrachtet.

Artikel 20

(1) Die Mitgliedstaaten können gestatten oder vorschreiben, daß der Buchwert der Anteile oder Aktien am Kapital eines in die Konsolidierung einbezogenen Unternehmens nur mit dem auf ihn entfallenden Anteil des Kapitals verrechnet wird, sofern

a) die Anteile oder Aktien mindestens 90 v. H. des Nennbetrags oder, falls kein Nennbetrag vorhanden ist, des rechnerischen Wertes der Anteile oder Aktien dieses Unternehmens ausmachen, die keine Anteile im Sinne des Artikels 29 Absatz 2 Buchstabe a) der Richtlinie 77/91/EWG sind,

b) der Hundertsatz, auf den in Buchstabe a) Bezug genommen wird, im Wege einer Vereinbarung erreicht wird, die die Ausgabe von Anteilen oder Aktien durch ein in die Konsolidierung einbezogenes Unternehmen vorsieht,

c) die in Buchstabe b) bezeichnete Vereinbarung keine Barzahlung vorsieht, die über 10 v. H. des Nennbetrags oder, falls kein Nennbetrag vorhanden ist, des rechnerischen Wertes der ausgegebenen Anteile oder Aktien hinausgeht.

(2) Der Unterschiedsbetrag nach Absatz 1 wird je nach Lage des Falles den konsolidierten Rücklagen zugerechnet oder von ihnen abgezogen.

(3) Die Anwendung der Methode nach Absatz 1, die sich daraus ergebenden Veränderungen der Rücklagen sowie der Name und Sitz der betreffenden Unternehmen sind im Anhang anzugeben.

Artikel 21

Die Beträge, die den Anteilen oder Aktien entsprechen, welche sich bei konsolidierten Tochterunternehmen im Besitz von anderen Personen als den in die Konsolidierung einbezogenen Unternehmen befinden, werden in der konsolidierten Bilanz unter einem gesonderten Posten mit entsprechender Bezeichnung ausgewiesen.

Artikel 22

Die Aufwendungen und Erträge der in die Konsolidierung einbezogenen Unternehmen werden vollständig in die konsolidierte Gewinn- und Verlustrechnung übernommen.

Artikel 23

Die Beträge aus dem Ergebnis von konsolidierten Tochterunternehmen, die den Aktien oder Anteilen entsprechen, welche sich im Besitz anderer Personen als den in die Konsolidierung einbezogenen Unternehmen befinden, werden in der konsolidierten Gewinn- und Verlustrechnung unter einem gesonderten Posten mit entsprechender Bezeichnung ausgewiesen.

Artikel 24

Der konsolidierte Abschluß ist nach den Grundsätzen der Artikel 25 bis 28 aufzustellen.

Artikel 25

(1) In der Anwendung der Konsolidierungsmethoden soll Stetigkeit bestehen.

(2) Abweichungen von Absatz 1 sind in Ausnahmefällen zulässig. Wird von diesen Abweichungen Gebrauch gemacht, so sind sie im Anhang anzugeben und hinreichend zu begründen; ihr Einfluß auf die Vermögens-, Finanz- und Ertragslage aller in die Konsolidierung einbezogenen Unternehmen ist anzugeben.

Artikel 26

(1) Im konsolidierten Abschluß sind Vermögens-, Finanz- und Ertragslage der in die Konsolidierung einbezogenen Unternehmen so auszuweisen, als ob sie ein einziges Unternehmen wären. Insbesondere werden in dem konsolidierten Abschluß
a) Forderungen und Verbindlichkeiten zwischen in die Konsolidierung einbezogenen Unternehmen weglassen;
b) Aufwendungen und Erträge aus Geschäften zwischen in die Konsolidierung einbezogenen Unternehmen weglassen;
c) Gewinne und Verluste aus Geschäften zwischen in die Konsolidierung einbezogenen Unternehmen, die in den Buchwert der Aktiva eingehen, weglassen. Bis zu

einer späteren Koordinierung können die Mitgliedstaaten jedoch zulassen, daß diese Weglassungen nach dem auf das Mutterunternehmen entfallenden Anteil am Kapital der einzelnen in die Konsolidierung einbezogenen Tochterunternehmen erfolgen.

(2) Die Mitgliedstaaten können Abweichungen von Absatz 1 Buchstabe c) zulassen, wenn das Geschäft zu normalen Marktbedingungen geschlossen wird und die Weglassung des Gewinns oder Verlustes einen unverhältnismäßig hohen Aufwand erfordern würde. Abweichungen von dem Grundsatz sind im Anhang anzugeben und, wenn ihr Einfluß auf die Vermögens-, Finanz- und Ertragslage aller in die Konsolidierung einbezogenen Unternehmen bedeutend ist, zu erläutern.

(3) Abweichungen von Absatz 1 Buchstaben a), b) und c) sind zulässig, wenn die betreffenden Beträge in bezug auf das Ziel des Artikels 16 Absatz 3 nur von untergeordneter Bedeutung sind.

Artikel 27

(1) Der konsolidierte Abschluß wird zum selben Stichtag wie der Jahresabschluß des Mutterunternehmens aufgestellt.

(2) Jedoch können die Mitgliedstaaten mit Rücksicht auf den Bilanzstichtag der Mehrzahl oder der bedeutendsten der konsolidierten Unternehmen gestatten oder vorschreiben, daß der konsolidierte Abschluß zu einem anderen Zeitpunkt aufgestellt wird. Wird von dieser Abweichung Gebrauch gemacht, so ist dies im Anhang zum konsolidierten Abschluß anzugeben und hinreichend zu begründen. Außerdem sind Vorgänge von besonderer Bedeutung für die Vermögens-, Finanz- und Ertragslage eines konsolidierten Unternehmens, die zwischen dem Bilanzstichtag dieses Unternehmens und dem Stichtag des konsolidierten Abschlusses eingetreten sind, zu berücksichtigen oder anzugeben.

(3) Liegt der Bilanzstichtag eines Unternehmens um mehr als drei Monate vor dem Stichtag des konsolidierten Abschlusses, so wird dieses Unternehmen aufgrund eines auf den Stichtag des konsolidierten Abschlusses aufgestellten Zwischenabschlusses konsolidiert.

Artikel 28

Hat sich die Zusammensetzung aller in die Konsolidierung einbezogenen Unternehmen im Laufe des Geschäftsjahres erheblich geändert, so sind in den konsolidierten Abschluß Angaben aufzunehmen, die es ermöglichen, die aufeinanderfolgenden konsolidierten Abschlüsse sinnvoll zu vergleichen. Bei einer bedeutenden Änderung können die Mitgliedstaaten im übrigen vorschreiben oder zulassen, dieser Verpflichtung dadurch nachzukommen, daß eine geänderte Eröffnungsbilanz und eine geänderte Gewinn- und Verlustrechnung aufgestellt werden.

Artikel 29

(1) Die in die Konsolidierung einbezogenen Gegenstände des Aktiv- und Passivvermögens werden nach einheitlichen Methoden und in Übereinstimmung mit den Artikeln 31 bis 42 und 60 der Richtlinie 78/660/EWG bewertet.

(2) a) Das Unternehmen, das den konsolidierten Abschluß aufstellt, hat dieselben Bewertungsmethoden anzuwenden wie diejenigen, welche es auf seinen eigenen Jahresabschluß anwendet. Jedoch können die Mitgliedstaaten die Anwendung anderer

Bewertungsmethoden gestatten oder vorschreiben, soweit diese mit den vorstehend bezeichneten Artikeln der Richtlinie 78/660/EWG übereinstimmen.

b) Wird von diesen Abweichungen Gebrauch gemacht, so sind sie im Anhang des konsolidierten Abschlusses anzugeben und hinreichend zu begründen.

(3) Sofern in die Konsolidierung einbezogene Gegenstände des Aktiv- und Passivvermögens in den Jahresabschlüssen von in die Konsolidierung einbezogenen Unternehmen nach Methoden bewertet worden sind, die sich von den auf die Konsolidierung angewendeten Methoden unterscheiden, sind diese Vermögensgegenstände nach den letzteren Methoden neuzubewerten, es sei denn, daß das Ergebnis dieser Neubewertung in bezug auf die Zielsetzung des Artikels 16 Absatz 3 nur von untergeordneter Bedeutung ist. Abweichungen von diesem Grundsatz sind in Ausnahmefällen zulässig. Sie sind im Anhang zum konsolidierten Abschluß anzugeben und hinreichend zu begründen.

(4) In der konsolidierten Bilanz und in der konsolidierten Gewinn- und Verlustrechnung ist der Konsolidierungsunterschied zwischen dem Steueraufwand, der dem Geschäftsjahr und den früheren Geschäftsjahren zugerechnet wird und den für diese Geschäftsjahre bereits gezahlten oder zu zahlenden Steuern zu berücksichtigen, soweit sich daraus wahrscheinlich für eines der konsolidierten Unternehmen in absehbarer Zukunft ein tatsächlicher Aufwand ergibt.

(5) Sofern bei einem in die Konsolidierung einbezogenen Gegenstand des Aktivvermögens eine außerordentliche Wertberichtigung allein für die Anwendung steuerlicher Vorschriften vorgenommen worden ist, darf dieser Vermögensgegenstand erst nach Wegfall dieser Berichtigung in den konsolidierten Abschluß übernommen werden. Jedoch können die Mitgliedstaaten gestatten oder vorschreiben, daß ein solcher Vermögensgegenstand auch ohne Wegfall der Wertberichtigungen in den konsolidierten Abschluß übernommen wird, sofern der Betrag der Wertberichtigungen im Anhang zum konsolidierten Abschluß angegeben und hinreichend begründet wird.

Artikel 30

(1) Der in Artikel 19 Absatz 1 Buchstabe c) bezeichnete gesonderte Posten, der einem positiven Konsolidierungsunterschied entspricht, wird nach den Vorschriften für den Posten „Geschäfts- oder Firmenwert" der Richtlinie 78/660/EWG behandelt.

(2) Die Mitgliedstaaten können zulassen, daß der positive Konsolidierungsunterschied unmittelbar und offen von Rücklagen abgezogen wird.

Artikel 31

Der Betrag unter dem in Artikel 19 Absatz 1 Buchstabe c) bezeichneten Posten, der einem negativen Konsolidierungsunterschied entspricht, darf in die konsolidierte Gewinn- und Verlustrechnung nur übernommen werden,

a) wenn dieser Unterschiedsbetrag einer zum Zeitpunkt des Erwerbs erwarteten ungünstigen Entwicklung der künftigen Ergebnisse des betreffenden Unternehmens oder erwarteten Aufwendungen entspricht, soweit sich diese Erwartungen erfüllen, oder

b) soweit dieser Unterschiedsbetrag einem realisierten Gewinn entspricht.

Artikel 32

(1) Die Mitgliedstaaten können gestatten oder vorschreiben, daß, sofern ein in die Konsolidierung einbezogenes Unternehmen gemeinsam mit einem oder mehreren nicht in die Konsolidierung einbezogenen Unternehmen ein anderes Unternehmen

leitet, dieses entsprechend dem Anteil der Rechte, die darin von dem in die Konsolidierung einbezogenen Unternehmen gehalten werden, in den konsolidierten Abschluß einbezogen wird.

(2) Die Artikel 13 bis 31 finden sinngemäß auf die in Absatz 1 bezeichnete Quotenkonsolidierung Anwendung.

(3) Im Falle der Anwendung des vorliegenden Artikels ist Artikel 33 nicht anzuwenden, wenn das Unternehmen, das einer Quotenkonsolidierung unterliegt, ein assoziiertes Unternehmen im Sinne von Artikel 33 ist.

Artikel 33

(1) Wird von einem in die Konsolidierung einbezogenen Unternehmen ein maßgeblicher Einfluß auf die Geschäfts- und Finanzpolitik eines nicht in die Konsolidierung einbezogenen Unternehmens (assoziiertes Unternehmen) ausgeübt, an dem eine Beteiligung im Sinne des Artikels 17 der Richtlinie 78/660/EWG besteht, so ist diese Beteiligung in der konsolidierten Bilanz unter einem gesonderten Posten mit entsprechender Bezeichnung auszuweisen. Es wird vermutet, daß ein Unternehmen einen maßgeblichen Einfluß auf ein anderes Unternehmen ausübt, wenn es 20 % oder mehr der Stimmrechte der Aktionäre oder Gesellschafter dieses Unternehmens hat. Artikel 2 findet Anwendung.

(2) Bei der erstmaligen Anwendung des vorliegenden Artikels auf eine Beteiligung im Sinne von Absatz 1 wird diese in der konsolidierten Bilanz wie folgt ausgewiesen:
a) entweder mit dem Buchwert im Einklang mit den Bewertungsregeln der Richtlinie 78/660/EWG; dabei wird der Unterschiedsbetrag zwischen diesem Wert und dem Betrag, der dem auf diese Beteiligung entfallenden Teil des Eigenkapitals entspricht, in der konsolidierten Bilanz oder im Anhang gesondert ausgewiesen; dieser Unterschiedsbetrag wird zu dem Zeitpunkt berechnet, zu dem die Methode erstmalig angewendet wird,
b) oder mit dem Betrag, der dem auf die Beteilung entfallenden Teil des Eigenkapitals des assoziierten Unternehmens entspricht; dabei wird der Unterschiedsbetrag zwischen diesem Betrag und dem Buchwert im Einklang mit den Bewertungsregeln der Richtlinie 78/660/EWG in der konsolidierten Bilanz oder im Anhang gesondert ausgewiesen; dieser Unterschiedsbetrag wird zu dem Zeitpunkt berechnet, an dem die Methode erstmalig angewendet wird.
c) Die Mitgliedstaaten können die Anwendung nur eines dieser Buchstaben vorschreiben. In der konsolidierten Bilanz oder im Anhang ist anzugeben, ob von Buchstabe a) oder Buchstabe b) Gebrauch gemacht worden ist.
d) Ferner können die Mitgliedstaaten für die Anwendung des Buchstabens a) oder b) gestatten oder vorschreiben, daß die Berechnung des Unterschiedsbetrags zum Zeitpunkt des Erwerbs der Anteile oder Aktien erfolgt oder, beim Erwerb zu verschiedenen Zeitpunkten, zu dem Zeitpunkt, zu dem das Unternehmen ein assoziiertes Unternehmen geworden ist.

(3) Sind Gegenstände des Aktiv- oder Passivvermögens des assoziierten Unternehmens nach Methoden bewertet worden, die sich von den auf die Konsolidierung nach Artikel 29 Absatz 2 angewendeten Methoden unterscheiden, so können diese Vermögenswerte für die Berechnung des Unterschiedsbetrags nach Absatz 2 Buchstabe a) oder Buchstabe b) des vorliegenden Artikels nach den für die Konsolidierung angewendeten Methoden neu bewertet werden. Wird eine solche Neubewertung nicht vorgenommen, so ist dies im Anhang zu erwähnen. Die Mitgliedstaaten können eine solche Neubewertung vorschreiben.

(4) Der Buchwert nach Absatz 2 Buchstabe a) oder der Betrag, der dem auf die Beteiligung entfallenden Teil des Eigenkapitals des assoziierten Unternehmens nach Absatz 2 Buchstabe b) entspricht, wird um die während des Geschäftsjahres eingetretene Änderung des auf die Beteiligung entfallenden Teils des Eigenkapitals des assoziierten Unternehmens erhöht oder vermindert; er vermindert sich um den Betrag der auf die Beteiligung entfallenden Dividenden.

(5) Kann ein positiver Unterschiedsbetrag nach Absatz 2 Buchstabe a) oder Buchstabe b) nicht einer bestimmten Kategorie von Gegenständen des Aktiv- oder Passivvermögens zugerechnet werden, so wird dieser Betrag nach Artikel 30 und Artikel 39 Absatz 3 behandelt.

(6) Der auf die Beteiligung entfallende Teil des Ergebnisses des assoziierten Unternehmens wird unter einem gesonderten Posten mit entsprechender Bezeichnung in der konsolidierten Gewinn- und Verlustrechnung ausgewiesen.

(7) Die Weglassungen nach Artikel 26 Absatz 1 Buchstabe c) werden nur insoweit vorgenommen, als die betreffenden Tatbestände bekannt oder zugänglich sind. Artikel 26 Absätze 2 und 3 sind anwendbar.

(8) Stellt das assoziierte Unternehmen einen konsolidierten Abschluß auf, so sind die vorstehenden Absätze auf das in diesem konsolidierten Abschluß ausgewiesene Eigenkapital anzuwenden.

(9) Auf die Anwendung dieses Artikels kann verzichtet werden, wenn die Beteiligung am Kapital des assoziierten Unternehmens im Hinblick auf die Zielsetzung des Artikel 16 Absatz 3 nur von untergeordneter Bedeutung ist.

Artikel 34

Im Anhang sind außer den in anderen Bestimmungen dieser Richtlinie vorgeschriebenen Angaben zumindest Angaben zu machen über

1. die auf die verschiedenen Posten des konsolidierten Abschlusses angewandten Bewertungsmethoden sowie die Methoden zur Berechnung der Wertberichtigungen. Für die in dem konsolidierten Abschluß angegebenen Beträge, welche auf fremde Währung lauten oder ursprünglich auf fremde Währung lauteten, ist anzugeben, auf welcher Grundlage sie in die Währung, in welcher der konsolidierte Abschluß aufgestellt wird, umgerechnet worden sind;

2. a) Name und Sitz der in die Konsolidierung einbezogenen Unternehmen, den Anteil des Kapitals, der in den in die Konsolidierung einbezogenen Unternehmen außer dem Mutterunternehmen von jedem in die Konsolidierung einbezogenen Unternehmen oder durch eine im eigenen Namen, aber für Rechnung dieser Unternehmen handelnde Person gehalten wird, sowie die in Artikel 1 und Artikel 12 Absatz 1 bezeichneten Voraussetzungen, aufgrund deren die Konsolidierung nach Anwendung von Artikel 2 erfolgt ist. Die zuletzt genannte Angabe braucht jedoch nicht gemacht zu werden, wenn die Konsolidierung aufgrund von Artikel 1 Absatz 1 Buchstabe a) erfolgt ist und außerdem Kapitalanteil und Anteil an den Stimmrechten übereinstimmen;

   b) die gleichen Angaben sind für die Unternehmen zu machen, die nach den Artikeln 13 und 14 nicht in die Konsolidierung einbezogen worden sind; unbeschadet des Artikels 14 Absatz 3 ist der Ausschluß der in Artikel 13 bezeichneten Unternehmen zu begründen;

3. a) Name und Sitz der Unternehmen, die mit einem in die Konsolidierung einbezogenen Unternehmen im Sinne von Artikel 33 Absatz 1 assoziiert sind, den Anteil ihres Kapitals, der von in die Konsolidierung einbezogenen Unterneh-

men selbst oder durch eine im eigenen Namen, aber für Rechnung dieser Unternehmen handelnde Person gehalten wird;

    b) die gleichen Angaben sind für die in Artikel 33 Absatz 9 bezeichneten assoziierten Unternehmen zu machen; außerdem ist die Anwendung dieser Vorschrift zu begründen;

4. Name und Sitz der Unternehmen, die Gegenstand einer Quotenkonsolidierung nach Artikel 32 sind, die Tatbestände, aus denen sich die gemeinsame Leitung ergibt, sowie den Anteil des Kapitals dieser Unternehmen, der von in die Konsolidierung einbezogenen Unternehmen selbst oder durch eine im eigenen Namen, aber für Rechnung dieser Unternehmen handelnde Person gehalten wird;

5. Name und Sitz anderer als der unter den Nummern 2, 3 und 4 bezeichneten Unternehmen, bei denen in die Konsolidierung einbezogene oder nach Artikel 14 weggelassene Unternehmen entweder selbst oder durch eine im eigenen Namen, aber für Rechnung dieser Unternehmen handelnde Person mit mindestens einem Prozentsatz am Kapital beteiligt ist, den die Mitgliedstaaten auf höchstens 20 % festsetzen dürfen, unter Angabe des Anteils am Kapital sowie der Höhe des Eigenkapitals und des Ergebnisses des letzten Geschäftsjahres, für das ein Abschluß aufgestellt worden ist. Diese Angaben können unterbleiben, wenn sie in bezug auf die Zielsetzung des Artikels 16 Absatz 3 von untergeordneter Bedeutung sind. Die Angabe des Eigenkapitals und des Ergebnisses kann ebenfalls unterbleiben, wenn das betreffende Unternehmen seine Bilanz nicht offenlegt und es sich indirekt oder direkt zu weniger als 50 % im Besitz der erwähnten Unternehmen befindet;

6. den Gesamtbetrag der in der konsolidierten Bilanz ausgewiesenen Verbindlichkeiten mit einer Restlaufzeit von mehr als fünf Jahren sowie den Gesamtbetrag der in der konsolidierten Bilanz ausgewiesenen Verbindlichkeiten, die von in die Konsolidierung einbezogenen Unternehmen dinglich gesichert sind, unter Angabe ihrer Art und Form;

7. den Gesamtbetrag der finanziellen Verpflichtungen, die nicht in der konsolidierten Bilanz erscheinen, sofern diese Angabe für die Beurteilung der Finanzlage der Gesamtheit der in die Konsolidierung einbezogenen Unternehmen von Bedeutung ist. Davon sind Pensionsverpflichtungen und Verpflichtungen gegenüber verbundenen Unternehmen, die nicht in die Konsolidierung einbezogen sind, gesondert auszuweisen;

8. die Aufgliederung der konsolidierten Nettoumsatzerlöse im Sinne von Artikel 28 der Richtlinie 78/660/EWG nach Tätigkeitsbereichen sowie nach geographisch bestimmten Märkten, soweit sich hinsichtlich der Organisation des Verkaufs von Erzeugnissen und der Erbringung von Dienstleistungen, die der normalen Geschäftstätigkeit sämtlicher in die Konsolidierung einbezogener Unternehmen entsprechen, die Tätigkeitsbereiche und geographisch bestimmten Märkte untereinander erheblich unterscheiden;

9. a) den durchschnittlichen Personalbestand der in die Konsolidierung einbezogenen Unternehmen während des Geschäftsjahres, getrennt nach Gruppen, sowie, falls sie nicht gesondert in der konsolidierten Gewinn- und Verlustrechnung erscheinen, die in dem Geschäftsjahr verursachten Personalaufwendungen.

    b) Der durchschnittliche Personalbestand der Unternehmen, auf die Artikel 32 Anwendung findet, während des Geschäftsjahres wird gesondert ausgewiesen;

10. das Ausmaß, in dem die Berechnung des konsolidierten Jahresergebnisses von einer Bewertung der Posten beeinflußt wurde, die in Abweichung von den

Grundsätzen der Artikel 31 und 34 bis 42 der Richtlinie 78/660/EWG sowie des Artikels 29 Absatz 5 der vorliegenden Richtlinie während des Geschäftsjahres oder eines früheren Geschäftsjahres im Hinblick auf Steuererleichterungen durchgeführt wurde. Wenn eine solche Bewertung die künftige steuerliche Belastung der Gesamtheit der in die Konsolidierung einbezogenen Unternehmen erheblich beeinflußt, muß dies angegeben werden;

11. den Unterschied zwischen dem Steueraufwand, der in den konsolidierten Gewinn- und Verlustrechnungen des Geschäftsjahres und der vorangegangenen Geschäftsjahre eingesetzt worden ist, und den für diese Geschäftsjahre gezahlten oder zu zahlenden Steuern, sofern dieser Unterschied von Bedeutung für den künftigen Steueraufwand ist. Dieser Betrag kann auch als Gesamtbetrag in der konsolidierten Bilanz unter einem gesonderten Posten mit entsprechender Bezeichnung ausgewiesen werden;

12. die Höhe der Vergütungen, die für das Geschäftsjahr den Mitgliedern des Verwaltungs-, Leitungs- oder Aufsichtsorgans des Mutterunternehmens für die Wahrnehmung ihrer Aufgaben im Mutterunternehmen und seinen Tochterunternehmen gewährt worden sind, sowie die Höhe der unter denselben Voraussetzungen entstandenen oder eingegangenen Pensionsverpflichtungen gegenüber früheren Mitgliedern der genannten Organe. Diese Angaben sind zusammengefaßt für jede dieser Personengruppen zu machen. Die Mitgliedstaaten können verlangen, daß in die Angaben nach Satz 1 auch Vergütungen für die Wahrnehmung von Aufgaben in Unternehmen einbezogen werden, zu denen Beziehungen im Sinne von Artikel 32 oder von Artikel 33 bestehen;

13. die Höhe der Vorschüsse und Kredite, die den Mitgliedern des Verwaltungs-, Leitungs- oder Aufsichtsorgans des Mutterunternehmens von diesem Unternehmen oder einem seiner Tochterunternehmen gewährt worden sind, mit Angabe des Zinssatzes, der wesentlichen Bedingungen und der gegebenenfalls zurückgezahlten Beträge, sowie die Garantieverpflichtungen zugunsten dieser Personen. Diese Angaben sind zusammengefaßt für jede dieser Personengruppe zu machen. Die Mitgliedstaaten können verlangen, daß die Angaben nach Satz 1 auch für Vorschüsse und Kredite zu machen sind, die von Unternehmen gewährt werden, zu denen Beziehungen im Sinne von Artikel 32 oder von Artikel 33 bestehen.

Artikel 35

(1) Die Mitgliedstaaten könnten gestatten, daß die in Artikel 34 Nummern 2, 3, 4 und 5 geforderten Angaben

a) in einer Aufstellung gemacht werden, die nach Artikel 3 Absätze 1 und 2 der Richtlinie 68/151/EWG hinterlegt wird; im Anhang ist auf diese Aufstellung zu verweisen;

b) unterlassen werden, soweit sie geeignet sind, einem in diesen Vorschriften bezeichneten Unternehmen einen erheblichen Nachteil zuzufügen. Die Mitgliedstaaten können dazu die vorherige Zustimmung einer Verwaltungsbehörde oder eines Gerichts verlangen. Das Unterlassen dieser Angaben ist im Anhang zu erwähnen.

(2) Absatz 1 Buchstabe b) findet ebenfalls Anwendung auf die in Artikel 34 Nummer 8 geforderten Angaben.

3. Abschnitt
Konsolidierter Lagebericht
Artikel 36

(1) Der konsolidierte Lagebericht hat zumindest den Geschäftsverlauf und die Lage der Gesamtheit der in die Konsolidierung einbezogenen Unternehmen so darzustellen, daß ein den tatsächlichen Verhältnissen entsprechendes Bild entsteht.

(2) Der konsolidierte Lagebericht soll auch eingehen auf
a) Ereignisse von besonderer Bedeutung, die nach Abschluß des Geschäftsjahres eingetreten sind;
b) die voraussichtliche Entwicklung der Gesamtheit dieser Unternehmen;
c) den Bereich Forschung und Entwicklung der Gesamtheit dieser Unternehmen;
d) die Zahl und den Nennbetrag oder, wenn ein Nennbetrag nicht vorhanden ist, den rechnerischen Wert aller Anteile oder Aktien des Mutterunternehmens, die entweder von diesem Unternehmen selbst, von Tochterunternehmen oder von einer im eigenen Namen, aber für Rechnung dieser Unternehmen handelnden Person gehalten werden. Die Mitgliedstaaten können gestatten oder vorschreiben, daß diese Angaben im Anhang gemacht werden.

4. Abschnitt
Prüfung des konsolidierten Abschlusses
Artikel 37

(1) Das Unternehmen, das den konsolidierten Abschluß aufstellt, muß diesen durch eine oder mehrere Personen prüfen lassen, die nach dem Recht des Mitgliedstaats, dem dieses Unternehmen unterliegt, zur Prüfung von Jahresabschlüssen zugelassen sind.

(2) Die mit der Prüfung des konsolidierten Abschlusses beauftragte Person oder beauftragten Personen haben auch zu prüfen, ob der konsolidierte Lagebericht mit dem konsolidierten Abschluß des betreffenden Geschäftsjahres in Einklang steht.

5. Abschnitt
Offenlegung des konsolidierten Abschlusses
Artikel 38

(1) Der ordnungsgemäß gebilligte konsolidierte Abschluß, der konsolidierte Lagebericht sowie der Bericht der mit der Prüfung des konsolidierten Abschlusses beauftragten Person werden von dem Unternehmen, das den konsolidierten Abschluß aufstellt, nach dem Recht des Mitgliedstaats, dem dieses Unternehmen unterliegt, gemäß Artikel 3 der Richtlinie 68/151/EWG offengelegt.

(2) Auf den konsolidierten Lagebericht findet Artikel 47 Absatz 1 Unterabsatz 2 der Richtlinie 78/660/EWG Anwendung.

(3) Artikel 47 Absatz 1 Unterabsatz 2 letzter Satz der Richtlinie 78/660/EWG erhält folgende Fassung: „Eine vollständige oder teilweise Ausfertigung dieses Berichts muß auf bloßen Antrag erhältlich sein. Das dafür berechnete Entgelt darf die Verwaltungskosten nicht übersteigen".

(4) Sofern jedoch das Unternehmen, das den konsolidierten Abschluß aufstellt, nicht in einer der in Artikel 4 genannten Rechtsformen organisiert ist und auch nicht

für die in Absatz 1 genannten Unterlagen nach innerstaatlichem Recht der Verpflichtung zu einer Offenlegung unterliegt, die der des Artikels 3 der Richtlinie 68/151/EWG entspricht, muß es zumindest diese Unterlagen an seinem Sitz zur Einsichtnahme für jedermann bereithalten. Ausfertigungen dieser Unterlagen müssen auf bloßen Antrag erhältlich sein. Das dafür berechnete Entgelt darf die Verwaltungskosten nicht übersteigen.

(5) Die Artikel 48 und 49 der Richtlinie 78/660/EWG sind anwendbar.

(6) Die Mitgliedstaaten sehen geeignete Sanktionen für den Fall vor, daß die in dem vorliegenden Artikel vorgesehene Offenlegung nicht erfolgt.

Artikel 38 a

Der konsolidierte Abschluß kann neben der Währung, in der er aufgestellt wurde, auch in Ecu offengelegt werden. Dabei ist der am Stichtag der konsolidierten Bilanz gültige Umrechnungskurs zugrunde zu legen. Dieser Kurs ist im Anhang anzugeben.

6. Abschnitt
Übergangsbestimmungen und Schlußbestimmungen
Artikel 39

(1) In dem ersten nach dieser Richtlinie aufgestellten konsolidierten Abschluß für eine Gesamtheit von Unternehmen, zwischen denen bereits vor der Anwendung der in Artikel 49 Absatz 1 bezeichneten Vorschriften eine der in Artikel 1 Absatz 1 genannten Beziehungen bestanden hat, können die Mitgliedstaaten gestatten oder vorschreiben, daß für die Anwendung des Artikels 19 Absatz 1 der Buchwert der Anteile oder Aktien sowie der auf sie entfallende Anteil des Eigenkapitals zu einem Zeitpunkt berücksichtigt werden, der nicht später als der Zeitpunkt der ersten Konsolidierung nach dieser Richtlinie liegt.

(2) Absatz 1 gilt sinngemäß für die Bewertung von Anteilen oder Aktien oder des auf sie entfallenden Anteils am Eigenkapital eines assoziierten in die Konsolidierung einbezogenen Unternehmens nach Artikel 33 Absatz 2 sowie der Quotenkonsolidierung nach Artikel 32.

(3) Entspricht der besondere Posten nach Artikel 19 Absatz 1 einem positiven Konsolidierungsunterschied, der vor dem Tag der Aufstellung des ersten konsolidierten Abschlusses nach dieser Richtlinie aufgetreten ist, so können die Mitgliedstaaten zulassen, daß
a) für die Anwendung von Artikel 30 Absatz 1 der befristete Zeitraum von über fünf Jahren nach Artikel 37 Absatz 2 der Richtlinie 78/660/EWG vom Tag der Aufstellung des ersten konsolidierten Abschlusses nach der vorliegenden Richtlinie an berechnet wird und
b) für die Anwendung von Artikel 30 Absatz 2 der Abzug von den Rücklagen am Tag der Aufstellung des ersten konsolidierten Abschlusses nach der vorliegenden Richtlinie vorgenommen wird.

Artikel 40

(1) Bis zum Ablauf der Fristen für die Anpassung ihres nationalen Rechts an die Richtlinien, die in Ergänzung der Richtlinie 78/660/EWG die Vorschriften über den Jahresabschluß für Banken und andere Finanzinstitute sowie Versicherungsunterneh-

men angleichen, können die Mitgliedstaaten von den Vorschriften der vorliegenden Richtlinie, welche die Gliederung des konsolidierten Abschlusses und die Art der Bewertung der darin einbezogenen Vermögensgegenstände sowie die Angaben im Anhang betreffen, abweichen

a) gegenüber jedem zu konsolidierenden Unternehmen, das eine Bank, ein anderes Finanzinstitut oder ein Versicherungsunternehmen ist,

b) wenn die zu konsolidierenden Unternehmen hauptsächlich aus Banken, Finanzinstituten oder Versicherungsunternehmen bestehen.

Sie können ferner von Artikel 6 abweichen, jedoch nur hinsichtlich der Anwendung der Grenzen und Größenmerkmale auf die obengenannten Unternehmen.

(2) Soweit die Mitgliedstaaten vor der Anwendung der in Artikel 49 Absatz 1 bezeichneten Vorschriften allen Unternehmen, die Banken, andere Finanzinstitute oder Versicherungsunternehmen sind, nicht vorgeschrieben haben, einen konsolidierten Abschluß zu erstellen, können sie bis zur Anwendung einer der in Absatz 1 bezeichneten Richtlinien im nationalen Recht, längstens aber für Geschäftsjahre, die im Jahr 1993 enden, gestatten,

a) daß der Eintritt der in Artikel 1 Absatz 1 bezeichneten Verpflichtung für die obengenannten Unternehmen, sofern sie Mutterunternehmen sind, aufgeschoben wird. Dies ist im Jahresabschluß des Mutterunternehmens anzugeben. Außerdem sind im Hinblick auf jedes Tochterunternehmen die in Artikel 43 Absatz 1 Ziffer 2 der Richtlinie 78/660/EWG vorgesehenen Angaben zu machen,

b) daß für den Fall, daß ein konsolidierter Abschluß erstellt wird, die obengenannten Unternehmen, sofern sie Tochterunternehmen sind, nicht in die Konsolidierung einbezogen werden; Artikel 33 bleibt unberührt. Die in Artikel 34 Ziffer 2 vorgesehenen Angaben sind im Hinblick auf diese Tochterunternehmen im Anhang zu machen.

(3) In den Fällen des Absatzes 2 Buchstabe b) ist der Jahresabschluß oder der konsolidierte Abschluß der betreffenden Tochterunternehmen, sofern er offenzulegen ist, dem konsolidierten Abschluß oder, falls ein solcher nicht vorhanden ist, dem Jahresabschluß des Mutterunternehmens beizufügen, oder der Öffentlichkeit zur Verfügung zu halten. Im letzteren Falle muß eine Abschrift dieser Unterlagen auf bloßen Antrag hin gegen ein Entgelt erhältlich sein, das die Verwaltungskosten hierfür nicht übersteigen darf.

Artikel 41

(1) Unternehmen, zwischen denen Beziehungen im Sinne des Artikels 1 Absatz 1 Buchstaben a) und b) sowie Buchstabe d) Unterbuchstabe bb) bestehen, sowie die übrigen Unternehmen, die mit einem der genannten Unternehmen in einer solchen Beziehung stehen, sind verbundene Unternehmen im Sinne der Richtlinie 78/660/EWG sowie der vorliegenden Richtlinie.

(2) Sofern ein Mitgliedstaat die Verpflichtung, einen konsolidierten Abschluß aufzustellen, nach Artikel 1 Absatz 1 Buchstabe c) oder Buchstabe d) Unterbuchstabe aa) oder nach Artikel 1 Absatz 2 oder nach Artikel 12 Absatz 1 vorschreibt, sind auch die Unternehmen, zwischen denen Beziehungen im Sinne der genannten Vorschriften bestehen, sowie die übrigen Unternehmen, die mit einem der genannten Unternehmen in einer solchen Beziehung oder in einer Beziehung im Sinne von Absatz 1 stehen, verbundene Unternehmen im Sinne von Absatz 1.

(3) Sofern ein Mitgliedstaat die Verpflichtung, einen konsolidierten Abschluß nach Artikel 1 Absatz 1 Buchstabe c) oder Buchstabe d) Unterbuchstabe aa) oder Artikel 1

Absatz 2 oder nach Artikel 12 Absatz 1 aufzustellen, nicht vorschreibt, kann er dennoch die Anwendung des Absatzes 2 des vorliegenden Artikels vorschreiben.

(4) Artikel 2 und Artikel 3 Absatz 2 finden Anwendung.

(5) Wendet ein Mitgliedstaat Artikel 4 Absatz 2 an, so kann er verbundene Unternehmen, die Mutterunternehmen sind und von denen aufgrund ihrer Rechtsform vom Mitgliedstaat die Aufstellung eines konsolidierten Abschlusses nach dieser Richtlinie nicht gefordert wird, sowie Mutterunternehmen mit entsprechender Rechtsform von der Anwendung des Absatzes 1 ausnehmen.

Artikel 42 bis 46 (nicht abgedruckt)

Artikel 47

Der gemäß Artikel 52 der Richtlinie 78/660/EWG eingesetzte Kontaktausschuß hat außerdem folgende Aufgaben:
a) unbeschadet der Artikel 169 und 170 des Vertrages eine gleichmäßige Anwendung dieser Richtlinie durch eine regelmäßige Abstimmung, insbesondere in konkreten Anwendungsfragen, zu erleichtern;
b) die Kommission erforderlichenfalls bezüglich Ergänzungen oder Änderungen dieser Richtlinie zu beraten.

Artikel 48 (aufgehoben)

Artikel 49

(1) Die Mitgliedstaaten erlassen vor dem 1. Januar 1988 die erforderlichen Rechts- und Verwaltungsvorschriften, um dieser Richtlinie nachzukommen. Sie setzen die Kommission unverzüglich davon in Kenntnis.

(2) Die Mitgliedstaaten können vorsehen, daß die in Absatz 1 bezeichneten Vorschriften erstmals auf die konsolidierten Abschlüsse des am 1. Januar 1990 oder im Laufe des Jahres 1990 beginnenden Geschäftsjahres anzuwenden sind.

(3) Die Mitgliedstaaten teilen der Kommission den Wortlaut der wichtigsten innerstaatlichen Rechtsvorschriften mit, die sie auf dem unter diese Richtlinie fallenden Gebiet erlassen.

Artikel 50

(1) Der Rat prüft auf Vorschlag der Kommission fünf Jahre nach dem in Artikel 49 Absatz 2 bezeichneten Zeitpunkt unter Berücksichtigung der bei der Anwendung dieser Richtlinie gewonnenen Erfahrungen, der Ziele dieser Richtlinie und der wirtschaftlichen und monetären Lage den Artikel 1 Absatz 1 Buchstabe d) zweiter Unterabsatz, den Artikel 4 Absatz 2, die Artikel 5 und 6, den Artikel 7 Absatz 1 sowie die Artikel 12, 43 und 44 und ändert sie erforderlichenfalls.

(2) Absatz 1 läßt Artikel 53 Absatz 2 der Richtlinie 78/660/EWG unberührt.

Artikel 51

Diese Richtlinie ist an alle Mitgliedstaaten gerichtet.

Erläuterungen

DRITTES BUCH
Handelsbücher

Erster Abschnitt
Vorschriften für alle Kaufleute

Erster Unterabschnitt
Buchführung. Inventar

Vorbemerkungen
Vor § 238

Übersicht

	Rdn.
I. Rechnungslegung und öffentliches Interesse	
1. Begriff und Zweck der Rechnungslegung	1
2. Rechnungslegung und Publizität	2
II. Entstehung und Grundgedanken des kodifizierten Bilanzrechts	
1. Zu den durchgeführten EG-Richtlinien	
a) Bilanzrichtlinie	3
b) Konzernbilanzrichtlinie	4
c) Bilanzprüferrichtlinie	6
d) Bankbilanzrichtlinie und Versicherungsbilanzrichtlinie	6a
2. BiRiLiG: Gesetzgebungsverfahren	7
3. Ursprüngliche und neue Konzeption des BiRiLiG	
a) Zur Konzeption der Regierungsentwürfe	9
b) Zur Konzeption des Unterausschusses	10
c) Folgerungen und Kritik	11
III. Das kodifizierte Bilanzrecht im Überblick	
1. Zum Aufbau des Dritten Buches	12
2. Zu den Normadressaten	
a) Einzelabschluß	
aa) Allgemeines	14

	Rdn.
bb) Insbesondere: Kapitalgesellschaften & Co.	15
b) Konzernabschluß	16
3. Zum materiellen Gehalt der Neuregelung	17
IV. Das Bilanzrecht im Rahmen des europäischen Gemeinschaftsrechts	
1. Prinzip gemeinschaftskonformer Auslegung	18
2. Unmittelbare Rechtswirkung der Richtlinien	19
V. Inkrafttreten; Übergangsvorschriften	
1. Inkrafttreten (Art. 13 BiRiLiG)	20
2. Übergangsrecht (Art. 11 BiRiLiG)	
a) Zu Art. 11 Abs. 1 BiRiLiG	
aa) Seit dem 1.1.1986 verbindliche Vorschriften	21
bb) Vorschriften über den Einzelabschluß	22
cc) Vorschriften über den Konzernabschluß	23
dd) Prüfungsrechtliche Vorschriften	24
ee) Art. 24–28 EGHGB (Überblick und Weiterverweis)	27
b) Zu Art. 11 Abs. 2 BiRiLiG (Gewinnverwendung in der GmbH)	28

Uwe Hüffer

Schrifttum

(nur Monographien und selbständig erschienene Arbeiten; soweit nicht anders angegeben, zitiert mit den Verfassernamen und, soweit üblich, mit Kurztitel; vgl. auch die Angaben vor Rdn. 3, 18 und 20). *Adler/Düring/Schmaltz* Rechnungslegung und Prüfung der Unternehmen[6] (sieben Teilbände, Register- und Ergänzungsband seit 1995), zitiert: ADS[6]; *Adler/Düring/Schmaltz* Rechnungslegung und Prüfung der Unternehmen[5] (Loseblatt, seit 1987), zitiert ADS[5]; *Baetge* Bilanzen[4] (1996); *Biener* AG, KGaA, GmbH, Konzerne – Rechnungslegung, Prüfung und Publizität nach den Richtlinien der EG (1979); *Biener* Die gesellschafts- und bilanzrechtlichen Gesetze nach Änderung durch das Bilanzrichtlinien-Gesetz (1986); *Biergans* Einkommensteuer und Steuerbilanz[6] (1992); *Budde/Clemm/Ellrott/Förschle/Hoyos* Beck'scher Bilanz-Kommentar[4] (1999); *Castan/Heymann/Müller/Ordelheide/Scheffler* Beck'sches Handbuch der Rechnungslegung (Loseblatt, seit 1987); *Eisele* Technik des betrieblichen Rechnungswesens[6] (1999); *Federmann* Bilanzierung nach Handelsrecht und Steuerrecht[11] (2000); *Glade* Praxishandbuch der Rechnungslegung und Prüfung[2] (1995); *Grochlar/Wittmann* (Hrsg.) Handwörterbuch der Betriebswirtschaft[4] (1974/1976); zitiert: HWB; *Gross/Schruff* Der Jahresabschluß nach neuem Recht[2] (1986); *Großfeld* Bilanzrecht[3] (1997); *Helmrich* Bilanzrichtlinien-Gesetz – Texte, Stellungnahmen, Protokolle (1986); *Herrmann/Heuer/Raupach* Kommentar zum EStG und KStG einschließlich Nebengesetzen[21] (Loseblatt, seit 1986); *Hofbauer/Kupsch* (Hrsg.) Bonner Handbuch Rechnungslegung (Loseblatt, seit 1986); *Hübschmann/Hepp/Spitaler* Kommentar zur AO und FGO[10] (Loseblatt, seit 1995); *IdW* (Hrsg.) Wirtschaftsprüfer-Handbuch Bd. I[12] (2000), Bd. II[11] (1998); *Institut der Wirtschaftsprüfer* Die Fachgutachten und Stellungnahmen auf dem Gebiete der Rechnungslegung und Prüfung (Loseblatt), zitiert: *IdW; Institut der Wirtschaftsprüfer* IDW Prüfungsstandards (IDW PS), IDW Stellungnahmen zur Rechnungslegung (IDW RS), IDW Standards (IDW S), IDW Prüfungs- und Rechnungslegungshinweise (IDW PH und RH), Loseblatt; Kirchhof/*Söhn* EStG-Kommentar (Loseblatt, seit 1986); *Knobbe-Keuk* Bilanz- und Unternehmenssteuerrecht[9] (1993); *Kosiol/Chmielewicz/Schweitzer* Handwörterbuch des Rechnungswesens[2] (1981), zitiert: HWR; *Küting/Weber* Handbuch der Rechnungslegung[4] Bd. 1a (1995); *Leffson/Rückle/Großfeld* (Hrsg.) Handwörterbuch unbestimmter Rechtsbegriffe im Bilanzrecht des HGB (1986), zitiert: HuRB; *Maul* Handelsrechtliche Rechnungslegung (1978); *Max/Wessels* (Hrsg.) Handbuch der Wirtschaftswissenschaften[2] (1966), zitiert: HdW; *Moxter* Bilanzlehre[3] Bd. I (1984), Bd. II (1986); *Moxter* Bilanzrechtsprechung[5] (1999); *Münzinger* Bilanzrechtsprechung der Zivil- und Strafgerichte (1987); *L. Schmidt* Kommentar zum EStG[20] (2001); *Thiel* Bilanzrecht – Handelsbilanz/Steuerbilanz[4] (1990); *Tipke/Lang* Steuerrecht[16] (1998); *Tipke/Kruse* AO-FGO, Kommentar[16] (Loseblatt, seit 1996); *Weber-Grellet* Steuerbilanzrecht (1996); *Winnefeld* Bilanz-Handbuch[2] (2000); v. *Wysocki/Schulze-Osterloh* (Hrsg.) Handbuch des Jahresabschlusses in Einzeldarstellungen (Loseblatt, seit 1984), zitiert: HdJ.

Geschichte der Buchführung und Bilanzierung: *Barth* Die Entwicklung des deutschen Bilanzrechts, Bd. I (1953), Bd. II 1 (1955); *Leyerer* Historische Entwicklung der Buchführung seit der ersten Kenntnis bis zum 17. Jahrhundert, ZfhF 1922, 141; *Schmidt-Busemann* Entstehung und Bedeutung der Vorschriften über Handelsbücher (1977); *D. Schneider* Geschichte der Buchhaltung und Bilanzierung, HWR[2] Sp. 616 ff; *Wieland* Handelsrecht Bd. I (1921) S. 300 ff.

Ausländisches Recht und Rechtsvergleichung: *Bartholomew/Brown/Muis* Konzernabschlüsse in Europa (1981); *Egger/Ruppe* Reform der Rechnungslegung in Österreich (1987); *Großfeld* Internationales Unternehmensrecht (1986), § 9; *Käfer* Berner Kommentar zum Schweizerischen Zivilgesetzbuch, Bd. VIII 2, vor und zu Art. 957–960 OR (1976 und 1980); *Kirchner* Weltbilanzen. Probleme der internationalen Konzernrechnungslegung (1978); *Kirchner* Konzernrechnungslegung in Europa, AG 1981, 325; *Krejci* Grundriß des Handelsrechts (1995), 28.–30. Kapitel (S. 531 ff); *Straube* Kommentar zum Handelsgesetzbuch (1987), vor und zu § 38–§ 47 *(Torggler/Kucsko)*; *Vagts* Law and Accounting in Business Associations, in International Encyclopedia of Comparative Law, Bd. 13 Kap. 12a (1972); *Weilinger* Die Aufstellung und Feststellung des Jahresabschlusses (1998); ferner die Sammelwerke zum europäischen Gesellschaftsrecht von *Habersack* (1999), von *Lutter* (Europäisches Unternehmensrecht[4] 1996) und von *Schwarz* (2000).

I. Rechnungslegung und öffentliches Interesse

1. Begriff und Zweck der Rechnungslegung

Zur Rechnungslegung gehören die Führung der Handelsbücher (§§ 238 f), die **1** Aufstellung des Inventars und die Inventur (§§ 240 f), die Bilanzierung (§§ 242 ff, 264 ff) sowie die Aufbewahrung der Handelsbücher und sonstigen Aufzeichnungen (§§ 257 ff). Zwecke der Rechnungslegung sind **Dokumentation** und **Gläubigerschutz durch Selbstkontrolle** des Kaufmanns (§ 238, 2 f; § 240, 1; § 242, 2; § 257, 1). Dokumentation und Selbstkontrolle dienen zunächst seinem Eigeninteresse. Die Begründung von gesetzlichen Pflichten ist auf das öffentliche Interesse an ordentlicher Geschäftsführung einschließlich Wahrung der Gläubigerbelange zurückzuführen; nur dieses rechtfertigt auch die Strafbarkeit von Buchführungs- und Bilanzdelikten nach §§ 283 ff StGB (vgl. § 238, 65 ff). Weil die Regelung einem öffentlichen Interesse dient, hat sie ebenso einen rechtspolizeilichen Hintergrund wie das Registerrecht (vor § 8, 1) und das Firmenrecht (vor § 17, 1). Das entspricht der Herkunft der Buchführungsvorschriften aus dem französischen Merkantilismus (zu den Ursprüngen vgl. § 238, 4 m. Nachw. in Fn. 10) und fand vor dem BiRiLiG auch im systematischen Standort (§§ 38 ff a. F.) des traditionellen handelsrechtlichen Normenbestandes Ausdruck.

2. Rechnungslegung und Publizität

Publizität bedeutet Offenlegung des Jahresabschlusses und zusätzlicher Unter- **2** lagen in den Grenzen und unter den Voraussetzungen der §§ 325 ff, §§ 1, 3, 5 f, 9 PublG durch Einreichung zum Handelsregister und Bekanntmachung im Bundesanzeiger. Während die **Rechnungslegung** als Instrument ordnungsmäßiger Geschäftsführung (Rdn. 1) zum *internen Organisationsrecht* jedes kaufmännischen Geschäftsbetriebs gehört,[1] betrifft die **Publizität** die *Außenbeziehungen* solcher Unternehmen, die von einer AG oder GmbH betrieben werden (so mit zusätzlicher Abstufung nach Größenmerkmalen §§ 325 ff) oder die ohne Rücksicht auf die Rechtsform des Unternehmensträgers die Größenmerkmale des § 1 PublG erreichen.[2] Ein Zusammenhang zwischen Publizität und Rechnungslegung besteht nur mittelbar, indem letztere das gegenständliche Substrat der Offenlegung abgibt. Publizität bezweckt die Transparenz der wirtschaftlichen Lage der genannten Unternehmen für außenstehende Dritte. Damit soll ein zusätzlicher, also über die herkömmliche Dokumentation und Selbstkontrolle (Rdn. 1) hinausreichender Gläubigerschutz erreicht, aber auch den Informationsinteressen einer sachverständigen Öffentlichkeit sowie der von Unternehmensentscheidungen mittelbar Betroffenen Rechnung getragen und die allgemeine Vertrauensbasis gestärkt werden.[3] Weil diese Schutzinteressen ihrer Art nach rechtsformunabhängig sind (und teilweise auch rechtsformunabhängig verwirklicht werden), können die Publizitätsvorschriften als Bestandteil eines Unternehmensrechts aufgefaßt werden.

---

[1] Ebenso *Canaris* HandelsR[23] § 12 I 2; **a. M.** *K. Schmidt* HandelsR[5] § 15 I 1.

[2] Zur Verwendung quantitativ bestimmter Merkmale vgl. *Rittner* in Gedächtnisschrift für Rödig, 1978, S. 74 ff.

[3] Die genannten Gesichtspunkte stammen aus der Reg.Begr. zum PublG, vgl. BTDrucks. V/3197, S. 13 f.

II. Entstehung und Grundgedanken des kodifizierten Bilanzrechts

Schrifttum

(vgl. zunächst die Angaben vor Rdn. 1); Sammelbände: *Bierich/Busse v. Colbe/Laßmann/ Lutter* (Hrsg.) Rechnungslegung nach neuem Recht (ZGR-Sonderheft 2) (1980); *Lutter* Europäisches Unternehmensrecht (ZGR-Sonderheft 1)[4] (1996); Aufsätze (jeweils Auswahl) zur Bilanzrichtlinie unten, besonders in Fn. 7, 10, zur Konzernbilanzrichtlinie in Fn. 13, 14, 17, zur Durchführung der Bilanzrichtlinie in Fn. 27–29; Stellungnahmen verschiedener Organisationen: Fn. 33, 34.

1. Zu den durchgeführten EG-Richtlinien

3　　a) **Bilanzrichtlinie.** Mit dem BiRiLiG sind, wie schon der volle Titel des Gesetzes zum Ausdruck bringt,[4] die 4., 7. und 8. Richtlinie des Rates der Europäischen Gemeinschaften zur Koordinierung des Gesellschaftsrechts durchgeführt worden. Die 4. Richtlinie vom 25.7.1978 (ABl.EG vom 25.7.1978 Nr. L 222 S. 11; vgl. Textteil) ist die sogenannte Bilanzrichtlinie.[5] Vorarbeiten seit 1965[6] führten zunächst zum Vorentwurf 1968 (ABl.EG vom 14.3.1968 Nr. L 65 S. 8 ff), sodann zum Kommissionsvorschlag von 1971 (ABl.EG vom 28.1.1972 Nr. C S. 11 ff).[7] Verschiedene Stellungnahmen[8] veranlaßten einen Überarbeitungsprozeß, an dessen Ende der geänderte Kommissionsvorschlag von 1974 stand (Bull. EG Beil. 6/1974). Die Verabschiedung durch den Ministerrat erfolgte nach neuerlichen Stellungnahmen[9] erst 1978. Ein vollständiger Überblick über den Inhalt der Richtlinie[10] erledigt sich nach deren Durchführung. Aus der Sicht des deutschen Rechts bleibt vor allem festzuhalten, daß die Richtlinie einen wesentlichen Teil der Gesellschaften mbH prüfungs- und publizitätspflichtig machte, ferner, daß sie für AG, KGaA und GmbH das englische „true and fair view"-Prinzip übernahm, das zu einer neu gefaßten Bilanzzielbestimmung in § 264 Abs. 2 geführt hat.[11]

4　　b) **Konzernbilanzrichtlinie.** Die sogenannte Konzernbilanzrichtlinie ist die 7. Richtlinie vom 13.6.1983 (ABl.EG vom 18.7.1983 Nr. L 193 S. 1; vgl. Textteil).[12] Insoweit haben die Arbeiten zur Angleichung der mitgliedstaatlichen Gesellschaftsrechte nach einem Vorentwurf[13] zunächst zum Kommissionsvorschlag 1976 geführt (ABl.EG vom 2.6.1976 Nr. C 121 S. 2),[14] dem nach den gebotenen Stellung-

---

[4] Gesetz zur Durchführung der Vierten, Siebenten und Achten Richtlinie des Rates der Europäischen Gemeinschaften zur Koordinierung des Gesellschaftsrechts vom 19.12.1985 (BGBl. I S. 2355).

[5] Statt vieler weiterer Fundstellen vgl. noch *Lutter* Europäisches UnternehmensR (ZGR-Sonderheft 1)[4] S. 147.

[6] Vgl. *Busse v. Colbe* ZGR 1973, 105, 106 f; *Elmendorff* WPg 1972, 29; *Müller* AG 1971, 11.

[7] Dazu namentlich *Busse v. Colbe* ZGR 1973, 105; *dens.* ZfbF 1974, 636; *Coenenberg/Matschke* Stellungnahme zu den Rechnungslegungsvorschriften des Vorschlags einer 4. Richtlinie des Rates der EG (1972).

[8] Europäisches Parlament: ABl.EG vom 11.12.1972 Nr. C 129 S. 38; Wirtschafts- und Sozialausschuß: ABl.EG vom 7.6.1973 Nr. C 39 S. 31.

[9] Europäisches Parlament: ABl.EG vom 10.7.1978 Nr. C 163 S. 60; Wirtschafts- und Sozialausschuß: ABl.EG vom 26.3.1977 Nr. C 75 S. 5.

[10] Aus dem umfangreichen Schrifttum sind hervorzuheben: *Biener* AG 1978, 251; *Bierich/Busse v. Colbe/Laßmann/Lutter* Rechnungslegung nach neuem Recht (ZGR-Sonderheft 2) (1980); *Jonas* DB 1978, 1361; *Knobbe-Keuk* EuR 1979, 312.

[11] Vgl. dazu insbesondere *Goerdeler* WPg 1973, 517; *Niehus* DB 1979, 221; *Tubbesing* AG 1979, 91; ferner zu § 264 Abs. 2 die Beiträge von *Claussen, Leffson* und *Moxter,* alle FS Goerdeler (1987) S. 79, 315, 361.

[12] Statt weiterer Fundstellen vgl. noch *Lutter* Europäisches UnternehmensR (ZGR-Sonderheft 1)[4] S. 211.

[13] Dazu *Oessling/Wiesner* AG 1975, 201; *Offerhaus* BB 1975, 237.

[14] *Biener* DB 1977, 1831; *Bierich/Busse v. Colbe/Laßmann/Lutter/ders.,* Rechnungslegung nach neuem Recht (ZGR-Sonderheft 2) (1980) S. 307; *Busse v. Colbe* ZGR 1977, 662; *ders.* ZfbF 1976, 667; *Oessling/Wiesner* AG 1977, 1 und 44; weitere

nahmen[15] der geänderte Kommissionsvorschlag 1978 (ABl.EG vom 17. 1. 1979 Nr. C 14 S. 2) folgte,[16] der schließlich 1983 verabschiedet wurde.[17]

Ein in die Einzelheiten gehender **Überblick über den Inhalt** der Richtlinie ist nach **5** ihrer Durchführung (§§ 290 ff)[18] nicht mehr angezeigt. Hinzuweisen ist aber auf folgende, aus der Sicht des deutschen Rechts wesentliche Gesichtspunkte: Die Verpflichtung zur Konzernrechnungslegung ist nicht auf den Konzernsachverhalt des § 18 Abs. 1 S. 1 AktG beschränkt. Sie kann vielmehr auch ohne die Zusammenfassung unter einheitlicher Leitung begründet sein, nämlich dann, wenn bestimmte tatbestandlich ausgeformte Beherrschungsmöglichkeiten vorliegen (Art. 1 Abs. 1 der Richtlinie). Der damit zu registrierende Übergang von der Konzeption des deutschen zu derjenigen des englischen Rechts („control"-Konzept)[19] schlägt sich in § 290 Abs. 1 und 2 darin nieder, daß es einen Konzernabschluß (und Konzernlagebericht) auch ohne Konzern i. S. d. § 18 Abs. 1 S. 1 AktG gibt.[20] Von der naheliegenden Möglichkeit anderer sprachlicher Gestaltung („konsolidierter Abschluß")[21] hat der Gesetzgeber keinen Gebrauch gemacht. Zu nennen sind ferner: die Erstreckung des Konsolidierungskreises auf alle Tochterunternehmen ohne Rücksicht auf ihren Sitz durch § 294 Abs. 1 (Weltabschluß); die Vollkonsolidierung unter erneuter Ausübung von Bilanzierungswahlrechten (§ 300 Abs. 2); die geänderte, wiederum englischem Vorbild folgende Methode der Kapitalkonsolidierung (§ 301);[22] die Regelung der assoziierten Unternehmen (§ 311) mit Ansatz der Beteiligung nach der „equity"-Methode (§ 312).[23]

c) **Bilanzprüferrichtlinie.** Die 8. Richtlinie vom 10. 4. 1984 (ABl.EG vom **6** 12. 5. 1984 Nr. L 126 S. 20) ist die Bilanzprüferrichtlinie. Sie ist durch Art. 6 BiRiLiG umgesetzt worden und hat zu umfangreichen Änderungen der WPO geführt; Kernstück der Neuregelung ist der erleichterte Zugang zum Prüferberuf. Einzelheiten sind an dieser Stelle nicht zu erläutern.[24]

d) **Bankbilanzrichtlinie und Versicherungsbilanzrichtlinie.** Seit der eigentlichen **6a** Reform des Bilanzrechts durch das BiRiLiG (Rdn. 3 ff) sind branchenbezogene Sondervorschriften hinzugetreten, und zwar für die Kreditwirtschaft die Bankbilanzrichtlinie vom 8. 12. 1986 (ABl.EG vom 31. 12. 1986 Nr. L 372 S. 1) und für die Versicherungswirtschaft die Versicherungsbilanzrichtlinie vom 19. 12. 1991 (ABl.EG vom 31. 12. 1991 Nr. L 347 S. 7). Bei der Durchführung der Richtlinien ist der deutsche Gesetzgeber seinem Grundgedanken gefolgt, die Rechnungslegung im HGB zu regeln, was für die Kreditwirtschaft zu den Sondervorschriften der §§ 340–340o und

---

Angaben *Bierich/Busse v. Colbe/Laßmann/Lutter* aaO S. 404 ff.

[15] Europäisches Parlament: ABl.EG vom 10. 7. 1978 Nr. C 163 S. 60; Wirtschafts- und Sozialausschuß: ABl.EG vom 26. 3. 1977 Nr. C 75 S. 5.

[16] Text auch bei *Biener* AG, KGaA, GmbH, Konzerne (1979) S. 227 ff.

[17] Vgl. aus dem umfangreichen Schrifttum etwa *Bartholomew/Brown/Muis* Konzernabschlüsse in Europa (1981); *Biener* DB 1983 Beilage Nr. 19; *Janssen* WPg 1983, 389; *Kirchner* AG 1981, 325; *Niessen* WPg 1983, 653; *ders.* RabelsZ 1984, 81.

[18] Monographien: *Gross/Schruff/v. Wysocki* Der Konzernabschluß nach neuem Recht (1986); *Jonas* Der Konzernabschluß: Grundlagen und Anwendung in der Praxis nach neuem Handelsrecht (1986); vgl. ferner die Nachweise in Fn. 17 und in den folgenden Fn.; bibliographische

Angaben bei Meyer-Landrut/Miller/Niehus-*Niehus/Scholz* KommGmbHG vor §§ 238–335 (S. 637 ff).

[19] *Bartholomew/Brown/Muis* aaO (Fn. 17) S. 55 f; *Biener* DB 1983 Beilage Nr. 19 S. 2; *ders.* AG, KGaA, GmbH, Konzerne, S. 231 f; WP-Hdb. 2000[12] Bd. I M 35 ff, 62 ff.

[20] *Havermann* FS Goerdeler (1987) S. 173, 184 f; *Ulmer* ebda. S. 623, 640 ff; **a. M.** *Strobel* DB 1987, 237, 240, der zu Unrecht auch in den Fällen des § 290 Abs. 2 von einheitlicher Leitung ausgeht.

[21] *Lutter* Europäisches UnternehmensR (ZGR-Sonderheft 1)[4] S. 207 ff.

[22] Dazu *Lanfermann* FS Goerdeler (1987) S. 295 ff.

[23] Vgl. WP-Hdb. 2000[12] Bd. I M 460 ff; Münch-Komm HGB-*Pellens* § 312, 12 ff.

[24] Vgl. dazu noch *Strobel* BB 1984, 951; *dens.* BB 1985, 2082 und 2144.

für die Versicherungswirtschaft zu den besonderen Bestimmungen der §§ 341–341o
geführt hat (BankBiRiLiG vom 30.11.1990 [BGBl. I S. 2570] bzw. VersBiRiLiG vom
24.6.1994 [BGBl. I S. 1377]). Um Sonderregelungen handelt es sich dabei nur in dem
Sinne, daß die Vorschriften allein für ihre speziellen Adressaten, nicht auch für andere
Unternehmen gelten. Damit ist allerdings nicht ausgeschlossen, in einzelnen Bestimmungen den Ausdruck von GoB zu finden, so daß sie als solche weitergehende Bedeutung erlangen (§§ 238 Abs. 1 S. 1, 243 Abs. 1). Ein Beispiel dafür bietet § 340b (Pensionsgeschäfte; s. dazu § 240, 21). Abschließender Charakter kommt den §§ 340 ff,
341 ff dagegen nicht zu. Neben ihnen sind also noch §§ 238 ff anzuwenden. Die Erstreckung der zunächst nur für Kreditinstitute (§§ 1 Abs. 1, 2 Abs. 1 KWG) geltenden
Sondervorschriften auf Finanzdienstleistungsinstitute (§§ 1 Abs. 1a, 2 Abs. 6 KWG)
geht auf das Begleitgesetz zum Gesetz zur Umsetzung von EG-Richtlinien zur Harmonisierung bank- und wertpapieraufsichtsrechtlicher Vorschriften vom 22.10.1997
(BGBl. I S. 2567) zurück. Ergänzend gilt für den Bereich der Kreditwirtschaft noch die
VO über die Rechnungslegung der Kreditinstitute und Finanzdienstleistungsinstitute
(Kreditinstituts-Rechnungslegungsverordnung – RechKredV) i.d.F. der Bekanntmachung vom 11.12.1998 (BGBl. I S. 3658). Das Seitenstück für die Versicherungswirtschaft ist die Verordnung über die Rechnungslegung von Versicherungsunternehmen (RechVersV) vom 8.11.1994 (BGBl. I S. 3378). Die genannten Spezialregelungen
sind hier nicht im einzelnen zu würdigen. Betrachtet man das HGB als Gesamtregelung, so muß man es allerdings mit Skepsis zu Kenntnis nehmen, daß allein die bran-
chenbezogenen Sondervorschriften des Bilanzrechts (noch ohne die zuletzt angeführten umfänglichen Verordnungen) eine Dimension erreichen, die z.B. derjenigen des
Zweiten Buches über Personengesellschaften etwa entspricht. Dabei bezieht sich die
Skepsis erstens auf ein wohl übertriebenes technokratisches Vollständigkeitsstreben
und zweitens auf ein Regelungskonzept, das auf die Proportionen seiner Gegenstände
nicht die gebotene Rücksicht nimmt.

2. BiRiLiG: Gesetzgebungsverfahren

7   Der **äußere Gesetzgebungsablauf** (zu den inhaltlichen Konzepten vgl. Rdn. 8 f)
vollzog sich in folgenden Schritten[25]: Zunächst war allein die **Durchführung der
Bilanzrichtlinie** von 1978 veranlaßt. Die entsprechenden Vorarbeiten fanden im Vorentwurf eines BiRiLiG vom 5.2.1980 ihr erstes greifbares Ergebnis.[26] Dessen über-
arbeitete Fassung ergab den Referentenentwurf vom 18.5.1981,[27] der seinerseits die
Grundlage für den ersten Regierungsentwurf vom 10.2.1982 abgab (BTDrucks.
9/1878 = BRDrucks. 61/82). Das Ende der 9. Legislaturperiode verhinderte die weitere
parlamentarische Behandlung. Deshalb wurde der Entwurf in der 10. Legislaturperiode unter dem 26.8.1983 neu vorgelegt (BTDrucks. 10/317 = BRDrucks.
257/83).[28] Dieser zweite Regierungsentwurf unterschied sich von seinem Vorgänger

---

[25] Vgl. auch den Überblick bei *Glade*[2] Teil I, 14 ff;
Bonner HdR-*Streim* Fach 3, 87 ff; Küting/
Weber-*Braun* Kap. I, 1 ff.

[26] Text und synoptische Darstellung: *Forster/Gel-
hausen* Der Jahresabschluß nach dem Vorentwurf
eines Bilanzrichtlinie-Gesetzes (1980).

[27] Schrifttum zu den beiden Entwürfen (Auswahl):
Biener WPg 1980, 689; *Chmielewicz* DBW 1980,
295; *Clemm* WPg 1981, 385; *Eisele* BB 1982,
1025; *Herber* StBKongreß-Report 1981, 91;

Knobbe-Keuk StuW 1980, 172; *Schulze-Osterloh*
(Hrsg.) Alternativen zum Bilanzrichtlinie-
Gesetzentwurf, 1981; *Schwark* BB 1982, 1149;
Strobel DB 1980, 1225.

[28] Schrifttum zu den Regierungsentwürfen (Auswahl): *Biener* GmbH-Rdsch. 1982, 53 und 77;
ders. GmbH-Rdsch. 1983, 253; *Chmielewicz*
DBW 1982, 285; *Herber* BB 1982, 959; *v.
Wysocki* DB 1982, 1478; *ders.* DB 1983, 96.

allerdings in einem wesentlichen Punkt: Die Gleichstellung von GmbH und GmbH &
Co. KG war nicht mehr vorgesehen (dazu Rdn. 15). Nach der ersten Lesung im Deutschen Bundestag am 29.9.1983 wurde der Entwurf an die zuständigen Ausschüsse
unter Federführung des Rechtsausschusses überwiesen. Dieser richtete seinerseits einen
Unterausschuß ein, der eine eigene Gesetzgebungskonzeption entwickelte (vgl. noch
Rdn. 9 ff).[29] Der erste Teilentwurf vom 29.3.1985 war Gegenstand einer Anhörung in
der 17. Sitzung des Unterausschusses vom 9.5.1985; zum zweiten (vollständigen)
Entwurf vom 1.8.1985 fand nochmals eine Sachverständigenanhörung in der 18. und
19. Sitzung des Unterausschusses am 23. und 24.9.1985 statt. Die Stenographischen
Protokolle der Anhörungen (17. Sitzung: BT 925 5.85; der Entwurf vom 29.3.1985 ist
als Anlage 2 nachgeheftet; 18. und 19. Sitzung: BT 1075 10.85; dort als Anlage 2 der
Entwurf vom 1.8.1985) enthalten für die Auslegung einzelner Bestimmungen wesent-
liches Material.[30]

Zur **Durchführung der Konzernbilanzrichtlinie** von 1983 und der **Bilanzprüfer-** **8**
richtlinie von 1984 wurde unter dem 3.6.1985 ein zusammenfassender Regierungsentwurf vorgelegt (BTDrucks. 10/3440 = BRDrucks. 163/85). Dieser Regierungsentwurf wurde in die Beratungen des Unterausschusses einbezogen und bereits in den
Text des 2. Unterausschuß-Entwurfs vom 1.8.1985 (Rdn. 7 a.E.) integriert. Nach den
Anhörungen (Rdn. 7 a.E.) und nochmaliger Überarbeitung wurde der Entwurf zur
Durchführung der drei Richtlinien dem Deutschen Bundestag als Beschlußempfehlung und Bericht des Rechtsausschusses unter dem 18.11.1985 vorgelegt (BTDrucks.
10/4268). Die Verabschiedung in zweiter und dritter Lesung erfolgte in der 181. Sitzung des Deutschen Bundestages am 5.12.1985 (Plenarprotokoll 10/181 S. 13733 ff).
Der Bundesrat beschloß seine Zustimmung in der 558. Sitzung vom 19.12.1985
(Plenarprotokoll 558 S. 16 D). Nach seiner Verkündung im Bundesgesetzblatt am
24.12.1985 (BGBl. I S. 2355) trat das Gesetz am 1.1.1986 in Kraft.[31]

3. Ursprüngliche und neue Konzeption des BiRiLiG

a) Zur Konzeption der Regierungsentwürfe. Die Regierungsentwürfe von 1982 **9**
und 1983 (vgl. Rdn. 7) sind dadurch gekennzeichnet, daß sie, wenngleich in der äußeren Gestalt eines Artikelgesetzes, einen kompakten Bestand von Rechnungslegungs-,
Prüfungs- und Publizitätsbestimmungen vorsahen, die sich an die in § 236 Abs. 1
HGB-E 1983 (BTDrucks. 10/317, S. 4) aufgelisteten „Unternehmen" richteten, also
den Normadressaten im Prinzip rechtsformunabhängig definierten. Die auch nach den
Entwürfen für erforderlich gehaltenen Differenzierungen knüpften an zusätzliche
Merkmale der Normadressaten an, die danach in offenlegungspflichtige, prüfungs-
pflichtige und große prüfungspflichtige Unternehmen eingeteilt wurden (§ 236 Abs. 2
HGB-E 1983; vgl. BTDrucks. aaO). Unterschiedslos für alle Unternehmen sollte die
neue Generalnorm („true and fair view") des § 237 Abs. 2 HGB-E (BTDrucks. aaO
S. 5) gelten, also auch für Einzelkaufleute und für Handelsgesellschaften, die nach
Rechtsform und Struktur den §§ 105 ff, 161 ff entsprechen. Zwar nicht in der Form,

---

[29] Zum Entwurf des Unterausschusses s. namentlich: *Biener* DB 1985 Beilage Nr. 10 zu Heft 18;
Forster ZfbF 1985, 742; *Göllert/Ringling* BB
1985, 966; *Groh* DB 1985, 1849; *Helmrich* ZfbF
1985, 723; *Moxter* BB 1985, 1101; *v. Wysocki*
ZfbF 1985, 735.
[30] Teilweiser Textabdruck auch bei *Helmrich*
Bilanzrichtlinien-Gesetz (1986).

[31] Zum neuen Gesetz: *Busse v. Colbe/Chmielewicz*
DBW 1986, 289; *Coenenberg* DB 1986, 1581;
Eisele BB 1986, 493; *Großfeld* NJW 1986, 955;
Helmrich GmbH-Rdsch. 1986, 6; *Ordelheide/
Hartle* GmbH-Rdsch. 1986, 9 und 38; *Schulze-
Osterloh* ZHR 150 (1986) 403 und 532; *Wiesner*
WM 1986, 217.

aber doch in der Sache kam dieser Entwurf den Vorstellungen der Betriebswirtschaftslehre weit entgegen, die ein Rechnungslegungs- und Prüfungsrecht mit Geltung für
alle Unternehmen gefordert hatte.[32] Dagegen widersprach die Konzeption den Vorstellungen der Wirtschaft und ihrer Verbände.[33] Sie forderten, sich auf die Durchführung der Bilanzrichtlinie durch Änderung des Aktiengesetzes und des GmbH-
Gesetzes zu beschränken (kein „Übersoll"), unnütze Belastungen der Wirtschaft zu
vermeiden und das Gesetz lesbar und benutzerfreundlich zu gestalten.[34]

10   **b) Zur Konzeption des Unterausschusses.** Der Unterausschuß des Rechtsausschusses hat es bei einem kompakten Normenbestand in der äußeren Form eines
Artikelgesetzes belassen und ist diesen Weg konsequent zuende gegangen, indem er
die zuvor auf zwei Blöcke (§§ 38 ff HGB-E, §§ 236 ff HGB-E) verteilte Regelung im
neuen Dritten Buch des HGB zusammengefaßt hat. In der Sache ist eine neue Konzeption entwickelt worden, die darauf abzielt, bei der Reform nicht über den durch
die Richtlinie vorgegebenen Angleichungsstandard hinauszugehen. Wesentliche
Schritte auf dem damit eingeschlagenen Weg waren die Rückkehr zu einer rechtsformorientierten Bestimmung der Normadressaten (Verabschiedung des Unternehmensbegriffs aus seiner zentralen Rolle), die klare Trennung des Regelungskomplexes in
einen Grundlagenabschnitt, der die für alle Kaufleute geltenden Vorschriften zusammenfaßt (§§ 238 ff), und in einen ergänzenden Abschnitt für Kapitalgesellschaften
(§§ 264 ff) sowie die Zuordnung der den „true and fair view" fordernden Generalnorm
zum Kapitalgesellschaftsrecht (§ 264 Abs. 2). Zur Steuerneutralität des BiRiLiG vgl.
Anh. § 243, 8 f.

11   **c) Folgerungen und Kritik.** Es ist nach der Entscheidung des Gesetzgebers nicht
veranlaßt, die seinerzeit geführte umfängliche Diskussion wieder aufzunehmen.[35] Für
zukünftige Entwicklungen bleibt festzuhalten, daß die Konzeption der Regierungsentwürfe unter einem inneren Widerspruch litt, der ihre rechtspolitische Überzeu-
gungskraft erschüttern mußte. Widersprüchlich ist es, einen unternehmensrechtlichen,
also rechtsformunabhängigen, Regelungsansatz zu wählen und zugleich eine wesentlich nach Rechtsformen differenzierende Regelung zu wollen. Im Gesamtzusammen-
hang des geltenden Handels- und Gesellschaftsrechts ist die legislative Anknüpfung an
das Unternehmen nur hilfreich, wenn rechtsformübergreifende Fragen zu regeln sind
und der jeweilige Unternehmensträger als Regelungsadressat abkürzend bezeichnet
werden soll. Anzumerken bleibt ferner, daß der ursprüngliche unternehmensbezo-
gene, durch eine einheitlich geltende Bilanzzielbestimmung verstärkte Regelungsansatz trotz der vorgesehenen Differenzierungen die Tendenz begründete, unmittelbar nur für Kapitalgesellschaften geltende Anforderungen auch auf Einzelkaufleute
und Personengesellschaften zu übertragen. Es sollte sich aber auch nicht der Eindruck
verfestigen, daß das Bilanzrecht für Einzelkaufleute und Personengesellschaften einerseits, für Kapitalgesellschaften andererseits notwendig getrennte Materien seien und
eine Übertragung der für Kapitalgesellschaften geltenden Regeln grundsätzlich nicht

---

[32] Bierich/Busse v. Colbe/Laßmann/Lutter/*Chmie-
    lewicz* Rechnungslegung nach neuem Recht
    (ZGR-Sonderheft 2) S. 15; *Kommission* Rech-
    nungswesen im Verband der Hochschullehrer für
    Betriebswirtschaft e. V., DBW 1979, 1. Nach-
    weise zu den neuen Reaktionen bei *Chmielewicz*
    aaO S. 16 Fn. 3.

[33] *GEFIU* DB 1980 Beilage Nr. 12; *Spitzenver-
    bände der Wirtschaft* DB 1979, 1093; BB 1980

Beilage Nr. 9 zu Heft 28; BB 1981, 1864; DB
1981, 2447; DB 1984 Beilage Nr. 7 zu Heft 9.

[34] Weitere Stellungnahmen z. B.: BNotK GmbH-
    Rdsch. 1982, 45; *IdW* WPg 1984, 125; *WPK* und
    IdW WPg 1980, 501; WPg 1981, 609; WPg 1985,
    349 und 537.

[35] Nachweise in Fn. 27–29, 32–34.

in Frage kommen könne (vgl. auch § 243, 21). So ist es als Kritik an der Praxis vor Inkrafttreten des BiRiLiG nicht gut nachvollziehbar, daß die Mehrheit des Rechtsausschusses es als ihr besonderes Anliegen formuliert hat, „eine ähnliche Entwicklung wie nach der Verabschiedung des Aktiengesetzes im Jahre 1965" zu verhindern, und daß sie deshalb „einer pauschalen Übertragung der für Kapitalgesellschaften vorgeschriebenen Regelungen auf andere Rechtsformen" entgegenwirken wolle (Ausschußbericht, BTDrucks. 10/4268, S. 88 f). Wie die nunmehr für alle Kaufleute geltenden, weithin bisheriges Aktienrecht kodifizierenden §§ 246 ff, 252 ff zeigen, sind mit der kritisierten Übertragung durchaus annehmbare Ergebnisse erzielt worden. Seit dem Inkrafttreten des BiRiLiG ist die Rechtslage allerdings grundsätzlich anders zu beurteilen; vgl. dazu § 243, 20 f.

III. Das kodifizierte Bilanzrecht im Überblick

1. Zum Aufbau des Dritten Buches

Der Aufbau des Dritten Buches hängt eng mit der **Konzeptionsänderung** zusammen, die das Bilanzrichtlinie-Gesetz durch den Unterausschuß des Rechtsausschusses erfahren hat (Rdn. 10). Weil sich die Regierungsentwürfe pauschal an die Unternehmen wandten (Rdn. 9), konnten sie die Materie nicht nach dem jeweiligen Regelungsadressaten aufteilen. Vielmehr war auf dieser Basis nur eine Gliederung nach Sachkomplexen möglich, die von Jahresabschluß und Lagebericht ausging und über deren Prüfung und Offenlegung zu Formblättern und Sanktionen fortschritt. Demgegenüber erlaubte es der rechtsformbezogene Ansatz des Gesetzes, die Regelung in einen Abschnitt mit Geltung für alle Kaufleute (§§ 238–263) und in zwei ergänzende, den Kapitalgesellschaften (§§ 264–335) und den Genossenschaften (§§ 336–339)[36] gewidmete Abschnitte zu gliedern. Der nachträglich hinzugekommene **vierte Abschnitt mit ergänzenden Vorschriften** für Unternehmen bestimmter Geschäftszweige, nämlich der Kredit- und der Versicherungswirtschaft (§§ 340–341o), führt den Grundgedanken fort, die Rechnungslegung als Gegenstand des Handelsrechts aufzufassen und die Vorschriften deshalb in das HGB zu integrieren. Damit gerät das Prinzip zumindest an die Grenze seiner Leistungsfähigkeit (Rdn. 6a). **12**

Hervorzuheben ist die **Doppelfunktion des ersten Abschnitts:** Er enthält die grundsätzlich abschließende Regelung für Einzelkaufleute und Personengesellschaften und übernimmt zugleich die Aufgabe eines allgemeinen Teils, indem er die Basisvorschriften zusammenfaßt, die auch von AG, GmbH und Genossenschaft zu beachten sind. Durch das damit begründete Verhältnis genereller zu speziellen Normen soll eine zusätzliche Barriere (vgl. schon Rdn. 11) gegen die Verallgemeinerung der für Kapitalgesellschaften geltenden Anforderungen errichtet werden (Ausschußbericht, BTDrucks. 10/4268, S. 90). Der an Sachkomplexen orientierte Aufbau der Regierungsentwürfe kehrt erst auf der zweiten Gliederungsstufe bei den für Kapitalgesellschaften geltenden Vorschriften wieder. Dabei ist die in den Entwürfen noch nicht enthaltene Konzernrechnungslegung (§§ 290–315) zwischen die Rechnungslegung der Kapitalgesellschaft (§§ 264–289) und die Vorschriften über Prüfung, Publizität, Formblätter und Sanktionen (§§ 316–335) eingeschoben worden. **13**

---

[36] Zur Genossenschaftsbilanz vgl. *Großfeld/Reemann* FS für Goerdeler (1987) S. 149 ff.

2. Zu den Normadressaten

14   **a) Einzelabschluß. aa) Allgemeines.** Die jeweiligen Spitzenvorschriften des ersten Abschnitts (§§ 238, 242, 257) sprechen den Kaufmann als Träger des Unternehmens an und gelten gem. § 6 auch für Personenhandelsgesellschaften sowie AG und GmbH, ferner für die EWIV, nicht dagegen für die Partnerschaft; wegen der Einzelheiten vgl. § 238, 7 ff. Die Neufassung des Kaufmannsbegriffs in den §§ 1 ff durch das Handelsrechtsreformgesetz (HRefG) vom 22. 6. 1998 (BGBl. I S. 1474) hat auch für die Rechnungslegung Bedeutung. Insbesondere erlaubte es der Verzicht auf das Eintragungserfordernis nach § 2 a. F., den bisherigen § 262 aufzuheben (s. dort Rdn. 1). Vorausgesetzt ist die Kaufmannseigenschaft auch in § 263, nämlich für den jeweiligen kommunalen Unternehmensträger (vgl. noch § 263, 3). Die Vorschrift erlaubt also nur landesrechtliche Abweichungen von den grundsätzlich maßgeblichen §§ 238 ff.

15   **bb) Insbesondere: Kapitalgesellschaften & Co.** Besondere Vorschriften für Kapitalgesellschaften & Co. enthalten namentlich die §§ 264a–264c sowie § 335b. Sie sind durch das KapCoRiLiG 2000[37] in das Gesetz eingefügt worden und dienen im wesentlichen der bilanzrechtlichen Gleichstellung derjenigen Personenhandelsgesellschaften, bei denen eine natürliche Person weder als solche noch als Mitglied einer anderen Personengesellschaft unbeschränkt persönlich haftet, mit den Kapitalgesellschaften (§ 264a Abs. 1).[38] Der wesentliche Anwendungsfall ist nach wie vor die **GmbH & Co. KG**, die der Gesetzgeber des BiRiLiG bewußt nicht der GmbH gleichgestellt hatte (Einzelheiten: Erstbearbeitung Rdn. 15).[39] Das begegnete von Anfang an berechtigter rechtspolitischer Kritik,[40] war gemeinschaftsrechtlich fragwürdig[41] und führte schließlich zu der sogenannten GmbH & Co.-Richtlinie von 1990,[42] die für das deutsche Recht mit dem KapCoRiLiG durchgeführt worden ist,[43] nachdem die Bundesrepublik Deutschland 1999 auch noch in einem Vertragsverletzungsverfahren in absehbarer Weise unterlegen war.[44] Die neue Regelung, auf deren Einzelheiten im jeweiligen Zusammenhang einzugehen ist, ist gem. Art. 48 EGHGB erstmals auf die Rechnungslegung für die nach dem 31. 12. 1999 beginnenden Geschäftsjahre anzuwenden, bei Übereinstimmung von Kalender- und Geschäftsjahr also für das Jahr 2000.

16   **b) Konzernabschluß.** Während das Gesetz beim Einzelabschluß einen streng rechtsformorientierten Ansatz gewählt hat, verwendet es die Begriffe Mutter- und Tochterunternehmen, um den Anwendungsbereich der Vorschriften über die Kon-

---

[37] Gesetz zur Durchführung usw. (Kapitalgesellschaften- und Co.-Richtlinie-Gesetz – KapCoRiLiG) vom 24. 2. 2000 (BGBl. I S. 154); der volle Gesetzestitel würde die Fußnote sprengen. Abdruck der Materialien *IdW* (Hrsg.) Kapitalgesellschaften- und Co.-Richtlinie-Gesetz (KapCoRiLiG) 2000.

[38] Einführungs- und Überblicksaufsätze: *Eisolt/Verdenhalven* NZG 2000, 130; *Ernst* DStR 1999, 903; *Kusterer/Kirnberger/Fleischmann* DStR 2000, 606; *Luttermann* ZIP 2000, 517; *Strobel* DB 1999, 1713; *ders.* DB 2000, 53; *Zimmer/Eckhold* NJW 2000, 1361. Erläuterung der §§ 264a ff bei ADS[6] (Ergänzungsband 2001).

[39] Abg. *Dr. Schroeder* in der zweiten Gesetzesberatung des Deutschen Bundestages: Man wolle „das Scheunentor offenlassen"; vgl. Plenarprotokoll 10/181, S. 13733, 13747 B. Vgl. auch Bericht des Rechtsausschusses BTDrucks. 10/4268, S. 88;

Begr. RegE, BTDrucks. 10/317, S. 64 re. Sp. unten.

[40] Vgl. namentlich *Canaris* HandelsR[23] § 13 III; *Lutter/Mertens/Ulmer* BB 1983, 1737 f; *Schulze-Osterloh* ZHR 150 (1986) 403, 430 f; *Ulmer* Richterrechtliche Entwicklungen im Gesellschaftsrecht 1971–1985 (1986) S. 21.

[41] Vgl. *Biener* AG, KGaA, GmbH, Konzerne (1979) S. 23 f; *Lutter/Mertens/Ulmer* BB 1983, 1737, 1739; *Marx/Delp* DB 1986, 289; *Schwierz* BB 1984, 703 f.

[42] Richtlinie 90/605/EWG vom 8. 11. 1990 (ABl.EG Nr. L 317 S. 60); Abdruck auch in *IdW* aaO (Fn. 37) S. 154 ff.

[43] Ferner die Richtlinie 1999/60/EG vom 17. 6. 1999 (ABl.EG Nr. L 162 S. 65).

[44] EuGH Slg. 1999 I – 2175 = WM 1999, 1420; vgl. schon *Schulze-Osterloh* ZIP 1998, 2157.

zernrechnungslegung zu bestimmen (§§ 290 ff). In großen Zügen (Einzelheiten bleiben der Erl. zu §§ 290 ff vorbehalten) bietet sich zur Konsolidierungspflicht[45] folgendes Bild: (1.) Das Mutterunternehmen muß eine Kapitalgesellschaft sein (vgl. besonders § 290 Abs. 1 S. 1). Der sonst konzernrechtstypische rechtsformneutrale Ansatz bei der Bestimmung des herrschenden Unternehmens wird also bei der Konzernrechnungslegung nicht durchgehalten. Vielmehr kommen als Mutterunternehmen nur AG, KGaA und GmbH in Frage. Das entspricht weitgehend der bisher in § 329 Abs. 1 S. 1 AktG a.F., § 28 Abs. 1 EGAktG a.F. enthaltenen Regelung. Nur für die GmbH als Mutterunternehmen kommt es, anders als nach § 28 Abs. 1 EGAktG a.F., nicht mehr darauf an, daß wenigstens ein anderes Konzernunternehmen die Rechtsform einer AG oder KGaA hat. Weil das Gesetz die Konsolidierungspflicht davon abhängig macht, daß die Funktion des Mutterunternehmens von einer Kapitalgesellschaft wahrgenommen wird, brauchen Personengesellschaften grundsätzlich keinen Konzernabschluß nach §§ 290 ff aufzustellen. Anders ist es seit dem KapCoRiLiG 2000 (Rdn. 15) jedoch dann, wenn sie unter § 264a fallen. Eine andere Beurteilung kann auch nach § 11 Abs. 1 PublG geboten sein; denn für die Definition des auch dort verwandten Begriffs des Mutterunternehmens hebt das Gesetz insoweit nur auf Größenmerkmale, nicht auf die Rechtsform ab. (2.) Die Kapitalgesellschaft muß ihren Sitz im Inland haben. (3.) Zum Mutterunternehmen werden AG, KGaA oder GmbH durch die Existenz von Tochterunternehmen. Insoweit wird der Unternehmensbegriff rechtsformneutral gebraucht. Er umfaßt also alle Unternehmensträger, die rechnungslegungspflichtig sind. (4.) Für die Begründung des Mutter-Tochter-Verhältnisses bestehen zwei Möglichkeiten: entweder (a.) einheitliche Leitung (§ 18 Abs. 1 S. 1 AktG) und Beteiligung i.S.d. § 271 Abs. 1 (§ 290 Abs. 1) oder (b.) die Verwirklichung eines der in § 290 Abs. 2 aufgeführten Tatbestände (Konzern i.S.d. Konsolidierungsvorschriften, vgl. bereits Rdn. 5 mit Fn. 19 und 20).

3. Zum materiellen Gehalt der Neuregelung

Die Frage nach der **Bedeutung des neuen Bilanzrechts für das Handelsrecht** ist **17** bisher kaum diskutiert worden. Sie kann im Rahmen eines Kommentars nicht ausführlich erörtert, soll aber wenigstens gestellt und mit knappen Teilantworten versehen werden. (1.) Das Bilanzrecht des Dritten Buches ist, soweit es um den Einzelabschluß geht (Rdn. 14 f), rechtsformorientiert aufgebaut und ausgestaltet, also in seinem Kern *Handels- und nicht Unternehmensrecht*. Damit wird die Konzeption des geltenden Handelsrechts konsequent weitergeführt. Das ließ sich von dem unternehmensbezogenen Ansatz, den noch die Regierungsentwürfe favorisierten (Rdn. 9, 11), nicht behaupten. Die gesetzestechnischen Schwierigkeiten, die sich insoweit ergaben, sind der äußere Ausdruck einer widersprüchlichen Konzeption (Rdn. 11). (2.) Das Handelsrecht hat durch die Neuregelung des BiRiLiG eine *Aufwertung* erfahren, und zwar zum einen durch die unverkennbare qualitative Verbesserung gegenüber den bisherigen §§ 38 ff a.F., zum anderen durch die Reintegration von Rechnungslegungsvorschriften, die in Sondergesetze, vornehmlich in das Aktiengesetz, ausgegliedert waren.

---

[45] Inwieweit auch für die Interpretation des § 271 Abs. 2 auf §§ 290 ff zurückzugreifen ist, ist zweifelhaft und umstritten. Vgl. einerseits (Konsolidierungspflicht als Voraussetzung des § 271 Abs. 2) namentlich *Schulze-Osterloh* FS Fleck (1988) S. 313, 324 f; andererseits (von der Zugehörigkeit zum Konsolidierungskreis unabhängige Definition verbundener Unternehmen i.S.d. § 271 Abs. 2) *Kropff* DB 1986, 364, 366 f; *Meyer-Landrut/Miller/Niehus-Niehus/Scholz* Komm-GmbHG HGB §§ 238–335, 427; *Ulmer* FS Goerdeler (1987) S. 623, 632 f.

BankBiRiLiG und VersBiRiLiG haben mit den §§ 340–340o bzw. den §§ 341–341o allerdings auch die Grenzen deutlich erkennbar werden lassen, auf die ein solches Integrationsmodell stößt (s. Rdn. 6a). (3.) Die Neuregelung verdeutlicht, daß die Bilanz ungeachtet des öffentlich-rechtlichen Charakters der §§ 238 ff (dazu § 238 Rdn. 3 f) ein Gegenstand des Handelsrechts ist und von den Zielvorstellungen dieser privatrechtlichen Teilmaterie bestimmt wird. Das gilt aufgrund der in § 5 Abs. 1 EStG (Text: Anh. § 243, 3) verankerten Maßgeblichkeit der handelsrechtlichen Grundsätze ordnungsmäßiger Buchführung auch und gerade für das *Verhältnis von Handels- und Steuerrecht*. Die vielfältigen Erosionen des Maßgeblichkeitsprinzips (vgl. § 240, 17 ff; Anh. § 243, 13 ff, 19 ff) sind vor allem darauf zurückzuführen, daß sich die Judikatur in Steuersachen bei der Anwendung des Handelsrechts nicht vom Gläubigerschutzprinzip, sondern von dem Ziel „periodengerechter" Gewinnermittlung leiten läßt. Die Betonung des handelsrechtlichen Charakters der Bilanz und das gezielte Festhalten des Gesetzgebers am Begriff des Vermögensgegenstandes (§ 240, 11 f; Anh. § 243, 13 ff) lassen die gesetzlichen Bindungen der Steuerrechtsprechung klar hervortreten.[46] (4.) Die ausführliche gesetzliche Regelung, namentlich die Kodifizierung wesentlicher Grundsätze ordnungsmäßiger Bilanzierung, eröffnet schließlich die Chance, daß das von Mißverständnissen nicht freie *Verhältnis zwischen Bilanzrecht und Betriebswirtschaftslehre* neu durchdacht wird. Insbesondere können die normativen Grundlagen der Handelsbilanz auch durch (möglicherweise bessere) fachwissenschaftliche Erkenntnis nicht außer Kraft gesetzt werden (vgl. etwa § 238, 35 a. E., 37; § 241, 9 f; § 243, 19).

IV. Das Bilanzrecht im Rahmen des europäischen Gemeinschaftsrechts

Schrifttum

(vgl. zunächst die Angaben vor Rdn. 1, 3). Bibliographische Angaben bei *Schwarz* Europäisches GesellschaftsR (2000) vor Rdn. 212; ferner *Bleckmann* Die Richtlinie im Europäischen Gemeinschaftsrecht und im Deutschen Recht, HuRB S. 11.

1. Prinzip gemeinschaftskonformer Auslegung

18   Die gemeinschaftsrechtliche Herkunft des neuen Bilanzrechts (Rdn. 3 ff) ist auch nach dem Tätigwerden des deutschen Gesetzgebers von fortdauernder Bedeutung. Sie schlägt sich zunächst in dem Prinzip gemeinschaftskonformer Auslegung (oder richtlinienkonformer Auslegung) nieder. Dieser inzwischen allgemein anerkannte Grundsatz[47] gebietet es, die **Auslegung** des deutschen Bilanzrechts **primär am Rechtsangleichungsprogramm** der Richtlinien **auszurichten,** also bei Zweifeln über die Bedeutung der innerstaatlichen Regelung auf Wortlaut, Zweck, Systematik und Entstehungsgeschichte der jeweiligen Richtlinie zurückzugreifen.[48] Ergeben sich

---

[46] Zutreffend *Großfeld* NJW 1986, 955, 956 f; vgl. auch *dens.* ZHR 150 (1986) 289 f; ähnlich *Crezelius* ZGR 1987, 1, 45.

[47] EuGH Slg. 1990, I-4135 = DB 1991, 157 (Marleasing); BGH WM 1974, 510; BGHZ 63, 261, 263 ff = NJW 1975, 213; BGHZ 87, 59, 61 f = NJW 1983, 1676; BayObLGZ 1979, 182 = BB 1980, 597; OLG Köln GmbH-Rdsch. 1980, 129; *Schwarz* Europäisches GesellschaftsR (2000),

Rdn. 242 ff; HuRB-*Bleckmann* 11, 27 f; *Everling* RabelsZ 1986, 193, 224 ff; *Hennrichs* Wahlrechte im Bilanzrecht der Kapitalgesellschaften (1999) S. 84 ff, 88 ff; *Lutter* in Bierich/Busse v. Colbe/Laßmann/Lutter, Rechnungslegung nach neuem Recht (ZGR-Sonderheft 2) S. 3, 6 f; *Ulmer* FS Goerdeler (1987) S. 623, 646.

[48] Zur Auslegung der Richtlinie nach Gemeinschaftsrecht vgl. *Bleckmann* aaO (Fn. 47), S. 11, 21 ff.

danach Zweifel am Sinngehalt der Richtlinienregelung selbst, so ist die Rechtssache von letztinstanzlichen Gerichten gem. Art. 234 EGV dem EuGH zur Vorabentscheidung über die Auslegung des Gemeinschaftsrechts (nicht: der deutschen Regelung) vorzulegen. Diese Vorlage ist in dem Sinne Gegenstand rechtlicher Verpflichtung, daß nur der EuGH gesetzlicher Richter i. S. d. Art. 101 Abs. 1 S. 2 GG ist.[49] Ein solches Vorgehen ist auch dann geboten, wenn es auf die Bedeutung der 4. Richtlinie für die Rechnungslegung von Einzelkaufleuten oder solchen Gesellschaften ankommt, die dem Geltungsanspruch der Richtlinie nicht unterliegen, ferner, soweit die handelsrechtlichen Grundsätze gem. § 5 Abs. 1 S. 1 EStG das Bilanzsteuerrecht beeinflussen. Namentlich das zweite hat praktische Bedeutung; s. deshalb zu Einzelheiten Anh. § 243, 7a ff.

2. Unmittelbare Rechtswirkung der Richtlinien

Die EG-Richtlinien generell und die Bilanzrichtlinien insbesondere können zur **19** relativen **Ungültigkeit entgegenstehenden nationalen Rechts** führen. Während früher die Meinung vorherrschte, daß Richtlinien sich gem. Art. 249 EGV nur an die Mitgliedstaaten wenden und deshalb vor ihrer Durchführung keine innerstaatlichen Wirkungen erzeugen,[50] hat sich in der Rechtsprechung des EuGH[51] unter Fortbildung des Art. 249 EGV der Standpunkt durchgesetzt, daß sich der einzelne Marktbürger in seinem Vertikalverhältnis gegenüber dem Mitgliedstaat (nicht horizontal gegenüber Dritten) auf den Richtlinieninhalt berufen darf, wenn dieser selbst rechtssatzmäßig klar und unbedingt ist und er aus diesem Inhalt Folgerungen zu seinen Gunsten ableitet.[52] Wenn diese Voraussetzungen erfüllt sind, darf das entgegenstehende nationale Recht nicht angewandt werden. Dem Standpunkt des EuGH hat in der deutschen Judikatur nur der BFH widersprochen, und zwar mit der Begründung, daß eine Kompetenz des EuGH zur Fortbildung des Art. 249 EGV mit dem Ergebnis unmittelbarer Rechtswirkung von Richtlinien durch das deutsche Zustimmungsgesetz zu den Römischen Verträgen nicht gedeckt sei.[53] Die Leitentscheidung des BFH ist indessen vom BVerfG aufgehoben und die Rechtsfortbildung durch den EuGH in Ergebnis und Methode gebilligt worden.[54] Damit steht fest, daß es gegen die unmittelbare Rechtswirkung von EG-Richtlinien auch keine tragfähigen verfassungsrechtlichen Einwände gibt, weshalb sich auch das grundsätzliche Problem erledigt, ob solche aus der Rechtsordnung eines Mitgliedstaats abgeleiteten Einwände gegen das Gemeinschaftsrecht durchdringen könnten. Fraglich bleibt demnach nur, ob die Voraussetzungen solcher unmittelbaren Rechtswirkung im Einzelfall erfüllt sind. Angesichts der detaillierten Bestimmungen der Bilanzrichtlinien wird es an einem hinlänglich klaren und unbedingten Regelungsinhalt kaum fehlen. Soweit es um das Horizontalverhältnis geht (etwa: um die Beziehungen des Buchführungspflichtigen zu seinen Gläubigern oder um die Beziehungen der buchführungspflichtigen Gesellschaft zu ihren Gesellschaftern), ist mit

---

49 BVerfGE 73, 339, 366 ff = RIW 1987, 62; BVerfG BB 1987, 2111 f = RIW 1987, 878. Aus der gemeinschaftsrechtlichen Judikatur vgl. EuGH NJW 1983, 1257 = RIW 1983, 281.

50 Die Entwicklung des Meinungsstandes ist dargestellt bei *Bleckmann* RIW 1984, 774; *Everling* FS Carstens Bd. I (1984) S. 95, 97.

51 Vgl. namentlich EuGH, Slg. 1982, 53 = RIW 1982, 186; Überblick über die Judikatur des EuGH bei *Bleckmann* aaO (Fn. 47) S. 11, 15 ff; *Schulze-Osterloh* ZHR 150 (1986) 403, 430.

52 Sogenannte „begrenzte direkte Wirkung", vgl. *Schwarz* Europäisches GesellschaftsR (2000), Rdn. 231; *Everling* FS Carstens (Bd. I 1984) S. 95, 106.

53 BFH BStBl. 1981 II 692 f; BFHE 143, 383 ff = BB 1985, 1317.

54 BVerfG BB 1987, 2111, 2113 f = RIW 1987, 878. Kritisch zur Rspr. des BFH zuvor schon *Duhnkrack* RIW 1986, 40; *Magiera* DÖV 1985, 937; *Tomuschat* EuR 1985, 346; seither *Hartung* RIW 1988, 52, 55.

einer direkten Richtlinienwirkung nach dem heutigen Stand der Praxis nicht zu rechnen; sie wird von der Schadensersatzpflicht säumiger Mitgliedstaaten teilweise substituiert.[55]

V. Inkrafttreten; Übergangsvorschriften

Schrifttum

(vgl. auch die Angaben vor Rdn. 1). *Muscheid* Übergangsvorschriften des Bilanzrichtlinien-Gesetzes für den Einzelabschluß, BB 1986, 355; *Weber/Damm/Haeger/Zündorf* Die Übergangsvorschriften des Bilanzrichtlinien-Gesetzes, DB 1986, Beil. Nr. 17.

1. Inkrafttreten (Art. 13 BiRiLiG)

20   **Grundsatz.** Die Vorschriften des BiRiLiG sind am 1.1.1986 in Kraft getreten (Art. 13 S. 1 BiRiLiG). **Ausnahmen** bestehen für einige der in Art. 6 BiRiLiG zusammengefaßten Änderungen der Wirtschaftsprüferordnung. Am 1.1.1987 sind die Änderungen des § 38 Abs. 1 WPO und die Aufhebung des § 41 WPO in Kraft getreten (Art. 6 Nr. 8 und 9 BiRiLiG: Neuordnung des Berufsregisters). Erst am 1.1.1990 sind in Kraft getreten: Art. 6 Nr. 2 lit. a, Nr. 3 lit. b, Nr. 6 lit. a, Nr. 7 lit. a und Nr. 20 zu § 134a Abs. 1 und 3 WPO.

2. Übergangsrecht (Art. 11 BiRiLiG)

21   **a) Zu Art. 11 Abs. 1 BiRiLiG. aa) Seit dem 1.1.1986 verbindliche Vorschriften.** Die maßgeblichen Übergangsvorschriften sind durch Art. 11 Abs. 1 BiRiLiG in Art. 23 ff EGHGB eingefügt worden. Nach Art. 23 EGHGB ergibt sich die Einteilung des Rechtsstoffs in vier Abschnitte, nämlich in diejenigen Vorschriften, die schon mit dem Inkrafttreten des BiRiLiG verbindlich geworden sind, in die Vorschriften über den Einzelabschluß (Rdn. 22), in die Bestimmungen über den Konzernabschluß (Rdn. 23) und schließlich in prüfungsrechtliche Sondervorschriften (Rdn. 24 ff). Als Grundsatz gilt: Soweit sich aus Art. 11 Abs. 1 BiRiLiG i. V. m. Art. 23 ff EGHGB nichts anderes ergibt, sind die neuen Regelungen mit dem Inkrafttreten des Gesetzes am 1.1.1986 verbindlich geworden. Dieser Grundsatz erfaßt folgende Vorschriften: §§ 238–240 Abs. 1 und 2, 241, 257–261, 262, 263, 316–324 (soweit nicht die in Rdn. 26 genannten Ausnahmen vorliegen), 331–335 HGB. Aus dem Aktienrecht sind ab 1.1.1986 anzuwenden: §§ 58 Abs. 2a, 131, 143 Abs. 2a, 208 AktG. Zur Wirtschaftsprüferordnung vgl. Rdn. 20, zu § 29 GmbHG unten Rdn. 28. Zu § 240 Abs. 3 und 4: Die Bilanzierung zum Festwert oder Durchschnittswert, die § 256 S. 2 zuläßt, kann nicht ohne entsprechende Inventarisierung erfolgen. Die Inventarerleichterungen des § 240 Abs. 3 und 4 müssen deshalb den Abschlußvorschriften (Rdn. 22) zugerechnet werden (ebenso ADS[5] Art. 23 EGHGB, 7). Daraus ergibt sich das Wertbeibehaltungswahlrecht nach Art. 24 Abs. 1 EGHGB; vgl. § 240, 63 und 71.

22   **bb) Vorschriften über den Einzelabschluß.** Nach Art. 23 Abs. 1 S. 1 EGHGB mußten die Bestimmungen über den Jahresabschluß, den Lagebericht sowie über die Offenlegungspflicht, also die §§ 242–256, §§ 264–289, §§ 325–329, erstmals auf dasjenige Geschäftsjahr angewandt werden, das nach dem 31.12.1986 begann. Wenn das Geschäftsjahr mit dem Kalenderjahr zusammenfällt (dazu § 240, 41 ff), mußten Jahresabschluß und Lagebericht demnach erstmals per 31.12.1987 nach neuem Recht auf-

---

[55] Vgl. zum ersten Gesichtspunkt EuGH Slg. 1994, I-3347; zum zweiten Aspekt EuGH Slg. 1991, I-5357; *Herdegen/Rensmann* ZHR 161 (1997) 522 ff m. w. N.

gestellt und offengelegt werden. Beginnt das Geschäftsjahr mit dem 1. 7., so ist der maßgebliche Stichtag der 30. 6. 1988. Eine Übergangsfrist einzuräumen, war unvermeidlich (vgl. dazu Ausschußbericht, BTDrucks. 10/4268, S. 149). Es läßt sich allerdings nicht verkennen, daß nicht nur die Durchführungsfrist des Art. 55 Abs. 1 der 4. Richtlinie schon 1980 abgelaufen war. Vielmehr findet die gewährte Übergangsfrist auch in dem isoliert gelesenen Art. 55 Abs. 2 der 4. Richtlinie in den Fällen keine Basis, in denen das Geschäftsjahr nach dem 1. 7. 1987 begonnen hat; denn bis zu seinem Ablauf ist der Zeitraum von 18 Monaten für die Anwendung des neuen Rechts notwendig überschritten worden. Unbenommen blieb nach Art. 23 Abs. 1 S. 2 EGHGB die „vorzeitige" freiwillige Anwendung der neuen Vorschriften, jedoch nur insgesamt, nicht selektiv.

cc) Vorschriften über den Konzernabschluß. Gem. Art. 23 Abs. 2 S. 1 EGHGB **23** waren die neuen Bestimmungen über den Konzernabschluß, den Konzernlagebericht und die konzernbezogene Offenlegung, also die §§ 290–315, 325–329, erstmals auf dasjenige (Konzern-)Geschäftsjahr anzuwenden, das nach dem 31. 12. 1989 begann. Sie sind also frühestens, nämlich bei Übereinstimmung von Geschäftsjahr und Kalenderjahr, für die Abschlüsse per 31. 12. 1990 obligatorisch geworden. Der Gesetzgeber hat damit von dem in Art. 49 Abs. 2 der 7. Richtlinie den Mitgliedstaaten eingeräumten Wahlrecht Gebrauch gemacht. Unbenommen war auch insoweit die freiwillige frühere Anwendung der neuen Vorschriften, und zwar grundsätzlich wiederum (vgl. Rdn. 22 a. E.) insgesamt (Art. 23 Abs. 2 S. 2 EGHGB). Von diesem Grundsatz der Gesamtanwendung läßt Art. 23 Abs. 2 S. 3 EGHGB wesentliche Ausnahmen zu, nämlich von der einheitlichen (sonst notwendig: neuen) Bewertung nach dem Recht des Mutterunternehmens (§ 308) und von der Einbeziehung assoziierter Unternehmen (§§ 311, 312). Zweck: Es soll die gleichzeitige Umstellung der Rechnungslegung für die Einzelabschlüsse der Konzernunternehmen (Rdn. 22) und für den Konzernabschluß ermöglicht werden (Begr. RegE, BTDrucks. 10/3440, S. 58 re. Sp.). Zu Einzelheiten vgl. ADS[5] Art. 23 EGHGB, 51 ff.

dd) Prüfungsrechtliche Vorschriften. Für den **Einzelabschluß** gilt: Für die An- **24** wendung des einschlägigen Art. 23 Abs. 3 S. 1 EGHGB ist zwischen drei Fallgruppen zu unterscheiden, nämlich den Unternehmen, die schon vor dem 1. 1. 1986 (Inkrafttreten der Art. 1–10 BiRiLiG) prüfungspflichtig waren, ferner den Unternehmen, die seit dem 1. 1. 1986 prüfungspflichtig geworden sind, und schließlich denjenigen, deren nach früherem Recht bestehende Prüfungspflicht am 1. 1. 1986 erloschen ist. Erste Gruppe: Sie umfaßt die (nicht kleine) AG und die nach PublG a. F. prüfungspflichtigen Unternehmen. Die Prüfungspflicht besteht weiter. §§ 316–324 gelten grundsätzlich (Ausnahmen: Rdn. 26) ab 1. 1. 1986, also auch dann, wenn sich der Abschluß auf ein Geschäftsjahr bezieht, das vor diesem Stichtag abgelaufen ist. Zweite Gruppe: Hierher gehört vor allem die prüfungspflichtig gewordene GmbH. §§ 316–324 sind erst auf das Geschäftsjahr anzuwenden, das nach dem 31. 12. 1986 beginnt. Die Rechtslage für die Prüfung entspricht also derjenigen für den Jahresabschluß und seine Offenlegung, vgl. Rdn. 22. Dritte Gruppe: Nach der bis zum 31. 12. 1985 bestehenden Rechtslage war die AG ohne Rücksicht auf Größenmerkmale prüfungspflichtig. Die Prüfungspflicht besteht seit dem 1. 1. 1986 nicht mehr, wenn die AG kleine Kapitalgesellschaft i. S. d. § 267 Abs. 1 ist (§ 316 Abs. 1), es sei denn, daß sie ein Kreditinstitut oder ein Versicherungsunternehmen betreibt (§ 27 Abs. 2 KWG, § 55 VAG). Einzelfragen: ADS[5] Art. 23 EGHGB, 77 ff.

Konzernabschluß. Unternehmen, die am 1. 1. 1986 zur Konzernrechnungslegung **25** verpflichtet gewesen sind, sind verpflichtet geblieben. Weil Art. 23 Abs. 3 S. 2 EGHGB insoweit keine abweichende Bestimmung trifft, sind die §§ 316–324 (Ausnahme: § 319

Abs. 2 Nr. 8, vgl. Rdn. 26), von diesem Tag an anzuwenden; sie gelten also auch für die Prüfung zurückliegender Konzernabschlüsse. Für Unternehmen, die am 1.1.1986 nicht zur Konzernrechnungslegung verpflichtet gewesen sind, gilt die Übergangsregelung des Art. 23 Abs. 3 S. 2 EGHGB. Die neugefaßten Prüfungsvorschriften sind also erstmals auf das nach dem 31.12.1989 beginnende (Konzern-)Geschäftsjahr anzuwenden.

26   **Bestätigungsvermerk; Auswahlhinternis des § 319 Abs. 2 Nr. 8.** Für den Bestätigungsvermerk (Testatformel des § 322 Abs. 1) trifft Art. 23 Abs. 3 S. 3 EGHGB eine Sonderregelung. Sie soll gewährleisten, daß die neue Fassung des Testats nur verwandt wird, wenn die geprüften Abschlüsse oder Berichte auch nach neuem Recht aufgestellt sind. Die erstmalige Anwendung des § 322 Abs. 1 variiert also entsprechend den in Rdn. 22 f entwickelten Grundsätzen. Eine besondere Übergangsbestimmung enthält schließlich noch Art. 23 Abs. 4 BiRiLiG für das Auswahlhinternis des § 319 Abs. 2 Nr. 8. Der Ausschlußtatbestand war erstmals auf das Geschäftsjahr anzuwenden, das nach dem 1.1.1992 begonnen hat. Wenn das Geschäftsjahr dem Kalenderjahr entspricht, bestand das Auswahlhinternis also erst für das Geschäftsjahr 1993. Der Formulierungsunterschied zwischen Art. 23 Abs. 1 bis 3 EGHGB (nach dem 31.12. beginnende Geschäftsjahre) und Art. 23 Abs. 4 EGHGB (nach Inkrafttreten des Gesetzes) ist offenbar beabsichtigt.

27   **ee) Art. 24–28 EGHGB (Überblick und Weiterverweis).** Während Art. 23 EGHGB die Basisvorschriften für den Übergang auf das neue Bilanzrecht enthält, regeln Art. 24–28 EGHGB einzelne Übergangsfragen, nämlich bei Bewertung (Art. 24 EGHGB), bei Prüfung von gemeinnützigen Wohnungsunternehmen (Art. 25 EGHGB), infolge Erweiterung des Kreises der Abschlußprüfer (Art. 26 EGHGB), bei Kapitalkonsolidierung (Art. 27 EGHGB) und schließlich bei Pensionsverpflichtungen und -anwartschaften (Art. 28 EGHGB). Die einschlägigen Fragen sind im jeweiligen Zusammenhang zu erläutern. Zu § 240 Abs. 3 und 4 im Zusammenhang des Art. 24 Abs. 1 EGHGB vgl. § 240, 63 und 71.

28   **b) Zu Art. 11 Abs. 2 BiRiLiG (Gewinnverwendung in der GmbH).** § 29 GmbHG ist durch Art. 3 Nr. 1 BiRiLiG geändert worden; Danach tritt die grundsätzliche Verfügungsfreiheit der Gesellschaftermehrheit an die Stelle des bisherigen Prinzips vollständiger Gewinnausschüttung. Der Gesetzgeber bezweckt damit eine Stärkung der Eigenkapitalbasis (Begr. RegE, BTDrucks. 10/317, S. 109).[56] Die neugefaßte Vorschrift ist jedoch nicht ab 1.1.1986, sondern nur nach Maßgabe der in Art. 12 § 7 GmbH-Novelle 1980 enthaltenen Übergangsregelung anzuwenden; Art. 12 § 7 GmbH-Novelle 1980 geht wiederum auf Art. 11 Abs. 2 BiRiLiG zurück. Danach besteht eine **Registersperre** für die Eintragung von Änderungen des Gesellschaftsvertrags, wenn nicht zugleich eine gesellschaftsvertragliche Regelung der Gewinnverwendung angemeldet wird, die dem § 29 GmbHG Rechnung trägt (dazu mit eingehenden Nachweisen BayObLG NJW 1988, 426). Auf sogenannte Altanmeldungen (bis zum 31.12.1985) ist die Registersperre nicht anzuwenden.[57] Das ergibt sich aus restriktiver Auslegung des Art. 12 § 7 GmbH-Novelle 1980, die ihrerseits notwendig ist, weil den Gesellschaftern sonst keine Zeit verbliebe, sich auf die neue Gewinnverwendungsvorschrift einzustellen (vgl. wegen der Daten Rdn. 8 a. E.).

---

[56] Zur Problematik der Regelung vgl. *Geßler* BB 1986, 227; *Goerdeler* FS Werner (1984) S. 153; *Hommelhoff* WPg 1984, 629, 637 f; *Maulbetsch* DB 1986, 953; *Renkl* DB 1986, 108.

[57] OLG Celle RPfl. 1986, 261; OLG Hamm WM 1987, 405 = WuB II C. § 7 GmbHG 1.87 m. Anm. *Hüffer*; LG Traunstein RPfl. 1986, 227.

§238
Buchführungspflicht

(1) Jeder Kaufmann ist verpflichtet, Bücher zu führen und in diesen seine Handelsgeschäfte und die Lage seines Vermögens nach den Grundsätzen ordnungsmäßiger Buchführung ersichtlich zu machen. Die Buchführung muß so beschaffen sein, daß sie einem sachverständigen Dritten innerhalb angemessener Zeit einen Überblick über die Geschäftsvorfälle und über die Lage des Unternehmens vermitteln kann. Die Geschäftsvorfälle müssen sich in ihrer Entstehung und Abwicklung verfolgen lassen.

(2) Der Kaufmann ist verpflichtet, eine mit der Urschrift übereinstimmende Wiedergabe der abgesandten Handelsbriefe (Kopie, Abdruck, Abschrift oder sonstige Wiedergabe des Wortlauts auf einem Schrift-, Bild- oder anderen Datenträger) zurückzubehalten.

Übersicht

Rdn.

I. Grundlagen
1. Regelungsgegenstand 1
2. Regelungszweck; Rechtsnatur der Buchführungspflicht 2
3. Zwingender Charakter 5
4. Ursprünge 6

II. Voraussetzungen der handelsrechtlichen Buchführungspflicht
1. Kaufmannseigenschaft
   a) Einzelkaufleute 7
   b) Handelsgesellschaften 9
   c) EWIV; Partnerschaft 9a
   d) Juristische Personen als Einzelkaufleute; Eigenbetriebe; Versicherungsvereine 10
2. Zeitliche Grenzen
   a) Allgemeines
      aa) Beginn der Buchführungspflicht 11
      bb) Ende der Buchführungspflicht 13
   b) Insbesondere: Vorgesellschaften ... 16

III. Die Person des Buchführungsverantwortlichen
1. Einzelkaufleute
   a) Allgemeines 17
   b) Gesetzliche Vertretung 18
   c) Hilfspersonen; Fernbuchführung .. 19
   d) Zweigniederlassungen 20
2. OHG und KG; EWIV
   a) Beschränkung auf geschäftsführende Gesellschafter bzw. Geschäftsführer 21
   b) Keine Buchführungspflicht der Kommanditisten 22
3. AG und GmbH 23
4. Zweigniederlassungen ausländischer Unternehmen

Rdn.

   a) Allgemeines 24
   b) Besonderheiten der Kredit- und Versicherungswirtschaft 25
5. Vermögensverwalter
   a) Testamentsvollstrecker 28
   b) Insolvenzverwalter 30

IV. Die Führung der Handelsbücher nach den GoB
1. Das sachliche Substrat der Buchführung („Handelsbücher")
   a) Entwicklung und Begriff 31
   b) Rechtliche Behandlung außerhalb der §§ 238 ff 34
2. GoB: Rechtsnatur und Ermittlung
   a) Rechtsnatur: Meinungsstand 35
   b) Herleitung: Meinungsstand 36
   c) Ausgangspunkt: Die Bestimmung der GoB als Rechtsproblem 37
   d) Die Vorstellung des historischen Gesetzgebers und ihre Grenzen 38
   e) Geltendes Recht: GoB als Rechtsnormen 41
   f) Insbesondere: Fachgutachten; Stellungnahmen 45
3. GoB: Formelle GoB; Buchführungsrichtlinien; Kontenrahmen
   a) Formelle und materielle GoB; GoI 46
   b) Buchführungsrichtlinien 47
   c) Kontenrahmen 49
4. Dokumentation und Feststellung der Vermögenslage
   a) Dokumentation (Buchung der „Handelsgeschäfte") 50
   b) Lage des Vermögens
      aa) Allgemeines 51

Uwe Hüffer

	Rdn.		Rdn.
bb) Buchführungspflicht nur für das Geschäftsvermögen	52	1. Überblick	64
5. Mindestanforderungen an die Buchführung (§ 238 Abs. 1 S. 2 und 3)		2. Verletzung der Buchführungspflicht als Insolvenzstraftat	
a) Überschaubarkeit	56	a) Allgemeines	65
b) Verfolgbarkeit	59	b) Gesetzesauszug	66
V. Zurückbehaltung von Briefwiedergaben (§ 238 Abs. 2)		c) Einzelfragen	67
1. Zurückbehaltungspflicht		3. Erweiterung des Täterkreises (§ 14 StGB)	
a) Zweck, Voraussetzungen, Schuldner	60	a) Allgemeines	69
b) Handelsbriefe	61	b) Gesetzestext	70
2. Übereinstimmende Wiedergabe	62	c) Einzelfragen	71
VI. Rechtsfolgen bei Verletzung der handelsrechtlichen Buchführungspflicht		VII. Zur Abgrenzung: „Zivilrechtliche" Buchführungspflichten	73
		VIII. Steuerrechtliche Buchführungspflichten (Überblick)	
		1. Tatbestände und Ausgestaltung	74
		2. Rechtsfolgen	76

Schrifttum

(vgl. auch die Angaben vor § 238 und unten vor Rdn. 35, 65, 69, 74). *Biener* Die Neufassung handelsrechtlicher Buchführungsvorschriften, DB 1977, 257; *Feuerbaum* EDV-Buchführung, GoB, AO 1977 und HGB, DB 1977, 549 und 597; *Icking* Die Rechtsnatur des Handelsbilanzrechts – zugleich ein Beitrag zur Abgrenzung von öffentlichem und privatem Recht, Tübinger Schriften zum Staats- und Verwaltungsrecht Bd. 53 (2000); *Kruse* Grundsätze ordnungsmäßiger Buchführung³ (1979); *Leffson* Die Grundsätze ordnungsmäßiger Buchführung⁷ (1987); *W. Müller* Der Jahresabschluß im Spannungsfeld zwischen öffentlichem Recht und Gesellschaftsrecht, Festschrift Moxter (1994) S. 75; *Offerhaus* Die neuen handelsrechtlichen Buchführungsvorschriften, BB 1976, 1622; *Schuppenhauer* EDV-Buchführung im Ausland, WPg 1984, 514; *Zepf* Die Realisierung der Belegfunktion bei Einsatz unterschiedlicher Informationstechnologie, WPg 1985, 621.

I. Grundlagen

1. Regelungsgegenstand

1   Die Vorschrift geht auf § 38 a. F. zurück. Wortgleich mit § 38 Abs. 1 a. F. begründet sie die **handelsrechtliche Buchführungspflicht** (§ 238 Abs. 1 S. 1), spricht ohne Vorbild in § 38 a. F. die allgemeinen Anforderungen aus, denen die Buchführung genügen muß (§ 238 Abs. 1 S. 2 und 3), und verpflichtet den Kaufmann unter nur sprachlicher Änderung des § 38 Abs. 2 a. F. zur Zurückbehaltung von Briefkopien oder vergleichbaren Wiedergaben (§ 238 Abs. 2). Der Regelungskern liegt in § 238 Abs. 1 S. 1. Die danach verbindlichen GoB schließen die Zurückbehaltung von „Briefkopien" als Bestandteil der Dokumentationspflicht ein; insoweit hat § 238 Abs. 2 heute also nur noch klarstellenden Charakter (vgl. aber noch Rdn. 62 f zur Wiedergabetechnik). Entsprechendes gilt für § 238 Abs. 1 S. 2 und 3, mit denen der Gesetzgeber des BiRiLiG die in § 145 Abs. 1 AO getroffene Regelung sinngleich übernommen hat;[1] denn es ist kaum vorstellbar, daß die Buchführung den GoB entspricht und das damit erzielte Ergebnis trotzdem hinter den Minimalanforderungen an Aussagefähigkeit zurückbleibt.

---

[1] Vgl. Begr. RegE, BTDrucks. 10/317, S. 72.

2. Regelungszweck; Rechtsnatur der Buchführungspflicht

Meinungsstand. Über den Zweck der handelsrechtlichen Buchführungspflicht **2** besteht im großen und ganzen Einigkeit; einzelne Aspekte und ihr Verhältnis zueinander werden jedoch unterschiedlich beurteilt. Nach ganz h. M. liegt der zentrale, die gesetzliche Pflicht zur Buchführung (und Bilanzierung) rechtfertigende Gesichtspunkt im **Schutz der Gläubiger,** der durch den kontinuierlichen Überblick des Kaufmanns über seine wirtschaftliche Lage verwirklicht werden soll. Schlagwortartig kann vom Gläubigerschutz durch Selbstkontrolle des Kaufmanns gesprochen werden.[2] Bezweckt ist ferner die **Dokumentation der Geschäftsvorfälle.**[3] Sie ist nicht nur Instrument des Gläubigerschutzes, sondern hat wegen der Vorverlegungsbestimmungen der §§ 258 ff auch selbständige Bedeutung. Teilweise wird in der Dokumentation sogar der primäre Zweck der Buchführungspflicht gesehen (*Kruse* GoB[3] S. 199 f). Eher diffus wird das Meinungsbild in drei Fragen. Erstens kann der Zweck der Buchführung nicht unabhängig vom Zweck der Bilanz gesehen werden. Die verschiedenen, in ihren Hauptrichtungen üblicherweise als statisch oder als dynamisch gekennzeichneten Bilanzauffassungen können sich deshalb schon bei der Beurteilung der Buchführungspflichten auswirken. In der rechtlichen Beurteilung dominiert nach wie vor die statische, im Kern auf die Ermittlung des Vermögensstandes abzielende Bilanzauffassung (vgl. § 242, 8 f und Anh. § 243, 20). Zweitens stellt sich die Frage nach einem generellen Rechenschaftszweck der Buchführung; er wird im betriebswirtschaftlichen Schrifttum bejaht (*Leffson* GoB[7] S. 56 ff), im juristischen dagegen verneint.[4] Schließlich begegnen unter den Buchführungszwecken bislang unwidersprochen auch die Belange des Steuerfiskus.[5] **Rechtsnatur.** Weil alle genannten Gesichtspunkte über die Individualinteressen bestimmter Personen hinausreichen, besteht folgerichtig nahezu Einigkeit in der Einschätzung der Buchführungspflicht als öffentlich-rechtlicher, auf die Wahrung des Allgemeininteresses gerichteter Pflicht.[6]

Stellungnahme. Mit der h. M. ist der Zweck der Buchführungspflicht im **Gläubi- 3 gerschutz durch Selbstkontrolle** des Kaufmanns zu finden; dieser Zweck dokumentiert sich hinreichend in der Bedeutung, die den Verstößen gegen die Pflicht zur Buchführung (Aufbewahrung; Bilanzierung) im Rahmen der Bankrottdelikte (§§ 283 ff StGB; dazu Rdn. 65 ff) zukommt. Hauptzweck ist ferner die **Dokumentation** der **Geschäftsvorfälle.** Dieser Gesichtspunkt, der in der historischen Entwicklung der Buchführung vorrangige Bedeutung gehabt hat (vgl. Rdn. 6), hat zwar seine besondere verfahrensrechtliche Rolle infolge des Prinzips freier Beweiswürdigung (§ 286 ZPO; vgl. Rdn. 34 und § 258, 22) eingebüßt, ist aber nach wie vor als Instrument der Selbstkontrolle und wegen der gerichtlichen Befugnis, die Vorlegung von Amts wegen anzuordnen, also auch gegen den Willen des Kaufmanns (§ 258 Abs. 1; vgl. dort Rdn. 10 f), von wesentlicher Bedeutung. Zu den drei nicht voll geklärten Fragen (Rdn. 2) gilt: Für das Handelsrecht verbleibt es bei der statischen Bilanzauffassung, weil nur sie dem vom Gesetz bezweckten Gläubigerschutz entspricht (genauer: § 242,

---

[2] BGH bei *Holtz* MDR 1981, 454; Begr. RegE 1. WiKG, BTDrucks. 7/3441, S. 38; *Blumers* S. 24; *Maul* Rechnungslegung S. 20; *Moxter* Bilanzlehre[3], Bd. II S. 5 f; LKStGB-*Tiedemann* § 283, 90 und § 283b, 1; kritisch jedoch KK-*Claussen/Korth* HGB § 238, 5.

[3] GoB[3]-*Kruse* S. 199 f; *Baetge* Bilanzen[4] (1996) 142.1; GoB[7]-*Leffson* S. 38 ff, 157 ff; *Moxter* Bilanzlehre[3], Bd. II S. 8 f.

[4] Klar *Tipke/Kruse* § 145, 8a.

[5] *Brüggemann* Voraufl. vor § 38, 4; *Düringer/Hachenburg/Lehmann* § 38, 1a.

[6] *Baumbach/Hopt* 4; *Canaris* HandelsR § 12 III 3; *Düringer/Hachenburg/Lehmann* § 38, 1 a; *Icking* S. 166 ff (Ergebnis: S. 443 f); *W. Müller* FS Moxter (1994) S. 75, 79 ff; kritisch jedoch KK-*Claussen/Korth* HGB § 238, 6; 242, 5.

Uwe Hüffer

8 f und Anh. § 243, 20). Dem geltenden Recht fremd ist auch ein genereller Rechenschaftszweck der Buchführung. Der Begriff der Rechenschaftslegung hat im Zusammenhang der §§ 238 ff schon keine genau faßbare rechtliche Bedeutung. Richtig ist nur, daß das Gesetz ein Informationsinteresse der Öffentlichkeit anerkannt hat, aber bezogen auf Jahresabschluß oder Bilanz und nur bei den publizitätspflichtigen Kapitalgesellschaften (§§ 325 ff) und solchen Unternehmen, die die Größenmerkmale des § 1 PublG erreichen. Soweit von einer Rechenschaft „über fremdverwaltetes Vermögen" gesprochen wird (KK²-*Claussen/Korth* HGB § 238, 6), handelt es sich um eine schon aktienrechtlich problematische (*Hüffer* § 76, 10) und jedenfalls beim Einzelkaufmann sowie bei selbstverwalteten Gesellschaften fehlgehende Sicht der Dinge. Nicht zutreffend ist es ferner, die Belange des Steuerfiskus unter den Zwecken der handelsrechtlichen Buchführungspflicht aufzuführen. Vielmehr macht sich das Steuerrecht, soweit es nicht eine eigenständige Buchführungspflicht begründet (§ 141 AO), die handelsrechtliche Buchführungspflicht für seine Zwecke nur zunutze (§ 140 AO; vgl. Rdn. 74 ff). Weil Gläubigerschutz und Dokumentation im Allgemeininteresse liegen, kann die übliche Charakterisierung der handelsrechtlichen Buchführungspflicht als öffentlich-rechtlich beibehalten werden, solange damit der Sache nach nicht mehr ausgedrückt ist als die Unterscheidung zwischen Pflichten gegenüber der Allgemeinheit und Pflichten gegenüber Einzelpersonen (dazu Rdn. 4, 73) sowie Pflichten in der Innensphäre von Gesellschaften (namentlich bei der Feststellung der Bilanz, vgl. § 242, 19 f, 46 ff). Nicht angängig ist es jedoch, § 238 wegen des Allgemeininteresses an der Buchführung als oder wie eine verwaltungsrechtliche Norm zu interpretieren; vgl. noch Rdn. 35 ff zu Rechtsnatur und Herleitung der GoB.

4   An der Erfüllung der Buchführungspflicht haben vielfach auch **Einzelpersonen** ein **individuelles Interesse,** namentlich diejenigen, denen ein Recht auf Einsichtnahme und Kontrolle zusteht (vgl. etwa §§ 118, 166, § 51a GmbHG). Der Schutz solcher Interessen ist jedoch nicht der Zweck des § 238, sondern der jeweiligen Einzelnormen über Einsichtnahme und Kontrolle. Wenn insoweit von einer zivilrechtlichen Buchführungspflicht gesprochen wird,[7] wird damit ein zutreffender Gegensatz zu der im öffentlichen Interesse auferlegten Buchführungspflicht hergestellt (vgl. noch Rdn. 73). Die Buchführungsvorschriften sind **keine Schutzgesetze** i. S. d. § 823 Abs. 2 BGB. Das folgt zwar nicht allein aus ihrem überindividuellen Regelungszweck (Rdn. 2 f), ergibt sich aber aus dem Ausnahmecharakter eines deliktsrechtlichen Primärschutzes gegen Vermögensschäden, der nur herausgehobene, namentlich strafbewehrte Vorschriften als Schutzgesetze genügen lässt.[8]

3. Zwingender Charakter

5   Die §§ 238 ff enthalten **zwingendes Recht,**[9] doch ist ihre Einhaltung, soweit es nur um die Buchführung geht (zum Jahresabschluß vgl. unter Beschränkung auf publizitätspflichtige Unternehmen § 335, § 21 PublG), nicht erzwingbar. Zwingendes Recht bedeutet: Nur eine Buchführung, die mit den §§ 238 ff und den sie ergänzenden GoB

---

[7] *Brüggemann* Voraufl. vor § 38, 5; *Düringer/ Hachenburg/Lehmann* § 38, 8a.
[8] Überzeugend *Canaris* HandelsR § 12 III 2; s. ferner RGZ 73, 30, 32 (zu § 240 KO a. F.); BGH DB 1964, 1585; BGHZ 125, 366, 377 = NJW 1994, 1801; *Baumbach/Hopt* 19; *Schlegelberger/Hildebrandt/Steckhan⁵* § 38, 12; Hachenburg/*Mertens* § 43, 116; **a. A.** *Glade*² § 41 GmbHG, 4; Scholz/*U.*

H. Schneider § 43, 236; *Stapelfeld* Die Haftung des GmbH-Geschäftsführers für Fehlverhalten in der Gesellschaftskrise (1990) S. 193 ff; eingehendes Referat bei *Icking* S. 515 ff.
[9] Vgl. z. B. *Brüggemann* Voraufl. vor § 38, 4; *Icking* aaO (Fn. 8) S. 446 ff; *W. Müller* FS Moxter (1994) S. 75, 85.

in Einklang steht, genügt den gesetzlichen Anforderungen. Der Buchführungspflichtige hat also keinen Beurteilungs- oder Ermessensspielraum, soweit er nicht durch das Gesetz oder die GoB eingeräumt wird. Das entspricht dem auf Wahrung des Allgemeininteresses gerichteten Zweck der Buchführungspflicht. Nicht erzwingbar heißt: Es gibt **kein Zwangsgeldverfahren** nach dem Vorbild der §§ 14 HGB, 132–139 FGG, in dem das Registergericht (oder eine andere behördliche Stelle) die Einhaltung der Buchführungsvorschriften oder der GoB durchsetzen könnte. Das Gesetz vertraut also auf das Eigeninteresse der Buchführungspflichtigen und auf den Druck, der von der bankrottbedingten Strafbarkeit von Buchführungsverstößen (§§ 283, 283a, 283b StGB), von den Nachteilen eines versagten oder mit Einschränkungen versehenen Testats sowie von den möglichen steuerrechtlichen Folgen, insbesondere dem Risiko einer Steuerschätzung (Rdn. 76) ausgeht. Einzelheiten zu den Rechtsfolgen bei Verletzung der Buchführungspflicht in Rdn. 64 ff.

4. Ursprünge

Die Buchführung der Kaufleute ist bereits im 16. und 17. Jahrhundert zum Gegenstand von Stadtrechten geworden.[10] Umfassende Bestimmungen enthielt für Frankreich die Ordonnance pour le commerce von 1673, die in den Art. 28 ff ADHGB von 1861 noch nachwirkten. Diese Vorschriften ergaben wiederum das Vorbild für die §§ 38 ff a. F. Leitendes Motiv der frühen Rechtsetzung war es, die **Beweiskraft der Handelsbücher** als Voraussetzung der an sie anknüpfenden, als Privileg des Handelsstands aufgefaßten besonderen Beweisregeln sicherzustellen (*Kruse* GoB[3] S. 199 f); der enge Bezug zum Verfahrensrecht spiegelt sich noch in den zahlreichen prozeßrechtlichen Bestimmungen der Art. 28 ff ADHGB wider. Wie schon in Art. 28 ADHGB verzichtete der Gesetzgeber auch bei der Revision des Handelsrechts 1897 darauf, in dem entsprechenden § 38 a. F. detaillierte Vorschriften über Art und Zahl der Handelsbücher und ihre Führung zu geben. Er nahm stattdessen den in Art. 28 ADHGB noch nicht enthaltenen Hinweis auf die Grundsätze ordnungsmäßiger Buchführung (vgl. Rdn. 35 ff) in das Gesetz auf (vgl. Denkschrift 1896 S. 45).

6

II. Voraussetzungen der handelsrechtlichen Buchführungspflicht

1. Kaufmannseigenschaft

a) Einzelkaufleute. Nach § 238 Abs. 1 S. 1 trifft die handelsrechtliche Buchführungspflicht jeden Kaufmann. Ob Kaufmannseigenschaft besteht, ist nach §§ 1 ff zu beurteilen. Die Neufassung namentlich der §§ 1 und 2 sowie die Aufhebung des § 4 im Zuge der Handelsrechtsreform 1998[11] wirken sich auch aus, soweit es um die Adressaten der §§ 238 ff geht, und zwar tendenziell eher im Sinne einer Erweiterung des Kreises der Buchführungspflichtigen. Das folgt aus § 1 Abs. 2, der jeden einer kaufmännischen Betriebsorganisation bedürfenden Gewerbebetrieb ohne Rücksicht auf Art oder

7

---

[10] Zur Geschichte der Buchführung und der Buchführungspflicht vgl. *Wieland* Bd. I S. 300 ff m. w. N. in Fn. 7; ferner *Icking* aaO (Fn. 8) S. 58 ff; *Leyerer* ZfhF 1922, 141 ff; *Schmidt-Busemann* Entstehung und Bedeutung der Vorschriften über Handelsbücher, 1977; überraschend ausführlich auch Kirchhof/Söhn/*Mathiak* KommEStG § 5, A 87 ff.

[11] Handelsrechtsreformgesetz (HRefG) vom 22. 6. 1998 (BGBl. I S. 1474); Begr RegE: BT-Drucks. 13/8444; vgl. dazu z. B. *Ammon* DStR 1998, 1476 ff; *Henssler* ZHR 161 (1997), 13 ff; *K. Schmidt* NJW 1998, 2161 ff.

Gegenstand als Handelsgewerbe definiert und das Erfordernis **kaufmännischer Betriebsorganisation** durch eine darauf gerichtete Regelvermutung stabilisiert. Wie bei den früheren Kaufleuten kraft Grundhandelsgewerbes hängt die Buchführungspflicht auch nicht von ihrer Eintragung in das Handelsregister ab, der also auch insoweit nur deklaratorische Bedeutung zukommt. Anders liegt es in den Fällen des § 2, also bei **Kleingewerbetreibenden** (genauer: bei Entbehrlichkeit kaufmännischer Betriebsorganisation), die von ihrer Eintragungsoption Gebrauch machen. Ihre Buchführungspflicht entsteht erst, sobald sie ihre Kaufmannseigenschaft durch Registereintragung erworben haben; diese Eintragung wirkt also konstitutiv. Folgerichtig aufgehoben ist seit der Handelsrechtsreform 1998 der frühere § 262 (s. dazu Erstbearbeitung Rdn. 11). Danach war bei den vormaligen Sollkaufleuten der Zeitpunkt für den Beginn der Buchführungspflicht entscheidend, in dem die Pflicht zur Anmeldung entstand (so auch schon § 47b a. F.). Die Erweiterung der Handelsgewerbe durch § 1 und der Übergang zur bloßen Eintragungsoption in § 2 haben die Vorschrift obsolet werden lassen, ohne daß damit auch ihr Grundgedanke hinfällig wäre (vgl. noch Rdn. 16). Auch die früheren Minderkaufleute (§ 4 a. F.) hat die Handelsrechtsreform 1998 als besondere rechtliche Kategorie beseitigt. Nach der neuen Konzeption können sie nur buchführungspflichtig werden, wenn sie von der Option des § 2 Gebrauch machen. Allerdings ist es nicht ausgeschlossen, daß sich die Vermutung des § 1 Abs. 2 nicht widerlegen läßt und die Buchführungspflicht deshalb schon nach der Basisvorschrift eintritt. **Land- und Forstwirte** (Begriff: § 3, 4 ff) sind in keinem Fall Kaufleute kraft Gewerbebetriebs (§ 3 Abs. 1). Folglich sind sie nur dann buchführungspflichtig, wenn sie von dem auch ihnen zustehenden Recht auf Erwerb der Kaufmannseigenschaft Gebrauch gemacht haben (§ 3 Abs. 2 und 3) und ihre Eintragung im Handelsregister vollzogen ist (BGH LM § 240 KO Nr. 8). **Stille Gesellschaft:** Die Buchführung obliegt allein dem Geschäftsinhaber, weil nur er das Handelsgewerbe als Kaufmann betreibt (§ 230). Wegen der Buchführung für Zweigniederlassungen vgl. Rdn. 20, 24 ff.

8   Die **Fälle der zu Unrecht eingetragenen Firma** (§ 5) werden nicht einheitlich beurteilt. **Meinungsstand.** Nach h. M. besteht keine Buchführungspflicht;[12] dafür ist offenbar die Vorstellung leitend, der fälschlich Eingetragene sei nur Schein- oder Fiktivkaufmann. Die eine Gegenansicht knüpft dagegen an die Tatsache der Eintragung an und hält den Eingetragenen jedenfalls dann für buchführungspflichtig, wenn er kein Kleingewerbe (früher: kein minderkaufmännisches Gewerbe nach § 4 a. F.) betreibt.[13] Nach einer dritten Meinung ist die Buchführungspflicht des Eingetragenen in jedem Fall begründet, also auch dann, wenn sein Gewerbe keiner kaufmännischen Betriebsorganisation bedarf.[14] **Stellungnahme.** Der dritten Ansicht ist beizupflichten. Nach richtiger, wenngleich noch immer umstrittener Ansicht scheint der fälschlich Eingetragene nämlich nicht Kaufmann zu sein, er wird auch nicht als solcher fingiert; vielmehr ist er Kaufmann (bis zur Handelsrechtsreform 1998: Vollkaufmann), wenngleich ohne das Recht, es zu bleiben (§ 8, 82 m. w. N.; anders *Brüggemann* § 5, 7). Er unterliegt deshalb den Normen des Handelsrechts. Daß die Verletzung der Buchführungspflicht unter den weiteren Voraussetzungen der §§ 283 ff StGB eine strafbare

---

[12] *Brüggemann* § 5, 24 und Voraufl. § 38, 5; entschieden in diesem Sinne *Canaris* HandelsR § 12 II 3; ferner Ebenroth/Boujong/Joost/*Kindler* § 5, 45 Küting/Weber/*Ellerich* 4; *Schlegelberger/Hildebrandt/Steckhan*⁵ § 38, 5; wohl auch Bonner HdR-*Streim* 8.

[13] Beck BilKomm-*Budde/Kunz* 21.
[14] *K. Schmidt* JuS 1977, 209, 212; *K. Schmidt* Handelsrecht⁵ § 10 III 3 b.

Handlung darstellt (sogenannter Unrechtsverkehr), ergibt kein Gegenargument, weil die Eintragung in aller Regel auf einer Anmeldung des Eingetragenen beruht und in dem (theoretischen) Fall einer von ihm nicht veranlaßten Eintragung die strafrechtliche Irrtumslehre zum Zuge kommt. Etwas anderes folgt auch nicht daraus, daß § 236 Abs. 1 Nr. 1 RegE (BTDrucks. 10/317, S. 4), der eine der zweiten Ansicht im Ergebnis entsprechende Regelung vorsah, nicht Gesetz geworden ist;[15] denn der ersatzlose Wegfall der Definitionsnorm im weiteren Verfahren beruht nicht auf Erwägungen zum materiellen Regelungsgehalt.[16]

b) Handelsgesellschaften. Die Buchführungspflicht der **OHG** und der **KG** folgt **9** ohne weiteres aus § 6 Abs. 1 i.V.m. § 238 Abs. 1 S. 1. Entsprechendes gilt für die **AG** gem. § 6 Abs. 1 i.V.m. § 3 AktG und für die **GmbH** gem. § 6 Abs. 1 i.V.m. § 13 Abs. 3 GmbHG. Sie sind auch dann buchführungspflichtig, wenn sie kein Gewerbe ausüben oder wenn das ausgeübte Gewerbe keiner kaufmännischen Betriebsorgansation bedarf (§ 6 Abs. 2). Für die **Genossenschaften** ergibt sich die Buchführungspflicht aus § 17 Abs. 2 GenG. Zur Person des jeweils Verantwortlichen vgl. Rdn. 21 ff, wegen der Vorgesellschaften vgl. Rdn. 16.

c) EWIV; Partnerschaft. Für die vom Gesetzgeber geschaffenen neuen Verbands- **9a** formen, nämlich für die Europäische wirtschaftliche Interessenvereinigung (EWIV) und für die Partnerschaft, ist die Rechtslage unterschiedlich. Die **EWIV** gilt nach § 1, 2. Halbsatz des Gesetzes zur Ausführung der EWG-Verordnung über die Europäische wirtschaftliche Interessenvereinigung (EWIV-Ausführungsgesetz) vom 14.4.1988 (BGBl. I S. 514) als Handelsgesellschaft i.S.d. HGB. Deshalb finden §§ 238 ff gem. § 6 Abs. 1 Anwendung, und zwar ohne Rücksicht darauf, ob die von der Gesellschaft oder ihren Mitgliedern ausgeübte Tätigkeit im Einzelfall kaufmännischen oder auch nur gewerblichen Charakter hat (vgl. auch Begr. RegE, BTDrucks. 11/352, S. 7 li. Sp.; Küting/Weber/*Ellerich* 4). Für die **Partnerschaft** legt dagegen § 1 Abs. 1 S. 2 des Gesetzes über Partnerschaftsgesellschaften Angehöriger Freier Berufe (Partnerschaftsgesellschaftsgesetz – PartGG) vom 25.7.1994 (BGBl. I S. 1744) fest, daß sie kein Handelsgewerbe ausübt. Folgerichtig wird sie durch § 1 Abs. 4 PartGG den §§ 705 ff BGB unterstellt. Damit scheidet die Anwendung der §§ 238 ff aus (ADS[6] 19; Beck Bil-Komm-*Budde/Kunz* 24; *Knoll/Schüppen* DStR 1995, 608, 613; *Seibert* DB 1994, 2381, 2382). Anders mag es liegen, wenn die Berufsträger i.S.d. § 1 Abs. 2 PartGG im Einzelfall ein Gewerbe betreiben, dieses unter § 1 Abs. 2 HGB fällt und die Eintragung in das Partnerschaftsregister unterblieben ist. Soweit unter diesen Voraussetzungen eine OHG vorliegt (s. dazu MünchKommBGB-*Ulmer* PartGG § 1, 16 ff), greift § 6 Abs. 1 mit der Folge ein, daß auch die Buchführungspflicht zu bejahen ist.

d) Juristische Personen als Einzelkaufleute; Versicherungsvereine. Juristische **10** Personen, die nicht wie AG oder GmbH Formkaufleute sind (z.B. eingetragene oder konzessionierte Vereine; Stiftungen; juristische Personen des öffentlichen Rechts), unterliegen den für Einzelkaufleute geltenden Bestimmungen, wenn sie ein Gewerbe betreiben, das unter die §§ 1 ff fällt; wegen der Einzelheiten vgl. § 33 und Erl. dazu. Unter der genannten Voraussetzung sind sie nach § 238 Abs. 1 S. 1 auch buchführungspflichtig. Das gilt auch für **Eigenbetriebe der öffentlichen Hand.** Sie ist wegen solcher Betriebe nach Aufhebung des § 36 auch nicht mehr von der Registerpflicht (vgl. dort Rdn. 1) befreit. § 263 begründet allerdings den Vorrang von solchen landesrechtlichen Vorschriften (Eigenbetriebsgesetze und -verordnungen), die eine

---

[15] So aber Küting/Weber/*Ellerich* 4.

[16] Vgl. Bericht des Rechtsausschusses, BTDrucks. 10/4268, S. 96.

Uwe Hüffer

von §§ 238 ff abweichende Regelung enthalten; näher § 263 Rdn. 7 ff. **Versicherungs-vereine** auf Gegenseitigkeit: Sie sind keine Formkaufleute und betreiben nur dann ein Handelsgewerbe nach § 1 Abs. 2, wenn sie im Nichtmitgliedergeschäft tätig sind (Einzelheiten: § 1, 85). Insoweit ist die Frage nach der Kaufmannseigenschaft für die Buchführungspflicht jedoch praktisch bedeutungslos, weil sich die Pflicht dazu aus §§ 16, 55 Abs. 1 S. 3 VAG ergibt.

2. Zeitliche Grenzen

11   **a) Allgemeines. aa) Beginn der Buchführungspflicht.** § 238 normiert keine besondere zeitlichen Grenzen der Buchführungspflicht. Sie ergeben sich deshalb aus der Dauer der Kaufmannseigenschaft. Daraus folgt für den Beginn der Buchführungs-pflicht: **Einzelkaufleute** i. S. d. § 1, also Gewerbetreibende, deren Betrieb einer kauf-männischen Organisation bedarf, sind vom Beginn ihrer Tätigkeit an buchführungs-pflichtig, auch für die Vorbereitungsgeschäfte (OLG Dresden SächsArch. (8) 170). In den Fällen des § 2 beginnt die Buchführungspflicht dagegen, wenn die Eintragung in das Handelsregister erfolgt ist. Auch für Land- und Forstwirte (§ 3) verbleibt es beim Zeitpunkt der Eintragung.[17]

12   Nach denselben Grundsätzen wie bei Einzelkaufleuten ist der Beginn der Buch-führungspflicht bei den **Personengesellschaften** zu beurteilen. Die Gesellschaft muß also Bücher führen, sobald sie ein Handelsgewerbe betreibt. Das entspricht im Ergeb-nis der in § 123 Abs. 2 getroffenen Regelung, ohne daß diese auf das Außenverhältnis zugeschnittene Vorschrift hier als solche anwendbar wäre. In den Fällen des § 1 kommt es nur auf die Aufnahme eines Gewerbes an, das kaufmännischen Zuschnitt hat. Das entspricht im Ergebnis der schon früher zutreffenden Ansicht, nach der die Gesell-schaft bürgerlichen Rechts buchführungspflichtig war, wenn ihr Unternehmen die Voraussetzungen der Anmeldepflicht nach § 2 a. F. erfüllte.[18] Nur bei Gesellschaften mit Eintragungsoption (§ 2 n. F.) oder mit land- oder forstwirtschaftlichem Unter-nehmensgegenstand (§ 3) ist die Eintragung in das Handelsregister maßgeblich, weil vorher kein Handelsgewerbe vorliegt. **AG und GmbH:** Daß die durch Registerein-tragung als solche entstandene juristische Person (§ 41 AktG, § 11 GmbHG) buch-führungspflichtig ist, versteht sich von selbst; der maßgebliche Zeitpunkt ist jedoch früher anzusetzen (vgl. Rdn. 16). **VVaG:** Wegen § 15 VAG kommt es auf den Zeit-punkt an, in dem die Geschäftserlaubnis erteilt wird.

13   **bb) Ende der Buchführungspflicht.** Die Buchführungspflicht der **Einzelkauf-leute** endet mit dieser Eigenschaft. Für die Frage, wie der demnach maßgebliche Zeitpunkt zu bestimmen ist, kommt es darauf an, ob die gewerbliche Tätigkeit ganz eingestellt wird oder auf ein Kleingewerbe absinkt, das kaufmännischer Betriebsorga-nisation nicht mehr bedarf. Im ersten Fall, also bei **dauernder Einstellung des Gewer-bebetriebs** (Begriff: § 31, 15 f), endet die Buchführungspflicht mit dieser Einstellung.[19] Das gilt auch bei fortdauernder Eintragung im Handelsregister, weil das Fehlen eines Gewerbebetriebs durch § 5 nicht überbrückt wird. Die h. M. muß auch das dauerhafte Absinken auf ein Kleingewerbe genügen lassen;[20] denn nach ihrem Standpunkt hat die in § 5 getroffene Regelung keine Bedeutung für die Buchführungspflicht (vgl. Rdn. 8).

---

[17] Ganz **h. M.,** vgl. statt vieler Küting/Weber/*Elle-rich* 8 a. E.; Beck BilKomm-*Budde/Kunz* 48; *Wiedmann* 17.

[18] Ebenso *Tipke/Kruse* § 140, 9; MünchKommBGB-*Ulmer* § 721, 6; **a. A.** *Weber* FR 1978, 292.

[19] BFH BStBl. 1978, 430; *Schlegelberger/Hilde-brandt/Steckhan* § 38, 4; *Tipke/Kruse* § 140, 9.

[20] So folgerichtig OLG Celle NJW 1968, 2119; *Schlegelberger/Hildebrandt/Steckhan* § 38, 5.

Mit dem richtigen Verständnis des Kaufmanns kraft Eintragung ist diese Annahme jedoch unvereinbar. Danach bleibt die Buchführungspflicht bestehen, bis die Firma im Handelsregister gelöscht wird (vgl. Rdn. 8 und zur sachlich gleichliegenden Frage des Firmenbestands § 31, 17). Entsprechendes gilt in den Fällen des § 2, also bei ausgeübter Eintragungsoption. Danach sind Handelsgewerbe, Kaufmannseigenschaft und Buchführungspflicht gegeben, sobald und solange die Firma eingetragen ist. Der Unternehmer kann seine Kaufmannseigenschaft und damit die Buchführungspflicht zwar beenden, indem er seine Firma löschen läßt (§ 2 Abs. 3). Bis zu dieser Löschung muß er sich jedoch an dem durch die Eintragung begründeten Rechtsstatus festhalten lassen. Die Eröffnung des Insolvenzverfahrens beendet die Buchführungspflicht nicht.[21] Die Buchführung obliegt aber während der Dauer des Verfahrens nicht dem Schuldner, sondern dem Insolvenzverwalter (vgl. noch Rdn. 30).

Für **OHG und KG** gilt: Dauerhafter Wegfall des Erfordernisses kaufmännischer **14** Betriebsorganisation ist nach den in Rdn. 13 entwickelten Grundsätzen zu behandeln. OHG und KG bleiben also als solche auch mit Kleingewerbe bestehen, bis ihre Firma im Handelsregister gelöscht wird. Erst damit erfolgt die Umwandlung in eine nicht buchführungspflichtige Gesellschaft bürgerlichen Rechts (§ 2). Im übrigen endet die Buchführungspflicht wie bei Einzelkaufleuten mit der dauernden Einstellung des Gewerbebetriebs. **Nicht genügend ist bloße Auflösung.**[22] Vielmehr gehört die Liquidation als Rechtsfolge der Auflösung noch zum Betrieb des Handelsgewerbes (vgl. § 31, 20 zur sachlich gleichliegenden Frage des Firmenbestands). Die dauernde Einstellung des Gewerbebetriebs fällt also erst mit dem Liquidationsende (Vollbeendigung der Gesellschaft) zusammen. Wenn keine Liquidation i. S. d. §§ 145 ff stattfindet, gelten folgende Grundsätze: In den Fällen des § 140 Abs. 1 S. 2 ist der Zeitpunkt maßgeblich, in dem die Gesellschaftsanteile in einer Hand vereinigt werden; bis dahin ist die Buchführung Sache der OHG oder KG, von da ab Sache des bisherigen Gesellschafters und jetzigen Einzelkaufmanns. Veräußerung des Unternehmens führt noch nicht zum Wegfall der Buchführungspflicht; entscheidend ist vielmehr der Zeitpunkt, in dem die Gesellschafter den Erlös nach Abzug der Verbindlichkeiten verteilt haben. Ebensowenig genügt bloße Vermögenslosigkeit; abzustellen ist vielmehr auf den Zeitpunkt, in dem der Gewerbebetrieb wegen der Vermögenslosigkeit aufgegeben wird.

Bei **AG und GmbH** endet die Buchführungspflicht mit dem **Erlöschen der juristi- 15 schen Person.** Die Bücher und Schriften der Gesellschaft sind jedoch für zehn Jahre aufzubewahren (§ 273 Abs. 2 AktG, § 74 Abs. 1 GmbHG).[23] Wann die juristische Person erlischt, ist streitig. Nach der Rechtsprechung kommt es nicht auf die Löschung im Register, sondern auf den Eintritt der Vermögenslosigkeit an.[24] Ebenso entscheidet die frühere h. L.[25] Nach der im jüngeren Schrifttum herrschenden Ansicht erlischt die

---

[21] BFH BStBl. 1972, 784; BFH BStBl. 1979, 89; *Schlegelberger/Hildebrandt/Steckhan* § 38, 4; *Tipke/Kruse* § 140, 9; a. A. *Fichtelmann* FR 1972, 538.

[22] Allg. M., vgl. z. B. Beck BilKomm-*Budde/Kunz* 54; *Schlegelberger/Hildebrandt/Steckhan* § 38, 4.

[23] Wegen der Einzelheiten zur Aufbewahrungspflicht vgl. MünchKommAktG-*Hüffer* § 273, 17 ff; Hachenburg/*Hohner* § 74, 3 ff.

[24] RGZ 149, 293, 296; RGZ 155, 42, 45; BGH LM § 74 GmbHG Nr. 1 = WM 1957, 975; BGHZ 53, 264, 266 = NJW 1970, 1044 = LM § 74 GmbHG Nr. 2 (LS) m. Anm. *Fleck*; BGHZ 94, 105, 108 = NJW 1985, 1836; BayObLGZ 1955, 288, 291 =

DNotZ 1955, 638; BayObLG ZIP 1984, 450, 451; KG JFG 4, 178, 182 f = OLGR 46, 272 f = JW 1927, 1383 (grundlegend); OLG Düsseldorf GmbH-Rdsch. 1979, 227 f; OLG Hamm NJW-RR 1990, 477, 478; a. A. LG Hamburg SJZ 1947, 195 m. Anm. *E. Ulmer* (Genossenschaft). Von „beachtlichen Gründen" für Parteifähigkeit bis zu Löschung spricht BGH WM 1986, 145 re. Sp. (Genossenschaft).

[25] Auswahl: v. *Godin/Wilhelmi* KommAktG⁴ § 273, 3; GroßKommAktG-*Wiedemann* § 273, 3; *Bokelmann* NJW 1977, 1130 f; *Hofmann* GmbH-Rdsch. 1976, 258, 267.

Uwe Hüffer

AG oder GmbH jedoch erst mit der Löschung, die demnach konstitutive Wirkung entfaltet.[26] Diese Auffassung trifft zu (vgl. schon § 31, 26), weil nur sie Wortlaut und Zweck des § 273 Abs. 1 AktG Rechnung trägt und nur sie mit dem Normativsystem vereinbar ist; danach kann die juristische Person, die erst mit der Registereintragung entsteht (§ 41 AktG, § 11 GmbHG), auch nicht ohne Löschung im Register aus dem Rechtsleben verschwinden. Folglich sind die Bücher der Gesellschaft bis zu ihrer Löschung im Handelsregister zu führen.[27]

16   **b) Insbesondere: Vorgesellschaften.** Im Fall der Errichtung der AG oder GmbH durch mehrere Personen entsteht die Vor-AG oder Vor-GmbH, sobald die Satzung festgestellt worden ist; bei der AG muß auch die Übernahme sämtlicher Aktien durch die Gründer (§ 29 AktG) erfolgt sein.[28] Vor-AG oder Vor-GmbH sind als solche buchführungspflichtig; auf die Eintragung in das Handelsregister (§ 41 AktG) bzw. 11 GmbHG) kommt es also nicht an.[29] Das gilt ohne weiteres, wenn schon im Gründungsstadium ein Gewerbe betrieben wird, welches eine kaufmännische Betriebsorganisation erfordert (§ 1 Abs. 2), ist aber auch dann richtig, wenn eine nichtgewerbliche oder kleingewerbliche Tätigkeit ausgeübt wird.[30] Zwar ist die Vorgesellschaft nicht Formkaufmann, weil § 3 Abs. 1 AktG, § 13 Abs. 3 GmbHG dafür gerade auf die Eintragung abheben. Für die Buchführung besteht aber eine zwingende sachliche Notwendigkeit wegen der allgemein anerkannten Gesamtrechtsnachfolge der entstandenen juristischen Person in die Rechte und Verbindlichkeiten ihrer Vorform bei gleichzeitiger Unterbilanzhaftung der Gesellschafter;[31] denn ohne Buchführung ist die Vermögenslage der Gesellschaft im Zeitpunkt der Eintragung (Zusammensetzung von Vermögen und Verbindlichkeiten; Kapitaldeckung) nicht vernünftig feststellbar (s. auch § 242, 40 f). Während die Grundsatzfrage als geklärt angesehen werden kann, bestehen noch Unsicherheiten in der Frage nach dem **Beginn der Buchführungspflicht.** Der richtige Zeitpunkt dafür kann nicht vor der Feststellung der Satzung liegen,[32] weil es ohne die Feststellung noch keine Vorgesellschaft gibt, ist aber auch nicht erst mit der Leistung der Einlagen oder anderen effektiven Vermögensbewegungen gegeben; entscheidend ist vielmehr die Entstehung der Einlageforderungen.[33] Im Fall der Einmanngründung gelten diese Grundsätze mit der Maßgabe entsprechend, daß der Alleingründer als Inhaber des Sondervermögens buchführungspflichtig ist, welches er der künftigen AG oder GmbH mit dem Gründungsgeschäft widmet. Dabei wird die Verpflichtung zur Leistung der Einlage durch die Verpflichtung ersetzt, den Einlagegegenstand in die alleinige Verfügungsbefugnis des Vorstands bzw. der Geschäftsführer zu überführen.[34]

---

[26] Auswahl: MünchKommAktG-*Hüffer* § 262, 84 ff; § 273, 14 ff; *ders.* in GedS Schultz, 1987, S. 99 ff; Hachenburg/*Ulmer* Anh. § 60, 35 ff; *Hönn* ZHR 138 (1974), 50 (Ergebnis: 69); *Lindacher* FS Henckel (1995) S. 549, 554; insoweit übereinstimmend auch die Lehre vom Doppeltatbestand, s. z.B. OLG Stuttgart AG 1999, 280, 281 li. Sp.; *K. Schmidt* GmbH-Rdsch. 1988, 209, 211.

[27] Ebenso *Tipke/Kruse* § 140, 9 a. E.

[28] Ausführlich zur Vorgesellschaft MünchKomm-AktG-*Pentz* § 41, 22 ff; Hachenburg/*Ulmer* § 11, 5 ff; speziell zur Verlustdeckungspflicht *Hüffer* § 41, 9a, 14 f.

[29] Ganz **h. M.,** s. ADS 17; Beck BilKomm-*Budde/ Kunz* 35, 49; MünchKommAktG-*Pentz* § 41, 51; Hachenburg/*Mertens* § 41, 4; Lutter/Hommel-

hoff § 41, 7; Baumbach/Hueck/*Schulze-Osterloh* § 41, 18; Küting/Weber/*Ellerich* 9.

[30] Ebenso *Pentz* aaO (Fn. 29).

[31] BGHZ 80, 129 = NJW 1981, 593; vgl. wegen der Einzelheiten Hachenburg/*Ulmer* § 11, 70 ff.

[32] **A. A.** Beck BilKomm-*Budde/Kunz* 35; KK-*Claussen/Korth* HGB § 238, 7.

[33] Heute geklärt, s. etwa *Schulze-Osterloh* aaO (Fn. 29).

[34] Vgl. zur Einmanngründung z.B. *Hüffer* § 41, 17 a ff. Wer statt eines Sondervermögens des Gründers eine teilrechtsfähige Wirkungseinheit annimmt (z.B. MünchKommAktG-*Pentz* § 41, 76 ff; Scholz/*K. Schmidt* § 11, 147), kann auch hier eine Forderung einbuchen.

III. Die Person des Buchführungsverantwortlichen

1. Einzelkaufleute

a) Allgemeines. Nach § 238 Abs. 1 S. 1 ist der Kaufmann selbst zur Buchführung **17** verpflichtet. Kaufmann ist im Regelfall derjenige, der unter seiner Firma im Handelsregister eingetragen ist. Danach wird die Feststellung des Verantwortlichen im allgemeinen keine Schwierigkeiten machen. Sonderfälle sind die **Eintragung eines Strohmanns** und die gesetzliche Vertretung des geschäftsunfähigen oder in der Geschäftsfähigkeit beschränkten Kaufmanns (vgl. zu letzterer Rdn. 18). Wenn der Eingetragene und der tatsächliche Inhaber des Unternehmens nicht identisch sind, etwa die Ehefrau vorgeschoben wird, gilt folgendes: Wer kein Gewerbe betreibt, wird auch durch die Eintragung nicht Kaufmann; insoweit folgt auch aus § 5 nichts anderes (§ 5, 22). Der Strohmann ist also nicht buchführungspflichtig, wenn er sich auf diese Rolle beschränkt. Nur wenn er darüber hinausgreift, also das Gewerbe (wenn auch mit den Einrichtungen des Hintermanns) tatsächlich betreibt, wird er zum Adressaten der Buchführungspflicht; seine Motivation (Verschleierung des Hintermanns) ist dabei unerheblich. Der tatsächliche Inhaber hat in den Fällen des § 1 auch ohne Eintragung Kaufmannseigenschaft, ist also nach § 238 Abs. 1 S. 1 buchführungspflichtig. In den Fällen des § 2 ist er zwar nicht Kaufmann, aber unter den Voraussetzungen der Anmeldepflicht gleichwohl für die Buchführung verantwortlich (§ 262; vgl. Rdn. 11).

b) Gesetzliche Vertretung. Der Geschäftsunfähige und der in der Geschäftsfähig- **18** keit Beschränkte können Kaufmann sein (vor § 1, 21 ff; § 1, 21). Sind sie es, so sind sie in dieser Eigenschaft auch Schuldner der handelsrechtlichen Buchführungspflicht (§ 238 Abs. 1 S. 1). Für sie handeln aber die oder der gesetzliche Vertreter (Vater und Mutter; Vormund). Der gesetzliche Vertreter wird zwar im Namen des Vertretenen, aber unter eigener Verantwortung tätig (§§ 1627, 1793 BGB). Mehrere gesetzliche Vertreter sind sämtlich für die Buchführung verantwortlich. Das gilt auch dann, wenn der eine Elternteil dem anderen für den Betrieb des Handelsgeschäfts eine Generalvollmacht erteilt hat; denn die gesetzliche Buchführungspflicht kann nicht delegiert werden (vgl. noch Rdn. 19). Nur wenn das Vormundschaftsgericht mehrere Vormünder bestellt, kann es die Aufgabenbereiche nach § 1797 Abs. 2 BGB so festlegen, daß nicht jeder Vormund Träger der Buchführungspflicht ist.

c) Hilfspersonen; Fernbuchführung. Die Buchführungspflicht kann der Kauf- **19** mann nicht in dem Sinne delegieren, daß die Verantwortung auf einen Dritten übergeht. Das gilt auch dann, wenn der Dritte Prokura oder Generalvollmacht hat. Der mit der Pflicht zur Buchführung bezweckte Gläubigerschutz (Rdn. 3) würde nämlich verfehlt, wenn der Kaufmann als Träger der Verwaltungs- und Verfügungsbefugnis sich der Kontrolle über die ihm zurechenbaren Vermögensbewegungen begeben dürfte. Zulässig ist aber der Einsatz von Hilfspersonen, insbesondere von Personal des eigenen Unternehmens. Zulässig ist es auch, mit der Buchführung ein anderes Unternehmen zu beauftragen (Fernbuchführung), und zwar nach heute allgemeiner Auffassung ohne Rücksicht auf Art und Größe des buchführungspflichtigen Unternehmens (zu den Fristen vgl. noch § 239, 14).[35] Die **fortdauernde Verantwortung des Kaufmanns** wird in diesen Fällen inhaltlich verändert: Es ist seine Aufgabe, geeignetes Personal auszusuchen, die notwendigen organisatorischen Anordnungen zu treffen, deren Einhaltung und die Durchführung der Arbeiten zu überwachen. Das gilt auch, wenn die Buchführung außer Haus erledigt wird, insbesondere durch ein externes Rechen-

---

[35] Dazu und zum Folgenden ADS 22 ff.

Uwe Hüffer

zentrum. Der Kaufmann bleibt dafür verantwortlich, daß sein Vertragspartner für die Aufgabe hinlänglich geeignet ist. Es bleibt seine Sache, die erforderlichen Daten zu liefern und auf die Stimmigkeit der Ergebnisse zu achten. Der Vertrag mit dem Rechenzentrum muß entsprechend ausgestaltet sein. Fehlen dem Kaufmann danach die notwendigen Einsichts- oder Kontrollbefugnisse, so liegt schon in der fehlerhaften Vertragsgestaltung ein Verstoß gegen die Buchführungspflicht.

20   **d) Zweigniederlassungen.** Das Recht der Zweigniederlassungen ist zwar durch das Gesetz zur Durchführung der Elften gesellschaftsrechtlichen Richtlinie des Rates der Europäischen Gemeinschaften und über Gebäudeversicherungsverhältnisse vom 22. 7. 1993 (BGBl. I S. 1282) neu geordnet worden, und zwar in den §§ 13–13h (Übersichten: *Kindler* NJW 1993, 3301; *Seibert* DB 1993, 1705). Änderungen von wesentlicher sachlicher Bedeutung haben sich dabei jedoch nicht ergeben. Insbesondere gilt nach wie vor, daß die Anforderungen an eine Zweigniederlassung (Begriff: vor § 13, 10) nur erfüllt sind, wenn der in Frage stehende Unternehmensteil so organisiert ist, daß er selbständig am Geschäftsverkehr teilnehmen kann; dazu gehört nach richtiger Ansicht eine Mindestausstattung mit Betriebsmitteln und mit ihr eine gesonderte Buchführung (vor § 13, 15 mit Meinungsübersicht; seither auch MünchKommHGB-*Bokelmann* § 13, 3; Ebenroth/Boujong/Joost/*Pentz* § 13, 20; MünchKommAktG-*Pentz* Anh. § 45, 20). Ob die gesonderte Buchführung in der Zweig- oder in der Hauptniederlassung erfolgt, ist dagegen unerheblich (vgl. aaO). In jedem Falle bleibt der Kaufmann nach § 238 Abs. 1 S. 1 Träger der Buchführungspflicht; seine Verantwortlichkeit umfaßt also nicht nur die Buchführung der Haupt-, sondern auch die jeder Zweigniederlassung. Bei dezentralisierter Buchführung ist zwar der Leiter der Zweigniederlassung (dazu vor § 13, 14) intern zuständig; rechtlich handelt es sich dabei jedoch nur um den Einsatz von Hilfspersonen (Rdn. 19). Zu den bei inländischen Zweigniederlassungen ausländischer Unternehmen teilweise bestehenden Besonderheiten vgl. unten Rdn. 24 ff.

2. OHG und KG; EWIV

21   **a) Beschränkung auf geschäftsführende Gesellschafter bzw. Geschäftsführer.** Die OHG oder KG ist selbst verpflichtet, ihre Bücher zu führen (§ 238 Abs. 1 S. 1 i. V. m. § 6 Abs. 1; §§ 124, 161 Abs. 2). Für sie werden ihre Organe tätig. Ob daraus die Verantwortung aller vollhaftenden Gesellschafter oder nur die Verantwortung der geschäftsführenden Gesellschafter folgt, ist streitig. Nach h. M. trifft das erste zu.[36] Für eine Beschränkung der organschaftlichen Pflicht auf die geschäftsführenden Gesellschafter spricht sich bei OHG und KG nur eine Mindermeinung aus.[37] Anders ist es bei der EWIV (Rdn. 9a), für die § 6 EWIV-AG die Geschäftsführer buchführungspflichtig macht. Entgegen der h. M. ist eine derartige Lösung auch für OHG und KG richtig. Die herrschende Ansicht kann sich zwar darauf berufen, daß § 245 S. 2 wie schon früher § 41 S. 2 a. F. die Unterzeichnung des Jahresabschlusses durch alle persönlich haftenden Gesellschafter vorsieht. Auch läßt sich für sie ein Argument aus dem Umstand ableiten, daß der Ausschluß von der Geschäftsführung vertraglichen Ursprungs ist und der Wegfall der Buchführungspflicht durch autonome Regelung mit dem zwingenden Charakter des § 238 Abs. 1 S. 1 (Rdn. 5) nicht ohne weiteres zusam-

---

[36] RGSt 45, 387; Beck BilKomm-*Budde/Kunz* 42; *Düringer/Hachenburg/Lehmann* § 38, 6; *Küting/Weber/Ellerich* 6; *Schlegelberger/Hildebrandt/Steckhan* § 38, 2.

[37] RGSt 5, 354, 359 = JW 1883, 220 Nr. 5; *Baumbach/Hopt* 8; *Brüggemann* Voraufl. § 38, 10; *Heymann/Walz*[2] 12.

menpaßt. Gegen die h. M. spricht jedoch entscheidend, daß sie der **rechtlichen Selbständigkeit der OHG oder KG** (näher Erl. zu § 124) und der **Eigenart organschaftlicher Vertretung** nicht genügend Rechnung trägt (vgl. auch Rdn. 71 zu § 14 StGB). Weil die Gesellschaft selbst Schuldnerin der Buchführungspflicht ist, kann die Verantwortlichkeit nur die Gesellschafter treffen, die zu ihren Organen bestellt sind. Die h. M. ist auch unvereinbar mit der in §§ 114 Abs. 2, 118 getroffenen Regelung. Wenn das Gesetz den Gesellschaftern freistellt, Recht und Pflicht zur Geschäftsführung auf einen oder einige Gesellschafter zu konzentrieren, und wenn es selbst die von der Geschäftsführung ausgeschlossenen Gesellschafter auf ein Einsichtsrecht beschränkt, kann es den davon betroffenen Personenkreis nicht gleichzeitig als für die Buchführung verantwortlich ansehen. Unzulässig wäre eine weitere Eingrenzung der Buchführungspflichtigen, etwa des Inhalts, daß nur der „kaufmännische Geschäftsführer" verantwortlich sein soll. Derartige Abreden sind zwar für die interne Pflichtverteilung beachtlich, berühren aber nicht die gesetzliche Pflicht nach § 238 Abs. 1 S. 1. Für den Einsatz von Hilfspersonen und Service-Unternehmen gilt das in Rdn. 19 Ausgeführte.

b) Keine Buchführungsverantwortung der Kommanditisten. Im gesetzlichen **22** Regelfall ist der Kommanditist nicht nur von der Vertretung (§ 170), sondern auch von der Geschäftsführung ausgeschlossen (§ 164). Wenn es dabei bleibt, stellt sich die Frage nach der Buchführungspflicht des Kommanditisten nicht; zu seiner Mitwirkung an der Bilanzierung vgl. § 242, 48 f. Aus § 163 folgt jedoch, daß der Kommanditist abweichend von der gesetzlichen Regel mit der Geschäftsführung betraut werden kann.[38] In diesem Fall ergibt sich auch die Frage nach seiner Buchführungspflicht. Sie wird von der h. M. verneint. Die Verpflichtung nach § 238 Abs. 1 S. 1 treffe den Kommanditisten wegen ihrer Außenwirkung in keinem Fall; möglich sei es nur, dem Kommanditisten die Buchführung als interne Aufgabe zuzuweisen.[39] Die Differenzierung leuchtet ein, führt aber dann zu einem nicht ganz unproblematischen Ergebnis, wenn der Kommanditist, wie von der h. M. zugelassen,[40] Alleingeschäftsführer ist und den Komplementär von dieser Aufgabe verdrängt. Dabei stört weniger das Auseinanderfallen von Verantwortung (Komplementär) und Kompetenz (Kommanditist) als das Fehlen von Leitungs- und Überwachungsbefugnissen des Verantwortlichen. Eine Lösung des Zwiespalts ist jedoch nicht im Rahmen der Buchführungspflicht möglich. Wenn man den Kommanditisten als Alleingeschäftsführer zuläßt, muß das Resultat hingenommen werden.

3. AG und GmbH

Nach § 91 AktG hat der Vorstand für die Führung der erforderlichen Handels- **23** bücher zu sorgen. Verantwortlich sind **alle Mitglieder des Vorstands**, gem. § 94 AktG auch die stellvertretenden. Die entsprechende Regelung für die **Geschäftsführer der GmbH** treffen §§ 41 Abs. 1, 44 GmbHG. Die genannten Vorschriften enthalten zwingendes Recht (vgl. für die AG § 23 Abs. 5 AktG), Probleme der in Rdn. 21 erörterten Art können sich nicht stellen.[41] Bei ressortmäßiger Aufgabenverteilung bleibt die Verantwortlichkeit der danach nicht zuständigen Organmitglieder erhalten.[42] Sie müssen

---

[38] RGZ 110, 418, 420; BGHZ 17, 392, 394 = NJW 1955, 1394; BGHZ 45, 204, 206 = NJW 1966, 1309; BGHZ 51, 198, 201 = NJW 1969, 507; BGH BB 1976, 526; aus dem Schrifttum vgl. statt vieler *Schlegelberger/Martens* § 164, 27 ff.

[39] *Düringer/Hachenburg/Flechtheim*[3] § 164, 6; *Schilling* Voraufl. § 164, 12; *Schlegelberger/Martens* § 164, 27 ff.

[40] Vgl. z. B. BGHZ 51, 198, 201 = NJW 1969, 507; *Schilling* 164, 8.

[41] ADS 11; Hachenburg/*Goerdeler* § 41, 9; *Hefermehl* in Geßler/Hefermehl AktG § 91, 1; KK-*Mertens* § 91, 1.

[42] RG HRR 1941 Nr. 132; ADS AktG § 172, 12; *Goerdeler* aaO (Fn. 41); *Hefermehl* aaO (Fn. 41); *Hüffer* § 172, 3; *Mertens* aaO (Fn. 41).

also darauf achten, daß die zuständigen Vorstandsmitglieder oder Geschäftsführer der Buchführungspflicht nachkommen, Bedenken der Gesamtheit der Organmitglieder vortragen, notfalls dem Aufsichtsrat bzw. der Gesellschafterversammlung (§ 46 Nr. 6 GmbHG) Bericht erstatten. Wegen Einsatzes von Personal und Buchführung außer Haus vgl. Rdn. 19; das Fehlen einer Innenrevision wird jedenfalls bei der AG regelmäßig ein Organisationsfehler und damit ein Verstoß gegen § 91 Abs. 1 AktG sein. Schutzgesetze i. S. d. § 823 Abs. 2 BGB sind § 91 AktG, § 41 GmbHG sowenig wie §§ 238 ff (vgl. Rdn. 4).[43]

4. Zweigniederlassungen ausländischer Unternehmen

24   **a) Allgemeines.** Für die inländische Zweigniederlassung ausländischer Unternehmen i. S. d. §§ 13d–13g (jeweils Abs. 1, s. zur Neuregelung zunächst Rdn. 20) gilt zwar grundsätzlich das jeweilige ausländische Recht (§ 13d Abs. 3; s. dazu oben § 13b a. F., 13f). Die Buchführungspflicht fällt aber in den Ausnahmebereich, in dem nicht das Personal- oder Gesellschaftsstatut des Rechtsträgers maßgeblich ist, sondern **deutsches Recht gilt** (§ 13b a. F., 15). Folglich ist die Person des Buchführungspflichtigen nach den in Rdn. 17 ff entwickelten Grundsätzen zu bestimmen, gelten für die Art und Weise der Buchführung die §§ 238 ff einschließlich des Erfordernisses gesonderter Buchführung (Rdn. 20). **Ort der Buchführungspflicht.** Es gibt nach zutreffender h. M. keine Rechtsgrundlage für eine handelsrechtliche Pflicht des Inhalts, daß die Buchführung auch im Inland erfolgen müsse.[44] Die gesonderte, den deutschen Vorschriften entsprechende Buchführung für die Zweigniederlassung kann deshalb handelsrechtlich im Ausland in der Hauptniederlassung bzw. am Gesellschaftssitz erfolgen. Anders ist die Rechtslage für das Steuerrecht; nach § 146 Abs. 2 S. 1 AO müssen ausländische Steuerpflichtige die Bücher für ihre inländischen Betriebsstätten (§ 12 AO; Text: vor § 13, 4) im Inland führen und aufbewahren, sofern nicht nach § 148 AO eine Erleichterung bewilligt worden ist.[45]

25   **b) Besonderheiten in der Kredit- und Versicherungswirtschaft.** Für den **Bereich der Bankenaufsicht** trifft § 53 KWG eine Sonderregelung, wenn ein Unternehmen mit Sitz in einem anderen Staat, vor allem also ein ausländisches Unternehmen, eine Zweigstelle im Inland unterhält; unter den Begriff der Zweigstelle fällt auch die Zweigniederlassung (§ 13b, 26). **Textabdruck** nach dem Stand vom 1. 4. 1982 (auszugsweise): § 13b, 25. Die Vorschrift ist seither verschiedentlich geändert worden; in ihrem für die Buchführung maßgeblichen Teil lautet sie seit dem 1. 8. 1998 (Gesetz zur Umsetzung der EG-Einlagensicherungsrichtlinie und der EG-Anlegerentschädigungsrichtlinie vom 25. 3. 1998, BGBl. I S. 590):

§ 53
Zweigstellen von Unternehmen mit Sitz im Ausland

(1) ...
(2) Auf die in Absatz 1 bezeichneten Institute ist dieses Gesetz mit folgender Maßgabe anzuwenden:
1. ...
2. Das Institut ist verpflichtet, über die von ihm betriebenen Geschäfte und über das seinem Geschäftsbetrieb dienende Vermögen des Unternehmens gesondert Buch zu führen und

---

[43] Vgl. Fn. 7; ferner *Hefermehl* aaO (Fn. 41) 6; *Mertens* aaO (Fn. 41) 5.

[44] FG Köln EFG 1982, 422 f; *Offerhaus* BB 1976, 1622, 1624; *Schuppenhauer* WPg 1984, 514 f (mit Zweifeln); *Tipke/Kruse* § 146, 13.

[45] Einzelheiten bei *Tipke/Kruse* aaO (Fn. 44).

gegenüber dem Bundesaufsichtsamt und der Deutschen Bundesbank Rechnung zu legen. Die Vorschriften des Handelsgesetzbuchs über Handelsbücher gelten insoweit entsprechend. Auf der Passivseite der jährlichen Vermögensübersicht ist der Betrag des dem Institut zur Verfügung gestellten Betriebskapitals und der Betrag der dem Institut zur Verstärkung der eigenen Mittel belassenen Betriebsüberschüsse gesondert auszuweisen. Der Überschuß der Passivposten über die Aktivposten oder der Überschuß der Aktivposten über die Passivposten ist am Schluß der Vermögensübersicht ungeteilt und gesondert auszuweisen.

3. ... 6. ...

(3) ...

(4) ...

Abweichend von den allgemeinen Grundsätzen (Rdn. 17 ff, 24) ist nicht der Rechts- **26** träger des ausländischen Kreditinstituts Adressat der Buchführungspflicht; **buchführungspflichtig ist die Zweigstelle selbst.** Das folgt aus der Fiktion des § 53 Abs. 1 S. 1 KWG, nach der die Zweigstelle als Kreditinstitut gilt. Sie wird dabei durch ihre **Geschäftsleiter** wie durch Gesellschaftsorgane vertreten (§ 1 Abs. 2 S. 1 i. V. m. § 53 Abs. 2 Nr. 1 KWG); die Verantwortung liegt also vollständig bei ihnen. Weil die Buchführungspflicht bei der Zweigstelle selbst liegt, müssen die Bücher abweichend von der allgemeinen Regel (Rdn. 24) und unabhängig von steuerrechtlichen Bestimmungen auch im Inland geführt und aufbewahrt werden.[46]

Im **Bereich der Versicherungsaufsicht** sind für die Buchführung aus der Sonder- **27** regelung der §§ 106 ff VAG namentlich die in § 106 Abs. 2 und 3 VAG enthaltenen Bestimmungen relevant; **Textabdruck: § 13b, 27.** Danach ist eine gesonderte Rechnungslegung vorgeschrieben (§ 106 Abs. 2 S. 3 VAG), für welche der **Hauptbevollmächtigte** als der alleinige Repräsentant des ausländischen Versicherungsunternehmens zuständig ist (§ 106 Abs. 3 VAG). Aus der Pflicht, alle Geschäftsunterlagen in der Niederlassung zur Verfügung zu halten (§ 106 Abs. 2 S. 1 VAG) ist abzuleiten, daß die Buchführung auch dort, also im Inland, erfolgen muß.[47]

5. Vermögensverwalter

a) Testamentsvollstrecker. Der Testamentsvollstrecker kann das Nachlaßunter- **28** nehmen zwar nicht in dieser Eigenschaft, aber als Bevollmächtigter oder als Treuhänder des oder der Erben führen (vor § 22, 74 f). Entsprechend ist auch für die Buchführungspflicht zu differenzieren. Für die **Vollmachtlösung** gilt: Das Handelsgeschäft wird im Namen der Erben geführt; folglich sind sie Kaufleute (§ 1, 20 ff, 23) und deshalb buchführungspflichtig. Eine Übertragung der Pflicht auf den Testamentsvollstrecker, die nur vertraglich erfolgen könnte, wäre mit dem zwingenden Charakter des § 238 (Rdn. 5) unvereinbar.

Grundsätzlich anders ist die Lage bei der **Treuhandlösung.** Der Testamentsvoll- **29** strecker, der als Treuhänder tätig wird, betreibt das Geschäft im eigenen Namen und macht sich damit selbst zum Kaufmann. Folglich trifft die Buchführungspflicht ihn, und zwar in dieser Eigenschaft, nicht etwa als Träger des privatrechtlichen Amtes. Zur strafrechtlichen Verantwortlichkeit (auch im ersten Fall) vgl. unten Rdn. 72.

b) Insolvenzverwalter. Der Insolvenzverwalter ist nicht Kaufmann und wird es **30** auch nicht durch Fortführung des Handelsgeschäfts des Insolvenzschuldners (§ 1, 23

---

[46] Im Ergebnis ebenso *Bähre/Schneider* Komm-KWG[3] § 53, 4.

[47] Zum Ganzen: Rundschreiben des BAV R 1/62, VerBAV 1962, 74; *Goldberg/Müller* KommVAG

§ 106, 6 und 11 ff; *Schmidt/Frey* KommVAG[9] § 106, 3 und 5 ff.

a.E.). Vielmehr bleibt dessen Kaufmannseigenschaft erhalten (§ 1, 31), solange die Voraussetzungen der §§ 1 ff erfüllt sind. Folglich ist er auch der Adressat des § 238 Abs. 1 S. 1. Weil die Buchführung aber zur Verwaltung des Vermögens gehört, sind die Bücher nicht mehr von ihm, sondern vom Insolvenzverwalter zu führen, und zwar (anders als beim Testamentsvollstrecker, vgl. Rdn. 29) in seiner „amtlichen" Eigenschaft;[48] Verpflichtung und Verantwortung fallen also auseinander. Wegen der **Massezugehörigkeit** der Bücher vgl. § 36 Abs. 2 Nr. 1 InsO. Der Insolvenzverwalter kann sich, obwohl nicht als solcher Kaufmann, bei Verletzung der Buchführungspflicht grundsätzlich strafbar machen; im allgemeinen wird es aber am erforderlichen Zusammenhang zwischen Eröffnung des Insolvenzverfahrens und Buchdelikt fehlen; dazu Rdn. 72.

IV. Die Führung der Handelsbücher nach den GoB

1. Das sachliche Substrat der Buchführung („Handelsbücher")

31   a) **Entwicklung und Begriff.** § 238 Abs. 1 S. 1 verpflichtet den Kaufmann, „Bücher" zu führen; üblich ist der Ausdruck „Handelsbücher". **Entwicklung.** Bis 1976 verstand das Gesetz den Ausdruck noch im Wortsinne; denn bis dahin schrieb § 43 Abs. 2 a. F. noch vor, daß die Bücher „gebunden und Blatt für Blatt oder Seite für Seite mit fortlaufenden Zahlen versehen" sein sollten. Die Praxis war über diese Sollvorschrift freilich schon längst hinweggegangen, spätestens seit den verschiedenen Gutachten, die von der IHK Berlin seit 1927 zur Loseblattbuchführung erstattet worden sind.[49] Seit dem Inkrafttreten des EGAO am 1. 1. 1977[50] gestattete § 43 Abs. 4 a. F. (jetzt: § 239 Abs. 4) auch die Aufzeichnung auf Datenträgern, soweit Ergebnis und Verfahren den GoB entsprechen. Eine bestimmte Technik hat der Gesetzgeber dabei bewußt nicht angesprochen, um nicht durch den Fortgang der technischen Entwicklung in jeweils neue Zugzwänge zu geraten.[51] Sachliche Bedeutung für das Substrat der Buchführung hat deshalb allein der Maßstab der GoB, dem jedes Buchführungssystem genügen muß (§ 239 Abs. 4).

32   **Definition.** Nach dem gegenwärtigen Stand der Entwicklung läßt sich der Begriff der Handelsbücher wie folgt fassen: Handelsbücher i. S. d. §§ 238, 239 sind sämtliche urkundlichen oder nicht urkundlichen Informationsträger, die dazu bestimmt und geeignet sind, die Handelsgeschäfte des Kaufmanns und die Lage seines Vermögens ersichtlich zu machen. Die Bestimmung trifft den Kaufmann. Die Eignung beurteilt sich nach den GoB, soweit keine gesetzliche Bestimmung getroffen ist. Das Gesetz fordert namentlich die Verfügbarkeit der Daten und die Möglichkeit, sie jederzeit binnen angemessener Frist lesbar zu machen (§ 239 Abs. 4 S. 2). Diesen Erfordernissen genügen: die Führung von gebundenen Büchern (praktisch zumindest weitgehend obsolet); die Loseblattbuchführung, auch in der Form der Offene-Posten-Buchhaltung; die EDV-Buchführung (Speicherbuchführung); wegen der Einzelheiten vgl. § 239, 20 f, 22 ff und zum (engeren) prozeßrechtlichen Urkundenbegriff sowie zur analogen Anwendung der §§ 422, 423 ZPO auf Bild- und Datenträger § 258, 17. Auf einer

---

[48] Dazu *Fichtelmann* KTS 1973, 145; *Kalter* KTS 1960, 65; *Klasmeyer/Kübler* BB 1978, 371; *Lohmeyer* JR 1973, 236; *Offerhaus* NJW 1973, 1027.

[49] Von einer Wiedergabe kann heute abgesehen werden. Textabdruck noch bei *Brüggemann* Voraufl. § 43, 2.

[50] Einführungsgesetz zur Abgabenordnung vom 17. 12. 1976 (BGBl. I S. 3341).

[51] Dazu und zu weiteren Einzelheiten *Biener* DB 1977, 527; *Feuerbaum* DB 1977, 549 und 597 (besonders zur EDV-Buchführung).

anderen Ebene liegt die Unterscheidung von Grundbuch (Memorial), Nebenbuch (Skontro) und Hauptbuch sowie weiteren Büchern und Journalen.[52] Während die Funktionen dieser Bücher nach wie vor erfüllt werden müssen, haben sie mit der Technik der Buchführung heute praktisch nichts mehr zu tun.

Einzelfragen. Das HGB und seine Nebengesetze kennen eine Reihe von Büchern **33** mit besonderer Funktion, für die sich die Frage stellt, ob sie Handelsbücher i. S. d. §§ 238, 239 sind. Das **Verwahrungsbuch** nach § 14 DepG ist kraft gesetzlicher Bestimmung Handelsbuch;[53] EDV-Führung ist nach § 239 Abs. 4 möglich. Für das **Aktienbuch** (§ 67 AktG) trifft das Gesetz keine entsprechende Anordnung; weil es einen anderen Inhalt hat als in §§ 238, 239 vorgesehen, ist es kein Handelsbuch. Es gehört aber zu den „sonst erforderlichen Aufzeichnungen" i. S. d. § 239 Abs. 1 (§ 43 Abs. 1 a. F.) und muß deshalb den dort normierten Anforderungen entsprechen.[54] Ebenso ist § 239 Abs. 4 in der Variante der „sonst erforderlichen Aufzeichnungen" einschlägig, so daß das Aktienbuch z. B. auch auf Datenträgern geführt werden kann, soweit dieses Vorgehen den GoB im einzelnen entspricht. Das erlaubt die Führung des Aktienbuchs „außer Haus" (Rdn. 19) und auch im Ausland (Rdn. 24), etwa am Sitz der Börse bei ausländischer Notierung. Das **Tagebuch des Handelsmaklers** (§ 100) ist aus denselben Gründen wie das Aktienbuch kein Handelsbuch; §§ 239, 257 gelten aber über § 100 Abs. 2. Handelsbuch ist auch nicht das **Tagebuch des Kursmaklers**. Der Kursmakler ist aber Handelsmakler, so daß §§ 239, 257 gem. § 100 Abs. 2 zu beachten sind. Zusätzlich gilt die Sonderregelung des § 33 BörsG.[55]

b) Rechtliche Behandlung außerhalb der §§ 238 ff. Handelsbücher, sofern in **34** Gebrauch genommen, sind gem. § 811 Nr. 11 ZPO **unpfändbar,** weil ihr rechtliches Schicksal nicht von dem des Unternehmens getrennt werden soll, für das sie geführt werden. Der Begriff ist nach der Definition in Rdn. 32 zu bestimmen; auch Lochkarten, Disketten, Magnetbänder und ähnliches unterliegen also dem Pfändungsverbot. Wegen des Pfändungsausschlusses erstrecken sich auch **gesetzliche Pfandrechte,** etwa des Vermieters, nicht auf die Handelsbücher (§ 559 S. 3 BGB). Trotz Unpfändbarkeit sind die Handelsbücher aber Vermögen i. S. d. § 23 ZPO; selbst das Vorhandensein eines Handelsbuches genügt, um den **Gerichtsstand des Vermögens** zu begründen (RGZ 51, 163, 165 f für ein Hauptbuch mit 300 Blättern, davon „nur 180 beschrieben"). Im **Insolvenzverfahren** erstreckt sich die Wirkung der Beschlagnahme trotz fehlender Pfändbarkeit auf die Handelsbücher (§ 36 Abs. 2 Nr. 1 InsO; vgl. schon Rdn. 30). **Beweiswert** im Erkenntnisverfahren: Handelsbücher sind Privaturkunden i. S. d. § 416 ZPO. Besondere Beweisregeln zugunsten des Kaufmanns gibt es nicht mehr (zur geschichtlichen Entwicklung vgl. Rdn. 6). Auch ordnungsmäßig geführte Handelsbücher begründen also keine (echte) Beweislastumkehr. Es spricht auch kein prima-facie-Beweis für die Richtigkeit des verbuchten Vorgangs (BGH BB 1954, 1044 = DB 1954, 1045). Vielmehr gilt das Prinzip freier Beweiswürdigung (§ 286 ZPO). In diesem Rahmen ist die Verbuchung (oder Nicht-Verbuchung) eines behaupteten Geschäftsvorfalls in ordnungsmäßig geführten Handelsbüchern aber ein gewichtiges Indiz. Zu Einzelheiten vgl. § 258, 22.

---

[52] Überblick bei *Brüggemann* Voraufl. § 38, 14.
[53] Näher *Canaris* BankvertragsR[2] Rdn. 2198 ff; *Heinsius/Horn/Than* KommDepG Erl. zu § 14.

[54] GroßKommAktG-*Barz* § 67, 3; *Bungeroth/ Hefermehl* in Geßler/Hefermehl AktG § 67, 6; *Hüffer* § 67, 2; KK-*Lutter* § 67, 7.
[55] Dazu *Schwark* KommBörsG[2] (1994) Erl. zu § 33.

Uwe Hüffer

2. GoB: Rechtsnatur und Ermittlung

Schrifttum

(Auswahl; Monographien vor Rdn. 1) *Beisse* Zum Verhältnis von Bilanzrecht und Betriebs-wirtschaftslehre, StuW 1984, 1; *Biener* Die Möglichkeiten und Grenzen berufsständischer Emp-fehlungen zur Rechnungslegung, Festschrift Goerdeler (1987) S. 45; *Biener* Fachnormen statt Rechtsnormen – Ein Beitrag zur Deregulierung der Rechnungslegung, Festschrift Claussen (1997) S. 59; *Brunnmeier* Laufende Buchführung und Buchführungstätigkeit nach den Grundsätzen ordnungsmäßiger Buchführung, DB 1977, Beil. Nr. 12 zu Heft 32; *Christoffers* Die Grund-lagen der Grundsätze ordnungsmäßiger Bilanzierung, BFuP 1970, 78; *Döllerer* Grundsätze ord-nungsmäßiger Bilanzierung, deren Entstehung und Ermittlung, WPg 1959, 653 = BB 1959, 1217; *Feuerbaum* EDV-Buchführung, GoB, AO 1977 und HGB, DB 1977, 549 und 597; *Herrmann* Die Grundsätze ordnungsmäßiger Buchführung im Licht einer entscheidungswissenschaftlichen Rechtstheorie, ZGR 1976, 203; *Körner* Wesen und System der Grundsätze ordnungsmäßiger Buchführung, BFuP 1971, 21 und 80; *Körner* Wesen und Funktion der Grundsätze ordnungs-mäßiger Buchführung, WPg 1973, 309; *Maul* Offene Probleme der Ermittlung von Grundsätzen ordnungsmäßiger Buchführung, ZfbF 1974, 726; *Moxter* Die handelsrechtlichen Grundsätze ordnungsmäßiger Buchführung und das neue Bilanzrecht, ZGR 1980, 254; *Mutze* Die Wandlung der Grundsätze ordnungsmäßiger Buchführung durch die Weiterentwicklung des Buchfüh-rungs- und Bilanzwesens, BB 1969, 56; *Schmalenbach* Grundsätze ordnungsmäßiger Bilanzie-rung, ZfhF 1933, 225; *D. Schneider* Bilanzrechtsprechung und wirtschaftliche Betrachtungsweise, BB 1980, 1225; *D. Schneider* Rechtsfindung durch Deduktion von Grundsätzen ordnungsmä-ßiger Buchführung aus gesetzlichen Jahresabschlußzwecken?, StuW 1983, 141; *D. Schneider* Betriebswirtschaftliche Analyse von Bundesfinanzhofurteilen als Grundlage einer Deduktion handelsrechtlicher GoB, Festschrift Ludewig (1996) S. 921; *Steinbach* Gedanken zum gegenwär-tigen Stand der Diskussion über Wesen, Rechtsnatur und Ermittlungsmethoden der GoB, ZfbF 1973, 1.

35   **a) Rechtsnatur: Meinungsstand.** Nach § 238 Abs. 1 S. 1 wie zuvor nach § 38 Abs. 1 a. F. ist der Kaufmann gehalten, seine Handelsgeschäfte und seine Vermögenslage in den Büchern ersichtlich zu machen, und zwar nicht irgendwie, sondern nach den GoB. Mit dieser Gesetzesaussage verknüpft sich traditionell die Frage nach der Rechtsnatur der GoB. Die vielfältigen Anworten[56] lassen sich in vier Gruppen ein-teilen: Nach herkömmlicher Ansicht sind die GoB keine Rechtsnormen, sondern Handelsbräuche.[57] Die jüngere Lehre spricht die GoB dagegen vielfach als Rechts-normen an,[58] ohne daß immer klar gemacht wird, was damit genau gemeint ist. Eine dritte Auffassung verwirft den Ausschließlichkeitsanspruch beider Lehren; danach können die GoB der Verkehrsanschauung entspringen, Handelsbräuche sein, zu Gewohnheitsrecht erstarken und vom Gesetzgeber aufgegriffen werden.[59] Viertens

---

[56] Genauere Übersichten bei GoB³-*Kruse* S. 13 ff (Zusammenfassung: S. 100 ff); *Moxter* ZGR 1980, 254, 256 ff; unter stärkerer Berücksichtigung betriebswirtschaftlichen Schrifttums: *Küting/ Weber/Baetge/Kirsch* Kap. I, 238 ff.

[57] *Brüggemann* Voraufl. § 38, 2 (der aber zugleich von Rechtsnormen spricht); *Düringer/Hachen-burg/Lehmann* § 38, 15; *Schlegelberger/Hilde-brandt/Steckhan* § 38, 18 (unter gleichzeitigem Rückgriff auf die Erkenntnisse der Betriebswirt-schaftslehre); *Trumpler* Die Bilanz der Aktien-gesellschaft² 1950, S. 80.

[58] BFHE 89, 191 = BStBl. III 1967, 607; BFHE 95, 31 (GS) = BStBl. II 1969, 291; *Beisse* StuW 1984,

1, 6 f; ADS § 243, 6; *Canaris* HandelsR § 13 II 1a; *Döllerer* WPg 1959, 653 = BB 1959, 1217 (der indessen unrichtig von „Rechtsquellen" (?) „mit abgeleiteter Rechtssatzwirkung" spricht, was sich allgemeiner Anerkennung erfreuen soll [wie *Döl-lerer* aber auch KK-*Claussen/Korth* HGB § 238, 13 a. E.]); ferner diejenigen, die sich ohne aus-drückliche Stellungnahme zur Rechtsnatur für die deduktive Methode aussprechen (Rdn. 36 mit Fn. 64 ff).

[59] GoB³-*Kruse* S. 100 ff; Bonner HdR-*Streim* 33; wohl auch *Knobbe-Keuk* § 3 II 1.

kommt es nach der in der Betriebswirtschaftslehre zumindest verbreiteten Ansicht überhaupt nicht auf den Charakter als Handelsbrauch oder Rechtsnorm an; sie reklamiert vielmehr für sich die fachliche Kompetenz, den Inhalt von GoB zu bestimmen und zu formulieren.[60] In die Sprache des Juristen zurückübersetzt, könnten die GoB danach eine Art von Fachnormen sein, mangels hinreichend geordneten Normungsverfahrens allerdings nicht im Sinne von DIN-Normen, die sich als Entlastung der normsetzenden staatlichen Instanzen immerhin denken lassen (s. etwa *Biener* FS Claussen (1997) S. 59, 67 ff). Zuweilen findet sich sogar die Ansicht, die von der Betriebswirtschaftslehre formulierten GoB gingen dem Gesetz vor.[61]

b) Herleitung: Meinungsstand. In den vergangenen drei Jahrzehnten, nämlich **36** spätestens seit dem grundlegenden, keineswegs einem Formulierungsproblem[62] gewidmeten Beitrag von *Döllerer* WPg 1959, 653 = BB 1959, 1217, wird die traditionelle Frage nach der Rechtsnatur der GoB von dem Meinungsstreit über deren Herleitung überlagert. Drei Positionen sind festzuhalten: Der traditionellen Ansicht zur Rechtsnatur (Handelsbrauch) entspricht die induktive Methode, nach der die GoB aus der empirisch festgestellten Kaufmannsübung zu entnehmen sind.[63] Wer dagegen, in welcher Variante auch immer, von der Rechtsnormqualität der GoB ausgeht, kann deren Inhalt nicht durch umfragegestützte Kammergutachten oder auf ähnliche Weise ermitteln. An die Stelle der induktiven tritt deshalb die deduktive Methode, nach welcher die GoB aus den Bilanzzwecken abgeleitet werden sollen, nämlich durch „Nachdenken darüber, wie eine konkrete Bilanzierungsfrage entschieden werden muß, um zu einer sachgerechten Bilanz zu gelangen" (*Döllerer* BB 1959, 1217, 1220). Diese deduktive, von *Döllerer* aaO begründete, namentlich von *Leffson*[64] ausgebaute und verfeinerte Methode liegt der Rechtsprechung des BFH zugrunde[65] – der BGH hat kaum Gelegenheit gehabt, in dieser Frage als Autorität zu wirken[66] – und kann als herrschende Lehre angesprochen werden.[67] Je nach der Deduktionsbasis wird teilweise weiter zwischen einer handelsrechtlich und einer betriebswirtschaftlich deduktiven Methode unterschieden,[68] wobei die betriebswirtschaftlichen Ansätze schon nach ihrer Zielsetzung (Formulierung anwendbarer Normen versus Vorgaben für eine Rechtspolitik) ihrerseits erheblich differieren (vgl. einerseits *Küting/Weber/Baetge/Kirsch* aaO [Fn. 68], andererseits *D. Schneider* FS Ludewig (1996) S. 921, 934 ff). Allerdings mehren sich die Zweifel, ob mit dem deduktiven Ansatz allein wirklich auszukommen ist, soweit es um die Entwicklung unmittelbar anwendbarer Normen geht. Gegen solche methodische Einseitigkeit steht seit 1970 die von *Kruse* entwickelte These,[69] § 38 Abs. 1 a. F. (§ 238 Abs. 1) eröffne einen Spielraum für richterliche Recht-

[60] So in jüngerer Zeit prononciert *Schneider* StuW 1983, 141, 147 f und 158 ff; vgl. auch schon *dens.* BB 1980, 1225; deutlich behutsamer GoB⁷-*Leffson* S. 112 ff, der aber S. 143 ff doch die besondere Bedeutung der betriebswirtschaftlichen Forschung betont; älteres Schrifttum bei GoB³-*Kruse* S. 74 Fn. 43 und 44.

[61] *Körner* WPg 1973, 309, 316; gegen ihn *Feuerbaum* BB 1977, 549 f.

[62] So die Fehleinschätzung von *Brüggemann* Voraufl. § 38, 2.

[63] Jüngere Darstellung der induktiven Methode bei *Küting/Weber/Baetge/Kirsch* Kap. I, 244 ff; treffende Beschreibung unter Vernachlässigung jeglicher Gegenposition: *Spitzenverbände der dt. Wirtschaft* DB 1979, 1093 f (berechtigte Kritik daran bei *Moxter* ZGR 1980, 254, 273 f).

[64] GoB⁷ S. 29 ff, 112 ff.

[65] BFHE 89, 191 = BStBl. III 1967, 607; BFHE 95, 31 (GS) = BStBl. II 1969, 291; überholt: BFHE 86, 118 = BStBl. III 1966, 371.

[66] Induktive Argumentation: BGHZ 34, 324, 327 = NJW 1961, 1063 (Pensionsrückstellungen); deduktive: BGH BB 1966, 915 f (künftige Ausgleichsansprüche von Handelsvertretern).

[67] *Baumbach/Hopt* 11; *Großfeld* BilanzR³ Rdn. 46; *Kropff* in Geßler/Hefermehl AktG § 149, 11; *Moxter* ZGR 1980, 254, 263; *Baumbach/Hueck/Schulze-Osterloh* § 41, 16; WP-Hdb. 2000¹² Bd. I E 5.

[68] *Küting/Weber/Baetge/Kirsch* Kap. I, 248 ff.

[69] GoB³ S. 103 ff (Zusammenfassung: S. 187 ff).

Uwe Hüffer

setzung, der Verweis auf die GoB schaffe in diesem Sinne einen Ermächtigungsspielraum. *Moxter* ZGR 1980, 254, 262 spricht in seiner zusammenfassenden Würdigung[70] von einer „Teilrenaissance der Kaufmannsübung". Von anderen wird eine hermeneutische Methode im Sinne einer umfassenden und ausgewogenen Berücksichtigung aller Determinanten empfohlen.[71]

37   c) **Ausgangspunkt: Die Bestimmung der GoB als Rechtsproblem.** § 238 Abs. 1 S. 1 verpflichtet den Kaufmann, seine Bücher nach den GoB zu führen. Nach dem Aufstellungsgrundsatz des § 243 Abs. 1 bestimmen die GoB überdies Form und Inhalt des Jahresabschlusses. Die Verletzung der Buchführungspflicht kann unter den weiteren Voraussetzungen der §§ 283 ff StGB die strafrechtliche Verantwortlichkeit des Buchführungspflichtigen begründen. Und schließlich ist für die Ermittlung des der Besteuerung unterliegenden Gewinns (§ 4 Abs. 1 EStG) das Betriebsvermögen anzusetzen, das nach den GoB auszuweisen ist (§ 5 Abs. 1 EStG). Was GoB sind und welchen Inhalt sie haben, ist nach alledem eine Rechtsfrage, folglich als solche zu erörtern und zu entscheiden.[72] Die These von den GoB als sogenannte „Fachnormen" (Fn. 60) führt deshalb nicht weiter;[73] die (vereinzelte) Annahme vom Vorrang der GoB gegenüber dem Gesetz (Fn. 61) ist schlicht eine Verirrung.

38   d) **Die Vorstellung des historischen Gesetzgebers und ihre Grenzen.** Das Reichsjustizamt formulierte in der Denkschrift 1896 S. 45: „Durch den in dem bisherigen Art. 28" (sc.: ADHGB) „nicht enthaltenen Hinweis auf die Grundsätze ordnungsmäßiger Buchführung wird der wesentliche Punkt hervorgehoben; nach den Gepflogenheiten sorgfältiger Kaufleute ist zu beurtheilen, wie die Bücher geführt werden müssen. Je nach dem Gegenstande, der Art und insbesondere dem Umfange des Geschäfts können diese Anforderungen verschieden sein." Ganz ähnlich verwies § 13 Preuß. EStG vom 24.6.1891 für die Ermittlung des Reingewinns auf Grundsätze, „wie solche … dem Gebrauche eines ordentlichen Kaufmanns entsprechen."[74] Die handelsrechtliche Vorschrift hätte danach ohne sachliche Veränderung lauten können: „Jeder Kaufmann ist verpflichtet, Bücher zu führen und in diesen seine Handelsgeschäfte und die Lage seines Vermögens so ersichtlich zu machen, wie es den Gepflogenheiten sorgfältiger Kaufleute entspricht." Die Umformulierung macht deutlich, daß § 38 Abs. 1 a. F. keine Norm von singulärer Struktur war, sondern der Sache nach mit gesetzlichen Formulierungen anderer Verhaltensstandards übereinstimmte; augenfällig ist etwa die Parallele zu § 347 Abs. 1 HGB, § 276 Abs. 1 S. 2 BGB,[75] vergleichbar ist aber auch der Verweis auf die als Konventionalnormen gedachten guten Sitten[76] in § 138 Abs. 1 BGB, § 1 UWG.

39   Indem § 38 Abs. 1 a. F. auf die Gepflogenheiten sorgfältiger Kaufleute verwies, brachte er den **bewußten Verzicht des Gesetzgebers auf eine eigene Sachentschei-**

---

[70] Skeptisch gegenüber bloßer Deduktion Hachenburg/*Goerdeler/Müller* § 42, 17; *Maul* ZfbF 1974, 726; kombinierte Anwendung induktiver und deduktiver Methode auch bei Beck BilKomm-*Budde/Raff* § 243, 17; *Knobbe-Keuk* § 3 II 1.

[71] ADS⁶ § 243, 18 ff; *Küting/Weber/Baetge/Kirsch* Kap. I, 254 ff; das von ihnen skizzierte Verfahren entspricht allerdings eher der topischen Methode (richtig *Beisse* StuW 1984, 1, 7 f); seither etwa *Ballwieser* FS Budde (1995) S. 43, 46.

[72] Vgl. etwa *Großfeld* NJW 1986, 955; dens. BilanzR³ Rdn. 18; *Hennrichs* Wahlrechte im Bilanzrecht der Kapitalgesellschaften (1999) S. 79 ff.

[73] Dazu schon *Kropff* in Geßler/Hefermehl AktG § 149, 11; GoB³-*Kruse* S. 79 ff, 81 ff; zuletzt Kirchhof/Söhn/*Mathiak* KommEStG § 5, A 82 ff.

[74] Textabdruck: *Herrmann/Heuer/Raupach* Komm-EStG²¹ § 5, 2.

[75] Zutreffend *Großfeld* BilanzR³ Rdn. 46.

[76] Dazu z. B. *Emmerich* Das Recht des unlauteren Wettbewerbs³ (1990) § 5, 2b m. w. N. in Fn. 31 ff; MünchKommBGB-*Mayer-Maly/Armbrüster* § 138, 11.

dung zum Ausdruck. Statt selbst die Führung der Bücher zu regeln, sah das Gesetz eine **zweistufige Rechtsanwendung** vor: Es war erstens zu ermitteln, welche Buchführungsgepflogenheiten tatsächlich bestehen. Danach war zu prüfen, ob diese Gepflogenheiten rechtlich akzeptabel sind. Die Formulierungskompetenz stand also zunächst der kaufmännischen Praxis zu; ihre Ergebnisse standen aber unter dem Vorbehalt richterlicher Überprüfung.[77] Als seit jeher von einem Mißverständnis getragen und ins Leere gehend erweist sich damit die an der traditionellen Lehre geübte Kritik, sie müsse auch Mißstände und laxe Bräuche in den Rang von GoB erheben.[78] Daß die GoB Handelsbräuche seien, dürfte den Vorstellungen des historischen Gesetzgebers entgegen der traditionellen Lehre (Fn. 57) jedoch aus anderen Gründen nicht entsprochen haben. Soweit mit der Einordnung als Handelsbrauch nicht nur die tatsächliche Übung gemeint ist, hat diese Qualifizierung den Sinn, das noch unterhalb der Rechtsebene liegende normative Element der „guten" Übung auszudrücken. Es war und ist jedoch überflüssig, dafür die (ohnehin nicht unproblematische) Figur des Handelsbrauchs zu bemühen, weil das normative Element schon im Erfordernis des „Ordnungsmäßigen" zum Ausdruck kam und kommt, und es war auch im wesentlichen (Ausnahmen sind denkbar im Kreditverkehr zwischen dem Kaufmann und seiner Bank) unrichtig, weil der Handelsbrauch nach § 346 „unter Kaufleuten" zu beachten ist, und zwar nach der systematischen Stellung des § 346 im Vierten Buch, soweit sie untereinander Handelsgeschäfte schließen.[79] Dagegen dient die Erfüllung der Buchführungspflicht dem Allgemeininteresse (Rdn. 3), hat also unmittelbar nichts mit dem Geschäftsverkehr der Kaufleute untereinander zu tun.

Die Führung der Handelsbücher als alleiniger Regelungsgegenstand. Von der **40** Frage, welchen sachlichen Regelungsgehalt die Generalklausel hatte, ist die Frage zu trennen, was eigentlich damit gegenständlich geregelt werden sollte. Während der Streit um Rechtsnatur und Herleitung der GoB (Rdn. 35 f) heute ein Streit um den materiellen Gehalt des Bilanzrechts und um die Kompetenz zur Fixierung dieses Gehalts ist (vgl. noch § 243, 7 ff, 19), waren diese Fragen von der Anschauung des Gesetzgebers des § 38 Abs. 1 a.F. überhaupt nicht erfaßt. Die von ihm vorgesehene zweistufige Rechtsanwendung (Rdn. 39) bezieht sich allein auf die Führung der Handelsbücher, auf die Buchführung im engen Sinne des Wortes, aber nicht auf Bilanz oder Jahresabschluß.[80] Das folgt schon aus der Wortwahl (Buchführung statt Bilanzierung), ferner aus dem Fehlen jeden Hinweises auf die GoB in den seinerzeitigen Bilanzierungsvorschriften (§§ 39, 40, 261 a.F.), aus dem Fehlen eines Aufstellungsgrundsatzes selbst für die Bilanz der AG (§ 261 a.F.) und findet schließlich noch eine Bestätigung darin, daß sich die Erwägungen des Reichsjustizamts auf nichts anderes als die Buchführung im engen Sinne bezogen haben. Die GoB als leitender Grundsatz der Bilanzierung sind demnach das Ergebnis einer nachträglichen, vom Gesetzgeber der §§ 38 ff a.F. noch nicht erfaßten Entwicklung.

e) Geltendes Recht: GoB als Rechtsnormen. Die Entwicklung des Bilanzrechts **41** seit 1900 hat dem Konzept des seinerzeitigen Gesetzgebers den Boden entzogen. In

---

[77] Unmißverständlich schon das grundlegende Urteil RGZ 48, 114, 124 f; vgl. ferner RGZ 103, 146, 147 f; RGZ 114, 9, 13; RGZ 125, 76, 79; BGHZ 10, 228, 233 = NJW 1953, 1665.

[78] So namentlich *Schmalenbach* ZfhF 1933, 225, 232; aber auch *Döllerer* BB 1959, 1217; ganz schief ferner die Unterscheidung zwischen einem „dem Kaufmann vertrauenden Gesetzgeber von 1896" und dem „mißtrauenden Gesetzgeber"

von 1931 und 1965 bei GoB[7]-*Leffson* S. 130 ff, 133 ff. Von falscher Prämisse ausgehend schließlich noch *Moxter* ZGR 1980, 254, 258; die von ihm vermutete „unerhörte Provokation" ist präzise der Standpunkt des Gesetzgebers von 1896.

[79] Richtig dazu GoB[3]-*Kruse* S. 83 ff.

[80] Zutreffend GoB[7]-*Leffson* S. 131 unter Hinweis auf *Passow* (aaO Fn. 256).

Uwe Hüffer

dem Maße, in dem das Steuerrecht eine nach GoB aufgestellte Handelsbilanz voraus-setzte[81] und der Gesetzgeber zunächst des Aktienrechts[82] eine entsprechende Bilanz-zielbestimmung in seine Normen aufnahm, verlor das bloße Buchführungskonzept des Reichsjustizamtes an Brauchbarkeit; denn ein umfassendes, als Summe von for-mellen und materiellen GoB gedachtes Bilanzrecht, das diesen Namen verdient, kommt weder inhaltlich noch rechtsquellen-theoretisch mit der guten Kaufmanns-übung als Basis aus. Das BiRiLiG hat mit dem Aufstellungsgrundsatz des § 243 nur den Schlußpunkt unter diese Entwicklung gesetzt und zugleich mit der Kodifizierung des Bilanzrechts der hier erörterten Problematik einen erheblichen Teil ihres prakti-schen Gewichts genommen.

42   Nach dem heutigen Stand der Entwicklung, insbesondere nach der Regelung durch das BiRiLiG, ist als **Grundsatz** festzuhalten: Die **GoB sind Rechtsnormen.** Das ist unproblematisch, soweit die §§ 238 ff den Inhalt schon bislang anerkannter GoB in **Gesetzesform** gebracht haben; damit beantwortet sich nicht allein die Frage nach der Rechtsnatur, sondern insoweit (vgl. im übrigen Rdn. 44) auch die nach der Herleitung von GoB. Der Versuch, den außergesetzlichen Charakter der GoB zu ihrem Begriffs-merkmal zu machen und damit gesetzliche GoB zu leugnen,[83] ist für die Rechtsanwen-dung ohne Wert und deshalb abzulehnen. Die **gewohnheitsrechtliche Geltung von GoB** bleibt denkbar, doch hat diese Möglichkeit durch die Kodifizierung gerade der grundlegenden, von allgemeiner Rechtsüberzeugung getragenen Bilanzierungsregeln ihre praktische Bedeutung weitgehend eingebüßt.

43   Problematisch war und bleibt der Fall, daß für eine Bilanzierungsfrage weder dem Gesetz noch dem Gewohnheitsrecht etwas zu entnehmen ist. Für diesen Fall sind die Gerichte durch §§ 238 Abs. 1 S. 1, 243 Abs. 1, 264 Abs. 2 legitimiert, **GoB als Rechts-normen durch Richterspruch** unter Orientierung an den Bilanzzwecken und fest-stellbarer praktischer Übung (Rdn. 44) zu schaffen; das ist der zutreffende Kern der von *Kruse* GoB[3] S. 103 ff, 188 ff entwickelten Lehre von § 38 Abs. 1 a. F. als Ermächti-gungsgrundlage (vgl. auch BGH NJW 1994 1735, 1737 li. Sp.; *Thiel* BilanzR[4] Rdn. 245). Die GoB füllen damit Regelungslücken aus, die der Gesetzgeber zwangs-läufig und bewußt in Kauf nimmt, indem er auch noch in § 238 Abs. 1 eine General-klausel der konkreten Sachentscheidung vorzieht (vgl. auch Rdn. 39 zu § 38 Abs. 1 a. F.).[84] Abzulehnen ist also die verwaltungsrechtlich geprägte These, es handle sich bei den GoB um einen unbestimmten Rechtsbegriff, mit dem eine geschlossene gesetz-liche Regelung hergestellt werde.[85] Dabei mag letztlich offenbleiben, ob im Handels-bilanzrecht überhaupt mit der Kategorie des unbestimmten Rechtsbegriffs gearbeitet werden sollte. Entscheidend ist, daß eine geschlossene gesetzliche Regelung ohne Sachentscheidung ein Widerspruch in sich ist, es sei denn, man wollte eine Frage immer noch allein deshalb als geregelt ansehen, weil sich für ihre Lösung z. B. § 242 BGB anführen läßt (dagegen zutreffend *Kruse* GoB[3] S. 115 m. w. N. in Fn. 1013). Die schließlich naheliegende Frage nach der rechtsquellen-theoretischen Haltbarkeit der GoB-Norm kraft Richterspruchs ist eindeutig positiv zu beantworten. Es ist nicht mehr diskussionsbedürftig, daß Recht durch Rechtsprechung entstehen kann. Zwei-felhaft mag sein, ob die Judikatur in einem bestimmten Sachgebiet rechtsbildend tätig

---

[81] Überblick über die Gesetzesentwicklung bei *Herrmann/Heuer/Raupach* KommEStG[21] § 5, 2.

[82] Beginnend mit der Novelle von 1931, die in den §§ 261–262g des damaligen HGB erstmals detail-lierte Vorschriften über die Bilanz schuf und die Pflichtprüfung einführte.

[83] GoB[7]-*Leffson* S. 25 gegen die heute wohl allg. Ansicht, allerdings unter Abschwächung des noch in GoB[6] S. 24 eingenommenen Standpunkts.

[84] Eingehend GoB[3]-*Kruse* S. 103 ff, 114 ff.

[85] So aber z. B. *Küting/Weber/Baetge/Kirsch* Kap. I, 240; sie verkennen, daß es auch gewollte („plan-mäßige") Gesetzeslücken gibt.

werden darf oder ob eine vorrangige gesetzliche Regelung dem entgegensteht. Nicht problematisch ist aber wiederum, daß der Vorrang des Gesetzes gerade dann nicht eingreift, wenn sich der Gesetzgeber wie bei den GoB auf eine Generalklausel zurückzieht. Fehlt es noch an der richterlichen Anerkennung eines bestimmten Buchführungsverfahrens, so darf die kaufmännische Praxis das ihr zweckmäßig Erscheinende tun, wenn dieses Verhalten von der objektiv nachvollziehbaren Überzeugung dem Gesetz entsprechender Ordnungsmäßigkeit getragen wird. Das liegt nicht nur in der Konsequenz des § 238 Abs. 1 S. 1, sondern folgt auch aus dem bewußten Verzicht des Gesetzgebers auf die Regelung von Buchführungsförmlichkeiten in §§ 239 Abs. 2, 241, 257 Abs. 3; vgl. dazu und zu einzelnen Folgerungen § 239, 5, 24; § 241, 13, 27, 33, 40; § 257, 33, 36 f.

Die Diskussion um die **Herleitung von GoB** leidet offensichtlich unter der Ver- **44** wendung wenig glücklicher Begriffe und der Betonung eines **praxisfremden Gegensatzes zwischen „induktiv" und „deduktiv"**. Wenn die Praxis mit der gesetzlichen Verweisung auf die GoB „im ganzen recht gut fertig geworden ist",[86] so deshalb, weil die induktive und die deduktive Methode einander nicht ausschließen, sondern ergänzen und vermutlich immer nebeneinander gehandhabt worden sind. Die induktive Feststellung einer tatsächlichen Übung bedarf schon nach dem Konzept des historischen Gesetzgebers der rechtlichen Überprüfung, ob sie auch den Gepflogenheiten „sorgfältiger" Kaufleute entspricht (Rdn. 39). Und die deduktive Methode ist mißverstanden, wenn man sie als abstrakt-begriffliche Ableitung aus ihrerseits teilweise schwer faßbaren Bilanzzielen[87] begreift. Sie setzt vielmehr die Feststellung einer vorhandenen tatsächlichen Übung, die Kenntnis fachkundiger Gutachten und Stellungnahmen voraus und dient im wesentlichen der Feststellung, ob eine so ermittelte Praxis den Bilanzierungszwecken gerecht wird.[88] Nur wo sich eine praktische Übung noch nicht gebildet hat, ist zwangsläufig von vornherein deduktiv zu verfahren; auch dann liegt es jedoch nahe, die praktische Lösung ähnlicher Sachverhalte zu ermitteln und in die Beurteilung einzubeziehen (ähnlich Bonner HdR-*Streim* 35). Treffender denn als deduktive wird die an den Bilanzzielen ausgerichtete Rechtsanwendung und -bildung als **funktionale Methode** bezeichnet, deren Anwendung die sorgfältige Ermittlung der Tatsachenstruktur einschließlich einer etwa bestehenden tatsächlichen Übung voraussetzt. Die Bilanzrechtsprechung bekommt damit auch sprachlich Anschluß an die rechtsfortbildende zivilrechtliche Judikatur und an das Verfahren bei der Konkretisierung anderer Generalklauseln.[89]

f) **Insbesondere: Fachgutachten; Stellungnahmen.** Von erheblicher praktischer **45** Bedeutung für die Feststellung ordnungsmäßiger Buchführung, Inventur und Bilanzierung sind die Fachgutachten des IdW sowie die Stellungnahmen seines Hauptfachausschusses (HFA) und des Fachausschusses für moderne Abrechnungssysteme (FAMA). Selbstredend haben weder das IdW noch seine Ausschüsse die Kompetenz, GoB „zu erlassen".[90] Aber auch das im Anschluß an den Vorentwurf des BiRiLiG

---

[86] *Knobbe-Keuk* § 3 II 1.
[87] So das Hauptargument der Gegner des deduktiven Verfahrens, vgl. besonders *Schneider* StuW 1983, 141, 148 ff. Zu den Zwecken der Rechnungslegung vgl. § 242, 8.
[88] Vgl. die eingehende und treffende Beschreibung des Verfahrens durch *Beisse* StuW 1984, 1, 7 f; richtig auch Beck BilKomm-*Budde/Raff* § 243, 17: „Komplementäres Verhältnis" von induktiver

und deduktiver Methode; der Sache nach ebenso *Herrmann/Heuer/Raupach* KommEStG[21] § 5, 38; *Moxter* Bilanzlehre Bd. II, S. 8.
[89] Dazu *Brem* in St. Galler Festgabe zum Schweiz. Juristentag, 1981, S. 87; *Jahr* Schriften des Vereins für Socialpolitik n. F. 33 (1964), 14; *Mestmäcker* ebda. S. 103; speziell zum Wettbewerbsrecht *Baudenbacher* ZHR 144 (1980), 145.
[90] *Flume* DB 1973, 1661, 1663; GoB[7]-*Leffson* S. 128.

seinerzeit diskutierte **Projekt einer Rechnungslegungskommission,** deren als (vorläufige) GoB veröffentlichte Erkenntnisse durch eine darauf verweisende Rechtsverordnung in den Rang eines abgeleiteten Rechtssatzes erhoben werden können (vgl. hierzu aus neuerer Zeit *Biener* FS Goerdeler [1987] S. 45, 52 ff; aus der seinerzeit aktuellen Diskussion z.B. *Bierich/Busse v. Colbe/Laßmann/Lutter* [Hrsg.] Rechnungslegung nach neuem Recht [ZGR-Sonderheft 2], 1980, S. 107 ff [Podiumsgespräch]), ist im Gesetzgebungsverfahren zu Recht fallengelassen worden. Es spricht nämlich nichts für die These, daß der Verordnungsgeber allein oder unter Übernahme von Kommissionsergebnissen zu Resultaten gelangen würde, die den Ergebnissen sachlich überlegen wären, die im Diskussionsprozeß der kaufmännischen Praxis und ihrer Organisationen mit (vor allem) Wirtschaftsprüfung, Rechtsprechung und Wissenschaft erzielbar sind. Eher droht das Risiko vorschneller normativer Verfestigung, deren Nachteile bei den verschiedenen Novellierungen der Buchführungsvorschriften erkennbar geworden sind. Es verbleibt deshalb dabei, daß Gutachten und Stellungnahmen, von wem auch immer vorgelegt, durch die fachliche Autorität ihrer Verfasser wirken müssen. Sie haben namentlich bei neu auftretenden Fragen die Chance, auf die dargestellte Weise (Rdn. 43 f) zu GoB zu werden. Vollständige Zusammenlegung der in diesem Sinne durchaus relevanten Arbeitsergebnisse des IdW und seiner Ausschüsse: *IdW* (Hrsg.) Fachgutachten und Stellungnahmen des Instituts der Wirtschaftsprüfer auf dem Gebiete der Rechnungslegung und -prüfung, Loseblattausgabe. Für die Buchführung im eigentlichen Sinne sind vor allem wesentlich: FAMA 1/1974, Prüfung von EDV-Buchführungen, auch in WPg 1974, 83, mit Änderungen in WPg 1977, 433; FAMA 1/1975, Zur Auslegung der Grundsätze ordnungsmäßiger Buchführung beim Einsatz von EDV-Anlagen im Rechnungswesen, auch in WPg 1975, 555; FAMA 1/1987, Grundsätze ordnungsmäßiger Buchführung bei computergestützten Verfahren und deren Prüfung, WPg 1988, 1 (Verlautbarungsentwurf: WPg 1987, 1); dazu näher § 239, 24 ff.

3. GoB: Formelle GoB; Buchführungsrichtlinien; Kontenrahmen

46   **a) Formelle und materielle GoB; GoI.** Die Buchführung ist die Grundlage des Jahresabschlusses. Das Inventar beruht auf der grundsätzlich körperlich gedachten Bestandsaufnahme (Inventur). Buchführung, Jahresabschluß, Inventur und Inventar bilden Teilelemente der Rechnungslegung. Es hat sich eingebürgert, die Gesamtheit der dabei zu beachtenden Grundsätze über den unmittelbaren Wortsinn und die Konzeption des historischen Gesetzgebers (dazu Rdn. 38 ff) hinaus als GoB zu bezeichnen. Die so verstandenen GoB im weiteren Sinne lassen sich einteilen in die formellen GoB, in die materiellen GoB und in die Grundsätze ordnungsmäßiger Inventur (GoI). Die formellen GoB beziehen sich auf die Buchführung im eigentlichen Sinne, also vor allem auf die technisch-praktische Seite des kaufmännischen Dokumentationswesens. Die materiellen GoB (GoBil) betreffen dagegen den Jahresabschluß und fassen Gliederungs-, Ansatz- und Bewertungsregeln sowie die allgemeinen Bilanzierungsgrundsätze zusammen. Die GoI erfassen den Vorgang der Bestandsaufnahme und sein Ergebnis, das Inventar. Die nachfolgenden Erläuterungen beschränken sich auf die formellen GoB. Wegen der GoI vgl. § 240, 8 ff, und wegen der GoBil § 243, 6 ff.

47   **b) Buchführungsrichtlinien.** Durch Erlaß des Reichswirtschaftsministers und des Reichskommissars für die Preisbildung vom 11.11.1937 (MinBl. für Wirtschaft 1937, 239) wurden „Richtlinien zur Organisation der Buchführung (im Rahmen eines einheitlichen Rechnungswesens)" geschaffen. Ungeachtet ihres damaligen Zwecks im Rahmen einer gelenkten Wirtschaft (der Erlaß beruft sich aaO insbesondere auf „die

Ziele des Vierjahresplans"), sind diese Richtlinien auch heute noch beachtlich, weil und soweit sie (formelle) GoB enthalten.[91] Rechtliche Verbindlichkeiten können sie freilich nicht beanspruchen. Das bedeutet im Ergebnis, daß eine den Richtlinien entsprechende Buchführung ordnungsmäßig ist, ohne daß daraus der Umkehrschluß gezogen werden dürfte. Ein Buchführungsmangel kann also nicht schon aus der Abweichung von den Richtlinien hergeleitet werden.[92] Vielmehr müssen sich davon unabhängig GoB aufzeigen lassen, denen nicht Rechnung getragen wurde.

Richtlinientext. Die Richtlinien haben folgenden Wortlaut:

48

I. Grundaufgaben des Rechnungswesens

Ein geordnetes Rechnungswesen muß alle Geschäftsvorfälle und die mit ihnen verbundenen Mengen- und Wertbewegungen lückenlos erfassen und planmäßig ordnen. Es bietet dadurch eine unerläßliche Voraussetzung für eine Ordnung der Betriebe und der Gesamtwirtschaft sowie für eine dauernde Beobachtung des Betriebszustandes und der Betriebsgebarung.
1. Das Rechnungswesen verfolgt vier Grundzwecke:
   a) Ermittlung der Bestände – Vermögens- und Schuldteile – und des Erfolges am Ende des Jahres (Jahresbestands- und Erfolgsrechnung) und während der Betriebsperiode (kurzfristige Erfolgsrechnung),
   b) Preisbildung, Kostenüberwachung und Preisprüfung (auf der Grundlage der Selbstkosten),
   c) Überwachung der Betriebsgebarung (Wirtschaftlichkeitsrechnung),
   d) Disposition und Planung.
   Betriebliche und gesamtwirtschaftliche Zwecke werden gleichermaßen durch das Rechnungswesen verfolgt.
2. Das betriebliche Rechnungswesen umfaßt alle Verfahren zur ziffernmäßigen Erfassung und Zurechnung der betrieblichen Vorgänge. Es gliedert sich in vier Grundformen:
   a) Buchführung und Bilanz (Zeitrechnung),
   b) Selbstkostenrechnung (Kalkulation, Stückrechnung),
   c) Statistik (Vergleichsrechnung),
   d) Planung (betriebliche Vorschau-Rechnung).
   Alle vier Formen besitzen ihre besonderen Verfahren, ihre eigenen Anwendungsgebiete und ihre besondere Erkenntniskraft. Sie stehen aber nicht nebeneinander, sondern hängen eng zusammen und ergänzen einander.
3. Die ursprüngliche und wichtigste Form des Rechnungswesens ist die Buchführung. Sie ist eine Zeitrechnung und hat den Zweck, Bestände und ihre Veränderung, Aufwände, Leistungen und Erfolge in einem Zeitraum festzustellen. Die wertmäßige Erfassung wird zweckmäßigerweise durch eine mengenmäßige in Nebenbüchern (amtl. Fn. 1: Gemeint sind hier nicht nur gebundene Bücher, sondern auch „lose Blätter" und Karteien.) ergänzt werden.
4. Aus dem derzeitigen Stand des Rechnungswesens und aus den Anforderungen, die die gegenwärtige Erzeugungs- und Wirtschaftsweise und nicht zuletzt die gesamtwirtschaftliche Überwachung an das Rechnungswesen und insbesondere an die Buchführung stellen, ergeben sich bestimmte Anforderungen an die Organisation der Buchführung.

II. Anforderungen an die Organisation der Buchführung

1. Die Buchführung muß im Regelfalle die doppelte kaufmännische oder eine gleichwertige kameralistische Buchführung sein. Nur unter besonderen Verhältnissen, vor allem in Kleinbetrieben des Einzelhandels und des Handwerks, ist eine einfache Buchführung angängig.

---

[91] *Baumbach/Hopt* 1; *Schlegelberger/Hildebrandt/Steckhan* Einl. § 38, V.

[92] Stellungnahme des BWM und des BMJ, WPg 1953, 566; *Goerdeler/Müller* aaO (Fn. 91).

2. Die Buchführung muß klar und übersichtlich sein (amtl. Fn. 2: Komplizierte Buchführungen verfehlen in den meisten Fällen ihren Zweck. Solche Buchführungen verbindlich vorschreiben zu wollen, hieße den Stand des betrieblichen Rechnungswesens überschätzen, bzw. ihre Durchführung unmöglich machen.). Vorgeschrieben werden kann nur eine Buchführung, die Mindestansprüchen genügt und auf mittlere Betriebe einer Reichsgruppe bzw. Wirtschaftsgruppe abgestellt ist. Ist ein Betrieb rechnungsmäßig bereits so entwickelt, daß er über Mindestanforderungen hinausgehen will, so muß sein Aufbau der Buchführung die Vergleichbarkeit mit der auf Grund dieser Richtlinien aufgestellten Kontenübersicht seiner Reichsgruppe bzw. Wirtschaftsgruppe in bequemer Weise zulassen. In einem solchen Falle erscheint eine weitere Aufgliederung der Kontengruppen, die für Vergleichszwecke wiederum ein leichtes Zusammenziehen ermöglicht, am geeignetsten (Grundsatz der weitergehenden Gliederung der Kontengruppen). Jede grundsätzlich andere Organisationsform der Buchführung erscheint weniger geeignet, weil sie die Vergleichbarkeit stört, mag sie als Buchführungsform auch gleichwertig sein. Für Kleinbetriebe sind die Anforderungen zu ermäßigen, was am besten durch die Zusammenziehung der Konten erreicht wird. Auch hier muß eine Vergleichbarkeit gegeben sein.
Der aufgestellte Kontenrahmen ist demnach der einheitliche Organisationsplan der Buchführung für alle Betriebe.
3. Die Buchführung muß Stand und Veränderung an Vermögen, am Kapital und an Schulden und die Aufwände, Leistungen und Erfolge erfassen (Geschäftsbuchführung, häufig auch Finanzbuchführung genannt, und Betriebsbuchführung).
4. Bei getrennten Buchführungen (z. B. Geschäfts- und Betriebsbuchführung, Haupt- und Nebenbuchführung, Zentral- und Filialbuchführung) müssen die einzelnen Teile der Buchführung in einem organischen Zusammenhang stehen.
5. Die wichtigste Form der Organisation der Buchführung ist die Kontierung, d. h. die Art und Zahl der Konten. Der Kontierung dient am besten ein Kontenplan (für den Einzelbetrieb), der dem Kontenrahmen (der Reichsgruppe bzw. Wirtschaftsgruppe oder Fachgruppe) angepaßt werden muß.
6. Die Kontierung muß eine klare Erfassung und Abgrenzung der einzelnen Geschäftsvorfälle sowie eine ausreichend tiefe Gliederung der Bestands-, Aufwands-, Leistungs- und Erfolgsposten ermöglichen. Zusammenziehungen, die eine genügende Einsicht nicht gestatten, sind unzulässig. Für die Gliederung der Konten sind insbesondere die gesetzlichen Mindestanforderungen, die Betriebsgröße und der Gang der Erzeugung bzw. die Betriebsfunktion maßgebend.
7. Die Führung gemischter, Bestand und Erfolg enthaltender Konten ist möglichst zu vermeiden.
8. Für die Gliederung der Bilanz ist die Anwendung der Vorschriften für die Gliederung der Jahresbilanz (§ 131 des Aktiengesetzes[93]) mit sinngemäßer Anwendung auch für Nicht-Aktiengesellschaften erwünscht. Weitergehende besondere rechtliche Bestimmungen sind einzuhalten.
Für die Gewinn- und Verlustrechnung ist die Trennung der betrieblichen Ergebnisse von den außerordentlichen Erträgen im Sinne der Gewinn- und Verlustrechnung (§ 132 des Aktiengesetzes[94]) notwendig.
9. Es ist gleichwertig, ob bei Aktiengesellschaften die einzelnen Posten der Gewinn- und Verlustrechnung gemäß Aktiengesetz buchhalterisch oder statistisch festgestellt werden. Bei statistischer Feststellung ist aber eine leichte Nachprüfbarkeit der einzelnen Ziffern durch die Buchführung unerläßlich.
10. Die Buchführung muß weiterhin eine ausreichende Trennung ermöglichen:
    a) zwischen Jahres- und Monatsrechnung,
    b) zwischen kalkulierbaren und nicht kalkulierbaren sowie außerordentlichen Aufwänden bzw. Erträgen.

---

[93] AktG 1937: vgl. jetzt §§ 266, 268; zuvor: §§ 151, 152 AktG 1965.

[94] AktG 1937; vgl. jetzt §§ 275, 277; zuvor: §§ 157, 158 AktG 1965.

11. Die Buchführung hat die Abstimmungsfunktion für alle betrieblichen Zahlen und Rechnungsformen zu erfüllen, insbesondere für Kalkulation und Statistik (Kontrollprinzip).

12. Für die einzelnen Buchungen müssen rechnungsmäßige Belege vorhanden sein, die geordnet aufzubewahren sind (Belegprinzip).

13. Die Buchführung muß leichte Nachprüfbarkeit, im Sinne der vier Grundzwecke des Rechnungswesens (1 a–d), zulassen.

14. Die Buchführung muß ausreichende Vergleichsmöglichkeit der einzelnen Betriebe und daher eine genügende Analyse der Struktur und der Entwicklung des Kapitals, des Umsatzes, der Kosten und des Erfolges bieten.

15. Eine weitgehende Vereinheitlichung der Buchführung ist nicht nur notwendig, sondern auch ohne Beeinträchtigung der Erkenntniskraft der Buchführung und der berechtigten besonderen Betriebsbedürfnisse möglich. Die wichtigsten Bilanz- und Aufwandsposten und sogar Kostenstellengruppen sind allen Betrieben, insbesondere aber allen Betrieben eines Wirtschaftszweiges, gemeinsam. Die Eigenart beruht meistens auf den einzelnen Kostenstellen und der weiteren oder geringeren Gliederung der Bestands-, Aufwands- und Ertragskosten.

16. In der Betriebsbuchführung der industriellen und sonstigen Betriebe, in denen die Leistungseinheits- oder Abteilungsrechnung von besonderer Bedeutung ist, sind insbesondere – mit sinngemäßer Anwendung – Konten der Kostenarten, Halb-, Fertigerzeugnis- und Erlöskonten zu führen.

Es ist besonderes Gewicht auf die Kostenarten und Kosten-(Leistungs-)träger (Erzeugnisse) zu legen. Die Kostenstellen (Orte der Kostenentstehung: Abteilungen usw.) in die Buchführung einzugliedern, ist in der Regel nur Betrieben mit gleichartigen Produktionsverhältnissen, die sich der Divisionskalkulation bedienen, zu empfehlen. In den meisten übrigen Fällen ist die Auflassung der Kostenstellen aus der Buchführung und die Aufstellung eines „Betriebsabrechnungsbogens" die bessere Lösung.

17. Der Betriebsabrechnungsbogen (im Bedarfsfall auch mehrere), der mit sinngemäßer Anwendung für jede Kostenstellenrechnung geeignet ist, also nicht nur für die Zuschlagkalkulation, sondern auch für die Divisionskalkulation mit Kostenstellenrechnung der Industrie und des Handwerks, für die Abteilungskalkulation des Handels, der Banken und der Versicherungsbetriebe, übernimmt die Zahlen aus der Buchführung, verteilt die Kostenarten nach festgelegten Gesichtspunkten auf die Kostenstellen und führt die umgruppierten Zahlen (über die Verrechnungskosten) zur Belastung der Kosten-(Leistungs-)träger wieder in die Buchführung ein.

Der Betriebsabrechnungsbogen stellt die Verbindung zwischen Buchführung und Kalkulation dar, die auf diese Weise durch die Buchführung stets leicht nachprüfbar ist. Die Anwendung der vorstehenden Richtlinien stellt die anliegende „Kontenrahmen" mit dem „Beispiel eines Kontenplanes für Fertigungsbetriebe" dar. Er ist ein Organisationsplan der Buchführung und bestimmt nicht ihre Technik, die in völliger Freiheit durchgeführt werden kann.

III. Der Kontenrahmen als Grundlage der Selbstkostenrechnung und Statistik

1. Auf der Grundlage der vereinheitlichten Buchführung ist eine in den Grundsätzen vereinheitlichte Selbstkostenrechnung aufzubauen.

2. Zur Ergänzung der Buchführung und weiterer Auswertungen der Ziffern der Buchführung dient eine vereinheitlichte Statistik, die bestimmte Betriebsanalysen vorzunehmen und Kennziffern der Vermögensverhältnisse, Umsätze, Bestände, Kosten und Erfolge zu errechnen hat. Diese Ziffern dienen unter entsprechender Auswertung vor allem der Wirtschaftlichkeitsrechnung und dem Betriebsvergleich. Darüber hinaus wird der Betrieb zweckmäßigerweise nach Bedarf weitere Statistiken führen.

Ein so aufgebautes Rechnungswesen wird nicht nur für die Allgemeinheit, sondern in erster Linie auch für den Einzelbetrieb von größtem Nutzen sein, weil es ihm die Erkenntnisse vermittelt, die er zur erfolgreichen Führung des Betriebes braucht.

Uwe Hüffer

49   **c) Kontenrahmen.** Jede sinnvolle Buchführung setzt einen Kontenplan voraus, der üblicherweise aus einem Kontenrahmen entwickelt wird; den vorstehend abgedruckten Buchführungsrichtlinien war deshalb ein Kontenrahmen mit dem Beispiel eines Kontenplans für Fertigungsbetriebe samt Erläuterungen beigegeben (MinBl. für Wirtschaft 1937, 243); sogenannter Erlaßkontenrahmen. Von einer Wiedergabe ist heute abzusehen,[95] weil der Erlaßkontenrahmen durch die Entwicklung überholt ist. Praktische Bedeutung hat seither namentlich die Weiterentwicklung des Erlaßkontenrahmens zum Gemeinschaftskontenrahmen **(GKR 1951)** erlangt.[96] Weil der GKR eine den aktienrechtlichen Gliederungsvorschriften entsprechende Bilanz sowie Gewinn- und Verlust-Rechnung nicht ohne weiteres erlaubte, wurde durch den Betriebswirtschaftlichen Fachausschuß des BDI der sogenannte Industriekontenrahmen **(IKR 1971)** entwickelt (Neufassung: **IKR 1986**).[97] Neben dem IKR sind andere Kontenrahmen für bestimmte Branchen in Gebrauch (Fachkontenrahmen), so der Großhandelskontenrahmen oder die Kontenrahmen der privaten Banken, der Volksbanken und Sparkassen.[98] Erhebliche Bedeutung haben die DATEV-Kontenrahmen erlangt, besonders die Kontenrahmen SKR 03 und SKR 04.[99] Schließlich gibt es noch Kontenrahmen kraft besonderer Rechtsvorschrift, so für Krankenhäuser gem. § 3 Abs. 1 KHBV (Krankenhaus-BuchführungsVO vom 10. 4. 1978 [BGBl. I S. 473] i. d. F. der Bekanntmachung vom 26. 9. 1994 [BGBl. I S. 2750]).

4. Dokumentation und Feststellung der Vermögenslage

50   **a) Dokumentation (Buchung der „Handelsgeschäfte").** § 238 Abs. 1 S. 1 verlangt, daß der Kaufmann in den Büchern seine Handelsgeschäfte ersichtlich macht. Das entspricht dem Dokumentationszweck der Buchführung (Rdn. 2 f). Der Begriff des Handelsgeschäfts ist nicht streng i. S. d. §§ 343 ff aufzufassen. Zu verbuchen sind also nicht die Forderungen, die durch den Vertragsschluß und in diesem Zeitpunkt entstehen. Maßgeblich für die Buchungspflicht ist vielmehr das **Realisationsprinzip.** Danach kommt es auf den Zeitpunkt an, in dem die Gegenleistung durch vollständige eigene Leistung des Kaufmanns verdient ist.[100] Maßgeblich ist die wirtschaftliche Betrachtungsweise. Das bedeutet am Beispiel des Kaufvertrags, daß ein buchungspflichtiges Handelsgeschäft vorliegt, sobald die verkaufte Ware ausgeliefert ist; von diesem Zeitpunkt ab gilt das Erfordernis zeitgerechter Buchung (§ 239 Abs. 2; vgl. dort Rdn. 13 ff). Zu früh wäre demnach der Zeitpunkt des Vertragsschlusses, zu spät derjenige der Übereignung, erst recht derjenige des Zahlungseingangs. Die Buchung nach dem Realisationsprinzip ist keine gewohnheitsrechtliche Abweichung von § 238 Abs. 1 S. 1.[101] Vielmehr ist der Begriff des Handelsgeschäfts bezogen auf die GoB auszulegen, und diese Auslegung führt, wie schon in der Denkschrift 1896 S. 45 richtig

---

[95] Textabdruck noch bei *Brüggemann* Voraufl. § 38, 3; *Schlegelberger/Hildebrandt/Steckhan* Einl. § 38, V.

[96] Überblick dazu und zur Folgeentwicklung bei *Eisele* Technik des betrieblichen Rechnungswesens[6] 16.61.

[97] Schrifttum: *Eisele* Technik des betrieblichen Rechnungswesens[6] 16.632; ferner *Angermann* Industrie-Kontenrahmen (IKR) und Gemeinschafts-Kontenrahmen (GKR) in der Praxis (1973); *Endres* WPg 1972, 145; *Hahn/Lenz/Thunissen* Einführung in den Industrie-Kontenrahmen (1972); *Steinbock/Steinle* WPg 1971, 417; *Titze* DB 1978, 218 und 261.

[98] Überblick: *Gabler* Banklexikon[9], Bd. II 1983, Sp. 1141 ff. Für die privaten Banken vgl. außerdem *Bundesverband dt. Banken* (Hrsg.), Grundsätze und Vordruckmuster für die Kostenrechnung privater Bankbetriebe, Loseblatt, Teil B.

[99] Abdruck von Kontenrahmen (Industrie; Handel; DATEV) bei *Eisele* Technik des betrieblichen Rechnungswesens[6] im Beiheft.

[100] Prinzip des quasi-sicheren Anspruchs; Einzelheiten und Überblick über die Rechtsprechung des BFH bei *Moxter* Bilanzrechtsprechung[5] S. 48 ff.

[101] So aber *Baumbach/Hopt* 13; dagegen wie hier *Canaris* HandelsR § 13 I 1 a.

gesehen, zur Maßgeblichkeit des Zeitpunkts, in dem eine effektive Veränderung der Vermögenslage eintritt. Seit dem Inkrafttreten des BiRiLiG kann sich diese Auslegung zusätzlich darauf stützen, daß § 238 Abs. 1 S. 2 und 3 statt von Handelsgeschäften von Geschäftsvorfällen sprechen.

b) Lage des Vermögens. aa) Allgemeines. Der Kaufmann muß in den Büchern die **51** Lage seines Vermögens ersichtlich machen (§ 238 Abs. 1 S. 1). Das bedeutet für die **Aktiva:** Das Geschäftsvermögen (zu der darin liegenden Beschränkung vgl. Rdn. 52 f) muß vollständig verbucht sein, und zwar so, daß seine Zusammensetzung (etwa: Patente, Grundstücke, technische Ausrüstung, Beteiligungen, Rohstoffe, Erzeugnisse und Waren, Forderungen aus Lieferungen und Leistungen, Kassenbestand, Kontoguthaben) und der Wert der einzelnen Vermögensgegenstände richtig ersichtlich wird; zur Richtigkeit gehört die Dokumentation der Geschäftsvorfälle durch Belege (vgl. noch Rdn. 59 und zu Einzelfragen § 239, 10 f). Es darf nichts fehlen, aber auch nichts erdichtet oder mit überhöhten Werten verbucht sein. Daß eine Sicherungsübereignung oder -zession buchmäßig in Erscheinung treten muß (RG LZ 1916, 957 Nr. 27), bedarf heute keiner Vertiefung mehr. Für die **Passiva** gilt das Entsprechende. Namentlich müssen die Verbindlichkeiten des Kaufmanns vollständig und unter korrekter Bezeichnung des Gläubigers (RG JW 1928, 814 Nr. 36) ersichtlich sein. Auch aus Gefälligkeit gegebene Wechselakzepte sind zu verbuchen (RG LZ 1913, 698 Nr. 7). Auch Verbindlichkeiten dürfen nicht hinzuerfunden werden, etwa zwecks Verschleierung privater Entnahmen. Schließlich müssen die Buchungen nicht nur vollständig, richtig und geordnet (beleggebunden), sondern auch zeitgerecht erfolgen. Das Erfordernis (Präzisierung: § 239, 13 ff) hat gerade für die Lage des Vermögens besondere Bedeutung; denn nur die zeitgerechte Buchung erlaubt es, kurzfristig eine Bilanz aufzustellen und damit den unverzichtbaren Überblick über die Relation von Vermögen und Verbindlichkeiten zu gewinnen. Seit Inkrafttreten des BiRiLiG veranschaulicht § 238 Abs. 1 S. 2 die Anforderungen, die insoweit zu stellen sind (vgl. Rdn. 56 ff); dabei ist die Lage des Unternehmens in § 238 Abs. 1 S. 2 sinngleich mit der Lage des Vermögens in § 238 Abs. 1 S. 1 (näher Rdn. 57 a. E.).

bb) Buchführungspflicht nur für das Geschäftsvermögen. Fraglich ist, ob sich **52** die Buchführungspflicht der Einzelkaufleute auf das Privatvermögen und die Privatverbindlichkeiten erstreckt oder ob sie gegenständlich beschränkt ist, nämlich auf das Geschäftsvermögen und die Geschäftsverbindlichkeiten. **Meinungsstand.** Die früher ganz herrschende, namentlich auf die Rechtsprechung des RG in Strafsachen zurückgehende Ansicht (sie fußt allerdings noch auf der alten Gesetzeslage, vgl. aber Rdn. 53 a. E.) bejaht die Buchführungspflicht auch für das Privatvermögen und die privaten Schulden, wobei allerdings nicht immer klar zwischen Buchführung, Bilanz und Inventar unterschieden wird und eine Zusammenfassung des Privatvermögens und der Privatverbindlichkeiten nach wirtschaftlichen Gesamtbegriffen genügen soll.[102] Heute hat sich im Schrifttum die Gegenmeinung durchgesetzt, nach der sich die Buchführungspflicht des Einzelkaufmanns auf diejenigen Vermögensgegenstände und Verbindlichkeiten beschränkt, die zum Betrieb seines Handelsgeschäfts gehören.[103] Jüngere Rechtsprechung ist nicht ersichtlich.

---

[102] RGSt 41, 41, 45 ff unter Berufung auf *Jacques Savary* (17. Jh.); RG LZ 1914, 1898; *Schlegelberger/Hildebrandt/Steckhan* § 38, 14; wohl auch *Schönke/Schröder/Stree/Heine* § 283, 34; eingehend zur Entwicklung des Diskussionsstandes *Icking* S. 484 ff.

[103] *Baumbach/Hopt* 7; *Canaris* HandelsR § 13 I 1 a; *Düringer/Hachenburg/Lehmann* § 38, 13 (dort Angaben zum älteren Schrifttum); *Herrmann/Heuer/Raupach* KommEStG[21] § 5, 30; *Küting/Weber/Kußmaul* Kap. I, 399 (m. w. N. zur betriebswirtschaftlichen Lehre); nicht eindeutig

53　　Stellungnahme. Die Buchführungspflicht erfaßt den Kaufmann als Inhaber des Handelsgeschäfts und nur in dieser Eigenschaft; der heute herrschenden Lehre ist also beizupflichten. Der Gegenansicht muß zwar eingeräumt werden, daß ihr Standpunkt mit dem isoliert gesehenen Wortlaut des § 238 Abs. 1 S. 1 (Lage seines Vermögens) vereinbar ist. Sie kann sich auch darauf stützen, daß es für den Haftungszugriff der Gläubiger keine Trennung zwischen Privat- und Geschäftssphäre gibt. Es ist aber nicht Zweck der Buchführung, den Gläubigern mögliche Zugriffsobjekte buchmäßig aufzuzeigen und damit eine Art vorweggenommenen Offenbarungseid zu leisten. Das Gesetz will vielmehr Dokumentation und Gläubigerschutz durch Selbstkontrolle des Kaufmanns. Die Dokumentation knüpft aber ausschließlich an den Geschäftsvorfall an; und die Selbstkontrolle wird nicht erleichtert, sondern erschwert, wenn schlechter Geschäftsgang durch pauschale Einbeziehung des Privatvermögens verschleiert wird; hinzu kommt, daß sich die handelsrechtlichen Bewertungsregeln nicht ohne weiteres auf die Privatsphäre übertragen lassen. Zu beachten ist ferner, daß sich auch das Normumfeld geändert hat: Die buchmäßige Trennung von Privat- und Geschäftssphäre ist nicht nur in § 5 Abs. 4 PublG, sondern auch in §§ 51 Abs. 1 Nr. 2, 52 Abs. 4, 56b Abs. 1 Nr. 2, 56c Abs. 3 S. 2 UmwG vorgesehen, und seit dem 1. 1. 1986 verlangt das Gesetz, daß die Buchführung einen Überblick über die Lage des Unternehmens (und nicht des Unternehmers) vermitteln kann (§ 238 Abs. 1 S. 2). Nach allem sollte es nicht länger schwerfallen, die Streitfrage im dargelegten Sinne zu entscheiden.

54　　Nicht zweifelhaft ist, daß **Entnahmen** aus dem Geschäftsvermögen zu Privatzwecken und umgekehrt die **Zuführung privater Mittel** in das Geschäftsvermögen **Geschäftsvorfälle** sind und damit von der Buchführungspflicht erfaßt werden. Nicht zweifelhaft ist ferner, daß das gesamte Geschäftsvermögen des Kaufmanns in der Buchführung zu erscheinen hat. Bei der gebotenen gesonderten Buchführung für Zweigniederlassungen (Rdn. 20) müssen deshalb die Ergebnisse in die Buchführung der Hauptniederlassung übernommen werden.

55　　Handelsgesellschaften. AG und GmbH haben nur **Geschäftsvermögen und entsprechende Schulden**. Folglich unterliegen ihr gesamtes Vermögen und ihre sämtlichen Verbindlichkeiten ohne weiteres der Buchführungspflicht. Nichts anderes gilt für **OHG und KG**, weil nur sie und nicht auch die Gesellschafter Träger des Handelsgeschäfts sind (§§ 124, 161 Abs. 2). Vermögensgegenstände, die der Gesellschaft nicht gehören, können deshalb von ihr nicht aktiviert, Verbindlichkeiten der Gesellschafter nicht passiviert werden. Die Zweifel, die zu der Stellungnahme des HFA des IdW geführt haben, sollten jedenfalls nach dieser Stellungnahme[104] ausgeräumt sein.

5. Mindestanforderungen an die Buchführung (§ 238 Abs. 1 S. 2 und 3)

56　　a) **Überschaubarkeit.** Für den Jahresabschluß gilt das **Prinzip der Bilanzklarheit.** Weil die Bilanz nur auf der Buchführung aufgebaut sein kann, muß auch diese klar und übersichtlich sein. Die Vorschrift des § 238 Abs. 1 S. 2 verdeutlicht dieses Prinzip, indem sie das bis zum Inkrafttreten des § 238 nur für das Abgabenrecht (§ 145 Abs. 1 S. 1 AO) kodifizierte, aber zuvor schon in der Rechtsprechung des BFH[105] ausformulierte Gebot der Überschaubarkeit in den Gesetzestext aufnimmt. Eine sachliche Änderung gegenüber § 38 Abs. 1 a. F. ist damit nicht bezweckt.[106] Weiter anzuwenden sind vielmehr die Grundsätze, die schon bislang Stand der Dinge waren.

Kirchhof/Söhn/*Mathiak* KommEStG § 5, A 101.
Monographie: *Flaßkühler* Die Abgrenzung des Betriebs- und Privatvermögens in Handels- und Steuerbilanz des Einzelkaufmanns (1982).

[104] HFA 1/1976, Slg. *IdW* S. 81 = WPg 1976, 114.
[105] Nachweise: *Tipke/Kruse* § 145, 2.
[106] Begr. RegE, BTDrucks. 10/317, S. 72: nur Klarstellung.

Danach gilt: Die Buchführung muß einen **Überblick über die Geschäftsvorfälle** 57
(Begriff: Rdn. 50) vermitteln können. Die damit gestellten Anforderungen werden
durch § 239 Abs. 2 präzisiert; wegen der Einzelheiten vgl. dort Rdn. 5 ff. Erforderlich
ist insbesondere, daß der Zusammenhang zwischen der Buchung und dem tatsächlichen Geschäftsvorfall hergestellt werden kann (Belegprinzip, vgl. Rdn. 59). Ferner
muß die Buchführung geeignet sein, einen Überblick über die **Lage des Unternehmens** zu vermitteln. Der Begriff ist unscharf. § 238 Abs. 1 S. 2 paßt insoweit auch nicht
ohne weiteres mit § 238 Abs. 1 S. 1 zusammen, wonach die Buchführung dazu bestimmt ist, die Vermögenslage des Buchführungspflichtigen ersichtlich zu machen.[107]
Weil eine sachliche Änderung des früheren Rechtszustands nicht bezweckt ist
(Rdn. 56) und das Prinzip des true and fair view, wie der Vergleich des § 243 Abs. 1 mit
§ 264 Abs. 2 zeigt, keine allgemeine Geltung beansprucht, ist die Lage des Unternehmens als Vermögenslage des Unternehmensträgers (bei Einzelkaufleuten: unter
Beschränkung auf das Geschäftsvermögen, vgl. Rdn. 52 f) zu interpretieren. Da ein
Überblick über die Vermögenslage nur durch Bilanzierung gewonnen werden kann,
läßt sich die gesetzliche Anforderung weiter präzisieren: Es muß in jedem Zeitpunkt
möglich sein, auf der Buchführung einen Abschluß aufzubauen und damit die Selbstkontrolle auszuüben, die das Gesetz mit der Bilanzierungspflicht bezweckt (vgl. schon
Rdn. 51 und § 242, 8 f).[108]

Der Überblick muß **in angemessener Zeit durch einen sachverständigen Dritten** 58
gewonnen werden können. Welcher Zeitaufwand angemessen ist, hängt von Art und
Umfang des Unternehmens und seiner Buchführung ab. Eine konkretere Festlegung
ist ausgeschlossen. Die Zulässigkeit verschiedener Buchführungssysteme und der
Fernbuchhaltung ist in Rechnung zu stellen. Bei Buchführung im Ausland (Rdn. 24)
muß die Kontrolle über das im Inland gelegene, der Zweigniederlassung zugeordnete
Vermögen ohne wesentliche Verzögerung möglich sein. Auch eine beträchtliche Zeitspanne kann noch angemessen sein,[109] wenn es sich um komplizierte Verhältnisse
handelt. Auch die Anforderungen an die notwendige Sachkunde lassen sich nur teilweise präzisieren. Eine formal nachgewiesene Qualifikation (Wirtschaftsprüfer;
Steuerberater) ist nicht vorgeschrieben. Es muß aber eine Ausbildung in der Buchführung vorhanden sein; handels- und steuerrechtliche Kenntnisse allein genügen
nicht.[110] Im übrigen ist dasjenige Maß an Sachkunde erforderlich und genügend,
das dem jeweiligen Unternehmen entspricht. Sie muß sich jedenfalls auf das im Rahmen des Zulässigen gewählte Buchführungssystem (namentlich: EDV-Buchführung)
beziehen.

b) Verfolgbarkeit. § 238 Abs. 1 S. 3 ergänzt § 238 Abs. 1 S. 2 hinsichtlich der Ge- 59
schäftsvorfälle dahin, daß diese in ihrer Entstehung und Abwicklung verfolgbar sein
müssen. Damit ist das Belegprinzip angesprochen, das seinerseits über das Erfordernis
materiell richtiger Buchführung auf den Grundsatz der Bilanzwahrheit zurückgeht.
Das **Belegprinzip** fordert: Für jeden gebuchten Geschäftsvorfall muß ein ordnungsmäßiger Beleg existieren; der Beleg muß anhand der Buchung aufgefunden werden
können; umgekehrt muß auch die Buchungsstelle aus dem Beleg ersichtlich sein. Zu
Einzelheiten vgl. § 239, 10 f. Aus dem sachlichen und systematischen Zusammenhang

---

[107] Vgl. auch öffentliche Anhörung 18/5 (Abdruck
bei *Helmrich* S. 37 f).
[108] Ebenso *Tipke/Kruse* § 145, 7 f und 10; a. A.
Baumbach/Hopt 14, nach denen ein Überblick
„schlechthin, nicht nur über Vermögens-, Fi-
nanz- und Ertragslehre" gegeben werden soll.

[109] GoB[7]-*Leffson* S. 170 f; mißverständlich RG
RStBl. 1939, 1165 zu § 240 Abs. 1 Nr. 3 KO a. F.
[110] Beck BilKomm-*Budde/Kunz* 66; *Glade*[2] 51;
Tipke/Kruse § 145, 10.

Uwe Hüffer

von § 238 Abs. 1 S. 2 und 3 ergibt sich schließlich, daß auch die Verfolgung der Geschäftsvorfälle für einen sachverständigen Dritten in angemessener Zeit möglich sein muß (dazu Rdn. 58).

V. Zurückbehaltung von Briefwiedergaben (§ 238 Abs. 2)

1. Zurückbehaltungspflicht

60 **a) Zweck, Voraussetzungen, Schuldner.** § 238 Abs. 2 begründet wie zuvor § 38 Abs. 2 a. F. die Pflicht, von abgesandten Handelsbriefen eine Wiedergabe zurückzubehalten. Die Zurückbehaltungspflicht dient der **Dokumentation** der Geschäftsvorfälle und ist die erste Stufe der in § 257 Abs. 1 Nr. 3 (früher: § 44 a. F.) angeordneten Aufbewahrungspflicht; Frist: sechs Jahre seit Absendung (§ 257 Abs. 4 und 5). **Voraussetzungen** der Pflicht. Aus dem sachlichen und systematischen Zusammenhang mit § 238 Abs. 1 ergibt sich, daß die Zurückbehaltungspflicht unter denselben Voraussetzungen eintritt wie die Buchführungspflicht; vgl. deshalb Rdn. 7 ff. Person des Verpflichteten. **Schuldner** der Zurückbehaltungspflicht ist nach § 238 Abs. 2 der Kaufmann. Auch insoweit kann auf die Ausführungen zur Buchführungspflicht (Rdn. 17 ff) Bezug genommen werden.

61 **Handelsbriefe.** Den Gegenstand der Zurückbehaltungspflicht bilden die abgesandten Handelsbriefe. Handelsbriefe sind nach der 1965 in § 44 Abs. 2 a. F.[111] aufgenommenen Legaldefinition des § 257 Abs. 2 nur **Schriftstücke, die ein Handelsgeschäft betreffen;** wegen des Zusammenhangs von Zurückbehaltung und Aufbewahrung des Schriftguts gilt die Definition auch im Rahmen des § 238 Abs. 2 S. 1.[112] Schriftstücke sind nicht nur Briefe im engeren Sinne, sondern auch Telegramme oder Fernschreiben. Entscheidend ist, daß dem Empfänger ein schriftlicher Text zugehen soll. Wie er hergestellt (vgl. noch Rdn. 63) oder übermittelt wird, spielt für die Zurückbehaltungspflicht keine Rolle. Das Schriftstück muß aber ein Handelsgeschäft betreffen. Der Begriff ist i. S. d. §§ 243 ff aufzufassen; von einer weitergehenden Präzisierung wurde 1965 bewußt abgesehen.[113] Gemeint ist also die kaufmännische Korrespondenz, die sich auf Anbahnung, Abschluß, Durchführung, Rückabwicklung eines Geschäfts bezieht, einschließlich Mahnungen, Mängelrügen, Fristsetzungen und ähnlicher Erklärungen. Keine Handelsbriefe sind bloße Wertbeträge, namentlich Postwurfsendungen; ihnen fehlt der erforderliche Bezug zu einem konkreten Geschäft.

2. Übereinstimmende Wiedergabe

62 **Grundsatz.** Es muß eine mit der Urschrift des abgesandten Handelsbriefs übereinstimmende Wiedergabe zurückbehalten werden. Erforderlich ist **vollständige und wörtliche Wiedergabe.** Daß bloße Zusammenfassungen des wesentlichen Inhalts nicht genügen, versteht sich von selbst. Es dürfen aber auch vorgedruckte Briefteile nicht fehlen. Sie müssen also bei der Herstellung von Durchschriften wiederholt werden, wenn nicht auch diese den vorgedruckten Text tragen; das gilt insbesondere bei Verwendung von AGB.[114] Wie die Wiedergabe hergestellt werden darf, erläutert der in § 238 Abs. 2 enthaltene Klammerzusatz. Die Fassung des Gesetzes beruht auf dem

---

[111] Gesetz zur Änderung des HGB und der RAO vom 2. 8. 1965, BGBl. I S. 665.

[112] *Brüggemann* Voraufl. § 38, 17; *Schlegelberger/Hildebrandt/Steckhan* § 38, 16.

[113] Begr. RegE, BTDrucks. IV/2865, S. 8; *Schlegelberger/Hildebrandt/Steckhan* §§ 44–44b, 5.

[114] So ausdrücklich Begr. RegE, BTDrucks. IV/2865, S. 5.

EGAO 1977.[115] Während bis dahin die Wiedergabe auf einem Schrift- oder Bildträger (Fotokopie, Mikrokopie, Mikrofilm) erforderlich war, genügt seither grundsätzlich jeder Datenträger (Lochkarten, Lochstreifen, Magnetbänder oder -platten), sofern (§ 257 Abs. 3 S. 1 Nr. 2) sichergestellt ist, daß die Daten während der Dauer der Aufbewahrungsfrist (Rdn. 60) verfügbar sind und jederzeit innerhalb angemessener Frist lesbar gemacht werden können.

Einzelfragen.[116] Die unbestimmte Fassung des Gesetzes soll nur verhindern, daß **63** der Gesetzgeber durch den Fortgang der technischen Entwicklung zu Anpassungsmaßnahmen gezwungen wird. Sie ändert also nichts an der seit jeher bestehenden Verpflichtung, eine Wiedergabe zurückzubehalten, die dem Dokumentationszweck genügt und unter diesem Gesichtspunkt Kopie, Abdruck oder Abschrift vergleichbar ist. Danach gilt: **Herkömmliche Schreibvorlagen** (Manuskripte, Stenogramme, Tonbänder) sind schon deshalb keine Wiedergaben, weil nicht sichergestellt ist, daß der abgesandte Text der Vorlage entspricht. **Lochstreifen, Magnetbänder** und ähnliches: Die auf ihnen enthaltene Textvorlage genügt den Anforderungen des § 238 Abs. 2, weil eine Abweichung von gespeichertem und ausgedrucktem Text praktisch ausgeschlossen ist. Die Magnetbänder dürfen auch (unbeschadet der Aufbewahrungspflicht nach § 257) **löschbar** sein; das früher im Gesetzestext enthaltene Wort „dauerhaft" ist 1977 gestrichen worden. **Schreibautomaten mit Textselektion:** Die kodierte Bearbeitungsanweisung genügt nicht als Wiedergabe. Mehrfertigung (Zusatzabdruck, Durchschrift) bleibt ratsam; Dokumentation durch Auswahltexte, Bearbeitungsanweisung und abgezeichneten Absendevermerk ist aber genügend. Wegen weiterer Einzelheiten zur EDV-gestützten Archivierung vgl. § 257, 30 ff.

VI. Rechtsfolgen bei Verletzung der handelsrechtlichen Buchführungspflicht

1. Überblick

Auf den Buchführungspflichtigen wird **kein Registerzwang** (§ 14 HGB, **64** §§ 132–139 FGG) ausgeübt (vgl. schon Rdn. 5). Verletzung der Buchführungspflicht kann aber zur **Strafbarkeit** nach §§ 283 ff StGB führen (Rdn. 65 ff). Rechtskräftige Verurteilung nach §§ 28–283d StGB begründet wiederum den gesetzlichen **Ausschluß von der Organmitgliedschaft** im Vorstand einer AG (§ 76 Abs. 3 S. 2 AktG) bzw. als Geschäftsführer einer GmbH (§ 6 Abs. 2 S. 2 GmbHG). Die Regelung geht auf die GmbH-Novelle 1980 zurück und begründet einen absoluten Ausschlußgrund. Eine Bestellung, die gleichwohl erfolgt, ist nach § 134 BGB nichtig; Rechtskraft des Strafurteils nach Bestellung beendet die Organmitgliedschaft kraft Gesetzes.[117] Bei prüfungspflichtigen Kapitalgesellschaften (§ 316 Abs. 1) unterliegt auch die Buchführung der **Abschlußprüfung.** Der Prüfungsbericht muß sich unter anderem darüber aussprechen, ob die Buchführung den gesetzlichen Vorschriften entspricht (§ 321 Abs. 1 S. 1); Verstoß gegen die GoB ist Verstoß gegen § 238 Abs. 1 S. 1. Einwendungen gegen die Buchführung führen zur Einschränkung, in krassen Fällen zur Versagung des Testats (§ 322 Abs. 3). Schließlich kann die Verletzung der handelsrechtlichen Buchführungspflicht mittelbar, nämlich über § 162 Abs. 2 AO, zur Steuerschätzung führen; vgl. dazu noch Rdn. 76.

---

[115] Einführungsgesetz zur AO vom 14. 12. 1976, BGBl. I S. 3341.

[116] Dazu *Biener* DB 1977, 527, 532 f; *Offerhaus* BB 1976, 1622, 1623 f.

[117] OLG Frankfurt FGPrax 1995, 42 re. Sp.; *Hachenburg/Ulmer* § 6, 11 f.

2. Verletzung der Buchführungspflicht als Insolvenzstraftat

Schrifttum

Blumers Bilanzierungstatbestände und Bilanzierungsfristen im Handelsrecht und Strafrecht (1983); *Dreher* Zur Problematik des § 283b Abs. 2 StGB, MDR 1978, 724; *Gössweiner/Saiko* Bilanzdelikte und andere Straftaten im kaufmännischen Rechnungswesen (1981); *Hiltenkamp-Wisgalle* Die Bankrottdelikte, Diss. Bochum (1987); *Jähnke/Laufhütte/Odersky (Hrsg.),* Leipziger Kommentar zum StGB[11], 21. Lfg. = §§ 283 ff StGB (1995); *Maul* Die §§ 283 ff StGB als Grundlage für die Ableitung von Grundsätzen ordnungsmäßiger Buchführung, DB 1979, 1757; *Pohl* Strafbarkeit nach § 283 Abs. 1 Nr. 7b StGB auch bei Unvermögen zur Bilanzaufstellung, wistra 1996, 14; *Schönke/Schröder* Strafgesetzbuch, Kommentar[26] (2001); *Stree* Objektive Bedingungen der Strafbarkeit, JuS 1965, 465, 470 ff (zu §§ 239 ff KO); *Tiedemann* Grundfragen bei der Anwendung des neuen Konkursstrafrechts, NJW 1977, 777; *Weyand* Insolvenzdelikte[4] (1998).

65　　a) **Allgemeines.** Die gegenwärtige Regelung in den §§ 283 ff StGB geht auf das 1. WiKG von 1976 zurück.[118] Vorläuferbestimmungen waren §§ 239, 240 KO.[119] Primärer Zweck der Neuregelung war, das strafrechtliche Schuldprinzip schon im Gesetzeswortlaut zum Ausdruck zu bringen.[120] Diesem Zweck dient das **Tatbestandsmerkmal** der dem Täter bekannten oder fahrlässig unbekannten Krise (Überschuldung [§ 19 Abs. 2 InsO]; drohende oder eingetretene Zahlungsunfähigkeit [§ 17 Abs. 2 InsO]). Dagegen sind Zahlungseinstellung, Eröffnung des Insolvenzverfahrens oder Ablehnung des Eröffnungsantrags mangels Masse (§ 283 Abs. 6 StGB) nur noch **objektive Bedingungen der Strafbarkeit,** müssen also vom Schuldvorwurf nicht umfaßt sein.[121] Unabhängig vom Krisenerfordernis ist nur die Verletzung der Buchführungspflicht strafbar (§ 283b StGB). Es handelt sich dabei um ein **abstraktes Gefährdungsdelikt.**[122] Die genannten objektiven Bedingungen der Strafbarkeit müssen auch hier gegeben sein (§ 283b Abs. 3 StGB). Praktische Bedeutung hat § 283b StGB deshalb vor allem als Auffangtatbestand gegenüber § 283 Abs. 1 Nr. 5–7 StGB.[123] Liegt das Tatbestandsmerkmal der Krise vor und ist sie vom Täter erkannt oder fahrlässig verkannt, so geht § 283 Abs. 1 Nr. 5–7 StGB als lex specialis vor.[124] §§ 283–283c StGB sind trotz der unbestimmten Umschreibung des Täterkreises Sonderdelikte, weil nur der Schuldner, bei dem sich eine der objektiven Bedingungen der Strafbarkeit verwirklicht, Täter sein kann[125] (vgl. auch noch Rdn. 67 und zu § 14 StGB Rdn. 69 ff).

66　　b) **Gesetzesauszug.** Die §§ 283 ff StGB lauten auszugsweise (unter Beschränkung auf Buchführung und Bilanz):

§ 283
Bankrott

Mit Freiheitsstrafe bis zu fünf Jahren oder mit Geldstrafe wird bestraft, wer bei Überschuldung oder bei drohender oder eingetretener Zahlungsunfähigkeit

---

[118] Erstes Gesetz zur Bekämpfung der Wirtschaftskriminalität vom 29.7.1976 (BGBl. I S. 2034); Begr. RegE: BTDrucks. 7/3441.

[119] Textabdruck: *Brüggemann* Voraufl. § 38, 1; eingehend zur Normgeschichte *Maul* DB 1979, 1757, 1758 f.

[120] Begr. RegE, BTDrucks. 7/3441, S. 19; LKStGB-*Tiedemann* vor § 283, 40 ff; zur früheren Rechtslage JaegerKO-*Klug* vor § 239, 8; zu einer dem Schuldprinzip entsprechenden Auslegung vgl. *Stree* JuS 1965, 465, 470 ff.

[121] Vgl. statt vieler LKStGB-*Tiedemann* vor § 283, 89; *Weyand* Insolvenzdelikte[4] (1998) S. 64.

[122] LKStGB-*Tiedemann* § 283b, 1.

[123] LKStGB-*Tiedemann* § 283b, 3 m. w. N.; *Weyand* Insolvenzdelikte[4] (1998) S. 118.

[124] BGHSt 28, 231, 233; BGH NStZ 1984, 455; LKStGB-*Tiedemann* § 283b, 3 und 18.

[125] *Tiedemann* NJW 1977, 777, 779; LKStGB-*ders.* vor § 283, 59.

1. ... 4. ...
5. Handelsbücher, zu deren Führung er gesetzlich verpflichtet ist, zu führen unterläßt oder so führt oder verändert, daß die Übersicht über seinen Vermögensstand erschwert wird,
6. Handelsbücher oder sonstige Unterlagen, zu deren Aufbewahrung ein Kaufmann nach Handelsrecht verpflichtet ist, vor Ablauf der für Buchführungspflichtige bestehenden Aufbewahrungsfristen beiseite schafft, verheimlicht, zerstört oder beschädigt und dadurch die Übersicht über seinen Vermögensstand erschwert,
7. entgegen dem Handelsrecht
   a) Bilanzen so aufstellt, daß die Übersicht über seinen Vermögensstand erschwert wird, oder
   b) es unterläßt, die Bilanz seines Vermögens oder das Inventar in der vorgeschriebenen Zeit aufzustellen, oder
8. ...

Ebenso wird bestraft, wer durch eine der in Absatz 1 bezeichneten Handlungen seine Überschuldung oder Zahlungsunfähigkeit herbeiführt.

Der Versuch ist strafbar.

Wer in den Fällen
1. des Absatzes 1 die Überschuldung oder die drohende oder eingetretene Zahlungsunfähigkeit fahrlässig nicht kennt oder
2. des Absatzes 2 die Überschuldung oder Zahlungsunfähigkeit leichtfertig verursacht, wird mit Freiheitsstrafe bis zu zwei Jahren oder mit Geldstrafe bestraft.

Wer in den Fällen
1. des Absatzes 1 Nr. 2, 5 oder 7 fahrlässig handelt und die Überschuldung oder die drohende oder eingetretene Zahlungsunfähigkeit wenigstens fahrlässig nicht kennt oder
2. des Absatzes 2 in Verbindung mit Absatz 1 Nr. 2, 5 oder 7 fahrlässig handelt und die Überschuldung oder Zahlungsunfähigkeit wenigstens leichtfertig verursacht, wird mit Freiheitsstrafe bis zu zwei Jahren oder mit Geldstrafe bestraft.

Die Tat ist nur dann strafbar, wenn der Täter seine Zahlungen eingestellt hat oder über sein Vermögen das Insolvenzverfahren eröffnet oder der Eröffnungsantrag mangels Masse abgewiesen worden ist.

§ 283a
Besonders schwerer Fall des Bankrotts

In besonders schweren Fällen des § 283 Abs. 1 bis 3 wird der Bankrott mit Freiheitsstrafe von sechs Monaten bis zu zehn Jahren bestraft. Ein besonders schwerer Fall liegt in der Regel vor, wenn der Täter
1. aus Gewinnsucht handelt oder
2. wissentlich viele Personen in die Gefahr des Verlustes ihrer ihm anvertrauten Vermögenswerte oder in wirtschaftliche Not bringt.

§ 283b
Verletzung der Buchführungspflicht

Mit Freiheitsstrafe bis zu zwei Jahren oder mit Geldstrafe wird bestraft, wer
1. Handelsbücher, zu deren Führung er gesetzlich verpflichtet ist, zu führen unterläßt oder so führt oder verändert, daß die Übersicht über seinen Vermögensstand erschwert wird,
2. Handelsbücher oder sonstige Unterlagen, zu deren Aufbewahrung er nach Handelsrecht verpflichtet ist, vor Ablauf der gesetzlichen Aufbewahrungsfristen beiseite schafft, verheimlicht, zerstört oder beschädigt und dadurch die Übersicht über seinen Vermögensstand erschwert,
3. entgegen dem Handelsrecht
   a) Bilanzen so aufstellt, daß die Übersicht über seinen Vermögensstand erschwert wird,

Uwe Hüffer

oder
b) es unterläßt, die Bilanz seines Vermögens oder das Inventar in der vorgeschriebenen Zeit aufzustellen.

Wer in den Fällen des Absatzes 1 Nr. 1 oder 3 fahrlässig handelt, wird mit Freiheitsstrafe bis zu einem Jahr oder mit Geldstrafe bestraft.

§ 283 Abs. 6 gilt entsprechend.

67   **c) Einzelfragen. Täter** kann **nur der Schuldner** sein, bei dem eine der objektiven Bedingungen der Strafbarkeit verwirklicht ist (Sonderdelikt, vgl. schon Rdn. 65 a. E.). Weil §§ 283 Abs. 1 Nr. 5–7, 283a, 283b StGB zusätzlich die Pflicht zur Buchführung, Aufbewahrung oder Bilanzierung voraussetzen, handelt es sich auch insofern um Sonderdelikte, als nur die Adressaten solcher Pflichten als Täter in Frage kommen. Es muß sich also grundsätzlich um Kaufleute handeln (Rdn. 7, 17 ff). Kaufmann ist auch, wessen Firma zu Unrecht eingetragen ist (§ 5), solange die Eintragung besteht (dazu Rdn. 8). Zu beachten ist die Erweiterung der Buchführungspflicht durch die Neufassung des § 1 Abs. 2, nach der eine Eintragung in das Handelsregister ohne Rücksicht auf die Art des Gewerbes nicht mehr erforderlich ist (Rdn. 7, 11).

68   Als **Tat** kann namentlich die „unordentliche" **Buchführung** Schwierigkeiten bereiten, also diejenige, **welche die Übersicht über den Vermögensstand erschwert** (§§ 283 Abs. 1 Nr. 5, 283b Abs. 1 Nr. 1 StGB). Weil das Strafrecht keine weitergehenden Anforderungen stellen kann als das Handelsrecht, ist seit dem 1. 1. 1986 auch für die Auslegung der Straftatbestände die Umschreibung der Mindestanforderungen durch § 238 Abs. 1 S. 2 maßgeblich. Eine Buchführung, die diesen Anforderungen genügt (vgl. Rdn. 56 ff), kann die in §§ 283 ff StGB zusammengefaßten Tatbestände nicht ausfüllen. Die einschlägige Judikatur des RG[126] ist auf eher einfache Verhältnisse angelegt und sollte nur mit Vorsicht verallgemeinert werden. Ferner wird das Strafrecht darauf Rücksicht zu nehmen haben, daß nach der im jüngeren handelsrechtlichen Schrifttum durchgedrungenen zutreffenden Ansicht das Privatvermögen des Einzelkaufmanns nicht unter die Buchführungspflicht fällt (Rdn. 52 ff)[127]. Erhebliche Schwierigkeiten können sich schließlich daraus ergeben, daß es keinen abschließend festgelegten Kanon von GoB gibt (und auch nicht geben kann). Namentlich bei neu entstehenden Buchführungsfragen wird die Grenze zwischen „nicht optimal, aber noch ordnungsmäßig" und strafwürdiger Erschwerung der Übersicht nicht immer leicht zu ziehen sein. Das von *Tiedemann* für Bewertungs- und Prognosefragen formulierte Erfordernis eindeutiger Unvertretbarkeit[128] dürfte verallgemeinerungsfähig sein. **Unvermögen des Täters** läßt die Tatbestandsmäßigkeit der Unterlassung nach § 283 Abs. 1 Nr. 7b StGB oder nach § 283b Abs. 1 Nr. 1, 1. Fall, Nr. 3b StGB entfallen. Bedarf der Täter sachkundiger Hilfe (Steuerberater), die er nicht (mehr) bezahlen kann, so kann die Tatbestandsmäßigkeit entfallen; Einzelheiten sind streitig (s. BGH wistra 1992, 145, 146; *Tröndle/Fischer* KommStGB[49] § 283, 30; Schönke/Schröder/ *Stree/Heine* KommStGB[26] § 283, 47; *Pohl* wistra 1996, 14 ff).

---

[126] Nachgewiesen bei LKStGB-*Tiedemann* § 283, 118.

[127] Vgl. aber noch Schönke/Schröder/*Stree/Heine* § 283, 34; richtig *Mühler* wistra 1996, 152.

[128] *Tiedemann* ZStW 94 (1982), 328; LKStGB-*ders.* § 283, 115.

3. Erweiterung des Täterkreises (§ 14 StGB)

Schrifttum

Achenbach Das Zweite Gesetz zur Bekämpfung der Wirtschaftskriminalität, NJW 1986, 1835; *Tiedemann* Die strafrechtliche Vertreter- und Unternehmenshaftung, NJW 1986, 1842.

a) Allgemeines. Wegen des Charakters der §§ 283 ff StGB als Sonderdelikte **69** (Schuldnerstellung; Buchführungspflicht; vgl. Rdn. 65, 67) würden sich ohne besondere gesetzliche Bestimmung namentlich bei juristischen Personen und Personenhandelsgesellschaften Strafbarkeitslücken ergeben. § 14 StGB erweitert deshalb den in Betracht kommenden Täterkreis, und zwar in Abs. 1 auf die **organschaftlichen und gesetzlichen Vertreter**, in Abs. 2 auf **Beauftragte**, die den Betriebs- oder Unternehmensinhaber ganz oder in Teilbereichen repräsentieren. Die Vorschrift ist durch das 2. WiKG von 1986[129] neu gefaßt worden. Dabei blieb Abs. 1 unverändert.[130] Die Änderungen des Abs. 2 bezwecken im wesentlichen eine funktionsgerechte Abgrenzung der Strafbarkeit des Personenkreises, der kraft seiner dienstvertraglichen Stellung für den Betriebsinhaber (Unternehmer) verantwortlich tätig ist.[131]

b) Gesetzestext. Die Vorschrift lautet: **70**

§ 14
Handeln für einen anderen

Handelt jemand
1. als vertretungsberechtigtes Organ einer juristischen Person oder als Mitglied eines solchen Organs,
2. als vertretungsberechtiger Gesellschafter einer Personenhandelsgesellschaft oder
3. als gesetzlicher Vertreter eines anderen,
so ist ein Gesetz, nach dem besondere persönliche Eigenschaften, Verhältnisse oder Umstände (besondere persönliche Merkmale) die Strafbarkeit begründen, auch auf den Vertreter anzuwenden, wenn diese Merkmale zwar nicht bei ihm, aber bei dem Vertretenen vorliegen.

Ist jemand von dem Inhaber eines Betriebes oder einem sonst dazu Befugten
1. beauftragt, den Betrieb ganz oder zum Teil zu leiten, oder
2. ausdrücklich beauftragt, in eigener Verantwortung Aufgaben wahrzunehmen, die dem Inhaber des Betriebes obliegen,
und handelt er auf Grund dieses Auftrages, so ist ein Gesetz, nach dem besondere persönliche Merkmale die Strafbarkeit begründen, auch auf den Beauftragten anzuwenden, wenn diese Merkmale zwar nicht bei ihm, aber bei dem Inhaber des Betriebes vorliegen. Dem Betrieb im Sinne des Satzes 1 steht das Unternehmen gleich. Handelt jemand auf Grund eines entsprechenden Auftrages für die Stelle, die Aufgaben der öffentlichen Verwaltung wahrnimmt, so ist Satz 1 sinngemäß anzuwenden.

Die Absätze 1 und 2 sind auch dann anzuwenden, wenn die Rechtshandlung, welche die Vertretungsbefugnis oder das Auftragsverhältnis begründen sollte, unwirksam ist.

c) Einzelfragen. § 14 Abs. 1 Nr. 1 StGB begründet die Strafbarkeit von **Vor- 71 standsmitgliedern** der AG sowie von **Geschäftsführern** der GmbH, wenn sie ihrer

---

[129] Zweites Gesetz zur Bekämpfung der Wirtschaftskriminalität vom 15.5.1986 (BGBl. I S. 721); Begr. RegE: BTDrucks. 10/318; Beschlüsse des Rechtsausschusses: BTDrucks. 10/5058; vgl. den Überblicksaufsatz von *Achenbach* NJW 1986, 1835.

[130] Kritisch dazu *Tiedemann* NJW 1986, 1842 f.
[131] Begr. RegE, BTDrucks. 10/318, S. 14 f; *Achenbach* NJW 1986, 1835, 1840.

Uwe Hüffer

Verpflichtung zur Buchführung (Aufbewahrung; Bilanzierung) nicht nachkommen (vgl. Rdn. 23) und dadurch einer der Tatbestände der §§ 283–283b StGB verwirklicht wird. § 14 Abs. 1 Nr. 2 StGB trifft die entsprechende Anordnung für die **geschäftsführenden vollhaftenden Gesellschafter in OHG und KG** (dazu Rdn. 21 f). Dabei geht der Gesetzeswortlaut offenbar von dem Normalfall aus, daß Geschäftsführung (zu der die Buchführung gehört) und Vertretung nicht getrennt werden. Kommt es ausnahmsweise doch zu einer solchen rechtlich möglichen Trennung (vgl. allein §§ 117, 127), so sollte die Vorschrift entsprechend ihrem offenbaren Zweck ausgelegt werden. Nach verbreiteter strafrechtlicher Ansicht ist § 14 Abs. 1 Nr. 2 StGB eigentlich überflüssig, bestenfalls klarstellend, weil die wirklichen Adressaten der Gesellschaftsverbindlichkeiten trotz §§ 124, 161 Abs. 2 die Gesellschafter seien.[132] Das ist nicht richtig. Zuordnungssubjekt ist nach heute ganz herrschender handelsrechtlicher Auffassung die OHG oder KG selbst; die Gesellschafter haften nur akzessorisch (vgl. Erl. zu §§ 124, 128). § 14 Abs. 1 Nr. 2 StGB hat also einen guten Sinn.

72   Unter § 14 Abs. 1 Nr. 3 StGB fallen die **gesetzlichen Vertreter** geschäftsunfähiger oder in der Geschäftsfähigkeit beschränkter Einzelkaufleute (s. Rdn. 18). Auch Insolvenzverwalter und Testamentsvollstrecker werden hier ungeachtet ihrer zivilrechtlichen Einordnung als Parteien kraft Amtes genannt.[133] Die Strafbarkeit des **Insolvenzverwalters** wegen eines Buchdelikts (zu seiner Buchführungspflicht vgl. Rdn. 30) dürfte aber in aller Regel schon deshalb ausgeschlossen sein, weil zwischen der Eröffnung des Insolvenzverfahrens und der nachfolgenden „Tathandlung" kein Zusammenhang bestehen kann.[134] Daß dem Insolvenzverwalter die Kaufmannseigenschaft abgeht, ist dagegen angesichts der in § 14 StGB getroffenen Regelung kein überzeugendes Argument gegen seine Strafbarkeit.[135] Der unternehmensverwaltende **Testamentsvollstrecker** gehört überhaupt nicht in den Zusammenhang des § 14 Abs. 1 Nr. 3 StGB, weil er nur als Treuhänder oder als Bevollmächtigter tätig werden kann (Rdn. 29). Im ersten Fall ist er selbst Kaufmann, § 14 StGB also nicht einschlägig. Im zweiten Fall kommt er nur als Täter eines Buchdelikt gem. § 14 Abs. 2 Nr. 1 StGB in Betracht; die grundsätzlich fortdauernde Verantwortlichkeit der Erben als Vollmacht- und Auftraggeber wird regelmäßig mangels vorwerfbarer Handlung nicht in eine Strafbarkeit einmünden. § 14 Abs. 2 Nr. 1 StGB ist schließlich auch einschlägig, wenn die Leiter von Zweigniederlassungen ihre Pflicht zur (gesonderten) Buchführung verletzen, soweit ihnen nach der Organisation des Unternehmens die Buchführung obliegt (Rdn. 20). Das gilt prinzipiell auch für die Leiter von Zweigniederlassungen ausländischer Unternehmen (Rdn. 24). Eine Ausnahme machen die Geschäftsleiter und Hauptbevollmächtigten der Niederlassungen ausländischer Kreditinstitute bzw. Versicherungsunternehmen; sie sind gesetzliche Vertreter i. S. d. § 14 Abs. 1 Nr. 3 StGB (vgl. Rdn. 25 ff).

VII. Zur Abgrenzung: „Zivilrechtliche" Buchführungspflichten

73   Die handelsrechtliche Buchführungspflicht dient dem Allgemeininteresse (Dokumentation und Gläubigerschutz durch Selbstkontrolle, Rdn. 2 ff). An einer geordneten Buchführung kann aber auch ein **Privatinteresse einzelner Personen** bestehen,

---

[132] *Richter* GmbH-Rdsch. 1984, 137, 143; Schönke/Schröder/*Lenckner/Perron* § 14, 21/22; *Weyand* Insolvenzdelikte[4] (1998) S. 32; dagegen zutreffend LKStGB-*Tiedemann* vor § 283, 65; vgl. auch *dens.* NJW 1986, 1840, 1844.

[133] Schönke/Schröder/*Lenckner/Perron* § 14, 24 f.
[134] LKStGB-*Tiedemann* § 283b, 14 f.
[135] *Baumbach/Hopt* 8; a. A. *Klasmeyer/Kübler* BB 1978, 371.

ohne daß § 238 bezwecken würde, dieses Interesse zu schützen (vgl. Rdn. 4). Die handelsrechtliche Buchführungspflicht kommt ihm also nur reflexartig zugute. Eine in diesem Sinne zivilrechtliche Buchführungspflicht begegnet vor allem in zwei Fallgruppen. Erstens bei der **Verwaltung fremden Vermögens** (vgl. auch § 259 Abs. 1 BGB), etwa bei der Testamentsvollstreckung (vgl. § 2216 BGB) als Bestandteil der gegenüber den Erben bestehenden Verwalterpflichten (vorausgesetzt, der Testamentsvollstrecker wird als solcher tätig, also nicht bei der Führung eines Handelsgeschäfts, vgl. Rdn. 29, 72), unter Umständen auch schon bei der Wahrung einzelner Vermögensinteressen, wenn die geschuldete Rechnungslegung ohne Buchführung nicht möglich ist (§§ 662, 665, 675 BGB). Zweitens bei **Ansprüchen auf Gewinnbeteiligung;** hier setzen insbesondere die Vorschriften, die ein Recht auf Einsichtnahme in die Bücher gewähren, deren Führung voraus (§§ 118, 166, 233). Schließlich kann eine zivilrechtliche Buchführungspflicht auch als vertragliche Nebenleistungspflicht begründet sein, namentlich im Rahmen von partiarischen Schuldverhältnissen (Umsatz- oder Gewinnbeteiligung als gänzliche oder teilweise Gegenleistung).

VIII. Steuerrechtliche Buchführungspflichten (Überblick)

Schrifttum

Schöck Die Buchführungs- und Aufzeichnungsvorschriften nach der AO 1977, NSt 160/101; *Schulze-Osterloh* Die neuen handels- und steuerrechtlichen Buchführungsvorschriften nach dem 1. WiKG und dem EGAO 1977 sowie nach der AO 1977, WM 1977, 606.

1. Tatbestände und Ausgestaltung

Steuerrechtliche Buchführungspflichten sind seit 1977 zusammengefaßt in den **74** §§ 140 ff AO geregelt.[136] Zu unterscheiden ist zwischen der **abgeleiteten Buchführungspflicht** nach § 140 AO und der **originären Buchführungspflicht** nach §§ 141 ff AO. Während § 140 AO an die anderweitig, vor allem nach §§ 238 ff, gesetzlich begründeten Buchführungspflichten anknüpft und diese Pflichten für das Steuerrecht inhaltsgleich übernimmt (zur davon zu unterscheidenden steuerrechtlichen Geltung der GoB – Maßgeblichkeitsprinzip – vgl. Anh. § 243, 4 ff), begründet § 141 AO die steuerrechtliche Buchführungspflicht für solche gewerblichen Unternehmer sowie Land- und Forstwirte, die nicht zum Adressatenkreis der §§ 238 ff gehören, deren Betrieb jedoch bestimmte Größenmerkmale erreicht. Das praktische Schwergewicht liegt bei denjenigen Land- und Forstwirten, die von der Option zugunsten des Handelsrechts (§ 3) keinen Gebrauch gemacht haben.

Eine **besondere Aufzeichnungspflicht** für gewerbliche Unternehmer, und zwar **75** auch für solche mit abgeleiteter Buchführungspflicht nach § 140 AO, begründen §§ 143, 144 AO **für den Warenein- und -ausgang.** Sie ersetzen die entsprechenden Verordnungen des früheren Rechts.[137] §§ 145 ff AO enthalten die Anforderungen an Aussagefähigkeit sowie Art und Weise der Buchführung. Die Formulierung der **Mindestanforderungen** in § 145 Abs. 1 AO hat in § 238 Abs. 1 S. 2 und 3 Eingang gefunden (vgl. Rdn. 56 ff). § 146 AO entspricht im wesentlichen § 239, § 147 AO der Auf-

---

[136] Von einem Textabdruck kann abgesehen werden; vgl. außer den Kommentaren noch *Biener* BiRiLiG S. 508 ff.

[137] VO über die Führung eines Wareneingangsbuchs vom 20.6.1935 (RGBl. I S. 752) und VO

über die Verbuchung des Warenausgangs vom 20.6.1936 (RGBl. I S. 507); Textabdruck bei *Schlegelberger/Hildebrandt/Steckhan* § 38, 24 ff.

bewahrungsvorschrift des § 257 AO. Der weiterreichende Wortlaut des § 147 AO (Bücher statt Handelsbücher; Handels- oder Geschäftsbriefe) begründet für Kaufleute keine weiter gespannten Pflichten; bezweckt ist lediglich, eine dem Gegenstand nach vergleichbare Aufbewahrungspflicht für die originär Buchführungspflichtigen (§ 141 AO) zu begründen.[138] Schließlich können die Finanzbehörden nach § 148 AO Erleichterungen bewilligen, freilich nur von der Einhaltung der steuerrechtlichen Vorschriften. Pflichten, die nach §§ 238 ff zu erfüllen sind, bleiben in jedem Fall unberührt.

2. Rechtsfolgen

76   Die Verletzung der steuerrechtlichen Buchführungspflicht (§§ 140–148 AO) kann die Festsetzung von Zwangsgeld, die Steuerschätzung und die Verfolgung als Steuerordnungswidrigkeit nach sich ziehen. **Zwangsgeld.** Die Führung und Aufbewahrung von Büchern und Aufzeichnungen ist eine Mitwirkungspflicht des Steuerpflichtigen (Überschrift vor § 140 AO) und als solche eine Handlung i. S. d. § 328 AO, deren Vornahme durch Verwaltungsakt angeordnet werden kann. Ist ein solcher Verwaltungsakt erlassen, so ist er auch vollstreckbar. Als Zwangsmittel kommt bei unterbliebener oder mangelhafter Buchführung (Aufzeichnung; Aufbewahrung) nur das Zwangsgeld in Betracht; wegen des Verfahrens vgl. §§ 329 ff AO. **Schätzung der Besteuerungsgrundlagen.** Wenn vorgeschriebene Bücher oder Aufzeichnungen nicht existieren oder zwar vorhanden, aber nicht entsprechend den Anforderungen der §§ 140 ff AO geführt sind und deshalb der Besteuerung nicht gem. § 158 AO zugrundegelegt werden können, sind die Besteuerungsgrundlagen gem. § 162 Abs. 2 AO von der Finanzbehörde zu schätzen. Bei einer derartigen Schätzung darf die Behörde bis an die obere Grenze des Schätzungsrahmens gehen, und zwar insbesondere dann, wenn die Buchführung gravierende Mängel aufweist (Unsicherheitszuschlag); unzulässig ist aber eine Schätzung, die bewußt zu hoch liegt (keine „Strafsteuer").[139] **Ordnungswidrigkeit.** Die Verletzung von Buchführungs- oder Aufzeichnungspflichten ist wegen der damit verbundenen Steuergefährdung eine Ordnungswidrigkeit nach § 379 Abs. 1 S. 1 Nr. 2 AO und als solche durch Geldbuße zu ahnden, wenn sie vorsätzlich oder leichtfertig begangen wird.

§ 239
Führung der Handelsbücher

(1) Bei der Führung der Handelsbücher und bei den sonst erforderlichen Aufzeichnungen hat sich der Kaufmann einer lebenden Sprache zu bedienen. Werden Abkürzungen, Ziffern, Buchstaben oder Symbole verwendet, muß im Einzelfall deren Bedeutung eindeutig festliegen.

(2) Die Eintragungen in Büchern und die sonst erforderlichen Aufzeichnungen müssen vollständig, richtig, zeitgerecht und geordnet vorgenommen werden.

(3) Eine Eintragung oder eine Aufzeichnung darf nicht in einer Weise verändert werden, daß der ursprüngliche Inhalt nicht mehr feststellbar ist. Auch solche Veränderungen dürfen nicht vorgenommen werden, deren Beschaffenheit es ungewiß läßt, ob sie ursprünglich oder erst später gemacht worden sind.

---

[138] *Tipke/Kruse* § 147, 1 f und 5.
[139] FG Baden-Württemberg EFG 1997, 45 f; Einzelheiten bei *Tipke/Kruse* § 162, 37 ff, 45.

(4) Die Handelsbücher und die sonst erforderlichen Aufzeichnungen können auch in der geordneten Ablage von Belegen bestehen oder auf Datenträgern geführt werden, soweit diese Formen der Buchführung einschließlich des dabei angewandten Verfahrens den Grundsätzen ordnungsmäßiger Buchführung entsprechen. Bei der Führung der Handelsbücher und der sonst erforderlichen Aufzeichnungen auf Datenträgern muß insbesondere sichergestellt sein, daß die Daten während der Dauer der Aufbewahrungsfrist verfügbar sind und jederzeit innerhalb angemessener Frist lesbar gemacht werden können. Absätze 1 bis 3 gelten sinngemäß.

Übersicht

	Rdn.		Rdn.
I. Regelungsgegenstand und -zweck; Entstehungsgeschichte	1	IV. Grenzen zulässiger Veränderungen (§ 239 Abs. 3)	
II. Sprache und Zeichen (§ 239 Abs. 1)		1. Normzweck; sachlicher Geltungsbereich	17
1. Sprache	2	2. Einzelheiten bei konventioneller Buchführung	18
2. Abkürzungen; Ziffern; Buchstaben; Symbole	3	V. Offene-Posten-Buchhaltung; EDV-Buchführung (§ 239 Abs. 4)	
3. Währung	4a	1. Allgemeines	19
III. Sachliche Anforderungen an die Buchführung (§ 239 Abs. 2)		2. Offene-Posten-Buchhaltung	
1. Allgemeines		a) Kennzeichnung	20
a) Das Anforderungsprofil und seine steuerrechtliche Herkunft	5	b) Rechtliche Anforderungen	21
b) Zum rechtlichen Rahmen der Buchführungssysteme und -formen		3. EDV-Buchführung: Allgemeines	
aa) Einfache und doppelte Buchführung	6	a) Kennzeichnung; rechtliche Fragestellung	22
bb) Buchführungsformen	8	b) Generelle Zulässigkeit	23
2. Vollständige und richtige Buchung		c) Ordnungsmäßigkeit	23
a) Vollständig und sachlich richtig (Wahrheitsgrundsatz)		aa) GoS; FAMA	24
aa) Bedeutung der Anforderungen	9	bb) Entwicklung und Ergebnis der Diskussion um die GoS	26
bb) Insbesondere: Belegprinzip	10	cc) Stellungnahme	28
b) Förmlich richtig (Grundsatz der Klarheit)	12	4. EDV-Buchführung: Einzelfragen	
3. Zeitgerechte und geordnete Buchführung		a) Verfügbarkeit; potentielle Lesbarkeit	30
a) Zeitgerechte Buchung		b) Eindeutigkeit der Aufzeichnungen	31
aa) Allgemeines	13	c) Inhaltliche Anforderungen	
bb) Einzelfälle	14	aa) Vollständig und richtig	32
b) Insbesondere: Kassenbuchführung	15	bb) Zeitgerecht und geordnet	34
c) Geordnete Buchung	16	d) Grenzen zulässiger Veränderungen	36
		VI. Rechtsfolgen	37
		VII. Steuerrechtliche Anforderungen	39

Schrifttum

(vgl. auch die Angaben vor und zu § 238 sowie unten vor Rdn. 19). *Biener* Die Neufassung handelsrechtlicher Buchführungsvorschriften, DB 1977, 527; *Blau* Die hebräische Sprache und Schrift und § 43 des H.G.B., ArchBürgR 23 (1904) 177; *Eisele* Technik des betrieblichen Rechnungswesens[6] (1999); *Engelhardt/Raffée* Grundzüge der doppelten Buchhaltung[2] (1971); *Kammerl* Vollständige und richtige Aufzeichnungen nach § 239 Abs. 2 HGB und die Organisation der Geschäftstätigkeit, DB 1991, 2352; *Offerhaus* Die neuen handelsrechtlichen Buchführungsvorschriften, BB 1976, 1622; *Peter/v. Bornhaupt/Körner* Ordnungsmäßigkeit der Buchführung nach dem Bilanzrichtlinien-Gesetz[8] (1987); *Pößl* Der Grundsatz der zeitgerechten Erfassung,

Uwe Hüffer

WPg 1988, 559; *Rausnitz* Können Handelsbücher in hebräischer Sprache und Schrift geführt werden?, JW 1926, 533; *Schulze-Osterloh* Die neuen handels- und steuerrechtlichen Buchführungsvorschriften nach dem 1. WiKG und dem EGAO 1977 sowie nach der AO 1977, WM 1977, 606; *Schulze-Osterloh* Die Rechnungslegung der Einzelkaufleute und Personenhandelsgesellschaften nach dem Bilanzrichtlinien-Gesetz, ZHR 150 (1986) 403; *Wöhe* Bilanzierung und Bilanzpolitik[9] (1997).

I. Regelungsgegenstand und -zweck; Entstehungsgeschichte

1   § 239 regelt die **Art und Weise der Buchführung** und bezweckt damit zunächst die Konkretisierung der in § 238 begründeten Verpflichtungen. Mitbezweckt ist ein sachgerechter Ausgleich zwischen diesen Verpflichtungen und dem **Rationalisierungsinteresse** der kaufmännischen Praxis. Der Konkretisierung dienen die Beschränkungen des § 239 Abs. 1 für Sprache und Zeichen, die Formulierung von Mindestanforderungen an die Buchungen oder Aufzeichnungen in § 239 Abs. 2, ferner das Verbot von Veränderungen, nach denen der ursprüngliche Inhalt oder die Zeitfolge von Eintragungen nicht mehr feststellbar ist (§ 239 Abs. 3), und schließlich die Beschränkung der zulässigen Buchführungsformen auf solche Systeme, die mit den GoB übereinstimmen (§ 239 Abs. 4). Dem Rationalisierungsinteresse trägt das Gesetz Rechnung, indem es seit dem EGAO 1977, auf das der mit § 239 wörtlich übereinstimmende § 43 a. F. zurückgeht, darauf verzichtet, die Förmlichkeiten der Buchführung zu regeln.[1] An die Stelle der längst anachronistischen Forderung (vgl. § 238, 31) nach gebundenen Büchern mit fortlaufender Numerierung und nach Buchführung ohne Zwischenräume sind 1977 die Umschreibung inhaltlicher Anforderungen (§ 239 Abs. 2) und die ausdrückliche Zulassung von Handelsbüchern in Gestalt geordneter Belegablage sowie der EDV-Buchführung getreten (§ 239 Abs. 4).

II. Sprache und Zeichen (§ 239 Abs. 1)

1. Sprache

2   Handelsbücher (Begriff: § 238, 32) und sonst erforderliche Aufzeichnungen wie das Aktienbuch (§ 238, 33), das Inventar, Unterlagen zur Organisation der Buchführung, Handelsbriefe oder Buchungsbelege (§ 257 Abs. 1) müssen nach § 239 Abs. 1 S. 1 **in einer lebenden Sprache** geführt werden. Das *bedeutet positiv*: Auch Fremdsprachen sind grundsätzlich zulässig. Anders als für den Jahresabschluß (§ 244, 7) ist die deutsche Sprache also für die Buchführung nicht vorgeschrieben. Auch gibt es keine handelsrechtliche Pflicht, für die fremdsprachige Buchführung eine Übersetzung beizubringen (zum Steuerrecht vgl. Rdn. 39). Nach dem bloßen Wortlaut der Norm wäre es zulässig, die Buchführung in jeder beliebigen Sprache zu führen, sofern sie nur eine lebende Sprache ist. Das bedarf jedoch nach zutreffender allg. M. einer zweckorientierten Einschränkung. Die Norm soll es dem Kaufmann ermöglichen, die Bücher in seiner Muttersprache zu führen.[2] Für eine fremdsprachige Buchführung bedarf es deshalb dieses oder eines anderen Ausnahmegrundes von sachlich vergleich-

---

[1] Einführungsgesetz zur AO vom 14.12.1976 (BGBl. I S. 3341); zum Rationalisierungszweck vgl. Begr. RegE, BTDrucks. 7/261, S. 51 ff; aus dem Schrifttum vgl. namentlich *Biener* DB 1977, 527 f; *Schulze-Osterloh* WM 1977, 606, 609 f.

[2] Beck HdR-*Bieg* A 100, 68; *Biener* DB 1977, 527 f; GoB[3]-*Kruse* S. 48 ff (eingehend unter Darlegung der Entstehungsgeschichte); *Küting/Weber/Kußmaul* 1.

barem Gewicht. Der deutsche Kaufmann kann sich also nicht nach Belieben einer Fremdsprache bedienen, wohl aber z. B. die deutsche Tochter eines ausländischen Unternehmens. Darüber hinaus muß der Kreis zulässiger Fremdsprachen nach ganz h. M. auf solche beschränkt werden, für die sich mit vernünftigem Aufwand an Zeit (§ 238 Abs. 1 S. 2) und finanziellen Mitteln ein zuverlässiger Übersetzer finden läßt, weil sonst der Dokumentationszweck der Buchführung kaum oder überhaupt nicht erreichbar wäre.[3] Überzogen ist dagegen die Forderung, daß die Übersetzung jederzeit durch erreichbare Dolmetscher möglich sein müsse.[4] Das Erfordernis einer lebenden Sprache *heißt negativ:* Sprachen, die nicht oder nicht mehr zur alltäglichen Verständigung in Gebrauch sind, die also niemandes Muttersprache sind, dürfen bei der Führung der Bücher und sonst erforderlichen Aufzeichnungen nicht verwandt werden. Damit scheiden künstliche Verständigungsmittel (Esperanto) ebenso aus wie tote Sprachen (Latein, Altgriechisch); keine tote Sprache und deshalb zulässig ist dagegen Hebräisch.[5]

2. Abkürzungen; Ziffern; Buchstaben; Symbole

Für Abkürzungen, Ziffern, Buchstaben und Symbole ist nach § 239 Abs. 1 S. 2 **3** erforderlich, aber auch genügend, daß ihre **Bedeutung** im Einzelfall **eindeutig festliegt.** Die Vorschrift ist 1977 (vgl. Rdn. 1) an die Stelle der früher ausgesprochenen Forderung getreten, der Kaufmann habe sich bei seinen Aufzeichnungen der Schriftzeichen einer lebenden Sprache zu bedienen. Solche Zeichen konnte das Gesetz nicht mehr fordern, ohne mit der ausdrücklichen Zulassung der EDV-Buchführung (§ 239 Abs. 4) in Widerspruch zu geraten, weil die dabei verwandten digitalisierten Zeichen keiner lebenden Sprache angehören. Entsprechend diesem Zweck ist die Norm auszulegen. Eine Buchführung in deutscher Sprache unter Verwendung kyrillischer Schriftzeichen ist also unzulässig (*Biener* DB 1977, 527); wegen der praktischen Irrelevanz solcher und ähnlicher Beispiele muß nicht näher diskutiert werden, ob ein solcher Sprachenmix schon nach § 239 Abs. 1 S. 1 oder erst aufgrund einer an § 238 Abs. 1 S. 2 orientierten Auslegung des § 239 Abs. 1 S. 2 erlaubt ist. Nicht zulässig ist es ferner, Bücher und Aufzeichnungen ganz oder im wesentlichen in Stenographie oder in einer verschlüsselten Form abzufassen; das ergibt sich aus den Anforderungen des § 238 Abs. 1 S. 2, die sachlich nicht gerechtfertigte Buchführungsabnormitäten ausschließen.[6]

Das **Eindeutigkeitserfordernis** gilt für sämtliche Abkürzungen, Ziffern, Buchsta- **4** ben und Symbole. Es ist zunächst dann gewahrt, wenn *generell eindeutige Zeichen* verwandt werden. Dabei ist es nicht erforderlich, daß ihre Bedeutung von jedermann verstanden werden kann. Genügend ist vielmehr, daß die Zeichen dem sachverständigen Dritten verständlich sind (§ 238 Abs. 1 S. 2). Dem Eindeutigkeitserfordernis ist ferner ausreichend Rechnung getragen, wenn die Bedeutung der verwandten Abkür-

---

[3] So *Baumbach/Hopt* 1; *Brüggemann* Voraufl. § 43, 1; *Staub/Bondi*[12/13] § 43, 1; **a. M.** *Düringer/ Hachenburg/Lehmann* § 43, 1 (jede lebende Sprache). Die Frage ist praktisch bedeutungslos (vgl. GoB³-*Kruse* S. 50 Fn. 90, 91) und deshalb nicht zu vertiefen; für Kaufleute ohne Pflicht zur Offenlegung erscheint die ablehnende Ansicht vorzugswürdig.

[4] *Küting/Weber/Kußmaul* 1; *Schlegelberger/Hildebrandt/Steckhan* § 43, 1.

[5] *Düringer/Hachenburg/Lehmann* § 43, 2; *Kruse* GoB³ S. 49 Fn. 84 unter Hinweis auf die Arbeiten von *Blau* ArchBürgR 23 (1904), 177, und von *Rausnitz* JW 1926, 533; *Küting/Weber/Kußmaul* 1; **a. M.** *Staub/Bondi*[12/13] § 43, 1; heute noch *Schlegelberger/Hildebrandt/Steckhan* § 43, 1.

[6] Richtig *Biener* DB 1977, 527; **a. M.** *Offerhaus* BB 1976, 1622, 1624.

zungen, Ziffern usw. *im Einzelfall eindeutig* festliegt. Dem gesetzlichen Erfordernis kann also auch durch unternehmensinterne Abkürzungs- und Symbolverzeichnisse entsprochen werden. Treten Änderungen ein, so müssen auch sie und die Zeiträume dokumentiert werden, für die das Verzeichnis jeweils Gültigkeit gehabt hat. Praktische Bedeutung hat das Eindeutigkeitserfordernis vor allem für die Verwendung einer Programmiersprache bei Buchführung unter *EDV-Einsatz*. Es müssen die Organisationsunterlagen, vor allem die Systemdokumentation, vorhanden sein und unabhängig von der jeweiligen technischen Form der Buchführung ein eindeutiges Verständnis ermöglichen; vgl. noch Rdn. 31.

3. Währung

4a § 239 schreibt für die Buchführung keine bestimmte Währungseinheit vor. Anders ist es in § 244. Danach mußte der Jahresabschluß bis zur **Einführung des Euro** am 1.1.1999 (§ 244, 2) in DM aufgestellt werden. Ab 1.1.2002 ist der Euro Pflichtwährung. Für die Übergangszeit besteht gem. Art. 42 EGHGB ein Wahlrecht zwischen Euro und DM. Dieses Wahlrecht besteht auch für die Buchführung, weil § 239 auf beschränkende Vorschriften verzichtet. Der Euro kann also auch vor dem Ablauf der Einführungsphase am 31.12.2001 Buchführungswährung sein (unstr., s. Begr. RegE, BTDrucks. 13/9347, S. 42 li. Sp.; ADS⁶ Erg. Bd. 2001 § 244, 9 Beck BilKomm-*Budde/Kunz* 2; *Ernst* ZGR 1998, 20, 26).

III. Sachliche Anforderungen an die Buchführung (§ 239 Abs. 2)

1. Allgemeines

5 a) **Das Anforderungsprofil und seine steuerrechtliche Herkunft.** Die Eintragungen in die Handelsbücher müssen *vollständig, richtig, zeitgerecht und geordnet* erfolgen; entsprechend sind die sonstigen Aufzeichnungen vorzunehmen (§ 239 Abs. 2). Das gilt in dieser Form für das Handelsrecht erst sei dem EGAO 1977 (Rdn. 1), doch spricht das Gesetz damit nichts aus, was in der Sache neu wäre; vielmehr hat sich die Regelungstechnik geändert, indem nicht mehr Buchführungsförmlichkeiten normiert werden, sondern das mit ihnen angestrebte Ziel einer aussagefähigen und überprüfbaren Buchführung umschrieben wird. Auch die dafür gewählte sprachliche Formulierung ist nicht ohne Vorläuferin. Sie geht auf § 162 Abs. 2 S. 1 RAO 1931 (heute: § 146 Abs. 1 S. 1 AO) zurück;[7] dort hieß es bereits: „Die Eintragungen in die Bücher sollen fortlaufend, vollständig und richtig bewirkt werden". Zum Erfordernis fortlaufender Verbuchung, das inzwischen durch das Anforderungspaar „zeitgerecht und geordnet" ersetzt worden ist, wird berichtet, es habe verhindern sollen, daß der Steuerpflichtige Geschäfte in der Schwebe lasse und je nach Ergebnis als Betriebs- oder Privatgeschäft behandle (*Tipke/Kruse* § 146, 5 m.w.N.). Die neue Formulierung ist gewählt worden, weil sich die rechtliche Notwendigkeit fortlaufender Verbuchung mit der Zulässigkeit des EDV-Einsatzes, insbesondere der Speicherbuchführung (§ 239 Abs. 4), nicht verträgt; vgl. noch Rdn. 35.

6 b) **Zum rechtlichen Rahmen der Buchführungssysteme und -forderungen. aa) Einfache und doppelte Buchführung.** Das Gesetz beschränkt sich auf sachliche Anforderungen an die Buchführung und überläßt es damit grundsätzlich dem Buch-

---

[7] Vgl. *Tipke/Kruse* § 146, 5; Hübschmann/Hepp/
Spitaler/*Trzaskalik* AO¹⁰ § 146, 1 und 7 ff.

führungspflichtigen, wie er diesen Anforderungen gerecht wird (Rdn. 5). Er hat dabei jedoch den rechtlichen Rahmen zu beachten, der ihm durch Gesetz und GoB gezogen wird. Unter diesem Gesichtspunkt ist fraglich, ob die einfache Buchführung noch zulässig ist oder ob eine rechtliche Notwendigkeit zu doppelter Buchführung besteht. **Bedeutung der Begriffe.** Bei der *einfachen Buchführung* gibt es nur *Bestandskonten*, die sich an den Posten der Bilanz orientieren. Die Verbuchung der Geschäftsvorfälle auf den Konten erfolgt in ausschließlich chronologischer Reihenfolge. Damit werden die Vorfälle und ihr Einfluß auf die Entwicklung von Vermögen und Schulden festgehalten. Dagegen erlaubt es die einfache Buchführung jedenfalls nicht ohne weiteres, die Quellen von Erfolg und Aufwand darzustellen. Das leistet die *doppelte Buchführung*, die neben den Bestandskonten eine zweite Kontengruppe kennt, nämlich die der an der GuV orientierten *Erfolgskonten*. Beispiel: Die Warenlieferung an einen Kunden erscheint zugleich im Bestand als Vermehrung der Forderungen aus Lieferung und Leistung (§ 266 Abs. 2 B II 1) und im Erfolg als Umsatzerlös (§ 275 Abs. 2 Nr. 1).[8] Zum **Kontenplan**, der für die Ordnung der Buchführung unverzichtbar ist, vgl. schon § 238, 49.

Rechtliche Notwendigkeit doppelter Buchführung? Eine handelsrechtliche Vor- **7** schrift, die eine Verpflichtung zu doppelter Buchführung ausspricht, gibt es nicht; gleichwohl ist die Frage im Schrifttum seit jeher für den Fall streitig, daß nicht nur eine Bilanz, sondern auch eine GuV aufzustellen ist. Weil § 242 Abs. 2 nunmehr generell eine GuV als Bestandteil des Jahresabschlusses vorschreibt, also auch für Einzelkaufleute und Personengesellschaften (vgl. § 242, 2), hat das Problem erneut Interesse auf sich gezogen (vgl. etwa *Schulze-Osterloh* ZHR 150 [1986] 403, 410). **Meinungsstand.** Eine gesetzliche Verpflichtung zu doppelter Buchführung gibt es nach **h. M.** auch in den Fällen nicht, in denen eine GuV vorgeschrieben ist.[9] Die entgegengesetzte **Mindermeinung** ist weder in der Begründung noch in der Reichweite gänzlich klar[10]: Teils wird angenommen, eine GuV sei ohne doppelte Buchführung nicht möglich, teils wird behauptet, eine GuV könne mit Nebenrechnungen auf der Basis einfacher Buchführung jedenfalls nicht mit hinreichender Sicherheit erarbeitet werden; teilweise werden diese Thesen als für alle Buchführungspflichtigen gültig aufgestellt, dann werden sie wieder auf Kapitalgesellschaften beschränkt, vor allem auf die GmbH.[11] **Stellungnahme.** Mit der h. M. ist anzunehmen, daß sich allein aus der Notwendigkeit einer GuV *keine gesetzliche Verpflichtung zu doppelter Buchführung* ergibt. Die Behauptung, eine GuV lasse sich nur aufgrund doppelter Buchführung aufstellen, entbehrt in dieser Allgemeinheit der Grundlage. Bei geschäftlicher Tätigkeit geringen Umfangs (Abschnitt II Nr. 1 Buchführungsrichtlinien 1937 [§ 238, 48]: vor allem Kleinbetriebe des Einzelhandels und des Handwerks) können die Anforderungen des Gesetzes mit Nebenrechnungen erfüllt werden, und nur für solche Verhältnisse, deren handelsrechtliche Relevanz durch die Neufassung des § 1 Abs. 2 und die damit verbundene tendenzielle Erweiterung des Kaufmannsbegriffs (§ 238, 7) zugenommen haben mag (im übrigen ist an die GmbH mit Kleingewerbe zu denken), hat die Frage überhaupt

---

[8] Einführende Darstellungen: *Großfeld* BilanzR³ Rdn. 18 ff; *Maul* Rechnungslegung S. 42 ff, 81 ff; *Wöhe* Bilanzierung und Bilanzpolitik⁹ S. 88 ff; ausführlich: *Engelhardt/Raffée* Grundzüge der doppelten Buchhaltung² (1971).

[9] *Glade*² § 238, 35; *Küting/Weber/Ellerich* § 238, 11; *Rowedder/Wiedmann* § 41, 14; *Scholz/Crezelius* § 41, 9; Beck HdR-*Hölzli* A 120, 27.

[10] *Groh* DB 1985, 1849; *Schulze-Osterloh* ZHR 150 (1986), 403, 410; *Baumbach/Hueck/Schulze-Osterloh* § 41, 25.

[11] Für alle Buchführungspflichtigen, weil GuV sonst ausgeschlossen: *Thiel* BilanzR⁴ Rdn. 48; *Schulze-Osterloh* ZHR 150 (1986), 403, 410; anders aber *Baumbach/Hueck/Schulze-Osterloh* § 41, 25: für Kapitalgesellschaften notwendige Sicherheit sonst nicht gewährleistet.

eine gewisse praktische Bedeutung. Sonst, also bei einer Tätigkeit, die ohne weiteres eine kaufmännische Betriebsorganisation erfordert, überzeugen die allseits anerkannten Vorzüge der doppelten Buchführung auch ohne Rechtszwang. Die dargestellte Ansicht entspricht offenbar auch den Vorstellungen der Verfasser des BiRiLiG, weil sie mit der Regelung in § 242 Abs. 2 erklärtermaßen keine neue Rechtslage schaffen wollten (Begr. RegE, BTDrucks. 10/317, S. 75).

8   **bb) Buchführungsformen.** Die von § 239 Abs. 2 verlangte geordnete Verbuchung kann in jeder der vier als GoB-gemäß anerkannten Formen erfolgen. Dem heute maßgeblichen funktionsbestimmten Begriff der Handelsbücher (§ 238, 32) genügen daher neben der Führung von gebundenen Büchern die Loseblattbuchführung (dazu schon § 238, 31) und vor allem die praktisch wichtigen Formen der Offene-Posten-Buchhaltung sowie der EDV-Buchführung, beide zugelassen durch § 239 Abs. 4 S. 1; zu ihnen unten Rdn. 20 f, 22 ff.

2. Vollständige und richtige Buchung

9   **a) Vollständig und sachlich richtig (Wahrheitsgrundsatz). aa) Bedeutung der Anforderungen.** Das Gebot vollständiger Verbuchung erfordert **Lückenlosigkeit** (ähnlich GoB[7]-*Leffson* S. 219). Es darf also kein Geschäftsvorfall fehlen. Einzelfälle eines Verstoßes gegen das Vollständigkeitsgebot (vgl. auch § 238, 51): Nichtverbuchung von Einnahmen (FG Düsseldorf EFG 1967, 280), insbesondere Kasseneinnahmen (BFG BStBl. 1982, 409, 412); Nichtverbuchung von erhaltenen Waren (BGH MDR 1981, 100); Nichtverbuchung von Privatentnahmen, von baren Auszahlungen, von Gefälligkeitsakzepten (RG LZ 1913, 698 Nr. 7). Das *Gebot sachlicher Richtigkeit* hat gegenüber dem Vollständigkeitserfordernis insoweit selbständige Bedeutung, als es die Verbuchung erdichteter Geschäftsvorfälle, die Verbuchung mit falschen Werten, die Verbuchung von Lieferungen unter falscher Bezeichnung des Abnehmers, entsprechend von Zahlungen unter falschem Namen, oder das Unterlassen notwendiger Wertberichtigungen (RGSt 13, 354, 355 f; RGSt 39, 222 f) erfaßt.

10   **bb) Insbesondere: Belegprinzip.** Sachlich richtig ist ein Geschäftsvorfall nur dann verbucht, wenn die Buchung auf Grundaufzeichnungen beruht, die ihrerseits richtig sind, und der notwendige Zusammenhang zwischen Buchung und Aufzeichnung derart hergestellt werden kann, daß sich anhand der Buchung die Aufzeichnung und umgekehrt anhand der Aufzeichung die Buchung auffinden läßt.[12] Weil die Aufzeichnung die Funktion hat, die Richtigkeit der Buchung zu belegen, können diese Anforderungen unter dem Begriff des Belegprinzips zusammengefaßt werden. Dieses Prinzip ist schon in § 238 Abs. 1 S. 3 (vgl. dort Rdn. 59) angesprochen, weil sich Geschäftsvorfälle in der Buchführung nur anhand von Belegen verfolgen lassen.

11   **Im einzelnen** fordert das Belegprinzip[13]: (1.) Es muß ein *Beleg vorhanden* sein, und zwar je nach der Art des Geschäftsvorfalls ein externer oder ein interner Beleg. Externe Belege sind z. B. erhaltene Rechnungen, Duplikate der erteilten Rechnungen, Unterlagen des Zahlungsverkehrs (Überweisungsträger; Lastschriftanzeigen), Korrespondenz. Interne Belege dokumentieren innerbetriebliche Vorgänge; hierher gehören Lohn- und Gehaltslisten, Nachweise über Bestandsveränderungen wie Materialscheine

---

[12] BGH BB 1954, 455; Abschnitt II Nr. 12 Buchführungsrichtlinien 1937 (§ 238, 48); ADS[6] § 238, 34 ff; Beck HdR-*Bieg* A 100, 102 ff; Bonner HdR-*Streim* § 238, 43 ff; Küting/Weber/*Kuß-maul* 4 f; GoB[7]-*Leffson* S. 200 f.

[13] Vgl. *Eisele* Technik des betrieblichen Rechnungswesens[6] 1.221; Küting/Weber/*Kußmaul* 5.

(Entnahme oder Rückgabe), aber auch Buchungsanweisungen (Storno-, Abschluß- oder Umbuchungen). (2.) Der Beleg muß *sachlich und rechnerisch richtig* sein. Er ist im Sinne dieses Erfordernisses sachlich richtig, wenn er unmißverständlich ist und den Geschäftsvorfall hinreichend erklärt (wenn nicht: Ergänzung durch den Buchungstext erforderlich, vgl. Rdn. 12). (3.) Der Beleg muß *datiert* (Eingangsstempel, Ausgangsvermerk) und entsprechend den innerbetrieblichen Anweisungen (die ihrerseits vorliegen müssen) *abgezeichnet* sein. (4.) Die *Vollständigkeit* der Belege muß anhand fortlaufender Numerierung und lückenloser Abheftung *kontrollierbar* sein. (5.) Es müssen *Verweisungen* vorhanden sein; auf dem Beleg ist deshalb das Buchungskonto zu vermerken, und umgekehrt muß das Konto den Beleg bezeichnen. Die Bedeutung der vorstehenden Grundsätze für die Ordnungsmäßigkeit der Buchführung erfordert, daß die Buchungsbelege nach § 257 Abs. 1 Nr. 4 aufbewahrt werden, und zwar für die Dauer von sechs Jahren (bei Buchfunktion: zehn Jahre nach § 257 Abs. 1 Nr. 1); vgl. dazu § 257, 22 f.

b) Förmlich richtig (Grundsatz der Klarheit). Die Buchung muß nicht nur sach- **12** lich, sondern auch förmlich richtig sein. Sie ist förmlich richtig, wenn sie derart klar und eindeutig ist, daß ein sachverständiger Dritter Entstehung und Abwicklung des jeweiligen Geschäftsvorfalls (§ 238 Abs. 1 S. 3) ohne Schwierigkeiten verfolgen kann. Danach ist im einzelnen und über das Belegprinzip (Rdn. 11) hinausgehend erforderlich[14]: (1.) Alle Aufzeichnungen müssen den Anforderungen des § 239 Abs. 1 genügen; vgl. insoweit Rdn. 2 ff. (2.) Es muß grundsätzlich (zu den Ausnahmen bei EDV-Einsatz unten Rdn. 33) ein Buchungstext vorhanden sein. (3.) Der Buchungstext muß datiert sein, auf den Beleg verweisen (Rdn. 11), den Geschäftsvorfall ergänzend bezeichnen, wenn er sich nicht schon aus dem Beleg hinreichend klar ergibt (Rdn. 11), und bei doppelter Buchführung (Rdn. 6 f) das Gegenkonto angeben, sofern es nicht schon aus dem Buchungsbeleg hervorgeht. (4.) Es muß ein hinreichend gegliederter Kontenplan existieren. (5.) Umbuchungen müssen kenntlich gemacht sein und auf Ausnahmefälle beschränkt bleiben.

3. Zeitgerechte und geordnete Buchführung

a) Zeitgerechte Buchung. aa) Allgemeines. Eine spezifisch handelsrechtliche **13** Vertiefung des Erfordernisses zeitgerechter Buchung ist bislang nicht ersichtlich. Wegen der steuerrechtlichen Herkunft des Begriffs (Rdn. 5) kann aber auf die für das Steuerrecht anerkannte Konkretisierung zurückgegriffen werden[15] (vgl. auch Begr. RegE zu Art. 41 EGAO-Entwurf 1974, BTDrucks. 7/261, S. 52 re. Sp.: GoB). Danach gilt: Zeitgerecht ist eine Buchung *in zeitlicher* Nähe zum Geschäftsvorfall; zeitliche Nähe ist gegeben, wenn *unverzüglich,* also ohne schuldhaftes Zögern, gebucht wird. Tägliche Buchung ist im allgemeinen (zur Kassenbuchführung vgl. Rdn. 15) nicht erforderlich. Bei der Prüfung schuldhaften Zögerns ist entscheidend, wie groß das Risiko ist, daß Buchungsunterlagen infolge Zeitablaufs verlorengehen, und welche Vorkehrungen zur Sicherung des Belegmaterials getroffen sind. Tendenziell verkürzt sich deshalb die Frist, je umfangreicher der Buchungsstoff ist; sie verlängert sich dagegen mit der Zuverlässigkeit der ergriffenen Sicherungsmaßnahmen. Die Fristen dürfen

---

[14] Abschnitt II Nr. 5–7, 11 Buchführungsrichtlinien 1937 (§ 238, 48); ADS[6] § 238, 37; Küting/Weber/*Kußmaul* 18; GoB[7]-*Leffson* S. 207 ff.

[15] Begr. RegE zu § 91 AO-Entwurf 1974, BTDrucks. VI/1982, S. 126; *Schulze-Osterloh* WM 1977, 606,

609; *Tipke/Kruse* § 146, 5; Hübschmann/Hepp/Spitaler/*Trzaskalik* AO[10] § 146, 15 ff; Rspr. in Rdn. 14.

nicht so kurz bemessen werden, daß rationeller EDV-Einsatz nicht mehr möglich ist; denn damit würde der Regelungszweck des § 239 Abs. 4 verfehlt (vgl. noch Rdn. 34). Weil Fernbuchführung zulässig ist (§ 238, 19), müssen die damit unvermeidlich verbundenen Verzögerungen hingenommen werden.

14   **bb) Einzelfälle.** Der Buchungsrückstand darf nach der Rechtsprechung des BFH im Regelfall eine Frist von zehn Tagen nicht überschreiten; die Frist wird gewahrt, wenn der Geschäftsvorfall rechtzeitig grundbuchmäßig erfaßt ist.[16] Bei der Würdigung der Rechtsprechung ist zu beachten, daß die einschlägigen Entscheidungen mehrere Jahrzehnte alt sind. Der „Regelfall" ist daher auf konventionelle Buchführung zu beschränken;[17] auch dann gibt es noch Ausnahmen, nämlich für Kleinbetriebe mit geringem Buchungsanfall.[18] Bei Fernbuchführung unter EDV-Einsatz toleriert die Rechtsprechung einen Buchungsrückstand bis zum Ablauf des Folgemonats.[19] Nach Abschnitt R 29 Abs. 1 Satz 4 EStR 1999 gilt diese Frist für EDV-Buchführung auch dann, wenn sie innerhalb des Unternehmens erfolgt, sofern die gebotenen Sicherungsmaßnahmen (Rdn. 13) ergriffen sind. Es bestehen keine durchgreifenden Bedenken, diese steuerrechtliche Präzisierung für die Auslegung des § 239 Abs. 2 zu übernehmen,[20] wenn sie im Sinne einer Obergrenze verstanden wird (vgl. noch Rdn. 34).

15   **b) Insbesondere: Kassenbuchführung.** Nach § 146 Abs. 1 S. 2 AO sollen Kasseneinnahmen und -ausgaben *täglich festgehalten* werden. § 239 Abs. 2 enthält zwar keine entsprechende Konkretisierung des Erfordernisses zeitgerechter Verbuchung, doch ist die steuerrechtliche Regelung nach ihrem Sinn und Zweck als GoB in das Handelsrecht zu übernehmen (wohl ebenso ADS[6] 27), weil das Manipulationsrisiko bei Kassenmitteln besonders hoch ist und die bei kreditierten Geschäftsvorfällen üblichen Sicherheitsmaßnahmen (fortlaufende Numerierung und Abheftung von Rechnungen, Gutschriften usw.) nicht zur Verfügung stehen. Danach ist zwar nicht erforderlich, daß täglich Kassensturz gemacht wird; es muß aber täglich möglich sein, Ist- und Sollbestand der Kasse abzugleichen.[21] Ausnahmen (Buchung am nächsten Geschäftstag) toleriert die Rechtsprechung bei zwingender geschäftlicher Veranlassung und sicher erkennbarer Entwicklung des Kassensolls.[22] Zur Aufbewahrung von Kassenunterlagen nach § 147 Abs. 1 Nr. 5 AO vgl. § 257, 51.

16   **c) Geordnete Buchung.** Nach § 239 Abs. 2 müssen die Eintragungen und Aufzeichnungen schließlich „geordnet" vorgenommen werden. Die Bedeutung dieses Erfordernisses ergibt sich aus einem Vergleich der geltenden Normfassung mit der Vorläuferbestimmung in § 162 Abs. 1 S. 1 RAO 1931 (vgl. Rdn. 5). Die dort verlangte fortlaufende Verbuchung war nämlich nicht nur eine zeitnahe (Rdn. 13 ff), sondern überdies eine nach der Zeitfolge geordnete Verbuchung. Eine solche chronologische Ordnung der Buchführung ist auch heute noch genügend, aber nicht mehr erforderlich. Vielmehr genügt *jede sinnvolle Ordnung*, die es einem sachverständigen Dritten erlaubt, innerhalb angemessener Zeit (vgl. § 238 Abs. 1 S. 2) den Überblick über die Geschäftsvorfälle und die Lage des Unternehmensvermögens zu gewinnen.[23] Die

---

[16] BFH BStBl. 1968 II 527, 532; BFH BStBl. 1969 II 157; BFH BStBl. 1970 II 540.

[17] So auch *Tipke/Kruse* aaO (Fn. 15); skeptisch gegenüber Regelfristen *Trzaskalik* aaO (Fn. 15) Rdn. 17; vgl. noch Fn. 19.

[18] BFH BStBl. 1970 II 307 und 540; BFH BStBl. 1976 II 210, 212 (hingenommen wird ein Buchungsrückstand bis zu einem Monat).

[19] BFH BStBl. 1979 II 20; FG Münster EFG 1973, 25.

[20] Vgl. auch Bonner HdR-*Streim* 7; Küting/Weber/*Kußmaul* 31 f.

[21] Aus der Rechtsprechung namentlich BFH BStBl. 1982 II 430; *Tipke/Kruse* § 146, 9 m. w. N.

[22] BFH BStBl. 1966 III 371; BFH BStBl. 1976 II 96; Küting/Weber/*Kußmaul* 32 m. w. N.

[23] Bericht des Finanzausschusses, BTDrucks. 7/4292, S. 30; Küting/Weber/*Kußmaul* 30; *Schuppenhauer* GoDV[2] S. 45; *Tipke/Kruse* § 146, 5; Hübschmann/Hepp/Spitaler/*Trzaskalik* AO[10] § 146, 13 f.

damit zu verzeichnende Freigabe der Buchführungsmethode ist die unabdingbare Voraussetzung der computergestützten Buchführung, weil bei ihr der Buchungsstoff nicht kontinuierlich verarbeitet, sondern vorübergehend oder auch langfristig bis zum bedarfsabhängigen Ausdruck verarbeitungsfähig auf Datenträgern erfaßt wird (vgl. noch Rdn. 35).

IV. Grenzen zulässiger Veränderungen (§ 239 Abs. 3)

1. Normzweck; Anwendungsbereich

§ 239 Abs. 3 verbietet Veränderungen, nach denen der ursprüngliche Inhalt einer **17** Eintragung oder Aufzeichnung nicht mehr festgestellt werden kann; unzulässig ist es auch, Veränderungen so vorzunehmen, daß die zeitliche Abfolge der Eintragungen ungewiß ist. Die Vorschrift dient dem **Dokumentationszweck**, namentlich der Beweiskraft der Handelsbücher, und enthält eine im Grunde selbstverständliche Ausprägung des **Klarheitsprinzips** (Rdn. 12); denn von eindeutigen Buchungen kann nicht die Rede sein, wenn ihr Inhalt oder ihre zeitliche Abfolge infolge nachträglicher Maßnahmen nicht mehr festliegen. Der Vergleich der geltenden Gesetzesfassung mit dem bis 1977 maßgeblichen Normtext (§ 43 Abs. 3 a. F.), der Durchstreichungen und Radierungen verbot, macht deutlich, daß die neue Vorschrift *ohne Rücksicht auf das Buchführungsmedium* gilt.[24] Der ursprüngliche Inhalt von Eintragungen sowie ihre zeitliche Folge müssen also ohne Rücksicht auf das jeweilige technische Verfahren feststellbar sein und bleiben. Bei EDV-Buchführung resultieren daraus namentlich das Verbot von Löschungen und das Gebot, gegen solche Löschungen hinreichende technische Sicherungen und Kontrollverfahren vorzusehen (näher Rdn. 36).

2. Einzelheiten bei konventioneller Buchführung

Für die Konkretisierung des § 239 Abs. 3 kann zunächst auf § 43 Abs. 3 a. F. **18** zurückgegriffen werden; denn die dort ausgesprochenen Verbote sind nicht obsolet, sondern nur zu eng formuliert. **Durchstreichungen** und **Radierungen** sind also nach wie vor unzulässig, ebenso alle vergleichbaren Maßnahmen wie **Überkleben, Auslöschen** mit Korrekturlack, **Überschreiben** mit Hand oder Maschine. Die zeitliche Abfolge von Eintragungen wird ungewiß, wenn in verbliebene Zwischenräume hineingeschrieben, Hinweisvermerke oder -pfeile beigefügt, erst recht, wenn ganze Blätter entfernt und erneuert werden. Über den Gesetzeswortlaut hinaus ist für die formelle Ordnungsmäßigkeit der Buchführung zu verlangen, daß Maßnahmen der erwähnten Art möglichst verhindert werden. Zahlen und Text müssen also zwar nicht mehr mit Tinte (so noch § 162 Abs. 6 RAO 1931), aber doch dauerhaft geschrieben werden; Buchführung mit Bleistift ist ein Unding (*Tipke/Kruse* § 146, 15 a. E.). Aus demselben Grund ist es richtig, am Verbot von Zwischenräumen festzuhalten, wenn Bücher noch konventionell geführt werden (*Biener* DB 1977, 527 f: Buchhalternase).

---

[24] *Biener* DB 1977, 527 f; *Offerhaus* BB 1976, 1622, 1624; *Schulze-Osterloh* WM 1977, 606, 609.

V. Offene-Posten-Buchhaltung; EDV-Buchführung (§ 239 Abs. 4)

Schrifttum

(vgl. auch Angaben vor und zu § 238 und oben vor Rdn. 1). *Buchner* Überzogene Dokumentationsanforderungen an die EDV-Buchführung?, DB 1979, 1045; *Buchner* Vier Thesen zur Weiterentwicklung von Grundsätzen ordnungsmäßiger EDV-Buchführung, DB 1982, 1837; *Bundesminister der Finanzen* Grundsätze ordnungsmäßiger Speicherbuchführung (GoS), BStBl. 1978 I 250 = DB 1978, 1470; *Bundesminister der Finanzen* Grundsätze ordnungsmäßiger DV-gestützter Buchführungssysteme (GoBS), DB 1996, Beilage 2 zu Heft 3; *FAMA* Grundsätze ordnungsmäßiger Buchführung bei computergestützten Verfahren und deren Prüfung, WPg 1987, 1; *Feuerbaum* Bedenken gegen die Grundsätze ordnungsmäßiger Speicherbuchführung (GoS), DB 1978, 1943; *Feuerbaum* Gibt es Speicherbuchführungen i.S. des BdF-Schreibens vom 5. 7. 1978?, DB 1979, 1952; *Feuerbaum* Anzeichen geänderter Auffassung der Finanzverwaltung zu den Grundsätzen ordnungsmäßiger Speicherbuchführung (GoS), DB 1981, 2344; *Finanzminister des Landes NRW* Erlaß betr. Ordnungsmäßigkeit der Buchführung; hier: Offene-Posten-Buchhaltung, BStBl. 1963, II 93 = DB 1963, 849; *Gebert* Die Offene-Posten-Buchhaltung und ihre Prüfung, WPg 1966, 197; *Hanisch* Die Gestaltung des internen Kontrollsystems bei PC-gestütztem Rechnungswesen, DB 1987, 749; *Hassold* Sind die Bedenken gegen die Grundsätze ordnungsmäßiger Speicherbuchführung gerechtfertigt? – Eine Diskussion, DB 1979, 1003; *Minz* Buchführungssysteme und Grundsätze ordnungsmäßiger Buchführung, HdJ I/3 (1985); *Schmidtmann* Die Bedeutung von Dokumentationsunterlagen bei Prüfung computergestützter Buchführungen, StBp 1981, 103; *Schuppenhauer* Grundsätze für eine ordnungsmäßige Datenverarbeitung (GoDV)[2] (1984); *Schuppenhauer* Die neuen GoBS – wie stehen sie zur Beweiskraft der Buchführung?, WPg 1996, 691; *Schuppenhauer* Grundsätze ordnungsmäßiger Datenverarbeitung im Rechnungswesen (GoDV 2000), WPg 2000, 128; *Stengert* Planung und Einführung von PC-gestützten Buchführungssystemen, DB 1987, 2056; *Votteler* Die ordnungsmäßige Dokumentation von Datenverarbeitungsprogrammen (1982); *Wanik* Prüfung der EDV-Buchführung, in Coenenberg/v. Wysocki, Hdb. der Abschlußprüfung (1985), Sp. 99; *Zepf* Prüfung von EDV-Buchführung, CR 1987, 314 und 318; *Zepf* Grundsätze ordnungsmäßiger DV-gestützter Buchführungssysteme – Erläuterungen zu den GoBS für die Praxis, DStR 1996, 1259; *Zepf* Die Prüfung des Zugriffsschutzes bei DV-Buchführungen, WPg 1997, 277; *Zepf* Ordnungsmäßige optische Archivierung – Die handels- und steuerrechtlichen Anforderungen an das Brutto- und Netto-Imaging, WPg 1999, 569; *Zwank* Steuerliche Anforderungen an die Prüfbarkeit einer EDV-Buchführung, StBp 1980, 100; *Zwank* Die Grundsätze ordnungsmäßiger Speicherbuchführung (GoS), DStZ 1981, 298.

1. Allgemeines

19   § 239 Abs. 4 S. 1 erlaubt seit 1977 (Rdn. 1) ausdrücklich die Offene-Posten-Buchhaltung (geordnete Ablage von Belegen) und die EDV-Buchführung (Führung von Büchern auf Datenträgern); auf die zweite Buchführungsform konzentriert sich seit langem das praktische Interesse. Zu gebundenen Büchern und Loseblattbuchführung vgl. § 238, 31 f sowie oben Rdn. 8. Die Zulässigkeit der Offene-Posten-Buchhaltung und der EDV-Buchführung macht das Gesetz ausdrücklich davon abhängig, daß sie **GoB-konform** sind. Dabei bezieht sich die Generalklausel nicht wie in § 238 Abs. 1 auf den Inhalt, sondern auf die *Art und Weise der Buchführung*. Verlangt wird also eine Buchführung, die zwar nicht dem Verfahren nach einer konventionellen Buchführung entspricht, aber deren Zuverlässigkeit und Beweiskraft in gleichwertiger Weise erreicht (*Biener* DB 1977, 527 f re. Sp.). § 239 Abs. 4 eröffnet also nicht nur Rationalisierungsspielräume, sondern macht deren Nutzung von der Entwicklung verfahrensbezogener GoB abhängig.

2. Offene-Posten-Buchhaltung

a) Kennzeichnung. Die offenen Posten, die dem Verfahren den Namen gegeben **20** haben, sind vor allem die offenen, also noch nicht erledigten Rechnungen. Um die *Debitoren- und Kreditorenbuchführung* von Übertragungsarbeiten freizuhalten, werden die Geschäftsvorfälle nicht in einem Kontokorrentbuch festgehalten. Dessen Funktion übernehmen vielmehr die Rechnungen selbst, indem sie bis zur Zahlung als Kartei der offenen Posten zusammengefaßt bleiben und danach in die Kartei der ausgeschiedenen (erledigten) Posten eingereiht werden.[25] Die Belegsammlung selbst übernimmt also Buchfunktion und ist entsprechend zu behandeln (zehnjährige Aufbewahrungspflicht nach § 257 Abs. 1 Nr. 1, Abs. 4; vgl. § 257, 9 und 22). Die Offene-Posten-Buchhaltung entstammt dem Kontokorrentbereich und hat dort ihre Hauptbedeutung, kommt aber auch als Ersatz für andere Nebenbücher in Betracht und kann mit anderen Rationalisierungsverfahren (z. B. EDV-Einsatz im Mahnwesen) kombiniert werden.

b) Rechtliche Anforderungen. Die Offene-Posten-Buchhaltung ist zulässig, **21** wenn sie GoB-gemäß gehandhabt wird (Rdn. 19). Die Praxis richtet sich nach den Anforderungen, die erstmals im *Gemeinsamen Ländererlaß* von 1963 (vgl. auch Abschnitt R 29 Abs. 1 Satz 6 EStR 1999) formuliert wurden.[26] Sie können sich auf eine feste Übung und die Billigung der Judikatur[27] stützen und sind deshalb als GoB anzusehen.[28] Danach ist erforderlich[29]: (1.) Von jeder Rechnung sind zwei Kopien zu fertigen (Namens- und Nummernkopie). (2.) Die geordnet (Beispiele für Ordnungsprinzipien in Abs. 2 Nr. 2 des Ländererlasses 1963) abgelegten Namenskopien (= offene Posten) müssen die jederzeitige Übersicht über die Forderungen und Schulden gegenüber dem Geschäftspartner ermöglichen. (3.) Die Nummernkopien werden chronologisch abgelegt; sie erfüllen Grundbuchfunktion. (4.) Die Rechnungsbeträge sind nach Tagen zu addieren und die Tagessummen in das Debitoren- oder Kreditorensachkonto zu übernehmen (Hauptbuchfunktion). Bei doppelter Buchführung (Rdn. 6 f) ist zusätzlich und gleichzeitig die Gegenbuchung auf dem entsprechenden Erfolgskonto notwendig. (5.) Die Summe der offenen Posten ist in angemessenen Abständen mit dem Saldo des Debitoren- oder Kreditorensachkontos abzustimmen; Zeitpunkt und Ergebnis sind festzuhalten.

3. EDV-Buchführung: Allgemeines

a) Kennzeichnung; rechtliche Fragestellung. In einem allgemeinen, noch vor- **22** juristischen Sinne kann als EDV-Buchführung (sinngleich: ADV-Buchführung) *jede computergestützte Buchführung* bezeichnet werden. Jede computergestützte Buchführung heißt erstens, daß es nicht darauf ankommt, ob die Geschäftsvorfälle ganz oder teilweise ausgedruckt (verarbeitet) oder nicht ausgedruckt (nur verarbeitungsfähig) gespeichert werden, und bedeutet zweitens, daß es nicht auf die Art und Größe der eingesetzten Anlage ankommt; auch bei Einsatz eines Personal Computers liegt also EDV-Buchführung vor. Für die rechtliche Betrachtung geht es um die *Zulässigkeit* der EDV-Buchführung. Dabei ist angesichts einer lebhaften und im einzelnen nicht immer leicht zu durchschauenden Diskussion (vgl. noch Rdn. 26 f) weiter zu

---

[25] Wegen der hier nicht zu erörternden Einzelheiten vgl. vor allem *Gebert* WPg 1966, 197.

[26] Erlaß FM NRW vom 10.6.1963, BStBl. 1963 II 93 = DB 1963, 849; Teilabdruck auch bei *Schuppenhauer* GoDV² S. 42 f.

[27] BFH BStBl. 1964 III 654; weitere Nachweise bei *Tipke/Kruse* § 146, 16.

[28] *Kruse* GoB³ S. 64; *Schuppenhauer* GoDV² S. 42 f.

[29] Vgl. auch *Eisele* Technik des betrieblichen Rechnungswesens⁶ 16.421; Küting/Weber/*Kußmaul* 39.

präzisieren: Es fragt sich erstens, ob es computergestützte Verfahren gibt, die den vom Gesetz selbst formulierten Anforderungen nicht genügen und deshalb von vornherein als zulässige Buchführungsmethoden ganz oder teilweise ausscheiden (Rdn. 23). Zweitens ist klärungsbedürftig, welche Anforderungen an die *Ordnungsmäßigkeit* eines danach grundsätzlich zulässigen Verfahrens zu stellen sind und ob sich dabei bestimmten Verfahrensbeschreibungen bestimmte Anforderungen zuordnen lassen. Meist wird der zweite Teil der Frage umgekehrt; diskutiert wird dann, ob bestimmte ausformulierte Anforderungen, nämlich die *Grundsätze ordnungsmäßiger Speicherbuchführung (GoS)*, nur für die Speicherbuchführung oder auch für die konventionelle Buchführung Geltung beanspruchen (Rdn. 24 ff).

23   **b) Generelle Zulässigkeit.** § 239 Abs. 4 S. 1 spricht von der Führung der Handelsbücher oder den sonst erforderlichen Aufzeichnungen „auf Datenträgern". Ergänzend heißt es in § 257 Abs. 3 S. 2, daß die so hergestellten Unterlagen „auch ausgedruckt" aufbewahrt werden können. Daraus und aus der gewollten Förderung des Rationalisierungsinteresses durch Verzicht auf Buchführungsförmlichkeiten (Rdn. 1) ergibt sich als **Grundsatz**, daß computergestützten Buchführungen keine gesetzlichen Hindernisse entgegenstehen, und zwar ohne Rücksicht auf die konkrete Anwendungsart; der Kreis vorbehaltlich ihrer Ordnungsmäßigkeit nach dem Gesetz zulässiger Methoden deckt sich also grundsätzlich mit dem allgemeinen Sprachgebrauch (ebenso *IdW* Entwurf der Stellungnahme ERS FAIT 1, WPg 2001, 512, 513 li. Sp.). Zulässig ist insbesondere auch das sogenannte *COM-Verfahren,* bei dem die Daten auf Microfilm ausgedruckt werden („**C**omputer **O**utput on **M**icrofilm"). Es handelt sich dabei um eine computergestützte Buchführung mit besonderer Ausgabeart, die vom Wortlaut des § 257 Abs. 3 abgedeckt wird (vgl. noch § 257, 35). Eine **Ausnahme** gilt nur für empfangene Handelsbriefe und Buchungsbelege, weil insoweit gem. § 257 Abs. 3 S. 1 Nr. 1 Wiedergaben oder Daten vorhanden sein müssen, die, nachdem sie lesbar gemacht sind, mit den Originalen bildlich übereinstimmen. Diese Übereinstimmung läßt sich mit den normalen Methoden EDV-gestützter Buchführung nicht herstellen. Unbedenklich ist jedoch der verbreitete Einsatz von Datenträgern, wenn die genannten Unterlagen zusätzlich auf Microfilm oder Microfiche abgebildet werden (§ 257, 33 und 36 f). Ob *DOR-Systeme* („**D**igital **O**ptical **R**ecording") den Anforderungen des § 257 Abs. 3 S. 1 Nr. 1 genügen können, wird unterschiedlich beurteilt; die Frage hängt von der Auslegung dieser Vorschrift ab und ist nach der hier vertretenen Ansicht vorbehaltlich der Ordnungsmäßigkeit zu bejahen (dazu § 257, 31 f).

24   **c) Ordnungsmäßigkeit. aa) GoS; FAMA.** Die nach Wortlaut und Zweck des § 239 Abs. 4 S. 1 unverzichtbare Übereinstimmung jeder computergestützten Buchführung mit den GoB (vgl. Rdn. 19) stellt die Praxis vor die schwierige Aufgabe, solche Grundsätze unter Berücksichtigung der tatsächlichen Übung aus der Funktion der Buchführung, also in einem deduktiv/induktiv gemischten Verfahren (§ 238, 44), abzuleiten; eine rechtssatzmäßige Verfestigung zu Gewohnheitsrecht (§ 238, 42) oder durch die Judikatur (§ 238, 43) ist bislang nicht zu verzeichnen. Unter diesen Umständen kommt den Erlassen der Finanzverwaltung (vgl. besonders den Anwendungserlaß zur AO 1977 [AEAO] vom 15. 7. 1998 zu § 146 Nr. 3) und den Stellungnahmen und Verlautbarungen des FAMA besondere Bedeutung zu. Für die Beurteilung der Ordnungsmäßigkeit sind daher namentlich heranzuziehen: die durch Erlaß des BMF bekanntgemachten Grundsätze ordnungsmäßiger Speicherbuchführung (GoS) 1978 samt Begleitschreiben[30] und die Stellungnahme FAMA 1/1987 (Fassung 1993) zu

---

[30] Bekanntgemacht mit Begleitschreiben vom 5.7. 1978, BStBl. 1978 I 250 = DB 1978, 1470.

Grundsätzen ordnungsmäßiger Buchführung bei computergestützten Verfahren und deren Prüfung (*IdW* FAMA Fachgutachten/Stellungnahmen, Loseblatt, S. 7 ff). Sie ersetzt die Stellungnahmen FAMA 1/1974 zur Prüfung von EDV-Buchführungen;[31] FAMA 1/1975 zur Auslegung der Grundsätze ordnungsmäßiger Buchführung beim Einsatz von EDV-Anlagen im Rechnungswesen;[32] die Verlautbarung FAMA 1/1978 zur Datenverarbeitung als Prüfungshilfsmittel.[33] Die Stellungnahme FAMA 1/1987 soll demnächst ersetzt werden durch die Stellungnahme *IdW* ERS FAIT 1; Entwurf vom 8. 3. 2001: WPg 2001, 512.

Insbesondere: GoS. Die für die Praxis besonders wesentlichen und den Diskus- **25** sionsverlauf (Rdn. 26 ff) prägenden GoS lauten in ihren Kernpunkten:

1.2	Die Speicherbuchführung besteht darin, daß die Buchungen auf maschinell lesbaren Datenträgern aufgezeichnet (gespeichert) und bei Bedarf für den jeweils benötigten Zweck einzeln oder kumulativ (verdichtet) lesbar gemacht werden. Die Buchungen müssen insbesondere einzeln und geordnet nach Konten und diese fortgeschrieben nach Kontensummen oder Salden sowie nach Abschlußpositionen dargestellt werden können. Sie müssen jederzeit in angemessener Frist lesbar gemacht werden können.
	Die konventionelle EDV-Buchführung besteht darin, daß die auf maschinell lesbaren Datenträgern aufgezeichneten Buchungen unabhängig von Prüfungserfordernissen im Anschluß an die Verarbeitung vollständig und dauerhaft lesbar gemacht (visuell) und diese Datenträger nach Prüfung der richtigen und vollständigen Wiedergabe gelöscht werden.
	Konventionelle EDV-Buchführung und Speicherbuchführung können auch in Mischform auftreten.
1.3	Für die Speicherbuchführung gelten die Grundsätze ordnungsmäßiger Buchführung in gleicher Weise wie für andere Techniken der Buchführung. Das bedeutet:
1.3.0	Ein sachverständiger Dritter muß sich in der Buchführung in angemessener Zeit zurechtfinden und sich einen Überblick über die Geschäftsvorfälle und die Vermögenslage des Unternehmens verschaffen können.
1.3.1	Die richtige und vollständige Erfassung der buchungspflichtigen Geschäftsvorfälle (Grundbuchfunktion) und der Bestände sowie der Überblick über die Vermögens- und Ertragslage (Kontenfunktion) müssen auch bei der Speicherbuchführung gewährleistet sein. Die Geschäftsvorfälle sind zeitgerecht zu erfassen und so zu speichern, daß sie geordnet darstellbar sind. Sie müssen sich in ihrer Entstehung und Abwicklung verfolgen lassen.
1.3.2	Die gespeicherten Buchungen sind bei der Lesbarmachung sachlich richtig und übersichtlich wiederzugeben.
	...
6.	Dokumentation und Prüfbarkeit
6.0	Die Speicherbuchführung muß wie jede Buchführung von einem sachverständigen Dritten hinsichtlich ihrer formellen und sachlichen Richtigkeit prüfbar sein; dies muß sowohl durch die Prüfbarkeit einzelner Geschäftsvorfälle (fallweise Prüfung) als auch durch die Prüfbarkeit des Abrechnungsverfahrens (Verfahrensprüfung) möglich sein.
6.1	Aus der dazu erforderlichen Verfahrensdokumentation müssen Aufbau und Ablauf des Abrechnungsverfahrens vollständig ersichtlich sein. Sie kann verbal, z. B. durch Arbeitsanweisungen, graphisch, z. B. durch Ablaufpläne, und/oder tabellarisch, z. B. durch Entscheidungstabellen, erfolgen.

---

[31] Slg. *IdW* FAMA S. 13 = WPg 1977, 433 (vorherige Fassung: WPg 1974, 83).

[32] Slg. *IdW* FAMA S. 41 = WPg 1975, 555 (vorherige Fassung: WPg 1971, 441).

[33] Slg. *IdW* FAMA S. 51.

Uwe Hüffer

6.2   Die Verfahrensdokumentation muß sich insbesondere erstrecken auf

6.2.1   sachlogische Beschreibung des EDV-Abrechnungsverfahrens im Sinne von Anweisungen an die EDV-Programmierung; diese muß folgende Problembereiche behandeln:

        Aufgabenstellung
        Beschreibung der Dateneingabe
        Regelung der Datenerfassung
        Verarbeitungsregeln einschließlich Kontrollen und Abstimmverfahren
        Fehlerbehandlung
        Beschreibung der Datenausgabe
        Datensicherung
        Sicherung der ordnungsmäßigen Programmanwendung.

6.2.2   Anweisungen zur Regelung der Kommunikation des EDV-Abrechnungsverfahrens mit dem Gesamtsystem der Buchführung, wie z. B. die manuelle Vor- bzw. Nachbehandlung von Daten an den Schnittstellen zu anderen Abrechnungsverfahren.

6.2.3   Beschreibung des Freigabeverfahrens, mit dem die Übereinstimmung der Anweisungen (siehe 6.2.1) mit den Funktionen der EDV-Programme festgestellt wurde.

6.3   Änderungen des Abrechnungsverfahrens sind in der Dokumentation so zu vermerken, daß die zeitliche Abgrenzung einzelner Verfahrensversionen ersichtlich ist.

6.4   Die Verfahrensdokumentation gehört zu den Arbeitsanweisungen und sonstigen Organisationsunterlagen i. S. der §§ 44 HGB bzw. 147 AO, jeweils Abs. 1, Nr. 1.

Aus dem **Begleitschreiben** des BMF ist zusätzlich hervorzuheben (aaO [Fn. 30] I c): „Wenn sich auch die GoS unmittelbar nur auf die Speicherbuchführung beziehen, so schließt das nicht aus, daß ein Teil dieser Grundsätze auch für andere ADV-Buchführungen maßgeblich sein kann. Die Speicherbuchführung ist nur eine Art der ADV-Buchführung."

26   **bb) Entwicklung und Ergebnis der Diskussion um die GoS.** Mit den GoS hat die Finanzverwaltung ein Verfahren computergestützter Buchführung herausgegriffen, definitorisch umschrieben und zum Gegenstand von Ordnungsregeln gemacht. Dieses Vorgehen hat einen *begrifflichen Diskussionsansatz* gefördert, der sich zunächst auf die Frage konzentrierte, ob es eine Speicherbuchführung im Sinne der GoS überhaupt gebe; die Frage ist streitig geblieben.[34] Nach der ersten Diskussionsphase setzte sich die allein *sachgerechte Fragestellung* durch, nämlich die, ob die Anforderungen der Finanzverwaltung dem Ziel einer aussagefähigen und überprüfbaren Buchführung adäquat oder im Gegenteil überzogen seien und die Wirtschaft unangemessen überforderten.[35] Dabei steht die Notwendigkeit einer *System- oder Verfahrensdokumentation* im Mittelpunkt, von der behauptet wird, sie sei bei einer Speicherbuchführung (die es aber im Sinne der GoS nicht gebe) sachgerecht, dagegen bei der aus sich heraus verständlichen EDV-Buchführung überflüssig und eine unnütze Erschwernis für die Praxis. Damit und mit den langen Aufbewahrungsfristen des § 257 würden der Praxis Leistungen abverlangt, die sie nicht erbringen könne. So insbesondere die Thesen von *Feuerbaum,* Nachweise in Fn. 34 f.

27   Die kritische Position hat sich insgesamt nicht durchsetzen können. Namentlich aus Kreisen der Wirtschaftsprüfung und ihrer Fachorganisationen sind Anforderungen

---

[34] S. einerseits *Feuerbaum* DB 1978, 1943 f; *dens.* DB 1979, 1952; andererseits *Hassold* DB 1979, 1952.

[35] Die Überforderungs-These findet sich namentlich bei *Feuerbaum* DB 1980, 745; bei *dems.* DB 1981, 2344; vgl. auch die in Fn. 34 zitierten Arbeiten. **A. M.,** also für Sachgerechtigkeit der gestellten Anforderungen (mit Nuancen im einzelnen), etwa *Buchner* DB 1979, 1045; *ders.* DB 1982, 1837; *Hassold* DB 1979, 1003; *Schmidtmann* StBp 1981, 103; *Schuppenhauer* WPg 1980, 605; *Zwank* StBp 1980, 100; *ders.* DStZ 1981, 298.

formuliert worden, die mit denen der Finanzverwaltung im wesentlichen deckungsgleich sind.[36] Insgesamt kann heute **in den zentralen Punkten ein weitgehender Konsens**[37] festgestellt werden: (1.) Der Unterschied zwischen Speicherbuchführung und konventioneller (mit Ausdruck arbeitender) EDV-Buchführung ist nicht prinzipieller, sondern gradueller Natur. (2.) Die konventionelle EDV-Buchführung muß deshalb grundsätzlich denselben Anforderungen genügen wie die Speicherbuchführung; soweit sich nicht gerade aus der Tatsache des Ausdrucks etwas anderes ergibt, sind demnach die GoS anzuwenden.[38] (3.) Zu den wesentlichen Anforderungen gehört die Existenz einer System- oder Verfahrensdokumentation.[39] (4.) Für den Inhalt der Systemdokumentation verbleibt es bei den in Ziff. 6.2 GoS (Wortlaut: Rdn. 25) geforderten Angaben.[40] (5.) Eine grundsätzliche Differenzierung der Anforderungen nach bestimmten Typen der EDV-Buchführung ist generell, also auch unabhängig von den Fragen der Speicherbuchführung, ein Irrweg; vielmehr sind die prinzipiell gleichen Anforderungen und Prüfungsmethoden entsprechend den einzelnen, konkret faßbaren Verfahrensabweichungen zu variieren.[41] (6.) So wie es auf bestimmte Verfahrenstypen nicht ankommt, ist es auch unerheblich, von welcher Art und Größe die eingesetzten EDV-Geräte sind. (7.) Die in den GoS niedergelegten Anforderungen sind also entgegen offenbar bei den Anwendern verbreiteter Fehlvorstellung[42] auch insoweit zu erfüllen, als zur Erledigung der Buchführung sogenannte Personal Computer eingesetzt werden.[43]

cc) Stellungnahme. Der in Rdn. 27 inhaltlich fixierten ganz *h. M. ist beizutreten.* **28** Die rechtliche Beurteilung muß zwar darauf gerichtet sein, dem auch vom Gesetz als berechtigt anerkannten Rationalisierungsinteresse der kaufmännischen Praxis Rechnung zu tragen (sogenannter Wirtschaftlichkeitsgrundsatz, vgl. Rdn. 1); sie kann dies aber nur im Rahmen der Erfordernisse einer aussagefähigen und prüfbaren Buchführung (§ 238 Abs. 1 S. 2) tun, die insbesondere dem Wahrheits- und Klarheitsgrundsatz gerecht wird. Die gelegentlich anzutreffende Tendenz, den Inhalt der GoB an den wirklichen oder vermeintlichen technischen Möglichkeiten auszurichten, verfehlt deshalb die von § 239 Abs. 4 S. 1 gestellte Aufgabe. Sie muß sich entgegenhalten lassen, daß sie Rationalisierungseffekte mit Verfahren, die den gesetzlichen Anforderungen nicht genügen, nur um den Preis einer ordnungswidrigen Buchführung erzielen kann. Für künftige Entwicklungen sollte aus dem Diskussionsverlauf der vergangenen Jahre namentlich die Lehre gezogen werden, daß es nicht fruchtbar ist, bestimmte Verfah-

---

[36] Vgl. außer den FAMA-Stellungnahmen und -Verlautbarungen (Rdn. 24) noch HdJ-*Minz* I/3 Rdn. 33 ff.

[37] Küting/Weber/*Kußmaul* 41; *Peter/v. Bornhaupt/Körner* Rdn. 276, 586 ff; *Schuppenhauer* GoDV² passim, besonders S. 20 f; *Votteler* S. 6 ff; Coenenberg/v. Wysocki/*Wanik*, Hdb. der Abschlußprüfung (1985) Sp. 99 f.

[38] Vgl. außer den Nachweisen in Fn. 37 noch in Baumbach/Hueck/*Schulze-Osterloh* § 41, 26.

[39] Namentlich dieser zentrale Punkt sollte definitiv als geklärt angesehen werden; vgl. zuletzt (unter Prüfungsgesichtspunkten) *Zepf* CR 1987, 379 ff.

[40] Ziff. 6.2 GoS (Rdn. 25) stimmt bis in den Wortlaut hinein mit den in der Stellungnahme FAMA 1/1988, WPg 1988, 1, 8 formulierten Anforderungen überein. Wegen der Einzelheiten vgl. *Votteler* S. 16 ff mit Musterdokumentation S. 67 ff.

[41] FAMA 1/1987, WPg 1988, 1 f; für die Zukunft förderlich kann namentlich die von *Schuppenhauer* GoDV² S. 30 ff (Zusammenfassung: S. 152 ff) vorgelegte Systematisierung sein.

[42] *Stengert* DB 1987, 2056 f (li. Sp.): „Aber selbst wenn ein Buchführungssystem (scheinbar) richtig arbeitet, wird häufig gegen die elementarsten Grundsätze ordnungsmäßiger Buchführung verstoßen; sowohl handels- als auch steuerrechtliche Vorschriften werden nicht beachtet." Vgl. auch *Hanisch* DB 1987, 749 zur Notwendigkeit eines internen Kontrollsystems.

[43] S. außer *Hanisch* und *Stengert* aaO (Fn. 42) noch HdJ-*Minz* I/3 Rdn. 43 ff; *Zepf* CR 1987 379, 382 ff; ferner Stellungnahme FAMA 1/1987, WPg 1988, 1 f (dort Zusammenstellung möglicher Schwachpunkte).

Uwe Hüffer

rensarten definitorisch zu verfestigen (insoweit ist Ziff. 1.2 GoS nicht glücklich und die Klarstellung in I c des BMF-Begleitschreibens sicher geboten; Texte in Rdn. 25) und die jeweiligen Anforderungen an die Ordnungsmäßigkeit in einem subsumtions-ähnlichen Verfahren zu bestimmen; denn damit wird auf der Ebene der GoB der Fehler begangen, den das Gesetz gerade vermeiden wollte, indem es auf die Beschreibung eines bestimmten technischen Verfahrens verzichtete. Die Unterscheidung zwischen Speicherbuchführung und anderen Formen computergestützter Buchführung hat deshalb nur deskriptiven Wert. Mit diesem Vorbehalt kann der Umschreibung in Ziff. 1.2 GoS (Rdn. 25) zugestimmt werden, nach der es bei Speicherbuchführung zunächst bei der Aufzeichnung der Daten verbleibt, während bei sogenannter konventioneller EDV-Buchführung Speicherung und Ausdruck im zeitlichen Zusammenhang erfolgen.

29   Durch eine an bestimmten Verfahrensformen orientierte Vorgehensweise würde schließlich auch der unzutreffende Eindruck (vgl. Rdn. 27 a. E.) begünstigt, bei **Einsatz von Personal Computern** oder anderen Entwicklungen der anbietenden Industrie beanspruchten die EDV-typischen Ausprägungen der GoB keine Geltung. Insoweit sollte namentlich rechtzeitig, nämlich schon bei Abschluß des Vertrags mit dem Lieferanten der Software (vgl. zum folgenden *Stengert* DB 1987, 2056, 2058), sichergestellt werden, daß jedenfalls bei ihm Unterlagen vorhanden sind, die den Anforderungen an eine Systemdokumentation entsprechen, daß diese Unterlagen für Prüfungszwecke jederzeit zur Verfügung stehen und als Organisationsunterlagen zehn Jahre lang aufbewahrt werden (§ 257 Abs. 4). Die üblichen mitgelieferten Bedienungshandbücher genügen den rechtlichen Anforderungen nicht. Kann oder will der Lieferant diese Bedingungen nicht erfüllen, so ist das Angebot für Buchführungszwecke aus Rechtsgründen ungeeignet. Läßt sich der Buchführungspflichtige darauf gleichwohl ein, so ist er für die damit gegebenen Ordnungsmängel verantwortlich.

4. EDV-Buchführung: Einzelfragen

30   **a) Verfügbarkeit; potentielle Lesbarkeit.** Nach § 239 Abs. 4 S. 2 muß insbesondere sichergestellt sein, daß Bücher und Aufzeichnungen auch bei computergestützter Buchführung während der jeweiligen Aufbewahrungsfrist (§ 257 Abs. 4) verfügbar und potentiell lesbar sind. Die gedankliche Verknüpfung von § 239 Abs. 4 S. 1 und 2 durch das Wort „insbesondere" ergibt, daß damit gesetzliche Vorgaben für die Entwicklung EDV-bezogener GoB formuliert werden. Inhaltlich entsprechen die Anforderungen denjenigen, die § 257 Abs. 3 S. 1 Nr. 2 mit den gleichen Worten an die Erfüllung der Aufbewahrungspflicht stellt. Sie erlangen hauptsächlich dort praktische Bedeutung und sind deshalb als Bestandteil der Aufbewahrungspflicht erläutert; vgl. § 257, 27 und 39.

31   **b) Eindeutigkeit der Aufzeichnungen.** Die in § 239 Abs. 4 S. 3 vorgeschriebene sinngemäße Anwendung von § 239 Abs. 1–3 ergibt zunächst, daß auch bei EDV-Buchführung der Inhalt der Handelsbücher sowie der sonstigen Aufzeichnungen eindeutig festliegen muß. Zu beachten ist also namentlich die Forderung des § 239 Abs. 1 S. 2 nach der Eindeutigkeit von Abkürzungen, Ziffern, Buchstaben oder Symbolen. Genügend ist Eindeutigkeit im Einzelfall; den gesetzlichen Anforderungen kann also durch unternehmensinterne Abkürzungs- oder Symbolverzeichnisse entsprochen werden (Rdn. 4). Die **Programmiersprachen** (Assembler, Cobol, Fortran usw.) sind *keine lebenden Sprachen,* weil sie niemandes Muttersprache sind (Rdn. 3). Das deshalb auch für sie zu beachtende Eindeutigkeitserfordernis (§ 239 Abs. 1 S. 2) verlangt die Erklärung des Programminhalts in der Systemdokumentation, vgl. 6.2 GoS (Rdn. 25), ohne daß diese Erklärung ihrerseits in lebender Sprache erfolgen müßte, vgl. vielmehr Nr. 6.1 GoS (Rdn. 25). Zutreffend zur Anwendung des § 239 Abs. 1: *Zepf* CR 1987, 314 f re. Sp.

c) Inhaltliche Anforderungen. aa) Vollständig und richtig. Die sinngemäße **32** Anwendung des § 239 Abs. 2 führt zu der Forderung, daß auch bei EDV-Einsatz vollständig sowie sachlich und förmlich richtig verbucht werden muß; vgl. zunächst oben Rdn. 9 ff, 12. Die **lückenlose Erfassung** aller Geschäftsvorfälle ist auch bei EDV-Buchführung unverzichtbar; das Schrifttum betont deshalb den hohen Stellenwert von Summenkontrollen für die Schnittstellen von manueller Bearbeitung und EDV-System (*Zepf* CR 1987, 314 f. re. Sp.). Die weitergehende Forderung nach **sachlicher Richtigkeit** der Buchführung schließt das **Belegprinzip** ein. Sein materieller Gehalt muß auch bei EDV-Einsatz verwirklicht werden. Es bleibt also dabei, daß über sämtliche buchungspflichtigen Geschäftsvorfälle ein gesonderter Nachweis vorliegen muß; nur Art und Form der Belege sowie die Modalitäten ihrer Aufbewahrung dürfen Veränderungen erfahren (FAMA 1/1975, C Leitsatz).[44] Bei *Austausch von Datenträgern* genügen diese noch nicht als Belege. Vielmehr muß das mit dem Geschäftspartner vereinbarte Verfahren dokumentiert sein; das Verfahren muß auch Kontrollen vorsehen (FAMA 1/1987 WPg 1988, 1, 3).[45] Verschlüsselt erstellte *interne Belege* müssen anhand des Symbolverzeichnisses (Rdn. 31) in angemessener Zeit (§ 238 Abs. 1 S. 2) verständlich gemacht werden können. Die Verantwortlichkeit muß feststellbar bleiben, nämlich durch allgemeine Buchungsanweisungen und Kontrollmaßnahmen (anstelle des herkömmlichen Handzeichens).[46] Für *maschinenintern erzeugte Buchungen,* die bei periodisch oder jedenfalls ständig wiederkehrenden Vorgängen sinnvoll sein können, muß ein Dauerbeleg vorhanden sein; als solcher kommt namentlich die Verfahrensdokumentation in Betracht.[47]

Zur **förmlichen Richtigkeit** der Buchung gehört vor allem, daß eine für den sach- **33** verständigen Dritten in angemessener Zeit nachvollziehbare Verbindung zwischen Beleg und Konto besteht; die Grundbuchfunktion muß also in dem Sinne erfüllt werden, daß der jeweilige Zusammenhang von Buchung, Beleg und Geschäftsvorfall hergestellt werden kann. Weil ausgedruckte Texte jedenfalls vorübergehend nicht zur Verfügung stehen oder (Speicherbuchführung) überhaupt nur zu Prüfungszwecken angefertigt werden, kommt insoweit wiederum der Verfahrensdokumentation, ferner der Sicherung der Ausdruckbereitschaft und der Existenz eines Kontrollsystems, das Verfahren und Ausdruckbereitschaft umfaßt, besondere Bedeutung zu.[48] Eine dem Gesetz genügende Ausdruckbereitschaft ist auch beim COM-Verfahren gegeben, also dann, wenn der Computer auf Mikrofilm ausdruckt; dazu schon Rdn. 23 und näher § 257, 35.

bb) Zeitgerecht und geordnet. Das *Gebot zeitnaher Verbuchung* ist so auszu- **34** legen, daß ein sinnvoller EDV-Einsatz möglich ist (vgl. dazu schon Rdn. 13). Vor allem Stapelverarbeitung und Fernbuchführung dürfen nicht schon durch zu kurz bemes-

---

[44] Slg. *IdW* FAMA S. 43; sinngleich FAMA 1/1987, WPg 1988, 1, 3 sowie GoS 1978 Ziff. 2 und 3 (in Rdn. 25 nicht abgedruckt); vgl. auch Küting/Weber/*Kußmaul* 6.

[45] FAMA 1/1975, Slg. *IdW* FAMA S. 44 fordert Sammelnachweis über den Gesamtwert; GoS 1978 Ziff. 2.3: Nachweis der Vollständigkeit durch „Kontrollsummen unterteilt nach Ordnungskriterien der Einzelbuchungen oder durch

Protokolle über empfangene oder abgesandte Datenträger".

[46] FAMA 1/1975, Slg. *IdW* FAMA S. 45.

[47] FAMA 1/1987, WPg 1988, 1, 3; FAMA 1/1975, Slg. *IdW* FAMA S. 45; GoS 1978 Ziff. 2.2.

[48] FAMA 1/1987, WPg 1988, 1, 4 ff; FAMA 1/1975, Slg. *IdW* FAMA S. 46 ff; Küting/Weber/*Kußmaul* 18 ff.

Uwe Hüffer

sene Buchungsfristen praktisch verhindert werden. Die frühere Praxis der Finanzverwaltung, die bei EDV-Buchführung eine Frist bis zum Ablauf des Folgemonats nach der Entstehung des buchungspflichtigen unbaren Geschäftsvorfalls einräumte, hat diesem Gesichtspunkt voll Rechnung getragen. Sie kann für das Handelsrecht aus Gründen der Praktikabilität immer noch übernommen werden, obwohl der bezweckte Gläubigerschutz durch Selbstkontrolle (§ 238, 3) durch kürzere Buchungsfristen besser erreicht würde. Je nach dem Umfang des Buchungsstoffs und der Intensität der ergriffenen Sicherungsmaßnahmen (Rdn. 13) kann auch eine kürzere Buchungsfrist bestehen (ebenso *Zepf* CR 1987, 314, 316). In diesem Sinne verlangt die Praxis der Finanzverwaltung jetzt einen zeitlichen Zusammenhang zwischen Vorgang und Buchung (Abschnitt H 29 [zeitgerechte Erfassung] EStR 1999).

35   Schließlich ist gem. § 239 Abs. 2 eine **geordnete Verbuchung** notwendig. Eine nach der Zeitfolge geordnete und in diesem Sinne fortlaufende Verbuchung wird anders als nach § 162 Abs. 1 S. 1 RAO 1931 nicht mehr verlangt (vgl. Rdn. 16). Wäre sie notwendig, so wären die Speicherbuchführung, aber auch EDV-Buchführung mit Ausdruck praktisch ausgeschlossen, weil zwischen Dateneingabe und Ausdruck stets ein mehr oder minder großer Zeitabstand liegt und die chronologische Folge primär durch eine sachlogische Ordnung ersetzt wird.[49] Es genügt jede Ordnung, die dem Standard des § 238 Abs. 1 S. 2 gerecht wird. Treffend verlangt *Zepf* CR 1987, 314, 316, daß mit Hilfe der vorhandenen Software der gezielte Zugriff auf gespeicherte Buchungen möglich ist. Erforderlich ist also eine Organisation, die es erlaubt, einen einzelnen, etwa vom Prüfer bezeichneten Geschäftsvorfall abzurufen und einen Ausdruck herzustellen, der seine kontenmäßige Erfassung zeigt und den Zugriff auf den Beleg erlaubt. Es ist deshalb nicht nur zulässig,[50] sondern praktisch unumgänglich, daß bei der Datenverarbeitung verschiedene Grundbuchfunktionen erfüllt werden, also etwa nach erteilten und erhaltenen Rechnungen oder Zahlungsvorgängen sortiert, gespeichert und ausgedruckt wird. Innerhalb der einzelnen Grundbuchfunktionen ist wiederum chronologisch zu verfahren.

36   **d) Grenzen zulässiger Veränderungen.** Auch § 239 Abs. 3 gilt bei computergestützter Buchführung sinngemäß. Es ist also unzulässig, gespeicherte Daten zu löschen oder durch Einspielung neuer Daten zu verändern. Wegen der verfahrenstypischen Möglichkeiten, Änderungen unbemerkt vorzunehmen, kommt dem Verbot des § 239 Abs. 3 gerade bei EDV-Einsatz gesteigerte Bedeutung zu. Im Schrifttum wird zu Recht gefordert, daß den Manipulationsmöglichkeiten schon durch technische Vorkehrungen und durch die Programmgestaltung begegnet wird.[51] So darf ein *Verdichtungsprogramm* nicht ablaufen, wenn die Entwicklung des Saldos nicht vorher ausgedruckt worden ist (Verdichtungssperre). Nachträgliche Eingabe von Daten ist z. B. durch *Bandkennsätze* zu verhindern, ebenso die Löschung des Bandinhalts (Sperrdatum). Wenn die technisch möglichen Sicherungsmaßnahmen nicht ergriffen sind, wird sich zwar nicht von vornherein von einer ordnungswidrigen Buchführung sprechen lassen (so aber Küting/Weber/*Kußmaul* 35), weil § 239 Abs. 3 nicht auf die bloße Möglichkeit von Veränderungen, sondern auf deren tatsächliche Vornahme abstellt. Gerechtfertigt ist aber die Vermutung, daß von gegebenen Möglichkeiten auch Ge-

---

[49] Küting/Weber/*Kußmaul* 31 f; *Tipke/Kruse* § 146, 5.

[50] Darüber besteht Einigkeit, vgl. Küting/Weber/*Kußmaul* 31; *Peter/v. Bornhaupt/Körner* Rdn. 384 ff; *Schuppenhauer* GoDV² S. 41; *Tipke/Kruse* § 146, 5.

[51] Küting/Weber/*Kußmaul* 35; *Tipke/Kruse* § 146, 16; vgl. auch *Schuppenhauer* GoDV² S. 101; *dens.* WPg 2000, 128, 131 ff.

brauch gemacht worden ist; diese Vermutung zu entkräften, ist Sache des Buchführungspflichtigen; dabei wird der Gesamtzustand der Buchführung wesentliche Bedeutung erlangen. Ein erhebliches Risiko unkontrollierbarer Veränderungen besteht, wenn *Personal Computer* in der Buchführung eingesetzt werden (keine innerbetriebliche Funktionstrennung). Eine Buchführung dieser Art muß deshalb erhöhten organisatorischen Anforderungen genügen. Wenn sich Veränderungen als notwendig herausstellen, müssen sie als solche kenntlich sein. Sie sind deshalb durch *Protokolle (Fehlerlisten)* nachzuweisen.[52] Das gilt auch dann, wenn die veränderte Buchung falsch war. Notwendig ist ihr Ausgleich durch Stornobuchung; die Anweisung ist als Beleg aufzubewahren.[53] Nur die Änderung von eingegebenen, aber noch nicht gespeicherten Daten (Blickkontrolle am Bildschirm) braucht als solche nicht feststellbar zu sein.[54]

VI. Rechtsfolgen

Ein Verstoß gegen § 239 kann zur **Strafbarkeit wegen eines Insolvenzdelikts** nach **37** §§ 283–283d StGB führen. Als Tatbestände kommen namentlich § 283 Abs. 1 Nr. 5, 2. und 3. Fall StGB sowie § 283b Abs. 1 Nr. 1, 2. und 3. Fall StGB in Betracht (Textauszug und Erläuterung: § 238, 65 ff). Insofern enthält § 239 nicht nur eine Konkretisierung der handelsrechtlichen Pflichten (Rdn. 1); vielmehr ist festzuhalten, daß ein Verstoß gegen diese Pflichten nicht notwendig, aber doch typischerweise eine Tathandlung ist, durch die es erschwert wird, den Vermögensstand zu übersehen. Das gilt jedenfalls dann, wenn es sich nicht um Einzelmängel handelt, sondern die Buchführung insgesamt den Standard des § 239 Abs. 2 nicht erreicht; besonderes Gewicht legt die Judikatur auf die Vollständigkeit der Belege (BGH MDR 1980, 455).[55]

Die Veränderung von Handelsbüchern und sonst erforderlichen Aufzeichnungen **38** (§ 239 Abs. 3) kann nicht nur als Insolvenzdelikt, sondern auch als **Urkundenfälschung** gem. § 267 StGB strafbar sein. Der Kaufmann als Aussteller der Urkunde kommt dann als Täter in Betracht, wenn er die Änderungsbefugnis verloren hat.[56] Das ist der Fall, wenn die Bücher zum Gegenstand des Rechtsverkehrs, insbesondere zum Beweismittel geworden sind, sei es durch gerichtliche Vorlegungsanordnung (§ 258 Abs. 1), sei es durch eigene Bezugnahme (§ 423 ZPO),[57] sei es dadurch, daß ein Anspruch nach § 810 BGB geltend gemacht wird[58] (vgl. auch § 258, 4 ff, 13 ff). In den Fällen computergestützter Buchführung kommt als ein der Urkundenfälschung analoges Vergehen die **Fälschung beweiserheblicher Daten** in Betracht; es ist nach § 269 StGB strafbar, die Daten so zu verändern, daß bei herkömmlicher Buchführung eine verfälschte Urkunde vorliegen würde; das 2. WikG[59] hat damit 1986 eine Strafbarkeitslücke geschlossen, die sonst namentlich bei Speicherbuchführung bestände.

---

[52] GoS 1978 Ziff. 3.1; Küting/Weber/*Kußmaul* 34; *Tipke/Kruse* § 146, 16.

[53] *Tipke/Kruse* § 146, 16; **a. M.** *Schuppenhauer* GoDV² S. 101.

[54] GoS 1978 Ziff. 3.2; vgl. dazu HdJ-*Minz* I/3 Rdn. 22; Küting/Weber/*Kußmaul* 35.

[55] Vgl. auch LKStGB-*Tiedemann* § 283, 118; *Tröndle/Fischer* § 283, 23 f beide m. w. N.; *Tröndle/Fischer* aaO beziffern das Vorkommen mangelhafter Buchführung bei Zahlungseinstellung und Eröffnung des Insolvenzverfahrens mit etwa 90 %.

[56] So **h. M.**, vgl. BGHSt 13, 382, 387 = NJW 1960, 444 (Veränderung von Inventurlisten nach Mit-

teilung an den Aufsichtsratsvorsitzenden); OLG Saarbrücken NJW 1975, 658 f; *Tröndle/Fischer* § 267, 19a; im Schrifttum str., **a. M.** z. B. Schönke/Schröder/*Cramer* § 267, 68 mit eingehender Meinungsübersicht.

[57] RGSt 52, 88, 90; *Brüggemann* Voraufl. § 43, 6; *Tröndle/Fischer* § 267, 19a.

[58] RGSt 50, 420, 422; RGSt 67, 245 f; RGSt 69, 396, 398; *Tröndle/Fischer* § 267, 19a (dort auch zu weiteren Konstellationen).

[59] Zweites Gesetz zur Bekämpfung der Wirtschaftskriminalität vom 15. 8. 1986 (BGBl. I S. 721); vgl. dazu *Achenbach* NJW 1986, 1835, 1837.

VII. Steuerrechtliche Anforderungen (§ 146 AO)

39   Die steuerrechtlichen Ordnungsvorschriften für die Führung der Bücher und die sonstigen Aufzeichnungen sind in § 146 AO enthalten. Danach gilt im **Grundsatz,** daß die handels- und die steuerrechtlichen Anforderungen übereinstimmen, so daß auch zu § 146 AO auf die Erl. des § 239 zurückgegriffen werden kann. In wesentlichen Fragen haben steuerrechtliche Vorschriften und die Erlaßpraxis der Finanzverwaltung auch für das Handelsrecht prägend gewirkt; vgl. oben Rdn. 5 zur Normgeschichte des § 239 Abs. 2, Rdn. 24 ff zu den GoS 1978. Von der prinzipiellen Übereinstimmung gibt es jedoch zwei **Ausnahmen.** Erstens: Anders als nach Handelsrecht (§ 238, 24 mit Fn. 44) ist *Buchführung im Ausland* grundsätzlich unzulässig (§ 146 Abs. 2 S. 1 AO). Eine Sonderregelung besteht nur für ausländische Betriebsstätten inländischer Steuerpflichtiger (§ 146 Abs. 2 S. 2 AO). Für inländische Betriebsstätten ausländischer Steuerpflichtiger gibt es keine entsprechende Vorschrift. Die Streitfrage, ob eine Ausnahme auch insoweit zu bejahen ist, dürfte deshalb zu verneinen sein (vgl. auch § 257, 52).[60] Zweitens: Auch steuerrechtlich genügt es zwar, daß die Bücher in einer lebenden Sprache geführt werden (§ 146 Abs. 3 S. 1 AO). Anders als nach Handelsrecht (oben Rdn. 2) hat der Steuerpflichtige jedoch auf Verlangen der Finanzbehörde eine *Übersetzung* beizubringen, wenn er eine andere als die deutsche Sprache verwendet (§ 146 Abs. 3 S. 2 AO), und zwar auch dann, wenn Deutsch nicht seine Muttersprache ist. Weil er der Verpflichtete ist, trägt er auch die Kosten. Nur eine scheinbare Ausnahme enthält schließlich § 146 Abs. 1 S. 2 AO. Das dort ausgesprochene Gebot, Kasseneinnahmen und -ausgaben täglich festzuhalten, ist zwar im Wortlaut des § 239 nicht enthalten, gilt aber als GoB auch für das Handelsrecht (vgl. Rdn. 15).

§ 240

Inventar

(1) Jeder Kaufmann hat zu Beginn seines Handelsgewerbes seine Grundstücke, seine Forderungen und Schulden, den Betrag seines baren Geldes sowie seine sonstigen Vermögensgegenstände genau zu verzeichnen und dabei den Wert der einzelnen Vermögensgegenstände und Schulden anzugeben.

(2) Er hat demnächst für den Schluß eines jeden Geschäftsjahrs ein solches Inventar aufzustellen. Die Dauer des Geschäftsjahrs darf zwölf Monate nicht überschreiten. Die Aufstellung des Inventars ist innerhalb der einem ordnungsmäßigen Geschäftsgang entsprechenden Zeit zu bewirken.

(3) Vermögensgegenstände des Sachanlagevermögens sowie Roh-, Hilfs- und Betriebsstoffe können, wenn sie regelmäßig ersetzt werden und ihr Gesamtwert für das Unternehmen von nachrangiger Bedeutung ist, mit einer gleichbleibenden Menge und einem gleichbleibenden Wert angesetzt werden, sofern ihr Bestand in seiner Größe, seinem Wert und seiner Zusammensetzung nur geringen Veränderungen unterliegt. Jedoch ist in der Regel alle drei Jahre eine körperliche Bestandsaufnahme durchzuführen.

---

[60] *Tipke/Kruse* § 146, 13 m. w. N.; **a. M.** Hübschmann/Hepp/Spitaler/*Trzaskalik* AO[10] § 146, 37.

(4) Gleichartige Vermögensgegenstände des Vorratsvermögens sowie andere gleichartige oder annähernd gleichwertige bewegliche Vermögensgegenstände können jeweils zu einer Gruppe zusammengefaßt und mit dem gewogenen Durchschnittswert angesetzt werden.

Übersicht

	Rdn.
I. Normzweck und Allgemeines	
1. Regelungsgegenstand und -zweck; Entstehungsgeschichte	1
2. Normadressaten	4
3. Grundbegriffe	
a) Inventar und Inventur	5
b) Buchführung, Inventar und Bilanz	7
II. Grundsätze ordnungsmäßiger Inventur und Inventarisierung (GoI)	
1. GoI als rechtsverbindlicher Standard	8
2. Wahrheit, Klarheit und Ordnung	10
III. Anforderungen an das Inventar im allgemeinen (§ 240 Abs. 1)	
1. Vollständig und sachlich richtig (Wahrheitsgrundsatz)	
a) Lückenlose Angaben	
aa) Vermögensgegenstände	11
bb) Schulden	13
cc) Unternehmensbezogenheit von Vermögensgegenständen und Schulden	15
b) Zuordnungsprobleme	
aa) Persönliche Zuordnung: Grundsatz	16
bb) Persönliche Zuordnung: Ausnahmebereich (sogenanntes „wirtschaftliches Eigentum")	17
cc) Sicherungsgeschäfte; Eigentumsvorbehalt; Treuhand	19
dd) Leasingverträge	20
ee) Weitere Einzelfälle	21
ff) Zeitliche Zuordnung (Zugang): Allgemeines	22
gg) Erwerb von Immobilien insbesondere	23
c) Sachlich richtig	24
2. Förmlich richtig (Grundsatz der Klarheit)	25
3. Ordnung des Inventars	
a) Gliederung	26
b) Form	27
IV. Inventur und Bewertung	
1. Zur gesetzlichen Ausgangslage	28
2. Inventur	
a) Gesetzliche Grundform und Ausnahmen	29
b) Prinzip körperlicher Bestandsaufnahme?	30
c) Einzelfragen	
aa) Vermögensgegenstände des Anlagevermögens	33

	Rdn.
bb) Vermögensgegenstände des Umlaufvermögens	34
cc) Rückstellungen; Verbindlichkeiten	36
3. Bewertung	
a) Allgemeines	37
b) Grundsatz der Einzelbewertung	38
V. Eröffnungsinventar: Anlässe; Stichtag; Frist (noch: § 240 Abs. 1)	39
VI. Jahresinventar (§ 240 Abs. 2)	
1. Stichtag	40
2. Geschäftsjahr	
a) Begriff und Dauer	41
b) Festlegung und Änderung des Geschäftsjahrs	44
3. Fristen für Inventar und Inventur	
a) Inventar	45
b) Inventur	46
VII. Festwertverfahren (§ 240 Abs. 3)	
1. Normgeschichte; Begriff und Zweck	47
2. Abgrenzungen	49
3. Voraussetzungen	
a) Gegenständliche Beschränkungen	
aa) Sachanlagevermögen	50
bb) Roh-, Hilfs- und Betriebsstoffe	52
b) Regelmäßige Ersetzung	53
c) Nachrangige Bedeutung	54
d) Geringe Veränderungen	56
4. Gleichbleibender Ansatz	
a) Anfängliche Festlegung von Menge und Wert	57
b) Spätere Veränderungen	59
c) Übergang zur Einzelbewertung	60
5. Kontrolle durch körperliche Bestandsaufnahme	61
6. Wertbeibehaltungswahlrecht (Art. 24 Abs. 1 EGHGB)	63
VIII. Gruppen- oder Sammelbewertung (§ 240 Abs. 4)	
1. Normgeschichte; Begriff und Zweck	64
2. Voraussetzungen	
a) Vorratsvermögen	66
b) Andere bewegliche Vermögensgegenstände	68
3. Ansatz mit dem gewogenen Durchschnittswert	69
4. Wertbeibehaltungswahlrecht (Art. 24 Abs. 1 EGHGB)	71
IX. Rechtsfolgen einer Pflichtverletzung	72
X. Steuerrechtliche Fragen	73

Schrifttum

(vgl. auch die Angaben vor und zu § 238 sowie unten vor Rdn. 47, 64). *Daniel* Das regelmäßig vom Kalenderjahr abweichende Geschäftsjahr, BB 1985, 2211; *Fülling* Grundsätze ordnungsmäßiger Bilanzierung für Vorräte (1976); *Harrmann* Aufnahmetechniken bei der körperlichen Bestandsaufnahme von Vorräten, DB 1978, 2377; *Hofmann* Die Aufgaben der Inventur, DB 1964, 1197; *Kunz* Inventur und Inventar, HdJ II/5; *Kußmaul* Nutzungsrechte an Grundstücken in Handels- und Steuerbilanz (1987); Arbeitskreis *Ludewig* Die Vorratsinventur (1967); *Moxter* Selbständige Bewertbarkeit als Aktivierungsvoraussetzung, BB 1987 1846; *Nestle* Die Inventur zum Jahresende, BB 1973 1620; *Niehus* Zur Bilanzierungspraxis in den USA, WPg 1970, 121; *Olbrich* Die Abgrenzung bilanzieller Bewertungseinheiten als Wirtschaftsgüter des Sachanlagevermögens, Festschrift Ludewig (1996) S. 753; *Peter/v. Bornhaupt/Körner* Ordnungsmäßigkeit der Buchführung nach dem Bilanzrichtlinien-Gesetz[8] (1987); *Scherrer/Obermeier* Stichprobeninventur – Theoretische Grundlagen und praktische Anwendung (1981); *Schneider* Vermögensgegenstände und Schulden, Hdwb. unbestimmter Rechtsbegriffe (1986) S. 335; *Schulze zur Wiesch* Grundsätze ordnungsmäßiger Inventur (1961); *Spörlein* Die Inventur nach Handelsrecht und nach Steuerrecht[5] (1964); *Uhlig* Inventur, Beck HdR A 20 (Loseblatt, Stand Dezember 1997); *Wehe* Die Inventur, BB 1968 1375; *Weisse* Inventur in Recht und Praxis (1964).

I. Normzweck und Allgemeines

1. Regelungsgegenstand und -zweck; Entstehungsgeschichte

1   Nach §§ 240, 241 ist der Kaufmann verpflichtet, ein **Inventar** aufzustellen und eine **Inventur** vorzunehmen. Während das Inventar ein Bestandsverzeichnis ist, läßt sich die Inventur als die Bestandsaufnahme kennzeichnen, die dem Inventar die notwendige Grundlage gibt (näher Rdn. 5). Beide dienen wie Buchführung (§ 238, 2 f) und Bilanz (§ 242, 2) dem **Gläubigerschutz durch Selbstkontrolle** des Kaufmanns. Das wird vereinzelt in Zweifel gezogen, weil die erforderliche Vermögensübersicht schon durch Buchführung und Bilanz gewährleistet werde (*Hofmann* DB 1964, 1197, 1199). Diese Kritik geht jedoch ins Leere, weil sie die Nachweisfunktion verkennt, die dem Inventar gegenüber der Bilanz zukommt (vgl. Rdn. 7). Der Gläubigerschutzfunktion von Inventarerrichtung und Inventur entspricht der öffentlich-rechtliche Charakter der darauf bezogenen Pflichten; er gelangt auch in der Strafbarkeit verspäteter Inventaraufstellung als Konkursdelikt zum Ausdruck (§§ 283 Abs. 1 Nr. 7 lit. b, 283b Abs. 1 Nr. 3 lit. b StGB), dazu Rdn. 72.

2   **Entstehungsgeschichte.** § 240 hat seine geltende Fassung erst in den Beratungen des mit dem **BiRiLiG** befaßten Unterausschusses erhalten. Die Vorschrift ist jedoch nicht sachlich neu, sondern setzt sich aus verschiedenen Vorläuferbestimmungen zusammen, soweit sie sich auf das Inventar bezogen; zur Bilanz vgl. § 242, 1. Während § 240 Abs. 1 und 2 aus § 39 Abs. 1 und 2 a. F. übernommen worden sind, entsprechen § 240 Abs. 3 und 4 dem bisherigen § 40 Abs. 4 a. F. (dazu noch Rdn. 47, 64). **Nicht Gesetz geworden** sind zwei Neuerungen, die noch im letzten RegE eines BiRiLiG vorgesehen waren, nämlich die Vertauschung der Begriffe Vermögensgegenstände und Schulden gegen den *Wirtschaftsgutbegriff* in § 39 Abs. 1, 4–6 HGB-E und die *Übertragung* der für den Jahresabschluß geltenden *Bewertungsvorschriften* auf das Inventar in § 40 Abs. 2 HGB-E (BTDrucks. 10/317, S. 3). Zum ersten Punkt heißt es im Bericht des Unterausschusses, eine Vereinheitlichung der handels- und steuerrechtlichen Terminologie sei nicht erforderlich; durch die Beibehaltung des bisherigen Sprachgebrauchs werde vielmehr klargestellt, daß auch der Inhalt der verwendeten Begriffe nicht geändert werden solle; s. dazu Rdn. 11 f. Im zweiten Punkt wird von der Übernahme der bilanzrechtlichen Bewertungsvorschriften eine unnötige Einengung des geltenden Rechts befürchtet;[1] vgl. noch Rdn. 37.

Aus den **früheren Gesetzesänderungen** ist noch hervorzuheben: *Festbewertung* **3** *und Gruppenbewertung* (§ 240 Abs. 3 und 4) gehen über § 40 Abs. 4 a. F. auf die Novelle 1965 zurück[2] (näher Rdn. 47, 64). Sie bezwecken und erreichen eine Vereinfachung der Inventarerstellung, die teilweise auf die Inventur zurückwirkt (Beeinflussung des sogenannten Mengengerüsts bei Festbewertung) und durch die Übernahme der Wertansätze auf die Bilanz ausstrahlt; vgl. noch Rdn. 58 f, 69 f. Die ursprünglich in § 41 a. F. vorgeschriebene **Unterzeichnung** des Inventars ist 1976 durch das 1. WiKG[3] abgeschafft worden; sie ist seither weder bei EDV-Einsatz noch bei konventionell erstellten Inventaren erforderlich (Einzelheiten: § 245, 8). Über die Herkunft von Inventur und Inventar aus dem französischen Recht und ihren ursprünglichen Zweck, das Fehlen einer (praktisch noch nicht durchsetzbaren) ordnungsgemäßen Buchführung zu kompensieren, informiert *Hofmann* DB 1964, 1197.[4]

2. Normadressaten

§ 240 verpflichtet den **Kaufmann,** Inventare aufzustellen. Der Normadressat ist **4** also ebenso bezeichnet wie in §§ 238, 239 Abs. 1, 242; entsprechend ist die Vorschrift auszulegen. Inventarpflichtig ist also jeder, der buchführungspflichtig ist; vgl. dazu § 238, 7 ff und zur Verantwortlichkeit § 238, 17 ff. Der Stichtag für das Eröffnungsinventar (s. noch Rdn. 5) ergibt sich danach aus dem Zeitpunkt, in dem eine kaufmännische Betriebsorganisation erforderlich wird. Weil das seit dem HRefG 1998 umfassend gilt (§ 238, 7), folgt auch aus der Aufhebung des § 262 nichts anderes (s. dort Rdn. 1).

3. Grundbegriffe

a) Inventar und Inventur. Wie sich aus § 240 Abs. 2 S. 1 ergibt, versteht das Ge- **5** setz die in § 240 Abs. 1 enthaltene Umschreibung als Definition des Inventars. Danach ist das Inventar ein *stichtagsbezogenes Bestandsverzeichnis,* in dem der Kaufmann seine Vermögensgegenstände und seine Schulden genau, namentlich unter Angabe von Art und Menge, verzeichnet und grundsätzlich einzeln mit einer Wertangabe versieht. Weil Gegenstände zwangsläufig ihrer Art nach benannt werden, läßt sich kurz gefaßt von einem Verzeichnis der Mengen und Werte sprechen. Je nach dem Stichtag ist zwischen Eröffnungsinventar (oder Anfangsinventar) und Jahresinventar zu unterscheiden. Das Eröffnungsinventar wird zu Beginn des Handelsgewerbes aufgestellt (§ 240 Abs. 1), das Jahresinventar zum Schluß eines jeden Geschäftsjahrs (§ 240 Abs. 2).

Den Begriff der **Inventur** definiert das Gesetz nicht; er ist vielmehr in der Über- **6** schrift zu § 241 („Inventurvereinfachungsverfahren") vorausgesetzt. Während das juristische Schrifttum keine Veranlassung sieht, den Begriff zu problematisieren,[5] besteht über seine betriebswirtschaftliche Bedeutung Ungewißheit.[6] Dabei stehen sich

---

[1] Zu beiden Punkten vgl. Ausschußbericht, BTDrucks. 10/4268, S. 96; zum Problemfeld Vermögensgegenstand/Wirtschaftsgut unten Rdn. 11 f und ausführlich Anh. § 243, 13 ff; zur Bewertung näher in Rdn. 37.

[2] Gesetz zur Änderung des HGB und der RAO vom 2. 8. 1965 (BGBl. I S. 665).

[3] Erstes Gesetz zur Bekämpfung der Wirtschaftskriminalität vom 29. 7. 1976 (BGBl. I S. 2034);

anders noch der damalige RegE, vgl. dessen Art. 4 Nr. 2 (BTDrucks. 7/3441, S. 9).

[4] Ausführlicher *Schulze zur Wiesch* 14 ff.

[5] Im allgemeinen wird die Inventur einfach als Bestandsaufnahme angesprochen, vgl. z. B. *Brüggemann* Voraufl. § 39, 1.

[6] Vgl. zum folgenden etwa Arbeitskreis *Ludewig* 9; *Schulze zur Wiesch* 1 ff m. w. N.; *Spörlein* Inventur[5] S. 5 f; *Weisse* Inventur, S. 17 f.

ein engerer, an den Möglichkeiten körperlicher Bestandsaufnahme (Messen, Zählen, Wiegen) orientierter und ein weiterer, auch die nur buchmäßige Aufnahme von Vermögensgegenständen und Schulden umfassender Begriff gegenüber. Die Meinungsverschiedenheiten beruhen auf der Wahl eines deskriptiven Ansatzes und der zunehmenden Veränderung der beschriebenen Tätigkeit von der traditionellen Waren- oder Vorratsinventur über die verschiedenen Vereinfachungsverfahren bis zur sogenannten Buchinventur. Für die rechtliche Betrachtung muß dagegen das Inventar als Inventurzweck im Vordergrund stehen (vgl. noch Rdn. 28). Deshalb ist die Inventur als die Bestandsaufnahme zu definieren, die es erlaubt, Art und Menge der Vermögensgegenstände und der Schulden inventarmäßig zu verzeichnen. Welches Verfahren dabei angewandt wird, ist nicht für die begriffliche Erfassung der Inventur, sondern für die Beurteilung ihrer Ordnungsmäßigkeit wesentlich. Ob man die Ermittlung der Werte der Inventur oder der eigentlichen Inventarerstellung zuordnet (dazu z. B. Küting/Weber/*Knop* 4), ist ohne grundsätzliche Bedeutung, weil der Kaufmann zu beidem verpflichtet ist. Nach der hier entwickelten Definition gehört die Bewertung zur Inventarerstellung. Dem steht nicht entgegen, daß der Bewertungsvorgang in einfachen Fällen tatsächlich in einem Zug mit der Bestandsfeststellung erfolgen kann. Zwischen Bestandsaufnahme und Bewertung rechtlich zu trennen, erweist sich deshalb als sinnvoll, weil damit klargestellt wird, daß nur die Bestandsaufnahme in enger zeitlicher Nähe zum Bilanzstichtag (Rdn. 46) durchzuführen ist, während für die Bewertung die längere Inventarfrist (Rdn. 39, 45) zur Verfügung steht.

7   **b) Buchführung, Inventar und Bilanz.** Inventar und Inventur bezwecken und bewirken den Gläubigerschutz durch Selbstkontrolle (Rdn. 1) nicht aus sich heraus, sondern kraft ihres Funktionszusammenhanges mit Buchführung und Bilanz. Das bedeutet: Die handelsrechtliche Jahresbilanz erfüllt ihre Gläubigerschutzfunktion, indem sie den unter Schonung der Unternehmenssubstanz maximal entnahmefähigen oder verteilbaren Gewinn ausweist (§ 242, 8). Die dazu erforderliche Gegenüberstellung von Vermögen und Schulden (der Ausweis des Eigenkapitals kann an dieser Stelle vernachlässigt werden) setzt voraus, daß für die Bilanzposten entsprechend der gesetzlichen Gliederung (§ 266) Summen zur Verfügung stehen. Diese Summen sind nichts anderes als die der Übersicht dienende rechnerische Zusammenfassung der Bewertungsvorgänge. Das Inventar verhält sich dazu wie der Beleg zur Buchung (zum Belegprinzip vgl. § 239, 10 ff). Es muß also nachweisen, daß die bewerteten Vermögensgegenstände auch existieren.[7] Die dem Inventar zugrundeliegende Inventur erfüllt zusätzlich eine Kontrollfunktion gegenüber der Buchführung,[8] weil die Bestände selbständig, d. h. unabhängig von der Buchführung, aufgenommen werden, soweit das nach der Art der Vermögensgegenstände möglich ist (vgl. Rdn. 6). Es findet also eine jährliche interne Gegenprüfung statt. Das ist nach wie vor bei der traditionellen Wareninventur am deutlichsten, gilt aber nicht nur für diese.

---

[7] In diesem Sinne wird richtig von einer eigenständigen Dokumentations- und Gläubigersicherungsfunktion gesprochen, vgl. etwa ADS[6] 3; Bonner HdR-*Streim* 5; *Nestle* BB 1973, 1620 f; Beck HdR-*Uhlig* A 210, 14; tendenziell abweichend noch

Hofmann DB 1964, 1197, 1199; *Wehe* BB 1968, 1375.
[8] *Fülling* GoBil für Vorräte, S. 51 f; *Kropff* in Geßler/Hefermehl AktG § 149, 27; Küting/Weber/*Knop* 9 f.

II. Grundsätze ordnungsmäßiger Inventur und Inventarisierung (GoI)

1. GoI als rechtsverbindlicher Standard

§ 240 enthält keinen §§ 238 Abs. 1 S. 1, 243 Abs. 1 sachlich entsprechenden Hin- **8** weis auf die Verbindlichkeit von Grundsätzen ordnungmäßiger Inventur und Inventarisierung (GoI); auch die dort formulierten klarstellenden Ableitungen aus den GoB kehren im Wortlaut des § 240 nicht wieder. Eine entsprechende allgemeine Regel des Gesetzes ist auch überflüssig, weil Inventar und Inventur Bestandteile der Rechnungslegung sind und die GoB für diese umfassend gelten. Das ist allgemein anerkannt und wird für die Regelung der Inventurvereinfachungsverfahren (§ 241) bestätigt. Die dort betonte Maßgeblichkeit der GoB (§ 241 Abs. 1 S. 2, Abs. 2, Abs. 3 Nr. 2) ist nichts Besonderes, sondern die Wiederholung des allgemeinen Grundsatzes. Vgl. auch Rdn. 47, 64 zum Wegfall des bisherigen Einleitungshalbsatzes aus § 40 Abs. 4 a. F.

Trotz der danach bestehenden Klarheit des Ausgangspunkts ist in der **näheren** **9** **Umschreibung der GoI** einige Unsicherheit zu verzeichnen. Das handelsrechtliche Schrifttum hat sich des Themas bislang nicht angenommen. Die im betriebswirtschaftlichen Schrifttum zusammengestellten Kataloge sind nicht einheitlich.[9] Angeboten werden zunächst die Forderungen nach Vollständigkeit, Richtigkeit und Klarheit. Über diesen Kernbestand besteht Konsens; dabei hat es keine sachliche Bedeutung, wenn teilweise statt vom Klarheitsgrundsatz von einem Prinzip der Genauigkeit gesprochen wird.[10] Daneben begegnen als Grundsätze die wirtschaftliche Betrachtungsweise, die Nachprüfbarkeit sowie die Einzelerfassung und -bewertung. Demgegenüber ist festzuhalten: Die sogenannte wirtschaftliche Betrachtungsweise ist kein Grundsatz, sondern eine Ausnahme von der Regelzuordnung eines Gegenstands (z. B. Sache) zum Inhaber des jeweiligen Vollrechts (z. B. Eigentum); vgl. dazu Rdn. 16 ff. Die Nachprüfbarkeit ist keine selbständige Verhaltensanforderung, sondern ein Maßstab für die Beurteilung ordnungsmäßiger Buchführung und Inventur (vgl. § 238 Abs. 1 S. 2 und dort Rdn. 58). Am ehesten ließe sich noch bei der Einzelerfassung und -bewertung von einem GoI sprechen; doch ist dessen Formulierung überflüssig, weil sich die entsprechenden Anforderungen unmittelbar aus § 240 Abs. 1 ergeben.

2. Wahrheit, Klarheit und Ordnung

Die in § 238 Abs. 1 S. 2 formulierte Zielvorstellung ist ohne Abstriche für das **10** Inventar zu übernehmen. Das Inventar muß also so beschaffen sein, daß ein sachverständiger Dritter daraus in angemessener Zeit einen Überblick über die dem Unternehmen gewidmeten Vermögensgegenstände und über die im Unternehmen begründeten Schulden gewinnen kann. Diese Zielvorstellung läßt sich nur erreichen, wenn auch die in § 239 Abs. 2 für die Buchführung aufgestellten Anforderungen (vgl. § 239, 5 ff) unter sachgerechter Abwandlung für das Inventar übernommen werden. Daraus folgt, daß das Inventar vollständig und sachlich richtig (Wahrheitsgrundsatz), genau (§ 240 Abs. 1), d. h. förmlich richtig (Prinzip der Klarheit), sowie geordnet sein muß.

---

[9] Beck BilKomm-*Budde* 17 ff; Küting/Weber/*Knop* 15 ff; HdJ-*Kunz* II/5, 10 ff; Beck HdR-*Uhlig* A 210, 24 ff.

[10] So Küting/Weber/*Knop* 29 ff.

Uwe Hüffer

III. Anforderungen an das Inventar im allgemeinen (§ 240 Abs. 1)

1. Vollständig und sachlich richtig (Wahrheitsgrundsatz)

11   a) **Lückenlose Angaben. aa) Vermögensgegenstände.** Das Inventar ist vollständig, wenn es lückenlos ist; es dürfen also keine Vermögensgegenstände und keine Schulden fehlen (vgl. schon § 239, 9). Von entscheidender Bedeutung ist demnach zunächst der *Begriff des Vermögensgegenstandes,* und zwar nicht nur für das Inventar, sondern vor allem für die Bilanz und hier für die Frage der Aktivierungsfähigkeit. In diesem Zusammenhang ist der Vermögensgegenstand dem Wirtschaftsgut als seinem steuerrechtlichen Seitenstück gegenüberzustellen. Dabei geht es nicht um begriffliche Quisquilien, sondern um die Höhe des von der Aktivierung abhängigen Gewinnausweises. Ausführlich zum Begriff des Vermögensgegenstandes deshalb Anh. § 243, 13 ff. In geraffter Form ist zu § 240 festzuhalten: Handels- und Steuerrecht zeigen gegenläufige Tendenzen, weil für das erste der Gesichtspunkt des Gläubigerschutzes, dagegen für das zweite die Höhe des steuerbaren Gewinns im Vordergrund steht. Der Gläubigerschutz verbietet es, schlichtweg jede vorteilhafte Vermögensposition als Vermögensgegenstand einzuordnen. Vielmehr ist entscheidend, ob eine vorteilhafte Position für den Gläubigerzugriff nutzbar gemacht werden kann, und zwar im Wege der Einzelveräußerung (Zerschlagungsfall), weil mit einer Veräußerung des Unternehmens insgesamt in der Krise nicht gerechnet werden kann. Während es nach der Rechtsprechung des BFH für den Begriff des Wirtschaftsguts ausreicht, daß ein konkret greifbarer und bewertungsfähiger Vermögensvorteil vorhanden ist, der im Rahmen einer Gesamtveräußerung übertragen werden kann und dort im Gesamtkaufpreis vergütet wird,[11] ist genau das für den handelsrechtlichen Begriff des Vermögensgegenstandes nicht genügend. Vermögensgegenstände sind vielmehr nach allg. M. des Handelsrechts nur selbständig bewertbare (dazu *Moxter* BB 1987, 1846), der Einzelveräußerung zugängliche und in diesem Sinne gegenständlich konkretisierte Werteinheiten.[12] Wenn der BFH demgegenüber versichert, Wirtschaftsgut und Vermögensgegenstand seien ein- und dasselbe (BFHE 151, 523, 532 = BStBl. 1988 II 348; BFH 169, 163 = BStBl. 1992, 977), liegt eine Selbstinterpretation vor, der handelsrechtlich nicht gefolgt werden kann (s. auch ADS⁶ § 246, 13). Die anhaltenden Differenzen zeigen, daß die im Gesetzgebungsverfahren ursprünglich geplante Übernahme der steuerrechtlichen Terminologie eine legislative Fehlentscheidung gewesen wäre.

12   Aus dem Vorstehenden folgt **im einzelnen** (Zusammenfassung; ausführlich Anh. § 243, 15 f, 22 f): Inventarpflichtig sind nach der beispielhaft gemeinten Aufzählung des § 240 Abs. 1 und nach den vorstehend entwickelten Grundsätzen jedenfalls *Sachen,* gleichgültig, ob beweglich oder unbeweglich, ferner *Forderungen,* namentlich solche aus Lieferung oder sonstiger Leistung, und grundsätzlich auch *sonstige Rechte.* Als einzelverkehrsfähig (und damit inventarpflichtig) werden auch die *unübertragbaren Rechte* angesprochen,[13] und zwar zu Recht, soweit sie jedenfalls durch den Insolvenzverwalter verwertet werden können, also bei vertraglicher Verfügungsbeschränkung und beim

---

[11] BFHE (GS) 98, 360, 363 = BStBl. 1970 II 382 f = BB 1970, 609; BFHE 141, 509, 511 = BStBl. 1984 II 825 f; Beispielsfälle: Anh. § 243, 18 mit Fn. 53 ff; vgl. auch die Nachweise bei *L. Schmidt/Weber-Grellet* KommEStG²⁰ § 5, 94 sowie die Darstellung von *Olbrich* FS Ludewig (1996) S. 753 ff.

[12] *Großfeld* BilanzR³ Rdn. 111 ff; *IdW* WPg 1967, 666; *Kropff* in Geßler/Hefermehl AktG § 149, 47;

aus betriebswirtschaftlicher Sicht ausführlich *Kußmaul* Nutzungsrechte an Grundstücken, S. 30 ff; weit. Nachweise: Anh. § 243, 15 mit Fn. 41; **a. M.** HdJ-*Brezing* I/4, 12.

[13] **H. M.,** vgl. *Freericks* Bilanzierungsfähigkeit und Bilanzierungspflicht in Handels- und Steuerbilanz, 1976, S. 334; *Knobbe-Keuk* § 4 IV 2b.

Nießbrauch. Kein Vermögensgegenstand ist jedoch der *Geschäfts- oder Firmenwert*, und zwar gleichgültig, ob originär oder derivativ erworben.[14] Er ist weder einzelverkehrsfähig noch selbständig bewertbar. § 255 Abs. 4 definiert den abgeleiteten Geschäfts- oder Firmenwert zutreffend als bloße Restgröße, die übrigbleibt, wenn von dem für ein Unternehmen bezahlten Übernahmepreis der positive Saldo abgezogen wird, der sich nach Vergleich der Bewertungssummen für die einzelnen Vermögensgegenstände und die Schulden ergibt. Die auf einen Vermögensgegenstand hindeutende alternative Möglichkeit planmäßiger Abschreibung (§ 255 Abs. 4 S. 3) ist nur eine systemwidrige Konzession an das Steuerrecht (vgl. auch Anh. § 243, 16 und 23). Fehlt es an einem Übernahmepreis (originärer Geschäfts- oder Firmenwert), so ist eine Bewertung mangels Vergleichsbasis überhaupt nicht möglich; es könnte nur eine gegriffene Zahl angesetzt werden, die weder in der Bilanz (§ 248 Abs. 2) noch im Inventar etwas zu suchen hat. Keine Vermögensgegenstände sind schließlich die *Bilanzierungshilfen* (§§ 269, 274 Abs. 2). Es handelt sich dabei um bloße Bilanzposten, die dann auszuweisen sind, wenn von bestimmten Wahlrechten zur Verbesserung des Ergebnisses Gebrauch gemacht worden ist; Einzelheiten bei HuRB-*Busse v. Colbe* S. 86 ff.

bb) Schulden. Schulden sind im Inventar ebenso lückenlos anzugeben wie Vermö- **13** gensgegenstände (Rdn. 11). Was Schulden i. S. d. § 240 Abs. 1 sind, wird im Schrifttum nicht näher erörtert; es findet sich meist nur der Hinweis, sie müßten bilanzierungsfähig sein.[15] Eine Legaldefinition gibt es zwar nicht, doch läßt sich der Schuldenbegriff des Gesetzes aus seiner differenzierenden Terminologie ableiten; die Kritik von *Schneider* (aaO Fn. 15), der uneinheitlichen Sprachgebrauch rügt, ist nicht gerechtfertigt. Die Gesamtschau der gesetzlichen Vorschriften ergibt: Schulden sind nicht nur *Verbindlichkeiten* (§ 266 Abs. 3 C), sondern, insoweit überschreitet das Bilanzrecht den zivilrechtlichen Sprachgebrauch, auch *Rückstellungen* (§ 266 Abs. 3 B), und zwar im Gesamtumfang des § 249 (vgl. noch Rdn. 14). Keine Schulden und deshalb nicht inventarpflichtig sind das Eigenkapital (§ 266 Abs. 3 A) und die Rechnungsabgrenzungsposten (§ 266 Abs. 3 D). Der Schuldenbegriff des Gesetzes ist also der Oberbegriff zu Verbindlichkeiten und Rückstellungen. Das folgt namentlich aus § 247 Abs. 1, der (für die Passivseite) den gesonderten Ausweis von Eigenkapital, Schulden und Rechnungsabgrenzungsposten fordert (vgl. auch § 246 Abs. 1), und aus der Überschrift sowie Abs. 1 S. 2 des § 253, weil dort für die „Wertansätze der … Schulden" Verbindlichkeiten und Rückstellungen zusammengefaßt werden.

Im einzelnen gilt: Als Verbindlichkeiten sind solche Schulden zu inventarisieren, **14** die nach Grund und Höhe gewiß sind.[16] Als Rückstellungen gehören zunächst diejenigen Schulden in das Inventar, die nach Grund und/oder Höhe ungewiß sind (§ 249 Abs. 1 S. 1, 1. Fall),[17] ferner Schulden, die als drohende Verluste aus schwebenden Geschäften erwartet werden (§ 249 Abs. 1 S. 1, 2. Fall). Als ungewisse Schulden sind namentlich Verbindlichkeiten aus *Pensionszusagen* in das Inventar aufzunehmen;[18] vgl. im übrigen wegen der Einzelheiten Erl. zu § 249. Inventar und Inventur ermöglichen in diesen Fällen auch eine Abgrenzung gegenüber der Bildung von (nicht

---

[14] **H. M.** des Handelsrechts, vgl. Anh. § 243, 16 (mit Fn. 45, 46) und 23; zum Steuerrecht vgl. Anh. § 243, 18 (mit Fn. 53, 54) sowie *L. Schmidt/Weber-Grellet* KommEStG[20] § 5, 222 (Geschäftswert = Wirtschaftsgut), aber mit Zweifeln de lege ferenda.

[15] Vgl. z. B. HdJ-*Kunz* II/5, 14; ausführlicher allein HuRB-*Schneider* S. 335, 339 ff.

[16] Bonner HdR-*Streim* 20; *Kropff* in Geßler/Hefermehl AktG § 149, 48; *Schneider* aaO (Fn. 15) S. 340.

[17] Im Schrifttum begegnen meist nur Beispiele, vgl. etwa *Spörlein* Inventur[5] S. 34; eindeutig aber *Weisse* Inventur S. 95.

[18] Abschnitt R 41 Abs. 18 EStR 1999; vgl. auch Beck BilKomm-*Ellrott/Rhiel* § 249, 169 ff.

Uwe Hüffer

gewinnmindernden) Rücklagen (*Spörlein* Inventur S. 34). Fraglich bleibt demnach nur, ob die Inventarpflicht auch für die fakultativen Rückstellungen, das sind solche ohne Verpflichtungscharakter, besonders die *Aufwandsrückstellungen* gilt (§ 249 Abs. 1 S. 2, Abs. 2), zumal sie in der Betriebswirtschaftslehre teilweise als „Eigenkapital" eingeordnet werden (HuRB-*Schneider* S. 340). Auch diese Frage muß bejaht werden (a. A. ADS[6] 8); denn es handelt sich jedenfalls nicht um Eigenkapital i. S. d. Bilanz*rechts,* und ein entsprechender Bilanzposten bliebe sonst ohne den belegartigen Unterbau, den das Gesetz mit der Inventarpflicht erreichen will (Rdn. 7).

15   cc) **Unternehmensbezogenheit von Vermögensgegenständen und Schulden.** Nach dem Wortlaut des § 240 Abs. 1 haben Kaufleute und Handelsgesellschaften ihre sämtlichen Vermögensgegenstände und Schulden zu inventarisieren. Damit stellt sich ähnlich wie für die Buchführungspflicht die Frage, ob die Inventarpflicht des Kaufmanns auch sein Privatvermögen umfaßt (vgl. Bonner HdR-*Streim* 21). Für **Handelsgesellschaften** ergibt sich das Problem nicht, weil sie kein Privatvermögen haben. Für **Einzelkaufleute** ist es schon wegen des Sachzusammenhangs zwischen Buchführung und Inventar für beide Bereiche im gleichen Sinne zu entscheiden; es gibt also keine Inventarpflicht für Vermögensgegenstände und Schulden des Privatvermögens (vgl. § 238, 52 f). Das ist auch der Standpunkt der Gesetzesverfasser, die das Problem zwar nicht bei § 240, aber bei dem insoweit gleichliegenden § 246 gesehen haben; zu dieser Vorschrift heißt es ausdrücklich, daß nur Vermögensgegenstände und Schulden des „Unternehmens" auszuweisen seien, was sich schon aus § 242 Abs. 1 ergeben soll (passender wäre wohl: § 238 Abs. 1 S. 2).[19] Dasselbe gilt bei Handelsgesellschaften einschließlich der Personengesellschaften für Vermögen und Schulden der Gesellschafter.

16   b) **Zuordnungsprobleme. aa) Persönliche Zuordnung: Grundsatz.** Nach § 240 Abs. 1 hat der Kaufmann „seine" Vermögensgegenstände im Inventar zu verzeichnen. Mit dem Possessivpronomen ist nach dem juristischen Sprachgebrauch grundsätzlich das *Vollrecht* gemeint, also das Eigentum an Sachen, die Gläubigerstellung bei Forderungen, die Inhaberschaft bei sonstigen Rechten. So liegt es nach zutreffender allg. M. auch bei § 240 Abs. 1[20] und überdies beim Vollständigkeitsgebot des § 246 Abs. 1, obwohl der Wortlaut dieser Vorschrift die Zuordnungsfrage nicht mehr aufgreift (vgl. Erl. § 246). Im gleichen Sinne spricht § 39 Abs. 1 AO (Wortlaut: Rdn. 17) aus, daß Wirtschaftsgüter (Begriff: Rdn. 11 sowie Anh. § 243, 17 f) dem Eigentümer zuzurechnen sind. Die Wortwahl ist untechnisch zu verstehen; gemeint ist die Zuordnung (steuerrechtlich: Zurechnung) zum Inhaber des jeweiligen Vollrechts (unstr., vgl. statt vieler *Tipke/Kruse* § 39, 2 f und 20).

17   bb) **Persönliche Zuordnung: Ausnahmebereich (sogenanntes „wirtschaftliches Eigentum").** Jedenfalls im Grundsatz steht außer Streit, daß bei Sicherungsübereignung oder -zession, Eigentumsvorbehalt, uneigennütziger Treuhand und ähnlichen Rechtsverhältnissen das jeweilige Rechtsgut nicht dem Eigentümer, Gläubiger oder Rechtsinhaber, sondern demjenigen zuzuordnen ist, der es aufgrund des jeweiligen Rechtsverhältnisses tatsächlich innehat und das Rechtsgut entsprechend seiner Eigenart so nutzt, als ob er der Berechtigte wäre. Es hat sich eingebürgert, dem Eigentum, einer angeblich formal-rechtlichen oder formal-juristischen Position, ein „wirtschaftliches Eigentum" gegenüberzustellen und dann, wenn beide nicht deckungsgleich sind, das „wirtschaftliche Eigentum" in der Zuordnungsfrage entscheiden zu lassen.[21]

---

[19] Ausschußbericht, BTDrucks. 10/4268, S. 97 f.
[20] Statt vieler Beck BilKomm-*Budde/Kunz* 56; *Knobbe-Keuk* § 4 III 1; *Kropff* in Geßler/Hefermehl AktG § 149, 52.

[21] Auswahl: ADS[6] 10; HdJ-*Brezing* I/4, 77; *Kropff* in Geßler/Hefermehl AktG § 149, 53; HdJ-*Kunz* II/5, 13.

Die Terminologie ist offenbar von der wirtschaftlichen Betrachtungsweise des Steuerrechts beeinflußt und vor dem Hintergrund des § 39 AO zu sehen. Die Bestimmung lautet:

§ 39
Zurechnung

(1) Wirtschaftsgüter sind dem Eigentümer zuzurechnen.
(2) Abweichend von Absatz 1 gelten die folgenden Vorschriften:
1. Übt ein anderer als der Eigentümer die tatsächliche Herrschaft über ein Wirtschaftsgut in der Weise aus, daß er den Eigentümer im Regelfall für die gewöhnliche Nutzungsdauer von der Einwirkung auf das Wirtschaftsgut wirtschaftlich ausschließen kann, so ist ihm das Wirtschaftsgut zuzurechnen. Bei Treuhandverhältnissen sind die Wirtschaftsgüter dem Treugeber, beim Sicherungseigentum dem Sicherungsgeber und beim Eigenbesitz dem Eigenbesitzer zuzurechnen.
2. Wirtschaftsgüter, die mehreren zur gesamten Hand zustehen, werden den Beteiligten anteilig zugerechnet, soweit eine getrennte Zurechnung für die Besteuerung erforderlich ist.

Gegenüber der gängigen Terminologie ist festzuhalten: Es gibt **kein wirtschaft-** **18** **liches Eigentum,** und zwar, wie aus dem Wortlaut des § 39 AO unschwer zu ersehen, auch nicht im Steuerrecht; es gibt nur tatbestandlich umschriebene Voraussetzungen, deren Vorliegen es rechtfertigt und gebietet, von der Regelzuordnung des Privatrechts abzuweichen (zutreffend *Tipke/Kruse* § 39, 21). Für das Zivil- und Handelsrecht sollte sich der Versuch, die insoweit eindeutige Definition des § 903 BGB sprachlich umzubiegen, von selbst verbieten. Dabei geht es nicht nur um die Vorzüge sauberer Begriffsbildung. Vielmehr bietet die Erfindung des „wirtschaftlichen Eigentums" auch keine sachlich überzeugenden Zuordnungskriterien (zutreffend HdJ-*Leffson* I/7 Rdn. 39). Sie erlaubt also keine Entscheidung, sondern ist bestenfalls geeignet, ein anderweitig gewonnenes Urteil zu etikettieren. Unter diesem Aspekt stellt auch die „wirtschaftliche Vermögenszugehörigkeit" (*Knobbe-Keuk* § 4 III 1) nur einen bescheidenen Fortschritt dar. Es ist wegen der Unklarheit der Kriterien nicht überraschend, daß Einzelfragen noch immer nicht abschließend geklärt und namentlich das Verhältnis zwischen handelsrechtlicher Zuordnung und steuerrechtlicher Zurechnung (§ 39 AO) streitig geblieben ist. So wird teilweise behauptet, es gebe ein mit § 39 AO inhaltsgleiches Handelsgewohnheitsrecht;[22] andere bestreiten eben diese These, ohne daß über das dann zu entscheidende Rangverhältnis zwischen §§ 240 Abs. 1, 242 Abs. 1 i. V. m. § 5 Abs. 1 EStG einerseits, § 39 AO andererseits Einigkeit bestände.[23] Die Rechtsprechung des BFH ist in dieser nicht unbedeutenden Frage offenbar gespalten.[24] Die Untersuchung der einzelnen Fallgruppen ergibt, daß das von manchen postulierte Handelsgewohnheitsrecht jedenfalls nicht im Umfang des § 39 AO besteht (Rdn. 19 ff).

cc) Sicherungsgeschäfte; Eigentumsvorbehalt; Treuhand. Treugut, insbesondere **19** sicherungshalber übereignete Waren und sicherungshalber zedierte Forderungen, sowie unter Eigentumsvorbehalt gelieferte Waren gehören in das Inventar des Treu-

---

[22] *Beisse* BB 1980, 637, 640; HdJ-*Brezing* I/4, 75;
[23] Vgl. einerseits *Knobbe-Keuk* § 4 III 2 c; andererseits *Runge/Bremser/Zöller* Leasing, 1978, S. 262.
[24] Vgl. einerseits BFHE 131, 313, 318 = BStBl. 1981 II 84, 88 = BB 1980, 1671 f (Vorrang des Maßgeblichkeitsgrundsatzes); andererseits (Vorrang der steuerrechtlichen Zurechnung) die Leasing-Entscheidung BFHE 97, 466, 482 = BStBl. 1970 II 264, 272 = BB 1970, 332 f m. Anm. *Labus*; weit. Nachweise bei *L. Schmidt/Weber-Grellet* KommEStG[20] § 5, 725, der die Frage seinerseits differenzierend behandelt.

gebers, insbesondere des Sicherungsgebers, bzw. des Käufers und sind in seiner Bilanz zu aktivieren. Das entspricht kaufmännischer Praxis und findet einhellige Zustimmung,[25] so daß sich insoweit von einem Handelsgewohnheitsrecht sprechen läßt. Die Praxis hat auch schon deshalb das Richtige getroffen, weil nicht ersichtlich ist, wie etwa der Sicherungsnehmer (Bank) oder der Vorbehaltskäufer Sachen unter seiner Verantwortung inventarmäßig erfassen soll, die nicht oder nicht mehr in seinen Beständen sind und die auch nur bei Fehlentwicklung des Geschäfts (Sicherungsfall) einem Herausgabe- oder Rückgabeanspruch unterliegen. Dasselbe gilt für sicherheitshalber zedierte Forderungen; der Sicherungsnehmer kann sie nicht allein deshalb seinem Vermögen zuordnen, weil ihm der Zedent ein entsprechendes Verzeichnis mit nicht selten unrichtigem, jedenfalls nicht überprüfbarem Inhalt übersandt hat. Ergänzend kann das Argument angeführt werden, daß Treugeber, Sicherungsgeber, Käufer bei Insolvenz des jeweiligen Vertragspartners zur Aussonderung (§ 47 InsO) befugt sind. Das Argument ist allerdings nicht so stichhaltig, wie es scheint; denn im umgekehrten Fall (z. B. Insolvenz des Sicherungsgebers) zeigt sich, daß er in Inventar und Bilanz Vermögensgegenstände ausweist, die der („nur") zur Absonderung (§ 49 InsO) berechtigte Sicherungsnehmer (§ 51 Nr. 1 InsO) zu Lasten der Masse verwertet.

20   **dd) Leasingverträge.** Die zivilrechtliche Einordnung der zwischen Miete und Kauf schwankenden Leasingverträge ist, wie die Existenz eines unübersehbaren Schrifttums zeigt,[26] nach wie vor nicht gesichert. Für das *Finanzierungs-Leasing* als praktisch wichtigste Erscheinungsform, also für Verträge, die den Leasingnehmer für eine bestimmte Zeitspanne („Grundmietzeit") zum Gebrauch berechtigen, ihn jedoch abweichend vom Mietrecht zur Gefahrtragung verpflichten, prägt der kaufrechtliche Einschlag dann den Vertragstyp, wenn die Leasingraten ihrer Gesamthöhe nach die gesamten Einstandskosten des Leasinggebers und eine Gewinnspanne abdecken und dem Leasingnehmer eine Erwerbsoption oder eine Verlängerungsoption eingeräumt wird und das dafür zu zahlende Entgelt deutlich unter dem restlichen Nutzungswert liegt. Allgemein wird angenommen, daß der Leasinggegenstand unter den skizzierten Voraussetzungen, also bei kaufrechtlicher Prägung, dem Leasingnehmer zuzuordnen, demnach von ihm zu aktivieren und zu inventarisieren ist, weil er als wirtschaftlicher Eigentümer angesprochen werden muß.[27] Dem kann in Übereinstimmung mit der Rechtsprechung des BFH[28] im Ergebnis beigepflichtet werden, obwohl die an das sogenannte wirtschaftliche Eigentum anknüpfende Begründung (dazu Rdn. 18) nicht voll überzeugt. Anders liegt es beim *Operating-Leasing*, also bei Verträgen, die Miete oder Pacht zumindest nahestehen; zu aktivieren ist dann in der Bilanz des Vermieters oder Verpächters.[29]

21   **ee) Weitere Einzelfälle.** Die Zuordnungsproblematik beschränkt sich nicht auf die bekannten Fallgruppen (Rdn. 19 f), sondern kann sich in allen Fällen ergeben, in denen der Inhaber des Vollrechts vorübergehend auf dieses verzichtet oder zwar Rechts-

---

[25] Beck BilKomm-*Budde/Karig* § 246, 7 ff; *Creze-lius* ZGR 1987, 1, 22; *Knobbe-Keuk* § 4 III 1; *Kropff* in Geßler/Hefermehl AktG § 149, 54 ff; HdJ-*Leffson* I/7, 36 (zum Eigentumsvorbehalt); Baumbach/Hueck/*Schulze-Osterloh* § 42, 82; WP-Hdb. 2000[12] Bd. I E 39 ff.

[26] Vgl. die Zusammenstellung bei *Kropff* in Geßler/Hefermehl AktG § 149, 64 (Stand 1973); jüngeres Schrifttum bei *L. Schmidt/Weber-Grellet* KommEStG[20] § 5, vor 721; außer den dort Genannten s. namentlich *Flume* DB 1973, 1661;

Stellungnahme des HFA 1/1989: Slg. *IdW* HFA S. 185 ff; WP-Hdb. 2000[12] Bd. I E 25 ff.

[27] Nachweise in Fn. 26; ferner *Knobbe-Keuk* § 4 III 3; Baumbach/Hueck/*Schulze-Osterloh* § 42, 84.

[28] Grundlegend BGHE 97, 466, 482 = BStBl. 1970 II 264 = BB 1970, 332 m. Anm. *Labus*; auf dieser Entscheidung fußt § 39 Abs. 2 Nr. 1 S. 1 AO; eingehend und m. w. N. *L. Schmidt/Weber-Grellet* KommEStG[20] § 5, 724 ff.

[29] ADS[6] § 246, 411; Beck BilKomm-*Budde/Karig* § 246, 27.

träger bleibt, aber sich der Ausübung der damit verbundenen Befugnisse zugunsten eines anderen begeben hat. Erörtert werden namentlich: *Ausbeutung eines Grundstücks oder Mineralgewinnungsrechts* bis zur Substanzerschöpfung; Zuordnung von Grundstück oder Recht zum Pächter ist handelsrechtlich zwar nicht ausgeschlossen, aber anders als für das Steuerrecht jedenfalls die Ausnahme.[30] Streitig ist die Behandlung des *unberechtigten Eigenbesitzes*. § 39 Abs. 2 Nr. 1 S. 2 AO ordnet Aktivierung durch den Besitzer an. Dem kann für das Handelsrecht nicht gefolgt werden, weil der Besitzer die Sache nach §§ 985, 986 BGB herauszugeben hat, und zwar ohne Rücksicht auf Gut- oder Bösgläubigkeit.[31] Bei *Pensionsgeschäften,* also bei zeitlich begrenzter Übertragung von Gegenständen, namentlich Wertpapieren, ist zwischen echten und unechten zu differenzieren (vgl. auch § 340b; die für Kreditinstitute getroffene Regelung ist verallgemeinerungsfähig). Beim echten Pensionsgeschäft (Pensionsgeber hat Rückübertragungsanspruch) wird zusätzlich auf Existenz oder Fehlen des Sicherungscharakters abgestellt. Wenn der Sicherungscharakter zu bejahen ist, erfolgt die Zuordnung zum Pensionsgeber,[32] die Parallele zur Sicherungsübereignung (vgl. Rdn. 19) bleibt also erhalten. Sonst (kein Sicherungscharakter) soll Zuordnung zum Pensionsnehmer richtig sein.[33] Beim unechten Pensionsgeschäft (Pensionsgeber hat keinen Rückübertragungsanspruch, aber Pensionsnehmer eine entsprechende Befugnis) muß der Pensionsgegenstand in Inventar und Bilanz des Pensionsnehmers aufgenommen werden (vgl. auch § 340b Abs. 5).[34]

ff) Zeitliche Zuordnung (Zugang): Allgemeines. Zuordnungsprobleme stellen **22** sich nicht nur in sachlicher, sondern auch in zeitlicher Hinsicht; beide Aspekte können auch zusammentreffen. Fraglich ist, welche Voraussetzungen erfüllt sein müssen, um den Zugang eines Vermögensgegenstands zum Vermögen des Inventarpflichtigen zu bejahen. Insoweit besteht darin Einigkeit, daß es für den maßgeblichen Zeitpunkt nicht notwendig auf die Übertragung des jeweiligen Vollrechts ankommt.[35] Die sogenannte wirtschaftliche Betrachtungsweise führt vielmehr zu dem Resultat, daß *Forderungen aus Lieferung* oder sonstiger Leistung im bilanzrechtlichen Sinne entstanden und damit zu aktivieren sind, wenn einer der Vertragspartner im wesentlichen vollständig geleistet hat; die Kaufpreisforderung ist also in Inventar und Bilanz des Verkäufers aufzunehmen, wenn er ausgeliefert hat (vgl. auch § 242, 15 zum Realisationsprinzip). Vorher liegt ein schwebendes Geschäft vor, das nicht zu bilanzieren ist, weil es dadurch zu einer bloßen Bilanzverlängerung käme. Für die *Aktivierung erhaltener Lieferungen* wird vor allem darauf abgestellt, wann der Gläubiger die tatsächliche Verfügungsgewalt über den Leistungsgegenstand erhalten hat. Ware auf dem Transport ist deshalb im allgemeinen (Ausnahmefälle gibt es beim Versendungskauf) noch dem

[30] *Knobbe-Keuk* § 4 III 2 b sowie § 6 I 5 a. E.; zum Steuerrecht vgl. *Tipke/Kruse* § 39, 62. Neueres Schrifttum zu Verträgen über Substanzausbeute: *Borggrefe* DB 1985, 1661; *Knobbe-Keuk* DB 1985, 144; *Meyer* DStR 1986, 422; *Wollny* BB 1986, 992.

[31] Wie hier *Knobbe-Keuk* § 4 III 2 b; **a. M.** HdJ-*Brezing* I/4, 81.

[32] *Kropff* in Geßler/Hefermehl AktG § 149, 61; *Offerhaus* BB 1983, 870, 873; Baumbach/Hueck/*Schulze-Osterloh* § 42, 81; WP-Hdb. 2000¹² Bd. I E 46 f.

[33] *Döllerer* ZGR 1984, 629 f; *Offerhaus* BB 1983, 870, 872 f; *Schulze-Osterloh* aaO (Fn. 32); offen-

lassend BFHE (GS) 137, 433, 442 = BStBl. 1983 II 272, 276 = BB 1983, 880; **a. M.** wohl Beck BilKomm-*Budde/Karig* § 246, 22; *Kropff* in Geßler/Hefermehl AktG § 149, 61. Wegen der treuhandähnlichen Bindung des Pensionsnehmers ist sehr zweifelhaft, ob der im Text referierten **h. M.** gefolgt werden kann.

[34] Beck BilKomm-*Budde/Karig* § 246, 23; *Kropff* in Geßler/Hefermehl AktG § 149, 62; *Schulze-Osterloh* aaO (Fn. 32); WP-Hdb. 2000¹² Bd. I E 46.

[35] Vgl. dazu und zum folgenden namentlich *Kropff* in Geßler/Hefermehl AktG § 149, 70 ff; HdJ-*Leffson* I/7, 16 ff.

Lieferanten,[36] Kommissionsware schon dem Kommittenten zuzuordnen.[37] In der skizzierten Praxis liegt eine Konzession des Gläubigerschutzes an das Ziel periodengerechter Gewinnermittlung, soweit die Aktivierung vor dem Zeitpunkt erfolgt, in dem das Wahlrecht des Insolvenzverwalters nach § 103 InsO erlischt. Sie muß aufgrund der eingetretenen Entwicklung und des faktischen Einflusses des Steuerrechts als Handelsgewohnheitsrecht hingenommen werden, soweit, wie bei beweglichen Gütern, das Risiko einer Erfüllungsablehnung durch den Insolvenzverwalter tatsächlich gering ist, wenn ihm der volle Preis geboten wird.

23   **gg) Erwerb von Immobilien insbesondere.** Unter welchen Voraussetzungen ein Grundstück (oder ein grundstücksgleiches Recht) in Inventar und Bilanz des Kaufmanns zu erscheinen hat, obwohl er noch nicht Eigentümer ist, kann nicht als definitiv geklärt angesehen werden. Handelsrechtliche Judikatur ist nicht ersichtlich. Im Schrifttum werden ohne nähere Diskussion zwei Positionen vertreten. Nach der einen Meinung soll es darauf ankommen, wann die tatsächliche Verfügungsgewalt übergeht, für den Regelfall wird dieser Zeitpunkt mit dem *Übergang von Nutzungen, Lasten und Gefahr* gleichgesetzt.[38] Nach der Gegenansicht ist entscheidend, daß die *Auflassung erfolgt und der Eintragungsantrag* gestellt ist und die erforderlichen behördlichen Genehmigungen vorliegen.[39] Dieser zweiten Meinung ist jedenfalls für die Handelsbilanz beizupflichten, und zwar mit der Maßgabe, daß die Auflassung bindend erklärt und der Eintragungsantrag von Verkäufer und Käufer gestellt sein muß; denn vor der Erfüllung dieser Voraussetzungen hat der Käufer keine Rechtsposition, die auch im Insolvenzverfahren Bestand hätte. Dabei ergeben sich das Erfordernis bindender Auflassung und des Eintragungsantrags aus § 878 BGB. Die Notwendigkeit des beiderseitigen Antrags folgt aus der Möglichkeit, den einseitig gestellten Antrag auch einseitig zurückzunehmen.[40] Die Wertlosigkeit des sogenannten wirtschaftlichen Eigentums (vgl. schon Rdn. 18) zeigt sich in solchen Fällen spätestens, wenn der Verwalter in der Insolvenz des Verkäufers den (einseitigen) Eintragungsantrag zurücknimmt und nach § 103 InsO vorgeht. Von einer korrekten Darstellung der Vermögenslage durch Inventar und Bilanz kann demnach nicht die Rede sein, wenn ein obligatorischer Anspruch vor Eintritt seiner Bestandskraft gegenüber einem Insolvenzverfahren als Grundstückseigentum ausgewiesen wird.

24   **c) Sachlich richtig.** Das Inventar muß nicht nur vollständig, es muß auch sachlich richtig sein. Die Angaben über Art und Menge der verzeichneten Gegenstände (zur Bewertung vgl. unten Rdn. 37 f) müssen also mit den Tatsachen übereinstimmen.[41] Verboten sind danach Doppelerfassungen, erst recht die Erfindung von Vermögensgegenständen oder Schulden oder die Angabe von Phantasiemengen oder die unrichtige Bezeichnung der Art von Vorräten. Die Probleme liegen nicht in dieser Zielbestimmung, sondern darin, sie in praktisch brauchbare Anforderungen umzusetzen, zumal der Bestand an Vermögensgegenständen und Schulden zum Inventurstichtag später, also bei nachträglichen Zweifeln, nicht beliebig rekonstruierbar ist. Entscheidende Bedeutung hat deshalb eine dem Belegprinzip der Buchführung (§ 239, 10 f)

---

[36] *Kropff* aaO (Fn. 35) Rdn. 71; *Leffson* aaO (Fn. 35) Rdn. 25.

[37] H.M. vgl. ADS[6] 11; Beck BilKomm-*Budde/ Karig* § 246, 17 ff; *Kropff* aaO (Fn. 35) Rdn. 72.

[38] HdJ-*Brezing* I/4, 80; *Hofbauer* WPg 1967, 142, 144 f; *Kropff* aaO (Fn. 35) Rdn. 71.

[39] ADS[6] § 245, 204; *Knobbe-Keuk* § 4 III 1; jedenfalls der Tendenz nach auch HdJ-*Leffson* I/7, 35.

[40] BayObLGZ 1972, 204, 215; OLG Düsseldorf NJW 1956, 876, 877; KG Rpfleger 1972, 174; Kritik und weit. Nachweise bei MünchKommBGB-*Wacke* § 878, 8.

[41] Arbeitskreis *Ludewig* 14; *Schulze zur Wiesch* 63; *Weisse* Inventur, S. 33.

funktional vergleichbare Verknüpfung zwischen dem Inventar und dem Aufnahmevorgang anhand der dabei gefertigten Aufzeichnungen sowie die Wahl der geeigneten Inventurform einschließlich sorgfältiger Planung und Durchführung.[42]

2. Förmlich richtig (Grundsatz der Klarheit)

§ 240 Abs. 1 verlangt die **Genauigkeit** des Verzeichnisses. Die gesetzliche Forde- **25** rung entspricht dem Klarheitsprinzip (vgl. schon Rdn. 10). Danach muß das Inventar so beschaffen sein, daß ein sachverständiger Dritter innerhalb angemessener Zeit (vgl. § 238 Abs. 1 S. 1 und dort Rdn. 56 ff) einen Überblick über die Vermögensgegenstände und Schulden gewinnen und den Weg von der Inventur in das Inventar nachvollziehen kann. Daraus ergeben sich Anforderungen an das Inventar und an die belegartige Verknüpfung von Inventar und Inventur.[43] Für das Inventar gilt: Es muß eine hinreichende Gliederung aufweisen (dazu Rdn. 26). Ferner müssen Vermögensgegenstände und Schulden eindeutig bezeichnet sein. Art und Menge sind also durch Einzelbeschreibung anzugeben. Die Angabe bloßer Warengruppen ohne Artikelbezeichnung genügt nicht.[44] Ebenso unzureichend ist ein Verzeichnis von Waren ohne Mengenangaben (BFH BStBl. 1971 II 709). Die Verknüpfung von Inventar und Inventur wird durch ordnungsmäßige Uraufzeichnungen hergestellt. Es müssen also Unterlagen vorhanden sein, aus denen sich die Durchführung der Bestandsaufnahme, das dabei angewandte Verfahren (Rdn. 29 ff) und die Übereinstimmung des so gewonnenen Ergebnisses mit der jeweiligen Angabe im Inventar ergibt.

3. Ordnung des Inventars

a) Gliederung. Ein hinreichend aussagefähiges Inventar bedarf nicht nur eindeuti- **26** ger Bezeichnungen (Rdn. 25), sondern auch einer äußeren Ordnung, die ihrerseits ohne Gliederung nicht herzustellen ist. Gesetzliche Gliederungsvorschriften für das Inventar gibt es jedoch nicht. Zulässig ist deshalb jede Gliederung, die dem Standard des § 238 Abs. 1 S. 2 genügt. Bei seiner Konkretisierung ist die Belegfunktion zu beachten, die dem Inventar im Verhältnis zur Bilanz zukommt. Die verschiedenen *Bilanzposten* (§ 266) ergeben deshalb unverzichtbare Orientierungsmarken (*Weisse* Inventur S. 36); anders wäre auch die Umwandlung (Verdichtung) der in das Inventar aufgenommenen Bewertung in Bilanzzahlen nicht möglich. Innerhalb dieses Rahmens kann nach Größe und Art des Unternehmens (Branche) differenziert werden.[45] Die verschiedenen auf Vereinfachung der Inventur oder der Inventarerstellung abzielenden Verfahren (vgl. § 241 sowie unten Rdn. 47 ff, 64 ff) bewirken im praktischen Ergebnis eine zusätzliche Gliederung des (rechtlich einheitlichen) Inventars in mehrere Bestandsverzeichnisse oder sie ersetzende Unterlagen (Lagerbücher oder -karteien). Das ist nicht nur zulässig, sondern erwünscht, weil auf diese Weise deutlich wird, in welchem Inventurverfahren die Mengen- und Wertangaben des Inventars gewonnen worden sind.

b) Form. Eine besondere Form ist für das Inventar nicht vorgeschrieben. Erfor- **27** derlich und genügend ist deshalb, daß es als „sonst erforderliche Aufzeichnung" den

---

[42] *Fülling* GoBil für Vorräte, S. 52; *Küting/Weber/ Knop* 26 f; *Scherrer/Obermeier* Stichproben- inventur, S. 20 f.

[43] Zum folgenden vgl. *Fülling* GoBil für Vorräte, S. 52 f; *Küting/Weber/Knop* 29 f; *Scherrer/Ober- meier* Stichprobeninventur, S. 24 f; *Schulze zur Wiesch* 64 f.

[44] *Nestle* BB 1973, 1620, 1626; *Peter/v. Bornhaupt/ Körner* Rdn. 483.

[45] Vgl. zur Inventargliederung *Küting/Weber/Knop* 47 f; *Schulze zur Wiesch* 73 f.

Uwe Hüffer

Anforderungen des § 239 entspricht (vgl. schon dort Rdn. 2). Das Inventar kann also konventionell in Schriftform, aber auch auf Datenträgern erstellt werden (dazu *Nestle* BB 1973, 1620, 1623 f). Zu beachten sind namentlich das Gebot lebender Sprache und eindeutiger Abkürzungen (§ 239, 2 ff), das Veränderungsverbot (§ 239, 17 f) und bei Inventaren auf Datenträgern die Gebote der Verfügbarkeit und der potentiellen Lesbarkeit (§ 239, 30). Seit 1976 nicht mehr erforderlich ist die Unterzeichnung des Inventars; vgl. dazu schon Rdn. 3 und näher § 245, 8.

IV. Inventur und Bewertung

1. Zur gesetzlichen Ausgangslage

28   Die kaufmännische Praxis und das sie begleitende betriebswirtschaftliche Schrifttum[46] betrachten das Inventar vor allem als Arbeitsergebnis und rücken deshalb die ihm vorausgehende Inventur in den Mittelpunkt. Das Gesetz orientiert sich dagegen am **Inventar** und überläßt es im einzelnen den Inventarpflichtigen, wie sie ein den gesetzlichen Vorgaben entsprechendes Verzeichnis zustande bringen. Deshalb gibt es für die Inventur keine Begriffsbestimmung (Rdn. 6) und, abgesehen von den Inventurvereinfachungsverfahren (§ 241), auch keine gesetzlichen Regeln über die Durchführung der Bestandsaufnahme. Die rechtlichen Anforderungen an die Inventur müssen also weithin aus den Vorgaben abgeleitet werden, die sich aus Gesetz und GoI für das Inventar ergeben. Neben der erstrebten *Vollständigkeit* des Inventars (Rdn. 11 ff) kommt dabei vor allem dem Grundsatz der *Einzelbewertung* (§ 240 Abs. 1) und der *Stichtagsbezogenheit* (§ 240 Abs. 1 und 2) Bedeutung zu; denn die Einzelbewertung ist nicht möglich ohne die Einzelerfassung, und die Stichtagsbezogenheit ergibt die notwendige zeitliche Eingrenzung für die Erfassung und die Bewertung der Bestände. Im folgenden werden zunächst die als Bestandsaufnahme verstandene Inventur (vgl. Rdn. 6 a. E.) und gesondert die Bewertungsfragen (dazu Rdn. 37 f) erläutert.

2. Inventur

29   **a) Gesetzliche Grundform und Ausnahmen.** Die gesetzliche Grundform der Inventur ist die Einzelerfassung der Vermögensgegenstände und Schulden durch Vollaufnahme zum Bilanzstichtag. *Einzelerfassung* heißt: Jeder Vermögensgegenstand und jede Schuldposition ist getrennt von anderen gleichartigen oder ungleichartigen Vermögensgegenständen und Schuldpositionen aufzunehmen und durch Einzelbeschreibung festzuhalten (vgl. aber noch Rdn. 33 [Fn. 54] zur Behandlung geschlossener Anlagen). Das folgt aus dem Prinzip der Einzelbewertung (§ 240 Abs. 1 und 2), die ohne solche Einzelerfassung nicht möglich ist. Ausnahmen bestehen nur, soweit das Gesetz auf die Einzelbewertung verzichtet, also im Rahmen des § 240 Abs. 3 und 4 (Festmengen- und Gruppenbewertungsverfahren, vgl. Rdn. 47 ff, 64 ff). *Vollaufnahme* ist das Gegenstück zur Stichprobeninventur, die nach § 241 Abs. 1 nur für Vermögensgegenstände (also nicht: Schulden) zulässig ist und unter dem Vorbehalt steht, daß das Verfahren GoI-konform und das auf seiner Grundlage erstellte Bestandsverzeichnis einem auf körperlicher Bestandsaufnahme beruhenden Inventar gleichwertig ist. Mit dem Begriff der *Stichtagsinventur* ist ausgedrückt, daß die Inventur die Vermögens-

---

[46] *Fülling* GoBil für Vorräte, S. 48 ff, 79 ff; Küting/Weber/*Knop* 11 ff, 41 ff; Arbeitskreis *Ludewig* 1.

gegenstände und Schulden zu erfassen hat, die am Bilanzstichtag vorhanden sind, sei es der Stichtag der Eröffnungsbilanz (§ 240 Abs. 1) oder des Jahresabschlusses (§ 240 Abs. 2). Ausnahmen ergeben sich aus der Zulässigkeit der permanenten Inventur (§ 241 Abs. 2) und der vor- oder nachverlegten Inventur (§ 241 Abs. 3). Die Betriebswirtschaftslehre[47] verwendet den Ausdruck Inventurverfahren, um die Art und Weise der Inventur (Vollaufnahme; Stichproben) zu kennzeichnen; dagegen spricht sie von Inventursystemen, wenn nach der zeitlichen Abhängigkeit der Inventur vom Bilanzstichtag differenziert werden soll.

b) Prinzip körperlicher Bestandsaufnahme? Die Einzelerfassung durch Vollaufnahme kann durch körperliche Bestandsaufnahme oder anhand der Buchführung und ihrer Unterlagen als sogenannte Buchinventur erfolgen (vgl. schon Rdn. 6). Vielfach wird die erste Methode in den Vordergrund gerückt und ein Prinzip körperlicher Bestandsaufnahme behauptet.[48] Damit bleibt das Schrifttum hinter dem Gesetz zurück, daß gerade keine grundsätzliche Aussage über das geeignete Inventurverfahren enthält (Rdn. 28). Von einem Prinzip körperlicher Bestandsaufnahme könnte deshalb nur noch dann sinnvoll gesprochen werden, wenn damit wenigstens deskriptiv die Hauptform der Inventur getroffen wäre. Auch das ist jedoch nicht richtig. Nachdem sich für das bewegliche Anlagevermögen die buchmäßige Aufnahme als Inventurmethode durchgesetzt hat (vgl. noch Rdn. 33), findet die körperliche Aufnahme, sieht man von einigen nicht repräsentativen Ausnahmen ab, nur noch bei der Vorratsinventur statt (Rdn. 34 f). Die körperliche Bestandsaufnahme sollte deshalb, bezogen auf die Inventur insgesamt, auch als Rechtsprinzip verabschiedet werden (vgl. auch Rdn. 57, 61). Das bedeutet allerdings nicht, daß die Inventur ihre gläubigerschützende Kontrollfunktion (Rdn. 1, 7) verlieren dürfte. Daran ist festzuhalten. Gläubigerschutz und Kontrolle der Buchführungsergebnisse sind aber nicht durch die grundsätzliche Forderung nach einer weithin nicht praktikablen Aufnahmetechnik, sondern durch detaillierte Aufzeichnungen und deren gründliche Überprüfung zu verwirklichen.

Soweit die **körperliche Bestandsaufnahme** stattfindet, erlaubt sie vor allem die Feststellung von Mengen und erfolgt traditionell durch Zählen, Messen oder Wiegen. Zulässig sind aber auch andere Verfahren, sofern sie eine überprüfbare Mengenfeststellung erlauben (vgl. noch Rdn. 33). Jedes Aufnahmeergebnis ist durch entsprechende Aufzeichnungen (Aufnahmeblätter, Inventurlisten) festzuhalten. Schriftliche Aufzeichnungen sind nicht unbedingt erforderlich. Zulässig ist namentlich auch hier EDV-Einsatz sowie unter Wahrung der Sicherheitsanforderungen die Benutzung von Diktiergeräten.[49]

Soweit eine körperliche Bestandsaufnahme nach der Art des Objekts nicht möglich oder wegen mangelnder Praktikabilität ausgeschlossen ist, findet die sogenannte **Buchinventur** statt. Seit jeher Anwendungsfälle der Buchinventur sind Forderungen und Schulden (vgl. noch Rdn. 34 a. E., 36). Den Erfordernissen einer Buchinventur entspricht es nicht, wenn Kontostände einfach in die Abschlußübersicht übertragen werden, weil damit die Kontrollfunktion der Inventur (Rdn. 7) verfehlt wird. Notwendig ist vielmehr eine nachweisbare Gegenprüfung der Buchführungsunterlagen,

30

31

32

---

[47] *Fülling* GoBil für Vorräte, S. 58 f; Küting/Weber/*Knop* 6; Arbeitskreis *Ludewig* 9 f; *Schulze zur Wiesch* 79 f.

[48] Vgl. statt vieler *Glade*[2] 25; Beck HdR-*Uhlig* A 220, 2; im Grundsatz auch *Kropff* in Geßler/Hefermehl AktG § 149, 30; eher wie hier *Wiedmann* 12 ff.

[49] Zu den Anforderungen der Finanzverwaltung vgl. Küting/Weber/*Knop* 30 f; *Peter/v. Bornhaupt/Körner* Rdn. 492; vgl. auch schon Arbeitskreis *Ludewig* 26.

Uwe Hüffer

die ihren Niederschlag in Saldenlisten findet (BGH DB 1971, 2010), die der Inventarpflichtige oder der von ihm Beauftragte abzuzeichnen hat. Zweck der Prüfung ist es namentlich, die Übereinstimmung der Sammelkonten mit den Einzelkonten festzustellen, die für Kunden und Lieferanten angelegt worden sind.[50]

33   **c) Einzelfragen. aa) Vermögensgegenstände des Anlagevermögens.** *Immaterielle Vermögensgegenstände* (zum Begriff des Vermögensgegenstandes vgl. Rdn. 11 f) können ihrer Art nach nur im Wege der Buchinventur erfaßt werden. Soweit sie nicht aufgrund früherer Inventare oder der Buchführung genau beschrieben werden können, sind für die Aufnahme die verfügbaren Belege (Vertrags- oder Verleihungsurkunden) heranzuziehen. Zutreffend wird verlangt, daß gewerbliche Schutzrechte nicht nur nach ihrem Inhalt, sondern auch nach ihrem räumlichen und zeitlichen Geltungsbereich in das Bestandsverzeichnis aufgenommen werden (*Weisse* Inventur S. 90). Das *unbewegliche Sachanlagevermögen,* namentlich Grundstücke einschließlich aufstehender Gebäude, wird durch Buchinventur erfaßt; in Frage kommen dafür: Rückgriff auf das bisherige Inventar, bei Neuzugängen das jeweilige, namentlich anhand der Grundbuch- und Katasterauszüge zu überprüfende Sachkonto.[51] Auch für das *bewegliche Sachanlagevermögen* (technische Anlagen, Maschinen, Betriebs- und Geschäftsausstattung) ist jährliche körperliche Bestandsaufnahme nicht erforderlich; vielmehr genügt buchmäßige Erfassung im Bestandsverzeichnis. Als Bestandsverzeichnis kommen bei hinlänglicher Aussagefähigkeit schon die Sachkonten der Buchführung in Betracht (vgl. Abschnitt R 31 Abs. 5 Satz 5 EStR 1999). Das Verzeichnis kann auch als Anlagekartei geführt werden (*Wehe* BB 1968, 1375 f). Die früher namentlich von der Finanzverwaltung vertretene Ansicht, nach der für das bewegliche Sachanlagevermögen körperliche Bestandsaufnahme erforderlich war,[52] ist als endgültig überwunden zu betrachten.[53] Eine Mehrzahl von Gegenständen, die als Funktionseinheit zusammenwirken und deshalb eine geschlossene Anlage bilden (Beispiele nach Abschnitt R 31 Abs. 2 Satz 1 EStR 1999: Hochöfen; Breitbandstraßen; Überlandleitungen; Rohrleitungssysteme eines Fabrikbetriebs), können nicht nur steuerlich, sondern auch handelsrechtlich als eine Gesamtanlage in das Bestandsverzeichnis aufgenommen werden.[54] *Finanzanlagen* werden im allgemeinen ebenfalls buchmäßig erfaßt und durch Gesellschaftsverträge, Depotauszüge usw. belegt. Körperliche Bestandsaufnahme ist nur erforderlich bei Wertpapieren, und auch das nur, wenn sie der Inventarpflichtige selbst verwahrt.[55]

34   **bb) Vermögensgegenstände des Umlaufvermögens.** Die Inventur des *Vorratsvermögens* erfolgt im Wege körperlicher Bestandsaufnahme zum Bilanzstichtag, soweit sich nicht aus § 241 die Zulässigkeit eines abweichenden Verfahrens ergibt und davon auch Gebrauch gemacht wird. Bei besonders wertvollen Beständen (z. B. Edelmetalle) und bei Beständen, die von dem Risiko erheblicher unkontrollierbarer Abgänge bedroht sind (Abschnitt R 30 Abs. 3 Nr. 1 EStR 1999 nennt als Beispiele:

---

[50] ADS[6] 31 f; *Kropff* in Geßler/Hefermehl AktG § 149, 32; *Schulze zur Wiesch* 89; *Spörlein* Inventur[5] S. 32.

[51] *Schulze zur Wiesch* 85 f; *Spörlein* Inventur[5] S. 28; Beck HdR-*Uhlig* A 230, 3; *Weisse* Inventur, S. 86.

[52] Dazu noch *Schulze zur Wiesch* 86 f; *Spörlein* Inventur[5] S. 31; *Weisse* Inventur, S. 78 ff.

[53] Stellungnahme HFA 7/1952, Slg. *IdW* HFA S. 11 ff = WPg 1952, 365; *Kropff* in Geßler/Hefermehl AktG § 149, 32; Beck HdR-*Uhlig* A 230, 6 ff.

[54] BFH BStBl. 1974 II 132, 135 f = BB 1974, 304 f m. Anm. *Labus; Bonner HdR-Streim* 25; Darstellung auch bei *Wiedmann* FS Moxter (1994) S. 453, 455 f m. w. N. in Fn. 2–7. Auf die Verkehrsauffassung abhebend BFHE 162, 177 = BStBl. 1991 II 187.

[55] *Schulze zur Wiesch* 87; Beck HdR-*Uhlig* A 230, 32 f.

Schwund, Verdunsten, Verderb, leichte Zerbrechlichkeit) gibt es keine Inventarerleichterungen; es verbleibt bei dem Erfordernis körperlicher Bestandsaufnahme zum Bilanzstichtag, und zwar nicht nur steuer-, sondern auch handelsrechtlich.[56] Im einzelnen bestehen nicht unerhebliche praktische Schwierigkeiten,[57] und zwar zum einen deshalb, weil die körperliche Aufnahme wegen der Art der Bestände nicht immer einfach ist, zum anderen, weil die Inventurpflichtigen das (im Grundsatz anerkennenswerte) Bestreben haben, die gesetzliche Verpflichtung mit einem Minimum an organisatorischem Aufwand und Kosten zu erfüllen. Beispiel für das erste: Aufnahme von Kohlehalden (Vermessung und Kartierung);[58] flüssige Chemikalien (Multiplizieren des Meßergebnisses in Litern mit dem spezifischen Gewicht, vgl. *Harrmann* DB 1978, 2377 f); Kraftstoff in Tanks (Peilung, vgl. *Harrmann* aaO). Beispiel für das zweite: Abschnittsweises Fotografieren der Laden- und Lagerregale durch Drogerie-Einzelhändler (nicht ausreichend, vgl. BFH BB 1980, 1506). Für die rechtliche Beurteilung ist festzuhalten: Es genügt jedes Verfahren, das eine hinlänglich genaue Feststellung der jeweiligen Mengen erlaubt, auch soweit es sich besondere technische oder naturwissenschaftliche Kenntnisse nutzbar macht, sofern die Prüfung durch einen sachverständigen Dritten in angemessener Zeit möglich ist. An dieser Forderung hält der BFH in ständiger Rechtsprechung fest.[59] Sie ist gem. § 238 Abs. 1 S. 2 auch für das Handelsrecht zu übernehmen. Bei der Konkretisierung des jeweils Angemessenen wird jedenfalls in der Tendenz um so mehr Zeit eingeräumt werden müssen, je schwieriger und aufwendiger die körperliche Bestandsaufnahme ihrer Art nach ist. Die namentlich früher, zuweilen aber auch heute noch betonte Zumutbarkeitsschranke[60] hat angesichts des § 240 Abs. 3 und 4 ihre praktische Bedeutung verloren. Für *Forderungen* und sonstige unkörperliche Gegenstände des Umlaufvermögens muß die Inventur wiederum buchmäßig vorgenommen werden; zur Notwendigkeit von Saldenlisten vgl. Rdn. 32.

Einzelfälle. Mangelhafte Inventur des Vorratsvermögens wurde in der Judikatur **35** des BFH (handelsrechtliche Entscheidungen sind nicht ersichtlich) in folgenden Fällen angenommen[61]: Für die Hälfte des Vorratsvermögens einer Maschinenfabrik fehlen die Mengenangaben; Originalnotizen (Schmierzettel) existieren nicht mehr (BFH BStBl. 1971 II 709 = DB 1971, 2092). Aufnahmelisten in Reinschrift tragen weder Datum noch Unterschrift des Aufnehmenden; Uraufzeichnungen sind nicht angefertigt worden (BFHE 104, 414 = BStBl. 1972 II 400 = BB 1972, 950). Bestandsaufnahme in Bleistift auf nicht numerierten, nicht unterschriebenen und nicht datierten Blättern bei Widersprüchlichkeit der durch Kartei und durch körperliche Aufnahme ermittelten Mengen (BFH BB 1973, 73 = DB 1973, 213). Halbfertige Arbeiten und Hilfsstoffe werden weder bestands- noch wertmäßig aufgenommen (BFHE 117, 224 = BStBl. 1976 II 210 = BB 1976, 167). Laden- und Lagerregale werden nur abschnittsweise fotografiert (BFH BB 1980, 1506; vgl. schon Rdn. 34).

---

[56] Beck HdR-*Uhlig* A 220, 2.

[57] Aus ihnen resultiert eine im einzelnen kaum übersehbare Literatur; grundlegend: Arbeitskreis *Ludewig* Die Vorratsinventur, 1967; Monographie: *Fülling* GoBil für Vorräte, 1976; dort Zusammenstellung des Schrifttums S. 49 f (Fn. 54); seither noch *Bäuerle* BB 1986, 846; *Harrmann* DB 1978, 2377.

[58] Vgl. *Harrmann* DB 1978, 2377 f; Lösungsvorschlag bei *Fülling* aaO (Fn. 57) S. 54 Fn. 64: stereoskopische Luftaufnahme.

[59] BFHE 105, 138 = BStBl. 1972 II 488 = BB 1972, 951; BFHE 109, 167 = BStBl. 1973 II 555 = BB 1973, 829; BFHE 117, 224 = BStBl. 1976 II 210 = BB 1976, 167; BFH BB 1980, 1505 f.

[60] *Scherrer/Obermeier* Stichprobeninventur, S. 17 f; *Schulze zur Wiesch* 68.

[61] Weitere Einzelheiten bei *Peter/v. Bornhaupt/Körner* Rdn. 464 ff, 495 ff.

Uwe Hüffer

36   cc) **Rückstellungen; Verbindlichkeiten.** Die Inventur der *Rückstellungen* (zu der auch insoweit bestehenden Inventarpflicht vgl. Rdn. 13 f) kann nur anhand von Aufzeichnungen erfolgen, weil nichts körperlich Greifbares vorhanden ist.[62] Das jeweils Erforderliche hängt von der Art des Vorgangs ab, der die Rückstellung begründet.[63] Unverzichtbar ist auch insoweit ein sogenanntes Mengengerüst, weil sonst kein Ausgangstatbestand für die erforderliche Bewertung vorhanden wäre. Es ist aus den Konten abzuleiten, die für die einzelnen Rückstellungen geführt werden, und muß anhand der vorliegenden Aufzeichnungen (Verträge; Pensionszusagen; Nachweise über den Stand der Abwicklung von Verträgen; Kostenvoranschläge bei Reparaturbedürftigkeit von Maschinen und Anlagen; unternehmensintern erstellte Berichte und Kalkulationen) überprüft werden. Einzelheiten speziell zur Inventur von Pensionsverpflichtungen bei *Pankow/Pieger* aaO (Fn. 62) Rdn. 169 ff. Zur Inventur der *Verbindlichkeiten* vgl. schon Rdn. 32. Sie können nach der gebotenen Kontrolle der Konten (Saldenliste) im allgemeinen ohne nochmalige Zusammenstellung aus der Buchführung übernommen werden. Im Einzelfall, nämlich wenn sonst in angemessener Zeit keine brauchbare Übersicht zu gewinnen ist, kann eine gegliederte Zusammenstellung der „sonstigen Verbindlichkeiten" (§ 266 Abs. 3 C 8) erforderlich sein.

3. Bewertung

37   a) **Allgemeines.** Nach § 240 Abs. 1 muß das Inventar Wertangaben enthalten, und zwar einzeln für die Vermögensgegenstände und die Schulden. Die Belegfunktion, die dem Inventar gegenüber der Bilanz zukommt (Rdn. 7), bezieht sich also nicht nur auf den Ansatz, sondern auch auf die Bewertung. Wie die Bewertung zu erfolgen hat, führt das Gesetz, abgesehen vom Prinzip der Einzelbewertung, nicht aus. Nach § 40 Abs. 2 HGB-E sollten für die Bewertung im Inventar die Vorschriften über den Jahresabschluß gelten (BTDrucks. 10/317, S. 3). Die Bestimmung ist nicht Gesetz geworden, obwohl ihre Fassung den Bewertungs- und Inventurvereinfachungsverfahren (§ 240 Abs. 3 und 4; § 241) Rechnung getragen hätte (vgl. Begr. RegE, BTDrucks. 10/317, S. 73). Sie ist vielmehr auf Empfehlung des Unterausschusses gestrichen worden, weil von ihr eine unnötige Einengung des geltenden Rechts befürchtet wurde (Ausschußbericht, BTDrucks. 10/4268, S. 96). Worauf dieses Bedenken konkret abzielt, ist nicht erkennbar. In der Sache bleibt es dabei, daß die für die Bilanz geltenden Bewertungsgrundsätze (§§ 252 ff) auch auf das Inventar anwendbar sind; denn sonst wäre nicht ersichtlich, wie die Bilanz aus dem Inventar abgeleitet werden sollte.[64] Auf die Erläuterungen zum Dritten Titel wird deshalb Bezug genommen. Von der Frage nach den Bewertungsgrundsätzen ist die nach dem sachgerechten Verfahren der Wertermittlung zu unterscheiden. Jedenfalls für das Vorratsvermögen ist es dabei zweckmäßig, zweistufig vorzugehen, also zunächst die Anschaffungs- oder Herstellungskosten als Bruttowerte zu ermitteln und danach die eigentliche Bewertung vorzunehmen.[65]

38   b) **Grundsatz der Einzelbewertung.** Das Prinzip der Einzelbewertung (zu seiner Bedeutung im Rahmen der GoBil vgl. § 243, 14) findet seine gesetzliche Basis nicht

---

[62] A. M. Beck BilKomm-*Ellrott/Rhiel* § 249, 169 für Pensionsverpflichtungen (gemeint ist wohl: Einzelerfassung durch Vollaufnahme).

[63] Nähere Erörterungen im Schrifttum fehlen, vgl. z. B. *Spörlein* Inventur[5] S. 34; *Weisse* Inventur, S. 95.

[64] Darüber besteht Einigkeit, vgl. statt vieler Beck BilKomm-*Budde/Kunz* § 240, 52 f.

[65] Ausführlich: *Fülling* GoBil für Vorräte, S. 79 ff, 202 ff; rechtliche Bedeutung kommt der dort näher entwickelten Unterscheidung zwischen Bepreisung und Bewertung nicht zu.

nur in § 240 Abs. 1, sondern wird in § 252 Abs. 1 Nr. 3 für die Bilanz wiederholt; vgl. Erl. dazu. Einzelbewertung bedeutet erstens, daß Vermögensgegenstände oder Schulden für die Bewertung prinzipiell nicht nach ihren Merkmalen zu einer Gruppe oder einem anderen Inbegriff zusammengefaßt werden dürfen (wegen der Ausnahmen vgl. Rdn. 47 ff, 64 ff), und heißt zweitens, daß *Saldierungen verboten* sind; die Wertsteigerung des einen und die Wertminderung eines anderen Gegenstands dürfen also nicht verrechnet werden. Die praktische Bedeutung des Saldierungsverbots wird dadurch begrenzt, daß eine Wertsteigerung über die Anschaffungs- oder Herstellungskosten hinaus nach § 253 ohnehin nicht berücksichtigt werden darf. Das Verbot läßt sich deshalb konkretisieren: Eine Wertzuschreibung (vgl. § 268 Abs. 2 S. 2), mit der frühere Abschreibungen kompensiert werden, darf nicht dazu verwandt werden, einen Abschreibungsbedarf bei anderen Gegenständen zu verschleiern. Wie schon bei der Bestandsaufnahme (Rdn. 33 bei Fn 54), so kann sich auch bei der Bewertung die Frage stellen, was als „einzelner" Gegenstand anzusehen ist. Die Frage ist hier wie dort im gleichen Sinne zu entscheiden; *Funktionseinheiten,* die aus einer Mehrzahl von Gegenständen zusammengesetzt sind, werden also nicht nur als jeweils eine Einheit aufgenommen, sondern auch so bewertet. Darin liegt keine Ausnahme, sondern eine zweckorientierte Interpretation des § 240 Abs. 1. Ausnahmen, die dem Vereinfachungsinteresse des Inventarpflichtigen dienen, sind jedoch in § 240 Abs. 3 und 4 vorgesehen; vgl. dazu Rdn. 47 ff, 64 ff.

V. Eröffnungsinventar: Anlässe; Stichtag; Frist (noch: § 240 Abs. 1)

§ 240 Abs. 1 verlangt, daß der Kaufmann „zu Beginn seines Handelsgewerbes" ein **39** Inventar errichtet. Das entspricht der Formulierung für die Eröffnungsbilanz in § 242 Abs. 1 und ist nicht nur wegen des übereinstimmenden Wortlauts, sondern auch wegen des Sachzusammenhangs zwischen Inventar und Bilanz (Rdn. 7) einheitlich auszulegen. Danach gilt: **Inventaranlässe** (Beginn des Handelsgewerbes) sind sowohl der Neubeginn wie auch der Inhaberwechsel; Einzelheiten: § 242, 21 ff. Der **Stichtag** des Inventars entspricht dem Bilanzstichtag (dazu § 242, 26 ff). Eine Bestimmung über die **Aufstellungsfrist** trifft das Gesetz nicht unmittelbar (§ 240 Abs. 2 S. 3 bezieht sich nur auf das Jahresinventar). Das *Inventar* muß aber jedenfalls so rechtzeitig aufgestellt sein, daß die Frist für die Eröffnungsbilanz eingehalten werden kann, also innerhalb der einem ordnungsmäßigen Geschäftsgang entsprechenden Zeit (§ 243 Abs. 3 i. V. m. § 242 Abs. 1 S. 2; vgl. § 242, 28); Konkretisierung: Aufstellung innerhalb von drei Monaten ist handelsrechtlich stets, innerhalb von sechs Monaten gerade noch genügend (§ 242, 29). Für die *Inventur,* also für die Aufnahme der Bestände (Rdn. 28 ff) gelten diese Fristen nicht; sie muß vielmehr, vorbehaltlich der Vereinfachungsverfahren des § 241, zeitnah zum Bilanzstichtag erfolgen; wegen der Konkretisierung vgl. Erl. zur Jahresinventur (Rdn. 46). Die längere Inventarfrist steht also vor allem zur Verfügung, um die erforderlichen Bewertungsentscheidungen zu treffen (vgl. schon Rdn. 6 a. E.).

VI. Jahresinventar (§ 240 Abs. 2)

1. Stichtag

Das Jahresinventar ist für den **Schluß eines jeden Geschäftsjahrs** aufzustellen **40** (§ 240 Abs. 2 S. 1). Das korrespondiert mit der in § 242 Abs. 1 S. 1 für die Jahresbilanz getroffenen Regelung (dazu § 242, 42) und ist notwendig, weil die Bilanz sonst ohne die erforderliche Grundlage wäre. Der Schluß des Geschäftsjahrs ergibt jedoch nur den maßgeblichen Stichtag. Davon zu unterscheiden ist wiederum die Frage nach den Fristen für Inventar und Inventur (Rdn. 45 f).

2. Geschäftsjahr

41   **a) Begriff und Dauer.** Das Gesetz verwendet den Begriff des Geschäftsjahrs (gleichbedeutend sprechen §§ 4a EStG, 7 Abs. 4 S. 2 KStG von Wirtschaftsjahr), ohne ihn zu definieren. Im Schrifttum wird das Geschäftsjahr teilweise als Periode zwischen zwei Bilanzstichtagen aufgefaßt.[66] Das ist als Beschreibung richtig, führt aber als Definition nicht weiter, weil sich der Bilanzstichtag wiederum nach dem Schluß des Geschäftsjahrs richtet (Rdn. 40). Weil das Gesetz keine eigene Bestimmung trifft, ist das Geschäftsjahr nichts anderes als die von dem Kaufmann oder der Handelsgesellschaft festgesetzte *Rechnungsperiode;* sie deckt sich mit dem Kalenderjahr, wenn von der Möglichkeit zu abweichender Bestimmung kein Gebrauch gemacht worden ist (vgl. Rdn. 44) und wenn sich auch aus Beginn oder Ende der werbenden geschäftlichen Tätigkeit nichts Abweichendes ergibt (Rumpfgeschäftsjahr, vgl. Rdn. 42).

42   Hinsichtlich der Länge des Geschäftsjahrs beschränkt sich § 240 Abs. 2 S. 2 auf eine Bestimmung über die **Höchstdauer**. Der Zeitraum von zwölf Monaten ist zwingend (KG OLGR 7, 1) und darf unter keinen Umständen überschritten werden. Wenn der Beginn des Handelsgewerbes im Oktober liegt und das Geschäftsjahr dem Kalenderjahr entsprechen soll, darf das erste Geschäftsjahr also nicht bis zum 31. 12. des Folgejahres laufen (KG aaO).[67] Unzulässig ist es auch, das Geschäftsjahr mit 52 Wochen und in jedem fünften Jahr mit 53 Wochen anzusetzen.[68] Weil es keine Bestimmung über die Mindestdauer des Geschäftsjahrs gibt, darf die Frist von zwölf Monaten unterschritten werden. Die dadurch entstehenden **Rumpfgeschäftsjahre** sind unvermeidlich, wenn die Gründung im Laufe des Kalenderjahrs erfolgt und dieses das Geschäftsjahr sein soll, ferner dann, wenn es während des Kalenderjahrs zur Einstellung der einzelkaufmännischen Tätigkeit oder zur Auflösung der Handelsgesellschaft kommt.[69] Dasselbe gilt, wenn das bisherige Geschäftsjahr umgestellt werden soll (vgl. noch Rdn. 43 f). Ohne daß ein derartiger sachlicher Grund vorliegt, sind Rumpfgeschäftsjahre nicht zuzulassen, weil sonst die Vergleichbarkeit der Jahresabschlüsse verlorenginge. Zwei aufeinanderfolgende Rumpfgeschäftsjahre können ausnahmsweise zulässig sein (*Streck/Schwedhelm* BB 1988, 679).

43   **Kalenderjahr und abweichendes Geschäftsjahr.** Das Geschäftsjahr kann unter Wahrung der Zwölfmonatsfrist auf Dauer vom Kalenderjahr abweichen; als Bilanzstichtag kommt namentlich der jeweils letzte Quartalstag in Frage. Eine solche Regelung kann zweckmäßig sein[70] und hat namentlich in Branchen mit saisonal geprägtem Geschäft Tradition (Brauereien; Warenhäuser; Zuckerindustrie).

44   **b) Festlegung und Änderung des Geschäftsjahrs.** Der *Einzelkaufmann* bestimmt über sein Geschäftsjahr durch einen Organisationsakt, der nicht Rechtsgeschäft ist. Auch für die nachträgliche Änderung des Geschäftsjahrs bestehen keine handelsrecht-

---

[66] *Daniel* BB 1985, 2211; *Niehus/Scholz* in Meyer-Landrut/Miller/Niehus §§ 238–335 HGB, 95.

[67] Beispiel einer abweichenden ausländischen Rechtsordnung: Dänemark, vgl. *Steiniger* AG 1983, 243, 245 (li. Sp.).

[68] US-amerikanische Praxis, vgl. dazu *Kropff* in Geßler/Hefermehl AktG § 148, 4; *Niehus* WPg 1970, 121.

[69] BayObLG DB 1994, 523, 524; MünchKomm-AktG-*Hüffer* § 270, 8.

[70] Dazu *Biber* BB 1981, 1388; *Daniel* BB 1985, 2211 f (mit Beispielen); *Federmann* Der Jahresabschlußzeitraum als Aktionsparameter steuerbewußter Betriebspolitik (1973).

lichen Schranken. Steuerrechtlich ist allerdings nach § 4a Abs. 1 Nr. 2 S. 2 EStG die Zustimmung des Finanzamts erforderlich, wenn das Wirtschaftsjahr (Rdn. 41) vom Kalenderjahr abweichen soll. Für *Handelsgesellschaften* (OHG, KG, AG und GmbH) kann eine Bestimmung über das Geschäftsjahr im Gesellschaftsvertrag getroffen werden. Das gilt auch für die Satzung der AG, weil das Gesetz insoweit keine Regelung enthält (vgl. § 23 Abs. 5 AktG). Eine solche Bestimmung muß aufgenommen werden, wenn das Geschäftsjahr vom Kalenderjahr abweichen soll. Die nachträgliche Änderung des Geschäftsjahrs kann nach **h. M.** nur durch Änderung des Vertrags oder der Satzung getroffen werden.[71] Die entgegengesetzte Entscheidung KG JW 1926, 599 verkennt die gesetzliche Ausgangslage (mangels Bestimmung: Geschäftsjahr = Kalenderjahr) und kann deshalb nicht aufrechterhalten werden. Bei Kapitalgesellschaften sind die entsprechenden Anforderungen an Form und Stimmenmehrheit sowie das Eintragungserfordernis zu beachten (§§ 179 ff AktG, §§ 53, 54 GmbHG). Eine rückwirkende Änderung des Geschäftsjahrs ist nach richtiger, wenngleich umstrittener Ansicht ausgeschlossen; rechtzeitige Anmeldung der Satzungsänderung reicht jedoch aus.[72] *Steuerrecht:* § 7 Abs. 4 S. 3 KStG verlangt in sachlicher Übereinstimmung mit § 4a Abs. 1 Nr. 2 S. 2 EStG das Einvernehmen des Finanzamts.

3. Fristen für Inventar und Inventur

a) Inventar. § 240 Abs. 2 S. 3 verlangt, daß das Jahresinventar innerhalb einer Zeit- **45** spanne aufgestellt wird, die einem ordnungsmäßigen Geschäftsgang entspricht. Das deckt sich mit der Regelung für den Jahresabschluß in § 243 Abs. 3 und stimmt der Sache nach auch mit den Anforderungen überein, die bei der Aufstellung des Eröffnungsinventars einzuhalten sind (Rdn. 39). Die für den Jahresabschluß geltende Frist von handelsrechtlich jedenfalls drei, längstens sechs Monaten (dazu § 243, 38 ff, 40) bezeichnet für die Erstellung des Inventars die zeitliche Obergrenze, weil Bestandsaufnahme und Einzelwertermittlung sonst die ihnen im Rahmen der Bilanzierung zukommende Funktion nicht erfüllen könnten.

b) Inventur. Für die Inventur im Sinne der bloßen Bestandsaufnahme (Rdn. 6) gilt **46** § 240 Abs. 2 S. 3 weder wörtlich noch sinngemäß. Sie muß vielmehr als Stichtagsinventur (Rdn. 29) zwar nicht am Bilanzstichtag, aber doch *in enger zeitlicher Nähe* zu diesem erfolgen.[73] Die Praxis der Finanzverwaltung gewährt eine Frist von in der Regel zehn Tagen vor oder nach dem Bilanzstichtag (Abschnitt R 30 Abs. 1 Satz 2 EStR 1999). Wenn eine solche *ausgeweitete Stichtagsinventur* (im Unterschied zur vor- oder nachverlegten Stichtagsinventur des § 241 Abs. 3) stattfindet, müssen die Bestandsveränderungen zwischen dem Aufnahmetag und dem Bilanzstichtag (oder umgekehrt) buchmäßig erfaßt und belegt sein; denn die Gewährung des zeitlichen Spielraums ändert nichts daran, daß es auf die Bestände am Stichtag ankommt. An den buchmäßigen Nachweis der Bestandsveränderungen sollen nach Abschnitt R 30 Abs. 1 Satz 4 EStR 1999 strenge Anforderungen gestellt werden, wenn die Zehntagefrist aus besonderen Gründen nicht eingehalten werden kann; das entspricht auch den handelsrechtlichen GoI.

---

[71] ADS[6] AktG § 270, 25; *Hüffer* § 23, 3; § 179, 39; Scholz/*Priester* § 53, 139; in Hachenburg/*Ulmer* § 53, 110; KK-*Zöllner* § 179, 34.

[72] Dazu OLG Karlsruhe RPfleger 1975, 178; Hachenburg/*Ulmer* § 53, 25 m. w. N.; **a. A.** LG

Frankfurt GmbH-Rdsch. 1978, 112; LG Frankfurt GmbH-Rdsch. 1979, 208.

[73] Beck BilKomm-*Budde/Kunz* 43 f; Arbeitskreis *Ludewig* 33; *Schulze zur Wiesch* 80 f.

VII. Festwertverfahren (§ 240 Abs. 3)

Schrifttum

(vgl. auch die Angaben vor Rdn. 1 sowie unten vor Rdn. 64; Zusammenstellung von Schrifttum zur Festbewertung von Werkzeugen in Fn. 83). *Breitwieser* Zur Abgrenzung Festbewertung – Einzelbewertung, StBp 1975, 101; *Funk* Festwerte in der Handelsbilanz – ein überholtes Instrument vereinfachender Bilanzierung?, Festschrift v. Wysocki (1985) S. 73; *Groh* Das werdende Bilanzrecht in steuerlicher Sicht, DB 1985, 1849; *Stumpe* Zur Frage des Festwerts, FR 1957, 510; *Woltmann* Festwerte und Eiserner Bestand, DB 1976, 1389.

1. Normgeschichte; Begriff und Zweck

47   § 240 Abs. 3 erlaubt das sogenannte Festwertverfahren. **Normgeschichte.** Die Bestimmung entspricht der Regelung, die seit 1965 in § 40 Abs. 4 Nr. 2 a. F. bestand (vgl. Rdn. 3). Der neue Gesetzestext weicht von der bisherigen Regelung in mehrfacher Hinsicht ab: Es fehlt der Hinweis auf die GoB (Einleitungshalbsatz des § 40 Abs. 4 a. F.); eine Beschränkung des Verfahrens auf das *Sach*anlagevermögen gab es bislang nicht; auch war das Erfordernis regelmäßiger Ersetzung im alten Text nicht enthalten; und schließlich wurde bisher nicht gefordert, daß der Gesamtwert der Vermögensgegenstände für das Unternehmen von nachrangiger Bedeutung sei. Trotz dieser Abweichungen ist nicht anzunehmen, daß sich durch das BiRiLiG wesentliche materielle Veränderungen ergeben haben. Namentlich muß das Festwertverfahren wie bislang so auch jetzt den GoB entsprechen. Weil das schon aus §§ 238 Abs. 1 S. 1, 243 Abs. 1 folgt, konnte der frühere Einleitungshalbsatz unbedenklich entfallen. Im übrigen entsprechen die tendenziell engeren Formulierungen der neuen Vorschrift im wesentlichen der bisherigen Praxis (vgl. noch Rdn. 50, 53); Schwierigkeiten können sich allenfalls aus dem Erfordernis nur nachrangiger Bedeutung ergeben (dazu Rdn. 54 f). Die Novelle von 1965 brachte ihrerseits keine sachliche Neuerung, sondern bestätigte ein Verfahren, das der RFH schon 1933 als „durchaus zulässig und üblich" bezeichnete.[74] Die geltende Vorschrift war im RegE noch als § 266 Abs. 1 HGB-E („Bewertungsvereinfachungsverfahren") vorgesehen und ist erst im Zuge der neuen Konzeption des BiRiLiG in die Inventarvorschrift eingegliedert und um die Klarstellung in § 256 S. 2 ergänzt worden.[75]

48   **Begriff.** Das Festwertverfahren erlaubt es unter bestimmten Voraussetzungen, Vermögensgegenstände zu einem nach Menge und Wert gleichbleibenden Bestand zusammenzufassen, diesen Bestand zu inventarisieren und den gleichbleibenden Wert zu aktivieren. Die Prinzipien der Einzelerfassung und -bewertung sowie der jährlichen Aufnahme zum Bilanzstichtag (Rdn. 29, 38) erfahren also eine Durchbrechung. Sie ist in der tatsächlichen Annahme (ein Teil des Schrifttums spricht unscharf von einer gesetzlichen Fiktion[76]) begründet, daß der Bestand nach Menge und Wert wirklich gleichbleibt oder doch nur solchen Schwankungen unterliegt, die im Verhältnis zum Aufwand der Einzelerfassung unerheblich sind (wie hier *Heymann/Walz*[2] 11 ff). **Zweck.** Das Festwertverfahren ist auf Vereinfachung gerichtet, und zwar auf *Vereinfachung der Bestandsermittlung und der Bewertung*. Vielfach tritt allein der zweite

---

[74] RFH RStBl. 1933, 763, 764 und 1062, 1065; vgl. auch BFH BStBl. 1955 III 144, 149 = BB 1955, 469; Überblick über die Entwicklung bei *Breitwieser* StBp 1975, 101; *Funk* FS v. Wysocki (1985) S. 73, 76.

[75] Zu § 266 Abs. 1 HGB-E vgl. BTDrucks. 10/317, S. 15 (Begr. RegE aaO S. 90 f); zur Neukonzep-

tion vgl. Ausschußbericht, BTDrucks. 10/4268, S. 8 und 96.

[76] So z. B. ADS[6] 73; Küting/Weber/*Knop* 54; HdJ-*Kunz* II/5 Rdn. 80; HdJ-*Richter* II/1 Rdn. 35.

Gesichtspunkt in den Vordergrund,[77] so namentlich auch in Art. 38 der 4. EG-Richtlinie und in dem darauf beruhenden § 266 Abs. 1 HGB-E, die das Festwertverfahren als bloßes Bewertungsvereinfachungsverfahren verstanden. Daß in diesem Punkt ein sachlicher Gegensatz vorliegt, ist jedoch nicht anzunehmen. Vielmehr wird der Bewertungsvorgang offenbar in einem umfassenderen, die Definition des Bewertungsgegenstands und die Ermittlung der entsprechenden Bestände einschließenden Sinne verstanden. Gesetzessystematisch war es jedenfalls richtig, das Verfahren in die Inventarvorschrift aufzunehmen und im Rahmen der reinen Bewertungsnormen einen bloßen Verweis anzubringen (§ 256 S. 2).[78] Der Vereinfachungszweck wird um den Preis erreicht, daß die auch im Eigeninteresse des Unternehmers wünschenswerte Kontrolle über die tatsächliche Entwicklung des jeweiligen Bestands verlorengeht oder doch deutlich eingeschränkt wird. Im jüngeren Schrifttum werden deshalb eine zurückhaltende Anwendung des Festwertverfahrens und die Prüfung empfohlen, ob die Einbuße an Kontrollmöglichkeiten auch dann noch durch Wirtschaftlichkeitsgesichtspunkte aufgewogen wird, wenn die Bestandsaufnahme durch Einzelerfassung unter EDV-Einsatz erfolgen kann (*Funk* FS v. Wysocki (1985) S. 73, 82 ff).

2. Abgrenzungen

Indem das Festwertverfahren der Vereinfachung der Inventur und der Bewertung **49** dient, unterscheidet es sich zunächst von den in § 241 zusammengefaßten **Inventurvereinfachungsverfahren,** die sämtlich nur die Bestandsaufnahme erleichtern sollen, sei es, indem auf die Vollaufnahme verzichtet wird (§ 241 Abs. 1), sei es, indem die Stichtagsbezogenheit aufgegeben oder gelockert wird (§ 241 Abs. 2 und 3). Durch seinen doppelten Zweck ist das Festwertverfahren aber auch abgegrenzt von den bloßen **Methoden zur Bewertungsvereinfachung** wie der Bewertung nach unterstellter Verbrauchsfolge (§ 256 S. 1; anerkannt sind Fifo- und Lifoverfahren), der Sammelbewertung von Rückstellungen oder der Pauschalwertberichtigung von Forderungen. Die **Gruppenbewertung** (§ 240 Abs. 4) unterscheidet sich vom Festwertverfahren teilweise in der Zielsetzung (keine Inventurvereinfachung) und differiert ferner in den Voraussetzungen und in der Methode, indem die Anschaffungs- oder Herstellungskosten einer Gruppe von Vermögensgegenständen durch die rechnerische Feststellung des Gruppendurchschnitts ermittelt werden (näher Rdn. 65). Schließlich wird das Festwertverfahren vor allem im betriebswirtschaftlichen Schrifttum zum sogenannten **eisernen Bestand** in Beziehung gesetzt.[79] Dabei handelt es sich um den Minimalumfang des Vorratsvermögens, der unverzichtbar ist, um die Betriebsbereitschaft aufrechtzuerhalten (*Fülling* aaO [Fn. 79] S. 4 f). Der erstrebte Ansatz dieses Minimalbestandes mit einem Festwert soll, darin liegt die Besonderheit des sogenannten eisernen Bestands, zugleich dem Ausgleich von Preisschwankungen dienen. Das Handelsrecht kennt jedoch grundsätzlich keine bilanzielle Sonderbehandlung des Mindest-Vorratsvermögens,[80] und auch steuerrechtlich hat dieser Ansatz in der Rechtsprechung nicht überzeugen können.[81] Soweit die mit der Lehre vom eisernen Bestand verfolgten Ziele berechtigt sein sollten, verwirklichen sie sich nur reflexartig im Rahmen des § 240 Abs. 3 (ADS[6] 74; *Heymann/Walz*[2] 11).

---

[77] Bonner HdR-*Streim* 28; in HdJ-*Kunz* II/5 Rdn. 79.
[78] Küting/Weber/*Knop* 53; vgl. auch schon *Fülling* GoBil für Vorräte, S. 193.
[79] *Fülling* GoBil für Vorräte, S. 4 f, 193; *Woltmann* DB 1976, 1389, 1392 f; vgl. aber auch *Kropff* in Geßler/Hefermehl AktG § 149, 40.

[80] *Fülling* GoBil für Vorräte, S. 193; **a.M.** *Woltmann* DB 1976, 1389, 1392 f.
[81] BFH BStBl. 1955 III 144 und 222 = BB 1955, 449 und DB 1955, 679.

Uwe Hüffer

3. Voraussetzungen

50   **a) Gegenständliche Beschränkungen. aa) Sachanlagevermögen.** Zulässig ist das Festwertverfahren zunächst für Gegenstände des Sachanlagevermögens (§ 266 Abs. 2 A II), folglich nicht für das immaterielle Anlagevermögen (§ 266 Abs. 2 A I) und nicht für die Finanzanlagen (§ 266 Abs. 2 A III). Insoweit war die bisherige Vorschrift weiter gefaßt (Rdn. 47), doch wurde von den damit gebotenen Möglichkeiten ohnehin kein Gebrauch gemacht (vgl. Rdn. 51 f). Mangels weiterer gesetzlicher Beschränkung kommen grundsätzlich alle Gegenstände des Sachanlagevermögens in Betracht. Das unbewegliche Anlagevermögen scheidet aber regelmäßig deshalb als tauglicher Gegenstand der Festbewertung aus, weil es sich dabei um hohe Einzelwerte handelt, bei denen es nicht zu einem regelmäßigen Ersatz kommt (vgl. noch Rdn. 53). Von praktischer Bedeutung ist das Festwertverfahren demnach nur für das bewegliche Anlagevermögen.

51   **Beispiele.** Nach *Funk* FS v. Wysocki (1985) S. 73, 77, begegnet das Festwertverfahren[82] in der Praxis namentlich bei Unternehmen des Bergbaus für die Grubenausstattung, ferner für Transport- und Förderanlagen (beides wesentlich bei Übertageabbau); bei Unternehmen der chemischen Industrie für Bahn- und Gleisanlagen, für Laboreinrichtungen, Meß- und Prüfgeräte; in der Stahlindustrie für Walzen, Pressen, Formen, Kokillen; bei Unternehmen des Maschinenbaus für Werkzeuge, produktionsabhängige Vorrichtungen, Schablonen und Formen; bei Bauunternehmen für Gerüst- und Schalungsteile. **Insbesondere Werkzeuge** und vergleichbare Gegenstände: Ihre Einbeziehung in das Festwertverfahren ist vielfach zweifelhaft; von einem wirklich gesicherten Stand kann die Praxis nicht ausgehen.[83] Dabei handelt es sich jedoch weithin um steuerrechtliche Probleme (§ 6 EStG). Die Finanzverwaltung tendiert mit wechselnden Begründungen (Zuordnung kurzlebiger Werkzeuge zum Umlaufvermögen; Verneinung der selbständigen Bewertbarkeit von maschinengebundenen Werkzeugen) dahin, die Festbewertung insoweit nicht zuzulassen.

52   **bb) Roh-, Hilfs- und Betriebsstoffe.** Das Festwertverfahren darf nach § 240 Abs. 3 auch auf Roh-, Hilfs- und Betriebsstoffe (§ 266 Abs. 2 B I 1) angewandt werden, dagegen nicht auf die sonstigen Positionen des Umlaufvermögens. Festbewertung kommt zum Beispiel in Betracht für vorratsweise gehaltene Brennstoffe wie Kohle oder Öl, aber auch für Büromaterial oder Kantinenvorräte. Im übrigen ist sie beim Umlaufvermögen wenig gebräuchlich, teilweise, weil die zusätzlichen Voraussetzungen des Gesetzes nicht erfüllt werden können (Wertschwankungen infolge der Preisveränderungen für Rohstoffe), teilweise, weil der Verzicht auf die tatsächliche Kontrolle der Bestandsentwicklung als überwiegend nachteilig empfunden wird (vgl. schon Rdn. 48).

53   **b) Regelmäßige Ersetzung.** § 240 Abs. 3 setzt für die Zulässigkeit des Festwertverfahrens voraus, daß die einbezogenen Gegenstände des Anlage- oder Umlaufvermögens regelmäßig ersetzt werden. Die Vorschrift beruht insoweit auf Art. 38 der 4. EG-Richtlinie, ist also ohne Vorbild in § 40 Abs. 4 Nr. 2 a.F. Die Regierungsbegründung enthält zu diesem Punkt nichts (BTDrucks. 10/317, S. 90 f), obwohl der Richtlinientext die ständige, aber das Gesetz die regelmäßige Ersetzung fordert. Das

---

[82] Vgl. auch die Zusammenstellung von Beispielen bei ADS⁶ 93; Beck BilKomm-*Budde/Kunz* 125 f; WP-Hdb. 2000¹² Bd. I E 350.

[83] Zu diesem Spezialproblem: *Breidenbach* WPg 1975, 109; *Gläßner/Leineweber* StB 1985, 97 und

125; *Römer* BB 1981, 588; *Roolf* WPg 1974, 209; *Sauer* StBp 1964, 254.

Schrifttum geht davon aus, daß mit dem Erfordernis regelmäßigen Ersatzes nur die tatsächliche Annahme eines nach Menge und Wert gleichbleibenden Bestandes, die seit jeher die gedankliche Basis des Festwertverfahrens bildet (Rdn. 48), gesetzlichen Ausdruck gefunden hat, sich also Abgänge und Zugänge die Waage halten.[84] Dieser Ansicht ist beizupflichten. Beurteilungsschwierigkeiten ergeben sich aber auch auf dieser Grundlage für solche Gegenstände des Anlagevermögens, die nach bisheriger Beurteilung festwertfähig sind, ohne Massengüter mit regelmäßigem Umschlag zu sein (zutreffend *Glade*[2] 54), also etwa für die Grubenausstattung, für Transport- und Förderanlagen, für Gleise und andere Bahnanlagen (vgl. Rdn. 51). Weil nicht ersichtlich ist, daß der Gesetzgeber des BiRiLiG die bisherige Rechtslage verändern wollte und Art. 38 der 4. EG-Richtlinie als reine Bewertungsvorschrift konzipiert ist (Rdn. 48), muß angenommen werden, daß es entscheidend nicht auf einen regelmäßigen Güterumschlag, sondern auf einen regelmäßigen Wertausgleich im jeweiligen Vermögensbestand ankommt. Diesem Erfordernis genügt es, wenn die beispielhaft genannten Anlagen durch Ersatzbeschaffung und Reparatur auf einem kontinuierlich funktionsfähigen Stand gehalten werden (ähnlich *Glade* aaO). Nicht festwertfähig sind schließlich Vermögensgegenstände, die *hohe Einzelwerte* repräsentieren. Das ist seit jeher anerkannt und kann auch auf die Erwägung gestützt werden, daß es insoweit typischerweise nicht zur regelmäßigen Ersetzung kommt.

c) **Nachrangige Bedeutung.** Die Zulässigkeit des Festwertverfahrens wird nach **54** § 240 Abs. 3 weiter dadurch begrenzt, daß der Gesamtwert der in die Festbewertung einbezogenen Vermögensgegenstände für das Unternehmen von nachrangiger Bedeutung sein muß. Auch dieser Teil der Vorschrift geht nicht auf § 40 Abs. 4 Nr. 2 a. F. zurück, sondern bedeutet die Umsetzung von Art. 38 der 4. EG-Richtlinie. Die Regierungsbegründung enthält dazu keine substantiellen Angaben (BTDrucks. 10/317, S. 90 f). **Bisherige Konkretisierungsversuche** des Schrifttums bieten kein einheitliches Bild. So findet sich zunächst die Auffassung, Beurteilungsmaßstab sei in erster Linie die Bilanzsumme und Beurteilungsgegenstand der einzelne Festwert; es dürfe sich dabei „nicht um den für das Unternehmen bedeutendsten Bilanzposten handeln".[85] Die Spitzenverbände der gewerblichen Wirtschaft knüpften daran den vergeblich gebliebenen Vorschlag, in der Gesetzesbegründung klarzustellen, „daß Nachrangigkeit stets vorliegt, wenn ein einziger Festwert nicht den Hauptposten in der Bilanz bildet".[86] Konkretisiert wird die Relation zwischen einzelnem Festwert und Bilanzsumme mit 5% oder 10% (ADS[6] 80 f; *BMF* BStBl. 1993 I, 276). Nach anderer Meinung ist zwar auf die Bilanzsumme abzuheben, sind aber nicht die einzelnen Festwerte, sondern deren Summe auf ihre Nachrangigkeit zu prüfen;[87] konkret wird behauptet, die Nachrangigkeit bleibe gewahrt, wenn die Summe aller Festwerte 5% der Bilanzsumme nicht übersteige (*Kunz* aaO [Fn. 87]). Nach wieder anderer Ansicht handelt es sich bei der Nachrangigkeit um eine Ausprägung des Grundsatzes der „materiality"; danach wäre die Frage aus der Perspektive des umsichtig und überlegt handelnden Investors zu entscheiden.[88] Wegen der unterschiedlichen Meinungen über die Konkre-

---

[84] *Heymann/Walz*[2] 13; Beck BilKomm-*Budde/Kunz* 84; Küting/Weber/*Knop* 57.

[85] *Biener* AG, KGaA, GmbH, Konzerne, 1979, S. 131.

[86] Stellungnahme der Spitzenverbände DB 1984 Beil. Nr. 7 zu Heft 9, S. 7 (re. Sp. unten); ausweislich des Stenographischen Protokolls der 17., 18. und 19. Sitzung des Unterausschusses im Rahmen der Anhörungen nicht mehr erörtert.

[87] So vor allem in Beck BilKomm-*Budde/Kunz* 87; HdJ-*Kunz* II/5 Rdn. 78; einschränkend („allenfalls in einem zweiten Schritt") Küting/Weber/*Knop* 58 a. E.

[88] *Niehus* WPg 1981, 1, 6; wohl auch *Heymann/Walz*[2] 14; zum Begriff des „Wesentlichen" im Bilanzrecht vgl. HuRB-*Leffson* 434 ff.

Uwe Hüffer

tisierung des Erfordernisses werden verständlicherweise auch seine Auswirkungen auf die bisherige Bilanzierungspraxis verschieden beurteilt.[89] Deutliches findet sich, wenngleich ohne argumentative Vertiefung, aus steuerlicher Sicht: Festwerte für Bahnanlagen, Werkzeuge, Transport- und Förderanlagen sollen abweichend von der bisherigen Praxis (Rdn. 51) mangels nur nachrangiger Bedeutung nicht mehr zulässig sein.[90]

55   **Stellungnahme.** Das Gesetz verwendet bewußt einen **unbestimmten Rechtsbegriff.** Quantifizierungen im Sinne von 5 % der Bilanzsumme oder 10 % des jeweiligen Bilanzpostens oder andere schlicht gegriffene Zahlen sind damit von vornherein nicht vereinbar, obgleich sie einem verständlichen Interesse der Beratungs- und Prüfungspraxis an möglichst klaren Beurteilungsmaßstäben entsprechen. Die erforderliche **Konkretisierung** muß vielmehr **durch Auslegung** des § 240 Abs. 3 erfolgen. Sie ergibt *erstens*, daß es nicht auf die Bedeutung der in Frage stehenden Gegenstände für die Arbeitsfähigkeit des Unternehmens ankommt (ebenso ADS[6] 80). Sie ist unerheblich, weil das Gesetz nicht die Relevanz der Gegenstände, sondern die Bedeutung ihres Festwertes für das Unternehmen zum Maßstab macht und dieser Wert nur mit einem anderen ebenso summenmäßig ausgedrückten Wert verglichen werden kann; die Nachrangigkeit läßt sich demnach nur anhand von Bilanzrelationen ermitteln. Daß ein Großunternehmen der Chemie nicht ohne Bahnanlagen, ein Unternehmen des Bergbaus nicht ohne Grubenbau arbeiten kann, ist demnach kein Argument gegen die Festwertfähigkeit. *Zweitens:* Weil gerade auf die Relationen innerhalb der Bilanz abzustellen ist, steht es der Festwertfähigkeit eines Bestandes nicht entgegen, daß er absolut gesehen mit einer hohen Summe ausgewiesen werden muß. *Drittens:* „Nachrangig" bedeutet nicht ganz dasselbe wie „unwesentlich" oder „geringfügig". Der englische und der französische Richtlinientext („of secondary importance"; „d'importance secondaire") sind insoweit präziser als die deutsche Fassung und ergeben unverkennbar ein Argument für die Ansicht, daß nur die bedeutendsten Bilanzposten vom Festwertverfahren ausgeschlossen sein sollten (*Biener* aaO [Fn. 85]). Dafür spricht auch, daß Art. 35 des Richtlinienvorschlags von 1972 (ABl.EG Nr. C 7/23) noch einen Gesamtwert „von untergeordneter Bedeutung" voraussetzte; das ist weniger als die in die Endfassung eingegangene „nachrangige Bedeutung". Mit 5 % der Bilanzsumme oder vergleichbaren Begrenzungen wird jedenfalls zu tief gegriffen, soweit sich solche Zahlen auf die Summe aller Festwerte beziehen sollen. Eine weitergehende prinzipielle Eingrenzung des Festwertverfahrens wird von Wortlaut und Sinn des § 240 Abs. 3 nicht getragen. Sie läßt sich nur so begründen, daß die Festbewertung im Einzelfall nach Abwägung des für sie sprechenden Vereinfachungsinteresses gegen die Nachteile, die der Verzicht auf die Einzelbewertung mit sich bringt, als nicht GoB-konform erscheint (zustimmend ADS[6] 81). Weil diese Einschränkung schon bisher zu beachten war (§ 40 Abs. 4 a. F. verwies noch ausdrücklich auf die GoB, vgl. Rdn. 47), läßt sich eine materielle Veränderung der früheren Rechtslage nicht feststellen. Soweit sich eine Orientierungsmarke (ADS[6] 81) von 5 % als gute Praxis feststellen läßt und im Einzelfall keine Anhaltspunkte für einen Ausnahmesachverhalt bestehen, wird man Festwerte in dieser Größenordnung akzeptieren können.

---

[89] Die Urteile reichen von Verschärfung der Anforderungen (so *Göllert/Ringling* BB 1985, 966) über geringe Auswirkung auf die bisherige Bilanzierungspraxis (Küting/Weber/*Knop* 59; HdJ-*Richter* II/1 Rdn. 231) bis zur Verschärfung als „denkbarer Möglichkeit" (*Stein* ZfbF 1985, 752, 758).

[90] *Groh* DB 1985, 1849. Hinsichtlich der Werkzeuge ist dieser Standpunkt schon mit der Kommissionsbegründung zu Art. 38 der 4. EG-Richtlinie unvereinbar; sie nennt Werkzeuge ausdrücklich als Beispiele zulässiger Festwertbildung; vgl. den Abdruck bei *Biener* aaO (Fn. 85) S. 203 (letzte Zeile).

d) Geringe Veränderungen. Erforderlich ist nach § 240 Abs. 3 schließlich wie **56** schon bisher nach § 40 Abs. 4 Nr. 2 a. F., daß der Bestand nach Größe, Wert und Zusammensetzung nur geringen Veränderungen unterliegt. Eine enge Auslegung dieses Erfordernisses widerspräche dem Vereinfachungszweck des Festwertverfahrens und ist deshalb nicht am Platz. Das Verfahren setzt namentlich nicht voraus, daß während des gesamten Geschäftsjahrs nur geringe Veränderungen eintreten; vielmehr genügt es, wenn im Vergleich der jeweiligen Bilanzstichtage nur geringe Schwankungen zu verzeichnen sind.[91] Als **Größe** bezeichnet das Gesetz die Menge der Vermögensgegenstände, als **Wert** naturgemäß nicht den Festwert, sondern die Preise, die seiner Ermittlung zugrundeliegen (vgl. noch Rdn. 58). **Zusammensetzung:** Die in einem Festwert ausgedrückten Vermögensgegenstände müssen nicht gleichartig sein. Zulässig ist also auch die Festbewertung gemischter Bestände.[92] Das Erfordernis geringer Veränderungen bezieht sich dann auch auf die Wertrelationen zwischen den verschiedenen Gruppen gleichartiger Vermögensgegenstände. Wann Veränderungen als **gering** einzustufen sind, ist eine Frage des Einzelfalls. Nach Abschnitt R 31 Abs. 4 Satz 2 EStR 1999 ist der bisherige Festwert anzupassen, wenn sich bei seiner Überprüfung durch körperliche Bestandsaufnahme (dazu Rdn. 61) eine Erhöhung um 10 % oder mehr ergibt, ohne daß damit das Festwertverfahren selbst als unzulässig anzusehen wäre. Schwankungen um mehrere Prozentpunkte von Bilanzstichtag zu Bilanzstichtag werden damit als unschädlich vorausgesetzt. Strengere Anforderungen sind im Interesse der erstrebten Vereinfachung auch handelsrechtlich nicht zu stellen. Zur Zulässigkeit oder Notwendigkeit von Anpassungen vgl. noch Rdn. 59.

4. Gleichbleibender Ansatz

a) Anfängliche Festlegung von Menge und Wert. Wenn die erläuterten Voraus- **57** setzungen vorliegen, dürfen die Vermögensgegenstände mit einer gleichbleibenden Menge und einem gleichbleibenden Wert angesetzt werden. Das setzt die **Festlegung der Menge** und des Wertes voraus. Für die Menge gilt: Der Inventarpflichtige muß zunächst entscheiden, welche Vermögensgegenstände er zu einem Festwert zusammenfassen will. Erforderlich ist also die Entwicklung sinnvoller Abgrenzungskriterien, die jedenfalls bei den Gegenständen des Sachanlagevermögens nur aus ihrer Funktion innerhalb des Unternehmens gewonnen werden können (dazu Küting/Weber/*Knop* 64 ff). Der nächste Schritt wird nach h. M. durch eine körperliche Bestandsaufnahme gebildet, deren Ziel die eigentliche Mengenfeststellung ist.[93] Es leuchtet ein, daß jedenfalls eine Einzelerfassung durch Vollaufnahme (dazu Rdn. 29) notwendig ist. Warum das Sachanlagevermögen, das für die Festbewertung in erster Linie in Frage kommt, abweichend von den allgemeinen Grundsätzen (Rdn. 33) nicht anhand der Anlagekartei oder eines sonstigen Bestandsverzeichnisses buchmäßig aufgenommen werden darf, wird im Schrifttum nicht näher dargelegt. Eine Begründung ließe sich aus § 240 Abs. 3 S. 2 ableiten, wenn diese Bestimmung ihrerseits einen zweifelsfreien Inhalt hätte; auch das ist jedoch nicht der Fall (s. noch Rdn. 61). Weitere Anhaltspunkte für die h. M. sind dem Gesetz nicht zu entnehmen. Die notwendige Mengenfeststellung im Rahmen des Sachanlagevermögens durch Buchinventur vorzunehmen, erscheint deshalb entgegen bisheriger Ansicht als gut vertretbar. Als Hilfsmittel der Mengenfest-

---

[91] ADS⁶ 83; *Kropff* in Geßler/Hefermehl AktG § 149, 40; **a. M.** Küting/Weber/*Knop* 60, nach denen das Festwertverfahren schon bei saisonal bedingten Schwankungen ausgeschlossen sein soll.

[92] ADS⁶ 92 ff; Küting/Weber/*Knop* 62; HdJ-*Kunz* II/5 Rdn. 85.

[93] Beck BilKomm-*Budde/Kunz* 98; Küting/Weber/*Knop* 70.

Uwe Hüffer

stellung dienen auch betriebliche Schlüsselzahlen wie Belegschaftsstärke, Länge des Gleisnetzes, Zahl bestimmter Maschinen oder andere die Kapazität eines Betriebes ausweisende Daten (Bettenzahl eines Hotels).[94]

58 Für die **Bildung des Festwerts** gibt es keine gesetzlichen Vorschriften. Zu ermitteln ist der Durchschnittswert der zusammengefaßten und durch Inventur (Rdn. 57) festgestellten Gegenstände.[95] Dafür bilden die durchschnittlichen Anschaffungs- oder Herstellungskosten (Preise) den Ausgangspunkt. Die beiden Durchschnittswerte sind aber nicht ohne weiteres identisch; vielmehr werden sie im Hauptfall der Festbewertung, also beim beweglichen Sachanlagevermögen, immer auseinanderfallen. Zu berücksichtigen ist nämlich, daß der einmal gebildete Festwert nicht durch die planmäßigen Abschreibungen des § 253 Abs. 3 S. 1 vermindert werden darf, sondern der gleichwohl eintretende Wertverlust (Abgang) durch die Berücksichtigung des laufenden Anschaffungs- oder Herstellungsaufwands (Zugang) ausgeglichen werden soll. Deshalb ist es erforderlich, von den durchschnittlichen Kosten der Anschaffung oder Herstellung zunächst Abschreibungen vorzunehmen, bis der verbleibende Wert der voraussichtlichen dauernden betriebsgewöhnlichen Nutzungsdauer des Bestandes entspricht. Die teilweise streitigen Einzelheiten der erforderlichen Berechnungen finden sich im steuerrechtlichen Schrifttum.[96] Aus Gründen der Vereinfachung gestattet die Praxis der Finanzverwaltung, daß Regelsätze benutzt werden, die bei 40–50 % der Gestehungskosten liegen, so z. B. der ländereinheitliche Erlaß über Gerüst- und Schalungsteile im Baugewerbe (40 %).[97]

59 b) **Spätere Veränderungen.** Eine Veränderung des Festwerts durch planmäßige Abschreibungen auf das bewegliche Sachanlagevermögen ist unzulässig (Rdn. 58). Zulässig und, sofern nicht ausnahmsweise das Wahlrecht des § 253 Abs. 2 S. 3, 1. Halbsatz eingreift (bei Kapitalgesellschaften ausgeschlossen nach § 279 Abs. 1 S. 2), auch geboten sind außerplanmäßige Abschreibungen sowie bei Roh-, Hilfs- und Betriebsstoffen Abschreibungen auf den *Niederstwert* (§ 253 Abs. 3 S. 1 und 2).[98] Eine Korrektur des Festwerts kommt ferner bei *Bestandsveränderungen* in Betracht, die sich etwa bei der Kontrollinventur des § 240 Abs. 3 S. 2 (dazu Rdn. 61) herausstellen können (Mehr- oder Mindermenge; andere Zusammensetzung als angenommen). Insoweit gibt es keine handelsrechtliche Detailregelung. Die Praxis der Finanzverwaltung trägt dem Vereinfachungszweck des Festwertverfahrens Rechnung, indem sie drei Fälle unterscheidet: Bei einer Werterhöhung um mehr als 10 % wird der festgestellte Wert zum neuen Festwert; bei einer Werterhöhung bis einschließlich 10 % kann der bisherige Festwert beibehalten werden; Wertminderungen können durch entsprechende Kürzungen des bisherigen Festwerts berücksichtigt werden (Abschnitt R 31 Abs. 4 Satz 2–5 EStR 1999). Es ist üblich und zulässig, für die Handelsbilanz entsprechend zu verfahren, soweit es um Werterhöhungen geht. Dagegen kann es für Wertminderungen grundsätzlich kein handelsrechtliches Wahlrecht geben. Nach **h. M.** ist sogar immer nach unten anzupassen,[99] was bei unwesentlichen Wertminderungen eine Übertreibung darstellen kann.

---

[94] ADS[6] 105; *Sauer* StBp 1964, 254, 259 f (kritisch); WP-Hdb. 2000[12] Bd. I E 352.

[95] Vgl. dazu ADS[6] 101; Beck BilKomm-*Budde/Kunz* 98, 100 f; *Funk* FS v. Wysocki (1985) S. 73, 79 f.

[96] *Herrmann/Heuer/Raupach* KommEStG[21] § 6, 173; Einzelschrifttum: *Breidenbach* WPg 1975, 109; *Breitwieser* StBp 1975, 101, 103 f; *Sauer* StBp 1964, 254, 259 f; *Stumpe* FR 1957, 510, 512.

[97] Erlaß FM NRW vom 12. 12. 1961 (BStBl. 1961 II 194).

[98] Beck BilKomm-*Budde/Kunz* 106; Küting/Weber/Knop 73; HdJ-*Kunz* II/5 Rdn. 84.

[99] Beck BilKomm-*Budde/Kunz* 106; Bonner HdR-Streim 32; WP-Hdb. 2000[12] Bd. I E 351 a. E.

c) Übergang zur Einzelbewertung. Nach § 252 Abs. 1 Nr. 6 sollen die Bewer- **60** tungsmethoden beibehalten werden, die auf den vorhergehenden Jahresabschluß angewandt worden sind. Dieser *Grundsatz der Bewertungsstetigkeit* gilt auch für die Festbewertung. Das bedeutet: Während die Anfangsentscheidung zugunsten der Festbewertung aufgrund der Sonderregelung in §§ 240 Abs. 3, 256 S. 2 im Ermessen des Bilanzierungspflichtigen steht, steht ihm ein vergleichbares Wahlrecht für die Folgejahre nicht zu. Die einmal getroffene Entscheidung ist vielmehr grundsätzlich bindend.[100] Dabei spielt die Tatsache, daß § 252 Abs. 1 Nr. 6 als Sollvorschrift gefaßt ist, für die Beurteilung der Ordnungsmäßigkeit der Bilanzierung keine Rolle. Aufgabe des Festwertverfahrens ist danach nur in begründeten Ausnahmefällen zulässig (§ 252 Abs. 2). Eine Ausnahme ist jedenfalls gegeben, wenn die besonderen Voraussetzungen des Verfahrens nicht mehr erfüllt sind. Sie ist aber z. B. auch dann anzuerkennen, wenn der Vereinfachungszweck aufgrund betriebsbedingter Besonderheiten nicht mehr erreicht werden kann.

5. Kontrolle durch körperliche Bestandsaufnahme

§ 240 Abs. 3 S. 2 verlangt die Kontrolle des Festwerts durch körperliche Bestands- **61** aufnahme und bestimmt dafür eine Regelfrist von drei Jahren; zur Anpassung des Festwerts bei festgestellten Änderungen vgl. Rdn. 59. **Körperliche Bestandsaufnahme.** Der Gesetzeswortlaut ist an sich eindeutig (danach erforderlich: Messen, Zählen, Wiegen und ähnliche Verfahren [vgl. Rdn. 34]) und findet im Schrifttum auch keine vertiefende Erörterung.[101] Fest steht weiter, daß bei Roh-, Hilfs- und Betriebsstoffen durch körperliche Bestandsaufnahme Inventur zu machen ist, weil sie zum Vorratsvermögen gehören (§ 266 Abs. 2 B I 1) und insoweit körperliche Aufnahme generell erforderlich ist (Rdn. 34). Fraglich bleibt die Rechtslage für das Sachanlagevermögen. Während der Gesetzeswortlaut auch insoweit für die Notwendigkeit körperlicher Erfassung spricht, lassen sich aus der Entstehungsgeschichte der Norm Argumente für die These gewinnen, daß Einzelerfassung durch Vollaufnahme auch dann genügt, wenn sie im Wege der Buchinventur durchgeführt wird. Dafür spricht erstens, daß § 40 Abs. 4 Nr. 2 a. F. auch die Festbewertung von Finanzanlagen zuließ, die, abgesehen von selbst verwahrten Wertpapieren, nur buchmäßig aufgenommen werden können (Rdn. 33 a. E.); eine vergleichbare Lage ergibt sich nach § 240 Abs. 3 noch für das unbewegliche Sachanlagevermögen. Zweitens läßt sich für die Zulässigkeit der Buchinventur anführen, daß die Gesetzesfassung aus dem Jahr 1965 stammt (Rdn. 3) und die früher verbreitete Vorstellung, es bedürfe beim beweglichen Sachanlagevermögen körperlicher Bestandsaufnahme, erst in der Mitte der sechziger Jahre endgültig überwunden worden ist (Rdn. 33 mit Fn. 52, 53). Aus diesen Gründen ist es gut vertretbar, § 240 Abs. 3 S. 2 einschränkend auszulegen, mit der Folge, daß auch die Kontrollinventur des § 240 Abs. 3 S. 2 keine körperliche Aufnahme mehr erfordert, soweit es um das Sachanlagevermögen geht (vgl. auch Rdn. 57).

Regelfrist von drei Jahren. Die Dreijahresfrist des § 240 Abs. 3 S. 2 ist eine Regel- **62** frist. Das bedeutet: Im Einzelfall kann die Kontrolle durch Inventur auch in kürzeren Abständen erforderlich sein; es kommen aber auch längere Zeitabschnitte in Betracht, wenn dafür fallweise sachlich rechtfertigende Gründe bestehen. Eine Kontrollinventur vor Ablauf der Dreijahresfrist ist insbesondere veranlaßt, wenn Grund zu der An-

---

[100] Vgl. Beck BilKomm-*Budde/Geißler* § 252, 55 ff; *Heymann/Walz*[2] 18.
[101] Vgl. ADS[6] 95 ff; Beck BilKomm-*Budde/Kunz* 93; Bonner HdR-*Streim* 31; *Kropff* in Geßler/

Hefermehl AktG § 149, 40; Küting/Weber/*Knop* 63; HdJ-*Kunz* II/5 Rdn. 86.

nahme besteht, daß sich in Umfang oder Zusammensetzung des Bestands wesentliche Veränderungen ergeben haben.[102] Eine längere Frist wird namentlich durch Abschnitt R 31 Abs. 4 Satz 1 EStR 1999 gewährt. Danach genügt es, wenn die körperliche Bestandsaufnahme (vgl. aber Rdn. 61) des beweglichen Anlagevermögens mindestens an den der Hauptstellung des Einheitswerts des Betriebsvermögens vorausgehenden Bilanzstichtagen, spätestens aber zu jedem fünften Bilanzstichtag erfolgt. Die längere Frist generell in das Handelsrecht zu übernehmen, ist nicht möglich. Nach Wortlaut und Sinn des § 240 Abs. 3 S. 2 liegt vielmehr ein Gesetzesverstoß vor, wenn die Regelfrist ständig nicht eingehalten wird (ADS[6] 96).

6. Wertbeibehaltungswahlrecht (Art. 24 Abs. 1 EGHGB)

63   Nach Art. 24 Abs. 1 S. 1 EGHGB darf unter anderem ein Wertansatz beibehalten werden, der niedriger ist, als es nach § 240 Abs. 3 zulässig wäre. Die Vorschrift gilt jedoch **nur für das Anlagevermögen**. Weil sich die Methoden zur Ermittlung des Festwerts durch das BiRiLiG nicht verändert haben, hat das Wahlrecht nur in den Fällen praktische Bedeutung, in denen vor dem Übergang auf das neue Recht ein Festwert gebildet worden ist, der die neuen Anforderungen nicht erfüllt und hinter dem Ergebnis einer Einzelbewertung zurückbleibt. Diese Voraussetzungen werden nur in Randfällen erfüllt sein, weil § 240 Abs. 3 von § 40 Abs. 4 Nr. 2 a. F. mehr im Ausdruck als in der Sache abweicht (vgl. Rdn. 47). Wenn sie erfüllt sind, besteht ein dauerhaftes, also nicht auf das erste Geschäftsjahr unter der Geltung des neuen Bilanzrechts eingeschränktes Wahlrecht.[103] Für das **Umlaufvermögen** gibt es kein entsprechendes Wertbeibehaltungswahlrecht, weil Art. 24 Abs. 2 EGHGB die Regelung des § 240 Abs. 3 (und Abs. 4) nicht aufführt.[104] Roh-, Hilfs- und Betriebsstoffe scheiden also aus dem Festwertverfahren aus, wenn die Anforderungen des § 240 Abs. 3 im Einzelfall nicht mehr erfüllt sind; zur bilanziellen Behandlung eines daraus folgenden Wertunterschieds vgl. das Wahlrecht des Art. 24 Abs. 3 EGHGB.

VIII. Gruppen- oder Sammelbewertung (§ 240 Abs. 4)

1. Normgeschichte; Begriff und Zweck

Schrifttum

(vgl. auch die Angaben vor Rdn. 1, 47). *Bernert* Gleichartige Vermögensgegenstände des Vorratsvermögens sowie andere gleichartige oder annähernd gleichwertige bewegliche Vermögensgegenstände, Hdwb. unbestimmter Rechtsbegriffe (1986) S. 216; *Hömberg* Gewogener Durchschnittswert (1986) ebenda S. 205; *Paulus* Zulässigkeit und Bedeutung der Bewertung von Wertpapieren mit Mischkursen in der Handels- und Steuerbilanz, StuW 1963 Sp. 233.

64   § 240 Abs. 4 gestattet die Gruppen- oder Sammelbewertung. **Normgeschichte**. Die Vorschrift geht auf § 40 Abs. 4 Nr. 1 a. F. zurück, enthält jedoch einige, durch Art. 40 der 4. Richtlinie bedingte Abweichungen. So wird im Tatbestandsteil der Bestimmung zwischen Vermögensgegenständen des Vorratsvermögens und anderen beweglichen Vermögensgegenständen unterschieden. Für die ersteren ist Gruppenbewertung nur noch zulässig, wenn sie gleichartig sind. Anders als nach § 40 Abs. 4 Nr. 1 a. F. genügt

---

[102] ADS[6] 98; Beck BilKomm-*Budde/Kunz* 93.
[103] **H. M.,** vgl. noch in Baumbach/Hueck/*Schulze-Osterloh* § 41, 35; abzulehnen ist die früher auch

vertretene Ansicht, nach der sich das Wahlrecht nur auf das erste Jahr beziehen sollte.
[104] Vgl. noch *Schulze-Osterloh* aaO (Fn. 103).

also annähernde Gleichwertigkeit insoweit nicht mehr. Die Rechtsfolgenseite der Norm ist klarer gefaßt und sachlich insofern verändert worden, als nunmehr nicht wie früher ein undefinierter, etwa auf Branchenerfahrungen beruhender Durchschnittswert in das Inventar und in die Bilanz eingeht; maßgeblich ist vielmehr der gewogene Durchschnittswert als Ergebnis eines bestimmten rechnerischen Verfahrens (vgl. noch Rdn. 70). Ohne sachliche Bedeutung ist es, daß der im Einleitungshalbsatz des § 40 Abs. 4 a. F. enthaltene Hinweis auf die GoB entfallen ist; sie sind auch für die Gruppenbewertung gem. §§ 238 Abs. 1 S. 1, 243 Abs. 1 verbindlich (vgl. schon Rdn. 47 zur Festwertbildung). § 40 Abs. 4 Nr. 1 a. F. wurde seinerseits durch die Novelle von 1965 eingefügt (Rdn. 3) und verhalf einer seit langem bestehenden Praxis[105] zur gesetzlichen Anerkennung. Wie das Festwertverfahren (Rdn. 47) so war auch die Gruppenbewertung im RegE noch als § 266 Abs. 2 S. 1 HGB-E vorgesehen, wurde sie also als bloße Bewertungsvereinfachung aufgefaßt. Die Eingliederung in die Inventarvorschrift und die Ergänzung um die klarstellende Verweisung in § 256 S. 2 erfolgten erst in den Beratungen des Unterausschusses.[106]

Der **Begriff der Gruppenbewertung** ergibt sich schon aus dem Wortlaut des § 240 **65** Abs. 3. Es handelt sich für Inventar und Bilanz um die Zusammenfassung von beweglichen Vermögensgegenständen, die ihrer Art oder (außerhalb des Vorratsvermögens) wenigstens ihrem Wert nach im wesentlichen übereinstimmen, zu einer Gruppe und um die Bewertung des Bestandes mit dem rechnerisch ermittelten Preisdurchschnitt; auf Einzelbewertung wird also verzichtet. **Zweck.** Die Gruppenbewertung stellt in erster Linie ein *Bewertungsvereinfachungsverfahren* dar; insofern traf die ursprüngliche systematische Einordnung in § 266 HGB-E (Rdn. 64) hier eher das Richtige als bei der Festbewertung (vgl. Rdn. 48). Sie erleichtert jedoch auch die Inventarerrichtung, weil die Vermögensgegenstände nicht einzeln verzeichnet werden müssen, sondern in ihrer Zusammenfassung zur Gruppe in das Inventar aufgenommen werden dürfen. Dagegen erlaubt und bezweckt die Gruppenbewertung anders als das Festwertverfahren (Rdn. 48) *keine Vereinfachung der Inventur* i. S. d. Bestandsaufnahme (HdJ-*Kunz* II/5 Rdn. 74). Insoweit verbleibt es vielmehr bei den allgemeinen Grundsätzen (Rdn. 29 ff). Schließlich wird der Vereinfachungszweck ähnlich wie bei der Festbewertung (Rdn. 48) nur über den Nachteil erreicht, daß die Kontrolle über die Entwicklung innerhalb einer Gruppe von Vermögensgegenständen nur eingeschränkt möglich ist; vor allem ist die Erfolgskontrolle nicht gewährleistet, wenn die zusammengefaßten Gegenstände nur gleichwertig, aber nicht gleichartig sind. Es ist deshalb nicht zu bedauern, daß eine derartige Gruppierung innerhalb des Vorratsvermögens nach § 240 Abs. 4 nicht mehr zulässig ist.

2. Voraussetzungen

a) Vorratsvermögen. Vermögensgegenstände des Vorratsvermögens sind Roh-, **66** Hilfs- und Betriebsstoffe, unfertige Erzeugnisse und Leistungen sowie fertige Erzeugnisse und Waren (§ 266 Abs. 2 B I 1–3). Geleistete Anzahlungen (§ 266 Abs. 2 B I 4) sind zwar zu aktivieren, damit das Geschäft in der Bilanz erfolgsneutral berücksichtigt wird, stellen aber als solche keine Vermögensgegenstände dar (vgl. auch Rdn. 11 f). Damit Gruppenbewertung zulässig ist, müssen die genannten Vermögensgegen-

---

[105] Vgl. RFH RStBl. 1933, 763; Gutachten DIHT von 1933, abgedruckt in RStBl. 1933, 1062.
[106] Wegen § 266 Abs. 2 HGB-E vgl. BTDrucks. 10/317, S. 15 (Begr. RegE: ebda. S. 90 f); we-

gen der Neukonzeption s. Ausschußbericht, BTDrucks. 10/4268, S. 8 und 96.

Uwe Hüffer

stände gleichartig sein. Damit stellt das Gesetz zwar eine neue Anforderung auf (vgl. Rdn. 64), verwendet aber ein geläufiges Kriterium, das seine Hauptbedeutung bislang und auch in Zukunft für die Beurteilung der Zulässigkeit einer Bewertung nach Verbrauchsfolgemodellen hat (§ 256 S. 1; § 155 Abs. 1 S. 3 AktG a. F.). Die insoweit zur Konkretisierung des Gleichartigskeitserfordernisses anerkannten Grundsätze sind für die Gruppenbewertung des Vorratsvermögens zu übernehmen.[107]

67   Danach gilt: Die **Gleichartigkeit** von Vermögensgegenständen kann nach der *Beschaffenheit* oder alternativ nach der *Funktion* bestimmt werden; in beiden Fällen muß *annähernde Preisgleichheit* hinzutreten.[108] Eine enge Beurteilung ist mit Rücksicht auf den Vereinfachungszweck des Verfahrens nicht angebracht; namentlich darf Gleichartigkeit nicht im Sinne von Identität mißverstanden werden. Gleichartige Beschaffenheit ist erforderlich bei Waren und fertigen Erzeugnissen; insoweit ist entscheidend, daß die Vermögensgegenstände der gleichen Warengattung angehören. Weil Waren und fertige Erzeugnisse am Markt abgesetzt werden sollen, kann insoweit die Hilfsüberlegung angestellt werden, ob es sich um Sachen handelt, die im Verkehr nach Zahl, Maß oder Gewicht bestimmt zu werden pflegen (§ 91 BGB).[109] Danach mag es bisher, aber nicht mehr nach neuem Recht zulässig gewesen sein, annähernd gleichpreisige Kopierautomaten, Drucker und Kleincomputer für die Bewertung zu einer Gruppe zusammenzufassen. Bei den übrigen Gegenständen des Vorratsvermögens muß auf die gleichartige Funktion abgehoben werden. Sie ist zu bejahen, wenn die Gegenstände dem gleichen betrieblichen Verwendungszweck dienen, stets vorausgesetzt, daß sie auch annähernd gleichpreisig sind. Bei unfertigen Erzeugnissen ergibt sich die Funktion aus dem geplanten Endprodukt; das Erfordernis der Gleichwertigkeit läßt sich im allgemeinen bejahen, wenn Produktionsstufe und -verfahren sowie Materialeinsatz übereinstimmen (*Kropff* in Geßler/Hefermehl AktG § 155, 28). Zur Gruppenbewertung von Wertpapieren vgl. *Paulus* StuW 1963 Sp. 233.

68   **b) Andere bewegliche Vermögensgegenstände.** Auch Gegenstände, die nicht zum Vorratsvermögen zählen, können als Gruppe bewertet werden, wenn sie gleichartig sind (Rdn. 67). § 240 Abs. 4 läßt es jedoch insoweit in Übereinstimmung mit dem bisherigen Recht genügen, daß bewegliche Vermögensgegenstände annähernd gleichwertig sind. Annähernde Gleichwertigkeit ist zu bejahen, wenn die Einzelpreise der zusammengefaßten Vermögensgegenstände nur geringfügig voneinander abweichen. Eine Differenz von 20 % zwischen dem niedrigsten und dem höchsten Einzelpreis soll noch unschädlich sein, wenn es sich um geringwertige Gegenstände handelt.[110] Eine Schwankungsbreite von 10 % nach oben und unten sollte in der Tat das Maximum darstellen, das sich bei höheren Werten tendenziell verringert. Über den Wortlaut der Vorschrift hinaus ist nach allg. M. erforderlich, daß die zusammengefaßten Gegenstände nicht nur annähernd gleichwertig, sondern durch weitere wesentliche Merkmale miteinander verbunden sind.[111] Standardbeispiel einer genügenden sachlichen Verbindung ist die Zugehörigkeit zum gleichen Sortiment. Diese einschränkende Aus-

---

[107] Ebenso: *Glade*[2] 73; vgl. auch die folgende Fn.

[108] ADS[6] 120; Beck BilKomm-*Budde/Kunz* 136; HuRB-*Bernert* S. 219 f; *Fülling* GoBil für Vorräte, S. 187 ff; *Glade*[2] 73 ff; *IdW* Stellungnahme NA 5/1966, Slg. IdW, NA S. 9 = WPg 1966, 677; *Kropff* in Geßler/Hefermehl AktG § 155, 28 m. w. N.; *Küting/Weber/Knop* 75 f; etwas großzügiger *Heymann/Walz*[2] 22.

[109] So war es im ersten Entwurf zu § 155 AktG a. F. vorgesehen, vgl. dazu *Kropff* aaO (Fn. 108); vgl.

auch Abschnitt R 36 Abs. 3 Satz 2 EStR 1999 („vertretbare Wirtschaftsgüter").

[110] Beck BilKomm-*Budde/Kunz* 137; KK-*Claussen/Korth* HGB § 240, 24; *Glade*[2] 76; weitergehend (25 %) HdJ-*Schildbach* II/4 Rdn. 27; enger ADS[6] 127 f.

[111] ADS[6] 128; Beck BilKomm-*Budde/Kunz* 136; *Glade*[2] 76; *Küting/Weber/Knop* 78.

legung konnte sich unter der Geltung des § 40 Abs. 4 Nr. 1 a. F. ohne weiteres auf den einschränkenden Vorbehalt stützen, daß die Gruppenbewertung den GoB entsprechen müsse. Für § 240 Abs. 4 gilt jedoch nichts anderes, weil für die Darstellung der Vermögenslage nach §§ 238 Abs. 1 S. 1, 243 Abs. 1 allgemein die GoB maßgeblich sind. Danach muß die Zusammenfassung von Gegenständen zu einer Gruppe durch ihre Eigenschaften sachlich gerechtfertigt sein; eine bloß zufällige annähernde Preisübereinstimmung genügt also nicht.

3. Ansatz mit dem gewogenen Durchschnittswert

Allgemeines. Wenn die Voraussetzungen des § 240 Abs. 4 erfüllt sind (Rdn. 66 ff), **69** dürfen die Vermögensgegenstände jeweils zu einer Gruppe zusammengefaßt und mit dem gewogenen Durchschnittswert angesetzt werden. Aus dem Wort „jeweils" folgt, daß die Bildung verschiedener Gruppen zulässig und entsprechend der Gleichartigkeit oder annähernden Gleichwertigkeit der Vermögensgegenstände auch erforderlich ist. Der Ansatz mit dem gewogenen Durchschnittswert geht auf Art. 40 der 4. Richtlinie zurück und bezeichnet eine Methode, die im deutschen Recht bislang als steuerliches Schätzungsverfahren[112] für vertretbare Wirtschaftsgüter des Vorratsvermögens anerkannt war, wenn deren Anschaffungs- oder Herstellungskosten infolge von Preisschwankungen im Laufe des Wirtschaftsjahrs im einzelnen nicht mehr einwandfrei feststellbar sind (Abschnitt R 36 Abs. 3 Satz 2 EStR 1999). Für diesen Fall wird die Bewertung nach dem gewogenen Mittel der im Laufe des Wirtschaftsjahrs erworbenen und gegebenenfalls bei seinem Beginn vorhandenen Wirtschaftsgüter als zweckentsprechendes Schätzungsverfahren bezeichnet (Abschnitt R 36 Abs. 3 Satz 3 EStR 1999). „Gewogenes" Mittel heißt: Es genügt nicht, die Summe der gezahlten Preise durch die Summe der vorhandenen Stücke (oder sonstigen Mengen) zu dividieren; erforderlich ist vielmehr eine Rechnung, die berücksichtigt, welche Mengen zu welchen Preisen bezogen worden sind.

Berechnungsmethoden. Die kaufmännische Praxis kennt den einfachen und den **70** gleitenden gewogenen Durchschnittswert. Beide genügen den Anforderungen des § 240 Abs. 4.[113] *Einfacher gewogener Durchschnittswert:* Anfangs- und Zugangsmengen sind (ohne Rücksicht auf den Zeitpunkt des Zugangs) mit dem jeweiligen Preis zu multiplizieren. Die daraus folgenden Produkte sind in einer Summe zusammenzufassen (Gesamtheit der gezahlten Preise). Anfangs- und Zugangsmengen sind gleichfalls zu addieren. Die Summe der Preise dividiert durch die Summe der Mengen ist der einfache gewogene Durchschnittswert pro Stück (oder sonstige Mengeneinheit). Für den Ansatz in Inventar und Bilanz ist der Durchschnittswert pro Mengeneinheit mit der durch Inventur festgestellten Menge zu multiplizieren. *Beispiel:*

Anfangsbestand	100 Stück zu EURO 50,–	=	EURO 5 000,–
Zugang	200 Stück zu EURO 52,–	=	EURO 10 400,–
Zugang	100 Stück zu EURO 48,–	=	EURO 4 800,–
Zugang	50 Stück zu EURO 49,–	=	EURO 2 450,–
Summe Mengen	450 Stück Summe Preise	=	EURO 22 650,–

Durchschnittspreis: EURO 22 650 : 450 = EURO 50,33
Menge zum Bilanzstichtag (nach Abgang von 350 Stück)
100 Stück, Ansatz also mit EURO 50,33 × 100 = EURO 5 033,–

---

[112] Dazu *Herrmann/Heuer/Raupach* KommEStG[21] § 6, 135 ff; *Knobbe-Keuk* § 5 III 2 d aa; *L. Schmidt/Glanegger* KommEStG[20] § 6, 260 ff.

[113] *Glade*[2] 80. Zur Berechnung vgl. außer den Kommentaren *Eisele* Technik des betrieblichen Rechnungswesens[6] 11.223; HuRB-*Hömberg* S. 205 ff.

Gleitender gewogener Durchschnittswert: Dabei handelt es sich um eine fort-laufende Rechnung, nach welcher der Durchschnittspreis nach jedem Zugang neu berechnet und der Bewertung des folgenden Abgangs zugrunde gelegt wird. Das Ver-fahren ist umständlicher, liefert aber genauere Ergebnisse als die einfache Berech-nungsmethode und ist bei EDV-Buchführung das am häufigsten angewandte Verfah-ren. *Beispiel:*

Anfangsbestand	100 Stück zu EURO 50,–	=	EURO 5 000,–
Zugang	200 Stück zu EURO 52,–	=	EURO 10 400,–
Bestand	300 Stück	=	EURO 15 400,–
Durchschnittspreis:			
EURO 15 400 : 300 = EURO 51,33			
Abgang	100 Stück zu EURO 51,33	=	EURO 5 133,–
Bestand	200 Stück	=	EURO 10 267,–
Zugang	100 Stück zu EURO 48,–	=	EURO 4 800,–
Bestand	300 Stück	=	EURO 15 067,–
Durchschnittspreis:			
EURO 15 067 : 300 = EURO 50,22			
Abgang	200 Stück zu EURO 50,22	=	EURO 10 044,–
Bestand	100 Stück	=	EURO 5 023,–
Zugang	50 Stück zu EURO 49,–	=	EURO 2 450,–
Bestand	150 Stück	=	EURO 7 473,–
Durchschnittspreis:			
EURO 7 473 : 150 = EURO 49,82			
Abgang	50 Stück zu EURO 49,82	=	EURO 2 491,–
Endbestand	100 Stück	=	EURO 4 982,–

Während die Ermittlung des einfachen gewogenen Durchschnittswerts zum An-satz von EURO 5 033,– führt (vgl. oben), ergibt sich also bei der Berechnung des ent-sprechenden gleitenden Wertes eine in Inventar und Bilanz zu übernehmende Summe von EURO 4 982,–.

4. Wertbeibehaltungswahlrecht (Art. 24 Abs. 1 EGHGB)

71   Ergibt sich aufgrund der bisherigen Rechtslage (§ 40 Abs. 4 Nr. 1 a. F.) zum letzten Bilanzstichtag vor Anwendung des neuen Rechts im **Anlagevermögen** ein niedrigerer Wertansatz als nach § 240 Abs. 4, so darf dieser nach Art. 24 Abs. 1 EGHGB beibe-halten werden. Für das **Umlaufvermögen** besteht das Wahlrecht nicht, weil Art. 24 Abs. 2 EGHGB in seiner enumerativ gehaltenen Zusammenstellung von Vorschriften § 240 Abs. 4 nicht aufführt. Damit besteht für die Gruppenbewertung dieselbe Lage wie für die Festwertbildung; vgl. deshalb auch Rdn. 63.

IX. Rechtsfolgen einer Pflichtverletzung

Besondere Sanktionen bei einer Verletzung der in § 240 ausgesprochenen Pflichten **72**
kennt das Handelsrecht nicht. In Betracht kommt jedoch **Strafbarkeit**, und zwar
zunächst nach §§ 283 Abs. 1 Nr. 7 lit. b, 283b Abs. 1 Nr. 3 lit. b StGB, wenn das Inventar nicht „in der vorgeschriebenen Zeit" aufgestellt wird. Entgegen den Erwartungen,
die der Gesetzeswortlaut hervorruft, gibt es keine ausdrücklichen handelsrechtlichen
Vorschriften über die Inventarfrist; vgl. zunächst Rdn. 39 und 45. Nach der Judikatur
in Strafsachen zur Aufstellung des Jahresabschlusses besteht eine Frist von längstens
sechs Monaten seit dem Bilanzstichtag, die sich bei Eintritt der Krisenlage entsprechend dem Schutzzweck der §§ 283 ff StGB verkürzen kann (§ 243, 38 und 40). Weil
das Inventar die notwendige Grundlage der Bilanz ist, kann die Inventarfrist jedenfalls
nicht länger sein. Mangelhafte Inventur und fehlerhaftes Inventar werden überdies
zwangsläufig den Tatbestand der mangelhaften Bilanzierung nach §§ 283 Abs. 1 Nr. 7
lit. a, 283b Abs. 1 Nr. 3 lit. a StGB verwirklichen. **Abschlußprüfung:** Die Verletzung
des § 240 kann bei prüfungspflichtigen Kapitalgesellschaften (§ 316 Abs. 1) zur Einschränkung oder zur Versagung des Testats führen (§ 322 Abs. 3). Das gilt bei Verstößen gegen die Inventurpflicht, bei mangelhaftem (oder gar fehlendem) Inventar und
schließlich bei Bewertungsfehlern im Rahmen des § 240 Abs. 3 und 4, insbesondere,
wenn eines der Vereinfachungsverfahren in Anspruch genommen wurde, obwohl
seine gesetzlichen Voraussetzungen nicht vorliegen.

X. Steuerrechtliche Fragen

Das Steuerrecht kennt keine § 240 vergleichbare Bestimmung über Inventar, In- **73**
ventur und Vereinfachungsverfahren. Die zugehörigen steuerrechtlichen Fragen sind
deshalb im jeweiligen Zusammenhang erörtert. **Stichworte** in alphabetischer Folge.
Anlage, geschlossene, als Inventurgegenstand: Rdn. 33; *Aufnahme,* körperliche, des
Vorratsvermögens: Rdn. 34 f; *Buchinventur* des beweglichen Sachanlagevermögens:
Rdn. 33; *Durchschnittsbewertung:* Rdn. 68 f; *Festbewertung,* Anpassung an Ergebnisse der Kontrollinventur: Rdn. 56, 59; *Festbewertung,* Fristen für Kontrollinventur:
Rdn. 62; *Festbewertung,* nachrangige Bedeutung des Gesamtwerts: Rdn. 54 a. E.; *Fest-
bewertung,* Regelsätze für Bildung des Festwerts: Rdn. 58 a. E.; *Festbewertung,* Werk-
zeuge: Rdn. 51; *Finanzierungsleasing:* Rdn. 20; *Inventur,* Zehntagesfrist: Rdn. 46; *Vermögensgegenstand* und Wirtschaftsgut: Rdn. 11 f; *Wirtschaftsjahr,* Änderung: Rdn. 44;
Wirtschaftsjahr, Begriff: Rdn. 41; *Zurechnung* von Wirtschaftsgütern (§ 39 AO):
Rdn. 17 f.

§ 241
Inventurvereinfachungsverfahren

(1) Bei der Aufstellung des Inventars darf der Bestand der Vermögensgegenstände nach Art, Menge und Wert auch mit Hilfe anerkannter mathematisch-statistischer Methoden auf Grund von Stichproben ermittelt werden. Das Verfahren
muß den Grundsätzen ordnungsmäßiger Buchführung entsprechen. Der Aussagewert des auf diese Weise aufgestellten Inventars muß dem Aussagewert eines
auf Grund einer körperlichen Bestandsaufnahme aufgestellten Inventars gleichkommen.

(2) Bei der Aufstellung des Inventars für den Schluß eines Geschäftsjahrs bedarf es einer körperlichen Bestandsaufnahme der Vermögensgegenstände für diesen Zeitpunkt nicht, soweit durch Anwendung eines den Grundsätzen ordnungmäßiger Buchführung entsprechenden anderen Verfahrens gesichert ist, daß der Bestand der Vermögensgegenstände nach Art, Menge und Wert auch ohne die körperliche Bestandsaufnahme für diesen Zeitpunkt festgestellt werden kann.

(3) In dem Inventar für den Schluß eines Geschäftsjahrs brauchen Vermögensgegenstände nicht verzeichnet zu werden, wenn
1. der Kaufmann ihren Bestand auf Grund einer körperlichen Bestandsaufnahme oder auf Grund eines nach Absatz 2 zulässigen anderen Verfahrens nach Art, Menge und Wert in einem besonderen Inventar verzeichnet hat, das für einen Tag innerhalb der letzten drei Monate vor oder der ersten beiden Monate nach dem Schluß des Geschäftsjahrs aufgestellt ist, und
2. auf Grund des besonderen Inventars durch Anwendung eines den Grundsätzen ordnungsmäßiger Buchführung entsprechenden Fortschreibungs- oder Rückrechnungsverfahrens gesichert ist, daß der am Schluß des Geschäftsjahrs vorhandene Bestand der Vermögensgegenstände für diesen Zeitpunkt ordnungsgemäß bewertet werden kann.

Übersicht

		Rdn.			Rdn.
I.	Normzweck und Allgemeines			aa) Lückenlosigkeit	18
	1. Regelungsgegenstand und -zweck;			bb) Sachlich richtig	19
	Entstehungsgeschichte	1		c) Förmlich richtig (Grundsatz der	
	2. Praktische Grundlagen der			Klarheit)	21
	Inventurvereinfachung			d) Ordnung des Inventars	22
	a) Allgemeines	3		4. Gleichwertigkeit des Inventars	25
	b) Insbesondere: Lagerbuchführung	4	IV.	Permanente Inventur (§ 241 Abs. 2)	
II.	Anwendungsvoraussetzungen der			1. Grundform	
	Inventurvereinfachungsverfahren			a) Begriff und Allgemeines	26
	(§ 241 Abs. 1–3)			b) Voraussetzungen	28
	1. Beschränkung auf Vermögens-			c) Inventargerechte Feststellung	
	gegenstände			des Bestandes	29
	a) Grundsatz: keine Inventur-			d) Übereinstimmung des Verfahrens	
	vereinfachung für Schulden	5		mit den GoI	
	b) Alle Vermögensgegenstände			aa) Vollständig und sachlich	
	oder nur Vorratsvermögen?	6		richtig (Wahrheitsgrundsatz)	30
	2. Vereinfachung der Inventur von			bb) Förmlich richtig	
	Pensionszusagen	7		(Grundsatz der Klarheit)	31
III.	Stichprobeninventur (§ 241 Abs. 1)			cc) Ordnung, besonders bei	
	1. Allgemeines	8		EDV-Einsatz	32
	2. Aufstellung des Inventars mit			2. Permanente Inventur mit Stich-	
	Hilfe einer Stichprobeninventur			proben	
	a) Einzelverzeichnis trotz Gesamt-			a) Gesetzliche Zulässigkeit	34
	wertorientierung des Verfahrens	9		b) Übereinstimmung des Verfahrens	
	b) Wertermittlung durch Schätz-			mit den GoI	35
	verfahren	12		3. Besonderheiten bei automatisch	
	c) Einzelne Schätzverfahren			gesteuerten Lagersystemen	
	aa) Freie Mittelwertschätzung	14		a) Ausgangslage	36
	bb) Gebundene Mittelwert-			b) Anforderungen an die Inventur	
	schätzung	15		im allgemeinen	
	cc) Sonstige Verfahren	16		aa) Grundsatz	37
	3. Übereinstimmung mit den GoI			bb) Inventurvereinfachungen	38
	a) Allgemeines	17		c) Insbesondere: zur körperlichen	
	b) Vollständig und sachlich richtig			Aufnahme der nicht bewegten	
	(Wahrheitsgrundsatz)			Bestände	40

Rdn. | Rdn.

V. Vor- oder nachverlegte Inventur
(§ 241 Abs. 3)
1. Begriff und Allgemeines 41
2. Voraussetzungen 42
3. Besonderes Inventar
a) Pflicht zur Aufstellung 43
b) Fristen 44
c) Zulässige Inventurmethoden 45

4. Fortschreibungs- oder Rückrechnungsverfahren
a) Wertermittlung zum Bilanz-
stichtag 46
b) Übereinstimmung mit den GoI
aa) Grundsatz 47
bb) Einzelfragen 48
VI. Steuerrechtliche Fragen 49

Schrifttum

(vgl. auch die Angaben vor und zu § 238 sowie unten vor Rdn. 8, 26, 41). *AWV* Rationalisierung der Inventur unter Berücksichtigung neuer Techniken und Verfahren (1976); *Biener* Die Neufassung handelsrechtlicher Buchführungsvorschriften, DB 1977, 527; *Fülling* Grundsätze ordnungsmäßiger Bilanzierung für Vorräte (1976); Arbeitskreis *Ludewig* Die Vorratsinventur (1967); *Offerhaus* Die neuen handelsrechtlichen Buchführungsvorschriften, BB 1976, 1622; *Schulze-Osterloh* Die neuen handels- und steuerrechtlichen Buchführungsvorschriften nach dem 1. WiKG und dem EGAO 1977 sowie nach der AO 1977, WM 1977, 606.

I. Normzweck und Allgemeines

1. Regelungsgegenstand und -zweck; Entstehungsgeschichte

§ 241 ergänzt die in § 240 Abs. 1 und 2 getroffenen Bestimmungen. Die Vorschrift **1** regelt *Stichprobeninventur* (Abs. 1), *permanente Inventur* (Abs. 2) sowie *vor- oder nachverlegte Inventur* (Abs. 3). Alle drei Verfahren bezwecken die **Vereinfachung** der Inventur im Vergleich zu den Anforderungen, die sich aus § 240 Abs. 1 und 2 ergeben. Danach bildet die Einzelerfassung durch Vollaufnahme zum Bilanzstichtag die Grundform der Inventur (§ 240, 29). Während die Stichprobeninventur auf die Vollaufnahme verzichtet und damit im Sinne der Betriebswirtschaftslehre (vgl. § 240, 29 bei Fn. 47) eine Erleichterung des Inventurverfahrens gewährt, stellen die permanente Inventur und die vor- oder nachverlegte Inventur Ausnahmen vom Prinzip der Stichtagsbezogenheit dar; im Sinne der Betriebswirtschaftslehre (vgl. aaO) beziehen sich diese Vereinfachungen auf das Inventursystem. Anders als das Festwertverfahren nach § 240 Abs. 3 (vgl. dort Rdn. 47 ff) erlauben es die Erleichterungen des § 241 dagegen nicht, auf die Einzelerfassung zu verzichten; die Einzelaufnahme erfolgt nur in einem anderen Verfahren oder zu anderen Zeitpunkten als nach den allgemeinen Grundsätzen.

Entstehungsgeschichte. Die in § 241 enthaltene Regelung war im RegE des **BiRi- 2 LiG** noch als § 39 Abs. 4–6 HGB-E vorgesehen, wobei jeweils das Wort „Vermögensgegenstände" durch das Wort „Wirtschaftsgüter" ersetzt werden sollte (BTDrucks. 10/317, S. 3). Die geltende Fassung geht auf die Ausschußberatungen zurück. Der Ausschuß hat es fast ganz bei dem Wortlaut des § 39 Abs. 2a–4 a. F. belassen; eine Umstellung im Text des § 39 Abs. 4 Nr. 1 a. F. („ersten beiden Monate") soll der sprachlichen Verbesserung dienen (Ausschußbericht, BTDrucks. 10/4268, S. 96). Daß auf den Begriff des Wirtschaftsguts verzichtet wurde, liegt in der Konsequenz der zu § 240 Abs. 1 und 2 getroffenen Entscheidung (dazu § 240, 2 und 11 f; Anh. § 243, 13 ff). Mit § 241 wird also der bisherige Rechtszustand sachlich unverändert fortgeführt. Er geht seinerseits auf Gesetzesänderungen von 1977 und von 1965 zurück. Die *Stich-*

probeninventur wurde durch das **EGAO 1977** in § 39 Abs. 2a als zulässig anerkannt,[1] um Zweifel an der rechtlichen Haltbarkeit des zuvor schon in der Praxis[2] geübten Verfahrens zu beseitigen.[3] *Permanente Inventur* sowie *vor- oder nachverlegte Inventur* wurden durch die **Novelle von 1965**[4] in § 39 Abs. 3 und 4 a. F. gesetzlich verankert; während § 39 Abs. 3 a. F. nur klarstellende Bedeutung zukam, wurde mit der vor- oder nachverlegten Inventur in § 39 Abs. 4 a. F. ein Verfahren gebilligt, das neu und in seiner rechtlichen Zulässigkeit noch zweifelhaft war.[5]

2. Praktische Grundlagen der Inventurvereinfachung

3   **a) Allgemeines.** Sämtliche Inventurvereinfachungsverfahren verdanken ihre Entstehung den *Rationalisierungsbestrebungen* der kaufmännischen Praxis; sie sind also vom Gesetzgeber nicht entwickelt, sondern nachträglich anerkannt worden. Diesem Umstand sind die elastischen Verfahrensbeschreibungen des § 241 zu verdanken (z. B. „anerkannte mathematisch-statistische Methode", GoB-konforme Bestandsfeststellung auf den Bilanzstichtag). Es soll damit erreicht werden, daß sich in der Praxis auch zukünftig Methoden der Inventurvereinfachung entwickeln können, ohne ständige Änderungen des HGB erforderlich zu machen.[6] Daraus folgt, daß Vereinfachungsverfahren nicht schon deshalb als unzulässig eingestuft werden dürfen, weil sie dem Gesetzgeber noch unbekannt waren. Entscheidend ist vielmehr, ob sie unter die unbestimmten Rechtsbegriffe des § 241 subsumiert, namentlich als ordnungsmäßig beurteilt werden können (vgl. auch Rdn. 39 f zur Einlagerungsinventur, ferner § 239, 23 sowie § 257, 31 f und 36).

4   **b) Insbesondere: Lagerbuchführung.** Lagerbuchführung ist die Führung von Aufzeichnungen über das Vorratsvermögen; sie zeigen die Entwicklung der Bestände nach Art, Menge und Wert. § 241 verlangt eine solche Lagerbuchführung nicht. Vielmehr ist es rechtlich genügend, daß die Bestände des Vorratsvermögens zum Bilanzstichtag körperlich aufgenommen (§ 240, 34 f) und nach Art, Menge und Wert durch das Inventar nachgewiesen werden. In der Praxis ist die Lagerbuchführung gleichwohl verbreitet, und zwar schon aus Gründen der Kontrolle während des Geschäftsjahrs und wegen der notwendigen Lagerdispositionen. Die Inventurvereinfachungsverfahren basieren auf dieser praktischen Entwicklung, und zwar in einem doppelten Sinne. Erstens: Ihre Entstehung verdanken sie dem Bestreben, eine Lagerbuchführung, wenn sie ohnehin vorhanden ist, für die Inventur des Vorratsvermögens nutzbar zu machen, um auch insoweit (zu anderen Bilanzpositionen vgl. § 240, 33 und 36) die körperliche Vollaufnahme zum Bilanzstichtag wenn schon nicht vollständig, so doch weitgehend durch eine Buchinventur zu ersetzen. Zweitens: Sowohl die Stichprobeninventur wie auch die permanente Inventur setzen eine Lagerbuchführung voraus; ohne eine Lagerbuchführung ist die Inventurvereinfachung in der einen oder der anderen Form unzulässig (näher Rdn. 11, 28).

[1] Einführungsgesetz zur AO 1977 vom 14. 12. 1976 (BGBl. I S. 3341, 3370 [Art. 56 EGAO]).
[2] Vgl. Arbeitskreis *Ludewig* 55 ff (ausführlich); *Kropff* in Geßler/Hefermehl AktG § 149, 38; *Kümmel* DB 1967, 433, 435 f.
[3] Bericht des Finanzausschusses, BTDrucks. 7/5458, S. 19; *Biener* DB 1977, 527, 533; *Offerhaus*

BB 1976, 1622, 1624; *Schulze-Osterloh* WM 1977, 606 f.
[4] Gesetz zur Änderung des HGB und der RAO vom 2. 8. 1965 (BGBl. I S. 665).
[5] Begr. RegE, BTDrucks. IV/2865, S. 5 f.
[6] Begr. RegE, BTDrucks. IV/2865, S. 6; Bericht des Finanzausschusses, BTDrucks. 7/5458, S. 19.

II. Anwendungsvoraussetzungen der Inventurvereinfachungsverfahren (§ 241 Abs. 1–3)

1. Beschränkung auf Vermögensgegenstände

a) Grundsatz: keine Inventurvereinfachung für Schulden. § 241 setzt in jedem **5** seiner drei Absätze voraus, daß es sich um die Bestandsaufnahme oder um die Inventarisierung von Vermögensgegenständen (Begriff: § 242, 11 f; Anh. § 243, 13 ff) handelt. Die Inventur von Schulden kann also nach dem Wortlaut des Gesetzes nicht vereinfacht werden. Gleichwohl ist die Frage im Schrifttum streitig. Während eine Meinung keine sachliche Veranlassung sieht, die Schuldeninventur zu vereinfachen,[7] will die Gegenansicht Schulden mit dem Argument in die Anwendung des § 241 einbeziehen, es handle sich dabei um negative Vermögensgegenstände (oder Wirtschaftsgüter).[8] *Stellungnahme.* Grundsätzlich gibt es keine Inventurvereinfachung für Schulden (Ausnahme: Pensionsrückstellungen, vgl. Rdn. 7). Sie läßt sich zunächst wegen des klaren Gesetzeswortlauts nicht durch unmittelbare Anwendung des § 241 rechtfertigen. Das Verständnis der Schulden als negativer Vermögensgegenstände entspricht nicht der hergebrachten handelsrechtlichen Terminologie und ist mit der Entstehungsgeschichte des BiRiLiG vollends unvereinbar, weil der Gesetzgeber bewußt am Doppelbegriff „Vermögensgegenstände und Schulden" festgehalten hat.[9] Es könnte also nur eine analoge Anwendung des § 241 in Betracht kommen. Dafür wäre aber erforderlich, daß bei der Schuldeninventur Schwierigkeiten bestehen, die denen der körperlichen Aufnahme des Vorratsvermögens (vgl. schon Rdn. 4) vergleichbar sind, und daß Stichprobeninventur, permanente Inventur oder Vor- oder Nachverlegung geeignet sind, diesen Schwierigkeiten zu begegnen. Ersichtlich fehlt es schon an der ersten Voraussetzung, weil Schulden ohnehin buchmäßig aufgenommen werden (vgl. § 240, 32 und 36). Deshalb scheidet auch eine entsprechende Anwendung des § 241 aus.

b) Alle Vermögensgegenstände oder nur Vorratsvermögen? Nach dem Wort- **6** laut des § 241 kann die Inventur aller Vermögensgegenstände durch die dort geregelten Verfahren vereinfacht werden; danach würde es z. B. genügen, den Bestand an Forderungen nur stichprobenweise zu prüfen (§ 241 Abs. 1) oder zu einem vom Bilanzstichtag abweichenden Inventurstichtag aufzunehmen (§ 241 Abs. 2). Das wäre jedoch nicht richtig. Die Norm bezweckt nämlich, die Inventur durch körperliche Bestandsaufnahme zu vereinfachen (Rdn. 4 f), und ist entsprechend einschränkend auszulegen. Soweit Vermögensgegenstände wie vor allem Forderungen ohnehin nur buchmäßig aufgenommen werden, gibt es also keine zusätzliche Inventarerleichterung nach § 241.[10] Praktisch beschränkt sich der Anwendungsbereich der Vorschrift damit auf Gegenstände des Vorratsvermögens, nachdem sich auch für das bewegliche Anlagevermögen die bloße Buchinventur durchgesetzt hat (vgl. § 240, 30 und 33).

---

[7] Beck BilKomm-*Budde/Kunz* 1; *Schulze-Osterloh* WM 1977, 606 f.

[8] *Nies* StBp 1976, 245; *Offerhaus* BB 1976, 1624; für sinngemäße Anwendung ADS[6] 2.

[9] Zum Verständnis der Schulden als negativer Wirtschaftsgüter vgl. noch § 39 Abs. 1 S. 1 HGB-E (BTDrucks. 10/317, S. 3). Dazu Frage 9 des Unterausschusses zur Beibehaltung von „Vermögensgegenständen und Schulden" (Fragenkatalog: Stenographisches Prot. der 17. Sitzung des Unter

ausschusses vom 9. 5. 1985, S. VII f) und die durchgängig positiven Stellungnahmen (Anlage 1 zum gen. Prot. S. 12, 27, 43, 54, 74, 113, 127, 143, 159, 178, 190, 197, 217, 228, 240, 249, 257, 268). Nur sprachliche Abweichung (aaO S. 48): „aktive" und „passive" Vermögensgegenstände.

[10] *Schulze-Osterloh* WM 1977, 606 f; ähnlich Beck BilKomm-*Budde/Kunz* 1; *Wiedmann* 1; **a. M.** wohl *Nies* StBp 1976, 245; *Offerhaus* BB 1976, 1622, 1624.

Uwe Hüffer

2. Vereinfachung der Inventur von Pensionszusagen

7   Nach Abschnitt R 41 Abs. 18 Satz 2 EStR 1999 darf die Inventur von Pensionszusagen „in Anwendung von § 39 Abs. 4 HGB" (sc.: a. F.) **vor- oder nachverlegt** erfolgen. Die entsprechende Praxis fand und findet im Wortlaut der handelsrechtlichen Bestimmung keine Stütze, weil Pensionsrückstellungen den Schulden zuzurechnen sind (vgl. § 240, 13 f), für die § 241 nicht unmittelbar und prinzipiell auch nicht analog gilt (vgl. Rdn. 5). Fraglich kann demnach nur sein, ob ausnahmsweise § 241 Abs. 3 entsprechende Anwendung finden kann, ob also bei der Inventur von Pensionszusagen Schwierigkeiten bestehen, die denen einer körperlichen Bestandsaufnahme vergleichbar und durch die Gewährung eines längeren Inventurzeitraums lösbar sind. Das ist zu bejahen, weil für die Berechnung der Rückstellung die pensionsberechtigten Personen und die Höhe ihrer jeweiligen Ansprüche festgestellt werden müssen (Abschnitt R 41 Abs. 18 Satz 1 EStR 1999 bezeichnet das als „körperliche Bestandsaufnahme") und diese Feststellungen je nach dem Umfang des berechtigten Personenkreises einen Zeitraum beanspruchen können, der auch bei der ausgeweiteten Stichtagsinventur (vgl. § 240, 46: zehn Tage vor und nach dem Bilanzstichtag) nicht zur Verfügung steht. Aus diesen Gründen kann die bisherige Praxis auch handelsrechtlich beibehalten werden.[11] Nicht, auch nicht analog, anwendbar sind dagegen § 241 Abs. 1 und 2.

III. Stichprobeninventur (§ 241 Abs. 1)

Schrifttum

(Auswahl, vornehmlich aus jüngerer Zeit; vgl. auch die Angaben vor Rdn. 1 und unten vor Rdn. 26, 41). *AWV* Stichprobeninventur in Vertriebseinrichtungen des Handels (1984); *AWV* Sequentialtest für die Inventur mit Stichproben bei ordnungsmäßiger Lagerbuchführung (1985); *Bauer/Heller* Die optimale Schichtung des Lagerkollektivs, WPg 1981, 107; *Bellinger* Stichprobeninventur – ein rationelles Verfahren und sein statistischer Hintergrund, DSWR 1977, 3; *Broermann* Stichprobeninventuren – Ein Beitrag zur Anwendung der Stichprobeninventur in der Praxis und zur Auslegung des § 241 Abs. 1 HGB (1987); *Bühler* Zum optimalen Stichprobenumfang bei der Stichprobeninventur, ZfbF 1984, 699; *Bujack/Roth* Schätzverfahren in der Inventur, DB 1959, 577 und 601; *Burkel* Zur Problematik der Lagerinventur mittels Stichprobenverfahren, BB 1987, 29; *Deindl* Zur Problematik der Stichprobeninventur, StBp 1977, 269; *Fandel/Dyckhoff/Müller* Stichprobeninventur – Zur Problematik der Anwendung in der Praxis, DBW 1985, 278; *Hömberg* Grundlagen und Organisation einer Stichprobeninventur nach § 39 Abs. 2a HGB, DB 1985, 2057 und 2112; *Hofmann* Inventurvereinfachung, Diss. Frankfurt (1963); *Köhle/Sturm* Methode der geschichteten Stichprobeninventur, WPg 1980, 126; *Köhle/Sturm* Die permanente Stichprobeninventur mit Annahmetests, WPg 1983, 398; *Kunz* Zu Fragen der Stichprobeninventur, WPg 1981, 309; *Matt* Zur Stichprobeninventur, WPg 1980, 192; *Nagels/Plüschke/Zimmermann* Bemerkungen zur Verwendung von Stichprobenverfahren bei der Vorratsinventur, WPg 1980, 398; *Nagels/Zimmermann* Stichprobeninventur, ZfbF 1982, 1055; *Nies* Mathematisch-statistische Methoden als Hilfsmittel zur Aufstellung des Inventars, StBp 1976, 245; *Pack/Wendt/Zimmermann* Erfahrungen mit der Stichprobeninventur, DBW 1984, 263; *Plüschke* Anwendung von Stichprobenverfahren bei der Stichtagsinventur und der permanenten Inventur (1982); *Schaich/Ungerer* Stichprobeninventuren in methodisch-statistischer Betrachtung, WPg 1979, 653; *Scherrer/Obermeier* Stichprobeninventur – Theoretische Grundlagen und praktische Anwendung (1981); *Schmitz* Überlegungen zur Anwendung der Stichprobeninventur gemäß § 39 Abs. 2a HGB, WPg 1982, 430 und 569; *Uhlig* Überlegungen zur Anwendung der Stichprobeninventur, WPg 1982, 476; *de Vries* Anwendungsmöglichkeiten mathematisch-statistischer Stichprobenmethoden für Inventurzwecke, DB 1981, 1245; *Weinrich/Steinecke* Die Verwendung

---

[11] Gleicher Ansicht: ADS[6] 2; Beck BilKomm-*Budde/Kunz* 50; *Wiedmann* 22.

gebundener Schätzverfahren bei der Stichprobeninventur, WPg 1979, 597; *Weiss/Zaich* Anmerkungen zur Zulässigkeit des Sequentialtests als Stichprobenverfahren für die Vorratsinventur, DB 1986, 1029; *Wittmann* Probleme der Stichproben-Inventur aus steuerrechtlicher Sicht, StBp 1980, 25; *v. Wysocki/Schmidle* Die Verwendung gebundener Schätzverfahren bei der Stichprobeninventur, WPg 1979, 417; *v. Wysocki* Einzelfragen zur Verwendung gebundener Schätzverfahren bei der Stichprobeninventur, WPg 1980, 28; *v. Wysocki* Überlegungen zu den Grundsätzen ordnungsmäßiger Stichproben-Inventur, Festgabe Loitlsberger (1981) S. 273; *Zimmermann* Stichprobenverfahren in der Vorrats-Inventur, DBW 1980, 267.

1. Allgemeines

Der **Begriff der Stichprobeninventur** hat sich eingebürgert, wird aber vom Gesetz **8** nicht verwandt. Stattdessen spricht § 241 Abs. 1 von einem Verfahren, das sich bei der Aufstellung des Inventars der Hilfe anerkannter mathematisch-statistischer Methoden bedient, um aufgrund von Stichproben den Bestand der Vermögensgegenstände zu ermitteln, und zwar nach Art, Menge und Wert. Die Betonung des Inventars statt der Inventur entspricht der Struktur des § 240 (vgl. dort Rdn. 28). Die gesetzliche Verfahrensbeschreibung ist *in sich widersprüchlich,* weil auf der Basis von Stichproben mit Hilfe mathematisch-statistischer Methoden nur auf den Gesamtwert des untersuchten Bestandes geschlossen werden kann (vgl. noch Rdn. 9 ff). Dagegen läßt sich über Art, Menge und Einzelwerte der Vermögensgegenstände durch Stichproben und Hochschätzung der Probenergebnisse kein Aufschluß erlangen. Weil das Gesetz verlangt, daß das Inventar auch darüber Auskunft gibt, wird eine bloße Stichprobeninventur vom Handelsrecht nicht getragen. Rechtlich zulässig ist nur ein aus der Lagerbuchführung abgeleitetes *vollständiges Inventar des Vorratsvermögens* (Rdn. 6), bei dem die *Gesamtwerte durch ein methodisch abgesichertes Schätzverfahren* gewonnen werden (**str.,** vgl. noch Rdn. 9 f). Die **praktische Verbreitung** der (so verstandenen) Stichprobeninventur wird als *eher gering* eingeschätzt.[12] Im deutlichen Gegensatz dazu steht das Interesse, das dem Verfahren im Schrifttum zugewandt wird.[13] Die ausufernde Literatur konzentriert sich allerdings auf die im Rahmen der Stichprobeninventur anwendbaren mathematisch-statistischen Methoden und ist deshalb ohne spezifische juristische Bedeutung, wegen der teilweise anzutreffenden Abstraktionshöhe wohl auch für die Unternehmenspraxis nicht immer hilfreich. Insoweit wollen die nachfolgenden Erläuterungen nur den Rahmen bieten, der es erlaubt, das Fachwissen anderer Disziplinen sinnvoll in rechtliche Fragestellungen einzubringen.

2. Aufstellung des Inventars mit Hilfe einer Stichprobeninventur

a) Einzelverzeichnis trotz Gesamtwertorientierung des Verfahrens. Nach § 240 **9** Abs. 1 und 2 ist das Inventar ein genaues Verzeichnis der Vermögensgegenstände und der Schulden mit Einzelwertangabe (§ 240, 5). Dagegen sind die bei der Stichprobeninventur anwendbaren Schätzverfahren (vgl. noch Rdn. 12 f, 14 ff) sämtlich darauf gerichtet, die Ergebnisse der Stichprobe auf den Gesamtwert des inventarpflichtigen Bestands („Inventurgrundgesamtheit") hochzurechnen. Welche Folgerungen aus diesem Befund zu ziehen sind, ist streitig. **Meinungsstand.** Nach der einen namentlich im statistisch orientierten betriebswirtschaftlichen Schrifttum anzutreffenden Mei-

---

[12] *Burkel* BB 1987, 29; *Glade*[2] 9; *Hömberg* DB 1985, 2057 schätzt die Zahl der Unternehmen mit Stichprobeninventuren für 1985 auf „deutlich größer als einhundert". Erfahrungsberichte: *Fandel/Dyckhoff/Müller* DBW 1985, 278; *Pack/Wendt/Zimmermann* DBW 1984, 263.

[13] Wegen eines Gesamtüberblicks über Fragen der Stichprobeninventur vgl. *Burkel* BB 1987, 29; Einführung in die rechnungstechnischen Grundlagen bei *Hömberg* DB 1985, 2057.

nung[14] verzichtet das Gesetz auf ein Bestandsverzeichnis i. S. d. § 240, indem es die Stichprobeninventur zuläßt. Begreift man diesen Verzicht als verfahrensimmanente Konsequenz der Stichprobeninventur, so kann das in § 241 Abs. 1 geforderte Inventar nichts anderes sein als die „Einzelaufstellung der in die Stichprobe gelangten Elemente der Grundgesamtheit sowie das Verfahren der Schätzung des gesamten Inventurwertes" (*Burkel* aaO [Fn. 14] S. 30 re. Sp.). Nach der Gegenansicht, die vor allem im Bereich der Wirtschaftsprüfung vertreten wird,[15] ist der Inventarbegriff der §§ 240, 241 Abs. 1 identisch, erfolgt die deshalb unverzichtbare Bestandsaufnahme als Buchinventur anhand der Lagerbuchführung, geht es folglich bei der Stichprobeninventur nur um die Kontrolle des Gesamtwerts, die ihrerseits notwendig ist, um den Verzicht auf die im Bereich des Vorratsvermögens grundsätzlich erforderliche körperliche Aufnahme sachlich zu rechtfertigen.

10   **Stellungnahme.** Der zweiten am herkömmlichen Inventarbegriff orientierten Ansicht ist beizutreten. Für sie spricht der Wortlaut des Gesetzes, das in § 241 Abs. 1 S. 1 verlangt, den Bestand der Vermögensgegenstände nach Art, Menge und Wert zu ermitteln, und überdies in § 241 Abs. 1 S. 3 die Gleichwertigkeit der Inventaraussagen für die Zulässigkeit der Stichprobeninventur voraussetzt. Es läßt sich auch kaum übersehen, daß § 241 Abs. 1 S. 1 von einer bloßen „Hilfe" bei der Aufstellung des Inventars spricht, also auf die Inventarfunktion und auf den Grundsatz der Einzelbewertung, der zwangsläufig ein entsprechendes Verzeichnis voraussetzt, nicht etwa verzichten will.[16] Nur diese Ansicht entspricht auch der praktischen Entwicklung, die zur Zulassung der Stichprobeninventur geführt hat (Rdn. 3 f). Schließlich kann für sie noch angeführt werden, daß der Gesetzgeber des BiRiLiG den Text des § 39 Abs. 2a a. F. trotz der bekannten Diskussion um seine Bedeutung unverändert übernommen hat (Beck HdR-*Uhlig* A 220, 154).

11   **Konsequenzen.** Das zutreffende Verständnis der Stichprobeninventur (Rdn. 10) führt zu der Folgerung, daß eine *bestandszuverlässige Lagerbuchführung* auch dann unabdingbare Zulässigkeitsvoraussetzung ist, wenn sie nicht schon, wie namentlich bei der gebundenen Schätzung (Rdn. 15), ein systemimmanentes Erfordernis darstellt;[17] in dieser Folgerung liegt der praktische Kern des Meinungsstreits. Zur Lagerbuchführung vgl. schon Rdn. 4. Bestandszuverlässigkeit wird verneint, wenn der gesamte durch Schätzung ermittelte Istwert und der gesamte aus der Lagerbuchführung abgeleitete Sollwert um mehr als 2 % voneinander abweichen.[18] Wird diese Toleranzgrenze überschritten, so ist der Versuch, mit der Buchführung und Stichprobeninventur zum Inventar zu gelangen, gescheitert; also muß grundsätzlich Vollinventur durch körperliche Aufnahme stattfinden (zu Einzelheiten und zur Behandlung geringerer Abweichungen in Inventar und Bilanz vgl. Rdn. 19 f). Demgegenüber bleibt die hier abgelehnte Ansicht die Auskunft schuldig, wenn das Ergebnis der Schätzung und der (praktisch immer vorhandenen) Lagerbuchführung wesentlich (mehr als 2 %) von-

---

[14] *Broermann* Stichprobeninventuren, S. 147 ff; *Burkel* BB 1987, 29, 30 f; *Plüschke* Anwendung von Stichprobenverfahren, S. 38 ff; *Schaich/Ungerer* WPg 1979, 653, 659; *Scherrer/Obermeier* Stichprobeninventur, S. 33.
[15] Stellungnahme HFA 1/1981, Slg. *IdW* HFA S. 137 (= DB 1981, 2557 = WPg 1981, 479; *AWV* Sequentialtest, S. 7; Beck BilKomm-*Budde/Kunz* 23 f; *Wiedmann* 10; Küting/Weber/*Knop* 43; Bonner HdR-*Streim* 5; *Kunz* WPg 1981, 309, 310 f; HdJ-*ders.* II/5 Rdn. 72; *Uhlig* WPg 1981, 461 f;

Beck HdR-*ders.* A 220, 153 f; v. *Wysocki* FS Loitlsberger (1981) S. 273, 283 ff.
[16] Zutreffend *Wittmann* StBp 1980, 25, 28; v. *Wysocki* aaO (Fn. 15) S. 284.
[17] Vgl. die Nachweise in Fn. 15, besonders Stellungnahme HFA 1/1981.
[18] Stellungnahme HFA 1/1981, Slg. *IdW* HFA S. 137, 147, 149 (vgl. Fn. 15); dabei wird von einem relativen Stichprobenfehler von 1 % ausgegangen. Diese Toleranzgrenze steht heute wohl außer Streit.

Uwe Hüffer

einander abweichen. Die schlichte Übernahme des Schätzwerts trotz zutage liegender Unstimmigkeiten ist jedenfalls handelsrechtlich nicht annehmbar.

b) Wertermittlung durch Schätzverfahren. Grundlagen. Wie die Gesamtwert- **12** schätzung vorzunehmen ist, umschreibt § 241 Abs. 1 S. 1 bewußt nicht näher (vgl. Rdn. 3). Fest steht nach dem Gesetzeswortlaut insoweit nur, daß Stichproben zu erheben sind und das Probenergebnis mit Hilfe anerkannter mathematisch-statistischer Methoden auszuwerten ist. **Stichproben.** Erforderlich ist zunächst die sachgerechte *Abgrenzung des Lagerbestandes*, der einer Stichprobeninventur unterworfen werden soll. Kriterien sind dafür der Wert der Gegenstände und ein überdurchschnittliches Wertminderungsrisiko. Gegenstände mit hohen Einzelwerten und Gegenstände, die leicht verderblich oder unkontrollierbarem Schwund ausgesetzt sind, eignen sich nicht für ein Stichprobenverfahren; sie sind daher vollständig und körperlich aufzunehmen.[19] Damit ergibt sich die Teilung des Lagerbestandes in eine sogenannte *Vollerhebungsschicht* und in eine (stichprobengeeignete) *Teilerhebungsschicht*. Letztere ist hinreichend exakt abzugrenzen.[20] Sie bildet die „Inventurgrundgesamtheit" des Stichprobenverfahrens; auch die Bildung mehrerer Inventurgrundgesamtheiten ist denkbar. Die Artikel oder Lagerpositionen (Einzelelemente der Grundgesamtheit) sind als Wert (also in Euro) auszudrücken, damit die Vergleichbarkeit hergestellt ist. Schließlich muß ein *Stichprobenplan* aufgestellt werden, der den Stichprobenumfang (dazu *Bühler* ZfbF 1984, 699) und das Auswahlverfahren festlegt. Dabei muß jede Lagerposition die Chance haben, als Stichprobe gezogen zu werden. Zwingend erforderlich ist **Zufalls-auswahl** (z. B. Losverfahren, Auswahl bestimmter Endziffern); jede bewußte Auswahl verstößt gegen die wahrscheinlichkeitstheoretischen Grundlagen der Stichprobeninventur und macht das Verfahren unbrauchbar.

Anerkannte mathematisch-statistische Methoden. Jede anerkannte mathema- **13** tisch-statistische Methode darf verwandt werden, um aus dem Stichprobenergebnis auf den Gesamt-Inventurwert zu schließen; Übersicht: Rdn. 14 ff. Fraglich ist jedoch, wie und durch wen die Anerkennung zustande kommt. Die Frage wird kaum erörtert; Ausnahme vor allem: *v. Wysocki* FS Loitlsberger (1981) S. 273, 275 f, der die statistische Methodenlehre als Anerkennungsinstanz anspricht, weil sie die einschlägige Fachwissenschaft sei (im Ergebnis ebenso Stellungnahme HFA 1/1981 aaO [Fn. 15] S. 143). Daran überzeugt, daß von der zuständigen Fachwissenschaft als ungeeignet abgelehnte Methoden nicht i. S. d. § 241 Abs. 1 S. 1 als „anerkannt" gelten können. Erforderlich ist aber weiterhin, daß die Methode gerade für Inventurzwecke geeignet ist (so auch *v. Wysocki* aaO), insbesondere, daß das Verfahren die von § 241 Abs. 1 S. 2 verlangte Übereinstimmung mit den GoI (dazu Rdn. 17 ff) aufweist; wahrscheinlichkeitstheoretische Absicherung ist deshalb zwar unabdingbar, aber noch nicht genügend.[21] „Anerkannt" heißt vielmehr auch, daß die Methode als GoB-konform angesprochen wird. Solange eine normative Verfestigung durch die Judikatur noch fehlt, ist deshalb die tatsächliche Übung der kaufmännischen Praxis entscheidend, die ihrerseits von der Überzeugung getragen sein muß, das Zweckmäßige im gesetzlichen Rahmen zu tun (vgl. § 238, 41 ff).

---

[19] Stellungnahme HFA 1/1981, Slg. *IdW* HFA S. 140 (vgl. Fn. 15); *Kunz* WPg 1981, 309, 313.

[20] Vgl. zum Verfahren außer der Stellungnahme HFA 1/1981 (Fn. 15) auch die vor Rdn. 8 nachgewiesenen Arbeiten des *AWV*; ferner *AWV* Stichprobenverfahren zur Inventur buchmäßig geführter Vorräte im Lagerbereich (1979); *Hömberg* DB 1985, 2112 f.

[21] Fehlgehend ist deshalb die von *Schaich/Ungerer* WPg 1979, 653, 656 und von *Weinrich/Steinecke* WPg 1979, 597 f an Simulationsverfahren (= vergleichende Anwendung von mathematisch-statistischen Verfahren auf konkrete Ergebnisse traditioneller Inventur) geübte Kritik.

Uwe Hüffer

14 c) **Einzelne Schätzverfahren. aa) Freie Mittelwertschätzung.** Im dargelegten Sinne anerkannt ist zunächst die sogenannte freie Mittelwertschätzung, jedenfalls in der Variante der geschichteten Schätzung. „Frei" bedeutet in diesem Zusammenhang, daß ohne Berücksichtigung der Buchwerte, also nur aufgrund der Stichprobenergebnisse, auf den Gesamtwert hochgerechnet wird (Gegenstück: gebundene Schätzung, vgl. Rdn. 15). Im einzelnen sind die einfache und die geschichtete Schätzung zu unterscheiden. *Einfache Schätzung.* Jede Lagerposition muß irgendeine, aber identische von Null verschiedene Chance haben, in die Stichprobe zu gelangen. Der Stichprobenmittelwert multipliziert mit der Anzahl der Lagerpositionen gemäß Buchführung ergibt den Gesamtinventurwert.[22] *Geschichtete Schätzung.* Bei diesem Verfahren muß jede Lagerposition eine berechenbare von Null verschiedene Chance haben, als Stichprobe herangezogen zu werden. Das Lagerkollektiv wird in verschiedene Gruppen (Schichten) zerlegt, der Stichprobenmittelwert zunächst schichtenweise getrennt festgestellt, danach auf das Lagerkollektiv umgerechnet und erst dann mit der Anzahl der Lagerpositionen multipliziert, um den Gesamtinventurwert zu erhalten.[23] Im Vergleich mit der einfachen Schätzung liefert das geschichtete Verfahren tendenziell genauere Ergebnisse, weil es möglich ist, in den Schichten möglichst vergleichbare (homogene) Gegenstände zusammenzufassen (Bildung von Wertklassen). Wenn die einfache Schätzung im Ergebnis gleichwertig sein soll, ist ein hoher Stichprobenumfang erforderlich (Beispielrechnung: *Hömberg* DB 1985, 2057, 2059 re. Sp.), der wiederum den erwünschten Rationalisierungserfolg in Frage stellt. Die geschichtete Schätzung ist deshalb grundsätzlich vorzugswürdig.[24]

15 bb) **Gebundene Mittelwertschätzung.** Kennzeichen der gebundenen Mittelwertschätzung ist, daß sie zusätzlich zu den Stichprobenergebnissen Hilfsinformationen verwendet, die sie aus der Lagerbuchführung gewinnt, insbesondere die Buchwerte der jeweiligen als Stichproben gezogenen Lagerpositionen;[25] für dieses Verfahren ist die Existenz einer bestandszuverlässigen Lagerbuchführung also systemimmanent (vgl. schon Rdn. 11). Die Abweichung zwischen Buchwert und Inventurwert der einzelnen Positionen werden zu einer Gesamtabweichung hochgerechnet. Dabei sind verschiedene Verfahren möglich, nämlich die *Differenzenschätzung,* die *Verhältnisschätzung* und die *Regressionsschätzung* (vgl. Nachweise in Fn. 25, besonders *v. Wysocki/Schmidle* aaO S. 426 mit Präferenz für die Differenzenschätzung). Anders als bei der freien Mittelwertschätzung (Rdn. 14) sind von einer Schichtenbildung bei der gebundenen Schätzung im allgemeinen keine Verbesserungen des Verfahrensergebnisses zu erwarten; empfohlen wird deshalb zwar die Bildung einer Vollerhebungsschicht, aber nicht die zusätzliche Einteilung nach Wertklassen.[26]

16 cc) **Sonstige Verfahren.** Neben der freien oder gebundenen Mittelwertschätzung werden weitere Schätzverfahren diskutiert, denen offenbar die Anerkennung der stati-

---

[22] Stellungnahme HFA 1/1981, Slg. *IdW* HFA S. 142 (vgl. Fn. 15); genaue Verfahrensschilderung: *Scherrer/Obermeier* Stichprobeninventur, S. 59 ff; vgl. auch *Burkel* BB 1987, 29 f; *Hömberg* DB 1985, 2057.

[23] Stellungnahme HFA 1/1981, Slg. *IdW* HFA S. 142 f (vgl. Fn. 15); genauer: *Bujack/Roth* DB 1959, 577; *Köhle/Sturm* WPg 1980, 126; *Nies* StBp 1976, 245; *Scherrer/Obermeier* Stichprobeninventur, S. 79 ff; vgl. auch *Burkel* aaO (Fn. 22).

[24] Ausführliche Abwägung: *Scherrer/Obermeier* Stichprobeninventur, S. 136 ff; vgl. auch *Bauer/Heller* WPg 1981, 107; *Kunz* WPg 1981, 309, 313

re. Sp.; von genereller Bevorzugung aus Gründen der Wirtschaftlichkeit spricht *Burkel* aaO (Fn. 22).

[25] Stellungnahme HFA 1/1981, Slg. *IdW* HFA S. 143 (vgl. Fn. 15); *Burkel* aaO (Fn. 22); *Scherrer/Obermeier* Stichprobeninventur, S. 116 ff; *Weinrich/Steinecke* WPg 1979, 597; *v. Wysocki* WPg 1980, 28; *v. Wysocki/Schmidle* WPg 1979, 417.

[26] Stellungnahme HFA 1/1981, Slg. *IdW* HFA S. 144 (vgl. Fn. 15); *Uhlig* WPg 1982, 476, 478 (re. Sp.).

stische Methodenlehre nicht zu versagen ist, die sich aber für Inventurzwecke nicht ohne weiteres eignen. Im Gespräch sind vor allem der *Sequentialtest* und das sogenannte *Dollar-Unit-Sampling.* Während die Brauchbarkeit des Sequentialtests im allgemeinen unter der Voraussetzung einer besonders zuverlässigen Lagerbuchführung bejaht wird,[27] ist das Verfahren des Dollar-Unit-Sampling jedenfalls nicht soweit geklärt, daß im Zusammenhang des § 241 Abs. 1 S. 1 von einer geeigneten Methode gesprochen werden könnte. Bedenken ergeben sich daraus, daß die Stichproben in einer wertproportionalen Zufallsauswahl bestimmt werden und folglich Nullpositionen keine Chance haben, in die Stichprobe zu gelangen (vgl. Rdn. 12, 14); erforderlich sind deshalb jedenfalls zusätzliche Vorkehrungen.[28]

3. Übereinstimmung mit den GoI

a) Allgemeines. Nach § 241 Abs. 1 S. 2 muß das Verfahren den Grundsätzen ord- **17** nungsmäßiger Buchführung entsprechen. Gemeint sind damit die GoI, also die Grundsätze der Wahrheit, Klarheit (einschließlich Nachprüfbarkeit, vgl. § 238 Abs. 1 S. 2) und Ordnung (§ 240, 8 ff).[29] Dabei ergeben sich Überschneidungen mit der in § 241 Abs. 1 S. 3 verlangten Gleichwertigkeit des Inventars (vgl. auch *v. Wysocki* aaO [Fn. 29] S. 276), die jedoch in der Sache unschädlich sind. Die genannten Grundsätze müssen in ihrer Zielvorstellung verwirklicht sein; dagegen sind die daraus resultierenden Verhaltensanforderungen entsprechend den Besonderheiten der Stichprobeninventur abzuwandeln. Deshalb läßt sich unbedenklich von Grundsätzen ordnungsmäßiger Stichprobeninventur sprechen. Ein Mißverständnis ist es jedoch, wenn unter Berufung auf solche Grundsätze eine Verkürzung des Inventars auf Stichprobenergebnisse gefordert wird (so *Burkel* BB 1987, 29 f). Die gesetzliche Forderung nach einem vollständigen Inventar läßt sich mit solchen Begründungsversuchen nicht unterlaufen (näher Rdn. 9 f).

b) Vollständig und sachlich richtig (Wahrheitsgrundsatz). aa) Lückenlos. Eine **18** Bestandsaufnahme, die vollständig im Sinne von lückenlos wäre, findet bei der Stichprobeninventur definitionsgemäß nicht statt. Die Forderung nach Vollständigkeit bezieht sich deshalb in diesem Rahmen nicht auf die Bestandsaufnahme, sondern auf die Faktoren, die den Inventurgesamtwert ergeben, also auf den Stichprobenmittelwert und die Anzahl der Lagerpositionen, mit denen dieser Wert zu multiplizieren ist (vgl. Rdn. 14). Demnach muß sichergestellt sein, daß alle Lagerpositionen einschließlich der Nullstellen (sofern zur „Inventurgrundgesamtheit" gehörig) in die Stichprobe gelangen können (vgl. schon Rdn. 12, 14) und daß die Anzahl der Lagerpositionen richtig aus der Buchführung übernommen wird.[30] Dabei wird unterstellt, daß die Lagerbuchführung ihrerseits vollständig ist. Fehlt es daran, so haben die nicht buchmäßig aufgenommenen Bestände auch keine reale Chance, als Stichprobe gezogen zu

---

[27] *AWV* Sequentialtest für die Inventur mit Stichproben bei ordnungsmäßiger Lagerbuchführung (1985), S. 10 ff; Beck BilKomm-*Budde/Kunz* 11 ff; Küting/Weber/*Knop* 17 ff; Beck HdR-*Uhlig* A 220, 189 ff; *Weiss/Zaich* DB 1986, 1029 f; für automatisch gesteuerte Lagersysteme auch Stellungnahme HFA 1/1981; Slg. *IdW* HFA S. 145 f (vgl. Fn. 15); von einem noch ausstehenden Eignungsnachweis bei permanenter Inventur sprechen *Fandel/Dyckhoff/Müller* DBW 1985, 278, 283.

[28] Die Frage ist im Fluß; die Eignung für die Stichprobeninventur bejahend etwa *Deindl* BB 1982, 1585; *Scherrer/Obermeier* Stichprobeninventur, S. 27 f (dort Fn. 82 Nachweise der amerikanischen Literatur); mit Vorbehalten *Wiedmann* 5.

[29] Beck BilKomm-*Budde/Kunz* 17 ff; Küting/Weber/*Knop* 37 ff; *Kunz* WPg 1981, 309 f; Beck HdR-*Uhlig* A 220, 136 ff; *v. Wysocki* FS Loitlsberger (1981) S. 273, 277.

[30] Bonner HdR-*Streim* 5; *Kunz* WPg 1981, 309 f; *v. Wysocki* aaO (Fn. 29).

werden, so daß bei lückenhafter Lagerbuchführung die Stichprobeninventur nicht GoI-konform sein kann.[31]

19　　**bb) Sachlich richtig.** Die Forderung nach sachlicher Richtigkeit kann sich beim Stichprobenverfahren von vornherein nur auf den Inventurgesamtwert beziehen, weil nichts anderes ermittelt wird. Die Eignung des Schätzverfahrens und seine rechnerisch richtige Handhabung unterstellt, kommen als **Fehlerquellen** nur noch der *Stichprobenplan*, insbesondere die Erhebung einer ungenügenden Anzahl von Stichproben, und Fehler bei der *körperlichen Aufnahme* der in die Stichprobe gelangten Lagerpositionen in Betracht. Hierzu gilt[32]: Weil auch die herkömmliche Vollinventur keine absolut richtigen Ergebnisse erbringen kann, ist auch von der Stichprobeninventur nur relative Richtigkeit zu verlangen. Ferner darf die Möglichkeit von Aufnahmefehlern, so die allgemein vertretene Hypothese (Nachweise in Fn. 32), wegen der geringen Zahl der aufzunehmenden Objekte und wegen des Einsatzes von im Vergleich zur Vollinventur qualifiziertem Personal außer Betracht gelassen werden. Danach verbleibt die Aufgabe, den Bereich des relativ Richtigen hinreichend abzugrenzen, und zwar in zwei Richtungen: Es muß erstens festgelegt werden, welche Maximalabweichung das Schätzergebnis vom gedachten wirklichen Inventurgesamtwert aufweisen darf, und es muß zweitens bestimmt werden, mit welcher Sicherheit der daraus resultierende Grenzwert einzuhalten ist.

20　　Nach der Stellungnahme HFA 1/1981, Slg. *IdW* HFA S. 139 (vgl. Fn. 15), beträgt die **zulässige Maximalabweichung** 1 % (relativer Stichprobenfehler),[33] während der **Sicherheitsgrad** (Aussagewahrscheinlichkeit) 95 % erreichen muß. Die zweite Zahl steht im Schrifttum außer Streit. Über den relativen Stichprobenfehler gehen die Ansichten dagegen auseinander; manche wollen einen Fehlerspielraum von 2 % gewähren.[34] Dabei ist jedoch zu berücksichtigen, daß die Zahl des IdW die Vollaufnahmeschicht (Rdn. 12) in die „Inventurgrundgesamtheit" einschließt, während die Gegenmeinung nur auf die Teilerhebungsschicht abstellt (vgl. Beck HdR-*Uhlig* A 220, 144). Zieht man zusätzlich in Betracht, daß die Hypothese einer fehlerlosen körperlichen Aufnahme der gezogenen Stichproben ungeachtet der insoweit anzutreffenden allseitigen Zustimmung (Rdn. 19) als eher optimistisch einzustufen ist, sollte eine Verständigung auf den von der Wirtschaftsprüfung favorisierten Wert von 1 % nicht schwerfallen.

21　　**c) Förmlich richtig (Grundsatz der Klarheit).** Die Stichprobeninventur ist förmlich richtig durchgeführt,[35] wenn aus den Inventurunterlagen ersehen werden kann, welche Bestände in den Inventurwert eingegangen sind, nach welchem Stichprobenplan dabei vorgegangen wurde, welche Lagerpositionen in die Stichprobe gelangt sind, ob deren körperliche Aufnahme ordnungsgemäß durchgeführt worden ist, welches

---

[31] Bonner HdR-*Streim* 6; *Kunz* aaO (Fn. 30); *Wittmann* StBp 1980, 25, 30.

[32] Vgl. zum folgenden *Kunz* WPg 1981, 309 f; Arbeitskreis *Ludewig* 70; *Scherrer/Obermeier* Stichprobeninventur, S. 31 f; Beck HdR-*Uhlig* A 220, 145; *v. Wysocki* FS Loitlsberger (1981) S. 273, 281 f.

[33] Gleicher Ansicht z.B. Beck BilKomm-*Budde/ Kunz* 20; Beck HdR-*Uhlig* A 220, 144.

[34] *AWV* Stichprobenverfahren zur Inventur buchmäßig geführter Vorräte im Lagerbereich (1979), S. 28; *Burkel* BB 1987, 29, 32; Arbeitskreis *Ludewig* 71; *Scherrer/Obermeier* Stichprobeninven-

tur, S. 31 f. Die unterschiedlichen Vorstellungen über den noch annehmbaren Stichprobenfehler gehen darauf zurück, daß die Fehlerquote bei der vergleichsweise herangezogenen Vollinventur mit 1–2 % geschätzt wird (vgl. Nachweise in Fn. 32 ff); zuverlässige Erhebungen existieren offenbar nicht.

[35] Das Folgende ist unstr., vgl. deshalb statt vieler Stellungnahme HFA 1/1981, Slg. *IdW* HFA S. 139 (Fn. 15); *Scherrer/Obermeier* Stichprobeninventur, S. 31; *Steinecke/Weinrich* WPg 1980, 385, 397.

Schätzverfahren angewandt wurde und welche Rechenoperationen angestellt worden sind. Dabei ist so vorzugehen und die Vorgehensweise so zu dokumentieren, daß ein sachverständiger Dritter die Prüfung in angemessener Zeit vornehmen kann (§ 238 Abs. 1 S. 2). Die danach erforderlichen Unterlagen sind Arbeitsanweisungen oder Organisationsunterlagen i.S.d. § 257 Abs. 1 Nr. 1 und unterliegen somit der Aufbewahrungsfrist von zehn Jahren (§ 257 Abs. 4; vgl. dort Rdn. 16 f).

d) Ordnung des Inventars. Weil auch bei der Stichprobeninventur ein vollständi- **22** ges Inventar erforderlich ist (Rdn. 9 f), sind die allgemeinen Gliederungsgrundsätze auch hier anzuwenden (vgl. § 240, 26). Schwierigkeiten ergeben sich bei der *Überleitung des Schätzwerts auf das Inventar,* wenn der Gesamtwert nach Lagerbuchführung und der Gesamtwert nach Stichprobeninventur und Schätzung auseinanderfallen. Beträgt die Abweichung zwischen Schätz- und Buchwert mehr als 2 %, so hat sich die Lagerbuchführung als nicht bestandszuverlässig erwiesen; deshalb ist jetzt grundsätzlich Vollaufnahme erforderlich (vgl. schon Rdn. 11). Ausnahmen: Es liegen Fehler der Lagerbuchführung vor, die sich ohne weiteres beheben lassen, oder die Abweichungen können mit Sicherheit auf bestimmte Bestände zurückgeführt werden; dann mag Korrektur der Buchführung oder Vollaufnahme nur der problematischen Bestände ausreichen (*Uhlig* WPg 1982, 476, 478). Fraglich ist, wie verfahren werden soll, wenn die Abweichung innerhalb der Toleranzgrenze von 2 % liegt. Hierzu bestehen an sich (stets nach Korrektur der im Stichprobenverfahren gefundenen Einzelfehler) drei Möglichkeiten[36]: (1.) Der Schätzwert wird als maßgeblich angesehen; die Abweichung wird auf die Lagerpositionen gemäß Buchführung verteilt. (2.) Der Schätzwert wird zwar als maßgeblich angesehen, die Differenz wird aber nicht verteilt, sondern im Inventar global durch einen Ausgleichsposten berücksichtigt. (3.) Nicht der Schätzwert, sondern der Buchwert ist entscheidend, weil sich die Abweichung innerhalb der Grenzen bewegt, in denen die Lagerbuchführung als bestandszuverlässig angesehen wird; im Ergebnis bleibt der Differenzbetrag also unberücksichtigt.

Schätzmethode und Annahmemethode. *Meinungsstand.* Einigkeit besteht darin, **23** daß die Verteilung der Abweichung auf Lagerpositionen unzulässig ist, weil die Gesamtwertabweichung nicht bestimmten Positionen zugeordnet werden kann; das Verfahren liefe deshalb notwendig auf die Verfälschung bisher richtiger Buchwerte hinaus.[37] Im übrigen werden die drei denkbaren Meinungen vertreten: Der Schätzwert soll maßgeblich sein, weil für ihn die Wahrscheinlichkeit spricht (sogenannte Schätzmethode).[38] Der Buchwert soll entscheiden, weil ein globaler Ausgleichsposten keinen Vermögensgegenstand repräsentiere und damit im Inventar keinen systemgerechten Platz finde (sogenannte Annahmemethode; akzeptiert wird die Lagerbuchführung).[39] Beide Methoden sollen zulässig sein; die Entscheidung zwischen Schätz- und Annahmemethode obliege dem Inventarpflichtigen.[40] *Stellungnahme.* Der dritten Ansicht ist beizutreten. Weil es keine objektive Gewißheit über den richtigen Gesamtwert gibt, kann das Problem nur durch Entscheidung gelöst werden; die entsprechende Kompe-

---

[36] Vgl. namentlich *v. Wysocki* FS Loitlsberger (1981) S. 273, 285 ff; *v. Wysocki/Schmidle* WPg 1979, 417, 419 f; zu Schätz- und Annahmestichprobe s. auch *Kunz* WPg 1981, 309, 312.

[37] Stellungnahme HFA 1/1981, Slg. *IdW* HFA S. 149 (vgl. Fn. 15); *Scherrer/Obermeier* Stichprobeninventur, S. 56; Beck HdR-*Uhlig* A 220, 196; *Weinrich/Steinecke* WPg 1979, 597, 602; *v. Wysocki* aaO (Fn. 36) S. 286.

[38] So besonders *Schaich/Ungerer* WPg 1979, 653 f; *Scherrer/Obermeier* Stichprobeninventur, S. 53 ff, 57; *Steinecke/Weinrich* WPg 1980, 385, 395 f.

[39] *v. Wysocki* aaO (Fn. 36) S. 289 f; *v. Wysocki/Schmidle* WPg 1979, 417, 420.

[40] So besonders Stellungnahme HFA 1/1981, Slg. *IdW* HFA S. 149 (vgl. Fn. 15); *Burkel* BB 1987, 29, 32; Beck HdR-*Uhlig* A 220, 195 ff.

tenz kann nur beim Inventarpflichtigen selbst liegen, weil die beiden in Frage kommenden Werte jeweils in einem korrekten Verfahren ermittelt worden sind. Anders wäre die Rechtslage nur, wenn die rechtssystematischen Bedenken gegen einen Ausgleichsbetrag im Inventar als zwingende Einwände erschienen. So liegt es aber nicht. Weil § 241 Abs. 1 die am Gesamtwert orientierte Stichprobeninventur zuläßt, muß es abweichend von allgemeinen Grundsätzen auch zulässig sein, einen zum Gesamtwert führenden Ausgleichsbetrag in das Inventar aufzunehmen (darin zutreffend *Scherrer/Obermeier* Stichprobeninventur, S. 56). Anders ausgedrückt: Die Stichprobeninventur stellt gegenüber den herkömmlichen Inventargrundsätzen ohnehin einen Systembruch dar; es wäre deshalb inkonsequent, bei der Überleitung zum Inventar an den allgemeinen Grundsätzen festzuhalten.

24 **Anhängeverfahren.** Der nach den vorstehenden Grundsätzen ermittelte Inventarwert ist noch nicht identisch mit dem Bilanzwert. Für die *Überleitung des Inventarwerts in die Bilanz* sind zusätzliche Bewertungsentscheidungen erforderlich, die mit dem Stichprobenverfahren nichts zu tun haben. Namentlich ist der Inventarwert am Niederstwertprinzip zu messen, ist also z.B. zu prüfen, ob bisherige, auf den Anschaffungskosten basierende Bruttowerte einem zum Bilanzstichtag bestehenden niedrigeren Marktpreis angepaßt werden müssen (§ 253 Abs. 3 S. 1). Für solche und vergleichbare, im Anschluß an die Stichprobeninventur notwendige Maßnahmen hat sich der Begriff des Anhängeverfahrens eingebürgert.[41]

4. Gleichwertigkeit des Inventars

25 § 241 Abs. 1 S. 3 verlangt ausdrücklich, daß der Aussagewert des auf dem Stichprobenverfahren beruhenden Inventars dem Aussagewert des aufgrund herkömmlicher Vollinventur erstellten Inventars gleichkommt, sogenannte **Aussageäquivalenz**.[42] Damit wird nichts verlangt, was in der Sache über die Anforderungen hinausginge, die aus § 241 Abs. 1 S. 1 und 2 abzuleiten sind. Die Vorschrift dient also nur der Klarstellung und der Präzisierung der gesetzlichen Vorgaben. Danach bezieht sich das Erfordernis der Gleichwertigkeit erstens auf den *Einzelnachweis* der Vermögensgegenstände durch das Inventar und zweitens auf den *Gesamtwert*, der sich aufgrund der Inventur ergibt. Einzelnachweis: Das Inventar muß auch bei Stichprobeninventur den Anforderungen des § 240 Abs. 1 und 2 entsprechen; die erforderlichen Angaben sind der Lagerbuchführung zu entnehmen, die sich damit als unabdingbare Verfahrensvoraussetzung erweist (str., vgl. Rdn. 9 ff). Gesamtwert: Die Anforderungen, die insoweit zu stellen sind, ergeben sich aus dem Postulat sachlicher Richtigkeit. Nach zutreffender Ansicht ist Gleichwertigkeit deshalb zu bejahen, wenn der relative Stichprobenfehler 1 % nicht überschreitet und eine Aussagewahrscheinlichkeit von 95 % erreicht wird (str. im ersten Punkt, vgl. Rdn. 19 f).

---

[41] *AWV* Stichprobenverfahren zur Inventur buchmäßig geführter Vorräte im Lagerbereich (1979), S. 34; Stellungnahme HFA 1/1981, Slg. *IdW* HFA S. 150 (vgl. Fn. 15); Beck HdR-*Uhlig* A 220, 203; v. *Wysocki* aaO (Fn. 36) S. 291; vgl. auch *Hömberg* ZfbF 1985, 67, 72 ff; **a. M.** zu Unrecht

(Bilanzansatz soll sich unmittelbar mit der Schätzung ergeben) *Scherrer/Obermeier* Stichprobeninventur, S. 56 oben.
[42] Vgl. z.B. Beck HdR-*Uhlig* A 220, 198; v. *Wysocki* aaO (Fn. 36) S. 283.

IV. Permanente Inventur (§ 241 Abs. 2)

Schrifttum

(vgl. auch die Angaben vor Rdn. 1, 8 sowie unten vor Rdn. 41). *AWV* Sequentialtest für die Inventur von nicht bewegten Lagereinheiten in automatisch gesteuerten Lagersystemen (1980); *AWV* Permanente Inventur mit Stichproben (1982); *Bäuerle* Körperliche Bestandsaufnahme bei der Einlagerungsinventur, BB 1986, 846; *Haasis* Formvorschriften der permanenten Inventur bei EDV, DB 1971, 1318; *Horchler* Körperliche Bestandsaufnahme bei automatisch gesteuerten Lagersystemen, WPg 1977, 58; *Karsten* Die neuen handelsrechtlichen Inventarisierungs- und Bewertungsvorschriften, WPg 1965, 277; *Köhle/Sturm* Die permanente Stichprobeninventur mit Annahmetest, WPg 1983, 369; *Kraushaar/Müller* Inventur bei automatisch gesteuerten Lagersystemen, WPg 1979, 7; *Martienß* Körperliche Bestandsaufnahme bei automatisch gesteuerten Hochregal-Lagersystemen ohne gekoppelte Bestandsfortschreibung, ZfB 1980, 47; *Plüschke* Anwendung von Stichprobenverfahren bei der Stichtagsinventur und der permanenten Inventur (1982); *Plüschke/Zimmermann* Stichprobenverfahren bei automatisch gesteuerten Lagersystemen, WPg 1981, 317; *Roth* Inventur im Lagerbereich, DB 1966, 429; *Uelner* Die neuen Inventur- und Bewertungsvorschriften des Handelsgesetzbuches, BB 1965, 757; *Zinndorf* Die permanente Inventur (1951).

1. Grundform

a) Begriff und Allgemeines. Die permanente Inventur ist ein Inventursystem **26** (Rdn. 1), bei dem die Stichtage für die Aufstellung des Inventars und für die körperliche Bestandsaufnahme auseinanderfallen.[43] Während das Inventar zum Bilanzstichtag aufzustellen ist (§ 240 Abs. 2; vgl. dort Rdn. 40 ff), darf der Kaufmann den Stichtag für die körperliche Aufnahme so in den Lauf des Geschäftsjahrs legen, wie es ihm zweckmäßig erscheint; die körperliche Aufnahme der Bestände kann auch zu verschiedenen Stichtagen erfolgen. Die unumgängliche Inventur zum Bilanzstichtag selbst erfolgt nicht als körperliche Aufnahme, sondern als bloße Buchinventur anhand der Lagerbuchführung (vgl. noch Rdn. 28 bei Fn. 46), sofern sie entsprechend den Ergebnissen der körperlichen Aufnahme berichtigt und der Bestand seither bis zum Bilanzstichtag fortgeschrieben worden ist, und zwar durch Einzelbuchung jedes Zugangs und Abgangs. Die Bestände müssen also in diesem Sinne „permanent" buchmäßig erfaßt sein. Damit erweist sich die permanente Inventur als Mischform zwischen Buchinventur und körperlicher Bestandsaufnahme.

Zweck der unbestimmten Verfahrensumschreibung. Die 1965 als § 39 Abs. 3 a. F. **27** in das HGB eingefügte, auf gesetzliche Anerkennung einer seit langem bestehenden Praxis[44] gerichtete und in § 242 Abs. 2 unverändert fortgeführte Bestimmung (Rdn. 2) verwendet den eingebürgerten Begriff der permanenten Inventur nicht. Vielmehr spricht das Gesetz unbestimmt von einem „anderen Verfahren" als der körperlichen Aufnahme zum Bilanzstichtag, das geeignet ist, ein inventargerechtes Bestandsverzeichnis zu liefern, und den GoI entspricht. Damit wird das Ziel verfolgt, der Praxis den *erforderlichen Entwicklungsspielraum* zu belassen (vgl. schon Rdn. 3); sie soll also nicht auf die in Rdn. 26 umschriebene Inventurmethode festgelegt werden.[45] Diese Intention des Gesetzgebers hat insbesondere Bedeutung für die bei der Einlagerungs-

---

[43] Zur Kennzeichnung des Verfahrens vgl. BFH BStBl. 1967 III 113 f; FG 1/1940, Slg. *IdW* FG S. 15 ff; ADS⁶ 19 f; *Karsten* WPg 1965, 277; *Kropff* in Geßler/Hefermehl AktG § 149, 35; *Uelner* BB 1965, 757 f; *Zinndorf* Die permanente Inventur, S. 89 ff.

[44] Vgl. z. B. FG 1/1940, Slg. *IdW* FG S. 15 ff; *Zinndorf* Die permanente Inventur, S. 78 ff.

[45] Begr. RegE, BTDrucks. IV/2865, S. 6; Bericht des Wirtschaftsausschusses, BTDrucks. IV/3258, S. 2.

Uwe Hüffer

inventur (Rdn. 39 f) praktische Frage, ob es der jährlichen körperlichen Bestandsaufnahme unbedingt bedarf (so BFH BStBl. 1967 III 113 f) oder ob darauf ausnahmsweise verzichtet werden kann, wenn eine vergleichbare Bestandssicherheit durch andere Maßnahmen erreicht wird. Zwecks sprachlicher Abkürzung wird im folgenden trotzdem der Begriff der permanenten Inventur verwandt; auf Besonderheiten der körperlichen Aufnahme ist im jeweiligen Zusammenhang einzugehen (vgl. Rdn. 35, 39).

28   **b) Voraussetzungen.** Unabdingbare Voraussetzung der permanenten Inventur ist zunächst eine *Lagerbuchführung* (vgl. schon Rdn. 4), weil die Bestände zum Bilanzstichtag festgestellt werden müssen, was ohne körperliche Aufnahme zu diesem Stichtag nur anhand der Buchführung geschehen kann. Die Notwendigkeit der Lagerbuchführung ist deshalb unstr., vgl. statt vieler Beck BilKomm-*Budde/Kunz* 31; *Wiedmann* 13). Im übrigen setzt § 241 Abs. 2 nur voraus, daß es um die Bestandsaufnahme der *Vermögensgegenstände* geht; dazu zunächst Rdn. 5 f. Die gelegentlich geäußerte Ansicht, es seien die „Inventurvereinfachungsverfahren des § 241" (ADS⁶ 2) und damit wohl auch die permanente Inventur von Verbindlichkeiten zulässig, findet im Gesetz keine Stütze. Richtig ist dagegen, daß § 241 Abs. 2 auch auf das Anlagevermögen angewandt werden kann,[46] in diesem Fall muß statt auf die Lagerbuchführung auf die Anlagekartei zurückgegriffen werden. Praktische Bedeutung kommt dieser Möglichkeit jedoch nicht zu, seitdem sich für das bewegliche Anlagevermögen die Buchinventur durchgesetzt hat (§ 240, 30 und 33). Die Erl. kann sich deshalb auf die permanente Inventur des Vorratsvermögens beschränken.

29   **c) Inventargerechte Feststellung des Bestandes.** Durch die Zulässigkeit der permanenten Inventur ändert sich nichts an der Verpflichtung zur Aufstellung des Inventars. Die Lagerbuchführung (Lagerkartei) muß deshalb so beschaffen sein, daß die Inventarpflicht erfüllt werden kann. Dazu gehört: Die Vermögensgegenstände müssen nach Art, Menge und Wert verzeichnet sein, und zwar einzeln (artikelgenau), weil sonst das in § 240 Abs. 1 und 2 geforderte Einzelverzeichnis nicht erstellt werden kann. Die entsprechende Konkretisierung in Abschnitt H 30 (Permanente Inventur) Satz 2 Nr. 1 Satz 1 EStR 1999 trifft also auch für das Handelsrecht zu;[47] zur Verbuchung „nach Tag" vgl. noch Rdn. 32 f.

30   **d) Übereinstimmung des Verfahrens mit den GoI. aa) Vollständig und sachlich richtig (Wahrheitsgrundsatz).** Die Feststellung des Bestandes ohne körperliche Aufnahme zum Bilanzstichtag muß nach § 241 Abs. 2 den Grundsätzen ordnungsmäßiger Buchführung entsprechen. Damit sind wie bei der Stichprobeninventur (vgl. Rdn. 17) die GoI gemeint, die ihrerseits unter den Aspekten Wahrheit, Klarheit und Ordnung (§ 239 Abs. 2) zu konkretisieren sind (vgl. § 240, 8 ff). Wahrheit: Die Buchinventur (Rdn. 26) muß gewährleisten, daß die Bestände zum Bilanzstichtag vollständig im Sinne von lückenlos und sachlich richtig aufgenommen sind. Das setzt voraus: (1.) Die Lagerbuchführung oder -kartei muß *Aufschluß* über sämtliche Bestandsbewegungen geben (vgl. auch § 239, 9). Aufschreibungen außerhalb der Lagerbuchführung mit monatlichem Übertrag des summierten Ergebnisses[48] mögen für Dispositionszwecke durchaus genügen, entsprechen aber nicht den Anforderungen der permanenten Inventur. (2.) Das *Belegprinzip* (§ 239, 10 f) ist auch für die Lagerbuchführung zu beach-

---

[46] ADS⁶ 22; Bonner HdR-*Streim* 10; *Karsten* WPg 1965, 277 f; *Uelner* BB 1965, 757 f.

[47] Unstr., vgl. etwa ADS⁶ 25; Beck BilKomm-*Budde/Kunz* 32; Küting/Weber/*Knop* 14; HdJ-*Kunz* II/5 Rdn. 44.

[48] S. den Bericht über eine Kammerumfrage bei *Peter/v. Bornhaupt/Körner* Rdn. 449.

ten; Abschnitt H 30 (Permanente Inventur) Satz 2 Nr. 1 Satz 2 EStR 1999 steht also mit den handelsrechtlichen Anforderungen in Einklang (unstr., vgl. Nachweise in Fn. 47). (3.) Es muß geprüft werden, ob der Sollbestand nach Buchführung und der Istbestand übereinstimmen. Deshalb ist im allgemeinen (Ausnahme: Rdn. 40) die *jährliche und körperliche Aufnahme* des Vorratsvermögens erforderlich, und zwar entweder als Vollaufnahme oder unter Anwendung des § 241 Abs. 1 als Stichprobeninventur (vgl. noch Rdn. 34). Abschnitt H 30 (Permanente Inventur) Satz 2 Nr. 2 Satz 1–4 EStR 1999 entspricht also grundsätzlich der handelsrechtlichen Lage. Die ursprünglich erhobene Forderung, die körperliche Aufnahme durch Personen vorzunehmen, die weder mit der Lagerung noch mit der Lagerbuchführung betraut sind (FG 1/1940, Slg. *IdW* FG S. 17), wird schon seit 1951 nicht mehr erhoben.[49] (4.) Der Zulässigkeit bloßer Buchinventur zum Bilanzstichtag liegt die tatsächliche Annahme zugrunde, daß die Lagerbuchführung den Bestand richtig wiedergibt. Bei manchen Vermögensgegenständen ist diese Annahme aufgrund ihrer Eigenart nicht gerechtfertigt oder zu risikoreich. Abschnitt R 30 Abs. 3 EStR 1999 nimmt deshalb die Bestände, bei denen durch *Schwund, Verdunsten, Verderb, Zerbrechlichkeit* oder ähnliche Vorgänge unkontrollierbare Abgänge entstehen, sowie *hohe Einzelwerte* aus der permanenten Inventur aus. Das entspricht seit jeher und zu Recht auch der handelsrechtlichen Auffassung.[50]

bb) Förmlich richtig (Grundsatz der Klarheit). Der Grundsatz der Klarheit verlangt bei der permanenten Inventur (wiederum in Übereinstimmung mit Abschnitt H 30 [Permanente Inventur] Satz 2 Nr. 2 Satz 5 und Nr. 3 EStR 1999) eine ausreichende und in den zeitlichen Grenzen des § 238 Abs. 1 S. 2 nachprüfbare Dokumentation der Inventurvorgänge, und zwar sowohl auf der Basis der Lagerbuchführung wie auch der körperlichen Aufnahme. In der Buchführung muß deshalb der Tag der körperlichen Aufnahme vermerkt werden. Diese selbst muß in der auch sonst erforderlichen Weise (Aufnahmeblätter; Inventurlisten) protokolliert werden (vgl. § 240, 31 und zu Einzelfällen § 240, 35). Aufbewahrungsfrist: zehn Jahre nach § 257 Abs. 1 Nr. 1. **31**

cc) Ordnung, besonders bei EDV-Einsatz. Auch die permanente Inventur bedarf der Ordnung. Das gilt insbesondere für den Nachweis der Bestandsbewegungen durch die Lagerbuchführung (vgl. Rdn. 30). Deshalb verlangt Abschnitt H 30 (Permanente Inventur) Satz 2 Nr. 1 Satz 1 EStR 1999, daß alle Zu- und Abgänge nicht nur einzeln, sondern *nach Tag eingetragen* werden. Nach **h. M.** entspricht auch diese Anforderung, die auf *chronologische Verbuchung* hinausläuft, den GoI (vgl. Nachweise in Fn. 47). Demgegenüber hat eine **Mindermeinung** schon frühzeitig darauf aufmerksam gemacht, daß die chronologische Verbuchung jeder einzelnen Bestandsveränderung den EDV-Einsatz praktisch unmöglich macht, weil es schon wegen der Kapazität der Anlagen erforderlich ist, den Buchungsstoff zu sammeln.[51] **32**

Stellungnahme. Seit dem *EGAO* 1977 müssen die Geschäftsvorfälle nicht mehr chronologisch, sondern *zeitgerecht und geordnet* verbucht werden (§ 239 Abs. 2; vgl. dort Rdn. 13 ff, 16). Das gilt nicht nur handels-, sondern gem. § 146 Abs. 1 S. 1 AO auch steuerrechtlich; die noch von § 162 Abs. 2 S. 1 RAO 1931 verlangte „fortlaufende Verbuchung" ist seit 1977 nicht mehr erforderlich (§ 239, 5). Zweck der Neuregelung ist es gerade, den sinnvollen Einsatz von Datenverarbeitungsanlagen zu ermöglichen **33**

[49] Stellungnahme HFA 1/1951, WPg 1951, 283; Arbeitskreis *Ludewig* 37.
[50] FG 1/1940, Slg. *IdW* FG S. 16; Arbeitskreis *Ludewig* 38.
[51] *Haasis* DB 1971, 1318 f; *Roth* DB 1966, 429, 430 f.

Uwe Hüffer

(§ 239, 16 und 35). Dabei dürfte zwar nur an die Geschäftsbuchführung gedacht worden sein. Weil § 241 Abs. 2 aber nicht mehr verlangt als ein GoI-konformes Verfahren und damit der Praxis den notwendigen Spielraum belassen will (Rdn. 3, 27), weil auch nicht ersichtlich ist, warum die Buchführung im Lagerbereich weitergehende Anforderungen erfüllen müßte als im Geschäftsbereich, kann eine Verbuchung „nach Tag" rechtens nicht mehr verlangt werden. Vielmehr genügt in sachlicher Hinsicht *jede sinnvolle Ordnung*, die einem sachverständigen Dritten die Prüfung in angemessener Zeit erlaubt (§ 238 Abs. 1 S. 2), und in zeitlicher Hinsicht eine Buchung ohne schuldhaftes Zögern. Für eine entgegenstehende Praxis der Finanzverwaltung gibt es keine handels- oder steuerrechtliche Basis.

2. Permanente Inventur mit Stichproben

34   **a) Gesetzliche Zulässigkeit.** Bei der permanenten Inventur mit Stichproben erfolgt die grundsätzlich jährlich erforderliche körperliche Aufnahme nicht als Vollaufnahme nach § 240 Abs. 1 und 2, sondern im Stichprobenverfahren nach § 241 Abs. 1; dabei ist es wiederum möglich, Vollaufnahme- und Teilaufnahmeschicht (Rdn. 12) unterschiedlichen Inventursystemen zu unterwerfen (vgl. *Köhle/Sturm* WPg 1983, 369). Weil § 241 die verschiedenen Inventurvereinfachungsverfahren unverbunden nebeneinanderstellt, ist anzunehmen, daß von ihnen nicht nur alternativ Gebrauch gemacht werden kann. Sie dürfen also miteinander verbunden werden.[52] Davon geht auch Abschnitt H 30 (Permanente Inventur) Satz 2 Nr. 2 Satz 3 EStR 1999 aus; denn danach genügt zwar eine stichprobenartige Bestandsprüfung grundsätzlich nicht, doch soll die Regelung des § 39 Abs. 2 a. F. (= § 241 Abs. 1) unberührt bleiben.

35   **b) Übereinstimmung des Verfahrens mit den GoI.** Wenn permanente Inventur und Stichprobeninventur miteinander verbunden werden, muß jedes Verfahren für sich ordnungsmäßig, also GoI-konform sein. Zur *Ordnungsmäßigkeit der permanenten Inventur* gehört es, daß die Einzelwerte der Lagerbuchführung entsprechend den Ergebnissen der körperlichen Aufnahme berichtigt werden (Rdn. 30). Wegen seiner Gesamtwertorientierung (Rdn. 9) stehen Einzelwerte beim Stichprobenverfahren aber definitionsgemäß nicht zur Verfügung. Das Verfahren kann deshalb nur mit dem Ziel durchgeführt werden, die Richtigkeit der Lagerbuchführung zu bestätigen. Diese Bestätigung mißlingt, wenn Buch- und Schätzwert mehr als 2 % voneinander abweichen (Rdn. 22). Die Ordnungsmäßigkeit der permanenten Inventur erfordert dann Vollaufnahme des Lagerbestandes. Eine Abweichung innerhalb der Toleranzgrenze kann anders als bei der Stichtagsinventur nicht berücksichtigt werden, weil das Ergebnis der im Laufe des Geschäftsjahrs durchgeführten Bestandsaufnahme nicht in ein zu diesem Zeitpunkt aufgestelltes Inventar eingeht; für einen globalen Ausgleichsposten (Schätzmethode, vgl. Rdn. 23) fehlt also schon der Rahmen. *Ordnungsmäßigkeit des Stichprobenverfahrens.* Die Abhängigkeit des Verfahrens von den Bedingungen der permanenten Inventur ist bei der Auswahl der Schätzmethode zu berücksichtigen. Weil die Lagerbuchführung bestätigt werden soll, kommt die freie, also von den Buchwerten abstrahierende Mittelwertschätzung (Rdn. 14) ersichtlich nicht in Betracht. Im allgemeinen wird gebundene Mittelwertschätzung in der Variante der Differenzenschätzung empfohlen.[53] Vgl. im übrigen Rdn. 17 ff; insbesondere müssen auch hier die

---

[52] *AWV* Permanente Inventur mit Stichproben (1982); Beck BilKomm-*Budde/Kunz* 61 f; *Fandel/Dyckhoff/Müller* DBW 1985, 278, 283 ff; *Köhle/Sturm* WPg 1983, 369; Beck HdR-*Uhlig* A 220, 209; *Zimmermann* DBW 1980, 267.

[53] Vgl. die Nachweise in Fn. 52; erörtert wird auch der Sequentialtest, dessen Eignung jedoch noch nicht als definitiv geklärt beurteilt werden kann (Nachweise: Fn. 27, besonders *Fandel/Dyckhoff/Müller* aaO).

Grenzen der zulässigen Maximalabweichung eingehalten und der erforderliche Sicherheitsgrad erreicht werden (1 % bzw. 95 %, vgl. Rdn. 20).

3. Besonderheiten bei automatisch gesteuerten Lagersystemen

a) Ausgangslage. Wandlungen der Lagertechnik und EDV-Einsatz im Lager- **36** bereich haben zur Entwicklung von vielfältigen Lagersystemen geführt, bei denen eine herkömmliche Inventur durch körperliche Bestandsaufnahme nicht oder nicht ohne weiteres möglich ist.[54] Die Kennzeichen solcher Systeme sind die (im Normalbetrieb) mangelnde Begehbarkeit des Lagerraums und das Prinzip der Freiplatzlagerung; letzteres führt dazu, daß sich die gleichen Artikel an ständig wechselnden Plätzen des Lagers befinden. Die Lagerbewegungen einschließlich Ein- und Auslagerung erfolgen durch Regalbediengeräte, die automatisch gesteuert werden. Vielfach ist die Steuerung der Ein- und Auslagerung durch eine Datenverarbeitungsanlage mit einer Bestandsfortschreibung zwingend verkoppelt (gekoppelte oder synchrone Bestandsfortschreibung).

b) Anforderungen an die Inventur im allgemeinen. aa) Grundsatz. Auch das **37** beste rechnergesteuerte Lagersystem entbindet nicht von der gesetzlichen Verpflichtung zur Inventur. Man könnte diese Feststellung für überflüssig, weil selbstverständlich, halten. Manche Äußerung des Schrifttums (vgl. Nachweise in Fn. 54), nach der eine von der Lagerbuchführung unabhängige Bestandsaufnahme sich als wirtschaftlich nicht vertretbar, als schon aus Gründen der Arbeitssicherheit (das automatische Lager darf nicht betreten werden) nicht durchführbar oder als wegen der technischen Qualität der Anlage überflüssig erweist, legt jedoch die Formulierung einer klaren Ausgangsposition nahe. Bei der Wahl des geeigneten Lagersystems sollte also von vornherein bedacht werden, daß es nicht nur technische und wirtschaftliche Gesichtspunkte, sondern auch rechtliche Eckdaten gibt, die die Bedingungen sinnvoller Lagerhaltung bestimmen. Von dieser grundsätzlichen Position geht auch die einschlägige Stellungnahme HFA 1/1977 aus,[55] und darin ist ihr voll beizupflichten.

bb) Inventurvereinfachungen. Vereinfachungen der Inventur sind auch bei auto- **38** matisch gesteuerten Lagersystemen nur im Rahmen des § 241 möglich. Dabei konzentriert sich das praktische Interesse vor allem auf die permanente Inventur, weil bei ihr Aufnahmearbeiten und Bilanzstichtag entkoppelt werden können (Rdn. 26). Im einzelnen ist zwischen vollautomatischen, halbautomatischen und sonstigen (einfachen) Lagersystemen zu unterscheiden.[56] *Vollautomatische Lagersysteme.* Sie sind im wesentlichen durch drei Merkmale gekennzeichnet: mit den Lagerbewegungen gekoppelte (synchrone) Bestandsfortschreibung, die durch maschineninterne Kontrolle gewährleistet wird; die Mehrfachbelegung einer Lagereinheit (eines Faches) ist durch automatische Kontrolle ausgeschlossen, ebenso die Teilentnahme; manueller Zugriff auf den Lagerbestand ist im laufenden Betrieb nicht möglich. *Halbautomatische Lagersysteme.* Diese Bezeichnung hat sich für solche Systeme eingebürgert, die den Sicherheitsstandard der ersten Gruppe zwar nicht erreichen, aber im Vergleich zur herkömmlichen Lagerhaltung doch einen weit höheren Sicherheitsgrad aufweisen, und zwar sowohl hinsichtlich des Bestandes wie auch seiner Fortschreibung; Hauptfall: Der manuelle Zugriff auf den Lagerbestand ist technisch möglich. *Einfache Lagersysteme.* Bei ihnen wird auch der vergleichsweise weit höhere Sicherheitsstandard des halbautomatischen

---

[54] Dazu *Bäuerle* BB 1986, 846; *Horchler* WPg 1977, 58; *Martienß* ZfB 1980, 47.

[55] Slg. *IdW* HFA S. 119 ff = WPg 1977, 462.

[56] Vgl. außer der genannten Stellungnahme HFA 1/1977 (Fn. 55) Beck BilKomm-*Budde/Kunz* 34 ff; Beck HdR-*Uhlig* A 220, 111 ff.

Uwe Hüffer

Lagersystems nicht erreicht; Hauptfall: keine maschinenintern kontrollierte synchrone Bestandsfortschreibung.

39   Bei vollautomatischen Lagersystemen genügt die sogenannte **Einlagerungsinventur**. Das bedeutet: Die körperliche Bestandsaufnahme findet grundsätzlich nur bei der Einlagerung statt. Eine Ausnahme soll jedoch für die im Geschäftsjahr nicht bewegten Bestände gelten; für sie wird körperliche Aufnahme spätestens zum Bilanzstichtag gefordert (vgl. noch Rdn. 40).[57] Danach eignet sich das vollautomatische Lagersystem vornehmlich für Bestände mit hoher Umschlagshäufigkeit. Bei halbautomatischen Lagersystemen ist eine von der Einlagerung unabhängige körperliche Aufnahme notwendig, die jedoch als **fachweise Aufnahme** erfolgen darf. Abweichend von allgemeinen Grundsätzen muß ein und derselbe Artikel also nicht vollständig und gleichzeitig aufgenommen werden. Vielmehr genügt es, nach Regalfächern vorzugehen; auf diese Weise wird dem Prinzip der Freiplatzlagerung (Rdn. 36) Rechnung getragen. Dagegen gelten für einfache Lagersysteme die allgemeinen Regeln der permanenten Inventur; erforderlich ist also eine von der Einlagerung unabhängige artikelweise Bestandsaufnahme.[58]

40   c) **Insbesondere: Zur körperlichen Aufnahme der nicht bewegten Bestände.** Daß nicht bewegte Bestände auch bei vollautomatischen Lagersystemen spätestens zum Bilanzstichtag aufgenommen werden sollen (Rdn. 39), geht offenbar auf die Vorstellung zurück, es bedürfe nach § 241 Abs. 2 stets einer jährlichen körperlichen Bestandsaufnahme. Diese Ansicht ist, soweit sie eine Regel ohne Ausnahme formuliert, nicht gut fundiert (vgl. schon Rdn. 27). Sie findet allerdings in Abschnitt H 30 (Permanente Inventur) Satz 2 Nr. 2 Satz 1 EStR 1999 (Rdn. 30) und in der dort aufgeführten Entscheidung BFH BStBl. 1967 III 113 Ausdruck. Dieses Urteil stützt sich wiederum auf den Bericht des Wirtschaftsausschusses zu § 39 Abs. 3 a. F. (BTDrucks. IV/3258). Die vom BFH zitierte Passage, aus der sich „einwandfrei" ergeben soll, daß eine permanente Inventur der jährlichen Kontrolle durch körperliche Aufnahme bedarf (aaO S. 114 re. Sp.), findet sich im Schlußteil von Ziff. 2 Abs. 2 des Ausschußberichts (aaO S. 2 li. Sp.). Dabei handelt es sich jedoch um ein selektives Zitat. In Abs. 3 (aaO) heißt es nämlich: „Ausschlaggebend dafür, daß der Wirtschaftsausschuß dem Ergänzungsvorschlag nicht gefolgt ist, war jedoch, daß es unzweckmäßig erschien, handelsrechtlich durch eine starre Vorschrift die jährliche körperliche Bestandsaufnahme zu fordern, während steuerrechtlich nach § 160 Abs. 2 S. 2, § 161 Abs. 2 der Reichsabgabenordnung den Steuerpflichtigen im Einzelfall Erleichterungen gewährt werden können und schon heute für bestimmte Branchen gewährt sind ... Entsprechend der Regierungsvorlage ist es daher vorzuziehen, daß die Bestimmung der zeitlichen Abstände, in denen bei der permanenten Inventur eine körperliche Bestandsaufnahme stattfinden muß, auch beim Vorratsvermögen handelsrechtlich wie bisher den Grundsätzen ordnungmäßiger Buchführung überlassen bleibt."[59] Damit ergibt sich, daß nicht nur nach Wortlaut und Zweck des § 241 Abs. 2, sondern explicit auch nach den Materialien zur Vorläuferbestimmung die zeitlichen Abstände einer körperlichen Aufnahme den GoI überlassen werden sollten. Die jährliche körperliche Be-

---

[57] **H. M.**, vgl. z. B. *Wiedmann* 14; *Winnefeld* Bilanz-Hdb.² B 126; ferner die Nachweise in Fn. 55 und 56 (HFA 1/1977: S. 121); **a. M.** *Bäuerle* BB 1986, 846.

[58] **H. M.**, vgl. Nachweise in Fn. 55 und 56 (HFA 1/1977: S. 119); **a. M.** *Martienß* ZfB 1980, 47 ff für ein System mit manueller Bestandsfortschreibung durch Lochkarten.

[59] Der im Zitat erwähnte Ergänzungsvorschlag ist in der Stellungnahme des Bundesrates (BTDrucks. IV/2865, S. 11) enthalten; als Regelung wurde vorgeschlagen: „Das Vorratsvermögen ist jedoch mindestens einmal jährlich durch eine körperliche Bestandsaufnahme festzustellen."

standsaufnahme kann also entgegen der Ansicht des BFH nicht schon kraft Gesetzes verlangt werden (zutreffend *Bäuerle* BB 1986, 846). Daß sie unter den besonderen Bedingungen vollautomatischer Lagersysteme von den GoI gefordert wird, weil sonst Vollständigkeit und sachliche Richtigkeit der Inventur (vgl. Rdn. 30) nicht gewährleistet wären, ist bislang nicht dargetan.

V. Vor- oder nachverlegte Inventur (§ 241 Abs. 3)

Schrifttum

(vgl. auch die Angaben vor Rdn. 1, 8 und 26). *Frantz/Karsten* Die vorverlegte Inventur mit Wertfortschreibung, WPg 1962, 253 und 287; *Karsten* Müssen Inventur- und Bilanzstichtag übereinstimmen? WPg 1960, 373; *Krause-Kärsten* Alte und neue Wege der Vorratsinventur – Probleme der Stichtagsinventur, StBp 1961, 164 und 196.

1. Begriff und Allgemeines

Das in § 241 Abs. 3 zugelassene System der vor- oder nachverlegten Inventur ist **41** durch die teilweise **Entkoppelung von Bilanzstichtag und Inventurstichtag** gekennzeichnet.[60] Während nämlich bei der permanenten Inventur Inventarstichtag und Bilanzstichtag identisch bleiben und nur die körperliche Bestandsaufnahme auf einen anderen Tag gelegt wird (vgl. Rdn. 26), gestattet § 241 Abs. 3, auch das Bestandsverzeichnis ohne zeitliche Nähe zum Schluß des Geschäftsjahrs aufzustellen, soweit eine ordnungsmäßige Bewertung für diesen Zeitpunkt gesichert bleibt. Deshalb läßt sich von einem *System zeitlich gestaffelter Inventarerrichtung* sprechen (*Brüggemann* Voraufl. § 39, 11). Die Vorschrift wurde 1965 als § 39 Abs. 4 a. F. in das Gesetz eingestellt. Damit fand ein Verfahren Anerkennung, dessen Zulässigkeit vorher nicht unumstritten war.[61] Durch das BiRiLiG hat die Regelung nur eine unbedeutende sprachliche Änderung erfahren (vgl. schon Rdn. 2). Kennzeichnend ist schließlich wiederum die auf die GoB abhebende unbestimmte Umschreibung des Verfahrens zur Bewertung auf den Bilanzstichtag (§ 241 Abs. 3 Nr. 2); sie soll wie sonst auch (Rdn. 17, 27) der Praxis den notwendigen Spielraum für die Entwicklung adäquater Methoden belassen.[62]

2. Voraussetzungen

Nicht zwingend: Lagerbuchführung. Während die Existenz einer Lagerbuch- **42** führung bei der Stichprobeninventur und bei der permanenten Inventur zu den unverzichtbaren, weil verfahrensimmanenten, Zulässigkeitsvoraussetzungen gehört (Rdn. 4, 11, 28), ist das bei der vor- oder nachverlegten Inventur nicht der Fall; denn das besondere Inventar zum Inventurstichtag (Rdn. 43 f) kann aufgrund körperlicher Aufnahme erstellt werden, und die Fortschreibung oder Rückrechnung auf den Bilanzstichtag bezieht sich nicht auf Art und Menge der Bestände, sondern auf ihren Wert, der auch ohne Lagerbuchführung ermittelt werden kann.[63] Die Zu- und Abgänge speziell des

---

[60] Dazu näher *Frantz/Karsten* WPg 1962, 253, 259 ff; *Karsten* WPg 1965, 277, 278 ff; Arbeitskreis *Ludewig* 44 ff; *Uelner* BB 1965, 757, 758 f. Zur Herkunft des Verfahrens aus dem amerikanischen Recht vgl. *Karsten* WPg 1960, 373.

[61] Vgl. schon Fn. 5; außerdem *Krause-Kärsten* StBp 1961, 196, 198; m. w. N. bei *Frantz/Karsten* WPg 1962, 253 in Fn. 2 ff.

[62] Begr. RegE, BTDrucks. IV/2865, S. 6 re. Sp.; *Karsten* WPg 1965, 277, 280.

[63] Wie hier Arbeitskreis *Ludewig* 47; wohl auch *Frantz/Karsten* WPg 1962, 253, 258.

Fortschreibungs- oder Rückrechnungszeitraums müssen allerdings festgehalten werden (vgl. noch Rdn. 48). In der Praxis wird eine Lagerbuchführung durchgängig vorhanden sein. Auch ist denkbar, daß ohne sie das Wertermittlungsverfahren im Einzelfall nicht als ordnungsmäßig beurteilt werden kann. Für die grundsätzliche Zulässigkeit des Verfahrens verlangt § 241 Abs. 3 demnach nur, daß es um die inventarmäßige Verzeichnung von **Vermögensgegenständen** geht; vgl. auch Rdn. 5 f und 28. Mangels näherer gesetzlicher Beschränkung darf also auch die Inventur des Anlagevermögens vor- oder nachverlegt erfolgen.[64] Praktisch findet das Verfahren aber nur im Bereich des Vorratsvermögens statt. Weil Schulden keine Vermögensgegenstände sind, ist § 241 Abs. 3 insoweit nicht unmittelbar anzuwenden. Soweit vergleichbare Inventurschwierigkeiten bestehen, kommt jedoch analoge Anwendung in Betracht (vgl. *Karsten* aaO [Fn. 64] für den Fall von Saldenbestätigungen).

3. Besonderes Inventar

43   **a) Pflicht zu Aufstellung.** Von der Aufstellung des Inventars für den Bilanzstichtag darf nur abgesehen werden, wenn die Vermögensgegenstände „in einem besonderen Inventar" verzeichnet sind (§ 241 Abs. 3 Nr. 1). Anders als bei der permanenten Inventur (Rdn. 26) genügt es also nicht, nur die Bestandsaufnahme durchzuführen; dafür erledigt sich die Fortschreibung der Bestände nach Art und Menge (vgl. noch Rdn. 46). Das besondere Inventar muß den Anforderungen des § 240 Abs. 1 und 2 genügen; um das klarzustellen, verlangt § 241 Abs. 3 Nr. 1, daß die Vermögensgegenstände nach Art, Menge und Wert verzeichnet sind. Die Bewertung richtet sich nach den allgemeinen Grundsätzen einschließlich des Prinzips der Einzelbewertung, allerdings mit der Maßgabe, daß nicht auf den Bilanz-, sondern auf den Inventurstichtag abzuheben ist (vgl. auch Abschnitt R 30 Abs. 2 Satz 3 EStR 1999).

44   **b) Fristen.** Der Stichtag für das besondere Inventar muß so gewählt werden, daß er innerhalb der letzten drei Monate vor dem Bilanzstichtag (Wertfortschreibung) oder innerhalb der beiden ersten Monate nach dem Bilanzstichtag (Wertrückrechnung) liegt. Zweck der zeitlichen Eingrenzung ist es, die Fehlermöglichkeiten zu beschränken, die zwangsläufig bestehen, wenn zum Bilanzstichtag keine Mengenfeststellung erfolgt. Mit der kürzeren Frist bei Verschiebung der Inventaraufstellung in das neue Geschäftsjahr soll erreicht werden, daß die Aufstellung des Jahresabschlusses nicht zu lange verzögert werden kann.[65] Für die *Berechnung* der Frist sind die §§ 186 ff BGB maßgeblich. Daraus folgt für das Beispiel eines am 31.12. endenden Geschäftsjahrs: Das vorverlegte Inventar darf nicht für einen Tag vor dem 30.9. aufgestellt werden, das nachverlegte Inventar nicht für einen Tag nach dem 28. oder 29.2. (vgl. § 188 Abs. 3 BGB).[66] Innerhalb der Fristen darf der Stichtag frei gewählt werden. Wenn ohnehin interne Zwischenabschlüsse aufgestellt werden (z.B. Quartalsabschluß auf den 30.9.), bietet es sich an, diesen Stichtag auch der Aufstellung des besonderen Inventars zugrunde zu legen; weitergehend *Karsten* aaO (Fn. 66), nach dem ein Stichtag im Laufe eines Monats wegen gesteigerten Fehlerrisikos den GoI widersprechen soll.

45   **c) Zulässige Inventurmethoden.** Das besondere Inventar muß wie jedes Inventar auf einer Bestandsaufnahme beruhen. § 241 Abs. 3 Nr. 1 stellt dafür die *körperliche Bestandsaufnahme* und die *permanente Inventur* zur Wahl. Daraus folgt: Stets zu-

---

[64] *Karsten* WPg 1965, 277 f re. Sp.; *Uelner* BB 1965, 757 f re. Sp.

[65] Vgl. zu beiden Punkten Begr. RegE, BTDrucks. IV/2865, S. 6 re. Sp.

[66] *Uelner* BB 1965, 757 f; im Ergebnis auch *Karsten* WPg 1965, 277, 279, der aber annimmt, daß die Frist „eigentlich" schon ab 1.10. läuft.

lässig ist es, das besondere Inventar auf der Basis körperlicher Vollaufnahme zum (besonderen) Inventarstichtag aufzustellen. Weil § 241 Abs. 3 Nr. 1 ausdrücklich auf § 241 Abs. 2 Bezug nimmt, ist es aber auch erlaubt, das besondere Inventar aus der Lagerbuchführung abzuleiten und die Buchwerte zur Basis der Fortschreibung oder Rückrechnung zu machen, wenn die Kontrolle durch körperliche Aufnahme zu einem anderen Zeitpunkt (regelmäßig jährlich, vgl. Rdn. 30, 40) vorgenommen wird. Darüber hinaus wird es für zulässig gehalten, die vor- oder nachverlegte Inventur mit dem *Stichprobenverfahren* des § 241 Abs. 1 zu kombinieren.[67] Das ist nach dem Wortlaut des Gesetzes nicht gänzlich zweifelsfrei, weil neben der permanenten Inventur nur die körperliche Bestandsaufnahme zugelassen wird, während bei der Stichprobeninventur die Lagerbuchführung die Grundlage des Inventars abgibt und die (zudem nicht vollständige) körperliche Aufnahme nur die Kontrolle des Inventargesamtwerts bezweckt (vgl. Rdn. 9 ff). Gleichwohl ist es als rechtlich möglich anzusehen, das besondere Inventar aufgrund einer Stichprobeninventur aufzustellen, weil der Wortlaut des § 241 Abs. 3 über § 39 Abs. 4 a. F. auf die Gesetzeslage vor Regelung der Stichprobeninventur zurückgeht (vgl. Rdn. 2), eine körperliche Bestandsaufnahme wenigstens teilweise und zu Kontrollzwecken stattfindet und kein sachlicher Grund erkennbar ist, das Verfahren auf eine Inventur zum Bilanzstichtag zu beschränken.

4. Fortschreibungs- oder Rückrechnungsverfahren

a) Wertermittlung zum Bilanzstichtag. Nach § 241 Abs. 3 Nr. 2 muß aufgrund **46** des besonderen Inventars gesichert sein, daß der Bestand, für den die Inventur vor- oder nachverlegt worden ist, zum Bilanzstichtag ordnungsgemäß bewertet werden kann. Dieses Ziel wird durch Fortschreibung oder Rückrechnung erreicht, die den GoI entsprechen muß (dazu Rdn. 47 f). Der Inventarpflichtige kann sein Vorgehen in diesem Rahmen selbst bestimmen. Aus der gesetzlichen Umschreibung des Verfahrens folgt im einzelnen[68]: Basis der Wertermittlung ist das besondere Inventar. Während bis dahin das Prinzip der Einzelbewertung gilt (Rdn. 43), ist der Fortschreibung oder der Rückrechnung der *Gesamtwert des besonderen Inventars* zugrunde zu legen. Bestandsveränderungen der Zwischenzeit sind nicht nach Art und Menge, sondern nur wertmäßig zu berücksichtigen. Fortschreibung oder Rückrechnung führen also dann zu einer richtigen Bewertung für den Bilanzstichtag, wenn der Gesamtwert des besonderen Inventars so modifiziert wird, daß der neue Gesamtwert dem Betrag entspricht, der sich aus einer Einzelbewertung ergeben hätte, wenn sie zum Bilanzstichtag durchgeführt worden wäre. Für den praktischen Hauptfall, nämlich die Fortschreibung eines Bestandswerts ohne wesentliche Veränderungen in der Zusammensetzung des Bestandes, kann nach Abschnitt R 30 Abs. 2 Satz 9 EStR 1999 nach der *Formel* vorgegangen werden: Wert am Bilanzstichtag = Gesamtinventarwert zuzüglich Wert der eingegangenen abzüglich Wert der abgegangenen (z.B. verbrauchten) Vermögensgegenstände. Die entsprechende Formel für das Rückrechnungsverfahren würde lauten: Wert am Bilanzstichtag = Gesamtinventarwert abzüglich Wert der Zugänge zuzüglich Wert der Abgänge.

b) Übereinstimmung mit den GoI. aa) Grundsatz. Die Ermittlung des Bilanz- **47** werts durch Fortschreibung oder Rückrechnung muß den Grundsätzen ordnungsmäßiger Buchführung entsprechen. Damit sind wie in § 241 Abs. 1 S. 2 und Abs. 2 die

---

[67] Beck BilKomm-*Budde/Kunz* 61; *Wiedmann* 25; Beck HdR-*Uhlig* A 220, 207.

[68] *Frantz/Karsten* WPg 1962, 253, 258 ff; *Glade*[2] 19; *Karsten* WPg 1965, 277, 279 f; Arbeitskreis *Ludewig* 46 ff.

Uwe Hüffer

GoI gemeint, die sich unter den Gesichtspunkten Wahrheit (vollständig und sachlich richtig), Klarheit (förmlich richtig) und Ordnung konkretisieren lassen (vgl. Rdn. 17 ff, 30 ff).

48   **bb) Einzelfragen.** Die wertmäßigen Veränderungen zwischen Inventur- und Bilanzstichtag müssen vollständig erfaßt werden. Das setzt eine genaue *Bestandsabgrenzung* und die Existenz zuverlässiger Unterlagen über *Zu- und Abgänge* voraus. Wenn keine Lagerbuchführung vorhanden ist (Rdn. 42), müssen sich die Bestandsveränderungen also aus anderen Unterlagen ergeben. Ferner muß die Annahme gerechtfertigt sein, daß die buchmäßige Entwicklung die tatsächliche Bestandsentwicklung richtig wiedergibt. Deshalb schließt Abschnitt R 30 Abs. 3 EStR 1999 die vor- oder nachverlegte Inventur aus, wenn das *Risiko unkontrollierbarer Abgänge* besteht (Schwund, Verdunsten, Verderb, Zerbrechlichkeit) oder wenn es um hohe Einzelwerte geht; die Regelung entspricht nach allg. M. einem handelsrechtlichen GoI.[69] Offenkundige Schwierigkeiten bereitet das Gebot sachlicher Richtigkeit im Sinne richtiger *Bewertung* der Zu- und Abgänge, weil die Einzelveränderungen des Zeitraums zwischen Inventur- und Bilanzstichtag gerade nicht erfaßt werden. Empfohlen wird ein dreistufiges Verfahren auf der Basis von *Verrechnungspreisen:* Die Bewertung im besonderen Inventar soll zu Verrechnungspreisen (also nicht: Einstandspreisen) erfolgen; entsprechend sollen die Bestandsveränderungen umgerechnet und berücksichtigt werden; erst in der dritten Stufe soll die Überleitung des zu Verrechnungspreisen ermittelten Bestandswerts auf den Niederstwert erfolgen.[70] Schließlich fordert das Prinzip der Klarheit, daß die Fortschreibung oder Rückrechnung des im besonderen Inventar ermittelten Bestandswerts vollständig dokumentiert ist, und zwar so, daß ein sachverständiger Dritter die Prüfung in angemessener Zeit vornehmen kann (§ 238 Abs. 1 S. 2). Die danach notwendigen Unterlagen sind gem. § 257 Abs. 1 Nr. 1 für die Dauer von zehn Jahren aufzubewahren.

VI. Steuerrechtliche Fragen

49   **Grundsatz.** Stichprobeninventur, permanente Inventur sowie vor- oder nachverlegte Inventur sind nicht nur handels-, sondern auch steuerrechtlich zulässig, weil für die Besteuerung das Betriebsvermögen anzusetzen ist, das sich nach den handelsrechtlichen GoB ergibt (§ 5 Abs. 1 EStG). Die Praxis der Finanzverwaltung zur permanenten Inventur und zur vor- oder nachverlegten Inventur hat in Abschnitt R 30 Abs. 2 und 3 und H 30 (Permanente Inventur) EStR 1999 Niederschlag gefunden. Der Richtlinientext bringt durchgängig auch die handelsrechtlichen Anforderungen zum Ausdruck. Zur Stichprobeninventur gibt es keine entsprechende Verwaltungsregelung. Das auf der Basis einer bestandszuverlässigen Lagerbuchführung durchgeführte Stichprobenverfahren ist jedoch auch steuerrechtlich anerkannt (*Tipke/Kruse* § 145, 20).

50   **Einzelfragen,** soweit im jeweiligen Sachzusammenhang erläutert, in Stichworten: Abgänge, unkontrollierbare, und hohe Einzelwerte: Rdn. 30, 48; Bestandsverzeichnis, artikelgenaues: Rdn. 29; chronologische Verbuchung („nach Tag"): Rdn. 32 f; Fortschreibung des Bestandswerts bei vorverlegter Inventur: Rdn. 46; körperliche Bestandsaufnahme, jährliche, im allgemeinen: Rdn. 27, 30; bei der Einlagerungsinventur insbesondere: Rdn. 40; Pensionszusagen, vor- oder nachverlegte Inventur: Rdn. 7; permanente Inventur mit Stichproben: Rdn. 34. **Besonderheiten** bestehen schließlich,

---

[69] Vgl. z. B. Beck HdR-*Uhlig* A 220, 94.

[70] Ausführlich: *Karsten* WPg 1962, 253, 260 ff; zustimmend z. B. Beck HdR-*Uhlig* A 220, 91 f.

soweit es für steuerliche Zwecke gerade auf die Zusammensetzung der Bestände nach Art und Menge zum Bilanzstichtag ankommt; insoweit genügt die bloße Wertermittlung der vor- oder nachverlegten Inventur (Rdn. 41, 46) nicht. Abschnitt R 30 Abs. 2 Satz 10 EStR 1999 verlangt insoweit (Beispiel: § 6 Abs. 1 Nr. 2a EStG) einen Bestandsnachweis durch körperliche Aufnahme oder permanente Inventur. Als körperliche Aufnahme ist auch die (in Abschnitt R und H 30 EStR 1999 nicht geregelte) Stichprobeninventur auf der Grundlage einer bestandszuverlässigen Lagerbuchführung anzusprechen (vgl. auch Rdn. 45).

Zweiter Unterabschnitt
Eröffnungsbilanz. Jahresabschluß

Erster Titel
Allgemeine Vorschriften

§ 242
Pflicht zur Aufstellung

(1) Der Kaufmann hat zu Beginn seines Handelsgewerbes und für den Schluß eines jeden Geschäftsjahrs einen das Verhältnis seines Vermögens und seiner Schulden darstellenden Abschluß (Eröffnungsbilanz, Bilanz) aufzustellen. Auf die Eröffnungsbilanz sind die für den Jahresabschluß geltenden Vorschriften entsprechend anzuwenden, soweit sie sich auf die Bilanz beziehen.

(2) Er hat für den Schluß eines jeden Geschäftsjahrs eine Gegenüberstellung der Aufwendungen und Erträge des Geschäftsjahrs (Gewinn- und Verlustrechnung) aufzustellen.

(3) Die Bilanz und die Gewinn- und Verlustrechnung bilden den Jahresabschluß.

Übersicht

	Rdn.		Rdn.
I. Normzweck und Allgemeines		c) Jahresabschluß	13
1. Regelungsgegenstand und -zweck		d) Sonderbilanzen, insbesondere	
a) Regelungsgegenstand	1	Eröffnungsbilanz	14
b) Regelungszweck; Rechtsnatur		e) Handels- und Steuerbilanz	
der Bilanzierungpflicht	2	(Grundsatz und Weiterverweis)	15
2. Normadressaten		II. Die Unterscheidung von Auf- und	
a) Überblick	4	Feststellung	
b) Ergänzende Vorschriften für		1. Aufstellung als Maßnahme der	
Kapitalgesellschaften	5	Geschäftsführung	
3. Grundbegriffe		a) Allgemeines	16
a) Bilanz		b) Aufstellung und Unterzeichnung	
aa) Formalaufbau	6	(§ 245)	18
bb) Gewinnermittlungsbilanz	8	2. Verbindlichkeit durch Feststellung	19
cc) Zur Abgrenzung: Über-		III. Aufstellung der Eröffnungsbilanz	
schuldungsbilanz	9	1. Beginn des Handelsgewerbes	
b) GuV	11	a) Begründung der Aufstellungspflicht	

Rdn.   Rdn.

aa) Allgemeines 21
bb) Einzelfragen 22
cc) Insbesondere: Umwandlung
    und Verschmelzung 24
b) Bilanzstichtag 26
c) Aufstellungsfrist
    aa) Einzelkaufleute und Personen-
       handelsgesellschaften 28
    bb) Kapitalgesellschaften 30
2. Entsprechende Anwendung der
   Vorschriften über die Jahresbilanz
   a) Grundsatz 31
   b) Einzelfragen 32
3. Insbesondere: Bilanzen im Gründungsstadium von Kapitalgesellschaften
   a) Eröffnungsbilanz
     aa) Gesellschaftsrechtliche
        Grundlagen (Abriß) 35
     bb) Bilanzrechtliche Folgerungen . 37
   b) Kapitalaufbringungsbilanz
     aa) Gesellschaftsrechtliche
        Grundlagen (Abriß) 39
     bb) Notwendigkeit, Zweck
        und Begriff der Kapital-
        aufbringungsbilanz 40
     cc) Einzelfragen zur Kapital-
        aufbringungsbilanz 41

IV. Aufstellung des Jahresabschlusses
   1. Bilanzstichtag 42
   2. Aufstellungsfrist 43
   3. Materielle und förmliche Anfor-
     derungen (Überblick und Weiter-
     verweise) 44
V. Rechtsfolgen bei Verletzung der
   Aufstellungsfrist 45
VI. Die Feststellung von Eröffnungsbilanz und Jahresabschluß
   1. Rechtsgeschäftlicher Charakter
     der Feststellung 46
   2. Die Geschäftstatbestände bei den
     verschiedenen Gesellschaftsformen
     a) OHG und KG
       aa) Grundsatz 47
       bb) Insbesondere: Mitwirkung
         des Kommanditisten 48
     b) Kapitalgesellschaften 50
   3. Die Geschäftswirkungen (OHG
     und KG) 51
VII. Exkurs: Schlußbilanz; Liquidationsbilanzen
   1. Einzelkaufleute 52
   2. Liquidationsbilanzen 54

Schrifttum

(vgl. auch die Angaben vor und zu § 238 und unten vor Rdn. 46). *Arians* Sonderbilanzen² (1985); *Blumers* Bilanzierungstatbestände und Bilanzierungsfristen im Handelsrecht und Strafrecht (1983); *Blumers* Neue handels- und steuerrechtliche Bilanzierungsfristen und die Risiken der neuen Rechtslage, DB 1986, 2033; *Budde/Förschle* Sonderbilanzen² (1999); *Busse v. Colbe* Die handelsrechtliche Umwandlungsbilanz von Kapitalgesellschaften, ZfB 1959, 599; *Hoffmann-Becking* Das neue Verschmelzungsrecht in der Praxis, Festschrift Fleck (1988) S. 105; *Hopt* Bilanz, Reservenbildung und Gewinnausschüttung bei der OHG und KG, Festschrift Odersky (1996) S. 799; *Meilicke* Probleme der Bilanzierungsfristen, BB 1984, 893; *Meister* Zur Vorbelastungsproblematik und zur Haftungsverfassung der Vorgesellschaft bei der GmbH, Festschrift Werner (1984) S. 521; *Olfert/Körner/Langenbeck* Sonderbilanzen⁴ (1994); *Scherrer/Heni* Liquidations-Rechnungslegung² (1996); *Schulze-Osterloh* Die Vorbelastungsbilanz der GmbH auf den Eintragungszeitpunkt und der Ausweis des Anspruches aus der Vorbelastungshaftung im Jahresabschluß, Festschrift Goerdeler (1987) S. 531.

I. Normzweck und Allgemeines

1. Regelungsgegenstand und -zweck

1   **a) Regelungsgegenstand.** § 242 verpflichtet alle Kaufleute und Handelsgesellschaften (näher Rdn. 4 f) zur Aufstellung einer Eröffnungsbilanz und eines Jahresabschlusses, der sich wiederum aus der Jahresbilanz (§ 242 Abs. 1 S. 1) und der GuV (§ 242 Abs. 2) zusammensetzt (§ 242 Abs. 3). Die Vorschrift ist aus § 39 Abs. 1 und Abs. 2 S. 1 a. F. hervorgegangen. Neu ist, daß nunmehr für alle Kaufleute und Handelsgesellschaften eine GuV gesetzlich gefordert wird (vgl. noch Rdn. 2); die Definition des Jahresabschlusses mit entsprechend umfassendem Geltungsbereich (§ 242

Abs. 3) ist die Konsequenz aus dem jetzigen Nebeneinander von Jahresbilanz und GuV. Die Bilanz wird von § 242 Abs. 1 S. 1 nach wie vor als ein Rechnungsabschluß charakterisiert, der das Verhältnis von Vermögen und Schulden des Kaufmanns darstellt.

b) Regelungszweck; Rechtsnatur der Bilanzierungspflicht. Zu unterscheiden ist **2** zwischen dem traditionellen Zweck des handelsrechtlichen Bilanzerfordernisses und dem Zweck, den der Gesetzgeber des BiRiLiG mit der vom Regierungsentwurf abweichenden Ausgestaltung des § 242 sowie seiner Ergänzung für Kapitalgesellschaften in § 264 verfolgt hat. Der Zweck des handelsrechtlichen Bilanzerfordernisses liegt wie derjenige der Buchführung (§ 238, 2 f) in der Dokumentation und im **Gläubigerschutz durch Selbstkontrolle** des Kaufmanns. Die Pflicht zur Aufstellung des Jahresabschlusses hat deshalb auch dieselbe Rechtsnatur wie die Buchführungspflicht: Sie liegt im Allgemeininteresse und kann in diesem Sinne als öffentlich-rechtliche Pflicht qualifiziert werden (§ 238, 2 f; s. auch Bonner HdR-*Woltmann/Uecker* 3; *Icking* Die Rechtsnatur des Handelsbilanzrechts [2000], S. 166 ff [Ergebnis: S. 443 ff]). Der Kaufmann soll sich am Anfang seiner geschäftlichen Tätigkeit (Eröffnungsbilanz) und zum Schluß jedes Geschäftsjahres (Jahresbilanz) darüber Rechenschaft ablegen, wie sich sein Vermögen und seine Schulden zueinander verhalten und welche Veränderungen dieses Verhältnis erfahren hat (Gewinnermittlung durch Bilanzvergleich); zu diesem handelsrechtlichen Bilanzzweck in Abgrenzung von anderen Bilanzzwecken vgl. unten Rdn. 8 ff. Eine ordentliche Rechenschaft gegen sich selbst muß noch einen Schritt weitergehen, indem sie aufdeckt, wie, insbesondere mit welchen Aufwendungen, der Erfolg zustande gekommen ist und welchen Anteil zum Erfolg die verschiedenen Bereiche der geschäftlichen Tätigkeit geleistet haben. Notwendig ist deshalb noch die **Feststellung der Ertragslage** durch eine GuV. Die Notwendigkeit der GuV folgte schon bislang aus den GoB, so daß § 242 Abs. 2 auch insoweit keine materielle Änderung der Rechtslage bedeutet, als die GuV noch nicht gesetzlich vorgeschrieben war (Begr. RegE, BTDrucks. 10/317, S. 75), nämlich für Einzelkaufleute und Personengesellschaften (vgl. im übrigen § 148 AktG a. F., § 41 GmbHG a. F.).[1]

Die im Rechtsausschuß des Bundestages erarbeitete **Neukonzeption** weicht inso- **3** fern vom Regierungsentwurf ab, als dieser in § 39 Abs. 2 HGB-E auch für den Jahresabschluß von Einzelkaufleuten und Personengesellschaften auf § 237 HGB-E verwies und damit keine deutliche Trennung zwischen ihrem Jahresabschluß und dem der Kapitalgesellschaften erlaubte. Daß es dabei nicht nur um eine Frage der Gesetzestechnik geht, erhellt aus der Geltung des true and fair view-Prinzips, die sich aus § 39 Abs. 2 HGB-E i. V. m. § 237 Abs. 2 HGB-E auch für Einzelkaufleute und Personengesellschaften ergeben hätte (zu diesem Prinzip Erl. zu § 264). Durch die getrennte Regelung der für alle Kaufleute und der für Kapitalgesellschaften insbesondere geltenden Anforderungen soll ausweislich des Ausschußberichts „deutlich werden, daß die Anforderungen an den Jahresabschluß des Kaufmanns nicht erhöht werden sollen" (BTDrucks. 10/4268, S. 96).

2. Normadressaten

a) Überblick. § 242 spricht den **Kaufmann** an. Gemeint ist jeder, der nach § 238 **4** buchführungspflichtig ist. Das folgt nicht nur aus der übereinstimmenden Terminologie beider Vorschriften, sondern auch aus dem sachlichen Zusammenhang von Buch-

---

[1] Zur GuV als Bestandteil ordnungsmäßiger Rechnungslegung vgl. HFA 1/1976 (Slg. *IdW* S. 81, 84 und 91) = WPg 1976, 114; zweifelnd offenbar *Glade*[2] 2.

führung und Bilanz. Im einzelnen ist zu unterscheiden zwischen dem Schuldner der Bilanzierungspflicht und der Person des oder der jeweils Verantwortlichen. Der Verpflichtete ist der jeweilige Unternehmensträger, also derjenige, der das Geschäft im eigenen Namen betreibt; wegen der Einzelheiten vgl. § 238, 7 ff. Bei ihm liegt grundsätzlich auch die Verantwortung. Das gilt auch für den Jahresabschluß, den ausländische Kaufleute für ihre inländische Zweigniederlassung aufzustellen haben. Die insoweit erforderliche gesonderte Buchführung (§ 238, 24) muß ihren Ausdruck in einem gesonderten Jahresabschluß finden, bei dessen Aufstellung der Leiter der Zweigniederlassung nur Hilfsfunktionen hat, soweit ihm nicht das Gesetz die Verantwortung dafür auferlegt (Kredit- und Versicherungswirtschaft, vgl. § 238, 25 ff). Verpflichtung und Verantwortung fallen insbesondere bei den **Handelsgesellschaften** auseinander, weil sie als Schuldner der Pflicht nur durch ihre Organe handeln können. Die Verantwortung für die Aufstellung der Eröffnungsbilanz und des Jahresabschlusses liegt bei OHG und KG in den Händen der geschäftsführenden Gesellschafter (§ 238, 21 f), bei AG und GmbH in den Händen aller Vorstandsmitglieder bzw. Geschäftsführer, jeweils einschließlich der stellvertretenden (§ 238, 23). Sie sind in § 264 Abs. 1 S. 1 als die gesetzlichen Vertreter einer Kapitalgesellschaft angesprochen. Von der Aufstellung strikt zu unterscheiden ist die Feststellung von Eröffnungsbilanz und Jahresabschluß, für die es andere Zuständigkeiten gibt (dazu Rdn. 19 f, 46 ff).

5   **b) Ergänzende Vorschriften für Kapitalgesellschaften.** Aus dem Vorstehenden folgt, daß auch die Bilanzierungspflicht der Kapitalgesellschaften ihre Grundlage in § 242 findet. Infolge der Neukonzeption des BiRiLiG (Rdn. 3) ist § 242 jedoch durch die einschlägigen Sonderregeln des Zweiten Abschnitts zu ergänzen. Hervorzuheben ist: Notwendiger Bestandteil des Jahresabschlusses von Kapitalgesellschaften ist der **Anhang** (§ 264 Abs. 1 S. 1). Er entspricht weithin dem Erläuterungsteil des bisherigen aktienrechtlichen Geschäftsberichts (§ 160 Abs. 2 und 3 AktG a. F.), der aber nicht Bestandteil des Jahresabschlusses und nicht für die GmbH vorgeschrieben war; Einzelvorschriften zum Anhang geben §§ 284 ff. Aufzustellen ist weiter ein **Lagebericht,** der jedoch zum Jahresabschluß hinzutritt, also mit ihm keine Einheit bildet (§ 264 Abs. 1 S. 1). In den Lagebericht ist der bisherige aktienrechtliche Geschäftsbericht mit seinem Inhalt nach § 160 Abs. 1 AktG a. F. eingegangen (vgl. § 289). Für die GmbH handelt es sich auch insoweit um eine Neuerung. Ferner gibt es für Kapitalgesellschaften (vgl. im übrigen § 243 Abs. 3) eine **feste Aufstellungsfrist,** die grundsätzlich drei Monate (§ 264 Abs. 1 S. 2), bei kleinen Kapitalgesellschaften i. S. d. § 267 Abs. 1 längstens sechs Monate beträgt (§ 264 Abs. 1 S. 3). Schließlich sind auch die **materiellen Anforderungen** an den Jahresabschluß bei Einzelkaufleuten und Personengesellschaften einerseits, Kapitalgesellschaften andererseits nicht identisch. Während es § 243 Abs. 1 für die erste Gruppe bei der Geltung der GoB (§ 243 Abs. 1) und bei der gesetzlichen Verankerung des Prinzips der Bilanzklarheit (§ 243 Abs. 2) beläßt, fordert § 264 Abs. 2 für die zweite Gruppe, daß unter Beachtung der GoB ein den tatsächlichen Verhältnissen entsprechendes Bild der Vermögens-, Finanz- und Ertragslage vermittelt wird. Auch bestehen nur für Kapitalgesellschaften besondere Gliederungsvorschriften (§§ 265, 266 ff, §§ 275 ff) sowie Bewertungsregeln (§§ 279 ff), welche die Basisvorschriften der §§ 253, 254 modifizieren.

3. Grundbegriffe

6   **a) Bilanz. aa) Formalaufbau.** § 242 verwendet und umschreibt die Begriffe Eröffnungsbilanz, Bilanz, GuV und Jahresabschluß. Sie sind im folgenden knapp zu erläutern und gegeneinander abzugrenzen. Der Zentralbegriff des Gesetzes ist derjenige der Bilanz, mit dem im allgemeinen die Jahresbilanz gemeint ist. § 242 Abs. 1 S. 1 umschreibt sie wie schon bisher § 39 Abs. 1 a. F. als einen Abschluß, der das Verhältnis des Vermögens und der Schulden darstellt. Gemeint ist ein **Rechnungsabschluß**, der für den jeweiligen Bilanzstichtag eine **summarische Übersicht über das Verhältnis von Vermögen und Schulden** erlaubt. Weil es im Unterschied zum Inventar (§ 240; vgl. dort Rdn. 7) gerade um das Verhältnis geht, in dem Vermögen und Schulden zueinander stehen, ist ihre sachlich geordnete und optisch übersichtliche Gegenüberstellung erforderlich. Sie erfolgt äußerlich durch die Trennung der Bilanz in zwei Seiten (mehr besagt die in § 266 Abs. 1 S. 1 vorgeschriebene Kontoform nicht), nämlich in die **Aktivseite** (links) und in die **Passivseite** (rechts). Während die Vermögensgegenstände auf die Aktivseite gehören, sind auf der Passivseite die Schulden zu verzeichnen. Dabei ließe sich von einer Darstellung des Verhältnisses noch nicht sprechen, wenn lediglich die Endsummen von Vermögen (links) und Schulden (rechts) erkennbar wären.[2] Erforderlich ist vielmehr eine zusätzliche **vertikale Gliederung**, die es erlaubt, bestimmte Gruppen von Vermögensgegenständen zu bestimmten Schulden in Beziehung zu setzen. Deshalb ist auf der Aktivseite zwischen Anlage- und Umlaufvermögen, auf der Passivseite zwischen Eigenkapital (dazu Rdn. 7) und Fremdkapital (Schulden) zu unterteilen (vgl. dazu und zu weiteren Differenzierungen § 266 Abs. 2 und 3).

Das Gesetz spricht, offenbar noch von der Idee einer Schuldendeckungskontrolle be- **7** einflußt (dazu Rdn. 9 f), von **Vermögen und Schulden** und schafft damit eine Quelle fortdauernder Mißverständnisse, weil danach für manchen Juristen wenig einsichtig ist, warum das Eigenkapital auf der Passivseite bilanziert wird, ebenso der Gewinn, während ein Verlust auf der Aktivseite erscheint. Die Betriebswirtschaftslehre hilft sich häufig mit der Vorstellung, beim Eigenkapital handele es sich um Schulden des Kaufmanns gegen sich selbst (bei der AG: um Schulden der Gesellschaft gegenüber den Aktionären).[3] Das sind jedoch rechtlich schlechterdings unzutreffende Hilfserwägungen. Über das in der Sache Gemeinte und allein Weiterführende herrscht indessen Einigkeit[4]: Die beiden Seiten der Bilanz sind Ausdruck ein- und derselben Wertgesamtheit. Sie unterscheiden sich allein nach ihrer Funktion. Während nämlich die **Passivseite** die **Mittelherkunft** offenlegt (Eigen- oder Fremdkapital), zeigt die **Aktivseite** die **Mittelverwendung** (Gegenstände des Anlage- oder Umlaufvermögens), allerdings ohne daß Rückschlüsse auf die (Eigen- oder Fremd-)Finanzierung des Vermögens zulässig wären. Statt von Schulden wird deshalb besser von Kapital gesprochen. Die Passivseite ist demnach die Kapitalseite, die Aktivseite die Vermögensseite der Bilanz. Der rechnerische Ausgleich erfolgt notwendig durch Ausweis der Differenz, die zwischen den beiden Seiten der Bilanz besteht. Ein Überschuß der Aktiva (= Gewinn) gehört folgerichtig auf die Passivseite, ein Überschuß der Passiva (= Verlust) ebenso zwangsläufig, auf die Aktivseite. Daraus ergibt sich die sogenannte Bilanzgleichung: Vermögen = Kapital oder Aktivseite = Passivseite.

bb) Gewinnermittlungsbilanz. Die Jahresbilanz ist keine Erfolgsbilanz, sondern **8** eine Vermögensbilanz. Vermögensbilanzen können wiederum verschiedenen Zwecken dienen. Zweck der Jahresbilanz ist die Gewinnermittlung. Das scheinbare Paradoxon einer auf Gewinnermittlung gerichteten Vermögensbilanz löst sich auf, wenn man die Begriffe Vermögens- und Erfolgsbilanz richtig versteht: Sie charakterisieren nicht den

---

[2] RG JW 1912, 1070; KGJ 20, A 60.
[3] Vgl. statt vieler *Wöhe* Bilanzierung und Bilanzpolitik[9] S. 30: Verpflichtung des Betriebes gegenüber Beteiligten, Anspruch eines Gesellschafters gegen den Betrieb.

[4] *Großfeld* BilanzR[3] Rdn. 3; *Wöhe* aaO (Fn. 3) S. 29 ff.

Zweck der Bilanz, sondern ihren primären Informationsgehalt. In diesem Sinne informiert die Jahresbilanz über die Vermögenslage. Dagegen ist die GuV eine Aufwands- und Ertragsrechnung, weil sie darstellt, wo und wie das Ergebnis zustande gekommen ist (dazu Rdn. 11 f). Gewinn bezeichnet den von einem Bilanzstichtag zum anderen erzielten Zuwachs an Reinvermögen, das seinerseits als Überschuß der Aktiva über die Passiva zu definieren ist (Rdn. 7). Die so verstandene Gewinnermittlung dient wiederum dem Gläubigerschutz durch Selbstkontrolle, weil sie den Betrag bezeichnet, der höchstens aus dem Geschäfts- in das Privatvermögen überführt werden kann, wenn die Substanz des Unternehmens unangetastet bleiben soll. Die Ausrichtung der handelsrechtlichen Jahresbilanz auf die Gewinnermittlung im skizzierten Sinne kann trotz einiger terminologischer Schwankungen in der Sache als geklärt angesehen werden. Seit dem BiRiLiG hat sie auch eine gesetzliche Basis,[5] nämlich in § 252 Abs. 1 Nr. 2. Die dort für alle Kaufleute und Handelsgesellschaften vorgeschriebene Bewertungsprämisse fortgeführter Unternehmenstätigkeit (going concern) schließt zunächst die Schuldendeckungskontrolle als primäre Aufgabe der Jahresbilanz aus (vgl. noch Rdn. 9). Nimmt man das Realisationsprinzip und das Imparitätsprinzip hinzu, die nunmehr ebenfalls kodifiziert worden sind (§ 252 Abs. 1 Nr. 4) und ihrer Tendenz nach eine Begrenzung des ausgewiesenen Gewinns bewirken, so ergibt sich der Ausweis des unter Schonung der nominellen (zur Inflation vgl. § 244, 9 f) Unternehmenssubstanz maximal entnahmefähigen oder verteilbaren Gewinns als allgemeiner Zweck der handelsrechtlichen Jahresbilanz.

9   **cc) Zur Abgrenzung: Überschuldungsbilanz.** Die Terminologie des Gesetzes (Gegenüberstellung von Vermögen und Schulden) ist mit dem Zweck der Jahresbilanz als Gewinnermittlungsbilanz nicht gut vereinbar. Sie beruht ersichtlich auf einer anderen Bilanzkonzeption, nämlich auf der Idee, daß der Kaufmann wenigstens zum Abschluß des Geschäftsjahrs durch die Aufstellung einer Bilanz prüft, ob seine Schulden (sc.: ohne Berücksichtigung des Eigenkapitals, vgl. Rdn. 7) von seinem Vermögen gedeckt werden, daß er also eine **Schuldendeckungskontrolle** vornimmt, und zwar auf der Basis eines fiktiven, vornehmlich insolvenzbedingten Zerschlagungsfalls.[6] Diese Zielvorstellung ist im allgemeinen bilanzrechtlichen Schrifttum als überholtes Gedankengut des 19. Jahrhunderts in Mißkredit geraten und zugunsten der auf Gewinnermittlung gerichteten Jahresbilanz aufgegeben.[7] Der Mißkredit ist nicht berechtigt. Jedenfalls trifft es nicht zu, daß schon die Ausgestaltung der Gründe für die Eröffnung des Insolvenzverfahrens dem Zweck einer Schuldendeckungskontrolle entgegensteht[8]. Zwar liegt nach § 17 Abs. 1 InsO der allgemeine Eröffnungsgrund in der Zahlungsunfähigkeit, und diese verknüpft sich gerade nicht ohne weiteres mit der Überschuldung. Vielmehr tritt zwar nicht notwendig, aber doch regelmäßig erst Überschuldung und später Zahlungsunfähigkeit ein. Für AG, GmbH und GmbH & Co. KG ist jedoch schon die bloße Überschuldung ein Eröffnungsgrund (§ 19 Abs. 1 InsO; § 92 Abs. 2 S. 2 AktG; § 64 Abs. 1 S. 2 GmbHG; §§ 130a Abs. 1 S. 1, 177a S. 1

---

[5] *Moxter* Bilanzlehre[3] Bd. II S. 17 f; klare Darstellung des Gesamtzusammenhangs aaO S. 16 ff sowie in Bilanzlehre[3] Bd. I S. 6 und S. 156 ff.
[6] ROHGE 12, 15, 19: „Der Bilanz liegt hiernach in der That die Idee einer fingirten augenblicklichen Realisirung sämmtlicher Activa und Passiva zum Grunde". Die Fortführung des Gedankens (Herausrechnung des Liquidationseinflusses) zeigt bereits das Dilemma einer Jahresbilanz auf fiktiver

Basis. RGZ 43, 123, 127 erwähnt die fingierte Zerschlagung schon nicht mehr.
[7] Vgl. etwa *Moxter* Bilanzlehre[3] Bd. I S. 16 f; Bd. II S. 6.
[8] So aber *Moxter* Bilanzlehre[3] Bd. II S. 16 f; vgl. auch das Simon-Referat bei *Moxter* aaO Bd. I S. 6, wo verkannt wird, daß es nicht unbedingt darauf ankommt, wofür sich der Kaufmann interessiert, sondern darauf, wofür er sich zu interessieren hat.

HGB). Mit dieser Vorverlegung ist gerade bezweckt, die Gesellschaftsgläubiger vor einer weiteren Aufzehrung des Gesellschaftsvermögens zu schützen.[9] Mit einem Gläubigerschutz durch Selbstkontrolle, wie er von der Buchführungs- und Bilanzierungspflicht bezweckt wird (§ 238, 2 f; oben Rdn. 2) wäre es auch sonst zumindest gut vereinbar, wenn Kaufleute und Handelsgesellschaften sich auch ohne den Druck eines besonderen Konkursgrundes einer periodischen Selbstprüfung unterzögen und bei negativer Prognose für die künftige Geschäftsentwicklung sowie Eintritt der Überschuldung geeignete Konsequenzen zögen.

Im Ergebnis zeigt sich, daß die Schuldendeckungskontrolle als Ziel der Jahres- **10** bilanz einem Differenzierungs- und Verdrängungsprozeß zum Opfer gefallen ist. Von einem **Differenzierungsprozeß** ist zu sprechen, soweit die Schuldendeckungskontrolle bei Gesellschaften mit beschränktem Haftungsfonds durch die Überschuldungsbilanz erfolgt. Der Zusammenhang macht zugleich deutlich, daß die Aufnahme „dynamischer Elemente" in die Überschuldungsbilanz[10] nicht angezeigt ist, wenn es nicht zu einer Erosion des Gläubigerschutzes kommen soll. Das traf schon unter Geltung des früheren Konkursrechts zu. Nach dem jetzt geltenden Insolvenzrecht kann erst recht nicht auf künftige Erträge statt auf gegenwärtige Substanz abgehoben werden. § 19 Abs. 2 S. 1 InsO stellt nämlich allein auf die rechnerische Überschuldung ab, verzichtet also bewußt auf eine negative Fortführungsprognose als Element des Überschuldungstatbestands (vgl. dazu AusschußB BTDrucks. 12/7302 S. 154); damit ist der zweigliedrige Überschuldungsbegriff der bisherigen h. M.[11] aufgegeben. Um einen **Verdrängungsprozeß** handelt es sich bei Einzelkaufleuten und Personengesellschaften unter Beteiligung natürlicher Personen als vollhaftender Gesellschafter. Insoweit kann und will die Jahresbilanz in ihrer heutigen Ausgestaltung nämlich keine Schuldendeckungskontrolle leisten und insoweit besteht mangels einer auf Überschuldung gestützten Pflicht, die Eröffnung des Insolvenzverfahrens zu beantragen, auch kein gesetzlicher Zwang zur Selbstprüfung. Eine Rückbesinnung auf den ursprünglichen Zweck der Jahresbilanz, an die man denken könnte, brächte schon deshalb keinen Fortschritt, weil damit das Bilanzziel der Gewinnermittlung preisgegeben würde. De lege ferenda erwägenswert ist aber neben der jährlichen Gewinnermittlungs- eine jährliche Überschuldungsbilanz vorzuschreiben. Dieser Weg würde allerdings wegen der sonst bestehenden Sanktionslücke zwangsläufig in eine Ausdehnung des Insolvenzgrundes der Überschuldung einschließlich Antragspflicht einmünden, wäre damit auch seinerseits nicht frei von Schwierigkeiten und besitzt derzeit keine Realisierungschance.[12]

b) **GuV.** Während der Erfolg in der Jahresbilanz als Zuwachs an Reinvermögen **11** ermittelt wird, also durch eine auf den Vergleich von Endsummen ausgerichtete Vermögensrechnung, ist die GuV nach ihrer Umschreibung in § 242 Abs. 2 eine **Gegenüberstellung der Aufwendungen und Erträge** des Geschäftsjahrs. Sie ist für Kapitalgesellschaften anders als die Bilanz nicht in Konto-, sondern in Staffelform aufzustellen (§ 275 Abs. 1 S. 1), also in einer systematisch aufgebauten Reihenfolge, die am Beispiel des Gesamtkostenverfahrens (§ 275 Abs. 2) zunächst das Ergebnis der betrieblichen Tätigkeit, danach das Ergebnis der Finanzlagen, die aus beiden Ergebnis-

---

[9] *Hahn* Materialien zur KO (1881), S. 390 f; BMJ (Hrsg.) Erster Bericht der Kommission für Insolvenzrecht (1985) S. 111; eingehend Hachenburg/*Ulmer* § 63, 25 f m. w. N.

[10] Darstellung des Meinungsstreits bei Hachenburg/*Ulmer* § 63, 31 ff.

[11] BGHZ 119, 201, 213 f = NJW 1992, 2891; BGHZ 129, 136, 154 = NJW 1995, 1739; Hachenburg/*Ulmer* § 63, 28 ff; zuletzt GroßKommAktG-*Habersack* § 92, 42 f.

[12] Vgl. schon Insolvenzrechtskommission (Fn. 9), S. 114 f.

Uwe Hüffer

sen folgende Zwischensumme (Ergebnis der gewöhnlichen Geschäftstätigkeit), anschließend das außerordentliche Ergebnis, die Steuern und schließlich das Jahresergebnis ausweist. Für Einzelkaufleute und Personengesellschaften gilt § 275 und zwar nicht unmittelbar; genügend ist deshalb jede Darstellung, sofern sie §§ 243 Abs. 2, 246 Rechnung trägt, also klar, übersichtlich, vollständig und in ihrer Aussagefähigkeit nicht durch Saldierungen beeinträchtigt ist. Eben diese Erfordernisse werden aber zur Übernahme der wesentlichen Gliederungspositionen der GuV von Kapitalgesellschaften zwingen.

12   Nach ihrer Zielsetzung ist die GuV eine **Aufwands- und Ertragsrechnung**. Selbstredend müssen Jahresbilanz und Jahres-GuV den Gewinn (oder Verlust) in gleicher Höhe ausweisen. Die GuV soll aber darüber Aufschluß geben, wo die Quellen für Erfolg (oder Mißerfolg) zu suchen sind und mit welchem Mitteleinsatz das jeweilige Teilergebnis erwirtschaftet worden ist. Weil damit die **Ertragskraft** des jeweiligen Unternehmens dargestellt wird, die ihrerseits Rückschlüsse auf die künftige Vermögenslage erlaubt, sind die GuV und die darauf gestützte Bilanzanalyse als Planungs- und Führungsinstrumente eher wichtiger als die wegen des Gläubigerschutzes das handelsrechtliche Interesse dominierende Jahresbilanz.

13   c) **Jahresabschluß.** Die Bilanz (gemeint ist die Jahresbilanz) und die GuV bilden nach der Legaldefinition des § 242 Abs. 3, die inhaltlich der Klammerdefinition in § 148 AktG a. F. entspricht, den Jahresabschluß. Jahresabschluß ist also lediglich ein **Oberbegriff**, der zwecks sprachlicher Abkürzung die beiden Zahlenwerke bezeichnet. Für die Kapitalgesellschaften ist zusätzlich ein Wortbericht erforderlich, der als Anhang den dritten Bestandteil des von ihnen vorzulegenden Jahresabschlusses bildet (§§ 264 Abs. 1, 284 ff). Kein Bestandteil des Jahresabschlusses ist dagegen der von den Kapitalgesellschaften zusätzlich aufzustellende Lagebericht (§§ 264 Abs. 1, 289).

14   d) **Sonderbilanzen, insbesondere Eröffnungsbilanz.** § 242 Abs. 1 S. 1 bezeichnet die Jahresbilanz als Bilanz schlechthin und stellt ihr die Eröffnungsbilanz gegenüber; in einem anderen, hier nicht erläuterten Sinne spricht das Gesetz in § 252 Abs. 1 Nr. 1 von Eröffnungsbilanz (Bewertungskontinuität zwischen Schlußbilanz der einen und Eröffnungsbilanz der folgenden Periode). Wegen ihrer regelmäßigen Wiederkehr ist die Jahresbilanz die allgemeine Bilanz, die Eröffnungsbilanz dagegen, weil nur aus dem besonderen Anlaß der Unternehmensgründung aufzustellen, eine Sonderbilanz. Das Gesetz trägt ihrer Besonderheit Rechnung, indem es die nur entsprechende Anwendung der Vorschriften über den Jahresabschluß anordnet (§ 242 Abs. 1 S. 2); näher Rdn. 31 ff. Die Betriebswirtschaftslehre spricht nicht von Eröffnungs-, sondern ohne erkennbaren sachlichen Unterschied von Gründungsbilanz. Sonderbilanzen[13] sind darüber hinaus alle Bilanzen, die nicht der jährlichen Gewinnermittlung, sondern einem speziellen Zweck dienen. Zu nennen sind neben der Eröffnungs- oder Gründungsbilanz vor allem: die Abfindungsbilanz aus Anlaß des Ausscheidens eines Gesellschafters (Betriebswirtschaftslehre: Auseinandersetzungsbilanz); Insolvenzbilanz (§ 153 InsO); Kreditbilanz; Liquiditätsbilanz (zwecks Feststellung der Zahlungsfähigkeit [Finanzplan] oder -unfähigkeit); Liquididationsbilanz (§ 154 HGB; § 270 AktG; § 71 GmbHG; vgl. dazu Rdn. 54); Sanierungsbilanz; Überschuldungsbilanz (§ 92 Abs. 2 S. 2 AktG; § 64 Abs. 1 S. 2 GmbHG; §§ 130a Abs. 1 S. 2, 177a S. 1 HGB; vgl. schon Rdn. 9 f); Umwandlungsbilanzen (z. B. §§ 17 Abs. 2, 24 UmwG; s. noch Rdn. 24 f).

---

[13] Spezialschrifttum: *Arians* Sonderbilanzen[2] (1995);   *Körner/Langenbeck* Sonderbilanzen[4] (1994);
Budde/Förschle Sonderbilanzen[2] (1999); *Olfert/*   *Peemöller/März* Sonderbilanzen (1986).

e) **Handels- und Steuerbilanz (Grundsatz und Weiterverweis).** § 4 Abs. 1 S. 1 **15**
EStG definiert den steuerpflichtigen Gewinn als Unterschiedsbetrag, der sich durch
den Vergleich der Betriebsvermögen am Schluß des Wirtschaftsjahres, das den Veran-
lagungszeitraum bildet, und am Schluß des vorangegangenen Wirtschaftsjahres ergibt.
Bei Gewerbetreibenden, die Jahresabschlüsse aufzustellen haben (§ 242 Abs. 1 S. 1),
gilt der **Maßgeblichkeitsgrundsatz.** Es wird nämlich gem. § 5 Abs. 1 EStG für diesen
Vergleich prinzipiell dasjenige Betriebsvermögen angesetzt, das nach den handelsrechtlichen GoB auszuweisen ist. Weil es sich nur um einen Grundsatz handelt, der
eine Reihe von Ausnahmen kennt, gibt es keine Identität der Handelsbilanz – gemeint
ist damit in diesem Zusammenhang die Gewinnermittlungsbilanz des Jahresabschlusses (vgl. Rdn. 8) – und der Steuerbilanz. Letztere ist vielmehr diejenige Bilanz, die für
den Zweck der Besteuerung, insbesondere der Einkommensbesteuerung, aus der handelsrechtlichen Jahresbilanz entwickelt wird.[14] Verbreitet wird deshalb von der Maßgeblichkeit der Handels- für die Steuerbilanz gesprochen. Das ist jedoch nicht genau;
maßgeblich sind die GoB. Die Einzelheiten sind deshalb nicht hier, sondern im
Anschluß an § 243 zu erläutern (vgl. Anh. § 243).

II. Die Unterscheidung von Auf- und Feststellung

1. Aufstellung als Maßnahme der Geschäftsführung

a) **Allgemeines.** § 242 spricht allein von der Aufstellung der Eröffnungsbilanz und **16**
des Jahresabschlusses, nicht von ihrer Feststellung. Die **Unterscheidung** zwischen
beiden Vorgängen hat sich in der Gesetzessprache des HGB nicht durchgesetzt, weil
es bei Einzelkaufleuten keiner differenzierenden Kompetenzzuweisung bedarf und
weil für OHG und KG jedenfalls keine unmittelbar einschlägige Zuständigkeitsregelung vorhanden ist. Bekannt ist die Unterscheidung dagegen **aus dem Recht der Kapitalgesellschaften.** Dort ist die Aufstellung des Jahresabschlusses Aufgabe der gesetzlichen Vertreter (§ 264 Abs. 1 S. 1), also des Vorstands der AG (vgl. noch § 148 AktG
a. F.) oder der Geschäftsführer der GmbH (vgl. noch § 41 Abs. 2 GmbHG a. F.). Seine
Feststellung erfolgt dagegen bei der AG im Regelfall durch die Billigung des Aufsichtsrats (§ 172 AktG), ausnahmsweise durch Beschluß der Hauptversammlung
(§ 173 AktG), bei der GmbH stets durch Beschluß der Gesellschaftergesamtheit (§ 46
Nr. 1 GmbHG). Wie sich aus der Zuständigkeitsverteilung ergibt, ist die Aufstellung
des Jahresabschlusses (und auch die der Eröffnungsbilanz) eine Maßnahme der
Geschäftsführung. Mit der begrifflichen Unterscheidung zwischen Auf- und Feststellung hat sich diese Beurteilung samt der daraus folgenden Funktionszuweisung auch
für das Recht der Personengesellschaften durchgesetzt.[15]

Ihrem **Inhalt** nach läßt sich die Aufstellung als Maßnahme der Geschäftsführung **17**
dahin kennzeichnen, daß mit ihr die Führung der Handelsbücher ihren Anfang (Eröffnungsbilanz) oder ihren periodischen Abschluß (Jahresbilanz) findet, daß sich ferner
mit der Aufstellung die bilanzpolitischen Überlegungen des Kaufmanns zu Entscheidungen und die entsprechenden Überlegungen von geschäftsführenden Gesellschaftern, Vorständen oder GmbH-Geschäftsführern zu entscheidungsreifen Vorschlägen

---

[14] Zum Verhältnis von Handels- und Steuerbilanz
vgl. *Crezelius* ZGR 1987, 1, 3 ff; *Herrmann/
Heuer/Raupach* KommEStG[21] § 5, 49b ff; Kirch-
hof/Söhn/*Mathiak* KommEStG § 5, A 27 ff.

[15] BGHZ 76, 338, 342 = NJW 1980, 1689; *Baum-
bach/Hopt* § 114, 3; *Schlegelberger/Martens*[6]
§ 167, 3 f; *Hopt* FS Odersky (1996) S. 800 f.

konkretisieren.[16] Ihrer **rechtlichen Bedeutung** nach ist die Aufstellung diejenige Maßnahme, mit der Einzelkaufleute ihrer durch § 242 begründeten öffentlich-rechtlichen Verpflichtung nachkommen. Bei Gesellschaften zeigt sich ein Doppelgesicht: In ihr liegt einerseits die Erfüllung der entsprechenden öffentlich-rechtlichen Verpflichtung der Gesellschaft, andererseits die Erfüllung der Organpflicht zur Geschäftsführung in der Innensphäre der Gesellschaft.

18   b) **Aufstellung und Unterzeichnung** (§ 245). Nach § 245 ist der Jahresabschluß vom Kaufmann bzw. von allen vollhaftenden Gesellschaftern zu unterzeichnen. Die Erfüllung dieser öffentlich-rechtlichen Unterzeichnungspflicht (vgl. § 245, 2) gehört noch zur Aufstellung des Jahresabschlusses. Daraus darf jedoch nicht der Umkehrschluß gezogen werden, ein nicht unterzeichneter Jahresabschluß sei nicht aufgestellt. Das Fehlen der erforderlichen Unterschrift(en) ist lediglich ein Indiz dafür, daß die notwendigen Arbeiten noch nicht abgeschlossen oder die erforderlichen Entscheidungen noch nicht endgültig getroffen sind (Rdn. 17). Wenn dies trotzdem zu bejahen ist, liegt nur ein formeller Bilanzfehler vor, der an der Tatsache der Aufstellung nichts zu ändern vermag (RGZ 112, 19, 25; OLG Karlsruhe WM 1987, 533, 536; vgl. auch § 245, 14). Bei Personen- und Kapitalgesellschaften läßt sich bis zur Feststellung des Jahresabschlusses (dazu Rdn. 19) nicht einmal von einem formellen Bilanzfehler sprechen, weil nach zutreffender **h. M.** nicht schon der aufgestellte, sondern erst der festgestellte Jahresabschluß zu unterzeichnen ist (BGH BB 1985, 567 zur GmbH; näher § 245, 5 f). Weil die Unterschrift zur Aufstellung gehört, sind die aufstellungspflichtigen Gesellschafter oder Gesellschaftsorgane aber verpflichtet, die Feststellung im Rahmen ihrer rechtlichen Möglichkeiten herbeizuführen (insbesondere: rechtzeitige Vorlage, vgl. auch Rdn. 19).

2. Verbindlichkeit durch Feststellung

19   Die Feststellung des Jahresabschlusses ist ein **ausschließlich gesellschaftsrechtlicher Vorgang**, der sich in jeder relevanten Beziehung von der Aufstellung unterscheidet. Ihrem Inhalt nach ist die Feststellung **keine Maßnahme der Geschäftsführung**. Vielmehr bezweckt sie die rechtliche **Verbindlichkeit des Jahresabschlusses** für die Beteiligten. Beteiligt sind die Gesellschafter, soweit es um die Gewinnausschüttung geht, und die Gesellschaft, soweit der festgestellte Jahresabschluß die Anfangsbilanz für das folgende Geschäftsjahr bildet. Weil es um die Verbindlichkeit des Jahresabschlusses geht, kann die Zuständigkeit für die Feststellung nicht in der Hand des jeweiligen Geschäftsführungsorgans liegen (vgl. Rdn. 16 und näher unten Rdn. 46 ff). Und schließlich kann die Verbindlichkeit, weil davon keine öffentlich-rechtlichen Interessen betroffen sind, nur durch den rechtsgeschäftlichen, nicht notwendig vertraglichen Konsens der Beteiligten oder durch Mehrheitsbeschluß erzielt werden; für die nähere Ausgestaltung ist zwischen den Personengesellschaften, der AG und der GmbH zu unterscheiden (Rdn. 47 ff).

20   Die **Feststellung** des Jahresabschlusses **durch den Einzelkaufmann ist weder notwendig noch möglich.** Sie ist nicht notwendig, weil er im Rahmen der gesetzlichen Bestimmungen und der GoB allein darüber entscheidet, welchen Betrag er als Gewinn oder auch darüber hinaus entnehmen und mit welcher bilanziellen Grundlage er in das nächste Geschäftsjahr gehen will. Sie ist nicht möglich, weil der Einzelkaufmann mit sich keinen Vertrag schließen und keinen Beschluß fassen kann. Wenn es im Schrifttum gleichwohl heißt,[17] der Kaufmann stelle seinen Jahresabschluß durch Unterzeich-

---

[16] Vgl. die Umschreibung der Bilanzaufstellung bei *Ulmer* FS Hefermehl (1976) S. 207, 210.

[17] *Baumbach/Hopt* § 245, 3.

nung fest, so ist damit ersichtlich etwas anderes gemeint, nämlich die in der Unterzeichnung ausgedrückte Endgültigkeit der Aufstellung und die Übernahme der Verantwortung für den Jahresabschluß. Es dient jedoch der Klarheit, dafür nicht den Ausdruck Feststellung zu verwenden; denn in der Sache geht es nur um einen Formalakt, der nicht einmal für die Aufstellung materielle Bedeutung besitzt (Rdn. 18).

III. Aufstellung der Eröffnungsbilanz

1. Beginn des Handelsgewerbes

a) Begründung der Aufstellungspflicht. aa) Allgemeines. § 242 Abs. 1 S. 1 ver- **21**
pflichtet den Kaufmann, zu Beginn seines Handelsgewerbes eine Eröffnungsbilanz aufzustellen, und umschreibt damit zunächst den wesentlichen, die Bilanzierungspflicht begründenden Tatbestand. Beginn des Handelsgewerbes ist zunächst der **Neubeginn,** also der **Aufbau eines Unternehmens,** das bisher nicht bestanden hat. Insoweit kann auf die Erläuterungen zum Beginn der Buchführungspflicht verwiesen werden (vgl. § 238, 12). Zweifelhaft mag allein sein, ob wie bei der Buchführungspflicht so auch hier bloße Vorbereitungsgeschäfte (Anmietung eines Geschäftslokals, Kauf von Büromaterial) genügen. Die Frage erledigt sich jedoch mit dem Beurteilungsspielraum, der dem Kaufmann bei der Wahl des Bilanzstichtags zusteht (vgl. noch Rdn. 27). Beginn des Handelsgewerbes i.S.d. § 242 Abs. 1 S. 1 ist auch der *Inhaberwechsel;*[18] denn der Bestand des Unternehmens ändert nichts daran, daß es der neue Inhaber erst von der Übernahme an betreibt, also entweder erst damit zum Kaufmann (§ 1 Abs. 1) oder, falls er ein Unternehmen hinzu erwirbt, zum Schuldner einer neuen gesonderten Bilanzierungspflicht wird. Bei einer Mehrheit von Unternehmen desselben Inhabers ist dieser also verpflichtet, jeweils bei Beginn der Geschäftstätigkeit eine gesonderte Eröffnungsbilanz aufzustellen.

bb) Einzelfragen. Trotz der Klarheit des Grundsatzes können sich im Detail Beur- **22**
teilungsschwierigkeiten ergeben. Für **Einzelkaufleute** gilt: Die Eröffnungsbilanz ist ohne Rücksicht auf die Vermögenslage aufzustellen, also auch dann, wenn weder Vermögen noch Kapital vorhanden sind.[19] Die Pflicht zur Bilanzierung wird begründet durch den Übergang von einem kleingewerblichen zu einem kaufmännischen, also entsprechender Betriebsorganisation bedürftigen Gewerbe.[20] Bei **Minderjährigen** ist nach älterer Judikatur in Strafsachen[21] eine Eröffnungsbilanz erforderlich, wenn sie zuvor das Handelsgewerbe ohne die Genehmigung des Vormundschaftsgerichts betrieben haben und nunmehr die Genehmigung erteilt wird oder Volljährigkeit eintritt. Das ist trotz des im Namen der Praxis geäußerten Erstaunens (*Meilicke* BB 1984, 893) richtig, allerdings nicht, weil erst jetzt die Kaufmannseigenschaft des Minderjährigen entsteht (so *Brüggemann* Voraufl. § 39, 5), sondern weil der Bilanzierungspflichtige erst jetzt zur Verantwortung gezogen werden kann (Alternative: Eine sank-

---

[18] RGSt 28, 428 f; *Blumers* Bilanzierungstatbestände, S. 29 f; *Tröndle/Fischer* § 283, 27; *Schönke/Schröder/Stree* § 283, 45; LKStGB-*Tiedemann* § 283, 131.

[19] RG JW 1890, 432; RG LZ 1915, 897; *Tröndle/Fischer* § 283, 27; LKStGB-*Tiedemann* § 283, 132.

[20] Vgl. noch zur früheren Gesetzeslage (Minder- und Vollkaufleute) RGSt 45, 3, 6; RG DJZ 1906, 656; RG JW 1908, 603; RG Recht 1914 Nr. 1943;

Blumers Bilanzierungstatbestände, S. 27 ff; LKStGB-*Tiedemann* § 283, 131; zum Umkehrfall (Schlußbilanz) vgl. BGH NJW 1954, 1853; OLG Karlsruhe GA 1975, 313, 315.

[21] RGSt 45, 3, 5; ebenso *Blumers* Bilanzierungstatbestände, S. 25 ff; *Brüggemann* Voraufl. § 39, 5; *Schlegelberger/Hildebrandt/Steckhan* § 39, 7; stellvertretend für die strafrechtlichen Kommentare LKStGB-*Tiedemann* § 283, 131.

tionsbewerte Pflicht zur Aufstellung einer Eröffnungsbilanz entsteht überhaupt nicht). Folglich muß keine Eröffnungsbilanz bei Eintritt der Volljährigkeit aufgestellt werden, wenn zuvor die gesetzlichen Vertreter das Geschäft geführt haben; verantwortlich sind sie (vgl. § 238, 18 und 72). Beim **Inhaberwechsel** kommt es weder auf dessen Rechtsgrund noch auf die nähere Ausgestaltung an. Deshalb muß auch der **Erbe** des bisherigen Inhabers eine Eröffnungsbilanz aufstellen (RGSt 28, 428 f), und bei demjenigen, der aufgrund **Kaufvertrags** erwirbt, kommt es nicht darauf an, ob er die bisherige Firma weiterführt (§ 22 HGB) oder eine neue annimmt (RGSt 16, 55; RGSt 26, 222). Für die geschäftliche Tätigkeit des früheren Insolvenzschuldners nach **Beendigung des Insolvenzverfahrens** gilt als Grundsatz, daß es einer Eröffnungsbilanz bedarf;[22] denn in der Regel handelt es sich um den Neubeginn einer wirtschaftlichen Tätigkeit. Als Ausnahmetatbestände kommen die Einstellung des Insolvenzverfahrens auf Antrag des Schuldners unter Zustimmung der Gläubiger (§ 213 InsO) und seine Aufhebung nach rechtskräftiger Bestätigung eines Insolvenzplans (§ 258 InsO) in Betracht.

23   **Gesellschaftsrechtliche Veränderungen** lassen sich im wesentlichen nach den vorstehenden Grundsätzen beurteilen. **Eintritt eines Gesellschafters** in das Geschäft eines Einzelkaufmanns ist rechtlich Wechsel des Unternehmensträgers (vgl. § 28, 7), also Beginn eines Handelsgewerbes in der Variante des Inhaberwechsels (Rdn. 21); folglich muß die neu entstandene OHG oder KG eine Eröffnungsbilanz aufstellen.[23] Dasselbe gilt, wenn das Geschäft einer zweigliedrigen Gesellschaft unter **Ausscheiden des vorletzten Gesellschafters** in unmittelbarer oder entsprechender Anwendung des § 140 Abs. 1 S. 2 HGB übernommen und unter Einzelfirma fortgeführt wird.[24] **Neugründung** einer OHG oder KG ist wieder Wechsel des Unternehmensträgers. Dagegen läßt bloßer Gesellschafterwechsel den Bestand der Gesellschaft als Unternehmensträgerin unberührt; also ist keine Eröffnungsbilanz aufzustellen (RG LZ 1914, 689). Zu den Bilanzen bei Errichtung einer Kapitalgesellschaft vgl. unten Rdn. 35 ff.

24   **cc) Insbesondere: Umwandlungsmaßnahmen.** Die Rechnungslegung bei Umwandlungsmaßnahmen ist knapp geraten, beschränkt sich nämlich auf §§ **17 Abs. 2, 24 UmwG** als Basisvorschriften. § 17 Abs. 2 UmwG betrifft die Schlußbilanz der übertragenden Rechtsträger und gehört deshalb nicht in den Zusammenhang des § 242. Anders ist es mit § 24 UmwG; die Vorschrift bezieht sich auf die Jahresbilanz und kann deshalb über § 242 Abs. 1 S. 2 auch für die Eröffungsbilanz Bedeutung erlangen. Dafür ist zu unterscheiden: Bei der **Verschmelzung durch Aufnahme** (§ 2 Nr. 1 UmwG) gibt es keine Verpflichtung der übernehmenden Gesellschaft, eine Eröffnungsbilanz i.S.d. § 242 Abs. 1 aufzustellen. Vielmehr ist die Übernahme als Geschäftsvorfall in der Buchführung des laufenden Geschäftsjahrs zu dokumentieren, namentlich durch Ausbuchung bisher gehaltener Beteiligungsrechte und durch Einbuchung der durch Gesamtrechtsnachfolge erworbenen Vermögensgegenstände und Schulden.[25] Anders liegt es bei der **Verschmelzung durch Neugründung**, bei der die übertragenden Rechtsträger mit der Übertragung ihrer Vermögen einen neuen Rechtsträger zur Entstehung bringen (§ 2 Nr. 2 UmwG). Dieser beginnt sein Handelsgewerbe

---

[22] RGSt 25, 76, 78; *Blumers* Bilanzierungstatbestände, S. 25 f; *Schönke/Schröder/Stree* § 283, 45; LKStGB-*Tiedemann* § 283, 131 und 132 a. E.

[23] RG LZ 1914, 689 f; *Blumers* Bilanzierungstatbestände, S. 29 ff; *Tröndle/Fischer* § 283, 27; *Schönke/Schröder/Stree* § 283, 45; LKStGB-*Tiedemann* § 283, 131.

[24] RGSt 16, 55 f; RGSt 26, 222, 223 ff; RGSt 45, 3, 6; ferner die in Fn. 23 angeführten Kommentare.

[25] *Kallmeyer/W. Müller* UmwG § 24, 5; *Lutter/Priester* UmwG² § 24, 21; *Budde/Förschle/Schacht* Sonderbilanzen² G 17 f.

i. S. d. § 242 Abs. 1 und ist daher verpflichtet, eine Eröffnungsbilanz aufzustellen.[26] Der Bilanzstichtag ergibt sich kraft der besonderen Vorschrift des § 5 Abs. 1 Nr. 6 UmwG wohl aus dem Verschmelzungsstichtag, entspricht also nicht dem Eintragungsdatum.[27] Im ersten Fall (§ 2 Nr. 1 UmwG) gilt § 24 UmwG für die (nächstfolgende) Jahresbilanz unmittelbar. Im zweiten Fall (§ 2 Nr. 2 UmwG) ist die Vorschrift auf die Eröffnungsbilanz gem. § 242 Abs. 1 S. 2 analog anzuwenden (s. schon Erstbearbeitung Rdn. 25 a. E. zu §§ 348, 353 Abs. 1 AktG a. F.). Wesentlich ist dabei der Übergang von der obligatorischen Buchwertverknüpfung des früheren Rechts zum Wahlrecht des § 24 UmwG, das auch eine an den Anschaffungskosten orientierte Aktivierung erlaubt.[28]

Die grundsätzliche Unterscheidung zwischen der Verschmelzung durch Aufnahme **25** und derjenigen durch Neugründung (Rdn. 24) ist auch für die Beurteilung anderer Umwandlungsvorgänge fruchtbar zu machen, und zwar in dem Sinne, daß eine Eröffnungsbilanz stets, aber auch nur dann geboten ist, wenn infolge der Umwandlung ein neuer Rechtsträger entsteht. Deshalb kommt es bei der Spaltung (§§ 123 ff UmwG) wie bei der Verschmelzung darauf an, ob eine **Spaltung zur Aufnahme** vorliegt (§ 123 Abs. 1 Nr. 1 UmwG) oder ob es sich um eine **Spaltung zur Neugründung** handelt (§ 123 Abs. 1 Nr. 2 UmwG). Im ersten Fall verbleibt es bei der Buchführung des laufenden Geschäftsjahrs und bei der ergebniswirksamen Berücksichtigung des Spaltungsvorgangs im nächsten Jahresabschluß (§§ 24, 125 S. 1 UmwG). Dagegen bedarf es im zweiten Fall einer Eröffnungsbilanz, für die §§ 24, 125 S. 1 UmwG gem. § 242 Abs. 1 S. 2 entsprechend gelten.[29] Beim **Formwechsel** kommt es unabhängig von der Beteiligung von Personen- oder Kapitalgesellschaften nicht zur Entstehung eines neuen Rechtsträgers; vielmehr erhält der bisherige Rechtsträger in allen Fällen nur ein neues Rechtskleid (§ 190 Abs. 1 UmwG), womit die übertragende Umwandlung des früheren Rechts auch der Sache nach entfallen ist. Folglich ist eine Eröffnungsbilanz weder erforderlich noch sachgerecht. Das galt schon früher für die nur formwechselnde Umwandlung,[30] ist aber infolge der weiter reichenden Konzeption des § 190 Abs. 1 UmwG nunmehr auch in den Fällen richtig, in denen man früher von einer übertragenden Umwandlung gesprochen hätte (z. B. OHG auf AG oder GmbH auf KG).[31]

b) Bilanzstichtag. Der Beginn des Handelsgewerbes begründet nicht nur die **26** Pflicht, eine Eröffnungsbilanz aufzustellen. Vielmehr ist damit auch der maßgebliche Zeitpunkt bezeichnet, also der Bilanzstichtag. Von seiner Festlegung klar zu unterscheiden ist wiederum die Bestimmung des Zeitraums, der für die Aufstellung zur Verfügung steht; dazu Rdn. 28 ff. Für die notwendige Präzisierung der gesetzlichen Vorgabe ist zwischen mehreren Fallgruppen zu differenzieren. Sie bereitet keine Schwierigkeiten, wenn der Beginn des Handelsgewerbes in der **Variante des Inhaberwechsels** (Rdn. 21) vorliegt und sich dieser Inhaberwechsel durch konstitutiv wirkende Eintragung im Handelsregister vollzieht; Bilanzstichtag ist dann der Tag der Eintragung. So liegt es bei der Verschmelzung durch Neugründung (Rdn. 24), bei der Spaltung zur Neugründung (Rdn. 25) und bei der Entstehung der AG oder GmbH als juristischer Person (dazu unten Rdn. 35 f). Ebenso ist zu entscheiden, wenn **Klein-**

---

[26] *Kallmeyer/W. Müller* aaO (Fn. 25); *Lutter/Priester* aaO (Fn. 25) Rdn. 22.

[27] *Lutter/Priester* aaO (Fn. 26).

[28] Vgl. dazu namentlich *Kallmeyer/W. Müller* UmwG § 24, 2; WP-Hdb. 1998[11] Bd. II E 57; *Schulze-Osterloh* ZGR 1993, 420, 425 ff.

[29] *Kallmeyer/W. Müller* UmwG § 125, 35a; WP-Hdb. 1998[11] Bd. II E 107.

[30] Vgl. noch *Arians* Sonderbilanzen[2] S. 260.

[31] H. M., s. Begr. RegE BTDrucks. 12/6885, S. 6; *Kallmeyer/Meister/Klöcker* UmwG § 192, 21; *Lutter/Decher* UmwG[2] § 192, 47; *Budde/Förschle/Hoffmann* Sonderbilanzen[2] L 30, 40; WP-Hdb. 1998[11] Bd. II E 132; vgl. zur früheren Rechtslage noch *Arians* Sonderbilanzen[2] S. 259; *Busse von Colbe* ZfB 1959, 599, 601.

Uwe Hüffer

gewerbetreibende, Land- oder Forstwirte zugunsten des Handelsrechts optieren (§ 2, 3), weil sie erst mit ihrer Eintragung die Kaufmannseigenschaft erwerben. Der Bilanzstichtag läßt sich schließlich auch dann klar bestimmen, wenn sich der Inhaberwechsel außerhalb des Handelsregisters vollzieht. So ist das Datum des Erbfalls stets bestimmbar, und Übernahme- oder Gesellschaftsverträge ohne Datierung sind praktisch kaum vorstellbar.

27   Nicht problemfrei ist dagegen der Grundfall des § 242 Abs. 1 S. 1, nämlich der **Aufbau eines neuen Unternehmens,** und auch nicht der Übergang von einem kleingewerblichen zu einem handelsgewerblichen Unternehmen. Dafür kann in den Fällen des § 1 nicht ausschließlich an die Registereintragung angeknüpft werden. Sie stellt vielmehr nur den spätestmöglichen Zeitpunkt dar. Im übrigen wird im Schrifttum der Zeitpunkt als maßgeblich angesehen, in dem die Vorbereitungsphase abgeschlossen ist und sich die Eröffnung des Geschäftsbetriebs nach außen hin dokumentiert.[32] Dem ist grundsätzlich beizupflichten, doch kann auch die danach erforderliche Abgrenzung im Einzelfall noch Schwierigkeiten bereiten. Es muß deshalb genügen, daß der Geschäftsinhaber im Rahmen eigener vernünftiger Beurteilung den Stichtag für die Geschäftseröffnung und damit auch für die Eröffnungsbilanz festlegt, etwa durch Zeitungsanzeigen, Rundschreiben oder ähnliche Werbemaßnahmen (ebenso *Küting/Weber/Ellerich* 7). Nur soweit die Kaufmannseigenschaft Gegenstand einer Eintragungsoption ist (§§ 2, 3), richtet sich der Bilanzstichtag nach der Eintragung in das Handelsregister; denn von da ab liegt ein Handelsgewerbe vor, solange die Eintragung besteht.

28   **c) Aufstellungsfrist. aa) Einzelkaufleute und Personenhandelsgesellschaften.** Gem. § 243 Abs. 3 i. V. m. § 242 Abs. 1 S. 2 ist die Eröffnungsbilanz innerhalb der Zeitspanne aufzustellen, die einem **ordnungsmäßigen Geschäftsgang** entspricht. Das Gesetz verzichtet also in Übereinstimmung mit § 39 Abs. 3 S. 1 HGB-E (BTDrucks. 10/317, S. 3) darauf, einen bestimmten Zeitraum zu fixieren, hat aber immerhin eine allgemein gehaltene Fristenregelung durch unbestimmten Rechtsbegriff getroffen, die das früher geltende Recht nicht kannte. Der Aufstellungszeitraum wurde deshalb mit unterschiedlichen Wendungen umschrieben: Teils nahm man schon früher an, daß der ordnungsmäßige Geschäftsgang die Frist bestimmte, wandte also im Ergebnis § 39 Abs. 2 S. 2 a. F. analog an,[33] teils formulierte man wegen des Gesetzeswortlauts („bei" Beginn) eine Pflicht zur unverzüglichen Aufstellung.[34] Andere sprachen von einer angemessenen Zeit oder von einem den tatsächlichen Verhältnissen angepaßten Zeitabschnitt.[35] Die sachliche Bedeutung der Formulierungsunterschiede war und ist wenig klar. Insgesamt entsprach es wohl überwiegender Ansicht, daß die Frist für die Eröffnungsbilanz jedenfalls tendenziell kürzer zu bemessen sei als die Frist für die Jahresbilanz, die handelsrechtlich mit längstens sechs Monaten angenommen wurde,[36] daß aber die Aufstellung innerhalb von drei Monaten nach dem Bilanzstichtag in aller Regel genügte.[37]

---

[32] *Arians* Sonderbilanzen[2] S. 90; *Brüggemann* Voraufl. § 39, 2; *Küting/Weber/Ellerich* 7; weitergehend Bonner HdR-*Woltmann/Uecker* 14.

[33] *Schlegelberger/Hildebrandt/Steckhan* § 39, 7.

[34] Vgl. noch Baumbach/Duden/Hopt[26] § 39, 1 C; *Blumers* Bilanzierungstatbestände, S. 55 f; *ders.* DB 1986, 2033 und 2036; LKStGB[10]-*Tiedemann* § 283, 146 (anders jetzt LKStGB[11]-*ders.* § 283, 148).

[35] Für das erste noch *Dreher/Tröndle* KommStGB[42] § 283, 27 (anders jetzt *Tröndle/Fischer* Komm-

StGB[49] § 283, 27); für das zweite *Brüggemann* Voraufl. § 39, 3.

[36] Vgl. die Zusammenstellung in BVerfGE 48, 48, 61; BGH BB 1955, 109 m. Anm. *Rowedder* S. 110; *Blumers* Bilanzierungstatbestände, S. 61, 73, 80; *Maul* Rechnungslegung, S. 17; vgl. auch § 243, 37 ff.

[37] *Blumers* Bilanzierungstatbestände, S. 55; *ders.* DB 1986, 2033.

Soweit es um die **Verkürzungstendenz** geht („**unverzüglich**"), läßt sich die bishe- 29
rige Praxis **nach dem BiRiLiG nicht aufrechterhalten.** Die Regelung für Einzelkaufleute und Personengesellschaften geriete damit nämlich zwangsläufig in einen Wertungswiderspruch zu der Regelung für kleine Kapitalgesellschaften, denen das Gesetz
eine Aufstellungsfrist bis zu sechs Monaten einräumt (Rdn. 30). Die Verkürzungstendenz entspricht auch nicht den Vorstellungen der Gesetzesverfasser, die in § 39 Abs. 3
S. 1 und 2 HGB-E (BTDrucks. 10/317, S. 3) zwischen ordnungsmäßigem Geschäftsgang und unverzüglicher Aufstellung differenziert und für die Eröffnungsbilanz nur
eine Frist gefordert haben, die ersterem angemessen ist. Weil sich an der allgemeinen
Frist für die Aufstellung des Jahresabschlusses erklärtermaßen nichts ändern sollte
(Beschlußempfehlung, BTDrucks. 10/4268, S. 97 li. Sp. unten), ist nunmehr, wenn
nicht besondere Umstände vorliegen, davon auszugehen, daß eine Aufstellung der
Eröffnungsbilanz innerhalb von drei Monaten jedenfalls, innerhalb von sechs Monaten gerade noch ordnungsmäßigem Geschäftsgang entspricht.[38]

bb) Kapitalgesellschaften. Einen festen Zeitraum fixiert das HGB nur für die 30
Aufstellung der Jahresabschlüsse. In Übereinstimmung mit § 148 AktG a. F. schreibt
§ 264 Abs. 1 S. 2 für **nicht kleine** Kapitalgesellschaften **drei Monate** vor. Dagegen
räumt § 264 Abs. 1 S. 3 **kleinen Gesellschaften** (§ 267 Abs. 1) die Frist ein, die einem
ordnungsmäßigen Geschäftsgang entspricht, **längstens** aber **sechs Monate** (vgl. früher
§ 41 Abs. 2 und 3 GmbHG a. F.). Weil für die Aufstellung der Eröffnungsbilanz keine
besondere Regelung getroffen ist, verbleibt es insoweit bei § 242 Abs. 1 S. 2, nunmehr
aber nicht i. V. m. § 243 Abs. 3, sondern i. V. m. § 264 Abs. 1. Danach ergibt sich für die
große und mittlere AG oder GmbH auch insoweit eine Frist von drei Monaten, für die
kleine AG oder GmbH eine Frist von drei bis maximal sechs Monaten nach Maßgabe
des ordnungsmäßigen Geschäftsgangs.

2. Entsprechende Anwendung der Vorschriften über die Jahresbilanz

a) Grundsatz. § 242 Abs. 1 S. 2 ordnet an, auf die Eröffnungsbilanz die Vorschriften 31
über die Jahresbilanz entsprechend anzuwenden. Bezweckt ist damit nach dem Ausschußbericht eine **Klarstellung** (BTDrucks. 10/4268, S. 97). Soweit sich das Schrifttum mit dem Inhalt der Eröffnungsbilanz überhaupt auseinandersetzt, entspricht die
sinngemäße Anwendung der für die Jahresbilanz geltenden Regeln in der Tat allgemeiner Ansicht.[39] Das ist sachgerecht, weil die bilanzmäßige Darstellung der Vermögens-
und Kapitalstruktur zum Gründungsstichtag nicht nur der Selbstinformation der
Gründer dient, sondern die Basis für die künftige Ermittlung des Gewinns durch die
Jahresbilanz legt (Bilanzkontinuität); der Gewinn des ersten Geschäftsjahrs ist der
Betrag, der sich ergibt, wenn vom Überschuß der Aktiva über die Passiva der in der
Eröffnungsbilanz ausgewiesene Überschuß abgezogen wird.

b) Einzelfragen. Im einzelnen bedeutet die entsprechende Anwendung der Vor- 32
schriften über die Jahresbilanz: Ansatzfähigkeit, Gliederung und Bewertung richten
sich nach den einschlägigen Vorschriften, also für Einzelkaufleute und Personengesellschaften nach § 243 Abs. 1 und 2, §§ 246 ff, §§ 252 ff. Auch §§ 242, 245 sind anzuwenden. Für die Kapitalgesellschaften sind die ergänzenden Regeln der §§ 264 ff zu beachten. Ein Wortbericht ist jedoch weder als Anhang noch als Lagebericht erforderlich,

---

[38] Laut *Blumers* DB 1986, 2033, 2036 ein „ganz
abwegiges Ergebnis". In der Tat wird man über
seine Sachgerechtigkeit streiten können, nicht
aber über seine Ableitung aus dem Gesetz.

[39] *Arians* Sonderbilanzen[2] S. 90 f; *Budde/Förschle*
Sonderbilanzen[2] C 24; *Peemöller/März* Sonderbilanzen, S. 47.

weil für den Beginn des Handelsgewerbes in § 242 Abs. 1 nur eine Eröffnungsbilanz vorgeschrieben ist und § 264 Abs. 1 daran nichts ändert.

33   Zur **Ansatzfähigkeit:** Das in § 248 Abs. 1 ausgesprochene Aktivierungsverbot für **Gründungsaufwand und Beschaffung des Eigenkapitals** gilt gem. § 242 Abs. 1 S. 2 auch für die Eröffnungsbilanz (*Budde/Förschle/Kropp* Sonderbilanzen² C 116); zum Begriff des Gründungsaufwands vgl. Erl. zu § 248. Dagegen darf ein **Disagio** als Aufwand für die Beschaffung von Fremdkapital im Rahmen der Rechnungsabgrenzung gem. § 250 Abs. 3 auch in der Eröffnungsbilanz aktiviert werden (Wahlrecht). Ein entsprechendes allgemeines Aktivierungswahlrecht für **Ingangsetzungskosten** gibt es dagegen nicht. § 269 hat dieses Wahlrecht, das früher nur dem Aktienrecht bekannt war (§ 153 Abs. 4 S. 2 AktG a. F.; vgl. dagegen für die GmbH § 42 Nr. 2 GmbHG a. F.), zwar auf alle Kapitalgesellschaften erstreckt; es gilt aber nach wie vor nicht für Einzelkaufleute und Personenhandelsgesellschaften, und zwar auch nicht über § 243 Abs. 1. Eine derartige Erstreckung widerspräche dem feststellbaren Willen des Gesetzgebers (unzweideutig Ausschußbericht, BTDrucks. 10/4268, S. 106). Soweit aber nach § 269 in der Jahresbilanz aktiviert werden darf, also für AG und GmbH, gilt das auch für die Eröffnungsbilanz.

34   **Bewertungsfragen.** Bei barer Gründung ergeben sich keine Bewertungsprobleme. Die **Bewertung von Sacheinlagen** ist, abgesehen von Sacheinlagen bei der Gründung einer Kapitalgesellschaft,[40] wenig geklärt. Zu beachten ist, daß es sich bei den Anschaffungskosten i. S. d. § 255 Abs. 1 um die **Kosten externer Beschaffung** handelt (Betriebswirtschaftslehre: pagatorische Anschaffungskosten).[41] Weil der Kaufmann oder die Gesellschaft die Sacheinlage bei der Sachgründung nicht von außen beschafft und auch nicht ersatzweise auf Kosten der Herstellung im Unternehmen selbst zurückgegriffen werden kann (§ 255 Abs. 2), kann sich die Bewertung nur an den Kosten ausrichten, die dem Sacheinleger extern oder im Rahmen eines Herstellungsprozesses erwachsen sind; sie ergeben demnach den Höchstwert (§ 253 Abs. 1), der bis auf den noch vorhandenen Restwert abzuschreiben ist (§ 253 Abs. 2 und 3). Für die **Unternehmensbewertung** verbleibt es mangels gesetzlicher Regelung im allgemeinen bei den dafür in der Betriebswirtschaftslehre entwickelten Methoden.[42] Im Gründungsrecht der Kapitalgesellschaften sind vorrangig die Folgerungen zu beachten, die sich jeweils aus dem Prinzip der Kapitalaufbringung ergeben.[43]

3. Insbesondere: Bilanzen im Gründungsstadium von Kapitalgesellschaften

35   **a) Eröffnungsbilanz. aa) Gesellschaftsrechtliche Grundlagen (Abriß).** Im Entstehungsprozeß der AG oder der GmbH sind drei Stadien zu unterscheiden[44]: das Stadium der **Vorgründungsgesellschaft**, das der **Vorgesellschaft** (sinngleich: Gründungsgesellschaft, Gründervereinigung) und schließlich dasjenige der als **juristische Person** entstandenen AG oder GmbH. Die zwischen den Stadien trennenden Rechtsvorgänge sind die notarielle Feststellung der Satzung (sinngleich: der Abschluß des

---

[40] Vgl. zur AG MünchKommAktG-*Pentz* § 32, 15 ff; KK-*Kraft* § 32, 12 ff; zur GmbH Scholz/*Winter* § 5, 57 ff; Hachenburg/*Ulmer* § 5, 66 ff.

[41] Statt vieler vgl. *Küting/Knop* § 255, 4 und 7.

[42] Dazu vor allem HFA 2/1983 (Slg. *IdW* S. 173 ff = WPg 1983, 468); ausführlicher Überblick: WP-Hdb. 1998¹¹ Bd. II A 1 ff; Monographie: *Moxter* Grundsätze ordnungsmäßiger Unternehmensbewertung² (1983).

[43] Eingehend Hachenburg/*Ulmer* § 5, 71 ff.

[44] Seit der Leitentscheidung BGHZ 80, 129 = NJW 1981, 1373 sind die Aussagen des Textes nahezu unstreitig; es wird auf die ausführlichen Kommentierungen von KK-*Kraft* und von MünchKommAktG-*Pentz* (zu § 41) sowie von Hachenburg/*Ulmer* und von Scholz/K. *Schmidt* (jeweils zu § 11) verwiesen. Wegen des Untergangs der Vorgesellschaft vgl. Fn. 45 und 46.

Gesellschaftsvertrags) gem. §§ 2, 23, 29 AktG bzw. dem § 2 GmbHG und die Eintragung der Gesellschaft in das Handelsregister (§ 41 AktG bzw. § 11 GmbHG). Mit der Feststellung der Satzung beginnt die Vorgesellschaft. Die Eintragung in das Handelsregister bewirkt ihren liquidationslosen Untergang und läßt zugleich die AG oder GmbH als juristische Person entstehen. Die Vorgesellschaft (Vor-AG oder Vor-GmbH) ist eine als Gesamthand strukturierte Gesellschaft eigener Art, die dem Recht der entstandenen juristischen Person unterliegt, soweit die jeweils in Betracht kommenden Vorschriften nicht gerade die Eintragung voraussetzen. Vor-AG oder Vor-GmbH nehmen deshalb, organschaftlich vertreten durch ihren Vorstand bzw. ihre Geschäftsführer, die Einlagen der Gründer an. Sie nehmen auch im Rahmen ihres jeweiligen satzungsmäßigen Zwecks am Rechtsverkehr teil. Dazu kann schon der Betrieb eines Handelsgewerbes gehören, namentlich dann, wenn ein bereits bestehendes Unternehmen als Sacheinlage eingebracht wird (vgl. schon § 238, 16).

Fraglich bleibt, wie das **Rechtsverhältnis zwischen der Vorgesellschaft und der** **36** **entstandenen juristischen Person** aufzufassen ist. Nach **h. M.**[45] vollziehen sich das liquidationslose Ende der Vorgesellschaft und die Entstehung der juristischen Person uno actu in einem **umwandlungsähnlichen Vorgang** (vgl. §§ 40 ff UmwG). Die AG oder GmbH rückt also von Rechts wegen durch **Gesamtrechtsnachfolge** in die Rechte oder Verbindlichkeiten ihrer Vorform ein. Weil die AG oder GmbH das Rechts- und Pflichtenleben ihrer Vorform weiterführt, kann in diesem Sinne schlagwortartig von Kontinuität gesprochen werden. Die früher verbreitete Vorstellung einer Identität zwischen Vorgesellschaft und juristischer Person verkennt, daß Gesamthand und juristische Person verschiedene Rechtsträger sind; sie kann die rechtlich entscheidende Zuordnungsfrage nicht lösen und ist deshalb abzulehnen; mögen auch die Personen der Gründer, die von ihnen geschaffene Organisation und, soweit schon vor der Eintragung vorhanden, das Unternehmen identisch sein. Der neuerdings unternommene Versuch, die Identitätstheorie als Statuswechsel wieder zu beleben,[46] kann aus diesen Gründen keine Zustimmung finden.

bb) Bilanzrechtliche Folgerungen. Meinungsstand. Welche Konsequenzen sich **37** aus der skizzierten gesellschaftsrechtlichen Lage für die Eröffnungsbilanz ergeben, ist noch immer wenig geklärt. Soweit deren Besonderheiten erörtert werden, gehen die vorgeschlagenen Lösungen auseinander. Während die Eröffnungsbilanz nach einer Meinung[47] erst auf den Tag der **Registereintragung** aufzustellen ist und damit zugleich die Funktion einer Schlußbilanz des Gründungsvorgangs übernimmt, soll sie nach jüngerer Ansicht[48] schon auf den **Errichtungszeitpunkt,** also auf die Feststellung der Satzung aufgestellt werden; Vorzug dieser Ansicht soll es sein, daß von den Zahlen der Eröffnungsbilanz ausgehend „alle Geschäftsvorfälle ohne den Einschnitt eines Zwischenabschlusses durchgebucht werden können".

Stellungnahme. Die handelsrechtliche Beurteilung kann von nichts anderem als **38** von § 242 Abs. 1 S. 1 ausgehen. Sie führt zu dem Ergebnis, daß keine der beiden Meinungen den gesetzlichen Anforderungen entspricht. Allein auf den Tag der Eintragung kann nicht abgestellt werden, weil schon Vor-AG und Vor-GmbH eine geschäftliche

---

[45] BGHZ 80, 129, 137 und 140 = NJW 1981, 1373; BGH NJW 1982, 932; aus dem Schrifttum vgl. z.B. Baumbach/Hueck GmbHG[16] § 11, 51; *Meister* FS Werner (1984) S. 521, 525; Hachenburg/ *Ulmer* § 11, 73 ff; *Hüffer* JuS 1983, 161, 166 f.

[46] Scholz/*K. Schmidt* § 11, 133; zuweilen wird von Identitätstheorie auch da noch gesprochen, wo in

der Sache Gesamtrechtsnachfolge gemeint ist, vgl. KK-*Kraft* § 41, 62 f.

[47] *Arians* Sonderbilanzen[2] S. 89 m. w. N. in Fn. 525.

[48] Küting/Weber/*Ellerich* 8; im wesentlichen auch *Budde/Förschle/Kropp* Sonderbilanzen[2] E 68 ff, 75.

Tätigkeit zu entfalten vermögen, die unter § 242 Abs. 1 S. 1 fällt (so schon die Erstbearbeitung, die *Budde/Förschle/Kropp* Sonderbilanzen² E 70 insoweit fehldeuten). Andererseits bezeichnet die Feststellung der Satzung noch nicht den Beginn eines bilanzierungspflichtigen Gewerbes, und auch der erhoffte Vorzug eines früh angesetzten Bilanzstichtags – Durchbuchung ohne Zwischenabschluß – läßt sich nicht verwirklichen, weil der durch die Eintragung bewirkte Inhaberwechsel (AG oder GmbH statt Gesamthand, vgl. Rdn. 36) als Beginn eines neuen Handelsgewerbes zu qualifizieren ist (Rdn. 21) und damit auf jeden Fall eine Eröffnungsbilanz erforderlich macht (einschränkend *Budde/Förschle/Kropp* Sonderbilanzen² E 70, die aber nicht genügend zwischen Eröffnungsbilanz und Kapitalaufbringungsbilanz [Rdn. 39 ff] unterscheiden). **Rechtlich haltbar ist demnach nur eine Lösung, die danach differenziert, welche Tätigkeit von der Vor-AG oder Vor-GmbH tatsächlich entfaltet wird.** Wenn sie sich darauf beschränkt, die Einlagen entgegenzunehmen und die Eintragung in das Handelsregister zu betreiben, insbesondere also bei der Bargründung, genügt es, die Eröffnungsbilanz auf den Tag der Registereintragung aufzustellen. Wenn dagegen schon die Vorgesellschaft ein Handelsgewerbe oder eine andere geschäftliche Tätigkeit betreibt, markiert deren Beginn den Bilanzstichtag. Auf die Feststellung der Satzung als solche kommt es also nicht an, aber auch nicht auf die bloße Entgegennahme der Einlagen (darin **a. A.** *Budde/Förschle/Kropp* aaO 75; dagegen wie hier wohl Beck Bil-Komm-*Budde/Kunz* 6). Für den praktisch wichtigen Fall einer Sachgründung durch Einbringung eines Unternehmens entscheidet der Tag, an dem die Vorgesellschaft das Unternehmen fortführt, was mit der Übernahme zeitlich zusammenfallen wird. Unerläßlich ist es in Fällen dieser Art, daß die entstandene juristische Person auf den Tag der Registereintragung eine eigene Eröffnungsbilanz aufstellt (**a. A.** *Küting/Weber/Ellerich* 8). Nur so ist auch gesichert, daß Gewinn oder Verlust der Gründungsphase bilanziell ermittelt werden.

39   **b) Kapitalaufbringungsbilanz. aa) Gesellschaftsrechtliche Grundlagen (Abriß).** Das einer früher verbreiteten Meinung entsprechende Vorbelastungsverbot gehört der Vergangenheit an. Seit der rechtsfortbildenden Entscheidung BGHZ 80, 129 = NJW 1981, 1373 ist geklärt, daß nicht nur die für die Vorgesellschaft begründeten Rechte sowie Verbindlichkeiten aus rechtlich oder tatsächlich notwendigen Geschäften im Eintragungszeitpunkt auf die juristische Person übergehen; die **Gesamtrechtsnachfolge erfaßt** vielmehr **sämtliche Verbindlichkeiten.** Die erforderliche Unversehrtheit des Grund- oder Stammkapitals ist durch eine Differenz- oder, wegen der gebotenen Unterscheidung zur Differenzhaftung nach § 9 Abs. 1 GmbHG, sprachlich besser durch eine **Unterbilanzhaftung** der Gesellschafter zu leisten.[49] Maßgeblicher Stichtag für die Unversehrtheit des Kapitals ist der Tag der Eintragung.[50]

40   **bb) Notwendigkeit, Zweck und Begriff der Kapitalaufbringungsbilanz.** Ob und in welchem Umfang der haftungsbegründende Tatbestand einer Unterbilanz gegeben ist, kann nur durch eine Bilanz ermittelt werden; vgl. BGHZ 80, 129, 140 = NJW 1981, 1373. Als ihr Ziel wird vom BGH aaO die „Feststellung eines Aktivüberschusses in Höhe der Stammkapitalziffer" (oder Grundkapitalziffer) angegeben. Erforderlich ist

---

[49] Einzelheiten und Nachweise bei Hachenburg/*Ulmer* § 11, 81 ff; seither noch *Meister* FS Werner (1984) S. 521, 525 ff; Kritik ohne Lösungsalternative bei KK-*Kraft* § 41, 119.

[50] Ganz **h.M.**, vgl. BGHZ 80, 129, 141 = NJW 1981, 1373; BGHZ 80, 182, 184 = NJW 1981, 1452; *Baumbach/Hueck* GmbHG¹⁶ § 11, 58;

Fleck GmbH-Rdsch. 1983, 5, 11; *John* BB 1982, 505, 510; *Kind* Die Differenzhaftung im Recht der GmbH, Diss. Mainz (1984), S. 116 ff; Hachenburg/*Ulmer* § 11, 86; *Hüffer* JuS 1983, 161, 167; **a. M.** (Zeitpunkt der Anmeldung) *Priester* ZIP 1982, 1141, 1147; Scholz/K. *Schmidt* § 11, 122 und 126; *Schultz* JuS 1982, 732, 736 f.

also ein entsprechender Überschuß der Vermögenswerte über die echten Verbindlichkeiten. Danach erweist sich diese Bilanz als eine **Vermögensbilanz mit dem besonderen Ziel, die wertmäßige Aufbringung des Kapitals festzustellen.**[51] Sie wird deshalb hier als Kapitalaufbringungsbilanz bezeichnet. Sachlich nichts anderes meint der von anderer Seite verwandte Terminus Vorbelastungsbilanz.[52] Er ist jedoch geeignet, unzutreffende Assoziationen zu erwecken und sollte schon deshalb nicht verwandt werden.

cc) Einzelfragen zur Kapitalaufbringungsbilanz. Die Einzelfragen der Kapital- **41** aufbringungsbilanz[53] müssen entsprechend dem besonderen Zweck dieser Bilanz entschieden werden. Aus der bislang geführten Diskussion sind die Behandlung von Gründungsaufwand, Ingangsetzungskosten und der Ansatz von Aktiva zu Fortführungs- oder Zerschlagungswerten herauszugreifen. **Gründungsaufwand** (i. S. d. §§ 26 Abs. 2 AktG, 9a Abs. 1 GmbHG) soll entgegen § 248 Abs. 1 (Rdn. 33) aktiviert werden können (*Meister* aaO [Fn. 52] S. 540 f). Dem ist beizupflichten, soweit der Aufwand nicht geeignet ist, eine Unterbilanzhaftung auszulösen;[54] denn ohne entsprechende Aktivierung kann der Verlust in der Bilanz nicht neutralisiert werden. § 248 Abs. 1 steht wegen des besonderen Zwecks der Kapitalaufbringungsbilanz nicht entgegen. Auch die Aktivierung von **Ingangsetzungskosten** (§ 269; vgl. Rdn. 33) ist vorgeschlagen worden (*Priester* ZIP 1982, 1141, 1142 f).[55] Das ist nicht überzeugend,[56] weil es sich dabei nicht um einen realisierbaren Vermögenswert, sondern um eine bloße Bilanzierungshilfe handelt und das Risiko einer vorzeitigen Aufnahme der Geschäftstätigkeit gerade von den Gesellschaftern getragen werden soll, die diese Aufnahme zu verantworten haben. Beim Wertansatz ist zugunsten der **Fortführungswerte** zu entscheiden.[57] Der Ansatz von Liquidationswerten (mit oder ohne negative Fortbestehensprognose) macht die Kapitalaufbringungs- zur verkappten Überschuldungsbilanz und führt zu einer Haftungserweiterung ohne rechtliche Basis, weil die Gesellschafter keine Gewähr dafür übernommen haben, das Grund- oder Stammkapital zu Zerschlagungszwecken zu decken.

IV. Aufstellung des Jahresabschlusses

1. Bilanzstichtag

Der Jahresabschluß (Begriff: Rdn. 13) ist für den **Schluß des Geschäftsjahrs** aufzu- **42** stellen (§ 242 Abs. 1 S. 1). Für die Dauer des Geschäftsjahrs gilt § 240 Abs. 1 S. 2. Es darf also zwölf Monate nicht überschreiten. Im übrigen ist der Bilanzierungspflichtige

---

[51] Um eine Eröffnungsbilanz handelt es sich also gerade nicht, **a. M.** KK-*Kraft* § 41, 127.

[52] *Meister* FS Werner (1984) S. 521, 540; *Schulze-Osterloh* FS Goerdeler (1987) S. 531, 536.

[53] Vgl. dazu Hachenburg/*Ulmer* § 11, 89; *Meister* aaO (Fn. 52) S. 540 ff; *Priester* ZIP 1982, 1141, 1142 f; *Schulze-Osterloh* aaO (Fn. 52) S. 537 ff.

[54] Wie weit aufwandsbedingte Verluste der Gesellschaft haftungsbegründend wirken, ist noch nicht abschließend geklärt. BGHZ 80, 129, 141 = NJW 1981, 1373 äußert sich mehr beispielsweise. Für Abzug des im Gesellschaftsvertrag ausgewiesenen Gründungsaufwands in angemessener Höhe von der Unterbilanz Hachenburg/*Ulmer* § 11, 89; Scholz/*K. Schmidt* § 11, 129; *Schulze-Osterloh* FS Goerdeler (1987) S. 531, 539.

[55] Wie *Priester* aaO (Fn. 53) schon *Binz* Haftungsverhältnisse im Gründungsstadium der GmbH & Co. KG (1976) S. 107.

[56] Zu Recht ablehnend Hachenburg/*Ulmer* § 11, 89; *Baumbach/Hueck* GmbHG[16] § 11, 59; *Lutter/Hommelhoff* GmbHG[15] § 11, 20; mit Einschränkungen auch *Schulze-Osterloh* aaO (Fn. 52) S. 541 f.

[57] Gleicher Ansicht *Ulmer* und *Lutter/Hommelhoff* jeweils aaO (Fn. 56); wohl auch *Schulze-Osterloh* aaO (Fn. 54) S. 537 f. Dagegen differenzierend *Meister* FS Goerdeler (1987) S. 531, 541 f. S. auch BGH NJW 1999, 283: Ertragswertmethode bei unternehmerisch tätiger Vorgesellschaft.

Uwe Hüffer

frei, sein Geschäftsjahr selbst zu bestimmen. Es muß sich also nicht mit dem Kalenderjahr decken und darf ausnahmsweise auch kürzer sein als zwölf Monate (Rumpfgeschäftsjahr, als das namentlich das Jahr der Gründung oder bei Inhaberwechsel das Jahr der Übernahme oder das letzte Jahr vor Umstellung des Geschäftsjahrs in Betracht kommt); wegen der Einzelheiten vgl. § 240, 42, 44. Bilanzstichtag ist demnach der letzte Tag des Monats, in dem das von dem Kaufmann oder der Gesellschaft festgesetzte Geschäftsjahr abläuft, im allgemeinen der 31. 12.

2. Aufstellungsfrist

43   Die Aufstellungsfrist ist nicht in § 242, sondern in § 243 Abs. 3 bestimmt. Einzelkaufleuten und Personengesellschaften steht also vorbehaltlich der Sonderregelung für Kapitalgesellschaften (§ 264 Abs. 1 S. 2 und 3) die Zeit zur Verfügung, die einem **ordnungsmäßigen Geschäftsgang** entspricht. AG und GmbH müssen in drei, als kleine Gesellschaften in längstens sechs Monaten ihrer Aufstellungspflicht entsprochen haben. Zur Konkretisierung des ordnungsmäßigen Geschäftsgangs vgl. § 243, 38 ff, zur Aufstellungsfrist bei der Eröffnungsbilanz oben Rdn. 28 ff.

3. Materielle und förmliche Anforderungen (Überblick und Weiterverweise)

44   Der Jahresabschluß besteht wenigstens aus der **Jahresbilanz** und der **GuV**, bei Kapitalgesellschaften überdies aus dem **Anhang** (§ 264 Abs. 1 S. 1). Zu Begriff und Funktion der Jahresbilanz vgl. oben Rdn. 6 ff, zur Einführung der GuV durch das Gesetz Rdn. 2, zu deren Zweck und Inhalt Rdn. 12. Der Jahresabschluß ist **in deutscher Sprache und in Euro** aufzustellen (§ 244; vgl. Erl. dort) und von dem Kaufmann, bei Gesellschaften von den Aufstellungsverantwortlichen **zu unterzeichnen** (§ 245; vgl. Erl. dort und oben Rdn. 18). Die zentralen Anforderungen an den Inhalt spricht der **Aufstellungsgrundsatz** des § 243 aus. Danach muß der Jahresabschluß den GoBil entsprechen (§ 243 Abs. 1, vgl. dort Rdn. 6 ff) und dem Prinzip der Bilanzklarheit Rechnung tragen (§ 243 Abs. 2; vgl. dort Rdn. 26 ff). Keine allgemeine Anwendung findet das Prinzip des true and fair view (§ 264 Abs. 2); seine Geltung ist auf den Jahresabschluß der Kapitalgesellschaften beschränkt (vgl. Rdn. 3 und § 243, 2). Einige Präzisierungen erfährt die Generalklausel des § 243 Abs. 1 schließlich durch die **Ansatz- und Bewertungsvorschriften** der §§ 246 ff, 252 ff, die fundamentale GoBil gesetzlich niederlegen und folgerichtig für alle Jahresabschlüsse ohne Rücksicht auf die Rechtsform des Unternehmensträgers gelten.

V. Rechtsfolgen bei Verletzung der Aufstellungspflicht

45   Die Aufstellungspflicht nach § 242 ist verletzt, wenn der Jahresabschluß überhaupt nicht oder verspätet aufgestellt wird. Für die Rechtsfolgen ist zu unterscheiden, ob es sich um den Abschluß eines Einzelkaufmanns oder einer Personengesellschaft einerseits, einer Kapitalgesellschaft andererseits handelt. Für Einzelkaufleute und Personengesellschaften verbleibt es bei der **Strafdrohung** der §§ 283 Abs. 1 Nr. 7 lit. b, 283b Abs. 1 Nr. 3 lit. b StGB (vgl. § 238, 65 ff). Für Kapitalgesellschaften ist zusätzlich § 335 S. 1 Nr. 1 zu beachten. Danach kann gegen die verantwortlichen Organmitglieder das **Zwangsgeldverfahren** nach §§ 132 ff FGG eingeleitet werden, abweichend von § 14 jedoch nur auf Antrag (§ 335 S. 2); mit dieser Abweichung kann auf den Verfahrensüberblick bei § 14, 18 ff verwiesen werden.

VI. Die Feststellung von Eröffnungsbilanz und Jahresabschluß

Schrifttum

Buchwald Die Bilanzen der Personengesellschaften als Vereinbarungen zwischen den Gesellschaftern, JR 1948, 65; *Muth* Die Bilanzfeststellung bei Personenhandelsgesellschaften (1986); *Schulze-Osterloh* Die Wahl der Abschlußprüfer einer Kommanditgesellschaft, DB 1980, 1402; *Ulmer* Die Mitwirkung des Kommanditisten an der Bilanzierung der KG, Festschrift Hefermehl (1976) S. 207 ff; *Zunft* Materiellrechtliche und prozeßrechtliche Fragen zur Bilanz der OHG und der KG, NJW 1959, 1945.

1. Rechtsgeschäftlicher Charakter der Feststellung

Begriff der Feststellung. Die von der Aufstellung des Jahresabschlusses strikt zu **46** unterscheidende Feststellung (für die Eröffnungsbilanz gilt Entsprechendes) ist derjenige gesellschaftsrechtliche Vorgang, mit dem die Verbindlichkeit des Jahresabschlusses für die Gesellschafter und die Gesellschaft bezweckt und erreicht wird (Rdn. 19). Bei Einzelkaufleuten gibt es keine Feststellung des Jahresabschlusses (Rdn. 20). Dagegen ist sie für die Abschlüsse der OHG und der KG unverzichtbar, obwohl das Gesetz, anders als bei den Kapitalgesellschaften, für sie keinen entsprechenden Begriff verwendet (vgl. Rdn. 16 mit Fn. 15). **Rechtsnatur.** Aus der bezweckten Rechtsfolge ergibt sich, daß die Feststellung notwendig rechtsgeschäftlichen Charakter hat; denn eine Verbindlichkeit unter den Gesellschaftern oder in ihrem Verhältnis zur Gesellschaft kann es ohne Rechtsgeschäft nicht geben. Demgegenüber liegt in der **Unterzeichnung** des Jahresabschlusses durch die Gesellschafter der OHG oder die Komplementäre der KG, wie sie § 245 S. 2 anordnet, die Erfüllung einer öffentlich-rechtlichen Pflicht, mit der die Buchführung und Bilanzierung für das jeweilige Geschäftsjahr zu Ende gebracht wird. Die Feststellung des Jahresabschlusses kann darin bei OHG und KG ihren äußerlichen Ausdruck finden; ein weitergehender sachlicher Zusammenhang besteht dagegen nicht (§ 245, 2). Für die Einzelheiten der Feststellung ist zwischen den verschiedenen Gesellschaftsformen zu unterscheiden.

2. Die Geschäftstatbestände bei den verschiedenen Gesellschaftsformen

a) OHG und KG. aa) Grundsatz. Die Feststellung des Jahresabschlusses erfolgt **47** bei OHG und KG durch einen **Vertrag der Gesellschafter,** und zwar, jedenfalls soweit der Gesellschaftsvertrag keine abweichende Regelung trifft, unter Beteiligung sämtlicher Gesellschafter. Das ist heute im Prinzip anerkannt[58] und bedarf insoweit keiner Vertiefung mehr (zum Kommanditisten vgl. Rdn. 48 f). Dem Mitwirkungsrecht der Gesellschafter entspricht ihre Mitwirkungspflicht; widerstrebende Gesellschafter können auf Zustimmung zum aufgestellten Jahresabschluß verklagt werden.[59] Die Gesellschafter sind durch die Vertragsnatur nicht gehindert, über die Feststellung des Jahresabschlusses durch **Beschluß** zu entscheiden. Ein solcher Beschluß bedarf jedoch grundsätzlich der **Einstimmigkeit.** Eine Ausnahme kommt in Betracht, wenn der Gesellschaftsvertrag eine Mehrheitsklausel enthält. Weil von der Feststellung des Jahresabschlusses die zum **Kernbereich der Mitgliedschaft** zählende Teilhabe am Gewinn abhängt, verbleibt es aber auch dann nach zutreffender neuerer Lehre,[60] die

---

[58] BGHZ 76, 338, 342 = NJW 1980, 1689; BGHZ 80, 357 f = NJW 1981, 2563; vgl. aus dem Schrifttum z.B. MünchKommBGB-*Ulmer* § 721, 7; *ders.* FS Hefermehl (1976) S. 207, 210; *Hopt* FS Odersky (1996) S. 799, 800; *Schulze-Osterloh* BB 1980, 1402, 1404.

[59] MünchKommBGB-*Ulmer* § 721, 7.
[60] Vgl. z.B. MünchKommBGB-*Ulmer* § 709, 69 ff und 83 ff; *Brändel* FS Stimpel (1985) S. 95, 102; *Hennerkes/Binz* BB 1983, 713, 717 ff; *Leenen* FS Larenz (1983) S. 371 ff; **a. M.** (also für generelle Beschränkung von Mehrheitsentscheidungen durch

Uwe Hüffer

Mehrheitsklauseln grundsätzlich umfassend gelten läßt, beim (intensivierten) gesellschaftsrechtlichen Bestimmtheitsgrundsatz. Wegen der Bedeutung der Eröffnungsbilanz für künftige Jahresabschlüsse gelten die vorstehenden Grundsätze auch für sie.

48   **bb) Insbesondere: Mitwirkung des Kommanditisten.** Ob der Kommanditist befugt (und verpflichtet) ist, an der Feststellung des Jahresabschlusses mitzuwirken, ist streitig. **Meinungsstand.** Nach heute **h. M.** ist der Kommanditist berechtigt, an der Feststellung des Jahresabschlusses mitzuwirken. Abgeleitet wird die Mitwirkungsbefugnis aus dem Vertragscharakter der Feststellung (Rdn. 47). Diese zunächst im Schrifttum entwickelte Ansicht[61] hat sich mit dem Urteil BGHZ 132, 263, 266 f = NJW 1996, 1678 zumindest für die Praxis durchgesetzt, nachdem schon Vorläuferentscheidungen den Charakter der Feststellung als Grundlagengeschäft oder Vertrag betont hatten.[62] Nach früher verbreiteter **a. M.** soll es dagegen kein Recht des Kommanditisten geben, an der Feststellung des Jahresabschlusses mitzuwirken.[63] Zur Begründung wird im wesentlichen auf §§ 166 Abs. 1, 245 S. 2 (früher: § 41 S. 2) verwiesen. Zumindest teilweise wird in der Mitteilung der Bilanz auch ein einseitiges abstraktes Schuldanerkenntnis gefunden.[64] Eindeutige Rechtsprechung in diesem Sinne ist zwar nicht bekannt; doch ging die ältere Judikatur offenbar davon aus, daß die Feststellung der Bilanz allein den Komplementären obliege.[65]

49   **Stellungnahme.** Der Kommanditist ist in gleicher Weise wie der persönlich haftende Gesellschafter berechtigt und verpflichtet, an der Feststellung des Jahresabschlusses mitzuwirken. Dasselbe gilt für die Eröffnungsbilanz. **Der h. M. ist** also **beizupflichten**, und zwar im wesentlichen aus drei Gründen. Erstens gibt es keine sachliche Rechtfertigung dafür, den Kommanditisten von der Entscheidung über seine eigene Gewinnbeteiligung auszuschließen. Zweitens ist das ersatzweise angebotene einseitige Schuldanerkenntnis schon nicht konstruierbar; es gibt kein einseitiges abstraktes Anerkenntnis (zur Frage eines kausalen oder abstrakten Anerkenntnisses vgl. noch Rdn. 51), sondern nur einen Anerkenntnisvertrag,[66] der gerade voraussetzt, daß der Kommanditist durch Erklärung der Annahme mitwirkt. Schließlich ist der Hinweis auf § 245 S. 2 (früher: § 41 S. 2) verfehlt, weil die Vorschrift nur die Unterzeichnung als Gegenstand einer öffentlich-rechtlichen Pflicht betrifft (vgl. schon Rdn. 46 und näher § 245, 2). Aus der alleinigen Zuständigkeit der persönlich haftenden Gesellschafter für die Unterzeichnung kann also für die Frage der Mitwirkungsbefugnis nichts abgeleitet werden.

50   **b) Kapitalgesellschaften.** Nach § 172 AktG erfolgt die Feststellung des Jahresabschlusses der **AG** im Regelfall, indem der Aufsichtsrat den Jahresabschluß billigt, den ihm der Vorstand nach der Aufstellung vorgelegt hat. Durch Hauptversammlungsbeschluß wird der Jahresabschluß nur dann festgestellt, wenn die Verwaltung das beschlossen oder wenn der Abschluß nicht die Billigung des Aufsichtsrats gefunden hat (§ 173 Abs. 1 AktG). Weil die Feststellung nach § 172 AktG dem Jahresabschluß recht-

den Bestimmtheitsgrundsatz) *Marburger* NJW 1984, 2252 ff; *Reuter* ZGR 1981, 364, 372.

[61] *Buchwald* JR 1948, 65 ff; weiterführend *Ulmer* FS Hefermehl (1976) S. 207, 210 ff; seither MünchKommBGB-*Hüffer* § 781, 23; *Schlegelberger/Martens* § 167, 6; *K. Schmidt* GesR³ § 53 III 2 c; *Hopt* FS Odersky (1996) S. 799, 806 ff; nunmehr auch *Schilling* § 167, 3 unter Aufgabe des früheren Standpunkts (Fn. 63).

[62] BGHZ 76, 338, 342 = NJW 1980, 1689; BGHZ 80, 357 f = NJW 1981, 2563;

[63] *Düringer/Hachenburg/Flechtheim*³ § 167, 1; *Schilling* Voraufl. § 167, 3 (vgl. aber auch Fn. 61); *U. Huber* Vermögensanteil, Kapitalanteil und Gesellschaftsanteil an Personengesellschaften des Handelsrechts (1970) S. 341 f; seither noch *Heymann/Horn*² § 167, 2.

[64] *U. Huber* aaO (Fn. 63).

[65] RGZ 112, 19, 25; BGH LM HGB § 128 Nr. 7 = WM 1960, 187 f; OLG Nürnberg BB 1957, 1053.

[66] MünchKommBGB-*Hüffer* § 780, 12 und § 781, 2.

liche Verbindlichkeit verleiht, liegt in seiner Vorlage und Billigung nicht ein bloß tatsächliches Zusammenwirken der zuständigen Gesellschaftsorgane, sondern nach inzwischen durchgedrungener Ansicht ein korporationsrechtliches Rechtsgeschäft eigener Art.[67] Daß der unter den Voraussetzungen des § 173 AktG erforderliche Hauptversammlungsbeschluß als regelmäßig mehrseitiges Rechtsgeschäft nichtvertraglicher Art einzustufen ist, kann nach der Überwindung der sogenannten Sozialaktstheorie[68] als gesichert gelten. Die Feststellung des Jahresabschlusses der **GmbH** liegt nach § 46 Nr. 1 GmbHG in der Zuständigkeit der Gesellschafter. Sie entscheiden durch Beschluß (§ 47 Abs. 1 GmbHG), für dessen Rechtsnatur dasselbe wie bei der AG gilt.

3. Die Geschäftswirkungen (OHG und KG)

Abstrakter oder kausaler Anerkenntnisvertrag? Fraglich bleibt, wie der auf Fest- **51** stellung des Jahresabschlusses gerichtete Vertrag zwischen den Gesellschaftern einer OHG oder KG (Rdn. 47 ff) seinen Wirkungen nach in die Schuldvertragstypen des BGB einzuordnen ist. Diese Frage ist gemeint, wenn im Schrifttum (wenig glücklich) die „Rechtsnatur" der Bilanz oder des Jahresabschlusses bestimmt wird.[69] Die Antwort ist streitig. Während die jedenfalls **früher h. M.** ein abstraktes Schuldanerkenntnis i. S. d. § 781 BGB annimmt,[70] stuft die zunehmend vertretene **jüngere Lehre** das Rechtsgeschäft als kausalen Anerkenntnisvertrag ein.[71] An dieser Ansicht ist festzuhalten (Einzelheiten bei *Hüffer* aaO Fn. 71), weil der Wille der Beteiligten nicht darauf gerichtet ist, eine neue, vom Gesellschaftsverhältnis losgelöste Forderung zu begründen. Vielmehr erstreben sie neben der Festlegung der Rechnungsgrundlage für das neue Geschäftsjahr die einwendungsfreie Fixierung von Ansprüchen und Verpflichtungen aus dem Gesellschaftsverhältnis. Eben das ist der typische Inhalt kausaler Anerkenntnisverträge.

VII. Exkurs: Schlußbilanz; Liquidationsbilanzen

1. Einzelkaufleute

§ 242 regelt zwar die Bilanzierungspflicht für den Beginn und während der Dauer **52** der kaufmännischen Tätigkeit. Weder hier noch anderwärts ist aber die Frage geregelt, ob und wie bei Ende der bilanzierungspflichtigen Tätigkeit Rechnung zu legen ist. Häufig wird in diesem Fall davon gesprochen, daß der Kaufmann eine **Schlußbilanz**

---

[67] BGHZ 124, 111, 116 = NJW 1994, 520; Münch-KommAktG-*Hüffer* § 256, 9; *ders.* AktG[4] § 172, 3; zustimmend ADS[6] AktG § 172, 13; *Balthasar* Die Bestandskraft handelsrechtlicher Jahresabschlüsse (1999) S. 182 ff; *Claussen* FS Semler (1993) S. 97, 101; *Kropff* ZGR 1994, 628, 633 f; *Weilinger* Die Aufstellung und Feststellung des Jahresabschlusses (1997), Rdn. 642 ff; nicht eindeutig *Priester* FS Kropff (1997) S. 591, 601; kritisch *Heidenhain* LM AktG § 111 Nr. 4 Bl. 726.

[68] Vgl. einerseits BGHZ 52, 316, 318 = NJW 1970, 33, andererseits BGHZ 65, 93, 97 f = NJW 1976, 49; aus dem Schrifttum s. statt vieler *Schilling* FS Ballerstedt (1975) S. 257 ff m.w.N. in Fn. 10 und 27; seither namentlich *Rob. Fischer* FS Hauß (1978) S. 61, 71 ff; *Hadding* FS Rob. Fischer (1979) S. 165, 188 ff.

[69] *Baumbach/Hopt* 3.

[70] BGH LM HGB § 128 Nr. 7 = WM 1960, 187 f; *Baumbach/Hopt* 3; *Rob. Fischer* Voraufl. § 120, 11; *Hueck* OHG[5] § 17 I 4; *W. Müller* FS Quack (1991) S. 359, 360.

[71] OLG Frankfurt BB 1982, 143; *Muth* Die Bilanzfeststellung bei Personenhandelsgesellschaften, S. 65 ff; *Ulmer* FS Hefermehl (1976) S. 207, 214 f; MünchKommBGB-*ders.* § 721, 7; MünchKomm-BGB-*Hüffer* § 781, 22; *Balthasar* Die Bestandskraft handelsrechtlicher Jahresabschlüsse (1999) S. 247 ff; *Hopt* FS Odersky (1996) S. 799, 800; *Schulze-Osterloh* BB 1980, 1402, 1404; *Zunft* NJW 1959, 1945 f; nur teilweise zustimmend (sozialrechtlicher Vertrag sui generis) StaudingerBGB[12]-*Marburger* § 781, 30; *Weilinger* Die Aufstellung und Feststellung des Jahresabschlusses (1997), Rdn. 642 ff (Rechtsgeschäft eigener Art).

aufzustellen habe.[72] Das ist richtig, darf aber nicht dahin verstanden werden, daß eine Sonderbilanz erforderlich sei. Weil es für den Einzelkaufmann keine Abwicklungspflicht gibt, besteht nämlich auch kein besonderer Bilanzzweck, wenn er seine Tätigkeit aufgibt. Die Schlußbilanz ist deshalb nichts anderes als die Jahresbilanz für das letzte Geschäftsjahr. Wenn dieses weniger als zwölf Monate beträgt, ist über das Rumpfgeschäftsjahr Rechnung zu legen. Gem. § 242 Abs. 2 wird man neben der Schlußbilanz auch eine letzte GuV fordern müssen.

53   **Kleingewerbe.** Die vorstehenden Grundsätze (Rdn. 52) gelten nicht nur, wenn die bilanzierungspflichtige Tätigkeit gänzlich aufgegeben wird, sondern auch dann, wenn die Pflicht zur Rechnungslegung infolge des Absinkens auf ein Kleingewerbe endet, genauer, wenn das Gewerbe zwar noch betrieben wird, aber keine kaufmännische Betriebsorganisation mehr erfordert (vgl. § 1 Abs. 2).[73] Nach dem hier vertretenen Verständnis des § 5 ergibt aber nicht schon der Wegfall dieses Erfordernisses, sondern erst die Löschung der Firma im Handelsregister den maßgeblichen Zeitpunkt (vgl. § 238, 8).

2. Liquidationsbilanzen

54   Liquidationsbilanzen sind erforderlich, wenn die bilanzierungspflichtige Tätigkeit von einer **Handelsgesellschaft** getragen wird (§§ 154, 161 Abs. 2; § 270 AktG; § 71 Abs. 1–3 GmbHG); denn die Gesellschaft besteht ungeachtet der durch die Auflösung bewirkten Änderung des Gesellschaftszwecks zumindest bis zum Abwicklungsende weiter und muß auch für diesen Zeitraum Rechnung legen. **Überblick.**[74] Zunächst bedarf es auch in diesem Falle einer **Schlußbilanz** (Rdn. 52), weil die letzte Periode werbender Tätigkeit sonst ohne Rechnungsabschluß bliebe; das gilt auch dann, wenn sich wegen des Auflösungszeitpunkts ein Rumpfgeschäftsjahr ergibt.[75] Der dazu auch vertretenen Gegenansicht[76] kann nicht gefolgt werden, weil die Abwicklungseröffnungsbilanz auch in diesem Fall mit der Jahresbilanz nicht identisch ist.[77] Von der Schlußbilanz zu unterscheiden ist die **Liquidationseröffnungsbilanz.** Sie muß dem veränderten Gesellschaftszweck Rechnung tragen und ist deshalb eine Vermögensverteilungsbilanz mit von der Jahresbilanz abweichender Gliederung und Bewertung. Auf die problematischen Änderungen der §§ 270 AktG, 71 GmbHG durch das BiRiLiG (entsprechende Anwendung der Vorschriften über den Jahresabschluß statt Prinzip der Neubewertung) kann hier nicht eingegangen werden.[78] Erforderlich sind weiter **Liquidationsbilanzen,** die eine periodische Übersicht über das Vermögen und den Stand der Abwicklung ermöglichen. Den Abschluß bildet eine **Schlußrechnung** (vgl. § 273 Abs. 1 S. 1 AktG), die nicht zwingend, aber jedenfalls zweckmäßig in Bilanzform aufgestellt wird. Wegen der Bilanzen bei Umwandlung und Verschmelzung vgl. oben Rdn. 24 f.

---

[72] Vgl. z. B. *Brüggemann* Voraufl. § 39, 6; *Küting/ Weber/Ellerich* 14.

[73] BGH BB 1954, 951; *Brüggemann* Voraufl. § 39, 6; *Küting/Weber/Ellerich* 14; *Schlegelberger/Hildebrandt/Steckhan* § 39, 7 a. E.

[74] Genauere Darstellungen beziehen sich durchgängig auf Kapitalgesellschaften, vgl. etwa MünchKommAktG-*Hüffer* Erl. zu § 270; Schrifttum dort vor Rdn. 1. Hervorzuheben sind: *Budde/ Förschle* Sonderbilanzen[2] (1999); *Scherrer/Heni* Liquidations-Rechnungslegung[2] (1996).

[75] **H. M.,** s. BayObLG DB 1994, 523, 524 li. Sp.; MünchKommAktG-*Hüffer* § 270, 8 m. w. N.;

überzeugend aus dem betriebswirtschaftlichen Schrifttum vor allem *Scherrer/Heni* (Fn. 74) S. 24 ff.

[76] *Hoffmann-Becking* in MünchHdb. AG[2] § 66, 13; aus dem betriebswirtschaftlichen Schrifttum vor allem *Budde/Förschle* (Fn. 74) Abschnitt U Rdn. 50 ff.

[77] Ausführlicher MünchKommAktG-*Hüffer* § 270, 8.

[78] Dazu MünchKommAktG-*Hüffer* § 270, 15, 26 f, 29 ff; s. auch *Gross* FS Budde (1995) S. 243 ff.

§243

Aufstellungsgrundsatz

(1) Der Jahresabschluß ist nach den Grundsätzen ordnungsmäßiger Buchführung aufzustellen.

(2) Er muß klar und übersichtlich sein.

(3) Der Jahresabschluß ist innerhalb der einem ordnungsmäßigen Geschäftsgang entsprechenden Zeit aufzustellen.

Übersicht

	Rdn.			Rdn.
I. Grundlagen			5. Stille Reserven und GoBil	
1. Regelungsgegenstand und -zweck			a) Zweck, Begriff und Problematik	22
a) § 243 als neue Generalnorm	1		b) Einschränkung der Reserven-	
b) Regelungszweck	3		bildung durch GoBil?	24
2. Normadressaten	4		c) Handelsbilanz und Gesell-	
3. Grundbegriffe: Jahresabschluß und			schaftsrecht	25
GoBil (Weiterverweise)	5		III. Die Forderung nach Klarheit und	
II. Verbindlichkeit der GoBil für den			Übersichtlichkeit (§ 243 Abs. 2)	
Jahresabschluß (§ 243 Abs. 1)			1. Geltungsbereich	26
1. Vor dem BiRiLiG anerkannte			2. Bedeutung des GoBil	
wesentliche GoBil (Übersicht)	6		a) Klarheit	27
2. Kodifizierung der wesentlichen			b) Übersichtlichkeit	28
GoBil			c) Bilanzklarheit und Dokumen-	
a) Gesetzliche Fixierung	7		tation	29
b) Die Prinzipien			3. Gesetzliche Konkretisierungen	
aa) Bilanzwahrheit	8		a) Für alle Abschlußpflichtigen	30
bb) Bilanzklarheit	9		b) Für Kapitalgesellschaften	31
cc) Bilanzkontinuität	10		4. Zur Gliederung des Jahres-	
dd) Stichtagsprinzip	11		abschlusses von Einzelkaufleuten	
ee) Bruttoprinzip	12		und Personengesellschaften	
ff) Prinzip des going-concern	13		a) Allgemeines	32
gg) Einzelbewertung	14		b) Zur Entwicklung von	
hh) Vorsichtsprinzip	15		Gliederungs-GoBil	
3. Zur Leitfunktion des Aufstellungs-			aa) Jahresbilanz	33
grundsatzes nach der Kodifizierung			bb) GuV	34
der wesentlichen GoBil			5. Sanktionen	35
a) Zur Bedeutung des Aufstellungs-			IV. Zeitraum der Aufstellung (§ 243 Abs. 3)	
grundsatzes	16		1. Geltungsbereich	36
b) Zum Inhalt des Leitbildes	17		2. Ordnungsmäßiger Geschäftsgang	
c) Leitfunktion und Gesetzes-			a) Unbestimmter Rechtsbegriff	37
anwendung	19		b) Zur Konkretisierung	
4. Bilanzierungsregeln für Kapital-			aa) Meinungsstand	38
gesellschaften als GoBil?			bb) Stellungnahme	39
a) Grundsatz: Keine Geltung als			cc) Fristbeginn	41
GoBil i. S. d. § 243 Abs. 1	20		3. Aufstellung	42
b) Ausnahmen	21		4. Sanktionen	43

Schrifttum

(vgl. auch die Angaben vor § 238; zum Maßgeblichkeitsgrundsatz des Steuerrechts § 243 Anh. vor Rdn. 1). *Blumers* Bilanzierungstatbestände und Bilanzierungsfristen im Handelsrecht und Strafrecht (1983); *Blumers* Neue handels- und steuerrechtliche Bilanzierungsfristen und die Risiken der neuen Rechtslage, DB 1986, 2033; *Claussen* Zum Stellenwert des § 264 Abs. 2 HGB, Festschrift Goerdeler (1987) S. 79; *Großfeld/Reemann* Die neue Genossenschaftsbilanz, Festschrift Goerdeler (1987) S. 149; *Hoffmann* Die Gliederung des Jahresabschlusses von nicht publizitätspflichtigen Vollkaufleuten (Einzelunternehmen, Personenhandelsgesellschaften) nach künftigem Handelsrecht, BB 1985, 630; *Leffson* Die beiden Generalnormen, Festschrift Goerdeler (1987) S. 315; *Meilicke* Probleme der Bilanzierungsfristen, BB 1984, 893; *Moxter* Fundamentalgrundsätze ordnungsmäßiger Rechenschaft, Festschrift Leffson (1976) S. 87; *Moxter* Zum Sinn und Zweck des handelsrechtlichen Jahresabschlusses nach neuem Recht, Festschrift Goerdeler (1987) S. 361; *Welf Müller* Zur Rangordnung der in § 252 Abs. 1 Nr. 1 bis 6 HGB kodifizierten allgemeinen Bewertungsgrundsätze, Festschrift Goerdeler (1987) S. 397; *Reichel* Zeitpunkt der Bilanzaufstellung und Ordnungsmäßigkeit der Buchführung, BB 1981, 708; *Sarx* Grenzfälle des Grundsatzes der Unternehmensfortführung im deutschen Bilanzrecht, Festschrift Budde (1995) S. 561; *Schulze-Osterloh* Die Rechnungslegung der Einzelkaufleute und Personenhandelsgesellschaften nach dem Bilanzrichtliniengesetz, ZHR 150 (1986) 403; *Selchert* Die kaufmännisch vernünftige Beurteilung eines niedrigeren Wertansatzes in der Bilanz, DStR 1986, 283.

I. Grundlagen

1. Regelungsgegenstand und -zweck

1 **a) § 243 als neue Generalnorm.** Während § 242 die Pflicht zur Aufstellung eines Jahresabschlusses begründet (§ 242, 1), bezeichnet § 243 die allgemeinen Anforderungen, denen der Aufstellungspflichtige in sachlicher und zeitlicher Hinsicht genügen muß. Er hat sich bei der Aufstellung nach den GoBil zu richten (§ 243 Abs. 1), dabei insbesondere dem Prinzip der Bilanzklarheit Rechnung zu tragen (§ 243 Abs. 2), und darf sich nicht mehr Zeit nehmen, als dem ordnungsmäßigen Geschäftsgang entspricht (§ 243 Abs. 3). Die Vorschrift nimmt also unter Erweiterung des Adressatenkreises (vgl. Rdn. 4) Teile der Bilanzzielbestimmung auf, die nach bisherigem Recht in § 149 Abs. 1 AktG a. F. enthalten war. Zugleich ergänzt sie § 238 Abs. 1, indem sie klarstellt, daß die GoB (i. w. S.) nicht nur für die Buchführung, sondern auch für den Jahresabschluß maßgeblich sind.

2 Wie schon § 242 (vgl. dort Rdn. 3), so ist auch § 243 ein Ergebnis der im Rechtsausschuß des Bundestages erarbeiteten **Neukonzeption.** Der Regierungsentwurf verwies in § 39 Abs. 2 HGB-E auch für die Bestimmung des Bilanzziels auf § 237 HGB-E; damit wäre nicht nur die Verbindlichkeit der GoBil gesetzlich klargestellt, sondern allen Bilanzierungspflichtigen vorgeschrieben worden, durch den Abschluß „ein den tatsächlichen Verhältnissen entsprechendes Bild der Vermögens-, Finanz- und Ertragslage des Unternehmens zu vermitteln" (vgl. jetzt § 264 Abs. 2). Weil der Gesetzgeber die damit verbundenen inhaltlichen Anforderungen für Einzelkaufleute und Personengesellschaften nicht übernehmen wollte, mußte der Verweis in § 39 Abs. 2 HGB-E entfallen.[1]

3 **b) Regelungszweck.** Die Generalnorm hat drei Aufgaben, die sich als Sperr-, Auffang- und Leitfunktion bezeichnen lassen. **Sperrfunktion.** Auch wenn der Verweis in § 39 Abs. 2 HGB-E nach der Neukonzeption entfallen mußte (Rdn. 2), hatte der Gesetzgeber noch eine Regelungsalternative. Er stand vor der Frage, ob es der Sache nach beim früheren Rechtszustand verbleiben, also auf die gesetzliche Formulierung eines Aufstellungsgrundsatzes für Einzelkaufleute und Personengesellschaften verzichtet werden sollte, oder ob auch insoweit eine Generalnorm sinnvoll sei. In der Anhörung durch den Unterausschuß gab es in dieser Frage verschiedene Ansichten.[2]

---

[1] Ausschußbericht, BTDrucks. 10/4268, S. 96 (vgl. auch das Zitat in § 242, 3 a. E.).

[2] Vgl. *Helmrich* BiRiLiG S. 44 ff.

Der Gesetzgeber hat sich für die Generalnorm in § 243 entschieden, damit die für Kapitalgesellschaften getroffene Regelung, insbesondere die in § 264 Abs. 2 enthaltene Bilanzzielbestimmung, nicht unkritisch verallgemeinert wird.[3] **Auffangfunktion.** § 243 Abs. 1 ermächtigt die Rechtsprechung, im Zusammenwirken mit der kaufmännischen Praxis und den Fachorganisationen (vgl. § 238, 44 f) rechtlich verbindliche Verhaltensregeln für Bilanzierungsfragen zu entwickeln, die im Gesetz keine Antwort gefunden haben und auch nicht durch Analogie, Umkehrschluß oder durch Rechtsfortbildung unter Anlehnung an gesetzliche Normen beantwortet werden können. In seiner praktischen Bedeutung ist § 243 Abs. 1 S. 1 insoweit allerdings nicht mit § 238 Abs. 1 S. 1 vergleichbar, weil die wesentlichen GoBil vollständig kodifiziert worden sind (vgl. noch Rdn. 6 ff), während das Gesetz für die eigentliche Buchführung nach wie vor keine Detailregeln enthält. **Leitfunktion.** § 243 Abs. 1 i. V. m. § 238 Abs. 1 sowie § 243 Abs. 2 umschreiben das Leitbild, dem jeder Jahresabschluß genügen muß; für Kapitalgesellschaften treten die zusätzlichen Anforderungen des § 264 Abs. 2 hinzu. Welche Bedeutung dieser Funktion zukommt, nachdem die wesentlichen GoBil in das Gesetz aufgenommen worden sind, ist nach deren zusammenfassender Darstellung zu erörtern (Rdn. 16 ff).

2. Normadressaten

§ 243 gilt für alle bilanzierungspflichtigen **Einzelkaufleute** (einschließlich der **4** Erweiterung durch § 262) und **Personenhandelsgesellschaften** (vgl. auch dazu § 262) und auch für die **Kapitalgesellschaften.** Das folgt aus der systematischen Stellung der Vorschrift im Ersten Abschnitt, aus ihrem Zusammenhang mit § 242 und § 264 sowie aus ihrer Entstehungsgeschichte (Rdn. 2). Während nämlich § 242 den Kaufmann anspricht und damit jeden meint, der nach § 238 buchführungspflichtig ist (§ 242, 4), beschränkt sich § 264 als Spitzenvorschrift des Zweiten Abschnitts auf Ergänzungen und Modifikationen für die Jahresabschlüsse von Kapitalgesellschaften.

3. Grundbegriffe: Jahresabschluß und GoBil (Weiterverweise)

Der in § 243 vorausgesetzte **Begriff des Jahresabschlusses** ergibt sich aus § 242 **5** Abs. 3. Seine Bestandteile sind also die (Jahres-)Bilanz und die GuV, bei Kapitalgesellschaften gem. § 264 Abs. 1 auch der Anhang (§ 242, 13). Die Jahresbilanz ist die auf Gewinnermittlung gerichtete Vermögensbilanz (§ 242, 8). Die in § 243 Abs. 1 angesprochenen „Grundsätze ordnungsmäßiger Buchführung" sind die **materiellen GoB** oder GoBil im Unterschied zu den formellen GoB der eigentlichen Buchführung (§ 238, 46). Zu ihrer Rechtsnatur und Herleitung (deduktiv/induktiv) gilt nichts anderes als zu § 238; vgl. dort Rdn. 35 ff, besonders 43 f.

II. Verbindlichkeit der GoBil für den Jahresabschluß (§ 243 Abs. 1)

1. Vor dem BiRiLiG anerkannte wesentliche GoBil (Übersicht)

Schon vor der gesetzlichen Fixierung des Bilanzrechts durch das BiRiLiG waren als **6** GoBil anerkannt[4]: das Prinzip der **Bilanzwahrheit** im Sinne von Vollständigkeit und Richtigkeit der Rechnungslegung; das Prinzip der **Bilanzklarheit**; das Prinzip der

---

[3] Ausschußbericht, BTDrucks. 10/4268, S. 88 li. Sp.: Nach dem Mehrheitswillen keine pauschale Übertragung der für Kapitalgesellschaften vorgeschriebenen Regelungen.

[4] Vgl. noch *Kropff* in Geßler/Hefermehl AktG § 149, 41 ff.

Bilanzkontinuität im Sinne formeller Kontinuität (Identität) und materieller Kontinuität (Bewertungsstetigkeit); das **Stichtagsprinzip**; das **Bruttoprinzip** (Saldierungsverbot); ferner aus dem Bereich der Bewertungsregeln das Prinzip des **going-concern**, der Grundsatz der **Einzelbewertung** und das **Vorsichtsprinzip** in seinen Ausprägungen als Realisationsprinzip, Imparitätsprinzip und Niederstwertprinzip.

2. Kodifizierung der wesentlichen GoBil

7   **a) Gesetzliche Fixierung.** Der Gesetzgeber des BiRiLiG hat die in Rdn. 6 genannten GoBil in §§ 242, 246 ff vollständig normiert. Sie gelten also nunmehr nicht erst kraft der Generalklausel des § 243 Abs. 1, sondern aufgrund der selbstverständlichen Verbindlichkeit gesetzlicher Vorschriften.[5] Deshalb läßt sich von gesetzlichen GoBil sprechen (vgl. dazu schon § 238, 42). Die nachfolgende Darstellung beschränkt sich auf kurze Kennzeichnungen.[6] Die Einzelfragen sind im jeweiligen Normzusammenhang erläutert.

8   **b) Die Prinzipien. aa) Bilanzwahrheit.** Der Grundsatz der Bilanzwahrheit[7] ist in § 246 Abs. 1 in seiner Ausprägung als Vollständigkeitsgebot verankert.[8] Eine weitergehende Vorschrift, nach welcher der Jahresabschluß auch „richtig" sein müsse, verbietet sich für den Gesetzgeber von selbst; denn der Jahresabschluß ist für das Handelsrecht „richtig", wenn er fachgerecht aufgestellt ist, also den gesetzlichen Vorschriften, darunter auch dem Belegprinzip des § 238 Abs. 1 S. 3 (vgl. dort Rdn. 59), und, soweit diese nicht genügen, den GoBil entspricht.

9   **bb) Bilanzklarheit.** Nach § 243 Abs. 2 muß der Jahresabschluß klar und übersichtlich sein. Diesem Ziel dienen auch die in § 238 Abs. 1 S. 2 geforderte Überschaubarkeit (§ 238, 56 ff), das Verrechnungsverbot des § 246 Abs. 2 (dazu Rdn. 12) und die allgemeine Gliederungsvorschrift des § 247. Zu Einzelheiten vgl. noch Rdn. 26 ff.

10   **cc) Bilanzkontinuität.** Zu unterscheiden ist zwischen formeller und materieller Kontinuität. Die formelle Kontinuität oder Bilanzidentität wird zunächst verwirklicht, indem die Wertansätze aus der Schlußbilanz des abgelaufenen Geschäftsjahrs in die Eröffnungsbilanz des neuen Geschäftsjahrs übernommen werden. So zu verfahren, ist in § 252 Abs. 1 Nr. 1 vorgeschrieben. Nicht generell normiert, aber auch für Einzelkaufleute und Personengesellschaften unverzichtbar ist die formelle Kontinuität in der Ausprägung der Gliederungsstetigkeit; vgl. dazu Rdn. 21. Materielle Kontinuität bedeutet Bewertungsstetigkeit, also die Beibehaltung der einmal angewandten Bewertungsmethoden. Die gesetzliche Basis dieses Gebots ist § 252 Abs. 1 Nr. 6.

11   **dd) Stichtagsprinzip.** Nach dem Stichtagsprinzip soll der Jahresabschluß das Verhältnis von Vermögen und Schulden so darstellen, wie es sich am Abschlußstichtag ergibt, der wiederum mit dem Schluß des Geschäftsjahrs identisch ist (§ 242, 42). Auf diesem Prinzip beruht die in § 242 Abs. 1 und 2 getroffene Regelung. Zusammen mit dem Grundsatz kaufmännischer Vorsicht ist es die Basis für das Realisations- und das

---

[5] Dazu *Welf Müller* FS Goerdeler (1987) S. 397, 400 ff.

[6] Vgl. außer dem in Fn. 4 nachgewiesenen Schrifttum auch die Darstellung bei *Glade*[2] Teil I, 271 ff, sowie HWR[2] Sp. 65 ff *(Heinen/Wenger)* und Sp. 151 ff *(Leffson).*

[7] Nach *Claussen* FS Goerdeler (1987) S. 79, 86, sollte es keine Kommentare zur Bilanzwahrheit geben. Das ist überzogen; am eingebürgerten Begriff kann festgehalten werden, solange er als terminus

technicus für die relative Wahrheit des Bilanzrechts verstanden und weder im Sinne einer ethischen Forderung noch als vermeintliche Grundlage für anderweitig nicht begründbare Einblicksgebote überhöht bzw. mißbraucht wird.

[8] Mißverständlich *Glade*[2] Teil I, 271 ff, 278, der das Prinzip der Bilanzwahrheit und das Vollständigkeitsgebot unverbunden nebeneinander stellt; wohl **a. A.** Bonner HdR-*Woltmann/Uecker* 44: nicht kodifiziert.

Imparitätsprinzip, die gleichfalls gesetzlich fixiert worden sind (§ 252 Abs. 1 Nr. 4; vgl. noch Rdn. 15), ferner für das Gebot, wertaufhellende, also vor dem Bilanzstichtag entstandene, aber erst nachher bekannt gewordene Tatsachen im Gegensatz zu wertbeeinflussenden Tatsachen zu berücksichtigen (gleichfalls § 252 Abs. 1 Nr. 4). Schließlich folgt aus dem Stichtagsprinzip die Notwendigkeit von Rechnungsabgrenzungsposten (§ 250).

ee) Bruttoprinzip. Nach dem Bruttoprinzip dürfen aktive und passive Posten der **12** Bilanz-, Ertrags- und Aufwandspositionen der GuV nicht mit der Folge verrechnet (saldiert) werden, daß sie in der Rechnungslegung ganz oder teilweise verschwinden. Von Ausnahmen abgesehen (namentlich: Aufrechnungslage zugunsten des Bilanzierungspflichtigen) würde ein solches Vorgehen gleichermaßen gegen die Forderung nach Bilanzklarheit (Rdn. 9) wie gegen das Vollständigkeitsgebot (Rdn. 8) verstoßen. Es ist deshalb in § 246 Abs. 2 verboten.

ff) Prinzip des going-concern. Das Prinzip des going-concern besagt, daß bei der **13** Bewertung grundsätzlich von der Prämisse fortgeführter Unternehmenstätigkeit auszugehen ist; die entsprechende Vorschrift findet sich in § 252 Abs. 1 Nr. 2 (s. dazu *Sarx* FS Budde [1995] S. 561 ff). Die Prämisse bildet wiederum die Grundlage einer nicht auf Schuldendeckungskontrolle, sondern auf Gewinnermittlung gerichteten Vermögensbilanz (§ 242, 8).

gg) Einzelbewertung. Vermögensgegenstände (vgl. noch Anh. § 243, 14 f), die nach **14** wirtschaftlicher Betrachtungsweise selbständig sind, also nicht zusammen mit anderen Gegenständen eine Nutzungs- und Funktionseinheit bilden, müssen je für sich bewertet werden. Die Bilanz muß also Wertsteigerungen und Wertverluste getrennt ausweisen und darf die Wertentwicklung nicht durch Zusammenrechnung verschleiern. Entsprechendes gilt für die Passivseite. Das Gebot der Einzelbewertung läßt sich nach seiner Funktion dem Bruttoprinzip (Rdn. 12) an die Seite stellen und wie dieses auf die Gesichtspunkte der Klarheit und Vollständigkeit zurückführen. Die gesetzliche Grundlage ist § 252 Abs. 1 Nr. 3; vgl. auch § 240 Abs. 1 a. E. zur Inventur.

hh) Vorsichtsprinzip, besonders Realisations-, Imparitäts- und Niederstwertprin- **15** zip. Nach § 252 Abs. 1 Nr. 4 ist vorsichtig zu bewerten. Auf diesen Grundsatz lassen sich zunächst das Realisations- und das Imparitätsprinzip zurückführen, die das Gesetz als Beispiele („namentlich") zum Ausdruck bringt. **Realisationsprinzip** heißt: Ein Ertrag darf durch Aktivierung einer Forderung aus Lieferung oder Leistung nur und erst dann ausgewiesen werden, wenn er als Gegenleistung eigener vollständiger Vertragserfüllung verdient ist. Vorher verbleibt es beim Ansatz des Vermögensgegenstandes, und zwar höchstens mit den Anschaffungs- oder Herstellungskosten (§ 253 Abs. 1). Die wirtschaftliche Betrachtungsweise entscheidet; danach ist mit Vornahme aller geschuldeten Leistungshandlungen vollständig erfüllt. **Imparitätsprinzip** bedeutet: Erträge einerseits, Risiken und Verluste andererseits sind ungleich zu behandeln. Letztere sind also im Jahresabschluß schon vor ihrer Realisierung zu berücksichtigen, wenn ihr Eintritt vom Bilanzierungspflichtigen erwartet wird, und sei es auch nach dem Bilanzstichtag, aber bis zur Aufstellung des Abschlusses. Eine Ausprägung des Vorsichtsprinzips ist drittens das **Niederstwertprinzip.** Es bezweckt und bewirkt wie das Imparitätsprinzip die Vorwegnahme drohender oder schon eingetretener, aber auch nicht realisierter Verluste und bildet die gedankliche Basis der in § 253 getroffenen Regelung. Danach ist von den historischen Anschaffungs- oder Herstellungskosten auszugehen und dem Wertverlust durch Abschreibungen Rechnung zu tragen. Dem Vorsichtsprinzip lassen sich schließlich noch weitere Vorschriften zurechnen, namentlich die Aktivierungsverbote des § 248.

3. Zur Leitfunktion des Aufstellungsgrundsatzes nach der Kodifizierung der wesentlichen GoBil

16   **a) Zur Bedeutung des Aufstellungsgrundsatzes.** Mit der Formulierung des für alle Bilanzierungspflichtigen maßgeblichen Aufstellungsgrundsatzes bezweckt das Gesetz, gegen eine pauschale Verallgemeinerung der für Kapitalgesellschaften geltenden Regeln eine Sperre zu errichten; die Rechtsverbindlichkeit der GoBil für nicht geregelte Fragen klarzustellen; schließlich, dem Bilanzierungspflichtigen eine Zielvorstellung vorzuschreiben, der sein Jahresabschluß gerecht werden muß (vgl. zum Ganzen schon Rdn. 3). Die mit dem dritten Regelungszweck angesprochene Leitbildfunktion wirft Fragen auf, die noch wenig geklärt sind. Dabei geht es erstens um den Inhalt des Leitbildes (Rdn. 17 f) und zweitens um das Verhältnis zwischen Generalnorm, gesetzlicher Einzelregelung und nicht kodifizierten GoBil (Rdn. 19).

17   **b) Zum Inhalt des Leitbildes.** Für sich genommen, also ohne den Zusammenhang mit anderen Vorschriften des Gesetzes, ist § 243 Abs. 1 als Generalnorm unbrauchbar. Im betriebswirtschaftlichen Schrifttum wird zwar angenommen, § 243 Abs. 1 und die dort in Bezug genommenen GoBil seien die Auslegungsrichtpunkte bei der Interpretation konkretisierungsbedürftiger Normbegriffe, wobei deren Auslegung auf das Verständnis der GoBil zurückwirke (wechselseitiger Auslegungsprozeß).[9] Damit ist die Problematik jedoch nicht scharf erfaßt. Vielmehr ist erstens festzuhalten: § 243 Abs. 1 stellt im Gegensatz zu § 264 Abs. 2 keine eigenen sachlichen Anforderungen an den Jahresabschluß auf, sondern macht sich mit den GoBil anderweitig formulierte Anforderungen zu eigen. Zweitens: Soweit die GoBil kodifiziert worden sind, führt § 243 Abs. 1 nicht weiter als der Satz, daß Gesetze befolgt werden müssen. Drittens: Weil die wesentlichen GoBil vollständig Eingang in das Gesetz gefunden haben, bleiben nur nachgeordnete ungeschriebene Grundsätze übrig, die nicht geeignet sind, ein Leitbild zu konstituieren. Viertens: Die Formulierung von wesentlichen GoBil am Gesetz vorbei („Fachnormen") kann zwar die wissenschaftliche Diskussion bereichern, aber nicht das Verständnis der Handelsbilanz als Rechtseinrichtung fördern.

18   Eine Generalnorm läßt sich deshalb nur aus dem **Zusammenhang des § 243 Abs. 1 mit anderen Vorschriften des Gesetzes** gewinnen.[10] Nachdem die Bestimmung im Zuge der Neukonzeption (Rdn. 2) durch gezielte Verkürzung des § 237 HGB-E entstanden ist und dabei den eigenen sachlichen Gehalt eingebüßt hat, ist sie unter Vergleich mit § 264 Abs. 2[11] aus den Buchführungsanforderungen des § 238 Abs. 1, ferner aus § 242 Abs. 1 und aus den besonders aussagekräftigen Bewertungsvorschriften[12] aufzufüllen. Danach ergibt sich als Leitbild, dem alle Bilanzierungspflichtigen gerecht werden müssen, ein Jahresabschluß, der durch die Darstellung des Verhältnisses von Vermögen und Schulden (§ 242 Abs. 1) einen Überblick über die Lage des Unternehmens vermittelt (§ 238 Abs. 1 S. 2). Die Lage des Unternehmens wird nicht durch einen Überschuldungsstatus, sondern durch den unter Schonung der Unternehmenssubstanz maximal verteilbaren Jahresgewinn ausgedrückt (§ 252 Abs. 1 Nr. 2 und 4). Eine Verfälschung des Bildes, die durch stille Reserven im engeren Sinn (Begriff: Rdn. 22) entsteht, nimmt das Gesetz bei Einzelkaufleuten und Personengesellschaften zugunsten der Reservenbildung in Kauf (§ 253 Abs. 4; vgl. noch Rdn. 22 ff). Einen weitergehenden Einblick in die Finanz- und Ertragslage muß nur der Jahresabschluß der Kapitalgesellschaften gewähren (§ 264 Abs. 2).

---

[9] Küting/Weber/*Baetge/D. Fey/G. Fey* 4; vgl. auch Rdn. 19.

[10] Zutreffend *Leffson* FS Goerdeler (1987) S. 315, 318 ff.

[11] Zu Inhalt und Stellenwert der Vorschrift zuletzt *Claussen* FS Goerdeler (1987) S. 79 ff; *Großfeld* ebda. S. 149, 157 ff.

[12] *Moxter* FS Goerdeler (1987) S. 361, 365 ff.

c) Leitfunktion und Gesetzesanwendung. In welchem Verhältnis die im Vor- **19** stehenden umschriebene Generalnorm (Rdn. 18) zur Kodifizierung der wesentlichen GoBil (Rdn. 7 ff) steht und wie sich gesetzlich nicht fixierte GoBil zu beiden verhalten, ist bislang wenig geklärt. Für das Handelsbilanzrecht ist vom Vorrang gesetzlicher Regelung gegenüber nicht gesetzlich fixierten GoBil auszugehen. Daraus folgt zum einen: Ansatz-, Bewertungs- und Gliederungsregeln, die durch das BiRiLiG in das HGB aufgenommen worden sind, gelten seither nicht mehr als GoBil, sondern kraft gesetzlicher Regelung; sie sind deshalb auch aus sich heraus auszulegen.[13] Daraus ergibt sich zum anderen: Die Entwicklung von GoBil gegen die gesetzlichen Vorschriften ist für die Rechtsanwendung wertlos. Sie können namentlich nicht durch § 243 Abs. 1 in den Rang von übergeordneten Regeln erhoben werden. Es bleibt deshalb auch eine folgenlose Kritik an verbindlicher gesetzlicher Bestimmung, die (in der Tat diskussionswürdige, vgl. Rdn. 22 ff) Bildung stiller Reserven durch Zusatzabschreibung nach § 253 Abs. 4 als GoBil-widrige Regelung darzustellen.[14] Dagegen läßt sich kein Vorrang etwa der §§ 252, 253 gegenüber der Generalnorm behaupten. Die Regelungen stehen nicht im Verhältnis lex specialis/lex generalis zueinander, sondern bedingen sich wechselseitig. So läßt sich schon das Bilanzziel nicht ohne Rückgriff auf die Bewertungsregeln bestimmen (Rdn. 18). Und umgekehrt würde die Leitfunktion der Generalnorm (Rdn. 3, 16) verfehlt, wenn sie nicht bei der Auslegung der Einzelvorschriften eine wesentliche Rolle spielen würde. Man muß deshalb zwar von den konkreten Vorschriften ausgehen, hat sie aber so zu interpretieren und anzuwenden, daß der Generalnorm Rechnung getragen wird.

4. Bilanzierungsregeln für Kapitalgesellschaften als GoBil?

a) Grundsatz: Keine Geltung als GoBil i. S. d. § 243 Abs. 1. Die Formulierung **20** eines Aufstellungsgrundsatzes für alle Bilanzierungspflichtigen in § 243 und einer nur ergänzenden Generalklausel für Kapitalgesellschaften in § 264 sowie der diesem Schema folgende Gesamtaufbau des dritten Buches, schließlich die unmißverständliche Erläuterung des Rechtsausschusses,[15] mit dieser Aufteilung solle nach dem Willen der Ausschußmehrheit „einer pauschalen Übertragung der für Kapitalgesellschaften vorgeschriebenen Regelungen auf andere Rechtsformen", wie sie nach der Aktienrechtsreform 1965 zu beobachten gewesen sei, entgegengewirkt werden, alles das belegt unzweideutig, daß § 243 Abs. 1 nicht die Möglichkeit eröffnet, das Bilanzrecht der Kapitalgesellschaften mit leichter Hand zu verallgemeinern (vgl. schon Rdn. 3: Sperrfunktion). Die Frage, ob die für Kapitalgesellschaften geltenden besonderen Regeln als GoBil allgemeine Geltung beanspruchen können, ist deshalb grundsätzlich zu verneinen. Dasselbe würde für den Versuch gelten, Einzelvorschriften der §§ 264 ff durch Analogie auf Einzelkaufleute oder Personengesellschaften zu übertragen.

b) Ausnahmen. Mit dem vorstehenden Grundsatz sind Ausnahmen vereinbar;[16] **21** auch der Ausschußbericht tritt nur einer „pauschalen" Übertragung entgegen (aaO Fn. 15). Eine hinreichende Rechtfertigung für solche Ausnahmen ergibt sich aber noch nicht aus einer vom Gesetz abweichenden Grundauffassung über den Stellenwert

---

[13] *Welf Müller* FS Goerdeler (1987) S. 397, 402; im Prinzip auch HWR[2] Sp. 704 *(Baetge);* für wechselseitigen Auslegungsprozeß zwischen Gesetz und GoB aber Küting/Weber/*Baetge/D. Fey/ G. Fey* 4.

[14] So aber Küting/Weber/*Baetge/D. Fey/G. Fey* 34 ff.

[15] Ausschußbericht, BTDrucks. 10/4268, S. 88 f (vgl. auch Fn. 3).

[16] *Schulze-Osterloh* ZHR 150 (1986) 403, 426; vgl. auch *Welf Müller* FS Goerdeler (1987) S. 397, 402: vorsichtige Analogie.

Uwe Hüffer

externer Interessen an der Rechnungslegung, auch nicht aus betriebswirtschaftlichen Lehrmeinungen, hinter denen die §§ 242 ff, 246 ff möglicherweise zurückbleiben. Erforderlich ist vielmehr eine Rechtfertigung aus dem Zusammenhang der gesetzlichen Vorschriften. Danach lassen sich beim gegenwärtigen Stand nur wenige Ausnahmen festhalten: Die formelle **Bilanzkontinuität** wird in § 252 Abs. 1 Nr. 1 immerhin als Identität der Wertansätze gefordert (vgl. schon Rdn. 10). Zur formellen Bilanzkontinuität gehört jedoch auch, daß die Gliederung von Bilanz und GuV einschließlich der Abgrenzungsentscheidungen beibehalten wird;[17] so für Kapitalgesellschaften § 265 Abs. 1. Eine entsprechende Regel kann das Gesetz nicht allgemein aufstellen, weil es auch die Gliederung nicht generell vorschreibt. Gerade deshalb ist die Annahme eines über § 252 Abs. 1 Nr. 1 hinausgehenden GoBil der Gliederungsstetigkeit gerechtfertigt (*Schulze-Osterloh* aaO Fn. 16). Zu den Konsequenzen aus dem Gebot der Bilanzklarheit (§ 243 Abs. 2) für die **Gliederung** selbst vgl. unten Rdn. 32 ff. **Gesamtkosten- und Umsatzkostenverfahren:** § 275 erlaubt für die GuV von Kapitalgesellschaften die Wahl zwischen beiden Darstellungsformen. Eine entsprechende Vorschrift für Nichtkapitalgesellschaften und Einzelkaufleute kann es nicht geben, weil das Gesetz für ihre GuV kein Gliederungsschema aufstellt. Deshalb und weil ein Sachgrund für abweichende Behandlung nicht besteht, sind auch insoweit beide Verfahren GoBil-gemäß (*Schulze-Osterloh* aaO Fn. 16, S. 427). **Einstellung in den Sonderposten mit Rücklageanteil statt Abschreibung:** Nach § 281 Abs. 1 haben Kapitalgesellschaften ein Wahlrecht zwischen der steuerlich bedingten Abschreibung nach § 254 und der Einstellung des Unterschiedsbetrags, der sich zwischen handels- und steuerrechtlicher Bewertung ergibt, in den Sonderposten mit Rücklageanteil des § 247 Abs. 3 (dazu unten Rdn. 30). Für Einzelkaufleute und Personengesellschaften gibt es zwar keine entsprechende Vorschrift. Die Entstehungsgeschichte des § 281 weist jedoch aus, daß Wertminderungen zunächst nur noch auf der Passivseite zum Ausdruck gebracht werden sollten (§ 265 Abs. 2 HGB-E), die damit verbundene bessere Aussagekraft aber nur den zur Offenlegung verpflichteten Unternehmen auferlegt werden sollte.[18] Nachdem daraus ein Wahlrecht geworden ist, läßt sich nicht einsehen, warum der damit eröffnete bilanzpolitische Spielraum Einzelkaufleuten und Personengesellschaften vorenthalten bleiben sollte.[19]

5. Stille Reserven und GoBil

22 **a) Zweck, Begriff und Problematik.** Die Bildung stiller Reserven ist nach ihrem Zweck ein Instrument der **Selbstfinanzierung**. Kennzeichnend ist jedoch nicht ihr Zweck, sondern die Art und Weise ihrer Entstehung: Sie ergeben sich durch **Unterbewertungen auf der Aktivseite** oder durch Überbewertungen auf der Passivseite der Bilanz (zu letzterem vgl. noch Rdn. 24), sind also mangels offenen Ausweises nicht ohne weiteres erkennbar. Um die Problematik der so gebildeten verschleierten Eigenmittel sprachlich einzugrenzen, kann zwischen stillen Reserven im weiteren und im engeren Sinne unterschieden werden.[20] Zu den **stillen Reserven im weiteren Sinne** gehören alle Rücklagen, die dadurch entstehen, daß die Buchwerte hinter den wirklichen Werten zurückbleiben. Das einschlägige bilanzpolitische Instrumentarium liegt in den durch das Niederstwertprinzip eröffneten Schätzungsreserven, im Abwer-

---

[17] Bonner HdR-*Wohlgemuth* 6 ff.
[18] Begr. RegE, BTDrucks. 10/317, S. 90.
[19] So zutreffend ADS[6] § 281, 7; *Baumbach/Hopt* § 254, 1; Küting/Weber/*Tietze* § 281, 3; WP-Hdb.

2000[12] Bd. I E 74; a. M. *Gross/Schruff* Der Jahresabschluß nach neuem Recht (1986) S. 109.
[20] *Baumbach/Hopt* § 253, 25.

tungswahlrecht des § 253 Abs. 2 S. 3 (bei Kapitalgesellschaften durch § 279 Abs. 1 S. 2 grundsätzlich ausgeschlossen; Ausnahme: Finanzanlagen); im Wertbeibehaltungswahlrecht des § 253 Abs. 5 für die nach § 253 Abs. 2 S. 3, Abs. 3 oder 4 entstandenen Wertansätze (bei Kapitalgesellschaften im Prinzip ausgeschlossen durch das Wertaufholungsgebot des § 280); in der uneingeschränkten Abschreibung auf den niedrigeren steuerlichen Wert und deren Beibehaltung nach § 254 (bei Kapitalgesellschaften nur, wenn das Steuerrecht entsprechende Ansätze in der Handelsbilanz erzwingt, §§ 279 Abs. 2, 280 Abs. 2); schließlich in der Zusatzabschreibung nach § 253 Abs. 4 und deren Beibehaltung nach § 253 Abs. 5 (ausgeschlossen bei Kapitalgesellschaften, vgl. § 279 Abs. 1 S. 1). **Stille Reserven im engeren Sinne** sind solche, die nach § 253 Abs. 4 entstehen, die also über die Ausschöpfung aller nach unten gerichteten Bewertungsspielräume noch hinausgehen.

Fragwürdig sind die **stillen Reserven im engeren Sinne,** und zwar aus **bilanz-** **23** **rechtlicher wie aus gesellschaftsrechtlicher Perspektive;** hinzu tritt die Beeinträchtigung gewinnabhängiger Gläubigerrechte. Die Problematik ist im wesentlichen eine solche des § 253 Abs. 4 und deshalb dort im einzelnen erläutert. Hier genügt der Hinweis, daß das Leitbild eines Jahresabschlusses, der die Lage des Unternehmens durch den Ausweis des Jahresgewinns abbildet (Rdn. 18), bei Personengesellschaften und Einzelkaufleuten in einem wesentlichen Punkt verfehlt und überdies der Bilanzzweck eines Gläubigerschutzes durch Selbstkontrolle (§ 242, 2) durch die mit der stillen Auflösung stiller Reserven einhergehende Selbsttäuschung nicht eben gefördert wird. Vom gesellschaftsrechtlichen Standpunkt aus ergeben sich Bedenken gegen die Verkürzung der Gewinnansprüche der (Minderheits-)Gesellschafter und gegen die Schmälerung der Abfindungsansprüche, die ihnen bei Vereinbarung einer Buchwertklausel bei ihrem Ausscheiden zustehen (vgl. Rdn. 25). Die früher durchaus positive Einschätzung stiller Reserven[21] – teilweise wurde sogar ein Disparitätsprinzip formuliert, nach dem bei der Bewertung nach unten hin keine Bilanzwahrheit zu bestehen brauche[22] – und eine entsprechend weiterzige ältere Rechtsprechung[23] haben deshalb seit langem einer ablehnenden Haltung Platz gemacht, die schon in den §§ 154, 155 AktG 1965 zur Einführung von unteren Wertgrenzen führte.[24] Auch in den während des Gesetzgebungsverfahrens zum BiRiLiG abgegebenen Stellungnahmen fand diese Ablehnung deutlichen, wenngleich vergeblichen Ausdruck.[25]

b) Einschränkung der Reservenbildung durch GoBil? Mit der in § 253 Abs. 4 **24** getroffenen Regelung (sie ist auch auf Einzelkaufleute und Personenhandelsgesellschaften anwendbar, die unter das PublG fallen, weil § 5 Abs. 1 PublG § 279 nicht überträgt) hat der Gesetzgeber einer schlechten Praxis zur unverdienten, aber eindeutigen Anerkennung verholfen. Diese Entscheidung läßt sich weder ganz noch teilweise durch die Entwicklung von GoBil am Gesetz vorbei[26] oder unter Anlehnung an § 264 Abs. 2 oder in irgendeiner sonstigen gesetzeskonformen Weise rückgängig machen (s. auch ADS[6] 23; *Wiedmann* 8); es ist auch nicht hilfreich, dem Rechtsausschuß des Bundestages in unkritischer Anwendung der objektiven Methode der Gesetzesaus-

---

[21] Denkschrift 1896 S. 47; *Staub/Bondi*[12/13] § 40, 2, nach denen stille Reserven „gerade von soliden Kaufleuten in guter Absicht" gelegt werden.

[22] *Brüggemann* Voraufl. § 40, 4.

[23] RGZ 116, 119, 129; RGZ 156, 52, 56.

[24] Vgl. aus dem vorhergehenden Schrifttum namentlich *Stützel* ZKW 1959, 460; seither z. B. GoB[3]-*Kruse* S. 204 ff; GoB[7]-*Leffson* S. 84 ff; *Maul* Rechnungslegung S. 117; *Ulmer* FS Hefermehl (1976)

S. 207, 220 ff; nach dem BiRiLiG *Schulze-Osterloh* ZHR 150 (1986) 403, 417 ff.

[25] Stenographisches Prot. der 17. Sitzung des Unterausschusses vom 9. 5. 1985, S. 105, 107, 111, 119, 135, 138; der 18. Sitzung vom 23. 9. 1985, S. 41 ff; vgl. aber auch Fn. 30.

[26] Jedenfalls unscharf deshalb *Baumbach/Hopt* § 253, 32.

legung mangelndes GoBil-Verständnis vorzuhalten.[27] **Schranken der Reservenbildung** sind danach **nur durch Auslegung des § 253 Abs. 4** zu gewinnen. Die wechselseitige Abhängigkeit zwischen Leitfunktion des § 243 Abs. 1 und konkreter Einzelvorschrift muß dazu führen, der Bildung stiller Reserven den engsten mit Wortlaut und Entstehungsgeschichte der Vorschrift vereinbaren Rahmen zu ziehen. So ist die Bildung stiller Reserven auf die Aktivseite der Bilanz zu beschränken, weil nur insoweit die in § 253 Abs. 4 erlaubten Abschreibungen in Betracht kommen.[28] Bei der unverzichtbaren Konkretisierung des Maßstabs vernünftiger kaufmännischer Beurteilung[29] muß beachtet werden, daß die Reservenbildung jedenfalls der kaufmännischen Tätigkeit, also dem Betrieb des Unternehmens, zu dienen hat. Ihr Ziel darf mithin nicht die Gewinnverlagerung zwecks späterer Privatentnahmen sein. Auch die Verstetigung der Gewinnausschüttung kann nur dann einen zulässigen Zweck abgeben, wenn an der dauerhaften Rentabilität der eingesetzten Mittel im Zeitpunkt der Aufstellung des Jahresabschlusses objektiv nachvollziehbare Zweifel bestehen und die Verbesserung der Eigenkapitalausstattung durch Reservenbildung im konkreten Fall geeignet erscheint, der Rentabilitätsschwäche abzuhelfen. Darüber hinaus kommt als Sachgrund für die Bildung zulässiger stiller Reserven vor allem ein bereits als konkrete Möglichkeit absehbarer späterer Bedarf an Eigenmitteln für bestimmte Investitionsvorhaben in Betracht (Ansparungszweck). Wegen der Einzelheiten vgl. Erl. zu § 253.

25   **c) Handelsbilanz und Gesellschaftsrecht.** Die bilanzrechtliche Zulässigkeit stiller Reserven (§ 253 Abs. 4) erlaubt noch nicht den Schluß, daß die damit einhergehende Verkürzung des ausgewiesenen Gewinns sowie die Verschleierung von Vermögen für die gesellschaftsrechtliche Beurteilung verbindliche Daten setzen.[30] Vielmehr hat schon das RG in frühen Entscheidungen[31] zutreffend anerkannt, daß auch bilanzrechtlich zulässige Unterbewertungen ihre **Schranke in den Gewinnansprüchen der Gesellschafter** finden.[32] Die Verkürzung des Gewinnanspruchs bedarf danach ungeachtet ihrer bilanzrechtlichen Zulässigkeit grundsätzlich der Zustimmung jedes einzelnen Gesellschafters einschließlich der Kommanditisten. Aus §§ 120 Abs. 1, 167 Abs. 1 folgt schon deshalb nichts anderes, weil danach die festgestellte Bilanz maßgeblich ist und die Feststellung grundsätzlich einer Mitwirkung durch sämtliche Gesellschafter bedarf (§ 242, 46 ff). Wenn nach dem Gesellschaftsvertrag die Stimmenmehrheit entscheidet, ist nach der bisherigen Judikatur der gesellschaftsrechtliche Bestimmtheitsgrundsatz[33] zu beachten. Nach zutreffender neuerer Ansicht liegt in der Verkürzung des Gewinnanspruchs ein Eingriff in den Kernbereich der Mitgliedschaft, der nur dann ohne Zustimmung des Gesellschafters im Einzelfall erfolgen kann, wenn er im Gesellschaftsvertrag eine nach Art und Umfang hinreichend bestimmte Grundlage findet.[34] Zustimmungsbedürftig ist auch die **Verkürzung gewinnabhängiger**

---

[27] So etwa Küting/Weber/*Baetge/D. Fey/G. Fey* 34 ff.

[28] **A. M.** *Selchert* DStR 1986, 283, 288, der sich allerdings auf die anders lautenden Entwürfe stützen kann (zuletzt § 269 HGB-E).

[29] Dazu *Selchert* DStR 1986, 283 ff.

[30] Von vornherein unschlüssig war deshalb das in der Anhörung durch den Unterausschuß für die stillen Reserven vorgebrachte Argument, es müßten überzogene Entnahmewünsche von Gesellschaftern abgewehrt werden (vgl. Stenographisches Prot. der 17. Sitzung vom 9. 5. 1985, S. 110, 115 f). Auch aus der Perspektive des Gesellschaftsrechts ist die Überlegung nicht beein-

druckend, vgl. *Schulze-Osterloh* ZHR 150 (1986) 403, 418 m. w. N.

[31] RGZ 94, 213 f (GmbH) = JW 1919, 312 m. Anm. *Flechtheim*; RG JW 1902, 590; RG LZ 1914, 850; RG LZ 1917, 394; OLG Dresden SeuffA 72, 28; zustimmend *Brüggemann* Voraufl. § 40, 4; *Staub/Bondi*[12/13] § 40, 2.

[32] Wohl ebenso *Baumbach/Hopt* § 253, 34.

[33] BGHZ 8, 35, 41 ff = NJW 1953, 102; BGHZ 48, 251, 253 ff = NJW 1967, 2157; BGHZ 85, 350, 356 = NJW 1983, 1056; Überblick bei *Brändel* FS Stimpel (1985) S. 95 ff.

[34] Vgl. MünchKommBGB-*Ulmer* § 709, 74 ff; *Leenen* FS Larenz (1983) S. 371, 376; am Bestimmt-

Gläubigerrechte.[35] Wenn die Bildung stiller Reserven in Verbindung mit einer Buchwertklausel zur **Verkürzung des Abfindungsanspruchs** ausscheidender Gesellschafter führt, sind die Schranken zu beachten, die einer derartigen Verkürzung nach der jüngeren an § 723 Abs. 3 BGB orientierten Rechtsprechung gezogen sind; danach ist jedenfalls ein erhebliches Mißverhältnis zwischen Buchwert und wirklichem Wert nicht hinnehmbar.[36]

III. Die Forderung nach Klarheit und Übersichtlichkeit (§ 243 Abs. 2)

1. Geltungsbereich

§ 243 Abs. 2 gilt **in subjektiver Hinsicht** für alle Bilanzierungspflichtigen (vgl. **26** Rdn. 4). Das vom Gesetz bisher nur für den aktienrechtlichen Jahresabschluß ausdrücklich formulierte Gebot der Bilanzklarheit (§ 149 Abs. 1 S. 2 AktG a. F.) hat also durch das BiRiLiG auch für Einzelkaufleute und Personengesellschaften sowie für die GmbH gesetzliche Verbindlichkeit erlangt. Eine sachliche Änderung des Rechtszustands ist damit nicht verbunden, weil das Prinzip schon zu den bisher anerkannten GoBil gehört (Rdn. 6 f, 9). **In objektiver Hinsicht** gilt § 243 Abs. 2 für den Jahresabschluß, also stets für die Jahresbilanz und die GuV (§ 242 Abs. 3), bei Kapitalgesellschaften auch für den Anhang (§ 264 Abs. 1 S. 1). Für den Lagebericht als gegenüber dem Jahresabschluß selbständigen Teil der Rechnungslegung (§ 289) gilt die Vorschrift als solche nicht. Insoweit verbleibt es bei der Verbindlichkeit des Klarheitsgebots als GoBil.[37]

2. Bedeutung des GoBil

a) Klarheit. Klarheit und Übersichtlichkeit betreffen die äußere Gestaltung des **27** Jahresabschlusses. Die Forderung nach Klarheit wird durch **eindeutige Bezeichnungen** verwirklicht.[38] Das heißt: Die Posten der Jahresbilanz und der GuV sowie (bei Kapitalgesellschaften) die im Anhang und im Lagebericht dargestellten Tatsachen müssen so bezeichnet werden, daß Irrtümer und Mißverständnisse soweit wie möglich ausgeschlossen sind. Daraus ergeben sich **vier Einzelforderungen:** Die verwandte Bezeichnung muß sachlich zutreffen, also den Sachverhalt sprachlich richtig abbilden; für gleiche Sachverhalte sind die gleichen Bezeichnungen zu verwenden, und zwar sowohl innerhalb desselben Jahresabschlusses wie in der Verknüpfung mehrerer Rechnungsperioden; verschiedene Sachverhalte sind auch verschieden zu bezeichnen; die Bezeichnungen müssen aussagekräftig, also möglichst konkret sein und einen nachvollziehbaren Inhalt haben.

b) Übersichtlichkeit. Die Forderung nach Übersichtlichkeit betrifft die Ordnung **28** des Jahresabschlusses. Sie ist nicht Selbstzweck, sondern dient ihrerseits der **Aussagefähigkeit der Rechnungslegung.**[39] Sie ist aussagefähig, wenn sie ihren Zweck erreicht,

---

heitsgrundsatz zweifelnd auch BGHZ 71, 53, 58 = NJW 1978, 1382; BGHZ 85, 350, 356 = NJW 1983, 1056.

[35] *Brüggemann* Voraufl. § 40, 4.

[36] BGH LM HGB § 132 Nr. 2 = NJW 1954, 106; BGH LM HGB § 119 Nr. 9 = NJW 1973, 651 f; BGH WM 1979, 1064 f; BGH NJW 1985, 192 f; BGHZ 123, 281, 283 f = NJW 1993, 3193; im Schrifttum str., zustimmend *Ulmer* in MünchKommBGB³ § 737, 56 m. w. N.

[37] Beck BilKomm-*Ellrot* § 289, 6 und 9; *Kropff* in Geßler/Hefermehl AktG § 160, 13 f; Küting/Weber/*Lück* § 289, 13 f und 22 ff; zur weitergehenden Anwendung des § 264 Abs. 2 vgl. *Emmerich/Künnemann* WPg 1986, 145 f.

[38] Küting/Weber/*Baetge/D. Fey/G. Fey* 45; GoB⁷-*Leffson* S. 210 ff; *Moxter* FS Leffson (1976) S. 87, 93 f.

[39] *Knop* DB 1984, 569, 574; Küting/Weber/*Baetge/D. Fey/G. Fey* 46.

also einem sachverständigen Dritten innerhalb angemessener Zeit einen Überblick über die Lage des Unternehmens vermitteln kann; § 238 Abs. 1 S. 2 ist verallgemeinerungsfähig (vgl. schon Rdn. 18). Die Ordnung des Jahresabschlusses wird durch seine **Gliederung** verwirklicht. Detaillierte Gliederungsvorschriften enthält das Gesetz nur für Kapitalgesellschaften (vgl. noch Rdn. 31). Im übrigen, also für Einzelkaufleute und Personengesellschaften, sind die Gliederungsanforderungen unter Beachtung der §§ 246 Abs. 2, 247 aus dem Zweck des Jahresabschlusses zu entwickeln (vgl. noch Rdn. 33 f).

29   **c) Bilanzklarheit und Dokumentation.** Der Jahresabschluß beruht auf der Buchführung und dem Inventar (zu letzterem § 240, 7). Die Buchführung muß so beschaffen sein, daß es jederzeit möglich ist, auf ihr einen Abschluß aufzubauen und damit die erforderliche Selbstkontrolle auszuüben (§ 238, 57 a. E.). Umgekehrt muß sich der aufgestellte Jahresabschluß jederzeit aus der Buchführung rekonstruieren lassen. Zur Bilanzklarheit im weiteren Sinne gehört also eine überschaubare Verbuchung der Geschäftsvorfälle (§ 238, 56 ff), und zwar unter geordneter und greifbarer Ablage und Aufbewahrung der Belege (Belegprinzip, vgl. § 238, 59).

3. Gesetzliche Konkretisierungen

30   **a) Für alle Abschlußpflichtigen.** Die Anforderungen des § 243 Abs. 2 werden für alle Abschlußpflichtigen zunächst durch das **Bruttoprinzip** oder Saldierungsverbot des § 246 Abs. 2 (dazu schon Rdn. 12), ferner durch das Gebot einer hinreichenden **Aufgliederung** (§ 247 Abs. 1), schließlich durch die Regelung über Sonderposten mit Rücklageanteil (§ 247 Abs. 3) konkretisiert. Zur Gliederung vgl. noch Rdn. 32 ff. **Sonderposten mit Rücklageanteil:** Eine steuerliche Begünstigung des Abschlußpflichtigen kann nicht nur durch Sonderabschreibungen auf der Aktivseite (§ 254), sondern auch durch die Bildung vorläufig unversteuerter Gewinnrücklagen auf der Passivseite erfolgen; solche „Rücklagen" setzen sich aus der später zu erfüllenden Steuerschuld (Stundungseffekt) und aus dem danach verbleibenden Eigenkapitalanteil zusammen.[40] Wegen dieses kombinierten Charakters wäre es mit dem Gebot der Bilanzklarheit unvereinbar (irreführende Bezeichnung, vgl. Rdn. 27), sie gänzlich als Rücklagen (= Eigenkapital) oder als Rückstellungen (= Fremdkapital) zu bezeichnen. Einzelheiten: vgl. Erläuterung zu § 247. Wegen des Wahlrechts des § 281 Abs. 1 für Einzelkaufleute und Personengesellschaften vgl. oben Rdn. 21.

31   **b) Für Kapitalgesellschaften.** Das Gebot einer hinreichenden Aufgliederung (§ 247 Abs. 1) wird für Kapitalgesellschaften durch die gesetzlich fixierten Gliederungsschemata weiter präzisiert; hinreichend ist danach nur eine Aufgliederung, die wenigstens dem gesetzlichen Schema entspricht. Die gesetzliche Gliederung der Bilanz findet sich in der ausführlichen Form für nicht kleine Kapitalgesellschaften (§ 267 Abs. 2 und 3) in § 266 (früher: § 151 AktG a. F.); kleine Kapitalgesellschaften (§ 267 Abs. 1) dürfen die Gliederung bis auf die mit römischen Zahlen bezeichneten Posten verkürzen (§ 266 Abs. 1 S. 3). Die gesetzlichen Vorschriften zu einzelnen Posten der Bilanz (§§ 268 ff) enthalten weitere Konkretisierungen des Gliederungsgebots. Die entsprechenden Bestimmungen für die GuV sind in den §§ 275 ff (früher: § 157 AktG a. F.) enthalten.

---

[40] Vgl. dazu Küting/Weber/*Reinhard* § 247, 108 ff; Beck BilKomm-*Hoyos/Gutike* § 247, 601 ff.

4. Zur Gliederung des Jahresabschlusses von Einzelkaufleuten und Personengesellschaften

a) Allgemeines. Für die Gliederung des Abschlusses von Einzelkaufleuten und **32** Personengesellschaften beläßt es das Gesetz bei §§ 243 Abs. 2, 247 Abs. 1 und 2. Die ursprünglich vorgesehene (§§ 39 Abs. 2, 239 HGB-E) und während der Gesetzesberatungen wieder erhobene Forderung nach einem verbindlichen Gliederungsschema, das dem für große Kapitalgesellschaften entspricht,[41] ist also nicht verwirklicht worden. Der Gesetzgeber ist jedoch der Anregung[42] gefolgt, die ursprünglich vorgesehene Fassung, die nur den gesonderten Ausweis von Anlage- und Umlaufvermögen, Eigenkapital, Schulden und Rechnungsabgrenzungsposten vorsah,[43] um das Gebot hinreichender Aufgliederung zu ergänzen. Damit ist klargestellt, daß eine Bilanz nicht schon deshalb den Anforderungen des § 243 Abs. 2 entspricht, weil sie den umschriebenen gesonderten Ausweis enthält; sie muß vielmehr den Gliederungsgrundsätzen entsprechen, in denen sich das Prinzip der Bilanzklarheit im einzelnen verwirklicht.

b) Zur Entwicklung von Gliederungs-GoBil. aa) Jahresbilanz. Die Gliede- **33** rungsvorschrift des § 266 gilt als solche nicht für Einzelkaufleute und Personengesellschaften. Sie kann angesichts des § 247 Abs. 1 und der Grundkonzeption des BiRiLiG (Rdn. 3) auch nicht ohne weiteres über die Verbindlichkeit der GoBil verallgemeinert werden, und zwar auch nicht in Form der verkürzten für kleine Kapitalgesellschaften vorgeschriebenen Bilanz.[44] Maßgeblich ist vielmehr die Auslegung des § 247 unter Beachtung der von § 243 Abs. 2 ausgehenden Leitfunktion (vgl. schon Rdn. 16 ff, 24). Danach ergibt sich: § 247 Abs. 1 schreibt zwar nicht vor, wie Vermögen und Kapital zu gliedern sind, verlangt aber den „gesonderten" Ausweis der wesentlichen Bilanzgruppen. Weil damit die Lage des Unternehmens durch Darstellung des Verhältnisses von Vermögen und Schulden abgebildet werden soll (Rdn. 12), ist für die Bilanz auch ohne eine § 266 Abs. 1 S. 1 entsprechende allgemeine Vorschrift zumindest grundsätzlich die **Kontoform** zu fordern; die Zulässigkeit der Staffelform kann zwar nicht grundsätzlich ausgeschlossen werden (vgl. auch Art. 10 der 4. EG-Richtlinie), sie sollte aber auf solche Ausnahmefälle beschränkt bleiben, in denen sie vergleichbar aussagefähig ist.[45] In Verbindung mit der Kontoform führt die Pflicht zu gesondertem Ausweis zwangsläufig zu einer der **Grobgliederung des § 266 (Großbuchstaben)** im wesentlichen entsprechenden Darstellung. Bei der von § 247 Abs. 1 verlangten weiteren („hinreichenden") Untergliederung ist zu beachten, daß das Prinzip **Bilanzklarheit** jedenfalls die Verwendung unzutreffender Bezeichnungen verbietet (Rdn. 27). Das schließt es aus, die gängigen Bilanzbegriffe mit einer anderen als ihrer jeweiligen technischen Bedeutung zu verwenden.[46] Im Ergebnis wird die Jahresbilanz von Einzelkaufleuten und Personengesellschaften deshalb dem verkürzten Schema des § 266 (Großbuchstaben und römische Zahlen) weitgehend entsprechen. Spielräume verbleiben beim Eigenkapitalausweis und bei der Gliederungstiefe der einzelnen Bilanzposten (vgl. *Schulze-Osterloh* aaO Fn. 46); s. insoweit Erl. zu § 247.

---

[41] Stenographisches Prot. der 18. Sitzung des Unterausschusses vom 23. 9. 1985, S. 12–15.

[42] Stenographisches Prot. aaO (Fn. 41), S. 11, 12, 17.

[43] § 247 Abs. 1 im Entwurf einer geänderten Konzeption von Vorschriften des BiRiLiG (Anlage 2 zum Stenographischen Prot. der 17. Sitzung des Unterausschusses vom 9. 5. 1985).

[44] *Hoffmann* BB 1985, 630, 632; *Küting/Weber/Baetge/D. Fey/G. Fey* 55 f; **a. M.** *Baumbach/Hopt* § 247, 2.

[45] Ebenso Beck BilKomm-*Förschle/Kofahl* § 247, 7; WP-Hdb. 2000[12] Bd. I E 448.

[46] Unstr., vgl. z. B. *Kropff* in Geßler/Hefermehl AktG vor § 149, 18; *Schulze-Osterloh* ZHR 150 (1986) 403, 427 m. w. N. in Fn. 140.

34   bb) **GuV.** Für die GuV formuliert das Gesetz kein ausdrückliches Gebot hinreichender Aufgliederung. Aus § 247 Abs. 1 darf jedoch kein Umkehrschluß gezogen werden, nachdem es im Belieben der Einzelkaufleute und Personengesellschaften stände, was sie in die GuV hineinschreiben (etwa: Gegenüberstellung von Aufwendungen und Erträgen in bloßen Endsummen).[47] Aus den in Rdn. 33 dargelegten Gründen scheidet jedoch auch die pauschale Übernahme der in § 275 getroffenen Regelung aus. Die Gliederungsgrundsätze sind deshalb aus dem Prinzip der Bilanzklarheit (§ 243 Abs. 2) unter Beachtung der schon bislang anerkannten GoBil zu entwickeln. Danach ist die Wahl zwischen **Staffel- und Kontoform, Gesamt- und Umsatzkostenverfahren** (Rdn. 21) freigestellt. Zweifelhaft ist wie bei der Bilanz die erforderliche **Gliederungstiefe.** Insoweit kann vor allem auf das Schrifttum zu § 42 GmbHG a. F. (Fn. 48) zurückgegriffen werden. Die früher außerhalb des Aktienrechts als zulässig beurteilte Saldierung von Aufwendungen und Erträgen (GoBil-konforme Nettomethode[48]) ist jedoch nunmehr durch § 246 Abs. 2 für alle Bilanzierungspflichtigen ausgeschlossen.[49]

5. Sanktionen

35   Das Gesetz sieht **keine besonderen zivilrechtlichen Sanktionen vor.** Erhebliche Verstöße gegen § 243 Abs. 2 können jedoch zur Einschränkung oder Versagung des Testats führen (§ 322 Abs. 3). Im **Bankrottfall** (§ 283 Abs. 6 StGB) kommt auch eine Strafbarkeit gem. § 283 Abs. 1 Nr. 7 lit. a StGB oder gem. § 283 Abs. 1 Nr. 3 lit. a StGB in Betracht;[50] Text: § 238, 66. Ferner können Organmitglieder einer Kapitalgesellschaft nach § 331 Nr. 1 strafbar oder nach § 334 Abs. 1 Nr. 1 lit. a bußgeldpflichtig sein.

IV. Zeitraum der Aufstellung (§ 243 Abs. 3)

1. Geltungsbereich

36   **In subjektiver Hinsicht** gilt § 243 Abs. 3 nach seiner systematischen Stellung für alle Bilanzierungspflichtigen. Praktisch ist die Vorschrift aber für die nicht kleinen Kapitalgesellschaften und für die unter § 5 PublG fallenden Einzelkaufleute und Personengesellschaften ohne Bedeutung, weil die Aufstellungsfrist für sie auf drei Monate festgesetzt ist (§ 264 Abs. 1 S. 2, § 5 Abs. 1 S. 1 PublG). Für die kleinen Kapitalgesellschaften ist die praktische Bedeutung jedenfalls wesentlich gemindert. Insoweit verbleibt es bei der durch den ordnungsmäßigen Geschäftsgang bestimmten Frist, doch darf diese sechs Monate nicht übersteigen (§ 264 Abs. 1 S. 3); anders als nach § 41 Abs. 3 GmbHG a. F. kann die Satzung eine Sechsmonatsfrist nicht allgemein, d. h. ohne Rücksicht auf den ordnungsmäßigen Geschäftsgang, festlegen (BayObLG WM 1987, 502). **In objektiver Hinsicht** bezieht sich § 243 Abs. 3 auf den Jahresabschluß, mithin auf die Jahresbilanz und auf die GuV (§ 242 Abs. 3), ferner bei Kapitalgesellschaften auch auf den Anhang (§ 264 Abs. 1 S. 1). Für den Lagebericht der Kapitalgesellschaften (§ 289) gelten dieselben Vorschriften wie für den Jahresabschluß (§ 264 Abs. 1 S. 2 und 3).

---

[47] *Baumbach/Hopt* § 247, 3; Beck BilKomm-*Förschle* § 247, 660 ff; *Schulze-Osterloh* aaO (Fn. 46); WP-Hdb. 2000[12] Bd. I E 455 ff.

[48] Vgl. zur alten Rechtslage noch Hachenburg/ *Goerdeler/Müller* GmbHG[7] § 42, 34.

[49] Scholz/*Crezelius* Anh. § 42a, 90; *Hoffmann* BB 1985, 630, 633.

[50] Vgl. dazu und insbesondere zur Unterscheidung zwischen Fälschungen der Darstellung und des Ergebnisses LKStGB-*Tiedemann* § 283, 135 ff m. w. N.

2. Ordnungsmäßiger Geschäftsgang

a) Unbestimmter Rechtsbegriff. § 243 Abs. 3 verlangt, daß der Jahresabschluß **37** innerhalb der Zeit aufgestellt wird, die einem ordnungsmäßigen Geschäftsgang entspricht. Für Einzelkaufleute und Personengesellschaften, die nicht von § 5 PublG erfaßt werden (vgl. Rdn. 36), wird die Aufstellungsfrist also nur durch einen unbestimmten Rechtsbegriff bezeichnet; sie ist zugleich die „vorgeschriebene Zeit" i. S. d. §§ 283 Abs. 1 Nr. 7 lit. b, 283b Abs. 1 Nr. 3 lit. b StGB, soweit nicht die konkreteren Bestimmungen für Kapitalgesellschaften (Rdn. 36) eingreifen. Die Gesetzeslage nach dem BiRiLiG stimmt also mit § 39 Abs. 2 S. 2 a. F. überein. Die in § 39 Abs. 3 HGB-E vorgesehene Regelung, die unter anderem eine Obergrenze von fünf Monaten unter flexibler Anpassung an Fristverlängerung der Finanzverwaltung für die Abgabe der Steuererklärung vorsah,[51] ist nicht Gesetz geworden. Der Rechtsausschuß hielt es für nicht erforderlich, eine bestimmte Frist festzulegen und wollte die Rechtslage erklärtermaßen nicht verändern.[52]

b) Zur Konkretisierung. aa) Meinungsstand. Handelsrechtliche **Judikatur** ist **38** nicht ersichtlich; hinzuweisen ist allerdings auf BayObLG BB 1987, 869, wonach die Satzung einer kleinen Kapitalgesellschaft unwirksam ist, soweit sie generell, also ohne Rücksicht auf den ordnungsmäßigen Geschäftsgang, eine Aufstellungsfrist von sechs Monaten vorsieht. Die Rechtsprechung in **Strafsachen** bewilligt eine Frist von längstens sechs Monaten seit dem Bilanzstichtag unter variabler am Schutzzweck der §§ 283 ff StGB orientierter Verkürzung bei Eintritt der Krisenlage;[53] das BVerfG hat diese Praxis gebilligt.[54] Die Rechtsprechung in **Steuersachen** ist tendenziell großzügiger, im einzelnen recht vielfältig (*Maul* Rechnungslegung, S. 17: „wirres Bild").[55] Ordnungsmäßiger Geschäftsgang wurde bejaht bei sechs bis sieben Monaten,[56] zwölf Monaten,[57] 17 und 23 Monaten.[58] Als zu lang wurden beurteilt: mehr als ein Jahr,[59] zwei Jahre und vier Monate[60] sowie fünf Jahre.[61] Ähnlich vielfältig ist das Bild des **Schrifttums.** Die handelsrechtliche Auffassung favorisiert eine Frist von sechs Monaten,[62] die strafrechtliche entsprechend der Judikatur eine Frist von sechs Monaten mit variabler Verkürzung,[63] die steuerrechtliche eine Frist von zwölf Monaten.[64] Erste Stellungnahmen nach Inkrafttreten des BiRiLiG zeigen, daß die Ungewißheit fortdauert; vertreten werden: Fortschreibung der bisherigen Rechtslage;[65] zwei bis drei Monate;[66] sechs bis neun Monate;[67] zwölf Monate.[68]

[51] Dazu Begr. RegE, BTDrucks. 10/317, S. 73.
[52] Ausschußbericht, BTDrucks. 10/4268, S. 93; aus der Anhörung vgl. Stenographisches Prot. der 18. Sitzung des Unterausschusses vom 23. 9. 1985, S. 4 unten.
[53] BGH BB 1955, 109 f m. Anm. *Rowedder;* OLG Düsseldorf NJW 1980, 1292 f.
[54] BVerfGE 48, 48, 62 = NJW 1978, 1423.
[55] Überblick: *Blumers* Bilanzierungstatbestände, S. 58 ff; *ders.* DB 1986, 2033; *Reichel* BB 1981, 708; vgl. auch *Meilicke* BB 1984, 893; älteres Schrifttum: *Mittelbach* DStR 1972, 486; *Rose* DB 1960, 529; *ders.* DB 1974, 1031; *Runge* BB 1972, 570.
[56] BFH BStBl. 1965 III 409 f = BB 1965, 779; FG Düsseldorf EFG 1976, 507 f = DB 1977, 45.
[57] BFH BStBl. 1973 II 555, 557 = DB 1973, 1281 f; FG Hessen EFG 1970, 494 = DB 1971, Beil. 12 zu Heft 23 S. 5.

[58] FG Berlin EFG 1970, 54 f.
[59] BFHE 140, 74, 79 = BStBl. 1984 II 227 = BB 1984, 509; vgl. auch FG Hessen (Fn. 57).
[60] BFH BStBl. 1973 II 555 f = DB 1973, 1281 f.
[61] BFH BStBl. 1965 III 285 f = BB 1965, 779.
[62] *Baumbach/Hopt* 10; *Maul* ZfbF 1974, 726, 735; *Schlegelberger/Hildebrandt/Steckhan* § 39, 7.
[63] LKStGB-*Tiedemann* § 283, 147; wohl nur für das Handelsrecht **a. M.** *Brüggemann* Voraufl. § 39, 3.
[64] Beck BilKomm-*Budde/Kunz* 93 f; *Küting/Weber/Baetge/D. Fey/G. Fey* 89.
[65] *Baumbach/Hopt* 10; *Blumers* DB 1986, 2033 f; wohl auch *Glade*² 17 ff.
[66] *Moxter* Bilanzlehre³ Bd. II S. 19.
[67] *Küting/Weber/Baetge/D. Fey/G. Fey* 91 und 97.
[68] Beck BilKomm-*Budde/Kunz* 93.

39   **bb) Stellungnahme.** Die Vielfalt unterschiedlicher Meinungen hat drei Ursachen. Erstens wird ein Minimum an Rechtssicherheit angestrebt, das der unbestimmte Rechtsbegriff des ordnungsmäßigen Geschäftsgangs nicht bieten kann; unter diesem Gesichtspunkt hat der Gesetzgeber des BiRiLiG in der Tat eine „Chance verpaßt" (*Glade*[2] 18), indem er sich dazu entschloß, die bisherige Rechtsunsicherheit fortzuschreiben. Zweitens geht die Unsicherheit über die Fristen auf unterschiedliche Normzwecke zurück[69]: Gläubigerschutz durch Strafrecht führt zwangsläufig zu kürzeren Fristen als die Ermittlung des steuerpflichtigen Gewinns. Drittens ist weder das eine noch das andere der originäre Zweck der Handelsbilanz; denn der Gläubigerschutz durch Selbstkontrolle (§ 238, 2; § 242, 2) verbindet sich nicht ohne weiteres mit der Strafbarkeit und schon gar nicht mit dem Gewinnausweis in der Steuerbilanz. Die Verknüpfung der strafrechtlichen und der steuerrechtlichen Fristen mit § 243 Abs. 3 durch §§ 283 Abs. 1 Nr. 7 lit. b, § 283b Abs. 1 Nr. 3 lit. b StGB bzw. durch § 5 Abs. 1 EStG (Maßgeblichkeitsgrundsatz) ist deshalb wenig sachgerecht.

40   Aus dem **Zusammenhang der Fristenfrage mit den Normzwecken** folgt, daß es eine „richtige" Aufstellungsfrist nicht geben kann. Vielmehr ist zwischen Handels-, Straf- und Steuerrecht zu differenzieren. **Handelsrecht:** Einzelkaufleute und Personengesellschaften müssen den Zeitraum in Anspruch nehmen können, den § 264 Abs. 1 den Kapitalgesellschaften zubilligt. Als Regelfrist ist die Sechsmonatsfrist des § 264 Abs. 1 S. 3 anzusehen, weil Einzelkaufleute und Personengesellschaften der kleinen Kapitalgesellschaft am ehesten vergleichbar sind. Die Frist kann ausnahmsweise kürzer sein, kann aber ohne Wertungswiderspruch zu § 264 Abs. 1 S. 2 nicht unter drei Monaten liegen. Auch eine längere Frist kann, wie von § 264 Abs. 1 S. 3 unzweideutig vorausgesetzt, noch dem ordnungsmäßigen Geschäftsgang entsprechen. Das ist jedoch der Ausnahmefall mit Behauptungs- und Beweislast der Aufstellungsverantwortlichen. Fristversäumung ist bei Einzelkaufleuten handelsrechtlich folgenlos. Bei Gesellschaften ist die interne Pflicht zur ordentlichen Geschäftsführung verletzt, wenn sich nicht aus dem Gesellschaftsverhältnis ergibt, daß die Gesellschafter für ihr Innenverhältnis auf die (längere) steuerrechtliche Frist abstellen wollen. **Strafrecht:** Die handelsrechtliche Frist von regelmäßig sechs Monaten ergibt die Obergrenze für §§ 283 Abs. 1 Nr. 7 lit. b, 283b Abs. 1 Nr. 3 lit. b StGB. Entsprechend dem Normzweck kann eine kürzere Frist „die vorgeschriebene Zeit" im Sinne dieser Normen sein. Insoweit ergibt auch § 264 Abs. 1 S. 2 keine Untergrenze.[70] Bedenken gegen die Unbestimmtheit der tatbestandlichen Strafbarkeitsvoraussetzungen mögen berechtigt sein (vgl. *Tiedemann* aaO Fn. 70). Ihnen ist aber nicht auf der Ebene des Handelsrechts, sondern gegebenenfalls durch eine andere Fassung der Straftatbestände Rechnung zu tragen. **Steuerrecht:** Der Maßgeblichkeitsgrundsatz fordert die Anwendung des Handelsrechts nur nach Maßgabe des Gewinnermittlungszwecks der Steuerbilanz (vgl. noch Anh. § 243). Insoweit spielt der auf relativ kurze Fristen drängende Normzweck des Gläubigerschutzes durch Selbstkontrolle keine Rolle. Die handelsrechtliche Frist von regelmäßig sechs Monaten ergibt deshalb nur die Untergrenze. Bei der Bestimmung einer Obergrenze erscheinen die vom BFH zunehmend angenommenen zwölf Monate (vgl. Fn. 57 und 59) auch unter Berücksichtigung der Bedürfnisse steuerberatender Berufe vernünftig. Die Praxis sollte sich darauf einstellen, ohne Rückschlüsse auf andere Normbereiche zu ziehen.

---

[69]   Zutreffend *Blumers* Bilanzierungstatbestände, S. 88 ff; *ders.* DB 1986, 2033, 2034 f; Küting/Weber/*Baetge*/D. *Fey*/G. *Fey* 89 ff.

[70]   *Blumers* Bilanzierungstatbestände, S. 82 f; *ders.* DB 1986, 2033, 2036; LKStGB-*Tiedemann* § 283,

147 a. E.: Verkürzung bis zur „unverzüglichen" Bilanzaufstellung, sofern nach Handelsrecht zulässig.

cc) Fristbeginn. Die nach den vorstehenden Grundsätzen bestimmte Frist beginnt **41** mit dem Bilanzstichtag (zum Stichtagsprinzip vgl. Rdn. 11). Maßgeblich ist folglich der Schluß des Geschäftsjahrs (§ 242, 42). Die Probleme, die der Beginn der Aufstellungsfrist für die Eröffnungsbilanz bereiten kann (§ 242, 26 f), ergeben sich für den Jahresabschluß nicht.

3. Aufstellung

Innerhalb der Frist muß der Jahresabschluß aufgestellt sein. Zum Begriff der Auf- **42** stellung vgl. § 242, 16 ff. Erforderlich sind innerhalb der Frist der periodische **Abschluß der Buchführung** und die **Ausarbeitung einer unterschriftsreifen Vorlage** (§ 242, 17). Wenn die in § 245 vorgeschriebene Unterzeichnung noch nicht erfolgt ist, bildet dieser Umstand ein Indiz gegen die Annahme eines aufgestellten Jahresabschlusses; die Aufstellung kann aber auch ohne Unterzeichnung bejaht werden (§ 242, 18; § 245, 14).

4. Sanktionen

Das Gesetz sieht **kein Zwangsverfahren** vor, um die i. S. d. § 243 Abs. 3 rechtzei- **43** tige Aufstellung des Jahresabschlusses zu sichern. Wenn sie ganz unterbleibt, kann jedoch gegen die Mitglieder des Vertretungsorgans einer Kapitalgesellschaft auf Antrag das Zwangsgeldverfahren nach § 335 S. 1 Nr. 1, § 132 FGG eingeleitet werden. Wegen der **Strafbarkeit** nach §§ 283 Abs. 1 Nr. 7 lit. b, 283b Abs. 1 Nr. 3 lit. b StGB vgl. schon Rdn. 37, 40. Eine Straftat nach § 331 oder eine Ordnungswidrigkeit nach § 234 liegt nicht vor. Die Vorlage der Steuerbilanz kann erzwungen werden;[71] Fristversäumung allein, also ohne zusätzlichen Anlaß, die sachliche Richtigkeit des Jahresabschlusses zu beanstanden, berechtigt aber nicht zur Schätzung der Besteuerungsgrundlagen (§§ 158, 162 AO).[72]

Anhang zu § 243
Handels- und Steuerbilanz

Übersicht

	Rdn.		Rdn.
I. Allgemeines		aa) Ausgangspunkt	7a
1. Zweck und Begriffe der Steuer-		bb) Vierte Richtlinie und Bilanz-	
bilanz	1	steuerrecht	7b
2. Gesetzesauszug	3	cc) Vorlagepflicht	7d
3. Maßgeblichkeitsgrundsatz		4. Steuerneutralität des BiRiLiG	8
a) Prinzip	4	II. Bilanzierungsgebote und -verbote	
b) Ausnahmen	5	1. Bilanzierungsfähigkeit und	
c) Umgekehrte Maßgeblichkeit	7	Bilanzierungspflicht	
d) Gemeinschaftsrechtliche Perspek-		a) Grundsatz	10
tiven		b) Einzelfragen (Übersicht)	11

---

[71] Beck BilKomm-*Budde/Kunz* 94; *Tipke/Kruse* § 150, 17.
[72] BFHE 140, 74, 81 = BStBl. 1984 II 227, 231 = BB 1984, 509 (re. Sp. Schluß); *Meilicke* BB 1984, 893;

a. M. FG Schleswig-Holstein EFG 1984, 17 = BB 1984, 190.

2. Vermögensstand und Wirtschaftsgut
  a) Handelsrecht: Vermögensgegen-
     stand
     aa) Gesetzgebungsverfahren 13
     bb) Begriff und Bedeutung:
         Meinungsstand 14
     cc) Insbesondere: Geschäfts- oder
         Firmenwert: Meinungsstand . 16
  b) Steuerrecht: Wirtschaftsgut
     aa) Begriff und Bedeutung 17
     bb) Einzelfälle 18
3. Bilanzierung und Zweck der Gewinnermittlung
  a) Keine Identität von Vermögens-
     gegenstand und Wirtschaftsgut ... 19
  b) Die Divergenz der Begriffs-
     inhalte im Rahmen der Bilanz-
     auffassungen 20
  c) Aktivierung im Rahmen der
     Gläubigerschutzkonzeption des
     Handelsbilanzrechts
     aa) Allgemeines 21
     bb) Insbesondere: Nicht über-
         tragbare Rechte 22
     cc) Insbesondere: Derivativer
         Geschäfts- oder Firmen-
         wert 23

  d) Zur Aktivierung in der Steuer-
     bilanz 24
III. Bilanzierungswahlrechte
  1. Einschränkung des Maßgeblich-
     keitsgrundsatzes durch den BFH ... 25
  2. Einzelfragen (Überblick)
     a) Aktivseite 27
     b) Passivseite
        aa) Neue Passivierungspflichten . 28
        bb) Fortbestehende
            Passivierungswahlrechte 29
        cc) Künftige Ausgleichsansprüche
            von Handelsvertretern 30
IV. Bewertung
  1. Zum Verhältnis von Handels- und
     Steuerrecht
     a) Drei Ansichten 31
     b) Zur sachlichen Bedeutung des
        Meinungsstreits 32
     c) Keine tendenzielle Gewinn-
        verlagerungn in der Steuerbilanz . 33
  2. Zum Vorrang steuerlicher
     Bewertungsvorschriften 34
  3. Steuerliche Bewertungswahlrechte .. 35
V. Umgekehrte Maßgeblichkeit
  1. Begriff und Bedeutung 36
  2. Problematik und Kritik 37

Schrifttum

(vgl. auch die Angaben vor § 238 und unten vor Rdn. 10, 25, 31, 36). *Bärenz* Keine gemein-schaftsrechtliche Vorlagepflicht des BFH im Bilanzsteuerrecht, DStR 2001, 692; *Crezelius* Das Handelsbilanzrecht in der Rechtsprechung des Bundesfinanzhofs, ZGR 1987, 1; *Döllerer* Handelsbilanz und Steuerbilanz, BB 1987, Beilage Nr. 12 zu Heft 16; *Gail* Rechtliche und faktische Abhängigkeiten von Steuer- und Handelsbilanzen, Festschrift Havermann (1995) S. 109; *Lang* Gewinnrealisierung – Rechtsgrundlagen, Grundtatbestände und Prinzipien im Rahmen des Betriebsvermögensvergleichs nach § 4 Abs. 1 EStG, DStJG 1981 (= Ruppe [Hrsg.] Gewinnrealisierung im Steuerrecht) 45; *Lauth* Endgültiger Abschied von der Einheitsbilanz?, DStR 2000, 1365; *Lusser* Die Mehr- und Wenigerrechnung (1978); *Mathiak* Die „Steuerbilanz" – ein ergänzungsbedürftiger Sprachgebrauch, DStZ/A 1975, 316; *Moxter* Zum Verhältnis von Handelsbilanz und Steuerbilanz, BB 1997, 195; *Raupach* Das Steuerrecht als unerwünschte Rechtsquelle der Handelsbilanz, Festschrift Moxter (1994) S. 101; *Schulze-Osterloh* Handels- und Steuerbilanz, ZGR 2000, 594; *Theile* Maßgeblichkeitsprinzip, europäisches und internationales Bilanzrecht: Die Bilanzierung bei der GmbH und GmbH & Co. im Umbruch, GmbH-Rdsch. 1999, 1182 und 1241; *Weber-Grellet* Der Maßgeblichkeitsgrundsatz im Lichte aktueller Entwicklungen, BB 1999, 2659.

I. Allgemeines

1. Zweck und Begriff der Steuerbilanz

1   Der Begriff der Steuerbilanz hat sich eingebürgert. Im Sprachgebrauch des Gesetzes gibt es jedoch keine gegenüber der Handelsbilanz selbständige Steuerbilanz.[1]

---

[1] Wegen Einzelheiten der Terminologie vgl. Kirchhof/*Mathiak* EStG § 5, A 28 ff; *dens.* DStZ/A 1975, 315 ff.

Ihr Begriff ist deshalb aus dem Zweck der steuerrechtlichen Vorschriften abzuleiten; mehr besagt auch § 60 EStDV nicht, wonach die Steuerbilanz eine den steuerlichen Vorschriften entsprechende Vermögensübersicht ist. Danach ist die Steuerbilanz eine auf der Annahme fortdauernder Unternehmenstätigkeit beruhende **Gewinnermittlungsbilanz**.[2] Während Handels- und Steuerbilanz im Zweck der Gewinnermittlung übereinstimmen, differieren sie in den weiteren Zielen, die mit der Gewinnermittlung verfolgt werden: Während bei der Handelsbilanz die Feststellung des unter Schonung der Unternehmenssubstanz maximal verteilbaren Gewinns im Vordergrund steht, dient die Steuerbilanz den Interessen des Fiskus, der seinerseits durch das Gesetz und – auf der Ebene der Rechtsetzung – durch das Prinzip gleichmäßiger Besteuerung nach Maßgabe der Leistungsfähigkeit rechtlich gebunden ist.[3] Dieser Unterschied in der Zielsetzung führt zu gegenläufigen Tendenzen in der Gewinnermittlung. Während die Handelsbilanz darauf gerichtet ist, den Gewinn jedenfalls nicht überhöht auszuweisen, muß es in der Steuerbilanz umgekehrt darum gehen, den Gewinn nicht zu niedrig anzusetzen.[4]

Ableitung aus der Handelsbilanz. Trotz dieser gegenläufigen Tendenz macht sich **2** das Steuerrecht in § 5 Abs. 1 EStG die Handelsbilanz in ähnlicher Weise zunutze, wie in § 140 AO die kaufmännische Buchführungspflicht (vgl. § 238, 74). Nach § 5 Abs. 1 EStG ist nämlich für die Gewinnermittlung durch Vergleich der Betriebsvermögen dasjenige Vermögen anzusetzen, das auch nach den GoBil anzusetzen ist (Maßgeblichkeitsprinzip, vgl. noch Rdn. 4 ff). Die steuerrechtlich gebotenen Abweichungen von der handelsrechtlichen Bilanzierung sind durch Vermehrung oder Verminderung der einzelnen Bilanzpositionen zu verwirklichen. Die Steuerbilanz wird also aus der Handelsbilanz abgeleitet.[5] Wie das Ergebnis dieser Ableitung ausgedrückt wird, ist eine Zweckmäßigkeitsfrage, die der Steuerpflichtige entscheidet.[6] Vielfältige Abweichungen von der Handelsbilanz lassen eine gesonderte Steuerbilanz als sinnvoll erscheinen. Bei einfachen Verhältnissen kann dagegen eine Mehr- oder Weniger-Rechnung genügen, die sich aus dem Vergleich der Handelsbilanz mit einer nur fiktiven Steuerbilanz ergibt.[7] Am häufigsten ist die sogenannte Einheitsbilanz,[8] bei der schon die Handelsbilanz nach den Bestimmungen des Steuerrechts aufgestellt wird, ein Verfahren, das den spezifischen Zweck der Handelsbilanz (Rdn. 1) durch den tendenziell höheren Gewinnausweis verkümmern läßt und deshalb nicht unproblematisch ist. Vgl. dazu und insbesondere zu § 6 Abs. 3 EStG unten Rdn. 36 ff, 38.

---

[2] *Beisse* StuW 1984, 1, 8 f.

[3] Zur Bedeutung der Leistungsfähigkeit im Steuerrecht vgl. *Biergans* Einkommensteuer und Steuerbilanz[6] S. 11 ff; *Tipke/Lang* SteuerR[16] Rdn. 81 ff; *Lang* DStJG 1981, 45, 73 ff; alle m. w. N.; ferner *Beisse* StuW 1984, 1, 4; *Federmann* Bilanzierung[11] S. 178 f; *Weber-Grellet* BB 1999, 2659, 2660 f.

[4] Unstr., vgl. statt vieler *Knobbe-Keuk* § 2 I 1. Die scheinbare Antithese von Gläubigerschutz (in der Handelsbilanz) und Bilanzwahrheit (in der Steuerbilanz), zuletzt besprochen von *Döllerer* JbFfSt 1979/80, 195, 198 ff, sollte überwunden sein, nachdem sich die Erkenntnis durchgesetzt hat, daß die Bildung stiller Reserven für den Gläubigerschutz ein untaugliches Mittel ist (§ 243, 22 ff). Zum Begriff des Wirtschaftsguts (*Döllerer* aaO S. 199 f) vgl. unten Rdn. 13 ff.

[5] Vgl. dazu *Beisse* DStR 1980, 243; *Herrmann/Heuer/Raupach* KommEStG[21] § 5, 49b [2]; *Knobbe-Keuk* § 2 I 1; *Gail* FS Havermann (1995) S. 109, 112.

[6] *Herrmann/Heuer/Raupach* KommEStG[21] § 5, 49b [1]; *Knobbe-Keuk* § 2 I 2.

[7] Monographie: *Lusser* Die Mehr- und Wenigerrechnung, 1978; eine Übersicht gibt Beck Bil-Komm-*Sarx* Anh. 2.

[8] Sie wird nach Schätzungen in wenigstens 90 % aller Fälle erstellt, vgl. zuletzt Stenographisches Prot. der 17. Sitzung des Unterausschusses vom 9. 5. 1985, S. 32; zum verbleibenden Rest gehören allerdings namentlich die großen Kapitalgesellschaften.

Uwe Hüffer

2. Gesetzesauszug

3 Die für die Steuerbilanz wesentlichen Bestimmungen des **Einkommensteuergesetzes** lauten:

§ 4

Gewinnbegriff im allgemeinen

(1) Gewinn ist der Unterschiedsbetrag zwischen dem Betriebsvermögen am Schluß des Wirtschaftsjahrs und dem Betriebsvermögen am Schluß des vorangegangenen Wirtschaftsjahrs, vermehrt um den Wert der Entnahmen und vermindert um den Wert der Einlagen. Entnahmen sind alle Wirtschaftsgüter (Barentnahmen, Waren, Erzeugnisse, Nutzungen und Leistungen), die der Steuerpflichtige dem Betrieb für sich, für seinen Haushalt oder für andere betriebsfremde Zwecke im Laufe des Wirtschaftsjahrs entnommen hat. Ein Wirtschaftsgut wird nicht dadurch entnommen, daß der Steuerpflichtige zur Gewinnermittlung nach Absatz 3 oder nach § 13a übergeht. Eine Änderung der Nutzung eines Wirtschaftsguts, die bei Gewinnermittlung nach Satz 1 keine Entnahme ist, ist auch bei Gewinnermittlung nach Absatz 3 oder nach § 13a keine Entnahme. Einlagen sind alle Wirtschaftsgüter (Bareinzahlungen und sonstige Wirtschaftsgüter), die der Steuerpflichtige dem Betrieb im Laufe des Wirtschaftsjahrs zugeführt hat. Bei der Ermittlung des Gewinns sind die Vorschriften über die Betriebsausgaben, über die Bewertung und über die Absetzung für Abnutzung oder Substanzverringerung zu befolgen.

(2) Der Steuerpflichtige darf die Vermögensübersicht (Bilanz) auch nach ihrer Einreichung beim Finanzamt ändern, soweit sie den Grundsätzen ordnungsmäßiger Buchführung unter Befolgung der Vorschriften dieses Gesetzes nicht entspricht. Darüber hinaus ist eine Änderung der Vermögensübersicht (Bilanz) nur zulässig, wenn sie in einem engen zeitlichen und sachlichen Zusammenhang mit einer Änderung nach Satz 1 steht und soweit die Auswirkung der Änderung nach Satz 1 auf den Gewinn reicht.

(3) Steuerpflichtige, die nicht auf Grund gesetzlicher Vorschriften verpflichtet sind, Bücher zu führen und regelmäßig Abschlüsse zu machen, und die auch keine Bücher führen und keine Abschlüsse machen, können als Gewinn den Überschuß der Betriebseinnahmen über die Betriebsausgaben ansetzen. Hierbei scheiden Betriebseinnahmen und Betriebsausgaben aus, die im Namen und für Rechnung eines anderen vereinnahmt und verausgabt werden (durchlaufende Posten). Die Vorschriften über die Absetzung für Abnutzung oder Substanzverringerung sind zu befolgen. Die Anschaffungs- oder Herstellungskosten für nicht abnutzbare Wirtschaftsgüter des Anlagevermögens sind erst im Zeitpunkt der Veräußerung oder Entnahme dieser Wirtschaftsgüter als Betriebsausgaben zu berücksichtigen. Die nicht abnutzbaren Wirtschaftsgüter des Anlagevermögens sind unter Angabe des Tages der Anschaffung oder Herstellung und der Anschaffungs- oder Herstellungskosten oder des an deren Stelle getretenen Werts in besondere, laufend zu führende Verzeichnisse aufzunehmen.

(4) Betriebsausgaben sind die Aufwendungen, die durch den Betrieb veranlaßt sind.

(4a)–(8) …

§ 4a–§ 4d

…

§ 5

Gewinn bei Vollkaufleuten und bei bestimmten
anderen Gewerbetreibenden

(1) Bei Gewerbetreibenden, die auf Grund gesetzlicher Vorschriften verpflichtet sind, Bücher zu führen und regelmäßig Abschlüsse zu machen, oder die ohne eine solche Verpflichtung Bücher führen und regelmäßig Abschlüsse machen, ist für den Schluß des Wirtschaftsjahrs das Betriebsvermögen anzusetzen (§ 4 Abs. 1 Satz 1), das nach den handelsrechtlichen Grundsätzen ordnungsmäßiger Buchführung auszuweisen ist. Steuerrechtliche Wahlrechte bei der Gewinnermittlung sind in Übereinstimmung mit der handelsrechtlichen Jahresbilanz auszuüben.

(2) Für immaterielle Wirtschaftsgüter des Anlagevermögens ist ein Aktivposten nur anzusetzen, wenn sie entgeltlich erworben wurden.

(2a) Für Verpflichtungen, die nur zu erfüllen sind, soweit künftig Einnahmen oder Gewinne anfallen, sind Verbindlichkeiten oder Rückstellungen erst anzusetzen, wenn die Einnahmen oder Gewinne angefallen sind.

(3) Rückstellungen wegen Verletzung fremder Patent-, Urheber- oder ähnlicher Schutzrechte dürfen erst gebildet werden, wenn

1. der Rechtsinhaber Ansprüche wegen der Rechtsverletzung geltend gemacht hat oder
2. mit einer Inanspruchnahme wegen der Rechtsverletzung ernsthaft zu rechnen ist.

Eine nach Satz 1 Nr. 2 gebildete Rückstellung ist spätestens in der Bilanz des dritten auf ihre erstmalige Bildung folgenden Wirtschaftsjahrs gewinnerhöhend aufzulösen, wenn Ansprüche nicht geltend gemacht worden sind.

(4) Rückstellungen für die Verpflichtung zu einer Zuwendung anläßlich eines Dienstjubiläums dürfen nur gebildet werden, wenn das Dienstverhältnis mindestens zehn Jahre bestanden hat, das Dienstjubiläum das Bestehen eines Dienstverhältnisses von mindestens 15 Jahren voraussetzt, die Zusage schriftlich erteilt ist und soweit der Zuwendungsberechtigte seine Anwartschaft nach dem 31. Dezember 1992 erwirbt.

(4a) Rückstellungen für drohende Verluste aus schwebenden Geschäfte dürfen nicht gebildet werden.

(4b) Rückstellungen für Aufwendungen, die Anschaffungs- oder Herstellungskosten für ein Wirtschaftsgut sind, dürfen nicht gebildet werden. Rückstellungen für die Verpflichtung zur schadlosen Verwertung radioaktiver Reststoffe sowie ausgebauter oder abgebauter radioaktiver Anlagenteile dürfen nicht gebildet werden, soweit Aufwendungen im Zusammenhang mit der Bearbeitung oder Verarbeitung von Kernbrennstoffen stehen, die aus der Aufarbeitung bestrahlter Kernbrennstoffe gewonnen worden sind und keine radioaktiven Abfälle darstellen.

(5) Als Rechnungsabgrenzungsposten sind nur anzusetzen

1. auf der Aktivseite Ausgaben vor dem Abschlußstichtag, soweit sie Aufwand für eine bestimmte Zeit nach diesem Tag darstellen;
2. auf der Passivseite Einnahmen vor dem Abschlußstichtag, soweit sie Ertrag für eine bestimmte Zeit nach diesem Tag darstellen.

Auf der Aktivseite sind ferner anzusetzen

1. als Aufwand berücksichtigte Zölle und Verbrauchssteuern, soweit sie auf am Abschlußstichtag auszuweisende Wirtschaftsgüter des Vorratsvermögens entfallen,
2. als Aufwand berücksichtigte Umsatzsteuer auf am Abschlußstichtag auszuweisende Anzahlungen.

(6) Die Vorschriften über die Entnahmen und die Einlagen, über die Zulässigkeit der Bilanzänderung, über die Betriebsausgaben, über die Bewertung und über die Absetzung für Abnutzung oder Substanzverringerung sind zu befolgen.

§ 6

Bewertung

(1) Für die Bewertung der einzelnen Wirtschaftsgüter, die nach § 4 Abs. 1 oder nach § 5 als Betriebsvermögen anzusetzen sind, gilt das Folgende:

1. Wirtschaftsgüter des Anlagevermögens, die der Abnutzung unterliegen, sind mit den Anschaffungs- oder Herstellungskosten oder dem an deren Stelle tretenden Wert, vermindert um die Absetzungen für Abnutzung, erhöhte Absetzungen, Sonderabschreibungen, Abzüge nach § 6b und ähnliche Abzüge, anzusetzen. Ist der Teilwert auf Grund einer voraussichtlich dauernden Wertminderung niedriger, so kann dieser angesetzt werden. Teilwert ist der Betrag, den ein Erwerber des ganzen Betriebs im Rahmen des Gesamtkaufpreises für das einzelne Wirtschaftsgut ansetzen würde; dabei ist davon auszugehen, daß der Erwerber den Betrieb fortführt. Wirtschaftsgüter, die bereits am Schluß des vorangegangenen Wirtschaftsjahrs zum Anlagevermögen des Steuerpflichtigen gehört haben, sind in den folgenden Wirtschaftsjahren gemäß Satz 1 anzusetzen, es

sei denn, der Steuerpflichtige weist nach, daß ein niedrigerer Teilwert nach Satz 2 angesetzt werden kann.

2. Andere als die in Nummer 1 bezeichneten Wirtschaftsgüter des Betriebs (Grund und Boden, Beteiligungen, Umlaufvermögen) sind mit den Anschaffungs- oder Herstellungskosten oder dem an deren Stelle tretenden Wert, vermindert um Abzüge nach § 6b und ähnliche Abzüge, anzusetzen. Ist der Teilwert (Nummer 1 Satz 3) auf Grund einer voraussichtlich dauernden Wertminderung niedriger, so kann dieser angesetzt werden. Nummer 1 Satz 4 gilt entsprechend.

2a. Steuerpflichtige, die den Gewinn nach § 5 ermitteln, können für den Wertansatz gleichartiger Wirtschaftsgüter des Vorratsvermögens unterstellen, daß die zuletzt angeschafften oder hergestellten Wirtschaftsgüter zuerst verbraucht oder veräußert worden sind, soweit dies den handelsrechtlichen Grundsätzen ordnungsmäßiger Buchführung entspricht. Der Vorratsbestand am Schluß des Wirtschaftsjahrs, das der erstmaligen Anwendung der Bewertung nach Satz 1 vorangeht, gilt mit seinem Bilanzansatz als erster Zugang des neuen Wirtschaftsjahrs. Von der Verbrauchs- oder Veräußerungsfolge nach Satz 1 kann in den folgenden Wirtschaftsjahren nur mit Zustimmung des Finanzamts abgewichen werden.

3. Verbindlichkeiten sind unter sinngemäßer Anwendung der Vorschriften der Nummer 2 anzusetzen und mit einem Zinssatz von 5,5 vom Hundert abzuzinsen. Ausgenommen von der Abzinsung sind Verbindlichkeiten, deren Laufzeit am Bilanzstichtag weniger als 12 Monate beträgt, und Verbindlichkeiten, die verzinslich sind oder auf einer Anzahlung oder Vorausleistung beruhen.

3a. Rückstellungen sind höchstens insbesondere unter Berücksichtigung folgender Grundsätze anzusetzen:
a) bei Rückstellungen für gleichartige Verpflichtungen ist auf der Grundlage der Erfahrungen in der Vergangenheit aus der Abwicklung solcher Verpflichtungen die Wahrscheinlichkeit zu berücksichtigen, daß der Steuerpflichtige nur zu einem Teil der Summe dieser Verpflichtungen in Anspruch genommen wird;
b) Rückstellungen für Sachleistungsverpflichtungen sind mit den Einzelkosten und den angemessenen Teilen der notwendigen Gemeinkosten zu bewerten;
c) künftige Vorteile, die mit der Erfüllung der Verpflichtung voraussichtlich verbunden sein werden, sind, soweit sie nicht als Forderung zu aktivieren sind, bei ihrer Bewertung wertmindernd zu berücksichtigen;
d) Rückstellungen für Verpflichtungen, für deren Entstehen im wirtschaftlichen Sinne der laufende Betrieb ursächlich ist, sind zeitanteilig in gleichen Raten anzusammeln. Rückstellungen für die Verpflichtung, ein Kernkraftwerk stillzulegen, sind ab dem Zeitpunkt der erstmaligen Nutzung bis zum Zeitpunkt, in dem mit der Stillegung begonnen werden muß, zeitanteilig in gleichen Raten anzusammeln; steht der Zeitpunkt der Stillegung nicht fest, beträgt der Zeitraum für die Ansammlung 25 Jahre; und
e) Rückstellungen für Verpflichtungen sind mit einem Zinssatz von 5,5 vom Hundert abzuzinsen; Nummer 3 Satz 2 ist entsprechend anzuwenden. Für die Abzinsung von Rückstellungen für Sachleistungsverpflichtungen ist der Zeitraum bis zu Beginn der Erfüllung maßgebend. Für die Abzinsung von Rückstellungen für die Verpflichtung, ein Kernkraftwerk stillzulegen, ist der sich aus Buchstabe d Satz 2 ergebende Zeitraum maßgebend.

4. Entnahmen des Steuerpflichtigen für sich, für seinen Haushalt oder für andere betriebsfremde Zwecke sind mit dem Teilwert anzusetzen. Die private Nutzung eines Kraftfahrzeugs ist für jeden Kalendermonat mit 1 vom Hundert des inländischen Listenpreises im Zeitpunkt der Erstzulassung zuzüglich der Kosten für Sonderausstattungen einschließlich der Umsatzsteuer anzusetzen. Die private Nutzung kann abweichend von Satz 2 mit den auf die Privatfahrten entfallenden Aufwendungen angesetzt werden, wenn die für das Kraftfahrzeug insgesamt entstehenden Aufwendungen durch Belege und das Verhältnis der privaten zu den übrigen Fahrten durch ein ordnungsgemäßes Fahrtenbuch nachgewiesen werden. Wird ein Wirtschaftsgut unmittelbar nach seiner Entnahme einer nach § 5 Abs. 1 Nr. 9 des Körperschaftsteuergesetzes von der Körperschaftsteuer befrei-

ten Körperschaft, Personenvereinigung oder Vermögensmasse oder einer juristischen Person des öffentlichen Rechts zur Verwendung für steuerbegünstigte Zwecke im Sinne des § 10b Abs. 1 Satz 1 unentgeltlich überlassen, so kann die Entnahme mit dem Buchwert angesetzt werden. Satz 4 gilt nicht für die Entnahme von Nutzungen und Leistungen.

5. Einlagen sind mit dem Teilwert für den Zeitpunkt der Zuführung anzusetzen; sie sind jedoch höchstens mit den Anschaffungs- oder Herstellungskosten anzusetzen, wenn das zugeführte Wirtschaftsgut

a) innerhalb der letzten drei Jahre vor dem Zeitpunkt der Zuführung angeschafft oder hergestellt worden ist oder

b) ein Anteil an einer Kapitalgesellschaft ist und der Steuerpflichtige an der Gesellschaft im Sinne des § 17 Abs. 1 beteiligt ist; § 17 Abs. 2 Satz 2 gilt entsprechend.

Ist die Einlage ein abnutzbares Wirtschaftsgut, so sind die Anschaffungs- oder Herstellungskosten um Absetzungen für Abnutzung zu kürzen, die auf den Zeitraum zwischen der Anschaffung oder Herstellung des Wirtschaftsguts und der Einlage entfallen. Ist die Einlage ein Wirtschaftsgut, das vor der Zuführung aus einem Betriebsvermögen des Steuerpflichtigen entnommen worden ist, so tritt an die Stelle der Anschaffungs- oder Herstellungskosten der Wert, mit dem die Entnahme angesetzt worden ist, und an die Stelle des Zeitpunkts der Anschaffung oder Herstellung der Zeitpunkt der Entnahme.

6. Bei Eröffnung eines Betriebs ist Nummer 5 entsprechend anzuwenden.

7. Bei entgeltlichem Erwerb eines Betriebs sind die Wirtschaftsgüter mit dem Teilwert, höchstens jedoch mit den Anschaffungs- oder Herstellungskosten anzusetzen.

(2) Die Anschaffungs- oder Herstellungskosten oder der nach Absatz 1 Nr. 5 oder 6 an deren Stelle tretende Wert von abnutzbaren beweglichen Wirtschaftsgütern des Anlagevermögens, die einer selbständigen Nutzung fähig sind, können im Wirtschaftsjahr der Anschaffung, Herstellung oder Einlage des Wirtschaftsguts oder der Eröffnung des Betriebs in voller Höhe als Betriebsausgaben abgesetzt werden, wenn die Anschaffungs- oder Herstellungskosten, vermindert um einen darin enthaltenen Vorsteuerbetrag (§ 9b Abs. 1), oder der nach Absatz 1 Nr. 5 oder 6 an deren Stelle tretende Wert für das einzelne Wirtschaftsgut 800 Deutsche Mark nicht übersteigen. Ein Wirtschaftsgut ist einer selbständigen Nutzung nicht fähig, wenn es nach seiner betrieblichen Zweckbestimmung nur zusammen mit anderen Wirtschaftsgütern des Anlagevermögens genutzt werden kann und die in den Nutzungszusammenhang eingefügten Wirtschaftsgüter technisch aufeinander abgestimmt sind. Das gilt auch, wenn das Wirtschaftsgut aus dem betrieblichen Nutzungszusammenhang gelöst und in einen anderen betrieblichen Nutzungszusammenhang eingefügt werden kann. Satz 1 ist nur bei Wirtschaftsgütern anzuwenden, die unter Angabe des Tages der Anschaffung, Herstellung oder Einlage des Wirtschaftsguts oder der Eröffnung des Betriebs und der Anschaffungs- oder Herstellungskosten oder des nach Absatz 1 Nr. 5 oder 6 an deren Stelle tretenden Werts in einem besonderen, laufend zu führenden Verzeichnis aufgeführt sind. Das Verzeichnis braucht nicht geführt zu werden, wenn diese Angaben aus der Buchführung ersichtlich sind.

(3) Wird ein Betrieb, ein Teilbetrieb oder der Anteil eines Mitunternehmers an einen Betrieb unentgeltlich übertragen, so sind bei der Ermittlung des Gewinns des bisherigen Betriebsinhabers (Mitunternehmers) die Wirtschaftsgüter mit den Werten anzusetzen, die sich nach den Vorschriften über die Gewinnermittlung ergeben. Der Rechtsnachfolger ist an diese Werte gebunden.

(4) Wird ein einzelnes Wirtschaftsgut außer in den Fällen der Einlage (§ 4 Abs. 1 Satz 5) unentgeltlich in das Betriebsvermögen eines anderen Steuerpflichtigen übertragen, gilt sein gemeiner Wert für das aufnehmende Betriebsvermögen als Anschaffungskosten.

(5) Wird ein einzelnes Wirtschaftsgut von einem Betriebsvermögen in ein anderes Betriebsvermögen desselben Steuerpflichtigen überführt, ist bei der Überführung der Wert anzusetzen, der sich nach den Vorschriften über die Gewinnermittlung ergibt, sofern die Besteuerung der stillen Reserven sichergestellt ist. Satz 1 gilt auch für die Überführung aus einem eigenen Betriebsvermögen des Steuerpflichtigen in dessen Sonderbetriebsvermögen bei einer Mitunternehmerschaft und umgekehrt sowie für die Überführung zwischen verschiedenen Sonderbetriebs-

vermögen desselben Steuerpflichtigen bei verschiedenen Mitunternehmerschaften. Satz 1 gilt dagegen nicht bei der Übertragung eines Wirtschaftsguts aus einem Betriebsvermögen des Mitunternehmers in das Gesamthandsvermögen einer Mitunternehmerschaft und umgekehrt, bei der Übertragung eines Wirtschaftsguts aus dem Gesamthandsvermögen einer Mitunternehmerschaft in das Sonderbetriebsvermögen bei derselben Mitunternehmerschaft und umgekehrt sowie bei der Übertragung zwischen den jeweiligen Sonderbetriebsvermögen verschiedener Mitunternehmer derselben Mitunternehmerschaft; in diesen Fällen ist bei der Übertragung der Teilwert anzusetzen.

(6) Wird ein einzelnes Wirtschaftsgut im Wege des Tausches übertragen, bemessen sich die Anschaffungskosten nach dem gemeinen Wert des hingegebenen Wirtschaftsguts. Erfolgt die Übertragung im Wege der verdeckten Einlage, erhöhen sich die Anschaffungskosten der Beteiligung an der Kapitalgesellschaft um den Teilwert des eingelegten Wirtschaftsguts. In den Fällen des Absatzes 1 Nr. 5 Satz 1 Buchstabe a erhöhen sich die Anschaffungskosten im Sinne des Satzes 2 um den Einlagewert des Wirtschaftsguts.

(7) Im Fall des § 4 Abs. 3 sind bei der Bemessung der Absetzung für Abnutzung oder Substanzverringerung die sich bei Anwendung der Absätze 3 bis 6 ergebenden Werte als Anschaffungskosten zugrunde zu legen.

§ 6a–§ 6d

...

§ 7
Absetzung für Abnutzung oder Substanzverringerung

(1) Bei Wirtschaftsgütern, deren Verwendung oder Nutzung durch den Steuerpflichtigen zur Erzielung von Einkünften sich erfahrungsgemäß auf einen Zeitraum von mehr als einem Jahr erstreckt, ist jeweils für ein Jahr der Teil der Anschaffungs- oder Herstellungskosten abzusetzen, der bei gleichmäßiger Verteilung dieser Kosten auf die Gesamtdauer der Verwendung oder Nutzung auf ein Jahr entfällt (Absetzung für Abnutzung in gleichen Jahresbeträgen). Die Absetzung bemißt sich hierbei nach der betriebsgewöhnlichen Nutzungsdauer des Wirtschaftsguts. Als betriebsgewöhnliche Nutzungsdauer des Geschäfts- oder Firmenwerts eines Gewerbebetriebs oder eines Betriebs der Land- und Forstwirtschaft gilt ein Zeitraum von 15 Jahren. [*für nach dem 31. 12. 1998 vorgenommene Einlagen:* Bei Wirtschaftsgütern, die nach einer Verwendung zur Erzielung von Einkünften im Sinne des § 2 Abs. 1 Nr. 4 bis 7 in ein Betriebsvermögen eingelegt worden sind, mindern sich die Anschaffungs- oder Herstellungskosten um die Absetzung für Abnutzung oder Substanzverringerung, Sonderabschreibungen oder erhöhte Absetzungen, die bis zum Zeitpunkt der Einlage vorgenommen worden sind.] Bei beweglichen Wirtschaftsgütern des Anlagevermögens, bei denen es wirtschaftlich begründet ist, die Absetzung für Abnutzung nach Maßgabe der Leistung des Wirtschaftsguts vorzunehmen, kann der Steuerpflichtige dieses Verfahren statt der Absetzung für Abnutzung in gleichen Jahresbeträgen anwenden, wenn er den auf das einzelne Jahr entfallenden Umfang der Leistung nachweist. Absetzungen für außergewöhnliche technische oder wirtschaftliche Abnutzung sind zulässig; soweit der Grund hierfür in späteren Wirtschaftsjahren entfällt, ist in den Fällen der Gewinnermittlung nach § 4 Abs. 1 oder nach § 5 eine entsprechende Zuschreibung vorzunehmen.

(2) Bei beweglichen Wirtschaftsgütern des Anlagevermögens kann der Steuerpflichtige statt der Absetzung für Abnutzung in gleichen Jahresbeträgen die Absetzung für Abnutzung in fallenden Jahresbeträgen bemessen. Die Absetzung für Abnutzung in fallenden Jahresbeträgen kann nach einem unveränderlichen Hundertsatz vom jeweiligen Buchwert (Restwert) vorgenommen werden; der dabei anzuwendende Hundertsatz darf höchstens das Dreifache des bei der Absetzung für Abnutzung in gleichen Jahresbeträgen in Betracht kommenden Hundertsatzes betragen und 30 vom Hundert nicht übersteigen. § 7a Abs. 8 gilt entsprechend. Bei Wirtschaftsgütern, bei denen die Absetzung für Abnutzung in fallenden Jahresbeträgen bemessen wird, sind Absetzungen für außergewöhnliche technische oder wirtschaftliche Abnutzung nicht zulässig.

(3) Der Übergang von der Absetzung für Abnutzung in fallenden Jahresbeträgen zur Absetzung für Abnutzung in gleichen Jahresbeträgen ist zulässig. In diesem Fall bemißt sich die Absetzung für Abnutzung vom Zeitpunkt des Übergangs an nach dem dann noch vorhandenen Restwert und der Restnutzungsdauer des einzelnen Wirtschaftsguts. Der Übergang von der Absetzung für Abnutzung in gleichen Jahresbeträgen zur Absetzung von Abnutzung in fallenden Jahresbeträgen ist nicht zulässig.

(4)–(6) …

3. Maßgeblichkeitsgrundsatz

a) Prinzip. Nach dem in § 5 Abs. 1 EStG verankerten Maßgeblichkeitsgrundsatz **4** (zu seiner Herkunft vgl. *Barth* Die Entwicklung des dt. Bilanzrechts, Bd. II 1 (1955) S. 189 ff, 192 ff) ist die Steuerbilanz aus der Handelsbilanz abzuleiten, weil die GoBil nicht nur für den handelsrechtlichen, sondern auch für den steuerrechtlichen Vermögensausweis und folglich für die Gewinnermittlung bestimmend sind. Maßgeblich sind darüber hinaus die Ansätze der konkreten, im Rahmen des Zulässigen aufgestellten Handelsbilanz (Vereinfachungszweck).[9] **GoBil i. S. d. § 5 Abs. 1 EStG** sind auch und gerade die gesetzlich fixierten GoBil, seit dem BiRiLiG also vor allem die in § 252 zusammengefaßten Grundsätze (näher § 243, 8 ff), aber auch die Einzelregelungen des Gesetzes, und zwar auch dann, wenn sie sich handelsrechtlich nur auf bestimmte Rechtsformen (AG, GmbH) beziehen. Die Auffassung, das Steuerrecht sei nur insoweit an kodifiziertes Handelsrecht gebunden, als die Gesetzesnormen GoBil aussprächen,[10] widerspricht dem öffentlich-rechtlichen Charakter, der auch dem Handelsbilanzrecht zukommt (§ 238, 3 f) und ist auch deshalb schlichtweg unhaltbar, weil sie dem BFH die Entscheidung überließe, inwieweit er an das Gesetz gebunden sein möchte; die Regelung des HGB kann also nicht durch den BFH, sondern nur durch den Gesetzgeber selbst für das Steuerrecht außer Kraft gesetzt werden. GoBil sind ferner die in § 243 Abs. 1 angesprochenen nicht kodifizierten Grundsätze. **Reformbestrebungen** früherer Jahre zielten auf die Abschaffung des Maßgeblichkeitsgrundsatzes und auf die Einführung einer selbständigen Steuerbilanz.[11] Sie haben sich nicht durchsetzen können (*Raupach* FS Moxter (1994) S. 101, 124 mit Fn. 111; s. aber neuerdings *Weber-Grellet* BB 1999, 2659 ff), und zwar zu Recht, weil es keine Erkenntnisse oder Methoden des Steuerrechts gibt, die dem Handelsrecht bei der Ermittlung des „richtigen" Gewinns prinzipiell überlegen wären. Gerade der Gesetzgeber des BiRiLiG hat sich wiederholt und nachdrücklich dafür ausgesprochen, den Maßgeblichkeitsgrundsatz beizubehalten.[12] Ob Gewinn oder Verlust erzielt worden ist und, wenn ja, in welcher Höhe, ist also auch für das Steuerrecht stets unter Beachtung der handelsrechtlichen Perspektive zu beantworten.

b) Ausnahmen. Wegen des auf die Ermittlung der Leistungsfähigkeit gerichteten **5** besonderen Zwecks der Steuerbilanz (Rdn. 1) können die handelsrechtlichen GoBil

---

[9] *Tipke/Lang* SteuerR[16] Rdn. 307 ff; ganz eindeutig in diesem Sinne auch die Entstehungsgeschichte des Grundsatzes, vgl. *Barth* aaO, **a. M.** *Beisse* DStR 1980, 243 Fn. 3; *Thiel* BilanzR[4] Rdn. 222.

[10] Von der hier abgelehnten Auffassung berichtet das Stenographische Prot. der 17. Sitzung des Unterausschusses vom 9. 5. 1985, S. 76; sie findet sich auch bei *L. Schmidt/Weber-Grellet* KommEStG[20] § 5, 28; im Sinne des Textes dagegen *Tipke/Lang* SteuerR[16] Rdn. 307 ff; *Hennrichs* StuW 1999, 138, 141; *Mathiak* StuW 1984, 270,

276; eher vermittelnd *Schulze-Osterloh* ZGR 2000, 594, 596 f.

[11] Gutachten der Steuerreformkommission 1971 (Schriftenreihe des BdF, Heft 17, 1971); Überblick bei Kirchhof/Söhn/*Mathiak* EStG § 5, A 144 ff; kritisch zum Maßgeblichkeitsgrundsatz im aktuellen Schrifttum namentlich *L. Schmidt/Weber-Grellet* KommEStG[20] § 5, 27 ff.

[12] Begr. RegE, BTDrucks. 10/317, S. 68; Ausschußbericht, BTDrucks. 10/4268, S. 88; zustimmend etwa *Döllerer* BB 1987 Beilage Nr. 12 S. 12.

nicht schlechthin, sondern nur mit erheblichen Einschränkungen für die steuerliche Gewinnermittlung maßgeblich sein. Das ist allgemein anerkannt.[13] Unstreitig ist ferner, daß jedenfalls der Gesetzgeber durch steuerrechtliche Vorschriften den Grundsatz des § 5 Abs. 1 EStG durchbrechen kann[14] (vgl. auch Rdn. 4). In diesem Sinne geht Steuerrecht auch zwingendem Handelsrecht vor. Der in § 5 Abs. 5 EStG ausgesprochene und in §§ 6, 7 EStG konkretisierte Bewertungsvorbehalt beruht also auf einem allgemeinen Rechtsgedanken. Fraglich und umstritten ist jedoch, ob auch die Rechtsprechung generell formulierte Ausnahmen vom Maßgeblichkeitsgrundsatz schaffen darf.

6   Die Praxis muß zunächst die seit 1969 **gefestigte Rechtsprechung des BFH** als fait accompli nehmen, obwohl diese Judikatur mit § 5 Abs. 1 EStG nicht vereinbar ist (zur Kritik vgl. unten Rdn. 25[15]). Danach ergibt sich: Handelsrechtliche Gebote oder Verbote zur Aktivierung oder Passivierung setzen sich auch in der Steuerbilanz durch (näher Rdn. 10 ff). Handelsrechtliche **Bilanzierungswahlrechte** haben dagegen als solche in der Steuerbilanz keinen Bestand. Vielmehr wird das *Aktivierungswahlrecht* zur steuerlichen Aktivierungspflicht und das *Passivierungswahlrecht* zum steuerlichen Passivierungsverbot. Die gedankliche Grundlage dieser Umformung von handelsrechtlichen Bilanzierungsmöglichkeiten in steuerrechtliche Pflichten oder Verbote besteht aus der Annahme, die steuerliche Gewinnermittlung müsse „den vollen Gewinn" erfassen, aus der Gleichsetzung des „vollen Gewinns" mit dem Maximum des handelsrechtlich ausweisbaren Gewinns und der beide Gedanken umfassenden Erwägung, es stehe „nicht im Belieben des Kaufmanns", sich „ärmer zu machen als er ist".

7   c) **Umgekehrte Maßgeblichkeit.** Als umgekehrte Maßgeblichkeit werden schlagwortartig die Rückwirkungen der Steuerbilanz auf die Handelsbilanz bezeichnet. Damit ist hier nicht der Vorgang gemeint, daß die Handels- und Steuerbilanz in einer Einheitsbilanz zusammenfallen (vgl. Rdn. 2). Vielmehr geht es um die Sachverhalte, in denen das Steuerrecht aus wirtschaftspolitischen Erwägungen Vergünstigungen gewährt, die, etwa durch Sonderabschreibungen, auf eine Gewinnverlagerung hinauslaufen (Stundungseffekt), diese Vergünstigungen aber davon abhängig macht, daß die für die jeweilige Periode gewinnmindernden Maßnahmen auch in der Handelsbilanz getroffen werden (Einzelheiten unten in Rdn. 36 ff).[16] Weil von Rechts wegen niemand gezwungen wird, Steuervergünstigungen in Anspruch zu nehmen, ist in Fällen dieser Art auch von einer „faktischen" Maßgeblichkeit der Steuerbilanz die Rede.[17] Darin liegt jedoch eine sprachliche Verharmlosung des Sachverhalts; denn der Verlust der Steuervergünstigung ist ein Rechtsnachteil, auf den Bilanzierungspflichtigen wird also ein mittelbarer Rechtszwang ausgeübt. Im Schrifttum stößt das Verfahren auf Kritik, weil es eine den GoBil gerade nicht entsprechende Handelsbilanz bewirkt.[18] Der

---

[13] Vgl. statt *aller Knobbe-Keuk* § 2 I 1; weitergehend *Beisse* DStR 1980, 243, nach dem „in Wirklichkeit" der Maßgeblichkeitsgrundsatz die Ausnahme und der steuerrechtliche Vorbehalt die Regel ist (A I 1 b). Die „Wirklichkeit" sind offenbar die vom BFH durch die Interpretation des Wirtschaftsguts (dazu Rdn. 17 ff) und die Einschränkung des Maßgeblichkeitsgrundsatzes (dazu Rdn. 23 ff) geschaffenen Verhältnisse.

[14] Vgl. namentlich die Unterscheidung von drei Schichten des Rechtsstoffs durch *Beisse* BB 1980, 637, hier die Schicht III mit dem Grundsatz: Zwingendes Steuerrecht geht im Handelsrecht vor; ebenso *ders.* StuW 1984, 1, 5.

[15] Grundlegend ist der Beschluß des Großen Senats BFHE 95, 31 = BStBl. 1969 II 291 = BB 1969, 477; weitere Nachweise in Rdn. 25. Wörtliche Zitate des folgenden Textes: BStBl. 1969 II 291, 293.

[16] Vgl. statt vieler Beck BilKomm-*Budde/Karig* § 243, 121; *Herrmann/Heuer/Raupach* KommEStG[21] § 5, 49j [2]; *L. Schmidt/Weber-Grellet* KommEStG[20] § 5, 40 ff; *Knobbe-Keuk* § 2 III.

[17] Z. B. *Budde/Karig* aaO (Fn. 16).

[18] *Herrmann/Heuer/Raupach* KommEStG[21] § 5, 49j [4]; *Knobbe-Keuk* § 2 III m. w. N. in Fn. 56.

Gesetzgeber des BiRiLiG hat es jedoch bei der von ihm in den §§ 254, 280 Abs. 2 getroffenen Regelung zugrunde gelegt, indem er eine handelsrechtlich nicht vertretbare Bewertung allein wegen ihrer steuerrechtlichen Zulässigkeit erlaubt.[19]

d) Gemeinschaftliche Perspektiven. aa) Ausgangspunkt. Weil § 5 Abs. 1 S. 1 **7a** EStG die handelsrechtlichen GoBil maßgeblich sein läßt und damit insbesondere die im HGB kodifizierten Grundsätze erfaßt (Rdn. 4), die ihrerseits ganz weitgehend auf der Durchführung der 4. Richtlinie beruhen (Vor § 238, 3), stellt sich die Frage, ob der Maßgeblichkeitsgrundsatz auch für die Regelung gilt, die in der Richtlinie selbst enthalten ist. Dabei steht infolge des Vorlagebeschlusses des I. Senats des BFH in seiner ursprünglichen Fassung vom 9.9.1998 (BFHE 187, 215 = BStBl. 1999 II 129; abgeändert durch Beschluß vom 17.11.1999, DB 2000, 25 re. Sp.; zurückgenommen durch Beschluß vom 8.11.2000, DStR 2001, 294 li. Sp. i.V.m. Urteil vom 8.11.2000, DStR 2001, 290, 292f) im Mittelpunkt des Interesses, ob Fragen des Bilanzsteuerrechts, die sich auf die 4. Richtlinie beziehen, von den Finanzgerichten dem EuGH vorgelegt werden müssen. Das Thema beschränkt sich aber nicht auf solche verfahrensrechtlichen Aspekte, sondern bezieht sich allgemein auf das Verhältnis zwischen Richtlinie und Bilanzsteuerrecht, was vor allem unter dem Blickwinkel gemeinschaftskonformer Auslegung von Bedeutung ist (s. schon Vor § 238, 18). Zweckmäßig ist es deshalb, zunächst die Grundsatzfrage zu erläutern (Rdn. 7b) und sodann auf die Probleme der Vorlagepflicht einzugehen (Rdn. 7d).

bb) Vierte Richtlinie und Bilanzsteuerrecht. Für die materiell-rechtliche Beurtei- **7b** lung ist vom Geltungsanspruch der 4. Richtlinie auszugehen. Dieser beschränkt sich auf das Handelsbilanzrecht (dabei ist von der umgekehrten Maßgeblichkeit [Rdn. 7] abgesehen), und zwar auf das Handelsbilanzrecht der Kapitalgesellschaften sowie der GmbH & Co. KG und der ihr vergleichbaren Gesellschaften (dazu Vor § 238, 15), nicht dagegen auf das Handelsbilanzrecht der OHG oder der KG im übrigen oder der Einzelkaufleute. Es ist also nicht das Gemeinschaftsrecht, sondern das deutsche Recht als nationales Recht, welches die Vorgaben der Richtlinie in einen Bezug zum Gemeinschaftsrecht bringt. Auch für solche Fälle, die meist auf der „überschießenden Durchführung" (*Habersack/Mayer* JZ 1999, 913 ff) beruhen, aber sich, wie § 5 Abs. 1 S. 1 EStG zeigt, auch daraus ergeben können, daß eine Norm nationalen Rechts auf Normen verweist, die im Zuge der Rechtsangleichung entstanden sind, nimmt der EuGH eine Entscheidungskompetenz in Anspruch (s. noch Rdn. 7c), was in der materiell-rechtlichen Überlegung wurzelt, daß der Inhalt des Gemeinschaftsrechts den Inhalt des nationalen Rechts auch dann bestimmt, wenn erst und nur der nationale Gesetzgeber ein derart „europäisiertes" Recht geschaffen hat. Der I. Senat des BFH hat eine Entscheidung dieser Frage spätestens durch die Rücknahme seines Vorlagebeschlusses vermieden (Rdn. 7a). Im Schrifttum findet die Rechtsprechung des EuGH teils Zustimmung (s. z.B. *Lutter* UmwG Einl. Rdn. 30; *Beisse* BB 1990, 2007, 2011; *W. Müller* in Festschrift für Claussen, 1997, S. 707, 715 ff; *Wassermeyer* in Festschrift für Lutter, 2000, S. 1633, 1642 ff), erfährt aber auch Kritik (z.B. von *Bärenz* DStR 2001, 692, 693 ff; *Habersack/Mayer* aaO S. 919 ff; *Hennrichs* ZGR 1997, 66, 74 ff).

Stellungnahme. In der Tat mag es naheliegen, so ist der Kritik einzuräumen, das **7c** allein national gesetzte Recht auch autonom auszulegen. Es ist aber nicht gedanklich

---

[19] Ausdrücklich für Beibehaltung der umgekehrten Maßgeblichkeit Begr. RegE, BTDrucks. 10/317, S. 68; Stellungnahme des Finanzausschusses nach Ausschußbericht, BTDrucks. 10/4268, S. 68 f: un- veränderte Fortgeltung der umgekehrten Maßgeblichkeit, die eine gesetzliche Klarstellung derzeit nicht zwingend erforderlich mache.

zwingend, in dieser Weise vorzugehen, und es bliebe im Ergebnis mißlich sowie mit der Integrationslogik schwerlich vereinbar, wenn es eine gemeinschaftsrechtlich veranlaßte Gesetzgebung in gemeinschaftsrechtlicher Auslegung und daneben eine inhaltlich übereinstimmende Gesetzgebung mit potentiell abweichender Bedeutung in nationaler Auslegung gäbe. Danach ist für das Bilanzsteuerrecht festzuhalten, daß der Maßgeblichkeitsgrundsatz des § 5 Abs. 1 S. 1 EStG auch die 4. Richtlinie erfaßt, und zwar auch dann, wenn es um Einzelkaufleute und Personenhandelsgesellschaften geht. Dasselbe gilt in anderen Bereichen mit ähnlicher Problemlage, namentlich im Umwandlungsrecht (s. besonders *Lutter* aaO m. w. N., auch zur Gegenansicht).

7d   cc) **Vorlagepflicht.** Der EuGH bejaht die Vorlagepflicht (Art. 234 EGV) in ständiger Rechtsprechung auch für die Fälle, in denen das zur Auslegung anstehende Gemeinschaftsrecht – die 4. Richtlinie – deshalb relevant ist, weil der nationale Gesetzgeber dieses in seinen Regelungswillen aufgenommen hat, obwohl er dazu nicht seinerseits gemeinschaftsrechtlich verpflichtet war (EuGH Slg. 1990-I, 3783, 3790; EuGH Slg. 1997-I, 4161, 4162; EuGH DB 1999, 2035 f = DStR 1999, 1645). Auch das wird unterschiedlich beurteilt (dem EuGH folgend FG Hamburg EFG 1999, 1022 ff; *Lutter* UmwG Einl. Rdn. 30; *Wassermeyer* in Festschrift für Lutter, 2000, S. 1633, 1642 ff; auch noch Habersack Europäisches Gesellschaftsrecht Rdn. 211, 269 f; *Schulze-Osterloh* ZGR 1995, 170, 172 ff; **a. A.** jedoch L. *Schmidt/Weber-Grellet* KommEStG[20] § 5, 4; *Bärenz* DStR 2001, 692, 693 ff; *Habersack/Mayer* JZ 1999, 913, 919 ff; *Hennrichs* ZGR 1997, 66, 74 ff; *Schulze-Osterloh* DStZ 1997, 281, 284 f; zum nicht eindeutigen Standpunkt des BFH vgl. Rdn. 7a, 7b). Mit dem EuGH ist die Vorlagepflicht aus den schon dargestellten Gründen (Rdn. 7c) zu bejahen. Weil es um die Auslegung von Rechtsnormen geht, die zwar nicht nach ihrer unmittelbaren Herkunft, wohl aber nach ihrem Inhalt europäisches Recht sind oder mit diesem doch derart zusammenhängen, daß eine Unterscheidung nicht sinnvoll möglich ist, bedarf es auch zur Koordination der Rechtsprechung in den Mitgliedstaaten der einheitlichen Auslegung, so daß die Voraussetzungen des Art. 234 EGV gegeben sind.

4. Steuerneutralität des BiRiLiG

8   Neben der Beibehaltung des Maßgeblichkeitsgrundsatzes und im Zusammenhang mit ihm war es ein **erklärtes Ziel des Gesetzgebers**, die Regelung des BiRiLiG im Grundsatz steuerneutral auszugestalten, also eine Mehrbelastung der Unternehmen ebenso zu vermeiden wie Einnahmeausfälle des Fiskus.[20] Dieses Ziel ist im wesentlichen (vgl. noch Rdn. 9) erreicht worden,[21] und zwar durch die *Beibehaltung des Maßgeblichkeitsprinzips* in beiden Varianten (Rdn. 4 ff, 7), durch das *Wertbeibehaltungswahlrecht* für Einzelkaufleute und Personengesellschaften nach §§ 253 Abs. 5, 254 S. 2 und die weitgehende Neutralisierung des für Kapitalgesellschaften in § 280 Abs. 1 ausgesprochenen Wertaufholungsgebots durch das steuerlich motivierte *Wahlrecht des § 280 Abs. 2* (vgl. schon Rdn. 7 a. E.; die durch § 280 Abs. 3 vorgeschriebene Erläuterung im Anhang ändert nichts an der Ergebnisneutralität) und schließlich durch die weitere Verwendung des Begriffs *Vermögensgegenstand* (§§ 240 Abs. 1, 246 Abs. 1, 252 ff) anstelle der Terminus Wirtschaftsgut mit den ihm innewohnenden aktivierungsfreundlichen Tendenzen (vgl. Rdn. 17 ff).

---

[20] Begr. RegE, BTDrucks. 10/317, S. 68; Ausschußbericht, BTDrucks. 10/4268, S. 86; Stenographisches Prot. der 17. Sitzung des Unterausschusses vom 9. 5. 1985, S. 57 ff.

[21] Dazu noch Küting/Weber/*Sielaff* (1986) I, 125 ff.

Ausnahmen von der Steuerneutralität des BiRiLiG *zu Lasten der Steuerpflichti-* **9**
gen sind nur zu verzeichnen, soweit das Wertaufholungsgebot des § 280 Abs. 1 im Einzelfall nicht durch das Wahlrecht des § 280 Abs. 2 kompensiert werden sollte (vgl. Erl.
zu § 280). Inwieweit *zu Lasten des Fiskus* Ausnahmen bestehen, hängt teilweise von
der Beurteilung des bisherigen Rechtszustands ab. Zu nennen sind in diesem Zusammenhang (ausführlicher Rdn. 28): Rückstellungen für Pensionsverpflichtungen aus (seit
dem 1. 1. 1987 erteilten) Neuzusagen (§§ 249 Abs. 1 S. 1, 266 Abs. 3 B Ziff. 1; Art. 28
EGHGB); unterlassene Aufwendungen für Instandhaltung, sofern sie im folgenden
Geschäftsjahr innerhalb von drei Monaten nachgeholt werden (§ 249 Abs. 1 S. 2 Nr. 1),
eine Passivierungspflicht, mit der die jüngste BFH-Rechtsprechung vor dem BiRi-
LiG[22] gegenstandslos geworden ist; ebenso unterlassene Aufwendungen für Abraumbeseitigung mit Nachholfrist von einem Geschäftsjahr (§ 249 Abs. 1 S. 2 Nr. 1).
Schließlich wurde die Transformation der Bilanzrichtlinien zum Anlaß genommen,
durch Art. 10 Abs. 15 BiRiLiG die §§ 7 Abs. 1, 52 EStG zu ändern und ab 1. 1. 1987 die
steuerwirksame **Abschreibung des entgeltlich erworbenen Geschäftswerts** (Definition: § 255 Abs. 4 S. 1) auf die Dauer von fünfzehn Jahren einzuführen; zum Ansatz im
Wege der Bilanzierungshilfe vgl. Rdn. 15, 17. Damit ist die bisherige auf der sogenannten Einheitstheorie fußende Rechtsprechung[23] gegenstandslos geworden. Im Ergebnis
hat sich also die im Schrifttum schon bisher h. M. durchgesetzt.[24] Die grundsätzlich
auf fünf Jahre angesetzte handelsrechtliche Abschreibung (§ 255 Abs. 4 S. 2) kann der
steuerrechtlichen Regelung im Rahmen des § 255 Abs. 4 S. 3 angepaßt werden (vgl.
noch Erl. zu § 255).

II. Bilanzierungsgebote und -verbote

1. Bilanzierungsfähigkeit und Bilanzierungspflicht

Schrifttum

(vgl. auch die Angaben vor § 238, oben vor Rdn. 1 und unten vor Rdn. 25, 31, 36). *Beisse* Zur
Bilanzauffassung des Bundesfinanzhofs, JbFfSt 1978/79, 186; *Beisse* Handelsbilanzrecht in der
Rechtsprechung des Bundesfinanzhofs, BB 1980, 637; *Beisse* Tendenzen der Rechtsprechung des
Bundesfinanzhofs zum Bilanzrecht, DStR 1980, 243; *Beisse* Zum Verhältnis von Bilanzrecht und
Betriebswirtschaftslehre, StuW 1984, 1; *Borst* Die steuerliche Behandlung des Geschäftswertes,
Praxiswertes und geschäftswertähnlicher Wirtschaftsgüter nach dem Bilanzrichtlinien-Gesetz, BB
1986, 2170; *Brezing* Zur Rückstellung für unterlassene Instandhaltung im Handels- und Steuerrecht, FR 1984, 349; *Döllerer* Gedanken zur „Bilanz im Rechtssinne", JbFfSt 1979/80, 195; *Freericks* Bilanzierungsfähigkeit und Bilanzierungspflicht in Handels- und Steuerbilanz (1976); *Groh*
Zur Bilanztheorie des BFH, StBJb. 1979/80, 121; *Havermann* Ansatzvorschriften für Kapitalgesellschaften, BFuP 1986, 144; *Knobbe-Keuk* Die Bilanzierung unentgeltlich erworbener Vermögensgegenstände in Handels- und Steuerbilanz, StuW 1978, 226; *Kramer* Das Bilanzsteuerrecht
als selbständige Rechtsmaterie, StuW 1982, 35; *Kruse* Aktivierungsfragen; von der dynamischen
zur statischen Bilanzauffassung und zurück?, JbFfSt 1978/79, 172; *Kußmaul* Nutzungsrechte an
Grundstücken in Handels- und Steuerbilanz (1987); *Moxter* Wirtschaftliche Gewinnermittlung
und Bilanzsteuerrecht, StuW 1983, 300; *Müller-Dahl* Betriebswirtschaftliche Probleme der han-
dels- und steuerrechtlichen Bilanzierungsfähigkeit (1979); *Saelzle* Steuerbilanzziele und Maßgeblichkeitsprinzip, Ein Beitrag zur Auslegung von § 5 Abs. 1 EStG, AG 1977, 181.

---

[22] BFHE 139, 398 = BStBl. 1984 II 277 = FR 1984,
148 m. Anm. *L. Schmidt* = BB 1984, 252 m. Anm.
Woerner; Darstellung der Judikatur: *Brezing* FR
1984, 349.

[23] Vgl. besonders BFHE 136, 381 = BStBl. 1982 II
758 = DB 1982, 2493; BFHE 136, 274 = BStBl.
1982 II 652 = BB 1982, 1773.

[24] *Herrmann/Heuer/Raupach* KommEStG[21] § 6,
864 m. w. N.

10   **a) Grundsatz.** Zwingende Vorschriften des Handelsrechts, nach denen ein Vermögensgegenstand (zu diesem Zentralbegriff vgl. Rdn. 14 f) aktiviert werden muß oder
nicht aktiviert werden darf oder nach denen bestimmte Passivposten, namentlich für
Schulden und zwecks Rechnungsabgrenzung, zu bilden sind, sind gem. § 5 Abs. 1
EStG auch im Steuerrecht verbindlich (Rdn. 4). Daraus ergeben sich in Verbindung
mit dem Vollständigkeitsgebot des § 246 Abs. 1 prinzipiell die Gleichungen Bilanzierungsfähigkeit = Bilanzierungspflicht = Steuerwirksamkeit und Bilanzierungsunfähigkeit = Bilanzierungsverbot = Steuerunwirksamkeit (vgl. statt vieler *L. Schmidt/Weber-
Grellet* KommEStG[20] § 5, 68).

11   **b) Einzelfragen (Übersicht).** Zwingende Vorschriften (zu den Wahlrechten vgl.
Rdn. 23 ff) für die Aktivseite: **Aktivierungsverbote** sind ausgesprochen für *Gründungsaufwand, Kosten der Eigenkapitalbeschaffung* (§ 248 Abs. 1) und für *unentgeltlich erworbene immaterielle Vermögensgegenstände des Anlagevermögens* (§ 248
Abs. 2). Im Wege des argumentum e contrario folgt aus dieser Vorschrift, daß entgeltlich erworbene immaterielle Gegenstände des Anlagevermögens (namentlich gewerbliche Schutzrechte, zu ihnen zählt aber nicht der Geschäfts- oder Firmenwert, vgl.
Rdn. 15, 17) sowie unentgeltlich erworbene Gegenstände des Umlaufvermögens ohne
Rücksicht auf ihren materiellen oder immateriellen Charakter jedenfalls keinem Aktivierungsverbot unterliegen.[25] Die damit begründete Bilanzierungsfähigkeit ergibt die
Bilanzierungspflicht nach § 246 Abs. 1.[26] Aktivierungsverbote ergeben sich ferner aus
der Definition der Herstellungskosten in § 255 Abs. 2 und 3. § 255 Abs. 2 S. 6 verbietet
nämlich die Aktivierung von *Vertriebskosten* als Herstellungskosten, und zwar nach
Wortlaut und Entstehungsgeschichte der Vorschrift[27] schlechthin, also ohne die unter
der Geltung des § 153 Abs. 2 AktG a. F. praktizierte Differenzierung zwischen Gemeinkosten, Einzel- und Sondereinzelkosten;[28] vgl. noch Erl. zu § 255. Ein grundsätzliches Aktivierungsverbot enthält schließlich § 255 Abs. 3 S. 1 für *Fremdkapitalzinsen,*
soweit es um die Bilanzierung von Herstellungskosten geht. Vgl. dazu und zum Wahlrecht des § 255 Abs. 3 S. 2 bei § 255.

12   **Passivseite.** Passivierungspflichten anstelle bisheriger Wahlrechte ergeben sich in
den in Rdn. 9 aufgeführten Fällen, also für *Pensionsverpflichtungen* kraft Neuzusage,
ferner für unterlassene Aufwendungen für *Instandhaltung* und *Abraumbeseitigung,*
jeweils in den Grenzen von drei Monaten bzw. einem Geschäftsjahr. Eine steuerrechtlich motivierte Passivierungspflicht (Klarstellung für die Zukunft)[29] besteht ferner für
Gewährleistungen, die *ohne Rechtspflicht* erbracht werden (§ 249 Abs. 1 S. 2 Nr. 2).

2. Vermögensgegenstand und Wirtschaftsgut

13   **a) Handelsrecht: Vermögensgegenstand. aa) Gesetzgebungsverfahren.** Als
Objekte der Aktivierung und der Bewertung bezeichnet das Handelsrecht „Vermögensgegenstände" (§§ 240 Abs. 1, 246 Abs. 1, 252 ff). Noch der von der Bundesregierung vorgelegte *Entwurf eines BiRiLiG* (BTDrucks. 10/317) sah vor, diesen Begriff in
der Gesetzessprache durch den des „Wirtschaftsguts" zu ersetzen; nach der Klammer-

---

[25] *Biergans* Einkommensteuer und Steuerbilanz[6] S. 214 f; Beck BilKomm-*Budde/Karig* § 248, 7 (zum Anlagevermögen); *Knobbe-Keuk* § 4 IV 3a; *dies.* StuW 1978, 226 (zum Umlaufvermögen).

[26] Begr. RegE, BTDrucks. 10/317, S. 80; WP-Hdb. 2000[12] Bd. I E 58; anders für das Anlagevermögen (nämlich Wahlrecht) noch § 153 Abs. 3 AktG a. F.

[27] Sie entspricht wörtlich Art. 39 Abs. 2 S. 3 der 4. EG-Richtlinie; vgl. dazu Stenographisches Prot. der 18. Sitzung des Unterausschusses vom 23. 9. 1985, S. 55 f.

[28] Vgl. noch *Kropff* in Geßler/Hefermehl AktG § 155, 21.

[29] Begr. RegE, BTDrucks. 10/317, S. 83.

definition des § 39 Abs. 1 HGB-E sollte der Kaufmann als Wirtschaftsgüter „seine Grundstücke, seine Forderungen und Schulden, den Betrag seines baren Geldes und seine sonstigen Vermögensgegenstände" zu verzeichnen haben. Die Regierungsbegründung führte dazu aus, mit der neuen Terminologie würde der unterschiedliche Sprachgebrauch von Handels- und Steuerrecht beseitigt, dem Maßgeblichkeitsprinzip des § 5 Abs. 1 EStG Rechnung getragen und zugleich die nach der Rechtsprechung des BFH zu konstatierende inhaltliche Übereinstimmung der Begriffe Vermögensgegenstand und Wirtschaftsgut für die Zukunft abgesichert.[30] Erst der *Unterausschuß des Rechtsausschusses* hat in dem von ihm erarbeiteten neuen Entwurf auf den Begriff des Wirtschaftsguts im Handelsbilanzrecht verzichtet und es bei der bisherigen handelsrechtlichen Terminologie belassen, weil es danach keinem Zweifel unterliege, daß das BiRiLiG eine inhaltliche Veränderung nicht bewirken wolle.[31] Die Änderung des Regierungsentwurfs führte fast einhellig zu positiven schriftlichen Stellungnahmen[32] und spielte deshalb während der Anhörung keine wesentliche Rolle mehr.[33] Wie noch zu begründen sein wird (Rdn. 19 f), ist die Entscheidung des Gesetzgebers zu begrüßen.

bb) Begriff und Bedeutung: Meinungsstand (Stellungnahme in Rdn. 21 f). **14**
Art. 29 Abs. 1 ADHGB sprach noch von Vermögens-„stücken". Der Begriff des Vermögensgegenstandes ist bei der Revision von 1897 in das Gesetz gelangt, ohne daß sich seine Verfasser an zugänglicher Stelle über den Sinn des Ausdrucks geäußert hätten.[34] Vermutlich handelte es sich nur um die terminologische Anpassung an den Gegenstandsbegriff des bügerlichen Rechts, wie er in § 90 BGB zum Ausdruck kommt und körperliche Gegenstände (= Sachen) sowie unkörperliche Gegenstände (= Rechte) umfaßt.[35] Auch in der Judikatur der ordentlichen Gerichte hat der Begriff des Vermögensgegenstandes kaum eine Rolle gespielt. Einschlägig ist lediglich eine ältere Entscheidung in Strafsachen (RG LZ 1915, 231 Nr. 14). Sie umschreibt immaterielle Vermögensgegenstände als „ideelle Werte, die sich nicht in einem gegen jeden durchzusetzenden Rechte ausdrücke" und will sie nur dann bilanziert sehen, „wenn die Gesellschaft sie von dritter Seite erworben und zu ihrer Erlangung Aufwendungen gemacht hat" (aaO). Vor diesem Hintergrund ist verständlich, daß sich auch die handelsrechtliche Lehre nur mühsam entwickelt hat. Sie hat ihren Ausgangspunkt im Schrifttum des späten 19. Jahrhunderts[36] und hebt zunächst betont auf die Veräußerlichkeit ab.[37] Der inzwischen erreichte Entwicklungsstand läßt sich in der Definition zusammenfassen, daß Vermögensgegenstände *gegenständlich konkretisierte Werteinheiten* sind; dabei wird die gegenständliche Konkretisierung durch die *selbständige Bewertbarkeit* und (kumulativ) die *selbständige Verkehrsfähigkeit* indiziert.[38] Unproblematisch fallen danach Sachen als körperliche Güter unter den Begriff des Vermö-

---

[30] Begr. RegE, BTDrucks. 10/317, S. 72 f.
[31] Ausschußbericht, BTDrucks. 10/4268, S. 96; s. dazu auch *Großfeld* BilanzR[3] Rdn. 119; Bonner HdR-*Streim* § 240, 16.
[32] Vgl. Stenographisches Prot. der 17. Sitzung des Unterausschusses, Anlage 1; positive Stellungnahmen: S. 12, 27, 42 f; 48, 53, 60, 74, 91, 112, 124 (vgl. auch WPg 1984, 125, 175); 159, 177, 190, 197, 203 f; 228, 240, 248, 257; keine Einwendungen trotz entgegengesetzter früherer Stellungnahme (DBW 1979, 3, 11 f): S. 142 f; negativ: S. 267 f.
[33] Vgl. aber die Kontroverse Stenographisches Prot. aaO (Fn. 32) S. 89 f.

[34] Denkschrift 1896 S. 45 ff.
[35] Mot. III S. 32 f zu § 778 BGB-E I (= § 90 BGB).
[36] *Simon* Die Bilanzen der Aktiengesellschaften und der Kommanditgesellschaften auf Aktien, 1896.
[37] Überblick bei *Wetzel* Die Auswirkungen des Bilanzrichtlinie-Gesetzes auf den Maßgeblichkeitsgrundsatz der Handelsbilanz für die Steuerbilanz und umgekehrt, Diss. Konstanz (1984) S. 64 ff.
[38] *Crezelius* ZGR 1987, 1, 14; *Kropff* in Geßler/Hefermehl AktG § 149, 47 m. w. N.; eingehend *Kußmaul* Nutzungsrechte an Grundstücken, S. 29 ff.

Uwe Hüffer

gensgegenstandes. Bei den immateriellen Gegenständen wird weiter zwischen solchen des Anlage- und des Umlaufvermögens differenziert. Beim Anlagevermögen gibt man sich vielfach mit dem Bilanzierungsverbot des § 248 Abs. 2 (§ 153 Abs. 3 AktG a. F.) zufrieden, das die Probleme praktisch im wesentlichen beseitige, weil aus der Tatsache des entgeltlichen Erwerbs auf Bewertungs- und Verkehrsfähigkeit zu schließen sei.[39] Beim Umlaufvermögen sind immaterielle Werte ohnehin selten; im Standardbeispiel eines auf die Entwicklung von Computersoftware gerichteten Unternehmens[40] läßt sich die Bewertungsfähigkeit aus den Herstellungskosten und die Verkehrsfähigkeit aus dem tatsächlich erzielten Absatz herleiten.

15   Der **Kern des Problems** wird durch die Frage bezeichnet, ob Verkehrsfähigkeit die Möglichkeit der *Einzelveräußerung* bezeichnet oder ob es genügt, daß der in Frage stehende Wert im Rahmen einer *Unternehmensveräußerung* erworben werden kann. Nach einhelliger handelsrechtlicher Auffassung[41] muß die Möglichkeit der Einzelveräußerung gegeben sein, weil sonst die *Gläubigerschutzfunktion* des Handelsbilanzrechts verlorengeht (zur Rechtsprechung des BFH vgl. Rdn. 17 f). Dem liegt die Annahme zugrunde, daß sich das Handelsrecht im Insolvenzfall nicht auf die Möglichkeit einer Unternehmensveräußerung verlassen kann. „Im Interesse der Gläubiger", so ist in diesem Zusammenhang prägnant formuliert worden, „soll tendenziell nur der Überschuß des Vermögens über die Schulden ausschüttbar sein, der eine Deckung der Schulden in einem potentiellen Zerschlagungsfall sichert".[42] Erforderlich und genügend ist nach allgemeiner Ansicht die *abstrakte Verkehrsfähigkeit;* sie ist gegeben, wenn der rechtlich gesicherte wirtschaftliche Vorteil seiner Art nach einem anderen einzeln zugewandt werden kann.[43] Auf die konkrete Nachfrage kommt es also nicht an. Die abstrakte Verkehrsfähigkeit wird auch für solche Rechte bejaht, deren Einzelübertragung vertraglich (§ 399 BGB) oder gesetzlich (z. B. § 1059 BGB) ausgeschlossen ist;[44] dabei wird allerdings nicht immer klar, ob die Handels- oder die Steuerbilanz gemeint ist.

16   cc) **Insbesondere: Geschäfts- oder Firmenwert: Meinungsstand** (Stellungnahme in Rdn. 23). Ob der Geschäfts- oder Firmenwert (goodwill) ein Vermögensgegenstand ist, wird unterschiedlich beurteilt. Wegen des Aktivierungsverbots in § 248 Abs. 2 läßt sich die Frage praktisch so fassen, ob im Ansatz des entgeltlich erworbenen (derivativen) Firmenwerts nach § 255 Abs. 4 S. 1 die Ausübung eines Aktivierungswahlrechts oder die Inanspruchnahme einer (Aktivierungsunfähigkeit voraussetzenden, vgl. § 269) Bilanzierungshilfe liegt. Im Handelsrecht war es vor dem BiRiLiG ganz **h. M.**, daß der Geschäfts- oder Firmenwert, weil nicht einzeln veräußerlich (Rdn. 15), kein Vermögensgegenstand ist.[45] Seit dem BiRiLiG wird die Frage erneut diskutiert, weil

---

[39] *Kropff* in Geßler/Hefermehl AktG § 153, 50.
[40] *Kropff* in Geßler/Hefermehl AktG § 153, 56.
[41] Beck BilKomm-*Förschle/Kofahl* 13; *Freericks* Bilanzierungsfähigkeit und Bilanzierungspflicht in Handels- und Steuerbilanz (1976) S. 334; *Großfeld* BilanzR³ Rdn. 111 f; *IdW* WPg 1967, 666; *Knobbe-Keuk* § 4 IV 2b m. w. N. in Fn. 122; *Kropff* in Geßler/Hefermehl AktG § 149, 47 m. w. N.; Küting/Weber/*Knop*⁴ § 240, 18; *Maul* ZfbF 1974, 726, 737; *ders.* AG 1980, 233; *v. Wysocki* ZfbF 1985, 735, 741; etwas weitergehend (Einzelveräußerung oder anderweitige Verwertung, solange Fortführungsannahme gerechtfertigt) *Federmann* Bilanzierung¹¹ S. 197 ff.

[42] *Saelzle* AG 1977, 181, 187; zustimmend *Wetzel* aaO (Fn. 37) S. 67.
[43] *Crezelius* ZGR 1987, 1, 17; *Federmann* Bilanzierung¹¹ S. 198 f; *Knobbe-Keuk* § 4 IV 2 b; Küting/Weber/*Kußmaul* Kap. I, 391.
[44] *Knobbe-Keuk* aaO (Fn. 43).
[45] *Knobbe-Keuk* aaO (Fn. 43) § 4 IV 3 b mit Zusammenstellung des Schrifttums in Fn. 170, 172; differenzierend *Kropff* in Geßler/Hefermehl AktG § 153, 65 mit Angaben zur älteren Literatur: Aktivposten, soweit Geschäftswert vorhanden (nicht ohne Widerspruch zur Grundposition in § 149, 47).

der Geschäfts- oder Firmenwert in der Gliederungsvorschrift des § 266 Abs. 2 A I Nr. 2 in der Rubrik der immateriellen Vermögensgegenstände erscheint. Auch für das neue Bilanzrecht ist es jedoch ganz überwiegend bei der bisherigen Einschätzung verblieben, wird also im Ansatz des derivativen Firmenwerts nur die Inanspruchnahme einer Bilanzierungshilfe gefunden.[46]

b) Steuerrecht: Wirtschaftsgut. aa) Begriff und Bedeutung. Das Steuerrecht **17** spricht in § 6 Abs. 1 EStG (vgl. auch § 2 BewG)[47] nicht von Vermögensgegenständen, sondern von Wirtschaftsgütern. Eine Legaldefinition fehlt. Der Begriff geht auf die Rechtsprechung des RFH zurück.[48] Der Große Senat des BFH versteht darunter „nicht nur Gegenstände im Sinne des bürgerlichen Rechts wie Sachen und Rechte, sondern auch tatsächliche Zustände, konkrete Möglichkeiten und Vorteile für den Betrieb, deren Erlangung der Kaufmann sich etwas kosten läßt und die nach der Verkehrsauffassung einer besonderen Bewertung zugänglich sind";[49] Kritik: Rdn. 19 f. Im Schrifttum werden aus dieser und anderen Umschreibungen des Wirtschaftsguts (vgl. noch die Fälle in Rdn. 18) verschiedene Anforderungen abgeleitet, die sich als wirtschaftlicher Vorteil, dessen *Übertragbarkeit im Rahmen einer Gesamtveräußerung*, hinlängliche Konkretisierung und (Einzel-)Bewertungsfähigkeit systematisieren lassen.[50] Für den Vergleich des handelsrechtlichen Begriffs mit seinem steuerrechtlichen Seitenstück ist entscheidend, daß der BFH *keine gegenständliche Konkretisierung* im Sinne des handelsrechtlichen Begriffs verlangt[51] und mit Übertragbarkeit nicht die Möglichkeit der Einzelveräußerung meint; erforderlich, aber auch genügend sei vielmehr „Veräußerbarkeit im Rahmen der Veräußerung des ganzen Unternehmens".[52]

bb) Einzelfälle. Wirtschaftsgut kraft Gesetzes, nämlich kraft § 6 Abs. 1 Nr. 2 EStG **18** a. F., war bis zum Inkrafttreten des BiRiLiG der *Geschäfts- oder Firmenwert.*[53] Er wird jetzt nicht mehr im Gesetz genannt; ob eine steuerrechtliche Aktivierungspflicht besteht, hängt also nunmehr von der Subsumtion unter den allgemeinen Begriff des Wirtschaftsguts ab. Die Aktivierung läge in der Logik der bisherigen Rechtsprechung des BFH.[54] In der Rechtsprechung des BFH ist ein Wirtschaftsgut im Sinne der vorstehenden allgemeinen Grundsätze z. B. *bejaht* worden: für Anzahlungen auf Reparaturaufträge oder Dienstleistungen (Vorschüsse);[55] für Bierlieferungsrechte von Brauereien;[56] für Vorauszahlungen für die spätere Übernahme eines Lagergebäudes;[57] für empfangene Warenproben (Ärztemuster).[58] Für *möglich gehalten* (die Aktivierung

[46] *Federmann* Bilanzierung[11] S. 242; *Havermann* BFuP 1986, 114 f; Küting/Weber/*Kußmaul* Kap. I, 391; Meyer-Landrut/Miller/Niehus-*Niehus*/ *Scholz* KommGmbHG HGB §§ 238–325, 360; *Ordelheide/Hartle* GmbH-Rdsch. 1986, 9, 15; vgl. auch schon *Dziadkowski* BB 1982, 1336, 1342; **a. M.** *Stein* ZfbF 1985, 752, 754.

[47] Zum Wirtschaftsgut im Bewertungsrecht vgl. BFH BStBl. 1984 II 617 = BB 1984, 1602.

[48] RFH RStBl. 1928, 260 f; *Knobbe-Keuk* § 4 IV 2a; *Wetzel* aaO (Fn. 37) S. 68 f.

[49] Beschluß vom 2. 3. 1970, BFHE 98, 360, 363 = BStBl. 1970 II 382 f = BB 1970, 609 f (also nach der Neufassung des § 6 EStG von 1969).

[50] *Biergans* Einkommensteuer und Steuerbilanz[6] S. 195 ff; vgl. auch *Moxter* Bilanzrechtsprechung[5] S. 10 ff.

[51] *Groh* StBJb. 1979/80, 121, 130: „... hier sind seit jeher ziemlich leichtfüßige Vermögenswerte untergebracht worden".

[52] BFHE 115, 243, 245 = BStBl. 1976 II 13 f = BB 1975, 687 f; bekräftigt von *Döllerer* JbFfSt 1979/ 80, 195, 199.

[53] Dazu *Borst* BB 1986, 2170.

[54] BFHE 115, 238 = BStBl. 1975 II 443 = BB 1975, 641; aufschlußreich die Kontroverse während der Anhörung, vgl. Stenographisches Prot. der 17. Sitzung des Unterausschusses vom 9. 5. 1985, S. 85 unten, 87, 88, 89 f; *Borst* aaO (Fn. 53): abnutzbares Wirtschaftsgut mit gesetzlicher Nutzungsdauer von 15 Jahren.

[55] BFHE 110, 325 f = BStBl. 1974 II 25 = BB 1973, 1473; BFHE 119, 468 = BStBl. 1976 II 675 = BB 1976, 1301.

[56] BFHE 115, 243 = BStBl. 1976 II 13 = BB 1975, 687.

[57] BFHE 136, 280, 286 = BStBl. 1982 II 696, 699 = BB 1982, 1836, 1838.

[58] BFHE 121, 177 = BStBl. 1977 II 278 = BB 1977, 480.

kam aus anderen Gründen nicht in Betracht) wurde ein Wirtschaftsgut bei geleisteten Zuschüssen, nämlich einer Lederfabrik zu den Mehrkosten der städtischen Kläranlage;[59] zum Straßenbau bei erhöhter Anliegernutzung;[60] an Energieversorgungsunternehmen zwecks langfristiger Sicherung der Stromversorgung.[61] *Verneint* wurde ein Wirtschaftsgut dagegen: für Anzahlungen auf Umsatzsteuerschuld;[62] für die nicht vertraglich gesicherte Gestattung der Kiesausbeutung unter Verwandten;[63] für Provisionszahlungen an Handelsvertreter.[64]

3. Bilanzierung und Zweck der Gewinnermittlung

19 **a) Keine Identität von Vermögensgegenstand und Wirtschaftsgut.** Im *Selbstverständnis des BFH* sind die Begriffe Vermögensgegenstand und Wirtschaftsgut gleichbedeutend.[65] In diesem Sinne äußert sich auch ein Teil des steuerrechtlichen Schrifttums,[66] und nicht nur die Regierungsbegründung zum BiRiLiG (Rdn. 13), sondern auch ein Teil der handelsrechtlichen Autoren schenkt dieser These Glauben.[67] Sie ist jedoch nach der im Handelsrecht entwickelten und im Kern so gut wie einhellig vertretenen Begriffsinterpretation *offenbar unrichtig* (s. auch *Costede* StuW 1995, 115, 116; HdJ-*Lutz* I/4 Rdn. 34 ff; *Schulze-Osterloh* ZGR 2000, 594, 597 f); denn zwischen Einzel- und Gesamtveräußerung (Rdn. 15 und 17) läßt sich keine Brücke schlagen. Die in Rdn. 18 aufgeführten Einzelfälle belegen überdies, daß es dabei nicht um eine Grundsatzdiskussion ohne praktische Folgen geht. Vielmehr sind Bierlieferungsrechte und ähnliche der Einzelveräußerung unzugängliche Lieferungsrechte, erst recht Vorauszahlungen, und zwar gleich welcher Art, geradezu paradigmatisch für Werte, die nach bisherigem Verständnis der Handelsbilanz nichts auf ihrer Aktivseite zu suchen haben. Die scheinbare Identität von Vermögensgegenstand und Wirtschaftsgut entsteht also allein dadurch, daß der BFH die Veräußerbarkeit im Rahmen des Unternehmens insgesamt als Merkmal beider Begriffe genügen läßt und das damit gewonnene Verständnis des Vermögensgegenstandes (auch) als Beitrag zum Handelsbilanzrecht ansieht. Handelsrechtlich trifft die Ansicht des BFH jedoch nicht zu (vgl. noch Rdn. 21 ff). Ferner dienen Harmonisierungsversuche der aufgezeigten Art weder dem Handels- noch dem Steuerrecht. Daraus folgt, daß der *Gesetzgeber des BiRiLiG* mit der Beibehaltung der traditionellen handelsrechtlichen Terminologie die richtige Entscheidung getroffen hat (vgl. Rdn. 13). Die Übernahme des steuerrechtlichen Begriffs hätte keineswegs klärend gewirkt. Wegen seines von dynamischer Einfärbung nicht freien und weiterer Dynamisierung fähigen Gehalts (dazu Rdn. 20) wären überdies Einbußen bei dem vom Handelsbilanzrecht bezweckten Gläubigerschutz zu befürchten gewesen (Rdn. 21 ff).

---

[59] BFHE 136, 409 f = BStBl. 1983 II 38 = BB 1982, 2163.

[60] BFHE 130, 155 = BStBl. 1980 II 687 = BB 1980, 1024.

[61] BFHE 97, 58 = BStBl. 1970 II 35 = BB 1969, 1469 m. Anm. *Labus.*

[62] BFHE 118, 453 = BStBl. 1976 II 450 = BB 1976, 824.

[63] BFHE 124, 501, 504 = BStBl. 1978 II 386 f = BB 1978, 691.

[64] BFHE 97, 350 = BStBl. 1970 II 178 = BB 1970, 159.

[65] BFH (Großer Senat) BFHE 98, 360, 363 = BStBl. 1970 II 382 f = BB 1970, 609 f; BFHE 82, 461,

464 = BStBl. 1965 III 414 f = BB 1965, 779; BFHE 115, 238 = BStBl. 1975 II 443 = BB 1975, 641.

[66] So namentlich *Beisse* DStR 1980, 243, 245; *ders.* BB 1980, 637, 638 f; *Döllerer* JbFfSt 1979/80, 195, 199; distanziert aber *Groh* StBJb. 1979/80, 121, 130; *Thiel* BilanzR⁴ Rdn. 347 ff; weitere Nachweise bei *Wetzel* Die Auswirkungen des Bilanzrichtlinie-Gesetzes (Fn. 37), 1984, S. 77 Fn. 1 f.

[67] *Baumbach/Hopt* vor § 238, 25 und § 240, 3; vgl. auch *Gail* FS Havermann (1995) S. 109, 113 f.

b) Die Divergenz der Begriffsinhalte im Rahmen der Bilanzauffassungen. Die **20** divergierenden Begriffsinhalte von Vermögensgegenstand und Wirtschaftsgut gehen unmittelbar auf den Gegensatz von statischer und dynamischer Bilanzauffassung (vgl. § 238, 2 f) zurück, genauer auf die Differenz, die zwischen ihnen noch verblieben ist, nachdem sich die das Handelsrecht beherrschende statische Auffassung zur Gewinnermittlung auf Fortführungsbasis bekannt (§ 242, 8 f) und die das Steuerrecht langjährig beherrschende dynamische Auffassung[68] weitgehend eine statische Rückwendung vollzogen hat.[69] Wenn man diese Differenz für die Aktivierungsprobleme näher umschreiben will, kann man feststellen, daß die handelsrechtliche Auffassung die Prämisse fortgeführter Unternehmenstätigkeit auf die Bewertung beschränkt, also bei der Bilanzierung dem Grunde nach vom Zerschlagungsfall ausgeht, während das Steuerrecht auch insoweit vom going-concern-Prinzip beherrscht wird. Ein mehr als deskriptiver Wert kommt den Begriffspaaren statisch/Vermögensgegenstand und dynamisch/Wirtschaftsgut allerdings nicht zu. Entscheidend ist nämlich für die rechtliche Beurteilung nicht, inwieweit von der Betriebswirtschaftslehre geprägte Theorien als solche oder in juristischer Einkleidung „richtig" sind, sondern welche Anforderung das Gesetz an die Bilanz stellt, welchem Zweck die vorgeschriebene Gewinnermittlung jeweils dient und welche Forderungen sich daraus ableiten lassen. In diesem Sinne ist für das Steuerrecht früher angenommen worden, die dynamische Bilanzauffassung treffe den Zweck steuerlicher Gewinnermittlung.[70] Entsprechend ist für das Handelsbilanzrecht zu fragen, welches Verständnis des Zentralbegriffs Vermögensgegenstand seinem auf den Schutz der Gläubigerinteressen gerichteten Zweck entspricht.

c) Aktivierung im Rahmen der Gläubigerschutzkonzeption des Handelsbi- 21 lanzrechts. aa) Allgemeines. Die divergierenden Auffassungen über den Begriff des Vermögensgegenstandes beruhen auf unterschiedlichen Ansichten über die Tragweite des going-concern-Prinzips (vgl. schon Rdn. 20). Während die Rechtsprechung des BFH darauf hinausläuft, dieses Prinzip auch für die Beurteilung der Ansatzfragen (Bilanzierung dem Grunde nach) leitend sein zu lassen, hebt die handelsrechtliche Auffassung insoweit auf den fiktiven Zerschlagungsfall ab (typischerweise: Insolvenzverfahren). Sie wechselt also zwischen Ansatz und Bewertung die Prämissen ihrer bilanzrechtlichen Beurteilung und muß sich deshalb die Zweifel gefallen lassen, die von Teilen der Betriebswirtschaftslehre an ihrer theoretischen Geschlossenheit geäußert werden.[71] Für die rechtliche Beurteilung ist davon auszugehen, daß § 252 Abs. 1 Nr. 2 nach Wortlaut und systematischer Stellung eine Bewertungs-, keine Ansatzvorschrift darstellt; so war es auch in Art. 31 Abs. 1 lit. a der 4. EG-Richtlinie vorgesehen. Um darüber hinwegzukommen, müßte man die Norm als partiellen Ausdruck eines GoBil begreifen können, der durch § 243 Abs. 1 rechtliche Verbindlichkeit gewinnt. Entgegen einer vorsichtig geäußerten These[72] bestehen dafür keine Anhaltspunkte. Im Gegenteil könnte von einer Darstellung der Vermögenslage (§ 242, 7 ff) nicht die Rede

---

[68] Jedenfalls seit RFH RStBl. 1943, 449; wohl bis BFH BStBl. 1968 II 80 = BB 1968, 323; die Abkehr von deutlichen dynamischen Akzenten ist durch das AktG 1965 und durch das EStÄG 1969 bedingt, vgl. etwa *Beisse* JbFfSt 1978/79, 186, 189 ff.

[69] Vgl. dazu *Beisse* JbFfSt 1978/79, 186 ff; *Groh* StBJb. 1979/80, 121, 125 ff; *Döllerer* JbFfSt 1979/80, 195 ff; *Kruse* JbFfSt 1978/79, 172 ff; *Moxter* StuW 1983, 300 ff.

[70] BFH BStBl. 1965 III 179, 181 = BB 1965, 274; *Groh* StBJb. 1979/80, 121, 126.

[71] *Federmann* Bilanzierung[11] S. 198 f; *Küting/Weber/Kußmaul* Kap. I, 384 ff; *Müller-Dahl* Betriebswirtschaftliche Probleme der handels- und steuerrechtlichen Bilanzierungsfähigkeit, 1979, S. 92 f.

[72] *Federmann* Bilanzierung[11] S. 144.

sein, wenn Vorauszahlungen des Kaufmanns und grundsätzlich auch von ihm geleistete Zuschüsse als sein Vermögen zu aktivieren wären (vgl. Rdn. 18). Gerade bei einer
betont deduktiven Ermittlung von GoBil (§ 238, 36) müßte es eigentlich evident sein,
daß mit einer Aktivierung solcher Werte das gesetzliche Ziel des Gläubigerschutzes
verfehlt wird. Die Beobachtung, daß die Bilanz im Rechtssinne nicht der Aufnahme
von Vollstreckungsobjekten für die Gläubiger dient,[73] ist demgegenüber so zutreffend
wie irrelevant. Entscheidend ist, daß schon ausgezahlte Beträge bei der Berechnung
einer die Kosten des Insolvenzverfahrens deckenden Masse nicht mehr mitgezählt
werden können und im besseren Fall nicht mehr für die Bildung der verteilbaren
Quote zur Verfügung stehen; Entsprechendes gilt für Werte, die der Gesamt-, aber
nicht der Einzelveräußerung zugänglich sind, wenn die Gesamtverwertung im Insolvenzverfahren wie regelmäßig nicht zu erreichen ist. Das Defizit des Handelsbilanzrechts an theoretischer Geschlossenheit (Fn. 71) kann also nicht durch weitere „Dynamisierung" beseitigt werden. Vielmehr liegt darin die unvermeidliche Folge des
Übergangs von der jährlichen Überschuldungs- zur Gewinnermittlungsbilanz (§ 242,
9 f) als des ersten Dynamisierungsschritts.

22   **bb) Insbesondere: Nicht übertragbare Rechte.** Nicht übertragbare Rechte werden als abstrakt verkehrsfähig und damit als Vermögensgegenstände angesehen (vgl.
Rdn. 15 a. E.). Eine überzeugende handelsrechtliche Begründung fehlt. Wohl deshalb
werden diese Rechte als Beleg für die steuerrechtlich geprägte These herangezogen,
daß die Gesamtübertragung im Rahmen der Unternehmensveräußerung genügen
muß.[74] Im wesentlichen dürfte es sich dabei um ein Scheinproblem handeln. Das Erfordernis der Einzelübertragbarkeit meint: Verwertung durch den Insolvenzverwalter
im Zerschlagungsfall. Danach stehen jedenfalls *vertragliche Verfügungsbeschränkun-*
gen (§ 399 BGB) der Annahme eines bilanzierungsfähigen Vermögensgegenstandes
nicht entgegen, weil das Recht gleichwohl pfändbar ist (§ 851 Abs. 2 ZPO) und damit
in die Insolvenzmasse fällt (§§ 35, 36 Abs. 1 InsO). Bei anderen Rechten ist die Verwertung möglich, soweit wenigstens die Ausübung einem Dritten überlassen werden
kann (§ 857 Abs. 3 ZPO). Das ist z. B. beim *Nießbrauch* der Fall (§ 1059 S. 2 BGB; vgl.
auch § 1059b BGB). Als fragwürdig erwies sich danach früher nur die Einordnung von
Warenzeichen als Vermögensgegenständen, weil sich das in § 8 Abs. 1 WZG a. F. ausgesprochene Verbot von Leerübertragungen auch im damaligen Konkurs durchsetzte,
sowie von vergleichbaren gewerblichen Schutzrechten. Inzwischen hat sich auch dieses Problem erledigt, weil das Akzessorietätsprinzip des früheren Warenzeichenrechts
in der geltenden Regelung nicht mehr enthalten ist; vielmehr erlaubt § 27 MarkenG die
Übertragung des subjektiven Markenrechts auch für den Fall, daß das Unternehmen
nicht übergeht (s. dazu *Fezer* Markenrecht [1997], MarkenG § 27, 7 ff).

23   **cc) Insbesondere: Derivativer Geschäfts- oder Firmenwert.** Im Rahmen der
Gläubigerschutzkonzeption des Handelsbilanzrechts ist für die Einordnung des derivativen Geschäfts- oder Firmenwerts als Vermögensgegenstand kein Raum, weil dieser Wert im Zerschlagungsfall nicht realisiert werden kann (Rdn. 21). Mit der seit jeher
h. M. ist also eine *bloße Bilanzierungshilfe* anzunehmen (Rdn. 16). Daran hat sich auch
durch die Gliederungsvorschrift des § 266 Abs. 2 A I Nr. 2 nichts geändert. Die noch
in § 244 Abs. 2 HGB-E vorgesehene Regelung, nach welcher der derivative Firmenwert ein Wirtschaftsgut sein sollte,[75] ist im Gesetzgebungsverfahren nämlich gestri-

---

[73] *Döllerer* JbFfSt 1979/80, 195, 199 f.
[74] Nachdrücklich *Döllerer* aaO (Fn. 73) S. 199.
[75] Begr. RegE, BTDrucks. 10/317, S. 81: Klarstellung (was § 6 Abs. 1 Nr. 2 EStG a. F. [vgl.

Rdn. 18], aber nicht dem Handelsrecht entsprochen hätte).

chen worden, und auch eine zunächst noch geplante Umschreibung des ansetzbaren Unterschiedsbetrags, nach welcher es auf die Differenz zwischen der Gegenleistung und den Werten „der anderen einzelnen Vermögensgegenstände" ankommen sollte, wurde nach kontroverser Diskussion während der Anhörung[76] durch Streichung des Wortes „anderen" so modifiziert, daß nicht mehr auf den Charakter des Firmenwerts als Vermögensgegenstand geschlossen werden kann (vgl. § 255 Abs. 4 S. 1). In der Formulierung der Gliederungsvorschrift liegt also nur eine Nachwirkung der aufgegebenen ursprünglichen Konzeption,[77] die über die grundsätzliche Einordnung des Firmenwerts nichts aussagt.

d) Zur Aktivierung in der Steuerbilanz. Soweit nach den vorstehenden Grund- **24** sätzen die Aktivierung handelsrechtlich ausgeschlossen ist, findet sie nach Wortlaut und Sinn des § 5 Abs. 1 EStG auch in der Steuerbilanz prinzipiell nicht statt. Dabei ist allerdings nicht zu verkennen, daß sich zwischen der hier entwickelten handelsrechtlichen Auffassung und dem Zweck der steuerrechtlichen Gewinnermittlung (vgl. Rdn. 1) Spannungen ergeben können; anders ausgedrückt: Es mag sein, daß das Handelsrecht bestimmte Ausgaben als gewinnmindernde Kosten begreift, die für eine periodengerechte Ermittlung der steuerlichen Leistungsfähigkeit schon als Gewinnverwendung erscheinen.[78] Durch eine nur äußerliche Wahrung des Maßgeblichkeitsgrundsatzes nach vorgängiger zweckwidriger Deformation der Handelsbilanz kann dieser Zwiespalt, dessen Bedeutung man auch nicht überschätzen sollte, weil es eben nur um die periodengerechte Zuordnung geht, indessen nicht beseitigt werden (vgl. schon Rdn. 19). Auch die von *Beisse* aufgestellten Untersuchungen zur Theorie des Bilanzsteuerrechts[79] zeigen für den Bilanzansatz nur einen Rahmen auf, in dem der Gesetzgeber tätig werden könnte; der Gesetzgeber des BiRiLiG hat diesen Weg aber nicht beschritten, sondern betont am handelsrechtlichen Begriff des Vermögensgegenstandes und am Maßgeblichkeitsprinzip festgehalten (vgl. Rdn. 4, 8, 13). Eine richterliche Restriktion des § 5 Abs. 1 EStG, die in die These einmündet, es gebe handelsrechtliche GoBil, die für die Steuerbilanz nicht verbindlich sind (*Beisse* StuW 1984, 1, 6 [li. Sp.]; s. auch *Weber-Grellet* BB 1999, 2659), ist demnach mit der Gesetzeslage nicht in Einklang zu bringen und deshalb abzulehnen (zu der wegen § 5 Abs. 5 EStG abweichenden Beurteilung bei der Bewertung vgl. Rdn. 33).

III. Bilanzierungswahlrechte

1. Einschränkung des Maßgeblichkeitsgrundsatzes durch den BFH

Schrifttum

(vgl. auch die Angaben vor § 238 und oben vor Rdn. 1, 10 sowie unten vor Rdn. 31, 36). *Dziadkowski/Runge* Zur geplanten Normierung von „Aufwandsrückstellungen" in § 250 Abs. 1 Nr. 1 HGBE, WPg 1984, 544; *Groh* Der Kampf um das Maßgeblichkeitsprinzip, Festschrift Börner (1998) S. 177; *Hauser/Meurer* Die Maßgeblichkeit der Handelsbilanz im Lichte neuerer Entwicklungen, WPg 1998, 269; *Kruse* Bilanzierungswahlrechte in der Steuerbilanz, StBJb 1976/77, 113; *Maul* Aufwandsrückstellungen im neuen Bilanzrecht, BB 1986, 631; *Pfahl* Die Maßgeblichkeit der Handelsbilanz – ein dem Steuerrecht vorgegebenes Grundprinzip? (1999); *Schreiber* Hat

---

[76] Stenographisches Prot. der 17. Sitzung des Unterausschusses vom 9. 5. 1985, S. 85 unten, 86 f.

[77] Zutreffend Meyer-Landrut/Miller/Niehus-*Niehus/Scholz* KommGmbHG HGB §§ 238–325, 360.

[78] *Döllerer* JbFfSt 1979/80, 195, 196 f.

[79] StuW 1984, 1, 3 ff; vgl. auch schon *dens.* DStR 1980, 243 ff; BB 1980, 637 ff.

das Maßgeblichkeitsprinzip noch eine Zukunft?, Festschrift Beisse (1997) S. 491; *Siegel* Instandhaltungsrückstellungen als Anwendungsfall von „Grundsätzen ordnungsmäßiger Bilanzierung", WPg 1985, 14.

25   Nach der **Rechtsprechung** des BFH[80] setzen sich die Ansatzwahlrechte des Handelsbilanzrechts in der Steuerbilanz nicht durch. Vielmehr muß die Aktivierung in der Steuerbilanz erfolgen, wenn sie handelsrechtlich vorgenommen werden darf; umgekehrt darf nicht passiviert werden, wenn handelsrechtlich nicht passiviert werden muß (vgl. schon Rdn. 6). Bezweckt ist damit, die Leistungsfähigkeit des Steuerpflichtigen in vollem Umfang festzustellen und auf diese Weise die Gleichmäßigkeit der Besteuerung zu sichern (Rdn. 1). Ob diese Gesichtspunkte die Rechtsprechung tragen, ist im **Schrifttum** umstritten. Die *Kritik*[81] kann sich zunächst darauf stützen, daß § 5 Abs. 1 EStG für eine derart weitreichende Einschränkung des Maßgeblichkeitsgrundsatzes nichts hergibt. Es dürfte auch kaum haltbar sein, die handelsrechtlichen Ansatzwahlrechte pauschal, also ohne Rücksicht auf den damit jeweils verfolgten Zweck, als Manövriermasse des Steuerrechts zu betrachten. Im Ergebnis nimmt der BFH damit für sich in Anspruch, den „richtigen" Gewinn objektiv bestimmen zu können, obwohl das Handelsbilanzrecht die Ansatzwahlrechte und den damit für den Bilanzierungspflichtigen eröffneten Beurteilungsspielraum gerade deshalb gewährt, weil sich der „richtige" Gewinn nicht in generell-abstrakter Weise zuverlässig bestimmen läßt.[82]

26   Die demnach in der Sache nicht überzeugende Judikatur setzt gleichwohl für die Praxis verbindliche Daten. Überdies hat die praktische Bedeutung der Frage dadurch noch abgenommen, daß das BiRiLiG die Bilanzierungspflichten erweitert und die Wahlrechte entsprechend eingeschränkt hat (dazu Rdn. 27 f). Die folgende Erläuterung legt deshalb die Rechtsprechung des BFH zugrunde. Vor wie nach dem BiRiLiG nicht anwendbar ist diese Judikatur allerdings bei bloßen **Bilanzierungshilfen**,[83] namentlich für die *Kosten der Ingangsetzung* und *Erweiterung* nach § 269. Die insoweit gewährten Wahlrechte setzen die Bilanzierungsunfähigkeit voraus (so ausdrücklich § 269); es handelt sich also weder um einen Vermögensgegenstand noch um ein Wirtschaftsgut. Auch wäre es mit dem Charakter einer Bilanzierungshilfe schwerlich vereinbar, sie bei der Feststellung der steuerlichen Leistungsfähigkeit heranzuziehen.[84] Von einer Bilanzierungshilfe wird nach zutreffender handelsrechtlicher Auffassung (Rdn. 16, 23) auch dann Gebrauch gemacht, wenn das Aktivierungswahlrecht des § 255 Abs. 4 ausgeübt wird. Daß sich diese Charakterisierung auch steuerrechtlich durchsetzt, steht allerdings nicht zu erwarten (vgl. Rdn. 18 mit Fn. 54).

2. Einzelfragen (Überblick)

27   a) **Aktivseite.** Auf der Aktivseite ist die praktische Bedeutung der Einschränkung des Maßgeblichkeitsgrundsatzes durch das BiRiLiG minimiert. Früher wurden in diesem Zusammenhang die *entgeltlich erworbenen immateriellen Gegenstände des*

---

[80] BFH (Großer Senat) BFHE 95, 31 = BStBl. 1969 II 291 = BB 1969, 477; BFHE 102, 270 = BStBl. 1971 II 601 = BB 1971, 993; BFHE 102, 504 = BStBl. 1971 II 704 = BB 1971, 1351; BFHE 131, 196, 198 = BStBl. 1980 II 702 f = BB 1980, 1622; BFHE 131, 463 f = BStBl. 1981 II 62 = BB 1980, 1727.

[81] Vgl. namentlich *Brezing* FR 1984, 349 f; *Herrmann/Heuer/Raupach* KommEStG²¹ § 5, 49g [5, 6]; *Knobbe-Keuk* 2 II 3; *Kruse* StBJb. 1976/77,

113, 125 f; *Raupach* FS Moxter (1994) S. 101, 122 ff; **a.M.** (Abweichung des Steuerrechts gerechtfertigt) *Tipke/Lang* SteuerR¹⁶ Rdn. 323 ff.

[82] *Crezelius* ZGR 1987, 1, 5.

[83] *Biergans* Einkommensteuer und Steuerbilanz⁶ S. 276 ff m.w.N. in Fn. 462; Beck BilKomm-*Budde/Karig* § 243, 116.

[84] *Knobbe-Keuk* § 2 II 3 c aa: besseres Ergebnis als nach GoB.

Anlagevermögens erörtert, weil § 153 Abs. 3 AktG a. F. in seiner Auslegung durch die h. M. ein Aktivierungswahlrecht begründete.[85] Aus § 246 Abs. 1 i. V. m. § 248 Abs. 2 (Umkehrschluß) ergibt sich nunmehr die handelsrechtliche Pflicht zur Aktivierung (vgl. schon Rdn. 11).[86] Verblieben ist nach § 250 Abs. 3 ein Aktivierungswahlrecht für das bei der Aufnahme von Fremdmitteln, besonders Darlehen, vereinbarte *Disagio;* in dieser Frage führt die Rechtsprechung des BFH (Fn. 80) zur Aktivierungspflicht in der Steuerbilanz.

b) Passivseite. aa) Neue Passivierungspflichten. Bei den Rückstellungen für *Pen-* **28** *sionszusagen* ist zwischen Altzusagen (bis 31. 12. 1986 erworbene Rechtsansprüche) und Neuzusagen (ab 1. 1. 1987 erworbene Ansprüche) zu unterscheiden (vgl. Art. 28 EGHGB). Für *Altzusagen* besteht keine Passivierungspflicht nach § 249 Abs. 1 S. 1, sondern gem. Art. 28 Abs. 1 S. 1 EGHGB ein Wahlrecht; insoweit verbleibt es also bei der von BGHZ 34, 324 = NJW 1961, 1063 seinerzeit angenommenen Rechtslage.[87] Dieses Wahlrecht wurde und wird von der Rechtsprechung des BFH (Fn. 80) jedoch nicht erfaßt, weil Pensionsrückstellungen nach der Sondervorschrift des § 6a EStG auch in der Steuerbilanz Gegenstand eines Passivierungswahlrechts sind. Für *Neu- zusagen* erledigt sich das Problem, weil nach § 249 Abs. 1 S. 1 nunmehr eine handels- rechtliche Passivierungspflicht besteht. Zu demselben Resultat führt § 249 Abs. 1 S. 2 Nr. 1, soweit es um Rückstellungen für *Instandhaltung* und *Abraumbeseitigung* in den dort bezeichneten zeitlichen Grenzen geht (vgl. noch Rdn. 29). Die durch das BiRiLiG eingeführte handelsrechtliche Passivierungspflicht ist erklärtermaßen[88] die gesetzliche Reaktion auf das Urteil BFHE 139, 398,[89] mit dem das Gericht aus dem bislang angenommenen handelsrechtlichen Passivierungswahlrecht die in der Logik seiner Rechtsprechung (Fn. 80) liegende Konsequenz gezogen und die Passivierung in der Steuerbilanz abgelehnt hatte. Die handelsrechtliche Passivierungspflicht führt nunmehr zwingend auch zur steuerlichen Berücksichtigung.

bb) Fortbestehende Passivierungswahlrechte. Handelsrechtliche Passivierungs- **29** wahlrechte, die infolge der Einschränkung des Maßgeblichkeitsgrundsatzes durch den BFH in steuerrechtliche Passivierungsverbote umschlagen, bestehen noch hinsichtlich der Rückstellungen für unterlassene Aufwendungen für *Instandhaltung,* sofern sie *nach Ablauf der Dreimonatsfrist* des § 249 Abs. 1 S. 2 Nr. 1 (dazu Rdn. 26), aber inner- halb des folgenden Geschäftsjahrs nachgeholt werden; ferner hinsichtlich der Rück- stellungen für *andere Aufwendungen* in den Grenzen des § 249 Abs. 2, namentlich (aber nicht nur) für Großreparaturen.[90]

cc) Künftige Ausgleichsansprüche von Handelsvertretern. Wie künftige Aus- **30** gleichsansprüche von Handelsvertretern (§ 89b) in der Bilanz zu behandeln sind, ist streitig und *durch das BiRiLiG nicht geklärt* worden. Der BFH nimmt in ständiger *Rechtsprechung*[91] ein handelsrechtliches Passivierungswahlrecht an, das er infolge der

---

[85] *Kropff* in Geßler/Hefermehl AktG § 153, 52 m. w. N.

[86] Beck BilKomm-*Budde/Raff* § 243, 15.

[87] Zur Kritik vgl. statt vieler *Knobbe-Keuk* § 4 V 5 e).

[88] Begr. RegE, BTDrucks. 10/317, S. 83; Stenogra- phisches Prot. der 17. Sitzung des Unteraus- schusses vom 9. 5. 1985, S. 57 ff, 67 ff.

[89] Parallelabdruck: BStBl. 1984 II 277 = FR 1984, 148 m. Anm. *L. Schmidt* = BB 1984, 252; Über- sicht über die Judikatur bei *Brezing* FR 1984, 349; vgl. auch *Dziadkowski/Runge* WPg 1984, 544; *Siegel* WPg 1985, 14 f.

[90] Entstehungsgeschichte und Auslegung: *Maul* BB 1986, 631; vgl. auch *Selchert* DB 1985, 1541.

[91] BFHE 96, 101, 107 = BStBl. 1969 II 581, 584 = BB 1969, 1028 f m. Anm. *Labus;* BFHE 132, 273 = BStBl. 1981 II 266 = DB 1981, 822; BFHE 137, 489 = BStBl. 1983 II 375 = BB 1983, 751; dem BFH zustimmend *Moxter* Bilanzrechtsprechung[5] S. 110 ff; *L. Schmidt/Weber-Grellet* Komm- EStG[20] § 5, 550 [Ausgleichsverpflichtung].

Einschränkung des Maßgeblichkeitsprinzips (Fn. 80) in ein steuerrechtliches Passivierungsverbot umdeutet. Die **h. M.** *des Schrifttums* bejaht dagegen mit überzeugenden Gründen (wirtschaftliche Verursachung der Verpflichtung durch Tätigkeit des Handelsvertreters) eine handelsrechtliche Passivierungspflicht (vgl. z. B. ADS[6] § 249, 133 [Ausgleichsanspruch] m. w. N.; Beck BilKomm-*Clemm/Erle* § 249, 100 [Handelsvertreter]), die für eine abweichende steuerrechtliche Beurteilung keinen Raum läßt.[92] So nach dem Begründungsansatz auch BGH NJW 1966, 2055; der BGH brauchte allerdings nur über die Passivierungsfähigkeit zu entscheiden, weil die Rückstellung in der Bilanz in seinem Fall gebildet war. Folgt man der hier vertretenen Ansicht, so handelt es sich seit dem BiRiLiG um eine Rückstellung mit Schuldcharakter nach § 249 Abs. 1 S. 1, die in der Rechtsprechung des BFH jedoch nicht anerkannt wird.[93]

IV. Bewertung

1. Zum Verhältnis von Handels- und Steuerrecht

Schrifttum

(vgl. auch die Angaben vor § 238 und oben vor Rdn. 1, 10, 25 sowie unten vor Rdn. 36). *Mathiak* Anschaffungs- und Herstellungskosten, DStJG 1984 (= *Raupach* [Hrsg.] Werte und Wertermittlung im Steuerrecht) 97; *Tanzer* Die Maßgeblichkeit der Handelsbilanz für die Bewertung in der Steuerbilanz, DStJG 1984, 55.

31   a) **Drei Ansichten.** Die Bedeutung des Maßgeblichkeitsgrundsatzes (§ 5 Abs. 1 EStG) im Rahmen der steuerlichen Bewertung wird unterschiedlich beurteilt. Drei Ansichten sind denkbar und werden vertreten. *Erstens:* Der Maßgeblichkeitsgrundsatz gilt auch im Rahmen der Bewertung; die GoBil, nach denen der anzusetzende Betrag für die Handelsbilanz ermittelt wird, setzen sich danach prinzipiell auch in der steuerrechtlichen Beurteilung durch, soweit nicht der Bewertungsvorbehalt des § 5 Abs. 5 EStG eingreift.[94] Diese Ansicht findet sich auch in einer beiläufigen Bemerkung des Ausschußberichts.[95] *Zweitens:* Der Maßgeblichkeitsgrundsatz ist ein Prinzip des Bilanzansatzes, das im Rahmen der Bewertung prinzipiell keine Geltung beansprucht. Sie richtet sich vielmehr nach den als geschlossenes System aufzufassenden steuerrechtlichen Vorschriften, das nur ausnahmsweise aus dem Handelsrecht zu ergänzen ist.[96] *Drittens:* GoBil, inhaltsgleiches und davon abweichendes eigenständiges Steuerrecht stehen in einem Wirkungszusammenhang, der sich nicht im Denkschema von Regel und Ausnahme erfassen läßt, sondern als mehrschichtige Struktur des Steuerbilanzrechts zu begreifen ist.[97]

---

[92] *Herrmann/Heuer/Raupach* KommEStG[21] § 5, 1556 ff; s. auch *Knobbe-Keuk* § 4 V 5 c bb in Fn. 298.

[93] Vgl. dazu Beck BilKomm-*Clemm/Erle* § 249, 100 Stichwort „Handelsvertreter".

[94] So die wohl **h. M.** des Schrifttums, vgl. *Freericks* Bilanzierungsfähigkeit und Bilanzierungspflicht, S. 289; *Herrmann/Heuer/Raupach* KommEStG[21] § 5, 49g [8] m. w. N.; *Knobbe-Keuk* § 2 II 2.

[95] BTDrucks. 10/4268, S. 99 (re. Sp.): Die Bewertungsvorschriften „sind wegen des Grundsatzes der Maßgeblichkeit der Handelsbilanz auch bei der steuerrechtlichen Gewinnermittlung zu beachten, soweit das Steuerrecht keine abweichenden Regelungen enthält".

[96] In diesem Sinne namentlich BFH (Großer Senat) BFHE 125, 516, 526 = BStBl. 1978 II 620, 625 = BB 1978, 1599, 1601; ebenso schon RegBegr. EStÄG 1969, BTDrucks. V/3187, S. 3; vgl. ferner *Tanzer* DStJG 1984, 55, 58 und 77 ff; *Tipke/Lang* SteuerR[16] Rdn. 374.

[97] *Beisse* BB 1980, 637, 642; im Ergebnis auch *Mathiak* DStJG 1984, 97, 103.

b) Zur sachlichen Bedeutung des Meinungsstreits. Trotz der unterschiedlichen **32** Grundpositionen besteht in der Frage, wie Bewertungsnormen aufzufinden und anzuwenden sind, im praktischen Ergebnis ein *hohes Maß an Übereinstimmung:* Aufgrund des Bewertungsvorbehalts in § 5 Abs. 5 EStG sind in erster Linie die Vorschriften des Steuerrechts maßgeblich, ohne Rücksicht darauf, ob sie mit dem Handelsrecht übereinstimmen oder nicht. Schon angesichts der Regelungsdichte in den §§ 6 ff EStG bleibt danach für die handelsrechtlichen Bewertungsnormen nicht viel Raum. Das entspricht allgemeiner Auffassung; denn auch die Ansicht, die von der Geltung des Maßgeblichkeitsgrundsatzes ausgeht, konzediert eine Umkehrung des Regel-Ausnahme-Verhältnisses.[98]

c) Keine tendenzielle Gewinnverlagerung in der Steuerbilanz. Sollte im Zen- **33** trum der verschiedenen Auffassungen nicht ein quantitatives, sondern ein qualitatives Problem stehen, nämlich die Frage, ob der Gewinn tendenziell eher nach handelsrechtlichen Grundsätzen (einschließlich der damit möglicherweise einhergehenden Verlagerung in spätere Perioden) ausgewiesen werden soll oder ob – wiederum tendenziell – eine periodengerechte Gewinnermittlung im Vordergrund zu stehen hat, so kann die Entscheidung nicht auf eine verlagerungsfreundliche, auf Sicherung dauerhafter Rentabilität gerichtete handelsrechtliche Prärogative hinauslaufen. Während bei den Ansatzfragen von der uneingeschränkten Geltung des § 5 Abs. 1 EStG ausgegangen werden muß (Rdn. 24), ist die Gesetzeslage für die Bewertung aufgrund des Vorbehalts in § 5 Abs. 5 EStG anders. Der Bewertungsvorbehalt trägt zwar nicht die These eines grundsätzlich in sich geschlossenen steuerrechtlichen Systems (Fn. 96), schließt aber die prinzipielle Betonung des Maßgeblichkeitsgrundsatzes aus. Will man diese Position in die genannten Meinungsrichtungen einordnen, so entspricht sie der Theorie von der mehrschichtigen Struktur des Steuerbilanzrechts (Fn. 97). Danach bleiben zwei Fragenkreise exemplarisch zu erläutern, nämlich der Vorrang steuerlicher Bewertungsvorschriften (Rdn. 34) und die Behandlung steuerlicher Wahlrechte (Rdn. 35).

2. Zum Vorrang steuerlicher Bewertungsvorschriften

Bei der Ermittlung des steuerpflichtigen Gewinns durch Vergleich der Betriebsver- **34** mögen (§§ 4 Abs. 1, 5 Abs. 1 EStG) gehen die §§ 6 ff EStG ebenso von den **Anschaffungs- und Herstellungskosten** aus wie die handelsrechtlichen Bewertungsregeln in den §§ 253 ff.[99] Nicht nur die verwandten Begriffe, sondern auch ihre Inhalte sind prinzipiell deckungsgleich, weil die Legaldefinitionen in § 255 steuerrechtlichen Ursprungs sind; der Gesetzgeber hat sie aus Art. 21 § 28 des (nicht Gesetz gewordenen) Regierungsentwurfs eines Dritten Steuerreformgesetzes von 1974 übernommen.[100] Die vom Rechtsausschuß vorgenommenen Modifikationen sollen die Steuerneutralität zusätzlich gewährleisten.[101] Die grundsätzliche Übereinstimmung in den Ausgangswerten setzt sich trotz unterschiedlicher Terminologie (Handelsrecht: **Abschreibung;** Steuerrecht: **Absetzungen,** vornehmlich für Abnutzung = AfA) auch in der Feststellung des weiteren Wertverlaufs durch; namentlich wird der Wertverlauf nicht durch Vergleich mit den Wiederbeschaffungskosten, sondern durch Kürzungen der histori-

---

[98] Vgl. namentlich *Herrmann/Heuer/Raupach* KommEStG[21] § 5, 49g [8].

[99] Hierzu eingehend *Mathiak* DStJG 1984, 97 ff.

[100] Begr. RegE, BTDrucks. 10/317, S. 88; Entwurf des Dritten Steuerreformgesetzes: BTDrucks. 7/1470; vgl. *Mathiak* aaO (Fn. 97) S. 103.

[101] Ausschußbericht, BTDrucks. 10/4268, S. 101; Stenographisches Prot. der 17. Sitzung des Unterausschusses vom 9.5.1985, S. 146 ff.

schen Einstandskosten ermittelt. Im einzelnen können sich zwischen Handels- und Steuerbilanz Abweichungen ergeben. Bei der Ermittlung des steuerlichen Gewinns ist allein auf §§ 7 ff EStG und die ergänzenden Bestimmungen abzustellen.[102]

3. Steuerliche Bewertungswahlrechte

35   **Anwendungsfälle.** In einer Reihe von Fällen schreibt das Steuerrecht die Bewertung nicht verbindlich vor; vielmehr gewährt es dem Steuerpflichtigen ein Wahlrecht, von dem er Gebrauch machen darf. Ein besonders markantes Beispiel ist der **Teilwert**, mit dem der Abnutzung unterliegende Wirtschaftsgüter des Anlagevermögens angesetzt werden *können* (§ 6 Abs. 1 Nr. 1 S. 2 EStG), wenn dieser nach § 6 Abs. 1 Nr. 1 S. 3 EStG zu ermittelnde (fiktive) Betrag niedriger ist als der nach AfA verbleibende Restbetrag der Anschaffungskosten; zu anderen Wirtschaftsgütern, besonders des Umlaufvermögens, vgl. § 6 Abs. 1 Nr. 2 EStG. Hierher gehört aber auch die Wahl zwischen den Absetzungsmethoden (linear; degressiv) in den Grenzen von § 7 Abs. 2 und 3 EStG, ferner die Bewertung nach der Verbrauchs- oder Veräußerungsfolge (§ 256) in den Grenzen von Abschnitt R 36a EStR 1999.[103] **Niederstwertprinzip; Maßgeblichkeit.** Für die Handelsbilanz ist von § 253 Abs. 2 und 3 auszugehen. Danach gilt das strenge Niederstwertprinzip mit Milderung (Wahlrecht), wenn Gegenstände des Anlagevermögens eine nur vorübergehende Wertminderung erfahren. Weil und soweit das Steuerrecht, namentlich in § 6 EStG, durch die Begründung von Bewertungswahlrechten auf eine zwingende und vorrangige (§ 5 Abs. 5 EStG) Regelung verzichtet, setzt sich § 253 Abs. 2 und 3 gem. § 5 Abs. 1 EStG auch in der Steuerbilanz durch. Insoweit kann auch auf der Bewertungsebene vom Maßgeblichkeitsprinzip gesprochen werden; Einzelheiten sind str.[104]

V. Umgekehrte Maßgeblichkeit

1. Begriff und Bedeutung

Schrifttum

(vgl. auch die Angaben vor § 238 und vor Rdn. 1, 10, 25 sowie 31). *Dziadkowski* Die steuergesetzliche „Verankerung" der „umgekehrten" Maßgeblichkeit im Rahmen der Bilanzrechtsreform, BB 1986, 329; *Förschle/Kropp* Wechselwirkungen zwischen Handels- und Steuerbilanz beim Anlagevermögen nach dem Bilanzrichtlinien-Gesetz, WPg 1986, 152; *Kühnberger/Schmidt* Auswirkungen der Umkehrmaßgeblichkeit – eine theoretische und empirische Bestandsaufnahme, BB 1999, 2602; *Mathiak* Rechtsprechung zum Bilanzsteuerrecht, StuW 1986, 170; *Nickol* Die Maßgeblichkeit der Handels- und Steuerbilanzen füreinander nach neuem Bilanzrecht, BB 1987, 1772.

36   Von umgekehrter Maßgeblichkeit **in einem allgemeinen Sinne** ist zu sprechen, wenn die Regelungen des Steuerrechts auf die handelsrechtliche Bilanzierung zurückwirken, wenn also schon die Handelsbilanz gezielt im Hinblick auf ein bestimmtes steuerliches Ergebnis aufgestellt werden muß. Das ist handelsrechtlich unbedenklich, soweit sich der Aufstellungspflichtige in dem durch die GoBil gezogenen Rahmen bewegt, wie etwa bei der Ausübung der zuletzt angesprochenen Wahlrechte (Rdn. 35). Als umgekehrte Maßgeblichkeit **im technischen Sinne** werden die Fälle bezeichnet, in

---

[102] Zusammenfassende Übersicht bei *Federmann* Bilanzierung[11] S. 360 ff; *Knobbe-Keuk* § 5 IV.

[103] Schematische Übersicht über Bewertungswahlrechte bei *Federmann* Bilanzierung[11] S. 420.

[104] *Knobbe-Keuk* § 2 II 2 d; *L. Schmidt/Glanegger* KommEStG[20] § 6, 218; *Tipke/Lang* SteuerR[16] Rdn. 374 ff.

denen Steuervergünstigungen in Form von *Sonderabschreibungen* oder von steuerbegünstigten *Rücklagen* gewährt werden, die zu einer *Gewinnverlagerung* auf spätere Perioden führen und damit für das jeweilige Geschäftsjahr zu einem Gewinnausweis, der den tatsächlichen Verhältnissen nicht entspricht (vgl. schon Rdn. 7). Die Verfälschung des Gewinnausweises verschafft dem Steuerpflichtigen zinslose Liquidität (Stundungseffekt), die ihn zu bestimmten wirtschaftspolitisch für sinnvoll gehaltenen Investitionen veranlassen soll (ehedem: Berlinförderung, Zonenrandförderung; aber auch: Förderung des Wohnungsbaus, der Filmwirtschaft, des Schiffbaus usw.).[105] Zu einem Problem der Handelsbilanz wird dieses zwar wechselnd aktuelle, aber immer wieder angewandte Verfahren, soweit die Gewährung der steuerlichen Vergünstigung von der Übernahme der Wertansätze oder Rücklage in die Handelsbilanz abhängig gemacht wird. Darauf läuft § 5 Abs. 1 S. 2 EStG (seit: Gesetz zur steuerlichen Förderung des Wohnungsbaus und zur Ergänzung des Steuerreformgesetzes 1990 vom 22. 12. 1989 [BGBl. I S. 2408]; vorher: § 6 Abs. 3 EStG a. F.; s. zur Gesetzgebung *Raupach* FS Moxter (1994) S. 101, 106 ff) hinaus. Die dort vorgeschriebene Übereinstimmung der Ausübung steuerlicher Wahlrechte mit der Handelsbilanz nötigt nämlich dazu, dem Wahlrecht schon bei der handelsrechtlichen Gewinnermittlung Rechnung zu tragen, um es für die Besteuerung zu erhalten.

2. Problematik und Kritik

Aus der Sicht der Handelsbilanz besteht das Problem der umgekehrten Maßgeb- **37** lichkeit in einer Darstellung der Vermögens- und Gewinnlage, die den tatsächlichen Verhältnissen gerade nicht entspricht, also in einer Verfehlung des Leitbildes, das sich aus §§ 238 Abs. 1, 242 Abs. 1, 243 Abs. 1, 252 Abs. 1 Nr. 2 und 4 ergibt. Eine derartige Leitbildverfehlung läßt das Gesetz in den §§ 254, 280 Abs. 2 (früher: §§ 154 Abs. 2 Nr. 2, 155 Abs. 3 Nr. 2 AktG a. F.) ausdrücklich zu. Darin liegt eine folgerichtige „Konzession"[106] des Handelsrechts an das Steuerrecht. Es wäre nämlich ein Widerspruch in sich, die Inanspruchnahme von Steuervergünstigungen an eine bestimmte Gestaltung der Handelsbilanz zu binden, die entsprechenden Bilanzansätze aber handelsrechtlich für unzulässig zu erklären. In diesem Sinne ist es zu verstehen, daß der Gesetzgeber des BiRiLiG an der umgekehrten Maßgeblichkeit betont festhält.[107]

Der handelsrechtlichen Beurteilung ist jedoch das **steuerrechtliche Problem** vor- **38** gelagert, ob es geboten oder sinnvoll ist, die Steuervergünstigung von einer entsprechenden Gestaltung der Handelsbilanz abhängig zu machen. Dabei sind zwei Fragen zu unterscheiden, nämlich erstens die nach der Rechtsgrundlage eines derartigen Vorgehens und zweitens die nach dem Sinn solcher Maßnahmen. Die **Rechtsgrundlage** ist mit § 5 Abs. 1 S. 2 EStG geschaffen worden (Rdn. 36). Zweifel an der früheren Praxis der Finanzverwaltung, die auch ohne gesetzliche Basis von der Umkehrmaßgeblichkeit ausging[108] und damit nach verbreiteter Kritik des Schrifttums[109] vor dem BFH scheiterte,[110] sind danach nicht mehr relevant, auch nicht die zuvor mit der auf

---

[105] Einen Überblick geben *Herrmann/Heuer/Raupach* KommEStG[21] § 7, 40.
[106] *Knobbe-Keuk* § 2 III 2.
[107] Begr. RegE, BTDrucks. 10/317, S. 68; Ausschußbericht, BTDrucks. 10/4268, S. 86 f, 101, 109; vgl. auch schon *Kropff* in Geßler/Hefermehl AktG § 154, 37.
[108] Darstellung noch bei *Knobbe-Keuk* § 2 III 2 a; zur dafür bemühten Rechtsprechung des RFH vgl. *Mathiak* StuW 1986, 170, 174 ff.

[109] *Herrmann/Heuer/Raupach* KommEStG[21] § 5, 49j [4]; *Knobbe-Keuk* aaO (Fn. 108); *Tanzer* DStJG 1984, 55, 82 ff (dort Nachweise zum Schrifttum in Fn. 115 und 116); **a. M.** etwa *Bordewin* BB 1974, 1432; *Söffing* FR 1976, 313.
[110] BFH BStBl. 1986 II 324 f = FR 1985, 441 m. Anm. *L. Schmidt* = BB 1985, 1641 f.

die Rechtsprechung reagierenden Notlösung in § 6 Abs. 3 EStG a. F.[111] verbundenen Auslegungsprobleme.[112] **Sinn und Zweck** der umgekehrten Maßgeblichkeit werden in einer *Ausschüttungssperre* gefunden. Dieser Gedanke kann nicht von der Hand gewiesen werden, wäre aber nur dann wirklich überzeugend, wenn sich die Sperre durch Ausweis des niedrigeren Bilanzgewinns auch bei Einzelkaufleuten und Personengesellschaften durchsetzen ließe. Weil das nicht der Fall ist, bleibt die umgekehrte Maßgeblichkeit auch dann eine fragwürdige steuerliche Einrichtung, wenn sie sich auf eine gesetzliche Grundlage stützen kann.[113]

§ 244

Sprache. Währungseinheit

Der Jahresabschluß ist in deutscher Sprache und in Euro aufzustellen.

Übersicht

	Rdn.		Rdn.
I. Grundlagen		c) Insbesondere: ausländische	
1. Regelungsgegenstand und -zweck ..	1	Zweigniederlassungen	12
2. Normadressaten	3	d) Erläuterungspflicht (Anhang)	14
II. Aufstellung des Jahresabschlusses		3. Währung: Umstellung auf Euro	
1. Jahresabschluß	4	a) Grundsatz; Übergangsregelung	
2. Entsprechende Anwendung	5	in Art. 42 EGHGB	15
3. Aufstellung	6	b) Übergangszeitraum	17
III. Sprache und Währung		c) Bilanzierung während des	
1. Sprache......................	7	Übergangszeitraums	18
2. Währung: Allgemeines		d) Bilanzierung nach Ablauf des	
a) Nominalwertprinzip;		Übergangszeitraums	19
Geldentwertung	8	IV. Rechtsfolgen eines Verstoßes	20
b) Umrechnung von Fremd-			
währungen	10		

Schrifttum

(vgl. auch die Angaben vor § 238). *Betsche* Bilanz- und steuerrechtliche Konsequenzen der Einführung des Euro, DStR 1998, 1895; *Csik/Schneck* Fremdwährungsumrechnung in einem Weltabschluß, WPg 1983, 293, 329 und 361; *Ernst* Bilanzrechtliche Regelungen anläßlich der Einführung des Euro, ZGR 1998, 20; *Groh* Zur Bilanzierung von Fremdwährungsgeschäften, DB 1986, 869; *Hakenberg* Das Euro-Einführungsgesetz, BB 1998, 1491; *v. Maydell* Geldschuld und Geldwert – Die Bedeutung von Änderungen des Geldwertes für die Geldschulden (1974); *Pooten* Bilanzrechtliche Auswirkungen des Entwurfs eines Gesetzes zur Einführung des Euro, DStR 1998, 51; *Rädler* Deutsches Steuerrecht und inflationäre Entwicklung im Ausland, StbJb 1975/76, 449; *K. Schmidt* Geldrecht (Sonderausgabe aus Staudinger BGB[12] Bd. II 1983); *Schmitz*

---

[111] Vgl. dazu Ausschußbericht, BTDrucks. 10/4268, S. 146 re. Sp.; *Döllerer* BB 1987 Beilage Nr. 12, S. 15 f; *Dziadkowski* BB 1986, 329; *Förschle/Kropp* WPg 1986, 152; *Nickol* BB 1987, 1772, 1773 ff.

[112] S. dazu *Knobbe-Keuk* § 2 III 2 a; *Küting/Weber/Herzig* Kap. I, 218 f; *Rädler* BFuP 1990, 515, 520.

[113] Vgl. zur Kritik z. B. *Knobbe-Keuk* aaO (Fn. 112); *Küting/Weber/Herzig* aaO (Fn. 112) Rdn. 220 f; *Hennrichs* Wahlrechte im Bilanzrecht der Kapitalgesellschaften (1999) S. 20 ff, 169 ff; *Raupach* FS Moxter (1994) S. 101, 111 f; *Schulze-Osterloh* ZGR 2000, 594, 603.

Auswirkungen der Europäischen Währungsunion auf die Bilanzierung, DB 1997, 1480; *Söffing* 4. EG-Richtlinie – Mögliche steuerliche Auswirkungen (1979); *Tubbesing* Bilanzierungsprobleme bei Fremdwährungsposten im Einzelabschluß, ZfbF 1981, 804.

I. Grundlagen

1. Regelungsgegenstand und -zweck

Die Vorschrift des § 244 regelt Sprache und Währung des Jahresabschlusses. **Spra-** **1** **che.** Eine Vorschrift über die Sprache, in der Bilanz oder Jahresabschluß aufzustellen sind, gab es bis zum BiRiLiG nicht. § 43 Abs. 1 S. 1 a. F. betraf nur die Buchführung und ließ für diese die Verwendung einer lebenden Sprache genügen; ebenso § 239 Abs. 1 S. 1 (s. dort Rdn. 2). Bei der Neuregelung ließ sich der Gesetzgeber von der Beobachtung leiten, daß eine steigende Zahl von Handelsgeschäften von ausländischen Kaufleuten betrieben werde; dies erfordere die Klarstellung, daß der Jahresabschluß in deutscher Sprache aufzustellen sei.[1] Es handelt sich jedoch nicht um eine Klarstellung, sondern um eine neue gesetzliche Anforderung, die der Konkretisierung des Prinzips der Bilanzklarheit dient.[2] Ob eine allgemeine Regelung dieses Inhalts sachlich notwendig war, muß nicht vertieft werden. Die Gründe, die für die sachliche Beibehaltung des § 43 Abs. 1 S. 1 a. F. gesprochen haben, hätten es wohl erlaubt, bei ausländischen Kaufleuten ohne Publizitätspflicht den Jahresabschluß in der Sprache der Buchführung zuzulassen. Übersetzungen aus der Muttersprache des Kaufmanns (§ 239, 2), die jedenfalls zu seiner wirtschaftlichen Selbstkontrolle nichts beitragen, wären damit überflüssig geblieben.

Währung. Als Währungseinheit ist nunmehr, nämlich seit der Änderung des § 244 **2** durch Art. 4 § 1 Nr. 1 EuroEG 1998,[3] der Euro vorgeschrieben. Übergangsweise darf der Jahresabschluß nach Art. 42 Abs. 1 S. 2 EGHGB allerdings auch in DM aufgestellt werden, letztmalig jedoch für das im Kalenderjahr 2001 endende Geschäftsjahr. Einzelheiten der Euro-Umstellung sind unten in Rdn. 15 ff erläutert. Indem die Vorschrift des § 244 die Aufstellung in Euro verlangt, bringt sie für das Bilanzrecht die staatliche Währungshoheit in der Gestalt zum Ausdruck,[4] die sie durch die Entwicklung der Europäischen Wirtschafts- und Währungsunion erhalten hat. Die Bestimmung ist problemlos, soweit in der Bilanz keine Vermögensgegenstände oder Verbindlichkeiten auszuweisen sind, die zunächst in fremder Währung ausgedrückt werden müssen. Wenn dagegen solche **Fremdwährungspositionen** vorhanden sind, erweist sich § 244 als Sitz eines **Umrechnungsgebots,** dessen Konkretisierung in schwierige und gesetzlich nicht geregelte Einzelfragen führt (vgl. Rdn. 11 ff); es stellt deshalb eine sinnvolle Ergänzung des § 244 dar, daß § 284 Abs. 2 Nr. 2 die Angabe der Umrechnungsgrundlagen als Bestandteil des von Kapitalgesellschaften zu erstellenden Anhangs vorschreibt (vgl. Rdn. 15).

2. Normadressaten

Normadressat ist mangels abweichender Bestimmung jeder, der verpflichtet ist, **3** einen Jahresabschluß aufzustellen, also nach § 242 Abs. 1 der **Kaufmann,** und zwar

---

[1] Begr. RegE, BTDrucks. 10/317, S. 73.

[2] Küting/Weber/*Ellerich* 1; *Tipke/Kruse* § 146, 14 (zur Buchführung).

[3] Gesetz zur Einführung des Euro (Euro-Einführungsgesetz – EuroEG) vom 9. 6. 1998 (BGBl. I S. 1242); Begr. RegE, BTDrucks. 13/9347.

[4] Vgl. *v. Maydell* S. 56 f; *K. Schmidt* GeldR vor § 244, A 43.

mit den für die **Buchführungspflicht** entwickelten **Präzisierungen** (vgl. § 242, 4; § 238, 7 ff). Namentlich muß der inländische Kaufmann auch seine in einer ausländischen Zweigniederlassung vorhandenen Vermögensgegenstände und Schulden in DM bilanzieren. Er darf und muß also Bewertungen zwar in fremder Währung vornehmen, soweit es um die gesonderte Buchführung für die Zweigniederlassung geht; bei der Übernahme der dort erzielten Ergebnisse in seine Bilanz muß die Fremdwährung jedoch umgerechnet werden (vgl. Rdn. 13 f). § 244 gilt auch für den ausländischen Kaufmann mit inländischer Zweigniederlassung, und zwar auch, soweit nicht nach § 53 Abs. 2 Nr. 2 KWG, § 106 Abs. 2 S. 3 VAG gesondert zu bilanzieren ist (vgl. § 238, 25 ff). Weil Buchführung und Bilanzierung in den Ausnahmebereich fallen, in dem deutsches Recht gilt (§ 13b, 15; § 238, 24; § 242, 4), ist die für die Zweigniederlassung erforderliche besondere Bilanz in Euro (oder übergangsweise: in DM) aufzustellen (vgl. auch Rdn. 1 zum gesetzgeberischen Motiv). Dabei genügt es, daß der ausländische Inhaber ein Handelsgewerbe betreibt. Daß er die Kaufmannseigenschaft auch allein durch den Betrieb der Zweigniederlassung aufweist, ist dagegen nicht erforderlich (wohl **a. A.** ADS[6] 4).

II. Aufstellung des Jahresabschlusses

1. Jahresabschluß

4   Das Erfordernis der deutschen Sprache und der Gemeinschaftswährung gilt für den Jahresabschluß. Der Begriff ist nach §§ 242 Abs. 3, 264 Abs. 1 S. 1 zu bestimmen. Den Anforderungen des § 244 müssen also die **Bilanz,** die **GuV** und bei Kapitalgesellschaften der **Anhang** genügen. Keine entsprechende Bestimmung gibt es für den **Lagebericht** (§§ 264 Abs. 1 S. 1, 289). Aus der Gesetzeslage sollte jedoch keineswegs ein Umkehrschluß gezogen werden, nach dem für den Lagebericht eine fremde Sprache zulässig wäre. Ein derartiges Resultat wäre nicht nur sachwidrig, sondern widerspräche auch dem feststellbaren Willen des Gesetzgebers, dem ein offenbares Redaktionsversehen unterlaufen ist. Die Regierungsentwürfe (§ 244 entspricht § 40 Abs. 1 HGB-E, s. BTDrucks. 10/317, S. 3) enthielten nämlich bis zuletzt § 149 AktG-E, nach dem die Vorschriften des HGB auch bei der Aufstellung des Lageberichts zu beachten waren (BTDrucks. 10/317, S. 27); Entsprechendes sah § 42 Abs. 1 GmbHG-E (BTDrucks. 10/317, S. 36) vor. Bei der Streichung dieser Vorschriften infolge der Konzeptionsänderung wurde in der Beschlußempfehlung des Rechtsausschusses (BTDrucks. 10/4268, S. 125, 130) übersehen, daß die umfassende Regelung im HGB zwar für den Jahresabschluß, aber nicht für den Lagebericht getroffen wurde. Die ungewollte Lücke ist durch sinngemäße Anwendung des § 244 zu schließen (ebenso *IDW* RS HFA 1 vom 29. 6. 1998 2.3.3 [15] = WPg 1998, 653; ADS[6] 1; Beck BilKomm-*Budde/Kunz* 2).

2. Entsprechende Anwendung

5   Für die **Eröffnungsbilanz** und den **Konzernabschluß** sieht das Gesetz die entsprechende Anwendung des § 244 vor; vgl. §§ 242 Abs. 1 S. 2, 298 Abs. 1. Weil zum Konsolidierungskreis alle Tochterunternehmen ohne Rücksicht auf ihren Sitz gehören (§ 294 Abs. 1), sind die in Fremdwährung bewerteten Vermögensgegenstände, Schulden etc. (§ 300) sowie das Kapital (§ 301) ausländischer Töchter in Euro (oder übergangsweise: in DM) umzurechnen. Die Probleme, die sich dabei über das Recht des Einzelabschlusses hinaus ergeben können, sind im Rahmen der §§ 298, 300 ff zu erläutern.

3. Aufstellung

§ 244 gilt für die Aufstellung des Jahresabschlusses. Das seiner **Feststellung vorge- 6 lagerte tatsächliche Arbeitsergebnis** (zur Unterscheidung von Auf- und Feststellung vgl. § 242, 16 ff, 46) muß also in deutscher Sprache abgefaßt sein und die Bewertungen in Euro (oder übergangsweise: in DM) enthalten. Diesem Erfordernis ist bei Einzelkaufleuten Genüge getan, wenn der Jahresabschluß vor seiner Unterzeichnung (§ 245 S. 1) den Anforderungen des § 244 entspricht. Bei OHG und KG sind die geschäftsführenden Gesellschafter verpflichtet, ihren für die Feststellung des Jahresabschlusses vorgesehenen Entwurf in der Form des § 244 zu fertigen. Bei der AG ist auf die Vorlage an die Abschlußprüfer, bei kleinen Gesellschaften (§ 267 Abs. 1) auf die unmittelbare Vorlage an den Aufsichtsrat abzustellen (§ 170 Abs. 1 AktG). Für die GmbH gilt Entsprechendes. An die Stelle des Aufsichtsrats treten die Gesellschafter (§ 42a Abs. 1 GmbHG), soweit nicht § 52 GmbHG oder mitbestimmungsrechtliche Vorschriften die Vorlage an den Aufsichtsrat bedingen.

III. Sprache und Währung

1. Sprache

Der **Jahresabschluß** ist in deutscher Sprache aufzustellen. Mangelnde Sprach- 7 kenntnisse rechtfertigen auch bei Ausländern keine Ausnahme. Notfalls muß die Hilfe eines Übersetzers in Anspruch genommen werden. Übersetzungskosten sind Jahresabschlußkosten und als solche nach § 249 Abs. 1 S. 1 (Ungewißheit jedenfalls der Höhe nach) rückstellungspflichtig. Für die **Buchführung** verbleibt es bei dem Erfordernis einer lebenden Sprache (§ 239 Abs. 1; dort Rdn. 2). Jedoch kann die Finanzbehörde Übersetzungen verlangen (§ 146 Abs. 3 S. 2 AO).

2. Währung: Allgemeines

a) **Nominalwertprinzip; Geldentwertung.** Zu Problemen führt nicht die gesetz- 8 lich vorgegebene Rechengröße, sondern das damit verbundene Nominalwertprinzip, also die Annahme, daß die Währungseinheit als Wertmesser im Zeitablauf konstant bleibt.[5] Das Nominalwertprinzip nimmt Kaufkraftverluste also nicht zur Kenntnis und kann damit zu ausschüttungsfähigen und steuerpflichtigen Scheingewinnen (allerdings auch zu echten Schuldnergewinnen) führen (für die Deflation gilt die Umkehrung); sogenanntes **Prinzip der nominellen Kapitalerhaltung.** Daß das Nominalwertprinzip nicht aus § 244 folgt (ADS[6] 7; *Wiedmann* 3), ist zwar richtig. Diese Beobachtung ändert aber nichts daran, daß sich das Prinzip gerade wegen § 244 auf die Gewinnermittlung auswirkt. Abhilfe wäre praktisch möglich, wenn etwa die Abschreibungen von Gegenständen des Anlagevermögens auf der Grundlage von Wiederbeschaffungswerten vorgenommen und/oder eine Neubewertungsrücklage gebildet würde, wobei sich die Bewertung an Indices (nicht problemfrei: welche?) ausrichten könnte.[6] Entsprechende Reformforderungen sind jedoch schon bei der Aktienrechtsreform 1965 gescheitert.[7] Die durch Art. 33 BilRL gebotenen Möglichkeiten, insbesondere die einer Neubewertungsrücklage (Art. 33 Abs. 4 BilRL), hat auch der

---

[5] Überblick bei *Großfeld* BilanzR[3] Rdn. 433 ff; Küting/Weber/*Knop* § 255, 2 ff; *Siepe* FS Budde (1995) S. 615 ff.

[6] *Großfeld* BilanzR[3] Rdn. 441 ff; vgl. auch *K. Schmidt* GeldR vor § 244, D 340 ff (dort in Rdn. 340 weitere Literaturangaben).

[7] Vgl. *Kropff* AktG S. 242.

Uwe Hüffer

Gesetzgeber des BiRiLiG nicht ergriffen; die Bundesregierung hat vielmehr bereits 1978 zu Protokoll erklärt, „daß sie Bewertungsmethoden zur Berücksichtigung inflationärer Entwicklungen ablehnt und daß sie solche Bewertungsmethoden für die Bundesrepublik Deutschland nicht zulassen wird" (BTDrucks. 9/1978, S. 87 li. Sp.). Wegen der Einzelheiten vgl. Erl. zu §§ 253, 255 und 272.

9   In seinem Kern ist das Problem weniger eines des Handelsbilanz- als des Steuerrechts; denn die Substanz des Unternehmens kann auch durch Zuführungen zu freien Rücklagen erhalten werden. Reformforderungen richten sich deshalb letztlich darauf, Maßnahmen zur Substanzerhaltung **aus unversteuertem Gewinn** ergreifen zu dürfen. Es geht deshalb nicht nur um bilanzielle Probleme, auch nicht allein um die Inflationsmentalität, der nicht Vorschub geleistet werden soll, sondern um die angemessene Besteuerung von Unternehmen und, wenn unternehmensspezifische Regeln gefunden werden, um die Gleichmäßigkeit der Besteuerung.[8] Der Zusammenhang macht deutlich, daß eine bei der Bilanz ansetzende Reform wohl auch in Zukunft nicht zu erwarten ist. **Steuerliche Ergebniskorrekturen** werden immerhin durch die Reinvestitionsregelung des § 6b EStG und (soweit steuerlich anerkannt) durch die Bewertung von Gegenständen des Vorratsvermögens im Lifo-Verfahren (§ 256) bewirkt.[9]

10   **b) Umrechnung von Fremdwährungen.** § 244 zwingt dazu, Vermögensgegenstände und Schulden, die zunächst in Fremdwährung ausgedrückt sind, für den Jahresabschluß in Euro umzurechnen. Die praktische Bedeutung der damit verbundenen Fragen ist heute evident. Gleichwohl haben sich spezielle Umrechnungs-GoB bislang nicht herausgebildet. Die Bilanzierung erfolgt vielmehr **nach den allgemeinen Bilanzierungs- und Bewertungsregeln** (§ 252; §§ 253 ff)[10] und ist in diesem Zusammenhang näher darzustellen. Leitlinien zu formulieren, ist angesichts der Vielgestaltigkeit der Sachverhalte eher gefährlich als nützlich.

11   Folgende **aktuelle Einzelpunkte** können festgehalten werden: **Forderungen** sind nach neuerer Ansicht grundsätzlich mit dem historischen Kurs anzusetzen. Das ist der Devisenkurs (Geld), der im Realisationszeitpunkt (vollfällige Forderung nach eigener Leistung) gilt.[11] Wenn dieser Kurs am Bilanzstichtag niedriger ist, muß (§ 253 Abs. 3) oder kann (§ 253 Abs. 2 S. 3) der niedrigere Stichtagskurs angesetzt werden. Eine früher verbreitete gegenteilige Praxis, die pauschal zum Stichtagskurs umrechnete, führte bei gestiegenen Kursen zum Ausweis eines nicht realisierten Währungsgewinns und konnte deshalb nicht aufrechterhalten werden; bei fallenden Kursen ist sie unbedenklich (Niederstwertprinzip). Korrespondierende Probleme ergeben sich bei **Verbindlichkeiten**. Richtigerweise wird hier der Devisenkurs (Brief) angesetzt, der sich für den Realisationszeitpunkt ergibt, es sei denn, daß sich für den Bilanzstichtag ein höherer Kurs ergibt (Höchstwertprinzip).[12] Eine Umrechnung zum niedrigeren Stichtagskurs ist unzulässig, weil der aus der Kursdifferenz folgende Schuldnergewinn noch nicht realisiert ist. **Geschlossene Positionen** (= Sicherung des Grund- durch ein der Deckung dienendes Devisentermingeschäft): Nach ganz h. M. ist Kompensation zulässig, aber jedenfalls nicht generell geboten; es besteht ein Wahlrecht zwischen Ver-

---

[8] Vgl. die Zusammenstellung von Argumenten bei *Söffing* 4. EG-Richtlinie S. 43 ff.

[9] *Knobbe-Keuk* § 5 III 2 d bb; § 6 II 3b.

[10] Ausführliche Erörterungen aus neuerer Zeit: *Csik/Schneck* WPg 1983, 293, 329 und 361; *Groh* DB 1986, 869; *Tubbesing* ZfbF 1981, 804; eingehend auch Küting/Weber/*Langenbucher* I Rdn. 640 ff.

[11] Küting/Weber/*Langenbucher* I Rdn. 685 ff; GoB[7]-*Leffson* S. 290 ff; *Tubbesing* ZfbF 1981, 804, 809 ff; WP-Hdb. 2000[12] Bd. I E 427.

[12] Vgl. die Nachw. in Fn. 11; namentlich Küting/Weber/*Langenbucher* I Rdn. 692; ferner WP-Hdb. 2000[12] Bd. I E 441; a. A. KK-*Claussen*/*Korth* HGB § 252, 56 (auch Mittelkurs).

rechnung und Einzelbewertung.[13] Dem ist unter Beschränkung auf Währungsidentität beizutreten.[14] Die Lösung kann auf eine Deckung des Kursrisikos durch Währungsoptionen übertragen werden.[15]

c) Insbesondere: ausländische Zweigniederlassungen. Der Kaufmann ist gehal- **12** ten, sein gesamtes Geschäftsvermögen in den Jahresabschluß einzubeziehen, also auch das Vermögen, das unter gesonderter Buchführung seinen Zweigniederlassungen zugewiesen ist (§ 242, 4). Wenn es sich dabei um eine ausländische Zweigniederlassung handelt, zwingt § 244 zur Umrechnung der dort verbuchten Fremdwährungspositionen. Wie das zu geschehen hat, wird wenig erörtert.[16] **Drei Ansichten** sind denkbar und werden vertreten: Es müssen **sämtliche Geschäftsvorfälle** der Zweigniederlassung in Euro umgerechnet werden;[17] die Umrechnung erfolgt nach den Methoden, die für die **Konsolidierung** von Jahresabschlüssen ausländischer Tochtergesellschaften in Gebrauch sind;[18] es genügt die **Umrechnung des** auf die Zweigniederlassung entfallenden **Jahresergebnisses**.[19] Die erste Ansicht läuft auf die Verpflichtung hinaus, die Buchführung für die Zweigniederlassung „doppelt" in Fremdwährung und Euro vorzunehmen. Eine derartige Verpflichtung läßt sich jedoch aus §§ 238, 239 nicht ableiten und kann auch nicht auf § 244 gestützt werden, weil die Vorschrift nur den Jahresabschluß betrifft; diese Ansicht ist also abzulehnen, soweit sie eine Verpflichtung begründen will; gegen die Zulässigkeit des Verfahrens sind keine Bedenken zu erheben. Umgekehrt ist die bloße Umrechnung des im Ausland erzielten Jahresergebnisses mit § 246 Abs. 1 nicht zu vereinbaren, weil danach im Jahresabschluß die Vermögensgegenstände, Schulden etc. enthalten sein müssen. Es bleibt also nur die Konsolidierung übrig.

Für die **Konsolidierung** sind das **Zeitbezugs- und das Stichtagskursverfahren** in **13** Gebrauch.[20] Sachlich überlegen ist die erste Methode, weil ihre Modellannahme (das ausländische Unternehmen bucht und bilanziert in der Währung der Mutter) am ehesten zu zutreffenden Bewertungen führt. Einfacher zu handhaben ist die Stichtagsmethode, bei der aber wieder das Risiko besteht, daß unrealisierte Gewinne ausgewiesen werden (vgl. Rdn. 10 f). Es läge deshalb in der Tendenz der zur allgemeinen Umrechnungsproblematik entwickelten Ansichten, auf das Stichtagskursverfahren zu verzichten. Jedenfalls muß es auf solche Währungen beschränkt bleiben, die in der Relation zum Euro keinen wesentlichen Schwankungen ausgesetzt sind.[21]

d) Erläuterungspflicht (Anhang). Kapitalgesellschaften sind gehalten, in dem von **14** ihnen aufzustellenden Anhang (§ 264 Abs. 1) die Grundlagen anzugeben, von denen sie bei der Umrechnung von Fremdwährungspositionen ausgegangen sind (§ 284 Abs. 2

---

13 Beck BilKomm-*Clemm/Erle* § 253, 78; *Groh* DB 1986, 869, 873; Küting/Weber/*Langenbucher* I Rdn. 745; GoB[7]-*Leffson* S. 292; *Tubbesing* ZfbF 1981, 804, 816 f.

14 Zutreffend etwa Beck BilKomm-*Clemm/Erle* § 253, 77. Nicht zu folgen ist einer früher vertretenen Ansicht, nach der Kompensation auch bei Währungsverschiedenheit zulässig sein sollte, wenn das Risiko als gleich groß beurteilt werden konnte.

15 Küting/Weber/*Langenbucher* I Rdn. 760; *Groh* DB 1986, 869, 873.

16 Ausnahme: Küting/Weber/*Langenbucher* I Rdn. 765 ff, denen die Darstellung im wesentlichen folgt.

17 *Rädler* StBJb 1975/76, S. 449, 457.

18 Küting/Weber/*Langenbucher* I, Rdn. 766; *Csik/Schneck* WPg 1983, 293 ff m. w. N.

19 *Baranowski* Besteuerung von Auslandsbeziehungen (1978) S. 100.

20 Dazu und zu weiteren, praktisch weniger gebräuchlichen Methoden Küting/Weber/*Langenbucher* I Rdn. 768; *Csik/Schneck* WPg 1983, 293, 296 ff.

21 Küting/Weber/*Langenbucher* I Rdn. 772: zulässig bei den (vormaligen) EWS-Ländern, also bei Schwankung nur innerhalb einer festen Bandbreite, aber z.B. nicht gegenüber US-Dollar, Pfund oder Yen.

Uwe Hüffer

Nr. 2). Zu den Grundlagen gehören zunächst einmal die **Rechnungsgrundlagen**, also die Währungskurse, von denen ausgegangen worden ist. Anzugeben ist ferner, welche **Umrechnungsmethoden** angewandt worden sind, insbesondere, ob es sich um historische Kurse (Anschaffungskurse) oder um Stichtagskurse handelt, ob von der Kompensationsmöglichkeit Gebrauch gemacht worden ist (Rdn. 11), bei Zweigniederlassungen, ob konsolidiert worden ist und, wenn ja, nach welchen Verfahren (Rdn. 12 f).

3. Währung: Umstellung auf Euro

15 a) **Grundsatz; Übergangsregelung in Art. 42 EGHGB.** Soweit es um die Umstellung von DM auf Euro geht, vermittelt die apodiktische Textfassung des § 244 (s. dazu zunächst Rdn. 2) kein vollständiges Bild. Sie ist nämlich um die Übergangsvorschriften zu ergänzen, die in Art. 4 § 2 EuroEG 1998 (Rdn. 2) enthalten sind. Soweit es um § 244 HGB geht, liegt ihr Schwerpunkt in der in Art. 42 EGHGB getroffenen Regelung. Sie folgt ihrerseits dem Grundsatz, bei dem Übergang auf die neue Währung möglichst viel zuzulassen und möglichst wenig zu erzwingen oder zu verbieten; im Verkürzen der Formulierung: „kein Zwang, keine Behinderung".[22] Aus § 244 i.V.m. § Art. 42 EGHGB folgt also, daß die Aufstellungspflichtigen für den Übergangszeitraum (Rdn. 17) ein **Wahlrecht** haben, ob sie den Jahresabschluß schon in Euro aufstellen (§ 244) oder noch in DM bilanzieren wollen (Art. 42 Abs. 1 S. 2 EGHGB). Das gilt mangels anderer Bestimmung auch für die dem Publizitätsgesetz[23] unterliegenden Unternehmen. Weil die Pflichten aus § 242 durch § 244 und die zugehörige Übergangsregelung konkretisiert werden, sind die Vorschriften gem. § 5 Abs. 1 S. 1 PublG sinngemäß anzuwenden.[24]

16 **Gesetzestext.** Im einzelnen ist im EGHGB vorgesehen:

Artikel 42

(1) Die §§ 244, 284 Abs. 2 Nr. 2, § 292a Abs. 1 Satz 1, § 313 Abs. 1 Nr. 2 und § 340h Abs. 1 Satz 1 und 2 des Handelsgesetzbuchs in der ab 1. Januar 1999 geltenden Fassung sind erstmals auf das nach dem 31. Dezember 1998 endende Geschäftsjahr anzuwenden. Der Jahres- und Konzernabschluß darf auch in Deutscher Mark aufgestellt werden, letztmals für das im Jahr 2001 endende Geschäftsjahr. Sofern der Jahresabschluß und der Konzernabschluß nach Satz 2 in Deutscher Mark aufgestellt werden, sind auch die nach § 284 Abs. 2 Nr. 2, § 292a Abs. 1 Satz 1, § 313 Abs. 1 Nr. 2 sowie § 340h Abs. 1 Satz 1 und 2 vorgeschriebenen Angaben weiterhin in Deutscher Mark zu machen. § 328 Abs. 4 des Handelsgesetzbuchs ist letztmals auf das spätestens am 31. Dezember 1998 endende Geschäftsjahr anzuwenden.

(2) Werden der Jahresabschluß und der Konzernabschluß in Euro aufgestellt, ist § 265 Abs. 2 des Handelsgesetzbuchs mit der Maßgabe anzuwenden, daß zu jedem Posten der entsprechende Betrag des vorhergehenden Geschäftsjahres in Euro anzugeben ist. Die Umrechnung hat insoweit auch für ein Geschäftsjahr, das vor dem 1. Januar 1999 endet, zu dem vom Rat der Europäischen Union gemäß Art. 109l Abs. 4 Satz 1 des EG-Vertrages unwiderruflich festgelegten Umrechnungskurs zu erfolgen. Satz 2 gilt entsprechend für die Darstellung der Entwicklung der einzelnen Posten des Anlagevermögens und des Postens „Aufwendungen für die Ingangsetzung und Erweiterung des Geschäftsbetriebs" in der Bilanz oder im Anhang nach § 268 Abs. 2 des Handelsgesetzbuchs.

(3) Stellen Unternehmen vor Umstellung ihres gezeichneten Kapitals auf Euro den Jahres- und Konzernabschluß in Euro auf, darf das gezeichnete Kapital in der Vorspalte der Bilanz wei-

[22] Begr. RegE, BTDrucks. 13/9347, S. 42 re. Sp.
[23] Gesetz über die Rechnungslegung von bestimmten Unternehmen und Konzernen (Publizitätsgesetz – PublG) vom 10.8.1969 (BGBl. I S. 1169), zuletzt geändert durch Gesetz vom 24.2.2000 (BGBl. I S. 154).
[24] Begr. RegE, BTDrucks. 13/9347, S. 42 li. Sp.; *Ernst* ZGR 1998, 20, 26.

terhin in Deutscher Mark ausgewiesen werden, sofern der sich in Euro ergebende Betrag in der Hauptspalte ausgewiesen wird. Stellen Unternehmen den Jahres- und Konzernabschluß nach Umstellung ihres gezeichneten Kapitals auf Euro in Deutscher Mark auf, darf das gezeichnete Kapital in der Vorspalte in Euro ausgewiesen werden, sofern der sich in Deutscher Mark ergebende Betrag in der Hauptspalte ausgewiesen wird. Statt des Ausweises in der Vorspalte darf das gezeichnete Kapital auch im Anhang angegeben werden.

b) Übergangszeitraum. Die Übergangszeit für die dritte Stufe der Wirtschafts- und Währungsunion umfaßt den Zeitraum vom 1. Januar 1999 bis zum 31. Dezember 2001.[25] Bereits mit dem 1.1.1999 ist der Euro die als Buchgeld maßgebliche einheitliche Währung geworden. Entsprechend sind die DM und die anderen beteiligten nationalen Währungen nur noch Denominationen des Euro. Mit dem 31. Dezember 2001 haben sie auch diese Bezeichnungsfunktion verloren. Die Übergangszeit ist auch für die Umstellung der Rechnungslegung maßgeblich, wobei es auf den jeweiligen Bilanzstichtag ankommt. Das Recht, zwischen einer Aufstellung des Jahresabschlusses schon in Euro oder noch in DM zu wählen, besteht also erstmalig, wenn das Geschäftsjahr nach dem 31.12.1998 endet (Art. 42 Abs. 1 S. 1 EGHGB). Letztmalig darf eine Aufstellung in DM für das bis zum 31.12.2001 endende Geschäftsjahr vorgenommen werden (Art. 42 Abs. 1 S. 2 EGHGB). **17**

c) Bilanzierung während des Übergangszeitraums. Das während des Übergangszeitraums (Rdn. 17) bestehende Wahlrecht zugunsten einer Fortsetzung der Bilanzierung in DM (Rdn. 15) werden nach der Annahme des Gesetzgebers[26] namentlich diejenigen Unternehmen ausüben, deren Geschäftätigkeit im wesentlichen auf das Inland beschränkt ist. Daneben ist auch an diejenigen zu denken, bei denen die Umstellung der Buchführung und des Jahresabschlusses auf den Euro technische Schwierigkeiten bereitet. Wer zugunsten eines Jahresabschlusses in DM optiert, ist nicht gehindert, den **Konzernabschluß** in Euro aufzustellen; dasselbe gilt umgekehrt.[27] Die von § 244 HGB eröffnete Möglichkeit, schon vor dem 1.1.2002 den Jahresabschluß in Euro aufzustellen, kann auch für die sogenannte **Steuerbilanz** beibehalten werden. § 60 EStDV steht dem nicht entgegen, verlangt also nicht, daß die sogenannte Steuerbilanz zwingend in DM aufgestellt wird.[28] Kein Hindernis für die Umstellung des Jahresabschlusses auf Euro stellt es schließlich dar, daß AG oder GmbH ihr **gezeichnetes Kapital** noch in DM ausweisen.[29] Das ergibt sich aus Art. 42 Abs. 3 S. 1 EGHGB, der für diesen Fall vorschreibt, daß der DM-Betrag des gezeichneten Kapitals in der Vorspalte ausgewiesen wird (ersatzweise nach Art. 42 Abs. 3 S. 3 EGHGB: im Anhang); der in Euro umgerechnete Betrag gehört in die Hauptspalte.[30] Wie Art. 42 Abs. 3 S. 2 EGHGB zeigt, ist auch die Umkehrung möglich, also der Ausweis des Grund- oder Stammkapitals in Euro, während es für den Jahresabschluß noch bei DM verbleibt; praktisch kommen dafür vor allem Neugründungen in Betracht.[31] **18**

d) Bilanzierung nach Ablauf des Übergangszeitraums. Mit Ablauf des Übergangszeitraums, nämlich für alle Bilanzstichtage nach dem 31.12.2001 (Rdn. 17), wird aus dem Wahlrecht zwischen Euro- und DM-Bilanzierung die Pflicht, den Jahresabschluß in Euro aufzustellen. Sofern das Geschäftsjahr dem Kalenderjahr entspricht, ist **19**

---

[25] Vgl. zu den europarechtlichen Grundlagen der Euro-Einführung z.B. *Ernst* ZGR 1998, 20, 21 f; *Hakenberg* BB 1998, 1491; Überblick auch bei MünchKommAktG-*Heider* § 6, 20 ff.
[26] Begr. RegE, BTDrucks. 13/9347, S. 42 f.
[27] Begr. RegE, BTDrucks. 13/9347, S. 43 li. Sp.; *Ernst* ZGR 1998, 20, 25.
[28] Begr. RegE aaO (Fn. 27); s. dazu *Ernst* ZGR 1998, 20, 25 f; *Hoffmann* DStR 1998, 549, 550 re. Sp.
[29] Begr. RegE, BTDrucks. 13/9347, S. 44 li. Sp.
[30] *Hüffer* § 6, 5; *Ihrig/Streit* NZG 1998, 201, 202 li. Sp.; *Hakenberg* BB 1998, 1491, 1493 re. Sp.
[31] *Hüffer* aaO (Fn. 30).

von dieser Pflicht erstmals der Abschluß für 2002 betroffen. Es gibt dabei **keine Euro-Eröffnungsbilanz.**[32] Das ist folgerichtig, weil es sich nur um eine Währungsumstellung, nicht um eine Währungsreform handelt, also Neubewertungen aus diesem Anlaß weder erforderlich noch zulässig sind. Die Umrechnung erfolgt daher durch **lineare Transformation.** Darunter ist die Umrechnung der Bilanzposten zum festgelegten Umrechnungskurs zu verstehen (1 Euro = 1,95583 DM). **Umstellungskosten** sind betriebliche Aufwendungen und mindern als solche den Jahresüberschuß des Umstellungsjahrs. Eine Verteilung auf mehrere Jahre ist nur möglich, wenn es sich bei Aufwendungen um selbstgeschaffene Vermögensgegenstände des Anlagevermögens handelt und das Wahlrecht ausgeübt wird, solche Aufwendungen als Bilanzierungshilfe zu aktivieren (Art. 44 EGHGB).[33]

IV. Rechtsfolgen eines Verstoßes

20   Soweit Prüfungspflicht besteht, ist die Einhaltung des § 244 in die **Abschlußprüfung** einzubeziehen. Für die Organmitglieder einer Kapitalgesellschaft, insbesondere für die Vorstandsmitglieder der AG oder für die Geschäftsführer der GmbH ist der Verstoß gegen § 244 eine bußgeldbewehrte **Ordnungswidrigkeit** nach § 334 Abs. 1 Nr. 1 lit. a. **Bestrafung** wegen eines Insolvenzdelikts nach §§ 283 ff StGB (§ 238, 65 ff) ist bei einem Verstoß gegen das Gebot deutscher Sprache eher fernliegend, kommt aber dann in Betracht (§ 283 Abs. 1 Nr. 7 lit. a StGB), wenn die Übersicht über den Vermögensstand bei der gebotenen Umrechnung von Fremdwährungspositionen erschwert worden ist (etwa: falsche Währungskurse, fingierte Deckungsgeschäfte).

§ 245
Unterzeichnung

Der Jahresabschluß ist vom Kaufmann unter Angabe des Datums zu unterzeichnen. Sind mehrere persönlich haftende Gesellschafter vorhanden, so haben sie alle zu unterzeichnen.

Übersicht

	Rdn.		Rdn.
I. Grundlagen		3. Keine Unterzeichnungpflicht für	
1. Regelungsgegenstand und -zweck ..	1	das Inventar	8
2. Rechtsnatur und Unterzeichnungs-		III. Die Person des Unterzeichnungs-	
pflicht	2	pflichtigen	
3. Normadressaten	3	1. Einzelkaufleute	9
II. Gegenstand der Unterzeichnungs-		2. Handelsgesellschaften	10
pflicht		IV. Die Unterzeichnung	
1. Jahresabschluß		1. Namensunterschrift	11
a) Bilanz, GuV, Anhang	4	2. Angabe des Datums	12
b) Auf- oder festgestellter Jahres-		V. Insbesondere: OHG und KG	
abschluß?	5	(§ 245 S. 2)	13
2. Entsprechende Anwendung	7	VI. Rechtsfolgen eines Verstoßes	14

---

[32] Vgl. dazu und zum Folgenden *Betsche* DStR 1998, 1805 f; *Pooten* DStR 1998, 51, 52 li. Sp.

[33] Einzelheiten: Begr. RegE, BTDrucks. 13/9347, S. 45 f; ADS[6] Erg. Bd. 2001 § 244, 15 ff.

Schrifttum

(zum Fragenkreis Unterzeichnung/Feststellung vgl. die Angaben bei § 242). *Biener* Die Neufassung handelsrechtlicher Buchführungsvorschriften, DB 1977, 527; *Erle* Unterzeichnung und Datierung des Jahresabschlusses bei Kapitalgesellschaften, WPg 1987, 637; *Maluck/Göbel* Die Unterzeichnung der Bilanz nach § 41 HGB, WPg 1978, 624; *Offerhaus* Die neuen handelsrechtlichen Buchführungsvorschriften, BB 1976, 1622; *Schubert* Die Unterzeichnung der Jahresabschlüsse von Aktiengesellschaften, WPg 1956, 393; *Weilinger* Die Aufstellung und Feststellung des Jahresabschlusses im Handels- und Gesellschaftsrecht (1997) S. 361–382.

I. Grundlagen

1. Regelungsgegenstand und -zweck

Die Vorschrift verpflichtet zur **datierten Unterzeichnung des Jahresabschlusses** **1** und entspricht bis auf die Verwendung dieses Begriffs anstelle des Wortes Bilanz wörtlich § 41 a. F.; zur früher vorgeschriebenen Unterzeichnung des Inventars vgl. Rdn. 8. Die Regelung dient der **Rechtsklarheit**. Sie will gewährleisten, daß der Kaufmann oder die sonst verpflichteten Personen öffentlich durch ihre Unterschrift die Verantwortung für den Jahresabschluß übernehmen und durch die vorgeschriebene Angabe des Datums zugleich den Zeitpunkt festlegen, in dem sie ihrer Verpflichtung nachgekommen sind (vgl. BGH BB 1962, 426; kritisch zur Übernahme der Verantwortung *Weilinger* Die Aufstellung und Feststellung (1997) Rdn. 839 ff); erreicht wird der Gesetzeszweck allerdings nur teilweise (vgl. noch Rdn. 5 f, 12). Damit wird auch die Unterscheidung zwischen dem Jahresabschluß und etwa vorhergehenden Entwürfen getroffen. Die öffentliche Verantwortung ist in erster Linie die strafrechtliche Verantwortung i. S. d. §§ 283 ff StGB (§ 238, 65 ff); denn der gem. § 245 unterzeichnete Jahresabschluß ist dasjenige Zahlenwerk, das eine ordnungsmäßige Vermögensübersicht ermöglichen muß. Der damit verbundene Druck und die Appellfunktion des Unterschriftserfordernisses dienen zugleich dem Gläubigerschutz. Schließlich hat die Unterzeichnung des Jahresabschlusses auch beweisrechtliche Bedeutung (§ 416 ZPO).

2. Rechtsnatur der Unterzeichnungspflicht

Weil die Pflicht zur Unterzeichnung als Bestandteil der Buchführungs- und Bilan- **2** zierungspflicht dem Allgemeininteresse dient (§ 238, 2 f), kann sie wie diese als **öffentlich-rechtliche Pflicht** charakterisiert werden. Darüber besteht Einigkeit.[1] Nicht selten findet sich aber die Meinung, daß die Unterzeichnung des Jahresabschlusses auch eine zivilrechtliche Seite hat. Sie soll namentlich gegenüber Mitgesellschaftern, aber auch gegenüber Gläubigern, die an Gewinn oder Umsatz beteiligt sind, eine Art Anerkenntnis zum Ausdruck bringen, das, jedenfalls verbunden mit der Mitteilung des Jahresabschlusses, deren Ansprüche begründet oder konkretisiert.[2] Daran ist richtig, daß Ansprüche auf Gewinnbeteiligung die bilanzmäßige Ermittlung des Gewinns voraussetzen, daß diese Ermittlung jedenfalls dann Vertragscharakter hat, wenn sie unter den Gesellschaftern einer OHG oder KG durch die Feststellung des Jahresabschlusses erfolgt (BGHZ 76, 338, 342 = NJW 1980, 1689: Grundlagengeschäft unter den Gesellschaftern), schließlich auch, daß die Unterzeichnung des Jahresabschlusses durch

---

[1] BGH BB 1985, 567; OLG Karlsruhe WM 1987, 533, 536; aus dem Schrifttum vgl. statt vieler ADS⁶ 1; *Baumbach/Hopt* 1 f; Beck BilKomm-*Budde/Kunz* 2.

[2] So z. B. *Brüggemann* Voraufl. § 41, 2; *Küting/Weber/Ellerich* 1; vgl. auch Fn. 4.

Uwe Hüffer

sämtliche Gesellschafter der äußere Tatbestand sein kann und regelmäßig ist, in dem der Vertragskonsens Ausdruck findet. Es handelt sich dabei jedoch nicht um eine zivilrechtliche Seite der Unterzeichnungspflicht, sondern um sachlich völlig getrennte, nur äußerlich zusammenfallende Rechtsvorgänge. Es gibt **keine zivilrechtliche Seite der Unterzeichnungspflicht**, die über diesen äußerlichen Zusammenhang hinausginge (zust. *Weilinger* Die Aufstellung und Feststellung (1997) Rdn. 849 Praktische Bedeutung hat diese Feststellung namentlich für die Mitwirkung des Kommanditisten an der Bilanzierung der KG;[3] die dagegen aus § 245 S. 2 (§ 41 S. 2 a. F.) vorgebrachten Argumente[4] gehen ins Leere. Die Feststellung der Bilanz, die Personen der Feststellungsberechtigten und die Rechtswirkungen der Feststellung sind deshalb nicht hier, sondern im Zusammenhang des § 242 erläutert (vgl. dort Rdn. 16 ff, 46 ff).

3. Normadressaten

3 § 245 spricht in Satz 1 den Kaufmann, in Satz 2 die persönlich haftenden Gesellschafter an. **Kaufmann:** Unterzeichnungspflichtig ist, wer einen Jahresabschluß aufzustellen hat; der Kreis der Unterzeichnungspflichtigen deckt sich also mit dem Kreis der Buchführungspflichtigen (vgl. § 242, 4 f; § 238, 7 ff). **Persönlich haftender Gesellschafter:** Die auf Art. 30 S. 2 ADHGB zurückgehende Regelung ist seit jeher verunglückt, weil sie die rechtliche Selbständigkeit von OHG und KG (§§ 124, 161 Abs. 2) nicht beachtet und deshalb verkennt, daß nicht die Gesellschafter, sondern die Gesellschaft selbst mit dem Kaufmann als Inhaber des Handelsgeschäfts auf eine Stufe zu stellen ist.[5] Es wäre deshalb dogmatisch folgerichtig und wegen des Zusammenhangs mit der Buchführungs- und Bilanzierungspflicht auch sachgerecht (Bilanzierung im Sinne der tatsächlichen Abschlußarbeiten verstanden), wenn, wie in § 39 Abs. 3 S. 3 HGB-E (BTDrucks. 10/317, S. 3) noch vorgesehen, nur die geschäftsführenden Gesellschafter die öffentliche Verantwortung für den Jahresabschluß (Rdn. 1) übernehmen müßten. Dem unzweideutigen Gesetzeswortlaut ist jedoch Folge zu leisten (ebenso ADS[6] 10). Zu den Einzelheiten vgl. unten Rdn. 13.

II. Gegenstand der Unterzeichnungspflicht

1. Jahresabschluß

4   a) **Bilanz, GuV, Anhang.** Zu unterzeichnen ist der Jahresabschluß, also bei Einzelkaufleuten und Personengesellschaften die Bilanz und die GuV (§ 242 Abs. 3), bei Kapitalgesellschaften auch der Anhang, weil er mit den Zahlenwerken eine Einheit bildet (§ 264 Abs. 1 S. 1). Das geht zwar über den Wortlaut des § 41 a. F., aber für Kapitalgesellschaften nicht über die bisherige Praxis hinaus; denn die Unterzeichnung auch der GuV entsprach schon früherem Rechtsverständnis,[6] die des Geschäftsberichts der Übung. Nicht zu unterzeichnen ist der Lagebericht der Kapitalgesellschaften (ebenso ADS[6] 3; a.A. *Heymann/Walz*[2] 3). Eine entsprechende Verpflichtung ist in §§ 264 Abs. 1 S. 1, 289 nicht vorgesehen und war, anders als die Erfordernisse deutscher Sprache und Währung (§ 244; vgl. dort Rdn. 4), auch im Gesetzgebungsverfahren nicht vorgesehen.

---

[3] Dazu insbesondere *Schlegelberger/Martens* § 167, 5 f; *Ulmer* FS Hefermehl (1976) S. 207, 212 ff.
[4] Vgl. noch *Heymann/Horn*[2] § 167, 2.
[5] **A.A.** wohl Küting/Weber/*Ellerich* 3 a. E.: Verdeutlichung der gläubigerschützenden Funktion.

[6] *Maluck/Göbel* WPg 1978, 624; *Schubert* WPg 1956, 393.

b) Auf- oder festgestellter Jahresabschluß? § 245 spricht ohne weitere Präzisie- **5** rung von der Unterzeichnung des Jahresabschlusses. Für **Einzelkaufleute**, an die jedenfalls bei der Abfassung des § 41 a. F. in erster Linie gedacht war, ergibt sich daraus kein Problem, weil bei ihnen die Feststellung des Abschlusses im Sinne eines Vertrags zwischen den Gesellschaftern (OHG und KG) oder eines korporationsrechtlichen Rechtsgeschäfts (AG und GmbH) nicht in Frage steht. Sie haben deshalb diejenige Fassung ihres Jahresabschlusses zu unterzeichnen, die sie als endgültig und verantwortbar im Sinne des Unterzeichnungszwecks (Rdn. 1) ansehen. Dagegen wird für das **Kapitalgesellschaftsrecht** die Frage erörtert, ob die Vorstandsmitglieder einer AG schon den aufgestellten oder erst den (regelmäßig durch Billigung des Aufsichtsrats nach Abschlußprüfung, § 172 AktG) festgestellten Abschluß zu unterzeichnen haben; für das zweite die **h. M.**, namentlich BGH BB 1985, 567 (zur GmbH).[7] Dabei handelt es sich aber nicht um eine Frage nur des Kapitalgesellschaftsrechts, sondern um das **allen bilanzierungspflichtigen Gesellschaften gemeinsame Problem**, ob es einen Sinn hat, daß die vollhaftenden Gesellschafter (OHG und KG) oder die Vorstandsmitglieder bzw. Geschäftsführer die öffentliche Verantwortung (Rdn. 1) für eine Vorlage übernehmen, die im Verhältnis der Gesellschafter oder der Gesellschaftsorgane untereinander noch keine Verbindlichkeit erlangt hat, und, soweit es sich um nicht kleine Kapitalgesellschaften handelt, auch noch nicht der Prüfung nach §§ 316 ff unterzogen worden ist. Formuliert man die Fragestellung in diesem Sinne präzise, so versteht sich fast von selbst, daß der h. M. beizupflichten, also erst der festgestellte Jahresabschluß i. S. d. § 245 zu unterzeichnen ist.

Zu berücksichtigen ist allerdings, daß die **Unterzeichnung** danach (trotz Datie- **6** rung, vgl. Rdn. 12) jedenfalls bei Kapitalgesellschaften in aller Regel **nicht mehr geeignet** ist, die **rechtzeitige Aufstellung des Jahresabschlusses zu dokumentieren** (§§ 243 Abs. 2, 264 Abs. 1). Sie obliegt als Geschäftsführungsmaßnahme allein den geschäftsführenden Gesellschaftern, Vorstandsmitgliedern oder Geschäftsführern; Fristversäumung ist eine Ordnungswidrigkeit bzw. ein Bilanzdelikt, für das sie nach § 334 Abs. 1 Nr. 1 lit. a im Bußgeld- und nach §§ 283 Abs. 1 Nr. 7 lit. b, 283b Abs. 1 Nr. 3 lit. b StGB im Strafverfahren verantwortlich sind (zum bloßen Fehlen der Unterschrift vgl. aber Rdn. 14). Es ist deshalb im Eigeninteresse der Aufstellungsverantwortlichen unverzichtbar, den **Zeitpunkt aktenkundig** zu machen, zu dem sie die **Aufstellung abgeschlossen** haben; das ist der richtige Kern der in Rdn. 5 abgelehnten Mindermeinung. Dafür wird teilweise die Unterzeichnung des Abschlußentwurfs empfohlen.[8] Das ist ein gangbarer Weg; um Verwechslungen mit der Unterzeichnung nach § 245 zu vermeiden, sollte der Unterschrift aber ein Aufstellungsvermerk beigefügt werden. Als genügend ist es auch anzusehen, wenn sich durch Sitzungsprotokoll, Schreiben an den Aufsichtsrat oder in ähnlicher Weise die rechtzeitige Aufstellung unzweideutig belegen läßt. In jedem Falle ist aber zusätzlich die Unterzeichnung des festgestellten Abschlusses erforderlich, weil nur mit ihr die Verpflichtung des § 245 erfüllt wird (vgl. Rdn. 5).[9]

---

[7] Vgl. weiter ADS[6] 7; KK-*Claussen/Korth* HGB § 245, 4; *Kropff* in Geßler/Hefermehl AktG § 148, 10; *Hopt* FS Odersky (1996) S. 799, 801; *Weilinger* Die Aufstellung und Feststellung (1997) Rdn. 877 f; **a. A.** *Heymann/Walz*[2] 6; *Erle* WPg 1987, 637, 641 f;

Maluck/Göbel WPg 1978, 624 f; *Schubert* WPg 1956, 393; zumindest unscharf Hachenburg/*Goerdeler* GmbHG[7] § 41, 8 und 21.
[8] *Maluck/Göbel* WPg 1978, 624 f.
[9] Richtig Küting/Weber/*Ellerich* 13.

2. Entsprechende Anwendung

7　§ 245 findet auf die **Eröffnungsbilanz** und auf den **Konzernabschluß** entsprechende Anwendung (§§ 242 Abs. 1 S. 2, 298 Abs. 1). Im ersten Fall ist naturgemäß nur die Bilanz zu unterzeichnen. Im zweiten Fall müssen Konzernbilanz, Konzern-GuV und Konzernanhang (§ 297 Abs. 1) die Unterschriften der gesetzlichen Vertreter des Mutterunternehmens tragen (§ 290 Abs. 1). Wenn von der Erleichterung des § 298 Abs. 3 Gebrauch gemacht wird, also bei Zusammenfassung des Konzernanhangs und des Anhangs zum Einzelabschluß des Mutterunternehmens, muß deutlich werden, daß die Unterschrift für beide Abschlüsse gelten soll (ADS[6] 3; *Wiedmann* 4; Küting/ Weber/*Ellerich* 15).

3. Keine Unterzeichnungspflicht für das Inventar

8　Bis 1976 schrieb § 41 a. F. auch die Unterzeichnung des Inventars vor. Die Unterzeichnungspflicht ist insoweit durch das 1. WiKG[10] abgeschafft worden, um die **Erstellung des Inventars auf Datenträgern** zu ermöglichen, genauer, um zu vermeiden, daß der Datensatz nur zum Zweck der Unterschrift ausgedruckt werden muß.[11] Mit Rücksicht auf den Normzweck wird vereinzelt die Ansicht vertreten, es gebe einen GoB, nach dem **konventionell erstellte Inventare** nach wie vor zu unterzeichnen seien (*Offerhaus* Fn. 11). Dieser Ansicht ist nicht zu folgen (ablehnend auch *Wiedmann* 3; *Biener* Fn. 11). Der Gesetzgeber hat von der Möglichkeit, nur einen auf den EDV-Einsatz beschränkten Dispens zu erteilen und damit zu unterstreichen, daß es im übrigen bei der in der Praxis schon zuvor kaum befolgten Unterzeichnung des Inventars bleiben solle, offenbar bewußt keinen Gebrauch gemacht. Sie ist auch sachlich nicht geboten, weil die Unterschrift unter den Jahresabschluß zugleich die Verantwortung für das Inventar ausdrückt.[12] Keinesfalls kommt mit Rücksicht auf den (vermeintlichen) GoB eine Geldbuße nach § 334 Abs. 1 Nr. 1 lit. a in Betracht.

III. Die Person des Unterzeichnungspflichtigen

1. Einzelkaufleute

9　Unterzeichnungspflichtig ist der Kaufmann; die Präzisierungen, die zur Buchführungspflicht entwickelt worden sind (§ 238, 7 f, 10 und 11), gelten auch hier. Seine Unterschrift ist eine **höchstpersönliche Rechtshandlung**. Er kann sich deshalb von keinem Bevollmächtigten vertreten lassen, auch nicht von seinem Prokuristen (RGZ 112, 19, 25), schon gar nicht von seinem Buchhalter oder anderen Hilfspersonen, ferner nicht von den Inhabern/Vertretern eines Serviceunternehmens, dem er Buchführung und Bilanzierung übertragen hat (vgl. § 238, 9, 10). Mangelnde Sachkenntnis (keine kaufmännische Ausbildung; keine Kenntnisse in Buchführung und Bilanzierung) befreit den Kaufmann nicht von der Verpflichtung, die Verantwortung für den Jahresabschluß durch Unterschrift zu übernehmen (RG DJZ 1907, 1148); es ist seine Sache, sich geeigneten fremden Sachverstands zu bedienen oder die erforderlichen Kenntnisse selbst zu erwerben. Wegen denkbarer **Sonderfälle** bei der Bestimmung des Verantwortlichen vgl. § 238, 17 ff. Danach gilt: Für Minderjährige handeln der oder

---

[10] Erstes Gesetz zur Bekämpfung der Wirtschaftskriminalität vom 29. 7. 1976 (BGBl. I S. 2034).
[11] *Biener* DB 1977, 527, 533; *Offerhaus* BB 1976, 1623 f.

[12] *Biener* (Fn. 11); Küting/Weber/*Ellerich* 9.

die gesetzlichen Vertreter (§ 238, 18); der Kaufmann ist auch für die Zweigniederlassung unterzeichnungspflichtig (§ 238, 20); und zwar grundsätzlich auch dann, wenn er als ausländischer Kaufmann eine Zweigniederlassung im Inland unterhält[13] (§ 238, 24); Ausnahme: der Geschäftsleiter oder Hauptbevollmächtigte in der Kredit- bzw. Versicherungswirtschaft (§ 238, 25 f, 27); der Testamentsvollstrecker unterschreibt als Treuhänder selbst, bei Vollmachtlösung unterschreiben die Erben (§ 238, 29); der das Handelsgeschäft fortführende Insolvenzverwalter unterzeichnet in amtlicher Eigenschaft (§ 238, 30).

2. Handelsgesellschaften

Für **OHG und KG** enthält § 245 S. 2 eine besondere Vorschrift; vgl. zum Grund- **10** sätzlichen schon Rdn. 3 und zu den Einzelfragen unten Rdn. 13. Den **Jahresabschluß der AG** müssen nach fast einhelliger Ansicht sämtliche Mitglieder des Vorstands einschließlich der stellvertretenden unterzeichnen.[14] Dem ist beizutreten, obwohl das Gesetz für diese Verpflichtung keine ausdrückliche Bestimmung enthält. Sie läßt sich aus der Buchführungsverantwortung aller Vorstandsmitglieder (§ 91 Abs. 1 AktG; vgl. § 238, 23) ableiten und zusätzlich darauf stützen, daß § 264 Abs. 1 die Aufstellung des Jahresabschlusses in die Verantwortung aller gesetzlichen Vertreter legt. Im einzelnen gilt: Die Geschäftsordnung (und eine daraus etwa resultierende interne Zuständigkeit des Finanzvorstands) kann an der Verpflichtung sämtlicher Vorstandsmitglieder nichts ändern. Auch die stellvertretenden Vorstandsmitglieder haben zu unterzeichnen (§ 94). Weil der festgestellte Jahresabschluß zu unterzeichnen ist (Rdn. 5), ergibt die Feststellung den maßgeblichen Stichtag für die Personen der Unterzeichnungspflichtigen (ebenso ADS[6] 14). Das gilt jedenfalls in den Fällen des § 172 AktG, aber nach richtiger Ansicht auch in denen des § 173 AktG, weil es keinen Sinn macht, daß der Vorstand einen Jahresabschluß verantwortet, der später von der Hauptversammlung geändert wird. Erforderlich sind demnach die Unterschriften der Personen, die im Zeitpunkt der Feststellung Vorstandsmitglieder waren. Vorher ausgeschiedene Vorstandsmitglieder haben nicht zu unterzeichnen. Für die **GmbH** gelten die vorstehenden Regeln entsprechend. Es müssen also sämtliche Geschäftsführer unterschreiben, einschließlich der Stellvertreter (§§ 41, 44 GmbHG). Den maßgeblichen Stichtag ergibt der Beschluß der Gesellschafterversammlung (§ 46 Nr. 1 GmbHG) über die Feststellung des Jahresabschlusses (BGH BB 1985, 567). Zur GmbH & Co. KG vgl. Rdn. 13 a. E.

IV. Die Unterzeichnung

1. Namensunterschrift

Über die Art und Weise der Unterzeichnung trifft § 245 keine nähere Bestimmung. **11** Die **jedenfalls erforderliche Namensunterschrift** (nicht genügend: Faksimile, Stempel u. ä.) sollte schon zur Vermeidung von Unklarheiten der **Zeichnung** entsprechen, die in öffentlich beglaubigter Form bei dem Registergericht aufbewahrt wird (§ 12 Abs. 1; zu den Einzelheiten dort Rdn. 20 ff). Weil Bilanz, GuV und (gegebenenfalls) Anhang zu unterzeichnen sind, muß so unterschrieben werden, daß die **Übernahme**

[13] **A. A.** *Brüggemann* Voraufl. § 41, 4: Der Leiter der Zweigniederlassung.
[14] ADS[6] 12; Beck BilKomm-*Budde/Kunz* 2; KK-*Claussen/Korth* HGB § 245, 2; *Hüffer* § 91, 3;

Erle WPg 1987, 637, 638; **a. A.** *Weilinger* Die Aufstellung und Feststellung (1997) Rdn. 883.

der Verantwortung für alle Teile des Jahresabschlusses deutlich wird. Unterschrift unter der letzten Seite des Anhangs genügt,[15] sofern alle Papiere derart eine Urkundeneinheit bilden, daß eine nachträgliche Trennung notwendig erkennbar ist.[16] Wenn das nicht gewährleistet werden kann, muß jedes Blatt unterschrieben (ADS[6] 6) oder zumindest abgezeichnet und am Ende die Abzeichnung durch Unterschrift ausdrücklich anerkannt werden. Zu unterschreiben ist auf dem Original. In den Fällen des § 325 kann auch auf der Ausfertigung unterschrieben werden, die dem Registergericht eingereicht wird.

2. Angabe des Datums

12   Seit dem 1. WiKG von 1976 (vgl. Rdn. 8) ist vorgeschrieben, daß der Jahresabschluß unter Angabe des Datums unterzeichnet wird. Daß das Datum der Namensunterschrift **handschriftlich** beigefügt wird, ist **nicht erforderlich** (*Offerhaus* BB 1976, 1622 f). **Zweck der Datumsangabe** ist es ausweislich der Regierungsbegründung (BTDrucks. 7/3441, S. 46), den Tag der Unterzeichnung nachträglich feststellbar zu machen und damit die Prüfung zu ermöglichen, wann die Aufstellung des Jahresabschlusses erfolgt ist.[17] Die Gesetzesverfasser haben sich also ersichtlich am Abschluß des Einzelkaufmanns orientiert, von dem angenommen werden kann, daß er dann unterschreibt, wenn er mit der Aufstellung fertig ist. Für den Jahresabschluß von Gesellschaften beruht das Erfordernis der Datumsangabe auf einer Fehlvorstellung, weil erst der festgestellte Abschluß zu unterschreiben ist (Rdn. 5). Das gesetzgeberische Ziel wird nur erreicht, wenn die Aufstellungsverantwortlichen den Schluß ihrer Bilanzierungsarbeiten zusätzlich aktenkundig machen (Rdn. 6).

V. Insbesondere: OHG und KG (§ 245 S. 2)

13   § 245 S. 2 verlangt die Unterzeichnung des Jahresabschlusses durch **alle persönlich haftenden Gesellschafter**. Der klaren Normaussage ist trotz ihrer wenig überzeugenden gedanklichen Grundlage nachzukommen (vgl. schon Rdn. 3). Im einzelnen gilt: Zwischen der **Aufstellung** des Jahresabschlusses und seiner Unterzeichnung muß unterschieden werden. Aus § 245 S. 2 folgt nicht, daß alle persönlich haftenden Gesellschafter den Jahresabschluß aufzustellen haben; die Aufstellung liegt vielmehr wie die Buchführung allein in den Händen der geschäftsführenden Gesellschafter (vgl. schon § 238, 21). Aus § 245 S. 2 ergibt sich ferner nicht, wer an der **Feststellung** des Abschlusses mitzuwirken hat; dafür ist allein die Erwägung maßgeblich, daß die Feststellung ein Grundlagengeschäft unter den Gesellschaftern ist (Rdn. 2). Die Unterzeichnungspflicht bedeutet also nur, daß alle persönlich haftenden Gesellschafter die **öffentliche Verantwortung** (Rdn. 1) für den Jahresabschluß übernehmen müssen, wer immer von ihnen die tatsächlichen Abschlußarbeiten geleistet hat. Einflußmöglichkeit und öffentliche Verantwortung decken sich demnach nicht unbedingt. Das ist hinnehmbar, weil der von der Geschäftsführung ausgeschlossene Gesellschafter sich jedenfalls nicht strafbar machen kann (§ 14 Abs. 1 Nr. 2 StGB; vgl. dazu § 238, 71). Weil sich die Unterzeichnungspflicht auf den festgestellten Jahresabschluß bezieht, muß unterschreiben, wer im Zeitpunkt der Feststellung persönlich haftender Gesell-

---

[15] Küting/Weber/*Ellerich* 10; *Schubert* WPg 1956, 393 f.

[16] ADS[6] 6; *Wiedmann* 13; Küting/Weber/*Ellerich* 10; *Maluck/Göbel* WPg 1956, 624 f; *Weilinger* Die Aufstellung und Feststellung (1997) Rdn. 883.

[17] Ebenso *Maluck/Göbel* WPg 1978, 624 f; *Offerhaus* BB 1976, 1622 f.

schafter ist, also nicht solche Gesellschafter, die vorher ausgeschieden, wohl aber solche, die bis dahin eingetreten sind. Mit dieser Maßgabe sind alle Gesellschafter der OHG und die Komplementäre der KG unterzeichnungspflichtig, dagegen nicht die Kommanditisten (auch wenn sie in dem Geschäftsjahr, auf das sich der Abschluß bezieht, noch vollhaftende Gesellschafter waren). Für die GmbH & Co. KG unterschreibt die GmbH, und zwar nach richtiger Ansicht in sinngemäßer Anwendung des § 41 GmbHG durch ihre sämtlichen Geschäftsführer.[18]

VI. Rechtsfolgen eines Verstoßes

Der Verstoß gegen § 245 ist ein **formeller Bilanzfehler ohne unmittelbare handelsrechtliche Folgen.** Namentlich kann trotz fehlender Unterschrift ein endgültig aufgestellter Jahresabschluß vorliegen (RGZ 112, 19, 25). Das gilt auch für den Jahresabschluß von Gesellschaften. Ihr Jahresabschluß kann überdies auch festgestellt sein, obwohl er nicht unterzeichnet ist. Das hat für die Personengesellschaften und auch für die GmbH Bedeutung, weil die Gesellschafterbeschlüsse insoweit nach dem Gesetz keiner Schriftform bedürfen (BGH BB 1985, 567). Der aktienrechtliche Jahresabschluß, den der Aufsichtsrat gebilligt hat, ist nicht deshalb nach § 256 AktG nichtig, weil ihm die Unterschrift eines Vorstandsmitglieds fehlt.[19] Ob der Verstoß gegen § 245 eine grobe Pflichtverletzung i. S. d. §§ 117 HGB, 84 Abs. 3 AktG, 38 Abs. 2 GmbHG darstellt, ist im Einzelfall zu prüfen. Die Verletzung der Unterzeichnungspflicht ist in jedem Fall eine **Ordnungswidrigkeit** nach § 334 Abs. 1 Nr. 1 lit. a und als solche mit Bußgeld zu belegen. Dagegen ist der bloße Verstoß gegen § 245 **noch kein strafbares Bilanzdelikt** nach §§ 283 ff StGB. Denn die Übersicht über den Vermögensstand (§§ 283 Abs. 1 Nr. 5, 283b Abs. 1 Nr. 1 StGB) wird dadurch noch nicht erschwert (vgl. auch § 238, 68), und der Jahresabschluß ist auch nicht allein deshalb verspätet aufgestellt (§§ 283 Abs. 1 Nr. 7 lit. b, 283b Abs. 1 Nr. 3 lit. b StGB), weil ihm die in § 245 vorgesehenen Unterschriften fehlen.[20] Ihr Fehlen hat jedoch indizierende Bedeutung, weshalb das Ende der Abschlußarbeiten zweckmäßig anders dokumentiert wird, wenn noch nicht unterschrieben werden kann oder soll (vgl. Rdn. 6).

14

Zweiter Titel

Ansatzvorschriften

§ 246

Vollständigkeit. Verrechnungsverbot

(1) Der Jahresabschluß hat sämtliche Vermögensgegenstände, Schulden, Rechnungsabgrenzungsposten, Aufwendungen und Erträge zu enthalten, soweit gesetzlich nichts anderes bestimmt ist. Vermögensgegenstände, die unter Eigen-

---

[18] Wie hier *Heymann/Walz*[2] 8; Küting/Weber/*Ellerich* 3; a. A. ADS[6] 11; Beck BilKomm-*Budde/Kunz* 2; *Wiedmann* 8; *Maluck/Göbel* WPg 1978, 624, 628.

[19] OLG Karlsruhe WM 1987, 533, 536; ADS[6] § 256, 63; MünchKommAktG-*Hüffer* § 256, 40.

[20] RGSt 7, 87; RGSt 8, 424, 427; RG JW 1898, 438; RGZ 112, 19, 25.

Uwe Hüffer/Detlef Kleindiek

tumsvorbehalt erworben oder an Dritte für eigene oder fremde Verbindlichkeiten verpfändet oder in anderer Weise als Sicherheit übertragen worden sind, sind in die Bilanz des Sicherungsgebers aufzunehmen. In die Bilanz des Sicherungsnehmers sind sie nur aufzunehmen, wenn es sich um Bareinlagen handelt.

(2) Posten der Aktivseite dürfen nicht mit Posten der Passivseite, Aufwendungen nicht mit Erträgen, Grundstücksrechte nicht mit Grundstückslasten verrechnet werden.

Übersicht

Rdn.

I. Überblick 1
II. Das Gebot der Vollständigkeit (Abs. 1)
　1. Allgemeines 3
　2. Vermögensgegenstände
　　a) Begriff 5
　　b) Funktionseinheiten und Sach-
　　　 gesamtheiten 8
　　c) Immaterielle Vermögensgegenstände 10
　　d) Forderungen insbesondere 12
　　　 aa) Grundlagen des Bilanzausweises 12
　　　 bb) „Phasengleiche" Aktivierung
　　　　　 von Gewinnansprüchen 17
　　e) Abgrenzungen: Bilanzierungshilfen . 20
　3. Schulden
　　a) Begriffe: Schulden, Verbindlich-
　　　 keiten, Rückstellungen 21
　　b) Abgrenzungen: Eigenkapital und
　　　 Sonderposten mit Rücklageanteil ... 23
　　c) Verbindlichkeiten insbesondere 25
　　　 aa) Begriff und Grundlagen des
　　　　　 Bilanzausweises 25
　　　 bb) Forderungsverzicht mit
　　　　　 Besserungsabrede 28
　　　 cc) Verbindlichkeiten mit
　　　　　 Rangrücktrittsvereinbarung 30
　　d) Bilanzierung eigenkapital ersetzender
　　　 Gesellschafterdarlehen 33
　　　 aa) Eigenkapitalersetzende
　　　　　 Gesellschafterdarlehen ohne
　　　　　 Rangrücktrittsvereinbarung ... 34
　　　 bb) Eigenkapitalersetzende Gesell-
　　　　　 schafterdarlehen mit Rangrück-
　　　　　 trittsvereinbarung 40

Rdn.

　　　 cc) Eigenkapitalersetzende Darlehen
　　　　　 im Überschuldungsstatus 42
　4. Zuordnung der Vermögensgegenstände
　　 und Schulden
　　a) Problemstellung 47
　　b) Persönliche Zuordnung 49
　　　 aa) „Wirtschaftliches Eigentum"? ... 50
　　　 bb) Zuordnungskriterien 52
　　c) Zeitliche Zuordnung 54
　　d) Einzelfälle 57
　　　 aa) Sicherungsrechte
　　　　　 (Abs. 1 S. 2 u. 3) 57
　　　 bb) Treuhandverhältnisse 58
　　　 cc) Kommissionsgeschäfte 59
　　　 dd) Leasing 60
　　　 ee) Factoring 61
　　　 ff) Pensionsgeschäfte 62
　　　 gg) Nießbrauch 63
　　e) Funktionale Zuordnung 64
　5. Bilanzierung schwebender Geschäfte .. 66
　6. Rechnungsabgrenzungsposten 70
　7. Aufwendungen und Erträge 71
　8. Vorbehalt anderweitiger
　　 gesetzlicher Bestimmung 75
　　a) Ansatzverbote 76
　　b) Ansatzwahlrechte 77
III. Das Verrechnungsverbot (Abs. 2)
　1. Inhalt und Reichweite 80
　2. Ausnahmen in der Bilanz 81
　3. Ausnahmen in der GuV 83
IV. Rechtsfolgen eines Verstoßes gegen
　　 Vollständigkeitsgebot und Verrechnungs-
　　 verbot 84

Schrifttum

Altmeier Rückstellungsbilanzierung in Deutschland und Frankreich (1999); *Altmeppen* Kapitalersatz und Rangrücktritt unter Geltung der InsO, ZHR 164 (2000) 349; *Babel* Ansatz und Bewertung von Nutzungsrechten (1997); *ders.* Zum Sanierungsbereich bei Rückstellungen für drohende Verluste aus schwebenden Geschäften, ZfB 68 (1988) 825; *Back* Richtlinienkonforme Interpretation des Handelsbilanzrechts (1999); *Baetge* Bilanzen, 4. Aufl. (1996); *Baetge/Apelt* Bedeutung und Ermittlung der Grundsätze ordnungsmäßiger Buchführung (GoB), HdJ Abt. I/2 (1992); *Ballwieser* Allgemeine Grundsätze (der Aktivierung und Passivierung), Beck HdR B 131; *Balthasar* Die Bestandskraft handelsrechtlicher Jahresabschlüsse (1999); *K. Bauer* Die Passivierung eigenkapitalersetzender Gesellschafterforderungen im Überschuldungsstatus ZInsO 2001, 486; *Beine* Eigenkapitalersetzende Gesellschafterleistungen (1994); *Blaum/Kessler* Das Ende der phasengleichen Vereinnahmung von Beteiligungserträgen in der Steuerbilanz? StuB 2000, 1233; *Bolsenkötter* Die kurzfristigen Forderungen, HdJ Abt. II/6 (1993); *Bordt* Das Grund- und Stammkapital der Kapitalgesellschaften, HdJ Abt. III/1 (1999); *Bormann* Eigenkapitalersetzende Gesellschafterleistungen in der Jahres- und Überschuldungsbilanz (2001); *ders.* Passivierungspflicht für eigenkapitalersetzende Gesellschafterdarlehen GmbHR 2001, 689; *Clemm* Zur Bilanzierung von Rückstellungen für drohende Verluste, vor allem aus schwebenden Dauerschuldverhältnissen, Festschrift Beisse (1997) S. 123; *Crezelius* Das sogenannte schwebende Geschäft in Handels-, Gesellschafts- und Steuerrecht, Festschrift Döllerer (1988) S. 81; *Döllerer* Bilanzrechtliche Fragen des kapitalersetzenden Darlehens und der kapitalersetzenden Miete, Festschrift Forster (1992) S. 199; *Ebke* Verrechnungsverbot, Leffson/Rückle/Großfeld (Hrsg.), Handwörterbuch bestimmter Rechtsbegriffe im Bilanzrecht des HGB, HuRB (1986) S. 365; *Ekkenga* Gibt es „wirtschaftliches Eigentum" im Handelsbilanzrecht? ZGR 1997, 262; *Fabri* Grundsätze ordnungsmäßiger Bilanzierung entgeltlicher Nutzungsverhältnisse (1986); *Fleck* Die Bilanzierung kapitalersetzender Gesellschafterdarlehen in der GmbH, Festschrift Döllerer (1988) S. 109; *ders.* Das kapitalersetzende Gesellschafterdarlehen in der GmbH-Bilanz – Verbindlichkeit oder Eigenkapital? GmbHR 1989, 313; *Fleischer* Finanzplankredite und Eigenkapitalersatz im Gesellschaftsrecht (1995); *ders.* Eigenkapitalersetzende Gesellschafterdarlehen und Überschuldungsstatus, ZIP 1996, 773; *Gassner* Bilanzierung von Verbindlichkeiten nach bedingtem Verzicht oder nach Rangrücktritt, Freundesgabe Haas (1996) S. 121; *Gelhausen/Gelhausen* Die Bilanzierung von Leasingverträgen, HdJ Abt. I/5 (1995); *Glasel* Leasing, Beck HdR B 710 (1991); *Groh* Eigenkapitalersatz in der Bilanz, BB 1993, 1882; *ders.* Kein Abschied von der phasengleichen Bilanzierung, DB 2000, 2444; *Gschwendtner* Mietereinbauten als Vermögensgegenstand und Wirtschaftsgut i. S. d. Handels- und Steuerbilanzrechts, Festschrift Beisse (1997) S. 215; *Günther* Aktivische Bilanzierungshilfen im deutschen und französischen Bilanzrecht (1999); *Heddäus* Handelsrechtliche Grundsätze ordnungsmäßiger Bilanzierung für Drohverlustrückstellungen, (1997); *Henssler* Die phasengleiche Aktivierung von Gewinnansprüchen im GmbH-Konzern, JZ 1998, 701; *Herlinghaus* Forderungsverzichte und Besserungsvereinbarungen zur Sanierung von Kapitalgesellschaften (1994); *Herrmann* Zur Bilanzierung bei Personenhandelsgesellschaften, WPg 1994, 500; Herzig (Hrsg.) Europäisierung des Bilanzrechts (1997); *Herzig/Köster* Rückstellungen für ungewisse Verbindlichkeiten, für drohende Verluste aus schwebenden Geschäften, für unterlassene Aufwendungen für Instandhaltung und Abraumbeseitigung sowie für Kulanzleistungen, HdJ Abt. III/5 (1999); *Heymann* Eigenkapital, Beck HdR B 231 (1996); *Hirte* Aktuelle Schwerpunkte im Kapitalersatzrecht, Hommelhoff/Röhricht (Hrsg.), Gesellschaftsrecht 1997, RWS-Forum 10 (1998) S. 145; *Hoffmann* Von der phasengleichen Dividendenvereinnahmung zu den Grundsätzen ordnungsmäßiger steuerlicher Bilanzierung, DStR 2000, 1809; *Hommel* Bilanzierung immaterieller Anlagewerte (1998); *Hommelhoff* Eigenkapitalersetzende Gesellschafterdarlehen und Konkursantragspflicht, Festschrift Döllerer (1988) S. 245; *Hüttemann* Die Verbindlichkeiten, HdJ Abt. III/8 (1988); *IDW-HFA* Stellungnahme 2/1993: Zur Bilanzierung bei Personenhandelsgesellschaften, WPg 1994, 22; *IDW-HFA* Verlautbarung zur phasengleichen Vereinnahmung von Erträgen aus Beteiligungen an Kapitalgesellschaften nach dem Urteil des BGH v. 12. Januar 1998, WPg 1998, 427; *Janke* Dauerschuldverträge und Grundsätze ordnungsmäßiger Bilanzierung (1997); *Jutz/Zündorf* Forderungen und sonstige Vermögensgegenstände, Beck HdR B 215 (1996); *Kellner* „Phasengleiche" Aktivierung der Gewinne von Tochtergesellschaften im Jahresabschluß der Muttergesellschaft, WM 2000, 229; *Kleindiek* Geschäftsleitertätigkeit und Geschäftsleitungskontrolle: Treuhänderische Vermögensverwaltung und Rechnungslegung, ZGR 1998, 466; *ders.* Eigenkapitalersatz im Bilanzrecht, v. Gerkan/Hommelhoff (Hrsg.), Handbuch des Kapitalersatzrechts (2000) Teil 7; *ders.* Eigenkapitalersatz und gesetzestypische Personengesellschaften, Festschrift Lutter (2000) S. 871; *Knobbe-Keuk* Bilanz- und Unternehmenssteuerrecht, 9. Aufl. (1993); *dies.* Rangrücktrittsvereinbarung und Forderungserlaß mit oder ohne Besserungsschein, StuW 1991, 306; *dies.* Stille Beteiligung und Verbindlichkeiten mit Rangrücktrittsvereinbarung im Überschuldungsstatus und in der Handelsbilanz des Geschäftsinhabers, ZIP 1983, 127; *Körner/Weiken* Wirtschaftliches Eigentum nach § 5 Abs. 1 Satz 1 EStG, BB 1992, 1033; *Kraft* Schlußfolgerungen aus der Entscheidung des Großen Senats des Bundesfinanzhofs zur phasengleichen Dividendenaktivierung für die Rechnungslegungspraxis, WPg 2001, 2; *ders.* Steuer-, bilanz- und gesellschaftsrechtliche Überlegungen zur phasengleichen Dividendenaktivierung nach der Entscheidung des BFH 2/99, Festschrift W. Müller (2001)

Detlef Kleindiek

S. 755; *Kropff* Phasengleiche Gewinnvereinnahmung aus der Sicht des Europäischen Gerichtshofs, ZGR 1997, 115; *Kupsch* Zum Verhältnis von Einzelbewertungsprinzip und Imparitätsprinzip, Festschrift Forster (1992) S. 341; *Lamers* Aktivierungsfähigkeit und Aktivierungspflicht immaterieller Werte (1981); *Leffson* Grundsätze ordnungsmäßiger Buchführung, 7. Aufl. (1987); *Leffson/Schmid* Die Erfassungs- und Bewertungsprinzipien des Handelsrechts, HdJ Abt. I/7 (1993); *Lutz* Der Gegenstand der Aktivierung und seine Zurechnung im Handels- und Steuerrecht, HdJ Abt. I/4 (1998); *Mertens* Kapitalverlust und Überschuldung bei eigenkapitalersetzenden Darlehen, Festschrift Forster (1992) S. 416; *Metze/Lippek* Verbindlichkeiten, Beck HdR B 234 (1995); *Moxter* Immaterielle Vermögensgegenstände des Anlagevermögens, Leffson/Rückle/Großfeld (Hrsg.), Handwörterbuch unbestimmter Rechtsbegriffe im Bilanzrecht des HGB (HuRB) (1986) S. 246; *ders.* Zum Sinn und Zweck des handelsrechtlichen Jahresabschlusses nach neuem Recht, Festschrift Goerdeler (1987) S. 361; *ders.* „Selbständige Bewertbarkeit" als Aktivierungsvoraussetzung, BB 1987, 1846; *ders.* Das „matching principle": Zur Integration eines internationalen Rechnungslegungs-Grundsatzes in das deutsche Recht, Festschrift Havermann (1995) S. 487; *ders.* Phasengleiche Dividendenaktivierung: Der Große Senat des BFH im Widerstreit zu den handelsrechtlichen GoB, DB 2000, 2333; *W. Müller* Wohin entwickelt sich der bilanzrechtliche Eigenkapitalbegriff? Festschrift Budde (1995) S. 445; *Niemann* Immaterielle Wirtschaftsgüter im Handels- und Steuerrecht (1999); *Noack* Neues Insolvenzrecht – neues Kapitalersatzrecht? Festschrift Claussen (1997) S. 307; *Ordelheide* Anschaffungskosten, Beck HdR B 162 (1989); *Priester* Gläubigerrücktritt zur Vermeidung der Überschuldung, DB 1977, 2429; *ders.* Sind eigenkapitalersetzende Gesellschafterdarlehen Eigenkapital? DB 1991, 1917; *Karsten Schmidt* Quasi-Eigenkapital als haftungsrechtliches und handelsbilanzrechtliches Problem, Festschrift Goerdeler (1987) S. 487; *ders.* Insolvenzordnung und Gesellschaftsrecht, ZGR 1998, 633; *ders.* Eigenkapitalersatz und Überschuldungsfeststellung, GmbHR 1999, 9; *Schruff* Zur Bilanzierung latenter Verpflichtungen aus Besserungsscheinen, Festschrift Leffson (1976) S. 153; *Schulze-Osterloh* Vorabentscheidungen des Europäischen Gerichtshofs zum Handelsbilanzrecht, ZGR 1995, 170; *ders.* Rangrücktritt, Besserungsschein, eigenkapitalersetzende Darlehen, WPg 1996, 97; *ders.* Handels- und Steuerbilanz ZGR 2000, 594; *ders.* Phasengleiche Aktivierung von Dividendenansprüchen ZGR 2001, 497; *Tiedchen* Der Vermögensgegenstand im Handelsbilanzrecht (1991); *Treiber* Immaterielle Vermögensgegenstände, Beck HdR B 211 (1993); *Watermeyer* Pflicht zur phasengleichen Bilanzierung über „Tomberger" hinaus? GmbHR 1998, 1061; *Wittig* Rangrücktritt – Antworten und offene Fragen nach dem Urteil des BGH vom 8. 1. 2001 NZI 2001, 169; *Woerner* Grundfragen zur Bilanzierung schwebender Geschäfte, FR 1984, 489; *ders.* Die Gewinnrealisierung bei schwebenden Geschäften, BB 1988, 769; *Wohlgemuth* Die Anschaffungskosten in der Handels- und Steuerbilanz, HdJ Abt. I/9 (1999).

I. Überblick

1   § 246 unterwirft den Jahresabschluß aller Kaufleute dem Vollständigkeitsgebot (Abs. 1) und dem Verrechnungsverbot (Abs. 2). Das **Vollständigkeitsgebot** aus Abs. 1 gilt als zentrale Ansatzvorschrift für den gesamten Jahresabschluß, also für die Bilanz, die GuV sowie – bei Kapitalgesellschaften (§§ 264 Abs. 1 S. 1, 284 ff), diesen gleichgestellten Personenhandelsgesellschaften ohne natürliche Person als Vollhafter (§ 264a), eingetragenen Genossenschaften (§ 336 Abs. 1) sowie von § 5 Abs. 2 PublG erfaßten Unternehmen – den Anhang. Über den Maßgeblichkeitsgrundsatz des § 5 Abs. 1 EStG ist das Vollständigkeitsgebot auch für die Steuerbilanz von entscheidender Bedeutung.[1] Abs. 1 S. 2 u. 3 enthalten konkretisierende Bestimmungen für die *Zuordnung von Vermögensgegenständen*, an denen dingliche Sicherungsrechte bestehen. Das **Verrechnungsverbot** nach Abs. 2 gilt gleichfalls für Bilanz und GuV aller Kaufleute und Handelsgesellschaften. Es verbietet die Saldierung von Aktiv- und Passivposten, Aufwendungen und Erträgen sowie speziell von Grundstücksrechten und -lasten.

---

[1] Beck BilKomm-*Budde/Karig* § 246 Rdn. 88.

Das Vollständigkeitsgebot nach Abs. 1 S. 1 ist in der 4. EG-Richtlinie (Jahresab- **2** schlußrichtlinie) zwar nicht ausdrücklich normiert, wird dort aber stillschweigend vorausgesetzt.[2] Abs. 1 S. 2 und 3 sind durch das Bankbilanzrichtlinie-Gesetz vom 30. 11. 1990 (BGBl. I S. 2570) in die Vorschrift eingefügt worden, mit dem der deutsche Gesetzgeber Art. 8 Abs. 1 und 2 der **Bankbilanzrichtlinie** vom 8. 12. 1986 (86/635/ EWG, ABl. EG Nr. L 372 v. 31. 12. 1986, S. 1) umgesetzt hat. Das in Abs. 2 normierte Verrechnungsverbot beruht auf Art. 7 der 4. EG-Richtlinie.

II. Das Gebot der Vollständigkeit (Abs. 1)

1. Allgemeines

Nach Abs. 1 S. 1 müssen sämtliche Vermögensgegenstände, Schulden, Rechnungs- **3** abgrenzungsposten, Aufwendungen und Erträge in den Jahresabschluß aufgenommen werden, soweit gesetzlich nichts anderes bestimmt ist. Im gedanklichen Ausgangspunkt ist damit alles, was abstrakt bilanzierungsfähig ist, auch bilanzierungspflichtig; der **Aktivierungs- und Passivierungsfähigkeit** entspricht also ein **Aktivierungs- und Passivierungsgebot**.[3]

Freilich gilt diese Pflicht zur vollständigen Bilanzierung nur mit der **Einschrän-** **4** **kung**, daß gesetzlich nichts anderes bestimmt ist (Abs. 1 S. 1, Halbs. 2). Zum einen kann ein konkretes Bilanzierungsverbot der Aktivierung bzw. Passivierung zwingend entgegenstehen; zum anderen kann die Bilanzierung durch gesetzliche Ansatzwahlrechte in das Entscheidungsermessen des Rechnungslegungspflichtigen gestellt sein (näher unten Rdn. 75 ff).

2. Vermögensgegenstände

a) Begriff. Abstrakt aktivierungsfähig ist jeder Vermögensgegenstand, der dem **5** bilanzierenden Kaufmann zuzurechnen ist.[4] Das Gesetz definiert den Begriff des Vermögensgegenstandes freilich nicht; Einzelheiten der Begriffsbestimmung sind dementsprechend strittig.[5] Nach der im handelsbilanzrechtlichen Schrifttum nach wie vor herrschenden, auch hier vertretenen Auffassung ist für die abstrakte Aktivierungsfähigkeit auf die *Schuldendeckungsfähigkeit* eines Gegenstandes abzustellen.[6] Unter den Begriff des Vermögensgegenstandes fallen deshalb alle Sachen, Rechte sowie sonstige rechtliche wie tatsächliche Positionen von wirtschaftlichem Wert, die – sofern sie dem bilanzierungspflichtigen Kaufmann zuzurechnen sind[7] – ein verwertbares Potential zur Deckung seiner Schulden begründen. Zentrales Merkmal des Vermögensgegenstands ist deshalb seine – wie verbreitet formuliert wird – **selbständige Verkehrsfähigkeit**.[8] Diese ist freilich nicht im Sinne konkreter Einzelveräußerbarkeit zu

---

[2] ADS § 246 Rdn. 3.
[3] S. schon *Kropff* in Geßler/Hefermehl/Eckardt/ Kropff § 149 Rdn. 44 und etwa HdR-*Kußmaul* § 246 Rdn. 5, 14, 17; Heymann/*Walz* § 246 Rdn. 7.
[4] HdR-*Kußmaul* § 246 Rdn. 6 u. eingehend. HdR-*ders.* Kap. I Rdn. 384 ff.
[5] S. schon Anh. 243, 13 ff (*Hüffer*) und die Übersichten über den Meinungsstand bei ADS § 246 Rdn. 9 ff; *Baetge* Bilanzen[4] S. 148 ff; Münch-KommHGB-*Ballwieser* § 246 Rdn. 13 ff; HdR-*Kußmaul* Kap. I Rdn. 384 ff; eingehend auch *Günther* Bilanzierungshilfen S. 85 ff; *Tiedchen* Vermögensgegenstand S. 28 ff.

[6] Im Ansatz übereinstimmend etwa ADS § 246 Rdn. 13; *Baetge* Bilanzen[4] S. 148 f; HdJ-*ders./ Apelt* I/II, Rdn. 86; HdJ-*Lutz* I/4, Rdn. 3 m. w. N.
[7] Zu den Zurechnungsproblemen näher unten Rdn. 47 ff.
[8] S. dazu etwa ADS § 246 Rdn. 15 ff; *Baumbach/ Hopt* § 246 Rdn. 5; Beck BilKomm-*Hoyos/ Schmidt-Wendt* § 246 Rdn. 390; HdR-*Kußmaul* Kap. I Rdn. 384 u. § 246 Rdn. 6; HdJ-*Lutz* I/4, Rdn. 18 ff, *Winnefeld* Bilanz-Handbuch D 415 ff; je m. w. N.; eingehend *Tiedchen* Vermögensgegenstand S. 28 ff.

verstehen:[9] gesetzliche wie schuldrechtliche Veräußerungsverbote (oder fehlende Erwerbsinteressenten) hindern die Eigenschaft eines Gutes als Vermögensgegenstand noch nicht,[10] zumal der Gesetzgeber – wie sich aus § 266 Abs. 2 Aktivposition A I 1 ergibt – auch nicht einzeln veräußerbare Rechte und Werte als aktivierungsfähig und -pflichtig ansieht.[11] Selbständige Verkehrsfähigkeit ist vielmehr im Sinne von **Verwertungsfähigkeit** des Gegenstandes (*Einzelverwertbarkeit*) zu interpretieren, die sich – außer durch Veräußerung – auch durch Verarbeitung, Verbrauch oder Nutzungsüberlassung etc. realisieren läßt: Entscheidend ist die Verwertungsfähigkeit des mit dem Gut verbundenen wirtschaftlichen Potentials gegenüber Dritten.[12]

6   Die Einzelverwertbarkeit schließt die **selbständige Bewertbarkeit** des Gegenstands (*Einzelbewertbarkeit*) ein.[13] Nicht zu folgen ist jedoch jenen Stimmen im handelsbilanzrechtlichen Schrifttum, welche die selbständige Bewertbarkeit (Bewertungsfähigkeit) für den Begriff des Vermögensgegenstandes schon genügen lassen wollen. In Parallele zur Interpretation des steuerrechtlichen Begriffs des Wirtschaftsgutes durch den BFH (Rdn. 7) wird dabei nicht an die Einzelverwertbarkeit des Gutes, sondern allein daran angeknüpft, ob ihm im Falle fiktiver Veräußerung des ganzen Unternehmens vom Erwerber ein eigener Wert beigemessen würde.[14] Eine solche Sehweise legt das Schwergewicht einseitig auf die Periodengerechtigkeit des Erfolgsausweises und vernachlässigt die der Bilanz jedenfalls auch zukommende Funktion, objektiv über das Schuldendeckungspotential des Unternehmens zu unterrichten. Eben jener Aspekt der Schuldendeckungskontrolle kennzeichnet – neben der Rechenschaftsfunktion des Jahresabschlusses – ein zentrales Verbindungselement zwischen der Informationsfunktion und der (gläubigerschützenden) Zahlungsbemessungsfunktion der Bilanz. Die These, schon die selbständige Bewertungsfähigkeit fülle den Begriff des Vermögensgegenstandes aus, läßt sich auch weder mit dem Einblicksgebot aus § 264 Abs. 2 und seiner vermeintlichen Ausstrahlung auf Nicht-Kapitalgesellschaften, noch mit dem going concern-Prinzip des § 252 Abs. 1 Nr. 2 rechtfertigen.[15] Das going concern-Prinzip ist als Bewertungsgrundsatz konzipiert; es kann keine Grundsatzfragen des Bilanzansatzes in einem Sinne entscheiden, mit dem zentrale Bilanzfunktionen beeinträchtigt würden. Und das Einblicksgebot aus § 264 Abs. 2 (true and fair view) begründet keineswegs einen Vorrang des Informationsinteresses an periodengerechtem Erfolgsausweis vor den gläubigerschützenden Zwecken der Rechnungslegung.[16]

---

[9] So die früher h. M.; Einzelnachw. bei *Tiedchen* Vermögensgegenstand S. 28 ff.

[10] ADS § 246 Rdn. 19 m. w. N.

[11] Das streitet auch gegen den Vorschlag von *Tiedchen* Vermögensgegenstand S. 44 ff (ihr folgend HdJ-*Lutz* I/4, Rdn. 22 ff), für den Begriff des Vermögensgegenstandes auf die selbständige Vollstreckungsfähigkeit abzustellen; dagegen schon *Baetge* Bilanzen[4] S. 150 f.

[12] In diesem Sinne heute etwa ADS § 246 Rdn. 26 ff; *Baetge* Bilanzen[4] S. 151 f; HdR-*ders./Kirsch* Kap. I Rdn. 327; *Fabri* Grundsätze S. 48 ff, 89 ff; Bonner HdR-*Kupsch* § 246 Rdn. 22 ff; *Lamers* Aktivierungsfähigkeit S. 205 ff; im Ansatz auch Beck BilKomm-*Hoyos/Schmidt-Wendt* § 247 Rdn. 390.

[13] ADS § 246 Rdn. 29; Bonner HdR-*Kupsch* § 246 Rdn. 223, 28; eingehend *Hommel* Bilanzierung S. 206 ff. Mitunter wird das Kriterium selbständiger Bewertbarkeit mit dem Merkmal der „bi-

lanziellen Greifbarkeit" gleichgesetzt; so etwa HdR-*Kußmaul* § 246 Rdn. 6. Jedoch wird das schillernde Merkmal der „Greifbarkeit" in sehr unterschiedlichem Sinne verstanden: etwa auch zur Abgrenzung von solchen wirtschaftlichen Vorteilen die nur einen nicht isolierbaren Bestandteil des Geschäfts- oder Firmenwertes darstellen (so HdR-*Baetge/Kirsch* Kap. I Rdn. 328 im Anschluß an *Moxter* Bilanzrechtsprechung § 3 I 2), oder im Sinne rechtlicher Unentziehbarkeit des vermögenswerten Vorteils (so *Hommel* Bilanzierung S. 152 ff).

[14] In diesem Sinne zuletzt Heymann/*Walz* § 246 Rdn. 9 f im Anschluß an *Moxter* BB 1987, 1846, 1848 ff; *dens.* FS Havermann S. 487, 491; HuRB-*dens.* S. 246, 247; tendenziell auch *Gschwendtner* FS Beisse S. 215, 228 ff.

[15] So aber Heymann/*Walz* § 246 Rdn. 9.

[16] Näher *Kleindiek* ZGR 1998, 466, 473 ff.

Aus alldem ergibt sich zugleich, daß der handelsrechtliche Begriff des Vermögens- **7** gegenstandes mit dem steuerrechtlichen Begriff des **Wirtschaftsgutes**, wie ihn die finanzgerichtliche Rechtsprechung interpretiert, faktisch nicht identisch ist – und zwar ungeachtet des Grundsatzes der Maßgeblichkeit der Handelsbilanz für die Steuerbilanz (§ 5 Abs. 1 EStG) und der hieraus vom BFH (im Ansatz systemgerecht) abgeleiteten Kongruenz beider Begriffe.[17] Denn während es für den handelsbilanz-rechtlichen Begriff des Vermögensgegenstandes maßgeblich auf die selbständige Ver-wertungsfähigkeit ankommt, stellt der BFH für den Begriff des Wirtschaftsgutes ent-scheidend auf die selbständige Bewertbarkeit (Bewertungsfähigkeit) im Rahmen einer fiktiven Gesamtveräußerung des Unternehmens ab; Einzelveräußerbarkeit bzw. -ver-wertbarkeit werden nicht als notwendige Merkmale eines Wirtschaftsguts angesehen.[18] Von einer inhaltlichen Kongruenz beider Begriffe kann vor dem Hintergrund dieser Rechtsprechung nach wie vor keine Rede sein.[19]

b) Funktionseinheiten und Sachgesamtheiten. Nicht (mehr) aktivierungsfähig **8** sind (ehemals selbständige) Güter, die durch feste Verbindung, Verarbeitung oder Ver-mischung zu unselbständigen Teilen einer neuen **Funktionseinheit** geworden sind und damit ihre Einzelverwertbarkeit (oben Rdn. 5) verloren haben. Hier bildet allein die neue Einheit den Vermögensgegenstand.[20] In Einzelfällen können freilich das rechtliche Eigentum an der durch Verbindung entstandenen neuen Einheit und die wirtschaftliche Zuordnung der verbundenen Bestandteile auseinanderfallen. Praktisch besonders bedeutsam sind Bauten auf fremdem Grundstück in Ausnutzung eines obli-gatorischen oder dinglichen Rechts, die – auch wenn sie nach §§ 93, 94 BGB rechtlich im Eigentum des Grundstückseigentümers stehen – wirtschaftlich dem Nutzungs-berechtigten (Mieter, Pächter, Nießbraucher usw.) zuzuordnen und deshalb in dessen Bilanz zu aktivieren sind.[21] Für das auf einem gemieteten Grundstück errichtete Ge-bäude hat der BGH „wirtschaftliches Eigentum" des Mieters angenommen, wenn dieser gegenüber dem Eigentümer (Vermieter) eine rechtlich derart gesicherte Position hat, daß dessen Eigentumsherausgabeanspruch praktisch bedeutungslos ist und die Substanz und der Ertrag des Gegenstands dem Mieter vollständig und auf Dauer zuzuordnen sind.[22] Entsprechendes gilt für Mietereinbauten oder -umbauten.[23]

---

[17] S. nur BFH, 26. 10. 1987, GrS 2/86, BStBl II 1988, 348, 352; BFH, 7. 8. 2000, GrS 2/99, BStBl II 632, 635.

[18] Vgl. etwa BFH, 26. 2. 1975, I R 72/73, BStBl II 1976, 13, 14; BFH, 9. 7. 1986, I R 218/82, BStBl II 1987, 14, 15; BFH, 10. 8. 1989, X R 176–177/87, BStBl II 1990, 15, 16; BFH, 7. 8. 2000, GrS 2/99, BStBl II 632, 635. Nähere Darstellung der BFH-Rechtsprechung etwa bei *Blümich/Schreiber* EStG § 5 Rdn. 303 ff; *Bordewin/Brandt/Bordewin* EStG §§ 4–5 Rdn. 677 ff; *Glade* Teil I Rdn. 390 ff; *Moxter* Bilanzrechtsprechung § 3; *Lademann/Söffing/Brockhoff/Plewka/Schmidt* EStG § 5 Rdn. 393 ff u. 666 ff; *Schmidt/Weber-Grellet* EStG § 5 Rdn. 93 ff; ferner MünchKommHGB-*Ballwieser* § 246 Rdn. 19 ff.

[19] S. schon Anh. § 243, 19 (*Hüffer*) und die zusam-menfassende Gegenüberstellung der handels-rechtlichen sowie der steuerrechtlichen Aktivie-rungskonzeption bei *Baetge* Bilanzen⁴ S. 148 ff; kritische Würdigung der BFH-Rechtsprechung

auch bei *Knobbe-Keuk* § 4 IV 2; HdJ-*Lutz* I/4, Rdn. 34 ff; ferner etwa *Costede* StuW 1995, 115, 116 f; *Kraft* WPg 2001, 2, 3 f; *Schulze-Osterloh* ZGR 2000, 594, 597 f. Eine mittlerweile erreichte (weitgehende) Begriffsidentität sehen aber etwa *Babel* Ansatz und Bewertung S. 101; *Melwig/Weinstock* DB 1996, 2345; *Westerfelhaus* DB 1995, 885; wohl auch Beck BilKomm-*Hoyos/Schmidt-Wendt* § 247 Rdn. 390.

[20] ADS § 246 Rdn. 34; Beck BilKomm-*Hoyos/Schramm/Ring* § 253 Rdn. 350 ff; *Kupsch* FS For-ster S. 341 ff; Heymann/*Walz* § 246 Rdn. 12.

[21] Zu Einzelheiten ADS § 246 Rdn. 407 ff; HdR-*Dusemond/Knop* § 266 Rdn. 27; Beck BilKomm-*Hoyos/Schramm/Ring* § 253 Rdn. 332 ff.

[22] BGH BB 1996, 155; dazu etwa *Ekkenga* ZGR 1997, 262; *Groh* BB 1996, 1487; *Kusterer* DStR 1996, 438.

[23] ADS § 246 Rdn. 411; HdR-*Dusemond/Knop* § 266 Rdn. 28; *Gschwendtner* FS Beisse S. 215.

Detlef Kleindiek

9   Die lediglich funktionale Verknüpfung im Sinne einer gemeinsamen Zweckbestimmung mehrerer Güter beseitigt deren Charakter als selbständige Vermögensgegenstände indes nicht. Das gilt etwa für **Sachgesamtheiten** wie das Sortiment eines
Einzelhändlers, die zum Fuhrpark eines Unternehmens zusammengefaßten Kraftfahr-
zeuge oder – ganz allgemein – die das Betriebsvermögen bildenden Vermögensgegenstände.[24]

10   c) **Immaterielle Vermögensgegenstände.** Unter der Voraussetzung von Einzelverwertbarkeit und -bewertbarkeit (oben Rdn. 5 f) zählen auch körperlich nicht faßbare Güter, namentlich Rechte und andere vermögenswerte Vorteile zu den Vermögensgegenständen; die Vorteile müssen sich rechtlich so weitgehend verdichtet haben,
daß sie dem Berechtigten nicht mehr gegen seinen Willen entzogen werden können.[25]
Zu den immateriellen Vermögensgegenständen zählen etwa die gewerblichen Schutzrechte, aber auch solche Werte, für die noch kein Schutzrecht entstanden ist (ungeschützte Erfindungen);[26] außerdem etwa Konzessionen oder Belieferungs- und Bezugsrechte sowie Lizenzen an jenen Rechten und Werten.[27] Auch Anwendersoftware
(fixe und variable Standardsoftware, Individualsoftware) erfüllt regelmäßig die Voraussetzungen eines (immateriellen) Vermögensgegenstandes; Systemsoftware nur
dann nicht, wenn sie als ein nicht einzeln ver- und bewertbarer Bestandteil der Hard-
ware anzusehen ist.[28] Nicht aktivierungsfähig sind bloße Gewinnerwartungen (etwa
für ein mit hohem Werbeaufwand beworbenes neues Produkt) oder tatsächliche Vorteile, denen die Einzelverwertbarkeit fehlt (z. B. die günstige Standortlage eines Ein-
zelhandelsgeschäfts); sie stellen keine Vermögensgegenstände dar.[29]

11   Für **immaterielle Vermögensgegenstände des Anlagevermögens**, die *nicht entgeltlich erworben* worden sind, besteht freilich ein *Aktivierungsverbot*: § 248 Abs. 2
(näher § 248, 10 ff). Die Vorschrift belegt, daß im Kriterium des entgeltlichen Erwerbs
kein Begriffsmerkmal des Vermögensgegenstandes liegt.[30] Nicht entgeltlich erworbene
immaterielle Vermögensgegenstände des Umlaufvermögens sind deshalb abstrakt
aktivierungsfähig und zugleich aktivierungspflichtig. Freilich sind bei nicht entgeltlichem Erwerb solcher Güter ihre Einzelverwertbarkeit und -bewertbarkeit – und
damit die Voraussetzungen für die Charakterisierung als Vermögensgegenstand –
besonders sorgfältig zu prüfen (s. § 248, 17).

12   d) **Forderungen insbesondere. aa) Grundlagen des Bilanzausweises.** Als Vermögensgegenstände aktivierungspflichtig sind alle realisierten Forderungen, d. h.
grundsätzlich solche, die rechtlich entstanden und noch nicht erloschen sind.[31] Auf die
Fälligkeit der Forderung kommt es nicht an. Für Forderungen aus Umsatzgeschäften
ergeben sich freilich Einschränkungen aus den Grundsätzen über die Bilanzierung

---

[24] ADS § 246 Rdn. 35.
[25] S. ADS § 246 Rdn. 36 und eingehend *Hommel*
Bilanzierung S. 152 ff.
[26] ADS § 246 Rdn. 40 m. w. N.
[27] Vgl. die ausführliche Zusammenstellung bei
Niemann Immaterielle Wirtschaftsgüter S. 33 ff,
129 ff; ferner etwa HdR-*Baetge/Fey/Weber* § 248
Rdn. 44 ff; Bonner HdR-*Kupsch* § 246 Rdn. 9 ff;
Beck HdR-*Treiber* B 211 Rdn. 3 ff.
[28] Weiterführend ADS § 246 Rdn. 37; HdR-*Baetge/
Fey/Weber* § 248 Rdn. 39 ff, Beck BilKomm-
Hoyos/Schmidt-Wendt § 247 Rdn. 377 ff; *Niemann* Immaterielle Wirtschaftsgüter S. 192 ff, je
m. w. N.

[29] ADS § 246 Rdn. 41; Beck BilKomm-*Förschle/
Kofahl* § 247 Rdn. 10.
[30] Ganz h. M.; etwa ADS § 246 Rdn. 21; *Tiedchen*
Vermögensgegenstand S. 80 ff m. w. N.; einschränkend *Hommel* Bilanzierung S. 181 ff, der im entgeltlichen Erwerb ein abstraktes Aktivierungs-
merkmal für solche immateriellen Anlagewerte
sieht, die (lediglich) faktisch unentziehbar sind.
[31] ADS § 246 Rdn. 45 ff; Beck BilKomm-*Clemm/
Scherer* § 247 Rdn. 75 ff; Baumbach/Hueck/
Schulze-Osterloh* § 42 Rdn. 73.

Detlef Kleindiek   (364)

schwebender Geschäfte (dazu unten Rdn. 66 ff). Zum Bilanzausweis s. §§ 266 Abs. 2 B II, 268 Abs. 4 und die Kommentierung dort.

Auch **rechtlich noch nicht entstandene Forderungen** sind zu aktivieren, wenn sie **13** im abgelaufenen Geschäftsjahr wirtschaftlich begründet worden sind und ihre rechtliche Entstehung (aus einem existenten Rechtsverhältnis) in bestimmter Höhe als sicher zu gelten hat;[32] unter diesen Voraussetzungen ist die Pflicht zu ihrer Aktivierung ebenso aus dem Ziel periodengerechter Aufwands- und Ertragszuordnung (s. dazu die Erläuterungen zu § 252 Abs. 1 Nr. 4 u. 5) als auch dem Gebot getreuen Einblicks in die Vermögens-, Finanz- und Ertragslage des bilanzierenden Unternehmens (§ 264 Abs. 2 S. 1) herleitbar.[33] Wie sich aus § 268 Abs. 4 S. 2 ergibt, hat der Gesetzgeber die Aktivierungsfähigkeit von am Abschlußstichtag rechtlich noch nicht entstandenen Forderungen auch keineswegs ausschließen wollen. Dementsprechend sind **aufschiebend bedingte Forderungen** ausnahmsweise schon vor Bedingungseintritt zu aktivieren, wenn der Eintritt der Bedingung sicher zu erwarten ist.[34] Fehlt es daran, dürfen aufschiebend bedingte Forderungen erst mit Bedingungseintritt aktiviert werden.[35] Umgekehrt sind **auflösend bedingte Forderungen** aktivierungspflichtig, solange die auflösende Bedingung noch nicht eingetreten ist. Jedoch beeinflussen die Existenz der auflösenden Bedingung sowie die Wahrscheinlichkeit ihres Eintritts die Höhe des Ansatzes (Bewertung der Forderung).[36]

Streiten Gläubiger und Schuldner über den (Fort-)Bestand einer Forderung, so berührt dies deren Aktivierungsfähigkeit und -pflichtigkeit nicht, sofern der Bestand der **14** Forderung plausibel darlegbar ist. Ein Nichtansatz der Forderung bei **Streit** – z. B. über den Fortbestand des zugrunde liegenden Rechtsgeschäfts nach erklärter Anfechtung seitens des Schuldners – würde dem Vollständigkeitsgebot aus Abs. 2 widersprechen und ließe sich auch nicht mit dem Vorsichtsprinzip (§ 252 Abs. 1 Nr. 4 HGB; s. die Erläuterungen § 252, 22 ff) rechtfertigen. Dem Vorsichtsprinzip ist vielmehr im Rahmen der Bewertung der bestrittenen Forderung Rechnung zu tragen.[37]

Nicht länger aktivierungsfähig sind Forderungen, die durch Erfüllung (§ 362 BGB), **15** Aufrechnung (§ 389 BGB) oder Erlaß bzw. negatives Schuldanerkenntnis (§ 397 BGB) **erloschen** sind.[38] Dem Erlöschen der Forderung durch Bewirken der geschuldeten Leistung steht die Annahme einer anderen Leistung an Erfüllungs Statt gleich (§ 264 Abs. 1 BGB). Hingegen ist die Forderung weiterhin zu aktivieren, wenn der Gläubiger eine andere als die geschuldete Leistung lediglich erfüllungshalber annimmt (z. B. Wechsel). Die ursprüngliche Forderung erlischt erst, wenn sich der Gläubiger aus dem erfüllungshalber Geleisteten befriedigen kann (der Wechsel eingelöst wird); erst jetzt ist die Forderung auszubuchen.[39]

Nur zeitweilig bestehende **Leistungsverweigerungsrechte** des Schuldners (dilato- **16** rische Einreden) beseitigen Aktivierungsfähigkeit und -pflichtigkeit einer Forderung

[32] Ganz h. M.; BGHZ 137, 378, 380 („Tomberger") = NJW 1998, 1559; ADS § 246 Rdn. 179 f; *Kropff* ZGR 1997, 115, 120; Bonner HdR-*Kupsch* § 246 Rdn. 73; *Schulze-Osterloh* ZGR 1995, 170, 181; Baumbach/Hueck/*Schulze-Osterloh* § 42 Rdn. 73, je m. w. N.; kritisch HdR-*Knop* § 268 Rdn. 203.

[33] *Kropff* ZGR 1997, 115, 120 f; *Schulze-Osterloh* ZGR 1995, 170, 181.

[34] ADS § 246 Rdn. 53; HdJ-*Bolsenkötter* II/6, Rdn. 12 u. 25; Beck BilKomm-*Clemm/Scherer*

§ 247 Rdn. 77; Baumbach/Hueck/*Schulze-Osterloh* § 42 Rdn. 73 m. w. N.

[35] BFH, 26. 4. 1995, I R 92/94, BStBl II 594.

[36] ADS § 246 Rdn. 54; HdJ-*Bolsenkötter* II/6, Rdn. 37.

[37] ADS § 246 Rdn. 48; Baumbach/Hueck/*Schulze-Osterloh* § 42 Rdn. 73.

[38] Vgl. ADS § 246 Rdn. 61 ff; HdJ-*Bolsenkötter* II/6, Rdn. 27 ff.

[39] ADS § 246 Rdn. 61 f; Beck BilKomm-*Clemm/Scherer* § 247 Rdn. 111.

nicht. Anders dort, wo die Durchsetzung der Forderung dauerhaft gehemmt ist, namentlich infolge Verjährungseintritts. Besteht noch Ungewißheit, ob der Schuldner die Verjährungseinrede erheben wird, ist dem im Rahmen der Bewertung Rechnung zu tragen. Hat der Schuldner auf die Erhebung der Verjährungseinrede verzichtet, ist die Forderung weiterhin zum Nennwert zu aktivieren.[40]

17   bb) „Phasengleiche" Aktivierung von Gewinnansprüchen. Das unter bestimmten Voraussetzungen für rechtlich noch nicht entstandene Forderungen geltende Aktivierungsgebot (oben Rdn. 13) ist auch Ausgangspunkt der Diskussion um die „phasengleiche" Aktivierung von Gewinnansprüchen der Muttergesellschaft aus Beteiligungen an Tochter-Kapitalgesellschaften. Die handelsbilanzielle Praxis hatte bislang ein Wahlrecht zur phasengleichen Aktivierung des Gewinnanspruchs im Jahresabschluß der Mutter angenommen, wenn der Gewinnanspruch – wegen noch ausstehenden Gewinnverwendungsbeschlusses in der Tochter – zum Stichtag des Mutter-Abschlusses rechtlich zwar noch nicht entstanden, seine Entstehung aber als sicher zu erwarten ist.[41] Jene Bilanzierungspraxis stützte sich auf eine Entscheidung des BGH aus dem Jahre 1975,[42] in welcher der II. Zivilsenat – bezogen auf eine Tochter-Aktiengesellschaft – die Aktivierung für statthaft erklärt hatte, wenn bei einer Mehrheitsbeteiligung und sich deckenden Geschäftsjahren der Jahresabschluß der Tochter noch vor Abschluß der Prüfung bei der Mutter festgestellt worden ist, mindestens ein entsprechender Gewinnverwendungsvorschlag vorliegt und eine diesem entsprechende Beschlußfassung angesichts der Mehrheitsverhältnisse mit Sicherheit zu erwarten ist.[43] Nunmehr hat der BGH in seiner „Tomberger"-Entscheidung vom 12. Januar 1998,[44] nach vorausgegangener Anrufung des EuGH,[45] eine Pflicht zur phasengleichen Aktivierung des Gewinnanspruchs angenommen – für den Fall einer 100 %-igen Tochter-GmbH sowie unter der Voraussetzung, daß der Jahresabschluß der Tochter noch vor Abschluß der Prüfung bei der Mutter festgestellt worden ist und deren Gesellschafterversammlung über die Gewinnverwendung beschlossen hat.[46]

18   Ob und ggf. unter welchen **Voraussetzungen** eine entsprechende **Aktivierungspflicht** auch dort anzunehmen ist, wo es in der Tochtergesellschaft noch nicht zur Beschlußfassung über die Gewinnverwendung gekommen ist, ist noch nicht hinreichend geklärt. Nicht zu überzeugen vermag jedenfalls, wenn unter den Voraussetzungen der alten BGH-Entscheidung aus 1975 weiterhin ein Aktivierungs*wahlrecht* angenommen wird.[47] Zum einen nämlich hatte der BGH seinerzeit ausdrücklich unentschieden gelassen, ob unter den damals gegebenen Umständen die phasengleiche Aktivierung des Gewinnanspruchs nicht nur statthaft, sondern sogar geboten ist.[48] Zum anderen kann es vor dem Hintergrund des Vollständigkeitsgebots aus § 246 Abs. 1 S. 1 Aktivierungswahlrechte nur in den gesetzlich bestimmten Ausnahmefällen (s.

---

[40] Vgl. auch ADS § 246 Rdn. 49 u. 74; HdJ-*Bolsenkötter* II/6, Rdn. 32.
[41] S. näher ADS § 246 Rdn. 214 ff m. w. N.
[42] BGHZ 65, 230.
[43] BGHZ 65, 230, 236 f.
[44] BGHZ 137, 378 = NJW 1998, 1559.
[45] Vorlagebeschluß des BGH v. 21.7.1994, ZIP 1994, 1259; Urteil des EuGH v. 27.6.1996, ZIP 1996, 1168 mit Berichtigungsbeschluß v. 10.7. 1997, ZIP 1997, 1374.
[46] BGHZ 137, 378, 381 ff.
[47] So aber WP-Handbuch I Tz. F 439; *Kellner* WM 2000, 229, 232; s. auch *IDW-HFA* Verlautbarung

zur phasengleichen Vereinnahmung von Erträgen aus Beteiligungen an Kapitalgesellschaften nach dem Urteil des BGH vom 12. Januar 1998, WPg 1998, 427, 428.
[48] BGHZ 65, 230, 238. Gleichwohl ist aus der Entscheidung verbreitet der Schluß gezogen worden, der BGH habe seinerzeit ein Wahlrecht gewährt; in diesem Sinne selbst die „Tomberger"-Entscheidung des Senats: BGHZ 137, 378, 384. Wie hier *Back* Richtlinienkonforme Interpretation S. 172; *Herzig/Rieck* IStR 1998, 309, 311; *Schulze-Osterloh* WuB IV E. § 252 HGB 1.98.

unten Rdn. 77) geben. Regelmäßig folgt aus der abstrakten Aktivierungsfähigkeit eines Vermögensgegenstandes auch die *Verpflichtung* zu seiner Aktivierung. Für ein Wahlrecht zur phasengleichen Aktivierung von Gewinnansprüchen der Muttergesellschaft an Beteiligungen an Tochter-Kapitalgesellschaften ist deshalb kein Raum.[49] In Frage steht allein, ob und unter welchen Voraussetzungen die Gewinnforderung zum Abschlußstichtag – obwohl rechtlich noch nicht entstanden – schon als realisiert und deshalb aktivierungspflichtig anzusehen ist. Sofern man eine Forderungsrealisierung vor Fassung des Gewinnverwendungsbeschlusses (und damit vor dem rechtlichen Entstehen des Anspruchs) nicht schon grundsätzlich ablehnt,[50] kommt es darauf an, bis zu welchem Zeitraum nach dem Stichtag des Mutter-Abschlusses welche werterhellenden Tatsachen eintreten müssen, um auf eine aktivierungsfähige Dividendenforderung zum Stichtag rückschließen zu können.[51] Die *Rechtsprechung* des BGH hat hier insoweit Klärung gebracht, als sie auf den Zeitraum zwischen dem Bilanzstichtag und dem (freilich beeinflußbaren) Abschluß der Prüfung bei der Mutter abstellt.[52] Hinsichtlich der Tatsachen, die jenen Rückschluß zulassen, hat der BGH einzelfallorientiert vor dem Hintergrund der jeweils vorgefundenen Umstände argumentiert. Im ersten (aktienrechtlichen) Fall[53] hat er den unterbreiteten Gewinnverwendungsvorschlag genügen lassen, im zweiten (GmbH-rechtlichen) Fall[54] auf den getroffenen Gewinnverwendungsbeschluß abgestellt. Zuverlässige Hinweise auf die zwingenden Mindestvoraussetzungen der Realisierung von Gewinnansprüchen lassen sich der aktuellen Rechtsprechung des BGH jedenfalls kaum entnehmen.[55] Entsprechend kontrovers verläuft die Debatte im *Schrifttum*. Die Vorschläge reichen von der bloßen Aufstellung des Tochter-Abschlusses, über seine Feststellung, einen Gewinnverwendungsvorschlag bis hin zum Gewinnverwendungsbeschluß, wobei rechtsformspezifisch differenziert wird.[56] Andere wollen selbst den Gewinnverwendungsbeschluß nur im Falle 100 %-iger Töchter als wertaufhellende Tatsache anerkennen[57] oder statt des Gewinnverwendungsvorschlags in bestimmten Konstellationen auch eine Erklärung der Mutter über ihr Stimmverhalten in der Tochtergesellschaft genügen lassen.[58]

Die Diskussion ist noch ganz im Fluß und nicht zuletzt angesichts der jüngsten Entwicklung der finanzgerichtlichen Rechtsprechung ungebrochen aktuell: Der **Große Senat des BFH** hat in seiner Entscheidung vom 7. August 2000[59] die Möglichkeit der Aktivierung einer Dividendenforderung vor Fassung des Gewinnverwendungsbe- **19**

---

[49] Im Ergebnis wie hier etwa *Kropff* ZGR 1997, 115, 122 f; *W. Müller* LM AktG § 256 Nr. 4; *Watermeyer* GmbHR 1998, 1061, 1063.

[50] Ablehnend etwa *Knobbe-Keuk* § 5 VII a bb; s. demgegenüber aber etwa *Kropff* ZGR 1997, 115, 120 ff.

[51] Im Ansatz ebenso *Henssler* JZ 1998, 701, 704.

[52] BGHZ 65, 230, 237 u. BGHZ 137, 378, 381 ff; deutlich in diesem Sinne auch OLG Köln NZG 1999, 82, 83 f; kritisch *Henssler* JZ 1998, 701, 705, (der wohl auf den Zeitpunkt der Aufstellung des Mutter-Abschlusses abstellen will); *Schüppen* NZG 1999, 352 f.

[53] BGHZ 65, 230.

[54] BGHZ 137, 378.

[55] BGHZ 65, 230 hatte für Tochter-Aktiengesellschaften „mindestens" einen Gewinnverwendungsvorschlag verlangt.

[56] S. etwa *Back* Richtlinienkonforme Interpretation S. 177 ff; *Herzig/Rieck* IStR 1998, 309 ff; *Kropff*

ZGR 1997, 115, 126 f; *Schulze-Osterloh* ZGR 1975, 170, 181 ff; *Watermeyer* GmbHR 1998, 1061, 1062 ff; *Kellner* WM 2000, 229, 232 ff; ferner die Beiträge in Herzig (Hrsg.) Europäisierung des Bilanzrechts (1997).

[57] So (für das GmbH-Recht) *Henssler* JZ 1998, 701, 704.

[58] In diesem Sinne (mit Blick auf die mitbestimmte AG) *Kropff* ZGR 1997, 115, 127.

[59] GrS 2/99, BStBl II 2000, 632 , auf Vorlagebeschluß des I. Senats des BFH, 16. 12. 1998, I R 50/95, BStBl II 1999, 551. S. ferner BFH, 26. 11. 1998, IV R 52/96, BStBl II 1999, 547; BFH, 23. 2. 1999, VIII R 60/96, GmbHR 1999, 866 u. die Nachw. zur steuerrechtlichen Rechtsprechung bei *Schmidt/Weber-Grellet* EStG § 5 Rdn. 270 „Dividendenansprüche".

Detlef Kleindiek

schlusses „im Grundsatz" verneint, weil die künftige Dividendenforderung regelmäßig noch kein aktivierungsfähiges Wirtschaftsgut darstelle. Etwas anderes sei „in äußerst seltenen Ausnahmefällen" denkbar, wenn zum Bilanzstichtag ein Bilanzgewinn der Gesellschaft auszuweisen, der mindestens ausschüttungsfähige Bilanzgewinn den Gesellschaftern bekannt und für diesen Zeitpunkt anhand objektiver Anhaltspunkte nachgewiesen sei, daß die Gesellschafter endgültig entschlossen seien, eine bestimmte Gewinnverwendung künftig zu beschließen.[60] Im Konzept des GrS muß der Ausschüttungswille der Gesellschafter also – als wertbegründender Umstand – zum Abschlußstichtag feststehen, muß die Ausschüttungsentscheidung zum Stichtag faktisch getroffen und nach außen dokumentiert sein. Ein bloß vermuteter Ausschüttungswille zum Stichtag, auf den erst kraft späterer Beschlußfassung rückgeschlossen wird, genügt demgegenüber nicht.[61] Nach zwischenzeitlichen Entscheidungen des VIII. und des I. BFH-Senats setzen die vom GrS in Erwägung gezogenen Ausnahmefälle deshalb voraus, daß am Bilanzstichtag entweder bereits eine Verpflichtung zu einer bestimmten Gewinnausschüttung bestehe (z. B. infolge eines Ausschüttungsgebots nach Gesetz oder Gesellschaftsvertrag, eines Vorabausschüttungsbeschlusses, einer Ausschüttungsvereinbarung etc.) oder doch zumindest die Meinungsbildung der Gesellschafter über die Höhe der späteren Ausschüttung bereits endgültig abgeschlossen sei; die Höhe der zu beschließenden Gewinnausschüttung sowie der Ausschüttungswille müßten zum Stichtag endgültig feststehen.[62] Im Detail sind die Fallkonstellationen einer phasengleichen Aktivierung unter der vom BFH nunmehr verfochtenen Prämisse freilich noch ebenso diskussionsbedürftig wie die Erwägungen, mit denen der GrS des BFH – in fragwürdiger Interpretation der BGH-Entscheidung aus dem Jahre 1975[63] und unter Hinweis auf unterschiedliche Sachgesetzlichkeiten von Handels- und Steuerrecht – eine Verpflichtung zur Vorlage an den Gemeinsamen Senat der obersten Gerichtshöfe des Bundes verneint hat.[64] Indes sind jene Einzelheiten an dieser Stelle nicht zu erörtern.

20   **e) Abgrenzungen: Bilanzierungshilfen.** Von den Vermögensgegenständen sind die sog. Bilanzierungshilfen abzugrenzen. Sie ermöglichen die Aktivierung einmaliger Aufwendungen, die weder für aktivierungsfähige Vermögensgegenstände anfallen noch in den Rechnungsabgrenzungsposten (s. § 250 und die Erläuterungen dort) erfaßt werden können. Mit den Bilanzierungshilfen soll verhindert werden, daß einmalige Aufwendungen in dem Jahr, in dem sie angefallen sind, sogleich das ausgewiesene Eigenkapital schmälern. Das läßt sich immerhin mit der Überlegung rechtfertigen, daß jene Aufwendungen die Grundlagen für die zukünftige Ertragsfähigkeit des Unternehmens bilden. Die mittels Bilanzierungshilfen ausgewiesenen Beträge sind in den Folgejahren (über *Abschreibungen*) als Aufwand zu verrechnen. – Das Gesetz gewährt Bilanzierungshilfen namentlich für Aufwendungen für die Ingangsetzung und Erweiterung des Geschäftsbetriebs sowie für aktivische latente Steuern (§§ 269/ 282 und § 274 Abs. 2; zu Einzelheiten s. die Erläuterungen dort). Ob auch die durch

---

[60] BFH BStBl II 2000, 632, 635 f (zu C II 3 der Gründe).

[61] S. dazu nunmehr auch BFH, 28.2.2001, I R 48/94, BStBl II 401 und die Erläuterungen von *Wassermeyer* DB 2001, 1053 f; dem BFH insoweit zustimmend *Schulze-Osterloh* ZGR 2001, 497, 502 ff, 507; kritisch etwa *Blaum/Kessler* StuB 2000, 1233, 1235 ff; *Moxter* DB 2000, 2333 ff.

[62] BFH 31.10.2000, VIII R 85/94, BStBl II 2001, 185; BFH, 20.12.2000, I R 50/95, DB 2001, 734; BFH, 28.2.2001, I R 48/94, BStBl II 401.

[63] BGHZ 65, 230; das vom BGH seinerzeit erörterte Aktivierungswahlrecht (s. oben Rdn. 18) wird vom GrS-BFH als (steuerrechtlich unbeachtliche) Bilanzierungshilfe interpretiert.

[64] BFH BStBl II 2000, 632, 638 (zu C II 13 b der Gründe); dazu kritisch etwa *Beisse* FS W. Müller (2001) S. 731, 750 ff; *Blaum/Kessler* StuB 2000, 1233, 1238 ff; *Groh* DB 2000, 2444; *Kraft* WPg 2001, 2, 5 f; *ders.* FS W. Müller S. 755, 761 ff; *Moxter* DB 2000, 2333, 2335 f.

§ 255 Abs. 4 gewährte Möglichkeit zur Aktivierung des abgeleiteten (derivativen) Geschäfts- oder Firmenwerts eine Aktivierungshilfe darstellt, ist umstritten (s. dazu § 255, 40 f).

3. Schulden

a) Begriffe: Schulden, Verbindlichkeiten, Rückstellungen. So wie der Jahresab- **21** schluß sämtliche Vermögensgegenstände auszuweisen hat, muß er auch alle Schulden enthalten. Der in Abs. 1 (wie auch in §§ 240 Abs. 1, 242 Abs. 1, 247 Abs. 1, 252 Abs. 1 Nr. 3, 265 Abs. 3) verwendete Begriff der **Schulden** meint den bilanzrechtlichen **Oberbegriff für Verbindlichkeiten und Rückstellungen.**[65] Das ergibt sich schon aus der Bewertungsvorschrift des § 253 Abs. 1, wo den Vermögensgegenständen die Verbindlichkeiten und Rückstellungen gegenübergestellt werden. Freilich anerkennt das Gesetz unter den Voraussetzungen des § 249 auch Rückstellungen ohne Schuldcharakter (näher dazu § 249, 6).

Verbindlichkeiten sind zu passivieren für in Bestand und Höhe gewisse Verpflich- **22** tungen des Rechnungslegungspflichtigen gegenüber Dritten. Ist die Verpflichtung in Bestand oder Höhe noch ungewiß, mit einer Inanspruchnahme aus ihr aber hinreichend wahrscheinlich zu rechnen, so ist eine **Verbindlichkeitsrückstellung** nach Maßgabe von § 249 zu bilden (s. zu Einzelheiten die Erläuterungen dort). Wo mit einer Inanspruchnahme noch nicht hinreichend wahrscheinlich zu rechnen ist, kann jedenfalls ein vermerkpflichtiges Haftungsverhältnis (§ 251; „**unter-dem-Strich-Vermerk**") vorliegen (zu Einzelheiten s. die Erläuterungen zu § 251).

b) Abgrenzungen: Eigenkapital und Sonderposten mit Rücklageanteil. In Abs. 1 **23** nicht ausdrücklich erwähnt ist das **Eigenkapital**, das auf der Passivseite der Bilanz gesondert auszuweisen ist (§ 247 Abs. 1) und sich als Saldo aus den vollständig angesetzten Aktiv- und Passivpositionen der Bilanz ergibt (näher § 247, 11 ff).

Funktional zwischen Schulden und Eigenkapital stehen die auf der Passivseite der **24** Bilanz ausweisbaren **Sonderposten mit Rücklageanteil** für sog. unversteuerte Rücklagen und steuerrechtliche Wertberichtigungen (§§ 247 Abs. 3; 281 Abs. 1 S. 1). Sie haben teils Eigen-, teils Fremdkapitalcharakter (zu Einzelheiten s. § 247, 53 ff).

c) Verbindlichkeiten insbesondere. aa) Begriff und Grundlagen des Bilanz- 25 ausweises. Verbindlichkeiten[66] bilden rechtliche oder faktische, dem Grunde wie der Höhe nach gewisse Verpflichtungen des Rechnungslegungspflichtigen ab, die zum Bilanzstichtag als quantifizierbare Belastungen entstanden, aber noch nicht erfüllt sind. Verbindlichkeiten aus schwebenden Geschäften sind nicht zu bilanzieren (näher unten Rdn. 66 ff); zeichnet sich aus dem schwebenden Geschäft bis zum Abschlußstichtag jedoch ein Verlust ab, so muß nach § 249 Abs. 1 S. 1 eine Drohverlustrückstellung in Höhe des Verpflichtungsüberschusses gebildet werden (s. unten Rdn. 66 und § 249, 51 ff). Zum Ausweis von Verbindlichkeiten in Bilanz und Anhang nach §§ 266 Abs. 3 C, 268 Abs. 5, 285 Ziff. 1 u. 2 s. die Erläuterungen dort.

Auch eine rechtlich **noch nicht vollständig entstandene Verpflichtung** ist dann **26** als Verbindlichkeit zu passivieren, wenn die Vollendung des Entstehungstatbestandes

---

[65] ADS § 246 Rdn. 102; Beck BilKomm-*Clemm/ Erle* § 247 Rdn. 201; HdJ-*Hüttemann* III/8, Rdn. 1; HdR-*Kußmaul* Kap. I Rdn. 408; *Wiedmann* BilanzR § 246 Rdn. 4 = Ebenroth/Boujong/Joost/*ders.* § 246 Rdn. 4; *Winnefeld* Bilanz-Handbuch D 1420; im Ansatz auch W. *Müller* FS

Budde S. 445, 451, der freilich auch noch den Sonderposten mit Rücklageanteil (unten Rdn. 24) den Schulden zuweisen will.
[66] Eingehende Darstellung bei HdJ-*Hüttemann* III/8.

Detlef Kleindiek

als sicher zu gelten hat und die Verbindlichkeit dem abgelaufenen (oder einem früheren) Geschäftsjahr zuzuordnen ist (s. auch unten Rdn. 55). Dementsprechend sind **aufschiebend bedingte Verpflichtungen** ausnahmsweise schon zu passivieren, wenn der Bedingungseintritt sicher ist; solange diese Voraussetzung noch nicht gegeben ist, wird aber regelmäßig eine Rückstellung zu passivieren sein.[67] **Auflösend bedingte Verbindlichkeiten** sind so lange zu passivieren, als die Bedingung noch nicht eingetreten ist.[68] Steht der Durchsetzbarkeit der Verbindlichkeit eine zeitweilig wirkende (dilatorische) **Einrede** entgegen, so beseitigt dies die Passivierungspflicht nicht. Anderes gilt für eine dauerhafte (peremptorische) Einrede, namentlich für die Einrede der Verjährung (§ 222 BGB). Ist die Verjährung eingetreten, die Verjährungseinrede erhoben und der Rechnungslegungspflichtige auch weiterhin entschlossen, die Zahlung zu verweigern, entfällt eine Passivierung.[69] Dasselbe gilt, wo das der Verbindlichkeit zugrunde liegende Rechtsgeschäft angefochten und die Nichtigkeitsfolge der Anfechtung gerichtlich festgestellt oder zwischen den Beteiligten unstreitig ist. Ist die Wirksamkeit der Anfechtung bestritten, ist jedenfalls eine Rückstellung zu passivieren.[70] Eine Unterscheidung danach, ob schon das Entstehen der Verbindlichkeit umstritten ist,[71] kann nicht überzeugen, da auch die wirksam erklärte Anfechtung zur Nichtigkeit des Rechtsgeschäfts von Anfang an führt (§ 142 Abs. 1 BGB). Steht die Wirksamkeit der Anfechtung außer Streit, kann aber ein anderer Schuldposten (z. B. Rückgewährverbindlichkeit) zu passivieren sein.[72] Im übrigen entfällt die Passivierung, wenn die Verbindlichkeit durch Erfüllung (§ 362 BGB), Aufrechnung (§ 389 BGB), Erlaß und negatives Schuldanerkenntnis (§ 397 BGB) oder befreiende Schuldübernahme (§§ 414 ff BGB) **erlischt.**[73] Im Falle der Schuldumwandlung (Novation) ist statt der alten die neue Verbindlichkeit zu passivieren.[74]

27   Zu passivieren sind ggf. auch sog. **faktische Leistungsverpflichtungen**, die auf keiner rechtlichen Verbindlichkeit (oder nur auf einer nicht mehr durchsetzbaren) gründen, denen sich der Rechnungslegungspflichtige aber aus tatsächlichen oder wirtschaftlichen Gründen nicht entziehen kann (vgl. auch § 249, 66 f).[75] Beispiele dafür sind Gewährleistungen aus Kulanz, versprochene Schmiergelder oder verjährte Verbindlichkeiten, zu deren Erfüllung (ungeachtet mangelnder Klagbarkeit) ein faktischer Zwang besteht; letzteres ist nach objektiven Kriterien aus der Sicht eines ordentlichen Kaufmanns zu beurteilen.[76]

---

[67] ADS § 246 Rdn. 121; Beck BilKomm-*Clemm/Erle* § 247 Rdn. 224; HdJ-*Hüttemann* III/8, Rdn. 66; Beck HdR-*Metze/Lippek* B 234 Rdn. 24; Baumbach/Hueck/*Schulze-Osterloh* § 42 Rdn. 214; Heymann/*Walz* § 246 Rdn. 20; *Winnefeld* Bilanz-Handbuch D 1451. Der BFH lehnt bei aufschiebend bedingten Verbindlichkeiten vor Bedingungseintritt eine Passivierung als Verbindlichkeit ab, bejaht aber die Rückstellungspflicht; s. etwa BFH, 17.12.1998, IV R 21/97, DB 1999, 776 f; BFH, 4.2.1999, IV R 54/97, BB 1999, 894, 896; ferner *Schmidt/Weber-Grellet* EStG § 5 Rdn. 314 m. w. N.

[68] Zutreffend ADS § 246 Rdn. 122; Baumbach/Hueck/*Schulze-Osterloh* § 42 Rdn. 214; HdJ-*Hüttemann* III/8, Rdn. 66; Beck HdR-*Metze/Lippek* B 234 Rdn. 27; **a.A.** Beck BilKomm-*Clemm/Erle* § 247 Rdn. 225, die Bildung einer Rückstellung befürworten.

[69] Näher ADS § 246 Rdn. 111 ff; Beck BilKomm-*Clemm/Erle* § 247 Rdn. 221.

[70] Für eine weitere Passivierung als Verbindlichkeit offenbar ADS § 246 Rdn. 117; Beck BilKomm-*Clemm/Erle* § 247 Rdn. 222.

[71] So ADS § 246 Rdn. 117, die nur in diesen Fällen die Passivierung in Form einer Rückstellung genügen lassen wollen.

[72] ADS § 246 Rdn. 126.

[73] Weiterführend Beck BilKomm-*Clemm/Erle* § 247 Rdn. 235 ff; HdJ-*Hüttemann* III/8, Rdn. 29 ff.

[74] ADS § 246 Rdn. 126.

[75] ADS § 246 Rdn. 119 f u. § 249 Rdn. 52 f; Beck BilKomm-*Clemm/Erle* § 247 Rdn. 204 u. § 249 Rdn. 31, je m. w. N.

[76] Zum Ganzen auch BGH BB 1991, 507, 508.

bb) Forderungsverzicht mit Besserungsabrede. Erklärt der Gläubiger durch Er- **28** laßvertrag mit dem Schuldner (§ 397 BGB) den endgültigen *Verzicht* auf die Forderung, ist die Verbindlichkeit erloschen und in der Bilanz des Schuldners auszubuchen (s. oben Rdn. 26). Der Forderungsverzicht kann jedoch auch mit einer *Besserungsabrede* verbunden sein, in der sich der Schuldner verpflichtet, die Forderung unter bestimmten Voraussetzungen (ganz oder teilweise) zu erfüllen.[77] Konstruktiv ist eine solche Besserungsabrede als auflösend bedingter Forderungsverzicht oder ggf. als unbedingter Verzicht mit aufschiebend bedingter Nachzahlungsverpflichtung zu deuten.[78] Je nach den Umständen des Einzelfalls kann die Auslegung aber auch ergeben, daß ein Forderungserlaß gar nicht gewollt war, sondern ein *Rangrücktritt* mit dinglich wirkender Umgestaltung des Forderungsinhalts oder sogar nur ein *pactum de non petendo* vereinbart wurde (s. auch unten Rdn. 31); dann ist die Verbindlichkeit nach wie vor zu passivieren. Die Besserungsabrede regelmäßig als schlichte Stundung der Forderung interpretieren zu wollen,[79] ist freilich nicht gerechtfertigt.

Für die **bilanzielle Behandlung** eines Forderungsverzichts unter Besserungsabrede **29** im Jahresabschluß des Schuldners kommt es auf den jeweiligen Inhalt der getroffenen Vereinbarung an. Wie beim unbedingten Forderungsverzicht (oben Rdn. 28) ist zu verfahren, wenn Zahlungen auf die erlassene Schuld allein aus einem künftigen Bilanzgewinn oder einem etwaigen Liquidationserlös zu leisten sind. Mit einer solchen Abrede steht fest, daß das Stichtagsvermögen nicht belastet ist. Unter dieser Voraussetzung kann die Verbindlichkeit – nach den Bilanzierungsgrundsätzen für „gewinnabhängige Verpflichtungen"[80] – ausgebucht werden[81] und ist erst mit Eintritt der Bedingung wieder zu passivieren. Wo die Zahlungspflicht jedoch von weniger sicheren Umständen abhängig gemacht wird, ist die nicht endgültig erlassene Verbindlichkeit zumindest in Form einer Rückstellung zu passivieren. Die Passivierungspflicht bleibt deshalb auch dort bestehen, wo die erlassene Forderung nach dem Inhalt der Besserungsabrede bei Insolvenzeintritt wieder auflebt. Im Ergebnis besteht über diese Differenzierungen ein vergleichsweise breiter Konsens.[82] Unterschiedlich wird freilich beurteilt, ob die Beschränkung der Zahlungspflicht auf künftige Gewinne den in der Praxis typischen Inhalt einer Besserungsabrede kennzeichnet oder nicht.[83]

cc) Verbindlichkeiten mit Rangrücktrittsvereinbarung. Größere Meinungsver- **30** schiedenheiten bestehen über die bilanzielle Behandlung von Verbindlichkeiten, die (bei ihrer Begründung oder später) mit einer Rangrücktrittsvereinbarung verbunden werden.[84] Mit dem Rangrücktritt verzichtet ein Gläubiger zugunsten anderer Gläubi-

---

[77] Zu den unterschiedlichen Varianten von Besserungsabreden s. etwa *Groh* BB 1993, 1882, 1883 f; *Herlinghaus* Forderungsverzichte und Besserungsvereinbarungen S. 107 ff; *Schruff* FS Leffson S. 153, 156 ff; *Schulze-Osterloh* WPg 1996, 97, 102.

[78] S. etwa ADS § 246 Rdn. 149; Beck BilKomm-*Clemm/Erle* § 246 Rdn. 237; *Döllerer* FS Forster S. 199, 203; *Groh* BB 1993, 1882, 1884; *Häuselmann* BB 1993, 1552 f; *Wittig* NZI 2001, 169, 170.

[79] So aber *Herlinghaus* Forderungsverzichte und Besserungsvereinbarungen S. 113 ff, zusammenfassend S. 129; ähnlich (unter einer wirtschaftlichen Betrachtungsweise) schon HdJ-*Hüttemann* III/8, Rdn. 58.

[80] Zusammenfassend ADS § 246 Rdn. 150; Beck BilKomm-*Clemm/Erle* § 247 Rdn. 237; Baumbach/Hueck/*Schulze-Osterloh* § 42 Rdn. 215;

ausführlich *Herlinghaus* Forderungsverzichte und Besserungsvereinbarungen S. 147 ff.

[81] Zum notwendigen Hinweis im Anhang (für die Aktiengesellschaften: § 160 Abs. 1 Nr. 6 AktG) s. etwa ADS § 246 Rdn. 156 m. w. N.

[82] Vgl. etwa die Darlegungen bei ADS § 246 Rdn. 150 ff; Beck BilKomm-*Clemm/Erle* § 247 Rdn. 237 f; *Groh* BB 1993, 1882, 1884 f; *Kleindiek* Handbuch des Kapitalersatzrechts Tz. 7.23 ff; HdR-*Küting/Kessler* § 272 Rdn. 195 ff; dies., BB 1994, 2103, 2110; Bonner HdR-*Kupsch* § 246 Rdn. 61; *Schulze-Osterloh* WPg 1996, 97, 103 f; Baumbach/Hueck/*ders.* § 42 Rdn. 215.

[83] Bejahend ADS § 246 Rdn. 150 („Regelfall"); verneinend *Schulze-Osterloh* WPg 1996, 97, 102 („nicht üblich").

[84] Jüngste Darstellung des Meinungsstandes bei HdJ-*Bordt* III/1, Rdn. 269 ff.

Detlef Kleindiek

ger auf Befriedigungsmöglichkeiten, etwa durch die Vereinbarung, daß die Darlehens-verbindlichkeit nur aus künftigen Gewinnen, aus einem etwaigen Liquidationsüber-schuß oder aus einem die sonstigen Schulden übersteigenden Vermögen zu begleichen sind. Dabei begegnen in der Praxis allerdings sehr unterschiedliche Formulierungen von Rangrücktrittsvereinbarungen;[85] im konkreten Einzelfall ist der jeweilige Inhalt der Vereinbarung sorgfältig zu analysieren.

31   Hinsichtlich der **Passivierungspflicht** von Verbindlichkeiten mit Rangrücktritt wird vereinzelt eine Parallele zur bilanziellen Behandlung des Forderungsverzichts gegen Besserungsschein (oben Rdn. 28) gezogen und nach der Ausgestaltung der Til-gungsabrede differenziert:[86] Sofern die Verbindlichkeit nur aus einem künftigen – auf einem Jahresüberschuß oder einer Eigenkapitalzuführung beruhenden – Bilanzgewinn oder zu Lasten eines etwaigen Liquidationsüberschusses beglichen werden solle, werde das Ergebnis des laufenden Geschäftsjahres nicht belastet; die Verbindlichkeit sei deshalb nicht zu passivieren. Sei die Forderung hingegen auch aus dem am Bilanz-stichtag vorhandenen sonstigen Vermögen des Schuldners zu bedienen, sei eine Passi-vierungspflicht gegeben. Indes steht der Parallele zum Forderungsverzicht gegen Bes-serungsschein entgegen, daß der Rangrücktritt einen Verzichtswillen des Gläubigers typischerweise nicht umfaßt:[87] Ein Forderungserlaß ist in der Regel nicht gewollt, mag man den Rangrücktritt im übrigen als ein bloßes pactum de non petendo deuten oder (weitergehend) eine mit dinglicher Kraft wirkende Umgestaltung des Forderungs-inhalts ansehen.[88] Eine fortbestehende Verbindlichkeit im Jahresabschluß aber un-berücksichtigt lassen zu wollen, würde dem Vollständigkeitsgebot aus Abs. 1 wider-sprechen und (entgegen § 264 Abs. 2 S. 1) ein unzutreffendes Bild von der Vermögenslage des Schuldners zeichnen. Folgerichtig muß die Verbindlichkeit trotz des Rangrücktritts im Jahresabschluß des Schuldners passiviert werden. Anders nur, wenn die Auslegung der Rangrücktrittsvereinbarung im Einzelfall ergibt, daß die Par-teien einen Forderungsverzicht gegen Besserungsabrede gewollt haben.[89] All das ent-spricht der nach wie vor ganz herrschenden Meinung.[90]

32   Kein Konsens besteht freilich über den **Standort** der Verbindlichkeiten mit Rang-rücktritt auf der **Passivseite der Bilanz.**[91] Während sie ein Teil des Schrifttums in einem zwischen dem Eigenkapital und den Rückstellungen angesiedelten Sonder-posten ausweisen will,[92] spricht sich die Gegenansicht für einen Ausweis unter den

---

[85] Näher HdJ-*Bordt* III/1, Rdn. 271; *Habersack* ZGR 2000, 384, 400 f; *Schulze-Osterloh* WPg 1996, 97 f, je m. w. N.

[86] Eingehend *Schulze-Osterloh* WPg 1996, 97, 99 ff; zusammenfassend Baumbach/Hueck/*ders.* § 42 Rdn. 215, 226; zuletzt *Gassner* Freundesgabe Haas S. 121, 126.

[87] Heute wohl allgemeine Ansicht, s. etwa ADS § 246 Rdn. 146; HdJ-*Bordt* III/1, Rdn. 274 f; *Küting/Kessler* BB 1994, 2103, 2108 f; *K. Schmidt* FS Goerdeler S. 487, 500; *Wittig* NZI 2001, 169, 170; auch *Schulze-Osterloh* WPg 1996, 97, 98.

[88] Zu diesem (für die Bilanzierung unerheblichen) Streit weiterführend ADS § 246 Rdn. 133; HdJ-*Bordt* III/1, Rdn. 272; *Fleischer* Finanzplankre-dite S. 286 f; *Groh* BB 1993, 1882, 1883; *Haber-sack* ZGR 2000, 384, 403; HdR-*Küting/Kessler* § 272 Rdn. 187; *dies.* BB 1994, 2103, 2108 f; *Peters* WM 1988, 641, 685, 689.

[89] ADS § 246 Rdn. 147; HdJ-*Bordt* III/1, Rdn. 275.

[90] BFH, 30. 3. 1993, IV R 57/91, BStBl II 502, 503; ADS § 246 Rdn. 140, 142; Beck BilKomm-*Clemm/Erle* § 247 Rdn. 231 u. § 266 Rdn. 255; Scholz/*Crezelius* § 42a Rdn. 220; *Fleck* GmbHR 1989, 313, 315 f; *Fleischer* Finanzplankredite, S. 327 ff; *v. Gerkan* ZGR 1997, 173, 197; *Groh* BB 1993, 1882, 1884; *Häuselmann* BB 1993, 1552, 1554; Beck HdR-*Heymann* B 231 Rdn. 29; *Klein-diek* Handbuch des Kapitalersatzrechts Tz. 7.19 f; HdR-*Küting/Kessler* § 272 Rdn. 189; *dies.* BB 1994, 2103, 2109; *Lutter/Hommelhoff* § 42 Rdn. 41; *Moxter* Bilanzrechtsprechung § 6 II 10; *K. Schmidt* FS Goerdeler S. 487, 502; *Winnefeld* Bilanz-Handbuch D 1537 f; *Wittig* NZI 2001, 169, 176.

[91] Umfangreiche Einzelnachweise zum Meinungs-stand bei HdJ-*Bordt* III/1, Rdn. 274 Fn. 413.

[92] So etwa *Knobbe-Keuk* ZIP 1983, 127, 131; *dies.* StuW 1991, 306, 308 f; *Peters* WM 1988, 685, 692; *K. Schmidt* FS Goerdeler S. 487, 502.

Verbindlichkeiten aus: verbunden mit einer besonderen Kennzeichnung des Rangrücktritts, etwa durch den Ausgliederungsvermerk „davon durch Rangrücktritt nachrangig ..." oder eine entsprechende Angabe im Anhang.[93] Der Ausweis unter den Verbindlichkeiten – verbunden mit einem „davon-Vermerk" – verdient den Vorzug. Denn Verbindlichkeiten mit Rangrücktritt verlieren – ungeachtet ihrer Funktion als nachrangiges Haftkapital – ihren Fremdkapitalcharakter nicht. Und der Hinweis im Zahlenwerk des Jahresabschlusses vermittelt einen besseren Einblick in die Vermögens- und Finanzlage des Schuldners (§ 264 Abs. 2 S. 1) als eine Kennzeichnung im Anhang.[94]

d) Bilanzierung eigenkapitalersetzender Gesellschafterdarlehen. In manchen **33** Detailfragen nach wie vor umstritten ist der bilanzielle Ausweis eigenkapitalersetzender Gesellschafterdarlehen und ihnen gleichgestellter Leistungen. Auf Voraussetzungen und Rechtsfolgen des Eigenkapitalersatzes ist hier nicht näher einzugehen.[95] Die folgenden Darlegungen bemühen sich vielmehr, die zentralen Leitlinien der bilanzrechtlichen Implikationen nachzuzeichnen. Sie konzentrieren sich dabei auf den Bilanzausweis eigenkapitalersetzender Darlehen im Jahresabschluß der darlehensnehmenden Gesellschaft.[96]

aa) Eigenkapitalersetzende Gesellschafterdarlehen ohne Rangrücktrittsvereinbarung **34** (zum Rangrücktritt s. schon oben Rdn. 30) sind *als Verbindlichkeiten* der darlehensnehmenden Gesellschaft in deren Jahresabschluß *zu passivieren.* Dies ist im Schrifttum mittlerweile allgemein konsentiert;[97] übereinstimmend urteilen BFH[98] und BGH[99]. Die fortbestehende Verpflichtung zur Passivierung jener Darlehen als Verbindlichkeiten der Gesellschaft – für die es im übrigen unerheblich ist, ob das Darlehen nach den Novellen-Regeln oder nach den Rechtsprechungs-Grundsätzen gebunden ist – beruht auf der Überlegung, daß die eigenkapitalersetzende Funktion den Fremdkapitalcharakter des Gesellschafterdarlehens nicht aufhebt.[100] Der darlei-

[93] HdJ-*Bordt* III/1, Rdn. 276; Beck BilKomm-*Clemm/Erle* § 266 Rdn. 255; *Fleischer* Finanzplankredite S. 322, 329; *Großfeld* Bilanzrecht Rdn. 404; *Häuselmann* BB 1993, 1552, 1555; *Küffner* DStR 1993, 180, 181 f; HdR-*Küting/Kessler* § 272 Rdn. 191; *dies.* BB 1994, 2103, 2109; *Lutter/Hommelhoff* § 42 Rdn. 41; *Wittig* NZI 2001, 169, 176.

[94] S. auch *Kleindiek* Handbuch des Kapitalersatzrechts Tz. 7.22.

[95] Jüngste Darstellungen bei v. Gerkan/Hommelhoff (Hrsg.) Handbuch des Kapitalersatzrechts (2000); Baumbach/Hueck/*Hueck/Fastrich* § 32a, § 32b; *Lutter/Hommelhoff* §§ 32a/b; Scholz/*K. Schmidt* §§ 32a, 32b; s. auch die Kommentierung zu § 129a (*Habersack*) u. § 172a (*Schilling*). Zur Beschränkung des Eigenkapitalersatzes auf Kapitalgesellschaften und Kapitalgesellschaften & Co. s. *Kleindiek* FS Lutter S. 871 ff.

[96] Zu weiteren hier nicht angesprochenen Einzelheiten sei verwiesen auf *Kleindiek* Handbuch des Kapitalersatzrechts, Teil 7, mit umfangreichen Schrifttumsnachweisen; monographisch seitdem noch *Bormann* Eigenkapitalersetzende Gesellschafterleistungen in der Jahres- und Überschuldungsbilanz (2001).

[97] ADS § 246 Rdn. 93; *Altmeppen* in Roth/Altmeppen § 32a Rdn. 48 u. § 42 Rdn. 36; *Beine*

Eigenkapitalersetzende Gesellschafterleistungen S. 152 ff; HdJ-*Bordt* III/1, Rdn. 294; Beck Bil-Komm-*Clemm/Erle* § 247 Rdn. 231 u. § 266 Rdn. 255; Scholz/*Crezelius* Anh. § 42a Rdn. 181, 221 f; *Döllerer* FS Forster S. 199, 202; *Fleck* FS Döllerer S. 109, 112; *ders.* GmbHR 1989, 313, 314; *Fleischer* Finanzplankredite S. 323 ff; v. *Gerkan* ZGR 1997, 173, 197; *Groh* BB 1993, 1882, 1888; *Küting/Kessler* BB 1994, 2103, 2107; HdR-*Reinhard* § 247 Rdn. 96; *Lutter/Hommelhoff* § 42 Rdn. 32 ff, 40; *Priester* DB 1991, 1917, 1923; *K. Schmidt* FS Goerdeler S. 487, 509; *Schulze-Osterloh* WPg 1996, 97, 105; Baumbach/Hueck/*ders.* § 42 Rdn. 226.

[98] BFH, 5. 2. 1992, I R 127/90, BStBl II 532, 535.

[99] BGHZ 124, 282, 284 f = NJW 1994, 724. Bestätigend zum Fremdkapitalcharakter eigenkapitalersetzender Darlehen BGH ZIP 1996, 538, 540. – Der Bundesgerichtshof hat die Frage explizit zwar erst für die zum Zwecke der Ermittlung einer etwaigen Vorbelastungs- oder Unterbilanzhaftung der Gesellschafter aufzustellende Vorbelastungsbilanz entschieden, diesen Standpunkt aber aus den Bilanzierungsgrundsätzen für die reguläre Handelsbilanz heraus entwickelt.

[100] Eingehend *Priester* DB 1991, 1917 ff.

Detlef Kleindiek

hende Gesellschafter behält einen – wenn auch temporär gesperrten – Rückzahlungs-
anspruch. Die Einstellung der Darlehensmittel in das bilanzielle Eigenkapital oder in
einen gesonderten Posten zwischen Eigen- und Fremdkapital würde deshalb ein unzutreffendes Bild von der Vermögens- und Ertragslage der Gesellschaft vermitteln.[101]
Die Passivierungspflicht ist für *Zinsen und Nebenforderungen* aus dem eigenkapitalersetzenden Darlehen ebenso zu bejahen wie für die Hauptverbindlichkeit selbst.[102]
Denn die Eigenkapitalersatzfunktion des Gesellschafterdarlehens unterbricht den
Zinslauf nicht;[103] die Zinsverbindlichkeit ist lediglich nicht durchsetzbar, soweit und
solange mit der Zinszahlung eine Unterbilanz hervorgerufen oder verstärkt würde.

35   Noch immer sehr kontrovers wird die Frage beantwortet, ob und ggf. wie die Kapi-
talersatzfunktion eines Gesellschafterdarlehens **im Jahresabschluß kenntlich zu
machen** ist. Obwohl ein entsprechender Ausweis eine verbesserte Selbststeuerung der
Geschäftsleiter und anderer Gesellschaftsorgane erwarten ließe und dem Insolvenzverwalter die Prüfung erleichtern würde, ob noch Ansprüche der Gemeinschuldnerin
gegen Gesellschafter oder Geschäftsleiter bestehen, macht vor allem die Praxis noch
immer starke Vorbehalte gegenüber jeder Kennzeichnung der eigenkapitalersetzenden
Funktion eines Darlehens geltend.[104] Dabei sind die Schwierigkeiten bei der Beurteilung des eigenkapitalersetzenden Charakters eines Darlehens das entscheidende Argument gegen eine Kennzeichnungspflicht.[105] Ergänzend wird vorgebracht, der Gesetzgeber habe einen gesonderten Ausweis des Kapitalersatzes nicht vorgeschrieben. Der
Gesellschaft sei auch nicht zuzumuten, durch einen entsprechenden Ausweis ihre Kreditunwürdigkeit offen zu plakatieren; es bestehe die Gefahr von wirtschaftlichen Nachteilen für das Unternehmen wie auch des Effektes einer „self-fulfilling prophecy". Und
schließlich spreche das Vorsichtsgebot für einen Ausweis als Verbindlichkeit ohne
besondere Kennzeichnung, da gegenüber einem außenstehenden Gläubiger andernfalls
der falsche Eindruck entstehen könne, die gekennzeichneten Beträge seien aus der Sicht
der Gesellschaft nicht mehr als echte Verbindlichkeiten zu betrachten.

36   **Stellungnahme.** All diese Vorbehalte überzeugen indes nicht.[106] Eine Irreführung
außenstehender Gläubiger ist schlechterdings nicht zu befürchten; sie werden durch
die Kennzeichnung gerade zutreffend über die schwierige Lage der Gesellschaft informiert. Letzterer ist eine solche Information auch durchaus zuzumuten. Wo die Gesellschafter in der Krise der Gesellschaft Darlehen (statt haftendes Eigenkapital) zu-
führen, haben sie die hieraus resultierende Finanzierungsfolgenverantwortung[107] auch
in bilanzrechtlicher Hinsicht zu übernehmen.[108] Abgrenzungs- und Beurteilungs-

[101] Näher *Kleindiek* Handbuch des Kapitalersatzrechts Tz. 7.5 f m. w. N.
[102] ADS § 246 Rdn. 96; *Beine* Eigenkapitalersetzende
Gesellschafterleistungen S. 230; *Krink/Maertins*
DB 1998, 833, 836; *Küting/Kessler* BB 1994,
2103, 2107; *Maser* ZIP 1995, 1319, 1321 f; *Weisang* WM 1997, 245, 249.
[103] BGH ZIP 1996, 538, 540; BFH, 5. 2. 1992, I R
127/90, BStBl II 532, 534 f; *v. Gerkan* ZGR
1997, 173, 200 f; *Lutter/Hommelhoff* §§ 32 a/b
Rdn. 104; *Priester* DB 1991, 1917, 1922; *Scholz/
K. Schmidt* §§ 32 a, b Rdn. 96, je m. w. N.
[104] Ablehnend gegenüber einer Kennzeichnungspflicht im neueren Schrifttum etwa ADS § 246
Rdn. 98, § 152 AktG Rdn. 15 u. § 42 GmbHG
Rdn. 35; Beck BilKomm-*Clemm/Erle* § 266
Rdn. 255; *Duske* DStR 1993, 925, 926; *Groh* BB

1993, 1882, 1888; Beck HdR-*Heymann* B 231
Rdn. 279; *Klaus* BB 1994, 680, 685 ff; HdR-*Reinhard* § 247 Rdn. 96; mit Einschränkung auch
HdJ-*Bordt* III/1 Rdn. 295 f; *Weisang* WM 1997,
245, 248, die eine Kennzeichnungspflicht nur in
„unstreitigen" bzw. „eindeutigen" Fällen des
Eigenkapitalersatzes bejahen wollen.
[105] In diesem Sinne auch Beck BilKomm-*Clemm/
Erle* § 266 Rdn. 255, obwohl sie die Kennzeichnung als „wünschenswert" ansehen.
[106] S. auch die eingehende Kritik bei *Fleischer* Finanzplankredite S. 308 ff.
[107] Dazu BGHZ 127, 336, 344 f = NJW 1995, 326;
zusammenfassend *Lutter/Hommelhoff* §§ 32 a/b
Rdn. 3 f.
[108] *Lutter/Hommelhoff* § 42 Rdn. 38 m. w. N.

schwierigkeiten bei der Einordnung eines Gesellschafterdarlehens als eigenkapitalersetzend sind zwar nicht gänzlich zu beseitigen. Das nach wie vor entscheidende Kriterium der Kreditunwürdigkeit ist durch langjährige Rechtsprechungspraxis mittlerweile aber hinreichend konkretisiert. Verbleibende Einschätzungsrisiken müssen für die Frage einer Kennzeichnungspflicht zurückstehen gegenüber der Informations- und Steuerungsfunktion der Rechnungslegung und dem Einblicksgebot aus § 264 Abs. 2 S. 1.[109] Wo die kapitalersetzende Funktion von Gesellschafterdarlehen nicht aufgedeckt wird, bleiben den Adressaten der Rechnungslegung wesentliche Informationen über die Vermögens- und Finanzlage der Gesellschaft vorenthalten.[110] Mit der ganz überwiegenden Meinung im gesellschaftsrechtlichen Schrifttum ist das „Ob" einer *Kennzeichnungspflicht* deshalb *zu bejahen*.[111]

Noch nicht entschieden ist damit über den **Zeitpunkt**, von dem an eine solche **37** Kennzeichnungspflicht besteht, sowie über den **Standort** im Jahresabschluß, an dem sie zu erfüllen ist. Auch hierüber gehen die Meinungen auseinander. Mit Blick auf die schon angesprochenen Beurteilungsschwierigkeiten (oben Rdn. 35) wird es zum Teil als ausreichend angesehen, wenn im Anhang (§§ 264 Abs. 1 S. 1, 284 ff) oder auch im Lagebericht (§§ 264 Abs. 1 S. 1, 289) Erläuterungen zur Finanzierung bzw. zu den Finanzierungs- oder Kreditschwierigkeiten der Gesellschaft gegeben werden; sie sollen den Rückschluß auf den besonderen Charakter der Gesellschafterdarlehen erlauben, eine Präjudizierung als eigenkapitalersetzend aber vermeiden.[112] Andere Stimmen wollen derartige Erläuterungen im Lagebericht nur unter Einschränkungen genügen lassen: wenn schon zum Bilanzstichtag ein Absinken des Gesellschaftsvermögens unter die Stammkapitalziffer eingetreten oder mit Wahrscheinlichkeit in Kürze zu erwarten sei, müsse der Eigenkapitalersatz in der Bilanz selbst vermerkt werden.[113]

Für die **Stellungnahme** zu diesen Vorschlägen gilt es zu differenzieren: Sieht man – **38** wie hier – den maßgebenden Ansatz zur Ableitung einer Kennzeichnungspflicht für eigenkapitalersetzende Gesellschafterdarlehen im Einblicksgebot des § 264 Abs. 2 S. 1, können Hinweise auf Finanzierungs- bzw. Kreditschwierigkeiten der Gesellschaft im Anhang oder gar Lagebericht nicht genügen. Mit Erläuterungen allein im Lagebericht wird jene Kennzeichnungspflicht schon deshalb nicht erfüllt, weil der Lagebericht kein Bestandteil des Jahresabschlusses ist, sondern ergänzend zu diesem hinzutritt (§ 264 Abs. 1 S. 1). Das true and fair view-Gebot aus § 264 Abs. 2 gilt aber gerade dem Jahresabschluß.[114] Und diesem Gebot ist schon im Zahlenwerk des Jahresabschlusses Genüge zu tun, nicht lediglich in dessen Verbalteil (Anhang). Die anderslautende, hierzulande noch immer einflußreiche „Abkopplungsthese" vermag selbst dort nicht zu überzeugen, wo die Informationsfunktion des Jahresabschlusses in Konflikt mit

[109] *Fleischer* Finanzplankredite S. 311 ff; *Lutter/Hommelhoff* § 42 Rdn. 38.
[110] Das scheinen auch Beck BilKomm-*Clemm/Erle* § 266 Rdn. 255 zugestehen zu wollen.
[111] Wie hier etwa *Baumbach/Hopt* § 266 Rdn. 17; *Beine* Eigenkapitalersetzende Gesellschafterleistungen S. 178 ff; *Fleck* FS Döllerer S. 109, 110 ff; *ders.* GmbHR 1989, 313, 316 ff; *Fleischer* Finanzplankredite S. 313; HdR-*Küting/Kessler* § 272 Rdn. 184; *Lutter/Hommelhoff* § 42 Rdn. 34 ff; *Maser* ZIP 1995, 1319, 1322; *Mertens* FS Forster S. 418 f; *Priester* DB 1991, 1917, 1923; *Scholz/K. Schmidt* §§ 32 a, b Rdn. 94; *ders.* FS Goerdeler S. 487, 509; Baumbach/Hueck/*Schulze-Osterloh* § 42 Rdn. 226; *ders.* WPg 1996, 97, 105.

[112] *Scholz/Crezelius* Anh. § 42a Rdn. 221; *K. Schmidt* FS Goerdeler S. 487, 509; auch *Altmeppen* in Roth/Altmeppen § 42 Rdn. 37 will Erläuterungen im Lagebericht genügen lassen.
[113] So *Fleck* FS Döllerer S. 109, 117 f; *ders.* GmbHR 1989, 313, 317 f; im Ansatz übereinstimmend: *Bachem* DB 1994, 1055, 1056; *Küffner* DStR 1993, 180, 182; HdR-*Küting/Kessler* § 272 Rdn. 184; *dies.* BB 1994, 2103, 2108; auch *Priester* DB 1991, 1917, 1923, der freilich Angaben im Anhang genügen lassen will; ähnlich *Weisang* WM 1997, 245, 248.
[114] In § 289 Abs. 1 HGB wird es auf den Lagebericht ausgedehnt.

dessen Ausschüttungsbemessungsfunktion gerät.[115] Wo aber (wie durch die Kennzeichnung eigenkapitalersetzender Gesellschafterdarlehen) jene Ausschüttungsbemessungsfunktion erst gar nicht beeinträchtigt (sondern gar gestützt) wird, dürfen wesentliche Informationen zur Vermögens-, Ertrags- und Finanzlage der Gesellschaft erst recht nicht in den Anhang verbannt werden. Nach alledem muß der eigenkapitalersetzende Charakter von Gesellschafterdarlehen in der Bilanz offengelegt werden,[116] ohne daß dabei größenabhängig differenziert werden könnte. Entsprechende Differenzierungen (im Sinne einer Befreiung kleiner Kapitalgesellschaften von der Kennzeichnungspflicht)[117] sind mit der lex lata schwer in Einklang zu bringen und könnten auch rechtspolitisch kaum überzeugen: Im Interesse der aktuellen und potentiellen Gesellschaftsgläubiger als einer Adressatengruppe der Rechnungslegung muß sich das Einblicksgebot aus § 264 Abs. 2 S. 1 gerade dann bewähren, wenn die Gesellschaft in Finanzierungs- und Kreditschwierigkeiten gerät. Mit Recht ist deshalb darauf hingewiesen worden, daß die Bilanzaufgliederung um so stärker sein muß, je gefährdeter die Zahlungsfähigkeit erscheint.[118]

39   Deshalb bleibt als Resümee festzuhalten: Kapitalgesellschaften aller Größenklassen trifft eine uneingeschränkte Verpflichtung, eigenkapitalersetzende Gesellschafterdarlehen als Verbindlichkeiten der Gesellschaft zu passivieren und dabei unmittelbar in der Bilanz als eigenkapitalersetzend gesondert zu kennzeichnen. Zu empfehlen ist ein **Ausgliederungsvermerk** *„davon eigenkapitalersetzend …"* *unter der Bilanzposition* *„Verbindlichkeiten gegenüber Gesellschaftern".*[119] Eine weitere bilanztechnische Unterteilung nach Darlehen im Anwendungsbereich der Rechtsprechungs-Regeln und solchen im Anwendungsbereich der Novellen-Regeln[120] ist dabei freilich abzulehnen. Weil die Grenzziehung fließend ist und zudem täglich schwanken kann, wäre eine solche Differenzierung mit keinerlei Informationsgewinn für die Adressaten der Rechnungslegung verbunden.[121] Schwieriger ist freilich die Frage zu beantworten, von welchem **Zeitpunkt** an eine solche Kennzeichnung zu erfolgen hat. Jedenfalls für das GmbH-Recht[122] streiten beachtliche Erwägungen für die These, ein Bilanzvermerk sei nur unter der Voraussetzung geboten, daß zum Bilanzstichtag ein Absinken des Gesellschaftsvermögens unter die Stammkapitalziffer eingetreten sei oder mit Wahrscheinlichkeit unmittelbar bevorstehe (oben Rdn. 37). Denn weil das Darlehen außerhalb des Insolvenzverfahrens allein in diesen Grenzen für eine Rückzahlung gesperrt und mithin eigenkapitalgleich gebunden ist, mag man von „Eigenkapitalersatz" auch nur in diesem Rahmen sprechen wollen. Anderseits ist aber zu berücksichtigen, daß der Umfang jener Bindung täglich schwanken und bezogen auf den Bilanzstichtag zudem durch bilanzpolitische Maßnahmen gezielt beeinflußt werden kann. Vor diesem Hintergrund sprechen die besseren Gründe für die Überlegung, ein getreuer Ein-

---

[115] Näher dazu *Kleindiek* ZGR 1998, 466, 473 ff; s. auch *Großfeld* Bilanzrecht Rdn. 57 ff.

[116] Im Ergebnis wie hier *Fleischer* Finanzplankredite S. 325; *Schulze-Osterloh* WPg 1996, 97, 105; *Baumbach/Hueck/ders.* § 42 Rdn. 226.

[117] So erstmals *Fleck* FS Döllerer S. 109, 116; näher dazu – und zur Kritik – *Kleindiek* Handbuch des Kapitalersatzrechts Tz. 7.11/7.14.

[118] So *Moxter* FS Goerdeler S. 361, 370, der darin einen Grundsatz ordnungsmäßiger Buchführung sieht; zustimmend *Fleischer* Finanzplankredite S. 315.

[119] Ebenso schon *Fleischer* Finanzplankredite S. 325; großzügiger *Lutter/Hommelhoff* § 42 Rdn. 40,

die auch eine Bilanzposition nach dem Eigenkapital (§ 266 Abs. 3 C HGB) oder eine präzise Angabe im Anhang genügen lassen wollen.

[120] Dafür noch *Priester* DB 1991, 1917, 1924; für eine gesonderte Erläuterung auch *Bormann* Gesellschafterleistungen S. 143 ff.

[121] Zu Recht ablehnend deshalb *Fleischer* Finanzplankredite S. 324; *Lutter/Hommelhoff* § 42 Rdn. 37 m. w. N.

[122] Für das Aktienrecht kommt es auf den Umfang der Bindung eines kapitalersetzenden Aktionärsdarlehens an, der allerdings umstritten ist; s. statt anderer *Hüffer* § 57 Rdn. 19 m. w. N.

blick in die Vermögens- und Finanzlage der Gesellschaft werde erst dort vermittelt, wo die Bilanz über das gesamte Darlehensvolumen informiere, das ggf. der Bindung analog $\S\S$ 30, 31 GmbHG unterworfen sei. Ein im Zeitpunkt der Kreditunwürdigkeit gewährtes (oder stehengelassenes) Gesellschafterdarlehen ist deshalb von diesem Zeitpunkt an in voller Höhe in der Bilanz als eigenkapitalersetzend zu kennzeichnen.[123] Doch muß dies für die Praxis bis auf weiteres als offen gelten;[124] eine konsensfähige Antwort erscheint gegenwärtig noch nicht möglich.

bb) Eigenkapitalersetzende Gesellschafterdarlehen mit Rangrücktrittsverein- 40 barung sind entsprechend den oben Rdn. 30 ff dargelegten Grundsätzen zu bilanzieren. Solange die Parteien der Rangrücktrittsvereinbarung nicht ausnahmsweise das Erlöschen der Darlehensforderung durch Erlaß ($\S$ 397 BGB) herbeiführen wollten, muß die Verbindlichkeit trotz des Rangrücktritts im Jahresabschluß der darlehensnehmenden Gesellschaft *passiviert* werden.[125] Aus den oben Rdn. 32 skizzierten Erwägungen hat dieser Ausweis nicht in einem Sonderposten zwischen dem Eigenkapital und den Rückstellungen zu erfolgen,[126] sondern unter den Verbindlichkeiten. Dabei sind die Verbindlichkeiten mit Rangrücktritt besonders zu kennzeichnen, wobei statt eines Ausgliederungsvermerks „davon durch Rangrücktritt nachrangig …" allgemein auch eine entsprechende Angabe im Anhang zugelassen wird.[127] Die Kennzeichnung durch einen „davon-Vermerk" verdient den Vorzug, weil der gebotene Einblick in die Vermögens- und Finanzlage der Gesellschaft ($\S$ 264 Abs. 2 S. 1) durch einen Hinweis im Zahlenwerk des Jahresabschlusses besser als durch eine Anhangsangabe vermittelt wird.[128]

Statt eines Rangrücktritts kann der darleihende Gesellschafter auch den **Verzicht 41** auf seinen Rückforderungsanspruch unter **Besserungsabrede** erklären, in der sich die Gesellschaft verpflichtet, die Forderung unter bestimmten Voraussetzungen (ganz oder teilweise) zu erfüllen. Die bilanziellen Konsequenzen eines solchen Verzichts mit Besserungsabrede richten sich nach den Ausführungen oben Rdn. 29.

cc) Eigenkapitalersetzende Darlehen im Überschuldungsstatus. Von der Abbil- **42** dung eigenkapitalersetzender Gesellschafterdarlehen im *Jahresabschluß* ist die Frage nach einer Passivierungspflicht im *Status zur Feststellung der Überschuldung* deutlich zu *trennen*.[129] Wiederum ist zwischen Gesellschafterdarlehen mit und solchen ohne Rangrücktrittsvereinbarung zu differenzieren.

---

[123] So im Ergebnis – freilich ohne tiefere Problemdiskussion – wohl auch *Baumbach/Hopt* $\S$ 266 Rdn. 17; *Schulze-Osterloh* WPg 1996, 97, 105; *Baumbach/Hueck/ders.* $\S$ 42 Rdn. 226; wie hier jetzt auch *Bormann* Gesellschafterleistungen S. 141 f.

[124] Noch unentschieden *Lutter/Hommelhoff* $\S$ 42 Rdn. 34/39; *Fleischer* Finanzplankredite S. 326 will einen gezielten Vermerk jedenfalls dann fordern, wenn das ausgereichte Darlehen über den Kreditmarkt nicht erhältlich gewesen wäre und die Zahlungsfähigkeit der Gesellschaft ernstlich zweifelhaft sei.

[125] Ganz h.M.; s. etwa BFH, 30.3.1993, IV R 57/91, BStBl II 1993, S. 502; ADS $\S$ 246 Rdn. 140, 142; Beck BilKomm-*Clemm/Erle* $\S$ 247 Rdn. 231 u. $\S$ 266 Rdn. 255; Scholz/*Crezelius* $\S$ 42a Rdn. 220; *Fleck* GmbHR 1989, 313, 315 f; *Fleischer* Finanzplankredite S. 327 ff; v. *Gerkan* ZGR 1997, 173, 197; *Groh* BB 1993, 1882, 1884;

Häuselmann BB 1993, 1552, 1554; HdR-*Küting/Kessler* $\S$ 272 Rdn. 189; *dies.* BB 1994, 2103, 2109; *Lutter/Hommelhoff* $\S$ 42 Rdn. 41; *K. Schmidt* FS Goerdeler S. 487, 502.

[126] So aber etwa *Knobbe-Keuk* ZIP 1983, 127, 131; *dies.* StuW 1991, 306, 308 f; *Peters* WM 1988, 685, 692; *K. Schmidt* FS Goerdeler S. 487, 502.

[127] HdJ-*Bordt* III/1, Rdn. 276; Beck BilKomm-*Clemm/Erle* $\S$ 266 Rdn. 255; *Fleischer* Finanzplankredite S. 322, 329; *Großfeld* Bilanzrecht Rdn. 404; *Häuselmann* BB 1993, 1552, 1555; *Küffner* DStR 1993, 180, 181 f; HdR-*Küting/Kessler* $\S$ 272 Rdn. 191; *dies.* BB 1994, 2103, 2109; *Lutter/Hommelhoff* $\S$ 42 Rdn. 41; *Weisang* WM 1997, 245, 248; *Wittig* NZI 2001, 169, 176.

[128] S. oben Rdn. 38 f und *Kleindiek* Handbuch des Kapitalersatzrechts Tz. 7.22.

[129] Auch dazu eingehend *Kleindiek* Handbuch des Kapitalersatzrechts Tz. 7.28 ff mit umfangreichen Nachw. zum Meinungsstand; seither ins-

Detlef Kleindiek

43 **α) Gesellschafterdarlehen mit Rangrücktrittsvereinbarung.** Wird die Rückzahlungsforderung aus einem eigenkapitalersetzenden Gesellschafterdarlehen einem vereinbarten Rangrücktritt (s. oben Rdn. 30 ff) unterworfen, bleibt die Rückzahlungsverbindlichkeit aus einem solchen Darlehen *im Überschuldungsstatus außer Ansatz.* Daran hat das neue Insolvenzrecht nichts geändert. Verbindlichkeiten mit Rangrücktrittserklärung sind auch nach neuem Recht nicht in den Überschuldungsstatus aufzunehmen; der Vereinbarung eines Forderungserlasses für den Fall der Eröffnung eines Insolvenzverfahrens bedarf es nicht.[130] Zum erforderlichen Inhalt der Rangrücktrittsvereinbarung näher unten Rdn. 46.

44 **β) Gesellschafterdarlehen ohne Rangrücktrittsvereinbarung.** Lange Zeit heftig *umstritten* war die Frage jedoch für Gesellschafterdarlehen ohne Rangrücktrittsvereinbarung. Zahlreiche Stimmen im Schrifttum[131] und einige Instanzgerichte[132] haben sich für eine Passivierungspflicht im Überschuldungsstatus der darlehensnehmenden Gesellschaft ausgesprochen, solange kein Rangrücktritt vereinbart worden ist. Diese traditionelle Sehweise sah sich seit einigen Jahren jedoch wachsender Kritik ausgesetzt,[133] die auch bei Teilen der obergerichtlichen Rechtsprechung Widerhall gefunden hat.[134] Mit dem Inkrafttreten der neuen Insolvenzordnung am 1.1.1999 hat der Streit neue Nahrung gefunden, weil manche insbesondere aus § 39 InsO das gesetzliche

---

besondere *Altmeppen* ZHR 164 (2000) 349 ff; *K. Bauer* ZInsO 2001, 486 ff; *Bormann* Gesellschafterleistungen S. 288 ff; *ders.* GmbHR 2001, 689 ff; *Wittig* NZI 2001, 169 ff.

[130] BGH ZIP 2001, 235, 237; vor dem Inkrafttreten der InsO ebenso schon BGH NJW 1987, 1696, 1697. Aus dem neueren Schrifttum etwa *Brüggemann* NZG 1999, 811, 813 f; *Groh* BB 1993, 1882, 1883 Fn. 4; GroßkommAktG-*Habersack* § 92 Rdn. 59; *Hüffer* § 92 Rdn. 11; *Kleindiek* Handbuch des Kapitalersatzrechts Tz. 7.51 ff; *Lenz* GmbHR 1999, 283, 284; *Livonius* ZInsO 1998, 309 ff; *Lutter* ZIP 1999, 641, 644 ff; *Lutter/Hommelhoff* § 64 Rdn. 17a; Kübler/Prüting/*Pape* InsO § 19 Rdn. 15; *K. Schmidt* GmbHR 1999, 9, 11 ff; *ders.* ZGR 1998, 633, 660; *Uhlenbruck* in K. Schmidt/Uhlenbruck Die GmbH in Krise, Sanierung und Insolvenz (1999)² Rdn. 613; im Ergebnis auch Budde/Förschle/*Förschle/Kofahl* Sonderbilanzen (1999)² P 120. A. A. (nämlich einen Forderungsverzicht verlangend) noch *Dörner* INF 1998, 494, 495; *Hess* InsO (1999) § 19 Rdn. 42 f; *Mack/Schwedhelm/Olbing* GmbHR 1998, 1145, 1155; WP-Handbuch I Tz. V 30; wohl auch HdJ-*Bordt* III/1, Rdn. 298; *Rowedder* § 63 Rdn. 14 (jedenfalls aber als Empfehlung an die Praxis).

[131] ADS § 246 Rdn. 137; *Altmeppen* in Roth/Altmeppen § 63 Rdn. 17; *ders.* ZHR 164 (2000) 349, 366 ff; *Beintmann* Eigenkapitalersetzende Gesellschafterdarlehen im Überschuldungsstatus Diss. Jur. (1998) S. 53 ff; *dies.* BB 1999, 1543, 1548; HdJ-*Bordt* III/1, Rdn. 298; Budde/Förschle/*Förschle/Kofahl* Sonderbilanzen P 45 u. 120; GroßkommAktG-*Habersack* § 92 Rdn. 57; *Hartung* NJW 1996, 229, 230 f; *Hüffer* § 92 Rdn. 11; *Knobbe-Keuk* ZIP 1983, 127, 129; HdR-*Küting/Kessler* § 272 Rdn. 185; *dies.* BB

1994, 2103, 2108; WP-Handbuch I Tz. V 30; *Priester* DB 1977, 2429, 2432; *ders.* DB 1991, 1917, 1924; *ders.* ZIP 1994, 413, 416; *Rowedder* § 63 Rdn. 14; *K. Schmidt* Gesellschaftsrecht § 37 IV 5 b; Scholz/*ders.* §§ 32a, b Rdn. 60; *ders.* FS Goerdeler (1987) S. 487, 505 ff; *ders.* GmbHR 1999, 9, 14 f; *Kuhn/Uhlenbruck* Konkursordnung¹¹ § 102 KO Rdn. 6 u ff; *Uhlenbruck* in K. Schmidt/Uhlenbruck Die GmbH in Krise, Sanierung und Insolvenz, Rdn. 610 ff; *Th. Wolf* DB 1995, 2277, 2281; *Weisang* WM 1997, 245, 251.

[132] OLG Düsseldorf WM 1996, 1922, 1924; OLG Düsseldorf NZG 2001, 133, 134; OLG Hamburg GmbHR 1987, 97 f; LG München ZIP 1983, 66, 67.

[133] S. etwa *Fleck* FS Döllerer (1988) S. 109, 122 ff; *ders.* GmbHR 1989, 313, 321 ff; *Fleischer* ZIP 1996, 773, 777; Hommelhoff/Röhricht/*Hirte* Gesellschaftsrecht 1997, RWS-Forum 10 (1998) S. 145, 174 f; *ders.* DStR 2000, 1829 ff; *Hommelhoff* FS Döllerer (1988) S. 245, 253 ff; *Lutter* GmbHR 1997, 329, 332; *ders.* ZIP 1999, 641, 644 ff; *Lutter/Hommelhoff* § 64 Rdn. 17 ff; *Obermüller/Hess* InsO Rdn. 99 (S. 31); Kübler/Prüting/*Noack* InsO/Sonderband Gesellschaftsrecht (1999), Rdn. 80; Baumbach/Hueck/*Schulze-Osterloh* § 64 Rdn. 18; *ders.* WPg 1996, 97, 106; Hachenburg/*Ulmer* § 63 Rdn. 46a.

[134] OLG Köln DB 2000, 2264, 2266; OLG Stuttgart NZG 1998, 308, 310; OLG Düsseldorf WM 1997, 1866, 1868; OLG München NJW 1994, 3112, 3114 (bei Aktivierung der bestehenden Rückforderungsansprüche analog § 31 GmbHG aus der teilweisen Rückführung kapitalersetzender Darlehen); s. auch noch LG Waldshut-Tiengen DB 1995, 2157.

Gebot zur Passivierung eines eigenkapitalersetzenden Gesellschafterdarlehens in der Überschuldungsbilanz ableiten wollen.[135] Nähere Einzelheiten des Meinungsstreits sind an dieser Stelle nicht mehr zu erörtern. Für die Praxis hat eine **BGH-Entscheidung** vom 8. Januar 2001 mittlerweile die nötige Klärung gebracht.[136] Wenn der darleihende Gesellschafter keine Rangrücktrittserklärung abgegeben hat, hält der II. Zivilsenat für den Überschuldungsstatus die *Passivierung* auch solcher Gesellschafterforderungen für *erforderlich*, die wegen ihres eigenkapitalersetzenden Charakters nicht bedient werden dürfen. Zur Begründung verweist der BGH zum einen darauf, daß auch die den Eigenkapitalersatzregeln unterworfenen Forderungen ihren Charakter als Verbindlichkeiten behalten würden. Zum anderen hätte es der Gesellschafter in der Hand, durch Abgabe einer Rangrücktrittserklärung deutlich zu machen, daß er jedenfalls für die Dauer der Krise auf seine Position als Drittgläubiger verzichte. In den Grenzfällen erhalte der Geschäftsführer so eine zweifelsfreie und rechtssichere Grundlage für die von ihm zu treffende Entscheidung über die Stellung des Insolvenzantrags. Diese Entscheidung dem Gesellschafter abzuverlangen und mit ihr und ihren schadensersatz- und strafrechtlichen Konsequenzen nicht den Geschäftsführer zu belasten, sei auch deswegen angezeigt, weil mit ihr der Gesellschafter klarstelle, daß er die Forderung nicht in Konkurrenz zu den außenstehenden Gläubigern geltend machen wolle.

Stellungnahme. Die vom BGH verfochtene Begründung für die Passivierungs-   **45**
pflicht eigenkapitalersetzender Gesellschafterdarlehen ohne Rangrücktrittsvereinbarung im Überschuldungsstatus der Gesellschaft bewegt sich im vertrauten Argumentationshaushalt der Befürworter eines Passivierungsgebots. Aus rechtssystematischer Sicht sprechen die besseren Gründe demgegenüber nach wie vor dafür, ein eigenkapitalersetzendes Gesellschafterdarlehen im Überschuldungsstatus der Gesellschaft auch dort unberücksichtigt zu lassen, wo eine Rangrücktrittsvereinbarung mit dem darleihenden Gesellschafter nicht zustandegekommen ist:[137] Das zentrale Argument gegen die Aufnahme eigenkapitalersetzender Darlehen in den Überschuldungsstatus liegt im *Zweck des Überschuldungstatbestandes* und der hieraus resultierenden *Funktion des Überschuldungsstatus*. Die Eröffnung des Insolvenzverfahrens ist nicht gerechtfertigt, solange das Schuldendeckungspotential noch groß genug ist, um die außenstehenden Gläubiger zu bedienen, zu deren Gunsten das Unternehmensvermögen vorrangig haftet. Verbindlichkeiten aus eigenkapitalersetzenden Darlehen schmälern die Haftungsmasse zu Lasten der Drittgläubiger nicht, denn die außenstehenden Gläubiger der Gesellschaft müssen nicht in Konkurrenz zu den darleihenden Gesellschaftern treten

---

135 So etwa (mit Unterschieden in der Argumentation) *Beintmann* BB 1999, 1543, 1548; *R. Fischer* GmbHR 2000, 66, 67 f; GroßkommAktG-*Habersack* § 92 Rdn. 57; *Hess* InsO (1999) § 19 Rdn. 40; Kübler/Prütting/*Pape* InsO § 19 Rdn. 14; FrankfurterKommInsO-*Schmerbach* § 19 Rdn. 18; *Uhlenbruck* in K. Schmidt/Uhlenbruck Die GmbH in Krise, Sanierung und Insolvenz, Rdn. 611. Für eine Passivierungspflicht mit Blick auf § 39 InsO auch *Th. Wolf* DB 1997, 1833, 1834, der jedoch gleichzeitig einen Freistellungsanspruch der Gesellschaft (gerichtet darauf, daß der Gesellschafter eine Verwertung seiner Darlehensmittel zur vorrangigen Tilgung der Schulden der Gesellschaft dulden müsse) aktiviert sehen will.

136 BGH ZIP 2001, 235; in BGHZ 124, 282, 285 = NJW 1994, 724 hatte sich der II. Zivilsenat einer Stellungnahme noch nicht ausdrücklich enthalten.

137 Näher dazu schon *Kleindiek* Handbuch des Kapitalersatzrechts Tz. 7.33 ff m. w. N.; kritisch zu jener Entscheidung auch *Bormann* GmbHR 2001, 689 ff; *Fleischer* JZ 2001, 1191 ff; dem BGH zustimmend etwa *K. Bauer* ZInsO 2001, 486 ff; *Felleisen* GmbHR 2001, 195 ff; *Habersack/Mayer* NZG 2001, 365 f; *Hasselbach/Wicke* BB 2001, 435 f; *Priester* EWiR 2001, 329 f; *Rapp/K. Bauer* KTS 2001, 1, 16 f; *Wittig* NZI 2001, 169, 172; im Ergebnis auch *Altmeppen* ZIP 2001, 240 ff.

Detlef Kleindiek

(§ 39 Abs. 1 InsO). Auch die *Beurteilungsschwierigkeiten* hinsichtlich der Voraussetzungen eines eigenkapitalersetzenden Gesellschafterdarlehens sind kein überzeugendes Argument für die Passivierungspflicht. Die Entscheidung darüber, ob der Insolvenzgrund der Überschuldung erfüllt und deshalb die Eröffnung des Insolvenzverfahrens zu beantragen ist, fällt nach der gesetzlichen Kompetenzordnung in den zwingenden Aufgabenbereich der Geschäftsleitungsorgane und schließt die Beantwortung der sich hier notwendigerweise stellenden Vorfragen in rechtlicher wie in tatsächlicher Hinsicht ein. Ebensowenig läßt sich die Verpflichtung, eigenkapitalersetzende Gesellschafterdarlehen im Überschuldungsstatus zu passivieren, mit dem Gedanken der *Finanzierungsfreiheit* des Gesellschafter-Kreditgebers rechtfertigen.[138] Die These, allein der Gesellschafter-Kreditgeber dürfe darüber entscheiden, ob die Gesellschaft sein Darlehen im Hinblick auf die Insolvenzantragspflicht gleichsam als Eigenkapital betrachten und bei der Zusammenstellung der Passive beiseite lassen dürfe, ist mit der Finanzierungsfolgenverantwortung des Gesellschafter-Kreditgebers nicht zu vereinbaren. Seine Finanzierungsfreiheit hat der Gesellschafter zu einem früheren Zeitpunkt ausgeübt: nämlich mit der Entscheidung, das Darlehen trotz Kriseneintritts zu gewähren bzw. nicht zurückzuziehen. Wenn er sich zu diesem Zeitpunkt für einen Finanzierungsbeitrag entschied, verfügt er von nun an nicht mehr über die „Freiheit", die Gesellschaft durch Versagung einer Rangrücktrittserklärung für sein objektiv eigenkapitalersetzendes Darlehen in die Insolvenz zu treiben und den Gläubigern ein gesteigertes Ausfallrisiko zu bescheren. – Doch ist die BGH-Entscheidung für die Praxis ein festes Datum: So lange es an der Rangrücktrittserklärung des darlehensgebenden Gesellschafters fehlt, ist dessen Forderung im Überschuldungsstatus zu passivieren.

46   **γ) Inhalt der Rangrücktrittsvereinbarung.** Neue – und bis auf Weiteres ungeklärte – Fragen hinterläßt die Entscheidung freilich hinsichtlich des notwendigen Inhalts der Rangrücktrittsvereinbarung. Der BGH erörtert einen Rangrücktritt mit der sinngemäßen Erklärung, der Gesellschafter „wolle wegen der genannten Forderungen erst nach der Befriedigung sämtlicher Gesellschaftergläubiger und – bis zur Abwendung der Krise – auch nicht vor, sondern nur zugleich mit den Einlagerückgewähransprüchen seiner Mitgesellschafter berücksichtigt, also so behandelt werden, als handele es sich bei seiner Gesellschafterleistung um statutarisches Kapital". Stelle sich der Gesellschafter in dieser Weise wegen seiner Ansprüche aus einer in funktionales Eigenkapital umqualifizierten Drittleistung auf dieselbe Stufe, auf der er selbst und seine Mitgesellschafter hinsichtlich ihrer Einlagen stünden, so bestehe keine Notwendigkeit, diese Forderungen in den Schuldenstatus der Gesellschaft aufzunehmen.[139] – Aus dieser Formulierung ist der Schluß gezogen worden, der II. Zivilsenat verlange den Rücktritt in den Rang des § 199 S. 2 InsO, d. h. die Erklärung, erst bei der Verteilung eines etwaigen Liquidationserlöses nach Befriedigung aller Gesellschaftsgläubiger berücksichtigt zu werden.[140] Indes läßt sich das Erfordernis eines Rücktritts

---

[138] So aber *Altmeppen* in Roth/Altmeppen § 63 Rdn. 17 und eingehend jetzt *ders.* ZHR 164 (2000) 349, 366 ff; ihm folgend *K. Bauer* ZInsO 2001, 486, 489 f; *Rapp/ders.* KTS 2001, 1, 17; s. dagegen schon *K. Schmidt* GmbHR 1999, 9, 13 sowie *Kleindiek* Handbuch des Kapitalersatzrechts Tz. 7.37.

[139] BGH ZIP 2001, 235, 237 (zu Ziff. I 2 c bb (2) der Gründe).

[140] So etwa die Interpretation bei *K. Bauer* ZInsO 2001, 486, 491; *Bormann* GmbHR 2001, 689,

690, 694; *Habersack/Mayer* NZG 2001, 365, 366. Ganz in diesem Sinne ist von der Notwendigkeit eines „qualifizierten Rangrücktritts" gesprochen worden: Erst wenn der Gesellschafter deutlich mache, daß er nicht – auch nicht als nachrangiger Gläubiger – am Insolvenzverfahren teilnehmen wolle, bestehe kein Bedürfnis mehr für eine Passivierung seiner Forderung im Überschuldungsstatus; so *Hommelhoff/Goette* Eigenkapitalersatzrecht in der Praxis (2001²) Rdn. 31c; zuvor schon *Goette* DStR 2001, 179.

in den (letzten) Rang des § 199 S. 2 InsO mit dem zentralen Leitgedanken des Urteils – Gewährleistung von Rechtssicherheit durch Abgabe einer Rangrücktrittserklärung – nicht legitimieren. An späterer Stelle der Entscheidungsgründe verlangt der Senat vom darlehenden Gesellschafter denn auch nur die Klarstellung, daß er „jedenfalls für die Dauer der Krise" auf seine „Position als *Drittgläubiger*" verzichte und seine Forderung „nicht in Konkurrenz zu den *außenstehenden* Gläubigern geltend machen" wolle.[141] Hierzu aber genügt der (klarstellende) Rücktritt in den Rang des § 39 Abs. 1 Nr. 5 InsO.[142] Selbst des Rücktritts in den (tieferen) Rang des § 39 Abs. 2 InsO[143] bedarf es nicht, zumal in der Rangrücktrittserklärung typischerweise gerade nicht der Wille des Darlehensgebers zum Ausdruck kommt, im Verhältnis zu den (übrigen) darlehensgebenden Gesellschaftern hinter die Forderungen der anderen zurückzutreten zu wollen.[144] Ein solcher, ex lege eingreifender Rangunterschied ließe sich auch nicht mit Hinweis auf die Interessen jener Gesellschafter begründen, die in der Krise ein Darlehen ohne gleichzeitige Abgabe einer Rangrücktrittserklärung ausgereicht (oder belassen) haben. Denn sie haben – mit dieser Finanzierungsentscheidung – ihre Finanzierungsfreiheit gerade ebenfalls zugunsten der Gewährung eigenkapitalgleich gebundener Mittel ausgeübt (s. oben Rdn. 45).

4. Zuordnung der Vermögensgegenstände und Schulden

a) Problemstellung. Nach Abs. 1 hat der Jahresabschluß (u. a.) sämtliche Vermö- **47** gensgegenstände und Schulden zu enthalten. Anders als in § 240 Abs. 1 für das Inventar („seine") hat der Gesetzgeber in § 246 Abs. 1 aber nicht ausdrücklich klargestellt, daß es sich gerade um die Vermögensgegenstände und Schulden des bilanzierungspflichtigen Unternehmensträgers handeln muß. In der Sache besteht indes kein Unterschied. Auch in den Jahresabschluß sind nur solche Vermögensgegenstände, Schulden usw. aufzunehmen, die dem Bilanzierungspflichtigen zuzuordnen sind. Die bei § 240, 15, 16 ff (*Hüffer*) für das Inventar erörterten Zuordnungsprobleme bestehen deshalb in gleicher Weise für den Jahresabschluß.

Jene **Zuordnungsfragen** stellen sich in vornehmlich zwei Richtungen. Zunächst **48** im Sinne einer *persönlichen* Zuordnung, d. h. mit Blick auf die Frage, unter welchen Voraussetzungen die Vermögensgegenstände bzw. Schulden gerade dem Bilanzierungspflichtigen (und nicht einem Dritten) zuzuordnen sind (Rdn. 49 ff). Teilaspekte der persönlichen Zuordnung sind Zugang bzw. Abgang von Vermögensgegenständen und Schulden, also ihre *zeitliche* Zuordnung zum Bilanzierungspflichtigen (Rdn. 54 ff). Von persönlicher und zeitlicher Zuordnung zu unterscheiden ist schließlich die Problematik der *funktionalen* Zuordnung (Rdn. 64 f), verbreitet auch als sachliche Zuordnung bezeichnet. Sie stellt sich bei Einzelkaufleuten und betrifft die Frage, ob Vermögensgegenstand oder Schuld dem Betriebsvermögen des Einzelkaufmanns (und nicht seinem Privatvermögen) zuzuordnen sind. Denn für die Vermögensgegenstände und Schulden seines Privatvermögens ist der Kaufmann weder buchführungs- noch bilanzierungspflichtig.[145]

---

[141] BGH ZIP 2001, 235, 237 (zu Ziff. I 2c bb (3) der Gründe; Hervorhebungen hinzugefügt).

[142] Wie hier eingehend schon *Wittig* NZI 2001, 169, 173 f; im Ergebnis ebenso *K. Bauer* ZInsO 2001, 486, 491 f; *Fleischer* JZ 2001, 1191, 1193; *Habersack/Mayer* NZG 2001, 365, 366; wohl auch *Westermann* DZWiR 2001, 207, 209.

[143] Einen Rücktritt in den Rang des § 39 Abs. 2

InsO befürworten *Altmeppen* ZIP 2001, 240, 241; *Felleisen* GmbHR 2001, 195, 196.

[144] S. dazu schon *K. Schmidt* GmbHR 1999, 9, 12; *ders.* ZIP 1999, 1241, 1247; ferner *Bormann* GmbHR 2001, 689, 694; *R. Fischer* GmbHR 2000, 66, 69; *Wittig* NZI 2001, 169, 173 f, je m. w. N.

[145] S. schon oben § 238, 52 f u. § 240, 15 (*Hüffer*).

49   **b) Persönliche Zuordnung.** Die Problematik der persönlichen Zuordnung stellt sich vor allem für die *Vermögensgegenstände*, in geringerem Umfang für die *Schulden*. Denn Schulden sind – nach Grund und Höhe gewisse oder ungewisse, jedoch hinreichend wahrscheinlich bestehende – Verpflichtungen gerade des Bilanzierungspflichtigen (oben Rdn. 22). In seiner Person muß der Entstehungsgrund der Schuld erfüllt sein. Schon in der Begriffsbestimmung der Schuld ist mithin das maßgebliche Zuordnungskriterium enthalten,[146] wenngleich sich auch hier bilanzspezifische Fragen nach lediglich „faktischen" Verpflichtungen (oben Rdn. 27) und nach dem Zeitpunkt von Zu- und Abgang einer Verpflichtung (s. schon oben Rdn. 26 und unten Rdn. 55) stellen. Die Begriffskriterien des Vermögensgegenstandes (oben Rdn. 5 f) umfassen demgegenüber noch keine Zuordnungselemente.

50   **aa) „Wirtschaftliches Eigentum"?** Im handelsbilanzrechtlichen Schrifttum findet sich – in Übereinstimmung mit der im Steuerrecht gängigen Terminologie[147] – weit verbreitet die Formulierung, für die Zuordnung von Vermögensgegenständen in der Bilanz sei eine *wirtschaftliche Betrachtungsweise* maßgeblich. Dazu sei zwar von den rechtlichen Eigentumsverhältnissen bzw. der Rechtsinhaberschaft auszugehen. Im Konfliktfall sei der Vermögensgegenstand aber nicht dem zivilrechtlichen Eigentümer, sondern dem „wirtschaftlichen Eigentümer" zuzuordnen.[148]

51   **Kritik.** Die Rede vom „*wirtschaftlichen Eigentum*" ist wenig glücklich und letztlich ohne Aussagekraft.[149] Denn das Eigentum ist eine ausschließlich *rechtliche* Kategorie. Ein vom Begriff des sachenrechtlichen Eigentums zu unterscheidendes „wirtschaftliches Eigentum" kann es von Rechts wegen nicht geben – auch nicht im Bilanzrecht. Im Bilanzrecht stellt sich freilich die Frage, ob und unter welchen Voraussetzungen ein Vermögensgegenstand dem Bilanzierungspflichtigen zugeordnet werden muß, obwohl er – zivilrechtlich – nicht Eigentümer desselben ist. Der Begriff des „wirtschaftlichen Eigentums" gibt darauf noch keine Antwort. Denn ihm sind, weil es nur sachenrechtliches Eigentum gibt, keine verbindlichen *Zuordnungskriterien* immanent. Diese gilt es vielmehr erst zu formulieren, so daß das „wirtschaftliche Eigentum" nicht mehr als eine bloße Etikettierung jener Zuordnungskriterien sein kann, auf die es allein ankommt.[150] Eben diese Zuordnungskriterien bestimmen denn auch die viel beschworene „wirtschaftliche Betrachtungsweise" bei der Zuordnung von Vermögensgegenständen in der Bilanz,[151] ohne daß damit freilich eine Gegensatzbildung zur rechtlich determinierten Zurechenbarkeit assoziiert werden darf. Denn auch die vom zivilrechtlichen Eigentum abweichende bilanzielle Zuordnung eines Vermögensgegenstandes fußt stets auf zivilrechtlichen Regelungen.[152]

---

[146] Vgl. auch HdR-*Kußmaul* Kap. I Rdn. 411.

[147] Dazu etwa *Blümich/Schreiber* EStG § 5 Rdn. 510 ff; Bordewin/Brandt-*Bordewin* EStG §§ 4–5 Rdn. 264 ff; Littmann/Bitz/Hellwig/*Hoffmann* EStG §§ 4, 5 Rdn. 91 f; Lademann/Söffing/Brockhoff/Plewka-*Schmidt* EStG § 5 Rdn. 387 ff; *Schmidt/Weber-Grellet* EStG § 5 Rdn. 150 ff; s. zur Zuordnungskonzeption des Steuerrechts auch *Walz* FS L. Fischer (1999) S. 463 ff.

[148] In diesem Sinne statt vieler ADS § 246 Rdn. 169 f, 262; MünchKommHGB-*Ballwieser* § 246 Rdn. 35; Beck BilKomm-*Budde/Karig* § 246 Rdn. 4; *Winnefeld* Bilanz-Handbuch D 2076.

[149] S. zu Kritik schon § 240, 18 (*Hüffer*) und etwa *Ekkenga* ZGR 1997, 262, 264 ff; HdJ-*Leffson/Schmid* I/7, Rdn. 39; der Sache nach auch HdJ-*Lutz* I/4, Rdn. 51 ff.

[150] S. auch § 240 Rdn. 18 (*Hüffer*); HdJ-*Leffson/Schmid* I/7, Rdn. 39.

[151] S. nur die Begriffswahl in BGHZ 137, 378, 380 („Tomberger") = NJW 1998, 1559.

[152] In diesem Sinne auch BGH BB 1996, 155, 156 – nachdem im Satz zuvor die „wirtschaftliche Zurechenbarkeit" der „materiell-rechtlichen Zuständigkeit" gegenübergestellt wird.

bb) Zuordnungskriterien. Über die maßgeblichen Zuordnungskriterien besteht **52** jedenfalls im Ausgangspunkt ein vergleichsweise breiter Konsens.[153] So dürfte heute wohl weitgehend Einigkeit darüber bestehen, daß für die bilanzielle Zuordnung eines Vermögensgegenstandes von den *rechtlichen Eigentumsverhältnissen* bzw. der *Inhaberschaft an dem Recht* auszugehen ist.[154] In der Regel ist eine Sache auch bilanziell dem Eigentümer, eine Forderung oder ein sonstiges Recht dem Rechtsinhaber zuzuordnen.[155] Insoweit zutreffend hat deshalb der BGH formuliert, die Bilanzierung von Vermögensgegenständen, die zivilrechtlich einem anderen Rechtssubjekt gehörten, müsse „unter dem Gesichtspunkt ‚wirtschaftliches Eigentum‘ als Ausnahmetatbestand aufgefaßt werden".[156]

Eine Sache ist in die **Bilanz des Nicht-Eigentümers** aufzunehmen, wenn sich die- **53** ser – aufgrund dinglicher oder schuldrechtlicher Berechtigung – für die gewöhnliche Nutzungsdauer des Gegenstandes „den Wert der Sache dienstbar machen"[157] und den zivilrechtlichen Eigentümer von der Einwirkung auf die Sache ausschließen kann.[158] Entsprechendes gilt für sonstige Vermögensgegenstände. Tatsächliche Sachherrschaft und Gefahr zufälliger Verschlechterung oder Untergangs müssen dazu in der Regel ebenso dem bilanzierenden Unternehmen zugewiesen sein wie Nutzen und Lasten des Vermögensgegenstandes.[159] Diese Kriterien finden ihre steuerrechtliche Entsprechung in § 39 Abs. 2 AO. In Anknüpfung an die oben skizzierten Elemente des Vermögensgegenstandsbegriffs (Rdn. 5 f) muß dem Nicht-Eigentümer die *Zuständigkeit zur Verwertung* des mit dem Gut verbundenen *wirtschaftlichen Potentials* zustehen.[160] So gesehen mag man von „wirtschaftlicher Verfügungsmacht"[161] sprechen. Die Befugnis zur Veräußerung des Gegenstandes ist freilich keine notwendige Voraussetzung für die bilanzielle Zuordnung zum Nicht-Eigentümer, zumal die konkrete Einzelveräußerbarkeit auch kein zwingendes Kriterium für einen Vermögensgegenstand darstellt (oben Rdn. 5).[162] Ist der Bilanzierungspflichtige allerdings nur zeitlich vorübergehend

---

[153] Übereinstimmende Feststellung schon in BGH BB 1996, 155, 156.

[154] So deutlich – trotz der „ergänzenden" Anerkennung „wirtschaftlichen Eigentums" – ADS § 246 Rdn. 170 f u. 263. Keine Zustimmung verdient die Formulierung bei Beck HdR-*Ballwieser* B 131 Rdn. 67: „Kriterium für den Ausweis von Positionen als handelsrechtliches Vermögen ist nicht das zivilrechtliche Eigentum."

[155] ADS § 246 Rdn. 170 f u. 263; *Blümich/Schreiber* EStG § 5 Rdn. 513; Beck BilKomm-*Budde/Karig* § 246 Rdn. 4; Littmann/Bitz/Hellwig/*Hoffmann* EStG §§ 4,5 Rdn. 91 f; *Kropff* in Geßler/Hefermehl/Eckardt/Kropff § 149 Rdn. 52; HdJ-*Lutz* I/4, Rdn. 51 f; *Winnefeld* Bilanz-Handbuch D 105 ff, 110.

[156] BGH BB 1996, 155, 156.

[157] So die treffende, zusammenfassende Charakterisierung bei ADS § 246 Rdn. 171. Nichts anderes dürfte gemeint sein, wenn auf die Zuweisung von „Substanz und Ertrag" der Sache abgestellt wird; so etwa BGH BB 1996, 155, 156; Scholz/*Crezelius* § 42a Rdn. 123.

[158] BGH BB 1996, 155, 156; ADS § 246 Rdn. 170 f, 262 ff; Beck BilKomm-*Budde/Karig* § 246 Rdn. 5; *Baumbach/Hopt* § 246 Rdn. 11; HdJ-*Lutz* I/4, Rdn. 50 ff.

[159] ADS § 246 Rdn. 170, 263; *Baetge* Bilanzen⁴ S. 155 f; Beck BilKomm-*Budde/Karig* § 246 Rdn. 6. Ebenso für das Steuerrecht schon BFH, 8. 3. 1977, VIII R 180/74, BStBl II 629, 630; s. auch die umfangreichen Nachw. zur Rechtsprechung des BFH bei *Körner/Weiken* BB 1992, 1033, 1035.

[160] Im Ansatz ähnlich Heymann/*Walz* § 246 Rdn. 32, der auf die Befugnis („Möglichkeit") abstellt, „die in dem Gegenstand enthaltenen Nutzungsmöglichkeiten produktiv in einer durch Marktrisiko und Marktchancen gekennzeichneten Weise einzusetzen".

[161] S. etwa Beck BilKomm-*Budde/Karig* § 246 Rdn. 6; Bonner HdR-*Kupsch* § 246 Rdn. 70; Lademann/Söffing/Brockhoff/*Plewka*/Schmidt EStG § 5 Rdn. 390 f; terminologisch ganz ähnlich HdR-*Kußmaul* Kap. I Rdn. 395: „Verfügungsgewalt".

[162] Im bilanzrechtlichen Schrifttum ist umstritten, ob die Zurechnung zum Nicht-Eigentümer auch dessen Berechtigung umfassen muß, den Vermögensgegenstand „für eigene Rechnung zu verwerten" (bejahend etwa HdJ-*Lutz* I/4, Rdn. 53; Baumbach/Hueck/*Schulze-Osterloh* § 42 Rdn. 80; dagegen z.B. Scholz/*Crezelius* Anh. § 42a Rdn. 123; *Baumbach/Hopt* § 246

Detlef Kleindiek

zur Nutzung berechtigt, kann er – vorbehaltlich des Nichtausweises schwebender Geschäfte (dazu unten Rdn. 66 ff) – auch nur ein Nutzungsrecht am Vermögensgegenstand aktivieren; der Gegenstand selbst bleibt dem Inhaber des Vollrechts zugeordnet.[163]

54   **c) Zeitliche Zuordnung.** Im Sinne der soeben skizzierten „wirtschaftlichen Betrachtungsweise" mit den für sie maßgebenden rechtlichen Zuordnungskriterien ist auch die Frage zu beantworten, *ab wann* Vermögensgegenstände und Schulden dem Bilanzierungspflichtigen *zuzuordnen* sind. Im Ausgangspunkt ist auf die Vollendung des zivilrechtlichen Erwerbstatbestandes abzustellen – bei Sachen also auf den Eigentumsübergang, bei Rechten auf den Erwerb der Inhaberschaft, bei Verpflichtungen auf die Vollendung des Entstehungstatbestandes. Nach den entsprechenden Kriterien richtet sich der Abgang von Vermögensgegenständen und Schulden.

55   In Konsequenz des Vorsichts- und Imparitätsprinzips (§ 252 Abs. 1 Nr. 4, s. die Erläuterungen § 252, 22 ff) kann auch eine **rechtlich noch nicht vollständig entstandene Verpflichtung** als Verbindlichkeit zu passivieren sein, wenn die Vollendung des Entstehungstatbestandes als sicher zu gelten hat (s. schon oben Rdn. 26).[164] Für noch **ungewisse Verpflichtungen** sind bei hinreichend wahrscheinlicher Inanspruchnahme aber jedenfalls *Verbindlichkeitsrückstellungen* (§ 249 Abs. 1 S. 1, 1. Alt.) zu bilden, sofern die künftigen Aufwendungen Erträgen des vergangenen (oder eines früheren) Geschäftsjahres zuzuordnen sind. Für eine nur der Höhe nach noch ungewisse, dem Grunde nach jedoch schon vollständig entstandene Verbindlichkeit ist in jedem Fall eine Rückstellung zu bilden, selbst wenn die künftigen Aufwendungen allein Erträge späterer Abrechnungsperioden alimentieren (sehr str.; zu Einzelheiten s. § 249, 33 ff).

56   **Rechtlich noch nicht entstandene Forderungen** sind – wiederum in Konsequenz des Vorsichts- und Imparitätsprinzips – erst dann aktivierungsfähig (und -pflichtig), wenn sie dem abgelaufenen Geschäftsjahr wirtschaftlich zuzuordnen und ihre rechtliche Entstehung (aus einem existenten Rechtsverhältnis) in bestimmter Höhe als sicher zu gelten hat (oben Rdn. 13). Im übrigen sind die Konkretisierungen des Realisationsprinzips (§ 252 Abs. 1 Nr. 4; s. die Erläuterungen § 252, 25 ff) bei Umsatzgeschäften auch für den Zeitpunkt des Zugangs von Vermögensgegenständen maßgebend.[165] Umsatzrealisierung kann schon vor der Vollendung des Erwerbstatbestandes eintreten, nämlich wenn tatsächliche Sachherrschaft, Gefahr, Nutzen und Lasten auf den Erwerber übergehen.[166] Deshalb setzt auch die *Zuordnung von Grundstücken* (oder grundstücksgleichen Rechten) nicht zwingend die Eintragung im Grundbuch voraus. Notwendig sind aber Übergang von Besitz, Gefahr, Nutzungen und Lasten auf den Erwerber. Ob dies freilich schon hinreichende Voraussetzungen für die Zuordnung

---

Rdn. 11, je m. w. N.); BGH BB 1996, 155, 156 hat diese Frage ausdrücklich offengelassen. – In den Äußerungen zu jener Streitfrage wird nicht immer hinreichend deutlich, was genau unter „Verwertung" verstanden werden soll. Auf die Befugnis zur Veräußerung kann es aus den im Text genannten Gründen jedenfalls nicht ankommen (i.E. ebenso schon *Kropff* in Geßler/Hefermehl/Eckardt/Kropff § 149 Rdn. 53: nicht erforderlich sei „die Berechtigung, den Gegenstand für eigene Rechnung zu verwerten also zu verkaufen"); anders etwa *Lutz* aaO.

[163] ADS § 246 Rdn. 398 ff; Heymann/*Walz* § 246 Rdn. 34 m. w. N.; eingehend zur Bilanzierung

von Nutzungsrechten *Babel* Ansatz und Bewertung von Nutzungsrechten (1997).

[164] ADS § 246 Rdn. 181 f; Beck HdR-*Ballwieser* B 131 Rdn. 95 f; Beck HdR-*Metze/Lippel* B 234 Rdn. 24.

[165] Beck HdR-*Ballwieser* B 131 Rdn. 86; HdR-*Kußmaul* Kap. I Rdn. 397.

[166] Zu Einzelheiten ADS § 246 Rdn. 186 ff u. etwa ADS § 252 Rdn. 82 ff; Beck HdR-*Ballwieser* B 131 Rdn. 87; Beck BilKomm-*Budde/Geißler* § 252 Rdn. 43 ff; Beck BilKomm-*Clemm/Scherer* § 247 Rdn. 80 ff, 120 ff; HdR-*Selchert* § 252 Rdn. 81 ff; s. im übrigen auch § 240, 22 (*Hüffer*) und die Erläuterungen § 252, 25 ff.

des Grundstücks zum Vermögen des Erwerbers sind, ist umstritten[167] und in Übereinstimmung mit den Ausführungen zu § 240, 23 (*Hüffer*) zu verneinen: Hinreichend sicher ist die Vollendung des Rechtserwerbs erst, wenn die Auflassung erklärt, der Eintragungsantrag beim Grundbuchamt gestellt ist und alle notwendigen behördlichen Bescheinigungen und Genehmigungen vorliegen.[168] – Zur Problematik der „*phasengleichen*" *Aktivierung von Gewinnansprüchen* der Muttergesellschaft aus Beteiligungen an Tochter-Kapitalgesellschaften s. schon oben Rdn. 17 ff.[169]

d) Einzelfälle. aa) Sicherungsrechte (Abs. 1 S. 2 u. 3). Nach ausdrücklicher Be-   **57** stimmung in *Abs. 1 S. 2* sind Vermögensgegenstände, die unter Eigentumsvorbehalt erworben, an Dritte verpfändet oder in anderer Weise als *Sicherheit* übertragen worden sind, in die Bilanz des *Sicherungsgebers* aufzunehmen. Die Regelung – die auch bei der Sicherungszession greift – bestätigt die oben Rdn. 52 ff skizzierten Zuordnungskriterien; in den genannten Fällen verbleibt die „wirtschaftliche Verfügungsmacht" über den Sicherungsgegenstand beim Sicherungsgeber.[170] Sofern jedoch *Bareinlagen* (einschließlich Buchgeld) als Sicherheit gewährt werden, sind sie nach *Abs. 1 S. 3* in die Bilanz des *Sicherungsnehmers* aufzunehmen; denn sie gehen typischerweise ununterscheidbar in dessen Vermögensbestand über. Der Sicherungsnehmer hat eine entsprechende Verbindlichkeit gegenüber dem Sicherungsgeber zu passivieren, der Sicherungsgeber eine komplementäre Forderung zu aktivieren.[171]

bb) Treuhandverhältnisse. *Treugut* ist auch außerhalb der in Abs. 1 S. 2 angespro-   **58** chenen Fälle grundsätzlich beim *Treugeber* zu bilanzieren. Wegen des bestehenden Herausgabeanspruchs des Treugebers gilt dies auch dort, wo der Treuhänder das Treugut von einem Dritten erworben oder selbst hergestellt hat.[172] Ein paralleler Ausweis des Treuguts in der Bilanz des Treuhänders (unter gleichzeitiger Passivierung der Herausgabepflicht) ist nicht geboten;[173] ein „unter-dem-Strich-Vermerk" (§ 251) bei wesentlichem Treuhandvermögen aber jedenfalls empfehlenswert.[174]

cc) Kommissionsgeschäfte. *Kommissionsgut* ist als Ware des *Kommittenten* in   **59** dessen Bilanz auszuweisen. Das gilt nicht nur für die Verkaufskommission, sondern auch für die Einkaufskommission, bei der der Kommissionär zwar das Eigentum am Gut erlangt, aber für Rechnung und auf Risiko des Kommittenten tätig wird. Der Kommissionär aktiviert hier seine Forderungen gegen den Kommittenten und passiviert seine Verbindlichkeiten gegenüber dem Lieferanten.[175]

---

[167] Bejahend etwa *Kropff* in Geßler/Hefermehl/Eckardt/Kropff § 149 Rdn. 71; wohl auch HdJ-*Lutz* I/4, Rdn. 59; Baumbach/Hueck/*Schulze-Osterloh* § 42 Rdn. 81, jeweils unter Bezugnahme auf *Kropff* aaO; ebenso *Moxter* Bilanzrechtsprechung § 5 II 6. Nicht eindeutig Beck BilKomm-*Hoyos/Schmidt-Wendt* § 268 Rdn. 30 f.

[168] Wie hier ADS § 246 Rdn. 204 ff; *Knobbe-Keuk* § 4 III 1 (S. 69).

[169] Zu weiteren problematischen Einzelfällen im Zusammenhang mit der zeitlichen Zuordnung von Vermögensgegenständen s. ADS § 246 Rdn. 203 ff.

[170] Zu weiteren Detailfragen der Bilanzierung s. ADS § 246 Rdn. 267 ff.

[171] ADS § 246 Rdn. 273; Beck BilKomm-*Budde/Karig* § 246 Rdn. 15.

[172] ADS § 246 Rdn. 282; *Baumbach/Hopt* § 246 Rdn. 16; Baumbach/Hueck/*Schulze-Osterloh* § 42 Rdn. 82; a. A. Beck BilKomm-*Budde/Karig*

§ 246 Rdn. 9, die dem Treugeber gestatten wollen, wahlweise auch den Herausgabeanspruch gegen den Treuhänder zu aktivieren; für zwingende Aktivierung des Treuguts beim Treuhänder in diesen Fällen HdR-*Wöhe* Kap. I Rdn. 573.

[173] Str., aber h.M.; Einzelnachw. zum Meinungsstand bei ADS § 246 Rdn. 289 ff; Beck BilKomm-*Budde/Karig* § 246 Rdn. 10 f; *Winnefeld* Bilanz-Handbuch D 170 f.

[174] So schon *Kropff* in Geßler/Hefermehl/Eckardt/Kropff § 149 Rdn. 56; s. auch *Baumbach/Hopt* § 246 Rdn. 16; Baumbach/Hueck/*Schulze-Osterloh* § 42 Rdn. 82. ADS § 246 Rdn. 291 ff nehmen eine Rechtspflicht zum Hinweis im Jahresabschluß an und empfehlen ebenfalls den Vermerk nach § 251.

[175] ADS § 246 Rdn. 306 ff; Beck BilKomm-*Budde/Karig* § 246 Rdn. 17 ff; Bonner HdR-*Kupsch* § 246 Rdn. 43; HdR-*Kußmaul* Kap. I Rdn. 398.

Detlef Kleindiek

60   **dd) Leasing.** Die *Bilanzierung von Leasingverhältnissen* ist in manchen Detailfragen nach wie vor umstritten und noch nicht hinreichend geklärt. Im Ausgangspunkt ist auch hier das (rechtliche) Eigentum zentrales Zuordnungskriterium, so daß der Leasinggegenstand – wie durchgängig beim Operating-Leasing – in der Bilanz des Leasinggebers auszuweisen ist. Beim Finanzierungs-Leasing ist eine bilanzielle Zuordnung zum Leasingnehmer jedoch dann geboten, wenn ihm zwar nicht das (rechtliche) Eigentum am Leasinggegenstand, wohl aber die „wirtschaftliche Verfügungsmacht" (s. oben Rdn. 53) zusteht. Hinsichtlich der hierfür maßgeblichen Kriterien orientiert sich die Praxis auch für die Handelsbilanz an den *steuerrechtlichen Zuordnungsregeln,* wie sie die Finanzverwaltung in verschiedenen *Erlassen* festgelegt hat.[176] Maßgebliche Zuordnungskriterien sind danach die Grundmietzeit im Verhältnis zur gewöhnlichen Nutzungsdauer sowie eine etwaige Mietverlängerungs- bzw. Kaufoption. Dabei ergeben sich Differenzierungen je nach Vollamortisations- bzw. Teilamortisationsverträgen sowie nach dem konkreten Leasinggegenstand (Mobilien, Gebäude, Grund und Boden). Speziell nach den Bedürfnissen des Leasingnehmers angefertigtes Leasinggut (Spezial-Leasing) ist diesem stets zuzurechnen. Für alle Einzelheiten ist auf das einschlägige Spezialschrifttum zu verweisen.[177]

61   **ee) Factoring.** Beim *echten Factoring,* das einen Forderungskauf des Factors darstellt, geht die Forderung mit Vollzug der Abtretung auf den *Factor* über und ist in dessen Bilanz auszuweisen; der Zedent hat die noch nicht erfüllte Gegenforderung gegen den Factor zu aktivieren.[178] Auch beim *unechten Factoring* – bei dem die Abtretung nur erfüllungshalber zur Sicherung eines Kreditgeschäfts erfolgt – nimmt die heute herrschende Ansicht einen Forderungsabgang (und damit den Ausweis der Forderung in der Bilanz des *Factors*) jedenfalls dann an, wenn die Abtretung offengelegt wird und die Zahlungen beim Factor eingehen. Dem beim Zedenten im Falle des unechten Factoring verbleibenden Ausfallrisiko ist – bei drohender Realisierung – in dessen Bilanz durch eine Rückstellung Rechnung zu tragen, sonst durch einen „unter-dem-Strich-Vermerk" (§ 251).[179] Bei lediglich stiller Zession und Zahlungseingang beim Zedenten wird ein Forderungsabgang jedoch verneint.[180]

62   **ff) Pensionsgeschäfte.** Auch bei den sog. *Pensionsgeschäften* (s. die Legaldefinition in § 340b Abs. 1 für Pensionsgeschäfte zwischen Kreditinstituten) ist zwischen echten und unechten Geschäften zu unterscheiden. Beim *unechten Pensionsgeschäft* (bei dem kein Rücknahmeanspruch des Pensionsgebers, aber eine Berechtigung des Pensionsnehmers zur Rückübertragung besteht; vgl. § 340b Abs. 3) ist der Pensionsgegenstand unstreitig in der Bilanz des *Pensionsnehmers* auszuweisen (so nun auch § 340b Abs. 5 S. 1).[181] Beim *echten Pensionsgeschäft* – bei dem der Pensionsnehmer zur Rückgabe verpflichtet ist (vgl. § 340b Abs. 2) – verlangt § 340b Abs. 4 für Kreditinstitute den Aus-

---

[176] BMF v. 19. 4. 1971, BStBl I 1971, 264; v. 21. 3. 1972, BStBl I 1972, 188; v. 22. 12. 1975, BB 1976, 72; v. 23. 12. 1991, BStBl I 1992, 13.

[177] S. etwa HdJ-*Gelhausen/Gelhausen* I/5; Beck HdR-*Glasel* B 710; HdR-*Isele* Kap. I Rdn. 423 ff; zusammenfassend ADS § 246 Rdn. 385 ff; *Blümich/Schreiber* EStG § 5 Rdn. 740 „Leasing"; Beck BilKomm-*Budde/Karig* § 246 Rdn. 26 ff; *Schmidt/Weber-Grellet* EStG § 5 Rdn. 706 ff; *Wiedmann* BilanzR § 246 Rdn. 7, 12 ff = Ebenroth/Boujong/Joost/*ders.* § 246 Rdn. 7, 12; *Winnefeld* Bilanz-Handbuch D 230 ff; WP-Handbuch I Tz. E 25 ff, alle m. w. N.

[178] ADS § 246 Rdn. 312, 318; eingehend auch HdR-*Schultzke* Kap. I Rdn. 625 ff.

[179] In diesem Sinne etwa ADS § 246 Rdn. 312, 322; Beck BilKomm-*Clemm/Scherer* § 247 Rdn. 113; *Baumbach/Hueck/Schulze-Osterloh* § 42 Rdn. 81; WP-Handbuch I Tz. E 45; für einen Ausweis der Forderung beim Zedenten noch Beck HdR-*Jutz/Zündorf* B 215 Rdn. 14.

[180] ADS § 246 Rdn. 321; *Baumbach/Hopt* § 246 Rdn. 19.

[181] S. nur ADS § 246 Rdn. 344.

Detlef Kleindiek

weis des übertragenen Vermögensgegenstandes in der Bilanz des *Pensionsgebers*, der in Höhe des für die Übertragung erhaltenen Betrages zugleich eine Verbindlichkeit auszuweisen hat; ein etwaiger Unterschiedsbetrag ist auf die Laufzeit des Pensionsgeschäfts zu verteilen. Der *Pensionsnehmer* wiederum hat in seiner Bilanz in Höhe des gezahlten Betrages eine Forderung gegen den Pensionsgeber auszuweisen (zu Einzelheiten s. die Erläuterungen zu § 340b). Diese gesetzlichen Regelungen sind in ihrer unmittelbaren Geltung zwar auf Pensionsgeschäfte zwischen Kreditinstituten (bzw. deren Kunden) beschränkt, geben aber nach heute deutlich h. M. Grundsätze ordnungsgemäßer Bilanzierung von Pensionsgeschäften im Allgemeinen wieder und sind deshalb auch außerhalb des unmittelbaren Anwendungsbereichs des § 340b zu beachten.[182]

gg) Nießbrauch. Ein mit einem *Nießbrauchsrecht* belasteter Vermögensgegenstand wird grundsätzlich weiterhin in der Bilanz des Eigentümers ausgewiesen; der Nießbrauchsberechtigte kann nur das dingliche Nutzungsrecht aktivieren.[183] Ausnahmsweise hat der Nießbrauchsberechtigte den belasteten Gegenstand zu aktivieren, insbesondere wenn ihm die Verfügungsbefugnis über die Substanz des Gegenstandes oder das Nießbrauchsrecht für die gesamte gewöhnliche Nutzungsdauer des Gegenstandes zugewiesen worden ist.[184] **63**

e) Funktionale Zuordnung. Das Problem der *funktionalen* Zuordnung von Vermögensgegenständen und Schulden[185] stellt sich mit Blick auf den *Einzelkaufmann*, denn in die Bilanz sind nur die Vermögensgegenstände des Betriebsvermögens und die betrieblichen Schulden, nicht aber die privaten Vermögensgegenstände und Verbindlichkeiten des Kaufmanns aufzunehmen.[186] Für die funktionale Zuordnung von Vermögensgegenständen kommt es auf den objektiven Willen des Kaufmanns an, der in einem äußeren Widmungsakt (v. a. in der Dokumentation im Rahmen der Buchführung) Ausdruck findet.[187] Betriebliche Schulden sind solche, die als betriebliche Verbindlichkeiten eingegangen oder durch den Betrieb des Handelsgewerbes verursacht worden sind.[188] Hier wie dort gilt die Vermutung aus § 344 Abs. 1, wonach die von einem Kaufmann vorgenommenen Rechtsgeschäfte im Zweifel zum Betrieb seines Handelsgewerbes gehören. Persönliche Steuerschulden des Einzelkaufmanns, die auf sein Handelsgewerbe zurückzuführen sind, dürfen nach überwiegender Ansicht als betriebliche Verbindlichkeiten ausgewiesen werden (arg. § 5 Abs. 5 S. 2 PublG).[189] **64**

Für die **Handelsgesellschaften** stellt sich das Problem der funktionalen Zuordnung in dieser Weise nicht, da sie keine „Privatsphäre" und mithin auch kein Privatvermögen haben. Für die Handelsgesellschaften stellen sich freilich Zuordungsfragen mit Blick auf die Abgrenzung zu Vermögensgegenständen und Verbindlichkeiten ihrer Gesellschafter. So sind der Personenhandelsgesellschaft allein jene Vermögensgegenstände und Schulden zuzuordnen, die – nach den allgemeinen Zuordnungskriterien (oben Rdn. 52 ff) – zum Gesamthandsvermögen zählen. Vermögensgegenstände, die **65**

---

[182] ADS § 246 Rdn. 336; WP-Handbuch I Tz. E 47, je m. w. N.; s. auch Beck BilKomm-*Budde/Karig* § 246 Rdn. 20 ff, deren Darstellung ebenfalls den Regelungen in § 340b Abs. 4 u. 5 folgt; kritisch etwa HdJ-*Lutz* I/4, Rdn. 65.

[183] ADS § 246 Rdn. 396; Beck BilKomm-*Budde/Karig* § 246 Rdn. 37.

[184] Näher – mit Einzelnachw. – ADS § 246 Rdn. 397; Beck BilKomm-*Budde/Karig* § 246 Rdn. 37.

[185] Vielfach wird von „sachlicher" Zuordnung gesprochen (etwa bei Beck BilKomm-*Budde/Karig* § 246 Rdn. 43 ff; HdJ-*Lutz* I/4, Rdn. 66 ff),

doch dieser Begriff wird nicht einheitlich gebraucht (von „sachlicher" im Sinne der hier [Rdn. 48] als „persönlicher" bezeichneten Zuordnung spricht HdR-*Kußmaul* Kap. I Rdn. 398).

[186] S. auch schon § 240, 15 (*Hüffer*).

[187] ADS § 246 Rdn. 427; Beck BilKomm-*Budde/Karig* § 246 Rdn. 44; HdJ-*Lutz* I/4, Rdn. 71.

[188] ADS § 246 Rdn. 428 f; Beck BilKomm-*Budde/Karig* § 246 Rdn. 55.

[189] ADS § 246 Rdn. 430; Beck BilKomm-*Budde/Karig* § 246 Rdn. 55; WP-Handbuch I Tz. H 68; **a.A.** etwa HdR-*Kußmaul* Kap. I Rdn. 413.

Detlef Kleindiek

vom Gesellschafter als Einlage dem Werte nach (quoad sortem) in das Gesellschaftsvermögen erbracht werden, sind als Teil des Gesellschaftsvermögens zu bilanzieren. Zwar bleibt das (zivilrechtliche) Eigentum am Vermögensgegenstand beim Gesellschafter. Nutzungen und Wertsteigerungen fließen aber dem Gesellschaftsvermögen zu, dem auch Lasten und Sachgefahr zugewiesen sind.[190] Hingegen kommt im Falle bloßer Nutzungsüberlassung (Einbringung des Vermögensgegenstandes quoad usum) regelmäßig nur eine Aktivierung des Nutzungsrechts in Betracht.[191] Zu den Gesellschaftsschulden gehören alle Verpflichtungen, die im Namen der Gesellschaft begründet worden sind. Das gilt auch dort, wo die Gegenleistung privaten Zwecken eines Gesellschafters zugute kommt. Jedoch ist in diesem Fall regelmäßig zugleich eine entsprechende Forderung gegen den Gesellschafter zu aktivieren oder dessen Privatkonto zu belasten.[192] Steuerverbindlichkeiten der Gesellschafter, die durch das Handelsgeschäft der Gesellschaft ausgelöst sind, dürfen im Jahresabschluß der Gesellschaft nicht angesetzt werden, da es sich nicht um Gesamthandsverbindlichkeiten handelt. Ein Ausweis in der Bilanz der Gesellschaft ist nur dort zulässig, wo die Gesamthand selbst Steuerschuldnerin ist.[193]

5. Bilanzierung schwebender Geschäfte

66   **Schwebende Geschäfte** sind zweiseitig verpflichtende Verträge, die auf Leistungsaustausch gerichtet sind und bei denen der zur Sach- oder Dienstleistung Verpflichtete seine Leistungspflicht noch nicht vollständig erbracht hat.[194] Schwebende Geschäfte sind *im Grundsatz nicht zu bilanzieren*. Eine früher verbreitete Sehweise begründete dies mit Vereinfachungserwägungen: weil sich in der Schwebezeit Ansprüche und Verpflichtungen in gleicher Höhe gegenüber stünden und mithin neutralisierten, sei ein Bilanzausweis entbehrlich.[195] Indes ist die unterstellte Gleichwertigkeit von Leistung und Gegenleistung in der Regel fiktiv, weil in der Forderung des Sachleistungsverpflichteten typischerweise ein Gewinnanteil enthalten ist. Mit der Aktivierung seines Zahlungsanspruchs vor der vollständigen Erfüllung der Sachleistungsverpflichtung würde jedoch ein noch nicht realisierter Gewinn ausgewiesen. Der Nichtausweis schwebender Geschäfte ist deshalb letztlich eine Folge des Vorsichts- und Realisationsprinzips (§ 252 Abs. 1 Nr. 4).[196] Konsequent finden schwebende Geschäfte dort ihren Niederschlag in der Bilanz, wo bis zum Abschlußstichtag ein Verlust aus ihnen

---

[190] S. schon § 105, 230 (*Ulmer*).

[191] Zu weiteren Einzelheiten etwa ADS § 246 Rdn. 432, 439 f m. w. N.

[192] Auch dazu weiterführend ADS § 246 Rdn. 433 ff; ferner Beck BilKomm-*Budde/Karig* § 246 Rdn. 60 f. S. zum Ganzen auch *IDW-HFA* Stellungnahme 2/1993 zur Bilanzierung bei Personenhandelsgesellschaften Teil A Ziff. I (WPg 1994, 22) u. dazu *Herrmann* WPg 1994, 500.

[193] *IDW-HFA* Stellungnahme 2/1993, Teil A Ziff. I 2 (WPg 1994, 22 f); ADS § 246 Rdn. 442 m. w. N.

[194] Vgl. etwa BFH, 23. 6. 1997, GrS 2/93, BStBl II 735, 737; BFH, 13. 11. 1991, I R 78/89; BStBl II 1992, 177, 178; *Babel*, ZfB 68 (1998), 825, 828 f; ders., Ansatz und Bewertung von Nutzungsrechten S. 49 ff, 51; MünchKommHGB-*Ballwieser* § 246 Rdn. 30; Beck BilKomm-*Clemm/ Erle* § 249 Rdn. 53; *Crezelius* FS Döllerer S. 81; HdJ-*Herzig/Köster* III/5, Rdn. 239; *Knobbe-*

Keuk § 4 VII 1; Baumbach/Hueck/*Schulze-Osterloh* § 42 Rdn. 90; *Winnefeld* Bilanz-Handbuch D 381; *Woerner* FR 1984, 489, 491.

[195] Diese ältere Argumentationslinie ist eingehend nachgezeichnet bei *Babel* Ansatz und Bewertung von Nutzungsrechten S. 62 ff. – Der BFH sieht in der Ausgeglichenheitsvermutung der wechselseitigen Rechte und Pflichten nach wie vor den tragenden Grund für den Nichtausweis schwebender Geschäfte; s. nur BFH BStBl II 1997, 735, 737.

[196] *Altmeier* Rückstellungsbilanzierung S. 96 f; *Babel* Ansatz und Bewertung von Nutzungsrechten S. 69 ff; *Crezelius* FS Döllerer S. 81, 85; HdJ-*Herzig/Köster* III/5, Rdn. 244; *Janke* Dauerschuldverträge S. 36 f; *Woerner* FR 1984, 489, 492; ders., BB 1988, 769, 771, je m. w. N.; s. auch noch Bonner HdR-*Kupsch* § 246 Rdn. 65.

entstanden ist oder zu entstehen droht. Das Imparitätsprinzip (§ 252 Abs. 1 Nr. 4) erzwingt dann die Bildung einer Rückstellung für drohende Verluste aus dem schwebenden Geschäft (§ 249 Abs. 1 S. 1) in Höhe des Verpflichtungsüberschusses (näher § 249, 51 ff).

Der **Schwebezustand beginnt** grundsätzlich mit dem Abschluß des Vertrages. Es **67** genügt jedoch schon ein bindendes Vertragsangebot, wenn mit dessen Annahme wahrscheinlich zu rechnen ist.[197] Der Schwebezustand **endet**, wenn der Sachleistungsverpflichtete seine Leistung erbracht hat; er kann dann seine (jetzt realisierte) Forderung auf die Gegenleistung aktivieren.[198] Der hierfür maßgebliche Zeitpunkt kann ggf. schon vor Eintritt des Leistungserfolgs (Erfüllung i. S. v. § 362 BGB) liegen. Nämlich dann, wenn dem Sachleistungsverpflichteten der Anspruch auf die Gegenleistung auch ohne Eintritt des Leistungserfolgs sicher ist, weil die Preisgefahr auf den anderen Vertragsteil übergegangen ist.[199]

Die skizzierten Grundsätze finden auch auf **Dauerschuldverhältnisse** Anwen- **68** dung,[200] die jedoch in bilanzrechtlich selbständig zu behandelnde Abrechnungsperioden (vgl. für den Mietvertrag § 551 BGB) zu unterteilen sind. Ist die auf jene Periode entfallene Teilleistung einseitig erbracht, ist der Schwebezustand insoweit beendet. Der Leistende hat den Anspruch auf die entsprechende Gegenleistung zu aktivieren; der Leistungsempfänger hat in Höhe seines *Erfüllungsrückstandes* eine Verbindlichkeit bzw. Verbindlichkeitsrückstellung zu passivieren (s. § 249, 53). Hinsichtlich der noch nicht abgewickelten Leistungen liegt ein schwebendes Geschäft vor.[201]

Erhält der Sachleistungsverpflichtete eine **Anzahlung** bzw. **Vorleistung** auf die **69** Gegenleistung des Vertragspartners, so wird der Zahlungsvorgang in den Bilanzen von Zahlendem und Zahlungsempfänger *erfolgsneutral* abgebildet. Der empfangene bzw. gezahlte Betrag ist entweder unter den erhaltenen Anzahlungen zu passivieren bzw. unter den geleisteten Anzahlungen zu aktivieren[202] oder in passivische bzw. aktivische Rechnungsabgrenzungsposten einzustellen; zu den sich insoweit stellenden Konkurrenzproblemen näher § 250, 6.

6. Rechnungsabgrenzungsposten

Dem Vollständigkeitsgebot sind auch die **Rechnungsabgrenzungsposten** unter- **70** worfen. Das Gesetz stellt sie in Abs. 1 S. 1 zu Recht neben die Vermögensgegenstände (oben Rdn. 5 ff) und Schulden (oben Rdn. 21 ff), denn Rechnungsabgrenzungsposten

---

[197] *Babel* ZfB 68 (1998), 825, 829; *ders.* Ansatz und Bewertung von Nutzungsrechten S. 55 f; Beck BilKomm-*Clemm/Erle* § 249 Rdn. 55; *Crezelius* FS Döllerer S. 81, 89 f; HdJ-*Herzig/Köster* III/5, Rdn. 247; *Janke* Dauerschuldverträge S. 33; Baumbach/Hueck/*Schulze-Osterloh* § 42 Rdn. 90; s. hierzu und zum Folgenden auch *IDW-HFA* Stellungnahme IDW RS HFA 4, Tz. 7 ff (WPg 2000, 716, 717).

[198] *Babel* ZfB 68 (1998), 825, 829 f; *ders.* Ansatz und Bewertung von Nutzungsrechten S. 56; Beck BilKomm-*Clemm/Erle* § 249 Rdn. 56; HdJ-*Herzig/Köster* III/5, Rdn. 248; *Janke* Dauerschuldverträge S. 33.

[199] Zu Einzelheiten s. ADS § 246 Rdn. 186 ff; *Babel* Ansatz und Bewertung von Nutzungsrechten S. 56 ff; *Crezelius* FS Döllerer S. 81, 86 f; *Hed-*

däus Drohverlustrückstellungen S. 47 f; *Woerner* FR 1984, 489, 493 ff.

[200] Ganz h.M., s. nur BFH, 23. 6. 1997, GrS 2/93, BStBl II 735, 738 m. w. N.; weiterführend, auch in Auseinandersetzung mit ablehnenden Stimmen *Clemm* FS Beisse, S. 123, 126 ff; *Heddäus* Drohverlustrückstellungen S. 110 ff; *Janke* Dauerschuldverträge S. 42 ff; *Winnefeld* Bilanz-Handbuch D 388.

[201] *Crezelius* FS Döllerer S. 81, 84 f, 88; HdJ-*Herzig/Köster* III/5, Rdn. 250; *Janke* Dauerschuldverträge S. 39; *Knobbe-Keuk* § 6 I 5; Baumbach/Hueck/*Schulze-Osterloh* § 42 Rdn. 90.

[202] ADS § 246 Rdn. 184; *Knobbe-Keuk* § 4 VII 3 b; Baumbach/Hueck/*Schulze-Osterloh* § 42 Rdn. 90; ferner *Kropff* in Geßler/Hefermehl/Eckardt/Kropff § 149 Rdn. 50.

dienen der periodengerechten Verteilung von Aufwendungen und Erträgen (näher § 250, 1, 5). Sie begegnen sowohl auf der Aktivseite (z. B. für Ausgaben vor dem Abschlußstichtag, soweit sie Aufwand für eine bestimmte Zeit nach diesem Tag darstellen; § 250 Abs. 1 S. 1) als auch auf der Passivseite der Bilanz (z. B. für Einnahmen vor dem Abschlußstichtag, soweit sie Ertrag für eine bestimmte Zeit nach diesem Tag darstellen; § 250 Abs. 2). Für nähere Einzelheiten ist auf die Erläuterungen zu § 250 zu verweisen.

7. Aufwendungen und Erträge

71   Nach Abs. 1 S. 1 hat der Jahresabschluß auch sämtliche **Aufwendungen und Erträge** zu enthalten. Das Gesetz erstreckt das Vollständigkeitsgebot damit auch auf die *Gewinn- und Verlustrechnung (GuV)*, die § 242 Abs. 2 als Gegenüberstellung der Aufwendungen und Erträge des Geschäftsjahres definiert. Es wird insoweit konkretisiert durch die Bestimmungen in § 275 Abs. 2 und Abs. 3, wo für den Aufbau der GuV von Kapitalgesellschaften und ihnen gleichgestellten Unternehmen sowohl das *Gesamtkostenverfahren* als auch das *Umsatzkostenverfahren* zugelassen werden. Diese alternativen Gestaltungsmöglichkeiten bestehen auch außerhalb des unmittelbaren Anwendungsbereichs der §§ 264 ff, können also auch von Einzelkaufleuten und Personenhandelsgesellschaften genutzt werden (näher § 247, 40).

72   Begrifflich gilt es zu unterscheiden:[203] Als **Aufwand** bezeichnet man den Verzehr (Verbrauch) von Gütern und Dienstleistungen in einer bestimmten Abrechnungsperiode. Der Teil des Werteverzehrs, der bei der Erbringung der Betriebsleistungen anfällt, sind die **Kosten**. Im übrigen sind von den Aufwendungen die Ausgaben und Auszahlungen zu unterscheiden. **Ausgaben** bezeichnen Minderungen des Geldvermögens, **Auszahlungen** den Abgang von Zahlungsmitteln.

73   **Ertrag** ist der bewertbare Vermögenszuwachs (Wertezugang) einer Abrechnungsperiode. Soweit er aus der betrieblichen Tätigkeit stammt, wird der Ertrag als *(Betriebs-)Leistung* bezeichnet; verbreitet wird anstelle von Leistungen auch von **Erlösen** gesprochen. Der Leistungs- bzw. Erlösbegriff stellt also den Komplementärbegriff zu den Kosten (Rdn. 72) dar. Den Ausgaben und Auszahlungen (Rdn. 72) entsprechen die **Einnahmen** und **Einzahlungen** als Zuwachs des Geldvermögens bzw. des Zahlungsmittelbestandes.

74   **Steuerrechtlich** treten an die Stelle von Aufwand und Ertrag die Begriffe Betriebsausgaben und Betriebseinnahmen: Nach § 4 Abs. 4 EStG sind Betriebsausgaben die Aufwendungen, die durch den Betrieb veranlaßt sind.

8. Vorbehalt anderweitiger gesetzlicher Bestimmung

75   Nach Abs. 1 S. 1 beansprucht das Vollständigkeitsgebot nur insoweit Geltung, als „gesetzlich nichts anderes bestimmt ist". Diese Einschränkung verweist insbesondere auf die gesetzlichen **Ansatzverbote** und **Ansatzwahlrechte**. Zu den Grundsätzen über den Nichtausweis schwebender Geschäfte s. im übrigen oben Rdn. 66 ff.

76   **a) Ansatzverbote.** Ein klarstellendes Ansatzverbot enthält § 249 Abs. 3 S. 1, wo die Bildung von Rückstellungen für andere als die in § 249 Abs. 1 u. 2 genannten

---

[203] S. zur Begriffsbildung etwa ADS § 246 Rdn. 165 ff; *Egger* Aufwand und Ertrag HWR[3], Sp. 88 ff; Beck BilKomm-*Förschle* § 247 Rdn. 650 ff; *Lück* Ausgaben und Einnahmen HWR[3], Sp. 102 ff; *Weber* Kosten und Erlöse HWR[3], Sp. 1264 ff; *Wöhe* Bilanzierung und Bilanzpolitik[9] S. 6, 9 ff.

Zwecke ausgeschlossen wird. Gesetzliche Aktivierungsverbote finden sich in § 248 Abs. 1 für Aufwendungen für die Gründung des Unternehmens und für die Beschaffung des Eigenkapitals (vgl. § 248, 5 ff), in § 248 Abs. 2 für unentgeltlich erworbene immaterielle Vermögensgegenstände des Anlagevermögens (§ 248, 10 ff) und in § 248 Abs. 3 für Aufwendungen für den Abschluß von Versicherungsverträgen (§ 248, 18 f). Als Durchbrechungen des Vollständigkeitsgebots aus Abs. 1 stellen sich jene Aktivierungsverbote freilich nur dar, soweit sie sich auf Güter beziehen, welche die Kriterien des Vermögensgegenstandes erfüllen (zu ihnen näher oben Rdn. 5 f) und deshalb jedenfalls abstrakt aktivierungsfähig sind. Deshalb hat etwa die Bestimmung des § 248 Abs. 1 nur klarstellenden Charakter, da Gründungsaufwendungen sowie Aufwendungen für die Eigenkapitalbeschaffung weder Vermögensgegenstände darstellen noch als Rechnungsabgrenzungsposten aktivierungsfähig bzw. -pflichtig sind (§ 248, 5). Ein Aktivierungsverbot für den selbstgeschaffenen (originären) Geschäfts- oder Firmenwert läßt sich – unabhängig vom jeweiligen Standpunkt im Streit um die Rechtsnatur des Geschäfts- oder Firmenwerts[204] – schon aus § 255 Abs. 4 ableiten (vgl. die Kommentierung dort).

77   **b) Ansatzwahlrechte.** Gesetzliche Ansatzwahlrechte stellen die Aktivierung bzw. Passivierung bestimmter Positionen in die Entscheidung des Rechnungslegungspflichtigen. **Aktivierungswahlrechte** gewähren etwa § 250 Abs. 1 S. 2 Nr. 1 für als Aufwand berücksichtigte Zölle und Verbrauchsteuern auf am Abschlußstichtag auszuweisende Gegenstände des Vorratsvermögens, § 250 Abs. 1 S. 2 Nr. 2 für als Aufwand berücksichtigte Umsatzsteuer auf Anzahlungen, § 250 Abs. 3 für das Disagio bei der Rückführung von Verbindlichkeiten sowie § 255 Abs. 4 für den entgeltlich erworbenen Geschäfts- oder Firmenwert. Aus den spezifischen Vorschriften für Kapitalgesellschaften sind die Aktivierungswahlrechte für die Ingangsetzung und die Erweiterung des Geschäftsbetriebs (§ 269) sowie für latente Steuern (§ 274 Abs. 2) zu nennen.

78   **Passivierungswahlrechte** gewährt das Gesetz in §§ 247 Abs. 3, 273 für unversteuerte Rücklagen und – i. V. m. § 281 – steuerrechtliche Mehrabschreibungen (s. die Kommentierung zu § 247) und für Aufwandsrückstellungen nach Maßgabe von §§ 249 Abs. 1 S. 3 u. Abs. 2 (s. die Erläuterungen dort). Außerdem ist das vom Gesetzgeber gewährte Wahlrecht hinsichtlich der Bildung von Rückstellungen für Pensionsverpflichtungen nach Maßgabe von Art. 28 EGHGB zu nennen (dazu näher § 249, 41 ff).

79   Über jene gesetzlich eingeräumten Wahlrechte hinaus nimmt die Praxis in gewissem Umfang auch **nicht kodifizierte Ansatzwahlrechte** an. So erscheint es ungeachtet des Vollständigkeitsgebots aus Abs. 1 S. 1 – aus Vereinfachungsgründen und unter Berufung auf den Grundsatz der Wesentlichkeit[205] – als vertretbar, eine Bilanzierungspflicht für geringwertige Anlagegüter mit Anschaffungs- bzw. Herstellungskosten von nicht mehr als 100 DM zu verneinen.[206] Problematisch ist indes, wenn für unentgeltlich erworbene Vermögensgegenstände (d. h. für den Fall eines Erwerbs ohne Anschaffungskosten) – soweit nicht das Aktivierungsverbot aus § 248 Abs. 2 eingreift – ein Aktivierungswahlrecht angenommen wird.[207] Das kollidiert mit dem Vollständig-

---

[204] S. dazu die Erläuterungen § 255, 40 f.
[205] Näher zu diesem Grundsatz § 252, 54.
[206] ADS § 246 Rdn. 451. Für Anlagegüter im Wert zwischen 100 und 800 DM wird – nach steuerrechtlichem Vorbild (§ 6 Abs. 2 EStG) – die volle Abschreibung im Anschaffungsjahr als zulässig angesehen; zur Abbildung jener Güter im Anlagespiegel (Fiktion eines Abgangs) und in der

Bilanz (Merkposten) s. etwa ADS § 246 Rdn. 451; HdR-*Lorson* § 268 Rdn. 138 ff. S. zum Ganzen auch die Erläuterungen § 253, 46.
[207] Dafür im Ergebnis etwa ADS § 255 Rdn. 83 ff; Beck BilKomm – *Ellrodt/Schmidt-Wendt* § 255 Rdn. 99 ff; WP-Handbuch I Tz. E 249, je m. Nachw. zum Meinungsstand.

     Detlef Kleindiek

keitsgebot, welches für eine Aktivierungspflicht streitet.[208] Bei einem Erwerb ohne Anschaffungskosten ist deshalb auch kein Bewertungswahlrecht zugunsten eines Ansatzes zu Null anzuerkennen.[209] S. zum Ganzen auch § 255, 13.

III. Das Verrechnungsverbot (Abs. 2)

1. Inhalt und Reichweite

80   Das in Abs. 2 normierte **Verrechnungs- oder Saldierungsverbot** ergibt sich in der Sache schon aus § 243 Abs. 2, wonach der Jahresabschluß klar und übersichtlich sein muß. Es gilt für Bilanz sowie GuV gleichermaßen: Aktivposten dürfen nicht mit Passivposten, Aufwendungen nicht mit Erträgen verrechnet werden. Das darüber hinaus ausdrücklich formulierte Saldierungsverbot für Grundstücksrechte und Grundstückslasten ist aus § 152 Abs. 8 AktG 1965 – und dessen Vorläuferbestimmung (§ 131 Abs. 5 AktG 1937) – übernommen worden.[210] Abs. 2 soll einer Saldierung von Aktiva und Passiva, Aufwendungen und Erträgen begegnen, die im Zahlenwerk des Jahresabschlusses nicht offengelegt wird. Die offene Absetzung bestimmter einzelner Posten wird dadurch nicht ausgeschlossen (vgl. §§ 268 Abs. 5 S. 2, 272 Abs. 1 S. 3).[211]

2. Ausnahmen in der Bilanz

81   Das Verrechnungsverbot ist ein wichtiges Element zur Sicherung der Informationsfunktion des Jahresabschlusses und für die Gewährung eines getreuen Einblicks in die Vermögens-, Finanz- und Ertragslage des Unternehmens (§ 264 Abs. 2 S. 1). Es wird durch eine Reihe von **Ausnahmen** durchbrochen, deren Reichweite freilich nicht immer unstrittig ist. So können in der Bilanz gleichartige Forderungen und Verbindlichkeiten zwischen denselben Personen, die sich in einer *Aufrechnungslage* gem. § 387 BGB gegenüberstehen, miteinander verrechnet werden.[212] Die Saldierung zieht die bilanztechnische Konsequenz aus der jederzeit möglichen Aufrechnung und beeinträchtigt Klarheit und Übersichtlichkeit des Jahresabschlusses nicht. Die Saldierung ist auch zuzulassen, wenn am Abschlußstichtag lediglich die Forderung des bilanzierenden Unternehmens fällig, dessen Verbindlichkeit aber immerhin erfüllbar ist;[213] das nämlich genügt für die Aufrechnungslage. Darüber hinaus wird eine Saldierung überwiegend für zulässig erachtet, wenn beide Forderungen am Abschlußstichtag zwar

---

[208] MünchKommHGB-*Ballwieser* § 246 Rdn. 34; HdR-*Knop/Küting* § 255 Rdn. 110; Beck HdR-*Ordelheide* B 162 Rdn. 194; Baumbach/Hueck/ *Schulze-Osterloh* § 42 Rdn. 280; HdJ-*Wohlgemuth* I/9, Rdn. 71 m. w. N.

[209] Für ein Bewertungswahlrecht zugunsten eines Ansatzes zu Null aber etwa ADS § 246 Rdn. 44 u. § 255 Rdn. 83 f, Beck BilKomm-*Ellrott/Schmidt-Wendt* § 255 Rdn. 100 f. ADS aaO sehen die im Grundsatz bejahte Ansatzpflicht schon durch Aufnahme in das Inventar als erfüllt an; nach ADS § 255 Rdn. 83 ist nicht einmal ein Merkposten zu verlangen (einschränkend ADS § 246 Rdn. 44: Merkposten erforderlich wenn der Bilanzposten sonst keinen Inhalt hat). *Knobbe-Keuk* § 5 IV 5a, sieht bei einem Erwerb ohne Anschaffungskosten die Bewertung mit Null als „geboten" an.

[210] Vgl. ADS § 246 Rdn. 459; HuRB-*Ebke* S. 365, 372.

[211] Näher ADS § 246 Rdn. 455.

[212] ADS § 246 Rdn. 466; Beck BilKomm-*Budde/ Karig* § 246 Rdn. 81; HuRB-*Ebke* S. 364, 367 ff; *Glade* § 246 Rdn. 26; HdR-*Kußmaul* § 246 Rdn. 22; Baumbach/Hueck/*Schulze-Osterloh* § 42 Rdn. 36; WP-Handbuch I Tz. E 52.

[213] Für Zulässigkeit einer Saldierung in diesen Fällen die h. M.; s. etwa Beck BilKomm-*Budde/ Karig* § 246 Rdn. 82; Geßler/Hefermehl/Eckardt/Kropff § 152 Rdn. 84; HdR-*Kußmaul* § 246 Rdn. 22; Baumbach/Hueck/*Schulze-Osterloh* § 42 Rdn. 36; Heymann/*Walz* § 246 Rdn. 43; einschränkend ADS § 246 Rdn. 467; HuRB-*Ebke* S. 365, 370.

noch nicht fällig, aber annähernd gleich befristet waren und bis zur Aufstellung des Jahresabschlusses durch tatsächlich erklärte Aufrechnung erloschen sind.[214] In diesen Fällen ist eine Saldierung aber allenfalls zulässig, nicht jedoch geboten.[215]

Abzulehnen ist die Verrechnung von Verbindlichkeiten aus einem Gesamtschuld- **82** verhältnis mit **Rückgriffsansprüchen** gegen Mitschuldner. Denn die jeweiligen Verbindlichkeiten bzw. Forderungen erwachsen aus rechtlich voneinander getrennten Schuldverhältnissen und sind in der Bilanz gesondert auszuweisen.[216] Keine Durchbrechung des Verrechnungsverbots liegt im übrigen vor, wenn bei Kontokorrentverhältnissen nur der zum Abschlußstichtag bestehende Kontokorrentsaldo ausgewiesen wird, denn hier entstehen Forderung bzw. Verbindlichkeit von vornherein nur in Höhe des jeweiligen Saldos aus der Abrechnung.[217]

3. Ausnahmen in der GuV

Das Verrechnungsverbot aus Abs. 2 erfaßt im Ansatz auch alle Posten der **Gewinn-** **83** **und Verlustrechnung.** Das Gesetz folgt damit dem *Bruttoprinzip* in der GuV,[218] läßt jedoch an anderer Stelle eine Reihe von Ausnahmen zu.[219] Exemplarisch hingewiesen sei auf die für kleine und mittelgroße Kapitalgesellschaften durch § 276 S. 1 eröffnete Möglichkeit, bestimmte Positionen der GuV zu dem Gesamtposten „Rohergebnis" zusammenzufassen, sowie auf die Regelungen in §§ 265 Abs. 7 und 275 Abs. 2 Nr. 2; zu Einzelheiten s. die Erläuterungen dort.

IV. Rechtsfolgen eines Verstoßes gegen Vollständigkeitsgebot und Verrechnungsverbot

Ein Verstoß gegen das Vollständigkeitsgebot aus Abs. 1 hat in den *Kapitalgesell-* **84** *schaften* (Aktiengesellschaft, KGaA und GmbH) ggf. die **Nichtigkeit des Jahresabschlusses** nach § 256 Abs. 5 Nr. 1 oder 2 AktG zur Folge.[220] § 256 Abs. 5 AktG findet ungeachtet seines zu engen Wortlauts auch bei der Verletzung von Ansatzgeboten oder –verboten Anwendung.[221] Nach § 256 Abs. 5 Nr. 2 löst eine unterbliebene Aktivierung jedoch nur dann die Nichtigkeitsfolge aus, wenn dadurch die Vermögens- und Ertragslage der Gesellschaft vorsätzlich unrichtig wiedergegeben oder verschleiert wird; ein nicht vorsätzlicher Verstoß gegen zwingende gesetzliche Bilanzierungsvorschriften führt aber jedenfalls zur (fristgebundenen) Anfechtbarkeit des Feststellungsbeschlusses.[222]

---

[214] So etwa, HuRB-*Ebke* S. 365, 371; *Kropff* in Geßler/Hefermehl/Eckardt/Kropff § 152 Rdn. 84; HdR-*Kußmaul* § 246 Rdn. 22; noch großzügiger Beck BilKomm-*Budde/Karig* § 246 Rdn. 83 u. WP-Handbuch I Tz. E 52, wonach offenbar schon allein die annähernd gleiche Befristung zum Abschlußstichtag genügen soll. Generell ablehnend gegenüber einer Verrechnung in diesen Fällen Baumbach/Hueck/*Schulze-Osterloh* § 42 Rdn. 36.

[215] S. etwa *Kropff* in Geßler/Hefermehl/Eckardt/Kropff § 152 Rdn. 85; Baumbach/Hueck/*Schulze-Osterloh* § 42 Rdn. 36; einschränkend HuRB-*Ebke* S. 365, 371 m. w. N.

[216] S. etwa ADS § 246 Rdn. 469 f; Scholz/*Crezelius* Anh. § 42a Rdn. 92; Baumbach/Hueck/*Schulze-*

Osterloh § 42 Rdn. 36; etwas großzügiger Beck BilKomm-*Budde/Karig* § 246 Rdn. 84.

[217] Beck BilKomm-*Budde/Karig* § 246 Rdn. 85; s. auch noch ADS § 246 Rdn. 463.

[218] S. dazu nur HuRB-*Ebke* S. 365, 372 f.

[219] Übersichten bei ADS § 246 Rdn. 471 ff; Beck BilKomm-*Budde/Karig* § 246 Rdn. 86; *Glade* § 246 Rdn. 32 ff; HdR-*Kußmaul* § 246 Rdn. 2.

[220] Zur Anwendbarkeit des § 256 Abs. 5 im GmbH-Recht s. nur *Lutter/Hommelhoff* Anh § 47 Rdn. 25 und eingehend zuletzt *Balthasar* Bestandskraft S. 234 ff, 236, je m. w. N.

[221] Statt anderer *Hüffer* § 256 Rdn. 7, 25 f m. w. N.

[222] S. zum Ganzen BGHZ 137, 378, 384 ff („Tomberger") = NJW 1998, 1559.

Detlef Kleindiek

85   Ein Verstoß gegen das Verrechnungsverbot aus Abs. 2 kann nach § 256 **Abs. 4**
AktG zur Nichtigkeit des Jahresabschlusses führen, wenn seine Klarheit und Übersichtlichkeit wesentlich beeinträchtigt werden. Für prüfungspflichtige Gesellschaften
(oder bei einer Abschlußprüfung auf freiwilliger Grundlage) kann ein Verstoß gegen
§ 246 im übrigen die Versagung oder Einschränkung des Bestätigungsvermerks (§ 322)
zur Folge haben. Zu möglichen straf- und ordnungswidrigkeitenrechtlichen Konsequenzen einer Verletzung von § 246 vgl. §§ 331, 334, 335b (und die dortigen Erläuterungen) sowie §§ 283 ff StGB.

86   Auf gesetzestypische **Personenhandelsgesellschaften** sind die aktienrechtlichen
Regelungen des § 256 AktG freilich nicht übertragbar. Da sich die rechtlichen Wirkungen der Bilanzfeststellung hier in erster Linie auf das Verhältnis der Gesellschafter
untereinander sowie zur Gesellschaft beziehen,[223] führt der Verstoß gegen zwingende
handelsbilanzrechtliche Vorschriften auch nicht zur Nichtigkeit des Feststellungsbeschlusses nach § 134 BGB. Denn die Gesellschafter können ihre Rechtsbeziehungen
im Innenverhältnis – vorbehaltlich der Schranken aus § 138 BGB – frei ausgestalten;
das schließt die Möglichkeit ein, ihren innergesellschaftlichen Beziehungen eine von
den Vorgaben des HGB abweichende Rechnungslegung zugrunde zu legen. Sofern
jene gesetzlichen Vorgaben nicht beachtet werden, ist die im Außenverhältnis
bestehende öffentlich-rechtliche Rechnungslegungspflicht freilich nicht erfüllt;
„interne" (innergesellschaftliche) und „externe" (handelsbilanzielle) Rechnungslegung
können also auseinanderfallen.[224] Wo die Gesellschafter jedoch auch ihrem Innenverhältnis die Rechnungslegung nach HGB als verbindlich zugrunde gelegt haben, ist die
– als kausales Schuldanerkenntnis zu bewertende[225] – Feststellung eines hiervon abweichenden Jahresabschlusses ohne Bindungswirkung. Sofern die Gesellschafter den
Feststellungsbeschluß nicht in Kenntnis des Verstoßes gegen bilanzrechtliche Vorschriften gefaßt haben, kann jeder Gesellschafter Berichtigung des Jahresabschlusses
verlangen.[226]

§ 247
Inhalt der Bilanz

(1) In der Bilanz sind das Anlage- und das Umlaufvermögen, das Eigenkapital,
die Schulden sowie die Rechnungsabgrenzungsposten gesondert auszuweisen und
hinreichend aufzugliedern.

(2) Beim Anlagevermögen sind nur die Gegenstände auszuweisen, die bestimmt sind, dauernd dem Geschäftsbetrieb zu dienen.

(3) Passivposten, die zum Zwecke der Steuern vom Einkommen und vom
Ertrag zulässig sind, dürfen in der Bilanz gebildet werden. Sie sind als Sonderposten mit Rücklageanteil auszuweisen und nach Maßgabe des Steuerrechts aufzulösen. Einer Rückstellung bedarf es insoweit nicht.

---

[223] S. dazu § 120, 17 (*Ulmer*).
[224] Das verkennt *Winnefeld* Bilanz-Handbuch I 91;
    zum Ganzen eingehend *Balthasar* Bestandskraft
    S. 262 ff.
[225] Heute h. M.; s. näher § 120, 26 (*Ulmer*) sowie
    § 242, 51 (*Hüffer*); eingehend *Balthasar* Be-

standskraft S. 244 ff mit eingehender Darstellung des Meinungsstandes.
[226] S. auch dazu *Balthasar* Bestandskraft S. 254 ff
    und schon *Schlegelberger/Martens* § 120 Rdn. 6.

Übersicht

Rdn.

I. Inhalt und Anwendungsbereich 1
II. Mindest-Gliederung der Bilanz (Abs. 1)
   sowie der Gewinn- und Verlustrechnung
   1. Grundlagen 6
   2. Konkretisierungen 8
   3. Insbesondere: Eigenkapital
      a) Begriff 11
      b) Abgrenzungskriterien zum
         Fremdkapital 12
      c) Bilanzausweis
         aa) Grundlagen 14
         bb) Einzelkaufleute 16
         cc) Personenhandels-
             gesellschaften 17
      d) Hybride Finanzierungs-
         instrumente 30
         aa) Genußrechtskapital 31
         bb) Einlageleistungen stiller
             Gesellschafter 36
   4. Gliederung der Gewinn- und
      Verlustrechnung (GuV)
      a) Übersicht 37
      b) Die GuV von Einzelkaufleuten

Rdn.

   und gesetzestypischen
   Personenhandelsgesellschaften
      aa) Grundlagen 38
      bb) Staffel- und Kontoform 40
      cc) Grundstruktur und weitere
          Aufgliederung 41
III. Anlagevermögen (Abs. 2) und
     Umlaufvermögen
   1. Begriff des Anlagevermögens 44
   2. Begriff des Umlaufvermögens 50
   3. Bilanzausweis 51
IV. Sonderposten mit Rücklageanteil (Abs. 3)
   1. Allgemeines
      a) Gegenstand und Zweck der
         Regelung 53
      b) Ergänzungen für Kapital-
         gesellschaften 56
      c) Abgrenzungen 58
   2. Unversteuerte Rücklagen 59
   3. Steuerrechtliche Wertberichti-
      gungen 60
   4. Ausweisfragen 62
   5. Richtlinienkonformität 66

Schrifttum

Albach Steuerliche Probleme der Abgrenzung von Anlage- und Umlaufvermögen, Steuerberater-Jahrbuch (StbJb) 1973/74, S. 265; *Balthasar* Die Bestandskraft handelsrechtlicher Jahresabschlüsse (1999); *Bordt* Das Grund- und Stammkapital der Kapitalgesellschaften, HdJ Abt. III/1 (1999); *Bundessteuerberaterkammer* Empfehlungen zum Ausweis des Eigenkapitals in der Handelsbilanz der Personengesellschaften, Der Steuerberater 1989,364; *Emmerich/Naumann* Zur Behandlung von Genußrechten im Jahresabschluß von Kapitalgesellschaften, WPg 1994, 677; *Förschle/Kropp* Mindestinhalt der Gewinn- und Verlustrechnung für Einzelkaufleute und Personenhandelsgesellschaften, DB 1989, 1037 u. 1096; *Freidank* Der Ausweis des Eigenkapitals bei Personengesellschaften in der handelsrechtlichen Jahresabschlußrechnung, WPg 1994, 397; *Goerdeler* Auswirkungen des Bilanzrichtlinien-Gesetzes auf Personengesellschaften, insbesondere auf deren Gesellschaftsvertrag, Festschrift Fleck (1988) S. 53; *Haeger* Bildung, Übertragung und Auflösung der § 6b EStG-Rücklagen nach neuem Bilanzrecht, DB 1987, 445, 493, 549; *Hennrichs* Wahlrechte im Bilanzrecht der Kapitalgesellschaften (1999); *Hense* Die stille Gesellschaft im handelsrechtlichen Jahresabschluß, Diss. Düsseldorf (1990); *Herrmann* Zur Bilanzierung bei Personenhandelsgesellschaften, WPg 1994, 500; *Hoffmann* Rechnungslegung, Beck'sches Handbuch der Personengesellschaften (1999) § 5; *ders.* Eigenkapitalausweis und Ergebnisverteilung bei Personenhandelsgesellschaften nach Maßgabe des KapCoRiLiG, DStR 2000, 837; *U. Huber* Vermögensanteil, Kapitalanteil und Gesellschaftsanteil an Personengesellschaften des Handelsrechts, Heidelberg 1970; *ders.* Gesellschafterkonten in der Personengesellschaft, ZGR 1988, 1; *ders.* Freie Rücklagen in Kommanditgesellschaften, Gedächtnisschrift Knobbe-Keuk (1997) S. 203; *IDW-HFA* Stellungnahme 2/1993: Zur Bilanzierung bei Personenhandelsgesellschaften, WPg 1994, 22; *IDW-HFA* Stellungnahme 1/1994: Zur Behandlung von Genußrechten im Jahresabschluß von Kapitalgesellschaften, WPg 1994, 419; *Kloos* Die Transformation der IV. EG-Richtlinie (Bilanzrichtlinie) in den Mitgliedstaaten der Europäischen Gemeinschaft (1993); *Leffson* Die Grundsätze ordnungsmäßiger Buchführung, 7. Aufl. (1987); *Ley* Gesellschafterkonten der OHG und KG: Gesellschaftsrechtliche und steuerrechtliche Charakterisierung und Bedeutung, KÖSDI 1994, 9972; *Lutter* Zur Bilanzierung von Genußrechten, DB 1993, 2441; *Mathiak* Handelsrechtliche Öffnungsklauseln und gewinnerhöhende

Detlef Kleindiek

Steuervergünstigungen, Festschrift Moxter (1994) S. 313; *W. Müller,* Wohin entwickelt sich der bilanzrechtliche Eigenkapitalbegriff? Festschrift Budde (1995) S. 445; *Mundt* Offene Fragen zur Bilanzierungspraxis von Personengesellschaften, IDW (Hrsg.), Personengesellschaft und Bilanzierung (1990) S. 147; *ders.* Sonderposten mit Rücklageanteil – Ausweis im Jahresabschluß und Informationsgehalt, DStR 1993, 1794; *ders.* Sonderposten mit Rücklageanteil, Beck HdR B 232 (1997); *Oppenländer* Zivilrechtliche Aspekte der Gesellschafterkonten der OHG und KG, DStR 1999, 939; *Otto* Posteninhalte und Ausweisprobleme in der GuV nach § 275 HGB, BB 1988, 1703; *Pauli* Das Eigenkapital der Personengesellschaften, Diss. Münster (1990); *Rodewald* Zivil- und steuerrechtliche Bedeutung der Gestaltung von Gesellschafterkonten, GmbHR 1998, 521; *Rückle/Klatte* Eigenkapital des Einzelkaufmanns und der Personenhandelsgesellschaften, Leffson/Rückle/Großfeld (Hrsg.), Handwörterbuch unbestimmter Rechtsbegriffe im Bilanzrecht des HGB (HuRB) (1986) S. 113; *Schulze-Osterloh* Die Personengesellschaft als Bilanzierungssubjekt und Bilanzierungsobjekt, IDW (Hrsg.), Personengesellschaft und Bilanzierung (1990) S. 129; *Schulze zur Wiesch* Zur Bilanzierung von typischen stillen Beteiligungen, Festschrift Budde (1995) S. 578; *Seitz* Gestaltung des Jahresabschlusses: Sonderposten mit Rücklageanteil, DSWR 1992, 252; *Sieben/Ossadnik* Dauernd, Leffson/Rückle/Großfeld (Hrsg.), Handwörterbuch unbestimmter Rechtsbegriffe im Bilanzrecht des HGB (HuRB) (1986) S. 105; *Siegel* Der Sonderposten mit Rücklageanteil und die Sonderrücklage, HdJ Abt. III/4 (1992); *Sieker* Eigenkapital und Fremdkapital der Personengesellschaft (1991); *Theile* Ausweisfragen beim Jahresabschluß der GmbH & Co KG nach neuem Recht, BB 2000, 555; *Thiele* Das Eigenkapital im handelsrechtlichen Jahresabschluß (1998); *Vogel* Die Rechnungslegungsvorschriften des HGB für Kapitalgesellschaften und die IV. EG-Richtlinie (Bilanzrichtlinie) (1993); *Weilbach* Der Sonderposten mit Rücklageanteil – Scharnier der Maßgeblichkeit der Handelsbilanz, BB 1989, 1788; *Wengel* Die handelsrechtliche Eigen- und Freundkapitalqualität von Genußrechtskapital DStR 2001, 1316; *Westermann* Handbuch der Personengesellschaften, 4. Aufl. (1994); *Wiedemann* Eigenkapital und Fremdkapital, Festschrift Beusch (1993) S. 893; *ders.* Gedanken zur Vermögensordnung der Personengesellschaft, Festschrift Odersky (1996) S. 925.

I. Inhalt und Anwendungsbereich

1   **Abs. 1** schreibt den **gesonderten Ausweis** der dort näher genannten Bilanzposten (Anlagevermögen, Umlaufvermögen, Eigenkapital, Schulden sowie Rechnungsabgrenzungsposten) vor und gebietet die **hinreichende Aufgliederung** jener Positionen in der Bilanz. Die Vorschrift ergänzt das Vollständigkeitsgebot aus § 246 Abs. 1 und konkretisiert den Grundsatz der Klarheit und Übersichtlichkeit aus § 243 Abs. 2. Sie gilt für alle Rechnungslegungspflichtigen und findet in den Regelungen der 4. EG-Richtlinie (Jahresabschlußrichtlinie) keine unmittelbare Entsprechung.

2   Für **Kapitalgesellschaften** und nach § 264a gleichgestellte Personenhandelsgesellschaften ohne mindestens eine natürliche Person als „Vollhafter" wird die Regelung aus Abs. 1 durch die Bestimmungen in §§ 265 ff präzisiert, die als leges speciales vorgehen und die Vorgaben der Jahresabschlußrichtlinie umsetzen. In der AG und KGaA führt ein Verstoß gegen die gesetzlichen Gliederungsvorschriften nach § 256 Abs. 4 AktG zur Nichtigkeit des Jahresabschlusses, wenn seine Klarheit und Übersichtlichkeit hierdurch wesentlich beeinträchtigt werden;[1] auf die GmbH findet die Regelung aus § 256 Abs. 4 AktG entsprechende Anwendung.[2] Für prüfungspflichtige Gesellschaften (oder bei einer Abschlußprüfung auf freiwilliger Grundlage) kann die unzureichende Aufgliederung im übrigen die Einschränkung (oder in schweren Fällen gar Versagung) des Bestätigungsvermerks (§ 322) zur Folge haben; zu möglichen straf- und

---

[1] ADS § 247 Rdn. 56.
[2] S. nur *Balthasar* Bestandskraft S. 234 ff, 236; Baumbach/Hueck/*Schulze-Osterloh* § 42a Rdn. 29.

ordnungswidrigkeitenrechtlichen Konsequenzen vgl. im übrigen §§ 331, 334, 335b (und die dortigen Erläuterungen) sowie §§ 283 ff StGB.

Über § 5 Abs. 1 S. 2 PublG gelten die Gliederungsvorschriften der §§ 265 ff auch **3** für Personengesellschaften und Einzelkaufleute, die dem **PublG** unterfallen; über § 336 Abs. 2 S. 1 sind sie zudem (mit gewissen Modifizierungen nach §§ 337 ff) auf eingetragene Genossenschaften anwendbar. Für **Kreditinstitute und Versicherungsunternehmen** gelten Sondervorschriften nach Maßgabe von § 340a bzw. § 341a (vgl. die Kommentierung dort).

Abs. 2 entspricht Art. 15 Abs. 2 der 4. EG-Richtlinie und umschreibt – im wesent- **4** lichen übereinstimmend mit § 152 Abs. 1 S. 1 AktG 1965 – die dem **Anlagevermögen** zugewiesenen Gegenstände. Die Begriffsbestimmung gilt für alle Jahresabschlüsse.

Abs. 3 enthält schließlich eine – ebenfalls rechtsformunabhängig formulierte – Son- **5** derregelung zur Bildung von Passivposten (**Sonderposten mit Rücklageanteil**) nach Maßgabe des Steuerrechts. Die Vorschrift knüpft an § 152 Abs. 5 AktG 1965 an und ist ohne Vorbild in der 4. EG-Richtlinie: Die Jahresabschlußrichtlinie kennt den Sonderposten mit Rücklageanteil nicht (näher unten Rdn. 66). Für Kapitalgesellschaften und diesen gleichgestellte Unternehmen (oben Rdn. 2) wird das Wahlrecht aus Abs. 3 durch *§ 273* eingeschränkt. Danach darf der Sonderposten mit Rücklageanteil nur insoweit gebildet werden, als das Steuerrecht die Anerkennung des Wertansatzes bei der steuerrechtlichen Gewinnermittlung davon abhängig macht, daß der Sonderposten in der Bilanz gebildet wird (zu Einzelheiten s. die Kommentierung zu § 273). Eine wichtige Ergänzung trifft schließlich *§ 281*. Danach können steuerlich zulässig Mehrabschreibungen i. S. v. § 254 von Kapitalgesellschaften und gleichgestellten Unternehmen wahlweise auch als Wertberichtigungen in den Sonderposten mit Rücklageanteil gem. Abs. 3 eingestellt werden (näher unten Rdn. 60 f).

II. Mindestgliederung der Bilanz (Abs. 1) sowie der GuV

1. Grundlagen

Abs. 1 verlangt für die Bilanz aller Rechnungslegungspflichtigen den **gesonderten** **6** **Ausweis** von Anlage- und Umlaufvermögen (näher zu beiden Begriffen unten Rdn. 44 ff, 50), Eigenkapital (unten Rdn. 11 ff) und Schulden (§ 246, 21 ff) sowie der Rechnungsabgrenzungsposten (s. die Erläuterungen zu § 250). Da zugleich aber die **hinreichende Aufgliederung** jener Bilanzpositionen gefordert wird, würde eine Bilanz, deren Gliederungstiefe sich in der Nennung der genannten Posten erschöpft, den Vorgaben aus Abs. 1 regelmäßig nicht genügen.[3]

Für **Einzelkaufleute** und gesetzestypische **Personenhandelsgesellschaften** hat der **7** Gesetzgeber jedoch bewußt darauf verzichtet, das Gebot der „hinreichenden Aufgliederung" näher zu konkretisieren. Insbesondere hat er für solche Unternehmen kein Gliederungsschema entsprechend § 266 vorgesehen. Es wäre deshalb verfehlt, die auf Kapitalgesellschaften (und gleichgestellte Unternehmen; s. oben Rdn. 2f) beschränkten Vorgaben aus § 266 auf sonstige Rechnungslegungspflichtige zu übertragen und eine

---

[3] Bericht des BT-Rechtsausschusses zu § 247, dokumentiert in Bonner HdR § 247/Ausschußbericht; aus dem Schrifttum s. etwa ADS § 247 Rdn. 9; *Baumbach/Hopt* § 247 Rdn. 2; Beck BilKomm-

Förschle/Kofahl § 247 Rdn. 4 f; Bonner HdR-*Kupsch* § 247 Rdn. 5; HdR-*Reinhard* § 247 Rdn. 1 f, 11; *Wiedmann* BilanzR § 247 Rdn. 3 = Ebenroth/Boujong/Joost/*ders.* § 247 Rdn. 3.

Detlef Kleindiek

hinreichend aufgegliederte Bilanz bei Einzelkaufleuten und gesetzestypischen Personenhandelsgesellschaften etwa nur dann annehmen zu wollen, wenn dem Schema des § 266 entsprochen wird. Auch das darf als allgemein konsentiert gelten.[4]

2. Konkretisierungen

8   In der Praxis ist es freilich weitgehend üblich geworden, das **Gliederungsschema des § 266** auch der Bilanz von Personenhandelsgesellschaften und Einzelkaufleuten zugrunde zu legen.[5] Den Gesellschaftern einer Personengesellschaft ist es zudem unbenommen, im *Gesellschaftsvertrag* eine Bilanzierung entsprechend den für Kapitalgesellschaften verbindlichen Regelungen (ggf. nach Teilen davon) vorzuschreiben, sofern die Rechtsformunterschiede nicht (wie beim Eigenkapitalausweis) Abweichungen gebieten.[6] Und doch können, wo es an derartigen gesellschaftsvertraglichen Bindungen fehlt, die Vorgaben aus § 266 in bilanzrechtlicher Hinsicht nur als eine (nicht verbindliche) *Richtschnur* gelten.[7] Im übrigen wird man auch Nicht-Kapitalgesellschaften, welche die für mittelgroße Kapitalgesellschaften geltenden Größenmerkmale (§ 267 Abs. 2) nicht erreichen, im Grundsatz das Recht zur Aufstellung einer verkürzten Bilanz i. S. v. § 266 Abs. 1 S. 3 zugestehen können. Die Bilanz eines Einzelkaufmanns oder einer Personenhandelsgesellschaft, welche die in § 266 vorgesehene Gliederungstiefe aufweist, genügt deshalb regelmäßig den Anforderungen aus Abs. 1; sie ist im Sinne jener Vorschrift „hinreichend aufgegliedert". Zwingend geboten ist eine entsprechende Gliederung deshalb aber noch nicht. Im Einzelfall kann eine geringere Gliederungstiefe durchaus genügen; unter besonderen Voraussetzungen kann auch die Bildung zusätzlicher, in § 266 nicht genannter Bilanzpositionen geboten sein (vgl. auch § 265 Abs. 5 und die Erläuterungen dort).[8]

9   Die Konkretisierung des Gebots hinreichender Aufgliederung ist deshalb letztlich nur *einzelfallorientiert* möglich, wobei als Maßstab der **Grundsatz von Klarheit und Übersichtlichkeit** des Jahresabschlusses aus § 243 Abs. 2 sowie das **Saldierungsverbot** aus § 246 Abs. 2 heranzuziehen ist.[9] Dabei müssen die einzelnen Bilanzposten Mittelherkunft und Mittelverwendung derart dokumentieren, daß der Jahresabschluß seine Informationsfunktion, insbesondere unter dem Gesichtspunkt getreuer Rechenschaft, erfüllt.[10]

10   Im übrigen ist die Aufstellung der Bilanz in **Kontoform** in der Praxis ganz überwiegend üblich und für Kapitalgesellschaften (sowie diesen gleichgestellten Unternehmen; s. oben Rdn. 2f) zudem zwingend vorgeschrieben (§ 266 Abs. 1 S. 1). Außerhalb dieser Fälle bleibt aber die **Staffelform** zulässig, sofern mit ihr dem Gebot der Klarheit und Übersichtlichkeit (§ 243 Abs. 2) Rechnung getragen werden kann.[11]

---

[4] ADS § 247 Rdn. 24; HdR-*Reinhard* § 247 Rdn. 2, 13.

[5] S. nur Beck BilKomm-*Förschle/Kofahl* § 247 Rdn. 5.

[6] Zu den Möglichkeiten und Grenzen gesellschaftsvertraglicher Vereinbarungen über die Rechnungslegung einer Personenhandelsgesellschaft näher § 120, 28 ff (*Ulmer*) und etwa *Goerdeler* FS Fleck S. 53, 60 ff; *Westermann/Klingberg* Handbuch der Personengesellschaften I Rdn. 601 ff; *Schellein* WPg 1988, 693, 695; speziell zur Verknüpfung von Handelsbilanz und Steuerbilanz auch *Döllerer* FS Kellermann (1991) S. 51 ff.

[7] Im Ansatz ähnlich etwa ADS § 247 Rdn. 24; *Wiedmann* BilanzR § 247 Rdn. 3 = Ebenroth/

Boujong/Joost/*ders.* § 247 Rdn. 3 („Anhaltspunkt"); Heymann/*Walz* § 247 Rdn. 6 („Leitorientierung").

[8] S. zum Ganzen HdR-*Reinhard* § 247 Rdn. 14 ff (mit Gliederungsvorschlag).

[9] Bericht des BT-Rechtsausschusses zu § 247, dokumentiert in Bonner HdR § 247/Ausschußbericht; ADS § 247 Rdn. 20; Beck BilKomm-*Förschle/Kofahl* § 247 Rdn. 5; HdR-*Reinhard* § 247 Rdn. 11; *Schellein* WPg 1988, 693, 694.

[10] Weiterführend ADS § 247 Rdn. 13 ff; HdR-*Reinhard* § 247 Rdn. 11 ff; eingehend auch *Leffson* Grundsätze S. 210 ff.

[11] Übereinstimmend ADS § 247, 29; MünchKomm-HGB-*Ballwieser* § 247 Rdn. 5; Beck BilKomm-

3. Insbesondere: Eigenkapital

a) Begriff. Dem Ausweis- und Aufgliederungsgebot aus Abs. 1 unterliegt auch das **11** bilanzielle Eigenkapital. Das Gesetz definiert den Begriff des Eigenkapitals nicht. In der Bilanz des Kaufmanns, die gem. § 242 Abs. 1 das Verhältnis seines Vermögens und seiner Schulden darstellt, bildet das Eigenkapital eine *Residualgröße*.[12] Es bemißt sich als die Differenz zwischen dem bilanzierten Vermögen und den bilanzierten Schulden (Verbindlichkeiten und Rückstellungen), jeweils unter Berücksichtigung der Rechnungsabgrenzungsposten sowie sonstiger Bilanzposten.[13]

b) Abgrenzungskriterien zum Fremdkapital. Die zutreffende Ermittlung jener **12** Differenzgröße erfordert freilich eine Abgrenzung der übrigen Passivposten und mithin die Entwicklung *materieller Kriterien* für die Grenzziehung zwischen dem Eigen- und dem Fremdkapital. Das wird namentlich für die Bilanz von Personengesellschaften praktisch, wenn dort für den einzelnen Gesellschafter nicht lediglich ein (variables) Kapitalkonto, sondern mehrere Gesellschafterkonten geführt werden (näher unten Rdn. 25 ff). Die Zuordnung jener Konten zum Eigen- oder Fremdkapital darf dann nicht lediglich auf die vordergründige Kontenbezeichnung abstellen, sondern muß materiellen Kriterien folgen.[14]

Für die Konkretisierung jener Abgrenzungskriterien ist an die **Funktion des** **13** **Eigenkapitals** anzuknüpfen.[15] Eigenkapital ist in Handelsgesellschaften *gebundenes Risikokapital*. Als gebundenes Kapital unterliegt das Eigenkapital keinem einseitigen Auszahlungs- oder Rückforderungsrecht des Kapitalgebers. Eine Rückerstattung kann vielmehr nur aus Anlaß der Beendigung der Mitgliedschaft oder im Zuge eines förmlichen Beschlußverfahrens des dafür zuständigen Gesellschaftsorgans durchgesetzt werden.[16] Die Möglichkeit, Eigenkapitalbestandteile nach Maßgabe eines Gesellschafterbeschlusses und unter Beachtung von Gesetz und Gesellschaftsvertrag an die Unternehmenseigner auszukehren, steht der Einordnung als Eigenkapital also noch nicht entgegen.[17] Weil Eigenkapital stets Risikokapital ist, mindern etwa eintretende Verluste das Eigenkapital; im Falle von Insolvenz oder Liquidation können Auskehrungsansprüche der Eigenkapitalgeber erst nach Befriedigung sämtlicher Fremdkapitalgeber realisiert werden. Dementsprechend sind unter dem Eigenkapital nur solche Mittel auszuweisen, die mit künftigen Verlusten aus dem Unternehmen zu verrechnen und im Falle von Liquidation oder Insolvenz des Unternehmensträgers erst nachrangig auszugleichen sind.[18] Dabei bezieht sich das *Kriterium der Verlust-*

Förschle/Kofahl § 247 Rdn. 7; *Wiedmann* BilanzR § 247 Rdn. 4 = Ebenroth/Boujong/ Joost/*ders.* § 247 Rdn. 4; WP-Handbuch I, Tz. E 448.

[12] ADS § 246 Rdn. 79; Beck BilKomm-*Förschle/ Kofahl* § 247 Rdn. 150; Beck HdR-*Heymann* B 231 Rdn. 2; *W. Müller* FS Budde S. 445, 450 f, 457 f; HuRB-*Rückle/Klatte* S. 113, 116; *Thiele* Eigenkapital S. 41, 64, 94; Heymann/*Walz* § 247 Rdn. 11.

[13] Namentlich Bilanzierungshilfen und Sonderposten mit Rücklageanteil; vgl. *Thiele* Eigenkapital S. 94 Fn. 94.

[14] Zum Stand der Diskussion um die Abgrenzung zwischen Eigenkapital und Fremdkapital eingehend jüngst *Thiele* Eigenkapital S. 73 ff; s. außerdem etwa ADS § 246 Rdn. 79 ff; *W. Müller* FS Budde S. 445 ff; GroßKommAktG-*Wiedemann*

Vor § 182 Rdn. 1 ff sowie – speziell mit Blick auf die Personengesellschaften – *Sieker* Eigenkapital S. 25 ff.

[15] Zu den Funktionen der Eigenfinanzierung zuletzt *Thiele* Eigenkapital S. 49 ff.

[16] *Thiele* Eigenkapital S. 128 f; GroßKommAktG-*Wiedemann* Vor § 182 Rdn. 5.

[17] ADS § 246 Rdn. 82 f.

[18] Im Ansatz übereinstimmend etwa ADS § 247 Rdn. 60; MünchKommHGB-*Ballwieser* § 246 Rdn. 81, 86; *Bormann* Eigenkapitalersetzende Gesellschaftsleistungen in der Jahres- und Überschuldungsbilanz (2001), S. 87 ff; Beck BilKomm-*Förschle/Kofahl* § 247 Rdn. 160; *Herrmann* WPg 1994, 500, 501; Bonner HdR-*Heymann* B 231 Rdn. 3; *Schulze-Osterloh* IDW (Hrsg.), Personengesellschaft und Bilanzierung S. 129, 135; Heymann/*Walz* § 247 Rdn. 27, jeweils im An-

Detlef Kleindiek

beteiligung freilich auf das Eigenkapital als Ganzes.[19] Deshalb verlieren Einlage-leistungen eines Personengesellschafters, der von der Beteiligung an den laufenden Verlusten ausgeschlossen ist,[20] noch nicht ihren Eigenkapitalcharakter. Denn auch in diesem Fall geht der Rückerstattungsanspruch des Gesellschafters in Liquidation oder Insolvenz den Ansprüchen der Drittgläubiger im Rang nach, nimmt also – ungeachtet des Saldenausgleichs unter den Gesellschaftern[21] – am Endverlust (Total-verlust) teil.[22] Hingegen ist die Teilnahme des Kapitalgebers an den laufenden Ver-lusten (Periodenverlust) kein unabdingbar notwendiges Kriterium bilanziellen Eigen-kapitals.[23] Gleichwohl ist die Beteiligung am laufenden Verlust ein durchaus typi-sches Einlagemerkmal.[24] In der Personengesellschaft repräsentieren deshalb Gut-haben auf Gesellschafterkonten, die vereinbarungsgemäß mit dem anteiligen Peri-odenverlust zu verrechnen sind, in aller Regel Eigenkapital.[25] Die Verlustverrechnung spricht in besonderem Maße dafür, daß dem Konto eine Kapitalanteilsfunktion zukommt.[26]

14   **c) Bilanzausweis. aa) Grundlagen.** Für die *Aufgliederung des Eigenkapitals* in der Bilanz von Kapitalgesellschaften und diesen nach § 264a gleichgestellten Unterneh-men treffen §§ 266 Abs. 3 A, 272 sowie § 264c Abs. 2 nähere Regelungen (s. die Kom-mentierung dort). Die Bestimmungen der §§ 266 Abs. 3 A, 272 finden sinngemäß auf Einzelkaufleute und Personengesellschaften Anwendung, die dem PublG unterfallen (§ 5 Abs. 1 S. 2 PublG). In der offengelegten Bilanz solcher Personengesellschaften dürfen jedoch die Kapitalanteile der Gesellschafter, die Rücklagen, ein Gewinnvortrag und ein Gewinn unter Abzug der nicht durch Vermögenseinlagen gedeckten Verlust-anteile von Gesellschaftern, eines Verlustvortrags und eines Verlustes in *einem* Posten „Eigenkapital" zusammengefaßt ausgewiesen werden (§ 9 Abs. 3 PublG).

15   Eine Übertragung der Gliederungsvorschriften aus §§ 266 Abs. 3 A, 272 auf sonstige Personenhandelsgesellschaften (oder gar Einzelkaufleute) kommt freilich nicht in Betracht. Dem stehen die **Rechtsformunterschiede** zwischen Kapital- und Personen-gesellschaften entgegen, zumal das Personengesellschaftsrecht erhebliche Spielräume auch und gerade hinsichtlich der Eigenkapitalausstattung eröffnet. Die Nutzung jener Spielräume (nach Maßgabe des jeweiligen Gesellschaftsvertrags) bestimmt auch den bilanziellen Ausweis des Eigenkapitals. Da auch der Gesetzgeber des BiRiLiG auf detaillierte Vorgaben zum Eigenkapitalausweis bei Einzelkaufleuten und Personen-gesellschaften bewußt verzichtet hat,[27] ist allgemein anerkannt, daß sich die Aufgliede-

---

schluß an IDW-HFA, Stellungnahme 2/1993: Zur Bilanzierung bei Personenhandelsgesellschaften Teil A I 2b (WPg 1994, 22, 23); s. auch noch die Empfehlungen der Bundessteuerberaterkammer zum Ausweis des Eigenkapitals in der Handels-bilanz der Personenhandelsgesellschaften Teil A, StB 1989, 364, 365.

[19] Zutreffend *Hense* Stille Gesellschaft S. 213; *Thiele* Eigenkapital S. 155, 225.

[20] S. zur Zulässigkeit entsprechender Regelungen im Gesellschaftsvertrag § 105, 22 u. § 121, 17 (*Ulmer*).

[21] Näher zur verfahrensmäßigen Abwicklung jenes Innenausgleichs einerseits *Baumbach/Hopt* § 155 Rdn. 2, andererseits in diesem Kommentar § 155, 7 ff (*Habersack*).

[22] *Sieker* Eigenkapital S. 30; GroßKommAktG-*Wiedemann* Vor § 182 Rdn. 6.

[23] *Hense* Stille Gesellschaft S. 210 f, 213 f; *Sieker*

Eigenkapital S. 29 ff; *Thiele* Eigenkapital S. 155, 225.

[24] Grundlegend in diesem Sinne *Huber* Vermö-gensanteil S. 248 f.

[25] Übereinstimmend der BFH in ständiger Recht-sprechung; s. nur BFH 3.2.1988, I R 394/83, BStBl II 551, 553 und die Nachweise in BFH 3.11.1982, II R 94/80, BStBl II 1983, 240, 242.

[26] So BFH BStBl II 1988, 551, 554; ganz ähnlich schon BFH 17.12.1980, II R 36/79, BStBl II 1981, 325, 326 („entscheidendes Indiz"); s. auch *Pauli* Eigenkapital S. 152 f („starkes Indiz"); *Thiele* Eigenkapital S. 225 („sehr gewichtiges, wenngleich widerlegbares Indiz") sowie in die-sem Kommentar § 120, 57 (*Ulmer*) m. w. N.

[27] Anders noch der Vorentwurf von 1980 sowie die Regierungsentwürfe von 1982 und 1983; s. näher HuRB-*Rückle/Klatte* S. 113, 115 f m. w. N.

rung des Eigenkapitals in der Bilanz jener Unternehmen allein an dem Gebot der Klarheit und Übersichtlichkeit (§ 243 Abs. 3) zu orientieren hat.[28]

bb) Einzelkaufleute. Sie können das zum Bilanzstichtag vorhandene Eigenkapital **16** in einem Nettobetrag ausweisen oder aber seine Entwicklung nachzeichnen, indem Einlagen und Entnahmen sowie das Jahresergebnis vermerkt werden.[29] Darin liegt freilich keine – bei Einzelkaufleuten in der Regel auch gar nicht mögliche – Aufgliederung des Eigenkapitals, sondern lediglich die nähere Aufschlüsselung seiner Entwicklung (Veränderung) im Geschäftsjahr.[30] Bei negativem Eigenkapital (Sollsaldo) ist ein entsprechender Ausweis auf der Aktivseite der Bilanz notwendig, wobei eine Bezeichnung entsprechend § 268 Abs. 3 („Nicht durch Eigenkapital gedeckter Fehlbetrag") empfehlenswert ist.[31]

cc) Personenhandelsgesellschaften. Für den Eigenkapitalausweis in der Bilanz **17** von Personenhandelsgesellschaften ist nach der *konkreten Kapitalverfassung* der Gesellschaft zu unterscheiden – je nachdem, ob die Gliederung der Gesellschafterkonten dem gesetzlichen Modell folgt oder ob – wie regelmäßig – im Gesellschaftsvertrag eine hiervon abweichende Anordnung getroffen wird.

α) Kontenführung entsprechend dem gesetzlichen Modell. Nach dem (dispositi- **18** ven) Gesetzesrecht ist für jeden Gesellschafter einer OHG sowie für jeden Komplementär einer KG ein *einheitliches, variables Kapitalkonto* zu führen, das den Stand des Kapitalanteils des jeweiligen Gesellschafters anzeigt. Vom Gesellschafter geleistete Einlagen sowie ein ihm (aufgrund der Jahresbilanz) zukommender Gewinnanteil werden dem Konto zugeschrieben, Verlustanteil und Entnahmen werden davon abgebucht („abgeschrieben"; § 120 Abs. 2). Auch für jeden *Kommanditisten* ist ein solches variables Kapitalkonto zu führen, dem geleistete Einlagen und anteilige Gewinne zu-, Verlustanteile abgebucht werden (§§ 167 Abs. 1, 120 Abs. 2). Sobald der Stand dieses Kontos die vom Kommanditisten nach dem Gesellschaftsvertrag zu erbringende Einlage („Pflichteinlage") erreicht, ist jedoch ein zweites Konto zu eröffnen (§ 167 Abs. 2). Diesem sind nunmehr die anteiligen Gewinne zuzuschreiben, jetzt zulässige Entnahmen (§ 169 Abs. 1 S. 2) sind hier abzuschreiben. Erleidet die Gesellschaft Verluste, wird das erste Konto „wiedereröffnet". Denn der Verlustanteil des Kommanditisten ist diesem Konto zu belasten, auch wenn das zweite Konto noch ein Guthaben aufweist; spätere Gewinnanteile sind dem ersten Konto solange gutzuschreiben, bis der Habensaldo jenes Kontos die nach dem Gesellschaftsvertrag zu erbringende Einlage wieder erreicht hat.

Guthaben auf dem (variablen) Kapitalkonto des OHG-Gesellschafters oder des **19** Komplementärs haben Eigenkapitalcharakter; gleiches gilt für das (erste) Kapitalkonto des Kommanditisten, auf dem gem. § 167 Abs. 2 seine Einlage verbucht wird. Die Summe der auf jenen Konten verbuchten Kapitalanteile der Gesellschafter macht das **Eigenkapital** der Gesellschaft aus.[32] Hingegen ist das zweite Konto des Kommanditisten ein Forderungs- bzw. (aus der Sicht der Gesellschaft) ein Verbindlichkeitskonto.[33]

---

[28] ADS § 247 Rdn. 57; Beck BilKomm-*Förschle/Kofahl* § 247 Rdn. 152; *Herrmann* WPg 1994, 500, 507 f; *Pauli* Eigenkapital S. 75 ff; HuRB-*Rückle/Klatte* S. 113, 121; *Thiele* Eigenkapital S. 210 ff.

[29] Zu den unterschiedlichen Darstellungsmöglichkeiten näher ADS § 247 Rdn. 74 f; Beck BilKomm-*Förschle/Kofahl* § 247 Rdn. 193; HdR-*Reinhard* § 247 Rdn. 100; HuRB-*Rückle/Klatte* S. 113, 123; *Thiele* Eigenkapital S. 165 f.

[30] *Thiele* Eigenkapital S. 165 f.

[31] HuRB-*Rückle/Klatte* S. 113, 123.

[32] *Huber* ZGR 1988, 1, 4.

[33] Beck BilKomm-*Förschle/Kofahl* § 247 Rdn. 167; Beck HdR-*Heymann* B 231 Rdn. 6; *Huber* ZGR 1988, 1, 29, 32; *ders.* GedS Knobbe-Keuk S. 203, 204; *Ley* KÖSDI 1994, 9972, Tz. 5; HdR-*Reinhard* § 247 Rdn. 101; *Pauli* Eigenkapital S. 133, 160 f; *Thiele* Eigenkapital S. 222.

Hierauf gutgeschriebene (und stehengelassene) Gewinnanteile kann der Kommanditist – vorbehaltlich anderweitiger Vereinbarung – jederzeit entnehmen, auch wenn das erste Konto durch zwischenzeitliche Verluste den Betrag der bedungenen Einlage nicht mehr erreicht (§ 169 Abs. 2). Vereinbarte Entnahmebeschränkungen heben zwar die (ex lege gegebene) sofortige Fälligkeit des Auszahlungsanspruchs auf, ändern aber noch nicht den Charakter der dort gutgeschriebenen Mittel als **Fremdkapital**.[34] Sie sind als Verbindlichkeiten gegenüber den Gesellschaftern gesondert auszuweisen.[35] All das ist erst anders, wo die Vereinbarung auch eine Verrechnung jenes Guthabens mit den laufenden Verlusten vorsieht; dann hat auch das zweite Konto insgesamt in aller Regel Eigenkapitalcharakter (s. schon oben Rdn. 13).[36]

20   In der Bilanz einer **Kommanditgesellschaft** ist der **getrennte Ausweis des Kommanditisten- und des Komplementärkapitals** geboten, um den unterschiedlichen Haftungsverhältnissen Rechnung zu tragen.[37] Jedoch können die Kapitalanteile der Komplementäre und jene der Kommanditisten zu je einem Posten „Eigenkapital" *zusammengefaßt* werden; entsprechendes gilt für die Anteile der OHG-Gesellschafter. Das entsprach schon bislang ganz überwiegender Auffassung[38] und ist vom Gesetzgeber des KapCoRiLiG für Personengesellschaften ohne natürliche Person als Vollhafter nunmehr ausdrücklich bestätigt worden (§ 264c Abs. 2 S. 2 und 6). Wenn demgegenüber mit Blick auf die Selbstinformationsfunktion der Bilanz gefordert wird, die Kapitalanteile der einzelnen Gesellschafter zumindest in einer Vorspalte getrennt auszuweisen,[39] so vermag das nicht zu überzeugen. Denn über den Stand der jeweiligen Gesellschafterkonten kann jeder Gesellschafter schon mit Hilfe seines allgemeinen Auskunftsanspruchs aus § 118 Abs. 1 bzw. (für den Kommanditisten) § 166 Abs. 1 Auskunft verlangen. Des Einsatzes der Bilanz bedarf es insoweit nicht.

21   Die Option zum zusammenfassenden Ausweis der Kapitalanteile der Komplementäre einerseits und der Kommanditisten andererseits (Rdn. 20) erlaubte nach bislang vorherrschender Ansicht innerhalb der jeweiligen Gesellschaftergruppe auch eine (offene oder verdeckte) **Saldierung negativer** Kapitalanteile einzelner Gesellschafter **mit positiven Anteilen** der anderen Gesellschafter.[40] Mit dem Inkrafttreten des KapCoRiLiG ist

---

[34] BGH DB 1978, 877; OLG Köln NZG 2000, 979, 980.

[35] IDW-HFA, Stellungnahme 2/1993, Teil B I 3 (WPg 1994, 22, 24); ADS § 247 Rdn. 64 u. 38; *Döllerer* WPg 1977, 81, 83; *Freidank* WPg 1994, 397, 401; Bonner HdR-*Kupsch* § 247 Rdn. 26; *Thiele* Eigenkapital S. 214 f.

[36] BFH 17.12.1980, II R 36/79, BStBl II 1981, 325, 326; BFH 3.2.1988, I R 394/83, BStBl II 1988, 551, 554; ADS § 247 Rdn. 65; Beck BilKomm-*Förschle/Kofahl* § 247 Rdn. 167; *Huber* ZGR 1988, 1, 32, 43 f, 50 f; *Ley* KÖSDI 1994, 9972, Tz. 14; *Rodewald* GmbHR 1998, 521, 524; grundlegend *Huber* Vermögensanteil S. 259.

[37] Allgemeine Ansicht s. etwa ADS § 247 Rdn. 62; Beck BilKomm-*Förschle/Kofahl* § 247 Rdn. 150, 152; *Freidank* WPg 1994, 397, 404; Beck HdR-*Heymann* B 231 Rdn. 12; Bonner HdR-*Kupsch* § 247 Rdn. 25; *Pauli* Eigenkapital S. 118; HdR-*Reichard* § 247 Rdn. 102; HuRB-*Rückle/Klatte* S. 113, 125, 130; *Thiele* Eigenkapital S. 220, 223.

[38] IDW-HFA, Stellungnahme 2/1993, Teil B I 2 b/c (WPg 1994, 22, 23); ADS § 247 Rdn. 62; Beck Bil

Komm-*Förschle/Kofahl* § 247 Rdn. 193; *Freidank* WPg 1994, 397, 399; Beck HdR-*Heymann* B 231 Rdn. 12; Bonner HdR-*Kupsch* § 247 Rdn. 25.

[39] So *Pauli* Eigenkapital S. 92, 118 f, der einen zusammenfassenden Ausweis der Kapitalanteile nur zulassen will, wenn es angesichts der Vielzahl der Gesellschafter andernfalls zur Unübersichtlichkeit der Bilanz kommen würde; ähnlich *Thiele* Eigenkapital S. 219 f, der bei großer Gesellschafterzahl jedenfalls eine Aufschlüsselung in einem Anhang zur Bilanz verlangt.

[40] IDW-HFA, Stellungnahme 2/1993, Teil B I 2 b (WPg 1994, 22, 23); ADS § 247 Rdn. 66; Beck BilKomm-*Förschle/Kofahl* § 247 Rdn. 193; *Freidank* WPg 1994, 397, 399; Beck HdR-*Heymann* B 231 Rdn. 12; Bonner HdR-*Kupsch* § 247 Rdn. 26; a. A. HuRB-*Rückle/Klatte* S. 113, 127, die mit Blick auf die Informationsinteressen der von der Geschäftsführung ausgeschlossenen Gesellschafter nur eine offene Verrechnung negativer und positiver Kapitalanteile zulassen wollen; ihnen folgend Heymann/*Walz* § 247 Rdn. 26.

die Zulässigkeit dieser Praxis für Personengesellschaften ohne natürliche Person als Vollhafter zweifelhaft geworden.[41] Denn § 264c Abs. 2 S. 3 (mit der Verweisung im dortigen S. 6) scheint seinem Wortlaut nach die anteilige Verlustabschreibung bezogen auf den Kapitalanteil jedes einzelnen Gesellschafters zu fordern. Insoweit lehnt sich die Formulierung des Gesetzes an § 286 Abs. 2 AktG an,[42] aus dessen Wortlaut allgemein auf die Unzulässigkeit einer Saldierung positiver und negativer Kapitalanteile mehrerer persönlich haftender Gesellschafter der KGaA geschlossen wird.[43] Doch erwähnt der Text des § 286 Abs. 2 AktG den zusammenfassenden Ausweis der Anteile mehrerer persönlich haftender Gesellschafter überhaupt nicht.[44] Anders demgegenüber § 264c Abs. 2 S. 2 HS 2 für die den Kapitalgesellschaften gleichgestellten Personenhandelsgesellschaften. Ausweislich der Gesetzgebungsmaterialien zum KapCoRiLiG sollte damit deutlich zum Ausdruck gebracht werden, daß die Anteile der persönlich haftenden Gesellschafter und der Kommanditisten jeweils zusammengefaßt ausgewiesen werden dürfen.[45] Nichts deutet jedoch darauf hin, daß der Gesetzgeber – in Einschränkung der bisherigen Praxis bei den Personenhandelsgesellschaften – eine Saldierung positiver und negativer Kapitalanteile nicht mehr hat zulassen wollen. Eine an § 286 Abs. 2 S. 2 AktG angelehnte Interpretation des § 264c Abs. 2 S. 3 und 6 ist deshalb keineswegs zwingend geboten.[46] Und erst recht besteht keine Veranlassung, für gesetzestypische Personenhandelsgesellschaften eine Saldierung negativer und positiver Kapitalanteile als unzulässig anzusehen. Vielmehr ist auch weiterhin ein entsprechendes *Ausweiswahlrecht* anzuerkennen. Gläubigerinteressen werden dadurch nicht beeinträchtigt. Die Gesellschafter können mit Hilfe ihrer Informationsrechte aus § 118 Abs. 1 bzw. (für den Kommanditisten) § 166 Abs. 1 Auskunft über den Stand der jeweiligen Gesellschafterkonten verlangen.

Ein **insgesamt negatives Eigenkapital** ist auf der Aktivseite – getrennt nach **22** Gesellschaftergruppen – gesondert auszuweisen,[47] wobei der Betrag nunmehr – in Anlehnung an § 264c Abs. 2 S. 5 – als „Nicht durch Vermögenseinlagen gedeckte Verlustanteile" bezeichnet werden sollte. Ein Ausweis unter den Forderungen („Einzahlungsverpflichtungen"; vgl. § 264c Abs. 2 S. 4) ist dabei aber nur ausnahmsweise zulässig, sofern die Gesellschafter (nach den getroffenen Vereinbarungen) spätestens im Insolvenzfall Verlustanteile durch Nachzahlung auszugleichen haben.[48]

Für den **Kommanditisten** ist zwischen der bedungenen Einlage („Pflichteinlage") **23** und der – im Handelsregister einzutragenden – „Hafteinlage" im Sinne von § 172 Abs. 1 (besser: „Haftsumme") zu unterscheiden; letztere bezeichnet den Betrag, bis zu dem der Kommanditist den Gesellschaftsgläubigern gegenüber ggf. unmittelbar haftet. Für den *Bilanzausweis* ist allein auf den Betrag der *Pflichteinlage* abzustellen, auch wenn diese ausnahmsweise einmal nicht mit der im Handelsregister eingetragenen Haftsumme

---

[41] Für Unzulässigkeit einer Saldierung im Anwendungsbereich des § 264a Abs. 2 etwa *Hüttemann* in diesem Kommentar § 264c, 13; *Theile* BB 2000, 555, 557; wohl auch *Wiechmann* WPg 1999, 916, 921.

[42] Vgl. die Begr. zu § 264c Abs. 2 S. 2–5 RegE HGB, dokumentiert in IDW (Hrsg.) KapCoRiLiG Textausgabe S. 62.

[43] S. nur ADS § 286 AktG Rdn. 30 m. w. N.

[44] Sind die Kapitalanteile durchgängig positiv, wird ein zusammenfassender Ausweis gleichwohl allgemein für zulässig gehalten; s. statt aller ADS § 286 AktG Rdn. 30.

[45] Diese Klarstellung ist auf Initiative des BT-Rechtsausschusses in das Gesetz aufgenommen worden; vgl. die Begr. der Beschlußempfehlung des Ausschusses zu § 264c, dokumentiert in IDW (Hrsg.) KapCoRiLiG Textausgabe S. 65.

[46] Die Zulässigkeit einer Saldierung wird auch im Anwendungsbereich des § 264a Abs. 2 weiterhin bejaht von *Bitter/Grashoff* DB 2000, 833, 835; *Hoffmann* DStR 2000, 837, 840 f.

[47] *Pauli* Eigenkapital S. 94, 126; HdR-*Reinhard* § 247 Rdn. 105.

[48] ADS § 247 Rdn. 67; HdR-*Reinhard* § 247 Rdn. 105; s. auch § 264c, 12 (*Hüttemann*).

Detlef Kleindiek

übereinstimmt. Denn mit der „bedungenen Einlage" im Sinne von § 167 Abs. 2 ist die „Pflichteinlage" gemeint. Es besteht deshalb auch kein Anlaß, den die Haftsumme übersteigenden Betrag der geleisteten Pflichteinlage als Kapitalrücklage in der Bilanz auszuweisen.[49] Und ebensowenig ist ein Bilanzvermerk zu verlangen, wenn (umgekehrt) die Haftsumme den Betrag der bedungenen Einlage übersteigt. Ein solcher Vermerk könnte in die Irre führen, wo eine Einlageleistung sogar in Höhe der Haftsumme erbracht ist, anteilige Verluste den Kapitalanteil des Kommanditisten aber später gemindert haben;[50] denn hierdurch lebt die Haftung des Kommanditisten gerade noch nicht wieder auf. Zweckmäßig mag ein Vermerk aber dann sein, wenn und soweit die Haftsumme den Betrag der Pflichteinlage übersteigt und eine Einlageleistung in Höhe des Differenzbetrages noch aussteht.[51] Für Personenhandelsgesellschaften im Sinne des § 264a (also solche ohne natürliche Person als Vollhafter) verlangt das KapCoRiLiG nunmehr eine entsprechende Angabe im *Anhang* (§ 264c Abs. 2 S. 9).[52] Die gesetzestypischen Personenhandelsgesellschaften sind zur Erstellung eines Anhangs aber nicht verpflichtet. Auch eine Rechtspflicht zu einem Vermerk innerhalb der Bilanz läßt sich zu ihren Lasten nicht begründen. Der daraus resultierende unterschiedliche Informationsgehalt des Jahresabschlusses normtypischer Personengesellschaften ist auch unter Gläubigerschutzaspekten hinzunehmen, da den Gläubigern hier stets wenigstens eine natürliche Person unbeschränkt persönlich haftet.

24   Nach §§ 120 Abs. 1, 161 Abs. 2, 167 werden das Jahresergebnis sowie der jeweilige Gesellschafteranteil daran aufgrund der Jahresbilanz ermittelt; gem. §§ 120 Abs. 2, 167 Abs. 2 sind anteiliger Gewinn und Verlust dem Kapitalanteil des Gesellschafters zu- bzw. abzuschreiben. Das Gesetz geht also von einer **Bilanz nach Ergebnisverteilung** aus. Knüpft der Gesellschaftsvertrag die Gewinnverteilung jedoch an einen entsprechenden Gesellschafterbeschluß, so wird – wenn die Beschlußfassung noch aussteht – in der Bilanz das **unverteilte Jahresergebnis** unter dem Eigenkapital ausgewiesen.[53] Vor diesem Hintergrund erklären sich auch die unterschiedlichen Möglichkeiten, die das KapCoRiLiG in § 264c Abs. 2 für den Eigenkapitalausweis bei Personenhandelsgesellschaften ohne natürliche Person als Vollhafter bereithält.[54]

25   **β) Modifizierte Kontenführung.** Die Praxis weicht vom gesetzlichen Modell des einheitlichen, variablen Kapitalkontos des OHG-Gesellschafters und Komplementärs vielfach ab; auch die gesetzliche Regelung zu den Kommanditistenkonten wird durch Vereinbarungen im Gesellschaftsvertrag häufig modifiziert. Die Varianten sind vielfältig und an dieser Stelle nicht im Detail zu beschreiben.[55] Mit Blick auf den Bilanzausweis sind vor allem die nachfolgenden Konstellationen zu unterscheiden.

---

[49] So aber etwa *Pauli* Eigenkapital S. 123; HdR-*Reinhard* § 247 Rdn. 103; HuRB-*Rückle/Klatte* S. 113, 130; wohl auch *Freidank* WPg 1994, 397, 406; dagegen zutreffend ADS § 247 Rdn. 72; Beck BilKomm-*Förschle/Kofahl* § 247 Rdn. 196.

[50] S. schon IDW-HFA Stellungnahme 1/1976: Stellungnahme zur Bilanzierung bei Personenhandelsgesellschaften, WPg 1976, 114, 117 und im Schrifttum etwa ADS § 247 Rdn. 72; Beck BilKomm-*Förschle/Kofahl* § 247 Rdn. 72; *Pauli* Eigenkapital S. 124 f; HuRB-*Rückle/Klatte* S 113, 131.

[51] Für diesen Fall bezeichnet HdR-*Reinhard* § 247 Rdn. 103 einen Bilanzvermerk als „zweckmäßig und auch wünschenswert".

[52] Näher § 264c, 17 (*Hüttemann*).

[53] Weiterführend ADS § 247 Rdn. 70; *Pauli* Eigenkapital S. 97 ff; s. auch schon IDW-HFA Stellungnahme 2/1993, Teil B I 2 f (WPg 1994, 22, 24).

[54] S. die erläuternde Passage in der Beschlußempfehlung des BT-Rechtsausschusses zu § 264c Abs. 2 S. 1, dokumentiert in IDW (Hrsg.) KapCoRiLiG Textausgabe S. 66; ferner etwa *Bitter/Grashoff* DB 2000, 833, 835; *Hempe* GmbHR 2000, 613, 614f; *ders.* DB 2000, 1293f; *Theile* BB 2000, 555, 557ff; *ders.* GmbHR 2000, 1135, 1137f; zu weiteren Einzelheiten s. § 264c, 18ff (*Hüttemann*).

[55] S. näher § 120, 64 ff (*Ulmer*) und zu allen Einzelheiten *Huber* ZGR 1988, 1, 42 ff; außerdem etwa MünchHdbKG-*v. Falkenhausen* § 19 Rdn. 37 ff; Beck HdbPG-*Hoffmann* § 5 Rdn. 100 ff; *Horn*

Das einheitliche **Kapitalkonto** kann in einen festen und einen beweglichen Teil **26** **aufgespalten** werden: auf dem ersten Konto wird die ursprünglich bedungene Einlage, auf dem zweiten werden Gewinne, Verluste und Entnahmen verbucht. Bei dieser Gestaltung – die in der Praxis auch bei den Kommanditistenkonten begegnet – haben außer den Guthaben auf dem ersten Konto (das die vom Gesellschafter geleistete Einlage ausweist) auch Guthaben auf dem zweiten Konto Eigenkapitalcharakter, sofern die dort gutgeschriebenen und stehengebliebenen Gewinne (nach der Vereinbarung unter den Gesellschaftern) mit laufenden Verlusten zu verrechnen sind.[56] Eine etwaige Bezeichnung des zweiten Kontos als „Darlehenskonto" oder „Privatkonto" (statt „Kapitalkonto II" etc.) steht dem nicht entgegen, da sich der Charakter der dort verbuchten Mittel als Eigen- oder Fremdkapital nach materiellen Kriterien, nicht aber nach der Kontenbezeichnung bestimmt.[57]

Verbreitet wird das zweite **(bewegliche) Konto** freilich **noch einmal unterteilt**: in **27** ein Konto, auf dem die – nach Maßgabe des Gesellschaftsvertrags – nicht entnahmefähigen Gewinn- sowie Verlustanteile verbucht werden („Kapitalkonto II" oder „Rücklagenkonto") und in ein weiteres (drittes) Konto, das die entnahmefähigen Gewinnanteile sowie Entnahmen aufnimmt („Darlehenskonto", „Privatkonto" etc.). Hier geben das feste Kapitalkonto („Kapitalkonto I") und das Kapitalkonto II („Rücklagenkonto") zusammen den Stand des Kapitalanteils des Gesellschafters an; die entsprechenden Konten aller Gesellschafter weisen das Eigenkapital der Gesellschaft aus. Ein Habensaldo auf dem dritten Konto indes gibt eine Verbindlichkeit der Gesellschaft gegenüber dem Gesellschafter wieder, mag sie auch – je nach den getroffenen Vereinbarungen – noch nicht fällig sein; die hier verbuchten Mittel zählen deshalb zum Fremdkapital der Gesellschaft.[58] Entsprechendes gilt für das Kapitalkonto II, sofern es nur die nicht entnahmefähigen Gewinne aufnimmt, während die Verluste auf einem gesonderten Verlustvortragskonto verbucht werden. Während das Verlustvortragskonto einen Korrekturposten zum Eigenkapital darstellt, repräsentiert ein Guthaben auf dem Kapitalkonto II eine Forderung des Gesellschafters: die Verrechnung mit späteren Verlusten ist ja gerade ausgeschlossen.[59]

Der Gesellschaftsvertrag kann im übrigen auch vorsehen, daß nicht entnahme- **28** fähige Gewinne einem **gemeinschaftlichen Rücklagenkonto** (statt anteilig dem „Rücklagenkonto" bzw. „Kapitalkonto II" der einzelnen Gesellschafter) zuzuführen sind. Für den materiellen Charakter der verbuchten Beträge kommt es auf solche Unterschiede in der buchungstechnischen Abwicklung nicht an. Auch die in eine „gemeinschaftliche Rücklage" gebuchten Mittel sind Teil des Eigenkapitals der Gesellschaft, sofern eine Verrechnung der Rücklage mit künftigen Verlusten vorgesehen

---

BuW 2001, 624, 625 ff; *Huber* GedS Knobbe-Keuk S. 203, 204 ff; *Westermann/Klingberg* Handbuch der Personengesellschaften I Rdn. 584 ff; *Ley* KÖSDI 1994, 9972, Tz. 10 ff; *Oppenländer* DStR 1999, 939, 940 ff; *Pauli* Eigenkapital S. 134 ff; *Rodewald* GmbHR 1998, 521, 524 ff; *Schlegelberger/Martens* § 120 Rdn. 31 ff; *Wiedemann* FS Odersky S. 925, 932 ff; *Winnefeld* Bilanz-Handbuch L 485 ff.

[56] OLG Köln NZG 2000, 979, 980; ADS § 247 Rdn. 60 ff; Beck BilKomm-*Förschle/Kofahl* § 247 Rdn. 160; Beck HdR-*Heymann* B 231 Rdn. 10; *Oppenländer* DStR 1999, 939, 941; *Pauli* Eigenkapital S. 159 ff; *Rodewald* GmbHR 1998, 521, 524 f; *Thiele* Eigenkapital S. 224 f.

[57] Zum Ganzen eingehend und instruktiv *Huber* ZGR 1988, 1, 51 ff, 65 ff.

[58] S. § 120, 70 (*Ulmer*) und eingehend *Huber* ZGR 1988, 1, 72 ff, 85 f; ferner Beck HdR-*Heymann* B 231 Rdn. 10; *Ley* KÖSDI 1994, 9972, Tz. 19 f; *Oppenländer* DStR 1999, 939, 941; *Pauli* Eigenkapital S. 162 f; *Rodewald* GmbHR 1998, 521, 525 f; *Wiedemann* FS Odersky S. 925, 935.

[59] S. auch dazu *Huber* ZGR 1988, 1, 86 ff; ferner ADS § 247 Rdn. 68; Beck HdR-*Heymann* B 231 Rdn. 10; *Ley* KÖSDI 1994, 9972, Tz. 23 ff; *Oppenländer* DStR 1999, 939, 941 f; *Rodewald* GmbHR 1998, 521, 526.

Detlef Kleindiek

ist.[60] Sie können dann in der Bilanz als Rücklage unter dem Eigenkapital ausgewiesen werden; eine weitere Aufteilung in Anlehnung an das für Kapitalgesellschaften geltende Gliederungsschema des § 266 Abs. 3 A (Kapital- und Gewinnrücklage) ist dabei entbehrlich.[61]

29   Sieht der Gesellschaftsvertrag die Aufspaltung des einheitlichen Kapitalkontos des Gesellschafters in einen festen und einen variablen Teil vor, wird auf dem festen Konto („Kapitalkonto I") sogleich der vollständige Betrag der bedungenen Einlage gebucht, auch wenn diese noch nicht vollständig erbracht ist. Entsprechend der für Kapitalgesellschaften geltenden Regelung in **§ 272 Abs. 1 S. 2 u. 3** sind die ausstehenden Einlagen in der Bilanz auszuweisen, in der Kommanditgesellschaft getrennt für Komplementäre und Kommanditisten. Die ausstehenden Einlagen sind auf der Aktivseite vor dem Anlagevermögen gesondert auszuweisen, wobei die schon eingeforderten Einlagen kenntlich zu machen sind. Alternativ können die noch nicht eingeforderten, ausstehenden Einlagen auf der Passivseite (in der Vorspalte) offen vom Eigenkapital abgesetzt werden, wobei auf der Aktivseite die eingeforderten, aber noch nicht eingezahlten Einlagen unter den Forderungen gesondert auszuweisen sind.[62]

30   **d) Hybride Finanzierungsinstrumente: Genußrechtskapital und Einlageleistungen stiller Gesellschafter.** Je nach vertraglicher Ausgestaltung funktional entweder dem Eigen- oder dem Fremdkapital zuzuordnen sind die hybriden Finanzierungsinstrumente[63] des Genußrechtskapitals und der stillen Gesellschaft. Die Leitlinien für ihre bilanzielle Behandlung sind im folgenden zusammengefaßt. Zur bilanziellen Darstellung *eigenkapitalersetzender Gesellschafterdarlehen* s. § 246, 33 ff.

31   **aa) Genußrechtskapital.** In den Einzelheiten nach wie vor umstritten ist der bilanzielle Ausweis von Genußrechtskapital. Genußrechte – gesetzlich nur fragmentarisch normiert (vgl. §§ 221 Abs. 1, 3, 4; 160 Abs. 1 Ziff. 6 AktG) – gewähren dem Berechtigten gegen die emittierende (Kapital-)Gesellschaft schuldrechtliche Ansprüche eigener Art, die in der Regel den typischen Vermögensrechten von Gesellschaftern (insbesondere Beteiligung am Gewinn und/oder Liquidationserlös) angenähert sind. Die Praxis kennt freilich vielfältige Gestaltungsvarianten des Genußrechtskapitals. Seine Zuordnung zum Eigen- oder Fremdkapital hängt von der konkreten Ausgestaltung der Genußrechtsbedingungen ab.[64]

32   Die **Zuordnung zum Eigenkapital** ist nur gerechtfertigt, wenn das Genußrechtskapital die Eigenkapitalkriterien (oben Rdn. 13) erfüllt. Die *IDW-HFA*-Stellungnahme 1/1994 „Zur Behandlung von Genußrechten im Jahresabschluß von Kapitalgesellschaften"[65] und das ihr folgende Schrifttum[66] verlangen dazu – kumulativ – (1.) die Nachrangigkeit eines Rückzahlungsanspruchs der Genußrechtsinhaber in Insolvenz

[60] Näher *Huber* ZGR 1988, 1, 89 ff; *ders.* GedS Knobbe-Keuk S. 203, 207 ff, 216 f; ferner Beck HdR-*Heymann* B 231 Rdn. 13; *Oppenländer* DStR 1999, 939, 942; *Pauli* Eigenkapital S. 102 f; HdR-*Reinhard* § 247 Rdn. 104; *Rodewald* GmbHR 1998, 521, 526 f.

[61] Vgl. ADS § 247 Rdn. 63 u. 71.

[62] S. zum Ganzen IDW-HFA Stellungnahme 2/1993, Teil B I 2 d (WPg 1994, 22, 23 f); ADS § 247 Rdn. 69; Beck BilKomm-*Förschle/Kofahl* § 247 Rdn. 158, 165, 194; *Freidank* WPg 1994, 397, 400; *Huber* ZGR 1988, 1, 48 f; *Pauli* Eigenkapital S. 103 ff, 120; HdR-*Reinhard* § 247 Rdn. 102.

[63] *Thiele* Eigenkapital S. 225.

[64] Allerdings ist die aktienrechtliche Zulässigkeit von Genußrechten mit Eigenkapitalcharakter noch immer umstritten; näher zum Meinungsstand *Hüffer* § 221 Rdn. 31 ff.

[65] WPg 1994, 419.

[66] Etwa ADS § 246 Rdn. 87 ff u. § 266 Rdn. 190 ff; HdJ-*Bordt* III/1, Rdn. 262; Beck BilKomm-*Clemm/Erle* § 247 Rdn. 228; HdR-*Dusemond/Knop* § 266 Rdn. 168; *Emmerich/Naumann* WPg 1994, 677; Beck BilKomm-*Förschle/Kofahl* § 266 Rdn. 186; Beck HdR-*Heymann* B 231 Rdn. 19.

oder Liquidation, (2.) die volle Verlustbeteiligung (Verrechnung) und Erfolgsabhängigkeit der Vergütung sowie (3.) die Längerfristigkeit der Kapitalüberlassung.[67]

Nachrangigkeit und **Verlustbeteiligung** spiegeln die zentralen Kriterien des allgemeinen Eigenkapitalbegriffs (oben Rdn. 13) wider. Auch das Erfordernis **erfolgsabhängiger Vergütung** verdient – in der Interpretation der *IDW-HFA*-Stellungnahme – als Eigenkapitalmerkmal im Recht der Kapitalgesellschaften Zustimmung: die Kapitalüberlassungsvergütung darf nicht aus den gegen Ausschüttung geschützten Kapitalbestandteilen gezahlt werden.[68] Das ohnehin recht unbestimmte Merkmal der „Längerfristigkeit" der Kapitalüberlassung – verstanden als „längerfristiger Zeitraum, während dessen sowohl für den Genußrechtsemittenten als auch den Genußrechtsinhaber die Rückzahlung ausgeschlossen ist"[69] – erscheint indes konkretisierungsbedürftig.[70] Denn in der Diskussion um die allgemeinen Kriterien des Eigenkapitalbegriffs ist zutreffend herausgearbeitet worden, daß die Möglichkeit, Eigenkapitalbestandteile nach Maßgabe eines Gesellschafterbeschlusses und unter Beachtung von Gesetz und Gesellschaftsvertrag an die Unternehmenseigner auszukehren, der Einordnung als Eigenkapital keineswegs entgegensteht.[71] Freilich kann der Kapitalgeber nicht willkürlich und einseitig Auszahlung oder Rückforderung des Eigenkapitals verlangen; die Rückerstattung kann vielmehr nur aus Anlaß der Beendigung der Mitgliedschaft oder im Zuge eines förmlichen Beschlußverfahrens des dafür zuständigen Gesellschaftsorgans durchgesetzt werden (oben Rdn. 13). Es sprechen deshalb gute Gründe dafür, die Zuordnung des Genußrechtskapitals zum Eigenkapital daran zu knüpfen, daß die Genußrechtsbedingungen **Kündigung und Rückzahlung** des Kapitals von wertungsmäßig vergleichbaren Sach- und Verfahrensvoraussetzungen abhängig machen.[72]

Wo das Genußrechtskapital alle Eigenkapitalkriterien erfüllt, ist es **unmittelbar in das Eigenkapital einzustellen und** dort **gesondert auszuweisen**.[73] Der von Teilen des Schrifttums befürwortete Ausweis in einem Sonderposten zwischen dem Eigen- und dem Fremdkapital[74] ist demgegenüber abzulehnen. Die zur Begründung gezogene Parallele zum Ausweis des Sonderpostens mit Rücklageanteil ($ 273) überzeugt nicht; denn jener Sonderposten ist ein Mischposten, der teils Eigen- und teils Fremdkapitalcharakter hat (näher unten Rdn. 55).

Ist das Genußrechtskapital als **Fremdkapital** zu qualifizieren, so sind die zugeflossenen Mittel im Rahmen der Verbindlichkeiten auszuweisen, und zwar als Sonderposten oder ggf. – gesondert ausgewiesen – innerhalb der Anleihen.[75] Eine erfolgswirk-

33

34

35

---

[67] IDW-HFA Stellungnahme 1/1994, Ziff. 2.1.1. (WPg 1994, 419 f).

[68] Näher zum rechtsformspezifischen Stellenwert des Merkmals erfolgsabhängiger Vergütung *Thiele* Eigenkapital S. 140 ff.

[69] IDW-HFA Stellungnahme 1/1994, Ziff. 2.1.1.c (WPg 1994, 419, 420).

[70] Mit Recht kritisch auch HdR-*Küting/Kessler* $ 272 Rdn. 212 ff; Baumbach/Hueck/*Schulze-Osterloh* $ 42 Rdn. 216; *Wengel* DStR 2001, 1316, 1319f.

[71] Dazu etwa ADS $ 246 Rdn. 82 f; *Lutter* DB 1993, 2441, 2444; *W. Müller* FS Budde S. 445, 457; *Wengel* DStR 2001, 1316, 1317f, 1319f.

[72] In diese Richtung zielen auch die Überlegungen von HdR-*Küting/Kessler* $ 272 Rdn. 213; zust. *Wengel* DStR 2001, 1316, 1321.

[73] IDW-HFA Stellungnahme 1/1994, Ziff 2.1.2./ 2.1.3. (WPg 1994, 419, 421); ADS $ 246 Rdn. 89 u. $ 266 Rdn. 197; HdJ-*Bordt* III/1, Rdn. 261 u. 266; HdR-*Dusemond/Knop* $ 266 Rdn. 168; *Emmerich/Naumann* WPg 1994, 677, 685 f; Beck HdR-*Heymann* B 231 Rdn. 20; *Hüffer* $ 221 Rdn. 79; HdR-*Küting/Kessler* $ 272 Rdn. 205.

[74] So zuletzt *W. Müller* FS Budde S. 445, 459 f; Baumbach/Hueck/*Schulze-Osterloh* $ 42 Rdn. 216. HdJ-*Bordt* III/1, Rdn. 266 will den Ausweis eines solchen Sonderpostens dann in Betracht ziehen, wenn die Genußrechtsbedingungen Eigenkapitalelemente enthalten, ohne daß die zugeführten Mittel aber eindeutig als funktionelles Eigenkapital angesehen werden können.

[75] IDW-HFA Stellungnahme 1/1994, Ziff 2.1.3. (WPg 1994, 419, 421); ADS $ 266 Rdn. 199; HdJ-

same Vereinnahmung der Mittel über die GuV ist ausnahmsweise zulässig für Genußrechtskapital mit Eigenkapitalcharakter, das der Genußrechtsinhaber – in der Regel zu
Sanierungszwecken – als Ertragszuschuß ohne Rückforderungsanspruch gewährt.[76]

36   **bb) Einlageleistungen stiller Gesellschafter.** Für die Zuordnung der Einlageleistungen eines stillen Gesellschafters zum Eigen- oder Fremdkapital des Geschäftsinhabers kommt es auf die Ausgestaltung der stillen Gesellschaft im Einzelfall an. Ist
das Rechtsverhältnis normtypisch nach §§ 230 ff gestaltet, der Stille also mit den Gläu-
bigerrechten aus §§ 235 f ausgestattet, sind die Einlageleistungen – auch bei Verlustbeteiligung des Stillen – dem Fremdkapital zuzuordnen und als Verbindlichkeiten auszuweisen.[77] Eine Zuordnung zum Eigenkapital ist nur gerechtfertigt, wenn die
Eigenkapitalkriterien (oben Rdn. 13) uneingeschränkt vorliegen.[78] Erforderlich ist also
die volle Verlustbeteiligung des Stillen sowie die Nachrangigkeit seines Rückzahlungsanspruchs in Liquidation und Insolvenz; entsprechend den Überlegungen zur bilanziellen Zuordnung von Genußrechtskapital (oben Rdn. 33) sollte statt auf die
Fristigkeit der Kapitalüberlassung auch hier auf die nähere Ausgestaltung der Sach-
und Verfahrensvoraussetzungen für die Kündigung der stillen Gesellschaft abgestellt
werden.[79] Sind die Einlageleistungen des Stillen in diesem Sinne dem Eigenkapital
zuzuordnen, so ist in der Bilanz des Geschäftsinhabers ihr gesonderter Ausweis innerhalb des Eigenkapitals geboten.[80]

4. Gliederung der Gewinn- und Verlustrechnung (GuV)

37   **a) Übersicht.** Die Ausweis- und Aufgliederungsvorschrift des Abs. 1 betrifft die
Bilanz. Zur *Gliederung der Gewinn- und Verlustrechnung (GuV)* von Kapitalgesellschaften und ihnen gleichgestellten Unternehmen (oben Rdn. 2) treffen §§ 275–278
nähere Bestimmung (s. die Erläuterungen dort), wobei jene Vorschriften mit Ausnahme
von § 276 sinngemäß auch auf Einzelkaufleute und Personengesellschaften Anwen-

---

Bordt III/1, Rdn. 262 u. 266; Beck BilKomm-
Clemm/Erle § 266 Rdn. 216; HdR-*Dusemond/
Knop* § 266 Rdn. 168; *Emmerich/Naumann*
WPg 1994, 677, 685 f; HdR-*Küting/Kessler* § 272
Rdn. 209.

[76] IDW-HFA Stellungnahme 1/1994, Ziff. 2.1.2.
(WPg 1994, 419, 421); ADS § 266 Rdn. 196 u.
198; HdJ-*Bordt* III/1, Rdn. 263; *Emmerich/Nau-
mann* WPg 1994, 677, 684; HdR-*Küting/Kessler*
§ 272 Rdn. 211.

[77] In diesem Sinne etwa ADS § 246 Rdn. 90 u. § 266
Rdn. 189; HdJ-*Bordt* III/1, Rdn. 284; Beck Bil-
Komm-*Clemm/Erle* § 247 Rdn. 234; HdR-*Duse-
mond/Knop* § 266 Rdn. 120; Beck BilKomm-
Förschle/Kofahl § 266 Rdn. 187; HdR-*Küting/
Kessler* § 272 Rdn. 225; HdR-*Reinhard* § 247
Rdn. 97; *Baumbach/Hueck/Schulze-Osterloh*
§ 42 Rdn. 217; im Grundsatz auch *Hense* Stille
Gesellschaft S. 142 ff, der für bestimmte Konstellationen jedoch nur einen Ausweis als Rückstellung zulassen will (aaO S. 161 ff, 177 f). Anders
für den Fall mangelnden Ausschlusses der Verlustbeteiligung des Stillen MünchHdbKG-*Bezzenberger* StG § 18 Rdn. 7 ff im Anschluß an
Knobbe/Keuk ZIP 1983, 127 ff: Ausweis als Sonderposten zwischen Eigenkapital und Rückstellungen; s. auch *Knobbe/Keuk* § 4 V 3 c; *Westerfel-*

haus DB 1988, 1173, 1177. ADS § 246 Rdn. 92
und HdJ-*Bordt* III/1, Rdn. 284 wollen den Ausweis eines solchen Sonderpostens dann in Betracht ziehen, wenn die Stellung des Stillen nach
den Vertragsbedingun-
gen stark angenähert ist, ohne daß aber alle Kriterien für eine Zuordnung der Einlagen zum Eigenkapital erfüllt sind.

[78] Im Ausgangspunkt übereinstimmend etwa ADS
§ 246 Rdn. 91 f u. § 266 Rdn. 189; HdJ-*Bordt*
III/1, Rdn. 284; Beck BilKomm-*Clemm/Erle*
§ 247 Rdn. 234; Beck BilKomm-*Förschle/Kofahl*
§ 266 Rdn. 187; Beck HdR-*Heymann* B 231
Rdn. 23; *Hense* Stille Gesellschaft S. 181 ff; HdR-
Küting/Kessler § 272 Rdn. 224; HdR-*Reinhard*
§ 247 Rdn. 97; *Baumbach/Hueck/Schulze-Oster-
loh* § 42 Rdn. 217; *Schulze zur Wiesch* FS Budde
S. 579, 588.

[79] Im Ansatz ähnlich HdR-*Küting/Kessler* § 272
Rdn. 224.

[80] So etwa ADS § 246 Rdn. 91; Beck HdR-*Heymann* B 231 Rdn. 23 f; HdR-*Küting/Kessler* § 272
Rdn. 225; andere Stimmen empfehlen den Ausweis eines Sonderpostens im Anschluß an das
Eigenkapital; Einzelnachw. zum Meinungsstand
bei HdJ-*Bordt* III/1, Rdn. 283 Fn. 439.

dung finden, die dem PublG unterfallen (§ 5 Abs. 1 S. 2 PublG). Zur Aufgliederung der GuV von sonstigen Gesellschaften und Einzelkaufleuten enthält das HGB indes keine Regelungen. Insoweit hat sich der Gesetzgeber auf das allgemeine Gebot aus § 242 Abs. 2 beschränkt, wonach alle Rechnungslegungspflichtigen für den Schluß eines Geschäftsjahres „eine Gegenüberstellung der Aufwendungen und Erträge des Geschäftsjahrs (Gewinn- und Verlustrechnung)" aufzustellen haben.[81] Freilich kann der Gesellschaftsvertrag einer Personengesellschaft auch nähere Vorgaben zur GuV machen und etwa die Anwendung der für Kapitalgesellschaften verbindlichen Regelungen vorschreiben (s. schon oben Rdn. 8).

b) Die GuV von Einzelkaufleuten und gesetzestypischen Personenhandels- 38 gesellschaften. aa) Grundlagen. Für die Anforderungen, die außerhalb des Anwendungsbereichs der §§ 275 ff an die Aufgliederung der GuV zu stellen sind, ist wiederum auf die GoB zurückzugreifen. Zentrale Bedeutung hat auch hier der Grundsatz der Klarheit und Übersichtlichkeit aus § 243 Abs. 2 (s. schon oben Rdn. 9), ergänzt um das Vollständigkeitsgebot (§ 246 Abs. 1 S. 1) und das Saldierungsverbot (§ 246 Abs. 2).[82]

Die GuV soll durch Gegenüberstellung von Aufwendungen und Erträgen Aus- 39 kunft über die Quellen des Erfolgs bzw. Mißerfolgs (Gewinn oder Verlust) der Abrechnungsperiode geben. Ihre Gliederungstiefe muß diese Funktion erfüllen; Aufwendungen und Erträge sind also so weit aufzuschlüsseln, daß sich die wesentlichen Einflußursachen für das Jahresergebnis (**Erfolgskomponenten**) ablesen lassen.[83] Insoweit lassen sich den Gliederungsschemata in § 275 wichtige Orientierungshilfen entnehmen; freilich ist eine GuV, die den Anforderungen des § 275 nicht voll entspricht, deshalb noch keineswegs GoB-widrig.[84]

bb) Staffel- und Kontoform. Während für Kapitalgesellschaften und ihnen 40 gleichgestellte Gesellschaften (oben Rdn. 2 f) die Darstellung in Staffelform zwingend vorgeschrieben ist (§ 275 Abs. 1 S. 1), können Gesellschaften und Einzelkaufleute außerhalb des Geltungsbereichs der §§ 275 ff zwischen *Staffel- und Kontoform* wählen.[85] Ebenso besteht Wahlfreiheit zwischen der Anwendung des **Gesamtkostenverfahrens** und des **Umsatzkostenverfahrens**,[86] da der Gesetzgeber mit § 275 beide Gliederungsformen als gleichwertig anerkannt hat (s. zu Einzelheiten die Erläuterungen zu § 275). Nach dem Grundsatz der Gliederungsstetigkeit (Darstellungsstetigkeit), der – über den unmittelbaren Anwendungsbereich von § 265 Abs. 1 hinaus – rechtsformübergreifende Geltung als allgemeiner GoB beanspruchen kann,[87] darf von der einmal gewählten Darstellungsform nur aus zwingenden Gründen abgewichen werden. Dasselbe gilt für die Abgrenzung und Bezeichnung der einzelnen Aufwands- und Ertragsposten.[88]

---

[81] Dazu § 242, 11 f (*Hüffer*).
[82] ADS § 247 Rdn. 78, 80; Beck BilKomm-*Förschle*, § 247 Rdn. 642, 660, 665 ff; *Förschle/Kropp*, DB 1989, 1037, 1039 ff; *Glade* Teil I Rdn. 813; Heymann/*Walz* § 247 Rdn. 12.
[83] ADS § 247 Rdn. 79 f; Beck BilKomm-*Förschle* § 247 Rdn. 641 ff, 672; *Förschle/Kropp* DB 1989, 1037, 1038 f; *Wiedmann* BilanzR § 247 Rdn. 10 = Ebenroth/Boujong/Joost/*ders.* § 247 Rdn. 10.
[84] ADS § 247 Rdn. 81; Beck BilKomm-*Förschle* § 247 Rdn. 673; *Förschle/Kropp* DB 1989, 1037, 1042; *Otto* BB 1988, 1703.
[85] ADS § 247 Rdn. 86; *Baumbach/Hopt* § 247 Rdn. 3; Beck BilKomm-*Förschle* § 247 Rdn. 689 f; *Förschle/Kropp* DB 1989, 1037, 1044; Heymann/

Walz § 247 Rdn. 12; *Wiedmann* BilanzR § 247 Rdn. 13 = Ebenroth/Boujong/Joost/*ders.* § 247 Rdn. 13; WP-Handbuch I Tz. E 455.
[86] ADS § 247 Rdn. 84; *Baumbach/Hopt* § 247 Rdn. 3; Beck BilKomm-*Förschle* § 247 Rdn. 691; *Förschle/Kropp* DB 1989, 1037, 1044 f; Heymann/*Walz* § 247 Rdn. 12; WP-Handbuch I Tz. E 455.
[87] ADS § 247 Rdn. 34 u. 87; Beck BilKomm-*Förschle* § 247 Rdn. 667; *Förschle/Kropp* DB 1989, 1037, 1041; HdR-*Reinhard* § 247 Rdn. 16; s. auch *Leffson* Grundsätze S. 432 ff.
[88] ADS § 247 Rdn. 87; Beck BilKomm-*Förschle* § 247 Rdn. 667; *Förschle/Kropp* DB 1989, 1037, 1040.

Detlef Kleindiek

41   **cc) Grundstruktur und weitere Aufgliederung.** Um den Anforderungen an eine funktionsgerechte GuV zu entsprechen, muß jedenfalls der in § 275 zum Ausdruck kommenden *Grundstruktur* Rechnung getragen werden, bei der Staffelform (s. oben Rdn. 40) also:[89]

        Betriebsergebnis
 +/−   Finanzergebnis
 =   Ergebnis der gewöhnlichen Geschäftstätigkeit
 +/−   außerordentliches Ergebnis
 −   Steuern
 =   Jahresergebnis

42   Diese **Grundstruktur-Elemente** sind nach Maßgabe des jeweiligen Einzelfalls **weiter aufzugliedern**, so daß sich die wesentlichen Erfolgsquellen der Abrechnungsperiode aus der GuV ablesen lassen (s. schon oben Rdn. 39).[90] Sofern dieses Ziel nicht gefährdet wird, ist auch der zusammenfassende Ausweis einzelner Gliederungsposten zuzulassen. Denn außerhalb der publizitätspflichtigen Kapitalgesellschaften (bzw. der ihnen gleichgestellten Unternehmen) dient die Rechnungslegung internen Informationszwecken.[91] Eine nähere Aufschlüsselung der in der GuV ggf. zusammengefaßten Posten können die von der Geschäftsführung ausgeschlossenen Gesellschafter einer Personengesellschaft bei Bedarf im Wege ihrer gesetzlichen Informationsrechte aus §§ 118, 166 verlangen.[92]

43   **Persönliche Steuern** eines Gesellschafters sind in der GuV der Personenhandelsgesellschaft auch dann nicht auszuweisen, „wenn sie sich aus der Beteiligung am Vermögen und Gewinn der Personengesellschaft ergeben haben".[93] Gewährt eine Personenhandelsgesellschaft **Vergütungen** an einen Gesellschafter, ist für die Abbildung in der GuV zu unterscheiden, ob es sich nach den im Einzelfall getroffenen Vereinbarungen materiell um einen Vorgang der Gewinnermittlung oder der Gewinnverwendung handelt. Vergütungen außerhalb der gesellschaftsrechtlichen Gewinnverteilung – insbesondere solche, die ergebnisunabhängig vereinbart wurden – sind zwingend als Aufwand zu verrechnen und bei den entsprechenden Posten durch einen Davon-Vermerk gesondert auszuweisen.[94]

---

[89] ADS § 247 Rdn. 90; Beck BilKomm-*Förschle* § 247 Rdn. 662; *Förschle/Kropp* DB 1989, 1037, 1040.

[90] S. näher ADS § 247 Rdn. 92 ff und – mit Darstellungsbeispielen – Beck BilKomm-*Förschle* § 247 Rdn. 695 ff; *Förschle/Kropp* DB 1989, 1037, 1040, 1042, 1045 ff.

[91] Beck BilKomm-*Förschle* § 247 Rdn. 644 ff; *Förschle/Kropp* DB 1989, 1037, 1038 f, 1096 f.

[92] S. dazu auch ADS § 247 Rdn. 92; *Förschle/Kropp* DB 1989, 1096, 1097.

[93] IDW-HFA Stellungnahme 2/1993, Teil A 2 a (WPg 1994, 22 f); zu Einzelheiten des Steuerausweises vgl. ADS § 247 Rdn. 96 f; Beck BilKomm-

Förschle § 247 Rdn. 675 ff; *Förschle/Kropp* DB 1989, 1096, 1098 f.

[94] S. etwa HdR-*Baetge/Fey/Fey* § 243 Rdn. 68; *Mundt* IDW (Hrsg.), Personengesellschaft und Bilanzierung S. 147, 163 f; *Schulze-Osterloh* ebenda, S. 129, 135 f m. w. N. Im Ansatz ebenso ADS § 247 Rdn. 100; Beck BilKomm-*Förschle* § 247 Rdn. 681, die aber auch zulassen wollen, daß solche Vergütungen – entsprechend der steuerrechtlichen Regelung (§ 15 Abs. 1 Nr. 2 EStG) – erst bei der Gewinnverwendung berücksichtigt werden; dies sei dann im Jahresabschluß unter Angabe der entsprechenden Beträge kenntlich zu machen.

III. Anlagevermögen (Abs. 2) und Umlaufvermögen

1. Begriff des Anlagevermögens

Abs. 2 definiert – in Umsetzung von Art. 15 Abs. 1 u. 2 der 4. EG-Richtlinie (Jah- **44**
resabschlußrichtlinie) – den Begriff des **Anlagevermögens**, das nach Abs. 1 getrennt
vom Umlaufvermögen zu bilanzieren ist. Die Abgrenzung hat außerdem Bedeutung
für die Bewertungsvorschriften in § 253 Abs. 2 u. 3 (s. die Erläuterungen dort), für das
Aktivierungsverbot aus § 248 Abs. 2 (s. § 248, 10) sowie für die Bilanz- und Finanz-
analyse. Außerdem knüpfen steuerliche Sonderabschreibungen bzw. erhöhte Absetzungen mannigfach an Gegenstände des Anlagevermögens an.[95]

Nach der gesetzlichen Begriffsbestimmung gehören zum Anlagevermögen nur sol- **45**
che Vermögensgegenstände, „die bestimmt sind, dauernd dem Geschäftsbetrieb zu
dienen". Maßgebliches Kriterium für die Abgrenzung zwischen Anlagevermögen und
Umlaufvermögen ist also die **Zweckbestimmung (Funktionsbestimmung)**, die einem
Gegenstand des Betriebsvermögens beigemessen wird.[96] Die konkrete betriebliche
Verwendungsart bestimmt seine Zuordnung zum Anlage- oder Umlaufvermögen.[97]
Die steuerrechtliche Rechtsprechung unterscheidet insoweit plastisch zwischen *Ge-
brauchs- und Verbrauchsgütern*.[98] Auch für Zwecke der Handelsbilanz bietet dieses
Begriffspaar eine wertvolle Orientierungshilfe.[99] Während Gegenständen des Umlauf-
vermögens typischerweise Verbrauchsfunktion (ggf. auch durch Verarbeitung oder
Veräußerung) zukommt, erfüllen jene des Anlagevermögens eine Gebrauchsfunktion
(Nutzungsfunktion). Dem Geschäftsbetrieb dauernd zu dienen bestimmt sind solche
Vermögensgegenstände, die der planmäßig-wiederholten betrieblichen Nutzung ge-
widmet sind.

Das Merkmal „dauernd" ist also nicht rein temporal oder gar i. S. v. „immer" bzw. **46**
„für alle Zeiten" zu verstehen.[100] Die Absicht des Rechnungslegungspflichtigen, einen
Vermögensgegenstand zu einem späteren Zeitpunkt zu veräußern, hindert seine
Zuordnung zum Anlagevermögen nicht, sofern bis zur Veräußerung die betriebliche
Gebrauchsfunktion (i. S. planmäßig-wiederholter Nutzung) im Vordergrund steht.
Deshalb zählen etwa Vorführwagen von Kfz-Händlern[101] oder Mietwagen von Miet-

---

[95] ADS § 247 Rdn. 102 ff; Beck BilKomm-*Clemm/
Scherer* § 247 Rdn. 52 ff; Bonner HdR-*Kupsch*
§ 247 Rdn. 6 ff; HdR-*Reinhard* § 247 Rdn. 20.

[96] So ausdrücklich auch Art. 15 Abs. 1 der Jahresabschlußrichtlinie: „Für die Zuordnung der Vermögenswerte zum Anlage- oder Umlaufvermögen ist ihre Zweckbestimmung maßgebend."

[97] Heute einhellige Auffassung; s. etwa ADS § 247
Rdn. 107; Beck BilKomm-*Hoyos/Schmidt-Wendt*
§ 247 Rdn. 351; Bonner HdR-*Kupsch* § 247
Rdn. 10; Beck HdR-*Nordmeyer* B 212 Rdn. 1 f;
HdR-*Reinhard* § 247 Rdn. 21; *Winnefeld* Bilanz-
Handbuch D 516 ff.

[98] S. nur BFH 13. 1. 1972, V R 47/71, BStBl II 744,
745.

[99] ADS § 247 Rdn. 111; Beck BilKomm-*Hoyos/
Schmidt-Wendt* § 247 Rdn. 352; Bonner HdR-
Kupsch § 247 Rdn. 10 ff; HuRB-*Sieben/Ossadnik*
S. 105, 109. – S. in diesem Zusammenhang auch
noch *Albach* StbJb 1973/1974, S. 265, 286 ff, der
eine vertiefende Systematisierung auf der Basis
betriebswirtschaftlicher Analyse des Produk-

tionsprozesses versucht: *Albach* unterscheidet
zwischen Gütern der Produktionsbereitschaft,
der Produktionsdurchführung, der Produktionserhaltung sowie des Produktionsprozesses
und will nur erstere dem Anlagevermögen, alle
übrigen dem Umlaufvermögen zuordnen. Für
die Güter der Produktionserhaltung (z. B. Ersatz-
teile, Reserveteile, Formen, Modelle und Werkzeuge etc.) erscheint die unterschiedslose Zuordnung zum Umlaufvermögen indes als zu
pauschal; s. dazu etwa ADS § 266 Rdn. 46 ff.

[100] ADS § 247 Rdn. 107 ff; MünchKommHGB-
Ballwieser § 247 Rdn. 15; *Glade* Teil I Rdn. 702;
Baumbach/Hopt § 247 Rdn. 5; Beck BilKomm-
Hoyos/Schmidt-Wendt § 247 Rdn. 353 f; Bon-
ner HdR-*Kupsch* § 247 Rdn. 15; Beck HdR-
Nordmeyer B 212 Rdn. 4; HdR-*Reinhard* § 247
Rdn. 22; HuRB-*Sieben/Ossadnik* S. 105, 106 ff;
Wiedmann BilanzR § 247 Rdn. 15 = Ebenroth/
Boujong/Joost/*ders.* § 247 Rdn. 15.

[101] BFH 17. 11. 1981, VIII R 86/78, BStBl II 1982,
344.

wagen-Unternehmen[102] selbst dann zum Anlagevermögen, wenn sie binnen weniger Monate wieder veräußert werden sollen. Ähnliches gilt für Musterhäuser eines Fertighausherstellers, die – wenn auch nur für eine gewisse Zeit – zur Besichtigung bereitgestellt werden.[103] Freilich kann es bei Muster- und Ausstellungsstücken zu Abgrenzungsschwierigkeiten kommen.[104] Ähnliche Zuordnungsprobleme können bei Ersatzteilen und Reserveteilen, Formen und Modellen oder Werkzeugen entstehen; für nähere Einzelheiten – auch zur Praxis der Finanzverwaltung – ist auf das einschlägige Spezialschrifttum zu verweisen.[105]

47   **Leasinggegenstände**, die wirtschaftlich dem Leasingnehmer zuzurechnen sind (dazu oben § 246, 60), werden dort als Gegenstände des Anlagevermögens aktiviert, da sie zur dauerhaften Nutzung in seinem Geschäftsbetrieb bestimmt sind.[106] Sind die Leasingobjekte dem Leasinggeber zuzurechnen, werden sie ebenfalls in dessen Anlagevermögen ausgewiesen.[107] Zwar kommt das Leasinggut im betrieblichen Produktions- und Leistungsprozeß des Leasingnehmers zum unmittelbaren Einsatz. Da die Nutzungsüberlassung an den Leasinggegenständen aber den Betriebszweck des Leasinggebers ausmacht, ist das Leasinggut bestimmt, dem Geschäftsbetrieb des Leasinggebers dauernd zu dienen. Das gilt auch für das oft nur kurzfristige Operating-Leasing, bei dem typischerweise mehrere aufeinanderfolgende Verträge mit verschiedenen Kunden abgeschlossen werden.[108]

48   Die Feststellung der Zweckbestimmung – und mithin die **Zuordnung** zum Anlage- oder Umlaufvermögen (oben Rdn. 45) – ist **vorrangig nach objektiven Kriterien** zu treffen:[109] Auszugehen ist von der *tatsächlichen* Verwendung des Vermögensgegenstandes im Unternehmen oder doch der *typischen* Verwendungsart angesichts von Eigenschaften und Beschaffenheit des Gegenstandes. Wo eine solche objektivierte Anknüpfung noch keine eindeutige Zuordnung zum Anlage- oder Umlaufvermögen zuläßt, ist auf den **Verwendungswillen** des Rechnungslegungspflichtigen abzustellen.[110] In Einzelfällen kann sich jene subjektive Komponente auch gegen die Indizwirkung objektiver Abgrenzungsmerkmale durchsetzen.[111]

49   Maßgeblicher **Zeitpunkt** für die Zuordnung eines Vermögensgegenstandes zum Anlagevermögen (oder Umlaufvermögen) ist die Funktionsbestimmung am Bilanzstichtag.[112] Das folgt schon allein daraus, daß die Bilanz ein stichtagsbezogenes Rechenwerk ist. Wenn Abs. 2 – anders als noch § 152 Abs. 1 S. 1 AktG 1965 – nicht mehr ausdrücklich auf den Abschlußstichtag Bezug nimmt, ist damit noch kein abweichendes Verständnis des Merkmals dauernder Verwertungsbestimmung ver-

---

[102] BFH BStBl II 1972, 744.

[103] BFH 31. 03. 1977, V R 44/73, BStBl II 684.

[104] Vgl. auch dazu BFH BStBl II 1977, 684, 686 f sowie Beck BilKomm-*Hoyos/Schmidt-Wendt* § 247 Rdn. 354; *Westerfelhaus* DStR 1997, 1220 ff je m. w. N.

[105] Eingehend ADS § 266 Rdn. 46 ff; *Glade* Teil I Rdn. 702 ff; zusammenfassend etwa Bonner HdR-*Kupsch* § 247 Rdn. 11 ff; Beck HdR-*Nordmeyer* B 212 Rdn. 7 f je m. w. N.

[106] ADS § 247 Rdn. 125; Beck BilKomm-*Hoyos/Schmidt-Wendt* § 247 Rdn. 355.

[107] Heute ganz h. M.; s. etwa ADS § 247 Rdn. 125; Beck BilKomm-*Hoyos/Schmidt-Wendt* § 247 Rdn. 355; Bonner HdR-*Kupsch* § 247 Rdn. 18 ff; Beck HdR-*Nordmeyer* B 212 Rdn. 6; HdR-*Reinhard* § 247 Rdn. 61, alle m. w. N.; a. A. noch

Wichmann DB 1983, 144 ff: Bilanzierung im Umlaufvermögen.

[108] S. nur ADS § 247 Rdn. 125; Beck BilKomm-*Hoyos/Schmidt-Wendt* § 247 Rdn. 355.

[109] ADS § 247 Rdn. 110 f.

[110] ADS § 247 Rdn. 113 f; HdR-*Reinhard* § 247 Rdn. 21.

[111] ADS § 247 Rdn. 115 verweisen beispielhaft auf ein Grundstück, das ein Industrieunternehmen erworben hat, um eine Forderung vor dem Ausfall zu retten, das bei sich bietender Gelegenheit aber wieder veräußert werden soll; s. auch noch Bonner HdR-*Kupsch* § 247 Rdn. 14.

[112] ADS § 247 Rdn. 105; Beck BilKomm-*Hoyos/Schmidt-Wendt* § 247 Rdn. 360; HdR-*Reinhard* § 247 Rdn. 24.

bunden.[113] Das wird im Bericht des BT-Rechtsausschusses zu § 247[114] explizit klargestellt. Danach hat der Gesetzgeber mit dem Verzicht auf jene Bezugnahme klarstellen wollen, daß für die Zuordnung eines Vermögensgegenstandes nicht ausschließlich auf die Verhältnisse am Abschlußstichtag abgestellt werden darf, ohne davor oder danach liegende Umstände zu berücksichtigen. Derartige Umstände sind für die bilanzielle Zuordnung eines Vermögensgegenstandes jedoch nur zu beachten, soweit sie die am Abschlußstichtag bestehende Funktionsbestimmung lediglich erhellen („wertaufhellende Tatsachen"; s. dazu die Erläuterungen § 252, 16f).[115] Eine erst nach dem Stichtag vollzogene Umwidmung (i.S. einer nicht lediglich vorübergehenden Änderung der Zweckbestimmung) findet im Jahresabschluß keinen Niederschlag. Sie führt jedoch im Abschluß des Folgejahres zur Umgliederung des Gegenstandes vom Anlage- in das Umlaufvermögen (bzw. umgekehrt).[116]

2. Begriff des Umlaufvermögens

Abs. 2 definiert den Begriff des Anlage-, nicht aber den des Umlaufvermögens. In **50** negativer Abgrenzung umfaßt das **Umlaufvermögen** alle Vermögensgegenstände, die nicht zum Anlagevermögen zählen und auch nicht in aktivischen Rechnungsabgrenzungsposten (oder sonstigen Sonderposten bzw. Erweiterungen der Aktivseite) auszuweisen sind.[117] Positive Umschreibungsversuche weisen dem Umlaufvermögen alle Gegenstände zu, die zur Veräußerung, zum Verbrauch oder zur Verarbeitung im betrieblichen Prozeß bestimmt sind.[118] Freilich kann eine solche Begriffsbestimmung nur als „Faustformel" Geltung beanspruchen, da sie an den Vorräten orientiert ist und deshalb keineswegs alle zum Umlaufvermögen zählenden Gegenstände (s. § 266 Abs. 2 Aktivseite B) zu erfassen vermag.[119]

3. Bilanzausweis

Für den **Ausweis des Anlage- und Umlaufvermögens in der Bilanz** von Kapital- **51** gesellschaften sowie (nach § 264a) gleichgestellten Personenhandelsgesellschaften gilt das Gliederungsschema nach § 266 Abs. 2. Auch die dem PublG unterfallenden Unternehmen haben ihr Anlage- und Umlaufvermögen entsprechend zu bilanzieren (§ 5 Abs. 1 S. 2 PublG). Für kleine Kapitalgesellschaften gilt freilich die Erleichterung nach § 266 Abs. 1 S. 3. Sie können einen verkürzten Vermögensausweis wählen, bei denen nur die in § 266 Abs. 2 mit Buchstaben und römischen Zahlen bezeichneten Posten ausgewiesen werden:

    A.   Anlagevermögen
        I.   Immaterielle Vermögensgegenstände
       II.   Sachanlagen
      III.   Finanzanlagen

---

[113] Anders möglicherweise Bonner HdR-*Kupsch* § 247 Rdn. 16.

[114] Dokumentiert in Bonner HdR § 247/Ausschußbericht.

[115] ADS § 247 Rdn. 106; Beck HdR-*Nordmeyer* B 212 Rdn. 3.

[116] ADS § 247 Rdn. 117 ff; Beck BilKomm-*Hoyos/ Schmidt-Wendt* § 247 Rdn. 360 ff; Beck HdR-*Nordmeyer* B 212 Rdn. 9.

[117] ADS § 247 Rdn. 123; Beck BilKomm-*Clemm/ Scherer* § 247 Rdn. 51; Bonner HdR-*Kupsch*

§ 247 Rdn. 9; Baumbach/Hueck/*Schulze-Osterloh* § 42 Rdn. 103, 132.

[118] In diesem Sinne etwa ADS § 247 Rdn. 124; HdR-*Reinhard* § 247 Rdn. 81; Heymann/*Walz* § 247 Rdn. 15; *Wiedmann* BilanzR § 247 Rdn. 14 = Ebenroth/Boujong/Joost/*ders.* § 247 Rdn. 14; *Winnefeld* Bilanz-Handbuch D 516.

[119] ADS § 247 Rdn. 124.

Detlef Kleindiek

B. Umlaufvermögen
    I.   Vorräte
    II.   Forderungen und sonstige Vermögensgegenstände
    III. Wertpapiere
    IV. Kassenbestand, Bundesbankguthaben,
         Guthaben bei Kreditinstituten und Schecks

52 Für rechnungslegungspflichtige **Unternehmen außerhalb des Anwendungsbereichs des § 266** fehlt es an einer Bestimmung zur näheren Aufgliederung des Anlage- und Umlaufvermögens; insoweit ist wiederum auf die GoB, insbesondere den Grundsatz der Klarheit und Übersichtlichkeit nach § 243 Abs. 2 zurückzugreifen (s. schon oben Rdn. 9). Dabei ist wenigstens die für kleine Kapitalgesellschaften vorgeschriebene Mindestgliederung des Vermögensbestandes (Rdn. 51) auszuweisen; abhängig von den Umständen des Einzelfalls wird vielfach aber eine weitergehende Aufschlüsselung des Anlage- und Umlaufvermögens in Anlehnung an die mit arabischen Zahlen bezeichneten Posten nach § 266 Abs. 2 geboten sein.[120] Wegen der Einzelheiten zur näheren Abgrenzung dieser Bilanzposten ist auf die Erläuterungen zu § 266 zu verweisen.

IV. Sonderposten mit Rücklageanteil (Abs. 3)

1. Allgemeines

53 **a) Gegenstand und Zweck der Regelung.** Abs. 3 erlaubt es allen Rechnungslegungspflichtigen, Passivposten in der Bilanz zu bilden, die zum Zwecke der Steuern vom Einkommen und vom Ertrag zulässig sind. Jenes *Passivierungswahlrecht* knüpft damit an steuerrechtliche Regelungen an, die eine (zinslose) Steuerstundung bewirken. Im Interesse vorübergehender Steuerentlastung (etwa zum Zwecke der Investitions-, Branchen- oder Standortförderung) gestattet das Steuerrecht in einer Reihe von Fällen, aus bestimmten Erträgen bzw. Gewinnteilen **unversteuerte Rücklagen** zu bilden, die erst nach ihrer Auflösung besteuert werden (näher unten Rdn. 59). Abs. 3 S. 1 u. 2 läßt auch für die Handelsbilanz die Bildung eines entsprechenden passivischen „Sonderpostens mit Rücklageanteil" zu, der nach Maßgabe der einschlägigen steuerrechtlichen Bestimmungen wieder aufzulösen ist (Abs. 3 S. 2 a. E.); eine vorzeitige freiwillige Auflösung bleibt – freilich mit entsprechenden steuerrechtlichen Konsequenzen – möglich.[121]

54 Die Regelung schafft die Voraussetzung dafür, daß der Gesetzgeber die Ausübung steuerlicher Wahlrechte zur Bildung unversteuerter Rücklagen von einer kongruenten Bilanzierung im handelsrechtlichen Jahresabschluß abhängig machen kann. Die in jenen Bilanzposten eingestellten Beträge werden – für die Dauer der Einstellung – der potentiellen Ausschüttung entzogen. Vor diesem Hintergrund stellt sich der Sonderposten mit Rücklageanteil als eine Frucht des Steuerrechts und des Prinzips der **„umgekehrten Maßgeblichkeit"** dar (s. dazu in diesem Kommentar *Hüffer* Anh. § 243, 7). Er sieht sich deshalb auch allen Einwänden ausgesetzt, die gegenüber dem Maßgeblichkeitsgrundsatz im allgemeinen und der sog. Umkehrmaßgeblichkeit im besonderen zu erheben sind.[122] Der Sonderposten mit Rücklageanteil ist Teil des

---

[120] Beck BilKomm-*Clemm/Scherer* § 247 Rdn. 55; Beck BilKomm-*Hoyos/Schmidt-Wendt* § 247 Rdn. 370; *Wiedmann* BilanzR § 247 Rdn. 5 f = Ebenroth/Boujong/Joost/*ders.* § 247 Rdn. 5 f.

[121] Näher HdJ-*Siegel* III/4, Rdn. 111 ff.

[122] Eingehende Bestandsaufnahme bei *Hennrichs* StuW 1999, 138 ff; s. seitdem noch die Beiträge von *Groh, Erle* und *Euler* in *Kleindiek/Oehler*

Instrumentariums, mit denen Subventionsmaßnahmen des Steuergesetzgebers in die Handelsbilanz hineingetragen werden, wo sie funktionswidrige Wirkungen entfalten. Denn der Rückschlag subventionspolitisch motivierter Wahlrechte des Steuerrechts auf die Handelsbilanz beeinträchtigt empfindlich sowohl die Informations- als auch die Ausschüttungsbemessungsfunktion des handelsrechtlichen Jahresabschlusses.[123] Freilich können der Ausweis eines Sonderpostens mit Rücklageanteil sowie die korrespondierenden Erläuterungspflichten, welche das Gesetz für Kapitalgesellschaften und diesen gleichgestellte Unternehmen vorsieht (sogleich Rdn. 62 ff), durchaus helfen, die Auswirkungen des Steuerrechts (genauer: der Ausübung dort eingeräumter Wahlrechte) auf die Handelsbilanz wenigstens ein Stück weit transparent zu machen. Deshalb ist Vorsicht gegenüber der vorschnellen Feststellung geboten, Abs. 3 und der hier eingeführte Sonderposten mit Rücklageanteil sei mit den Regelungen der 4. EG-Richtlinie (Jahresabschlußrichtlinie) unvereinbar (näher dazu unten Rdn. 66 f).

Die Bezeichnung „Sonderposten mit Rücklageanteil" trägt dem **Mischcharakter** **55** jenes Bilanzpostens Rechnung.[124] Da er aus erwirtschafteten Gewinnen gebildet wird, hat er Eigenkapitalcharakter (Gewinnrücklagen). Weil die hier eingestellten Gewinnteile aber noch unversteuert sind, hat jener Posten in Höhe der später (bei Auflösung) ggf. entstehenden Steuerlast Rückstellungs- und mithin Fremdkapitalcharakter. Daraus erklärt sich auch die Regelung in Abs. 3 S. 3, wonach es der Bildung einer Rückstellung (für latente Steuern) insoweit nicht bedarf. Im Sonderposten mit Rücklageanteil ist der Steueranteil bereits enthalten.[125] Soweit sich Steuerbilanz und Handelsbilanz entsprechen, ist für eine passivische Steuerabgrenzung (§ 274 Abs. 1) im übrigen auch gar kein Raum.

b) Ergänzungen für Kapitalgesellschaften. Für Kapitalgesellschaften und die **56** nach § 264a gleichgestellten Personenhandelsgesellschaften (sowie für alle dem *PublG* unterliegende Unternehmen; vgl. § 5 Abs. 1 S. 2 PublG) erfährt die Vorschrift einige *Ergänzungen*, insbesondere in §§ 273 und 281. Nach *§ 273 S. 1* darf ein Sonderposten mit Rücklageanteil in der Bilanz solcher Gesellschaften nur insoweit gebildet werden, als das Steuerrecht die Anerkennung des Wertansatzes bei der steuerlichen Gewinnermittlung davon abhängig macht, daß der Sonderposten in der Handelsbilanz gebildet wird. Seit Einführung des § 5 Abs. 1 S. 2 EStG 1990 ist dies (i. V. m. § 8 Abs. 1 KStG) aber ohnehin die Regel.

Folgenreicher wirkt sich die Bestimmung des **§ 281 Abs. 1 S. 1** aus. Danach können **57** Kapitalgesellschaften und gleichgestellte Unternehmen (oben Rdn. 2f) den Betrag von – nach Maßgabe des § 279 Abs. 2 zulässigen – **steuerlichen Mehrabschreibungen i. S. v. § 254** (s. die Erläuterungen dort) statt durch direkte Absetzung auf der Aktivseite wahlweise auch durch einen Sonderposten mit Rücklageanteil ausweisen (*indirekte Abschreibung*). Dabei ist die Wertberichtigung in dem Umfang aufzulösen, in dem die Vermögensgegenstände, für die sie gebildet worden ist, aus dem Vermögen ausschei-

---

(Hrsg.), Die Zukunft des deutschen Bilanzrechts 2000 S. 169 ff, 177 ff, 193 ff sowie von *Herzig* WPg 2000, 104 ff; *Himmelreich* FS W. Müller (2001), S. 613 ff; *Kahle* StuW 2001, 126 f; *Kort* FR 2001, 53 ff; *Kühnberger/Schmidt* BB 1999 2602 ff; *Kußmaul/Klein* DStR 2000, 546 ff; *W. Müller* DStR 2001, 1858 ff; *Raupach* FS W. Müller S. 792, 800 ff; *Scheffler* DSWR 2001, 151 ff; *Schulze-Osterloh* ZGR 2000, 594 ff; *Sigloch* BFuP 2000, 157 ff; *Wagner* BFuP 2000, 183 ff; *Weber-Grellet* BB 1999, 2659 ff.

[123] HdJ-*Siegel* III/4, Rdn. 193 ff.
[124] ADS § 247 Rdn. 132; MünchKommHGB-*Ballwieser* § 247 Rdn. 74; *Hennrichs* Wahlrechte S. 172 f; Bonner HdR-*Kupsch* § 247 Rdn. 29; HdR-*Reinhard* § 247 Rdn. 109; HdJ-*Siegel* III/4, Rdn. 4.
[125] Bonner HdR-*Kupsch* § 247 Rdn. 33; HdJ-*Siegel* III/4, Rdn. 7 f.

Detlef Kleindiek

den oder die steuerrechtliche Wertberichtigung durch handelsrechtliche Abschreibungen ersetzt wird (§ 281 Abs. 1 S. 3). Auch Handelsgesellschaften und Einzelkaufleuten, auf die § 281 keine Anwendung findet, ist diese Möglichkeit zum Ausweis von steuerrechtlichen Wertberichtigungen zuzubilligen (dazu unten Rdn. 61).

58   **c) Abgrenzungen.** Kein Sonderposten mit Rücklageanteil i. S. v. Abs. 3 ist der „Sonderposten aus der Währungsumstellung auf den Euro" nach Maßgabe von Art. 43 EGHGB, da jener Posten keinen Bezug zu steuerrechtlichen Regelungen hat.[126] Art. 43 EGHGB gewährt vielmehr ein Wahlrecht zur (zeitlich begrenzten) Neutralisierung erzielter Umrechnungsgewinne bei monetären Bilanzposten (mit Ausnahme des Kassenbestandes): Erträge, die sich aus der Umrechnung ergeben, dürfen auf der Passivseite nach dem Eigenkapital in einem „Sonderposten aus der Währungsumstellung auf den Euro" eingestellt werden. Dieser gesonderte Posten ist in dem Maße proportional aufzulösen, in dem die zugrunde liegenden Ausleihungen, Forderungen und Verbindlichkeiten aus dem Vermögen des Unternehmens ausscheiden, insbesondere durch Leistungsbewirkung und Erfüllungseintritt. Spätestens ist der Posten jedoch am Schluß des fünften nach dem 31. 12. 1998 endenden Geschäftsjahres aufzulösen. Seine steuerrechtliche Entsprechung findet Art. 43 EGHGB in der Regelung des § 6d EStG.[127]

2. Unversteuerte Rücklagen

59   Abs. 3 gestattet allen Rechnungslegungspflichtigen, *unversteuerte Rücklagen* in einem gesonderten Passivposten in der Handelsbilanz (Sonderposten mit Rücklageanteil) einzustellen, soweit das Steuerrecht eine entsprechende Rücklagenbildung zuläßt. Die einschlägigen steuerrechtlichen Vorschriften sind vielfältig und stetigem politischen Wandel unterworfen.[128] Dem Steuerpflichtigen wird jeweils die Möglichkeit eröffnet, die Versteuerung bestimmter Erträge bzw. Gewinnteile durch Einstellung in die unversteuerte Rücklage hinauszuschieben.[129] Dabei ist entweder eine (sukzessive) Auflösung jenes Postens innerhalb bestimmter Fristen oder die spätere Übertragung auf neu angeschaffte Gegenstände des Anlagevermögens vorgesehen.[130] Zur ersten Gruppe zählen etwa die (inzwischen ausgelaufenen) Regelungen in § 74 Abs. 5 EStDV (Preissteigerungsrücklage) oder §§ 1, 3 AIG. Zur zweiten Gruppe gehört z. B. die Reinvestitionsrücklage nach Maßgabe von § 6b Abs. 3 EStG, wonach ein Buchgewinn aus der Veräußerung bestimmter Wirtschaftsgüter in eine steuermindernde Rücklage eingestellt werden darf; in den (vier, maximal sechs) Folgejahren können dann von den Anschaffungs- oder Herstellungskosten etwaiger Ersatz-Wirtschaftsgüter – unter Auflösung der Rücklage – Beträge bis zur Höhe dieser Rücklage abgezogen werden. Die Regelung erlaubt so die Übertragung stiller Reserven bei der Veräußerung bestimmter Anlagegüter.[131]

---

[126] Zutreffend Beck HdR-*Mundt* B 232 Rdn. 18; s. demgegenüber aber auch Beck BilKomm-*Hoyos/Gutike* § 247 Rdn. 613.

[127] Zum Ganzen näher Beck BilKomm-*Förschle/Tischbierek* Art. 43 Rdn. 1 ff.

[128] Jüngere Zusammenstellungen bei ADS § 247 Rdn. 137 u. § 273 Rdn. 7; *Glade* § 247 Rdn. 38 ff; Beck BilKomm-*Hoyos/Gutike* § 247 Rdn. 604 ff; Beck HdR-*Mundt* B 232 Rdn. 12 ff; s. auch noch die Erläuterung wichtiger Anwendungsfälle bei *Seitz* DSWR 1992, 252, 253 ff.

[129] HdJ-*Siegel* III/4, Rdn. 22.

[130] S. hierzu die Systematisierungsversuche bei ADS § 273 Rdn. 7; Bonner HdR-*Kupsch* § 247 Rn 30 ff; Beck HdR-*Mundt* B 232 Rdn. 20 ff; HdJ-*Siegel* III/4, Rdn. 22 ff.

[131] S. dazu das Beispiel bei *Hennrichs* Wahlrechte S. 173 f und eingehend *Haeger* DB 1987, 445 ff, 493 ff, 594 ff.

3. Steuerrechtliche Wertberichtigungen

Wie schon erwähnt (oben Rdn. 57) können **steuerlich zulässig Mehrabschreibun-** **60** **gen i. S. v. § 254 von Kapitalgesellschaften** und gleichgestellten Unternehmen (oben Rdn. 2f) aktivisch abgesetzt (vgl. § 268 Abs. 2) oder **wahlweise** als Wertberichtigungen **in den Sonderposten mit Rücklageanteil** gem. *Abs. 3* **eingestellt** werden: § 281 Abs. 1 S. 1 (s. zu weiteren Einzelheiten die Erläuterungen dort). Dabei können für steuerrechtliche Mehrabschreibungen aufgrund verschiedener Steuervorschriften auch unterschiedliche Ausweismöglichkeiten jedenfalls dann gewählt werden, wenn eine differenzierende Ausübung der bestehenden Wahlmöglichkeiten sachlich gerechtfertigt ist.[132] Steuerliche Mehrabschreibung i. S. v. § 254 sind im übrigen in einem weiten Sinne zu verstehen und erfassen Bewertungsabschläge, erhöhte Absetzungen, Sonderabschreibungen und sonstige Mehrabschreibungen.[133] In allen Fällen erlaubt das Steuerrecht eine – gegenüber den handelsrechtlichen Grundsätzen – vorgezogene Aufwandsberücksichtigung, häufig (wenn auch keineswegs ausschließlich) aus wirtschaftspolitischen Gründen der Investitions-, Branchen- oder Standortförderung.[134]

Die Bestimmung des § 281, wonach jene steuerrechtlichen Mehrabschreibungen **61** innerhalb der Handelsbilanz wahlweise auch in den Sonderposten mit Rücklageanteil eingestellt werden können, gilt nur für Kapitalgesellschaften und diesen gleichgestellte Unternehmen (oben Rdn. 2f); für **sonstige Gesellschaften und Einzelkaufleute** hat der Gesetzgeber eine entsprechende Ausweismöglichkeit nicht ausdrücklich vorgesehen. Ihnen das in § 281 den Kapitalgesellschaften eingeräumte Ausweiswahlrecht zu versagen, wäre indes nicht gerechtfertigt.[135] Denn auch durch direkte Absetzung der steuerrechtlichen Mehrabschreibungen entstehen – wenngleich „stille" – Rücklagen, die sich aus einem Eigen- und (wegen der Steuerbelastung in der Zukunft) Fremdkapitalanteil zusammensetzen.[136] Gegenüber der direkten Darstellungsmethode durch aktivische Verrechnung zusammen mit den handelsrechtlichen Abschreibungen verbessert die indirekte Darstellung der steuerrechtlichen Mehrabschreibungen durch passivische Wertberichtigung innerhalb des Sonderpostens mit Rücklageanteil jedoch den Einblick in die Vermögens-, Finanz- und Ertragslage erheblich. Die aktivische Verrechnung der Mehrabschreibungen legt stille Reserven und läßt die künftige (aufgeschobene) Steuerlast nicht erkennen. Demgegenüber werden mit Ausweis des Sonderpostens mit Rücklageanteil die rein steuerrechtlich indizierten Abwertungen offengelegt, die hieraus resultierenden Reserven aufgedeckt. Zugleich werden die aus dem Stundungseffekt der steuerrechtlichen Mehrabschreibungen resultierenden künftigen Steuerlasten als Teil des Sonderpostens passiviert.[137] Nicht-Kapitalgesellschaften ist der Ausweis steuerrechtlicher Wertberichtigungen analog § 281 deshalb

---

[132] ADS § 281 Rdn. 22; großzügiger (nämlich ohne die Einschränkung sachlicher Gründe) Beck HdR-*Mundt* B 232 Rdn. 41 ff; strenger (für einheitliche Behandlung der steuerrechtlichen Abschreibungen) Baumbach/Hueck/*Schulze-Osterloh* § 42 Rdn. 183; HdJ-*Siegel* III/4, Rdn. 127 ff.

[133] Für eine Übersicht über die Vielfalt der bestehenden steuerrechtlichen Regelung s. etwa ADS § 254 Rdn. 18 ff; Beck BilKomm-*Clemm/ Scherer* § 254 Rdn. 20 ff, 70 ff; HdR-*Haeger/ Küting* § 254 Rdn. 36ff; Beck HdR-*Mundt* B 232 Rdn. 45 ff; s. zu wichtigen Anwen-

dungsfällen auch noch *Seitz* DSWR 1992, 252, 253 ff.

[134] Vgl. die Systematisierung bei HdR-*Haeger/ Küting* § 254 Rdn. 36 ff.

[135] Übereinstimmend etwa ADS § 247 Rdn. 128, 139 f; *Mundt* DStR 1993, 1794, 1795; HdR-*Reinhard* § 247 Rdn. 111; HdJ-*Siegel* III/4, Rdn. 49, 57; krit. *Glade* § 247 Rdn. 28.

[136] Näher HdJ-*Siegel* III/4, Rdn. 18, 60.

[137] Zum Ganzen ADS § 281 Rdn. 16 ff; Bonner HdR-*Heni* § 281 Rdn. 6; HdJ-*Siegel* III/4, Rdn. 186 ff; Beck BilKomm-*Tietze* § 281 Rdn. 21 ff.

Detlef Kleindiek

auch dann zu gestatten, wenn man ihnen nicht schon generell ein Wahlrecht zwischen aktivischer Absetzung und passivischem Ausweis aller Abschreibungen zugestehen will.[138]

4. Ausweisfragen

62   Für Kapitalgesellschaften und ihnen gleichgestellte Unternehmen (oben Rdn. 2f) schreibt § 273 S. 2 den **Bilanzausweis** des Sonderpostens mit Rücklageanteil vor den Rückstellungen vor.[139] Damit wird dem Mischcharakter jenes Postens (oben Rdn. 55) zutreffend Rechnung getragen, so daß ein entsprechender Ausweis zwischen Eigenkapital und Rückstellungen (soweit letztere nicht gebildet werden müssen: zwischen Eigenkapital und Verbindlichkeiten) im Interesse einer klaren und übersichtlichen Bilanzierung (§ 243 Abs. 2) auch für alle sonstigen rechnungslegungspflichtigen Unternehmen geboten erscheint.[140]

63   **Kapitalgesellschaften** und gleichgestellte Unternehmen haben in der Bilanz oder im Anhang zudem die Vorschriften anzugeben, nach denen der Sonderposten mit Rücklageanteil gebildet worden ist (§ 273 S. 2 HS 2; § 281 Abs. 1 S. 2). Enthält der Sonderposten mit Rücklageanteil Wertberichtigungen nach Steuerrecht, ist im Anhang auch der Betrag der im Geschäftsjahr allein nach steuerrechtlichen Vorschriften vorgenommenen Abschreibungen, getrennt nach Anlage- und Umlaufvermögen, anzugeben, soweit er sich nicht aus der Bilanz oder der GuV ergibt, und hinreichend zu begründen (§ 281 Abs. 2 S. 1). Schließlich ist im Anhang das Ausmaß anzugeben, in dem das Jahresergebnis dadurch beeinflußt wurde, daß bei Vermögensgegenständen im Geschäftsjahr oder in früheren Geschäftsjahren steuerrechtliche Mehrabschreibungen vorgenommen oder beibehalten wurden oder ein Sonderposten mit Rücklageanteil gebildet wurde; ebenso ist das Ausmaß erheblicher künftiger Belastungen zu vermerken, die sich aus einer solchen Bewertung ergeben (§ 285 Nr. 5; s. dazu auch die größenspezifischen Erleichterungen nach §§ 288 und 327 S. 1 Nr. 2).

64   Vergleichbare Erläuterungen in der Bilanz von **Nicht-Kapitalgesellschaften** (oder in einer Anlage zur Bilanz) mögen wünschenswert sein; eine Rechtspflicht hierzu läßt sich de lege lata indes nicht begründen. Da ein Wahlrecht zwischen der direkten und der indirekten Absetzung steuerrechtlicher Mehrabschreibungen besteht, muß in der Bilanz auch nicht zwingend offengelegt werden, daß der Sonderposten mit Rücklageanteil im konkreten Fall (neben unversteuerten Rücklagen i. e. S.) auch steuerrechtliche Wertberichtigungen enthält.[141] Erst recht besteht keine Verpflichtung zur betragsmäßigen Aufspaltung des Postens nach Rücklagen und Wertberichtigungen.[142]

65   In der **GuV von Kapitalgesellschaften** und gleichgestellten Unternehmen sind Erträge aus der Auflösung des Sonderpostens mit Rücklageanteil in dem Posten „sonstige betriebliche Erträge", Einstellungen in den Sonderposten mit Rücklageanteil in dem Posten „sonstige betriebliche Aufwendungen" gesondert auszuweisen, sofern sie nicht

---

138 Für ein entsprechendes Wahlrecht etwa ADS § 247 Rdn. 140 u. § 253 Rdn. 352; Beck BilKomm-*Hoyos/Schramm/Ring* § 253 Rdn. 209; kritisch HdJ-*Richter* II/1, Rdn. 135.

139 S. zur bilanziellen Darstellung nur HdJ-*Siegel* III/4, Rdn. 119.

140 Übereinstimmend etwa ADS § 247 Rdn. 145; HdR-*Reinhard* § 247 Rdn. 109.

141 Einschränkend ADS § 247 Rdn. 148 unter Bezugnahme auf § 243 Abs. 2 („sollte erkennbar

werden ..."); ebenso WP-Handbuch I Tz. E 80; wie hier HdJ-*Siegel* III/4, Rdn. 120; Heymann/*Walz* § 247 Rdn. 20 und wohl auch Beck BilKomm-*Hoyos/Gutike* § 247 Rdn. 603 („Ausweis in einem Betrag genügt"); *Mundt* DStR 1993, 1794, 1795.

142 So aber (selbst für Kapitalgesellschaften) KK-*Claussen/Korth* § 273 HGB Rdn. 12; wohl auch Beck HdR-*Mundt* B 232 Rdn. 182 f; dagegen ADS § 273 Rdn. 20; HdJ-*Siegel* III/4, Rdn. 122.

im Anhang angegeben sind (§ 281 Abs. 2 S. 2; für Einzelheiten s. die Kommentierung dort). Für Unternehmen, auf die § 281 keine Anwendung findet, besteht eine entsprechende Verpflichtung nicht.[143] Freilich verlangt auch hier das Saldierungsverbot (§ 246 Abs. 2) Beachtung: Auflösungserträge und Einstellungsaufwendungen sind unsaldiert in die GuV einzubeziehen.[144]

5. Richtlinienkonformität

Die 4. EG-Richtlinie (**Jahresabschlußrichtlinie**) sieht einen „Sonderposten mit **66** Rücklageanteil" für Passivposten, die für Zwecke der Steuern vom Einkommen und vom Ertrag zulässig sind, nicht vor. Die von Teilen des Schrifttums hieraus gezogene Schlußfolgerung, §§ 247 Abs. 3, 273 seien von der 4. Richtlinie nicht gedeckt,[145] ist indes keineswegs zwingend. Die Jahresabschlußrichtlinie läßt „außerordentliche Wertberichtigungen allein für die Anwendung von Steuervorschriften" ausdrücklich zu (Art. 35 Abs. 1 lit. d; Art. 39 Abs. 1 lit. e; s. auch noch die Berichtspflicht im Anhang nach Art. 43 Abs. 1 Nr. 10). Dabei liegt der Richtlinie zwar – wie sich aus Artt. 35 Abs. 1 lit. a–c; 39 Abs. 1 lit. a–d ergibt – das Modell einer aktivischen Absetzung von Wertveränderungen der Gegenstände des Anlage- und Umlaufvermögens zugrunde. Gegenüber der aktivischen Absetzung verbessert die passivische Wertberichtigung von Vermögensgegenständen aufgrund steuerlicher Vorschriften jedoch den Einblick in die Vermögens-, Finanz- und Ertragslage des Unternehmens (oben Rdn. 61). So gesehen steht die Bildung eines passivischen Sonderpostens, der alle steuerrechtlichen Mehrabschreibungen (oben Rdn. 60) ausweist, mit den Leitgedanken der Richtlinie durchaus in Einklang.[146]

Die **Alternative** zum passivischen Ausweis gerade im Sonderposten mit Rücklage- **67** anteil wäre freilich – dem Mischcharakter jenes Postens (oben Rdn. 55) entsprechend – eine Einstellung der steuerrechtlich induzierten Wertberichtigungen teils in die sonstigen Rücklagen (Art. 9 Passiva A IV 4 Jahresabschlußrichtlinie), teils in die Steuerrückstellungen (Art. 9 Passiva B 2 Jahresabschlußrichtlinie)[147] oder in den Ausweis für latente Steuern (Art. 43 Abs. 1 Nr. 11 Jahresabschlußrichtlinie).[148] Eine derart gespaltene Darstellung entsprach der Bilanzierungspraxis hierzulande bis zum Inkrafttreten des AktG 1965. Sie wurde aber nicht zuletzt deshalb als unzureichend empfunden, weil nicht hinreichend zuverlässig zu prognostizieren ist, ob und in welcher Höhe bei Auflösung der unversteuerten Rücklage Steueraufwand entstehen wird.[149] Vor diesem Hintergrund wurde durch § 152 Abs. 5 AktG 1965 der Sonderposten mit Rücklageanteil geschaffen. Die Erwägung, der zusammenfassende Ausweis steuerrechtlich induzierter Wertveränderungen in einem passivischen Sonderposten erhöhe die Transparenz steuerlicher Rückwirkungen auf die Handelsbilanz, hat auch heute noch gleichermaßen Gewicht. Wenn schon der Richtliniengeber den (funktionswidrigen) Übergriff der Steuerbilanz auf die Handelsbilanz zugelassen hat, kann ihm wohl kaum der Wille unterstellt werden, den transparenten und sachgerechten Ausweis der bilan-

---

[143] ADS § 247 Rdn. 149.
[144] ADS § 247 Rdn. 149 u. § 273 Rdn. 24; Beck Bil-Komm-*Ellrott* § 281 Rdn. 14; Beck HdR-*Mundt* B 232 Rdn. 95; *ders.*, DStR 1993, 1794, 1797; HdJ-*Siegel* III/4, Rdn. 138.
[145] So etwa *Hennrichs* Wahlrechte S. 175 f; *Knobbe-Keuk* § 2 III 2 b; *Schulze-Osterloh* StuW 1991, 284, 295; Baumbach/Hueck/*ders.* § 42 Rdn. 180; *Vogel* Rechnungslegungsvorschriften S. 89 ff; Heymann/*Walz* § 247 Rdn. 18.

[146] S. dazu auch *Kloos* Transformation S. 173 f.
[147] In diesem Sinne etwa *Hennrichs* Wahlrechte S. 175; *Knobbe-Keuk* § 2 III 2 b; *Schulze-Osterloh* StuW 1991, 284, 295; *ders.* FR 1986, 545 f.
[148] So *Vogel* Rechnungslegungsvorschriften S. 91 f.
[149] S. dazu nur *Biener* AG KGaA, GmbH Konzerne (1979) S. 51 f; *Kropff* in Geßler/Hefermehl/Eckardt/ Kropff § 152 Rdn. 28 f; *Weilbach* BB 1989, 1788.

ziellen Auswirkungen einer Verknüpfung von Steuer- und Handelsbilanz zu erschweren. Deshalb sprechen die besseren Gründe für die These, Sonderposten mit Rücklageanteilen nach Maßgabe von §§ 247 Abs. 3, 273 seien **durch Art. 4 Abs. 1 S. 3 der Jahresabschlußrichtlinie legitimiert**: danach dürfen neue (in der Richtlinie nicht genannte) Bilanzposten hinzugefügt werden, soweit ihr Inhalt nicht von einem der in den Schemata vorgesehenen Posten gedeckt wird.[150]

§ 248
Bilanzierungsverbote

(1) **Aufwendungen für die Gründung des Unternehmens und für die Beschaffung des Eigenkapitals dürfen in die Bilanz nicht als Aktivposten aufgenommen werden.**

(2) **Für immaterielle Vermögensgegenstände des Anlagevermögens, die nicht entgeltlich erworben werden, darf ein Aktivposten nicht angesetzt werden.**

(3) **Aufwendungen für den Abschluß von Versicherungsverträgen dürfen nicht aktiviert werden.**

Übersicht

	Rdn.		Rdn.
I. Überblick	1	1. Regelungsgegenstand und -zweck	10
II. Aufwendung für die Gründung und für die Beschaffung des Eigenkapitals (Abs. 1)		2. Entgeltlicher Erwerb	13
1. Regelungszweck	5	3. Immaterielle Vermögensgegenstände des Umlaufvermögens	17
2. Aufwendungen für die Gründung des Unternehmens	6	IV. Aufwendungen für den Abschluß von Versicherungsverträgen (Abs. 3)	18
3. Aufwendungen für die Beschaffung des Eigenkapitals	8	V. Rechtsfolgen verbotswidriger Aktivierung	20
III. Nicht entgeltlich erworbene immaterielle Vermögensgegenstände (Abs. 2)			

Schrifttum

Ballwieser Aktivierungs- und Passivierungsverbote, Beck HdR B 137; *Balthasar* Die Bestandskraft handelsrechtlicher Jahresabschlüsse (1999); *Hommel* Bilanzierung immaterieller Anlagewerte (1998); *Kessler* Entwicklungskosten für Software in der Bilanz des Herstellers, BB 1994, Beilage 12; *Knepper* Software in der Handels- und Steuerbilanz, Festschrift Döllerer (1988) S. 299; *Löcke* Aktivierung konzernintern erworbener immaterieller Vermögensgegenstände des Anlagevermögens? BB 1998, 415; *Marx* Objektivierungserfordernisse bei der Bilanzierung immaterieller Anlagewerte, BB 1994, 2379; *Moxter* Zur wirtschaftlichen Betrachtungsweise im Bilanzrecht, StuW 1989, 232; *Niemann* Immaterielle Wirtschaftsgüter im Handels- und Steuerrecht, Bielefeld 1999; *Richter* Die immateriellen Anlagewerte, HdJ Abt. II/2 (1990); *Treiber* Die Behandlung von Software in der Handels- und Steuerbilanz, DStR 1993, 887.

---

[150] In diesem Sinne etwa *Biener* AG, KGaA, GmbH, Konzerne S. 51 f; *Kirchhof/Söhn/Kempermann* EStG § 5 Rdn. B 149; *Kloos* Transformation S. 173 f; *Mathiak* FS Moxter S. 313, 329 f; *Bonner* HdR-*Matschke* § 273 Rdn. 2; HdJ-*Siegel* III/4, Rdn. 202.

I. Überblick

Die Vorschrift enthält bestimmte **Aktivierungsverbote**: zum einen mit Bezug auf **1** Aufwendungen für die Gründung des Unternehmens und für die Beschaffung des Eigenkapitals (Abs. 1); zum anderen für nicht entgeltlich erworbene immaterielle Vermögensgegenstände des Anlagevermögens (Abs. 2); Abs. 3 verbietet schließlich die Aktivierung von Aufwendungen für den Abschluß von Versicherungsverträgen.

Die 4. EG-Richtlinie (**Jahresabschlußrichtlinie**) gewährt den Mitgliedstaaten ein **2** Wahlrecht, die Aktivierung selbsterstellter immaterieller Vermögensgegenstände zu gestatten (Art. 9 Aktiva C. I. 2. a). Wie sich aus Abs. 2 ergibt, hat der deutsche Gesetzgeber hiervon keinen Gebrauch gemacht.

Abs. 3 ist durch das Versicherungsbilanzrichtlinie-Gesetz vom 24. 06. 1994 (BGBl. I **3** S. 1377) in das HGB eingefügt worden. Für die Rechnungslegung von Versicherungsunternehmen sieht Art. 18 Abs. 1 der Versicherungsbilanzrichtlinie (91/674/EWG vom 19. 12. 1991, ABl EG Nr. L 374, 7) unter den aktivischen Rechnungsabgrenzungsposten den gesonderten Ausweis bestimmter Abschlußkosten vor; jedoch wird den Mitgliedstaaten die Möglichkeit gewährt, eine solche Aktivierung zu untersagen. Der deutsche Gesetzgeber hat hiervon Gebrauch gemacht und in Abs. 3 – mit Geltung für alle Kaufleute und Handelsgesellschaften – ein entsprechendes Aktivierungsverbot ausgesprochen. Die Vorschrift entspricht wörtlich dem früheren § 56 Abs. 2 VAG, dessen Gültigkeit aber noch auf Versicherungsunternehmen beschränkt war.

Die Bilanzierungsverbote des § 248 betreffen **nur** die **Aktivseite** der Bilanz. Ggf. **4** sind Aufwendungen auf der Passivseite als Verbindlichkeiten oder in Form von Rückstellungen abzubilden, sofern die Voraussetzungen hierfür nach den allgemeinen Bilanzierungsgrundsätzen erfüllt sind.[1]

II. Aufwendung für die Gründung und für die Beschaffung des Eigenkapitals (Abs. 1)

1. Regelungszweck

Die Bestimmung des **Abs. 1**, wonach Aufwendungen für die Gründung des Unter- **5** nehmens und für die Beschaffung des Eigenkapitals nicht als Aktivposten in die Bilanz aufgenommen werden dürfen, hat **klarstellenden Charakter**. Ein entsprechendes Aktivierungsverbot ergibt sich schon aus den allgemeinen Grundsätzen des § 246 Abs. 1, weil Gründungsaufwendungen sowie Aufwendungen für die Eigenkapitalbeschaffung weder Vermögensgegenstände darstellen noch als Rechnungsabgrenzungsposten aktivierungsfähig bzw. -pflichtig sind.[2] Das Aktivierungsverbot aus Abs. 1 ist nicht zuletzt vor dem Hintergrund der Vorschrift des § 269 zu sehen, wonach Kapitalgesellschaften sowie diesen (nach §§ 264a, 336 Abs. 2 bzw. § 5 Abs. 1 S. 2 PublG) insoweit gleichgestellten Unternehmen gestattet wird, die Aufwendungen für die Ingangsetzung des Geschäftsbetriebs und dessen Erweiterung als Bilanzierungshilfe zu aktivieren. Mit § 248 Abs. 1 wird auch klargestellt, daß Gründungsaufwendungen oder Aufwendungen für die Beschaffung des Eigenkapitals nicht als Aufwendungen für die Ingangsetzung oder Erweiterung des Geschäftsbetriebes anzusehen sind. Das

---

[1] S. nur ADS § 248 Rdn. 6; *Wiedmann* BilanzR § 248 Rdn. 5 = Ebenroth/Boujong/Joost/*ders.* § 248 Rdn. 5.

[2] HdR-*Baetge/Fey/Weber* § 248 Rdn. 1 ff, 4; *Ballwieser* Beck HdR B 137 Rdn. 9; *Glade* § 248 Rdn. 7.

Detlef Kleindiek

Aktivierungsverbot für Gründungs- und Eigenkapitalbeschaffungsaufwendungen beansprucht auch *steuerrechtlich* Geltung.[3]

2. Aufwendungen für die Gründung des Unternehmens

6   Während die in § 269 erfaßten Ingangsetzungsaufwendungen die Maßnahmen zum Aufbau des technischen und kaufmännischen Betriebs erfassen, soweit sie nicht als Anschaffungs- oder Herstellungskosten (§ 255) aktivierungspflichtig sind, dienen die Gründungsaufwendungen i. S. v. Abs. 1 dem **Aufbau der rechtlichen Verfassung** des Unternehmens.[4] „Gründung" des Unternehmens ist dabei in einem weiten Sinne zu verstehen und erfaßt auch „Umgründungen" wie die formwechselnde Umwandlung.[5]

7   Zu den **Gründungsaufwendungen** gehören etwa alle im Zusammenhang mit der Gründung stehenden Beratungsaufwendungen, Notarkosten, Gerichtsgebühren und Veröffentlichungskosten, Genehmigungsgebühren, Kosten einer Gründungsprüfung einschließlich der Kosten für Bewertungsgutachten sowie Reisekosten der Gründer.[6] All diese Aufwendungen sind erfolgswirksam über die GuV zu verrechnen.[7]

3. Aufwendungen für die Beschaffung des Eigenkapitals

8   Neben dem Verbot einer Aktivierung von Gründungsaufwendungen enthält Abs. 1 auch das ausdrückliche Verbot zur Aktivierung von **Aufwendungen für die Beschaffung des Eigenkapitals**. In der Gründungsphase sind die Aufwendungen für die Eigenkapitalbeschaffung freilich Bestandteil der Gründungsaufwendungen.[8] Die Eigenkapitalbeschaffung i. S. d. Vorschrift betrifft im übrigen nicht nur die erstmalige Kapitalausstattung, sondern auch spätere Kapitalerhöhungen.[9] Erfaßt werden etwa alle Beratungskosten im Zusammenhang mit der Eigenkapitalbeschaffung sowie Notar- und Gerichtsgebühren, Genehmigungsgebühren, Druck- und Veröffentlichungskosten usw.[10]

9   Im Gegensatz zu § 153 Abs. 4 AktG 1965, der ein Aktivierungsverbot bezogen auf die Aufwendungen für die „Kapitalbeschaffung (§§ 182–221 AktG)" enthielt, spricht Abs. 1 nur noch die Aufwendungen für die Beschaffung des *Eigen*kapitals an. **Aufwendungen für die Fremdkapitalbeschaffung** – etwa für Gewinn- und Wandelschuldverschreibungen nach § 221 AktG – werden vom Aktivierungsverbot des Abs. 1 also nicht erfaßt. Ausweislich der Begründung zu § 242 RegE (jetzt § 248 HGB)[11] sollte mit dem gegenüber § 153 Abs. 4 S. 1 AktG 1965 „geringfügig modifizierten Wortlaut" jedoch keine inhaltliche Änderung verbunden sein. Die Feststellung ist im Ergebnis zutreffend. Denn Aufwendungen für die Beschaffung von Fremdkapital sind in aller Regel schon deshalb nicht aktivierungsfähig, weil sie nicht zur Schaffung eines Vermögensgegenstandes führen und die Aufnahme in einen aktivischen Abgrenzungsposten nur ausnahmsweise in Betracht kommt.[12]

---

[3] HdR-*Baetge/Fey/Weber* § 248 Rdn. 1; Beck Bil-Komm-*Budde/Karig* § 248 Rdn. 5.
[4] ADS § 248 Rdn. 4; HdR-*Baetge/Fey/Weber* § 248 Rdn. 9; Beck BilKomm-*Budde/Karig* § 248 Rdn. 2; Heymann/*Walz* § 248 Rdn. 4; *Wiedmann* BilanzR § 248 Rdn. 3 = Ebenroth/Boujong/Joost/ *ders.* § 248 Rdn. 3.
[5] ADS § 248 Rdn. 5.
[6] ADS § 248 Rdn. 5; HdR-*Baetge/Fey/Weber* § 248 Rdn. 9 f; WP-Handbuch I Tz. E 55.
[7] Zur (umstrittenen) Geltung des Aktivierungsverbots aus Abs. 1 für die Eröffnungsbilanz s. oben

§ 242, 33 (*Hüffer*) sowie *Förschle/Kropp* in Budde/Förschle, Sonderbilanzen², E Rdn. 147 m. N. zum Streitstand.
[8] S. auch Beck BilKomm-*Budde/Karig* § 248 Rdn. 2.
[9] ADS § 248 Rdn. 8.
[10] Vgl. etwa ADS § 248 Rdn. 10; Beck BilKomm-*Budde/Karig* § 248 Rdn. 3.
[11] Dokumentiert in Bonner HdR § 248 Begründung RegE § 242.
[12] Näher ADS § 248 Rdn. 11 und § 250 Rdn. 89; HdR-*Baetge/Fey/Weber* § 248 Rdn. 5 ff; Beck

III. Nicht entgeltlich erworbene immaterielle Vermögens-gegenstände (Abs. 2)

1. Regelungsgegenstand und -zweck

Abs. 2 enthält ein **Aktivierungsverbot für immaterielle Vermögensgegenstände** **10** **des Anlagevermögens, die nicht entgeltlich erworben** wurden. Die Vorschrift durchbricht damit das Vollständigkeitsgebot aus § 246 Abs. 1, wonach der Jahres-abschluß sämtliche Vermögensgegenstände zu enthalten hat, soweit gesetzlich nichts anderes bestimmt ist. Wo immaterielle Werte den Begriff des Vermögensgegenstandes (s. § 246, 5 ff, 10 f) erst gar nicht erfüllen, scheitert die Aktivierungsfähigkeit schon daran. Das Aktivierungsverbot aus Abs. 2 greift deshalb nur dort, wo ein Vermögens-gegenstand i. S. v. § 246 gegeben ist; es beschränkt sich insoweit auf nicht entgeltlich erworbene Vermögensgegenstände des Anlagevermögens.[13]

Das Aktivierungsverbot erklärt sich als eine **Ausprägung des Vorsichtsprinzips** **11** (§ 252 Abs. 1 Nr. 4): Die Bewertung immaterieller Vermögensgegenstände ist mit besonders hohen Unsicherheiten verbunden. Solange sich ihr Wert nicht durch eine „am Markt" erzielte Gegenleistung objektivieren läßt, soll die Aktivierung gänzlich unterbleiben.[14] Dies gilt – wie schon erwähnt – freilich nur für immaterielle Vermö-gensgegenstände (zum Begriff § 246, 10 f), die dem Anlagevermögen zuzurechnen sind. Nach § 247 Abs. 2 sind dies solche, die dazu bestimmt sind, dauernd dem Geschäfts-betrieb zu dienen (näher § 247, 44 f). Entgeltlich erworbene immaterielle Vermögens-gegenstände des Anlagevermögens sind deshalb ebenso aktivierungspflichtig wie alle immateriellen Vermögensgegenstände des Umlaufvermögens (dazu unten Rdn. 17). Für den (derivativen) Geschäfts- oder Firmenwert besteht im übrigen ein Aktivierungs-wahlrecht nach Maßgabe von § 255 Abs. 4 (vgl. die Kommentierung § 255, 39 ff).

Steuerrechtlich ist ein Aktivierungsgebot für entgeltlich erworbene immaterielle **12** Gegenstände des Anlagevermögens in § 5 Abs. 2 EStG ausdrücklich angeordnet. Lie-gen die Voraussetzungen entgeltlichen Erwerbs nicht vor, besteht auch ein steuer-rechtliches Aktivierungsverbot; für verdeckt eingelegte immaterielle Wirtschaftsgüter bejaht der BFH jedoch eine Aktivierungspflicht nach § 6 Abs. 1 Nr. 5 EStG.[15]

2. Entgeltlicher Erwerb

Das Aktivierungsverbot ergreift nur die **nicht entgeltlich** erworbenen immateriel- **13** len Vermögensgegenstände des Anlagevermögens; sind solche Gegenstände entgeltlich erworben worden, unterliegen sie der Aktivierungspflicht nach den allgemeinen Grundsätzen aus § 246 Abs. 1 (Vollständigkeitsgebot). *Entgeltlicher Erwerb* meint den Übergang des immateriellen Gegenstandes aus dem Vermögen eines Dritten in das des

---

BilKomm-*Budde/Karig* § 248 Rdn. 4; *Löcke* BB 1998, 415 m. w. N. in Fn. 9.

[13] Zu den Folgerungen für die Aktivierungsfähig-keit und -pflichtigkeit von Entwicklungskosten für Software in der Bilanz des Herstellers einge-hend *Kessler* BB 1994, Beilage 12; zusammen-fassend HdR-*Baetge/Fey/Weber* § 248 Rdn. 39 ff; ferner *Treiber* DStR 1993, 887. Zur Aktivierung entgeltlich erworbener Softwarelizenzen vor In-krafttreten des BiRiLiG BGH NJW 1997, 196.

[14] ADS § 248 Rdn. 14; HdR-*Baetge/Fey/Weber* § 248 Rdn. 17; Beck HdR-*Ballwieser* B 137 Rdn. 1 ff; MünchKommHGB-*Ballwieser* § 248 Rdn. 2;

Beck BilKomm-*Budde/Karig* § 248 Rdn. 9; *Hom-mel* Bilanzierung S. 177, 292 ff; Bonner HdR-*Kupsch* § 248 Rdn. 27; *Moxter* Bilanzrechtspre-chung § 4 I 1; Heymann/*Walz* § 248 Rdn. 7; *Wiedmann* BilanzR § 248 Rdn. 7 = Ebenroth/ Boujong/Joost/*ders.* § 248 Rdn. 7. De lege feren-da für Abschaffung des § 248 Abs. 2 etwa Arbeitskreis „Immaterielle Werte im Rechnungs-wesen" der Schmalenbach-Gesellschaft für Betriebswirtschaft, DB 2001, 989, 991 ff.

[15] BFH, 20. 8. 1986, I R 150/82, BStBl II 1987, 455, 457; Beck BilKomm-*Budde/Karig* § 248 Rdn. 15; Heymann/*Walz* § 248 Rdn. 13.

Detlef Kleindiek

Rechnungslegungspflichtigen, und zwar gegen eine Leistung aus dem Vermögen des Erwerbers, die nach den Vorstellungen der Beteiligten gerade die Gegenleistung für den erworbenen Gegenstand sein soll.[16] Aufwendungen, die – wie Provisionen, Gebühren etc. – lediglich bei Gelegenheit des Erwerbs getätigt werden, genügen nicht.

14   Der entgeltliche Erwerb beruht regelmäßig auf einem **Austauschvertrag** zwischen dem Rechnungslegungspflichtigen und einem Dritten, wobei es genügt, daß der Gegenstand erst im Zuge des Erwerbsgeschäfts geschaffen wird.[17] Der entgeltliche Erwerb muß sich nicht notwendig in Gestalt eines Kaufvertrages vollziehen, sondern kann auch auf einem Tauschvorgang beruhen, sofern der Tauschleistung ein objektiv zu bemessender Wert beikommt. Der Tausch gegen einen anderen immateriellen Vermögensgegenstand, dessen Wert (noch) nicht durch ein drittbezogenes Anschaffungsgeschäft objektivierbar ist, genügt deshalb nicht.[18] Jedoch liegt entgeltlicher Erwerb vor, wenn ein Mitarbeiter des Unternehmens den immateriellen Vermögensgegenstand gegen Zahlung einer Erfindervergütung überträgt.[19]

15   Auch in einer Übertragung des Anlagegegenstandes im Wege der **Sacheinlage** gegen Gewährung von Gesellschafterrechten kann ein entgeltlicher Erwerb liegen.[20] Erfolgt die Übertragung jedoch im Wege einer „anderen Zuzahlung, die Gesellschafter in das Eigenkapital leisten" (§ 272 Abs. 2 Nr. 4), fehlt es mangels einer korrespondierenden Gegenleistung aus dem Vermögen der empfangenden Gesellschaft an der Entgeltlichkeit des Erwerbsvorgangs.[21] Immaterielle Vermögensgegenstände, die infolge einer *Verschmelzung* auf den übernehmenden Rechtsträger übergehen, sind aus dessen Sicht entgeltlich erworben und deshalb auch dann zu aktivieren, wenn sie vom übertragenden Rechtsträger selbst erstellt worden waren.[22]

16   Da der entgeltliche Erwerb den Übergang des immateriellen Anlagegegenstandes aus dem Vermögen eines Dritten voraussetzt, ist die Einordnung von **Erwerbsvorgängen zwischen nahestehenden Personen, namentlich** zwischen **verbundenen Unternehmen,** fraglich. Mitunter wird bei konzerninternen Erwerbsvorgängen ein entgeltlicher Erwerb generell geleugnet, weil die zwischen Konzernunternehmen vereinbarte Gegenleistung nicht als objektiver Wertmaßstab angesehen werden könne.[23] Indes sind auch (konzern-)verbundene Unternehmen rechtlich selbständige Träger verschiedener Vermögensmassen und je eigenständige Vertragssubjekte, so daß einer verbundinternen Vermögensübertragung der Charakter eines entgeltlichen Erwerbsvorgangs von einem Dritten nicht von vornherein abgesprochen werden kann. Wegen

---

[16] S. dazu etwa ADS § 248 Rdn. 15 ff; HdR-*Baetge/Fey/Weber* § 248 Rdn. 25 ff; Beck BilKomm-*Budde/Karig* § 248 Rdn. 10 ff; *Kropff* in Geßler/Hefermehl/Eckardt/Kropff § 153 Rdn. 43 ff; Bonner HdR-*Kupsch* § 248 Rdn. 21; *Marx* BB 1994, 2379, 2384; *Niemann* Immaterielle Wirtschaftsgüter S. 55 ff; Heymann/*Walz* HGB § 248 Rdn. 11.

[17] Vgl. BFH, 26.08.1992, I R 24/91, BStBl II 977, 978 ff (Aktivierungspflicht für Transferzahlungen im Berufsfußball) und dazu *Marx* BB 1994, 2379, 2384 ff m. w. N.

[18] Wie hier etwa *Baumbach/Hopt* § 248 Rdn. 3; *Kropff* in Geßler/Hefermehl/Eckardt/Kropff § 153 Rdn. 45; HdJ-*Richter* II/2, Rdn. 60; Heymann/*Walz* HGB § 248 Rdn. 11; anders ADS § 248 Rdn. 16; HdR-*Baetge/Fey/Weber* § 248 Rdn. 29; Bonner HdR-*Kupsch* § 248 Rdn. 23.

[19] ADS § 248 Rdn. 18 m. w. N.

[20] ADS § 248 Rdn. 21; Beck BilKomm-*Budde/Karig* § 248 Rdn. 12; *Baumbach/Hopt* § 248 Rdn. 3; *Niemann* Immaterielle Wirtschaftsgüter S. 72 ff; einschränkend *Hommel* Bilanzierung S. 260 ff.

[21] Wie hier etwa ADS § 248 Rdn. 21; Beck BilKomm-*Budde/Karig* § 248 Rdn. 12; großzügiger HdR-*Baetge/Fey/Weber* § 248 Rdn. 27.

[22] IDW-HFA Stellungnahme 2/1997: Zweifelsfragen der Rechnungslegung bei Verschmelzungen, Ziff. 3211 (WPg 1997, 235, 238); *Naumann* FS Ludewig (1996) S. 683, 696; Lutter/*Priester* UmwG², § 24 Rdn. 34; a. A. *Dehmer* UmwG², § 24 Rdn. 17.

[23] *Löcke* BB 1998, 415, 418 f im Anschluß an *Moxter* StuW 1989, 232, 238; nach Konzernierungsformen differenzierend *Kropff* in Geßler/Hefermehl/Eckardt/Kropff § 153 Rdn. 47 f.

der bestehenden Manipulationsgefahren sind jedoch strenge Anforderungen an die Darlegung und Überprüfung der Werthaltigkeit vereinbarter Gegenleistungen zu richten;[24] zu einer widerlegbaren Vermutung des Inhalts, eine Preisvereinbarung zwischen verbundenen Unternehmen könne mangels entgegengesetzter Interessen zwischen Veräußerer und Erwerber nicht als Wertobjektivierung durch den Markt anerkannt werden,[25] besteht dabei freilich kein Anlaß.

3. Immaterielle Vermögensgegenstände des Umlaufvermögens

Immaterielle Vermögensgegenstände des Umlaufvermögens werden vom Akti- **17** vierungsverbot des Abs. 2 **nicht erfaßt** (s. schon oben Rdn. 10f). Vor dem Hintergrund des Vollständigkeitsgebots aus § 246 Abs. 1 unterliegen sie vielmehr der Aktivierungspflicht, und zwar unabhängig davon, ob sie entgeltlich erworben oder selbst geschaffen worden sind.[26] Das wird beispielsweise für Unternehmen praktisch, die EDV-Programme im Drittauftrag oder zur Weiterveräußerung entwickeln.[27] Um Umgehungen des Aktivierungsverbots aus Abs. 2 zu begegnen, ist vor der Aktivierung von immateriellen Vermögensgegenständen des Umlaufvermögens freilich sorgfältig und nach strengen Maßstäben zu prüfen, ob tatsächlich ein Vermögensgegenstand gegeben (dazu § 246, 10 f), seine Zuordnung zum Umlaufvermögen gerechtfertigt (§ 247, 50) und zu welchem Betrag eine Aktivierung vor dem Hintergrund der allgemeinen Bewertungsgrundsätze vertretbar ist.[28]

IV. Aufwendungen für den Abschluß von Versicherungsverträgen (Abs. 3)

Abs. 3 enthält ein spezielles **Bilanzierungsverbot für Versicherungsverträge**, das **18** nunmehr für alle Rechnungslegungspflichtigen gilt (s. schon oben Rdn. 3) und eine Aktivierung der **Abschlußkosten** verbietet. Ihm unterliegen alle Aufwendungen, die unmittelbar oder mittelbar durch den Abschluß von Versicherungsverträgen entstanden sind.[29] Ein entsprechendes Aktivierungsverbot greift auch im *Steuerrecht.*[30]

Für **Versicherungsunternehmen** hat die Begründung zum RegE des Versicherungs- **19** bilanzrichtlinie-Gesetzes (BTDrucks. 12/5587, S. 18; s. auch oben Rdn. 3) klargestellt, daß die Aktivierung anteiliger Abschlußkosten nach Maßgabe des sog. Zillmer-Verfahrens (versicherungsmathematisches Verfahren zur Kalkulation von Prämienzuschlägen bzw. Deckungsrückstellungen vor dem Hintergrund der einmaligen Abschlußkosten eines Versicherungsvertrages) nicht als Aktivierung von Abschlußkosten i. S. v. Abs. 3 und damit nicht als Verstoß gegen das Aktivierungsverbot jener Vorschrift anzusehen ist.[31]

---

[24] In diesem Sinne die ganz h. M.; etwa ADS § 248 Rdn. 15; HdR-*Baetge/Fey/Weber* § 248 Rdn. 26; MünchKommHGB-*Ballwieser* § 248 Rdn. 16; Beck BilKomm-*Budde/Karig* § 248 Rdn. 9; *Baumbach/Hopt* § 248 Rdn. 3; Bonner HdR-*Kupsch* § 248 Rdn. 25; HdJ-*Richter* II/2, Rdn. 64; Baumbach/Hueck/*Schulze-Osterloh* § 42 Rdn. 71.

[25] So Heymann/*Walz* § 248 Rdn. 12; ganz ähnlich schon *Kessler* BB 1994, Beilage 12, S. 18.

[26] Statt anderer ADS § 248 Rdn. 23 m. w. N. – Zur Frage der Aktivierungspflicht in den Fällen unentgeltlichen Erwerbs s. auch § 246, 11.

[27] Dazu etwa *Knepper* FS Döllerer S. 299, 311 f; HdJ-*Richter* II/2, Rdn. 46.

[28] ADS § 248 Rdn. 23; HdR-*Baetge/Fey/Weber* § 248 Rdn. 32; HdJ-*Richter* II/2, Rdn. 46.

[29] ADS § 248 Rdn. 25.

[30] HdR-*Baetge/Fey/Weber* § 248 Rdn. 47 m. w. N.

[31] Zu Einzelheiten ADS § 248 Rdn. 27; *Stuirbrink/Johannleweling/Faigle/Reich* Beck'scher Versicherungsbilanz-Kommentar § 341 f Rdn. 31 ff.

V. Rechtsfolgen verbotswidriger Aktivierung

20 Verstöße gegen eines der Aktivierungsverbote aus § 248 bewirken eine Überbewertung der Aktivposten i. S. v. § 256 Abs. 5 Nr. 1 AktG und führen deshalb in der AG, KGaA und GmbH – soweit es sich nicht lediglich um unbedeutende Überbewertungen handelt – zur *Nichtigkeit des festgestellten Jahresabschlusses*.[32] Für prüfungspflichtige Gesellschaften (oder bei einer Abschlußprüfung auf freiwilliger Grundlage) kann ein Verstoß gegen § 246 im übrigen die Versagung oder Einschränkung des Bestätigungsvermerks (§ 322) zur Folge haben. Zu möglichen straf- und ordnungswidrigkeitenrechtlichen Konsequenzen einer Verletzung von § 246 vgl. §§ 331, 334, 335b (und die dortigen Erläuterungen) sowie §§ 283 ff StGB. Zur Rechtslage in der *Personenhandelsgesellschaft* s. § 246, 86.

§ 249
Rückstellungen

(1) Rückstellungen sind für ungewisse Verbindlichkeiten und für drohende Verluste aus schwebenden Geschäften zu bilden. Ferner sind Rückstellungen zu bilden für

1. im Geschäftsjahr unterlassene Aufwendungen für Instandhaltung, die im folgenden Geschäftsjahr innerhalb von drei Monaten, oder für Abraumbeseitigung, die im folgenden Geschäftsjahr nachgeholt werden,
2. Gewährleistungen, die ohne rechtliche Verpflichtung erbracht werden.

Rückstellungen dürfen für unterlassene Aufwendungen für Instandhaltung auch gebildet werden, wenn die Instandhaltung nach Ablauf der Frist nach Satz 2 Nr. 1 innerhalb des Geschäftsjahrs nachgeholt wird.

(2) Rückstellungen dürfen außerdem für ihrer Eigenart nach genau umschriebene, dem Geschäftsjahr oder einem früheren Geschäftsjahr zuzuordnende Aufwendungen gebildet werden, die am Abschlußstichtag wahrscheinlich oder sicher, aber hinsichtlich ihrer Höhe oder des Zeitpunkts ihres Eintritts unbestimmt sind.

(3) Für andere als die in den Absätzen 1 und 2 bezeichneten Zwecke dürfen Rückstellungen nicht gebildet werden. Rückstellungen dürfen nur aufgelöst werden, soweit der Grund hierfür entfallen ist.

Übersicht

	Rdn.			Rdn.
I. Grundlagen			3. Rückstellungsbegriff	7
1. Regelungsgegenstand und EG-rechtlicher Hintergrund der Vorschrift	1		4. Aufwandsrückstellungen insbesondere	8
2. Systematisierungen			5. Abgrenzung zu anderen Bilanzposten	11
a) Passivierungspflicht und Passivierungswahlrecht	4		6. Bildung, Nachholung und Auflösung von Rückstellungen	
b) Rückstellungen mit und solche ohne Verpflichtungscharakter	5		a) Rückstellungsbildung	14

---

[32] ADS § 248 Rdn. 1 u. § 256 AktG Rdn. 47 ff; Beck BilKomm-*Budde/Karig* § 248 Rdn. 17 u. § 264 Rdn. 56 ff; *Hüffer* § 256 Rdn. 25; zur Anwendbarkeit des § 256 Abs. 5 im GmbH-Recht s. nur *Lutter/Hommelhoff* Anh. § 47 Rdn. 25 und eingehend zuletzt *Balthasar* Bestandskraft S. 234 ff, 236, je m. w. N.

Rdn.

b) Nachholung unterlassener
Rückstellungen 16
c) Auflösung von Rückstellungen . . . 18
7. Ausweis im Jahresabschluß 19
8. Rückstellungen in der Steuerbilanz . . 21
II. Rückstellungen für ungewisse
Verbindlichkeiten (Abs. 1 S. 1, 1. Alt.)
1. Überblick 22
2. Nach Grund oder Höhe ungewisse
Verpflichtungen 24
3. Wahrscheinlichkeit der be- oder
entstehenden Verbindlichkeit 28
4. Wahrscheinlichkeit der Inanspruchnahme aus der Verbindlichkeit 30
5. Periodengerechte Zuordnung
a) Die Rechtsprechung des BFH . . . 33
b) Meinungsstand im Schrifttum
und Kritik 34
6. Umweltschutzverpflichtungen
insbesondere 37
a) Altlastenbeseitigung 38
b) Entsorgungs- und Rekultivierungsverpflichtungen 39
c) Anpassungsverpflichtungen 40
7. Pensionsverpflichtungen
insbesondere
a) Grundlagen 41
b) Unmittelbare Pensions-
verpflichtungen
aa) Begriff 45
bb) Alt- und Neuzusagen 46
c) Mittelbare Pensions-
verpflichtungen 48
d) Pensionsähnliche Verpflichtungen 50
III. Rückstellungen für drohende Verluste aus schwebenden Geschäften
(Abs. 1 S. 1, 2. Alt.)
1. Grundlagen 51
2. Abgrenzung des Saldierungsbereichs 56
3. Objektivierung der Verlustwartung . 58
IV. Rückstellungen für unterlassene
Instandhaltungsaufwendungen, die
innerhalb der ersten drei Monate des

Rdn.

folgenden Geschäftsjahres nachgeholt
werden (Abs. 1 S. 2 Nr. 1, 1. Alt.)
1. Grundlagen 59
2. Voraussetzungen der Rück-
stellungspflicht
a) Unterlassene Aufwendungen
für Instandhaltung 62
b) Unterlassung im Geschäftsjahr . . . 63
c) Nachholung im folgenden
Geschäftsjahr 64
V. Rückstellungen für Abraumbeseitigung
(Abs. 1 S. 2 Nr. 1, 2. Alt.) 65
VI. Rückstellungen für Gewährleistungen,
die ohne rechtliche Verpflichtung
erbracht werden (Abs. 1 S. 2 Nr. 2) 66
VII. Rückstellungen für unterlassene Instandhaltungsaufwendungen, die im vierten
bis zwölften Monat des folgenden
Geschäftsjahres nachgeholt werden
(Abs. 1 S. 3) 68
VIII. Aufwandsrückstellungen nach Abs. 2
1. Grundlagen 69
2. Voraussetzungen der Rückstellungs-
bildung
a) Ihrer Eigenart nach genau umschriebene Aufwendungen 70
b) Zuordnung zum Geschäftsjahr
oder einem früheren Geschäftsjahr 72
c) Eintrittswahrscheinlichkeit sowie
Unbestimmtheit von Aufwands-
höhe und Eintrittszeitpunkt 74
d) Einzelfälle 76
3. Bildung, Fortführung und Nach-
holung von Aufwandsrück-
stellungen nach Abs. 2 77
4. Verhältnis der Aufwandsrückstellungen nach Abs. 2 zu den
sonstigen Rückstellungsarten 80
IX. Verbot sonstiger Rückstellungen
(Abs. 3 S. 1) 84
X. Voraussetzungen der Rückstellungs-
auflösung (Abs. 3 S. 2) 85

Schrifttum

Altmeier Rückstellungsbilanzierung in Deutschland und Frankreich (1999); *Babel* Zum Saldierungsbereich bei Rückstellungen für drohende Verluste aus schwebenden Geschäften, ZfB 68
(1998) 825; *Baetge* Zur Frage der Reichweite des Passivierungsgrundsatzes, Festschrift Forster
(1992) S. 27; *Ballwieser* Allgemeine Grundsätze der Aktivierung und Passivierung, Beck HdR B
131; *ders.* Zur Passivierung von Verpflichtungen zum Schutz und zur Wiederherstellung der
Umwelt, Bericht über die Fachtagung 1991 des Instituts der Wirtschaftsprüfer in Deutschland
(1992) S. 131; *ders.* Zur Bedeutung von Aufwandsrückstellungen gem. § 249 Abs. 2 HGB für
Kapitalgesellschaften, Festschrift Beusch (1993) S. 63; *Beisse* Gläubigerschutz – Grundprinzip des
deutschen Bilanzrechts, Festschrift Beusch (1993) S. 77; *Böcking* Verbindlichkeitsbilanzierung
(1994); *Borstell* Aufwandsrückstellungen nach neuem Bilanzrecht (1988); *Christiansen* Das Erfordernis der wirtschaftlichen Verursachung ungewisser Verbindlichkeiten vor dem Hintergrund der
Rechtsprechung des Bundesfinanzhofs – Versuch einer kritischen Analyse, BFuP 1994, 25; *Claus-*

Detlef Kleindiek

sen/Korth Altlasten – Ein Umwelt- und Bilanzierungsproblem, Festschrift Budde (1995) S. 105; *Clemm* Zur Nichtpassivierung entstandener Verbindlichkeiten wegen nachträglicher wirtschaftlicher Verursachung (Realisation) oder: Wie dynamisch ist die Bilanz im Rechtssinne? Festschrift Moxter (1994) S. 167; *ders.* Zur Bilanzierung von Rückstellungen für drohende Verluste, vor allem aus schwebenden Dauerschuldverhältnissen, Festschrift Beisse (1997) S. 123; *Daub* Rückstellungen nach HGB, US-GAAP und IAS (2000); *Dietrich* Die Bewertungseinheit im allgemeinen Handelsbilanzrecht (1998); *Dörner* Aufwandsrückstellungen – Möglichkeiten und Grenzen der Bilanzpolitik, WPg 1991, 225 u. 264; *Eber* Aufwandsrückstellungen nach § 249 Abs. 2 HGB (1988); *Eifler* Die Aufwands- und Kulanzrückstellungen, HdJ Abt. III/6 (1987); *Erle* Drohverlustrückstellungen, BC 1998, 249; *Fumi* Steuerrechtliche Rückstellungen für Dauerschuldverhältnisse (1991); *Groh* Verbindlichkeitsrückstellungen und Verlustrückstellungen: Gemeinsamkeiten und Unterschiede, BB 1988, 27; *ders.* Vor der dynamischen Wende im Bilanzsteuerrecht? BB 1989, 1586; *ders.* Altlasten: Abweichung von den Rückstellungsregeln? StbJb 1994/95, 23; *Hayn* Rechnungsabgrenzungsposten, Beck HdR B 218 (1999); *Heddäus* Handelsrechtliche Grundsätze ordnungsmäßiger Bilanzierung für Drohverlustrückstellungen (1997); *Hennrichs* Wahlrecht im Bilanzrecht der Kapitalgesellschaften (1999); *Herzig* Rückstellungen wegen öffentlich-rechtlicher Verpflichtungen, insbesondere Umweltschutz, DB 1990, 1341; *ders.* Die rückstellungsbegrenzende Wirkung des Realisationsprinzips, Festschrift L. Schmidt (1993) S. 209; *Herzig/Köster* Rückstellungen wegen öffentlich-rechtlich begründeter Verpflichtungen, insbesondere wegen Altlastensanierungsverpflichtungen, BB 1994, Beilage 23; *Herzig/Köster* Rückstellungen für ungewisse Verbindlichkeiten, für drohende Verluste aus schwebenden Geschäften, für unterlassene Aufwendungen für Instandhaltung und Abraumbeseitigung sowie für Kulanzleistungen, HdJ Abt. III/5 (1999); *Herzig/Rieck* Abgrenzung des Saldierungsbereichs bei Rückstellungen für drohende Verluste aus schwebenden Geschäften, Stbg. 1995, 529; *Herzig/Rieck* Saldierungsbereich bei Drohverlustrückstellungen infolge der Apothekerentscheidung, DB 1997, 1881; *Herzig/Rieck* Die Rückstellung für drohende Verluste aus schwebenden Geschäften im Steuerrecht – Übergangsfragen und Grundsätzliches, BB 1998, 311; *IDW-HFA* Stellungnahme IDW RS HFA 4: Zweifelsfragen zum Ansatz und zur Bewertung von Drohverlustrückstellungen (28.6.2000), WPg 2000, 716; *Janke* Dauerschuldverträge und Grundsätze ordnungsmäßiger Bilanzierung (1997); *Kämpfer* Zum Ansatz von Aufwandsrückstellungen nach § 249 Abs. 2 HGB, Festschrift Moxter (1994) S. 257; *Kapps* Die materiellrechtlichen und verfahrensrechtlichen Voraussetzungen der Bildung von Aufwandsrückstellungen nach § 249 Abs. 2 HGB (1998); *Kessler* Rückstellungen und Dauerschuldverhältnisse (1992); *ders.* Die Drohverlustrückstellung auf dem höchstrichterlichen Prüfstand, DStR 1994, 567; *Kleindiek* Geschäftsleitertätigkeit und Geschäftsleitungskontrolle: Treuhänderische Vermögensverwaltung und Rechnungslegung, ZGR 1998, 466; *Knobbe-Keuk* Bilanz- und Unternehmenssteuerrecht, 9. Aufl. (1993); *Köster* Umweltschutzverpflichtungen im handelsrechtlichen Jahresabschluß und in der Steuerbilanz (1994); *Kropff* Rückstellungen für künftige Verlustübernahmen aus Beherrschungs- und/oder Gewinnabführungsverträgen? Festschrift Döllerer (1988) S. 349; *Kupsch* Bilanzierung und Bewertung von Aufwandsrückstellungen nach § 249 Abs. 2 HGB, *Albach/Forster* (Hrsg.), Beiträge zum Bilanzrichtlinien-Gesetz – das neue Recht in Theorie und Praxis, ZfB-Ergänzungsheft 1/1987, S. 67; *Küting* Der Wahrheitsgehalt deutscher Bilanzen, DStR 1997, 84; *Küting/Kessler* Der Streit um den Apotheker-Fall: Meinungssache oder Stimmungsmache? DB 1997, 2441; *Küting/Kessler* Rückstellungsbildung nach der Entscheidung „Apotheker-Fall", DStR 1997, 1665; *Leffson* Grundsätze ordnungsmäßiger Buchführung, 7. Aufl. (1987); *Matschke/Schellhorn* Gibt es einen neuen Verbindlichkeitsbegriff? Festschrift Sieben (1998) S. 447; *Mayer-Wegelin* Die wirtschaftliche Verursachung von Verbindlichkeitsrückstellungen, DB 1995, 1241; *Moxter* Wirtschaftliche Gewinnermittlung und Bilanzsteuerrecht, StuW 1983, 300; *ders.* Das Realisationsprinzip – 1884 und heute, BB 1984, 1780; *ders.* Periodengerechte Gewinnermittlung und Bilanz im Rechtssinne, Festschrift Döllerer (1988) S. 447; *ders.* Die BFH-Rechtsprechung zu den Wahrscheinlichkeitsschwellen bei Schulden, BB 1998, 2464; *W. Müller* Gedanken zum Rückstellungsbegriff in der Bilanz, ZGR 1981, 126; *Naumann* Rechtliches Entstehen und wirtschaftliche Verursachung als Voraussetzung der Rückstellungsbilanzierung, WPg 1991, 529; *ders.* Die Bewertung von Rückstellungen in der Einzelbilanz nach Handels- und Ertragssteuerrecht, 2. Aufl. (1993); *Ordelheide/Hartle* Rechnungslegung und Gewinnermittlung von Kapitalgesellschaften nach dem

Bilanzrichtlinien-Gesetz, GmbHR 1986, 9; *Oser* Zum Saldierungsbereich bei Rückstellungen für drohende Verluste aus schwebenden Dauerschuldverhältnissen, BB 1997, 2367; *Rürup* Rückstellungen für Verpflichtungen aus Umwelthaftung, Festschrift Forster (1992) S. 519; *Scheffler* Rückstellungen, Beck HdR B 233 (1994); *Schön* Der Bundesfinanzhof und die Rückstellungen, BB 1994, Beilage 9; *Schulze-Osterloh* Die Rechnungslegung der Einzelkaufleute und Personenhandelsgesellschaften nach den Bilanzrichtlinien-Gesetz, ZHR 150 (1986) 403; *ders.* Der Ausweis von Aufwendungen nach dem Realisations- und dem Imparitätsprinzip, Festschrift Forster (1992) S. 653; *ders.* Realisationsprinzip und Rückstellungsbildung, BFuP 1994, 39; *Siegel* Rückstellungen für ihrer Eigenart nach genau umschriebene Aufwendungen, BFuP 1987, 301; *Söffing* Altlastenrückstellungen, Festschrift Ritter (1997) S. 257; *Streim* Rückstellungen für Großreparaturen, BB 1985, 1575; *Strobl* Matching Principle und deutsches Bilanzrecht, Festschrift Moxter (1994) S. 407; *Thoms-Meyer* Grundsätze ordnungsmäßiger Bilanzierung für Pensionsrückstellungen (1996); *Weber-Grellet* Adolf Moxter und die Bilanzrechtsprechung, BB 1994, 30; *ders.* Realisationsprinzip und Rückstellungen unter Berücksichtigung der neueren Rechtsprechung, DStR 1996, 896; *ders.* Der Apotheker-Fall – Anmerkungen und Konsequenzen zum Beschluß des Großen Senats vom 23. 6. 1997, GrS 2/93, DB 1997, 2233; *Woerner* Kriterien zur Bestimmung des Passivierungszeitpunkts bei Verbindlichkeitsrückstellungen, BB 1994, 246; *ders.* Zeitpunkt der Passivierung von Schulden und Verbindlichkeitsrückstellungen – Problematik der „wirtschaftlichen Verursachung"–, Festschrift Moxter (1994) S. 483.

I. Grundlagen

1. Regelungsgegenstand und EG-rechtlicher Hintergrund der Vorschrift

Die Vorschrift steckt in Abs. 1 und 2 Voraussetzungen und Grenzen des **Ansatzes** **1** **von Rückstellungen** ab. Für bestimmte Zwecke müssen Rückstellungen gebildet werden (Ansatzpflicht), für andere gewährt das Gesetz ein Ansatzwahlrecht (s. Rdn. 4). Abs. 3 S. 2 erlaubt die Auflösung gebildeter Rückstellungen nur, wenn der Grund für die Rückstellung entfallen ist; unter dieser Voraussetzung besteht zugleich ein Auflösungsgebot. Die Regelung ist im übrigen abschließend; für andere als die in Abs. 1 und 2 der Vorschrift bezeichneten Zwecke dürfen Rückstellungen nicht gebildet werden (Abs. 3 S. 1).

§ 249 trifft keine Regelung zur Höhe von Rückstellungen; ihre **Bewertung** ist viel- **2** mehr in **§ 253 Abs. 1 S. 2, HS 2** normiert (s. die Erläuterungen § 253, 21 ff). Sowohl die dortigen Bestimmungen als auch § 249 gelten *für alle Rechnungslegungspflichtigen*. Für *Kreditinstitute und Versicherungsunternehmen* bestehen jedoch ergänzende *Sondervorschriften* in §§ 340ff bzw. §§ 341ff (s. die Erläuterungen dort), namentlich in §§ 341e–341h zu den (praktisch wichtigen) versicherungstechnischen Rückstellungen.[1] Zum Ausweis von Rückstellungen im Jahresabschluß von *Kapitalgesellschaften* und gleichgestellten Unternehmen s. unten Rdn. 19 f. Zum Ansatz einer Rückstellung zum Zwecke *passiver Steuerabgrenzung* nach Maßgabe von *§ 274 Abs. 1* s. die Erläuterungen dort.

Mit § 249 hat der deutsche Gesetzgeber die (für Kapitalgesellschaften sowie Kapi- **3** talgesellschaften & Co. bestehenden) Vorgaben und Spielräume aus Art. 20 der 4. EG-Richtlinie (**Jahresabschlußrichtlinie**) in das nationale Recht umgesetzt. Nach dessen Abs. 1 sind als Rückstellungen ihrer Eigenart nach genau umschriebene Verluste oder Verbindlichkeiten auszuweisen, die am Bilanzstichtag wahrscheinlich oder sicher, aber hinsichtlich ihrer Höhe oder dem Zeitpunkt ihres Eintritts unbestimmt sind. Diese Vorgabe wird in § 249 Abs. 1 umgesetzt. Nach Art. 20 Abs. 2 der Jahresabschlußricht-

---

[1] Für einen Überblick s. HdJ-*Herzig/Köster* III/5, Rdn. 364 ff; WP-Handbuch I Tz. K 306 ff.

Detlef Kleindiek

linie können die Mitgliedstaaten außerdem die Bildung von Rückstellungen für ihrer Eigenart nach genau umschriebene, dem Geschäftsjahr oder einem früheren Geschäftsjahr zuzuordnende Aufwendungen zulassen, die am Bilanzstichtag wahrscheinlich oder sicher, aber hinsichtlich ihrer Höhe oder dem Zeitpunkt ihres Eintritts unbestimmt sind. Mit § 249 Abs. 2 ist dieses Wahlrecht (nahezu wortgleich) an alle Bilanzierungspflichtigen weitergegeben worden. Gegenüber dem früheren § 152 Abs. 7 AktG 1965 sind damit die Möglichkeiten zur Bildung von Aufwandsrückstellungen erweitert worden. Im übrigen stellt das Gesetz nunmehr eindeutig klar, in welchen Fällen eine Ansatzpflicht und wann ein Ansatzwahlrecht besteht.[2]

2. Systematisierungen

4   **a) Passivierungspflicht und Passivierungswahlrecht.** Die handelsbilanziellen Bestimmungen der Abs. 1 u. 2 statuieren für bestimmte Arten von Rückstellungen eine Ansatzpflicht, für andere ein Ansatzwahlrecht. Rückstellungen müssen gebildet werden (*Passivierungspflicht*)

(1) für ungewisse Verbindlichkeiten (Abs. 1 S. 1, 1. Alt.; dazu Rdn. 22 ff);

(2) für drohende Verluste aus schwebenden Geschäften (Abs. 1 S. 1, 2. Alt.; dazu Rdn. 51 ff);

(3) für im Geschäftsjahr unterlassene Aufwendungen für Instandhaltung, die im folgenden Geschäftsjahr innerhalb von drei Monaten nachgeholt werden (Abs. 1 S. 2 Nr. 1, 1. Alt.; dazu Rdn. 59 ff);

(4) für im Geschäftsjahr unterlassene Aufwendungen für Abraumbeseitigung, die im folgenden Geschäftsjahr nachgeholt werden (Abs. 1 S. 2 Nr. 1, 2. Alt.; dazu Rdn. 65);

(5) für Gewährleistungen, die ohne rechtliche Verpflichtung erbracht werden (Abs. 1 S. 2 Nr. 2; dazu Rdn. 66 f).

Außerdem dürfen Rückstellungen gebildet werden (*Passivierungswahlrecht*)

(6) für im Geschäftsjahr unterlassene Aufwendungen für Instandhaltung, wenn diese im vierten bis zwölften Monat des folgenden Geschäftsjahres nachgeholt werden (Abs. 1 S. 3; dazu Rdn. 68);

(7) für ihrer Eigenart nach genau umschriebene, dem Geschäftsjahr oder einem früheren Geschäftsjahr zuzuordnende Aufwendungen, die am Abschlußstichtag wahrscheinlich oder sicher, aber hinsichtlich ihrer Höhe oder des Zeitpunkts ihres Eintritts unbestimmt sind (Abs. 2; dazu Rdn. 69 ff).

5   **b) Rückstellungen mit und solche ohne Verpflichtungscharakter.** Je nach dem, ob der gebildeten Rückstellung eine Verpflichtung gegenüber Dritten ("Außenverpflichtung"[3]) zugrunde liegt oder nicht, werden Rückstellungen mit und solche ohne Verpflichtungscharakter (Schuldcharakter) unterschieden. Zur ersten Gruppe (**Rückstellungen mit Verpflichtungscharakter**) zählen – nach der Zusammenstellung oben Rdn. 4 – (1) Verbindlichkeitsrückstellungen und (2) Drohverlustrückstellungen, aber auch die sog. (5) Kulanzrückstellungen; denn der "Verpflichtungscharakter" im Sinne jener Abgrenzung setzt nicht notwendig eine rechtliche Verpflichtung voraus. Schon für den Begriff der Verbindlichkeit im bilanzrechtlichen Sinne genügen vielmehr sog.

---

[2] Näher zu den Unterschieden gegenüber § 152 Abs. 7 AktG 1965 s. ADS[5] § 249 Rdn. 14 ff.

[3] Dieser verbreitete Begriff wird gemeinhin zur Abgrenzung gegenüber den sog. "Innenverpflichtungen" benutzt, die eine Verbindlichkeitsrück-

stellung unstreitig nicht begründen können; statt vieler HdJ-*Herzig/Köster* III/5, Rdn. 82. Zur Kritik am Begriff der "Innenverpflichtung" unten Rdn. 11.

„faktische" Verbindlichkeiten, denen sich der Bilanzierende nicht entziehen kann (s. § 246, 27). Systematisch ist die Kulanzrückstellung damit ein Unterfall der Verbindlichkeitsrückstellung und nur dadurch hervorgehoben, daß sie nicht auf einer rechtlich erzwingbaren (einklagbaren) Verpflichtung beruht.[4] Für sämtliche Rückstellungen mit Verpflichtungscharakter ordnet § 249 – in Übereinstimmung mit den schon zuvor anerkannten Grundsätzen ordnungsmäßiger Rückstellungsbildung – Passivierungspflicht an (s. oben Rdn. 4).

Alle übrigen in Abs. 1 u. 2 der Vorschrift zugelassenen Rückstellungsarten – in der **6** Aufstellung oben Rdn. 4 also jene unter (3), (4), (6) und (7) – sind **Rückstellungen ohne Verpflichtungscharakter** (Schuldcharakter), für die zum Teil ebenfalls Passivierungspflicht – (3) und (4) –, zum Teil aber ein Passivierungswahlrecht – (6) und (7) – besteht. Die hier vollzogenen, nicht ohne weiteres nachvollziehbaren Differenzierungen haben zum einen einen steuerrechtlichen Hintergrund (s. näher Rdn. 59 für die Instandhaltungsaufwendungen) und erklären sich zum anderen aus der gesetzgeberischen Entscheidung, das Wahlrecht aus Art. 20 Abs. 2 der Jahresabschlußrichtlinie (oben Rdn. 3) an die Bilanzierungspflichtigen weiterzugeben (näher Rdn. 8 für die Aufwandsrückstellungen nach § 249 Abs. 2). All jenen Fallgruppen ist gemeinsam, daß ihnen keine Verpflichtung des Bilanzierenden gegenüber Dritten zugrundeliegt. Sie bilden künftige Aufwendungen ab, die zwar nicht auf einer bestehenden Außenverpflichtung beruhen, aber dem abgelaufenen Geschäftsjahr (oder einer früheren Abrechnungsperiode) zuzurechnen sind. Diese (reinen) *Aufwandsrückstellungen* dienen somit der periodengerechten Verteilung aperiodisch („stoßweise") anfallender Aufwendungen.[5]

3. Rückstellungsbegriff

Schon jene Systematisierungen mögen verdeutlichen, daß dem bilanzrechtlichen **7** Institut der Rückstellung unterschiedliche Sachverhalte zugeordnet sind, ohne daß sich aus der gesetzlichen Regelung in § 249 ein einheitlicher Rückstellungsbegriff isolieren ließe.[6] Die (bilanztheoretische) Diskussion um den Rückstellungsbegriff ist seit jeher verbunden mit der Auseinandersetzung um die *statische oder dynamische Bilanzauffassung*.[7] Während die Rückstellungsbildung nach statischer Konzeption der vollständigen Erfassung der bestehenden Verpflichtungen des Bilanzierenden im Interesse zutreffender stichtagsbezogener Vermögensermittlung dient, stehen die Rückstellungen nach dynamischer Auffassung im Dienste einer periodengerechten Verteilung von Aufwendungen und Erträgen. Die Rückstellungen mit Verpflichtungscharakter (oben Rdn. 5) fügen sich nahtlos in die statische Betrachtungsweise ein: Damit die Bilanz das zum Stichtag vorhandene Schuldendeckungspotential dem Vorsichtsprinzip entsprechend ausweist, ist für eine bestehende Außenverpflichtung, die in Grund oder Höhe mit einer Ungewißheit behaftet und deshalb nicht als Verbindlichkeit zu buchen ist, eine Rückstellung zu passivieren, wenn der Bilanzierende mit einer Inanspruchnahme rechnen muß. Zur Erklärung der Aufwandsrückstellungen (oben Rdn. 6) bedarf es

---

[4] HdJ-*Herzig/Köster* III/5, Rdn. 358; s. auch unten Rdn. 26 u. 66.
[5] Beck BilKomm-*Clemm/Erle* § 249 Rdn. 4; HdJ-*Herzig/Köster* III/5, Rdn. 24.
[6] Übereinstimmend ADS § 249 Rdn. 27; HdJ-*Herzig/Köster* III/5, Rdn. 4 ff; HdR-*Mayer-Wegelin* § 249 Rdn. 17.

[7] S. dazu etwa *Altmeier* Rückstellungsbilanzierung S. 19 ff; *Daub* Rückstellungen S. 61 ff; HdJ-*Herzig/Köster* III/5, Rdn. 22 ff; HdR-*Mayer-Wegelin* § 249 Rdn. 17 ff; *Winnefeld* Bilanz-Handbuch D 865 f.

Detlef Kleindiek

demgegenüber des Rekurses auf die dynamische Bilanzauffassung, die für den Rückstellungsbegriff nicht an den Verpflichtungstatbestand anknüpft, sondern allein auf die periodengerechte Aufwandszurechnung abstellt. Mit der gesetzlichen Regelung in § 249 sind also – wie auch etwa im Rahmen der Rechnungsabgrenzungsposten (§ 250, 4) – dynamische Elemente („Tendenzen"[8]) in das geltende Bilanzrecht eingeflossen. Vor diesem Hintergrund werden *Rückstellungen* hier definiert als *Passivposten zum Ausweis ungewisser Verbindlichkeiten gegenüber Dritten oder künftiger Vermögensminderungen, die der abgelaufenen Abrechnungsperiode zuzurechnen sind.*[9] Dabei ist zu berücksichtigen, daß Rückstellungen keine Korrekturposten zur Aktivseite der Bilanz sind.[10] Für künftige Ausgaben, die später als Bestandteile der Anschaffungs- oder Herstellungskosten zu aktivieren sind, dürfen deshalb keine Rückstellungen gebildet werden.[11]

4. Aufwandsrückstellungen insbesondere

8   Das in Abs. 1 S. 3 gewährte Wahlrecht zur Rückstellungsbildung für im Geschäftsjahr unterlassene Instandhaltungsaufwendungen knüpft an einen eng umgrenzten Rückstellungszweck an. Demgegenüber erlaubt das **Wahlrecht aus Abs. 2** Rückstellungen für alle „ihrer Eigenart nach genau umschriebene" Aufwendungen mit Vergangenheitsbezug. Der *Gesetzgeber* hat sich bei der Regelung in Abs. 2, mit der er das entsprechende Rückstellungswahlrecht aus Art. 20 Abs. 2 der Jahresabschlußrichtlinie in vollem Umfang an alle Rechnungslegungspflichtigen weitergegeben hat, vor allem von *zwei Erwägungen* leiten lassen:[12] Zum einen sollte den Unternehmen die Möglichkeit zur Vorsorge für konkrete künftige Aufwendungen eingeräumt werden, die dem Geschäftsjahr oder einem früheren zuzuordnen seien und denen sie sich bei Fortführung des Betriebs nicht entziehen könnten. Zum anderen sollten den deutschen Kaufleuten nicht jene Rückstellungsmöglichkeiten untersagt bleiben, die in anderen Mitgliedstaaten der EG zulässig und üblich seien. Gegenüber dem Formulierungsvorschlag im RegE § 250 Abs. 2 HGB wurden die Voraussetzungen zulässiger Aufwandsrückstellungen deshalb deutlich ausgedehnt, damit „nicht nur für Großreparaturen Rückstellungen gebildet werden dürfen".[13]

9   **Kritik.** Die Aufwandsrückstellungen nach Abs. 2 sollen im Konzept des Gesetzgebers nicht der allgemeinen Vorsorge für die Zukunft dienen, welche durch Rücklagenbildung vorgenommen werde.[14] Die Erfahrungen mit dem Rückstellungswahlrecht aus Abs. 2 zeigen jedoch, daß sich jene Grenzziehung schlechterdings nicht verteidigen läßt. Sie vermag schon im gedanklichen Ansatz kaum zu überzeugen, da Aufwandsrückstellungen bei Lichte besehen *Eigenkapitalfunktion* wahrnehmen. In

---

8   Von Statik und Dynamik als „Tendenzbegriffen" sprechen *Groh* BB 1989, 1586; HdJ-*Herzig/ Köster* III/5, Rdn. 25; s. auch ADS § 249 Rdn. 191 m. w. N.

9   Im Ansatz ganz ähnlich der Rückstellungsbegriff und die Kriterien der Rückstellungsbildung bei ADS § 249 Rdn. 30; HdJ-*Herzig/Köster* III/5, Rdn. 4 ff u. 26.

10   S. Art. 20 Abs. 3 der Jahresabschlußrichtlinie: „Rückstellungen dürfen keine Wertberichtigungen zu Aktivposten darstellen".

11   BFH, 1.4.1981, I R 27/79, BStBl II 660, 662; 19. 8. 1998, XI R 8/96, BStBl II 1999, 18, 19; ADS § 249 Rdn. 30 f; MünchKommHGB-*Ballwieser* § 249 Rdn. 23; *Bartels* BB 1992, 1095, 1098 f; Beck

BilKomm-*Clemm/Erle* § 249 Rdn. 100 „Anschaffungs- und Herstellungskosten"; *Kapps* Aufwandsrückstellungen S. 74 ff; HdR-*Mayer-Wegelin* § 249 Rdn. 44; Baumbach/Hueck/ *Schulze-Osterloh* § 42 Rdn. 189; Heymann/*Walz* § 249 Rdn. 25; *Winnefeld* Bilanz-Handbuch D 868; s. nunmehr auch § 5 Abs. 4b S. 1 EStG; **a. A.** noch *Crezelius* DB 1992, 1353, 1362 f; *ders.* NJW 1994, 981, 983.

12   Vgl. den Bericht des Bundestags-Rechtsausschusses zu § 249 Abs. 2 HGB, dokumentiert in Bonner HdR § 249/Ausschußbericht.

13   Ausschußbericht aaO.

14   Ausschußbericht aaO.

Liquidation und Insolvenz belasten sie das dem Gläubigerzugriff offenstehende Vermögen nicht.[15] Sie dienen der Vorsorge für zukünftige Ausgaben und übernehmen damit in weitem Umfang jene Funktion, die an sich den Rücklagen zukommt.[16] Die Bildung von Aufwandsrückstellungen ist eine Maßnahme zur Innenfinanzierung und funktional wohl eher der Ergebnisverwendung denn der Ergebnisermittlung zugeordnet.[17] Die Praxis nutzt die Möglichkeit zur Bildung von Aufwandsrückstellungen nach Abs. 2 zudem offenkundig in erheblichem Maße als *bilanzpolitisches Instrument zur Ergebnisbeeinflussung*.[18] Die Rückstellungsbildung soll als „Erfolgsglättung bzw. Gewinnegalisierung" ein zutreffendes Bild der Ertragslage i. S. v. § 264 Abs. 2 S. 1 vermitteln,[19] läuft der zentralen Funktion der Rechnungslegung als *getreuer Rechenschaftslegung*[20] und ihrem „Leitgedanken der Objektivierung"[21] aber massiv zuwider. Die geringe Akzeptanz des geltenden deutschen Rechnungslegungsrechts an den internationalen Kapitalmärkten hat ihre Ursache nicht zuletzt in der Existenz solcher bilanzpolitischer Handlungsspielräume. Im Zuge der anstehenden Revision des deutschen Bilanzrechts ist deshalb auch das Wahlrecht zur Bildung von Aufwandsrückstellungen auf den Prüfstand zu stellen.[22]

Aus jenem Befund ist für das geltende Recht eine doppelte **Schlußfolgerung** zu **10** ziehen: In *bilanzrechtlicher* Hinsicht ist der Rahmen für die Bildung und Fortführung von Aufwandsrückstellungen, insbesondere nach Abs. 2, in einer Weise abzustecken, welche das bilanzpolitische Gestaltungspotential jener Rückstellungen – soweit überhaupt möglich – eingrenzt.[23] Dem kommt insbesondere bei den (umstrittenen) Fragen der Nachholung unterlassener und der fortlaufenden Dotierung gebildeter Aufwandsrückstellungen Bedeutung zu (s. unten Rdn. 17 und 77 f). In *gesellschaftsrechtlicher* Hinsicht sind die verfahrens- wie materiell-rechtlichen Kautelen für die Bildung von Aufwandsrückstellungen zu beachten. Da die Rückstellungsbildung zumindest auf der Schnittstelle zwischen Ergebnisermittlung und Ergebnisverwendung angesiedelt ist (oben Rdn. 9), gilt es die Kompetenzen der hier berufenen Gesellschaftsorgane abzugrenzen und Belange des Minderheitenschutzes (insbesondere aus dem Treupflichtgebot) zu wahren. Für eine nähere Erörterung dieser gesellschaftsrechtlichen Fragen, zu der es im übrigen rechtsformspezifischer Differenzierungen bedarf, ist an dieser Stelle freilich nicht der rechte Ort.[24]

---

[15] S. *W. Müller* ZGR 1981, 126, 141; *Schulze-Osterloh* ZHR 150 (1986) 403, 423 f.

[16] ADS § 249 Rdn. 28, 35; *Lutter/Hommelhoff* § 29 Rdn. 13 f; *W. Müller* ZGR 1981, 126, 141 f; *Schulze-Osterloh* ZHR 150 (1986) 403, 424; *Siegel* BB 1986, 841, 843 f.

[17] So (für die Kommanditgesellschaft) BGHZ 132, 263, 275 f = NJW 1996, 1678 im Anschluß an *Schulze-Osterloh* BB 1995, 2519 ff; näher dazu § 120, 33 ff (*Ulmer*).

[18] Die Möglichkeiten und Grenzen einer solchen Bilanzpolitik beschreibt *Dörner* WPg 1991, 225 ff u. 264 ff; zur praktischen Umsetzung s. etwa *Ballwieser* FS Beusch S. 63, 71 ff; *Küting* DStR 1997, 84 ff; s. auch noch Beck HdR-*Scheffler* B 233 Rdn. 270: „wichtiges bilanzpolitisches Instrument zur Veränderung des Erfolgsausweises".

[19] ADS § 249 Rdn. 192 m. w. N.

[20] Näher dazu *Kleindiek* ZGR 1998, 466, 467 ff, 484 ff m. w. N.; s. außer den dort in Fn. 3 Genannten auch noch *Busse v. Colbe* in Sandrock/Jäger (Hrsg.), Internationale Unternehmenskontrolle und Unternehmenskultur (1994) S. 37, 44 f; *Clemm* in Freidank (Hrsg.), Rechnungslegungspolitik (1998) S. 1199, 1226 u. eingehend jetzt *Hennrichs* Wahlrechte passim.

[21] *Beisse* FS Beusch S. 77, 83.

[22] S. *Kleindiek* ZGR 1998, 466, 487 m. w. N.

[23] In diesem Sinne nachdrücklich auch *Hennrichs* Wahlrechte S. 349 ff, 355 ff.

[24] Speziell zu den Folgerungen für die Personenhandelsgesellschaften in diesem Kommentar *Ulmer* § 120, 31 ff; für eine Problemübersicht auch zum Aktien- und GmbH-Recht s. *Kapps* Aufwandsrückstellungen S. 150 ff.

Detlef Kleindiek

5. Abgrenzung zu anderen Bilanzposten

11   Die weder in § 246 Abs. 1 noch in § 247 Abs. 1 gesondert erwähnten **Rückstellungen** sind in der Terminologie des Gesetzes **Bestandteile der Schulden**. Das ergibt sich schon aus der Bewertungsvorschrift des § 253 Abs. 1, wo den Vermögensgegenständen die Verbindlichkeiten und Rückstellungen als Schulden gegenübergestellt werden. Der bilanzrechtliche Begriff der *Schulden* ist in der Konzeption des Gesetzgebers also als *Oberbegriff für Verbindlichkeiten und Rückstellungen* zu verstehen (s. § 246, 21). Für die *Rückstellungen mit Verpflichtungscharakter* (oben Rdn. 5) ist das unmittelbar plausibel. Sie sind zu passivieren, wenn der Bilanzierende mit der Inanspruchnahme aus einer Außenverpflichtung rechnen muß, der hinsichtlich Bestand oder Höhe freilich Ungewißheiten anhaften. Für in Bestand und Höhe gewisse Verpflichtungen des Rechnungslegungspflichtigen gegenüber Dritten ist demgegenüber eine Verbindlichkeit zu buchen. Hinsichtlich der *Aufwandsrückstellungen* (oben Rdn. 6) leuchtet die Zuordnung zu den Schulden indes sehr viel weniger ein. Weil ihnen eine Verpflichtung („Außenverpflichtung") gerade nicht zugrundeliegt, fehlt der Schuldcharakter („Rückstellungen ohne Schuldcharakter"). In diesen Fällen von einer Verpflichtung des Bilanzierenden „gegen sich selbst"[25] oder von „Innenverpflichtungen" zu sprechen und sie mit dieser Begründung den Schulden zurechnen zu wollen,[26] hilft kaum weiter. Zum einen kann ein Kaufmann „Schulden gegen sich selbst" nach *rechtlichen* Maßstäben nicht haben. Zum anderen gewährt das Gesetz für Aufwandsrückstellungen zum Teil ein Wahlrecht, stellt sie den Rückstellungen mit Verpflichtungscharakter also keineswegs gleich. Auch die reinen Aufwandsrückstellungen bilden allerdings künftige – und schon deshalb noch nicht gewisse – Vermögensminderungen ab, die der abgeschlossenen (oder einer früheren) Abrechnungsperiode zuzurechnen sind. Den Schulden lassen sie sich gleichwohl nicht bruchlos zuordnen.[27] Das gilt insbesondere für die Aufwandsrückstellungen nach Abs. 2, die in der Konzeption des Gesetzes – wenn auch „für ihrer Eigenart nach genau umschriebene … Aufwendungen" – im Dienste der Zukunftsvorsorge stehen und den Rücklagen deshalb funktional mindestens ebenso nahe stehen wie dem Fremdkapital (oben Rdn. 9).[28]

12   Rückstellungen unterscheiden sich von den **nach § 251 vermerkpflichtigen Haftungsverhältnissen** („Eventualverbindlichkeiten") dadurch, daß der Bilanzierende mit einer Inanspruchnahme zu rechnen hat; ein Vermerk unter der Bilanz hingegen kann nur dort genügen, wo mit einer Inanspruchnahme – obwohl rechtlich möglich – nicht zu rechnen ist (s. die Erläuterungen zu § 251).

13   Deutlich zu unterscheiden sind die Rückstellungen auch vom Sonderposten mit Rücklageanteil und den Rechnungsabgrenzungsposten. Der **Sonderposten mit Rücklageanteil** nach § 247 Abs. 3 – ein Mischposten mit Eigen- und Fremdkapitalanteilen – nimmt allein unversteuerte Rücklagen (oder steuerlich zulässige Mehrabschreibungen) auf (näher § 247, 53 ff). Die passivischen **Rechnungsabgrenzungsposten** nach § 250 Abs. 2 schließlich weisen Einnahmen vor dem Abschlußstichtag aus, soweit sie Ertrag für eine bestimmte Zeit nach diesem Tag darstellen. Rückstellungen dienen indes der Aufwandsabgrenzung und ließen sich allenfalls als *antizipative* Abgrenzungsposten auf der Passivseite deuten, die begrifflich jene Fälle erfassen, in denen der Aufwand in

---

[25] In diesem Sinne *Altmeier* Rückstellungsbilanzierung S. 67; HdJ-*Herzig/Köster* III/5, Rdn. 24; Beck HdR-*Scheffler* B 233 Rdn. 9.

[26] So etwa *Baetge* FS Forster S. 27, 41 f.

[27] Eine Deutung als Passivierungshilfe befürworten denn auch etwa Beck HdR-*Ballwieser* B 131

Rdn. 4; Beck BilKomm-*Clemm/Erle* § 249 Rdn. 4; HdR-*Mayer-Wegelin* § 249 Rdn. 231.

[28] S. auch ADS § 249 Rdn. 28 u. 35.

einer Periode vor der Ausgabe liegt (s. § 250, 1). Jedoch sind antizipative Rechnungsabgrenzungsposten nach geltendem Recht unzulässig; ggf. sind Forderungen bzw. Verbindlichkeiten auszuweisen.[29] Außerdem ist bei der Rechnungsabgrenzung Grund, Höhe und zeitliche Zuordnung der jeweiligen Zahlung bestimmt; den Rückstellungen hingegen ist gerade ein Moment der Ungewißheit immanent.

6. Bildung, Nachholung und Auflösung von Rückstellungen

a) Rückstellungsbildung. Die Bildung von Rückstellungen ist geboten, sobald die **14** Kriterien des Rückstellungsbegriffs (oben Rdn. 7) erfüllt sind, der Bilanzierungspflichtige also mit der Inanspruchnahme aus – wenngleich in Grund oder Höhe noch ungewissen – Verbindlichkeiten gegenüber Dritten oder mit künftigen Vermögensminderungen zu rechnen hat, die der laufenden Abrechnungsperiode zuzurechnen sind. In ihren Einzelheiten sind diese Kriterien nach Maßgabe der einzelnen Rückstellungtatbestände aus Abs. 1 u. 2 zu konkretisieren (s. unten Rdn. 22 ff). Liegen diese Voraussetzungen vor, können die Rückstellungen laufend gebucht werden. Es genügt jedoch, wenn sie im Zuge der Abschlußarbeiten stichtagsbezogen bestimmt und zum Ansatz gebracht werden.[30] Ausnahmsweise darf gleichartigen Risiken durch Bildung einer *Pauschalrückstellung* Rechnung getragen werden, insbesondere im Rahmen drohender Produkthaftung.[31]

Für die vollständige Erfassung aller rückstellungsrelevanten Risiken ist eine entsprechende **Risikoinventur** erforderlich, für die §§ 240, 241 (s. die Erläuterungen **15** dort) analog gelten.[32] Für die stichtagsbezogene Rückstellungsbildung sind **wertaufhellende Tatsachen** zu berücksichtigen, d. h. solche, die schon zum Abschlußstichtag begründet waren, aber erst nach dem Stichtag bekannt werden.[33] Sog. wertbeeinflussende Tatsachen, die erst nach dem Abschlußstichtag eintreten, finden indes keine Berücksichtigung (zur Unterscheidung zwischen wertaufhellenden und wertbeeinflussenden Tatsachen s. die Erläuterungen § 252, 16 f).[34]

b) Nachholung unterlassener Rückstellungen. Für unterlassene Rückstellungen **16** – d. h. solche, die zu einem früheren Stichtag hätten gebildet werden müssen bzw. können, aber nicht gebildet worden sind – stellt sich die Frage nach der Erforderlichkeit bzw. Zulässigkeit ihrer Nachholung. Unterlassene *Rückstellungen mit Verpflichtungscharakter* (Rdn. 5) sind zwingend im letzten noch nicht festgestellten Jahresabschluß nachzuholen,[35] da für sie in der Handelsbilanz[36] eine uneingeschränkte Passivierungspflicht besteht. Für die Aufwandsrückstellungen wegen unterlassener Instandhaltung und Abraumbeseitigung – oben Rdn. 4 Fälle (3), (4) und (6) – stellt sich die Problematik in dieser Form nicht, weil die Rückstellungsbildung hier per definitionem an die Nachholung der Aufwendungen im folgenden Geschäftsjahr geknüpft ist. Fraglich ist allerdings, ob für die entsprechenden Aufwendungen zu einem späteren Zeitpunkt Aufwandsrückstellungen nach Abs. 2 gebildet oder ob die Instand-

[29] Statt anderer ADS § 250 Rdn. 6; Beck HdR-*Hayn* B 218 Rdn. 2 ff.

[30] Beck BilKomm-*Clemm/Erle* § 249 Rdn. 16; HdJ-*Herzig/Köster* III/5, Rdn. 26.

[31] Dazu etwa Beck BilKomm-*Clemm/Erle* § 249 Rdn. 100 „Produzentenhaftung" m. w. N.; zur Zulässigkeit von Pauschalrückstellungen für potentiell entstandene Gewährleistungsverpflichtungen EuGH (5. Kammer), 14. 9. 1999, Rs. C-275/97, BB 1999, 2291; hierzu näher *Berndt* ZfbF 53 (2001), 366 ff.

[32] S. etwa ADS § 249 Rdn. 40 f; Beck BilKomm-*Clemm/Erle* § 249 Rdn. 16 a. E.; zu Einzelheiten HdJ-*Herzig/Köster* III/5, Rdn. 41 ff.

[33] S. dazu auch BGH BB 1991, 507, 509 m. w. N.

[34] HdJ-*Herzig/Köster* III/5, Rdn. 27.

[35] Beck BilKomm-*Clemm/Erle* § 249 Rdn. 19; HdJ-*Herzig/Köster* III/5, Rdn. 28.

[36] Zur Nachholung unterlassener Rückstellungen in der Steuerbilanz s. Beck BilKomm-*Clemm/Erle* § 249 Rdn. 20.

Detlef Kleindiek

setzungs- bzw. Beseitigungsrückstellungen ggf. als Aufwandsrückstellungen nach Abs. 2 fortgeführt werden können (s. dazu Rdn. 80 ff).

17   Ob bewußt unterlassene **Aufwandsrückstellungen nach Abs. 2** nachgeholt werden dürfen, ist strittig. Die Nachholung wird von vielen für zulässig gehalten, weil die Vorschrift die Rückstellungsbildung ausdrücklich auch für solche Aufwendungen zulasse, die nicht dem abgelaufenen, sondern einem früheren Geschäftsjahr zuzuordnen seien.[37] Dem ist nicht zu folgen. Zum einen soll mit dieser Formulierung des Gesetzes nicht die Nachholung bewußt unterlassener Rückstellungen erlaubt, sondern die Fortschreibung gebildeter Aufwandsrückstellungen in späteren Geschäftsjahren (also die Ansammlung der Rückstellung) ermöglicht werden.[38] Zum anderen gerät die spätere Nachholung bewußt unterlassener Aufwandsrückstellungen in Konflikt mit dem Stetigkeitsgebot aus § 252 Abs. 1 Nr. 6 (s. die Erläuterungen § 252, 41 ff). Dabei kommt es nicht entscheidend darauf an, ob das – in § 252 Abs. 1 den *Bewertungs*prinzipien zugeordnete – Stetigkeitsgebot auch für den Bilanz*ansatz* Geltung beanspruchen kann.[39] Denn mit dem Verzicht auf die Rückstellungsbildung hat der Bilanzierende seine Entscheidung hinsichtlich des Bilanzansatzes getroffen. Die Folgeentscheidungen sind dem Bereich der Bewertung zuzuordnen,[40] für den das Stetigkeitsgebot jedenfalls gilt. Die spätere Nachholung einer zunächst unterlassenen Rückstellung kommt einer Änderung der Bewertungsmethode gleich[41] und ist deshalb nur in begründeten Ausnahmefällen zuzulassen (§ 252 Abs. 2), nämlich wenn neue Erkenntnisse die Bildung von Rückstellungen für Aufwendungen rechtfertigen, die früheren Geschäftsjahren zuzurechnen sind.[42]

18   **c) Auflösung von Rückstellungen.** Nach Abs. 3 S. 2 dürfen Rückstellungen nur aufgelöst werden, soweit der Grund hierfür entfallen ist. Das ist für Pflichtrückstellungen ohnehin selbstverständlich, gilt aber auch für solche Rückstellungen, die in Ausübung eines Wahlrechts gebildet worden sind.[43] Die Vorschrift enthält freilich zugleich ein Auflösungs*gebot*: soweit der Grund für die Rückstellungsbildung entfallen ist, muß die Rückstellung aufgelöst werden.[44] Deshalb ist etwa statt einer bisherigen Verbindlichkeitsrückstellung (Abs. 1 S. 1, 1. Alt.) eine Verbindlichkeit zu passivieren, sobald die Ungewißheit der Verpflichtung entfällt.

---

[37] In diesem Sinne etwa ADS § 249 Rdn. 218; *Dörner* WPg 1991, 264, 268; HdJ-*Herzig/Köster* III/5, Rdn. 29; *Kusterer* Heidelberger Komm-HGB (1999⁵) § 249 Rdn. 38c; HdR-*Mayer-Wegelin* § 249 Rdn. 245; Beck HdR-*Scheffler* B 233 Rdn. 258 u. 262; *Streim* BB 1985, 1575, 1581 f; im Ergebnis auch MünchKommHGB-*Ballwieser* § 249 Rdn. 104.

[38] *Kupsch* ZfB-Ergänzungsheft 1/1987, S. 67, 74 f; übereinstimmend etwa Beck BilKomm-*Clemm/Erle* § 249 Rdn. 311; *Eder* Aufwandsrückstellungen S. 93 f; *Hennrichs* Wahlrechte S. 362; *Kapps* Aufwandsrückstellungen S. 133; *Kessler* Rückstellungen S. 173; Baumbach/Hueck/*Schulze-Osterloh* § 42 Rdn. 202.

[39] Näher zum Meinungsstand § 252, 46.

[40] S. schon *Biener/Berneke* Bilanzrichtlinien-Gesetz S. 82.

[41] Beck BilKomm-*Clemm/Erle* § 249 Rdn. 311; *Glade* § 249 Rdn. 140 f; *Hennrichs* Wahlrechte S. 363; Bonner HdR-*Kupsch* § 249 Rdn. 52;

Ordelheide/Hartle GmbHR 1996, 9, 17; *Siegel* BFuP 1987, 301, 314; wohl auch Heymann/*Walz* § 249 Rdn. 56.

[42] I.E. wie hier (wenn auch nicht auf die Bewertungsstetigkeit, sondern das true-and-fair-view-Gebot aus § 264 Abs. 2 S. 1 abstellend) Baumbach/Hueck/*Schulze-Osterloh* § 42 Rdn. 202; ferner *Borstell* Aufwandsrückstellungen S. 181 f, der auf die Zielsetzung eines periodengerechten Gewinnausweises abstellt; ebenso wohl *Wiedmann* BilanzR § 249 Rdn. 79 = Ebenroth/Boujon/Joost/*ders.* § 249 Rdn. 79; i. E. wie im Text (wenn auch ohne nähere Begründung) Baumbach/*Hopt* § 249 Rdn. 26; *Marsch-Barner* Gemeinschaftskommentar z. HGB (1999⁶) § 249 Rdn. 23.

[43] ADS § 249 Rdn. 52; *Glade* § 249 Rdn. 20; HdJ-*Herzig/Köster* III/5, Rdn. 32.

[44] ADS § 249 Rdn. 253; Beck BilKomm-*Clemm/Erle* § 249 Rdn. 21 u. 327; HdJ-*Herzig/Köster* III/5, Rdn. 32; Bonner HdR-*Kupsch* § 249 Rdn. 55; HdR-*Mayer-Wegelin* § 249 Rdn. 255 f.

7. Ausweis im Jahresabschluß

Für **Kapitalgesellschaften**, ihnen nach § 264a gleichgestellte Personenhandels- **19**
gesellschaften ohne mindestens eine natürliche Person als „Vollhafter" sowie für eingetragene Genossenschaften (§ 336 Abs. 2 S. 1) und Unternehmen, die dem PublG
unterliegen (§ 5 Abs. 1 PublG), ist die Gliederungsvorschrift des § 266 Abs. 3 Passivseite B 1–3 zu beachten. Danach sind Rückstellungen für Pensionen und ähnliche Verpflichtungen, Steuerrückstellungen sowie sonstige Rückstellungen je gesondert auszuweisen. Kleine Kapitalgesellschaften (§ 267 Abs. 1) dürfen die Rückstellungen freilich
in einem Posten zusammenfassen (§ 266 Abs. 1 S. 3).

Mittelgroße und große Kapitalgesellschaften (§ 267 Abs. 2 u. 3) sowie die ihnen **20**
gleichgestellten Unternehmen sind nach §§ 285 Nr. 12, 288 zudem verpflichtet, die im
Posten „sonstige Rückstellungen" enthaltenen Rückstellungen im **Anhang** zu erläutern, wenn sie einen nicht unerheblichen Umfang haben und in der Bilanz nicht gesondert ausgewiesen werden.[45] Das ist namentlich für die Aufwandsrückstellungen nach
Abs. 2 von praktischer Bedeutung. Zu den bestehenden Sondervorschriften für Kreditinstitute und Versicherungsunternehmen s. im übrigen den Hinweis oben Rdn. 2.

8. Rückstellungen in der Steuerbilanz

Nach dem in § 5 Abs. 1 S. 1 EStG verankerten Maßgeblichkeitsgrundsatz – näher **21**
dazu Anh. § 243, 4 ff (*Hüffer*) – ist auch für die Steuerbilanz das nach den handelsrechtlichen Grundsätzen ordnungsmäßiger Buchführung auszuweisende Vermögen anzusetzen. Insbesondere mit Blick auf die Behandlung von Rückstellungen wird jene Maßgeblichkeit der Handelsbilanz für die Steuerbilanz jedoch in vielfältiger Weise
eingeschränkt. Handelsbilanzielle Wahlrechte zur Rückstellungsbildung bewirken für
die Steuerbilanz ein Ansatzverbot.[46] Rückstellung für drohende Verluste aus schwebenden Geschäften dürfen nach § 5 Abs. 4a EStG (i. d. F. v. 29. 10. 1997, BGBl. I
S. 2590) in der Steuerbilanz nicht mehr gebildet werden.[47] Diese und andere steuerrechtliche Vorschriften haben dazu geführt, daß heute mit Recht von einem „genuin steuerbilanziellen Rückstellungsrecht" gesprochen wird.[48] Die einschlägige, umfangreiche
Rechtsprechung des BFH ist nicht frei von Widersprüchen.[49] Auf nähere Einzelheiten
ist hier nur einzugehen, soweit sie für Fragen der Handelsbilanz unmittelbar relevant
sind. Im übrigen sind die spezifisch steuerrechtlichen Voraussetzungen und Grenzen der
Rückstellungsbildung im Rahmen dieser Kommentierung nicht zu erörtern; dazu muß
auf das steuerrechtliche Spezialschrifttum[50] verwiesen werden.

II. Rückstellungen für ungewisse Verbindlichkeiten (Abs. 1 S. 1, 1. Alt.)

1. Überblick

Nach Abs. 1 S. 1 sind Rückstellungen für **ungewisse Verbindlichkeiten** zu bilden. **22**
Die Verbindlichkeitsrückstellungen knüpfen damit an Verpflichtungen des Bilanzierenden gegenüber Dritten („Außenverpflichtungen") an, die in Grund oder Höhe

---

[45] Dazu auch HdJ-*Herzig/Köster* III/5, Rdn. 53 ff;
HdR-*Mayer-Wegelin* § 249 Rdn. 23.

[46] Seit der Grundsatzentscheidung des GrS, BFH,
3. 2. 1969, GrS 2/68, BStBl II, 291, 293.

[47] Dazu statt anderer Beck BilKomm-*Clemm/Erle*
§ 249 Rdn. 80 ff; *Herzig/Rieck* BB 1998, 311 ff;
HdJ-*Herzig/Köster* III/5, Rdn. 295 ff.

[48] So Beck BilKomm-*Clemm/Erle* § 249 Rdn. 14
mit einer Zusammenstellung der einschlägigen

Vorschriften; s. auch die Übersicht bei *Ringwald*
INF 2000, 417 ff.

[49] Instruktiver Überblick bei *Schön* BB 1994, Beilage 9.

[50] Etwa *Blümich/Schreiber* EStG § 5 Rdn. 785 ff;
Bordewin in Bordewin/Brandt EStG §§ 4–5
Rdn. 1050 ff; Kirchhof/Söhn/*Lambrecht* EStG
§ 5 D 1 ff; *Schmidt/Weber-Grellet* EStG § 5
Rdn. 351 ff.

ungewiß sind. Rückstellungen, denen eine solche Verpflichtung nicht zugrundeliegt, sind nur in der Form von Aufwandsrückstellungen (oben Rdn. 6) möglich. Ist die Verpflichtung zum Abschlußstichtag in Grund und Höhe gewiß, ist sie also bereits (vollständig) entstanden und der Höhe nach eindeutig bestimmt, so ist eine Verbindlichkeit zu passivieren.

23   Dem Grunde nach ungewisse Verbindlichkeiten müssen jedenfalls hinreichend konketisiert, d. h. ihr **Be- oder Entstehen** muß hinreichend **wahrscheinlich** sein (Rdn. 28). Zudem setzt eine Rückstellungsbildung für dem Grunde oder der Höhe nach ungewisse Verbindlichkeiten voraus, daß der Bilanzierende **mit einer Inanspruchnahme zu rechnen** hat (Rdn. 30 f); fehlt es daran, so ist keine Rückstellung in der Bilanz zu buchen, sondern unter den Voraussetzungen des § 251 ein Vermerk *unter* der Bilanz veranlaßt (s. die Erläuterungen zu § 251). Und schließlich setzt die Rückstellungsbildung für ungewisse Verbindlichkeiten die Zurechnung der Verpflichtung zum abgelaufenen (oder einem früheren) Geschäftsjahr voraus. In Anknüpfung an die Rechtsprechung des BFH wird verbreitet von der „wirtschaftlichen Verursachung" zum Abschlußstichtag gesprochen (näher Rdn. 33). Die Konketisierung jener Zuordnungsvoraussetzungen und ihre möglicherweise rückstellungsbegrenzende Wirkung ist Gegenstand einer kontrovers geführten Diskussion (s. Rdn. 34 ff); die Entwicklung ist hier noch ganz im Fluß.

2. Nach Grund oder Höhe ungewisse Verpflichtungen

24   Verbindlichkeitsrückstellungen knüpfen an rechtliche (oder faktische) Verpflichtungen des Bilanzierenden an, die in Grund oder Höhe ungewiß sind. Sie setzen also eine Verpflichtung gegenüber Dritten („**Außenverpflichtung**") voraus. Die Person des Dritten muß nicht notwendig bekannt sein;[51] deshalb sind etwa Rückstellungen für drohende Produzentenhaftung nicht davon abhängig, daß die Geschädigten schon individualisiert sind.[52]

25   Die Rückstellung beruht regelmäßig auf einer **rechtlichen Verpflichtung** (zu faktischen Verpflichtungen sogleich Rdn. 26), die eine zivilrechtliche oder auch öffentlich-rechtliche Grundlage haben kann. Zur zweiten Gruppe gehören etwa Steuerrückstellungen, Rückstellungen für Altlastensanierung oder solche für die Erfüllung der gesetzlichen Pflicht zu Aufstellung und Prüfung des Jahresabschlusses;[53] zur *Rückstellung für latente Steuern* s. § 274 Abs. 1 und die Erläuterungen dort. Der Verpflichtungsgegenstand kann in einer Geldleistung oder in sonstigen Liefer- und Leistungspflichten bestehen.[54] Rückstellungsfähig und -pflichtig sind auch selbständige Nebenverpflichtungen mit genau umschriebenem Gegenstand wie die Abrechnungsverpflichtung nach § 14 VOB/B[55] sowie als unselbständige Nebenleistungen alle Aufwendungen, die zur Erfüllung der Verpflichtung erforderlich sind.[56] Wo der Ver-

---

[51] ADS § 249 Rdn. 44; Beck BilKomm-*Clemm/Erle* § 249 Rdn. 30, je m. w. N.

[52] Anders freilich, wo noch keine konkreten Anhaltspunkte für eingetretene Drittschäden bestehen; dazu noch unten Rdn. 31.

[53] Näher etwa ADS § 249 Rdn. 49; *Herzig* DB 1990, 1341, 1342 ff. Zur hinreichenden Konkretisierung von Verpflichtungen auf öffentlich-rechtlicher Grundlage s. unten Rdn. 29.

[54] ADS § 249 Rdn. 46; Beck BilKomm-*Clemm/Erle* § 249 Rdn. 32; HdR-*Mayer-Wegelin* § 249 Rdn. 35.

[55] Weiterführend auch zur Abgrenzung zu den unselbständigen Nebenverpflichtungen: HdR-*Mayer-Wegelin* § 249 Rdn. 36.

[56] ADS § 249 Rdn. 58; Beck BilKomm-*Clemm/Erle* § 249 Rdn. 27 f, je m. w. N.; speziell zu den Schadensregulierungsaufwendungen der Versicherer s. etwa ADS § 249 Rdn. 56 f und nunmehr § 341g Abs. 2 HGB.

tragspartner eines Dauerschuldverhältnisses eine Vorleistung erbracht hat, ist für den Erfüllungsrückstand eine Verbindlichkeitsrückstellung zu bilden, auch wenn die ausstehende Leistung des Bilanzierenden noch nicht fällig ist (näher unten Rdn. 53).

Den Verbindlichkeitsrückstellungen müssen nicht notwendig rechtliche oder **26** rechtlich durchsetzbare Leistungsverpflichtungen zugrundeliegen. Entsprechend den allgemeinen Kriterien des bilanzrechtlichen Verbindlichkeitsbegriffs (§ 246, 25 ff) genügen vielmehr auch sog. **faktische Leistungspflichten**, denen sich der Bilanzierende aus tatsächlichen oder wirtschaftlichen Gründen nicht entziehen kann.[57] Die in Abs. 1 S. 2 Nr. 2 ausdrücklich genannten Rückstellungen für Gewährleistungen, die ohne rechtliche Verpflichtung erbracht werden, bilden deshalb schon eine Fallgruppe der Verbindlichkeitsrückstellungen nach Abs. 1 S. 1, 1. Alt. Die Regelung in Abs. 1 S. 2 Nr. 2 hat lediglich deklaratorischen Charakter.[58]

Für die Rückstellungsbildung muß die **Verpflichtung nach Grund oder Höhe 27 unbestimmt** sein; nach Grund und Höhe bestimmte Verpflichtungen sind als Verbindlichkeiten zu passivieren (s. § 246, 25). Die Ungewißheit dem Grunde nach bezieht sich auf das Entstehen, jene der Höhe nach auf den Umfang der nämlichen Verpflichtung. Auch eine rechtlich noch nicht (voll) entstandene Verpflichtung kann nach den allgemeinen Grundsätzen freilich als Verbindlichkeit zu passivieren sein: wenn die Vollendung des Entstehungstatbestandes als sicher zu gelten hat und die Verbindlichkeit der abgelaufenen (oder einer früheren) Abrechnungsperiode zuzuordnen ist (s. § 246, 26).

3. Wahrscheinlichkeit der be- oder entstehenden Verbindlichkeit

Zur weiteren *Konkretisierung der Voraussetzungen für die Rückstellungsfähigkeit* **28** *(und -pflichtigkeit)* ungewisser Verbindlichkeiten sind eine Reihe eingrenzender Kriterien entwickelt worden, die der Objektivierung, aber auch der Periodenabgrenzung dienen.[59] So müssen dem Grunde nach ungewisse Verbindlichkeiten jedenfalls hinreichend konketisiert, d. h. ihr **Be- oder Entstehen** muß **wahrscheinlich** sein. Dem Grunde nach unsicher ist eine Verbindlichkeit, wenn die Merkmale ihres Entstehungstatbestandes noch nicht (vollständig) erfüllt und ihre Vollendung auch nicht als sicher zu gelten hat (oben Rdn. 27) oder wenn begründeter Streit über den Bestand der Verbindlichkeit besteht. Rückstellungsfähig ist eine solche Verbindlichkeit aber nur, wenn – wie der BFH für Verpflichtungen auf privatrechtlicher Grundlage formuliert hat – die Verbindlichkeit mit einiger Wahrscheinlichkeit besteht oder entstehen wird,[60] wenn der Bilanzierende mit ihrem Be- oder Entstehen ernsthaft zu rechnen hat.[61] Diese objektivierenden Kriterien müssen auch für das Handelsbilanzrecht gelten; sie sind freilich nicht im Sinne einer statistischen Wahrscheinlichkeit von mehr als 50 % o. ä. zu verstehen, sondern erfordern eine am Vorsichtsprinzip orientierte Beurteilung aus der Sicht eines ordentlichen Kaufmanns.[62]

[57] S. etwa BGH BB 1991, 507, 508; BFH, 15. 3. 1999, I B 95/98, FR 1999, 801; ADS § 249 Rdn. 52 f; Beck-BilKomm-*Clemm/Erle* § 249 Rdn. 31 sowie die Nachw. hier § 246, 27 Fn. 75.

[58] Statt anderer ADS § 249 Rdn. 54.

[59] S. zuletzt HdJ-*Herzig/Köster* III/5, Rdn. 90 ff.

[60] BFH, 17. 7. 1980, IV R 10/76, BSBl II 1981, 669, 671; BFH, 28. 6. 1989, I R 86/85, BStBl II 1990, 550, 552; BFH, 13. 11. 1991, I R 78/89, BStBl II 1992, 177, 179; BFH, 2. 12. 1992, I R 46/91, BStBl II 1993, 109, 110.

[61] BFH, 17. 7. 1980, IV R 10/76, BSBl II 1981, 669, 671f.

[62] Im Ansatz übereinstimmend MünchKomm-HGB-*Ballwieser* § 249 Rdn. 13; Beck BilKomm-*Clemm/Erle* § 249 Rdn. 33; HdJ-*Herzig/Köster* III/5, Rdn. 102; für eine Mindestwahrscheinlichkeit von 10 % als Anhaltspunkt Beck HdR-*Scheffler* B 233 Rdn. 53.

29   Für **öffentlich-rechtliche Verpflichtungen** hat der BFH verschärfende Anforderungen an die „hinreichende Konkretisierung" entwickelt, nach denen dem Steuerpflichtigen durch Gesetz oder Verwaltungsakt eine bestimmte (genau konkretisierte) Maßnahme aufgegeben sein muß, die innerhalb eines bestimmten Zeitraums zu erfüllen ist.[63] Hintergrund dieser Verschärfung ist nicht zuletzt das Bemühen, die Verbindlichkeitsrückstellungen von den steuerrechtlich unzulässigen Aufwandsrückstellungen abzugrenzen.[64] Im Ergebnis führt die Rechtsprechung des BFH jedoch dazu, daß für öffentlich-rechtliche Verpflichtungen ein Ungewißheitsmoment hinsichtlich Art und Weise der Inanspruchnahme die Rückstellungsfähigkeit beseitigt. Im Schrifttum ist ein solches „Sonderrecht für öffentlich-rechtliche Verpflichtungen"[65] deshalb mit Recht heftig kritisiert worden, weil es den gesetzlichen Voraussetzungen für die Bilanzierung von Rückstellungen eklatant widerspreche.[66] Der skizzierten Rechtsprechung ist für die Handelsbilanz *nicht* zu folgen.[67]

4. Wahrscheinlichkeit der Inanspruchnahme aus der Verbindlichkeit

30   Die Bildung einer Rückstellung für ungewisse Verbindlichkeiten setzt weiterhin voraus, daß die **Inanspruchnahme** aus der Verbindlichkeit **wahrscheinlich** ist. Diese Rückstellungsvoraussetzung ist von dem soeben erörterten Erfordernis einer wahrscheinlich be- oder entstehenden Verbindlichkeit zu trennen.[68] Sie ist auch dort zu prüfen, wo die Verbindlichkeit dem Grunde nach schon sicher entstanden und nur in ihrer Höhe noch ungewiß ist. Erforderlich ist, daß der Bilanzierende mit einer Inanspruchnahme aus der Verpflichtung ernsthaft zu rechnen hat.[69] Dafür ist wiederum auf die Sicht eines sorgfältigen und gewissenhaften Kaufmanns abzustellen,[70] nicht aber auf eine statistische Wahrscheinlichkeit, etwa im Sinne von mehr als 50 % o. ä.[71]

31   Mit Blick auf das **Vorsichtsprinzip** (§ 252 Abs. 1 Nr. 4; s. die Erläuterungen § 252, 22 ff) ist die fehlende Wahrscheinlichkeit einer Inanspruchnahme aus einer (zumindest wahrscheinlich) be- oder entstehenden Verbindlichkeit nur ausnahmsweise und unter engen Voraussetzungen anzunehmen. Bei einer dem Grunde nach gewissen Verbindlichkeit geht der BFH seit längerem von einer Vermutung aus, daß mit der Inanspruchnahme zu rechnen sei.[72] Ganz ähnlich sieht er es bei dem Grunde nach noch ungewissen,

---

[63] S. stellvertretend BFH, 12.12.1991, IV R 28/91, BStBl II 1992, 600, 603 und – mit Einschränkungen gegenüber dem bislang zusätzlich geforderten Merkmal der „Sanktionierung" – BFH, 19.10.1993, VIII R 14/92, BStBl II 891, 892 f; zuletzt BFH, 8.11.2000, I R 6/96, BStBl II 2001, 570 ff; BFH, 27.6.2001, I R 45/97, DB 2001, 1698 f; weitere Nachw. zur BFH-Rechtsprechung bei ADS § 249 Rdn. 50; Kirchhof/Söhn/*Lambrecht* EStG § 5 D 49 ff; *Schmidt/Weber-Grellet* EStG § 5 Rdn. 364; zusammenfassende Würdigung bei HdJ-*Herzig/Köster* III/5, Rdn. 114 ff; eingehend *Daub* Rückstellungen S. 155 ff; *Köster* Umweltschutzverpflichtungen S. 74 ff.

[64] ADS § 249 Rdn. 50.

[65] *Herzig* DB 1990, 1341, 1345.

[66] So etwa *Schön* BB 1994, Beilage 9, S. 1, 8; zahlr. weitere Nachw. zur Diskussion im Schrifttum bei ADS § 249 Rdn. 51.

[67] Ablehnend auch ADS § 249 Rdn. 51; Beck BilKomm-*Clemm/Erle* § 249 Rdn. 29; HdJ-*Herzig/Köster* III/5, Rdn. 114 ff; Heymann/*Walz* § 249 Rdn. 12.

[68] Weil das Wahrscheinlichkeitskriterium beiden Rückstellungsvoraussetzungen gemeinsam ist, werden sie nicht selten in einem Atemzug genannt; s. etwa BFH, 2.10.1992, III R 54/91, BStBl II 1993, 153, 154 u. ADS § 249 Rdn. 74; wie hier Beck BilKomm-*Clemm/Erle* § 249 Rdn. 42.

[69] BFH, 17.7.1980, IV R 10/76, BStBl II 1981, 669, 671; Beck BilKomm-*Clemm/Erle* § 249 Rdn. 43.

[70] BFH, 27.11.1997, IV R 95/96, DB 1998, 1210, 1211.

[71] Wie hier etwa ADS § 249 Rdn. 75; *Daub* Rückstellungen S. 141 ff; HdJ-*Herzig/Köster* III/5, Rdn. 104 u. 107; HdR-*Mayer-Wegelin* § 249 Rdn. 54; *Naumann* Rückstellungen S. 123 ff; für „51 % Wahrscheinlichkeit" aber Heymann/*Walz* § 249 Rdn. 16.

[72] BFH, 11.11.1981, I R 157/79, BStBl II 1982, 748, 749; BFH, 22.11.1988, VIII R 62/85, BStBl II 1989, 359, 361; HdJ-*Herzig/Köster* III/5, Rdn. 105.

aber wahrscheinlichen Verpflichtungen auf vertraglicher Grundlage, da der Gläubiger seinen Anspruch hier typischerweise kenne.[73] Für nicht vertraglich (einseitig) begründete Verbindlichkeiten – sei es auf privatrechtlicher oder öffentlich-rechtlicher Grundlage – soll die Rückstellungsfähigkeit demgegenüber davon abhängen, daß sich die *Gläubigerkenntnis vom Anspruch* (oder die unmittelbar bevorstehende Kenntnis) positiv feststellen lasse.[74] Indes kann es auf die Kenntnis des Gläubigers (bzw. der zuständigen Behörde) schlechterdings nicht ankommen. Mit der Inanspruchnahme aus einer (gewissen oder wahrscheinlich bestehenden) Verpflichtung hat der Bilanzierende auch dann zu rechnen, wenn der Berechtigte noch keine Kenntnis vom bestehenden Anspruch hat; denn die kann er jederzeit erlangen. Solange ihm diese Kenntnis fehlt, bleibt die Inanspruchnahme des Bilanzierenden aus der Verpflichtung zwar noch ungewiß. Aber diese Ungewißheit ist kein Hindernis, sondern allenfalls ein Grund für die Rückstellungsbildung.[75] Das mag anders sein, wenn – etwa mit Blick auf die Rückstellungsbildung für Produkthaftungsrisiken – noch nicht einmal dem potentiellen Schuldner klar ist, ob es einen Gläubiger überhaupt gibt.[76] Doch betreffen solche Fälle typischerweise schon das Entstehen der Verpflichtung. Fehlen nämlich konkrete Anhaltspunkte dafür, daß Dritte überhaupt zu Schaden gekommen sind, wird man von einer hinreichend konkretisierten Schadensersatzverpflichtung noch kaum sprechen können.[77]

Muß der Bilanzierende nicht mit einer Inanspruchnahme aus der Verpflichtung **32** rechnen, so ist weder eine Verbindlichkeit zu passivieren noch eine Rückstellung zu buchen; für die in § 251 genannten Haftungsverhältnisse bedarf es dann lediglich eines **Vermerks unter der Bilanz** (s. die Erläuterungen zu § 251).

5. Periodengerechte Zuordnung

a) Die Rechtsprechung des BFH. Die Rückstellungsbildung für ungewisse Ver- **33** bindlichkeiten setzt schließlich die Zurechnung der Verpflichtung zum abgelaufenen (oder einem früheren) Geschäftsjahr voraus. Der Bundesfinanzhof stellt hierzu in ständiger Rechtsprechung[78] auf die „wirtschaftliche Verursachung" der ungewissen Verbindlichkeit zum Abschlußstichtag ab. Die *„wirtschaftliche Verursachung"* der Verbindlichkeit wird dabei als gegeben angesehen, wo die *„wirtschaftlich wesentlichen Tatbestandsmerkmale"* der Verpflichtung erfüllt seien und das Entstehen der Verbindlichkeit nur noch von wirtschaftlich unwesentlichen Merkmalen abhänge.[79] Damit wird auf die Elemente (Merkmale) des rechtlichen Entstehungstatbestandes abgestellt, wenn auch auf ihre „wirtschaftlich wesentlichen". Die Bestandteile des rechtlichen Entstehungstatbestandes einer Verpflichtung sind bestimmbar, der Begriff der „wirt-

---

[73] BFH, 19.10.1993, VIII R 14/92, BStBl II 891, 893.

[74] BFH BStBl II 1993, 891, 893.

[75] Mit Recht ablehnend gegenüber der skizzierten Rechtsprechung des BFH deshalb die ganz h.M. im bilanzrechtlichen Schrifttum; s. etwa ADS § 249 Rdn. 75; Beck BilKomm-*Clemm/Erle* § 249 Rdn. 44 a.E.; *Daub* Rückstellungen S. 146 ff; HdJ-*Herzig/Köster* III/5, Rdn. 111 f; *Schön* BB 1994, Beilage 9, S. 1, 8 f; Baumbach/Hueck/*Schulze-Osterloh* § 42 Rdn. 189; weitere Nachw., auch zu einzelnen zustimmenden Äußerungen bei ADS aaO; *Altmeier* Rückstellungsbilanzierung S. 71 ff.

[76] Hier sieht *Schön* BB 1994, Beilage 9, S. 1, 9 die Inanspruchnahme noch nicht als hinreichend wahrscheinlich an.

[77] Anders wiederum, wenn der Schadenseintritt sicher oder wahrscheinlich, die Geschädigten aber noch nicht individualisiert sind; s. dazu schon oben Rdn. 24.

[78] S. dazu etwa die Übersichten bei *Blümich/Schreiber* EStG § 5 Rdn. 799 ff; *Bordewin* in Bordewin/Brandt EStG §§ 4–5 Rdn. 1109 ff; *Glade* § 249 Rdn. 52 ff; *Janke* Dauerschuldverträge S. 68 ff; Kirchhof/Söhn/*Lambrecht* EStG § 5 D 78 ff; *Moxter* Bilanzrechtsprechung § 9; Schmidt/*Weber-Grellet* EStG § 5 Rdn. 381 ff.

[79] Stellvertretend BFH, 1.8.1984, I R 88/80, BStBl II 1985, 44, 44.

schaftlichen Wesentlichkeit" ist jedoch interpretationsbedürftig. Zur Interpretation stellt der BFH zum einen auf die weitgehende Verwirklichung des rechtlichen Entstehungstatbestandes vor dem Bilanzstichtag ab,[80] mitunter im Sinne der rechtlichen Unentziehbarkeit der Verpflichtung aus Sicht des Steuerpflichtigen:[81] Wo die Vollendung des rechtlichen Entstehungstatbestandes dem Einfluß des Steuerpflichtigen entzogen sei und nur noch vom Willen des Gläubigers abhänge, sei die Verbindlichkeit wirtschaftlich wesentlich verursacht.[82] Zugleich wird die wirtschaftlich wesentliche Verursachung freilich von der Verknüpfung der noch nicht vollständig entstandenen Verbindlichkeit mit dem wirtschaftlichen Geschehen der Abrechnungsperiode abhängig gemacht. In einer Reihe von Entscheidungen hat sich der BFH der Formel bedient, die Erfüllung der Verpflichtung müsse nicht nur an Vergangenes anknüpfen, sondern auch Vergangenes abgelten.[83] Damit wird auf eine namentlich von *Moxter* entwickelte Lehre[84] Bezug genommen, welche für die Zuordnung ungewisser Verbindlichkeiten zur jeweiligen Abrechnungsperiode – unter Anknüpfung an das Realisationsprinzip – darauf abstellt, ob die künftigen Ausgaben Erträge vor dem Abschlußstichtag „alimentieren". Nichts anderes meint der BFH, wenn er die Bildung einer Rückstellung von der „konkretisierte(n) Zugehörigkeit künftiger Ausgaben zu bereits realisierten Erträgen" abhängig machen will.[85] Es geht also um eine periodengerechte Zuordnung ungewisser Verbindlichkeit und in diesem Sinne um den *rückstellungsbegrenzenden Rückgriff auf das Realisationsprinzip*.[86] Der Bundesgerichtshof hat sich dieser BFH-Rechtsprechung in einer Entscheidung aus dem Jahre 1991 angeschlossen.[87]

34   **b) Meinungsstand im Schrifttum und Kritik.** Die Relevanz des – in § 252 Abs. 1 Nr. 4 (s. die Erläuterungen § 252, 22 ff) unvollständig als bloßer Bewertungsgrundsatz kategorisierten – Realisationsprinzips für den Bilanzansatz ist heute überwiegend akzeptiert, und zwar auch mit Blick auf den Ausweis von Aufwendungen.[88] Einer Reihe von gesetzlichen Regelungen (so zur Aktivierung unfertiger Leistungen und geleisteter Anzahlungen sowie zur aktiven Rechnungsabgrenzung; vgl. auch § 250, 4) liegt das Ziel einer periodengerechten Aufwands- und Ertragszuordnung zugrunde, das seinerseits vom Realisationsprinzip vorgegeben wird.[89] Es ist deshalb durchaus folgerichtig, wenn auch für den Ausweis künftiger Aufwendungen im Rahmen der Rückstellungsbildung die Wertungen des Realisationsprinzips fruchtbar gemacht und zur Steuerung der Rückstellungsbildung eingesetzt werden. Fraglich ist jedoch, inwieweit dies gerade mit rückstellungs*begrenzender* Wirkung geschehen kann. Das Problem stellt sich in aller Deutlichkeit für solche Verbindlichkeiten, die dem Grunde nach schon sicher entstanden und nur der Höhe nach ungewiß sind. Kann das Realisations-

---

[80] Stellvertretend BFH, 24. 6. 1969, I R 15/68, BStBl II 581, 582.

[81] S. die Nachw. und Analyse bei *Schön* BB 1994, Beilage 9, S. 1, 4 f; ferner *Altmeier* Rückstellungsbilanzierung S. 86 ff.

[82] So etwa BFH, 19. 5. 1987, VIII R 327/83, BStBl II, 848, 849.

[83] Auch dafür stellvertretend BFH BStBl II 1987, 848, 850; s. hierzu etwa *Christiansen* BFuP 1994, 25, 29 ff; *Matschke/Schellhorn* FS Sieben S. 447, 451 ff; *Schön* BB 1994, Beilage 9, S. 1, 6 f; *Woerner* BB 1994, 246; *ders.* FS Moxter S. 483, 492 ff.

[84] *Moxter* StuW 1983, 300, 304 ff; *ders.* BB 1984, 1780 ff; *ders.* FS Döllerer S. 447, 455 ff.

[85] BFH, 28. 6. 1989, I R 86/85, BStBl II 1990, 550, 553; BFH, 25. 8. 1989, III R 95/87, BStBl II, 893, 895; BGH BB 1991, 507, 509.

[86] Dazu schon *Herzig* FS L. Schmidt S. 209 ff u. ausführlich HdJ-*ders./Köster* III/5, Rdn. 125 ff, 134 ff.

[87] BGH, 28. 1. 1991, II ZR 20/90, BB 1991, 507, 508 f; dazu *Claussen* ZGR 1992, 254.

[88] Weiterführend *Ballwieser* FS Beusch S. 63, 67; Beck BilKomm-*Clemm/Erle* § 249 Rdn. 36; *Herzig* DB 1990, 1341, 1344; *ders.* FS L. Schmidt S. 209, 212 f, 219; *Moxter* BB 1984, 1780 ff; *ders.* FS Döllerer S. 447, 449 ff; *Schulze-Osterloh* FS Forster S. 653, 656; Baumbach/Hueck/*ders.* § 42 Rdn. 15 m. w. N., auch zu abweichenden Ansichten.

[89] S. die Analyse bei *Schulze-Osterloh* FS Forster S. 653, 657 ff; zum Zusammenhang zwischen Realisationsprinzip und Periodisierung etwa *Moxter* FS Döllerer S. 447, 449 f.

prinzip hier die mangelnde Rückstellungsfähigkeit der künftigen Aufwendungen begründen oder setzen Vorsichts- und Imparitätsprinzip (s. § 252 Abs. 1 Nr. 4 und die Erläuterungen § 252, 22 ff) einem rückstellungsbegrenzenden Rückgriff auf das Realisationsprinzip Grenzen?

Der angesprochene Konflikt tritt nicht auf, wo die Rückstellung künftiger Aufwen- **35** dungen in Rede steht, welche den in der Abrechnungsperiode schon realisierten Erträgen zuzuordnen sind. Hier ist die Rückstellungsbildung (sofern ihre Voraussetzungen im übrigen vorliegen) auch dann geboten, wenn die Verbindlichkeit rechtlich noch nicht (vollständig) entstanden ist.[90] Zweifelhaft und umstritten ist indes die Behandlung jener Fälle, in denen die Verbindlichkeit zum Abschlußstichtag rechtlich schon entstanden, die darauf beruhenden Aufwendungen aber Erträge künftiger Abrechnungsperioden „alimentieren" sollen. Die „**wirtschaftliche Verursachung**", so wird häufig formuliert, sei hier der rechtlichen Entstehung der Verbindlichkeit nachgelagert.[91] Zahlreiche Stimmen wollen dann – im Interesse einer periodengerechten Zuordnung von Aufwendungen und Erträgen – die Rückstellungsbildung erst mit Vollzug der „wirtschaftlichen Verursachung" zulassen und bejahen so die rückstellungsbegrenzende Wirkung des Realisationsprinzips trotz hinreichend konkretisierter Verbindlichkeiten.[92]

Doch läßt sich dem Gesetz eine derart weitreichende Wirkung des Realisations- **36** prinzips nicht entnehmen.[93] Es verlangt gerade im Rahmen der Rückstellungsbildung an zentraler Stelle die *vorgezogene* Berücksichtigung künftiger Aufwendungen: nämlich mit dem Gebot der Rückstellungsbildung für drohende Verluste aus schwebenden Geschäften (Abs. 1 S. 1, 2. Alt.; näher unten Rdn. 51 ff). Die hier zum Ausdruck kommende Wertung – eine Konsequenz aus dem **Imparitätsprinzip**[94] – muß auch im Rahmen der Verbindlichkeitsrückstellungen nach Abs. 1 S. 1, 1. Alt. Beachtung finden. Sie gebietet die Rückstellungsbildung, selbst wo künftige Aufwendungen eindeutig erst späteren Erträgen zuzurechnen sind,[95] sobald das Stichtagsvermögen mit einer Verbindlichkeit belastet ist. Eine solche Belastung tritt spätestens mit einer zum Abschlußstichtag rechtlich vollständig entstandenen Drittverpflichtung ein.[96] Mit Recht

---

[90] Übereinstimmend etwa ADS § 249 Rdn. 69; *W. Müller* ZGR 1981, 126, 139; *Naumann* WPg 1991, 529, 532 f; *Schulze-Osterloh* FS Forster S. 653, 656 f.

[91] S. nur die Fallgruppenbildung bei ADS § 249 Rdn. 68 f; HdJ-*Herzig/Köster* III/5, Rdn. 139; *Naumann* WPg 1991, 529, 532 ff.

[92] S. etwa *Altmeier* Rückstellungsbilanzierung S. 82 ff; MünchKommHGB-*Ballwieser* § 249 Rdn. 20 f; *Böcking* Verbindlichkeitsbilanzierung S. 135 ff, 191 ff; Beck BilKomm-*Clemm/Erle* § 249 Rdn. 40; *Daub* Rückstellungen S. 80; *Förschle/Scheffels* DB 1993, 1197, 1198; *Heddäus* Drohverlustrückstellungen S. 56; *Herzig* DB 1990, 1341, 1347; HdJ-*ders./Köster* III/5, Rdn. 134 ff, 139; *Janke* Dauerschuldverträge S. 96; *Naumann* WPg 1991, 529, 533 ff; *ders.* Rückstellungen S. 142; *Rürup* FS Forster S. 519, 536 f; *Weber-Grellet* BB 1994, 30, 31 f; *ders.* DStR 1996, 896, 904; *Schmidt/ders.* EStG § 5 Rdn. 383 f.

[93] *Schulze-Osterloh* FS Forster S. 653, 656 ff; *ders.* BFuP 1994, 39, 47 f.

[94] Zu diesem grundlegend *Leffson* Grundsätze ordnungsmäßiger Buchführung[7] S. 339 ff.

[95] Eine solch eindeutige Zurechnung ist keineswegs immer möglich. Deshalb treten auch die in Fn. 92 Genannten (unter Hinweis auf das Vorsichtsprinzip) im Zweifel für eine Passivierungspflicht ein, „wenn sich eine wirtschaftlich enge Verknüpfung von künftigen Aufwendungen mit künftigen Erträgen auch mit Hilfe von Bezugsgrößen nicht darstellen" lasse; so Beck BilKomm-*Clemm/Erle* § 249 Rdn. 39 m. w. N.

[96] I. E. wie hier ADS § 249 Rdn. 69; *Bartels* BB 1992, 1311, 1314; *Blümich/Schreiber* EStG § 5 Rdn. 799; *Christiansen* BFuP 1994, 25, 32 ff; *Crezelius* DB 1992, 1353, 1361; *ders.* NJW 1994, 981, 983; *Kupsch* BB 1992, 2320, 2324 f; *Kirchhof/Söhn/Lambrecht* EStG § 5 D 81 f; *Mayer-Wegelin* DB 1995, 1241, 1244 f; HdR-*ders.* § 249 Rdn. 42 f; *W. Müller* ZGR 1981, 126, 139 f; Beck HdR-*Scheffler* B 233 Rdn. 46 u. 57a; *Schön* BB 1994, Beilage 9, S. 1, 7; *Schulze-Osterloh* FS Forster S. 653, 663; *Baumbach/Hueck/ders.* § 42 Rdn. 16 u. 189 m. w. N.; *Winnefeld* Bilanz-Handbuch D 882 u. 999; wohl auch *Strobl* FS Moxter S. 407, 430 f; *Heymann/Walz* § 249 Rdn. 18 a. E. Für die Zulässigkeit einer Verbindlichkeitsrückstellung

Detlef Kleindiek

hat deshalb auch der BFH in verschiedenen Entscheidungen eine Rückstellungspflicht schon immer dann bejaht, wenn zum Abschlußstichtag alle Elemente des rechtlichen Entstehungstatbestandes einer Verpflichtung erfüllt sind, die Höhe der daraus resultierenden Verbindlichkeit aber noch ungewiß ist; für rechtlich bereits entstandene Verbindlichkeiten hat der BFH den rückstellungsbegrenzenden Rückgriff auf das Realisationsprinzip explizit verworfen.[97]

6. Umweltschutzverpflichtungen insbesondere

37   Zu Einzelfällen von Verbindlichkeitsrückstellungen hat sich – für die Rückstellungsbildung in der Steuerbilanz und auf der Grundlage zahlreicher BFH-Entscheidungen – eine umfangreiche **Kasuistik** entwickelt; für die sich hier stellenden Detailprobleme ist auf die verschiedenen Kataloge im einschlägigen Spezialschrifttum zu verweisen.[98] Für den besonders intensiv diskutierten Bereich der **Umweltschutzverpflichtungen** läßt sich zusammenfassend festhalten:

38   a) **Altlastenbeseitigung.** Eine bestehende Verpflichtung zur Beseitigung gefahrträchtiger Verunreinigungen von Boden oder Grundwasser, die sich aus öffentlich-rechtlicher oder zivilrechtlicher Grundlage ergeben kann,[99] ist mit den erforderlichen Sanierungsaufwendungen – soweit sie keinen Anschaffungs- oder Herstellungsaufwand beinhalten (s. Rdn. 7) – rückstellungsfähig; die Sanierungsaufwendungen sind eindeutig nicht künftigen, sondern schon erwirtschafteten Erträgen zuzuordnen.[100] Inwieweit der BFH seine einengende Rechtsprechung zur Konkretisierung öffentlich-rechtlicher Pflichten (oben Rdn. 29) auf solche zur Altlastenbeseitigung angewandt wissen will, ist nicht klar.[101] Soweit der BFH die Rückstellungsfähigkeit der Sanierungsaufwendungen an die positive Kenntnis der zuständigen Behörde von der bestehenden Verpflichtung knüpft (Rdn. 31), ist dem nicht zu folgen. Der Bilanzierende hat eine Rückstellung zu bilden, sobald er Kenntnis von der Altlast und der daraus entstehenden Beseitigungsverpflichtung erlangt; jedoch wird man eine gewisse Konkretisierung der Gefahr einer Inanspruchnahme verlangen müssen.[102] Umstritten und noch nicht hinreichend geklärt ist, in welchem Verhältnis die Rückstellungspflicht zur außerplanmäßigen Abschreibung eines Grundstücks nach § 253 Abs. 2 S. 3 steht, wenn die Nutzungsmöglichkeit wegen der Verunreinigung nachhaltig eingeschränkt und das Grundstück deshalb im Wert gemindert ist.[103]

---

in diesen Fällen *Wiedmann* BilanzR § 249 Rdn. 21 = Ebenroth/Boujon/Joost/*ders.* § 244 Rdn. 21, der sich im übrigen einer Stellungnahme enthält.

[97] So deutlich zuletzt BFH, 27. 6. 2001, I R 45/97, DB 2001, 1698, 1699 f ("findet in der Rechtsprechung des BFH keine Stütze"); s. zuvor etwa BFH, 19. 5. 1987, VIII R 327/83, BStBl II 848, 849; BFH, 28. 6. 1989, I R 86/85, BStBl II 1990, 550, 552; BFH, 12. 12. 1991, IV R 28/91, BStBl II 1992, 600, 601; BFH, 10. 12. 1992, XI R 34/91, BStBl II 1994, 158, 159.

[98] Etwa ADS § 249 Rdn. 133 f; Beck BilKomm-*Clemm/Erle* § 249 Rdn. 100; HdR-*Kessler* § 249 Rdn. 131 ff; HdR-*Mayer-Wegelin* § 249 Rdn. 229 ff; Beck HdR-*Scheffler* B 233 Rdn. 195 ff; WP-Handbuch I Tz. E 99 ff; s. auch die Rechtsprechungs- und Schrifttumshinweise bei Baumbach/Hueck/*Schulze-Osterloh* § 42 Rdn. 190 ff.

[99] Für eine Übersicht über die Rechtsgrundlagen s. etwa ADS § 249 Rdn. 129 f; Beck BilKomm-

Clemm/Erle § 249 Rdn. 100 „Altlastensanierung".

[100] ADS § 249 Rdn. 131; Beck BilKomm-*Clemm/Erle* § 249 Rdn. 100 „Altlastensanierung"; HdR-*Mayer-Wegelin* § 249 Rdn. 101 f.

[101] Offen gelassen in BFH, 19. 10. 1993, VIII R 14/92, BStBl II 891, 893.

[102] Weiterführend (mit Unterschieden im einzelnen) *Bäcker* DStZ 1991, 31, 35; *Bartels* DB 1992, 1095, 1101; *Claussen/Korth* FS Budde S. 105, 114 ff; *Groh* StbJb 1994/95, S. 23, 28 f; *Herzig/Köster* BB 1994, Beilage 23, S. 1, 13; *Herzig/Mayer-Wegelin* § 249 Rdn. 103; *Söffing* FS Ritter S. 257, 259 ff; Baumbach/Hueck/*Schulze-Osterloh* § 42 Rdn. 190 b m. w. N.

[103] Dazu etwa *Claussen/Korth* FS Budde S. 105, 110 ff; Beck BilKomm-*Clemm/Erle* § 249 Rdn. 100 „Altlastensanierung"; Baumbach/Hueck/*Schulze-Osterloh* § 42 Rdn. 190 b, HdJ-*Herzig/Köster* III/5, Rdn. 206 ff; *Kraus-Grün-*

b) Entsorgungs- und Rekultivierungsverpflichtungen. Für zum Abschlußstich- **39** tag nicht erfüllte Entsorgungspflichten (insbesondere solche zur Abfallbeseitigung) ist eine Rückstellung in Höhe des Entsorgungsrückstandes zu bilden.[104] Hinsichtlich der Verpflichtung zur Entsorgung verstrahlter Brennelemente aus Kernkraftwerken wird heute überwiegend eine ratierliche Ansammlungsrückstellung befürwortet; entsprechendes gilt für die Stillegungskosten eines Kernkraftwerks (für das Steuerrecht s. nunmehr § 6 Abs. 1 Nr. 3a Buchst. d EStG).[105] Damit wird nicht zuletzt praktischen Zwängen Rechnung getragen, weil die Bildung einer Vollrückstellung für die künftigen Stillegungskosten schon im Jahr der Inbetriebnahme in aller Regel zur Überschuldung führen würde und deshalb als „höchst unbefriedigend bzw. untragbar"[106] anzusehen ist. Gleichwohl bleibt der Einwand berechtigt, daß die Entsorgungspflicht schon mit der Inbetriebnahme des Kraftwerks begründet wird und der Pflichtenumfang auch nicht etwa mit der Dauer des Betriebes anwächst.[107] Das ist anders hinsichtlich künftiger Aufwendungen für die Erfüllung von Rekultivierungspflichten (etwa zum Gruben- oder Schachtversatz, zur Wiederaufforstung etc.), die deshalb sukzessive entsprechend dem Fortschritt der Bodenausbeute am jeweiligen Abschlußstichtag anzusammeln sind;[108] für Rekultivierungsaufwendungen bildet ein Wertansatz in Gestalt von Ansammlungsrückstellungen die Belastung des Vermögens zum jeweiligen Stichtag zutreffend ab.[109]

c) Anpassungsverpflichtungen betreffen öffentlich-rechtliche Pflichten zur Nach- **40** rüstung technischer Anlagen, um vorgegebene Grenzwerte einzuhalten. Entsprechend dem Meinungsstand zur „wirtschaftlichen Verursachung" ungewisser Verbindlichkeiten (oben Rdn. 34 ff) verneint eine verbreitete Ansicht die Rückstellungsfähigkeit der entsprechenden Anpassungsaufwendungen: Da von der Anpassung die Erlaubnis zum künftigen Betrieb der Anlage abhängig gemacht werde, seien die Aufwendungen allein künftigen Erträgen zuzuordnen.[110] Nach der hier vertretenen Auffassung (oben Rdn. 36) ist die Rückstellungsfähigkeit gleichwohl zu bejahen, sobald die Anpassungsverpflichtung rechtlich entstanden ist. Jedoch entfällt die Rückstellungsfähigkeit, soweit die notwendigen Anpassungsmaßnahmen zu aktivierungspflichtigen Anschaffungs- und Herstellungskosten führen (s. oben Rdn. 7).[111]

7. Pensionsverpflichtungen insbesondere

a) Grundlagen. Pensionsverpflichtungen sind Verpflichtungen zur Gewährung **41** laufender oder einmaliger Leistungen, die dem Berechtigten gegenüber versorgungshalber nach Beendigung der Erwerbstätigkeit im Dienste des Verpflichteten zu erbrin-

---

dewald BFuP 1997, 173 ff; Schmidtbauer BB 2000, 1130, 1132, je m. w. N. zum Meinungsstand.

[104] ADS § 249 Rdn. 126; HdR-Mayer-Wegelin § 249 Rdn. 112. Speziell zu Rückstellungen für Altautorücknahme und -entsorgung Roß/Seidler BB 1999, 1258.

[105] Beck BilKomm-Clemm/Erle § 249 Rdn. 100 „Entsorgung" m. w. N.; weiterführend zuletzt Heintzen StuW 2001, 71 ff.

[106] So Clemm FS Moxter S. 167, 183.

[107] S. zur Kritik an der „Ansammlungslösung" etwa HdR-Kessler § 249 Rdn. 135; Knobbe-Keuk § 4 V 5 d (S. 124 f); Schmidtbauer BB 2000, 1130, 1137; Siegel BB 1993, 326, 333; Baumbach/ Hueck/Schulze-Osterloh § 42 Rdn. 190d m. w. N.; eingehend zur Problematik auch Clemm FS Moxter S. 167, 177 ff; Matschke/ Schellhorn FS Sieben S. 447, 451 ff.

[108] ADS § 249 Rdn. 127; Beck BilKomm-Clemm/ Erle § 249 Rdn. 100 „Rekultivierung", HdR-Kessler § 249 Rdn. 136 f (anders aber Rdn. 138 für Schachtversatz); HdR-Mayer-Wegelin § 249 Rdn. 115, je m. w. N.

[109] S. zur Problematik auch HdJ-Herzig/Köster III/5, Rdn. 140 ff.

[110] S. etwa Beck BilKomm-Clemm/Erle § 249 Rdn. 100 „Anpassungsverpflichtungen"; Förschle/ Scheffels DB 1993, 1197, 1198 f; Herzig DB 1990, 1341, 1351; Köster Umweltschutzverpflichtungen S. 366 ff; Schmidtbauer BB 2000, 1130, 1135 f.

[111] I. E. wie hier etwa HdR-Mayer-Wegelin § 249 Rdn. 106 ff; Baumbach/Hueck/Schulze-Osterloh § 42 Rdn. 190c, je m. w. N.

gen sind.[112] Pensionsanwartschaften und laufende Pensionen begründen ungewisse Verbindlichkeiten, die nach Abs. 1 S. 1, 1. Alt. an sich rückstellungspflichtig sind. Da die Praxis bis zum Inkrafttreten des BiRiLiG[113] – gestützt auf ein Urteil des BGH v. 27. 2. 1961[114] – jedoch von einem Rückstellungs*wahlrecht* für Pensionsverpflichtungen ausgegangen war,[115] hat der Gesetzgeber des BiRiLiG eine (überwiegend fiskalpolitisch motivierte) handelsbilanzielle[116] Übergangsregelung (mit teilw. dauerhaftem Charakter) geschaffen:

Art. 28 EGHGB

42   *(1) Für eine laufende Pension oder eine Anwartschaft auf eine Pension auf Grund einer unmittelbaren Zusage braucht eine Rückstellung nach § 249 Abs. 1 Satz 1 des Handelsgesetzbuchs nicht gebildet zu werden, wenn der Pensionsberechtigte seinen Rechtsanspruch vor dem 1. Januar 1987 erworben hat oder sich ein vor diesem Zeitpunkt erworbener Rechtsanspruch nach dem 31. Dezember 1986 erhöht. Für eine mittelbare Verpflichtung aus einer Zusage für eine laufende Pension oder eine Anwartschaft auf eine Pension sowie für eine ähnliche unmittelbare oder mittelbare Verpflichtung braucht eine Rückstellungen in keinem Fall gebildet zu werden.*

(2) Bei Anwendung des Absatzes 1 müssen Kapitalgesellschaften die in der Bilanz nicht ausgewiesenen Rückstellungen für laufende Pensionen, Anwartschaften auf Pensionen und ähnliche Verpflichtungen jeweils im Anhang und im Konzernanhang in einem Betrag angeben.

43   Nach dieser Regelung des **Art. 28 EGHGB** besteht eine Passivierungs*pflicht* nur für eine laufende Pension oder eine Pensionsanwartschaft aufgrund einer unmittelbaren Zusage, wenn der Berechtigte seinen Rechtsanspruch nach dem 31. 12. 1986 erstmals erworben hat (Neuzusage). Für Pensionsverpflichtungen aus unmittelbaren Zusagen vor dem 1. Januar 1987 (Altzusagen) besteht weiterhin ein Passivierungs*wahlrecht* (Art. 28 Abs. 1 S. 1). Ebenso besteht ein Passivierungs*wahlrecht* für mittelbare Pensionsverpflichtungen sowie für unmittelbare oder mittelbare pensionsähnliche Verpflichtungen, und zwar unabhängig vom Zeitpunkt der erstmaligen Entstehung des entsprechenden Anspruchs (Art. 28 Abs. 1 S. 2).[117] Namentlich die Vereinbarkeit dieser dauerhaften Passivierungswahlrechte mit der 4. EG-Richtlinie (Jahresabschlußrichtlinie) wird mit beachtlichen Gründen in Abrede gestellt.[118]

44   Nach Art. 28 Abs. 2 müssen **Kapitalgesellschaften** und diesen nach § 264a gleichgestellte Personenhandelsgesellschaften ohne natürliche Person als „Vollhafter" (vgl. Art. 48 Abs. 6 EGHGB), die in Ausübung des Wahlrechts auf die Bildung von Pensionsrückstellungen verzichten, die in der Bilanz nicht ausgewiesenen Rückstellungen für laufende Pensionen, Anwartschaften auf Pensionen oder ähnliche Verpflichtungen im Anhang und im Konzernanhang in einem Betrag angeben (sog. **Fehlbetragsangabe**).[119]

---

[112] Zu Einzelheiten s. etwa ADS § 249 Rdn. 85 ff; Beck BilKomm-*Ellrott/Rhiel* § 249 Rdn. 152 ff; HdR-*Höfer* § 249 Rdn. 351; HdJ-*Schülen* III/7, Rdn. 1.

[113] Dazu Vor § 238, 3 ff (*Hüffer*).

[114] BGHZ 34, 324, 328 ff = NJW 1961, 1063.

[115] S. zur (im Schrifttum seinerzeit umstrittenen) Rechtslage auf der Basis von § 152 Abs. 7 AktG 1965 etwa *Kropff* in Geßler/Hefermehl/Eckardt/ Kropff § 152 Rdn. 64 ff.

[116] Zur steuerrechtlichen Behandlung von Pensionsrückstellungen s. etwa ADS § 249 Rdn. 98 ff;

Beck BilKomm-*Ellrott/Rhiel* § 249 Rdn. 161, 175 ff.

[117] Zur massiven rechtspolitischen Kritik an dieser Regelung zusammenfassend *Thoms-Meyer* Pensionsrückstellungen S. 42 f m. w. N.

[118] Eingehend zuletzt *Hennrichs* Wahlrechte S. 220 ff m. w. N., der freilich auch schon die Richtlinienkonformität des in Art. 28 Abs. 1 S. 1 gewährten Wahlrechts zur Passivierung unmittelbarer Altzusagen bezweifelt.

[119] Zu Einzelheiten Beck BilKomm-*Ellrott/Rhiel* § 249 Rdn. 271 ff; HdR-*Höfer* § 249 Rdn. 378 ff;

b) Unmittelbare Pensionsverpflichtungen. aa) Begriff. Unmittelbare Pensions- **45**
verpflichtungen entstehen durch Einzelvertrag oder Gesamtzusage (Pensions- oder
Versorgungsordnung), Betriebsvereinbarung, Tarifvertrag oder Besoldungsordnung,
durch betriebliche Übung, infolge des Grundsatzes der Gleichbehandlung, durch
Gesetz oder Gerichtsurteil.[120] Die *Unmittelbarkeit* der Verpflichtung ist dadurch
gekennzeichnet, daß das verpflichtete Unternehmen die Leistungen gegenüber dem
Pensionsempfänger ohne Zwischenschaltung eines selbständigen Versorgungsträgers
zu erbringen hat.[121]

bb) Alt- und Neuzusagen. Für die Abgrenzung der Alt- von den Neuzusagen **46**
(s. Rdn. 43) ist auf die erstmalige Entstehung des zugrundeliegenden Rechtsanspruchs
abzustellen; ist der Rechtsanspruch nach dem 31. Dezember 1986 entstanden, liegt
eine *Neuzusage* (und damit Rückstellungspflicht) vor. Für *Altzusagen* gewährt Art. 28
Abs. 1 S. 1 EGHGB ein Passivierungswahlrecht, das auch bei Erhöhungen und Verbesserungen von vor dem 1. Januar 1987 erworbenen Pensionsansprüchen erhalten
bleibt (Art. 28 Abs. 1 S. 1). Bei Übergang eines Betriebs durch Gesamtrechtsnachfolge
oder Einzelrechtsnachfolge kommt es grundsätzlich nicht zu einer eigenen Zusage
(Neuzusage) des Erwerbers. Jedoch entsteht eine Passivierungspflicht der übernommenen Pensionsverpflichtungen (Altzusagen), wenn die übernommenen Verpflichtungen Bestandteil des Entgelts für die Übernahme von Vermögensgegenständen sind.[122]

Einmal gebildete Rückstellungen für Pensionsverpflichtungen, auch sofern sie auf **47**
der Ausübung des Wahlrechts für Altzusagen beruhen, dürfen nur **aufgelöst** werden,
wenn die Verpflichtung entfällt; das Auflösungsverbot des § 249 Abs. 3 S. 2 gilt hier
uneingeschränkt.[123]

c) Mittelbare Pensionsverpflichtungen liegen vor, wenn das bilanzierende Unter- **48**
nehmen einen externen Versorgungsträger zur Erfüllung der Pensionsverpflichtungen
zwischenschaltet. Externer Versorgungsträger, von dem der Berechtigte seine Leistungen direkt erhält, kann eine Unterstützungskasse, eine Pensionskasse oder ein Versicherungsunternehmen (Direktversicherung) sein. Bei Zwischenschaltung einer
Unterstützungskasse kann das bilanzierende Unternehmen eine Rückstellung in Höhe
seiner Einstandspflicht bilden; im Falle der Einschaltung einer Pensionskasse oder
einer Direktversicherung entsteht eine mittelbare Pensionsverpflichtung des bilanzierenden Unternehmens jedoch so lange nicht, wie es seinen Beitragsverpflichtungen
gegenüber der Kasse oder Versicherung nachkommt.[124]

Für mittelbare Verpflichtungen besteht ein handelsrechtliches **Rückstellungswahl-** **49**
recht nach Art. 28 Abs. 1 S. 2 EGHGB unabhängig vom Zeitpunkt der erstmaligen
Entstehung des zugrundeliegenden Rechtsanspruchs.

d) Pensionsähnliche Verpflichtungen. Ein entsprechendes Passivierungswahlrecht **50**
besteht für pensionsähnliche (unmittelbare wie mittelbare) Verpflichtungen. Art. 28
Abs. 1 S. 2 EGHGB hat insofern freilich nur die Funktion einer Auffangvorschrift für

HdJ-*Schülen* III/7, Rdn. 86 ff; eingehend zu
Ausweis und Erläuterung der Pensionsrückstellungen *Thoms-Meyer* Pensionsrückstellungen
S. 167 ff.
[120] ADS § 249 Rdn. 85; Beck BilKomm-*Ellrott/*
Rhiel § 249 Rdn. 158; HdR-*Höfer* § 249 Rdn. 359.
[121] ADS § 249 Rdn. 86; Beck BilKomm-*Ellrott/*
Rhiel § 249 Rdn. 164; HdR-*Höfer* § 249 Rdn. 358.
[122] Näher zum Ganzen ADS § 249 Rdn. 87 ff, 92;
Beck BilKomm-*Ellrott/Rhiel* § 249 Rdn. 167 f;
zu weiteren Problemfällen bei der Abgrenzung

von Alt- und Neuzusagen HdR-*Höfer* § 249
Rdn. 381 ff; *Thoms-Meyer* Pensionsrückstellun-
gen S. 35 ff.
[123] ADS § 249 Rdn. 97; Beck BilKomm-*Ellrott/*
Rhiel § 249 Rdn. 237; HdR-*Höfer* § 249
Rdn. 384 f.
[124] Zum Ganzen ADS § 249 Rdn. 106 ff; Beck Bil-
Komm-*Ellrott/Rhiel* § 249 Rdn. 165, 267; HdR-
Höfer § 249 Rdn. 399 ff; *Thoms-Meyer* Pen-
sionsrückstellungen S. 38 ff, je m. w. N.

Detlef Kleindiek

etwaige, in Art. 28 Abs. 1 im übrigen noch nicht erfaßte Verpflichtungsformen mit Versorgungscharakter. Abfindungen, Vorruhestandsgelder, Jubiläumszahlungen und Treueprämien, Deputatleistungen, künftige Beiträge an den Pensionssicherungsverein sowie die Verpflichtung zur nachholenden Anpassung von Betriebsrenten (§ 16 BetrAVG) zählen nach jeweils ganz überwiegender Ansicht nicht zu den pensionsähnlichen Verpflichtungen.[125]

III. Rückstellungen für drohende Verluste aus schwebenden Geschäften (Abs. 1 S. 1, 2. Alt.)

1. Grundlagen

51   **Abs. 1 S. 1, 2. Alt.** verpflichtet für die *Handelsbilanz* zur Bildung von Rückstellungen für drohende Verluste aus schwebenden Geschäften. Jene **Drohverlustrückstellungen** sind nach tradierter Ansicht ein Anwendungsfall der Verbindlichkeitsrückstellungen nach Abs. 1 S. 1, 1. Alt.[126] In der *Steuerbilanz* dürfen Rückstellungen für drohende Verluste aus schwebenden Geschäften nicht mehr gebildet werden: § 5 Abs. 4a EStG.[127]

52   **Schwebende Geschäfte** (näher schon § 246, 66 ff) sind zweiseitig verpflichtende Verträge, die auf Leistungsaustausch gerichtet sind und bei denen der zur Sach- oder Dienstleistung Verpflichtete seine Leistungspflicht noch nicht vollständig erbracht hat. Sie sind im Grundsatz nicht zu bilanzieren. Wenn aber bis zum Abschlußstichtag ein Verlust aus ihnen zu entstehen droht, erzwingt das Imparitätsprinzip (§ 252 Abs. 1 Nr. 4; s. die Erläuterungen § 252, 33 ff) die Bildung einer Drohverlustrückstellung nach Abs. 1 S. 1, 1. Alt. in Höhe des Verpflichtungsüberschusses.

53   Drohverlustrückstellungen sind also dort zu buchen, wo die Vermutung der Ausgeglichenheit von Ansprüchen und Pflichten aus dem schwebenden Geschäft nicht mehr gerechtfertigt ist. Davon zu unterscheiden sind die Fälle des **Leistungs- oder Erfüllungsrückstands**, die insbesondere bei schwebenden Dauerschuldverhältnissen begegnen. Gerät ein Vertragsteil mit der in einer Abrechnungsperiode zu erbringenden Gegenleistung (gegenüber der vom anderen Teil erbrachten Leistung) in Rückstand, so liegt für den abgelaufenen Zeitraum ein schwebendes Geschäft nicht mehr vor. Es ist deshalb auch keine Drohverlustrückstellung zu bilden. In Höhe des Erfüllungsrückstandes ist vielmehr eine Verbindlichkeit oder eine Verbindlichkeitsrückstel-

---

[125] S. zu Einzelheiten ADS § 249 Rdn. 114 ff; Beck BilKomm-*Ellrott/Rhiel* § 249 Rdn. 162 f; *Thoms-Meyer* Pensionsrückstellungen S. 48 ff; teilw. abweichend HdR-*Höfer* § 249 Rdn. 411 f, je m. w. N.

[126] In diesem Sinne etwa ADS § 249 Rdn. 137; Beck BilKomm-*Clemm/Erle* § 249 Rdn. 52 (vgl. aber auch Rdn. 67); *Knobbe-Keuk* § 4 V 5b (S. 116); *Kropff* FS Döllerer S. 349, 357; Bonner HdR-*Kupsch* § 249 Rdn. 28; *Schön* BB 1994, Beilage 9, S. 1, 11. Andere sehen indes grundlegende Unterschiede zwischen beiden Rückstellungsarten, weil die Verbindlichkeitsrückstellungen von Realisationsprinzip und Periodisierungsziel geprägt seien, während bei den Drohverlustrückstellungen das Imparitätsprinzip zur Anwendung komme; näher etwa MünchKomm-

HGB-*Ballwieser* § 249 Rdn. 61; *Groh* BB 1988, 27 ff; HdJ-*Herzig/Köster* III/5, Rdn. 321 ff; *Kessler* DStR 1994, 567, 569 f; ferner Heymann/*Walz* § 249 Rdn. 34; s. auch noch *Moxter* BB 1998, 2464, 2466 und nun IDW-HFA Stellungnahme IDW RS HFA 4, Tz. 17 ff (WPg 2000, 716, 718).

[127] I.d.F. d. Gesetzes zur Fortsetzung der Unternehmenssteuerreform v. 29.10.1997, BGBl I S. 2590; zur Würdigung der Neuregelung s. etwa *Arndt/Wiesbrock* DStR 2000, 718 ff; *Blümich/Schreiber* EStG § 5 Rdn. 883a f; *Bordewin* in Bordewin/Brandt EStG §§ 4–5 Rdn. 1165 ff; Beck BilKomm-*Clemm/Erle* § 249 Rdn. 80 f; HdJ-*Herzig/Köster* III/5, Rdn. 294 ff; *Schmidt/Weber-Grellet* EStG § 5 Rdn. 450 ff, je m. w. N.

lung zu buchen, wobei es – schon im Interesse zutreffender Periodisierung – auf die Fälligkeit der rückständigen Gegenleistung nicht ankommt.[128]

Da die Rückstellungen keine Korrekturposten zur Aktivseite der Bilanz darstellen **54** (s. schon oben Rdn. 7), sind auch die Drohverlustrückstellungen subsidiär gegenüber **Abschreibungen** auf der Aktivseite der Handelsbilanz. Deshalb sind etwa im Zuge schwebender Absatzgeschäfte drohende Verluste zunächst von den Herstellungskosten der unfertigen Erzeugnisse abzuschreiben; nur ein darüber hinausgehender Verlustanteil ist in eine Drohverlustrückstellung einzustellen.[129]

Die Drohverlustrückstellung weist den Verpflichtungsüberschuß aus dem schwe- **55** benden Geschäft aus und ist in ihrem Ansatz eine **Saldogröße** aus der Gegenüberstellung der wechselseitigen Ansprüche und Pflichten; insoweit enthält Abs. 1 S. 1, 2. Alt. eine Ausnahme vom Saldierungsverbot aus § 246 Abs. 2.[130] Dementsprechend sind Rückstellungen für drohende Verluste aus *Beschaffungsgeschäften* zu bilden, wenn die vereinbarte Gegenleistung den Bilanzwert der aus dem Beschaffungsgeschäft geschuldeten Leistung oder Lieferung zum Abschlußstichtag übersteigt. Bei *Absatzgeschäften* ist die vereinbarte Gegenleistung mit den Aufwendungen zu vergleichen, die dem Bilanzierenden für die Erfüllung seiner Leistungs- und Lieferpflichten entstehen. Zu den sich dabei stellenden Bewertungsfragen[131] s. die Erläuterungen § 253, 27 ff. An dieser Stelle ist zu erörtern, welche Vor- und Nachteile aus dem Geschäft in die Saldierung einzubeziehen (Rdn. 56 f) und welche objektivierenden Anforderungen an das „Drohen" eines Verlustes zu stellen sind (Rdn. 58).

2. Abgrenzung des Saldierungsbereichs

Die Rückstellung für einen drohenden Verpflichtungsüberschuß aus einem schwe- **56** benden Geschäft ist das Ergebnis einer Saldierung. Der **Saldierungsbereich** erfaßt **in sachlicher Hinsicht** zunächst die (im zivilrechtlichen Sinne) synallagmatisch einander gegenüberstehenden Leistungspflichten der Vertragsparteien, ist hierauf jedoch nicht beschränkt. Denn die Rückstellungsbildung ist nicht veranlaßt, wenn die mangelnde Ausgeglichenheit der im Gegenseitigkeitsverhältnis stehenden Leistungspflichten durch anderweitige Vorteile kompensiert wird, die unmittelbar durch das Geschäft erschlossen werden. Das ist der überzeugende Ansatz der „Apothekerentscheidung" des Großen Senats des BFH, nach der auch alle Nebenleistungen und sonstigen wirtschaftlichen Vorteile in die Saldierung einzubeziehen sind, die nach dem Inhalt des Vertrages oder den Vorstellungen beider Vertragspartner eine Gegenleistung für die vereinbarte Sachleistung darstellen.[132] Mit Blick auf das Vorsichtsprinzip sind dabei

[128] Zum Ganzen etwa ADS § 249 Rdn. 60 f; Beck BilKomm-*Clemm/Erle* § 249 Rdn. 67; *Groh* BB 1988, 27; HdJ-*Herzig/Köster* III/5, Rdn. 326 ff; *Janke* Dauerschuldverträge S. 39, 58 ff; *Kessler* HdR, § 249 Rdn. 141 ff, je m. w. N.; zu einzelnen Erscheinungsformen von Erfüllungsrückständen s. die Kataloge bei ADS aaO Rdn. 61 u. *Kessler* aaO Rdn. 146 ff. Zur einschlägigen Rechtsprechung des BFH s. etwa *Schön* BB 1994, Beilage 9, S. 1, 9 ff; *Schmidt/Weber-Grellet* EStG § 5 Rdn. 452 m. w. N.

[129] IDW-HFA Stellungnahme IDW RS HFA 4, Tz. 20 (WPg 2000, 716, 718); ADS § 249 Rdn. 138; Beck BilKomm-*Clemm/Erle* § 249 Rdn. 68; HdJ-*Herzig/Köster* III/5, Rdn. 317 ff; *Herzig* FS

W. Müller, S. 599, 606 ff; HdR-*Mayer-Wegelin* § 249 Rdn. 72; *Naumann* Rückstellungen S. 100 f.

[130] BFH, 23. 6. 1997, GrS 2/93, BStBl II 735, 738; *Knobbe-Keuk* § 4 V 5 b (S. 116) erklärt aus diesem Umstand die besondere gesetzliche Erwähnung der Drohverlustrückstellungen in § 249 Abs. 1 S. 1.

[131] Dazu ADS § 253 Rdn. 247 ff; Beck Bil-Komm-*Clemm/Erle* § 249 Rdn. 69 ff, 77 u. § 253 Rdn. 167 ff; HdJ-*Herzig/Köster* III/5, Rdn. 273 ff u. 312 ff; HdR-*Kessler* § 249 Rdn. 182 ff, 258 ff; Baumbach/Hueck-*Schulze-Osterloh* § 42 Rdn. 193 ff, je m. w. N.

[132] BFH, 23. 6. 1997, GrS 2/93, BStBl II 735, 738, wo insoweit vom „wirtschaftlichen Synallagma"

freilich nur solche Vorteile als kompensationsfähig anzuerkennen, die hinreichend konkretisiert sind, d. h. mit hoher Wahrscheinlichkeit anfallen. Die Vorteile müssen unmittelbar ursächlich auf dem betrachteten schwebenden Geschäft beruhen und dürfen nicht nur bei Gelegenheit desselben entstanden sein.[133] Sie können sich auch aus Ansprüchen gegen Dritte ergeben. In die Saldierung einzubeziehen sind deshalb etwa verlustkompensierende Regreßansprüche gegen Dritte oder etwaige Deckungsgeschäfte,[134] die mit dem schwebenden Geschäft in engem Zusammenhang stehen; in solchen Fällen werden – als Ausnahmen vom Gebot der Einzelbewertung (§ 252 Abs. 1 Nr. 3, Abs. 2; s. die Erläuterungen § 252, 19 ff u. 48 f) – mehrere Geschäfte zu einer **Bewertungseinheit** zusammengefaßt.[135] Auch rein faktische Vorteile, wie der betriebliche Standortvorteil im Apothekerfall,[136] sind ggf. kompensationsfähig, nicht aber bloße Gewinnchancen aus möglichen Anschlußgeschäften.[137]

57   Probleme hinsichtlich der **zeitlichen Abgrenzung** des Saldierungsbereichs stellen sich insbesondere für Dauerschuldverhältnisse, deren Erfüllung sich über mehrere Abrechnungsperioden hinweg erstreckt. Hier konkurrieren das Modell der *Ganzheitsbetrachtung*,[138] wonach in die Saldierung das Geschäft in seiner Gesamtheit einschließlich der zum Abschlußstichtag schon erbrachten Teilleistungen einzubeziehen ist, und das Konzept der *Restlaufzeitbetrachtung*,[139] das allein auf das Wertverhältnis der Leistungen und Verpflichtungen noch nicht abgewickelter Abrechnungsperioden abstellt. Die Restlaufzeitbetrachtung verdient den Vorzug, weil Dauerschuldverhältnisse in bilanzrechtlich selbständig zu behandelnde Abrechnungsperioden zu unterteilen sind (s. § 246, 68), deren Abwicklung den Schwebezustand insoweit beendet; für die Bildung einer Drohverlustrückstellung ist allein auf den noch schwebenden Rest des Dauerrechtsverhältnisses abzustellen. Hinsichtlich des abgewickelten Teils kann ein Erfüllungsrückstand (oben Rdn. 53) bestehen, der zur Bildung einer Verpflichtungsrückstellung (Abs. 1 S. 1, 1. Alt.) führt.[140]

---

gesprochen wird; s. zu dieser Entscheidung etwa *Altmeier* Rückstellungsbilanzierung S. 99 ff; *Babel* ZfB 68 (1998) 825, 837 f; *Groh* FR 1997, 682 f; *Herzig/Rieck* DB 1997, 1881; *Küting/Kessler* DStR 1997, 1665; *dies.*, DB 1997, 2446; *Moxter* DStR 1998, 509, 512 f; *Oser* BB 1997, 2367; *Weber-Grellet* DB 1997, 2233 u. 2446 f.

[133] Beck BilKomm-*Clemm/Erle* § 249 Rdn. 64; *Erle* BC 1998, 249, 251; *Herzig/Rieck* Stbg. 1995, 529, 536 f; *Kupsch* DB 1989, 53, 59.

[134] S. für sog. Swapgeschäfte etwa ADS § 249 Rdn. 163 ff.

[135] Eingehend *Dietrich* Bewertungseinheit S. 6 ff, 111 ff; *Heddäus* Drohverlustrückstellungen S. 62 ff.

[136] BFH BStBl 1997, 735, 737 ff, 739; zur kontroversen Diskussion im Schrifttum *vor* jener Entscheidung s. die Nachw. bei ADS § 249 Rdn. 143 u. eingehend *Heddäus* Drohverlustrückstellungen S. 131 ff; *Janke* Dauerschuldverträge S. 166 ff.

[137] ADS § 249 Rdn. 143; HdJ-*Herzig/Köster* III/5, Rdn. 267; *Herzig/Rieck* Stbg. 1995, 529, 537; Baumbach/Hueck/*Schulze-Osterloh* § 42 Rdn. 192; s. zum Ganzen auch IDW-HFA Stellungnahme IDW RS HFA 4, Tz. 25 ff (WPg 2000, 716, 719).

[138] So etwa *Fumi* Rückstellungen S. 84 ff m. w. N.; der BFH tendierte in einigen Entscheidungen

ebenfalls in diese Richtung (etwa BFH, 3.7. 1980, IV R 138/76, BStBl II 648, 650; BFH, 19.7.1983, VIII R 160/79, BStBl II 1984, 56, 58; BFH, 8.10.1987, IV R 18/86, BStBl II 1988, 57, 59), hat die Frage in anderen aber offen gelassen (etwa BFH, 11.2.1988, IV R 191/85, BStBl II 661, 663; BFH, 20.1.1993, I R 115/91, BStBl II 373, 375); s. zur insgesamt nicht eindeutigen Rechtsprechung *Heddäus* Drohverlustrückstellungen S. 123 ff; *Janke* Dauerschuldverträge S. 131 ff; *Kessler* Rückstellungen S. 270 ff.

[139] Im Schrifttum etwa ADS § 249 Rdn. 148; MünchKommHGB-*Ballwieser* § 247 Rdn. 59, 75; Beck BilKomm-*Clemm/Erle* § 249 Rdn. 76; *Groh* BB 1988, 27, 28 f; HdJ-*Herzig/Köster* III/5, Rdn. 272; *Janke* Dauerschuldverträge S. 136 ff; *Kessler* Rückstellungen S. 278 ff; HdR-*Mayer-Wegelin* § 249 Rdn. 70; Beck HdR-*Scheffler* B 233 Rdn. 162; *Schön* BB 1994, Beilage 9, S. 1, 13; Baumbach/Hueck/*Schulze-Osterloh* § 42 Rdn. 195; Heymann/*Walz* § 249 Rdn. 46; *Wiedmann* BilanzR § 249 Rdn. 54 = Ebenroth/Boujong/Joost/*ders.* § 249 Rdn. 54; s. auch IDW-HFA Stellungnahme IDW RS HFA 4, Tz. 14 (WPg 2000, 716, 717).

[140] *Groh* DB 1988, 27 f.

3. Objektivierung der Verlusterwartung

Für die Bildung einer Drohverlustrückstellung genügt die bloße Möglichkeit, das **58** schwebende Geschäft könnte mit einem Verlust abgeschlossen werden, noch nicht. Der Verlust muß vielmehr objektiv zu erwarten sein. Es bedarf *konkreter Anzeichen* dafür, daß der Wert der eigenen Leistung aus dem Geschäft den Wert des Anspruchs auf die Gegenleistung übersteigt;[141] mit dem Verlust muß ernsthaft zu rechnen sein.[142] Freilich muß der Verlust nicht wider die Erwartung des Bilanzierenden drohen. Auch wo das verlustbringende Geschäft bewußt eingegangen wird, ist eine Drohverlustrückstellung zu bilden, sofern der zu erwartende Verlust nicht durch hinreichend konkretisierte Vorteile kompensiert wird.[143]

IV. Rückstellungen für unterlassene Instandhaltungsaufwendungen, die innerhalb der ersten drei Monate des folgenden Geschäftsjahres nachgeholt werden (Abs. 1 S. 2 Nr. 1, 1. Alt.)

1. Grundlagen

Abs. 1 S. 2 Nr. 1, 1. Alt. normiert eine Rückstellungs*pflicht* für im Geschäftsjahr **59** unterlassene Instandhaltungsaufwendungen, die im folgenden Geschäftsjahr innerhalb von drei Monaten nachgeholt werden. Werden solche Aufwendungen innerhalb des vierten bis zwölften Monats jenes Geschäftsjahres nachgeholt, so gewährt Abs. 1 S. 3 ein Rückstellungs*wahlrecht*. Diese Differenzierung hat einen **steuerlichen Hintergrund:**[144] Rückstellungen für unterlassene Instandhaltungsaufwendungen wurden von der älteren Rechtsprechung steuerrechtlich anerkannt, wenn sie in den ersten drei Monaten des folgenden Geschäftsjahres nachgeholt wurden. Der BFH korrigierte diese Rechtsprechungslinie freilich im Jahre 1983[145] angesichts der bloßen handelsrechtlichen Rückstellungsmöglichkeit, aus der er ein steuerrechtliches Passivierungsverbot ableitete. Hätte der Gesetzgeber des BiRiLiG für die Handelsbilanz nun lediglich ein Rückstellungswahlrecht gewährt, so hätte die Steuerrechtsprechung hieraus wohl wiederum auf ein steuerrechtliches Passivierungsverbot geschlossen; dieser Gefahr sollte begegnet werden.

Rückstellungen für unterlassene Instandhaltungsaufwendungen sind Aufwands- **60** rückstellungen. Die Vorschrift des Abs. 1 S. 2 Nr. 1, 1. Alt. (ebenso wie die des Abs. 1 S. 3) erfaßt nur solche Fälle, in denen **keine „Außenverpflichtung"** zur Instandhaltung besteht. Hat der Bilanzierende zum Abschlußstichtag eine (vertragliche oder öffentlich-rechtliche) Verpflichtung zur Instandhaltung noch nicht erfüllt, ist eine Verbindlichkeitsrückstellung nach Abs. 1 S. 1, 1. Alt. zu bilden oder eine Verbindlichkeit zu buchen.[146]

---

[141] BFH, 23.6.1997, GrS 2/93, BStBl II 735, 738.
[142] IDW-HFA Stellungnahme IDW RS HFA 4, Tz. 15 (WPg 2000, 716, 717); ADS § 249 Rdn. 144; Beck BilKomm-*Clemm/Erle* § 249 Rdn. 60; Bonner HdR-*Kupsch* § 249 Rdn. 31; HdR-*Mayer-Wegelin* § 249 Rdn. 71.
[143] BFH, 19.7.1983, VIII R 160/79, BStBl II 1984, 56, 59; BFH, 26.5.1993, XI R 72/90, BStBl II 855, 857; ADS § 249 Rdn. 145; Beck BilKomm-*Clemm/Erle* § 249 Rdn. 61; Bonner HdR-*Kupsch* § 249 Rdn. 30; HdR-*Mayer-Wegelin* § 249 Rdn. 64; *Oser* BB 1997, 2367, 2370; Beck HdR-*Scheffler* B 233 Rdn. 159; Schön BB 1994,

Beilage 9, S. 1, 11 f; s. zum Ganzen auch *Heddäus* Drohverlustrückstellungen S. 164 ff.
[144] S. dazu eingehend *Borstell* Aufwandsrückstellungen S. 98 f, 116 ff; ferner etwa *Glade* § 249 Rdn. 106; *Baumbach/Hopt* § 249 Rdn. 20; *Knobbe-Keuk* § 4 V 4 b (S. 117); HdR-*Mayer-Wegelin* § 249 Rdn. 74.
[145] BFH, 23.11.1983, I R 216/78, BStBl II 1984, 277, 279.
[146] ADS § 249 Rdn. 166; Beck BilKomm-*Clemm/Erle* § 249 Rdn. 101; HdJ-*Herzig/Köster* III/5, Rdn. 337 f.

Detlef Kleindiek

61   Die Rückstellungsbildung für unterlassene Instandhaltungsaufwendungen scheidet aus, sofern es sich bei der Instandhaltung um aktivierungspflichtigen Herstellungsaufwand handelt.[147] Wo der beizulegende Wert des Vermögensgegenstandes aufgrund der unterlassenen Instandhaltung unter seinen Buchwert gesunken ist, ist nach den oben Rdn. 7 skizzierten Grundsätzen die Rückstellungsbildung subsidiär gegenüber einer außerplanmäßigen **Abschreibung** (§ 253 Abs. 2 S. 3).[148] Teile des Schrifttums wollen jedoch der Rückstellungsbildung den Vorrang einräumen, weil sie die Bestimmung des Abs. 1 S. 2 Nr. 1 „als Ausnahmeregelung (lex specialis)" auffassen.[149]

2. Voraussetzungen der Rückstellungspflicht

62   **a) Unterlassene Aufwendungen für Instandhaltung.** *Aufwendungen* i. S. v. Abs. 1 S. 2 Nr. 1 (wie auch i. S. v. Abs. 1 S. 3 u. Abs. 2) meinen einen erfolgswirksamen Güterverbrauch in einer späteren Abrechnungsperiode.[150] Unter *Instandhaltung* wird allgemein die mehr oder weniger regelmäßige Inspektion, Wartung und Instandsetzung von Vermögensgegenständen des Anlagevermögens verstanden.[151] Die Aufwendungen sind *unterlassen*, wenn nach technischer oder betriebswirtschaftlicher Betrachtungsweise die vollständige Durchführung der Instandhaltung bis zum Abschlußstichtag als notwendig anzusehen war; das ist auf objektiver Grundlage (etwa Instandhaltungspläne, Herstellerempfehlungen, Beanspruchung einer Anlage in der Vergangenheit etc.) zu beurteilen.[152]

63   **b) Unterlassung im Geschäftsjahr.** Die Aufwendungen müssen *im Geschäftsjahr* der Rückstellungsbildung unterlassen worden, müssen also dem abgelaufenen Geschäftsjahr zuzurechnen sein. Schon in früheren Geschäftsjahren unterlassene Aufwendungen sind also nicht rückstellungsfähig; ebensowenig können zulässig gebildete Rückstellungen für unterlassene Instandhaltungsaufwendungen in den folgenden Geschäftsjahren fortgeführt werden[153] (zur Fortführung als Aufwandsrückstellungen nach Abs. 2 s. Rdn. 80 ff).

64   **c) Nachholung im folgenden Geschäftsjahr.** Dritte Voraussetzung der Rückstellungspflicht ist schließlich, daß die Instandhaltungsarbeiten in den *ersten drei Monaten* des folgenden Geschäftsjahres vollständig *nachgeholt* werden.[154] Freilich hat die Einhaltung dieser Frist nur für die steuerrechtliche Anerkennung der gebildeten Rückstellung Bedeutung. Handelsrechtlich wird die Rückstellungsbildung nach Abs. 1 S. 3 auch dann noch anerkannt, wenn die Instandhaltung zwischen dem vierten und zwölften Monat des Folgejahres nachgeholt wird (s. unten Rdn. 68).

---

[147] ADS § 249 Rdn. 175; HdJ-*Eifler* III/6, Rdn. 13; HdR-*Mayer-Wegelin* § 249 Rdn. 75.

[148] So wohl auch Beck BilKomm-*Clemm/Erle* § 249 Rdn. 102.

[149] So ADS § 249 Rdn. 170; zustimmend HdJ-*Herzig/Köster* III/5, Rdn. 341.

[150] ADS § 249 Rdn. 167; Beck BilKomm-*Clemm/Erle* § 249 Rdn. 101.

[151] ADS § 249 Rdn. 168; *Borstell* Aufwandsrückstellungen S. 86 ff; Beck BilKomm-*Clemm/Erle* § 249 Rdn. 101; HdJ-*Herzig/Köster* III/5, Rdn. 339 f m. w. N.

[152] Weiterführend ADS § 249 Rdn. 172 ff; Beck BilKomm-*Clemm/Erle* § 249 Rdn. 105; *Glade* § 249 Rdn. 108 ff; HdJ-*Herzig/Köster* III/5, Rdn. 343; HdR-*Mayer-Wegelin* § 249 Rdn. 75 f.

[153] Wie hier HdJ-*Herzig/Köster* III/5, Rdn. 106; Baumbach/Hueck/*Schulze-Osterloh* § 42 Rdn. 197; wohl auch HdR-*Mayer-Wegelin* § 249 Rdn. 78; **a.A.** ADS § 249 Rdn. 177 u. Beck BilKomm-*Clemm/Erle* § 249 Rdn. 106, die (unabhängig von der erstmaligen Unterlassung) die Rückstellungsbildung immer dann zulassen wollen, wenn die Instandhaltung im folgenden Geschäftsjahr fristgerecht nachgeholt wird; ebenso HK-HGB-*Kusterer* § 249 Rdn. 30b.

[154] ADS § 249 Rdn. 178; Beck BilKomm-*Clemm/Erle* § 249 Rdn. 107; HdJ-*Herzig/Köster* III/5, Rdn. 345; großzügiger HdR-*Mayer-Wegelin* § 249, Rdn. 81, der „unbedeutende Restarbeiten" nach Ablauf dieser Frist als unschädlich ansieht.

V. Rückstellungen für Abraumbeseitigung (Abs. 1 S. 2 Nr. 1, 2. Alt.)

Abs. 1 S. 2 Nr. 1, 2. Alt. normiert eine Rückstellungspflicht für im Geschäftsjahr **65** unterlassene Aufwendungen für *Abraumbeseitigung*, die im folgenden Geschäftsjahr nachgeholt werden. Ebenso wie bei den Rückstellungen für unterlassene Instandhaltungsaufwendungen (oben Rdn. 60) handelt es sich um reine Aufwandsrückstellungen. Wo eine (vertragliche oder öffentlich-rechtliche) Verpflichtung zur Abraumbeseitigung nicht erfüllt wird, ist eine Verbindlichkeitsrückstellung zu bilden oder eine Verbindlichkeit zu buchen (s. Rdn. 63); dies dürfte wohl regelmäßig der Fall sein.[155] Die Rückstellung nach Abs. 1 S. 2 Nr. 1, 2. Alt. ist daran geknüpft, daß die im Geschäftsjahr unterlassenen Aufwendungen im Folgejahr nachgeholt werden. Wurden die Abraumbeseitigungsmaßnahmen schon in früheren Geschäftsjahren unterlassen, so ist eine Rückstellungsfähigkeit nach dieser Vorschrift nicht gegeben.[156]

VI. Rückstellungen für Gewährleistungen, die ohne rechtliche Verpflichtung erbracht werden (Abs. 1 S. 2 Nr. 2)

Abs. 1 S. 2 Nr. 2 normiert eine Pflicht zur Bildung sog. **Kulanzrückstellungen** für **66** Gewährleistungen, die ohne rechtliche Verpflichtung erbracht werden. Die Regelung hat gleichwohl nur deklaratorischen Charakter, weil Rückstellungen für Gewährleistungen, die ohne rechtliche Verpflichtung erbracht werden, schon eine *Fallgruppe der Verbindlichkeitsrückstellungen* nach Abs. 1 S. 1, 1. Alt. bilden (s. schon oben Rdn. 5). Denn als Grundlage der Verbindlichkeitsrückstellungen genügen auch sog. *faktische* Leistungspflichten, denen sich der Bilanzierende aus tatsächlichen oder wirtschaftlichen Gründen nicht entziehen kann. Der Gesetzgeber des BiRiLiG hatte sich zur ausdrücklichen Erwähnung der Kulanzrückstellungen offenbar veranlaßt gesehen, um die steuerliche Anerkennung entsprechender Kulanzrückstellungen sicherzustellen.[157]

Der mit der Kulanzleistung verbundene Aufwand muß im Zusammenhang mit **67** einer vorausgegangenen Lieferung oder Leistung des Bilanzierenden (oder eines mit diesem verbundenen Unternehmens) stehen und hat typischerweise die Beseitigung von Material-, Funktions- oder vergleichbaren Fehlern gelieferter Ware zum Gegenstand.[158] Es handelt sich regelmäßig um **Gewährleistungen**, die nach Ablauf der Gewährleistungsfrist über das gesetzlich oder vertraglich verpflichtende Maß hinaus erbracht werden.[159] In Einzelfällen wird man aber auch Kulanzrückstellungen für die Beseitigung von Schäden zulassen müssen, die der Sphäre des Verbrauchers zuzurechnen sind (etwa Verschleißschäden), denen sich der Bilanzierende nach den Kriterien der sog. faktischen Verpflichtungen aber aus tatsächlichen oder wirtschaftlichen Gründen nicht entziehen kann.[160]

---

[155] Näher ADS § 249 Rdn. 180 ff; *Glade* § 249 Rdn. 117 ff.

[156] Str.; **a. A.** wiederum ADS § 249 Rdn. 181; s. zur parallelen Problematik bei den Instandhaltungsaufwendungen oben Rdn. 63.

[157] S. dazu Begr. zu § 250 Abs. 1 S. 2 RegE HGB (heute § 249 HGB), dokumentiert in Bonner HdR § 249 / Begründung Regierungsentwurf.

[158] S. auch BFH, 10. 12. 1992, XI R 34/91, BStBl II 1994, 158, 159.

[159] Zum Ganzen ADS § 249 Rdn. 183 f; *Borstell* Aufwandsrückstellungen S. 113; Beck BilKomm-*Clemm/Erle* § 249 Rdn. 113; HdJ-*Herzig/Köster* III/5, Rdn. 359 f; HdR-*Mayer-Wegelin* § 249 Rdn. 91; Baumbach/Hueck/*Schulze-Osterloh* § 42 Rdn. 189.

[160] Ebenso ADS § 249 Rdn. 184.

Detlef Kleindiek

VII. Rückstellungen für unterlassene Instandhaltungsaufwendungen, die im vierten bis zwölften Monat des folgenden Geschäftsjahres nachgeholt werden (Abs. 1 S. 3)

68   Nach Abs. 1 S. 3 besteht ein Rückstellungs*wahlrecht* für unterlassene Instandhaltungsaufwendungen, die zwischen dem vierten und zwölften Monat des folgenden Geschäftsjahres nachgeholt werden; für in den ersten drei Monaten des Folgejahres nachgeholte Instandhaltungsaufwendungen besteht die schon erörterte Rückstellungspflicht (oben Rdn. 59 ff). Zu den Gründen dieser Differenzierung s. oben Rdn. 59. Die Rückstellungsbildung setzt voraus, daß die Nachholung der Instandhaltung im Zeitraum zwischen dem vierten und zwölften Monat des Folgejahres entweder schon erfolgt ist oder jedenfalls noch möglich erscheint.[161] Im übrigen entsprechen die Voraussetzungen zur Rückstellungsbildung jenen nach Abs. 1 S. 2 Nr. 1, 1. Alt. (s. dazu oben Rdn. 62 ff).

VIII. Aufwandsrückstellungen nach Abs. 2

1. Grundlagen

69   Abs. 2 gewährt ein *Wahlrecht* für die Bildung von Rückstellungen für Aufwendungen, die

(1) ihrer Eigenart nach genau umschrieben,

(2) dem Geschäftsjahr oder einem früheren Geschäftsjahr zuzuordnen,

(3) am Abschlußstichtag wahrscheinlich oder sicher, aber

(4) hinsichtlich ihrer Höhe oder des Zeitpunkts ihres Eintritts unbestimmt sind.

Zum Charakter jenes Wahlrechts und zu den durch Abs. 2 eröffneten Spielräumen zur *Bilanzgestaltung* s. schon oben Rdn. 8 ff. Im folgenden sind allein die gesetzlichen Voraussetzungen eines Bilanzansatzes für Aufwandsrückstellungen nach Abs. 2 zu erörtern.

2. Voraussetzungen der Rückstellungsbildung

70   **a) Ihrer Eigenart nach genau umschriebene Aufwendungen.** Das aus Art. 20 Abs. 2 der Jahresabschlußrichtlinie wörtlich übernommene Kriterium der „ihrer Eigenart nach genau umschriebenen Aufwendungen" versucht eine Abgrenzung der zulässigen Aufwandsrückstellungen gegenüber unzulässigen Rückstellungen zum Zwecke der Vorsorge gegen die allgemeinen Unternehmensrisiken. Aufwandsrückstellungen nach Abs. 2 sind daran geknüpft, daß *Inhalt und Zweck* der Rückstellung genau *feststehen*. Die Rückstellungen müssen einer konkreten, später vorzunehmenden Maßnahme zugeordnet sein.[162] So müssen sich etwa Rückstellungen für Wartungsarbeiten oder Großreparaturen (überprüfbar) auf jeweils *bestimmte Vermögensgegenstände* beziehen und die Art der hier geplanten Maßnahmen erkennen lassen. Diese konkrete Zuordnung ist auch für die jeweilige Rückstellungshöhe bestimmend; pauschale Rückstellungen für „Großreparaturen" etc. sind nicht zulässig.

71   Eine **Eingrenzung des zulässigen Rückstellungszwecks** nimmt das Gesetz indes nicht vor. Diese Entscheidung ist dem Bilanzierenden überlassen; ob die Aufwendung

---

[161] ADS § 249 Rdn. 195; Beck BilKomm-*Clemm/Erle* § 249 Rdn. 107.

[162] S. etwa ADS § 249 Rdn. 202 f; *Borstell* Aufwandsrückstellungen S. 169 ff; Beck BilKomm-*Clemm/Erle*, § 249 Rdn. 305, 318; HdJ-*Eifler*

III/6, Rdn. 26; *Glade* § 249 Rdn. 144; *Kapps* Aufwandsrückstellungen S. 1112 ff; HdR-*Mayer-Wegelin* § 249 Rdn. 238 ff; Heymann/*Walz* § 249 Rdn. 53; *Wiedmann* BilanzR § 249 Rdn. 82.

aus seiner Sicht nur wünschenswert oder aber objektiv notwendig ist, hat deshalb keine Bedeutung.[163] Nicht rückstellungsfähig sind jedoch solche künftigen Aufwendungen, die bei ihrer Realisierung aktivierungspflichtig sind (s. auch Rdn. 7); Aufwandsrückstellungen für künftige Investitionen sind nicht möglich.[164]

b) Zuordnung zum Geschäftsjahr oder einem früheren Geschäftsjahr. Die Auf-   **72** wendungen müssen dem Geschäftsjahr oder einem früheren Geschäftsjahr *zuzuordnen* sein. Für die Konkretisierung der maßgebenden Zuordnungskriterien wird heute verbreitet an das Realisationsprinzip angeknüpft und eine Zuordnung der Aufwendungen zum zurückliegenden Geschäftsjahr bejaht, wenn sie den **Erträgen** dieses Geschäftsjahres zuzurechnen seien.[165] Ein solcher Ansatz trägt der Deutung der Rückstellungen ohne Verpflichtungscharakter als Instrument periodengerechter Aufwandszuordnung (s. oben Rdn. 6) Rechnung. Allerdings läßt sich mit guten Gründen geltend machen, daß etwa Großreparaturen oder die Generalüberholung der Produktionseinrichtungen gerade der Sicherung *künftiger* Erträge dienen sollen.[166] Sie deshalb aus dem Anwendungsbereich des Abs. 2 herausnehmen zu wollen, wäre mit dem Konzept des Gesetzgebers indes schlechterdings nicht zu vereinbaren.[167] Im Ergebnis besteht denn auch weitgehend Einigkeit darüber, daß für die Zuordnung künftiger Aufwendungen zum abgelaufenen Geschäftsjahr eine auch lose *Verknüpfung zur Vergangenheit* genügt. In diesem Sinne wird etwa schon die in der Vergangenheit gelegte Ursache für künftige (Reparatur-)Aufwendungen als ausreichend angesehen,[168] die gesetzgeberische Intention einer gleichmäßigen Aufwandsverteilung auf die Gesamtnutzungsdauer eines Vermögensgegenstandes unterstellt[169] oder auch nur eine Beziehung mit Aktivitäten der Vergangenheit gefordert.[170] Damit sind nur solche Aufwendungen nicht rückstellungsfähig, die einen derartigen Bezug zur geschäftlichen Aktivität der Vergangenheit nicht aufweisen, wie etwa Aufwendungen für Forschung und Entwicklung.[171]

Im übrigen wird die vom Gesetz (alternativ) verlangte **Zuordnung** der Aufwen-   **73** dungen **zu** dem Geschäftsjahr oder **einem früheren Geschäftsjahr** kontrovers gewürdigt; das ist schon an früherer Stelle erörtert worden (s. oben Rdn. 17 m. Nachw. z. Meinungsstand). Nach der hier vertretenen Auffassung können Aufwandsrückstellungen nach Abs. 2 nicht beliebig gebucht (nachgeholt) werden, wenn sie nur irgendeinem

---

[163] HdR-*Mayer-Wegelin* § 249 Rdn. 240.

[164] ADS § 249 Rdn. 199; Beck BilKomm-*Clemm/ Erle* § 249 Rdn. 317; *Eder* Aufwandsrückstellungen S. 108; HdJ-*Eifler* III/6, Rdn. 44 f; HdR-*Mayer-Wegelin* § 249 Rdn. 241; Beck HdR-*Scheffler* B 233 Rdn. 255; *Streim* BB 1985, 1575, 1577 ff; eingehend *Kapps* Aufwandsrückstellungen S. 74 ff m. w. N.

[165] S. etwa *Borstell* Aufwandsrückstellungen S. 172 ff; KK-*Claussen/Korth* § 249 Rdn. 30; *Dörner* WPg 1991, 264 f; *Eder* Aufwandsrückstellungen S. 89 ff; HdR-*Mayer-Wegelin* § 249 Rdn. 242 ff; *Veit* DB 1992, 1433, 1434; Heymann/*Walz* § 249 Rdn. 55.

[166] S. dazu etwa *Siegel* WPg 1985, 414, 417; *ders.* BFuP 1987, 301, 309 sowie die Nachw. bei HdR-*Mayer-Wegelin* § 249 Rdn. 244; zuletzt *Kapps* Aufwandsrückstellungen S. 94 f.

[167] Die Begr. zu § 250 Abs. 2 RegE HGB (heute § 249), dokumentiert in Bonner HdR § 249/ Begründung Regierungsentwurf nennt beispiel-

haft gerade die „Überholung des Maschinenparks".

[168] In diesem Sinne etwa *Altmeier* Rückstellungsbilanzierung S. 132; HdR-*Mayer-Wegelin* § 249 Rdn. 242 u. 244; *Naumann* Rückstellungen S. 137 f; auch ADS § 249 Rdn. 211. Wohl nicht wesentlich anderes dürfte gemeint sein, wenn auf die „wirtschaftliche Veranlassung" (Beck HdR-*Scheffler* B 233 Rdn. 256) oder die „Veranlassung durch wirtschaftliche Tätigkeit" (Baumbach/Hueck/*Schulze-Osterloh* § 42 Rdn. 199) abgestellt wird.

[169] ADS § 249 Rdn. 206 ff m. w. N.; ganz ähnlich *Kämpfer* FS Moxter S. 257, 270 f.

[170] Beck BilKomm-*Clemm/Erle* § 249 Rdn. 306 im Anschluß an *Ballwieser* IDW-Fachtagung (1991) S. 131, 141.

[171] S. zum Ganzen auch *Ballwieser* IDW-Fachtagung (1991) S. 131, 137 ff; *ders.* FS Beusch S. 63, 66 ff.

früheren Geschäftsjahr zuzuordnen sind. Vielmehr hat der Gesetzgeber allein die Fortschreibung gebildeter Aufwandsrückstellungen in späteren Geschäftsjahren ermöglichen wollen. Mehr hat die Formulierung „oder einem früheren Geschäftsjahr" nicht zu bedeuten (oben Rdn. 17).

74   **c) Eintrittswahrscheinlichkeit sowie Unbestimmtheit von Aufwandshöhe und Eintrittszeitpunkt.** Abs. 2 verlangt, daß die künftigen Aufwendungen am Abschlußstichtag *„wahrscheinlich oder sicher"* sind. Gemeint ist ein hoher Wahrscheinlichkeitsgrad („so gut wie sicher").[172] Er ist nach allgemeiner Ansicht dort gegeben, wo sich der Bilanzierende den Aufwendungen nicht entziehen kann, sofern er sein Unternehmen fortführen will.[173] Umgekehrt kommt eine Aufwandsrückstellung nicht mehr für Reparaturen solcher Vermögensgegenstände in Betracht, die ersetzt werden sollen.

75   Das Erfordernis der **nach Höhe oder Eintrittszeitpunkt ungewissen Aufwendungen** greift schließlich das allgemeine Ungewißheitsmerkmal des Rückstellungsbegriffs aus Abs. 1 S. 1 auf, erweitert es aber: für die Rückstellungsbildung nach Abs. 2 genügt schon die Ungewißheit über den Zeitpunkt des Eintritts künftiger Aufwendungen.[174] Sollten ausnahmsweise sowohl der Eintrittszeitpunkt als auch die Höhe der künftigen Aufwendungen schon genau feststehen, ist – im Wege eines „erst-Recht-Schlusses" – die Rückstellungsfähigkeit gleichwohl gegeben.[175]

76   **d) Einzelfälle.** Die Voraussetzungen der Rückstellungsbildung nach Abs. 2 sind regelmäßig erfüllt für den künftigen Erhaltungsaufwand bei Maßnahmen zur Großreparatur und Generalüberholung, wobei die künftigen Aufwendungen den zurückliegenden Geschäftsjahren entsprechend ihrem Verursachungsbeitrag zugeordnet werden;[176] entsprechendes gilt etwa mit Blick auf Aufwendungen für den späteren Abbruch einer Anlage oder für sonstige künftigen Entsorgungsmaßnahmen, soweit dem keine Verpflichtungen zugrundeliegen (so daß Verpflichtungsrückstellungen zu bilden sind).[177] Regelmäßig nicht rückstellungsfähig sind indes Aufwendungen für aufgeschobene Forschungs- und Entwicklungsmaßnahmen oder für künftige Werbekampagnen; sie sind typischerweise zukunftsorientiert, haben also nicht den erforderlichen Bezug zu vergangenen Geschäftsjahren.[178] Für künftigen Aufwand aus der Umstellung auf den Euro können Aufwandsrückstellungen nach Abs. 2 ebenfalls nicht gebildet werden, weil es am notwendigen Vergangenheitsbezug fehlt. Anders dort, wo ein Unternehmen bereits Geschäftsvorfälle in Euro abwickelt, aber mit den Anpassungsmaßnahmen im Rückstand ist.[179]

---

[172] ADS § 249 Rdn. 212; *Borstell* Aufwandsrückstellungen S. 183; *Kapps* Aufwandsrückstellungen S. 136; *Ordelheide/Hartle* GmbHR 1986, 9, 16.

[173] ADS § 249 Rdn. 213; *Borstell* Aufwandsrückstellungen S. 184; Beck BilKomm-*Clemm/Erle* § 249 Rdn. 307; *Kapps* Aufwandsrückstellungen S. 136; HdR-*Mayer-Wegelin* § 249 Rdn. 246; *Ordelheide/Hartle* GmbHR 1986, 9, 16.

[174] S. zu dieser Erweiterung etwa HdJ-*Eifler* III/6, Rdn. 36 f; *Kapps* Aufwandsrückstellungen S. 139 m. w. N.

[175] Heute wohl allgemeine Meinung; s. etwa ADS § 249 Rdn. 216; Beck BilKomm-*Clemm/Erle* § 249 Rdn. 308; *Kapps* Aufwandsrückstellungen S. 140 f; HdR-*Mayer-Wegelin* § 249 Rdn. 250;

Baumbach/Hueck/*Schulze-Osterloh* § 42 Rdn. 200; jetzt auch *Lutter/Hommelhoff*[15] § 42 Rdn. 21; anders noch *Selchert* DB 1985, 1541, 1543.

[176] Näher ADS § 249 Rdn. 205 ff, 224 ff; Beck Bil-Komm-*Clemm/Erle* § 249 Rdn. 316 ff; *Kapps* Aufwandsrückstellungen S. 195 ff.

[177] ADS § 249 Rdn. 227, 233 ff; *Kapps* Aufwandsrückstellungen S. 198 f.

[178] Weiterführend ADS § 249 Rdn. 247 ff; Beck Bil-Komm-*Clemm/Erle* § 249 Rdn. 323 „Forschung und Entwicklung" u. „Werbung"; *Kapps* Aufwandsrückstellungen S. 206 ff.

[179] S. etwa Beck BilKomm-*Clemm/Erle* § 249 Rdn. 323 „Euro-Umstellung"; *Lutter/Hommelhoff* Vor § 41 Rdn. 46 m. w. N.; großzüger ADS § 249 Rdn. 250.

3. Bildung, Fortführung und Nachholung von Aufwandsrückstellungen nach Abs. 2

Abs. 2 gewährt ein **Wahlrecht** zur Bildung der dort angesprochenen Aufwands- **77** rückstellungen. Nach ganz überwiegender Auffassung kann das Wahlrecht für unterschiedliche Vermögensgegenstände auch unterschiedlich ausgeübt werden.[180] Das ist konsequent, wenn man – entsprechend den Ausführungen oben Rdn. 70 zur restriktiven Interpretation der ersten Rückstellungsvoraussetzung („ihrer Eigenart nach genau umschriebene Aufwendungen") – die Aufwandsrückstellungen jeweils auf bestimmte Vermögensgegenstände bezieht; dann nämlich ist auch das Ansatzwahlrecht auf einzelne konkretisierbare Objekte bezogen.[181] Teilweise wird allerdings angenommen, der Bilanzierende könne sein Wahlrecht in jedem einzelnen Geschäftsjahr auch bezogen auf denselben Sachverhalt (dieselben Vermögensgegenstände) neu ausüben. Deshalb dürfe etwa die Dotierung einer in den Vorperioden angesammelten Aufwandsrückstellung ausgesetzt und entweder gar nicht oder in einem späteren Jahr nachgeholt werden.[182] Der bestehende weite Ermessensspielraum, der dem Bilanzierenden so als Mittel der Ergebnisbeeinflussung zur Verfügung stehe, könne im Interesse einer Glättung des Jahresüberschusses in verschiedenen Perioden unter Hintansetzung des Grundsatzes der Vergleichbarkeit genutzt werden.[183]

Stellungnahme. Dem ist nachdrücklich zu widersprechen. Soweit das Wahlrecht **78** im Sinne der *Bildung* einer Aufwandsrückstellung ausgeübt worden ist, besteht hinsichtlich der *Fortführung* keine Wahlfreiheit mehr. Wiederum kommt es zur Begründung nicht darauf an, ob das – in § 252 Abs. 1 den *Bewertungs*prinzipien zugeordnete – Stetigkeitsgebot (§ 252 Abs. 1 Nr. 6) auch für den Bilanz*ansatz* Geltung beanspruchen kann oder nicht (s. schon oben Rdn. 17). Hat sich der Bilanzierende nämlich einmal zum Ansatz einer (Ansammlungs-)Rückstellung entschlossen, ist für die ratierliche Dotierung dieser Rückstellung die gewählte Bewertungsmethode grundsätzlich beizubehalten. Die Aussetzung der Dotierung käme einer Änderung der Bewertungsmethode gleich, die nach § 252 Abs. 2 nur in begründeten Ausnahmefällen – und gewiß nicht zum Zwecke der Bilanzpolitik – zulässig ist.[184]

Das Verbot zur **Auflösung** einer gebildeten Rückstellung ohne Fortfall des Rück- **79** stellungsgrundes ergibt sich im übrigen schon aus Abs. 3 S. 2 (s. Rdn. 18). Zur **Nachholung** unterlassener Aufwandsrückstellungen nach Abs. 2 s. oben Rdn. 17.

[180] S. etwa ADS § 249 Rdn. 198, 217; Beck Bil-Komm-*Clemm/Erle* § 249 Rdn. 313; *Eder* Aufwandsrückstellungen S. 172 f; HdJ-*Eifler* III/6, Rdn. 57; *Kapps* Aufwandsrückstellungen S. 147 f; HdR-*Kessler* § 249 Rdn. 307; HdR-*Mayer-Wegelin* § 249 Rdn. 235; Beck HdR-*Scheffler* B 233 Rdn. 270; *Wiedmann* BilanzR § 249 Rdn. 78 = Ebenroth/Boujong/Joost/*ders.* § 249 Rdn. 78. Anders *Hennrichs* Wahlrechte S. 364 ff der – zur Abwehr bilanzpolitisch motivierter Ansatzentscheidungen – für ein Gebot einheitlicher Ausübung des Wahlrechts plädiert.

[181] So ausdrücklich ADS § 249 Rdn. 217 u. 198.

[182] ADS § 249 Rdn. 220 u. § 253 Rdn. 276; zustimmend *Kapps* Aufwandsrückstellungen S. 148 f,

186; wohl auch *Wiedmann* BilanzR § 249 Rdn. 78 = Ebenroth/Boujong/Joost/*ders.* § 249 Rdn. 78.

[183] In diesem Sinne ADS § 249 Rdn. 221.

[184] Wie hier etwa *Borstell* Aufwandsrückstellungen S. 180 f; Beck BilKomm-*Clemm/Erle* § 249 Rdn. 310; *Dörner* WPg 1991, 264, 265; *Eder* Aufwandsrückstellungen S. 173; *Hennrichs* Wahlrechte S. 359; HdR-*Kessler* § 249 Rdn. 307; Beck HdR-*Scheffler* B 233 Rdn. 264 u. 270; *Siegel* BFuP 1987, 301, 313 f; wohl auch GK-HGB-*Marsch-Barner* § 249 Rdn. 22; nur im Ergebnis ebenso Baumbach/Hueck/*Schulze-Osterloh* § 42 Rdn. 202, der mit der Zielvorstellung des § 264 Abs. 2 S. 1 (true and fair view) argumentiert.

Detlef Kleindiek

4. Verhältnis der Aufwandsrückstellungen nach Abs. 2 zu den sonstigen Rückstellungsarten

80 Aufwandsrückstellungen nach Abs. 2 **und Verbindlichkeitsrückstellungen nach Abs. 1 S. 1, 1. Alt.** unterscheiden sich durch die bei ersteren fehlende „Außenverpflichtung" (s. oben Rdn. 5 f). Das ist auch der entscheidende Unterschied zu den **Drohverlustrückstellungen** (Abs. 1 S. 1, 2. Alt.) und den **Kulanzrückstellungen** nach Abs. 1 S. 2 Nr. 2, die nach der hier vertretenen Auffassung jeweils spezifizierte Anwendungsfälle der Verbindlichkeitsrückstellungen bilden (s. Rdn. 51 u. 66).

81 Demgegenüber lassen sich die **Rückstellungen für Instandhaltungsaufwendungen** (Abs. 1 S. 2 Nr. 1, 1. Alt. und Abs. 1 S. 3) sowie die **Rückstellungen für Abraumbeseitigung** (Abs. 1 S. 2 Nr. 1, 2. Alt.) als Untergruppen der allgemeinen Aufwandsrückstellungen nach Abs. 2 deuten; die – in Abs. 2 geforderte – genaue Umschreibung ihrer Eigenart hat der Gesetzgeber konkretisiert. Das scheint eine doppelte Schlußfolgerung nahezulegen: Aufwendungen für unterlassene Instandhaltungen oder Abraumbeseitigung, die dem abgelaufenen Geschäftsjahr zuzuordnen sind, aber nicht schon im Folgejahr (sondern erst später) nachgeholt werden, können sogleich als Aufwandsrückstellungen nach Abs. 2 gebildet werden.[185] Und eine zulässigerweise gebildete Rückstellung für Instandhaltung oder Abraumbeseitigung darf als Aufwandsrückstellung nach Abs. 2 fortgeführt werden, wenn sich im Jahr ihrer erstmaligen Buchung erweist, daß die vorgesehenen Maßnahmen doch erst außerhalb der Fristen aus Abs. 1 S. 2 Nr. 1 bzw. Abs. 1 S. 3 nachgeholt werden.[186]

82 Hinsichtlich von Rückstellungen für unterlassene **Abraumbeseitigung** ist gegen diesen Schluß nichts zu erinnern. Denn insoweit normiert das Gesetz unter den Voraussetzungen des Abs. 1 S. 2 Nr. 1, 2. Alt. zwar eine Rückstellungs*pflicht*. Doch läßt sich daraus noch nicht folgern, daß ein (daneben bestehendes) Rückstellungs*wahlrecht* nach Abs. 2 verschlossen sein sollte.

83 Für die unterlassenen **Instandhaltungsaufwendungen** stellen sich die Dinge freilich anders dar. Insoweit nämlich enthält das Gesetz in Abs. 1 S. 3 eine gesonderte Regelung zu einem Rückstellungs*wahlrecht*. Es spricht deshalb einiges dafür, diese Bestimmung als lex specialis zu Abs. 2 anzusehen und ein Wahlrecht zu Aufwandsrückstellungen für unterlassene Instandhaltung außerhalb der Voraussetzungen des Abs. 1 S. 3 nicht anzuerkennen.[187] Indes bleiben Zweifel. Denn die Regelung in Abs. 1 S. 3 ist aus § 152 Abs. 7 AktG 1965 übernommen worden. Aufwandsrückstellungen im Sinne des heutigen § 249 Abs. 2 kannte jene aktienrechtliche Bestimmung noch nicht. Eine sachliche Abgrenzung zwischen den Instandshaltungsaufwendungen nach § 249 Abs. 1 und den Aufwandsrückstellungen nach § 249 Abs. 2 wäre freilich unter zwei Voraussetzungen denkbar. Zum einen, wenn man den unterlassenen Instandhaltungen i. S. v. Abs. 1 – was dem gesetzlichen Konzept durchaus entspricht (oben Rdn. 62) – nur die Maßnahmen zurechnet, deren Realisierung bis zum Abschlußstichtag nach technischer oder betriebswirtschaftlicher Betrachtungsweise an sich geboten war. Zum anderen, wenn sich die Aufwendungsrückstellungen nach Abs. 2 auf solche Großreparatur- und Generalüberholungsmaßnahmen beschränken ließen, für die eine techni-

---

[185] ADS § 249 Rdn. 228.

[186] So etwa Beck BilKomm-*Clemm/Erle* § 249 Rdn. 108; wohl auch Baumbach/Hueck/*Schulze-Osterloh* § 42 Rdn. 197; ihm folgend Heymann/*Walz* § 249 Rdn. 49 a. E. **a.A.** aber wohl MünchKommHGB-*Ballwieser* § 249 Rdn. 91 u. 88.

[187] In diesem Sinne MünchKommHGB-*Ballwieser* § 249 Rdn. 88; *Borstell* Aufwandsrückstellungen S. 102 ff, 110 ff; *Eder* Aufwandsrückstellungen S. 78 f, 103; HdJ-*Eifler* III/6, Rdn. 43, 71; *Kapps* Aufwandsrückstellungen S. 145 ff.

sche oder betriebswirtschaftliche Notwendigkeit bis zum Abschlußstichtag noch nicht bestand. Letzteres entspricht dem Konzept des Gesetzes jedoch nicht. Vielmehr war der ursprüngliche Gesetzesvorschlag im RegE § 250 Abs. 2 HGB auf Initiative des Bundestags-Rechtsausschusses gerade deshalb im Sinne des heutigen § 249 Abs. 2 abgeändert worden, damit „nicht nur für Großreparaturen Rückstellungen gebildet werden dürfen".[188] Eine Abstimmung mit der Regelung in Abs. 1 S. 3 ist dann aber offensichtlich unterblieben.[189] Weil der Vorschrift des § 249 vor diesem Hintergrund (jedenfalls was das Verhältnis zwischen den Instandhaltungsrückstellungen und den allgemeinen Aufwandsrückstellungen betrifft) kein schlüssiges System zugrundeliegt, wird man Abs. 1 S. 3 nicht als lex specialis gegenüber Abs. 2 ansehen können. Deshalb müssen für künftige Instandhaltungsmaßnahmen (entsprechend den Rdn. 81 skizzierten Grundsätzen) auch Aufwandsrückstellungen nach Abs. 2 als zulässig gelten. Die Möglichkeit, unterbliebene Instandhaltungsrückstellungen in späteren Jahren in Form allgemeiner Aufwandsrückstellungen nachzuholen, ist indes nicht anzuerkennen (s. zur Begründung oben Rdn. 16 f und 73).

IX. Verbot sonstiger Rückstellungen (Abs. 3 S. 1)

Abs. 3 S. 1 stellt klar, daß für andere als die in Abs. 1 und 2 der Vorschrift bezeich- **84** neten Zwecke Rückstellungen nicht gebildet werden dürfen. Damit sind etwa Rückstellungen für Risiken, mit deren Realisierung der Bilanzierende nicht rechnen muß, ebenso unzulässig wie Rückstellungen zur Sicherung des allgemeinen Unternehmensrisikos oder – vgl. Art. 20 Abs. 3 Jahresabschlußrichtlinie (oben Fn. 10) – Rückstellungen zum Zwecke der Wertberichtigung von Aktivposten.[190]

X. Voraussetzungen der Rückstellungsauflösung (Abs. 3 S. 2)

Nach Abs. 3 dürfen Rückstellungen (auch soweit sie in Ausübung eines Rückstel- **85** lungs*wahlrechts* gebildet worden sind) nur aufgelöst werden, soweit der Grund hierfür entfallen ist. Das umfaßt freilich zugleich ein Auflösungs*gebot*: soweit der Grund für die Rückstellungsbildung entfallen ist, muß die Rückstellung aufgelöst werden (s. dazu schon oben Rdn. 18).

§ 250
Rechnungsabgrenzungsposten

(1) Als Rechnungsabgrenzungsposten sind auf der Aktivseite Ausgaben vor dem Abschlußstichtag auszuweisen, soweit sie Aufwand für eine bestimmte Zeit nach diesem Tag darstellen. Ferner dürfen ausgewiesen werden

1. als Aufwand berücksichtigte Zölle und Verbrauchsteuern, soweit sie auf am Abschlußstichtag auszuweisende Vermögensgegenstände des Vorratsvermögens entfallen,

2. als Aufwand berücksichtigte Umsatzsteuer auf am Abschlußstichtag auszuweisende oder von den Vorräten offen abgesetzte Anzahlungen.

---

[188] So der Bericht des Bundestags-Rechtsausschusses zu § 249 Abs. 2, dokumentiert in Bonner HdR § 249/Ausschußbericht; s. auch schon oben Rdn. 8.

[189] Dazu schon ADS § 249 Rdn. 196; *Siegel* BfuP 1987, 301, 311.

[190] Ausführlicher HdR-*Mayer-Wegelin* § 249 Rdn. 254.

Detlef Kleindiek

(2) Auf der Passivseite sind als Rechnungsabgrenzungsposten Einnahmen vor dem Abschlußstichtag auszuweisen, soweit sie Ertrag für eine bestimmte Zeit nach diesem Tag darstellen.

(3) Ist der Rückzahlungsbetrag einer Verbindlichkeit höher als der Ausgabebetrag, so darf der Unterschiedsbetrag in den Rechnungsabgrenzungsposten auf der Aktivseite aufgenommen werden. Der Unterschiedsbetrag ist durch planmäßige jährliche Abschreibungen zu tilgen, die auf die gesamte Laufzeit der Verbindlichkeit verteilt werden können.

Übersicht

Rdn.
I. Grundlagen
  1. Regelungsgehalt der Vorschrift 1
  2. Funktion der Rechnungsabgrenzungsposten 4
II. Transitorische Rechnungsabgrenzung (Abs. 1 S. 1; Abs. 2)
  1. Grundlagen 7
  2. Voraussetzungen der Rechnungsabgrenzung
    a) Ausgaben bzw. Einnahmen vor dem Stichtag 9
    b) Aufwand bzw. Ertrag für eine bestimmte Zeit nach dem Stichtag
      aa) Nach dem Stichtag 10
      bb) Bestimmte Zeit 12
  3. Bildung und Auflösung des Abgrenzungspostens 17
III. Aktivische Abgrenzung von Zöllen und Verbrauchsteuern (Abs. 1 S. 2 Nr. 1)
  1. Grundlagen
    a) Inhalt und Zweck der Regelung . . 20
    b) Systematische Einordnung und Verstoß gegen EG-Recht 22
  2. Reichweite des Wahlrechts 24

Rdn.
  3. Bildung und Auflösung des Abgrenzungspostens 25
IV. Aktivische Abgrenzung der Umsatzsteuer auf erhaltene Anzahlung (Abs. 1 S. 2 Nr. 2)
  1. Grundlagen
    a) Inhalt und Zweck der Regelung . . 26
    b) Systematische Einordnung und Verstoß gegen EG-Recht 29
  2. Reichweite des Wahlrechts 30
  3. Bildung und Auflösung des Abgrenzungspostens 31
V. Aktivische Abgrenzung des Unterschiedsbetrages zwischen Ausgabe- und Rückzahlungsbetrag einer Verbindlichkeit (Abs. 3)
  1. Grundlagen 32
  2. Bemessung des Unterschiedsbetrages und Charakter des Abgrenzungspostens 34
  3. Bildung und Auflösung des Abgrenzungspostens 37
  4. Passivische Abgrenzung des Unterschiedsbetrages in der Bilanz des Gläubigers 40

Schrifttum

Babel Zur Bewertbarkeit von aktiven Rechnungsabgrenzungsposten, zfbf 50 (1998) 778; *Back* Richtlinienkonforme Interpretation des Handelsbilanzrechts (1999); *Baetge* Bilanzen, 4. Aufl. (1996); *Beisse* Wandlungen der Rechnungsabgrenzung, Festschrift Budde (1995) S. 67; *Berndt* Grundsätze ordnungsmäßiger passiver Rechnungsabgrenzung (1998); *Crezelius* Bestimmte Zeit und passive Rechnungsabgrenzung, DB 1998, 633; *Dziadkowski* Plädoyer für eine erfolgsneutrale Behandlung von bestimmten Zöllen und Verbrauchsteuern sowie der Umsatzsteuer auf erhaltene Anzahlungen, DStR 1987, 292; *Erle* Rechnungslegung bei Zöllen und Verbrauchsteuern, BB 1988, 1082; *Gschwendtner* Zur Bilanzierung von Vorleistungen bei Dauerrechtsverhältnissen, DStZ 1995, 417; *Hartung* Rechnungsabgrenzungsposten und richtlinienkonforme Auslegung, Festschrift Moxter (1994) S. 213; *Hayn* Rechnungsabgrenzungsposten, Beck HdR B 218 (1999); *Hennrichs* Wahlrechte im Bilanzrecht der Kapitalgesellschaften (1999); *Herzig/Söffing* Rechnungsabgrenzungsposten und die Lehre vom Mindestzeitraum, BB 1993, 465; *IDW-HFA* Stellungnahme 1/1986: Zur Bilanzierung von Zero-Bonds, WPg 1986, 248; *IDW-HFA* Stellungnahme 5/1991: Zur Aktivierung von Herstellungskosten, WPg 1992, 94; *Janke* Dauerschuldverträge und Grundsätze ordnungsmäßiger Bilanzierung, (1997); *Kothes* Die Wahlrechtsproblematik im handelsrechtlichen Jahresabschluß der Kapitalgesellschaft (1999); *Kramer* True and Fair View in der Konzernrechnungslegung (1999); *Meyer-Scharenberg* Zweifelsfragen bei der Bilanzierung transitorischer Rechnungsabgrenzungsposten, DStR 1991, 754;

Moxter Periodengerechte Gewinnermittlung und Bilanz im Rechtssinne, Festschrift Döllerer (1988) S. 447; *Schulze-Osterloh* Der Ausweis von Aufwendungen nach dem Realisations- und dem Imparitätsprinzip, Festschrift Forster (1992) S. 653; *ders.* Die Rechnungslegung der Einzelkaufleute und Personenhandelsgesellschaften nach dem Bilanzrichtlinien-Gesetz, ZHR 150 (1986) 403; *Stobbe* Das Kriterium der „bestimmten Zeit" bei den Rechnungsabgrenzungsposten, FR 1995, 399; *Strobl* Matching Principle und deutsches Bilanzrecht, Festschrift Moxter (1994) S. 407; *Tiedchen* Posten der aktiven und passiven Rechnungsabgrenzung, HdJ Abt. II/8 (1997); *dies.* Rechnungsabgrenzung und „bestimmte Zeit", BB 1997, 2471; *Ulmer/Ihrig* Ein neuer Anleihetyp: Zero-Bonds, ZIP 1985, 1169; *Veit* Das Aktivierungswahlrecht für ein Disagio – eine Bilanzierungshilfe? BB 1989, 524; *Vogel* Die Rechnungslegungsvorschriften des HGB für Kapitalgesellschaften und die 4. EG-Richtlinie (Bilanzrichtlinie) (1993); *Wirtz* Zum neuen Bilanzrecht: Ausweis von Zöllen und Verbrauchsteuern für Vermögensgegenstände des Vorratsvermögens und der Umsatzsteuer auf erhaltene Anzahlungen, DStR 1986, 749.

I. Grundlagen

1. Regelungsgehalt der Vorschrift

Die für alle Rechnungslegungspflichtigen geltende Vorschrift steckt die Vorausset- **1** zungen für die Bildung von Rechnungsabgrenzungsposten auf der Aktiv- und Passivseite ab. Nach **Abs. 1 S. 1** sind als **aktivische Rechnungsabgrenzungsposten** Ausgaben vor dem Abschlußstichtag auszuweisen, soweit sie Aufwand für eine bestimmte Zeit nach diesem Tag darstellen. Nach **Abs. 2** sind als **passivische Rechnungsabgrenzungsposten** Einnahmen vor dem Abschlußstichtag auszuweisen, soweit sie Ertrag für eine bestimmte Zeit nach diesem Tag darstellen. Diese Bestimmungen bilden den Kern der Vorschrift, mit welcher der Gesetzgeber allein sog. *transitorische* Abgrenzungsposten anerkennt. Von ihnen spricht man, wenn Aufwand bzw. Ertrag den Ausgaben bzw. Einnahmen periodisch nachgelagert sind, also in einem späteren Geschäftsjahr anfallen. Demgegenüber würden *antizipative* Abgrenzungsposten jene Fälle erfassen, in denen der Aufwand in einer Periode vor der Ausgabe bzw. der Ertrag in einer Periode vor der Einnahme liegt. Antizipative Rechnungsabgrenzungsposten sind unzulässig; ggf. sind Forderungen oder Verbindlichkeiten auszuweisen.[1]

Freilich ist auch die transitorische Abgrenzung an eine einschränkende Vorausset- **2** zung gebunden: Im Interesse einer **Objektivierung** müssen die abzugrenzenden Ausgaben bzw. Einnahmen Aufwand bzw. Ertrag „für eine *bestimmte* Zeit" nach dem Abschlußstichtag darstellen. Man spricht deshalb von transitorischen Rechnungsabgrenzungsposten im engeren Sinne. Wo das objektivierende Tatbestandsmerkmal einer bestimmten Zeit nicht gegeben ist – wie etwa bei Werbeaufwendungen und Entwicklungskosten – ist ein Ausweis als Rechnungsabgrenzungsposten („transitorischer Abgrenzungsposten im weiteren Sinne") nicht zulässig. Die de lege lata bestehenden Spielräume für die aktive wie passive Rechnungsabgrenzung hängen also ganz maßgeblich von der Interpretation jenes Tatbestandsmerkmals der bestimmten Zeit ab (näher dazu unten Rdn. 12 ff).

Ergänzend zur transitorischen Abgrenzung nach Abs. 1 S. 1 statuiert **Abs. 3** ein **3** Wahlrecht zur aktivischen Abgrenzung des Unterschiedsbetrages, um den der Rückzahlungsbetrag einer Verbindlichkeit höher als der Ausgabebetrag ist; der Unterschiedsbetrag ist durch planmäßige jährliche Abschreibungen zu tilgen. Die steuerrechtlich motivierten Bestimmungen des **Abs. 1 S. 2** gestatten schließlich – systematisch unstimmig – die aktivische Abgrenzung von Zöllen und Verbrauchsteuern, soweit sie auf am Abschlußstichtag auszuweisende Vermögensgegenstände des Vorratsvermögens

---

[1] S. statt anderer ADS § 250 Rdn. 6; Beck HdR-
  Hayn B 218 Rdn. 2 ff.

entfallen (Abs. 1 S. 2 Nr. 1) sowie die aktivische Abgrenzung der Umsatzsteuer auf erhaltene Anzahlungen (Abs. 1 S. 2 Nr. 2). Das Gesetz ordnet diese Posten zwar ebenfalls den Rechnungsabgrenzungsposten zu; der Sache nach handelt es sich aber um Sonderposten eigener Art (näher Rdn. 22 u. 29).

2. Funktion der Rechnungsabgrenzungsposten

4   Rechnungsabgrenzungsposten sind **Korrekturposten** *(Verrechnungsposten)* auf der Aktiv- oder Passivseite der Bilanz, mit deren Hilfe dem Realisationsprinzip (s. § 252 Abs. 1 Nr. 4 und die Erläuterungen § 252, 25 ff) sowie dem daraus folgenden Gebot periodengerechter Abgrenzung von Aufwendungen und Erträgen Rechnung getragen wird.[2] Durch Buchung und Auflösung von Rechnungsabgrenzungsposten sollen Ausgaben erst in der Periode Aufwandswirkung entfalten, in der die dazugehörigen Erträge realisiert werden; parallel dazu soll die Ertragswirkung von Einnahmen in die Periode verlagert werden, in der die korrespondierenden Aufwendungen anfallen. Auf diese Weise tragen Rechnungsabgrenzungsposten ein „dynamisches Element" in die Bilanz.[3]

5   Rechnungsabgrenzungsposten finden ihr zentrales Anwendungsfeld als bilanztechnische Mittel zur erfolgsneutralen Erfassung von Ausgaben und Einnahmen im Zuge schwebender Geschäfte (zu ihnen § 246, 66 ff). Paradigmatisch: Mieter M zahlt an Vermieter V schon vor dem Jahresende 01 den Mietzins für die Überlassung der Mietsache im Geschäftsjahr 02. Rechnungsabgrenzungsposten sind ggf. aber auch im Rahmen dinglicher oder öffentlich-rechtlicher Rechtsverhältnisse zu bilden, etwa zur Erfassung von Vorauszahlungen auf Gebühren und Beiträge.[4] Sie werden in § 246 Abs. 1 deutlich von den Vermögensgegenständen und Schulden unterschieden und stellen auch keine (künftigen) Vermögensgegenstände oder Schulden dar.[5] Vielmehr haben sie als Verrechnungsposten (Korrekturposten) ihre Funktion überall dort, wo die Grundsätze ordnungsmäßiger Bilanzierung eine **periodenbezogene Erfolgsermittlung** andernfalls nicht gewährleisten könnten. Auch dafür sind Vorauszahlungen im Rahmen schwebender Geschäfte ein anschauliches Beispiel.

6   Bei den **schwebenden Geschäften** stellen sich allerdings *Abgrenzungsprobleme* zu den geleisteten oder erhaltenen **Anzahlungen**[6] und ihrer Bilanzierung im Rahmen der Posten nach § 266 Abs. 2 Aktivseite A II 4, B I 4, B II 4 bzw. § 266 Abs. 3 Passivseite C 3, C 8. Hier kommt es zu Überschneidungen, weil auch der Ausweis von geleisteten und erhaltenen Anzahlungen der erfolgsneutralen Erfassung des schwebenden Geschäfts dient.[7] Vollends zufriedenstellende „Handlungsanweisungen" mit überzeu-

---

[2] Dazu etwa ADS § 250 Rdn. 4; *Berndt* Rechnungsabgrenzung S. 200 ff; *Herzig/Söffing* BB 1993, 465, 467; *Kramer* True and fair view S. 115 f; *Strobl* FS Moxter S. 407, 422; HdJ-*Tiedchen* II/8, Rdn. 7 ff. S. zum Zusammenhang zwischen Realisationsprinzip und periodengerechter Gewinnermittlung auch *Moxter* FS Döllerer S. 447, 449 f.

[3] Vgl. etwa Kirchhof/Söhn/*Bauer* EStG § 5 F 2 ff; *Blümich/Schreiber* EStG § 5 Rdn. 664; *Herzig/Söffing* BB 1993, 465, 468; HdJ-*Tiedchen* II/8, Rdn. 7; HdR-*Trützschler* § 250 Rdn. 3; krit. *Berndt* Rechnungsabgrenzung S. 90 ff, 249.

[4] Näher zum Ganzen – mit Beispielen – HdJ-*Tiedchen* II/8, Rdn. 32 ff.

[5] I. E. ebenso etwa Beck HdR-*Hayn* B 218 Rdn. 11; *Strobl* FS Moxter S. 407, 421; HdJ-*Tiedchen* II/8,

Rdn. 46 ff, 89 ff; HdR-*Trützschler* § 250 Rdn. 30 f; *Schmidt/Weber-Grellet* EStG § 5 Rdn. 241; anders etwa ADS § 250 Rdn. 11; *Babel* zfbf 50 (1998) 778, 783 ff.

[6] Dazu auch ADS § 250 Rdn. 14 f; Kirchhof/Söhn/*Bauer* EStG § 5 F 51 ff; *Blümich/Schreiber* EStG § 5 Rdn. 693; *Gschwendtner* DStZ 1995, 417, 422 ff; Beck HdR-*Hayn* B 218 Rdn. 12; *Janke* Dauerschuldverträge S. 38 f; *Kropff* in Geßler/Hefermehl/Eckardt/Kropff § 151 Rdn. 49 u. § 152 Rdn. 93; *Schulze-Osterloh* FS Forster S. 653, 661 f; eingehend HdJ-*Tiedchen* II/8, Rdn. 92 ff.

[7] ADS § 266 Rdn. 59; Beck BilKomm-*Clemm/Erle* § 247 Rdn. 545; *Schulze-Osterloh* FS Forster S. 653, 660; HdJ-*Tiedchen* II/8, Rdn. 95.

genden Abgrenzungskriterien für die Bilanzierung entweder unter den Anzahlungen oder innerhalb der Rechnungsabgrenzungsposten lassen sich kaum finden.[8] Immerhin scheidet eine Einstellung in die Rechnungsabgrenzung aus, wo es am Zeitraumbezug von Aufwand bzw. Ertrag (unten Rdn. 10 f) fehlt. Im übrigen geht die Rechnungslegungspraxis wohl dahin, Anzahlungen dann als solche zu bilanzieren, wenn die Zahlung dem Erwerb eines konkret aktivierungsfähigen Vermögensgegenstandes dient.[9]

II. Transitorische Rechnungsabgrenzung (Abs. 1 S. 1; Abs. 2)

1. Grundlagen

Abs. 1 S. 1 verlangt den Ausweis eines *aktivischen* Rechnungsabgrenzungspostens **7** für Ausgaben vor dem Abschlußstichtag, soweit sie Aufwand für eine bestimmte Zeit nach diesem Tag darstellen. Nach **Abs. 2** sind in einem *passivischen* Rechnungsabgrenzungsposten Einnahmen vor dem Abschlußstichtag auszuweisen, soweit sie Ertrag für eine bestimmte Zeit nach diesem Tag darstellen. Diese Regelung zur transitorischen Rechnungsabgrenzung (oben Rdn. 1) entspricht weitgehend der Vorläuferbestimmung des § 152 Abs. 9 AktG 1965 (die freilich noch als Ausweiswahlrecht konzipiert war) und setzt die Vorgaben aus Art. 18 S. 1, 1. Alt. sowie Art. 21 S. 1, 1. Alt. der 4. EG-Richtlinie (**Jahresabschlußrichtlinie**) in nationales Recht um. Von der in Art. 18 S. 1, 2. Alt. bzw. Art. 21 S. 1, 2. Alt. außerdem gewährten Option zum Ausweis antizipativer Rechnungsabgrenzungsposten auf der Aktiv- wie Passivseite hat der deutsche Gesetzgeber keinen Gebrauch gemacht (s. oben Rdn. 1).

Der handelsrechtlichen Regelung in Abs. 1 S. 1 und Abs. 2 entspricht die **steuer- 8 rechtliche Regelung** in § 5 Abs. 5 S. 1 Nr. 1 u. Nr. 2 EStG. Kein Anwendungsfall der Rechnungsabgrenzung nach § 250 ist im übrigen die durch § 274 Abs. 2 gewährte Bilanzierungshilfe für Zwecke der aktiven Steuerabgrenzung; s. die Erläuterungen dort.

2. Voraussetzungen der Rechnungsabgrenzung

a) Ausgaben bzw. Einnahmen vor dem Stichtag. *Ausgaben* bezeichnen eine **9** Minderung des Geldvermögens, *Einnahmen* einen Zuwachs desselben (s. schon § 246, 72 f). Darunter fallen nicht nur bare und unbare Auszahlungs- bzw. Einzahlungsvorgänge, sondern auch der Zu- bzw. Abgang von Forderungen und Verbindlichkeiten oder die Sachleistung im Rahmen eines Tauschgeschäfts. Die Begriffe „Ausgaben" und „Einnahmen" sind also *weit auszulegen*.[10] Freilich steht die Buchung von Forderungen und Verbindlichkeiten dabei unter dem Vorbehalt der Grundsätze ordnungsmäßiger Bilanzierung. Das Gebot der Nichtbilanzierung schwebender Geschäfte (s. § 246, 66) wird den Ausweis der Forderung bzw. Verbindlichkeit deshalb vielfach verbieten.[11] Ausgaben bzw. Einnahmen „vor dem Abschlußstichtag" meinen solche vor Ablauf des Abschlußstichtages (24 Uhr).[12]

---

[8] S. dazu die eingehende Auseinandersetzung mit der Problematik bei HdJ-*Tiedchen* II/8, Rdn. 92 ff.

[9] So jedenfalls die Feststellung bei HdJ-*Tiedchen* II/8, Rdn. 98. Allerdings ist die Aktivierung einer Anzahlung keineswegs zwingend an die Voraussetzung geknüpft, daß der Gegenstand der Gegenleistung aktivierungsfähig ist; s. nur ADS § 266 Rdn. 134; Beck BilKomm-*Clemm/Erle* § 247 Rdn. 545; *Schulze-Osterloh* FS Forster S. 653, 660; HdJ-*Tiedchen* II/8, Rdn. 93 a. E.

[10] S. schon BFH 31.5.1967, I 208/63, BStBl III 607, 608; aus dem Schrifttum etwa ADS § 250

Rdn. 25 ff, 112; Beck HdR-*Hayn* B 218 Rdn. 17; Beck BilKomm-*Hoyos/Bartels-Hetzler* § 250 Rdn. 18; HdJ-*Tiedchen* II/8, Rdn. 53 ff; HdR-*Trützschler* § 250 Rdn. 34, je m. w. N.

[11] *Kropff* in Geßler/Hefermehl/Eckardt/Kropff, AktG § 152 Rdn. 94; Bonner HdR-*Kupsch* § 250 Rdn. 17; Baumbach/Hueck/Schulze-Osterloh § 42 Rdn. 151; HdJ-*Tiedchen* II/8, Rdn. 54; **a. A.** Beck BilKomm-*Hoyos/Bartels-Hetzler* § 250 Rdn. 18.

[12] Unstreitig; s. etwa ADS § 250 Rdn. 28; Beck Bil-Komm-*Hoyos/Bartels-Hetzler* § 250 Rdn. 19; HdJ-*Tiedchen* II/8, Rdn. 56.

10   **b) Aufwand bzw. Ertrag für eine bestimmte Zeit nach dem Stichtag. aa) Nach dem Stichtag.** Die geleisteten bzw. erhaltenen Einnahmen müssen als Aufwand bzw. Ertrag einer Abrechnungsperiode nach dem Abschlußstichtag zuzuordnen sein. Als *Aufwand* bezeichnet man den Verzehr (Verbrauch) von Gütern und Dienstleistungen in einer bestimmten Abrechnungsperiode, als *Ertrag* den bewertbaren Vermögenszuwachs (Wertezugang) einer Periode (s. § 246, 72 f). Maßgebend für die zeitliche Zuordnung ist die „wirtschaftliche Verursachung" von Ausgabe bzw. Einnahme: der im abgelaufenen Wirtschaftsjahr vollzogenen Ausgabe/Einnahme muß eine erst künftig zu erwartende Gegenleistung gegenüberstehen, wie etwa im Falle von Mietzinszahlungen, die schon im alten Wirtschaftsjahr für die Gebrauchsüberlassung im Folgejahr getätigt werden.[13]

11   Allerdings müssen Aufwand bzw. Ertrag nicht notwendig (nur) das den Ausgaben/Einnahmen folgende Geschäftsjahr betreffen. Aufwand und Ertrag können vielmehr auch **mehreren Folgejahren** zuzuordnen sein oder erst ein **ferner liegendes Geschäftsjahr** betreffen.[14] Sind Aufwand/Ertrag sowohl dem Geschäftsjahr der Ausgaben/Einnahmen als auch einem oder mehreren Folgejahren zuzuordnen, sind anteilig jene Ausgaben/Einnahmen abzugrenzen, die zukünftige Geschäftsjahre betreffen.[15]

12   **bb) Bestimmte Zeit.** Die transitorische Rechnungsabgrenzung sowohl auf der Aktiv- als auch auf der Passivseite setzt nach dem übereinstimmenden Wortlaut von Abs. 1 S. 1 und Abs. 2 voraus, daß Ausgaben bzw. Einnahmen Aufwand bzw. Ertrag für eine „*bestimmte* Zeit" nach dem Abschlußstichtag darstellen. Auf diesem Wege versucht der Gesetzgeber, die erfolgswirksame Zuordnung von Ausgaben bzw. Einnahmen zu einer späteren Abrechnungsperiode von einem *objektivierenden* Tatbestandsmerkmal abhängig zu machen, mit dem zugleich der Realisations- und Periodisierungsgedanke (s. oben Rdn. 4 f) eingeschränkt wird.[16]

13   Das Merkmal der bestimmten Zeit nach dem Abschlußstichtag war bereits in § 152 Abs. 9 AktG 1965 enthalten.[17] Es findet sich übereinstimmend in Artt. 18 S. 1 u. 21 S. 1 der 4. EG-Richtlinie (**Jahresabschlußrichtlinie**), freilich nur in deren deutschsprachiger Fassung. Die englische und französische Fassung des Richtlinientextes enthalten eine entsprechende Restriktion nicht.[18] Auch vor diesem Hintergrund ist noch nicht hinreichend geklärt, welche konkreten Schranken jenes Tatbestandelement der transitorischen Rechnungsabgrenzung setzt.

14   **Meinungsstand.** Lange Zeit herrschend war eine restriktive Interpretation i. S. notwendig *kalendermäßiger Bestimmtheit* desjenigen Zeitraums, in dem sich Aufwand bzw. Ertrag realisieren.[19] Kritik an dieser engen Sehweise wurde aus zwei Richtungen formuliert. Zum einen wurde auf die fragwürdigen Ergebnisse der seinerzeit herrschenden Meinung hingewiesen.[20] Nach ihr war die (passivische) Rechnungsabgrenzung zwar etwa bei Empfang des einmaligen Entgelts für eine fünfjährige Leistung zulässig (und geboten), nicht hingegen bei einer längeren, jedoch unbestimmten Leistung. Zum anderen ist geltend gemacht worden, daß sich jede Restriktion passivischer Rechnungs-

---

[13] Näher zur wirtschaftlichen Zuordnung HdR-*Trützschler* § 250 Rdn. 38 f.

[14] ADS § 250 Rdn. 30; Beck BilKomm-*Hoyos/Bartels-Hetzler* § 250 Rdn. 21; HdJ-*Tiedchen* II/8, Rdn. 58 ff.

[15] ADS § 250 Rdn. 38 u. das Beispiel Rdn. 26 f; speziell zur Abgrenzung von Leasingraten ADS § 250 Rdn. 121 ff; *Glade* § 250 Rdn. 38 ff; HdJ-*Tiedchen* II/8, Rdn. 61 ff, je m. w. N.

[16] S. nur *Herzig/Söffing* BB 1993, 465, 467.

[17] Näher HdJ-*Tiedchen* II/8, Rdn. 21 ff; HdR-*Trützschler* § 250 Rdn. 12 ff.

[18] S. dazu etwa *Beisse* FS Budde S. 67, 68, 83; *Hartung* FS Moxter S. 213, 216 f; *Schulze-Osterloh* FS Forster S. 653, 664; HdJ-*Tiedchen* II/8, Rdn. 28.

[19] Einzelnachweise bei HdJ-*Tiedchen* II/8, Rdn. 66 Fn. 167; im Sinne der restriktiven Auslegung zuletzt WP-Handbuch I Tz. E 195.

[20] Vgl. etwa *Knobbe-Keuk* § 4 VI 1 (S. 137); Bonner HdR-*Kupsch* § 250 Rdn. 30.

abgrenzung an der Geltung des Vorsichts- und Realisationsprinzips (s. § 252 Abs. 1 Nr. 4 und die Erläuterungen § 252, 22 ff) messen lassen müsse. An einer verbleibenden Ungewißheit über den Zeitraum der Ertragsrealisierung dürfe die passivische Rechnungsabgrenzung nicht scheitern, weil sich der Kaufmann andernfalls – nämlich bei Ertragsausweis vor Erbringung der geschuldeten Gegenleistung – reicher rechnen würde als er sei.[21] Vor diesem Hintergrund plädiert das Schrifttum heute überwiegend für ein *imparitätisches Verständnis* des Kriteriums der bestimmten Zeit. Wo eine aktivische Rechnungsabgrenzung wegen verbleibender Ungewißheit über den Realisierungszeitraum unzulässig sei, könne die passivische Abgrenzung durchaus geboten sein.[22]

Stellungnahme. Jenes imparitätische Verständnis des Merkmals der bestimmten Zeit verdient Zustimmung. Das nämliche Tatbestandselement ist aus § 152 Abs. 9 AktG 1965 übernommen worden (oben Rdn. 13) und diente schon dort dem primären Ziel, die Aktivierung von Ausgaben nur bei hinreichend objektivierten Ertragserwartungen zuzulassen.[23] Es soll und kann die **passivische Rechnungsabgrenzung** nicht hindern, wo diese nach den Grundsätzen vorsichtiger Gewinnermittlung geboten ist. Mit der einheitlichen Formulierung der Voraussetzungen aktivischer und passivischer Rechnungsabgrenzung folgte der Gesetzgeber der Konvention, aktive und passive Rechnungsabgrenzung „spiegelbildlich (symmetrisch)" aufzubauen.[24] Ungeachtet dieser vordergründigen Parallelität ist das Objektivierungsmerkmal der bestimmten Zeit – seiner Funktion sowie dem Verständnis des (übergeordneten) Realisationsprinzips entsprechend – für aktivische und passivische Rechnungsabgrenzung differenziert zu interpretieren. Der Ausweis von Einnahmen in einem passivischen Rechnungsabgrenzungsposten ist deshalb auch dort geboten, wo sich der Zeitraum der korrespondierenden Gegenleistung – ggf. auf der Basis statistischer Erhebungen und Berechnungen – nur plausibel schätzen läßt; in diesem Rahmen kann z. B. auch auf die Lebenserwartung eines Menschen oder die betriebsgewöhnliche Nutzungsdauer einer Sache abgestellt werden.[25] **15**

Zurückhaltung ist jedoch gegenüber Erwägungen geboten, die bloße Schätzung des Zeitraums der Ertragsrealisierung auch für die **aktivische Rechnungsabgrenzung** genügen zu lassen.[26] Der Gesetzesanwender ist an das Objektivierungsmerkmal der bestimmten Zeit gebunden, das nach der Gesetzeskonzeption im übrigen unabhängig davon Geltung beansprucht, ob sich die getätigten Ausgaben auf den Erwerb eines (abstrakt aktivierungsfähigen) Vermögensgegenstandes beziehen oder nicht.[27] So wie **16**

---

[21] Vgl. etwa *Crezelius* DB 1998, 633, 637 f; *Herzig/ Söffing* BB 1993, 465, 467.

[22] Befürwortung des imparitätischen Ansatzes etwa bei ADS § 250 Rdn. 36 u. 115; MünchKomm-HGB-*Ballwieser* § 250 Rdn. 9, 30 f; *Beisse* FS Budde S. 67, 77 ff; *Crezelius* DB 1998, 633, 637 f; *Glade* § 250 Rdn. 67; Beck HdR-*Hayn* B 218 Rdn. 21 f, 47 f; *Herzig/Söffing* BB 1993, 465, 469; Heymann/*Walz* § 250 Rdn. 7, 12; *Schmidt/ Weber-Grellet* EStG § 5 Rdn. 250; *Winnefeld* Bilanz-Handbuch D 1621; ablehnend indes *Kirchhof/Söhn/Bauer* EStG § 5 F 121; *Blümich/ Schreiber* EStG § 5 Rdn. 683 m. w. N.

[23] Vgl. Begr. RegE § 153 AktG 1965 bei *Kropff* AktG 1965, S. 237 u. dazu näher *Beisse* FS Budde S. 67, 73 f, 76, 79; *Schulze-Osterloh* FS Forster S. 653, 664.

[24] In diesem Sinne *Beisse* FS Budde S. 67, 74 u. 79.

[25] Übereinstimmend etwa ADS § 250 Rdn. 115; *Crezelius* DB 1998, 633, 637 f; Beck HdR-*Hayn*

B 218 Rdn. 47; *Herzig/Söffing* BB 1993, 465, 469; *Stobbe* FR 1995, 399, 401; Heymann/*Walz* § 250 Rdn. 12; eingehend auch *Berndt* Rechnungsabgrenzung S. 239 ff.

[26] In diesem Sinne *Hartung* FS Moxter S. 213, 216 f, 222; *Baumbach/Hueck/Schulze-Osterloh* § 42 Rdn. 151, jeweils auch unter Hinweis auf die nichtdeutschen Fassungen der einschlägigen Bestimmungen in der 4. EG-Richtlinie (vgl. im Text Rdn. 13); s. auch schon *Knobbe-Keuk* § 4 VI 1 (S. 138).

[27] Dennoch will HdJ-*Tiedchen* II/8, Rdn. 74 ff und BB 1997, 2471, 2473 ff, eine Schätzung immer dann zulassen, wenn sich Vorauszahlungen auf die Erlangung eines Vermögensgegenstandes beziehen; ihr folgend *Baumbach/Hueck/Schulze-Osterloh* § 42 Rdn. 151.

Vorsichts- und Realisationsprinzip für die passivische Rechnungsabgrenzung eine weite Auslegung des Merkmals der bestimmten Zeit nahelegen, ist für die aktivische Rechnungsabgrenzung eine enge Interpretation geboten.[28] Sie läßt es freilich zu, auch für die aktivische Rechnungsabgrenzung – in Anknüpfung an einschlägige Judikate des BFH[29] – einen bestimmbaren *Mindestzeitraum* der Ertragsrealisierung genügen zu lassen;[30] dem Ziel einer objektivierten Ertragsverteilung wird auf diesem Wege (und durch Abgrenzung der Ausgaben auf den Mindestzeitraum) hinreichend Rechnung getragen.[31] Dazu muß der Mindestzeitraum allerdings – insbesondere vor dem Hintergrund der von den Vertragsparteien getroffenen Vereinbarungen – objektiv bestimmbar, nicht lediglich schätzbar sein. Doch ist die Grenzziehung hier fließend[32] und weiterhin diskussionsbedürftig.

3. Bildung und Auflösung des Abgrenzungspostens

17   Liegen die Voraussetzungen für die aktivische oder passivische Rechnungsabgrenzung nach Abs. 1 S. 1 bzw. Abs. 2 vor,[33] so ist ein entsprechender Posten zu bilden (**Ansatzpflicht**). Dabei gilt das Verrechnungsverbot nach § 246 Abs. 2 (s. die Erläuterungen dort Rdn. 80 ff); eine Saldierung aktiver und passiver Abgrenzungsposten ist also unzulässig. Entsprechend dem Grundsatz der Wesentlichkeit (s. § 252, 54) kann von der Abgrenzung geringfügiger Beträge abgesehen werden, wenn hierdurch der getreue Einblick in die Vermögens- und Ertragslage des bilanzierungspflichtigen Unternehmens nicht beeinträchtigt wird.[34]

18   Rechnungsabgrenzungsposten sind Verrechnungsposten (Korrekturposten), keine Vermögensgegenstände oder Schulden (oben Rdn. 4 f). Sie sind deshalb auch keiner Bewertung, sondern nur einer **Berechnung** zugänglich. Wo der Wert der künftigen Gegenleistung für den Vorausleistenden sinkt, ist keine außerplanmäßige Abschreibung auf den Abgrenzungsposten vorzunehmen, sondern eine Rückstellung für drohende Verluste aus schwebenden Geschäften zu buchen.[35] Die Höhe des zu bildenden Abgrenzungspostens richtet sich nach dem Verhältnis der am Abschlußstichtag noch ausstehenden Gegenleistung zur gesamten Gegenleistung. Soweit der gezahlte bzw. vereinnahmte Betrag eine Abrechnungsperiode nach dem Stichtag betrifft, ist er entsprechend abzugrenzen.[36]

19   Der Rechnungsabgrenzungsposten ist in dem Maße **aufzulösen**, in dem im laufenden Geschäftsjahr Aufwand bzw. Ertrag entsteht, auf den sich die abgegrenzten Aus-

[28] Übereinstimmend *Beisse* FS Budde S. 67, 78; *Crezelius* DB 1998, 633, 637; Beck HdR-*Hayn* B 218 Rdn. 47.

[29] S. BFH 9.12.1993, IV R 130/91, BStBl II 1995, 202, 204 u. außerdem etwa BFH 17.10.1968, IV 84/85, BStBl II 1969, 180, 182; 17.7.1980, IV R 10/76 BStBl II 1981, 669, 672; 24.3.1982, IV R 96/78, BStBl II 643, 646; 5.4.1984, IV R 96/82, BStBl II 552, 553 ff. Ausführlich zur Lehre vom Mindestzeitraum *Herzig/Söffing* BB 1993, 465; s. auch noch *Stobbe* FR 1995, 399.

[30] Ebenso etwa ADS § 250 Rdn. 32a; Beck HdR-*Hayn* B 218 Rdn. 21; Beck BilKomm-*Hoyos/Bartels-Hetzler* § 250 Rdn. 21; HdR-*Trützschler* § 250 Rdn. 50 f; *Winnefeld* Bilanz-Handbuch D 725 f u. 1622.

[31] Überzeugend *Herzig/Söffing* BB 1993, 465, 467.

[32] S. schon Bonner HdR-*Kupsch* § 250 Rdn. 31 ff.

[33] Zu Beispielen für aktive und passive Rechnungsabgrenzungsposten s. etwa die Kataloge bei ADS § 250 Rdn. 53 f u. 117 f; *Glade* § 250 Rdn. 33 ff u. 73 ff.

[34] ADS § 250 Rdn. 44; Beck BilKomm-*Hoyos/Bartels-Hetzler* § 250 Rdn. 28; HdJ-*Tiedchen* II/8 Rdn. 110, 112, je m. w. N.

[35] Übereinstimmend die h.M.; s. zuletzt Beck HdR-*Hayn* B 218 Rdn. 23 f m.w.N. – Wer die Rechnungsabgrenzungsposten den Vermögensgegenständen oder Schulden zuordnet, verlangt eine Bewertung und ggf. Wertberichtigung des Abgrenzungspostens; eingehende Darstellung des Streitstands mit Einzelnachweisen bei HdJ-*Tiedchen* II/8, Rdn. 113 ff.

[36] Vgl. BFH 17.7.1974, I R 195/72, BStBl II 684, 685 f; Beck HdR-*Hayn* B 218 Rdn. 23; Beck BilKomm-*Hoyos/Bartels-Hetzler* § 250 Rdn. 29; HdJ-*Tiedchen* II/8, Rdn. 116 m. w. N.

gaben bzw. Einnahmen beziehen. Ist die Gegenleistung dem Werte nach konstant, ist der Abgrenzungsposten zeitproportional aufzulösen; bei im Werte veränderlicher Gegenleistung ist für die Auflösung das Wertverhältnis der weiterhin ausstehenden Gegenleistung zur gesamten Gegenleistung maßgeblich.[37]

III. Aktivische Abgrenzung von Zöllen und Verbrauchsteuern (Abs. 1 S. 2 Nr. 1)

1. Grundlagen

a) Inhalt und Zweck der Regelung. Nach **Abs. 1 S. 2 Nr. 1** dürfen als Rechnungs- **20** abgrenzungsposten auf der Aktivseite auch ausgewiesen werden als Aufwand berücksichtigte Zölle und Verbrauchsteuern, soweit sie auf am Abschlußstichtag auszuweisende Vermögensgegenstände des Vorratsvermögens entfallen. **Zölle** sind Abgaben, die bei Warenbewegungen über die Zollgrenze anfallen; **Verbrauchsteuern** sind Steuern auf die Verwendung bestimmter Gebrauchs- und Verbrauchsgüter, wie etwa die Biersteuer, Mineralölsteuer, Tabaksteuer, Teesteuer, Kaffeesteuer usw.[38] Die Aktivierung der Zölle und Verbrauchsteuern bewirkt ihre ergebnisneutrale Behandlung bis zum Abgang der betreffenden Vermögensgegenstände. Zum (wahlweisen) Ausweis der Zölle und Verbrauchsteuern innerhalb der Anschaffungs- und Herstellungskosten näher unten Rdn. 25.

Die Vorschrift hat einen **steuerrechtlichen Hintergrund**.[39] Im Jahre 1975 hatte der **21** Bundesfinanzhof im sog. Biersteuer-Urteil entschieden, daß die Biersteuer weder als Teil der Herstellungskosten des Bieres noch als Rechnungsabgrenzungsposten ohne eigenständiges Wirtschaftsgut aktiviert werden dürfe.[40] Um drohenden Steuerausfällen zu begegnen, wurde § 5 EStG um die Regelung des (heutigen) Abs. 5 S. 2 Nr. 1 ergänzt, wonach als Aufwand berücksichtigte Zölle und Verbrauchsteuern auf der Aktivseite anzusetzen sind, soweit sie auf am Abschlußstichtag auszuweisende Wirtschaftsgüter des Vorratsvermögens entfallen. Mit dem Bilanzrichtliniengesetz wurde jene Bestimmung – zur Vereinheitlichung von Handels- und Steuerbilanz – in § 250 Abs. 1 S. 2 Nr. 1 HGB übernommen, freilich als Aktivierungswahlrecht.

b) Systematische Einordnung und Verstoß gegen EG-Recht. Die **Regelung** ist **22** **systemwidrig.** Aktivierte Zölle und Verbrauchsteuern zählen nicht zu den transitorischen Rechnungsabgrenzungsposten nach Abs. 1 S. 1 (s. oben Rdn. 1, 7 ff), weil sie keinen Aufwand für eine bestimmte Zeit nach dem Abschlußstichtag darstellen. Sie lassen sich ebensowenig als antizipative Rechnungsabgrenzungsposten der Aktivseite deuten,[41] weil darunter nur Forderungen fallen. Auch die Vorstellung, es handle sich um anteilige künftige Forderungen des Kaufmanns gegen seine künftigen Abnehmer, hilft nicht weiter; künftige Forderungen gegen potentielle Kunden können noch nicht als realisiert gelten.[42] Dementsprechend werden die nach Abs. 1 S. 2 Nr. 1 aktivierten

---

[37] Zu weiteren Einzelheiten s. ADS § 250 Rdn. 49 ff; Beck HdR-*Hayn* B 218 Rdn. 25; Beck BilKomm-*Hoyos/Bartels-Hetzler* § 250 Rdn. 31; HdJ-*Tiedchen* II/8, Rdn. 117 ff; eingehend auch Bonner HdR-*Kupsch* § 250 Rdn. 36 ff.

[38] ADS § 250 Rdn. 58 f; *Glade* § 250 Rdn. 20 ff; HdJ-*Tiedchen* II/8 Rdn. 125 ff; HdR-*Trützschler* § 250 Rdn. 62.

[39] S. dazu etwa *Erle* BB 1988, 1082, 1083; *Glade* § 250 Rdn. 16 ff; HdJ-*Tiedchen* II/8 Rdn. 130 f; HdR-*Trützschler* § 250 Rdn. 60.

[40] BFH 26. 2. 1975, I R 72/73, BStBl II 1976, 13, 16.

[41] So aber Begr. zu § 247 Abs. 1 S. 2 RegE HGB (heute § 250 Abs. 1 S. 2); dokumentiert in Bonner HdR § 250 / Begründung RegE.

[42] S. zur Kritik an der Regelung etwa Beck HdR-*Hayn* B 218 Rdn. 27; *Hennrichs* Wahlrechte S. 218; HdJ-*Tiedchen* II/8, Rdn. 132; HdR-*Trützschler* § 250 Rdn. 55, je m. w. N.

Detlef Kleindiek

Zölle und Verbrauchsteuern heute ganz überwiegend als *Aktivposten eigener Art* gedeutet.[43]

23 Damit **widerspricht** die Regelung freilich den zwingenden Vorgaben der 4. EG-Richtlinie (**Jahresabschlußrichtlinie**). Nach deren Art. 18 sind als Rechnungsabgrenzungsposten nur transitorische Posten im engeren Sinne (oben Rdn. 1, 7) sowie Erträge auszuweisen, die erst nach dem Abschlußstichtag fällig werden. Weil sich Zölle und Verbrauchsteuern auf Gegenstände des Vorratsvermögens keiner dieser beiden Gruppen zuordnen lassen, ist Abs. 1 S. 2 Nr. 1 mit der 4. EG-Richtlinie unvereinbar.[44] Gleichwohl können auch Kapitalgesellschaften und ihnen nach § 264a gleichgestellte Personenhandelsgesellschaften ohne mindestens eine natürliche Person als „Vollhafter" das Wahlrecht aus § 250 Abs. 1 S. 2 Nr. 1 ausüben, weil eine unmittelbare Wirkung der Richtlinie zu Lasten der rechnungslegungspflichtigen Unternehmen ausscheidet und sich die Nichtanwendung einer nationalen Rechtsvorschrift nach zutreffender Ansicht auch nicht im Wege richtlinienkonformer Auslegung begründen läßt.[45]

2. Reichweite des Wahlrechts

24 Die aktivische Abgrenzung von Zöllen und Verbrauchsteuern auf Gegenstände des Vorratsvermögens nach Abs. 1 S. 1 Nr. 1 ist als *Wahlrecht* ausgestaltet, dessen *Reichweite* freilich nicht einheitlich beurteilt wird. Denn nach heute ganz überwiegender Auffassung sind Zölle und Verbrauchsteuern Bestandteile der Anschaffungs- oder Herstellungskosten.[46] Dennoch wird aus Abs. 1 S. 2 Nr. 1 verbreitet die Befugnis abgeleitet, Zölle und Verbrauchsteuern wahlweise innerhalb der Anschaffungs- oder Herstellungskosten zu aktivieren, in einen aktivischen Rechnungsabgrenzungsposten einzustellen oder sogleich als aufwandswirksam zu buchen; dieses Wahlrecht soll für jedes Rechnungsjahr neu ausgeübt werden können.[47] Die Kritiker halten dem entgegen, daß für Gegenstände des Vorratsvermögens eine Aktivierungspflicht in Anknüpfung an die Anschaffungs- oder Herstellungskosten bestehe; weder zur aktivischen Abgrenzung noch zur Berücksichtigung als Aufwand sei für Zölle und Verbrauchsteuern Raum, soweit sie Bestandteile der Anschaffungs- oder Herstellungskosten der entsprechenden Gegenstände des Vorratsvermögens seien.[48] Unter dieser Prämisse reduziert sich der Anwendungsbereich des Wahlrechts aus Abs. 1 S. 2 Nr. 1 folgerichtig in eben dem Umfang, in dem man eine Zuordnung der Zölle und Verbrauchsteuern zu den Anschaffungs- oder Herstellungskosten vornimmt. Wer eine

---

[43] In diesem Sinne etwa *Baetge* Bilanzen⁴ S. 455; Beck HdR-*Hayn* B 218 Rdn. 27; Bonner HdR-*Kupsch* § 250 Rdn. 50; HdR-*Trützschler* § 250 Rdn. 55; für eine Charakterisierung als Bilanzierungshilfe *Meyer-Scharenberg* DStR 1991, 754.

[44] Übereinstimmend etwa *Glade* § 250 Rdn. 3; *Hartung* FS Moxter S. 213, 215 f; *Hennrichs* Wahlrechte S. 218 f; *Knobbe-Keuk* § 4 VI 3 (S. 140); *Schulze-Osterloh* ZHR 150 (1986) 403, 424; Baumbach/Hueck/*ders.* § 42 Rdn. 155; HdJ-*Tiedchen* II/8, Rdn. 138; *Vogel* Rechnungslegungsvorschriften S. 56.

[45] Weiterführend *Back* Richtlinienkonforme Interpretation S. 17 ff; *Hennrichs* Wahlrechte S. 219 f; *M. Schwab* ZGR 2000, 446, 465 ff; *Vogel* Rechnungslegungsvorschriften S. 106 ff, je m. w. N. auch zu abweichenden Konzepten.

[46] Weiterführend ADS § 255 Rdn. 153; *Baetge* Bilanzen⁴ S. 456; Beck BilKomm-*Hoyos/Bartels-*

Hetzler § 250 Rdn. 37; Beck BilKomm-*Ellrott/Schmidt-Wendt* § 255 Rdn. 453; HdR-*Trützschler* § 250 Rdn. 66; HdJ-*Tiedchen* II/8, Rdn. 134 ff m. w. N.

[47] S. etwa IDW-HFA, Stellungnahme 5/1991: Zur Aktivierung von Herstellungskosten, Ziff. 7 (WPg 1992, 94, 96); ADS § 250 Rdn. 61, 64 u. § 255 Rdn. 153; Beck HdR-*Hayn* B 218 Rdn. 31 ff; Beck BilKomm-*Hoyos/Bartels-Hetzler* § 250 Rdn. 41 f; ferner *Baetge* Bilanzen⁴ S. 456; WP-Handbuch I Tz. E 198 f; einschränkend Münch-KommHGB-*Ballwieser* § 250 Rdn. 14; Gebot der Bewertungsmethodenstetigkeit.

[48] Im Ansatz insoweit übereinstimmend etwa *Dziadkowski* DStR 1987, 292, 293; *Erle* BB 1988, 1082, 1083 f; *Kothes* Wahlrechtsproblematik, S. 193 f; Baumbach/Hueck/*Schulze-Osterloh* § 42 Rdn. 156; HdJ-*Tiedchen* II/8, Rdn. 140; HdR-*Trützschler* § 250 Rdn. 66.

solche Zuordnung lückenlos befürwortet, sieht für § 250 Abs. 1 S. 2 Nr. 1 keinen Anwendungsbereich mehr.[49] Mit dem Plan des Gesetzes ist das kaum zu vereinbaren.

3. Bildung und Auflösung des Abgrenzungspostens

Abs. 1 S. 2 Nr. 1 sieht die aktivische Abgrenzung nur für solche Zölle und Ver- **25** brauchsteuern vor, die auf Gegenständen des Vorratsvermögens lasten; dazu zählen die im Gliederungsschema des § 266 unter Abs. 2 Aktivseite B I Nr. 1–3 aufgeführten Roh-, Hilfs- und Betriebsstoffe, unfertige Erzeugnisse sowie fertige Erzeugnisse und Waren. Sie müssen am Abschlußstichtag auszuweisen, also dem rechnungslegungspflichtigen Unternehmen nach den allgemeinen Grundsätzen (s. § 246, 47 ff) zuzurechnen sein. Schließlich ist die Abgrenzung daran geknüpft, daß Zölle und Verbrauchsteuern als Aufwand berücksichtigt worden sind. Die Steuer muß also gezahlt oder durch Buchung einer Verbindlichkeit oder Rückstellung erfaßt worden sein.[50] In ihrer Höhe bemißt sich die Rechnungsabgrenzung nach dem Betrag der als Aufwand berücksichtigten Zölle und Verbrauchsteuern. Ein gesonderter Ausweis der abgegrenzten Zölle und Verbrauchsteuern innerhalb des aktivischen Rechnungsabgrenzungspostens ist empfehlenswert, aber nicht zwingend. Die Abgrenzung ist aufzulösen, wenn die entsprechenden Gegenstände aus dem Vorratsvermögen ausscheiden oder die Zoll- bzw. Steuerpflicht entfällt.[51]

IV. Aktivische Abgrenzung der Umsatzsteuer auf erhaltene Anzahlungen (Abs. 1 S. 2 Nr. 2)

1. Grundlagen

a) Inhalt und Zweck der Regelung. Nach Abs. 1 S. 2 Nr. 2 darf als Rechnungs- **26** abgrenzungsposten auf der Aktivseite auch ausgewiesen werden die als Aufwand berücksichtigte **Umsatzsteuer** auf am Abschlußstichtag auszuweisende oder von den Vorräten offen abgesetzte Anzahlungen. Die Bildung des Abgrenzungspostens soll die ergebnisneutrale Behandlung der erfaßten Umsatzsteuer ermöglichen. Sie ist nur für erhaltene Anzahlungen zulässig, hier aber unabhängig davon, ob diese als Verbindlichkeiten ausgewiesen oder offen von den Vorräten abgesetzt werden (vgl. § 268 Abs. 5 S. 2 und die Erläuterungen dort).

Im übrigen kommt die Abgrenzung nur in Betracht, wenn die erhaltene Anzahlung **27** nach der sog. **Bruttomethode** ausgewiesen wird. Dabei wird die Anzahlung einschließlich der darauf entfallenden Umsatzsteuer passiviert und die Umsatzsteuer zugleich aufwandswirksam gebucht. Bei Anwendung der sog. **Nettomethode** wird die erhaltene Anzahlung demgegenüber ohne die Umsatzsteuer ausgewiesen; die Umsatzsteuer wird als Verbindlichkeit gegenüber dem Finanzamt passiviert.[52] Da die Umsatzsteuer hier nicht aufwandswirksam erfaßt wird, bildet die Nettomethode das

---

[49] So etwa Baumbach/Hueck/*Schulze-Osterloh* § 42 Rdn. 156; HdJ-*Tiedchen* II/8, Rdn. 140; HdR-*Trützschler* § 250 Rdn. 66; s. auch noch *Dziadkowski* DStR 1987, 292, 293 f. Anders *Erle* BB 1988, 1082, 1083 f für Ausfuhrzölle, die er den Vertriebskosten zuordnet. HdR-*Knop/Küting* § 255 Rdn. 210 wollen ein Wahlrecht nur für solche Verbrauchsteuern zulassen, die als Teil der Gemeinkosten zu klassifizieren seien.

[50] Vgl. zum Ganzen ADS § 250 Rdn. 62 f; Beck

HdR-*Hayn* B 218 Rdn. 30; HdJ-*Tiedchen* II/8, Rdn. 141 f; HdR-*Trützschler* § 250 Rdn. 65.

[51] ADS § 250 Rdn. 65 ff; Beck HdR-*Hayn* B 218 Rdn. 33 f; Beck BilKomm-*Hoyos/Bartels-Hetzler* § 250 Rdn. 43 ff; HdJ-*Tiedchen* II/8, Rdn. 147 ff; HdR-*Trützschler* § 250 Rdn. 56.

[52] S. zu den Unterschieden zwischen Brutto- und Nettomethode etwa *Baetge* Bilanzen⁴ S. 458 f; ADS § 250 Rdn. 75 f; HdJ-*Tiedchen* II/8, Rdn. 154.

Geschäft von vornherein ergebnisneutral ab; ein aktivischer Abgrenzungsposten ist also entbehrlich. Beide Methoden werden überwiegend als gleichermaßen zulässig angesehen (näher unten Rdn. 30). Da die Bruttomethode jedoch zu einem doppelten Ausweis der Umsatzsteuer und damit einer Bilanzverlängerung führt, wird der Nettomethode verbreitet der Vorzug gegeben.[53]

28   Wie schon Abs. 1 S. 2 Nr. 1 (oben Rdn. 21) hat auch die Regelung in Abs. 1 S. 2 Nr. 2 einen **steuerrechtlichen Hintergrund**.[54] Im Jahre 1979 hat der BFH die Verbuchung erhaltener Anzahlungen nach der Bruttomethode verlangt und den aktivischen Ausweis der anteiligen Umsatzsteuer weder als sonstigen Vermögensgegenstand noch als Rechnungsabgrenzungsposten zugelassen.[55] Der Steuergesetzgeber reagierte angesichts drohender Steuerausfälle mit der Einführung einer Aktivierungspflicht nach Maßgabe des (heutigen) § 5 Abs. 5 S. 2 EStG. Auch diese Regelung wurde durch das Bilanzrichtliniengesetz – freilich als Wahlrecht – in das Handelsbilanzrecht übernommen.

29   **b) Systematische Einordnung und Verstoß gegen EG-Recht.** Die Möglichkeit aktivischer Abgrenzung erhaltener Umsatzsteuer ist – ebenso wie die Regelung in Abs. 1 S. 2 Nr. 1 (vgl. schon oben Rdn. 22) – *systemwidrig*, da die aktivierte Umsatzsteuer auf Anzahlungen weder als transitorischer Rechnungsabgrenzungsposten im engeren Sinne noch als antizipativer Abgrenzungsposten angesehen werden kann. Die Aktivierung der Umsatzsteuer auf Anzahlungen wird wiederum ganz überwiegend als *Aktivposten eigener Art* charakterisiert.[56] Damit ist Abs. 1 S. 2 Nr. 2 mit den zwingenden Vorgaben der 4. EG-Richtlinie (*Jahresabschlußrichtlinie*) ebenso *unvereinbar* wie die korrespondierende Bestimmung in Nr. 1 der Vorschrift (s. oben Rdn. 23).

2. Reichweite des Wahlrechts

30   Die *Reichweite* des in Abs. 1 S. 2 Nr. 2 gewährten *Wahlrechts* ist wiederum umstritten. Teile des Schrifttums befürworten eine Pflicht, die erhaltene Anzahlung erfolgsneutral netto auszuweisen oder verlangen bei Anwendung der Bruttomethode (s. Rdn. 27) doch jedenfalls die zwingende Aktivierung eines Anspruchs auf Rückerstattung der Umsatzsteuer.[57] Unter dieser Prämisse bliebe auch für Abs. 1 S. 2 Nr. 2 kein Anwendungsbereich. Demgegenüber hat das bilanzierende Unternehmen nach deutlich überwiegender Ansicht ein dreifaches Wahlrecht:[58] Es kann die Umsatzsteuer aufwandswirksam (Verbuchung der Anzahlung nach der Bruttomethode ohne Rechnungsabgrenzung) oder ergebnisneutral behandeln; letzteres kann wahlweise durch eine Verbuchung nach der Nettomethode oder die Anwendung der Bruttomethode mit Bildung des aktivischen Rechnungsabgrenzungspostens erreicht werden. Ein gesonderter Ausweis der Umsatzsteuer innerhalb der Rechnungsabgrenzungsposten ist nicht zwingend geboten.[59]

---

[53] ADS § 250 Rdn. 77 u. § 266 Rdn. 225; Bonner HdR-*Kupsch* § 250 Rdn. 60; weitere Nachw. bei HdJ-*Tiedchen* II/8, Rdn. 155.

[54] S. etwa HdJ-*Tiedchen* II/8, Rdn. 159; HdR-*Trützschler* § 250 Rdn. 60.

[55] BFH 26. 6. 1979, VIII R 145/78, BStBl II 625, 626 f.

[56] ADS § 250 Rdn. 72; HdR-*Trützschler* § 250 Rdn. 55.

[57] So etwa *Dziadkowski* DStR 1987, 292, 293; Baumbach/Hueck/*Schulze-Osterloh* § 42 Rdn. 157;

HdR-*Trützschler* § 250 Rdn. 69 f; s. auch *Wirtz* DStR 1986, 749, 750; differenzierend HdR-*Knop* § 268 Rdn. 216.

[58] ADS § 250 Rdn. 80 u. § 266 Rdn. 225; Beck HdR-*Hayn* B 218 Rdn. 40; Beck BilKomm-*Hoyos/Bartels-Hetzler* § 250 Rdn. 53 ff; HdJ-*Tiedchen* II/8, Rdn. 165 m. w. N.

[59] Für empfehlenswert halten ihn ADS § 250 Rdn. 80; Beck HdR-*Hayn* B 218 Rdn. 40; HdR-*Trützschler* § 250 Rdn. 56; dagegen Beck BilKomm-*Hoyos/Bartels-Hetzler* § 250 Rdn. 53.

3. Bildung und Auflösung des Abgrenzungspostens

Die aktivische Abgrenzung der Umsatzsteuer auf erhaltene Anzahlungen ist nur **31** für Vermögensgegenstände des Vorratsvermögens vorgesehen, die zum Abschlußstichtag dem bilanzierenden Unternehmen zuzuordnen sind (s. auch oben Rdn. 25). Die Umsatzsteuer muß zudem als Aufwand berücksichtigt, die erhaltene Anzahlung also nach der Bruttomethode ausgewiesen sein (s. oben Rdn. 27). Die Abgrenzung ist in Höhe der vereinnahmten Umsatzsteuer vorzunehmen und wie die Anzahlung selbst aufzulösen. Die Zahlung der Umsatzsteuer an das Finanzamt führt nicht zur Auflösung des Abgrenzungspostens.[60]

V. Aktivische Abgrenzung des Unterschiedsbetrages zwischen Ausgabe- und Rückzahlungsbetrag einer Verbindlichkeit (Abs. 3)

1. Grundlagen

Abs. 3 S. 1 erlaubt die aktivische Rechnungsabgrenzung für einen Unterschieds- **32** betrag, um den der Rückzahlungsbetrag einer Verbindlichkeit höher als der Ausgabebetrag ist. Im Gegensatz zu Abs. 1 S. 1 (Ansatzpflicht) gewährt das Gesetz – insoweit nicht konsequent – ein *Wahlrecht.* Terminologisch wird der Unterschiedsbetrag als **Disagio** bezeichnet, wobei der Unterschiedsbetrag gleichermaßen auf einem Auszahlungs-Disagio (bei Hypothekendarlehen: Damnum) wie einem Rückzahlungs-Agio beruhen kann.[61] Der Unterschiedsbetrag ist durch planmäßige jährliche *Abschreibungen* nach Maßgabe von Abs. 3 S. 2 zu tilgen.

Die Regelung setzt Art. 41 der 4. EG-Richtlinie (**Jahresabschlußrichtlinie**) um und **33** entspricht in der Sache dem früheren § 156 Abs. 3 AktG 1965; dort war allerdings noch von „Verbindlichkeiten oder Anleihen" die Rede. Das **Steuerrecht** enthält eine dem Abs. 3 entsprechende Regelung nicht, doch wird der Unterschiedsbetrag – da es sich um zinsähnlichen Aufwand (Vergütung für die Kapitalüberlassung) handelt (unten Rdn. 35) – der Grundnorm für die transitorische Rechnungsabgrenzung auf der Aktivseite (§ 5 Abs. 5 Nr. 1 EStG) zugeordnet; steuerrechtlich besteht deshalb eine Aktivierungspflicht.[62]

2. Bemessung des Unterschiedsbetrages und Charakter des Abgrenzungspostens

Ob es sich beim aktivierten Unterschiedsbetrag nach Abs. 3 um einen echten Rech- **34** nungsabgrenzungsposten handelt, ist umstritten.[63] Der jeweils eingenommene Standpunkt hängt davon ab, **welche Kostenbestandteile** als **abgrenzungsfähig** angesehen werden. Wenn man auch die Ausgabekosten der Verbindlichkeit (z. B. Bankprovision, Druckkosten für Schuldverschreibungen etc.) und Geldbeschaffungskosten bei der Bemessung des Unterschiedsbetrags berücksichtigen will, liegt eine Deutung des aktivierten Betrags nach Abs. 3 als Bilanzierungshilfe[64] oder als ein Mischposten nahe, der sowohl Elemente eines Rechnungsabgrenzungspostens als auch einer Bilanzierungshilfe enthält.[65]

---

[60] ADS § 250 Rdn. 81; Beck HdR-*Hayn* B 218 Rdn. 41 f; Beck BilKomm-*Hoyos/Bartels-Hetzler* § 250 Rdn. 55 f; HdJ-*Tiedchen* II/8, Rdn. 166 f.

[61] ADS § 250 Rdn. 87; Beck HdR-*Hayn* B 218 Rdn. 49; Beck BilKomm-*Hoyos/Bartels-Hetzler* § 250 Rdn. 59; HdJ-*Tiedchen* II/8, Rdn. 170.

[62] Vgl. BFH 19. 1. 1978, IV R 153/77, BStBl II 262, 263 ff u. etwa ADS § 250 Rdn. 86; Beck HdR-*Hayn* B 218 Rdn. 54; HdR-*Trützschler* § 250

Rdn. 76, je m. w. N.; differenzierend HdJ-*Tiedchen* II/8, Rdn. 170.

[63] Eingehende Darstellung des Meinungsstandes mit umfangreichen Einzelnachw. bei HdJ-*Tiedchen* II/8, Rdn. 174 ff; zusammenfassend Baumbach/Hueck/*Schulze-Osterloh* § 42 Rdn. 154.

[64] Stellvertretend *Veit* BB 1989, 524, 527.

[65] So HdJ-*Tiedchen* II/8, Rdn. 175 ff.

Detlef Kleindiek

35   Nach zutreffender, ganz h. M. sind solche Kosten wegen ihres „Einmalcharakters" jedoch regelmäßig nicht als laufende Aufwendungen auf die Laufzeit der Verbindlichkeit verteilungsfähig. Bei der Bemessung des Unterschiedsbetrages sind vielmehr nur die – nach Maßgabe der jeweils getroffenen Vereinbarung: zeitraumbezogenen – Kosten der Kapitalüberlassung einschließlich deren Nebenkosten zu berücksichtigen.[66] Wegen des Charakters dieser Kapitalüberlassungskosten als zusätzlicher Zins kann von einer Ausgabe gesprochen werden, die Aufwand (Zinsaufwand) für eine bestimmte Zeit nach dem Abschlußstichtag darstellt (transitorische Rechnungsabgrenzungsposten; s. oben Rdn. 1). Folgerichtig ist der aktivierte Unterschiedsbetrag nach Abs. 3 als ein **echter Rechnungsabgrenzungsposten** zu deuten.

36   Bei den sog. **Zero-Bonds** (Nullkupon-Anleihen) ist die Differenz zwischen Ausgabe- und Rückzahlungsbetrag nicht nach Abs. 3 abzugrenzen. Der im Rückzahlungsbetrag enthaltene Zinsanteil wird vielmehr ratierlich dem passivierten Ausgabebetrag zugeschlagen, womit die zum jeweiligen Abschlußstichtag bestehende Verbindlichkeit zutreffend ausgewiesen wird.[67]

3. Bildung und Auflösung des Abgrenzungspostens

37   Abs. 3 gewährt ein **Aktivierungswahlrecht**, wobei überwiegend auch eine Teilaktivierung des Unterschiedsbetrages als zulässig angesehen wird.[68] Das Wahlrecht kann nur in dem Jahr ausgeübt werden, in dem das Darlehen ausgegeben wird; eine Nachholung der Rechnungsabgrenzung in späteren Geschäftsjahren ist nicht zulässig.[69] Für mittelgroße und große Kapitalgesellschaften (§ 267 Abs. 2 u. 3) – sowie die ihnen nach § 264a gleichgestellten Personenhandelsgesellschaften jener Größenklassen, Genossenschaften (§ 336 Abs. 2) und die unter das PublG fallenden Unternehmen (§ 5 Abs. 1 S. 2 PublG) – besteht nach § 268 Abs. 6 die Verpflichtung, ein aktiv abgegrenztes Disagio unter dem Rechnungsabgrenzungsposten gesondert auszuweisen oder im Anhang anzugeben; dabei ist eine Zusammenfassung verschiedener Disagiobeträge zulässig.[70]

38   Der Unterschiedsbetrag ist nach Abs. 3 S. 2 durch **planmäßige jährliche Abschreibungen** zu tilgen, die auf die gesamte Laufzeit der Verbindlichkeit verteilt werden können. Die Abschreibung hat kontinuierlich nach Maßgabe eines Abschreibungsplans zu erfolgen, wobei die festgelegte Abschreibungszeit die Laufzeit der Verbindlichkeit unterschreiten darf;[71] Fälligkeitsdarlehen sind linear, Tilgungsdarlehen annuitätisch abzuschreiben.[72]

39   **Außerplanmäßige Abschreibungen** sind geboten, wenn die Verbindlichkeit vorzeitig (ganz oder teilweise) getilgt wird, das Zinsniveau erheblich sinkt oder die Lauf-

---

[66] Etwa ADS § 250 Rdn. 89; *Baetge* Bilanzen[4] S. 461 f; Beck HdR-*Hayn* B 218 Rdn. 50; Beck BilKomm-*Hoyos/Bartels-Hetzler* § 250 Rdn. 65 f; HdR-*Trützschler* § 250 Rdn. 76; weitere Nachw., auch zu abweichenden Ansichten bei *Kramer* True and Fair View S. 136 f u. HdJ-*Tiedchen* II/8, Rdn. 174 ff; s. auch noch BGHZ 111, 287, 288 ff = NJW 1990, 2250; BGHZ 133, 355, 358 = NJW 1996, 3337.

[67] Näher IDW-HFA, Stellungnahme 1/1986: Zur Bilanzierung von Zero-Bonds, WPg 1986, 248; ADS § 253 Rdn. 85 ff; *Ulmer/Ihrig* ZIP 1985, 1169, 1173 ff; HdJ-*Tiedchen* II/8, Rdn. 171 m. w. N.

[68] ADS § 250 Rdn. 85; Beck BilKomm-*Hoyos/Bartels-Hetzler* § 250 Rdn. 61; Bonner HdR-*Kupsch* § 250 Rdn. 68; HdR-*Trützschler* § 250 Rdn. 78; WP-Handbuch I Tz. E 200; **a. A.** Baumbach/Hueck/*Schulze-Osterloh* § 42 Rdn. 154; HdJ-*Tiedchen* II/8, Rdn. 181.

[69] ADS § 250 Rdn. 85; Beck BilKomm-*Hoyos/Bartels-Hetzler* § 250 Rdn. 61; Bonner HdR-*Kupsch* § 250 Rdn. 68; HdR-*Trützschler* § 250 Rdn. 78.

[70] HdJ-*Tiedchen* II/8, Rdn. 183 m. w. N.

[71] ADS § 250 Rdn. 90; Beck HdR-*Hayn* B 218 Rdn. 51; Beck BilKomm-*Hoyos/Bartels-Hetzler* § 250 Rdn. 72; HdR-*Trützschler* § 250 Rdn. 84; WP-Handbuch I Tz. E 201.

[72] S. dazu die einschlägigen Berechnungsformeln bei ADS § 250 Rdn. 91 ff; *Glade* § 250 Rdn. 52 f; Bonner HdR-*Kupsch* § 250 Rdn. 71 f; HdR-*Trützschler* § 250 Rdn. 83.

zeit der Verbindlichkeit verkürzt wird.[73] Eine verbreitete Ansicht läßt darüber hinaus auch freiwillige außerplanmäßige Abschreibungen zu: Weil der Gesetzgeber die aktivische Rechnungsabgrenzung des Unterschiedsbetrages nach Abs. 3 als Wahlrecht ausgestaltet habe und damit selbst der Nichtansatz eines Abgrenzungspostens möglich sei, müsse auch eine jährliche Abschreibung zugelassen werden, welche die Höhe der planmäßigen Abschreibungsbeträge überschreite.[74] Indes verlangt das Gesetz die „planmäßige" Abschreibung; willkürliche Durchbrechungen des Abschreibungsplans lassen sich damit schwerlich vereinbaren.[75] Jedenfalls aber müssen Kapitalgesellschaften (und ihnen gleichgestellte Unternehmen) Abweichungen vom Abschreibungsplan im Anhang erläutern.[76]

4. Passivische Abgrenzung des Unterschiedsbetrages in der Bilanz des Gläubigers

Aus der Sicht des Gläubigers ist der einbehaltene Unterschiedsbetrag wegen seines   **40** Charakters als zusätzlicher Zins eine Einnahme, die Ertrag für eine bestimmte Zeit nach dem Abschlußstichtag (nämlich für die weitere Laufzeit der Verbindlichkeit) darstellt. Wo der Gläubiger die Ausleihung mit dem höheren Rückzahlungsbetrag aktiviert, wird ihm verbreitet – entsprechend der für Kreditinstitute geltenden Regelung in § 340e Abs. 2 S. 1 – ein *Wahlrecht* zur passivischen Rechnungsabgrenzung des Unterschiedsbetrags zugebilligt.[77] Da § 250 Abs. 2 jedoch eine Ansatzpflicht statuiert (s. oben Rdn. 17), sofern die Voraussetzungen transitorischer Rechnungsabgrenzung auf der Passivseite vorliegen, bejahen andere mit guten Gründen eine *Passivierungspflicht.*[78]

§ 251
Haftungsverhältnisse

Unter der Bilanz sind, sofern sie nicht auf der Passivseite auszuweisen sind, Verbindlichkeiten aus der Begebung und Übertragung von Wechseln, aus Bürgschaften, Wechsel- und Scheckbürgschaften und aus Gewährleistungsverträgen sowie Haftungsverhältnisse aus der Bestellung von Sicherheiten für fremde Verbindlichkeiten zu vermerken. Haftungsverhältnisse sind auch anzugeben, wenn ihnen gleichwertige Rückgriffsforderungen gegenüberstehen.

---

[73] ADS § 250 Rdn. 98; Beck HdR-*Hayn* B 218 Rdn. 52; Beck BilKomm-*Hoyos/Bartels-Hetzler* § 250 Rdn. 75; HdR-*Trützschler* § 250 Rdn. 85; WP-Handbuch I Tz. E 201; einschränkend HdJ-*Tiedchen* II/8, Rdn. 189 ff, die bei Änderung des Zinsniveaus nur die Bildung einer Drohverlustrückstellung zulassen will.

[74] In diesem Sinne etwa ADS § 250 Rdn. 99; HdR-*Trützschler* § 250 Rdn. 85; *Veit* BB 1989, 524, 525; WP-Handbuch I Tz. E 201; trotz Bedenken auch Beck BilKomm-*Hoyos/Bartels-Hetzler* § 250 Rdn. 76 f; ferner *Glade* § 250 Rdn. 62.

[75] Mit Recht kritisch deshalb MünchKommHGB-*Ballwieser* § 250 Rdn. 25; *Kothes* Wahlrechtsproblematik, S. 198; Baumbach/Hueck/*Schulze-Osterloh* § 42 Rdn. 154; HdJ-*Tiedchen* II/8, Rdn. 193; s. auch schon *Kropff* in Geßler/Hefermehl/Eckardt/Kropff § 156 Rdn. 25.

[76] ADS § 250 Rdn. 100.

[77] S. etwa Beck BilKomm-*Hoyos/Bartels-Hetzler* § 250 Rdn. 79; Beck BilKomm-*Scheffler* B 213 Rdn. 178.

[78] HdJ-*Tiedchen* II/8, Rdn. 199 m. w. N.; wohl auch Bonner HdR-*Kupsch* § 250 Rdn. 83.

Übersicht

	Rdn.		Rdn.
I. Grundlagen		a) Verbindlichkeiten aus der	
1. Inhalt und Zweck der Regelung	1	Begebung und Übertragung von	
2. Ergänzungen für Kapitalgesellschaften		Wechseln	16
und gleichgestellte Unternehmen	3	b) Verbindlichkeiten aus Bürg-	
II. Voraussetzungen der Vermerkpflicht		schaften, Wechsel- und Scheck-	
1. Überblick	6	bürgschaften	17
2. Fehlende Passivierungspflicht	7	c) Verbindlichkeiten aus Gewähr-	
3. Konkretisierung des Haftungsverhält-		leistungsverträgen	18
nisses zum Abschlußstichtag	8	d) Haftungsverhältnisse aus der Be-	
4. Schwebende Geschäfte	10	stellung von Sicherheiten für	
5. Abgrenzung der vermerkpflichtigen		fremde Verbindlichkeiten	21
Verbindlichkeiten und Haftungs-		III. Bewertung der Haftungsverpflichtung	
verhältnisse		und Ausgestaltung des Haftungs-	
a) Vertragliche Haftungsübernahmen	11	vermerks	
b) Nicht vermerkpflichtige		1. Grundlagen	22
Haftungsrisiken	13	2. Besonderheiten für Kapitalgesell-	
c) Gesetzliche Haftungsfolgen aus		schaften und gleichgestellte	
vertraglichen Bindungen	14	Unternehmen	26
6. Die einzelnen vermerkpflichtigen Ver-		3. Vermerk von Rückgriffsforderungen	28
bindlichkeiten und Haftungs-		IV. Verstöße gegen die Vermerkpflicht	29
verhältnisse			

Schrifttum

Bordt Die Eventualverbindlichkeiten, HdJ Abt. III/9 (2000); *G. Fey* Grundsätze ordnungsmäßiger Bilanzierung für Haftungsverhältnisse (1989); *ders.* Probleme bei der Rechnungslegung
von Haftungsverhältnissen, WPg 1992, 1; *Ott/Nagel/Sehmsdorf* Haftungsverhältnisse (Bilanzvermerke), Beck HdR B 250 (1998).

I. Grundlagen

1. Inhalt und Zweck der Regelung

1   Die – für alle Rechnungslegungspflichtigen geltende – Vorschrift verlangt für
bestimmte Verbindlichkeiten und Haftungsverhältnisse des bilanzierenden Unternehmens den Ausweis unter der (Passivseite der) Bilanz, sofern die betreffende Verpflichtung nicht auf der Passivseite selbst auszuweisen ist. Die Regelung setzt (in Verbindung mit den ergänzenden Bestimmungen des § 268 Abs. 7; s. sogleich Rdn. 3) Art. 14
der 4. EG-Richtlinie (Jahresabschlußrichtlinie) um und entspricht dem früheren § 151
Abs. 5 AktG 1965. Der **Ausweis unter der Bilanz** („unter-dem-Strich-Vermerk")
dient der Information über den Bestand spezifischer Haftungsrisiken, aus denen eine
Inanspruchnahme zwar rechtlich möglich ist, mit deren Realisierung der Bilanzierende zum Abschlußstichtag jedoch (noch) nicht zu rechnen hat. Ebenso wie das
Gebot zur Passivierung einer Verbindlichkeit (s. § 246, 25) oder zur Bildung bestimmter Rückstellungen (s. § 249, 5) knüpft auch die Ausweispflicht nach § 251 an
eine Verpflichtung des Kaufmanns an. Ist mit einer Inanspruchnahme hinreichend
wahrscheinlich zu rechnen, die Verpflichtung in Bestand oder Höhe jedoch noch
ungewiß, ist eine Verbindlichkeitsrückstellung zu bilden. Ist die Verpflichtung in
Bestand und Höhe gewiß, muß eine Verbindlichkeit passiviert werden. Wo mit der
Inanspruchnahme indes nicht konkret zu rechnen ist, genügt der Ausweis unter der
Bilanz. In diesem Sinne wird zur Kennzeichnung der vermerkpflichtigen Tatbestände

verbreitet von „*Eventualverbindlichkeiten*" gesprochen[1] (in internationaler Terminologie: „off-balance-sheet-risks").

Freilich besteht diese Ausweispflicht nur für spezifische **Verpflichtungen aus Verträgen.** Das Gesetz nennt die Verbindlichkeiten aus der Begebung und Übertragung von Wechseln, aus Bürgschaften, Wechsel- und Scheckbürgschaften, aus Gewährleistungsverträgen sowie Haftungsverhältnisse aus der Bestellung von Sicherheiten für fremde Verbindlichkeiten. Der Begriff „Haftungsverhältnisse" ist ein Oberbegriff.[2] Der Gesetzgeber hat die Vermerkpflicht aber auf solche Haftungsverhältnisse beschränken wollen, mit denen der Rechtsverkehr nicht schon ohnehin generell zu rechnen hat (näher zur Abgrenzung der vermerkpflichtigen Tatbestände unten Rdn. 11 ff). **2**

2. Ergänzungen für Kapitalgesellschaften und gleichgestellte Unternehmen

Für **Kapitalgesellschaften** und die ihnen nach § 264a gleichgestellten Personenhandelsgesellschaften ohne mindestens eine natürliche Person als „Vollhafter" sowie für eingetragene Genossenschaften (§ 336 Abs. 2) und Unternehmen, die unter das PublG fallen (§ 5 Abs. 1 S. 2 PublG), wird die Regelung durch *§ 268 Abs. 7* ergänzt. Sie müssen die in § 251 bezeichneten Haftungsverhältnisse jeweils gesondert unter Angabe der gewährten Pfandrechte und sonstigen Sicherheiten angeben, können dem aber wahlweise durch entsprechenden Ausweis unter der Bilanz oder im Anhang nachkommen. Bestehen solche Verpflichtungen gegenüber verbundenen Unternehmen, so sind sie gesondert anzugeben. Die Regelung des § 268 Abs. 7 ist nicht in den Katalog der größenabhängigen Erleichterungen nach § 274a aufgenommen worden. Gleichwohl ist für *kleine Kapitalgesellschaften* (§ 267 Abs. 1) eine Verpflichtung zum gesonderten Ausweis der einzelnen Haftungsverhältnisse und der Verpflichtungen gegenüber verbundenen Unternehmen zu verneinen, weil sie – nach ausdrücklicher Bestimmung des § 266 Abs. 1 S. 3 – schon in der Bilanz weder ihre Verbindlichkeiten aufzuschlüsseln, noch solche gegenüber verbundenen Unternehmen gesondert auszuweisen haben.[3] **3**

Mittelgroße und große Kapitalgesellschaften (§ 267 Abs. 2 u. 3), die ihnen nach § 264a gleichgestellten Personenhandelsgesellschaften dieser Größenklassen und alle von § 5 Abs. 2 PublG erfaßten Unternehmen müssen nach §§ 285 Nr. 3, 288 zudem im Anhang den Gesamtbetrag der sonstigen finanziellen Verpflichtungen („sonstige Haftungsverhältnisse") angeben, die nicht in der Bilanz erscheinen und auch nicht nach § 251 anzugeben sind, sofern diese Angabe für die Beurteilung der Finanzlage von Bedeutung ist (s. die Erläuterungen zu § 285 Nr. 3). Schließlich besteht für die genannten Unternehmen die Verpflichtung, im Anhang Angaben über die zugunsten ihrer Organmitglieder eingegangenen Haftungsverhältnisse zu machen: § 285 Nr. 9c. **4**

Für den **Konzernabschluß** gelten entsprechende Vermerk- und Berichtspflichten nach Maßgabe der §§ 298 Abs. 1, 314 Abs. 1 Nr. 2/6c.[4] Für **Kreditinstitute und Versicherungsunternehmen** bestehen im übrigen Sonderregelungen nach Maßgabe von §§ 340a Abs. 2 S. 2, 341a Abs. 2 S. 2 i. V. m. mit den einschlägigen Rechtsverordnungen (s. die Erläuterungen zu den genannten Vorschriften). **5**

---

[1] Statt anderer HdJ-*Bordt* III/9, Rdn. 1.
[2] Heymann/*Walz* § 251 Rdn. 3.
[3] Übereinstimmend etwa ADS § 268 Rdn. 125; HdJ-*Bordt* III/9, Rdn. 28 u. 35; HdR-*Dörner/ Wirth* § 268 Rdn. 248; Beck BilKomm-*Ellrott*

§ 268 Rdn. 123; Baumbach/Hueck/*Schulze-Osterloh* § 42 Rdn. 236; *Wiedmann* BilanzR § 268 Rdn. 24 = Ebenroth/Boujong/Joost/*ders.* § 268 Rdn. 24.
[4] Weiterführend *G. Fey* WPg 1992, 1 f.

Detlef Kleindiek

II. Voraussetzungen der Vermerkpflicht

1. Überblick

6   Die Vermerkpflicht aus S. 1 der Vorschrift erfaßt keineswegs alle zum Abschluß-stichtag existenten Haftungsrisiken, sondern ist an eine *Reihe einschränkender Voraussetzungen* geknüpft. Der „unter-dem-Strich-Vermerk" entfällt von vornherein für solche Verpflichtungen, die – als Verbindlichkeiten oder in Form von Rückstellungen – schon in der Bilanz selbst auszuweisen sind (Rdn. 7). Die vermerkpflichtigen Haftungsverhältnisse müssen sich zum Abschlußstichtag rechtlich hinreichend konkretisiert haben; dabei kann die Vermerkpflicht auch dort zu bejahen sein, wo die Haftungsverbindlichkeit rechtlich (noch) nicht entstanden ist (Rdn. 8). Haftungsrisiken aus schwebenden Geschäften sind jedoch nicht vermerkpflichtig (Rdn. 10). Im übrigen gilt es die vermerkpflichtigen von den nicht vermerkpflichtigen Haftungsverhältnissen abzugrenzen (Rdn. 11 ff). Der Katalog in S. 1 der Vorschrift erfaßt vertragliche Haftungsübernahmen, und zwar überwiegend solche für fremde Verbindlichkeiten. Gesetzliche Haftungsrisiken – etwa aus der Gefährdungshaftung des Kfz-Halters – sind nicht vermerkpflichtig (Rdn. 13). Umstritten ist, ob auch gesetzliche Haftungsfolgen aus bestehenden vertraglichen Bindungen die Vermerkpflicht auslösen (Rdn. 14 f).

2. Fehlende Passivierungspflicht

7   Für Verbindlichkeiten, die auf der *Passivseite* der Bilanz *erfolgswirksam* zu buchen sind, besteht keine zusätzliche Vermerkpflicht. Das gilt uneingeschränkt freilich nur dort, wo der volle Betrag der möglichen Haftung als Verbindlichkeit oder in Form einer Rückstellung passiviert wurde. Ist – etwa im Rahmen einer Rückstellung entsprechend dem Grad der Wahrscheinlichkeit einer Inanspruchnahme – nur ein Teilbetrag erfolgswirksam gebucht worden, so muß der nicht passivierte Restbetrag der rechtlich möglichen Haftung durch einen Vermerk unter der Bilanz ausgewiesen werden. Andernfalls würde die Bilanz das bestehende Haftungsrisiko nur zu einem Teil dokumentieren. Das in S. 1 der Vorschrift enthaltene „sofern" ist deshalb im Sinne von „soweit" zu verstehen.[5]

3. Konkretisierung des Haftungsverhältnisses zum Abschlußstichtag

8   Das Gesetz knüpft die Vermerkpflicht an bestimmte Verbindlichkeiten bzw. Haftungsverhältnisse. Ihre rechtliche Grundlage muß am Abschlußstichtag bereits gelegt sein, ohne daß die Verpflichtung jedoch notwendig rechtlich entstanden sein muß. Es genügt, daß seitens des Bilanzierenden eine haftungsbegründende **Bindung** eingegangen worden ist, mag die vollständige Entstehung des Verpflichtungstatbestandes auch noch von weiteren, seinem Einfluß entzogenen Umständen – Annahmeerklärung seitens des Vertragspartners, Eintritt einer aufschiebenden Bedingung etc. – abhängen.[6] Ebensowenig setzt die Vermerkpflicht voraus, daß die Schuld eines Dritten, auf die sich die Haftungsübernahme durch den Bilanzierenden bezieht, rechtlich entstanden ist. Manche wollen eine Vermerkpflicht in diesen Fällen allerdings nur dann bejahen, wenn der Dritte die Hauptschuld in seiner Bilanz bereits zu passivieren hat.[7] Doch wird diese Ein-

---

[5] ADS § 250 Rdn. 6; HdJ-*Bordt* III/9, Rdn. 19; Beck BilKomm-*Ellrott* § 251 Rdn. 3; HdR-*D. Fey* § 251 Rdn. 15; Beck HdR-*Ott/Nagel/Sehmsdorf* B 250 Rdn. 15.

[6] ADS § 251 Rdn. 12; HdJ-*Bordt* III/9, Rdn. 7 f; Beck BilKomm-*Ellrott* § 251 Rdn. 6; HdR-*D. Fey*

§ 251 Rdn. 18; Beck HdR-*Ott/Nagel/Sehmsdorf* B 250 Rdn. 65.

[7] So etwa ADS § 251 Rdn. 13; HdJ-*Bordt* III/9, Rdn. 9; Beck BilKomm-*Ellrott* § 251 Rdn. 6; Beck HdR-*Ott/Nagel/Sehmsdorf* B 250 Rdn. 66.

schränkung dem Zweck des „unter-dem-Strich-Vermerks" nicht gerecht. Er soll über die rechtlich mögliche Inanspruchnahme aus spezifischen Haftungsverhältnissen informieren, obgleich der Bilanzierende mit einer Inanspruchnahme gerade (noch) nicht rechnen muß. Die (noch) fehlende Wahrscheinlichkeit einer Inanspruchnahme des Dritten aus der Hauptschuld, die einer Passivierung in dessen Bilanz entgegensteht, kann die Vermerkpflicht des Bilanzierenden deshalb nicht beseitigen. Denn die rechtliche Grundlage eines Haftungsrisikos zu seinen Lasten ist gelegt; nur darauf kommt es an.[8]

Eine **Vermerkpflicht entfällt** nur dort, wo schon die Möglichkeit einer Inanspruchnahme aus einem abstrakt vermerkpflichtigen Haftungsverhältnis zu verneinen ist (etwa aufgrund eines konkret vereinbarten Haftungsausschlusses) oder wo sie allein vom Willen des Bilanzierenden abhängig ist.[9] Die Strittigkeit eines Haftungsverhältnisses beseitigt die Vermerkpflicht indes nicht.[10] **9**

4. Schwebende Geschäfte

Risiken aus *schwebenden Geschäften* (zum Begriff s. § 246, 66) begründen eine Vermerkpflicht nach § 251 nicht.[11] Für drohende Verluste aus schwebenden Geschäften ist eine Rückstellung nach Maßgabe von § 249 Abs. 1 S. 1, 2. Alt. zu bilden (näher § 249, 51 ff). Der im übrigen geltende Grundsatz des Nichtausweises schwebender Geschäfte (s. § 246, 66) wird von der Vermerkpflicht aus § 251 nicht durchbrochen. **10**

5. Abgrenzung der vermerkpflichtigen Verbindlichkeiten und Haftungsverhältnisse

a) Vertragliche Haftungsübernahmen. Die in § 251 genannten Verbindlichkeiten und Haftungsverhältnisse beruhen auf *vertraglicher Grundlage*. Vermerkpflichtig im Sinne der Vorschrift sind nur Verbindlichkeiten und Haftungsverhältnisse, die unter eine der vier im Gesetz genannten Fallgruppen (zu ihnen unten Rdn. 16 ff) subsumiert werden können.[12] Nach näherer Bestimmung des § 285 Nr. 3 haben jedoch bestimmte Kapitalgesellschaften und gleichgestellte Unternehmen über „sonstige finanzielle Verpflichtungen, die … nicht nach § 251 anzugeben sind", im Anhang zu berichten (s. schon oben Rdn. 4). **11**

Die nach § 251 vermerkpflichtigen Tatbestände begründen ganz überwiegend eine mögliche Haftung für **fremde Verbindlichkeiten**; allein die Fallgruppe der Verbindlichkeiten aus Gewährleistungsverträgen schließt unter bestimmten Voraussetzungen auch eine Haftung für eigene Leistungen ein: nämlich dort, wo die entsprechenden Haftungsrisiken nicht mehr betriebs- oder branchenüblich sind (näher Rdn. 18). Diese Einschränkung erklärt sich aus dem Zweck der Vermerkpflicht, die nicht schon für solche Haftungsrisiken besteht, die ohnehin üblich sind und vom Gesetzgeber deshalb nicht als generell ausweisbedürftig angesehen werden.[13] **12**

b) Nicht vermerkpflichtige Haftungsrisiken. Außer üblichen Gewährleistungsverpflichtungen für eigene Leistungen (oben Rdn. 12) sind unstreitig nicht vermerk- **13**

[8] I. E. wie hier HdR-*D. Fey* § 251 Rdn. 19; *G. Fey*, Haftungsverhältnisse S. 90 ff.
[9] HdR-*D. Fey* § 251 Rdn. 24 f m. w. N.
[10] Beck BilKomm-*Ellrott* § 251 Rdn. 4; HdR-*D. Fey* § 251 Rdn. 18.
[11] ADS § 251 Rdn. 4; HdJ-*Bordt* III/9, Rdn. 6; Beck BilKomm-*Ellrott* § 251 Rdn. 2; HdR-*D.Fey* § 251 Rdn. 21 ff; Beck HdR-*Ott/Nagel/Sehmsdorf* B 250 Rdn. 9.

[12] Vgl. statt anderer HdR-*D. Fey* § 251 Rdn. 2 u. 30 m. w. N.
[13] ADS § 250 Rdn. 62; HdJ-*Bordt* III/9, Rdn. 56; Beck BilKomm-*Ellrott* § 251 Rdn. 5 u. 26; HdR-*D. Fey* § 251 Rdn. 26 u. 41; *G. Fey* WPg 1992, 1, 2 f, je m. w. N.

pflichtig potentielle Risiken einer (außervertraglichen) Haftung auf gesetzlicher Grundlage, etwa aus einer möglichen Gefährdungshaftung, aus deliktischer Haftung wegen Verkehrspflichtverletzung oder aus steuerrechtlichen bzw. anderen öffentlich-rechtlichen Vorschriften.[14] Droht insoweit eine Inanspruchnahme oder ist sie gar sicher, so ist eine Rückstellung zu bilden bzw. eine Verbindlichkeit zu passivieren. Liegen diese Voraussetzungen aber noch nicht vor, finden die Risiken gesetzlicher Haftung keinen Niederschlag in der Bilanz. Denn mit der Existenz solcher Haftungsrisiken muß der Rechtsverkehr allgemein rechnen.

14   **c) Gesetzliche Haftungsfolgen aus vertraglichen Bindungen.** Im Zentrum der in § 251 genannten Verpflichtungstatbestände stehen Fälle, in denen die Haftungsübernahme für den zugrundeliegenden Vertrag typusprägend oder gar primärer Vertragszweck ist. Hieraus wird verbreitet geschlossen, daß eine Vermerkpflicht nicht besteht, wenn die Haftung für fremde Verbindlichkeiten lediglich gesetzliche Folge eines eingegangenen Vertragsverhältnisses ist. In der Konequenz werden Fälle der gesetzlich angeordneten Mithaftung für fremde Schuld nicht als vermerkpflichtig angesehen. Das soll etwa für Haftungsrisiken aus Beteiligungen an Personenhandelsgesellschaften (§ 128 bzw. §§ 171, 172) ebenso gelten wie für solche aus Eingliederungstatbeständen (§ 322 AktG) und Spaltungen (§ 133 UmwG) oder für die gesellschaftsrechtlichen Haftungstatbestände der §§ 65 AktG; 22, 24 GmbHG.[15] Unter den Voraussetzungen des § 285 Nr. 3 (oben Rdn. 4) seien allein Angaben im Anhang geboten.[16]

15   **Stellungnahme.** Es wäre indes nicht zu rechtfertigen, solche spezifischen Haftungsrisiken im Rechenwerk der Bilanz ggf. (nämlich soweit es an einer Passivierungspflicht noch fehlt) völlig unberücksichtigt zu lassen. Denn es handelt sich keineswegs um übliche Risiken, mit denen der Rechtsverkehr ohnehin generell rechnen muß. In den Fällen der gesamtschuldnerischen Mithaft (etwa nach §§ 128; 322 AktG; 133 UmwG) ist an sich sogar ein passivischer Ausweis in der Bilanz selbst geboten, weil der Schuldner primär und unmittelbar haftet. Weil die Mithaft jedoch wirtschaftlich lediglich der Sicherung des Schuldners dient, ist für den Bilanzausweis auch hier die Anwendung des § 251 sachgerecht, so lange mit einer Inanspruchnahme des Mithaftenden noch nicht zu rechnen ist.[17] Die in Rdn. 14 genannten Fälle der gesetzlich angeordneten Mithaftung sind angesichts des durch § 251 verfolgten Zwecks als „Verpflichtungen aus Gewährleistungsverträgen" im Sinne jener Vorschrift anzusehen, obwohl die Haftungsrisiken hier nur als gesetzliche Nebenfolgen einer vertraglichen Bindung entstehen.[18] Für die gesamtschuldnerische Mithaft der an einer Spaltung beteiligten Rechtsträger nach § 133 UmwG entspricht dies der inzwischen wohl überwiegenden Meinung,[19] die auch vom HFA des IDW geteilt wird.[20]

---

[14] ADS § 250 Rdn. 10; Beck BilKomm-*Ellrott* § 251 Rdn. 5 f; HdR-*D. Fey* § 251 Rdn. 16; Beck HdR-*Ott/Nagel/Sehmsdorf* B 250 Rdn. 10 f.

[15] ADS § 250 Rdn. 10; HdJ-*Bordt* III/9, Rdn. 53; ferner etwa MünchKommHGB-*Ballwieser* § 251 Rdn. 11; KK-*Claussen/Korth* § 251 Rdn. 12; Beck BilKomm-*Ellrott* § 251 Rdn. 25; Beck HdR-*Ott/Nagel/Sehmsdorf* B 250 Rdn. 40 sowie die Nachw. bei *Bordt* aaO Fn. 59.

[16] HdJ-*Bordt* III/9, Rdn. 53.

[17] S. dazu auch *Kleindiek* ZGR 1992, 513, 526 f; *Kropff* in Geßler/Hefermehl/Eckardt/Kropff § 151 Rdn. 134.

[18] Übereinstimmend HdR-D. *Fey* § 251 Rdn. 17 u. 47; *Kropff* in Geßler/Hefermehl/Eckardt/Kropff

§ 151 Rdn. 134; Baumbach/Hueck/*Schulze-Osterloh* § 42 Rdn. 234; für eine entsprechend extensive Interpretation auch schon *G. Fey* Haftungsverhältnisse S. 78 ff; *ders.* WPg 1992, 1, 3; ihm folgend *Baetge* Bilanzen⁴ S. 509.

[19] S. etwa *Priester* in Lutter (Hrsg.), Kölner Umwandlungsrechtstage: Verschmelzung, Spaltung, Formwechsel (1995) S. 154 f; *Schulze-Osterloh* ZGR 1993, 420, 449 ff; Baumbach/Hueck/*ders.* § 42 Rdn. 234; Beck BilKomm-*Ellrott* § 251 Rdn. 36 sowie Lutter/*Hommelhoff* UmwG², § 133 Rdn. 32 m. w. N., auch zur Gegenansicht.

[20] *IDW-HFA*, Stellungnahme 1/1998: Zweifelsfragen bei Spaltungen, Ziff. 5 (WPg 1998, 508, 511). – Anders freilich *IDW-HFA*, Stellungnahme

6. Die einzelnen vermerkpflichtigen Verbindlichkeiten und Haftungsverhältnisse

a) Verbindlichkeiten aus der Begebung und Übertragung von Wechseln be- **16** treffen das Wechselobligo des Ausstellers (Art. 9 Abs. 1 WG) und des Indossanten (Art. 15 Abs. 1 WG), sofern der Indossant seine wechselmäßige Haftung nicht in gehöriger Form ausgeschlossen hat.[21] Vermerkpflichtig ist an sich der Gesamtbetrag der Haftung, wobei die Praxis die schwer schätzbaren Nebenkosten (Zinsen, Protestkosten etc.) freilich im Rahmen einer Rückstellung für Risiken im Wechselobligo berücksichtigt und für den „unter-dem-Strich-Vermerk" nur die Wechselsumme heranzieht.[22] Das Wechselobligo erlischt mit der Einlösung des Wechsels, dessen genauer Zeitpunkt vielfach nicht bekannt ist. Mit Blick auf die kurzen Fristen für die Benachrichtigung der Vormänner (Art. 45 WG) nimmt die Bilanzierungspraxis ein Erlöschen des Obligos und damit ein Ende der Vermerkpflicht fünf Tage nach dem Verfalltag an.[23]

b) Verbindlichkeiten aus Bürgschaften, Wechsel- und Scheckbürgschaften sind **17** solche aus Art. 30 ff WG bzw. Art. 25 ff ScheckG sowie nach $$ 765 ff BGB. Die spezifische Ausgestaltung der Bürgschaft (Nach-, Rück-, Ausfallbürgschaft etc.) ist auf die Vermerkpflicht ohne Einfluß. Bürgschafts*ähnliche* Rechtsverhältnisse können als Verbindlichkeiten aus Gewährleistungsverträgen (unten Rdn. 18) vermerkpflichtig sein.[24] Für die Bemessung der Bürgenverpflichtung ist der aktuelle Bestand der Hauptverbindlichkeit am Abschlußstichtag maßgeblich;[25] bei Höchstbetragsbürgschaften der Höchstbetrag jedoch auch dann, wenn er den aktuellen Stand der Hauptschuld übersteigt.[26]

c) Verbindlichkeiten aus Gewährleistungsverträgen erfassen vor allem Gewähr- **18** leistungen für fremde Leistungen. Unter bestimmten Voraussetzungen fallen aber auch solche **für eigene Leistungen** darunter: nämlich dann, wenn die Verpflichtung das Maß des Betriebs- oder Branchenüblichen übersteigt (s. schon oben Rdn. 12). Das gilt namentlich für die Übernahme einer selbständigen Garantie, aufgrund derer der Schuldner für den Eintritt eines bestimmten (von der vertraglichen Leistungspflicht nicht erfaßten) Erfolges haftet.[27]

Gewährleistungen **für fremde Leistungen** betreffen bestehende oder künftige Ver- **19** bindlichkeiten Dritter, für die der Bilanzierende eine Einstandspflicht übernommen hat. Jene Gewährleistungen können ihre rechtliche Grundlage – abgesehen von den gesondert erfaßten Bürgschaften (oben Rdn. 17) – in vielfältigsten Verpflichtungs-

---

1/1991: Zur Bilanzierung von Anteilen an Personenhandelsgesellschaften im Jahresabschluß der Kapitalgesellschaft, Ziff. 1 (WPg 1991, 334), wo hinsichtlich des Bestehens einer unbeschränkten persönlichen Haftung aus Beteiligungen an Personenhandelsgesellschaften allein eine Anhangsangabe unter den Voraussetzungen des $ 285 Nr. 3 verlangt wird. Dem zustimmend G. *Fey* WPg 1992, 1, 9, dessen zur Begründung gegebener Hinweis auf die hier regelmäßig fehlende Möglichkeit einer quantitativen Angabe des Haftungsrisikos die mangelnde Anwendbarkeit des $ 251 freilich noch nicht zu rechtfertigen vermag.

[21] Zu (strittigen) Einzelheiten s. etwa ADS $ 251 Rdn. 38; HdJ-*Bordt* III/9, Rdn. 37; Beck BilKomm-*Ellrott* $ 251 Rdn. 15; Beck BilKomm-*D. Fey* $ 251 Rdn. 31.

[22] Beck BilKomm-*Ellrott* $ 251 Rdn. 19; nach anderen erfaßt die Vermerkpflicht aus $ 251 die Nebenkosten ohnehin nicht, vgl. ADS $ 251 Rdn. 41 m. w. N. zum Meinungsstand.

[23] ADS $ 251 Rdn. 39 m. w. N., auch auf die Gegenmeinung, die ein Erlöschen am Verfalltag befürwortet.

[24] Statt anderer ADS $ 251 Rdn. 48.

[25] ADS $ 251 Rdn. 52; HdJ-*Bordt* III/9, Rdn. 46; Beck BilKomm-*Ellrott* $ 251 Rdn. 23.

[26] Wie hier etwa ADS $ 251 Rdn. 52 u. 56; HdR-D. *Fey* $ 251 Rdn. 39; WP-Handbuch I Tz. E 66; a. A. HdJ-*Bordt* III/9, Rdn. 46; Beck BilKomm-*Ellrott* $ 251 Rdn. 23.

[27] ADS $ 251 Rdn. 63; Beck BilKomm-*Ellrott* $ 251 Rdn. 27.

Detlef Kleindiek

tatbeständen finden und begegnen etwa als Schuldbeitritt oder in Form von Frei-
stellungsverpflichtungen und Garantien aller Art, als Liquiditätszusagen oder For-
derungsaufkaufsverpflichtungen etc.[28] Hinsichtlich der Vermerkpflicht von Patronatserklärungen[29] kommt es auf deren konkrete Ausgestaltung an, die im Wege der
Auslegung zu ermitteln ist. Vermerkpflichtig sind jene Patronatserklärungen, in denen
die Muttergesellschaft die Zusage gibt, eine bestimmte Kapitalausstattung bei der
Tochter aufrechtzuerhalten oder sie doch so ausgestattet zu halten, daß sie ihren Verbindlichkeiten aus dem Kreditvertrag nachkommen kann.[30]

20   Zur Einbeziehung von Fällen der **gesetzlich angeordneten Mithaftung** unter die
Verbindlichkeiten aus Gewährleistungsverträgen, auch wenn die Haftungsrisiken hier
nur als gesetzliche Nebenfolgen einer vertraglichen Bindung entstehen, s. im übrigen
schon oben Rdn. 14 f.

21   d) **Haftungsverhältnisse aus der Bestellung von Sicherheiten für fremde
Verbindlichkeiten** betreffen die dingliche Sicherung durch Bestellung von Grundpfandrechten oder Pfandrechten an beweglichen Sachen und Rechten sowie die Sicherungsübereignung von Vermögensgegenständen und die Sicherungsabtretung.[31] Der
vermerkpflichtige Betrag richtet sich nicht nach dem Wert des jeweiligen Sicherungsgutes, sondern nach dem Stand der gesicherten Verbindlichkeit am Abschlußstichtag
(ggf. nach einem darüber hinausreichenden Haftungshöchstbetrag).[32]

III. Bewertung der Haftungsverpflichtung und Ausgestaltung des Haftungsvermerks

1. Grundlagen

22   S. 1 der Vorschrift fordert den Ausweis der genannten Verbindlichkeiten und Haftungsverhältnisse „unter der Bilanz", verlangt also **grundsätzlich** eine eindeutige
Betragsangabe. Nach S. 1, 2. HS dürfen die Angaben in einem Betrag zusammengefaßt werden (anders für Kapitalgesellschaften und gleichgestellte Unternehmen, s.
unten Rdn. 26 f). Bei gesondertem Ausweis einzelner Beträge sind dafür die im Gesetz
vorgesehenen Bezeichnungen der jeweiligen Verpflichtungstatbestände zu übernehmen.[33] Der Ausweis hat im übrigen auf der Passivseite unter der Summe zu erfolgen;
Angaben in einer (nicht mitaddierten) Vorspalte in der Bilanz sind unzulässig.[34]

---

[28] Vgl. im einzelnen ADS § 251 Rdn. 64 ff; Beck Bil-
Komm-*Ellrott* § 251 Rdn. 29 ff.

[29] Zu den zivilrechtlichen Haftungsvoraussetzungen
bei Patronatserklärungen weiterführend BGHZ
117, 127, 129 ff = NJW 1992, 2093; Münch-
KommBGB[3]-*Habersack* Vor § 765 Rdn. 44 ff
m. w. N.

[30] Zu näheren Einzelheiten s. *IDW-HFA*, Stellungnahme 1/1976 i. d. F. v. 1990: Zur handelsrechtlichen Vermerk- und Berichterstattungspflicht
bei Patronatserklärungen gegenüber dem Kreditgeber eines Dritten, dokumentiert bei HdJ-*Bordt*
III/9, Rdn. 101; im Schrifttum zusammenfassend
ADS § 251 Rdn. 78 ff; *Bordt* aaO Rdn. 71 ff;
HdR-*D. Fey* § 251 Rdn. 45 f; s. ferner BGHZ
117, 127 = NJW 1992, 2093 u. die Nachweise bei
Küffner DStR 1996, 146 ff, der eine Vermerkpflicht nach § 251 aber entgegen der ganz h. M.
nicht anerkennen will.

[31] S. etwa ADS § 251 Rdn. 94 ff; HdJ-*Bordt* III/9,
Rdn. 58 ff; Beck BilKomm-*Ellrott* § 251 Rdn. 45;
G. Fey WPg 1992, 1, 4 f; Beck HdR-*Ott/Nagel/
Sehmsdorf* B 250 Rdn. 60; Baumbach/Hueck/
Schulze-Osterloh § 42 Rdn. 235. Liegt der Zeitwert der bestellten Sicherheit erheblich unter diesem Betrag, ist ein entsprechender verbaler Hinweis geboten: *Bordt* u. *Ott/Nagel/Sehmsdorf* je
aaO; abweichend halten es ADS u. *G. Fey* je aaO
in diesem Fall für zulässig, für den betragsmäßigen Ausweis des Haftungsverhältnisses auf den
Zeitwert des Sicherungsgegenstandes abzustellen.

[32] Im Ansatz übereinstimmend etwa ADS § 251
Rdn. 95; HdJ-*Bordt* III/9, Rdn. 61; Beck Bil-
Komm-*Ellrott* § 251 Rdn. 45.

[33] ADS § 251 Rdn. 29; HdJ-*Bordt* III/9, Rdn. 21;
Beck BilKomm-*Ellrott* § 251 Rdn. 8 f.

[34] ADS § 251 Rdn. 27; Beck BilKomm-*Ellrott* § 251
Rdn. 7.

Der Vermerk hat **auf den vollen Haftungsbetrag** zu lauten. Schon auf der Passiv- **23** seite der Bilanz ergebniswirksam gebuchte Teilbeträge (oben Rdn. 7) sind freilich abzuziehen; sie würden andernfalls doppelt ausgewiesen. Da die Vermerkpflicht gerade dort besteht, wo der Bilanzierende mit einer Inanspruchnahme (noch) gar nicht rechnen muß, kommt es auf den Grad der Wahrscheinlichkeit einer Inanspruchnahme in keiner Weise an.[35] Nach ausdrücklicher Bestimmung in **S. 2** der Vorschrift sind Haftungsverhältnisse im übrigen auch dann anzugeben, wenn ihnen gleichwertige **Rückgriffsforderungen** gegenüberstehen. Auch jede Saldierung des Haftungsbetrages mit dem (geringeren) Betrag etwaiger Rückgriffsforderungen ist unzulässig.[36] All das gilt auch für die Fälle gesamtschuldnerischer Haftung mit etwaigen Regreßansprüchen im Innenverhältnis.[37] Zur Zulässigkeit eines (zusätzlichen) Vermerks von Rückgriffsforderungen s. unten Rdn. 28.

Die vermerkpflichtigen Verbindlichkeiten und Haftungsverhältnisse sind – ent- **24** sprechend dem in § 253 Abs. 1 S. 2 für passivierungspflichtige Verbindlichkeiten niedergelegten Bewertungsgrundsatz – mit dem **nominellen Erfüllungsbetrag** anzusetzen.[38] Sichert die Haftungsverpflichtung eine variable Fremdverbindlichkeit, ist deren Stand zum Abschlußstichtag (einschließlich rückständiger Zinsen und Nebenkosten) für die Bemessung des Haftungsbetrages heranzuziehen; unterschreitet der aktuelle Stand der Fremdverbindlichkeit einen zugesagten Haftungshöchstbetrag, so ist jedoch der **Höchstbetrag** zu vermerken.[39] Auf eine in der Höhe unbegrenzte Haftungszusage ist durch einen verbalen Zusatz hinzuweisen.

Ist die mögliche Inanspruchnahme **nicht betragsmäßig bestimmbar**, so ist die **25** Höhe der bestehenden Haftungsverpflichtung nach vernüftiger kaufmännischer Beurteilung zu **schätzen**. Wo selbst eine plausible Schätzung nicht möglich ist, muß die Verpflichtung durch *verbale Angaben* in einer Fußnote zum „unter-dem-Strich-Vermerk" (bei Kapitalgesellschaften und gleichgestellten Unternehmen: wahlweise im Anhang) erläutert werden.[40] Sofern alle vermerkpflichtigen Haftungsverhältnisse in diesem Sinne unbestimmbar sind, ist – neben der verbalen Erläuterung – jedenfalls ein Merkposten „unter dem Strich" geboten.[41]

2. Besonderheiten für Kapitalgesellschaften und gleichgestellte Unternehmen

Die für **Kapitalgesellschaften** und ihnen gleichgestellte Unternehmen gelten- **26** den Besonderheiten zum Ausweis von Haftungsverhältnissen sind eingangs schon skizziert worden (Rdn. 3 f). Nach § 268 Abs. 7 müssen sie die in § 251 bezeichneten Haftungsverhältnisse ebenso gesondert angeben wie bestehende Verpflichtungen gegenüber verbundenen Unternehmen; dem kann aber jeweils wahlweise durch ent-

---

[35] ADS § 251 Rdn. 99.

[36] ADS § 251 Rdn. 34; das Saldierungsverbot (vgl. auch § 246 Abs. 2) greift – entgegen HdR-*D. Fey* § 251 Rdn. 59 – auch dort, wo die Bonität des Rückgriffsschuldners „zweifelsfrei" ist.

[37] ADS § 251 Rdn. 99.

[38] Zu weiteren Einzelheiten ADS § 251 Rdn. 101 ff; HdR-*D. Fey* § 251 Rdn. 57 ff.

[39] ADS § 251 Rdn. 56 u. 104; HdR-*D. Fey* § 251 Rdn. 62; Beck HdR-*Ott/Nagel/Sehmsdorf* B 250 Rdn. 69; WP-Handbuch I Tz. E 66; gegen diese Differenzierung HdJ-*Bordt* III/9, Rdn. 64; Beck BilKomm-*Ellrott* § 251 Rdn. 10.

[40] ADS § 251 Rdn. 108 f; HdJ-*Bordt* III/9, Rdn. 67; HdR-*D. Fey* § 251 Rdn. 57; Baumbach/Hueck/*Schulze-Osterloh* § 42 Rdn. 340; einschränkend Beck BilKomm-*Ellrott* § 251 Rdn. 11; Beck HdR-*Ott/Nagel/Sehmsdorf* B 250 Rdn. 73: verbale Hinweise könnten nicht gefordert werden.

[41] ADS § 251 Rdn. 109 i. V. m. § 246 Rdn. 77 f; HdJ-*Bordt* III/9, Rdn. 67; einen Merkposten verlangen auch Beck BilKomm-*Ellrott* § 251 Rdn. 11; Beck HdR-*Ott/Nagel/Sehmsdorf* B 250 Rdn. 73.

sprechenden Ausweis unter der Bilanz oder im Anhang entsprochen werden. Für kleine Kapitalgesellschaften besteht die Verpflichtung zum gesonderten Ausweis freilich nicht (s. zur Begründung Rdn. 3).

27   **Mittelgroße und große Kapitalgesellschaften** (§ 267 Abs. 2 u. 3) sowie die ihnen gleichgestellten Unternehmen haben nach §§ 285 Nr. 3, 288 im Anhang auch den Gesamtbetrag der sonstigen finanziellen Verpflichtungen (s. zum Begriff die Erläuterungen zu § 285 Nr. 3) anzugeben, soweit sie nicht schon in oder unter der Bilanz auszuweisen sind und sofern diese Angabe für die Beurteilung der Finanzlage von Bedeutung ist. Die von Kapitalgesellschaften und gleichgestellten Unternehmen (größenunabhängig) zu machenden Anhangsangaben über die zugunsten ihrer Organmitglieder eingegangenen Haftungsverhältnisse (§ 285 Nr. 9c) müssen auch solche Verpflichtungen ausweisen, die schon in oder unter der Bilanz berücksichtigt worden sind.[42]

3. Vermerk von Rückgriffsforderungen

28   Stehen den vermerkpflichtigen Verbindlichkeiten und Haftungsverhältnissen *Rückgriffsforderungen* gegenüber, die sich aus Vertrag oder Gesetz ergeben können, so dürfen diese auf der Aktivseite unter der Bilanz vermerkt werden; alternativ ist auch ein Zusatz beim Vermerk der Haftungsverhältnisse („davon durch Rückgriffsforderungen gesichert …") zulässig.[43] Die Rückgriffsforderung ist mit ihrem Wert im Falle einer Inanspruchnahme aus der Haftungsverpflichtung anzusetzen. Da Rückgriffsforderungen gegen den Hauptschuldner dann aber oftmals wertlos sind, werden in der Praxis vielfach nur bestehende Rückgriffsforderungen gegen Dritte ausgewiesen.[44]

IV. Verstöße gegen die Vermerkpflicht

29   Obwohl sich die Verletzung gegen die Vermerkpflicht aus § 251 nicht ergebniswirksam auswirkt, ist ein Verstoß gegen die Vorschrift strafbewehrt nach Maßgabe von § 331 Nr. 1/2 HGB bzw. § 17 Abs. 1 Nr. 1/2 PublG. Im übrigen wird die Verletzung der Vermerkpflichten aus §§ 251, 268 Abs. 7, 285 Nr. 3/9c im Rahmen von § 334 Abs. 1 HGB bzw. § 20 Abs. 1 PublG als Ordnungswidrigkeit sanktioniert. Nicht ausgeschlossen ist auch eine Strafbarkeit nach §§ 283 Abs. 1 Nr. 7; 283b Abs. 1 Nr. 3a StGB bzw. §§ 263, 265b StGB.[45] Die Verletzung der Vermerkpflicht kann ggf. die Nichtigkeitsfolge des § 256 Abs. 1 Nr. 1 AktG auslösen[46] und für prüfungspflichtige Gesellschaften zur Einschränkung oder gar Versagung des Bestätigungsvermerks führen.

---

[42] ADS § 251 Rdn. 16; HdR-*D. Fey* § 251 Rdn. 14.

[43] ADS § 251 Rdn. 35; HdJ-*Bordt* III/9, Rdn. 66; Beck HdR-*Ott/Nagel/Sehmsdorf* B 250 Rdn. 17; s. auch noch Beck BilKomm-*Ellrott* § 251 Rdn. 10 u. 12.

[44] Beck HdR-*Ott/Nagel/Sehmsdorf* B 250 Rdn. 17 u. schon HdJ-*Bordt* III/9, Rdn. 66.

[45] Näher *G. Fey* Haftungsverhältnisse S. 258 ff; zum Ganzen auch ADS § 251 Rdn. 24 ff; Beck BilKomm-*Ellrott* § 251 Rdn. 55.

[46] ADS § 251 Rdn. 23; *G. Fey* Haftungsverhältnisse S. 264 ff; s. zum Anwendungsbereich des § 256 AktG die Darlegungen § 246, 84 ff.

Dritter Titel
Bewertungsvorschriften

§ 252
Allgemeine Bewertungsgrundsätze

(1) Bei der Bewertung der im Jahresabschluß ausgewiesenen Vermögensgegenstände und Schulden gilt insbesondere folgendes:

1. Die Wertansätze in der Eröffnungsbilanz des Geschäftsjahrs müssen mit denen der Schlußbilanz des vorhergehenden Geschäftsjahrs übereinstimmen.
2. Bei der Bewertung ist von der Fortführung der Unternehmenstätigkeit auszugehen, sofern dem nicht tatsächliche oder rechtliche Gegebenheiten entgegenstehen.
3. Die Vermögensgegenstände und Schulden sind zum Abschlußstichtag einzeln zu bewerten.
4. Es ist vorsichtig zu bewerten, namentlich sind alle vorhersehbaren Risiken und Verluste, die bis zum Abschlußstichtag entstanden sind, zu berücksichtigen, selbst wenn diese erst zwischen dem Abschlußstichtag und dem Tag der Aufstellung des Jahresabschlusses bekanntgeworden sind; Gewinne sind nur zu berücksichtigen, wenn sie am Abschlußstichtag realisiert sind.
5. Aufwendungen und Erträge des Geschäftsjahrs sind unabhängig von den Zeitpunkten der entsprechenden Zahlungen im Jahresabschluß zu berücksichtigen.
6. Die auf den vorhergehenden Jahresabschluß angewandten Bewertungsmethoden sollen beibehalten werden.

(2) Von den Grundsätzen des Absatzes 1 darf nur in begründeten Ausnahmefällen abgewichen werden.

Übersicht

	Rdn.		Rdn.
I. Überblick		a) Wertaufhellende und wert-	
1. Systematik des Gesetzes	1	beeinflussende Tatsachen	16
2. Inhalt der Vorschrift	2	b) Einschränkungen und Ausnahmen	18
3. Konkurrenzen	4	2. Grundsatz der Einzelbewertung	
4. Bewertungsgrundsätze außerhalb		a) Inhalt	19
der Vorschrift	6	b) Spezielle Regelungen und Aus-	
II. Grundsatz der Bilanzidentität		nahmen	21
(Abs. 1 Nr. 1)		V. Grundsatz der Vorsicht (Abs. 1 Nr. 4)	22
1. Terminologisches	7	1. Gebot der Bewertungsvorsicht	23
2. Identität der Wertansätze	8	2. Realisationsprinzip	
3. Ausnahmen	9	a) Regelungsgehalt	25
III. Grundsatz der Unternehmensfort-		b) Zeitpunkt der Ertragsrealisierung	27
führung (Abs. 1 Nr. 2)		c) Langfristige Auftragsfertigung	29
1. Gesetzliche Regelvermutung	10	3. Imparitätsprinzip	33
2. Entgegenstehende Gegebenheiten		4. Funktion des Grundsatzes der	
und Prognoseentscheidung	12	Vorsicht; Ausnahmen	36
3. Konsequenzen für die Bewertung	13	VI. Grundsatz der Periodenabgrenzung	
4. Ausnahmen	14	(Abs. 1 Nr. 5)	
IV. Grundsatz der Bewertung zum Ab-		1. Inhalt	38
schlußstichtag und Grundsatz der		2. Spezielle Regelungen und Aus-	
Einzelbewertung (Abs. 1 Nr. 3)	15	nahmen	40
1. Grundsatz der Bewertung zum		VII. Grundsatz der Bewertungsstetigkeit	
Abschlußstichtag		(Abs. 1 Nr. 6)	

Detlef Kleindiek

	Rdn.			Rdn.
1. Bindungswirkungen	41	IX.	Nicht in § 252 normierte Bewertungs-	
2. Bewertungsmethode	42		grundsätze	50
3. Reichweite der Bewertungsstetigkeit	45		1. Grundsatz der Einheitlichkeit der	
4. Stetigkeitsgebot und Ansatzwahl-			Bewertung	51
rechte	46		2. Gebot willkürfreier Bewertung	53
5. Ausnahmen vom Stetigkeitsgebot	47		3. Grundsatz der Wesentlichkeit	54
VIII. Zulässige Abweichungen von den		X.	Rechtsfolgen eines Verstoßes gegen die	
allgemeinen Bewertungsgrund-			gesetzlichen Bewertungsvorschriften	55
sätzen (Abs. 2)	48			

Schrifttum

Baetge Bilanzen, 4. Aufl. (1996); *Baetge/Apelt* Bedeutung und Ermittlung der Grundsätze ordnungsmäßiger Buchführung (GuB), HdJ I/2 (1992); *Baetge/Knüppe* Vorhersehbare Risiken und Verluste, Leffson/Rückle/Großfeld (Hrsg.), Handwörterbuch unbestimmter Rechtsbegriffe im Bilanzrecht des HGB (1986) S. 394; *Ballwieser* Das Anschaffungs- und Höchstwertprinzip für Schulden, Festschrift Forster (1992) S. 45; *Ciric* Grundsätze ordnungsmäßiger Wertaufhellung (1995); *Dietrich* Die Bewertungseinheit im allgemeinen Handelsbilanzrecht (1998); *Eckes* Bewertungsstetigkeit – Muß- oder Sollvorschrift? BB 1985, 1435; *Euler* Das System der Grundsätze ordnungsmäßiger Bilanzierung (1996); *Förschle/Kropp* Die Bewertungsstetigkeit im Bilanzrichtlinien-Gesetz, ZfB 56 (1986) S. 873; *Gelhausen* Das Realisationsprinzip im Handels- und Steuerbilanzrecht (1985); *Hennrichs* Wahlrechte im Bilanzrecht der Kapitalgesellschaften (1999); *IDW-HFA* Stellungnahme 3/1997: Zum Grundsatz der Bewertungsstetigkeit, WPg 1997, 540; *Kammann* Stichtagsprinzip und zukunftsorientierte Bilanzierung (1988); *Kleindiek* Geschäftsleitertätigkeit und Geschäftsleitungskontrolle: Treuhänderische Vermögensverwaltung und Rechnungslegung, ZGR 1998, 466; *Krawitz* Die bilanzielle Behandlung der langfristigen Auftragsfertigung und Reformüberlegungen unter Berücksichtigung internationaler Entwicklungen, DStR 1997, 886; *Kropff* Auswirkungen der Nichtigkeit eines Jahresabschlusses auf die Folgeabschlüsse, Festschrift Budde (1995) S. 341; *ders.* Sind neue Erkenntnisse (Wertaufhellungen) auch noch bei der Feststellung des Jahresabschlusses zu berücksichtigen? Festschrift Ludewig (1996) S. 521; *ders.* Vorsichtsprinzip und Wahlrechte, Festschrift Baetge (1997) S. 65; *ders.* Wann endet der Wertaufhellungszeitraum? WPg 2000, 1137; *Küting/Kaiser* Aufstellung oder Feststellung: Wann endet der Wertaufhellungszeitraum? WPg 2000, 577; *Kupsch* Einheitlichkeit und Stetigkeit der Bewertung gemäß § 252 Abs. 1 Nr. 6 HGB, DB 1987, 1101; *ders.* Zum Verhältnis von Einzelbewertungsprinzip und Imparitätsprinzip, Festschrift Forster (1992) S. 339; *ders.* Bewertungseinheitlichkeit und Jahresabschluß, Festschrift Börner (1998) S. 31; *Kupsch/Achtert* Der Grundsatz der Bewertungseinheitlichkeit in Handels- und Steuerbilanz, BB 1997, 1403; *Leffson* Die Grundsätze ordnungsmäßiger Buchführung, 7. Aufl. (1987); *ders.* Das Gebot der Stetigkeit im europäischen Bilanzrecht, WPg 1988, 441; *Leffson/Schmid* Die Erfassungs- und Bewertungsprinzipien des Handelsrechts, HdJ I/7 (1993); *Leuschner* Gewinnrealisierung bei langfristiger Fertigung, Festschrift Budde (1995) S. 377; *Lück* Das Going-Concern-Prinzip in Rechnungslegung und Jahresabschlußprüfung, DB 2001, 1945; *Luik* Das Going-Concern-Prinzip im deutschen Bilanzrecht, Festschrift v. Wysocki (1985) S. 61; *Lutter* Fortführung der Unternehmenstätigkeit, Leffson/Rückle/Großfeld (Hrsg.), Handwörterbuch unbestimmter Rechtsbegriffe im Bilanzrecht des HGB (1986) S. 185; *Marx/Löffler* Bilanzierung der langfristigen Auftragsfertigung, Beck HdR B 700 (2000); *Moxter* Periodengerechte Gewinnermittlung und Bilanz im Rechtssinne, Festschrift Döllerer (1988) S. 447; *J. Müller* Das Stetigkeitsprinzip im neuen Bilanzrecht, BB 1987, 1629; *W. Müller* Zur Rangordnung der in § 252 Abs. 1 Nr. 1 bis 6 HGB kodifizierten allgemeinen Bewertungsgrundsätze, Festschrift Goerdeler (1987) S. 397; *Rümmele* Die Bedeutung der Bewertungsstetigkeit für die Bilanzierung (1991); *Sarx* Grenzfälle des Grundsatzes der Unternehmensfortführung im deutschen Bilanzrecht, Festschrift Budde (1995) S. 561; *Schneeloch* Maßgeblichkeitsgrundsätze und Bewertungsstetigkeit, WPg 1990, 221; *Schröer* Das Realisationsprinzip in Deutschland und Großbritannien (1998); *Schulze-Osterloh* Der Ausweis von Aufwendungen nach dem Realisations- und dem Imparitätsprinzip, Festschrift Forster (1992) S. 653; *Siegel* Metamorphosen des Realisationsprinzips? Festschrift Forster (1992) S. 585; *ders.* Das Realisationsprinzip als allgemeines Periodisierungsprinzip? BFuP 1994, 1; *Siegel/Schmidt* Allgemeine Bewertungsgrundsätze, Beck HdR B 161 (1999); *Wenk* Bilanzierung bei langfristiger Fertigung nach deutschem Handelsrecht unter Berücksichtigung US-amerrikanischer Rechnungslegungsgrundsätze (1997); *Witt* Der Umfang der Herstellungskosten im handelsrechtlichen Jahresabschluß (1997); *Wöhe* Bilanzierung und Bilanzpolitik, 9. Aufl. (1997).

I. Überblick

1. Systematik des Gesetzes

Die Bestimmungen der §§ 252 bis 256 enthalten Vorschriften zur *Bewertung* der **1** bilanzierten Vermögensgegenstände und Schulden. Sie gelten für alle Rechnungslegungspflichtigen gleichermaßen. Dabei sind in § 252 allgemeine Bewertungsgrundsätze niedergelegt, während §§ 253 bis 256 spezielle Normen zu den Wertansätzen der Vermögensgegenstände und Schulden, einschließlich Abschreibungen und Bewertungsvereinfachungsverfahren, enthalten. Für Kapitalgesellschaften und die ihnen nach § 264a gleichgestellten Personenhandelsgesellschaften ohne mindestens eine natürliche Person als „Vollhafter" treten die ergänzenden Bestimmungen der §§ 279 bis 283 hinzu (s. die Erläuterungen dort), die z. T. auch auf eingetragene Genossenschaften (§ 336 Abs. 2) sowie dem PublG unterfallende Unternehmen (nach Maßgabe von § 5 Abs. 1 und 2 PublG) Anwendung finden; für Kreditinstitute und Versicherungsunternehmen enthalten §§ 340e ff und §§ 341b ff besondere Bewertungsvorschriften.

2. Inhalt der Vorschrift

Die in **Abs. 1** niedergelegten **allgemeinen Bewertungsgrundsätze** waren schon **2** vor ihrer gesetzlichen Normierung durch das BiRiLiG als Grundsätze ordnungsmäßiger Buchführung und Bilanzierung (§ 243 Abs. 1) anerkannt.[1] Das in Nr. 4 umschriebene Vorsichtsprinzip (s. Rdn. 22 ff) enthält freilich keinen reinen Bewertungsgrundsatz, sondern hat gleichermaßen für den Bilanzansatz Bedeutung. Der in Nr. 5 genannte Grundsatz der Aufwands- und Ertragsperiodisierung (s. Rdn. 38 ff) ist kein Bewertungs-, sondern ein Ansatzgrundsatz.[2] Seine Auflistung unter Abs. 1 erklärt sich daraus, daß der Gesetzgeber mit jener Vorschrift die Vorgaben aus Art. 31 der 4. EG-Richtlinie (*Jahresabschlußrichtlinie*) umgesetzt hat, wo das Periodisierungsprinzip ebenfalls als ein Bewertungsgrundsatz klassifiziert ist. Lediglich auf eine ausdrückliche Umsetzung von Art. 31 Abs. 1 lit. c cc hat der deutsche Gesetzgeber verzichtet. Die darin enthaltene Bestimmung, daß Wertminderungen unabhängig davon zu berücksichtigen sind, ob das Geschäftsjahr mit einem Gewinn oder Verlust abschließt, verstehe sich „von selbst".[3]

Abs. 2 der Vorschrift erlaubt in begründeten Ausnahmefällen die **Abweichung** von **3** den Grundsätzen des Abs. 1. Damit wird Art. 31 Abs. 2 S. 1 der Jahresabschlußrichtlinie umgesetzt. Der in Art. 31 Abs. 2 S. 2 für Kapitalgesellschaften (und gleichgestellte Unternehmen) enthaltenen Vorgabe, solche Abweichungen im Anhang anzugeben und zu begründen, trägt der Gesetzgeber in § 284 Abs. 2 Nr. 3 Rechnung (s. unten Rdn. 49).

---

[1] S. die Nachweise bei HdR-*Selchert* § 252 Rdn. 7.
[2] *W. Müller* FS Goerdeler S. 397, 403; Baumbach/Hueck/*Schulze-Osterloh* § 42 Rdn. 240; HdR-*Selchert* § 252 Rdn. 7.

[3] Bericht des BT-Rechtsausschusses zu § 252 Abs. 1 HGB, dokumentiert in Bonner HdR § 252/Ausschußbericht.

Detlef Kleindiek

3. Konkurrenzen

4　　Die **allgemeinen Bewertungsgrundsätze des Abs.** 1 sind untereinander **gleich-rangig** und beanspruchen grundsätzlich unabhängig voneinander Geltung. In Fällen echter Konkurrenz erlaubt Abs. 2, einem einzelnen Grundsatz den Vorrang vor einem anderen einzuräumen; dabei läßt sich das Konkurrenzverhältnis freilich nur einzel-fallbezogen lösen.[4] Allerdings wird aus dem Umstand, daß der Stetigkeitsgrundsatz (Abs. 1 Nr. 6) lediglich als „Soll-Vorschrift" formuliert ist, verbreitet gefolgert, im Konflikt zwischen Stetigkeitsgrundsatz und Vorsichtsgebot (Abs. 1 Nr. 4) spreche schon der Gesetzeswortlaut für einen Vorrang des Vorsichtsprinzips.[5] Dem ist nicht zu folgen. Die Formulierung des Stetigkeitsgebots als „Soll-Vorschrift" ist nicht Aus-druck einer – gegenüber den übrigen Grundsätzen des Abs. 1 – geringeren Bindungs-wirkung (näher unten Rdn. 41). Auch im Verhältnis zwischen Vorsichtsprinzip und Stetigkeitsgebot ist für eine pauschale Dominanz des Ersteren kein Raum.[6]

5　　Die allgemeinen Bewertungsgrundsätze aus Abs. 1 werden durch die **Bewertungs-vorschriften der §§ 253 bis 256** konkretisiert und ausgefüllt. Zu echten Konkurrenz-situationen wird es nur selten kommen. Wo diese auftreten, gebührt den spezielleren Vorschriften der §§ 253 bis 256 der Vorrang vor den allgemeinen Bewertungsgrund-sätzen.[7] Dasselbe gilt im Falle materieller Konkurrenz der Grundsätze nach Abs. 1 zu den spezielleren Vorschriften für Kapitalgesellschaften und gleichgestellte Unterneh-men in §§ 279 bis 283 (s. oben Rdn. 1).

4. Bewertungsgrundsätze außerhalb der Vorschrift

6　　Die in Abs. 1 enthaltene Auflistung allgemeiner Bewertungsgrundsätze ist nicht abschließend. In den konkretisierenden Bestimmungen der §§ 253 bis 256 sind weitere Bewertungsgrundsätze niedergelegt, etwa das Anschaffungswertprinzip (s. § 253, 8 ff), das Niederstwertprinzip (§ 253, 3 f) oder das Gebot planmäßiger Abschreibungen für Vermögensgegenstände des Anlagevermögens, die der Abnutzung unterliegen (§ 253, 41 ff).[8] Darüber hinaus sind einige weitere, gesetzlich nicht kodifizierte Bewertungs-grundsätze anerkannt; zu ihnen näher unten Rdn. 50 ff.

II. Grundsatz der Bilanzidentität (Abs. 1 Nr. 1)

1. Terminologisches

7　　Nach Abs. 1 Nr. 1 müssen die Wertansätze in der Eröffnungsbilanz des Geschäfts-jahres mit denen der Schlußbilanz des vorhergehenden Geschäftsjahres übereinstim-men. Die Vorschrift enthält das *Gebot der formellen Bilanzkontinuität (Bilanziden-tität)*. Es ist vom Gebot der materiellen Bilanzkontinuität (*Bewertungsstetigkeit*) zu unterscheiden, das die Beibehaltung der Bewertungsmethode verlangt und in Abs. 1 Nr. 6 normiert ist.[9] Hiervon wiederum ist die *Gliederungsstetigkeit oder Ausweisste-tigkeit* nach § 265 Abs. 1 zu trennen (dazu § 247, 40 und näher § 265, 4 ff – *Hütte-*

---

[4] ADS § 252 Rdn. 6; Beck BilKomm-*Budde/Geiß-ler* § 252 Rdn. 2; *W. Müller* FS Goerdeler S. 397, 408; *Winnefeld* Bilanz-Handbuch E 7.

[5] Etwa ADS § 252 Rdn. 6; Beck BilKomm-*Budde/ Geißler* § 252 Rdn. 2; s. auch Kirchhof/Söhn/ *Wendl* § 6 Rdn. A 109; weitere Nachw. bei *Henn-richs* Wahlrechte S. 259 f.

[6] *Hennrichs* Wahlrechte S. 265.

[7] ADS § 252 Rdn. 7; KK-*Claussen/Korth* § 252 HGB Rdn. 4; HdR-*Selchert* § 252 Rdn. 12.

[8] Beck BilKomm-*Budde/Geißler* § 252 Rdn. 65.

[9] S. zur Terminologie etwa ADS § 252 Rdn. 10; Baumbach/Hueck/*Schulze-Osterloh* § 42 Rdn. 18 f.

mann), welche Kontinuität in der Form der Darstellung in Bilanz sowie Gewinn- und Verlustrechnung verlangt.[10]

2. Identität der Wertansätze

Abs. 1 Nr. 1 begründet keine Verpflichtung, zu Beginn eines jeden Geschäftsjahres **8** eine Eröffnungsbilanz aufzustellen. Vielmehr wird verlangt, daß die **Saldenvorträge** zu Beginn eines jeden Geschäftsjahres („Eröffnungsbuchungen") mit den **Schluß-salden** auf den Bestandskonten des Vorjahres **übereinstimmen**. In diesem Sinne dürfen zwischen der Schlußbilanz und der Eröffnungsbilanz des Folgejahres keine Zu- oder Abgänge gebucht, keine Veränderungen des Bilanzinhalts und auch keine Bewertungsänderungen innerhalb der einzelnen Bilanzposten vorgenommen werden. Die Wertansätze von Vermögensgegenständen, Schulden und Rechnungsabgrenzungsposten in der Schlußbilanz des Vorjahres sind also unverändert in die Rechnung des Folgejahres zu übernehmen.[11] Auch eine – summenneutrale – Umverteilung innerhalb eines Postens ist untersagt.[12]

3. Ausnahmen

Bilanzberichtigungen erlauben keine Durchbrechung des Grundsatzes der Bilanz- **9** identität. Wo sie nicht erst im nächsten aufzustellenden Jahresabschluß vorgenommen, sondern in frühere Bilanzen zurückverfolgt werden, sind auch alle nachfolgenden Abschlüsse entsprechend zu korrigieren.[13] Auch bei Nichtigkeit des vorangegangenen Jahresabschlusses ist eine Ausnahme zu Abs. 1 Nr. 1 nicht zulässig.[14] Bei der Buchung der **Gewinnverwendung** sowie von Vermögensübertragungen, die im Schnittpunkt zweier Geschäftsjahre Wirksamkeit entfalten („**Mitternachtsgeschäfte**"[15]), erfährt der Grundsatz der Bilanzkontinuität jedoch gewisse Durchbrechungen, die aus den Besonderheiten des jeweiligen Geschäftsvorfalls resultieren.[16]

III. Grundsatz der Unternehmensfortführung (Abs. 1 Nr. 2)

1. Gesetzliche Regelvermutung

Nach Abs. 1 Nr. 2 ist bei der Bewertung der Vermögensgegenstände und Schulden **10** von der Fortführung der Unternehmenstätigkeit auszugehen, sofern dem nicht tatsächliche oder rechtliche Gegebenheiten entgegenstehen. Dieser Grundsatz der Unternehmensfortführung (**Going-Concern-Prinzip**) gehört zu den zentralen Grundsätzen ordnungsmäßiger Buchführung und Bilanzierung.[17] Dabei spricht eine gesetzliche Vermutung für die Unternehmensfortführung, die jedoch durch entgegenstehende Gegebenheiten erschüttert bzw. widerlegt werden kann. Sobald Hin-

[10] In der Sache übereinstimmend *Baumbach/Hopt* § 252 Rdn. 20, die insoweit allerdings von „formeller Bilanzkontinuität" sprechen.

[11] S. zum Ganzen etwa ADS § 252 Rdn. 9 ff; Beck BilKomm-*Budde/Geißler* § 252 Rdn. 3 ff; Baumbach/Hueck/*Schulze-Osterloh* § 42 Rdn. 241; HdR-*Selchert* § 252 Rdn. 23 ff; Heymann/*Walz* § 252 Rdn. 8; *Winnefeld* Bilanz-Handbuch E 15 ff; anschaulich KK-*Claussen/Korth* § 252 HGB Rdn. 6: Bilanzidentität als „Bindeglied zwischen den Geschäftsjahren"; ähnlich auch Bonner HdR-*Wohlgemuth* § 252 Rdn. 9.

[12] ADS § 252 Rdn. 12 m. w. N.

[13] ADS § 252 Rdn. 19 f; Baumbach/Hueck/*Schulze-Osterloh* § 42 Rdn. 242; HdR-*Selchert* § 252 Rdn. 30 f m. w. N.

[14] *Kropff* FS Budde S. 341, 345 f; **a. A.** *Hense* WPg 1993, 716.

[15] Begriff bei *Kropff* FS Budde S. 341, 345.

[16] Dazu weiterführend ADS § 252 Rdn. 16 ff; Beck BilKomm-*Budde/Geißler* § 252 Rdn. 8; HdR-*Selchert* § 252 Rdn. 28, 32 ff.

[17] Statt anderer KK-*Claussen/Korth* § 252 HGB Rdn. 8; *Lück* DB 2001, 1945 f, je m. w. N.

Detlef Kleindiek

weise auf entsprechende Umstände vorliegen, ist die Fortführungsfähigkeit näher zu überprüfen.[18]

11   Die Fähigkeit zur Unternehmensfortführung muß für einen **überschaubaren Zeitraum** erwartet werden dürfen. Als Richtmaß wird dabei auf das Ende des dem Abschlußstichtag folgenden Geschäftsjahres abgestellt, jedoch sind einzelfallbezogene Abweichungen in beide Richtungen möglich.[19] Für die Beurteilung der Fähigkeit zur Unternehmensfortführung ist auf die Verhältnisse zum **Abschlußstichtag** abzustellen.[20]

2. Entgegenstehende Gegebenheiten und Prognoseentscheidung

12   Die einer Unternehmensfortführung entgegenstehenden Gegebenheiten können tatsächlicher wie rechtlicher Natur sein. *Tatsächliche Gegebenheiten* in diesem Sinne sind insbesondere wirtschaftliche Schwierigkeiten des Unternehmens, auch wenn ein Insolvenzgrund (noch) nicht eingetreten ist.[21] *Rechtliche Gegebenheiten*, die einer Unternehmensfortführung entgegenstehen können, sind insbesondere der (bevorstehende) Eintritt eines gesetzlichen oder statutarischen Auflösungstatbestandes; dabei setzt die Abkehr von der Going-Concern-Prämisse jedoch auch die Absicht zur tatsächlichen Abwicklung voraus.[22] Wo jene Abkehr nicht schon durch rechtliche Gegebenheiten erzwungen wird, ist die Bestätigung oder Widerlegung der gesetzlichen Regelvermutung Ausdruck einer komplexen *Prognoseentscheidung* über die Gesamtsituation des Unternehmens, in die eine Vielzahl von Faktoren einfließen (Auftrags- und Ertragslage, Umsatzentwicklung, Gläubigerverhalten, eingeleitete Sanierungsmaßnahmen usw.).[23] Dabei besteht naturgemäß ein gewisser Ermessensspielraum. *Kapitalgesellschaften* und ihnen nach § 264a gleichgestellte Unternehmen haben auf Zweifel hinsichtlich der Unternehmensfortführung jedenfalls im Lagebericht hinzuweisen (§ 289 Abs. 2 Nr. 2).[24]

3. Konsequenzen für die Bewertung

13   Soweit von der Fortführung der Unternehmenstätigkeit ausgegangen werden kann, finden die allgemeinen Bewertungsvorschriften der §§ 252 bis 256, ggf. ergänzt um §§ 279 bis 283, Anwendung.[25] Bei *negativer Prognoseentscheidung*, wenn also von der

---

[18] ADS § 252 Rdn. 23, 25; Baumbach/Hueck/*Schulze-Osterloh* § 42 Rdn. 244; HdR-*Selchert* § 252 Rdn. 34. In der Sache übereinstimmend auch Beck BilKomm-*Budde/Geißler* § 252 Rdn. 10, die darauf hinweisen, jeder Kaufmann müsse im Rahmen der Bilanzerstellung prüfen, ob entgegenstehende Gegebenheiten bestünden.

[19] ADS § 252 Rdn. 24; Beck BilKomm-*Budde/Geißler* § 252 Rdn. 11; *Baumbach/Hopt* § 252 Rdn. 7; *Lück* DB 2001, 1945, 1947; Baumbach/Hueck/*Schulze-Osterloh* § 42 Rdn. 244; HdR-*Selchert* § 252 Rdn. 36; *Winnefeld* Bilanz-Handbuch E 32; *Wöhe* Bilanzierung und Bilanzpolitik[9] S. 344.

[20] ADS § 252 Rdn. 26; Beck BilKomm-*Budde/Geißler* § 252 Rdn. 12; *Winnefeld* Bilanz-Handbuch E 32.

[21] Dazu (mit Beispielen) etwa ADS § 252 Rdn. 28; MünchKommHGB-*Ballwieser* § 252 Rdn. 12; Beck BilKomm-*Budde/Geißler* § 252 Rdn. 15; HdR-*Selchert* § 252 Rdn. 37; *Winnefeld* Bilanz-Handbuch E 27.

[22] ADS § 252 Rdn. 29f; Beck BilKomm-*Budde/*

Geißler § 252 Rdn. 16; *Baumbach/Hopt* § 252 Rdn. 7; *Scherrer* WPg 1996, 681; Baumbach/Hueck/*Schulze-Osterloh* § 42 Rdn. 244. – Zur Geltung des Going-Concern-Prinzips in der externen Liquidationsrechnung s. § 154, 23 *(Habersack)*.

[23] Weiterführend ADS § 252 Rdn. 25; Beck Bil-Komm-*Budde/Geißler* § 252 Rdn. 15; *Lück* DB 2001, 1945, 1947f; HdR-*Selchert* § 252 Rdn. 37 f.

[24] *Baumbach/Hopt* § 252 Rdn. 7; Baumbach/Hueck/*Schulze-Osterloh* § 42 Rdn. 245; nach **a. A.** ist die weitere Anwendung der Fortführungsprämisse gem. § 264 Abs. 2 S. 2 im Anhang zu begründen: so etwa Beck BilKomm-*Budde/Geißler* § 252 Rdn. 15; *Marsch-Barner* Gemeinschaftskommentar z. HGB (GK-HGB), 1999[6], § 252 Rdn. 5; weitere Nachw. zum Meinungsstand bei Baumbach/Hueck/*Schulze-Osterloh* § 42 Rdn. 33.

[25] ADS § 252 Rdn. 31; Beck BilKomm-*Budde/Geißler* § 252 Rdn. 17; HdR-*Selchert* § 252 Rdn. 39; Heymann/*Walz* § 252 Rdn. 12 f.

Fortführung der Unternehmenstätigkeit nicht ausgegangen werden kann, hat die Bewertung aller Vermögensgegenstände nach vorsichtiger Schätzung der zu erzielenden Veräußerungserlöse zu erfolgen;[26] dabei dürfen die Anschaffungs- oder Herstellungskosten jedoch nicht überschritten werden.[27] Die Fortgeltung des Going-Concern-Prinzips ist im Übrigen für das Unternehmen als solches zu prüfen, nicht auch für die Einzelbewertung der Aktiva und Passiva von Teilbetrieben.[28] Allerdings gilt für die Bewertung von Vermögensgegenständen eines stillgelegten oder stillzulegenden Betriebsteils das Niederstwertprinzip (§ 253 Abs. 2 S. 3, Abs. 3).[29]

4. Ausnahmen

Ausnahmen vom Grundsatz der Unternehmensfortführung sind nicht vorstellbar. **14** Wo die Prognoseentscheidung (oben Rdn. 12) negativ ausfällt, sind schon die Voraussetzungen des Going-Concern-Prinzips nicht mehr gegeben.

IV. Grundsatz der Bewertung zum Abschlußstichtag und Grundsatz der Einzelbewertung (Abs. 1 Nr. 3)

Nach Abs. 1 Nr. 3 sind die Vermögensgegenstände und Schulden zum Abschluß- **15** stichtag einzeln zu bewerten. Die Vorschrift normiert also zwei voneinander unabhängige Bewertungsgrundsätze:[30] zum einen den Grundsatz der stichtagsbezogenen Bewertung (**Stichtagsprinzip**) und zum anderen den Grundsatz der **Einzelbewertung**.

1. Grundsatz der Bewertung zum Abschlußstichtag

a) **Wertaufhellende und wertbeeinflussende Tatsachen.** Die Vermögensgegen- **16** stände und Schulden sind nach den Verhältnissen zum Stichtag des Jahresabschlusses zu bewerten. Es sind also alle bewertungsrelevanten Umstände zu berücksichtigen, die zum Abschlußstichtag vorgelegen haben. Ob sie dem Rechnungslegungspflichtigen zu diesem Zeitpunkt auch schon bekannt waren, ist hingegen nicht entscheidend. Vielmehr sind auch die sog. **wertaufhellenden Tatsachen** bei der Bewertung zu berücksichtigen: das sind solche Umstände, die schon zum Abschlußstichtag vorgelegen haben, aber erst später bekannt werden.[31] Hinsichtlich der Berücksichtigung von Risiken und Verlusten ist dies in Abs. 1 Nr. 4 noch einmal ausdrücklich ausgesprochen (s. unten Rdn. 35). Dasselbe gilt jedoch für die Berücksichtigung von Chancen. Erweist sich etwa später, daß ein bestimmtes Risiko zum Abschlußstichtag doch nur in geringerer Höhe als zunächst angenommen bestand, so ist dem bei der Bewertung Rechnung zu tragen.[32] **Maßgebender Zeitpunkt**, bis zu dem die wertaufhellende Tat-

---

[26] Zu weiteren Einzelheiten ADS § 252 Rdn. 32 ff; HdR-*Selchert* § 252 Rdn. 40 ff.

[27] ADS § 252 Rdn. 33; *Sarx* FS Budde S. 561, 575; Baumbach/Hueck/*Schulze-Osterloh* § 42 Rdn. 245; HdR-*Selchert* § 252 Rdn. 42; *Winnefeld* Bilanz-Handbuch A 34; Bonner HdR-*Wohlgemuth* § 252 Rdn. 22; WP-Handbuch I Tz. E 211; a. A. *Luik* FS v. Wysocki S. 61, 68 f; *Moxter* WPg 1982, 473.

[28] Wie hier *Leffson* WPg 1984, 604 f; HuRB-*Lutter* S. 185, 187; Baumbach/Hueck/*Schulze-Osterloh* § 42 Rdn. 244; a. A. ADS § 252 Rdn. 36; Beck Bil-Komm-*Budde/Geißler* § 252 Rdn. 21.

[29] HuRB-*Lutter* S. 185, 187 f.

[30] Statt anderer: ADS § 252 Rdn. 37.

[31] S. etwa ADS § 252 Rdn. 39; Beck BilKomm-*Budde/Geißler* § 252 Rdn. 37 f; *Baumbach/Hopt* § 252 Rdn. 8; Baumbach/Hueck/*Schulze-Osterloh* § 42 Rdn. 247; HdR-*Selchert* § 252 Rdn. 59; eingehend *Kropff* FS Ludwig S. 521, 523 ff.

[32] ADS § 252 Rdn. 42; Beck BilKomm-*Budde/Geißler* § 252 Rdn. 38; *Kropff* in Geßler/Hefermehl/Eckardt/Kropff § 149 Rdn. 77; *ders.* FS Ludwig S. 521, 532 f; Beck HdR-*Siegel/Schmidt* B 161 Rdn. 123; Baumbach/Hueck/*Schulze-Osterloh* § 42 Rdn. 247.

sache bekannt geworden sein muß, ist die *Aufstellung* des Jahresabschlusses (vgl. Abs. 1 Nr. 4). Wo – wie bei Kapitalgesellschaften stets – die Verbindlichkeit des Jahresabschlusses von seiner *Feststellung* abhängt, sind auch solche wertaufhellenden Tatsachen noch zu berücksichtigen, die erst zwischen Aufstellung und Feststellung bekannt werden; wo sie keine wesentliche Bedeutung haben, kann auf die Einarbeitung in den Jahresabschluß allerdings verzichtet werden.[33] Ob der Rechnungslegungspflichtige die wertaufhellende Tatsache am Abschlußstichtag hätte erkennen können, ist im übrigen unerheblich.[34]

17   Ereignisse, die erst nach dem Abschlußstichtag eingetreten sind (**wertbeeinflussende Tatsachen**), bleiben bei der Bewertung zum Stichtag unberücksichtigt. Allerdings kann ein erst nach dem Stichtag eingetretener Umstand zu Rückschlüssen auf den Stichtag zwingen. So ist die erst nach dem Stichtag eingetretene Insolvenz eines Schuldners ein Indiz dafür, daß die Forderung gegen ihn schon zuvor nicht voll werthaltig war.[35]

18   **b) Einschränkungen und Ausnahmen.** Gegenüber dem allgemeinen Grundsatz der Bewertung zum Abschlußstichtag haben die *spezielleren Bewertungsregelungen* des Gesetzes *Vorrang*. Sie führen deshalb zu gewissen Einschränkungen des Stichtagsprinzips. Das gilt etwa für § 253 Abs. 2 S. 3 (gemildertes Niederstwertprinzip; s. § 253, 59 ff), für § 253 Abs. 3 S. 3 (Berücksichtigung von Wertschwankungen; s. § 253, 75 ff) oder für das Beibehaltungswahlrecht aus § 253 Abs. 5 (s. dort Rdn. 83 ff).[36] *Ausnahmen* vom Stichtagsprinzip – nach Abs. 2 in begründeten Fällen zulässig – kommen insbesondere bei der Rückbeziehung von Sanierungsmaßnahmen in Betracht.[37]

2. Grundsatz der Einzelbewertung

19   **a) Inhalt.** Nach Abs. 1 Nr. 3 sind die Vermögensgegenstände und Schulden einzeln zu bewerten. Die Bewertung hat sich an den individuellen wertbildenden Faktoren jedes einzelnen Vermögensgegenstandes und Schuldpostens auszurichten (zum Begriff der Vermögensgegenstände und Schulden s. § 246, 5 ff, 21 ff). **Wertminderungen** bei einem einzelnen Bewertungsobjekt dürfen **mit Wertsteigerungen** bei einem anderen also **nicht kompensiert** werden.[38] Damit soll nicht zuletzt verhindert werden, daß unrealisierte Gewinne in die Bewertung einfließen oder schon verursachte, aber noch nicht realisierte Verluste unberücksichtigt bleiben. Der Grundsatz der Einzelbewertung flankiert so das Realisations- und Imparitätsprinzip nach Abs. 1 Nr. 4.[39] Er ist schon in § 240 Abs. 1 („Wert der einzelnen Vermögensgegenstände und Schulden")

---

[33] Wie hier etwa ADS § 252 Rdn. 78 und § 42a GmbHG Rdn. 46; *Kropff* FS Ludewig S. 521, 534 ff; Baumbach/Hueck/*Schulze-Osterloh* § 42 Rdn. 247; Beck HdR-*Siegel/Schmidt* B 161 Rdn. 125. – **A. A.** *Küting/Kaiser* WPg 2000, 577 ff, die (bei prüfungspflichtigen Gesellschaften) auf den Zeitpunkt der Übergabe des aufgestellten und unterzeichneten Jahresabschlusses an den Abschlußprüfer abstellen wollen; dagegen eingehend und überzeugend *Kropff* WPg 2000, 1137 ff; *ders.* FS Peltzer S. 219, 225 f, 238 f.
[34] Scholz/*Crezelius* Anh. § 42a Rdn. 82; *Moxter* GedS Knobbe-Keuk S. 487, 496 f; Baumbach/Hueck/*Schulze-Osterloh* § 42 Rdn. 247 m. w. N., auch zur Gegenansicht; eingehend *Ciric* Wertaufhellung S. 129 ff; *Kammann* Stichtagsprinzip S. 93 ff; zuletzt *Hommel/Berndt* DStR 2000, 1745 ff.

[35] S. dazu etwa ADS § 252 Rdn. 44; Beck Bil-Komm-*Budde/Geißler* § 252 Rdn. 38; *Kropff* in Geßler/Hefermehl/Eckardt/Kropff § 149 Rdn. 79; Baumbach/Hueck/*Schulze-Osterloh* § 42 Rdn. 247; HdR-*Selchert* § 252 Rdn. 58 f.
[36] Weiterführend HdR-*Selchert* § 252 Rdn. 61.
[37] Weiterführend ADS § 252 Rdn. 47; Baumbach/Hueck/*Schulze-Osterloh* § 42 Rdn. 248; HdR-*Selchert* § 252 Rdn. 64, je m. w. N.
[38] ADS § 252 Rdn. 48 f; Beck BilKomm-*Budde/Geißler* § 252 Rdn. 22; KK-*Claussen/Korth* § 252 HGB Rdn. 13; HdR-*Selchert* § 252 Rdn. 45, 48; WP-Handbuch I Tz. E 212.
[39] MünchKommHGB-*Ballwieser* § 252 Rdn. 18 f; *Kupsch* FS Forster S. 339, 341, 346 ff; HdR-*Selchert* § 252 Rdn. 48; Beck HdR-*Siegel/Schmidt* B 161 Rdn. 88; Heymann/*Walz* § 252 Rdn. 15.

verankert und findet für den Bilanzansatz seine Entsprechung im Saldierungsverbot aus § 246 Abs. 2 (s. § 246, 80 ff).

Abs. 1 Nr. 3 bindet die Bewertung an die individuellen Gegebenheiten jedes einzel- **20** nen Bewertungsobjekts. Mitunter ist es allerdings schwierig, für eine Mehrzahl von Bewertungsobjekten anfallende Kosten den einzelnen Objekten individuell zuzurechnen. Hier ist eine Zuordnung unter **Rückgriff auf pauschale Verteilungsschlüssel** geboten. Eine Durchbrechung des Grundsatzes der Einzelbewertung liegt darin nicht; die Kostenschlüsselung macht die Bewertung der einzelnen Objekte vielmehr erst möglich.[40] Ebenso ist es erlaubt, Forderungen mit gleichartigen Risiken zu Gruppen zusammenzufassen und zu bewerten (s. dazu § 253, 73). Im übrigen trifft der Grundsatz der Einzelbewertung keine Aussage zur Abgrenzung der Bewertungsobjekte. Er hindert deshalb nicht, mehrere sächliche Gegenstände, die zu einer **Funktionseinheit** verbunden sind, als ein einheitliches Bewertungsobjekt (Vermögensgegenstand) anzusehen (s. dazu § 246, 8). Hiervon zu unterscheiden ist die Frage nach der zulässigen Bildung von **Bewertungseinheiten**, die sich etwa für die Abgrenzung des Saldierungsbereichs bei Drohverlustrückstellungen (dazu näher § 249, 56) oder bei geschlossenen Positionen aus deckungsfähigen Fremdwährungsverbindlichkeiten und -ansprüchen (näher § 253, 17) stellt.[41] Sofern die Bildung einer Bewertungseinheit mit einer Durchbrechung des Gebots der Einzelbewertung einhergeht,[42] ist dies nach Maßgabe von Abs. 2 („in begründeten Ausnahmefällen") zulässig.

b) Spezielle Regelungen und Ausnahmen. Als allgemeiner Bewertungsgrundsatz **21** tritt der Grundsatz der Einzelbewertung ggf. hinter *speziellere Bewertungsregelungen* in §§ 253 bis 256 zurück. Vorrang gegenüber Abs. 1 Nr. 3 haben deshalb die Bestimmungen zur Zulässigkeit der Festbewertung nach § 256 S. 2 i.V.m. § 240 Abs. 3 bzw. der Gruppenbewertung (§ 256 S. 2 i.V.m. § 240 Abs. 4) oder zur Zulässigkeit der Bewertung nach Verbrauchsfolgefiktionen (§ 256 S. 1).[43] *Ausnahmen* vom Grundsatz der Einzelbewertung sind gem. Abs. 2 – außer in bestimmten Fällen zulässiger Bewertungseinheiten (s. soeben Rdn. 20) – dann zulässig, wenn die individuelle Ermittlung des Wertes eines einzelnen Bewertungsobjekts nicht oder nur mit unverhältnismäßigem Zeit- und Kostenaufwand möglich ist. In diesem Sinne wird z.B. die Bildung von Pauschalrückstellungen für gleichartige Risiken (etwa aus drohender Produkthaftung) als zulässig angesehen (vgl. § 249, 14).[44]

---

[40] ADS § 252 Rdn. 50; Beck BilKomm-*Budde/Geißler* § 252 Rdn. 25; Baumbach/Hueck/*Schulze-Osterloh* § 42 Rdn. 249; HdR-*Selchert* § 252 Rdn. 46.

[41] Zu den Voraussetzungen und einzelnen Fallgruppen möglicher Bewertungseinheiten eingehend *Dietrich* Bewertungseinheit S. 6 ff, 111 ff; s. außerdem etwa *Alsheimer* Die Rechtsnatur derivativer Finanzinstrumente und ihre Darstellung im Jahresabschluß (2000) S. 152 ff; *Anstett/Husmann* BB 1998, 1523 ff; MünchKommHGB-*Ballwieser* § 252 Rdn. 26 ff; Scholz/Crezelius Anh. § 42a Rdn. 89; *Olbrich* FS Ludewig (1996) S. 753 ff; Baumbach/Hueck/*Schulze-Osterloh* § 42 Rdn. 250; Beck HdR-*Siegel/Schmidt* B 161 Rdn. 101 ff; *Tönnies/Schiersmann* DStR 1997, 714 ff, 756 ff; Heymann/*Walz* § 252 Rdn. 19 ff; *Wiedmann* FS Moxter (1994) S. 453, 459 ff; *Winnefeld* Bilanz-Handbuch E 47 ff.

[42] Ob und in welchen Fällen von Bewertungseinheiten ein Verstoß gegen das Einzelbewertungsprinzip vorliegt, ist umstritten; für bestimmte geschlossene Fremdwährungspositionen verneinend Arbeitskreis „Externe Unternehmensrechnung" der Schmalenbach-Gesellschaft, DB 1997, 637, 638 f; w. N. zum Meinungsstand bei *Schröer* Realisationsprinzip S. 342 ff.

[43] ADS § 252 Rdn. 58; Beck BilKomm-*Budde/Geißler* § 252 Rdn. 26; HdR-*Selchert* § 252 Rdn. 54; der Sache nach auch KK-*Claussen/Korth* § 252 HGB Rdn. 18 ff.

[44] Dazu und zu weiteren Beispielen etwa ADS § 252 Rdn. 57; Beck BilKomm-*Budde/Geißler* § 252 Rdn. 26; *Baumbach/Hopt* § 252 Rdn. 9; *Perlet/Baumgärtel* FS Beisse (1997) S. 389 ff; Baumbach/Hueck/*Schulze-Osterloh* § 42 Rdn. 250 m.w.N.; Bonner HdR *Wohlgemuth* § 252 Rdn. 27 ff; teilweise abweichend HdR-*Selchert* § 252 Rdn. 55 ff.

Detlef Kleindiek

V. Grundsatz der Vorsicht (Abs. 1 Nr. 4)

22   Abs. 1 Nr. 4 verpflichtet im ersten Halbsatz zur vorsichtigen Bewertung, „namentlich" zur Berücksichtigung aller vorhersehbaren Risiken und Verluste, die zum Abschlußstichtag entstanden sind, selbst wenn diese erst zwischen dem Abschlußstichtag und dem Tag der Aufstellung des Jahresabschlusses bekannt geworden sind. Nach dem zweiten Halbsatz der Vorschrift sind Gewinne nur zu berücksichtigen, wenn sie am Abschlußstichtag realisiert sind. Damit normiert die Bestimmung den im System des deutschen Bilanzrechts zentral bedeutsamen (s. unten Rdn. 36) *Grundsatz der Vorsicht*, als dessen konkretisierende *Ausprägungen* das *Gebot der Bewertungsvorsicht* (Rdn. 23 f), das *Realisationsprinzip* (Rdn. 25 ff) und das *Imparitätsprinzip* (Rdn. 33 ff) anzusehen sind.[45]

1. Gebot der Bewertungsvorsicht

23   Das Gebot der Bewertungsvorsicht[46] (vgl. den Wortlaut von Abs. 1 Nr. 4 am Anfang: „Es ist vorsichtig zu bewerten, …") kommt überall dort zum Tragen, wo die Ermittlung des Betrages, der einem Bewertungsobjekt zum Abschlußstichtag beizumessen ist, mit einem gewissen **Ermessensspielraum** verbunden ist. Dies ist verbreitet und immer dann der Fall, wenn die Bewertung mit einer Schätzung oder einer Prognoseentscheidung einhergeht. Dann nämlich ist im Zweifel eher ein ungünstiger als ein günstiger Verlauf zugrunde zu legen,[47] ist von mehreren Schätzungsalternativen die pessimistischere zu wählen.[48] Das befreit den Rechnungslegungspflichtigen freilich nicht von der Verpflichtung, alle für die Bewertung maßgebenden Faktoren (Chancen ebenso wie Risiken) vollständig zu erfassen und sorgfältig abzuwägen. Die Unterstellung unwahrscheinlicher oder besonders negativer Geschehensabläufe (worst case) ist vom Vorsichtsprinzip nicht gedeckt.[49] Der Wertansatz aus dem Intervall denkbarer Werte muß so bemessen sein, daß die *überwiegende Wahrscheinlichkeit* gegen eine höhere Belastung spricht. An starren Rechenwerten[50] ist dies allerdings nicht festzumachen, da sich eine statistische Wahrscheinlichkeit in der Regel nicht objektiv bestimmen läßt.[51] Es kann nur darauf ankommen, ob sich die Bewertung nachvollziehbar (plausibel) begründen läßt.

24   Das Vorsichtsprinzip rechtfertigt keinen Verstoß gegen die Grundsätze getreuer Rechenschaft, insbesondere kein „künstliches Ärmerrechnen" durch willkürliche, weil sachlich nicht gerechtfertigte Unterbewertungen.[52] Das **gezielte Legen stiller Reserven** ist den Kapitalgesellschaften und den ihnen nach § 264a gleichgestellten Personenhandelsgesellschaften gar nicht (§ 279 Abs. 1 S. 1), sonstigen Unternehmen allein nach Maßgabe von § 253 Abs. 4 (weitere Abschreibungen nur „im Rahmen vernünf-

---

[45] S. zu dieser Systematisierung etwa HdR-*Selchert* § 252 Rdn. 65; Beck HdR-*Siegel/Schmidt* B 161 Rdn. 130 ff.

[46] *Euler* System S. 29, 59, spricht vom „spezielle(n) Vorsichtsprinzip".

[47] KK-*Claussen/Korth* § 252 HGB Rdn. 22; Beck HdR-*Siegel/Schmidt* B 161 Rdn. 131.

[48] ADS § 252 Rdn. 68; HdR-*Selchert* § 252 Rdn. 67; Baumbach/Hueck/*Schulze-Osterloh* § 42 Rdn. 251; Bonner HdR-*Wohlgemuth* § 252 Rdn. 50 ff.

[49] ADS § 252 Rdn. 68; Beck HdR-*Siegel/Schmidt* B 161 Rdn. 131.

[50] S. die Vorschläge von *Leffson* Grundsätze ordnungsmäßiger Buchführung[7] S. 479 („z.B. 90 %"); HdJ-*Leffson/Schmid* I/7 Rdn. 145 („z.B. 95 %"); Beck HdR-*Siegel/Schmidt* B 161 Rdn. 133 („90–95 %").

[51] ADS § 252 Rdn. 68; HdR-*Selchert* § 252 Rdn. 67.

[52] ADS § 252 Rdn. 71; *Kropff* FS Beisse S. 65, 77; *Leffson* Grundsätze ordnungsmäßiger Buchführung[7] S. 465 ff; Bonner HdR-*Wohlgemuth* § 252 Rdn. 50.

tiger kaufmännischer Beurteilung"; s. § 253, 78 ff) gestattet. Mit dem Grundsatz der Vorsicht – und den mit ihm verknüpften Belangen des Gläubigerschutzes (s. unten Rdn. 36) – läßt sich das Wahlrecht aus § 253 Abs. 4 nicht legitimieren (s. auch § 253, 81). Denn stille Reserven können ebenso still wieder aufgelöst werden, wie sie gebildet wurden. Die unbemerkte Auflösung versteckter Reserven verschleiert aber den erwirtschafteten Mißerfolg des Unternehmens und verstellt den Einblick in dessen wirtschaftliche Lage gerade dann, wenn die Gläubiger durch getreuen Ergebnisausweis geschützt werden sollen.[53]

2. Realisationsprinzip

a) **Regelungsgehalt.** Nach Abs. 1 Nr. 4, 2. HS dürfen Gewinne nur berücksichtigt **25** werden, wenn sie am Abschußstichtag realisiert sind. Das so umrissene Realisationsprinzip bestimmt die erfolgswirksame Vereinnahmung von Erträgen (s. zum Begriff § 246, 73), nach heute überwiegender Sehweise aber auch den Ausweis der ihnen zuzuordnenden Aufwendungen (sogleich Rdn. 26; zum Aufwandsbegriff s. § 246, 72). Die Vorschrift bestimmt, von welchem Zeitpunkt an **Erträge** als vereinnahmt anzusehen sind, wann statt der Anschaffungs- oder Herstellungskosten eines Vermögensgegenstandes (§ 253 Abs. 1 S. 1; s. dazu § 253, 8 f) der aus der Lieferung oder Leistung erzielte Erlös auszuweisen ist. Indem das Gesetz auf den Zeitpunkt der Ertrags*realisation* abstellt, soll der Ausweis von Erträgen verhindert werden, die am Absatzmarkt noch keine Bestätigung gefunden haben. Bis dahin sind Vermögensgegenstände höchstens mit den Anschaffungs- oder Herstellungskosten zu bilanzieren. Beschaffungsvorgänge wirken sich auf den Jahresabschluß mithin erfolgsneutral aus, soweit nicht – nach Maßgabe des Imparitätsprinzips (unten Rdn. 33 ff) – Verluste zu antizipieren sind. Dies verdeutlicht: Realisationsprinzip und Anschaffungswertprinzip (§ 253, 8 f) sind eng miteinander verknüpft.[54] Ob man dabei letzteres als von ersterem dominiert ansehen will (weil nur so lange zu Anschaffungs- oder Herstellungskosten zu aktivieren ist, wie es noch an der Ertragsrealisation fehlt) oder das Rangverhältnis gerade umgekehrt sieht (weil eine Ertragsrealisation erst dann angenommen werden darf, wenn kein Zwang zur Bilanzierung zu Anschaffungs- oder Herstellungskosten mehr besteht),[55] ist ohne praktische Bedeutung.

Über den Realisationszeitpunkt prägt das Realisationsprinzip zugleich den Aus- **26** weis der den Erträgen zuzuordnenden **Aufwendungen.** Einer Reihe von Regelungen im geltenden Bilanzrecht (etwa zur Aktivierung unfertiger Leistungen und geleisteter Anzahlungen oder zur aktiven Abrechnungsabgrenzung; s. auch § 250, 4) liegt das Ziel einer periodengerechten Aufwands- und Ertragszuordnung zugrunde,[56] das seinerseits vom Realisationsprinzip vorgegeben wird.[57] Vor diesem Hintergrund ist heute ganz überwiegend akzeptiert, daß das Realisationsprinzip den Ausweis von Aufwendungen und Erträgen gleichermaßen regelt und nicht lediglich als ein Bewertungs-,

---

[53] Näher *Kleindiek* ZGR 1998, 466, 486 m. w. N.
[54] Zu den skizzierten Zusammenhängen etwa *Baetge* Bilanzen[4] S. 185 ff; HdJ-*Baetge/Apelt* I/2, Rdn. 80; HdR *Baetge/Kirsch* Kap. I Rdn. 319; *Ballwieser* FS Forster S. 45, 56 f; *Euler* System S. 211 f; *Krawitz* DStR 1997, 886, 887; *Leffson* Grundsätze ordnungsmäßiger Buchführung[7] S. 251 f; HdR-*Selchert* § 252 Rdn. 81; Beck HdR-*Siegel/Schmidt* B 161 Rdn. 148 f; *Witt* Herstellungskosten S. 14 f.

[55] S. zu diesen unterschiedlichen Betrachtungsweisen nur *Schröer* Realisationsprinzip S. 131 f m. w. N.
[56] S. die Analyse bei *Schulze-Osterloh* FS Forster S. 653, 657 ff.
[57] Zum Zusammenhang zwischen Realisationsprinzip und Periodisierung etwa *Moxter* FS Döllerer S. 447, 449 f.

Detlef Kleindiek

sondern auch und insbesondere als ein zentraler **Ansatzgrundsatz** zu begreifen ist.[58] Umstritten ist freilich, in welchen Grenzen das Realisationsprinzip den Ausweis von Aufwendungen beherrscht, ob es auch rückstellungsbegrenzende Wirkungen entfalten kann. Die Frage stellt sich für dem Grunde nach schon sicher entstandene, in der Höhe aber noch ungewisse Verbindlichkeiten, die erst Erträgen künftiger Abrechnungsperioden zuzuordnen sind. Hierauf ist an anderer Stelle (§ 249, 33 ff) näher eingegangen.

27   **b) Zeitpunkt der Ertragsrealisierung.** Für die nähere Bestimmung des Realisationszeitpunktes ist an den Zweck des Realisationsprinzips anzuknüpfen, das den Ertragsausweis von einem bestätigenden „Umsatzakt am Absatzmarkt"[59] abhängig machen soll. Der bloße *Abschluß eines Austauschvertrages* kann dazu noch nicht ausreichen. Zwar ist der Wert der zu erbringenden Sach- oder Dienstleistung – da die geschuldete Gegenleistung vertraglich bestimmt ist – am Markt bewertet; ob der Leistungspflichtige seine Leistung auch tatsächlich vertragsgerecht erbringen wird (und mit welchen Kosten dies einhergeht), ist aber noch ganz ungewiß.[60] Dem zur Leistung Verpflichteten ist der Anspruch auf die Gegenleistung also noch nicht sicher. Die Gewinnrealisierung erst mit *Zahlungseingang* eintreten zu lassen,[61] kann aber ebensowenig überzeugen. Ein solcher Ansatz stünde im Konflikt mit § 252 Abs. 1 Nr. 5 (dazu unten Rdn. 38 ff). Er wäre zudem nicht nur manipulationsanfällig und unpraktikabel, sondern würde – wenn Leistungszeitpunkt und Zahlungszeitpunkt weit auseinander liegen – den Informationsgehalt des Jahresabschlusses deutlich mindern.[62] In Übereinstimmung mit der ganz h. M. ist für den Realisationszeitpunkt bei **Umsatzgeschäften** deshalb auf den Umsatzakt der **Leistungsbewirkung** durch den Sach- oder Dienstleistungsverpflichteten abzustellen.[63] Dabei kommt es darauf an, ob dem Sach- oder Dienstleistungspflichtigen der Anspruch auf die Gegenleistung sicher ist. Ist eine Forderung aus schwebendem Geschäft in eben diesem Sinne realisiert, endet der Schwebezustand (näher § 246, 66 ff).

28   Deshalb sind Erträge aus Lieferungs- und Leistungsgeschäften ggf. auch schon **vor Eintritt des Leistungserfolgs** (Erfüllung i.V.m. § 362 BGB) realisiert: wenn dem Sach- oder Dienstleistungspflichtigen der Anspruch auf die Gegenleistung auch ohne

---

[58] Weiterführend *Ballwieser* FS Beusch S. 63, 67; MünchKommHGB-*ders.* § 252 Rdn. 72 f; Beck BilKomm-*Clemm/Erle* § 249 Rdn. 36; *Euler* System S. 113 f, 196 f; *Herzig* DB 1990, 1341, 1344; *ders.* FS L. Schmidt S. 209, 212 f, 219; *Moxter* Bilanzlehre Bd. II, 3. Aufl. (1986) S. 23 f; *ders.* BB 1984, 1780 ff; *ders.* FS Döllerer S. 447, 449 ff; *ders.* FS Havermann S. 486, 496 f; *Blümich/Schreiber* EStG § 5 Rdn. 251 f; *Schröer* Realisationsprinzip S. 126; *Schulze-Osterloh* FS Forster S. 653, 656; Baumbach/Hueck/*ders.* § 42 Rdn. 15 m. w. N.; *a. A.* etwa *Christiansen* BFuP 1994, 25, 34; *Siegel* FS Forster S. 585, 595 ff; *ders.* BFuP 1994, 1 ff; weitere Nachw. bei *Witt* Herstellungskosten S. 16 ff.

[59] *Leffson* Grundsätze ordnungsmäßiger Buchführung[7] S. 247, 250.

[60] *Gelhausen* Realisationsprinzip S. 93 ff; *Leffson* Grundsätze ordnungsmäßiger Buchführung[7] S. 261 f; *Schröer* Realisationsprinzip S. 136; Beck HdR-*Siegel/Schmidt* B 161 Rdn. 147.

[61] Dafür etwa *Schneider* FS Leffson S. 103, 116; Beck HdR-*Siegel/Schmidt* B 161 Rdn. 147.

[62] Weiterführend etwa *Gelhausen* Realisationsprinzip S. 111 ff; *Leffson* Grundsätze ordnungsmäßiger Buchführung[7] S. 259; *Schröer* Realisationsprinzip S. 134 f.

[63] ADS § 252 Rdn. 82; *Baetge* Bilanzen[4] S. 188; HdJ-*Baetge/Apelt* I/2, Rdn. 80; HdR-*Baetge/Kirsch* Kap. I Rdn. 319 f; MünchKommHGB-*Ballwieser* § 252 Rdn. 75 ff; Beck BilKomm-*Budde/Geißler* § 252 Rdn. 45; KK-*Claussen/Korth* § 252 HGB Rdn. 29; *Gelhausen* Realisationsprinzip S. 136 f; *Baumbach/Hopt* § 252 Rdn. 14; *Kropff* in Geßler/Hefermehl/Eckardt/Kropff § 149 Rdn. 85; *Leffson* Grundsätze ordnungsmäßiger Buchführung[7] S. 262 ff; HdR-*Selchert* § 252 Rdn. 83; *Schröer* Realisationsprinzip S. 138 ff; Baumbach/Hueck/*Schulze-Osterloh* § 42 Rdn. 15; *Winnefeld* Bilanz-Handbuch E 90 f; Bonner HdR-*Wohlgemuth* § 252 Rdn. 38.

Eintritt des Leistungserfolgs sicher ist, weil die Preisgefahr auf den anderen Vertragsteil übergegangen ist.[64] **Dauerschuldverhältnisse** sind in bilanzrechtlich selbständig zu behandelnde Abrechnungsperioden zu unterteilen; mit Erbringung der zeitanteiligen Leistung tritt insoweit Ertragsrealisierung ein.[65] Schadensersatzforderungen und sonstige **Forderungen**, die **nicht aus Umsatzgeschäften** resultieren, sind – auch schon vor ihrer rechtlichen Entstehung – realisiert, wenn sie im abgelaufenen Geschäftsjahr wirtschaftlich begründet worden sind und ihre rechtliche Entstehung aus einem existenten Rechtsverhältnis in bestimmter Höhe als sicher zu gelten hat.[66] Zur *„phasengleichen" Aktivierung von Gewinnansprüchen* der Muttergesellschaft aus Beteiligungen an Tochter-Kapitalgesellschaften eingehend § 246, 17 ff.

c) Langfristige Auftragsfertigung. Sehr kontrovers wird die Zulässigkeit einer **29** Durchbrechung des Realisationsprinzips in den Fällen langfristiger Auftragsfertigungen beurteilt, die sich über mehr als eine Rechnungslegungsperiode erstrecken und etwa im Industrieanlagen- und Großmaschinenbau, im Hoch- und Tiefbau oder im Schiffs- und Flugzeugbau sowie bei der Softwareentwicklung Bedeutung haben.[67] Nach den allgemein akzeptierten Grundsätzen der Ertragsrealisierung bei Umsatzgeschäften (oben Rdn. 27 f) wäre auch bei langfristiger Fertigung eine Gewinnrealisierung erst im Zeitpunkt der Abnahme des Werkes anzunehmen; in der Konsequenz dürften bis dahin nur die Herstellungskosten, ggf. (bei Ausübung der entsprechenden Wahlrechte aus § 255 Abs. 2 u. 3) unter Einschluß bestimmter anteiliger Gemeinkosten und der Fremdkapitalzinsen, aktiviert werden. Die Bilanzierung in diesem Sinne – in der Terminologie der internationalen Rechnungslegung: „Completed-Contract-Method" – kann zu deutlichen Verzerrungen in der Darstellung der Ertragslage des Unternehmens führen.[68] Werden nämlich in den Perioden der Auftragsfertigung nur die Herstellungskosten gem. § 255 Abs. 2 aktiviert, müssen möglicherweise erhebliche Verluste ausgewiesen werden, obwohl das Unternehmen durchaus profitabel wirtschaftet. In der Periode der Werkabnahme wiederum kann es zu einem beträchtlichen „Gewinnsprung" kommen, der jedoch auf Leistungen aus Vorperioden beruht und die aktuelle Ertragslage deshalb gleichfalls nicht zuverlässig widerspiegelt. Vorsichts- und Realisationsprinzip geraten also in einen Gegensatz zum betriebswirtschaftlichen Grundsatz der periodengerechten Ergebnisermittlung. Die Problematik ist beispielhaft für die Systemunterschiede zwischen HGB-Bilanzrecht einerseits und den internationalen Rechnungslegungsstandards andererseits. Letztere (US-GAAP wie IAS) räumen dem Gebot periodengerechter Gewinnermittlung auch in den Fällen langfristiger Fertigung den Vorrang ein. Der ewartete Gesamtgewinn aus einem Auftrag wird den Produktionsperioden entsprechend dem Grad der Fertigstellung zuge-

---

[64] Zu Einzelheiten s. ADS § 246 Rdn. 186 ff; *Babel* Ansatz und Bewertung von Nutzungsrechten S. 56 ff; Beck Bil-Komm-*Clemm/Scherer* § 247 Rdn. 82 ff; *Crezelius* FS Döllerer S. 81, 86 f; *Heddäus* Drohverlustrückstellungen S. 47 f; Blümich/*Schreiber* EStG § 5 Rdn. 940 ff; *Winnefeld* Bilanz-Handbuch E 130 ff; *Woerner* FR 1984, 489, 493 ff.

[65] Beck BilKomm-*Budde/Geißler* § 252 Rdn. 47; HdR-*Selchert* § 252 Rdn. 84; *Winnefeld* Bilanz-Handbuch E 199, je m. w. N.

[66] Ganz h. M.; BGHZ 137, 378, 380 („Tomberger") = NJW 1998, 1559; ADS § 246 Rdn. 179 f; *Baumbach/Hopt* § 252 Rdn. 15; *Kropff* ZGR 1997, 115,

120; Bonner HdR-*Kupsch* § 246 Rdn. 73; *Schulze-Osterloh* ZGR 1995, 170, 181; *Baumbach/Hueck/Schulze-Osterloh* § 42 Rdn. 73; *Winnefeld* Bilanz-Handbuch E 93, je m. w. N.; kritisch HdR-*Knop* § 268 Rdn. 203.

[67] Eingehend und instruktiv aus jüngerer Zeit *Schröer* Realisationsprinzip S. 215 ff; zusammenfassend etwa *Krawitz* DStR 1997, 886 ff; Beck HdR-*Marx/Löffler* B 700, je m. w. N.

[68] Dazu etwa *Clemm* FS Budde S. 135, 137; *Krawitz* DStR 1997, 886; Beck HdR-*Marx/Löffler* B 700 Rdn. 14 ff, 30 ff; *Schröer* Realisationsprinzip S. 227 ff m. w. N.

ordnet; nach Maßgabe des Leistungsfortschritts wird ein entsprechender Teilgewinn als realisiert angesehen („Percentage-of-Completion-Method").[69] Das Realisationsprinzip wird im Kontext der internationalen Rechnungslegungsstandards – anders als im System des HGB (unten Rdn. 36) – nicht als Konkretisierung eines dem Gläubigerschutz verpflichteten Vorsichtsprinzips gedeutet, sondern aus dem Grundsatz periodengerechter Gewinnermittlung heraus interpretiert.

30   **Meinungsstand.** Die hierzulande *bislang überwiegende Lehre* verneint mit Blick auf die Ausschüttungsbegrenzungsfunktion der Bilanz die Zulässigkeit eines vorgezogenen Gewinnausweises und nimmt die daraus resultierenden Verzerrungen im Informationsgehalt der Bilanz als systembedingte Folge eines unstetigen Geschäftsverlaufs in Kauf, denen allerdings durch Angaben im Anhang nach § 264 Abs. 2 S. 2 Rechnung zu tragen ist.[70] Ein Gewinnausweis vor Fertigstellung des Auftrags kommt danach nur in den (selteneren) Fällen vertraglich vereinbarter Aufteilung des Gesamtprojekts in isolierbare Teilabschnitte mit entsprechenden (nicht nur kalkulatorischen) Teilabrechnungen in Betracht, wenn und soweit die Teilleistungen bindend abgenommen werden und die Gefahr insoweit auf den Besteller übergeht.[71] Demgegenüber wird eine Teilgewinnrealisierung durch lediglich abwicklungstechnische Aufteilung des Gesamtauftrages (kalkulatorische Teilabrechnungen) wegen Verstoßes gegen das Realisationsprinzip als unzulässig angesehen.[72] Die *Gegenposition* will für die Handelsbilanz indes eine Durchbrechung des Realisationsprinzips zulassen und nimmt dabei überwiegend ein entsprechendes Wahlrecht an, für das freilich unterschiedlich weite Grenzen gezogen werden. Zum Teil wird – im Sinne einer „begrenzten Lösung"[73] – eine Teilgewinnrealisierung durch Ansatz der Sondereinzelkosten des Vertriebs befürwortet, soweit sich die Auftragsabwicklung über mehr als zwei Geschäftsjahre erstrecke und übersehbar sei, daß die zukünftigen Erlöse abzüglich der noch anfallenden Herstellungs- und sonstigen Aufwendungen (Verwaltungs- und Vertriebskosten) und abzüglich Gewinnzuschlag den Wertansatz deckten.[74] Andere Stimmen wollen eine Teilgewinnrealisierung durch lediglich kalkulatorische Teilabrechnungen zulassen, wobei freilich – auf konstruktiv unterschiedlichem Wege – eine bilanztechnische Neutralisierung der anteiligen Gewinne vorgeschlagen wird.[75] Und schließlich wird (in Anlehnung an die „Percentage-of-Completion-Method") eine Teilgewinnrealisierung entsprechend dem Fortschritt der Leistungserstellung zugelassen, wenn bestimmte einschränkende Voraussetzungen vorliegen: so müsse – u. a. – der aus der langfristigen Fertigung er-

---

[69] Dazu weiterführend etwa *Buhleier* Harmonisierung der Rechnungslegung bei langfristiger Auftragsfertigung (1997) S. 134 ff; *Krawitz* DStR 1997, 886, 892 ff; Beck HdR-*Marx/Löffler* B 700 Rdn. 104 ff; *Richter* in Ballwieser (Hrsg.), US-amerikanische Rechnungslegung, 3. Aufl. (1998) S. 135, 150 ff, je m. w. N. – Zu den unterschiedlichen Auswirkungen der beiden Methoden auf die im Jahresabschluß abgebildete Ertragslage s. die Modellrechnungen bei *Rudolf/Suter* Der Schweizer Treuhänder (1999) 527 ff; *Reinhart* RIW 1999, 417 ff.

[70] Etwa *Baetge* Bilanzen⁴ S. 554 f, 611; *Döllerer* BB 1980, 1333, 1336; *ders.* BB 1982, 777, 778; *Baumbach/Hopt* § 252 Rdn. 14; *Krawitz* DStR 1997, 886, 888 ff; Beck HdR-*Marx/Löffler* B 700 Rdn. 35; Baumbach/Hueck/*Schulze-Osterloh* § 42 Rdn. 91; *Siegel* FS Forster S. 585, 590 ff.

[71] Zu den insoweit zu stellenden Anforderungen etwa MünchKommHGB-*Ballwieser* § 252 Rdn. 80; Beck Bil-Komm-*Ellrott/Schmidt-Wendt* § 255 Rdn. 461; *Krawitz* DStR 1997, 886, 890; Beck HdR-*Marx/Löffler* B 700 Rdn. 49 ff; *Schröer* Realisationsprinzip S. 241 ff; *Wenk* Bilanzierung bei langfristiger Fertigung S. 120 ff.

[72] Näher dazu *Krawitz* DStR 1997, 886, 890; Beck HdR-*Marx/Löffler* B 700 Rdn. 63 ff, je m. w. N.

[73] Beck Bil-Komm *Ellrott/Schmidt-Wendt* § 255 Rdn. 462.

[74] Beck Bil-Komm-*Ellrott/Schmidt-Wendt* § 255 Rdn. 459; zustimmend *Leuschner* FS Budde S. 377, 390 ff.

[75] S. dazu – mit Einzelnachw. – die Darstellung bei Beck HdR-*Marx/Löffler* B 700 Rdn. 63 ff; *Schröer* Realisationsprinzip S. 248 ff.

wartete Gewinn „sicher zu ermitteln" sein und es dürften keine Risiken ersichtlich sein, die das erwartete Ergebnis wesentlich beeinträchtigen könnten.[76] Die Durchbrechung des Realisationsprinzips wird dabei auf die Regelung in § 252 Abs. 2 (s. unten Rdn. 37, 48 f) gestützt, die auch eine von den üblichen Grundsätzen abweichende Gewinnvereinnahmung in begründeten Ausnahmefällen zulasse.[77]

Stellungnahme. Die besseren Gründe sprechen nach wie vor dagegen, bei der **31** langfristigen Auftragsfertigung einen vorgezogenen Gewinnausweis unter Durchbrechung des Realisationsprinzips zuzulassen. Denn bis zur Abnahme und dem damit verbundenen Gefahrübergang ist die langfristige Auftragsfertigung mit erheblichen Risiken verknüpft, die eine sichere Vorhersage des zu erwartenden Gesamtgewinns regelmäßig nicht erlauben:[78] Erst mit der Abnahme wird die Vergütung des Werkunternehmers fällig und geht die Preisgefahr auf den Besteller über; erst zu diesem Zeitpunkt läßt sich zuverlässig absehen, ob der Unternehmer sein angestrebtes Auftragsergebnis tatsächlich erzielen kann oder ob sich Kalkulations- und Haftungsrisiken ergebnisschmälernd verwirklichen. Die im Schrifttum genannten Voraussetzungen für den anteiligen Gewinnausweis entsprechend dem Fortschritt der Leistungserstellung (oben Rdn. 30) – würde man sie beim Wort nehmen – dürften deshalb nur selten gegeben sein.[79] Die typischerweise bestehende Risikolage streitet **für die strenge Beachtung des Realisationsprinzips** im Interesse der Ausschüttungsbegrenzung: Mit der auf den Abnahmezeitpunkt herausgeschobenen Gewinnrealisierung soll dem Ausweis bloß erwarteter (und eben deshalb noch nicht ausschüttungsfähiger) Gewinne begegnet werden. Wollte man bei der langfristigen Auftragsfertigung zur Stärkung der Informationsfunktion des Jahresabschlusses den Ausweis unrealisierter Erträge zulassen, so müßten diese jedenfalls gegen Ausschüttung gesperrt werden. Entsprechende Regelungen sind gewiß vorstellbar,[80] müssen jedoch der Entscheidung des Gesetzgebers vorbehalten bleiben. Bis auf weiteres kann den Verzerrungen im Informationsgehalt der Bilanz nur durch Angaben im Anhang (§ 264 Abs. 2 S. 2) begegnet werden.

Die von Teilen des Schrifttums verfochtene „begrenzte Lösung" einer Teilgewinn- **32** realisierung durch Aktivierung der **Sondereinzelkosten des Vertriebs** (oben Rdn. 30) stößt an die Schranke des § 255 Abs. 2 S. 6.[81] Danach ist die Einbeziehung von Vertriebskosten in die Herstellungskosten ausdrücklich untersagt (s. § 255, 36). Jener Ansatz bietet eine gesetzeskonforme Lösung deshalb nur insoweit, als Kosten, die im Allgemeinen den Vertriebskosten zugeordnet werden, im spezifischen Fall der langfristigen Fertigung Bestandteile der Herstellungskosten sind. Das ist für einzelne Kostenarten, etwa TÜV-Abnahmegebühren oder Transportkosten bis zur Baustelle, zu bejahen.[82]

---

[76] In diesem Sinne – und unter weiteren eingrenzenden Voraussetzungen – ADS § 252 Rdn. 88 f; zustimmend *Wiedmann* BilanzR § 252 Rdn. 26 = Ebenroth/Boujong/Joost/*ders.* § 252 Rdn. 26; wohl auch *Winnefeld* Bilanz-Handbuch M 1006; WP-Handbuch I Tz. E 232; tendenziell ähnlich HdR-*Selchert* § 252 Rdn. 89; noch großzügiger Heymann/*Walz* § 252 Rdn. 34; *Wenk* Bilanzierung bei langfristiger Fertigung S. 126 ff.

[77] ADS § 252 Rdn. 87.

[78] S. zur Risikoanalyse etwa *Krawitz* DStR 1997, 886, 889, 891; *Schröer* Realisationsprinzip S. 223 ff.

[79] S. schon *Kropff* in Geßler/Hefermehl/Eckardt/Kropff § 149 Rdn. 89.

[80] S. etwa die Vorschläge bei *Freidank* DB 1989, 1197, 1204; *Knobbe-Keuk* S. 252; *Schindler* BB 1984, 574, 576; grundlegend *Moxter* Betriebswirtschaftliche Gewinnermittlung (1982) S. 103 ff.

[81] *Krawitz* DStR 1997, 886, 889; Beck HdR-*Marx/Löffler* B 700 Rdn. 39; *Schröer* Realisationsprinzip S. 239.

[82] HdR-*Knop/Küting* § 255 Rdn. 354; *Krawitz* DStR 1997, 886, 889; *Leuschner* FS Budde S. 377, 393 f; Beck HdR-*Marx/Löffler* B 700 Rdn. 40; *Wenk* Bilanzierung bei langfristiger Fertigung S. 105 f.

Detlef Kleindiek

3. Imparitätsprinzip

33   Während Gewinne nur berücksichtigt werden dürfen, wenn sie am Abschlußstichtag realisiert sind (oben Rdn. 25 ff), sind nach Abs. 1 Nr. 4, 1. HS Verluste und Risiken schon zu berücksichtigen, soweit sie vorhersehbar und dem abgelaufenen Geschäftsjahr zuzurechnen („bis zum Abschlußstichtag entstanden") sind. Mit dieser **Verpflichtung zum antizipierten Verlustausweis** ist die Gewinn- und Verlustberücksichtigung „imparitätisch" geregelt; eben deshalb hat sich für die Verpflichtung zur Verlustantizipation die Bezeichnung „Imparitätsprinzip" eingebürgert.[83] Spezialgesetzliche Ausprägungen erfährt das Imparitätsprinzip im Niederstwertprinzip (§ 253 Abs. 2 S. 3, Abs. 3; s. § 253, 3 f) und in der Verpflichtung zur Rückstellungsbildung für drohende Verluste aus schwebenden Geschäften (§ 249 Abs. 1 S. 1; s. § 249, 51 ff). Schon dies verdeutlicht, daß auch das Imparitätsprinzip nicht lediglich als Bewertungsgrundsatz, sondern auch und vor allem als **Ansatzgrundsatz** Bedeutung erlangt.

34   Berücksichtigungspflichtig sind alle **vorhersehbaren Risiken und Verluste**. Das sind solche, für deren Eintritt bei vernünftiger kaufmännischer Beurteilung eine gewisse Wahrscheinlichkeit spricht.[84] Die Höhe der Antizipationsbeträge ist ggf. unter Beachtung des Gebotes der Bewertungsvorsicht (oben Rdn. 23) zu schätzen.[85]

35   Nach ausdrücklicher Bestimmung in Abs. 1 Nr. 4 sind bis zum Abschlußstichtag entstandene Risiken und Verluste auch dann zu berücksichtigen, wenn sie erst zwischen dem Abschlußstichtag und dem Tag der Aufstellung des Jahresabschlusses bekannt geworden sind. Hiermit wird hinsichtlich der Risiken und Verluste eine Pflicht zur Berücksichtigung sog. **wertaufhellender Tatsachen** normiert, die nach Maßgabe des *Stichtagsprinzips* (Abs. 1 Nr. 3) aber gleichermaßen für die Berücksichtigung von Chancen besteht (s. oben Rdn. 16). *Maßgebender Zeitpunkt*, bis zu dem die wertaufhellende Tatsache bekannt geworden sein muß, ist nach dem Wortlaut von Abs. 1 Nr. 4 die Aufstellung des Jahresabschlusses. Wo – wie bei Kapitalgesellschaften stets – die Verbindlichkeit des Jahresabschlusses von seiner Feststellung abhängt, sind auch solche wertaufhellenden Tatsachen noch zu berücksichtigen, die erst zwischen Aufstellung und Feststellung bekannt werden, sofern sie wesentliche Bedeutung haben (näher oben Rdn. 16).

4. Funktion des Grundsatzes der Vorsicht; Ausnahmen

36   Das Gebot der Bewertungsvorsicht zwingt zur vorsichtigen Wahrnehmung von Bewertungsspielräumen (oben Rdn. 23). Das Realisationsprinzip verbietet den Ausweis von Gewinnen, die am Markt noch keine Bestätigung gefunden haben (Rdn. 25). Und das Imparitätsprinzip verlangt die Antizipation noch nicht realisierter, aber vorhersehbarer Verluste, die dem abgelaufenen Geschäftsjahr zuzuordnen sind (Rdn. 33). All jene Teilprinzipien des Grundsatzes der Vorsicht stehen damit im Dienst der Zahlungsbemessungs- bzw. Ausschüttungsbegrenzungsfunktion des Jahresabschlusses und sind insoweit von wesentlicher Bedeutung für den **Gläubigerschutz**. Eben hieraus erklärt sich ihr *zentraler Stellenwert im System des deutschen Bilanzrechts*, für das

---

[83] Statt aller Beck Bil-Komm-*Budde/Geißler* § 252 Rdn. 34; Bonner HdR-*Wohlgemuth* § 252 Rdn. 42; s. aber auch ADS § 252 Rdn. 93; Beck HdR-*Siegel/Schmidt* B 161 Rdn. 163 ff, die von „Verlustantizipationsprinzip" sprechen wollen.

[84] ADS § 252 Rdn. 74; HuRB-*Baetge/Knüppe* S. 394, 398 ff; MünchKommHGB-*Ballwieser*

§ 252 Rdn. 64; Beck BilKomm-*Budde/Geißler* § 252 Rdn. 35; HdR-*Selchert* § 252 Rdn. 72.

[85] Beck BilKomm-*Budde/Geißler* § 252 Rdn. 42; HdR-*Selchert* § 252 Rdn. 76.

der in der Bilanz ausgewiesene Gewinn zugleich auch der ausschüttungsfähige Gewinn ist.

Ausnahmen vom Grundsatz der Vorsicht – nach Abs. 2 theoretisch möglich – sind **37** deshalb nicht anzuerkennen. Das gilt nach hier vertretener Auffassung auch für den Ertragsausweis bei langfristiger Auftragsfertigung; die für die Auftragsfertigung typische Risikolage verbietet einen vorzeitigen Teilgewinnausweis (näher oben Rdn. 29 ff). Im Übrigen stellt Abs. 2 konzeptionell auf *punktuelle* Ausnahmen von den allgemeinen Grundsätzen des Abs. 1 ab. Schon deshalb können die Besonderheiten einer Fertigungsform, die bei vielen der betroffenen Unternehmen gerade ein prägendes Kennzeichen der Unternehmenstätigkeit ist, keine Befreiung von einem zentralen Ansatz- und Bewertungsgrundsatz rechtfertigen.[86]

VI. Grundsatz der Periodenabgrenzung (Abs. 1 Nr. 5)

1. Inhalt

Gem. Abs. 1 Nr. 5 sind Aufwendungen und Erträge des Geschäftsjahres unabhän- **38** gig von den Zeitpunkten der entsprechenden Zahlungen im Jahresabschluß zu berücksichtigen. Die Vorschrift normiert keinen Bewertungs-, sondern einen **Ansatzgrundsatz**; ihre Einordnung unter die allgemeinen Bewertungsgrundsätze erklärt sich aus den Vorgaben in Art. 31 Abs. 1 der Jahresabschlußrichtlinie (s. oben Rdn. 2).

Der Grundsatz der Periodenabgrenzung verlangt eine **periodengerechte Erfolgs- 39 ermittlung**, die **unabhängig vom Zeitpunkt der entsprechenden Zahlungen** ist.[87] Über das maßgebliche Kriterium für die periodengerechte Zuordnung der Aufwendungen und Erträge (zu diesen Begriffen § 246, 72 f) trifft die Vorschrift allerdings keine Regelung. Nach ganz überwiegender Auffassung ist auf die *wirtschaftliche Verursachung* der Aufwendungen und Erträge abzustellen;[88] s. schon § 249, 33 ff für die periodengerechte Zuordnung von ungewissen Verbindlichkeiten. Das Merkmal der wirtschaftlichen Verursachung bedarf jedoch der *rechtlichen Konkretisierung* unter Rückgriff auf das *Realisations- und Imparitätsprinzip* (Abs. 1 Nr. 4; s. oben Rdn. 25 ff):[89] Erträge sind dann zu vereinnahmen, wenn sie als realisiert zu gelten haben.[90] Minderungen des Stichtagsvermögens sind spätestens mit ihrer Entstehung zu buchen. Nach hier vertretener Auffassung ist deshalb bei einer zum Abschlußstichtag rechtlich vollständig entstandenen Drittverpflichtung die Passivierung selbst dort geboten, wo die entsprechenden Aufwendungen erst Erträgen einer späteren Abrechnungsperiode zuzurechnen sind (sehr str.; zu Einzelheiten s. § 249, 33 ff).

2. Spezielle Regelungen und Ausnahmen

Spezialgesetzliche Regelungen gehen dem Grundsatz der Periodenabgrenzung **40** nach Abs. 1 Nr. 5 vor. Sie bestehen dort, wo der Gesetzgeber hinsichtlich der Aufwandszurechnung Wahlrechte (Ansatz- oder Bewertungswahlrechte) gewährt, etwa in §§ 247 Abs. 3; 249 Abs. 1 S. 3, Abs. 2; 253 Abs. 3 S. 3; 254; 255 Abs. 2 S. 3, Abs. 4. Als

---

[86] S. dazu schon Beck HdR-*Marx/Löffler* B 700 Rdn. 82 f m. w. N.

[87] S. nur ADS § 252 Rdn. 94; KK-*Claussen/Korth* § 252 HGB Rdn. 32; HdR-*Selchert* § 252 Rdn. 93.

[88] S. nur ADS § 252 Rdn. 97; Beck BilKomm-*Budde/Geißler* § 252 Rdn. 52; HdR-*Selchert* § 252 Rdn. 94 ff; WP-Handbuch I Tz. E 220.

[89] Wie hier Baumbach/Hueck/*Schulze-Osterloh* § 42 Rdn. 253; Heymann/*Walz* § 252 Rdn. 27.

[90] ADS § 252 Rdn. 101; HdR-*Selchert* § 252 Rdn. 96; s. auch oben § 246, 56.

Detlef Kleindiek

Ausnahmen gegenüber Abs. 1 Nr. 5 sind solche spezialgesetzlichen Regelungen aber nicht einzuordnen, da auch nach ihnen die Periodenzurechnung nicht etwa an den jeweiligen Zahlungszeitpunkt geknüpft ist. Derartige *Ausnahmen* sind auch nicht vorstellbar.

VII. Grundsatz der Bewertungsstetigkeit (Abs. 1 Nr. 6)

1. Bindungswirkungen

41   Nach Abs. 1 Nr. 6 sollen die auf den vorhergehenden Jahresabschluß angewandten Bewertungsmethoden beibehalten werden. Das so umrissene Gebot sog. *Bewertungsstetigkeit* (zur Nichterstreckung auf die *Ansatzstetigkeit* s. unten Rdn. 46) soll die Vergleichbarkeit der Jahresabschlüsse fördern und zur Objektivierung der Rechnungslegung beitragen.[91] Trotz der Formulierung als Soll-Vorschrift entfaltet der Grundsatz der Bewertungsstetigkeit keine geringere *Bindungswirkung* als die übrigen Grundsätze nach Abs. 1.[92] Das folgt bereits aus dem Gebot richtlinienkonformer Auslegung. Denn die zugrunde liegende Bestimmung in Art. 31 Abs. 1 lit. b der Jahresabschlußrichtlinie ist zwar in der deutschsprachigen Fassung als Soll-Vorschrift formuliert,[93] in der englischen wie in der französischen Textfassung aber als verpflichtendes Gebot ausgestaltet.[94] Im übrigen ist die für „Soll-Gebote" typische Zulässigkeit begründeter Ausnahmen gleichermaßen für alle Grundsätze des Abs. 1 gegeben; Abs. 2 der Vorschrift wie auch Art. 31 Abs. 2 S. 1 der Jahresabschlußrichtlinie stellen dies klar. Möglicherweise hat der Gesetzgeber das Stetigkeitsgebot in Abs. 1 Nr. 6 deshalb als Soll-Vorschrift ausgestaltet, weil hier ein – verglichen mit den übrigen Grundsätzen aus Abs. 1 – größeres Potential an Ausnahmetatbeständen einkalkuliert wurde.[95] Jedoch wird die Bindungswirkung des Stetigkeitsgebots davon nicht berührt.

2. Bewertungsmethode

42   Der **Begriff** der Bewertungsmethode erfaßt bestimmte, in ihrem Ablauf definierte Verfahren der Wertfindung, die den Grundsätzen ordnungsmäßiger Buchführung und Bilanzierung entsprechen.[96] Dazu zählen Methoden der *Wertermittlung* und solche der zeitraumbezogenen *Wertverteilung* gleichermaßen.[97] Deshalb sind die Methoden zur Bestimmung von Abschreibungen ebenso vom Stetigkeitsgebot erfaßt wie etwa die Verfahren zur Ermittlung der Anschaffungs- und Herstellungskosten, zur Bewertung der Verbindlichkeiten oder zur Berichtigung von Forderungen.[98] Der Grundsatz

---

[91] ADS § 251 Rdn. 103; Beck BilKomm-*Budde/ Geißler* § 252 Rdn. 55; HdJ-*Leffson/Schmid* I/7 Rdn. 151; *Rümmele* Bewertungsstetigkeit S. 10 ff; Baumbach/Hueck/*Schulze-Osterloh* § 42 Rdn. 255; HdR-*Selchert* § 252 Rdn. 99; WP-Handbuch I Tz. E 221.

[92] ADS § 252 Rdn. 109; Beck BilKomm-*Budde/ Geißler* § 252 Rdn. 57; KK-*Claussen/Korth* § 252 HGB Rdn. 37; *Förschle/Kropp* ZfB 56 (1986) 873, 876; *Kupsch* FS Börner S. 31, 41; Baumbach/ Hueck/*Schulze-Osterloh* § 42 Rdn. 255; HdR-*Selchert* § 252 Rdn. 122; Beck HdR-*Siegel/ Schmidt* B 161 Rdn. 66; **a. A.** *Kusterer* Heidelberger Kommentar z. HGB (1999⁵) § 252 Rdn. 9; *Söffing* DB 1987, 2598, 2599.

[93] „In der Anwendung der Bewertungsmethoden soll Stetigkeit bestehen."

[94] Wiedergabe der einschlägigen Textfassungen etwa bei *Hennrichs* Wahlrechte S. 271; s. auch die Nachw. bei Baumbach/Hueck/*Schulze-Osterloh* § 42 Rdn. 255.

[95] S. zu dieser Vermutung HdR-*Selchert* § 252 Rdn. 122; ferner Bonner HdR-*Wohlgemuth* § 252 Rdn. 59 m. w. N.

[96] In diesem Sinne etwa IDW-HFA Stellungnahme 3/1997: Zum Grundsatz der Bewertungsstetigkeit, Ziff. 2 (WPg 1997, 540, 541); ADS § 252 Rdn. 105; Beck BilKomm-*Budde/Geißler* § 252 Rdn. 56; *Rümmele* Bewertungsstetigkeit S. 16 ff; WP-Handbuch I Tz. E 222.

[97] HdR-*Selchert* § 252 Rdn. 104.

[98] ADS § 252 Rdn. 105; Beck BilKomm-*Budde/ Geißler* § 252 Rdn. 56; KK-*Claussen/Korth* § 252 HGB Rdn. 33; *Glade* § 252 Rdn. 47 ff; Baum-

der Bewertungsstetigkeit kommt überall dort zum Tragen, wo mehrere Bewertungsmethoden alternativ zulässig sind oder wo es Schätzungsspielräume methodisch auszufüllen gilt.[99] Das einmal gewählte Wertfindungsverfahren ist im nachfolgenden Jahresabschluß beizubehalten.

Die Geltung des Stetigkeitsgebots läßt sich nicht überzeugend begründen, wenn **43** und soweit sich eine Bewertungsentscheidung typischerweise *einzelfallbezogen* stellt, sie einzelfallorientiert getroffen werden darf und auch tatsächlich getroffen wird; eine methodengebundene (methodische) Bewertung liegt dann gerade nicht vor. Aus eben diesem Grunde ist insbesondere die Ausübung der **Abschreibungswahlrechte** gem. § 253 Abs. 2 S. 3 Alt. 1 und § 253 Abs. 3 S. 3 sowie aus § 253 Abs. 4 nach deutlich überwiegender Ansicht in der Regel nicht dem Stetigkeitsgebot unterworfen.[100] Dem ist zu folgen. Deshalb sind jene Wahlrechte vom Gesetzgeber aber nicht etwa als Instrumente bilanzpolitisch motivierter Ergebnisbeeinflussung konzipiert worden;[101] dies wäre mit der Funktion der Rechnungslegung als getreuer Rechenschaftslegung[102] nicht zu vereinbaren. Der Gefahr einer bilanzpolitischen Instrumentalisierung der Wahlrechte läßt sich unter den Bedingungen der lex lata freilich kaum wirksam begegnen. Auch das Stetigkeitsgebot kann hier nicht eingrenzend wirken, jedenfalls nicht bei solchen Wahlrechten, die zur einzelfallorientierten und in eben diesem Sinne methodenungebundenen Ausübung eingeräumt sind. Vielmehr läßt sich der Rechenschaftszweck der Rechnungslegung nur durch deutliche Reduzierung der im Gesetz gewährten Wahlrechte realisieren.[103]

Ohne Bindung an das Stetigkeitsgebot kann im übrigen die **Inanspruchnahme** **44** **steuerlicher Mehrabschreibungen** (s. § 247, 60 und die Erläuterungen zu § 254) in der Handelsbilanz nachvollzogen werden. Die vielfach subventionspolitisch motivierten Bewertungswahlrechte des Steuerrechts (s. § 247, 54 und § 254, 7) können von Jahr zu Jahr unterschiedlich ausgeübt werden.[104] Wenn der Gesetzgeber ihre Inanspruchnahme von einer kongruenten Bilanzierung im handelsrechtlichen Jahresabschluß abhängig macht, schlägt die spezifische Motivation jener Subventionswahlrechte in das Handelsbilanzrecht durch. Das handelsrechtliche Stetigkeitsgebot kann hier dann keine Geltung beanspruchen.[105]

---

bach/Hueck/*Schulze-Osterloh* § 42 Rdn. 256; HdR-*Selchert* § 252 Rdn. 105; Beck HdR-*Siegel/Schmidt* B 161 Rdn. 68.

[99] ADS § 252 Rdn. 105; HdR-*Selchert* § 252 Rdn. 108; s. auch IDW-HFA Stellungnahme 3/1997: Zum Grundsatz der Bewertungsstetigkeit, Ziff. 2 (WPg 1997, 540, 541).

[100] IDW-HFA Stellungnahme 3/1997, Ziff. 3 (WPg 1997, 540, 541); ADS § 252 Rdn. 105; *Eckes* BB 1985, 1435, 1440 f; *Baumbach/Hopt* § 252 Rdn. 19; *Kupsch* DB 1987, 1101, 1104 f; *ders.* FS Börner S. 31, 40; *Schneeloch* WPg 1990, 221, 224; Baumbach/Hueck/*Schulze-Osterloh* § 42 Rdn. 256; HdR-*Selchert* § 252 Rdn. 108, 110, 114; *Winnefeld* Bilanz-Handbuch E 301; WP-Handbuch I Tz. E 222; a. A. Beck BilKomm-*Budde/Geißler* § 252 Rdn. 56; *Hennrichs* Wahlrechte S. 378 ff.

[101] Insoweit zutreffend *Hennrichs* Wahlrechte S. 381 ff, in näherer Auseinandersetzung mit entsprechenden Äußerungen in Teilen des Schrifttums.

[102] Dazu eingehend *Kleindiek* ZGR 1998, 466 ff.

[103] S. auch dazu näher *Kleindiek* ZGR 1998, 466, 486 ff.

[104] S. Bericht des BT-Rechtsausschusses zu § 252 Abs. 1 Nr. 6 HGB, dokumentiert im Bonner HdR § 252/Ausschußbericht.

[105] ADS § 252 Rdn. 105; Beck BilKomm-*Budde/Geißler* § 252 Rdn. 64; *Eckes* BB 1985, 1435, 1441; *Hennrichs* Wahlrechte S. 371 ff; *Kupsch* DB 1987, 1101, 1103 f; *Schneeloch* WPg 1990, 221, 224; Baumbach/Hueck/*Schulze-Osterloh* § 42 Rdn. 256; differenzierend HdR-*Selchert* § 252 Rdn. 114 sowie *IDW-HFA* Stellungnahme 3/1997, Ziff. 2 (WPg 1997, 540, 541): Geltung des Stetigkeitsgebots dann, wenn steuerrechtliche Sonderabschreibungen planmäßig für bestimmte Gruppen gleichartiger Vermögensgegenstände in Anspruch genommen werden; zustimmend *Baumbach/Hopt* § 252 Rdn. 19.

3. Reichweite der Bewertungsstetigkeit

45   In sachlicher Hinsicht erstreckt sich das Stetigkeitsgebot nicht nur auf die schon im vorangegangenen Jahresabschluß erfaßten Vermögensgegenstände und Schulden, sondern auch auf alle *art- und funktionsgleichen Bewertungsobjekte*, die bis zum Abschlußstichtag neu hinzugekommen sind.[106] Nur so läßt sich das Ziel der Bewertungsstetigkeit (oben Rdn. 41) verwirklichen. Aus demselben Grund ist ggf. auch die *Bewertungsmethode aus mehr als einem Jahr zurückliegenden Jahresabschlüssen* beizubehalten, selbst wenn sie im letzten Abschluß nicht zur Anwendung kam.[107] Aus der so umrissenen Reichweite der Bewertungsstetigkeit wird verbreitet der *Grundsatz der einheitlichen Bewertung* abgeleitet (s. unten Rdn. 51).

4. Stetigkeitsgebot und Ansatzwahlrechte

46   Abs. 1 Nr. 6 verlangt die Beibehaltung der im vorangegangenen Jahresabschluß angewandten *Bewertungsmethoden*. Die Ausübung von *Ansatzwahlrechten* wird vom Stetigkeitsgebot nicht erfaßt; Abs. 1 Nr. 6 normiert *kein Gebot der Ansatzstetigkeit*.[108] Gesetzestext und Gesetzgebungsgeschichte belegen den entsprechenden Willen des Gesetzgebers. Während das Gesetz in anderem Zusammenhang von „Bilanzierungs- und Bewertungsmethoden" spricht (so in § 284 Abs. 2 Nr. 1 und 3), werden in Abs. 1 Nr. 6 allein die „Bewertungsmethoden" erfaßt. Den rechtspolitischen Vorschlag, den Stetigkeitsgrundsatz auf die Ausübung von Ansatzwahlrechten auszudehnen,[109] hat der Gesetzgeber des BiRiLiG nicht aufgegriffen. Diese Entscheidung ist de lege lata zu respektieren, zumal auch das Gebot richtlinienkonformer Auslegung nicht zu einer Abweichung führt.[110] Denn die Jahresabschlußrichtlinie erstreckt das Stetigkeitsgebot in Art. 31 Abs. 1 lit. b ebenfalls allein auf die „Bewertungsmethoden" und vollzieht zugleich eine systematische Trennung zwischen „Bewertungsregeln" einerseits (Abschnitt 7, Artt. 31 ff) und „Vorschriften zu einzelnen Posten der Bilanz" andererseits (Abschnitt 4, Artt. 15 ff). Ebensowenig läßt sich die Ausdehnung des Stetigkeitsgebots

---

[106] Übereinstimmend etwa IDW-HFA Stellungnahme 3/1997, Ziff. 1 u. 3 (WPg 1997, 540 f); ADS § 252 Rdn. 107; Beck BilKomm-*Budde/Geißler* § 252 Rdn. 58; KK-*Claussen/Korth* § 252 HGB Rdn. 38 f; *Förschle/Kropp* ZfB 56 (1986) 873, 882 f; *Kupsch/Achert* BB 1997, 1403, 1404 f; *Kupsch* FS Börner S. 31, 39; *Rümmele* Bewertungsstetigkeit S. 26 ff; Baumbach/Hueck/*Schulze-Osterloh* § 42 Rdn. 257; HdR-*Selchert* § 252 Rdn. 115 ff; Beck HdR-*Siegel/Schmidt* B 161 Rdn. 70 ff; Heymann/*Walz* § 252 Rdn. 41 f; Bonner HdR-*Wohlgemuth* § 252 Rdn. 63 ff; abweichend *Hennrichs* Wahlrechte S. 291 ff, der auf den Zweck des jeweiligen Wahlrechts abstellen will.

[107] ADS § 252 Rdn. 108; *Förschle/Kropp* ZfB 56 (1986) 873, 881 f; Baumbach/Hueck/*Schulze-Osterloh* § 42 Rdn. 257; HdR-*Selchert* § 252 Rdn. 120; Beck HdR-*Siegel/Schmidt* B 161 Rdn. 69; WP-Handbuch I Tz. E 224; **a. A.** *Eckes* BB 1985, 1435, 1437.

[108] Ganz h. M.; etwa BGHZ 132, 263, 273 = NJW 1996, 1678; IDW-HFA Stellungnahme 3/1997, Ziff. 3 (WPg 1997, 540, 541); ADS § 252 Rdn. 110; MünchKommHGB-*Ballwieser* § 252 Rdn. 102;

Beck BilKomm-*Budde/Geißler* § 252 Rdn. 57; *Forster* FS v. Wysocki (1985) S. 29, 38 f; *Baumbach/Hopt* § 252 Rdn. 19; GK-HGB-*Marsch-Barner* § 252 Rdn. 15; *Rümmele* Bewertungsstetigkeit S. 29 ff; Baumbach/Hueck/*Schulze-Osterloh* § 42 Rdn. 258; HdR-*Selchert* § 252 Rdn. 101; Heymann/*Walz* § 252 Rdn. 41; *Winnefeld* Bilanz-Handbuch E 301; Bonner HdR-*Wohlgemuth* § 252 Rdn. 71; WP-Handbuch I Tz. E 226, je m. w. N.; mit Beschränkung auf solche Ansatzwahlrechte, die typischerweise fallspezifisch und nicht planmäßig vorgenommen werden, auch KK-*Claussen/Korth* § 252 HGB Rdn. 34; ähnlich (keine Geltung des Stetigkeitsgebots nur für Fälle, die völlig unregelmäßig anfallen) *Leffson* WPg 1988, 441, 445; **a. A.** *Förschle/Kropp* ZfB 56 (1986) 873, 880 f; *J. Müller* BB 1987, 1629, 1631 und nun eingehend *Hennrichs* Wahlrechte S. 251 ff, 281 ff.

[109] So seinerzeit die Forderung der *Kommission Rechnungswesen im Verband der Hochschullehrer für Betriebswirtschaft* DBW 1983, 5, 7.

[110] Anders aber die Argumentation bei *Hennrichs* Wahlrechte S. 267 ff.

auf Ansatzwahlrechte mit der Überlegung rechtfertigen, Art. 31 Abs. 1 lit. b der Richtlinie sei im Lichte des true and fair view – Gebots (Art. 2 Abs. 3) zu sehen und als dessen besondere Ausprägung zu verstehen.[111] Ein overriding principle des europäischen Rechts normiert die Generalklausel aus Art. 2 Abs. 3 angesichts des weitgehenden Verzichts der Richtlinie auf eine materielle Rechtsangleichung im Bilanzrecht gerade nicht. Der Stellenwert des true and fair view – Gebots in den nationalen Rechtsordnungen wird vielmehr in deutlich stärkerem Maße von den Einzelvorschriften und Konventionen des jeweiligen nationalen Bilanzrechts geprägt, als daß – in umgekehrter Richtung – das EG-rechtliche Einblicksgebot die nationalen Regelungen und ihre Anwendung beeinflussen könnte.[112] Man mag die mangelnde Erstreckung des § 252 Abs. 1 Nr. 6 auf die Ansatzwahlrechte ebenso bedauern wie das schon mit der Existenz vieler Ansatz- und Bewertungswahlrechte verbundene bilanzpolitische Gestaltungspotential. Zu den gebotenen Korrekturen bleibt indes der Gesetzgeber aufgerufen. De lege lata wird die Ausübung von Ansatzwahlrechten allein durch das *Willkürverbot* beschränkt (dazu unten Rdn. 53).

5. Ausnahmen vom Stetigkeitsgebot

Abs. 2 läßt auch *Abweichungen* vom Gebot der Bewertungsstetigkeit nur *in begründeten Ausnahmefällen* zu; das Gesetz legt für mögliche Ausnahmetatbestände also dieselben Maßstäbe an wie bei den übrigen Bewertungsgrundsätzen aus Abs. 1 (s. schon oben Rdn. 41). Nicht gerechtfertigt ist es deshalb, Abweichungen vom Stetigkeitsgebot betont großzügig zuzulassen oder gar in den Dienst bilanzpolitisch motivierter Einflußnahme auf die Ergebnisermittlung zu stellen.[113] Der von Teilen des Schrifttums verfochtene Katalog zulässiger Ausnahmetatbestände[114] ist zu Recht einer kritischen Überprüfung unterzogen worden.[115] *Zulässig* sind Abweichungen von der Bewertungsstetigkeit etwa, um veränderten rechtlichen Grundlagen der Rechnungslegung (einschließlich Rechtsprechungsänderungen) Rechnung zu tragen oder um die handelsrechtliche Rechnungslegung an eine veränderte steuerliche Praxis anzugleichen.[116] Entsprechendes gilt, wenn der Eintritt in einen Konzernverbund eine Anpassung an die Konzernrechnungslegung erforderlich macht oder wenn nachhaltige betriebliche Veränderungen die Durchbrechung der Bewertungsstetigkeit rechtfertigen.[117] Ebenfalls zulässig sind Abweichungen von der Bewertungsstetigkeit, um den Einblick in die Vermögens-, Finanz- und Ertragslage des Unternehmens zu verbessern.[118] Eine Neuorientierung der Bilanzpolitik infolge von Veränderungen im Gesellschafterkreis

47

---

[111] In diesem Sinne aber *Hennrichs* Wahlrechte S. 273; i. E. auch Herrmann/Heuer/Raupach/*Stobbe* EStG § 6 Rdn. 96, der sich auf den „Sinn und Zweck der Verankerung der Stetigkeit in der 4. EG-Richtlinie" beruft.

[112] Nähere Begründung bei *Kleindiek* ZGR 1998, 466, 480 ff.

[113] So tendenziell ADS § 252 Rdn. 112 und WP-Handbuch I Tz. E 227.

[114] S. etwa ADS § 252 Rdn. 113; Beck BilKomm-*Budde/Geißler* § 252 Rdn. 59 ff; *Förschle/Kropp* ZfB 56 (1986) 873, 885; Bonner HdR-*Wohlgemuth* § 252 Rdn. 69 sowie die Darstellung bei *Hennrichs* Wahlrechte S. 260 ff m. w. N.

[115] S. die eingehende Analyse bei *Hennrichs* Wahlrechte S. 305 ff; zu Recht restriktiv nunmehr

auch IDW-HFA Stellungnahme 3/1997, Ziff. 3 (WPg 1997, 540, 541); zustimmend WP-Handbuch I Tz. E 228 f.

[116] S. dazu – mit Unterschieden im Detail – etwa ADS § 252 Rdn. 113; Beck BilKomm-*Budde/Geißler* § 252 Rdn. 60 f; *Hennrichs* Wahlrechte S. 309 ff; Baumbach/Hueck/*Schulze-Osterloh* § 42 Rdn. 259; HdR-*Selchert* § 252 Rdn. 126.

[117] Weiterführend ADS § 252 Rdn. 113; Beck BilKomm-*Budde/Geißler* § 252 Rdn. 60 f; *Hennrichs* Wahlrechte S. 307 ff, 318 ff; Baumbach/Hueck/*Schulze-Osterloh* § 42 Rdn. 259; HdR-*Selchert* § 252 Rdn. 127.

[118] IDW-HFA Stellungnahme 3/1997, Ziff. 3 (WPg 1997, 540, 541); *Hennrichs* Wahlrechte S. 323 ff; WP-Handbuch I Tz. E 228.

Detlef Kleindiek

und in der Zusammensetzung der Verwaltungsorgane rechtfertigt die Abkehr vom Stetigkeitsgebot indes *nicht*; vielmehr verlangen die Interessen der (Minderheits-) Gesellschafter gerade in solchen Fällen seine Beachtung.[119] Ebenso *unzulässig* ist eine Abweichung von der Bewertungsstetigkeit, um (durch stille Auflösung stiller Bewertungsreserven) einer sich anbahnenden oder vertiefenden Unternehmenskrise zu begegnen oder gar die gebotene Verlustanzeige nach §§ 92 Abs. 1 AktG, 49 Abs. 3 GmbHG zu vermeiden.[120] Das Bilanzrecht stellt nicht das Instrumentarium bereit, um gesellschaftsrechtliche Verpflichtungen zu unterlaufen und die mit ihnen verbundene Warnfunktion zu konterkarieren.[121]

VIII. Zulässige Abweichungen von den allgemeinen Bewertungs-grundsätzen (Abs. 2)

48 Von den in Abs. 1 normierten allgemeinen Bewertungsgrundsätzen darf nach Abs. 2 nur in begründeten Ausnahmefällen abgewichen werden. In der Konzeption des Gesetzes haben die zulässigen **Abweichungen Ausnahmecharakter** und sind – einzelfallbezogen – **begründungsbedürftig**. Pauschale Umschreibungen möglicher Ausnahmetatbestände sind deshalb nicht möglich; auf einschlägige Ausnahmen ist bei Erläuterung der einzelnen Grundsätze hingewiesen worden (s. Rdn. 9, 14, 18, 20 f, 37, 40, 47).

49 **Kapitalgesellschaften** und ihnen nach § 264a gleichgestellte Personenhandelsgesellschaften – sowie Genossenschaften (§ 336 Abs. 2) und die von § 5 Abs. 2 PublG erfaßten Unternehmen – haben die Berichtspflichten nach § 284 Abs. 2 zu beachten: Nach § 284 Abs. 2 Nr. 1 sind im Anhang die in Bilanz und Gewinn- und Verlustrechnung angewandten Bilanzierungs- und Bewertungsmethoden anzugeben. Nach § 284 Abs. 2 Nr. 3 sind Abweichungen von Bilanzierungs- und Bewertungsmethoden anzugeben und zu begründen; ihr Einfluß auf die Vermögens-, Finanz- und Ertragslage ist gesondert darzustellen. Mit § 284 Abs. 2 Nr. 3 hat der Gesetzgeber die Vorgabe aus Art. 31 Abs. 2 S. 2 der Jahresabschlußrichtlinie umgesetzt. Die Berichts- und Begründungspflicht nach dieser Vorschrift greift ihrem Wortlaut nach schon überall dort ein, wo – gestützt auf § 252 Abs. 2 – von den allgemeinen Bewertungsgrundsätzen des § 252 Abs. 1 abgewichen wird, erfaßt also nicht nur Durchbrechungen der Bewertungsstetigkeit.[122] Doch ist über Abweichungen von den gesetzlichen „Regelmethoden" schon nach Maßgabe von § 284 Abs. 2 Nr. 1 zu berichten. Vor diesem Hintergrund verdient Zustimmung, wenn die Funktion von § 284 Abs. 2 Nr. 3 gerade darin gesehen wird, Abweichungen gegenüber der im Vorjahr angewandten Methode aufzudecken.[123]

---

[119] *Hennrichs* Wahlrechte S. 306 f; Baumbach/ Hueck/*Schulze-Osterloh* § 42 Rdn. 259; Beck HdR-*Siegel/Schmidt* B 161 Rdn. 78; **a. A.** etwa ADS § 252 Rdn. 113; Beck BilKomm-*Budde/ Geißler* § 252 Rdn. 61; HdR-*Selchert* § 252 Rdn. 125.

[120] Wie hier Beck BilKomm-*Budde/Geißler* § 252 Rdn. 62; *Hennrichs* Wahlrechte S. 261, 306 f, 318 f; *Baumbach/Hopt* § 252 Rdn. 19; Baumbach/ Hueck/*Schulze-Osterloh* § 42 Rdn. 259; Heymann/*Walz* § 252 Rdn. 41, je m. w. N.; **a. A.** ADS

§ 252 Rdn. 115; *Winnefeld* Bilanz-Handbuch E 337.

[121] *Hennrichs* Wahlrechte S. 307.

[122] In diesem Sinne Beck BilKomm-*Ellrott* § 284 Rdn. 151 ff.

[123] § 284, 50 (*Hüttemann*) und etwa ADS § 252 Rdn. 116, 120; Baumbach/Hueck/*Schulze-Osterloh* § 42 Rdn. 400 und 260 a. E; s. auch noch IDW-HFA Stellungnahme 3/1997, Ziff. 6 (WPg 1997, 540, 541 f).

IX. Nicht in § 252 normierte Bewertungsgrundsätze

Die in § 252 normierten allgemeinen Bewertungsgrundsätze sind nicht abschlie- **50**
ßend. Auf weitere Bewertungsgrundsätze, die in den konkretisierenden Bestimmungen der §§ 253 bis 256 niedergelegt sind, ist bereits hingewiesen worden (oben Rdn. 6).
Davon sind sonstige, gesetzlich nicht kodifizierte Bewertungsgrundsätze zu unterscheiden: der Grundsatz der Einheitlichkeit der Bewertung (Rdn. 51), das Willkürverbot (Rdn. 53) und der Grundsatz der Wesentlichkeit (Rdn. 54).

1. Grundsatz der Einheitlichkeit der Bewertung

Das Gebot der *Bewertungsstetigkeit* nach Abs. 1 Nr. 6 erstreckt sich nicht nur auf **51**
die schon im vorangegangenen Jahresabschluß erfaßten Vermögensgegenstände und
Schulden, sondern auch auf *alle art- und funktionsgleichen Bewertungsobjekte*, die
bis zum Abschlußstichtag neu hinzugekommen sind; ggf. ist auch eine Bewertungsmethode aus mehr als ein Jahr zurückliegenden Jahresabschlüssen beizubehalten
(s. zum Ganzen schon oben Rdn. 45). Aus der so umrissenen, gegenüber dem Wortlaut
des Abs. 1 Nr. 6 erweiterten Reichweite der Bewertungsstetigkeit wird verbreitet der
Grundsatz der einheitlichen Bewertung abgeleitet.[124] Ob damit auch die Verpflichtung einhergeht, *Bewertungswahlrechte* bei verschiedenen Bewertungsobjekten jeweils *in der gleichen Weise auszuüben*, wird allerdings unterschiedlich beurteilt.[125] Die
Kontroverse gewinnt etwa bei der Frage Bedeutung, ob von den Wahlrechten zur
Berechnung der Herstellungskosten in § 255 Abs. 2 S. 3 und 4 für fertige Erzeugnisse
in anderer Weise als für unfertige Erzeugnisse Gebrauch gemacht werden darf. Schon
in Konsequenz des Willkürverbots (unten Rdn. 53) sind derartige Differenzierungen
von einem *sachlichen Grund* abhängig zu machen. Darüber sollte im Ausgangspunkt
kein Streit bestehen.[126] Kapitalgesellschaften und gleichgestellte Unternehmen haben
über eine unterschiedliche Ausübung der Wahlrechte (und die Gründe hierzu) im
Anhang zu berichten (§ 284 Abs. 2 Nr. 1).

Vom Grundsatz der Einheitlichkeit der Bewertung ist im übrigen der **Grundsatz** **52**
der Methodenbestimmtheit zu unterscheiden. Er verlangt die Wertermittlung nach
einer zulässigen Methode, verbietet also die Ermittlung von Mischwerten (Zwischenwerten) unter gleichzeitiger Heranziehung mehrerer Methoden.[127]

2. Gebot willkürfreier Bewertung

Das Gebot willkürfreier Bewertung dient der Objektivierung der Rechnungs- **53**
legung. Es verpflichtet zu einer von sachfremden Erwägungen freien Wertermittlung;
Bewertungswahlrechte müssen in einer den Zielen der Rechnungslegung als getreuer
Rechenschaftslegung entsprechenden Weise ausgeübt werden.[128] Eine ausschließlich

[124] Etwa ADS § 252 Rdn. 129; *Kupsch/Achert* BB 1997, 1403 ff; *Kupsch* FS Börner S. 31, 33 ff; Baumbach/Hueck/*Schulze-Osterloh* § 42 Rdn. 265; *Winnefeld* Bilanz-Handbuch E 320 f; *Wohlgemuth* FS v. Wysocki (1985) S. 45 ff; Bonner HdR-*ders*. § 252 Rdn. 72 ff; monographisch *Achert* Der Grundsatz der Bewertungseinheitlichkeit in Handels- und Steuerbilanz (1999).

[125] S. einerseits ADS § 252 Rdn. 130 (verneinend), andererseits Baumbach/Hueck/*Schulze-Osterloh* § 42 Rdn. 265 (bejahend), je m. w. N.

[126] S. nur ADS § 252 Rdn. 130 sowie Baumbach/ Hueck/*Schulze-Osterloh* § 42 Rdn. 266, wo

jeweils auf das Gebot der Willkürfreiheit Bezug genommen wird; übereinstimmender Ansatz bei *Kupsch* FS Börner S. 31, 43 ff.

[127] ADS § 252 Rdn. 124; Beck BilKomm-*Budde/ Geißler* § 252 Rdn. 67; *Baumbach/Hopt* § 252 Rdn. 21; Baumbach/Hueck/*Schulze-Osterloh* § 42 Rdn. 266.

[128] S. etwa ADS § 252 Rdn. 126; Beck BilKomm-*Budde/Geißler* § 252 Rdn. 68 f; *Kupsch/Achert* BB 1997, 1403, 1404; *Kupsch* FS Börner S. 31, 43 f; Baumbach/Hueck/*Schulze-Osterloh* § 42 Rdn. 267.

bilanzpolitisch motivierte Ausübung des Wahlrechts stünde mit einem solchen Gebot nicht in Einklang.[129] Das Willkürverbot ist jedoch nicht auf die Bewertung beschränkt, sondern erfaßt auch den Bilanzansatz. Die Ausübung von Ansatzwahlrechten ist zwar de lege lata dem Stetigkeitsgebot aus Abs. 1 Nr. 6 nicht unterworfen (s. oben Rdn. 46). Der „unstetigen" Ausübung von Ansatzwahlrechten dürfen aber keine sachwidrigen Erwägungen zugrunde liegen; die unterschiedliche Wahrnehmung des Wahlrechts muß sachlich begründbar sein.

3. Grundsatz der Wesentlichkeit

54   Der Grundsatz der Wesentlichkeit (in der internationalen Rechnungslegung: Principle of Materiality) besagt, daß in den Jahresabschluß alle Faktoren einfließen müssen, die für seine Adressaten von Bedeutung (wesentlich) sind; umgekehrt dürfen Faktoren von untergeordneter Bedeutung, die keinen Einfluß auf die Aussagekraft des Abschlusses haben, vernachlässigt werden.[130] Verallgemeinernde Schwellenwerte zur Konkretisierung der Grenzziehung zwischen „wesentlich" und „unwesentlich" in diesem Sinne lassen sich freilich nicht aufstellen;[131] eine Abgrenzung ist typischerweise nur unter Berücksichtigung aller Umstände des jeweiligen Einzelfalls möglich.[132]

X. Rechtsfolgen eines Verstoßes gegen die gesetzlichen Bewertungsvorschriften

55   Ein Verstoß gegen die gesetzlichen Bewertungsvorschriften hat bei **Kapitalgesellschaften** (Aktiengesellschaft, KGaA und GmbH) ggf. die **Nichtigkeit des Jahresabschlusses** nach § **256 Abs. 5 Nr. 1** oder **2 AktG** zur Folge. Die Vorschrift gilt ausdrücklich zwar nur für die Aktiengesellschaft und die KGaA; sie findet im GmbH-Recht aber analoge Anwendung.[133] Freilich knüpft § 256 Abs. 5 AktG an eine Verletzung von §§ 253–256 i. V. m. §§ 279–283 an; keine Erwähnung findet hingegen § 252. Doch dürfte eine isolierte Verletzung der allgemeinen Bewertungsgrundsätze des § 252, die nicht auch zugleich mit einem Verstoß gegen eine der speziellen Bewertungsbestimmungen der §§ 253–256 verbunden ist, selten sein. Wo sie vorkommt und zu erheblichen Über- oder Unterbewertungen führt, wird die Nichtigkeitsfolge analog § 256 Abs. 5 AktG ausgelöst.[134] Im übrigen setzt § 256 Abs. 5 die Überbewertung eines Postens oder die Unterbewertung eines solchen voraus, wenn durch letztere die Vermögens- und Ertragslage der Gesellschaft vorsätzlich unrichtig wiedergegeben oder verschleiert wird; ein unvorsätzlicher Verstoß gegen zwingende gesetzliche Bewertungsvorschriften führt aber jedenfalls zur (fristgebundenen) Anfechtbarkeit des Feststellungsbeschlusses (vgl. § 246, 84). Auf gesetzestypische **Personenhandelsgesellschaften** sind die aktienrechtlichen Regelungen des § 256 AktG freilich nicht übertragbar; s. schon § 246, 86. Für prüfungspflichtige Gesellschaften (oder bei einer

---

[129] *Kupsch/Achert* BB 1997, 1403, 1404.

[130] S. etwa ADS § 252 Rdn. 127; Beck BilKomm-*Budde/Geißler* § 252 Rdn. 70; HdR-*Dörner/Wirth* §§ 284–288 Rdn. 5ff u. 195f; *Plewka/Schmidt* in Lademann/Söffing/Brockhoff § 5 Rdn. 579 f; Baumbach/Hueck/*Schulze-Osterloh* § 42 Rdn. 268; Beck HdR-*Siegel/Schmidt* B 161 Rdn. 51 ff; vertiefend *Leffson* Grundsätze ordnungsmäßiger Buchführung[7] S. 180 ff; *Ossadnik* WPg 1993, 617 ff; *ders.* WPg 1995, 33 ff.

[131] S. aber den Versuch bei Beck BilKomm-*Budde/Karig* § 264 Rdn. 57.

[132] ADS § 252 Rdn. 128.

[133] S. nur *Lutter/Hommelhoff* GmbHG Anh § 47 Rdn. 25 und eingehend zuletzt *Balthasar* Die Bestandskraft handelsrechtlicher Jahresabschlüsse (1999) S. 234 ff, 236, je m. w. N.

[134] Ebenso ADS Vor §§ 252–256 Rdn. 31.

Abschlußprüfung auf freiwilliger Grundlage) kann ein Verstoß gegen die gesetzlichen Bewertungsvorschriften im übrigen die Versagung oder Einschränkung des Bestätigungsvermerks ($§ 322$) zur Folge haben.

Zu möglichen **straf- und ordnungswidrigkeitenrechtlichen Konsequenzen** einer **56** Verletzung von $§§ 252$–256 vgl. $§§ 331, 334, 335b$ (und die dortigen Erläuterungen), $§ 20$ PublG sowie $§§ 283$ ff StGB.[135]

§ 253
Wertansätze der Vermögensgegenstände und Schulden

(1) Vermögensgegenstände sind höchstens mit den Anschaffungs- oder Herstellungskosten, vermindert um Abschreibungen nach den Absätzen 2 und 3 anzusetzen. Verbindlichkeiten sind zu ihrem Rückzahlungsbetrag, Rentenverpflichtungen, für die eine Gegenleistung nicht mehr zu erwarten ist, zu ihrem Barwert und Rückstellungen nur in Höhe des Betrags anzusetzen, der nach vernünftiger kaufmännischer Beurteilung notwendig ist; Rückstellungen dürfen nur abgezinst werden, soweit die ihnen zugrundeliegenden Verbindlichkeiten einen Zinsanteil enthalten.

(2) Bei Vermögensgegenständen des Anlagevermögens, deren Nutzung zeitlich begrenzt ist, sind die Anschaffungs- oder Herstellungskosten um planmäßige Abschreibungen zu vermindern. Der Plan muß die Anschaffungs- oder Herstellungskosten auf die Geschäftsjahre verteilen, in denen der Vermögensgegenstand voraussichtlich genutzt werden kann. Ohne Rücksicht darauf, ob ihre Nutzung zeitlich begrenzt ist, können bei Vermögensgegenständen des Anlagevermögens außerplanmäßige Abschreibungen vorgenommen werden, um die Vermögensgegenstände mit dem niedrigeren Wert anzusetzen, der ihnen am Abschlußstichtag beizulegen ist; sie sind vorzunehmen bei einer voraussichtlich dauernden Wertminderung.

(3) Bei Vermögensgegenständen des Umlaufvermögens sind Abschreibungen vorzunehmen, um diese mit einem niedrigeren Wert anzusetzen, der sich aus einem Börsen- oder Marktpreis am Abschlußstichtag ergibt. Ist ein Börsen- oder Marktpreis nicht festzustellen und übersteigen die Anschaffungs- oder Herstellungskosten den Wert, der den Vermögensgegenständen am Abschlußstichtag beizulegen ist, so ist auf diesen Wert abzuschreiben. Außerdem dürfen Abschreibungen vorgenommen werden, soweit diese nach vernünftiger kaufmännischer Beurteilung notwendig sind, um zu verhindern, daß in der nächsten Zukunft der Wertansatz dieser Vermögensgegenstände aufgrund von Wertschwankungen geändert werden muß.

(4) Abschreibungen sind außerdem im Rahmen vernünftiger kaufmännischer Beurteilung zulässig.

(5) Ein niedrigerer Wertansatz nach Absatz 2 Satz 3, Absatz 3 oder 4 darf beibehalten werden, auch wenn die Gründe dafür nicht mehr bestehen.

---

[135] Eine tabellarische Übersicht über die Anwendung von Bußgeldvorschriften bei Verstößen gegen die gesetzlichen Bewertungsvorschriften findet sich bei ADS Vor $§§ 252$–256 Rdn. 40; vgl. ferner Beck BilKomm-*Hoyos/Schramm/Ring* $§ 253$ Rdn. 680.

Detlef Kleindiek

Übersicht

	Rdn.
I. Überblick	
1. Regelungsgegenstand und EG-rechtlicher Hintergrund der Vorschrift	1
2. Bewertung der Vermögensgegenstände: Gesetzessystematik	3
3. Bewertung der Verbindlichkeiten und Rückstellungen	7
II. Bewertung der Vermögensgegenstände: Anschaffungswertprinzip (Abs. 1 S. 1) .	8
III. Bewertung der Verbindlichkeiten und Rückstellungen (Abs. 1 S. 2)	
1. Bewertung von Verbindlichkeiten . . .	12
a) Rückzahlungsbetrag	13
b) Zinskonditionen	15
c) Fremdwährungsverbindlichkeiten	17
d) Wertgesicherte Geldschulden	18
2. Bewertung von Rentenverpflichtungen	19
3. Bewertung von Rückstellungen	
a) Grundlagen	21
b) Verbindlichkeitsrückstellungen . .	24
c) Rückstellungen wegen drohender Verluste aus schwebenden Geschäften	27
d) Aufwandsrückstellungen	33
e) Pensionsrückstellungen	35
f) Abzinsung	37
IV. Abschreibungen bei Vermögensgegenständen des Anlagevermögens (Abs. 2)	
1. Grundlagen	38
2. Planmäßige Abschreibungen (Abs. 2 S. 1 und 2)	
a) Übersicht	41
b) Abgrenzung der Vermögensgegenstände	44
c) Abschreibungsvolumen	45
d) Abschreibungszeitraum	46
e) Abschreibungsmethoden	47

	Rdn.
aa) Zeitabschreibung	49
bb) Leistungsabschreibung	56
f) Änderungen des Abschreibungsplans	57
3. Außerplanmäßige Abschreibungen auf die niedrigeren Stichtagswerte (Abs. 2 S. 3)	
a) Übersicht	59
b) Ermittlung des „niedrigeren Wertes"	62
c) Abschreibungspflicht bei voraussichtlich dauernder Wertminderung	64
d) Abschreibungswahlrecht bei nur vorübergehender Wertminderung	65
V. Abschreibungen bei Vermögensgegenständen des Umlaufvermögens (Abs. 3)	
1. Übersicht	66
2. Abschreibungen auf den niedrigeren Stichtagswert (Abs. 3 S. 1 und 2)	
a) Grundlagen	67
b) Aus dem Börsen- oder Marktpreis abgeleiteter niedriger Wert (S. 1)	68
c) Beizulegender Wert i. S. v. S. 2	69
d) Beschaffungs- oder Absatzmarkt	70
e) Forderungen insbesondere	73
3. Abschreibungen wegen künftiger Wertschwankungen (Abs. 3 S. 3)	75
VI. Abschreibungen im Rahmen vernünftiger kaufmännischer Beurteilung (Abs. 4)	
1. Voraussetzungen und Zweck	78
2. Reichweite der Vorschrift und Problematik der Ermessensabschreibungen	80
VII. Beibehaltungswahlrecht (Abs. 5)	83

Schrifttum

Altmeier Rückstellungsbilanzierung in Deutschland und Frankreich (1999); *Baetge* Bilanzen, 4. Aufl. (1996); *Ballwieser* Das Anschaffungs- und Höchstwertprinzip für Schulden, Festschrift Forster (1992) S. 45; *ders.* Zum Nutzen handelsrechtlicher Rechnungslegung, Festschrift Clemm (1996) S. 1; *Böcking* Bilanztheorie und Verzinslichkeit (1988); *Breidert* Grundsätze ordnungsmäßiger Abschreibungen auf abnutzbare Anlagegegenstände (1994); *Clemm* Zur Bilanzierung von Rückstellungen für drohende Verluste, vor allem aus schwebenden Dauerschuldverhältnissen, Festschrift Beisse (1997) S. 123; *Crezelius* Das sogenannte schwebende Geschäft in Handels-, Gesellschafts- und Steuerrecht, Festschrift Döllerer (1988) S. 81; *Disselkamp* Vorräte, Beck HdR B 214 (1989); *D. Fey* Imparitätsprinzip und GoB-System im Bilanzrecht (1987); *Fülling* Grundsätze ordnungsmäßiger Bilanzierung für Vorräte (1976); *Geib/Wiedmann* Zur Abzinsung von Rückstellungen in der Handels- und Steuerbilanz, WPg 1994, 369; *Heddäus* Handelsrechtliche Grundsätze ordnungsmäßiger Bilanzierung für Drohverlustrückstellungen (1997);

Detlef Kleindiek

Herzig/Köster Rückstellungen für ungewisse Verbindlichkeiten, für drohende Verluste aus schwebenden Geschäften, für unterlassene Aufwendungen für Instandhaltung und Abraumbeseitigung sowie für Kulanzleistungen, HdJ Abt. III/5 (1999); *U. Hüttemann* Die Verbindlichkeiten, HdJ Abt. III/8 (1988); *IDW-HFA* Stellungnahme IDW RS HFA 4: Zweifelsfragen zum Ansatz und zur Bewertung von Drohverlustrückstellungen, WPg 2000, 716 und WPg 2001, 216; *Kleindiek* Geschäftsleitertätigkeit und Geschäftsleitungskontrolle: Treuhänderische Vermögensverwaltung und Rechnungslegung, ZGR 1998, 466; *Knobbe-Keuk* Bilanz- und Unternehmenssteuerrecht, 9. Aufl. (1993); *Koch* Die Problematik des Niederstwertprinzips, WPg 1957, 1 ff, 31 ff, 60 ff; *Kupsch* Neuere Entwicklungen bei der Bilanzierung und Bewertung von Rückstellungen, BB 1989, 53; *Leffson* Die Niederstvorschrift des § 155 AktG, WPg 1967, 57; *ders.* Die Grundsätze ordnungsmäßiger Buchführung, 7. Aufl. (1987); *Mellwig* Niedrigere Tageswerte, Beck HdR, B 164 (1995); *Möhler* Absicherung des Wechselkurs-, Warenpreis- und Erfüllungsrisikos im Jahresabschluß (1992); *Moxter* Fremdkapitalbewertung nach neuem Bilanzrecht, WPg 1984, 397; *ders.* Bilanzrechtliche Abzinsungsgebote und -verbote, Festschrift L. Schmidt (1993) S. 195; *K.-P. Naumann* Die Bewertung von Rückstellungen in der Einzelbilanz nach Handels- und Ertragssteuerrecht, 2. Aufl. (1993); *T. K. Naumann* Fremdwährungsumrechnung in Bankbilanzen nach neuem Recht (1992); *Nordmeyer* Sachanlagen, Beck HdR B 212 (1997); *Richter* Das Sachanlagevermögen, HdJ Abt. II/1 (1990); *Scheffler* Rückstellungen, Beck HdR B 233 (1994); *Schneeloch* Maßgeblichkeitsgrundsätze und Bewertungsstetigkeit, WPg 1990, 221; *Schröer* Das Realisationsprinzip in Deutschland und Großbritannien (1998); *Schulze-Osterloh* Die Rechnungslegung der GmbH als Spiegelbild sich wandelnder Bilanzauffassungen und Publizitätsinteressen, Festschrift 100 Jahre GmbHG (1992) S. 501; *Siegel* Besondere Bewertungsgrundsätze für das Anlagevermögen, das Umlaufvermögen und die Verbindlichkeiten, Beck HdR B 165; *ders.* Wertaufholung (Zuschreibung), Beck HdR B 169 (1990); *ders.* Herstellungskosten und Grundsätze ordnungsmäßiger Buchführung, Festschrift D. Schneider (1995) S. 635; *Siegel/Schmidt* Allgemeine Bewertungsgrundsätze, Beck HdR B 161 (1999); *Strobl* Zur Abzinsung von Verbindlichkeiten und Rückstellungen für ungewisse Verbindlichkeiten, Festschrift Döllerer (1988) S. 615; *Thoms-Meyer* Grundsätze ordnungsmäßiger Bilanzierung für Pensionsrückstellungen (1996); *Wiedmann* Die Bewertungseinheit im Handelsrecht, Festschrift Moxter (1994) S. 453; *Wlecke* Währungsumrechnung und Gewinnbesteuerung bei international tätigen deutschen Unternehmen (1989); *Wohlgemuth* Niedrigere Wertansätze in der Handelsbilanz, HdJ Abt. I/11 (1990).

I. Überblick

1. Regelungsgegenstand und EG-rechtlicher Hintergrund der Vorschrift

Die Vorschrift enthält zentrale Bestimmungen zur **Bewertung der Vermögens-** **1** **gegenstände und Schulden,** im wesentlichen in sachlicher Übereinstimmung mit dem alten Recht (§§ 153–155 AktG 1965). § 253 gilt im Ausgangspunkt für alle Rechnungslegungspflichtigen; für Kapitalgesellschaften und ihnen nach § 264a gleichgestellte Personenhandelsgesellschaften ohne mindestens eine natürliche Person als Vollhafter ergeben sich hinsichtlich der Bewertung der Vermögensgegenstände jedoch wesentliche Einschränkungen aus §§ 279, 280 (zusammenfassend unten Rdn. 6). Für Kreditinstitute und Versicherungsunternehmen enthalten §§ 340e ff und §§ 341b ff besondere Bewertungsvorschriften. Zu den *Rechtsfolgen eines Verstoßes* gegen die gesetzlichen Bewertungsvorschriften s. § 252, 55 f.

§ 253 beruht auf den folgenden Bestimmungen der 4. EG-Richtlinie (**Jahresab-** **2** **schlußrichtlinie**):[1] Abs. 1 S. 1 auf Art. 1 lit. a und Art. 39 Abs. 1 lit. a; Abs. 1 S. 1 auf Art. 42 S. 1; Abs. 2 S. 1 und 2 auf Art. 35 Abs. 1 lit. b; Abs. 2 S. 3 auf Art. 35 Abs. 1 lit. c aa und bb; Abs. 3 S. 1 und 2 auf Art. 39 Abs. 1 lit. b; Abs. 3 S. 3 auf Art. 39 Abs. 1 lit. c S. 1.

---

[1] S. auch ADS § 253 Rdn. 5.

Detlef Kleindiek

2. Bewertung der Vermögensgegenstände: Gesetzessystematik

3   Nach **Abs. 1 S. 1** sind **Vermögensgegenstände** des Anlage- wie des Umlaufvermögens höchstens mit den **Anschaffungs- oder Herstellungskosten** anzusetzen (näher unten Rdn. 8 f), vermindert um **Abschreibungen nach den Abs. 2 und 3.** Hinsichtlich der Abschreibungen ist zwischen planmäßigen Abschreibungen und sonstigen (außerplanmäßigen) Abschreibungen zu unterscheiden. Bei **Vermögensgegenständen des Anlagevermögens,** deren Nutzung zeitlich begrenzt ist, sind die Anschaffungs- oder Herstellungskosten um *planmäßige Abschreibungen* zu vermindern (**Abs. 2 S. 1 und 2**; sog. fortgeführte Anschaffungs- oder Herstellungskosten; näher Rdn. 41 ff). Im übrigen *können* bei allen Vermögensgegenständen des Anlagevermögens *Abschreibungen* vorgenommen werden, um die Vermögensgegenstände mit dem niedrigeren Wert anzusetzen, der ihnen am Abschlußstichtag beizulegen ist; im Falle einer voraussichtlich dauernden Wertminderung *müssen* solche Abschreibungen vorgenommen werden (**Abs. 2 S. 3**; näher Rdn. 59 ff). Diese Bestimmungen zur Abschreibung auf den niedrigeren Stichtagswert gelten unabhängig davon, ob die Nutzung des Anlagegegenstandes zeitlich begrenzt ist oder nicht. Bei Anlagegegenständen mit zeitlich begrenzter Nutzung treten sie als *außerplanmäßige Abschreibungen* neben die planmäßigen Abschreibungen. Da die sonstigen Vermögensgegenstände des Anlagevermögens nicht planmäßig abzuschreiben sind, ist es mißverständlich, wenn der Gesetzgeber die Abschreibung auf den niedrigeren Stichtagswert auch hier als „außerplanmäßig" bezeichnet. Solange von einer voraussichtlich dauernden Wertminderung nicht ausgegangen werden muß, besteht bei Gegenständen des Anlagevermögens keine Pflicht, sondern ein Wahlrecht zur Abschreibung auf den niedrigeren Wert. Für die Vermögensgegenstände des Anlagevermögens gilt deshalb das sog. **gemilderte Niederstwertprinzip.**[2]

4   Bei **Vermögensgegenständen des Umlaufvermögens** gibt es planmäßige Abschreibungen nicht. Hier *müssen* Abschreibungen vorgenommen werden, um diese mit einem gegenüber den Anschaffungs- oder Herstellungskosten niedrigeren Stichtagswert anzusetzen (**Abs. 3 S. 1 und 2**): sog. **strenges Niederstwertprinzip** (näher Rdn. 67 ff). Die danach maßgeblichen Werte können weiter unterschritten werden: Nach **Abs. 3 S. 3** *dürfen* Abschreibungen vorgenommen werden, soweit diese nach vernünftiger kaufmännischer Beurteilung notwendig sind, um zu verhindern, daß in der nächsten Zukunft der Wertansatz dieser Vermögensgegenstände aufgrund von Wertschwankungen geändert werden muß (*erweitertes Niederstwertprinzip*; s. Rdn. 75 ff).

5   Zusätzliche **Wahlrechte** gewähren **Abs. 4 und Abs. 5.** Zum einen dürfen weitere Abschreibungen im Rahmen vernünftiger kaufmännischer Beurteilung vorgenommen werden (Abs. 4); zum anderen wird die Möglichkeit zur Beibehaltung eines niedrigeren Wertansatzes nach Abs. 2 S. 3, Abs. 3 oder Abs. 4 eröffnet, auch wenn die Gründe dafür nicht mehr bestehen (näher unten Rdn. 78 ff). Schließlich können nach § 254 S. 1 Abschreibungen auch vorgenommen werden, um Vermögensgegenstände des Anlage- oder Umlaufvermögens mit dem niedrigeren Wert anzusetzen, der auf einer nur steuerrechtlich zulässigen Abschreibung beruht; dabei gilt das Beibehaltungswahlrecht aus § 253 Abs. 5 entsprechend (§ 254 S. 2; s. im einzelnen die Erläuterungen zu § 254).

6   Für **Kapitalgesellschaften** und ihnen nach § 264a gleichgestellte Personenhandelsgesellschaften bestehen die skizzierten Wahlrechte jedoch überwiegend nicht oder nur mit deutlichen Einschränkungen. Nur das Wahlrecht aus Abs. 3 S. 3 können sie einschränkungslos wahrnehmen. Die Möglichkeit zu weiteren Abschreibungen im

---

[2] Statt aller ADS § 253 Rdn. 18.

Rahmen vernünftiger kaufmännischer Beurteilung (Abs. 4) ist ihnen gänzlich verschlossen, § 279 Abs. 1 S. 1. Das in Abs. 2 S. 3 für den Fall einer nur vorübergehenden Wertminderung eingeräumte Wahlrecht zur außerplanmäßigen Abschreibung der Gegenstände des Anlagevermögens besteht nur hinsichtlich der Finanzanlagen; bei vorübergehenden Wertminderungen sonstiger Anlagegegenstände sind Abschreibungen unzulässig, § 279 Abs. 1 S. 2. Abschreibungen nach § 254 dürfen nur insoweit vorgenommen werden, als das Steuerrecht ihre Anerkennung bei der steuerrechtlichen Gewinnermittlung davon abhängig macht, daß sie sich aus der Bilanz ergeben (§ 279 Abs. 2; s. zum Ganzen die Erläuterungen zu § 279). An die Stelle des Beibehaltungswahlrechts nach Abs. 5 tritt grundsätzlich das Wertaufholungsgebot gem. § 280 Abs. 1. Zwar darf von der danach bestehenden Zuschreibungspflicht dann abgesehen werden, wenn der niedrigere Wertansatz bei der steuerrechtlichen Gewinnermittlung beibehalten werden kann, sofern in der Handelsbilanz entsprechend verfahren wird: § 280 Abs. 2. Jedoch hat § 280 Abs. 2 seit Einführung des steuerlichen Wertaufholungsgebots durch das Steuerentlastungsgesetz 1999/2000/2002 künftig keinen praktischen Anwendungsbereich mehr (näher unten Rdn. 85).

3. Bewertung der Verbindlichkeiten und Rückstellungen

Abs. 1 S. 2 regelt die Wertansätze für Verbindlichkeiten und Rückstellungen, für **7** die das Gesetz an anderer Stelle (§§ 240 Abs. 1, 242 Abs. 1, 246 Abs. 1, 247 Abs. 1, 252 Abs. 1 Nr. 3, 265 Abs. 3) den Oberbegriff der *Schulden* verwendet (s. dazu § 246, 21). Verbindlichkeiten sind zu ihrem Rückzahlungsbetrag (näher Rdn. 13) anzusetzen; Rentenverpflichtungen, für die eine Gegenleistung nicht mehr zu erwarten ist, sind zu ihrem Barwert zu passivieren (Rdn. 19). Rückstellungen sind nur in Höhe des Betrages anzusetzen, der nach vernünftiger kaufmännischer Beurteilung notwendig ist (Rdn. 21 ff); sie dürfen nur abgezinst werden, soweit die ihnen zugrundeliegenden Verbindlichkeiten einen Zinsanteil enthalten (Rdn. 37).

II. Bewertung der Vermögensgegenstände: Anschaffungswertprinzip (Abs. 1 S. 1)

Nach Abs. 1 S. 1 sind **Vermögensgegenstände** des Anlage- wie des Umlaufvermö- **8** gens höchstens mit den Anschaffungs- oder Herstellungskosten anzusetzen, vermindert um Abschreibungen nach den Abs. 2 und 3. Der Begriff des Vermögensgegenstandes ist im Gesetz nicht definiert; zu Einzelheiten der Begriffsbestimmung s. § 246, 5 ff. Zum **Anlagevermögen** gehören gem. § 247 Abs. 2 nur solche Vermögensgegenstände, die bestimmt sind, dauernd dem Geschäftsbetrieb zu dienen (näher § 247, 44 ff). In negativer Abgrenzung hierzu umfaßt das **Umlaufvermögen** alle Vermögensgegenstände, die nicht zum Anlagevermögen zählen und auch nicht in aktivischen Rechnungsabgrenzungsposten (oder sonstigen Sonderposten bzw. Erweiterungen der Aktivseite) auszuweisen sind (s. dazu § 247, 50).

Das in Abs. 1 S. 1 niedergelegte **Anschaffungswertprinzip** bildet Grundlage und **9** Ausgangspunkt der Bewertung von Vermögensgegenständen im Handelsrecht wie im Steuerrecht. Danach markieren die Anschaffungs- oder Herstellungskosten solange die **Obergrenze der Bewertung**, als noch keine Ertragsrealisation angenommen werden darf. Das Anschaffungswertprinzip verhindert den Ausweis noch nicht realisierter Gewinne und steht deshalb in enger Verknüpfung zum Realisationsprinzip (§ 252 Abs. 1 Nr. 4; s. § 252, 25). Wie dieses dient es der Zahlungsbemessungs- bzw. Ausschüttungsbegrenzungsfunktion des Jahresabschlusses und ist so gleichfalls von wesentlicher Bedeutung für den Gläubigerschutz (s. schon § 252, 36).[3]

10   Die mit den Anschaffungs- und Herstellungskosten als Einstandswerte konkretisierte Obergrenze der Bewertung wird durch **Abschreibungen** nach Maßgabe von Abs. 2 und 3 (ggf. Abs. 4 und 5) unterschritten (s. oben Rdn. 3 ff). Außerhalb des durch jene Bestimmungen vorgegebenen Rahmens ist ein Unterschreiten der Anschaffungs- oder Herstellungskosten nicht zulässig. Die Formulierung des Gesetzes, Vermögensgegenstände seien „*höchstens*" mit den Anschaffungs- und Herstellungskosten anzusetzen, ist nicht etwa als Wahlrecht zugunsten eines beliebigen Wertansatzes unterhalb der Obergrenze der Anschaffungs- oder Herstellungskosten zu verstehen.[4] Außerhalb des Geltungsbereichs von § 279 Abs. 1 (s. oben Rdn. 6) läßt § 253 Abs. 4 allerdings Ermessensabschreibungen zu (näher Rdn. 78 ff).

11   Die **Anschaffungskosten** bilden den Ausgangspunkt der Bewertung all jener Vermögensgegenstände des Anlage- oder Umlaufvermögens, die von Dritten erworben worden sind.[5] Begriff und Bestandteile der Anschaffungskosten werden in § 255 Abs. 1 näher konkretisiert (s. die Erläuterungen § 255, 4 ff). Die **Herstellungskosten** sind Einstandswert für alle Vermögensgegenstände, die im Unternehmen selbst hergestellt worden sind; dazu zählen etwa Halbfabrikate, Fertigfabrikate, unfertige Leistungen oder auch selbst erstellte Vermögensgegenstände des Anlagevermögens.[6] Begriff und Bestandteile der Herstellungskosten werden in § 255 Abs. 2 und 3 konkretisiert (s. die Erläuterungen § 255, 17 ff). Für Detailfragen der Bewertung ist im übrigen nach dem Typus des jeweiligen Vermögensgegenstandes zu differenzieren; zu Einzelheiten ist auf die verschiedenen Zusammenstellungen im einschlägigen Spezialschrifttum zu verweisen.[7] Zur Bewertung von *Forderungen* s. unten Rdn. 73 f.

III. Bewertung der Verbindlichkeiten und Rückstellungen (Abs. 1 S. 2)

1. Bewertung von Verbindlichkeiten

12   **Verbindlichkeiten** bezeichnen rechtliche oder faktische, dem Grunde wie der Höhe nach gewisse Verpflichtungen des Rechnungslegungspflichtigen, die zum Bilanzstichtag als quantifizierbare Belastungen entstanden, aber noch nicht erfüllt sind (näher § 246, 25 ff). Nach Abs. 1 S. 2 sind sie – mit Ausnahme der Rentenverpflichtungen (dazu unten Rdn. 19 f) – zu ihrem „Rückzahlungsbetrag" zu passivieren, sofern sie nicht nach den Grundsätzen über die Bilanzierung schwebender Geschäfte (dazu § 246, 66 ff) außer Ansatz bleiben. In der *Steuerbilanz* sind Verbindlichkeiten nach § 6 Abs. 1 Nr. 3 i. V. m. Nr. 2 EStG i. d. F. des Steuerentlastungsgesetzes 1999/2000/2002 vom 24. 3. 1999 (BGBl I S. 402) sinngemäß mit den Anschaffungskosten oder ihrem höheren Teilwert anzusetzen und zu 5,5 % abzuzinsen; ausgenommen von der Abzinsung sind Verbindlichkeiten, deren Laufzeit am Bilanzstichtag weniger als 12 Monate beträgt, sowie Verbindlichkeiten, die verzinslich sind oder auf einer Anzahlung oder Vorausleistung beruhen.[8]

---

[3] Dazu aus historischer Perspektive *Schulze-Osterloh* FS 100 Jahre GmbHG S. 501, 504 ff.

[4] Heute allgemeine Ansicht; s. statt anderer ADS § 253 Rdn. 35 ff; HdR-*Karrenbauer* § 253 Rdn. 9, je m. w. N.

[5] ADS § 253 Rdn. 38.

[6] ADS § 253 Rdn. 40.

[7] S. etwa HdR-*Karrenbauer* § 253 Rdn. 12 ff; WP-Handbuch I Tz. E 355 ff.

[8] Näher Beck BilKomm-*Clemm/Erle* § 253 Rdn. 52 ff; *Feld* WPg 1999, 861, 866 ff; *Schmidt/Glanegger* EStG § 6 Rdn. 386 ff; *Köster/Patt/Wendt/Wischmann* in Herrmann/Heuer/Raupach EStG (Steuerreform 1999/2000/2002), § 6 Rdn. 50;

a) Rückzahlungsbetrag. Der Begriff „Rückzahlungsbetrag" ist irreführend, da **13**
eine „Rückzahlung" streng genommen nur bei Verbindlichkeiten aus Gelddarlehen
vorkommt. Rückzahlungsbetrag ist deshalb im Sinne des **Erfüllungsbetrages** zu verstehen; Verbindlichkeiten sind in Höhe des Betrags anzusetzen, dessen es zu ihrer
Erfüllung bedarf.[9] Bei Verpflichtungen, die in Geld zu erfüllen sind, ist dies der Nennbetrag. Sach- oder Dienstleistungsverbindlichkeiten sind mit dem Betrag zu bewerten,
der zu ihrer Erfüllung voraussichtlich aufzuwenden ist. Kosten der Aufnahme und
Rückzahlung der Verbindlichkeit fließen nicht in den Rückzahlungsbetrag ein.[10] Die
dem Rechnungslegungspflichtigen ggf. zugeflossene Leistung (der sog. Verfügungs-
betrag) ist für die Bewertung der Verbindlichkeit ebenfalls unerheblich.[11]

Ist der Rückzahlungsbetrag einer Verbindlichkeit höher als der Ausgabebetrag, so **14**
darf der Unterschiedsbetrag (**Disagio**) gem. § 250 Abs. 3 in einen aktivischen Rechnungsabgrenzungsposten eingestellt werden (s. hierzu und zu den nach § 250 Abs. 3
S. 2 vorzunehmenden Abschreibungen § 250, 32 ff). Zur Bilanzierung sog. Zero-Bonds
(Nullcoupon-Anleihen) s. § 250, 36.

b) Zinskonditionen. Liegt der vereinbarte Zinssatz einer Verbindlichkeit nicht **15**
unwesentlich **über dem** zwischenzeitlich erreichten **marktüblichen Zinssatz**, so muß
in Höhe des Barwertes der Mehrzinsen eine Rückstellung für drohende Verluste aus
schwebenden Geschäften (§ 249 Abs. 1 S. 1) gebildet werden. Der Rückstellungsbetrag
ergibt sich aus der Differenz zwischen dem Barwert der vereinbarten Zinsen einerseits
und dem Barwert der Marktzinsen andererseits.[12] Jedoch entfällt die Rückstellung der
Zinsdifferenz, wenn und soweit der Überverzinslichkeit ein vom Gläubiger gewährter
Vorteil gegenübersteht, der nicht nur einmaliger, sondern dauerhafter Natur ist.[13]

Ist die Verbindlichkeit **unverzinslich** oder die **Zinsverpflichtung niedriger als der** **16**
marktübliche Zins, so ist gleichwohl eine Bewertung mit dem Rückzahlungsbetrag
geboten. Eine Abzinsung der Verbindlichkeit würde gegen das Realisationsprinzip
(§ 252 Abs. 1 Nr. 4) verstoßen und ist deshalb nicht zulässig.[14] Sind im Rückzahlungs-

---

WP-Handbuch I Tz. E 444; s. auch *Beiser* DB
2001, 296 ff; *van de Loo* DStR 2000, 508 ff.

[9] ADS § 253 Rdn. 72; *Ballwieser* FS Forster S. 45,
48; MünchKommHGB-*ders.* § 253 Rdn. 79; Beck
BilKomm-*Clemm/Erle* § 253 Rdn. 51; HdJ-*U.
Hüttemann* III/8, Rdn. 238 ff („Wegschaffungs-
betrag"); HdR-*Karrenbauer* § 253 Rdn. 4, 73;
Moxter Bilanzrechtsprechung § 14 I 1; Baum-
bach/Hueck/*Schulze-Osterloh* § 42 Rdn. 335;
Bonner HdR-*Wohlgemuth* § 253 Rdn. 23.

[10] S. zum Ganzen etwa BFH 13. 12. 1972, I R 7 –
8/70, BStBl II 1973, 217; 4.3.1976, IV R 78/72,
BStBl II 1977, 380, 381; ADS § 253 Rdn. 72 ff,
120 ff; Beck BilKomm-*Clemm/Erle* § 253 Rdn.
51 ff; HdR-*Karrenbauer* § 253 Rdn. 73 ff. Zur
Bewertung von Sachwertschulden und Geld-
wertschulden s. etwa HdR-*Karrenbauer* § 253
Rdn. 92 ff.

[11] ADS § 253 Rdn. 72; Beck BilKomm-*Clemm/Erle*
§ 253 Rdn. 53; Bonner HdR-*Wohlgemuth* § 253
Rdn. 23.

[12] S. zu näheren Einzelheiten Beck BilKomm-
Clemm/Erle § 253 Rdn. 60; übereinstimmend
etwa HdR-*Karrenbauer* § 253 Rdn. 79; Baum-
bach/Hueck/*Schulze-Osterloh* § 42 Rdn. 336

m. w. N.; Heymann/*Walz* § 253 Rdn. 14; Bonner
HdR-*Wohlgemuth* § 253 Rdn. 55; einschränkend
ADS § 253 Rdn. 78, wonach Rückstellungen nur
bei solchen Verbindlichkeiten gebildet werden
müssen, für die Zinsen oberhalb der langfristigen
Schwankungsbreite zu zahlen sind; KK-*Claussen/
Korth* § 253 HGB Rdn. 119 wollen eine Pflicht
zur Rückstellungsbildung nur bejahen, wenn die
überverzinslichen Mittel aktivisch nicht eingesetzt wurden. Konzeptionell abweichend (Erhöhung der Verbindlichkeit) *Böcking* Bilanztheorie und Verzinslichkeit S. 152 ff; *Moxter* WPg
1984, 397, 405 ff.

[13] ADS § 253 Rdn. 80; Beck BilKomm-*Clemm/
Erle* § 253 Rdn. 68; HdR-*Karrenbauer* § 253
Rdn. 78; Baumbach/Hueck/*Schulze-Osterloh*
§ 42 Rdn. 336; Bonner HdR-*Wohlgemuth* § 253
Rdn. 53 f.

[14] ADS § 253 Rdn. 81; Beck BilKomm-*Clemm/Erle*
§ 253 Rdn. 63; HdR-*Karrenbauer* § 253 Rdn. 77;
Moxter FS L. Schmidt S. 195, 203; Baumbach/
Hueck/*Schulze-Osterloh* § 42 Rdn. 336; WP-
Handbuch I Tz. E 440; Bonner HdR-*Wohl-
gemuth* § 253 Rdn. 58.

Detlef Kleindiek

betrag Zinszahlungen enthalten und ist dieser deshalb höher als der Ausgabebetrag, so kann der Unterschiedsbetrag allerdings nach § 250 Abs. 3 in die aktivische Rechnungsabgrenzung eingestellt werden.[15]

17   **c) Fremdwährungsverbindlichkeiten** sind mit dem Wechselkurs jenes Tages anzusetzen, an dem die Verbindlichkeit nach den GoB einzubuchen ist (Zeitpunkt der Erstverbuchung).[16] Jedoch sind spätere, für den Rechnungslegungspflichtigen ungünstige Veränderungen des Wechselkurses am Abschlußstichtag durch Passivierung zum Stichtagskurs zu berücksichtigen.[17] Während der Ansatz des ungünstigeren Stichtagskurses zwingende Folge des Imparitätsprinzips (§ 252 Abs. 1 Nr. 4, 1. HS) ist, würde die Berücksichtigung einer für den Kaufmann günstigen Wechselkursentwicklung dem Realisationsprinzip (§ 252 Abs. 1 Nr. 4, 2. HS) widersprechen. Gewinne aus günstiger Wechselkursentwicklung sind erst zum Zeitpunkt der Tilgung der Verbindlichkeit als realisiert anzusehen. Deshalb ist verbreiteten Vorschlägen, bei kurzfristigen oder gar bei kurz- und mittelfristigen Fremdwährungsverbindlichkeiten die Umrechnung zum günstigeren Stichtagskurs zuzulassen,[18] nicht zu folgen.[19] Wo aber eine *geschlossene Position* von Ansprüchen und Verbindlichkeiten in derselben Währung besteht,[20] ist eine Kompensation unrealisierter Kursgewinne und -verluste zulässig wenn nicht gar geboten.[21] Ansprüche und Verpflichtungen bilden dann eine *Bewertungseinheit* (s. dazu schon § 252, 20). Kapitalgesellschaften und gleichgestellte Unter-

---

[15] S. dazu und zu anderen Fällen verdeckter Zinsen ADS § 253 Rdn. 81 f; im Ansatz übereinstimmend *Moxter* FS L. Schmidt S. 195, 202 ff; Baumbach/Hueck/*Schulze-Osterloh* § 42 Rdn. 336; *Wiedmann* BilanzR § 253 Rdn. 6 = Ebenroth/Boujong/Joost/*ders.* § 253 Rdn. 6; Bonner HdR-*Wohlgemuth* § 253 Rdn. 58; **a. A.** Beck BilKomm-*Clemm/Erle* § 253 Rdn. 64; HdR-*Karrenbauer* § 253 Rdn. 86; *Rodin* Disagio, Diskont und Damnum im Einkommensteuerrecht (1988) S. 34 ff: Passivierung der Verbindlichkeit mit dem Ausgabebetrag unter ratierlicher Zuschreibung des Unterschiedsbetrags während der Laufzeit; zum Ganzen auch *Strobl* FS Döllerer S. 615, 624 ff.

[16] IDW-HFA Geänderter Entwurf einer Verlautbarung zur Währungsumrechnung im Jahres- und Konzernabschluß, Ziff. 2 (WPg 1986, 664). – Hinsichtlich des Sachbezugs des Wechselkurses s. WP-Handbuch I Tz. E 427 und 441 mit Fn. 910a und 949a, wo darauf hingewiesen wird, daß sich mit Einführung des Euro das Verhältnis von Geld- und Briefkurs verändert habe. Für die Umrechnung von Fremdwährungsverbindlichkeiten in Euro sei nunmehr der Geldkurs (Verkaufskurs) der adäquate Umrechnungskurs (bisher: Briefkurs), für die Umrechnung von Fremdwährungsforderungen in Euro sei es nunmehr der Briefkurs (Ankaufskurs; bisher: Geldkurs); übereinstimmend *Loitz/Winnacker* DB 2000, 2229, 2231.

[17] ADS § 253 Rdn. 97; Beck BilKomm-*Clemm/Erle* § 253 Rdn. 70 ff, 76 f; HdR-*Langenbucher* Kap. I Rdn. 691 ff; *Lührmann* DStR 1998, 387; Baumbach/Hueck/*Schulze-Osterloh* § 42 Rdn. 337; Heymann/*Walz* § 253 Rdn. 17; *Winnefeld* Bilanz-Handbuch M 529.

[18] In diesem Sinne, mit Unterschieden im einzelnen, etwa ADS § 253 Rdn. 92 ff; KK-*Claussen/Korth* § 252 HGB Rdn. 55 ff, § 253 HGB Rdn. 123; HdR-*Karrenbauer* § 253 Rdn. 90; *Kropff* in Geßler/Hefermehl/Eckardt/Kropff § 156 Rdn. 12 f; *Ordelheide* BFuP 1998, 604, 607.

[19] Wie hier etwa Beck BilKomm-*Clemm/Erle* § 253 Rdn. 73 f; HdJ-*U. Hüttemann* III/8 Rdn. 294; HdR-*Langenbucher* Kap. I Rdn. 691 ff; *Leffson* Grundsätze ordnungsmäßiger Buchführung[7] S. 92 ff; Baumbach/Hueck/*Schulze-Osterloh* § 42 Rdn. 337; Heymann/*Walz* § 253 Rdn. 17; *Winnefeld* Bilanz-Handbuch M 529 ff; Bonner HdR-*Wohlgemuth* § 253 Rdn. 40; w.N. zum Meinungsstand bei *Schröer* Realisationsprinzip S. 334 ff.

[20] Zu den Voraussetzungen solcher geschlossener Positionen (Betragsidentität, Währungsidentität, Fälligkeitskongruenz) näher ADS § 253 Rdn. 107 ff; MünchKommHGB-*Ballwieser* § 252 Rdn. 29 f; Beck BilKomm-*Clemm/Erle* § 253 Rdn. 77; HdR-*Langenbucher* Kap. I Rdn. 746 ff; *Naumann* Fremdwährungsumrechnung S. 54 ff; *Schröer* Realisationsprinzip S. 353 ff; WP-Handbuch I Tz. E 427, je m. w. N.; zur detaillierten Beschreibung der verschiedenen risikokompensierenden Instrumentarien s. etwa *Möhler* Absicherung S. 5 ff; *Wlecke* Währungsumrechnung S. 23 ff; ferner *Gebhardt* RIW 1997, 390 ff.

[21] Zu weiteren Einzelheiten ADS § 253 Rdn. 103 ff; Beck BilKomm-*Clemm/Erle* § 253 Rdn. 78 ff; HdR-*Langenbucher* Kap. I Rdn. 749 ff; *Schröer* Realisationsprinzip S. 338 ff; *Wiedmann* FS Moxter S. 453, 465 ff; Bonner HdR-*Wohlgemuth* § 253 Rdn. 42 ff.

nehmen haben über die methodischen Grundlagen der Währungsumrechnung im *Anhang* zu berichten; $\S$ 284 Abs. 2 Nr. 2.

d) Wertgesicherte Geldschulden sind erst nach Eintritt der Wertsicherungsbedingung (z.B.: Steigerung des Lebenshaltungskostenindex um eine bestimmte Spanne) mit dem höheren Erfüllungsbetrag anzusetzen. Vor Eintritt des Wertsicherungsfalls ist auch die Bildung einer Verbindlichkeitsrückstellung ($\S$ 249 Abs. 1 S. 1) nur insoweit zulässig, als sich zum Abschlußstichtag das Risiko durch Anstieg des Bezugswertes bereits realisiert hat (z.B.: bei einer als Wertsicherungsbedingung vereinbarten Indexsteigerung in Höhe von 8 % sind zum Stichtag 5 % erreicht).[22]

18

2. Bewertung von Rentenverpflichtungen

Renten sind für bestimmte Dauer periodisch wiederkehrende Leistungen in Geld oder vertretbaren Sachen auf der Grundlage eines entsprechenden Rechts (Rentenstammrecht). Rentenverpflichtungen, für die – wie z.B. beim Eintritt des Versorgungsfalls zugunsten eines ausgeschiedenen Arbeitnehmers – eine **Gegenleistung nicht mehr zu erwarten** ist,[23] sind gem. Abs. 1 S. 2 zu ihrem **Barwert** anzusetzen. Bei Rentenverpflichtungen, für welche die Ablösesumme feststeht, entspricht der Barwert dieser Ablösesumme; wurde die Gegenleistung für die Rentenverpflichtung in Geld gewährt, so entspricht der Barwert dem empfangenen Geldbetrag.[24] Im übrigen ist er nach versicherungsmathematischen Grundsätzen zu errechnen. Dabei kommt dem anzuwendenden *Abzinsungssatz* zentrale Bedeutung zu. In der Praxis werden Zinssätze zwischen einer Untergrenze in Höhe von 3 % und dem fristadäquaten Marktzinssatz als Obergrenze für zulässig erachtet;[25] *steuerrechtlich* gilt ein regelmäßiger Zinssatz von 5,5 %.[26] Im Wechsel des Rechnungszinsfußes liegt eine Änderung der Bewertungsmethode i.S.v. $\S$ 252 Abs. 1 Nr. 6, die nur unter den engen Voraussetzungen des $\S$ 252 Abs. 2 zulässig ist.[27]

19

Abs. 1 S. 2 betrifft nur Rentenverpflichtungen, für die eine Gegenleistung nicht mehr zu erwarten ist. Künftige Verpflichtungen aus **Pensionszusagen zugunsten von noch aktiven Arbeitnehmern** werden nicht erfaßt; sie unterliegen den Grundsätzen über die Bilanzierung schwebender Geschäfte (dazu allgemein $\S$ 246, 66 ff); zur Bewertung der insoweit schon verdienten Anwartschaften s. unten Rdn. 36.

20

3. Bewertung von Rückstellungen

a) Grundlagen. Rückstellungen sind Passivposten zum Ausweis (dem Grunde und/oder der Höhe nach) ungewisser Verbindlichkeiten gegenüber Dritten oder künftiger Vermögensminderungen, die der abgelaufenen Abrechnungsperiode zuzurechnen sind (s. im einzelnen die Erläuterungen zu $\S$ 249, zum Rückstellungsbegriff dort Rdn. 7). Nach Abs. 1 S. 2 sind Rückstellungen (nur) in Höhe des Betrages anzusetzen, der **nach vernünftiger kaufmännischer Beurteilung notwendig** ist. Die Bestimmung setzt Art. 42 S. 1 der 4. EG-Richtlinie (Jahresabschlußrichtlinie) um, wonach Rückstellungen „nur in Höhe des notwendigen Betrages anzusetzen" sind. Die Be-

21

---

[22] ADS $\S$ 253 Rdn. 126 ff; Beck BilKomm-*Clemm/ Erle* $\S$ 253 Rdn. 57 ff; HdR-*Karrenbauer* $\S$ 253 Rdn. 98 ff; Bonner HdR-*Wohlgemuth* $\S$ 253 Rdn. 66.

[23] Zusammenstellung der wichtigsten Fälle bei ADS $\S$ 253 Rdn. 167.

[24] Beck BilKomm-*Clemm/Erle* $\S$ 253 Rdn. 85; HdR-*Karrenbauer* $\S$ 253 Rdn. 101, je m.w.N.

[25] S. zum Meinungsstand – mit Einzelnachweisen – ADS $\S$ 253 Rdn. 170; Beck BilKomm-*Clemm/ Erle* $\S$ 253 Rdn. 35; HdR-*Karrenbauer* $\S$ 253 Rdn. 103.

[26] Beck BilKomm-*Clemm/Erle* $\S$ 253 Rdn. 85; WP-Handbuch I Tz. E 442, 444, je m.w.N.

[27] ADS $\S$ 253 Rdn. 173.

Detlef Kleindiek

zugnahme auf die vernünftige kaufmännische Beurteilung in der deutschen Transformationsnorm ist als Konkretisierung des „notwendigen Betrages" zu verstehen.[28] Dem Rechnungslegungspflichtigen verbleibt jedoch ein beträchtlicher Schätzungsspielraum.

22   Die **Rückstellungsbemessung** hat unter Beachtung der allgemeinen Bewertungsgrundsätze des § 252 Abs. 1 zu erfolgen[29] und sich dabei am *Gebot der Bewertungsvorsicht* (§ 252 Abs. 1 Nr. 4; dazu näher § 252, 23) zu orientieren. Die Unterstellung unwahrscheinlicher oder besonders negativer Geschehensabläufe ist nicht zulässig. Der Wertansatz aus dem Intervall denkbarer Werte muß vielmehr so bemessen sein, daß die überwiegende Wahrscheinlichkeit gegen eine höhere Belastung spricht.[30] **Ersatzansprüche gegen Dritte** mindern wegen des Verrechnungsverbots aus § 246 Abs. 2 (dazu § 246, 80 ff) die Rückstellungsbewertung nicht, sind jedoch – vorsichtig bewertet – zu aktivieren. Rechtlich noch nicht entstandene (und damit nicht aktivierbare) Ersatzansprüche können unter engen Voraussetzungen im Rahmen einer Bewertungseinheit rückstellungsmindernd berücksichtigt werden, wenn und soweit der Ersatzanspruch unbestritten und werthaltig ist.[31]

23   **Steuerbilanzrechtlich** hat das Steuerentlastungsgesetz 1999/2000/2002 vom 24. 3. 1999 (BGBl I 402) spezifische Vorschriften zur Rückstellungsbewertung eingeführt. Sie haben – im Verbund mit den steuerrechtlichen Bestimmungen zu Voraussetzung und Grenzen der Rückstellungsbildung – dazu geführt, daß heute von einem „genuin steuerbilanziellen Rückstellungsrecht"[32] gesprochen wird (s. schon § 249, 21). Einzelheiten sind im Rahmen dieser Kommentierung nicht zu erörtern; insoweit muß auf das steuerrechtliche Spezialschrifttum verwiesen werden.[33]

24   **b) Verbindlichkeitsrückstellungen.** Rückstellungen für ungewisse Verbindlichkeiten (§ 249 S. 1, 1. Alt.; Entsprechendes gilt für die sog. Kulanzrückstellungen nach § 249 Abs. 1 S. 2 Nr. 2) sind mit dem Betrag anzusetzen, dessen es zur Erfüllung der (ungewissen) Verbindlichkeit voraussichtlich bedarf. Im Ansatz ebenso wie bei der Verbindlichkeitsbewertung (oben Rdn. 12 f) ist also auch für die Rückstellungsbemessung auf den **(voraussichtlichen) Erfüllungsbetrag** nach Abs. 1 S. 2, 1. HS abzustellen.[34]

25   Für die Rückstellungsbildung bei Sach- und Dienstleistungsverpflichtungen ist der Erfüllungsbetrag zu **Vollkosten** (also einschließlich Gemeinkosten) zu ermitteln.[35] Das nach Maßgabe von § 255 Abs. 2 bestehende aktivische Wahlrecht zur Bemessung der Herstellungskosten läßt sich auf die Rückstellungsbewertung nicht übertragen,[36]

---

[28] S. nur ADS § 253 Rdn. 176.
[29] Dazu HdR-*Kessler* § 249 Rdn. 269 ff.
[30] S. dazu etwa ADS § 253 Rdn. 188 ff; Beck Bil-Komm-*Clemm/Erle* § 253 Rdn. 152, 154 f; HdJ-*Herzig/Köster* III/5, Rdn. 159; HdR-*Kessler* § 249 Rdn. 291 ff; Kirchhof/Söhn/*Lambrecht* EStG § 5 Rdn. D 221; Baumbach/Hueck/*Schulze-Osterloh* § 42 Rdn. 333; Bonner HdR-*Wohlgemuth* § 253 Rdn. 80.11 ff.
[31] Zum Ganzen etwa Beck BilKomm-*Clemm/Erle* § 253 Rdn. 157; HdR-*Kessler* § 249 Rdn. 279 ff, je m. w. N.
[32] Beck BilKomm-*Clemm/Erle* § 249 Rdn. 14.
[33] Speziell zur Rückstellungsbewertung s. etwa Beck BilKomm-*Clemm/Erle* § 253 Rdn. 153a ff; Schmidt/*Glanegger* EStG § 6 Rdn. 404 ff; *Köster/Patt/Wendt/Wischmann* in Herrmann/Heuer/

Raupach EStG (Steuerreform 1999/2000/2002) § 6 Rdn. R 55 ff; Bordewin/Brandt/*Mayer-Wegelin* EStG § 6 Rdn. 504a ff; *Plewka/Schmidt* in Lademann/Söffing/Brockhoff EStG § 5 Rdn. 1233b ff; WP-Handbuch I Tz. E 90.
[34] ADS § 253 Rdn. 196; *Ballwieser* FS Forster S. 45, 49; Beck BilKomm-*Clemm/Erle* § 253 Rdn. 151; HdR-*Kessler* § 249 Rdn. 260; Baumbach/Hueck/*Schulze-Osterloh* § 42 Rdn. 333.
[35] Heute h. M.; s. etwa Beck BilKomm-*Clemm/Erle* § 253 Rdn. 158; HdJ-*Herzig/Köster* III/5, Rdn. 168 f; HdR-*Kessler* § 249 Rdn. 309; *Naumann* Rückstellungen S. 261; Heymann/*Walz* § 253 Rdn. 35; *Wiedmann* BilanzR § 253 Rdn. 16 = Ebenroth/Boujong/Joost/*ders.* § 253 Rdn. 16.
[36] Entgegen ADS § 253 Rdn. 226; *Kupsch* BB 1989, 53, 60.

weil die Schuldenlast des Unternehmens andernfalls nicht vollständig ausgewiesen und das Schuldendeckungspotential im Ergebnis zu hoch bemessen würde. Zu erwartende **künftige Kostensteigerungen** sind bei der Bemessung des voraussichtlichen Erfüllungsbetrages dann zu berücksichtigen, wenn sie sich zum Abschlußstichtag bereits objektivierbar abzeichnen.[37] Aus dem Stichtagsprinzip (§ 252 Abs. 1 Nr. 3; dazu § 252, 16 ff) folgt keineswegs die Unzulässigkeit der Einbeziehung künftiger Kostensteigerungen,[38] zumal der voraussichtliche Erfüllungsbetrag schon insgesamt eine in der Zukunft liegende Bezugsgröße darstellt.

Wo eine **Verbindlichkeit nur dem Grunde nach ungewiß**, in der Höhe im übrigen **26** aber sicher ist, wird mit Blick auf das Vorsichtsprinzip (§ 252 Abs. 1 Nr. 4) verbreitet eine Rückstellungsbemessung zum vollen Erfüllungsbetrag verlangt.[39] Dem ist für den Regelfall zuzustimmen.[40] Doch sollten begründete Ausnahmen dort anerkannt werden, wo bei vorsichtiger und objektiver Beurteilung die deutlich überwiegende Wahrscheinlichkeit gegen eine Inanspruchnahme spricht; sofern hier nicht schon die Rückstellungspflicht als solche entfällt (s. dazu § 249, 28), ist die Ungewißheit über den Bestand der Verbindlichkeit bei der Rückstellungsbewertung berücksichtigungsfähig. Bei einer größeren Anzahl dem Grunde nach ungewisser Verbindlichkeiten wird es im übrigen allgemein als zulässig angesehen, bei der Rückstellungsbewertung die statistische Wahrscheinlichkeit zu berücksichtigen, nur aus einem Teil der Verbindlichkeiten in Anspruch genommen zu werden.[41]

c) Rückstellungen wegen drohender Verluste aus schwebenden Geschäften. 27 Schwebende Geschäfte sind zweiseitig verpflichtende Verträge, die auf Leistungsaustausch gerichtet sind und bei denen der zur Sach- oder Dienstleistung Verpflichtete seine Leistungspflicht noch nicht vollständig erbracht hat (näher § 246, 66 ff). § 249 Abs. 1 S. 1, 2. Alt. verpflichtet für die Handelsbilanz zur Bildung von Rückstellungen für drohende Verluste aus schwebenden Geschäften. In der *Steuerbilanz* dürfen Drohverlustrückstellungen nicht mehr gebildet werden, § 5 Abs. 4a EStG.[42] Handelsrechtlich sind Drohverlustrückstellungen dort zu buchen, wo die Vermutung der Ausgeglichenheit von Ansprüchen und Pflichten aus dem schwebenden Geschäft nicht mehr gerechtfertigt, also mit einem *Verpflichtungsüberschuß* zu rechnen ist (näher

---

[37] Im Ansatz übereinstimmend, wenn auch mit Unterschieden im Detail, etwa ADS § 253 Rdn. 196; *Altmeier* Rückstellungsbilanzierung S. 120 f; Beck BilKomm-*Clemm/Erle* § 253 Rdn. 160; Scholz/*Crezelius* Anh. § 42a Rdn. 201; HdR-*Kessler* § 249 Rdn. 321 ff, 325; *Scheffler* Beck HdR B 233 Rdn. 33; Baumbach/Hueck/*Schulze-Osterloh* § 42 Rdn. 333; *Wiedmann* BilanzR § 253 Rdn. 16 = Ebenroth/Boujong/Joost/*ders.* § 253 Rdn. 16; WP-Handbuch I Tz. E 84; **a.A.** HdJ-*Herzig/Köster* III/5 Rdn. 170 ff, 283.

[38] So jedoch die steuerrechtliche Praxis; einzelne Nachweise bei Beck BilKomm-*Clemm/Erle* § 253 Rdn. 160; HdR-*Kessler* § 249 Rdn. 321.

[39] So etwa Beck BilKomm-*Clemm/Erle* § 253 Rdn. 155; *Baumbach/Hopt* § 253 Rdn. 4; HdR-*Kessler* § 249 Rdn. 297; Baumbach/Hueck/*Schulze-Osterloh* § 42 Rdn. 333, je m.w.N.; **a.A.** ADS § 253 Rdn. 193; *Kropff* in Gessler/Hefermehl/Eckardt/Kropff § 156 Rdn. 37; *Marsch-Barner* in Gemeinschaftskommentar z. HGB (1999⁶) § 253 Rdn. 10; *Paus* BB 1988, 1419, 1420 f.

[40] Von einer „Regel" sprechen auch Beck Bil-Komm-*Clemm/Erle* § 253 Rdn. 155; *Baumbach/Hopt* § 253 Rdn. 4.

[41] Übereinstimmend etwa Beck BilKomm-*Clemm/Erle* § 253 Rdn. 155; HdR-*Kessler* § 249 Rdn. 298 f; Baumbach/Hueck/*Schulze-Osterloh* § 42 Rdn. 333; Heymann/*Walz* § 253 Rdn. 31; WP-Handbuch I Tz. E 85; vgl. für das Steuerrecht auch § 6 EStG Abs. 1 Nr. 3 a/a.

[42] I.d.F. d. Gesetzes zur Fortsetzung der Unternehmenssteuerreform v. 29.10.1997, BGBl I S. 2590; zur Würdigung der Neuregelung s. etwa *Arndt/Wiesbrock* DStR 2000, 718 ff; Blümich/*Schreiber* EStG § 5 Rdn. 883a f; *Bordewin* in Bordewin/Brandt EStG §§ 4–5 Rdn. 1165 ff; Beck Bil-Komm-*Clemm/Erle* § 249 Rdn. 80 ff; HdJ-*Herzig/Köster* III/5, Rdn. 294 ff; Kirchhof/Söhn/*Lambrecht* EStG § 5 Rdn. Ea 1 ff; Schmidt/*Weber-Grellet* EStG § 5 Rdn. 450 ff, je m.w.N.

Detlef Kleindiek

§ 249, 51 ff). In ihrem Ansatz ist die Drohverlustrückstellung somit eine Saldogröße aus der Gegenüberstellung der wechselseitigen Ansprüche und Pflichten. Zur näheren Abgrenzung der in die Saldierung einzubeziehenden Vor- und Nachteile aus dem Geschäft s. schon § 249, 56 f.

28   Für die **Bemessung der Drohverlustrückstellung** kommt es folglich auf die Höhe des voraussichtlichen Verpflichtungsüberschusses an.[43] Bei **Beschaffungsgeschäften** bestimmt sich die Rückstellungsbewertung nach der Differenz, um den die vereinbarte Gegenleistung den Bilanzwert der aus dem Beschaffungsgeschäft geschuldeten Leistung oder Lieferung zum Abschlußstichtag übersteigt.[44] Der zum Stichtag zulässige (niedrigere) Bilanzwert des Leistungs- und Lieferungsanspruchs bemißt sich bei Geschäften über aktivierungsfähige Vermögensgegenstände des Anlagevermögens nach dem Wiederbeschaffungswert, ggf. nach dem Einzelveräußerungswert; wo sich weder das eine noch das andere bestimmen läßt, ist auf den Ertragswert abzustellen (näher dazu Rdn. 63). Bei Vermögensgegenständen des Umlaufvermögens kommt es auf den niedrigeren Börsen- oder Marktpreis am Abschlußstichtag an (näher unten Rdn. 68). Ist jedoch so gut wie sicher, daß der zu erwartende Weiterveräußerungspreis des Vermögensgegenstandes seinen Anschaffungswert mindestens erreicht, entfällt eine Drohverlustrückstellung.[45] Bei Beschaffungsgeschäften über nicht aktivierungsfähige Leistungen ist eine Drohverlustrückstellung in der Höhe zu bilden, in der die Leistung nach den am Abschlußstichtag gegebenen Verhältnissen des entsprechenden Beschaffungsmarktes einen gegenüber der vereinbarten Gegenleistung geringeren Wert hat.[46]

29   Bei **Absatzgeschäften** ist die vereinbarte Gegenleistung mit den Aufwendungen zu vergleichen, die dem Bilanzierenden für die Erfüllung seiner Leistungs- und Lieferpflichten entstehen.[47] Umstritten ist, welche **Kosten** in die Berechnung der noch anfallenden Aufwendungen einfließen. Die Kontroverse betrifft die Frage, ob neben den variablen Kosten[48] auch die leistungsunabhängigen fixen Kosten berücksichtigungsfähig oder -pflichtig sind, ob also Vollkosten angerechnet werden dürfen oder gar müssen.[49]

30   **Meinungsstand.** Während einige nur den Ansatz der noch anfallenden Aufwendungen zu Teilkosten (variable Kosten) erlauben wollen,[50] verlangen andere einen Ansatz zu Vollkosten.[51] Von einer dritten, wohl noch herrschenden Ansicht wird

---

[43] ADS § 253 Rdn. 196; Beck BilKomm-*Clemm/Erle* § 253 Rdn. 151; HdR-*Kessler* § 249 Rdn. 260; Baumbach/Hueck/*Schulze-Osterloh* § 42 Rdn. 333.

[44] Dazu ADS § 253 Rdn. 247 ff; Beck BilKomm-*Clemm/Erle* § 249 Rdn. 69 ff u. § 253 Rdn. 167; HdJ-*Herzig/Köster* III/5, Rdn. 273 ff; HdR-*Kessler* § 249 Rdn. 192 ff, 258 ff; Baumbach/Hueck/*Schulze-Osterloh* § 42 Rdn. 193, je m. w. N.

[45] Ebenso etwa Beck BilKomm-*Clemm/Erle* § 249 Rdn. 70; *Mayer-Wegelin* § 249 Rdn. 68; Baumbach/Hueck/*Schulze-Osterloh* § 42 Rdn. 193; a. A. ADS § 249 Rdn. 153 m. w. N.

[46] Im Ansatz übereinstimmend Beck BilKomm-*Clemm/Erle* § 249 Rdn. 73; HdJ-*Herzig/Köster* III/5, Rdn. 279; Baumbach/Hueck/*Schulze-Osterloh* § 42 Rdn. 193; gegen Rückstellungsbildung aber etwa *Wiedmann* BilanzR § 249 Rdn. 47 = Ebenroth/Boujong/Joost/*ders.* § 249 Rdn. 47.

[47] Dazu ADS § 253 Rdn. 251 ff; Beck BilKomm-*Clemm/Erle* § 249 Rdn. 74 f u. § 253 Rdn. 168 ff; HdJ-*Herzig/Köster* III/5, Rdn. 280 ff; HdR-*Kessler*

§ 249 Rdn. 188 ff, 258 ff; Baumbach/Hueck/*Schulze-Osterloh* § 42 Rdn. 194, je m. w. N.

[48] Zu den hierzu zählenden Kostenteilen etwa ADS § 253 Rdn. 253.

[49] S. zur Übersicht über den Meinungsstand Beck BilKomm-*Clemm/Erle* § 253 Rdn. 169 f; zahlreiche Einzelnachweise auch bei Baumbach/Hueck/*Schulze-Osterloh* § 42 Rdn. 194.

[50] So etwa *Leffson* Grundsätze ordnungsmäßiger Buchführung[7] S. 315 ff; *Siegel* FS D. Schneider (1995) S. 635, 672 f.

[51] BFH 19.7.1983, VIII R 160/79, BStBl II 1984, 56, 59; IDW-HFA Stellungnahme IDW RS HFA 4: Zweifelsfragen zum Ansatz und zur Bewertung von Drohverlustrückstellungen, Tz. 35 ff (WPg 2000, 716, 720 mit Änderung WPg 2001, 216); *Altmeier* Rückstellungsbilanzierung S. 112 f; *Crezelius* FS Döllerer S. 81, 90; Scholz/*ders.* Anh. § 42a Rdn. 201; *D. Fey* Imparitätsprinzip und GoB-System im Bilanzrecht (1987) S. 136 ff; HdR-*Kessler* § 253 Rdn. 314; Küting/Kessler

schließlich – nicht zuletzt mit Blick auf das aktivische Wahlrecht zur Bemessung der Herstellungskosten nach Maßgabe von § 255 Abs. 2 – wahlweise ein Ansatz zu variablen Kosten oder Vollkosten erlaubt. Freilich wird jenes Wahlrecht überwiegend unter den Vorbehalt gestellt, daß Vollkosten dann angesetzt werden müssen, wenn das schwebende Absatzgeschäft die Annahme preisgünstigerer Aufträge (und damit die Erzielung von Mehrerlösen) verhindert.[52] Einige Stimmen wollen dabei eine unterschiedliche Ausübung des Wahlrechts bei der Berechnung der aktivierten Herstellungskosten einerseits und der noch anfallenden Herstellungskosten andererseits untersagen.[53] Für die Bewertung der Drohverlustrückstellung seien die noch anfallenden Herstellungskosten deshalb zu Vollkosten anzusetzen, wenn auch die betreffenden Erzeugnisse zu Vollkosten bewertet würden.[54]

Stellungnahme. Entgegen der noch herrschenden Meinung, die ein Wahlrecht zur **31** Rückstellungsbemessung nach Teil- oder Vollkosten gewähren will, ist die **Bewertung zu Vollkosten** zwingend geboten. Das in § 255 Abs. 2 gewährte aktivische Wahlrecht zur Bemessung der Herstellungskosten läßt sich auf die Rückstellungsbewertung nicht übertragen. Insoweit kann für die Drohverlustrückstellungen nichts anderes gelten als für die (allgemeinen) Verbindlichkeitsrückstellungen (s. oben Rdn. 25). Die Rückstellungsbewertung zu Teilkosten würde den drohenden Verpflichtungsüberschuß nicht vollständig widerspiegeln; die Bildung „stiller Lasten" ist mit dem Vorsichts- und Imparitätsprinzip (§ 252 Abs. 1 Nr. 4) nicht vereinbar.[55] Zur Berücksichtigung von Kostensteigerungen s. schon oben Rdn. 25.

Die skizzierten Leitlinien der Rückstellungsbewertung bei Beschaffungs- und Ab- **32** satzgeschäften finden im Grundsatz auch auf schwebende **Dauerschuldverhältnisse** Anwendung.[56] Weil Dauerschuldverhältnisse in bilanzrechtlich selbständig zu behandelnde Abrechnungsperioden zu unterteilen sind, ist für die Bildung einer Drohverlustrückstellung allein auf den noch schwebenden Rest des Dauerrechtsverhältnisses abzustellen (Restlaufzeitbetrachtung; s. dazu § 249, 57). Wegen der besonderen Bedeutung der fixen Kosten bei Dauerabsatzgeschäften wird für die Bemessung des Verpflichtungsüberschusses der Ansatz zu *Vollkosten* auch von jenen Stimmen zwingend gefordert, die ansonsten die Teilkostenbewertung zulassen wollen (s. zum Meinungsstand oben Rdn. 30).[57]

d) Aufwandsrückstellungen. § 249 sieht neben Rückstellungen zum Ausweis **33** ungewisser Verbindlichkeiten gegenüber Dritten (Rückstellungen mit Verpflichtungscharakter) auch Rückstellungen zum Ausweis künftiger Vermögensminderungen vor, die der abgelaufenen Abrechnungsperiode zuzurechnen sind (*Rückstellungen ohne*

WPg 1999, 721, 725; *Naumann* Rückstellungen S. 324 ff.

[52] In diesem Sinne etwa ADS § 253 Rdn. 254; *Forster* WPg 1971, 393, 394 f; HdJ-*Herzig/Köster* III/5 Rdn. 282; *Scheffler* Beck HdR B 233 Rdn. 181; Baumbach/Hueck/*Schulze-Osterloh* § 42 Rdn. 194; Heymann/*Walz* § 253 Rdn. 45; WP-Handbuch I Tz. 95; im Ansatz ebenso, jedoch kritisch gegenüber der Berücksichtigung entgehender Mehrerlöse, Beck BilKomm-*Clemm/Erle* § 253 Rdn. 171; s. auch noch Bonner HdR-*Wohlgemuth* § 253 Rdn. 80.21 und 80.34.

[53] So unter Hinweis auf den Grundsatz der Methodenbestimmtheit (dazu § 252, 52) insbesondere Beck BilKomm-*Clemm/Erle* § 253 Rdn. 171; *Kupsch* DB 1975, 941, 943; im Ergebnis eben-

so Baumbach/Hueck/*Schulze-Osterloh* § 42 Rdn. 194, der sich zur Begründung aber wohl auf den Grundsatz der Einheitlichkeit der Bewertung (dazu § 252, 51) beziehen will.

[54] Beck BilKomm-*Clemm/Erle* § 253 Rdn. 171.

[55] Deutlich in diesem Sinne auch IDW-HFA Stellungnahme IDW RS HFA 4, Tz. 35 a. E. (WPg 2000, 716, 720).

[56] S. zu Einzelheiten ADS § 253 Rdn. 257 ff; Beck BilKomm-*Clemm/Erle* § 249 Rdn. 76 ff; HdJ-*Herzig/Köster* III/5, Rdn. 287 ff; HdR-*Kessler* § 249 Rdn. 188 ff; Baumbach/Hueck/*Schulze-Osterloh* § 42 Rdn. 195 m. zahlr. Nachw.

[57] ADS § 253 Rdn. 258; Baumbach/Hueck/*Schulze-Osterloh* § 42 Rdn. 195.

Detlef Kleindiek

Verpflichtungscharakter oder Aufwandsrückstellungen); zur Systematisierung näher § 249, 4 ff. Hinsichtlich der Aufwandsrückstellungen hat der Gesetzgeber zum Teil eine Passivierungspflicht angeordnet, zum Teil ein Passivierungswahlrecht gewährt. Eine **Rückstellungspflicht** besteht für im Geschäftsjahr unterlassene Aufwendungen für Instandhaltung, die im folgenden Geschäftsjahr innerhalb von drei Monaten nachgeholt werden (Abs. 1 S. 2 Nr. 1, 1. Alt.); Entsprechendes gilt für im Geschäftsjahr unterlassene Aufwendungen für Abraumbeseitigung, die im folgenden Geschäftsjahr nachgeholt werden (Abs. 1 S. 2 Nr. 2, 2. Alt.). Insoweit ist derjenige Betrag zurückzustellen, der nach vernünftiger kaufmännischer Beurteilung für die Nachholung der genannten Aufwendungen aufgebracht werden muß; der für Verbindlichkeitsrückstellungen geltende Bewertungsmaßstab ist sinngemäß anzuwenden.[58]

34 Ein **Wahlrecht** zur Bildung von Rückstellungen besteht für im Geschäftsjahr unterlassene Aufwendungen für Instandhaltung, wenn diese im vierten bis zwölften Monat des folgenden Geschäftsjahres nachgeholt werden (§ 249 Abs. 1 S. 3). Ebenso gewährt das Gesetz ein Wahlrecht zur Rückstellungsbildung für ihrer Eigenart nach genau umschriebene, dem Geschäftsjahr oder einem früheren Geschäftsjahr zuzuordnende Aufwendungen, die am Abschlußstichtag wahrscheinlich oder sicher, aber hinsichtlich ihrer Höhe oder des Zeitpunkts ihres Eintritts unbestimmt sind (§ 249 Abs. 2). Hier markiert der nach vernünftiger kaufmännischer Beurteilung notwendige Betrag lediglich die Obergrenze zulässiger Rückstellungsbildung. Wegen des bestehenden Passivierungswahlrechts können diese Rückstellungen auch mit jedem niedrigeren Betrag dotiert werden.[59] Folgerichtig ist auch eine Bewertung auf Teilkostenbasis möglich. Zur Bindung an den Grundsatz der Bewertungsstetigkeit (§ 252 Abs. 1 Nr. 6) s. schon § 249, 77 f.

35 e) **Pensionsrückstellungen.** Pensionsverpflichtungen sind Verpflichtungen zur Gewährung laufender oder einmaliger Leistungen, die dem Berechtigten gegenüber versorgungshalber nach Beendigung der Erwerbstätigkeit im Dienste des Verpflichteten zu erbringen sind. Für die Bewertung der hierzu zu bildenden Rückstellungen (zum Rückstellungsansatz näher § 249, 41 ff) ist zu unterscheiden: Rückstellungen für **laufende Pensionszahlungen** sind gem. Abs. 1 S. 2 als Rentenverpflichtungen, für die eine Gegenleistung nicht mehr zu erwarten ist, zum Barwert anzusetzen (s. oben Rdn. 19). Übereinstimmend sind unverfallbare **Anwartschaften aus dem Unternehmen ausgeschiedener Pensionsberechtigter** zu bewerten.[60]

36 **Pensionsanwartschaften von noch im Unternehmen tätigen Personen** (für welche die volle Gegenleistung noch nicht erbracht ist) sind noch nicht mit dem vollen Barwert, sondern – nach anerkannten versicherungsmathematischen Regeln – mit dem Teilwert oder dem (regelmäßig geringeren) Gegenstandswert zu berechnen.[61] Die

---

[58] HdR-*Kessler* § 253 Rdn. 261; Bonner HdR-*Wohlgemuth* § 253 Rdn. 80.36.

[59] ADS § 253 Rdn. 276; Beck BilKomm-*Clemm/Erle* § 253 Rdn. 164; HdR-*Kessler* § 249 Rdn. 302, 308, 317; Beck HdR-*Scheffler* B 233 Rdn. 265; Baumbach/Hueck/*Schulze-Osterloh* §42 Rdn. 333; Bonner HdR-*Wohlgemuth* § 253 Rdn. 80.36.

[60] Zum Ganzen IDW-HFA Stellungnahme 2/1988: Pensionsverpflichtungen im Jahresabschluß, Ziff. 4 (WPg 1988, 403, 404); ADS § 253 Rdn. 300 f, 325 f; Beck BilKomm-*Ellrott/Rhiel* § 249 Rdn. 195 f; HdR-*Höfer* § 249 Rdn. 367; Baumbach/Hueck/

Schulze-Osterloh § 42 Rdn. 334; *Thoms-Meyer* Pensionsrückstellungen S. 57 ff, 124 ff.

[61] Näher zu den handelsrechtlich zulässigen Methoden und den hier strittigen Einzelheiten etwa ADS §253 Rdn. 323 ff; Beck BilKomm-*Ellrott/Rhiel* § 249 Rdn. 204 ff; HdR-*Höfer* § 249 Rdn. 369; HdJ-*Schülen* III/7, Rdn. 40 ff; Baumbach/Hueck/*Schulze-Osterloh* § 42 Rdn. 334 m.w.N.; *Thoms-Meyer* Pensionsrückstellungen S. 57 ff, 137 ff. Zur steuerrechtlichen Beurteilung nach Maßgabe von § 6a EStG vgl. Beck Bil-Komm-*Ellrott/Rhiel* § 249 Rdn. 208 ff; Schmidt/*Seeger* EStG § 6a Rdn. 2 ff.

Höhe der Rückstellungsbildung zum Bewertungsstichtag wird in erheblichem Maße von der Wahl des Rechnungszinsfußes beeinflußt, wobei in der Praxis ein Kapitalisierungszinsfuß zwischen 3% und 6% als vertretbar angesehen wird.[62] Daraus eröffnen sich für die Praxis erhebliche bilanzpolitische Gestaltungsspielräume, die durch das Gebot der Bewertungsstetigkeit (§ 252 Abs. 1 Nr. 6) nur unzureichend kompensiert werden.[63] **Kapitalgesellschaften** und ihnen nach § 264a gleichgestellte Personenhandelsgesellschaften haben gem. § 284 Abs. 2 Nr. 1 im Anhang die gewählte Bewertungsmethode sowie den angewandten Zinssatz anzugeben und etwaige Änderungen (nach § 284 Abs. 2 Nr. 3) zu begründen;[64] Entsprechendes gilt für Genossenschaften (§ 336 Abs. 2) sowie für die von § 5 Abs. 2 PublG erfaßten Unternehmen. Zur Angabepflicht nach Art. 28 Abs. 2 EGHGB s. § 249, 44.

f) Abzinsung. Die Abzinsungsproblematik bei Rückstellungen[65] beruht auf der 37 Überlegung, daß die durch Rückstellung gebundenen Mittel bis zum Zeitpunkt der tatsächlichen Ausgabe ertragbringend angelegt werden können, so daß die unabgezinste Rückstellungsbildung zu einer übervorsichtigen Bilanzierung führen würde. *Steuerrechtlich* ist mit dem Steuerentlastungsgesetz 1999/2000/2002 vom 24.3.1999 (BGBl I S. 402) deshalb ein Abzinsungsgebot nach Maßgabe von § 6 Abs. 1 Nr. 3a lit. e EStG eingeführt worden.[66] Die generelle Abzinsung von Rückstellungen kollidiert indes mit dem Vorsichts- und Realisationsprinzip (§ 252 Abs. 1 Nr. 4).[67] *Handelsrechtlich* gilt das steuerrechtliche Abzinsungsgebot nicht. Nach Abs. 1 S. 2, 2. HS dürfen Rückstellungen nur abgezinst werden, soweit die ihnen zugrunde liegenden Verbindlichkeiten einen Zinsanteil enthalten. Die Bestimmung ist im Zusammenhang mit der Umsetzung der Versicherungsbilanzrichtlinie eingefügt worden.[68] Danach kommt es darauf an, ob nach der Vereinbarung zwischen den Parteien im Erfüllungsbetrag der ungewissen Verbindlichkeit auch Zinszahlungen enthalten sind; die Beteiligten müssen – ausnahmsweise – auch ein Kreditgeschäft (verzinsliche Stundung von Geldleistungspflichten) abgeschlossen haben wollen.[69] Entsprechendes gilt für die Frage zulässiger Abzinsungen bei Drohverlustrückstellungen.[70]

---

[62] S. etwa IDW-HFA Stellungnahme 2/1988, Ziff. 4 (WPg 1988, 403, 404); ADS § 253 Rdn. 310; Beck BilKomm-*Ellrott/Rhiel* § 249 Rdn. 201; HdR-*Höfer* § 249 Rdn. 369; Baumbach/Hueck/ *Schulze-Osterloh* § 42 Rdn. 334; WP-Handbuch I Tz. E 162; kritisch MünchKommHGB-*Ballwieser* § 253 Rdn. 90.

[63] S. zur Problematik ADS § 253 Rdn. 335 f; *Ballwieser* FS Clemm S. 1, 12 ff; *Kleindiek* ZGR 1998, 466, 485; Heymann/*Walz* § 253 Rdn. 43.

[64] S. nur ADS § 253 Rdn. 337 f; *Thoms-Meyer* Pensionsrückstellungen S. 176 f.

[65] Dazu weiterführend etwa ADS § 253 Rdn. 197 ff; MünchKommHGB-*Ballwieser* § 253 Rdn. 97 ff; *Clemm* FS Beisse (1997) S. 123, 133 ff; Beck BilKomm-*Clemm/Erle* § 253 Rdn. 161 ff, 176 f; *Geib/ Wiedmann* WPg 1994, 369 ff; *Heddäus* Drohverlustrückstellungen S. 26 ff; HdR-*Kessler* § 249 Rdn. 328 ff; *Strobl* FS Döllerer S. 615, 630 ff.

[66] Dazu etwa *Beiser* DB 2001, 296, 297 ff; Beck BilKomm-*Clemm/Erle* § 253 Rdn. 161a; *Feld* WPg 1999, 861, 866 ff; Schmidt/*Glanegger* EStG § 6 Rdn. 408 f; *Rogall/Spengel* BB 2000, 1234 ff.

[67] Eingehend schon *Böcking* Bilanzrechtstheorie und Verzinslichkeit (1988) S. 257 ff; s. außerdem die Nachweise bei ADS § 253 Rdn. 200; HdR-*Kessler* § 249 Rdn. 329.

[68] Versicherungsbilanzrichtlinie-Gesetz vom 24.6. 1994, BGBl I S. 1377.

[69] Zu näheren Einzelheiten s. HdR-*Kessler* § 249 Rdn. 328 ff; ferner Beck BilKomm-*Clemm/Erle* § 253 Rdn. 161.

[70] *Altmeier* Rückstellungsbilanzierung S. 113 f; Beck BilKomm-*Clemm/Erle* § 253 Rdn. 176 f; HdR-*Kessler* § 249 Rdn. 331, 341 ff; im Ansatz großzügiger ADS § 253 Rdn. 197, 201 f, die § 253 Abs. 1 S. 2, 2. HS nur auf Verbindlichkeitsrückstellungen beziehen wollen.

IV. Abschreibungen bei Vermögensgegenständen des Anlagevermögens (Abs. 2)

1. Grundlagen

38   Beim Ansatz von **Vermögensgegenständen des Anlagevermögens** sind die Anschaffungs- oder Herstellungskosten als Einstandswert (s. oben Rdn. 8 f) um Abschreibungen nach Abs. 2 zu mindern. Anlagegegenstände, deren *Nutzung zeitlich begrenzt* ist, sind *planmäßig abzuschreiben* (Abs. 2 S. 1 und 2; dazu Rdn. 41 ff). Im übrigen können oder müssen bei allen Vermögensgegenständen des Anlagevermögens *außerplanmäßige Abschreibungen* vorgenommen werden, um die Vermögensgegenstände mit dem niedrigeren Wert anzusetzen, der ihnen am Abschlußstichtag beizulegen ist (Abs. 2 S. 3; näher Rdn. 59 ff). S. zur Systematik der gesetzlichen Bewertungsregeln schon oben Rdn. 3 ff.

39   **Planmäßige Abschreibungen** verteilen die Anschaffungs- oder Herstellungskosten des Anlagegegenstandes auf die Jahre der gewöhnlichen Nutzungsdauer. Sie erfassen den während der Nutzung voraussichtlich eintretenden Wertverzehr. Auf den planmäßigen Ansatz ist allerdings auch dann abzuschreiben, wenn der dem Vermögensgegenstand zum Abschlußstichtag beizulegende Wert den Buchwert übersteigt. Die planmäßigen Abschreibungen tragen deshalb primär dem **Gebot periodengerechter Aufwandsabgrenzung** und damit dem Ziel eines periodengerechten Ausweises des verteilungsfähigen Gewinns Rechnung.[71] Die **außerplanmäßigen Abschreibungen** auf den am Abschlußstichtag beizulegenden niedrigeren Wert (*Niederstwertprinzip*) dienen der Berücksichtigung eingetretener Wertverluste gegenüber den Anschaffungs- oder Herstellungskosten als Einstandswert; sie sind eine Konsequenz des Imparitätsprinzips (§ 252 Abs. 1 Nr. 4; dazu § 252, 33 ff). Bei den abnutzbaren Anlagegegenständen führen nur solche Wertverluste zur außerplanmäßigen Abwertung, die nicht schon durch planmäßige Abschreibung erfaßt worden sind.[72]

40   Abs. 2 trifft keine Bestimmung zur **Form** der vorzunehmenden Abschreibung. Denkbar sind Abschreibungen *in direkter Form* (nämlich im Wege aktivischer Absetzungen von den Anschaffungs- oder Herstellungskosten) oder *in indirekter Form* (durch Ausweis von Wertberichtigungsposten auf der Passivseite). Für Kapitalgesellschaften, ihnen nach § 264 a gleichgestellte Personenhandelsgesellschaften sowie für alle sonstigen dem PublG unterliegenden Unternehmen (§ 5 Abs. 1 S. 2 PublG) und Genossenschaften (§ 336 Abs. 2) schreibt § 268 Abs. 2 den Ausweis in direkter Form vor, wobei die Abschreibung bei dem betreffenden Posten in der Bilanz zu vermerken oder im Anhang anzugeben ist; s. dazu § 268, 12 ff (*Hüttemann*). Steuerrechtliche Mehrabschreibungen i. S. v. § 254 (näher § 254, 6 ff) können von Kapitalgesellschaften und gleichgestellten Unternehmen entweder aktivisch abgesetzt oder wahlweise auf der Passivseite als Wertberichtigungen in den Sonderposten mit Rücklagenanteil gem. § 247 Abs. 3 eingestellt werden (§ 281 Abs. 1 S. 1; s. näher § 247, 57). Auch Handelsgesellschaften und Einzelkaufleuten, auf die § 281 keine Anwendung findet, ist diese Möglichkeit zum Ausweis von steuerrechtlichen Wertberichtigungen zuzubilligen (dazu § 247, 61 und § 254, 15). Im übrigen wird außerhalb des Anwendungsbereichs von § 268 Abs. 2 ganz überwiegend ein Wahlrecht zum Abschreibungsausweis in

---

[71] S. dazu ADS § 253 Rdn. 358; HdR-*Döring* § 253 Rdn. 110; Beck BilKomm-*Hoyos/Schramm/Ring* § 253 Rdn. 202; Beck HdR-*Mellwig* B 164 Rdn. 7 ff; Heymann/*Walz* § 253 Rdn. 50; Bonner HdR-*Wohlgemuth* § 253 Rdn. 142 f.

[72] Beck BilKomm-*Hoyos/Schramm/Ring* § 253 Rdn. 203; HdJ-*Richter* II/1, Rdn. 250.

direkter Form (aktivische Absetzung) oder in indirekter Form (passivische Wertberichtigung) gewährt.[73]

2. Planmäßige Abschreibungen (Abs. 2 S. 1 und 2)

a) Übersicht. Nach Abs. 2 S. 1 und 2 sind bei Vermögensgegenständen des Anlagevermögens, deren Nutzung zeitlich begrenzt ist, die Anschaffungs- oder Herstellungskosten um **planmäßige Abschreibungen** zu vermindern. Der Plan muß die Anschaffungs- oder Herstellungskosten auf die Geschäftsjahre verteilen, in denen der Vermögensgegenstand voraussichtlich genutzt werden kann. Die planmäßige Abschreibung von abnutzbaren Anlagegegenständen (zur Abgrenzung näher Rdn. 44) ist **zwingend.** **41**

Das Gebot der Planmäßigkeit gebietet die Abschreibung nach Maßgabe eines im voraus – also spätestens bei Vornahme der ersten Abschreibung – festzulegenden **Abschreibungsplans.**[74] Der Abschreibungsplan muß das *Abschreibungsvolumen* (dazu Rdn. 45) nach einer festgelegten *Abschreibungsmethode* (Rdn. 47 ff) auf den *Abschreibungszeitraum* (Rdn. 46) verteilen. Freiwillige Änderungen des Abschreibungsplans sind als Ausnahmen vom Gebot der Bewertungsstetigkeit (§ 252 Abs. 1 Nr. 6) nach § 252 Abs. 2 nur in begründeten Ausnahmefällen zulässig (Rdn. 58). Der Abschreibungsplan muß nicht für jeden einzelnen Anlagegegenstand schriftlich niedergelegt sein; die rechnerischen Grundlagen der Abschreibung können sich auch aus allgemeinen Bilanzrichtlinien oder aus ständiger Übung des rechnungslegungspflichtigen Unternehmens ergeben.[75] **42**

Der planmäßigen Abschreibung entspricht **steuerrechtlich** die Absetzung für betriebsgewöhnliche Abnutzung (AfA) sowie die Absetzung für Substanzverringerung nach Maßgabe von § 7 EStG.[76] **43**

b) Abgrenzung der Vermögensgegenstände. Der planmäßigen Abschreibung unterliegen nur solche Vermögensgegenstände des Anlagevermögens, deren Nutzung ihrer Eigenart nach zeitlich begrenzt ist und die in diesem Sinne „abnutzbar" sind.[77] Darunter fallen Anlagegegenstände, die der technischen oder wirtschaftlichen Abnutzung unterliegen, insbesondere alle Verschleißanlagen (einschließlich Gebäuden), aber regelmäßig auch immaterielle Vermögensgegenstände. Zur Abschreibung des aktivierten derivativen Geschäfts- oder Firmenwerts (§ 255 Abs. 4) s. § 255, 47 ff. Nicht abnutzbar sind namentlich Finanzanlagen und Grundstücke. Letztere unterliegen aber dann planmäßigen Abschreibungen, wenn sie der Ausbeutung von Bodenschätzen dienen.[78] Für Detailfragen der planmäßigen Abschreibung einzelner Vermögensgegenstände ist nach dem Typus des jeweiligen Vermögensgegenstandes zu unterscheiden; zu Einzelheiten ist auf die Zusammenstellungen im einschlägigen Spezialschrifttum zu verweisen.[79] **44**

---

[73] ADS § 253 Rdn. 353; Beck BilKomm-*Hoyos/ Schramm/Ring* § 253 Rdn. 209; *Wiedmann* BilanzR § 253 Rdn. 48 = Ebenroth/Boujong/ Joost/*ders.* § 253 Rdn. 48; WP-Handbuch I Tz. E 295; kritisch HdJ-*Richter* II/1, Rdn. 135.

[74] ADS § 253 Rdn. 362; Beck BilKomm-*Hoyos/ Schramm/Ring* § 253 Rdn. 220.

[75] ADS § 253 Rdn. 365; Beck BilKomm-*Hoyos/ Schramm/Ring* § 253 Rdn. 220; *Knobbe-Keuk* § 5 V 2a (S. 188); *Kropff* in Geßler/Hefermehl/ Eckardt/Kropff § 154 Rdn. 6; HdJ-*Richter* II/1, Rdn. 212; Bonner HdR-*Wohlgemuth* § 253 Rdn. 149.

[76] Aktuelle Übersicht über die Abschreibungen in der Steuerbilanz in WP-Handbuch I Tz. E 296 ff.

[77] ADS § 253 Rdn. 355; HdR-*Döring* § 253 Rdn. 107 ff; Beck BilKomm-*Hoyos/Schramm/ Ring* § 253 Rdn. 212.

[78] Zu weiteren Einzelheiten etwa ADS § 253 Rdn. 355 ff; HdR-*Döring* § 253 Rdn. 107 ff; Beck BilKomm-*Hoyos/Schramm/Ring* § 253 Rdn. 213 ff; Baumbach/Hueck/*Schulze-Osterloh* § 240 Rdn. 304; WP-Handbuch I Tz. E 284.

[79] Etwa WP-Handbuch I Tz. E 355 ff; Bonner HdR-*Wohlgemuth* § 253 Rdn. 154.66 ff.

Die folgenden Ausführungen konzentrieren sich auf die zentralen Parameter eines jeden Abschreibungsplans.

45 **c) Abschreibungsvolumen.** Das Abschreibungsvolumen wird durch den Abschreibungsausgangswert sowie den Endwert bestimmt. *Ausgangswert* sind die Anschaffungs- oder Herstellungskosten (zu ermitteln nach Maßgabe von § 255; s. die Erläuterungen dort). *Endwert* ist vielfach der Erinnerungswert (Merkposten) von einem Euro (bislang 1 DM), wobei die Zusammenfassung mehrerer abgeschriebener Vermögensgegenstände eines Bilanzpostens unter einen Merkposten verbreitet als zulässig angesehen wird.[80] Wo jedoch nach Ablauf der voraussichtlichen Nutzungsdauer (sogleich Rdn. 46) ein – im Verhältnis zum Abschreibungsausgangswert nicht nur unerheblicher – Veräußerungserlös mit Sicherheit zu erwarten ist, ist dieser *Restwert* bei der Bemessung des Abschreibungsvolumens zu berücksichtigen.[81]

46 **d) Abschreibungszeitraum.** Die voraussichtliche Nutzungsdauer des Anlagegegenstandes bestimmt den Abschreibungszeitraum. Sein *Beginn* wird durch die erstmalige Möglichkeit zur bestimmungsgemäßen Nutzung markiert; auf die tatsächliche Ingebrauchnahme kommt es nicht an.[82] Aus Vereinfachungsgründen ist es zulässig, die Abschreibung mit Beginn des Halbjahres erfolgen zu lassen, in dem der Gegenstand zugegangen ist (Halbjahresregel).[83] Das *Ende* der voraussichtlichen Nutzungsdauer ist vorsichtig zu prognostizieren, wobei es auf die Verhältnisse des individuellen Betriebes ankommt. Dabei wird der Abschreibungszeitraum durch die *technische Nutzungsmöglichkeit* des Anlagegegenstandes nach oben begrenzt. Maßgeblich ist jedoch die (regelmäßig kürzere) *wirtschaftliche Nutzungsdauer*, d. h. der Zeitraum, in dem der Gegenstand rentabel genutzt werden kann.[84] Zur näheren Bestimmung sind ggf. eigene Erfahrungswerte aus der Vergangenheit heranzuziehen. Die von der Finanzverwaltung veröffentlichten Abschreibungstabellen (*AfA-Tabellen*)[85] liefern Hinweise, entbinden jedoch nicht von der pflichtgemäßen Prüfung der betriebsindividuell zu erwartenden Nutzungsdauer.[86] Bei Vermögensgegenständen von geringem Wert nimmt die Praxis sowohl steuerrechtlich (§ 6 Abs. 2 EStG) als auch handelsrechtlich die Befugnis zur sofortigen Vollabschreibung im Jahr des Zugangs an, wobei die steuerrechtliche

---

[80] S. etwa ADS § 246 Rdn. 78; Bonner HdR-*Kupsch* § 246 Rdn. 11; HdR-*Kußmaul* § 246 Rdn. 2; WP-Handbuch I Tz. E 10. Für Zulässigkeit auch eines Ansatzes von Null etwa Beck BilKomm-*Hoyos/Schramm/Ring* § 253 Rdn. 223; HdJ-*Richter* II/1 Rdn. 231; wohl auch Bonner HdR-*Wohlgemuth* § 253 Rdn. 154.

[81] ADS § 253 Rdn. 415 ff; MünchKommHGB-*Ballwieser* § 253 Rdn. 23; HdR-*Döring* § 253 Rdn. 114; Beck BilKomm-*Hoyos/Schramm/Ring* § 253 Rdn. 223; HdJ-*Richter* II/1 Rdn. 229; *Winnefeld* Bilanz-Handbuch E 978; WP-Handbuch I Tz. E 289; Bonner HdR-*Wohlgemuth* § 253 Rdn. 154.2.

[82] HdR-*Döring* § 253 Rdn. 116; Beck BilKomm-*Hoyos/Schramm/Ring* § 253 Rdn. 224; HdJ-*Richter* II/1, Rdn. 232; Baumbach/Hueck/*Schulze-Osterloh* § 42 Rdn. 306 m. w. N.

[83] ADS § 253 Rdn. 441; KK-*Claussen/Korth* § 253 HGB Rdn. 31; HdR-*Döring* § 253 Rdn. 116; HdJ-*Richter* II/1, Rdn. 233; Baumbach/Hueck/*Schulze-Osterloh* § 42 Rdn. 306; *Wiedmann* BilanzR § 253 Rdn. 44 = Ebenroth/Boujong/Joost/*ders.* § 253 Rdn. 44; WP-Handbuch I Tz. E 290; Bonner HdR-*Wohlgemuth* § 253

Rdn. 154.20; zumindest für bewegliche Anlagegüter auch Beck BilKomm-*Hoyos/Schramm/Ring* § 253 Rdn. 276.

[84] ADS § 253 Rdn. 366 ff; MünchKommHGB-*Ballwieser* § 253 Rdn. 21; KK-*Claussen/Korth* § 253 HGB Rdn. 33 ff; HdR-*Döring* § 253 Rdn. 117 ff; Beck BilKomm-*Hoyos/Schramm/Ring* § 253 Rdn. 229 ff; Beck HdR-*Nordmeyer* B 212 Rdn. 144 ff; HdJ-*Richter* II/1, Rdn. 222 ff; *Wiedmann* BilanzR § 253 Rdn. 49 ff = Ebenroth/Boujong/Joost/*ders.* § 253 Rdn. 49 ff; WP-Handbuch I Tz. E 288; Bonner HdR-*Wohlgemuth* § 253 Rdn. 154.5 ff.

[85] Zu der ab 1.1.2001 geltenden neuen AfA-Tabelle für allgemein verwendbare Anlagegüter (BMF-Schreiben vom 15.12.2000, BGBl I S. 1532 ff; geänderte „Allgemeine Vorbemerkungen" gem. BMF-Schreiben vom 6.12.2001, WPg 2002, 46f) s. etwa *Hommel* BB 2001, 247 ff; zur Rechtsnatur der AfA-Tabellen *Starck* JZ 2001, 132 f.

[86] Zu weiteren, hier nicht zu erörternden Einzelheiten s. etwa ADS § 253 Rdn. 366 ff; Beck BilKomm-*Hoyos/Schramm/Ring* § 253 Rdn. 229 ff.

Wertgrenze (Anschaffungs- oder Herstellungskosten bis 800 DM bzw. 410 Euro) handelsrechtlich aber keine starre Obergrenze bildet; kurzlebige Anlagegegenstände (Nutzungsdauer bis zu einem Jahr) sowie solche mit Anschaffungs- oder Herstellungskosten bis 100 DM (vgl. R 31 Abs. 3 und R 40 Abs. 2 EStR 1999) brauchen nicht als Zugang behandelt, sondern können sogleich als Aufwand verrechnet werden.[87]

e) **Abschreibungsmethoden.** Das Abschreibungsvolumen (oben Rdn. 45) ist auf **47** den Abschreibungszeitraum (Rdn. 46) nach Maßgabe einer anerkannten, vorher festgelegten Abschreibungsmethode zu verteilen. Die *Wahl* der Abschreibungsmethode steht im Ermessen des Bilanzierungspflichtigen. Handelsrechtlich zulässig ist jede Abschreibungsmethode, die zu einer willkürfreien, dem tatsächlichen Verlauf des Wertverlustes nicht offenkundig widersprechenden Verteilung des Abschreibungsvolumens führt und dem Gebot periodengerechter Aufwandsabgrenzung gerecht wird.[88] Die einmal gewählte Bewertungsmethode unterliegt dem *Stetigkeitsgebot* nach § 252 Abs. 1 Nr. 6, das auch für Neuzugänge art- und funktionsgleicher Vermögensgegenstände gilt (näher § 252, 45);[89] zum freiwilligen Wechsel der Abschreibungsmethode s. Rdn. 58.

Unter den verschiedenen Abschreibungsmethoden[90] haben die diversen Verfahren **48** der **Zeitabschreibung** die mit Abstand größte Bedeutung. Bei ihnen wird das Abschreibungsvolumen zu jeweils *fixen* Abschreibungsbeträgen entsprechend dem Zeitablauf auf den Abschreibungszeitraum verteilt (sogleich Rdn. 49 ff und das Berechnungsbeispiel Rdn. 55). Davon zu unterscheiden ist die **Leistungsabschreibung** als *variable* Abschreibung, die an die Beanspruchung des Anlagegegenstandes anknüpft; ihr vergleichbar ist die **Abschreibung für Substanzverringerung** (Rdn. 56).

aa) **Zeitabschreibung.** Der bei der Zeitabschreibung fixe Abschreibungsbetrag **49** pro Jahr kann seinerseits wiederum nach verschiedenen Methoden ermittelt werden. Bei der in der Praxis verbreiteten und rechnerisch einfachen **linearen Abschreibung** vollzieht sich die *Abschreibung in gleichbleibenden Jahresbeträgen* (s. das Berechnungsbeispiel Rdn. 55). Diese werden ermittelt, indem die Anschaffungs- oder Herstellungskosten (ggf. vermindert um den am Ende des Abschreibungszeitraums verbliebenen Restwert) durch die Zahl der Nutzungsjahre dividiert werden. **Steuerrechtlich** ist die lineare AfA nach Maßgabe von § 7 Abs. 1 und 4 EStG zulässig, doch wird der mit ihr unterstellte kontinuierliche Entwertungsverlauf der tatsächlichen Wertminderung oftmals nicht gerecht.

---

[87] Zum Ganzen ADS § 253 Rdn. 410 ff; HdR-*Döring* § 253 Rdn. 127; Blümich/*Ehmcke* EStG § 6 Rdn. 1100 ff; Schmidt/*Glanegger* EStG § 6 Rdn. 455 ff; *Baumbach/Hopt* § 253 Rdn. 12; Beck BilKomm-*Hoyos/Schramm/Ring* § 253 Rdn. 250; Herrmann/Heuer/Raupach/*Kleinle* EStG § 6 Rdn. 1249 ff; *Knobbe-Keuk* § 5 X (S. 237 ff); Beck HdR-*Nordmeyer* B 212 Rdn. 106; HdJ-*Richter* II/1 Rdn. 239; Baumbach/Hueck/*Schulze-Osterloh* § 42 Rdn. 301 a, 310, 318; Kirchhof/Söhn/*Werndl* EStG § 6 Rdn. I 1 ff; Bonner HdR-*Wohlgemuth* § 253 Rdn. 154.127 ff je m. w. N.

[88] ADS § 253 Rdn. 384 ff; KK-*Claussen/Korth* § 253 HGB Rdn. 58; HdR-*Döring* § 253 Rdn. 122; Beck BilKomm-*Hoyos/Schramm/Ring* § 253 Rdn. 238 f; *Knobbe-Keuk* § 5 V 2a (S. 188 f); *Kropff* in Geßler/Hefermehl/Eckardt/Kropff § 154 Rdn. 13; HdJ-*Richter* II/1, Rdn. 216; Baum-

bach/Hueck/*Schulze-Osterloh* § 42 Rdn. 307; Heymann/*Walz* § 253 Rdn. 62 ff; Bonner HdR-*Wohlgemuth* § 253 Rdn. 154.24.

[89] Zu den Konsequenzen für die Wahl der Abschreibungsmethode s. etwa Bonner HdR-*Wohlgemuth* § 253 Rdn. 154.60 ff.

[90] S. dazu etwa die Darstellungen (teilweise mit Berechnungsbeispielen) bei ADS § 255 Rdn. 384 ff; MünchKommHGB-*Ballwieser* § 253 Rdn. 33 ff; KK-*Claussen/Korth* § 253 HGB Rdn. 51 ff; HdR-*Döring* § 253 Rdn. 122 ff; Blümich/*Ehmcke* EStG § 7 Rdn. 410 ff; *Glade* § 253 Rdn. 236 ff, 340 ff; Beck BilKomm-*Hoyos/Schramm/Ring* § 253 Rdn. 238 ff; *Knobbe-Keuk* § 5 V 2c (S. 190 ff); Beck HdR-*Nordmeyer* B 212 Rdn. 153 ff; HdJ-*Richter* II/1, Rdn. 217 ff; Baumbach/Hueck/*Schulze-Osterloh* § 42 Rdn. 307; Bonner HdR-*Wohlgemuth* § 253 Rdn. 154.24 ff.

50   Realistischer wird der Entwertungsverlauf deshalb häufig durch eine *Abschreibung in fallenden Jahresbeträgen* widergespiegelt, die sog. degressive Abschreibung. Bei der **geometrisch-degressiven Abschreibung** werden die jährlichen Abschreibungsquoten als fester Prozentsatz des sich nach jährlicher Abschreibung ergebenden Restbuchwertes ermittelt (deshalb auch die Bezeichnung „Buchwertabschreibung").[91]

51   Freilich führt die geometrische Reihe niemals zu einem Restwert von „Null" (s. das Beispiel Rdn. 55). Um am Ende des Abschreibungszeitraums einen realistischen Restwert zu erreichen, müßte vielfach ein unrealistischer Abschreibungsprozentsatz gewählt werden.[92] Steuerrechtlich würde dem schon § 7 Abs. 2 EStG entgegenstehen, wonach der Abschreibungsprozentsatz bei der degressiven Abschreibung (die nur bei beweglichen Wirtschaftsgütern zugelassen wird) nunmehr höchstens das Doppelte (bislang: Dreifache) des bei linearer Abschreibung in Betracht kommenden Hundertsatzes betragen und zudem nicht höher als 20 % (bislang: 30 %) sein darf.[93] Es ist deshalb üblich und zulässig, **im Abschreibungsverlauf von der degressiven zur linearen Abschreibung** überzugehen. Da in der Regel eine Vorverlagerung des Abschreibungsaufwands angestrebt wird, vollzieht man jenen Übergang typischerweise in dem Jahr, in dem der Abschreibungsbetrag bei linearer Abschreibung den bei fortgeführter degressiver Abschreibung übersteigt (s. das Beispiel Rdn. 55).[94] Ist dieser Übergang, der auch **steuerrechtlich** anerkannt wird (§ 7 Abs. 3 S. 1 und 2 EStG),[95] im Abschreibungsplan von vornherein vorgesehen, liegt darin keine Änderung der Bewertungsmethode i. S. v. § 252 Abs. 2; die Kombination aus geometrisch-degressiver und linearer Abschreibung ist vielmehr als eigenständige Abschreibungsmethode anzuerkennen.[96]

52   Vom geometrisch-degressiven Verfahren ist die **arithmetisch-degressive Abschreibung** zu unterscheiden. Bei ihr vermindern sich die jährlichen Abschreibungsbeträge stets um den gleichen (absoluten) Betrag, die Differenz zwischen den jährlichen Abschreibungsbeträgen bleibt also jeweils gleich hoch. Wichtigste Ausprägungsform der arithmetisch-degressiven Abschreibung ist die **digitale Abschreibung**. Hier entspricht der Abschreibungsbetrag des letzten Jahres dem Betrag, um den die jährlichen Abschreibungsbeträge jeweils sinken;[97] auf diese Weise wird ein Restbuchwert von „Null" erreicht (s. das Beispiel Rdn. 55). Die arithmetisch-degressive Abschreibung wird **steuerrechtlich** nicht (mehr) anerkannt und ist deshalb auch in der handelsrechtlichen Praxis nur noch wenig verbreitet.

53   Eine besondere Form der degressiven Abschreibung ist schließlich die **Abschreibung in fallenden Staffelsätzen**. Bei ihr wird die Nutzungsdauer des Anlagegegenstandes in verschiedene Teilabschnitte (Staffeln) unterteilt; innerhalb der jeweiligen Staffeln wird zu einem jeweils gleichen Prozentsatz abgeschrieben. Als Beispiel sei auf

---

[91] „Mathematisches Rüstzeug" für die geometrisch-degressive Abschreibung vermittelt *Bürger* DB 1980, 608 f.

[92] Die geometrisch-degressive Methode bietet sich aber gerade dort an, wo nur bis zu einem bestimmten Restwert abgeschrieben werden soll; s. dazu und zur einschlägigen Berechnungsformel Bonner HdR-*Wohlgemuth* § 253 Rdn. 154.34.

[93] So §§ 7 Abs. 2, 52 Abs. 21a EStG i. d. F. d. Steuersenkungsgesetzes vom 23. 10. 2000 (BGBl I S. 1433) für nach dem 31. 12. 2000 angeschaffte oder hergestellte Wirtschaftsgüter.

[94] Berechnungsformel bei *Bürger* DB 1980, 608, 609.

[95] S. dazu etwa Blümich/*Ehmcke* EStG § 7 Rdn. 445 ff; Beck BilKomm-*Hoyos/Schramm/Ring* § 253 Rdn. 243.

[96] IDW-HFA Stellungnahme 3/1997: Zum Grundsatz der Bewertungsstetigkeit, Ziff. 2 a. E. (WPg 1997, 540, 541); ADS § 253 Rdn. 398; KK-*Claussen/Korth* § 253 HGB Rdn. 64; Beck BilKomm-*Hoyos/Schramm/Ring* § 253 Rdn. 247; Beck HdR-*Nordmeyer* B 212 Rdn. 134; WP-Handbuch I Tz. E 286.

[97] Berechnungsformel bei *Schnepper* DB 1982, 924, 925; Bonner HdR-*Wohlgemuth* § 253 Rdn. 154.35.

die **steuerrechtliche** Abschreibung in fallenden Staffelsätzen für Wohngebäude nach Maßgabe von § 7 Abs. 5 EStG sowie für ihnen gleichgestellte Objekte nach § 7 Abs. 5a EStG verwiesen.

Die *Zeitabschreibung in steigenden Jahresbeträgen* (**progressive Abschreibung**) ist **54** handelsrechtlich nur in wenigen Ausnahmefällen zulässig, weil sie dem tatsächlichen Entwertungsverlauf in der Regel gerade widerspricht. Ausnahmen sind allenfalls bei Investitionsprojekten denkbar, die (wie Großanlagen) eine beträchtliche Anlaufzeit bis zur vollen Nutzung haben.[98] **Steuerrechtlich** ist die progressive Zeitabschreibung nicht anerkannt.

Im folgenden **Berechnungsbeispiel** wird ein zu Jahresbeginn zu Anschaffungs- **55** kosten (AK) in Höhe von 60 000 Euro erworbener Vermögensgegenstand über 10 Jahre abgeschrieben. Die Tabelle weist die jeweiligen Abschreibungsbeträge (AB_n) und Buchwerte (BW_n) aus, die sich bei linearer Abschreibung, bei geometrisch-degressiver Abschreibung zu jährlich 20 % (ergänzend: mit Übergang zur linearen Methode) sowie in der digitalen Variante der arithmetisch-degressiven Abschreibung ergeben.

	lineare Abschreibung	geometrisch-degressive Abschreibung	geometrisch-degressive Abschreibung mit Übergang zur linearen Methode	arithmetisch-degressive Abschreibung (digitale Variante)
AK	60 000	60 000		60 000
AB_1	6 000	./. 20 % 12 000		10 910
BW_1	54 000	48 000		49 090
AB_2	6 000	9 600		9 819
BW_2	48 000	38 400		39 271
AB_3	6 000	7 680		8 728
BW_3	42 000	30 720		30 543
AB_4	6 000	6 144		7 637
BW_4	36 000	24 576		22 906
AB_5	6 000	4 915		6 546
BW_5	30 000	19 661		16 360
AB_6	6 000	3 932		5 455
BW_6	24 000	15 729	15 729	10 905
AB_7	6 000	3 146	3 932	4 364
BW_7	18 000	12 583	11 797	6 541
AB_8	6 000	2 517	3 932	3 273
BW_8	12 000	10 066	7 865	3 268
AB_9	6 000	2 013	3 932	2 182
BW_9	6 000	8 053	3 933	1 086
AB_{10}	6 000	8 053	3 933	1 086
BW_{10}	0	0	0	0

---

[98] Näher ADS § 253 Rdn. 401 ff; Beck BilKomm-*Hoyos/Schramm/Ring* § 253 Rdn. 246.

Detlef Kleindiek

56   **bb) Leistungsabschreibung.** Von den verschiedenen Methoden der Zeitabschreibung ist die Leistungsabschreibung zu unterscheiden. Bei ihr werden die jährlichen *Abschreibungsbeträge variabel* je nach in der Abrechnungsperiode angefallener Leistungseinheit (z. B. Stückzahl der Produktion, Maschinenlaufstunden, km-Leistung bei Kfz usw.) bemessen.[99] **Steuerrechtlich** ist diese Abschreibungsform nach Maßgabe von § 7 Abs. 1 S. 5 EStG sowie in der Sonderform der Absetzung für Substanzverringerung (§ 7 Abs. 6 EStG) zulässig. Handelsrechtlich kommen auch Kombinationsformen zwischen leistungsbedingter und linearer Abschreibung vor.[100]

57   **f) Änderungen des Abschreibungsplans** sind geboten, wenn sich im Abschreibungsverlauf die Bemessungsgrundlage für die planmäßige Abschreibung ändert; so löst beispielsweise schon jede außerplanmäßige Abschreibung Berichtigungsbedarf hinsichtlich der (weiteren) planmäßigen Abschreibungen aus.[101] Stellt sich heraus, daß die voraussichtliche **Nutzungsdauer** des Anlagegegenstandes erheblich **zu lang** bemessen worden war, wird verbreitet eine Korrektur in der Weise befürwortet, daß der noch nicht abgeschriebene Restbuchwert nach geändertem Abschreibungsplan auf die neu festgesetzte Restnutzungsdauer verteilt wird. Eine außerplanmäßige Abschreibung auf den Wert, der sich bei von vornherein richtig eingeschätzter Nutzungsdauer ergeben hätte, wird dabei nur unter den Voraussetzungen von § 253 Abs. 2 S. 3 als zulässig angesehen.[102] Jedoch kann die Fehleinschätzung der Nutzungsdauer zur Überbewertung in der Vergangenheit und in der Folge zur Nichtigkeit der zurückliegenden Jahresabschlüsse geführt haben, die deshalb berichtigt werden müssen.[103] War die **Nutzungsdauer zu kurz** bemessen, so werden mit Beibehaltung der planmäßigen Abschreibung stille Bewertungsreserven gelegt. Jedenfalls außerhalb des Anwendungsbereichs von Abs. 4 sprechen deshalb die besseren Gründe für eine Verpflichtung, den noch nicht abgeschriebenen Restbuchwert auf die nunmehr korrigierte Restnutzungsdauer zu verteilen.[104]

58   **Freiwillige Änderungen der Abschreibungsmethode** sind als Durchbrechungen des Gebots der Bewertungsstetigkeit (§ 252 Abs. 1 Nr. 6) nach § 252 Abs. 2 nur in begründeten Ausnahmefällen erlaubt; zu den hier anzulegenden Maßstäben s. § 252, 47. Zum Zwecke der (bilanzpolitisch motivierten) Ergebnisgestaltung sind solche Planänderungen *nicht* zulässig. Kapitalgesellschaften und gleichgestellte Unternehmen haben Methodenänderungen im Anhang anzugeben und zu begründen (§ 284 Abs. 2 Nr. 3).[105]

---

[99] S. etwa ADS § 253 Rdn. 404 ff; Beck BilKomm-*Hoyos/Schramm/Ring* § 253 Rdn. 245.

[100] ADS § 253 Rdn. 407 ff.

[101] Zusammenstellung der denkbaren Ursachen notwendiger Planänderungen bei ADS § 253 Rdn. 421 ff; Beck BilKomm-*Hoyos/Schramm/Ring* § 253 Rdn. 260 ff; s. auch noch *Breidert* Grundsätze S. 16 ff.

[102] In diesem Sinne etwa ADS § 253 Rdn. 423 ff; Beck BilKomm-*Hoyos/Schramm/Ring* § 253 Rdn. 262; HdJ-*Richter* II/1, Rdn. 237; WP-Handbuch I Tz. E 292; Bonner HdR-*Wohlgemuth* § 253 Rdn. 154.52.

[103] Dazu Baumbach/Hueck/*Schulze-Osterloh* § 42 Rdn. 308.

[104] In diesem Sinne Baumbach/Hueck/*Schulze-Osterloh* § 42 Rdn. 308; zustimmend *Hennrichs* Wahlrechte S. 299; sehr viel großzügiger ADS § 253 Rdn. 438; HdR-*Döring* § 253 Rdn. 131 f; Bonner HdR-*Wohlgemuth* § 253 Rdn. 154.53 f; tendenziell auch Beck BilKomm-*Hoyos/Schramm/Ring* § 253 Rdn. 260; unter Berufung auf das Vorsichtsprinzip gegen die Zulässigkeit einer Planänderung in solchen Fällen *Breidert* Grundsätze S. 28 f.

[105] S. zum Ganzen auch ADS § 253 Rdn. 435 ff; Beck BilKomm-*Hoyos/Schramm/Ring* § 253 Rdn. 270 ff.

3. Außerplanmäßige Abschreibungen auf die niedrigeren Stichtagswerte (Abs. 2 S. 3)

a) **Übersicht.** Bei allen Vermögensgegenständen des Anlagevermögens – einerlei, **59** ob ihre Nutzung zeitlich begrenzt ist oder nicht – können oder müssen Abschreibungen vorgenommen werden, um die Vermögensgegenstände mit dem **niedrigeren Wert** anzusetzen, der ihnen **am Abschlußstichtag** beizulegen ist. Im Falle einer voraussichtlich *dauernden* Wertminderung *müssen* solche Abwertungen vorgenommen werden. Bei nur *vorübergehender* Wertminderung besteht ein *Wahlrecht* zur außerplanmäßigen Abschreibung auf den niedrigeren Stichtagswert. Die Regelung des **Abs. 2 S. 3** wird deshalb als **gemildertes Niederstwertprinzip** umschrieben (s. schon Rdn. 3).

Kapitalgesellschaften und ihnen nach § 264a gleichgestellte Personenhandels- **60** gesellschaften haben die Möglichkeit zur Abschreibung wegen vorübergehender Wertminderung nur in den engeren Grenzen des § 279 Abs. 1 S. 2. Nach § 277 Abs. 3 S. 1 haben sie die außerplanmäßigen Abschreibungen auf den niedrigeren Stichtagswert in der Gewinn- und Verlustrechnung gesondert auszuweisen oder im Anhang anzugeben. Näher zur Systematik der gesetzlichen Regelung schon oben Rdn. 3 ff.

Der außerplanmäßigen Abschreibung auf den niedrigeren Stichtagswert entspricht **61** **steuerrechtlich** die Abschreibung auf den niedrigeren Teilwert (Teilwertabschreibung) nach näherer Bestimmung von § 6 Abs. 1 EStG bzw. die Absetzung für außergewöhnliche technische oder wirtschaftliche Abnutzung gem. § 7 Abs. 1 S. 6 EStG. Aufgrund des Steuerentlastungsgesetzes 1999/2000/2002 vom 24. 3. 1999 (BGBl I S. 402) ist die Teilwertabschreibung ab dem Wirtschaftsjahr, das nach dem 31. 12. 1998 endet, nur noch bei voraussichtlich dauernder Wertminderung zulässig; das gilt für das Anlage- wie das Umlaufvermögen gleichermaßen (§ 6 Abs. 1 Nr. 1 S. 2/Nr. 2 S. 2 EStG).[106]

b) **Ermittlung des „niedrigeren Wertes".** Nach der Formulierung in Abs. 2 S. 3 **62** kann oder muß die außerplanmäßige Abschreibung auf den „niedrigeren Wert" vorgenommen werden, der den Anlagegegenständen „am Abschlußstichtag beizulegen ist". **Vergleichswert** sind die Anschaffungs- oder Herstellungskosten des Vermögensgegenstandes, ggf. vermindert um alle in den vorangegangenen Geschäftsjahren bereits vorgenommenen Abschreibungen und ggf. erhöht um die in den Vorjahren vorgenommenen Zuschreibungen; bei den abnutzbaren Anlagegegenständen ist dieser Buchwert zudem um den planmäßigen Abschreibungsbetrag des aktuellen Geschäftsjahres zu kürzen.[107]

Dem so berechneten Vergleichswert ist der ggf. **niedrigere Stichtagswert** gegen- **63** über zu stellen, über dessen konkrete Ermittlung das Gesetz freilich keine Aussage trifft. Er ist unter Beachtung des Vorsichtsprinzips (§ 252 Abs. 1 Nr. 4) und im Interesse eines zutreffenden Ausweises des Schuldendeckungspotentials des Unternehmens zu bestimmen, wobei alle Gegebenheiten des Einzelfalls zu berücksichtigen sind.[108] Je

---

[106] Zu Einzelheiten der steuerrechtlichen Regelung s. etwa Beck BilKomm-*Clemm/Erle* § 253 Rdn. 12a ff, 297 ff, 532a ff; Schmidt/*Glanegger* EStG § 6 Rdn. 215 ff; *Köster/Patt/Wendt/Wischmann* in Herrmann/Heuer/Raupach EStG (Steuerreform 1999/2000/2002) § 6 Rdn. R 41 ff; *Loitz/Winnacker* DB 2000, 2229 ff; WP-Handbuch I Tz. E 309 ff.

[107] S. etwa ADS § 253 Rdn. 453; HdR-*Döring* § 253 Rdn. 147; Beck BilKomm-*Hoyos/Schramm/ Ring* § 253 Rdn. 286.

[108] S. hierzu und zum Folgenden etwa ADS § 253 Rdn. 454 ff; *Breidert* Grundsätze S. 22 ff, 51 ff; HdR-*Döring* § 253 Rdn. 148 ff; Beck BilKomm-*Hoyos/Schramm/Ring* § 253 Rdn. 287 ff; Beck HdR-*Nordmeyer* B 212 Rdn. 169 ff; Baumbach/Hueck/*Schulze-Osterloh* § 42 Rdn. 309; Bonner HdR-*Wohlgemuth* § 253 Rdn. 154.109 ff.

nach Art des zu bewertenden Anlagegegenstandes sind verschiedene **Hilfswerte** heranzuziehen, wobei die Praxis der steuerrechtlichen Teilwertermittlung Anhaltspunkte liefern kann.[109] Auszugehen ist vom *Wiederbeschaffungswert*;[110] bei Anlagegegenständen, die zur alsbaldigen Veräußerung bestimmt sind, sowie für die Bewertung stillgelegter Anlagen ist auf den *Einzelveräußerungswert* abzustellen.[111] Wo sich in Ermangelung eines entsprechenden Marktes weder ein Wiederbeschaffungs- noch ein Einzelveräußerungswert bestimmen läßt (insbesondere bei Patenten, Lizenzen und Beteiligungen), kann nur der *Ertragswert* als Hilfsgröße herangezogen werden.[112] **Maßgeblicher Zeitpunkt** für die Wertermittlung sind die Verhältnisse zum Abschluß-stichtag, wobei wertaufhellende Umstände (s. zum Begriff § 252, 16) zu berücksichtigen sind.[113]

64   c) **Abschreibungspflicht bei voraussichtlich dauernder Wertminderung.** Bei voraussichtlich *dauernder* Wertminderung des Anlagegegenstandes ist die Abschreibung auf den niedrigeren Stichtagswert *zwingend* geboten (Abs. 2 S. 3, 2. HS); bei lediglich vorübergehender Wertminderung besteht hingegen ein Abschreibungswahlrecht (Abs. 2 S. 3, 1. HS). Vor dem Hintergrund des Vorsichtsprinzips (§ 252 Abs. 1 Nr. 4) ist von einer dauernden Wertminderung auszugehen, sofern nicht begründeter Anlaß für die Annahme einer nur vorübergehenden Wertminderung besteht.[114] Dabei sind strenge Maßstäbe bei Anlagegegenständen anzulegen, deren Nutzung nicht zeitlich beschränkt ist und die deshalb nicht schon der planmäßigen Abschreibung unterliegen. Bei abnutzbaren Vermögensgegenständen des Anlagevermögens wird eine dauernde Wertminderung nur dann angenommen, wenn der niedrigere Stichtagswert voraussichtlich während eines erheblichen Teils der Restnutzungsdauer (Richtwert: die Hälfte der verbleibenden Nutzungsdauer) unter dem planmäßigen Restbuchwert liegt.[115] Bei den abnutzbaren Anlagegegenständen hat das Abschreibungswahlrecht nach Abs. 2 S. 3, 1. HS (sogleich Rdn. 65) seinen zentralen Stellenwert, weil ein vorübergehendes Absinken des Stichtagswertes unter den fortgeführten Buchwert häufig abschreibungsplanimmanent ist und fortlaufende Anpassungen des Abschreibungsplans gerade vermieden werden sollen.[116]

65   d) **Abschreibungswahlrecht bei nur vorübergehender Wertminderung.** Bei nur *vorübergehenden* Wertminderungen besteht nach Abs. 2 S. 3, 1. HS ein *Abschreibungswahlrecht*; zur Abgrenzung der nur vorübergehenden von den dauerhaften Wertminderungen s. oben Rdn. 64. Bei *Kapitalgesellschaften* und ihnen nach § 264a gleich-

---

[109] ADS § 253 Rdn. 471; Beck BilKomm-*Hoyos/Schramm/Ring* § 253 Rdn. 287; Heymann/*Walz* § 253 Rdn. 71.

[110] Zu den Modalitäten seiner Ermittlung ADS § 253 Rdn. 457 ff; Bonner HdR-*Wohlgemuth* § 253 Rdn. 154.110 ff.

[111] ADS § 253 Rdn. 469 ff; Beck BilKomm-*Hoyos/Schramm/Ring* § 253 Rdn. 289; HdJ-*Richter* II/1, Rdn. 255; Bonner HdR-*Wohlgemuth* § 253 Rdn. 154.115 f.

[112] ADS § 253 Rdn. 464 ff; HdR-*Döring* § 253 Rdn. 151; Beck BilKomm-*Hoyos/Schramm/Ring* § 253 Rdn. 290; Bonner HdR-*Wohlgemuth* § 253 Rdn. 154.117 ff.

[113] Beck BilKomm-*Hoyos/Schramm/Ring* § 253 Rdn. 293 f.

[114] ADS § 253 Rdn. 476; KK-*Claussen/Korth* § 253 HGB Rdn. 70; Beck BilKomm-*Hoyos/*

Schramm/Ring § 253 Rdn. 296; *Wiedmann* BilanzR § 253 Rdn. 66 = Ebenroth/Boujong/Joost/*ders.* § 253 Rdn. 66.

[115] Im Ansatz übereinstimmend, wenn auch mit Unterschieden im Detail, ADS § 253 Rdn. 477; HdR-*Döring* § 253 Rdn. 154 f; Schmidt/*Glanegger* EStG § 6 Rdn. 218; Beck BilKomm-*Hoyos/Schramm/Ring* § 253 Rdn. 295; HdJ-*Richter* II/1 Rdn. 259; Bonner HdR-*Wohlgemuth* § 253 Rdn. 154.124 f; deutlich restriktiver Beck HdR-*Mellwig* B 164 Rdn. 164; *Wiedmann* BilanzR § 253 Rdn. 69 = Ebenroth/Boujong/Joost/*ders.* § 253 Rdn. 69: Pflichtabschreibung wegen dauernder Wertminderung schon immer dann, wenn bis zum Zeitpunkt der Bilanzerstellung noch keine Werterholung eingetreten ist.

[116] Heymann/*Walz* § 253 Rdn. 82 m. N.

gestellte Personenhandelsgesellschaften wird das Wahlrecht jedoch durch § 279 Abs. 1 S. 2 eingeschränkt. Es besteht nur hinsichtlich der Finanzanlagen; bei vorübergehenden Wertminderungen sonstiger Vermögensgegenstände des Anlagevermögens sind außerplanmäßige Abschreibungen hingegen unzulässig; s. dazu § 279, 5 (*Hüttemann*). Zur (Nicht-)Geltung des Stetigkeitsgrundsatzes aus § 252 Abs. 1 Nr. 6 s. § 252, 43.

V. Abschreibungen bei Vermögensgegenständen des Umlaufvermögens (Abs. 3)

1. Übersicht

Bei Vermögensgegenständen des Umlaufvermögens gibt es planmäßige Abschrei- **66** bungen nicht. Hier sind Abschreibungen in erster Linie vorzunehmen, um die Vermögensgegenstände mit einem niedrigeren Wert anzusetzen, der ihnen am Abschlußstichtag beizulegen ist (Abs. 3 S. 1 und 2). Unter diesen Voraussetzungen besteht ein zwingendes Abschreibungsgebot; für Vermögensgegenstände des Umlaufvermögens gilt deshalb das sog. **strenge Niederstwertprinzip** (s. schon oben Rdn. 4). Im übrigen dürfen nach Abs. 3 S. 3 weitere Abschreibungen wegen künftiger Wertschwankungen vorgenommen werden (dazu Rdn. 75 ff). S. zur Systematik der gesetzlichen Regelung schon oben Rdn. 3 ff. Zur *steuerrechtlichen Teilwertabschreibung* s. Rdn. 61.

2. Abschreibungen auf den niedrigeren Stichtagswert (Abs. 3 S. 1 und 2)

a) Grundlagen. Bei den Vermögensgegenständen des Umlaufvermögens entsteht **67** ein **Abschreibungsbedarf** immer dann und insoweit, als der „Stichtagswert" des Vermögensgegenstandes unter den Einstandswert der Anschaffungs- oder Herstellungskosten (dazu oben Rdn. 8 ff) – bzw. unter den Buchwert nach vorausgegangenen Abschreibungen in den Vorjahren – gesunken ist. Für die *Bestimmung des niedrigeren Stichtagswertes* stellt Abs. 3 S. 1 auf den Börsen- oder Marktpreis am Abschlußstichtag ab. Ist ein Börsen- oder Marktpreis nicht festzustellen, so ist nach Abs. 3 S. 2 auf den niedrigeren (Zeit-)Wert abzuschreiben, der den Vermögensgegenständen am Abschlußstichtag beizulegen ist. Ob für die Ermittlung des Börsen- oder Marktpreises nach S. 1 (dazu Rdn. 68) bzw. des beizulegenden Wertes nach S. 2 (Rdn. 69) auf den Absatz- oder den Beschaffungsmarkt (ggf. auf beide Märkte) abzustellen ist, bleibt in der gesetzlichen Regelung offen (Rdn. 70 ff).

b) Aus dem Börsen- oder Marktpreis abgeleiteter niedrigerer Wert (S. 1). *Bör-* **68** *senpreis* ist der an einer amtlich anerkannten Börse (ggf. im Freiverkehr) festgestellte Kurs an eben dem Börsenplatz, an dem die zu bewertenden Vermögensgegenstände mutmaßlich an- bzw. verkauft werden; dies kann auch ein ausländischer Börsenplatz sein.[117] *Marktpreis* ist derjenige Preis, der für Waren einer bestimmten Gattung durchschnittlicher Art und Güte an einem bestimmten Handelsplatz zu einer bestimmten Zeit im Durchschnitt erzielt wird.[118] Der niedrigere Wert i. S. v. S. 1 ist aus dem Börsen- oder Marktpreis *abzuleiten*; es sind also – je nach Maßgeblichkeit von Beschaffungs- oder Absatzmarkt (dazu sogleich unten Rdn. 70 ff) – die üblichen Anschaf-

---

[117] ADS § 253 Rdn. 504 ff; KK-*Claussen/Korth* § 253 HGB Rdn. 85; Beck BilKomm-*Ellrott/ Scherer* § 253 Rdn. 511; Bonner HdR-*Wohlgemuth* § 253 Rdn. 319 f; HdJ-*ders.* I/11, Rdn. 9 ff.

[118] ADS § 253 Rdn. 508; HdR-*Döring* § 253 Rdn. 162; Beck BilKomm-*Ellrott/Scherer* § 253

Rdn. 512; Baumbach/Hueck/*Schulze-Osterloh* § 42 Rdn. 313; Bonner HdR-*Wohlgemuth* § 253 Rdn. 323 f.

fungsnebenkosten hinzuzurechnen (bei Orientierung am Beschaffungsmarkt) bzw. die üblichen Verkaufskosten abzuziehen (bei Anknüpfung an den Absatzmarkt).[119] Liegt bei *Kursschwankungen* der Stichtagskurs erheblich über dem allgemeinen Kurs oder dem Durchschnittskurs, ist ggf. auf einen mittleren Kurs abzuschreiben. Bei einem unter das allgemeine Kursniveau gesunkenen Stichtagskurs ist jedoch eine Abschreibung auf den Stichtagswert vorzunehmen; ein „Aufschlag" mit der Folge der Abschreibung lediglich auf den mittleren Kurs würde dem Vorsichtsprinzip (§ 252 Abs. 1 Nr. 4) widersprechen.[120]

69 c) **Beizulegender Wert i. S. v. S. 2.** Vermögensgegenstände des Umlaufvermögens, für die ein Börsen- oder Marktpreis nicht festzustellen ist, sind nach Abs. 3 S. 2 auf den am Abschlußstichtag beizulegenden (Zeit-)Wert abzuschreiben, wenn dieser die Anschaffungs- oder Herstellungskosten unterschreitet. Die Ermittlung des in diesem Sinne beizulegenden Werts bestimmt sich bei Ableitung aus dem Absatzmarkt nach dem *Verkaufswert*, bei Anknüpfung an den Beschaffungsmarkt (näher sogleich Rdn. 70 ff) nach dem *Wiederbeschaffungswert*.[121]

70 d) **Beschaffungs- oder Absatzmarkt.** Die nähere Bestimmung des aus dem Börsen- oder Marktpreis abgeleiteten niedrigeren Wertes i. S. v. S. 1 sowie des beizulegenden Wertes i. S. v. S. 2 hängt maßgeblich davon ab, ob auf die *Verhältnisse am Absatzmarkt oder am Beschaffungsmarkt* abzustellen ist. Die Entscheidung dieser seit Jahrzehnten kontrovers diskutierten Frage war schon vom Gesetzgeber des AktG 1965 (dort § 155 Abs. 2) den Grundsätzen ordnungsmäßiger Buchführung überlassen worden;[122] sie hat auch durch das BiRiLiG keine gesetzliche Klärung erfahren. In den zurückliegenden Jahrzehnten hat sich eine nach wie vor **herrschende Meinung** herausgebildet, die sowohl beschaffungsmarkt- als auch absatzmarktorientiert bewertet und dabei wie folgt **differenziert**:[123] Der *Absatzmarkt* ist maßgeblich für unfertige und fertige Erzeugnisse sowie unfertige Leistungen; ebenso für Überbestände an Roh-, Hilfs- und Betriebsstoffen. Auf den *Beschaffungsmarkt* wird abgestellt für Roh-, Hilfs- und Betriebsstoffe sowie für unfertige und fertige Erzeugnisse, für die auch ein Fremdbezug möglich ist.[124] Die (doppelte) *Maßgeblichkeit sowohl von Absatz- als auch Beschaffungsmarkt* mit der Folge der Berücksichtigung des jeweils niedrigeren Wertes wird für Handelswaren sowie für Überbestände an unfertigen und fertigen Erzeugnissen befürwortet.

---

[119] ADS § 253 Rdn. 510; Beck BilKomm-*Ellrott/Scherer* § 253 Rdn. 513; *Wiedmann* BilanzR § 253 Rdn. 75 = Ebenroth/Boujong/Joost/*ders.* § 253 Rdn. 75; WP-Handbuch I Tz. E 328; Bonner HdR-*Wohlgemuth* § 253 Rdn. 322, 324.

[120] Zum Ganzen näher ADS § 253 Rdn. 511 ff; HdR-*Döring* § 253 Rdn. 165; Beck BilKomm-*Ellrott/Scherer* § 253 Rdn. 514; Baumbach/Hueck/*Schulze-Osterloh* § 42 Rdn. 313; WP-Handbuch I Tz. E 329; Bonner HdR-*Wohlgemuth* § 253 Rdn. 321; HdJ-*ders.* I/11, Rdn. 13; grundsätzlich ablehnend gegenüber einer Korrektur der Stichtagskurse mit Hinweis auf Zufallskurse aber MünchKommHGB-*Ballwieser* § 253 Rdn. 59.

[121] Weiterführend ADS § 253 Rdn. 513 ff; HdR-*Döring* § 253 Rdn. 163; Beck BilKomm-*Ellrott/Scherer* § 253 Rdn. 515; Heymann/*Walz* § 253 Rdn. 97 ff; WP-Handbuch I Tz. E 330; Bonner HdR-*Wohlgemuth* Rdn. 325 ff; HdJ-*ders.* I/11, Rdn. 16 ff.

[122] S. nur *Kropff* in Geßler/Hefermehl/Eckardt/Kropff § 155 Rdn. 41 ff.

[123] In diesem Sinne (mit gewissen Unterschieden im Detail) etwa ADS § 253 Rdn. 488 ff; KK-*Claussen/Korth* § 253 HGB Rdn. 87; Beck HdR-*Disselkamp* B 214 Rdn. 354; HdR-*Döring* § 253 Rdn. 166 ff; Beck BilKomm-*Ellrott/Scherer* § 253 Rdn. 516 ff; *Knobbe-Keuk* § 5 V 3 a (S. 198); *Kusterer* in Heidelberger Kommentar z. HGB (1999⁵) § 253 Rdn. 39 ff; GK-HGB-*Marsch-Barner* § 253 Rdn. 25 f; WP-Handbuch I Tz. E 327; Bonner HdR-*Wohlgemuth* § 253 Rdn. 334.

[124] Für Wertpapiere, die zur alsbaldigen Veräußerung bestimmt sind, wird auf den Absatzmarkt, sonst auf den Beschaffungsmarkt abgestellt; zu (teils strittigen) Einzelheiten ADS § 253 Rdn. 488, 501 f; Beck BilKomm-*Ellrott/Scherer* § 253 Rdn. 516, 609 ff; Baumbach/Hueck/*Schulze-Osterloh* § 42 Rdn. 313, je m. w. N.

Kritik. Die von der herrschenden Meinung verfochtene starke Berücksichtigung **71** der Verhältnisse des Beschaffungsmarktes sieht sich zu Recht erheblichen Einwänden ausgesetzt.[125] Sie läßt sich mit dem Vorsichtsprinzip im allgemeinen und dem Imparitätsprinzip im besonderen ($ 252 Abs. 1 Nr. 4) nicht überzeugend begründen. Denn für die Antizipation künftiger Verluste ist auf einen zu erwartenden **Aufwandsüberschuß** abzustellen.[126] Dem entspricht grundsätzlich die **absatzmarktorientierte Bewertung**, die mögliche Veräußerungserlöse – und damit nicht zuletzt den Beitrag des Vermögensgegenstands zur Schuldendeckung – erfaßt. An den Beschaffungsmarkt ist freilich dort anzuknüpfen, wo eine absatzmarktorientierte Abschätzung der voraussehbaren Verluste nicht oder nur mit unvertretbarem Aufwand möglich ist.[127]

Ein Rückgriff auf die **Beschaffungsmarktpreise** kommt deshalb insbesondere für **72** Roh-, Hilfs- und Betriebsstoffe in Betracht. Ebenso wird die Maßgeblichkeit der Wiederbeschaffungskosten befürwortet für selbsterstellte Halbfabrikate, die auch fremd bezogen werden können.[128] Bei Handelswaren und Überbeständen an unfertigen und fertigen Erzeugnissen ist indes allein auf den Absatzmarkt abzustellen.[129]

e) Forderungen insbesondere. Originär erworbene Forderungen sind nach Maß- **73** gabe des Realisationsprinzips ($ 252 Abs. 1 Nr. 4) mit ihrem Nennbetrag als Einstandswert anzusetzen; bei derivativem Erwerb durch Abtretung bestimmen sich die Anschaffungskosten nach dem Anschaffungspreis zuzüglich etwaiger Anschaffungsnebenkosten.[130] Forderungen sind in dem Maße abzuschreiben, in dem der Zahlungseingang zweifelhaft ist. Dabei sind bestehende Sicherheiten zu berücksichtigen. Unverzinsliche oder unterverzinsliche Forderungen sind auf der Basis eines marktkonformen Zinses zum Barwert anzusetzen; bei kurzfristigen Forderungen kann die Abzinsung unterbleiben.[131] Im übrigen ist auch für Forderungen der Grundsatz der Einzelbewertung ($ 252 Abs. 1 Nr. 3) zu beachten; doch wird es als zulässig angesehen, Forderungen mit gleichartigen Risiken zu Gruppen zusammenzufassen und das Gruppenrisiko durch einen pauschalen Abschlag zu berücksichtigen.[132]

---

[125] Zur Kritik grundlegend *Koch* WPg 1957, 1 ff, 31 ff, 60 ff; s. außerdem etwa *Baetge* Bilanzen[4] S. 264 ff; MünchKommHGB-*Ballwieser* $ 253 Rdn. 60 ff; *Fülling* Bilanzierung für Vorräte S. 214 ff; *Leffson* WPg 1967, 57 ff; *ders.* Grundsätze ordnungsmäßiger Buchführung[7] S. 373 ff, 398 ff; Beck HdR-*Mellwig* B 164 Rdn. 22 ff; Baumbach/Hueck/*Schulze-Osterloh* $ 42 Rdn. 312; Beck HdR-*Siegel* B 165 Rdn. 78; Beck HdR *Siegel/Schmidt* B 161 Rdn. 172 ff, 175; Heymann/*Walz* $ 253 Rdn. 87 ff; *Wiedmann* BilanzR $ 253 Rdn. 70 = Ebenroth/Boujong/Joost/*ders.* $ 253 Rdn. 70.

[126] Beck HdR-*Mellwig* B 164 Rdn. 24 f.

[127] Übereinstimmend etwa *Leffson* Grundsätze ordnungsmäßiger Buchführung[7] S. 398 ff; Beck HdR-*Mellwig* B 164 Rdn. 24 f, 67 ff; Baumbach/Hueck/*Schulze-Osterloh* $ 42 Rdn. 312; *Wiedmann* BilanzR $ 253 Rdn. 70 ff = Ebenroth/Boujong/Joost/*ders.* $ 253 Rdn. 70 ff; im Ansatz auch schon *Kropff* in Geßler/Hefermehl/Eckardt/Kropff $ 155 Rdn. 44.

[128] HdR-*Döring* $ 253 Rdn. 172; Beck HdR-*Mellwig* B 164 Rdn. 69; *Wiedmann* BilanzR $ 253 Rdn. 79 = Ebenroth/Boujong/Joost/*ders.* $ 253 Rdn. 79.

[129] *Baetge* Bilanzen[4] S. 266 f; HdR-*Döring* $ 253 Rdn. 172; Beck HdR-*Mellwig* B 164 Rdn. 62; *Wiedmann* BilanzR $ 253 Rdn. 79 f = Ebenroth/Boujong/Joost/*ders.* $ 253 Rdn. 79 f; s. auch schon *Kropff* in Geßler/Hefermehl/Eckardt/Kropff $ 155 Rdn. 42 f, 46.

[130] Beck BilKomm-*Ellrott/Schmidt-Wendt* $ 255 Rdn. 250 ff; Herrmann/Heuer/Raupach/*Kleinle* EStG $ 6 Rdn. 908.

[131] Zu weiteren Einzelheiten s. etwa ADS $ 253 Rdn. 531 ff; KK-*Claussen/Korth* $ 253 HGB Rdn. 95 ff; Beck BilKomm-*Ellrott/Scherer* $ 253 Rdn. 558 ff; Beck BilKomm-*Ellrott/Schmidt-Wendt* $ 255 Rdn. 255 ff; HdR-*Karrenbauer* $ 253 Rdn. 55 ff; Beck HdR-*Mellwig* B 164 Rdn. 73 ff; *Moxter* FS L. Schmidt S. 195, 199 f; Baumbach/Hueck/*Schulze-Osterloh* $ 42 Rdn. 285, 314; WP-Handbuch I Tz. E 424 ff; Bonner HdR-*Wohlgemuth* $ 253 Rdn. 362 ff, je m. w. N.

[132] Dazu etwa ADS $ 253 Rdn. 533; KK-*Claussen/Korth* $ 253 HGB Rdn. 96 ff; Beck BilKomm-*Ellrott/Scherer* $ 253 Rdn. 572; Herrmann/Heuer/Raupach/*Kleinle* EStG $ 6 Rdn. 931; Baumbach/Hueck/*Schulze-Osterloh* $ 42 Rdn. 314; Bonner HdR-*Wohlgemuth* $ 253 Rdn. 368 ff, je m. w. N.

74   **Forderungen in Fremdwährung** sind mit dem Wechselkurs[133] am Tage der Erstverbuchung (Zeitpunkt, an dem die Forderung nach den GoB einzubuchen ist)[134] anzusetzen.[135] Bei für den Bilanzierungspflichtigen nachteiliger Kursentwicklung sind sie in Konsequenz des Imparitätsprinzips (§ 252 Abs. 1 Nr. 4, 1. HS) auf den niedrigeren Stichtagskurs abzuschreiben (§ 253 Abs. 3). Kursgewinne gegenüber dem Einbuchungswert (Anschaffungskosten) sind hingegen erst mit Zahlungseingang als realisiert anzusehen; ihr vorzeitiger Ausweis würde gegen das Realisationsprinzip (§ 252 Abs. 1 Nr. 4, 2. HS) verstoßen.[136] Sind Fremdwährungsforderungen wegen Kursverlusten abgeschrieben worden, so haben Kapitalgesellschaften und nach § 264a gleichgestellte Personenhandelsgesellschaften im Falle nachhaltiger Kurserholung das Wertaufholungsgebot aus § 280 Abs. 1 zu beachten und entsprechende Zuschreibungen vorzunehmen, höchstens jedoch bis zu dem Betrag des Einbuchungswerts (Anschaffungskosten).[137]

3. Abschreibungen wegen künftiger Wertschwankungen (Abs. 3 S. 3)

75   Die nach Abs. 3 S. 1 und 2 ermittelten Werte können nach Maßgabe von **Abs. 3 S. 3** noch weiter unterschritten werden. Danach dürfen Abschreibungen der Vermögensgegenstände des Umlaufvermögens vorgenommen werden, soweit diese nach vernünftiger kaufmännischer Beurteilung notwendig sind, um zu verhindern, daß in der nächsten Zukunft der Wertansatz dieser Vermögensgegenstände aufgrund von Wertschwankungen geändert werden muß. Das damit gewährte (*steuerrechtlich* nicht anerkannte) **Abschreibungswahlrecht** ermöglicht unter Durchbrechung des Stichtagsprinzips (§ 252 Abs. 1 Nr. 3) die Vorwegnahme künftiger Wertminderungen von Vermögensgegenständen des Umlaufvermögens. Die Vorschrift statuiert ein – in zeitlicher Hinsicht – erweitertes Niederstwertprinzip, das mit dem Imparitätsprinzip durchaus in Einklang steht.[138] Nach § 277 Abs. 3 S. 1 haben Kapitalgesellschaften und gleichgestellte Unternehmen die Abschreibungen wegen künftiger Wertschwankungen in der Gewinn- und Verlustrechnung gesondert auszuweisen oder im Anhang anzugeben. Zur (Nicht-)Geltung des Stetigkeitsgrundsatzes aus § 252 Abs. 1 Nr. 6 s. § 252, 43.

76   Die Abschreibungen müssen notwendig sein, um Änderungen des Wertansatzes infolge von Wertschwankungen in der nächsten Zukunft zu vermeiden. **Wertschwankungen** sind zukünftige Wertminderungen, die auf wiederkehrenden Preisschwankungen, aber auch auf Preisrückgängen beruhen können und im Rahmen des Niederstwertprinzips zu berücksichtigen sind.[139] Das Erfordernis der **nächsten Zukunft** wird über-

---

[133] Zu dem mit Einführung des Euro geänderten Sachbezug des Wechselkurses (nunmehr Briefkurs statt – wie bislang – Geldkurs) s. schon oben Rdn. 17 Fn. 16.

[134] IDW-HFA Geänderter Entwurf einer Verlautbarung zur Währungsumrechnung im Jahres- und Konzernabschluß, Ziff. 2, (WPg 1986, 664).

[135] ADS § 253 Rdn. 95; *Bolsenkötter* HdJ II/6, Rdn. 112; Beck BilKomm-*Ellrott/Schmid-Wendt* § 255 Rdn. 258; HdR-*Karrenbauer* § 253 Rdn. 65; HdR-*Langenbucher* Kap. I Rdn. 685; Baumbach/Hueck/*Schulze-Osterloh* § 42 Rdn. 285. – Aus Vereinfachungsgründen wird für kurzfristige Valutaforderungen z. T. eine Umrechnung zum Stichtagskurs als zulässig angesehen; vgl. ADS § 253 Rdn. 94; Beck BilKomm-*Ellrott/Schmidt-*

Wendt § 255 Rdn. 258; kritisch HdR-*Langenbucher* Kap. I Rdn. 686; *Tubbesing* ZfbF 33 (1981) 804, 808; zum Ganzen auch *Schröer* Realisationsprinzip S. 332 ff; w. N. in WP-Handbuch I Tz. E 427.

[136] *Gmelin* WPg 1987, 597, 599; Baumbach/Hueck/*Schulze-Osterloh* § 42 Rdn. 285.

[137] S. dazu auch Herrmann/Heuer/Raupach/*Kleinle* EStG § 6 Rdn. 934; Baumbach/Hueck/*Schulze-Osterloh* § 42 Rdn. 285.

[138] ADS § 253 Rdn. 544 f; Beck BilKomm-*Ellrott/Scherer* § 253 Rdn. 616 f; Beck HdR-*Mellwig* B 164 Rdn. 55; *Wiedmann* BilanzR § 253 Rdn. 88 = Ebenroth/Boujong/Joost/*ders.* § 253 Rdn. 88; Bonner HdR-*Wohlgemuth* § 253 Rdn. 337.

[139] Näher ADS § 253 Rdn. 550 ff.

wiegend im Sinne von zwei Jahren interpretiert.[140] Die Einschätzung der künftigen Wertminderungen sowie die Bemessung der Abschreibungshöhe („**notwendig**") muß auf vernünftiger kaufmännischer Beurteilung beruhen. Das dem Objektivierungsgebot dienende Kriterium verlangt konkrete Anhaltspunkte für künftige Wertschwankungen.[141]

Umstritten ist, ob die Abschreibung wegen künftiger Wertschwankungen nur nach **77** den am Abschlußstichtag vorhandenen Gegenständen des Umlaufvermögens zu bemessen ist oder ob auch **künftige Ersatzbeschaffungen** in die Verlustantizipation einbezogen werden dürfen. Die (wohl noch immer) herrschende Meinung erlaubt die Einbeziehung von Ersatzbeschaffungen und fordert lediglich die Artidentität der Ersatzgegenstände.[142] Dem ist *nicht zu folgen*. Das Wahlrecht aus Abs. 3 S. 3 dient der Vermeidung späterer Abwertungen durch Vorwegnahme in nächster Zukunft eintretender Wertminderungen. Die Antizipation von Verlusten aus noch gar nicht beschafften Ersatzgegenständen – die zudem nur beschaffungsmarktorientiert zu ermitteln wären – wird vom Zweck des Wahlrechts nicht erfaßt und läßt sich auch mit dem Imparitätsprinzip (§ 252 Abs. 1 Nr. 4) nicht rechtfertigen.[143]

VI. Abschreibungen im Rahmen vernünftiger kaufmännischer Beurteilung (Abs. 4)

1. Voraussetzungen und Zweck

Nach **Abs. 4** sind Abschreibungen außerdem im Rahmen vernünftiger kaufmänni- **78** scher Beurteilung zulässig. Jene **Ermessensabschreibungen** treten neben die nach Abs. 2 und Abs. 3 gebotenen oder zulässigen Abschreibungen („außerdem"). Sie müssen folglich auf Gründen beruhen, die von den Abschreibungen nach Abs. 2 und Abs. 3 noch nicht erfaßt werden. Abschreibungen nach Abs. 4 sind deshalb typischerweise nicht auf den konkreten Vermögensgegenstand bezogen, sondern sollen der **allgemeinen Risikovorsorge** dienen.[144] Hieraus wird gefolgert, daß Abs. 4 als Spezialvorschrift Vorrang vor den allgemeinen Bewertungsgrundsätzen des § 252 hat und insbesondere der Grundsatz der Einzelbewertung (§ 252 Abs. 1 Nr. 3) sowie der Grundsatz der Bewertungsstetigkeit (§ 252 Abs. 1 Nr. 6) für Ermessensabschreibungen nach Abs. 4 nicht gilt.[145]

---

[140] Grundlage ist eine Entscheidung des Reichsgerichts vom 11. 2. 1927, RGZ 116, 119; s. aus dem aktuellen Schrifttum etwa ADS § 253 Rdn. 558; MünchKommHGB-*Ballwieser* § 253 Rdn. 66; Beck BilKomm-*Ellrott/Scherer* § 253 Rdn. 620; HdR-*Döring* § 253 Rdn. 183; Baumbach/Hueck/*Schulze-Osterloh* § 42 Rdn. 315; WP-Handbuch I Tz. E 332; im Ausgangspunkt auch Bonner HdR-*Wohlgemuth* § 253 Rdn. 340; **a. A.** Beck HdR-*Siegel* B 165 Rdn. 80, der auf den nächsten Bilanzstichtag abstellt; auf den Zeitpunkt der Bilanzerstellung abstellend Beck HdR-*Mellwig* B 164 Rdn. 57; *Wiedmann* BilanzR § 253 Rdn. 89 = Ebenroth/Boujong/Joost/*ders.* § 253 Rdn. 89.

[141] ADS § 253 Rdn. 559 ff; Beck BilKomm-*Ellrott/Scherer* § 253 Rdn. 621; WP-Handbuch I Tz. E 333; Bonner HdR-*Wohlgemuth* § 253 Rdn. 344 ff.

[142] In diesem Sinne ADS § 253 Rdn. 567 ff (abzustellen sei „auf den Bestand als solchen"); eben-

so etwa Beck BilKomm-*Ellrott/Scherer* § 253 Rdn. 623 f; *Winnefeld* Bilanz-Handbuch E 1162; Bonner HdR-*Wohlgemuth* § 253 Rdn. 343; HdJ-*ders.* I/11 Rdn. 38; WP-Handbuch I Tz. E 333.

[143] Überzeugend Beck HdR-*Mellwig* B 164 Rdn. 56; ebenso etwa KK-*Claussen/Korth* § 253 HGB Rdn. 107; HdR-*Döring* § 253 Rdn. 185; Baumbach/Hueck/*Schulze-Osterloh* § 42 Rdn. 315 (mit Ausnahme für den Fall der Festbewertung nach §§ 240 Abs. 3, 256 S. 2); Heymann/*Walz* § 253 Rdn. 107; *Wiedmann* BilanzR § 253 Rdn. 90 = Ebenroth/Boujong/Joost/*ders.* § 253 Rdn. 90.

[144] ADS § 253 Rdn. 577 ff; Beck HdR-*Mellwig* B 164 Rdn. 94; *Wiedmann* BilanzR § 253 Rdn. 97 f = Ebenroth/Boujong/Joost/*ders.* § 253 Rdn. 97 f; Bonner HdR-*Wohlgemuth* § 253 Rdn. 418 f, je m. w. N.

[145] In diesem Sinne etwa Beck BilKomm-*Hoyos/Schramm/Ring* § 253 Rdn. 653; Beck HdR-*Mellwig* B 164 Rdn. 94; *Wiedmann* BilanzR § 253 Rdn. 103, 105 = Ebenroth/Boujong/Joost/

Detlef Kleindiek

79   Die Vorschrift ermöglicht die Vornahme von Abschreibungen mit dem Ziel, **stille (Ermessens-) Reserven** zu bilden; die Reservenbildung durch Erhöhung von Passivposten ist damit ausgeschlossen.[146] Ihr ging eine kontroverse Diskussion im BT-Rechtsausschuß voraus, der die grundsätzlichen Bedenken gegen die Zulässigkeit stiller Reserven (dazu sogleich Rdn. 81) mehrheitlich jedoch nicht teilte. Ein Verbot der stillen Reserven hätte das bis zur Umsetzung der 4. EG-Richtlinie (Jahresabschlußrichtlinie) geltende Recht für alle Kaufleute verschärft, was nach Ansicht der Ausschußmehrheit der Zielsetzung für die Anpassung des deutschen Rechts an die Richtlinie nicht entsprochen hätte.[147] § 253 Abs. 4 bindet die Bildung von Ermessensabschreibungen zwar an den Rahmen vernünftiger kaufmännischer Beurteilung, doch ist dem nicht mehr als ein *Willkürverbot* zu entnehmen.[148] Vor diesem Hintergrund ist mit Recht bezweifelt worden, ob sich operable Kriterien zur Begrenzung des Ermessensspielraums überhaupt entwickeln lassen.[149]

2. Reichweite der Vorschrift und Problematik der Ermessensabschreibungen

80   Die Vorschrift hat **keine Bedeutung für Kapitalgesellschaften** und diesen nach § 264a gleichgestellten Personengesellschaften ohne mindestens eine natürliche Person als Vollhafter. Denn ihnen ist die Möglichkeit zur Bildung von Ermessensabschreibungen nach Abs. 4 verschlossen; § 279 Abs. 1 S. 1.

81   Abs. 4 erlaubt das **gezielte Legen stiller Reserven**. Mit dem Grundsatz der Vorsicht – und den mit ihm verknüpften Belangen des Gläubigerschutzes (s. § 252, 36) – läßt sich dies indes nicht legitimieren. Stille Reserven können ebenso still wieder aufgelöst werden wie sie gebildet wurden. Das mit ihnen verbundene Verschleierungspotential gefährdet den Gläubigerschutz (s. schon § 252, 24), beeinträchtigt die Ausschüttungs- und Informationsinteressen der Gesellschafter und verfälscht die Selbstinformation des Kaufmanns. Als leicht nutzbares Instrument zur bilanzpolitischen Ergebnisbeeinflussung laufen Ermessensabschreibungen der zentralen Funktion der Rechnungslegung als getreuer Rechenschaftslegung und ihrem „Leitgedanken der Objektivierung"[150] massiv zuwider. Sie sind deshalb ähnlichen Einwänden ausgesetzt wie die Aufwandsrückstellungen nach § 249 Abs. 2 (s. zu ihnen § 249, 9 f). Noch stärker als diese sind die Ermessensabschreibungen nach Abs. 4 der Ebene der Ergebnisverwendung, nicht jener der Ergebnisermittlung zuzuordnen. Denn sie dienen schon grundkonzeptionell der allgemeinen Risikovorsorge im Unternehmen. Um so mehr gilt es, die gesellschaftsrechtlichen Kompetenzen der zur Ergebnisverwendung berufenen Gesellschaftsorgane abzugrenzen und den Belangen des Minderheitenschutzes (insbesondere nach Maßgabe des Treupflichtgebots) Geltung zu verschaffen.[151]

ders. § 253 Rdn. 103, 105; im Ausgangspunkt übereinstimmend ADS § 253 Rdn. 576 ff; *a. A. Großfeld* NJW 1986, 955, 958; *ders.* WPg 1987, 698, 703.

[146] ADS § 253 Rdn. 572; Beck HdR-*Mellwig* B 164 Rdn. 93; *Wiedmann* BilanzR § 253 Rdn. 95 = Ebenroth/Boujong/Joost/*ders.* § 253 Rdn. 95; *a. A. Glade* § 253 Rdn. 846.

[147] S. dazu den Bericht des BT-Rechtsausschusses zu § 253 Abs. 4, dokumentiert in Bonner HdR § 253/Ausschußbericht; zur Entstehungsgeschichte der Vorschrift s. auch HdR-*Baetge/ D. Fey/G. Fey* § 243 Rdn. 34 ff; Bonner HdR-*Wohlgemuth* § 253 Rdn. 412.

[148] ADS § 253 Rdn. 578; Beck BilKomm-*Hoyos/ Schramm/Ring* § 253 Rdn. 654 ff; HdJ-*Richter*

II/1, Rdn. 265; *Wiedmann* BilanzR § 253 Rdn. 99 = Ebenroth/Boujong/Joost/*ders.* § 253 Rdn. 99; Bonner HdR-*Wohlgemuth* § 253 Rdn. 420 f; HdJ-*ders.* I/11, Rdn. 47; wohl nur vordergründig strenger *Baumbach/Hopt* § 253 Rdn. 32, der einen „guten Grund" verlangt.

[149] S. dazu HdR-*Baetge/D. Fey/G. Fey* § 243 Rdn. 36.

[150] *Beisse* FS Beusch (1993), S. 77, 83; zur Rechnungslegung als Rechenschaftslegung eingehend *Kleindiek* ZGR 1998, 466 ff.

[151] Speziell zu den Folgerungen für die Personenhandelsgesellschaften in diesem Kommentar *Ulmer* § 120, 31 ff; s. auch BGHZ 132, 263, 276 f = NJW 1996, 1678.

Detlef Kleindiek

In der *Steuerbilanz* finden jene Ermessensabschreibungen im übrigen keine Aner- **82** kennung. Solange in der Bilanzierungspraxis von **Nichtkapitalgesellschaften** die Einheitsbilanz vorherrscht, ist die praktische Bedeutung der Ermessensabschreibungen daher insgesamt begrenzt. Unter dieser Prämisse hält sich auch der durch Abs. 4 angerichtete Schaden für den Informationsgehalt der Jahresabschlüsse in Grenzen. Die eingeschränkte praktische Bedeutung der Ermessensabschreibungen ändert sich jedoch in dem Maße, in dem das Maßgeblichkeitsprinzip – dazu Anh. § 243, 4 ff (*Hüffer*) – durchbrochen wird und zur Erfüllung der handelsrechtlichen und steuerrechtlichen Rechnungslegungspflichten je gesonderte Rechenwerke aufzustellen sind. Auf mittlere Sicht ist die *Fortgeltung des Abs. 4* deshalb *nicht zu rechtfertigen*.

VII. Beibehaltungswahlrecht (Abs. 5)

Abs. 5 gewährt das **Wahlrecht**, einen niedrigeren Wertansatz nach Maßgabe von **83** Abs. 2 S. 3 (oben Rdn. 59 ff), Abs. 3 (Rdn. 66 ff) oder Abs. 4 (Rdn. 78 ff) auch dann beizubehalten, wenn die Gründe dafür nicht mehr bestehen. Im Geltungsbereich von Abs. 5 (zu Einschränkungen für Kapitalgesellschaften unten Rdn. 85) können die Rechnungslegungspflichtigen also wahlweise den niedrigeren Wert beibehalten oder Zuschreibungen vornehmen. Obergrenze einer Zuschreibung (Wertaufholung) sind dabei die Anschaffungs- oder Herstellungskosten des betreffenden Vermögensgegenstandes, bei abnutzbaren Vermögensgegenständen des Anlagevermögens allerdings vermindert um die planmäßigen Abschreibungen bis zum jeweiligen Stichtag.[152] Ist die Wertminderung nur teilweise weggefallen, darf auch nur insoweit zugeschrieben werden. Mit Blick auf das bestehende Wahlrecht ist auch der Ansatz eines *Zwischenwertes* zwischen dem bisherigen Buchwert und der Obergrenze einer möglichen Zuschreibung als zulässig anzusehen.[153]

Inwieweit die Ausübung des Wahlrechts aus Abs. 5 dem **Stetigkeitsgebot** (§ 252 **84** Abs. 1 Nr. 6) unterliegt, ist umstritten. Nach verbreiteter Ansicht soll eine zunächst unterlassene Wertaufholung in späteren Geschäftsjahren nachgeholt werden dürfen, weil der Gesetzgeber ein zeitlich unbefristetes Wahlrecht einräume.[154] Dem ist indes nicht zu folgen. Das Wahlrecht erlischt mit Ausübung; von nun an gilt das Stetigkeitsgebot. Bei Verzicht auf die Wertaufholung käme eine Nachholung in späteren Geschäftsjahren einer Änderung der Bewertungsmethode gleich, was nur unter den engen Voraussetzungen von § 252 Abs. 2 möglich ist.[155] Umgekehrt ist nach vollzogener Zuschreibung eine spätere Rückkehr zu den niedrigeren Werten (auf der Basis des ursprünglichen Abschreibungsanlasses) unzulässig.[156]

---

[152] ADS § 253 Rdn. 603 f; Beck BilKomm-*Hoyos/ Schramm/Ring* § 253 Rdn. 664.

[153] Im Ergebnis übereinstimmend etwa ADS § 253 Rdn. 606; HdR-*Döring* § 253 Rdn. 205; Beck BilKomm-*Hoyos/Schramm/Ring* § 253 Rdn. 666; HdJ-*Richter* II/1, Rdn. 285; Beck HdR-*Siegel* B 169 Rdn. 37; *Wiedmann* BilanzR § 253 Rdn. 110 = Ebenroth/Boujong/Joost/*ders.* § 253 Rdn. 110; Bonner HdR-*Wohlgemuth* § 253 Rdn. 456; **a. A.** *Knobbe-Keuk* § 5 VI 1 (S. 208) (unter Hinweis auf den Grundsatz der Methodenbestimmtheit).

[154] HdR-*Döring* § 253 Rdn. 204; Beck BilKomm-*Hoyos/Schramm/Ring* § 253 Rdn. 667; WP-

Handbuch I Tz. E 344; Bonner HdR-*Wohlgemuth* § 253 Rdn. 450.

[155] Im Ergebnis wie hier ADS § 253 Rdn. 600; HdJ-*Richter* II/1, Rdn. 283; *Schneeloch* WPg 1990, 221, 224; Beck HdR-*Siegel* B 169 Rdn. 38; *Wiedmann* BilanzR § 253 Rdn. 110 = Ebenroth/Boujong/Joost/*ders.* § 253 Rdn. 110.

[156] Insoweit übereinstimmend ADS § 253 Rdn. 607; HdR-*Döring* § 253 Rdn. 206; Beck BilKomm-*Hoyos/Schramm/Ring* § 253 Rdn. 670; WP-Handbuch I Tz. E 344; Bonner HdR-*Wohlgemuth* § 253 Rdn. 451.

Detlef Kleindiek

85   Für **Kapitalgesellschaften** und ihnen nach § 264a gleichgestellte Personenhandelsgesellschaften tritt an die Stelle dieses Beibehaltungswahlrechts grundsätzlich das
Wertaufholungsgebot gem. § 280 Abs. 1. Nach § 280 Abs. 2 darf von der danach
bestehenden Zuschreibungspflicht dann abgesehen werden, wenn der niedrigere Wertansatz bei der steuerrechtlichen Gewinnermittlung beibehalten werden kann, sofern in
der Handelsbilanz entsprechend verfahren wird. Aufgrund des Steuerentlastungsgesetzes 1999/2000/2002 vom 24. 3. 1999 (BGBl I S. 402) ist die Teilwertabschreibung
ab dem Wirtschaftsjahr, das nach dem 31. 12. 1998 endet, bei Wirtschaftsgütern des
Anlage- wie des Umlaufvermögens jedoch nur noch bei voraussichtlich dauernder
Wertminderung zulässig (§ 6 Abs. 1 Nr. 1 S. 2/Nr. 2 S. 2 EStG; s. oben Rdn. 61). Der
Nachweis der voraussichtlich dauernden Wertminderung muß in jedem Wirtschaftsjahr erbracht werden, um den niedrigeren Teilwert ansetzen zu können (§ 6 Abs. 1
Nr. 1 S. 4/Nr. 2 S. 3 EStG). Ein steuerrechtliches Wahlrecht, den niedrigeren Teilwert
trotz Fortfalls seiner Voraussetzungen fortzuführen, besteht vor diesem Hintergrund
nicht mehr.[157] Das Wertaufholungswahlrecht aus § 280 Abs. 2 hat seinen praktischen
Anwendungsbereich verloren. S. zum Ganzen auch § 280, 22 ff (*Hüttemann*).

§ 254
Steuerrechtliche Abschreibungen

     Abschreibungen können auch vorgenommen werden, um Vermögensgegen-
stände des Anlage- oder Umlaufvermögens mit dem niedrigeren Wert anzusetzen,
der auf einer nur steuerrechtlich zulässigen Abschreibung beruht. § 253 Abs. 5 ist
entsprechend anzuwenden.

Übersicht

	Rdn.			Rdn.
I. Inhalt, Zweck und Anwendungs- bereich der Vorschrift			2. Systematisierung	
1. Inhalt und Zweck	1		a) Abzüge von den Anschaffungs- oder Herstellungskosten	8
2. Anwendungsbereich bei Nicht- kapitalgesellschaften	3		b) Erhöhte Abschreibungen	9
3. Anwendungsbereich bei Kapital- gesellschaften	4		c) Sonderabschreibungen	10
II. Steuerrechtlich zulässige Mehrab- schreibungen			d) Sonstige Mehrabschreibungen	11
			III. Beibehaltungswahlrecht	12
1. Grundlagen	6		IV. Bilanzausweis und Angaben im Anhang	14

Schrifttum

Hennrichs Der steuerrechtliche sog. Maßgeblichkeitsgrundsatz gem. § 5 EStG, StuW 1999,
138; *Mellwig* Niedrigere Tageswerte, Beck HdR B 164 (1995).

---

[157] Eingehend dazu *Herzig/Rieck* WPg 1999, 305 ff.

I. Inhalt, Zweck und Anwendungsbereich der Vorschrift

1. Inhalt und Zweck

Die Vorschrift ermöglicht weitere, über die sich aus § 253 ergebenden Wertansätze **1** hinausreichende Abschreibungen. Sie gewährt ein **Wahlrecht**, Vermögensgegenstände des Anlage- wie des Umlaufvermögens auch in der Handelsbilanz mit dem niedrigeren Wert anzusetzen, der auf einer **nur steuerrechtlich zulässigen Abschreibung** beruht (S. 1). S. 2 stellt klar, daß dabei das Beibehaltungswahlrecht aus § 253 Abs. 5 (dazu § 253, 83 ff) entsprechend gilt.

Die an § 154 Abs. 2 Nr. 2 und § 155 Abs. 3 Nr. 2 AktG 1965 anknüpfenden Bestim- **2** mungen sind Ausdruck des gesetzgeberischen Bemühens, „die **Einheit zwischen Handels- und Steuerbilanz** so weit wie möglich zu wahren"[1]. Sie hat für Nichtkapitalgesellschaften einerseits und Kapitalgesellschaften sowie diesen gleichgestellte Unternehmen andererseits freilich sehr unterschiedliche praktische Bedeutung (Rdn. 3 f).

2. Anwendungsbereich bei Nichtkapitalgesellschaften

Nichtkapitalgesellschaften, insbesondere also Einzelkaufleute und normtypische **3** Personenhandelsgesellschaften, haben nach § 253 Abs. 4 ein Wahlrecht zur Bildung von Ermessensabschreibungen im Rahmen vernünftiger kaufmännischer Beurteilung (s. dazu § 253, 78 ff). Schon auf dieser Grundlage wird sich ein steuerrechtlich zulässiger Wertansatz in aller Regel auch handelsrechtlich begründen lassen.[2] Zweifel darüber, ob die Übernahme von steuerrechtlichen Mehrabschreibungen in die Handelsbilanz und die daraus folgenden, zum Teil erheblichen Unterbewertungen vernünftiger kaufmännischer Beurteilung i.S.v. § 253 Abs. 4 entsprechen, dürften allenfalls in Ausnahmefällen entstehen. Wo sie auftreten, begründet jedenfalls § 254 die Zulässigkeit der Abschreibung im handelsrechtlichen Jahresabschluß.[3]

3. Anwendungsbereich bei Kapitalgesellschaften

Ungleich größer ist die Bedeutung der Vorschrift für Kapitalgesellschaften und **4** ihnen nach § 264a gleichgestellte Personenhandelsgesellschaften ohne mindestens eine natürliche Person als Vollhafter. Ihnen ist das Wahlrecht zur Bildung von Ermessensabschreibungen i.S.v. § 253 Abs. 4 gänzlich verschlossen, § 279 Abs. 1. Erst § 254 eröffnet die Möglichkeit zur Übernahme steuerrechtlicher Mehrabschreibungen in die Handelsbilanz, womit zugleich beträchtlicher bilanzpolitischer Gestaltungsspielraum geschaffen wird.[4] Dieses Gestaltungspotential wird durch die Einschränkung nach Maßgabe von **§ 279 Abs. 2** nicht (mehr) nennenswert gemindert. Nach jener Vorschrift dürfen Abschreibungen gem. § 254 von Kapitalgesellschaften – in Übereinstimmung mit Art. 35 Abs. 1 lit. d und Art. 39 Abs. 1 lit. e der 4. EG-Richtlinie (Jahresabschlußrichtlinie) – nur insoweit vorgenommen werden, als das Steuerrecht ihre Anerkennung bei der steuerrechtlichen Gewinnermittlung davon abhängig macht, daß sie sich aus der Bilanz ergeben. Diese Abhängigkeit ist inzwischen aber der gesetzliche Regelfall; s. die Erläuterungen § 279, 6 (*Hüttemann*).

---

[1] So die Begr. RegE § 265 (heute § 254), dokumentiert in Bonner HdR § 254/Regierungsentwurf. S. dazu auch Bonner HdR-*Heni* § 254 Rdn. 4 ff.

[2] ADS § 254 Rdn. 5; Beck BilKomm-*Clemm/ Scherer* § 254 Rdn. 7; HdR *Haeger/Küting* § 254 Rdn. 33; Beck HdR-*Mellwig* B 164 Rdn. 103.

[3] S. den Bericht des BT-Rechtsauschusses zu § 254 HGB, dokumentiert in Bonner HdR § 254/Ausschußbericht.

[4] Dazu HdR-*Haeger/Küting* § 254 Rdn. 2; HdR-*Tietze* § 281 Rdn. 19 ff.

5   Für Kapitalgesellschaften und gleichgestellte Unternehmen schaffen die Vorschriften der §§ 254, 279 Abs. 2 also die Voraussetzungen dafür, daß der Gesetzgeber die Inanspruchnahme steuerrechtlicher Mehrabschreibungen von einer kongruenten Bilanzierung im handelsrechtlichen Jahresabschluß abhängig machen kann. Vor diesem Hintergrund steht das Wahlrecht aus §§ 254, 279 Abs. 2 im Dienste des Prinzips der **„umgekehrten Maßgeblichkeit"** (s. dazu in diesem Kommentar *Hüffer* Anh. § 243, 7) und sieht sich deshalb auch allen Einwänden ausgesetzt, die gegenüber dem Maßgeblichkeitsgrundsatz im allgemeinen und der sog. Umkehrmaßgeblichkeit im besonderen zu erheben sind.[5] Jedenfalls wo steuerrechtliche Mehrabschreibungen aus wirtschaftspolitischen Gründen der Investitions-, Branchen- oder Standortförderung gewährt werden, beeinträchtigt ihr Rückschlag auf die Handelsbilanz empfindlich sowohl die Informations- als auch die Ausschüttungsbemessungsfunktion des Jahresabschlusses (s. dazu schon § 247, 54). Zu Bilanzausweis und Angaben im Anhang s. unten Rdn. 14 f.

II. Steuerrechtlich zulässige Mehrabschreibungen

1. Grundlagen

6   § 254 erlaubt die Übernahme eines niedrigeren Wertes, der auf einer nur steuerrechtlich zulässigen Abschreibung beruht. Die Vorschrift erfaßt alle nur nach Steuerrecht zulässigen niedrigeren Wertansätze;[6] diese können auf Bewertungsabschlägen (Abzüge von den Anschaffungs- oder Herstellungskosten) ebenso beruhen wie auf erhöhten Abschreibungen, Sonderabschreibungen oder sonstigen Mehrabschreibungen. In diesem weiten Sinne wird hier von **steuerrechtlichen Mehrabschreibungen** gesprochen (s. auch schon § 247, 60). Unsicherheiten hinsichtlich der steuerrechtlichen Zulässigkeit der Mehrabschreibungen stehen ihrer Übernahme in den handelsrechtlichen Jahresabschluß noch nicht entgegen; wird im Steuerverfahren die Anerkennung jener Mehrabschreibungen versagt, haben Kapitalgesellschaften und gleichgestellte Unternehmen (die § 254 Abs. 4 nicht in Anspruch nehmen können) eine entsprechende Zuschreibung vorzunehmen.[7]

2. Systematisierung

7   Die Fälle, in denen das Steuerrecht durch Mehrabschreibungen eine – gegenüber den handelsrechtlichen Grundsätzen – vorgezogene Aufwandsberücksichtigung erlaubt, sind vielfältig und stetigem politischen Wandel unterworfen. Häufig (wenn auch

---

[5] Eingehende Bestandsaufnahme bei *Hennrichs* StuW 1999, 138 ff; s. seitdem noch die Beiträge von *Groh, Erle* und *Euler* in Kleindiek/Oehler (Hrsg.), Die Zukunft des deutschen Bilanzrechts (2000) S. 169 ff, 177 ff, 193 ff sowie von *Herzig* WPg 2000, 104 ff; *Himmelreich* FS W. Müller (2001) S. 613 ff; *Kahle* StuW 2001, 126 ff; *Kort* FR 2001, 53 ff; *Kühnberger/Schmidt* BB 1999, 2602 ff; *Kußmaul/Klein* DStR 2001, 546 ff; *W. Müller* DStR 2001, 1885 ff; *Raupach* FS W. Müller S. 792, 800 ff; *Scheffler* DSWR 2001, 151 ff; *Schulze-Osterloh* ZGR 2000, 594 ff; *Sigloch* BFuP 2000, 157 ff; *Wagner* BFuP 2000, 183 ff; *Weber-Grellet* BB 1999, 2659 ff.

[6] ADS § 254 Rdn. 10; KK-*Claussen/Korth* § 254 HGB Rdn. 20 f; Beck BilKomm-*Clemm/Scherer* § 254 Rdn. 20; Beck HdR-*Mellwig* B 164

Rdn. 104; Heymann/*Walz* § 254 Rdn. 9; *Wiedmann* BilanzR § 254 Rdn. 6 = Ebenroth/Boujong/Joost/*ders.* § 254 Rdn. 6; *Winnefeld* Bilanz-Handbuch E 1348.

[7] Das Ergebnis ist breit akzeptiert, die Grundlage der Zuschreibungspflicht wird aber kontrovers beurteilt: auf das Wertaufholungsgebot aus § 280 Abs. 1 stellen etwa ab ADS § 254 Rdn. 11; Baumbach/Hueck/*Schulze-Osterloh* § 42 Rdn. 317; *Wiedmann* BilanzR § 254 Rdn. 10 = Ebenroth/Boujong/Joost/*ders.* § 254 Rdn. 10; HdJ-*Wohlgemuth* I/11, Rdn. 60; wohl auch *Baumbach/Hopt* § 253 Rdn. 1 f; Bilanzberichtigung verlangen Beck BilKomm-*Clemm/Scherer* § 254 Rdn. 10; HdJ-*Siegel* III/4, Rdn. 55; *ders.* Beck HdR B 169 Rdn. 3; nicht eindeutig HdR-*Haeger/Küting* § 254 Rdn. 29 ff; Bonner HdR-*Heni* § 254 Rdn. 17 ff.

keineswegs ausschließlich) liegen ihnen wirtschaftspolitische Motive der Investitions-, Branchen- oder Standortförderung zugrunde.[8] Die Einzelheiten der aktuell geltenden steuerrechtlichen Bestimmungen sind hier nicht nachzuzeichnen.[9] **Systematisierend** lassen sich unterscheiden:

a) Abzüge von den Anschaffungs- oder Herstellungskosten, etwa für bestimmte **8** Reinvestitionsgüter des Anlagevermögens nach Maßgabe von § 6b EStG oder in Fällen der Ersatzbeschaffung nach R 35 EStR 1999.[10]

b) Erhöhte Abschreibungen (erhöhte Absetzungen), die an die Stelle der sonst **9** vorzunehmenden Abschreibung nach § 7 EStG treten (vgl. § 7a Abs. 3 EStG),[11] können z. B. für Baumaßnahmen an Gebäuden zur Schaffung neuer Mietwohnungen (§ 7c EStG) oder für Wirtschaftsgüter, die dem Umweltschutz dienen (§ 7d EStG), in Anspruch genommen werden.

c) Sonderabschreibungen, die neben der allgemeinen Abschreibung nach § 7 **10** EStG angesetzt werden können (vgl. § 7a Abs. 4 EStG),[12] erlaubt das Steuerrecht etwa für Wirtschaftsgüter des Anlagevermögens privater Krankenhäuser (§ 7f EStG) oder zur Förderung kleiner und mittlerer Betriebe nach Maßgabe von § 7g EStG.

d) Sonstige Mehrabschreibungen können z. B. höhere steuerrechtliche Abset- **11** zungen für Abnutzungen (AfA) gegenüber den planmäßigen Abschreibungen des Handelsrechts sein.[13]

III. Beibehaltungswahlrecht

S. 2 ordnet die *entsprechende Anwendung von § 253 Abs. 5* an. Damit besteht ein **12** **Wahlrecht**, die Abschreibung auf den nur steuerrechtlich zulässigen niedrigeren Wert auch dann beizubehalten, wenn die Voraussetzungen für die Bildung des Wertansatzes nicht mehr vorliegen.[14]

Für **Kapitalgesellschaften** und nach § 264a gleichgestellte Personenhandelsgesell- **13** schaften tritt an die Stelle des Beibehaltungswahlrechts nach § 253 Abs. 5 das **Wertauf-holungsgebot** gem. § 280 Abs. 1. Zwar darf nach § 280 Abs. 2 von der danach bestehenden Zuschreibungspflicht dann abgesehen werden, wenn der niedrigere Wertansatz bei der steuerrechtlichen Gewinnermittlung beibehalten werden kann, sofern in der Handelsbilanz entsprechend verfahren wird. Seit Einführung des steuerlichen Wertaufholungsgebots durch das Steuerentlastungsgesetz 1999/2000/2002 vom 24. 3. 1999 (BGBl I S. 402) hat § 280 Abs. 2 aber seinen praktischen Anwendungsbereich verloren: ein steuerrechtliches Wahlrecht, den niedrigeren Teilwert trotz Wegfalls seiner Voraussetzungen fortzuführen, besteht nicht mehr; s. dazu schon § 253, 85 und näher § 280, 23 (*Hüttemann*).

---

[8] Vgl. dazu die Systematisierung bei HdR-*Haeger/Küting* § 254 Rdn. 36 ff.

[9] Für eine Übersicht über die Vielfalt der bestehenden steuerrechtlichen Regelungen s. etwa ADS § 254 Rdn. 18 ff; MünchKommHGB-*Ballwieser* § 254 Rdn. 10 ff; Beck BilKomm-*Clemm/Scherer* § 254 Rdn. 20 ff, 70 ff; HdR *Haeger/Küting* § 254 Rdn. 36 ff; Beck HdR-*Mellwig* B 164 Rdn. 108 ff; Beck HdR-*Mundt* B 232 Rdn. 45 ff; s. zu wichtigen Anwendungsfällen auch noch *Seitz* DSWR 1992, 252, 253 ff.

[10] S. zu Letzteren Baumbach/Hueck/*Schulze-Osterloh* § 42 Rdn. 318 m. w. N.

[11] Zum Begriff Beck BilKomm-*Clemm/Scherer* § 254 Rdn. 74.

[12] Zum Begriff Beck BilKomm-*Clemm/Scherer* § 254 Rdn. 74.

[13] Näher dazu ADS § 254 Rdn. 26 ff; weitere Beispiele bei Heymann/*Walz* § 254 Rdn. 14.

[14] Beck BilKomm-*Clemm/Scherer* § 254 Rdn. 12; enger Beck HdR-*Siegel* B 169 Rdn. 31 ff.

Detlef Kleindiek

IV. Bilanzausweis und Angaben im Anhang

14 Nach Maßgabe von § 281 Abs. 1 S. 1 können **Kapitalgesellschaften** und ihnen nach § 264a gleichgestellte Personenhandelsgesellschaften – sowie Genossenschaften (§ 336 Abs.2) und alle dem PublG unterfallenden Unternehmen (§ 5 Abs. 1 und 2 PublG) – steuerrechtlich zulässige Mehrabschreibungen i. S. v. § 254 **wahlweise aktivisch absetzen** (vgl. § 268 Abs. 2) oder als Wertberichtigungen in den **Sonderposten mit Rücklageanteil gem.** § 247 Abs. 3 einstellen (*indirekte Abschreibung*). Dabei ist die Wertberichtigung in dem Umfang aufzulösen, in dem die Vermögensgegenstände, für die sie gebildet worden ist, aus dem Vermögen ausscheiden oder die steuerrechtliche Wertberichtigung durch handelsrechtliche Abschreibungen ersetzt wird (§ 281 Abs. 1 S. 3). In der Bilanz oder im Anhang sind die Vorschriften anzugeben, nach denen die Wertberichtigung gebildet worden ist (§ 281 Abs. 1 S. 2). Nach § 281 Abs. 2 ist im **Anhang** der Betrag der im Geschäftsjahr allein nach steuerrechtlichen Vorschriften vorgenommenen Abschreibungen, getrennt nach Anlage- und Umlaufvermögen, anzugeben, soweit er sich nicht aus der Bilanz oder der Gewinn- und Verlustrechnung ergibt; er ist hinreichend zu begründen. Im Anhang ist außerdem das Ausmaß der hieraus resultierenden Ergebnisbeeinflussung sowie erheblicher künftiger Belastungen anzugeben, § 285 Nr. 5.[15]

15 **Sonstigen Gesellschaften und Einzelkaufleuten** hat der Gesetzgeber die Befugnis, steuerrechtliche Mehrabschreibungen innerhalb der Handelsbilanz wahlweise auch in den Sonderposten mit Rücklageanteil einzustellen, zwar nicht ausdrücklich gewährt. Ihnen das in § 281 den Kapitalgesellschaften eingeräumte Ausweiswahlrecht zu versagen, wäre indes nicht gerechtfertigt, da die indirekte Darstellung der steuerrechtlichen Mehrabschreibungen den Einblick in die Vermögens-, Finanz- und Ertragslage erheblich verbessert (näher dazu schon § 247, 61).

§ 255
Anschaffungs- und Herstellungskosten

(1) Anschaffungskosten sind die Aufwendungen, die geleistet werden, um einen Vermögensgegenstand zu erwerben und ihn in einen betriebsbereiten Zustand zu versetzen, soweit sie dem Vermögensgegenstand einzeln zugeordnet werden können. Zu den Anschaffungskosten gehören auch die Nebenkosten sowie die nachträglichen Anschaffungskosten. Anschaffungspreisminderungen sind abzusetzen.

(2) Herstellungskosten sind die Aufwendungen, die durch den Verbrauch von Gütern und die Inanspruchnahme von Diensten für die Herstellung eines Vermögensgegenstands, seine Erweiterung oder für eine über seinen ursprünglichen Zustand hinausgehende wesentliche Verbesserung entstehen. Dazu gehören die Materialkosten, die Fertigungskosten und die Sonderkosten der Fertigung. Bei der Berechnung der Herstellungskosten dürfen auch angemessene Teile der notwendigen Materialgemeinkosten, der notwendigen Fertigungsgemeinkosten und des

---

[15] Zu Erleichterungen zugunsten kleiner Kapitalgesellschaften vgl. § 288; zu Einschränkungen der Berichtspflicht bei Genossenschaften s. § 336 Abs. 2.

Wertverzehrs des Anlagevermögens, soweit er durch die Fertigung veranlaßt ist, eingerechnet werden. Kosten der allgemeinen Verwaltung sowie Aufwendungen für soziale Einrichtungen des Betriebs, für freiwillige soziale Leistungen und für betriebliche Altersversorgung brauchen nicht eingerechnet zu werden. Aufwendungen im Sinne der Sätze 3 und 4 dürfen nur insoweit berücksichtigt werden, als sie auf den Zeitraum der Herstellung entfallen. Vertriebskosten dürfen nicht in die Herstellungskosten einbezogen werden.

(3) Zinsen für Fremdkapital gehören nicht zu den Herstellungskosten. Zinsen für Fremdkapital, das zur Finanzierung der Herstellung eines Vermögensgegenstands verwendet wird, dürfen angesetzt werden, soweit sie auf den Zeitraum der Herstellung entfallen; in diesem Falle gelten sie als Herstellungskosten des Vermögensgegenstands.

(4) Als Geschäfts- oder Firmenwert darf der Unterschiedsbetrag angesetzt werden, um den die für die Übernahme eines Unternehmens bewirkte Gegenleistung den Wert der einzelnen Vermögensgegenstände des Unternehmens abzüglich der Schulden im Zeitpunkt der Übernahme übersteigt. Der Betrag ist in jedem folgenden Geschäftsjahr zu mindestens einem Viertel durch Abschreibungen zu tilgen. Die Abschreibung des Geschäfts- oder Firmenwerts kann aber auch planmäßig auf die Geschäftsjahre verteilt werden, in denen er voraussichtlich genutzt wird.

Übersicht

	Rdn.
I. Regelungsgehalt der Vorschrift	1
II. Anschaffungskosten (Abs. 1)	
1. Begriff und Ermittlung der Anschaffungskosten	4
2. Kosten des Erwerbs	6
3. Kosten für die Erlangung der Betriebsbereitschaft	8
4. Anschaffungsnebenkosten und nachträgliche Anschaffungskosten	10
5. Anschaffungspreisminderungen	12
6. Ausgewählte Einzelfragen	13
III. Herstellungskosten (Abs. 2 und 3)	
1. Grundlagen	
a) Begriff der Herstellungskosten (Abs. 2 S. 1)	17
b) Einzelkosten und Gemeinkosten	20
c) Einbeziehungspflicht und Einbeziehungswahlrecht	22
d) Stetigkeitsgebot und Anhangsangaben	24
2. Materialkosten, Fertigungskosten und Sonderkosten der Fertigung (Abs. 2 S. 2)	25
3. Einbeziehungswahlrecht für bestimmte Gemeinkosten (Abs. 2 S. 3–5)	
a) Grundlagen	28
b) Die einrechenbaren Gemeinkosten	30
c) Partielle Richtlinienwidrigkeit	33
4. Einbeziehungsverbot für Vertriebskosten (Abs. 2 S. 6)	36
5. Einbeziehungswahlrecht für bestimmte Fremdkapitalzinsen (Abs. 3)	37
IV. Geschäfts- oder Firmenwert (Abs. 4)	
1. Grundlagen	
a) Begriff und Rechtsnatur des Geschäfts- oder Firmenwertes	39
b) Ansatzwahlrecht und Abschreibung	42
c) Steuerrecht	44
2. Aktivierungsvoraussetzungen	
a) Übernahme eines Unternehmens	45
b) Ermittlung des Unterschiedsbetrages nach Abs. 4 S. 1	46
3. Abschreibung	
a) Pauschale Abschreibung (Abs. 4 S. 2)	47
b) Planmäßige Abschreibung (Abs. 4 S. 3)	48
4. Bilanzausweis und Anhangsangaben	50
5. Negativer Geschäfts- oder Firmenwert	52

Detlef Kleindiek

Schrifttum

Anschaffungs- und Herstellungskosten *Bachem* Bilanzielle Herstellungskosten des Kuppel-produktvermögens, BB 1997, 1037; *Baetge* Bilanzen, 4. Aufl. (1996); *ders.* Herstellungskosten: Vollaufwand versus Teilaufwand, Festschrift Ludewig (1996) S. 53; *Egger* Die Herstellungskosten im Spannungsfeld von Kostenrechnung und Jahresabschluß, Festschrift Moxter (1994) S. 195; *Euler* Das System der Grundsätze ordnungsmäßiger Bilanzierung (1996); *Hartung* Ist die deutsche Herstellungskostenobergrenze richtlinienkonform? BB 1992, 2392; *Hartung* Herstellungskosten bei Kuppelproduktion, BB 1997, 1627; *IDW-HFA* Stellungnahme 5/1991: Zur Aktivierung von Herstellungskosten, WPg 1992, 94; *Karrenbrock* Der Umfang der Herstellungskosten nach Handels- und Steuerrecht, Festschrift Börner (1998) S. 3; *Knobbe-Keuk* Bilanz- und Unternehmenssteuerrecht, 9. Aufl. (1993); *Kothes* Die Wahlrechtsproblematik im handelsrechtlichen Jahresabschluß der Kapitalgesellschaft (1999); *Mellwig* Herstellungskosten und Realisationsprinzip, Festschrift Budde (1995) S. 397; *Moxter* Aktivierungspflichtige Herstellungskosten in Handels- und Steuerbilanz, BB 1988, 937; *Ordelheide* Anschaffungskosten, Beck HdR B 162 (1989); *ders.* Herstellungskosten, Beck HdR B 163 (1992); *ders.* Zum Verbot der Aktivierung von Vertriebskosten in den Herstellungskosten gem. § 255 Abs. 2 Satz 6 HGB, Festschrift Forster (1992) S. 507; *Richter* Das Sachanlagevermögen, HdJ Abt. II/1 (1990); *Schröer* Das Realisationsprinzip in Deutschland und Großbritannien (1998); *Siegel* Herstellungskosten und Grundsätze ordnungsmäßiger Buchführung, Festschrift D. Schneider (1995) S. 635; *Witt* Der Umfang der Herstellungskosten im handelsrechtlichen Jahresabschluß (1997); *Wöhe* Bilanzierung und Bilanzpolitik, 9. Aufl. (1997); *Wohlgemuth* Die Herstellungskosten in der Handels- und Steuerbilanz, HdJ Abt. I/10 (2001); *ders.* Die Anschaffungskosten in der Handels- und Steuerbilanz, HdJ Abt. I/9 (1999); *Wohlgemuth/Radde* Der Bewertungsmaßstab „Anschaffungskosten" nach HGB und IAS – Darstellung der Besonderheiten und kritische Gegenüberstellung, WPg 2000, 903.

Geschäfts- oder Firmenwert *Arnold* Die Bilanzierung des Geschäfts- oder Firmenwertes in der Handels-, Steuer- und Ergänzungsbilanz (1997); *Bachem* Berücksichtigung negativer Geschäftswerte in Handels-, Steuer- und Ergänzungsbilanz, BB 1993, 967; *Breidert* Grundsätze ordnungsmäßiger Abschreibungen auf abnutzbare Anlagegegenstände (1994); *Clemm* Zum Streit über die Bilanzierung des „derivativen negativen Geschäfts- oder Firmenwerts", Festschrift Claussen (1997) S. 605; *Ernsting* Zur Bilanzierung eines negativen Geschäfts- oder Firmenwerts nach Handels- und Steuerrecht, WPg 1998, 405; *Euler* Das System der Grundsätze ordnungsmäßiger Bilanzierung (1996); *Geiger* Interpretation des negativen Geschäftswerts im Rahmen einer ökonomischen Analyse, DB 1996, 1533; *Gießler* Der negative Geschäftswert – Bilanzielle Anerkennung und Behandlung, BB 1996, 1759; *Groh* Negative Geschäftswerte in der Bilanz, Festschrift F. Klein (1994) S. 815; *Günther* Aktivische Bilanzierungshilfen im deutschen und französischen Bilanzrecht (1999); *Hartung* Negative Firmenwerte als Verlustrückstellungen, Festschrift Beisse (1997) S. 235; *Hasenburg* Die Bilanzierungshilfe als Rechtsbegriff (1999); *Hennrichs* Wahlrechte im Bilanzrecht der Kapitalgesellschaften (1999); *Hoffmann* Zur ertragsteuerlichen Behandlung eines negativen Kaufpreises bzw. Geschäftswerts, DStR 1994, 1762; *Hommel* Bilanzierung immaterieller Anlagewerte (1998); *Kothes* Die Wahlrechtsproblematik im handelsrechtlichen Jahresabschluß der Kapitalgesellschaft (1999); *Ludz* Der neue Firmenwert des Bilanzrichtlinien-Gesetzes (1997); *Möhrle* Ökonomische Interpretation und bilanzielle Behandlung eines negativen derivativen Geschäftswertes, DStR 1999, 1414; *Moxter* Bilanzrechtliche Probleme beim Geschäfts- oder Firmenwert, Festschrift Semler (1993) S. 853; *Mujkanovic* Der negative Geschäftswert in der Steuerbilanz des Erwerbers eines Betriebs oder Mitunternehmeranteils, WPg 1994, 522; *Ossadnik* Zur Diskussion um den „negativen Geschäftswert", BB 1994, 747; *Pusecker/Schruff* Anschaffungswertprinzip und „negativer Geschäftswert", BB 1996, 735; *Richter* Die Bilanzierungshilfen, HdJ Abt. II/9 (1990); *Schülen* Gibt es einen „negativen Geschäftswert"? Festschrift Stehle (1997) S. 151; *Siegel/Bareis* Der „negative Geschäftswert" – eine Schimäre als Steuersparmodell? BB 1993, 1477; *dies.* Zum „negativen Geschäftswert" in Realität und Bilanz, BB 1994, 317; *Söffing* Der Geschäfts- oder Firmenwert, Festschrift Döllerer (1988) S. 593; *Tiedchen* Der Vermögensgegenstand im Handelsbilanzrecht (1991); *Treiber* Immaterielle Vermögensgegenstände, Beck HdR B 211 (1993); *Wollny* Überlegungen im Zusammenhang mit dem Minderwert eines Unternehmens, dem sog. negativen Geschäfts- oder Firmenwert Festschrift, Offerhaus (1999) S. 647.

Detlef Kleindiek   (544)

I. Regelungsgehalt der Vorschrift

Vermögensgegenstände sind nach dem in § 253 Abs. 1 S. 1 niedergelegten Anschaf- **1** fungswertprinzip (s. § 253, 8 ff) höchstens mit den fortgeführten Anschaffungs- oder Herstellungskosten anzusetzen. Mit den Regelungen in § 255 **Abs. 1–3** konkretisiert das Gesetz mit Geltung für alle Rechnungslegungspflichtigen **Begriff und Bestandteile der Anschaffungs- und Herstellungskosten** und klärt eine Reihe von Zweifelsfragen, die sich auf der Grundlage des alten Rechts (§§ 153, 155 AktG 1965) ergaben. Zu den *Rechtsfolgen eines Verstoßes* gegen die gesetzlichen Bewertungsvorschriften s. § 252, 55 f.

Mit den Bestimmungen in Abs. 1 (Anschaffungskosten) werden die Vorgaben in **2** Artt. 35 Abs. 2/29 Abs. 2 S. 1 der 4. EG-Richtlinie (**Jahresabschlußrichtlinie**) konkretisierend umgesetzt. Die Regelungen in Abs. 2 (Herstellungskosten) und Abs. 3 (Fremdkapitalzinsen als fiktive Bestandteile der Herstellungskosten) beruhen auf Artt. 35 Abs. 3/39 Abs. 2 S. 1 und 3 bzw. Artt. 35 Abs. 4/39 Abs. 2 S. 2 der Richtlinie. Insoweit sind gewisse Umsetzungsdefizite zu konstatieren (näher Rdn. 33 f).

Abs. 4 erlaubt – in Anknüpfung an § 153 Abs. 5 AktG 1965 und in Übereinstim- **3** mung mit Art. 37 Abs. 2 i. V. m. Art. 34 Abs. 1 lit. a der Jahresabschlußrichtlinie – die Aktivierung des mit Übernahme eines Unternehmens erworbenen (**derivativen**) **Geschäfts- oder Firmenwerts.** Darunter wird der Unterschiedsbetrag verstanden, um den die für die Unternehmensübernahme bewirkte Gegenleistung den Wert der einzelnen Vermögensgegenstände des Unternehmens abzüglich der Schulden im Zeitpunkt der Übernahme übersteigt (S. 1). Ein aktivierter Geschäfts- oder Firmenwert ist nach Maßgabe von S. 2 und 3 wahlweise pauschal oder planmäßig abzuschreiben.

II. Anschaffungskosten (Abs. 1)

1. Begriff und Ermittlung der Anschaffungskosten

Anschaffungskosten sind nach Abs. 1 S. 1 die Aufwendungen, die geleistet wer- **4** den, um einen Vermögensgegenstand zu erwerben und ihn in einen betriebsbereiten Zustand zu versetzen; dabei zählen nur solche Aufwendungen zu den Anschaffungskosten, die dem Vermögensgegenstand einzeln zugeordnet werden können. Die Aufwendungen müssen also den Charakter von Einzelkosten haben; Gemeinkosten sind nicht in die Anschaffungskosten einzubeziehen.[1] Der für den angeschafften Vermögensgegenstand aufgewendete Betrag (Anschaffungsbetrag) bestimmt den Einstandswert (§ 253 Abs. 1 S. 1; s. dazu § 253, 9) des Anschaffungsgegenstandes. Die Bewertung zu den Anschaffungskosten dient dazu, den **Anschaffungsvorgang erfolgsneutral** zu halten und im Sinne einer bloßen Vermögensumschichtung zu erfassen.[2]

Der *steuerrechtliche* Begriff der Anschaffungskosten (§ 6 Abs. 1 EStG) ist mit dem **5** handelsrechtlichen Begriff nach § 255 Abs. 1 identisch.[3] Zur **Ermittlung** der Anschaf-

---

[1] ADS § 255 Rdn. 16; MünchKommHGB-*Ballwieser* § 255 Rdn. 9 ff; Blümich/*Ehmcke* EStG § 6 Rdn. 269; Baumbach/Hueck/*Schulze-Osterloh* § 42 Rdn. 272; Heymann/*Walz* § 255 Rdn. 28; WP-Handbuch I Tz. E 236; HdJ-*Wohlgemuth* I/9, Rdn. 11.

[2] ADS § 255 Rdn. 5; Beck BilKomm-*Ellrott/ Schmidt-Wendt* § 255 Rdn. 20; Bonner HdR-*Hofbauer* § 255 Rdn. 3; HdR-*Knop/Küting* § 255

Rdn. 7 f; *Moxter* Bilanzrechtsprechung § 12 I 1; Beck HdR-*Ordelheide* B 162 Rdn. 10 ff; *Wiedmann* BilanzR § 255 Rdn. 3 = Ebenroth/ Boujong/Joost/*ders.* § 255 Rdn. 3; HdJ-*Wohlgemuth* I/9, Rdn. 2 f.

[3] BFH 24.8.1995, IV R 27/94, BStBl II 1995, 895; näher Blümich/*Ehmcke* EStG § 6 Rdn. 90 ff; Schmidt/*Glanegger* EStG § 6 Rdn. 81 ff; Herrmann/Heuer/Raupach/*Stobbe* EStG § 6

fungskosten kommen neben der Einzelfeststellung die Bewertungsvereinfachungsverfahren nach Maßgabe von § 256 S. 1 und 2 (s. die Erläuterungen dort) in Betracht. Namentlich in Einzelhandelsunternehmen, wo die Waren schon beim Einkauf mit den Verkaufspreisen ausgezeichnet werden und die Anschaffungskosten später nur mit unverhältnismäßigem Aufwand ermittelt werden können, ist eine *retrograde Wertermittlung* verbreitet. Bei ihr wird vom Verkaufspreis die Bruttospanne abgezogen, die durch (in den jeweiligen Warengruppen) einheitliche Zuschläge auf die Anschaffungskosten zustande kommt.[4]

2. Kosten des Erwerbs

6   Abs. 1 S. 1 begreift als Anschaffungsvorgang sowohl den Erwerb des Vermögensgegenstandes als auch seine Versetzung in einen betriebsbereiten Zustand. „Erwerb" ist die Erlangung der wirtschaftlichen Verfügungsmacht über den Vermögensgegenstand, die regelmäßig durch Übergang von Eigenbesitz, Gefahr, Nutzen und Lasten auf den Erwerber gekennzeichnet ist.[5]

7   Erwerbskosten sind alle Aufwendungen, die unmittelbar dazu bestimmt sind, den Erwerb zu ermöglichen.[6] Sie werden in erster Linie durch den **Anschaffungspreis** (Kaufpreis) bestimmt. Mit dem Vermögensgegenstand übernommene Schulden und Lasten sind Bestandteil der Anschaffungskosten; die Verpflichtungen sind zu passivieren.[7] Ist der Erwerber zum Vorsteuerabzug berechtigt, so wird der Kaufpreis um die in ihm enthaltene Umsatzsteuer (Vorsteuer) gekürzt.[8] Anschaffungskosten in ausländischer Währung sind in DM bzw. Euro umzurechnen (vgl. auch die Erläuterungen § 253, 17 und 74 für Fremdwährungsverbindlichkeiten bzw. -forderungen). Bei Vorauszahlung oder Anzahlung ist der tatsächlich aufgewandte Betrag in DM bzw. Euro maßgeblich. Beim Kauf auf Kredit ist der Wechselkurs zum Zeitpunkt der Erstverbuchung (Kurs des Tages, an dem der Geschäftsvorfall nach GoB einzubuchen ist)[9] entscheidend; spätere Wechselkursänderungen beeinflussen die Anschaffungskosten nicht.[10] Wo – etwa beim Kauf ganzer Unternehmen oder Betriebe bzw. Betriebsteile – mehrere Vermögensgegenstände zu einem einheitlichen Gesamtkaufpreis erworben werden, ist nach dem Grundsatz der Einzelbewertung (§ 252 Abs. 1 Nr. 3) der Gesamtanschaffungspreis auf die einzelnen Vermögensgegenstände aufzuteilen.[11]

Rdn. 281 ff; Kirchhof/Söhn/*Werndl* EStG § 6 Rdn. B 25 ff.

[4] Dazu etwa ADS § 255 Rdn. 114; Herrmann/Heuer/Raupach/*Federmann* EStG § 6 Rdn. 110 ff; *Glade* § 253 Rdn. 534 ff; *Loitz/Winnacker* DB 2000, 2234; Heymann/*Walz* § 255 Rdn. 39 und § 256 Rdn. 20; *Wiedmann* BilanzR § 255 Rdn. 8 = Ebenroth/Boujong/Joost/*ders.* § 255 Rdn. 8; *Winnefeld* Bilanz-Handbuch E 412; vgl. auch R 36 Abs. 2 EStR 1999.

[5] BFH 28. 4. 1977, IV R 163/75, BStBl II, 553, 554; ADS § 255 Rdn. 10; Beck BilKomm-*Ellrott/Schmidt-Wendt* § 255 Rdn. 31; Heymann/*Walz* § 255 Rdn. 5.

[6] ADS § 255 Rdn. 8ff; Beck BilKomm-*Ellrott/Schmidt-Wendt* § 255 Rdn. 21 ff; HdR-*Knop/Küting* § 255 Rdn. 12.

[7] ADS § 255 Rdn. 67; Beck HdR-*Ordelheide* B 162 Rdn. 110; *Winnefeld* Bilanz-Handbuch E 421, 575; WP-Handbuch I Tz. E 246; HdJ-*Wohlgemuth* I/9, Rdn. 17.

[8] Weiterführend ADS § 255 Rdn. 20; Beck Bil-Komm-*Ellrott/Schmidt-Wendt* § 255 Rdn. 51; HdR-*Knop/Küting* § 255 Rdn. 19; Beck HdR-*Ordelheide* B 162 Rdn. 41 f; Baumbach/Hueck/*Schulze-Osterloh* § 42 Rdn. 272; WP-Handbuch I Tz. E 239.

[9] IDW-HFA Geänderter Entwurf einer Verlautbarung zur Währungsumrechnung im Jahres- und Konzernabschluß, Ziff. 2 (WPg 1986, 664).

[10] So die h. M., jedoch sind Einzelheiten str.; weiterführend etwa ADS § 255 Rdn. 63 f; Beck Bil-Komm-*Ellrott/Schmidt-Wendt* § 255 Rdn. 52 ff; Bonner HdR-*Hofbauer* § 255 Rdn. 18; HdR-*Knop/Küting* § 255 Rdn. 26; Beck HdR-*Ordelheide* B 162 Rdn. 55 ff; *Schröer* Realisationsprinzip S. 324 ff; WP-Handbuch I Tz. E 247; HdJ-*Wohlgemuth* I/9, Rdn. 22 m. w. N.

[11] ADS § 255 Rdn. 104 ff; Blümich/*Ehmcke* EStG § 6 Rdn. 340 ff; Beck BilKomm-*Ellrott/Schmidt-Wendt* § 255 Rdn. 81 ff; HdR-*Knop/Küting* § 255 Rdn. 23 ff; Beck HdR-*Ordelheide* B 162

3. Kosten für die Erlangung der Betriebsbereitschaft

Zu den Anschaffungskosten zählen auch die Aufwendungen, die entstehen, um den **8** erworbenen Vermögensgegenstand in einen betriebsbereiten Zustand zu versetzen. Erst die Erlangung der Betriebsbereitschaft markiert also das Ende des Anschaffungsvorgangs. Dabei ist das Kriterium der **Betriebsbereitschaft** des Vermögensgegenstandes **objektiv** zu bestimmen, wenn auch vor dem Hintergrund der vom Rechnungslegungspflichtigen beabsichtigten Verwendung.[12] Auf die lediglich subjektive Einschätzung der Betriebsbereitschaft des Vermögensgegenstandes durch den Kaufmann[13] kann es demgegenüber nicht entscheidend ankommen.[14]

Zu den **Kosten** für die Erlangung der Betriebsbereitschaft gehören bei Gegenstän- **9** den des Sachanlagevermögens etwa Montagekosten und Kosten für Probeläufe. Soll ein bebautes Grundstück von vornherein als unbebautes genutzt werden, zählen auch die Kosten für den Abbruch des Gebäudes hierzu. Entsprechendes gilt, wenn gebrauchte Gegenstände zur Erlangung der Betriebsbereitschaft instandgesetzt oder umgerüstet werden müssen.[15] Erhaltungsaufwendungen, die (wenn auch anschaffungsnah) nach der erstmaligen Erlangung der Betriebsbereitschaft anfallen, gehören nicht mehr zu den Anschaffungskosten;[16] ggf. liegt ein Herstellungsvorgang vor (unten Rdn. 19).

4. Anschaffungsnebenkosten und nachträgliche Anschaffungskosten

Zu den Anschaffungskosten gehören gem. Abs. 1 S. 2 auch die Anschaffungsneben- **10** kosten sowie die nachträglichen Anschaffungskosten. **Anschaffungsnebenkosten** sind Aufwendungen, die mit dem Anschaffungsvorgang (Erwerb und Versetzung des Vermögensgegenstands in betriebsbereiten Zustand) unmittelbar verbunden sind und dem angeschafften Vermögensgegenstand als Einzelkosten direkt zugemessen werden können. Aktivierungspflichtige Anschaffungsnebenkosten können auch schon vor Vollendung des Erwerbsvorgangs anfallen.[17] Zu den Nebenkosten der Anschaffung zählen etwa Transport- und Transportversicherungskosten, Steuern und Zölle, Notar- und Gerichtskosten, Vermittlungs- und Maklergebühren. Die Grenzziehung zu den „Hauptkosten" für den Erwerb und die Erlangung der Betriebsbereitschaft ist fließend, wegen der ausdrücklichen Einbeziehung der Nebenkosten in die Anschaffungskosten aber praktisch ohne Belang. Die bei einer Vielzahl von Warenbezügen üblicherweise anfallenden Nebenkosten können *pauschaliert* in Ansatz gebracht werden; auf die Einbeziehung von (im Verhältnis zum Kaufpreis) unerheblichen

---

Rdn. 200 ff; Heymann/*Walz* § 255 Rdn. 7; *Winnefeld* Bilanz-Handbuch E 495 ff; WP-Handbuch I Tz. E 248; HdJ-*Wohlgemuth* I/9, Rdn. 18, 91 ff.

[12] Im Ansatz ebenso Beck BilKomm-*Ellrott/ Schmidt-Wendt* § 255 Rdn. 26; Heymann/*Walz* § 255 Rdn. 14.

[13] Darauf abstellend ADS § 255 Rdn. 14.

[14] Vermittelnd Baumbach/Hueck/*Schulze-Osterloh* § 42 Rdn. 273, der verlangt, daß sich die beabsichtigte Verwendung aus objektiven Umständen ergeben muß.

[15] Zum Ganzen etwa ADS § 255 Rdn. 12 ff; Beck BilKomm-*Ellrott/Schmidt-Wendt* § 255 Rdn. 24 ff; Baumbach/Hueck/*Schulze-Osterloh* § 42 Rdn. 273 m. w. N.

[16] ADS § 255 Rdn. 14; Baumbach/Hueck/*Schulze-Osterloh* § 42 Rdn. 273; s. auch HdJ-*Wohlgemuth* I/9, Rdn. 48.

[17] ADS § 255 Rdn. 11; Beck BilKomm-*Ellrott/ Schmidt-Wendt* § 255 Rdn. 34; Beck HdR-*Ordelheide* B 162 Rdn. 241; *ders.* FS Felix (1989) S. 229; HdJ-*Wohlgemuth* I/9, Rdn. 27; **a. A.** (Verbuchung als Aufwand) HdR-*Knop/Küting* § 255 Rdn. 145; im Ansatz ebenso *Mathiak* in Raupach (Hrsg.), Werte und Wertermittlung im Steuerrecht (1984) S. 97, 119: zunächst Verbuchung als Aufwand, aber gewinnerhöhende Aktivierung nach Erlangung der wirtschaftlichen Verfügungsmacht über den Vermögensgegenstand.

Detlef Kleindiek

Nebenkosten kann nach den Grundsätzen des Wesentlichkeitsprinzips (dazu § 252, 54) verzichtet werden.[18] *Finanzierungskosten* sind grundsätzlich nicht Bestandteil der Anschaffungskosten; anders nur, wenn der Erwerber bis zur Lieferung des Vermögensgegenstandes dem Veräußerer dessen Kreditkosten vergütet.[19]

11   **Nachträgliche Anschaffungskosten** betreffen spätere Erhöhungen des Anschaffungspreises (etwa des Kaufpreises durch Urteil oder durch entsprechenden Vergleich) wie auch der Anschaffungsnebenkosten (z. B. Neufestsetzung der Grunderwerbsteuer).[20] Darüber hinaus fallen alle Aufwendungen darunter, die noch dem Anschaffungsvorgang selbst zuzuordnen sind.[21] Hierzu zählen etwa nachträglich erhobene Erschließungsbeiträge.[22] Von den nachträglichen Anschaffungskosten nicht mehr erfaßt werden jedoch Aufwendungen, die erst nach dem Erwerb des Vermögensgegenstandes und seiner (erstmaligen) Versetzung in einen betriebsbereiten Zustand anfallen und den Vermögensgegenstand erweitern bzw. über seinen ursprünglichen Zustand hinaus wesentlich verbessern.[23] Sie sind als Kosten eines Herstellungsvorgangs anzusehen (unten Rdn. 19).

5. Anschaffungspreisminderungen

12   Anschaffungspreisminderungen sind nach Abs. 1 S. 3 von den Anschaffungskosten **abzusetzen**. Zu den Anschaffungspreisminderungen zählen etwa in Anspruch genommene Rabatte, Skonti und sonstige Preisnachlässe, einschließlich etwaiger Kaufpreisminderungen infolge von Mängeln des erworbenen Vermögensgegenstandes.[24] Bei nicht in Anspruch genommenen Skonti sind die Anschaffungskosten nach überwiegender Ansicht in Höhe des Rechnungsbetrages zu bemessen.[25] Ein mengen- oder umsatzabhängiger Bonus ist dem am Abschlußstichtag vorhandenen Bestand an Vermögensgegenständen in der Regel nicht einzeln zuzuordnen und deshalb nicht anschaffungspreismindernd zu berücksichtigen.[26]

---

[18] Zum Ganzen ADS § 255 Rdn. 21 ff; Beck Bil-Komm-*Ellrott/Schmidt-Wendt* § 255 Rdn. 70 ff; Bonner HdR-*Hofbauer* § 255 Rdn. 27; HdR-*Knop/Küting* § 255 Rdn. 27 ff; Beck HdR-*Ordelheide* B 162 Rdn. 225; HdJ-*Richter* II/1, Rdn. 186; HdJ-*Wohlgemuth* I/9, Rdn. 24, 28 ff; *ders./Radde* WPg 2000, 903, 905; ferner Baumbach/Hueck/*Schulze-Osterloh* § 42 Rdn. 274; Heymann/*Walz* § 255 Rdn. 18; *Winnefeld* Bilanz-Handbuch E 439.

[19] S. für Bauzeitzinsen BFH 19.4.1977, VIII R 44/74, BStBl II, 600; 18.2.1993, IV R 40/92, BStBl II 1994, 224, 225; 17.2.1981, VIII R 95/80, BStBl II, 466, 467; Beck BilKomm-*Ellrott/Schmidt-Wendt* § 255 Rdn. 501; Baumbach/Hueck/*Schulze-Osterloh* § 42 Rdn. 277 mit zahlr. w.N.; *Winnefeld* Bilanz-Handbuch E 456; HdJ-*Wohlgemuth* I/9, Rdn. 35 ff; zweifelnd Heymann/*Walz* § 255 Rdn. 19.

[20] ADS § 255 Rdn. 45 ff; HdR-*Knop/Küting* § 255 Rdn. 54; Beck HdR-*Ordelheide* B 162 Rdn. 324; Baumbach/Hueck/*Schulze-Osterloh* § 42 Rdn. 275.

[21] Wie hier HdR-*Knop/Küting* § 255 Rdn. 44.

[22] Beck BilKomm-*Ellrott/Schmidt-Wendt* § 255 Rdn. 111 m. w. N.

[23] Für die Zuordnung solcher Kosten zu den nach-

trächlichen Anschaffungskosten aber etwa ADS § 255 Rdn. 14, 42.

[24] ADS § 255 Rdn. 49 ff; Beck BilKomm-*Ellrott/Schmidt-Wendt* § 255 Rdn. 60 ff; HdR-*Knop/Küting* § 255 Rdn. 55 ff; Baumbach/Hueck/*Schulze-Osterloh* § 42 Rdn. 276; HdJ-*Wohlgemuth* I/9, Rdn. 54 ff.

[25] ADS § 255 Rdn. 52; KK-*Claussen/Korth* § 255 HGB Rdn. 21; Beck BilKomm-*Ellrott/Schmidt-Wendt* § 255 Rdn. 64; HdR-*Knop/Küting* § 255 Rdn. 58 ff; Beck HdR-*Ordelheide* B 162 Rdn. 327; HdJ-*Wohlgemuth* I/9, Rdn. 57 ff; *ders./Radde* WPg 2000, 903, 906 **a. A.** (Behandlung als Zinsaufwand) HdJ-*U. Hüttemann* III/8, Rdn. 255; *Kropff* in Geßler/Hefermehl/Eckardt/Kropff § 153 Rdn. 9; *Rückle* FS Moxter (1994) S. 353, 357 ff; Baumbach/Hueck/*Schulze-Osterloh* § 42 Rdn. 276 m. w. N.

[26] Im Ergebnis wie hier etwa Beck BilKomm-*Ellrott/Schmidt-Wendt* § 255 Rdn. 62; *Baumbach/Hopt* § 255 Rdn. 4; HdR-*Knop/Küting* § 255 Rdn. 62; Baumbach/Hueck/*Schulze-Osterloh* § 42 Rdn. 276 m. w. N.; **a. A.** (für anteilige Berücksichtigung, soweit die gekauften Gegenstände noch vorhanden sind) ADS § 255 Rdn. 50; Beck HdR-*Ordelheide* B 162 Rdn. 326; HdJ-*Wohlgemuth* I/9, Rdn. 56.

6. Ausgewählte Einzelfragen

Vollzieht sich der Anschaffungsvorgang im Wege des **Tausches**, so besteht nach **13** herrschender Meinung ein Wahlrecht, die Anschaffungskosten des erworbenen Vermögensgegenstandes entweder (erfolgsneutral) mit dem Buchwert des hingegebenen Gegenstandes zu bemessen (ggf. erhöht auf den zur Neutralisierung der steuerlichen Belastung erforderlichen Betrag) oder mit dessen vorsichtig geschätztem Zeitwert anzusetzen.[27] Bei **unentgeltlich erworbenen Vermögensgegenständen** wird verbreitet ein Aktivierungswahlrecht befürwortet, sofern der Zuwender dem Empfänger nicht einen Vermögensvorteil verschaffen will.[28] Die Gegenmeinung spricht sich demgegenüber für ein Aktivierungsgebot unter Ansatz des vorsichtig geschätzten Betrages aus, den der Rechnungslegungspflichtige bei entgeltlichem Erwerb des Vermögensgegenstandes hätte aufwenden müssen.[29] Das Vollständigkeitsgebot (§ 246 Abs. 1) streitet für die Aktivierungspflicht, zumal nur so in den Folgejahren der Wertverzehr durch Abschreibungen ausgewiesen werden kann;[30] ohne einen solchen Ausweis würde kein getreuer Einblick in die Vermögens- und Ertragslage des Unternehmens gewährt. Unentgeltlich erworbene *immaterielle* Vermögensgegenstände des Anlagevermögens unterliegen allerdings dem Aktivierungsverbot aus § 248 Abs. 2 (dazu § 248, 10 ff).

Auch ein **überhöhter Anschaffungspreis** ist zur Bestimmung der Anschaffungs- **14** kosten maßgeblich, doch bleibt das Gebot der Abschreibung auf den niedrigeren Stichtagswert (§ 253 Abs. 2 S. 3 und Abs. 3 S. 2) davon unberührt.[31] Eine andere Betrachtungsweise ist freilich in jenen Fällen geboten, in denen im überhöhten Preis eine Vermögensverlagerung an ein verbundenes Unternehmen oder einen Gesellschafter zum Ausdruck kommt. Hier ist nur der angemessene Betrag (Zeitwert) als

---

[27] ADS § 255 Rdn. 89 ff; *Baumbach/Hopt* § 255 Rdn. 5; HdR-*Knop/Küting* § 255 Rdn. 116 ff; *Kropff* in Geßler/Hefermehl/Eckardt/Kropff § 153 Rdn. 20 ff; *Marsch-Barner* in Gemeinschaftskommentar z. HGB (1999⁶), § 255 Rdn. 6; *Wiedmann* BilanzR § 255 Rdn. 20 = Ebenroth/Boujong/Joost/*ders.* § 255 Rdn. 20; *Winnefeld* Bilanz-Handbuch E 545 ff; WP-Handbuch I E 252 f; *Wöhe* Bilanzierung und Bilanzpolitik⁹ S. 384; jedenfalls für den Tausch von Gegenständen des Anlagevermögens auch Beck BilKomm-*Ellrott/Schmidt-Wendt* § 255 Rdn. 131 ff; a. A. (Bemessung der Anschaffungskosten nach dem vorsichtig geschätzten Verkaufspreis des hingegebenen Gegenstandes) Bonner HdR-*Hofbauer* § 255 Rdn. 13; Baumbach/Hueck/*Schulze-Osterloh* § 42 Rdn. 278; Heymann/*Walz* § 255 Rdn. 31; HdJ-*Wohlgemuth* I/9, Rdn. 61 ff; differenzierend Beck HdR-*Ordelheide* B 162 Rdn. 148 ff; ihm folgend MünchKommHGB-*Ballwieser* § 255 Rdn. 42.

[28] So im Ansatz übereinstimmend, wenn auch mit Unterschieden im Detail, etwa ADS §255 Rdn. 83 ff; KK-*Claussen/Korth* § 255 HGB Rdn. 29; *Glade* Teil I Rdn. 500; Beck BilKomm-*Ellrott/Schmidt-Wendt* § 255 Rdn. 99 ff; *Baumbach/Hopt* § 255 Rdn. 6; *Kropff* in Geßler/Hefermehl/Eckardt/Kropff § 153 Rdn. 18; Heymann/

Walz § 255 Rdn. 34; *Wiedmann* BilanzR § 255 Rdn. 19 = Ebenroth/Boujong/Joost/*ders.* § 255 Rdn. 19; WP-Handbuch I E 249; *Wöhe* Bilanzierung und Bilanzpolitik⁹ S. 385.

[29] So etwa MünchKommHGB-*Ballwieser* § 255 Rdn. 45; HdR-*Knop/Küting* § 255 Rdn. 110, 112; GK-HGB-*Marsch-Barner* § 255 Rdn. 7; Beck HdR-*Ordelheide* B 162 Rdn. 194; Baumbach/Hueck/*Schulze-Osterloh* § 42 Rdn. 280; *Winnefeld* Bilanz-Handbuch E 530; HdJ-*Wohlgemuth* I/9, Rdn. 71; für Aktivierung unter gleichzeitiger Bildung eines passivischen Sonderpostens Bonner HdR-*Hofbauer* § 255 Rdn. 17.

[30] Baumbach/Hueck/*Schulze-Osterloh* § 42 Rdn. 280.

[31] Beck BilKomm-*Ellrott/Schmidt-Wendt* § 255 Rdn. 20a; HdR-*Knop/Küting* § 255 Rdn. 18; Baumbach/Hueck/*Schulze-Osterloh* § 42 Rdn. 282; *Wiedmann* BilanzR § 255 Rdn. 10 = Ebenroth/Boujong/Joost/*ders.* § 255 Rdn. 10; *Winnefeld* Bilanz-Handbuch E 424; WP-Handbuch I E 251; HdJ-*Wohlgemuth* I/9, Rdn. 13; a. A. (Preisdifferenz als außerordentliche Aufwendung) Beck HdR-*Ordelheide* B 162 Rdn. 50; für ein Wahlrecht zugunsten einer von vornherein niedrigeren Bemessung der Anschaffungskosten wohl ADS § 255 Rdn. 18.

Detlef Kleindiek

Anschaffungskosten anzusetzen; der Unterschiedsbetrag ist als Zuwendung zu qualifizieren, die ggf. einen aktivierungspflichtigen Rückgewährsanspruch auslöst.[32]

15　　Erwirbt der Rechnungslegungspflichtige den Vermögensgegenstand im Wege der
Zwangsversteigerung als Pfandgläubiger selbst, so ist in die Anschaffungskosten –
neben dem gezahlten Gebot und den Kosten der Zwangsvollstreckung – auch jener
Teil der gesicherten Forderung einzubeziehen, für den mit anderweitiger Befriedigung
nicht mehr zu rechnen ist; der Zeitwert des Gegenstandes bildet jedoch die Obergrenze der Bewertung.[33]

16　　Zur Bewertung von **Forderungen** s. § 253, 73 f. Zu weiteren, vielfach sehr kontrovers diskutierten Einzelfragen der Anschaffungskostenbemessung ist auf das einschlägige Spezialschrifttum zu verweisen.[34] So etwa hinsichtlich der Behandlung von
Zuschüssen und Subventionen, die aus Anlaß des Anschaffungsvorgangs von öffentlicher oder privater Seite gewährt werden;[35] ebenso zur Bewertung von Sacheinlagen
bzw. Sachübernahmen[36] und von Beteiligungen[37] oder hinsichtlich der Bemessung der
Anschaffungskosten bei Umstrukturierungen nach dem UmwG.[38]

III. Herstellungskosten (Abs. 2 und 3)

1. Grundlagen

17　　**a) Begriff der Herstellungskosten (Abs. 2 S. 1).** Herstellungskosten sind nach
Abs. 2 S. 1 die Aufwendungen, die durch den Verbrauch von Gütern und die Inanspruchnahme von Diensten für die Herstellung eines Vermögensgegenstandes, für

---

[32] Zum Ganzen näher ADS § 255 Rdn. 70 ff; Beck
HdR-*Ordelheide* B 162 Rdn. 52; Baumbach/
Hueck/*Schulze-Osterloh* § 42 Rdn. 282; *Winne-
feld* Bilanz-Handbuch E 425.

[33] BFH 11. 11. 1987, I R 7/84, BStBl II 1988, 424,
426; ADS § 255 Rdn. 76; *Kropff* in Geßler/Hefer-
mehl/Eckardt/Kropff § 153 Rdn. 25; Baum-
bach/Hueck/*Schulze-Osterloh* § 42 Rdn. 284;
Winnefeld Bilanz-Handbuch E 580; **a. A.** (wegen
Verstoßes gegen Einzelbewertungsgebot und
Realisationsprinzip) HdR-*Knop/Küting* § 255
Rdn. 125; Bedenken auch bei HdJ-*Wohlgemuth*
I/9, Rdn. 94.

[34] S. auch das „ABC der Anschaffungskosten" bei
Beck BilKomm-*Ellrott/Schmidt-Wendt* § 255
Rdn. 325 ff.

[35] Weiterführend *IDW-HFA* Stellungnahme 2/1996:
Zur Bilanzierung privater Zuschüsse (WPg 1996,
709); ADS § 255 Rdn. 56 ff; MünchKommHGB-
Ballwieser § 255 Rdn. 38 ff; Beck BilKomm-*Ell-
rott/Schmidt-Wendt* § 255 Rdn. 113 ff; *Förschle/
Scheffels* DB 1993, 2393 ff; HdR-*Knop/Küting*
§ 255 Rdn. 63 ff; Beck HdR-*Ordelheide* B 162
Rdn. 115 ff; Baumbach/Hueck/*Schulze-Osterloh*
§ 42 Rdn. 279 m. w. N.; *Winnefeld* Bilanz-Handbuch E 535 ff; WP-Handbuch I Tz. E 241 ff;
HdJ-*Wohlgemuth* I/9, Rdn. 74 ff.

[36] Näher ADS § 255 Rdn. 95 ff; KK-*Claussen/
Korth* § 255 HGB Rdn. 30 ff; *Delmas* Die Bewertung von Sacheinlagen in der Handelsbilanz
von AG und GmbH (1997); Baumbach/Hueck/

Schulze-Osterloh § 42 Rdn. 281; WP-Handbuch
I Tz. E 250; HdJ-*Wohlgemuth* I/9, Rdn. 81; s.
auch IDW S 1: Grundsätze zur Durchführung
von Unternehmensbewertungen (WPg 2000,
825).

[37] *Baetge/Thiele* FS Großfeld (1999) S. 49 ff; KK-
Claussen/Korth § 255 HGB Rdn. 37 ff; Beck
BilKomm-*Ellrott/Gutike* § 255 Rdn. 141 ff;
Glade § 253 Rdn. 392 ff; HdR-*Karrenbauer* § 253
Rdn. 27 ff; *Schulze-Osterloh* FS Kropff (1997)
S. 607 ff; *Teichmann* Die Bilanzierung von Betei-
ligungen im handelsrechtlichen Jahresabschluß
von Kapitalgesellschaften (1993); w. N. bei
Baumbach/Hueck/*Schulze-Osterloh* § 42 Rdn.
286.

[38] Dazu weiterführend IDW-HFA Stellungnahme
1/1996: Zweifelsfragen beim Formwechsel (WPg
1996, 507); Stellungnahme 2/1997: Zweifelsfragen
der Rechnungslegung bei Verschmelzung (WPg
1997, 235); Stellungnahme 1/1998: Zweifelsfragen bei Spaltungen (WPg 1998, 508); Beck
BilKomm-*Ellrott/Schmidt-Wendt* § 255 Rdn. 42 ff;
HdR-*Knop/Küting* § 255 Rdn. 83 ff, 493 ff;
W. Müller WPg 1996, 857 ff; *ders.* FS Clemm
(1996) S. 243 ff; *Mujkanovic* BB 1995, 1735 ff;
Naumann FS Ludewig (1996) S. 683, 689 ff;
Scherrer FS Claussen (1997), S. 743, 745 ff; *ders.*
FS L. Fischer (1999) S. 391 ff; *Veit/Lorenz* StuB
1999, 74 ff; WP-Handbuch I Tz. E 254; HdJ-
Wohlgemuth I/9, Rdn. 82 ff.

seine Erweiterung oder für eine über seinen ursprünglichen Zustand hinausgehende wesentliche Verbesserung entstehen. Einbeziehungsfähig sind nur die tatsächlich angefallenen (pagatorischen) Aufwendungen, nicht bloß kalkulatorische Kosten. Der handelsrechtliche Begriff der Herstellungskosten ist auch *steuerrechtlich* maßgeblich.[39]

Wie der Ansatz eines erworbenen Vermögensgegenstandes zu Anschaffungskosten **18** (oben Rdn. 4) zielt auch die Bewertung des hergestellten, erweiterten oder verbesserten Vermögensgegenstandes zu den damit verbundenen Aufwendungen auf die **Erfolgsneutralisierung** des Herstellungsvorgangs im Sinne einer bloßen Vermögensumschichtung ab.[40] Schon angesichts der in Abs. 2 gewährten Einbeziehungswahlrechte (zur Übersicht sogleich Rdn. 22) sind aber nicht alle mit dem Ziel der Herstellung getätigten Aufwendungen zu aktivieren. Auch ist eine eindeutige Zuordnung bestimmter Kostenkomponenten zum einzelnen Herstellungsvorgang nicht durchgängig möglich. Der Gesetzgeber hat das Prinzip der Erfolgsneutralität deshalb keineswegs voll verwirklicht.[41]

Die **Herstellung** eines Vermögensgegenstandes umfaßt die Schaffung eines neuen, **19** bislang nicht vorhandenen Gegenstandes („Erstherstellung"); darunter fällt aber auch die Generalüberholung eines im wesentlichen abgenutzten, verbrauchten oder zerstörten Gegenstandes („Zweitherstellung").[42] Die **Erweiterung** eines Vermögensgegenstandes zielt auf die Mehrung seiner Substanz; die bloße Erhaltung der Funktionsfähigkeit genügt noch nicht.[43] Die über seinen ursprünglichen Zustand hinausgehende **wesentliche Verbesserung** eines Vermögensgegenstandes erfordert eine qualitative Veränderung der Gebrauchs- oder Verwendungsmöglichkeit des Gegenstandes insgesamt, so daß für die Zukunft ein höheres „Nutzungspotential" geschaffen wird.[44] Lediglich substanzerhaltende (Modernisierungs-)Maßnahmen füllen jenes Kriterium noch nicht aus. Solche Aufwendungen zählen lediglich zu den nicht aktivierbaren Erhaltungsaufwendungen.[45] Die (jedenfalls früher) abweichende steuerrechtliche Rechtsprechung zu den sog. anschaffungsnahen Aufwendungen als Bestandteil der Herstellungskosten[46] findet handelsrechtlich keine Entsprechung.[47]

b) Einzelkosten und Gemeinkosten. Für die einzelnen Bestandteile der Herstel- **20** lungskosten ist zwischen Einzelkosten und (anteiligen) Gemeinkosten zu unterscheiden. **Einzelkosten** sind solche Kosten, die einem Bezugsobjekt direkt (unmittelbar) zugerechnet werden können; für die Bewertung im Jahresabschluß ist Bezugsobjekt regelmäßig der einzeln zu bewertende Vermögensgegenstand.[48] Die Unmittelbarkeit der Zurechnung bedingt einen eindeutigen und nachweisbaren quantitativen Zusammenhang zwischen dem hergestellten Gegenstand und dem durch seine Herstellung

[39] BFH 4. 7. 1990, GrS 1/89, BStBl II, 830, 833.

[40] ADS § 255 Rdn. 117; HdR-*Knop/Küting* § 255 Rdn. 141; *Moxter* Bilanzrechtsprechung § 13 I 1.

[41] HdR-*Knop/Küting* § 255 Rdn. 141; Beck HdR-*Ordelheide* B 163 Rdn. 10 ff; Heymann/*Walz* § 255 Rdn. 42.

[42] ADS § 255 Rdn. 119 ff; KK-*Claussen/Korth* § 255 HGB Rdn. 100; HdR-*Knop/Küting* § 255 Rdn. 139; Beck HdR-*Ordelheide* B 163 Rdn. 237; Baumbach/Hueck/*Schulze-Osterloh* § 42 Rdn. 288.

[43] ADS § 255 Rdn. 122; Beck BilKomm-*Ellrott/Schmidt-Wendt* § 255 Rdn. 380; Beck HdR-*Ordelheide* B 163 Rdn. 228.

[44] BFH 9. 5. 1995, IX R 116/92, BStBl. II 1996, 632, 635.

[45] Zum Ganzen näher ADS § 255 Rdn. 124 ff; KK-*Claussen/Korth* § 255 Rdn. 93; Beck BilKomm-*Ellrott/Schmidt-Wendt* § 255 Rdn. 385 ff; Beck HdR-*Ordelheide* B 163 Rdn. 235 ff; Baumbach/Hueck/*Schulze-Osterloh* § 42 Rdn. 288.

[46] Übersicht bei *Beck* DStR 2001, 2061 ff; *Becker* INF 2001, 225 ff; *Carl* DStZ 2001, 377 ff; Blümich/*Ehmcke* EStG § 6 Rdn. 410 ff; Schmidt/*Glanegger* EStG § 6 Rdn. 110 ff; HdR-*Knop/Küting* § 255 Rdn. 387 ff; *Sauren* DStR 1999, 620 ff; *Winnefeld* Bilanz-Handbuch E 621.

[47] Beck BilKomm-*Ellrott/Schmidt-Wendt* § 255 Rdn. 388; Baumbach/Hueck/*Schulze-Osterloh* § 42 Rdn. 288.

[48] ADS § 255 Rdn. 138; HdR-*Knop/Küting* § 255 Rdn. 163 ff; *Witt* Herstellungskosten S. 94 ff.

entstandenen Verbrauch an Gütern und Leistungen.[49] Dabei wird der Einzelkosten-charakter nicht dadurch aufgehoben, daß es zur *Bewertung* eines Produktionsfaktors einer Umrechnung bedarf; die Umrechnung von Stundenlöhnen auf die eingesetzte Fertigungszeit steht dem unmittelbaren Zusammenhang der Lohnkosten mit dem produzierten Vermögensgegenstand also nicht entgegen.[50]

21   Gemeinkosten bezeichnen demgegenüber jene Kosten, die erst aufgrund einer Schlüsselung und Umlage dem einzelnen Bezugsobjekt zugerechnet werden können.[51] Sie fallen entweder unabhängig von der produzierten Leistungsmenge an (sog. fixe Ge-meinkosten) oder sind von der Leistungsmenge abhängig (variable Gemeinkosten).[52] Davon zu trennen sind die sog. **unechten Gemeinkosten**.[53] Dies sind Kosten, die aus Praktikabilitätsgründen in der betrieblichen Kostenrechnung als Gemeinkosten erfaßt und geschlüsselt werden, die aber dem jeweiligen Vermögensgegenstand direkt zuge-rechnet werden können und deshalb einer separaten Erfassung zugänglich wären. Bei solchen unechten Gemeinkosten handelt es sich um Einzelkosten, die grundsätzlich aktivierungspflichtig sind.[54] Die Aktivierungspflicht folgt schon aus der zwingenden Vorgabe in Artt. 35 Abs. 3 lit. a/39 Abs. 2 S. 1 der Jahresabschlußrichtlinie.[55]

22   **c) Einbeziehungspflicht und Einbeziehungswahlrecht.** Hinsichtlich der **Einzel-kosten** (Materialeinzelkosten, Fertigungseinzelkosten und Sondereinzelkosten der Fertigung) besteht nach *Abs. 2 S. 2* eine **Aktivierungspflicht**. Die Einzelkosten be-stimmen demnach die Untergrenze der Herstellungskosten. Demgegenüber wird in *Abs. 2 S. 3 – 5* für **bestimmte Gemeinkosten** ein **Aktivierungswahlrecht** gewährt: Bei der Berechnung der Herstellungskosten dürfen auch angemessene Teile der notwendi-gen Materialgemeinkosten, der notwendigen Fertigungsgemeinkosten und des Wert-verzehrs des Anlagevermögens, soweit durch die Fertigung veranlaßt, eingerechnet werden. Ebenso dürfen Kosten der allgemeinen Verwaltung sowie Aufwendungen für soziale Einrichtungen des Betriebs, für freiwillige soziale Leistungen und für betrieb-

---

[49] So IDW-HFA Stellungnahme 5/1991: Zur Ak-tivierung von Herstellungskosten, Ziff. 3 (WPg 1992, 94, 95); ganz ähnlich auch BFH 21.10.1993, IV R 87/92, BStBl II 1994, 176, 177.

[50] BFH BStBl II 1994, 176, 177; IDW-HFA Stellung-nahme 5/1991, Ziff. 3 (WPg 1992, 94, 95); aus dem Schrifttum etwa ADS § 255 Rdn. 138, 147; MünchKommHGB-*Ballwieser* § 255 Rdn. 58; KK-*Claussen/Korth* § 255 Rdn. 69; Blümich/ *Ehmcke* EStG, § 6 Rdn. 466; Beck BilKomm-*Ell-rott/Schmidt-Wendt* § 255 Rdn. 346, 351; *Karren-brock* FS Börner S. 3, 17; *Mellwig* FS Budde S. 397, 408 ff; Beck HdR-*Ordelheide* B 163 Rdn. 56, 78; *Schneeloch* DStR 1990, 51, 58; Baum-bach/Hueck/*Schulze-Osterloh* § 42 Rdn. 92; Heymann/*Walz* § 255 Rdn. 47; *Witt* Herstel-lungskosten S. 98 ff, 100 ff; HdJ-*Wohlgemuth* I/10, Rdn. 25 f; a.A. HdR-*Knop/Küting* § 255 Rdn. 192 ff, die nur reine Akkordlöhne und Quantitätsprämien den Einzelkosten zuschlagen wollen.

[51] IDW-HFA Stellungnahme 5/1991, Ziff. 3 (WPg 1992, 94, 95); ADS § 255 Rdn. 139; Beck Bil-Komm-*Ellrott/Schmidt-Wendt* § 255 Rdn. 346; *Baumbach/Hopt* § 255 Rdn. 16; HdR-*Knop/ Küting* § 255 Rdn. 166; Heymann/*Walz* § 255 Rdn. 49; *Wiedmann* BilanzR § 255 Rdn. 26 = Ebenroth/Boujong/Joost/*ders.* § 255 Rdn. 26;

Witt Herstellungskosten S. 91; a.A. Baum-bach/Hueck/*Schulze-Osterloh* § 42 Rdn. 289, der entscheidend auf die Nähe variabler Aufwendun-gen zur Produktion abstellen will: wo sie zu be-jahen sei, lägen Einzelkosten vor, sonst Gemein-kosten.

[52] ADS § 255 Rdn. 139; HdR-*Knop/Küting* § 255 Rdn. 166, 173 f; Heymann/*Walz* § 255 Rdn. 44.

[53] Eingehend *Witt* Herstellungskosten S. 102 ff.

[54] IDW-HFA Stellungnahme 5/1991, Ziff. 3 (WPg 1992, 94, 95); im Ansatz übereinstimmend auch mit gewissen Einschränkungen ADS § 255 Rdn. 137; Beck BilKomm-*Ellrott/Schmidt-Wendt* § 255 Rdn. 346 (Aktivierungspflicht, soweit die quantitative Erfassung jener Kosten praktikabel und verhältnismäßig ist); HdR-*Knop/Küting* § 255 Rdn. 175 (Aktivierungspflicht, sofern die unechten Gemeinkosten mindestens 10 % der übrigen Einzelkosten ausmachen); für Zuläs-sigkeit der Schätzung des Anteils unechter Ge-meinkosten MünchKommHGB-*Ballwieser* § 255 Rdn. 61; Beck HdR-*Ordelheide* B 163 Rdn. 62; *Mellwig* FS Budde S. 396, 407 f; nicht eindeutig HdJ-*Wohlgemuth* I/10, Rdn. 21 ff.

[55] „Zu den Herstellungskosten gehören … die dem einzelnen Erzeugnis unmittelbar zurechenbaren Kosten."

liche Altersversorgung eingerechnet werden. Die genannten Gemeinkosten sind nur insoweit berücksichtigungsfähig, als sie auf den Zeitraum der Herstellung entfallen. Unter eben dieser Voraussetzung dürfen nach *Abs. 3 S. 2* auch **Zinsen** für Fremdkapital angesetzt werden. Für **Vertriebskosten** ordnet das Gesetz in *Abs. 2 S. 6* ein **Einbeziehungsverbot** an.

Mit jenen gesetzlichen Differenzierungen sind erhebliche **bilanzpolitische Gestal-** **23** tungsspielräume verbunden.[56] Die Grenze zwischen aktivierungspflichtigen Einzelkosten einerseits und den nicht aktivierungspflichtigen Gemeinkosten andererseits ist zwar normativ vorgegeben (oben Rdn. 22), ihre praktische Konkretisierung aber schwierig und von der Ausgestaltung des innerbetrieblichen Rechnungswesens abhängig.[57] Außer von der Ausübung der gewährten Wahlrechte hängt die Nutzung des Gestaltungsspielraums im übrigen in erheblichem Maße von der für die Bemessung der anteiligen Gemeinkosten maßgeblichen Schlüsselbildung ab. Zur Erfassung und Schlüsselung der Gemeinkosten kommen unterschiedliche betriebswirtschaftliche Kalkulations- und Berechnungsmethoden mit je verschiedenen Berechnungsbasen in Betracht.[58] Zur Ermittlung der Herstellungskosten kann neben der Einzelfeststellung auch auf die Bewertungsvereinfachungsverfahren nach Maßgabe von § 256 S. 1 und 2 zurückgegriffen werden; s. auch oben Rdn. 5.

d) Stetigkeitsgebot und Anhangsangaben. Die Wahl der Bewertungsmethoden, **24** welche der Ermittlung der Herstellungskosten zugrundegelegt werden, ist dem **Stetigkeitsgebot** aus § 252 Abs. 1 Nr. 6 unterworfen,[59] das auch für art- und funktionsgleiche Vermögensgegenstände Geltung beansprucht (dazu § 252, 45). Kapitalgesellschaften und nach § 264a gleichgestellte Personenhandelsgesellschaften haben die bei der Ermittlung der Herstellungskosten angewandten Bewertungsmethoden nach § 284 Abs. 2 Nr. 1 im **Anhang** anzugeben und die Ausübung der in Abs. 2 gewährten Aktivierungswahlrechte erkennbar zu machen; s. zu Einzelheiten die Erläuterungen § 284, 35 ff, 39 (*Hüttemann*). Entsprechendes gilt für Genossenschaften (§ 336 Abs. 2) sowie die von § 5 Abs. 2 PublG erfaßten Unternehmen.

2. Materialkosten, Fertigungskosten und Sonderkosten der Fertigung (Abs. 2 S. 2)

Nach Abs. 2 S. 2 sind Materialkosten, Fertigungskosten und Sonderkosten der Fer- **25** tigung als Bestandteile der Herstellungskosten zwingend zu aktivieren. Dies gilt für den handelsrechtlichen Jahresabschluß und die Steuerbilanz gleichermaßen. Das Aktivierungsgebot bezieht sich, wie sich aus Abs. 2 S. 3 ergibt, auf die jeweiligen Einzelkosten (zum Begriff oben Rdn. 20), nicht auf die anteiligen Gemeinkosten.[60] **Material-**

---

[56] ADS § 255 Rdn. 248 ff; KK-*Claussen/Korth* § 255 Rdn. 62, 75; *Kothes* Wahlrechtsproblematik S. 256 ff; Baumbach/Hueck/*Schulze-Osterloh* § 42 Rdn. 289; *Winnefeld* Bilanz-Handbuch E 681, 730.

[57] Heymann/*Walz* § 255 Rdn. 44; *Winnefeld* Bilanz-Handbuch E 680; WP-Handbuch I Tz. E 257.

[58] Zu Einzelheiten ADS § 255 Rdn. 217 ff; Blümich/*Ehmcke* EStG § 6 Rdn. 510 ff; HdR-*Knop/Küting* § 255 Rdn. 312 ff, 405 ff; *Winnefeld* Bilanz-Handbuch, E 691 ff, 715 ff, 725 ff; *Wöhe* Bilanzierung und Bilanzpolitik[9] S. 391 ff; HdJ-*Wohlgemuth* I/10, Rdn. 85 ff, 116 ff.

[59] ADS § 255 Rdn. 250 f; KK-*Claussen/Korth* § 255 Rdn. 97; Bonner HdR-*Hofbauer* § 255 Rdn. 58 ff;

HdR-*Knop/Küting* § 255 Rdn. 356 ff; Heymann/*Walz* § 255 Rdn. 66, der ein objektübergreifendes Bewertungskonzept verlangt.

[60] ADS § 255 Rdn. 130; *Baetge* Bilanzen[4], S. 220; Beck BilKomm-*Ellrott/Schmidt-Wendt* § 255 Rdn. 346 ff; HdR-*Knop/Küting* § 255 Rdn. 164 f, 177; *Mellwig* FS Budde S. 396, 405; *Moxter* BB 1988, 937, 940 f; Baumbach/Hueck/*Schulze-Osterloh* § 42 Rdn. 290; *Wiedmann* BilanzR § 255 Rdn. 25 = Ebenroth/Boujong/Joost/*ders.* § 255 Rdn. 25; *Witt* Herstellungskosten S. 77 ff; HdJ-*Wohlgemuth* I/10, Rdn. 12 ff; **a. A.** Beck HdR-*Ordelheide* B 163 Rdn. 43; im Ansatz wie dieser *Egger* FS Moxter S. 195, 202 ff; *Karrenbrock* FS Börner S. 3, 13.

einzelkosten umfassen die dem Vermögensgegenstand unmittelbar zuzurechnenden Rohstoffe sowie selbsterstellte oder fremdbezogene Teilerzeugnisse. Hilfsstoffe (z. B. Konservierungsstoffe) gehören ebenfalls zu den Einzelkosten, werden aber häufig als sog. unechte Gemeinkosten (oben Rdn. 21) erfaßt. Demgegenüber lassen sich Betriebsstoffe (z. B. Schmieröl) regelmäßig nicht auf den einzelnen Vermögensgegenstand beziehen.[61] Verpackungskosten sind nur dort Bestandteil der Materialkosten, wo das Erzeugnis ohne die Verpackung gar nicht erst in den Verkehr gebracht werden kann („Innenverpackung", z. B. bei Mehl, Milch, Waschpulver).[62] Das verbrauchte Material ist zu seinen Anschaffungskosten einschließlich der Anschaffungsnebenkosten und abzüglich etwaiger Anschaffungskostenminderungen anzusetzen; selbsterstellte Teilerzeugnisse sind mit den Herstellungskosten zu bewerten. Wo Materialien aus abgewerteten Vorjahresbeständen verarbeitet werden, sind die niedrigeren Buchwerte maßgebend.[63]

26   Die **Fertigungseinzelkosten** betreffen in erster Linie die Fertigungslöhne einschließlich der Lohnnebenkosten, auch wenn die Löhne erst auf der Grundlage einer Schlüsselung den einzelnen Vermögensgegenständen zugerechnet werden können (s. dazu schon oben Rdn. 20 mit Fn. 50). Die **Sondereinzelkosten der Fertigung** umfassen schließlich alle sonstigen Einzelkosten, die weder als Materialkosten noch als Fertigungskosten im engeren Sinne aufgefaßt werden können. Dazu zählen Aufwendungen für Sonderbetriebsmittel (Modelle, Schablonen, Spezialwerkzeuge usw.), Lizenzgebühren oder auftrags- bzw. objektgebundene Planungs- und Konstruktionskosten, nicht aber Kosten für Grundlagenforschung.[64]

27   Die Abgrenzung der Einzelkosten kann schwierig, im Einzelfall sogar unmöglich sein. Letzteres ist der Fall bei der sog. **Kuppelproduktion**. Gemeint sind Produktionsprozesse, bei denen in einem Arbeitsgang aus technischen Gründen gleichzeitig mehrere Produkte entstehen (z. B. in Raffinerien: Benzine, Öle, Gase).[65] Da die Kosten hier nicht einzeln abgrenzbar sind, stellen sämtliche Kosten der Kuppelproduktion (echte) Gemeinkosten dar. Sie deshalb – in Ausübung des Wahlrechts aus Abs. 2 S. 3 – ggf. gänzlich unberücksichtigt zu lassen, die selbsterstellten Vermögensgegenstände also mit „Null" anzusetzen, wäre schon mit dem Vollständigkeitsgebot aus § 246 Abs. 1 unvereinbar und mithin unzulässig. Im Ergebnis herrscht darüber kein Streit. Noch keine Klarheit besteht freilich darüber, wie die zwingend aktivierungspflichtigen Kosten abzugrenzen sind. In der betriebswirtschaftlichen Diskussion wird teilweise dafür plädiert, als Bezugsobjekt zur Abgrenzung der Einzelkosten die gesamte Kuppelproduktion zu wählen und sodann Zurechnungsfiktionen vorzunehmen.[66] Nach einem anderen Vorschlag sollen für jedes Kuppelprodukt die Einzelkosten unter der

---

[61] Zum Ganzen ADS § 255 Rdn. 142 ff; Beck BilKomm-*Ellrott/Schmidt-Wendt* § 255 Rdn. 349 f; HdR-*Knop/Küting* § 255 Rdn. 178 ff.

[62] BFH 3. 3. 1978, III R 30/76, BStBl. II 1978, 412, 413; HdR-*Knop/Küting* § 255 Rdn. 182 f; *Wiedmann* BilanzR § 255 Rdn. 36 = Ebenroth/Boujong/*ders.* § 255 Rdn. 36.

[63] Beck BilKomm-*Ellrott/Schmidt-Wendt* § 255 Rdn. 349 f; HdR-*Knop/Küting* § 255 Rdn. 187 ff; Beck HdR-*Ordelheide* B 163 Rdn. 70 ff; Baumbach/Hueck/*Schulze-Osterloh* § 42 Rdn. 290.

[64] S. zu (in Einzelheiten umstrittenen) Detailfragen etwa ADS § 255 Rdn. 149 ff; KK-*Claussen/Korth* § 255 Rdn. 72; Beck BilKomm-*Ellrott/Schmidt-Wendt* § 255 Rdn. 424 ff; Beck HdR-*Ordelheide*

B 163 Rdn. 80 ff; *Wöhe* Bilanzierung und Bilanzpolitik[9] S. 402 f.

[65] Zu den Bewertungsproblemen der Kuppelproduktion s. etwa *Bachem* BB 1997, 1037 ff; Beck BilKomm-*Ellrott/Schmidt-Wendt* § 255 Rdn. 468 „Kuppelproduktkalkulationen"; *Hartung* BB 1997, 1627 ff; HdR-*Knop/Küting* § 255 Rdn. 227, 232 ff; Beck HdR-*Ordelheide* B 163 Rdn. 51 f; Baumbach/Hueck/*Schulze-Osterloh* § 42 Rdn. 293a; *Siegel* FS D. Schneider S. 635, 670 f; *Witt* Herstellungskosten S. 115 ff.

[66] In diesem Sinne etwa HdR-*Knop/Küting* § 255 Rdn. 232 ff; *Siegel* FS Schneider S. 635, 670 f; HdJ-*Wohlgemuth* I/10, Rdn. 129.

Fiktion ermittelt werden, daß nur dieses eine Produkt hergestellt werden würde; aktivierungspflichtig sind dann sämtliche Kostenbestandteile, die bei irgendeinem Produkt Einzelkosten darstellen.[67] Dritte schließlich plädieren für die Einrechnung sämtlicher variabler Kosten,[68] nur der Kosten für Einsatzstoffe und für die im Fertigungsprozeß tätigen Arbeitnehmer[69] oder nur der Roh-, Hilfs- und Betriebsstoffe.[70] Noch kein konsolidiertes Meinungsbild läßt sich auch zur Angemessenheit der denkbaren Verteilungsschlüssel bei der Kuppelproduktion ausmachen.[71] Insgesamt ist die Diskussion hier noch ganz im Fluß.

3. Einbeziehungswahlrecht für bestimmte Gemeinkosten (Abs. 2 S. 3–5)

a) Grundlagen. Soweit sie auf den Zeitraum der Herstellung entfallen (Abs. 2 **28** S. 5), können auch angemessene Teile der notwendigen Materialgemeinkosten, der notwendigen Fertigungsgemeinkosten und des Wertverzehrs des Anlagevermögens, soweit er durch die Fertigung veranlaßt ist, in die Herstellungskosten eingerechnet werden (Abs. 2 S. 3). Unter denselben Voraussetzungen können Aufwendungen für die allgemeine Verwaltung sowie für soziale Einrichtungen des Betriebs, für freiwillige soziale Leistungen und für betriebliche Altersversorgung eingerechnet werden. Das Gesetz gewährt für die genannten Gemeinkosten also ein handelsrechtliches **Ansatzwahlrecht**.[72] Die unterschiedliche Formulierung in S. 3 („dürfen auch") und S. 4 („brauchen nicht") erklärt sich vor dem Hintergrund des Steuerrechts: Die in S. 3 bezeichneten Gemeinkosten sind *steuerrechtlich* zwingend in die Herstellungskosten einzubeziehen (heute R 33 Abs. 1 EStR 1999);[73] für die in S. 4 genannten Aufwendungen ist hingegen auch steuerrechtlich ein Aktivierungswahlrecht anerkannt, wenn es in der Handelsbilanz entsprechend ausgeübt wird (heute R 33 Abs. 4 EStR 1999).[74] An diesen – schon vor Inkrafttreten des BiRiLiG bestehenden – steuerrechtlichen status quo ante hat der Gesetzgeber mit der Formulierung von § 255 Abs. 2 anknüpfen wollen.[75]

Die in Abs. 3 S. 3–4 genannten Aufwendungen dürfen nur insoweit in die Herstel- **29** lungskosten einbezogen werden, als sie auf den **Zeitraum der Herstellung** entfallen (S. 5). Dabei werden ggf. auch Aufwendungen für vorbereitende Maßnahmen erfaßt, die in sachlichem Zusammenhang mit dem Herstellungsprozeß stehen; dies gilt für Einzel- und Gemeinkosten gleichermaßen (z. B. Architektenhonorar für Baupläne).[76]

b) Die einrechenbaren Gemeinkosten. Abs. 2 S. 3 erlaubt die Einbeziehung von **30** *angemessenen* Teilen der *notwendigen* Material- und Fertigungsgemeinkosten sowie

[67] So *Witt* Herstellungskosten S. 117; zustimmend Baumbach/Hueck/*Schulze-Osterloh* § 42 Rdn. 293a.

[68] Beck HdR-*Ordelheide* B 163 Rdn. 54.

[69] So ADS § 255 Rdn. 245.

[70] *Hartung* BB 1997, 1627, 1628 f.

[71] Dazu kontrovers *Bachem* BB 1997, 1037, 1038 ff; *Hartung* BB 1997, 1627, 1630 ff.

[72] Zur kontroversen ökonomischen Diskussion um die Berechtigung eines solchen Wahlrechts vor dem Hintergrund des Realisationsprinzips s. einerseits (kritisch) *Mellwig* FS Budde S. 397, 403 ff; *Siegel* FS D. Schneider S. 635 ff; andererseits (verteidigend) *Baetge* FS Ludewig S. 53 ff; *Karrenbrock* FS Börner S. 3, 20 ff; Beck HdR-*Ordelheide* B 163 Rdn. 95 ff, je m. w. N.; zusammmenfassend zur Diskussion *Witt* Herstellungskosten S. 36 ff, 136 ff.

[73] BFH BStBl II 1994, 176, 178; Schmidt/*Glanegger* EStG § 6 Rdn. 173.

[74] Weiterführend Beck BilKomm-*Ellrott/Schmidt-Wendt* § 255 Rdn. 355; Schmidt/*Glanegger* EStG § 6 Rdn. 173, je m. w. N., auch auf abweichende Stimmen.

[75] Vgl. Begr. RegE zu § 260 Abs. 3 (jetzt § 255 Abs. 2 HGB), dokumentiert in Bonner HdR § 255 / Begründung Regierungsentwurf.

[76] ADS § 255 Rdn. 166; Beck HdR-*Ordelheide* B 163 Rdn. 136 f; Heymann/*Walz* § 255 Rdn. 55; *Wiedmann* BilanzR § 255 Rdn. 32 = Ebenroth/Boujong/Joost/*ders.* § 255 Rdn. 32; WP-Handbuch I Tz. E 267; einschränkend (nur für Einzelkosten) Beck BilKomm-*Ellrott/Schmidt-Wendt* § 255 Rdn. 364; HdR-*Knop/Küting* § 255 Rdn. 261.

des Wertverzehrs des Anlagevermögens. Das **Angemessenheitsprinzip** verlangt die Beachtung des Vorsichtsgebots (§ 252 Abs. 1 Nr. 4) und die Eliminierung unangemessen hoher Kosten, z.B. von Leerkosten bei dauerhafter Unterbeschäftigung.[77] Das Kriterium der **Notwendigkeit** bringt demgegenüber keine zusätzliche Einschränkung zum Ausdruck, sondern ist als Umschreibung des Angemessenheitsprinzips zu verstehen.[78]

31　　Unter die **Materialgemeinkosten** fallen die Organisationskosten für Einkauf, Lagerung und Wartung des Materials; die **Fertigungsgemeinkosten** erfassen etwa Energiekosten, Sachversicherungskosten für die Anlagen der Fertigung, Aufwendungen für die Arbeitsvorbereitung, Werkstattverwaltung, das Lohnbüro oder für den Wach- und Sicherheitsdienst.[79] Unter den **Wertverzehr des Anlagevermögens**, der durch die Fertigung veranlaßt ist, fallen im Ausgangspunkt die kalkulatorischen Abschreibungen, die jedoch durch die planmäßigen Bilanzabschreibungen nach § 253 Abs. 2 S. 1 und 2 nach oben begrenzt werden.[80] Auch insofern gilt das Angemessenheitsprinzip (oben Rdn. 30), das bei allen Gemeinkosten zu beachten ist.[81] Deshalb dürfen die außerplanmäßigen Abschreibungen nach § 253 Abs. 2 S. 3, die Ermessensabschreibungen nach § 253 Abs. 4 sowie die steuerrechtlichen Mehrabschreibungen i.S.v. § 254 nicht in die Herstellungskosten eingerechnet werden, zumal sie keinen durch die Fertigung veranlaßten Wertverzehr zum Ausdruck bringen.[82]

32　　Zu den in Abs. 2 S. 4 genannten **Kosten der *allgemeinen* Verwaltung** zählen etwa Aufwendungen für die Geschäftsleitung, für die Personalverwaltung oder das Rechnungswesen. Hiervon zu unterscheiden sind Aufwendungen für die Fertigungsverwaltung, die den Fertigungsgemeinkosten unterfallen.[83] **Aufwendungen für soziale Einrichtungen des Betriebs** sind etwa Kosten für die Unterhaltung der Kantine, eines Betriebskindergartens oder für den Betriebsarzt. **Freiwillige soziale Leistungen** erfassen z.B. Weihnachtszuwendungen oder Wohnungsbeihilfen. Aufwendungen für **betriebliche Altersversorgung** sind beispielsweise Zuwendungen an Pensions- und Unterstützungskassen oder die Dotierung der Pensionsrückstellungen.[84]

33　　c) **Partielle Richtlinienwidrigkeit.** Ungeachtet der Einbeziehungspflicht sog. unechter Gemeinkosten (oben Rdn. 21) erlaubt Abs. 2 S. 3 doch jedenfalls die Nichteinbeziehung aller echten Gemeinkosten. Das Einbeziehungswahlrecht erstreckt sich also

---

[77] IDW-HFA Stellungnahme 5/1991, Ziff. 4 (WPg 1992, 94, 95); weiterführend ADS § 255 Rdn. 156 ff; MünchKommHGB-*Ballwieser* § 255 Rdn. 73; Beck BilKomm-*Ellrott/Schmidt-Wendt* § 255 Rdn. 437, 439; *Winnefeld* Bilanz-Handbuch E 678, 690; *Witt* Herstellungskosten S. 123, 128 ff.

[78] ADS § 255 Rdn. 160 ff; KK-*Claussen/Korth* § 255 Rdn. 76; Beck BilKomm-*Ellrott/Schmidt-Wendt* § 255 Rdn. 438; HdR-*Knop/Küting* § 255 Rdn. 258; Beck HdR-*Ordelheide* B 163 Rdn. 122; Heymann/*Walz* § 255 Rdn. 52; *Wiedmann* BilanzR § 255 Rdn. 29 = Ebenroth/Boujong/Joost/*ders.* § 255 Rdn. 29; HdJ-*Wohlgemuth* I/10, Rdn. 77.

[79] Zu weiteren Beispielen und Abgrenzungsfragen s. etwa ADS § 255 Rdn. 174 ff; Beck BilKomm-*Ellrott/Schmidt-Wendt* § 255 Rdn. 423.

[80] IDW-HFA Stellungnahme 5/1991, Ziff. 5 (WPg 1992, 94, 95); ADS § 255 Rdn. 184 ff; Beck Bil-Komm-*Ellrott/Schmidt-Wendt* § 255 Rdn. 427 ff;

Bonner HdR-*Hofbauer* § 255 Rdn. 49; Beck HdR-*Ordelheide* B 163 Rdn. 126; Baumbach/Hueck/*Schulze-Osterloh* § 42 Rdn. 292; teilweise anders KK-*Claussen/Korth* § 255 Rdn. 79.

[81] ADS § 255 Rdn. 156.

[82] ADS § 255 Rdn. 191; MünchKommHGB-*Ballwieser* § 255 Rdn. 80; Beck BilKomm-*Ellrott/Schmidt-Wendt* § 255 Rdn. 428; HdR-*Knop/Küting* § 255 Rdn. 277; Beck HdR-*Ordelheide* B 163 Rdn. 126; Baumbach/Hueck/*Schulze-Osterloh* § 42 Rdn. 292; *Wiedmann* BilanzR § 255 Rdn. 30 = Ebenroth/Boujong/Joost/*ders.* § 255 Rdn. 30; WP-Handbuch I Tz. E 270.

[83] ADS § 255 Rdn. 192 ff; Beck BilKomm-*Ellrott/Schmidt-Wendt* § 255 Rdn. 431; HdR-*Knop/Küting* § 255 Rdn. 290 ff.

[84] ADS § 255 Rdn. 196 ff; Beck BilKomm-*Ellrott/Schmidt-Wendt* § 255 Rdn. 434 f; Beck HdR-*Ordelheide* B 163 Rdn. 161 f; Baumbach/Hueck/*Schulze-Osterloh* § 42 Rdn. 293.

auch auf Aufwendungen für **Roh-, Hilfs- und Betriebsstoffe**, die den einzelnen Erzeugnissen nicht unmittelbar zugerechnet werden können und deshalb die Kriterien der Einzelkosten nicht erfüllen. Das ist insbesondere bei Betriebsstoffen (z. B. Schmieröl) der Fall (oben Rdn. 25). Insoweit steht das deutsche Recht im Konflikt mit der Vorgabe aus Artt. 35 Abs. 3 lit. a/39 Abs. 2 S. 1 der 4. EG-Richtlinie (Jahresabschlußrichtlinie). Denn danach gehören zu den Herstellungskosten *neben* den unmittelbar zurechenbaren Kosten auch die Anschaffungskosten der Roh-, Hilfs- und Betriebsstoffe. Aus der Formulierung ist zu folgern, daß die Anschaffungskosten der Roh-, Hilfs- und Betriebsstoffe unabhängig von der Möglichkeit ihrer unmittelbaren Zurechnung zwingend einzubeziehen sind.[85] Dieser Konflikt läßt sich mit Hilfe richtlinienkonformer Auslegung der deutschen Transformationsnorm nicht auflösen, da sich die Einbeziehungspflicht nach § 255 Abs. 2 S. 2 nach der eindeutigen Entscheidung des deutschen Gesetzgebers nur auf die Material- und Fertigungs*einzel*kosten bezieht (oben Rdn. 25).[86] Vor diesem Hintergrund hat der Gesetzgeber die Vorgaben der Jahresabschlußrichtlinie nicht vollständig in das deutsche Recht umgesetzt.[87] Gleichwohl können auch Kapitalgesellschaften und ihnen nach § 264a gleichgestellten Personenhandelsgesellschaften das Wahlrecht aus § 255 Abs. 2 ohne Einschränkung ausüben,[88] weil eine unmittelbare Wirkung der Richtlinie zu Lasten der rechnungslegungspflichtigen Unternehmen ausscheidet (s. zur entsprechenden Problematik bei § 250 Abs. 1 S. 2 schon die Erläuterungen § 250, 23).

Zumindest fraglich ist auch die Richtlinienkonformität des Wahlrechts zur Ein- **34** beziehung der **Kosten für die allgemeine Verwaltung** und der **Aufwendungen für soziale Einrichtungen des Betriebs** (oben Rdn. 32). Denn für diese, vom Herstellungsprozeß weit entfernten Aufwendungen ist die Möglichkeit der wenigstens mittelbaren Zurechenbarkeit zum einzelnen Erzeugnis nicht ohne weiteres einsichtig.[89] An eben diese Voraussetzung ist die Einbeziehung von (Gemein-)Kosten in die Herstellungskosten nach Artt. 35 Abs. 3 lit. b/39 Abs. 2 S. 1 der Jahresabschlußrichtlinie aber ausdrücklich gebunden. Mit guten Gründen wird deshalb auch insoweit die Richtlinienkonformität von § 255 Abs. 2 angezweifelt.[90]

Nicht zu beanstanden ist im übrigen freilich, daß § 255 Abs. 2 S. 3–5 für bestimmte **35** Gemeinkosten die **Einberechnung** in die Herstellungskosten gestattet, während die deutschsprachige Fassung der Richtlinie (Art. 35 Abs. 3 lit. b) davon spricht, daß jene Kosten den Herstellungskosten „**hinzugerechnet** werden" dürfen. Dem entspricht zwar auch die französische Textfassung („*ajoutée au coût de revient*"). Die englische Fassung ist demgegenüber aber im Sinne einer Einbeziehung zu verstehen („*added*

---

[85] Zutreffend *Hartung* BB 1997, 1627, 1628; *G. Koch* Die Richtlinienkonformität der handelsrechtlichen Bilanzierungs- und Bewertungsvorschriften (1993) S. 151 m. w. N.; Baumbach/Hueck/*Schulze-Osterloh* § 42 Rdn. 289a; *Witt* Herstellungskosten S. 82 f; **a. A.** *Förschle* in Albach/Forster, Beiträge zum BiRiLiG, ZfB-Ergänzungsheft 1/1987, S. 95, 97; *Moxter* BB 1988, 937, 941 f.

[86] Nur wer dies anders sieht, kann das deutsche Recht richtlinienkonform auslegen; in diesem Sinne Beck HdR-*Ordelheide* B 163 Rdn. 51; *Egger* FS Moxter S. 195, 204; die Möglichkeit einer richtlinienkonformen Auslegung sieht auch *Hartung* BB 1997, 1627, 1628 li. Sp.; anders noch *ders.* BB 1992, 2392.

[87] Ebenso etwa *G. Koch* Richtlinienkonformität S. 150 ff; Baumbach/Hueck/*Schulze-Osterloh* § 42 Rdn. 289a; *Witt* Herstellungskosten S. 83 f.

[88] Insoweit **a. A.** *Karrenbrock* FS Börner S. 3, 16, der in richtlinienkonformer Ergänzung des Gesetzeswortlauts eine Einbeziehungspflicht für Betriebsstoffkosten annehmen will; ebenso wohl Heymann/*Walz* § 255 Rdn. 48.

[89] S. dazu auch Beck HdR-*Ordelheide* B 163 Rdn. 164, der in § 255 Abs. 2 S. 4 deshalb nur eine Bewertungshilfe sehen will.

[90] *Hartung* BB 1992, 2392 ff; *Karrenbrock* FS Börner S. 3, 19; Baumbach/Hueck/*Schulze-Osterloh* § 42 Rdn. 293; Heymann/*Walz* § 255 Rdn. 53; **a. A.** *Moxter* BB 1988, 937, 938.

into the production costs"). Unterschiedliche Begriffsinhalte sind mit den verschiedenen Formulierungen nicht zu verbinden.

4. Einbeziehungsverbot für Vertriebskosten (Abs. 2 S. 6)

36　Nach Abs. 2 *S. 6* dürfen Vertriebskosten nicht in die Herstellungskosten einbezogen werden. Dieses Verbot entspricht Art. 39 Abs. 2 S. 3 der Jahresabschlußrichtlinie. Es betrifft die Einzelkosten des Vertriebs ebenso wie die Vertriebsgemeinkosten.[91] Deshalb kommt auch bei der langfristigen Auftragsfertigung eine Teilgewinnrealisierung durch Ansatz der Sondereinzelkosten des Vertriebs nicht in Betracht (s. dazu § 252, 32). Der „Vertrieb" umfaßt alle Maßnahmen zum Produkt- oder Leistungsabsatz.[92] Im Einzelfall kann die Abgrenzung zwischen Vertriebseinzelkosten und Fertigungseinzelkosten allerdings schwierig sein, insbesondere hinsichtlich der Kosten für Auftragserlangung und Auftragsvorbereitung.[93]

5. Einbeziehungswahlrecht für bestimmte Fremdkapitalzinsen (Abs. 3)

37　Nach Abs. 3 S. 1 gehören die Zinsen für Fremdkapital nicht zu den Herstellungskosten. *S. 2* gewährt jedoch – in Übereinstimmung mit dem *Steuerrecht* (R 33 Abs. 4 EStR 1999) – ein **Wahlrecht** zugunsten ihres Ansatzes, sofern die Fremdmittel zur Finanzierung der Herstellung eines Vermögensgegenstandes verwendet werden und soweit sie auf den Zeitraum der Herstellung entfallen; in diesem Falle gelten sie als Herstellungskosten des Vermögensgegenstands. Die Vorschrift – die im Einklang mit Artt. 35 Abs. 4/39 Abs. 2 S. 2 der Jahresabschlußrichtlinie steht – erlaubt damit unter den genannten einschränkenden Voraussetzungen den **Ansatz fiktiver Herstellungskosten** im Sinne einer Bewertungshilfe.[94] Die geforderte Verwendung zur Herstellungsfinanzierung erfordert einen tatsächlich bestehenden Zusammenhang zwischen der Fremdkapitalaufnahme und der Herstellung des Vermögensgegenstandes.[95]

38　**Kapitalgesellschaften** und ihnen nach § 264a gleichgestellte Personenhandelsgesellschaften müssen nach § 284 Abs. 2 Nr. 5 im **Anhang** Angaben über die Einbeziehung von Zinsen für Fremdkapital in die Herstellungskosten machen; s. dazu § 284, 63 (*Hüttemann*). Entsprechendes gilt für Genossenschaften (§ 336 Abs. 2) sowie für die von § 5 Abs. 2 PublG erfaßten Unternehmen.

---

[91] ADS § 255 Rdn. 211; KK-*Claussen/Korth* § 255 Rdn. 86; Beck BilKomm-*Ellrott/Schmidt-Wendt* § 255 Rdn. 442; HdR-*Knop/Küting* § 255 Rdn. 301; Beck HdR-*Ordelheide* B 163 Rdn. 196; *ders.* FS Forster S. 507, 510 ff; Baumbach/Hueck/ *Schulze-Osterloh* § 42 Rdn. 295; Heymann/*Walz* § 255 Rdn. 56; WP-Handbuch I Tz. E 274; *Witt* Herstellungskosten S. 169 ff.

[92] ADS § 255 Rdn. 212; Beck HdR-*Ordelheide* B 163 Rdn. 201 ff; *Wiedmann* BilanzR § 255 Rdn. 35 = Ebenroth/Boujong/Joost/*ders.* § 255 Rdn. 35.

[93] Dazu etwa ADS § 255 Rdn. 213 f; Beck BilKomm-*Ellrott/Schmidt-Wendt* § 255 Rdn. 456; HdR-*Knop/Küting* § 255 Rdn. 201 ff; Beck HdR-*Ordelheide* B 163 Rdn. 215 ff; *ders.* FS Forster S. 507, 512 ff; *Wiedmann* BilanzR § 255 Rdn. 37 =

Ebenroth/Boujong/Joost/*ders.* § 255 Rdn. 37; *Witt* Herstellungskosten S. 196 ff.

[94] So Begr. RegE zu § 260 Abs. 4 (jetzt § 255 Abs. 3 HGB), dokumentiert in Bonner HdR § 255 / Begründung Regierungsentwurf; Beck BilKomm-*Ellrott/Schmidt-Wendt* § 255 Rdn. 502; Bonner HdR-*Hofbauer* § 255 Rdn. 70; *Karrenbrock* FS Börner S. 3, 20; Heymann/*Walz* § 255 Rdn. 57; kritisch zum Begriff der Bewertungshilfe ADS § 255 Rdn. 210; HdR-*Knop/Küting* § 255 Rdn. 336.

[95] Dazu IDW-HFA Stellungnahme 5/1991, Ziff. 6 (WPg 1992, 94, 95 f); ADS § 255 Rdn. 203 ff; Beck BilKomm-*Ellrott/Schmidt-Wendt* § 255 Rdn. 504 ff; HdR-*Knop/Küting* § 255 Rdn. 338 ff; Beck HdR-*Ordelheide* B 163 Rdn. 178 ff; *Wiedmann* BilanzR § 255 Rdn. 38 = Ebenroth/Boujong/Joost/*ders.* § 255 Rdn. 38.

IV. Geschäfts- oder Firmenwert (Abs. 4)

1. Grundlagen

a) Begriff und Rechtsnatur des Geschäfts- oder Firmenwertes. Abs. 4 erlaubt **39** die Aktivierung des mit Übernahme eines Unternehmens erworbenen (**derivativen**) **Geschäfts- oder Firmenwerts.** Das Gesetz erfaßt als Geschäfts- oder Firmenwert denjenigen Unterschiedsbetrag, um den die für die Unternehmensübernahme bewirkte Gegenleistung den Wert der einzelnen Vermögensgegenstände des Unternehmens abzüglich der Schulden im Zeitpunkt der Übernahme übersteigt (S. 1; s. zu seiner Ermittlung näher unten Rdn. 46). Damit wird an den Umstand angeknüpft, daß der „Gesamtwert" eines Unternehmens nicht lediglich durch die Summe der aktivierungs-fähigen Vermögensgegenstände abzüglich der Schulden und zuzüglich vorhandener stiller Reserven (Substanzwert), sondern durch den Ertragswert als den diskontierten erwarteten Erträgen bestimmt wird. Damit fließen in die Wertermittlung auch solche wertbildenden Faktoren ein, die in der Bilanz keinen Niederschlag finden. Hierzu zählen selbstgeschaffene immaterielle Vermögensgegenstände, aber auch so unbe-stimmte Komponenten wie etwa der Kundenstamm des Unternehmens, Ausbildungs-stand und Leistungsfähigkeit der Mitarbeiter, Vertriebsnetz, der Ruf und der Bekannt-heitsgrad des Unternehmens und seiner Produkte oder das Marktpotential für die Zukunft. All das wird zusammengefaßt als Geschäfts- oder Firmenwert, verbreitet auch als Goodwill oder Unternehmenswert bezeichnet. Jene Faktoren bestimmen maßgeblich – wenn auch nicht ausschließlich[96] – den in Abs. 4 konkretisierten Unter-schiedsbetrag.[97]

Abs. 4 S. 1 erlaubt die Aktivierung dieses Unterschiedsbetrages, verbunden mit der **40** Verpflichtung zur Abschreibung nach Maßgabe von S. 2 oder 3. Die **Rechtsnatur** des danach bilanzierungsfähigen Geschäfts- oder Firmenwertes ist umstritten. Nicht zuletzt vor dem Hintergrund, daß § 266 Abs. 2 Aktivseite A I 2 seinen Ansatz innerhalb der immateriellen Vermögensgegenstände vorschreibt, wird er von manchen als ein *immate-rieller Vermögensgegenstand* eingestuft.[98] Andere sehen die Voraussetzungen eines akti-vierungsfähigen Vermögensgegenstandes als nicht erfüllt an und bewerten die Regelung des Abs. 4 deshalb als eine *Bilanzierungshilfe*[99] oder interpretieren den Geschäfts- oder Firmenwert – weil eine Bilanzierungshilfe nur bei gleichzeitig angeordneter Ausschüt-tungssperre angenommen werden dürfe – als einen *„Wert eigener Art"*[100].

---

[96] S. dazu *Arnold* Bilanzierung des Geschäfts- oder Firmenwertes S. 100; *Hennrichs* Wahlrechte S. 155; HdR-*Knop/Küting* § 255 Rdn. 424; HdJ-*Richter* II/9 Rdn. 24.

[97] S. zum Begriff des Geschäfts- oder Firmenwertes etwa ADS § 255 Rdn. 257; *Arnold* Bilanzierung des Geschäfts- oder Firmenwertes S. 33 ff; *Hommel* Bilanzierung S. 234 f; Beck BilKomm-*Hoyos/Schmidt-Wendt* § 247 Rdn. 405 ff; HdR-*Knop/Küting* § 255 Rdn. 422 ff; *Söffing* FS Döllerer S. 593, 593 ff.

[98] So etwa *Breidert* Grundsätze S. 166 ff, 169 ff; Beck BilKomm-*Ellrott/Schmidt-Wendt* § 255 Rdn. 511; *Hasenburg* Bilanzierungshilfe S. 214 ff, 231; *Hommel* Bilanzierung S. 236 f; *Moxter* FS Semler S. 853, 855; *Schuhmann* StBP 1994, 50, 51; im Ansatz auch *Kropff* in Geßler/Hefermehl/Eckardt/Kropff § 153 Rdn. 65.

[99] Etwa *Baumbach/Hopt* § 255 Rdn. 23; HdR-*Knop/Küting* § 255 Rdn. 432; *Kothes* Wahl-rechtsproblematik, S. 205 ff; *Ordelheide/Hartle* GmbHR 1986, 9, 15; HdJ-*Richter* II/9, Rdn. 3, 12; Baumbach/Hueck/*Schulze-Osterloh* § 42 Rdn. 74; *Söffing* FS Döllerer S. 593, 598 ff; *Tied-chen* Vermögensgegenstand S. 163 ff; *Treiber* Beck HdR B 211 Rdn. 62; *Wollny* FS Offerhaus S. 647, 654.

[100] So im Ergebnis ADS § 255 Rdn. 272; *Arnold* Bilanzierung des Geschäfts- oder Firmenwertes S. 122; KK-*Claussen/Korth* § 255 HGB Rdn. 108; Bonner HdR-*Goebel* § 255 Rdn. 809; *Großfeld* BilanzR[3] Rdn. 290; *Ludz* Firmenwert S. 291 ff; Heymann/*Walz* § 255 Rdn. 69; wohl auch Scholz/*Crezelius* Anh. § 42a Rdn. 141, der – wie auch schon *Moxter* BB 1979, 741, 743 – von einem „technischen Differenzbetrag" spricht.

Detlef Kleindiek

41   **Stellungnahme.** Nach hier vertretener Auffassung (näher § 246, 5 f) ist zentrales Merkmal des Vermögensgegenstandes seine selbständige Verkehrsfähigkeit im Sinne von Verwertungsfähigkeit (Einzelverwertbarkeit). Die Einzelverwertbarkeit schließt die selbständige Bewertbarkeit des Gegenstands (Einzelbewertbarkeit) ein. Die selbständige Bewertungsfähigkeit allein genügt indes noch nicht, um die Eigenschaft eines Vermögensgegenstandes zu begründen. Vor diesem Hintergrund ist der Geschäfts- oder Firmenwert nicht als Vermögensgegenstand zu charakterisieren. Denn das Kriterium der selbständigen Verkehrsfähigkeit erfüllt er gewiß nicht. Auch seine – hinreichend objektivierbare – Bewertbarkeit wird mit guten Gründen verneint.[101] Das Gesetz gestattet die Aktivierung des derivativen Geschäfts- oder Firmenwerts, um die andernfalls erforderliche sofortige Verrechnung über den Aufwand zu vermeiden. Die aufgewendete Gegenleistung soll nicht allein das Geschäftsjahr des Zugangs belasten, sondern über mehrere Geschäftsjahre verteilt werden können. Das in Abs. 4 gewährte Wahlrecht ist deshalb als **Bilanzierungshilfe** zu qualifizieren.[102] Das Fehlen einer Ausschüttungssperre (entsprechend §§ 269 S. 2, 274 Abs. 2 S. 3) steht dem nicht entgegen, da diese kein begrifflich notwendiges Merkmal einer Bilanzierungshilfe ist.[103]

42   **b) Ansatzwahlrecht und Abschreibung.** Als Geschäfts- oder Firmenwert darf der Unterschiedsbetrag nach Maßgabe von Abs. 4 S. 1 angesetzt werden. Das Gesetz räumt also ein **Aktivierungswahlrecht** ein, wobei auch die nur teilweise Aktivierung des Unterschiedsbetrages ganz überwiegend als zulässig angesehen wird.[104] Soweit auf einen Ansatz verzichtet wird, scheidet eine Nachaktivierung in den folgenden Geschäftsjahren aus.[105] Ein als Geschäfts- oder Firmenwert aktivierter Unterschiedsbetrag ist nach S. 2 und 3 wahlweise pauschal oder planmäßig **abzuschreiben**; näher dazu unten Rdn. 47 ff.

43   Das Aktivierungswahlrecht nach Abs. 4 S. 1 erfaßt nicht den sog. **originären Geschäfts- oder Firmenwert.** Dies ergibt sich schon aus dem Umstand, daß der Geschäfts- oder Firmenwert die Voraussetzungen des Vermögensgegenstandsbegriffs nicht erfüllt. Sofern man dies anders sehen will (s. zum Meinungsstand oben Rdn. 40), folgt das Aktivierungsverbot für den selbsterstellten Geschäfts- oder Firmenwert jedenfalls aus § 248 Abs. 2. Die Unzulässigkeit seines Ansatzes steht im Ergebnis denn auch außer Streit.[106]

44   **c) Steuerrecht.** Steuerrechtlich gilt der derivative Geschäfts- oder Firmenwert als ein aktivierungspflichtiges immaterielles Wirtschaftsgut, das nach Maßgabe von § 7 Abs. 1 S. 3 EStG auf eine (fiktive) Nutzungsdauer von 15 Jahren abzuschreiben ist; ein ggf. niedrigerer Teilwert kann nach § 6 Abs. 1 Nr. 1 S. 2 EStG angesetzt werden.[107]

---

[101] HdR-*Knop/Küting* § 255 Rdn. 429, im Anschluß an *Moxter* BB 1985, 1101, 1102.

[102] Übereinstimmend § 266, 11 (*Hüttemann*).

[103] Dazu zuletzt eingehend *Hasenburg* Bilanzierungshilfe S. 159 ff, 193, der den Geschäfts- oder Firmenwert selbst aber als „Vermögensgegenstand kraft Gesetzes" (aaO S. 231) interpretiert.

[104] ADS § 255 Rdn. 274; *Arnold* Bilanzierung des Geschäfts- oder Firmenwertes S. 139; KK-*Claussen/Korth* § 255 HGB Rdn. 110; Beck Bil-Komm-*Ellrott/Schmidt-Wendt* § 255 Rdn. 517; HdR-*Knop/Küting* § 255 Rdn. 445; a.A. *Breidert* Grundsätze S. 171 f und eingehend nun *Hennrichs* Wahlrechte S. 155 ff, der in richtlinienkonformer Auslegung von Abs. 4 für den „echten" Geschäfts- oder Firmenwert (der in besonderen,

dem Unternehmen eigenen Vorteilen zum Ausdruck kommt) eine Aktivierungspflicht annehmen will.

[105] ADS § 255 Rdn. 275; Bonner HdR-*Göbel* § 255 Rdn. 817; HdR-*Knop/Küting* § 255 Rdn. 445; *Wiedmann* BilanzR § 255 Rdn. 47 = Ebenroth/Boujong/Joost/*ders.* § 255 Rdn. 47.

[106] S. etwa ADS § 255 Rdn. 257; KK-*Claussen/Korth* § 255 HGB Rdn. 106; Bonner HdR-*Göbel* § 255 Rdn. 802; *Baumbach/Hopt* § 255 Rdn. 23; Beck BilKomm-*Hoyos/Schmidt-Wendt* § 247 Rdn. 401; HdR-*Knop/Küting* § 255 Rdn. 446.

[107] Zu Einzelheiten *Arnold* Bilanzierung des Geschäfts- oder Firmenwertes S. 175 ff; Schmidt/*Weber-Grellet* EStG § 255 Rdn. 221 ff.

2. Aktivierungsvoraussetzungen

a) Übernahme eines Unternehmens. Abs. 4 S. 1 erlaubt die Aktivierung des Ge- **45** schäfts- oder Firmenwertes unter zwei Voraussetzungen. Zum einen muß der Tatbestand der Übernahme eines Unternehmens vorliegen; zum anderen muß die für das übernommene Unternehmen gewährte Gegenleistung den Wert der einzelnen Vermögensgegenstände des Unternehmens abzüglich der Schulden zum Zeitpunkt der Übernahme übersteigen. **Unternehmen** in diesem Sinne ist eine zur selbständigen Teilnahme am Wirtschaftsleben fähige Einheit; das kann auch ein Teilbetrieb sein.[108] Die **Übernahme** des Unternehmens muß sich durch Übertragung der diesem zuzuordnenden Vermögensgegenstände vollziehen. Nicht erfaßt wird hingegen die Unternehmensübernahme in Form des Erwerbs der Anteile einer GmbH oder AG; der regelmäßig vergütete Geschäfts- oder Firmenwert ist hier schon Teil der Anschaffungskosten der erworbenen Geschäftsanteile.[109] Wird bei Verschmelzungen das Wahlrecht nach § 24 UmwG zugunsten der Neubewertung ausgeübt, kann der Unterschiedsbetrag i. S. v. § 255 Abs. 4 S. 1 aktiviert werden. Bei Buchwertfortführung führt die Differenz zwischen Gesamtanschaffungskosten und Buchwertansatz zum Ausweis eines Umwandlungsverlustes; die Aktivierung eines Verschmelzungsmehrwertes (§ 348 Abs. 2 S. 2 AktG a. F.; § 27 Abs. 2 KapErhG a. F.) ist nicht mehr möglich.[110]

b) Ermittlung des Unterschiedsbetrages nach Abs. 4 S. 1. Aktivierungsfähig ist **46** derjenige Unterschiedsbetrag, um den die für die Unternehmensübernahme bewirkte Gegenleistung den Wert der einzelnen Vermögensgegenstände des Unternehmens abzüglich der Schulden im Zeitpunkt der Übernahme übersteigt. Dabei sind alle übernommenen Vermögensgegenstände und Schulden – unabhängig davon, ob sie in der Bilanz des Veräußerers angesetzt waren oder nicht – unter Beachtung des Gebots der Bewertungsvorsicht (§ 252 Abs. 1 Nr. 4) zu ihren **Zeitwerten** im Zeitpunkt der Übernahme zu bewerten.[111] Bilanzierungshilfen in der Bilanz des Veräußerers bleiben unberücksichtigt.[112] Rechnungsabgrenzungsposten sind insoweit zu berücksichtigen, als den zugrundeliegenden Ausgaben bzw. Einnahmen Ansprüche bzw. Verpflichtungen gegenüberstehen, die auf den Erwerber übergegangen sind.[113] Rückstellungen mit Verpflichtungscharakter (zur Übersicht über die Rückstellungsarten s. § 249, 4 ff) sind einzubeziehen; Aufwandsrückstellungen fließen demgegenüber in die Ermittlung des Zeitwertes der sie betreffenden Vermögensgegenstände ein.[114]

---

[108] ADS § 255 Rdn. 260; Bonner HdR-*Göbel* § 255 Rdn. 820; Beck BilKomm-*Hoyos/Schmidt-Wendt* § 247 Rdn. 420; HdR-*Knop/Küting* § 255 Rdn. 448; Baumbach/Hueck/*Schulze-Osterloh* § 42 Rdn. 105; *Söffing* FS Döllerer S. 593, 601.

[109] ADS § 255 Rdn. 261; Bonner HdR-*Göbel* § 255 Rdn. 821 f; HdR-*Knop/Küting* § 255 Rdn. 449; GK-HGB-*Marsch-Barner* § 255 Rdn. 30; Heymann/*Walz* § 255 Rdn. 72; zum Erwerb der Anteile einer Personenhandelsgesellschaft vgl. ADS aaO.

[110] ADS § 255 Rdn. 291 ff; HdR-*Knop/Küting* § 255 Rdn. 493 ff; Lutter/*Priester* UmwG² § 24 Rdn. 36, 39 m. w. N.

[111] ADS § 255 Rdn. 269; MünchKommHGB-*Ballwieser* § 255 Rdn. 107; KK-*Claussen/Korth* § 255 HGB Rdn. 105; *Clemm* FS Claussen S. 605, 606; Beck BilKomm-*Ellrott/Schmidt-Wendt* § 255 Rdn. 512; Bonner HdR-*Göbel* § 255 Rdn. 844 ff; HdR-*Knop/Küting* § 255 Rdn. 438 f, 462; HdJ-*Richter* II/9 Rdn. 22; Baumbach/Hueck/*Schulze-Osterloh* § 42 Rdn. 105; *Söffing* FS Döllerer S. 593, 604.

[112] ADS § 255 Rdn. 267; *Arnold* Bilanzierung des Geschäfts- oder Firmenwertes S. 128 m. w. N.

[113] ADS § 255 Rdn. 266; Beck BilKomm-*Ellrott/Schmidt-Wendt* § 255 Rdn. 515; Bonner HdR-*Göbel* § 255 Rdn. 837 ff; HdR-*Knop/Küting* § 255 Rdn. 455, 461.

[114] ADS § 255 Rdn. 268; Beck BilKomm-*Ellrott/Schmidt-Wendt* § 255 Rdn. 515; Bonner HdR-*Göbel* § 255 Rdn. 843; HdR-*Knop/Küting* § 255 Rdn. 459.

3. Abschreibung

47   **a) Pauschale Abschreibung (Abs. 4 S. 2).** Der als Geschäfts- oder Firmenwert aktivierte Unterschiedsbetrag i. S. v. Abs. 4 S. 1 ist nach Maßgabe von S. 2 und 3 entweder pauschal oder planmäßig abzuschreiben. Bei der pauschalen Abschreibung (S. 2) ist er in jedem folgenden Geschäftsjahr zu mindestens einem Viertel des Ausgangsbetrages durch Abschreibungen zu tilgen. Die Abschreibung darf auch schon im Zugangsjahr beginnen.[115] Der Mindestbetrag von einem Viertel des Ausgangswertes darf in keinem Geschäftsjahr unterschritten werden. Es kann jedoch ein höherer Betrag abgeschrieben werden; auch ist in den jeweiligen Abschreibungsjahren eine unterschiedlich hohe Festsetzung des Abschreibungsbetrages zulässig.[116] Der am Ende des Geschäftsjahres verbleibende Restbuchwert darf den Zeitwert des Geschäfts- oder Firmenwertes nicht überschreiten; ggf. ist der Abschreibungsbetrag entsprechend zu erhöhen.[117]

48   **b) Planmäßige Abschreibung (Abs. 4 S. 3).** Alternativ zur pauschalen Abschreibung nach S. 2 erlaubt S. 3 die Abschreibung des Geschäfts- oder Firmenwertes planmäßig auf die Geschäftsjahre zu verteilen, in denen er voraussichtlich genutzt wird. Mit dieser Bestimmung hat der Gesetzgeber eine übereinstimmende Handhabung der handelsrechtlichen Bilanzierung mit der steuerbilanziellen Praxis ermöglichen wollen, für die in § 7 Abs. 1 S. 3 EStG eine Nutzungsdauer von 15 Jahren unterstellt wird.[118]

49   Die planmäßige Abschreibung nach S. 3 muß im Zugangsjahr beginnen und einem zuvor festgelegten Abschreibungsplan folgen (s. dazu allgemein § 253, 41 ff). Nutzungsdauer und Abschreibungsmethode dürfen nicht im Widerspruch zum voraussichtlichen Entwertungsverlauf festgesetzt werden.[119] Für die Handelsbilanz ist die voraussichtliche **Nutzungsdauer** des Geschäfts- oder Firmenwertes **selbständig zu schätzen**. Das folgt zwingend schon aus der Vorgabe des Art. 37 Abs. 2 S. 2 der Jahresabschlußrichtlinie, wonach das jeweilige nationale Recht die Möglichkeit zur planmäßigen Abschreibung des Geschäfts- oder Firmenwertes über mehr als fünf Jahre nur insoweit eröffnen kann, als der Abschreibungszeitraum die Nutzungsdauer des Geschäfts- oder Firmenwertes nicht überschreitet. Vor diesem Hintergrund verbietet es sich, die allein fiskalisch motivierte steuerrechtliche Regelung schematisch auf die Handelsbilanz zu übertragen. In der Praxis bereitet eine Schätzung der voraussichtlichen Nutzungsdauer allerdings erhebliche Probleme. Deshalb wird es verbreitet als zulässig angesehen, die in § 7 Abs. 1 S. 3 EStG unterstellte Nutzungsdauer von 15 Jahren auch für die Handelsbilanz zu übernehmen, wenn und soweit nicht konkrete Anhaltspunkte vorliegen, daß die tatsächliche Nutzungsdauer kürzer zu bemessen ist.[120]

---

[115] ADS § 255 Rdn. 279; MünchKommHGB-*Ballwieser* § 255 Rdn. 105; Beck BilKomm-*Ellrott/Schmidt-Wendt* § 255 Rdn. 519; HdR-*Knop/Küting* § 255 Rdn. 468.

[116] ADS § 255 Rdn. 277; *Arnold* Bilanzierung des Geschäfts- oder Firmenwertes S. 143 f; Beck BilKomm-*Ellrott/Schmidt-Wendt* § 255 Rdn. 519; HdR-*Knop/Küting* § 255 Rdn. 468; HdJ-*Richter* II/9, Rdn. 32; *Söffing* FS Döllerer S. 593, 606.

[117] ADS § 255 Rdn. 278; HdR-*Knop/Küting* § 255 Rdn. 469; Baumbach/Hueck/*Schulze-Osterloh* § 42 Rdn. 105.

[118] S. Bericht des BT-Rechtsausschusses zu § 255 Abs. 4, dokumentiert in Bonner HdR § 255/Ausschußbericht.

[119] Näher dazu ADS § 255 Rdn. 281 ff; HdR-*Knop/Küting* § 255 Rdn. 470 ff.

[120] ADS § 255 Rdn. 283; Beck BilKomm-*Ellrott/Schmidt-Wendt* § 255 Rdn. 520; HdR-*Knop/Küting* § 255 Rdn. 474; GK-HGB-*Marsch-Barner* § 255 Rdn. 33; zu Recht kritisch *Arnold* Bilanzierung des Geschäfts- oder Firmenwertes S. 151 ff; KK-*Claussen/Korth* § 255 HGB Rdn. 111; *Großfeld* BilanzR[3] Rdn. 291; HdJ-*Richter* II/9, Rdn. 35; Heymann/*Walz* § 255 Rdn. 81; entgegengesetzte Vorbehalte aber bei *Söffing* FS Döllerer S. 593, 607, der eine Unterschreitung des 15-Jahres-Zeitraums im Handelsrecht als „nicht unproblematisch" ansieht; ähnlich *Breidert* Grundsätze S. 175, die eine Unterschreitung „nur in Ausnahmefällen" zulassen will.

Unter den Voraussetzungen von § 253 Abs. 2 S. 3 sind außerplanmäßige Abschreibungen vorzunehmen.[121]

4. Bilanzausweis und Anhangsangaben

Kapitalgesellschaften und ihnen nach § 264a gleichgestellte Personenhandelsgesell- **50** schaften haben einen aktivierten Unterschiedsbetrag nach Abs. 4 S. 1 in der Bilanz unter den immateriellen Vermögensgegenständen auszuweisen, wobei für mittelgroße und große Gesellschaften ein **gesonderter Ausweis** zwingend geboten ist (§ 266 Abs. 2 Aktivseite A I 2 i. V. m. Abs. 1 S. 3). Entsprechendes gilt für Genossenschaften (§ 336 Abs. 2). Unter das PublG fallende Unternehmen sind stets zum gesonderten Ausweis verpflichtet (§ 5 Abs. 1 PublG). Für sonstige Rechnungslegungspflichtige, welche die Größenmerkmale mittelgroßer Kapitalgesellschaften erreichen, ist eine Pflicht zum gesonderten Ausweis aus § 247 Abs. 1 („hinreichend aufzugliedern") herzuleiten.[122]

Kapitalgesellschaften und ihnen nach § 264a gleichgestellte Personenhandels- **51** gesellschaften haben nach § 284 Abs. 2 Nr. 1 im **Anhang** die angewandten Bilanzierungs- und Bewertungsmethoden anzugeben. Zu den Angaben über Bilanzierungsmethoden gehören auch solche über die Behandlung eines derivativen Geschäfts- oder Firmenwerts.[123] Sofern eine planmäßige Abschreibung nach Maßgabe von Abs. 4 S. 3 gewählt wird, sind jedenfalls nach § 285 Nr. 13 im Anhang die Gründe für die planmäßige Abschreibung anzugeben. Wenn in Übereinstimmung mit den steuerrechtlichen Vorgaben eine Nutzungsdauer von 15 Jahren angenommen wird, so ist die Rechtfertigung einer solchen Annahme zu begründen; der bloße Verweis auf § 7 Abs. 1 S. 3 EStG genügt nicht.[124] Für Genossenschaften (§ 336 Abs. 2) sowie für die von § 5 Abs. 2 PublG erfaßten Unternehmen gelten die skizzierten Verpflichtungen zu Angaben im Anhang entsprechend.

5. Negativer Geschäfts- oder Firmenwert

Unterschreitet die für die Unternehmensübernahme bewirkte Gegenleistung die **52** ermittelten Zeitwerte der Aktiva abzüglich der Zeitwerte der Passiva, so entsteht ein **sog. negativer Geschäfts- oder Firmenwert.** Der Verkauf eines Unternehmens zu einem unter dem Substanzwert liegenden Kaufpreis (ggf. zum symbolischen Preis von 1 DM bzw. 1 Euro oder gar gegen eine Zuzahlung seitens des Verkäufers)[125] macht aus Verkäufersicht Sinn, wenn der sofortigen Stillegung und Liquidation des Unternehmens rechtliche oder faktische Hindernisse entgegenstehen und der Verkäufer für den Fall der Fortführung mit noch höheren Verlusten rechnet.[126] Die **Behandlung** des

---

[121] ADS § 255 Rdn. 285; *Breidert* Grundsätze S. 176 ff; Beck BilKomm-*Ellrott/Schmidt-Wendt* § 255 Rdn. 524; HdJ-*Richter* II/9 Rdn. 37; Baumbach/Hueck/*Schulze-Osterloh* § 42 Rdn. 105; a. A. *Söffing* FS Döllerer S. 593, 607 („nicht zulässig").

[122] HdJ-*Richter* II/9, Rdn. 66; für eine Verpflichtung zu gesondertem Ausweis auch Bonner HdR-*Göbel* § 255 Rdn. 861; a. A. *Arnold* Bilanzierung des Geschäfts- oder Firmenwertes S. 171.

[123] Übereinstimmend § 284, 33 (*Hüttemann*); ebenso etwa ADS § 255 Rdn. 288; *Arnold* Bilanzierung des Geschäfts- oder Firmenwertes S. 172; Bonner HdR-*Göbel* § 255 Rdn. 860; HdR-*Knop/Küting* § 255 Rdn. 479; *Ludz* Firmenwert S. 336; HdJ-*Richter* II/9, Rdn. 74; a. A. Beck Bil-

Komm-*Ellrott* § 284 Rdn. 89, der für den Fall des gesonderten Ausweises nach § 266 Abs. 2 A I 2 keine weiteren Anhangsangaben verlangt.

[124] § 285, 98 (*Hüttemann*); HdR-*Knop/Küting* § 255 Rdn. 476; Baumbach/Hueck/*Schulze-Osterloh* § 42 Rdn. 105; Heymann/*Walz* § 255 Rdn. 82.

[125] Praxisbeispiele sind nachgewiesen bei *Ernsting* WPg 1998, 405; s. auch noch *Clemm* FS Claussen S. 605, 607 f.

[126] Zur ökonomischen Erklärung des negativen Geschäfts- oder Firmenwertes etwa *Ernsting* WPg 1998, 405, 406 ff; *Hartung* FS Beisse S. 235, 239; *Möhrle* DStR 1999, 1414 ff; *Schülen* FS Stehle S. 151, 154 ff.

negativen Geschäfts- oder Firmenwerts **in der Bilanz des Erwerbers** ist Gegenstand einer kontroversen Diskussion im Handels- wie im Steuerrecht.[127]

53 **Meinungsstand.** Teilweise wird vorgeschlagen, den negativen Unterschiedsbetrag zwischen Gegenleistung und Substanzwert sogleich als negativen Geschäfts- oder Firmenwert zu passivieren, da nur so die Vermögens- und Ertragslage des Unternehmens zutreffend dargestellt werde.[128] Die wohl herrschende Lehre indes sieht in Übereinstimmung mit der finanzgerichtlichen Rechtsprechung[129] und in Konsequenz des Anschaffungswertprinzips (§ 253 Abs. 1 S. 1) zunächst eine sog. Abstockung der Zeitwerte der Vermögensgegenstände (sowie ggf. eine Aufstockung der Schuldposten) als geboten an.[130] Weil eine objektive Verteilung des Minderkaufpreises auf die einzelnen Vermögensgegenstände regelmäßig nicht möglich sei, wird verbreitet dafür plädiert, den Minderbetrag wertanteilig auf die einzelnen Vermögensgegenstände umzurechnen.[131] Ist das Abstockungsvolumen erschöpft, befürworten einige Autoren den Ausweis eines außerordentlichen Ertrages in Höhe der verbleibenden Differenz.[132] Nach deutlich überwiegender Ansicht ist jedoch eine Passivierung des nicht abstockungsfähigen Restbetrages erforderlich, auch wenn man über den richtigen Bilanzansatz streitet. Vorgeschlagen wird der Ausweis eines negativen Geschäfts- oder Firmenwertes[133], der Ansatz einer der Drohverlustrückstellung ähnlichen Rückstellung[134] oder die Bildung eines „passiven Ausgleichspostens"[135]. Über die zutreffende Folgebewertung des angesetzten Passivpostens gehen die Meinungen ebenfalls auseinander. Einige befürworten eine pauschale jährliche Zuschreibung analog § 255 Abs. 4 S. 2,[136] andere eine Verrechnung mit den Jahresfehlbeträgen künftiger Geschäftsjahre;[137] dritte

[127] Übersicht über den Meinungsstand bei *Clemm* FS Claussen S. 605, 609 f; *Ernsting* WPg 1998, 405, 408 ff.

[128] So im Ergebnis etwa *Bachem* BB 1993, 967, 968 ff; MünchKommHGB-*Ballwieser* § 255 Rdn. 114; *Clemm* FS Claussen S. 605, 610 ff; *Geiger* DB 1996, 1533 ff; *Gießler* BB 1996, 1759, 1759 f; *Knobbe-Keuk* S. 900 f; *Mujkanovic* WPg 1994, 522, 524 f; *Heymann/Walz* § 255 Rdn. 74; *Winnefeld* Bilanz-Handbuch M 480 ff, 485; grundlegend *Heinze/Roolfs* DB 1976, 214 ff.

[129] S. aus jüngerer Zeit BFH 21. 4. 1994, IV R 70/92, BStBl II, 745, 746 f; BFH 12. 12. 1996, IV R 77/93, BStBl II 1998, 180, 182 m. w. N.; dazu näher Schmidt/*Glanegger* EStG § 6 Rdn. 245; Schmidt/*Weber-Grellet* EStG § 5 Rdn. 226.

[130] *Arnold* Bilanzierung des Geschäfts- oder Firmenwertes S. 215 ff; Beck BilKomm-*Ellrott/Schmidt-Wendt* § 255 Rdn. 516; Bonner HdR-*Göbel* § 255 Rdn. 851 f; *Groh* FS F. Klein S. 815, 820; HdR-*Knop/Küting* § 255 Rdn. 463; *Ossadnik* BB 1994, 747, 752; *Pusecker/Schruff* BB 1996, 735, 736 f, 741; HdJ-*Richter* II/9, Rdn. 25; *Schülen* FS Stehle S. 151, 156 ff; Baumbach/Hueck/*Schulze-Osterloh* § 42 Rdn. 105; *Söffing* FS Döllerer S. 593, 596; WP-Handbuch I Tz. E 359; im Ansatz ebenso – wenn auch nur unter engen Voraussetzungen – *Ernsting* WPg 1998, 405, 408 ff; *Moxter* FS Semler S. 853, 855.

[131] *Groh* FS F. Klein S. 815, 820; HdR-*Knop/Küting* § 255 Rdn. 463; *Ossadnik* BB 1994, 747, 752; *Pusecker/Schruff* BB 1996, 735, 741; HdJ-*Richter* II/9, Rdn. 25; Baumbach/Hueck/*Schulze-

[132] In diesem Sinne etwa Bonner HdR-*Göbel* § 255 Rdn. 852; *Groh* FS F. Klein S. 815, 822 f; HdR-*Knop/Küting* § 255 Rdn. 463; Baumbach/Hueck-*Schulze-Osterloh* § 42 Rdn. 105; *Siegel/Bareis* BB 1993, 1477 ff; *dies.* BB 1994, 317 ff.

[133] So etwa ADS § 255 Rdn. 295; *Ernsting* WPg 1998, 405, 415 ff; *Hoffmann* DStR 1994, 1762, 1766; *Pusecker/Schruff* BB 1996, 735, 740 f; *Wiedmann* BilanzR § 255 Rdn. 46 = Ebenroth/Boujong/Joost/*ders.* § 255 Rdn. 46.

[134] Beck BilKomm-*Ellrott/Schmidt-Wendt* § 255 Rdn. 516; *Hartung* FS Beisse S. 235, 242.

[135] Dafür *Arnold* Bilanzierung des Geschäfts- oder Firmenwertes S. 222 f im Anschluß an die Rechtsprechung des BFH 21. 4. 1994, IV R 70/92, BStBl II, 745, 747; BFH 12. 12. 1996, IV R 77/93, BStBl II 1998, 180, 182; von „Ausnahmepassivposten" sprechen *Ernsting* WPg 1998, 405, 421; *Moxter* FS Semler S. 853, 861; von „bilanztechnischem" bzw. „rechentechnischem Ausgleichsposten" sprechen *Möhrle* DStR 1999, 1414, 1419; *Mujkanovic* WPg 1994, 522, 527.

[136] Im Ansatz übereinstimmend, wenn auch mit Unterschieden im einzelnen etwa *Clemm* FS Claussen S. 605, 618 f; *Möhrle* DStR 1999, 1414, 1420; *Pusecker/Schruff* BB 1996, 735, 741 f; wohl auch *Baetge* Bilanzen[4] S. 496.

[137] BFH BStBl II 1994, 745, 747; BFH BStBl II 1998, 180, 182; ähnlich *Bachem* BB 1993, 967, 970; *Geiger* DB 1996, 1533, 1535.

schließlich wollen eine Auflösung erst dann zulassen, wenn die im negativen Geschäfts- oder Firmenwert zum Ausdruck kommenden Belastungen nicht mehr bestehen, spätestens aber bei Verkauf des Unternehmens zu einem den Substanzwert zumindest deckenden Kaufpreis.[138]

Stellungnahme. Die Übernahme eines Unternehmens stellt für den Erwerber ein   **54** Anschaffungsgeschäft dar, das erfolgsneutral zu bilanzieren ist. Eine ertragswirksame Erfassung des negativen Geschäfts- oder Firmenwerts kommt deshalb nicht in Betracht. Auch der ertragswirksame Ausweis des nicht abstockungsfähigen Restbetrages wäre mit dem Gebot erfolgsneutraler Anschaffungskostenbilanzierung und dem Verbot des Ausweises nicht realisierter Gewinne unvereinbar.[139] Der negative Geschäfts- oder Firmenwert – der künftige Verlusterwartungen repräsentiert – indiziert vielmehr eine Überbewertung der einzelnen Vermögensgegenstände und mithin entsprechenden Abschreibungsbedarf. Dabei sind freilich alle Aktiva auszunehmen, die nach dem Nominalwertprinzip zu bewerten sind; eine Abstockung des Bargeldbestandes, der Bankguthaben oder der (sonstigen) vollwertigen Forderungen scheidet aus.[140] Nicht zu überzeugen vermag im übrigen der Vorschlag einer pauschalen Umrechnung des Minderbetrages auf die abstockungsfähigen Aktiva.[141] Ein solches Konzept ist mit dem Gebot willkürfreier Bewertung ebenso schwer in Einklang zu bringen wie mit dem Prinzip der Einzelbewertung gem. § 252 Abs. 1 Nr. 3. Für jeden einzelnen Vermögensgegenstand ist vielmehr gesondert zu untersuchen, ob angesichts der für die Zukunft erwarteten Verluste eine Abstockung geboten erscheint; unter denselben Vorzeichen ist zu überprüfen, ob die Schuldposten vollständig angesetzt und zutreffend bewertet sind. Maßgeblich ist dabei die Sicht des Erwerbers, der an die Ausübung von Wahlrechten und Ermessensspielräumen seitens des Veräußerers nicht gebunden ist.[142] Das zur Verfügung stehende Ab- und Aufstockungsvolumen ist vor diesem Hintergrund freilich begrenzt, eine gänzliche Verteilung des Minderbetrages auf dem beschriebenen Weg häufig nicht möglich. Der nicht abstockungsfähige Restbetrag ist zu **passivieren**. Ob dies im Sinne eines negativen Geschäfts- oder Firmenwerts, durch Ansatz einer der Drohverlustrückstellung ähnlichen Rückstellung oder durch Bildung eines (sonstigen) passiven Ausgleichspostens geschieht, ist von nachrangiger Bedeutung.[143] In der Sache handelt es sich um einen – nach § 265 Abs. 5 S. 2 durchaus zulässigen – Passivposten eigener Art, der weder die Kriterien der Verbindlichkeit noch

---

[138] ADS § 255 Rdn. 295; MünchKommHGB-*Ballwieser* § 255 Rdn. 115; *Breidert* Grundsätze S. 208; *Ernsting* WPg 1998, 405, 420; *Gießler* BB 1996, 1759, 1762 f; *Moxter* FS Semler S. 853, 858; im Ansatz auch *Euler* System S. 163, der bei einem nicht offensichtlichen Abgang des Verlustpotentials allerdings eine planmäßige Auflösung über 15 Jahre „als vertretbaren Kompromiß zwischen dem Vorsichts- und dem Objektivierungsprinzip" vorschlägt; für Beibehaltung des Passivpostens bis zur Liquidation bzw. Veräußerung des Unternehmens etwa *Mujkanovic* WPg 1994, 522, 527 f.

[139] Zurückhaltung ist deshalb auch gegenüber Vorschlägen geboten, eine Ertragsvereinnahmung ausnahmsweise dort zuzulassen, wo für den Erwerber objektiv ein „gutes Geschäft" („lucky buy") angenommen werden dürfe; in diesem Sinne etwa *Breidert* Grundsätze S. 198, 206; *Ernsting* WPg 1998, 405, 418; *Hartung* FS Beisse

S. 235, 241; kritisch *Möhrle* DStR 1999, 1414, 1418 f; *Pusecker/Schruff* BB 1996, 735, 736.

[140] In diesem Sinne nunmehr auch BFH BStBl II 1998, 180, 183; dazu *Strahl* DStR 1998 515 ff.

[141] Zutreffende Kritik bei *Breidert* Grundsätze S. 199 ff, 206 f; *Ernsting* WPg 1998, 405, 410 ff; *Euler* System S. 161 f; *Hartung* FS Beisse S. 235, 240 ff; *Möhrle* DStR 1999, 1414, 1418; *Mujkanovic* WPg 1994, 522, 524 f; s. ferner *Schülen* FS Stehle S. 151, 156 ff; *Wollny* FS Offerhaus S. 647, 656 f.

[142] S. dazu auch *Schülen* FS Stehle S. 151, 156 ff.

[143] Nicht zu Unrecht ist geltend gemacht worden, daß der vom BFH verlangte „passive Ausgleichsposten" der Bilanzierung eines negativen Geschäfts- oder Firmenwerts in der Sache durchaus entspreche; s. in diesem Sinne etwa *Hoffmann* DStR 1994, 1762, 1766; *Schülen* FS Stehle S. 151, 157.

    Detlef Kleindiek

die einer Rückstellung uneingeschränkt erfüllt. Seine Folgebewertung hat sich am Vorsichtsprinzip zu orientieren, was eine pauschale Auflösung analog § 255 Abs. 4 S. 2 ebenso ausschließt wie die planmäßige Zuschreibung analog § 255 Abs. 4 S. 3. Die Auflösung kommt vielmehr nur insoweit in Betracht, als die durch den negativen Geschäfts- oder Firmenwert repräsentierten Belastungen für die Zukunft nicht mehr bestehen.

§ 256
Bewertungsvereinfachungsverfahren

Soweit es den Grundsätzen ordnungsmäßiger Buchführung entspricht, kann für den Wertansatz gleichartiger Vermögensgegenstände des Vorratsvermögens unterstellt werden, daß die zuerst oder daß die zuletzt angeschafften oder hergestellten Vermögensgegenstände zuerst oder in einer sonstigen bestimmten Folge verbraucht oder veräußert worden sind. § 240 Abs. 3 und 4 ist auch auf den Jahresabschluß anwendbar.

Übersicht

	Rdn.		Rdn.
I. Überblick	1	a) Lifo-Verfahren (last in – first out) .	9
II. Verbrauchsfolgeverfahren (S. 1)		b) Fifo-Verfahren (first in – first out) .	11
1. Anwendungsbereich: Vermögensgegenstände des Vorratsvermögens ...	4	c) Hifo-Verfahren (highest in – first out)	12
2. Gleichartigkeit der Vermögensgegenstände	5	d) Sonstige Verfahren	13
3. Übereinstimmung mit den Grundsätzen ordnungsmäßiger Buchführung	6	III. Festbewertung und Gruppenbewertung (S. 2)	15
4. Die Verbrauchsfolgeverfahren im einzelnen			

Schrifttum

Disselkamp Vorräte, Beck HdR B 214 (1989); *Hennrichs* Wahlrechte im Bilanzrecht der Kapitalgesellschaften (1999); *Herzig/Gasper* Die Lifo-Methode in der Handels- und Steuerbilanz, DB 1991, 557; *dies.* Eine Zwischenbilanz zur Lifo-Diskussion, DB 1992, 1301; *Schildbach* Die Vorräte, HdJ Abt. II/4 (1990); *Schneider/Siegel* Das Index-Lifo-Verfahren als „Fortentwicklung" von Grundsätzen ordnungsmäßiger Buchführung? WPg 1995, 261; *Siepe/Husemann/Borges* Das Indexverfahren als Bewertungsvereinfachung i. S. d. § 256 HGB, WPg 1994, 645; *Wöhe* Bilanzierung und Bilanzpolitik, 9. Aufl. (1997).

I. Überblick

1   Die Vorschrift erlaubt, den Wertansatz für Vermögensgegenstände nicht nach individueller Ermittlung der Anschaffungs- oder Herstellungskosten, sondern auf der Grundlage von Bewertungsvereinfachungsverfahren zu bestimmen. Dabei ermöglicht **S. 1** für die Bewertung der Vermögensgegenstände des Vorratsvermögens die Anwendung bestimmter **Verbrauchsfolgeverfahren.** Zudem erklärt **S. 2** die in § 240 Abs. 3 und Abs. 4 für das Inventar erlaubten Verfahren der **Festbewertung** (bei Vermögensgegenständen des Sachanlagevermögens sowie bei Roh-, Hilfs- und Betriebsstoffen) und der **Gruppenbewertung** nach der Methode des gewogenen Durchschnitts (bei gleichartigen Vermögensgegenständen des Vorratsvermögens sowie bei anderen gleichartigen oder annähernd gleichwertigen beweglichen Vermögensgegenständen) auch auf den Jahresabschluß für anwendbar. Damit wird dem Umstand Rechnung getragen, daß die individuelle Ermittlung der tatsächlichen Anschaffungs- oder Herstellungskosten bei bestimmten Vermögensgegenständen mit unvertretbarem Aufwand verbunden oder sogar praktisch unmöglich sein kann.[1] Neben den in § 256 anerkannten Bewertungsvereinfachungsverfahren kommt unter bestimmten Voraussetzungen auch die *retrograde Wertermittlung* in Betracht; s. dazu § 255, 5.

Als spezielle Regelungen haben die Bestimmungen von S. 1 und 2 Vorrang gegen **2** über dem Gebot der Einzelbewertung aus § 252 Abs. 1 Nr. 3 (s. schon § 252, 21). Die Vorschrift knüpft an § 155 Abs. 1 S. 3 AktG 1965 sowie § 40 Abs. 4 HGB a. F. an und steht in Übereinstimmung mit Art. 40 Abs. 1 und Art. 38 der 4. EG-Richtlinie (**Jahresabschlußrichtlinie**). Von der in Art. 40 Abs. 1 gewährten Möglichkeit, die Zulässigkeit bestimmter Verbrauchsfolgeverfahren auch auf weitere Vermögensgegenstände (alle beweglichen Vermögensgegenstände einschließlich der Wertpapiere) auszudehnen, hat der deutsche Gesetzgeber keinen Gebrauch gemacht, weil ein entsprechendes Bedürfnis nicht bestehe.[2] Jedoch erstreckt § 341b Abs. 2 für Versicherungsunternehmen die Anwendbarkeit des § 256 auf bestimmte Kapitalanlagen (Aktien, Investmentanteile sowie sonstige festverzinsliche und nicht festverzinsliche Wertpapiere).

§ 256 gilt für alle Rechnungslegungspflichtigen gleichermaßen. **Kapitalgesellschaf 3 ten** und ihnen nach § 264a gleichgestellte Personenhandelsgesellschaften ohne mindestens eine natürliche Person als „Vollhafter" müssen die gewählte Bewertungsmethode gem. § 284 Abs. 2 Nr. 1 im Anhang angeben und ggf. Angaben nach § 284 Abs. 2 Nr. 4[3] machen. Eine entsprechende Pflicht trifft Genossenschaften (§ 336 Abs. 2) sowie alle von § 5 Abs. 2 PublG erfaßten Unternehmen. Ggf. können – bei entsprechenden Auswirkungen der gewählten Methode – weitere Anhangsangaben nach § 264 Abs. 2 S. 2 erforderlich werden.[4] Zu den *Rechtsfolgen eines Verstoßes* gegen die gesetzlichen Bewertungsvorschriften s. § 252, 55 f.

II. Verbrauchsfolgeverfahren (S. 1)

1. Anwendungsbereich: Vermögensgegenstände des Vorratsvermögens

S. 1 erlaubt die Anwendung bestimmter Verbrauchsfolgeverfahren für den Wert **4** ansatz (gleichartiger) *Vermögensgegenstände des Vorratsvermögens.* Der Anwendungsbereich der Vorschrift beschränkt sich demgemäß auf gleichartige **Roh-, Hilfs- und Betriebsstoffe**, auf **unfertige und fertige Erzeugnisse** sowie auf **Waren**.[5] Die vereinzelt verfochtene These, Verbrauchsfolgeverfahren könnten auch bei anderen *gleichen* Vermögensgegenständen des Umlaufvermögens zur Anwendung kommen,[6] ist mit dem Willen des Gesetzgebers (vgl. oben Rdn. 2) unvereinbar und deshalb abzu-

---

[1] S. dazu etwa ADS § 256 Rdn. 7; Beck BilKomm-*Förschle/Kropp* § 256 Rdn. 2; HdR-*Mayer-Wegelin* § 256 Rdn. 11; Bonner HdR-*Wohlgemuth* § 256 Rdn. 3; eingehend zum Zweck des § 256 *Hennrichs* Wahlrechte S. 394 ff.

[2] So Begr.RegE zu § 266 (heute § 256 HGB), dokumentiert in Bonner HdR § 256/Begründung Regierungsentwurf; s. zur Entstehungsgeschichte der Vorschrift auch HdR-*Mayer-Wegelin* § 256 Rdn. 1 ff.

[3] S. aber die Einschränkung zugunsten kleiner Kapitalgesellschaften in § 288.

[4] Beck BilKomm-*Förschle/Kropp* § 256 Abs. 9.

[5] Beck BilKomm-*Förschle/Kropp* § 256 Rdn. 17; HdR-*Mayer-Wegelin* § 256 Rdn. 35; s. auch *Hüffer* in diesem Kommentar § 240, 66.

[6] So ADS § 256 Rdn. 24 ff; für Wertpapiere und Devisen auch KK-*Claussen/Korth* § 256 HGB Rdn. 20; *Winnefeld* Bilanz-Handbuch E 812.

Detlef Kleindiek

lehnen.[7] Auf Wertpapiere findet die Vorschrift (abgesehen von Versicherungsunternehmen; s. oben Rdn. 2) deshalb keine Anwendung.

2. Gleichartigkeit der Vermögensgegenstände

5   Verbrauchsfolgeverfahren sind nur für den Wertansatz *gleichartiger* Vermögensgegenstände des Vorratsvermögens zulässig. Ein entsprechendes Tatbestandsmerkmal enthält bereits § 240 Abs. 4; s. schon die Erläuterungen § 240, 67 f (*Hüffer*). Für die Gleichartigkeit ist bei Waren und fertigen Erzeugnissen auf die Zugehörigkeit zur selben *Warengattung*, bei den sonstigen Vermögensgegenständen des Vorratsvermögens (oben Rdn. 4) auf die Gleichartigkeit in der *Funktion* abzustellen;[8] vgl. auch § 240, 67 (*Hüffer*). Sie müssen zudem *annähernd gleichwertig*, d. h. preisgleich sein.[9] Bei geringwertigen Gegenständen werden teilweise Preisabweichungen bis zu 20 % als zulässig angesehen,[10] doch dürfte diese Grenze im Regelfall zu hoch gegriffen sein.[11]

3. Übereinstimmung mit den Grundsätzen ordnungsmäßiger Buchführung

6   S. 1 bindet die Anwendung eines Verbrauchsfolgeverfahrens an die Einhaltung der Grundsätze ordnungsmäßiger Buchführung (GoB). Verbrauchsfolgeverfahren sollen den Schwierigkeiten einer genauen Bewertung des einzelnen Vermögensgegenstandes durch praxisgerechte Erleichterungen begegnen, dürfen Ziel und Funktion der Rechnungslegung aber nicht zuwider laufen.[12] Das schließt einen **mißbräuchlichen Einsatz** aus. Es bedeutet aber nicht, daß die unterstellte Verbrauchsfolge der Wirklichkeit entsprechen oder ihr möglichst nahe kommen muß; die Abweichung vom tatsächlichen Verlauf liegt vielmehr in der Natur einer Verbrauchsfolgefiktion.[13] Allerdings kann die Grenze in Kauf zu nehmender Abweichungen dort erreicht sein, wo ein tatsächlicher Ablauf im Sinne der unterstellten Verbrauchsfolge praktisch undenkbar ist (etwa bei unrealistischen Unterstellungen hinsichtlich der Verarbeitung leicht verderblicher Waren[14]) oder die Ergebnisse der Verbrauchsfolgefiktion von vorn-

---

[7] Übereinstimmend etwa Beck BilKomm-*Förschle/Kropp* § 256 Rdn. 16; *Baumbach/Hopt* § 256 Rdn. 1; HdR-*Mayer-Wegelin* § 256 Rdn. 35; Baumbach/Hueck/*Schulze-Osterloh* § 42 Rdn. 299; *Wiedmann* BilanzR § 256 Rdn. 6 = Ebenroth/Boujong/Joost/*ders.* § 256 Rdn. 6; Bonner HdR-*Wohlgemuth* § 256 Rdn. 7.

[8] KK-*Claussen/Korth* § 256 HGB Rdn. 18; Beck BilKomm-*Förschle/Kropp* § 256 Rdn. 25; *Glade* § 240 Rdn. 73 ff und § 256 Rdn. 21 ff; HdR-*Mayer-Wegelin* § 256 Rdn. 27 f, 38 ff; Baumbach/Hueck/*Schulze-Osterloh* § 42 Rdn. 297; Heymann/*Walz* § 256 Rdn. 7; Bonner HdR-*Wohlgemuth* § 256 Rdn. 8.

[9] ADS § 256 Rdn. 22; KK-*Claussen/Korth* § 256 HGB Rdn. 18; *Glade* § 240 Rdn. 75; *Hüffer* in diesem Kommentar § 240, 67; Baumbach/Hueck/*Schulze-Osterloh* § 42 Rdn. 297; Heymann/*Walz* § 256 Rdn. 7; *Wiedmann* BilanzR § 256 Rdn. 5 = Ebenroth/Boujong/Joost/*ders.* § 256 Rdn. 5; *Winnefeld* Bilanz-Handbuch E 775; WP-Handbuch I Tz. E 347; Bonner HdR-*Wohlgemuth* § 256 Rdn. 8 f; **a. A.** etwa HdR-*Mayer-Wegelin* § 256 Rdn. 28, 31 ff.

[10] S. etwa Beck BilKomm-*Budde/Kunz* § 240 Rdn.

[...] 137; KK-*Claussen/Korth* § 256 Rdn. 18; *Glade* § 240 Rdn. 76.

[11] Differenzierend ADS § 240 Rdn. 127 f; für 10 % als Obergrenze in diesem Kommentar *Hüffer* § 240, 68.

[12] ADS § 256 Rdn. 14; Beck BilKomm-*Förschle/Kropp* § 256 Rdn. 20; Baumbach/Hueck/*Schulze-Osterloh* § 42 Rdn. 299; eingehend *Hennrichs* Wahlrechte S. 395 ff.

[13] ADS § 256 Rdn. 15; KK-*Claussen/Korth* § 256 HGB Rdn. 5; *Marsch-Barner* in Gemeinschaftskommentar z. HGB (1999[6]), § 256 Rdn. 3; HdR-*Mayer-Wegelin* § 256 Rdn. 21; Heymann/*Walz* § 256 Rdn. 8; *Wiedmann* BilanzR § 256 Rdn. 3 = Ebenroth/Boujong/Joost/*ders.* § 256 Rdn. 3; WP-Handbuch I Tz. E 347; Bonner HdR-*Wohlgemuth* § 256 Rdn. 10.

[14] S. dazu – mit Unterschieden im einzelnen – etwa ADS § 256 Rdn. 18; MünchKommHGB-*Ballwieser* § 256 Rdn. 4; KK-*Claussen/Korth* § 256 HGB Rdn. 16; Beck BilKomm-*Förschle/Kropp* § 256 Rdn. 21; *Herzig/Gasper* DB 1991, 557 und DB 1992, 1301, 1302; HdR-*Mayer-Wegelin* § 256 Rdn. 23 f.

herein unvertretbar und mit Grundprinzipien der Bilanzierung unvereinbar sind; s. zur mangelnden GoB-Konformität bestimmter Verbrauchsfolgeverfahren unten Rdn. 12 ff.

Im übrigen steht dem Rechnungslegungspflichtigen der erstmalige Übergang auf **7** eine Bewertung des Vorratsvermögens nach einem Verbrauchsfolgeverfahren zwar frei. Die einmal getroffene Wahl unterliegt aber dem **Gebot der Bewertungsstetigkeit** nach § 252 Abs. 1 Nr. 6, das auch art- und funktionsgleiche Vermögensgegenstände erfaßt (s. dazu § 252, 45). Ein Wechsel des Verbrauchsfolgeverfahrens ist deshalb nur in den engen Grenzen von § 252 Abs. 2 zulässig (s. zu den dabei anzulegenden Maßstäben § 252, 47).[15]

Schließlich dispensiert die Anwendung einer Verbrauchsfolgefiktion nicht von der **8** Pflicht zur Beachtung des **Niederstwertprinzips** nach § 253 Abs. 3 S. 1 und 2. Die unter Anwendung eines Verbrauchsfolgeverfahrens ermittelten Wertansätze für den zum Abschlußstichtag vorhandenen Bestand an Vermögensgegenständen des Vorratsvermögens dürfen die Verkaufspreise bzw. (hilfsweise) Wiederbeschaffungskosten zum Stichtag (s. näher § 253, 70 ff) nicht übersteigen (*„Niederstwerttest"*[16]); ggf. ist eine entsprechende Abwertung vorzunehmen.[17]

4. Die Verbrauchsfolgeverfahren im einzelnen

a) Lifo-Verfahren (last in – first out). Das Lifo-Verfahren unterstellt, daß die zu- **9** letzt zugegangenen Vermögensgegenstände des Vorratsvermögens buchtechnisch zuerst veräußert oder verbraucht werden, im Endbestand also der Anfangsbestand und ggf. die ersten Zugänge enthalten sind. Die Lifo-Methode führt bei stetig steigenden Marktpreisen zur Bildung stiller Reserven. Bei fallenden Preisen hat sie eine Überbewertung des Stichtagsbestandes zur Folge, so daß – entsprechend dem „Niederstwerttest" (oben Rdn. 8) – eine Abwertung auf den beizulegenden niedrigeren Stichtagswert vorzunehmen ist.[18] Zum Index-Verfahren s. unten Rdn. 14.

Steuerrechtlich ist das Lifo-Verfahren nach § 6 Abs. 1 Nr. 2a EStG die (neben der **10** Durchschnittsbewertung) allein anerkannte Verbrauchsfolgefiktion;[19] deshalb wird es auch in der handelsrechtlichen Praxis am häufigsten angewandt. Es ist sowohl in der periodischen als auch in der permanenten Verfahrensausprägung zulässig. Beim **permanenten Lifo-Verfahren** werden Abgänge fortlaufend erfaßt und entsprechend der zugrunde gelegten Fiktion bewertet. Beim **periodischen Lifo-Verfahren** wird nur der vorhandene Bestand am Ende der Abrechnungsperiode (Geschäftsjahresende, Halb-

---

[15] Zum Ganzen etwa ADS § 256 Rdn. 20; Beck Bil-Komm-*Förschle/Kropp* § 256 Rdn. 10, 22 und eingehend *Hennrichs* Wahlrechte S. 400 ff.

[16] Begriff nach Beck BilKomm-*Förschle/Kropp* § 256 Rdn. 6.

[17] ADS § 256 Rdn. 21; Beck BilKomm-*Förschle/ Kropp* § 256 Rdn. 5 f, 24; WP-Handbuch I Tz. E 347; Bonner HdR-*Wohlgemuth* § 256 Rdn. 12.

[18] Näher HdR-*Mayer-Wegelin* § 256 Rdn. 54 ff und 63 ff.

[19] Vgl. R 36a EStR 1999; näher zur steuerrechtlichen Praxis Blümich/*Ehmcke* EStG § 6 Rdn. 72 ff; Herrmann/Heuer/Raupach/*Federmann* EStG § 6 Rdn. 1121 ff; Beck BilKomm-*Förschle/Kropp* § 256 Rdn. 101 ff; *Glade* § 256 Rdn. 12 ff; Schmidt/ *Glanegger* EStG § 6 Rdn. 260 ff; Kirchhof/

Söhn/*Werndl* EStG § 6 Rdn. C 1 ff; s. auch die Beiträge in Herzig (Hrsg.), Vorratsbewertung nach der Lifo-Methode ab 1990 (1990); zusammenfassend HdR-*Mayer-Wegelin* § 256 Rdn. 83 ff; WP-Handbuch I Tz. E 348. Stark einschränkend aber nunmehr BFH 20.6.2000, VIII R 32/98, BStBl II 2001, 636; dazu kritisch etwa *Mayer-Wegelin* DB 2001, 554; *Moxter* DB 2001, 157. Zur Wertaufholung nach Anwendung des Lifo-Verfahrens s. *Loitz/Winnacker* DB 2000, 2229, 2233. – Zur Kontroverse, ob die Anwendung des Lifo-Verfahrens eine Steuervergünstigung darstellt und deshalb die Berichtspflicht nach § 285 Nr. 5 auslöst s. Beck BilKomm-*Förschle/Kropp* § 256 Rdn. 11 m. w. N.

Detlef Kleindiek

jahresende, Quartalsende oder auch – im Ergebnis dann nahe bei der permanenten Lifo – Monatsende) nach der unterstellten Verbrauchsfolge bewertet. In der Variante der Bildung sog. **Layer** („Schichten" oder „Ableger") werden Bestandszuwächse am jeweiligen Periodenende jeweils als selbständige Teilmengen (Layer) fortgeführt und entsprechend der zugrundeliegenden Verbrauchsfolgefiktion isoliert bewertet.[20]

11   **b) Fifo-Verfahren (first in – first out).** Das Fifo-Verfahren beruht auf der Prämisse, daß die zuerst erworbenen Vermögensgegenstände buchtechnisch auch zuerst veräußert oder verbraucht werden, der Endbestand sich also aus den letzten Zugängen zusammensetzt. Auch die Fifo-Methode kann sowohl als *periodisches* wie als *permanentes* Verfahren ausgestaltet werden.[21]

12   **c) Hifo-Verfahren (highest in – first out).** Das Hifo-Verfahren fußt auf der Annahme, daß die Vermögensgegenstände mit den höchsten Anschaffungs- oder Herstellungskosten zuerst veräußert oder verbraucht werden; der zum Stichtag vorhandene Bestand wird also zu den niedrigsten Wertansätzen gebucht. Hier ist die unterstellte Verbrauchsfolge mithin *nicht zeitlich*, sondern *ergebnisorientiert* angelegt, wobei die Hifo-Methode zu systematischen Unterbewertungen führt. Eben deshalb wird die **Zulässigkeit** jenes Verfahrens mit guten Gründen **bestritten**,[22] von der herrschenden Meinung angesichts des Wortlauts von § 256 S. 1 („oder in einer sonstigen bestimmten Folge verbraucht oder veräußert") jedoch bejaht.[23]

13   **d) Sonstige Verfahren.** Als unzulässig ist das **Lofo-Verfahren (lowest in – first out)** anzusehen. Es unterstellt, daß die Vermögensgegenstände mit den niedrigsten Anschaffungs- oder Herstellungskosten zuerst veräußert oder verbraucht werden und steht damit im Widerspruch zum Vorsichtsprinzip.[24]

14   Umstritten ist die Zulässigkeit des **Index-Verfahrens**. Es läßt sich als spezifische *Ausprägung des Lifo-Verfahrens* (oben Rdn. 9) umschreiben, ermittelt den Wertansatz der Vermögensgegenstände aber nicht durch einen Mengenvergleich, sondern durch einen Vergleich von *Werteinheiten*.[25] Damit steht es im Konflikt zur Grundkonzep-

---

[20] Diverse Berechnungsbeispiele für das Lifo-Verfahren in seinen unterschiedlichen Ausprägungen finden sich bei ADS § 256 Rdn. 31 ff; s. außerdem etwa MünchKommHGB-*Ballwieser* § 256 Rdn. 7 ff; Beck HdR-*Disselkamp* B 214 Rdn. 227 ff; Beck BilKomm-*Förschle/Kropp* § 256 Rdn. 41 ff; *Köhler* StBp 1999, 315 ff; HdR-*Mayer-Wegelin* § 256 Rdn. 41 ff; HdJ-*Schildbach* II/4, Rdn. 33 f; Heymann/*Walz* § 256 Rdn. 11 ff; Kirchhof/*Söhn/ Werndl* EStG § 6 Rdn. C 75 ff; *Wöhe* Bilanzierung und Bilanzpolitik (1997[9]) S. 481 ff; Bonner HdR-*Wohlgemuth* § 256 Rdn. 18.

[21] Berechnungsbeispiele bei ADS § 256 Rdn. 28 ff; Beck HdR-*Disselkamp* B 214 Rdn. 227 ff; Beck BilKomm-*Förschle/Kropp* § 256 Rdn. 40; HdR-*Mayer-Wegelin* § 256 Rdn. 72; HdJ-*Schildbach* II/4, Rdn. 32; Heymann/*Walz* § 256 Rdn. 15; *Wöhe* Bilanzierung und Bilanzpolitik (1997)[9] S. 481 ff; Bonner HdR-*Wohlgemuth* § 256 Rdn. 16.

[22] Kritisch etwa Beck BilKomm-*Förschle/Kropp* § 256 Rdn. 55 f; *Kusterer* Heidelberger Kommentar z. HGB (1995[5]) § 256 Rdn. 5a; Baumbach/ Hueck/*Schulze-Osterloh* § 42 Rdn. 299; Beck HdR-*Siegel* B 167 Rdn. 28; Heymann/*Walz* § 256 Rdn. 17.

[23] In diesem Sinne etwa ADS § 256 Rdn. 64 ff; KK-

Claussen/Korth § 256 HGB Rdn. 13; *Baumbach/Hopt* § 256 Rdn. 3; GK-HGB-*Marsch-Barner* § 256 Rdn. 7; HdR-*Mayer-Wegelin* § 256 Rdn. 75 ff; HdJ-*Schildbach* II/4, Rdn. 35; *Wiedmann* BilanzR § 256 Rdn. 11 = Ebenroth/Boujong/Joost/*ders.* § 256 Rdn. 11; Bonner HdR-*Wohlgemuth* § 256 Rdn. 23; im Ergebnis auch MünchKommHGB-*Ballwieser* § 256 Rdn. 16; gegen das Wortlaut-Argument Beck BilKomm-*Förschle/Kropp* § 256 Rdn. 32 f.

[24] Für Unzulässigkeit etwa Beck BilKomm-*Förschle/Kropp* § 256 Rdn. 57; *Baumbach/Hopt* § 256 Rdn. 3; HdR-*Mayer-Wegelin* § 256 Rdn. 80 f; Baumbach/Hueck/*Schulze-Osterloh* § 42 Rdn. 299; Heymann/*Walz* § 256 Rdn. 18; *Wiedmann* BilanzR § 256 Rdn. 11 = Ebenroth/Boujong/Joost/*ders.* § 256 Rdn. 11; „sehr zweifelnd" auch ADS § 256 Rdn. 73 mit Nachw. zu älteren Stimmen, die sich noch für die Zulässigkeit jener Methode ausgesprochen hatten; für Zulässigkeit aber nach wie vor wohl MünchKommHGB-*Ballwieser* § 256 Rdn. 16.

[25] Zu näheren Einzelheiten ADS § 256 Rdn. 56 ff; Beck BilKomm-*Förschle/Kropp* § 256 Rdn. 60 ff; HdR-*Mayer-Wegelin* § 256 Rdn. 60 ff; *Siepe/ Husemann/Borges* WPg 1994, 645 ff.

tion des § 256, wo der Gesetzgeber an eine bestimmte Verbrauchsfolge anknüpft. Eben deshalb – und wegen des Manipulationspotentials des Index-Verfahrens – wird seine GoB-Konformität zu Recht bezweifelt.[26]

III. Festbewertung und Gruppenbewertung (S. 2)

Nach S. 2 sind auf den Jahresabschluß die in *§ 240 Abs. 3 und Abs. 4* für das Inventar erlaubten Verfahren der *Festbewertung* (bei Vermögensgegenständen des Sachanlagevermögens sowie bei Roh-, Hilfs- und Betriebsstoffen) und der *Gruppenbewertung* nach der Methode des gewogenen Durchschnitts (bei gleichartigen Vermögensgegenständen des Vorratsvermögens sowie bei anderen gleichartigen oder annähernd gleichwertigen beweglichen Vermögensgegenständen) ebenfalls anwendbar. Für Einzelheiten ist auf die Erläuterungen § 240, 47 ff und 64 ff (*Hüffer*) zu verweisen.   **15**

Dritter Unterabschnitt

Aufbewahrung und Vorlage

§ 257

Aufbewahrung von Unterlagen. Aufbewahrungsfristen

(1) Jeder Kaufmann ist verpflichtet, die folgenden Unterlagen geordnet aufzubewahren:
1. Handelsbücher, Inventare, Eröffnungsbilanzen, Jahresabschlüsse, Lageberichte, Konzernabschlüsse, Konzernlageberichte sowie die zu ihrem Verständnis erforderlichen Arbeitsanweisungen und sonstigen Organisationsunterlagen,
2. die empfangenen Handelsbriefe,
3. Wiedergaben der abgesandten Handelsbriefe,
4. Belege für Buchungen in den von ihm nach § 238 Abs. 1 zu führenden Büchern (Buchungsbelege).

(2) Handelsbriefe sind nur Schriftstücke, die ein Handelsgeschäft betreffen.

(3) Mit Ausnahme der Eröffnungsbilanzen, Jahresabschlüsse und der Konzernabschlüsse können die in Absatz 1 aufgeführten Unterlagen auch als Wiedergabe auf einem Bildträger oder auf anderen Datenträgern aufbewahrt werden, wenn dies den Grundsätzen ordnungsmäßiger Buchführung entspricht und sichergestellt ist, daß die Wiedergabe oder die Daten
1. mit den empfangenen Handelsbriefen und den Buchungsbelegen bildlich und mit den anderen Unterlagen inhaltlich übereinstimmen, wenn sie lesbar gemacht werden,
2. während der Dauer der Aufbewahrungsfrist verfügbar sind und jederzeit innerhalb angemessener Frist lesbar gemacht werden können.

---

[26] Kritisch oder gänzlich ablehnend etwa Beck Bil-Komm-*Förschle/Kropp* § 256 Rdn. 28, 64 f; *Mayer-Wegelin* § 256 Rdn. 24, 60 ff; *Schneider/Siegel* WPg 1995, 261; Baumbach/Hueck/*Schulze-* *Osterloh* § 42 Rdn. 299, je m.w.N.; verteidigend hingegen ADS § 256 Rdn. 56 ff; *Herzig* DB 1993, 1252 ff; *Herzig/Gasper* DB 1991, 557, 562 ff und DB 1992, 1301, 1304 ff.

(4) Sind Unterlagen auf Grund des § 239 Abs. 4 Satz 1 auf Datenträgern hergestellt worden, können statt des Datenträgers die Daten auch ausgedruckt aufbewahrt werden; die ausgedruckten Unterlagen können auch nach Satz 1 aufbewahrt werden.

(5) Die in Absatz 1 Nr. 1 und 4 aufgeführten Unterlagen sind zehn Jahre und die sonstigen in Absatz 1 aufgeführten Unterlagen sechs Jahre aufzubewahren.

(6) Die Aufbewahrungsfrist beginnt mit dem Schluß des Kalenderjahrs, in dem die letzte Eintragung in das Handelsbuch gemacht, das Inventar aufgestellt, die Eröffnungsbilanz oder der Jahresabschluß festgestellt, der Konzernabschluß aufgestellt, der Handelsbrief empfangen oder abgesandt worden oder der Buchungsbeleg entstanden ist.

Übersicht

	Rdn.		Rdn.
I. Grundlagen		a) Ableitung von Anforderungen	
1. Regelungsgegenstand und -zweck	1	aus § 238 Abs. 1 S. 2 und 3	25
2. Entwicklung der Aufbewahrungs-		b) Systematische Ablage	26
vorschriften	2	c) Greifbarkeit der Unterlagen	27
3. Besondere Anwendungsfälle	4	2. Aufbewahrung im Original	
4. Zum Regelungsgehalt des Dritten		(§ 257 Abs. 3 S. 1)	
Unterabschnitts (Überblick)	5	a) Obligatorisch: Eröffnungs-	
II. Kaufmannseigenschaft als Voraus-		bilanzen, Jahres- und Konzern-	
setzung der Aufbewahrungspflicht		abschlüsse	28
1. Grundsatz	6	b) Fakultativ: Übrige Unterlagen	29
2. Einzelfragen	7	3. Aufbewahrung als Wiedergabe oder	
III. Sachlicher Umfang der Aufbewahrungs-		Datensatz (noch: § 257 Abs. 3 S. 1)	
pflicht		a) Allgemeines	30
1. Unterlagen mit zehnjähriger		b) Grundbegriffe: Bild- oder	
Aufbewahrungsfrist: Allgemeines		Datenträger; Wiedergabe	31
(§ 257 Abs. 1 Nr. 1 und 4)		c) Gängige Aufbewahrungsformen	
a) Handelsbücher	9	und zugehörige GoB	
b) Inventare	10	aa) Mikroverfilmung	33
c) Eröffnungsbilanzen; Jahres-		bb) EDV-Buchführung	34
abschlüsse; Lageberichte		cc) COM-Verfahren	35
aa) Eröffnungsbilanzen	11	d) Übereinstimmung mit dem	
bb) Jahresabschlüsse und Lage-		Original	
berichte	12	aa) Bildliche Übereinstimmung	36
cc) Sonstige Bilanzen	15	bb) Inhaltliche Übereinstimmung	38
d) Organisationsunterlagen		e) Verfügbarkeit; potentielle Lesbar-	
aa) Grundsatz	16	keit	39
bb) Einzelfragen	17	4. Aufbewahrung in Form ausgedruckter	
e) Buchungsbelege	18	Daten; Wechsel der Aufbewahrungsart	
2. Insbesondere: Unterlagen der		(§ 257 Abs. 3 S. 2)	40
Konzernrechnungslegung		V. Aufbewahrungsfristen	
(noch: § 257 Abs. 1 Nr. 1)		1. Länge der Fristen (§ 257 Abs. 4)	41
a) Konzernabschlüsse und		2. Fristbeginn und -ablauf (§ 257 Abs. 5)	
-lageberichte	20	a) Fristbeginn	
b) Nebenrechnungen zur Kon-		aa) Grundsatz	42
solidierungsvorbereitung	21	bb) Einzelfragen	43
3. Unterlagen mit sechsjähriger		b) Fristablauf	44
Aufbewahrungsfrist: Handels-		VI. Rechtsfolgen	
korrespondenz (§ 257 Abs. 1		1. Vorlage aufbewahrungspflichtiger	
Nr. 2 und 3, Abs. 2)	22	Unterlagen im Rechtsstreit	
4. Abschließender Charakter der		(Überblick und Weiterverweise)	45
Regelung	24	2. Verletzung der Aufbewahrungs-	
IV. Art und Weise der Aufbewahrung		pflicht	46
1. Geordnete Aufbewahrung (§ 257		3. Folgen des Fristablaufs	48
Abs. 1, Einleitungshalbsatz)			

Rdn.

VII. Steuerrechtliche Aufbewahrungspflichten (§ 147 AO)
1. Allgemeines 49
2. Einzelfragen
a) Verpflichteter Personenkreis 50

Rdn.

b) Sachlicher Umfang der
Aufbewahrungspflicht 51
c) Art und Umfang der Aufbewahrung 52
d) Aufbewahrungsfristen 53
e) Folgen der Pflichtverletzung 54

Schrifttum

(vgl. auch die Angaben vor und zu § 238 sowie unten vor Rdn. 30, 49). *AWV* Aufbewahrungspflichten und -fristen nach Handels- und Steuerrecht[7] (1999); *Biener* Die Neufassung handelsrechtlicher Buchführungsvorschriften, DB 1977, 527; *Feuerbaum* EDV-Buchführung, GoB, AO 1977 und HGB, DB 1977, 549 und 597; *Höllig* Aufbewahrung von Büchern, Inventaren, Bilanzen, Aufzeichnungen, Geschäftspapieren und sonstigen Unterlagen, BB 1959, 1287; *Höllig* Die gesetzliche Regelung der Aufbewahrung von Mikrokopien, DB 1965, 1061; *Hoffmann* Aufbewahrungspflichten, Gnam (Hrsg.), Hdb. der Bilanzierung (Loseblatt); *Lohmeyer* Handels- und steuerrechtliche Aufbewahrungspflichten und -fristen, BB 1973, 29; *Müller* Die Aufbewahrungsvorschriften des Handelsgesetzbuches, WPg 1965, 560; *Offerhaus* Zur bevorstehenden Änderung handelsrechtlicher Buchführungsvorschriften, BB 1976, 373; *Offerhaus* Die neuen handelsrechtlichen Buchführungsvorschriften, BB 1976, 1622; *Pieske-Kontny* Betriebsprüfung und Dokumentenarchivierung, StBp 1992, 141; *Radke* Grenzen von Buchführungs- und Aufbewahrungspflichten, BB 1977, 1529; *Schulze-Osterloh* Die neuen handels- und steuerrechtlichen Buchführungsvorschriften nach dem 1. WiKG und dem EGAO 1977 sowie nach der AO 1977, WM 1977, 606; *Szymczak* Aufbewahrungs- und Buchführungspflichten[2], Pohlmann (Hrsg.), Der Steuersparer Heft 23 (1981); *Szymczak* Aufbewahrungsfristen für Buchführungsunterlagen und Aufzeichnungen, NSt Buchführung/Aufbewahrungsfristen, Darstellung 1 (Loseblatt); *Trappmann* Archivierung von Geschäftsunterlagen, DB 1989, 1482; *Trappmann* Handelsrechtliche und steuerliche Aufbewahrungspflichten und der Begriff des Handelsbriefs, DB 1990, 2437; *Wanik* Die Buchführungsvorschriften des Handelsgesetzbuches in der Diskussion, AG 1975, 29 und 62; *v. Westphalen* Einsatz von optischen Speicherplatten in der Buchführung, DB 1989, 742.

I. Grundlagen

1. Regelungsgegenstand und -zweck

§ 257 regelt Gegenstand, Verfahren und Fristen der kaufmännischen **Aufbewah-** **1** **rung**. Die Pflicht zur Aufbewahrung folgt im wesentlichen schon aus der Pflicht zur Buchführung (§ 238 Abs. 1 S. 1 und Abs. 2), zur Inventur (§ 240 Abs. 1 und 2) und zur Bilanzierung (§ 242 Abs. 1 S. 1 und Abs. 2); denn die damit bezeichneten Arbeiten wären weitgehend zwecklos, wenn ihre schriftlichen Ergebnisse alsbald vernichtet würden. Aus dem sachlichen Zusammenhang mit den genannten Pflichten folgt, daß auch die Aufbewahrungspflicht der **Dokumentation** der kaufmännischen Tätigkeit und dem **Gläubigerschutz** dient. Der Dokumentationszweck schlägt sich namentlich in den Einzelheiten einer technisierten Wiedergabe nieder (§ 257 Abs. 3 S. 1). Weil schon die Buchführungspflicht die Dokumentation der Geschäftsvorfälle unter Beachtung des Belegprinzips einschließt (§ 238, 50 und 59) und weil auch die Pflicht, Briefwiedergaben zurückzubehalten, schon in § 238 Abs. 2 normiert ist (vgl. § 238, 60 ff), liegt der Regelungsschwerpunkt des § 257 insoweit aber nicht in der Begründung neuer Pflichten, sondern in der näheren Bestimmung der sachlichen und zeitlichen Modalitäten. Dem öffentlichen Interesse an Dokumentation und Gläubigerschutz entsprechen schließlich die öffentlich-rechtliche Natur der Aufbewahrungspflicht und der zwingende Charakter des § 257.

2. Entwicklung der Aufbewahrungsvorschriften

2   § 257 entspricht im wesentlichen § 44 a. F. Der Gesetzgeber des **BiRiLiG** konnte sich auf sprachliche *Anpassungen* und auf solche *Ergänzungen* beschränken, die infolge des neuen Bilanzrechts unvermeidbar waren.[1] An die Stelle des Wortes „Bilanzen" in § 44 Abs. 1 a. F. sind deshalb Eröffnungsbilanzen (vgl. § 242 Abs. 1), Jahresabschlüsse (vgl. § 242 Abs. 3), Lageberichte (vgl. § 289) sowie Konzernabschlüsse und Konzernlageberichte getreten (vgl. §§ 290 ff). Eine entsprechende Erweiterung hat § 257 Abs. 3 S. 1 erfahren.

3   Von sachlicher Bedeutung waren demgegenüber das **EGAO 1977**[2] und die **Änderungsgesetze von 1959 und 1965**.[3] Die Gesetzesänderungen waren von dem Bestreben geleitet, den mit der Archivierung des anfallenden Schriftguts zwangsläufig verbundenen Aufwand in vernünftigen Grenzen zu halten (vgl. dazu *Wanik* AG 1975, 29, 30 ff). Deshalb wurde zunächst die ursprünglich (seit 1900) einheitliche Aufbewahrungsfrist von zehn Jahren aufgespalten und für Handelskorrespondenz und Buchungsbelege auf sieben Jahre verkürzt (1959). Dieser Reformschritt erwies sich rasch als unzulänglich. Die nächste Novellierung stand daher 1965 an. Sie brachte die gesetzliche Anerkennung der Mikroverfilmung von empfangenen Handelsbriefen und Buchungsbelegen, die 1959 noch an grundsätzlichen Bedenken (*Franta* BB 1957, 1189) gescheitert war. Auch mit dieser Lösung wurde noch zu kurz gegriffen, weil sie den Einsatzmöglichkeiten der EDV und den damit erzielbaren Rationalisierungseffekten nicht genügend Rechnung trug. Aus diesem Grund kam es zur erneuten Novellierung von 1977 und mit ihr zum gegenwärtigen Stand zulässiger Aufbewahrungsmedien, ferner zur Einführung der sechsjährigen Aufbewahrungsfrist für Handelskorrespondenz und ursprünglich auch für Buchungsbelege (Rdn. 3a).

3a   Für **Buchungsbelege** ist die zuletzt genannte Aufbewahrungsfrist wieder auf zehn Jahre ausgedehnt worden, und zwar durch Art. 4 **SteueränderungsG 1998** (Gesetz vom 19. 12. 1998 [BGBl. I S. 3816]). Nach der durch Art. 5 des Gesetzes eingeführten **Übergangsregelung in Art. 47 EGHGB** gilt die Zehnjahresfrist erstmals für die Buchungsbelege, für welche die alte Sechsjahresfrist Ende 1998 noch nicht abgelaufen war. Daraus folgt i. V. m. § 257 Abs. 5 (dazu Rdn. 42 ff), daß es für Unterlagen, die bis zum Ablauf des Kalenderjahrs 1991 entstanden sind, bei der früheren Regelung verbleibt. Alle ab dem 1.1.1992 angefallenen Buchungsbelege sind dagegen zehn Jahre aufzubewahren. Die Regelung soll der Festsetzungsfrist bei Steuerhinterziehungen zur Wirksamkeit verhelfen und war namentlich dadurch veranlaßt, daß die sechsjährige Aufbewahrungsfrist für die vor Einführung des Zinsabschlags angefallenen Belege sonst am 31.12.1998 abgelaufen wäre (Gesetzesantrag des Landes Niedersachsen BRDrucks. 848/98, S. 1; Bericht BTDrucks. 14/158, S. 8 f).

3. Besondere Anwendungsfälle

4   § 257 Abs. 1 Nr. 1 betrifft (unter anderem) Handelsbücher (vgl. § 238, 31 ff). Handelsbuch ist nach § 14 DepG auch das **Verwahrungsbuch** (vgl. § 238, 33); deshalb besteht auch insoweit die handelsrechtliche Aufbewahrungspflicht. Dagegen fällt das

---

[1] Vgl. Begr. RegE, BTDrucks. 10/317, S. 74; Ausschußbericht, BTDrucks. 10/4268, S. 102.

[2] Einführungsgesetz zur AO vom 14.12.1976 (BGBl. I S. 3341); vgl. dazu *Biener* DB 1977, 527; *Feuerbaum* DB 1977, 549 und 597; *Offerhaus* BB 1976, 373 und 1622; *Schulze-Osterloh* WM 1977, 606.

[3] Gesetz zur Abkürzung handelsrechtlicher und steuerrechtlicher Aufbewahrungsfristen vom 2.3. 1959 (BGBl. I S. 77) und dazu *Höllig* BB 1959, 1267; Gesetz zur Änderung des HGB und der RAO vom 2.8.1965 (BGBl. I S. 665) und dazu *Höllig* DB 1965, 1061; *Müller* WPg 1965, 560.

Aktienregister (§ 67 AktG) aufgrund seines abweichenden Inhalts nicht unter die Vorschrift (§ 238, 33). Das Aktienregister ist bis zum Schluß der Abwicklung zu führen und danach gem. § 273 Abs. 2 AktG auf zehn Jahre an dem gerichtlich bestimmten Ort aufzubewahren.[4] Das **Tagebuch** des *Handelsmaklers* ist zwar kein Handelsbuch (§ 238, 33), doch gilt § 257 kraft der Verweisung in § 100 Abs. 2. Entsprechendes gilt für das Tagebuch des *Kursmaklers* (§ 33 BörsG), weil er Handelsmakler ist (§ 238, 33).

4. Zum Regelungsgehalt des Dritten Unterabschnitts (Überblick)

Der Dritte Unterabschnitt faßt Aufbewahrung und Vorlage der Handelsbücher **5** zusammen und bringt damit die **Doppelfunktion der Aufbewahrungspflicht** zum Ausdruck. Ohne sie wäre die Pflicht zu Buchführung, Inventur und Bilanzierung weitgehend zwecklos (Rdn. 1), ohne sie hätten aber auch die Vorschriften über die **Vorlegung von Handelsbüchern** im Rechtsstreit (§§ 258 ff) nicht die erforderliche Basis. Die Verpflichtung, Unterlagen i. S. d. § 257 vorzulegen, ist in § 258 geregelt. Danach besteht eine über die allgemeinen Grundsätze hinausgehende Vorlegungspflicht nur für Handelsbücher (§ 258, 7 f) und nur auf gerichtliche Anordnung (§ 258 Abs. 1; vgl. dort Rdn. 9 ff). Wegen der sonstigen Unterlagen verbleibt es bei den §§ 422, 423 ZPO; dabei ist insbesondere der Verweis des § 422 ZPO auf die materiellrechtlichen Vorschriften und hier namentlich auf § 810 BGB zu beachten (§ 258, 13 ff). Die gedankliche Linie des § 258 wird durch § 261 fortgesetzt, der für den Fall der Vorlegungspflicht die durch § 257 ermöglichten Rationalisierungsvorteile und zugleich die herkömmliche Beweisfunktion der kaufmännischen Unterlagen erhalten will (vgl. § 261, 1). Demgegenüber betreffen die eingeschobenen §§ 259, 260 den Umfang der Einsichtnahme; sie suchen einen Ausgleich zwischen dem Geheimhaltungsinteresse des Kaufmanns und dem Informationsinteresse seines Prozeßgegners (§ 259, 1; § 260, 1 ff). Von den besonderen Beweisregeln früheren Prozeßrechts (vgl. noch Art. 34 f ADHGB) ist nichts verblieben; nach § 286 ZPO gilt also auch für Handelsbücher das Prinzip der freien Beweiswürdigung (dazu § 258, 22).

II. Kaufmannseigenschaft als Voraussetzung der Aufbewahrungspflicht

1. Grundsatz

Wie §§ 238, 240 Abs. 1 und 242 Abs. 1 macht § 257 die Kaufmannseigenschaft zur **6** Voraussetzung der Aufbewahrungspflicht. Es gelten dieselben **Auslegungsgrundsätze wie für § 238** (dort eingehend Rdn. 7 ff). Adressaten der Aufbewahrungspflicht sind also die Kaufleute kraft eines unter § 1 Abs. 2 fallenden Gewerbebetriebs, die Kaufleute kraft Eintragung (§ 2), die eingetragenen Land- und Forstwirte (§ 3), ferner OHG und KG (§ 6 Abs. 1), AG und GmbH (§ 6 Abs. 1 i. V. m. § 3 AktG bzw. § 13 Abs. 3 GmbHG), Genossenschaften (§ 17 Abs. 2 GenG) und auch sonstige juristische Personen, die nicht Formkaufleute sind, aber ein Handelsgewerbe betreiben, einschließlich der juristischen Personen öffentlichen Rechts (zu diesen vgl. noch § 263, 3, 8 und 12). Die Aufhebung des § 262 durch das HRefG 1998 (§ 262, 1) führt nicht zu einer engeren Abgrenzung aufbewahrungspflichtiger Kaufleute und Gesellschaften, weil es schon nach der Grundnorm in § 1 Abs. 2 nur auf den Zeitpunkt ankommt, von dem ab das Erfordernis einer kaufmännischen Betriebsorganisation besteht.

---

[4] MünchKommAktG-*Hüffer* § 273, 20 f.

Uwe Hüffer

2. Einzelfragen

7   Wegen der mit Beginn und Ende der Aufbewahrungspflicht und der Person des
jeweils Verantwortlichen verbundenen Einzelfragen kann grundsätzlich auf die Ausführungen zur Buchführungspflicht verwiesen werden; vgl. besonders § 238, 12 ff und
17 ff. Zu § 257 werden jedoch einige Einzelpunkte diskutiert. Zu ihnen bleibt festzuhalten: In den **Fällen des § 5,** also bei einer zu Unrecht eingetragenen Firma, besteht
nicht nur die Buchführungs-, sondern entgegen der h. M.[5] auch die Aufbewahrungspflicht, und zwar aus den in § 238, 8 dargelegten Gründen; namentlich läßt sich aus
dem öffentlich-rechtlichen Charakter der Aufbewahrungspflicht (Rdn. 1) nach Wortlaut und Zweck des § 5 kein Gegenargument herleiten. Weil § 5 das Fehlen eines kaufmännischen Gewerbes überbrückt, ist auch derjenige aufbewahrungspflichtig, der
ohne die Eintragung nur ein nicht unter § 1 Abs. 2 fallendes Kleingewerbe betreiben
würde (**a. M.** OLG Celle NJW 1968, 2119; ADS[6] 9).

8   Auch für das **Ende der Aufbewahrungspflicht,** genauer für den Zeitpunkt, von
dem ab aufbewahrungspflichtiges Schriftgut nicht mehr anfällt, ist danach zu differenzieren, ob die Firma noch im Handelsregister eingetragen ist oder nicht. Ist die Firma
eingetragen, so besteht die Aufbewahrungspflicht für die in § 257 bezeichneten Unterlagen grundsätzlich, bis die Löschung erfolgt; denn bis dahin konstituiert die Eintragung die vom Gesetz vorausgesetzte Kaufmannseigenschaft. Eine Ausnahme gilt nur,
wenn der Betrieb eines Gewerbes vollständig eingestellt wird; die danach anfallenden Unterlagen werden von der Aufbewahrungspflicht nicht mehr erfaßt, weil § 5 das
Fehlen eines Gewerbebetriebs nicht überbrückt. Wenn keine Firma eingetragen ist, ist
dasjenige Schriftgut nicht mehr aufbewahrungspflichtig, das nach der Einstellung des
Gewerbebetriebs oder nach seinem dauernden Absinken auf ein Kleingewerbe anfällt,
für das es kaufmännischer Betriebsorganisation nicht bedarf. Mit dem **Tod des Kaufmanns** gehen bestehende Aufbewahrungspflichten gem. § 1922 BGB auf seine Erben
über, und zwar auch dann, wenn sie das Handelsgeschäft nicht fortführen; die Einstellung des Betriebs kann also nur verhindern, daß neue Aufbewahrungspflichten entstehen.[6]

III. Sachlicher Umfang der Aufbewahrungspflicht

1. Unterlagen mit zehnjähriger Aufbewahrungsfrist: Allgemeines
(§ 257 Abs. 1 Nr. 1 und 4)

9   a) **Handelsbücher.** Nach § 257 Abs. 1 Nr. 1 unterliegen zunächst die Handelsbücher der Aufbewahrungspflicht, und zwar für eine Frist von zehn Jahren (§ 257
Abs. 4). Der **Begriff** der Handelsbücher ist für § 257 ebenso zu bestimmen wie für
§ 238; er umfaßt also sämtliche urkundlichen oder nichturkundlichen Informationsträger, die dazu bestimmt und geeignet sind, die Handelsgeschäfte des Kaufmanns und die Lage seines dem Unternehmen gewidmeten Vermögens ersichtlich zu
machen (§ 238, 32). Die jeweils gewählte technische Form ist dabei ohne Belang. Die
Handelsbücher sind also so aufzubewahren, wie sie tatsächlich geführt werden (Loseblattsystem, Karteikarten, Computerausdrucke, Magnetbänder usw.); zur Offene-
Posten-Buchhaltung vgl. noch Rdn. 22 a. E. **Abgrenzungsschwierigkeiten** können
sich bei den *Aufzeichnungen mit Nebenbuchfunktion* ergeben; die zehnjährige Aufbe-

---

[5] OLG Celle NJW 1968, 2119; ADS[6] 9; *Radke* BB   [6] Ebenso ADS[6] 11; *Brüggemann* Voraufl. § 44, 1;
1977, 1529 (re. Sp.).   **a. M.** *Radke* BB 1977, 1529, 1531.

wahrungsfrist gilt nämlich nicht ohne weiteres für jede betriebsinterne Aufstellung oder Abrechnung. Der langen Aufbewahrungspflicht unterliegen aber jedenfalls (vgl. auch ADS[6] 17): Kontokorrentbuchführung, Kassenbuch, Wechsel- und Scheckkopierbuch, Wareneingangs- und -ausgangsbuch, Anlagen-, Lager- und Lohnbuchführung (näher *Müller* WPg 1965, 560, 562 f). Alphabetische Aufstellung mit Zuordnung der Aufbewahrungsfristen: *AWV* Aufbewahrungspflichten und -fristen[4] S. 27 ff.

b) Inventare. Der zehnjährigen Aufbewahrungsfrist (§ 257 Abs. 4) unterliegen **10** ferner die Inventare. Der **Begriff** des Inventars ergibt sich aus § 240 Abs. 1; aufzubewahren ist also das Verzeichnis der einzelnen oder, im Rahmen des Zulässigen (§ 240 Abs. 3 und 4), in einer Festmenge oder einer Gruppe ermittelten und entsprechend bewerteten Vermögensgegenstände sowie der Schulden, ferner die Unterlagen, die bei Einsatz von Inventurvereinfachungsverfahren (§ 241) anfallen, namentlich das besondere Inventar (vgl. § 241, 43 ff). Die Aufbewahrungspflicht gilt gleichermaßen für das Anfangsinventar (§ 240 Abs. 1) wie für das Jahresinventar (§ 240 Abs. 2). Bloß vorbereitende Aufzeichnungen, namentlich Schmierzettel, aber auch die sogenannten Uraufzeichnungen (Wiegekarten, Lager- und Materiallisten, gleichgültig, ob schriftlich oder unter EDV-Einsatz erstellt) unterliegen jedenfalls keiner handelsrechtlichen Aufbewahrungspflicht, wenn ihre Ergebnisse in das Inventar übernommen worden sind.[7] Zur steuerrechtlichen Aufbewahrungspflicht vgl. noch Rdn. 51.

c) Eröffnungsbilanzen; Jahresabschlüsse; Lageberichte. aa) Eröffnungsbilanzen. **11** § 44 Abs. 1 Nr. 1 a. F. sprach einfach von Bilanzen; die differenziertere Terminologie des BiRiLiG schlägt sich auch in § 257 Abs. 1 Nr. 1 nieder, ohne daß damit sachliche Änderungen angestrebt wären (vgl. schon Rdn. 2). Die **Eröffnungsbilanz** ist nach § 242 Abs. 1 derjenige Abschluß, der das Verhältnis von Vermögen und Schulden zu Beginn des Handelsgewerbes darstellt; wegen der Einzelheiten vgl. § 242, 21 ff. Nicht gemeint ist also die Eröffnungsbilanz des jeweiligen Geschäftsjahrs (vgl. ADS[6] 21). Ihre Aufbewahrung könnte vom Gesetz schon deshalb nicht sinnvoll angeordnet werden, weil die Aufstellung einer förmlichen Eröffnungsbilanz neben der Schlußbilanz des vorhergehenden Geschäftsjahrs nicht vorgeschrieben ist.

bb) Jahresabschluß und Lageberichte. Allgemeines. Der Begriff des Jahresab- **12** schlusses ist der Legaldefinition des § 242 Abs. 3 zu entnehmen. Jahresabschluß und entsprechend aufbewahrungspflichtig ist auch der Abschluß eines Rumpfgeschäftsjahrs (vgl. § 240, 42 ff) bei Umstellung der bisherigen Rechnungsperiode. Der zehnjährigen Aufbewahrungsfrist unterliegt nicht nur die **Bilanz,** sondern auch die **GuV.** Das entsprach trotz des abweichenden Gesetzeswortlauts schon zu § 44 Abs. 1 Nr. 1 a. F. allgemeiner Ansicht,[8] und zwar zu Recht, wobei heute offenbleiben kann, ob das Ergebnis aus der Interpretation des Begriffs der Handelsbücher (so *Biener* DB 1977, 527, 530) zu gewinnen oder aus dem weiter entwickelten Bilanzverständnis abzuleiten war. Bei Kapitalgesellschaften bildet der **Anhang** den dritten Bestandteil des Jahresabschlusses (§§ 264 Abs. 1 S. 1, 284 ff). Folglich unterliegt auch er der langen Aufbewahrungspflicht; damit haben sich die zum Geschäftsbericht des früheren Rechts teilweise empfundenen Zweifel[9] erledigt. Anders als der Anhang gehört der **Lagebericht** nicht zu den gesetzlichen Elementen des Jahresabschlusses (§§ 264 Abs. 1 S. 1, 289). Deshalb war es notwendig, ihn in § 257 Abs. 1 Nr. 1 neben dem Jahresabschluß der Aufbewahrungspflicht zu unterwerfen.

---

[7] ADS[6] 20; vgl. auch *Tipke/Kruse* § 147, 2.

[8] *Biener* DB 1977, 527, 533; *Kropff* in Geßler/Hefermehl AktG § 149, 22; wohl auch *Wanik* AG 1975, 29, 33.

[9] Nicht eindeutig *Hoffmann* Rdn. 30.

Uwe Hüffer

13   **Einzelfragen.** Trotz des Zugewinns an sprachlicher Klarheit, der mit § 257 Abs. 1 Nr. 1 gegenüber § 44 Abs. 1 Nr. 1 a. F. erzielt worden ist (Rdn. 12), ist die Beurteilung einiger Einzelpunkte nicht gänzlich zweifelsfrei. So kann es zunächst fraglich sein, in welchem Schriftstück der aufbewahrungspflichtige Jahresabschluß zu finden ist. Hierzu gilt **bei Einzelkaufleuten:** Der Aufbewahrungspflicht unterliegt der *endgültig aufgestellte Jahresabschluß.* Das ist im allgemeinen derjenige Abschluß, für den der Kaufmann durch die in § 245 geforderte *Unterschrift* die öffentliche Verantwortung übernommen hat (vgl. § 242, 17 f; § 245, 1). Soweit im Einzelfall auch ein nicht unterschriebener Jahresabschluß endgültig aufgestellt ist (§ 242, 18),[10] genügt jedoch dessen Aufbewahrung der Pflicht des § 257 Abs. 1 Nr. 1, so daß eine Bestrafung nach §§ 283 Abs. 1 Nr. 6, 283b Abs. 1 Nr. 2 StGB ausscheidet. **Bei Gesellschaften** fragt sich weiter, ob der aufgestellte oder *der festgestellte Jahresabschluß* (dazu § 242, 16 ff, 19 ff) aufzubewahren ist. Sinnvoll kann sich das öffentliche Interesse an der Aufbewahrung nicht mit der Aufstellung als Maßnahme der Geschäftsführung in der Innensphäre der Gesellschaft (§ 242, 17), sondern nur mit der Feststellung verbinden, weil erst sie dem Jahresabschluß Verbindlichkeit verleiht und den maximal verteilbaren Gewinn festlegt (§ 242, 19). Weil sich die Aufbewahrungspflicht demnach auf den festgestellten Jahresabschluß bezieht (vgl. auch § 257 Abs. 5 und dazu Rdn. 43), muß sich aus dem aufbewahrten Abschluß auch dessen Feststellungsfähigkeit ergeben; bei prüfungspflichtigen Gesellschaften muß also der *Prüfungsvermerk* (Testat oder Verweigerung des Bestätigungsvermerks) ersichtlich sein.[11]

14   **Größenabhängige Erleichterungen** können sich zum einen auf den Jahresabschluß selbst, zum anderen auf dessen Offenlegung beziehen. Wenn kleine Kapitalgesellschaften (§ 267 Abs. 1) die Bilanz, die GuV oder den Anhang nur in verkürzter Form aufstellen (§§ 266 Abs. 1 S. 3, 276, 288), ist der Jahresabschluß auch nur in dieser Form festzustellen und aufzubewahren. Das gilt auch dann, wenn einem Aktionär auf sein Verlangen in der Hauptversammlung nach § 131 Abs. 1 S. 2 AktG der ungekürzte Jahresabschluß vorgelegt wird; denn die Erfüllung des Informationsanspruchs des Aktionärs[12] ändert nichts daran, daß der verkürzte Abschluß der Jahresabschluß i. S. d. Gesetzes ist (ebenso ADS[6] 25; *a. A.* KK-*Claussen/Korth* HGB § 257, 6). Machen kleine oder mittelgroße Kapitalgesellschaften bei der Offenlegung von den Erleichterungen der §§ 326, 327 Gebrauch, so kann sich die Frage ergeben, ob zusätzlich zum Jahresabschluß dessen offengelegte Fassung aufzubewahren ist. Das ist jedoch zu verneinen, weil die beschränkte Offenlegung nicht zu einem zweiten Jahresabschluß führt und die offengelegte Fassung gegenüber dem Jahresabschluß auch keinen zusätzlichen Informationswert hat (vgl. auch ADS[6] 25; Bonner HdR-*Krawitz* 27).

15   **cc) Sonstige Bilanzen.** Durch die Präzisierung des Gesetzeswortlauts gegenüber § 44 Abs. 1 Nr. 1 a. F. werden andere als Eröffnungs- und Jahresbilanzen (vgl. die Zusammenstellung in § 242, 14) nach dem unmittelbaren Wortsinn des § 257 Abs. 1 Nr. 1 nicht oder nicht mehr ohne weiteres von der Aufbewahrungspflicht erfaßt. Auch nach Sinn und Zweck der Vorschrift (Rdn. 1) kann eine Pflicht zur Aufbewahrung nur bestehen, soweit die jeweilige Sonderbilanz nach dem Zweck der Rechnungslegung der Eröffnungs- oder der Jahresbilanz funktional vergleichbar ist; die Einzelheiten sind bislang kaum geklärt. Immerhin läßt sich festhalten: *Freiwillig erstellte (Zwischen-)Abschlüsse* unterliegen in keinem Fall der Aufbewahrungspflicht (ebenso ADS[6] 26). Dasselbe gilt für Bilanzen, die zwar gesetzlich vorgesehen sind, aber nur für das

---

[10] RGZ 112, 19, 25; OLG Karlsruhe WM 1987, 523, 536.
[11] Gleiches Ergebnis bei ADS[6] 24; *Glade*[2] 12.

[12] Vgl. dazu Ausschußbericht, BTDrucks. 10/4268, S. 124 re. Sp.

Verhältnis der Gesellschafter zueinander Bedeutung haben; charakteristischer Fall ist die *Abfindungsbilanz* des § 738 BGB (vgl. ADS[6] 26). Die gesetzliche Aufbewahrungspflicht für *Zwischenberichte* nach § 44b BörsG, §§ 53 ff BörsZulVO ist schon deshalb zu verneinen, weil sie keine Bilanz im Rechtssinne darstellen (im Ergebnis ebenso ADS[6] 26). Dagegen sind *Schlußbilanzen* Jahresbilanzen für das letzte (Rumpf-)Geschäftsjahr der kaufmännischen Tätigkeit (§ 242, 53 f) und deshalb aufbewahrungspflichtig; zur bloßen Umstellung des Geschäftsjahrs vgl. Rdn. 12. Die *Liquidationseröffnungs- und Liquidationsjahresbilanz* der AG und der GmbH fallen schon nach dem Wortlaut der neugefaßten §§ 270 Abs. 1 AktG, 71 Abs. 1 GmbHG unter § 257 Abs. 1 Nr. 1 und unterliegen daher der Aufbewahrungspflicht; nach der Löschung der Gesellschaft sind sie gem. §§ 273 Abs. 2 AktG, 74 Abs. 1 GmbHG zu hinterlegen. Für OHG und KG treffen die §§ 154, 161 Abs. 2 keine voll vergleichbare Regelung, weil zwar eine Liquidationseröffnungs- und eine Schlußbilanz, aber keine Liquidationsjahresbilanz vorgeschrieben ist. Deshalb läßt sich eine Aufbewahrungspflicht zwar für die gesetzlich erforderlichen, aber nicht für die ohne öffentlich-rechtliche Verpflichtung erstellten Liquidationsjahresbilanzen bejahen. Bei Bilanzen im Rahmen von *Umwandlungsvorgängen* ist Aufbewahrungspflicht nach § 257 Abs. 1 Nr. 1 anzunehmen, soweit sie ihrer Funktion nach auch als Schlußbilanz der untergehenden Gesellschaft dienen (ADS[6] 26; vgl. auch § 242, 24 f).

d) Organisationsunterlagen. aa) Grundsatz. Für die Dauer von zehn Jahren aufbewahrungspflichtig sind schließlich die Organisationsunterlagen, namentlich die in § 257 Abs. 1 Nr. 1 beispielhaft hervorgehobenen *Arbeitsanweisungen*, die zum Verständnis der Handelsbücher, Inventare, Eröffnungsbilanzen, Jahresabschlüsse usw. erforderlich sind. Als *Maßstab für die Beurteilung* des Erforderlichen kann wegen des Sachzusammenhangs zwischen Führung und Aufbewahrung der Handelsbücher (vgl. Rdn. 1) auf § 238 Abs. 1 S. 2 zurückgegriffen werden (ebenso ADS[5] 30). Es müssen deshalb diejenigen Arbeitsanweisungen und sonstigen Organisationsunterlagen vorhanden sein, die ein *sachverständiger Dritter* braucht, um sich in *angemessener Zeit* aus den aufbewahrten Unterlagen einen Überblick über die Geschäftsvorfälle und die Lage des Unternehmens zum jeweils relevanten Zeitpunkt innerhalb der Aufbewahrungsfrist zu verschaffen; wegen der Einzelheiten vgl. § 238, 58.

bb) Einzelfragen. Aufbewahrungspflichtig sind zunächst die **betriebsinternen Anweisungen** zur Organisation der Buchführung. Hierher gehören jedenfalls: Kontenrahmen und -plan (vgl. auch § 238, 49), Anweisungen zur Kontierung, zu den Modalitäten der Buchführung, zu den Ordnungs- und Abstimmungsverfahren und zur Gewährleistung der Sicherheit.[13] Der Aufbewahrungspflicht unterliegt ferner die *System- oder Verfahrensdokumentation,* die für das Verständnis und die Überprüfung einer computergestützten Buchführung erforderlich ist (vgl. auch Rdn. 34). Der notwendige Umfang einer solchen Dokumentation hängt von der Komplexität des jeweiligen EDV-Systems ab und läßt sich deshalb endgültig nur im Einzelfall bestimmen. Eine Übersicht über die Informationen, die ein sachverständiger Dritter in angemessener Zeit (Rdn. 16) aus der Dokumentation gewinnen können muß, vermitteln Ziff. 6.2 GoS (§ 239, 25) und die Stellungnahme FAMA 1/1987 (Fassung 1993), *IdW* FAMA Fachgutachten/Stellungnahmen, Loseblatt, unter III 2.2 (8); vgl. auch § 239, 27.[14] Zu beachten ist insbesondere, daß auch Verfahrensänderungen dokumentiert werden müssen, und zwar so, daß sich das jeweils angewandte Verfahren zeitlich exakt ein-

16

17

---

[13] Vgl. ADS[6] 31; *Müller* WPg 1965, 560 f; *Wanik* AG 1975, 62, 63 f.

[14] Ähnliche Zusammenstellung bei HdJ-*Minz* I/3 Rdn. 68; vgl. auch *dens.* WPg 1973, 257, 260; *Schulze-Osterloh* WM 1977, 606, 611.

Uwe Hüffer

grenzen läßt (FAMA 1/1987 [Fassung 1993] aaO unter II 2.1; auch Überleitungsmaß-
nahmen sind zu dokumentieren (ADS[6] 33). Bei EDV-Buchführung außer Haus muß
die im Rechenzentrum geführte Verfahrensdokumentation so schnell verfügbar sein
(entsprechende Vertragsgestaltung obliegt dem Aufbewahrungspflichtigen, vgl. § 238,
19 a. E.), daß die im Unternehmen vorhandenen Unterlagen (also bei räumlicher Trennung von Buchführung und Aufbewahrung, vgl. aber auch Rdn. 27) dem sachverständigen Dritten in angemessener Zeit verständlich werden (ADS[5] 32).

18   e) **Buchungsbelege.** Für die Dauer von zehn Jahren aufzubewahren sind schließlich in Folge der Neufassung des § 257 Abs. 4 (s. Rdn. 3a) die Buchungsbelege, soweit
sie ab dem 1.1.1992 angefallen sind. Die gesetzliche Aufbewahrungspflicht wurde
insoweit erstmals durch die Novelle 1965 ausgesprochen, folgte aber schon zuvor aus
dem *Belegprinzip* (vgl. § 238, 59; § 239, 10 f), das seinerseits als Ausprägung der GoB
anerkannt war (BGH BB 1954, 455) und sich auch auf die Buchführungsrichtlinien
1937 (Abdruck: § 238, 48) zurückführen läßt (vgl. dort II 12). Hinsichtlich der Fristlänge ist der Gesetzgeber des **SteueränderungsG 1998** zu dem Entwicklungsstand
von 1959 zurückgekehrt (Rdn. 3). Im Rahmen der *Offene-Posten-Buchführung* (§ 239
Abs. 4 S. 1; s. dort Rdn. 20 f) ergab sich die zehnjährige Aufbewahrungsfrist für Belege
mit Buchfunktion allerdings schon bisher aus § 257 Abs. 1 Nr. 1.

19   Im einzelnen ist zwischen externen und internen Belegen zu unterscheiden (vgl.
schon § 239, 11; ferner ADS[6] 38 f). **Externe Belege** sind die von Geschäftspartnern
stammenden Belege (Rechnungen, Zahlungsnachweise) und deshalb weithin schon
gem. § 257 Abs. 1 Nr. 2 aufbewahrungspflichtig. Insoweit hat § 257 Abs. 1 Nr. 4 keine
eigenständige Bedeutung. Allerdings fordern die GoB, daß der Beleg mit einem
Buchungsvermerk versehen wird, für den zwangsläufig ebenfalls die sechsjährige Aufbewahrungspflicht gilt. **Interne Belege** gehen auf innerbetriebliche Vorgänge zurück.
Insoweit folgt deshalb die Aufbewahrungspflicht nur aus § 257 Abs. 1 Nr. 4. Als
Beispiele sind zu nennen: Lohn- und Gehaltslisten, Materialentnahme- und Material-
rückgabescheine, aber auch Anweisungen zur Vornahme von Stornobuchungen, Ab-
schluß- oder Umbuchungen. Soweit kein externer Beleg existiert, können auch Telefonnotizen über ein mit Dritten abgeschlossenes Geschäft als interner Buchungsbeleg
dienen und deshalb unter diesem Gesichtspunkt (dagegen nicht als Handelsbrief, vgl.
Rdn. 20) aufbewahrungspflichtig sein.

2. Insbesondere: Unterlagen der Konzernrechnungslegung (§ 257 Abs. 1 Nr. 1)

20   a) **Konzernabschlüsse und -lageberichte.** In die Aufbewahrungsvorschrift des
§ 257 Abs. 1 Nr. 1 sind durch das BiRiLiG Konzernabschlüsse und -lageberichte ausdrücklich aufgenommen; soweit nach bisherigem Recht entsprechende Unterlagen
aufzustellen waren (§ 329 AktG a. F.), folgte die Pflicht zur Aufbewahrung jedenfalls
der Konzernbilanz und der Konzern-GuV aus § 44 Abs. 1 Nr. 1 a. F. i. V. m. §§ 149
Abs. 2, 331 Abs. 4 S. 1, 332 Abs. 3 S. 1 AktG a. F., so daß die neue Gesetzesfassung
keine wesentliche sachliche Änderung bedeutet. Anzuwenden sind nunmehr §§ 290 ff,
§§ 11 ff PublG. Der Begriff des Konzernabschlusses ergibt sich aus § 297 Abs. 1;
danach ist neben Bilanz und GuV des Konzerns auch der Konzernanhang (§§ 313 f)
aufbewahrungspflichtig. Zum Konzernlagebericht vgl. § 315. Wie beim prüfungspflichtigen Einzelabschluß (Rdn. 13 a. E.) so ist auch beim Konzernabschluß anzunehmen, daß die mit Prüfungsvermerk (vgl. § 316 Abs. 2) versehenen Unterlagen aufbewahrt werden müssen (ADS[6] 28).

21   b) **Nebenrechnungen zur Konsolidierungsvorbereitung.** Es gibt keine gesetzliche Verpflichtung zur Konzernbuchführung in dem Sinne, daß der Konzernabschluß

unmittelbar aus Handelsbüchern des Konzerns abgeleitet werden könnte oder müßte. Die vorgeschriebene Konsolidierung in einem eigenständigen, die Jahresabschlüsse des Mutter- und der Tochterunternehmen zusammenfassenden Abschluß (§§ 300 ff) setzt jedoch voraus, daß die Einzelabschlüsse der Tochterunternehmen (sogenannte Handelsbilanz I) so umgearbeitet werden, daß sie auch hinsichtlich der ausländischen Töchter den Anforderungen des deutschen Bilanzrechts einschließlich der GoB und überdies den Grundsätzen entsprechen, die das Mutterunternehmen für die Konzernbilanz entwickelt hat (sogenannte Handelsbilanz II; s. dazu WP-Hdb. 2000[12] Bd. I M 286 ff). Die für die Handelsbilanz II erforderlichen Nebenrechnungen sind Handelsbücher i. S. d. § 238 und deshalb aufbewahrungspflichtig (ADS[6] 17); Schuldnerin der Pflicht ist die als Mutterunternehmen fungierende Gesellschaft (ebenso ADS[6] 28).

3. Unterlagen mit sechsjähriger Aufbewahrungsfrist: Handelskorrespondenz (§ 257 Abs. 1 Nr. 2 und 3, Abs. 2)

Die Handelskorrespondenz umfaßt die empfangenen und Wiedergaben der abge- **22** sandten **Handelsbriefe** (§ 257 Abs. 1 Nr. 2 und 3). Die Aufbewahrungsfrist beträgt nach § 257 Abs. 4 sechs Jahre. Handelsbriefe sind nach der **Legaldefinition** des § 257 Abs. 2 nur Schriftstücke, die ein Handelsgeschäft betreffen. Es muß also zunächst ein *Schriftstück* vorliegen; die Art und Weise der Herstellung und der Versendung ist gleichgültig. Auch Telegramme, Fernschreiben, Telekopien und elektronisch übermittelte Nachrichten (s. dazu Stellungnahme FAMA 1/1995, *IdW* FAMA Fachgutachten/Stellungnahmen, Loseblatt, S. 81 ff) sind deshalb bei Vorliegen der weiteren Voraussetzungen zumindest nach ihrer Funktion (elektronische Übermittlung, s. ADS[6] 34) Handelsbriefe.[15] Erforderlich ist aber, daß das Schriftstück von einem Dritten empfangen oder an ihn abgegangen ist; Telefonnotizen sind deshalb weder Handelsbriefe noch als solche zu behandeln (weitergehend ADS[6] 34; Küting/Weber/*Isele* 51), können allerdings als Buchungsbelege aufbewahrungspflichtig sein (Rdn. 23 a. E.). Anlagen sind als Bestandteil des Handelsbriefs dann aufbewahrungspflichtig, wenn dieser ohne sie nicht verständlich oder als Dokumentation des Geschäftsvorfalls sonst unzureichend ist (*Trappmann* DB 1990, 2437).

Ferner muß sich das Schriftstück auf ein **Handelsgeschäft** beziehen. Maßgeblich **23** für den Begriff des Handelsgeschäfts sind die §§ 343–345.[16] Danach gilt: Weil es bei Handelsgesellschaften keine Privatsphäre gibt, sind ihre Geschäfte stets Handelsgeschäfte. Bei Einzelkaufleuten werden nicht nur die typischen Geschäfte erfaßt, sondern auch solche, die sich nur mittelbar auf das Handelsgewerbe beziehen,[17] auch ungewöhnliche, auch Vorbereitungs- und Abwicklungsgeschäfte. In Zweifelsfällen greift die Vermutung des § 344 Abs. 1 ein. Schließlich genügt nicht jeder Bezug des Schriftstücks auf ein Handelsgeschäft; die Aufbewahrungspflicht erfaßt vielmehr nach § 257 Abs. 2 nur solche Schriftstücke, die ein Handelsgeschäft **betreffen.** Die Voraussetzung ist erfüllt, wenn es um die *Vorbereitung*, den *Abschluß*, die *Durchführung* oder die *Rückgängigmachung* des Geschäfts geht.[18] Allgemeine Informationen, Werbematerial wie Prospekte oder Postwurfsendungen, Glückwunschschreiben oder erfolglose Angebote sind dagegen nicht aufbewahrungspflichtig (vgl. *Höllig* DB 1965, 1061 f). Als Richtschnur kann gelten, daß Korrespondenz dann aufzubewahren ist,

---

[15] ADS[6] 34; Beck BilKomm-*Budde*/Kunz 15; Küting/Weber/*Isele* 51.
[16] Allg. M., vgl. z. B. ADS[6] 34; *Baumbach/Hopt* 1.
[17] BGH NJW 1960, 1852 f; BGHZ 63, 32, 35 = NJW 1974, 1462.

[18] Begr. RegE zum Gesetz zur Änderung des HGB und der RAO vom 2. 8. 1965 (BGBl. I S. 665), BTDrucks. IV/2865, S. 8; vgl. auch ADS[6] 34; *Brüggemann* Vorauf. § 44, 2; *Schlegelberger/Hildebrandt/Steckhan* §§ 44–44b, 5.

wenn ein Geschäftsabschluß erzielt wurde. Im einzelnen werden als Beispiele für Handelsbriefe genannt (vgl. *Müller* WPg 1965, 560, 563 und 564 f): Aufträge samt Ergänzungen; Auftragsbestätigungen; Versandanzeigen; Lieferscheine, Frachtbriefe; Rechnungen; Reklamationen, Stellungnahmen von Lieferanten zu Reklamationen; Gutschriften; Zahlungsbelege wie Schecks, Überweisungsträger und entsprechende Abrißteile oder Durchschriften, Kontoauszüge und -abschlüsse, Barquittungen; schriftliche oder notarielle Verträge.

4. Abschließender Charakter der Regelung

24　Während nach § 147 Abs. 1 Nr. 5 AO auch „sonstige", für die Besteuerung relevante Unterlagen aufbewahrungspflichtig sind (vgl. noch Rdn. 51), kennt § 257 Abs. 1 **keine vergleichbare Ergänzung.** Die gesetzliche Aufzählung ist deshalb abschließend; was nicht unter § 257 Abs. 1 subsumiert werden kann, unterliegt also keiner handelsrechtlichen Aufbewahrungspflicht (so jedenfalls im Grundsatz auch ADS[6] 42 f). Die Aufbewahrung weiterer, vom Gesetz nicht erfaßter Unterlagen – zu nennen sind namentlich Protokolle über Sitzungen des Vorstands, es sei denn, sie enthalten Arbeitsanweisungen i. S. d. § 257 Abs. 1 Nr. 1 (Rdn. 16 f), des Aufsichtsrats und von Ausschüssen dieser Organe, ferner die Prüfungsberichte des Abschlußprüfers sowie die etwa auf freiwilliger Basis erstellten Zwischenabschlüsse oder Jahresabschlüsse, die das Anlagevermögen zu Wiederbeschaffungswerten, also inflationsbereinigt, ausweisen (vgl. § 244, 9) – kann sinnvoll und als Bestandteil der Pflicht zur ordnungsgemäßen Geschäftsführung im Einzelfall bei Handelsgesellschaften auch zivilrechtlich geboten sein. Um einen Anwendungsfall der öffentlich-rechtlichen Aufbewahrungspflicht geht es jedoch nicht; deshalb sollte auch nicht von Lücken des § 257 gesprochen werden (insoweit **a. M.** ADS[6] 43; wohl auch Beck BilKomm-*Budde/Kunz* 17).

IV. Art und Weise der Aufbewahrung

1. Geordnete Aufbewahrung (§ 257 Abs. 1, Einleitungshalbsatz)

25　a) **Ableitung von Anforderungen aus § 238 Abs. 1 S. 2 und 3.** Das Gesetz verlangt in § 257 Abs. 1 die geordnete Aufbewahrung der näher bezeichneten Unterlagen. Wegen des Sachzusammenhangs zwischen der Führung und der Aufbewahrung der Handelsbücher (Rdn. 1) sind die damit gestellten Anforderungen anhand des § 238 Abs. 1 S. 2 und 3 zu konkretisieren (vgl. auch schon Rdn. 16; wie hier ADS[6] 46). Die Aufbewahrung erfolgt also geordnet, wenn ein sachverständiger Dritter den Überblick über die Geschäftsvorfälle oder die Unternehmenslage zu einem zurückliegenden Zeitpunkt innerhalb der Aufbewahrungspflicht aus dem archivierten Schriftgut in angemessener Zeit gewinnen und dabei Entstehung und Abwicklung der Geschäftsvorfälle verfolgen kann.

26　b) **Systematische Ablage.** Wie Ablage und Registratur zu erfolgen haben, regelt das Gesetz zu Recht nicht. Es ist also Sache der kaufmännischen Praxis, die geforderte Ordnung herzustellen und die dafür notwendigen Systeme zu entwickeln. Als grobe Richtschnur kann gelten: Handelsbücher, Inventare, Bilanzen sowie die sonstigen Unterlagen des § 257 Abs. 1 Nr. 1 werden zweckmäßig chronologisch abgelegt (ebenso ADS[6] 46; vgl. auch den früheren, durch Änderungsgesetz 1965 [Fn. 18] als entbehrlich [Reg. Begr., BTDrucks. IV/2865, S. 8] gestrichenen § 41 Abs. 2). Für die Handelskorrespondenz (§ 257 Abs. 1 Nr. 2 und 3) ist alphabetische Ablage (innerhalb des Alphabets: chronologische Ordnung, die mit dem jüngsten Schriftstück beginnt) üblich; sie kann in geeigneten Fällen durch die Bildung geschlossener Vorgänge ergänzt werden. Für Buchungsbelege (§ 257 Abs. 1 Nr. 4) kommt Aufbewahrung nach Kontenklassen und -gruppen sowie Belegnummern in Betracht.

c) **Greifbarkeit der Unterlagen.** § 257 Abs. 1 überläßt die Wahl des Aufbewah- **27** rungsorts grundsätzlich dem Verpflichteten. Von einer geordneten Aufbewahrung kann jedoch nur die Rede sein, wenn die Unterlagen greifbar sind, und zwar so, daß die in § 238 Abs. 1 S. 2 umschriebene Zeitspanne (vgl. Rdn. 25) eingehalten wird.[19] Aufbewahrung innerhalb des Unternehmens ist danach stets genügend, aber nicht erforderlich. Bei *Fernbuchführung* durch ein Rechenzentrum können die Bücher dort nicht nur geführt, sondern auch aufbewahrt werden; zur notwendigen Vertragsgestaltung vgl. § 238, 19 und oben Rdn. 17 a. E. Entsprechendes gilt bei *Buchführung im Ausland:* Im Ausland geführte Bücher (vgl. § 238, 24 mit Fn. 44) können dort auch aufbewahrt werden, sofern sie hinreichend schnell verfügbar gemacht werden können (ebenso ADS[6] 47; zum Steuerrecht vgl. unten Rdn. 52). Ausnahmen bestehen im Bereich der *Kredit- und Versicherungswirtschaft,* soweit ausländische Unternehmen inländische Zweigstellen bzw. Niederlassungen unterhalten; insoweit hat nicht nur die Buchführung, sondern auch die Aufbewahrung im Inland zu erfolgen (vgl. schon § 238, 26 und 27, jeweils a. E.).

2. Aufbewahrung im Original (§ 257 Abs. 3 S. 1)

a) **Obligatorisch: Eröffnungsbilanzen, Jahres- und Konzernabschlüsse.** Die **28** nach § 257 Abs. 1 aufbewahrungspflichtigen Unterlagen können gem. § 257 Abs. 3 S. 1 grundsätzlich als Wiedergabe auf einem Bildträger oder auf einem anderen Datenträger aufbewahrt werden (dazu Rdn. 30 ff). Eine Ausnahme gilt nur für Eröffnungsbilanzen, Jahres- und Konzernabschlüsse. Das entspricht der Bedeutung dieser Unterlagen für die Rechnungslegung der Kaufleute und Handelsgesellschaften und ist auch deshalb sachgerecht, weil von einer Verfilmung oder Speicherung der wenig platzintensiven Bilanzen oder Abschlüsse kein nennenswerter Rationalisierungsvorteil zu erwarten wäre.[20] Was danach aufzubewahren ist, ergibt sich aus der Erl. in Rdn. 11 ff, 18. Zu beachten ist, daß zu den Jahres- und Konzernabschlüssen, Bilanz, GuV und Anhang, aber nicht die Lageberichte gehören; letztere müssen also nicht im Original aufbewahrt werden. Mit dem Begriff Original ist die Urschrift der genannten Rechenwerke bezeichnet. Zur Urschrift werden sie im allgemeinen (vgl. aber auch Rdn. 13) durch die nach § 242 erforderliche Unterschrift des oder der Aufstellungsverantwortlichen. Dagegen ist es gleichgültig, in welcher technischen Form Zahlen und Text der Bilanzen oder Abschlüsse hergestellt worden sind (Schreibmaschine, Durchschreibverfahren, Fotokopie, Ausdruck usw.), solange für die Dauer der Aufbewahrungsfrist vollständig erkennbar bleibt, was inhaltlich durch die Unterschriften abgedeckt wird. Keinesfalls genügend ist es, nur Fotokopien oder nicht unterzeichnete Durchschriften der Bilanzen oder Abschlüsse aufzubewahren.[21]

b) **Fakultativ: Übrige Unterlagen.** Alle übrigen Unterlagen, also auch die in § 257 **29** Abs. 1 Nr. 1 zusätzlich genannten Handelsbücher, Inventare, Lageberichte, Konzernlageberichte und Organisationsunterlagen können nach § 257 Abs. 3 S. 1 als Wiedergabe oder als Datensatz aufbewahrt werden. Das Gesetz eröffnet damit eine Möglichkeit, übt aber keinen Zwang aus. Aufbewahrung im Original bleibt also stets zulässig. Auch gegen Mischsysteme bestehen keine rechtlichen Bedenken.

---

[19] ADS[6] 47; *Schuppenhauer* WPg 1984, 514.
[20] ADS[6] 50; *Kropff* in Geßler/Hefermehl AktG § 149, 22; Bonner HdR-*Krawitz* 50.
[21] ADS[6] 51; *Glade*[2] 30.

3. Aufbewahrung als Wiedergabe oder Datensatz (§ 257 Abs. 3 S. 1)

Schrifttum

(Auswahl; zur EDV-Buchführung weitergehende Nachweise in § 239, 19; vgl. auch die Angaben vor Rdn. 1 sowie unten vor Rdn. 49). *AWV* Gesetzliche Anforderungen an Aufbewahrungsverfahren und Speichermedien (1989); *AWV* Einfluß von Informationstechnologien auf Archivierungsverfahren (1997); *Buchner* Überzogene Dokumentationsanforderungen an die EDV-Buchführung?, DB 1979, 1045; *Feuerbaum* Bedenken gegen die Grundsätze ordnungsmäßiger Speicherbuchführung (GoS), DB 1978, 1943; *Frank* Aufbewahrung von Belegen auf Magnetband, WPg 1964, 207; *Minz* Zur Frage der Aufbewahrung von Belegen auf Magnetband, WPg 1964, 258; *Minz* Buchführungssysteme und Grundsätze ordnungsmäßiger Buchführung, HdJ I/3 (Loseblatt); *Müller* Beurteilung der Mikroverfilmung vom Standpunkt des Wirtschaftsprüfers, WPg 1964, 58; *Schuppenhauer* Grundsätze für eine ordnungsmäßige Datenverarbeitung² (1984); *Votteler* Die ordnungsmäßige Dokumentation von Datenverarbeitungsprogrammen (1982); *Zwank* Die Grundsätze ordnungsmäßiger Speicherbuchführung (GoS), DStZ 1981, 298; *Zwank* Der Mikrofilm im Steuer- und Handelsrecht (Neue Mikrofilm-Grundsätze), BB 1984, 1245.

30   **a) Allgemeines.** Soweit § 257 Abs. 3 S. 1 nicht die Aufbewahrung im Original verlangt (Rdn. 28), ist die Aufbewahrung als Wiedergabe oder als Datensatz (vgl. Rdn. 31) zulässig, wenn *vier Vorgaben* erfüllt sind: Das Verfahren muß GoB-konform sein (dazu Rdn. 33 ff); Wiedergabe oder Datensatz müssen mit dem Original übereinstimmen (Rdn. 36 ff); sie müssen verfügbar und schließlich potentiell lesbar sein (Rdn. 39). Während das rechtliche Anforderungsprofil damit festliegt, sieht das Gesetz von einer näheren Kennzeichnung des technischen Verfahrens und der dabei eingesetzten Medien ab; die unbestimmte Umschreibung als Bild- oder anderer Datenträger ist bei der Novellierung 1977 bewußt gewählt worden, um künftige Anpassungen des Gesetzes an den Stand der praktischen Entwicklung überflüssig zu machen (*Biener* DB 1977, 527; *Zwank* BB 1984, 1245 f).

31   **b) Grundbegriffe: Bild- oder Datenträger; Wiedergabe.** § 257 Abs. 3 S. 1 erlaubt die Aufbewahrung „als Wiedergabe auf einem Bildträger oder auf anderen Datenträgern" und unterscheidet im folgenden zwischen „Wiedergabe" sowie „Daten". Was diese Begriffe bedeuten und wie sie sich zueinander verhalten, ist nicht restlos klar; die praktische Bedeutung der Frage liegt darin, ob die in § 257 Abs. 3 S. 1 Nr. 1 für empfangene Handelsbriefe und Buchungsbelege geforderte bildliche Übereinstimmung nur durch die Zwischenstufe einer Wiedergabe und deshalb nur durch den Einsatz eines Bildträgers hergestellt werden kann oder ob dafür auch Datenträger in Betracht kommen, sofern sich gleichwertige und deshalb GoB-konforme Verfahren entwickeln lassen. Letztere könnten in den DOR-Systemen gefunden werden, die eine optische Umsetzung digitalisierter Zeichen ermöglichen („Digital Optical Recording").

32   **Meinungsstand.** Nach einem Teil des Schrifttums besteht eine notwendige Verknüpfung von Wiedergabe, Bildträger und bildlicher Übereinstimmung, so daß Datenträger als zulässige Aufbewahrungsmedien von vornherein ausscheiden, soweit das Gesetz bildliche Übereinstimmung verlangt.[22] Die Gegenmeinung sieht dagegen ein solches gesetzliches Hindernis nicht. Sie wendet sich gegen eine Überbewertung der Unterscheidung vom Bild- und Datenträger und sieht die bildliche Übereinstim-

---

[22] *Baumbach/Hopt* 2 (ohne Vertiefung); *Glade*² 31; *Szymczak* NSt, Schlagwort Buchführung/Aufbewahrungsfristen, Darstellung 1 S. 10; *ders.* Aufbewahrungs- und Buchführungspflichten² Rdn. 287.

mung auch ohne zwischengeschaltete Wiedergabe als dem Gesetz genügend an.[23] **Stellungnahme.** Der zweiten Ansicht ist beizutreten (vgl. auch § 239, 23 a. E.), und zwar im wesentlichen aus den von *Zwank* aaO (Fn. 23) dargestellten Gründen. Im einzelnen gilt: Datenträger (= Oberbegriff) ist jedes technische Medium, das durch oder nach einem maschinellen Arbeitsablauf lesbar ist (etwa: Diskette, Lochkarte oder -streifen, Magnetband oder -platte). Der Bildträger ist eine besondere Form des Datenträgers, nämlich dasjenige maschinell lesbare technische Medium, das zur „Wiedergabe" bestimmt und geeignet ist, also dazu, eine schon vorhandene Unterlage mit ihren optischen Merkmalen aufzunehmen (Mikrofilm, Mikrokopie). Die für die Einsatzbreite elektro-optischer Speicherverfahren (Rdn. 31) entscheidende Frage lautet, ob sich die Gesetzesworte „als Wiedergabe" nur auf Bildträger oder auch auf andere Datenträger beziehen. Das erste ist richtig, weil angesichts des nicht ganz eindeutigen Wortlauts Entstehungsgeschichte und Zweck des Gesetzes den Ausschlag geben müssen. Aus der Normgeschichte ist unschwer abzulesen, daß die Umschreibung zulässiger Aufbewahrung als „Wiedergabe auf einem Bildträger" auf § 44a in der Fassung des Änderungsgesetzes vom 2. 8. 1965 (BGBl. I S. 665) zurückgeht, während die Datenträger erst bei der Novellierung von 1977 hinzugefügt wurden; seinerzeit beließ man es bei der schon eingeführten gesetzlichen Wendung, ohne daß erkennbar wäre, daß sich das Wiedergabeerfordernis auch auf Datenträger erstrecken sollte. Schließlich liefe die hier abgelehnte Ansicht dem Normzweck gerade zuwider; sie würde das Wiedergabeerfordernis nämlich perpetuieren, obwohl sich eine gleichwertige bildliche Übereinstimmung möglicherweise auch ohne diesen Zwischenschritt verwirklichen läßt, und würde damit den Gesetzgeber zu einer Textanpassung nötigen, die dieser durch die unbestimmte Umschreibung der zulässigen technischen Verfahren gerade vermeiden wollte (vgl. Rdn. 30).

c) Gängige Aufbewahrungsformen und zugehörige GoB. aa) Mikroverfilmung. Mittlerweile schon traditionell ist die Aufbewahrung in Form der Mikroverfilmung, die der Gesetzgeber bereits 1965 anerkannt hat (vgl. schon Rdn. 3, 32); sie begegnet in mehreren, nach der Art des eingesetzten Bildträgers (Rollfilm, Jacket, Mikrofiche, ergänzbares Mikrofiche) unterscheidbaren Unterformen,[24] dient aber stets und im Unterschied zum COM-Verfahren (Rdn. 35) der Reproduktion einer Originalunterlage. Die rechtlichen Anforderungen der Finanzverwaltung, die im Rahmen des § 147 Abs. 2 S. 1 AO zu beachten sind (vgl. auch Rdn. 52), hat das BMF durch die *Mikrofilm-Grundsätze 1984* festgelegt.[25] Sie haben ältere Grundsätze zu demselben Gegenstand abgelöst[26] und stellen nach der Selbstinterpretation durch das BMF (Schreiben vom 1. 2. 1984, BStBl. 1984 I 155 re. Sp.) eine Ergänzung der allgemeinen handelsrechtlichen GoB dar. Daran ist jedenfalls richtig, daß diese Grundsätze die kaufmännische Aufbewahrung praktisch beherrschen.

bb) EDV-Buchführung. Im Rahmen der EDV-Buchführung werden üblicherweise zwei Varianten unterschieden (vgl. auch schon § 239, 22 ff, 28): die *Speicherbuchführung* und die *konventionelle EDV-Buchführung*. Der Unterschied liegt in

33

34

---

[23] *Zwank* BB 1984, 1245, 1246 f; seiner Ansicht zuneigend ADS[6] 63; Küting/Weber/*Isele* 63; derselben Meinung offenbar auch FAMA 1/1987, WPg 1987, 1, 3 re. Sp.: bildliche Wiedergabe digital gespeicherter Zeichen ausreichend; seither *AWV* Gesetzliche Anforderungen an Aufbewahrungsverfahren und Speichermedien (1989) S. 28 ff.

[24] Einzelheiten: *AWV* Aufbewahrungspflichten und -fristen[4] S. 16 ff; *Zwank* BB 1984, 1245; aus dem

älteren Schrifttum vgl. noch *Höllig* DB 1965, 1061; *Müller* WPg 1964, 58.

[25] Anlage zum Schreiben des BMF vom 1. 2. 1984, BStBl. 1984 I 155 = BB 1984, 1283; dazu *Zwank* aaO (Fn. 24).

[26] Schreiben des BMF vom 21. 12. 1971, BStBl. 1971 I 647 = BB 1972, 178; Fassung 1962: BStBl. 1962 II 117.

Uwe Hüffer

dem mehr oder minder großen zeitlichen Abstand zwischen Datenerfassung einerseits und Datenverarbeitung sowie -ausdruck andererseits; er ist also mehr graduell als prinzipiell, auch Mischsysteme sind deshalb möglich.[27] Aufbewahrungspflichtig sind bei der Speicherbuchführung die Datenträger, bei der konventionellen EDV-Buchführung die Datenträger oder die ausgedruckten Daten (vgl. noch Rdn. 40). **GoB:** Als solche sind die unmittelbar nur für die steuerrechtliche Aufbewahrungspflicht relevanten *Grundsätze ordnungsmäßiger Speicherbuchführung* (GoS) anzusehen, die das BMF mit Schreiben vom 5. 7. 1978 bekanntgemacht hat.[28] Zusätzlich kann auf die *Stellungnahme FAMA 1/1987* (Fassung 1993) über „Grundsätze ordnungsmäßiger Buchführung bei computergestützten Verfahren und deren Prüfung" zurückgegriffen werden,[29] die ihrerseits ältere Stellungnahmen und Verlautbarungen[30] ersetzt.

35　　cc) **COM-Verfahren.** Das COM-Verfahren (**C**omputer **O**utput on **M**icrofilm) bezeichnet eine besondere Ausgabeart von EDV-Anlagen. Sie besteht in der nur maschinell lesbaren Ausgabe von digitalisierten Daten auf Mikrofilm. Weil der Mikrofilm Datenträger ist, bestehen an der grundsätzlichen Zulässigkeit dieses Verfahrens für die Aufbewahrung von Unterlagen keine Zweifel (vgl. schon § 239, 23).[31] Es unterliegt aber nicht den Mikrofilm-Grundsätzen (Rdn. 33), sondern muß den für die EDV-Buchführung entwickelten Grundsätzen entsprechen (vgl. Rdn. 34), weil es sich um ein Instrument der Datenerfassung handelt, also nicht der bloßen Wiedergabe von Originalunterlagen dient.[32]

36　　d) **Übereinstimmung mit dem Original. aa) Bildliche Übereinstimmung.** § 257 Abs. 3 S. 1 Nr. 1 verlangt in seiner ersten Variante, daß die Wiedergabe oder die Daten nach ihrer Lesbarmachung mit den *empfangenen Handelsbriefen* und den *Buchungsbelegen* bildlich übereinstimmen. Die besondere Beweisfunktion dieser Unterlagen darf also nicht dem Rationalisierungsvorteil des jeweils angewandten technischen Verfahrens geopfert werden.[33] Zur bildlichen Wiedergabe ist jedenfalls die Mikroverfilmung (Rdn. 33) und keinesfalls die normale EDV-Speicherung geeignet, und zwar ohne Rücksicht auf die Ausgabeart (Rdn. 34 f). Die Eignung der elektro-optischen Speicherung (DOR-Systeme) ist nach der hier vertretenen, allerdings umstrittenen Ansicht grundsätzlich zu bejahen; das Problem liegt nicht in einer zwischengeschalteten Wiedergabe, sondern in der Entwicklung von GoB, welche die Gleichwertigkeit mit einer Aufbewahrung des Originals sicherstellen (Rdn. 31 f).

37　　**Einzelfragen.** Weil für Buchungsbelege bildliche Übereinstimmung erforderlich ist, müssen *abgesandte Handelsbriefe,* für die grundsätzlich inhaltliche Übereinstimmung genügt (vgl. Rdn. 38), dem weitergehenden Erfordernis dann entsprechen, wenn sie *Belegfunktion* haben.[34] Zu den Anforderungen an eine bildliche Übereinstimmung

---

[27] Neueres Schrifttum mit Einzelheiten: AWV, EDV-Buchführung in der Praxis, Beiträge zur Verfahrensdokumentation (1984); HdJ-*Minz* I/3, mit etwas abweichender Definition der Speicherbuchführung in Rdn. 19; *Schuppenhauer* Grundsätze und Methoden der EDV-Prüfung (1983); *ders.* Grundsätze für eine ordnungsmäßige Datenverarbeitung[4] (1992).

[28] BStBl. 1978 I 250; Teilabdruck: § 239, 25; Erläuterung: *Zwank* DStZ 1981, 298; Kritik z. B. bei *Feuerbaum* DB 1978, 1943; Gegenkritik z. B. bei *Buchner* DB 1979, 1045; ausführlich zum Meinungsstand § 239, 26 f.

[29] WPg 1988, 1; Entwurf: WPg 1987, 1.

[30] Nämlich: FAMA 1/1972, WPg 1972, 534; FAMA

1/1974, WPg 1974, 83; FAMA 1/1975, WPg 1975, 55.

[31] ADS[6] 57; *AWV* Gesetzliche Anforderungen an Aufbewahrungsverfahren und Speichermedien (1989), S. 21 ff; *Biener* DB 1977, 527, 529; *Schulze-Osterloh* WM 1977, 606, 611; *Zwank* BB 1984, 1245, 1249.

[32] Begleitschreiben BMF zu den Mikrofilm-Grundsätzen 1984 (Fn. 25) unter I; vgl. ferner die Nachweise in Fn. 31.

[33] Reg. Begr. EGAO (Fn. 2), BTDrucks. VI/3528, S. 52; vgl. aus dem Schrifttum z. B. ADS[6] 58; *Zwank* BB 1984, 1245 f.

[34] ADS[6] 58; Bonner HdR-*Krawitz* 63; *Müller* WPg 1965, 560, 566.

gehört nicht, daß Original und Abbildung auch im *Format* übereinstimmen, sofern die Abbildung ohne besondere Hilfsmittel lesbar bleibt.[35] *Farbliche Übereinstimmung* mit dem Original ist entbehrlich, wenn die Farbe für den Beweiswert keine Bedeutung hat. Das ist bei Sicht- und Bearbeitungsvermerken der Fall, wenn sie abgezeichnet werden;[36] werden dagegen nur unterschiedliche Farben (grün; rot) ohne Namenszeichen verwandt, so schließt die bildliche auch die farbliche Übereinstimmung ein, weil sonst die Herkunft des Vermerks nicht eindeutig feststellbar ist.[37]

bb) Inhaltliche Übereinstimmung. Nach § 257 Abs. 3 S. 1 Nr. 1 ist die inhaltliche **38** Übereinstimmung der Wiedergabe oder der Daten mit dem Original erforderlich, aber auch genügend. Weitergehende Anforderungen, etwa bildliche Übereinstimmung mit dem Original für alle aufbewahrungspflichtigen Unterlagen, kann das Gesetz nicht aufstellen, ohne dem Verpflichteten den weitgehenden Verzicht auf die Rationalisierungsvorteile der EDV zuzumuten. Überdies bleibt der Beweiswert abgesandter Handelsbriefe schon deshalb voll erhalten, weil sie bei dem Empfänger im Original oder in bildlicher Übereinstimmung existieren müssen (Rdn. 36 f). Inhaltliche Übereinstimmung ist gegeben, wenn der Inhalt des Originals *sachlich richtig* und *vollständig* in der Wiedergabe oder im Datensatz erfaßt ist (ADS[6] 58). Unterschiedliche Meinungen bestehen in der Frage, ob *allgemeine Geschäftsbedingungen,* die abgesandten Handelsbriefen beigegeben waren, aufgrund des Vollständigkeitsgebots bei jedem Brief als Wiedergabe oder Datensatz vorhanden sein müssen (so Küting/Weber/*Isele* 72; *Müller* WPg 1965, 560, 564 re. Sp.) oder ob es insoweit genügt, daß die AGB allgemein vorhanden sind und auf sie bei den einzelnen Briefen Bezug genommen wird (ADS[6] 58; Beck BilKomm-*Budde/Kunz* 20; *Trappmann* DB 1989, 1482, 1483). Mit dem Gesetz vereinbar ist nur die erste Ansicht. Die zweite Meinung wird zwar von einem verständlichen Rationalisierungsbestreben geleitet, übersieht aber, daß die bloße Bezugnahme eine inhaltliche Verkürzung darstellt, die um so bedenklicher ist, als in der Praxis auch Bezugnahmen ohne Übersendung des Textes begegnen, was wegen § 2 Abs. 1 Nr. 2 AGBG zu Schwierigkeiten führen kann.

e) Verfügbarkeit; potentielle Lesbarkeit. Nach § 257 Abs. 3 S. 1 Nr. 2 müssen die **39** Wiedergaben oder die Daten in allen Fällen, also ohne Rücksicht auf die Art des aufbewahrungspflichtigen Schriftguts, verfügbar sein und lesbar gemacht werden können. *Verfügbarkeit* bedeutet Greifbarkeit i. S. d. in Rdn. 27 gegebenen Erläuterung. Entscheidend ist also nicht der Ort der Aufbewahrung, sondern die Möglichkeit, die aufbewahrungspflichtigen Unterlagen in den zeitlichen Grenzen des § 238 Abs. 1 S. 2 vorzulegen, solange die jeweilige gesetzliche Aufbewahrungspflicht läuft. Die *potentielle Lesbarkeit* muß innerhalb der Aufbewahrungsfrist jederzeit bestehen und sich in einer angemessenen Frist aktualisieren lassen. Maschinelle Lesbarkeit (Rdn. 32) genügt. Es ist jedoch Sache des Aufbewahrungspflichtigen, die dafür erforderlichen Einrichtungen (Datenverarbeitungsanlage samt Laufzeit, Datensichtgeräte, Lesegeräte, und zwar in arbeitsmedizinisch unbedenklicher Qualität)[38] bereitzuhalten oder bei Buchführung außer Haus bereithalten zu lassen (Küting/Weber/*Isele* 74). Welche Frist

---

[35] ADS[6] 58; Bonner HdR-*Krawitz* 62; *Zwank* BB 1984, 1245 f.

[36] Darin besteht Einigkeit, vgl. Begleitschreiben BMF zu den Mikrofilm-Grundsätzen 1984 (Fn. 25) unter III; ADS[6] 58; *Zwank* BB 1984, 1245, 1246 f; s. auch Fn. 37.

[37] Richtig *Biener* DB 1977, 527, 530; ebenso Küting/Weber/*Isele* 69; die Kritik von ADS[6] 58 und

Zwank aaO (Fn. 36) übersieht, daß es die Beteiligten in der Hand haben, durch Namenszeichnung die Bedeutung der Farbe auszuschließen und mehr von *Biener* aaO nicht gefordert wird.

[38] Begleitschreiben BMF zu den Mikrofilm-Grundsätzen 1984 (Fn. 25) unter II (verallgemeinerungsfähig).

angemessen ist, kann nur im Einzelfall unter Berücksichtigung des Zwecks der Aufbewahrungspflicht (Rdn. 1) beurteilt werden. Die Informationen müssen also in die Entscheidungen des Aufbewahrungspflichtigen noch einfließen und im Rahmen der §§ 258 ff ohne wesentliche Verfahrensverzögerungen verfügbar gemacht werden können. Überdies ist zu fordern, daß keine Verzögerungen auftreten, die nach dem Stand der Technik unschwer vermeidbar sind. So ist nachträglicher Ordnungsaufwand infolge unsortierter Verfilmung unangemessen, weil er durch die Verwendung kodierten Mikrofilms ausgeschlossen werden kann.[39]

4. Aufbewahrung in Form ausgedruckter Daten; Wechsel der Aufbewahrungsart (§ 257 Abs. 3 S. 2)

40 § 257 Abs. 3 S. 2 geht von der **Speicherbuchführung** (§ 239 Abs. 4 S. 1) aus (vgl. oben Rdn. 34), die es vorerst bei der Datenerfassung beläßt, so daß die Daten zwangsläufig nur in Form des jeweiligen Datenträgers (Diskette, Magnetband usw.) aufbewahrt werden können. Für diesen Fall gestattet § 257 Abs. 3 S. 2, erster Halbsatz zunächst den Wechsel der Aufbewahrungsart vom Datenträger zum **Datenausdruck**. Der zweite Halbsatz eröffnet zusätzliche Möglichkeiten: Der Ausdruck kann nach § 257 Abs. 3 S. 1 etwa **verfilmt oder erneut gespeichert** werden. Regelungszweck ist es, dem Aufbewahrungspflichtigen die Entscheidung über die nach seinen betriebsinternen Bedürfnissen jeweils günstigste Aufbewahrungsart freizustellen.[40] Die Vorschrift erlaubt ihm namentlich, die Art der Archivierung einem Wechsel der EDV-Anlage anzupassen. Entsprechend dem Normzweck sollte es über den Wortlaut des Gesetzes hinaus auch möglich sein, die Aufbewahrungsart ohne die Zwischenstufe des Datenausdrucks zu wechseln (Direktübertragung, Mikrokopie auf Datenträger und umgekehrt), sofern die inhaltliche Übereinstimmung mit den Originalen durch den Verfahrenswechsel nicht berührt wird (ebenso ADS[6] 66).

V. Aufbewahrungsfristen

1. Länge der Fristen (§ 257 Abs. 4)

41 Die Frist zur Aufbewahrung beträgt nach § 257 Abs. 4 **zehn Jahre** oder **sechs Jahre**. Die Sechsjahresfrist geht auf das EGAO 1977 (Fn. 2) zurück und ist seinerzeit an die Stelle der seit 1959 geltenden Frist von sieben Jahren getreten (vgl. Rdn. 3). Die Zehnjahresfrist gilt für sämtliche Unterlagen i. S. d. § 257 Abs. 1 Nr. 1 (dazu Rdn. 9 ff) und seit dem SteueränderungsG 1998 (Rdn. 3a) auch für die in § 257 Abs. 1 Nr. 4 umschriebenen Buchungsbelege (dazu Rdn. 18 f). Die Sechsjahresfrist hat also nur noch für die Handelskorrespondenz (§ 257 Abs. 1 Nr. 2 und 3; dazu Rdn. 20 ff). Die Art und Weise der Aufbewahrung ist für die Länge der Frist ohne Bedeutung. Alphabetische Listen von Schriftgut mit Zuordnung der jeweiligen Aufbewahrungsfrist: *AWV* Aufbewahrungspflichten und -fristen[4] S. 27–110.[41]

---

[39] Vgl. auch Begleitschreiben BMF (Fn. 38) unter III.
[40] ADS[6] 66; *Biener* DB 1977, 527, 530; *Offerhaus* BB 1977, 373, 375.
[41] Vgl. auch die nach Fristen geordnete Kurzübersicht bei *Szymczak* Aufbewahrungs- und Buchführungspflichten[2] Rdn. 262 ff.

2. Fristbeginn und -ablauf (§ 257 Abs. 5)

a) Fristbeginn. aa) Grundsatz. Die zehn- oder sechsjährige Aufbewahrungsfrist **42** beginnt mit dem *Schluß des Kalenderjahrs,* in dem die aufbewahrungspflichtige Unterlage im Original entstanden ist. Weil die Frist erst mit dem Schluß des Kalenderjahrs beginnt, verlängert sich die Aufbewahrungspflicht im Interesse der damit gewonnenen Rechtsklarheit um den bis dahin abgelaufenen Zeitraum. Das Kalenderjahr ist auch dann maßgeblich, wenn das Geschäftsjahr davon abweichen sollte.

bb) Einzelfragen. Maßgeblich ist das Kalenderjahr, in dem die aufbewahrungs- **43** pflichtige Unterlage tatsächlich entstanden ist, nicht das Jahr, auf das sie sich inhaltlich bezieht. Daraus folgt (vgl. auch ADS[6] 70 f): Wenn **Handelsbücher** wie regelmäßig für ein mit dem Kalenderjahr übereinstimmendes Geschäftsjahr geführt werden, entscheidet die Abschlußbuchung auch dann, wenn sie (wie ebenfalls regelmäßig) erst im neuen Jahr vorgenommen wird; bei Buchung am 2.1.2001 läuft die Frist für die Bücher des Jahres 2000 also erst ab 31.12.2001. Für die *Inventare* entscheidet die Aufstellung, also der endgültige Abschluß der erforderlichen Arbeiten. Weil zeitnahe Durchführung der auf den Bilanzstichtag bezogenen Inventur genügt (§ 240, 46), wird sich im allgemeinen dieselbe Situation ergeben wie bei Handelsbüchern. Für *Eröffnungsbilanzen* und *Jahresabschlüsse* hebt der Gesetzeswortlaut unterschiedslos auf die Feststellung ab.[42] Weil Eröffnungsbilanz und Jahresabschluß des Einzelkaufmanns nicht festgestellt werden können (§ 242, 16 ff, 20), ist insoweit die Aufstellung gemeint, deren Zeitpunkt im allgemeinen aus der in § 245 S. 1 vorgeschriebenen Datierung zu ersehen ist (vgl. § 245, 12). Zur Maßgeblichkeit des festgestellten Jahresabschlusses bei Gesellschaften vgl. schon Rdn. 13. Bei nachträglicher Änderung entscheidet der Zeitpunkt der erneuten Feststellung. Bezieht sich die Änderung auf zurückliegende Jahre, so führen die notwendigen Buchungen auch für die Handelsbücher zu einem neuen Fristbeginn.[43] Für die vom Gesetzgeber in § 257 Abs. 5 (anders als in § 257 Abs. 1 Nr. 1) offenbar vergessenen **Lageberichte** und **Konzernlageberichte** muß wiederum die Aufstellung maßgeblich sein. Dasselbe gilt für **Konzernabschlüsse.** Bei **Handelskorrespondenz** entscheidet Empfang bzw. Absendung (nicht: Zugang). Schließlich kommt es für **Buchungsbelege** auf die Entstehung an. Sie sind als solche entstanden, sobald auf ihrer Grundlage gebucht worden ist. Das gilt auch dann, wenn die Einordnung als Handelsbrief zu einem früheren Fristbeginn führen würde. Für die am 30.12.2000 erhaltene Rechnung, die erst am 7.1.2001 zu einer Buchung führt, beginnt die Frist also nicht mit dem 31.12.2000, sondern mit dem 31.12.2001.

b) Fristablauf. Maßgeblich für den Ablauf der Aufbewahrungsfrist ist § 188 Abs. 2, **44** 1. Fall BGB, weil sich der Fristbeginn nach der Buchung, der Auf- oder Feststellung der Bilanz und vergleichbaren Sachverhalten (Rdn. 43), mithin nach dem Eintritt eines Ereignisses i.S.d. § 187 Abs. 1 BGB richtet. Die zehnjährige Aufbewahrungsfrist, die am 31.12.2000 beginnt, endet also mit dem Ablauf des 31.12.2010, die entsprechende sechsjährige Frist mit dem Ablauf des 31.12.2006. Anders als nach § 147 Abs. 3 S. 2 AO (vgl. Rdn. 53) gibt es für die handelsrechtlichen Fristen *keine Ablaufhemmung.* Der Fristablauf tritt also auch dann ein, wenn die Unterlagen noch von Bedeutung sind, z.B. für das Ergebnis eines laufenden Rechtsstreits. Rechtsnachteile, die sich aus der Vernichtung solcher Unterlagen ergeben können (vgl. noch Rdn. 48), treten jedenfalls nicht als Sanktion für eine Verletzung der Aufbewahrungspflicht ein.

---

[42] Nicht erst seit dem BiRiLiG, sondern seit dem Änderungsgesetz 1965 (Fn. 3), vgl. § 44b Abs. 2 in der bis 1977 geltenden Fassung.

[43] ADS[6] 71; Beck BilKomm-*Budde/Kunz* 25.

VI. Rechtsfolgen

1. Vorlage aufbewahrungspflichtiger Unterlagen im Rechtsstreit (Überblick und Weiterverweise)

45　　Die Aufbewahrung von Handelsbüchern und anderen Unterlagen ist nicht Selbstzweck und dient auch nicht nur der Selbstinformation, sondern stellt die **Dokumentation** der kaufmännischen Tätigkeit und ihre Ergebnisse dar (vgl. auch Rdn. 1). Auf diese Dokumentation kann zunächst der Kaufmann selbst zurückgreifen, und zwar namentlich dann, wenn er im Rechtsstreit Beweisführer ist; der Beweisantritt erfolgt nach § 420 ZPO durch Vorlegung der Handelsbücher oder der sonstigen Unterlagen (§ 258, 2). Die Dokumentation dient ferner den Interessen der Rechtspflege, soweit das Prozeßgericht die Vorlage der Handelsbücher gem. § 258 Abs. 1 auch von sich aus anordnen kann; dabei steht neben dem Beweiswert der Handelsbücher die Verfahrensbeschleunigung im Vordergrund (§ 258, 3). Dokumentationszweck ist dagegen nicht die Befriedigung eines allgemeinen Informationsinteresses. Abgesehen von der gerichtlichen Entscheidung nach § 258 Abs. 1, verbleibt es deshalb bei den allgemeinen Regeln des Zivilrechts und des Zivilprozeßrechts über die Vorlegung von Urkunden (§ 258 Abs. 2; vgl. dort Rdn. 13 ff). Wenn nicht der Sonderfall des § 260 vorliegt (vgl. Erl. dazu), ist auch der Umfang der Einsichtnahme gem. § 259 auf die streitrelevanten Teile der Handelsbücher beschränkt (§ 259, 5 ff).

2. Verletzung der Aufbewahrungspflicht

46　　Die Verletzung der Aufbewahrungspflicht bleibt **ohne besondere handelsrechtliche Sanktion.** Ein Zwangsgeldverfahren findet nicht statt, weil die tatbestandlichen Voraussetzungen der §§ 14, 335 nicht vorliegen. Auch die Straf- und Bußgeldvorschriften der §§ 331 ff erfassen den Verstoß gegen die Pflichten aus § 257 nicht. In Betracht kommt aber **Strafbarkeit wegen eines Bankrottdelikts** nach §§ 283 Abs. 1 Nr. 6, 283b Abs. 1 Nr. 2 StGB (Text: § 238, 66), sofern Zahlungseinstellung, Eröffnung des Insolvenzverfahrens oder Ablehnung des Eröffnungsantrags mangels Masse (§§ 283 Abs. 6, 283b Abs. 3) als objektive Bedingung der Strafbarkeit vorliegen (vgl. § 238, 65). Zu den möglichen *Tathandlungen* ist hervorzuheben[44]: Zerstörung der aufbewahrungspflichtigen Unterlagen ist neben der Vernichtung auch die „sonstige Aufhebung der Funktionsfähigkeit durch Sacheinwirkung", „z. B. die völlige und irreparable Auflösung der Ordnung einer Loseblattsammlung".[45] Zurückbehaltung einer Abschrift anstelle des aufbewahrungspflichtigen Originals wirkt nicht ohne weiteres strafbefreiend (RGSt 16, 426, 429). Eine Pflicht zur Erneuerung untergegangener Handelsbücher und die Tatbestandsmäßigkeit eines entsprechenden Unterlassens sind nur dann zu bejahen, wenn der Kaufmann ohne die Erneuerung die erforderliche Übersicht über die Geschäftsvorfälle und die Lage des Unternehmensvermögens (§ 238 Abs. 1) nicht zu gewinnen vermag (RG JW 1899, 804).

47　　Bei prüfungspflichtigen Unternehmen und Gesellschaften kann die Verletzung der Aufbewahrungspflicht zur **Einschränkung oder Versagung des Bestätigungsvermerks** führen (§ 322 Abs. 3), weil die Buchführung nach § 317 Abs. 1 S. 1 Gegenstand der Pflichtprüfung ist und zur ordnungsgemäßen Führung der Bücher auch die Erfüllung der Aufbewahrungspflichten gehört.[46] Einwendungen i. S. d. § 322 Abs. 3 setzen

---

[44] Nähere Erläuterung bei Schönke/Schröder/*Stree* § 283, 40; LKStGB-*Tiedemann* § 283, 121 ff.

[45] Begr. RegE 1. WiKG, BTDrucks. 7/3441, S. 36 (li. Sp.).

[46] ADS⁶ 80 und 86; Beck BilKomm-*Budde/Kunz* 35; *Glade*² Teil I 975.

jedoch voraus, daß der Verstoß gegen die Vorschriften des Gesetzes oder gegen die GoB nicht unwesentlich ist. Der Verlust einzelner Belege oder sonstige für den Gesamtzustand der Buchführung nicht repräsentative Alltagsfehler genügen danach nicht. Eine andere Beurteilung kann aber geboten sein, wenn der Jahresabschluß wegen der Buchführungsmängel ganz oder teilweise nicht mehr aus der vorhandenen Dokumentation abgeleitet werden kann und deshalb der tatsächliche Unterbau des Zahlenwerks nicht in objektiv nachvollziehbarer Weise vorhanden ist.

3. Folgen des Fristablaufs

Nach dem Ablauf der jeweiligen Frist stellt die **Vernichtung** der in § 257 Abs. 1 **48** aufgeführten Unterlagen **keine Verletzung der öffentlich-rechtlichen Aufbewahrungspflicht** dar. Die Vernichtung ist deshalb auch nicht mehr tatbestandsmäßig i. S. d. §§ 283 Abs. 1 Nr. 6, 283b Abs. 1 Nr. 2 StGB (Rdn. 46), so daß eine Bestrafung nach diesen Vorschriften ausscheidet. Auch die Ordnungsmäßigkeit der Buchführung wird durch die Vernichtung nicht mehr berührt. Weitergehende Bedeutung kommt dem Fristablauf dagegen nicht zu. Namentlich hebt der Fristablauf bei noch vorhandenen Handelsbüchern diese Eigenschaft nicht auf (§ 258, 8). Daß die zulässige Vernichtung die Umkehr der Beweislast zugunsten des Kaufmanns bewirken kann (ADS[6] 74), ist dagegen nicht anzunehmen (§ 258, 8). Eine nach anderen Grundsätzen noch bestehende Aufbewahrungspflicht, namentlich die steuerrechtliche wegen der Ablaufhemmung gem. § 147 Abs. 3 S. 2 AO (dazu Rdn. 53), bleibt unberührt. Der Fristablauf verhindert schließlich auch nicht den Eintritt von Rechtsnachteilen, die sich nach anderen Vorschriften oder Grundsätzen aus der Vernichtung von Urkunden ergeben können, etwa von Wertpapieren, Urteilen oder anderen Vollstreckungstiteln (vgl. auch *AWV* Aufbewahrungspflichten und -fristen[4] S. 22 ff).

VII. Steuerrechtliche Aufbewahrungspflichten (§ 147 AO)

Schrifttum

(vgl. auch die Angaben vor Rdn. 1, 30). *Hintzen* Zur Auslegung der durch die Abgabenordnung umgestellten Aufbewahrungsfristen, BB 1977, 342; *Offerhaus* Zu den neuen Aufbewahrungsfristen für Buchführungsunterlagen, BB 1977, 174; *Schmidtmann* Die Bedeutung von Dokumentationsunterlagen bei Prüfung computergestützter Buchführung, StBp 1981, 103; *Zwank* Steuerliche Anforderungen an die Prüfbarkeit einer EDV-Buchführung, StBp 1980, 100.

1. Allgemeines

49

Wie das Handelsrecht so verpflichtet auch das Steuerrecht in den §§ 140 ff AO nicht nur zur Buchführung (vgl. den Überblick § 238, 74 ff), sondern auch zur Aufbewahrung des dadurch entstehenden Schriftguts. **Rechtsgrundlage** ist vor allem § 147 AO (vgl. daneben § 148 AO zur Bewilligung von Erleichterungen). Entsprechend der Grundanlage der §§ 140 ff AO ist auch § 147 AO durch **weitgehende Übereinstimmung** mit § 257 gekennzeichnet, so daß im wesentlichen auf die vorstehenden Erläuterungen zurückgegriffen werden kann. Neben der Übereinstimmung gibt es jedoch auch einige charakteristische Abweichungen. Im folgenden wird eine Übersicht in Anlehnung an die systematische Ordnung der Erläuterung des § 257 gegeben.

2. Einzelfragen

50   a) **Verpflichteter Personenkreis.** § 147 AO benennt den zur Aufbewahrung verpflichteten Personenkreis nicht selbst. Anzuwenden sind also §§ 140, 141 AO. Nach § 140 AO richtet sich die steuerrechtliche Pflicht gegen alle, die nach § 257 aufbewahrungspflichtig sind; dazu oben Rdn. 6 ff. § 141 AO erstreckt die Aufbewahrungspflicht auf die Schuldner der originären Buchführungspflicht. Danach werden namentlich auch Gewerbetreibende, die nicht Kaufleute sind, sowie Land- und Forstwirte erfaßt, wenn ihr Betrieb die Größenmerkmale des § 141 Abs. 1 AO erreicht. Wegen des nur ergänzenden Charakters des § 141 AO (§ 262, 2; s. auch *Tipke/Kruse* § 141, 1) verbleibt es für den nach §§ 1 ff i. V. m. § 238 buchführungspflichtigen Personenkreis auch dann bei der Aufbewahrungspflicht nach § 140 AO, wenn die Größenmerkmale des § 141 AO im Einzelfall nicht erreicht sein sollten.

51   b) **Sachlicher Umfang der Aufbewahrungspflicht.** In sachlicher Hinsicht geht die in § 147 Abs. 1 Nr. 1–4 AO umschriebene Aufbewahrungspflicht trotz teilweise abweichender Formulierung nicht über das in § 257 Abs. 1 Angeordnete hinaus; vgl. deshalb Rdn. 9 ff. Von Büchern statt Handelsbüchern und von Geschäftsbriefen neben Handelsbriefen ist nur die Rede, um auch die Aufzeichnungen des von § 141 erfaßten nicht dem Handelsrecht unterliegenden Personenkreises in die Aufbewahrungspflicht einzubeziehen. Während aber § 257 Abs. 1 abschließenden Charakter hat (Rdn. 24), sieht § 147 Abs. 1 Nr. 5 AO vor, daß auch **sonstige Unterlagen** aufbewahrt werden, soweit sie für die Besteuerung von Bedeutung sind. Die Tragweite der weitgespannten Formulierung ist unklar.[47] Sie deckt jedenfalls solche Aufzeichnungen ab, die eine Kontrolle der Einhaltung der Dokumentationspflichten nach § 147 Abs. 1 Nr. 1–4 AO ermöglichen, ohne selbst Buchungsbelege zu sein. Hierher gehören etwa die im Rahmen der Inventur anfallenden sogenannten Uraufzeichnungen (zur handelsrechtlichen Seite vgl. Rdn. 10 a. E.), ferner Unterlagen für die Lohn- und Gehaltsberechnung und grundsätzlich auch Kassenunterlagen (Registrierkassenstreifen, Kassenzettel, Bons); insoweit bestehen jedoch nach Rechtsprechung und Verwaltungspraxis wesentliche Erleichterungen.[48]

52   c) **Art und Weise der Aufbewahrung.** § 147 Abs. 2 AO stimmt mit § 257 Abs. 3 textlich überein (Ausnahme: die für den Besteuerungszweck unerheblichen Konzernabschlüsse). Auch hinsichtlich der Wiedergabe- und Speichertechnik und der insoweit zu stellenden Anforderungen ergeben sich keine Abweichungen; im Gegenteil beherrschen die steuerrechtlichen Grundsätze (Prüfungsanforderungen aus der Sicht der Finanzverwaltung: *Schmidtmann* StBp 1981, 103; *Zwank* 1980, 100) auch die handelsrechtliche Praxis; vgl. oben Rdn. 33 f zu den Mikrofilm-Grundsätzen 1984 und zu den Grundsätzen ordnungsmäßiger Speicherbuchführung 1978. Nicht deckungsgleich sind dagegen die Anforderungen an den **Ort der Aufbewahrung,** soweit es um die Aufbewahrung im **Ausland** geht. Während gegen eine Aufbewahrung im Ausland keine handelsrechtlichen Einwendungen erhoben werden können (vgl. § 238, 24 und oben Rdn. 27), ist für das Steuerrecht die in § 146 Abs. 2 AO getroffene Regelung verbindlich. Danach ist die Aufbewahrungspflicht grundsätzlich im Inland zu erfüllen (§ 146 Abs. 2 S. 1 AO). Ausnahmen bestehen unter zusätzlichen Voraussetzungen nur für ausländische Betriebsstätten inländischer Steuerpflichtiger (§ 146 Abs. 2 S. 2 AO).

---

[47] Vgl. einerseits Hübschmann/Hepp/Spitaler/ *Trzaskalik* AO[10] § 147, 25 (kontrollbezogenes Material), andererseits *Tipke/Kruse* § 147, 7 (steuerliche Relevanz erforderlich und ausreichend).

[48] BFH BStBl. 1966 III 371, 373 (Verbuchung durch kaufmännisches Personal genügend); *BMF* BStBl. 1996 I 24 Abschnitt 29 (Aufbewahrungspflichten).

Ob sich für den Umkehrfall, also für den ausländischen Steuerpflichtigen mit inländischer Betriebsstätte, gleichfalls eine Ausnahme begründen läßt, ist streitig;[49] angesichts des Wortlauts des § 146 Abs. 2 S. 1 AO dürfte die Frage eher zu verneinen sein.

d) Aufbewahrungspflichten. Die steuerrechtliche Regelung der Fristlänge (§ 147 **53** Abs. 3 AO) und des Fristbeginns (§ 147 Abs. 4 AO) stimmt mit § 257 Abs. 4 und 5 im Grundsatz überein (vgl. Rdn. 41 ff); zu den seinerzeit bestehenden Übergangsproblemen vgl. noch *Offerhaus* BB 1977, 174. Auch die steuerrechtliche Aufbewahrungsfrist ist für Buchungsbelege von sechs auf zehn Jahre verlängert worden, und zwar durch Art. 2 des SteueränderungsG 1998 (BGBl. I S. 3816). Dazu und zur inhaltlich ebenfalls übereinstimmenden Übergangsregelung in § 19a EGAO kann auf die Erläuterung in Rdn. 3a verwiesen werden. Der Vorbehalt des § 147 Abs. 3 S. 1 AO zugunsten kürzerer steuerrechtlicher Aufbewahrungsfristen kann im handelsrechtlichen Zusammenhang vernachlässigt werden.[50] Zu beachten ist jedoch die dem Handelsrecht (Rdn. 44) unbekannte **Ablaufhemmung** nach § 147 Abs. 3 S. 2 AO. Danach sind Unterlagen auch nach Ablauf der festen Fristen dann aufzubewahren, wenn sie für Steuern von Bedeutung sind, für welche die *Festsetzungsfrist* noch nicht abgelaufen ist. Die Festsetzungsfrist beträgt ein Jahr für Zölle und Verbrauchssteuern, vier Jahre für alle übrigen Steuern (§ 169 Abs. 2 S. 1 AO). Obgleich sie demnach kürzer ist als die Aufbewahrungsfrist, hat § 147 Abs. 3 S. 2 AO erhebliche praktische Bedeutung, weil der Beginn der Festsetzungsfrist nach § 170 Abs. 2 AO um bis zu drei Jahre hinausgeschoben und ihr Ablauf nach § 171 AO zusätzlich gehemmt sein kann und vielfach ist; Beispiele: Beginn der Außenprüfung, der Zoll- oder Steuerfahndung, Feststellung der Besteuerungsgrundlagen mit anschließender Jahresfrist (§ 171 Abs. 4, 5 und 10 AO). Die einseitige Begünstigung der Belange der Finanzverwaltung[51] ist im Interesse der Praxis durch Anordnung des BdF (BStBl. 1977, I 487) abgeschwächt worden; die rechtliche Qualität dieser Anordnung ist ihrerseits zweifelhaft.[52]

e) Folgen der Pflichtverletzung. Die Aufbewahrung ist Gegenstand der Mitwir- **54** kungspflicht des Steuerpflichtigen und deshalb durch **Zwangsgeld** durchsetzbar (vgl. § 238, 76). Es besteht jedoch auch die Möglichkeit, die **Besteuerungsgrundlagen zu schätzen** (§ 162 Abs. 2 AO), weil die Verletzung der Aufbewahrungspflicht von §§ 140, 158 AO umfaßt wird (vgl. auch insoweit § 238, 76). Sie hebt auch die Ordnungsmäßigkeit der Buchführung auf (BFH BStBl. 1956 III 82).[53] Schließlich tritt zur Strafbarkeit wegen eines Bankrottdelikts (Rdn. 46) die Ahndung als **Ordnungswidrigkeit** hinzu (Geldbuße nach § 379 Abs. 1 S. 1 Nr. 2 AO).

---

[49] Verneinend die **h. M.**, vgl. *Tipke/Kruse* § 146, 13 m. w. N.; bejahend aber Hübschmann/Hepp/Spitaler/*Trzaskalik* AO[10] § 146, 37 (Vorlagefähigkeit genügt).

[50] Vgl. die Zusammenstellung bei *Szymczak* Aufbewahrungs- und Buchführungspflichten[2] Rdn. 266–268.

[51] Kritisch z. B. *Hintzen* BB 1977, 342; *Schulze-Osterloh* WM 1977, 606, 611 ff; *Tipke/Kruse*

§ 147, 17; Hübschmann/Hepp/Spitaler/*Trzaskalik* AO[10] § 147, 35.

[52] Dazu *Tipke/Kruse* aaO (Fn. 51); *Trzaskalik* aaO (Fn. 51) 36: Versuch einer Gesetzeskorrektur.

[53] Zu weiteren Einzelheiten vgl. *Tipke/Kruse* § 147, 20 f; Hübschmann/Hepp/Spitaler/*Trzaskalik* AO[10] § 147, 11 ff.

Uwe Hüffer

§ 258
Vorlegung im Rechtsstreit

(1) Im Laufe eines Rechtsstreits kann das Gericht auf Antrag oder von Amts wegen die Vorlegung der Handelsbücher einer Partei anordnen.

(2) Die Vorschriften der Zivilprozeßordnung über die Verpflichtung des Prozeßgegners zur Vorlegung von Urkunden bleiben unberührt.

Übersicht

	Rdn.		Rdn.
I. Regelungsgegenstand und -zweck		1. Voraussetzungen	
1. Normzweck	1	a) Verpflichtung nach bürgerlichem	
2. Verfahrensrechtliche Grundlagen		Recht	
a) Beweisverfahren	2	aa) Überblick	13
b) Verfahrensbeschleunigung	3	bb) Insbesondere: Urkunden-	
II. Gerichtliche Vorlegungsanordnung		einsicht nach § 810 BGB	14
(§ 258 Abs. 1)		cc) Insbesondere: Einsichtnahme	
1. Voraussetzungen		von Gesellschaftern	15
a) Pflicht zur Führung von Handels-		b) Bezugnahme auf Urkunden	16
büchern	4	2. Urkunden als Vorlegungsgegenstand	
b) Rechtsstreit	5	a) Handelsbücher	17
2. Handelsbücher als Vorlegungs-		b) Andere Urkunden	18
gegenstand		3. Gerichtliche Entscheidung	
a) Allgemeines	7	a) Verfahren	19
b) Einzelfragen	8	b) Kein Ermessensspielraum	20
3. Gerichtliche Entscheidung		IV. Weiteres Verfahren	
a) Verfahren	9	1. Bei Vorlegung der Handelsbücher	
b) Entscheidung nach pflichtgemäßem		a) Art und Weise der Vorlegung;	
Ermessen		Einsichtnahme	21
aa) Entscheidung von Amts wegen	10	b) Freie Beweiswürdigung	22
bb) Ermessensausübung	11	2. Bei Nichtvorlegung der Handels-	
III. Vorlegungspflicht nach §§ 422, 423 ZPO		bücher	23
(§ 258 Abs. 2)		V. Verfahren in Steuersachen	24

Schrifttum

(vgl. auch die Angaben vor § 238). *Baltzer* Elektronische Datenverarbeitung in der kaufmännischen Buchführung und Prozeßrecht, GedS Bruns (1980) S. 73; *Goldschmidt* Über Editionspflicht, insbesondere betreffend gemeinschaftliche Urkunden und Handelsbücher, ZHR 29 (1883) 341; *Haeger* Das Recht des Agenten auf Vorlegung der Handelsbücher des Geschäftsherrn im Prozeß, Recht 1909 Sp. 444; *v. Laun* Das richterliche Ermessen bei der Anordnung der Vorlegung der Handelsbücher, ZZP 42 (1912) 1; *Schreiber* Die Urkunde im Zivilprozeß (1982); *Schuppenhauer* Beleg und Urkunde – ganz ohne Papier? – Welche Beweiskraft bietet das elektronische Dokument an sich?, DB 1994, 2041; *Senckpiehl* Die Vorlegung von Handelsbüchern vor Gericht, GesuR 11 (1910) 207; *Siegel* Die Vorlegung von Urkunden im Prozeß (1904).

I. Regelungsgegenstand und -zweck

1. Normzweck

1   § 258 stimmt wörtlich mit § 45 a. F. überein und geht über diese Vorschrift auf Art. 37 ADHGB zurück. Die Norm bezweckt (vgl. Denkschrift 1896 S. 47 f) eine **Ergänzung der §§ 422, 423 ZPO**; wegen des besonderen Beweiswerts der Handelsbücher – in früheren Stadien der Rechtsentwicklung bestand eine (im einzelnen unterschiedlich ausgeprägte) förmliche Beweiskraft, auf deren Sicherung die Buchführungs-vorschriften weitgehend zugeschnitten waren (§ 238, 6) – soll das Gericht nämlich die Möglichkeit haben, ihre Vorlegung auch dann anzuordnen, wenn eine Vorlegungs-pflicht nach §§ 422, 423 ZPO nicht besteht und deshalb für eine Entscheidung nach § 425 ZPO kein Raum ist. Daneben ist § 258 aufgrund seiner unbestimmten, so in Art. 37 ADHGB noch nicht enthaltenen Fassung (Handelsbücher „einer Partei" statt Handelsbücher „der Gegenpartei") eine Bedeutung im Rahmen der Verfahrens-beschleunigung zugewachsen. Nach § 142 ZPO kann das Gericht nämlich von Amts wegen anordnen, daß die beweisbelastete Partei solche Urkunden vorlegt, auf die sie Bezug genommen hat; aus § 258 ergibt sich, daß diese Anordnungsbefugnis jedenfalls bei Handelsbüchern auch ohne Bezugnahme gegeben ist. Die Einzelheiten erschließen sich aus dem prozeßrechtlichen Umfeld des § 258 (vgl. Rdn. 2 f).

2. Verfahrensrechtliche Grundlagen

a) Beweisverfahren. Zu unterscheiden ist, ob der *Kaufmann Beweisführer* oder **2** Prozeßgegner des Beweisführers ist. Für den Kaufmann als Beweisführer gilt: § 258 ist für ihn bedeutungslos, weil er den Beweis nur antreten kann, indem er seine Handels-bücher von sich aus vorlegt (§ 420 ZPO). Eine gerichtliche Anordnung ergäbe also unter beweisrechtlichen Aspekten (zur Verfahrensbeschleunigung vgl. Rdn. 3) keinen Sinn. Anders liegt es, wenn der *Kaufmann Prozeßgegner* des Beweisführers ist und dieser den Beweis aus den Handelsbüchern seines Kontrahenten führen will. In die-sem Fall wird der Beweis durch Vorlegungsantrag angetreten (§ 421 ZPO), der nach allgemeinen Grundsätzen nur Erfolg haben kann, wenn eine bürgerlich-rechtliche Vorlagepflicht besteht (§ 422 ZPO) oder wenn der Kaufmann selbst auf seine Han-delsbücher Bezug genommen hat (§ 423 ZPO). Den Vorlegungsantrag zu stellen, bleibt dem Beweisführer unbenommen (§ 258 Abs. 2). Das Gericht kann die Vor-legung aber auch von sich aus anordnen, ohne an die genannten Voraussetzungen gebunden zu sein (§ 258 Abs. 1).

b) Verfahrensbeschleunigung. Nach § 142 Abs. 1 ZPO kann das Gericht in oder **3** aufgrund mündlicher Verhandlung von Amts wegen anordnen, daß eine Partei Ur-kunden vorlegt, die sich in ihrem Gewahrsam befinden; der Gesetzeswortlaut verlangt überdies, daß sich die Partei auf die Urkunden bezogen hat. Handelsbücher sind Urkunden im Sinne unmittelbarer oder (Mikroverfilmung; EDV-Einsatz, vgl. Rdn. 17) analoger Anwendung der Vorschrift. Für das Verständnis der Norm ist wiederum (vgl. schon Rdn. 2) zu unterscheiden, ob der Kaufmann Beweisführer oder Prozeßgegner des Beweisführers ist. Wenn der *Kaufmann Beweisführer* ist, braucht das Gericht den Beweisantritt durch freiwillige Vorlage der Handelsbücher (§ 420 ZPO; vgl. Rdn. 2) nicht abzuwarten; es kann von sich aus tätig werden, indem es die Vorlage aufgibt.[1] Weil § 258 Abs. 1 nicht voraussetzt, daß sich der Kaufmann auf seine Bücher bezogen hat, ist diese Bezugnahme auch im Rahmen des § 142 Abs. 1 ZPO entbehrlich;[2] die Vorschrift ist also im Geltungsbereich des § 258 Abs. 1 einschränkend auszulegen. Soweit es um Handelsbücher geht, kann deshalb offenbleiben, ob sich aus § 273 Abs. 2 Nr. 1 ZPO der naheliegende Schluß ziehen läßt, daß die Bezugnahme auch im Rahmen des § 142 Abs. 1 ZPO entbehrlich geworden ist, weil es kaum einleuchtet, daß dem Gericht in der einen mündlichen Verhandlung die Maßnahme verwehrt sein soll, die es bei der Vorbereitung der nächsten mündlichen Verhandlung ohne weiteres treffen

---

[1] Stein/Jonas-*Leipold* § 142, 1.
[2] Darüber besteht Einigkeit, vgl. *Hartmann* in

Baumbach/Lauterbach/Albers/Hartmann § 142, 1;
Stein/Jonas-*Leipold* § 142, 2.

Uwe Hüffer

könnte.[3] Ist der *Kaufmann Prozeßgegner* des Beweisführers, so kann die Vorlage-anordnung nicht in allen Fällen auf § 142 Abs. 1 ZPO gestützt werden. Auch in diesem Fall kann das Gericht zwar von sich aus die Initiative ergreifen, braucht also nicht den Beweisantritt durch Antrag nach § 421 ZPO abzuwarten. Es bleibt aber grundsätzlich an die Voraussetzungen der §§ 422, 423 ZPO gebunden.[4] Nur im Ausnahmefall des § 258 Abs. 1 darf sich das Gericht über die allgemeinen Voraussetzungen der Vorlage-pflicht hinwegsetzen, weil es für die Handelsbücher auf sie nicht ankommt. Dasselbe gilt bei der Terminsvorbereitung nach § 273 Abs. 2 Nr. 1 ZPO. Die im Rahmen des § 258 beachtlichen Grenzen (keine Aufklärung des Sachvortrags, vgl. Rdn. 11 f) sind auch bei einer Entscheidung aufgrund der §§ 142, 273 Abs. 1 Nr. 1 ZPO zu beachten (*Schreiber* aaO [Fn. 3] S. 81).

II. Gerichtliche Vorlegungsanordnung (§ 258 Abs. 1)

1. Voraussetzungen

4 **a) Pflicht zur Führung von Handelsbüchern.** § 258 Abs. 1 bezeichnet seinen Adressaten nicht ausdrücklich. Früher wurde dazu angenommen, daß die Vorlegungs-anordnung nur gegen Vollkaufleute gerichtet werden durfte.[5] Richtig war daran, daß Minderkaufleute nicht buchführungspflichtig waren (§ 4 Abs. 1) und folglich aus dem Anwendungsbereich der Vorschrift ausschieden; das galt auch dann, wenn sie Ge-schäftsbücher führten, die Handelsbüchern ganz oder teilweise vergleichbar waren[6] (vgl. aber noch Rdn. 18 zu § 258 Abs. 2). § 258 richtet sich jedoch gegen alle Personen und Gesellschaften, die buchführungspflichtig sind (näher § 238, 7 ff, 11), und war folglich nach der früheren Gesetzeslage auch dann anwendbar, wenn keine Kauf-mannseigenschaft bestand, aber die Voraussetzungen der Anmeldepflicht nach § 2 a. F. erfüllt waren; das ergab sich aus Wortlaut, Zweck und systematischer Stellung des früheren § 262. Mit der Aufhebung dieser Vorschrift (s. dort Rdn. 1) hat sich an dieser Gesetzeslage im Ergebnis nichts geändert; vielmehr folgt schon aus § 1 Abs. 2, daß es für die Vorlegungsanordnung nur auf das Erfordernis einer kaufmännischen Betriebs-organisation ankommt.

5 **b) Rechtsstreit.** Das Gericht kann die Vorlegung der Handelsbücher im Laufe eines Rechtsstreits anordnen. Gemeint sind *alle bürgerlichen Rechtsstreitigkeiten* i. S. d. § 13 GVG, die der *ZPO als Verfahrensordnung* unterliegen, einschließlich der Verfahren vor den Arbeitsgerichten (vgl. §§ 2, 46, 80 ArbGG).[7] Der Rechtsstreit muß also nicht eine Handelssache i. S. d. § 95 GVG betreffen (RGZ 69, 20, 21 f).[8] Vielmehr kommt die Vorlage der Handelsbücher z. B. auch in Unterhaltssachen in Betracht (RG WarnRspr. 1922, 62), ferner in entsprechender Anwendung des § 258 im Spruchstel-lenverfahren (BayObLG DB 1993, 1027). § 258 soll auch im Schiedsverfahren an-wendbar sein (ADS[6] § 258, 2; Beck BilKomm-*Budde/Kunz* 1; *Küting/Weber*[4] 1). Das ist unscharf; denn soweit das Verfahren nicht durch Parteivereinbarung geregelt ist, erhebt das Schiedsgericht die Beweise nach seinem Verfahrensermessen (§ 1042 Abs. 4

[3] BAG DB 1976, 1020; Stein/Jonas-*Leipold* § 142, 2; *Prütting* NJW 1980, 361, 363; *Schreiber* S. 77 f; **a. M.** *Hartmann* in Baumbach/Lauterbach/Albers/ Hartmann § 142, 9.

[4] Stein/Jonas-*Leipold* § 142, 3; *Schreiber* aaO (Fn. 3) S. 78.

[5] ADS[6] 5; zutreffend war dieser Standpunkt bis zum Inkrafttreten des § 47b a. F. (1976).

[6] RG SeuffA 59, 81; RG JW 1903, 421 Nr. 7.

[7] ADS[6] 2; *Wiedmann* 2.

[8] Vgl. weiter RG Recht 1915 Nr. 2338; OLG Colmar OLGR 16, 85; früher str. aufgrund abwei-chender Gesetzeslage (Art. 34 Abs. 1 ADHGB), vgl. noch die Darstellung bei *Düringer/Hachen-burg/Lehmann*[3] § 45, 2.

ZPO). Daß es in diesem Rahmen die Vorlage von Handelsbüchern anordnen kann, versteht sich von selbst[9] und wäre auch dann richtig, wenn es § 258 nicht gäbe. Nicht anwendbar ist § 258 jedoch im Verfahren der freiwilligen Gerichtsbarkeit, erst recht nicht im Strafprozeß. Zu Vermögensauseinandersetzungen im Verfahren der freiwilligen Gerichtsbarkeit vgl. noch § 260, 2; zu Handelsbüchern als Gegenstand des Beschlagnahmeverfahrens nach §§ 94 ff StPO s. OLG Bremen NJW 1976, 585; zum Verfahren in Steuersachen unten Rdn. 24.

Die Anordnungsbefugnis besteht, sobald und solange der Rechtsstreit „läuft". Weil **6** die Vorlage der Handelsbücher Beweiszwecken dient (vgl. schon Rdn. 2 f), ist für den Beginn der Anordnungsbefugnis der Eintritt der **Rechtshängigkeit** zu fordern (§§ 261, 696 Abs. 3 ZPO). Sie besteht, solange Beweise erhoben werden können, also bis zum **Schluß der letzten Tatsachenverhandlung**, auch im Berufungsverfahren, dagegen nicht mehr in der Revisionsinstanz. Nur gegen eine Partei des Rechtsstreits kann sich die Vorlegungsanordnung richten; der Buchführungspflichtige muß also Kläger oder Beklagter sein. Kläger ist auch der sogenannte Hauptintervenient (§ 64 ZPO). Dagegen erwirbt der Nebenintervenient (§ 66 ZPO) keine Parteieigenschaft. Weder gegen ihn noch gegen sonstige Dritte kann sich deshalb eine Anordnung nach § 258 Abs. 1 richten. Kommt es auf den Inhalt ihrer Handelsbücher an, so sind sie darüber als Zeugen zu vernehmen.[10]

2. Handelsbücher als Vorlegungsgegenstand

a) Allgemeines. Das Gericht kann anordnen, daß ihm die Handelsbücher vorge- **7** legt werden. Der Begriff ist ebenso zu bestimmen wie für §§ 238 Abs. 1 S. 1, 257 Abs. 1 Nr. 1. Als Vorlegungsgegenstand kommen deshalb alle urkundlichen oder nichturkundlichen (vgl. noch Rdn. 17) Informationsträger in Betracht, die nach der Bestimmung des Buchführungspflichtigen dazu bestimmt und nach den GoB geeignet sind, seine Handelsgeschäfte und die Lage seines dem Unternehmen gewidmeten Vermögens ersichtlich zu machen (§ 238, 32). Die Technik der Buchführung ist dabei ohne Bedeutung; namentlich sind Bild- oder Datenträger, also Foto- oder Mikrokopien, Lochkarten, Disketten oder Magnetbänder, als solche vorzulegen, wenn das Gericht es verlangt (vgl. aber noch Rdn. 11 a. E.). Das folgt schon aus der Prüfungsbefugnis des Gerichts (§ 259 S. 2) und wird bei der Begründung ergänzender Pflichten in § 261 als selbstverständlich vorausgesetzt. *Keine Handelsbücher* sind die sonstigen der Aufbewahrungspflicht des § 257 unterliegenden Aufzeichnungen und Unterlagen, namentlich nicht die Korrespondenz und nicht die Buchungsbelege, sofern diese nicht die Handelsbücher darstellen (Loseblattsystem). Insoweit kann sich eine Vorlegungspflicht nur unter den Voraussetzungen der §§ 422, 423 ZPO i. V. m. § 258 Abs. 2 ergeben (vgl. Rdn. 18).

b) Einzelfragen. Der *Ablauf der Zehnjahresfrist* des § 257 Abs. 4 hebt die Eigen- **8** schaft als Handelsbuch nicht auf; noch vorhandene Handelsbücher unterliegen deshalb der Vorlegungspflicht (ADS[6] 6). Vernichtete Handelsbücher können naturgemäß nicht mehr vorgelegt werden. Die *zulässige Vernichtung* ist aber auch nicht geeignet, eine Umkehr der Beweislast zu bewirken.[11] Richtig ist nur, daß dem Buchführungspflichtigen aus der zulässigen Vernichtung keine Beweisnachteile erwachsen dürfen, so

---

[9] Vgl. noch zur früheren Gesetzeslage (§ 1034 Abs. 2 ZPO a. F.) *Henn* Schiedsverfahrensrecht (1986) S. 143; *Maier* Hdb. der Schiedsgerichtsbarkeit (1979) Rdn. 349; Stein/Jonas-*Schlosser* § 1034, 12 ff, 16.

[10] ADS[6] 3; Heymann/*Walz*[2] 2; *Küting/Weber*[4] 5.
[11] ADS[6] 6; KK-*Claussen/Korth* HGB § 258, 6.

Uwe Hüffer

daß sein Gegner, wenn er die Beweislast trägt, bei einer durch die Vernichtung bedingten Beweislosigkeit den Prozeß verlieren muß (BGH WM 1972, 281 f li. Sp.). Handelsbücher sind nicht nur die unbedingt erforderlichen, sondern *alle tatsächlich vorhandenen* Aufzeichnungen des Kaufmanns, wenn sie unter den in Rdn. 7 definierten Begriff
fallen (ROHG 2, 126, 130). Das *Tagebuch* des Handelsmaklers (§ 100) ist kein Handelsbuch (§ 238, 33), unterliegt jedoch der teilweise vergleichbaren Vorlegungspflicht
des § 102. Dasselbe gilt für das Tagebuch des Kursmaklers, weil er Handelsmakler ist.

3. Gerichtliche Entscheidung

9   **a) Verfahren.** § 258 Abs. 1 gibt dem Gericht eine Anordnungsbefugnis, ohne sein
Verfahren zu regeln. Weil die vorgelegten Handelsbücher Beweismittel sind, entspricht die Anordnung im Ergebnis einem Beweisbeschluß (§§ 358, 425 ZPO). Sie
erfolgt deshalb durch den Beschluß des Spruchkörpers, der verkündet oder zugestellt
werden muß. Eine besondere Kostenentscheidung ergeht nicht. Beschwerde ist nicht
statthaft (§ 355 Abs. 2 ZPO analog). Wenn das Verfahren zusätzlich oder allein auf
§ 142 ZPO gestützt wird (vgl. Rdn. 3), ergeben sich keine Abweichungen. Weil die
Handelsbücher Urkunden i. S. d. § 273 Abs. 2 Nr. 1 ZPO sind (Rdn. 3), bleiben Recht
und Pflicht des Vorsitzenden unberührt, zwecks Vorbereitung der mündlichen Verhandlung die Vorlegung durch prozeßleitende Verfügung anzuordnen; auch diese Verfügung ist nicht selbständig angreifbar.

10   **b) Entscheidung nach pflichtgemäßem Ermessen. aa) Entscheidung von Amts
wegen.** Das Gericht ordnet die Vorlegung nach § 258 Abs. 1 auf Antrag oder von
Amts wegen an. Die erste Variante stammt noch aus Art. 37 S. 1 ADHGB (vgl. Rdn. 1)
und ist seither durch die zweite Variante bedeutungslos geworden. Eine gleichwohl als
Antrag bezeichnete Erklärung ist als Anregung aufzufassen, der das Gericht folgen
kann, aber nicht muß. Die Vorlage darf selbst gegen den Willen beider Parteien angeordnet werden.[12] Das Gericht entscheidet also allein nach seinem pflichtgemäßen
Ermessen.

11   **bb) Ermessensausübung.** Das Ermessen muß zunächst überhaupt ausgeübt sein;
es stellt also einen Verfahrensfehler dar, wenn das Gericht die Möglichkeit, die Vorlage
der Handelsbücher nach § 258 Abs. 1 anzuordnen, verkannt hat (RG Sächs. Arch. 14
[1904] 90, 92). Bei seiner Entscheidung hat das Gericht in erster Linie zu beachten, daß
die Handelsbücher, wenn sie vorgelegt werden, nichts als Beweismittel sind. Es müssen deshalb die Voraussetzungen einer Beweiserhebung durch Einsichtnahme in die
Bücher erfüllt sein. Das bedeutet: Eine Partei muß bestimmte Tatsachen hinlänglich
substantiiert behauptet haben; die behaupteten Tatsachen müssen für die Entscheidung des Rechtsstreits von Bedeutung sein, müssen also die Schlüssigkeit der Klage
oder die Erheblichkeit von Einwendungen ergeben; sie müssen hinlänglich substantiiert bestritten und dürfen nicht schon anderweitig bewiesen sein; die Handelsbücher
müssen geeignet erscheinen, den Beweis für das Vorliegen oder Nichtvorliegen dieser
Tatsachen zu erbringen. Unzulässig wäre es namentlich, die Vorlegung der Handelsbücher schon dann anzuordnen, wenn sich der Prozeßgegner des Kaufmanns daraus
das Material für eine substantiierte Sachdarstellung erst zusammensuchen will.[13]
Soweit erkennbar, ist nicht entschieden, in welchem **Umfang** „die Handelsbücher"

---

[12] *Düringer/Hachenburg/Lehmann*[3] § 45, 3.
[13] Vgl. dazu RG JW 1902, 545 Nr. 10; RG LZ 1916
Sp. 148 Nr. 15; OLG Colmar OLGR 16, 85;
OLG Posen OLGR 10, 238; ADS[6] 7; Beck Bil-
Komm-*Budde/Kunz* 2; *Haeger* Recht 1909, 444
(Handelsvertreter); *v. Laun* ZZP 42 (1912) 1, 6;
Siegel 119.

dem Gericht vorzulegen sind. Die Frage ist von derjenigen nach dem Umfang des Einsichtsrechts (§ 259) zu unterscheiden und stellt sich namentlich dann, wenn ohne Beschränkung umfängliches Material in den Prozeß eingeführt werden müßte. Maßgeblich ist auch insoweit das pflichtgemäße richterliche Ermessen. Sinnvoll und geboten ist es, schon die Vorlegungspflicht von vornherein auf diejenigen Teile der Handelsbücher zu beschränken, aus denen sich die von einer Partei behaupteten Tatsachen nach Zeitpunkt, Art und beteiligten Personen überhaupt ergeben können; ergeben sich bei der gerichtlichen Prüfung an der ordnungsmäßigen Führung der Bücher Zweifel (§ 259 S. 2), so steht einer ergänzenden Vorlegungsanordnung nichts im Wege. Wenn das Gericht es verlangt, muß der Kaufmann seine Unterlagen im Original vorlegen (vgl. schon Rdn. 7). Das Gericht begeht aber keinen Verfahrensfehler, wenn es auf die Vorlegung im Original verzichtet, weil es keinen Anlaß sieht, an der Richtigkeit bereits übergebener, womöglich notariell beglaubigter Auszüge zu zweifeln und deshalb eine Tatsache schon als bewiesen annimmt; das gilt jedenfalls, wenn die Vorlage der Handelsbücher mit besonderen Schwierigkeiten verbunden wäre (RGZ 15, 379, 381).

Einzelfälle. Wenn der Kommissionär den Kommittenten auf Zahlung der Provision in Anspruch nimmt und die Vornahme von Einkäufen beweist, die seinem Auftrag entsprechen, kann die Vorlage der Handelsbücher nicht allein deshalb angeordnet werden, weil der Kommittent die bloße Möglichkeit des Einkaufs für eigene Rechnung des Kommissionärs oder für andere Kommittenten in den Raum stellt (RGZ 18, 20, 24 f). Vorlage des Börsentagebuchs kann der Kommittent vom Kommissionär nicht mit dem Ziel verlangen, eine angeblich gegenüber allen Kunden geübte Geschäftspraxis (ständige Abweichung von berechneten und erzielten Kursen) festzustellen (RG JW 1896, 699). Fordert der Verkäufer vom Käufer Schadensersatz wegen vertragswidrigen Weiterverkaufs einer zum Export bestimmten Ware im Inland und ist diese Ware nach Art und Menge genau bezeichnet, so darf dem Käufer die Vorlage der Handelsbücher aufgegeben werden (RG JW 1906, 171 Nr. 17). Wer als Käufer auf Schadensersatz wegen Nichtzahlung und Nichtabnahme verklagt wird und sich gegenüber dem klagenden Verkäufer darauf beruft, dieser habe andere Kunden vertragswidrig vorgezogen, kann nicht die Vorlage der Handelsbücher verlangen, um die angeblichen Vertragswidrigkeiten erst festzustellen (RG LZ 1926 Sp. 1258 Nr. 3). Verlangt der Handelsvertreter Provision, so ist die Vorlage der Handelsbücher nicht anzuordnen, wenn er bestimmte Behauptungen zur Unvollständigkeit der ihm erteilten Buchauszüge nicht aufstellen kann; es ist seine Sache, die einzelnen angeblich provisionspflichtigen Geschäfte nach Vertragspartner, Zeit und Inhalt genau anzugeben; Vorlage der Handelsbücher zwecks Durchmusterung ist unzulässig (OLG Jena LZ 1918 Sp. 521).

III. Vorlegungspflicht nach §§ 422, 423 ZPO (§ 258 Abs. 2)

1. Voraussetzungen

a) Verpflichtung nach bürgerlichem Recht. aa) Überblick. Gem. § 258 Abs. 2 bleiben die Vorschriften der ZPO unberührt, nach denen der Prozeßgegner des Beweisführers dem Gericht Urkunden vorzulegen hat. Die bei der Revision des Handelsrechts 1897 als § 45 Abs. 2 a. F. in den Gesetzestext aufgenommene Bestimmung bezweckt nur eine Klarstellung (Denkschrift 1896 S. 48). § 258 Abs. 2 bezieht sich auf §§ 422, 423 ZPO. **§ 422 ZPO** umschreibt den Tatbestand der prozeßrechtlichen Vorlegungspflicht wiederum nicht selbst, sondern verweist auf die Vorschriften des bürgerlichen Rechts über Herausgabe oder Vorlegung von Urkunden; gemeint sind damit die

Vorschriften des materiellen Zivilrechts einschließlich des Handels- und Gesellschafts-rechts. Als Grundlage eines Herausgabeanspruchs kommen im wesentlichen in Be-tracht: §§ 985, 952 BGB sowie die schuldrechtlichen Auslieferungsansprüche der §§ 402, 444, 667 BGB (erweitert durch §§ 681 S. 2, 713 BGB) und des § 384 Abs. 2, 2. Halbsatz HGB. Ein Recht auf Einsichtnahme gewähren vor allem §§ 259, 666, 716, 809, 810 BGB, §§ 118, 157, 166, 233 HGB, § 51a GmbHG.

14   **bb) Insbesondere: Urkundeneinsicht nach § 810 BGB.** Praktische Bedeutung bei der Vorlegung von Handelsbüchern als Beweismittel kann insbesondere das in § 810 BGB begründete Einsichtsrecht erlangen. Das Recht richtet sich auf die Einsicht-nahme in Urkunden (dazu Rdn. 17 f), setzt ein rechtliches Interesse an der Einsicht-nahme voraus und fordert überdies alternativ, daß die Urkunde im Interesse des Anspruchstellers errichtet ist, daß sie ein Rechtsverhältnis zwischen ihm und dem Inhaber der Aufzeichnung beurkundet oder daß sie Verhandlungen über ein Rechts-geschäft zwischen den Beteiligten enthält. Die zweite Variante (Beurkundung eines Rechtsverhältnisses) bildet den Hauptfall des § 810 BGB. Die Vorschrift ist nach allg. M. nicht eng auszulegen.[14] Nicht der Zweck, sondern der Inhalt der Urkunde ent-scheidet. Dabei genügt eine unmittelbare rechtliche Beziehung des Urkundeninhalts zu dem in Frage stehenden Rechtsverhältnis,[15] konkret eine entsprechende Beziehung der Handelsbücher zur materiell-rechtlichen Klagegrundlage. Eine solche Beziehung wird in der Judikatur z. B. bejaht, wenn der Kläger hinreichend substantiiert für einen Provisionsanspruch vorgetragen hat und aufgrund der Handelsbücher die provisions-pflichtigen Umsätze ermittelt werden sollen.[16] Entsprechendes muß bei anderen umsatzabhängigen Ansprüchen gelten.

15   **cc) Insbesondere: Einsichtnahme von Gesellschaftern.** Die Gesellschafter einer Personengesellschaft oder einer GmbH haben ein von den Voraussetzungen des § 810 BGB unabhängiges Recht auf Einsichtnahme in die Handelsbücher, solange ihre Mit-gliedschaft besteht (§ 716 BGB; §§ 118, 166, 233 HGB; § 51a GmbHG). Dieses Recht kann selbständig ausgeübt werden; es ergibt aber auch die Grundlage der prozeßrecht-lichen Vorlegungspflicht nach § 422 ZPO. Sie kann ausnahmsweise (vorzugswürdig ist regelmäßig Stufenklage) praktische Bedeutung erlangen, wenn der Gesellschafter einen bestimmten ihm angeblich vorenthaltenen Gewinnbetrag mit der Klage fordert und seinen Anspruch aus den Handelsbüchern beweisen will. Denkbar und unter § 422 ZPO zu subsumieren ist auch der umgekehrte Fall, daß der Gesellschafter auf Leistung von Beiträgen in Anspruch genommen wird und bereits erfolgte Leistungen (Zahlung; Umwandlung von Darlehen in Einlage; Stehenlassen von Gewinnen) aus den Büchern zu beweisen sucht. Vom Ausnahmefall des Erben in § 157 abgesehen, erlischt das gesellschaftsrechtlich fundierte Einsichtsrecht mit dem Ausscheiden.[17] Dem ausgeschiedenen Gesellschafter oder seinen Erben kann aber noch unter den Voraussetzungen des § 810 BGB ein Einsichtsrecht zustehen (Rdn. 14).

16   **b) Bezugnahme auf Urkunden.** Gem. § 423 ZPO ist der Prozeßgegner des Beweisführers ohne Rücksicht auf eine materiell-rechtliche Pflicht (Rdn. 13 ff) zur Vorlegung solcher Urkunden verpflichtet, auf die er sich selbst bezogen hat, sei es

---

[14] RGZ 56, 109, 112; RGZ 87, 10, 14 f; RGZ 117, 332 f; BGHZ 55, 201, 203 = NJW 1971, 656; BGH LM BGB § 810 Nr. 5; MünchKommBGB-*Hüffer* § 810, 7.

[15] RGZ 56, 109, 112; BGHZ 55, 201, 203 = NJW 1971, 656; *Hüffer* aaO (Fn. 14).

[16] RGZ 87, 10, 12; BGHZ 55, 201, 203 = NJW 1971, 656.

[17] RGZ 117, 332 f; BGHZ 50, 316, 324 = NJW 1968, 2003; OLG Frankfurt BB 1982, 143; Münch-KommBGB-*Ulmer* § 716, 10; *Hüffer* ebd. § 810, 2. Vgl. zu dieser Problematik schon das Gutach-ten von *Goldschmidt* ZHR 29 (1883), 341.

auch nur in einem vorbereitenden Schriftsatz. Die Bezugnahme muß allerdings zum Zweck der Beweisführung erfolgt sein. Die Vorschrift ist notwendig, weil sich eine Partei sonst folgenlos zu Unrecht darauf berufen dürfte, daß sie mit der Urkunde ein besonders aussagefähiges Beweismittel in ihren Händen hält, hat aber jedenfalls für Handelsbücher keine aus der Judikatur nachweisbare praktische Bedeutung erlangt.

2. Urkunden als Vorlegungsgegenstand

a) Handelsbücher. Die §§ 422, 423 ZPO beziehen sich auf die Vorlegung von **17** Urkunden. Das sind nach dem *prozeßrechtlichen Urkundenbegriff* durch Niederschrift verkörperte Gedankenerklärungen.[18] Diesem Erfordernis genügen Handelsbücher dann, wenn sie schriftlich, auch in Loseblattform, geführt werden. Dagegen lassen sich *Bild- und Datenträger*, wie sie durch §§ 239 Abs. 4, 257 Abs. 3 für die Führung und Aufbewahrung der Handelsbücher zugelassen werden, mangels Schriftlichkeit nicht unter den Urkundenbegriff subsumieren.[19] Der Umfang der Vorlegungspflicht darf jedoch nicht davon abhängen, für welche Technik sich der Buchführungspflichtige entscheidet. Auch die in § 261 begründete Hilfspflicht zum Ausdruck oder zur Reproduktion auf Daten- oder Bildträgern gespeicherter Aufzeichnungen (Einzelheiten: § 261, 7 ff) löst das Problem nicht vollständig, weil sich das Gericht nicht von der ordnungsmäßigen Führung der Bücher überzeugen könnte, wenn es sich damit zufrieden geben müßte (vgl. aber § 259 S. 2). Die Rechtsentwicklung nach dem Inkrafttreten von § 45 a. F. hat deshalb zu einer planwidrigen, durch die unveränderte Fortschreibung der Norm in § 258 nicht korrigierten Regelungslücke geführt; sie ist für die Vorlegung von Handelsbüchern durch analoge Anwendung der §§ 422, 423 ZPO zu schließen (vgl. auch noch Rdn. 24 zum Urkundenbegriff in Steuersachen); **a. M.**, nämlich für Augenscheinsbeweis, *Baltzer* aaO (Fn. 18) S. 85 ff.

b) Andere Urkunden. Weil die §§ 422, 423 ZPO nicht nur Handelsbücher, son- **18** dern sämtliche Urkunden betreffen, begründen sie i. V. m. § 258 Abs. 2 auch eine Vorlegungspflicht hinsichtlich des übrigen nach § 257 aufbewahrungspflichtigen Schriftguts, namentlich hinsichtlich der *Handelskorrespondenz* und der *Buchungsbelege*. Der Kreis der vorlegungspflichtigen Papiere ist also gegenüber § 258 Abs. 1 erweitert. In diesem Rahmen kann auch die Vorlegung der Geschäftsbücher eines Gewerbetreibenden ohne Kaufmannseigenschaft verlangt werden (zu § 258 Abs. 1 vgl. Rdn. 4).[20] Handelsrechtlich relevante Einzelfälle: Ein Gläubiger der AG kann Einsicht in Sitzungsniederschriften und folglich deren Vorlegung bei Gericht fordern, wenn er nach §§ 93 Abs. 5, 116, 117 Abs. 5 AktG vorgeht (LG Köln AG 1977, 76). Einen Vorlegungsanspruch haben auch ausgeschiedene Organmitglieder, wenn sie von der Gesellschaft auf Schadensersatz in Anspruch genommen werden (OLG Frankfurt WM 1980, 1246, 1247 f für ausgeschiedene Aufsichtsratsmitglieder einer liquidierenden KG).[21]

---

[18] BGHZ 65, 300 f = NJW 1976, 294; *Hartmann* in Baumbach/Lauterbach/Albers/Hartmann vor § 415, 3; MünchKommBGB-*Hüffer* § 810, 3; *Schreiber* S. 77 f.

[19] *Baltzer* GedS Bruns (1980) S. 73, 80; *Lang* Ton- und Bildträger (1960) S. 104; *Schreiber* aaO (Fn. 18) S. 35 m. w. N. in Fn. 98.

[20] *Brüggemann* Voraufl. § 45, 5; *Düringer/Hachenburg/Lehmann*³ § 45, 6; a. M. wohl RG JW 1903, 421 Nr. 7.

[21] Vgl. auch RG LZ 1908, Sp. 448 Nr. 22 (ehemaliger Vorstand einer AG); ADS⁶ 11.

Uwe Hüffer

3. Gerichtliche Entscheidung

19   **a) Verfahren.** Die §§ 422, 423 ZPO bilden nur ein Teilstück des in den §§ 421 ff ZPO insgesamt geregelten Vorlegungsverfahrens. Es ist deshalb Sache des Beweisführers, gegen den Buchführungspflichtigen als seinen Prozeßgegner den *Antrag auf Vorlegung* der Handelsbücher (Rdn. 17) oder anderer Urkunden (Rdn. 18) zu stellen. Den Inhalt des Vorlegungsantrags regelt § 424 ZPO durch Sollvorschrift. Sobald ein Rechtsstreit mit weitergehendem Antrag anhängig ist, kann der Beweisführer die Vorlegung der Urkunden durch seinen Prozeßgegner nur noch im Verfahren nach §§ 421 ff ZPO geltend machen, also nicht mehr durch Klage (OLG Frankfurt WM 1980, 1246 ff re. Sp. m. w. N.). Das Gericht entscheidet über den Antrag durch *Beweisbeschluß* nach § 425 ZPO, wenn es ihn für begründet hält, gegebenenfalls nach Vernehmung gem. § 426 ZPO. Wenn das Gericht die Vorlegungspflicht verneint, kann es die Zurückweisung des Antrags im *Endurteil*, aber auch in einem *Zwischenurteil* nach § 303 ZPO aussprechen. Gesonderte Kostenentscheidung ergeht nicht. Rechtsmittel sind nur gegen das Endurteil, also nicht gegen die Entscheidung im Vorlegungsverfahren (Beweisbeschluß oder Zwischenurteil) gegeben.

20   **b) Kein Ermessensspielraum.** Anders als bei der Vorlegung der Handelsbücher nach § 258 Abs. 1 (vgl. Rdn. 11 f) hat das Gericht im Rahmen des § 258 Abs. 2 keinen Ermessensspielraum. Das Gericht muß die Vorlage der Handelsbücher also anordnen, wenn es die Voraussetzungen der §§ 422, 423 ZPO für gegeben hält (vgl. schon Denkschrift 1896 S. 48). Ein Ermessensspielraum ist schon nach dem Gesetzeswortlaut nicht eingeräumt und würde die materiell-rechtlichen, während des Rechtsstreits nicht selbständig ausübbaren Einsichtsbefugnisse (Rdn. 19) sachwidrig verkürzen. Wenn der Antrag zu Unrecht übergangen wird, liegt ein wesentlicher Verfahrensmangel i. S. d. § 539 ZPO vor (OLG Frankfurt WM 1980, 1246 f li. Sp., 1248).

IV. Weiteres Verfahren

1. Bei Vorlegung der Handelsbücher

21   **a) Art und Weise der Vorlegung; Einsichtnahme.** Die Handelsbücher sind nicht der Gegenpartei, sondern dem Gericht vorzulegen (§ 355 Abs. 1 S. 1 ZPO). § 811 BGB gilt im Rahmen der prozessualen Vorlegung auch dann nicht, wenn sie ihre Rechtsgrundlage in § 810 BGB, § 422 ZPO, § 258 Abs. 2 hat (OLG Frankfurt WM 1980, 1246, 1248). Vorzulegen ist also an der Gerichtsstelle. Das Gericht kann die Handelsbücher aber auch dort einsehen, wo sie aufbewahrt werden, allerdings nur, wenn dies nach seinem pflichtgemäßen Ermessen erforderlich ist (§ 219 Abs. 1, 3. Fall ZPO). Das kann bei besonders umfangreichem Aktenmaterial und auch dann in Frage kommen, wenn die Handelsbücher nur mit besonderen technischen Hilfsmitteln lesbar gemacht werden können (vgl. § 261). Stattdessen kann die Vorlegung nach Wahl des Gerichts auch vor dem beauftragten oder ersuchten Richter stattfinden (§ 434 ZPO). Vorzulegen sind die Handelsbücher im Original, und zwar ohne Rücksicht auf die jeweilige Technik der Buchführung (vgl. schon Rdn. 7). Mit beglaubigten Auszügen darf sich das Gericht begnügen, soweit es gem. § 258 Abs. 1 nach pflichtgemäßem Ermessen entscheidet (Rdn. 11 a. E.), nicht dagegen, soweit der Antragsteller einen Anspruch auf Vorlegung der Handelsbücher hat (§ 258 Abs. 2). Die Einsichtnahme erfolgt unter Zuziehung der Parteien, soweit der Inhalt der Handelsbücher den Streitpunkt betrifft; ohne ihre Mitwirkung nimmt das Gericht weitergehend Einsicht, um sich von der Ordnungsmäßigkeit der Buchführung zu überzeugen (§ 259; vgl. dort Rdn. 10 und § 261, 12).

b) Freie Beweiswürdigung. Das Gericht würdigt das Ergebnis seiner Einsicht- **22** nahme in die Handelsbücher nach freier Überzeugung (§ 286 ZPO).[22] Das gilt auch für den Einfluß, den äußere Mängel der Buchführung wie Durchstreichungen, Radierungen, Einschaltungen (§ 419 ZPO) oder mangelnde Ordnung und Sicherung gegen Verlust eines Loseblattsystems, unzureichende technische Sicherung eines Datenbestandes, unklare oder unvollständige Arbeitsanweisungen oder andere Mängel einer EDV-gestützten Buchführung auf deren Beweiskraft ausüben. Besondere Beweisregeln nach dem Vorbild der Art. 34 ff ADHGB gibt es seit deren Aufhebung durch § 13 EGZPO nicht; namentlich ist auch § 416 ZPO nicht einschlägig, weil die Bücher als solche nicht unterschrieben werden. Daß eine bestimmte Tatsache aus den Handelsbüchern belegt werden kann oder nicht belegt werden kann, hat auch nicht die Bedeutung eines prima-facie-Beweises, den der andere Teil durch den Beweis solcher Tatsachen erschüttern müßte, die ernsthaft die Möglichkeit unrichtiger Buchführung ergeben könnten. Es verbleibt also dabei, daß die Einsichtnahme in die Handelsbücher zunächst nur die Tatsache einer Eintragung oder Nichteintragung zur Überzeugung des Gerichts bringt. Der Schluß auf die inhaltliche Richtigkeit ordnungsmäßig geführter Bücher hat nicht mehr, aber auch nicht weniger als eine erhebliche Wahrscheinlichkeit für sich.[23]

2. Bei Nichtvorlegung der Handelsbücher

Kommt der Buchführungspflichtige der gerichtlichen Vorlegungsanordnung nicht **23** nach, so ist § 427 ZPO anzuwenden, und zwar sinngemäß in den Fällen des § 258 Abs. 1, unmittelbar in den Fällen des § 258 Abs. 2. Danach ergibt sich: Es besteht **kein Vorlegungszwang** in dem Sinne, daß das Gericht seine Anordnung durchsetzen dürfte (anders in Steuersachen, vgl. Rdn. 24) oder müßte. Der Vorlegungspflichtige muß aber **Beweisnachteile** hinnehmen. Das Gericht kann nämlich eine vom Beweisführer beigebrachte *Abschrift der Urkunde* als richtig ansehen (§ 427 S. 1 ZPO) oder, wenn keine Abschrift beigebracht wird, seine *Behauptungen* über Beschaffenheit und Inhalt der Urkunde *als bewiesen annehmen* (§ 427 S. 2 ZPO). Für Handelsbücher wird nur das Zweite in Betracht kommen, weil der Beweisführer nicht über Abschriften verfügt. Zu beachten ist, daß nicht die behaupteten Tatsachen selbst als bewiesen angenommen werden können, sondern nur die Behauptungen über Beschaffenheit und Inhalt der Bücher. Das Gericht muß sich also zusätzlich davon überzeugen, ob der angenommene Zustand und Inhalt (z. B. Verbuchung eines Geschäftsvorfalls) den Schluß auf die anspruchsbegründende Tatsache (z. B. Abschluß eines provisionspflichtigen Geschäfts) erlaubt.[24] Dafür gilt wiederum das Prinzip freier Beweiswürdigung (Rdn. 22).

V. Verfahren in Steuersachen

Die **Finanzbehörde** kann von den Beteiligten, aber auch von anderen Personen **24** verlangen, daß ihr Bücher, Aufzeichnungen, Geschäftspapiere und andere Urkunden zur Einsicht und Prüfung vorgelegt werden (§ 97 Abs. 1 AO). Die Vorschrift konkretisiert die allgemeine Bestimmung über Beweismittel in § 92 AO (vgl. hier S. 2 Nr. 3),

---

[22] RGZ 72, 290, 292; BGH BB 1954, 1044 = DB 1954, 1045; ADS[6] 17; vgl. statt vieler noch *Düringer/Hachenburg/Lehmann*[3] § 38, 25; *Staub/Bondi*[12/13] Anh. § 47.

[23] BGH BB 1954, 1044 (Fn. 22); *Wiedmann* 10.

[24] RGZ 69, 20, 23; RG JW 1910, 68 Nr. 21; OLG Colmar OLGR 16, 85 f; *Senckpiehl* GesuR 11 (1910), 207, 210.

Uwe Hüffer

die wiederum mit dem Untersuchungsgrundsatz des § 88 AO verknüpft ist. Ob und in welchem Umfang die genannten Urkunden herangezogen werden, entscheidet die Finanzbehörde nach pflichtgemäßem Ermessen (§ 92 S. 1 AO). Das Ermessen wird allerdings durch § 97 Abs. 2 AO eingeschränkt; grundsätzlich muß danach die Finanzbehörde zunächst die Auskunft des Vorlagepflichtigen über den beweisbedürftigen Sachverhalt einholen. Im Rahmen einer *Außenprüfung* gilt § 97 Abs. 2 AO jedoch nicht; hier sind Handelsbücher und andere Urkunden auf Verlangen ohne weiteres vorzulegen (§ 200 Abs. 1 S. 2 und 4 AO). Eine Beschränkung auf Handelsbücher wie in § 258 Abs. 1 gibt es nach §§ 97, 200 AO nicht. Die Vorschrift erfaßt deshalb auch die Korrespondenz und namentlich die gesamten Buchungsbelege einschließlich der Belege über Zahlungsvorgänge. Urkunden i. S. d. § 97 AO sind auch auf Bild- oder Datenträgern festgehaltene Gedankenerklärungen.[25] Die Vorlage kann nach §§ 328 ff AO erzwungen werden. Die Behörde ist aber nicht gehindert, das Verhalten des Vorlegungspflichtigen frei zu würdigen oder zur Steuerschätzung überzugehen. Auch das **Finanzgericht** kann gem. § 97 AO vorgehen; denn im Rahmen der ihm aufgegebenen Amtsermittlung gilt § 97 Abs. 1 und 3 AO sinngemäß (§ 76 Abs. 1 S. 4 FGO). Weil auf § 97 Abs. 2 AO nicht Bezug genommen ist, kann die Vorlage der Handelsbücher und anderer Urkunden auch ohne vorheriges Auskunftsersuchen angeordnet werden (ebenso *Wiedmann* 12).

§ 259
Auszug bei Vorlegung im Rechtsstreit

Werden in einem Rechtsstreit Handelsbücher vorgelegt, so ist von ihrem Inhalt, soweit er den Streitpunkt betrifft, unter Zuziehung der Parteien Einsicht zu nehmen und geeignetenfalls ein Auszug zu fertigen. Der übrige Inhalt der Bücher ist dem Gericht insoweit offenzulegen, als es zur Prüfung ihrer ordnungsmäßigen Führung notwendig ist.

Übersicht

	Rdn.		Rdn.
I. Regelungsgegenstand und -zweck	1	1. Zuziehung der Parteien	4
II. Vorlegung von Handelsbüchern		2. Beschränkung auf den Streitpunkt	5
1. Voraussetzungen der beschränkten		3. Modalitäten der Einsichtnahme	
Einsichtnahme	2	a) Gerichtliches Verfahren	8
2. Zur Abgrenzung: Materiell-rechtliche		b) Anfertigung eines Auszugs	9
Einsichtsbefugnisse	3	IV. Prüfung ordnungsmäßiger Buchführung	
III. Parteiöffentliche Einsichtnahme		(§ 259 S. 2)	10
(§ 259 S. 1)			

I. Regelungsgegenstand und -zweck

1   Die Bestimmung entspricht § 46 a. F. und regelt den Umfang der Einsichtnahme durch das Prozeßgericht. Sie bezweckt den **Schutz des Geheimhaltungsinteresses** des Kaufmanns (zutreffend ADS[6] 1). Er hat ein berechtigtes Interesse daran, die Infor-

---

[25] *Tipke/Kruse* § 97, 2 mit weiteren Einzelheiten; zur handelsrechtlichen Problematik vgl. Rdn. 17.

mationen über die Lage des Unternehmens und über die einzelnen Geschäftsvorfälle, die sich aus der Buchführung gewinnen lassen (vgl. § 238 Abs. 1), weder der Öffentlichkeit noch dem Prozeßgegner zu vermitteln; denn einen generellen Rechenschaftszweck der Buchführung gibt es nicht (§ 238, 3), auch nicht unter Berücksichtigung des mit der Buchführungspflicht verfolgten öffentlichen Interesses (andere Akzentsetzung bei Heymann/*Walz*² 1). Auch soweit das Gesetz eine Pflicht zur Offenlegung begründet (§§ 325 ff; §§ 1, 3 PublG), bezieht sie sich auf den Jahresabschluß und ergänzende Berichte, aber nicht auf die Handelsbücher. Dem Schutz des Geheimhaltungsinteresses dient eine gegenständliche Beschränkung der Offenlegungspflicht; dabei ist zwischen der parteiöffentlichen Einsichtnahme (§ 259 S. 1; dazu Rdn. 4 ff) und der Einsichtnahme durch das Gericht allein zu unterscheiden (§ 259 S. 2; dazu Rdn. 10).

II. Vorlegung von Handelsbüchern

1. Voraussetzungen der beschränkten Einsichtnahme

Die tatbestandlichen Voraussetzungen der beschränkten Einsichtnahme umschreibt § 259 S. 1 als **Vorlegung von Handelsbüchern im Rechtsstreit.** Der Begriff des Rechtsstreits ist ebenso auszulegen wie in § 258 Abs. 1, bezeichnet also alle bürgerlich-rechtlichen Streitigkeiten i. S. d. § 13 GVG, die der ZPO als Verfahrensordnung unterliegen (vgl. § 258, 5). § 259 gilt aber nicht nur dann, wenn Handelsbücher nach § 258 vorgelegt werden, sondern immer, wenn mit ihnen der urkundliche Beweis bestimmter Tatsachen geführt werden soll,[1] also auch dann, wenn der Kaufmann selbst Beweisführer ist und seine Bücher deshalb von sich aus vorlegt (§ 420 ZPO). **2**

2. Zur Abgrenzung: Materiell-rechtliche Einsichtsbefugnisse

Fraglich ist, welche Bedeutung § 259 für die Fälle hat, in denen ein materiell-rechtlicher Anspruch auf Einsichtnahme besteht, etwa zugunsten von Gesellschaftern oder von Gläubigern einer gewinn- oder umsatzabhängigen Forderung (vgl. die Zusammenstellung in § 258, 13). Hierzu ist angenommen worden (*Brüggemann* Voraufl. § 46, 1), daß die Beschränkung der Einsichtnahme auf die streitrelevanten Teile der Handelsbücher insoweit nicht gilt, vielmehr ein entsprechend weiterer Einblick zu gewähren ist. Was das bedeuten soll, bleibt unklar, weil nicht nach der verfahrensrechtlichen Ausgangslage differenziert wird. Die **Differenzierung nach dem Klageziel** ergibt: Richtet sich das Klagebegehren auf die Gewährung der Bucheinsicht, so ist § 259 nach Wortlaut und Sinn schon nicht einschlägig; denn die Handelsbücher werden nicht dem Prozeßgericht „in einem Rechtsstreit" vorgelegt, sondern dem erfolgreichen Kläger, notfalls nach Zwangsvollstreckung gem. §§ 887, 888 ZPO.[2] Insoweit bestimmt sich der Umfang der Einsichtsbefugnis allein nach dem Inhalt des zugesprochenen materiellen Rechts. Verlangt der Kläger dagegen etwas anderes, namentlich Zahlung, so können die Handelsbücher nur Beweismittel sein. Für diesen Fall gilt § 259 auch dann, wenn der Kläger eine weitergehende materiell-rechtlich begründete Einsichtsbefugnis hat. Auf sie kommt es schon deshalb nicht an, weil es nicht um seine Einsichtnahme, sondern um die des Prozeßgerichts geht (vgl. auch Rdn. 4) und sich dessen Überzeugungsbildung, der die richterliche Einsichtnahme dient, auf einen anderen Streitgegenstand bezieht. **3**

---

[1] RG JW 1927, 2416 Nr. 6; ADS⁶ 2.
[2] Vgl. MünchKommBGB-*Hüffer* § 809, 12 und § 810, 17; für Anwendung des § 883 ZPO die

h. M., vgl. OLG Bamberg DGVZ 1972, 112; OLG Hamm NJW 1974, 653.

Uwe Hüffer

III. Parteiöffentliche Einsichtnahme (§ 259 S. 1)

1. Zuziehung der Parteien

4   Nicht die Parteien nehmen Einsicht, sondern das Gericht, und zwar grundsätzlich das **Prozeßgericht** (§ 355 Abs. 1 ZPO; vgl. auch § 258, 9). Das Gericht zieht die Parteien hinzu. Das entspricht dem Gebot der Parteiöffentlichkeit (§ 357 Abs. 1 ZPO). Die Zuziehung erfolgt durch *Benachrichtigung der Parteien*, also durch Terminsnachricht (§§ 214, 176 ZPO); sie ist aber dann entbehrlich, wenn der Termin verkündet worden ist (§ 218 ZPO). Ausbleiben einer oder beider Parteien hindert die Einsichtnahme nicht, sofern die Benachrichtigung ordnungsmäßig erfolgt ist.

2. Beschränkung auf den Streitpunkt

5   Die parteiöffentliche Einsichtnahme beschränkt sich auf die **streitrelevanten Teile der Handelsbücher**. Die Parteien müssen also bestimmte Tatsachen behauptet haben, die aus den Büchern bewiesen werden sollen; die Vorlegung darf nicht angeordnet werden, um der Partei erst die Tatsachenkenntnis zu verschaffen, die sie für einen substantiierten Vortrag braucht (näher § 258, 11 f). Ebensowenig darf dem Prozeßgegner des Kaufmanns, der seine Bücher vorgelegt hat, gestattet werden, diese einer allgemeinen Durchmusterung zu unterziehen.

6   Im einzelnen ist danach zu unterscheiden, ob der Kaufmann oder sein Prozeßgegner Beweisführer ist. Für den **Kaufmann als Beweisführer** gilt: Er kann den Beweis nur durch Vorlegung der Handelsbücher antreten (§ 420 ZPO; vgl. auch § 258, 2 f). Es genügt jedoch nicht, daß er seine Bücher vorlegt und es dem Gericht oder dem von dem Gericht zugezogenen Sachverständigen (vgl. Rdn. 8) überläßt, die etwa in Betracht kommenden Stellen zu suchen; er hat vielmehr die *Eintragungen zu bezeichnen*, auf die es für ihn ankommt (RGZ 1, 423 f). Wenn er das unterläßt, hat er den Beweis nicht ordnungsgemäß angetreten. Das Gericht darf deshalb die vorgelegten Handelsbücher unbeachtet lassen und die Tatsachen, die daraus bewiesen werden sollten, als nicht bewiesen nehmen.

7   Wenn der **Kaufmann Prozeßgegner des Beweisführers** ist, kann diesem nicht aufgegeben werden, die streitrelevanten Teile der Handelsbücher zu bezeichnen, weil er nicht über die Bücher verfügt. Er genügt seinen prozessualen Verpflichtungen deshalb mit der konkreten *Bezeichnung des angeblich verbuchten Vorgangs* und mit ergänzenden Hinweisen, die es ermöglichen, die Buchung aufzufinden (Angabe des Handelsbuchs nach seiner Funktion; des Kontos; des vermuteten Buchungszeitraums; des Betrags).[3] Es ist dann zunächst die Aufgabe, aber, wie sich aus der Wertung des § 259 S. 2 ergibt, auch das Recht des Kaufmanns, anhand dieser Angaben die streitrelevanten Teile der Bücher selbst zu bezeichnen. Erst wenn er dieser Pflicht nicht nachkommt, darf das Gericht die Bücher von sich aus durchsehen, um die der Einsichtnahme unterliegenden Punkte aufzusuchen.[4]

3. Modalitäten der Einsichtnahme

8   **a) Gerichtliches Verfahren.** Die gerichtliche Einsichtnahme erfolgt in einem Beweistermin. Das Gericht muß den Parteien mitteilen, welche Stellen aus den Handelsbüchern es für streitrelevant hält (Rdn. 5 ff) und deshalb einsieht. Den Parteien ist

---

[3] ADS[6] 4; *Schlegelberger/Hildebrandt/Steckhan* § 46, 1.

[4] Zutreffend ADS[6] 5; **a. M.** *Brüggemann* Voraufl. § 46, 1: sogleich gerichtliche Durchsicht.

Gelegenheit zu geben, sich insoweit vom Inhalt der Handelsbücher zu überzeugen. Über das Ergebnis der Beweisaufnahme ist zu verhandeln (§ 285 ZPO). Das Gericht kann bei der Einsichtnahme einen **Sachverständigen** hinzuziehen, und zwar von Amts wegen (§ 144 ZPO). Nach **h. M.** kann der Sachverständige auch mit der Einsichtnahme betraut werden.[5] Geschieht dies, so muß der Sachverständige den Parteien ebenso die Einsichtnahme gewähren wie das Gericht (RG JW 1927, 2416 Nr. 6). Die Zulässigkeit eines derartigen Verfahrens ist indessen fragwürdig, wenn damit gemeint sein sollte, daß das Gericht auf eine eigene Einsichtnahme ganz verzichten darf;[6] denn es kann nicht in seinem pflichtgemäßen Ermessen stehen, den von dem Beweisführer angetretenen Urkundenbeweis durch einen Sachverständigenbeweis zu ersetzen. Praktische Bedeutung sollte die Frage indessen kaum erlangen, weil die Begutachtung die eigene Meinungsbildung nicht entbehrlich macht und diese ohne einen unmittelbaren Eindruck von der Buchführung schwer möglich ist. Eine gänzlich andere, hier nicht zu vertiefende Frage ist die nach der Befugnis eines zur Einsichtnahme berechtigten Dritten, bei der Ausübung seines Rechts (vgl. Rdn. 3) einen Sachverständigen beizuziehen; diese Befugnis ist jedenfalls im Grundsatz anerkannt.[7]

b) Anfertigung eines Auszugs. Geeignetenfalls fertigt das Gericht einen Auszug **9** an. Ein geeigneter Fall liegt vor, wenn bei der (zulässigen) Einsichtnahme Eintragungen gefunden werden, die für das Beweisthema von Bedeutung sind. Der Auszug ist zu den Gerichtsakten zu nehmen. Auch bei der Anfertigung des Auszugs kann sich das Gericht der Hilfe eines Sachverständigen bedienen (Rdn. 8).

IV. Prüfung ordnungsmäßiger Buchführung (§ 259 S. 2)

Das Gericht prüft die vorgelegten Handelsbücher **über die streitrelevanten Teile 10 hinaus,** um sich von ihrer ordnungsmäßigen Führung zu überzeugen. Zu diesem Zweck sind ihm die Bücher offenzulegen. Die Offenlegung ist auf den für die Prüfung notwendigen Umfang zu beschränken. Über die Notwendigkeit entscheidet das Gericht nach pflichtgemäßem Ermessen. Es orientiert sich dabei an dem *Prinzip freier Beweiswürdigung;* denn die Prüfung der Ordnungsmäßigkeit hat allein den Zweck, den nach §§ 286, 419 ZPO zu beurteilenden Beweiswert der Handelsbücher (§ 258, 22) festzustellen (ADS[6] 7). Danach kann die Offenlegung solcher Buchführungsteile nicht verlangt werden, die mit dem Beweisthema ersichtlich nichts zu tun haben. Auch bei der Prüfung nach § 259 S. 2 kann das Gericht von Amts wegen einen Sachverständigen hinzuziehen (§ 144 ZPO). Die Parteien sind insoweit nicht zu beteiligen.[8] Das dient dem Geheimhaltungsinteresse des Buchführungspflichtigen (Rdn. 1), dessen Prozeßgegner nicht mehr Informationen aus der Buchführung gewinnen soll, als für die Führung des Rechtsstreits unerläßlich ist.

---

[5] *Brüggemann* Voraufl. § 46, 1; *Schlegelberger/Hildebrandt/Steckhan* § 46, 1.

[6] Ebenso ADS[6] 6; von bloßer Zuziehung des Sachverständigen sprechen auch *Düringer/Hachenburg/Lehmann*[3] § 46, 2; *Staub/Bondi*[12/13] § 46, 2.

[7] ROHG 7, 69, 75; RGZ 25, 88; RGZ 170, 392, 395; zur Rspr. des BGH seit BGHZ 25, 115,

119 ff = NJW 1957, 1555 vgl. *Goerdeler* FS Stimpel (1985) S. 125, 127 ff.

[8] Beck BilKomm-*Budde/Kunz* 3 (mit fehlgehendem Hinweis auf Datenschutz); KK-*Claussen/Korth* HGB § 259, 3; *Heymann/Walz*[2] 4; *Küting/Weber*[4] 3.

§ 260
Vorlegung bei Auseinandersetzung

Bei Vermögensauseinandersetzungen, insbesondere in Erbschafts-, Güter-gemeinschafts- und Gesellschaftsteilungssachen, kann das Gericht die Vorlegung der Handelsbücher zur Kenntnisnahme von ihrem ganzen Inhalt anordnen.

Übersicht

	Rdn.		Rdn.
I. Regelungsgegenstand und -zweck	1	1. Rechtsstreit (§§ 258, 259)	2
II. Voraussetzungen erweiterter Kenntnis-		2. Vermögensauseinandersetzung	3
nahme		III. Gerichtliche Anordnung; Kenntnisnahme	4

I. Regelungsgegenstand und -zweck

1   Wie §§ 258, 259 so betrifft auch § 260 die Vorlegung von Handelsbüchern in einem **Rechtsstreit** (vgl. noch Rdn. 2) und hier den Umfang der Kenntnis, die das Gericht durch Einsicht in die Bücher unter Zuziehung der Parteien in zulässiger Weise gewinnt. Die Vorschrift entspricht § 47 a. F. und bezweckt, den **Umfang der Kenntnis** über die Grenzen des § 259 hinaus zu erweitern, soweit diese Erweiterung wegen der besonderen Eigenart des Streitgegenstandes (dazu Rdn. 3) sachgerecht ist.

II. Voraussetzungen erweiterter Kenntnisnahme

1. Rechtsstreit (§§ 258, 259)

2   Nach ganz **h. M.** setzt § 260 nicht voraus, daß es um die Vorlegung von Handels-büchern in einem Rechtsstreit geht, welcher der ZPO als Verfahrensordnung unter-liegt. Vielmehr genügt danach jede **bürgerlich-rechtliche Streitigkeit** *einschließlich der nach dem FGG zu führenden Verfahren.*[1] Diese Ansicht kann sich zwar auf den Gesetzeswortlaut berufen, weil § 260 im Gegensatz zu §§ 258, 259 nicht auf einen lau-fenden Rechtsstreit abhebt. Sie ist jedoch mit der systematischen Stellung der Vor-schrift schlecht und mit dem erklärten Willen der Gesetzesverfasser überhaupt nicht vereinbar. In systematischer Hinsicht ist § 260 lediglich eine Ausnahme gegenüber dem in § 259 formulierten Grundsatz beschränkter Einsichtnahme.[2] Damit stimmt überein, daß die Denkschrift 1896 S. 49 den Gläubiger eines Auseinandersetzungsan-spruchs ausdrücklich auf den Klageweg verweist, wenn er die Handelsbücher einsehen will, „es sei denn, daß über die Vermögensauseinandersetzung selbst schon ein Prozeß anhängig ist ...“ (aaO). Deshalb muß es auch für § 260 *bei dem Erfordernis eines Rechtsstreits* bleiben. Dagegen spricht auch nicht, daß es Verfahren der freiwilligen Gerichtsbarkeit gibt, in denen es sinnvoll und geboten sein kann, daß das Gericht den vollen Inhalt der Bücher zur Kenntnis nimmt.[3] In solchen Verfahren, nämlich bei der Vermittlung der Nachlaßauseinandersetzung (§§ 86 ff FGG) sowie bei der Vermittlung

---

[1] ADS[6] 1 und 4; Beck BilKomm-*Budde/Kunz* 2; KK-*Claussen/Korth* HGB § 260, 2; *Düringer/ Hachenburg/Hoeniger*[3] § 47, 1; Heymann/*Walz*[2] 2; *Schlegelberger/Hildebrandt/Steckhan* § 47, 1; **a. M.,** nämlich wie hier, *Ritter*[2] § 47, 2.

[2] RGZ 69, 20, 22; OLG Colmar OLGR 16, 85.

[3] Darauf heben insbesondere *Schlegelberger/Hilde-brandt/Steckhan* ab, vgl. aaO (Fn. 1).

der Auseinandersetzung der ehelichen oder der fortgesetzten Gütergemeinschaft (§ 99 FGG), kann das Gericht die Vorlegung der Handelsbücher zur Kenntnisnahme von ihrem ganzen Inhalt ohnehin nach § 12 FGG verlangen.

2. Vermögensauseinandersetzung

Die Anordnungsbefugnis des Prozeßgerichts besteht nur, wenn der Rechtsstreit **3** (Rdn. 2) eine Vermögensauseinandersetzung betrifft. Das Gesetz führt an: die **Erbauseinandersetzung** (§§ 2042 ff BGB); die Auseinandersetzung einer **Gütergemeinschaft** (§§ 1471 ff BGB); die sogenannten Gesellschaftsteilungssachen, mit denen die **Auseinandersetzung unter den Gesellschaftern** nach der Auflösung der Gesellschaft gemeint ist (vgl. z. B. §§ 730 ff BGB; §§ 145 ff HGB). Die Aufzählung ist nur beispielhaft („insbesondere"). Auch auf sonstige Vermögensauseinandersetzungen ist § 260 mithin anwendbar; so ausdrücklich Denkschrift 1896 S. 48 f. Die dort genannten zusätzlichen Fälle (Vermögensschenkung; Leibrentenvertrag, wohl gegen die Überlassung eines Handelsgeschäfts) sind allerdings gänzlich unpraktisch geblieben. Immerhin zeigen sie, daß unter einer Vermögensauseinandersetzung i. S. d. § 260 nicht nur wie in den gesetzlichen Beispielsfällen die Auseinandersetzung unter Gesamthändern zu verstehen ist. Es genügen vielmehr auch obligatorische Ansprüche auf die Überlassung eines Vermögens oder Vermögensteils, wenn der zugehörige Bestand an Gegenständen streitig ist. Weil schuldrechtliche Beziehungen ausreichen, sollte es auch im Prozeß des ausgeschiedenen Gesellschafters gegen die Gesellschaft wegen der Höhe seines (vom Bestand des Gesellschaftsvermögens abhängigen) Auseinandersetzungsguthabens (§ 738 Abs. 1 S. 2 BGB) zulässig sein, die Vorlage der Handelsbücher zur Kenntnisnahme vom gesamten Inhalt anzuordnen.

III. Gerichtliche Anordnung; Kenntnisnahme

Die gegenüber § 259 erweiterte Kenntnisnahme ist nur zulässig, wenn es sich um **4** eine **Vorlegung nach § 258** handelt. Das Gericht muß die Vorlegung der Handelsbücher also angeordnet haben. Dabei ist es gleichgültig, ob die Anordnung ihre Grundlage in § 258 Abs. 1 oder in §§ 422, 423 ZPO i. V. m. § 258 Abs. 2 findet. Ausgeschlossen von der erweiterten Kenntnisnahme sind folglich die Fälle, in denen der Kaufmann seine Bücher als Beweisführer gem. § 420 ZPO von sich aus vorlegt (vgl. § 258, 2; § 259, 2); insoweit bestimmt er in den Grenzen des § 259 den Umfang der Einsichtnahme. Wegen des zur Vorlegungsanordnung führenden gerichtlichen Verfahrens vgl. § 258, 9 und 19.

Die **Kenntnisnahme** kann sich auf den ganzen Inhalt der Handelsbücher erstrecken. Kenntnisnahme bedeutet hier wie in § 259 die Einsichtnahme durch das Gericht unter Zuziehung der Parteien. Weil es darum geht, einen behaupteten Sachverhalt zur Überzeugung des Gerichts zu bringen (§ 259, 3 a. E.), entscheidet das Gericht darüber, wieweit es sich Kenntnis vom Inhalt der Handelsbücher verschaffen will. § 260 begründet also nur eine richterliche Befugnis, nicht eine richterliche Verpflichtung. Damit werden auch der Einsichtnahme durch die Parteien Grenzen gezogen. Wer einen weitergehenden Einsichtsanspruch hat (etwa aus § 810 BGB) und geltend machen will, ist auf den Klageweg zu verweisen (vgl. schon § 259, 3).

Uwe Hüffer

§ 261
Vorlegung von Unterlagen auf Bild- oder Datenträgern

Wer aufzubewahrende Unterlagen nur in der Form einer Wiedergabe auf einem Bildträger oder auf anderen Datenträgern vorlegen kann, ist verpflichtet, auf seine Kosten diejenigen Hilfsmittel zur Verfügung zu stellen, die erforderlich sind, um die Unterlagen lesbar zu machen; soweit erforderlich, hat er die Unterlagen auf seine Kosten auszudrucken oder ohne Hilfsmittel lesbare Reproduktionen beizubringen.

Übersicht

	Rdn.		Rdn.
I. Regelungsgegenstand und -zweck	1	2. Ausdrucke oder Reproduktionen	8
II. Voraussetzungen der Ergänzungspflichten		3. Kosten	
1. Aufbewahrungspflichtige Unterlagen	2	a) Allgemeines	9
2. Wiedergabe auf Bild- oder anderen Datenträgern	3	b) Insbesondere: Kosten der Kreditinstitute in strafrechtlichen Ermittlungsverfahren	10
3. Vorlegungspflicht	4	IV. Prüfung von Wiedergabe, Ausdruck, Reproduktion	12
III. Inhalt der Ergänzungspflichten		V. Verfahren in Steuersachen	13
1. Hilfsmittel zur Lesbarmachung	7		

Schrifttum

Biener Die Neufassung handelsrechtlicher Buchführungsvorschriften, DB 1977, 527; *Feuerbaum* EDV-Buchführung, GoB, AO 1977 und HGB, DB 1977, 549 und 597; *Kieback/Ohm* Zulässigkeit der Beschlagnahmeanordnung und Kostenerstattungsanspruch der Kreditinstitute, WM 1986, 313; *Offerhaus* Zur bevorstehenden Änderung handelsrechtlicher Buchführungsvorschriften, BB 1976, 373; *Offerhaus* Die neuen handelsrechtlichen Buchführungsvorschriften, BB 1976, 1622; *Sannwald* Entschädigungsansprüche von Kreditinstituten gegenüber auskunftsersuchenden Ermittlungsbehörden, NJW 1984, 2495; *Schneider* Die Kostenerstattungspflicht gegenüber Kreditinstituten im Falle gerichtlicher und behördlicher Beschlagnahmen und Auskunftsersuchen, DB 1979 Beilage Nr. 17 zu Heft 43.

I. Regelungsgegenstand und -zweck

1   § 261 begründet Ergänzungspflichten. Sie haben eine **Komplementärfunktion** für den Fall, daß Handelsbücher oder andere kaufmännische Unterlagen nur als Wiedergabe auf Bild- oder anderen Datenträgern vorhanden sind. Die Vorschrift entspricht wörtlich § 47a a. F., der 1965 in das HGB eingefügt[1] und 1977 in seine gegenwärtige Fassung gebracht worden ist.[2] Die Regelung bezweckt, der Praxis den Einsatz der **EDV** und der **Mikroverfilmung** bei der kaufmännischen Dokumentation zu ermöglichen (vgl. schon § 257, 3 und 5), gleichzeitig die traditionelle Beweisfunktion dieser Dokumentation zu erhalten und die aus der Bereitstellung technischer Hilfsmittel sowie aus der Herstellung von lesbaren Ausfertigungen resultierenden **Kosten** dem Buchführungspflichtigen aufzuerlegen (*Biener* DB 1977, 527, 532).

---

[1] Gesetz zur Änderung des HGB und der RAO vom 2. 8. 1965 (BGBl. I S. 665).

[2] Einführungsgesetz zur AO 1977 vom 14. 12. 1976 (BGBl. I S. 3341); Einführungsaufsätze: *Biener*

DB 1977, 527; *Feuerbaum* DB 1977, 549 und 597; *Offerhaus* BB 1976, 373 und 1622.

II. Voraussetzungen der Ergänzungspflichten

1. Aufbewahrungspflichtige Unterlagen

Erforderlich und genügend ist, daß es um die Vorlegung von nicht unmittelbar les- **2** baren Unterlagen geht, die nach § 257 aufzubewahren sind. Danach gilt § 261 zunächst wie §§ 258 bis 260 für **Handelsbücher**, darüber hinaus aber auch für **Inventare**, empfangene und abgesandte **Handelsbriefe** sowie **Buchungsbelege**; für Eröffnungsbilanzen, Jahres- und Konzernabschlüsse stellt sich das Problem nicht, weil sie in unmittelbar lesbarer Form vorhanden sein müssen (§ 257 Abs. 1 und 3). Sonstige Unterlagen, die der Kaufmann im Einzelfall aufbewahren mag, fallen nicht unter § 261. Die Bestimmung bleibt jedoch anwendbar, wenn aufbewahrungspflichtige Unterlagen über die gesetzlichen Fristen hinaus verwahrt werden. Maßgeblich ist also nicht die Dauer der öffentlich-rechtlichen Aufbewahrungspflicht, sondern die tatsächliche Existenz von Unterlagen, die ihrer Art nach dieser Pflicht unterliegen (vgl. auch § 258, 8 für Handelsbücher).

2. Wiedergabe auf Bild- oder anderen Datenträgern

Die Pflicht, Unterlagen lesbar zu machen und die dabei anfallenden Kosten zu tra- **3** gen, setzt weiter voraus, daß diese Unterlagen **nur als Wiedergabe** der Originale auf Bild- oder anderen Datenträgern zur Verfügung stehen. Wenn die Originale noch vorhanden sind, kann also nicht verlangt werden, daß der Kaufmann Bild- oder Datenträger vorlegt, die Wiedergabe lesbar macht, für Ausdrucke oder sonstige Reproduktionen sorgt und die dabei anfallenden Kosten trägt. Umgekehrt ist er aber auch nicht berechtigt, in dieser Weise vorzugehen. Einer vertraglichen Einigung zwischen Kaufmann und Vorlegungsgläubiger steht allerdings nichts im Wege. In der **Umschreibung der Wiedergabetechnik** knüpft § 261 an § 257 Abs. 3 S. 1, aber nicht an § 257 Abs. 3 S. 2 an („nur" als Wiedergabe auf einem Bild- oder anderen Datenträger). Wenn von den Möglichkeiten der Speicherbuchführung (§ 239 Abs. 4) Gebrauch gemacht worden ist und die Daten ausgedruckt aufbewahrt werden, sind also die Ausdrucke wie Originale vorzulegen; Vorlage des Datenträgers und erneuter Ausdruck kann aber zu Prüfungszwecken gefordert werden (vgl. noch Rdn. 12). Sind die Ausdrucke dagegen ihrerseits auf Bild- oder anderen Datenträgern wiedergegeben und nur in dieser Weise existent (Mikroverfilmung mit anschließender Vernichtung des Ausdrucks), so sind die Voraussetzungen des § 261 erfüllt. Beim COM-Verfahren kann die Mikroverfilmung als solche nicht lesbar gemacht werden (vgl. § 257, 35). Es ist also stets der Datenträger vorzulegen und nach § 261 zu verfahren.

3. Vorlegungspflicht

Die Ergänzungspflichten des § 261 setzen weiter voraus, daß der Kaufmann zur **4** Vorlegung der Unterlagen verpflichtet ist; das folgt schon aus der bloßen Komplementärfunktion der Bestimmung (Rdn. 1). Welche **Rechtsgrundlage** die Vorlegungspflicht hat, ist gleichgültig, solange es um Pflichten *zivilrechtlichen oder zivilprozeßrechtlichen Ursprungs* geht (vgl. noch Rdn. 5 f). Der Buchführungspflichtige muß die Unterlagen also lesbar machen, wenn er der Schuldner eines Einsichtsanspruchs ist, etwa nach § 810 BGB (vgl. die Zusammenstellung in § 258, 13), aber auch dann, wenn er nicht in dieser Eigenschaft in Anspruch genommen, sondern als Prozeßgegner des Beweisführers durch gerichtliche Anordnung nach § 258 Abs. 1 und 2 vorlegungspflichtig wird; über § 422 ZPO gehören auch die gesellschaftsrechtlichen Verpflichtungen zur Einsichtsgewährung (§ 258, 13 a. E.) hierher. Dagegen besteht keine Ver-

Uwe Hüffer

pflichtung nach § 261, wenn der Buchführungspflichtige selbst Beweisführer ist. In diesem Fall führen jedoch die Grundsätze über den ordnungsmäßigen Beweisantritt zu demselben Ergebnis (gleicher Ansicht *ADS*[6] 3). Danach ist es zunächst Sache des Beweisführers, dem Gericht analog § 420 ZPO Bild- oder Datenträger vorzulegen (vgl. dazu § 258, 17); darüber hinaus hat er aber auch dafür zu sorgen, daß das Gericht mit diesem Material etwas anfangen kann. Der Beweisantritt bleibt deshalb unbeachtlich, wenn die technisiert vorgelegten Unterlagen nicht lesbar sind. Nur in diesem Sinne dürfte die sonst nicht nachvollziehbare Bemerkung in der Regierungsbegründung zu § 47a a. F. gemeint sein, daß die Pflicht, lesbare Reproduktionen beizubringen, auch bei einer Vorlage aus freien Stücken bestehe.[3]

5   Zweifelhaft ist, ob die Ergänzungspflichten des § 261 auch dann bestehen, wenn sich die **Vorlegungspflicht** nicht auf eine Streitigkeit zivil- oder handelsrechtlichen Ursprungs bezieht, sondern **öffentlich-rechtlicher Natur** ist. Die Frage beschäftigt die Praxis vielfach in Ermittlungsverfahren in **Strafsachen**; hier insbesondere, wenn *Kreditinstitute* gem. § 95 StPO auf *Herausgabe von Kontounterlagen* in Anspruch genommen werden (zu Steuersachen vgl. Rdn. 13). Dabei konzentrieren sich die Meinungsverschiedenheiten auf die Kosten, die durch das Heraussuchen der Unterlagen, die Erteilung von Auskünften und die Anfertigung von Fotokopien oder anderen lesbaren Unterlagen entstehen; vgl. dazu Rdn. 10 f.

6   **Stellungnahme.** Angesichts der öffentlich-rechtlichen Natur der Buchführungs- und Aufbewahrungspflicht wäre es widersprüchlich, § 261 generell nicht anzuwenden, wenn die Vorlegung von Handelsbüchern oder sonstigen Unterlagen im öffentlichen Interesse geboten ist. Die Annahme, daß die Norm nur für die Parteistreitigkeiten gilt (so *Sannwald* NJW 1984, 2495 f), läßt sich deshalb nicht aufrechterhalten. Erforderlich ist aber, daß die konkrete Inanspruchnahme vom sachlichen Gehalt dieses Interesses gedeckt wird. Es muß also um die eigene, für den vom Gesetz bezweckten Gläubigerschutz relevante geschäftliche Tätigkeit desjenigen gehen, der auf Vorlegung in Anspruch genommen wird (vgl. § 238, 3). Sinn und Zweck der kaufmännischen Dokumentation und damit auch des § 261 ist es dagegen nicht, Beweismaterial für strafrechtliche Ermittlungsverfahren gegen Dritte (Kunden) bereitzuhalten. Wenn eine handelsrechtliche Vorschrift eine derart irreguläre Bedeutung haben sollte, bedürfte es dafür eines – nicht vorhandenen – Anhaltspunkts im Gesetzeswortlaut. Ferner gibt die Regierungsbegründung zu § 47a a. F. nichts dafür her, daß sie mit dem Begriff Rechtsverkehr[4] auch solche Verfahren gegen Dritte gemeint hat. Und schließlich hat auch der Gesetzgeber des BiRiLiG keine Veranlassung gefunden, die breit diskutierte Frage aufzugreifen und in dem Sinne zu entscheiden, daß § 261 auch für Vorlegungspflichten in Verfahren gegen Dritte gelten soll.

III. Inhalt der Ergänzungspflichten

1. Hilfsmittel zur Lesbarmachung

7   Nach § 261, 1. Halbsatz muß der Buchführungspflichtige diejenigen Hilfsmittel zur Verfügung stellen, die erforderlich sind, um die Unterlagen lesbar zu machen. Das schließt **alle Hilfsmittel technischer, personeller und räumlicher Art** ein, die sich im

---

[3] Vgl. Begr. RegE, BTDrucks. IV/2865, S. 9 re. Sp.; zweifelnd offenbar auch *ADS*[6] 3; *Brüggemann* Voraufl. § 47a, 1; *Schlegelberger/Hildebrandt/ Steckhan* § 47a, 2.

[4] Nach Begr. RegE aaO (Fn. 3) S. 9 li. Sp. soll „unerwünschten Erschwerungen des Rechtsverkehrs" entgegengewirkt werden.

Einzelfall als erforderlich erweisen. *Technische Hilfsmittel* sind bei Mikroverfilmung namentlich die erforderlichen Lesegeräte (so noch ausdrücklich § 169 Abs. 9 RAO), ferner bei Buchführung unter EDV-Einsatz die Datenverarbeitungsanlage selbst samt den zur Ausgabe der Daten jeweils erforderlichen Zusatzgeräten (Drucker) und der Systemdokumentation (vgl. § 239, 27, 29; § 257, 17), ohne die kein zuverlässiges Urteil über den Beweiswert der Wiedergabe (Rdn. 12) zu erlangen ist. *Personelle Hilfsmittel* sind die Bedienungspersonen, und zwar in der Zahl und mit der fachlichen Qualifikation, die erforderlich ist, um die Wiedergaben, namentlich bei umfangreichem Material, in angemessener Zeit lesbar zu machen. Wenn die Bücher außer Haus durch ein Serviceunternehmen geführt und aufbewahrt werden (Rechenzentrum), ist der Vorlegungspflichtige gehalten, von seinem vertraglichen Weisungsrecht Gebrauch zu machen, damit das Personal des Serviceunternehmens tätig wird. *Räumliche Hilfsmittel* des Buchführungspflichtigen sind etwa erforderlich, wenn lesbare Unterlagen infolge EDV-Einsatzes nur in seinen Geschäftsräumen hergestellt werden können oder wenn sich das Prozeßgericht unter Zuziehung eines Sachverständigen vom streitrelevanten Inhalt oder von der ordnungsgemäßen Führung der Handelsbücher an Ort und Stelle überzeugen will (vgl. § 259, 8 und 10).

2. Ausdrucke oder Reproduktionen

8 Gem. § 261, 2. Halbsatz hat der Buchführungspflichtige, soweit erforderlich, Unterlagen auszudrucken oder lesbare Reproduktionen beizubringen. Der **Ausdruck** kommt bei EDV-Buchführung in Frage. Es genügt also nicht, daß die Wiedergabe des aufbewahrungspflichtigen Schriftguts auf dem Bildschirm lesbar gemacht wird. Aus dem Zusammenhang der beiden Alternativen des 2. Halbsatz ergibt sich, daß auch der Ausdruck lesbar sein muß; Computersymbole sind nicht genügend. **Lesefertige Reproduktionen** können bei Mikroverfilmung gefordert werden; notwendig sind Fotokopien, die den Text in normaler Schriftgröße wiedergeben. Der Maßstab des Erforderlichen bezieht sich auf das Ob und die Anzahl. Bei Vorlage im Rechtsstreit ist die Anfertigung von Schriftstücken immer erforderlich, damit die Gerichtsakten vollständig geführt werden. Überstücke sind entsprechend der Zahl der Prozeßbeteiligten beizubringen.

3. Kosten

9 **a) Allgemeines.** Sämtliche Hilfsmittel, Ausdrucke oder Reproduktionen (Rdn. 7 f) hat der Buchführungspflichtige nach § 261 auf seine Kosten bereitzustellen oder beizubringen. Das ist sachgerecht, weil ihm die Rationalisierungsvorteile zufallen, die sich aus dem Einsatz der EDV, der Mikroverfilmung oder anderer technischer Verfahren ergeben.[5] Diese Kostentragungspflicht setzt sich als spezielle Regelung gegen andere Kostenvorschriften durch.[6] So verbleibt es zwar nach § 811 Abs. 2 S. 1 BGB im Grundsatz dabei, daß der Gläubiger des Einsichtsrechts die Kosten der Vorlegung trägt; die von § 261 erfaßten Kosten muß der Schuldner dieses Rechts jedoch auf sich behalten. § 261 ist auch im Kostenanspruch des Prozeßgerichts zu beachten. Die unterlegene Partei hat die Kosten des Rechtsstreits gem. § 91 ZPO also nur mit der Maßgabe zu tragen, daß die Kosten der Bereitstellung von Hilfsmitteln, der Ausdrucke oder Reproduktionen der obsiegenden Partei zur Last fallen, wenn sie vorlegungspflichtig war. Hat der Kaufmann als Beweisführer Unterlagen vorgelegt, ohne

---

[5] Begr. RegE, BTDrucks. IV/2865, S. 9; *Biener* DB 1977, 527, 532.   [6] Ebenso ADS[6] 6; Heymann/*Walz*[2] 3; *Wiedmann* 4.

Uwe Hüffer

vorlegungspflichtig zu sein (§ 420 ZPO; vgl. Rdn. 4), so trägt er nach § 261 auch insoweit die dort genannten Kosten; eine Verallgemeinerung auf andere Fälle einer Vorlage
ohne Rechtspflicht ist jedoch nicht möglich (vgl. schon Rdn. 4 a. E.).

10   **b) Insbesondere: Kosten der Kreditinstitute in strafrechtlichen Ermittlungsverfahren.** Ob Kreditinstitute die bei ihnen wegen der Bereitstellung vervielfältigter
Kontounterlagen angefallenen Personal- und Sachkosten in strafrechtlichen Ermittlungsverfahren gegen ihre Kunden zu tragen haben (vgl. schon Rdn. 5 f), wird unterschiedlich beurteilt. Die Übersicht über den **Meinungsstand** wird dadurch erschwert,[7]
daß überwiegend, aber nicht durchgängig zwischen Auskunft und Vorlegung aufgrund eines „schlichten" Auskunftsersuchens der Staatsanwaltschaft und Auskunft
sowie Vorlegung zwecks Abwendung der Durchführung eines Beschlagnahmebe-
schlusses differenziert wird. Daraus resultieren drei Ansichten: Das jeweilige Kreditinstitut trägt die Kosten immer;[8] es trägt die Kosten in keinem Fall;[9] es trägt die
Kosten nicht bei schlichtem Auskunftsersuchen,[10] wohl aber dann, wenn Unterlagen
zur Abwendung einer Beschlagnahme vorgelegt werden.[11]

11   **Stellungnahme.** Es ist davon auszugehen, daß die Kosten zunächst bei dem betroffenen Kreditinstitut angefallen sind. Für die Praxis lautet die Frage deshalb, ob ein
Kostenerstattungsanspruch besteht. Dafür kommt nach der derzeitigen Gesetzeslage
nur die analoge Anwendung der §§ 1, 8 und 11 ZSEG in Betracht. Es ist nicht die Aufgabe dieses Kommentars, zur Analogiefähigkeit der Bestimmungen des ZSEG Stellung zu nehmen. Im Vorfeld stellt sich jedoch die Frage, ob überhaupt eine Regelungslücke besteht oder ob sich die Analogie deshalb verbietet, weil § 261 die Kosten den
Kreditinstituten zuweist. Ein derartiges Analogiehindernis läßt sich aus § 261 nicht
ableiten; denn die Bestimmung findet aus den dargelegten Gründen auf Vorlegungspflichten in einem gegen Dritte gerichteten Ermittlungsverfahren keine Anwendung
(vgl. Rdn. 6). Davon geht offenbar auch die strafrechtliche Ermittlungspraxis aus, weil
sie das auf Herausgabe von lesbaren Unterlagen gerichtete Ersuchen zutreffend nicht
auf § 261, sondern allein auf § 95 StPO stützt. § 261 wird damit zu einer reinen
Kostennorm denaturiert, die das HGB nicht enthält. Schließlich sollte sich von selbst
verstehen, daß jedenfalls aus § 261 für eine Differenzierung zwischen „schlichten"
Auskunftsersuchen und Abwendung der Durchführung eines Beschlagnahmebe-
schlusses kein Anhaltspunkt zu gewinnen ist.[12]

IV. Prüfung von Wiedergabe, Ausdruck, Reproduktion

12   Der Vorlegungsgläubiger und im Rechtsstreit das Prozeßgericht haben Anspruch
darauf, daß ihnen die Handelsbücher oder die sonstigen Unterlagen in **Urschrift** vorgelegt werden, solange diese noch vorhanden ist (*Biener* DB 1977, 527, 532). Wenn die

---

[7] Einen Überblick gibt namentlich *Sannwald* NJW
1984, 2495; vgl. seither noch OLG Nürnberg WM
1987, 483; LG Stuttgart WM 1986, 926; LG
Bochum WM 1987, 887; LG Kiel WM 1987, 483;
Kieback/Ohm WM 1986, 313.

[8] So z. B. OLG Nürnberg WM 1987, 483; Hey-
mann/*Walz*[2] 3.

[9] So etwa OLG Hamburg NStZ 1981, 107; LG
Bochum WM 1987, 887 m. w. N.; LG Stuttgart
WM 1986, 926; KK-*Claussen/Korth* HGB § 261,
6; *Kieback/Ohm* WM 1986, 313 f; *Sannwald* NJW
1984, 2495 ff; *Schneider* DB 1979, Beilage Nr. 17

zu Heft 43 (Zusammenfassung: S. 8); wohl auch
Beck BilKomm-*Budde/Kunz* 2.

[10] Jedenfalls dafür LG Kiel WM 1987, 483; von
einer inzwischen ganz h. M. sprechen *Kieback/
Ohm* WM 1986, 313 m. w. N. (Fn. 1).

[11] BGH (Ermittlungsrichter) WM 1982, 74; OLG
Düsseldorf NStZ 1983, 32; OLG Hamm NStZ
1981, 106; ADS[6] 10 (zumindest bei Beschlag-
nahmebeschlüssen); weitere Nachweise bei *Kieback/
Ohm* aaO (Fn. 10) S. 313 Fn. 5.

[12] Zutreffend dazu LG Stuttgart WM 1986, 926 f;
Sannwald NJW 1984, 2495 f.

Urschrift vernichtet worden ist, richtet sich der Anspruch auf die Vorlegung der **existierenden Wiedergabe,** und zwar so, wie sie von dem Kaufmann aufbewahrt wird. Vorzulegen sind also die jeweiligen Magnetbänder, Disketten, Mikrokopien, Filme u. ä. (vgl. schon § 258, 7). Das entspricht Wortlaut und Sinn des § 261[13] und ist sachgerecht, weil sonst eine Prüfung der lesefertigen Wiedergabe, des Ausdrucks oder der Reproduktion von vornherein nicht möglich wäre. Ferner muß der Vorlegungsgläubiger oder das Prozeßgericht in den Stand gesetzt werden, diese Prüfung vorzunehmen. Der Kaufmann muß deshalb das von ihm angewandte Verfahren und dessen Übereinstimmung mit den GoB darlegen. Auch besteht Anspruch auf Vorlage der Systemdokumentation. Jedenfalls bei EDV-Buchführung ist die Zuziehung eines Sachverständigen durch das Gericht (§ 144 ZPO) oder den Vorlegungsgläubiger immer empfehlenswert. Das Gericht urteilt über den Beweiswert nach § 286 ZPO.

V. Verfahren in Steuersachen

Eine mit § 261 weitgehend übereinstimmende Vorschrift enthält **§ 147 Abs. 5 AO,** **13** die ihrerseits aus § 162 Abs. 9 RAO hervorgegangen ist (vgl. auch § 85 S. 2 FGO). Differenzen ergeben sich lediglich im 2. Halbsatz. Danach kann die Finanzbehörde verlangen, daß Unterlagen ganz oder teilweise ausgedruckt oder lesbare Reproduktionen beigebracht werden, ohne an den Maßstab der Erforderlichkeit gebunden zu sein.[14] Der Kaufmann muß unverzüglich, also ohne schuldhaftes Zögern (§ 121 Abs. 1 S. 1 BGB), tätig werden (vgl. auch *Tipke/Kruse* § 147, 22). Ähnlich wie für Ermittlungsverfahren der Staatsanwaltschaft (Rdn. 5 f, 10 f) stellt sich auch hier die Frage, ob in Ermittlungsverfahren der Finanzbehörden eine Kostentragungspflicht der Kreditinstitute besteht, wenn sie in dem gegen ihre Kunden gerichteten Verfahren um Vorlegung von Kontounterlagen ersucht werden. Die Frage ist mit dem Hinweis auf § 147 Abs. 5 AO nicht beantwortet, weil es nicht um Ermittlungen beim Steuerpflichtigen selbst geht. Die Praxis der Finanzbehörden ist offenbar ablehnend, die einschlägige Rechtsprechung gespalten.[15] Angesichts der Regelung in §§ 107, 405, 410 Abs. 1 Nr. 10 AO, die eine entsprechende Anwendung des ZSEG vorsieht, kann es nicht zweifelhaft sein, daß eine Entschädigungspflicht besteht (zutreffend *Tipke/Kruse* § 107, 5; § 147, 22).

---

[13] Vgl. auch Begr. RegE, BTDrucks. IV/2865, S. 9.
[14] Ebenso *Wiedmann* 5.

[15] Material bei *Schneider* DB 1979, Beilage Nr. 17 zu Heft 43, S. 6 f.

Uwe Hüffer

Vierter Unterabschnitt
Landesrecht

§ 262
(aufgehoben)

I. Aufhebung der Norm

1   Die erst 1976[1] als früherer § 47b in das HGB eingefügte Vorschrift ist 1998 durch das HRefG[2] aufgehoben worden. Sie betraf die Fälle der Anmeldepflicht nach § 2 a. F. (sogenannte Sollkaufleute) und begründete für die danach anmeldepflichtigen Gewerbetreibenden eine **vorwirkende Buchführungspflicht,** die schon im Zeitpunkt der Anmeldepflicht eintrat. Im Ergebnis hing die Pflicht zur Buchführung also von dem Erfordernis einer kaufmännischen Betriebsorganisation ab. Nach den Materialien ging es vor allem darum, die **Strafbarkeitslücke** zu schließen,[3] die sich seinerzeit ohne ergänzende Regelung aus der tatbestandlichen Verknüpfung der §§ 283 Abs. 1 Nr. 5–7, 283b Abs. 1 Nr. 3 StGB mit den §§ 238, 242, 257 ergeben hätte. Die nach diesen Bestimmungen erforderliche Kaufmannseigenschaft wurde nämlich in den Fällen des § 2 a. F. erst durch die Eintragung in das Handelsregister begründet. Weil § 1 Abs. 2 darauf in seiner reformierten Fassung für Gewerbebetriebe aller Art verzichtet, bedarf es keiner vorwirkenden Buchführungspflicht mehr.

II. Steuerrecht

2   Für die steuerrechtliche Buchführungspflicht (Überblick: § 238, 74 ff) sind die **§§ 140, 141 AO** maßgeblich. Sie ist gem. § 140 AO aus der handelsrechtlichen Pflicht abzuleiten. § 141 AO bleibt demgegenüber subsidiär. Die dort geregelte originäre Buchführungs- und Aufzeichnungspflicht kommt also nicht zur Anwendung, soweit schon das Handelsrecht eingreift.[4] Im zeitlichen Ablauf kann die Pflicht nach § 141 AO allerdings jedenfalls bei Einzelunternehmern der Verpflichtung nach § 140 AO vorangehen, weil es für die originäre steuerrechtliche Pflicht nur auf die Größe und nicht auf die Art des Unternehmens ankommt und die Größenmerkmale in § 141 AO niedrig angesetzt sind (alternativ ein Jahresumsatz von mehr als 260 000 Euro oder ein Jahresgewinn von mehr als 25 000 Euro). Vorausgesetzt sind **gewerbliche Unternehmer** oder Land- oder Forstwirte. Wer Einkünfte aus selbständiger Arbeit erzielt, namentlich aus freiberuflicher Tätigkeit oder als Aufsichtsratsmitglied (§ 18 EStG), fällt auch dann nicht unter § 141 AO, wenn er die Schwellenzahlen überschreitet.[5]

---

[1] Durch das Erste Gesetz zur Bekämpfung der Wirtschaftskriminalität (WiKG) vom 6. 8. 1976 (BGBl. I S. 2029); Begr. RegE: BTDrucks. 7/3441.
[2] HandelsrechtsreformG vom 22.6.1998 (BGBl. I S. 1474); Begr. RegE: BTDrucks. 13/8444.

[3] Begr. RegE, BTDrucks. 7/3441, S. 46; *Biener* DB 1977, 527, 533; *Schulze-Osterloh* WM 1977, 606, 613.
[4] *Tipke/Kruse* § 140, 1; § 141, 1.
[5] *Tipke/Kruse* § 141, 2 a. E.

§ 263
Vorbehalt landesrechtlicher Vorschriften

Unberührt bleiben bei Unternehmen ohne eigene Rechtspersönlichkeit einer Gemeinde, eines Gemeindeverbands oder eines Zweckverbands landesrechtliche Vorschriften, die von den Vorschriften dieses Abschnitts abweichen.

Übersicht

	Rdn.		Rdn.
I. Regelungsgegenstand und -zweck	1	1. Abweichendes Landesrecht für Eigenbetriebe	
II. Erfaßte Unternehmen		a) Allgemeines	7
1. Unternehmensbegriff des § 263	3	b) Schwerpunkte der Rechnungslegung	8
2. Ohne eigene Rechtspersönlichkeit	4	2. §§ 238–261	9
3. Unternehmensträger: Gemeinde; Gemeindeverband; Zweckverband	5	3. Publizitätsgesetz	10
4. Einzelfragen	6	IV. Rechnungslegung der nicht von § 263 erfaßten Unternehmen	11
III. Anwendbare Vorschriften			

Schrifttum

Bolsenkötter Rechnungslegung und Prüfung kommunaler Unternehmen, Püttner (Hrsg.), Handbuch der kommunalen Wirtschaft und Praxis (HKWP), Bd. V, 2. Aufl. 1984, § 96; *Cronauge* Kommunale Unternehmen (1992); *Eibelshäuser* Die Aufgaben des Abschlußprüfers nach § 53 Haushaltsgrundsätzegesetz, Festschrift Moxter (1994) S. 919; *Lenz* Die Prüfung der Ordnungsmäßigkeit der Geschäftsführung im Rahmen der Abschlußprüfung bei kommunalen Versorgungsunternehmen, WPg 1987, 669; *Püttner* Die öffentlichen Unternehmen[2] (1985); *Zeiss* Das Eigenbetriebsrecht der gemeindlichen Betriebe[3] (Loseblatt).

I. Regelungsgegenstand und -zweck

§ 263 betrifft im wesentlichen die **Rechnungslegung** (Buchführung, Bilanzierung, **1** Aufbewahrung) der **kommunalen Eigenbetriebe** (genauer: Rdn. 3 ff) und führt insoweit die schon früher in § 42 a. F. enthaltene Regelung fort. Wegen ihres Sachzusammenhangs mit dem Recht des jeweiligen Unternehmensinhabers, besonders mit dem Kommunalrecht, dürfen die einschlägigen Regelungen des jeweiligen Landesrechts auch die Rechnungslegung der Unternehmen betreffen. Deshalb geht Landesrecht den §§ 238 ff vor, soweit von der Regelungskompetenz Gebrauch gemacht worden ist. Sonst verbleibt es bei der Maßgeblichkeit dieser Bestimmungen.

Gegenüber § 42 a. F. enthält § 263 **drei Abweichungen.** *Erstens:* Unternehmen des **2** Bundes oder eines Landes fallen nicht mehr unter den Ausnahmetatbestand. *Zweitens:* Die Befugnis der Verwaltung, die Rechnungsabschlüsse des jeweiligen Eigenbetriebs durch Verwaltungshandeln abweichend von den handelsrechtlichen Vorgaben vorzunehmen, ist abgeschafft; Abweichungen von §§ 238 ff können nur durch Rechtsvorschriften, also durch Gesetze oder Rechtsverordnungen, vorgesehen werden. *Drittens:* Die möglichen Abweichungen beziehen sich auf den gesamten Regelungsbereich der §§ 238 ff, nicht mehr nur auf die Rechnungsabschlüsse. Die beiden ersten Änderungen des bisherigen Rechts gehen auf das Bestreben zurück, öffentlich-rechtliche Vollkaufleute aus „Gründen des Wettbewerbs und mit Rücksicht auf die Rechtsprechung des Bundesgerichtshofs zur Frage der privatwirtschaftlichen Betätigung der öffentlichen

Hand" so zu behandeln wie jeden anderen Kaufmann auch.[1] Angesprochen und in der Tendenz bestätigt sind diejenigen Entscheidungen, nach denen sich Unternehmen der öffentlichen Hand in konzern-, kartell- und wettbewerbsrechtlicher Hinsicht denselben Regeln unterwerfen müssen wie private Unternehmen, wenn sie Herrschaftspositionen aufbauen oder sich als Leistungsträger am Markt betätigen.[2] Die Gesetzesänderung ist ebenso zu begrüßen wie die zitierte Rechtsprechung; zur Rechnungslegung der danach nicht mehr privilegierten Unternehmen vgl. Rdn. 14. Wie weit der dritten Änderung eine sachliche Bedeutung zukommt, ist zweifelhaft und hängt davon ab, ob mit der früher h. M. nach § 42 a. F. anzunehmen war, daß sich die Freistellung wirklich nur auf die Rechnungsabschlüsse bezog, also nicht auch auf Buchführung und Aufbewahrung.[3] Schon das frühere Eigenbetriebsrecht der Länder bezog demgegenüber wie selbstverständlich die Buchführung ein und ließ jedenfalls bisher teilweise auch die Verwaltungsbuchführung zu.[4] § 263 enthält deshalb insoweit zumindest eine sinnvolle Klarstellung.

II. Erfaßte Unternehmen

1. Unternehmensbegriff des § 263

3　Basisvoraussetzung für die Anwendung des § 263 ist, daß ein Unternehmen vorliegt. Unternehmen im Sinne der Vorschrift ist ein **Gewerbebetrieb**, der nach §§ 1 ff die **Kaufmannseigenschaft** begründet. Soweit die Regelvermutung des § 1 Abs. 2 nicht widerlegt wird, kommt es also auf die Eintragung in das Handelsregister nicht an. Im übrigen, also bei dem Betrieb eines Kleingewerbes oder eines land- oder forstwirtschaftlichen Unternehmens, ist entscheidend, ob von der Eintragungsoption der §§ 2 bzw. 3 Gebrauch gemacht worden ist. Trifft das zu, so gelten in erster Linie die landesrechtlichen Sondervorschriften und, soweit sie damit vereinbar sind, in zweiter Linie die §§ 238 ff. Ohne Eintragung in das Handelsregister kommen die §§ 238 ff dagegen in den Fällen der §§ 2 und 3 überhaupt nicht zur Anwendung. Zweifelsfragen des früheren Rechts, die sich aus der Befreiung der Eigenbetriebe der öffentlichen Hand von der Registerpflicht durch § 36 ergeben konnten (s. Erstbearbeitung Rdn. 3), sind mit der Aufhebung der Vorschrift im Zuge der Handelsrechtsreform 1998[5] gegenstandslos geworden.

2. Ohne eigene Rechtspersönlichkeit

4　§ 263 setzt weiter voraus, daß es sich um ein Unternehmen „ohne eigene Rechtspersönlichkeit" handelt. Die Formulierung des Gesetzes ist unscharf, weil Unternehmen mit eigener Rechtspersönlichkeit zwar in der rechtspolitischen Diskussion eine Rolle gespielt haben, aber dem geltenden Recht fremd sind;[6] danach können nur die

---

[1] Begr. RegE, BTDrucks. 10/317, S. 73.

[2] Vgl. namentlich die in der Begr. RegE, BTDrucks. 10/317, S. 70 ausdrücklich angesprochene Entscheidung BGHZ 69, 334 = NJW 1978, 104 (Veba/Gelsenberg); s. ferner zum Konzernrecht BGHZ 105, 168, 176 f = NJW 1988, 3143 (HSW); BGHZ 135, 107, 113 = NJW 1997, 1855 (VW/Land Niedersachsen); zum Wettbewerbsrecht BGHZ (GSZ) 66, 229 = NJW 1976, 1794 (Studentenversicherung); BGHZ (GSZ) 67, 81 (Auto-Analyzer) = NJW 1976, 1941; BGHZ 82, 375 (Brillen-Selbstabgabestellen) = NJW 1982, 2117.

[3] *Brüggemann* Voraufl. § 42, 1; *Schlegelberger/ Hildebrandt/Steckhan* § 42, 2.

[4] Vgl. § 20 des Hess. Eigenbetriebsgesetzes vom 1. 4. 1981 (GVBl. S. 119; § 17 der EigenbetriebsVO für Nordrhein-Westfalen vom 22. 12. 1953 (GS NW S. 181).

[5] Handelsrechtsreformgesetz (HRefG) vom 22. 6. 1998 (BGBl. I S. 1474).

[6] Vgl. statt vieler *K. Schmidt* HandelsR[5] § 4 IV; *Wiedemann* GesellschaftsR Bd. I § 6 II 1a; für die Gegenthese vgl. namentlich *Th. Raiser* Das Unternehmen als Organisation (1969) S. 166 ff.

Inhaber des Unternehmens Rechtspersönlichkeit haben. Gemeint ist: Die **Gemeinde** (der Gemeinde- oder Zweckverband) muß **selbst Rechtsträger des Unternehmens** sein. Es darf also nicht eine AG oder GmbH (sogenannte Eigengesellschaft) oder eine andere juristische Person zwischengeschaltet sein, die als Rechtsträger fungiert, während sich die Gemeinde auf die Gesellschafterrolle beschränkt. Bei der Formulierung des Gesetzes wohl nicht bedacht worden ist der Fall, daß eine OHG oder KG (einschließlich GmbH & Co. KG) Trägerin des Unternehmens ist. Weil es auf die unmittelbare Zuordnung des Unternehmens zur öffentlich-rechtlichen Körperschaft ankommt, ist dieser Fall ebenso zu behandeln wie die Einschaltung einer juristischen Person, ohne daß es in diesem Zusammenhang von Bedeutung wäre, ob OHG oder KG wegen ihrer Teilrechtsfähigkeit (vgl. § 105, 39 ff; § 124, 3) schon als Rechtspersönlichkeiten angesprochen werden können.

3. Unternehmensträger: Gemeinde; Gemeindeverband; Zweckverband

Unternehmensträger muß nach § 263 eine Gemeinde, ein Gemeindeverband oder **5** ein Zweckverband sein.[7] **Gemeinde** ist die durch Gesetz oder durch Staatsakt aufgrund eines Gesetzes als juristische Person des öffentlichen Rechts entstehende Gebietskörperschaft (vgl. z. B. § 1 Abs. 2 GemeindeO NW) mit prinzipieller Allzuständigkeit für die Angelegenheiten des Gemeindegebiets. Ein **Gemeindeverband** liegt vor, wenn mehrere Gemeinden in einer Körperschaft öffentlichen Rechts zusammengefaßt werden, die ihrerseits Gebietshoheit und einen nicht auf Einzelangelegenheiten beschränkten Kompetenzbereich hat. Beispiele bilden die Landkreise (vgl. z. B. § 1 Abs. 2 KreisO NW) sowie die Landschaftsverbände, aber auch sonstige Kommunalverbände mit spezieller Zwecksetzung wie der Kommunalverband Ruhrgebiet (vgl. § 2 Abs. 1 S. 2 des Gesetzes über den Kommunalverband Ruhrgebiet i. d. F. vom 27. 8. 1984, GV NW S. 538). **Zweckverband** ist der freiwillige oder auf gesetzlicher Verpflichtung beruhende Zusammenschluß von Gemeinden oder Gemeindeverbänden in einer Körperschaft öffentlichen Rechts zur gemeinschaftlichen Erledigung von Einzelaufgaben der Mitglieder (vgl. z. B. §§ 1, 5 des Gesetzes [NW] über kommunale Gemeinschaftsarbeit i. d. F. vom 1. 10. 1979, GV NW S. 621).

4. Einzelfragen

Nach den vorstehenden Grundsätzen ist § 263 vor allem anwendbar auf **kommu-** **6** **nale Eigenbetriebe** und die entsprechenden wirtschaftlichen Unternehmen der Gemeinde- oder Zweckverbände, sofern sie ein Handelsgewerbe betreiben (Rdn. 3). Dabei stehen *Versorgungs- und Verkehrsbetriebe* im Vordergrund. § 263 erfaßt jedoch nicht nur die (wirtschaftlich und organisatorisch verselbständigten) Eigenbetriebe, sondern auch die **Regiebetriebe** (wie *Bäder, Kantinen, Schlachthöfe*), und zwar ohne Rücksicht darauf, ob sie als Brutto- oder Nettoregiebetriebe geführt werden (Brutto: volle Integration in die Gemeindeverwaltung; Netto: Integration in die Gemeindeverwaltung mit gesondertem Rechnungswesen entsprechend dem Eigenbetriebsrecht).[8] Nicht anzuwenden ist § 263 auf **Sparkassen.** Insoweit ist zwar die Gewerbeeigenschaft zu bejahen,[9] doch werden sie als nicht nur wirtschaftlich, sondern rechtlich

---

[7] Vgl. zum folgenden das kommunalrechtliche Schrifttum; aktuelle Gesamtdarstellungen: *Schmidt-Aßmann* KommunalR, Schmidt-Aßmann (Hrsg.) Bes. VerwaltungsR[11] (1999) S. 1 ff; *Schmidt-Jortzig* KommunalR (1982); *Seewald* KommunalR, Steiner (Hrsg.), Bes. VerwaltungsR[5] (1995).

[8] ADS[6] 6; *Püttner* 59 f.

[9] BGH NJW 1952, 869; *Stern/Burmeister* Die kommunalen Sparkassen (1972) S. 84 f.

Uwe Hüffer

selbständige Anstalten des öffentlichen Rechts geführt.[10] Anders als nach § 42 a. F. gibt es nach § 263 keine Befreiung von den §§ 238 ff für **Eigenbetriebe** in **Bundes- oder Landesbesitz** wie Bundesdruckerei, staatliche Porzellanmanufakturen oder Mineralquellenunternehmen. Dasselbe gilt für alle kaufmännischen Unternehmen anderer juristischer Personen des öffentlichen Rechts wie etwa der Sozialversicherungsträger, weil sie nicht dem durch § 263 allein begünstigten Bereich der Kommunalwirtschaft zugerechnet werden können.

III. Anwendbare Vorschriften

1. Abweichendes Landesrecht für Eigenbetriebe

7 a) **Allgemeines.** Soweit Unternehmen die in Rdn. 3 ff umschriebenen Voraussetzungen erfüllen, unterliegen sie den einschlägigen landesrechtlichen Vorschriften. Dabei handelt es sich um die Eigenbetriebsgesetze und -verordnungen der Länder, die ihrerseits durchgängig (Ausnahme: Bremen, Hamburg) an die Stelle der zunächst gem. Art. 123 GG als Landesrecht fortgeltenden EigenbetriebsVO vom 21.11.1938 (RGBl. I S. 1650) getreten und zwecks Anpassung an das BiRiLiG auf der Basis des Musterentwurfs 1986 in den Folgejahren novelliert worden sind.[11] Sie werden durch besondere Prüfungsvorschriften ergänzt, die auf die VO zur Durchführung der Vorschriften über die Prüfungspflicht der Wirtschaftsbetriebe der öffentlichen Hand vom 30.3.1933 (RGBl. I S. 180) zurückgehen, heute aber ebenfalls durchgängig in landesrechtlichen Regelungen enthalten sind.[12] Kennzeichnend ist dabei, daß sich die Prüfung auf die Ordnungsmäßigkeit der Geschäftsführung und auf die bedeutsamen wirtschaftlichen Verhältnisse der Gesellschaft zu erstrecken hat. Die zu beachtenden Prüfungsgrundsätze hat das *IdW* in dem **Prüfungsstandard PS 720** mit Stand vom 14.2.2000 zusammengefaßt.[13] Die Stellungnahme KFA 1/1989[14] ist damit überholt.

8 b) **Schwerpunkte der Rechnungslegung.** Schwerpunkte der Rechnungslegung sind die Organisation der Buchführung, der Jahresabschluß und seine Prüfung sowie die Aufbewahrungspflichten. *Buchführung:* Die landesrechtlichen Anforderungen sind unterschiedlich. Teilweise wird doppelte kaufmännische Buchführung vorgeschrieben, teilweise eine Verwaltungsbuchführung zugelassen, die aber von entsprechender Leistungsfähigkeit sein und namentlich den GoB entsprechen muß (dazu noch relevant: Buchführungsrichtlinien 1937, vgl. § 238, 47 f mit Textabdruck). *Jahresabschluß und Prüfung:* Die landesrechtlichen Anforderungen orientieren sich am Standard des Aktienrechts, gehen also über das hinaus, was nach den §§ 242 ff von jedem Kaufmann zu beachten ist. Für die Gliederung des Jahresabschlusses, der sich aus Bilanz mit Anlagennachweis und Erfolgsrechnung zusammensetzt, bestehen Formblätter mit verbindlichen Mindestgliederungen.[15] Obligatorisch ist die Prüfung

---

[10] Praxis seit der 3. Verordnung des Reichspräsidenten zur Sicherung von Wirtschaft und Finanzen vom 6.10.1931 (RGBl. I S. 537).

[11] Zusammenstellung der Rechtsquellen: WP-Hdb. 2000[12] Bd. I L 3; vgl. auch Beck BilKomm-*Budde/Kunz* 2.

[12] Überblick ebenfalls in WP-Hdb. 2000[12] Bd. I L 3; Abriß der Prüfungsbesonderheiten ebenda L 46 ff.

[13] Fragenkatalog zur Prüfung der Ordnungsmäßig-

keit der Geschäftsführung und der wirtschaftlichen Verhältnisse nach § 53 HGrG (IDW PS 720), *IdW* Prüfungsstandards (Loseblatt, Stand März 2000) = WPg 2000, 326.

[14] S. noch *IdW* Fachgutachten/Stellungnahmen KFA 1/1989 = WPg 1989, 702.

[15] Wegen der Formblätter zur EigenbetriebsVO 1938 (Rdn. 7) s. *Brüggemann* Voraufl. § 42, 3.

des Jahresabschlusses durch einen Wirtschaftsprüfer oder eine Wirtschaftsprüfungsgesellschaft; die Prüfung hat einen erweiterten Umfang (Rdn. 7 a. E.) und muß zu einem Bestätigungsvermerk oder dessen Versagung führen. *Aufbewahrung:* Vorschriften, die den §§ 257 ff entsprechen, enthalten die Eigenbetriebsrechte der Länder typischerweise nicht.

2. §§ 238–261

Soweit keine abweichenden landesrechtlichen Vorschriften (Rdn. 7 f) bestehen, **9** sind die Gemeinde, der Gemeinde- oder Zweckverband hinsichtlich ihrer kaufmännischen Unternehmen (Rdn. 3) als **buchführungspflichtige Einzelunternehmer** zu behandeln, also den §§ 238–261, aber nicht den §§ 264 ff unterworfen. Darin liegt kein Rückschritt gegenüber dem früheren Recht (vgl. auch Rdn. 11); denn die weitergehende am Vorbild des Aktienrechts orientierte Praxis beruht nicht auf Handelsrecht, sondern auf dem Eigenbetriebsrecht der Länder. Trotz der vorrangigen Geltung der einschlägigen landesrechtlichen Normen verbleibt für die §§ 238 ff ein verhältnismäßig breiter Anwendungsbereich, weil die Landesrechte die Einzelheiten der Rechnungslegung traditionell nur teilweise erfassen.

3. Publizitätsgesetz

Nach § 3 Abs. 1 Nr. 5 PublG gelten die Vorschriften des Gesetzes über die Rech- **10** nungslegung von Unternehmen (Erster Abschnitt) grundsätzlich auch für Unternehmen der öffentlichen Hand. **§ 3 Abs. 2 Nr. 1a PublG** enthält jedoch eine in der Zielrichtung § 263 vergleichbare **Ausnahmeregelung** zugunsten der kommunalwirtschaftlichen Eigenbetriebe; für sie verbleibt es also bei dem in Rdn. 7 f dargestellten Rechtszustand. Für die Konzernrechnungslegung (Zweiter Abschnitt = §§ 11 ff PublG) ist dem Gesetz keine entsprechende Ausnahme zu entnehmen.

IV. Rechnungslegung der nicht von § 263 erfaßten Unternehmen

Für Unternehmen, die sich mittelbar oder unmittelbar in öffentlicher Hand be- **11** finden, aber nicht in den Ausnahmebereich des § 263 fallen, gilt folgendes: Für sogenannte **Eigengesellschaften,** also für AG oder GmbH mit einer juristischen Person des öffentlichen Rechts als Alleingesellschafterin, gelten die jeweiligen handelsrechtlichen Vorschriften über die Rechnungslegung, und zwar auch dann, wenn eine Gemeinde, ein Gemeinde- oder Zweckverband Alleingesellschafter ist. Für **Eigenbetriebe** *außerhalb des kommunalwirtschaftlichen Bereichs* (Bund, Länder) ist zwischen der handelsrechtlichen Ebene und bestehenden haushaltsrechtlichen Sondervorschriften zu unterscheiden. *Handelsrecht:* Soweit ein Handelsgewerbe vorliegt (Rdn. 3), gelten die allgemeinen Vorschriften, also die §§ 238 ff, dagegen nicht die §§ 264 ff, weil der öffentlich-rechtliche Unternehmensträger handelsrechtlich (nur) als buchführungspflichtiger Einzelunternehmer einzuordnen ist. Darin liegt keine Neuerung des BiRiLiG, sondern die Fortschreibung des bisherigen Rechtszustands.[16] *Haushaltsrecht:* Die einschlägigen Vorschriften sind in den §§ 53, 55 HGrG, §§ 65, 87, 112 BHO, ferner in den für das jeweilige Unternehmen einschlägigen Sondergesetzen (vgl. z. B. § 26 Abs. 2 BBankG) enthalten. Das Haushaltsrecht überlagert das Handelsrecht in dem

---

[16] S. dazu Stenographisches Prot. der 17. Sitzung des Unterausschusses vom 9. 5. 1985, S. 133 f, 143.

Uwe Hüffer

Sinne, daß der Jahresabschluß auch ohne handelsrechtliche Verpflichtung nach den Vorschriften aufzustellen ist, die für große Kapitalgesellschaften gelten. Für seine Prüfung gelten Besonderheiten; sie erstreckt sich unter den Voraussetzungen des § 53 HGrG namentlich auf die Ordnungsmäßigkeit der Geschäftsführung.[17] Gebietskörperschaft i. S. d. bundesrechtlichen Vorschrift sind gem. § 49 HGrG auch die Länder und mit ihnen die Gemeinden.[18]

---

[17] Nähere Darstellungen z. B. bei *Bierwirth* FS Ludewig (1996) S. 123 ff; *Eibelshäuser* FS Moxter (1994) S. 919 ff; *Zavelsberg* FS Forster (1992) S. 723 ff.

[18] Unstr., s. *Hüffer* § 394 Rdn. 23 m. w. N.

Uwe Hüffer

Zweiter Abschnitt

Ergänzende Vorschriften für Kapitalgesellschaften
(Aktiengesellschaften, Kommanditgesellschaften auf
Aktien und Gesellschaften mit beschränkter Haftung) sowie
bestimmte Personenhandelsgesellschaften

Erster Unterabschnitt

Jahresabschluß
der Kapitalgesellschaft und Lagebericht

Erster Titel
Allgemeine Vorschriften

§ 264
Pflicht zur Aufstellung

(1) Die gesetzlichen Vertreter einer Kapitalgesellschaft haben den Jahresabschluß (§ 242) um einen Anhang zu erweitern, der mit der Bilanz und der
Gewinn- und Verlustrechnung eine Einheit bildet, sowie einen Lagebericht aufzustellen. Der Jahresabschluß und der Lagebericht sind von den gesetzlichen Vertretern in den ersten drei Monaten des Geschäftsjahrs für das vergangene
Geschäftsjahr aufzustellen. Kleine Kapitalgesellschaften (§ 267 Abs. 1) brauchen
den Lagebericht nicht aufzustellen; sie dürfen den Jahresabschluß auch später aufstellen, wenn dies einem ordnungsgemäßen Geschäftsgang entspricht, jedoch
innerhalb der ersten sechs Monate des Geschäftsjahres.

(2) Der Jahresabschluß der Kapitalgesellschaft hat unter Beachtung der
Grundsätze ordnungsmäßiger Buchführung ein den tatsächlichen Verhältnissen
entsprechendes Bild der Vermögens-, Finanz- und Ertragslage der Kapitalgesellschaft zu vermitteln. Führen besondere Umstände dazu, daß der Jahresabschluß
ein den tatsächlichen Verhältnissen entsprechendes Bild im Sinne des Satzes 1
nicht vermittelt, so sind im Anhang zusätzliche Angaben zu machen.

(3) Eine Kapitalgesellschaft, die Tochterunternehmen eines nach § 290 zur
Aufstellung eines Konzernabschlusses verpflichteten Mutterunternehmens ist,
braucht die Vorschriften dieses Unterabschnitts und des Dritten und Vierten
Unterabschnitts dieses Abschnitts nicht anzuwenden, wenn
1. alle Gesellschafter des Tochterunternehmens der Befreiung für das jeweilige
   Geschäftsjahr zugestimmt haben und der Beschluß nach § 325 offengelegt worden ist,

Rainer Hüttemann

2. das Mutterunternehmen zur Verlustübernahme nach § 302 des Aktiengesetzes verpflichtet ist oder eine solche Verpflichtung freiwillig übernommen hat und diese Erklärung nach § 325 offengelegt worden ist,

3. das Tochterunternehmen in den Konzernabschluß nach den Vorschriften dieses Abschnitts einbezogen worden ist,

4. die Befreiung des Tochterunternehmens im Anhang des von dem Mutterunternehmen aufgestellten Konzernabschlusses angegeben wird und

5. die von dem Mutterunternehmen nach den Vorschriften über die Konzernrechnungslegung gemäß § 325 offenzulegenden Unterlagen auch zum Handelsregister des Sitzes der die Befreiung in Anspruch nehmenden Kapitalgesellschaft eingereicht worden sind.

(4) Absatz 3 ist auf Kapitalgesellschaften, die Tochterunternehmen eines nach § 11 des Publizitätsgesetzes zur Aufstellung eines Konzernabschlusses verpflichteten Mutterunternehmens sind, entsprechend anzuwenden, soweit in diesem Konzernabschluß von dem Wahlrecht des § 13 Abs. 3 Satz 1 des Publizitätsgesetzes nicht Gebrauch gemacht worden ist.

Übersicht

	Rdn.		Rdn.
I. Allgemeines und Anwendungsbereich des Zweiten Abschnitts		3. Bedeutung des Einblicksgebots (Abs. 2 S. 1)	
1. Allgemeines	1	a) Problemstellung	23
2. Anwendungsbereich	2–4	b) Auffassungen im Schrifttum	24
II. Aufstellung des Jahresabschlusses (Abs. 1)		c) EuGH-Rechtsprechung	25
1. Jahresabschluß bei Kapitalgesellschaften	5	d) Stellungnahme	26–29
2. Lagebericht	6	4. Einblick in die Vermögens-, Finanz- und Ertragslage	
3. Aufstellung von Jahresabschluß und Lagebericht		a) Einblicksadressaten	30, 31
a) Aufstellungspflicht	7	b) Einblick in die Vermögens-, Finanz- und Ertragslage	32, 33
b) Aufstellung und Unterzeichnung	8	aa) Vermögenslage	34, 35
c) Aufstellungsfrist	9, 10	bb) Finanzlage	36
d) Sanktionen bei nicht rechtzeitiger Aufstellung	11	cc) Ertragslage	37
III. Vermittlung eines den tatsächlichen Verhältnissen entsprechenden Bildes der Vermögens-, Finanz- und Ertragslage (Abs. 2)		c) „… den tatsächlichen Verhältnissen entsprechendes Bild"	38
1. Allgemeines	12	5. Einzelfragen zur Anwendung der Generalnorm (Abs. 2 S. 1)	
2. „True and fair view" in Art. 2 der 4. EG-Richtlinie und Transformation in das deutsche Recht		a) Auslegung und Interpretation von Einzelvorschriften	39, 40
a) Vorgaben der Richtlinie	13, 14	b) Ausübung von Wahlrechten	
b) „True and fair view"	15, 16	aa) Meinungsstand	41
c) Umsetzung des Art. 2 in deutsches Recht	17	bb) Stellungnahme	42
aa) Grundsatz und Bezugnahme auf GoB (Art. 2 Abs. 3)	18	c) Abweichung von Einzelvorschriften	
bb) Pflicht zu zusätzlichen Angaben (Art. 2 Abs. 4)	19	aa) Allgemeines	43
cc) Abweichung von Einzelvorschriften (Art. 2 Abs. 5)	20–22	bb) Vorrang der besonderen Abweichungsvorschriften	44, 45
		cc) Verbleibender Anwendungsbereich	46
		dd) Abgrenzung zur Erläuterungsfunktion	47
		6. Zusätzliche Angaben (Abs. 2 S. 2)	48
		a) Einblicksziel	
		aa) Meinungsstand	49
		bb) Stellungnahme	50

Rainer Hüttemann

	Rdn.		Rdn.
b) Beschränkung auf „besondere Umstände"	51, 52	a) Zustimmung aller Gesellschafter	64
c) Umfang der Angaben	53	b) Verlustübernahmepflicht	65
d) Einzelfälle	54	c) Einbeziehung in Konzernabschluß	66
7. Rechtsfolgen eines Verstoßes gegen § 264 Abs. 2	55–58	d) Angabe der Befreiung im Anhang	67
IV. Befreiung von Tochter-Kapitalgesellschaften (Abs. 3)		e) Einreichung zum Handelsregister	68
1. Normgeschichte und Vorgaben der 4. EG-Richtlinie	59	4. Umfang der Befreiung	69
2. Anwendungsbereich	60	5. Sanktionen bei Verletzung des Abs. 3	70
a) Kapitalgesellschaft	61	V. Befreiung bei Konzernabschluß nach PublG (Abs. 4)	71
b) Pflicht zum Konzernabschluß „nach § 290"	62		
3. Befreiungsvoraussetzungen	63		

Schrifttum

Alexander A European true and fair view? EAR 1993, 59; *ders.* Truer and fairer. Uninvited comments on invited comments, EAR 1996, 483; *Beine* Scheinkonflikte mit dem True and Fair View, WPg 1995, 467; *Beisse* Die Generalnorm des neuen Bilanzrechts, Festschrift Döllerer (1988) S. 25; *ders.* Grundsatzfragen der Auslegung des neuen Bilanzrechts, BB 1990, 2007; *ders.* Zehn Jahre „True and fair view", Festschrift Clemm (1996) S. 27; *Biener* Die Transformation der Mittelstands- und der GmbH & Co-Richtlinie, WPg 1993, 707; *Bleckmann* Die Richtlinie im Europäischen Gemeinschaftsrecht und im Deutschen Recht, HuRB S. 11; *Budde/Förschle* Das Verhältnis des „True and fair view" zu den Grundsätzen ordnungsmäßiger Buchführung und zu den Einzelrechnungslegungsvorschriften, Mellwig/Moxter/Ordelheide (Hrsg.), Einzelabschluß und Konzernabschluß (1988) S. 27; *dies.* Ausgewählte Fragen zum Inhalt des Anhangs, DB 1988, 1457; *Claussen* Zum Stellenwert des § 264 Abs. 2 HGB, Festschrift Goerdeler (1987) S. 79; *Clemm* § 264 HGB und Wahlrechte, Festschrift Budde (1995) S. 135; *ders.* Unternehmerische Rechnungslegung – Aufgaben, Möglichkeiten und Grenzen –, Festschrift Goerdeler (1987) S. 93; *Dietrich* Die Bewertungseinheit im allgemeinen Handelsbilanzrecht (1998); *Dörner/Wirth* Die Befreiung von Tochter-Kapitalgesellschaften nach § 264 Abs. 3 HGB i. d. F. des KapAEG hinsichtlich Inhalt, Prüfung und Offenlegung des Jahresabschlusses, DB 1998, 1525; *Ekkenga* Anlegerschutz, Rechnungslegung und Kapitalmarkt (1998); *Goerdeler* Bilanzierung und Publizität im internationalen Vergleich, ZfbF 1982, 235; *Großfeld* Generalnorm (ein den tatsächlichen Verhältnissen entsprechendes Bild der Vermögens-, Finanz- und Ertragslage), HuRB S. 192; *Groh* Der Fall Tomberger – Nachlese und Ausblick, DStR 1998, 813; *Hennrichs* Die Bedeutung der EG-Bilanzrichtlinie für das deutsche Handelsbilanzrecht, ZGR 1997, 66; *ders.* Wahlrechte im Bilanzrecht der Kapitalgesellschaften (1999); *Herlinghaus* „Tomberger" und die Folgen – ein Beitrag zur Frage der Entscheidungskompetenz des EuGH im Handels- und Steuerbilanzrecht, IStR 1997, 529; *Hoffmann* Jahresabschlußpolitik und die Generalnorm des § 264 Abs. 2 HGB, DB 1995, 1821; *van Hulle* Truth an untruth about true and fair, EAR 1993, 99; *ders.* „True and fair view", im Sinne der 4. EG-Richtlinie, Festschrift Budde (1995) S. 313; *ders.* Die Zukunft der europäischen Rechnungslegung im Rahmen einer sich ändernden internationalen Rechnungslegung, WPg 1998, 138; *Kessler* Die Wahrheit über das Vorsichtsprinzip?! DB 1997, 1; *Kleindiek* Geschäftsleitertätigkeit und Geschäftsleitungskontrolle: Treuhänderische Vermögensverwaltung und Rechnungslegung, ZGR 1998, 466; *Lachnit* „True and fair view" und Rechnungslegung über stille Rücklagen im Jahresabschluß von Kapitalgesellschaften, WPg 1993, 193; *Leffson* Wesentlich, HuRB S. 434; *ders.* Die beiden Generalnormen, Festschrift Goerdeler (1987) S. 316; *Moxter* Die Jahresabschlußaufgaben nach der EG-Bilanzrichtlinie: Zur Auslegung von Art. 2 EG-Bilanzrichtlinie, AG 1979, 141; *ders.* Vermögenslage nach § 264, HuRB S. 346; *ders.* Zum Verhältnis von handelsrechtlichen Grundsätzen ordnungsmäßiger Bilanzierung und True-and-fair-view-Gebot bei Kapitalgesellschaften, Festschrift Budde (1995) S. 419; *ders.* Zum Umfang der Entscheidungskompetenz des Europäischen Gerichtshofes im Bilanzrecht, BB 1995, 1463; *ders.*

Zur Prüfung des true and fair view, Festschrift Ludewig (1996) S. 671; *ders.* Zur Interpretation des True-and-fair-view-Gebots der Jahresabschlußrichtlinie, Festschrift Baetge (1997) S. 97; *Müller* Der Europäische Gerichtshof und die deutschen Grundsätze ordnungsmäßiger Buchführung, Festschrift Claussen (1997) S. 707; *Niehus* „True and fair view" – in Zukunft auch ein Bestandteil der deutschen Rechnungslegung? DB 1979, 221; *Ordelheide* Internationalisierung der Rechnungslegung deutscher Unternehmen, WPg 1996, 545; *ders.* True and fair view, A European and a German perspective, EAR 1993, 81; *ders.* True and fair view, A European und a German perspective II, EAR 1996, 495; *Rückle* Finanzlage, HuRB S. 168; *Schildbach* Die neue Generalklausel für den Jahresabschluß von Kapitalgesellschaften – zur Interpretation des § 264 Abs. 2 HGB, BFuP 1987, 1; *Schön* Case note on ECJ Case – 234/94 (Tomberger), CMLR 1997 681; *ders.* Entwicklungen und Perspektiven des Handelsbilanzrechts, ZHR 161 (1997) 133; *ders.* Gesellschafter-, Gläubiger- und Anlegerschutz im Europäischen Bilanzrecht, ZGR 2000, 706; *Schulze-Osterloh* Jahresabschluß, Abschlußprüfung und Publizität der Kapitalgesellschaften nach dem Bilanzrichtlinien-Gesetz, ZHR 150 (1986) 532; *Selchert* Zur Generalnorm für offenlegungspflichtige Unternehmen, BB 1993, 753; *Siegel* Wahlrecht, HuRB S. 417; *Streim* Die Generalnorm des § 264 Abs. 2 HGB – eine kritische Analyse, Festschrift Moxter (1994) S. 392; *Tubbesing* „A True and Fair View" im englischen Verständnis und 4. EG-Richtlinie, AG 1979, 91; *Walton* Introduction: the true and fair view in British accounting, EAR 1993, 49; *Vogel* Die Rechnungslegungsvorschriften des HGB für Kapitalgesellschaften und die 4. EG-Richtlinie (1993); *Weber-Grellet* Bilanzrecht im Lichte, Bilanzsteuerrecht im Schatten des EuGH, DB 1996, 2089.

I. Allgemeines und Anwendungsbereich des Zweiten Abschnitts

1. Allgemeines

1   § 264 steht am Anfang der Vorschriften des Zweiten Abschnitts, die im Unterschied zu den §§ 238 ff nur für Kapitalgesellschaften und bestimmte Personengesellschaften gelten. Die §§ 264 ff enthalten also besondere rechtsformspezifische Rechnungslegungsvorschriften, die die allgemeinen Regelungen der §§ 238 ff entweder ergänzen oder als speziellere Normen verdrängen.

2. Anwendungsbereich

2   Wie sich aus der Überschrift des Zweiten Abschnitts ergibt, gelten die §§ 264 ff zum einen für **Kapitalgesellschaften** (Aktiengesellschaften, Kommanditgesellschaften auf Aktien, Gesellschaften mit beschränkter Haftung). Sie finden darüber hinaus nach § 264a Abs. 1 auch Anwendung auf **bestimmte Personenhandelsgesellschaften**, bei denen nicht wenigstens ein persönlich haftender Gesellschafter eine natürliche Person oder eine Personengesellschaft mit einer natürlichen Person als persönlich haftendem Gesellschafter ist, also insbesondere die GmbH & Co. KG (zur Erweiterung des Anwendungsbereichs der §§ 264 ff durch das KapCoRiLiG v. 24. 2. 2000[1] vgl. näher Erläuterungen zu § 264a, 1 f). Der Gesetzgeber hat die Anwendung der §§ 264 ff auf solche Personenhandelsgesellschaften in § 264a Abs. 1 mittels einer Verweisung geregelt. Deshalb ist im Gesetz weiterhin vom Jahresabschluß „der Kapitalgesellschaft" die Rede, obwohl die Vorschriften nunmehr auch für bestimmte Personengesellschaften gelten (wegen der Besonderheiten bei der Anwendung der §§ 264 ff auf Personengesellschaften vgl. die Erläuterungen zu § 264c).

3   Die §§ 264 ff finden des weiteren ganz oder teilweise kraft gesetzlicher Verweisung auch auf **andere Gesellschaftsformen und Unternehmen** Anwendung, so etwa nach § 336 Abs. 2 auf Genossenschaften, nach § 340a auf Kreditinstitute und nach § 341a auf

---

[1] BGBl. I 2000, 154.

Versicherungsunternehmen. Eine Verweisung auf bestimmte Vorschriften des Zweiten Abschnitts – nicht aber auf § 264 – enthält auch § 5 PublG.

Über diese gesetzlichen Verweisungen hinaus kommt auch eine **freiwillige Anwendung** einzelner oder aller Bestimmungen des Zweiten Abschnitts in Betracht, z. B. auf Grund gesellschaftsvertraglicher Regelungen oder sonstiger Vereinbarungen mit Dritten.[2] **4**

II. Aufstellung des Jahresabschlusses (Abs. 1)

1. Jahresabschluß bei Kapitalgesellschaften

§ 264 Abs. 1 bestimmt für Kapitalgesellschaften mehrere Abweichungen von den allgemeinen Vorschriften über den Jahresabschluß in den §§ 242, 243. Während nach § 242 der Jahresabschluß aus der Bilanz und der Gewinn- und Verlustrechnung (GuV) besteht, ist der Jahresabschluß für Kapitalgesellschaften nach § 264 Abs. 1 S. 1 um einen Anhang zu erweitern. Dieser ist in §§ 284 ff näher geregelt und bildet – wie es in § 264 Abs. 1 S. 1 ausdrücklich heißt – mit der Bilanz und der GuV „eine Einheit": **Bilanz, GuV und Anhang** bilden den Jahresabschluß der Kapitalgesellschaft.[3] Daraus folgt insbesondere, daß ein Jahresabschluß im Sinne der gesetzlicher Regelungen noch nicht vorliegt, solange eines der drei Elemente fehlt.[4] Aufstellung, Prüfung, Unterzeichnung, Feststellung und Offenlegung müssen sich also immer auf alle Bestandteile beziehen.[5] Ebenso bezieht sich das Einblicksgebot des Abs. 2 S. 1 auf den Jahresabschluß als Einheit und nicht auf die einzelnen Bestandteile. Vermitteln die Bilanz und die GuV für sich genommen noch kein dem § 264 Abs. 2 S. 1 entsprechendes Bild, kann dies durch zusätzliche Angaben im Anhang ausgeglichen werden (vgl. § 264 Abs. 2 S. 2). **5**

2. Lagebericht

Zusätzlich zum Jahresabschluß ist nach § 264 Abs. 1 S. 1 ein Lagebericht aufzustellen, der in § 289 näher geregelt ist. Der Lagebericht steht selbständig neben dem Jahresabschluß (arg. e. § 264 Abs. 1 S. 1).[6] Von der Verpflichtung zur Aufstellung eines Lageberichts sind aber nach § 264 Abs. 1 S. 3 kleine Kapitalgesellschaften i. S. v. § 267 ausgenommen. **6**

3. Aufstellung von Jahresabschluß und Lagebericht

a) Aufstellungspflicht. Nach § 264 Abs. 1 S. 2 müssen die gesetzlichen Vertreter der Kapitalgesellschaft den Jahresabschluß und den Lagebericht aufstellen. Wer gesetzlicher Vertreter ist, bestimmt sich nach den Regelungen des Gesellschaftsrechts. Bei der AG trifft die Aufstellungspflicht alle Mitglieder des Vorstandes (vgl. §§ 78, 91 AktG), einschließlich der stellvertretenden Vorstandsmitglieder (§ 94 AktG). Bei der Kommanditgesellschaft auf Aktien sind die Komplementäre verantwortlich (§ 278 Abs. 2 AktG i. V. m. §§ 114 ff, 161 Abs. 2 HGB), bei der GmbH die Geschäftsführer (§§ 35, 41 GmbHG) unter Einschluß der stellvertretenden Geschäftsführer (§ 44 GmbHG). Die Pflicht zur Aufstellung des Jahresabschlusses trifft unabhängig von der **7**

---

[2] Vgl. nur ADS 10; *Biener/Berneke* S. 133.
[3] Vgl. auch BGHZ 124, 111, 121 = NJW 1994, 520.
[4] Zur Nichtigkeit der Feststellung eines Jahresabschlusses ohne Anhang BGH ZIP 1999, 1965 f.

[5] ADS 15; Beck BilKomm-*Budde/Karig* 8.
[6] BGHZ 124, 111, 122; OLG Köln ZIP 1993, 110, 112; *Hüffer* § 256, 8; **a. A.** *Timm* ZIP 1993, 114, 116.

konkreten internen Geschäftsverteilung innerhalb des Geschäftsführungsgremiums alle gesetzlichen Vertreter. Daher befreit z. B. die interne Zuweisung der Verantwortlichkeit für die Jahresabschlußarbeiten an ein Vorstandsmitglied nicht die anderen Vorstandsmitglieder von ihrer gesetzlichen Verantwortung für die Aufstellung des Jahresabschlusses.[7] Sie haben dann für eine sachgerechte Auswahl des zuständigen Vorstandsmitglieds zu sorgen und ihn „kontinuierlich und angemessen zu überwachen" und sich über die Buchführung zu informieren.[8] Zur Aufstellungspflicht bei Personenhandelsgesellschaften, auf die die §§ 264 ff nach § 264a Abs. 1 anzuwenden sind, vgl. § 264a Abs. 2.

8   **b) Aufstellung und Unterzeichnung.** Hinsichtlich der Modalitäten der Aufstellung gelten die allgemeinen Vorschriften der §§ 242 ff. Der Jahresabschluß ist nach § 245 S. 2 von allen gesetzlichen Vertretern eigenhändig zu unterzeichnen.[9]

9   **c) Aufstellungsfrist.** Abweichend von § 243 Abs. 3 bestimmt das Gesetz für den Jahresabschluß und den Lagebericht bei Kapitalgesellschaften eine besondere Aufstellungsfrist: Nach § 264 Abs. 1 S. 2 sind Jahresabschluß und Lagebericht innerhalb der ersten drei Monate des folgenden Geschäftsjahres aufzustellen. Diese Voraussetzung ist erfüllt, wenn Jahresabschluß und Lagebericht von den gesetzlichen Vertretern innerhalb der gesetzlichen Frist soweit fertiggestellt sind, daß sie den Abschlußprüfern bzw. bei nicht prüfungspflichtigen Gesellschaften den zur Feststellung berufenen Organen vorgelegt werden können.[10] Eine Verlängerung der gesetzlichen Aufstellungsfrist durch die Satzung ist nicht möglich.[11] Zweifelhaft ist, ob das Gesetz im Interesse eines den Organen gewährten festen Mindestzeitraums für die Aufstellung auch einer satzungsmäßigen Verkürzung entgegensteht.[12] Dafür finden sich indes keine Anhaltspunkte, so daß die Satzung auch eine kürzere Frist vorsehen kann.[13] Allerdings muß die Frist so bemessen sein, daß eine ordnungsgemäße Durchführung der Abschlußarbeiten unter Beachtung der gesetzlichen Vorgaben nach den Umständen möglich ist.

10   Für **kleine Kapitalgesellschaften** i. S. v. § 267 gilt die Sonderregelung des § 264 Abs. 1 S. 3. Sie dürfen den Jahresabschluß „auch später aufstellen, wenn dies einem ordnungsgemäßen Geschäftsgang entspricht, jedoch innerhalb der ersten sechs Monate des Geschäftsjahres". Der Verweis auf den ordnungsgemäßen Geschäftsgang schließt es naturgemäß aus, daß in der Satzung allgemein eine Frist von sechs Monaten festgelegt wird.[14] Eine Aufstellung innerhalb der kurzen Frist des § 264 Abs. 1 S. 2 ist dagegen immer hinreichend.[15]

11   **d) Sanktionen bei nicht rechtzeitiger Aufstellung.** Als Rechtsfolge einer nicht rechtzeitigen Aufstellung des Jahresabschlusses oder des Lageberichts kann gegen die aufstellungspflichtigen gesetzlichen Vertreter nach § 335 S. 1 Nr. 1 i. V. m. § 132 Abs. 1 FGG ein Zwangsgeld festgesetzt werden. Hinzuweisen ist ferner auf die strafrechtlichen Tatbestände in den §§ 283 Abs. 1 Nr. 7b, 283b Abs. 1 Nr. 3b StGB. Schließlich kann die nicht rechtzeitige Aufstellung eine schuldhafte Pflichtverletzung der gesetzlichen Vertreter darstellen und zur Schadensersatzpflicht führen.

---

[7] RG HRR 1941 Nr. 132; BGH NJW 1986, 54, 55; BGH ZIP 1995, 1334, 1336; ADS 20; Hachenburg/*Goerdeler* § 41, 9; *Hüffer* § 91, 2; KK-*Mertens* § 91, 2 f; Baumbach/Hueck/*Schulze-Osterloh* § 41, 23.

[8] BGH ZIP 1995, 1334, 1336.

[9] Vgl. näher Beck BilKomm-*Budde/Karig* 14 ff; *Hüffer* § 245, 4 ff.

[10] ADS 19; HdR-*Baetge/Commandeur* 6.

[11] Beck BilKomm-*Budde/Karig* 17; HdR-*Baetge/ Commandeur* 5.

[12] So ADS 33.

[13] Ebenso Beck BilKomm-*Budde/Karig* 17; HdR-*Baetge/Commandeur* 5.

[14] BayObLG WM 1987, 502, 503; ADS 33; Baumbach/Hueck/*Schulze-Osterloh* § 41, 47.

[15] HdR-*Baetge/Commandeur* 5.

III. Vermittlung eines den tatsächlichen Verhältnissen entsprechenden Bildes der Vermögens-, Finanz- und Ertragslage (Abs. 2)

1. Allgemeines

Nach § 264 Abs. 2 S. 1 hat der Jahresabschluß der Kapitalgesellschaft unter Beach- **12** tung der Grundsätze ordnungsmäßiger Buchführung ein den tatsächlichen Verhältnissen entsprechendes Bild der Vermögens-, Finanz- und Ertragslage der Kapitalgesellschaft zu vermitteln. Soweit dies auf Grund „besonderer Umstände" nicht der Fall ist, sind nach Abs. 2 S. 2 zusätzliche Angaben im Anhang zu machen.

2. „True and fair view" in Art. 2 der 4. EG-Richtlinie und Transformation in das deutsche Recht

a) Vorgaben der Richtlinie. § 264 Abs. 2 beruht auf Art. 2 Abs. 2–5 der 4. EG- **13** Richtlinie v. 25. Juli 1978:[16]

(2) Der Jahresabschluß ist klar und übersichtlich aufzustellen; er muß dieser Richtlinie entsprechen.

(3) Der Jahresabschluß hat ein den tatsächlichen Verhältnissen entsprechendes Bild der Vermögens-, Finanz- und Ertragslage der Gesellschaft zu vermitteln.

(4) Reicht die Anwendung dieser Richtlinie nicht aus, um ein den tatsächlichen Verhältnissen entsprechendes Bild im Sinne des Absatzes 3 zu vermitteln, so sind zusätzliche Angaben zu machen.

(5) Ist in Ausnahmefällen die Anwendung einer Vorschrift dieser Richtlinie mit der in Absatz 3 vorgesehenen Verpflichtung unvereinbar, so muß von der betreffenden Vorschrift abgewichen werden, um sicherzustellen, daß ein den tatsächlichen Verhältnissen entsprechendes Bild im Sinne des Absatzes 3 vermittelt wird. Die Abweichung ist im Anhang anzugeben und hinreichend zu begründen; ihr Einfluß auf die Vermögens-, Finanz- und Ertragslage ist darzulegen. Die Mitgliedstaaten können die Ausnahmefälle bezeichnen und die entsprechende Ausnahmeregelung festlegen.

Art. 2 Abs. 3–5 sind das Ergebnis der Verhandlungen über die 4. EG-Richtlinie und **14** **Ausdruck eines Kompromisses** zwischen den unterschiedlichen Rechnungslegungstraditionen im angelsächsischen und kontinentalen Rechtskreis.[17] Einerseits wird mit Art. 5 dem Prinzip des „true and fair view" ein Vorrang vor den Einzelvorschriften eingeräumt. Andererseits wird dieser Vorrang auf „Ausnahmefälle" beschränkt. Zusätzlich heißt es in der zu Protokoll gegebenen Ratserklärung zu Abs. 4: „Der Rat und die Kommission stellen fest, daß es normalerweise ausreicht, die Richtlinie anzuwenden, damit das gewünschte den tatsächlichen Verhältnissen entsprechende Bild entsteht." Ein enges Verständnis des Abweichungsgebots in Art. 2 Abs. 5 ergibt sich auch aus dem den Mitgliedstaaten eingeräumten Wahlrecht, die „Ausnahmefälle" gesetzlich festzulegen. Auf diese Weise sollte den Mitgliedstaaten ein Mittel in die Hand gegeben werden, einer zu großzügigen Abweichungspraxis der Unternehmen entgegenzusteuern.[18] Das Wahlrecht ist also keineswegs als Hinweis darauf zu verstehen, daß es den Mitgliedstaaten freisteht, unter Hinweis auf das Gebot des „true

---

[16] Abgedruckt vor § 238.
[17] Zur Entstehungsgeschichte des Art. 2 Abs. 2–5 vgl. vor allem *van Hulle* FS Budde (1995) S. 315 ff; *Niehus* DB 1979, 221 f; ferner *Ekkenga* Anlegerschutz, Rechnungslegung und Kapitalmarkt (1998) S. 106 ff; *Hennrichs* Wahlrechte im Bilanzrecht der Kapitalgesellschaften (1999) S. 127 ff; *Schön* ZGR 2000, 706 ff.
[18] Vgl. *van Hulle* FS Budde (1995) S. 321.

Rainer Hüttemann

and fair view" im nationalen Recht weitgehende Abweichungen von den Einzelvorschriften der Richtlinie anzuordnen. Vielmehr soll gerade umgekehrt eine einheitliche Auslegung der Bilanzrichtlinie gesichert werden.

15   b) „**True and fair view**". Für das Verständnis des Einblicksgebots des Art. 2 Abs. 3 kann nicht ohne weiteres auf das Verständnis des „true and fair view" Prinzips im englischen Bilanzrecht zurückgegriffen werden. Mit der Aufnahme in die Richtlinie ist dieser Grundsatz – trotz Anlehnung der Richtlinienverfasser an die angelsächsische Tradition – zu einem „**autonomen Gemeinschaftsbegriff**"[19] geworden, der eigenständig auszulegen ist.[20] Das englische Verständnis von „true and fair view" vermag allenfalls einen ersten Anhaltspunkt für die Interpretation des Art. 2 Abs. 3 zu geben.

16   Ferner ist zu berücksichtigen, daß dem Gebot des „true and fair view" auch im angelsächsischen Rechnungslegungsrecht **kein gedanklich geschlossenes Konzept** zugrundeliegt:[21] Im allgemeinen bedeutet „true and fair" nichts anderes, als daß der Jahresabschluß „in Übereinstimmung mit den allgemeinen Grundsätzen aufgestellt ist, wobei soweit wie möglich genaue Zahlen und ansonsten vernünftige Schätzungen zugrunde gelegt und diese so angeordnet worden sind, daß sie innerhalb der Grenzen der derzeitigen Bilanzierungspraxis ein so objektives Bild wie möglich bieten, frei von der Absicht bewußten Vorurteils, der Verfälschung, der Manipulation oder der Unterdrückung wesentlicher Tatsachen."[22] Wenn aber „true and fair view" in der Regel nur die Übereinstimmung mit den allgemeinen Buchführungsgrundsätzen meint, dann relativiert sich zugleich die Einordnung dieses Grundsatzes als „overriding principle" im englischen Recht und im Rahmen der Bilanzrichtlinie: Es geht folglich nicht um die weitgehende Verdrängung oder Modifikation der einzelnen Buchführungsgrundsätze, sondern nur um eine Abweichung in besonders gelagerten „Ausnahmefällen". Das besondere Bedürfnis für ein solches „overriding principle" im angelsächsischen Rechtskreis kann man daraus erklären, daß das Rechnungslegungsrecht dort – jedenfalls vor Umsetzung der 4. EG-Richtlinie – weitgehend auf nicht kodifizierten allgemeinen Rechnungslegungsstandards beruhte.[23] Für die Auslegung des Art. 2 Abs. 3–5 bestätigt der Blick auf die englische Lehre also nur die – auch im Wortlaut des Abs. 5 zum Ausdruck kommende – Beschränkung der Abweichungen von den Einzelvorschriften auf besondere „Ausnahmefälle".

17   c) **Umsetzung des Art. 2 in deutsches Recht.** Bei der **Umsetzung** des Art. 2 der 4. EG-Richtlinie in das deutsche Recht durch das BiRiLiG ist der Gesetzgeber in mehrfacher Hinsicht vom Richtlinientext abgewichen:

18   aa) **Grundsatz und Bezugnahme auf GoB (Art. 2 Abs. 3).** Zum einen findet sich in § 264 Abs. 2 S. 1 zusätzlich zum Wortlaut des Art. 2 Abs. 3 der Hinweis „unter Beachtung der Grundsätze ordnungsmäßiger Buchführung". Diese ausdrückliche Bezugnahme auf die GoB verstößt nicht gegen Art. 2 Abs. 3,[24] sondern ist durch Art. 2 Abs. 2 gerechtfertigt, wonach der Jahresabschluß „dieser Richtlinie entsprechen muß". Für ihre Zulässigkeit spricht auch, daß sie in ähnlicher Form bereits in Art. 2 des Richtlinien-Vorschlages von 1971 enthalten war und in den weiteren Beratungen als „entbehrlich" gestrichen wurde.[25]

---

[19] HuRB-*Bleckmann* S. 24 f.
[20] *Van Hulle* FS Budde (1995) S. 318; *ders.* EAR 1993, 99; *Ordelheide* EAR 1993, 82; *ders.* EAR 1996, 496; *Hennrichs* ZGR 1997, 73 f; ADS 50; kritisch aber *Alexander* EAR 1993, 59 ff.
[21] Vgl. dazu etwa *Walton* EAR 1993, 49 ff.
[22] So *Lee* Modern Financial Accounting S. 331, zitiert nach *Niehus* DB 1979, 224 mit weiteren Nachweisen zum angelsächsischen Schrifttum.
[23] So die Einschätzung von *Goerdeler* ZfbF 1982, 235, 244.
[24] Kritisch zur Vereinbarkeit mit der Richtlinie aber *Alexander* EAR 1993, 64.
[25] Ebenso ADS 42.

bb) Pflicht zu zusätzlichen Angaben (Art. 2 Abs. 4). Während in Art. 2 Abs. 4 **19** der Richtlinie allgemein zusätzliche Angaben gefordert werden, wenn „die Anwendung dieser Richtlinie" nicht ausreicht, um ein den tatsächlichen Verhältnissen entsprechendes Bild im Sinne des Abs. 3 zu vermitteln, sind nach § 264 Abs. 2 S. 2 solche zusätzliche Angaben nur beim Vorliegen „besonderer Umstände" erforderlich. Diese Einschränkung widerspricht nicht der Richtlinie, sondern verdeutlicht nur das Regel-Ausnahme-Verhältnis:[26] In der Regel reicht die Anwendung der Richtlinie aus, um den geforderten Einblick zu vermitteln.

cc) Abweichung von Einzelvorschriften (Art. 2 Abs. 5). Eine weitere Abwei- **20** chung betrifft die Umsetzung des Art. 2 Abs. 5 der Richtlinie. Der deutsche Gesetzgeber hat bewußt von einer ausdrücklichen Übernahme des Art. 2 Abs. 5 in das deutsche Recht abgesehen, weil – so die Begründung – „es sich dabei um einen allgemeinen Grundsatz handelt, wonach Gesetze stets so anzuwenden sind, wie es ihrem Sinn und Zweck entspricht. Nach diesem Grundsatz kann auch die Nichtanwendung der Vorschrift gerechtfertigt sein, wenn trotz sachgerechter Auslegung der gesetzliche Zweck der Vorschrift mit deren Anwendung nicht zu erreichen ist."[27]

Vereinbarkeit mit der 4. EG-Richtlinie. Im Schrifttum ist umstritten, ob in dem **21** Verzicht auf eine ausdrückliche Übernahme des Art. 2 Abs. 5 ein Verstoß gegen die Richtlinie liegt. Die überwiegende Ansicht hält Art. 2 Abs. 5 für richtlinienkonform transformiert,[28] wobei entweder eine ausdrückliche Vorschrift mit Hinweis auf die allgemeinen Grundsätze der Rechtsanwendung für entbehrlich gehalten[29] oder auf die besonderen Abweichungsvorbehalte in §§ 252 Abs. 2, 265 Abs. 1 verwiesen wird.[30] Nach anderer Auffassung ist dagegen ein Richtlinienverstoß anzunehmen.[31] Dabei wird aber übersehen, daß aus dem Fehlen einer ausdrücklichen Übernahmevorschrift allein noch nicht auf eine unvollständige Umsetzung des Art. 2 Abs. 5 geschlossen werden kann. Ein Transformationsdefizit wäre nur dann anzunehmen, wenn man aus dem Wortlaut des § 264 Abs. 2 folgern könnte, daß die in Art. 2 Abs. 5 vorgesehene „Abweichung im Ausnahmefall" im deutschen Recht grundsätzlich ausgeschlossen sein soll.[32] Auch der deutsche Gesetzgeber hat aber in § 264 Abs. 2 S. 1 die Generalnorm des „true and fair view" des Art. 2 Abs. 3 transformiert und – wie es die Gesetzesbegründung erkennen läßt – ihre grundsätzliche Bedeutung für die Auslegung und Anwendung der einzelnen GoB anerkannt. Dem steht nicht entgegen, daß in der Gesetzesbegründung die praktische Bedeutung des neuen § 264 Abs. 2 dahingehend relativiert wird, es würden sich gegenüber § 149 Abs. 1 S. 2 AktG a. F. „keine grundsätzlichen Änderungen ergeben". Auch die Richtlinie geht in Art. 2 Abs. 5 davon aus, daß Abweichungen von den Einzelvorschriften auf „Ausnahmefälle" beschränkt sein sollen. Der Wortlaut des § 264 Abs. 2 ist deshalb grundsätzlich offen für eine richtlinienkonforme Auslegung unter Einbeziehung der Korrekturfunktion des Art. 2 Abs. 5 der Richtlinie.

---

[26] Vgl. *Schulze-Osterloh* ZHR 150 (1986) 538.
[27] Begr. RegE, BTDrucks. 10/317 S. 77.
[28] ADS 44 ff; *Beine* WPg 1995, 475; *Beisse* FS Döllerer (1988) S. 36 ff; Beck BilKomm-*Budde/Karig* 31; *Claussen* FS Goerdeler (1987) S. 88; *Schulze-Osterloh* ZHR 150 (1986) 542; *Ordelheide* EAR 1993, 86; *ders.* EAR 1996, 495 ff; *Vogel* Rechnungslegungsvorschriften (1993) S. 26; *Groh* DStR 1998, 817.
[29] So etwa *Schulze-Osterloh* ZHR 150 (1986) 542; *Vogel* Rechnungslegungsvorschriften (1993) S. 26; *Beine* WPg 1995, 468 ff; *Groh* DStR 1998, 817.

[30] Eingehend ADS 45 f.
[31] *Alexander* EAR 1993, 64; dem folgend *Streim* FS Moxter (1994) S. 396; *Müller* FS Claussen (1997) S. 720. Zu den Rechtsfolgen eines möglichen Transformationsdefizits vgl. ADS 48 f.
[32] Anders *Beisse* FS Döllerer (1988) S. 39, der eine – seiner Ansicht nach vom Gesetzgeber gewollte – Beschränkung des true and fair view auf den Anhang für richtlinienkonform hält.

Rainer Hüttemann

22   **Schlußfolgerung.** Das Fehlen einer entsprechenden ausdrücklichen Umsetzungsvorschrift rechtfertigt also noch nicht den Schluß, daß die GoB im deutschen Recht
zwingenden Vorrang vor der Generalklausel haben.[33] Vielmehr ist davon auszugehen,
daß eine dem Art. 2 Abs. 5 der Richtlinie entsprechende Abweichung im Einzelfall
nach den allgemeinen Grundsätzen der Rechtsanwendung (teleologische Reduktion)
unter Berücksichtigung des § 264 Abs. 2 S. 1 in Ausnahmefällen möglich ist.[34] Für
diese Annahme bedarf es auch nicht zwingend eines Hinweises auf die besonderen
Abweichungsklauseln in §§ 252 Abs. 2, 265 Abs. 1,[35] sondern nur einer richtlinenkon-
formen Auslegung des § 264 Abs. 2 S. 1 als „Generalnorm" des Jahresabschlusses für
Kapitalgesellschaften unter Berücksichtigung der Normgeschichte.

3. Bedeutung des Einblicksgebots (Abs. 2 S. 1)

23   **a) Problemstellung.** Nach § 264 Abs. 2 S. 1 hat der Jahresabschluß der Kapitalgesellschaft „unter Beachtung der Grundsätze ordnungsmäßiger Buchführung ein den
tatsächlichen Verhältnissen entsprechendes Bild der Vermögens, Finanz- und Ertragslage zu vermitteln". Wie sich aus der zentralen Stellung des Einblicksgebots sowohl im
Richtlinientext (Art. 2) als auch in § 264 an der Spitze der Regelungen für Kapitalgesellschaften ergibt, soll dem „true and fair view" eine herausragende Bedeutung für
den Jahresabschluß der Kapitalgesellschaften zukommen. Welche Art von Einblick
gefordert wird und in welcher Weise sich die Generalklausel auf die Auslegung und
Anwendung der Einzelvorschriften auswirkt, läßt sich der Richtlinie und § 264 Abs. 2
S. 1 nicht ohne weiteres entnehmen. Insoweit stellen sich vor allem zwei Fragen. Zum
einen ist das Verhältnis der Generalklausel zu den Einzelvorschriften zu klären, die
konkrete Regelungen über die Gewinnermittlung, die Gliederung und den Anhang
enthalten. Die zweite Frage betrifft die sachliche Reichweite der Generalklausel und
geht dahin, ob sich das Einblicksgebot und die Betonung der Informationsfunktion
des Jahresabschlusses nur auf bestimmte Teile des Jahresabschlusses – z. B. die Gliederungsvorschriften und den Anhang – beziehen oder auch den Bereich der Gewinnermittlung beeinflussen. Letzteres ist deshalb fraglich, weil das Ziel eines den „tatsächlichen Verhältnissen entsprechenden" Einblicks dem Prinzip einer vorsichtigen
Gewinnermittlung zuwiderlaufen kann, das durch die Ausschüttungsbemessungsfunktion des Jahresabschlusses vorgegeben ist.

24   **b) Auffassungen im Schrifttum.** Über Inhalt und Bedeutung der Generalnorm
des § 264 Abs. 2 S. 1 im Bilanzrecht, insbesondere ihr systematisches Verhältnis zu den
einzelnen GoB, besteht seit Inkrafttreten des BiRiLiG Streit. Innerhalb des im Einzelnen breit gefächerten Meinungsspektrums lassen sich – was das Verständnis des § 264
Abs. 2 S. 1 und sein Verhältnis zu den einzelnen Bilanzierungsgrundsätzen angeht – im
wesentlichen zwei Grundansätze unterscheiden: Die eine Auffassung versteht § 264
Abs. 2 S. 1 als *Generalklausel für den gesamten Jahresabschluß*, wenn auch mit
unterschiedlich weitgehenden Konsequenzen.[36] Das Einblicksgebot ist danach Aus-
legungsgrundsatz und Hilfsmittel bei der Schließung von Lücken in der gesetzlichen

---

[33] So aber etwa *Streim* FS Moxter (1994) S. 396.
[34] Zutreffend *Schulze-Osterloh* ZHR 150 (1986)
      542; *Groh* DStR 1998, 817.
[35] So aber wohl ADS § 264, 44 ff.
[36] So HdR-*Baetge/Commandeur* 9; *Baumbach/
      Duden/Hopt* 14; *Budde/Förschle* Mellwig/Mox-
      ter/Ordelheide (Hrsg.), Einzelabschluß und
      Konzernabschluß S. 27 ff; Beck BilKomm-

Budde/Karig 25; *Van Hulle* FS Budde (1995)
S. 313 ff; KK-*Claussen* 25, 42; HuRB-*Großfeld*
S. 192 ff; *ders.* Bilanzrecht S. 25 f; *Hennrichs* ZGR
1997, 78 f; *Lutter-Hommelhoff* § 42, 19; *Schulze-
Osterloh* ZHR 150 (1986) 537 ff; Baumbach/
Hueck/Schulze-Osterloh § 42, 27 ff; *Weber-Grel-
let* DB 1997, 2090; *Groh* DStR 1998, 817.

Regelung.[37] Es führt insbesondere auch zu Einschränkungen der gesetzlichen Handlungsspielräume bei Ansatz- und Bewertungswahlrechten.[38] Dagegen ist innerhalb dieser Ansicht umstritten, ob der Generalklausel zugleich eine gewisse „Korrekturfunktion" gegenüber den Einzelvorschriften zukommt,[39] oder ob sie gegenüber den GoB „subsidiär" ist.[40] Nach der *sog. Abkopplungsthese* soll es sich dagegen bei § 264 Abs. 2 S. 1 um eine „Generalnorm für den Anhang" handeln.[41] Diese Ansicht will die rechtliche Bedeutung des Einblicksgebots auf den Anhang beschränken, um die Gewinnermittlung in Bilanz und GuV von Rückwirkungen der Generalnorm freizuhalten. Die durch das Einblicksgebot betonte Informationsfunktion des Jahresabschlusses soll durch den Anhang gewährleistet werden. Dabei wird vor allem gefordert, daß aus dem Vergleich mehrerer Jahre mit Hilfe des Jahresabschlusses Entwicklungstendenzen erkennbar werden.[42] Auf diese Weise kann der Jahresabschluß als Einheit das geforderte Bild vermitteln, ohne daß im Bereich der Gewinnermittlung von den GoB abgewichen werden muß.[43]

c) **EuGH-Rechtsprechung.** Inzwischen hatte auch der EuGH Gelegenheit, zum **25** Grundsatz des „true and fair view" im Sinne der 4. EG-Richtlinie Stellung zu nehmen. In der Entscheidung v. 27.6.1996 in der *Rechtssache Tomberger*[44] betreffend die Zulässigkeit der sog. phasengleichen Aktivierung von Gewinnansprüchen[45] liegt erstmals eine Aussage des EuGH zur Bedeutung des „true and fair view" im Kontext der 4. EG-Richtlinie und im Verhältnis zu den einzelnen Gewinnermittlungsgrundsätzen vor. Der EuGH hat dabei einerseits die herausragende Bedeutung des Art. 2 Abs. 3 betont, andererseits aber dessen enge Verbindung zu den einzelnen Bilanzierungsgrundsätzen, insbesondere dem Vorsichtsprinzip anerkannt. Nach Ansicht des EuGH sieht die Richtlinie „zur Koordinierung des Inhalts der Jahresabschlüsse den Grundsatz der Bilanzwahrheit vor, dessen Beachtung ihre Hauptzielsetzung darstellt. … Die Anwendung des Grundsatzes der Bilanzwahrheit hat sich möglichst weitgehend an den in Artikel 31 der Vierten Richtlinie enthaltenen allgemeinen Grundsätzen zu orientieren."[46] An diese Feststellungen hat der EuGH in seinem Urteil v. 14.9.1999 in der *Rechtssache DE + ES Bauunternehmung GmbH*[47] angeknüpft. Die Entscheidung betraf die Frage, ob die (steuerliche) Pflicht zur Bildung von sog. Pauschalrückstellungen für Gewährleistungsaufwand gegen die in Art. 20, 31 Abs. 1 Buchst. e der 4. EG-Richtlinie enthaltenen Gebote zur Rückstellungsbildung und Einzelbewertung verstößt. Der EuGH hat dies verneint und sich dazu auch auf Art. 2 Abs. 3 und 5 berufen.

[37] Vgl. etwa *Schulze-Osterloh* aaO.

[38] Vgl. etwa KK-*Claussen* 33 ff; Baumbach/Hueck/*Schulze-Osterloh* § 42, 29; Beck BilKomm-*Budde/Karig* 29 ff.

[39] Bejahend etwa *Budde/Förschle* Mellwig/Moxter/Ordelheide (Hrsg.), Einzelabschluß und Konzernabschluß, S. 32; *Van Hulle* FS Budde (1995) S. 313 ff; *Groh* DStR 1998, 817; MünchKommHGB-*Beater* 19.

[40] So z.B. HdR-*Baetge/Commandeur* 10; Beck BilKomm-*Budde/Karig* 25 ff; wohl auch Baumbach/Hueck/*Schulze/Osterloh* § 42, 28; *Kessler* DB 1997, 1: „konsekutives Bilanzierungsprinzip".

[41] Grundlegend *Moxter* BB 1978, 1629 f; *ders.* AG 1979, 141, 143; *ders.* FS Budde (1995) S. 419 ff; *Beisse* FS Döllerer (1988) 25 ff; *ders.* BB 1990, 2007 ff; *ders.* FS Clemm (1996) 3 ff; ebenso ADS

59, 88; *Knobbe-Keuk* Bilanz- und Unternehmenssteuerrecht S. 43 f; wohl auch *Schildbach* BFuP 1978, 1, 13.

[42] ADS 59, 99.

[43] *Moxter* AG 1979, 143.

[44] EuGH Rs C-234/94 Slg 1996, I-3145 ff = DB 1996, 1400; vgl. auch die – vom Urteil abweichenden – Schlußanträge des Generalanwalts *Thesauro* Slg 1996, I-3135 ff = DB 1996, 316 ff sowie die Berichtigung des Urteils durch Beschluß des EuGH DB 1997, 1513; Übersichten über das Schrifttum zur Tomberger-Entscheidung bei *Kropff* ZGR 1997, 116 ff; *Herlinghaus* IStR 1997, 529.

[45] Vgl. dazu auch *Schön* CMLR 1997, 681 ff.

[46] EuGH Rs C-234/94 unter Rz. 17/18.

[47] EuGH Rs C-275/97 DB 1999, 2035.

Rainer Hüttemann

Nach Art. 31 Abs. 2 (§ 252 Abs. 2) seien „in Ausnahmefällen" nämlich Abweichungen vom Einzelbewertungsgrundsatz zulässig. Dieser Ausdruck sei „im Licht des mit der Richtlinie verfolgten Zweckes auszulegen", d. h. nach dem Grundsatz der Bilanzwahrheit.[48]

26   **d) Stellungnahme.** Geht man mit den Entscheidungen des EuGH in den Rechtssachen Tomberger und DE + ES Bauunternehmung GmbH davon aus, daß die Beachtung des Grundsatzes der Bilanzwahrheit die „Hauptzielsetzung" der 4. EG-Richtlinie darstellt, dann ist die sog. Abkopplungsthese mit einer richtlinienkonformen Auslegung des § 264 Abs. 2 S. 1 nicht vereinbar. Dem Richtlinientext und der Normgeschichte sind nicht zu entnehmen, daß das Einblicksgebot nur Bedeutung für den Anhang haben soll. Vielmehr muß der Grundsatz des „true and fair view", wenn man ihn mit dem EuGH und im Einklang mit dem Wortlaut und der Systematik der 4. EG-Richtlinie als ihre *Hauptzielsetzung* versteht, über den Anhang und die Gliederungsvorschriften hinaus auch für die Gewinnermittlungsregelungen der Richtlinie und damit gleichermaßen für alle Teile des Jahresabschlusses – Bilanz, GuV und Anhang – gelten. Die Bedeutung des Einblicksgebots beschränkt sich dabei auch nicht auf eine bloße Auslegungshilfe. Aus Art. 2 Abs. 5 der 4. EG-Richtlinie ergibt sich vielmehr, daß die Generalnorm in „Ausnahmefällen" der Anwendung der Einzelvorschriften vorgeht. Diese Korrekturfunktion des § 264 Abs. 2 S. 1 kann auch nicht einfach mit Hinweis auf den Gesetzeswortlaut des deutschen Umsetzungsgesetzes geleugnet werden. Der deutsche Gesetzgeber hat bei der Umsetzung der 4. EG-Richtlinie die Bedeutung des Art. 2 Abs. 3 als Generalnorm grundsätzlich anerkannt und von einer ausdrücklichen Umsetzung der Abweichungsvorschrift in Art. 2 Abs. 5 – wie oben dargelegt[49] – nur deshalb abgesehen, weil man sie mit Rücksicht auf allgemeine Rechtsanwendungsgrundsätze für entbehrlich gehalten hat. § 264 Abs. 2 S. 1 hat daher auch nach dem HGB als Generalnorm des Jahresabschlusses der Kapitalgesellschaften nicht nur eine **Informationsfunktion**, sondern auch eine **Interpretations- und Korrekturfunktion**.[50]

27   Fraglich ist aber das **Verhältnis der Generalnorm zu den Einzelvorschriften.** Insoweit besteht mit Recht Einigkeit, daß § 264 Abs. 2 S. 1 kein die Einzelvorschriften und insbesondere die Gewinnermittlungsregelungen weitgehend verdrängender oder modifizierender Grundsatz sein kann.[51] Abweichungen kommen – wie es in auch Art. 2 Abs. 5 der Richtlinie heißt – nur in „Ausnahmefällen" in Betracht. Ferner darf der Grundsatz der Bilanzwahrheit nicht als Forderung nach einer „wahren Bilanz" im Sinne einer absoluten Wahrheit oder optimalen Information mißverstanden werden.[52] Vielmehr kann es einen „true and fair view" immer nur unter Berücksichtigung der von der Richtlinie vorgegebenen konkreten einzelnen Bilanzierungsgrundsätzen geben. Zwischen der Generalnorm und den Einzelvorschriften besteht mithin eine *enge Wechselbeziehung*: Wenn der Richtliniengesetzgeber z. B. mit Rücksicht auf die Ausschüttungsbemessungsfunktion des Jahresabschlusses in Art. 31 Buchst. c die Beachtung des Vorsichtsgrundsatzes bestimmt, dann kann von dieser Wertung nicht mit Hinweis auf die Generalklausel allgemein abgewichen werden. Auch der EuGH betont in seiner Rechtsprechung, daß sich die Anwendung des Grundsatzes der Bilanzwahrheit „möglichst weitgehend" an den in der Richtlinie enthaltenen allgemeinen Grundsätzen zu orientieren habe.[53] Der Generalnorm wird also „im Regelfall"

---

[48] Vgl. EuGH Rs C-275/97 aaO.
[49] Zur Gesetzgebungsgeschichte oben Rdn. 14.
[50] So auch *Van Hulle* FS Budde (1995) S. 320 ff; siehe auch HuRB-*Großfeld* S. 200.
[51] Vgl. nur *Beine* WPg 1995, 467 ff.
[52] Statt aller nur KK-*Claussen* 26.
[53] EuGH Rs C-234/94 aaO; EuGH Rs C-275/97 aaO.

durch Anwendung der Einzelvorschriften entsprochen, ohne daß es zusätzlicher Informationen im Anhang oder einer Abweichung von einzelnen Vorschriften bedarf. Diesem Ansatz liegt die zutreffende Annahme zugrunde, daß die konkreten Einzelvorschriften der Richtlinie nicht allgemein im Gegensatz zum Einblicksgebot stehen können. Der von der Richtlinie angestrebte getreue Einblick wird vielmehr zunächst durch die Anwendung der Einzelvorschriften hergestellt. Damit entfaltet das Prinzip des „true and fair view" seine eigentliche Bedeutung erst dort, wo es um die *Auslegung und Anwendung der Einzelvorschriften bei besonders gelagerten bzw. gesetzlich nicht geregelten Sachverhalten* geht. In solchen Fällen ist die Generalklausel bei der Interpretation und Lückenfüllung heranzuziehen. Ebenso greifen auch die Informations- und Abweichungsfunktion erst ein, wenn besondere Umstände dazu führen, daß ohne zusätzliche Angaben oder – noch weitergehend – ohne eine Abweichung von Einzelnormen der Jahresabschluß einen entsprechenden Einblick nicht vermitteln würde. Nur dann sind nach § 264 Abs. 2 S. 2 zusätzliche Angaben zu machen bzw. die in Art. 2 Abs. 5 der Richtlinie vorgesehene Abweichung im deutschen Recht im Wege einer teleologischen Reduktion der Einzelvorschrift auf Grund der Generalklausel vorzunehmen.

Eine weitere Präzisierung der Bedeutung des § 264 Abs. 2 S. 1 muß von der Ziel- **28** setzung des Einblicksgebots ausgehen. Gefordert wird ein **„den tatsächlichen Verhältnissen entsprechendes Bild"**. Damit betont die Generalklausel den Informationszweck des Jahresabschlusses, ohne aber die anderen Bilanzzwecke, insbesondere die vom Kapitalerhaltungsgedanken geforderte Ausschüttungsbemessungsfunktion, zurückzudrängen. Die Aussagekraft des Jahresabschlusses als Hilfsmittel zur Beurteilung der wirtschaftlichen Lage der Gesellschaft soll im Rahmen der gesetzlichen Bilanzierungsvorgaben gewährleistet werden. Gefordert ist nicht eine optimale Information der Jahresabschlußadressaten über alle Aspekte der Lage der Gesellschaft, sondern nur ein den tatsächlichen Verhältnissen *„entsprechendes"* Bild.[54] § 264 Abs. 2 S. 1 enthält insbesondere – darin ist den Anhängern der sog. Abkopplungsthese zuzustimmen – keine allgemeine Relativierung des im Interesse des Gläubigerschutzes gebotenen Prinzips der vorsichtigen Gewinnermittlung, wie es auch in verschiedenen Einzelregelungen der 4. EG-Richtlinie zum Ausdruck kommt. Die mit dem Realisations- und Imparitätsprinzip naturgemäß verbundenen Verzerrungen der Ertragslage und Einschränkungen der Informationskraft des Jahresabschlusses können also nicht mit Hinweis auf die Generalklausel überspielt werden.[55] Ebenso gilt *im Bereich der Gliederungs- und Anhangsvorschriften* kein Grundsatz „optimaler" Information. Auch hier wird die Bedeutung der Generalklausel durch die gesetzlichen Einzelvorschriften über die Gliederung und die Angaben im Anhang relativiert.[56] Wenn z. B. der Gesetzgeber trotz des Anschaffungskostenprinzips keinen Ausweis der stillen Reserven im Anhang fordert, dann läßt sich auch aus § 264 Abs. 2 S. 1 nicht allgemein das Gegenteil – also eine Pflicht zur Angabe von Zeitwerten – folgern, sondern es kann immer nur um begrenzte Abweichungen in Ausnahmefällen gehen, in denen der Jahresabschluß ohne zusätzliche Angaben nicht das geforderte Bild vermittelt. Richtig ist aber, daß dem Einblicksgebot im Bereich der Gliederungs- und Anhangsvorschriften allgemein eine stärkere Bedeutung zukommen wird, weil hier der Bilanzzweck der Ausschüttungsbemessungsfunktion anders als im Bereich der Gewinnermittlung zurücktritt. Inso-

---

[54] Vgl. etwa HuRB-*Großfeld* S. 202.
[55] Anders wohl *Weber-Grellet* DB 1996, 2090: „Unterordnung" aller weiteren Grundsätze unter der Generalnorm.

[56] Vgl. dazu *Schildbach* BFuP 1987, 9 ff.

Rainer Hüttemann

weit ist – was die unterschiedliche Bedeutung der Generalklausel im Bereich von Bilanz, GuV und Anhang anbetrifft – den Vertretern der sog. Abkopplungsthese[57] im Ansatz durchaus zuzustimmen. Die Abkopplungsthese schießt aber über das Ziel hinaus, wenn sie den gesamten Bereich der Bilanz und der GuV der Einwirkung des Einblicksgebots entziehen will. So weisen etwa der Einzelbewertungsgrundsatz oder das Stetigkeitsprinzip auch inhaltliche Bezüge zur Informationsfunktion der Rechnungslegung auf. Dem entspricht es, der Forderung nach einem „true and fair view" bei der Anwendung und Auslegung dieser Vorschriften Rechnung zu tragen.

29　　Die Feststellung, daß das Verhältnis von Einzelvorschriften und Generalklausel von einem **Regel-Ausnahmeverhältnis** geprägt ist, wird auch durch die Feststellung im Ratsprotokoll bestätigt,[58] daß ein nach den Einzelvorschriften aufgestellter Jahresabschluß im allgemeinen dem „true and fair view-Gebot" entspricht. Die Problematik findet ihre Entsprechung bei der Konkretisierung anderer Generalklauseln im Recht, so z.B. beim Grundsatz von Treu und Glauben in § 242 BGB.[59] Im Ganzen läßt sich daher für die Bedeutung des Einblicksgebots als bilanzrechtlicher Generalnorm festhalten, daß die Interpretations-, Informations- und Abweichungsfunktion immer nur *im Kontext der anderen Bilanzzwecke und der Einzelvorschriften* konkretisiert werden können.[60] Dies kann nur dadurch geschehen, daß in Rechtsprechung und Literatur solche „Ausnahmekonstellationen" herausgearbeitet werden, in denen sich die Generalnorm auswirkt. Auf diese Weise kann auch dem im Schrifttum betonten Gesichtspunkt der Rechtssicherheit[61] Rechnung getragen werden und die Generalklausel zugleich als „Bremse gegen Überreglementierung" im Bilanzrecht dienen.[62] Welche praktische Bedeutung dem Einblicksgebot für die weitere Entwicklung des europäischen Handelsbilanzrechts tatsächlich zukommen wird, läßt sich z.Zt. nur schwer vorhersehen. Die Antwort wird ganz entscheidend davon abhängen, in welchem Umfang der EuGH die Generalklausel in seiner zukünftigen Rechtsprechung als Grundlage für eine Fortentwicklung der Richtlinienvorschriften, z.B. zur Abweichung in Sonderfällen oder zur Begründung zusätzlicher Angabepflichten, heranziehen wird.

4. Einblick in die Vermögens-, Finanz- und Ertragslage

30　　**a) Einblicksadressaten.** Im Zusammenhang mit dem Einblicksgebot stellt sich zunächst die Frage nach den Adressaten des Jahresabschlusses. Nach der Präambel der 4. EG-Richtlinie dient die Koordination der nationalen Jahresabschlußvorschriften zunächst dem Schutz der „Gesellschafter sowie Dritter". Ferner wird der Gedanke des Gläubigerschutzes betont. So wird die Richtlinie u.a. auch damit gerechtfertigt, daß die betreffenden Gesellschaften Dritten eine Sicherheit nur durch ihr Gesellschaftsvermögen bieten. Besonders erwähnt werden auch die „miteinander in Wettbewerb stehenden Gesellschaften". Adressaten des Einblicksgebots sind demnach vorrangig die *Gesellschafter* und die *Gläubiger*; darüberhinaus sollen aber auch *Dritte* – z.B. Arbeitnehmer oder konkurrierende Unternehmen – und die sonstige Öffentlichkeit an der Informationsfunktion des Jahresabschlusses teilhaben.[63] Nicht erforderlich ist es, daß die Dritten in einer rechtlichen Beziehung zu der Gesellschaft stehen.[64]

---

[57] Vgl. Nachweise bei Rdn. 41.
[58] Vgl. *Biener/Berneke* S. 831.
[59] So auch etwa HuRB-*Großfeld* S. 200; *van Hulle* FS Budde (1995) S. 318 ff.
[60] Vgl. dazu unten Rdn. 39 ff.
[61] Vgl. etwa *Beisse* FS Döllerer (1988) S. 42 f.

[62] *Van Hulle* FS Budde (1995) S. 325.
[63] Zu den Adressaten des Jahresabschlusses vgl. etwa *Clemm* FS Goerdeler (1987) S. 93 ff; ferner KK-*Claussen* 14.
[64] Vgl. dazu EuGH Rs C-97/96 (Daihatsu Deutschland) Slg 1997, I-6843 = BB 1998, 156; ebenso

Ebenso wie die Richtlinie gleichermaßen den Bilanzzwecken Information und **31** Ausschüttungsbemessung dient, ohne die damit verbundenen Zielkonflikte grundsätzlich zu entscheiden,[65] enthält auch die in der Prämisse enthaltene Aufzählung der Adressaten einen Kompromiß, der **keinen einseitigen Vorrang bestimmter Personenkreise** – z. B. der Aktionäre vor den Gläubigern,[66] – zuläßt.[67] Damit bleibt es insbesondere bei der Relativierung des Einblicksgebots durch die Belange des Gläubigerschutzes.

b) Einblick in die Vermögens-, Finanz- und Ertragslage. § 264 Abs. 2 S. 1 for- **32** dert, daß der Jahresabschluß ein „den tatsächlichen Verhältnissen entsprechendes Bild der Vermögens-, Finanz- und Ertragslage der Gesellschaft" vermittelt. Das Einblicksgebot zielt also nicht auf einen allgemeinen Einblick in die wirtschaftliche Lage der Gesellschaft, sondern betrifft *drei ausgewählte Bestandteile der Gesamtlage*, nämlich Vermögen, Finanzen und Ertrag.[68] Das in § 264 Abs. 2 S. 1 enthaltene spezielle Einblicksgebot für den Jahresabschluß der Kapitalgesellschaften ist damit von der allgemeinen Forderung des § 238 Abs. 1 zu unterscheiden, wonach jeder Kaufmann seine Buchführung so einzurichten hat, daß sie „einem sachverständigen Dritten … einen Überblick über die Geschäftsvorfälle und über die Lage des Unternehmens vermitteln kann."[69]

Für die Beurteilung der wirtschaftlichen Lage des Unternehmens kann je nach den **33** Umständen und den Interessen des jeweiligen Einblicksadressaten (Gesellschafter, Gläubiger) ein bestimmtes Element – z. B. die Ertragslage oder die Finanzlage – vorrangige Bedeutung haben.[70] Dies ändert aber nichts daran, daß das Gesetz die drei Elemente nebeneinander nennt, ohne einer Teillage einen Vorrang einzuräumen.[71] Aus der gesetzlichen **Gleichrangigkeit der Lagen** ergibt sich aber das Problem, daß es insbesondere bei der richtigen Darstellung der Vermögens- und Ertragslage zu Zielkonflikten kommen kann. Ein Beispiel dafür bilden z. B. die verschiedenen Verbrauchsfolgeverfahren, die je nach Preisentwicklung entweder die Vermögens- oder eher die Ertragslage zutreffender abbilden.[72] Aus der Gleichrangigkeit der drei Elemente folgt dann, daß nicht die Darstellung der einen Lage mit Rücksicht auf die bessere Darstellung der anderen vernachlässigt werden darf. Vielmehr muß versucht werden, derartige Zielkonflikte, soweit als möglich mit den zur Verfügung stehenden Darstellungsmitteln – ggf. durch zusätzliche Angaben – aufzulösen.

aa) Vermögenslage. Die Vermögenslage im Sinne von § 264 Abs. 2 S. 1 umfaßt **34** nicht nur den Ausweis des Aktivvermögens, sondern auch der Schulden, d. h. des Nettovermögens im Sinne des Überschusses der Aktiva über die Passiva.[73] Gemeint ist weder eine „Effektivvermögenslage" im Sinne einer Bewertung des Unternehmens als Einheit (innerer oder wirklicher Wert), noch eine Darstellung des Vermögens unter Zerschlagungsgesichtspunkten.[74] Die Darstellung der Vermögenslage im Jahresabschluß wird vielmehr durch das **Bilanzvermögen zum Stichtag**, ergänzt um die

---

EuGH Rs C-191/95 (Kommission gegen Bundesrepublik Deutschland) Slg 1998, I-5485 = BB 1998, 2200.
[65] Vgl. *Schön* ZHR 161 (1997) 151 ff.
[66] So aber KK-*Claussen* 15.
[67] *Van Hulle* FS Budde (1995) S. 319.
[68] Zum Verhältnis der drei Lagen vgl. *Selchert* BB 1993, 755 ff.
[69] Näher zum Verhältnis von §§ 238 und 264 *Leffson* FS Goerdeler (1987) S. 316 ff.

[70] Vgl. dazu Beck BilKomm-*Budde/Karig* 38; *Selchert* aaO.
[71] Beck BilKomm-*Budde/Karig* 38; HdR-*Baetge/Commandeur* 1.
[72] Vgl. *Schildbach* BFuP 1987, 5.
[73] Allgemeine Ansicht, vgl. nur ADS 64; HdR-*Baetge/Commandeur* 21.
[74] Vgl. HuRB-*Moxter* S. 348 ff; Baumbach/Hueck/Schulze-Osterloh § 42, 30.

Rainer Hüttemann

Angaben im Anhang vermittelt.[75] Neben den einzelnen Aktiven und Passiven ergeben sich dabei weitere Informationen über die Vermögenslage aus den Gliederungsvorschriften (§§ 265, 266), die die Art der Aktiva und Passiva sowie ihre Dauer und Bindung bzw. Fristigkeit kenntlich machen.[76] Weitere Informationen ergeben sich etwa aus den Angaben über die Bilanzierungs- und Bewertungsmethoden (§ 284 Abs. 2 Nr. 1) oder aus dem Anlagespiegel (§ 268 Abs. 2).

35   Die Beschränkung der Vermögenslage auf das Bilanzvermögen hat wesentliche **Informationseinschränkungen** zur Folge. So ist z. B. ein originärer Firmenwert nicht auszuweisen, ebenso bleiben stille Reserven außer Betracht. Da der Gesetzgeber aber keine entsprechenden Pflichtangaben über die Auswirkungen dieser Bilanzierungsprinzipien vorgesehen hat, sind solche Relativierungen grundsätzlich hinzunehmen und können auch nicht unter Hinweis auf das Einblicksgebot allgemein korrigiert werden.[77] Dafür spricht insbesondere die Überlegung, daß eine solche generelle Angabepflicht mit einem erheblichen Bewertungsaufwand verbunden ist und mangels entsprechender Regelungen nicht vom Gesetzgeber als gewollt angesehen werden kann. Es bleibt aber die Frage, ob nicht jedenfalls unter bestimmten Umständen nach § 264 Abs. 2 S. 2 zusätzliche Angaben erforderlich sind, wenn die Verzerrungen ein bestimmtes Maß überschreiten.[78]

36   **bb) Finanzlage.** Als Finanzlage wird die Fähigkeit der Gesellschaft zum **künftigen Ausgleich der betrieblichen Ein- und Auszahlungen** verstanden.[79] Zur Konkretisierung der inhaltlichen Anforderungen, die an die Darstellung der Finanzlage zu stellen sind, ist die Protokollerklärung zu Art. 2 Abs. 6 der 4. EG-Richtlinie zu berücksichtigen.[80] Darin wird festgestellt, daß die Mitgliedstaaten ermächtigt sind, auch die Aufstellung und Offenlegung einer Kapitalflußrechnung zu verlangen. Der deutsche Gesetzgeber hat hiervon keinen Gebrauch gemacht (anders aber § 297 Abs. 1 S. 2 für den Konzernabschluß). Daraus ist im Umkehrschluß zu folgern, daß eine entsprechende Berücksichtigung aller für die Finanzierung von Gesellschaften relevanten Aspekte – wie sie mit Kapitalflußrechnungen bzw. zukunftsorientierten Finanzplänen möglich wäre – nicht vom Einblicksgebot gefordert ist.[81] Auch insoweit gilt das schon mehrfach hervorgehobene Prinzip, daß die Generalnorm im Lichte der Einzelvorschriften auszulegen ist. Für die Darstellung der Finanzlage sind damit zunächst die sich *aus Bilanz und Anhang ergebenden Daten* zur Finanzierung der Gesellschaft maßgebend, so die Art der Vermögens- und Schuldposten, ihre Fristigkeit, die aus der Bilanz ableitbaren Relationen – z. B. der Verschuldungsgrad, und die Angaben zu sonstigen Haftungsverhältnissen und finanziellen Verpflichtungen.[82] Konzeptionsbedingt außer Betracht bleiben wegen des Fortführungsgrundsatzes aber z. B. Sozialplanverpflichtungen, die erst im Fall der Unternehmensbeendigung entstehen.[83] Besondere Bedeutung für die Finanzlage hat des weiteren der Gesichtspunkt der *Liquidität*, also die Fähigkeit des Unternehmens, seine Zahlungsverpflichtungen erfüllen zu können. Dabei ergibt sich aber wiederum das Problem, daß die Aufstellung von Finanzplänen,

---

[75] ADS 64; Beck BilKomm-*Budde/Karig* 37; *Schulze-Osterloh* aaO.

[76] Zum folgenden siehe näher ADS 65 f; HdR-*Baetge/Commandeur* 22 ff.

[77] Vgl. ADS 123; Beck BilKomm-*Budde/Karig* 46; **a. A.** *Lachnit* WPg 1993, 193 ff.

[78] Vgl. dazu näher unten Rdn. 48 ff.

[79] Eingehend HuRB-*Rückle* S. 168 ff, 174; siehe auch St/SABI 3/86 WPg 1986, 670.

[80] Abgedruckt bei *Biener/Berneke* S. 831.

[81] Siehe nur HdR-*Baetge/Commandeur* 28; ADS 71.

[82] Näher St/SABI 3/86 WPg 1986, 670 f; ADS 72; HdR-*Baetge/Commandeur* 27.

[83] Zu weiteren Einschränkungen HuRB-*Rückle* S. 179.

mit denen sich die zukünftige Liquidität hinreichend sicher beurteilen läßt, vom Gesetz nicht gefordert ist. Es bleibt daher nur die Möglichkeit, aus den Angaben über die Kapitalstruktur und der heutigen Ertragslage gewisse Schätzungen über die Entwicklung der zukünftigen Liquiditätslage der Gesellschaft zu treffen.[84] Für die Finanzlage von Bedeutung sind ferner Angaben zu *Konzernverflechtungen*, weil daraus u. U. Ausgleichspflichten entstehen. Ferner beeinflußt die Verwendung des Jahresergebnisses den Finanzbedarf des Folgejahres.[85]

cc) Ertragslage. Die Darstellung der Ertragslage soll Auskunft über die Höhe und **37** das Zustandekommen des **wirtschaftlichen Erfolgs** des abgelaufenen Geschäftsjahres geben.[86] Erfolg ist dabei im Sinne des Überschusses der Erträge über die Aufwendungen zu verstehen. Die Ertragslage läßt – etwa durch Vergleich mit früheren Ergebnissen – nur geringe Rückschlüsse auf vorhandene Erfolgspotentiale und damit auf den Zukunftsertrag zu. Für Aussagen zur weiteren Entwicklung der Ertragslage ist vorrangig der Lagebericht heranzuziehen.[87] Für die Darstellung der Ertragslage sind zunächst die *Regelungen über die GuV* maßgebend,[88] deren Gliederung das Ziel verfolgt, die Struktur der Erträge und Aufwendungen kenntlich zu machen (§§ 275, 277). Hinzuweisen ist etwa auf die Aufgliederung der Aufwendungen beim Umsatzkostenverfahren (§ 275 Abs. 2), oder den gesonderten Ausweis des Ergebnisses aus gewöhnlicher Geschäftätigkeit und der außerordentlichen Aufwendungen und Erträge. Ferner sind verschiedene Posten der GuV – z. B. außerordentliche und periodenfremde Erträge und Aufwendungen – im Anhang näher zu erläutern. Der Ertragsanalyse dienen auch die Angaben über die angewandten Bilanzierungs- und Bewertungsmethoden (§ 284 Abs. 2 Nr. 1), über die Auswirkungen der Abweichungen von Bilanzierungs- und Bewertungsmethoden (§ 284 Abs. 2 Nr. 3) und zum Einfluß steuerrechtlicher Maßnahmen (§ 285 Nr. 5).

c) „… den tatsächlichen Verhältnissen entsprechendes Bild". § 264 Abs. 2 S. 1 **38** verlangt ein den tatsächlichen Verhältnissen „entsprechendes" Bild. Der Jahresabschluß soll nicht die tatsächlichen Verhältnisse im Sinne einer optimalen Information über alle wesentlichen Aspekte der Vermögens-, Finanz- und Ertragslage wiedergeben, sondern gemeint ist ein *relativ richtiges* Bild, wie es im Rahmen der von der Richtlinie vorgegebenen Bilanzierungsregeln von einem kundigen Bilanzleser erwartet werden kann.[89] Vermittelt werden soll das Bild von der Vermögens-, Finanz- und Ertragslage, „das der Jahresabschluß seiner Natur nach gewähren kann."[90] Diese Einschränkung des Einblicksgebots ist bei der Konkretisierung seiner drei Funktionen zu berücksichtigen:[91] Weder darf die Generalnorm dazu dienen, bei der Auslegung der Einzelvorschriften oder der Lückenfüllung die durch andere Bilanzierungsgrundsätze vorgegebenen Grenzen allgemein zu korrigieren, z. B. durch Einschränkungen des Vorsichtsprinzips im Interesse eines besseren Einblicks in die Ertragslage. Noch darf von Einzelvorschriften allgemein abgewichen werden, um die Informationskraft des Jahresabschlusses zu erhöhen. Und schließlich bestimmt sich auch die Pflicht zu zusätzlichen Angaben nicht am Maßstab einer optimalen Information der Anleger über die Entwicklungschancen den Unternehmens, sondern nach dem Maßstab der Informationserwartungen, die der kundige Bilanzleser mit einer nach den

---

[84] Siehe etwa HdR-*Baetge/Commandeur* 26.
[85] ADS 76 f.
[86] Baumbach/Hueck/*Schulze-Osterloh* § 42, 32; ADS 78; HdR-*Baetge/Commandeur* 16 f; näher HuRB-*Coenenberg* S. 155 ff.
[87] HuRB-*Coenenberg* S. 162 f.

[88] Zum folgenden vgl. näher ADS 79 ff; HdR-*Baetge/Commandeur* 18 ff.
[89] Vgl. statt vieler ADS 92 ff, HuRB-*Leffson* S. 94 ff.
[90] *Moxter* Bilanzrecht II S. 65.
[91] Vgl. oben Rdn. 26 f.

Rainer Hüttemann

gesetzlichen Vorschriften aufgestellten Bilanz verbindet. Die Generalnorm dient also dazu, „ein vom Gesetzgeber beabsichtigtes *Mindestinformationsniveau* sicherzustellen".[92]

5. Einzelfragen zur Anwendung der Generalnorm (Abs. 2 S. 1)

39   **a) Auslegung und Interpretation von Einzelvorschriften.** Die Generalklausel ist als wichtiges Hilfsmittel bei der Auslegung der Einzelvorschriften heranzuziehen.[93] Hier kann aus § 264 Abs. 2 S. 1 geschlossen werden, daß unter Berücksichtigung anderer Bilanzierungsprinzipien, wie sie durch die Ausschüttungsbemessung vorgegeben sind, im Rahmen des Wortlauts dasjenige Auslegungsergebnis Vorrang hat, durch das die Aussagekraft des Jahresabschlusses gesichert bzw. gestärkt wird. In diesem Sinne kann man § 264 Abs. 2 S. 1 als Tendenzaussage des Inhalts verstehen, daß „im Zweifel genauere Informationen zu geben sind".[94] Dieses Auslegungsgebot ist aber – insoweit ist dem sachlichen Anliegen der sog. Abkopplungsthese zu folgen[95] – **im Bereich der Gewinnermittlungsvorschriften** mit den anderen Bilanzierungsvorgaben abzustimmen, die sich aus der Ausschüttungsbemessungsfunktion des Jahresabschlusses ergeben. In diesem Sinne hat auch der EuGH festgestellt, daß die Anwendung des true-and-fair-view-Prinzips sich „möglichst weitgehend" an den in der Richtlinie enthaltenen allgemeinen Grundsätzen zu orientieren habe.[96] Daher kann auch keine Rede davon sein, daß z. B. das Vorsichtsprinzip der Generalklausel untergeordnet wäre.[97] Vielmehr ist auch bei der Interpretationsfunktion des § 264 Abs. 2 S. 1 der Relativierung der Einblicksgebots durch die Einzelvorschriften und den teilweise konfliktionären Bilanzzwecken angemessen Rechnung zu tragen. Dabei sind das Prinzip der vorsichtigen Gewinnermittlung und die daraus folgenden Bilanzierungsgrundsätze allein anhand der ihnen zugrundeliegenden Zielsetzung (Gläubigerschutz) zu konkretisieren.

40   Uneingeschränkt ist das Einblicksgebot dagegen als Auslegungshilfe anwendbar, wenn es um die Interpretation von **Vorschriften ohne Gewinnermittlungsfunktion** geht, die ausschließlich oder vorrangig die Aussagekraft und den Informationsgehalt des Jahresabschlusses sichern sollen. So ist z. B. das Stetigkeitsprinzip in erster Linie darauf angelegt, die Vergleichbarkeit der Jahresabschlüsse im Zeitablauf und damit ihre – wenn auch begrenzte – Eignung als Prognoseinstrument zu gewährleisten.[98] Dies gilt gleichermaßen für die Bewertungs- wie die Darstellungsstetigkeit. Von ausschlaggebender Bedeutung ist das Einblicksgebot schließlich bei der Auslegung der Gliederungs- und Anhangsvorschriften, die ausschließlich dem Ziel einer größeren Aussagekraft des Jahresabschlusses und genauerer Informationen dienen.

41   **b) Ausübung von Wahlrechten. aa) Meinungsstand.** Die Frage, ob und inwieweit die Generalklausel die Auslegung gesetzlicher Bewertungs- und Ansatzwahlrechte beeinflußt und Wahlmöglichkeiten einschränkt, ist im Schrifttum umstritten.[99] Nach der sog. Abkopplungsthese ist dies zu verneinen, weil der Gewinnermittlungsbereich von den Einwirkungen der Generalklausel freizuhalten ist.[100] Nach der

[92] *Selchert* BB 1993, 754.
[93] Vgl. oben Rdn. 26 f.
[94] *Schulze-Osterloh* ZHR 150 (1986) 542.
[95] Vgl. zur Abkopplungsthese oben Rdn. 24.
[96] EuGH Rs. C-234/94, Slg 1996, I-3145 ff.
[97] Tendenziell anders *Weber-Grellet* DB 1996, 2090; dagegen *Kessler* DB 1997, 1 ff.

[98] Vgl. *Moxter* Bilanzrecht I S. 53.
[99] Vgl. zum Meinungsstand eingehend *Hennrichs* Wahlrechte (1999) passim; ferner etwa HuRB-*Siegel* S. 417 ff; *Clemm* FS Budde (1995) S. 135 ff.
[100] Vgl. z. B. *Beisse* FS Döllerer (1988) S. 42; ADS 107; wohl auch *Clemm* FS Budde (1995) S. 155.

Gegenauffassung, die dem Einblicksgebot den Charakter einer Generalnorm beilegt, wird dagegen die Wahlrechtsausübung durch das Einblicksgebot eingeschränkt. Überwiegend soll dabei nach der konkreten Zielsetzung der Wahlrechte zu differenzieren sein.[101] Nach anderer Ansicht folgt aus § 264 Abs. 2 S. 1 nur ein Verbot mißbräuchlicher Ausübung von Wahlrechten.[102]

bb) Stellungnahme. Im Ergebnis ist der differenzierenden Ansicht zu folgen. **42** Wahlrechte sind als wichtiges Mittel der Bilanzpolitik grundsätzlich geeignet, den Einblick in die Vermögens-, Finanz- und Ertragslage der Gesellschaft zu beeinträchtigen. Diese Gefahr ist durch den Grundsatz der Bewertungsstetigkeit nur teilweise – nämlich in zeitlicher Hinsicht – eingeschränkt. Auch sieht das Gesetz in wichtigen Fällen zusätzliche Angaben über die Wahlrechtsausübung im Anhang vor. Gleichwohl sind weitergehende Einschränkungen der Wahlrechtsausübung im Interesse eines sicheren Einblicks gerechtfertigt. Dabei ist aber wiederum die Generalnorm im Licht der Einzelvorschriften – hier unter Berücksichtigung der konkreten Zielsetzungen der Wahlrechte – heranzuziehen, was zu unterschiedlichen Ergebnissen je nach Art der Wahlrechte zwingt.[103] So darf die Generalklausel z. B. nicht dazu dienen, die aus steuerlichen Gründen gewährten Wahlrechte weitgehend aus dem Jahresabschluß zu entfernen.[104] Unter dem Informationsaspekt unbedenklich sind auch Vereinfachungswahlrechte.[105] Einschränkungen aus der Generalnorm sind ferner abzulehnen bei Wahlrechten mit Kompromißcharakter, bei denen der Gesetzgeber ausdrücklich mehrere Alternativen als gleichwertig zur Auswahl stellt,[106] ebenso bei Billigkeitswahlrechten – z. B. dem Aktivierungswahlrecht für Ingangsetzungsaufwendungen.[107] Soweit sich aber aus dem konkreten Normzweck keine gesetzliche Wertung für einen „echten" Spielraum ergibt, folgt aus der Generalklausel, daß Wahlrechte im Interesse eines möglichst hohen Informationswertes des Jahresabschlusses nicht zweckwidrig ausgeübt, insbesondere nicht als Mittel zur Verschleierung der wirtschaftlichen Lage oder zur willkürlichen Ergebnisbeeinflussung eingesetzt werden dürfen.

c) Abweichung von Einzelvorschriften. aa) Allgemeines. Die Generalnorm hat **43** auch eine begrenzte Korrekturfunktion. Diese ist in Art. 2 Abs. 5 der Richtlinie vorgesehen und auch ohne entsprechende ausdrückliche Umsetzungsvorschrift nach deutschen Rechtsanwendungsgrundsätzen durch teleologische Reduktion zu verwirklichen.[108] Auch diese Funktion der Generalklausel unterliegt – entsprechend dem oben Gesagten – den Einschränkungen, die sich aus der Relativierung des Einblicksgebots durch die Einzelvorschriften ergeben. Von der unter a) beschriebenen Interpretationsfunktion unterscheidet sich die Abweichungsfunktion dadurch, daß das Gesetz an sich eindeutig ist, aber – unter Berücksichtigung der durch die Generalnorm vorgegebenen „Hauptzielsetzung" – für einen bestimmten Fall einer gesetzlich nicht geregelten Einschränkung bedarf, damit der Jahresabschluß ein den tatsächlichen Verhältnissen entsprechendes Bild vermittelt.

bb) Vorrang der besonderen Abweichungsvorschriften. Einer unmittelbaren **44** Anwendung des § 264 Abs. 2 S. 1 bedarf es demnach nicht, wenn das Gesetz selbst –

---

[101] HdR-*Baetge/Commandeur* 33 ff; Baumbach/Hueck/*Schulze-Osterloh* § 42, 29; MünchKomm-HGB-*Beater* 20f; vgl. auch HuRB-*Siegel* S. 425f; KK-*Claussen* 33 ff.

[102] So etwa Beck BilKomm-*Budde/Karig* 30 f; *Baumbach/Duden/Hopt* 16.

[103] Vgl. auch *Hennrichs* aaO.

[104] Baumbach/Hueck/*Schulze-Osterloh* § 42, 29; HuRB-*Siegel* S. 426; HdR-*Baetge/Comman-*

deur 35 (Wahlrecht aus „bilanzfremden" Gründen).

[105] HuRB-*Siegel* S. 423.

[106] HdR-*Baetge/Commandeur* 36.

[107] Baumbach/Hueck/*Schulze-Osterloh* § 42, 29.

[108] Vgl. oben Rdn. 20 ff.

Rainer Hüttemann

wie etwa in § 252 Abs. 2 – „Abweichungen" von Einzelvorschriften zuläßt. In diesem Fall ist § 264 Abs. 2 S. 1 als *Auslegungshilfe* bei der Ermittlung der „Ausnahmefälle" heranzuziehen, in denen nach § 252 Abs. 2 von den Bewertungsgrundsätzen nach Abs. 1 abzuweichen ist. So hat der EuGH in der Rechtssache DE + ES Bauunternehmung in Bezug auf Gewährleistungsrückstellungen eine Einschränkung des Einzelbewertungsgrundsatzes für geboten gehalten, „wenn eine Pauschalbewertung dieser Rückstellung das geeignete Mittel ist, um ein den tatsächlichen Verhältnissen entsprechendes Bild von der Höhe der Aufwendungen zu geben, die als Passiva zu verbuchen sind".[109]

45   Ein weiteres Beispiel sind **sog. Bewertungseinheiten**, bei denen ebenfalls an eine Einschränkung des Einzelbewertungsgrundsatzes zu denken ist:[110] Grundsätzlich sind nach § 252 Abs. 1 Nr. 3 Vermögensgegenstände und Schulden gesondert auszuweisen. Soweit eine wechselseitige Absicherung besteht, d. h. sich eine Forderung und Verbindlichkeit gegenüberstehen, deren Wertveränderungsrisiken sich vollständig ausgleichen, würde sich aus dem Einzelbewertungsgrundsatz in Verbindung mit dem Realisations- und Imparitätsprinzip während der Laufzeit der Absicherung ein zu niedriger Vermögens- und Ertragsausweis ergeben. Diese Verzerrung ist aber durch das Prinzip der vorsichtigen Gewinnermittlung nicht geboten, weil ein wirtschaftliches Risiko tatsächlich nicht besteht. In diesem Ausnahmefall ist der Einzelbewertungsgrundsatz daher teleologisch nach § 264 Abs. 2 S. 1 zu reduzieren, weil anders ein den tatsächlichen Verhältnissen entsprechendes Bild nicht vermittelt werden kann. Grundlage einer Abweichung wäre dabei wiederum § 252 Abs. 2, der „im Licht" von § 264 Abs. 2 S. 1 auszulegen ist.

46   **cc) Verbleibender Anwendungsbereich.** Fehlen besondere Abweichungsvorschriften (§§ 252 Abs. 2, 265 Abs. 1), ist § 264 Abs. 2 S. 1 unmittelbar anzuwenden. Zudem sind die Abweichungen und ihre Auswirkungen im Anhang anzugeben (§ 284 Abs. 2 Nr. 3). Hinsichtlich weiterer Einzelfälle, in denen aus § 264 Abs. 2 S. 1 abgeleitete Abweichungen von Einzelvorschriften diskutiert werden, ist auf die Erläuterungen zu diesen Vorschriften zu verweisen.

47   **dd) Abgrenzung zur Erläuterungsfunktion.** Die Abweichungsfunktion bedarf auch der Abgrenzung gegenüber der in § 264 Abs. 2 S. 2 ausdrücklich geregelten Erläuterungsfunktion. Wortlaut und Systematik des Art. 2 der 4. EG-Richtlinie deuten dabei auf einen Vorrang der Erläuterungsfunktion im Sinne eines milderen Mittels hin. Nach Art. 2 Abs. 4 sind zusätzliche Angaben zu machen, wenn die Anwendung der Einzelvorschriften zur Vermittlung des geforderten Bildes nicht ausreicht; eine Abweichung nach Art. 2 Abs. 5 kommt hingegen nur in Ausnahmefällen in Betracht. Auch der sog. Kontaktausschuß für Rechnungslegungsrichtlinien geht von einem solchen Vorrang der zusätzlichen Angaben aus.[111] Eine andere Abgrenzung ergibt sich jedoch, wenn man – wie es der hier vertretenen Ansicht entspricht – von der Einbindung der Generalklausel in den Kontext der Einzelvorschriften, insbesondere im Bereich der Gewinnermittlungsvorschriften ausgeht. Dann wäre die Erläuterungsfunktion vor allem für solche Fallkonstellationen wichtig, in denen sich wesentliche Verzerrungen der Vermögens- und Ertragslage aus vorsichtsbetonten Gewinnermittlungsregeln ergeben, von denen aber mit Rücksicht auf die Zahlungsbemessungsfunktion nicht abgewichen werden kann. Hier muß die Informationsfunk-

---

[109] EuGH Rs 275/97 BB 1999, 2291 ff.

[110] Vgl. dazu *Beine* WPg 1995, 472 mit weiteren Nachweisen; eingehend *Dietrich* Bewertungseinheit (1998) S. 95 ff, 111 ff.

[111] Mitgeteilt bei *van Hulle* FS Budde (1995) S. 320.

tion des Jahresabschlusses – wie es auch die Abkopplungsthese vorschlägt – vom Anhang geleistet werden. Dagegen ist eine Abweichung vorrangig, wenn es – z. B. im Bereich der Gliederungs- und Anhangsvorschriften – einzig auf Belange des besseren Einblicks ankommt.

6. Zusätzliche Angaben (Abs. 2 S. 2)

Nach § 264 Abs. 2 S. 2 sind im Anhang zusätzliche Angaben zu machen, wenn **48** „besondere Umstände" dazu führen, daß der Jahresabschluß ein den tatsächlichen Verhältnissen entsprechendes Bild im Sinne des S. 1 nicht vermittelt. Anders als die Interpretations- und Abweichungsfunktion ist die in Abs. 2 S. 2 ausdrücklich erwähnte **Erläuterungsfunktion** der Generalklausel als solche unbestritten. Während die sog. Abkopplungsthese darin die einzige Bedeutung der Generalklausel sieht („Generalnorm für den Anhang"),[112] stellt nach der Gegenauffassung die Erläuterungsfunktion nur eine – wenn auch wesentliche – Teilfunktion der Generalklausel dar.[113] Damit konzentrieren sich die Überlegungen im Schrifttum auf die Frage, wann genau „besondere Umstände" vorliegen, die zusätzliche Angaben erforderlich machen. Dabei sind zwei Problemkreise zu unterscheiden, die Frage nach der Zielrichtung des Einblicksgebots einerseits und die Beschränkung auf „besondere Umstände" andererseits.

a) Einblicksziel. aa) Meinungsstand. Nach einer verbreiteten Ansicht ist die **49** Pflicht zu zusätzlichen Angaben nach § 264 Abs. 2 S. 2 dynamisch angelegt: Der Jahresabschluß müsse „eine im abgelaufenen Geschäftsjahr eingetretene Änderung der wirtschaftlichen Situation der Kapitalgesellschaft erkennbar werden lassen".[114] Es gehe also nur um die Erkennbarkeit von „Entwicklungstendenzen".[115] Nach anderer Ansicht wird – tendenziell weitergehend – ein zutreffender Gesamteindruck vom „Zustand und den Entwicklungstendenzen des Unternehmens" gefordert,[116] bzw. noch allgemeiner auf „Verwerfungen der Bilanzaussage" abgestellt,[117] die sich aus der Einhaltung von Bilanzierungsgeboten ergeben können. In eine ähnliche Richtung weist die Auffassung, das Einblicksgebot diene der Kompensation der vorsichtigen Gewinnermittlung dahingehend, daß auch über künftige positive Erwartungen berichtet werden müsse.[118]

bb) Stellungnahme. Ebenso wie die anderen Teilfunktionen der Generalnorm ist **50** auch die Pflicht zu zusätzlichen Angaben im Zusammenhang mit den Einzelvorschriften für die Bilanz, die GuV und den Anhang zu sehen. Danach ist der Jahresabschluß nicht dazu bestimmt, den verschiedenen Einblicksadressaten ein umfassendes Bild der „wahren" wirtschaftlichen (Vermögens-, Finanz- und Ertrags-)Lage zu vermitteln. Die im Jahresabschluß enthaltenen Zahlen und Angaben können immer nur – z. B. durch Vergleich mit den Vorjahreszahlen oder durch Kennzahlenanalyse – bestimmte Anhaltspunkte über den Zustand und die Entwicklung des Unternehmens vermitteln. Weitere Einschränkungen der Aussagekraft ergeben sich in Bezug auf den Vermögensausweis und die Periodisierung von Erfolgen durch die verschiedenen Ausprägungen des Prinzips der vorsichtigen Gewinnermittlung. Die Pflicht zu zusätzlichen Angaben

---

[112] Vgl. nur *Moxter* Bilanzrecht II S. 65.
[113] Siehe etwa *van Hulle* FS Budde (1995) S. 320 ff.
[114] *Moxter* Bilanzrecht II S. 66; *ders.* FS Goerdeler S. 373.
[115] ADS 99; *Lange* WPg 1991, 373 (Vergleich von Effektivlage und Jahresabschlußlage); für Er-

kennbarkeit von Entwicklungen auch *Budde/Förschle* DB 1988, 1460; *Großfeld* Bilanzrecht S. 26.
[116] Beck BilKomm-*Budde/Karig* 41.
[117] KK-*Claussen* 44.
[118] *Schulze-Osterloh* ZHR 150 (1986) 563.

kann alle diese vom Richtlinien- und Gesetzgeber bewußt in Kauf genommenen Defizite, mit denen der kundige Bilanzleser auch rechnet, nicht grundsätzlich ausgleichen. Eine ergänzende Erläuterungspflicht kann vielmehr nur dazu dienen, die Einblicksadressaten auf „**wesentliche**" Abweichungen zwischen „**Jahresabschlußlage und Effektivlage**"[119] des Unternehmens aufmerksam zu machen, die sie ansonsten nicht erkennen könnten. Eine Pflicht zu zusätzlichen Angaben entsteht folglich erst dann, wenn die Aussagekraft des Jahresabschlusses trotz korrekter Anwendung der Einzelvorschriften hinter dem Informationsgehalt eines Jahresabschlusses unter normalen Umständen zurückbleibt.[120] Dieser Ansatz spricht – was das Einblicksziel anbetrifft – gegen eine sachliche Beschränkung der Erläuterungspflicht auf die Erkennbarkeit von Entwicklungstendenzen. Vielmehr sind grundsätzlich alle Fälle einzubeziehen, in denen der Informationsgehalt des Jahresabschlusses hinsichtlich der Vermögens-, Finanz- oder Ertragslage auf Grund systembedingter Einschränkungen von der Effektivlage abweicht. Die notwendige Einschränkung der Erläuterungspflicht auf Ausnahmefälle ist erst auf der zweiten Ebene durch das Merkmal der „besonderen Umstände" vorzunehmen.

51   b) **Beschränkung auf „besondere Umstände".** Die Pflicht zu zusätzlichen Erläuterungen ist nach § 264 Abs. 2 S. 2 auf solche Fälle beschränkt, in denen „besondere Umstände" vorliegen. Dies entspricht der – auch im Ratsprotokoll zu Art. 2 Abs. 4 der 4. EG-Richtlinie getroffenen[121] – Feststellung, daß die Anwendung der Einzelvorschriften im allgemeinen ausreicht, um das geforderte Bild der Vermögens-, Finanz- und Ertragslage zu vermitteln.

52   Im Schrifttum besteht grundsätzlich Einigkeit darüber, daß eine Pflicht zu zusätzlichen Angaben erst eingreift, wenn Jahresabschluß- und Effektivlage „wesentlich" voneinander abweichen. Hinsichtlich der weiteren Konkretisierung der „**Wesentlichkeit**" werden sowohl quantitative als auch qualitative Ansätze herangezogen.[122] Orientiert man sich vorrangig an den berechtigten Erwartungen der Bilanzleser, dann verbieten sich schematische quantitative Erheblichkeitsschwellen. Vielmehr bleibt nur der Weg, anhand der konkreten Umstände des Einzelfalls zu prüfen, ob die festzustellende Abweichung als so erheblich anzusehen ist, daß ein kundiger Bilanzleser ohne entsprechende Hinweise auf Grund des Jahresabschlusses ein falsches, irreführendes Bild von der Vermögens-, Finanz- oder Ertragslage des Unternehmens erhalten würde. In diesem Rahmen können quantitative Größen immer nur eine Hilfsfunktion haben. Entscheidend ist vielmehr, welche Informationsdefizite die Adressaten des Jahresabschlusses noch als vom Gesetzgeber *typischerweise* gewollt hinzunehmen haben. So führt z. B. das Realisationsprinzip bekanntermaßen zu einem verzögerten Gewinnausweis bei langfristiger Fertigung und möglicherweise zu einem verzerrten Ausweis der Ertragslage. Diese Konsequenz hat der Gesetzgeber mit der Aufnahme des Realisationsprinzips bewußt in Kauf genommen und rechtfertigt daher für sich genommen noch nicht die Annahme, daß jede langfristige Fertigung im Anhang als solche erläutert werden muß. „Besondere Umstände" liegen erst dann vor, wenn es sich um Unternehmen handelt, bei denen langfristige Fertigungen den wesentlichen Teil der wirtschaftlichen Tätigkeit darstellen und daher die Ertragslage durch die Anwendung des Realisationsprinzips gravierend verzerrt wird. Hier bedarf es eines entsprechenden Hinweises, damit die Adressaten des Jahresabschlusses die Zahlen in Bilanz und GuV richtig würdigen können und erhebliche Fehlvorstellungen ver-

---

[119] *Lange* WPg 1991, 373.
[120] BTDrucks. 10/317, S. 76.
[121] Abgedruckt bei *Biener/Berneke* S. 831.

[122] Vgl. die Nachweise bei *Hoffmann* BB 1995, 1824; HuRB-*Leffson* S. 442 ff.

mieden werden. Dabei sind unter dem Gesichtspunkt der Rechtssicherheit und in Hinsicht auf die möglichen Rechtsfolgen eines Verstoßes gegen § 264 Abs. 2 S. 2 im Zweifel eher „hohe" Schwellenwerte anzusetzen, was das Ausmaß der Verzerrung angeht. Die Erforderlichkeit zusätzlicher Angaben im Interesse des gesetzlich geforderten Mindestmaßes an Aussagekraft muß daher auch aus der Sicht der mit der Aufstellung des Jahresabschlusses befaßten Organe *evident* sein.

c) Umfang der Angaben. Das Gesetz enthält keine Vorgaben zur Art und zum **53** Umfang der erforderlichen Angaben. Form und Inhalt sind daher nach den Gesichtspunkten der Sachgerechtigkeit und Berichtsökonomie frei zu wählen.[123] Entscheidend muß sein, welche Angaben erforderlich sind, um die von § 264 Abs. 2 S. 2 geforderte Entsprechung von Jahresabschlußlage und effektiver Lage herzustellen.[124] Dies wird häufig auch zahlenmäßige Angaben zum Umfang der Auswirkungen der „besonderen Umstände" auf die Vermögens-, Finanz- und Ertragslage erforderlich machen, soweit realistische Schätzungen möglich sind.

d) Einzelfälle. Eine Pflicht zu zusätzlichen Angaben kommt insbesondere in fol- **54** genden Einzelfällen in Betracht: Langfristige Fertigung größeren Umfangs, z.B. im Schiffs- und Anlagenbau, soweit die Möglichkeit von Teilgewinnrealisierungen nicht besteht und dadurch die Ertragslage im Zeitablauf verzerrt dargestellt wird;[125] Maßnahmen der Jahresabschlußpolitik, d.h. „ungewöhnliche, rein bilanzpolitische Maßnahmen" von einigem Gewicht, wie z.B. verstärkte Bildung oder Auflösung von stillen Reserven, „Sale-and-lease-back-Verfahren", Factoring;[126] Verzerrungen durch das Nominalwertprinzip bei erheblichen Geldwertänderungen;[127] Gewinne aus ausländischen Betriebsstätten mit hoher Inflation;[128] Wahl einer unüblichen Bewertungsmethode oder unübliche Wahl von Ansatzwahlrechten;[129] Teilliquidation von Betriebsteilen;[130] in der Bilanz nicht ausgewiesene positive Ereignisse mit erheblichen Auswirkungen und wirtschaftlichen Chancen;[131] ungewöhnlich hohe stille Reserven, mit denen der Bilanzleser – auch unter Berücksichtigung von Vermögenszusammensetzung und Branche – nicht rechnet.[132] Zweifelhaft sind Pflichtangaben bei gesellschaftsrechtlich veranlaßten Sonderfällen, z.B. verdeckten Gewinnausschüttungen.[133] Abzulehnen ist dagegen wegen des Vorrangs von § 252 Abs. 1 Nr. 2 HGB eine Pflicht zu zusätzlichen Angaben bei Zweifeln an der Fortführung der Unternehmenstätigkeit, die für ein Abgehen vom going-concern nach § 252 Abs. 2 nicht ausreichen.[134]

7. Rechtsfolgen eines Verstoßes gegen § 264 Abs. 2

Liegt ein Verstoß gegen Abs. 2 vor, ist zunächst eine etwaige **Nichtigkeit des** **55** **Jahresabschlusses** nach § 256 AktG zu prüfen. Nach § 256 Abs. 1 Nr. 1 AktG ist der Jahresabschluß nichtig, wenn er durch seinen Inhalt Vorschriften verletzt, die ausschließlich oder überwiegend zum Schutze der Gläubiger der Gesellschaft gegeben sind. Dabei reicht es aus, daß Gläubigerschutzbelange von Relevanz sind[135] bzw. schwer-

---

123 KK-*Claussen* 45.
124 Beck BilKomm-*Budde/Karig* 54.
125 ADS 122; KK-*Claussen* 44; Baumbach/Hueck/ *Schulze-Osterloh* § 42, 33.
126 ADS 117, 121, 123; Baumbach/Hueck/*Schulze-Osterloh* § 42, 33; KK-*Claussen* 44.
127 *Claussen* aaO; *Schulze-Osterloh* aaO.
128 HdR-*Baetge/Commendeur* 37; ADS 119.
129 *Schulze-Osterloh* aaO; *Claussen* aaO; **a. A.** *Baumbach/Duden/Hopt* 20.
130 ADS 120.

131 *Schulze-Osterloh* aaO; *Claussen* aaO; ADS 120.
132 *Schulze-Osterloh* aaO; *ders.* ZHR 150 (1986) 564; HdR-*Baetge/Commendeur* 37; noch weitergehend *Lachnit* WPg 1993, 199 f; **a. A.** ADS 123; Beck BilKomm-*Budde/Karig* 46.
133 Vgl. näher ADS 124 ff.
134 Ebenso ADS 118; *Schulze-Osterloh* aaO m.w.N. zum Meinungsstand; **a. A.** etwa Beck BilKomm-*Budde/Karig* 50; HdR-*Baetge/Commendeur* 37.
135 KK-*Zöllner* § 256, 18.

punktmäßig berührt sind,[136] was für das Einblicksgebot zu bejahen ist.[137] Hinsichtlich der Art des Verstoßes gegen § 264 Abs. 2 sind alle drei Funktionen zu beachten. Auch ein Unterlassen zusätzlicher Angaben kann daher zur Nichtigkeit führen, wenn „besondere Umstände" vorliegen.[138] Allerdings bedarf es im Rahmen von § 256 Abs. 1 Nr. 1 AktG stets einer „wesentlichen Beeinträchtigung" von Gläubigerbelangen.[139] Soweit § 264 Abs. 2 als Generalnorm auch eine Interpretations- und Abweichungsfunktion beigelegt wird, ist neben § 256 Abs. 1 Nr. 1 AktG auch eine Nichtigkeit nach § 256 Abs. 4 und 5 AktG denkbar, wenn Gliederungs- und Bewertungsvorschriften entgegen dem true-and-fair-view-Prinzip angewendet worden sind.[140]

56   Verstöße gegen die Generalklausel stellen nach § 334 Abs. 1 Nr. 1a eine **Ordnungswidrigkeit** dar. Daneben – und wegen der besonderen Bedeutung der Generalklausel vorrangig – kommt aber auch ein **Vergehen** nach § 331 Nr. 1 in Betracht, wenn infolge des Verstoßes die Verhältnisse der Kapitalgesellschaft unrichtig wiedergegeben oder verschleiert werden. Dies liegt besonders nahe, wenn die Verletzung so erheblich ist, daß sie zur Nichtigkeit des Jahresabschlusses geführt hat.

57   Eine Verletzung von Abs. 2 kann auch **Auswirkungen auf das Testat** nach § 322 haben. Vermittelt der Jahresabschluß wegen eines Verstoßes gegen § 264 Abs. 2 nicht das gesetzlich geforderte Bild, ist das Testat nach § 322 Abs. 3 einzuschränken bzw. zu versagen.[141]

58   Schließlich sind **zivilrechtliche Sanktionen** für die handelnden Personen möglich, so z. B. Schadensersatzpflichten unter dem Gesichtspunkt einer schuldhaften Pflichtverletzung (§ 93 Abs. 2 AktG). Umstritten ist, ob § 264 Abs. 2 auch Schutzgesetz i. S. d. § 823 Abs. 2 BGB ist.[142] Grundsätzlich wird Rechnungslegungsvorschriften – anders als Einsichts- und Kontrollrechten – eine drittschützende Wirkung abgesprochen.[143] Fraglich ist allenfalls, ob sich – insbesondere auf Grund der besonderen Erwähnung der verschiedenen Einblicksadressaten in der Präambel der Richtlinie – für das Einblicksgebot etwas anderes ergibt. Auch die Gesetzesbegründung spricht in diesem Zusammenhang von der Koordinierung von „Schutzvorschriften". Indessen ist zweifelhaft, ob diese Anhaltspunkte für sich genommen ausreichen, um abweichend von den sonstigen GoB eine drittschützende Wirkung der Generalnorm zu begründen.[144] Eine solche Unterscheidung wäre auch auf Grund der wechselseitigen Verknüpfung von Generalklausel und Einzelvorschriften nicht sachgerecht.

IV. Befreiung von Tochter-Kapitalgesellschaften (Abs. 3)

1. Normgeschichte und Vorgaben der 4. EG-Richtlinie

59   § 264 ist durch das sog. Kapitalaufnahmeerleichterungsgesetz (KapAEG) v. 20. 4. 1998[145] um einen dritten Absatz erweitert worden. Danach braucht eine Kapitalgesellschaft, die Tochtergesellschaft eines nach § 290 zur Aufstellung eines Konzernabschlusses verpflichteten Mutterunternehmens ist, die Vorschriften des Ersten

---

[136] *Hüffer* § 256, 7.
[137] ADS 137; Beck BilKomm-*Budde/Karig* 59; KK-*Claussen* 51.
[138] Zurückhaltend ADS 138.
[139] Vgl. nur *Hüffer* § 256, 7 m. w. N.
[140] Beck BilKomm-*Budde/Karig* 58.
[141] ADS 139.
[142] Bejahend Beck BilKomm-*Budde/Karig* 60; **a. A.** aber ADS 141; KK-*Claussen* 50.

[143] Vgl. BGH DB 1964, 1585; Staub-*Hüffer* § 238, 4.
[144] Ebenso ADS 141.
[145] Gesetz zur Verbesserung der Wettbewerbsfähigkeit deutscher Konzerne an Kapitalmärkten und zur Erleichterung der Aufnahme von Gesellschafterdarlehen, BGBl. I 1998, 707.

Unterabschnitts (Jahresabschluß und Lagebericht, §§ 264–289), des Dritten Unterabschnitts (Prüfung, §§ 316–324) und des Vierten Unterabschnitts (Offenlegung, §§ 325–329) unter bestimmten Voraussetzungen nicht anzuwenden. In diesen Fällen fehlt nach Ansicht des Gesetzgebers ein Bedürfnis für die Anwendung der für Kapitalgesellschaften geltenden Rechnungslegungsvorschriften.[146] Grundlage des neuen Abs. 3 ist die in Art. 57 der 4. EG-Richtlinie enthaltene Befreiungsmöglichkeit, von der die Bundesrepublik im BiRiLiG noch keinen Gebrauch gemacht hatte.

2. Anwendungsbereich

Nach seinem Wortlaut findet § 264 Abs. 3 nur Anwendung auf eine „Kapitalgesell- **60** schaft, die Tochtergesellschaft eines nach § 290 zur Aufstellung eines Konzernabschlusses verpflichteten Mutterunternehmens ist".

a) Kapitalgesellschaft. § 264 Abs. 3 gilt erstens nur für Tochtergesellschaften in **61** der Rechtsform der Kapitalgesellschaft. Für solche Personenhandelsgesellschaften, auf die die Rechnungslegungsvorschriften für Kapitalgesellschaften nach § 264a entsprechende Anwendung finden, gilt die Sondervorschrift des § 264b.

b) Pflicht zum Konzernabschluß „nach § 290". Zweite Voraussetzung für eine **62** Anwendung der Befreiung nach Abs. 3 ist, daß das Mutterunternehmen „nach § 290" zur Aufstellung eines Konzernabschlusses verpflichtet ist. Nach § 290 sind aber nur Muttergesellschaften, die ihren Sitz im Inland haben, zur Aufstellung eines Konzernabschlusses verpflichtet. Somit sind kraft der Verweisung auf § 290 ausländische Muttergesellschaften aus dem Anwendungsbereich der Regelung ausgeschlossen.[147] Gleiches gilt für inländische Mutterunternehmen, die freiwillig einen Konzernabschluß aufstellen.[148] Nach dem Wortlaut scheidet eine Anwendung des Abs. 3 auch bei solchen Kapitalgesellschaften aus, deren Mutterunternehmen nach anderen Vorschriften – z. B. als Kreditinstitut oder Versicherungsunternehmen nach § 340i Abs. 1 bzw. § 341i Abs. 1 – zur Aufstellung eines Konzernabschlusses verpflichtet sind.[149] Für den Fall einer Konzernabschlußpflicht nach § 11 PublG hat der Gesetzgeber diese Frage nunmehr durch Einfügung des Abs. 4 in dem Sinne entschieden, daß auch die Einbeziehung in einen Konzernabschluß nach PublG ausreicht. Damit bleibt aber die Frage, wie in den Fällen einer Konzernrechnungslegungspflicht nach den §§ 340i, 341i zu verfahren ist. Der Gesetzeszweck spricht für eine analoge Anwendung des Abs. 3, da der Konzernabschluß nach den §§ 340i, 341i auf Grund der Verweisung auf § 290 einen entsprechenden Inhalt hat und damit dem Informationsbedürfnis der Jahresabschlußadressaten in gleichem Maße genügt.[150] Fraglich ist nach der Einfügung des Abs. 4 allenfalls, ob noch von einer „planwidrigen Regelungslücke" ausgegangen werden kann, da der Gesetzgeber eine entsprechende Gesetzesänderung für Kreditinstitute und Versicherungsunternehmen nicht vorgenommen hat. Soweit eine Muttergesellschaft in der Rechtsform einer inländischen Kapitalgesellschaft nach den §§ 291 ff von der Verpflichtung zur Aufstellung eines Konzernabschlusses befreit ist, setzt die Inanspruchnahme der Befreiung nach Abs. 3 durch die Tochter den Verzicht auf die Befreiungsmöglichkeit voraus.[151]

---

[146] Vgl. BTDrucks. 13/7141, S. 10.
[147] Vgl. ADS (ErgBd) § 264 n. F. 15; Beck Bil-Komm-*Budde/Karig* 64.
[148] *Budde/Karig* aaO.
[149] Vgl. dazu *Dörner/Wirth* DB 1998, 1525 f; Beck BilKomm-*Budde/Karig* 65.
[150] So auch *Dörner/Wirth* aaO; ADS (ErgBd) § 264 n. F. 18.

[151] BTDrucks. 13/7141, S. 10; Beck BilKomm-*Budde/Karig* 64; ADS (ErgBd) § 264 n. F. 56; *Dörner/Wirth* DB 1998, 1526. Zum befreienden Konzernabschluß nach § 292a vgl. unten Rdn. 66.

Rainer Hüttemann

3. Befreiungsvoraussetzungen

63   § 264 Abs. 3 macht die Befreiung der Tochter-Kapitalgesellschaft in Einklang mit Art. 57 der 4. EG-Richtlinie vom kumulativen Vorliegen verschiedener Voraussetzungen abhängig.

64   **a) Zustimmung aller Gesellschafter.** Nach § 264 Abs. 3 Nr. 1 müssen die Gesellschafter der Tochtergesellschaft der Befreiung für das jeweilige Geschäftsjahr zugestimmt haben. Dies entspricht Art. 57 Buchst. b der 4. EG-Richtlinie, wonach sich „alle Aktionäre oder Gesellschafter" mit der Befreiung einverstanden erklären müssen. Diese Voraussetzung bereitet bei **Publikums-Gesellschaften** grundsätzliche Schwierigkeiten, weil bereits die fehlende Anwesenheit eines unbekannten oder nicht erreichbaren Aktionärs in der Hauptversammlung die Inanspruchnahme der Befreiung vereiteln könnte. Ebenso wie bei der entsprechenden Problematik des § 291 Abs. 3 S. 2 stellt sich auch für § 264 Abs. 3 Nr. 1 die Frage, ob und unter welchen Voraussetzungen von dem Erfordernis des einstimmigen Beschlusses abgewichen werden kann.[152] Für eine solche Abweichung könnte die Überlegung sprechen, daß die Befreiungsmöglichkeit anderenfalls für Publikumsgesellschaften aus rein tatsächlichen Gründen leerlaufen würde. Gegen eine Relativierung des Zustimmungserfordernisses spricht indes, daß § 264 Abs. 3 zu einem erheblichen Einschnitt in die Rechtsstellung der Gesellschafter führt, und zwar – anders als bei § 291 – auch in ihr Gewinnbezugsrecht.[153] Die Zustimmung zur Befreiung muß nach § 264 Abs. 3 Nr. 1 für jedes Geschäftsjahr erneut erklärt werden, so daß Vorratsbeschlüsse nicht zulässig sind.[154] Der einstimmige Beschluß ist nach § 325 offenzulegen.

65   **b) Verlustübernahmepflicht.** Nach § 264 Abs. 3 Nr. 2 setzt die Befreiung des weiteren voraus, daß das Mutterunternehmen zur Verlustübernahme nach § 302 AktG – bzw. bei einer GmbH auch analog § 302 AktG[155] – verpflichtet ist oder eine solche Verpflichtung freiwillig übernommen hat und diese Erklärung nach § 325 offengelegt worden ist. Mit diesem Erfordernis geht der deutsche Gesetzgeber über die in Art. 57 Buchst. c der 4. EG-Richtlinie geforderte Erklärung, für die Verpflichtungen des Tochterunternehmens „einzustehen", hinaus. Nicht ausdrücklich geregelt ist die Frage, zu welchem Zeitpunkt und für welchen Zeitraum die Pflicht zur Verlustübernahme (z. B. auf Grund eines Ergebnisabführungsvertrages) bestehen muß. Geht man davon aus, daß die Verlustübernahme den Schutz der Gläubiger durch Einsicht in den Einzelabschluß ersetzen soll, dann muß die Verlustübernahmepflicht für das Geschäftsjahr bestehen, „in dem" (für den Jahresabschluß des Vorjahres) von einer Erleichterung Gebrauch gemacht werden soll.[156] Die gesetzliche oder freiwillig übernommene Verlustübernahmepflicht muß auf Seiten desjenigen Mutterunternehmens bestehen, in dessen Konzernabschluß die Tochterkapitalgesellschaft einbezogen wird. Ein solches Identitätserfordernis ist aber zweifelhaft bei mehrstufigen Konzernverhältnissen, wenn ein Mutterunternehmen unterer Stufe wegen § 291 keinen eigenen Konzernabschluß aufstellt.[157] Hier erscheint es ausreichend, wenn das den Konzernabschluß aufstellende Mutterunternehmen zwar nicht unmittelbar, aber zumindest mittelbar über eine Kette von Verlustübernahmen auch gegenüber der Kapitalgesellschaft zur Verlustübernahme verpflichtet ist.[158]

---

[152] Vgl. dazu ADS § 291, 50 mit eingehenden Nachweisen zum Streitstand.
[153] So auch ADS (ErgBd) § 264 n. F. 30.
[154] Beck BilKomm-*Budde/Karig* 67.
[155] Beck BilKomm-*Budde/Karig* 71.
[156] Beck BilKomm-*Budde/Karig* 72. Anders *Dörner/Wirth* DB 1998, 1528: Maßgeblich sei das

Geschäftsjahr, „für dessen Jahresabschluß" die Erleichterung angewandt werden soll.
[157] Vgl. *Dörner/Wirth* DB 1998, 1529.
[158] So Beck BilKomm-*Budde/Karig* 75.

c) Einbeziehung in Konzernabschluß. Die zu befreiende Tochterkapitalgesell- **66** schaft muß (tatsächlich) nach § 264 Abs. 3 Nr. 3 in den Konzernabschluß des Mutterunternehmens einbezogen worden sein. Konzernabschluß im Sinne dieser Vorschrift ist ein nach den §§ 294 ff aufgestellter Abschluß. Zweifelhaft ist, ob dazu auch ein – z. B. nach US-GAAP oder IAS aufgestellter – befreiender Konzernabschluß nach § 292a genügt. Dagegen könnte die systematische Ausgestaltung des § 292a als „Befreiungsregelung" sprechen: Soweit ein Mutterunternehmen von dieser Vorschrift Gebrauch macht, entfällt die Konzernabschlußpflicht „nach § 290".[159] Andererseits setzt die Ausnahme nach § 292a voraus, daß der nach internationalen Grundsätzen aufgestellte Konzernabschluß im Einklang mit der 7. EG-Richtlinie steht und insoweit auch dem Abschluß nach den §§ 294 ff „gleichwertig" ist.[160] Deshalb und weil die Interessen von Gesellschaftern und Gläubigern der Tochtergesellschaft durch Abs. 3 Nr. 1 und 2 geschützt sind, reicht auch die Einbeziehung in einen befreienden Abschluß nach § 292a aus.[161] Nach dem Gesetzeszweck kommt es auf eine tatsächliche Einbeziehung an. Anders als bei § 291 Abs. 2 S. 1 – „unbeschadet der §§ 295, 296" – kann eine Nichteinbeziehung nach §§ 295, 296 einer Einbeziehung nach Abs. 3 Nr. 3 nicht gleichgestellt werden.[162] Die Einbeziehung hat – bei gleichen Bilanzstichtagen – in dem Konzernabschluß des Geschäftsjahres zu erfolgen, für das auch die Erleichterungen hinsichtlich des Einzelabschlusses in Anspruch genommen werden.[163]

d) Angabe der Befreiung im Anhang. Viertens muß nach § 264 Abs. 3 Nr. 4 die **67** Befreiung des Tochterunternehmens im Anhang des von dem Mutterunternehmen aufgestellten Konzernabschlusses angegeben werden.

e) Einreichung zum Handelsregister. Letzte Voraussetzung der Befreiung ist, **68** daß die nach § 325 Abs. 3 offenzulegenden Unterlagen nach § 264 Abs. 3 Nr. 5 auch zum Handelsregister des Sitzes der befreiten Tochterkapitalgesellschaft einzureichen sind. Zuständig ist die Geschäftsführung der zu befreienden Tochterkapitalgesellschaft.

4. Umfang der Befreiung

Nach dem Wortlaut des § 264 Abs. 3 „braucht" die Tochterkapitalgesellschaft die **69** „Vorschriften dieses Unterabschnitts und der Unterabschnitte 3 und 4 dieses Abschnitts" unter den genannten Voraussetzungen nicht in Anspruch zu nehmen. Fraglich ist, ob die Befreiung nur als Ganzes oder auch in eingeschränktem Umfang – z. B. nur Nichtanwendung der Offenlegungsvorschriften – in Anspruch genommen werden kann.[164] Da beide Auslegungen mit dem Gesetzestext vereinbar sind und keine sachlichen Gründe für eine zwingende einheitliche Ausübung der Wahlfreiheit erkennbar sind, sprechen die besseren Argumente dafür, daß auch eine eingeschränkte Inanspruchnahme der Befreiung zulässig ist. Eine Tochterkapitalgesellschaft kann also z. B. eine Bilanz nach den Vorschriften des ersten Unterabschnitts aufstellen, ohne deshalb auch zugleich die Regelungen des Unterabschnitts 3 und 4 anwenden zu müssen.[165]

---

[159] Beck BilKomm-*Budde/Karig* 77.
[160] *Dörner/Wirth* DB 1998, 1527.
[161] Ebenso *Dörner/Wirth* aaO; ADS (ErgBd) § 264 n. F. 65; *Wiedmann* 33; a. A. Beck BilKomm-*Budde/Karig* 77.
[162] *Dörner/Wirth* aaO; Beck BilKomm-*Budde/Karig* 78.
[163] Beck BilKomm-*Budde/Karig* 79.
[164] Vgl. auch *Ordelheide* WPg 1996, 545, 551.
[165] Ebenso *Dörner/Wirth* WPg 1998, 1530; Beck BilKomm-*Budde/Karig* 84; ADS (ErgBd) § 264 n. F. 4.

5. Sanktionen bei Verletzung des Abs. 3

70 Abs. 3 enthält ein Wahlrecht. Eine isolierte Verletzung der Vorschrift scheidet mithin aus. Soweit zu Unrecht kein Jahresabschluß aufgestellt worden ist, gelten die allgemeinen Sanktionen bei Nichtaufstellung.

V. Befreiung bei Konzernabschluß nach PublG (Abs. 4)

71 § 264 Abs. 4 erweitert die Befreiungsmöglichkeit nach Abs. 3 auf den Fall eines nach § 11 PublG konsolidierungspflichtigen Mutterunternehmens. Die Regelung ist erst durch das KapCoRiLiG[166] in das Gesetz eingefügt worden. Da § 264 Abs. 3 entscheidend auf die Pflicht zur Aufstellung eines Konzernabschlusses „nach § 290" abstellt, war zweifelhaft, ob die Einbeziehung in einen Konzernabschluß nach PublG für die Befreiung einer Tochterkapitalgesellschaft von der Rechnungslegungspflicht ausreicht.[167] Diese Frage hat der Gesetzgeber mit Einfügung des Abs. 4 im bejahenden Sinne entschieden. Grundlage hierfür ist Art. 57 der 4. EG-Richtlinie.[168] Eine dem Abs. 4 entsprechende Ergänzung für Tochterunternehmen, die keine Kapitalgesellschaften, aber nach dem PublG rechnungslegungspflichtig sind, ist mit dem KapCoRiLiG in § 5 Abs. 6 PublG eingefügt worden.

§ 264 a

Anwendung auf bestimmte offene Handelsgesellschaften und Kommanditgesellschaften

(1) Die Vorschriften des Ersten bis Fünften Unterabschnitts des Zweiten Abschnitts sind auch anzuwenden auf offene Handelsgesellschaften und Kommanditgesellschaften, bei denen nicht wenigstens ein persönlich haftender Gesellschafter
1. eine natürliche Person
2. eine offene Handelsgesellschaft, Kommanditgesellschaft oder andere Personengesellschaft mit einer natürlichen Person als persönlich haftendem Gesellschafter
ist oder sich die Verbindung von Gesellschaften in dieser Art fortsetzt.

(2) In den Vorschriften dieses Abschnitts gelten als gesetzliche Vertreter einer offenen Handelsgesellschaft und Kommanditgesellschaft nach Absatz 1 die Mitglieder des vertretungsberechtigten Organs der vertretungsberechtigten Gesellschaften.

Übersicht

	Rdn.		Rdn.
I. Allgemeines	1–6	2. OHG und KG	9
II. Einbeziehung bestimmter Personen-		3. Keine unbeschränkte Haftung	
handelsgesellschaften (Abs. 1)		einer natürlichen Person	10–13
1. Grundsatz	7, 8	III. Gesetzliche Vertreter (Abs. 2)	14, 15

---

[166] BGBl. I 2000, 154.
[167] Dazu Beck BilKomm-*Budde/Karig* 65.

[168] Vgl. BTDrucks. 14/1806, S. 17.

Schrifttum

Biener Die Transformation der Mittelstands- und der GmbH & Co.-Richtlinie, WPg 1993, 707; *Bitter/Grashoff* Anwendungsprobleme des Kapitalgesellschaften- und Co-Richtlinie-Gesetzes, DB 2000, 833; *Eisolt/Verdenhalven* Erläuterung des Kapitalgesellschaften- und Co.-Richtlinie-Gesetzes (KapCoRiLiG), NZG 2000, 130; *Ernst* Die Grundzüge des Referentenentwurfs zum Kapitalgesellschaften-& Co.-Richtlinie-Gesetz, DStR 1999, 903; *Hahn* EG-Mittelstandsrichtlinie und EG-Bilanzrichtlinien-Ergänzungsrichtlinie, DStR 1991, 121; *Heni* Transformationen der GmbH & Co.-Richtlinie – Neuer Schub für die Konzernrechnungslegung, DStR 1999, 912; *Herrmann* Zur Rechnungslegung der GmbH & Co.KG im Rahmen des KapCoRiLiG, WPg 2001, 271; *Hoffmann* Eigenkapitalausweis und Ergebnisverteilung bei Personenhandelsgesellschaften nach Maßgabe des KapCoRiLiG, DStR 2000, 837; *Klatte* Zur Transformation der GmbH & Co.-Richtlinie in deutsches Recht, DB 1992, 1637; *Luttermann* Das Kapitalgesellschaften- und Co.-Richtlinie-Gesetz, ZIP 2000, 517; *Schindhelm/Hellwege/Stein* Die Publizität mittelständischer Unternehmen: Gläserne Taschen für alle? StuB 2000, 72; *Streim* Zur Rechnungslegung, Prüfung und Publizität der GmbH & Co. KG, BB 1994, 1109; *Strobel* Die neuen EU-Bilanzpflichten für Kapitalgesellschaften & Co. im Rahmen neuer Schwellenwerte und Offenlegungssanktionen, DB 1999, 1025; *ders.* Die Neuerungen des KapCoRiLiG für den Einzel- und Konzernabschluss, DB 2000, 53; *Wiechmann* Der Jahres- und Konzernabschluß der GmbH & Co. KG, WPg 1999, 916; *Winkeljohann/Schindhelm* (Hrsg.) Das KapCoRiLiG (2000); *Zimmer/Eckhold* Das Kapitalgesellschaften & Co.-Richtlinie-Gesetz, NJW 2000, 1361.

I. Allgemeines

Regelungsgegenstand. Die Vorschrift des § 264a Abs. 1 bildet die **Grundnorm** für **1** die Einbeziehung bestimmter Personenhandelsgesellschaften in die Rechnungslegungspflicht nach den §§ 264–330. Die in § 264a Abs. 1 genannten Personengesellschaften werden in Hinsicht auf die Aufstellung, Prüfung und Offenlegung der Jahresabschlüsse den Kapitalgesellschaften gleichgestellt. Hinsichtlich der Straf- und Bußgeldvorschriften enthält § 335b eine eigenständige Verweisungsregelung für Personenhandelsgesellschaften i. S. v. § 264a.

Der Gesetzgeber hat die Einbeziehung von Kapitalgesellschaften und Co. in den **2** Anwendungsbereich der §§ 264 ff mittels einer **Verweisung** geregelt. Nach § 264a Abs. 1 sind die Vorschriften des Ersten bis Fünften Unterabschnitts des Zweiten Abschnitts „auch anzuwenden" auf bestimmte Personenhandelsgesellschaften, insbesondere die GmbH & Co. KG. Der Begriff der „Kapitalgesellschaft" i. S. d. §§ 264 ff umfaßt damit zukünftig auch die Kapitalgesellschaften und Co. i. S. v. § 264a. Durch diese Regelungstechnik konnten weiterreichende Anpassungen der Rechnungslegungsvorschriften vermieden werden. Für den Jahresabschluß der Kapitalgesellschaften und Co. gelten somit grundsätzlich die §§ 264 ff, soweit nicht im Einzelfall rechtsformspezifische Sonderregelungen eingreifen. Diese finden sich für den Einzelabschluß in §§ 264b und c, § 285 Nr. 11a, 15 sowie § 286 Abs. 3 S. 1. § 264a Abs. 2 regelt die Frage, wer bei Personenhandelsgesellschaften i. S. v. Abs. 1 als gesetzlicher Vertreter Adressat der entsprechenden Pflichten nach dem HGB ist.

Gesetzgebungsgeschichte. Die Einbeziehung der GmbH & Co. KG in den **3** Anwendungsbereich der §§ 264 ff war schon bei den Gesetzgebungsarbeiten zum BiRiLiG[1] vorgesehen gewesen,[2] wurde dann aber – trotz massiver rechtspolitischer Kritik[3] – nicht weiterverfolgt.[4] Die Ausklammerung der GmbH & Co. in Deutsch-

---

[1] Zur Entstehungsgeschichte des BiRiLiG näher Vor § 238, 7 ff (*Hüffer*).

[2] Vgl. § 178 S. 1 HGB-E, BTDrucks. 9/1878, S. 4.

[3] Statt aller *Lutter/Mertens/Ulmer* BB 1983, 1737.

[4] Dazu näher *Schulze-Osterloh* ZHR 150 (1986) 428 ff.

land führte auf EG-Ebene in der Folgezeit zur Verabschiedung der GmbH & Co.-Richtlinie v. 8.11.1990.[5] Mit dieser Richtlinie sind die entsprechenden Artikel der 4. und 7. EG-Richtlinie geändert worden. Der Anwendungsbereich der Richtlinien umfaßt danach (vgl. Art. 1 der 4. EG-Richtlinie, Art. 4 der 7. EG-Richtlinie) auch offene Handelsgesellschaften und Kommanditgesellschaften, bei denen alle unbeschränkt haftenden Gesellschafter Kapitalgesellschaften im Sinne der Richtlinie bzw. vergleichbare Gesellschaften ausländischen Rechts oder wiederum Kapitalgesellschaften & Co. sind. Die entsprechenden Änderungen waren bis spätestens 1.1.1993 in das nationale Recht zu transformieren. Nachdem Deutschland dieser Verpflichtung lange Zeit nicht nachgekommen ist, hat die Kommission ein Vertragsverletzungsverfahren eingeleitet, das am 24.9.1999 mit einer Verurteilung der Bundesrepublik wegen nicht rechtzeitiger Umsetzung durch den EuGH endete.[6] In der Folgezeit wurde dann das KapCoRiLiG v. 24.2.2000 verabschiedet.[7]

4 Die Gleichstellung von bestimmten Personenhandelsgesellschaften i.S.v. § 264a mit Kapitalgesellschaften für Zwecke der Rechnungslegung beruht auf der gesetzgeberischen **Grundwertung**, daß solche Personengesellschaften mit Kapitalgesellschaften, insbesondere der GmbH, wirtschaftlich austauschbar sind.[8] In der Tat findet sich kein sachlicher Grund, weshalb Kapitalgesellschaften und Co. im Bereich der Rechnungslegung gegenüber Kapitalgesellschaften gleicher Größe bevorzugt werden sollten.[9] Auch wirtschaftspolitische Gründe (z.B. Erleichterungen für mittelständische Unternehmen) rechtfertigen keine rechtsformspezifischen, sondern nur größenabhängige Differenzierungen. Diesem Anliegen ist aber bereits durch die sog. Mittelstandsrichtlinie v. 8.11.1990[10] Rechnung getragen worden, durch die verschiedene Erleichterungen für kleine und mittelgroße Kapitalgesellschaften eingeführt worden sind.

5 Die Gleichstellung der Kapitalgesellschaften und Co. mit Kapitalgesellschaften durch das KapCoRiLiG betrifft ca. 100 000 überwiegend mittelständische Unternehmen, die nunmehr die für Kapitalgesellschaften geltenden Vorschriften über Rechnungslegung, Prüfung und Offenlegung anwenden müssen. Angesichts dieses Befundes wird im Schrifttum die Frage diskutiert, durch welche **Vermeidungsstrategien** man sich den Änderungen durch das KapCoRiLiG entweder ganz oder teilweise entziehen kann. Dabei sind insbesondere folgende Ansatzpunkte hervorzuheben:[11] Eine Möglichkeit besteht darin, durch Aufnahme einer natürlichen – u.U. auch vermögenslosen – Person als Komplementär von vornherein die Anwendung der §§ 264 ff zu vermeiden. Wird ein solcher Vollhafter aber jeweils nur für kurze Zeit vor und nach dem Bilanzstichtag in die Gesellschaft aufgenommen, dürfte dies wohl unter Umgehungsgesichtspunkten nicht ausreichend sein, um eine Anwendung der §§ 264 ff auszuschließen.[12] Läßt sich die Anwendung der §§ 264 ff nicht vollständig vermeiden, bleibt zu überlegen, ob bestimmte Erleichterungen in Anspruch genommen werden können. So könnte etwa durch Umstrukturierung eines großen Unternehmens in mehrere kleine Unternehmen die Inanspruchnahme von größenabhängigen Erleichterungen

---

[5] Richtlinie (90/605/EWG) v. 8.11.1990 ABl.EG Nr. L 317 v. 16.11.1990, S. 60. Dazu etwa *Biener* WPg 1993, 707 ff; *Streim* BB 1994, 1109.

[6] EuGH Rs C-272/97 IStR 1999, 317.

[7] BGBl. I 2000, 154.

[8] Vgl. BTDrucks. 14/1806, S. 18; ebenso bereits Begr. RegE BTDrucks. 9/1878, S. 63.

[9] Vgl. dazu statt aller *Vogel* Die Rechnungslegungsvorschriften des HGB für Kapitalgesellschaften

(1993) S. 118 ff mit zahlreichen Nachweisen zum Meinungsstand.

[10] Richtlinie (90/604/EWG) ABl.EG Nr. L 317 v. 16.11.1990, S. 57.

[11] Vgl. zum folgenden *Bitter/Grashoff* DB 2000, 838 f; *Heni* DStR 1999, 912; *Schindhelm/Hellwege/Stein* StuB 2000, 72 ff.

[12] Ebenso *Bitter/Grashoff* DB 2000, 838; ADS (ErgBd) 37.

bei der Gliederung der GuV und der Offenlegung (§§ 276, 326) angestrebt werden. Des weiteren ist an die Befreiungsmöglichkeit nach § 264b zu denken, da der Konzern-abschluß – anders als der Einzelabschluß – nur einen eingeschränkten Einblick in die Ergebnislage der Tochtergesellschaften eröffnet (vgl. § 264b, 2).[13] Weitere Vorschläge zielen auf eine Verlagerung von Ertragspotentialen (z. B. durch Gewinnverlagerungen auf Schwestergesellschaften oder durch den Abschluß stiller Beteiligungen).[14]

Die **Übergangsvorschriften** zum KapCoRiLiG finden sich in Art. 48 EGHGB. **6** Danach sind die §§ 264 ff HGB erstmalig für nach dem 31. 12. 1999 beginnende Geschäftsjahre anzuwenden (Art. 48 Abs. 1 S. 1 1. Halbs. EGHGB). Die betroffenen Gesellschaften können die §§ 264 ff freiwillig bereits früher anwenden, haben dann aber die Rechnungslegungsvorschriften für Kapitalgesellschaften insgesamt anzuwenden (Art. 48 Abs. 1 S. 1 2. Halbs.).[15] Art. 48 Abs. 2 und 3 EGHGB enthalten (in An-lehnung an Art. 24 Abs. 1 und 32 EGHGB) besondere Übergangsregelungen betreffend die Bewertung von Vermögensgegenständen des Anlage- und Umlaufvermögens. Art. 48 Abs. 4 EGHGB befreit Personenhandelsgesellschaften i. S. v. § 264a bei der erstmaligen Anwendung der §§ 264 ff vom Gebot der Ausweis- und Bewertungs-stetigkeit (§§ 252 Abs. 1 Nr. 6, 265 Abs. 1) und der Pflicht zur Angabe von Vorjahres-positionen (§ 265 Abs. 2 S. 1). Eine weitere Erleichterung bei der erstmaligen Anwen-dung des § 268 Abs. 2 enthält Art. 48 Abs. 5 EGHGB. Art. 48 Abs. 6 regelt die erstmalige Anwendung des Art. 28 EGHGB.

II. Einbeziehung bestimmter Personenhandelsgesellschaften (Abs. 1)

1. Grundsatz

Nach § 264a Abs. 1 sind die Vorschriften der §§ 264ff auch auf OHG und KG **7** anzuwenden, bei denen nicht wenigstens ein persönlich haftender Gesellschafter eine natürliche Person bzw. eine OHG, KG oder andere Personengesellschaft mit einer natürlichen Person als persönlich haftendem Gesellschafter ist oder sich die Verbin-dung von Gesellschaften in dieser Art fortsetzt. **Entscheidende Kriterien** für die Gleichstellung einer Personengesellschaft mit einer Kapitalgesellschaft für Zwecke der Rechnungslegung sind somit zum einen die Eigenschaft als Personenhandelsgesell-schaft (OHG und KG), zum anderen das Fehlen einer natürlichen Person oder einer Personengesellschaft, bei der eine natürliche Person persönlich haftet, als Komple-mentär. Maßgebend sind die Verhältnisse am Bilanzstichtag.[16]

§ 264a Abs. 1 beruht auf Art. 1 Abs. 1 der 4. EG-Richtlinie und Art. 4 Abs. 1 der **8** 7. EG-Richtlinie i. d. F. der GmbH & Co.-Richtlinie. Die Regelung geht allerdings **über die Vorgaben des europäischen Rechts hinaus.** Denn die GmbH & Co.-Richt-linie fordert nur die Einbeziehung von OHG und KG, bei denen ausschließlich Kapi-talgesellschaften persönlich haftende Gesellschafter sind. Damit wäre z. B. eine Stiftung & Co. KG von der Richtlinie nicht erfaßt gewesen. Demgegenüber hat der Gesetzgeber des KapCoRiLiG auf weitergehende Vorschläge aus dem Gesetz-gebungsverfahren zum BiRiLiG zurückgegriffen[17] und den entscheidenden Bezugs-punkt geändert: Nunmehr sind alle Personenhandelsgesellschaften erfaßt, bei denen

13 Vgl. *Heni* DStR 1999, 914.
14 Näher *Bitter/Grashoff* DB 2000, 839.
15 Dazu näher *Bitter/Grashoff* DB 2000, 833.
16 ADS (ErgBd) 34ff; Beck BilKomm (ErgBd)-*Förschle* 29; Winkeljohann/Schindhelm S. 9ff.

17 Siehe BTDrucks. 14/1806, S. 18 unter Hinweis auf § 178 HGB-E (BRDrucks. 61/82).

keine natürliche Person unbeschränkt haftet. Eine solche Erweiterung sei – so die Gesetzesbegründung – rechtssystematisch angemessen und entspreche auch den nationalen Regelungen der §§ 125a, 130a und 177a HGB.[18] Auf diese Weise werden jedenfalls publizitätsverhindernde Ausweichgestaltungen, die – wie die Stiftung & Co. – zudem rechtspolitisch umstritten sind,[19] verhindert.[20] Ebenso erledigen sich Streitfragen darüber, welche ausländischen Gesellschaften mit Kapitalgesellschaften i. S. v. Art. 1 der 4. EG-Richtlinie vergleichbar sind.

2. OHG und KG

9   § 264a setzt zunächst voraus, daß es sich um eine Personenhandelsgesellschaft in der Rechtsform einer OHG oder KG handelt. Dies entspricht Art. 1 Abs. 1 der 4. EG-Richtlinie. Damit sind andere Personengesellschaften – z. B. BGB-Gesellschaften oder Partnerschaftsgesellschaften – nicht von der Regelung erfaßt. Dies gilt auch dann, wenn die Gesellschafter einer GbR ausschließlich z. B. Kapitalgesellschaften sind.[21]

3. Keine unbeschränkte Haftung einer natürlichen Person

10   Entscheidendes Merkmal für die Einbeziehung einer OHG und KG in die Rechnungslegungspflicht nach den §§ 264 ff ist der Umstand, daß **keine natürliche Person unbeschränkt haftet**. Die gesetzliche Regelung ist negativ formuliert und stellt auf das Nichtvorliegen zweier Merkmale (§ 264a Abs. 1 Nr. 1 und 2) ab. Ferner findet sich eine ergänzende Regelung für mehrstöckige Personengesellschaften.

11   Eine Rechnungslegungspflicht nach den §§ 264 ff setzt also zunächst voraus, daß nicht wenigstens ein persönlich haftender Gesellschafter eine **natürliche Person** ist. Mit der Aufnahme einer natürlichen Person als Komplementär kann somit die Anwendung des für Kapitalgesellschaften geltenden Rechnungslegungsrechts, insbesondere die Publizität der Jahresabschlüsse, vermieden werden. Dies gilt auch dann, wenn der persönlich haftende Gesellschafter (im Innenverhältnis) seitens eines Dritten von der Haftung freigestellt ist.[22] Nach dem Wortlaut erforderlich ist aber eine gesellschaftsrechtliche Beteiligung als Komplementär. Eine schuldrechtliche Verlustübernahme oder die Übernahme einer Bürgschaft steht einer solchen Beteiligung daher nicht gleich.[23] Fraglich ist, ob § 264a auch dann anzuwenden ist, wenn zwar eine natürliche Person Komplementär ist, diese Person aber – wie der „beschränkt haftende Einzelkaufmann" nach portugiesischem Recht[24] – wiederum nur beschränkt haftet. Auch wenn dies nach dem Wortlaut zu bejahen wäre, ist dies jedenfalls im Wege einer einschränkenden teleologischen Auslegung zu verneinen: Die Regelung des § 264a setzt erkennbar die unbeschränkte Haftung der natürlichen Person voraus, so daß „beschränkt haftende" natürliche Personen keine „natürliche Person" i. S. v. § 264a sind. Dagegen sind die wirtschaftlichen Verhältnisse des persönlich haftenden Gesellschafters ohne Bedeutung.[25]

---

[18] Vgl. auch *Ernst* DStR 1999, 904; kritisch – „Übererfüllung" – *Strobel* DB 2000, 54.

[19] Zur unternehmensverbundenen Stiftung statt aller Staudinger/*Rawert* Vorbem zu §§ 80 ff, 83 ff.

[20] Ebenso *Wiechmann* WPg 1999, 919.

[21] Vgl. *Zimmer/Eckholt* NJW 2000, 1363.

[22] Beck BilKomm (ErgBd)-*Förschle* 26; einschränkend – keine Befreiung, wenn Dritter eine beschränkt haftende juristische Person ist – ADS (ErgBd) 30.

[23] ADS (ErgBd) 33; Beck BilKomm (ErgBd)-*Förschle* 25.

[24] Vgl. *Hahn* DStR 1991, 125; *Klatte* DB 1992, 1639. Siehe auch Art. 7 der Einpersonen-GmbH-Richtlinie v. 22. 12. 1989 (89/667/EWG) ABl. EG Nr. L 395 v. 30. 12. 1989, S. 40 ff.

[25] *Herrmann* WPg 2001, 271 ff; Winkeljohann/Schindhelm S. 7; Beck BilKomm (ErgBd)-*Förschle* 27; ADS (ErgBd) 29.

Ist keine natürliche Person Komplementär der OHG oder KG, scheidet eine **12** Anwendung der §§ 264 ff ferner dann aus, wenn mindestens ein persönlich haftender Gesellschafter eine **OHG, KG oder andere Personengesellschaft** mit einer natürlichen Person als haftendem Gesellschafter ist oder sich die Verbindung von Gesellschaften in dieser Art fortsetzt. Nicht erforderlich ist also, daß bei mehrstöckigen Personengesellschaften auf jeder Gesellschaftsebene eine natürliche Person persönlich haftender Gesellschafter ist.[26] Die Formulierung in § 264a Abs. 1 Nr. 2 weicht ab von der entsprechenden Vorschrift in § 19 Abs. 2 HGB betreffend den Rechtsformzusatz.[27] Während es dort ausreicht, daß – auf welcher Stufe auch immer – eine natürliche Person „in" der Gesellschaft unbeschränkt haftet, ist § 264a mit Rücksicht auf die Vorgaben der EG-Richtlinien enger gefaßt: Hier ist entscheidend, daß auf der zweiten Ebene eine „OHG, KG oder andere Personengesellschaft" persönlich haftender Gesellschafter ist, bei der entweder eine natürliche Person oder wiederum eine „OHG, KG oder andere Personengesellschaft ..." als Komplementär beteiligt ist. Als „andere Personengesellschaft" käme etwa eine Partnerschaftsgesellschaft[28] oder eine EWIV in Betracht. Abweichungen zwischen § 19 Abs. 2 und § 264a Abs. 1 ergeben sich etwa im Fall einer OHG, deren Gesellschafter eine GmbH und KG, deren einziger Komplementär eine KGaA ist, sind.[29] Da die KGaA Kapitalgesellschaft i. S. d. Richtlinie ist, unterliegt die OHG den §§ 264 ff auch dann, wenn der persönlich haftende Gesellschafter der KGaA eine natürliche Person ist, was nach § 19 Abs. 2 den Rechtsformzusatz entbehrlich macht.

Einzelfälle. § 264a ist folglich anzuwenden auf OHG und KG, an denen als per- **13** sönlich haftende Gesellschafter nur Kapitalgesellschaften (AG, KGaA, GmbH) beteiligt sind. Ferner sind solche Personenhandelsgesellschaften erfaßt, bei denen als persönlich haftende Gesellschafter ausschließlich – bzw. neben Kapitalgesellschaften – Genossenschaften, Stiftungen oder Vereine beteiligt sind. Ist an der OHG bzw. KG wiederum eine OHG, KG oder andere Personengesellschaft beteiligt, muß zumindest an dieser eine natürliche Person oder eine entsprechende Personengesellschaft als Komplementär beteiligt sein.

III. Gesetzliche Vertreter (Abs. 2)

In einzelnen Bestimmungen der §§ 264 ff wird auf die gesetzlichen Vertreter einer **14** Kapitalgesellschaft Bezug genommen (vgl. etwa § 264 Abs. 1 betreffend die Aufstellungspflicht). Nach Abs. 2 „gelten" die Mitglieder des vertretungsberechtigten Organs der vertretungsberechtigten Gesellschaften als gesetzlicher Vertreter der Kapitalgesellschaft und Co. Die Gesetzesbegründung spricht von einer „klarstellenden" Regelung.[30] Indes ist nicht zu übersehen, daß nach allgemeinem Personengesellschaftsrecht nur die vertretungsberechtigten Gesellschafter „gesetzlicher Vertreter" sind, in einer GmbH & Co. KG also die Komplementär-GmbH, die allerdings durch ihre Organe handelt. Demgegenüber führt Abs. 2 – etwa für die Pflicht zur Bilanzaufstellung – zu einer Verpflichtung der Geschäftsführer der GmbH, die der internen Zuständigkeitsordnung nicht entsprechen muß (§ 41 GmbHG gilt nur für die Buchführungspflicht der GmbH).[31] Insoweit hat Abs. 2 durchaus konstitutiven Charakter.

---

[26] Ebenso ADS (ErgBd) 39; Beck BilKomm (ErgBd)-*Förschle* 36; a. A. aber *Luttermann* ZIP 2000, 519.

[27] Zum folgenden vgl. auch Begr. RegE, BTDrucks. 14/1806, S. 18.

[28] BTDrucks. 14/1806, S. 18.

[29] BTDrucks. 14/1806, S. 18.

[30] Vgl. BTDrucks. 14/1806, S. 18.

[31] Vgl. auch *Strobel* DB 1999, 1027.

15　Der Begriff „**Gesellschaften**" i. S. v. Abs. 2 ist nach dem Sinn und Zweck der Regelung weit auszulegen, denn Komplementäre einer Kapitalgesellschaft & Co. i. S. v. § 264a können auch z. B. Stiftungen sein, die nach allgemeinem Sprachgebrauch gerade keine „Gesellschaften" sind. In diesem Fall wären also die Mitglieder des vertretungsberechtigten Organs der Stiftung – d. h. die Stiftungsvorstände – „gesetzlicher Vertreter" i. S. v. Abs. 2.

§ 264 b
Befreiung von der Pflicht zur Aufstellung eines Jahresabschlusses nach den für Kapitalgesellschaften geltenden Vorschriften

Eine Personenhandelsgesellschaft im Sinne des § 264a Abs. 1 ist von der Verpflichtung befreit, einen Jahresabschluss und einen Lagebericht nach den Vorschriften dieses Abschnitts aufzustellen, prüfen zu lassen und offen zu legen, wenn

1. sie in den Konzernabschluss eines Mutterunternehmens mit Sitz in einem Mitgliedstaat der Europäischen Union oder einem anderen Vertragsstaat des Abkommens über den Europäischen Wirtschaftsraum oder in den Konzernabschluss eines anderen Unternehmens, das persönlich haftender Gesellschafter dieser Personenhandelsgesellschaft ist, einbezogen ist;
2. der Konzernabschluss sowie der Konzernlagebericht im Einklang mit der Richtlinie 83/349/EWG des Rates vom 13. Juni 1983 auf Grund von Artikel 54 Abs. 3 Buchstabe g des Vertrages über den konsolidierten Abschluss (ABl. EG Nr. L 193 S. 1) und der Richtlinie 84/253/EWG des Rates vom 10. April 1984 über die Zulassung der mit der Pflichtprüfung der Rechnungslegungsunterlagen beauftragten Personen (ABl. EG Nr. L 126 S. 20) nach dem für das den Konzernabschluss aufstellende Unternehmen maßgeblichen Recht aufgestellt, von einem zugelassenen Abschlussprüfer geprüft und offen gelegt worden ist;
3. das den Konzernabschluss aufstellende Unternehmen die offen zu legenden Unterlagen in deutscher Sprache auch zum Handelsregister des Sitzes der Personenhandelsgesellschaft eingereicht hat und
4. die Befreiung der Personenhandelsgesellschaft im Anhang des Konzernabschlusses angegeben ist.

Übersicht

	Rdn.		Rdn.
I. Allgemeines	1–4	3. Einreichung des Konzern-	
II. Voraussetzungen der Befreiung	5	abschlusses zum Handelsregister	
1. Einbeziehung in einen Konzern-		des Sitzes der Personenhandels-	
abschluß (Nr. 1)	6, 7	gesellschaft (Nr. 3)	10
2. Vereinbarkeit mit der 7. Richtlinie,		4. Angabe der Befreiung im Konzern-	
Prüfung und Offenlegung (Nr. 2)	8, 9	anhang (Nr. 4)	11

Schrifttum

Vgl. die Angaben zu § 264a.

I. Allgemeines

Regelungsgegenstand. § 264b enthält eine *spezielle Befreiungsregelung* von der **1** Pflicht zur Aufstellung eines Jahresabschlusses nach den §§ 264 ff für Tochtergesellschaften in der Rechtsform einer Personenhandelsgesellschaft i. S. v. § 264a. Die Vorschrift entspricht sachlich § 264 Abs. 3 und 4, verzichtet aber zum einen mit Rücksicht auf die Besonderheiten von Personenhandelsgesellschaften auf die Voraussetzungen des § 264 Abs. 3 Nr. 1 und 2. Andererseits enthält sie gewisse Modifikationen gegenüber § 264 Abs. 3 Nr. 3–5. So reicht etwa die Einbeziehung in ausländische Konzernabschlüsse und in einen freiwillig aufgestellten Konzernabschluß aus. Im einzelnen setzt die Befreiungsmöglichkeit nach § 264b voraus:

(1) Einbeziehung in den Konzernabschluß eines Mutterunternehmens oder einer Komplementärgesellschaft,

(2) Vereinbarkeit des Konzernabschlusses mit der 7. EG-Richtlinie, Prüfung durch zugelassenen Abschlußprüfer und Offenlegung,

(3) Einreichung des Konzernabschlusses in deutscher Sprache zum Handelsregister des Sitzes der Personenhandelsgesellschaft,

(4) Angabe der Befreiung im Konzernanhang.

Die Befreiungsvorschrift des § 264b schafft einen gewissen **Ausgleich** für die mit **2** dem KapCoRiLiG verbundene Ausweitung der Publizität. Um unerwünschte Einblicke der Konkurrenz, Abnehmer etc. in sensible Unternehmensdaten infolge der Offenlegung von Einzelabschlüssen zu vermeiden, könnte die Anwendung des § 264b erhebliche praktische Bedeutung erlangen („Fluchtweg aus der Publizität").[1] Durch eine entsprechende Zusammenfassung verschiedener Geschäftsfelder in mehreren Unternehmen in einem konsolidierten Abschluß kann der Einblick in einzelne Geschäftsbereiche erheblich erschwert werden, da die Regelungen über die Segmentberichterstattung im Konzernabschluß nur einen gewissen Einblick erlauben.

§ 264b beruht in den wesentlichen Punkten auf Art. 57a Abs. 2 der **4. EG-Richt-** **3** **linie** i. d. F. der Mittelstandsrichtlinie v. 8. 11. 1990. Lediglich die in § 264b Nr. 3 vorgesehene Pflicht zur Einreichung des Konzernabschlusses in deutscher Sprache zum Handelsregister des Sitzes der Personengesellschaft geht auf eine autonome Entscheidung des nationalen Gesetzgebers zurück. Von der weitergehenden Möglichkeit des Art. 57a Abs. 1 der 4. EG-Richtlinie, daß die Aufstellungs-, Prüfungs- und Offenlegungspflicht einer Kapitalgesellschaft und Co. durch ein (auch im Ausland ansässiges) vollhaftendes Mutterunternehmen erfüllt werden kann, hat der deutsche Gesetzgeber keinen Gebrauch gemacht.[2] Die in Art. 57 Abs. 3 der 4. EG-Richtlinie vorgesehene Pflicht der befreiten Personenhandelsgesellschaft, jedermann auf Anfrage den Namen der Gesellschaft zu nennen, die den Abschluß offenlegt, ist nicht in das deutsche Recht übernommen worden. Der deutsche Gesetzgeber hielt eine entsprechende Regelung für entbehrlich, weil nach § 264b Nr. 3 der befreiende Konzernabschluß zum Handelsregister des Sitzes der Personenhandelsgesellschaft eingereicht werden muß.[3]

Der **Anwendungsbereich** des § 264b ist auf Personenhandelsgesellschaften i. S. v. **4** § 264a beschränkt. Tochterunternehmen in der Rechtsform einer Kapitalgesellschaft können nur nach § 264 Abs. 3 und 4 von der Pflicht zur Aufstellung eines Jahres-

---

[1] *Heni* DStR 1999, 915.
[2] Vgl. BTDrucks. 14/1806, S. 19.

[3] BTDrucks. 14/1806, S. 20.

Rainer Hüttemann

abschlusses nach den §§ 264 ff befreit werden. Die Befreiungsregelung des § 264b läßt die Pflicht zur Aufstellung eines Jahresabschlusses nach den allgemeinen Vorschriften (§§ 238–263) unberührt.[4]

II. Voraussetzungen der Befreiung

5   Das Gesetz macht die Befreiung einer Personenhandelsgesellschaft i. S. v. § 264a von der Aufstellungspflicht von vier Voraussetzungen abhängig, die kumulativ erfüllt sein müssen.

1. Einbeziehung in einen Konzernabschluß (Nr. 1)

6   Zunächst muß die Personenhandelsgesellschaft in einen Konzernabschluß einbezogen sein. Einen befreienden Konzernabschluß können zum einen **Mutterunternehmen** mit Sitz in einem Mitgliedstaat der Europäischen Union oder einem Vertragsstaat des Abkommens über den Europäischen Wirtschaftsraum aufstellen (§ 264b Nr. 1 1. Alt.). Mit der Möglichkeit eines befreienden Konzernabschlusses eines ausländischen Mutterunternehmens geht § 264b über die entsprechenden Regelungen in § 264 Abs. 3 und 4 hinaus, die nur für ein „nach § 290 zur Aufstellung eines Konzernabschlusses verpflichtetes Mutterunternehmen" gelten. Der Begriff „Mutterunternehmen" umfaßt in § 264b neben konzernabschlußpflichtigen Unternehmen i. S. d. 7. EG-Richtlinie auch Unternehmen, die nach § 11 PublG konzernabschlußpflichtig sind.[5] Dabei kann es sich um einen persönlich haftenden Gesellschafter der Kapitalgesellschaft und Co. handeln, aber auch z. B. um ein nächsthöheres Mutterunternehmen, dessen Enkelunternehmen die Kapitalgesellschaft und Co. ist.[6]

7   Neben dem Mutterunternehmen kann zum anderen nach § 264b Nr. 1 2. Alt. auch eine **Komplementärgesellschaft** freiwillig einen befreienden Konzernabschluß aufstellen. Dieses Wahlrecht besteht unabhängig davon, ob die Komplementärgesellschaft ihrerseits Mutterunternehmen ist.[7]

2. Vereinbarkeit mit der 7. Richtlinie, Prüfung und Offenlegung (Nr. 2)

8   Der befreiende Konzernabschluß sowie der Konzernlagebericht müssen den **Vorgaben der 7. EG-Richtlinie** entsprechen und nach dem für das den Konzernabschluß aufstellende Unternehmen maßgebenden Recht aufgestellt, geprüft und offengelegt worden sein. Auch in diesem Punkt weicht § 264b von § 264 Abs. 3 und 4 ab, die jeweils einen „nach den Vorschriften dieses Abschnitts" aufgestellten Konzernabschluß voraussetzen. Die abweichende Fassung in § 264b Nr. 2 erklärt sich aus der Einbeziehung ausländischer Gesellschaften.[8] Für inländische Unternehmen, die als Mutterunternehmen oder als Komplementärgesellschaft einen befreienden Konzernabschluß und Konzernlagebericht aufstellen, bleibt es aber auf Grund der Einschränkung – „nach dem … maßgeblichen Recht" – bei der Bindung an die Regelungen „dieses Abschnitts".[9]

9   Fraglich ist, ob auch ein nach **international anerkannten Rechnungslegungsvorschriften** aufgestellter Konzernabschluß (z. B. nach IAS) befreiende Wirkung haben

---

[4] Vgl. auch *Strobel* DB 2000, 57.
[5] BTDrucks. 14/1806, S. 19.
[6] BTDrucks. 14/1806, S. 19.
[7] Vgl. BTDrucks. 14/1806, S. 19.

[8] Vgl. auch IDW WPg 1999, 936.
[9] **A. A.** – u. U. Befreiung von konträren deutschen Vorschriften – wohl *Strobel* DB 2000, 57.

kann. § 264b verlangt keinen Konzernabschluß nach den §§ 290 ff. Hinreichend ist vielmehr, daß der Konzernabschluß „im Einklang" mit der 7. Richtlinie und „nach dem für das den Konzernabschluss aufstellende Unternehmen maßgeblichen Recht aufgestellt" worden ist. Im Fall eines inländischen Mutterunternehmens ist das bei einem Konzernabschluß, der den Anforderungen des § 292a entspricht, zu bejahen.[10] Dafür sprechen auch die zur Parallelproblematik bei § 264 Abs. 3 dargelegten Argumente (vgl. § 264, 66).

3. Einreichung des Konzernabschlusses zum Handelsregister des Sitzes der Personenhandelsgesellschaft (Nr. 3)

Das den Konzernabschluß aufstellende Unternehmen muß die offen zu legenden **10** Unterlagen in deutscher Sprache auch zum Handelsregister des Sitzes der Personenhandelsgesellschaft eingereicht haben. Diese – von der 4. EG-Richtlinie nicht vorgeschriebene – Voraussetzung ist mit Rücksicht auf § 264 Abs. 3 Nr. 5 im Interesse einer einheitlichen Regelung aufgenommen worden.[11]

4. Angabe der Befreiung im Konzernanhang (Nr. 4)

Schließlich ist erforderlich, daß die Befreiung der Personenhandelsgesellschaft im **11** Anhang des Konzernabschlusses angegeben wird.

§ 264c
Besondere Bestimmungen für offene Handelsgesellschaften und Kommanditgesellschaften im Sinne des § 264a

(1) Ausleihungen, Forderungen und Verbindlichkeiten gegenüber Gesellschaftern sind in der Regel als solche jeweils gesondert auszuweisen oder im Anhang anzugeben. Werden sie unter anderen Posten ausgewiesen, so muss diese Eigenschaft vermerkt werden.

(2) § 266 Abs. 3 Buchstabe A ist mit der Maßgabe anzuwenden, dass als Eigenkapital die folgenden Posten gesondert auszuweisen sind:

I. Kapitalanteile
II. Rücklagen
III. Gewinnvortrag/Verlustvortrag
IV. Jahresüberschuss/Jahresfehlbetrag.

Anstelle des Postens „Gezeichnetes Kapital" sind die Kapitalanteile der persönlich haftenden Gesellschafter auszuweisen; sie dürfen auch zusammengefasst ausgewiesen werden. Der auf den Kapitalanteil eines persönlich haftenden Gesellschafters für das Geschäftsjahr entfallende Verlust ist von dem Kapitalanteil abzuschreiben. Soweit der Verlust den Kapitalanteil übersteigt, ist er auf der Aktivseite unter der Bezeichnung „Einzahlungsverpflichtungen persönlich haftender Gesellschafter" unter den Forderungen gesondert auszuweisen, soweit eine Zahlungsverpflichtung besteht. Besteht keine Zahlungsverpflichtung, so ist der

---

[10] ADS (ErgBd) 26; Beck BilKomm (ErgBd)-*Förschle/Deubert* 45; *Herrmann* WPg 2001, 275; *Zimmer/Eckhold* NJW 2000, 1366.

[11] BTDrucks. 14/1806, S. 19.

　　　　Rainer Hüttemann

Betrag als „Nicht durch Vermögenseinlagen gedeckter Verlustanteil persönlich haftender Gesellschafter" zu bezeichnen und gemäß § 268 Abs. 3 auszuweisen. Die Sätze 2 bis 5 sind auf die Einlagen von Kommanditisten entsprechend anzuwenden, wobei diese insgesamt gesondert gegenüber den Kapitalanteilen der persönlich haftenden Gesellschafter auszuweisen sind. Eine Forderung darf jedoch nur ausgewiesen werden, soweit eine Einzahlungsverpflichtung besteht; dasselbe gilt, wenn ein Kommanditist Gewinnanteile entnimmt, während sein Kapitalanteil durch Verlust unter den Betrag der geleisteten Einlage herabgemindert ist, oder soweit durch die Entnahme der Kapitalanteil unter den bezeichneten Betrag herabgemindert wird. Als Rücklagen sind nur solche Beträge auszuweisen, die auf Grund einer gesellschaftsrechtlichen Vereinbarung gebildet worden sind. Im Anhang ist der Betrag der im Handelsregister gemäß § 172 Abs. 1 eingetragenen Einlagen anzugeben, soweit diese nicht geleistet sind.

(3) Das sonstige Vermögen der Gesellschafter (Privatvermögen) darf nicht in die Bilanz und die auf das Privatvermögen entfallenden Aufwendungen und Erträge dürfen nicht in die Gewinn- und Verlustrechnung aufgenommen werden. In der Gewinn- und Verlustrechnung darf jedoch nach dem Posten „Jahresüberschuss/Jahresfehlbetrag" ein dem Steuersatz der Komplementärgesellschaft entsprechender Steueraufwand der Gesellschafter offen abgesetzt oder hinzugerechnet werden.

(4) Anteile an Komplementärgesellschaften sind in der Bilanz auf der Aktivseite unter den Posten A. III. 1 oder A. III 3 auszuweisen. § 272 Abs. 4 ist mit der Maßgabe anzuwenden, dass für diese Anteile in Höhe des aktivierten Betrags nach dem Posten „Eigenkapital" ein Sonderposten unter der Bezeichnung „Ausgleichsposten für aktivierte eigene Anteile" zu bilden ist. §§ 269, 274 Abs. 2 sind mit der Maßgabe anzuwenden, dass nach dem Posten „Eigenkapital" ein Sonderposten in Höhe der aktivierten Bilanzierungshilfen anzusetzen ist.

Übersicht

	Rdn.			Rdn.
I. Allgemeines	1, 2		a) Verlustabschreibung	
II. Ausleihungen, Forderungen und			(Abs. 2 S. 3)	18, 19
Verbindlichkeiten gegenüber			b) Gewinnverwendung	20–22
Gesellschaftern (Abs. 1)	3, 4		5. Rücklagen (Abs. 2 S. 8)	23–25
III. Ausweis des Eigenkapitals (Abs. 2)	5		IV. Behandlung des Privatvermögens	
1. Eigenkapitaldarstellung	6, 7		(Abs. 3)	26–29
2. Kapitalanteile der persönlich			V. Anteile an Komplementärgesell-	
haftenden Gesellschafter			schaften, Sonderposten (Abs. 4)	
(Abs. 2 S. 2 bis 5)	8–14		1. Anteile an Komplementär-	
3. Kapitalanteile der Kommanditisten,			gesellschaften	
Haftsumme (Abs. 2 S. 6, 7 und 9)	15–17		(Abs. 4 S. 1 und 2)	30–32
4. Bilanzielle Darstellung der Ergeb-			2. Sonderposten (Abs. 4 S. 3)	33
nisverwendung				

Schrifttum

Hempe Eigenkapitalausweis der GmbH & Co. KG nach dem „KapCoRiLiG", GmbHR 2000, 613; *Huber* Gesellschafterkonten in der Personengesellschaft, ZGR 1988, 1; *ders.* Freie Rücklagen in Kommanditgesellschaften, Gedächtnisschrift Knobbe-Keuk (1997) S. 203; *Klatte* Die Rechnungslegung der GmbH & Co. KG (1991); *Sethe* Die Besonderheiten der Rechnungslegung bei der KGaA, BB 1998, 1044; *Rückle/Klatte* Eigenkapital des Einzelkaufmanns und der

Rainer Hüttemann   (660)

Personenhandelsgesellschaften, HuRB 113; *Theile* Ausweisfragen beim Jahresabschluß der GmbH & Co. KG nach neuem Recht, BB 2000, 555; *Wiechmann* Der Jahres- und Konzernabschluß der GmbH & Co. KG, WPg 1999, 916; vgl. auch Angaben zu § 264a.

I. Allgemeines

Die §§ 264 ff sind auf die Verhältnisse von Kapitalgesellschaften zugeschnitten. Ihre **1** Anwendung auf Personenhandelsgesellschaften ist wegen der rechtsformspezifischen Besonderheiten von Personengesellschaften nur in angepaßter Form möglich.[1] Die 4. EG-Richtlinie enthält insoweit keine näheren Vorgaben, so daß der nationale Gesetzgeber die entsprechenden Sonderregelungen treffen muß. Der Gesetzgeber des KapCoRiLiG hat die entsprechenden Modifikationen im Interesse größerer Übersichtlichkeit in § 264c zusammenhängend geregelt. Die Vorschrift gilt nur für Personenhandelsgesellschaften i.S.v. § 264a und enthält **Sonderregelungen** zu folgenden Einzelfragen:

(1) Ausweis von Ausleihungen, Forderungen und Verbindlichkeiten gegenüber Gesellschaftern (Abs. 1);

(2) Ausweis des Eigenkapitals (Abs. 2);

(3) bilanzielle Behandlung des Privatvermögens (Abs. 3);

(4) Ausweis von Anteilen an der Komplementärgesellschaft und die Anwendung der §§ 269, 274 Abs. 2 (Abs. 4).

In den Beratungen ist darüber hinaus vom IdW[2] angeregt worden, über die **Art der 2 Rechtsbeziehungen** zwischen der Personenhandelsgesellschaft und ihren Gesellschaftern im Anhang zu berichten (z.B. Zinsen für Gesellschaftsdarlehen, feste und gewinnabhängige Tätigkeitsvergütungen geschäftsführender Gesellschafter, Miete und Pacht für überlassene Grundstücke). Solche Rechtsbeziehungen könnten je nach Vertragsgestaltung gesellschaftsrechtlicher oder schuldrechtlicher Natur sein, wovon wiederum im Einzelfall abhängt, ob derartige Rechtsbeziehungen in der Gewinn- und Verlustrechnung der Gesellschaft zu erfassen oder als Ergebnisverteilung zu behandeln sind. Ohne entsprechende Angaben werde daher der Einblick in die wirtschaftliche Lage der Gesellschaft erschwert.[3] Der Gesetzgeber ist dieser Anregung nicht gefolgt, weil solche Angabepflichten weder von der Richtlinie vorgeschrieben werden noch bei anderen Gesellschaftsformen bestehen.[4]

II. Ausleihungen, Forderungen und Verbindlichkeiten gegenüber Gesellschaftern (Abs. 1)

Nach § 264c Abs. 1 sind **Ausleihungen, Forderungen und Verbindlichkeiten 3** gegenüber den Gesellschaftern in der Regel als solche jeweils gesondert auszuweisen oder im Anhang als solche anzugeben. Werden sie unter anderen Posten ausgewiesen, so muß diese Eigenschaft vermerkt werden. Die Vorschrift überträgt die in § 42 Abs. 3 GmbHG vorgesehene Angabepflicht auf Personenhandelsgesellschaften i.S.v. § 264a HGB. Die Gesetzesbegründung verweist insoweit auf die wirtschaftliche Vergleichbarkeit der Gesellschaftsformen sowie die Tatsache, daß den Rechtsbeziehungen zwi-

---

[1] Vgl. BTDrucks. 14/1806, S. 20. Eingehend zur Rechnungslegung der GmbH & Co. KG *Klatte* S. 306 ff und passim.

[2] Vgl. WPg 1999, 434.

[3] Siehe auch *Wiechmann* WPg 1999, 921.

[4] BTDrucks. 14/1806, S. 20.

schen Gesellschaft und Gesellschaftern auch bei Personengesellschaften eine wesentliche Bedeutung zukomme. Wegen des Begriffs der Ausleihungen vgl. § 266, 19. Forderungen sind alle Ansprüche gegen Gesellschafter, d. h. neben Forderungen aus Lieferungen und Leistungen auch kurzfristige Darlehen, Vorschüsse etc., soweit sie nicht nach den Grundsätzen über schwebende Geschäfte außer Betracht zu haben bleiben.[5] Ausstehende Pflichteinlagen sind (entsprechend § 272 Abs. 1) als solche gesondert auszuweisen.[6] Verbindlichkeiten sind die in § 266 Abs. 3 C. genannten Einzelposten. Für die Frage der Gesellschaftereigenschaft sind die Verhältnisse am Abschlußstichtag maßgebend.

4   § 264c Abs. 1 läßt drei verschiedene **Ausweisalternativen** zu. Aus der Formulierung „in der Regel" ist – ebenso wie bei § 42 Abs. 3 GmbHG – zu schließen, daß der gesonderte Ausweis in der Bilanz bzw. im Anhang (Abs. 1 S. 1) gegenüber einem Vermerk der Mitzugehörigkeit (Abs. 1 S. 2) vorrangig ist. Dagegen ist der Ausweis in der Bilanz gegenüber der Angabe im Anhang gleichwertig.[7] Ein Vermerk der Mitzugehörigkeit wird deshalb – als Ausnahme von der Regel – nur bei geringfügigen Beträgen in Betracht kommen. Der Ausweis nach § 266 Abs. 2 und 3 „Ausleihungen, Forderungen und Verbindlichkeiten gegenüber verbundenen Unternehmen" ist gegenüber einem gesonderten Bilanzausweis nach § 264c Abs. 1 – ebenso wie bei § 42 Abs. 3 GmbHG – nachrangig.[8]

III. Ausweis des Eigenkapitals (Abs. 2)

5   § 264c Abs. 2 enthält besondere Regelungen zum Ausweis des Eigenkapitals bei Personengesellschaften. Sie ersetzen bzw. ergänzen die entsprechenden Ausweis- und Gliederungsvorschriften für Kapitalgesellschaften (§§ 266 Abs. 3 A., 268 Abs. 3, 272). Des weiteren sind die allgemeinen Ausweisvorschriften des § 268 Abs. 1 sowie die gesellschaftsrechtlichen Regelungen der §§ 120, 167 betreffend die Gewinn- und Verlustrechnung zu beachten. § 264c Abs. 2 betrifft zwar den Ausweis des Eigenkapitals der *Gesellschaft*. Jedoch sind einzelne Eigenkapitalposten *gesellschafter*bezogen auszuweisen: So sind statt der Position „Gezeichnetes Kapital" die Kapitalanteile der Gesellschafter getrennt nach persönlich haftenden Gesellschaftern und Kommanditisten auszuweisen (§ 264c Abs. 2 S. 6). Hinsichtlich der anderen Positionen „Rücklagen", „Gewinnvortrag/Verlustvortrag" sowie „Jahresüberschuss/Jahresfehlbetrag" sieht das Gesetz dagegen eine gesellschaftsbezogenen zusammengefaßten Ausweis vor (vgl. näher unten Rdn. 13).

1. Eigenkapitaldarstellung

6   An die Stelle der in § 266 Abs. 3 A. vorgesehenen **Gliederung** treten folgende Posten:

    I.   Kapitalanteile
    II.   Rücklagen
    III.   Gewinnvortrag/Verlustvortrag
    IV.   Jahresüberschuß/Jahresfehlbetrag

---

[5] Vgl. – zu § 42 Abs. 3 GmbHG – ADS § 42 GmbHG, 30.
[6] Vgl. BTDrucks. 14/1806, S. 20; *Theile* BB 2000, 558.
[7] ADS § 42 GmbHG, 48; *Theile* BB 2000, 556; **a. A.** *Lutter/Hommelhoff* § 42, 31.
[8] ADS § 42 GmbHG, 50; *Theile* aaO.

Die **Besonderheiten** bei Personenhandelsgesellschaften i. S. v. § 264a betreffen 7
somit die Posten „Gezeichnetes Kapital", „Kapitalrücklage" und die Aufteilung der
„Gewinnrücklagen". Der Verzicht auf den Ausweis eines Postens „Gezeichnetes
Kapital" ergab sich für den Gesetzgeber schon daraus, daß nur bei Kommanditisten
die Haftung der Gesellschafter für die Verbindlichkeiten der Gesellschaft im Sinne von
§ 272 Abs. 1 auf ein bestimmtes Kapital „beschränkt" ist.[9] Zudem wäre ein Ausweis
der Pflichteinlagen als „Gezeichnetes Kapital" nur dann zutreffend, wenn die Pflichteinlagen mit der Haftsumme übereinstimmen. Für Komplementäre fehlt es ohnehin an
einer Haftungsbeschränkung, so daß eine andere Postenbezeichnung erforderlich
wäre. Die Einzelposten „Kapitalrücklage" und „Gewinnrücklagen" werden durch den
Posten „Rücklagen" ersetzt. Zum Sonderfall einer Rücklage für Anteile an der Kom-
plementär-Gesellschaft vgl. § 264c Abs. 4.

2. Kapitalanteile der persönlich haftenden Gesellschafter (Abs. 2 S. 2 bis 5)

§ 264c Abs. 2 S. 2 bis 5 regeln den **Ausweis der Kapitalanteile** der persönlich haf- 8
tenden Gesellschafter (also z. B. der Komplementär-GmbH). Diese sind gesondert
von denen der Kommanditisten auszuweisen (vgl. Abs. 2 S. 6). Ein solcher gesonderter
Ausweis entfällt, wenn der persönlich haftende Gesellschafter (wie bei vielen GmbH
und Co. KG) überhaupt nicht am Kapital der Gesellschaft beteiligt ist, also Gesellschafter ohne Kapitalanteil ist.[10]

Der **Begriff des Kapitalanteils** in § 264c Abs. 2 S. 2 ist im gleichen Sinne zu ver- 9
stehen wie in den §§ 120 Abs. 2, 121 Abs. 1 und 2, 122 Abs. 1, 155 Abs. 1 und 167 bis
169. Das HGB enthält keine ausdrückliche Definition des Kapitalanteils. Nach ganz
h. M. handelt es sich beim Kapitalanteil um eine bloße Rechnungsziffer, die den gegenwärtigen – d. h. um stehengelassene Gewinne, anteilige Verluste und Entnahmen fort-
geschriebenen – Stand der Einlage des Gesellschafters in der Bilanz der Gesellschaft
wiedergibt.[11] Die Summe der Kapitalanteile der Gesellschafter entspricht dem in der
Gesellschaftsbilanz auszuweisenden Eigenkapital der Personengesellschaft. Der Kapitalanteil ist somit eine bilanzielle Größe. Er ist nicht zu verwechseln mit der Mitgliedschaft als solcher bzw. der dinglichen Beteiligung des Gesellschafters am Gesamthandsvermögen.[12]

Der Kapitalanteil eines Gesellschafters wird bilanziell auf dem **Kapitalkonto** des 10
Gesellschafters erfaßt. Dieses ist dazu bestimmt, die vermögensmäßigen Veränderungen der Kapitalbeteiligung des Gesellschafters aufzunehmen (Zuschreibung von späteren Einlagen und Gewinnen, Abbuchung von Verlusten und Entnahmen). Nach dem
gesetzlichen Regelstatut ist für jeden Gesellschafter ein einheitliches, variables Kapitalkonto einzurichten (vgl. § 120 Abs. 2). In der gesellschaftsrechtlichen Kautelar-
praxis sind demgegenüber abweichende Kontensysteme verbreitet.[13] Dabei zielt die
Einrichtung fester Kapitalanteile auf die Schaffung einer praktikablen, nicht veränder-
lichen Bezugsgröße für die Zwecke der Gewinn- und Stimmrechtsverteilung sowie der
Entnahmen. Verbreitet ist das *Dreikontenmodell*:[14] Dabei wird das variable Kapitalkonto zunächst in zwei Beteiligungskonten zerlegt. Das feste Kapitalkonto I entspricht dem festen Kapitalanteil und bemißt sich i. d. R. nach der im Gesellschaftsvertrag vereinbarten Einlage und deren Bilanzansatz. Das variable Kapitalkonto II dient

---

[9] Vgl. BTDrucks. 14/1806, S. 20.
[10] Zum Gesellschafter ohne Kapitalanteil vgl. näher § 120, 74 ff.
[11] Vgl. zum Begriff des Kapitalanteils § 120, 46 ff m. w. N.
[12] Siehe näher § 120, 48.
[13] Zum folgenden § 120, 64 ff.
[14] Vgl. § 120, 66 ff.

Rainer Hüttemann

der Verbuchung der nicht entnahmefähigen Gewinne sowie der Verluste. Darüber hinaus wird ein Entnahme-(Privat-)Konto geführt, auf dem die entnahmefähigen Gewinne und die Entnahmen verbucht werden.

11   Als Kapitalanteil i. S. v. § 264c Abs. 2 S. 2 sind grundsätzlich nur diejenigen Kapitalteile auszuweisen, die auf gesellschaftsrechtlicher Grundlage überlassen wurden und **Eigenkapitalcharakter** haben.[15] Soweit abweichend vom gesetzlichen Normalstatut weitere Gesellschafterkonten geführt werden (Kapitalkonto I, Kapitalkonto II, Konto für nicht entnahmefähige Gewinne, Konto für entnahmefähige Gewinne, Darlehenskonto oder Verlustvortragskonto), muß im Einzelfall festgestellt werden, ob diese Konten aus der Sicht der Gesellschaft *Eigen- oder Fremdkapitalcharakter* haben.[16] Dafür kommt es nach h. M. entscheidend auf die Behandlung der anteiligen Verluste an.[17] Sind auf einem „Privatkonto" neben entnahmefähigen Gewinnen auch Verluste zu buchen und führen sie zu einer Verminderung des Guthabens dieses Kontos, dann hat das Konto Eigenkapitalcharakter. Entgegen der gewählten Bezeichnung handelt es sich folglich nicht um ein Forderungskonto, sondern um ein Unterkonto zum Kapitalkonto.

12   Übersteigen die Verluste den Kapitalanteil, ist ein daraus entstehender sog. **negativer Kapitalanteil** nach Abs. 2 S. 4 und 5 auf der Aktivseite auszuweisen (zur Verlustabschreibung vgl. unten Rdn. 18). Dabei ist zu unterscheiden: Soweit eine Zahlungsverpflichtung des Komplementärs besteht, ist der negative Kapitalanteil als „Einzahlungsverpflichtung persönlich haftender Gesellschafter" unter den *Forderungen* gesondert auszuweisen (Abs. 2 S. 4). Eine solche Einzahlungsverpflichtung kann sich zum einen aus dem Gesellschaftsvertrag ergeben, zum anderen als Verlustausgleichspflicht in der Liquidation.[18] In beiden Fällen ist, wenn die Forderungen gegenüber den Gesellschaftern nach § 264c Abs. 1 gesondert ausgewiesen werden, die „Einzahlungsverpflichtung ..." zusätzlich durch einen Davon-Vermerk kenntlich zu machen.[19] Besteht dagegen – was den Regelfall darstellen dürfte[20] – keine Zahlungsverpflichtung, ist ein negativer Kapitalanteil gemäß § 268 Abs. 3, d. h. *am Schluß der Aktivseite* der Bilanz, als „Nicht durch Vermögenseinlagen gedeckter Verlustanteil persönlich haftender Gesellschafter" auszuweisen (Abs. 2 S. 5).

13   § 264c Abs. 2 S. 2 2. Halbs. erlaubt auch einen **zusammengefaßten Ausweis** der Kapitalanteile der persönlich haftenden Gesellschafter. Fraglich ist, ob eine solche Saldierung auch dann zulässig ist, wenn ein oder mehrere Kapitalanteile positiv, ein anderer oder mehrere andere Kapitalanteile dagegen negativ sind. *Meinungsstand.* Eine Auffassung lehnt eine Saldierung positiver und negativer Kapitalanteile unter Hinweis auf § 264c Abs. 2 S. 3 bis 5 ab.[21] § 264c Abs. 2 S. 3 spreche von dem Verlust, der auf „den Kapitalanteil eines ... Gesellschafters" entfällt, nach Abs. 2 S. 4 sei ein „den Kapitalanteil" übersteigender Verlust auf der Aktivseite gesondert auszuweisen.[22] Aus diesen Regelungen ergebe sich, daß – abweichend von der bisherigen Praxis[23] – nur noch Kapitalanteile mit gleichem Vorzeichen saldiert werden dürfen. Dies entspreche auch der Auslegung des § 286 Abs. 2 S. 2 AktG, dem § 264c Abs. 2 nachgebildet ist,[24] und

---

[15] BTDrucks. 14/1806, S. 20.
[16] BTDrucks. aaO.
[17] Vgl. aus der Rechtsprechung BFH BStBl. II 1997, 36; BFH BStBl. II 2000, 390; BGH WM 1982, 1311; ferner *Huber* ZGR 1988, 65 ff; *IdW HFA* 2/1993 WPg 1994, 23; vgl. auch § 120, 57 m. w. N.
[18] Vgl. *Hoffmann* DStR 2000, 840.
[19] *Theile* BB 2000, 558.

[20] Vgl. *Hoffmann* DStR 2000, 840.
[21] ADS (ErgBd) 22; *Theile* BB 2000, 557; Winkeljohann/Schindhelm/*Winkeljohann/Pickhardt-Poremba* S. 44, 50; gegen eine Zusammenfassung wohl auch *Wiechmann* WPg 1999, 921.
[22] *Theile* aaO.
[23] *IdW HFA* 2/1993 WPg 1994, 23; ADS § 247, 66.
[24] Vgl. BTDrucks. 14/1806, S. 20.

bei dem ebenfalls auf Grund des Wortlauts eine Saldierung positiver und negativer Kapitalanteile abgelehnt wird.[25] Nach der Gegenansicht sollen dagegen auch weiterhin Kapitalanteile mit unterschiedlichem Vorzeichen verdeckt saldiert ausgewiesen werden dürfen.[26] Dies ergebe sich aus § 264c Abs. 2 S. 2 2. Halbs., der abweichend von § 286 Abs. 2 AktG ohne eine ausdrückliche Einschränkung den zusammengefaßten Ausweis zulasse.[27] Ferner verletze der saldierte Ausweis auch keine Gläubigerinteressen.[28] *Stellungnahme.* Der erstgenannten Ansicht ist zu folgen. Die Saldierungsmöglichkeit nach § 264c Abs. 2 S. 2 2. Halbs. findet ihre Grenze in den allgemeinen Grundsätzen, insbesondere dem Einblicksgebot (§ 264 Abs. 2 S. 1) und dem Verrechnungsverbot (§ 246 Abs. 2). Unter Informationsgesichtspunkten haben aber die Gesellschafter, die ebenfalls Adressaten des Jahresabschlusses sind, ein Interesse am gesonderten Ausweis negativer Kapitalanteile, um ggfs. von Auskunftsrechten Gebrauch machen zu können.[29] Ferner wären bei einer verdeckten Saldierung von positiven und negativen Kapitalanteilen auch etwaige Einzahlungsverpflichtungen einzelner Gesellschafter nicht mehr aus der Bilanz ersichtlich, an deren Ausweis sowohl die Mitgesellschafter als auch die Gläubiger ein Interesse haben. Damit ist eine Saldierung nur in dem (Ausnahme-)fall zulässig, daß alle Kapitalkonten positiv bzw. negativ sind.[30]

Der Gesetzgeber hat darauf verzichtet, ausdrücklich den **Ausweis einer ausstehen-** 14 **den Einlage** vorzusehen, da Komplementär-Kapitalgesellschaften nur ausnahmsweise gesellschaftsvertraglich zur Leistung von Einlagen verpflichtet seien (Pflichteinlagen).[31] Ist dies aber der Fall, sei eine entsprechende Verpflichtung – so die Gesetzesbegründung – „als ausstehende Einlage auszuweisen".[32] Pflichteinlagen, die nicht gestundet sind und geltend gemacht werden sollen, haben rechtlich und wirtschaftlich Forderungscharakter. Sie sind daher nach § 246 zu aktivieren. Demgegenüber besteht für den Ausweis „nicht eingeforderter" ausstehender Einlagen ein Bilanzierungswahlrecht analog den Regelungen des § 272 Abs. 1 S. 2 und 3.[33] Ausstehende Einlagen können demnach entweder auf der Aktivseite vor dem Anlagevermögen ausgewiesen werden. Gestundete ausstehende Einlagen sind dabei – analog zu nicht eingeforderten Einlagen – gesondert zu vermerken (sog. Bruttoausweis). Eine andere Möglichkeit besteht darin, daß gestundete ausstehende Einlagen offen vom Kapitalanteil des Komplementärs abgesetzt werden. Der verbleibende Betrag ist als „eingefordertes Kapital" auszuweisen. Die fälligen – „eingeforderten" – ausstehenden Einlagen sind bei diesem sog. Nettoausweis dann auf der Aktivseite unter den Forderungen gesondert anzusetzen (z. B. als „Einzahlungsverpflichtung des Komplementärs").

3. Kapitalanteile der Kommanditisten, Haftsumme (Abs. 2 S. 6, 7 und 9)

Nach § 264 Abs. 2 S. 6 gelten für den Ausweis der Kapitalanteile der Komman- 15 ditisten die Vorschriften über den Ausweis der Kapitalanteile der Komplementäre (Abs. 2 S. 2 bis 5) **entsprechend**. Die Kapitalanteile der Kommanditisten sind gesondert

[25] Siehe nur ADS § 286 AktG, 30; *Sethe* DB 1998, 1047 f m. w. N.
[26] *Hoffmann* DStR 2000, 840 f; *Bitter/Grashoff* DB 2000, 835.
[27] *Hoffmann* aaO.
[28] *Hoffmann* DStR 2000, 841.
[29] Vgl. allgemein *Klatte* S. 367.
[30] Ebenso *Theile* BB 2000, 557.
[31] BTDrucks. 14/1806, S. 20.
[32] BTDrucks. 14/1806 aaO.

[33] Ähnlich *Theile* BB 2000, 558 f; Beck BilKomm (ErgBd)-*Förschle/Hoffmann* 20; für GmbH & Co. KG ebenso *Klatte* S. 365 f; allgemein für Personengesellschaften auch HuRB-*Rückle/Klatte* 126; a. A. – auch offene Absetzung eingeforderter ausstehender Einlagen vom Kapitalanteil zulässig – für den Kapitalanteil des Komplementärs bei der KGaA etwa ADS § 286 AktG, 69; *Sethe* BB 1998, 1047; ebenso allgemein zu Personengesellschaften *IdW* WPg 1994, 23 f.

Rainer Hüttemann

gegenüber denen der Komplementäre auszuweisen. Da sich die Verweisung in Abs. 2 S. 6 auch auf Abs. 2 S. 2 2. Halbs. bezieht, dürfen auch die Kapitalanteile der Kommanditisten zusammengefaßt werden. Zur Saldierung von positiven und negativen Kapitalanteilen vgl. oben Rdn. 13; zum Begriff des Kapitalanteils vgl. oben Rdn. 9; wegen der Abgrenzung von Beteiligungskonten und Forderungskonten bei Zwei- bzw. Mehrkontensystemen vgl. oben Rdn. 11.

16   Für die Bilanzierung des Kommanditkapitals ist die gesellschaftsrechtlich vereinbarte **Pflichteinlage** der Kommanditisten maßgebend (zur Abgrenzung von Pflichteinlage und Hafteinlage vgl. § 171, 1 f). Abweichend von § 120 Abs. 2 werden auf dem Kapitalkonto des Kommanditisten Gewinne nur solange gebucht, bis der Betrag der Pflichteinlage erreicht ist (§ 167 Abs. 2). Weitere Gewinne sind deshalb nicht mehr auf dem Kapitalkonto (bzw. Kapitalkonto II), sondern als Verbindlichkeit der Gesellschaft gegenüber dem Kommanditisten auf dem Privatkonto zu erfassen.

17   Nach § 264c Abs. 2 S. 9 ist im Anhang „der Betrag der im Handelsregister gemäß § 172 Abs. 1 eingetragenen Einlagen" (sog. **Hafteinlagen**) anzugeben, soweit diese noch nicht geleistet sind. Durch diese Angabe soll nach dem Willen des Gesetzgebers deutlich gemacht werden, „inwieweit neben dem in der Bilanz ausgewiesenen Eigenkapital noch eine Haftung der Kommanditisten besteht".[34] Nach § 171 Abs. 1 1. Halbs. haftet der Kommanditist den Gläubigern summenmäßig beschränkt persönlich. Maßgebend ist insoweit der Betrag der im Handelsregister eingetragenen (Haft-) Einlage (§ 172 Abs. 1). Die Haftung ist ausgeschlossen, soweit der Kommanditist seine (Pflicht-)Einlage geleistet hat (§ 171 Abs. 1 2. Halbs.) Übersteigt der Betrag der Hafteinlage die Pflichteinlage, besteht somit auch nach vollständiger Leistung der Pflichteinlage noch eine beschränkte Kommanditistenhaftung. Diese wäre aber aus dem Jahresabschluß nicht ersichtlich, weil der Stand des Kapitalkontos höchstens die Pflichteinlage ausweist. Dieses Informationsdefizit wird durch die Pflicht zur Angabe der Hafteinlagen vermieden. Nach dem Gesetz ist – wenn noch keine Einlagen geleistet sind - der Betrag der eingetragenen Hafteinlage anzugeben, nicht nur ein etwaiger Unterschiedsbetrag gegenüber der Pflichteinlage. Eine Angabepflicht besteht somit auch dann, wenn (ausstehende) Pflichteinlage und Hafteinlage betragsmäßig übereinstimmen.[35] Anzugeben ist der Betrag der im Handelsregister eingetragenen Einlagen, „soweit diese nicht geleistet sind". Die Angabepflicht bezieht sich damit auf die beschränkte persönliche Haftung nach § 171 Abs. 1, soweit diese noch nicht durch Einlageleistungen erloschen ist. Der anzugebende Betrag umfaßt auch eine ausstehende Pflichteinlage. Der Umstand, daß ausstehende Pflichteinlagen bereits aus der Bilanz ersichtlich sind, ändert daran nichts.[36]

4. Bilanzielle Darstellung der Ergebnisverwendung

18   **a) Verlustabschreibung (Abs. 2 S. 3).** Nach § 264c Abs. 2 S. 3 ist ein auf den Kapitalanteil des Komplementärs entfallender Verlust „von dem Kapitalanteil abzuschreiben". Gleiches gilt nach § 264c Abs. 2 S. 6 für die Verlustanteile der Kommanditisten. Eine solche **Verlustabschreibung** entspricht im Grundsatz auch der allgemeinen Regelung des § 120 Abs. 2. Letztere ist aber grundsätzlich durch den Gesellschaftsvertrag abdingbar. Demgegenüber spricht § 264c Abs. 2 S. 3 davon, daß der Verlust vom Kapitalanteil abzuschreiben „ist". Fraglich ist deshalb, ob § 264c Abs. 2 S. 3 als spe-

---

[34] BTDrucks. 14/1806, S. 20.
[35] A. A. *Theile* BB 2000, 560; ADS (ErgBd) 17.

[36] Ebenso Beck BilKomm (ErgBd)-*Förschle/Hoffmann* 60; a. A. *Theile* aaO; ADS (ErgBd) aaO.

ziellere Regelung der allgemeinen Vorschrift des § 120 Abs. 2 2. Halbs. vorgeht und damit zwingend eine Verlustabschreibung anordnet. Eine solche Auslegung entspricht bei der vergleichbaren Regelung des § 286 Abs. 2 S. 2 allgemeiner Ansicht.[37] Gegen eine Pflicht zur sofortigen Absetzung der Verluste vom Kapitalanteil als einziger Möglichkeit der Verlustverrechnung spricht aber entscheidend das Gliederungsschema des § 264c Abs. 2 S. 1, welches auch den Ausweis eines Jahresfehlbetrags bzw. Verlustvortrags vorsieht.[38] Ein Jahresfehlbetrag bzw. Verlustvortrag könnte aber bei einer sofortigen Verlustverrechnung nicht ausgewiesen werden. Das Gesetz ist somit in Hinsicht auf die Behandlung der Verluste widersprüchlich formuliert.

Der Widerspruch zwischen Abs. 2 S. 1 und Abs. 2 S. 3 ist zugunsten eines **Wahl-** **19** **rechts** dahingehend aufzulösen, daß neben einer Abschreibung der Verluste vom Kapitalanteil auch der Ausweis eines Jahresfehlbetrags bzw. – bei Verlusten aus Vorjahren – eines Verlustvortrags zulässig ist.[39] Eine solche offene Absetzung von Verlusten ist gerade für die Kommanditisten von besonderem Interesse. Denn nach § 172 Abs. 4 S. 2 lebt die beschränkte persönliche Haftung des Kommanditisten wieder auf, soweit dieser Gewinnanteile entnimmt, während sein Kapitalanteil durch Verluste unter den Betrag der geleisteten Einlage herabgemindert ist. Diese *haftungsrechtliche* Bedeutung der Verluste spricht unter Informationsgesichtspunkten für die Möglichkeit eines offenen Ausweises.[40] § 264 Abs. 2 Sätze 4 und 5 bleiben unberührt. Bei persönlich haftenden Gesellschaftern ist eine offene Absetzung von Verlusten dagegen entbehrlich.[41]

b) Gewinnverwendung. § 264c Abs. 2 enthält keine besondere Regelung über den **20** Ausweis von Gewinnen. Nach der (dispositiven) **gesetzlichen Regelung** des § 122 Abs. 1 hat jeder Komplementär – auch bei negativem Kapitalkonto – ein Recht auf Entnahme seines Gewinnanteils, dessen Geltendmachung den Gewinnanspruch entstehen läßt.[42] Der Kommanditist kann dagegen nach § 169 Abs. 1 S. 2 2. Halbs. die Auszahlung des ihm zukommenden Gewinns nicht fordern, solange sein Kapitalanteil durch Verlust unter den auf die bedungene Einlage geleisteten Betrag herabgemindert ist oder durch die Auszahlung unter diesen Betrag herabgemindert werden würde. Liegen diese Einschränkungen nicht vor, hat auch der Kommanditist das Recht auf Entnahme seines Gewinnanteils (§ 169 Abs. 1 S. 2 1. Halbs.).

Soweit ein Gewinnanspruch der Gesellschafter durch Geltendmachung entstanden **21** ist, stellen **stehengelassene Gewinne** aus der Sicht der Gesellschaft Fremdkapital dar. Sie dürfen folglich nicht mehr dem bilanziellen Eigenkapital der Gesellschaft zugerechnet werden.[43] Gleiches gilt, wenn die Gewinnanteile auf Grund einer gesellschaftsvertraglichen Regelung auf den Gesellschafterkonten (Privatkonten) verbucht werden.

Eine Verbuchung des Gewinns auf den Gesellschafterkonten noch in der Bilanz **22** stellt der Sache nach eine **Bilanzaufstellung nach (vollständiger) Ergebnisverwendung** dar,[44] wie sie nach § 268 Abs. 1 grundsätzlich zulässig ist, der auf Grund der Ver-

[37] Vgl. ADS § 286 AktG, 32; *Sethe* DB 1998, 1047 m. w. N.

[38] *Theile* BB 2000, 558; *Hoffmann* DStR 2000, 841 f, 843; *Bitter/Grashoff* DB 2000, 835; *Wiechmann* WPg 1999, 921.

[39] *Theile* aaO; *Hoffmann* aaO; *Bitter/Grashoff* aaO; **a. A.** ADS (ErgBd) 25; Beck BilKomm (ErgBd)-*Förschle/Hoffmann* 40; Winkeljohann/ Schindhelm/*Winkeljohann/Pickhardt-Poremba* S. 52; vgl. auch *Hempe* GmbHR 2000, 614 ff.

[40] *Hoffmann* DStR 2000, 842; ebenso *IdW* Stellungnahme zum KapCoRiLiG WPg 1999, 936.

[41] *IdW* aaO.

[42] Wegen Einzelheiten vgl. § 122, 5.

[43] Siehe § 122, 5.

[44] *Hoffmann* DStR 2000, 842 f.

Rainer Hüttemann

weisung in § 264a auch auf Kapitalgesellschaften und Co. anwendbar ist. Demgegenüber sieht das Gliederungsschema des § 264c Abs. 2 S. 1 auch die Möglichkeit eines ungeteilten Gewinnausweises als Jahresüberschuß bzw. Gewinnvortrag vor (Bilanzaufstellung vor Ergebnisverwendung). Die Frage, ob die aufstellenden Organe ein Wahlrecht gemäß § 268 Abs. 1 haben, ist nach den gesellschaftsrechtlichen Vorgaben zu entscheiden. Insoweit ist im Fall des gesetzlichen Regelstatuts – entsprechend der bisherigen Praxis[45] – von einer Pflicht zur Aufstellung der Bilanz nach Ergebnisverwendung auszugehen.[46] Gleiches gilt in dem Fall, daß der Gesellschaftsvertrag eine Gutschrift des Jahresgewinns auf den Kapital- bzw. Gesellschafterkonten vorsieht. Ein Jahresüberschuß kann folglich nur in dem Fall ausgewiesen werden, daß der Gesellschaftsvertrag die Verwendung des Jahresüberschusses bzw. die Verfügung der Gesellschafter von einer vorherigen Beschlußfassung der Gesellschafter abhängig macht, die bei Aufstellung noch nicht vorliegt.[47] Soweit der Gesellschaftsvertrag z.B. die Einstellung eines Teils des Jahresüberschusses in die Rücklagen vorsieht und hinsichtlich des Restbetrages einen Gesellschafterbeschluß verlangt, kommt schließlich auch eine Bilanzaufstellung nach teilweiser Ergebnisverwendung mit Ausweis eines Bilanzgewinns in Betracht.[48]

5. Rücklagen (Abs. 2 S. 8)

23   Das Gliederungsschema des § 264c Abs. 2 S. 1 sieht – abweichend von §§ 266 Abs. 3 A. II. und III., 272 Abs. 2 und 3 – nur den Ausweis einer einheitlichen Position „II. Rücklagen" vor. Abs. 2 S. 8 enthält eine nähere Erläuterung dieser Postens. Danach sind **als Rücklagen bei Personenhandelsgesellschaften** i.S.v. § 264a nur solche Beträge auszuweisen, „die auf Grund einer gesellschaftsrechtlichen Vereinbarung gebildet worden sind". Diese Definition ist vor dem Hintergrund der gesetzlichen Entnahmevorschriften zu sehen. Nach §§ 122 Abs. 1, 169 Abs. 1 S. 2 1. Halbs. können die Gesellschafter einer OHG und KG grundsätzlich die volle Auszahlung ihrer Gewinnanteile verlangen. Soll der Gewinn entgegen den §§ 122, 169 ganz oder teilweise zur Stärkung des Eigenkapitals der Gesellschaft auf Dauer in eine „Rücklage" eingestellt werden, setzt dies folglich eine abweichende gesellschaftsvertragliche Regelung und/oder einen Gesellschafterbeschluß voraus.[49]

24   Die Einstellung in die Rücklagen ist eine Maßnahme der **Ergebnisverwendung.** Damit greift § 268 Abs. 1 ein. Soweit der Gesellschaftsvertrag die Einstellung einer bestimmten Quote in die Rücklagen vorsieht oder im Zeitpunkt der Bilanzaufstellung ein entsprechender Beschluß der Gesellschafterversammlung oder eines anderen zuständigen Gremiums vorliegt, ist die Bilanz nach § 268 Abs. 1 „nach" teilweiser oder vollständiger Ergebnisverwendung aufzustellen. Macht der Gesellschaftsvertrag die Verwendung des Jahresüberschusses von einem Gesellschafterbeschluß abhängig und liegt dieser im Zeitpunkt der Bilanzaufstellung noch nicht vor, ist der Gewinn ungeteilt als Jahresüberschuß bzw. – bei Gewinnen aus dem Vorjahr – Gewinnvortrag auszuweisen (vgl. oben Rdn. 22).

25   Das Gliederungsschema des § 264c Abs. 2 S. 1 sieht – abweichend von §§ 266 Abs. 3 A. – **keine Unterteilung** der Rücklagen in „Kapitalrücklage" und „Gewinnrücklagen"

---

[45] Vgl. *IdW* HFA 2/1993 WPg 1994, 24; ADS § 247, 70.

[46] *Bitter/Grashoff* DB 2000, 835; **a. A.** – Wahlrecht – wohl *Hoffmann* DStR 2000, 842.

[47] ADS (ErgBd) 25; *Bitter/Grashoff* DB 2000, 835.

[48] Vgl. *Hoffmann* DStR 2000, 843; BTDrucks. 14/2353, S. 29.

[49] BGHZ 132, 263; vgl. näher *Huber* GedS Knobbe-Keuk (1997) S. 203 ff; § 120, 32 ff.

vor. Daher können im Posten „II. Rücklagen" neben Einstellungen aus dem Jahresüberschuß auch Zuzahlungen ausgewiesen werden, die die Gesellschafter über ihre Pflichteinlage hinaus als dauerhaft gebundene Einlagen geleistet haben.[50] Dies entspricht der bisherigen Praxis bei Personengesellschaften.[51] Jedoch ist auch eine freiwillige Untergliederung der Rücklagenposition entsprechend § 272 Abs. 2 und 3 als zulässig anzusehen. Sie kann sinnvoll sein, wenn gesellschaftsvertraglich an die einzelnen Rücklagentypen unterschiedliche Rechtsfolgen geknüpft werden, z. B. für Zwecke der Entnahmen.[52]

IV. Behandlung des Privatvermögens (Abs. 3)

§ 264c Abs. 3 S. 1 bestimmt in Anlehnung an § 5 Abs. 4 PublG, daß das sonstige **26** Vermögen der Gesellschafter (Privatvermögen) nicht in die Bilanz aufgenommen werden darf. Ebenso dürfen die auf das Privatvermögen entfallenden Aufwendungen und Erträge nicht in die GuV aufgenommen werden. Im Jahresabschluß der Personenhandelsgesellschaft sind also **nur das Gesamthandsvermögen**[53] der Gesellschaft und die ihm zuzuordnenden Aufwendungen und Erträge zu berücksichtigen.

Die Regelung des Abs. 3 S. 1 stellt zugleich klar, daß **persönliche Steuern** der **27** Gesellschafter nicht als Steueraufwand der Gesellschaft erfaßt werden dürfen. Vielmehr sind nur diejenigen Beträge zu erfassen, die die Personenhandelsgesellschaft als Steuerschuldner entrichtet hat.[54] Als Steuern vom Einkommen und Ertrag (vgl. §§ 275 Abs. 2 Nr. 18, Abs. 3 Nr. 17) ist damit nur die Gewerbeertragsteuer zu berücksichtigen, da Personengesellschaften selbst weder der Einkommen- noch der Körperschaftsteuer unterliegen. Gleiches gilt für Zwecke der Steuerabgrenzung (§ 274). Die persönlichen Steuern, die die Gesellschafter auf Grund der einkommensteuerlichen Zurechnung des Gesellschaftsgewinns nach § 15 Abs. 1 Nr. 2 EStG auf die Gewinnanteile zu zahlen haben, bleiben demgegenüber im Jahresabschluß der Personenhandelsgesellschaft außer Betracht. Auf diese Weise soll verhindert werden, daß die zutreffende Darstellung der Vermögens-, Finanz- und Ertragslage der Gesellschaft durch den Ausweis einer privaten Steuerbelastung der Gesellschafter beeinträchtigt wird.[55]

Im Interesse der Vergleichbarkeit der Abschlüsse von Personenhandelsgesellschaf**28** ten mit solchen von Kapitalgesellschaften[56] hat der Gesetzgeber in Abs. 3 S. 2 jedoch den **Ausweis eines fiktiven Steueraufwandes** in der GuV im Anschluß an den Posten Jahresüberschuß/Jahresfehlbetrag zugelassen.

Dieser fiktive Steueraufwand ist nach dem Steuersatz der Komplementärgesell**29** schaft zu berechnen. Soweit der KSt-Satz von der Gewinnverwendung abhängt (vgl. dazu § 278, 2 ff) kann zur **Ermittlung** § 278 entsprechende Anwendung finden. Der so ermittelte Steueraufwand („Steueraufwand gem. § 264a Abs. 3")[57] darf nach dem Posten „Jahresüberschuß/Jahresfehlbetrag" in der GuV offen abgesetzt bzw. hinzugerechnet werden. Die sich ergebende Saldogröße aus Jahresergebnis und fiktivem Steueraufwand kann etwa als „Jahresüberschuss nach Steuern gem. § 264c Abs. 3" bezeichnet werden.[58]

[50] *Theile* BB 2000, 559.
[51] *IdW* HFA 2/1993 WPg 1994, 24.
[52] *Hoffmann* DStR 2000, 839.
[53] Vgl. näher § 124, 6 ff.
[54] BTDrucks. 14/1806, S. 21.

[55] BTDrucks. 14/1806 aaO.
[56] BTDrucks. 14/1806 aaO.
[57] Für eine solche Bezeichnung *Bitter/Grashoff* DB 2000, 836.
[58] So *Bitter/Grashoff* aaO.

V. Anteile an Komplementärgesellschaften, Sonderposten (Abs. 4)

1. Anteile an Komplementärgesellschaften (Abs. 4 S. 1 und 2)

30 § 264c Abs. 4 enthält bilanzielle Sonderregelungen betreffend sog. **Einheitsgesellschaften**, bei denen die Kapitalgesellschaft und Co. selbst Anteile an der Komplementärgesellschaft hält.

31 **Ausweis.** Nach § 264c Abs. 4 S. 1 sind Anteile an Komplementärgesellschaften in der Bilanz gesondert auf der Aktivseite entweder unter den Posten A. III. 1. („Anteile an verbundenen Unternehmen") oder A. III. 3. („Beteiligungen") auszuweisen. Ein Ausweis nach A. III. 1. geht vor.[59]

32 Abs. 4 S. 2 schreibt für Anteile an Komplementärgesellschaften die Bildung eines **passivischen „Sonderpostens"** entsprechend § 272 Abs. 4 vor. Dem liegt die Überlegung zugrunde, daß Anteile der Personenhandelsgesellschaft an der Komplementärgesellschaft der Personenhandelsgesellschaft unter Berücksichtigung der Rückbeteiligung der Komplementärgesellschaft wirtschaftlich den Charakter von eigenen Anteilen haben.[60] An die Stelle der in § 272 Abs. 4 vorgesehenen Rücklage mit Ausschüttungssperre tritt nach Abs. 4 S. 2 die Bildung eines Sonderpostens unter der Bezeichnung „Ausgleichsposten für aktivierte eigene Anteile". Auf diese Weise wird die Aktivierung der eigenen Anteile neutralisiert.

2. Sonderposten (Abs. 4 S. 3)

33 § 264c Abs. 4 S. 3 enthält schließlich eine Modifikation der §§ 269, 274 Abs. 2 für Personenhandelsgesellschaften. Beide Regelungen knüpfen den Ansatz von aktivischen Bilanzierungshilfen (Ingangsetzungsaufwendungen, aktivischer Steuerabgrenzungsposten) an eine Ausschüttungssperre. Damit die Inanspruchnahme solcher Bilanzierungshilfen auch bei Personengesellschaften nicht zu einer Erhöhung des haftungsunschädlichen Entnahmevolumens führt, schreibt das Gesetz die Bildung eines entsprechenden passivischen Ausgleichspostens vor.[61]

§ 265

(1) Die Form der Darstellung, insbesondere die Gliederung der aufeinanderfolgenden Bilanzen und Gewinn- und Verlustrechnu0ngen, ist beizubehalten, soweit nicht in Ausnahmefällen wegen besonderer Umstände Abweichungen erforderlich sind. Die Abweichungen sind im Anhang anzugeben und zu begründen.

(2) In der Bilanz sowie in der Gewinn- und Verlustrechnung ist zu jedem Posten der entsprechende Betrag des vorhergehenden Geschäftsjahrs anzugeben. Sind die Beträge nicht vergleichbar, so ist dies im Anhang anzugeben und zu erläutern. Wird der Vorjahresbetrag angepaßt, so ist auch dies im Anhang anzugeben und zu erläutern.

(3) Fällt ein Vermögensgegenstand oder eine Schuld unter mehrere Posten der Bilanz, so ist die Mitzugehörigkeit zu anderen Posten bei dem Posten, unter dem

---

[59] Vgl. zum Ausweis der Anteile näher *Theile* BB 2000, 559.

[60] Siehe BTDrucks. 14/1806, S. 21; vgl. eingehend *Klatte* S. 329; *Theile* BB 2000, 559.

[61] Die Regelung geht auf eine Anregung des *IdW* WPg 1999, 937 zurück.

der Ausweis erfolgt ist, zu vermerken oder im Anhang anzugeben, wenn dies zur Aufstellung eines klaren und übersichtlichen Jahresabschlusses erforderlich ist. Eigene Anteile dürfen unabhängig von ihrer Zweckbestimmung nur unter dem dafür vorgesehenen Posten im Umlaufvermögen ausgewiesen werden.

(4) Sind mehrere Geschäftszweige vorhanden und bedingt dies die Gliederung des Jahresabschlusses nach verschiedenen Gliederungsvorschriften, so ist der Jahresabschluß nach der für einen Geschäftszweig vorgeschriebenen Gliederung aufzustellen und nach der für die anderen Geschäftszweige vorgeschriebenen Gliederung zu ergänzen. Die Ergänzung ist im Anhang anzugeben und zu begründen.

(5) Eine weitere Untergliederung der Posten ist zulässig; dabei ist jedoch die vorgeschriebene Gliederung zu beachten. Neue Posten dürfen hinzugefügt werden, wenn ihr Inhalt nicht von einem vorgeschriebenen Posten gedeckt wird.

(6) Gliederung und Bezeichnung der mit arabischen Zahlen versehenen Posten der Bilanz und der Gewinn- und Verlustrechnung sind zu ändern, wenn dies wegen Besonderheiten der Kapitalgesellschaft zur Aufstellung eines klaren und übersichtlichen Jahresabschlusses erforderlich ist.

(7) Die mit arabischen Zahlen versehenen Posten der Bilanz und der Gewinn- und Verlustrechnung können, wenn nicht besondere Formblätter vorgeschrieben sind, zusammengefaßt ausgewiesen werden, wenn
1. sie einen Betrag enthalten, der für die Vermittlung eines den tatsächlichen Verhältnissen entsprechenden Bildes im Sinne des § 264 Abs. 2 nicht erheblich ist, oder
2. dadurch die Klarheit der Darstellung vergrößert wird; in diesem Falle müssen die zusammengefaßten Posten jedoch im Anhang gesondert ausgewiesen werden.

(8) Ein Posten der Bilanz oder der Gewinn- und Verlustrechnung, der keinen Betrag ausweist, braucht nicht aufgeführt zu werden, es sei denn, daß im vorhergehenden Geschäftsjahr unter diesem Posten ein Betrag ausgewiesen wurde.

Übersicht

	Rdn.
I. Übersicht	1–3
II. Darstellungs- und Gliederungsstetigkeit (Abs. 1)	
1. Normzweck	4
2. Sachliche Reichweite des Stetigkeitsgebots	5–7
3. Abweichungen	8, 9
III. Angabe der Vorjahresbeträge (Abs. 2)	
1. Grundsatz (Abs. 2 S. 1)	10
2. Angaben bei fehlender Vergleichbarkeit (Abs. 2 S. 2)	11
3. Anpassung der Vorjahresbeträge (Abs. 2 S. 3)	12
IV. Mitzugehörigkeit von Posten (Abs. 3)	
1. Allgemeines	13
2. Ausweisalternativen	14
3. Eigene Anteile	15, 16
V. Gliederung bei mehreren Geschäftszweigen (Abs. 4)	17

	Rdn.
VI. Erweiterungen der Gliederung (Abs. 5)	
1. Allgemeines	18
2. Weitere Untergliederung	19
3. Hinzufügung neuer Posten	20
VII. Änderung von Gliederung und Bezeichnung (Abs. 6)	
1. Abweichungspflicht	21
2. Art der Abweichungen	22
3. Freiwillige Abweichungen	23
VIII. Zusammenfassung von Posten (Abs. 7)	
1. Allgemeines	24
2. Zusammenfassung wegen Geringfügigkeit (Abs. 7 Nr. 1)	25
3. Zusammenfassung zur Vergrößerung der Klarheit (Abs. 7 Nr. 2)	26, 27
IX. Leerposten (Abs. 8)	28
X. Rechtsfolgen eines Verstoßes gegen Gliederungsvorschriften	29

Rainer Hüttemann

Schrifttum

Baetge/Commandeur Vergleichbar – vergleichbare Beträge in aufeinanderfolgenden Jahresabschlüssen, HuRB 326; *Budde/Förschle* Ausgewählte Fragen zum Inhalt des Anhangs, DB 1988, 1457; *Coenenberg* Gliederungs-, Bilanzierungs- und Bewertungsentscheidungen bei der Anpassung des Einzelabschlusses nach dem Bilanzrichtlinien-Gesetz, DB 1986, 1581; *Emmerich* Fragen der Gestaltung des Jahresabschlusses nach neuem Recht, WPg 1986, 698; *Leffson* Wesentlich, HuRB 434; *Niehus* „Materiality" („Wesentlichkeit") – Ein Grundsatz der Rechnungslegung auch im deutschen Handelsrecht?, WPg 1981, 1; *Ossadnik* Grundsatz und Interpretation der „Materiality", WPg 1993, 617.

I. Übersicht

1   § 265 enthält **allgemeine Grundsätze für die Gliederung** des Jahresabschlusses, insbesondere der Bilanz und GuV. Die Regelung konkretisiert die Generalnormen der §§ 243 Abs. 2, 264 Abs. 2 S. 1 einerseits und ergänzt die besonderen Gliederungsvorschriften der §§ 266, 275 andererseits. § 265 enthält folgende Einzelgrundsätze (jeweils mit Angabe der entsprechenden Art. der 4. EG-Richtlinie): Darstellungs- und Gliederungsstetigkeit (Abs. 1, Art. 3); Angabe von Vorjahresbeträgen (Abs. 2, Art. 4 Abs. 4); Vermerk der Mitzugehörigkeit von Bilanzposten (Abs. 3, Art. 13 Abs. 1, 2); Gliederung bei mehreren Geschäftszweigen (Abs. 4); Untergliederung und Hinzufügen von neuen Posten (Abs. 5, Art. 4 Abs. 1 S. 2, 3); Abweichende Postengliederung und -bezeichnung (Abs. 6, Art. 4 Abs. 2 S. 1); Zusammenfassung von Posten (Abs. 7, Art. 4 Abs. 3); Ausweis von Leerposten (Abs. 8, Art. 4 Abs. 5).

2   **Sachliche Reichweite.** Während die Abs. 2–7 nach ihrem Wortlaut nur die Gliederung der Bilanz und GuV betreffen, ist für den Abs. 1 fraglich, ob das Gebot der Darstellungsstetigkeit über die Bilanz und GuV hinaus – zumindest eingeschränkt – auch auf Anhang und Lagebericht anzuwenden ist.[1]

3   **Anwendungsbereich.** § 265 gilt wegen seiner Einordnung im Zweiten Abschnitt unmittelbar nur für Kapitalgesellschaften und Personenhandelsgesellschaften i. S. v. § 264a. Soweit für andere Gesellschaften keine Verweisung gilt (vgl. § 5 Abs. 1 S. 2 PublG), können sich entsprechende Regeln für Nichtkapitalgesellschaften nur – wie z. B. bei der Darstellungs- und Gliederungsstetigkeit – aus ungeschriebenen GoB ergeben oder müssen aus § 243 Abs. 1 und 2 abgeleitet werden.[2]

II. Darstellungs- und Gliederungsstetigkeit (Abs. 1)

1. Normzweck

4   Nach § 265 Abs. 1 muß „die Form der Darstellung, insbesondere die Gliederung der aufeinanderfolgenden Bilanzen und Gewinn- und Verlustrechnungen" beibehalten werden, wenn nicht Abweichungen in Ausnahmefällen erforderlich sind. Der Grundsatz der Darstellungs- und Gliederungsstetigkeit (sog. formale Stetigkeit) dient der Herstellung der **Vergleichbarkeit der Jahresabschlüsse im Zeitablauf**.[3] Diese Vergleichbarkeit ist eine wichtige Voraussetzung dafür, daß der Jahresabschluß ein den tatsächlichen Verhältnissen entsprechendes Bild der Vermögens-, Finanz- und Ertragslage vermittelt (§ 264 Abs. 2 S. 1): Denn erst durch den Vergleich der Jahresabschlußzahlen kann der Bilanzleser Rückschlüsse auf die wirtschaftliche Entwicklung des Unternehmens ziehen.[4] Auch die 4. EG-Richtlinie weist dem Stetigkeitsgebot

---

[1] Vgl. dazu unten Rdn. 6.
[2] Vgl. *Coenenberg* DB 1986, 1581; § 243, 21 *(Hüffer)*.
[3] Statt aller *Moxter* Bilanzrecht II, S. 81.
[4] HuRB-*Baetge/Commandeur* 329.

in Art. 3 – also unmittelbar im Anschluß an das Prinzip des „true and fair view" – eine herausgehobene Stellung zu. Die Bedeutung des Stetigkeitsgebots erschließt sich ferner daraus, daß das Gesetz bei Abweichungen Angaben und Begründungen im Anhang fordert (Abs. 1 S. 2).

2. Sachliche Reichweite des Stetigkeitsgebots

Wortlaut. § 265 Abs. 1 S. 1 betrifft nach dem Gesetzeswortlaut allgemein „die **5** Form der Darstellung" und erwähnt als wichtigsten Bereich „die Gliederung der aufeinanderfolgenden Bilanzen und Gewinn- und Verlustrechnungen". Darin liegt eine – nach Ansicht des Gesetzgebers nur sprachliche – Abweichung gegenüber Art. 3 der 4. EG-Richtlinie, der sogleich auf die Gliederung der Bilanzen und der GuV verweist und nur in diesem Zusammenhang „insbesondere die Wahl der Darstellungsform" erwähnt.[5]

Beschränkung auf Bilanz und GuV? Umstritten ist, ob der Grundsatz der Dar- **6** stellungsstetigkeit nur für die Bilanz und GuV gilt[6] oder – wenn auch eingeschränkt – auch im Bereich des Anhangs[7] und des Lageberichts[8] Anwendung findet. Zwar bezieht sich Art. 3 der 4. EG-Richtlinie seinem Wortlaut nach nur auf die Bilanzen und GuV und auch in der Gesetzesbegründung findet sich der Hinweis, daß *er* nicht für den Anhang gelte.[9] Für eine Ausdehnung des Anwendungsbereichs über die Bilanz und GuV hinaus auch auf den Anhang sprechen aber der Wortlaut – „insbesondere" – und die systematische Stellung der Vorschrift zu Beginn des Ersten Unterabschnitts. Ferner ist in teleologischer Hinsicht zu berücksichtigen, daß § 265 Abs. 1 selbst nur eine Konkretisierung des Grundsatzes der Klarheit und Übersichtlichkeit bzw. des „true and fair view" darstellt (§§ 243 Abs. 2, 264 Abs. 2 S. 1), die auch für den Anhang als Teil des Jahresabschlusses gelten.[10] Eine Beschränkung des Grundsatzes der Darstellungsstetigkeit auf die Bilanz und GuV ist daher nicht gerechtfertigt. Für den *Lagebericht* ist zwar in erster Linie § 289 maßgebend. Auch hier ist aber eine gewisse Darstellungsstetigkeit als Ausprägung des allgemeinen Prinzips klarer und übersichtlicher Rechenschaftslegung im Interesse der Vergleichbarkeit der Lageberichte nachfolgender Jahre geboten.

Anwendungsfälle: Für die Bilanz und GuV enthalten die §§ 266, 275 vorrangige **7** gesetzliche Gliederungsregelungen. Soweit danach abschließende Vorgaben zur Darstellung bestehen, bedarf es einer Heranziehung des Grundsatzes der formalen Stetigkeit nicht. Seine Bedeutung erlangt er erst in den Fällen, in denen *Ausweiswahlrechte* bestehen, gesetzliche Einzelregelungen fehlen bzw. Einzelposten in der Darstellung abzugrenzen sind. Dann gebietet das Gebot der Darstellungsstetigkeit, eine einmal gewählte Form der Darstellung grundsätzlich beizubehalten, soweit nicht aus besonderen Gründen eine Abweichung geboten ist. Ausweiswahlrechte kennt das Gesetz zum einen, wenn es um die Auswahl zwischen verschiedenen Gliederungsschemata für die Bilanz und die GuV geht, also z. B. bei der Entscheidung zwischen Gesamtkostenverfahren (§ 275 Abs. 2) oder Umsatzkostenverfahren (§ 275 Abs. 3).[11] Wahl-

---

[5] Vgl. *Biener/Berneke* S. 142.
[6] So *Coenenberg* DB 1986, 1582; nur eine entsprechende Anwendung für möglich hält HdR-*Weber* 7.
[7] Eine Anwendung befürwortend ADS 7; einschränkend aber § 284, 27; Beck HdR-*Castan* B 141 Rdn. 48; KK-*Claussen* 5; Beck BilKomm-*Budde/Geißler* 2; *Emmerich* WPg 1986, 699 f;

HdJ-*Kupsch* IV/4 45; Baumbach/Hueck/*Schulze-Schulze-Osterloh* § 42, 37; *Budde/Förschle* DB 1988, 1462.
[8] Für eingeschränkte Geltung deshalb ADS 14; *Schulze-Osterloh* aaO.
[9] Vgl. *Biener/Berneke* S. 142.
[10] Vgl. *Emmerich* WPg 1986, 699 f; *Kupsch* aaO.
[11] Vgl. ADS 9.

rechte bestehen auch hinsichtlich der Frage, ob bestimmte Angaben in der Bilanz/GuV oder im Anhang gemacht werden, z. B. der nach § 268 Abs. 2 geforderte Anlagenspiegel oder die Angaben der Haftungsverhältnisse nach § 268 Abs. 7.[12] In diesen Zusammenhang gehören auch rechtsformspezifische Ausweiswahlrechte nach dem AktG und dem GmbHG, z. B. die Entwicklung der Kapitalrücklage nach § 152 Abs 2 AktG.[13] Ferner ist das Gebot der Darstellungsstetigkeit nach § 265 Abs. 1 auch von Bedeutung bei der Anwendung der Abs. 2–8 des § 265, so z. B. bei der Entscheidung über eine weitere Untergliederung und Hinzufügung weiterer Posten nach § 265 Abs. 5. Das Gebot der Darstellungsstetigkeit ist ferner anzuwenden, wenn gesetzliche Konkretisierungen über die Art der Darstellung fehlen. Während das Gesetz für die Bilanz und GuV in den §§ 266, 275 eingehende Vorgaben enthält, bestehen *Ausgestaltungsspielräume* im Bereich des Anhangs und des Lageberichts. Dies gilt aber nicht, wenn auf Grund von Ausweiswahlrechten oder nach § 265 Abs. 7 Nr. 2 Angaben aus der Bilanz/GuV in den Anhang verlagert werden und deshalb die für die Bilanz/GuV geltenden Vorgaben auch für den Anhang gelten. Außerhalb dieser Fälle wirkt sich das Gebot der Darstellungsstetigkeit aber im Anhang dahingehend aus, daß eine einmal aus Zweckmäßigkeitsgründen gewählte Darstellungsform im Interesse der Vergleichbarkeit beizubehalten ist bzw. wesentliche Abweichungen zu erläutern und zu begründen sind.[14] Schließlich ist das Gebot der Darstellungsstetigkeit auch einschlägig, wenn es um die *Abgrenzung von Einzelposten* geht, z. B. bei der Unterscheidung zwischen Umsatzerlösen und sonstigen betrieblichen Erträgen.[15]

3. Abweichungen

8   Vom Grundsatz der Darstellungs- und Gliederungsstetigkeit darf nach § 265 Abs. 1 S. 2 nur abgewichen werden, wenn „**in Ausnahmefällen** wegen besonderer Umstände Abweichungen erforderlich sind". Unter diesen Voraussetzungen muß abgewichen werden, es besteht also kein Wahlrecht zwischen Abweichung und Beibehaltung.[16] Ein „Ausnahmefall" im Sinne von § 265 Abs. 1 S. 2 liegt nur vor, wenn sich die tatsächlichen oder rechtlichen Verhältnisse so geändert haben, daß ein Ausweiswahlrecht nunmehr in anderer Weise ausgeübt werden muß, um die Klarheit und Übersichtlichkeit des Jahresabschlusses (§§ 243 Abs. 2, 264 Abs. 2 S. 1) zu gewährleisten. Beispiele für derartige „Ausnahmefälle" sind z. B. gesellschaftsrechtlich veranlaßte Änderungen beim Wechsel des Mutterunternehmens oder Änderungen des Produktionsprogramms. Nicht dazu zählen hingegen solche Fälle, in denen auf Grund geänderter Verhältnisse oder einer Änderung der Rechtsprechung eine andere Darstellungsform gewählt werden muß bzw. neue Ausweiswahlrechte eröffnet werden.[17]

9   Abweichungen sind grundsätzlich **im Anhang anzugeben und zu begründen**. Dabei sind die zugrundeliegenden Änderungen der tatsächlichen oder rechtlichen Verhältnisse zu benennen und die Gründe zu erläutern, weshalb eine Abweichung im Interesse der Klarheit und Übersichtlichkeit geboten war. Dies gilt aber nur bei „wesentlichen"[18] Abweichungen, die geeignet sind, die Vergleichbarkeit des Jahresabschlusses zu beeinträchtigen.[19]

---

[12] Übersichten über weitere Fälle bei ADS 10.
[13] Vgl. weitere Angaben bei ADS 11, 12.
[14] ADS 3, 13; HdJ-*Kupsch* IV/4 Rdn. 45; Baumbach/Hueck/*Schulze-Osterloh* § 42, 37; Beck Bil-Komm-*Budde/Geißler* 2; KK-*Claussen* 5; **a. A.** aber HdR-*Weber* 7; *Coenenberg* DB 1986, 1582.

[15] ADS 15; KK-*Claussen* 7.
[16] Vgl. nur HdR-*Weber* 11.
[17] So auch ADS 18, 19; anders HdR-*Weber* 11.
[18] Allgemein zum Begriff „wesentlich" HuRB-*Leffson* 434 ff.
[19] HdR-*Weber* 13.

III. Angabe der Vorjahresbeträge (Abs. 2)

1. Grundsatz (Abs. 2 S. 1)

Über das Gebot der Darstellungsstetigkeit hinaus wird die Vergleichbarkeit der **10** Jahresabschlüsse insbesondere durch die Pflicht zur Angabe von Vorjahresbeträgen nach Abs. 2 verbessert. Diese gilt zunächst für jeden einzelnen Posten der Bilanz/GuV einschließlich freiwillig aufgenommener Posten sowie für Zusammenfassungen von Einzelposten. Ferner sind Vorjahresbeträge anzugeben bei Einzelposten, die nach § 265 Abs. 7 Nr. 1 in den Anhang verlagert worden sind.[20] Weil sich die Pflicht zur Angabe von Vorjahresbeträgen nach dem Wortlaut des Abs. 2 S. 1 nur auf Bilanz und GuV bezieht, ist zweifelhaft, in welchem Umfang auch bei solchen Posten, die alternativ in Bilanz/GuV oder im Anhang auszuweisen sind, Vorjahresbeträge anzugeben sind. Für eine Angabepflicht spricht die Überlegung, daß die Möglichkeit einer Verlagerung bestimmter Angaben in den Anhang nur der Entlastung der Bilanz/GuV dienen soll, nicht aber den Informationsgehalt und die Vergleichbarkeit schmälern darf.[21] Außerhalb dieser Fälle bleibt es hingegen bei der gesetzlichen Vorgabe, daß die Pflicht zur Angabe von Vorjahresbeträgen für den Anhang nicht gilt.

2. Angaben bei fehlender Vergleichbarkeit (Abs. 2 S. 2)

Sind die Beträge des Geschäftsjahres mit denen des Vorjahres nicht vergleichbar, **11** wäre eine entsprechende Angabe irreführend. Daher bestimmt § 265 Abs. 2 S. 2, daß eine solche mangelnde Vergleichbarkeit im Anhang anzugeben und zu erläutern ist. Nicht vergleichbar sind die Vorjahresbeträge z. B. in den Fällen einer nach Abs. 1 zulässigen Durchbrechung der Darstellungsstetigkeit, einer erstmaligen oder letztmaligen Inanspruchnahme von Erleichterungen, ferner bei sonstigen geänderten tatsächlichen oder rechtlichen Umständen, z. B. bei Rechtsformänderungen, Umstrukturierungen und Fusionen.[22] Dabei sind die betreffenden Einzelposten und die Ursachen der fehlenden Vergleichbarkeit anzugeben, soweit diese „wesentlich" sind.

3. Anpassung der Vorjahresbeträge (Abs. 2 S. 3)

Nach § 265 Abs. 3 S. 3 ist auch eine Anpassung der Vorjahresbeträge zulässig, um **12** die Vergleichbarkeit herzustellen. Die Vorschrift gewährt den Kapitalgesellschaften nur ein Wahlrecht, da der deutsche Gesetzgeber von der durch Art. 4 Abs. 4 S. 2 der 4. EG-Richtlinie vorgesehenen Möglichkeit einer Anpassungspflicht keinen Gebrauch gemacht hat. Wechselt also z. B. eine Kapitalgesellschaft vom Gesamtkosten- zum Umsatzkostenverfahren, dann müßten – wenn nach Abs. 2 S. 3 vorgegangen werden soll – die entsprechenden Vorjahresbeträge dem neuen Gliederungsschema angepaßt werden.[23] Die Anpassung ist wiederum im Anhang anzugeben und zu erläutern.

---

[20] Vgl. nur ADS 26 ff.
[21] Für Angabepflicht ADS 28; HdJ-*Kupsch* IV/4 Rdn. 53; *Biener/Berneke* S. 139; Beck HdR-*Castan* B 141 Rdn. 53 ff; KK-*Claussen* 14; MünchKommHGB-*Beater* 7; HdR-*Weber* 26; a. A. aber *Coenenberg* DB 1986, 1582.

[22] Zu Einzelfällen vgl. ADS 30a ff.
[23] Vgl. nur HdR-*Weber* 24 f; offenbar weitergehend – Angabepflicht nach Abs. 1 – ADS 36.

IV. Mitzugehörigkeit von Posten (Abs. 3)

1. Allgemeines

13   Die in § 266 vorgesehene Gliederung der Vermögensgegenstände und Schulden in der Bilanz kann auf Grund der verwendeten Einteilungskriterien zu **Überschneidungen** führen. Daher sieht das Gesetz im Interesse einer größeren Übersichtlichkeit und Klarheit vor, daß die Mitzugehörigkeit eines Vermögensgegenstandes oder einer Schuld zu mehreren Posten kenntlich gemacht wird. Dies kann entweder durch einen sog. „Davon-Vermerk" oder durch entsprechende Angaben im Anhang erfolgen. Eine Pflicht zur Kenntlichmachung besteht aber nur, wenn die Angabe zur Aufstellung eines klaren und übersichtlichen Jahresabschlusses „erforderlich ist", d. h. die Klarheit und Übersichtlichkeit des Jahresabschlusses unter Berücksichtigung der relativen und absoluten Größe der jeweiligen Posten ohne einen entsprechenden Hinweis beeinträchtigt würden. § 265 Abs. 3 gilt seinem Wortlaut nach nicht für die GuV, wo entsprechende Überschneidungen nicht auftreten können.[24]

2. Ausweisalternativen

14   In den Fällen einer Mitzugehörigkeit stellt sich das Problem, unter welchem Posten der betreffende Vermögensgegenstand oder die Schuld mit einem entsprechenden Davon-Vermerk oder einer Angabe auszuweisen ist. Dabei ist zunächst zu prüfen, inwieweit gesetzliche Vorgaben über einen Vorrang eines bestimmten Postens bestehen, z. B. § 42 Abs. 3 GmbHG. Im übrigen ist der **Ausweis** unter demjenigen Posten vorzunehmen, zu dem der Vermögensgegenstand bzw. die Schuld schwerpunktmäßig gehören.[25]

3. Eigene Anteile

15   Für eigene Anteile enthält § 265 Abs. 3 S. 2 eine **Sonderregelung**. Sie sind – unabhängig von § 247 Abs. 2 – unter dem dafür vorgesehenen Posten im Umlaufvermögen auszuweisen, um eine Bewertung nach dem strengen Niederstwertprinzip zu gewährleisten. Diese ausschließliche Zuordnung zum Umlaufvermögen findet in der 4. EG-Richtlinie keine Grundlage. Im Gliederungsschema des Art. 9 werden eigene Anteile sowohl unter dem Anlage- (C. III. 7.) als auch unter dem Umlaufvermögen (D. III. 2.) erwähnt. Auch das nationale Wahlrecht betreffend den Ausweis eigener Anteile betrifft nur den Ausweis als solchen, nicht aber die Zuordnung zum Anlage- bzw. Umlaufvermögen.[26] Die unmittelbare Wirkung der Richtlinie rechtfertigt somit auch einen Ausweis eigener Anteile im Anlagevermögen.[27]

16   § 265 Abs. 3 S. 3 gilt nicht für **zur Einziehung erworbene eigene Anteile**. Sie sind nach § 272 Abs. 1 S. 4–6 offen von dem Posten „gezeichnetes Kapital" als Kapitalrückzahlung abzusetzen.[28]

---

[24] ADS 41; Baumbach/Hueck/*Schulze-Osterloh* § 42, 39; **a. A.** BilKomm-*Budde/Geißler* 9.

[25] Vgl. Baumbach/Hueck/*Schulze-Osterloh* § 42, 39; eingehend ADS 42 ff.

[26] Einen Verstoß gegen die 4. EG-Richtlinie bejahend *Vogel* Die Rechnungslegungsvorschriften des HGB für Kapitalgesellschaften und die 4. EG-Richtlinie (Bilanzrichtlinie) (1993) S. 34 ff; zustimmend Baumbach/Hueck/*Schulze-Osterloh* § 42, 148.

[27] *Vogel* aaO S. 111.

[28] Vgl. Erläuterungen zu § 272, 20 ff.

V. Gliederung bei mehreren Geschäftszweigen (Abs. 4)

Ist eine Kapitalgesellschaft in mehr als einem Geschäftszweig tätig, so kann dies die **17** Verwendung unterschiedlicher Gliederungsschemata erforderlich machen. Solche Unterschiede können sich ergeben, wenn auf Grund der Besonderheiten der jeweiligen Geschäftsbereiche neue Posten hinzugefügt (§ 265 Abs. 5), Untergliederungen erweitert (§ 265 Abs. 6) bzw. besondere Gliederungsvorschriften angewandt werden. Für diesen Fall sieht § 265 Abs. 4 vor, daß der Jahresabschluß nach der für einen Geschäftszweig vorgeschriebenen Gliederung aufzustellen und nach der für die anderen Geschäftszweige geltenden Gliederung zu ergänzen ist. Dabei wird unter dem Gesichtspunkt der Klarheit und Übersichtlichkeit i. d. R. das Gliederungsschema Vorrang haben, das für den wichtigsten Geschäftszweig vorgeschrieben ist bzw. möglichst wenige Ergänzungen erforderlich macht.[29] Nach § 265 Abs. 4 S. 2 sind die Ergänzungen im Anhang anzugeben und zu begründen.

VI. Erweiterungen der Gliederung (Abs. 5)

1. Allgemeines

Die in den §§ 266, 275 enthaltenen Gliederungsschemata sind auf die Normalfälle **18** von Industrie- und Handelsunternehmen ausgerichtet und können daher nicht allen Besonderheiten des Einzelfalls Rechnung tragen. Für bestimmte Fälle sieht das Gesetz daher obligatorische weitere Untergliederungen vor.[30] Darüber hinaus erlaubt § 265 Abs. 5 den Kapitalgesellschaften im Interesse einer Verbesserung der Informationskraft des Jahresabschlusses eine weitere freiwillige Detaillierung der Gliederung. Dies kann zum einen durch eine weitergehende Untergliederung geschehen, indem ein gesetzlich vorgesehener Posten des Gliederungsschemas – ggf. durch einen Davon-Vermerk – unterteilt wird. Zum anderen ist auch eine Hinzufügung neuer Posten zulässig, wenn ihr Inhalt nicht von einem vorgeschriebenen Posten gedeckt wird.

2. Weitere Untergliederung

Nach § 265 Abs. 5 S. 1 2. Halbs. ist bei weiteren Untergliederungen die vorhandene **19** Gliederung zu beachten. Dabei kommen mehrere Möglichkeiten der Untergliederung in Betracht: Bildung von Vor- und Hauptspalten, Aufgliederung eines Postens auf mehrere Teilposten, Ausgliederung einzelner Postenbestandteile und „Davon-Vermerke".[31] Ihre Grenze finden weitere Untergliederungen dort, wo die Klarheit und Übersichtlichkeit des Jahresabschlusses beeinträchtigt wird oder es sich um unwesentliche Posten handelt.[32]

3. Hinzufügung neuer Posten

Die Bildung neuer Posten ist nach § 265 Abs. 5 S. 2 nur zulässig, wenn ihr Inhalt **20** von den vorgeschriebenen Posten nicht gedeckt ist, d. h. das Gliederungsschema im Einzelfall unzureichend ist. Beispiel: GmbH-Anteile im Anlagevermögen, die weder Anteile an verbundenen Unternehmen (§ 266 Abs. 2 A III Nr. 1) noch Beteiligungen (§ 266 Abs. 2 A III Nr. 3) sind.[33] Kein Anlaß für solche Erweiterungen sind unterneh-

---

[29] ADS 49; HdR-*Weber* 38.
[30] Vgl. die Übersicht bei ADS 54.
[31] Einzelheiten bei ADS 55 ff; HdR-*Weber* 45 ff.

[32] Vgl. ADS 59.
[33] Baumbach/Hueck/*Schulze-Osterloh* § 42, 42; Beck BilKomm-*Hoyos/Gutike* § 266, 81.

Rainer Hüttemann

mens- und branchenspezifische Besonderheiten. Hier sind vorrangig weitere Unter-gliederungen (§ 265 Abs. 5 S. 1) oder eine Änderung nach Abs. 6 vorzunehmen.[34] Über das in § 265 Abs. 5 S. 2 enthaltene Wahlrecht hinaus kann sich im Einzelfall auch – unter Berücksichtigung von §§ 243 Abs. 2, 264 Abs. 2 S. 1 – eine Pflicht zur Hinzu-fügung ergeben.[35]

VII. Änderung von Gliederung und Bezeichnung (Abs. 6)

1. Abweichungspflicht

21   § 265 Abs. 6 verpflichtet zu einer Änderung der Gliederung und der Bezeichnung bestimmter Posten, wenn dies wegen der Besonderheiten der Kapitalgesellschaft zur Aufstellung eines klaren und übersichtlichen Jahresabschlusses erforderlich ist. Auf diese Weise trägt das Gesetz der Tatsache Rechnung, daß das gesetzlich vorgeschrie-bene Gliederungsschema angesichts der vielfältigen branchenspezifischen Besonder-heiten nicht immer geeignet ist, ein den tatsächlichen Verhältnissen entsprechendes Bild der Vermögens-, Finanz- und Ertragslage zu vermitteln. Soweit entsprechende Besonderheiten gegeben sind, die die Informationskraft des Jahresabschlusses wesent-lich beeinträchtigen, ist daher vom gesetzlichen Gliederungsschema abzuweichen. Dies gilt nach dem ausdrücklichen Wortlaut des § 265 Abs. 6 allerdings nur für die *mit arabischen Zahlen numerierten Posten*.

2. Art der Abweichungen

22   Abweichungen[36] kommen zum einen in Form von *Umgliederungen* in Betracht, wenn die Beibehaltung der gesetzlichen Reihenfolge ausnahmsweise die Klarheit und Übersichtlichkeit beeinträchtigen würde. Ferner sind *Anpassungen der Bezeichnungen* möglich, z. B. durch Weglassen bestimmter im konkreten Geschäftsbetrieb nicht vor-handener Komponenten. Schließlich sind *Ergänzungen* der gesetzlichen Postenbe-zeichnungen denkbar.

3. Freiwillige Abweichungen

23   § 265 Abs. 6 betrifft nur den Fall einer zwingenden Abweichung. Daneben stellt sich die Frage, ob außerhalb der von Abs. 6 geforderten Voraussetzungen auch freiwillige Abweichungen – z. B. durch Verwendung von Kurzbezeichnungen – zulässig sind. Dies ist zu bejahen, soweit durch die Abweichung die Klarheit und Übersichtlichkeit des Jahresabschlusses vergrößert und die Vergleichbarkeit nicht beeinträchtigt wird.[37]

VIII. Zusammenfassung von Posten (Abs. 7)

1. Allgemeines

24   Nach § 265 Abs. 7 ist eine Zusammenfassung von Einzelposten der gesetzlichen Gliederungsschemata *in zwei Fällen* zulässig: Nach Abs. 7 Nr. 1 können Einzelposten zusammengefaßt werden, wenn sie einen unter dem Gesichtspunkt des § 264 Abs. 2 S. 1 unerheblichen Betrag enthalten. Abs. 7 Nr. 2 läßt eine Zusammenfassung bei

---

[34] *Schulze-Osterloh aaO;* a. A. ADS 65.
[35] Vgl. Beck BilKomm-*Budde/Geißler* 15; ADS 68; HdR-*Weber* 57.
[36] Näheres bei ADS 71 ff.
[37] Dazu eingehend ADS 78 ff.

gleichzeitigem Einzelausweis im Anhang zu, wenn dadurch die Klarheit der Darstellung vergrößert wird. Beide Ausnahmen sind auf die mit arabischen Zahlen versehenen Posten beschränkt. Zulässig ist aber nur eine Zusammenfassung von Einzelposten innerhalb der mit Großbuchstaben bzw. römischen Ziffern gebildeten Gruppen.[38] In der GuV besteht das Wahlrecht auch für die mit kleinen Buchstaben versehenen Posten.[39]

2. Zusammenfassung wegen Geringfügigkeit (Abs. 7 Nr. 1)

Eine Zusammenfassung nach Abs. 7 Nr. 1 setzt voraus, daß die Posten – gemessen **25** am Einblicksgebot des § 264 Abs. 2 S. 1 – einen nicht erheblichen Betrag enthalten. Dafür ist sowohl die absolute als auch die relative Größe des Postens sowie sein sachlicher Inhalt zu berücksichtigen.[40] Eine Zusammenfassung wegen Geringfügigkeit scheidet aber aus, wenn das Gesetz einen gesonderten Ausweis zwingend vorschreibt.[41]

3. Zusammenfassung zur Vergrößerung der Klarheit (Abs. 7 Nr. 2)

§ 265 Abs. 7 Nr. 2 gibt den Unternehmen die Möglichkeit, die Bilanz und GuV im **26** Interesse der besseren Übersichtlichkeit und Klarheit zu entlasten und bestimmte **Einzelangaben im Anhang** zu machen.[42] Allerdings fehlt eine nähere gesetzliche Konkretisierung, wann die Klarheit des Jahresabschlusses durch eine entsprechende Verlagerung von Einzelangaben in den Anhang vergrößert wird. Dazu ist zu berücksichtigen, daß § 265 Abs. 7 Nr. 2 keine Einschränkung des Grundsatzes der Übersichtlichkeit des Jahresabschlusses einschließlich des Anhangs enthält. Gerade die Übersichtlichkeit des Anhangs wird aber durch eine übermäßige Verlagerung von Einzelangaben beeinträchtigt.[43] Ferner läßt sich aus § 265 Abs. 5 entnehmen, daß das Gesetz nicht jede Vereinfachung des Gliederungsschemas als Gewinn an Klarheit versteht. Für eine *einschränkende Auslegung* spricht schließlich auch der Umstand, daß der Gesetzgeber von einer Zusammenfassungspflicht abgesehen hat.[44]

Die Verlagerung von Einzelangaben in den Anhang nach § 265 Abs. 7 Nr. 2 setzt **27** voraus, daß die dort gemachten Angaben nach der Art der Darstellung für den Bilanzleser praktisch **gleichwertig** sind.[45] Ferner besteht nach § 265 Abs. 2 S. 1 eine Pflicht zur Angabe der Vorjahresbeträge. Darüber hinaus gilt der Stetigkeitsgrundsatz (§ 265 Abs. 1).

IX. Leerposten (Abs. 8)

Ein Posten der Bilanz oder der GuV, der keinen Betrag ausweist, braucht nicht auf- **28** geführt zu werden, wenn nicht im Vorjahr unter diesem Posten ein Betrag ausgewiesen worden ist (§ 265 Abs. 8). Die Vorschrift ist im Zusammenhang mit der Pflicht zur Angabe von Vorjahresbeträgen (§ 265 Abs. 2) zu sehen. Das Gesetz sieht zwar nur ein Recht und keine Pflicht zum Verzicht auf Leerposten vor. Ein solcher Verzicht wird

---

[38] Vgl. nur Baumbach/Hueck/*Schulze-Osterloh* § 42, 44.

[39] *Schulze-Osterloh* aaO; Beck BilKomm-*Budde/Geißler* 17.

[40] Vgl. dazu HdR-*Weber* 77 ff; ADS 88; Beck HdR-*Castan* B 146 Rdn. 11 ff; allgemein zum Begriff „wesentlich" HuRB-*Leffson* 434 ff; ferner *Niehus* WPg 1981, 13; *Ossadnik* WPg 1993, 622 f.

[41] Vgl. ADS 89.

[42] Vgl. BTDrucks. 10/317, S. 77.

[43] Vgl. *Emmerich* WPg 1986, 700 f; siehe auch *Budde/Förschle* DB 1988, 1458.

[44] Ebenso *Emmerich* aaO; KK-*Claussen* 22 f; ADS 92 mit Beispielen für Anwendungsfälle.

[45] ADS 94.

Rainer Hüttemann

aber im allgemeinen den Grundsätzen der Klarheit und Übersichtlichkeit entsprechen.[46] § 265 Abs. 8 spricht ausdrücklich nur von Posten der Bilanz und GuV.
Zweifelhaft ist daher, ob die Regelung auch bei sog. *Davon-Vermerken* Anwendung
findet. Dagegen könnte sprechen, daß zumindest bestimmte gesetzlich vorgesehene
Vermerke dem Bilanzleser weitergehende Informationen über bestimmte Sachverhalte
vermitteln und daher stets Fehlanzeigen erforderlich seien.[47] Nach anderer Ansicht ist
Abs. 8 dagegen auch auf Vermerke anzuwenden.[48] Für diese Auffassung sprechen vor
allem Gründe der Praktikabilität. Zudem ist der mutmaßliche Informationswert von
Fehlanzeigen eher gering einzuschätzen.

X. Rechtsfolgen eines Verstoßes gegen Gliederungsvorschriften

29   Vorsätzliche Zuwiderhandlungen gegen § 265 Abs. 2–4 und 6 können nach § 334
Abs. 1 Nr. 1 Buchst. c als Ordnungswidrigkeit geahndet werden. Ferner kann eine
schwerwiegende Mißachtung der Gliederungsvorschriften als Vergehen nach § 331
Nr. 1 bestraft werden, wenn dadurch die Verhältnisse der Kapitalgesellschaft unrichtig
dargestellt oder verschleiert werden. Verstöße gegen § 265 können ferner nach § 256
Abs. 4 AktG zur Nichtigkeit des Jahresabschlusses führen, wenn die Klarheit und
Übersichtlichkeit wesentlich beeinträchtigt sind.

Zweiter Titel
Bilanz

§ 266
Gliederung der Bilanz

(1) Die Bilanz ist in Kontoform aufzustellen. Dabei haben große und mittelgroße Kapitalgesellschaften (§ 267 Abs. 3, 2) auf der Aktivseite die in Absatz 2 und
auf der Passivseite die in Absatz 3 bezeichneten Posten gesondert und in der vorgeschriebenen Reihenfolge auszuweisen. Kleine Kapitalgesellschaften (§ 267
Abs. 1) brauchen nur eine verkürzte Bilanz aufzustellen, in die nur die in den
Absätzen 2 und 3 mit Buchstaben und römischen Zahlen bezeichneten Posten
gesondert und in der vorgeschriebenen Reihenfolge aufgenommen werden.

(2) Aktivseite
A. Anlagevermögen:
   I. Immaterielle Vermögensgegenstände:
      1. Konzessionen, gewerbliche Schutzrechte und ähnliche Rechte und
        Werte sowie Lizenzen an solchen Rechten und Werten;
      2. Geschäfts- oder Firmenwert;
      3. geleistete Anzahlungen;

---

[46] ADS 95; Baumbach/Hueck/*Schulze-Osterloh*
§ 42, 45.
[47] So HdR-*Weber* 99 ff; wohl auch KK-*Claussen* 25.
[48] ADS 96; Beck BilKomm-*Budde/Geißler* 18; Beck
HdR-*Castan* B 146 Rdn. 27 MünchKommHGB-
Beater 21.

II. Sachanlagen:
   1. Grundstücke, grundstücksgleiche Rechte und Bauten einschließlich der Bauten auf fremden Grundstücken;
   2. technische Anlagen und Maschinen;
   3. andere Anlagen, Betriebs- und Geschäftsausstattung;
   4. geleistete Anzahlungen und Anlagen im Bau;
III. Finanzanlagen:
   1. Anteile an verbundenen Unternehmen;
   2. Ausleihungen an verbundene Unternehmen;
   3. Beteiligungen;
   4. Ausleihungen an Unternehmen, mit denen ein Beteiligungsverhältnis besteht;
   5. Wertpapiere des Anlagevermögens;
   6. sonstige Ausleihungen.

B. Umlaufvermögen:
  I. Vorräte:
   1. Roh-, Hilfs- und Betriebsstoffe;
   2. unfertige Erzeugnisse, unfertige Leistungen;
   3. fertige Erzeugnisse und Waren;
   4. geleistete Anzahlungen;
  II. Forderungen und sonstige Vermögensgegenstände:
   1. Forderungen aus Lieferungen und Leistungen;
   2. Forderungen gegen verbundene Unternehmen;
   3. Forderungen gegen Unternehmen, mit denen ein Beteiligungsverhältnis besteht;
   4. sonstige Vermögensgegenstände;
  III. Wertpapiere:
   1. Anteile an verbundenen Unternehmen;
   2. eigene Anteile;
   3. sonstige Wertpapiere;
  IV. Kassenbestand, Bundesbankguthaben, Guthaben bei Kreditinstituten und Schecks.

C. Rechnungsabgrenzungsposten.

(3) Passivseite
A. Eigenkapital:
  I. Gezeichnetes Kapital;
  II. Kapitalrücklage;
  III. Gewinnrücklagen:
   1. gesetzliche Rücklage;
   2. Rücklage für eigene Anteile;
   3. satzungsmäßige Rücklagen;
   4. andere Gewinnrücklagen;
  IV. Gewinnvortrag / Verlustvortrag;
  V. Jahresüberschuß / Jahresfehlbetrag.

B. Rückstellungen:
   1. Rückstellungen für Pensionen und ähnliche Verpflichtungen;
   2. Steuerrückstellungen;
   3. sonstige Rückstellungen.

C. Verbindlichkeiten:
1. Anleihen, davon konvertibel;
2. Verbindlichkeiten gegenüber Kreditinstituten;
3. erhaltene Anzahlungen auf Bestellungen;
4. Verbindlichkeiten aus Lieferungen und Leistungen;
5. Verbindlichkeiten aus der Annahme gezogener Wechsel und der Ausstellung eigener Wechsel;
6. Verbindlichkeiten gegenüber verbundenen Unternehmen;
7. Verbindlichkeiten gegenüber Unternehmen, mit denen ein Beteiligungsverhältnis besteht;
8. sonstige Verbindlichkeiten,
　 davon aus Steuern,
　 davon im Rahmen der sozialen Sicherheit.
D. Rechnungsabgrenzungsposten.

Übersicht

	Rdn.			Rdn.
I. Normzweck und Allgemeines	1–3		dd) Beteiligungen (A. III. 3.)	20
II. Gliederung der Bilanz (Abs. 1 S. 1 und 2)	4, 5		ee) Ausleihungen an Unternehmen, mit denen ein Beteiligungsverhältnis besteht (A. III. 4.)	21
III. Erleichterungen für kleine Kapitalgesellschaften (Abs. 1 S. 3)	6, 7		ff) Wertpapiere des Anlagevermögens (A. III. 5.)	22
IV. Gliederung der Aktivseite (Abs. 2)			gg) Sonstige Ausleihungen (A. III. 6.)	23
1. Anlagevermögen (A.)	8		2. Umlaufvermögen (B.)	24
a) Immaterielle Vermögensgegenstände (A. I.)	9		a) Vorräte (B. I.)	25
aa) Konzessionen, gewerbliche Schutzrechte und ähnliche Rechte und Werte sowie Lizenzen an solchen Rechten und Werten (A. I. 1.)	10		aa) Roh-, Hilfs- und Betriebsstoffe (B. I. 1.)	26
bb) Geschäfts- oder Firmenwert (A. I. 2.)	11		bb) Unfertige Erzeugnisse, unfertige Leistungen (B. I. 2.)	27
cc) Geleistete Anzahlungen (A. I. 3.)	12		cc) Fertige Erzeugnisse und Waren (B. I. 3.)	29
b) Sachanlagen (A. II.)			dd) Geleistete Anzahlungen (B. I. 4.)	29
aa) Grundstücke, grundstücksgleiche Rechte und Bauten einschließlich Bauten auf fremden Grundstücken (A. II. 1.)	13		b) Forderungen und sonstige Vermögensgegenstände (B. II.)	
bb) Technische Anlagen und Maschinen (A. II. 2.)	14		aa) Forderungen aus Lieferungen und Leistungen (B. II. 1.)	30
cc) Andere Anlagen, Betriebs- und Geschäftsausstattung (A. II. 3)	15		bb) Forderungen gegenüber verbundenen Unternehmen (B. II. 2.)	31
dd) Geleistete Anzahlungen und Anlagen im Bau (A. II. 4.)	16		cc) Forderungen gegen Unternehmen, mit denen ein Beteiligungsverhältnis besteht (B. II. 3.)	32
c) Finanzanlagen (A. III.)			dd) Sonstige Vermögensgegenstände (B. II. 4.)	33
aa) Allgemeines	17		c) Wertpapiere (B. III.)	34
bb) Anteile an verbundenen Unternehmen (A. III. 1.)	18		aa) Anteile an verbundenen Unternehmen (B. III. 1.)	35
cc) Ausleihungen an verbundene Unternehmen (A. III. 2.)	19		bb) Eigene Anteile (B. III. 2.)	36
			cc) Sonstige Wertpapiere (B. III. 3.)	37

Rainer Hüttemann

	Rdn.
d) Kassenbestand, Bundesbankguthaben, Guthaben bei Kreditinstituten und Schecks (B. IV.)	38
3. Rechnungsabgrenzungsposten (C.)	39
4. Sonderposten auf der Aktivseite	40
a) Ausstehende Einlagen (§ 272 Abs. 1 S. 2)	41
b) Aufwendungen für die Ingangsetzung und Erweiterung des Geschäftsbetriebes (§ 269)	42
c) Aktive latente Steuern (§ 274 Abs. 2 S. 2)	43
d) Nicht durch Eigenkapital gedeckter Fehlbetrag (§ 268 Abs. 3)	44
e) Nicht durch Einlagen gedeckter Verlustanteil persönlich haftender Gesellschafter einer KGaA (§ 286 Abs. 2 S. 3 AktG)	45
f) Sonderposten nach dem DMBilG	46
V. Gliederung der Passivseite (Abs. 3)	
1. Eigenkapital (A.)	47
a) Gezeichnetes Kapital (A. I.)	48
b) Kapitalrücklage (A. II.)	49
c) Gewinnrücklagen (A. III.)	50
aa) Gesetzliche Rücklage (A. III. 1.)	51
bb) Rücklage für eigene Anteile (A. III. 2.)	52
cc) Satzungsmäßige Rücklagen (A. III. 3.)	53
dd) Andere Gewinnrücklagen (A. III. 4.)	54
d) Gewinnvortrag/Verlustvortrag (A. IV.)	55
e) Jahresüberschuß/Jahresfehlbetrag (A. V.)	56
f) Sonderposten des Eigenkapitals	57
2. Rückstellungen (B.)	58
a) Rückstellungen für Pensionen	

	Rdn.
und ähnliche Verpflichtungen (B. I.)	59
b) Steuerrückstellungen (B. II.)	60
c) Sonstige Rückstellungen (B. III.)	61
3. Verbindlichkeiten (C.)	62
a) Anleihen (C. I.)	63
b) Verbindlichkeiten gegenüber Kreditinstituten (C. II.)	64
c) Erhaltene Anzahlungen auf Bestellungen (C. III.)	65, 66
d) Verbindlichkeiten aus Lieferungen und Leistungen (C. IV.)	67
e) Verbindlichkeiten aus der Annahme gezogener Wechsel und der Ausstellung eigener Wechsel (C. V.)	68
f) Verbindlichkeiten gegenüber verbundenen Unternehmen (C. VI.)	69
g) Verbindlichkeiten gegenüber Unternehmen, mit denen ein Beteiligungsverhältnis besteht (C. VII.)	70
h) Sonstige Verbindlichkeiten (C. VIII.)	71
4. Rechnungsabgrenzungsposten (D.)	72
5. Sonderposten der Passivseite	73
a) Kapitalanteil des persönlich haftenden Gesellschafters einer KGaA (§ 286 Abs. 2 S. 1 AktG)	74
b) Genußrechte	75, 76
c) Einlage des stillen Gesellschafters	77
d) Einlagen zur Kapitalerhöhung	78
e) Bilanzgewinn/Bilanzverlust (§ 268 Abs. 1 S. 2)	79
f) Sonderposten mit Rücklageanteil (§ 273)	80
g) Rückstellung für latente Steuern (§ 274 Abs. 1 S. 1)	81
h) Sonderposten nach dem DMBilG	82
VI. Rechtsfolgen eines Verstoßes gegen das Gliederungsschema	83

Schrifttum

Moxter Immaterielle Anlagewerte im neuen Bilanzrecht, BB 1979, 1102; *ders.* Zum neuen Bilanzrechtsentwurf, BB 1985, 1101; *W. Müller* Wohin entwickelt sich der bilanzielle Eigenkapitalbegriff, Festschrift Budde (1995) S. 445; *Schulze-Osterloh* Der Ausweis von Aufwendungen nach dem Realisations- und dem Imparitätsprinzip, Festschrift Forster (1992) S. 653 ff; *Sethe* Die Besonderheiten der Rechnungslegung bei der KGaA, DB 1998, 1044; *Tiedchen* Der Vermögensgegenstand im Handelsbilanzrecht (1991).

I. Normzweck und Allgemeines

Normzweck. § 266 HGB regelt die **Gliederung der Bilanz** der Kapitalgesellschaf- 1 ten. Danach ist die Bilanz in *Kontoform* aufzustellen und – vorbehaltlich der Erleichterungen für kleine Kapitalgesellschaften – die Aktiv- und Passivseite zwingend nach dem gesetzlichen Schema der Abs. 2 und 3 zu gliedern. Abweichungen von diesem Gliederungsschema sind nur kraft gesetzlicher Ausnahmeregelungen zulässig, insbesondere nach § 265 Abs. 4–8. Ferner sind die verschiedenen besonderen Gliederungsvorschriften außerhalb von § 266 zu beachten, z. B. über Anlagespiegel (§ 268 Abs. 2).[1] Schließlich ergeben sich weitere Modifikationen durch die gesetzlich vorgeschriebenen Bilanzvermerke.[2] Die Pflicht zur Einhaltung der gesetzlichen Gliederungsvorschriften dient zusammen mit dem Grundsatz der Darstellungsstetigkeit der Verwirklichung des „true and fair view"-Gebots (§ 264 Abs. 2 S. 1): Die *zwingende Gliederung* erleichtert den Einblick in die wirtschaftliche Lage des Unternehmens und erlaubt sowohl Perioden- als auch Betriebsvergleiche.[3]

2　　**Entstehungsgeschichte.** § 266 beruht auf verschiedenen Regelungen der 4. EG-Richtlinie. Der deutsche Gesetzgeber hat das Mitgliedsstaatenwahlrecht nach Art. 8 betreffend die Form der Bilanz im Sinne der Kontoform ausgeübt. § 266 Abs. 2 und 3 gehen auf Art. 9 zurück. Die Erleichterungen für kleine Kapitalgesellschaften nach § 266 Abs. 1 S. 2 beruhen auf Art. 11 der 4. EG-Richtlinie.

3　　**Persönlicher und sachlicher Anwendungsbereich.** § 266 gilt in *persönlicher* Hinsicht nur für Kapitalgesellschaften und Personenhandelsgesellschaften i. S. v. § 264a. Für die anderen Personengesellschaften bleibt es folglich bei § 247 Abs. 1. Kraft Verweisung in § 5 Abs. 1 S. 2 PublG gilt § 266 allerdings für publizitätspflichtige Unternehmen sowie nach § 336 Abs. 2 für eingetragene Genossenschaften entsprechend. Keine Anwendung findet § 266 auf den Jahresabschluß von Kreditinstituten, Finanzdienstleistungsinstituten und Versicherungsunternehmen wegen der branchenspezifischen Sonderregelungen der §§ 340a Abs. 2 S. 2, 341a Abs. 2 S. 2, 330 Abs. 2 und Abs. 3. Soweit § 266 freiwillig angewendet wird, dürfen die Postenbezeichnungen nach Abs. 2 und 3 nicht in abweichendem Sinn verwendet werden.[4] In *sachlicher* Hinsicht betrifft § 266 nicht nur den Jahresabschluß der Kapitalgesellschaften, sondern auch die Gliederung von Sonderbilanzen, z. B. Eröffnungs-, Zwischen- und Abwicklungsbilanzen.[5]

II. Gliederung der Bilanz (Abs. 1 S. 1 und 2)

4　　Nach § 266 Abs. 1 S. 1 ist die Bilanz in **Kontoform** aufzustellen, d. h. unter Trennung der Aktiva und Passiva. Unerheblich ist, ob die Aktiva und Passiva nebeneinander oder untereinander angeordnet werden.[6] Ausgeschlossen ist die Staffelform, bei der aus einzelnen Gruppen von Aktiva und Passiva Zwischensummen gebildet werden (z. B. Umlaufvermögen abzüglich kurzfristige Verbindlichkeiten). § 266 enthält **zwingendes Recht.** Vorbehaltlich der Erleichterungen für kleine Kapitalgesellschaften haben somit alle Kapitalgesellschaften die in Abs. 2 und 3 bezeichneten Posten der Aktiv- und Passivseite gesondert und in der vorgeschriebenen Reihenfolge auszuweisen. Abweichungen von dem gesetzlichen Gliederungsschema sind nur kraft besonderer Ausnahmeregelung zulässig, z. B. nach § 265 Abs. 4–8.

5　　Das gesetzliche Bilanzschema in Abs. 2 und 3 orientiert sich an den verschiedenen, sich teilweise überschneidenden **Gliederungsgesichtspunkten.**[7] Dem betrieblichen

---

[1] Übersichten bei HdR-*Dusemond/Knop* 7; Beck HdR-*Castan* B 200 Rdn. 90 ff; Baumbach/Hueck/ *Schulze-Osterloh* § 42, 51 ff.

[2] Vgl. HdR-*Dusemond/Knop* 8; Baumbach/Hueck/ *Schulze-Osterloh* § 42, 58 f.

[3] ADS 2.

[4] BilKomm-*Förschle/Kofahl* 15.

[5] Näheres bei ADS 14 ff.

[6] Beck HdR-*Castan* B 200 Rdn. 21.

[7] Vgl. zum folgenden näher ADS 7 ff; KK-*Claussen* 5.

Ablauf entspricht z. B. in zeitlicher und sachlicher Hinsicht die Unterteilung von Anlage- und Umlaufvermögen. Liquiditätsgesichtspunkten folgt etwa die Gliederung des Umlaufvermögens (z. B. Vorräte, Forderungen, Wertpapiere, Kassenbestand). Auf der Passivseite zeigt die Unterscheidung von Eigen- und Fremdkapital, sowie die Gliederung beider Posten, die Mittelherkunft an (vgl. z. B. die Untergliederung innerhalb des Eigenkapitals in gezeichnetes Kapital, Kapitalrücklagen, Gewinnrücklagen). Ein weiterer wichtiger Gliederungsaspekt ist die Hervorhebung von Unternehmensverbindungen durch den gesonderten Ausweis von Rechtsbeziehungen zu „verbundenen Unternehmen" und solchen, „mit denen ein Beteiligungsverhältnis besteht".

III. Erleichterungen für kleine Kapitalgesellschaften (Abs. 1 S. 3)

§ 266 Abs. 1 S. 3 erlaubt kleinen Kapitalgesellschaften im Sinne von § 267 die Auf- **6** stellung einer **verkürzten Bilanz**, in die nur die im gesetzlichen Schema mit Buchstaben und römischen Zahlen bezeichneten Posten aufzunehmen sind. Danach ergibt sich folgendes Gliederungsschema:

Aktivseite
A. Anlagevermögen
    I.   Immaterielle Vermögensgegenstände
    II. Sachanlagen
    III. Finanzanlagen
B. Umlaufvermögen
    I.   Vorräte
    II. Forderungen und sonstige Vermögensgegenstände
    III. Wertpapiere
    IV. Kassenbestand, Bundesbankguthaben, Guthaben bei Kreditinstituten, Schecks
C. Rechnungsabgrenzungsposten

Passivseite
A. Eigenkapital
    I.   Gezeichnetes Kapital
    II. Kapitalrücklage
    III. Gewinnrücklagen
    IV. Gewinnvortrag/Verlustvortrag
    V. Jahresüberschuß/Jahresfehlbetrag
B. Rückstellungen
C. Verbindlichkeiten
D. Rechnungsabgrenzungsposten

Die Möglichkeit zur Aufstellung einer verkürzten Bilanz läßt weitergehende **7** **Informationsrechte der Gesellschafter** unberührt.[8] So kann z. B. der Aktionär nach § 131 Abs. 1 S. 3 AktG in der Hauptversammlung stets die Vorlage eines ungekürzten Jahresabschlusses verlangen, was die praktischen Anwendungsmöglichkeiten des § 266 Abs. 1 S. 3 in der kleinen AG weitgehend einschränkt. Im GmbHG fehlt eine entsprechende Regelung, eine Pflicht zur Vorlage einer ungekürzten Bilanz kann sich aber aus dem Gesellschaftsvertrag ergeben. Ferner hat jeder GmbH-Gesellschafter das weitreichende Auskunfts- und Einsichtsrecht nach § 51a GmbHG.

---

[8] ADS 19; Beck HdR-*Castan* B 200 Rdn. 70 ff.

IV. Gliederung der Aktivseite (Abs. 2)

1. Anlagevermögen (A.)

8   Nach § 247 Abs. 2 sind beim Anlagevermögen nur Gegenstände auszuweisen, die bestimmt sind, dauernd dem Geschäftsbetrieb zu dienen (zu Einzelheiten der Abgrenzung von Anlage- und Umlaufvermögen vgl. Erläuterungen zu § 247). Das Gliederungsschema unterteilt das Anlagevermögen in drei weitere Posten: *Immaterielle Vermögensgegenstände* (Abs. 2 A. I.), *Sachanlagen* (Abs. 2 A. II.) und *Finanzanlagen* (Abs. 2 A. III.). Die „immateriellen Vermögensgegenstände" und die „Sachanlagen" zeigen die Investitionen in das eigene Unternehmen. Demgegenüber beruhen „Finanzanlagen" auf Investitionen in andere Unternehmen.[9]

9   **a) Immaterielle Vermögensgegenstände (A. I.).** Immaterielle Vermögensgegenstände des Anlagevermögens sind alle Vermögensgegenstände, die unkörperlich sind, nicht zu Sach- und Finanzanlagen gehören oder Bestandteil des Umlaufvermögens sind.[10] Weist ein Vermögensgegenstand sowohl körperliche als auch unkörperliche Elemente aus (z. B. Software), bedarf es einer entsprechenden Zuordnung unter Berücksichtigung der Funktion, Wertrelation etc.[11] § 266 Abs. 2 A. I. enthält – trotz seines weiten Wortlauts („… und ähnliche Werte") – keine eigenständige Aussage zur Aktivierungsfähigkeit von immateriellen Vermögensgegenständen; insoweit gelten vielmehr allein die aus §§ 246 Abs. 1, 248 Abs. 2 abzuleitenden Kriterien.[12] Vgl. dazu näher die Erläuterungen zu §§ 246, 248.

10   **aa) Konzessionen, gewerbliche Schutzrechte und ähnliche Rechte und Werte sowie Lizenzen an solchen Rechten und Werten (A. I. 1.).** *Konzessionen* i. S. v. § 266 Abs. 2 A. I. 1. sind behördliche Genehmigungen zur Ausübung eines bestimmten Gewerbes bzw. Handels, z. B. die Güterfernverkehrsgenehmigung.[13] Zu den *gewerblichen Schutzrechten* zählen Patent-, Gebrauchsmuster-, Geschmacksmuster- und Warenzeichenrechte.[14] *Ähnliche Rechte* sind das Verlags- und Urheberrecht.[15] Ferner gehören hierher z. B. das Nießbrauchsrecht, aber auch (obligatorische) Nutzungsrechte und Lizenzen, Belieferungs- und Vertriebsrechte, Rechte aus Wettbewerbsverboten oder die Spielerlaubnis im Lizenzfußball.[16] Schwierigkeiten bereitet die Abgrenzung zwischen „ähnlichen Rechten" und „Werten". Nach h.M. zählen zu den *ähnlichen Werten* zum einen ungeschützte Erfindungen, Rezepte, Geheimverfahren etc.[17] Zum anderen gehören hierher sonstige wirtschaftliche Positionen, die sich vom Geschäfts- und Firmenwert abgrenzen lassen (Kundenstamm, Adressenkarteien).[18]

11   **bb) Geschäfts- oder Firmenwert (A. I. 2.).** Nach § 266 Abs. 2 A. I. 2. ist unter dem Anlagevermögen auch ein *Geschäfts- oder Firmenwert* gesondert auszuweisen. Hinsichtlich der Aktivierungsfähigkeit eines entgeltlich erworbenen Geschäftswertes vgl. die Erläuterungen zu § 255. Ungeachtet der Erwähnung des Geschäfts- und Firmenwertes in § 266 Abs. 2 A. I. 2. handelt es sich richtiger Ansicht nach nicht um einen Vermögensgegenstand, sondern nur um eine Bilanzierungshilfe.[19] Unter § 266 Abs. 2

---

[9] ADS 27.

[10] KK-*Claussen* 17.

[11] Für die Einordnung von Software als immaterielles Wirtschaftsgut die h. M., vgl. nur BFH BStBl. II 1987, 728; ADS § 246, 32; a. A. aber etwa Baumbach/Hueck/*Schulze-Osterloh* § 42, 69.

[12] Baumbach/Hueck/*Schulze-Osterloh* § 42, 104.

[13] BFH BStBl. II 1992, 529; *IdW* WPg 1992, 609.

[14] Vgl. etwa KK-*Claussen* 20 ff.

[15] *Kropff* in Geßler/Hefermehl/Eckhard/Kropff § 151, 29.

[16] BFH BStBl. II 1992, 977.

[17] Vgl. ADS 28; KK-*Claussen* 23; a. A. – „ähnliche Rechte" wegen Erfinderschutzes *Tiedchen* S. 5 f; Baumbach/Hueck/*Schulze-Osterloh* § 42, 104.

[18] Vgl. dazu *Moxter* BB 1979, 1208.

[19] Ebenso etwa *Baumbach/Duden/Hopt* § 255, 23; *Moxter* BB 1985, 1101; *Knobbe-Keuk* Bilanz-

A. I. 2. war früher auch ein sog. *Verschmelzungsmehrwert* nach § 348 Abs. 2 S. 2 AktG a. F., § 27 Abs. 2 KapErhG a. F. auszuweisen. Mit der Aufhebung des KapErhG durch das UmwBerG zum 1.1.1995 ist diese Möglichkeit ersatzlos entfallen.[20]

cc) Geleistete Anzahlungen (A. I. 3.). Geleistete Anzahlungen im Sinne von § 266 **12** Abs. 2 A. I. 3. sind Anzahlungen auf ein schwebendes Geschäft, das den Erwerb eines immateriellen Vermögensgegenstandes zum Inhalt hat.[21] Der Ausweis geleisteter Anzahlungen dient der Ergebnisneutralisierung.[22] Anzahlungen auf schwebende Geschäfte sind von aktiven Rechnungsabgrenzungsposten abzugrenzen, die bei Vorauszahlungen auf periodische Nutzungsentgelte anzusetzen sind.[23]

b) Sachanlagen (A. II.). aa) Grundstücke, grundstücksgleiche Rechte und **13** **Bauten einschließlich Bauten auf fremden Grundstücken (A. II. 1.).** In der Position A. II. 1. ist das Grundvermögen der Kapitalgesellschaft zusammengefaßt. Dieses ist von anderen Posten – insbesondere den „Technischen Anlagen und Maschinen (A. II. 2.)" sowie den „Anderen Anlagen, Betriebs- und Geschäftsausstattungen (A. II. 3.)" nicht allein nach zivilrechtlichen Kriterien, sondern vorrangig nach dem konkreten Nutzungs- und Funktionszusammenhang abzugrenzen.[24] *Grundstücke* sind abgegrenzte Teile der Erdoberfläche, die – jedenfalls bei inländischen Grundstücken – im Grundbuchblatt verzeichnet sind. *Grundstücksgleiche Rechte* sind das Erbbaurecht, Bergwerkseigentum, Wohnungseigentum und Dauerwohn- und Dauernutzungsrecht nach WEG,[25] nicht aber die Grunddienstbarkeiten.[26] *Bauten* sind Gebäude und andere selbständige Grundstückseinrichtungen.[27] *Bauten auf fremdem Grundstücken* liegen vor, wenn die Bebauung lediglich auf Grund eines dinglichen oder obligatorischen Nutzungsrechts erfolgt ist. Soweit das Eigentum an dem Gebäude nicht beim Hersteller verblieben ist, z. B. bei Bauten in Ausübung eines dinglichen Rechts an einem fremden Grundstück, verkörpert dieser Posten nur eine Forderung des Herstellers auf Verwendungsersatz gegen den Grundstückseigentümer bei Beendigung des Nutzungsverhältnisses.[28] Bei Mieterein- und -umbauten ergibt sich das weitere Problem einer Abgrenzung zu den Posten „Technische Anlagen …" bzw. „Betriebs- und Geschäftsausstattung", soweit ein von der Gebäudenutzung verschiedener Funktionszusammenhang gegeben ist (sog. Betriebsvorrichtungen).[29]

bb) Technische Anlagen und Maschinen (A. II. 2.). Zum Posten „Technische **14** Anlagen und Maschinen" gehören – in Abgrenzung zum Posten „Andere Anlagen …" – alle Vermögensgegenstände, die der Erbringung der konkreten betrieblichen Leistung dienen.[30] Die Position betrifft daher nicht nur Produktionsunternehmen bzw. Maschinen und Anlagen, die bei Produktionsunternehmen für die Herstellung eingesetzt werden.[31] Sie umfaßt vielmehr auch Anlagen eines Handelsunternehmens zum

---

und Unternehmenssteuerrecht § 4 IV 3 b; HdR-*Knop/Küting* § 255, 432; Baumbach/Hueck/ *Schulze-Osterloh* § 42, 105; i. E. ähnlich ADS § 255, 271 f: Wert eigener Art; differenzierend *Kropff* in Geßler/Hefermehl/Eckhard/Kropff § 153, 64; **a. A.** – Vermögensgegenstand – BFH BStBl. II 1982, 189, BStBl. II 1987, 705; Beck Bil-Komm-*Förschle/Kofahl* § 247, 15; HdJ-*Brezing* I/4 Rdn. 28; *Biener/Berneke* S. 117; L. Schmidt/ *Weber-Grellet* EStG § 5, 223.

[20] Vgl. näher ADS 30.
[21] KK-*Claussen* 29.
[22] ADS 59; *Schulze-Osterloh* FS Forster (1992) S. 659 ff; *ders.* Baumbach/Hueck § 42, 107.

[23] Vgl. ADS 31.
[24] Näher ADS 33 ff; KK-*Claussen* 36; HdR-*Dusemond/Knop* 25 f.
[25] ADS 40.
[26] Statt aller HdR-*Dusemond/Knop* 20.
[27] ADS 42.
[28] So *Knobbe-Keuk* Bilanz- und Unternehmenssteuerrecht § 4 IV 4b.
[29] Vgl. HdR-*Dusemond/Knop* 28.
[30] Baumbach/Hueck/*Schulze-Osterloh* § 42, 109; KK-*Claussen* 39.
[31] So aber ADS 46; unklar Beck BilKomm-*Hoyos/Schmidt-Wendt* 66 f.

Einkauf und zur Lagerung, sowie die Maschinen und Anlagen, die ein Dienst-leistungsunternehmen zur „Leistungserbringung" einsetzt.[32]

15   **cc) Andere Anlagen, Betriebs- und Geschäftsausstattung (A. II. 3).** Hierunter fallen alle Vermögensgegenstände, die nicht unmittelbar der Erbringung der betrieb-lichen Leistung dienen, also insbesondere Verwaltungsfunktion haben, wie z. B. Büro-ausstattung.[33]

16   **dd) Geleistete Anzahlungen und Anlagen im Bau (A. II. 4.).** Unter dem Posten *geleistete Anzahlungen* sind alle Vorleistungen auf schwebende Geschäfte auszuwei-sen, die den Erwerb von Gegenständen des Sachanlagevermögens zum Inhalt haben.[34] Der Ausweis der Anzahlungen dient der erfolgsneutralen Erfassung des schwebenden Geschäfts.[35] Der Posten *Anlagen im Bau* umfaßt die am Bilanzstichtag noch nicht fer-tiggestellten Gegenstände des Sachanlagevermögens. Dabei sind die bis dahin entstan-denen Aufwendungen für Eigen- und Fremdleistungen zu aktivieren.[36]

17   **c) Finanzanlagen (A. III.). aa) Allgemeines.** Während die immateriellen Vermö-gensgegenstände und die Sachanlagen die Mittelverwendung im eigenen Unternehmen ausweisen, betreffen Finanzanlagen Investitionen in andere Unternehmen bzw. Aus-leihungen gegenüber Privatpersonen.[37] Ferner müssen die Anteile und Forderungen nach § 247 Abs. 2 dazu bestimmt sein, dem Geschäftsbetrieb dauernd zu dienen. Fehlt es daran, sind sie dem Umlaufvermögen zuzuordnen. Hinsichtlich der weiteren bilan-ziellen Aufgliederung unterscheidet das Gesetz zum einen zwischen Anteilen (Nr. 1, 3, 5) und Ausleihungen (Nr. 2, 4, 6). Ferner sind Finanzanlagen bei verbundenen Unter-nehmen (Nr. 1, 2) und Unternehmen, mit denen ein Beteiligungsverhältnis besteht (Nr. 3, 4), und Finanzanlagen bei sonstigen Unternehmen und Privatpersonen (Nr. 5, 6) getrennt auszuweisen.

18   **bb) Anteile an verbundenen Unternehmen (A. III. 1.).** Der Begriff des verbun-denen Unternehmens ist in § 271 Abs. 2 definiert (vgl. die Erläuterungen dort Rdn. 12 ff). Zum Begriff des Anteils vgl. Erläuterungen zu § 271, 5. Der Ausweis unter dem Posten „Anteile an verbundenen Unternehmen" ist gegenüber dem Ausweis unter „Beteili-gungen" vorrangig.[38]

19   **cc) Ausleihungen an verbundene Unternehmen (A. III. 2.).** Ausleihungen sind Darlehensforderungen, die dem Anlagevermögen zuzuordnen sind, d. h. nach § 247 Abs. 2 auf längere Zeit dem Geschäftsbetrieb zu dienen bestimmt sind.[39] Nicht dazu gehören Forderungen aus Umsatzgeschäften, soweit sie nicht in Darlehen umgewan-delt worden sind.[40] Die Zuordnung zum Anlagevermögen setzt voraus, daß es sich um Darlehen mit einer gewissen Mindestlaufzeit handelt (wenigstens ein Jahr).[41] Zum Begriff des verbundenen Unternehmens vgl. Erläuterungen zu § 271, 12 ff.

20   **dd) Beteiligungen (A. III. 3.).** Hier sind Beteiligungen im Sinne von § 271 Abs. 1 auszuweisen, soweit sie nicht zu den Anteilen an verbundenen Unternehmen (A. III. 1.) gehören. Zum Begriff der Beteiligung vgl. Erläuterungen zu § 271, 4 ff.

21   **ee) Ausleihungen an Unternehmen, mit denen ein Beteiligungsverhältnis besteht (A. III. 4.).** Hierunter fallen sowohl Ausleihungen (zum Begriff vgl. oben

---

[32] *Schulze-Osterloh* aaO.
[33] *Schulze-Osterloh* aaO; KK-*Claussen* 39 f.
[34] Statt aller ADS 59.
[35] ADS aaO; näher *Schulze-Osterloh* FS Forster (1992) S. 659 ff.
[36] Baumbach/Hueck/*Schulze-Osterloh* § 42, 111; ADS 64.

[37] Vgl. zur Abgrenzung ADS 26.
[38] Statt aller Baumbach/Hueck/*Schulze-Osterloh* § 42, 127e.
[39] ADS 76; Baumbach/Hueck/*Schulze-Osterloh* § 42, 126.
[40] Beck BilKomm-*Hoyos/Gutike* 77; ADS 77.
[41] HdR-*Dusemond/Knop* 57.

Rdn. 19) an Unternehmen, an denen die Kapitalgesellschaft eine Beteiligung hält, als auch an Unternehmen, die an der Kapitalgesellschaft beteiligt sind.[42]

ff) Wertpapiere des Anlagevermögens (A. III. 5.). Unter diesem Posten sind alle **22** Wertpapiere auszuweisen, die weder unter die vorrangigen Bilanzposten Anteile an verbundenen Unternehmen oder Beteiligungen fallen, noch dem Geschäftsbetrieb nur vorübergehend zu dienen bestimmt sind und deshalb dem Umlaufvermögen zuzuordnen sind.[43] Dazu gehören festverzinsliche Wertpapiere, z. B. öffentliche Anleihen, Industrie- und Bankobligationen; ferner Wertpapiere mit Gewinnbeteiligungsansprüchen bzw. Mitgliedschaftsrechten wie Aktien, Investmentanteile, Genußrechte, Wandel- und Gewinnschuldverschreibungen.

gg) Sonstige Ausleihungen (A. III. 6.). Unter diesen Auffangposten fallen alle **23** Ausleihungen (zum Begriff vgl. oben Rdn. 19), die nicht bereits unter A. III. 2 und 4. ausgewiesen werden.

2. Umlaufvermögen (B.)

Dem Umlaufvermögen sind im Unterschied zum Anlagevermögen gemäß § 247 **24** Abs. 2 nur solche Vermögensgegenstände zuzuordnen, die nicht dazu bestimmt sind, dauernd dem Geschäftsbetrieb zu dienen.

a) Vorräte (B. I.). Der Oberbegriff Vorräte faßt vier Posten zusammen: Roh-, **25** Hilfs- und Betriebsstoffe (B. I. 1.), unfertige Erzeugnisse, unfertige Leistungen (B. I. 2.), fertige Erzeugnisse und Waren (B. I. 3.) und geleistete Anzahlungen (B. I. 4.).

aa) Roh-, Hilfs- und Betriebsstoffe (B. I. 1.). *Rohstoffe* sind Stoffe, die in die **26** betrieblichen Erzeugnisse eingehen und ihre Hauptbestandteile bilden. Dazu zählen nicht nur Grundstoffe der Urproduktion, sondern auch Erzeugnisse anderer Unternehmen, die zum Einbau in eigene Produkte oder zur Weiterverarbeitung bestimmt sind. *Hilfsstoffe* unterscheiden sich von Rohstoffen nur dadurch, daß sie einen untergeordneten Bestandteil des fertigen Erzeugnisses bilden. Zu den *Betriebsstoffen* zählen die Stoffe, die bei der Herstellung der betrieblichen Erzeugnisse verbraucht werden; ferner die Verbrauchsstoffe für Verwaltung und Vertrieb.[44]

bb) Unfertige Erzeugnisse, unfertige Leistungen (B. I. 2.). Unfertige Erzeug- **27** nisse sind solche Gegenstände, die – anders als Roh- und Hilfsstoffe (B. I. 1.) – bereits in den Produktionsprozeß eingegangen sind, aber noch nicht wie die fertigen Erzeugnisse (B. I. 3.) das Stadium der Verkaufsfähigkeit erreicht haben.[45] Soweit Dienstleistungen erbracht werden, die zum Abschlußstichtag noch nicht abgeschlossen sind und sich nicht in körperlichen Gegenständen niedergeschlagen haben, hat ein Ausweis unter „unfertige Leistungen" zu erfolgen.[46] Unter dem Posten „unfertige Erzeugnisse, unfertige Leistungen" sind auch die mit den Herstellungskosten anzusetzenden Leistungen bei langfristiger Fertigung auszuweisen, z. B. bei unfertigen Bauten auf eigenem oder fremdem Grund.[47] Nach § 268 Abs. 5 S. 2 können erhaltene *Anzahlungen auf Vorräte* von dem Posten „Vorräte" und damit auch von den unfertigen Erzeugnis-

---

[42] Vgl. ADS 82; Baumbach/Hueck/*Schulze-Osterloh* § 42, 128.
[43] Statt aller ADS 84.
[44] Vgl. zu allem näher ADS 102 ff.
[45] ADS 107.
[46] Zu unfertigen Leistungen vgl. näher Baumbach/Hueck/*Schulze-Osterloh* § 42, 135; *ders.* FS Forster (1992) S. 657 ff.

[47] Dazu Baumbach/Hueck/*Schulze-Osterloh* § 42, 135; ADS 109; *Biener/Berneke* S. 148; Beck Bil-Komm-*Hoyos/Bartels-Hetzler* 102; HdR-*Dusemond/Knop* 72; a. A. – Ausweis unter „Forderungen aus Lieferungen und Leistungen" – Beck HdR-*Disselkamp* B 214 Rdn. 99; HdR-*Reinhard* § 247, 84.

sen und Leistungen offen abgesetzt werden. Die *4. EG-Richtlinie* enthält in Art. 9 D. I. 3. nur den Posten „unfertige Erzeugnisse". Unfertige Leistungen sind nach Art. 18 als Rechnungsabgrenzungsposten oder Forderung auszuweisen. Es ist deshalb zweifelhaft, ob die Erweiterung dieses Postens um die „unfertigen Leistungen" durch den deutschen Gesetzgeber mit der 4. EG-Richtlinie vereinbar ist.[48]

28   **cc) Fertige Erzeugnisse und Waren (B. I. 3.).** Als fertige Erzeugnisse sind die Produkte auszuweisen, die versandfertig und unmittelbar der Veräußerung zugänglich sind.[49] Waren sind zur Weiterveräußerung angeschaffte Sachen.[50] Fertige Leistungen sind – in Erweiterung des Postens – ebenfalls hier auszuweisen, soweit eine Gewinnrealisierung noch nicht stattgefunden hat und damit noch keine Forderung ausgewiesen werden kann.[51]

29   **dd) Geleistete Anzahlungen (B. I. 4.).** Hierunter fallen geleistete Anzahlungen, soweit sie für den Erwerb von Vorräten getätigt wurden.

30   **b) Forderungen und sonstige Vermögensgegenstände (B. II.). aa) Forderungen aus Lieferungen und Leistungen (B. II. 1.).** Forderungen aus Lieferungen und Leistungen sind Ansprüche aus Umsatzgeschäften. Nicht erfaßt sind Forderungen, die nicht in engem Zusammenhang mit dem Gegenstand des Unternehmens stehen.[52] Sie sind als sonstige Vermögensgegenstände auszuweisen. Diese Unterscheidung entspricht der Trennung von Umsatzerlösen und sonstigen betrieblichen Erträgen in der GuV.[53] Forderungen gegenüber verbundenen Unternehmen bzw. Unternehmen, mit denen ein Beteiligungsverhältnis besteht, sind vorrangig unter den entsprechenden Posten auszuweisen, ggf. ist ein Mitzugehörigkeitsvermerk nach § 265 Abs. 3 S. 1 erforderlich.

31   **bb) Forderungen gegenüber verbundenen Unternehmen (B. II. 2.).** Forderungen gegenüber verbundenen Unternehmen sind ohne Rücksicht auf ihre Entstehungsursache unter diesem Posten auszuweisen (zum Begriff des verbundenen Unternehmens vgl. § 271, 13 ff).

32   **cc) Forderungen gegen Unternehmen, mit denen ein Beteiligungsverhältnis besteht (B. II. 3.).** Ebenfalls ohne Rücksicht auf die Entstehungsursache sind alle Forderungen gegen Beteiligungsunternehmen im Sinne von § 271 Abs. 1 unter diesem Posten auszuweisen, soweit nicht ein Ausweis unter B. II. 2. Vorrang hat (zum Begriff der Beteiligung vgl. § 271, 4 ff).

33   **dd) Sonstige Vermögensgegenstände (B. II. 4.).** Dieser Posten hat die Funktion eines Sammelpostens, unter dem alle Vermögensgegenstände des Umlaufvermögens auszuweisen sind, die nicht unter einen vorrangigen Posten B. II. 1.–3. fallen, z.B. Forderungen aus Lieferungen und Leistungen außerhalb der gewöhnlichen Geschäftstätigkeit der Gesellschaft.

34   **c) Wertpapiere (B. III.).** Der Posten B. III. unterscheidet sich von dem Posten A. III. 5. (Wertpapiere des Anlagevermögens) nur durch die anderweitige Bestimmung (vgl. § 247 Abs. 2).

35   **aa) Anteile an verbundenen Unternehmen (B. III. 1.).** Zum Begriff „Anteile an verbundenen Unternehmen" vgl. Rdn. 18. Der Oberbegriff „Wertpapiere" führt zu der Frage, wie solche Anteile an verbundenen Unternehmen auszuweisen sind, die

---

[48] Einen Verstoß gegen die EG-Richtlinie bejahend *Vogel* Die Rechnungslegungsvorschriften des HGB für Kapitalgesellschaften und die 4. EG-Richtlinie (Bilanzrichtlinie) (1993) S. 36 ff; *Schulze-Osterloh* aaO.

[49] HdR-*Dusemond/Knop* 73.
[50] Baumbach/Hueck/*Schulze-Osterloh* § 42, 136.
[51] ADS 118; *Schulze-Osterloh* aaO.
[52] Statt aller ADS 120.
[53] Vgl. § 277, 6 ff.

nicht verbrieft sind, wie z. B. GmbH-Anteile. Nach dem Wortlaut käme nur ein Ausweis unter „sonstigen Wertpapieren" (B. III. 3.) in Betracht. Im Interesse eines einheitlichen Ausweises im Anlage- und Umlaufvermögen wird dem Oberbegriff „Wertpapiere" aber für die Posten B. III. 1. und 2. keine Bedeutung beigemessen.[54]

bb) Eigene Anteile (B. III. 2.). Eigene Anteile sind nach § 265 Abs. 3 S. 2 aus- **36** schließlich unter diesem Posten auszuweisen, auch wenn sie nach § 247 Abs. 2 dazu bestimmt sind, dem Geschäftsbetrieb auf Dauer zu dienen.[55] Auf diese Weise soll sichergestellt werden, daß für die Bewertung eigener Anteile das Niederstwertprinzip gilt.[56] Die ausschließliche Zuordnung zum Umlaufvermögen findet in der 4. EG-Richtlinie keine Entsprechung (vgl. Art. 9 C. III. Nr. 7).[57] Da der Erwerb eigener Anteile wirtschaftlich eine Kapitalrückzahlung an die Gesellschafter darstellt, ist aus Gläubigerschutzgesichtspunkten im Fall einer Aktivierung in Höhe des Wertansatzes stets auch nach § 272 Abs. 4 eine Rücklage für eigene Anteile zu bilden. Zur Einziehung erworbene eigene Anteile sind nach § 272 Abs. 1 S. 4–6 nicht zu aktivieren, sondern offen von dem Posten „gezeichnetes Kapital" abzusetzen.[58] Wurde beim Erwerb der eigenen Anteile gegen § 71 Abs. 1 und 2 AktG verstoßen, steht dies einem Ausweis nicht entgegen, da das dingliche Geschäft nach § 71 Abs. 4 AktG wirksam ist. Gleiches gilt für den Erwerb eigener Geschäftsanteile nach § 33 Abs. 2 GmbHG. Ist der Erwerb dagegen – wie im Fall des § 33 Abs. 1 GmbHG – nichtig, so kommt allenfalls ein Ausweis eines Bereicherungsanspruchs als sonstiger Vermögensgegenstand in Betracht.[59]

cc) Sonstige Wertpapiere (B. III. 3.). Unter diesen Sammelposten fallen alle Wert- **37** papiere, die nicht zum Anlagevermögen gehören und auch nicht unter B. III. 1 und 2 auszuweisen sind.

d) Kassenbestand, Bundesbankguthaben, Guthaben bei Kreditinstituten und 38 Schecks (B. IV.). Dieser Posten umfaßt alle liquiden Mittel der Gesellschaft. Eine Untergliederung in die einzelnen Bestandteile ist aus Gründen der Klarheit und Übersichtlichkeit sinnvoll, aber nicht vorgeschrieben.[60] Guthaben bei der Postbank zählen zu den Guthaben bei Kreditinstituten. Die frühere gesonderte Postenbezeichnung „Postgiroguthaben" (vgl. § 266 Abs. 2 B. IV. a. F.) war mit der Umstrukturierung der Postgiroämter (jetzt Postbank) unnötig geworden und ist durch das KapCoRiLiG[61] gestrichen worden. Da zu den Guthaben bei Kreditinstituten nur liquide Mittel gehören, können Festgelder bei Kreditinstituten hier nur erfaßt werden, wenn sie jederzeit verfügbar sind.[62] Mangels ständiger Verfügbarkeit sind Bausparguthaben unter sonstigen Vermögensgegenständen auszuweisen.[63]

3. Rechnungsabgrenzungsposten (C.)

Unter diesem Posten sind die aktiven Rechnungsabgrenzungsposten auszuweisen. **39** Rechnungsabgrenzungsposten sind keine Vermögensgegenstände, sondern dienen

---

[54] Ganz h. M., vgl. ADS 138; Baumbach/Hueck/*Schulze-Osterloh* § 42, 146; HdR-*Dusemond/Knop* 89; Beck BilKomm-*Hoyos/Bartels-Hetzler* 136; a. A. – Ausweis unter „sonstige Vermögensgegenstände" (B. II. 4.) – MünchKommHGB-*Beater* 53.

[55] Zur Vereinbarkeit von § 265 Abs. 3 S. 2 mit der 4. EG-Richtlinie vgl. oben § 265, 15.

[56] ADS 265, 46.

[57] Vgl. § 265, 15.

[58] Vgl. § 272, 20 ff.

[59] Vgl. näher Baumbach/Hueck/*Schulze-Osterloh* § 42, 148; ADS 140; HdR-*Dusemond/Knop* 92.

[60] HdR-*Dusemond/Knop* 98.

[61] BGBl. I 2000, 154.

[62] So auch Baumbach/Hueck/*Schulze-Osterloh* § 42, 150; Beck BilKomm-*Förschle/Kofahl* 157; HdR-*Dusemond/Knop* 101. Weitergehend ADS 150.

[63] Ebenso *Schulze-Osterloh* aaO; HdR-*Dusemond/Knop* 102; a. A. ADS 154.

einer periodengerechten Erfolgsermittlung.[64] Die Bildung aktiver Rechnungsabgrenzungsposten ist zulässig nach § 250 Abs. 1 für Ausgaben vor dem Abschlußstichtag, die Aufwand für eine bestimmte Zeit nach diesem Tag darstellen, und nach § 250 Abs. 3 für ein Disagio. Hinsichtlich der Einzelheiten der Bildung von aktiven Rechnungsabgrenzungsposten vgl. die Erläuterungen zu § 250. Nach § 268 Abs. 6 ist ein Rechnungsabgrenzungsposten für ein Disagio gesondert auszuweisen oder im Anhang anzugeben.

4. Sonderposten auf der Aktivseite

40   Das gesetzliche Gliederungsschema des § 266 Abs. 2 ist in bestimmten Fällen nach anderen Vorschriften um zusätzliche Aktivposten zu erweitern.

41   **a) Ausstehende Einlagen (§ 272 Abs. 1 S. 2).** Nach § 272 Abs. 1 S. 2 sind die ausstehenden Einlagen auf das gezeichnete Kapital auf der Aktivseite vor dem Anlagevermögen gesondert auszuweisen und entsprechend zu bezeichnen. Hinsichtlich der weiteren Einzelheiten des Ausweises vgl. § 272, 12 ff.

42   **b) Aufwendungen für die Ingangsetzung und Erweiterung des Geschäftsbetriebes (§ 269).** § 269 gestattet die Aktivierung einer Bilanzierungshilfe für Aufwendungen zur Ingangsetzung und Erweiterung des Geschäftsbetriebes. Diese ist unter der entsprechenden Bezeichnung vor dem Anlagevermögen auszuweisen. Wegen der weiteren Voraussetzungen vgl. § 269, 7 ff.

43   **c) Aktive latente Steuern (§ 274 Abs. 2 S. 2).** Nach § 274 Abs. 2 S. 2 darf in Höhe einer voraussichtlichen Steuerentlastung in späteren Geschäftsjahren ein Abgrenzungsposten gebildet werden, der gesondert nach dem Posten C. auszuweisen ist. Zu den weiteren Voraussetzungen der Steuerabgrenzung vgl. § 274, 15–18.

44   **d) Nicht durch Eigenkapital gedeckter Fehlbetrag (§ 268 Abs. 3).** Ist das Eigenkapital durch Verluste aufgebraucht und ergibt sich ein Überschuß der Passivposten über die Aktivposten, ist ein entsprechender Fehlbetrag nach § 268 Abs. 3 am Schluß der Bilanz auf der Aktivseite gesondert auszuweisen (vgl. § 268, 24 ff).

45   **e) Nicht durch Einlagen gedeckter Verlustanteil persönlich haftender Gesellschafter einer KGaA (§ 286 Abs. 2 S. 3 AktG).** Dieser Posten ergibt sich, wenn die anteiligen Verluste den Kapitalanteil des persönlich haftenden Gesellschafters übersteigen und auch keine Einzahlungsverpflichtung besteht. Er ist entsprechend § 268 Abs. 3 am Schluß der Bilanz auf der Aktivseite auszuweisen.

46   **f) Sonderposten nach dem DMBilG.** Weitere Sonderposten auf der Aktivseite können sich aus der Anwendung des DMBilG ergeben.[65]

V. Gliederung der Passivseite (Abs. 3)

1. Eigenkapital (A.)

47   Nach § 266 Abs. 3 A. werden alle Eigenkapitalposten unter dem Posten „Eigenkapital" zusammengefaßt ausgewiesen. Im einzelnen gilt dabei folgende Untergliederung:

    – Kapitalrücklage (A. II.)
    – Gewinnrücklagen (A. III.)

---

[64] Statt aller *Knobbe-Keuk* Bilanz- und Unternehmenssteuerrecht § 4 VI 1.

[65] Vgl. dazu näher ADS 159, 161-163, 166, 167, 173–175; WP-Handbuch I F 140 ff m. w. N.

– Gewinnvortrag/Verlustvortrag (A. IV.)
– Jahresüberschuß/Jahresfehlbetrag (A. V.).

a) Gezeichnetes Kapital (A. I.). Der Begriff des gezeichneten Kapitals wird in **48** § 272 Abs. 1 gesetzlich definiert. Zum Inhalt dieses Postens vgl. § 272, 6 ff.

b) Kapitalrücklage (A. II.). Welche Beträge unter dem Posten „Kapitalrücklage" **49** auszuweisen sind, regelt § 272 Abs. 2. Wegen der Einzelheiten vgl. § 272, 23 ff.

c) Gewinnrücklagen (A. III.). Der Ausweis der Gewinnrücklagen bestimmt sich **50** nach § 272 Abs. 3. Zur Abgrenzung dieses Postens vgl. § 272, 51 ff.

aa) Gesetzliche Rücklage (A. III. 1.). Vgl. Erläuterungen zu § 272, 56. **51**

bb) Rücklage für eigene Anteile (A. III. 2.). Vgl. Erläuterungen zu § 272, 60 ff. **52**

cc) Satzungsmäßige Rücklagen (A. III. 3.). Vgl. Erläuterungen zu § 272, 57. **53**

dd) Andere Gewinnrücklagen (A. III. 4.). Vgl. Erläuterungen zu § 272, 58 f. **54**

d) Gewinnvortrag/Verlustvortrag (A. IV.). Ein nicht ausgeschütteter Jahres- **55** überschuß wird zum Bilanzstichtag des folgenden Geschäftsjahres zum Gewinnvortrag; ebenso wird ein Jahresfehlbetrag des Vorjahres zum Verlustvortrag. Der Posten Gewinnvortrag/Verlustvortrag wird nur ausgewiesen, wenn die Bilanz vor der Ergebnisverwendung aufgestellt wird (vgl. Erläuterungen zu § 268, 2 ff).

e) Jahresüberschuß/Jahresfehlbetrag (A. V.). Der Jahresüberschuß bzw. Jahres- **56** fehlbetrag ist der Saldo aller Aufwendungen und Erträge nach § 275 (wegen Einzelheiten vgl. Erläuterungen zu § 275, 44). Auch dieser Posten hat nur dann in der Bilanz zu erscheinen, wenn die Bilanz vor der Ergebnisverwendung aufgestellt wird (vgl. Erläuterungen zu § 268, 2 ff).

f) Sonderposten des Eigenkapitals. Wegen weiterer Sonderposten des Eigenkapi- **57** tals – insbesondere des Ausweises stiller Beteiligungen und von Genußrechtskapital sowie der Sonderposten mit Rücklageanteil – vgl. unten 74 ff.

2. Rückstellungen (B.)

Die allgemeinen Voraussetzungen für eine Rückstellungsbildung sind in § 249 ge- **58** regelt. Wegen der Einzelheiten der Passivierung vgl. Erläuterungen zu § 249.

a) Rückstellungen für Pensionen und ähnliche Verpflichtungen (B. I.). Es han- **59** delt sich um einen Unterfall der Rückstellungen für ungewisse Verbindlichkeiten. Ihre Passivierungspflicht ergibt sich grundsätzlich aus § 249 Abs. 1 S. 1, wird aber durch § 28 Abs. 1 EGHGB (Übergangsvorschrift, Passivierungswahlrechte) eingeschränkt. Unter diesem Posten sind zum einen Rückstellungen für unmittelbare *Pensionsverpflichtungen* (Anwartschaften und laufende Pensionen) auszuweisen, ferner Rückstellungen für mittelbare Pensionsverpflichtungen (vgl. § 28 Abs. 1 S. 2 EGHGB) aus der Subsidiärhaftung als Trägerunternehmen bei der Einschaltung einer Unterstützungskasse.[66] An einer entsprechenden – auch subsidiären – Verpflichtung gegenüber den Arbeitnehmern und seinen Angehörigen fehlt es dagegen bei Einschaltung einer Pensionskasse oder Direktversicherung. Die Beitragsverpflichtung der Gesellschaft gegenüber der Pensionskasse oder Direktversicherung ist als Verbindlichkeit zu passivieren. Hier entsteht eine unmittelbare Pensionsverpflichtung erst, wenn die Gesellschaft ihrer Leistungspflicht gegenüber der Pensionskasse oder Direktversicherung nicht nachkommt und deshalb gegenüber dem Arbeitnehmer unmittelbar aus der Pensionszusage verpflichtet ist.[67] *„Ähnliche Verpflichtungen"* sind den unmittelbaren und

---

[66] Vgl. Baumbach/Hueck/*Schulze-Osterloh* § 42, [67] *Schulze-Osterloh* aaO.
210; näher HFA 2/88 WPg 1988, 403.

mittelbaren Pensionszusagen ähnliche Verpflichtungen gegenüber Arbeitnehmern, die Versorgungscharakter haben, z. B. Übergangs- und Sterbegelder.[68]

60 **b) Steuerrückstellungen (B. II.).** Unter die Steuerrückstellungen fallen alle Rückstellungen für ungewisse Verbindlichkeiten aus dem Steuerschuldverhältnis, und zwar ohne Rücksicht darauf, ob die Gesellschaft Steuerschuldnerin ist.[69] Ferner gehören dazu sog. passivische latente Steuern (§ 274 Abs. 1).[70] Diese Unterscheidung hat z. B. Bedeutung für den Ausweis von Rückstellungen wegen Lohnsteuerschulden, da Steuerschuldner der Lohnsteuer der Arbeitnehmer ist, aber die Gesellschaft als Arbeitgeberin die Lohnsteuer einzubehalten und abzuführen hat und Haftungsschuldner ist.[71] Diese Fälle von Steuerschulden sind einzubeziehen, da der Posten „Steuerrückstellungen" nicht dem Ausweis einer (ungewissen) Steuerbelastung der Gesellschaft dienen soll, sondern inhaltlich durch die besondere rechtliche Qualität der Ansprüche aus dem öffentlich-rechtlichen Steuerschuldverhältnis bestimmt wird.[72] Eine Rückstellungsbildung kommt nach allgemeinen Grundsätzen nur in Betracht, soweit die Steuerschuld dem Grunde oder der Höhe nach ungewiß ist. Ansonsten sind die Steuerschulden unter den sonstigen Verbindlichkeiten mit entsprechendem Vermerk auszuweisen. Wegen weiterer Einzelheiten der Steuerrückstellungen vgl. Erläuterungen zu §§ 249, 274.

61 **c) Sonstige Rückstellungen (B. III.).** Sonstige Rückstellungen sind alle Rückstellungen mit Ausnahme der unter B. I und II. ausgewiesenen Rückstellungen. Zu Voraussetzungen und Einzelfällen der Passivierung von Rückstellungen vgl. Erläuterungen zu § 249.

3. Verbindlichkeiten (C.)

62 Verbindlichkeiten sind die **Schulden** der Gesellschaft. Sie unterscheiden sich von den Rückstellungen dadurch, daß ihre Entstehung sowohl dem Grunde als auch der Höhe nach hinreichend gewiß ist. Zu den Einzelheiten der Passivierung von Verbindlichkeiten und zur Abgrenzung von Fremd- und Eigenkapital vgl. Erläuterungen zu § 247. Unter den Verbindlichkeiten sind auch **Gesellschafterdarlehen** auszuweisen. Eine Pflicht zum gesonderten Ausweis von Gesellschafterdarlehen ergibt sich aus § 42 Abs. 3 GmbHG. Auch sog. *eigenkapitalersetzende Gesellschafterdarlehen* sind als Verbindlichkeiten auszuweisen.[73] Der Ansatz eines gesonderten Postens „haftendes Kapital" im Gliederungsschema zwischen Eigenkapital und Verbindlichkeiten kommt – anders als bei Genußrechten etc. (vgl. Rdn. 75 f) – nicht in Betracht. Zweifelhaft ist schließlich, ob eigenkapitalersetzende Gesellschafterdarlehen wegen des Einblicksgebots (§ 264 Abs. 2 S. 1) gesondert innerhalb der Verbindlichkeiten auszuweisen sind.[74] Dies dürfte aus Gründen der Klarheit und Praktikabilität zu verneinen sein, da die

---

[68] ADS 205; Baumbach/Hueck/*Schulze-Osterloh* § 42, 211.

[69] Ebenso HdR-*Dusemond/Knop* 134; Beck Bil-Komm-*Förschle/Kofahl* 201; Baumbach/Hueck/*Schulze-Osterloh* § 42, 212; MünchKommHGB-*Beater* 77 wohl auch Beck HdR-*Scheffler* B 233 Rdn. 141; **a. A.** ADS 206.

[70] ADS 209; Baumbach/Hueck/*Schulze-Osterloh* § 42, 212.

[71] Vgl. §§ 38 Abs. 2 S. 1, Abs. 3, 42d Abs. 1 Nr. 1 EStG.

[72] Baumbach/Hueck/*Schulze-Osterloh* § 42, 212.

[73] BGHZ 124, 282, 284 = NJW 1994, 724; Baumbach/Hueck/*Schulze-Osterloh* § 42, 226; Beck BilKomm-*Clemm/Erle* 255; HdJ-*U. Hüttemann* III/8 Rdn. 17; ADS 214a; HdR-*Küting* § 272, 183 f; *Knobbe-Keuk* Bilanz- und Unternehmenssteuerrecht § 4 V 3 2; Scholz/*Crezelius* Anh. § 42a, 221.

[74] So etwa Baumbach/Hueck/*Schulze-Osterloh* § 42, 226; *Baumbach/Duden/Hopt* 17; *Lutter/Hommelhoff* § 42, 42; einschränkend – erst bei Überschuldung oder Insolvenzreife – HdR-*Küting* § 272, 184.

rechtliche Einordnung der Darlehen als Eigenkapitalersatz (nach §§ 32a, b GmbHG bzw. analog §§ 30, 31 GmbHG) im Einzelfall mit erheblichen Unsicherheiten verbunden ist.[75] Ggf. ist im Lagebericht auf die finanziellen Schwierigkeiten hinzuweisen.[76] **Verbindlichkeiten mit Rangrücktritt** sind in der Handelsbilanz – anders als im Überschuldungsstatus[77] – weiterhin zu passivieren,[78] und zwar entweder als besonders gekennzeichnete Verbindlichkeiten[79] oder – zutreffender – als Sonderposten „haftendes Kapital" zwischen Eigenkapital und Verbindlichkeiten.[80]

a) Anleihen (C. I.). Anleihen sind langfristige Verbindlichkeiten, die durch In- **63** anspruchnahme der öffentlichen Kapitalmärkte aufgenommen worden sind.[81] Dazu zählen Schuldverschreibungen, Wandelschuldverschreibungen, Optionsschuldverschreibungen, Gewinnschuldverschreibungen, Genußrechte, soweit es sich um Fremdkapital handelt. Keine Anleihen sind mangels Aufnahme am öffentlichen Kapitalmarkt Schuldscheindarlehen.[82] „Konvertible" Anleihen sind durch gesonderten Davon-Vermerk anzugeben. Konvertibel sind solche Anleihen, die dem Anleihegläubiger ein Umtausch- bzw. Bezugsrecht auf Anteile der Gesellschaft gewähren (Wandelschuldverschreibungen und Optionsanleihen).[83]

b) Verbindlichkeiten gegenüber Kreditinstituten (C. II.). Maßgeblich für die **64** Zuordnung ist, daß Gläubiger der Schuld ein Kreditinstitut ist. Dies sind die Institute i. S. v. § 1 KWG sowie nach § 1 BausparkassenG auch Bausparkassen.[84]

c) Erhaltene Anzahlungen auf Bestellungen (C. III.). Erhaltene Anzahlungen **65** auf Bestellungen sind Vorleistungen auf die von der Gesellschaft zu erbringende Gegenleistung im Rahmen eines schwebenden Geschäfts. Sie sind keine echten Verbindlichkeiten, vielmehr dient ihre Passivierung dem erfolgsneutralen Ausweis des schwebenden Geschäfts (*passive Bilanzierungshilfe*).[85] Anzahlungen „auf Bestellungen" liegen nur vor, wenn es sich bei den zugrundeliegenden Geschäften um solche handelt, die zu Umsatzerlösen führen und zu deren Erfüllung Vorräte i. S. v. § 266 Abs. 2 B. I. eingesetzt werden.[86] Dies folgt aus § 268 Abs. 5 S. 2. Anzahlungen im Rahmen von Geschäften, die nicht zu Umsatzerlösen führen, sind deshalb unter sonstigen Verbindlichkeiten auszuweisen.[87]

Umsatzsteuer auf erhaltene Anzahlungen (vgl. § 13 Abs. 1a UStG) ist erfolgsneu- **66** tral zu behandeln. Dazu gibt es zwei Möglichkeiten: Nach der sog. *Bruttomethode* wird die Anzahlung einschließlich Umsatzsteuer ausgewiesen. Die abgeführte Ust. wird als Aufwand behandelt und nach § 250 Abs. 1 Nr. 2 unter den Rechnungsabgrenzungsposten aktiviert. Demgegenüber wird nach der sog. *Nettomethode* sogleich die Anzahlung abzüglich der abgeführten Ust. angesetzt und die Ust. bis zu ihrer Abführung an das Finanzamt gesondert unter den sonstigen Verbindlichkeiten passi-

---

[75] BGHZ 124, 282, 285 = NJW 1994, 724; *Knobbe-Keuk* aaO; ADS 214; *Scholz/Crezelius* Anh. § 42a, 221.

[76] ADS 214.

[77] BGH NJW 1987, 1697, 1698; Hachenburg/*Ulmer* § 63, 46a; Baumbach/Hueck/*Schulze-Osterloh* § 63, 15 m. w. N.

[78] Abweichend aber etwa Baumbach/Hueck/*Schulze-Osterloh* § 42, 226.

[79] Vgl. ADS 215; Beck BilKomm-*Clemm/Erle* 253; HdR-*Küting* 181; *Scholz/Crezelius* Anh. § 42a, 220.

[80] *Knobbe-Keuk* Bilanz- und Unternehmenssteuerrecht, § 4 V 3a; *Herlinghaus* Forderungsverzicht und Besserungsschein (1994) S. 152 ff.

[81] ADS 218; Beck BilKomm-*Clemm/Erle* 212; Baumbach/Hueck/*Schulze-Osterloh* § 42, 218.

[82] Vgl. etwa Beck BilKomm-*Clemm/Erle* 212 ff.

[83] ADS 221.

[84] ADS 222; HdR-*Dusemond/Knop* 149; Beck Bil-Komm-*Clemm/Erle* 221.

[85] HdR-*Knop* 268, 208; Baumbach/Hueck/*Schulze-Osterloh* § 42, 220.

[86] ADS 223, Baumbach/Hueck/*Schulze-Osterloh* § 42, 220; Beck BilKomm-*Clemm/Erle* 224.

[87] ADS aaO; *Schulze-Osterloh* aaO.

viert. Für eine Aktivierung nach § 250 Abs. 1 Nr. 2 ist danach kein Raum mehr. Der Nettomethode wird allgemein der Vorzug eingeräumt.[88]

67   d) **Verbindlichkeiten aus Lieferungen und Leistungen (C. IV.).** Hierunter sind infolge des Nichtausweises schwebender Geschäfte[89] nur solche Verbindlichkeiten zu erfassen, bei denen der Vertragspartner die Hauptleistung bereits vollständig erbracht hat, während die Gegenleistung der Gesellschaft noch aussteht.[90] Anders als beim Posten „Forderungen aus Lieferungen und Leistungen" ist es nicht erforderlich, daß die Verbindlichkeiten in engem Zusammenhang mit der betrieblichen Leistungserstellung der Gesellschaft stehen. Hinreichend ist vielmehr, daß es sich um Verbindlichkeiten aus Umsatzgeschäften zugunsten der Gesellschaft mit selbständigen Vertragspartnern handelt.[91] Eine langfristige Stundung ändert nichts am Charakter der Verbindlichkeit, soweit keine ausdrückliche Novation vorliegt.[92] Verbindlichkeiten aus Lieferungen und Leistungen gegenüber verbundenen Unternehmen oder Unternehmen, mit denen ein Beteiligungsverhältnis besteht, sind unter den vorrangigen Posten C. VI. oder C. VII. auszuweisen.

68   e) **Verbindlichkeiten aus der Annahme gezogener Wechsel und der Ausstellung eigener Wechsel (C. V.).** Unter diesem Posten sind die Wechselverbindlichkeiten der Gesellschaft auszuweisen, die auf der Annahme eines Wechsels (Art. 28 Abs. 1 WG) oder der Ausstellung eigener Wechsel (Art. 78 Abs. 1 WG) beruhen.[93] Der Ausweis der Wechselverbindlichkeit geht dem Ausweis der zugrundeliegenden Verbindlichkeit vor. Eine mögliche Haftung als Aussteller, Indossant oder Wechselbürge (Art. 9, 15, 32 WG) hat unter den Haftungsverhältnissen (§§ 251, 268 Abs. 7) zu erfolgen;[94] das gleiche gilt für sog. Kautions-, Sicherungs- und Depotwechsel, die nur zu Sicherungszwecken hinterlegt werden.[95] Erst soweit eine Inanspruchnahme droht, ist eine Rückstellung bzw. Verbindlichkeit auszuweisen.

69   f) **Verbindlichkeiten gegenüber verbundenen Unternehmen (C. VI.).** Dieser Posten umfaßt alle Verbindlichkeiten, wenn Gläubiger ein verbundenes Unternehmen ist. Zum Begriff des „verbundenen Unternehmens" vgl. Erläuterungen zu § 271, 12 ff.

70   g) **Verbindlichkeiten gegenüber Unternehmen, mit denen ein Beteiligungsverhältnis besteht (C. VII.).** Hierunter sind alle Verbindlichkeiten gegen Unternehmen auszuweisen, mit denen ein Beteiligungsverhältnis i. S. v. § 271 Abs. 1 besteht. Zum Beteiligungsverhältnis vgl. Erläuterungen zu § 271, 3 ff.

71   h) **Sonstige Verbindlichkeiten (C.VIII.).** Dieser Sammelposten umfaßt alle Verbindlichkeiten, die nicht unter einer der vorstehenden Positionen auszuweisen sind und für die nach § 265 Abs. 5 S. 1 auch kein gesonderter Posten gebildet worden ist.[96]

---

[88] St/HFA 1/1985, WPg 1985, 258; ADS 225; Beck BilKomm-*Clemm/Erle* 226; Baumbach/Hueck/*Schulze-Osterloh* 157; HdJ-*U. Hüttemann* III/8 Rdn. 108.
[89] Vgl. Erläuterungen zu § 252.
[90] Vgl. etwa Baumbach/Hueck/*Schulze-Osterloh* § 42, 221.
[91] ADS 227.
[92] So ADS 228; Beck BilKomm-*Clemm/Erle* 230; MünchKommHGB-*Beater* 86; wohl auch HdR-*Dusemond/Knop* 153; **a. A.** HdJ-*U. Hüttemann* III/8 Rdn. 113.
[93] ADS 229.
[94] Baumbach/Hueck/*Schulze-Osterloh* § 42, 222.
[95] ADS 230; Beck BilKomm-*Clemm/Erle* 242.
[96] Vgl. etwa die Übersichten bei ADS 235; Beck BilKomm-*Clemm/Erle* 246.

4. Rechnungsabgrenzungsposten (D.)

Unter diesem Posten sind passive Rechnungsabgrenzungsposten auszuweisen. **72** Dies sind nach § 250 Abs. 2 solche Beträge, die als Einnahmen vor dem Bilanzstichtag Erträge für eine bestimmte Zeit nach dem Stichtag darstellen (vgl. näher Erläuterungen zu § 250).

5. Sonderposten der Passivseite

Das in § 266 Abs. 3 vorgesehene Gliederungsschema für die Passivseite ist in **73** bestimmten Fällen kraft gesetzlicher Sonderregelungen um weitere Passivposten zu erweitern.

a) Kapitalanteil des persönlich haftenden Gesellschafters einer KGaA (§ 286 **74 Abs. 2 S. 1 AktG).** Innerhalb des Eigenkapitals ist nach dem Posten „Gezeichnetes Kapital" der Kapitalanteil des persönlich haftenden Gesellschafters einer KGaA gesondert auszuweisen.[97]

b) Genußrechte. Die bilanzielle Zuordnung der Genußrechte innerhalb des bilan- **75** ziellen Gliederungsschemas hängt zunächst davon ab, ob das Genußrechtskapital nach seiner konkreten vertraglichen Ausgestaltung materiell als eigenkapitalähnlich oder als Fremdkapital zu qualifizieren ist. Nach der HFA-Stellungnahme 2/94[98] müssen für die *Einordnung als materielles Eigenkapital* drei Merkmale erfüllt sein: Nachrangigkeit des Rückzahlungsanspruchs im Konkurs- bzw. Liquidationsfall, Erfolgsabhängigkeit der Vergütung und Teilnahme am Verlust in voller Höhe sowie Längerfristigkeit der Kapitalüberlassung.[99] Wegen Einzelheiten der Abgrenzung von Eigen- und Fremdkapital vgl. Erläuterungen zu § 247.

Soweit man Genußrechtskapital als eigenkapitalähnlich einordnet, stellt sich im **76** Rahmen des § 266 die Frage des bilanziellen **Ausweises**. Das Gliederungsschema des § 266 Abs. 3 enthält keinen besonderen Posten, sonstige gesetzliche Vorschriften fehlen. Denkbar ist zum einen – wie in HFA 2/94 vorgeschlagen – die Einfügung eines neuen Postens „Genußrechtskapital" innerhalb des Eigenkapitals nach den Gewinnrücklagen oder als letzter Posten.[100] Zum anderen kommt die Einfügung eines entsprechenden Postens zwischen Eigen- und Fremdkapital – mit eigenem Großbuchstaben – vor den Sonderposten mit Rücklageanteil in Betracht.[101] Für letzteres spricht das Gebot des true and fair view, weil auf diese Weise die Besonderheit des Postens – eigenkapitalähnliches Kapital von Nichtgesellschaftern – deutlicher wird als bei einem Ausweis im Rahmen des Eigenkapitals. Grundlage für diese Ergänzung des Gliederungsschemas wäre § 265 Abs. 5 S. 2.[102]

c) Einlage des stillen Gesellschafters. Für die bilanzielle Behandlung der Einlage **77** des stillen Gesellschafters gelten die Ausführungen in Rdn. 75, 76 entsprechend.[103]

d) Einlagen zur Kapitalerhöhung. Einlagen von Gesellschaftern, die in Erwar- **78** tung von Mitgliedschaftsrechten geleistet werden, begründen bis zur Eintragung der

---

[97] Vgl. näher *Sethe* DB 1998, 1046 ff.

[98] WPg 1994, 419.

[99] Zum Meinungsstand im Schrifttum vgl. die Übersichten bei Baumbach/Hueck/*Schulze-Osterloh* § 42, 216; ADS 190 ff.

[100] So HFA 2/94 WPg 1994, 421; ADS 197; Beck BilKomm-*Förschle/Kofahl* 186; HdR-*Duse-mond/Knop* 168, 170; Beck HdR-*Heymann* B 231 Rdn. 20.

[101] So *W. Müller* FS Budde (1995) S. 459 f; zustimmend Baumbach/Hueck/*Schulze-Osterloh* § 42, 216 a. E.

[102] Eingehend *W. Müller* aaO.

[103] Vgl. ADS 188; Beck BilKomm-*Förschle/Kofahl* 187; Baumbach/Hueck/*Schulze-Osterloh* § 42, 217; *W. Müller* FS Budde (1995) S. 461 f; alle m. w. N.

Kapitalerhöhung nur Gläubigerrechte. Sie sind dementsprechend zwischen „A. Eigenkapital" und „B. Rückstellungen" als besonderer Posten „Zur Durchführung der beschlossenen Kapitalerhöhung geleistete Einlagen" auszuweisen.[104]

79   **e) Bilanzgewinn/Bilanzverlust (§ 268 Abs. 1 S. 2).** Soweit die Bilanz nach teilweiser Ergebnisverwendung aufgestellt wird, sind die Posten „Jahresüberschuß/Jahresfehlbetrag" und „Gewinnvortrag/Verlustvortrag" nach § 268 Abs. 1 S. 2 durch den Posten „Bilanzgewinn/Bilanzverlust" zu ersetzen. Wegen Einzelheiten vgl. § 268, 2 ff.

80   **f) Sonderposten mit Rücklageanteil (§ 273).** Wegen dieses Sonderpostens vgl. Erläuterungen zu §§ 247, 273.

81   **g) Rückstellung für latente Steuern (§ 274 Abs. 1 S. 1).** Zur passivischen Steuerabgrenzung vgl. Erläuterungen zu § 274, 10 ff.

82   **h) Sonderposten nach dem DMBilG.** Weitere Sonderposten auf der Passivseite können sich aus der Anwendung des DMBilG ergeben.[105]

VI. Rechtsfolgen eines Verstoßes gegen das Gliederungsschema

83   Ein Verstoß gegen die Gliederungsvorschrift ist zunächst mit dem Ordnungswidrigkeitstatbestand des § 334 Abs. 1 Nr. 1 Buchst. c sanktioniert. Darüber hinaus droht den Mitgliedern des vertretungsberechtigten Organs bzw. des Aufsichtsrats eine Bestrafung nach § 331 Nr. 1, wenn durch den Gliederungsverstoß die Verhältnisse der Kapitalgesellschaft unrichtig wiedergegeben oder verschleiert werden. Sofern der Gliederungsverstoß die Klarheit und Übersichtlichkeit des Jahresabschlusses wesentlich beeinträchtigt, führt dies nach § 256 Abs. 4 S. 1 AktG zu dessen Nichtigkeit. Eine wesentliche Beeinträchtigung ist insbesondere dann anzunehmen, wenn die Bilanz in Staffelform aufgestellt wird, d. h. Aktiv- und Passivposten miteinander vermengt werden. Weitere Fälle sind z. B. unzulässige Abweichungen von der Gliederung entgegen § 265 Abs. 4–7 und die Aufstellung einer verkürzten Bilanz durch große Kapitalgesellschaften.[106]

§ 267
Umschreibung der Größenklassen

(1) Kleine Kapitalgesellschaften sind solche, die mindestens zwei der drei nachstehenden Merkmale nicht überschreiten:
1. 3 438 000 Euro Bilanzsumme nach Abzug eines auf der Aktivseite ausgewiesenen Fehlbetrags (§ 268 Abs. 3).
2. 6 875 000 Euro Umsatzerlöse in den zwölf Monaten vor dem Abschlußstichtag.
3. Im Jahresdurchschnitt fünfzig Arbeitnehmer.

(2) Mittelgroße Kapitalgesellschaften sind solche, die mindestens zwei der drei in Absatz 1 bezeichneten Merkmale überschreiten und jeweils mindestens zwei der drei nachstehenden Merkmale nicht überschreiten:

---

[104]   Näher ADS § 272, 19.
[105]   Wegen Einzelheiten vgl. ADS 243–246, 253 f.

[106]   ADS 21; Beck BilKomm-*Clemm/Erle* 265.

1. 13 750 000 Euro Bilanzsumme nach Abzug eines auf der Aktivseite ausgewiesenen Fehlbetrags (§ 268 Abs. 3).
2. 27 500 000 Euro Umsatzerlöse in den zwölf Monaten vor dem Abschlußstichtag.
3. Im Jahresdurchschnitt zweihundertfünfzig Arbeitnehmer.

(3) Große Kapitalgesellschaften sind solche, die mindestens zwei der drei in Absatz 2 bezeichneten Merkmale überschreiten. Eine Kapitalgesellschaft gilt stets als große, wenn sie einen organisierten Markt im Sinne des § 2 Abs. 5 des Wertpapierhandelsgesetzes durch von ihr ausgegebene Wertpapiere im Sinne des § 2 Abs. 1 Satz 1 des Wertpapierhandelsgesetzes in Anspruch nimmt oder die Zulassung zum Handel an einem organisierten Markt beantragt worden ist.

(4) Die Rechtsfolgen der Merkmale nach den Absätzen 1 bis 3 Satz 1 treten nur ein, wenn sie an den Abschlußstichtagen von zwei aufeinanderfolgenden Geschäftsjahren über- oder unterschritten werden. Im Falle der Umwandlung oder Neugründung treten die Rechtsfolgen schon ein, wenn die Voraussetzungen des Absatzes 1, 2 oder 3 am ersten Abschlußstichtag nach der Umwandlung oder Neugründung vorliegen.

(5) Als durchschnittliche Zahl der Arbeitnehmer gilt der vierte Teil der Summe aus den Zahlen der jeweils am 31. März, 30. Juni, 30. September und 31. Dezember beschäftigten Arbeitnehmer einschließlich der im Ausland beschäftigten Arbeitnehmer, jedoch ohne die zu ihrer Berufsausbildung Beschäftigten.

(6) Informations- und Auskunftsrechte der Arbeitnehmervertretungen nach anderen Gesetzen bleiben unberührt.

Übersicht

	Rdn.		Rdn.
I. Allgemeines		III. Größenkriterien	
1. Regelungsgegenstand	1	1. Bilanzsumme	10
2. Übersicht	2	2. Umsatzerlöse	11
3. Rechtsentwicklung	3	3. Zahl der Arbeitnehmer (Abs. 5)	12
II. Kleine, mittelgroße und große		IV. Zeitliche Voraussetzungen der	
Kapitalgesellschaft (Abs. 1–3)		Größenklassen (Abs. 4)	13
1. Unterscheidung nach Größenkriterien (Abs. 1–3 S. 1)	4	1. Grundregel (Abs. 4 S. 1)	14, 15
a) Kleine Kapitalgesellschaft (Abs. 1)	5	2. Umwandlung und Neugründung (Abs. 4 S. 2)	16–19
b) Mittelgroße Kapitalgesellschaft (Abs. 2)	6, 7	V. Arbeitnehmerrechte (Abs. 6)	20
c) Große Kapitalgesellschaft (Abs. 3 S. 1)	8	1. Meinungsstand	21
		2. Stellungnahme	22
2. Sonderregelung für börsennotierte Gesellschaften (Abs. 3 S. 2)	9	VI. Sanktionen	23

Schrifttum

Bitter/Grashoff Anwendungsprobleme des Kapitalgesellschaften- und Co-Richtlinie-Gesetzes, DB 2000, 833; *Farr* Der Jahresabschluß der kleinen GmbH, GmbHR 1996, 92, 185; *ders.* Der Jahresabschluß der mittelgroßen und der kleinen AG, AG 1996, 145; *Kropp/Sauerwein* Bedeutung des Aufstellungszeitpunkts für die Rückwirkung der neuen Größenklassen/Kriterien des § 267 HGB, DStR 1995, 70; *Luttermann* Das Kapitalgesellschaften- und Co.-Richtlinie-Gesetz, ZIP 2000, 517; *Pfitzer/Wirth* Die Änderungen des Handelsgesetzbuchs, DB 1994, 1937; *Strobel* Die Neuerungen des KapCoRiLiG für den Einzel- und Konzernabschluss, DB 2000, 53.

Rainer Hüttemann

I. Allgemeines

1. Regelungsgegenstand

1   § 267 enthält die **gesetzlichen Definitionen** der sog. „kleinen", „mittelgroßen" und „großen Kapitalgesellschaft". Die Unterscheidung der Kapitalgesellschaften nach bestimmten Größenklassen bildet die Grundlage für bestimmte *Erleichterungen* bei der Aufstellung, Prüfung und Offenlegung des Jahresabschlusses, die nach dem BiRi-LiG für kleine und mittelgroße Kapitalgesellschaften bestehen.[1] Die gemeinschaftsrechtliche Grundlage des § 267 sowie der verschiedenen Erleichterungen bilden die Art. 11, 12, 27, 44, 45 Abs. 2 S. 2, 47 Abs. 2, 3, 51 Abs. 2 der 4. EG-Richtlinie. § 267 betrifft nur die größenabhängigen Erleichterungen für Kapitalgesellschaften und Personenhandelsgesellschaften i. S. v. § 264a. Ferner gilt § 267 kraft Verweisung in § 336 Abs. 2 auch für Genossenschaften. Die Rechnungslegungspflichten für Unternehmen nach dem PublG werden von § 267 nicht berührt (vgl. § 5 Abs. 1 S. 2 PublG). Dies gilt auch für die besonderen Schwellenwerte des § 1 Abs. 1 PublG.

2. Übersicht

2   Die Abs. 1–3 enthalten die Definitionen der „kleinen", „mittelgroßen" und „großen Kapitalgesellschaft" anhand bestimmter **Größenmerkmale** (Bilanzsumme, Umsatzerlöse, Zahl der Arbeitnehmer) bzw. der **Börsennotierung**. Abs. 4 bestimmt, in welchen Zeitpunkten die Größenmerkmale vorliegen müssen. Abs. 5 enthält nähere Vorgaben zur Bestimmung der Anzahl der Arbeitnehmer. Abs. 6 betrifft die Auswirkungen der größenabhängigen Erleichterungen auf die Auskunftsrechte der Arbeitnehmervertretungen.

3. Rechtsentwicklung

3   Die Größenmerkmale des § 267 sind seit dem Inkrafttreten des BiRiLiG in mehrfacher Hinsicht geändert worden. Die 4. EG-Richtlinie schreibt in Art. 53 Abs. 2 eine *Überprüfung der Finanzschwellenwerte* in einem Abstand von fünf Jahren vor. Damit soll der wirtschaftlichen und monetären Entwicklung (Inflationseffekte) Rechnung getragen werden. Auf dieser Grundlage sind die Grenzwerte „Bilanzsumme" und „Umsatzerlöse" – nicht aber der Schwellenwert „Zahl der Arbeitnehmer" – zunächst durch die ECU-Anpassungsrichtlinie v. 21.3.1994[2] und zuletzt durch die ECU-Änderungsrichtlinie v. 17.6.1999[3] angehoben worden. Diese Änderungen sind durch das Gesetz zur Änderung des D-Markbilanzgesetzes v. 25.7.1994[4] (rückwirkend für alle Geschäftsjahre, die nach dem 31.12.1990 beginnen)[5] sowie durch das KapCoRiLiG v. 24.2.2000[6] in nationales Recht umgesetzt worden. Mit dem Euro-Bilanzgesetz v. 10.12.2001[6a] sind die Schwellenwerte auf Euro umgestellt worden. Die Entwicklung der Größenmerkmale „Bilanzsumme" und „Umsatzerlöse" zeigt folgende Übersicht:

Kleine Kapitalgesellschaft	1985	1994	2000	2002
Bilanzsumme	3,9 Mio. DM	5,31 Mio. DM	6,72 Mio. DM	3,438 Mio. Euro
Umsatzerlöse	8,0 Mio. DM	10,62 Mio. DM	13,44 Mio. DM	6,875 Mio. Euro

---

[1] Vgl. die Übersichten über die Erleichterungen bei ADS 29–31.
[2] Richtlinie 94/8/EG v. 21.3.1994 ABlEG Nr. L 82 v. 25.3.1994, S. 33.
[3] ABlEG Nr. L 162 v. 26.6.1999, S. 65.
[4] BGBl. I 1994, 1682.
[5] Vgl. näher *Pfitzer/Wirth* DB 1994, 1937 ff; *Kropp/Sauerwein* DStR 1995, 70 ff.
[6] BGBl. I 2000, 154.
[6a] BGBl. I 2001, 34/4.

Mittelgroße Kapitalgesellschaft	1985	1994	2000	2002
Bilanzsumme	15,5 Mio. DM	21,24 Mio. DM	26,89 Mio. DM	13,75 Mio. Euro
Umsatzerlöse	32,0 Mio. DM	42,48 Mio. DM	53,78 Mio. DM	27,5 Mio. Euro

Die seit 2000 geltenden *Beträge* dürfen auf alle Geschäftsjahre angewendet werden, die nach dem 31.12.1998 beginnen.[7] Für die Beurteilung, ob am 31.12.1999 die Schwellenwerte an zwei aufeinanderfolgenden Abschlußstichtagen unterschritten sind (§ 267 Abs. 4 S. 1), können bereits die neuen Schwellenwerte für den 31.12.1998 und den 31.12.1999 angewandt werden.[8] Durch das KapCoRiLiG ist auch das Merkmal der *Börsennotierung* geändert und an die geänderte Fassung des § 292a Abs. 1 angepaßt worden.[9] Die auf Euro umgestellten Beträge sind erstmals auf Geschäftsjahre anzuwenden, deren Stichtag nach dem 31.12.2001 liegt.[9a]

II. Kleine, mittelgroße und große Kapitalgesellschaft (Abs. 1–3)

1. Unterscheidung nach Größenkriterien (Abs. 1–3 S. 1)

Für die Differenzierung zwischen „kleinen", „mittelgroßen" und „großen Kapital- **4** gesellschaften" i.S.v. § 267 sind *vier Kriterien* maßgebend:

- Bilanzsumme nach Abzug eines auf der Aktivseite ausgewiesenen Fehlbetrages,
- Umsatzerlöse,
- Zahl der Arbeitnehmer,
- Börsennotierung.

Unter Anwendung der aktuellen Größenkriterien ergibt sich danach folgendes Bild:

a) Kleine Kapitalgesellschaft (Abs. 1)

Sie überschreitet mindestens zwei der folgenden drei Größenkriterien nicht: **5**

- Bilanzsumme 3,438 Mio. Euro,
- Umsatzerlöse 6,875 Mio. Euro,
- Zahl der Arbeitnehmer 50.

b) Mittelgroße Kapitalgesellschaft (Abs. 2)

Sie überschreitet mindestens zwei der für kleine Kapitalgesellschaften geltenden **6** Schwellenwerte, aber überschreitet mindestens zwei der folgenden Werte nicht:

- Bilanzsumme 13,75 Mio. Euro,
- Umsatzerlöse 27,5 Mio. Euro,
- Zahl der Arbeitnehmer 250.

Ferner liegen die Voraussetzungen des Abs. 3 S. 2 nicht vor. **7**

c) Große Kapitalgesellschaft (Abs. 3 S. 1)

Eine große Kapitalgesellschaft liegt – vorbehaltlich der Sonderregelung des Abs. 3 **8** S. 2 – vor, wenn mindestens zwei der folgenden Werte überschritten werden:

- Bilanzsumme 13,75 Mio. Euro,
- Umsatzerlöse 27,5 Mio. Euro,
- Zahl der Arbeitnehmer 250.

---

[7] Vgl. Art. 48 Abs. 1 S. 2 EGHGB i.d.F. des Kap-CoRiLiG.
[8] BTDrucks. 14/1806, S. 22; *Strobel* DB 2000, 57.

[9] Dazu näher unten Rdn. 9.
[9a] Vgl. BTDrucks. 14/6456, S. 12.

Rainer Hüttemann

2. Sonderregelung für börsennotierte Gesellschaften (Abs. 3 S. 2)

9   Nach § 267 Abs. 3 S. 2 gilt eine Gesellschaft ohne Rücksicht auf die Größenkriterien der Abs. 1–3 S. 1 als große Kapitalgesellschaft, „wenn sie einen organisierten Markt im Sinne des § 2 Abs. 5 des Wertpapierhandelsgesetzes durch von ihr ausgegebene Wertpapiere im Sinne des § 2 Abs. 1 Satz 1 des Wertpapierhandelsgesetzes in Anspruch nimmt oder die Zulassung zum Handel an einem organisierten Markt beantragt worden ist". Mit dieser Regelung hat der deutsche Gesetzgeber von der Möglichkeit Gebrauch gemacht, das Mitgliedstaatenwahlrecht, das die Art. 11, 12, 27 der 4. EG-Richtlinie eröffnen, nur eingeschränkt umzusetzen. Der Wortlaut des Abs. 3 S. 2 ist durch das KapCoRiLiG *neu gefaßt* und an die ebenfalls geänderte Fassung des § 292a Abs. 1 angepaßt worden.[10] Damit entfällt insbesondere die in § 267 Abs. 3 S. 2 a. F. enthaltene Beschränkung auf eine Börse in der Europäischen Union. Nunmehr führt auch eine Börsennotierung außerhalb der EU zur Anwendung der Regeln über große Kapitalgesellschaften. Entfallen ist auch die – überholte[11] – Anknüpfung an den amtlichen Handel bzw. geregelten Freiverkehr. Abs. 3 S. 2 n. F. stellt ausschließlich auf die Inanspruchnahme eines *„organisierten Marktes"* im Sinne von § 2 Abs. 5 des Wertpapierhandelsgesetzes ab. Danach muß ein Markt von staatlich anerkannten Stellen geregelt und überwacht werden, regelmäßig stattfinden und für das Publikum unmittelbar oder mittelbar zugänglich sein. Dazu zählen der amtliche Handel, der geregelte Markt und wohl auch der „Neue Markt",[12] nicht aber der Freiverkehr.[13] Einer „Inanspruchnahme" steht die Beantragung der Zulassung gleich.

III. Größenkriterien

1. Bilanzsumme (Abs. 1, 2)

10   § 267 bestimmt hinsichtlich des Kriteriums der „Bilanzsumme" nur, daß ein Fehlbetrag nach § 268 Abs. 3 von dieser abzuziehen ist.[14] Im übrigen fehlen weitere Vorgaben, so daß es den Kapitalgesellschaften grundsätzlich freisteht, im Rahmen der gesetzlichen Möglichkeiten (vgl. § 264 Abs. 2 S. 1) durch die entsprechende Ausübung von Ansatz-, Bewertungs- und Ausweiswahlrechten die Bilanzsumme zu beeinflussen.[15] Dabei ist zu beachten, daß es allein auf die Auswirkungen auf der Aktivseite der Bilanz ankommt (Verlängerung oder Verkürzung).

2. Umsatzerlöse (Abs. 1, 2)

11   Das Gesetz enthält in § 267 keine spezielle Definition der „Umsatzerlöse". Daher kann unmittelbar der entsprechende Posten in der GuV (vgl. §§ 275 Abs. 2 Nr. 1, Abs. 3 Nr. 1, 277 Abs. 1) herangezogen werden.[16] Entscheidend sind die Umsatzerlöse in den zwölf Monaten vor dem Abschlußstichtag. Bei Rumpfgeschäftsjahren sind – vorbehaltlich Abs. 4 S. 2 – die tatsächlichen Erlöse der entsprechenden Monate des vorangegangenen Geschäftsjahres ergänzend zu berücksichtigen.[17]

---

[10] Vgl. BTDrucks. 14/1806, S. 23.

[11] Vgl. zu § 267 Abs. 3 S. 2 a. F. ADS 6.

[12] Zur umstrittenen Einordnung des „Neuen Marktes" im Rahmen § 2 Abs. 5 WpHG vgl. *Schäfer/Geibel* WpHG § 2, 54 m. w. N.

[13] Siehe BTDrucks. 14/1806, S. 23; ADS (ErgBd) § 267 n. F. 5; **a. A.** – zu § 267 Abs. 3 S. 2 a. F. – LG Wuppertal DB 1996, 1863.

[14] Wegen der Abziehbarkeit der entsprechenden

Posten für den Kapitalanteil des persönlich haftenden Gesellschafters einer KGaA vgl. ADS 10.

[15] Vgl. die Übersichten bei ADS 8 ff; HdR-*Knop* 8 ff.

[16] ADS 11; Beck BilKomm-*Budde/Karig* 7; HdR-*Knop* 12; Baumbach/Hueck/*Schulze-Osterloh* § 41, 8.

[17] ADS 12; Beck BilKomm-*Budde/Karig* 8; KK-*Claussen* 21; HdR-*Knop* 13.

3. Zahl der Arbeitnehmer (Abs. 5)

Der Gesetzgeber hat in § 267 auf eine besondere Definition des „Arbeitnehmer- **12** begriffs" verzichtet. Damit ist der allgemeine Begriff des Arbeitnehmers anzuwenden, wie er durch das Arbeitsrecht und die Rechtsprechung des BAG geprägt ist.[18] Ausgenommen sind aber nach § 267 Abs. 5 letzter Halbs. die zur Berufsausbildung Beschäftigten. Für die Berechnung der Zahl der Arbeitnehmer enthält Abs. 5 eine Sonderregelung. Danach ist der vierte Teil der Summe der jeweils am 31. 3., 30. 6., 30. 9. und 31. 12. beschäftigten Arbeitnehmer einschließlich der im Ausland beschäftigten Arbeitnehmer maßgebend.[19]

IV. Zeitliche Voraussetzungen der Größenklassen (Abs. 4)

Abs. 4 regelt die Frage, zu welchen Zeitpunkten die in Abs. 1–3 geregelten Größen- **13** kriterien erfüllt sein müssen, damit eine Kapitalgesellschaft als „kleine", „mittelgroße" oder „große" Kapitalgesellschaft qualifiziert werden kann.

1. Grundregel (Abs. 4 S. 1)

Nach Abs. 4 S. 1 kommt es für die Einordnung in eine Größenklasse darauf an, **14** daß die Gesellschaft an den Abschlußstichtagen von *zwei aufeinanderfolgenden Geschäftsjahren* die genannten Merkmale über- bzw. unterschreitet. Ein einmaliges Über- bzw. Unterschreiten ist somit bedeutungslos. Auf diese Weise soll eine größere Stetigkeit hinsichtlich der anzuwendenden Vorschriften erreicht werden. Erfüllt also z. B. eine Gesellschaft am Stichtag 1 die Merkmale einer „kleinen Kapitalgesellschaft", dann gilt diese Einordnung auch für das nächste Geschäftsjahr, selbst wenn sie am Stichtag 2 die Merkmale einer „mittelgroßen Kapitalgesellschaft" erfüllt. Erst dann, wenn am Stichtag 3 die Merkmale einer „mittelgroßen" oder „großen" Kapitalgesellschaft vorliegen, wären für dieses Geschäftsjahr die Vorschriften über „mittelgroße Kapitalgesellschaften" anzuwenden. Erfüllt die Gesellschaft dagegen zum Stichtag 3 wieder die Merkmale einer „kleinen Kapitalgesellschaft", bleibt die einmalige Überschreitung zum Stichtag 2 ohne Konsequenzen.[20] Erfüllt eine Kapitalgesellschaft an drei aufeinanderfolgenden Stichtagen jeweils in aufsteigender Reihenfolge die Merkmale einer „kleinen", „mittelgroßen" und „großen Kapitalgesellschaft", so ist sie am Ende des dritten Jahres als „mittelgroß" zu qualifizieren, obwohl die Voraussetzungen der „mittelgroßen Kapitalgesellschaft" nicht an zwei aufeinanderfolgenden Stichtagen vorgelegen haben.[21]

Abs. 4 S. 1 fordert nicht, daß jeweils dieselben Merkmale in zwei aufeinander- **15** folgenden Jahren über- bzw. unterschritten werden. Ausreichend ist, daß jeweils die geforderten zwei von drei Größenmerkmalen an zwei aufeinanderfolgenden Abschlußstichtagen vorliegen.[22]

---

[18] ADS 13; Beck BilKomm-*Budde/Karig* 9; HdR-*Knop* 14.

[19] Wegen Zurechnungsfragen bei Arbeitnehmerüberlassung vgl. näher ADS 14.

[20] Eingehend zur Wirkung des Abs. 4 S. 1 Beck Bil-Komm-*Budde/Karig* 20 mit tabellarischer Übersicht.

[21] Ebenso ADS 17; Beck BilKomm-*Budde/Karig* 18; KK-*Claussen* 18; Scholz/*Crezelius* § 42a, 29.

[22] ADS 16.

2. Umwandlung und Neugründung (Abs. 4 S. 2)

16   Während die Grundregel des Abs. 4 S. 1 auf den Fall einer kontinuierlichen Unternehmensfortführung zugeschnitten ist, enthält Abs. 4 S. 2 eine **Sonderregelung** für die Fälle der Umwandlung und Neugründung. Hier ist der Rechtsgedanke des Abs. 4 S. 1 nicht anwendbar und deshalb bestimmt das Gesetz, daß es in diesen Fällen allein auf das Vorliegen der Größenmerkmale am ersten Abschlußstichtag nach der Umwandlung oder Neugründung ankommt. Die Anwendung dieser Sonderregelung bereitet für das Merkmal der Bilanzsumme keine Schwierigkeiten. Probleme ergeben sich dagegen bei der Feststellung der als Durchschnittsbeträge zu ermittelnden Kriterien „Umsatzerlöse" und „Zahl der Arbeitnehmer", sofern das erste Geschäftsjahr weniger als zwölf Monate umfaßt. Dabei sind folgende Fallgestaltungen zu unterscheiden:

17   Handelt es sich um eine **Neugründung** und umfaßt das erste Rumpfgeschäftsjahr weniger als zwölf Monate, so ist umstritten, ob aus den Erlösen des Rumpfgeschäftsjahres ein (fiktiver) Jahresumsatz hochzurechnen ist,[23] oder ob allein die tatsächlichen Erlöse des Rumpfgeschäftsjahres maßgebend sind.[24] Letzterer Ansicht ist zu folgen, da der Wortlaut des Abs. 4 für eine entsprechende Hochrechnung nichts hergibt. Für die Berechnung der Zahl der Arbeitnehmer ist die Durchschnittsregelung des Abs. 5 dahingehend zu modifizieren, daß das arithmetische Mittel der Quartalszahlen des Rumpfgeschäftsjahres zugrundegelegt wird.[25] Fällt kein Quartalsende in das Rumpfgeschäftsjahr, ist die Zahl der Arbeitnehmer am Abschlußstichtag maßgebend.[26] Die vorstehenden Grundsätze sind nicht anzuwenden, wenn die Ermittlung der geforderten zwölfmonatigen Durchschnittszahlen unter Berücksichtigung der Umsätze und Arbeitnehmerzahlen der *Vorgesellschaft* möglich ist.[27] Eine einheitliche Betrachtung von Vorgesellschaft und später eingetragener Kapitalgesellschaft gebietet der Identitätsgedanke.[28]

18   Im Fall der **Verschmelzung und Spaltung** stellt sich die Frage, ob bei Rumpfgeschäftsjahren des neuen Rechtsträgers zur Ermittlung von Umsatzerlösen und Arbeitnehmerzahl die entsprechenden Zahlen des oder der alten Rechtsträger mitberücksichtigt werden können. So könnten etwa im Fall der Verschmelzung die Zahlen der übertragenden bzw. übertragenden und aufnehmenden Gesellschaften ergänzend herangezogen werden.[29] Nach anderer Auffassung soll es hingegen – wie im Fall der Gründung – allein auf die Zahlen des Rumpfgeschäftsjahres ankommen.[30] Für die zweitgenannte Ansicht spricht, daß Abs. 4 S. 2 ausdrücklich an rechtliche Umstrukturierungsmaßnahmen anknüpft, ohne Rücksicht darauf, ob weiterhin ein „wirtschaftlich unverändertes Gebilde" vorliegt.[31] Ein Rückgriff auf die Zahlen der früheren Rechtsträger ist deshalb nicht geboten. Aus den gleichen Erwägungen ist Abs. 4 S. 2 selbst im Fall des **Formwechsels** von einer Kapitalgesellschaft in eine andere anzuwenden,[32] der nach § 1 Abs. 1 Nr. 4 UmwG als „Umwandlung" gilt und vom Gesetzgeber nicht ausdrücklich aus dem Anwendungsbereich des § 267 Abs. 4 S. 2 ausgenommen worden ist.

19   § 267 Abs. 4 enthält keine ausdrückliche Regelung für den Fall der **erstmaligen Anwendung der §§ 264 ff.** Die Frage stellte sich zuerst beim Inkrafttreten des BiRi-

[23] So ADS 19.
[24] Beck BilKomm-*Budde/Karig* 8, 28; HdR-*Knop* 29; KK-*Claussen* 29; Scholz/*Crezelius* § 42a, 31.
[25] ADS 20; HdR-*Knop* 25; Beck BilKomm-*Budde/Karig* 13.
[26] ADS 20.
[27] Vgl. ADS 20, Beck BilKomm-*Budde/Karig* 23.

[28] Scholz/*Crezelius* § 42a, 31.
[29] So ADS 22; HdR-*Knop* 27 f; KK-*Claussen* 21.
[30] Beck BilKomm-*Budde/Karig* 29.
[31] Anders HdR-*Knop* 26.
[32] Ebenso Beck BilKomm-*Budde/Karig* 26; **a. A.** – für teleologische Reduktion des Abs. 4 S. 2 – ADS 24.

LiG und gewinnt nun wieder aktuelle Bedeutung durch die Einbeziehung von Personenhandelsgesellschaften infolge des KapCoRiLiG (vgl. §§ 264a ff). Würde man den Fall der erstmaligen Anwendung der §§ 264 ff wie eine Neugründung bzw. Umwandlung behandeln, wären analog § 267 Abs. 4 S. 2 ausschließlich die Verhältnisse am ersten Bilanzstichtag nach Einbeziehung relevant.[33] Gegen eine solche Analogie spricht aber der Umstand, daß eine rechtliche Umstrukturierung (Umwandlung, Neugründung) nicht stattgefunden hat.[34] Da das Unternehmen in derselben Rechtsform auch schon im Vorjahr bestanden hat, besteht durchaus die Möglichkeit, unter Einbeziehung der Vorjahreszahlen die allgemeine Zwei-Jahres-Regel des § 267 Abs. 4 S. 1 anzuwenden.[35] Dies setzt aber voraus, daß die Vorjahresgrößen vergleichbar sind, d. h. bereits im Vorjahr – freiwillig – die Rechnungslegungsvorschriften für Kapitalgesellschaftsregeln angewendet worden sind.[36] Im Regelfall wird daher mangels vergleichbarer Vorjahreszahlen § 267 Abs. 4 S. 2 maßgebend sein.

V. Arbeitnehmerrechte (Abs. 6)

Nach Abs. 6 bleiben die Informations- und Auskunftsrechte der Arbeitnehmervertretungen nach anderen Gesetzen – z. B. nach § 108 Abs. 5 Betriebsverfassungsgesetz (BetrVG)[37] – unberührt. Die sachliche Reichweite dieses Vorbehalts ist im Schrifttum umstritten. **20**

1. Meinungsstand

Nach einer Ansicht betrifft Abs. 6 nur Einschränkungen der *Offenlegungspflicht* des Jahresabschlusses.[38] Diese Auslegung kann sich auf den Bericht des Rechtsausschusses berufen, in dem zu Abs. 6 nur von den „Erleichterungen bei der Offenlegung" die Rede ist.[39] Danach wären Teile des Jahresabschlusses, wie etwa die GuV, die bei kleinen Kapitalgesellschaften nicht offengelegt werden müssen, den zuständigen Arbeitnehmervertretungen gleichwohl vorzulegen.[40] Dagegen wäre Abs. 6 nach dieser Ansicht nicht anzuwenden, wenn es um Erleichterungen bei der *Aufstellung des Jahresabschlusses* – Zulässigkeit einer verkürzten Bilanz – geht.[41] Die Arbeitnehmervertreter könnten also nicht die Vorlage eines nicht verkürzten Jahresabschlusses verlangen. Nach anderer Meinung gilt § 267 Abs. 6 für alle Erleichterungen bei der Aufstellung, Prüfung und Offenlegung von Jahresabschlüssen, so daß die Vorlage einer verkürzten Bilanz oder GuV an Arbeitnehmervertretungen unzulässig wäre.[42] **21**

2. Stellungnahme

Keine dieser Ansichten vermag zu überzeugen. Wenn Abs. 6 als klarstellende[43] Regelung zu verstehen ist, daß das BiRiLiG die Informations- und Auskunftsrechte nach anderen Gesetzen nicht berührt, dann muß dies nach dem Wortlaut allgemein und nicht nur für Erleichterungen bei der Offenlegung gelten. Andererseits ist zu **22**

[33] So Begr. RegE BTDrucks. 14/1806, S. 22; *Strobel* DB 2000, 57; ADS (ErgBd) § 267 n. F. 4; ebenso – bei Inkrafttreten des BiRiLiG/ – Beck BilKomm-*Budde/Karig* (1986) 29.

[34] Vgl. *Bitter/Grashoff* DB 2000, 834 f; *Wiechmann* WPg 1999, 923.

[35] So auch IdW WPg 1986, 668 zur erstmaligen Anwendung des BiRiLiG.

[36] Vgl. *Bitter/Grashoff* aaO.

[37] Vgl. *Biener/Berneke* S. 166.

[38] ADS 32; HdR-*Knop* 32; wohl auch Beck Bil-Komm-*Budde/Karig* 30.

[39] BTDrucks. 10/4268, S. 104.

[40] Vgl. Bericht des Rechtsausschusses aaO.

[41] So ausdrücklich ADS 32.

[42] KK-*Claussen* 23.

[43] So auch der Bericht des Rechtsausschusses, BTDrucks. 10/4268, S. 104.

Rainer Hüttemann

berücksichtigen, daß die „anderen Gesetze" hinsichtlich der Informationsrechte z. B. auf „den Jahresabschluß" verweisen (§ 108 Abs. 5 BetrVG), dessen Inhalt wiederum durch das HGB und damit durch § 267 bestimmt wird. Zudem fehlt in § 108 Abs. 5 BetrVG eine dem § 131 Abs. 1 S. 3 AktG entsprechende Regelung, wonach jeder Aktionär die Vorlage eines unverkürzten Jahresabschlusses verlangen kann. Daraus ist zu schließen, daß bei der kleinen Kapitalgesellschaft die Vorlage eines unter Inanspruchnahme der Erleichterungen aufgestellten verkürzten Jahresabschlusses an die Arbeitnehmervertreter zulässig ist. Eine andere Frage ist aber, ob sich aus den sonstigen Informations- und Auskunftsrechten der Arbeitnehmervertreter ein Recht auf detailliertere Informationen – z. B. weiter aufgeschlüsselte Zahlen aus der GuV – ergibt. Soweit dies nach „den anderen Gesetzen" (§§ 106, 108 BetrVG) zu bejahen ist, folgt aus Abs. 6, daß sich die Kapitalgesellschaft diesem Auskunftsbegehren nicht unter Hinweis auf die Erleichterungen nach § 267 entziehen kann.

VI. Sanktionen

23   § 267 enthält nur Definitionen. Eine isolierte Verletzung dieser Vorschrift scheidet daher aus.

§ 268
Vorschriften zu einzelnen Posten der Bilanz. Bilanzvermerke

(1) Die Bilanz darf auch unter Berücksichtigung der vollständigen oder teilweisen Verwendung des Jahresergebnisses aufgestellt werden. Wird die Bilanz unter Berücksichtigung der teilweisen Verwendung des Jahresergebnisses aufgestellt, so tritt an die Stelle der Posten „Jahresüberschuß/Jahresfehlbetrag" und „Gewinnvortrag/Verlustvortrag" der Posten „Bilanzgewinn/Bilanzverlust"; ein vorhandener Gewinn- oder Verlustvortrag ist in den Posten „Bilanzgewinn/ Bilanzverlust" einzubeziehen und in der Bilanz oder im Anhang gesondert anzugeben.

(2) In der Bilanz oder im Anhang ist die Entwicklung der einzelnen Posten des Anlagevermögens und des Postens „Aufwendungen für die Ingangsetzung und Erweiterung des Geschäftsbetriebs" darzustellen. Dabei sind, ausgehend von den gesamten Anschaffungs- und Herstellungskosten, die Zugänge, Abgänge, Umbuchungen und Zuschreibungen des Geschäftsjahrs sowie die Abschreibungen in ihrer gesamten Höhe gesondert aufzuführen. Die Abschreibungen des Geschäftsjahrs sind entweder in der Bilanz bei dem betreffenden Posten zu vermerken oder im Anhang in einer der Gliederung des Anlagevermögens entsprechenden Aufgliederung anzugeben.

(3) Ist das Eigenkapital durch Verluste aufgebracht und ergibt sich ein Überschuß der Passivposten über die Aktivposten, so ist dieser Betrag am Schluß der Bilanz auf der Aktivseite gesondert unter der Bezeichnung „Nicht durch Eigenkapital gedeckter Fehlbetrag" auszuweisen.

(4) Der Betrag der Forderungen mit einer Restlaufzeit von mehr als einem Jahr ist bei jedem gesondert ausgewiesenen Posten zu vermerken. Werden unter dem Posten „sonstige Vermögensgegenstände" Beträge für Vermögensgegenstände ausgewiesen, die erst nach dem Abschlußstichtag rechtlich entstehen, so müssen Beträge, die einen größeren Umfang haben, im Anhang erläutert werden.

(5) Der Betrag der Verbindlichkeiten mit einer Restlaufzeit bis zu einem Jahr ist bei jedem gesondert ausgewiesenen Posten zu vermerken. Erhaltene Anzahlungen auf Bestellungen sind, soweit Anzahlungen auf Vorräte nicht von dem Posten „Vorräte" offen abgesetzt werden, unter den Verbindlichkeiten gesondert auszuweisen. Sind unter dem Posten „Verbindlichkeiten" Beträge für Verbindlichkeiten ausgewiesen, die erst nach dem Abschlußstichtag rechtlich entstehen, so müssen Beträge, die einen größeren Umfang haben, im Anhang erläutert werden.

(6) Ein nach § 250 Abs. 3 in den Rechnungsabgrenzungsposten auf der Aktivseite aufgenommener Unterschiedsbetrag ist in der Bilanz gesondert auszuweisen oder im Anhang anzugeben.

(7) Die in § 251 bezeichneten Haftungsverhältnisse sind jeweils gesondert unter der Bilanz oder im Anhang unter Angabe der gewährten Pfandrechte und sonstigen Sicherheiten anzugeben; bestehen solche Verpflichtungen gegenüber verbundenen Unternehmen, so sind sie gesondert anzugeben.

Übersicht

	Rdn.
I. Überblick	1
II. Bilanzaufstellung nach Ergebnisverwendung (Abs. 1)	
1. Regelungsgehalt	2–4
2. Ergebnisverwendung und GuV	5
3. Begriff der Ergebnisverwendung	
a) Meinungsstand	6
b) Stellungnahme	7
c) Einzelfragen	8
4. Teilweise und vollständige Ergebnisverwendung, Ausweis	9–11
III. Entwicklung des Anlagevermögens (Abs. 2)	
1. Allgemeines	12
2. Gliederung und Bestandteile	
a) Gliederung	13
b) Gesamte Anschaffungs- und Herstellungskosten	14
c) Zugänge	15
d) Abgänge	16
e) Umbuchungen	17
f) Zuschreibungen	18
g) Abschreibungen	19
aa) Kumulierte Abschreibungen	20
bb) Abschreibungen des Geschäftsjahres	21
3. Geringwertige Vermögensgegenstände im Anlagenspiegel	22
IV. Nicht durch Eigenkapital gedeckter Fehlbetrag (Abs. 3)	23–25

	Rdn.
V. Vermerk der Forderungen mit einer Restlaufzeit von mehr als einem Jahr und Erläuterungspflicht bei antizipativen sonstigen Vermögensgegenständen (Abs. 4)	
1. Vermerk der Forderungen mit einer Restlaufzeit von mehr als einem Jahr (Abs. 4 S. 1)	26–28
2. Erläuterungspflicht bei antizipativen sonstigen Vermögensgegenständen (Abs. 4 S. 2)	29–31
VI. Vermerk der Verbindlichkeiten mit einer Restlaufzeit von bis zu einem Jahr, Ausweis erhaltener Anzahlungen auf Bestellungen und Erläuterungen antizipativer Verbindlichkeiten (Abs. 5)	
1. Vermerk der Verbindlichkeiten mit einer Restlaufzeit von bis zu einem Jahr (Abs. 5 S. 1)	32–34
2. Erhaltene Anzahlungen auf Bestellungen (Abs. 5 S. 2)	35
3. Erläuterungen bei antizipativen Verbindlichkeiten (Abs. 5 S. 3)	36
VII. Disagio (Abs. 6)	37
VIII. Haftungsverhältnisse (Abs. 7)	38
IX. Rechtsfolgen eine Verstoßes gegen § 268 HGB	39

Schrifttum

Haller Probleme bei der Bilanzierung der Rücklagen und des Bilanzergebnisses einer Aktiengesellschaft nach neuem Bilanzrecht, DB 1987, 645; *Hoffmann* Einführung in die Brutto-Entwicklung des Anlagevermögens nach dem Bilanzrichtlinien-Gesetz, BB 1986, 1398; *Küting/Haeger/Zündorf* Die Erstellung des Anlagengitters nach künftigem Bilanzrecht, BB 1985, 1948.

Rainer Hüttemann

I. Überblick

1   § 268 enthält eine Reihe von Vorschriften zu Einzelposten der Bilanz sowie zu Bilanzvermerken. Diese treten als *zwingende Ausweisvorschriften* ergänzend zu § 266 hinzu. § 268 gilt kraft Verweisung in § 5 Abs. 1 S. 2 PublG auch für publizitätspflichtige Unternehmen i. S. d. PublG. Im einzelnen gliedert sich die Vorschrift wie folgt: Bilanzaufstellung nach Ergebnisverwendung (Abs. 1), Entwicklung des Anlagevermögens (Abs. 2), nicht durch Eigenkapital gedeckter Fehlbetrag (Abs. 3), Vermerk der Forderungen mit einer Restlaufzeit von mehr als einem Jahr und Erläuterungspflicht bei antizipativen sonstigen Vermögensgegenständen (Abs. 4), Vermerk der Verbindlichkeiten mit einer Restlaufzeit bis zu einem Jahr, Ausweis erhaltener Anzahlungen auf Bestellungen und Erläuterungen antizipativer Verbindlichkeiten (Abs. 5), aktiviertes Disagio (Abs. 6) und Angabe der Haftungsverhältnisse (Abs. 7).

II. Bilanzaufstellung nach Ergebnisverwendung (Abs. 1)

1. Regelungsgehalt

2   Nach dem Gliederungsschema des § 266 Abs. 3 ist die Bilanz ohne Berücksichtigung einer Ergebnisverwendung aufzustellen. § 268 Abs. 1 S. 1 gewährt abweichend davon ein **Wahlrecht**, die Bilanz auch nach vollständiger oder teilweiser Ergebnisverwendung aufzustellen. Wird die Bilanz unter Berücksichtigung der teilweisen Verwendung des Jahresergebnisses aufgestellt, tritt an die Stelle der in § 266 vorgesehenen Einzelposten „Jahresüberschuß/Jahresfehlbetrag" und „Gewinnvortrag/Verlustvortrag" nach § 268 Abs. 1 S. 2 der Posten „Bilanzgewinn/Bilanzverlust". Ein verbleibender Bilanzgewinn ist dann nach Feststellung der Bilanz Grundlage der Gewinnverwendungsentscheidung der zuständigen Gesellschaftsorgane. Dies sind bei der AG die Hauptversammlung (§ 174 AktG), bei der GmbH die Gesellschafterversammlung (§ 29 GmbHG). Gegenstand des Wahlrechts nach § 268 Abs. 1 S. 1 sind nur solche Ergebnisverwendungsmaßnahmen, die bereits bei der Aufstellung der Bilanz berücksichtigt werden können.

3   § 268 Abs. 1 S. 1 gewährt nach seinem Wortlaut ein Wahlrecht. Dieses unterliegt aber nach ganz herrschender Ansicht weitgehenden **Einschränkungen**:[1] Soweit z. B. bis zum Abschlußstichtag Vorabausschüttungen erfolgt bzw. beschlossen worden sind, ist die Bilanz zwingend unter Berücksichtigung der Gewinnverwendung aufzustellen;[2] gleiches gilt für den Fall, daß nach Gesetz (z. B. § 150 Abs. 2 AktG), Satzung (§ 58 Abs. 1 AktG) oder Gesellschafterbeschluß zwingende Rücklagendotierungen vorgeschrieben sind.[3] Ein echtes Wahlrecht besteht danach nur in den Fällen, in denen die zur Bilanzaufstellung zuständigen Organe durch Gesetz oder Satzung zu einer Gewinnverwendung durch Rücklagendotierung ermächtigt sind.[4] Diese Einschränkungen lassen sich aus dem HGB selbst nicht ableiten,[5] auch die Begründung zu § 268 Abs. 1 S. 1 gibt keine entsprechenden Hinweise.[6] § 270 Abs. 2 kann ebenfalls nicht als

[1] ADS 21; HdR-*Knop* 35; Beck BilKomm-*Budde/Raff* 5; KK-*Claussen* 270, 8; Baumbach/Hueck/Schulze-Osterloh § 42, 178; **a. A.** – echtes Ausweiswahlrecht unter Begrenzung durch Stetigkeitsgebot – *Haller* DB 1987, 652.

[2] Vgl. ADS 25; Beck BilKomm-*Budde/Raff* 7; KK-*Claussen* § 270, 8; HdR-*Knop* 35; *Schulze-Osterloh* aaO.

[3] Vgl. ADS 21; Beck BilKomm-*Budde/Raff* 5.

[4] Beck BilKomm-*Budde/Raff* 5; KK-*Claussen* § 270, 8, 12.

[5] Vgl. nur ADS 21; insoweit zutreffend *Haller* DB 1987, 652.

[6] Vgl. Nachweise bei *Biener/Berneke* S. 179.

Argument herangezogen werden, denn diese Regelung setzt nach ihrem Wortlaut gerade voraus, daß von dem Wahlrecht aus § 268 Abs. 1 S. 1 Gebrauch gemacht worden ist.[7] Vielmehr ergibt sich die von der h. M. befürwortete Einschränkung des Wahlrechts in den Fällen gesetzlich bzw. durch Satzung vorgeschriebener Rücklagendotierung als Konsequenz aus der Pflicht zur Rücklagenbildung.[8] In den Fällen der Vorabausschüttung bzw. einer vor Abschlußstichtag beschlossenen Gewinnausschüttung folgt die Ausweispflicht daraus, daß sich diese Maßnahmen nicht auf den Jahresüberschuß auswirken dürfen, d. h. zwingend zum Ausweis eines Bilanzgewinns führen.[9] Eine entsprechende Einschränkung des Auswahlrechts nach § 268 Abs. 1 S. 1 ist auch mit Art. 6 der 4. EG-Richtlinie vereinbar, da es den Mitgliedstaaten freisteht, eine Bilanzaufstellung nach Ergebnisverwendung verbindlich vorzuschreiben.

Wird von dem Ausweiswahlrecht des § 268 Abs. 1 S. 1 Gebrauch gemacht bzw. **4** besteht nach den vorstehenden Grundsätzen eine Ausweispflicht, so ergeben sich **weitere Einschränkungen aus § 270 Abs. 2.** Danach sind im Fall der Aufstellung der Bilanz nach Ergebnisverwendung auch weitere Maßnahmen – z. B. Entnahmen aus Gewinnrücklagen etc. – ebenfalls bereits bei der Aufstellung zu berücksichtigen (vgl. auch Erläuterungen zu § 270 Rdn. 5). Bei Einstellungen in die Rücklage für eigene Anteile ist die Sonderregelung des § 272 Abs. 4 S. 3 zu beachten.

2. Ergebnisverwendung und GuV

§ 268 Abs. 1 betrifft nur die Berücksichtigung der Ergebnisverwendung in der **5** Bilanz. Für die Darstellung der Ergebnisverwendung in der GuV gilt allgemein § 275 Abs. 4, der einen Ausweis der Veränderungen der Kapital- und Gewinnrücklagen in der GuV erlaubt. Für die AG ist allerdings § 158 AktG zu berücksichtigen, wonach die Ergebnisverwendung in der GuV oder im Anhang zwingend aufzuzeigen ist. Eine entsprechende Regelung für die GmbH fehlt, so daß ein dem § 158 AktG entsprechender Ausweis für die GmbH nur aus allgemeinen Grundsätzen (Klarheit und Übersichtlichkeit des Jahresabschlusses bzw. „true and fair view", §§ 243 Abs. 2, 264 Abs. 2 S. 1) abgeleitet werden kann.[10]

3. Begriff der Ergebnisverwendung

a) Meinungsstand. § 268 Abs. 1 S. 1 enthält keine besondere Definition des **6** Begriffs „Ergebnisverwendung". Geht man von der Rechtsfolge des Abs. 1 S. 2 aus, so wäre darunter jeder Vorgang zu verstehen, der vom Jahresüberschuß/Jahresfehlbetrag zum Bilanzgewinn/Bilanzverlust überleitet, also nicht nur z. B. Einstellungen in die Gewinnrücklagen, sondern auch Auflösungen derselben.[11] Dies entspräche auch dem aktienrechtlichen Gliederungsschema des § 158 Abs. 1 für die GuV.[12] Nach anderer Ansicht spricht der Wortlaut des § 268 Abs. 1 S. 1 – „Ergebnisverwendung" – für ein engeres Verständnis: Gemeint seien nur solche Maßnahmen, die die Verwendung des Jahresüberschusses betreffen.[13] Nicht erfaßt wären danach alle Vorgänge, die zwar

---

[7] Vgl. ADS 21; Beck BilKomm-*Budde/Raff* 5.

[8] Ebenso ADS 21.

[9] HdR-*Knop* 35; Baumbach/Hueck/*Schulze-Osterloh* § 42, 178.

[10] Für eine entsprechende Verpflichtung Baumbach/Hueck/*Schulze-Osterloh* § 42, 178; HdR-*Borchert* § 275, 153; zurückhaltender Beck BilKomm-*Budde/Raff* 3; Beck BilKomm-*Förschle* § 275, 311; ähnlich ADS 14.

[11] So ADS 15; Beck BilKomm-*Budde/Raff* 2; MünchKommHGB-*Beater* 3.

[12] Darauf weisen vor allem ADS 21 hin.

[13] Baumbach/Hueck/*Schulze-Osterloh* § 42, 178; KK-*Claussen* 5; im Grundsatz auch HdR-*Knop* 25.

Rainer Hüttemann

zum Ausweis eines Bilanzgewinns führen können, aber keine Ergebnisverwendung sind, wie Einstellungen in die Kapitalrücklage, Dotierung der Rücklage für eigene Anteile aus Gewinnrücklagen, sowie Auflösung von Kapital- und Gewinnrücklagen.[14] Für sie würde dann § 268 Abs. 1 nicht gelten, sie wären aber ggf. nach § 270 Abs. 2 zu berücksichtigen. In den übrigen Fällen soll sich die Möglichkeit, einen Posten Bilanzgewinn/Bilanzverlust auszuweisen, aus den Rechtsgedanken der § 275 Abs. 4 bzw. § 158 Abs. 1 AktG ergeben.

7   **b) Stellungnahme.** Der zweiten Ansicht ist zu folgen, weil sie terminologisch zutreffend zwischen Ergebnisverwendung und Rücklagenauflösung unterscheidet.[15] Die Auflösung von Rücklagen ist keine Maßnahme der Ergebnisverwendung (allenfalls eine Verwendung früherer Jahresergebnisse), sondern schafft umgekehrt erst einen verwendbaren Bilanzgewinn. Soweit durch die begriffliche Ausklammerung der Rücklagenauflösung aus § 268 Abs. 1 – außerhalb des Anwendungsbereichs von § 270 Abs. 2 – eine Regelungslücke entsteht, ist aus § 275 Abs. 4 bzw. § 158 Abs. 1 AktG der Grundsatz abzuleiten, daß der Jahresüberschuß/Jahresfehlbetrag durch Rücklagenauflösung nicht beeinflußt werden darf. Daraus ergibt sich – auch außerhalb von § 268 Abs. 1 S. 1 – die Möglichkeit, einen Posten „Bilanzgewinn/Bilanzverlust" an Stelle der Posten „Jahresüberschuß/Jahresfehlbetrag" bzw. „Gewinnvortrag/Verlustvortrag" in der Bilanz auszuweisen. Dies gilt gleichermaßen für die AG wie für die GmbH.

8   **c) Einzelfragen.** Eine im Geschäftsjahr beschlossene und abgeflossene *Vorabausschüttung* bei der GmbH ist durch Ausweis eines gegenüber dem Jahresüberschuß geringeren Bilanzgewinns zu berücksichtigen.[16] Entsprechendes gilt auch für eine Abschlagszahlung nach § 59 AktG, obwohl die Abschlagszahlung in die Gewinnverwendungsentscheidung der Hauptversammlung eingeht.[17] Eine bereits beschlossene, aber noch nicht durchgeführte Vorabausschüttung führt zum Ausweis einer Verbindlichkeit gegenüber den Gesellschaftern. Zugleich ist – kein Wahlrecht – ein entsprechend geringerer Bilanzgewinn auszuweisen.[18] Dagegen kann ein bereits vor Feststellung des Jahresabschlusses gefaßter Gewinnverwendungsbeschluß der Gesellschafterversammlung der GmbH, betreffend das erst noch festzustellende Jahresergebnis, zwar in der Bilanz nach § 268 Abs. 1 S. 1 berücksichtigt werden, es besteht aber mangels passivierungspflichtiger Verbindlichkeit zum Abschlußstichtag keine Ausweispflicht.[19] *Einstellungen in die Rücklage für eigene Anteile* aus anderen Gewinnrücklagen sind ohne Ausweis eines Bilanzgewinns durch einfache Umbuchung der Rücklagen zu berücksichtigen.[20]

4. Teilweise und vollständige Ergebnisverwendung, Ausweis

9   **Anwendungsfälle.** § 268 Abs. 1 S. 1 erwähnt sowohl den Fall einer teilweisen als auch einer vollständigen Ergebnisverwendung. Eine *teilweise Ergebnisverwendung* liegt vor, wenn die Maßnahmen der Ergebnisverwendung – z. B. die Einstellungen in die gesetzliche Rücklage nach § 150 Abs. 2 AktG und die Dotierung der Gewinnrücklagen durch den Vorstand nach § 58 Abs. 2 AktG – nur einen Teil des Jahresüber-

---

[14] Vgl. nur Baumbach/Hueck/*Schulze-Osterloh* § 42, 178.

[15] Zum Streit um die Einordnung der Rücklagenauflösung vgl. die Nachweise bei Baumbach/Hueck/*Schulze-Osterloh* § 42, 178.

[16] ADS 25; Beck BilKomm-*Budde/Raff* 7; HdR-*Knop* 35; *Schulze-Osterloh* aaO.

[17] KK-*Claussen* 7; HdR-*Knop* 12; a. A. ADS 24.

[18] Ebenso ADS 25; HdR-*Knop* 35; *Schulze-Osterloh* aaO; a. A. – für Wahlrecht – Beck BilKomm-*Budde/Raff* 7.

[19] ADS 31; a. A. Beck BilKomm-*Budde/Raff* 8.

[20] *Schulze-Osterloh* aaO; im Ergebnis ebenso HdR-*Knop* 28; einschränkend ADS 22; a. A. KK-*Claussen* 5.

schusses betreffen, so daß ein Bilanzgewinn verbleibt, über dessen Verwendung dann das zuständige Organ – im Fall der AG die Hauptversammlung (§ 174 AktG) – entscheidet.[21] Demgegenüber verbleibt bei der Aufstellung der Bilanz nach *vollständiger Ergebnisverwendung* – z.B. der Einstellung des gesamten Jahresüberschusses in die Gewinnrücklagen oder seine vollständige Verwendung zum Ausgleich eines Verlustvortrages – weder ein Bilanzgewinn noch -verlust, über dessen Verwendung die betreffenden Organe entscheiden können. Entsprechendes gilt für den Fall der Rücklagenauflösung, die nach der hier vertretenen Ansicht keine Ergebnisverwendung i. S. v. § 268 Abs. 1 darstellt.

Ausweis. Nach § 268 Abs. 1 S. 2 tritt, wenn die Bilanz nach teilweiser Ergebnis- **10** verwendung aufgestellt wird, an die Stelle der Posten „Jahresüberschuß/Jahresfehlbetrag" und „Gewinnvortrag/Verlustvortrag" der Posten „Bilanzgewinn/Bilanzverlust"; ein vorhandener Gewinn- oder Verlustvortrag ist nach § 268 Abs. 1 S. 2 in der Bilanz oder im Anhang zu vermerken.[22] Bei Aufstellung der Bilanz nach vollständiger Ergebnisverwendung wird sich in der Regel ein Bilanzgewinn bzw. -verlust in Höhe von Null ergeben (z.B. bei einem Ausgleich eines Verlustvortrages durch einen Jahresüberschuß). Soweit aber bei einer vollständigen Ergebnisverwendung ein auf das nächste Jahr vorzutragender Restgewinn verbleibt, ist dieser verbleibende Betrag als „Bilanzgewinn" auszuweisen.[23] Ein Ausweis als „Gewinnvortrag/Verlustvortrag" kommt nicht in Betracht, weil sich dieser nur aus dem vorangegangenen Jahresabschluß ergeben kann.[24] In allen Fällen einer Aufstellung der Bilanz nach Ergebnisverwendung muß – bei der AG gemäß § 158 Abs. 1, bei anderen Gesellschaften in entsprechender Anwendung dieser Regelung – in der GuV oder im Anhang die Entwicklung des Bilanzgewinns/-verlusts aus dem Jahresüberschuß/-fehlbetrag aufgezeigt werden.

Anpassung der Vorjahresbeträge. Wird die Bilanz in aufeinanderfolgenden Jahren **11** unterschiedlich aufgestellt, so sind nach § 265 Abs. 2 S. 3 entweder die Vorjahrbeträge anzupassen oder die Abweichungen nach § 265 Abs. 2 S. 2 zu erläutern.[25]

III. Entwicklung des Anlagevermögens (Abs. 2)

1. Allgemeines

Nach § 268 Abs. 2 ist in der Bilanz oder im Anhang die Entwicklung der einzelnen **12** Posten des Anlagevermögens sowie des Postens „Aufwendungen für die Ingangsetzung und Erweiterung des Geschäftsbetriebs" darzustellen. Durch den sog. „**Anlagenspiegel**", auch „Anlagengitter" genannt, soll ein Einblick in das im Anlagevermögen gebundene Kapital, seine Altersstruktur und seine Entwicklung im abgelaufenen Geschäftsjahr gegeben werden.[26] § 268 Abs. 2 folgt der sog. *direkten Bruttomethode*, bei der die gesamten historischen Anschaffungs- und Herstellungskosten den Ausgangspunkt bilden und die Abschreibungen aktivisch abzusetzen sind.[27] Abs. 2 beruht auf Art. 15 Abs. 3 Buchst. a und Abs. 4 der 4. EG-Richtlinie. Kleine Kapitalgesellschaften sind von der Verpflichtung zur Aufstellung eines Anlagenspiegels nach § 274a Nr. 1 befreit.

[21] Weitere Anwendungsfälle bei ADS 18 ff.
[22] Zu Ausweisfragen vgl. ADS 27 ff.
[23] ADS 33; Beck BilKomm-*Budde/Raff* 8; HdR-*Knop* 35.
[24] ADS 34.

[25] ADS 36; eingehend HdR-*Knop* 46 ff.
[26] ADS 37; HdR-*Lorson* 54.
[27] Dazu und zu anderen – nunmehr unzulässigen – Methoden vgl. näher *Küting/Haeger/Zündorf* DB 1985, 1948.

Rainer Hüttemann

2. Gliederung und Bestandteile

13　　a) **Gliederung.** Hinsichtlich der Gliederung des Anlagenspiegels ist zwischen vertikaler und horizontaler Gliederung zu unterscheiden. Erstere ergibt sich aus dem gesetzlichen Gliederungsschema der Aktivseite (§ 266 Abs. 2). Mit der horizontalen Gliederung ist die Reihenfolge gemeint, in der die einzelnen Bestandteile des Anlagenspiegels auszuweisen sind. Abs. 2 S. 2 bestimmt nur die Bestandteile ohne eine festgelegte Reihenfolge: Gesamte Anschaffungs- und Herstellungskosten, Zugänge, Abgänge, Umbuchungen, Zuschreibungen, Abschreibungen in ihrer gesamten Höhe. Als weiterer Posten tritt der Buchwert am Ende des Geschäftsjahres hinzu, ferner nach § 265 Abs. 2 der Vorjahresbuchwert. Nach Abs. 2 S. 3 sind – wahlweise in Bilanz oder Anhang – ferner die Abschreibungen des Geschäftsjahres anzugeben. Das Ausweiswahlrecht des Abs. 2 S. 3 besteht unabhängig von dem des Abs. 2 S. 1. Für den Fall einer zusammenfassenden Darstellung aller vorstehend genannten Angaben ergibt sich somit ein **9-Spalten-Schema**, wobei unter dem Gesichtspunkt der Sachgerechtigkeit zwei horizontale Gliederungsschemata in Betracht kommen.[28] *Variante 1* (Gliederung nach mengenmäßigen und wertmäßigen Veränderungen): Gesamte Anschaffungs- und Herstellungskosten, Zugänge, Abgänge, Umbuchungen, Zuschreibungen, kumulierte Abschreibungen, Restbuchwert des Geschäftsjahres, Restbuchwert des Vorjahres, Abschreibungen des Geschäftsjahres. *Variante 2* (Gliederung nach werterhöhenden und wertmindernden Veränderungen): Gesamte Anschaffungskosten, Zugänge, Zuschreibungen, Umbuchungen, Abgänge, kumulierte Abschreibungen, Restbuchwert des Geschäftsjahres, Restbuchwert des Vorjahres, Abschreibungen des Geschäftsjahres. Die weitere Darstellung entspricht Variante 1.

14　　b) **Gesamte Anschaffungs- und Herstellungskosten.** In der ersten Spalte sind die historischen Anschaffungs- und Herstellungskosten aller zu Beginn des Geschäftsjahres zum Anlagevermögen gehörenden Vermögensgegenstände sowie die nach § 269 aktivierten Aufwendungen auszuweisen. Dieser Posten zeigt somit die Investitionen der vergangenen Geschäftsjahre.

15　　c) **Zugänge.** Unter der Spalte Zugänge sind zunächst alle mengenmäßigen Ausweitungen des Anlagevermögens bzw. der aktivierten Aufwendungen zu erfassen. Es handelt sich um Vermögensumschichtungen, die – anders als Zuschreibungen – i. d. R. nicht erfolgswirksam sind.[29] Als Zugang sind auch nachträgliche Erhöhungen der Anschaffungs- und Herstellungskosten zu behandeln,[30] ferner nachträgliche Anschaffungs- und Herstellungskosten[31] sowie die Nachholung einer zunächst unterlassenen Aktivierung.[32] Zweifelhaft ist die Zuordnung von Umgliederungen aus dem Umlaufvermögen in das Anlagevermögen, die einerseits eine Ausweitung des Anlagevermögens zur Folge haben, was für einen Ausweis als „Zugang" spricht, andererseits aber nicht auf Investitionen beruhen, so daß auch ein Ausweis als „Umbuchung" zulässig ist.[33]

---

[28] Vgl. zur Darstellungstechnik näher ADS 45; HdR-*Lorson* 66; Beck HdR-*Nordmeyer* B 231 Rdn. 57 ff.

[29] ADS 50; HdR-*Lorson* 75.

[30] ADS 53; KK-*Claussen* 12; Beck BilKomm-*Hoyos/Schmidt-Wendt* 37; HdR-*Lorson* 79.

[31] ADS 54; *Claussen* aaO; *Hoyos/Schmidt-Wendt* aaO; HdR-Lorson 80.

[32] *Claussen* aaO; HdR-Lorson 81; Baumbach/Hueck/*Schulze-Osterloh* § 42, 54; a. – Zu-

schreibung, aber ohne Verrechnung mit kumulierten Abschreibungen – ADS 55; Beck BilKomm-*Hoyos/Schmidt-Wendt* 46.

[33] Beide Ausweismöglichkeiten halten für vertretbar ADS 51; *Küting/Zündorf/Weber* BB 1985, 1952. Für Einordnung unter „Zugänge" Beck BilKomm-*Hoyos/Schmidt-Wendt* 36; KK-*Claussen* 12; HdR-*Lorson* 75.

d) Abgänge. Entsprechend zum Posten Zugänge sind unter „Abgänge" alle men- **16** genmäßigen Abnahmen des Anlagevermögens auszuweisen. Ferner gehören dazu nachträgliche Minderungen der Anschaffungskosten, z. B. Rabatte, Boni etc., soweit sie in späteren Jahren als die Aktivierung gewährt werden.[34] Abgänge sind in Höhe der gesamten historischen Anschaffungs- und Herstellungskosten anzuzeigen, ferner sind die entsprechenden Abschreibungen und verrechneten Zuschreibungen aus der Spalte „gesamte Abschreibungen" herauszurechnen.[35]

e) Umbuchungen. Umbuchungen sind lediglich formale Ausweisänderungen **17** innerhalb des Anlagevermögens und zeigen daher weder Mengen- noch Wertverände-rungen an (wegen Umgliederungen zwischen Umlauf- und Anlagevermögen vgl. Rdn. 15). Entsprechend dem Bruttoprinzip sind Umbuchungen mit den gesamten Anschaffungs- und Herstellungskosten anzusetzen, zudem sind die in der Vergangen-heit berücksichtigten Abschreibungen und verrechneten Zuschreibungen umzuglie-dern.[36]

f) Zuschreibungen. Als Zuschreibungen sind rein wertmäßige Erhöhungen des **18** Anlagevermögens zu erfassen, mit denen in der Vergangenheit vorgenommene über-höhte Abschreibungen korrigiert werden (wegen Nachaktivierungen vgl. Rdn. 15). Ein Ausweis der gesamten Zuschreibungen der abgelaufenen Geschäftsjahre ist in Abs. 2 S. 2 nicht vorgesehen, kann aber durch freiwillige Erweiterung des Spaltensche-mas erreicht werden.[37] Um eine Berechnung der Restbuchwerte zu ermöglichen, ist eine Verrechnung der Zuschreibungen des Geschäftsjahres mit den kumulierten Abschreibungen der Vorjahre zulässig.[38]

g) Abschreibungen. Folgt man dem unter Rdn. 13 dargelegten 9-Spalten-Schema, **19** so sind im Anlagespiegel zum einen die sog. kumulierten Abschreibungen nach § 268 Abs. 2 S. 2 („Abschreibungen in ihrer gesamten Höhe") auszuweisen. Ferner sind – in der letzten Spalte – die Abschreibungen des Geschäftsjahres (§ 268 Abs. 2 S. 3) anzu-zeigen.

aa) Kumulierte Abschreibungen. In der Spalte kumulierte Abschreibungen **20** („Abschreibungen in ihrer gesamten Höhe") sind alle wertmäßigen Verminderungen des Anlagevermögens und der aktivierten Aufwendungen nach § 269 anzugeben, die auf die am Abschlußstichtag zum Anlagevermögen zählenden Vermögensgegenstände und aktivierte Aufwendungen entfallen.[39] Diese umfassen sowohl die Abschreibungen der Vorjahre, als auch die – nach § 268 Abs. 2 S. 3 gesondert auszuweisenden – Abschreibungen des Geschäftsjahres. Zu den auszuweisenden Abschreibungen gehören die planmäßigen wie die außerplanmäßigen Abschreibungen. Rein steuerliche Abschreibungen sind ebenfalls zu erfassen, soweit sie nicht nach § 281 Abs. 1 S. 1 pas-sivisch als Sonderposten mit Rücklageanteil ausgewiesen werden.

bb) Abschreibungen des Geschäftsjahres. Die Abschreibungen des Geschäfts- **21** jahres sind nach § 268 Abs. 2 S. 3 in der Bilanz bei den entsprechenden Posten oder im Anhang in einer der Gliederung des Anlagevermögens entsprechenden Weise anzu-geben. Ihre Angabe kann mit dem Anlagespiegel verbunden werden (vgl. dazu das 9-Spalten-Schema oben Rdn. 13). Fraglich ist, ob die Abschreibungen des Geschäfts-jahres als stichtagsbezogene Teilmenge der kumulierten Abschreibungen nach dem

---

[34] ADS 58.
[35] HdR-*Lorson* 84.
[36] HdR-*Lorson* 92.
[37] Vgl. ADS 63.
[38] So schon Begr. RegE BTDrucks. 10/4268, S. 105; vgl. näher ADS 62; HdR-*Lorson* 96 ff; *Hoffmann*

BB 1986, 1399 f; *Küting/Haeger/Zündorf* BB 1985, 1952 f.
[39] ADS 64.

Rainer Hüttemann

Anlagenspiegel zu ermitteln sind,[40] oder ob sie mit dem in der GuV ausgewiesenen Betrag der Abschreibungen übereinstimmen müssen.[41] Der Unterschied zwischen beiden Ansichten betrifft die Berücksichtigung der Abschreibungen, die auf die Abgänge des laufenden Jahres und die geringwertigen Wirtschaftsgüter entfallen, die am Abschlußstichtag nicht mehr im Anlagevermögen enthalten sind. Die vom Anlagenspiegel getrennte gesetzliche Regelung der Angabepflicht in Abs. 2 S. 3 spricht für die zweite Interpretation, die zudem die Abstimmung mit der GuV ermöglicht.[42] Soweit die Abschreibungen des Geschäftsjahres als letzte Spalte des Anlagenspiegels gezeigt werden, sollte ein klarstellender Hinweis erfolgen, daß es sich insoweit nicht um eine Davon-Angabe der kumulierten Abschreibungen handelt.[43]

3. Geringwertige Vermögensgegenstände im Anlagenspiegel

22   Besonderheiten gelten für die Behandlung geringwertiger Vermögensgegenstände im Anlagenspiegel. Einigkeit besteht zunächst darüber, daß Vermögensgegenstände des Anlagevermögens mit Anschaffungs- oder Herstellungskosten bis zu DM 100 sowie kurzlebige Vermögensgegenstände (Nutzungsdauer bis ein Jahr) entsprechend allgemeinen Bilanzierungsgrundsätzen sofort als Aufwand verrechnet werden, d. h. den Anlagenspiegel nicht berühren.[44] Was geringwertige Vermögensgegenstände mit einem Wert von über DM 100 bis zu DM 800 anbetrifft, so werden unterschiedliche Darstellungsformen vorgeschlagen. Nach überwiegender Ansicht sind diese Vermögensgegenstände im Jahr ihrer Anschaffung sowohl als Zugang als auch als Abgang zu erfassen.[45] Nach anderer Auffassung soll ein Abgang im Folgejahr der Anschaffung fingiert werden.[46] Eine dritte Möglichkeit besteht darin, die geringwertigen Vermögensgegenstände bis zu einem an Durchschnittswerten ermittelten Abgangszeitpunkt weiter im Anlagenspiegel auszuweisen.[47] Den allgemeinen Grundsätzen über die Behandlung geringwertiger Wirtschaftsgüter entspricht am ehesten das erste Verfahren. Zudem sind die betreffenden Abschreibungen, wenn man mit der hier vertretenen Ansicht die Abschreibungen des laufenden Geschäftsjahres aus der GuV übernimmt (vgl. Rdn. 21), in der Angabe nach § 268 Abs. 2 S. 3 mitenthalten.

IV. Nicht durch Eigenkapital gedeckter Fehlbetrag (Abs. 3)

23   § 268 Abs. 3 schreibt den Ausweis eines Sonderpostens „Nicht durch Eigenkapital gedeckter Fehlbetrag" am Schluß der Aktivseite vor, wenn das Eigenkapital durch Verluste aufgebraucht ist und sich ein Überschuß der Passiva über die Aktiva ergibt. Dadurch wird der Ausweis eines negativen Eigenkapitals auf der Passivseite vermieden.[48] Bei diesem Sonderposten handelt es sich weder um einen Vermögens-

[40] *Küting/Haeger/Zündorf* BB 1985, 1952; Münch-KommHGB-*Beater* 22; befürwortend auch Beck BilKomm-*Hoyos/Schmidt-Wendt* 16 (aber Übernahme der Abschreibungen aus GuV auch vertretbar).

[41] So ADS 68; KK-*Claussen* 25; HdR-*Lorson* 116 ff; Beck HdR-*Nordmeyer* B 231 Rdn. 101; Baumbach/Hueck/*Schulze-Osterloh* § 42, 56.

[42] HdR-*Lorson* 116.

[43] ADS 68.

[44] ADS 77; Beck BilKomm-*Hoyos/Schmidt-Wendt* 34; Baumbach/Hueck/*Schulze-Osterloh* § 42, 55; HdR-*Lorson* 138 f.

[45] So auch Bericht des Rechtsausschusses BT-Drucks. 10/4268, S. 105; ADS 75; Beck HdR-*Nordmeyer* B 231 Rdn. 106; *Schulze-Osterloh* aaO; einschränkend Beck BilKomm-*Hoyos/Schmidt-Wendt* 54.

[46] KK-*Claussen* 26; *Küting/Haeger/Zündorf* BB 1985, 1954 f.

[47] Dafür in Sonderfällen Beck BilKomm-*Hoyos/Schmidt-Wendt* 54; vgl. auch *Biener/Berneke* S. 174; *Hoffmann* BB 1986, 1402.

[48] Begr. RegE BTDrucks. 10/317, S. 78.

gegenstand noch um eine Bilanzierungshilfe. Er dient vielmehr als *bloße Korrekturgröße* zum Eigenkapital und drückt die bilanzielle Überschuldung des Unternehmens aus.[49]

Diese **bilanzielle Überschuldung** ist von den Überschuldungstatbeständen i. S. d. **24** der §§ 92 Abs. 2 S. 2 AktG, 64 Abs. 1 GmbHG zu unterscheiden. Der Ausweis eines „Nicht durch Eigenkapital gedeckten Fehlbetrages" ist aber regelmäßig Anlaß für eine Prüfung der *insolvenzrechtlichen* Überschuldungstatbestände. Aus diesem Grund wird auch – ungeachtet einer fehlenden ausdrücklichen gesetzlichen Regelung – eine Erläuterung des Sonderpostens im Anhang zweckmäßig sein.[50] Darüber hinaus dürfte in der Regel eine Erläuterungspflicht im Lagebericht gegeben sein.[51]

Da der Ausweis eines aktivischen Fehlbetrages nach § 268 Abs. 3 von der Höhe des **25** Eigenkapitalausweises abhängt, wird er durch die Ausübung des Wahlrechts aus § 272 Abs. 1 S. 3 beeinflußt. Denn eine bilanzielle Überschuldung tritt eher ein bzw. fällt höher aus, wenn **nicht eingeforderte ausstehende Einlagen** vom gezeichneten Kapital offen abgesetzt werden. Trotz dieser Konsequenzen wird im Schrifttum eine Einschränkung des Wahlrechts aus § 272 Abs. 1 S. 3 mangels gesetzlicher Regelung abgelehnt.[52] Nach anderer Ansicht soll das Wahlrecht hingegen in den Fällen unanwendbar sein, in denen eine Absetzung zum Ausweis oder zur Erhöhung eines aktivischen Fehlbetrags führt.[53] Dieser einschränkenden Auffassung ist aus Gründen der Klarheit und Übersichtlichkeit (§§ 243 Abs. 2, 264 Abs. 2 S. 1) zu folgen, um den Ausweis eines aktivischen Fehlbetrags als bloßer Korrekturgröße auf solche Fälle zu beschränken, in denen das tatsächliche Eigenkapital – d. h. einschließlich der nicht eingeforderten Einlagen – verbraucht ist.

V. Vermerk der Forderungen mit einer Restlaufzeit von mehr als einem Jahr und Erläuterungspflicht bei antizipativen sonstigen Vermögensgegenständen (Abs. 4)

1. Vermerk der Forderungen mit einer Restlaufzeit von mehr als einem Jahr (Abs. 4 S. 1)

Um einen **besseren Einblick in die Liquiditätslage** zu gewährleisten, sind nach **26** Abs. 4 S. 1 die Beträge der Forderungen mit einer Restlaufzeit von mehr als einem Jahr bei den einzelnen Forderungsposten gesondert zu vermerken. Abs. 4 S. 1 beruht auf Art. 9 der 4. EG-Richtlinie. Er gilt – wie sich auch aus Art. 9 ergibt – seinem Sinn und Zweck nach nur für Forderungen des Umlaufvermögens. Dazu zählen folgende Posten: „Forderungen aus Lieferungen und Leistungen" (§ 266 Abs. 2 B. II. 1), „Forderungen gegen verbundene Unternehmen"(§ 266 Abs. 2 B. II. 2.), „Forderungen gegen Unternehmen, mit denen ein Beteiligungsverhältnis besteht" (§ 266 Abs. 2 B. II. 3.) und „Sonstige Vermögensgegenstände" (§ 266 Abs. 2 B. II. 4.). Soweit weitere Untergliederungen vorgenommen werden, sind auch hier entsprechende Vermerke vorzunehmen. Umgekehrt beschränkt sich die Vermerkpflicht bei einer verkürzten Bilanz auf die verbleibenden Posten.[54]

---

[49] ADS 86.
[50] ADS 89; KK-*Claussen* 31; Beck BilKomm-*Förschle/Kofahl* 77; HdR-*Knop* 195; Baumbach/Hueck/*Schulze-Osterloh* § 42, 163.
[51] Vgl. *Schulze-Osterloh* aaO.

[52] HdR-*Knop* 192; ADS 93 („unbefriedigend"); KK-*Claussen* 32.
[53] So *Schulze-Osterloh* aaO; wohl auch Beck BilKomm-*Förschle/Kofahl* 82.
[54] ADS 100.

27   Die **Restlaufzeit einer Forderung** bestimmt sich nach dem Zeitraum zwischen dem Abschlußstichtag und dem erwarteten Eingang des Forderungsbetrages.[55] Für ihre Bemessung ist zunächst von der vereinbarten Laufzeit auszugehen. Soweit aber – z. B. auf Grund zwischenzeitlicher Zahlungsschwierigkeiten – nicht mehr mit einem vertragsgemäßen Eingang innerhalb eines Jahres gerechnet werden kann, ist ein entsprechender Vermerk vorzunehmen. Bei Forderungen, die ratenweise getilgt werden, ist der nach einem Jahr zu zahlende Teilbetrag zu vermerken.[56]

28   Nach § 268 Abs. 4 S. 1 müssen die entsprechenden **Vermerke in der Bilanz** erfolgen. Soweit aber nach § 265 Abs. 7 Nr. 2 bestimmte Forderungsposten zusammengefaßt werden und der Einzelausweis in den Anhang verlagert wird, sind auch die entsprechenden Laufzeitvermerke im Anhang vorzunehmen.

2. Erläuterungspflicht bei antizipativen sonstigen Vermögensgegenständen (Abs. 4 S. 2)

29   Nach § 268 Abs. 4 S. 2 sind Beträge für Vermögensgegenstände, die unter dem Posten „sonstige Vermögensgegenstände" ausgewiesen sind, **im Anhang gesondert zu erläutern**, wenn sie erst nach dem Abschlußstichtag entstehen und einen größeren Umfang haben. Die Regelung beruht auf Art. 18 S. 2 der 4. EG-Richtlinie. Danach können die Mitgliedstaaten an Stelle von antizipativen Rechnungsabgrenzungsposten den Ausweis von „Erträgen, die erst nach dem Abschlußstichtag fällig werden" unter den Forderungen vorsehen. In diesem Fall sieht Art. 18 S. 2 eine Erläuterungspflicht vor, wenn die Beträge einen größeren Umfang haben.

30   § 268 Abs. 4 S. 2 ist nach dem Willen des Gesetzgebers **nur eine Ausweisvorschrift**, d. h. läßt die allgemeinen Grundsätze über die Aktivierung unberührt.[57] Eine Erläuterungspflicht kommt daher nur in Betracht, wenn es sich um Vermögensgegenstände, insbesondere Forderungen handelt, die nach den GoB bilanzierungsfähig sind. Dies setzt voraus, daß die Forderung zum Abschlußstichtag bereits als hinreichend konkretisiert anzusehen ist, was i. d. R. zugleich die rechtliche Entstehung voraussetzt. Würde man am Erfordernis der mangelnden rechtlichen Entstehung festhalten, wäre der Anwendungsbereich des § 268 Abs. 4 S. 2 – je nach Auslegung des Realisationsprinzips – u. U. *sehr eingeschränkt*: In Betracht kämen – soweit man eine Aktivierung trotz fehlender rechtlicher Entstehung bejaht – z. B. Steuererstattungsansprüche bei Ertragssteuern, die erst nach Ablauf des Veranlagungszeitraums entstehen, Vorsteuererstattungsansprüche vor Rechnungserteilung oder phasengleich aktivierte Dividendenansprüche, soweit sie nicht unter „Forderungen gegen verbundene Unternehmen" ausgewiesen sind.[58] Angesichts dieses engen Anwendungsbereichs wird im Schrifttum unter Rückgriff auf den weitergehenden Wortlaut des Art. 18 S. 1 der 4. EG-Richtlinie – „Erträge, die am Abschlußstichtag noch nicht fällig sind" – eine *erweiternde Auslegung* des § 268 Abs. 2 befürwortet. Erläuterungspflichtig seien auch solche Forderungen, die am Abschlußstichtag bereits rechtlich entstanden sind, aber erst nach dem Abschlußstichtag fällig werden und Ertrag des abgelaufenen Geschäftsjahres darstellen. Dazu zählen etwa Ansprüche aus Miet- und Pachtverträgen auf anteiligen Miet- und Pachtzins.[59] Diese Auffassung kann sich zwar auf den Richtlinientext berufen, geht aber über den Wortlaut des Gesetzes hinaus. Der Gesetzgeber hat aus-

---

[55] ADS 101; Beck BilKomm-*Ellrot* 92; HdR-*Knop* 200 WP-Handbuch I F 112.

[56] Beck BilKomm-*Ellrot* 92; ADS 101 f.

[57] Vgl. Begr. RegE BTDrucks. 10/317, S. 78; *Biener/Berneke* S. 175.

[58] Beck BilKomm-*Ellrott* 95.

[59] ADS 106; *Biener/Berneke* S. 175; HdR-*Knop* 204.

drücklich an das Merkmal der rechtlichen Entstehung angeknüpft, so daß für eine erweiternde Auslegung im Sinne von Art. 18 S. 1 kein Raum bleibt.

Eine Erläuterungspflicht setzt voraus, daß die betreffenden Beträge **„einen größe-** 31 **ren Umfang"** haben. Weder das HGB noch die Richtlinie enthalten konkrete Aussagen darüber, wann diese Voraussetzung erfüllt ist. Damit bleibt nur die Möglichkeit, an die Grundsätze anzuknüpfen, die allgemein bei der Auslegung der Anhangs- und Erläuterungsvorschriften zum Merkmal der „Wesentlichkeit" entwickelt worden sind.[60]

VI. Vermerk der Verbindlichkeiten mit einer Restlaufzeit von bis zu einem Jahr, Ausweis erhaltener Anzahlungen auf Bestellungen und Erläuterungen antizipativer Verbindlichkeiten (Abs. 5)

1. Vermerk der Verbindlichkeiten mit einer Restlaufzeit von bis zu einem Jahr (Abs. 5 S. 1)

Entsprechend Abs. 4 S. 1 betreffend Forderungen sieht § 268 Abs. 5 S. 1 eine geson- 32 derte Angabe der Verbindlichkeiten mit einer Restlaufzeit von bis zu einem Jahr vor. Damit soll ein besserer **Einblick in die Finanzlage**, insbesondere die Liquiditätslage der Gesellschaft ermöglicht werden. Die Regelung beruht auf Art. 9 der 4. EG-Richtlinie.

Mit „Verbindlichkeiten" sind die in § 266 Abs. 3 C. genannten Einzelposten 33 gemeint. Umstritten ist, ob auch **erhaltene Anzahlungen** auf Bestellungen (§ 266 Abs. 3 C. 3.) mit einem Restlaufvermerk zu versehen sind. Dafür spricht zwar ihr gesetzlich vorgeschriebener Ausweis unter „C. Verbindlichkeiten".[61] Sachlich handelt es sich aber nicht um echte Zahlungsverpflichtungen. Vielmehr dient ihre Passivierung nur der erfolgsneutralen Erfassung des ansonsten schwebenden Geschäfts.[62] Daher ist von einem Restlaufvermerk abzusehen.[63]

Für die **Ermittlung der Restlaufzeit** ist auf den vertraglichen Fälligkeitstermin, 34 nicht den beabsichtigten Zahlungstermin abzustellen.[64] Eine geplante Stundung oder vorgesehene Zahlungsreservierung bleiben außer Betracht, soweit noch keine Prolongation wirksam vereinbart worden ist.[65] Zusätzlich zu Abs. 5 S. 1 enthält § 285 Nr. 1, 2 weitere Angabepflichten, die zu einem Verbindlichkeitenspiegel zusammengefaßt werden können.[66]

2. Erhaltene Anzahlungen auf Bestellungen (Abs. 5 S. 2)

Nach § 268 Abs. 5 S. 2 sind Anzahlungen auf Bestellungen, soweit Anzahlungen 35 auf Vorräte nicht offen von dem Posten „Vorräte" abgesetzt werden, unter den Verbindlichkeiten gesondert auszuweisen. Die Passivierung von Anzahlungen auf Bestellungen dient vorrangig der **erfolgsneutralen Erfassung des schwebenden Geschäfts**.

---

[60] Ebenso ADS 107; HdR-*Knop* 206; allgemein zur „Wesentlichkeit" vgl. HuRB-*Leffson* 434 ff.
[61] Für Restlaufvermerk deshalb ADS § 285, 8; Beck BilKomm-*Ellrott* § 285, 5.
[62] Vgl. auch oben § 266, 65.
[63] Baumbach/Hueck/*Schulze-Osterloh* § 42, 227; HdR-*Knop* 208; Beck BilKomm-*Clemm/Erle* 101.

[64] HdR-*Knop* 209; KK-*Claussen* 39.
[65] Vgl. auch § 285, 9.
[66] Vgl. ADS 113.

Rainer Hüttemann

Abs. 5 S. 2 gestattet – wie in Art. 9 der 4. EG-Richtlinie vorgesehen – alternativ eine offene Verrechnung mit dem Posten „Vorräte". Eine solche Saldierung erscheint nur dann gerechtfertigt, wenn zwischen den Anzahlungen einerseits und den unter „Vorräten" ausgewiesenen Vermögensgegenständen andererseits ein *inhaltlicher Bezug* besteht, die Vorräte also gerade für die jeweilige Bestellung angeschafft bzw. hergestellt worden sind. Im Schrifttum wird deshalb eine Beschränkung des Wahlrechts auf den Fall gefordert, daß den Anzahlungen sachlich entsprechende Vorräte zugeordnet werden können.[67] Nach anderer Ansicht soll eine Absetzung ganz unabhängig von einer inhaltlichen Entsprechung zwischen Aktiv- und Passivposten zulässig sein.[68] Für die einschränkende Auslegung des § 268 Abs. 5 S. 2 spricht der Wortlaut der Vorschrift. Danach dürfen nicht allgemein „Anzahlungen auf Bestellungen", sondern nur „Anzahlungen auf Vorräte" vom Posten „Vorräte" abgesetzt werden, was für einen sachlichen Bezug zwischen der Anzahlung und dem Ausweis der Vorräte spricht. Zudem stände eine unbeschränkte Saldierung im Widerspruch zum Gebot der Bilanzklarheit, weil sie den Eindruck erwecken würde, als seien in entsprechendem Umfang Vorräte vorhanden und durch Anzahlungen finanziert worden.[69]

3. Erläuterungen bei antizipativen Verbindlichkeiten (Abs. 5 S. 3)

36 Sind unter dem Posten „Verbindlichkeiten" auch Verbindlichkeiten ausgewiesen, die erst nach dem Abschlußstichtag rechtlich entstehen, dann sind Beträge, die einen größeren Umfang haben, nach § 268 Abs. 5 S. 3 im Anhang zu erläutern. Die Regelung beruht auf Art. 21 der 4. EG-Richtlinie. Da der deutsche Gesetzgeber keine antizipativen Rechnungsabgrenzungsposten zugelassen hat, war nach Art. 21 Abs. 2 nur eine Erläuterungspflicht für antizipative Verbindlichkeiten vorzusehen. Der deutsche Gesetzgeber hat bei der Umsetzung ausdrücklich an das Erfordernis der *rechtlichen* Entstehung nach dem Abschlußstichtag angeknüpft. Es sollten damit nur solche „Verbindlichkeiten" erfaßt sein, „die noch nicht rechtlich entstanden sind, die aber dem Geschäftsjahr zuzurechnen und nach den GoB auch als Schulden anzusehen sind".[70] Der Ansatz einer Verbindlichkeit setzt aber regelmäßig ihre rechtliche Entstehung vor dem Abschlußstichtag voraus, so daß bei wortlautgetreuer Auslegung nur wenige praktische Anwendungsfälle – zudem „größeren Umfangs" – denkbar sind.[71] § 268 Abs. 5 S. 3 kann auch nicht in der Weise berichtigend ausgelegt werden, daß es nicht auf die rechtliche Entstehung, sondern auf die Fälligkeit der Verbindlichkeit nach dem Bilanzstichtag ankomme.[72] Dagegen spricht nicht nur der Wortlaut, sondern vor allem der Umstand, daß dann nahezu alle Verbindlichkeiten erläuterungspflichtig wären.[73]

VII. Disagio (Abs. 6)

37 Ist der Rückzahlungsbetrag einer Verbindlichkeit höher als der Ausgabebetrag, so darf nach § 250 Abs. 3 der Unterschiedsbetrag als Rechnungsabgrenzungsposten auf der Aktivseite angesetzt werden. Für diesen Fall bestimmt § 268 Abs. 6, daß der Unterschiedsbetrag in der Bilanz gesondert ausgewiesen oder im Anhang angegeben

---

[67] ADS 111; Baumbach/Hueck/*Schulze-Osterloh* § 42, 227; HdR-*Knop* 213; KK-*Claussen* 42; HdJ-*U. Hüttemann* III/8 Rdn. 103.

[68] ADS 99; *Biener/Berneke* S. 147; Beck BilKomm-*Clemm/Erle* § 266, 225.

[69] *U. Hüttemann* aaO.

[70] BTDrucks.10/317, S. 79.

[71] Vgl. die Kritik an der Transformation bei ADS 118; Beck BilKomm-*Clemm/Erle* 108; HdJ-*U. Hüttemann* III/8 Rdn. 214; KK-*Claussen* 43.

[72] HdR-*Knop* 217.

[73] *U. Hüttemann* aaO.

wird. Dies gilt nach § 274a Nr. 4 aber nicht für kleine Kapitalgesellschaften. Ein gesonderter Ausweis kann entweder durch Untergliederung oder Davon-Vermerk erfolgen.[74] Eine bestimmte Postenbezeichnung ist nicht vorgeschrieben.[75] Für mehrere Unterschiedsbeträge kann ein einheitlicher Posten gebildet werden.[76]

VIII. Haftungsverhältnisse (Abs. 7)

Nach § 268 Abs. 7 müssen Kapitalgesellschaften die in § 251 bezeichneten Haf- **38** tungsverhältnisse jeweils gesondert unter der Bilanz oder im Anhang unter Angabe der gewährten Pfandrechte und sonstigen Sicherheiten (vgl. zum Begriff auch § 285 Rdn. 13 f)[77] angeben. Soweit solche Verpflichtungen gegenüber verbundenen Unternehmen bestehen, sind sie gesondert anzugeben. Abs. 7 beruht auf Art. 14 der 4. EG-Richtlinie. § 268 Abs. 7 gilt auch für kleine Kapitalgesellschaften, wenn auch unter Berücksichtigung der Erleichterungen bei der Bilanzgliederung.[78] Zu den einzelnen auszuweisenden Haftungsverhältnissen vgl. Erläuterungen zu § 251. Die gewährten Pfandrechte und sonstigen Sicherheiten sind jeweils bei den einzelnen Haftungsverhältnissen gesondert mit einer Betragsangabe anzugeben.[79] Dabei ist der Betrag der gesicherten Verbindlichkeit anzugeben, nicht der Wert des Sicherungsgutes.[80] Bestehen Haftungsverhältnisse gegenüber verbundenen Unternehmen (§ 271 Abs. 2), so sind diese ebenfalls gesondert anzugeben.[81]

IX. Rechtsfolgen eines Verstoßes gegen § 268 HGB

Verstößt ein Mitglied des vertretungsberechtigten Organs oder des Aufsichtsrats **39** gegen die Bilanzierungsvorschriften des § 268 Abs. 2, 3, 4, 5, 6 oder 7, kann dies nach § 334 Abs. 1 Nr. 1 Buchst. c als Ordnungswidrigkeit geahndet werden. Wer die Verhältnisse der Kapitalgesellschaft unrichtig wiedergibt oder verschleiert, kann zudem nach § 331 Nr. 1 bestraft werden. Des weiteren können Verstöße gegen § 268 zu Einschränkungen des Bestätigungsvermerkes führen (§ 322 Abs. 4). Schließlich kann eine Zuwiderhandlung auch eine Nichtigkeit des Jahresabschlusses nach § 256 Abs. 4 AktG zur Folge haben, wenn dadurch Klarheit und Übersichtlichkeit „wesentlich beeinträchtigt" werden.

---

[74] So ADS 122; Beck BilKomm-*Hoyos/Bartels-Hetzler* 111; HdR-*Hayn* 220; MünchKomm-HGB-*Beater* 37; **a.A.** – nur Untergliederung – KK-*Claussen* 44.

[75] Vgl. ADS aaO; *Hoyos/Bartels-Hetzler* aaO.

[76] ADS 123; Beck BilKomm-*Hoyos/Bartels-Hetzler* 112; KK-*Claussen* 44.

[77] § 268 Abs. 7 und § 285 Abs. 1b sind – trotz kleiner sprachlicher Abweichung – gleich auszulegen, vgl. *Biener/Berneke* S. 176.

[78] Näher ADS 125.

[79] ADS 126; KK-*Claussen* 45; wohl auch Beck BilKomm-*Ellrott* 126.

[80] Vgl. Baumbach/Hueck/*Schulze-Osterloh* § 42, 235.

[81] Zur Ausweistechnik vgl. etwa Beck BilKomm-*Ellrott* 127 f.

§ 269
Aufwendungen für die Ingangsetzung und Erweiterung des Geschäftsbetriebs

Die Aufwendungen für die Ingangsetzung des Geschäftsbetriebs und dessen Erweiterung dürfen, soweit sie nicht bilanzierungsfähig sind, als Bilanzierungshilfe aktiviert werden; der Posten ist in der Bilanz unter der Bezeichnung „Aufwendungen für die Ingangsetzung und Erweiterung des Geschäftsbetriebs" vor dem Anlagevermögen auszuweisen und im Anhang zu erläutern. Werden solche Aufwendungen in der Bilanz ausgewiesen, so dürfen Gewinne nur ausgeschüttet werden, wenn die nach der Ausschüttung verbleibenden jederzeit auflösbaren Gewinnrücklagen zuzüglich eines Gewinnvortrags und abzüglich eines Verlustvortrags dem angesetzten Betrag mindestens entsprechen.

Übersicht

	Rdn.			Rdn.
I. Allgemeines, Regelungszweck und Anwendungsbereich			und Erweiterung des Geschäfts-betriebs	9, 10
1. Allgemeines	1, 2		3. Künftige Erträge als weitere Aktivierungsvoraussetzung?	11
2. Regelungszweck	3, 4		III. Wahlrecht, Ausweis und Erläuterung	
3. Anwendungsbereich	5, 6		1. Wahlrecht	12, 13
II. Nicht bilanzierungsfähige Aufwendungen zur Ingangsetzung und Erweiterung des Geschäftsbetriebs	7		2. Ausweis und Erläuterung	14, 15
1. Nicht bilanzierungsfähige Aufwendungen	8		IV. Ausschüttungssperre	16–20
2. Aufwendungen zur Ingangsetzung			V. Rechtsfolgen eines Verstoßes gegen § 269	21

Schrifttum

Commandeur/Commandeur Die Inanspruchnahme handelsrechtlicher Bilanzierungshilfen – Ein Mittel zur Verhinderung eines Konkurses wegen Überschuldung?, DB 1988, 661; *Freericks* Erweiterung des Geschäftsbetriebs, HuRB 163 ff; *ders.* Ingangsetzung des Geschäftsbetriebs, HuRB 250 ff; *Kudert* Offene Fragen bei den Aufwendungen für die Ingangsetzung und Erweiterung des Geschäftsbetriebs i. S. des § 269 HGB, DB 1992, 437; *Lindheim/Lindheim* Zum Bilanzansatz von Aufwendungen für die Erweiterung des Geschäftsbetriebs, DB 1986, 2346; *Ordelheide/Hartle* Rechnungslegung und Gewinnermittlung von Kapitalgesellschaften nach dem Richtlinien-Gesetz, GmbHR 1986, 9; *Schöne* Aktivierung von Kosten der Ingangsetzung des Geschäftsbetriebs im Jahresabschluß der GmbH nach geltendem und zukünftigem Recht, GmbHR 1985, 385; *Selchert* Der Bilanzansatz von Aufwendungen für die Erweiterung des Geschäftsbetriebs, DB 1986, 977; *Veit* Die Funktion von Bilanzierungshilfen, DB 1992, 101.

I. Allgemeines, Regelungszweck und Anwendungsbereich

1. Allgemeines

1 Nach § 269 S. 1 1. Halbs. dürfen Aufwendungen für die Ingangsetzung des Geschäftsbetriebs und dessen Erweiterung aktiviert werden, soweit sie nicht bilanzierungsfähig sind. Bei diesem Aktivierungswahlrecht handelt es sich – wie das Gesetz ausdrücklich feststellt – um eine sog. **Bilanzierungshilfe.**[1] Soweit davon Gebrauch

---

[1] Zur Funktion von Bilanzierungshilfen vgl. allgemein *Veit* DB 1992, 101; HdJ-*Richter* II/9 Rdn. 1 ff.

gemacht wird, sind die Aufwendungen nach § 269 S. 1 2. Halbs. unter der Bezeichnung „Aufwendungen für die Ingangsetzung und Erweiterung des Geschäftsbetriebs" vor dem Anlagevermögen auszuweisen und zu erläutern. Ferner ist die Entwicklung dieses Postens im Anlagenspiegel darzustellen (§ 268 Abs. 2). Gleichzeitig greift eine gesetzliche Ausschüttungssperre nach § 269 S. 2. Wegen der Abschreibung vgl. § 282. Kleine Kapitalgesellschaften sind nach § 274a von der Verpflichtung zur Erläuterung und zur Aufstellung eines Anlagenspiegels befreit. § 269 beruht auf Art. 9, 34 Abs. 1 Buchst. b und Abs. 2 der 4. EG-Richtlinie.

Die Bilanzierungshilfe nach § 269 wird **steuerrechtlich** – ungeachtet der Maßgeb- **2** lichkeit – nicht anerkannt.[2] Zur Frage der Steuerabgrenzung vgl. § 274, 10.

2. Regelungszweck

Die Bilanzierungshilfe nach § 269 verhilft den Unternehmen in der Anfangsphase **3** bzw. bei Erweiterungen des Geschäftsbetriebs zu einer Aktivierung solcher Aufwendungen, die nicht zur Anschaffung oder Herstellung von Vermögensgegenständen geführt haben. Es handelt sich um eine *Billigkeitsmaßnahme*, die der Gesetzgeber des BiRiLiG zum einen mit dem Hinweis auf eine „sonst eventuell eintretende Überschuldung"[3] gerechtfertigt hat, zum anderen mit den Rechtsfolgen, die ein ohne die Bilanzierungshilfe eintretender Eigenkapitalverlust bei Kapitalgesellschaften hat (vgl. z. B. § 92 AktG).[4] Im Schrifttum besteht inzwischen wohl Einigkeit darüber, daß der Gedanke der Überschuldungsvermeidung zur Rechtfertigung eines Aktivierungswahlrechts nicht geeignet ist, da die Bilanzierungshilfe nach § 269 bei der Prüfung einer insolvenzrechtlichen Überschuldung ohnehin außer Ansatz bleibt.[5] Damit bleibt nur der zweite Gesichtspunkt:[6] Das Aktivierungswahlrecht führt zu einer **Ergebnisverbesserung** und dadurch können bestimmte Maßnahmen unterbleiben, die anderenfalls bei Kapitalgesellschaften durch nachhaltige Anfangsverluste bzw. Erweiterungsaufwendungen ausgelöst würden. So ist z. B. der Vorstand einer Aktiengesellschaft im Fall eines Verlusts in Höhe der Hälfte des Grundkapitals nach § 92 Abs. 1 AktG verpflichtet, eine außerordentliche Hauptversammlung einzuberufen und ihr den Verlust anzuzeigen. Entsprechendes gilt bei der GmbH (§ 49 Abs. 3 GmbHG). Ferner kann die Aktivierung von Ingangsetzungskosten den Ausweis einer Unterbilanz oder eine bilanzielle Überschuldung verhindern.

Im betriebswirtschaftlichen Schrifttum wird das Aktivierungswahlrecht vereinzelt **4** auch mit der Überlegung gerechtfertigt, es entspreche dem dynamischen Bilanzierungsziel einer **Verteilung der Aufwendungen** über mehrere Perioden.[7] Eine solche „Glättung des Ergebnisses" ist zwar Folge der Inanspruchnahme der Bilanzierungshilfe, aber nicht ihr Zweck,[8] da dann eine Aktivierungspflicht und kein Wahlrecht hätte statuiert werden müssen[9] und die starre Abschreibungsregelung in § 282 nicht zu rechtfertigen wäre.[10]

---

[2] Statt aller *Knobbe-Keuk* Bilanz- und Unternehmenssteuerrecht (1993) S. 25 f; *L. Schmidt/Weber-Grellet* § 5 Rdn. 270 „Ingangsetzungskosten".

[3] Begr. RegE, BTDrucks. 10/317, S. 80.

[4] Bericht des Rechtsausschusses BTDrucks. 10/4268, S. 106.

[5] Vgl. dazu *Commandeur/Commandeur* DB 1988, 661 ff; ebenso ADS 8; Beck BilKomm-*Budde/Karig* 16; HuRB-*Busse von Colbe* 90 f; KK-*Claussen* 4; *Knobbe-Keuk* Bilanz- und Unternehmens-

steuerrecht (1993) S. 84, Fn. 106; Baumbach/Hueck/*Schulze-Osterloh* § 42, 102; **a. A.** aber wohl *Glade* 1.

[6] Vgl. auch ADS 8; HdR-*Commandeur* 16 ff.

[7] *Ordelheide/Hartle*, GmbHR 1986, 15; ähnlich *Selchert* DB 1986, 980; vgl. auch *Kudert* DB 1992, 437 f.

[8] Ebenso ADS 9; HdR-*Commandeur* 24.

[9] HdR-*Commandeur* 24.

[10] Vgl. *Kudert* DB 1992, 437 f.

Rainer Hüttemann

3. Anwendungsbereich

5 § 269 gilt nach seiner systematischen Anordnung im **Zweiten Abschnitt** nur für Kapitalgesellschaften und – mit der Modifikation in § 264c Abs. 4 S. 3 – auch für Personenhandelsgesellschaften i. S. v. § 264a.

6 Fraglich ist, ob § 269 auch darüber hinaus auf **alle Kaufleute** anwendbar ist.[11] Eine entsprechende Regelung in den §§ 238 ff fehlt. Der Gesetzgeber des BiRiLiG hat ausdrücklich von einer allgemeinen Regelung für alle Kaufleute abgesehen, da die Aktivierung solcher Aufwendungen mit dem Vorsichtsprinzip nicht vereinbar und ein Bedürfnis für eine Bilanzierungshilfe nur bei Kapitalgesellschaften vorhanden sei. Auch könne eine Ausschüttungssperre nur bei Kapitalgesellschaften wirksam vorgesehen werden.[12] Nimmt man den Willen des historischen Gesetzgebers ernst, dann ist der Anwendungsbereich des § 269 – vorbehaltlich ausdrücklicher Verweisungen wie z. B. in § 5 Abs. 1 S. 2 PublG – auf Kapitalgesellschaften zu beschränken.[13] Etwas anderes läßt sich auch nicht mit dem Hinweis rechtfertigen, das Aktivierungswahlrecht sei bereits vor dem BiRiLiG als GoB anerkannt gewesen und daher gelte § 269 nunmehr als GoB i. S. v. § 243 Abs. 1.[14] Die Einordnung der Bilanzierungshilfe als GoB ist vielmehr seit jeher umstritten gewesen und richtiger Ansicht nach abzulehnen.[15]

II. Nicht bilanzierungsfähige Aufwendungen zur Ingangsetzung und Erweiterung des Geschäftsbetriebs

7 Nach § 269 S. 1 1. Halbs. beschränkt sich das Aktivierungswahlrecht auf „Aufwendungen für die Ingangsetzung des Geschäftsbetriebs und dessen Erweiterung", soweit diese „nicht bilanzierungsfähig sind".

1. Nicht bilanzierungsfähige Aufwendungen

8 Aufwendungen für die Ingangsetzung oder Erweiterung des Geschäftsbetriebs dürfen nur aktiviert werden, soweit die entsprechenden Aufwendungen „nicht bilanzierungsfähig" sind. Gegenstand des Aktivierungswahlrechts können daher nur solche Aufwendungen sein, die nicht nach anderen Vorschriften – als Vermögensgegenstände oder RAP – aktiviert werden können.[16] Somit hat die Regelung des § 255 Abs. 4 Vorrang vor dem Aktivierungswahlrecht des § 269.[17] Zu den Aufwendungen im Sinne von § 269 zählen dagegen auch Aufwendungen für selbsterstellte immaterielle Vermögensgegenstände, die nach § 248 Abs. 2 nicht aktiviert werden dürfen.[18]

2. Aufwendungen zur Ingangsetzung und Erweiterung des Geschäftsbetriebs

9 **Aufwendungen zur Ingangsetzung des Geschäftsbetriebs** sind Aufwendungen für den erstmaligen Aufbau der Betriebs-, Verwaltungs- und Vertriebsorganisation.[19]

---

[11] Dafür etwa ADS 7; Beck BilKomm-*Budde/Karig* 1.

[12] Vgl. Bericht des Rechtsausschusses BTDrucks. 10/4268, S. 106.

[13] So auch MünchKommHGB-*Beater* 4.

[14] So ADS 7; Beck BilKomm-*Budde/Karig* 1; *Selchert* DB 1986, 982.

[15] Vgl. HuRB-*Freericks*, S. 251; *Knobbe-Keuk* Bilanz- und Unternehmenssteuerrecht (1993) S. 26; HdR-*Commandeur* 6, 8.

[16] Statt aller ADS 10; Baumbach/Hueck/*Schulze-Osterloh* § 42, 95; Beck BilKomm-*Budde-Karig* 2.

[17] Vgl. etwa ADS 10; HdR-*Commandeur* 43.

[18] So auch ADS 10; *Schulze-Osterloh* aaO; *Budde-Karig* aaO; **a. A.** – mit Hinweis auf abstrakte Bilanzierungsfähigkeit – *Selchert* DB 1986, 979.

[19] So *Schulze-Osterloh* aaO; in der Sache übereinstimmend ADS 12; Beck BilKomm-*Budde/Karig* 2; KK-*Claussen* 7; HdR-*Commandeur* 26.

Dazu zählen z. B. Aufwendungen für die Auswahl und Schulung des Personals, für den Aufbau von Beschaffungs- und Absatzwegen, Aufwendungen für Organisationsberatung, Marktstudien, Produkteinführungen.[20] Der Zeitraum der Ingangsetzung des Geschäftsbetriebs kann sich über mehrere Jahre erstrecken und endet mit der Aufnahme des vollen Geschäftsbetriebs.[21] Zu den nach §269 aktivierungsfähigen Aufwendungen zählen auch Aufwendungen für die Beschaffung von Fremdkapital, soweit dieses wiederum zur Finanzierung von Ingangsetzungsaufwendungen gedient hat.[22] Hingegen dürfen Aufwendungen für die Gründung des Unternehmens und die Beschaffung des Eigenkapitals nach §248 Abs. 1 grundsätzlich nicht aktiviert werden.[23] Dieses Aktivierungsverbot hat Vorrang vor §269. Gründungskosten i. S. v. §248 Abs. 1 sind aber nur Kosten für die rechtliche Entstehung der Gesellschaft wie z. B. Gerichts- und Notarkosten.

Anders als §153 Abs. 4 S. 2 AktG a. F. dürfen nach §269 auch **Aufwendungen für** **10** **die Erweiterung des Geschäftsbetriebs** aktiviert werden. Darunter sind Aufwendungen zu verstehen, die ihrer Art nach den Ingangsetzungsaufwendungen entsprechen, aber nicht beim erstmaligen Aufbau des Geschäftsbetriebs, sondern bei einer späteren Ausweitung desselben entstanden sind.[24] Hierunter fallen z. B. die Erweiterung des Produktionsprogramms durch Aufnahme neuer Produkte oder Produktgruppen, die Erschließung neuer Märkte oder wesentliche Kapazitätserweiterungen, z. B. durch die Errichtung einer neuen Produktionsstätte.[25] Eine Erweiterung des Geschäftsbetriebs liegt dagegen nicht vor, wenn nur die vorhandenen Kapazitäten stärker ausgelastet werden oder durch Rationalisierungsmaßnahmen ohne Kapazitätserweiterungen Kosteneinsparungen erzielt werden.[26] Auch Aufwendungen für Betriebserneuerungen, Umstrukturierungen und Unternehmensverlagerungen sind, wenn sie nicht zu einer Ausweitung der Unternehmensgröße führen, im Rahmen von §269 nicht aktivierungsfähig.[27] Das gleiche gilt für die Wiederinbetriebnahme eines nur vorübergehend stillgelegten Betriebsbereichs.[28] Im Schrifttum besteht schließlich Einigkeit, daß nicht schon jede Erweiterung des Geschäftsbetriebs eine Aktivierung der Aufwendungen rechtfertigen kann. Vielmehr seien nur „sprunghafte Erweiterungen von außerordentlicher Art und wesentlicher Bedeutung" erfaßt.[29] Eine solche *einschränkende Auslegung* des Begriffs „Erweiterung" in §269 ist zum einen dadurch gerechtfertigt, daß es sich bei dieser Bilanzierungshilfe um eine (Billigkeits-)Ausnahme von allgemeinen Grundsätzen handelt. Zum anderen kann nur durch ein enges Verständnis des Erweiterungsbegriffs die Vergleichbarkeit zu den Ingangsetzungsaufwendungen gewährleistet werden.

3. Künftige Erträge als weitere Aktivierungsvoraussetzung?

Meinungsstand. Während nach dem Wortlaut des §269 das Aktivierungswahlrecht **11** nur das Vorhandensein entsprechender Ingangsetzungs- bzw. Erweiterungsaufwendungen voraussetzt, wird im Schrifttum zusätzlich gefordert, daß den Aufwendungen

---

20 Statt aller ADS 12; Beck BilKomm-*Budde/Karig* 2.

21 ADS 13; HdR-*Commandeur* 39.

22 Vgl. ADS 12; Beck BilKomm-*Budde/Karig* 2; KK-*Claussen* 8.

23 ADS 12; *Budde/Karig* aaO; *Claussen* aaO; HdR-*Commandeur* 29.

24 Vgl. ADS 14; Beck BilKomm-*Budde/Karig* 4; Baumbach/Hueck/*Schulze-Osterloh* §42, 96.

25 ADS 14; vgl. auch HdR-*Commandeur* 49.

26 ADS 14.

27 Beck BilKomm-*Budde/Karig* 5.

28 Vgl. HdR-*Commandeur* 35.

29 ADS 15; Beck BilKomm-*Budde/Karig* 5; KK-*Claussen* 12; HdR-*Commandeur* 34; HdJ-*Richter* II/9 Rdn. 125; Baumbach/Hueck/*Schulze-Osterloh* §42, 96.

Rainer Hüttemann

auch entsprechende zukünftige Ertragserwartungen gegenüberstehen müssen.[30] Ein solches „Werthaltigkeitspostulat" wird zum einen den GoB abgeleitet,[31] zum anderen mit dem Zweck der Bilanzierungshilfen, der ertragsgerechten Aufwandszuordnung, gerechtfertigt.[32] Nach anderer Ansicht ist eine solche ungeschriebene Aktivierungsvoraussetzung hingegen abzulehnen.[33] Eine Aktivierung soll nur dann ausscheiden, wenn feststeht, daß es sich um Fehlinvestitionen handelt, die zur Ingangsetzung oder Erweiterung des Geschäftsbetriebs nichts beigetragen haben.[34] *Stellungnahme.* Der zweiten Ansicht ist zu folgen. Dem Gesetz ist kein Werthaltigkeitspostulat zu entnehmen. Eine solche Einschränkung kann auch nicht aus den GoB abgeleitet werden, da es sich bei § 269 gerade um eine Ausnahme von denselben handelt.[35] Nicht begründet ist auch der Hinweis auf den Zweck einer „ertragsgerechten Aufwandsverteilung" im Sinne einer dynamischen Bilanzauffassung, da diese im Gesetz keinen Niederschlag gefunden hat. Ein Werthaltigkeitspostulat begegnet zudem erheblichen Praktikabilitätseinwänden. Damit bleibt als systematischer Ansatzpunkt für notwendige Einschränkungen des § 269 nur der Gesetzeswortlaut, d. h. der Begriff der Ingangsetzungs- und Erweiterungsaufwendungen. Danach sind solche Aufwendungen aus dem Anwendungsbereich des § 269 auszuklammern, die „Fehlinvestitionen" darstellen, also nachweislich keinen Beitrag zur Ingangsetzung bzw. Erweiterung des später aufgenommenen Geschäftsbetriebes geleistet haben.

III. Wahlrecht, Ausweis und Erläuterung

1. Wahlrecht

12   § 269 gewährt nur ein **Aktivierungswahlrecht** („dürfen"). Fraglich ist zunächst, ob die Ausübung dieses Wahlrechts Einschränkungen unterliegt. Im Schrifttum findet sich dazu die Ansicht, daß die Bilanzierungshilfe nur *zweckentsprechend* eingesetzt werden dürfe.[36] Da die Gewährung einer Bilanzierungshilfe dazu diene, der Gesellschaft in bestimmten Ausnahmesituationen den Ausweis eines besseren Ergebnisses zu ermöglichen, sei eine Aktivierung auch nur zulässig, wenn eine dieser Ausnahmesituationen – teilweiser Verlust des Eigenkapitals oder eine bilanzielle Überschuldung – vorliege. Eine Aktivierung von Ingangsetzungs- bzw. Erweiterungsaufwendungen müßte demnach immer ausscheiden, wenn auf Grund positiver Jahresergebnisse keiner dieser Ausnahmefälle gegeben ist.[37] Eine solche Wahlrechtseinschränkung wird von der ganz überwiegenden Ansicht zu Recht *abgelehnt*.[38] Dem Gesetz läßt sich eine solche Einschränkung nicht entnehmen. Auch lassen sich aus den wenigen Hinweisen in der Gesetzesbegründung zu der Frage, wann ein „Bedürfnis" für eine Aktivierung bestehe, keine hinreichend bestimmten Grenzen der Wahlrechtsausübung ableiten. Eine Beschränkung der Bilanzierungshilfe auf gewisse „Ausnahmefälle" ist zudem auf Grund der Ausschüttungssperre verzichtbar. Schließlich läßt sich eine Wahlrechtsein-

[30] WP-Handbuch I F 59; *Selchert* DB 1986, 980; HdJ-*Richter* II/9 Rdn. 121; *Ordelheide/Hartle,* GmbHR 1986, 15; HuRB-*Freericks,* 255; wohl auch KK-*Claussen* 5; *Glade* 6; vgl. auch *Kudert* DB 1992, 437 f.

[31] So WP-Handbuch aaO.

[32] Vgl. etwa *Selchert* aaO.

[33] ADS 16; *Biener/Berneke* S. 181; Beck BilKomm-*Budde/Karig* 8; Baumbach/Hueck/*Schulze-Osterloh* § 42, 94.

[34] *Schulze-Osterloh* aaO; ebenso *Glade* 8; *Claussen* aaO; vgl. auch ADS 16.

[35] Vgl. auch *Kudert* DB 1992, 437 f.

[36] HdR-*Commandeur* 42.

[37] Vgl. HdR-*Commandeur* 41 f.

[38] ADS 16; Beck BilKomm-*Budde/Karig* 7; KK-*Claussen* 5; Baumbach/Hueck/*Schulze-Osterloh* § 42, 94; MünchKommHGB-*Beater* 3.

Rainer Hüttemann

schränkung auch nicht aus allgemeinen Grundsätzen, insbesondere § 264 Abs. 2 S. 1 ableiten.[39] Denn bei § 269 handelt es sich um eine „Billigkeitsmaßnahme", bei der der Gesetzgeber bewußt von allgemeinen Grundsätzen abgewichen ist. Das Aktivierungswahlrecht ist – ohne weitere Einschränkungen – allein an das Vorliegen bestimmter Aufwendungen geknüpft und damit weiteren Einschränkungen nicht zugänglich.[40]

Das Aktivierungswahlrecht nach § 269 kann auch durch **Ansatz eines Teilbetrages** **13** der Aufwendungen ausgeübt werden.[41] Im Rahmen der gesetzlich bestimmten Erläuterungspflicht im Anhang muß dann aber auf den Teilansatz hingewiesen werden.[42] Eine **Nachholung** der Aktivierung in späteren Geschäftsjahren ist nicht zulässig.[43] Dies ergibt sich aus dem Sinn und Zweck der Bilanzierungshilfe, in den Jahren eine bilanzielle Entlastung zu ermöglichen, in denen das Ergebnis durch Ingangsetzungs- und Erweiterungsaufwendungen belastet wird.[44]

2. Ausweis und Erläuterung

Nach § 269 S. 1 2. Halbs. sind die aktivierten Aufwendungen unter der Bezeich- **14** nung „Aufwendungen für die Ingangsetzung und Erweiterung des Geschäftsbetriebs" **vor dem Anlagevermögen auszuweisen** und **im Anhang zu erläutern**. Mit dem gesonderten Ausweis vor dem Anlagevermögen hat der Gesetzgeber von der durch Art. 9 B. der 4. EG-Richtlinie eröffneten Möglichkeit eines Ausweises unter den „Immateriellen Vermögensgegenständen" keinen Gebrauch gemacht. Der gesonderte Ausweis vor dem Anlagevermögen trägt dem Charakter des Postens als Bilanzierungshilfe Rechnung. Soweit nur Ingangsetzungs- oder nur Erweiterungsaufwendungen aktiviert werden, ist die Postenbezeichnung anzupassen (§ 265 Abs. 6).[45]

Von der Erläuterungspflicht im Anhang sind kleine Kapitalgesellschaften befreit **15** (§ 274a Nr. 5). Eine gesetzliche **Konkretisierung** der Erläuterungspflicht fehlt. Ihr Umfang ist daher nach allgemeinen Grundsätzen der Berichterstattung zu bestimmen.[46]

IV. Ausschüttungssperre

Nach § 269 S. 2 dürfen, wenn Aufwendungen nach S. 1 aktiviert werden, Gewinne **16** nur ausgeschüttet werden, wenn die nach der Ausschüttung verbleibenden jederzeit auflösbaren Gewinnrücklagen zuzüglich eines Gewinnvortrags und abzüglich eines Verlustvortrags dem angesetzten Betrag mindestens entsprechen. Diese Ausschüttungssperre beruht auf Art. 34 Abs. 1 Buchst. b der 4. EG-Richtlinie. Sie dient dem **Gläubigerschutz** und verhindert, daß durch den Ansatz der Bilanzierungshilfe das Ausschüttungsvolumen beeinflußt wird.[47] Mit dem Verweis auf den „angesetzten Betrag" wird der Tatsache Rechnung getragen, daß der Bilanzposten nach § 282 durch Abschreibungen laufend gemindert wird.

§ 269 S. 2 enthält nur eine **Ausschüttungssperre**, verlangt aber nicht die Bildung **17** einer besonderen Gewinnrücklage.[48] Vielmehr ist nur vor einer Gewinnausschüttung

---

39 So aber HdR-*Commandeur* 42 mit Hinweis auf *Biener/Berneke* S. 137.
40 Vgl. *Biener/Berneke* S. 181: „statische Notlösung".
41 ADS 11; Beck BilKomm-*Budde/Karig* 7; HuRB-*Freericks* S. 259; Baumbach/Hueck/*Schulze-Osterloh* § 42, 94.
42 *Schulze-Osterloh* aaO.
43 ADS 11; Beck BilKomm-*Budde/Karig* 7; HdR-*Commandeur* 52; *Schulze-Osterloh* aaO.

44 Vgl. statt aller ADS 11.
45 ADS 18; HdR-*Commandeur* 54; **a. A.** Beck BilKomm-*Budde/Karig* 10.
46 ADS 20.
47 Statt aller ADS 21; HdR-*Commandeur* 65.
48 Vgl. nur *Biener/Berneke* S. 181.

Rainer Hüttemann

zu prüfen, ob die nach Ergebnisverwendung verbleibenden, frei verfügbaren Rücklagen zuzüglich eines Gewinnvortrags und abzüglich eines Verlustvortrags den dann noch aktivierten Betrag der Bilanzierungshilfe decken.

Beispiel:

Aufwendungen für die Ingangsetzung des Geschäftsbetriebs	100
frei verfügbare Rücklagen	100
Verlustvortrag	10
Bilanzgewinn	100

Es kann ein Bilanzgewinn in Höhe von 90 ausgeschüttet werden.

18 Fraglich ist, ob bei der Anwendung der Ausschüttungssperre eine nach § 274 Abs. 1 erfolgte **Steuerabgrenzung**[49] in Form einer Rückstellung in Abzug gebracht werden kann.[50] Für eine solche Berücksichtigung könnte sprechen, daß anderenfalls die effektive Wirkung der Ausschüttungssperre über den aktivierten Betrag hinausgehen könnte, weil durch die Rückstellungsbildung weitere Mittel in Höhe der steuerlichen Mehrbelastung gebunden wären. Indes läßt sich eine solche Kürzung des Sperrbetrages dem Gesetzeswortlaut nicht entnehmen, weshalb sie zu Recht im Schrifttum ganz überwiegend abgelehnt wird.[51]

19 § 269 S. 2 enthält keine Aussage dazu, ob die Ausschüttungssperre auch im Fall eines **Ergebnisabführungsvertrages** eingreift. Im Schrifttum wird dies unter anderen mit dem Argument verneint, daß keine „Gewinnausschüttung" vorliege.[52] Zudem seien die Gläubiger der Gesellschaft hinreichend durch den Ausgleichsanspruch und das Recht auf Sicherheitsleistung nach §§ 302, 303 AktG geschützt.[53] Diese Ansicht hat zur Folge, daß der aktivierte Betrag abgeführt und beim empfangenden Unternehmen an die Gesellschafter ausgeschüttet werden könnte, obwohl ein entsprechender Vermögensgegenstand nicht vorgelegen hat. Dieses Ergebnis kann nicht überzeugen und ist – in Analogie zum Rechtsgedanken des § 300 AktG – durch eine erweiternde Auslegung des § 269 S. 2 zu verhindern. Die Ausschüttungssperre greift also auch im Rahmen eines Ergebnisabführungsvertrages, soweit keine entsprechenden vor- oder nachorganschaftlichen Gewinnrücklagen vorhanden sind.[54]

20 Bei **Personenhandelsgesellschaften** i. S. v. § 264a tritt an die Stelle einer Ausschüttungssperre ein passivischer „Sonderposten" nach § 264c Abs. 4 S. 3.

V. Rechtsfolgen eines Verstoßes gegen § 269

21 Wird gegen die Ausweis- und Erläuterungsvorschriften des § 269 S. 1 verstoßen, so gelten die unter § 265, 29 gemachten Ausführungen entsprechend. Ein gegen § 269 S. 2 verstoßender Gewinnverwendungsbeschluß ist nach § 241 Nr. 3 AktG nichtig, weil § 269 S. 2 dem Gläubigerschutz dient.[55]

---

[49] Zur Steuerabgrenzung bei § 269 vgl. Erläuterungen zu § 274 Rdn. 10.
[50] So *Lindheim/Lindheim* DB 1986, 2346.
[51] ADS 23; Beck BilKomm-*Budde/Karig* 14; HdR-*Commandeur* 68; KK-*Claussen* 16; Baumbach/Hueck/*Schulze-Osterloh* § 42, 100.
[52] Beck BilKomm-*Budde/Karig* 15; HdR-*Commandeur* 69.
[53] *Budde/Karig* aaO.
[54] So auch ADS 22; MünchKommHGB-*Beater* 13.
[55] ADS 24; Beck BilKomm-*Budde/Karig* 17.

§ 270
Bildung bestimmter Posten

(1) Einstellungen in die Kapitalrücklage und deren Auflösung sind bereits bei der Aufstellung der Bilanz vorzunehmen. Satz 1 ist auf Einstellungen in den Sonderposten mit Rücklageanteil und dessen Auflösung anzuwenden.

(2) Wird die Bilanz unter Berücksichtigung der vollständigen oder teilweisen Verwendung des Jahresergebnisses aufgestellt, so sind Entnahmen aus Gewinnrücklagen sowie Einstellungen in Gewinnrücklagen, die nach Gesetz, Gesellschaftsvertrag oder Satzung vorzunehmen sind oder auf Grund solcher Vorschriften beschlossen worden sind, bereits bei der Aufstellung der Bilanz zu berücksichtigen.

Übersicht

	Rdn.		Rdn.
I. Überblick	1	IV. Veränderungen bei Gewinnrücklagen (Abs. 2)	5
II. Veränderungen der Kapitalrücklage (Abs. 1 S. 1)	2, 3	V. Rechtsfolgen eines Verstoßes gegen § 270 HGB	6
III. Veränderungen bei Sonderposten mit Rücklagenanteil (Abs. 1 S. 2)	4		

Schrifttum

Vgl. Angaben bei §§ 268, 272, 273.

I. Überblick

§ 270 Abs. 1 S. 1 enthält eine **Sondervorschrift** betreffend Einstellungen in die **1** Kapitalrücklage und deren Auflösung. Nach § 270 Abs. 1 S. 2 gilt S. 1 entsprechend für Einstellungen und Auflösungen bei Sonderposten mit Rücklageanteil. § 270 Abs. 2 ergänzt § 268 Abs. 1 und enthält Einschränkungen des Wahlrechts nach § 268 Abs. 1 S. 1 im Zusammenhang mit der Einstellung in und der Auflösung von Gewinnrücklagen.

II. Veränderungen der Kapitalrücklage (Abs. 1 S. 1)

Nach § 270 Abs. 1 S. 1 sind Einstellungen in die Kapitalrücklage und deren Auf- **2** lösung bereits bei der Aufstellung der Bilanz vorzunehmen. Hinsichtlich des Inhalts dieses Postens vgl. § 272, 27 ff. **Einstellungen in die Kapitalrücklage** erfolgen außerhalb der GuV und berühren das Ergebnis nach § 275 Abs. 4 nicht. Die Voraussetzungen für eine Einstellung in die Kapitalrücklage sind gesetzlich in § 272 Abs. 2 abschließend geregelt. Sie betreffen nicht die Ergebnisverwendung und sind daher nach Abs. 1 S. 1 bereits bei der Aufstellung der Bilanz zu berücksichtigen. Die Voraussetzungen für eine **Auflösung der Kapitalrücklage** sind für AktG in § 150 Abs. 3 und 4 AktG enthalten. Bei der GmbH sind mangels gesetzlicher Vorschriften die gesellschaftsvertraglichen Regelungen maßgebend. Anders als Einstellungen in die Kapitalrücklage gehen Auflösungen aus Vereinfachungsgründen in den Bilanzgewinn ein (§ 158 Abs. 1 Nr. 2 AktG). In diesem Fall liegt zwar keine „Ergebnisverwendung" im

Sinne von § 268 Abs. 1 S. 1 vor,[1] aber es kommt gleichwohl – § 275 Abs. 4, § 158 AktG – zum Ausweis eines Bilanzgewinns.

3   Entgegen der Ansicht der Gesetzesverfasser[2] enthält § 270 Abs. 1 S. 1 **keine eigenständige Zuständigkeitsregelung**, was Entnahmen aus der Kapitalrücklage anbetrifft. Vielmehr ist die Frage, welche Organe für die Einstellung in die Kapitalrücklage und die Auflösung derselben zuständig sind, allein nach Maßgabe des Gesellschaftsrechts zu entscheiden.[3] Daher können z. B. Entnahmen aus Kapitalrücklagen bei der GmbH nur dann bei der Aufstellung des Jahresabschlusses berücksichtigt werden, wenn die Geschäftsführung – z. B auf Grund einer entsprechenden Ermächtigung durch den Gesellschaftsvertrag oder die Gesellschafterversammlung – zu entsprechenden Entnahmen ermächtigt ist.

III. Veränderungen bei Sonderposten mit Rücklagenanteil (Abs. 1 S. 2)

4   Die Bildung und Auflösung von Sonderposten mit Rücklageanteil gehört zum Bereich der Ergebnisermittlung und ist damit Aufgabe der *Geschäftsführung*.[4] § 270 Abs. 1 S. 2, der ausdrücklich die Bildung und Auflösung solcher Sonderposten im Rahmen der Bilanzaufstellung anordnet, hat insoweit klarstellenden Charakter.[5] Zur Bildung und Auflösung der Sonderposten mit Rücklageanteil vgl. die Erläuterungen zu §§ 247 Abs. 3, 273.

IV. Veränderungen bei Gewinnrücklagen (Abs. 2)

5   § 270 Abs. 2 *ergänzt* die Regelung des § 268 Abs. 1 S. 1. Wird in Ausübung des durch § 268 Abs. 1 S. 1 gewährten Wahlrechts die Bilanz unter Berücksichtigung der vollständigen oder teilweisen Verwendung des Jahresergebnisses aufgestellt, so sind Entnahmen aus Gewinnrücklagen sowie Einstellungen in Gewinnrücklagen, die nach Gesetz, Gesellschaftsvertrag oder Satzung vorzunehmen sind oder auf Grund solcher Vorschriften beschlossen worden sind, bereits bei der Aufstellung der Bilanz zu berücksichtigen. Das Wahlrecht des § 268 Abs. 1 S. 1 ist also immer dann eingeschränkt, wenn freiwillig oder kraft gesetzlicher Verpflichtung die Bilanz unter Berücksichtigung einer Gewinnverwendungsmaßnahme aufgestellt wird.[6] In diesem Fall sind dann nach § 270 Abs. 2 Veränderungen der Rücklagen bei der Aufstellung zu berücksichtigen.[7] Auch insoweit bleibt aber zu beachten, daß § 270 Abs. 2 keine Zuständigkeitsregelung enthält, sondern sich die Kompetenz der bilanzaufstellenden Organe hinsichtlich der Einstellungen in die Rücklage und der Entnahmen aus Rücklagen ausschließlich nach Gesellschaftsrecht bestimmt.

V. Rechtsfolgen eines Verstoßes gegen § 270 HGB

6   Ein Verstoß gegen § 270 HGB wird nicht nach den Straf- und Bußgeldvorschriften gemäß §§ 331 bis 335 HGB geahndet, da in § 270 lediglich der Zeitpunkt der Einstel-

---

[1] Vgl. § 268 Rdn. 6f; **a. A.** ADS 6.
[2] Begr. RegE, BTDrucks. 10/317, S. 80; ebenso wohl *Biener/Bernecke* S. 183; Beck BilKomm-*Budde/Raff* 2.
[3] Baumbach/Hueck/*Schulze-Osterloh* § 42, 167.
[4] Vgl. nur Beck BilKomm-*Budde/Raff* 19.
[5] ADS 8.
[6] Siehe auch § 268, 3.
[7] Vgl. ADS § 268, 30.

lung in die Kapitalrücklage bzw. in den Sonderposten mit Rücklageanteil und deren Auflösung bestimmt wird.[8] Der festgestellte Jahresabschluß ist aber nach § 256 Abs. 1 Nr. 4 AktG nichtig, wenn gegen gesetzliche Regelungen über die Bildung und Auflösung der Kapitalrücklage verstoßen wird.[9]

§ 271
Beteiligungen. Verbundene Unternehmen

(1) Beteiligungen sind Anteile an anderen Unternehmen, die bestimmt sind, dem eigenen Geschäftsbetrieb durch Herstellung einer dauernden Verbindung zu jenen Unternehmen zu dienen. Dabei ist es unerheblich, ob die Anteile in Wertpapieren verbrieft sind oder nicht. Als Beteiligung gelten im Zweifel Anteile an einer Kapitalgesellschaft, die insgesamt den fünften Teil des Nennkapitals dieser Gesellschaft überschreiten. Auf die Berechnung ist § 16 Abs. 2 und 4 des Aktiengesetzes entsprechend anzuwenden. Die Mitgliedschaft in einer eingetragenen Genossenschaft gilt nicht als Beteiligung im Sinne dieses Buches.

(2) Verbundene Unternehmen im Sinne dieses Buches sind solche Unternehmen, die als Mutter- oder Tochterunternehmen (§ 290) in den Konzernabschluß eines Mutterunternehmens nach den Vorschriften über die Vollkonsolidierung einzubeziehen sind, das als oberstes Mutterunternehmen den am weitestgehenden Konzernabschluß nach dem Zweiten Unterabschnitt aufzustellen hat, auch wenn die Aufstellung unterbleibt, oder das einen befreienden Konzernabschluß nach § 291 oder nach einer nach § 292 erlassenen Rechtsverordnung aufstellt oder aufstellen könnte; Tochterunternehmen, die nach § 295 oder § 296 nicht einbezogen werden, sind ebenfalls verbundene Unternehmen.

Übersicht

	Rdn.		Rdn.
I. Überblick	1	b) Mutter-Tochter-Verhältnis	
II. Beteiligungen (Abs. 1)		i. S. v. § 290	19
1. Allgemeines	2, 3	3. Einbeziehung in den Konzern-	
2. Begriffsbestimmung (Abs. 1 S. 1) .		abschluß	20
a) Unternehmen	4, 5	a) Wortlautauslegung	21
b) Anteile	6	b) Berichtigende Auslegung	
c) Zweckbestimmung	7, 8	des Abs. 2?	22–24
d) Verbriefung der Anteile		c) Einbeziehung im Wege der	
(Abs. 1 S. 2)	9	Vollkonsolidierung	25
3. Beteiligungsvermutung		d) Kreis der verbundenen Unter-	
(Abs. 1 S. 3)	10	nehmen	26
4. Berechnung der Anteile		4. Einzelfragen	
(Abs. 1 S. 4)	11	a) Tatsächliche Aufstellung eines	
5. Genossenschaftsanteile		Konzernabschlusses ohne	
(Abs. 1 S. 5)	12	Relevanz	27
III. Verbundene Unternehmen (Abs. 2)		b) Größenabhängige Befreiung	
1. Allgemeines	13–16	nach § 293	28
2. Mutter- und Tochterunternehmen		c) Einstufiger Konzern mit aus-	
(§ 290)		ländischem Mutterunterneh-	
a) Unternehmen	17, 18	men oder mit inländischer	

---

[8] Beck BilKomm-*Budde/Raff* 38.   [9] HdR-*Knop* 30.

Rainer Hüttemann

	Rdn.		Rdn.
Nichtkapitalgesellschaft als Mutterunternehmen	29	f) Mehrstufiger Konzern und Befreiung nach § 292	34
d) Einstufiger Konzern mit inländischer publizitätspflichtiger Nichtkapitalgesellschaft als Mutterunternehmen	30	g) Gleichordnungskonzern	35
		IV. Rechtsfolgen eines Verstoßes gegen § 271 HGB	36
e) Mehrstufiger Konzern und Befreiung nach § 291	31–33		

Schrifttum

Clausen Verbundene Unternehmen (1992); *Knobbe-Keuk* Gesellschaftsanteile in Handels- und Steuerbilanz, AG 1979, 293; *Kropff* „Verbundene Unternehmen" im Aktiengesetz und im Bilanzrichtlinien-Gesetz, DB 1986, 364; *Küting* Verbundene Unternehmen nach dem HGB und AktG – zugleich eine kritische Analyse des § 271 Abs. 2 HGB, DStR 1987, 347; *Lüders/Meyer-Kessel* Der Begriff der Beteiligung nach § 271 Abs. 1 HGB, DB 1991, 1585; *Nösser* Verbundene Unternehmen im Bilanzrecht (1992); *Oser* Verbundene Unternehmen im Bilanzrecht (1993); *Schulze-Osterloh* Die verbundenen Unternehmen nach dem Bilanzrichtlinien-Gesetz, Festschrift Fleck (1988) S. 313; *Ulmer* Begriffsvielfalt im Recht der verbundenen Unternehmen als Folge des Bilanzrichtlinien-Gesetzes, Festschrift Goerdeler (1987) S. 623; *Weber* Grundsätze ordnungsmäßiger Bilanzierung für Beteiligungen (1980); *Zilias* Zum Unternehmensbegriff im neuen Bilanzrecht (Drittes Buch des HGB), DB 1986, 1110.

I. Überblick

1   § 271 enthält die **gesetzlichen Definitionen** der Begriffe „Beteiligung" (Abs. 1) und „verbundene Unternehmen" (Abs. 2) für Zwecke des Dritten Buches des HGB (§§ 238 ff). Diese besonderen Begriffsbestimmungen sind notwendig, weil zahlreiche Einzelregelungen des HGB an die Merkmale „Beteiligung" bzw. „verbundene Unternehmen" anknüpfen, so etwa bestimmte Posten der Gliederungsschemata für Bilanz (§ 266) und GuV (§ 275), ferner bei Angabepflichten im Anhang und in den Bereichen Konzernabschluß, Abschlußprüfung und Strafvorschriften. Es handelt sich um *eigenständige Begriffsbestimmungen für Zwecke des Rechnungslegungsrechts*, die inhaltlich von gleichlautenden Definitionen in anderen Rechtsgebieten (insbesondere dem aktienrechtlichen Begriff der verbundenen Unternehmen) abweichen können. Die Begriffe „Beteiligung" (Abs. 1) und „verbundene Unternehmen" (Abs. 2) stehen *selbständig nebeneinander*. Eine inhaltliche Verbindung besteht nur insoweit, als die Definition des verbundenen Unternehmens in Abs. 2 u. a. auf das Verhältnis von „Mutter- und Tochterunternehmen" i. S. v. § 290 Abs. 1 Bezug nimmt, welches seinerseits wiederum eine „Beteiligung" i. S. v. § 271 Abs. 1 voraussetzt. Unter den Begriff der verbundenen Unternehmen i. S. v. § 271 Abs. 2 fallen aber nicht nur Beteiligungsverhältnisse, sondern auch horizontale Unternehmensverbindungen innerhalb eines Konzerns, auch wenn die Unternehmen keine Anteile aneinander halten (Schwestergesellschaften).[1]

---

[1] Vgl. unten Rdn. 26.

II. Beteiligungen (Abs. 1)

1. Allgemeines

§ 271 Abs. 1 enthält die **gesetzliche Definition** der „Beteiligung" i. S. d. HGB. Das **2** Vorliegen einer „Beteiligung" setzt zum einen „Anteile an anderen Unternehmen" voraus, zum anderen müssen diese Anteile bestimmt sein, „dem eigenen Geschäftsbetrieb durch Herstellung einer dauernden Verbindung zu jenen Unternehmen zu dienen." Die Begriffsbestimmung des Abs. 1 geht zurück auf Art. 17 der 4. EG-Richtlinie. Sie hat zunächst Bedeutung für das gesetzliche Gliederungsschema des § 266. Die Legaldefinition des § 271 Abs. 1 bildet die Grundlage für die Zuordnung von Anteilen an anderen Unternehmen zu den Bilanzposten der Aktivseite, Abs. 2 A. III. 3., „Beteiligungen", A. III. 4., „Ausleihungen an Unternehmen, mit denen ein Beteiligungsverhältnis besteht", B. II. 3., „Forderungen gegen Unternehmen, mit denen ein Beteiligungsverhältnis besteht", sowie zum Bilanzposten der Passivseite, Abs. 3 C. 7., „Verbindlichkeiten gegenüber Unternehmen, mit denen ein Beteiligungsverhältnis besteht". Ferner ist die Begriffsbestimmung der Beteiligung maßgebend für die Zuordnung zum Posten „Erträge aus Beteiligungen" im Rahmen der GuV-Gliederung (§ 275 Abs. 2 Nr. 9, Abs. 3 Nr. 8). Des weiteren findet sich der Begriff der Beteiligung nunmehr in § 285 Nr. 11 S. 2. Schließlich ist der Beteiligungsbegriff von Bedeutung für die Anwendung der §§ 290 Abs. 1, 311 Abs. 1.

Anwendungsbereich. Die gesetzliche Definition der „Beteiligung" ist – ihrer **3** systematischen Anordnung entsprechend – zunächst verbindlich für den Jahresabschluß der Kapitalgesellschaften und der Personenhandelsgesellschaften i. S. v. § 264a. Sie gilt über die Verweisung des § 5 Abs. 1 S. 2 PublG sinngemäß für publizitätspflichtige Unternehmen im Sinne des PublG, nach § 336 Abs. 2 für eingetragene Genossenschaften sowie nach §§ 340a Abs. 1, 2, 341a Abs. 1, 2 für Kreditinstitute und Versicherungsunternehmen. Darüber hinaus ist die Begriffsbestimmung des § 271 Abs. 1 aber auch von Bedeutung für alle Kaufleute, soweit diese freiwillig im Jahresabschluß einen entsprechenden Posten ausweisen.[2]

2. Begriffsbestimmung (Abs. 1 S. 1)

a) Unternehmen. Eine Beteiligung i.S.v. § 271 Abs. 1 setzt Anteile an einem **4** *Unternehmen* voraus. Das HGB enthält (ebenso wie das Aktienrecht in den §§ 15 ff AktG) keine nähere gesetzliche Definition dazu, was ein „Unternehmen" ist.[3] Der Unternehmensbegriff ist daher – wie im Aktienkonzernrecht[4] – auch für Zwecke des Rechnungslegungsrechts im Rahmen des § 271 *teleologisch* zu bestimmen.[5] Der gesonderte Ausweis von Beteiligungsverhältnissen in Bilanz, GuV und Anhang dient der Information der Jahresabschlußleser über mitgliedschaftliche Verbindungen („Anteile") zu anderen rechtlich selbständigen Wirtschaftseinheiten, die dem eigenen Geschäftsbetrieb dienen sollen. Daraus folgt, daß der Unternehmensbegriff des § 271 Abs. 1 weit auszulegen ist. Insbesondere ist die Rechtsform, in der die andere Wirtschaftseinheit organisiert ist, für die Unternehmenseigenschaft insoweit unerheblich und erst beim Merkmal „Anteil" zu berücksichtigen. In diesem Sinne sind als Unternehmen im Rahmen von § 271 Abs. 1 alle Wirtschaftseinheiten anzusehen, die „als selbständiger Träger unternehmerischer Planungs- und Entscheidungsgewalt in

---

[2] ADS 3; Beck BilKomm-*Hoyos/Gutike* 4.
[3] Zum Unternehmensbegriff im HGB vgl. *Hüffer* § 22, 2 ff.

[4] Zum aktienrechtlichen Unternehmensbegriff vgl. statt aller nur Übersicht bei *Hüffer* § 15, 6 ff.
[5] Dazu etwa *Zilias* DB 1986, 1110.

abgrenzbarer Weise eigenständige erwerbswirtschaftliche Ziele im Rahmen einer nach außen hin auftretenden Organisation verfolgen."[6] Dazu können etwa auch BGB-Gesellschaften, insbesondere Joint-Ventures, gehören.[7]

5 **Verhältnis zu anderen Unternehmensbegriffen.** Der Unternehmensbegriff im Rahmen von § 271 Abs. 1 weicht zunächst ab vom engeren Begriff des (verbundenen) „Unternehmens" i. S. v. § 271 Abs. 2 und §§ 290ff, der wegen der Anknüpfung an die Konzernrechnungslegung als Tochterunternehmen nach richtiger Auffassung nur buchführungspflichtige Wirtschaftseinheiten erfaßt.[8] In Hinsicht auf den *aktienrechtlichen Unternehmensbegriff* ist zu differenzieren: Unterschiede bestehen gegenüber dem Begriff des (herrschenden) Unternehmens i. S. v. §§ 15ff AktG, der zwar ebenfalls rechtsformunabhängig ist, aber – mit Rücksicht auf den Schutzcharakter des Konzernrechts – entscheidend auf die „anderweitige wirtschaftliche Interessenbindung" abstellt.[9] Dieser Einschränkung bedarf es für § 271 Abs. 1 nicht. Der Unternehmensbegriff des § 271 Abs. 1 bleibt andererseits hinter dem weiten Verständnis des (abhängigen) Unternehmens zurück, das – anders als in § 271 Abs. 1 – alle rechtlich selbständigen Vermögenseinheiten ohne Rücksicht auf ihre erwerbswirtschaftliche Tätigkeit – umfaßt.[10]

6 **b) Anteile.** Nach der Definition des Abs. 1 S. 1 setzt eine Beteiligung des weiteren „Anteile" an anderen Unternehmen voraus. Der Begriff der „Anteile" ist im HGB nicht näher bestimmt. Er ist nach allgemeiner Ansicht i. S. v. *Mitgliedschaftsrechten* zu verstehen, die Vermögens- und Verwaltungsrechte vermitteln.[11] Darunter fallen – ohne Rücksicht auf ihre Verbriefung (vgl. Abs. 1 S. 2) – Aktien, GmbH-Anteile, Genossenschaftsanteile, Beteiligungen an Personengesellschaften. Ist bei letzteren eine Kapitaleinlage nicht vereinbart (Komplementär ohne Vermögensbeteiligung), kommt der Ansatz eines Merkpostens in Betracht.[12] Anteile i. S. v. § 271 Abs. 1 können auch an BGB-Gesellschaften (z. B. Arbeitsgemeinschaften) bestehen.[13] An Rechtsträgern, die nicht mitgliedschaftlich verfaßt sind, können keine „Anteile" gehalten werden. Eine Beteiligung scheidet daher mangels Anteile z. B. aus bei Stiftungen, Einzelkaufleuten, Anstalten des öffentlichen Rechts.[14] Schwierigkeiten bereitet die Abgrenzung von Anteilen gegenüber bloßen Forderungsrechten. So kann eine *stille Beteiligung* nach überwiegender Ansicht Anteilscharakter haben, wenn nicht nur eine Beteiligung am Verlust vereinbart ist, sondern der stille Gesellschafter auch über weitergehende Kontroll- und Mitwirkungsrechte verfügt.[15] Diese Voraussetzungen sind regelmäßig erfüllt bei atypischen stillen Beteiligungen.[16] Genußrechte sind keine „Anteile", weil sie mangels entsprechender Mitwirkungsrechte keine gesellschaftsrechtliche Beteiligung am Unternehmen vermitteln.[17]

---

[6] So ADS 12; ebenso Beck BilKomm-*Hoyos/Gutike* 11; HdR-*Bieg* 13; Baumbach/Hueck/*Schulze-Osterloh* § 42, 127a.
[7] Vgl. dazu *IdW* HFA 1/1993 WPg 1993, 441.
[8] Vgl. näher unten Rdn. 17f.
[9] Vgl. zuletzt BGHZ 135, 107, 113 mit Nachweisen zum Meinungsstand und Modifikationen für Körperschaften des öffentlichen Rechts.
[10] Dazu *Hüffer* § 5, 14; KK-*Koppensteiner* § 15, 10, 53.
[11] Statt aller ADS 6; KK-*Claussen* 3; Baumbach/Hueck/*Schulze-Osterloh* § 42, 125.
[12] ADS 8; Bonner HdR-*Matschke* 10.
[13] Vgl. dazu *IdW* HFA 1/1993 WPg 1993, 441.

[14] Siehe *Zilias* DB 1986, 1111.
[15] ADS 7; KK-*Claussen* 3; enger Baumbach/Hueck/*Schulze-Osterloh* § 42, 125: Eigenkapitalcharakter (Ausschluß des § 236) und Mitwirkungsrechte; a. A. Beck BilKomm-*Hoyos/Gutike* 15: Verlustbeteiligung entsprechend gesetzlicher Regelung ausreichend.
[16] ADS 7; HdR-*Bieg* 10; *Weber* Grundsätze ordnungsmäßiger Bilanzierung für Beteiligungen (1980) S. 19.
[17] Vgl. St/HFA 1/1994 WPg 1994, 419; ADS 7; Beck BilKomm-*Hoyos/Gutike* 15; *Schulze-Osterloh* aaO; a. A. – Eigenkapitalcharakter ausreichend – KK-*Claussen* 3; HdR-*Bieg* 10.

c) **Zweckbestimmung.** Eine Beteiligung i. S. v. § 271 Abs. 1 S. 1 liegt nur vor, wenn 7
die Anteile an anderen Unternehmen dazu „bestimmt sind, dem eigenen Geschäftsbetrieb durch Herstellung einer dauernden Verbindung zu jenen Unternehmen zu
dienen". Für das Verständnis dieses Merkmals ist zu beachten, daß eine Zuordnung
von Anteilen zum Posten „Beteiligungen" als Teil des Anlagevermögens schon nach
§ 247 Abs. 2 eine *Dauerhaftigkeit der Anlage* voraussetzt. Besteht die Absicht (und
die Möglichkeit) der Veräußerung, sind die Anteile also dem Umlaufvermögen zuzuordnen.[18]

Fraglich ist, ob die Daueranlageabsicht für sich genommen ein hinreichendes Kri- 8
terium für das Vorliegen einer „Beteiligung" darstellt. Dies hängt davon ab, was man
unter **„Herstellung einer dauernden Verbindung"** versteht. Nach einer Ansicht im
Schrifttum soll es ausreichen, daß die Anteile dauerhaft als Kapitalanlage dem eigenen
Geschäftsbetrieb über die Gewinnpartizipation dienen sollen.[19] Dies würde bedeuten,
daß letztlich alle dem Anlagevermögen zuzuordnenden Anteile an Unternehmen als
Beteiligung auszuweisen wären, soweit sie nicht die Voraussetzungen des § 271 Abs. 2
(Anteile an verbundenen Unternehmen) erfüllen. Gegen diese Auffassung ist mit
Recht eingewandt worden, daß ein gesonderter Ausweis von Beteiligungen nur sinn-
voll ist, wenn er ein zusätzliches Kriterium über die Daueranlageabsicht des § 247
Abs. 2 hinaus fordert.[20] Ein solches weiteres Merkmal ist auch in Hinsicht auf eine
Abgrenzung zwischen den Posten „Beteiligungen" und „Wertpapieren des Anlagever-
mögens" erforderlich.[21] Aus der Definition der „assoziierten Unternehmen" in § 311
Abs. 1 läßt sich für die Auslegung des § 271 Abs. 1 des weiteren entnehmen, daß es
auch nicht entscheidend auf die Absicht einer „unternehmerischen Einflußnahme"
ankommen kann,[22] wie dies teilweise im Schrifttum zu § 152 Abs. 2 AktG a. F. angenommen wurde.[23] Vielmehr kann umgekehrt eine tatsächliche unternehmerische
Einflußnahme nur als Indiz für die „Herstellung einer dauernden Verbindung" i. S. v.
§ 271 Abs. 1 dienen.[24] Im Ergebnis muß daher jedes über die Daueranlageabsicht des
§ 247 Abs. 2 und die Gewinnpartizipation hinausgehende **unternehmerische Interesse zur Förderung des eigenen Geschäftsbetriebs** für die Annahme einer Beteiligung ausreichen.[25] Unerheblich ist, auf welche Weise – personelle Verbindungen, langfristige Vertragsbeziehungen – und in welchem Bereich – Beschaffung, Forschung,
Produktion, Finanzierung, Vertrieb – die Förderung des eigenen Geschäftsbetriebs
angestrebt wird.[26] Nach dem Wortlaut des § 271 Abs. 1 – „bestimmt sind" – kommt es
nicht auf den tatsächlichen Nutzen für den Geschäftsbetrieb, sondern auf die Absicht
der Gesellschaft an, die wiederum aus objektiven Umständen abzuleiten ist.[27] Für das
Vorliegen einer Beteiligung sprechen insoweit z. B. die Branchenverwandtschaft, übereinstimmende Beschaffungs- oder Absatzmärkte.[28] Umgekehrt ist die bloße Absicht
einer Förderung des eigenen Geschäftsbetriebs nicht ausreichend, wenn es in tatsäch-

[18] Vgl. näher zur Zuordnung auch HdR-*Bieg* 32 ff;
Beck BilKomm-*Hoyos/Gutike* 20 ff.

[19] HdR-*Bieg* 15 ff; *Glade* 11; wohl auch *Ulmer* FS
Goerdeler (1987) S. 629.

[20] ADS 17.

[21] Baumbach/Hueck/*Schulze-Osterloh* § 42, 127b.

[22] Vgl. ADS 18; *Schulze-Osterloh* aaO; **a. A.** wohl
HdJ-*Kupsch* II/3 Rdn. 21.

[23] Vgl. die Darstellung des Meinungsstandes zu
§ 152 Abs. 2 AktG a. F. in BGHZ 101, 13 ff =
NJW 1987, 3186.

[24] So auch ADS 19; *Biener/Berneke* S. 185.

[25] ADS 19; KK-*Claussen* 7; Beck BilKomm-*Hoyos/
Gutike* 17; Beck HdR-*Scheffler* B 213 Rdn. 73;
Schulze-Osterloh aaO; *Biener/Berneke* aaO;
Lüders/Meyer-Kessel DB 1991, 1586.

[26] Vgl. Beispiele bei ADS 19.

[27] ADS 20 ff; Beck BilKomm-*Hoyos/Gutike* 20 ff;
Baumbach/Hueck/*Schulze-Osterloh* § 42, 127b.
Offenlassend BGHZ 101, 13 ff = NJW 1987, 3186
(zu § 152 Abs. 2 AktG a. F.).

[28] Vgl. dazu auch BGHZ 101, 13, 14 = NJW 1987,
3186 (zu § 152 Abs. 2 AktG a. F.).

Rainer Hüttemann

licher Hinsicht an entsprechenden Einflußnahmemöglichkeiten auf das andere Unternehmen fehlt.[29] Letzteres wird nicht nur von der Höhe der Anteilsquote, sondern auch von der Rechtsform des anderen Unternehmens (AG, GmbH, Personengesellschaft) abhängen, die den Gesellschaftern unterschiedliche Einflußmöglichkeiten auf die Geschäftspolitik eröffnet.[30]

9   d) *Verbriefung der Anteile (Abs. 1 S. 2).* Nach § 271 Abs. 1 S. 2 ist es für die Qualifikation von Anteilen als Beteiligung unerheblich, ob die Anteile in Wertpapieren verbrieft sind.

3. Beteiligungsvermutung (Abs. 1 S. 3)

10   Nach § 271 Abs. 1 S. 3 gelten Anteile an einer Kapitalgesellschaft im Zweifel als Beteiligung, die insgesamt 20 v. H. des Nennkapitals dieser Gesellschaft überschreiten. Die gesetzliche Vermutung des Abs. 1 S. 3 ist grundsätzlich *widerlegbar.*[31] Dazu reichen – ebenso wie im Rahmen des Abs. 1 S. 1 – bloße subjektive Erklärungen nicht aus, sondern es bedarf auch entsprechender objektiver Anhaltspunkte. Die Vermutungswirkung betrifft – entsprechend dem zu Abs. 1 S. 1 Gesagten – nicht nur das Merkmal der Daueranlageabsicht,[32] sondern auch das Vorliegen der zusätzlichen Voraussetzungen einer Beteiligung.[33] Folglich kann eine auf *objektive* Anhaltspunkte gestützte Widerlegung sowohl am Merkmal der Dauerhaftigkeit (§ 247 Abs. 2) als auch am Merkmal der Zweckbestimmung ansetzen. So bildet es ein Indiz für das Fehlen der besonderen Zweckbestimmung, wenn das andere Unternehmen in einer anderen Branche tätig ist.[34] Denn in diesem Fall wird die gesellschaftsrechtliche Verbindung für den eigenen Geschäftsbetrieb keinen oder nur einen ganz untergeordneten, über die bloße Kapitalanlage hinausgehenden unternehmerischen Nutzen vermitteln. Ebenso kann die Beteiligungsvermutung durch den Nachweis widerlegt werden, daß der Anteil auf Grund der Zusammensetzung des Gesellschafterkreises oder gesellschaftsrechtlicher Regelungen ungeachtet der Höhe der Anteilsquote nicht die erforderliche tatsächliche Einflußmöglichkeit auf das andere Unternehmen eröffnet.[35]

4. Berechnung der Anteile (Abs. 1 S. 4)

11   § 271 Abs. 1 S. 4 verweist für die Berechnung der Anteilsquote, die im Rahmen von S. 3 zugrundezulegen ist, auf § 16 Abs. 2 und 4 AktG. Neben einem direkten Anteilsbesitz i. S. v. § 16 Abs. 2 AktG ist folglich auch ein *indirekter* Anteilsbesitz nach Maßgabe von § 16 Abs. 4 AktG im Rahmen der Beteiligungsvermutung zu berücksichtigen. In die Ermittlung der Anteilsquote werden danach entsprechend § 16 Abs. 4 AktG auch Anteile einbezogen, die einem abhängigen Unternehmen oder einem anderen für Rechnung des Unternehmens oder eines von diesem abhängigen Unternehmen gehören. Diese Zurechnung hat zur Folge, daß auch für Kleinstbeteiligungen die Beteiligungsvermutung eingreift, wenn sich jedenfalls unter Einbeziehung des mittelbaren Anteilsbesitzes eine Anteilsquote im Sinne von Abs. 1 S. 3 ergibt.[36] Besteht überhaupt nur eine mittelbare Beteiligung, so ist zwar auf Grund einer Zurechnung entsprechend § 16 Abs. 4 AktG im Jahresabschluß keine Beteiligung auszuweisen.

---

[29] Beck HdR-*Scheffler* B 213 Rdn. 75 f; *Lüders/ Meyer-Kessel* DB 1991, 1586.
[30] Vgl. Übersichten bei ADS 22 f; Baumbach/ Hueck/*Schulze-Osterloh* § 42, 127c.
[31] Vgl. Begr. RegE, BTDrucks. 10/317, S. 81.

[32] A. A. HdR-*Bieg* 55.
[33] ADS 27; Beck BilKomm-*Hoyos/Gutike* 25.
[34] Vgl. ADS 27; Beck HdR-*Scheffler* B 213 Rdn. 79.
[35] Vgl. *Scheffler* aaO.
[36] Beck HdR-*Scheffler* 78.

Jedoch sind Forderungen und Verbindlichkeiten gegenüber dem Unternehmen, zu dem ein solches mittelbares Beteiligungsverhältnis besteht, durch entsprechenden Ausweis kenntlich zu machen.[37]

5. Genossenschaftsanteile (Abs. 1 S. 5)

Nach § 271 Abs. 1 S. 5 sind Genossenschaftsanteile aus dem Beteiligungsbegriff **12** grundsätzlich ausgeklammert. Durch diese Ausnahmevorschrift wollte der deutsche Gesetzgeber verhindern, daß bei Kreditgenossenschaften „normale Kredite als Forderungen und Verbindlichkeiten gegenüber verbundenen Unternehmen ausgewiesen werden müßten".[38] Abs. 1 S. 5 findet in der 4. EG-Richtlinie keine Entsprechung und ist daher nicht richtlinienkonform.[39] Folglich kann von § 271 Abs. 1 S. 5 abgewichen werden.[40]

III. Verbundene Unternehmen (Abs. 2)

1. Allgemeines

§ 271 Abs. 2 enthält eine **gesetzliche Definition** des Begriffs „verbundene Unter- **13** nehmen" für Zwecke des Dritten Buches des HGB (§§ 238 ff), an die bestimmte Ausweis- und Angabepflichten anknüpfen und die des weiteren für Einzelfragen der Abschlußprüfung und des Strafrechts von Bedeutung ist. So sind gesondert in der Bilanz auszuweisen: „Anteile an verbundenen Unternehmen" im Finanzanlagevermögen (§ 266 Abs. 2 A. III. 1.), „Ausleihungen an verbundene Unternehmen" (§ 266 Abs. 2 A. III. 2.), „Forderungen gegen verbundene Unternehmen" (§ 266 Abs. 2 B. II. 2.), „Anteile an verbundenen Unternehmen" im Umlaufvermögen (§ 266 Abs. 2 B. III. 1.), „Verbindlichkeiten gegenüber verbundenen Unternehmen" (§ 266 Abs. 3 C. VI.). Besondere Ausweis- und Angabepflichten bestehen bei der Angabe der Haftungsverhältnisse (§ 268 Abs. 7), im Rahmen der GuV (§ 275 Abs. 2 Nr. 9, 10, 11, 13 bzw. Abs. 3 Nr. 8, 9, 10, 12) sowie im Anhang (§ 285 Nr. 3). Im Bereich der Abschlußprüfung und Offenlegung gelten für verbundene Unternehmen besondere Ausschlußgründe und Verantwortlichkeiten (§§ 319 Abs. 2 Nr. 3, 4, Abs. 3 Nr. 1, 3, 323 Abs. 1, 327 Nr. 1). Sodann findet sich der Begriff des verbundenen Unternehmens in der Strafvorschrift des § 331 Nr. 4.

Die Begriffsbestimmung des § 271 Abs. 2 beruht auf Art. 41 der **7. EG-Richtlinie. 14** Sie besteht selbständig neben der des Aktienrechts (§ 15 AktG). Dieses Nebeneinander ist eine Konsequenz daraus, daß eine europäische Harmonisierung des Konzernrechts durch die geplante 9. EG-Richtlinie, die zu einer Angleichung der Begriffe führen könnte, noch aussteht. Die Definition des § 271 Abs. 2 gilt zunächst für den Jahresabschluß von Kapitalgesellschaften sowie von Personenhandelsgesellschaften i. S. v. § 264a. Gemäß § 5 Abs. 1 S. 2 PublG findet sie entsprechende Anwendung auf den Jahresabschluß eines nach § 5 Abs. 1 PublG publizitätspflichtigen Unternehmens (vgl. aber auch unten Rdn. 30). Ferner ist sie auch anzuwenden auf die Jahresabschlüsse von Genossenschaften (§ 336 Abs. 2), Kreditinstituten und Versicherungsunternehmen (§§ 340a Abs. 1 und 2, 341a Abs. 1, 2).

---

[37] ADS 30; Beck BilKomm-*Hoyos/Gutike* 27.
[38] Bericht des Rechtsausschusses BTDrucks. 10/4268, S. 106.
[39] *Vogel* Die Rechnungslegungsvorschriften des HGB für Kapitalgesellschaften und die 4. EG-

Richtlinie (Bilanzrichtlinie) (1993) S. 34; Baumbach/Hueck/*Schulze-Osterloh* § 42, 127c.
[40] *Vogel* aaO, S. 111.

Rainer Hüttemann

15   Die **Sondervorschriften für verbundene Unternehmen** im Bereich der Rechnungslegung sollen der besonderen Situation verbundener Unternehmen Rechnung tragen. Die Möglichkeit wechselseitiger Einflußnahmen kann zu Interessenkonflikten und Manipulationen zum Nachteil von Gläubigern und Minderheitsgesellschaftern führen.[41] Um dieser Gefahr entgegenzusteuern, bestimmt das Gesetz den gesonderten Ausweis der wirtschaftlichen Beziehungen zwischen verbundenen Unternehmen in Bilanz, GuV und Anhang, um die Bilanzadressaten darüber zu informieren, welche Positionen von diesen Beziehungen beeinflußt sind.[42] Ferner findet der Tatbestand der Verbundenheit von Unternehmen zur Wahrung der Unabhängigkeit und Unbefangenheit des Abschlußprüfers auch im Rahmen der Vorschriften über den Abschlußprüfer und bei § 331 Nr. 4 Berücksichtigung.

16   Im Verhältnis zum Begriff der Beteiligung nach Abs. 1 ist Abs. 2 die **speziellere Norm**. Sofern zwischen verbundenen Unternehmen zugleich ein Beteiligungsverhältnis besteht, ist ein Ausweis nach Abs. 2 (verbundene Unternehmen) vorrangig.[43]

2. „Mutter- und Tochterunternehmen" (§ 290)

17   **a) Unternehmen.** § 271 Abs. 2 enthält ebenso wie die in Bezug genommene Vorschrift des § 290 keine gesetzliche Definition des Unternehmensbegriffs. Der Begriff des Unternehmens bedarf deshalb für die §§ 271 Abs. 2, 290 einer eigenständigen Bestimmung im Kontext der gesetzlichen Regelungen.[44] Auch ein Rückgriff auf den zu § 271 Abs. 1 entwickelten Unternehmensbegriff ist nicht möglich, weil die Begriffsbestimmungen in Abs. 1 und 2 selbständig nebeneinander stehen. Unstreitig ist die Unternehmenseigenschaft für (inländische) Kapitalgesellschaften und für Personenhandelsgesellschaften i. S. v. § 264a. Darüber hinaus läßt sich aber aus § 291 Abs. 1 S. 2 ableiten, daß „Unternehmen" nur solche Wirtschaftseinheiten sind, die „als Kapitalgesellschaft" zur Aufstellung eines Konzernabschlusses verpflichtet wären.[45] Privatpersonen und Körperschaften des öffentlichen Rechts können aber nicht „als Kapitalgesellschaft" geführt werden und scheiden mithin aus dem Unternehmensbegriff aus.[46] Bei ausländischen Unternehmen ist die Aufstellungspflicht nach deutschem Rechnungslegungsrecht – „wäre" – zu prüfen.[47] Im übrigen spricht die Anknüpfung an die Konzernrechnungslegung dafür, den Unternehmensbegriff im Rahmen der §§ 271 Abs. 2, 290 auf **buchführungspflichtige Wirtschaftseinheiten** zu beschränken, da nur bei solchen Einheiten eine Einbeziehung (auf der Grundlage der Einzelabschlüsse) in einen Konzernabschluß denkbar ist.[48] Demnach sind über die Kaufleute i. S. d. HGB hinaus auch die Fälle der §§ 262, 263 und die EWIV erfaßt, nicht aber z. B. eine BGB-Gesellschaft.[49]

18   **Verhältnis zu anderen Unternehmensbegriffen.** Auf Grund der Anknüpfung an die Buchführungspflicht unterscheidet sich der Unternehmensbegriff in Abs. 2 grundsätzlich von dem weitergehenden Begriff des Unternehmens im Rahmen von Abs. 1.[50] Unterschiede bestehen wegen der abweichenden Teleologie gegenüber dem

---

[41] Vgl. ADS 34; *Nösser* 51 f.
[42] *Clausen* 12.
[43] Statt aller ADS 32.
[44] Vgl. zum folgenden *Zilias* DB 1986, 1110; *Nösser* 28 ff; *Oser* 45 ff; *Clausen* 53 ff; WP-Handbuch I R 341.
[45] Vgl. *Nösser* 30.
[46] So auch Bericht des Rechtsausschusses BT-Drucks. 10/4268, S. 113.
[47] *Zilias* DB 1986, 1112.

[48] *Zilias* DB 1986, 1111; ebenso WP-Handbuch I R 343; Baumbach/Hueck/*Schulze-Osterloh* § 42, 115; HdR-*Küting* 114; *Nösser* 30; *Oser* 47 f; **a. A.** – weiter Unternehmensbegriff wie bei § 271 Abs. 1 – aber ADS 11; wohl auch Beck Bil-Komm-*Hoyos/Gutike* 9 ff; *Clausen* 58.
[49] Baumbach/Hueck/*Schulze-Osterloh* § 42, 115. Weitergehend – „Umstände des Einzelfalls" – HdR-*Küting* 114.
[50] Vgl. oben Rdn. 4 f.

aktienrechtlichen Unternehmensbegriff der §§ 15 ff AktG, der ebenfalls nicht auf die Buchführungspflicht abstellt.[51]

b) Mutter-Tochter-Verhältnis i. S. v. § 290. Neben der Unternehmenseigenschaft **19** setzt die Qualifikation als „verbundene Unternehmen" nach § 271 Abs. 2 des weiteren ein Mutter-Tochter-Verhältnis i. S. v. § 290 voraus. Nach § 290 kann sich eine solche Verbundbeziehung aus zwei verschiedenen Gesichtspunkten ergeben (wegen Einzelheiten der Definition von „Mutterunternehmen" und „Tochterunternehmen" vgl. Erläuterungen zu § 290). § 290 Abs. 1 stellt auf den Gesichtspunkt der *„einheitlichen Leitung"* ab. Das Tochterunternehmen muß in einem Konzern unter der einheitlichen Leitung einer Kapitalgesellschaft (oder Personenhandelsgesellschaft i. S. v. § 264a) stehen. Ferner muß die einheitliche Leitung auf einer Beteiligung des Mutterunternehmens an dem Tochterunternehmen i. S. v. § 271 Abs. 1 beruhen. Demgegenüber beruht das Mutter-Tochter-Verhältnis nach § 290 Abs. 2 auf dem sog. *„Control-Konzept"*: Danach liegt ein Mutter-Tochter-Verhältnis immer dann vor, wenn einem Unternehmen (Mutterunternehmen) bei einem anderen Unternehmen (Tochterunternehmen) bestimmte Rechtspositionen zustehen, aus denen sich eine Beherrschungsmöglichkeit ergibt. Als solche Rechtspositionen nennt § 290 Abs. 2:

- Mehrheit der Stimmrechte (Abs. 2 Nr. 1);
- das Recht, die Mehrheit der Mitglieder des Verwaltungs-, Leitungs- oder Aufsichtsorgans zu bestellen oder abzuberufen, bei gleichzeitiger Gesellschafterstellung (Abs. 2 Nr. 2);
- das Recht, einen beherrschenden Einfluß auf Grund eines mit diesem Unternehmen geschlossenen Beherrschungsvertrages oder auf Grund einer Satzungsbestimmung dieses Unternehmens auszuüben.

§ 290 Abs. 3 enthält schließlich eine *Zurechnungsvorschrift* zur Erweiterung der Mutter-Tochter-Beziehungen nach § 290 Abs. 2.

3. Einbeziehung in den Konzernabschluß

Das entscheidende Merkmal des Begriffs „verbundene Unternehmen" ist neben **20** der Qualifikation als Mutter- oder Tochterunternehmen i. S. v. § 290 die Einbeziehung in den Konzernabschluß eines Mutterunternehmens. Nach § 271 Abs. 2 sind verbundene Unternehmen nur solche, die als Mutter- oder Tochterunternehmen „in den Konzernabschluß eines Mutterunternehmens nach den Vorschriften über die Vollkonsolidierung einzubeziehen sind". Dem steht der Fall gleich, daß ein Mutterunternehmen einen befreienden Konzernabschluß nach den §§ 291, 292 freiwillig aufstellt oder aufstellen könnte, in das die Unternehmen einbezogen wären. Nach § 271 Abs. 2 2. Halbs. zählen auch solche Unternehmen zu den verbundenen Unternehmen, deren Einbeziehung in einen Konzernabschluß auf Grund der Einbeziehungsverbote bzw. -wahlrechte der §§ 295, 296 unterbleibt.

a) Wortlautauslegung. Geht man allein vom Wortlaut des Abs. 2 aus, dann ist das **21** Merkmal „Einbeziehung in den Konzernabschluß" nur bei folgenden Fallgestaltungen unstreitig erfüllt: Tochterunternehmen von inländischen Kapitalgesellschaften bzw. Personengesellschaften i. S. v. § 264a, die nach § 290 konzernrechnungslegungspflichtig sind; mehrstufige Konzerne mit einem inländischen Tochterunternehmen, das seinerseits konzernrechnungslegungspflichtig ist und in einen befreienden Kon-

---

[51] Zum aktienrechtlichen Unternehmensbegriff vgl. nur *Hüffer* § 15, 6 ff.

zernabschluß des Mutterunternehmen nach §§ 291, 292 einbezogen werden könnte. Ferner ist dem Gesetz zu entnehmen, daß die Nichteinbeziehung nach §§ 295, 296 die Qualifikation als „verbundene Unternehmen" nicht berührt. Im übrigen ergeben sich bei einer wortlautgetreuen Auslegung aber weitreichende Einschränkungen des Begriffs „verbundene Unternehmen":[52] Dies folgt daraus, daß nach § 290 nur eine Kapitalgesellschaft bzw. Personenhandelsgesellschaft i. S. v. § 264a mit Sitz im Inland als Mutterunternehmen zur Aufstellung eines Konzernabschlusses verpflichtet ist. Somit sind bei wortlautgetreuer Auslegung Tochterunternehmen von inländischen Personengesellschaften außerhalb von § 264a sowie Tochterunternehmen von ausländischen Gesellschaften mangels inländischer Konzernrechnungslegungspflicht im Verhältnis zu ihren Tochterunternehmen keine „verbundenen Unternehmen" nach § 271 Abs. 2. Etwas anderes gilt nur bei mehrstufigen Konzernen, wenn die Voraussetzungen für einen befreienden Konzernabschluß nach den §§ 291, 292 vorliegen. *Beispiel*: Das Mutterunternehmen M ist eine OHG, die nicht § 264a unterfällt. M ist an zwei Tochterunternehmen T 1 und 2 beteiligt. Mangels Konzernrechnungslegungspflicht der M handelt es sich bei M, T 1 und T 2 nicht um „verbundene Unternehmen". Gleiches gilt für ein inländisches Tochterunternehmen TI mit einer ausländischen Gesellschaft MA als Mutterunternehmen. Letzteres ist mangels inländischen Sitzes nicht konzernrechnungslegungspflichtig, so daß beide Unternehmen mangels Einbeziehung in einen Konzernabschluß keine „verbundenen Unternehmen"sind.

22   **b) Berichtigende Auslegung des Abs. 2?** Die Verbunddefinition des § 271 Abs. 2 erweist sich somit bei wortlautgetreuer Auslegung in den Fällen einstufiger Konzerne als lückenhaft. Ausgehend vom Normzweck des § 271 Abs. 2, die wirtschaftlichen Verflechtungen zwischen Unternehmen im Jahresabschluß transparent zu machen, erscheinen solche Einschränkungen unbefriedigend. Das Merkmal „Einbeziehung in den Konzernabschluß" führt aber noch zu weiteren Folgeproblemen, z. B. im Zusammenhang mit den §§ 291 Abs. 3, 293. Die Feststellung, daß eine wortlautgetreue Auslegung des Abs. 2 zu unbefriedigenden Ergebnissen führt, scheint eine berichtigende Auslegung des Abs. 2 nahezulegen.

23   **Meinungsstand.** Eine Reihe von Autoren befürwortet eine berichtigende Auslegung des Abs. 2 dahingehend, daß es für den Begriff der verbundenen Unternehmen allein auf das Vorliegen einer Mutter-/Tochterbeziehung i. S. v. § 290 ankommt.[53] Zur Begründung wird zum einen auf Art. 41 der 7. EG-Richtlinie verwiesen, der in Abs. 1 den Begriff der verbundenen Unternehmen ohne Rücksicht auf die Konzernaufstellungs- bzw. die Einbeziehungspflicht definiert.[54] Auch der Sinn und Zweck der Regelung, einen Einblick in die wirtschaftlichen Beziehungen zwischen verbundenen Unternehmen zu gewährleisten, spreche gegen eine Einschränkung der Verbunddefinition nach Maßgabe der Aufstellungs- oder Einbeziehungspflicht.[55] Eine berichtigende Auslegung des Abs. 2 wird schließlich auch auf die Generalklausel des § 264 Abs. 2 S. 1 gestützt.[56] Nach einer anderen Ansicht ist hinsichtlich der richtlinienkonformen Auslegung des § 271 Abs. 2 zwischen den Tatbeständen des § 290 Abs. 1 und 2 zu unterscheiden.[57] Ein Verzicht auf das Merkmal der Einbeziehung in den Konzern-

---

[52] Vgl. etwa ADS 47 ff; *Kropff* DB 1986, 365 f; *Küting* DStR 1987, 353 ff; *Schulze-Osterloh* Festschrift Fleck (1988) S. 320 ff; *Nösser* 35 ff.
[53] So ADS 56 ff; KK-*Claussen* 19; *Nösser* 102 ff; *Kropff* DB 1986, 366 f; *Ulmer* FS Goerdeler (1987) S. 633; WP-Handbuch I F 83; wohl auch HdR-*Küting* 125.

[54] Eingehend *Nösser* 45 ff.
[55] Dazu vor allem *Kropff* aaO.
[56] So etwa *Claussen* aaO.
[57] Beck HdR-*Scheffler* B 213 Rdn. 54 unter Hinweis auf *Clausen* 91 ff.

---

abschluß komme nur für die Fälle des § 290 Abs. 2 („Control-Konzept") in Betracht. Eine dritte Meinung lehnt schließlich Abweichungen vom Wortlaut des Abs. 2 ganz ab.[58] Nach dieser Auffassung ist Abs. 2 zwar rechtspolitisch verfehlt, aber bis zu einer Neuregelung hinzunehmen. Einer richtlinienkonformen Auslegung stehe der klare Wortlaut[59] bzw. die Übereinstimmung mit Art. 41 der 7. EG-Richtlinie[60] entgegen.

Stellungnahme. Gegen eine berichtigende Auslegung des § 271 Abs. 2 spricht **24** zunächst der eindeutige Wortlaut des Regelung.[61] Dieser beruht auch nicht auf einem Redaktionsversehen, vielmehr entspricht die Anknüpfung an die Konzernrechnungspflicht – wie sich aus der Begründung ergibt – dem ausdrücklichen Willen des Gesetzgebers.[62] Auch die Berufung auf § 264 Abs. 2 S. 1 hilft nicht weiter, da die Generalklausel vorrangig im Kontext der Einzelvorschriften der Richtlinie auszulegen ist. Damit bleibt nur der Rückgriff auf Art. 41 der 7. EG-Richtlinie. Entgegen verbreiteter Ansicht vermag aber auch diese Richtlinienvorschrift keine berichtigende Auslegung des § 271 Abs. 2 zu begründen: Art. 41 Abs. 1 bestimmt den Begriff der verbundenen Unternehmen auf der Grundlage des Control-Konzepts, ohne ausdrücklich auf die Konzernrechnungslegungspflicht zu verweisen. Nach Art. 41 Abs. 2 wird die Verbunddefinition zwingend erweitert, wenn ein Mitgliedstaat in Ausübung entsprechender Wahlrechte weitergehende Konzernrechnungslegungspflichten vorschreibt. Nach Art. 41 Abs. 3 können die in Abs. 2 genannten Fälle auch ohne Verpflichtung zur Konzernrechnungslegung in die Verbunddefinition einbezogen werden. Abs. 5 läßt es schließlich zu, daß Mutterunternehmen in der Rechtsform einer Nichtkapitalgesellschaft nicht nur von der Konzernrechnungslegungspflicht, sondern auch von der Verbunddefinition des Abs. 1 ausgenommen werden. Art. 41 Abs. 2 läßt somit eine Verknüpfung von Verbunddefinition und Konzernabschlußpflicht für den Fall der Ausübung des Mitgliedstaatenwahlrechts durchaus zu. Von diesem Wahlrecht hat der deutsche Gesetzgeber in § 290 Abs. 1 Gebrauch gemacht, so daß jedenfalls insoweit das Merkmal der Einbeziehung mit Art. 41 ohne weiteres vereinbar ist.[63] Denkbar bleibt somit nur eine „kleine berichtigende Auslegung", bei der im Rahmen von § 290 Abs. 2 auf das Merkmal der Einbeziehung verzichtet wird.[64] Gegen eine solche Differenzierung spricht aber, daß Art. 41 Abs. 1 seinerseits durch den Abs. 2 relativiert wird: Im Fall einer Ausdehnung der Verbunddefinition auf Grund der Mitgliedstaatenwahlrechte soll eine durchgehende Anbindung an die Konzernrechnungslegungspflicht zulässig sein.[65] Somit fehlt es im ganzen an eindeutigen Vorgaben der 7. EG-Richtlinie für eine berichtigende richtlinienkonforme Auslegung des § 271 Abs. 2. Die gesetzgeberische Entscheidung, die Verbundenheit an die Einbeziehung in den Konzernabschluß zu knüpfen, ist somit bis zu einer Neuregelung einstweilen zu respektieren.

c) Einbeziehung im Wege der Vollkonsolidierung. Die Einbeziehung in den **25** Konzernabschluß hat schließlich im Wege der Vollkonsolidierung (§§ 300 bis 307) zu erfolgen. Nicht erfaßt sind danach sog. *Gemeinschaftsunternehmen* nach § 310. Sie zählen nicht zu den verbundenen Unternehmen, da nach § 310 nur eine anteilmäßige Konsolidierung stattfindet.[66] Etwas anderes soll aber im Fall gemeinschaftlicher ein-

---

[58] *Schulze-Osterloh* FS Fleck (1988) S. 314 ff; Baumbach/Hueck/*Schulze-Osterloh* § 42, 124; Beck BilKomm-*Hoyos/Gutike* 46 ff.

[59] *Hoyos/Gutike* aaO.

[60] *Schulze-Osterloh* aaO.

[61] Vgl. *Schulze-Osterloh* FS Fleck (1988) S. 315; Beck BilKomm-*Hoyos/Gutike* 46; *Oser* 229; MünchKommHGB-*Beater* 21.

[62] BTDrucks. 10/3340, S. 35.

[63] Siehe *Schulze-Osterloh* FS Fleck (1988) S. 315 f.

[64] So Beck HdR-*Scheffler* B 213 Rdn. 54 im Anschluß an *Clausen* 91 ff.

[65] Vgl. auch *Schulze-Osterloh* FS Fleck (1988) S. 316.

[66] ADS 35; Beck BilKomm-*Hoyos/Gutike* 38; Baumbach/Hueck/*Schulze-Osterloh* § 42, 117; *Nösser* 97.

Rainer Hüttemann

heitlicher Leitung gelten.[67] Eine Verbundenheit i. S. v. § 271 Abs. 2 kommt mangels Vollkonsolidierung auch nicht in Betracht bei *assoziierten Unternehmen* gemäß § 311.[68]

26   **d) Kreis der verbundenen Unternehmen.** Der Kreis der verbundenen Unternehmen wird bestimmt durch das oberste Mutterunternehmen, das im Verhältnis zu Tochterunternehmen entweder nach § 290 Abs. 1 einheitliche Leitung auf Grund einer Beteiligung ausübt oder eine Beherrschungsmöglichkeit nach § 290 Abs. 2 besitzt (Control-Konzept).[69] Verbundene Unternehmen i. S. v. § 271 Abs. 2 sind dabei alle in den Konzernabschluß einzubeziehenden Unternehmen, d.h. nicht nur Mutterunternehmen im Verhältnis zu Tochterunternehmen, sondern auch Tochterunternehmen im Verhältnis zueinander (Schwestergesellschaften). Eine Nichteinbeziehung nach den §§ 295, 296 ist für die Verbunddefinition ohne Bedeutung (§ 271 Abs. 2 S. 2). Zum Wahlrecht nach § 293 vgl. unten Rdn. 28.

4. Einzelfragen

27   **a) Tatsächliche Aufstellung eines Konzernabschlusses ohne Relevanz.** Wie sich aus dem Wortlaut ergibt („einzubeziehen sind"), ist es für die Einordnung als „verbundene Unternehmen" unerheblich, ob das Mutterunternehmen tatsächlich einen Konzernabschluß aufstellt oder nicht.[70] Vielmehr kommt es allein auf die Pflicht zur Aufstellung eines Konzernabschlusses nach § 290 (§ 271 Abs. 2 1. Alt.) bzw. die Möglichkeit zur Einbeziehung in einen befreienden Konzernabschluß nach §§ 291, 292 an (§ 271 Abs. 2 2. Alt.).

28   **b) Größenabhängige Befreiung nach § 293.** Nach der berichtigenden Auslegung ist die Befreiungsregelung des § 293 im Rahmen der Verbunddefinition ohne Bedeutung, weil es nach dieser Ansicht auf die Konzernrechnungslegungspflicht ohnehin nicht ankommt.[71] Auf der Grundlage der hier vertretenen Ansicht ist die Entscheidung dagegen zweifelhaft. Teilweise wird angenommen, daß die Befreiung sich auch im Rahmen der Verbunddefinition auswirken müsse.[72] Nach anderer Auffassung soll § 293 aber im Rahmen von § 271 Abs. 2 nicht anwendbar sein, weil dies im Widerspruch zu den größenunabhängig anwendbaren Vorschriften über den befreienden Konzernabschluß stehen würde.[73] Geht man davon aus, daß die Einbeziehung in den Konzernabschluß Voraussetzung für die Verbundenheit i. S. v. § 271 Abs. 2 ist, so wäre auch die größenabhängige Befreiungsregelung grundsätzlich zu beachten. Aus der Verweisung in § 271 Abs. 2 auf § 291 Abs. 1 S. 2 für den befreienden Konzernabschluß läßt sich aber die gesetzgeberische Wertung ableiten, daß größenabhängige Befreiungen im Rahmen der Verbundenheitsdefinition allgemein keine Bedeutung haben. Insoweit ist das Merkmal der Einbeziehung in den Konzernabschluß also *„abstrakt"* zu verstehen.

29   **c) Einstufiger Konzern mit ausländischem Mutterunternehmen oder mit inländischer Nichtkapitalgesellschaft als Mutterunternehmen.** Im Fall des einstufigen Konzerns mit nicht konzernrechnungslegungspflichtigem Mutterunternehmen

---

[67] Vgl. dazu näher WP-Handbuch I R 474; ADS 41; *Schulze-Osterloh* FS Fleck (1988) S. 319; Baumbach/Hueck/*Schulze-Osterloh* § 42, 117.

[68] Statt aller nur ADS 41; Beck BilKomm-*Hoyos/Gutike* 38.

[69] Vgl. Baumbach/Hueck/*Schulze-Osterloh* § 42, 119.

[70] Vgl. nur ADS 45.

[71] Vgl. ADS 64 ff; *Kropff* DB 1986, 367.

[72] Beck BilKomm-*Hoyos/Gutike* 41; *Küting* DStR 1987, 351.

[73] *Schulze-Osterloh* FS Fleck (1988) S. 321; im Ergebnis auch *Biener/Berneke* S. 187.

hängt die Qualifikation als „verbundene Unternehmen" allein davon ab, ob man am Merkmal „Einbeziehung in einen Konzernabschluß" festhält. Während nach der berichtigenden Auslegung das inländische Tochterunternehmen und das ausländische Mutterunternehmen bzw. das inländische Mutterunternehmen in der Rechtsform der Personengesellschaft als „verbundene Unternehmen" einzuordnen sind,[74] ist nach der hier vertretenen, wortlautgetreuen Ansicht eine Verbundenheit mangels (inländischer) Konzernrechnungslegungspflicht zu verneinen.[75]

d) **Einstufiger Konzern mit inländischer publizitätspflichtiger Nichtkapital-** **30** **gesellschaft als Mutterunternehmen.** Hält man – wie es der hier vertretenen Ansicht entspricht – an dem Merkmal der Einbeziehung in den Konzernabschluß fest, ist weiter zu überlegen, ob sich für die Beurteilung im Rahmen von § 271 Abs. 2 etwas ändert, wenn eine Konzernrechnungslegungspflicht nach § 11 PublG besteht. Dann ist zwar auf Grund der entsprechenden Anwendung des § 271 Abs. 2 nach § 5 Abs. 1 S. 2 PublG die Tochtergesellschaft aus der Sicht des publizitätspflichtigen Mutterunternehmens „verbundenes Unternehmen". In umgekehrter Richtung wird aber eine Verbundenheit überwiegend mit dem Argument verneint, daß § 271 Abs. 2 diese Art von Konzernrechnungslegungspflicht nicht in seinen Regelungsbereich einbeziehe.[76] Nach anderer Meinung ist dagegen die Pflicht zur Aufstellung eines Konzernabschlusses nach § 11 PublG der „nach dem Zweiten Unterabschnitt" gleichzustellen.[77] Der erstgenannten Ansicht ist zu folgen. § 271 Abs. 2 setzt eine Einbeziehung in einen Konzernabschluß „nach diesem Abschnitt" voraus. Dies ist wegen der andersartigen Voraussetzungen bei einer Verpflichtung zur Konzernrechnungslegung nach §§ 11 ff PublG nicht der Fall.

e) **Mehrstufiger Konzern und Befreiung nach § 291.** Bei mehrstufigen Konzer- **31** nen ist zu beachten, daß § 271 Abs. 2 für den Begriff des „verbundenen Unternehmens" nicht nur auf eine inländische Konzernrechnungslegungspflicht, sondern auch auf die *Möglichkeit* der Einbeziehung in einen befreienden Konzernabschluß nach § 291 verweist. Wenn also das inländische Tochterunternehmen, das z. B. unter der Leitung eines an ihm beteiligten ausländischen Unternehmen oder einer inländischen Personengesellschaft außerhalb von § 264a steht, selbst als Mutterunternehmen i. S. v. § 290 gegenüber einem anderen Unternehmen konzernrechnungslegungspflichtig ist,[78] dann besteht die Möglichkeit zur Aufstellung eines befreienden Konzernabschlusses nach § 291. Dies reicht nach § 271 Abs. 2 aus, um eine Verbundenheit zwischen dem übergeordneten ausländischen Unternehmen oder der inländischen Personengesellschaft einerseits und dem konzernrechnungslegungspflichtigen inländischen Tochterunternehmen sowie seinem Tochterunternehmen andererseits zu begründen.[79] Nicht entscheidend ist nach § 271 Abs. 2, ob ein befreiender Konzernabschluß tatsächlich erstellt wird.

Fraglich ist, ob es Auswirkungen auf die Verbundenheit hat, wenn die **Minder-** **32** **heitsgesellschafter** des konzernrechnungslegungspflichtigen inländischen Tochterunternehmen nach § 291 Abs. 3 S. 1 die Aufstellung eines Teilkonzernabschlusses verlangen bzw. im Fall des § 291 Abs. 3 S. 2 die Befreiungswirkung nach § 291 Abs. 1

[74] So ADS 68 ff; *Kropff* DB 1986, 365 ff; im Ergebnis auch *Biener/Berneke* 188.

[75] Ebenso *Schulze-Osterloh* FS Fleck (1988) S. 323 ff; Baumbach/Hueck/*Schulze-Osterloh* § 42, 121; *Küting* DStR 1987, 354 ff.

[76] *Schulze-Osterloh* FS Fleck (1988) S. 324; Beck BilKomm-*Hoyos/Gutike* 43; *Küting* DStR 1987, 354.

[77] So *Kropff* DB 1986, 365: „relativ problemlos".

[78] Abweichend *Biener/Berneke* S. 188: Konzernrechnungslegungspflicht nicht entscheidend.

[79] Vgl. statt aller ADS 76 ff; *Schulze-Osterloh* FS Fleck (1988) S. 324.

verhindern. Nach § 271 Abs. 2 kommt es nur darauf an, ob ein befreiender Konzernabschluß aufgestellt werden „könnte". Dies wird zum Teil so verstanden, daß die Entscheidung der Gesellschafter Auswirkungen auf die Verbundenheit der Unternehmen habe.[80] Nach zutreffender Auslegung sind die Rechte der Gesellschafter aus § 291 Abs. 3 ohne Einfluß auf die Verbunddefinition des § 271 Abs. 2, weil sie die abstrakte Möglichkeit der Aufstellung eines befreienden Konzernabschlusses nicht berührt.[81]

33   Im Fall eines übergeordneten ausländischen Unternehmens ist schließlich zweifelhaft, wonach sich die **Reichweite der Verbundenheit**, d. h. der Kreis der in den befreienden Konzernabschluß einzubeziehenden Tochterunternehmen bestimmt. Zum Teil wird allein das Recht des Staates für maßgebend gehalten, in dem das ausländische Mutterunternehmen seinen Sitz hat.[82] Nach anderer Ansicht soll dagegen im Rahmen des § 271 Abs. 2 das deutsche Recht anwendbar sein, soweit die ausländische Rechtsordnung infolge der Ausübung bestimmter Wahlrechte der 7. EG-Richtlinie z. B. nur für Control-Verhältnisse eine Konsolidierungspflicht vorsieht.[83] Letzterer Auffassung ist im Interesse einer Vergleichbarkeit der Jahresabschlüsse zu folgen, um eine einheitliche Anwendung des Verbundenheitstatbestandes in deutschen Jahresabschlüssen zu gewährleisten.

34   **f) Mehrstufiger Konzern und Befreiung nach § 292.** § 271 Abs. 2 verweist für den Fall eines außerhalb des EG- und EWR-Bereichs ansässigen Mutterunternehmens auch auf die Möglichkeit eines befreienden Konzernabschlusses nach § 292. Bis zum Erlaß der in § 292 vorgesehenen Rechtsverordnung[84] war umstritten, ob es für die Verbunddefinition auf die Existenz einer solchen Verordnung ankomme. Diese Frage wurde mehrheitlich verneint,[85] hat sich aber mit dem Erlaß der KonBefrVO erledigt.

35   **g) Gleichordnungskonzern.** Für Gleichordnungskonzerne kennt das geltende Recht keine Konzernabschlußpflicht, da der deutsche Gesetzgeber das Wahlrecht aus Art. 12 der 7. EG-Richtlinie nicht ausgeübt hat. Daher sind Unternehmen eines Gleichordnungskonzerns im Rahmen von § 271 Abs. 2 auch keine verbundenen Unternehmen.[86]

IV. Rechtsfolgen eines Verstoßes gegen § 271 HGB

36   § 271 enthält nur Definitionen. Eine isolierte Verletzung dieser Vorschrift scheidet daher aus.[87]

§ 272

Eigenkapital

(1) Gezeichnetes Kapital ist das Kapital, auf das die Haftung der Gesellschafter für die Verbindlichkeiten der Kapitalgesellschaft gegenüber den Gläubigern beschränkt ist. Die ausstehenden Einlagen auf das gezeichnete Kapital sind auf der

---

[80] *Küting* DStR 1987, 354 f.
[81] *Schulze-Osterloh* FS Fleck (1988) S. 321; Baumbach/Hueck/*Schulze-Osterloh* § 42, 121; *Nösser* 78 f.
[82] WP-Handbuch I R 459; *Biener/Berneke* S. 188.
[83] ADS 58, 78 ff; Baumbach/Hueck/*Schulze-Oster-loh* § 42, 122; *Nösser* 86 f.
[84] Vgl. Konzernabschlußbefreiungsverordnung – KonBefrVO v. 15.11.1991, BGBl. I 2122.
[85] Vgl. dazu etwa *Nösser* 87 ff.
[86] WP-Handbuch I R 481; *Schulze-Osterloh* FS Fleck (1988) S. 323; *Nösser* 98; HdR-*Küting* 109.
[87] Beck BilKomm-*Budde/Hense* § 334, 25.

Aktivseite vor dem Anlagevermögen gesondert auszuweisen und entsprechend zu bezeichnen; die davon eingeforderten Einlagen sind zu vermerken. Die nicht eingeforderten ausstehenden Einlagen dürfen auch von dem Posten „Gezeichnetes Kapital" offen abgesetzt werden; in diesem Falle ist der verbleibende Betrag als Posten „Eingefordertes Kapital" in der Hauptspalte der Passivseite auszuweisen und ist außerdem der eingeforderte, aber noch nicht eingezahlte Betrag unter den Forderungen gesondert auszuweisen und entsprechend zu bezeichnen. Der Nennbetrag oder, falls ein solcher nicht vorhanden ist, der rechnerische Wert von nach § 71 Abs. 1 Nr. 6 oder 8 des Aktiengesetzes zur Einziehung erworbenen Aktien ist in der Vorspalte offen von dem Posten „Gezeichnetes Kapital" als Kapitalrückzahlung abzusetzen. Ist der Erwerb der Aktien nicht zur Einziehung erfolgt, ist Satz 4 auch anzuwenden, soweit in dem Beschluß über den Rückkauf die spätere Veräußerung von einem Beschluß der Hauptversammlung in entsprechender Anwendung des § 182 Abs. 1 Satz 1 des Aktiengesetzes abhängig gemacht worden ist. Wird der Nennbetrag oder der rechnerische Wert von Aktien nach Satz 4 abgesetzt, ist der Unterschiedsbetrag dieser Aktien zwischen ihrem Nennbetrag oder dem rechnerischen Wert und ihrem Kaufpreis mit den anderen Gewinnrücklagen (§ 266 Abs. 3 A. III. 4.) zu verrechnen; weitergehende Anschaffungskosten sind als Aufwand des Geschäftsjahres zu berücksichtigen.

(2) Als Kapitalrücklage sind auszuweisen
1. der Betrag, der bei der Ausgabe von Anteilen einschließlich von Bezugsanteilen über den Nennbetrag oder, falls ein Nennbetrag nicht vorhanden ist, über den rechnerischen Wert hinaus erzielt wird;
2. der Betrag, der bei der Ausgabe von Schuldverschreibungen für Wandlungsrechte und Optionsrechte zum Erwerb von Anteilen erzielt wird;
3. der Betrag von Zuzahlungen, die Gesellschafter gegen Gewährung eines Vorzugs für ihre Anteile leisten;
4. der Betrag von anderen Zuzahlungen, die Gesellschafter in das Eigenkapital leisten.

(3) Als Gewinnrücklagen dürfen nur Beträge ausgewiesen werden, die im Geschäftsjahr oder in einem früheren Geschäftsjahr aus dem Ergebnis gebildet worden sind. Dazu gehören aus dem Ergebnis zu bildende gesetzliche oder auf Gesellschaftsvertrag oder Satzung beruhende Rücklagen und andere Gewinnrücklagen.

(4) In eine Rücklage für eigene Anteile ist ein Betrag einzustellen, der dem auf der Aktivseite der Bilanz für die eigenen Anteile anzusetzenden Betrag entspricht. Die Rücklage darf nur aufgelöst werden, soweit die eigenen Anteile ausgegeben, veräußert oder eingezogen werden oder soweit nach § 253 Abs. 3 auf der Aktivseite ein niedrigerer Betrag angesetzt wird. Die Rücklage, die bereits bei der Aufstellung der Bilanz vorzunehmen ist, darf aus vorhandenen Gewinnrücklagen gebildet werden, soweit diese frei verfügbar sind. Die Rücklage nach Satz 1 ist auch für Anteile eines herrschenden oder eines mit Mehrheit beteiligten Unternehmens zu bilden.

Übersicht

	Rdn.			Rdn.
I. Übersicht	1–5		1. Gezeichnetes Kapital (Abs. 1 S. 1)	
II. Gezeichnetes Kapital, ausstehende			a) Begriff	6, 7
Einlagen und eigene Anteile zur			b) Kapitalbetrag und Verände-	
Einziehung (Abs. 1)			rungen	8, 9

Rainer Hüttemann

Rdn.   Rdn.

c) Einzahlungen auf noch nicht
   eingetragene Kapitalerhöhungen
   gegen Einlagen 10, 11
2. Ausstehende Einlagen (Abs. 1 S. 2
   und 3)
   a) Normzweck und Ausweiswahl-
      recht   12–15
   b) Einzelfragen   16–19
3. Zur Einziehung erworbene eigene
   Anteile (Abs. 1 S. 4–6)   20–22
III. Kapitalrücklage (Abs. 2)
   1. Normzweck und Allgemeines   . . .   23–27
   2. Beträge, die bei der Ausgabe von
      Anteilen einschließlich von Bezugs-
      anteilen über den Nennwert hinaus
      erzielt werden (Abs. 2 Nr. 1)   28–31
   3. Beträge, die bei der Ausgabe von
      Schuldverschreibungen für Wand-
      lungsrechte und Optionsrechte
      zum Erwerb von Anteilen erzielt
      werden (Abs. 2 Nr. 2)
      a) Allgemeines   32–34
      b) Aufgeld bei marktgerechter
         Verzinsung   35
      c) Unter dem Kapitalmarktzins
         liegende Verzinsung   36
      d) Ausgabe durch Tochtergesell-
         schaft   37
      e) Bilanzierung, falls Wandlungs-
         recht nicht ausgeübt wird   38

4. Zuzahlungen, die Gesellschafter
   gegen Gewährung eines Vorzugs
   für ihre Anteile leisten (Abs. 2
   Nr. 3)   39
5. Andere Zuzahlungen, die die
   Gesellschafter in das Eigenkapital
   leisten (Abs. 2 Nr. 4)   40–43
6. Nachschußkapital (§ 42 Abs. 2
   S. 3 GmbHG)   44
7. Kapitalrücklage aus vereinfachter
   Kapitalherabsetzung   45
8. Exkurs: Ausgabe von Stock
   Options   46–50
IV. Gewinnrücklagen (Abs. 3)
   1. Allgemeines   51–55
   2. Gesetzliche Rücklage   56
   3. Satzungsmäßige Rücklagen   57
   4. Andere Gewinnrücklagen 58, 59
V. Rücklage für eigene Anteile (Abs. 4)
   1. Grundsätzliches und Normzweck   60, 61
   2. Bildung der Rücklage (Abs. 4 S. 1
      und 3)   62–64
   3. Auflösung der Rücklage
      (Abs. 4 S. 2)   65
   4. Rücklage für Anteile eines herr-
      schenden oder eines mit Mehrheit
      beteiligten Unternehmen
      (Abs. 4 S. 4)   66
VI. Rechtsfolgen eines Verstoßes
   gegen § 272 . . . .   67, 68

Schrifttum

Baums Aktienoptionen für Vorstandsmitglieder, Festschrift Claussen (1997) S. 3; *Döllerer* Einlagen bei Kapitalgesellschaften nach Handelsrecht und Steuerrecht unter besonderer Berücksichtigung des Bilanzrichtlinien-Gesetzes, BB 1986, 1857; *ders.* Die Kapitalrücklage der Aktiengesellschaft bei der Ausgabe von Optionsanleihen nach Handels- und Steuerrecht, AG 1986, 237; *Esterer/Härteis* Die Bilanzierung von Stock Options in der Handels- und Steuerbilanz, DB 1999, 2073; *Groh* Ist die verdeckte Einlage ein Tauschgeschäft?, DB 1997, 1683; *Haller* Probleme bei der Bilanzierung der Rücklagen und des Bilanzergebnisses einer Aktiengesellschaft nach neuem Bilanzrecht, DB 1987, 645; *Herlinghaus* Forderungsverzichte und Besserungsvereinbarungen zur Sanierung von Kapitalgesellschaften (1994); *Herzig* Steuerliche und bilanzielle Probleme bei Stock Options und Stock Appreciation Rights, DB 1999, 1; *Hommelhoff/Priester* Bilanzrichtliniengesetz und GmbH-Satzung, ZGR 1986, 463; *Karollus* Voreinzahlungen auf künftige Kapitalerhöhungen, DStR 1995, 1065; *Klingberg* Der Aktienrückkauf nach dem KonTraG aus bilanzieller und steuerlicher Sicht, BB 1998, 1575; *Knobbe-Keuk* Steuerrechtliche Fragen der Optionsanleihen, ZGR 1987, 312; *Koch/Vogel* Zur handels- und steuerrechtlichen Behandlung von Optionsanleihen, BB 1986, Beilage 10; *Kropff* Handelsrechtliche Bilanzierungsfragen der Optionsanleihen, ZGR 1987, 285; *Kühnberger/Keßler* Stock option incentives – betriebswirtschaftliche und rechtliche Probleme eines anreizkompatiblen Vergütungssystems, AG 1999, 453; *Küting/Kessler* Die Problematik der „anderen Zuzahlungen" gem. § 272 Abs. 2 Nr. 4 HGB, BB 1989, 25; *Martens* Erwerb und Veräußerung eigener Aktien im Börsenhandel, AG 1996, 337; *Naumann* Zur Bilanzierung von Stock Options, DB 1998, 1428; *H. P. Müller* Differenzierte Anforderungen für die Leistung von Sacheinlagen in das Eigenkapital von Kapitalgesellschaften, Festschrift Heinsius (1991) S. 590; *Orth* Neue Aspekte zum Schütt-aus-holzurück-Verfahren, GmbHR 1987, 195; *Pellens/Crasselt* Bilanzierung von Stock Options, DB

1998, 217; *dies.* Replik, DB 1998, 1431; *Rammert* Die Bilanzierung von Aktienoptionen für Manager, WPg 1998, 766; *Schneeloch* Verdeckte Vorteilszuwendungen an Kapitalgesellschaften, BB 1987, 481; *Thiel* Bilanzielle und steuerrechtliche Behandlung eigener Aktien nach der Neuregelung des Aktienerwerbs durch das KonTraG, DB 1998, 1583; *ders.* Wirtschaftsgüter ohne Wert: Die eigenen Anteile der Kapitalgesellschaft, Festschrift Ludwig Schmidt (1993) S. 569; *Vogel* Die Rechnungslegungsvorschriften des HGB für Kapitalgesellschaften und die 4. EG-Richtlinie (Bilanzrichtlinie) (1993); *von Rosen/Helm* Der Erwerb eigener Aktien durch die Gesellschaft, AG 1996, 434; *Wassermeyer* Der Erwerb eigener Anteile durch eine Kapitalgesellschaft – Überlegungen zur Rechtsprechung des I. Senats des BFH, Festschrift Ludwig Schmidt (1993) S. 621; *Wilhelm* Die Vermögensbindung bei Aktiengesellschaft und GmbH und das Problem der Unterkapitalisierung, Festschrift Flume II (1978) S. 337; *Zilias/Lanfermann* Die Neuregelung des Erwerbs und Haltens eigener Aktien, WPg 1980, 61, 89.

I. Übersicht

Regelungsgegenstand. § 272 regelt den Ausweis der Eigenkapitalposten „Gezeichnetes Kapital" (Abs. 1 S. 1), „ausstehende Einlagen" (Abs. 1 S. 2 und 3), „Kapitalrücklage" (Abs. 2), „Gewinnrücklagen" (Abs. 3) sowie Ausweis, Bildung und Auflösung der „Rücklage für eigene Anteile" (Abs. 4). Abs. 1 S. 4–6[1] enthält besondere Vorschriften über die bilanzielle Behandlung des Erwerbs eigener Anteile zur Einziehung. **1**

Die Vorschrift erfaßt **nicht alle Einzelposten** des Eigenkapitals i. S. v. § 266 Abs. 3 A. **2** Nicht enthalten sind die Posten „Gewinnvortrag/Verlustvortrag", „Jahresüberschuß/Jahresfehlbetrag", „Nicht durch Eigenkapital gedeckter Fehlbetrag" (§ 268 Abs. 3) sowie bei der Aufstellung der Bilanz unter Berücksichtigung der Ergebnisverwendung der Posten „Bilanzgewinn/Bilanzverlust" (§ 268 Abs. 1 S. 2). Darüber hinaus sind bei der Bildung und dem Ausweis von Eigenkapitalposten die weiteren besonderen Regelungen des AktG und des GmbHG zu beachten.[2]

§ 272 beruht auf Art. 9 – Aktiva A. und D., Passiva A. – der **4. EG-Richtlinie**. **3** Abweichend von Art. 9 Passiva A. II. („Agio") spricht § 272 Abs. 2 von „Kapitalrücklage", die zudem in vier Untergruppen unterteilt ist.[3] Der Begriff „Kapitalrücklage" dient zugleich der Abgrenzung zu den „Gewinnrücklagen" nach Abs. 3, die in der EG-Richtlinie (Art. 9 Passiva A. IV.) einfach nur „Rücklagen" heißen. Die begriffliche Unterscheidung soll die grundsätzlich verschiedenen Entstehungsursachen (Gesellschafterleistungen bzw. Rücklagen aus erwirtschafteten Gewinnen) verdeutlichen. Die in Art. 9 Passiva A. III. vorgesehene „Neubewertungsrücklage" konnte entfallen, da der deutsche Gesetzgeber vom Wahlrecht nach Art. 33 keinen Gebrauch gemacht und ausschließlich eine Bewertung zu Anschaffungs- und Herstellungskosten zugelassen hat.

Anwendungsbereich. Die Regelung des § 272 gilt unmittelbar nur für Kapital- **4** gesellschaften (AG, KGaA, GmbH). Sie findet nach § 5 Abs. 2 S. 1 PublG auf publizitätspflichtige Gesellschaften entsprechende Anwendung. Für Genossenschaften enthält § 337 eine vorrangige Sonderregelung.

Nicht anzuwenden ist § 272 auf **Personenhandelsgesellschaften** i. S. v. § 264a. Der **5** Eigenkapitalausweis bei solchen Gesellschaften richtet sich nach § 264c.

---

[1] Eingefügt durch das KonTraG v. 27. 4. 1998 BGBl. I 1998, 786.

[2] Vgl. etwa die Übersicht bei ADS 3 ff.

[3] Nach Ansicht von *Vogel* Rechnungslegungsvorschriften (1993), S. 41 liegt darin ein Richtlinienverstoß.

Rainer Hüttemann

II. Gezeichnetes Kapital, ausstehende Einlagen und eigene Anteile zur Einziehung (Abs. 1)

1. Gezeichnetes Kapital (Abs. 1 S. 1)

6   **a) Begriff.** Nach § 272 Abs. 1 S. 1 ist das „gezeichnete Kapital" das Kapital, „auf das die Haftung der Gesellschafter für die Verbindlichkeiten der Kapitalgesellschaft gegenüber den Gläubigern beschränkt ist". Diese Definition ist unrichtig, weil es bei Kapitalgesellschaften eine Haftung der Gesellschafter gegenüber den Gläubigern überhaupt nicht gibt.[4] Gemeint ist – wie sich aus § 152 Abs. 1 S. 1 AktG, § 42 Abs. 1 GmbHG ergibt – das Nennkapital der Kapitalgesellschaft, also das Grundkapital bei der AG bzw. das Stammkapital bei der GmbH. Mit der einheitlichen Bezeichnung als „gezeichnetes Kapital" soll eine europaweite Vereinheitlichung der Terminologie erreicht werden und zugleich deutlich gemacht werden, daß es sich nicht notwendig um das eingezahlte Kapital handelt.[5]

7   **Abgrenzungen.** Bei einer Aktiengesellschaft ist als „gezeichnetes Kapital" der Gesamtnennbetrag aller Aktien auszuweisen. Soweit Aktien verschiedener Gattungen (z. B. Stammaktien und Vorzugsaktien) bestehen, sind nach § 152 Abs. 1 S. 2 AktG auch die Gesamtnennbeträge der jeweiligen Aktiengattungen gesondert anzugeben. Ferner sind ein bedingtes Kapital sowie bei Mehrstimmrechtsaktien ihre Gesamtstimmenzahl vorzumerken. Bei einer KGaA gehören die Kapitalanteile der persönlich haftenden Gesellschafter nicht zum gezeichneten Kapital. Sie sind gemäß § 286 Abs. 2 S. 1 AktG gesondert nach dem Posten „gezeichnetes Kapital" auszuweisen. Bei einer Genossenschaft tritt an die Stelle des Postens „gezeichnetes Kapital" nach § 337 Abs. 1 S. 1 der Betrag der Geschäftsguthaben der Genossen. Kein gezeichnetes Kapital sind – unabhängig vom etwaigen Eigenkapitalcharakter – stille Einlagen, Genußrechtskapital sowie kapitalersetzende Gesellschafterdarlehen.[6]

8   **b) Kapitalbetrag und Veränderungen.** Der Betrag des gezeichneten Kapitals bestimmt sich im Grundsatz nach dem am *Bilanzstichtag* im Handelsregister eingetragenen Betrag (§ 39 Abs. 1 S. 1 AktG).[7] Das gezeichnete Kapital ist nach § 283 mit dem Nennbetrag anzusetzen. In der Eröffnungsbilanz der Vorgesellschaft ist – mangels Eintragung – das bei Gründung in der Satzung bzw. im Gesellschaftsvertrag festgelegte Grund- bzw. Stammkapital auszuweisen.[8]

9   **Spätere Veränderungen des Kapitals** (Kapitalerhöhungen und -herabsetzungen) sind bilanziell erst nach ihrer – konstitutiven – *Eintragung* in das Handelsregister zu erfassen, soweit das Gesetz ihr Wirksamwerden nicht ausnahmsweise von anderen Voraussetzungen abhängig macht. Maßgeblich ist die Handelsregistereintragung danach in folgenden Fällen:[9] Bei der Kapitalerhöhung gegen Einlagen ist die Eintragung ihrer Durchführung entscheidend (§ 189 AktG, § 54 Abs. 3 GmbHG). Das gleiche gilt beim genehmigten Kapital (§ 203 Abs. 1 S. 1 AktG). Die Kapitalerhöhung aus Gesellschaftsmitteln wird mit Eintragung des Beschlusses über die Erhöhung des Grund- bzw. Stammkapitals wirksam (§ 211 Abs. 1 AktG, §§ 54 Abs. 3, 57c Abs. 4 GmbHG). Bei der ordentlichen Kapitalherabsetzung kommt es auf die Eintragung des Beschlusses über die Kapitalherabsetzung an (§ 224 AktG, § 54 Abs. 3 GmbHG).

---

[4] Vgl. nur *Knobbe-Keuk* Bilanz- und Unternehmenssteuerrecht S. 102 Fn. 207.
[5] Siehe Begründung zu § 248 Abs. 2 S. 1 HGB-E, BR-Drucks. 257/83, S. 82.
[6] Zum Ausweis vgl. § 266, 75 ff.

[7] Vgl. *Hüffer* § 152, 2; Beck BilKomm-*Förschle/ Kofahl* 10; Bonner HdR-*Matschke* 9.
[8] ADS 13.
[9] Zum folgenden vgl. auch ADS 17 ff; KK-*Claussen* 12 ff; Beck BilKomm-*Förschle/Kofahl* 10 f, 19 ff.

Abweichungen vom Grundsatz der Maßgeblichkeit der Handelsregistereintragung gelten bei folgenden Kapitalveränderungsmaßnahmen: Bei der bedingten Kapitalerhöhung tritt die Erhöhung des Kapitals mit der Ausgabe der Bezugsaktien ein (§ 200 AktG). Zugleich ist dann der Vermerk nach § 152 Abs. 1 S. 3 AktG zu kürzen. Bei der vereinfachten Kapitalherabsetzung, die erst mit Eintragung des Beschlusses über die Kapitalherabsetzung wirksam wird (§ 229 Abs. 3 i. V. m. § 224 AktG, § 58a Abs. 3 i. V. m. § 54 Abs. 3 GmbHG), besteht nach § 234 Abs. 1 AktG, § 58e GmbHG die Möglichkeit einer Rückbeziehung des bilanziellen Ausweises auf das vorangegangene Geschäftsjahr. Entsprechendes gilt für eine mit der Kapitalherabsetzung verbundene Kapitalerhöhung (§ 235 Abs. 1 AktG, § 58 f Abs. 1 GmbHG). Bei der Kapitalherabsetzung durch Einziehung von Anteilen ist zu unterscheiden: Bei einer von der Hauptversammlung beschlossenen Kapitalherabsetzung ist die Eintragung des Beschlusses über die Einziehung entscheidend, wenn nicht die Einziehung der Aktien nachfolgt (§ 238 S. 1 AktG). Bei einer satzungsmäßig angeordneten Einziehung kommt es auf den Zeitpunkt der Zwangseinziehung an (§ 238 S. 2 AktG). Bei der GmbH berührt die Einziehung der Anteile das Stammkapital nicht, sondern es bedarf einer anschließenden Kapitalherabsetzung.[10]

c) Einzahlungen auf noch nicht eingetragene Kapitalerhöhungen gegen Einlagen. Da eine Kapitalerhöhung gegen Einlagen erst mit der Eintragung der Durchführung in das Handelsregister wirksam wird, stellt sich die Frage, wie Einzahlungen der Gesellschafter auf eine bereits beschlossene, aber noch nicht eingetragene Kapitalerhöhung bilanziell zu erfassen sind. Vor Wirksamwerden der Kapitalerhöhungen begründen solche Zahlungen nur Verbindlichkeiten gegen die Gesellschaft. Bei einem entsprechenden Ausweis unter Verbindlichkeiten wäre aber die besondere Zweckbindung solcher Einzahlungen aus der Bilanz nicht ersichtlich. Daher wird allgemein ein gesonderter Ausweis solcher Einzahlungen unter einem gesonderten Posten *„zur Durchführung der beschlossenen Kapitalerhöhung geleistete Einlagen"* befürwortet.[11] Dieser Posten ist zwischen den Posten § 266 Abs. 3 A. (Eigenkapital) und B. (Rückstellungen) auszuweisen.[12] Soweit die Kapitalerhöhung bei Aufstellung der Bilanz bereits eingetragen ist, kommt auch ein Ausweis innerhalb des Eigenkapitals nach dem gezeichneten Kapital unter Angabe des Datums der Eintragung in Betracht.[13]

10

Von Zahlungen auf bereits beschlossene, aber noch nicht eingetragene Kapitalerhöhungen sind sog. **Voreinzahlungen** auf erst noch zu beschließende Kapitalerhöhungen zu unterscheiden. Bei ihnen kommt ein entsprechender Ausweis als „zur Durchführung der beabsichtigen Kapitalerhöhung geleistete Einlagen" nur dann in Betracht, wenn die Zahlungen – wie dies für den Fall von Voreinzahlungen im Rahmen einer Sanierung angenommen wird – ausnahmsweise Erfüllungswirkung in Hinsicht auf die noch zu beschließende Kapitalerhöhung haben.[14]

11

---

[10] Baumbach/Hueck/*Hueck* § 34, 17.
[11] ADS 19; HdR-*Küting* 12; KK-*Claussen* 13; Beck BilKomm-*Förschle/Kofahl* 20; Baumbach/Hueck/*Schulze-Osterloh* § 42, 165.
[12] Statt aller ADS 19; *Förschle/Kofahl* aaO.
[13] ADS 19; *Schulze-Osterloh* aaO; *Förschle/Kofahl* aaO; **a. A.** HdR-*Küting* 13.
[14] Ebenso ADS 20. Zu den kapitalgesellschaftsrechtlichen Voraussetzungen zulässiger Voreinzahlungen vgl. BGHZ 118, 83, 89 ff = NJW 1992, 2222; BGH ZIP 1995, 29, 30 f; ZIP 1996, 1466; OLG Düsseldorf BB 2000, 612; aus dem Schrifttum dazu etwa Hachenburg/*Ulmer* § 56a, 19 ff; *Roth/Altmeppen* § 56a, 17 ff; *Karollus* DStR 1995, 1065 ff mit weiteren Nachweisen.

2. Ausstehende Einlagen (Abs. 1 S. 2 und 3)

12 **a) Normzweck und Ausweiswahlrecht.** Anders als Sacheinlagen müssen Bareinlagen bei der AktG und der GmbH nur teilweise vor Eintragung geleistet werden, so daß das gezeichnete Kapital u. U. nicht vollständig geleistet ist und somit ein Teil der Einlagen auch nach Eintragung noch aussteht. § 272 Abs. 1 S. 2 und 3 regeln den bilanziellen Ausweis solcher ausstehender Einlagen auf das gezeichnete Kapital. Ausstehende Einlagen sind *rechtlich* – unabhängig von ihrer Einforderung – als Forderungen der Gesellschaft gegen die Gesellschafter anzusehen. Dagegen stellt der Ausweis nicht eingeforderter ausstehender Einlagen auf der Aktivseite *wirtschaftlich* betrachtet einen bloßen Korrekturposten zum gezeichneten Kapital auf der Passivseite dar.[15] Denn Forderungen, die nicht geltend gemacht werden sollen, haben keinen wirtschaftlichen Wert und wären deshalb nach allgemeinen Grundsätzen überhaupt nicht – oder nur mit einem Erinnerungswert – anzusetzen.[16] Dann müßten aber auch die nicht eingeforderten ausstehenden Einlagen vom gezeichneten Kapital abgesetzt werden.

13 Das Gesetz trägt dieser Problematik durch ein **Ausweiswahlrecht** Rechnung. Nach § 272 Abs. 1 S. 2 können ausstehende Einlagen auf der Aktivseite gesondert vor dem Aktivvermögen ausgewiesen werden, wobei die davon eingeforderten Einlagen gesondert zu vermerken sind (sog. *Bruttoausweis*). Alternativ läßt § 272 Abs. 1 S. 3 auch eine offene Absetzung der nicht eingeforderten ausstehenden Einlagen vom Posten „Gezeichnetes Kapital" zu (sog. *Nettoausweis*). In diesem Fall ist der verbleibende Betrag als Posten „Eingefordertes Kapital" auszuweisen und der eingeforderte, aber noch nicht eingezahlte Betrag unter den Forderungen gesondert auszuweisen.[17] Die Bezeichnung des verbleibenden Betrags als „Eingefordertes Kapital" ist mißverständlich, weil auf diese Weise eingeforderte und eingezahlte Einlagen vermischt werden.[18] Gleichwohl dürfte eine abweichende Bezeichnung angesichts der gesetzlichen Begriffsbestimmung unzulässig sein.[19]

14 Zum Verhältnis von Nettoausweis nach § 272 Abs. 1 S. 3 und dem Ausweis des Postens **„Nicht durch Eigenkapital gedeckter Fehlbetrag"** nach § 268 Abs. 3 vgl. § 268, 25.

15 Fraglich ist, ob das Ausweiswahlrecht nach § 272 Abs. 1 S. 2 und 3 von Art. 9 der **4. EG-Richtlinie** gedeckt ist. Die Richtlinie gewährt nur ein Mitgliedstaaten- aber kein Unternehmenswahlrecht, so daß ein Verstoß gegen die Richtlinie zu bejahen ist.[20] Diese Abweichung ist um so bedenklicher, als durch die Ausübung dieses Wahlrechts auch das Größenkriterium „Bilanzsumme" im Rahmen von § 267 beeinflußt werden kann. Da der Richtlinienverstoß aber nur zu einer Erweiterung der Bilanzierungsmöglichkeiten führt, ergeben sich keine unmittelbaren Konsequenzen.

16 **b) Einzelfragen.** Ausstehende Einlagen sind *„eingefordert"*, wenn der Vorstand (§ 63 Abs. 1 S. 1 AktG) bzw. die Gesellschafterversammlung (§ 46 Nr. 2 GmbHG) zur Einzahlung auffordert. Zu den ausstehenden Einlagen i. S. v. § 272 Abs. 1 S. 2 und 3 zählen auch solche auf nicht voll eingezahlte Vorratsaktien (§ 160 Abs. 1 Nr. 1 AktG), die ein Dritter für Rechnung der Gesellschaft übernommen hat, da der Zeichner für die Einzahlung haftet (§ 56 Abs. 3 AktG).[21] Dagegen ist ein Ausweis nach § 272 Abs. 1

---

[15] Vgl. nur HdR-*Küting* 27; ADS 58.

[16] Vgl. ADS § 246, 68; Baumbach/Hueck/*Schulze-Osterloh* § 42, 73.

[17] Zu den unterschiedlichen Auswirkungen von Brutto- und Nettoausweis auf die Bilanz vgl. die Beispiele bei ADS 61; HdR-*Küting* 35; Bonner HdR-*Matschke* 15 f.

[18] HdR-*Küting* 33.

[19] Ebenso *Küting* aaO.

[20] Vgl. ADS 61; Bonner HdR-*Matschke* 13 f. Keine Bedenken bei *Biener/Berneke* S. 194; *Vogel* Rechnungslegungsvorschriften (1993) S. 39.

[21] ADS 63.

S. 2 und 3 bei ausstehenden Einzahlungen auf sog. Zeichnungsscheine im Rahmen von Kapitalerhöhungen grundsätzlich nicht möglich, da es vor Eintragung der Kapitalerhöhung an einem aktivierbaren Einlageanspruch fehlt.[22] *Ausstehende Einlagen auf Agiobeträge* sind nur bei der GmbH möglich (vgl. § 36a Abs. 1 AktG). Sie können – als Gegenposten zur Kapitalrücklage – nicht als „Ausstehende Einlagen auf das gezeichnete Kapital" ausgewiesen werden, sondern allenfalls im Anschluß daran als gesonderter Posten „Ausstehende Einlagen auf Agiobeträge".[23] Wird mit einer einfachen Kapitalherabsetzung gleichzeitig eine Kapitalerhöhung beschlossen, führt eine Rückbeziehung nach § 235 AktG, § 58 f GmbHG dazu, daß in Höhe des gezeichneten Kapitals „Ausstehende Einlagen auf das gezeichnete Kapital" auszuweisen sind, da nur die Kapitalerhöhung, nicht aber die Leistungen darauf fingiert werden dürfen.[24] Entsprechend wäre dann auch hinsichtlich einer ebenfalls rückbezogenen Kapitalrücklage zu verfahren.[25] Für den Bilanzausweis von ausstehenden Nachschüssen bei der GmbH gilt § 42 Abs. 2 S. 2 GmbHG.[26]

Hinsichtlich der **Bewertung der ausstehenden Einlagen** i. S. v. § 272 Abs. 1 S. 2 **17** und 3 ist zwischen eingeforderten und nicht eingeforderten ausstehenden Einlagen zu unterscheiden. **Eingeforderte ausstehende Einlagen** sind Vermögensgegenstände und nach den allgemeinen Grundsätzen für Forderungen zu bewerten.[27] Da die Voraussetzungen für eine Zuordnung zum Anlagevermögen nach § 247 Abs. 2 nicht vorliegen, sind die Grundsätze für die Bewertung von Forderungen des Umlaufvermögens heranzuziehen. Die Forderungen wären also mit dem Wert anzusetzen, der ihnen am Bilanzstichtag beizulegen ist, d. h. vorbehaltlich einer Werthaltigkeitsprüfung regelmäßig mit dem Nominalbetrag.[28] Bei der Werthaltigkeitsprüfung sind insbesondere die gesetzlichen Vorschriften über die Kapitalaufbringung zu berücksichtigen, z. B. eine Ausfallhaftung der Rechtsvorgänger bzw. der Mitgesellschafter (§ 24 GmbHG), so daß praktisch nur Einzelwertberichtigungen, nicht aber Pauschalwertberichtigungen wegen des allgemeinen Kreditrisikos etc. in Betracht kommen dürften.[29]

Für **nicht eingeforderte ausstehende Einlagen** ist umstritten, ob diese überhaupt **18** einer Bewertung zugänglich sind. Dies wird mit dem Hinweis verneint, daß es sich bei diesen nicht um echte Vermögensgegenstände, sondern um bloße Korrekturposten zum gezeichneten Kapital handelt.[30] Folglich käme auch keine Abwertung wegen Bonitätsrisiken oder wegen der Unverzinslichkeit der Einlagen vor Aufforderung in Betracht.[31] Nach anderer Ansicht sollen dagegen auch auf nicht eingeforderte Einlagen die allgemeinen Bewertungsmaßstäbe Anwendung finden.[32] Der ersten Ansicht ist zu folgen: Einlagen, die nicht eingefordert werden sollen, haben nach allgemeinen Grundsätzen keinen Vermögenswert.[33] Soweit sie im Rahmen des Bruttoausweises dennoch aktiviert werden, handelt es sich um bloße Korrekturposten, auf die die Bewertungsgrundsätze für Forderungen nicht anwendbar sind.

---

[22] Vgl. KK-*Claussen* 25; HdR-*Küting* 29.

[23] So HdR-*Küting* 36. Anders ADS 107 (Ausweis unter Forderungen und sonstigen Vermögensgegenständen).

[24] ADS 42; Scholz/*Priester* § 58 f, 12.

[25] Vgl. ADS 105.

[26] Vgl. dazu etwa HdR-*Küting* 37; Scholz/*Crezelius* § 42, 16.

[27] Unstreitig, vgl. nur ADS 66; Beck BilKomm-*Förschle/Kofahl* 15; HdR-*Küting* 39 ff.

[28] HdR-*Küting* 39; KK-*Claussen* 26.

[29] KK-*Claussen* 27.

[30] HdR-*Küting* 43; ebenso KK-*Claussen* 27; MünchKommHGB-*Beater* 12.

[31] So im Ergebnis für die Abzinsung ADS 69.

[32] Beck HdR-*Heymann* B 231, 57; ADS 66, 71.

[33] Zutreffend HdR-*Küting* 43.

19   Soweit bei eingeforderten ausstehenden Einlagen **Einzelwertberichtigungen** vorzunehmen sind, ist nicht nur der am Bilanzstichtag beizulegende Wert anzusetzen, sondern es muß im Interesse eines „true and fair view" zusätzlich der Nominalbetrag der ausstehenden Einlagen ersichtlich sein. Dies kann entweder durch Vermerk oder durch offene Absetzung eines Wertabschlags vom Nominalbetrag erfolgen.[34] Soweit – abweichend von der hier vertretenen Ansicht – auch auf nicht eingeforderte Einlagen Wertabschläge vorgenommen werden, soll ein Nettoausweis nicht mehr möglich sein, da für eine Absetzung vom gezeichneten Kapital immer nur der Nennbetrag in Betracht kommt (vgl. § 283).[35]

3. Zur Einziehung erworbene eigene Anteile (Abs. 1 S. 4–6)

20   Durch das KonTraG sind in Abs. 1 die Sätze 4–6 angefügt worden. Nach bisherigem Recht waren eigene Anteile stets nach §§ 265 Abs. 3 S. 2, 266 Abs. 2 B. III. 2. einerseits auf der Aktivseite als Vermögensgegenstände des Umlaufvermögens auszuweisen, zugleich war auf der Passivseite nach § 272 Abs. 4 eine Rücklage für eigene Anteile zu bilden (vgl. Rdn. 60 ff). Auf diese Weise soll dem **„zweifachen Charakter"** des Erwerbs eigener Anteile Rechnung getragen werden:[36] Denn angesichts der Tatsache, daß die Rechte aus eigenen Anteilen ruhen (vgl. § 71b AktG), ist es zweifelhaft, ob eigene Anteile überhaupt Vermögensgegenstände sind, oder ob sie nur einen bloßen Korrekturposten zum Eigenkapital darstellen.[37] Für die Eigenschaft als Vermögensgegenstand kann auf die Anwendung des § 253 Abs. 3 S. 1 und 2 verwiesen werden, die durch § 265 Abs. 3 S. 2 gewährleistet wird. Da aber der Erwerb eigener Anteile zumindest wirtschaftlich eine Kapitalrückgewähr darstellt, verbindet das Gesetz den Ausweis der eigenen Anteile durch die Pflicht zur Bildung einer gesonderten Rücklage nach § 272 Abs. 4 mit einer Ausschüttungssperre, um zu verhindern, daß den Gesellschaftern das gebundene Kapital zurückgewährt wird.[38]

21   Nachdem das **KonTraG** die Möglichkeiten des Erwerbs eigener Anteile durch den neuen § 71 Abs. 1 Nr. 8 AktG ausgeweitet hat, hat der Gesetzgeber zugleich auch die zwingenden Regelungen über die bilanzielle Behandlung von eigenen Anteilen erweitert.[39] Nach § 272 Abs. 1 S. 4 ist der „Nennbetrag oder, falls ein solcher nicht vorhanden ist, der rechnerische Wert von nach § 71 Abs. 1 Nr. 6 oder 8 des Aktiengesetzes zur Einziehung erworbenen Aktien" nunmehr „in der Vorspalte offen von dem Posten ‚gezeichnetes Kapital' als Kapitalrückzahlung abzusetzen." Im Fall des § 71 Abs. 1 Nr. 6 AktG ergibt sich die Zweckbestimmung „Einziehung" bereits aus dem Beschluß der Hauptversammlung. Im Fall eines Erwerbs nach § 71 Abs. 1 Nr. 8 AktG (Erwerb zur Kurspflege) setzt die Anwendung des Abs. 1 S. 4 demgegenüber eine den Vorstand bindende Zweckbestimmung (spätere Einziehung) voraus. Nach Abs. 1 S. 5 ist der S. 4 auch dann anzuwenden, wenn der Erwerb zwar nicht zur Einziehung erfolgte, aber „in dem Beschluß über den Rückkauf die spätere Veräußerung von einem Beschluß der Hauptversammlung in entsprechender Anwendung des § 182 Abs. 2 S. 1 AktG abhängig gemacht worden ist." Nach Abs. 1 S. 6 ist schließlich ein Unterschiedsbetrag zwischen dem Nennwert bzw. rechnerischen Wert der eigenen

---

34 ADS 70; HdR-*Küting* 42.
35 ADS 71.
36 ADS § 266, 139; HdR-*Küting* 44.
37 Vgl. dazu *Thiel* FS Ludwig Schmidt (1993) S. 569 ff; *Wassermeyer* FS Ludwig Schmidt (1993) S. 623 ff.

38 Vgl. dazu unten Rdn. 61.
39 Zum Erwerb eigener Anteile nach dem KonTraG vgl. aus dem Schrifttum *Thiel* DB 1998, 1583 ff; Arbeitskreis „Externe Unternehmensrechnung" der Schmalenbach-Gesellschaft DB 1998, 1673; *Klingberg* BB 1998, 1575 ff.

Anteile und dem Kaufpreis mit den anderen Gewinnrücklagen (§ 266 Abs. 3 A. III. 4.) zu verrechnen. Damit trägt das Gesetz der Tatsache Rechnung, daß es sich insoweit um eine Kapitalrückzahlung handelt und andernfalls der Betrag den anderen Aktionären zufallen würde.[40] Weitergehende Anschaffungskosten sind als Aufwand des Geschäftsjahres zu berücksichtigen.[41]

In der Gesetzesbegründung[42] wird die offene Absetzung nach § 272 Abs. 1 S. 4–6 **22** damit gerechtfertigt, daß nach § 71b AktG der Gesellschaft aus eigenen Aktien keine Rechte zustehen, insbesondere ein Anspruch auf Gewinnbeteiligung und ein Stimmrecht nicht gegeben sind. Eigene Aktien, deren Einziehung bindend vorgesehen ist, sind „eingefroren". Der Erwerb zur Einziehung ist daher auch bilanziell als **Kapitalrückzahlung** zu behandeln.[43] Dies gilt auch für den Unterschiedsbetrag zwischen dem Nennbetrag und dem Kaufpreis, der nach Abs. 1 S. 6 ebenfalls mit dem Eigenkapital zu verrechnen ist.

III. Kapitalrücklage (Abs. 2)

1. Normzweck und Allgemeines

§ 272 Abs. 2 regelt, welche Beträge in die Kapitalrücklage einzustellen sind. Es han- **23** delt sich dabei um solche Vermögensmehrungen, die in Zusammenhang mit der **Beschaffung** von Kapital stehen,[44] d. h. von außen zugeführt werden und nicht aus den erwirtschafteten Gewinnen stammen. Unter dem Begriff der Kapitalrücklage sind auszuweisen:

(1) der Betrag, der bei der Ausgabe von Anteilen einschließlich von Bezugsanteilen über den Nennbetrag hinaus erzielt wird;

(2) der Betrag, der bei der Ausgabe von Schuldverschreibungen für Wandlungsrechte und Optionsrechte zum Erwerb von Anteilen erzielt wird;

(3) der Betrag von Zuzahlungen, die Gesellschafter gegen Gewährung eines Vorzugs für ihre Anteile leisten;

(4) der Betrag von anderen Zuzahlungen, die Gesellschafter in das Eigenkapital leisten.

Sonstige Fälle. Einstellungen in die Kapitalrücklage können bei der AG ferner im **24** Zusammenhang mit der vereinfachten Kapitalherabsetzung und der Kapitalherabsetzung durch Einziehung von Aktien auftreten (§§ 229 Abs. 1, 231, 232, 237 Abs. 5 AktG); entsprechendes gilt bei der GmbH (§§ 58b Abs. 2, 58c S. 1 GmbHG).[45]

Die Vorschriften über die Einstellung von Beträgen in die Kapitalrücklage dienen **25** der **Abgrenzung von Vermögenszuwächsen** aus Kapitalzuführungen gegenüber dem Gewinn aus geschäftlicher Tätigkeit.[46] Dieser Gedanke lag bereits den Vorläuferregelungen zu § 272 Abs. 2 Nr. 1–3 zugrunde und ist durch die Einführung des § 272 Abs. 2 Nr. 4 betreffend „andere Zuzahlungen" bestätigt worden.

Einstellungen in die Kapitalrücklage sind nach § 270 Abs. 1 S. 1 bereits **bei der Auf- 26 stellung des Jahresabschlusses** vorzunehmen.[47] Sie erfolgen – anders als Einstellun-

---

[40] BTDrucks. 13/9712 S. 26.

[41] BMF in BStBl. I 1998, 1510.

[42] BTDrucks. 13/9712, S. 25 f.

[43] Zur steuerrechtlichen Behandlung des Erwerbs eigener Anteile vgl. BMF BStBl. I 1998, 1510.

[44] *Knobbe-Keuk* Bilanz- und Unternehmenssteuerrecht S. 103.

[45] Zu weiteren Fällen vgl. ADS 77; HdR-*Küting* 109 ff.

[46] Eingehend zum Sinn und Zweck der „Kapitalrücklage" *Kropff* ZGR 1987, 285, 292 ff.

[47] Vgl. § 270, 2.

gen in die Gewinnrücklagen nach Abs. 3 – außerhalb der Gewinnverwendung. Einstellungen in die Kapitalrücklage berühren – abgesehen vom Fall des § 240 AktG – nicht die GuV, sondern sind erfolgsneutral. Für Entnahmen aus der Kapitalrücklage enthält § 272 Abs. 2 keine Regelungen. Insoweit gelten die jeweiligen gesellschaftsrechtlichen Vorschriften. Bei der AG sind für die Beträge nach Abs. 2 Nr. 1–3 die Einschränkungen der § 150 Abs. 3 und 4 AktG zu beachten; bei der GmbH können sich entsprechende Schranken mangels gesetzlicher Vorschriften nur aus gesellschaftsvertraglichen Regelungen ergeben.[48]

27   Hinsichtlich des Ausweises der Kapitalrücklage ist fraglich, ob die in Abs. 2 Nr. 1–4 genannten Beträge gesondert auszuweisen sind oder ob die einzelnen Tatbestände nur unselbständige Zuweisungsgründe für Einstellungen in einen einheitlichen Posten „Kapitalrücklage" darstellen. Der Wortlaut des § 272 Abs. 2 („Kapitalrücklage") und des Art. 9 der 4. EG-Richtlinie („Agio") sprechen für den **zusammengefaßten Ausweis** unter einem Posten; nur in § 150 Abs. 3 ist von „den Kapitalrücklagen nach § 272 Abs. 2 Nr. 1–3" die Rede. Deshalb geht man im Schrifttum ganz überwiegend davon aus, daß eine Pflicht zum gesonderten Ausweis nicht besteht.[49] Vereinzelt wird jedoch unter Zweckmäßigkeitsgesichtspunkten bei der AG mit Rücksicht auf § 150 Abs. 3 und 4 AktG ein gesonderter Ausweis der Beträge nach Abs. 2 Nr. 1–3 und Nr. 4 befürwortet.[50] Umstritten ist schließlich auch, ob für Beträge, die nach §§ 231 Abs. 1, 232, 237 Abs. 5 AktG, §§ 58b Abs. 2, 58c S. 1 GmbHG in die Kapitalrücklage einzustellen sind, ein gesonderter Ausweis erforderlich ist.[51] Ihre Zusammenfassung mit den Beträgen nach Abs. 2 Nr. 1–3 hängt davon ab, ob solche Beträge – auch ohne ausdrückliche gesetzliche Regelung – der Bindung nach § 150 Abs. 3 und 4 AktG unterstellt werden.[52] Für Einstellungen nach §§ 58b Abs. 2, 58c S. 1 GmbHG rechtfertigt sich dagegen ein gesonderter Ausweis wegen der besonderen fünfjährigen Bindung.[53]

2. Beträge, die bei der Ausgabe von Anteilen einschließlich von Bezugsanteilen über den Nennwert hinaus erzielt werden (Abs. 2 Nr. 1)

28   Nach § 272 Abs. 2 Nr. 1 ist in die Kapitalrücklage der Betrag einzustellen, der „bei der Ausgabe von Anteilen einschließlich von Bezugsanteilen über den Nennbetrag hinaus erzielt wird". Erfaßt sind also nur Beträge aus einem **„vereinbarten" Aufgeld (Agio)**, nicht aber freiwillige Zuzahlungen und Zuschüsse der Anteilseigner i. S. v. Abs. 2 Nr. 4.[54] Zweifelhaft ist, ob Kosten der Ausgabe von Anteilen den in die Kapitalrücklage einzustellenden Betrag mindern.[55] Dies ist mit der ganz herrschenden Auffassung unter Hinweis auf den eindeutigen Wortlaut des § 272 Abs. 2 Nr. 1 („über den Nennbetrag hinaus") abzulehnen.[56] Derartige Ausgabekosten (Notar- und Gerichtskosten, Prüfungsgebühren, Steuern etc.) gehen als Aufwand somit zu Lasten des Jahresergebnisses.

---

[48] ADS 79; Beck BilKomm-*Förschle/Kofahl* 72 ff.
[49] Für einheitlichen Ausweis Bonner HdR-*Matschke* 33; HdR-*Küting* 55; Baumbach/Hueck/*Schulze-Osterloh* § 42, 166; *Farr* in HdJ III/2 Rdn 67; **a. A.** – für Pflicht zum gesonderten Ausweis der Beträge nach Abs. 2 Nr. 1–3 und Nr. 4 bei der AG unter dem Gesichtspunkt des § 264 Abs. 2 – Beck HdR-*Heymann* B 231 Rdn 84. Für gesonderten Ausweis aller einzelnen Bestandteile aber KK-*Claussen* 30.
[50] ADS 86; WP-Handbuch I F 168.
[51] Für gesonderten Ausweis KK-*Claussen* 33; im Ergebnis auch ADS 87; **a. A.** HdR-*Küting* 55.
[52] Vgl. dazu nur *Hüffer* § 150, 6.
[53] Baumbach/Hueck/*Schulze-Osterloh* § 42, 171a.
[54] Zur Abgrenzung vgl. ADS 90.
[55] Dafür jetzt *Förschle/Kropp*, Sonderbilanzen E Rdn. 148.
[56] ADS 93; HdR-*Küting* 56; Beck BilKomm-*Förschle/Kofahl* 63; Beck HdR-*Heymann* B 231 Rdn 85; Baumbach/Hueck/*Schulze-Osterloh* § 42, 168; *Biener/Berneke* S. 195.

Im Rahmen von § 272 Abs. 2 Nr. 2 sind danach **folgende Beträge** auszuweisen: Der **29** Differenzbetrag (Agio) bei der Ausgabe von Aktien zu einem höheren Betrag als dem Nennbetrag bei der Gründung (§ 9 Abs. 2 AktG) und bei der Kapitalerhöhung (§ 185 AktG). Bei der GmbH ist dies der Mehrbetrag, den ein Gesellschafter bei der Gründung auf Grund des Gesellschaftsvertrages oder einer schuldrechtlichen Vereinbarung über den Betrag der Stammeinlage hinaus zu zahlen hat.[57] Bei Kapitalerhöhungen muß ein entsprechendes Agio im Erhöhungsbeschluß enthalten sein.[58] Ferner zählt zu den Beträgen i. S. v. Abs. 2 Nr. 1 auch das Agio aus der Ausgabe von „Bezugsanteilen". Damit sind bei der AG die Bezugsaktien zu verstehen, die nach § 192 AktG bei der bedingten Kapitalerhöhung entstehen, insbesondere in Verbindung mit der Gewährung von Umtausch- und Bezugsrechten an Gläubiger von Wandelschuldverschreibungen.[59] Für die GmbH ist dieser Fall ohne Bedeutung.[60]

Ist eine **Sacheinlage** Gegenstand der Einlageverpflichtung, bestimmt sich das Agio **30** nach der Differenz zwischen dem Wert, mit dem die Sacheinlage bewertet wurde und der bei der Gesellschaft als Anschaffungskosten angesetzt worden ist, und dem Nennwert der für die Sacheinlage ausgegebenen Anteile. Obergrenze für den Wertansatz der Sacheinlage ist der Zeitwert, Untergrenze der Nennbetrag der ausgegebenen Anteile.[61]

In die Kapitalrücklage nach Abs. 2 Nr. 1 gehört des weiteren ein Agio, das bei der **31** Ausgabe von Aktien unter Einschaltung eines Kreditinstituts im Wege des **mittelbaren Bezugsrechts** (§ 186 Abs. 5 AktG) erzielt wird. Dazu zählt zum einen die Differenz zwischen dem Nennbetrag und dem Ausgabekurs, zu dem das Kreditinstitut die Aktien übernimmt.[62] Darüber hinaus ist aber auch ein etwaiger Mehrerlös einzustellen, den das Kreditinstitut aus der Weitergabe der Aktien zu einem über dem Ausgabekurs liegenden Bezugskurs der Aktionäre erzielt hat und den es – abzüglich eines Entgelts für seine Dienstleistung – an die AG abführt.[63] Nach den gleichen Grundsätzen ist auch ein über dem Nennbetrag liegender Mehrerlös aus der **Ausgabe von Vorratsaktien** (§ 56 Abs. 3 AktG) – Aufgeld des Treuhänders zuzüglich eines an die AG abzuführenden Mehrerlöses aus der Weiterveräußerung der Aktien – in die Kapitalrücklage einzustellen.[64]

3. Beträge, die bei der Ausgabe von Schuldverschreibungen für Wandlungsrechte und Optionsrechte zum Erwerb von Anteilen erzielt werden (Abs. 2 Nr. 2)

a) **Allgemeines.** § 272 Abs. 2 Nr. 2 regelt die Einstellung von Beträgen in die Kapi- **32** talrücklage, die bei der Ausgabe von Wandelschuldverschreibungen nach § 221 Abs. 1 S. 1 AktG erzielt werden. **Wandelschuldverschreibungen** i. S. v. § 221 Abs. 1 S. 1 AktG sind „Schuldverschreibungen, bei denen den Gläubigern ein Umtausch- oder Bezugsrecht auf Aktien eingeräumt wird". Dementsprechend unterscheidet man Wandel- und Optionsanleihen. *Wandelanleihen* („Wandlungsrechte" i. S. v. § 272 Abs. 2 Nr. 2) gewähren dem Gläubiger das Recht, seinen Anspruch auf Rückzahlung des Nennbetrags gegen eine bestimmte Anzahl Aktien einzutauschen. Bei *Optionsanleihen* („Optionsrechte" i. S. v. § 272 Abs. 2 Nr. 2) erhält der Gläubiger neben seinem Anspruch auf Rückzahlung des Nennbetrags nach Ablauf der Laufzeit ein –

---

[57] Baumbach/Hueck/*Schulze-Osterloh* § 42, 168.
[58] Vgl. Hachenburg/*Ulmer* § 55, 20.
[59] *Biener/Berneke* S. 195.
[60] Baumbach/Hueck/*Schulze-Osterloh* § 42, 168.
[61] Näheres bei ADS 95; HdR-*Küting* 58.

[62] Vgl. nur ADS 97; Beck BilKomm-*Förschle/Kofahl* 64; HdR-*Küting* 59.
[63] ADS 97; *Küting* aaO; *Hüffer* § 186, 48; MünchKommHGB-*Beater* 41.
[64] ADS 101 f; HdR-*Küting* 60.

Rainer Hüttemann

später abtrennbares – Recht (Option), innerhalb eines bestimmten Zeitraums eine bestimmte Zahl Aktien zu erwerben.[65] In beiden Fällen hat der Erwerber der Anleihe für sein Wandlungs- bzw. Optionsrecht ein bestimmtes zusätzliches Entgelt zu zahlen. Dieses *Aufgeld* ist nach § 272 Abs. 2 Nr. 2 in die Kapitalrücklage einzustellen. Hinsichtlich der Art des Entgeltes sind zwei Gestaltungen zu unterscheiden:[66] Entweder die Anleihe wird mit einer marktgerechten Verzinsung ausgestattet und für den Erwerb muß über den Rückzahlungsbetrag hinaus ein Aufgeld gezahlt werden, oder es wird kein Aufgeld erhoben, aber als Entgelt für das Wandlungs- bzw. Optionsrecht verzichtet der Anleihengläubiger auf eine marktgerechte Verzinsung. Eine besondere Form der Wandelschuldverschreibungen bilden schließlich sog. „Warrantanleihen", die von Tochtergesellschaften begeben werden und die ein Wandlungs- bzw. Umtauschrecht auf Aktien der Muttergesellschaften gewähren.

33   Von dem Aufgeld, das bei der Ausgabe von Wandelschuldverschreibungen erzielt wird, ist ein **Agio** zu unterscheiden, das bei der späteren Ausübung des Wandlungsrechts und der Begebung von Bezugsaktien zu einem höheren Betrag als dem Nennwert erzielt wird. Ein solches Aufgeld ist nach § 272 Abs. 2 Nr. 1 in die Kapitalrücklage einzustellen.

34   § 272 Abs. 2 Nr. 2 findet keine Anwendung, wenn **Genußrechte** über dem Nennbetrag begeben werden.[67] Insoweit fehlt es an der erforderlichen mitgliedschaftlichen Rechtsposition, so daß § 272 Abs. 2 Nr. 2 – auch bei Genußrechten mit Eigenkapitalcharakter – nicht entsprechend herangezogen werden kann.[68] Der Agiobetrag ist wie der Nennbetrag auszuweisen (vgl. dazu § 266, 75 f), sollte aber kenntlich gemacht werden.[69] Eine analoge Anwendung des § 272 Abs. 2 Nr. 2 ist dagegen möglich, soweit das Genußrecht mit einem Wandlungsrecht ausgestattet ist.[70]

35   **b) Aufgeld bei marktgerechter Verzinsung.** Wird die Wandel- bzw. Optionsanleihe mit einer marktüblichen Verzinsung ausgestattet und zu einem über den Rückzahlungsbetrag liegenden Kurs begeben, so ist das über den Rückzahlungsbetrag hinausgehende Aufgeld nach Abs. 2 Nr. 2 in die Kapitalrücklage einzustellen. Eine Kürzung des einzustellenden Betrages um die Emissionskosten kommt nicht in Betracht.[71] Zugleich ist die Anleihe mit dem Rückzahlungsbetrag auf der Passivseite unter dem Posten § 266 C. 1. auszuweisen.

36   **c) Unter dem Kapitalmarktzins liegende Verzinsung.** Wird die Wandel- oder Optionsanleihe ohne offenes Aufgeld, aber mit einer unterdurchschnittlichen Verzinsung begeben, bemißt sich der „Betrag" i. S. v. § 272 Abs. 2 Nr. 2, den die Gesellschaft durch die Ausgabe erzielt, nach dem Zinsvorteil.[72] Denn wirtschaftlich macht es keinen Unterschied, ob der Anleihegläubiger für das Optionsrecht ein offenes Aufgeld oder eine niedrigere Verzinsung akzeptiert.[73] Auch diente die Neufassung des § 272 Abs. 2 Nr. 2 gerade zu der Klarstellung, daß auch in der Unterverzinslichkeit der Anleihe ein Aufgeld liegt. Wörtlich heißt es im Bericht des Rechtsausschusses:[74] „Die Gegenleistung für die Hingabe von Wandlungsrechten und Optionsrechten zum

---

[65] Vgl. statt aller *Hüffer* § 221, 5 f.
[66] Vgl. zum folgenden näher *Kropff* ZGR 1987, 285 ff; *Döllerer* AG 1986, 237 ff; *Koch/Vogel* BB 1986 Beilage 10; ADS 110; HdR-*Küting* 63.
[67] Vgl. KK-*Claussen* 39; Geßler/Hefermehl/Eckardt/Kropff/*Karollus* § 221, 436.
[68] *Claussen* aaO; im Ergebnis auch St/HFA 1/94 WPg 1994, 421 (Ausweis innerhalb des Genußrechtskapitals).
[69] WP-Handbuch I F 164.

[70] Geßler/Hefermehl/Eckardt/Kropff/*Karollus* § 221, 439; St/HFA 1/94 WPg 1994, 421 f.
[71] Vgl. oben Rdn. 28.
[72] Allgemeine Ansicht, vgl. nur ADS 120; HdR-*Küting* 62; Beck BilKomm-*Förschle/Kofahl* 65; *Biener/Berneke* S. 195; *Döllerer* AG 1986, 239; *Kropff* ZGR 1987, 302.
[73] *Kropff* ZGR 1987, 302.
[74] BTDrucks. 10/4268, S. 106. Eingehend zur Entstehungsgeschichte Bonner HdR-*Matschke* 23 ff.

Erwerb von Anteilen kann u. a. auch in der Einräumung eines unter dem Kapitalmarktzins liegenden Zinssatzes bestehen. Die vom Ausschuß vorgeschlagene Fassung bestätigt dies." Der Einstellung in die Kapitalrücklage steht auch nicht entgegen, daß dieser „Betrag" nicht von vornherein betragsmäßig festliegt, sondern regelmäßig nur durch Schätzung zu ermitteln ist.[75] Bei der Bewertung des Zinsvorteils ist vom marktgerechten fristadäquaten Kapitalmarktzins im Zeitpunkt der Begebung der Anleihe auszugehen.[76] Auf dieser Grundlage ist der Anleihebetrag in einen Darlehensbetrag und ein Aufgeld aufzuteilen. Da aber die Anleihe grundsätzlich mit dem Rückzahlungsbetrag passiviert und auch das Aufgeld sofort in die Kapitalrücklage eingestellt werden muß, stellt sich die Frage nach dem Gegenposten auf der Aktivseite für die Kapitalrücklage. Dieser ist nicht als aktiviertes Kapitalnutzungsrecht[77], sondern als Disagio aufzufassen:[78] Der Ausgabebetrag ist – unter Berücksichtigung des auf das Optionsrecht entfallenden Aufgelds – niedriger als der Rückzahlungsbetrag (§ 250 Abs. 3).[79] Dieses Disagio ist nach § 250 Abs. 3 S. 2 zeitanteilig abzuschreiben. Auf diese Weise entsteht eine Aufwandsbelastung, die derjenigen bei einer marktgerechten Verzinsung entspricht.[80]

d) Ausgabe durch Tochtergesellschaft. Wird die Anleihe durch eine Tochter- **37** gesellschaft mit Wandlungsrechten auf Aktien der Muttergesellschaft begeben, muß die Mutter die bei Ausübung der Wandlungsrechte benötigten Aktien bereitstellen. Erhält die Muttergesellschaft für die Bereitstellung der Optionsrechte von der Tochtergesellschaft ein Entgelt, ergibt sich ausgehend vom Wortlaut des § 272 Abs. 2 Nr. 2 das Problem, ob ein solcher Betrag „bei der Ausgabe von Schuldverschreibungen" erzielt worden ist. Dies könnte zweifelhaft sein, weil die Ausgabe nicht durch die Muttergesellschaft erfolgt, die die Optionsrechte bereitstellt, sondern durch die Tochter. Jedoch zeigt die Entstehungsgeschichte des § 272 Abs. 2 Nr. 2, daß es auf die Frage, wer die Schuldverschreibung ausgibt, nicht ankommt.[81] Die Einschaltung der Tochtergesellschaft schließt also eine Anwendung des Abs. 2 Nr. 2 nicht aus, sondern entscheidend muß sein, daß die Muttergesellschaft einen Betrag „für" die Bereitstellung von Optionsrechten erzielt, wenn sie von der Tochtergesellschaft ein entsprechendes Entgelt erhält.[82] Umstritten ist schließlich, ob auch dann, wenn die Tochtergesellschaft – mangels entsprechender Vereinbarung bzw. auf Grund eines Verzichts der Muttergesellschaft – kein Entgelt an die Muttergesellschaft abführt, ein „fiktives" Aufgeld in die Kapitalrücklage unter gleichzeitiger Erhöhung des Beteiligungsansatzes auf der Aktivseite einzustellen ist.[83]

e) Bilanzierung, falls Wandlungsrecht nicht ausgeübt wird. Wandel- und **38** Optionsanleihen gewähren dem Gläubiger nur ein Wandlungsrecht. Wird dieses später nicht ausgeübt, so stellt sich die Frage, ob dann eine bei Ausgabe gebildete Kapitalrücklage ergebniswirksam aufzulösen ist.[84] Dagegen spricht, daß das Aufgeld eine Gegenleistung für die Einräumung einer mitgliedschaftsrechtlichen Rechtsposition darstellt.[85] Es handelt sich also nicht um einen echten betrieblichen Gewinn, son-

---

[75] Dazu näher ADS 121 ff; *Kropff* ZGR 1987, 303 ff.
[76] Vgl. zu den Bewertungsfragen HdR-*Küting* 69 ff.
[77] So *Döllerer* AG 1986, 239.
[78] *Knobbe-Keuk* ZGR 1987, 319 f; *Kropff* ZGR 1987, 306 f; ADS 125 f; Beck BilKomm-*Förschle/Kofahl* 65; HdR-*Küting* 74.
[79] *Knobbe-Keuk* ZGR 1987, 320.
[80] ADS 126.
[81] Dazu näher *Kropff* ZGR 1987, 309; HdR-*Küting* 81.

[82] Überzeugend *Kropff* aaO; ebenso ADS 127; KK-*Claussen* 38; *Küting* aaO; MünchKommHGB-*Beater* 51.
[83] Vgl. HdR-*Küting* 83; ADS 128; *Kropff* ZGR 1987, 309 f.
[84] So *Biener/Berneke* S. 196.
[85] Eingehend *Kropff* ZGR 1987, 288 ff, 293 f.

Rainer Hüttemann

dern um Kapitalzufuhr, die unabhängig von der späteren Ausübung des Wandlungsrechts in der Kapitalrücklage zu belassen ist.[86]

4. Zuzahlungen, die Gesellschafter gegen Gewährung eines Vorzugs für ihre Anteile leisten (Abs. 2 Nr. 3)

39　　Nach § 272 Abs. 2 Nr. 3 sind auch solche Zuzahlungen, die die Gesellschafter gegen
Gewährung eines Vorzugs für ihre Anteile leisten, in die Kapitalrücklage einzustellen.
Vorzugsrechte, für die die Anteilseigner Zuzahlungen zu leisten haben, können nicht
nur bei der AG auftreten, sondern auch bei einer GmbH vereinbart werden.[87] Dabei
ist in erster Linie an Vorzüge bei der Gewinnverteilung (vgl. § 11 AktG, § 29 Abs. 3
GmbHG) gedacht.[88] Es kommen aber auch andere Arten von Vorzügen in Betracht.[89]
Zuzahlungen ohne Vorzugsgewährung sind nach Abs. 2 Nr. 4 zu erfassen.

5. Andere Zuzahlungen, die die Gesellschafter in das Eigenkapital leisten (Abs. 2 Nr. 4)

40　　Während nach Abs. 2 Nr. 3 nur Zuzahlungen gegen Gewährung von Vorzugsrech-
ten erfaßt werden, sind nach Abs. 2 Nr. 4 auch alle sonstigen Zuzahlungen der Gesellschafter in das Eigenkapital in die Kapitalrücklage einzustellen.[90] Es handelt sich also
im Verhältnis zu Abs. 2 Nr. 1–3 um einen **Auffangtatbestand**. Dieser ist erst mit dem
BiRiLiG neu eingeführt worden und dient der besseren bilanziellen Unterscheidung
von Kapital und Gewinn.[91] Anders als die nach Abs. 2 Nr. 1–3 einzustellenden Beträge
unterliegen Zuzahlungen nach Abs. 2 Nr. 4 – „wegen ihres allgemeinen Charakters"[92]
– aber nicht der Kapitalbindung nach § 150 AktG.

41　　Der Begriff der „anderen Zuzahlungen" setzt zunächst eine Gesellschafterleistung[93] voraus, die nicht Abs. 2 Nr. 1–3 unterfällt (Auffangtatbestand).[94] Ferner
muß es sich um eine Leistung „in das Eigenkapital" handeln. Abs. 2 Nr. 4 erfaßt daher
nicht alle Arten von Gesellschafterzuschüssen. Eine Zuzahlung „in das Eigenkapital"
setzt vielmehr eine entsprechende **Zweckbestimmung** des Gesellschafters voraus, „ins
Kapital" leisten zu wollen.[95] Durch dieses Willenselement unterscheidet sich die
Zuzahlung i. S. v. Abs. 2 Nr. 4 von sog. verdeckten Einlagen im Sinne des Steuerrechts
einerseits und von ergebniswirksamen sog. verlorenen Zuschüssen andererseits. Denn
steuerrechtlich reicht für die Annahme einer verdeckten Einlage bereits die objektive
Veranlassung der Zuzahlung durch das Gesellschaftsverhältnis aus.[96] Und verlorene
Zuschüsse zielen gerade nicht auf eine Leistung „ins Kapital", sondern auf eine unmittelbare Ergebniswirkung als außerordentlicher Ertrag. Letzteres ist etwa anzunehmen
bei Zuschüssen zur Abdeckung eines Jahresfehlbetrages oder zum Ausgleich eines

---

[86] *Knobbe-Keuk* Bilanz- und Unternehmenssteuerrecht (1993) S. 103. Ebenso ADS 129; HdR-*Küting*
65; KK-*Claussen* 40; Geßler/Hefermehl/Eckardt/
Kropff/*Karollus* § 221, 207.

[87] Vgl. Baumbach/Hueck/*Hueck* § 3, 46 f.

[88] *Biener/Berneke* S. 196.

[89] Vgl. ADS 130.

[90] *Biener/Berneke* S. 196. Eingehend zu Gesetzgebungsgeschichte, Systematik und Zweck des
Abs. 2 Nr. 4 *Herlinghaus* Forderungsverzichte
(1994) S. 12 ff.

[91] Vgl. *Döllerer* BB 1986, 1857 f; *Küting/Kessler* BB
1989, 25; *Herlinghaus* aaO; aus der Zeit vor dem
BiRiLiG *Wilhelm* FS Flume II (1978) S. 366 ff.

[92] BTDrucks. 10/4268, S. 107.

[93] Zu Drittleistungen vgl. ADS 133.

[94] Vgl. nur ADS 134.

[95] *Herlinghaus* Forderungsverzichte (1994) S. 14.

[96] Zu diesem Unterschied von handels- und steuerrechtlicher Lage vgl. näher HdR-*Küting* 94;
Döllerer BB 1986, 1863; *Herlinghaus* Forderungsverzichte (1994) S. 42 f m.w.N.; **a.A.** –
Übereinstimmung – *Schneeloch* BB 1987, 486 f.

Bilanzverlusts.[97] Insoweit besteht – entgegen verbreiteter Ansicht[98] – kein echtes „Wahlrecht" zwischen der erfolgswirksamen Behandlung und der Einstellung in die Kapitalrücklage. Vielmehr ist entsprechend dem Sinn und Zweck des § 272 Abs. 2 Nr. 4 – richtiger Ergebnisausweis – die anhand objektiver Umstände des Einzelfalls ableitbare Zweckbestimmung des Gesellschafters maßgebend.[99] Deshalb besteht auch beim Fehlen einer ausdrücklichen Zwecksetzung kein Vorrang zugunsten einer ergebniswirksamen Behandlung.[100]

Der Begriff der „Zuzahlung" umfaßt nach allgemeiner Ansicht nicht nur Bar-, **42** sondern auch **Sachleistungen**.[101] Fraglich ist, ob für Zuzahlungen nach Abs. 2 Nr. 4 die für Sacheinlagen geltenden Grundsätze entsprechend anwendbar sind.[102] Dies hängt davon ab, ob man den Grundsatz der realen Kapitalaufbringung auch auf Zuzahlungen in Form von Sacheinlagen anwendet oder zwischen Einlagen auf das Nennkapital und „anderen Zuzahlungen" unterscheidet.[103] Die Frage hat etwa Bedeutung für den Fall des Verzichts eines Gesellschafters auf eine nicht mehr vollwertige Forderung gegen die Gesellschaft: Diese führt bei der Gesellschaft zu einer Vermögensmehrung in Höhe des Nennwertes, während nach allgemeinen Kapitalaufbringungsgrundsätzen nur der werthaltige Teil tauglicher Gegenstand einer (Sach-)Einlage sein könnte.[104]

Beträge, die im Wege des **„Schütt-aus-hol-zurück"-Verfahrens** an die Gesell- **43** schaft zurückfließen, ohne daß eine formale Kapitalerhöhung erfolgt, sind ebenfalls als „sonstige Zuzahlungen" in die Kapitalrücklage nach Abs. 2 Nr. 4 einzustellen.[105]

6. Nachschußkapital (§ 42 Abs. 2 S. 3 GmbHG)

Nach § 42 Abs. 2 S. 1 GmbHG ist das Recht der Gesellschaft zur Einziehung von **44** Nachschüssen der Gesellschaft in der Bilanz nur insoweit zu aktivieren, als die Einziehung bereits beschlossen ist und den Gesellschaftern ein Preisgaberecht nicht zusteht. Der nachzuschießende Betrag ist auf der Aktivseite unter den Forderungen gesondert unter der Bezeichnung „Eingeforderte Nachschüsse" auszuweisen (§ 42 Abs. 2 S. 2 GmbHG). In diesem Fall ist zugleich nach § 42 Abs. 2 S. 3 GmbHG auf der Passivseite als Gegenposten ein entsprechender Betrag in dem Posten „Kapitalrücklage" gesondert auszuweisen. Fraglich ist, ob der Betrag bei späterer Leistung in die

---

[97] ADS 137; Beck BilKomm-*Förschle/Kofahl* 67; KK-*Claussen* 43; HdR-*Küting* 96 ff; *Herlinghaus* Forderungsverzichte (1994) S. 15 f. Zu Investitionszuschüssen vgl. *Küting/Kessler* BB 1989, 31 f.

[98] So etwa ADS 136; HdR-*Küting* 96; Beck BilKomm-*Förschle/Kofahl* 67; *H. P. Müller* FS Heinsius (1991) S. 606.

[99] *Herlinghaus* Forderungsverzichte (1994) S. 15; Baumbach/Hueck/*Schulze-Osterloh* § 42, 170; *Biener/Berneke* S. 196 f; wohl auch KK-*Claussen* 43.

[100] Ebenso im Ergebnis ADS 137; a. A. wohl *IdW* HFA 2/96 WPg 1996, 712 sub 22.

[101] Vgl. nur ADS 132; HdR-*Küting* 101; Beck BilKomm-*Förschle/Kofahl* 67.

[102] So *Biener/Berneke* S. 197; *Döllerer* BB 1986, 1859 ff; HdR-*Küting* 101 ff; vgl. auch *Groh* DB 1997, 1685 f.

[103] Für unterschiedliche Behandlung von Sacheinlagen und Zuzahlungen *H. P. Müller*, Festschrift

[col2]

Heinsius (1991) S. 605 ff; speziell zum Forderungsverzicht *Herlinghaus* Forderungsverzichte (1994) S. 26 ff; vgl. auch ADS 135; noch weitergehend – Trennungsgebot gebiete den Ausweis aller Vermögensmehrungen als Zuzahlungen, die auf Vermögenszuführungen durch Gesellschafter beruhen: Baumbach/Hueck/*Schulze-Osterloh* § 42, 170.

[104] Eingehend dazu *Herlinghaus* aaO. Zur steuerlichen Behandlung des Forderungsverzichts vgl. nunmehr BFH GrS BStBl. II 1998, 307.

[105] ADS 132; HdR-*Küting* 108; HdJ-*Farr* III/2 Rdn. 27; Baumbach/Hueck/*Schulze-Osterloh* GmbHG § 42, 170; *Orth* GmbHR 1987, 199 f; a. A. – bei schuld- oder gesellschaftsrechtlicher Thesaurierungspflicht – *Hommelhoff/Priester* ZGR 1986, 515 f: bloß „formelle" Gesellschaftereinlagen.

Rainer Hüttemann

„anderen Zuzahlungen" nach § 272 Abs. 2 Nr. 4 umzugliedern ist.[106] Dagegen spricht, daß das Nachschußkapital eigenen Regeln unterliegt, was bilanziell einen gesonderten Ausweis nahelegt.

7. Kapitalrücklage aus vereinfachter Kapitalherabsetzung

45   Im Zusammenhang mit der vereinfachten Kapitalherabsetzung und der Kapitalherabsetzung gegen Einziehung sehen die §§ 231 Abs. 1 S. 1, 232, 237 Abs. 5 AktG, §§ 58b Abs. 2, 58c S. 1 GmbHG die Einstellung bestimmter Beträge in die Kapitalrücklage vor.[107]

8. Exkurs: Ausgabe von Stock Options

46   In neuerer Zeit hat die Ausgabe von **Aktienoptionen** (sog. Stock Options) an Mitglieder der Geschäftsführung an Bedeutung gewonnen. Mit der Änderung des § 192 Abs. 2 Nr. 3 AktG durch das KonTraG ist die Begebung solcher Optionsrechte erleichtert worden. Aktienoptionen gewähren ihrem Inhaber das Recht, ab einem bestimmten Zeitpunkt Aktien des betreffenden Unternehmens unter bestimmten Voraussetzungen und zu einem bestimmten Kurs (Basiskurs) zu erwerben. Solche Optionen bezwecken eine „anreizkompatible Vergütung" auf der Basis der Agency-Theorie.[108] Das Management soll sein Handeln an der Wertsteigerung des Unternehmens ausrichten.

47   Für die bilanzielle Behandlung von Aktienoptionsplänen ist zwischen **zwei Gestaltungsformen** zu unterscheiden:[109] Sofern die Empfänger *effektive* Unternehmensanteile erhalten sollen, kann dies durch die Ausgabe von Optionsrechten bzw. die Überlassung von eigenen Aktien geschehen. Demgegenüber zielen sog. *virtuelle* Eigenkapitalinstrumente (Stock Appreciation Rights, Phantom Stocks) auf eine bloß finanzielle Abgeltung von Unternehmenswertsteigerungen in Gestalt von Barzahlungen. Letzteres ist allerdings mit entsprechenden finanziellen Belastungen für das Unternehmen verbunden. Demgegenüber können Optionsrechte auf gesellschaftsrechtlicher Grundlage im Rahmen einer Kapitalerhöhung und damit ohne Belastung des Unternehmensvermögens gewährt werden.

48   **Virtuelle Eigenkapitalinstrumente** begründen in Höhe des voraussichtlichen zukünftigen Auszahlungsbetrages einen Erfüllungsrückstand aus dem Arbeitsvertrag. Dieser ist jeweils zum Ende des Geschäftsjahres neu zu bewerten und bilanziell durch die Bildung von Rückstellungen für ungewisse Verbindlichkeiten zu Lasten des Personalaufwands zu berücksichtigen.[110]

49   Sollen die Organmitglieder Aktien von der Gesellschaft erhalten, dann kann dies entweder über die **Gewährung eigener Anteile** geschehen oder durch einen **Programmkauf** der benötigen Aktien von Dritten mit anschließender Weitergabe an die Berechtigten. In beiden Fällen besteht eine bedingte künftige Verpflichtung der Gesellschaft zur Ausgabe von Aktien. Der bilanzielle Ausweis entspricht dann dem virtueller Eigenkapitalinstrumente. Es besteht ein jeweils zum Ende des Geschäftsjahres zu bewertender Erfüllungsrückstand, dem durch Bildung einer Rückstellung zu Lasten

---

[106] Für Umgliederung HdR-*Küting* 111; *Lutter/ Hommelhoff* § 42, 26; **a. A.** Baumbach/Hueck/ *Schulze-Osterloh* § 42, 171; ADS § 42 GmbH 25; Beck BilKomm-*Förschle/Kofahl* 77.

[107] Zum gesonderten Ausweis vgl. oben Rdn. 27.

[108] Vgl. näher *Baums* FS Claussen (1997) S. 3 ff; *Kühnberger/Keßler* AG 1999, 453.

[109] Zum folgenden etwa *Herzig* DB 1999, 1 f.

[110] *Herzig* DB 1999, 10; Beck BilKomm-*Förschle/ Kropp* § 266, 280.

des Personalaufwandes Rechnung zu tragen ist. Soweit das Unternehmen bereits eigene Anteile hält, ist dies bei der Bewertung der Rückstellung zu berücksichtigen.[111]

Umstritten ist die Bilanzierung der Gewährung bloßer Optionsrechte **im Rahmen** **50** **einer bedingten Kapitalerhöhung.** *Meinungsstand.* Nach einer Ansicht stellt auch die Ausgabe von Optionsrechten in Höhe des inneren Wertes dieser Optionen im Zeitpunkt der Begebung Personalaufwand dar, der erfolgswirksam zu buchen ist, wobei die Gegenbuchung in der Kapitalrücklage zu erfolgen habe. Die Einstellung in die Kapitalrücklage gemäß § 272 Abs. 2 Nr. 2 beruhe auf einer Einlage der Altaktionäre (Einlage des Bezugsrechts),[112] bzw. entspreche dem Sinn und Zweck der Kapitalrücklage.[113] Nach anderer Auffassung gerät die Kapitalgesellschaft auch bei Ausgabe von Optionsrechten wegen des Verzichts der Optionsinhaber auf eine vollständige Entlohnung in einen Erfüllungsrückstand, so daß – entsprechend dem Fall der zukünftigen Ausgabe eigener Aktien – eine entsprechende Rückstellung zu Lasten des Personalaufwands zu buchen ist. Mit Ausübung der Option sei der passivierte Betrag abzüglich des Nennwertes dann in die Kapitalrücklage nach § 272 Abs. 2 Nr. 1 einzustellen.[114] Eine dritte Meinung schließlich lehnt eine erfolgswirksame Berücksichtigung der Optionsrechte mit dem Argument ab, daß der Vorgang rein gesellschaftsrechtlicher Natur sei und auch keine Einlage in das Vermögen der Gesellschaft vorliege.[115] *Stellungnahme.* Der zuletzt genannten Ansicht ist zu folgen. Die Ausgabe von Optionsrechten führt mangels eines eigenen zukünftigen Aufwands der Gesellschaft nicht zum Ausweis einer Rückstellung. Auch eine erfolgswirksame Berücksichtigung des Sachverhalts durch eine Buchung Personalaufwand an Kapitalrücklage kommt nicht in Betracht. Für eine Einlage der Altaktionäre nach § 272 Abs. 2 Nr. 4 fehlt es im Fall des § 192 Abs. 2 Nr. 3 AktG bereits am Einlagegegenstand (ein gesetzliches Bezugsrecht ist ausgeschlossen). Auch die Optionsinhaber erbringen – wenn man die Grundsätze über Sacheinlagen im Rahmen von § 272 Abs. 2 Nr. 4 entsprechend heranzieht – keine taugliche Einlage, da Dienstleistungen nach § 27 Abs. 2 AktG nicht einlagefähig sind.[116] Schließlich rechtfertigt auch die Forderung nach einer vollständigen Aufwandserfassung und einer Vergleichbarkeit der Jahresabschlüsse keinen erfolgswirksamen Ausweis der Optionsgewährung. Insoweit ist vielmehr die Angabepflicht nach § 285 Nr. 9a ausreichend.[117]

IV. Gewinnrücklagen (Abs. 3)

1. Allgemeines

Gewinnrücklagen unterscheiden sich von Kapitalrücklagen durch die Mittelher- **51** kunft: Während in die Kapitalrücklage nur solche Vermögensmehrungen einzustellen sind, die von außen im Zusammenhang mit der Kapitalbeschaffung zugeführt werden, sind als Gewinnrücklagen nur solche Beträge auszuweisen, die „im Geschäftsjahr oder in einem früheren Geschäftsjahr aus dem Ergebnis gebildet worden sind" (Abs. 3 S. 1). Die Gewinnrücklagen werden also im Rahmen der **Ergebnisverwendung** gebildet. In diesem Sinne kann man die Kapitalrücklagen der „Außenfinanzierung" und die

---

[111] *Herzig* DB 1999, 11; Beck BilKomm-*Förschle/ Kropp* § 266, 285 f.

[112] *Pellens/Crasselt* DB 1998, 222 f; *dies.* DB 1998, 1431 ff.

[113] *Esterer/Härteis*, DB 1999, 2076.

[114] So Beck BilKomm-*Förschle/Kropp* § 266, 287 ff, 291.

[115] *Herzig* DB 1999, 6 ff; *Rammert* WPg 1998, 769 ff; *Naumann* DB 1998, 1428 ff.

[116] *Rammert* WPg 1998, 773 f; *Herzig* DB 1999, 7.

[117] *Herzig* DB 1999, 6 f; *Rammert* WPg 1998, 772.

Gewinnrücklagen der „Innenfinanzierung" zuordnen.[118] In beiden Fällen handelt es sich um „offene" Rücklagen, die – anders als sog. stille Rücklagen – als eigenständige Bilanzposten aus der Bilanz ersichtlich sind und – soweit es sich um Gewinnrücklagen handelt – bereits der Besteuerung unterlegen haben.[119]

52   Nach dem **Gliederungsschema** des § 266 Abs. 3 A. III. müssen die Gewinnrücklagen wie folgt gegliedert werden:

(1) Gesetzliche Rücklage,
(2) Rücklage für eigene Anteile,[120]
(3) satzungsmäßige Rücklagen,
(4) andere Gewinnrücklagen.

53   Im Zusammenhang mit dem Ausweis der Gewinnrücklagen bestehen folgende **größenabhängige Erleichterungen**. Kleine Kapitalgesellschaften (§ 267 Abs. 1) können von einer entsprechenden Untergliederung absehen (§ 266 Abs. 1 S. 3), für mittelgroße Kapitalgesellschaften besteht eine entsprechende Erleichterung bei der Offenlegung (§ 327 Nr. 1).

54   Die **Bildung und Auflösung** der Gewinnrücklagen bestimmen sich nach den Vorschriften des Gesellschaftsrechts (vgl. für AG §§ 58, 150, 170, 174 AktG). Bei der AG sind nach § 152 Abs. 3 AktG in der Bilanz oder im Anhang zu den einzelnen Posten der Gewinnrücklagen folgende zusätzliche Angaben zu machen:

(1) die Beträge, die die Hauptversammlung aus dem Bilanzgewinn des Vorjahrs eingestellt hat;
(2) die Beträge, die aus dem Jahresüberschuß des Geschäftsjahrs eingestellt werden;
(3) die Beträge, die für das Geschäftsjahr entnommen werden.

55   Auch wenn Gewinnrücklagen aus dem Ergebnis gebildet werden und daher bereits der Besteuerung unterlegen haben, kann ihre spätere Ausschüttung auf Grund des körperschaftsteuerlichen Anrechnungsverfahrens zu zusätzlichem Steueraufwand bzw. Steuerentlastungen führen. Die Zuordnung der Gewinnrücklagen zu den verschiedenen **steuerrechtlichen Eigenkapitalkategorien** ist deshalb nicht unbedeutend. Da aber konkrete gesetzliche Vorschriften über entsprechende Angaben fehlen, kann sich eine solche Erläuterungspflicht nur im Einzelfall aus dem allgemeinen Gebot des „true and fair view" ergeben (§ 264 Abs. 2 S. 2).[121]

2. Gesetzliche Rücklage

56   Eine gesetzliche Rücklage kennt nur das AktG. Nach § 150 Abs. 1 AktG „ist eine gesetzliche Rücklage zu bilden". Darin sind nach § 150 Abs. 2 AktG der zwanzigste Teil des um einen Verlustvortrag aus dem Vorjahr geminderten Jahresüberschusses einzustellen, bis die gesetzliche Rücklage und die Kapitalrücklagen nach § 272 Abs. 2 Nr. 1–3 zusammen den zehnten oder den in der Satzung bestimmten höheren Teil des Grundkapitals erreichen. Ein Gewinnvortrag bleibt bei der Berechnung der Zuführung außer Betracht.[122] Für die Auflösung der gesetzlichen Rücklage gilt § 150 Abs. 3 und 4 AktG. Hinsichtlich der Besonderheiten bei Unternehmensverträgen vgl. § 300 AktG.[123]

---

[118] KK-*Claussen* 45.
[119] Dazu nur HdR-*Küting* 48 ff.
[120] Vgl. Erläuterungen bei Rdn. 60 ff.
[121] WP-Handbuch I F 182; ADS 148; KK-*Claussen* 48.

[122] WP-Handbuch I F 184.
[123] Vgl. näheres bei ADS 159 ff.

3. Satzungsmäßige Rücklagen

Unter den satzungsmäßigen Rücklagen sind weitere Gewinnrücklagen auszu- **57**
weisen, die bei der AG oder GmbH nach der Satzung bzw. dem Gesellschaftsvertrag
zu bilden sind. Voraussetzung ist aber, daß die Satzung die Rücklagenbildung *zwingend* vorsieht („Pflichtrücklagen").[124] Eine bloße satzungsmäßige Ermächtigung zur
Einstellung weiterer Ergebnisteile in die Rücklagen reicht nicht aus. Solche Rücklagen
sind als „andere Gewinnrücklagen" auszuweisen.[125] Dazu zählen etwa Einstellungen
von Beträgen nach § 58 Abs. 2 S. 1, 2 und 4, Abs. 3 AktG. Im Fall des § 58 Abs. 1 S. 1
und 2 AktG besteht zwar eine satzungsmäßige Pflicht zur Rücklagenbildung, gleichwohl hat – angesichts des eindeutigen Wortlauts – ein Ausweis unter „andere Gewinnrücklagen" zu erfolgen.[126] Damit bleibt bei der AG als einziger Fall „satzungsmäßiger
Rücklagen" eine Rücklagendotierung nach § 58 Abs. 4 AktG, wenn die Satzung ausnahmsweise eine zwingende Rücklagendotierung vorsieht.[127] Bei der GmbH sind
satzungsmäßige Rücklagen gegeben, wenn der Gesellschaftsvertrag verbindlich vorschreibt, daß die Geschäftsführung oder die Gesellschafterversammlung bestimmte
Beträge in die Gewinnrücklagen einzustellen haben.

4. Andere Gewinnrücklagen

Unter „anderen Gewinnrücklagen" sind alle solche Beträge auszuweisen, die nicht **58**
in die gesetzliche Rücklage, die Rücklage für eigene Anteile oder die satzungsmäßigen
Rücklagen eingestellt werden. Anlaß für eine Dotierung „anderer Rücklagen" sind
danach **insbesondere**:

(1) Einstellungen nach § 58 Abs. 1 AktG,
(2) Einstellungen im Rahmen der Feststellung des Jahresabschlusses durch Vorstand
    und Aufsichtsrat nach § 58 Abs. 2 AktG bei der AG bzw. kraft gesellschaftsver-
    traglicher Ermächtigung der Geschäftsführung bei der GmbH,
(3) Einstellungen auf Grund eines Beschlusses der Haupt- bzw. Gesellschafterver-
    sammlung im Rahmen der Ergebnisverwendung (§ 58 Abs. 3 AktG, § 29 Abs. 2
    GmbHG) mit Ausnahme der satzungsmäßigen Pflichtrücklagen.

Zu den anderen Gewinnrücklagen zählen auch die **Sonderrücklagen nach § 58** **59**
Abs. 2a AktG, § 29 Abs. 4 GmbHG. Diese Regelungen erlauben es der Verwaltung
der AG bzw. der Geschäftsführung mit Zustimmung des Aufsichtsrats oder der
Gesellschafter „den Eigenkapitalanteil von Wertaufholungen bei Vermögensgegenständen des Anlage- und Umlaufvermögens und von bei der steuerrechtlichen Gewinnermittlung gebildeten Passivposten, die nicht im Sonderposten mit Rücklageanteil
ausgewiesen werden dürfen, in andere Gewinnrücklagen einzustellen". Das Wahlrecht
zur Bildung einer Sonderrücklage betrifft also zwei unterschiedliche Fallgestaltungen:
Zum einen geht es um den Fall, daß Abschreibungen durch eine Zuschreibung nach
§ 280 Abs. 1 rückgängig gemacht werden, weil die Voraussetzungen für eine solche
Abschreibung entfallen sind. Das Wahlrecht aus § 58 Abs. 2a AktG, § 29 Abs. 4
GmbHG erlaubt es, die Ergebniserhöhung aus der Zuschreibung in eine Sonderrücklage einzustellen und auf diese Weise der Ausschüttung zu entziehen. Einzustellen ist
der „Eigenkapitalanteil": Dies ist der Zuschreibungsbetrag abzüglich der darauf ent-

---

[124] ADS 151; Beck BilKomm-*Förschle/Kofahl* 95;
Baumbach/Hueck/*Schulze-Osterloh* § 42, 174;
HdR-*Küting* 137; Bonner HdR-*Matschke* 41;
a. A. *Glade* § 266, 648.
[125] ADS 151.

[126] ADS 153; Beck BilKomm-*Förschle/Kofahl* 95;
KK-*Claussen* 51.
[127] Vgl. ADS 154; HdR-*Küting* 142; ferner ADS
§ 58 AktG Rdn. 122.

Rainer Hüttemann

fallenden Steuerbelastung, also die Differenz zwischen Zuschreibung und Steuerrück-stellung.[128] Der andere Fall, in dem eine Sonderrücklage gebildet werden kann, betrifft unversteuerte Rücklagen, die nicht zugleich in der Handelsbilanz angesetzt werden müssen.[129]

V. Rücklage für eigene Anteile (Abs. 4)

1. Grundsätzliches und Normzweck

60   § 272 Abs. 4 schreibt für eigene Anteile die **Bildung einer Rücklage** vor. Darin ist nach Abs. 4 S. 1 der Betrag einzustellen, der dem auf der Aktivseite der Bilanz für die eigenen Anteile anzusetzenden Betrag entspricht. Abs. 4 setzt also die Aktivierung der eigenen Anteile nach §§ 265 Abs. 3 S. 2, 266 Abs. 2 B. III. 2. voraus und findet daher keine Anwendung auf zur Einziehung erworbene Anteile. Letztere sind vielmehr nach Maßgabe der neuen Abs. 1 S. 4–6 als Kapitalrückzahlung offen vom Eigenkapital abzusetzen.[130]

61   Die Bildung der Rücklage für eigene Anteile hat die Funktion einer **Ausschüt-tungssperre** für die aktivierten Beträge.[131] Sie soll verhindern, daß den Gesellschaftern das eingezahlte Kapital zurückgewährt wird.[132] Für Ausschüttungen steht vielmehr nur das um die Anschaffungskosten der eigenen Anteile geminderte Vermögen der Gesellschaft zur Verfügung.[133] Zugleich darf die Rücklage nach Abs. 4 S. 2 nur inso-weit aufgelöst werden, wie sich auch der aktivierte Wert mindert.

2. Bildung der Rücklage (Abs. 4 S. 1 und 3)

62   Die Rücklage für eigene Anteile ist nach Abs. 4 S. 3 bereits **bei der Aufstellung** der Bilanz zu bilden. Ihre Höhe bestimmt sich nach dem für die eigenen Anteile akti-vierten Betrag (Abs. 4 S. 1). Im Fall des unentgeltlichen Erwerbs hängt die Pflicht zur Rücklagenbildung vom Wertansatz auf der Aktivseite ab. Sie ist also zu bilden, wenn die eigenen Anteile mit einem höheren Wert als dem Erinnerungswert aktiviert wer-den.[134]

63   Für die Frage, welche Mittel zur Rücklagenbildung zur Verfügung stehen, ist vom Zweck der Rücklage auszugehen: Die Ausschüttungssperre soll verhindern, daß durch einen Erwerb eigener Anteile gebundenes Eigenkapital den Gesellschafter zurück-gezahlt wird. Für die Dotierung der Rücklage kann deshalb nur das nicht gebundene Vermögen verwendet werden.[135] Dieser Grundsatz findet insbesondere seine Bestäti-gung in Abs. 4 S. 3, wonach die Rücklage aus vorhandenen Gewinnrücklagen gebildet werden darf, „soweit diese frei verfügbar sind". Als **Dotierungsquellen** kommen danach der Jahresüberschuß, freie Gewinnrücklagen, der frei verfügbare Teil der Kapital-rücklage sowie ein Gewinnvortrag in Betracht.[136] Grundsätzlich geht aber die Pflicht

---

[128] Näheres bei HdJ-*Siegel* III/4 Rdn. 220 ff; Baum-bach/Hueck/*Schulze-Osterloh* § 42, 175.

[129] Vgl. dazu HdJ-*Siegel* III/4 Rdn. 26 ff (nach Ab-schaffung der Preissteigerungsrücklage bleibt nur noch die sog. Stillegungsrücklage für Stein-kohlenbergwerke).

[130] Dazu oben Rdn. 20 ff.

[131] Vgl. ADS 183; KK-*Claussen* 61; Beck Bil-Komm-*Förschle/Kofahl* 118; Baumbach/Hueck/*Schulze-Osterloh* § 42, 173; *Thiel* FS Ludwig Schmidt (1993) S. 572.

[132] *Biener/Berneke* S. 198.

[133] ADS 183.

[134] HdR-*Küting* 120; Beck HdR-*Heymann* B 231 Rdn 111; a. A. – grundsätzlich keine Rücklagen-bildung bei unentgeltlichem Erwerb – ADS 189; Beck BilKomm-*Förschle/Kofahl* 123; Münch-KommHGB-*Beater* 64.

[135] ADS 189; Beck BilKomm-*Förschle/Kofahl* 119; Baumbach/Hueck/*Schulze-Osterloh* § 42, 173; HdR-*Küting* 125.

[136] Vgl. nur HdR-*Küting* 125.

zur Bildung der gesetzlichen Rücklage aus dem Jahresüberschuß der Pflicht zur Bildung einer Rücklage für eigene Anteile vor, weil insoweit keine „freien" Mittel vorliegen.[137] Aus der Kapitalrücklage können bei der AG nur die nach Abs. 2 Nr. 4 eingestellten Beträge, bei der GmbH alle nicht satzungsmäßig gebundenen Teile der Kapitalrücklage zur Bildung der Rücklage für eigene Anteile verwendet werden.[138] Hinsichtlich der Verwendungsreihenfolge wird aus § 272 Abs. 2 S. 3 (Bildung bei Aufstellung) gefolgert, daß vorrangig solche Eigenkapitalteile zu verwenden sind, die in der Verwendungskompetenz der aufstellungspflichtigen Organe stehen. Demnach sind ein Jahresüberschuß bzw. ein Gewinnvortrag nur subsidiär heranzuziehen.[139]

Fraglich ist, ob die Rücklage für eigene Anteile auch dann zu bilden ist, wenn keine **64** ausreichenden freien Mittel zur Verfügung stehen. In diesem Fall ist zwar der Erwerb eigener Anteile unzulässig, aber wirksam (vgl. § 266, 36). In diesem Fall könnte man ausgehend vom Sinn und Zweck der Rücklage als Ausschüttungssperre eine Rücklagenbildung für entbehrlich halten. Demgegenüber wird aber aus dem klaren Wortlaut des Abs. 4 S. 1 – „ist … einzustellen" – eine **unbedingte Pflicht** zur Bildung der Rücklage abgeleitet, auch wenn es dadurch zum Ausweis eines Bilanzverlustes kommt, der u.U. wiederum zur Rücklagenauflösung führen kann.[140]

3. Auflösung der Rücklage (Abs. 4 S. 2)

Die Rücklage für eigene Anteile darf nach Abs. 4 S. 2 nur aufgelöst werden, „soweit **65** die eigenen Anteile ausgegeben, veräußert oder eingezogen werden oder soweit nach § 253 Abs. 3 auf der Aktivseite ein niedrigerer Betrag angesetzt wird." In diesen Fällen besteht nicht nur ein Auflösungsrecht, sondern – nach dem Sinn und Zweck der Rücklage – eine *Auflösungspflicht*.[141]

4. Rücklage für Anteile eines herrschenden oder eines mit Mehrheit beteiligten Unternehmen (Abs. 4 S. 4)

Abs. 4 S. 4 erweitert die Pflicht zur Rücklagenbildung nach S. 1 um Beträge für **66** Anteile eines herrschenden oder eines mit Mehrheit beteiligten Unternehmens, um Umgehungen zu verhindern. Hinsichtlich des Begriffs des herrschenden oder mit Mehrheit beteiligten Unternehmens sind die §§ 16, 17 AktG heranzuziehen.[142] Ein *gesonderter Ausweis* der nach Abs. 4 S. 4 gebildeten Rücklage ist im Gesetz zwar nicht ausdrücklich vorgeschrieben, aber – schon mit Rücksicht auf die besondere Problematik solcher Anteile – im Interesse der Jahresabschlußklarheit vorzunehmen.[143]

VI. Rechtsfolgen eines Verstoßes gegen § 272

Verstöße gegen § 272 können zunächst als *Ordnungswidrigkeit* nach § 334 Abs. 1 **67** Nr. 1 Buchst. c geahndet werden. Ferner kann auch ein *Vergehen* nach § 331 Abs. 1 Nr. 1 vorliegen, wenn die Verhältnisse der Gesellschaft unrichtig wiedergegeben oder

---

[137] *Zilias/Lanfermann* WPg 1980, 92; *Haller* DB 1987, 646; ADS 194; HdR-*Küting* 126.

[138] ADS 191.

[139] HdR-*Küting* 131; Beck BilKomm-*Förschle/Kofahl* 119.

[140] ADS 197; HdR-*Küting* 136; **a. A.** *Zilias/Lanfermann* WPg 1980, 92.

[141] ADS 202; HdR-*Küting* 135; Bonner HdR-*Heymann* 51; Beck BilKomm-*Föschle/Kofahl* 125.

[142] *Biener/Berneke* S. 198.

[143] Baumbach/Hueck/*Schulze-Osterloh* § 42, 173; KK-*Claussen* 62; Bonner HdR-*Matschke* 52; *Haller* DB 1987, 648; für Untergliederung durch Davon-Vermerk Beck BilKomm-*Förschle/Kofahl* 121; ähnlich ADS 204; HdR-*Küting* 124.

Rainer Hüttemann

verschleiert werden. Dies setzt aber erhebliche Verstöße voraus, wie sie wohl erst bei Nichtigkeit nach § 256 AktG anzunehmen sind.[144]

68   **Nichtigkeit des Jahresabschlusses.** Wird das gezeichnete Kapital unrichtig angesetzt (zum Wertansatz vgl. § 283), ist der Jahresabschluß regelmäßig nach § 256 Abs. 5 Nr. 1 oder 2 nichtig. Verstöße gegen die Bestimmungen des AktG oder der Satzung über die Einstellung von Beträgen in die Kapital- oder Gewinnrücklagen oder über die Entnahme von Beträgen aus Kapital- oder Gewinnrücklagen führen nach § 256 Abs. 1 Nr. 4 AktG zur Nichtigkeit des Jahresabschlusses. Dies gilt etwa für Einstellung in Gewinnrücklagen entgegen § 58 AktG oder für eine nicht oder nicht ausreichend hohe Rücklage für eigene Anteile nach § 272 Abs. 4. Betreffen die Verstöße nur die Aufgliederung bzw. die Darstellung der Entwicklung der Rücklagen, so kann sich eine Nichtigkeit aus § 256 Abs. 4 AktG ergeben. Diese Grundsätze gelten mit gewissen Modifikationen entsprechend für die GmbH.[145]

§ 273

Sonderposten mit Rücklageanteil

Der Sonderposten mit Rücklageanteil (§ 247 Abs. 3) darf nur insoweit gebildet werden, als das Steuerrecht die Anerkennung des Wertansatzes bei der steuerrechtlichen Gewinnermittlung davon abhängig macht, daß der Sonderposten in der Bilanz gebildet wird. Er ist auf der Passivseite vor den Rückstellungen auszuweisen; die Vorschriften, nach denen er gebildet worden ist, sind in der Bilanz oder im Anhang anzugeben.

Übersicht

	Rdn.			Rdn.
I. Grundlagen			Voraussetzung des Sonderpostens	
1. Normzweck und Allgemeines	1–3		mit Rücklageanteil	6–8
2. Vereinbarkeit des Sonderpostens			III. Einzelfragen	
mit Rücklageanteil mit der			1. Bildung und Auflösung	9
4. EG-Richtlinie	4		2. Ausweis	10
3. Anwendungsbereich	5		IV. Rechtsfolgen des Verstoßes gegen	
II. Umgekehrte Maßgeblichkeit als			§ 273 HGB	11

Schrifttum

Deutsche Steuerjuristische Gesellschaft Stellungnahme zum Entwurf eines Steuerreformgesetzes 1990, BB 1988, 1089; *Küting/Haeger* Die Auswirkungen des Steuerreformgesetzes 1990 auf die handelsbilanzielle Rechnungslegung, BB 1988, 591; *Küting/Harth* Die Übergangsregelungen des § 52 Abs. 16 EStG und die Folgen für die Handelsbilanz, DStR 2000, 214; *Mathiak* Handelsrechtliche Öffnungsklauseln und gewinnerhöhende Steuervergünstigungen, Festschrift Moxter (1994) S. 315; *Mundt* Sonderposten mit Rücklageanteil – Ausweis im Jahresabschluß und Informationsgehalt, DStR 1993, 1795; *Raupach* Von der Maßgeblichkeit der Handelsbilanz für die steuerliche Gewinnermittlung zur Prädominanz des Steuerrechts in der Handelsbilanz,

---

[144] Beck BilKomm-*Budde/Hense* § 331, 21; Baumbach/Hueck/*Schulze-Osterloh* Anh § 82, 6.

[145] Vgl. dazu näher Baumbach/Hueck/*Schulze-Osterloh* § 42a, 26; Beck BilKomm-*Förschle/Kofahl* 196.

BFuP 1990, 515; *Schulze-Osterloh* Handelsbilanz und steuerrechtliche Gewinnermittlung, StuW 1991, 284; *Vogel* Die Rechnungslegungsvorschriften des HGB für Kapitalgesellschaften und die 4. EG-Richtlinie (Bilanzrichtlinie) (1993); *Wassermeyer* Die Maßgeblichkeit der Handelsbilanz für die Steuerbilanz und die Umkehr dieses Grundsatzes, DStJG 14 (1991) 29.

I. Grundlagen

1. Normzweck und Allgemeines

§ 273 S. 1 knüpft an § 247 Abs. 3 an. Nach § 247 Abs. 3 S. 1 dürfen Passivposten, die **1** für Zwecke der Steuern vom Einkommen und vom Ertrag zulässig sind, in der Bilanz gebildet werden. Sie sind als Sonderposten mit Rücklageanteil auszuweisen und nach Maßgabe des Steuerrechts aufzulösen (§ 247 Abs. 3 S. 2). Diese Sonderposten haben teilweise – in Höhe der bei Auflösung anfallenden zukünftigen Ertragsteuer – Rückstellungscharakter, im übrigen den Charakter einer Rücklage i. S. v. Eigenkapital.[1] § 273 S. 1 beschränkt die Bildung solcher **Sonderposten mit Rücklageanteil** für Kapitalgesellschaften auf Fälle der sog. „umgekehrten Maßgeblichkeit" der Handelsbilanz für die Steuerbilanz: Der Sonderposten darf nur gebildet werden, wenn das Steuerrecht die Anerkennung eines entsprechenden Wertansatzes bei der steuerrechtlichen Gewinnermittlung hiervon abhängig macht.[2]

Gesetzlicher Ansatzpunkt der – rechtspolitisch umstrittenen[3] – **umgekehrten 2** Maßgeblichkeit ist § 5 Abs. 1 S. 2 EStG: „Steuerliche Wahlrechte bei der Gewinnermittlung sind in Übereinstimmung mit der handelsrechtlichen Jahresbilanz auszuüben." Diese umgekehrte Maßgeblichkeit wirkt als Ausschüttungssperre. Sie wird gemeinhin damit gerechtfertigt, daß die durch Steuervergünstigungen herbeigeführte Stärkung der Finanzkraft der Unternehmen nicht durch Gewinnausschüttungen neutralisiert werden soll.[4] Mit der Einführung des § 5 Abs. 1 S. 2 EStG im Jahr 1989 ist die umgekehrte Maßgeblichkeit zur nahezu uneingeschränkten Regel geworden, so daß § 273 S. 1 nur noch in Ausnahmefällen der Bildung eines Sonderpostens mit Rücklageanteil entgegensteht.[5]

§ 273 S. 1 betrifft **zwei unterschiedliche Sachverhalte**: Zum einen geht es um sog. **3** unversteuerte Rücklagen mit umgekehrter Maßgeblichkeit, durch die der Steuergesetzgeber bestimmte Teile des Gewinns vorübergehend von der Besteuerung freistellt, z. B. die Reinvestitionsrücklage nach § 6b EStG. Zum anderen gilt § 273 für steuerrechtliche Wertberichtigungen, die nach dem Wahlrecht des § 281 Abs. 1 S. 1 in den Sonderposten mit Rücklageanteil eingestellt werden.[6]

2. Vereinbarkeit des Sonderpostens mit Rücklageanteil mit der 4. EG-Richtlinie

Das Gliederungsschema des Art. 9 der 4. EG-Richtlinie enthält keinen Sonder- **4** posten mit Rücklageanteil, wie ihn das deutsche Recht in §§ 247 Abs. 3, 273 für Kapitalgesellschaften vorsieht. Zwar erkennt die Richtlinie in Art. 35 Abs. 1 Buchst. d und

---

[1] Siehe nur ADS 6; HdR-*Tietze* 13 ff.
[2] Zur umgekehrten Maßgeblichkeit vgl. etwa *L. Schmidt/Weber-Grellet* EStG § 5 Anm. 10.
[3] Vgl. nur *Knobbe-Keuk* Bilanz- und Unternehmenssteuerrecht S. 28 ff; *Küting/Haeger* BB 1988, 591.
[4] So die Begründung der Finanzverwaltung, wie sie im Urteil des BFHE 144, 14, 16 = BStBl 1986, 325 wiedergegeben wird.

[5] Vgl. § 3 des Gesetzes über steuerliche Maßnahmen bei der Stillegung von Steinkohlebergwerken v. 11.4.1967, BGBl. I 1967, 403. Die Preissteigerungsrücklage nach § 74 EStDV durfte nur noch in Wirtschaftsjahren, die vor dem 1.1.1990 endeten, gebildet werden.
[6] Vgl. näher unten Rdn. 8.

Rainer Hüttemann

39 Abs. 1 Buchst. e die Beeinflussung der Bewertung in der Handelsbilanz durch das nationale Steuerrecht in gewissen Grenzen an. Ferner ist nach Art. 43 Nr. 10 im Anhang das Ausmaß anzugeben, in dem die Berechnung des Jahresergebnisses von einer abweichenden Bewertung im Hinblick auf Steuererleichterungen beeinflußt wird. Weitere Regelungen fehlen. Damit könnte der Sonderposten mit Rücklageanteil nur als *Ergänzung des Gliederungsschemas* nach Art. 4 Abs. 1 S. 3 gerechtfertigt werden.[7] Dies scheitert indes daran, daß dieser Posten inhaltlich hinsichtlich des Eigenkapitalanteils vom Posten „Rücklagen" gedeckt ist (Art. 9 Passiva A. IV.) und hinsichtlich des verbleibenden zukünftigen Steuerbetrages bilanziell nach den Grundsätzen über latente Steuern zu behandeln wäre.[8] Auch soweit es um steuerliche Wertberichtungen i. S. v. § 281 Abs. 1 S. 1 geht, lassen Art. 35 Abs. 1 Buchst. d und Art. 39 Abs. 1 Buchst. e nur steuerliche Mehrabschreibungen auf der Aktivseite zu.[9] Insgesamt ist damit festzuhalten, daß der Ansatz eines Sonderpostens mit Rücklageanteil nach §§ 247 Abs. 3, 273 für Kapitalgesellschaften von der Richtlinie nicht gedeckt ist.[10] Folglich können die Sonderposten auch – richtlinienkonform – als Rücklage und passivische latente Steuern ausgewiesen werden.[11]

3. Anwendungsbereich

5   § 273 gilt unmittelbar für alle Kapitalgesellschaften und Personenhandelsgesellschaften i. S. v. § 264a ohne Unterschied hinsichtlich der Größenmerkmale. Er gilt ferner über die Verweisung des § 5 Abs. 1 S. 2 PublG für Unternehmen, die nach PublG publizitätspflichtig sind, sowie nach § 336 Abs. 2 S. 1 für eingetragene Genossenschaften. Zur Anwendung des § 273 bei Kreditinistituten und Versicherungsunternehmen vgl. §§ 340a Abs. 1 und 2, 341a Abs. 1 und 2.

II. Umgekehrte Maßgeblichkeit als Voraussetzung des Sonderpostens mit Rücklageanteil

6   Nach § 273 S. 1 darf ein Sonderposten mit Rücklageanteil nur gebildet werden, soweit das Steuerrecht die Anerkennung des Wertansatzes bei der steuerrechtlichen Gewinnermittlung von einem entsprechenden Ansatz in der Handelsbilanz abhängig macht. Ausgangspunkt ist § 5 Abs. 1 S. 2 EStG, in der die umgekehrte Maßgeblichkeit seit 1990 ausdrücklich gesetzlich geregelt ist. Danach ist die Bildung eines Sonderpostens zulässig bei sog. **unversteuerten Rücklagen,**[12] soweit nicht ausdrücklich ein abweichender Ansatz in der Handelsbilanz zugelassen ist. Zu den unversteuerten Rücklagen mit umgekehrter Maßgeblichkeit zählen u. a. die Reinvestitionsrücklage nach § 6b EStG, die Rücklage für Ersatzbeschaffung und die Rücklage nach § 6 Abs. 1 UmwStG.[13] Ein weiterer Anwendungsfall sind die steuerfreien Rücklagen, die auf

---

[7] So HdR-*Tietze* 26; *Mathiak* FS Moxter (1994) S. 329 f.

[8] Eingehend *Vogel* Die Rechnungslegungsvorschriften des HGB für Kapitalgesellschaften und die 4. EG-Richtlinie (Bilanzrichtlinie) (1993) S. 90 ff; **a. A.** *Mathiak* FS Moxter (1994) S. 330: Teildeckung stehe der Bildung eines neuen Postens nicht entgegen.

[9] *Vogel* Rechnungslegungsvorschriften (1993) S. 93 f.

[10] Ebenso *Schulze-Osterloh* StuW 1991, 295; *Rau-*

pach BFuP 1990, 520; *Knobbe-Keuk* Bilanz- und Unternehmenssteuerrecht S. 31 f; Stellungnahme der DStJG zum Steuerreformgesetz 1990 BB 1988, 1090; *Wassermeyer* DStJG 14 (1991) S. 44 f.

[11] *Vogel* Rechnungslegungsvorschriften (1993) S. 112 f.

[12] Vgl. auch Erläuterungen zu § 247.

[13] Vgl. Übersichten über die einzelnen unversteuerten Rücklagen bei ADS 7; HdJ-*Siegel* III/4 Rdn 36 ff; HdR-*Tietze* 49 ff.

Grund der Übergangsregelungen des § 52 Abs. 16 EStG gebildet werden können.[14] Zweifelhaft ist, ob § 273 S. 1 auch dann die Bildung eines Sonderpostens erlaubt, wenn das steuerliche Wahlrecht nicht auf einer gesetzlichen Regelung oder auf Gewohnheitsrecht beruht, sondern auf bloßer Verwaltungsvorschrift (z. B. die Rücklage für Zuschüsse nach R 34 Abs. 4 EStR).[15] Dagegen spricht, daß nach § 273 S. 1 und den entsprechenden Artikeln der 4. EG-Richtlinie steuerliche Einwirkungen auf die Handelsbilanz Ausnahmecharakter haben sollen.

Fehlt es ausnahmsweise – wie im Fall der Stillegungsrücklage für Kohlenbergwerke – an der umgekehrten Maßgeblichkeit, so darf ein Sonderposten nicht angesetzt werden (§ 273 S. 1). In diesem Fall bleibt es bei einer **Berücksichtigung der latenten Steuerbelastung**. Ferner kommt hinsichtlich des Eigenkapitalanteils der Ansatz einer Sonderrücklage nach § 58 Abs. 2a AktG, § 29 Abs. 4 GmbHG in Betracht.[16] **7**

Neben dem Fall unversteuerter Rücklagen mit umgekehrter Maßgeblichkeit kann **8** der Sonderposten mit Rücklageanteil durch Ausübung des Wahlrechts aus § 281 Abs. 1 S. 1 (**steuerliche Wertberichtigungen**) erweitert werden. Auch hier ist nach § 279 Abs. 2 Voraussetzung, daß das Steuerrecht die Anerkennung der Abschreibung von einem entsprechenden Wertansatz in der Handelsbilanz abhängig macht.

III. Einzelfragen

1. Bildung und Auflösung

Nach § 270 Abs. 1 S. 2 sind Einstellungen in den Sonderposten mit Rücklageanteil **9** und dessen Auflösung bereits bei der Aufstellung der Bilanz vorzunehmen. Die steuerrechtlichen Voraussetzungen für den Ansatz der unversteuerten Rücklage müssen im Zeitpunkt der Bildung des Sonderpostens vorliegen. Der Sonderposten mit Rücklageanteil ist gemäß § 273 S. 1 i. V. m. § 247 Abs. 3 S. 2 nach Maßgabe des Steuerrechts aufzulösen. Eine Möglichkeit zur Beibehaltung des Sonderpostens im Fall vorzeitiger Auflösung in der Steuerbilanz besteht nicht.[17] Zum Ausweis von Einstellungen in den Sonderposten und seine Auflösung in der GuV vgl. § 281 Abs. 2 S. 2, der für § 273 entsprechend gilt.[18]

2. Ausweis

Wegen des besonderen Charakters des Sonderpostens mit Rücklageanteil – teils **10** Rückstellung, teils Rücklage – schreibt § 273 S. 2 1. Halbs. den Ausweis zwischen Eigenkapital und Rückstellungen vor. Dazu ist das Gliederungsschema entsprechend zu erweitern (A. Eigenkapital, B. Sonderposten mit Rücklageanteil, C. Rückstellungen).[19] Nach § 273 S. 2 2. Halbs. sind darüber hinaus die Vorschriften, nach denen er gebildet worden ist, in der Bilanz oder im Anhang anzugeben. Eine Untergliederung des Sonderpostens in unversteuerte Rücklagen und steuerrechtliche Wertberichtigungen ist nicht vorgeschrieben, aber bei wesentlichen Beträgen empfehlenswert.[20]

---

[14] Dazu etwa *Küting/Harth*, DStR 2000, 214 ff.

[15] Offenbar bejahend HdJ-*Siegel* III/4 Rdn 40; HdR-*Tietze* 49; verneinend Baumbach/Hueck/ *Schulze-Osterloh* § 42, 180 f; im Ergebnis auch ADS 12.

[16] Vgl. dazu § 272, 59.

[17] ADS 26; HdR-*Tietze* 59.

[18] Vgl. Erläuterungen zu § 281, 16.

[19] Zum Ausweis näher HdR-*Tietze* 26 ff.

[20] ADS 20; *Mundt* DStR 1993, 1795 ff; für Untergliederung mit Hinweis auf das Einblicksgebot aber KK-*Claussen* 12.

Rainer Hüttemann

IV. Rechtsfolgen des Verstoßes gegen § 273 HGB

11   Ein Verstoß gegen die Vorschriften der §§ 273 S. 1, 247 Abs. 3 HGB ist nach § 334 Abs. 1 Nr. 1 Buchst. a bußgeldbewehrt. Wird die Gliederungsvorschrift des § 273 S. 2 HGB nicht beachtet, ist dies nach § 334 Abs. 1 Nr. 1 Buchst. c als Ordnungswidrigkeit zu ahnden.

§ 274

Steuerabgrenzung

(1) Ist der dem Geschäftsjahr und früheren Geschäftsjahren zuzurechnende Steueraufwand zu niedrig, weil der nach den steuerrechtlichen Vorschriften zu versteuernde Gewinn niedriger als das handelsrechtliche Ergebnis ist, und gleicht sich der zu niedrige Steueraufwand des Geschäftsjahrs und früherer Geschäftsjahre in späteren Geschäftsjahren voraussichtlich aus, so ist in Höhe der voraussichtlichen Steuerbelastung nachfolgender Geschäftsjahre eine Rückstellung nach § 249 Abs. 1 Satz 1 zu bilden und in der Bilanz oder im Anhang gesondert anzugeben. Die Rückstellung ist aufzulösen, sobald die höhere Steuerbelastung eintritt oder mit ihr voraussichtlich nicht mehr zu rechnen ist.

(2) Ist der dem Geschäftsjahr und früheren Geschäftsjahren zuzurechnende Steueraufwand zu hoch, weil der nach den steuerrechtlichen Vorschriften zu versteuernde Gewinn höher als das handelsrechtliche Ergebnis ist, und gleicht sich der zu hohe Steueraufwand des Geschäftsjahrs und früherer Geschäftsjahre in späteren Geschäftsjahren voraussichtlich aus, so darf in Höhe der voraussichtlichen Steuerentlastung nachfolgender Geschäftsjahre ein Abgrenzungsposten als Bilanzierungshilfe auf der Aktivseite der Bilanz gebildet werden. Dieser Posten ist unter entsprechender Bezeichnung gesondert auszuweisen und im Anhang zu erläutern. Wird ein solcher Posten ausgewiesen, so dürfen Gewinne nur ausgeschüttet werden, wenn die nach der Ausschüttung verbleibenden jederzeit auflösbaren Gewinnrücklagen zuzüglich eines Gewinnvortrags und abzüglich eines Verlustvortrags dem angesetzten Betrag mindestens entsprechen. Der Betrag ist aufzulösen, sobald die Steuerentlastung eintritt oder mit ihr voraussichtlich nicht mehr zu rechnen ist.

Übersicht

	Rdn.			Rdn.
I. Allgemeines			1. Meinungsstand	8
1. Regelungsgegenstand	1		2. Stellungnahme	9
a) Passive latente Steuern (Abs. 1)	2		III. Anwendungsfälle der Steuerabgrenzung nach Abs. 1 und 2	
b) Aktive latente Steuern (Abs. 2)	3		1. Passivische Steuerabgrenzung (Abs. 1)	10–14
2. Steuerabgrenzung in der 4. EG-Richtlinie und Entstehungsgeschichte des § 274			2. Aktivische Steuerabgrenzung (Abs. 2)	15–18
a) Art. 43 Abs. 1 Nr. 11 der 4. EG-Richtlinie	4		IV. Gemeinsame Einzelfragen der Steuerabgrenzung	
b) Entstehungsgeschichte des § 274	5		1. Zeitlich begrenzte Abweichung	19–21
c) EG-Richtlinienkonformität des § 274	6		2. Gesamt- oder Einzelbetrachtung	
3. Anwendungsbereich	7		a) Problemstellung	22
II. Normzweck			b) Meinungsstand	23

	Rdn.		Rdn.
c) Stellungnahme	24	V. Darstellung im Jahresabschluß	
3. Berechnung des Steuerauf-		1. Ausweis in der Bilanz und Angaben	
wandes	25	im Anhang	30–32
4. Steuerabgrenzung und Verlust-		2. Steuerabgrenzung und GuV	33
abzug	26–28	VI. Rechtsfolgen des Verstoßes gegen	
5. Abzinsung	29	§ 274 HGB	34

Schrifttum

Baetge Latente Steuern im deutschen handelsrechtlichen Jahresabschluß, Festschrift für Loitlsberger (1991) S. 27; *Bareis* Latente Steuern in bilanzieller Sicht, BB 1985, 1235; *Beine* Die Bedeutung von Steuersatzänderungen für die Bildung latenter Steuern im Einzel- und Konzernabschluß, DStR 1995, 542; *Bordewin* Latente Steuern im Einzelabschluß der Kapitalgesellschaft, DStZ 1987, 443; *Döllerer* Handelsbilanz und Steuerbilanz, BB 1987 Beilage 12; *Feldhoff/Langermeier* Zur Aktivierbarkeit des Steuereffekts aus Verlustvortrag nach § 10d EStG, DStR 1991, 195; *Harms/Küting* Zur Relevanz von passivischen latenten Steuern, DB 1984, 1253; *dies.* Probleme latenter Steuern im Entwurf des Bilanzrichtlinien-Gesetzes, BB 1985, 94; *IdW* Stellungnahme SABI 3/1988, Zur Steuerabgrenzung im Einzelabschluß, WPg 1988, 683; *Jacobs/Rupp* Voraussichtliche Steuerbelastung oder Steuerentlastung nachfolgender Geschäftsjahre, HuRB S. 386; *Karrenbrock* Latente Steuern in Bilanz und Anhang (1991); *Knief* Probleme bei der Berechnung des Steuerabgrenzungspostens gem. § 274 HGB, DB 1987, 697; *Kupsch/Eder* Anmerkungen zu Grundsatzfragen der Steuerabgrenzung, WPg 1988, 521; *Langermeier* Latente Steuern in Verlustsituationen, DStR 1992, 764; *Ordelheide* Aktivische latente Steuern bei Verlustvorträgen im Einzel- und Konzernabschluß, Festschrift Havermann (1995) S. 601; *Ordelheide/Hartle* Rechnungslegung und Gewinnermittlung von Kapitalgesellschaften nach dem Bilanzrichtlinien-Gesetz (I), GmbHR 1986, 9; *Schildbach* Ingangsetzungsaufwendungen und latente Steuern, DB 1988, 57; *Schneeloch* Probleme der Steuerabgrenzung im Einzelabschluß, WPg 1986, 517; *Schulze-Osterloh* Jahresabschluß, Abschlußprüfung und Publizität der Kapitalgesellschaften nach dem Bilanzrichtlinie-Gesetz, ZHR 150 (1986) 532; *Schulze zur Wiesch* Bilanzielle Vorsorge für Steuerlatenzen aus der Beteiligung an einer Personengesellschaft, Festschrift Forster (1992) S. 671; *Siegel* Bilanzierung latenter Steuern, Baetge (Hrsg.), Das neue Bilanzrecht: Ein Kompromiß divergierender Interessen (1985) S. 81; *ders.* Latente Steuern, 4. EG-Richtlinie und Bilanzrichtlinie-Gesetz, BB 1985, 495; *ders.* Zur Bilanzierung latenter Steuern nach § 274 HGB, DStR 1986, 587; *Weyand* Die Bilanzierung latenter Steuern nach § 274 HGB, DB 1986, 1185; *von Wysocki* Fragen zur passivischen Steuerabgrenzung nach § 274 Abs. 1 HGB, ZfbF 1987, 829.

I. Allgemeines

1. Regelungsgegenstand

§ 274 regelt die **Steuerabgrenzung im Einzelabschluß** der Kapitalgesellschaften **1** und bestimmter Personengesellschaften i. S. v. § 264a. Weisen Handels- und Steuerbilanz unterschiedliche Ergebnisse auf, entspricht der auf Grund der Steuerbilanz ermittelte Steueraufwand nicht der fiktiv auf der Grundlage der Handelsbilanz errechneten Steuerbelastung. Solche Unterschiede sind handelsbilanziell nicht weiter von Bedeutung, wenn es sich um – z. B. auf Grund nicht abziehbarer Aufwendungen oder steuerfreie Erträge – sog. „permanente" Differenzen handelt. Denn in diesem Fall ist der ihnen zugrundeliegende Geschäftsvorfall mit dem Steueraufwand des Geschäftsjahres abschließend behandelt und hat keine Auswirkungen mehr auf den Steueraufwand der Folgejahre.[1] Sind die Differenzen zwischen Handels- und Steuerbilanzergebnis hingegen zeitlich vorübergehender Natur, stellt sich die Frage, ob und wie

---

[1] Statt aller *Karrenbrock* 85 f.

Rainer Hüttemann

solche zeitlichen Verschiebungen des Steueraufwands bei der handelsbilanziellen Ergebnisermittlung zu berücksichtigen sind. Dabei ist – entsprechend dem Aufbau des § 274 – zwischen den Fällen passivischer (Abs. 1) und aktivischer Steuerabgrenzung (Abs. 2) zu unterscheiden.[2]

2   **a) Passive latente Steuern (Abs. 1).** Nimmt die Kapitalgesellschaft steuerrechtliche Erleichterungen in Anspruch mit der – wegen der umgekehrten Maßgeblichkeit seltenen – Folge, daß das Steuerbilanzergebnis hinter dem Handelsbilanzergebnis zurückbleibt, wird im Jahr der Inanspruchnahme der Steuererleichterung ein bezogen auf das Handelsbilanzergebnis zu geringer Steueraufwand ausgewiesen. Wird die Steuererleichterung später gewinnerhöhend aufgelöst, kommt es im Jahr der Auflösung zum Ausweis eines verglichen mit dem Handelsbilanzergebnis des Auflösungsjahres zu hohen Steueraufwandes. Denn der steuerliche Mehraufwand ist wirtschaftlich im Jahr der Inanspruchnahme der Steuererleichterung verursacht worden und deshalb muß die zukünftige – „latente“ – Steuer bereits im Jahr der Verursachung ergebniswirksam berücksichtigt werden. In diesem Fall greift Abs. 1 ein: Ist der dem Geschäftsjahr zuzurechnende Steueraufwand zu niedrig und gleicht sich der zu niedrige Steueraufwand des Geschäftsjahres in späteren Geschäftsjahren voraussichtlich aus, so ist in Höhe der voraussichtlichen Steuerbelastung nachfolgender Geschäftsjahre eine *Rückstellung* nach § 249 Abs. 1 zu bilden.

3   **b) Aktive latente Steuern (Abs. 2).** Demgegenüber betrifft Abs. 2 den – praktisch häufigeren – umgekehrten Fall, daß das Steuerbilanzergebnis höher ist als das Handelsbilanzergebnis, z.B. weil das Steuerrecht für bestimmte Aktivposten eine höhere Bewertung vorschreibt oder einzelne Passivposten in der Handelsbilanz nicht oder nicht in gleicher Höhe anerkennt. Gleicht sich diese Differenz in späteren Jahren voraussichtlich aus – z.B. auf Grund höherer steuerlicher Abschreibungen oder höherer steuerlicher Aufwendungen – kommt es auch hier zu einer Verschiebung des den Geschäftsjahren zuzurechnenden Steueraufwandes: Bezogen auf das Handelsbilanzergebnis ist der Steueraufwand zunächst zu hoch und in den Folgejahren zu niedrig. Für solche Fälle gewährt Abs. 2 ein Wahlrecht: In Höhe der voraussichtlichen Steuerentlastung nachfolgender Geschäftsjahre darf ein *Abgrenzungsposten* als Bilanzierungshilfe auf der Aktivseite der Bilanz gebildet werden.

2. Steuerabgrenzung in der 4. EG-Richtlinie und Entstehungsgeschichte des § 274

4   **a) Art. 43 Abs. 1 Nr. 11 der 4. EG-Richtlinie.** § 274 beruht auf Art. 43 Abs. 1 Nr. 11 der 4. EG-Richtlinie. Dieser lautet: „Im Anhang sind außer den in anderen Bestimmungen dieser EG-Richtlinie vorgeschriebenen Angaben zumindest Angaben zu machen über: ... den Unterschied zwischen dem Steueraufwand, der dem Geschäftsjahr und den früheren Geschäftsjahren zugerechnet wird, und den für diese Geschäftsjahre gezahlten oder zu zahlenden Steuern, sofern dieser Unterschied für den künftigen Steueraufwand von Bedeutung ist. Dieser Betrag kann auch als Gesamtbetrag in der Bilanz unter einem gesonderten Posten mit entsprechender Bezeichnung ausgewiesen werden.“ Art. 43 Abs. 1 Nr. 11 ist im Zusammenhang mit den Vorarbeiten zur 4. EG-Richtlinie zu sehen:[3] Gegenüber den früheren EG-Richtlinienvor-

---

[2] Zur Problematik latenter Steuern allgemein vgl. etwa KK-*Claussen* 4 ff; *Siegel* DStR 1986, 587; *Karrenbrock* 1 ff; HdJ-*Coenenberg/Hille* I/13 Rdn. 2 ff; HuRB-*Jacobs/Rupp* 386 ff; zu Definitionsversuchen der „latenten Steuern“ im Schrift-

tum vgl. Übersicht bei *Harms/Küting* BB 1985, 95 f.
[3] Näheres bei *Karrenbrock* 194 ff; *Vogel* Rechnungslegungsvorschriften (1993) S. 75 ff.

schlägen, in denen noch ein gesonderter Ausweis von Rückstellungen für latente Steuerverpflichtungen unter den Steuerrückstellungen vorgesehen war, weicht die abschließende Fassung der EG-Richtlinie in zweifacher Weise ab: Zum einen ist nunmehr ein (Mitgliedstaaten-)Wahlrecht zwischen Angaben im Anhang und dem Ausweis in der Bilanz vorgesehen; zum anderen spricht Art. 43 Abs. 1 Nr. 11 vom „Steueraufwand", was – zumindest dem Wortlaut nach[4] – auch eine Einbeziehung aktivischer Steuerabgrenzungsposten ermöglicht.[5] Diese Änderungen könnten sich aus der Einbeziehung angelsächsischer Rechnungslegungstraditionen während der Abschlußarbeiten an der EG-Richtlinie nach dem Beitritt Großbritanniens zur EG erklären.[6]

b) Entstehungsgeschichte des $ \S $ 274. Die Regelung des $ \S $ 274 ist das Ergebnis **5** eines langwierigen Gesetzgebungsprozesses.[7] Im Vorentwurf aus dem Jahr 1980 war zunächst sowohl der Ansatz passiver als auch aktiver latenter Steuern vorgesehen ($ \S $ 254 HGB-VE). Für erstere bestand eine Pflicht zur Rückstellungsbildung, für letztere ein Ansatzwahlrecht in Gestalt einer Bilanzierungshilfe, die mit einer zwingenden Ausschüttungssperre verbunden war. In den Regierungsentwürfen war dann aber nur noch eine Rückstellungspflicht für passive latente Steuern in $ \S $ 251 HGB-E enthalten, ergänzt um einen ausdrücklichen Hinweis auf die allgemeine Pflicht zur Bildung von Rückstellungen in $ \S $ 250 HGB-E. In der Begründung hieß es zum Passivierungsgebot, ihm „komme nur klarstellende Bedeutung zu".[8] Eine Berücksichtigung aktiver latenter Steuererträge wurde ausdrücklich ausgeschlossen. In den weiteren Beratungen im Rechtsausschuß erhielt die Vorschrift dann ihre heutige Gestalt, die sich wieder der Regelung im Vorentwurf annäherte. Es blieb bei der Passivierungspflicht für latente Steuerverpflichtungen, daneben wurde aber wieder ein Wahlrecht zur Berücksichtigung aktiver Steuererträge durch Ansatz einer Bilanzierungshilfe eingeführt, die durch eine Ausschüttungssperre ergänzt wurde. Dieses Wahlrecht sollte es den Unternehmen ermöglichen, „bei der Entscheidung der Frage, ob eine aktivische oder passivische Abgrenzung vorzunehmen ist, von einer Gesamtbetrachtung des Geschäftsjahres und früherer Geschäftsjahre auszugehen".[9]

c) EG-Richtlinienkonformität des $ \S $ 274: $ \S $ 274 weist gegenüber Art. 43 Abs. 1 **6** Nr. 11 ein zweifaches Umsetzungsdefizit auf: Die Entscheidung für den bilanziellen Ausweis passiver latenter Steuern hätte mit einer zwingenden Angabepflicht in der Bilanz verbunden werden müssen, während Abs. 1 nur eine wahlweise Angabe in Bilanz oder Anhang fordert. Ferner bleibt das Ansatzwahlrecht in Abs. 2 – wenn man auch aktive Steuererträge in den Begriff „Steueraufwand" in Art. 43 Abs. 1 Nr. 11 einbezieht – hinter der Angabe- bzw. Ausweispflicht der EG-Richtlinie zurück.[10] Diese Richtlinienverstöße bleiben also ohne unmittelbare Auswirkungen, da eine Richtlinie ohne Transformationsgesetz keine unmittelbare Pflicht zu richtlinienkonformem Verhalten begründen kann.[11]

---

[4] Dazu *Vogel* Rechnungslegungsvorschriften (1993) S. 76.

[5] Vgl. *Vogel* Rechnungslegungsvorschriften (1993) S. 76; HuRB-*Jacobs/Rupp* S. 389; HdJ-*Coenenberg/Hille* I/13 Rdn 27; a. A. *Siegel* 106 f; Bonner HdR-*Matschke* 4; im Ergebnis ebenso – mit Hinweis auf die Gesetzgebungsgeschichte – *Karrenbrock* 198 ff.

[6] So *Vogel* Rechnungslegungsvorschriften (1993) S. 77 f; *Jacobs/Rupp* aaO.

[7] Vgl. die Übersichten bei HuRB-*Jacobs/Rupp* S. 389 f; *Karrenbrock* 206 ff.

[8] BTDrucks. 10/317, S. 84.

[9] BTDrucks. 10/4268, S. 107.

[10] *Vogel* Rechnungslegungsvorschriften (1993) S. 87; *Schulze-Osterloh* ZHR 150 (1986) 551.

[11] Vgl. *Vogel* Rechnungslegungsvorschriften (1993) S. 110.

Rainer Hüttemann

3. Anwendungsbereich

7   § 274 gilt entsprechend seiner Anordnung im Zweiten Abschnitt „Ergänzende Vorschriften für Kapitalgesellschaften und bestimmte Personenhandelsgesellschaften" unmittelbar nur für Kapitalgesellschaften und – mit der Modifikation des § 264c Abs. 4 S. 3 – auch für Personenhandelsgesellschaften i. S. v. § 264a, ferner über die Verweisung in § 5 Abs. 1 S. 2 PublG entsprechend für publizitätspflichtige Unternehmen. Daraus läßt sich aber nicht zugleich ableiten, daß § 274 darüber hinaus auch für Einzelunternehmen und Personengesellschaften außerhalb des PublG „sinngemäß anzuwenden" ist.[12] Dies würde vielmehr voraussetzen, daß § 274 einen allgemeinen GoB darstellt, der über die Generalnorm des § 243 Abs. 1 für alle Kaufleute gilt.[13] Dagegen spricht aber, daß § 274 allein auf der 4. EG-Richtlinie beruht und eine aktivische Steuerabgrenzung im deutschen Bilanzrecht vor dem BiRiLiG nicht anerkannt war. Damit bleibt es für Einzelunternehmen und Personengesellschaften bei den allgemeinen Vorschriften:[14] Für passive latente Steuern gilt das allgemeine Rückstellungsgebot nach § 249 Abs. 1 S. 1 und für aktive latente Steuern besteht ein Ansatzverbot.

II. Normzweck

1. Meinungsstand

8   Die gesetzliche Konzeption des § 274 und das Verhältnis dieser Vorschrift zu den allgemeinen Bilanzierungsregeln ist nach wie vor umstritten.[15] Vielfach wird die Regelung der Steuerabgrenzung in § 274 vor dem Hintergrund angelsächsischer Rechnungslegungspraxis als Ausfluß der „*dynamischen Bilanzauffassung*" verstanden. Der Ausweis passiver und aktiver latenter Steuern diene vorrangig dem Ziel der periodengerechten Erfolgsermittlung und habe in erster Linie Abgrenzungscharakter.[16] Nach diesem Verständnis soll § 274 Abs. 1 auch dann eine Rückstellungsbildung ermöglichen, wenn die allgemeinen Voraussetzungen für eine Verbindlichkeitsrückstellung nach § 249 nicht vorliegen,[17] und eine Gesamtbetrachtung aktiver und passiver latenter Steuern geboten sei.[18] Eine andere Ansicht legt § 274 auf der Grundlage einer *statischen Bilanzauffassung* aus:[19] Danach hätte § 274 Abs.1 neben der allgemeinen Rückstellungsverpflichtung nach § 249 Abs. 1 S. 1 keine eigenständige Bedeutung, sondern nur klarstellenden Charakter; auch Abs. 2 sei nicht als Abgrenzungsposten, sondern nur als Bilanzierungshilfe einzuordnen.[20] Umstritten ist nach dieser Ansicht die Saldierung passiver und aktiver latenter Steuern.[21] Eine dritte *vermittelnde Ansicht* will § 274 – insbesondere mit Rücksicht auf § 249 Abs. 1 S. 1 – auf echte Abgrenzungssach-

---

[12] So aber ADS 8; Beck BilKomm-*Hoyos/Fischer* 73; *IdW* SABI WPg 1988, 683.

[13] Allgemein zur Anwendung der ergänzenden Vorschriften auf Einzelunternehmen und Personengesellschaften *Schulze-Osterloh* ZHR 150 (1986) 425 ff.

[14] Ebenso *Siegel* DStR 1986, 594; *Karrenbrock* 346 ff; im Ergebnis auch HdR-*Baumann* 2; *Schneeloch* WPg 1986, 525.

[15] Vgl. die Übersichten bei *Schneeloch* WPg 1986, 517; *Karrenbrock* 224 ff.

[16] So ADS 11 ff; Beck BilKomm-*Hoyos/Fischer* 4 ff; *Harms/Küting* BB 1985, 94 ff; HuRB-*Jacobs/Rupp* 388; HdJ-*Coenenberg/Hille* I/13 28; *Ordelheide/Hartle* GmbHR 1987, 18.

[17] So in dem Fall der Inanspruchnahme einer Bilanzierungshilfe nach § 269, vgl. nur ADS 12; Beck BilKomm-*Hoyos/Fischer* 7; eingehend *Schildbach* DB 1988, 57 m. w. N.

[18] Siehe nur Beck BilKomm-*Hoyos/Fischer* 10 ff.

[19] *Siegel* 81 ff; *ders.* BB 1985, 495; *ders.* DStR 1986, 587; *Bareis* BB 1985, 1235; *v. Wysocki* ZfbF 1987, 833; *Döllerer* BB 1987 Beilage 14, S. 5; *Knobbe-Keuk* Bilanz- und Unternehmenssteuerrecht S. 131; *Baetge* FS Loitlsberger (1991) S. 30 f; *Karrenbrock* 232 ff; wohl auch KK-*Claussen* 17 f.

[20] Vgl. etwa *Döllerer* aaO.

[21] Einerseits *Siegel* DStR 1986, 590 ff; *Döllerer* aaO, *Baetge* aaO andererseits.

verhalte beschränken:[22] Abs. 1 betreffe als bloße „Rechtsfolgenverweisung" überhaupt nur Fälle nicht rückstellungsfähiger passiver latenter Steuern außerhalb von § 249 Abs. 1 S. 1. Auf dieser Grundlage erweist sich auch die Gesamtbetrachtung passiver und aktiver Steuerlatenzen als unproblematisch.[23]

2. Stellungnahme

Der zweiten Ansicht ist zu folgen. Die „dynamische" Interpretation des § 274 kann **9** sich allenfalls auf die Überschrift „Steuerabgrenzung" stützen. Dagegen zeigt der Verweis in Abs. 1 auf die allgemeine Regelung des § 249 Abs. 1 S. 1 und die Ausgestaltung des Abs. 2 als bloßes Wahlrecht, daß für den Gesetzgeber der Gedanke einer „richtigen" Aufwandsperiodisierung nicht ausschlaggebend gewesen ist. Die vermittelnde Ansicht vermag zwar das Verhältnis von § 274 und § 249 sinnvoll zu interpretieren und das Saldierungsproblem im Rahmen von § 274 im Einklang mit allgemeinen Grundsätzen aufzulösen. Diese Auffassung scheitert indes daran, daß sie in der Gesetzgebungsgeschichte keine Grundlage findet: Der Gesetzgeber wollte in § 274 die Problematik der „Steuerabgrenzung" abschließend regeln und deshalb umfaßt § 274 Abs. 1 auch Rückstellungen für passive latente Steuern i. S. v. § 249 Abs. 1 S. 1. Darüber hinaus ist § 274 Abs. 1 nach seiner Entstehungsgeschichte auch auf solche Sachverhalte zu beschränken und deshalb als bloße Rechtsgrundverweisung auf § 249 zu verstehen. Die Ausübung des Mitgliedstaatenwahlrechts des Art. 43 Abs. 1 Nr. 11 im Sinne eines Bilanzausweises sollte gerade die Fortsetzung der bisherigen deutschen Bilanzierungspraxis ermöglichen, nach der Rückstellungen für latente Steuern nur ein Anwendungsfall des allgemeinen Rückstellungsgebots des § 249 Abs. 1 S. 1 waren.

III. Anwendungsfälle der Steuerabgrenzung nach Abs. 1 und 2

1. Passivische Steuerabgrenzung (Abs. 1)

Nach der hier vertretenen Ansicht hat § 274 Abs. 1 gegenüber § 249 Abs. 1 S. 1 nur **10** **klarstellenden Charakter.** Hinsichtlich der einzelnen Voraussetzungen für die Bildung einer Rückstellung gelten damit die allgemeinen Grundsätze für Rückstellungen wegen ungewisser Verbindlichkeiten. Eine Rückstellung nach Abs. 1 ist deshalb nur dann zu bilden, wenn in späteren Geschäftsjahren auch mit einem höheren Steueraufwand in Gestalt einer entsprechenden Steuerzahlungsverpflichtung zu rechnen ist. Nicht ausreichend ist dagegen, daß sich – wie im Fall des Ansatzes einer Bilanzierungshilfe nach § 269 (vgl. auch § 269 Rdn. 18) – nur das handelsbilanzrechtliche Ergebnis dem steuerrechtlichen Ergebnis in den folgenden Jahren wieder angleicht, ohne daß zusätzliche Steuerzahlungspflichten entstehen.[24]

Voraussetzungen. Eine Rückstellungsbildung wegen passiver latenter Steuern **11** setzt nach Abs. 1 voraus, daß das Ergebnis nach Steuerbilanz hinter dem handels-

---

[22] Zuerst *Schulze-Osterloh* ZHR 150 (1986) 551 ff; Baumbach/Hueck/*Schulze-Osterloh* § 42, 203; dem folgend *Bordewin* DStZ 1987, 447 f; *Kupsch/ Eder* WPg 1988, 522 f.

[23] Eingehend *Schulze-Osterloh* aaO.

[24] Ebenso *Siegel* BB 1985, 499 ff; *Bareis* BB 1985, 1236; *v. Wysocki* ZfbF 1987, 833; *Baetge* FS Loitlsberger (1991) S. 37; *Döllerer* BB 1987 Beilage 14, 5; *Knobbe-Keuk* Bilanz- und Unternehmensteuerrecht S. 131; *Karrenbrock* 242; Bonner

HdR-*Matschke* 4; KK-*Claussen* 18; Beck HdR-*Laser* B 235 Rdn. 65 f; *Biener/Berneke* S. 204; *Weyand* DB 1986, 1187; *Schneeloch* WPg 1986, 518; eingehend *Schildbach* BB 1988, 57 ff; **a. A.** ADS 12; Beck BilKomm-*Hoyos/Fischer* 7; HdR-*Baumann* 16; HdJ-*Coenenberg/Hille* I/13 Rdn. 37; *Harms/Küting* BB 1984, 1255; *Schulze-Osterloh* ZHR 150 (1986) 552; *Kupsch/Eder* WPg 1988, 523; *Bordewin* DStZ 1987, 447.

bilanzrechtlichen Ergebnis zurückbleibt und sich dieser zu niedrige Steueraufwand durch entsprechend höhere Steuerbelastungen in den Folgejahren voraussichtlich ausgleichen wird. Eine solche Abweichung von Handels- und Steuerbilanz ist auf Grund der sog. umgekehrten Maßgeblichkeit[25] auf wenige Fälle beschränkt.[26] Nicht erfaßt sind nach dem Wortlaut des Abs. 1 und dem Rückstellungsbegriff dagegen sog. *permanente Differenzen* zwischen Handels- und Steuerbilanz, wie sie sich etwa aus der Steuerfreiheit bestimmter Erträge ergeben (z.B. § 3 Nr. 54 EStG). Zur Behandlung sog. „quasipermanenter" Unterschiede vgl. unten Rdn. 20–22. Anwendungsfälle passivischer Steuerabgrenzung sind insbesondere:

12   **Unterschiede auf der Aktivseite:** Steuerrechtlich zwingende höhere Abschreibungssätze, für die mangels handelsrechtlichem Wahlrecht § 5 Abs. 1 S. 2 EStG nicht gilt, wie im Fall des § 7 Abs. 4 S. 1 EStG;[27] handelsrechtliche Bewertung nach der Fifo-Methode bei steigenden Preisen und steuerrechtliche Bewertung nach Durchschnittssätzen;[28]

13   **Unterschiede auf der Passivseite:** Stillegungsrücklage bei Kohlebergwerken,[29] Rückstellungen bei Zuwendungen eines Trägerunternehmens an eine Unterstützungskasse nach § 4d Abs. 2 S. 2 EStG, für die nach § 4d Abs. 2 S. 4 EStG die umgekehrte Maßgeblichkeit nicht gilt.

14   Ein weiterer Fall von Abweichungen zwischen Handels- und Steuerbilanz ergibt sich bei der **Beteiligung an Personengesellschaften**, bei denen steuerlich Gewinne und Verluste aus der Beteiligung im Rahmen der einheitlichen und gesonderten Feststellung unmittelbar den Gesellschaftern zugerechnet werden. Demgegenüber sind Gewinnanteile in der Handelsbilanz der Kapitalgesellschaft erst mit Realisation der Forderung anzusetzen und Verlustanteile im Rahmen der Bewertung zu berücksichtigen.[30] Diese unterschiedliche Erfassung von Gewinnen und Verlusten in Handels- und Steuerbilanz kann eine passivische Steuerabgrenzung erforderlich machen,[31] soweit keine sog. „quasi-permanente" Differenz vorliegt, bei der eine Steuerabgrenzung überwiegend verneint wird.[32]

2. Aktivische Steuerabgrenzung (Abs. 2)

15   **Voraussetzung** für eine aktivische Steuerabgrenzung ist nach Abs. 2, daß der dem Geschäftsjahr oder früheren Geschäftsjahren zuzurechnende Steueraufwand zu hoch ist und sich in späteren Geschäftsjahren voraussichtlich ausgleicht. Dies kann wiederum von Unterschieden bei der Bilanzierung und Bewertung auf der Aktiv- und auf der Passivseite herrühren.

16   **Unterschiede auf der Aktivseite:**[33] Steuerlich nicht anerkannte Abschreibungen auf Vermögensgegenstände des Anlage- und Umlaufvermögens; Ansatz niedrigerer Herstellungskosten in der Handelsbilanz; Nichtaktivierung eines derivaten Firmenwerts in der Handelsbilanz bzw. Abschreibung eines aktivierten derivativen Firmen-

---

[25] Dazu oben § 273, 2f, 6 ff.
[26] Vgl. zur Rechtslage vor Einführung des § 5 Abs. 1 S. 2 EStG etwa *Schulze-Osterloh* ZHR 150 (1986) 552 Fn. 101, 102.
[27] Vgl. näher ADS 37.
[28] ADS 37; Beck BilKomm-*Hoyos/Fischer* 29.
[29] Vgl. dazu § 273, 2, 7.
[30] Statt aller HFA 1/1991 WPg 1991, 334 f; **a. A.** aber Baumbach/Hueck/*Schulze-Osterloh* § 42, 127d m. w. N.

[31] *IdW* HFA 1/1991 aaO; ADS 37; Beck BilKomm-*Hoyos/Fischer* 26; eingehend *Schulze zur Wiesch* FS Forster (1992) S. 671.
[32] Dazu *Schulze zur Wiesch* aaO. Zu sog. „quasipermanenten" Differenzen unten Rdn. 20f.
[33] Dazu näher ADS 43; Baumbach/Hueck/*Schulze-Osterloh* § 42, 159; Beck BilKomm-*Hoyos/Fischer* 41.

werts in der Handelsbilanz vor Ablauf der steuerlichen 15-Jahresfrist; Nichtaktivierung eines Disagios nach § 250 Abs. 3 in der Handelsbilanz bei Ansatz eines entsprechenden Rechnungsabgrenzungspostens in der Steuerbilanz;

Unterschiede auf der Passivseite:[34] Steuerliche Nichtanerkennung von Rückstellungen, z. B. Aufwandsrückstellungen nach § 249 Abs. 2 oder nach § 5 Abs. 3, 4, 4a und 4b EStG; steuerliche Kürzung von Rückstellungen; unterschiedliche Zinssätze bei der Abzinsung von Rückstellungen; steuerliches Abzinsungsgebot für Rückstellungen und Verbindlichkeiten nach § 5 Abs. 1 Nr. 3 und Nr. 3a Buchst. e EStG. **17**

Zur aktivischen Steuerabgrenzung bei **Verlustvorträgen** vgl. unten Rdn. 26–28. **18**

IV. Gemeinsame Einzelfragen der Steuerabgrenzung

1. Zeitlich begrenzte Abweichung

Nach dem Wortlaut des § 274 Abs. 1 und 2 setzt eine (passivische und aktivische) **19** Steuerabgrenzung voraus, daß sich ein zu niedriger oder zu hoher Steueraufwand eines Geschäftsjahres in späteren Geschäftsjahren voraussichtlich wieder ausgleicht. Einigkeit besteht zunächst darin, daß eine Steuerabgrenzung deshalb bei sog. **„permanenten"** Differenzen ausgeschlossen ist.[35] Darunter sind solche Unterschiede zwischen dem Ergebnis nach Handels- und Steuerbilanz zu verstehen, die sich überhaupt nicht auf den Steueraufwand der Folgejahre auswirken, wie z. B. steuerfreie Erträge.[36]

Umstritten ist dagegen, ob auch bei **sog. „quasi-permanenten" Differenzen** eine **20** Steuerabgrenzung zu erfolgen hat. Darunter werden solche Unterschiede zwischen Handels- und Steuerbilanzergebnis verstanden, die „in theoretischer Hinsicht zwar zeitlich beschränkt sind, deren Umkehrung im Zeitpunkt des Entstehens jedoch nicht zu erwarten ist oder im Extremfall erst mit der Liquidation des Unternehmens eintritt".[37] Ein Beispielsfall wären etwa unterschiedlich hohe Abschreibungen auf Grund und Boden oder Beteiligungen,[38] deren Umkehr erst im Fall einer zukünftigen Veräußerung, möglicherweise also erst bei Liquidation des Unternehmens zu erwarten ist. Die Berücksichtigung solcher quasi-permanenten Differenzen wird ganz überwiegend verneint,[39] weil die Umkehrung der Steuerwirkung nicht absehbar ist bzw. eine auf die Liquidation bezogene Steuerabgrenzung mit dem Going-concern-Prinzip nicht vereinbar sei.[40] Eine Gegenauffassung spricht sich für eine weitergehendere Berücksichtigung solcher Steuerlatenzen aus.[41] Dafür spreche, daß das Going-concern-Prinzip eine Bewertungsnorm sei, während es in § 274 um Ansatzfragen gehe.[42] Zudem wird – für den Fall passivischer Abgrenzung – auf den Gesichtspunkt des Gläubigerschutzes hingewiesen.[43]

Stellungnahme. Der Kritik an der herrschenden Ansicht ist zu folgen. Die Nicht- **21** berücksichtigung quasi-permanenter Abweichungen läßt sich weder aus irgendeinem

---

[34] Vgl. ADS 44; Beck BilKomm-*Hoyos/Fischer* 45.
[35] Statt aller nur ADS 16; Baumbach/Hueck/*Schulze-Osterloh* § 42, 159.
[36] Vgl. oben Rdn. 1.
[37] So die Definition bei ADS 16.
[38] Speziell zu Steuerlatenzen bei Personengesellschaftsbeteiligungen vgl. *Schulze zur Wiesch* FS Forster (1992) S. 671 ff.
[39] IdW SABI WPg 1988, 684; ADS 16; Beck Bil-Komm-*Hoyos/Fischer* 55; HdJ-*Coenenberg*/

Hille I/13 Rdn. 31; *Biener/Berneke* S. 204; Bonner HdR-*Matschke* 14; Beck HdR-*Laser* B 235 Rdn. 48; *von Wysocki* ZfbF 1987, 830; Münch-KommHGB-*Beater* 8.
[40] ADS aaO.
[41] *Karrenbrock* 224 f; *Schulze zur Wiesch* FS Forster (1992) S. 679 ff; wohl auch HdR-*Baumann* 12; zweifelnd *Ordelheide/Hartle* GmbHR 1986, 18.
[42] *Karrenbrock* aaO.
[43] *Schulze zur Wiesch* aaO.

außergesetzlichen Konzept der Steuerabgrenzung, noch einheitlich aus dem unbestimmten Wortlaut des § 274 – „voraussichtlich" – begründen. Vielmehr ist zu differenzieren: Für die passive Steuerabgrenzung sind nach der hier vertretenen Ansicht die allgemeinen Grundsätze über den Ansatz einer Rückstellung für ungewisse Verbindlichkeiten maßgebend. Insoweit gebieten der Gläubigerschutz und das Vollständigkeitsgebot des § 246 Abs. 1 eine weite Auslegung des Begriffs „voraussichtlich" und damit eine Berücksichtigung aller zukünftiger Steuerzahlungslasten, die im laufenden Geschäftsjahr wirtschaftlich verursacht sind, unabhängig von ihrer Laufzeit. Für den Fall der aktivischen Steuerabgrenzung gewährt Abs. 2 nur eine Bilanzierungshilfe, deren Voraussetzungen in Abs. 2 abschließend geregelt sind. Insoweit gebietet der Ausnahmecharakter des Abs. 2 eine enge Auslegung des Begriffs „voraussichtlich" i. S. v. „absehbar".

2. Gesamt- oder Einzelbetrachtung

22   a) **Problemstellung.** Latente Steuern beruhen auf einzelnen Geschäftsvorfällen, die sich zeitlich abweichend auf das Ergebnis nach Handels- und Steuerbilanz auswirken. Legt man eine Einzelbetrachtung aller solcher Geschäftsvorfälle zugrunde, müßten folglich alle passiven und aktiven Steuerlatenzen getrennt ermittelt und ausgewiesen werden (*Einzelbetrachtung*). Eine andere Möglichkeit könnte darin bestehen, alle passiven und aktiven latenten Steuern in einer Gesamtbetrachtung zusammenzufassen und nur eine – passive oder aktive – „Abrechnungsspitze" nach Abs. 1 oder 2 auszuweisen (*Gesamtbetrachtung*). In § 274 heißt es einfach nur „der dem Geschäftsjahr zuzurechnende Steueraufwand", ohne daß klargestellt ist, ob damit der gesamte Steueraufwand gemeint ist oder der Steueraufwand, wie er sich aus den einzelnen Geschäftsvorfällen eines Geschäftsjahres ergibt.[44] In der Begründung des Rechtsausschusses zu Abs. 2 wird allerdings das Aktivierungswahlrecht in Abs. 2 damit gerechtfertigt, es ermögliche den Unternehmen, „bei der Entscheidung der Frage, ob eine aktivische oder passivische Abgrenzung vorzunehmen ist, von einer Gesamtbetrachtung des Geschäftsjahrs und früherer Geschäftsjahre auszugehen."[45]

23   b) **Meinungsstand.** Die überwiegende Ansicht spricht sich unter Hinweis auf den Gesetzeswortlaut und die Begründung für eine Gesamtbetrachtung von passiven und aktiven latenten Steuern im Sinne eines Saldierungsgebots aus.[46] Allerdings soll ein gesonderter Ausweis in der Bilanz möglich und insbesondere dann sinnvoll sein, wenn die einzelnen Steuerbe- und entlastungen in unterschiedlichen nachfolgenden Geschäftsjahren zu erwarten seien.[47] Nach anderer Ansicht soll eine Gesamtbetrachtung nur dann zulässig sein, wenn die Umkehrung der betreffenden Abweichungen „voraussichtlich in zeitlichem Zusammenhang" erfolge.[48] Die Gegenauffassung lehnt dagegen jede Saldierung mit Hinweis auf den unterschiedlichen Charakter der beiden Posten ab.[49] Eine vermittelnde Ansicht gewährt ein Wahlrecht.[50]

24   c) **Stellungnahme.** Gegen die These vom Saldierungsgebot spricht, daß sie gegen fundamentale Bilanzierungsprinzipien – Vollständigkeitsgebot, Verrechnungsverbot,

---

[44] Vgl. hierzu *Döllerer* BB 1987 Beilage 14, 5.

[45] BTDrucks. 10/4268, S. 107.

[46] So *IdW* SABI WPg 1988, 684; ADS 21; Beck Bil-Komm-*Hoyos/Fischer* 10; *Siegel* DStR 1986, 590; Beck HdR-*Laser* B 235 Rdn 70; HdR-*Baumann* 6, 35; *Schneeloch* WPg 1986, 524; MünchKomm-HGB-*Beater* 14f. Ebenso – wenn auch auf der Grundlage ihrer stark einschränkenden Auslegung des § 274 Abs. 1 (vgl. oben Rdn. 8) – *Schulze-*

Osterloh ZHR 150 (1986) 555f; *Bordewin* DStZ 1987, 448; *Kupsch/Eder* WPg 1988, 527.

[47] Vgl. etwa ADS 22.

[48] So *Biener/Berneke* S. 204.

[49] *Döllerer* BB 1987 Beilage 14, 5; *Knobbe-Keuk* Bilanz- und Unternehmenssteuerrecht S. 131; *Baetge* FS für Loitlsberger (1991) S. 42 ff.

[50] HdR-*Coenenberg/Hille* I/13 Rdn. 41.

Grundsatz der Einzelbewertung, Vorsichtsprinzip – verstößt.[51] Ein solcher Systembruch ist durch den Wortlaut des § 274 nicht zwingend geboten. Die Gesetzesbegründung ist in sich widersprüchlich, weil sie einerseits den unterschiedlichen Charakter
der beiden Posten deutlich hervorhebt, andererseits von „Gesamtbetrachtung"
spricht. Sie muß deshalb hinter den Fundamentalzwecken der Bilanz – Gläubigerschutz und Informationsfunktion – zurücktreten, die eindeutig für einen getrennten
Ausweis und damit für die Einzelbetrachtung sprechen.[52] Dies müssen auch die Vertreter der h.M. anerkennen, die bei unterschiedlichen Zeitpunkten von Steuerbelastungen und -entlastungen schon unter Informationsgesichtspunkten einen gesonderten
Ausweis anregen. Eine partielle Saldierung ist auch nicht unter Heranziehung der
Grundsätze über sog. Bewertungseinheiten in Hinsicht auf die Geschäftsvorfälle eines
jeweiligen Geschäftsjahres möglich.[53] Zwar bezieht sich die Ertragsteuerpflicht eines
Jahres immer auf alle Geschäftsvorfälle dieses Zeitraums. Die einzelnen Steuerbelastungen und -entlastungen sind aber keineswegs immer gleich wahrscheinlich, so
daß nach dem Imparitätsprinzip eine Zusammenfassung zu einer Bewertungseinheit
ausscheidet. Damit ist im Ergebnis regelmäßig der Gegenauffassung zu folgen und
eine Einzelbetrachtung zugrundezulegen.[54]

3. Berechnung des Steueraufwandes

In die Berechnung der Steuerabgrenzung sind alle vom steuerlichen Gewinn   **25**
abhängigen Steuern einzubeziehen, also Körperschaftsteuer und Gewerbeertragsteuer.[55] Fraglich ist des weiteren, welche Steuersätze bei der Berechnung des voraussichtlichen Steueraufwandes in den Folgeperioden anzuwenden sind. Dies ist im
angelsächsischen Rechtskreis von der angewandten Methode abhängig,[56] ist aber für
das geltende Recht – Rückstellungscharakter von Abs. 1, Bilanzierungshilfe in Hinsicht auf den zukünftigen Steuerertrag – eindeutig in dem Sinne zu entscheiden, daß
die Steuersätze im Zeitpunkt der Umkehrung der Differenzen zugrundezulegen
sind.[57] Schwierigkeiten bereitet dabei der gespaltene Steuersatz im Rahmen des KStG
1977, da sich konkrete Vorstellungen über das zukünftige Ausschüttungsverhalten nur
schwer entwickeln lassen. Hier ist richtigerweise vom (höheren) Thesaurierungssteuersatz auszugehen, solange das Ausschüttungsverhalten nicht hinreichend konkretisiert ist.[58] Dieses Problem entfällt mit Einführung des neuen einheitlichen KSt-Satzes
von 25 v. H. durch das StSenkG vom 23. 10. 2000, BGBl. I 2000, 1433.

4. Steuerabgrenzung und Verlustabzug

Besondere Schwierigkeiten bei der Anwendung des § 274 ergeben sich im Zusam-   **26**
menhang mit dem Verlustabzug.[59] Denn durch die steuerliche Möglichkeit des

---

[51] Entgegen *Schneeloch* WPg 1986, 524 handelt es sich auch nicht um ein bloßes Problem der Bewertung der Rückstellung.

[52] Dies erkennt auch *Schulze-Osterloh* aaO an, der deshalb § 274 Abs. 1 – im Verhältnis zu § 249 Abs. 1 S. 1 – auf wenige Fälle beschränken will. Dagegen aber bereits oben Rdn. 9.

[53] So de lege ferenda *Karrenbrock* 150 f.

[54] Insoweit konsequent *Döllerer* aaO; *Knobbe-Keuk* aaO; *Baetge* aaO.

[55] Statt aller Baumbach/Hueck/*Schulze-Osterloh* § 42, 160.

[56] Vgl. dazu die Übersichten bei HdJ-*Coenen-berg/Hille* I/13 Rdn. 10 ff.

[57] Vgl. nur ADS 23; Beck BilKomm-*Schicke/Fischer* 51; *Karrenbrock* 313 f.

[58] *IdW* SABI WPg 1988, 683; ADS 25; Baumbach/Hueck/*Schulze-Osterloh* § 42, 160, 207; *Karrenbrock* 315 mit Nachweisen zu abweichenden Ansichten.

[59] Zum folgenden vgl. näher ADS 26 ff; HdJ-*Coenenberg/Hille* I/13 Rdn. 55 ff; HdR-*Baumann* 36 ff; Beck BilKomm-*Hoyos/Fischer* 64 ff; *Feldhoff/Langermeier* DStR 1991, 195 ff; *Langermeier* DStR 1992, 764 ff; *Karrenbrock* 164 ff.

(begrenzten) Verlustrücktrags und (unbegrenzten) Verlustvortrags nach § 10d EStG i. V. m. § 8 Abs. 1 KStG kommt es zu weiteren Abweichungen zwischen dem handelsrechtlichen Ergebnis und dem Steueraufwand der entsprechenden Perioden. Dabei sind **zwei Problemkreise** zu unterscheiden:

27   Zum einen ist zu überlegen, welche **Auswirkungen auf vorhandene zeitliche Differenzen** sich aus einem Verlustrücktrag und Verlustvortrag ergeben. Ein Verlustrücktrag hat grundsätzlich keinen Einfluß auf die Bildung oder Auflösung von Steuerabgrenzungsposten.[60] Demgegenüber kann die aus einem Verlustvortrag resultierende Steuerentlastung nachfolgender Jahre zu einer Minderung bzw. Auflösung latenter Steuern führen. Denn soweit ein Verlustvortrag mangels ausreichender Gewinne dazu führt, daß sich der Steueraufwand in den Folgejahren voraussichtlich mindert oder ein Steueraufwand überhaupt nicht anfällt, ist mit einer Steuerbelastung bzw. -entlastung „voraussichtlich nicht mehr zu rechnen" (§ 274 Abs. 1 S. 2, Abs. 2 S. 4).[61] Insoweit bedarf es aber sorgfältiger Prognosen der zukünftigen Ergebnisse.

28   Zum anderen stellt sich die Frage, ob die **Steuerwirkungen eines Verlustrücktrags und -vortrags** selbst zum Ansatz von Steuerabgrenzungsposten führen können. Der Verlustrücktrag hat eine definitive Steuererstattung für den Steueraufwand der Rücktragzeiträume in Gestalt einer Forderung zur Folge, berührt aber nicht den Steueraufwand der weiteren Geschäftsjahre. Latente Steuern entstehen dadurch also nicht. Demgegenüber begründet der Verlustvortrag das Recht, die vorgetragenen Verluste mit Gewinnen der Folgejahre zu verrechnen. Damit besteht – entsprechende Gewinne in den Folgejahren vorausgesetzt – eine Aussicht auf eine Minderung des Steueraufwands, die aber keinen Posten nach Abs. 2 rechtfertigen kann. Dagegen spricht nicht nur die Tatsache, daß es an einer Ergebnisdifferenz zwischen Handels- und Steuerbilanz fehlt.[62] Auch das Vorsichtsprinzip läßt eine Aktivierung solcher Steuereffekte nicht zu, weil im Jahr der Verlustentstehung der Eintritt künftiger Gewinne ganz ungewiß ist.[63]

5. Abzinsung

29   Das Gesetz enthält keine Regelung über die Abzinsung latenter Steuern. Damit kann sich eine Abzinsung nur aus der Anwendung allgemeiner Bewertungsregeln ergeben, deren Anwendbarkeit auf passivische und aktivische Steuerabgrenzungsposten wiederum von der bilanzrechtlichen Einordnung dieser Posten abhängt. Versteht man § 274 Abs. 1 als klarstellende Regelung zu § 249 Abs. 1 S. 1 und passive latente Steuern damit als Unterfall der Rückstellungen für ungewisse Verbindlichkeiten,[64] gelten die Grundsätze über die Abzinsung von Rückstellungen.[65] Danach ist eine Abzinsung zu verneinen, weil der Erfüllungsbetrag – die zukünftige Steuerzahlungsverpflichtung – keinen Zinsanteil enthält.[66] Für aktive latente Steuern scheitert eine Abzinsung am fehlenden Charakter als Vermögensgegenstand. Auch die mit der Gewährung der Bilanzierungshilfe verfolgten Zwecke – Neutralisierung der Steuereffekte – fordert keine Abzinsung.[67]

---

[60] Vgl. HdR-*Baumann* 40; *Karrenbrock* 167 f.

[61] HdR-*Baumann* 43.

[62] Vgl. Beck BilKomm-*Hoyos/Fischer* 66; MünchKommHGB-*Beater* 21.

[63] ADS 28; HdR-*Baumann* 42; *Karrenbrock* 165 ff; **a. A.** *Feldhoff/Langermeier* DStR 1991, 197; eingehend auch *Ordelheide* FS Havermann (1995) S. 605 ff mit Hinweisen zur abweichenden angelsächsischen Praxis.

[64] Vgl. oben Rdn. 8 f.

[65] Dazu statt aller nur Beck BilKomm-*Clemm/Nonnenmacher* § 253, 161.

[66] *Karrenbrock* 266. Im Ergebnis ebenso ADS 34; Beck BilKomm-*Hoyos/Fischer* 17; HdR-*Baumann* 24; **a. A.** ohne Begründung aber *Knief* DB 1987, 697.

[67] *Karrenbrock* 267; ADS 33.

V. Darstellung im Jahresabschluß

1. Ausweis in der Bilanz und Angaben im Anhang

Liegen die Voraussetzungen für die Bildung einer Rückstellung für **passive latente** **30** **Steuern** nach Abs. 1 vor, so ist ein entsprechender Betrag gesondert auszuweisen oder in den Posten nach § 266 Abs. 3 B. 2. „Steuerrückstellungen" mit Untergliederung bzw. „davon"-Vermerk einzubeziehen. Findet kein gesonderter Ausweis in der Bilanz statt, ist der Posten im Anhang anzugeben (Abs. 1 S. 1 a. E.).[68]

Für **aktive latente Steuern** besteht nach Abs. 2 ein Wahlrecht. Sofern von diesem **31** Gebrauch gemacht wird, ist ein entsprechender Abgrenzungsposten in der Bilanz gesondert auszuweisen. Auf Grund des Ausnahmecharakters der Position empfiehlt sich ein Ausweis nach den Rechnungsabgrenzungsposten[69] unter der Bezeichnung „Aktivposten für latente Steuern"[70] oder „Steuerabgrenzungsposten nach § 274 Abs. 2 HGB"[71]. Ferner besteht nach Abs. 2 S. 2 eine Erläuterungspflicht.[72] Im Fall des Ansatzes der Bilanzierungshilfe besteht nach Abs. 2 S. 3 eine ausdrückliche *Ausschüttungssperre*: Danach dürfen Gewinne nur ausgeschüttet werden, wenn die nach der Ausschüttung verbleibenden jederzeit auflösbaren Gewinnrücklagen zuzüglich eines Gewinnvortrags und abzüglich eines Verlustvortrags dem angesetzten Betrag mindestens entsprechen. Bei *Personenhandelsgesellschaften* i. S. v. § 264a tritt an die Stelle der Ausschüttungssperre die Pflicht zur Bildung eines passivischen Sonderpostens nach § 264c Abs. 4 S. 3. Wird das Aktivierungswahlrecht nicht ausgeübt, sieht das Gesetz keine Angabepflicht vor.[73]

Nach der hier vertretenen Auffassung sind passive und aktive latente Steuern – **32** sofern für letztere vom Wahlrecht Gebrauch gemacht wird – grundsätzlich **getrennt auszuweisen**.[74]

2. Steuerabgrenzung und GuV

Der Aufwand und Ertrag aus der Bildung und Auflösung von Steuerabgrenzungs- **33** posten nach § 274 ist in den Posten „Steuern vom Einkommen und vom Ertrag" einzubeziehen.[75]

VI. Rechtsfolgen des Verstoßes gegen § 274 HGB

Verstößt ein Mitglied des vertretungsberechtigten Organs oder des Aufsichtsrats **34** gegen § 274 HGB, wird dies als Ordnungswidrigkeit nach § 334 Abs. 1 Nr. 1 Buchst. c verfolgt. Des weiteren droht unter den Voraussetzungen des § 331 Nr. 1 HGB Freiheits- oder Geldstrafe.

---

[68] *IdW* SABI WPg 1988, 684; ADS 50.
[69] **A. A.** HdR-*Baumann* 52: Ausweis in der Postengruppe „Forderungen und sonstige Vermögensgegenstände".
[70] *Karrenbrock* 300; Bonner HdR-*Matschke* 35.
[71] ADS 50.

[72] Zum Inhalt vgl. *Karrenbrock* 300.
[73] Für analoge Anwendung mit Hinweis auf Art. 43 Abs. 1 Nr. 11 der 4. EG-Richtlinie Baumbach/Hueck/*Schulze-Osterloh* § 42, 158, 422.
[74] Vgl. dazu oben Rdn. 24.
[75] ADS 53; HdR-*Baumann* 46 ff.

Rainer Hüttemann

§ 274 a
Größenabhängige Erleichterungen

Kleine Kapitalgesellschaften sind von der Anwendung der folgenden Vorschriften befreit:

1. § 268 Abs. 2 über die Aufstellung eines Anlagengitters,
2. § 268 Abs. 4 Satz 2 über die Pflicht zur Erläuterung bestimmter Forderungen im Anhang,
3. § 268 Abs. 5 Satz 3 über die Erläuterung bestimmter Verbindlichkeiten im Anhang,
4. § 268 Abs. 6 über den Rechnungsabgrenzungsposten nach § 250 Abs. 3,
5. § 269 Satz 1 insoweit, als die Aufwendungen für die Ingangsetzung und Erweiterung des Geschäftsbetriebs im Anhang erläutert werden müssen.

Übersicht

	Rdn.			Rdn.
I. Überblick	1–3		4. Rechnungsabgrenzungsposten (Nr. 4)	7
II. Die einzelnen Erleichterungen			5. Aufwendungen für die Ingangsetzung und Erweiterung des	
1. Anlagengitter (Nr. 1)	4		Geschäftsbetriebs (Nr. 6)	8
2. Erläuterung bestimmter Forderungen (Nr. 2)	5		III. Rechtsfolgen eines Verstoßes gegen	
3. Erläuterung bestimmter Verbindlichkeiten (Nr. 3)	6		§ 274a	9

Schrifttum

Vgl. auch Angaben zu § 267 HGB.

I. Überblick

1   § 274a regelt verschiedene **Erleichterungen bei der Aufstellung der Bilanz** für kleine Kapitalgesellschaften und Personenhandelsgesellschaften i.S.v. § 264a. Diese Gesellschaften werden von der Verpflichtung zum gesonderten Ausweis bestimmter Posten in der Bilanz und zur Erläuterung im Anhang befreit.

2   Die Vorschrift beruht auf der sog. **Mittelstandsrichtlinie** vom 8.11.1990,[1] durch die Art. 44 der 4. EG-Richtlinie um ein Mitgliedstaatenwahlrecht betreffend den Jahresabschluß kleiner Kapitalgesellschaften ergänzt wurde, von dem der deutsche Gesetzgeber durch Gesetz vom 25.7.1994[2] Gebrauch gemacht hat. Neben der Einführung des § 274a wurden auch §§ 276 und 288 geändert.[3]

3   Bei der Inanspruchnahme der Erleichterungen nach § 274a ist das **Stetigkeitsgebot** zu beachten.[4] Mangels ausdrücklicher Erwähnung in § 131 Abs. 1 S. 3 AktG können die Erleichterungen nach § 274a – anders als solche nach §§ 266, 276, 288 – auch in einem zur Vorlage in der Hauptversammlung vorgesehenen Jahresabschluß in Anspruch genommen werden.[5]

---

[1] Richtlinie (90/604/EWG) vom 8.11.1990, ABl. EG Nr. L. 317 vom 16.11.1990, S. 57.

[2] BGBl. I 1994, 1682 ff.

[3] Zur Frage der erstmaligen Anwendung des § 274a vgl. ADS 2; HdR-*Dörner/Wirth* 6; Beck Bil-Komm-*Ellrott* 1.

[4] ADS 3; Beck BilKomm-*Ellrott* 1.

[5] ADS 4.

II. Die einzelnen Erleichterungen

1. Anlagengitter (Nr. 1)

Kleine Kapitalgesellschaften sind von der Pflicht zur Aufstellung eines Anlagen- **4** gitters nach § 268 Abs. 2 befreit.[6]

2. Erläuterung bestimmter Forderungen (Nr. 2)

Werden unter dem Posten „sonstige Vermögensgegenstände" Beträge für Ver- **5** mögensgegenstände ausgewiesen, die erst nach dem Abschlußstichtag rechtlich entstehen und einen größeren Umfang haben, sind diese Beträge nach § 268 Abs. 4 S. 2 im Anhang zu erläutern. Von dieser Verpflichtung sind kleine Kapitalgesellschaften befreit.

3. Erläuterung bestimmter Verbindlichkeiten (Nr. 3)

Sind unter dem Posten „Verbindlichkeiten" Beträge für Verbindlichkeiten aus- **6** gewiesen, die erst nach dem Abschlußstichtag rechtlich entstehen und einen größeren Umfang haben, sind diese nach § 268 Abs. 5 S. 3 im Anhang zu erläutern. Hiervon sind kleine Kapitalgesellschaften befreit.

4. Rechnungsabgrenzungsposten (Nr. 4)

Abweichend von § 268 Abs. 6 müssen kleine Kapitalgesellschaften ein aktiviertes **7** Disagio nach § 250 Abs. 3 weder gesondert ausweisen noch im Anhang angeben.

5. Aufwendungen für die Ingangsetzung und Erweiterung des Geschäftsbetriebs (Nr. 6)

§ 274a Nr. 6 befreit kleine Kapitalgesellschaften von der Pflicht, eine nach § 269 in **8** Anspruch genommene Bilanzierungshilfe im Anhang zu erläutern.

III. Rechtsfolgen eines Verstoßes gegen § 274a

§ 274a regelt Erleichterungen für kleine Kapitalgesellschaften. Eine Verletzung **9** dieser Vorschrift scheidet daher aus.[7]

---

[6] Zur Ermittlung der Anschaffungs- und Herstellungskosten beim späteren Überschreiten der Größenklassen ADS 7.

[7] Beck BilKomm-*Budde/Hense* § 334, 25.

Dritter Titel

Gewinn- und Verlustrechnung

§ 275

Gliederung

(1) Die Gewinn- und Verlustrechnung ist in Staffelform nach dem Gesamtkostenverfahren oder dem Umsatzkostenverfahren aufzustellen. Dabei sind die in Absatz 2 oder 3 bezeichneten Posten in der angegebenen Reihenfolge gesondert auszuweisen.

(2) Bei Anwendung des Gesamtkostenverfahrens sind auszuweisen:
1. Umsatzerlöse
2. Erhöhung oder Verminderung des Bestands an fertigen und unfertigen Erzeugnissen
3. andere aktivierte Eigenleistungen
4. sonstige betriebliche Erträge
5. Materialaufwand:
   a) Aufwendungen für Roh-, Hilfs- und Betriebsstoffe und für bezogene Waren
   b) Aufwendungen für bezogene Leistungen
6. Personalaufwand:
   a) Löhne und Gehälter
   b) soziale Abgaben und Aufwendungen für Altersversorgung und für Unterstützung, davon für Altersversorgung
7. Abschreibungen:
   a) auf immaterielle Vermögensgegenstände des Anlagevermögens und Sachanlagen sowie auf aktivierte Aufwendungen für die Ingangsetzung und Erweiterung des Geschäftsbetriebs
   b) auf Vermögensgegenstände des Umlaufvermögens, soweit diese die in der Kapitalgesellschaft üblichen Abschreibungen überschreiten
8. sonstige betriebliche Aufwendungen
9. Erträge aus Beteiligungen,
   davon aus verbundenen Unternehmen
10. Erträge aus anderen Wertpapieren und Ausleihungen des Finanzanlagevermögens, davon aus verbundenen Unternehmen
11. sonstige Zinsen und ähnliche Erträge
    davon aus verbundenen Unternehmen
12. Abschreibungen auf Finanzanlagen und auf Wertpapiere des Umlaufvermögens
13. Zinsen und ähnliche Aufwendungen,
    davon an verbundene Unternehmen
14. Ergebnis der gewöhnlichen Geschäftstätigkeit
15. außerordentliche Erträge
16. außerordentliche Aufwendungen
17. außerordentliches Ergebnis
18. Steuern vom Einkommen und vom Ertrag
19. sonstige Steuern
20. Jahresüberschuß/Jahresfehlbetrag.

(3) Bei Anwendung des Umsatzkostenverfahrens sind auszuweisen:
1. Umsatzerlöse
2. Herstellungskosten der zur Erzielung der Umsatzerlöse erbrachten Leistungen
3. Bruttoergebnis vom Umsatz
4. Vertriebskosten
5. allgemeine Verwaltungskosten
6. sonstige betriebliche Erträge
7. sonstige betriebliche Aufwendungen
8. Erträge aus Beteiligungen, davon aus verbundenen Unternehmen
9. Erträge aus anderen Wertpapieren und Ausleihungen des Finanzanlagevermögens, davon aus verbundenen Unternehmen
10. sonstige Zinsen und ähnliche Erträge, davon aus verbundenen Unternehmen
11. Abschreibungen auf Finanzanlagen und auf Wertpapiere des Umlaufvermögens
12. Zinsen und ähnliche Aufwendungen, davon an verbundene Unternehmen
13. Ergebnis der gewöhnlichen Geschäftstätigkeit
14. außerordentliche Erträge
15. außerordentliche Aufwendungen
16. außerordentliches Ergebnis
17. Steuern vom Einkommen und vom Ertrag
18. sonstige Steuern
19. Jahresüberschuß/Jahresfehlbetrag.

(4) Veränderungen der Kapital- und Gewinnrücklagen dürfen in der Gewinn- und Verlustrechnung erst nach dem Posten „Jahresüberschuß/Jahresfehlbetrag" ausgewiesen werden.

Übersicht

I. Allgemeines
  1. Übersicht ... 1
  2. 4. EG-Richtlinie ... 2
  3. Anwendungsbereich ... 3
  4. Aufgabe der GuV ... 4
  5. Anwendung allgemeiner Grundsätze ... 5, 6
II. Staffelform, Gesamt- und Umsatzkostenverfahren (Abs. 1)
  1. Staffelform ... 7
  2. Gesamt- und Umsatzkostenverfahren ... 8–13
III. Gesamtkostenverfahren (Abs. 2) ... 14
  1. Umsatzerlöse (Nr. 1) ... 15
  2. Erhöhung oder Verminderung des Bestands an fertigen und unfertigen Erzeugnissen (Nr. 2) ... 16–18
  3. Andere aktivierte Eigenleistungen (Nr. 3) ... 19
  4. Sonstige betriebliche Erträge (Nr. 4) ... 20–21
  5. Materialaufwand (Nr. 5)
    a) Aufwendungen für Roh-, Hilfs- und Betriebsstoffe und für bezogene Waren (Nr. 5a) ... 22
    b) Aufwendungen für bezogene Leistungen (Nr. 5b) ... 23
6. Personalaufwand (Nr. 6)
  a) Löhne und Gehälter (Nr. 6a) ... 24
  b) Soziale Abgaben und Aufwendungen für Altersversorgung und für Unterstützung (Nr. 6b) ... 25
7. Abschreibungen
  a) Abschreibungen auf immaterielle Vermögensgegenstände des Anlagevermögens und Sachanlagen sowie auf aktivierte Aufwendungen für die Ingangsetzung und Erweiterung des Geschäftsbetriebs (Nr. 7a) ... 26–27
  b) Abschreibungen auf Vermögensgegenstände des Umlaufvermögens, soweit diese die in der Kapitalgesellschaft üblichen Aufwendungen überschreiten (Nr. 7b) ... 28–29
8. Sonstige betriebliche Aufwendungen (Nr. 8) ... 30

Rainer Hüttemann

		Rdn.
9.	Erträge aus Beteiligungen (Nr. 9) .	31
10.	Erträge aus anderen Wertpapieren und Ausleihungen des Finanzanlagevermögens (Nr. 10)	32
11.	Sonstige Zinsen und ähnliche Erträge (Nr. 11)	33
12.	Abschreibungen auf Finanzanlagen und auf Wertpapiere des Umlaufvermögens (Nr. 12)	34
13.	Zinsen und ähnliche Aufwendungen (Nr. 13)	35
14.	Ergebnis der gewöhnlichen Geschäftstätigkeit (Nr. 14)	36
15.	Außerordentliche Erträge (Nr. 15)	37
16.	Außerordentliche Aufwendungen (Nr. 16)	38
17.	Außerordentliches Ergebnis (Nr. 17)	39
18.	Steuern vom Einkommen und vom Ertrag (Nr. 18)	40–42
19.	Sonstige Steuern (Nr. 19)	43
20.	Jahresüberschuß/Jahresfehlbetrag (Nr. 20)	44
21.	Weitere Einzelposten	45

		Rdn.
IV.	Umsatzkostenverfahren (Abs. 3)	46
1.	Umsatzerlöse (Nr. 1)	47
2.	Herstellungskosten der zur Erzielung der Umsatzerlöse erbrachten Leistungen (Nr. 2)	
	a) Allgemeines	48, 49
	b) Begriff der Herstellungskosten	50, 51
	c) Bestandsveränderungen	52–56
	d) Gesonderter Ausweis nach § 277 Abs. 3 S. 1	57
3.	Bruttoergebnis vom Umsatz (Nr. 3)	58
4.	Vertriebskosten (Nr. 4)	59
5.	Allgemeine Verwaltungskosten (Nr. 5)	60
6.	Sonstige betriebliche Erträge (Nr. 6)	61
7.	Sonstige betriebliche Aufwendungen (Nr. 7)	62, 63
8.	Posten nach Abs. 3 Nr. 8–19	64
V.	Veränderungen der Kapital- und Gewinnrücklagen (Abs. 4)	65, 66
VI.	Rechtsfolgen des Verstoßes gegen § 275 HGB	67

Schrifttum

Baetge/Fischer Externe Erfolgsanalyse auf der Grundlage des Umsatzkostenverfahrens, Otte (Hrsg.) Praxis der GmbH-Rechnungslegung (1994) 668; *dies.* Zur Aussagefähigkeit der Gewinn- und Verlustrechnung nach neuem Recht, Albach/Forster (Hrsg.) Beiträge zum Bilanzrichtliniengesetz, S. 175; *Ballwieser* Die Analyse von Jahresabschlüssen nach neuem Recht, WPg 1987, 57; *Coenenberg* Ertragslage, HuRB 155; *Doberenz* Der Inhalt des GuV-Postens „Aufwendungen für bezogene Leistungen", BB 1987, 2190; *Dörner* Wann und für wen empfiehlt sich das Umsatzkostenverfahren? WPg 1987, 154; *IdW* Sonderausschuß Bilanzrichtlinien-Gesetz, Stellungnahme 1/87, Probleme des Umsatzkostenverfahrens, WPg 1987, 141; *IdW* Stellungnahme HFA 1/85, Zur Behandlung der Umsatzsteuer im Jahresabschluß, WPg 1985, 257; *Fischer* Zur Diskussion um das Umsatzkostenverfahren – Grundsatzfragen und praktische Umsetzung, Festschrift Baetge (1997) S. 333; *Fischer/Ringling* Grundsätze des Umsatzkostenverfahrens, BB 1988, 442; *Gatzen* Die Gewinn- und Verlustrechnung nach dem Umsatzkostenverfahren – eine beliebig gestaltbare Rechnung?, WPg 1987, 461; *Glade* Die Gewinn- und Verlustrechnung nach dem Umsatzkostenverfahren, BFuP 1987, 16; *Harrmann* Gesamt- und Umsatzkostenverfahren nach neuem Recht, BB 1986, 1813; *Küting* Die handelsbilanzielle Erfolgsspaltungs-Konzeption auf dem Prüfstand, WPg 1997, 693; *Lachnit* Externe Erfolgsanalyse auf der Grundlage der GuV nach dem Gesamtkostenverfahren, Otte (Hrsg.) Praxis der GmbH-Rechnungslegung (1994) S. 689; *Marx* Steuerliche Nebenleistungen im handelsrechtlichen Jahresabschluß, DB 1996, 1149; *Oebel* Zuordnungsfragen in der Gewinn- und Verlustrechnung nach dem Gesamtkostenverfahren, WPg 1988, 125; *Otto* Das Umsatzkostenverfahren – eine Chance für Klein- und Mittelbetriebe? BB 1987, 931; *ders.* Das Umsatzkostenverfahren als GuV-Darstellung, Beilage 8 BB 1988; *ders.* Posteninhalte und Ausweisprobleme in der GuV nach § 275 HGB, BB 1988, 1703; *Reige* Der Herstellungskostenbegriff im Umsatzkostenverfahren, WPg 1987, 498; *Rogler* Herstellungskosten beim Umsatzkostenverfahren, BB 1992, 1459; *dies.* Vermittelt das Umsatzkostenverfahren ein besseres Bild der Ertragslage als das Gesamtkostenverfahren? DB 1992, 749; *Schreiber* Aufwendungen und Erträge des Geschäftsjahrs, HuRB 58; *Schulze-Osterloh* Verdeckte Gewinnausschüttungen im Grenzgebiet zwischen Handels- und Steuerrecht, StuW 1994, 131; *Schweitzer* Aufwendungen, HuRB 53; *Selchert* Herstellungskosten im Umsatzkostenverfahren, DB 1986, 2397; *Wimmer* Theoretische Konzeption und praktische Umsetzungsprobleme des Umsatzkostenverfahrens nach HGB, WPg 1993, 161.

I. Allgemeines

1. Übersicht

§ 275 regelt die **Gliederung der Gewinn- und Verlustrechnung** (GuV). Nach **1** Abs. 1 ist die GuV ausschließlich in Staffelform aufzustellen. Ferner besteht ein Wahlrecht, die GuV nach dem Gesamtkosten- oder nach dem Umsatzkostenverfahren aufzustellen. Abs. 2 und Abs. 3 enthalten für beide Verfahren verbindliche Gliederungsschemata. Abs. 4 regelt den Ausweis von Veränderungen der Kapital- und Gewinnrücklagen im Anschluß an die GuV.

2. 4. EG-Richtlinie

Art. 22 der 4. EG-Richtlinie stellt den Mitgliedstaaten vier Gliederungsschemata zur **2** Wahl. Das *Mitgliedstaatenwahlrecht* umfaßt sowohl eine Gliederung der GuV nach der Staffel- und Kontoform als auch eine Aufstellung nach dem Gesamt- bzw. Umsatzkostenverfahren (Art. 23–26). Der deutsche Gesetzgeber hat nur die Gliederungsschemata der Art. 23 und 25 in § 275 übernommen (Staffelform). Die Kontoform (Art. 24 und 26) wurde dagegen nicht zugelassen, da sich die Staffelform bewährt habe und kein Bedürfnis für eine Gliederung in der Kontoform bestehe.[1] § 275 Abs. 2 entspricht Art. 23, § 275 Abs. 3 beruht auf Art. 25. Die Bundesrepublik hat bei der Umsetzung auch vom Wahlrecht des Art. 30 betreffend die Aufgliederung des Ertragsteueraufwandes Gebrauch gemacht: Danach ist der in Art. 23 Ziff. 14 und Art. 25 Ziff. 12 vorgesehene Posten „Steuern auf das Ergebnis der normalen Geschäftstätigkeit" zugunsten einer entsprechenden Angabepflicht im Anhang (§ 285 Nr. 6) entfallen.

3. Anwendungsbereich

Die Gliederungsvorschrift des § 275 gilt zunächst entsprechend ihrer Anordnung **3** im Zweiten Abschnitt für alle Kapitalgesellschaften und Personenhandelsgesellschaften i. S. v. § 264a. Für kleine und mittlere Kapitalgesellschaften enthält jedoch § 276 verschiedene Erleichterungen. Für publizitätspflichtige Gesellschaften i. S. d. PublG gilt § 275 nach § 5 Abs. 1 S. 2 PublG sinngemäß. Für andere Kaufleute bleibt es bei der Vorschrift des § 242 Abs. 2 sowie den allgemeinen Grundsätzen (§§ 243, 246).

4. Aufgabe der GuV

Nach § 264 Abs. 1 S. 1 bildet die GuV mit der Bilanz und dem Anhang eine Einheit, **4** den Jahresabschluß der Kapitalgesellschaft. Gemäß § 264 Abs. 2 S. 1 hat der Jahresabschluß „ein den tatsächlichen Verhältnissen entsprechendes Bild der Vermögens-, Finanz- und Ertragslage der Kapitalgesellschaft zu vermitteln." Während der Einblick in die Vermögens- und Finanzlage vorrangig durch die Bilanz – und ergänzend durch die entsprechenden Angaben im Anhang – gewährleistet wird, dient die GuV in Verbindung mit den zugehörigen Angaben im Anhang der **Darstellung der Ertragslage**:[2] Sie soll „die Aufwands- und Ertragsstruktur deutlich machen und das Zustandekommen des Erfolges (Erfolgsquellen) aufzeigen".[3] Insoweit ist die GuV auch ein wichtiger Anknüpfungspunkt für die externe Bilanzanalyse.[4] Dem Einblick in die

---

[1] BTDrucks. 10/317, S. 85.
[2] Vgl. nur ADS 17; KK-*Claussen* §§ 275–277 HGB, § 158 AktG, 6; HuRB-*Coenenberg* 155 ff.
[3] ADS 19.
[4] Vgl. dazu etwa *Baetge/Fischer* Beiträge zum Bilanzrichtlinien-Gesetz, S. 175 ff; *Ballwieser* WPg

1987, 57; HuRB-*Coenenberg* 162; *Lachnit* Praxis der GmbH-Rechnungslegung S. 689 ff; *Küting* WPg 1997, 693.

Rainer Hüttemann

Aufwandsstruktur dient die Aufgliederung der Aufwendungen nach Arten (Gesamt-kostenverfahren) bzw. Funktionsbereichen (Umsatzkostenverfahren). Informationen über die Erfolgsstruktur lassen sich aus der Ergebnisspaltung (Ergebnis der gewöhn-lichen Geschäftstätigkeit/außerordentliches Ergebnis) ableiten. Ferner sind unabhän-gig von der gewählten Darstellungsform die Umsatzerlöse als wichtige Kennziffer anzugeben. Der Darstellung der Ertragslage dient auch der gesonderte Ausweis der wichtigsten Aufwands- und Ertragsposten, die Bildung von Zwischensummen für bestimmte Teilergebnisse und die Angabe von Vergleichszahlen des Vorjahres. Zur Verbesserung des Einblickes in die Ertragslage sieht das Gesetz schließlich eine Reihe von Angabepflichten im Anhang vor, z. B. die Aufgliederung der Umsatzerlöse nach § 285 Nr. 4 oder die Angabe des Material- und Personalaufwandes bei Anwendung des Umsatzkostenverfahrens (§ 285 Nr. 8). Ebenso wie der Jahresabschluß im allgemei-nen, so dient die GuV neben Informationszwecken aber auch der Ermittlung des aus-schüttungsfähigen Gewinns (**Gewinnermittlungsfunktion**).[5]

5. Anwendung allgemeiner Grundsätze

5   Bei der Aufstellung der GuV sind neben den besonderen Regelungen der §§ 275 ff auch die **allgemeinen Vorschriften** zu beachten. Nach § 246 Abs. 1 S. 1 hat der Jahres-abschluß sämtliche Aufwendungen und Erträge zu enthalten, soweit gesetzlich nichts anderes bestimmt ist. Auch für die GuV gilt damit das Vollständigkeitsgebot.[6] Zu beach-ten ist auch § 252 Abs. 1 Nr. 5: Aufwendungen und Erträge sind unabhängig von den Zeitpunkten der entsprechenden Zahlungen im Jahresabschluß zu berücksichtigen. Schließlich gilt für Aufwendungen und Erträge auch das Verrechnungsverbot des § 246 Abs. 2.[7]

6   Für die Gliederung der GuV gilt die **allgemeine Gliederungsvorschrift des § 265** betreffend die Gliederungsstetigkeit, die Angabe von Vorjahresbeträgen, die Zulässig-keit von Untergliederungen und der Einfügung neuer Posten usw.[8] Zusätzliche Posten sind nach § 265 Abs. 5 S. 2 so einzufügen, daß die vom Gesetz angestrebte Grundglie-derung möglichst erhalten bleibt und die Zwischensummen ihren Sinn behalten.[9] Dies gilt etwa für die in § 277 Abs. 3 vorgesehenen Posten betreffend den Ausweis außer-planmäßiger Abschreibungen sowie Erträge und Aufwendungen aus Verlustüber-nahmen. § 275 Abs. 2 und 3 schreibt für das Gesamt- und Umsatzkostenverfahren den gesonderten Ausweis bestimmter Posten vor. Von diesem Gliederungsschema kann unter den Voraussetzungen des § 265 Abs. 7 abgewichen werden.[10] Dies setzt voraus, daß entweder die Einzelbeträge unerheblich sind oder durch die Zusammenfassung die Klarheit der Darstellung erhöht wird.

II. Staffelform, Gesamt- und Umsatzkostenverfahren (Abs. 1)

1. Staffelform

7   Das Gesetz fordert in Abs. 1 S. 1 zwingend die **Aufstellung der GuV in Staffel-form**. Die Aufstellung in Kontoform ist danach nicht zulässig.[11] Für eine Abweichung hiervon im Einzelfall nach „true and fair view" besteht kein Anlaß.[12] Besonderheiten –

---

[5] Zum Verhältnis beider Funktion vgl. HdR-*Bor-chert* 1; ADS 18.

[6] Zu einer Ausnahme vgl. § 278 Rdn. 9 (zusätzlicher Aufwand durch Körperschaftsteuererhöhung).

[7] Wegen Ausnahmen vgl. ADS 9 f.

[8] Vgl. allgemein Erläuterungen zu § 265.

[9] Vgl. Bonner HdR-*Lachnit* 62; ADS 42 ff.

[10] Näher dazu bei ADS 48.

[11] ADS 38; Baumbach/Hueck/*Schulze-Osterloh* § 42, 343.

[12] **A. A.** Beck BilKomm-*Förschle* 11.

Wahlrecht zwischen Staffel- und Kontoform – gelten nach § 2 Abs. 1 S. 2 RechKredV für Kreditinstitute. Bei der Staffelform sind der Jahresüberschuß/Jahresfehlbetrag aus den Erträgen und Aufwendungen durch Addition und Subtraktion zu ermitteln.[13] Dem entspricht die Gliederung der GuV in § 275 Abs. 2 und 3. Ausgangspunkt sind unabhängig von der gewählten Darstellungsform (Gesamt- oder Umsatzkostenverfahren) die Umsatzerlöse. Die einzelnen Zwischensummen (z. B. „Ergebnis der gewöhnlichen Geschäftstätigkeit") machen die Erfolgsschichten des Unternehmens sichtbar[14] und erleichtern den Einblick in die Ertragslage. Im Interesse einer besseren Vergleichbarkeit ist nach Abs. 1 S. 2 die im Gesetz angegebene Reihenfolge der einzelnen Posten verbindlich.

2. Gesamt- und Umsatzkostenverfahren

Das Gesetz stellt es den Kapitalgesellschaften frei, die GuV nach der Gesamt- bzw. **8** dem Umsatzkostenverfahren aufzustellen (**Wahlrecht**). Damit erkennt es beide Verfahren grundsätzlich als gleichwertige Alternativen an. Während das Gesamtkostenverfahren – wenn auch mit inhaltlichen Abweichungen – bereits im AktG 1965 enthalten war (vgl. § 157 AktG a. F.), stellt die Zulassung des – weltweit gebräuchlicheren – Umsatzkostenverfahrens eine Neuerung des BiRiLiG dar.[15] Gesamt- und Umsatzkostenverfahren führen grundsätzlich zu demselben Jahresergebnis bzw. Jahresfehlbetrag. Die Unterschiede zwischen beiden Verfahren betreffen ausschließlich die Zuordnung der Erträge und Aufwendungen.[16]

Beim **Gesamtkostenverfahren** steht der Ausweis der gesamten Erträge und Auf- **9** wendungen einer Periode im Vordergrund. Die Darstellung ist periodenbestimmt. Beziehungen zwischen den Aufwendungen und den Umsatzerlösen bleiben außer Betracht. Vielmehr werden die gesamten Aufwendungen eines Geschäftsjahres mit der Gesamtleistung des Unternehmens verglichen. Daher werden beim Gesamtkostenverfahren nicht nur Umsatzerlöse, sondern auch Bestandsveränderungen der Erzeugnisse und andere aktivierte Eigenleistungen ausgewiesen. Demgegenüber ist das **Umsatzkostenverfahren** nicht perioden-, sondern umsatzbezogen ausgestaltet: Den Umsatzerlösen werden nur die zu ihrer Erzielung angefallenen Aufwendungen („Herstellungskosten") gegenübergestellt. Soweit Erzeugnisse aus früheren Perioden verkauft werden, enthalten die Herstellungskosten folglich auch Aufwendungen früherer Geschäftsjahre. Umgekehrt werden – mangels Umsatzerlöse – Bestandsveränderungen und aktivierte Eigenleistungen des Geschäftsjahres sowie die ihnen zuzurechnenden Aufwendungen beim Umsatzkostenverfahren nicht ausgewiesen. Beide Verfahren führen aber letztlich zum *gleichen Ergebnis*, denn die beim Umsatzkostenverfahren ausgewiesenen „Herstellungskosten der zur Erzielung der Umsatzerlöse erbrachten Leistungen" (§ 275 Abs. 3 Nr. 2) stellen nichts anderes dar als die um die Bestandserhöhung der Erzeugnisse und anderen aktivierten Eigenleistungen gekürzten sowie um die Bestandsverminderung der Erzeugnisse erhöhten Aufwendungen nach dem Gesamtkostenverfahren.[17] Ein weiterer Unterschied zwischen beiden Verfahren betrifft die *Gliederung der Aufwendungen*. Beim Gesamtkostenverfahren werden die Aufwendungen nach Arten (Materialaufwand, Personalaufwand, Abschreibungen,

---

[13] Vgl. Bonner HdR-*Lachnit* 57. Wegen eines Musters vgl. ADS 39.
[14] *Lachnit* aaO.
[15] Vgl. näher BTDrucks. 10/4268, S. 107.
[16] Zum folgenden vgl. ADS 29 ff; KK-*Claussen* §§ 275–277 HGB, § 158 AktG, 9 ff; Beck Bil-

Komm-*Förschle* 29 ff; Heymann/*Herrmann* HGB, 3 f; Bonner HdR-*Lachnit* 44 ff.
[17] Vgl. nur *IdW* SABI. 1/1987 WPg 1987, 141 f.

Rainer Hüttemann

sonstige betriebliche Aufwendungen) unterteilt (Primärprinzip). Beim Umsatzkostenverfahren werden die Aufwendungen vorrangig nach den Bereichen Herstellung, Vertrieb und allgemeine Verwaltung gegliedert (Sekundärprinzip). Unterschiede bestehen auch bei der *Anwendung* der Verfahren. Während die GuV beim Gesamtkostenverfahren sogleich aus der Finanzbuchhaltung abgeleitet werden kann, bedarf es beim Umsatzkostenverfahren einer Aufteilung der Aufwendungen entsprechend den betrieblichen Funktionsbereichen Herstellung, Vertrieb und Verwaltung. Eine solche Aufschlüsselung von Aufwendungen führt zu Zuordnungsproblemen und eröffnet Manipulationsspielräume. Anders als das Gesamtkostenverfahren vermittelt das Umsatzkostenverfahren schließlich keinen *Einblick in die Gesamtkosten einer Periode*. Zum Ausgleich dafür verlangt § 285 Nr. 8a und b Angaben zum Material- und Personalaufwand des Geschäftsjahres.

10   Als **Vorteile des Gesamtkostenverfahrens** sind folgende Gesichtspunkte zu nennen:[18]
- Es zeigt die Gesamtleistung einer Periode,
- die gesamten in einer Periode angefallenen Aufwendungen werden nach Arten gegliedert ausgewiesen,
- die Aufwendungen werden periodengerecht gezeigt,
- die GuV nach dem Gesamtkostenverfahren läßt sich ohne weitere Aufschlüsselung und Kostenrechnung aus der Finanzbuchhaltung ableiten,
- das Gesamtkostenverfahren ist bei Unternehmen mit langfristiger Auftrags- und Einzelfertigung aussagekräftiger,
- es ist auch für Unternehmen ohne deutliche Funktionsgliederung geeignet.

11   Als **Vorteile des Umsatzkostenverfahrens** sind demgegenüber festzuhalten:
- Es zeigt die Beziehung zwischen Verkaufsleistung und Kosten,
- das Umsatzkostenverfahren entspricht dem Kalkulationsschema des Unternehmens,
- es eignet sich insbesondere für Unternehmen mit Serienfertigung und für Handelsunternehmen,
- das Umsatzkostenverfahren ist international üblicher und ermöglicht daher bei grenzüberschreitend tätigen Unternehmen eher eine internationale Vergleichbarkeit der Ergebnisrechnung.

12   Fraglich ist, welches Verfahren den größeren **Informationsgehalt** besitzt. Ein generelles Informationsdefizit des Umsatzkostenverfahrens gegenüber dem Gesamtkostenverfahren läßt sich wohl nicht feststellen.[19] Vielmehr erlaubt die funktionsorientierte Aufteilung der Aufwendungen beim Umsatzkostenverfahren weitergehende Einblicke in die Ertragslage; ferner werden systembedingte Nachteile zumindest teilweise durch die zusätzlichen Angabepflichten im Anhang (§ 285 Nr. 8) ausgeglichen.[20] Zudem dürfte der Gesichtspunkt der internationalen Vergleichbarkeit zunehmend an Bedeutung gewinnen.[21] Letztlich werden sich eindeutige Aussagen über die Vorteilhaftigkeit eines der beiden Verfahren nur für das einzelne Unternehmen treffen lassen. Ausschlaggebend dürften dabei insbesondere der Adressatenkreis der Rechnungslegung und die mit der Rechnungslegung verfolgten unternehmenspolitischen Ziele sein.[22]

---

[18] Zu den Vor- und Nachteilen von Gesamt- und Umsatzkostenverfahren vgl. Beck BilKomm-*Förschle* 34 f; Bonner HdR-*Lachnit* 47 f; Heymann/*Herrmann* HGB, 4; HdR-*Borchert* 17 ff; Beck HdR-*Stobbe* B 310 Rdn 16 ff.

[19] **A.A.** KK-*Claussen* §§ 275–277 HGB, § 158

AktG, 14, 15. Vgl. auch *Rogler* DB 1992, 749 ff; *Fischer* FS Baetge (1997) S. 332 ff.

[20] Ebenso ADS 34; *Biener/Berneke* S. 219.

[21] HdR-*Borchert* 27.

[22] Vgl. näher ADS 35.

Geht man davon aus, daß beide Verfahren in ihrem Informationswert gleichwertig 13
sind, dann besteht kein Grund, das gesetzliche Wahlrecht durch Rückgriff auf das
Gebot des „true and fair view" einzuschränken.[23] Allerdings ist das Unternehmen
durch das Gebot der **Gliederungsstetigkeit** an die einmal getroffene Entscheidung
gebunden.[24] Ein Wechsel zum anderen Verfahren setzt daher das Vorliegen „besonderer Gründe" voraus (z. B. die Konzernabhängigkeit, wenn Konzern-GuV nach
anderem Verfahren gegliedert ist).

III. Gesamtkostenverfahren (Abs. 2)

Bei Gliederung der GuV nach dem Gesamtkostenverfahren sind die in § 275 Abs. 2 14
aufgezählten Einzelposten in der gesetzlich bestimmten Reihenfolge auszuweisen. Das
Gesetz legt dabei folgende **Gliederungssystematik** zugrunde:
- Erträge und Aufwendungen des betrieblichen Bereichs (Nr. 1–8),
- Erträge und Aufwendungen des Finanzbereichs (Nr. 9–13),
- Zwischensumme: Ergebnis der gewöhnlichen Geschäftstätigkeit (Nr. 14);
- außerordentliche Erträge und Aufwendungen (Nr. 15 und 16),
- Zwischensumme: Außerordentliches Ergebnis (Nr. 17);
- Steuern (Nr. 18 und 19),
- Jahresergebnis (Nr. 20).

1. Umsatzerlöse (Nr. 1)

Der Posten Umsatzerlöse ist für das Gesamt- und Umsatzkostenverfahren iden- 15
tisch. Eine gesetzliche Definition des Begriffs der Umsatzerlöse enthält § 277 Abs. 1.
Wegen Einzelheiten vgl. die Erläuterungen zu § 277, 5 ff.

2. Erhöhung oder Verminderung des Bestands an fertigen und unfertigen Erzeugnissen (Nr. 2)

Dieser Posten ist beim Gesamtkostenverfahren notwendig, weil in der nach 16
Kostenarten gegliederten GuV sämtliche Aufwendungen des abgelaufenen Geschäftsjahres ausgewiesen werden. Er ist insoweit **bilanztechnischer Natur:**[25] Bestandserhöhungen werden ergänzend zu den Umsatzerlösen ausgewiesen und zeigen eine
zusätzliche, im Geschäftsjahr noch nicht abgesetzte Leistung an.[26] Im Fall einer
Bestandsverminderung handelt es sich um eine Korrektur der im Verhältnis zu den
Umsatzerlösen zu niedrigen Aufwendungen. Hier zeigt der Posten die Verwertung
von Leistungen früherer Geschäftsjahre.[27]

Unter den Bestandsveränderungen sind zum einen **Mengenveränderungen** auszu- 17
weisen, d. h. vor allem Bestandsänderungen der fertigen und unfertigen Erzeugnisse,[28]
ferner auch Bestandsveränderungen selbsterzeugter Roh-, Hilfs- und Betriebsstoffe.[29]
Nicht erfaßt ist aber – mangels entsprechender Leistung – ein erhöhter Bestand an
bezogenen Waren; eine Verminderung des Warenbestandes ist unter Nr. 5a zu erfassen.
Insoweit weicht der unter Nr. 2 auszuweisende GuV-Posten von der Bestandsver-

---

[23] Ebenso ADS 35; **a. A.** KK-*Claussen* §§ 275–277 HGB, § 158 AktG, 16.

[24] Vgl. nur ADS 36; HdR-*Borchert* 28; Münch-KommHGB-*Beater* 15.

[25] ADS 53.

[26] Vgl. nur Baumbach/Hueck/*Schulze-Osterloh* § 42, 349; ADS aaO; KK-*Claussen* §§ 275–277 HGB, § 158 AktG, 24.

[27] Baumbach/Hueck/*Schulze-Osterloh* aaO.

[28] Vgl. etwa HdR-*Borchert* 33.

[29] Vgl. näher ADS 58 und 66 f; Beck BilKomm-*Förschle* 78; Bonner HdR-*Lachnit* 76; **a. A.** (Ausweis unter Nr. 3) HdR-*Borchert* 37.

Rainer Hüttemann

änderung laut Bilanz (B. I. 2. und 3.) ab.[30] Unter entsprechender Anpassung der Postenbezeichnung bzw. gesondert sind daneben aber auch unfertige Leistungen (bei Dienstleistungs- und Bauunternehmen) hier auszuweisen.[31]

18   Zum anderen gehören zu den Bestandsveränderungen i. S. v. Nr. 2 nach § 277 Abs. 2 auch **Wertänderungen**, z. B. infolge der Ausübung von Bewertungswahlrechten oder auf Grund der Vornahme von Abschreibungen. Nach § 277 Abs. 2 2. Halbs. sind aber nur solche Abschreibungen zu berücksichtigen, die „die in der Kapitalgesellschaft sonst üblichen Abschreibungen nicht überschreiten". „Unübliche" Abschreibungen sind unter Nr. 7 b auszuweisen. Soweit Abschreibungen nach § 253 Abs. 3 S. 3 zu den „üblichen" Abschreibungen zählen und in die Nr. 2 eingehen, ist § 277 Abs. 3 S. 1 zu beachten.

3. Andere aktivierte Eigenleistungen (Nr. 3)

19   Dieser Posten ist ebenso wie Nr. 2 durch die **Besonderheit des Gesamtkostenverfahrens** bedingt, daß alle Aufwendungen eines Geschäftsjahres ausgewiesen werden. Soweit diese Aufwendungen in der Bilanz zu Aktivierungen geführt haben, bedarf es eines entsprechenden Gegenpostens. Es handelt sich also nicht um einen wirklichen Ertragsposten, sondern er beruht auf einer bilanziellen Vermögensumschichtung.[32] Erfaßt werden nur „andere" aktivierte Eigenleistungen. Ein Ausweis unter Nr. 2 hat also Vorrang, so etwa bei selbsterzeugten Roh-, Hilfs- und Betriebsstoffen.[33] Unter Nr. 3 fallen insbesondere selbst geschaffene Gegenstände des Anlagevermögens, Großreparaturen und nach § 269 aktivierte Aufwendungen für die Ingangsetzung und Erweiterung des Geschäftsbetriebs.[34] Im Posten nach Nr. 3 sind entsprechend seiner Funktion als „Gegenposten" nur solche Aktivierungen zu berücksichtigen, die Aufwendungen des betreffenden Geschäftsjahres betreffen. Nachaktivierungen früheren Aufwands sind daher als periodenfremder Ertrag (Nr. 4, 15) zu erfassen.[35] Ferner sind Fremdleistungen im Rahmen von Nr. 3 – unter Verrechnung dieser Leistungen nach Nr. 5a und b – nur zu berücksichtigen, wenn die Eigenleistung überwiegt (sog. Bruttomethode). Überwiegen dagegen die Fremdleistungen, sind unter Nr. 3 nur die vom Unternehmen erbrachten Eigenleistungen „netto" auszuweisen, während der Fremdbezug unmittelbar auf den Anlagenkonten verbucht wird.[36]

4. Sonstige betriebliche Erträge (Nr. 4)

20   Der Posten erfaßt als **Sammelposten** alle Erträge, die nicht unter einem anderen Ertragsposten des Gliederungsschemas auszuweisen sind.[37] Entsprechend dem Wortlaut „sonstige betriebliche Erträge" sind hier nur solche Erträge auszuweisen, die innerhalb der gewöhnlichen Geschäftstätigkeit angefallen sind. „Außerordentliche Erträge" sind demgegenüber unter Nr. 15 darzustellen. Zur Abgrenzung gegenüber der Nr. 1 (Umsatzerlöse) vgl. Erläuterungen zu § 277, 6 ff.

21   Zu den „sonstigen betrieblichen Erträgen" zählen **insbesondere:**[38] Erträge (Buchgewinne) aus dem Abgang von Vermögensgegenständen des Anlagevermögens und

---

[30] ADS 55; Bonner HdR-*Lachnit* 70.
[31] ADS 57; HdR-*Borchert* 33; für gesonderten Ausweis: Baumbach/Hueck/*Schulze-Osterloh* § 42, 349.
[32] Vgl. ADS 59.
[33] ADS 66.
[34] ADS 61; Baumbach/Hueck/*Schulze-Osterloh* § 42, 350.

[35] Vgl. ADS 60; HdR-*Borchert* 34.
[36] Vgl. ADS 63; HdR-*Borchert* 36; Bonner HdR-*Lachnit* 77 f.
[37] Statt aller ADS 69.
[38] Eingehende Übersichten bei ADS 71; Beck Bil-Komm-*Förschle* 91.

aus Zuschreibungen; Erträge aus der Auflösung von Rückstellungen, die nicht bestimmungsgemäß in Anspruch genommen worden sind und auch nicht mehr benötigt werden,[39] ausgenommen Steuerrückstellungen; Erträge aus der Auflösung von Sonderposten mit Rücklageanteil (§ 281 Abs. 2 S. 2); sonstige Erträge, wie z. B. Erträge aus einer nicht geschäftstypischen Vermietungstätigkeit, aus realisierten Kursgewinnen, aus Zuschüssen, Forderungserlaß oder Schadensersatzleistungen.

5. Materialaufwand (Nr. 5)

a) Aufwendungen für Roh-, Hilfs- und Betriebsstoffe und für bezogene Waren 22 (Nr. 5a). Unter dem Posten Nr. 5a sind alle Aufwendungen für Roh-, Hilfs- und Betriebsstoffe und für bezogene Waren auszuweisen.[40] Dies gilt – entsprechend der Systematik des Gesamtkostenverfahrens, das nicht nach Funktionsbereichen unterscheidet – unabhängig davon, ob sie im Fertigungsbereich oder im Bereich des Vertriebs bzw. der Verwaltung angefallen sind.[41] Die Aufwendungen werden ermittelt nach der Formel: Anfangsbestand plus Zugänge minus Endbestand.[42] Da sich Anfangs- und Endbestand nach den Bilanzansätzen bestimmen, sind also neben dem Verbrauch auch Abschreibungen erfaßt (vgl. aber § 277 Abs. 2 2. Halbs., Abs. 3 S. 1), ferner Inventurunterschiede und sonstige Verluste.[43] Wurde ein Festwert gebildet, fallen unter Nr. 5a auch laufende Ersatzbeschaffungen und Veränderungen des Festwertes. Aufwendungen für bezogene (Handels-)Waren entstehen aus der Veräußerung bzw. Abschreibungen.[44]

b) Aufwendungen für bezogene Leistungen (Nr. 5b). Unter dem Posten Nr. 5b 23 sind nur solche Aufwendungen auszuweisen, die „Materialaufwand" i. S. d. Hauptpostens Nr. 5 sind.[45] Dazu zählen zunächst die in die Fertigung eingehenden Fremdleistungen, z. B. Kosten der Lohnbe- und verarbeitung von Rohstoffen oder unfertigen Erzeugnissen; ferner auch bezogene Leistungen in anderen Unternehmensbereichen (Forschung und Entwicklung, Vertriebs- und Verwaltungsbereich), wenn sie als „Materialaufwand" angesehen werden können.[46] Ist dies nicht der Fall, sind die Aufwendungen unter Nr. 8 („sonstiger betrieblicher Aufwand") auszuweisen, z. B. Beratungsgebühren, Mieten, Werbekosten.[47]

6. Personalaufwand (Nr. 6)

a) Löhne und Gehälter (Nr. 6a). Der Posten „Löhne und Gehälter" umfaßt **sämt- 24 liche Personalaufwendungen des Unternehmens** für seine Arbeitnehmer sowie für die Vorstände und Geschäftsführer, ganz gleich für welche Arbeit, in welcher Form und unter welcher Bezeichnung sie geleistet worden sind.[48] Voraussetzung ist aber,

---

[39] Vgl. näher ADS 76 ff.

[40] Wegen des Begriffs der Roh-, Hilfs- und Betriebsstoffe vgl. Erläuterungen zu § 266 Rdn. 26; wegen des Begriffs der Waren vgl. § 266 Rdn. 28.

[41] H. M. vgl. HdR-*Borchert* 50; *Biener/Berneke* S. 211; KK-*Claussen* §§ 275–277 HGB, § 158 AktG, 43; *Baumbach/Hueck/Schulze-Osterloh* § 42, 352; *Westermann* BB 1986, 1121; *Vogel* Rechnungslegungsvorschriften (1993) S. 45; a. A. – wahlweise Beschränkung auf Fertigungsbereich und im übrigen Ausweis unter Nr. 8 – WP-Handbuch I F 302; ADS 83; Beck BilKomm-*Förschle* 115; Bonner HdR-*Lachnit* 90; noch weitergehend – stets Ausweis unter Nr. 8 – Münch-KommHGB-*Beater* 38.

[42] Beck BilKomm-*Förschle* 120.

[43] ADS 89 ff.

[44] ADS 88.

[45] Statt aller nur ADS 93; *Baumbach/Hueck/Schulze-Osterloh* § 42, 353; a. A. – alle externen Aufwendungen – *Westermann* BB 1986, 1121.

[46] Ebenso ADS 95; *Schulze-Osterloh* aaO; Beck HdR-*Westermann* B 332 Rdn 7; *ders.* BB 1986, 1121; *Doberenz* BB 1987, 2191 f; *Vogel* Rechnungslegungsvorschriften (1993) S. 46; a. A. – *Biener/Berneke* S. 211; Beck BilKomm-*Förschle* 123; HdR-*Borchert* 50.

[47] ADS 98.

[48] ADS 100 ff; Beck BilKomm-*Förschle* 125 ff.

Rainer Hüttemann

daß der Personalaufwand unabhängig von der Auszahlung dem betreffenden Geschäftsjahr wirtschaftlich zuzuordnen ist.[49] Ausweispflichtig ist der *Bruttobetrag der Löhne und Gehälter*, also einschließlich der vom Arbeitnehmer zu tragenden Steuern und Sozialabgaben. Dagegen ist der vom Arbeitgeber zu tragende Anteil an den sozialen Abgaben in den Posten nach Nr. 6b einzustellen.[50] Unter Nr. 6a auszuweisen sind neben den Löhnen und Gehältern der Angestellten und den Vorstandsbezügen bzw. Bezügen der Geschäftsführer auch *alle Nebenleistungen*[51] wie Aufwandsentschädigungen, Gratifikationen, Sonderzulagen, Dienstaltersprämien usw. und Sachleistungen.[52] Kein Personalaufwand sind mangels Dienstvertrag Entschädigungen für Mitglieder des Aufsichtsrates oder eines Beirates, die als sonstiger betrieblicher Aufwand nach Nr. 8 zu erfassen sind.[53] Fraglich ist, wie überhöhte Vergütungen an Gesellschaftergeschäftsführer hinsichtlich des Mehrbetrages zu behandeln sind. Nach verbreiteter Ansicht sollen solche *verdeckten Gewinnausschüttungen* ungeachtet ihrer Veranlassung im Gesellschaftsverhältnis als Personalaufwand unter Nr. 6a auszuweisen sein.[54] Richtiger erscheint es dagegen, sie in der GuV – ihrer sachlichen Natur entsprechend – als Ergebnisverwendung zu behandeln.[55]

25   **b) Soziale Abgaben und Aufwendungen für Altersversorgung und für Unterstützung (Nr. 6b).** In Nr. 6b sind soziale Abgaben und Aufwendungen für Altersversorgung und Unterstützung zusammengefaßt. Aufwendungen für Altersversorgung sind dabei gesondert zu vermerken. Zu den *sozialen Abgaben* zählen die Arbeitgeberbeiträge an die Sozialversicherung (Renten-, Kranken-, Pflege- und Arbeitslosenversicherung) und die Berufsgenossenschaft.[56] Dagegen fallen die vom Lohn einbehaltenen Steuern und Sozialabgaben unter Nr. 6a. Eine Schwerbeschädigtenausgleichsabgabe gehört mangels Bezug zu den Arbeitnehmern zum sonstigen betrieblichen Aufwand (Nr. 8).[57] Der – gesondert zu vermerkende – Ausweis von *Aufwendungen für Altersversorgung* umfaßt insbesondere die Zuführungen zur Pensionsrückstellung einschließlich eines Zinsanteils für die bereits angesammelten Pensionsrückstellungen,[58] Pensionszahlungen mit und ohne Rechtsanspruch des Empfängers, soweit diese nicht zu Lasten von Pensionsrückstellungen geleistet werden, Zuweisungen an rechtlich selbständige Unterstützungskassen, Beiträge zu Pensionskassen und Direktversicherungen sowie Beiträge zum Pensionssicherungsverein.[59] *Aufwendungen für Unterstützung* sind Beihilfen zur Milderung von Belastungen der Arbeitnehmer, auf die kein Rechtsanspruch besteht.[60]

7. Abschreibungen

26   **a) Abschreibungen auf immaterielle Vermögensgegenstände des Anlagevermögens und Sachanlagen sowie auf aktivierte Aufwendungen für die Ingangsetzung und Erweiterung des Geschäftsbetriebs (Nr. 7a).** Dieser Posten enthält

---

[49] Beck HdR-*Schöning* B 333 Rdn. 5.
[50] ADS aaO.
[51] Eingehend Beck HdR-*Schöning* B 333 Rdn. 9 ff.
[52] Vgl. näher ADS 104.
[53] HdR-*Borchert* 55; ADS 113; Baumbach/Hueck/*Schulze-Osterloh* § 42, 354.
[54] ADS 103; Beck BilKomm-*Budde/Karig* § 246, 77.
[55] Baumbach/Hueck/*Schulze-Osterloh* § 42, 354 m. w. N.
[56] Statt aller ADS 116; KK-*Claussen* §§ 275–277 HGB, § 158 AktG, 57.

[57] KK-*Claussen* §§ 275–277 HGB, § 158 AktG, 57.
[58] Für wahlweisen Ausweis des Zinsanteils unter Nr. 13 WP-Handbuch I F 316; ADS 121; Baumbach/Hueck/*Schulze-Osterloh* § 42, 355; Beck BilKomm-*Förschle* 138; **a. A.** Beck HdR-*Schöning* B 333 Rdn. 32.
[59] Vgl. Beck BilKomm-*Förschle* 135; ADS 119 f.
[60] Baumbach/Hueck/*Schulze-Osterloh* § 42, 355. Abweichend WP-Handbuch I F 319; ADS 122: „soweit sie nicht für Leistungen der Empfänger gewährt werden".

sämtliche planmäßigen und außerplanmäßigen Abschreibungen einschließlich steuerrechtlicher Sonderabschreibungen auf die genannten Bilanzposten.[61] Der Ansatz deckt sich mit der Summe der nach § 268 Abs. 2 S. 3 anzugebenden Beträge, soweit keine Teilbeträge in den Posten „außerordentliche Aufwendungen" eingestellt werden.[62] Nicht hierher gehören Verluste aus dem Abgang von Gegenständen des Anlagevermögens.[63]

Außerplanmäßige Abschreibungen nach § 253 Abs. 2 S. 3 sind innerhalb des **27** Postens **gesondert auszuweisen oder im Anhang anzugeben** (§ 277 Abs. 3 S. 1). Steuerrechtliche Sonderabschreibungen, die nach § 281 Abs. 1 in einen Sonderposten mit Rücklageanteil eingestellt werden, sind nach § 281 Abs. 2 S. 3 gesondert im Posten „sonstige betriebliche Aufwendungen" (Nr. 8) auszuweisen.[64]

b) Abschreibungen auf Vermögensgegenstände des Umlaufvermögens, soweit **28** **diese die in der Kapitalgesellschaft üblichen Aufwendungen überschreiten (Nr. 7b).** Abschreibungen auf Vermögensgegenstände des Umlaufvermögens sind in der GuV an unterschiedlichen Stellen auszuweisen: Nr. 7b umfaßt nur die „unüblichen" Abschreibungen (**Mehrabschreibungen**). Dies wird für Bestandsänderungen ausdrücklich in § 277 Abs. 2 2. Halbs. ausgesprochen. Dagegen gehören die „üblichen" Abschreibungen je nach Art der Gegenstände des Umlaufvermögens in einen der folgenden vier Gliederungsposten: Bestandsveränderungen (Nr. 2), Materialaufwand (Nr. 5a), Abschreibungen auf Wertpapiere des Umlaufvermögens (Nr. 12) oder sonstiger betrieblicher Aufwand (Nr. 8). Unter Nr. 12 fallen – wegen der Trennung des Finanzergebnisses vom Betriebsergebnis – entgegen dem Wortlaut aber auch die „unüblichen" Abschreibungen auf Wertpapiere des Umlaufvermögens.[65]

Für die Bestimmung der **„Unüblichkeit"** ist weder auf die Höhe der Abschreibun- **29** gen der Vorjahre[66] noch darauf abzustellen, ob sie in Ausübung eines Wahlrechtes vorgenommen werden.[67] Vielmehr ist die bisherige Handhabung und Abschreibungspraxis entscheidend.[68] Unübliche Abschreibungen nach § 253 Abs. 3 S. 3 wegen künftiger Wertschwankungen sind nach § 277 Abs. 3 S. 1 gesondert auszuweisen oder im Anhang anzugeben.

8. Sonstige betriebliche Aufwendungen (Nr. 8)

Der Posten „sonstige betriebliche Aufwendungen" umfaßt als **Sammelposten** alle **30** Aufwendungen des Geschäftsjahres, die nicht unter einem anderen speziellen Aufwandsposten auszuweisen sind. Die Bezeichnung „betriebliche" stellt in Abgrenzung zu Nr. 16 (außerordentliche Aufwendungen) klar, daß hier nur solche Aufwendungen erfaßt werden, die der gewöhnlichen Geschäftstätigkeit zugerechnet werden können. Dazu zählen insbesondere:[69] Verluste aus dem Abgang von Gegenständen des Anlagevermögens[70] sowie des Umlaufvermögens (soweit letztere nicht als Bestandsveränderung in Nr. 2 bzw. als Materialaufwand nach Nr. 5a ausgewiesen werden),[71] übliche

---

[61] Vgl. nur KK-*Claussen* §§ 275–277 HGB, § 158 AktG, 63.
[62] ADS 124.
[63] ADS 128; Baumbach/Hueck/*Schulze-Osterloh* § 42, 356; a. A. *Biener/Berneke* S. 212 f.
[64] Vgl. nur ADS 125.
[65] Vgl. ADS 131, 169; KK-*Claussen* §§ 275–277 HGB, § 158 AktG, 61; Baumbach/Hueck/ *Schulze-Osterloh* § 42, 357; a.A. HdR-*Borchert* 82.
[66] So aber etwa KK-*Claussen*, §§ 275–277 HGB, § 158 AktG, 68; Beck BilKomm-*Förschle* 145.
[67] **A. A.** aber *Glade* 175.
[68] ADS 135; Baumbach/Hueck/*Schulze-Osterloh* § 42, 349, 357; HdJ-*Rürup* IV/1 Rdn. 288.
[69] Vgl. näher die Übersichten bei ADS 141; Beck BilKomm-*Förschle* 156; WP-Handbuch I F 327.
[70] ADS 140; Baumbach/Hueck/*Schulze-Osterloh* § 42, 358; a.A. *Biener/Berneke* S. 212 f.
[71] Baumbach/Hueck/*Schulze-Osterloh* § 42, 358.

Abschreibungen auf Forderungen des Umlaufvermögens, Einstellungen in den Sonderposten mit Rücklageanteil (vgl. § 281 Abs. 2 S. 2), sonstige Aufwendungen, z. B.
Aufwandsentschädigungen für Aufsichtsrats- und Beiratsmitglieder und eine Schwer-
behindertenausgleichsabgabe. Bei Abschreibungen nach § 253 Abs. 3 S. 3 ist § 277
Abs. 3 S. 1 zu beachten.

9. Erträge aus Beteiligungen (Nr. 9)

31   Unter Nr. 9 sind **Erträge aus „Beteiligungen"** auszuweisen. Zum Begriff der
„Beteiligung" vgl. Erläuterungen zu § 271, 2 ff. Mit einem Davon-Vermerk gesondert
anzugeben sind dabei die Erträge aus verbundenen Unternehmen. Wegen des Begriffs
der „verbundenen Unternehmen" vgl. Erläuterungen zu § 271, 13 ff. Gesondert anzugeben sind schließlich nach § 277 Abs. 3 S. 2 Erträge, die auf Grund einer Gewinngemeinschaft, eines Gewinn- oder eines Teilgewinnabführungsvertrages zufließen.
Beteiligungserträge sind insbesondere Dividenden von Kapitalgesellschaften einschließlich eines KSt-Guthabens und einbehaltener Kapitalertragsteuer (die unter Nr. 18
auszuweisen ist, soweit sie nicht erstattet wird) und Gewinnanteile aus Personengesellschaften.[72] Umstritten ist die Behandlung *verdeckter Gewinnausschüttungen.*[73]
Sie fallen nach richtiger Ansicht unter Nr. 9.[74] An dieser Rechtslage ändert sich auch
nichts dadurch, daß die Erfassung solcher Sachverhalte (z. B. bei Konzernumlagen
oder konzerninternen Verrechnungspreisen) naturgemäß mit praktischen Schwierigkeiten verbunden sein wird.[75] Je nach den Umständen kann allerdings auch ein Ausweis unter außerordentlichen Erträgen in Betracht kommen.[76] Nicht zu den Beteiligungserträgen gehören Buchgewinne aus der Veräußerung von Beteiligungen.[77] Sie
sind als sonstige betriebliche Erträge unter Nr. 4 bzw. außergewöhnlicher Ertrag nach
Nr. 15 auszuweisen. Entsprechendes gilt für Zuschreibungen auf Beteiligungsbuch-
werte.[78] Eine Saldierung von Beteiligungserträgen mit Verlusten aus Beteiligungen ist
unzulässig.[79] Zum Zeitpunkt der Vereinnahmung von Beteiligungserträgen, insbesondere bei Beteiligungen an Kapitalgesellschaften (sog. phasengleiche Aktivierung von
Gewinnansprüchen) vgl. Erläuterungen zu § 252.

10. Erträge aus anderen Wertpapieren und Ausleihungen des Finanzanlagevermögens (Nr. 10)

32   Unter diesen Einzelposten fallen alle *Erträge aus Finanzanlagen,* die nicht als
Erträge aus Beteiligungen nach Nr. 9 bzw. als Erträge aus Gewinngemeinschaften etc.
nach § 277 Abs. 3 S. 2 auszuweisen sind. Hierzu gehören Erträge aus Ausleihungen an
verbundene Unternehmen (§ 266 Abs. 2 A. III. 2), aus Ausleihungen an Unternehmen,
mit denen ein Beteiligungsverhältnis besteht (§ 266 Abs. 2 A. III. 4), aus Wertpapieren
des Anlagevermögens (§ 266 Abs. 2 A. III. 5) sowie aus sonstigen Ausleihungen (§ 266
Abs. 2 A. III. 6). Zu den Erträgen aus anderen Wertpapieren und Ausleihungen des
Finanzanlagevermögens zählen vor allem Zinsen, Dividenden und ähnliche Ausschüttungen, aber auch periodisch erfolgende Aufzinsungen und Ausgleichszahlungen nach

[72] Vgl. ADS 145 f.
[73] Vgl. nur ADS 147 mit weiteren Nachweisen zum
     Streitstand.
[74] Baumbach/Hueck/*Schulze-Osterloh* § 42, 359.
[75] Zutreffend *Schulze-Osterloh* aaO; **a. A.** ADS 147;
     Beck BilKomm-*Förschle* 179; HdR-*Borchert* 78;
     KK-*Claussen* §§ 275–277 HGB, § 158 AktG, 81.

[76] Vgl. *Schulze-Osterloh* aaO. Siehe auch LG Stutt-
     gart DB 1994, 928 f.
[77] ADS 148; HdR-*Borchert* 78; Baumbach/Hueck/
     Schulze-Osterloh § 42, 359; **a. A.** *Oebel* WPg
     1988, 126.
[78] ADS 148.
[79] ADS 149; Beck BilKomm-*Förschle* 180.

§ 304 AktG.[80] Erträge aus *Ausleihungen an verbundene Unternehmen* (vgl. § 271 Abs. 2) sind gesondert zu vermerken.

11. Sonstige Zinsen und ähnliche Erträge (Nr. 11)

In dem **Sammelposten** „sonstige Zinsen und ähnliche Erträge" sind vor allem Zin- **33** sen aus Guthaben, Forderungen und Wertpapiere des Umlaufvermögens zu erfassen, die nicht unter den Posten Nr. 9, 10 fallen bzw. nach § 277 Abs. 3 S. 2 gesondert aus-zuweisen sind.[81] Als sonstige Erträge sind z.B. Erträge aus einem Agio, Disagio oder Damnum, Kreditprovisionen usw. anzusehen.[82] Dazu zählt auch ein von Kunden nicht in Anspruch genommener Skontoabzug.[83] Eine *Saldierung* von Zinserträgen und Zinsaufwendungen ist grundsätzlich unzulässig.[84] Für Erträge, die von *verbundenen Unternehmen* stammen, sieht das Gesetz eine gesonderte Angabe durch Davon-Ver-merk vor.

12. Abschreibungen auf Finanzanlagen und auf Wertpapiere des Umlaufvermögens (Nr. 12)

Hierunter sind alle Abschreibungen auf Vermögensgegenstände i. S. v. § 266 Abs. 2 **34** A. III, B. III auszuweisen. Fraglich ist, ob sog. Mehrabschreibungen, die die in der Gesellschaft üblichen Abschreibungen überschreiten, unter Nr. 12 fallen oder – wie es der Wortlaut des Gesetzes nahelegt – unter Nr. 7b auszuweisen sind.[85] Für einen Aus-weis unter Nr. 12 spricht entscheidend der Umstand, daß das Gliederungsschema die Erträge und Aufwendungen des Finanzbereichs gesondert in den Nrn. 9–13 erfaßt.[86] Buchverluste aus dem Abgang von Finanzanlagen und Wertpapieren des Umlaufver-mögens gehören dagegen unter Nr. 8.[87] Außerplanmäßige Abschreibungen nach § 253 Abs. 2 S. 3 und Abschreibungen auf Wertpapiere nach § 253 Abs 3. S. 3 sind nach § 277 Abs. 3 S. 1 gesondert auszuweisen oder im Anhang anzugeben.

13. Zinsen und ähnliche Aufwendungen (Nr. 13)

Unter diesem Einzelposten sind die *Aufwendungen für das von der Gesellschaft* **35** *aufgenommene Fremdkapital* auszuweisen.[88] Dazu gehören insbesondere[89] Kredit-zinsen, Verzugszinsen, Diskontbeträge für Wechsel und Schecks, Kreditprovisionen, Abschreibungen auf ein aktiviertes Agio, Disagio oder Damnum, Zinsen auf Steuer-schulden.[90] Auch ein nicht in Anspruch genommener Lieferantenskonto unterfällt Nr. 13.[91] Nicht unter Nr. 13, sondern beim sonstigen betrieblichen Aufwand i. S. v. Nr. 8 zu erfassen sind hingegen Bankspesen, Kontoführungsgebühren und Kosten des Zahlungsverkehrs. Zinsaufwendungen gegenüber einem verbundenen Unternehmen sind gesondert zu vermerken.

---

[80] ADS 155; Beck BilKomm-*Förschle* 187 f.
[81] Vgl. ADS 156 ff.
[82] Siehe Beck BilKomm-*Förschle* 194.
[83] Baumbach/Hueck/*Schulze-Osterloh* § 42, 361; a. A. ADS 158; Beck BilKomm-*Förschle* 192.
[84] ADS 159 ff.
[85] Vgl. die Nachweise zum Meinungsstand bei ADS 169.
[86] H.M. ADS 169; Beck BilKomm-*Förschle* 201; Bonner HdR-*Lachnit* 196; MünchKommHGB-*Beater* 88; Baumbach/Hueck/*Schulze-Osterloh* § 42, 362; KK-*Claussen* §§ 275–277 HGB, § 158 AktG, 94; a. A. HdR-*Borchert* 82.

[87] WP-Handbuch I F 348; ADS 170; Baumbach/ Hueck/*Schulze-Osterloh* § 42, 362; a. A. *Biener/ Berneke* S. 215; *Oebel* WPg 1988, 125. Für Wahl-recht Bonner HdR-*Lachnit* 197.
[88] Beck BilKomm-*Förschle* 204; Baumbach/Hueck/ *Schulze-Osterloh* § 42, 363.
[89] Vgl. etwa ADS 174.
[90] Zu steuerlichen Nebenleistungen eingehend *Marx* DB 1996, 1149 ff.
[91] Baumbach/Hueck/*Schulze-Osterloh* § 42, 363; ebenso wohl (Wahlrecht) Beck BilKomm-*Förschle* 209; a. A. ADS 176.

14. Ergebnis der gewöhnlichen Geschäftstätigkeit (Nr. 14)

36   Das Ergebnis der gewöhnlichen Geschäftstätigkeit ist eine *Zwischensumme*, die sich aus dem Saldo der Nrn. 1–13 ergibt. Es umfaßt neben dem Betriebsergebnis (Nr. 1–8) auch das Finanzergebnis (Nr. 9–13) und zeigt Jahreserfolg ohne a. o. Ergebnis und ohne Steuerbelastung. Dabei ist durch die Verwendung der Begriffe „Überschuß" bzw. „Fehlbetrag"[92] oder durch ein entsprechendes Vorzeichen[93] deutlich zu machen, ob der Saldo positiv oder negativ ist. Der deutsche Gesetzgeber hat vom *Wahlrecht nach Art. 30* der 4. EG-Richtlinie Gebrauch gemacht und auf den gesonderten Ausweis der „*Steuern auf das Ergebnis aus der normalen Geschäftstätigkeit*" verzichtet. Stattdessen ist nach § 285 Nr. 6 im Anhang anzugeben, in welchem Maße Steuern vom Einkommen und vom Ertrag das Ergebnis der gewöhnlichen Geschäftstätigkeit und das außerordentliche Ergebnis belasten.

15. Außerordentliche Erträge (Nr. 15)

37   Die Begriffe „außerordentliche Erträge" und „außerordentliche Aufwendungen" werden in § 277 Abs. 4 S. 1 definiert. Wegen des Inhalts des Postens Nr. 15 vgl. daher die Erläuterungen zu § 277, 20 ff.

16. Außerordentliche Aufwendungen (Nr. 16)

38   Vgl. dazu Erläuterungen zu § 277, 20 ff.

17. Außerordentliches Ergebnis (Nr. 17)

39   Es handelt sich um eine **Zwischensumme**, die als Saldo aus den Posten Nr. 15 und Nr. 16 abgeleitet wird. Auch hier ist durch entsprechende Zusätze deutlich zu machen, ob ein positiver oder negativer Saldo vorliegt.[94]

18. Steuern vom Einkommen und vom Ertrag (Nr. 18)

40   „Steuern vom Einkommen und vom Ertrag" sind die Körperschaftsteuer (einschließlich einbehaltener Kapitalertragsteuern sowie anrechenbarer KSt), Ergänzungsabgaben zur KSt wie der Solidaritätszuschlag, ferner die Gewerbeertragsteuer sowie ausländische Ertragsteuern, wenn sie der Körperschaft- und Gewerbesteuer entsprechen.[95] Die Körperschaftsteuer ist gemäß § 278 nach dem Gewinnverwendungsvorschlag zu berechnen. Steuerliche Nebenleistungen – Verspätungszuschläge, Stundungs- und Aussetzungszinsen, Säumniszuschläge, Zwangsgelder und Kosten – sind keine „Steuern" i. S. v. Nr. 18, sondern entweder betrieblicher Aufwand (Nr. 8) oder Zinsen und ähnliche Aufwendungen (Nr. 13).[96]

41   Der Posten Nr. 18 soll die **gesamte Belastung der Gesellschaft mit Ertragsteuern** im jeweiligen Geschäftsjahr aufzeigen. Neben dem Körperschaft- und Gewerbeertragsteueraufwand sowie dem Solidaritätszuschlag und den ausländischen Ertragsteuern sind deshalb hier auch Aufwendungen aus der Bildung eines passivischen Steuerabgrenzungspostens, der Auflösung aktivischer Steuerabgrenzungsposten und Zuführungen zu Ertragsteuerrückstellungen zu berücksichtigen.[97] Darüber hinaus muß aber auch ein „negativer Steueraufwand", d. h. Erträge aus der Auflösung von Steuer-

---

[92] KK-*Claussen* §§ 275–277 HGB, § 158 AktG, 105.
[93] ADS 177.
[94] Vgl. ADS 182.

[95] ADS 185; Beck BilKomm-*Förschle* 238.
[96] Eingehend *Marx* DB 1996, 1149 ff.
[97] Vgl. etwa HdR-*Borchert* 93.

rückstellungen, aus einer aktiven Steuerabgrenzung (§ 274 Abs. 2) sowie der Aktivierung von Erstattungsforderungen, in den Posten einbezogen und saldiert werden. Eine solche Saldierung ist mit Rücksicht auf den besonderen Charakter des Postens auch ohne offene Absetzung der Erstattungsbeträge zulässig.[98] Soweit sich jedoch ein positiver Saldo ergibt, bedarf es zumindest einer entsprechenden Anpassung der Postenbezeichnung.[99]

Als Steueraufwand sind nur solche Aufwendungen unter Nr. 18 auszuweisen, für **42** die die Gesellschaft auch Steuerschuldner ist. Bei **Organschaftsverhältnissen** ist deshalb der Steueraufwand, der wirtschaftlich auf die Organgesellschaft entfällt, beim Organträger auszuweisen.[100] Die Organgesellschaft darf folglich nur die auf das eigene Einkommen entfallenen Steuern unter Nr. 18 zeigen.[101] Besonderheiten ergeben sich, wenn die Konzernobergesellschaft durch entsprechende Umlagen die Organgesellschaften mit dem wirtschaftlich auf sie entfallenden Steueraufwand belastet.[102]

19. Sonstige Steuern (Nr. 19)

Unter diesen Posten fallen **alle weiteren Steuern**, die nicht unter Nr. 18 auszu- **43** weisen sind. Für den Begriff der Steuer ist von § 3 AO auszugehen. Hierzu zählen insbesondere[103] Grundsteuer, Erbschaft- und Schenkungsteuer, Verbrauchsteuern, Kraftfahrzeugsteuer, Versicherungsteuer.[104] Die Umsatzsteuer ist, soweit sie auf Umsatzerlöse entfällt, grundsätzlich von den Erlösen abzusetzen (§ 277 Abs. 1). Des weiteren kommt eine Aktivierung bzw. ein Ausweis bei der entsprechenden Aufwandsart in Betracht. Raum für einen Ausweis von Umsatzsteuer unter Nr. 19 bleibt folglich nur in Organschaftsfällen, soweit eine Weiterbelastung an die Organgesellschaften unterbleibt.[105] Ebenfalls nicht nach Nr. 19 auszuweisen sind diejenigen Steuern, die als Anschaffungsnebenkosten zu aktivieren sind, z.B. die Grunderwerbsteuer.[106] Nicht zu den Steuern gehören steuerliche Nebenleistungen.[107]

20. Jahresüberschuß/Jahresfehlbetrag (Nr. 20)

Der Posten weist den im Geschäftsjahr erzielten Gewinn oder eingetretenen Ver- **44** lust **vor** *den Rücklagenbewegungen* (§ 275 Abs. 4) aus.[108] Er ergibt sich als Saldo aller unter den Nrn. 1–13, 15, 16, 18 und 19 ausgewiesenen Erträge und Aufwendungen. Ein Gewinn heißt „Jahresüberschuß", ein Verlust „Jahresfehlbetrag". Wird die Bilanz nicht unter vollständiger oder teilweiser Gewinnverwendung aufgestellt, endet das Gliederungsschema mit dem Posten Nr. 20. Für die AG ist jedoch in § 158 Abs. 1 AktG eine weitere Gliederung vorgeschrieben, die die Ergebnisverwendung aufzeigt.[109]

---

[98] ADS 187 f; Baumbach/Hueck/*Schulze-Osterloh* § 42, 368; Beck BilKomm-*Förschle* 245; Bonner HdR-*Lachnit* 212; a.A. – offene Absetzung – KK-*Claussen* §§ 275–277 HGB, § 158 AktG, 122.

[99] ADS 187; vgl. auch HdR-*Borchert* 96.

[100] Bonner HdR-*Lachnit* 214.

[101] ADS 191.

[102] Dazu eingehend ADS 191 ff mit weiteren Nachweisen zum Meinungsstand.

[103] Vgl. auch ADS 197.

[104] Für alternativen Ausweis bei den betreffenden Aufwandsarten ADS 201.

[105] Zur Behandlung der Umsatzsteuer vgl. näher *IdW* HFA 1/1985 WPg 1985, 257 ff; ADS 198; Bonner HdR-*Lachnit* 219; Baumbach/Hueck/*Schulze-Osterloh* § 42, 369; WP-Handbuch I F 372.

[106] ADS 205.

[107] Eingehend *Marx* DB 1996, 1149 ff.

[108] WP-Handbuch I F 378.

[109] Vgl. KK-*Claussen* §§ 275–277 HGB, § 158 AktG, 130 ff.

Rainer Hüttemann

21. Weitere Einzelposten

45   Zusätzlich zu den im Gliederungsschema des Abs. 2 angeführten Posten sieht das Gesetz für bestimmte Fälle den gesonderten Ausweis weiterer Posten vor. Hierzu gehören insbesondere die nach § 277 Abs. 3 S. 2 auszuweisenden Erträge und Aufwendungen aus Verlustübernahme und auf Grund einer Gewinngemeinschaft, eines Gewinnabführungs- oder eines Teilgewinnabführungsvertrages (vgl. Erläuterungen zu § 277, 14 ff).

IV. Umsatzkostenverfahren (Abs. 3)

46   Wird die GuV nach dem Umsatzkostenverfahren aufgestellt, sind die in Abs. 3 genannten Posten in der angegebenen Reihenfolge auszuweisen. Dabei liegt dem Gliederungsschema folgende – vom Gesamtkostenverfahren abweichende – **Systematik** zugrunde:
   – Umsatzerlöse und Herstellungskosten (Nr. 1 und 2),
   – Zwischensumme: Bruttoergebnis vom Umsatz (Nr. 3);
   – Vertriebskosten, Verwaltungskosten (Nr. 4 und 5),
   – sonstige betriebliche Erträge und Aufwendungen (Nr. 6 und 7).
Die weiteren Einzelposten bei Anwendung des Umsatzkostenverfahrens (Abs. 3 Nr. 8–19) entsprechen den Nr. 9–20 beim Gesamtkostenverfahren.

1. Umsatzerlöse (Nr. 1)

47   Dieser Einzelposten wird in § 277 Abs. 1 gesetzlich definiert. Vgl. dazu die Erläuterungen zu § 277, 4 ff.

2. Herstellungskosten der zur Erzielung der Umsatzerlöse erbrachten Leistungen (Nr. 2)

48   a) **Allgemeines.** Unter diesem Posten werden die **gesamten Herstellungskosten** ausgewiesen, mit deren Hilfe die Umsatzerlöse des betreffenden Geschäftsjahres (Nr. 1) erzielt worden sind.[110] Bei Handelsunternehmen sind hier – ggfs. unter Anpassung der Postenbezeichnung – die Anschaffungskosten der veräußerten Handelswaren anzusetzen.[111] Dabei ist es ohne Bedeutung, in welchem Geschäftsjahr die Aufwendungen angefallen sind. Vielmehr kommt es allein auf den Bezug zu den Umsatzerlösen des betreffenden Geschäftsjahres an.[112]

49   Entsprechend dem Grundgedanken des Umsatzkostenverfahrens – Ausweis der auf die Umsatzerlöse entfallenen Herstellungskosten – bleiben aktivierte Herstellungs- und Anschaffungskosten für im betreffenden Geschäftsjahr nicht abgesetzte Erzeugnisse und Waren in der GuV außer Betracht.[113] Werden solche **Bestandserhöhungen** in der Bilanz aber nur mit Teilkosten aktiviert, während in der GuV die Herstellungs- und Anschaffungskosten auf Vollkostenbasis angesetzt werden, beeinflußt ein entsprechender Differenzbetrag die GuV des Geschäftsjahres der Bestandserhöhung.[114]

50   b) **Begriff der Herstellungskosten.** Das Gesetz erläutert den Begriff der Herstellungskosten in § 275 Abs. 3 Nr. 2 nicht. Daher liegt es – ausgehend vom Grundsatz der

---

[110] ADS 211; Beck BilKomm-*Förschle* 266; Baumbach/Hueck/*Schulze-Osterloh* § 42, 377.
[111] ADS 211; *Rogler* BB 1992, 1161 f.
[112] Statt aller nur ADS 211.
[113] Vgl. oben Rdn. 9.
[114] Dazu eingehend unten Rdn. 54 f.

Einheitlichkeit der Bewertung – zunächst nahe, die Bewertungsvorschrift des § 255 Abs. 2 auch für Zwecke der GuV heranzuziehen.[115] Dagegen sprechen aber die unterschiedlichen Zwecke der Bewertungsvorschrift des § 255 Abs. 2 einerseits und der Ausweisvorschrift des § 275 Abs. 3 Nr. 2 andererseits: Die Definition der aktivierungsfähigen Herstellungskosten ist maßgeblich durch den Grundsatz der Vorsicht beeinflußt, dem im Rahmen der bilanziellen Gewinnermittlung wegen der Ausschüttungsbemessungsfunktion der Bilanz erhebliche Bedeutung zukommt. Dagegen geht es bei der zweckgerechten Auslegung des Herstellungskostenbegriffs in § 275 Abs. 3 Nr. 2 um ein reines Ausweis- und Gliederungsproblem.[116] Für eine begriffliche **Trennung der Herstellungskosten in Bilanz und GuV** läßt sich auch anführen, daß die englische Fassung der 4. EG-Richtlinie für die umsatz- und die bestandsbezogenen Herstellungskosten unterschiedliche Begriffe – „cost of sales" und „production cost" – verwendet.[117] Angesichts der unterschiedlichen Aufgaben von Bilanz und GuV ist somit der Begriff der Herstellungskosten im Rahmen der GuV ausschließlich unter dem Gesichtspunkt des richtigen Ausweises und nach dem Zweck des Umsatzkostenverfahrens zu bestimmen. Folglich besteht auch keine Bindung an den in der Bilanz gewählten Bewertungsansatz.[118]

Einzelfragen. Über den Herstellungskostenbegriff des § 255 Abs. 2 hinaus können **51** somit auch Gemeinkosten, die in der Bilanz nicht aktivierbar wären, weil sie nicht notwendig oder nicht angemessen sind, sowie Abschreibungen auf nicht voll genutzte Anlagen in den Posten Nr. 2 einbezogen werden.[119] Zu den Herstellungskosten gehören ferner dem Herstellungsprozeß zurechenbare Kosten der Forschung und Produktentwicklung,[120] Gewährleistungskosten und Kosten der Produkthaftpflicht. Auch nach § 255 Abs. 2 S. 4 aktivierte allgemeine Verwaltungskosten sind in der GuV umsatzbezogen unter den Herstellungskosten auszuweisen und nicht in die allgemeinen Verwaltungskosten nach Nr. 5 einzubeziehen.[121] Zweifelhaft ist, ob auch Aufwandszinsen und betriebliche Steuern in die Herstellungskosten nach Nr. 2 einbezogen werden können. Dagegen spricht aber, daß das Gliederungsschema in Nr. 12 und 18 entsprechende Sonderposten enthält, denen bei Anwendung des Umsatzkostenverfahrens kein anderer Informationsgehalt zukommen darf als bei Anwendung des Gesamtkostenverfahrens.[122]

c) Bestandsveränderungen. Herstellungskosten sind nach dem Umsatzkosten- **52** verfahren ausschließlich umsatzbezogen und nicht periodenbezogen auszuweisen.[123] Daher sind Herstellungs- und Anschaffungskosten für im Geschäftsjahr nicht ab-

---

[115] *Selchert* DB 1986, 2397 ff; *Baumbach/Duden/Hopt* 28.

[116] Vgl. dazu etwa *Gatzen* WPg 1987, 465 f.

[117] Vgl. *Chmielewicz* DBW 1987, 168; *Gatzen* aaO.

[118] H. M. *IdW* SABI 1/1987 WPg 1987, 142; WP-Handbuch I F 401; ADS 220; Beck BilKomm-*Förschle* 270; HdR-*Borchert* 127; MünchKomm-HGB-*Beater* 125; Baumbach/Hueck/*Schulze-Osterloh* § 42, 378; KK-*Claussen* §§ 275–277 HGB, § 158 AktG, 143; HdR-*Borchert* 127; *Gatzen* WPg 1987, 466; *Rogler* BB 1992, 1461; *Wimmer* WPg 1993, 161ff; a. A. – Gleichsetzung von Herstellungskosten in der Bilanz und GuV – *Selchert* DB 1986, 2397 ff; *Baumbach/Duden/Hopt* 28. Für „großen Spielraum" *Reige* WPg 1987, 498 ff; ohne eigene Stellungnahme Bonner HdR-*Lachnit* 133, 148; *Dörner* WPg 1987, 157 f.

[119] WP-Handbuch I F 402; Beck BilKomm-*Förschle* 273 f; Baumbach/Hueck/*Schulze-Osterloh* § 42, 378.

[120] WP-Handbuch aaO; *Schulze-Osterloh* aaO. Einschränkend aber Beck BilKomm-*Förschle* 307; ADS 234.

[121] WP-Handbuch I F 401; ADS 225; KK-*Claussen* §§ 275–277 HGB, § 158 AktG, 152; Baumbach/Hueck/*Schulze-Osterloh* § 42, 384.

[122] So überzeugend Baumbach/Hueck/*Schulze-Osterloh* § 42, 379; ebenso – mit Ausnahme für unerhebliche Beträge – HdR-*Borchert* 134; *Gatzen* WPg 1987, 463; a. A. – auch Ausweis unter Nr. 2 zulässig – WP-Handbuch I F 405; ADS 231, 233; Beck BilKomm-*Förschle* 274, 308 f; Bonner HdR-*Lachnit* 152; KK-*Claussen* §§ 275–277 HGB, § 158 AktG, 146.

[123] Vgl. allgemein oben Rdn. 9, 48 f.

Rainer Hüttemann

gesetzte Erzeugnisse und Waren nicht unter Nr. 2 auszuweisen. Solche *Bestandserhöhungen* sind vielmehr von den Herstellungskosten abzusetzen. Umgekehrt führen *Bestandsminderungen* durch den Verkauf von Erzeugnissen und Waren aus früheren Geschäftsjahren im Jahr des Umsatzes zum Ausweis entsprechender Herstellungskosten. Ein entsprechender Ausweis von Bestandsveränderungen bereitet jedoch im Einzelnen Probleme auf Grund der unterschiedlichen Herstellungskostenbegriffe in Bilanz und GuV. Insoweit gelten folgende Besonderheiten:

53   **Bestandsminderungen** durch den Verkauf von Erzeugnissen und Waren, die bei Beginn des Geschäftsjahres bereits vorhanden waren, sind – abweichend vom oben dargelegten allgemeinen Herstellungskostenbegriff i. S. v. Abs. 3 Nr. 2 – in der GuV nur mit den *in der Bilanz aktivierten Beträgen* auszuweisen.[124] Würde man sie mit den vollen Herstellungskosten ansetzen bzw. die aktivierten Beträge auf Vollkosten hochrechnen,[125] bedürfte es einer Kürzung einer anderen Aufwandsposition oder des Ansatzes eines entsprechenden Ausgleichspostens (fiktiver Ertrag) unter den sonstigen betrieblichen Erträgen, um eine Änderung des Jahresergebnisses zu vermeiden.[126] Dagegen spricht aber, daß dann entweder gegen das Saldierungsverbot verstoßen würde oder die ursprünglich nicht aktivierten Teile der Herstellungskosten zum zweiten Mal in der GuV als Aufwand ausgewiesen würden.[127]

54   Fraglich ist, mit welchem Wertansatz **Bestandserhöhungen** durch im Geschäftsjahr nicht abgesetzte Erzeugnisse und Waren von den Herstellungskosten abgesetzt werden. **Meinungsstand.** Nach einer Auffassung[128] sind die Herstellungskosten nach Abs. 3 Nr. 2 um die vollen Herstellungskosten der Bestandserhöhung zu kürzen. Die nicht aktivierten Herstellungskosten wären dann unter den „sonstigen betrieblichen Aufwendungen" nach Nr. 7 auszuweisen. Nach anderer Auffassung sind stets[129] – oder zumindest wahlweise[130] – nur die aktivierten Herstellungskosten abzusetzen mit der Folge, daß nicht aktivierte Herstellungskosten – abweichend vom Grundprinzip des Umsatzkostenverfahrens – periodenbezogen in dem Posten nach Abs. 3 Nr. 2 ausgewiesen würden.

55   **Stellungnahme.** Die erstgenannte Ansicht kann sich auf entsprechende Ausführungen des historischen Gesetzgebers stützen[131] und entspricht dem Grundgedanken des Umsatzkostenverfahrens, die Umsatzerlöse und Herstellungskosten auf die in der jeweiligen Periode abgesetzten Mengeneinheiten zu beziehen.[132] Gleichwohl ist der zweiten Ansicht zu folgen: Sie kann sich zum einen auf die internationale Übung berufen. Ferner handelt es sich bei den nicht aktivierten Herstellungskosten um solche des Funktionsbereichs „Herstellung".[133] Zudem sind die mit der zweiten Auffassung verbundenen Verzerrungen des Ausweises relativ gering, weil umgekehrt auch

---

[124] *IdW* SABI 1/1987 WPg 1987, 142; WP-Handbuch I F 403; ADS 222; HdR-*Borchert* 127; Beck BilKomm-*Förschle* 269; KK-*Claussen* §§ 275–277 HGB, § 158 AktG, 145; Baumbach/Hueck/*Schulze-Osterloh* § 42, 380; Bonner HdR-*Lachnit* 136; *Gatzen* WPg 1987, 468; *Rogler* BB 1992, 1463.

[125] Vgl. *Jonas* Die EG-Bilanzrichtlinie, S. 142.

[126] *Rogler* BB 1992, 1463.

[127] *IdW* SABI 1/1987 WPg 1987, 142.

[128] *Baetge/Fischer* in Albach/Forster, Beiträge zum Bilanzrichtlinie-Gesetz, S. 193 f; *Glade* BFuP 1987, 30; *Dörner* WPg 1987, 157; *Rogler* BB 1992, 1463; *Wimmer* WPg 1993, 165.

[129] Vgl. Baumbach/Hueck/*Schulze-Osterloh* § 42, 380; KK-*Claussen* §§ 275–277 HGB, § 158 AktG, 144 f; Beck BilKomm-*Förschle* 276; *Egner* in Beck HdR B 361 Rdn. 65; *Gatzen* WPg 1987, 470; *Vogel* Rechnungslegungsvorschriften (1993) S. 51 f.

[130] Für Zulässigkeit beider Verfahren bei Vorzug einer Kürzung um aktivierte Aufwendungen WP-Handbuch I F 404; HdR-*Borchert* 127; Bonner HdR-*Lachnit* 136.

[131] BTDrucks. 10/4268, S. 108.

[132] *Rogler* BB 1992, 1463.

[133] *Vogel* Rechnungslegungsvorschriften (1993) S. 51.

Bestandsverminderungen nur zu Teilkosten in den Posten nach Abs. 3 Nr. 2 einfließen. Die ganze Problematik beschränkt sich also praktisch auf die Bestandsveränderungen innerhalb einer Periode.[134] Schließlich spricht für die zweite Auffassung auch das Interesse an einer einheitlichen Behandlung von Bestandsveränderungen:[135] Ebenso wie Verkäufe aus den Anfangsbeständen nur mit den aktivierten Herstellungskosten in den Posten Nr. 2 eingehen, sollten auch die Kürzungen wegen Bestandsveränderungen – abweichend vom allgemeinen Herstellungskostenbegriff in der GuV – nur mit den in der Bilanz aktivierten Beträgen erfolgen.

Angesichts der dargelegten Meinungsunterschiede ist, wenn die Behandlung von **56** Bestandsveränderungen nicht nur geringfügige Bedeutung hat, **im Anhang** nach § 284 Abs. 2 Nr. 1 die angewendete Darstellungsmethode anzugeben. Ferner muß nach dem Gebot der Darstellungsstetigkeit die einmal gewählte Methode beibehalten werden.[136]

d) Gesonderter Ausweis nach § 277 Abs. 3 S. 1. Soweit in dem Posten nach Abs. 3 **57** Nr. 2 außergewöhnliche Abschreibungen nach § 253 Abs. 2 S. 3 sowie Abschreibungen nach § 253 Abs. 3 S. 3 enthalten sind, müssen diese nach § 277 Abs. 3 S. 1 gesondert ausgewiesen oder im Anhang angegeben werden.

3. Bruttoergebnis vom Umsatz (Nr. 3)

Dieser Posten ergibt sich als Zwischensumme aus einer Saldierung der Posten Nrn. 1 **58** und 2. Ein negatives Bruttoergebnis sollte unter dem Gesichtspunkt der Klarheit durch ein entsprechendes Vorzeichen gekennzeichnet werden.[137]

4. Vertriebskosten (Nr. 4)

Unter diesem Posten sind – *perioden*bezogen und nicht umsatzbezogen – alle Auf- **59** wendungen auszuweisen, die im jeweiligen Geschäftsjahr im Vertriebsbereich für den Absatz von Produkten und Dienstleistungen angefallen sind.[138] Vertriebskosten werden ausschließlich unter Nr. 4 ausgewiesen, da sie nach § 255 Abs. 2 S. 6 nicht als Herstellungskosten aktiviert werden dürfen. Zu den Vertriebskosten zählen neben den Vertriebseinzelkosten (z. B. Verpackungs- und Transpostkosten) auch die Vertriebsgemeinkosten (Personalkosten, Marktforschung, Werbung etc.).[139] Soweit der Posten auch Abschreibungen nach § 277 Abs. 3 S. 1 enthält, sind diese gesondert auszuweisen bzw. im Anhang anzugeben.

5. Allgemeine Verwaltungskosten (Nr. 5)

Als „allgemeine Verwaltungskosten" sind solche Verwaltungsaufwendungen aus- **60** zuweisen, die weder dem Herstellungs- (Nr. 2) noch dem Vertriebsbereich (Nr. 4) zugerechnet werden können. Nicht darunter fallen deshalb als Herstellungskosten aktivierte Verwaltungskosten nach § 255 Abs. 2 S. 4 oder Personalkosten des Vertriebsbereichs. Die allgemeinen Verwaltungskosten werden – ebenso wie die Vertriebskosten – nicht umsatzbezogen, sondern *perioden*bezogen ausgewiesen. Unter Nr. 5 sind folglich alle Aufwendungen zu erfassen, die sich unter den Begriff „Allgemeine Verwaltung" subsumieren lassen,[140] also Kosten der Geschäftsführung und der

134 Zutreffend ADS 223.
135 Überzeugend Baumbach/Hueck/*Schulze-Oster-loh* § 42, 380.
136 Vgl. ADS 224.
137 ADS 235.

138 Vgl. HuRB-*Busse von Colbe* 375 ff.
139 Vgl. näher WP-Handbuch I F 409; HdR-*Bor-chert* 136 f.
140 KK-*Claussen* §§ 275–277 HGB, § 158 AktG, 153.

Abteilungen mit Verwaltungscharakter (Rechts- und Steuerabteilung, Rechnungswesen, Personalabteilung) sowie Abschreibungen auf Verwaltungsgebäude. Abweichend vom Gesamtkostenverfahren sind im Rahmen des Umsatzkostenverfahrens
Vergütungen für Aufsichtsrats- und Beiratsmitglieder nicht als „sonstige betriebliche
Aufwendungen", sondern unter der vorrangigen Nr. 5 auszuweisen.[141]

6. Sonstige betriebliche Erträge (Nr. 6)

61 Dieser Posten entspricht dem vergleichbaren Posten Nr. 4 im Rahmen des Gliederungsschemas für das Gesamtkostenverfahren. Werden Eigenleistungen des Unternehmens im Anlagevermögen aktiviert, unterbleibt im Umsatzkostenverfahren –
anders als beim Gesamtkostenverfahren (vgl. Abs. 2 Nr. 3) – ein entsprechender Ausweis. Zugleich sind dann aber auch die entsprechenden Aufwendungen ohne
Berührung der GuV auf den betreffenden Bestandskonten zu erfassen.[142]

7. Sonstige betriebliche Aufwendungen (Nr. 7)

62 Der Posten „sonstige betriebliche Aufwendungen" fehlt im Gliederungsschema
der Art. 25, 26 der **4. EG-Richtlinie**. Er wurde in den Verhandlungen für entbehrlich
gehalten.[143] Dies trifft sich mit der Grundkonzeption des Umsatzkostenverfahrens,
nach dem alle Aufwendungen einem der drei Funktionsbereiche zugeordnet werden
können. Soweit sich dieses aber nicht durchhalten läßt, ist die Einfügung eines solchen
Postens durch den deutschen Gesetzgeber nach Art. 4 Abs. 1 S. 3 der 4. EG-Richtlinie
gerechtfertigt.[144]

63 Bedarf für einen entsprechenden **Auffangposten** besteht – wie oben (Rdn. 54 f)
dargelegt – zwar nicht für den Ausweis nicht aktivierter Herstellungskosten bei
Bestandserhöhungen.[145] Indes ist die Erweiterung des Gliederungsschemas aber in
Hinsicht auf andere Aufwendungen geboten: Zu nennen sind zum einen Aufwen-
gen, die zu sonstigen Erträgen nach Nr. 6 geführt haben.[146] Ferner fallen unter Nr. 7
auch Aufwendungen für eine Grundlagenforschung, die mangels konkretem Produkt-
bezug nicht mehr dem Herstellungsbereich zugerechnet werden können.[147] Schließlich sind nach § 281 Abs. 2 S. 2 hier Einstellungen in den Sonderposten mit Rücklagenanteil auszuweisen. Zu den sonstigen betrieblichen Aufwendungen zählen somit
alle Aufwendungen, die keinem besonderen Funktionsbereich zugeordnet werden
können und deshalb nicht unter einen spezielleren Posten – Herstellungs-, Vertriebs-
oder allgemeine Verwaltungskosten – fallen.

8. Posten nach Abs. 3 Nr. 8–19

64 Die weiteren Posten nach Abs. 3 Nr. 8–19 bei Anwendung des Umsatzkostenverfahrens entsprechen inhaltlich den Posten nach Abs. 2 Nr. 9–20 beim Gesamtkostenverfahren. Ein Unterschied ergibt sich jedoch bei dem Posten Nr. 11 (Abschreibungen

---

[141] Statt aller nur ADS 238; Baumbach/Hueck/
Schulze-Osterloh § 42, 384.
[142] Beck BilKomm-*Förschle* 300; HdR-*Borchert*
114; KK-*Claussen* §§ 275–277 HGB, § 158
AktG, 135; Baumbach/Hueck/*Schulze-Osterloh*
§ 42, 385. Für Wahlrecht – auch Ausweis der
Aufwendungen in der GuV mit entsprechendem
Ausgleichsposten unter Nr. 6 möglich – WP-
Handbuch I F 412; ADS 242; Bonner HdR-
Lachnit 169.

[143] Vgl. *Vogel* Rechnungslegungsvorschriften (1993)
S. 50.
[144] *Vogel* aaO.
[145] A. A. aber BTDrucks. 10/4268, S. 108.
[146] KK-*Claussen* §§ 275–277 HGB, § 158 AktG,
158; Baumbach/Hueck/*Schulze-Osterloh* § 42,
386.
[147] ADS 246; *Schulze-Osterloh* aaO; Beck Bil-
Komm-*Förschle* 307.

auf Finanzanlagen und auf Wertpapiere des Umlaufvermögens), weil mangels eines besonderen Postens bei Anwendung des Umsatzkostenverfahrens auch unübliche Abschreibungen hier auszuweisen sind. Weitere Abweichungen können sich im Einzelfall aber bei Nr. 12, 18 durch die Einbeziehung von Aufwandszinsen und Kostensteuern in die Nr. 2, 4 und 5 ergeben.

V. Veränderungen der Kapital- und Gewinnrücklagen (Abs. 4)

Nach § 275 Abs. 4 dürfen Veränderungen der Kapital- und Gewinnrücklagen in der **65** GuV erst nach dem Posten „Jahresüberschuß/Jahresfehlbetrag" ausgewiesen werden. Zuführungen bzw. Entnahmen aus den Rücklagen dürfen also das Jahresergebnis nicht beeinflussen. Damit wird der Tatsache Rechnung getragen, daß es sich insoweit um **Maßnahmen der Gewinnverwendung** handelt, die den Bereich der Gewinnentstehung nicht berühren sollen.[148]

Für AG und KGaA gilt die **besondere Gliederungsvorschrift** des § 158 Abs. 1 **66** AktG. Diese Vorschrift kann auf GmbH entsprechend angewendet werden.[149] Nach § 158 Abs. 1 S. 1 AktG ist die GuV im Anschluß an die Posten „Jahresüberschuß/ Jahresfehlbetrag" um folgende Posten zu erweitern:

Nr. 21	Gewinnvortrag/Verlustvortrag aus dem Vorjahr,
Nr. 22	Entnahmen aus der Kapitalrücklage,
Nr. 23	Entnahmen aus Gewinnrücklagen,
	a) aus der gesetzlichen Rücklage,
	b) aus der Rücklage für eigene Anteile,
	c) aus satzungsmäßigen Rücklagen,
	d) aus anderen Gewinnrücklagen,
Nr. 24	Einstellungen in Gewinnrücklagen,
	a) in die gesetzliche Rücklage,
	b) in die Rücklage für eigene Anteile,
	c) in satzungsmäßige Rücklagen,
	d) in andere Gewinnrücklagen.
Nr. 25	Bilanzgewinn/Bilanzverlust.

Nach § 158 Abs. 1 S. 2 AktG ist es auch zulässig, die entsprechenden Posten statt in der GuV im Anhang anzugeben.

VI. Rechtsfolgen eines Verstoßes gegen § 275 HGB

Eine unrichtige Wiedergabe oder Verschleierung der Verhältnisse im Jahres- **67** abschluß (und damit auch in der GuV) ist nach § 331 Nr. 1 strafbar. Ferner ist eine Verletzung des § 275 gemäß § 334 Abs. 1 Nr. 1 Buchst. c als Ordnungswidrigkeit zu ahnden. Ein Verstoß gegen die Gliederungsvorschrift des § 275 führt, wenn dadurch die Klarheit und Übersichtlichkeit wesentlich beeinträchtigt wird, nach § 256 Abs. 4 und Abs. 1 Nr. 1 AktG zur Nichtigkeit des Jahresabschlusses. Für die GmbH ergibt sich dieses Ergebnis aus einer entsprechenden Anwendung des § 256 Abs. 1, Abs. 4 HGB.[150]

---

148 Beck BilKomm-*Förschle* 310.
149 Vgl. nur WP-Handbuch I F 380.

150 Beck BilKomm-*Förschle* 321; ADS 16.

§ 276
Größenabhängige Erleichterungen

Kleine und mittelgroße Kapitalgesellschaften (§ 267 Abs. 1, 2) dürfen die Posten § 275 Abs. 2 Nr. 1 bis 5 oder Abs. 3 Nr. 1 bis 3 und 6 zu einem Posten unter der Bezeichnung „Rohergebnis" zusammenfassen. Kleine Kapitalgesellschaften brauchen außerdem die in § 277 Abs. 4 Satz 2 und 3 verlangten Erläuterungen zu den Posten „außerordentliche Erträge" und „außerordentliche Aufwendungen" nicht zu machen.

Übersicht

	Rdn.			Rdn.
I. Allgemeines	1–3		III. Keine Erläuterungspflichten nach	
II. Zusammenfassung bestimmter			§ 277 Abs. 4 S. 2 und 3 (S. 2)	8, 9
Posten zum „Rohergebnis" (S. 1)	4–7		IV. Sanktionsfolgen	10

Schrifttum

Vgl. Angaben zu § 275.

I. Allgemeines

1   § 276 enthält verschiedene **größenabhängige Erleichterungen bei der GuV.** § 276 S. 1 gestattet es kleinen und mittelgroßen Kapitalgesellschaften, bestimmte Posten zu einem Sammelposten „Rohergebnis" zusammenzufassen. Nach S. 2 entfallen für kleine Kapitalgesellschaften die Erläuterungspflichten nach § 277 Abs. 4 S. 2 und 3.

2   Die Erleichterungen nach § 276 S. 1 beruhen auf Art. 27a und c der **4. EG-Richtlinie.** § 276 S. 2 ist erst 1994 in das Gesetz eingefügt worden und beruht auf Art. 5 Nr. 2 der sog. Mittelstandsrichtlinie.[1] § 276 gilt entsprechend für Genossenschaften (§ 336 Abs. 2 S. 1), nicht aber für Kreditinstitute und Versicherungsunternehmen. Hinsichtlich der Begriffe „Kleine und mittelgroße Kapitalgesellschaften" vgl. § 267, 3 ff.

3   § 276 gewährt ein **Wahlrecht.** Seine Ausübung obliegt den zur Aufstellung des Jahresabschlusses berufenen Organen (Vorstand, Geschäftsführung). § 276 läßt **Auskunfts- und Informationsrechte der Gesellschafter** unberührt. So kann in einer AG jeder Aktionär nach § 131 Abs. 1 S. 3 AktG verlangen, daß ihm in der Hauptversammlung, die über den Jahresabschluß beschließt, eine ungekürzte GuV vorgelegt wird. In der GmbH ist die Bedeutung des Wahlrechts nach § 276 durch das Auskunftsrecht der Gesellschafter nach § 51a GmbHG eingeschränkt. Zur Bedeutung des § 276 in Hinsicht auf Arbeitnehmerrechte vgl. die Erläuterungen zu § 267 Abs. 6 oben bei § 267, 20 ff.

II. Zusammenfassung bestimmter Posten zum „Rohergebnis" (S. 1)

4   Nach S. 1 dürfen kleine und mittelgroße Kapitalgesellschaften folgende Posten der GuV zu einem Posten unter der Bezeichnung „Rohergebnis" zusammenfassen:

---

[1] Richtlinie 90/604/EWG v. 8.11.1990 Abl. EG L 317, S. 57.

bei **Anwendung des Gesamtkostenverfahrens** (§ 275 Abs. 2):   **5**
Nr. 1   Umsatzerlöse,
Nr. 2   Erhöhung oder Verminderung des Bestands an fertigen und unfertigen Erzeugnissen,
Nr. 3   andere aktivierte Eigenleistungen,
Nr. 4   sonstige betriebliche Erträge,
Nr. 5   Materialaufwand.

bei **Anwendung des Umsatzkostenverfahrens** (§ 275 Abs. 3):   **6**
Nr. 1   Umsatzerlöse,
Nr. 2   Herstellungskosten der zur Erzielung der Umsatzerlöse erbrachten Leistungen,
Nr. 3   Bruttogewinn vom Umsatz,
Nr. 6   sonstige betriebliche Erträge.

Je nach gewähltem Gliederungsschema erhält der Sammelposten „Rohergebnis" **7**
somit einen ganz **unterschiedlichen Inhalt**: So sind etwa die Personalaufwendungen bei Anwendung des Umsatzkostenverfahren im Rohergebnis weitgehend enthalten, während Vertriebs- und allgemeine Verwaltungskosten gesondert ausgewiesen werden. Dies gilt auch, soweit sie Materialkosten enthalten, die bei Aufstellung der GuV nach dem Gesamtkostenverfahren in das Rohergebnis eingehen. Die Aussagekraft der GuV und die Möglichkeiten einer externen Bilanzanalyse werden durch diese abweichende Zusammenfassung je nach gewähltem Verfahren *erheblich beeinträchtigt*.[2]

III. Keine Erläuterungspflichten nach § 277 Abs. 4 S. 2 und 3 (S. 2)

Nach § 276 S. 2 sind **kleine Kapitalgesellschaften** von folgenden Erläuterungs- **8**
pflichten befreit: Zum einen brauchen sie – abweichend von § 277 Abs. 4 S. 2 – keine Angaben zu Betrag und Art der „außerordentlichen Erträge" und „außerordentlichen Aufwendungen" zu machen, auch wenn diese Posten nicht von untergeordneter Bedeutung sind. Ferner sind sie von der Erläuterungspflicht nach § 277 Abs. 4 S. 3 betreffend sog. periodenfremde Erträge und Aufwendungen befreit.

Die Erleichterungen nach § 276 S. 1 und 2 sind auch dann gegeben, wenn dadurch **9**
der Einblick nach § 264 Abs. 2 beeinträchtigt wird. § 276 geht als **lex specialis** der Generalnorm des § 264 Abs. 2 vor.[3]

IV. Sanktionsfolgen

§ 276 sieht eine Erleichterung für kleine und mittelgroße Kapitalgesellschaften vor. **10**
Eine Verletzung dieser Vorschrift ist daher nicht möglich.[4]

---

[2] Vgl. dazu näher ADS 10 m. w. N.   [4] Beck BilKomm-*Budde/Hense* § 334, 25.
[3] ADS 11.

§ 277
Vorschriften zu einzelnen Posten der Gewinn- und Verlustrechnung

(1) Als Umsatzerlöse sind die Erlöse aus dem Verkauf und der Vermietung oder Verpachtung von für die gewöhnliche Geschäftätigkeit der Kapitalgesellschaft typischen Erzeugnissen und Waren sowie aus von für die gewöhnliche Geschäftätigkeit der Kapitalgesellschaft typischen Dienstleistungen nach Abzug von Erlösschmälerungen und der Umsatzsteuer auszuweisen.

(2) Als Bestandsveränderungen sind sowohl Änderungen der Menge als auch solche des Wertes zu berücksichtigen; Abschreibungen jedoch nur, soweit diese die in der Kapitalgesellschaft sonst üblichen Abschreibungen nicht überschreiten.

(3) Außerplanmäßige Abschreibungen nach § 253 Abs. 2 Satz 3 sowie Abschreibungen nach § 253 Abs. 3 Satz 3 sind jeweils gesondert auszuweisen oder im Anhang anzugeben. Erträge und Aufwendungen aus Verlustübernahme und auf Grund einer Gewinngemeinschaft, eines Gewinnabführungs- oder eines Teilgewinnabführungsvertrags erhaltene oder abgeführte Gewinne sind jeweils gesondert unter entsprechender Bezeichnung auszuweisen.

(4) Unter den Posten „außerordentliche Erträge" und „außerordentliche Aufwendungen" sind Erträge und Aufwendungen auszuweisen, die außerhalb der gewöhnlichen Geschäftätigkeit der Kapitalgesellschaft anfallen. Die Posten sind hinsichtlich ihres Betrags und ihrer Art im Anhang zu erläutern, soweit die ausgewiesenen Beträge für die Beurteilung der Ertragslage nicht von untergeordneter Bedeutung sind. Satz 2 gilt auch für Erträge und Aufwendungen, die einem anderen Geschäftsjahr zuzurechnen sind.

Übersicht

	Rdn.			Rdn.
I. Übersicht			c) Aufwendungen aus Verlustüber-	
1. Norminhalt	1		nahmen	16
2. 4. EG-Richtlinie	2		d) Aufwendungen aus Gewinn-	
3. Anwendungsbereich	3		gemeinschaften, Gewinn-	
II. Umsatzerlöse (Abs. 1)			abführungs-und Teilgewinn-	
1. Allgemeines	4		abführungsverträgen	17
2. Umsatzerlöse	5–8		e) Erträge aus Verlustübernahmen	18
3. Erlösschmälerungen und Umsatz-			f) Dividendengarantien	19
steuer	9–11		V. „Außerordentliche Erträge" und	
III. Bestandsveränderungen (Abs. 2)	12		„außerordentliche Aufwendungen"	
IV. Gesonderter Ausweis bestimmter			(Abs. 4 S. 1)	
Aufwendungen und Erträge			1. Regelungsgehalt	20
(Abs. 3)			2. „... außerhalb der gewöhnlichen	
1. Außerplanmäßige Abschreibungen			Geschäftätigkeit"	
(Abs. 3 S. 1)	13		a) Problemstellung	21
2. Erträge und Aufwendungen aus			b) Meinungsstand	22
Verlustübernahmen, Gewinngemein-			c) Stellungnahme	
schaften und Gewinnabführungs-			aa) „Wesentlichkeit" kein Merk-	
und Teilgewinnabführungsverträgen			mal	23
(Abs. 3 S. 2)			bb) Tatsächliche Verhältnisse als	
a) Allgemeines	14		Beurteilungsgrundlage	24
b) Erträge aus Gewinngemein-			cc) „Seltenheit" als ausschlag-	
schaften, Gewinnabführungs-			gebendes Merkmal des a.o.	
und Teilgewinnabführungs-			Ergebnisses	25, 26
verträgen	15		d) Einzelfälle	27

Rdn.   Rdn.

VI. Erläuterungspflichten   2. Erläuterungspflicht für perioden-
    (§ 277 Abs. 4 S. 2 und 3)   fremde Erträge und Aufwendungen
    1. Erläuterungspflicht für a. o.   (Abs. 4 S. 3) 29
       Erträge und Aufwendungen   VII. Rechtsfolgen des Verstoßes gegen
       (Abs. 4 S. 2) 28   § 277 HGB 30

Schrifttum

Baetge/Fischer Zur Aussagefähigkeit der Gewinn- und Verlustrechnung nach neuem Recht, ZfB-Ergänzungsheft 1/87, 175; *Ballwieser* Die Analyse von Jahresabschlüssen nach neuem Recht, WPg 1987, 57; *Bohl* Der Jahresabschluß nach neuem Recht, WPg 1986, 29; *Federmann* Außerordentliche Erträge und Aufwendungen in der GuV-Rechnung, BB 1987, 1071; *Groß-feld/Leffson* Außerordentliche Erträge und Aufwendungen; gewöhnliche Geschäftstätigkeit, Leffson (Hrsg.) Handwörterbuch unbestimmter Rechtsbegriffe im Bilanzrecht des HGB (1986) S. 68; *Küting* Die handelsbilanzielle Erfolgsspaltungs-Konzeption auf dem Prüfstand, WPg 1997, 693; *Kuhlewind* Die amerikanische Gewinn- und Verlustrechnung, Ballwieser (Hrsg.) US-amerikanische Rechnungslegung (1998) S. 189; *Leffson* Der Ausweis des Außerordentlichen nach dem HGB, WPg 1986, 433; *Marx* „Außerordentliche Erträge" und „außerordentliche Aufwendungen" i. S. der §§ 275 Abs. 2 Nr. 15 und 16, 277 Abs. 4 HGB, WPg 1995, 476.

I. Übersicht

1. Norminhalt

§ 277 enthält **Vorschriften zu einzelnen Posten der GuV**: Abs. 1 regelt, was unter **1** dem Posten „Umsatzerlöse" nach § 275 Abs. 2 Nr. 1 und Abs. 3 Nr. 1 auszuweisen ist. Abs. 2 erläutert im 1. Halbs. den Posten „Bestandsveränderungen" (§ 275 Abs. 2 Nr. 2) und klammert die unüblichen Abschreibungen aus diesem Posten aus (Abs. 2 2. Halbs.). Abs. 3 S. 1 bestimmt, daß außerplanmäßige Abschreibungen gesondert aus-zuweisen oder im Anhang anzugeben sind. Nach Abs. 3 S. 1 sind Erträge und Auf-wendungen aus Verlustübernahmen sowie aus erhaltenen oder abgeführten Gewinnen auf Grund von Gewinngemeinschaften, Gewinnabführungs- oder Teilgewinnabfüh-rungsverträgen gesondert auszuweisen. Abs. 4 S. 1 schließlich enthält eine Definition der Posten „außerordentliche Erträge" und „außerordentliche Aufwendungen" ergänzt um Erläuterungspflichten im Anhang in S. 2 und 3.

2. 4. EG-Richtlinie

Die einzelnen Regelungen in § 277 beruhen auf unterschiedlichen Artikeln der **2** 4. EG-Richtlinie. Die Definition der Umsatzerlöse in Abs. 1 entspricht weitgehend Art. 28 der 4. EG-Richtlinie, der – mit Rücksicht auf die Kürzung der Umsatzerlöse um Erlösschmälerungen und Umsatzsteuer – von „Nettoumsatzerlösen" spricht. Allerdings beschränkt § 277 Abs. 1 die Abzüge zumindest dem Wortlaut nach auf Erlösschmälerungen und die Umsatzsteuer, während Art. 28 auch den Abzug „ande-rer unmittelbar auf den Umsatz bezogener Steuern" vorsieht. Dies ist aber unschäd-lich, weil die Umsatzsteuer die einzige „unmittelbar auf den Umsatz bezogene Steuer" darstellt.[1] Abs. 2 beruht auf dem in Art. 23 Nr. 7b vorgesehenen gesonderten Ausweis

---

[1] Vgl. *Vogel* Rechnungslegungsvorschriften (1993)
S. 44. Zur Nichtabzugsfähigkeit von Verbrauch-
und Verkehrsteuern vgl. unten Rdn. 10f.

von unüblichen Abschreibungen. Die Pflicht zum gesonderten Ausweis von außerplanmäßigen Abschreibungen ergibt sich aus Art. 35 Abs. 1 Buchst. c cc, Art. 39 Abs. 1 Buchst. c S. 2 der 4. EG-Richtlinie. Abs. 3 S. 2 findet in der 4. EG-Richtlinie keine Entsprechung. Abs. 4 schließlich beruht auf Art. 29 der 4. EG-Richtlinie.

3. Anwendungsbereich

3   § 277 gilt unmittelbar nur für *Kapitalgesellschaften und Personenhandelsgesellschaften* i. S. v. § 264a. Für kleine und mittlere Kapitalgesellschaften sieht § 276 S. 1 die Möglichkeit zur Zusammenfassung des Postens Umsatzerlöse mit anderen Posten zu einem Posten „Rohergebnis" vor.[2] Auf Kreditinstitute finden nur die Vorschriften in Abs. 3 S. 2 und Abs. 4 Anwendung (§ 340a Abs. 2 S. 1); Versicherungsunternehmen brauchen nur Abs. 3 und 4 anzuwenden. Genossenschaften sind von der Anwendung des Abs. 3 befreit (§ 336 Abs. 2 S. 1 2. Halbs.). Zweifelhaft ist, ob zumindest einzelne in § 277 geregelte Vorschriften auch auf einzelne *Personenunternehmen* anwendbar sind. Ausgangspunkt ist dabei § 243 Abs. 1 („Der Jahresabschluß ist nach den Grundsätzen ordnungsmäßiger Buchführung aufzustellen"). Soweit sich demnach ein mit § 277 übereinstimmender Grundsatz ordnungsmäßiger Buchführung herausgebildet hat, z. B. ein einheitliches Begriffsverständnis der „Umsatzerlöse" entsprechend § 277 Abs. 1, wäre ein solcher Grundsatz auch von Kaufleuten zu beachten.[3] Gleiches gilt für den Begriff der Bestandsveränderung (Abs. 2 1. Halbs.). Dagegen sind die übrigen Vorschriften nur bei Kapitalgesellschaften etc. anwendbar.

II. Umsatzerlöse (Abs. 1)

1. Allgemeines

4   Abs. 1 definiert den Begriff „Umsatzerlöse". Die Definition gilt **gleichermaßen für das Gesamt- und Umsatzkostenverfahren** (§ 275 Abs. 2 Nr. 1 und Abs. 3 Nr. 1). Die Abgrenzung der „Umsatzerlöse" nach Abs. 1 hat nicht nur entscheidende Bedeutung für die Aussagekraft der GuV und damit für die externe Bilanzanalyse, sondern ist auch im Rahmen von § 267 (Umschreibung der Größenklassen) heranzuziehen.[4]

2. Umsatzerlöse

5   Als Umsatzerlöse sind nach der gesetzlichen **Definition** des § 277 Abs. 1 auszuweisen „die Erlöse aus dem Verkauf und der Vermietung oder Verpachtung von für die gewöhnliche Geschäftstätigkeit der Kapitalgesellschaft typischen Erzeugnissen und Waren sowie aus von für die gewöhnliche Geschäftstätigkeit der Kapitalgesellschaften typischen Dienstleistungen". Der Begriff der Umsatzerlöse setzt zunächst einen „Erlös" aus einem Geschäft (Verkauf, Vermietung, Dienstleistung) voraus. Damit sind nur sog. **„Außenumsätze"** gemeint, d. h. Erlöse aus Lieferungen und Leistungen an Dritte. Innenumsätze – Lieferungen und Leistungen zwischen rechtlich unselbständigen Abteilungen und Betriebsstätten – gehören nicht zu den Umsatzerlösen.[5] Das Gesetz nennt – entsprechend der Vielfalt unterschiedlicher Unternehmenstypen (Handels-, Vermietungs- und Dienstleistungsunternehmen) – Verkaufserlöse, Erlöse aus Vermietung und Verpachtung sowie aus Dienstleistungen. Keine Umsatzerlöse sind – mangels Leistungsentgelt – Erträge aus Wertpapiervermögen und Beteiligungs-

---

[2] Vgl. Erläuterungen zu § 276, 4 ff.   [4] Vgl. § 267 Rdn. 11.
[3] Dafür HdR-*Sigle* 9.   [5] Vgl. nur ADS 5; HdR-*Sigle* 40.

besitz. Reine *Holdinggesellschaften*, die sich auf die Nutzung und Verwaltung entsprechender Beteiligungen beschränken, haben somit keine Umsatzerlöse.[6] Solche Erträge fallen vielmehr unter die Finanzerträge (§ 275 Abs. 2 Nr. 9–11, Abs. 3 Nr. 8–10).

Für die Zuordnung zu den Umsatzerlösen ist des weiteren entscheidend, daß es **6** sich um Erlöse aus „für die gewöhnliche Geschäftstätigkeit" der Gesellschaft „typischen" Erzeugnissen, Waren und Dienstleistungen handelt. Es sollen nur Umsätze aus der eigentlichen Betriebsleistung erfaßt werden.[7] Danach umfaßt der Begriff der Umsatzerlöse grundsätzlich nur **Erlöse aus der gewöhnlichen Geschäftstätigkeit**. Umsatzerlöse, die nicht das Ergebnis der gewöhnlichen Geschäftstätigkeit sind, gehören zu den „außerordentlichen Erträgen" nach § 277 Abs. 4 S. 1.[8] Bei der Frage, was die „gewöhnliche Geschäftstätigkeit" einer Kapitalgesellschaft darstellt, ist nach allgemeiner und richtiger Ansicht nicht der in der Satzung oder Gesellschaftsvertrag genannte Gegenstand des Unternehmens maßgebend, sondern allein auf die tatsächliche wirtschaftliche Tätigkeit abzustellen.[9] Diese unterliegt naturgemäß im Zeitablauf Veränderungen (z.B. bei einem Wandel vom Industrie- zu Dienstleistungsunternehmen), so daß jeweils bezogen auf das einzelne Geschäftsjahr die „gewöhnliche Geschäftstätigkeit" zu ermitteln ist.

Ferner müssen die „Erzeugnisse, Waren und Dienstleistungen", aus denen die **7** Umsätze herrühren, für die gewöhnliche Geschäftstätigkeit **„typisch"** sein. Dieses Merkmal dient der Abgrenzung gegenüber den „sonstigen betrieblichen Erträgen" (§ 275 Abs. 2 Nr. 4, Abs. 3 Nr. 6). So sind z.B. Erlöse aus der Veräußerung von Gegenständen außerhalb des „typischen" Lieferangebots keine Umsatzerlöse nach Abs. 1. Bewegt sich die Veräußerung aber noch im Rahmen der „gewöhnlichen Geschäftstätigkeit", handelt es sich auch nicht um „außerordentliche" Erträge nach Abs. 4 S. 1. Die Veräußerungserlöse wären vielmehr unter den „sonstigen betrieblichen Erträgen" auszuweisen und würden damit zum „Betriebsergebnis" gehören. Welche Erzeugnisse, Waren und Dienstleistungen zum „typischen" Liefer- und Leistungsangebot gehören, ist jeweils nach den tatsächlichen Verhältnissen des betreffenden Geschäftsjahres zu ermitteln.

Einzelfälle. Zu den Umsatzerlösen gehören danach[10] bei *Produktions- und Han-* **8** *delsunternehmen* die Erlöse aus dem Verkauf der produzierten Erzeugnisse und Handelswaren einschließlich der Veräußerungen von Halbfabrikaten, Zwischen- und Kuppelprodukten, nicht mehr benötigten Roh-, Hilfs- und Betriebsstoffen sowie von Produktionsabfällen. Bei *Miet- und Pachteinnahmen* ist der Geschäftszweig des Unternehmens entscheidend: Bei Vermietungs- und Leasinggesellschaften stellen solche Einnahmen „Umsatzerlöse" dar. Anders ist dagegen z.B. für Einnahmen aus der Vermietung von Werkswohnungen eines Handels- oder Produktionsunternehmens zu entscheiden. Sie gehören zu den „sonstigen betrieblichen Erträgen". Je nach geschäftlicher Tätigkeit zählen *Patent- und Lizenzeinnahmen* zu den Umsatzerlösen (Forschungsunternehmen) oder zu den sonstigen betrieblichen Einnahmen.

---

[6] Statt aller nur ADS 5; KK-*Claussen* §§ 275–277 HGB, § 158 AktG, 20.

[7] WP-Handbuch I F 283.

[8] Baumbach/Hueck/*Schulze-Osterloh* § 42, 345; HdR-*Sigle* 30; **a.A.** offenbar KK-*Claussen* §§ 275–277 HGB, § 158 AktG, 18: „gewöhnliche Geschäftstätigkeit" als Abgrenzungsmerkmal zu den „sonstigen betrieblichen Erträgen". Näher zum Begriff der „außerordentlichen" Erträge und Aufwendungen vgl. unten Rdn. 20 ff.

[9] ADS 6; Beck BilKomm-*Förschle* § 275, 49; KK-*Claussen* §§ 275–277 HGB, § 158 AktG, 19; *Schulze-Osterloh* aaO; HdR-*Sigle* 29; HuRB-*Leffson/Großfeld* S. 74.

[10] Vgl. näher die Übersichten bei ADS 8 ff; KK-*Claussen* §§ 275–277 HGB, § 158 AktG, 19 f; WP-Handbuch I F 284 f.

Rainer Hüttemann

Echte *Zuschüsse* (Subventionen) gehören mangels Entgeltcharakter nicht zu den Umsatzerlösen. Fraglich ist, ob eine *verdeckte Gewinnausschüttung* an einen Gesellschafter in Gestalt einer Unterpreislieferung bzw. -leistung zu (fiktiven) Umsatzerlösen führt.[11]

3. Erlösschmälerungen und Umsatzsteuer

9   Umsatzerlöse sind grundsätzlich in Höhe der Rechnungsbeträge auszuweisen.[12] Davon abzuziehen sind **Erlösschmälerungen** wie Preisnachlässe, Treuerabatte oder andere Sondernachlässe,[13] sowie ein vom Kunden in Anspruch genommenes Skonto.[14] Des weiteren sind von den Umsatzerlösen auch Erlösschmälerungen wegen Gewährleistungspflichten abzusetzen (Wandlung, Minderung, Rücktritt, Widerruf, Vertragsaufhebung etc.). Für zukünftige Erlösschmälerungen sind Rückstellungen zu Lasten der Umsatzerlöse zu bilden.[15] Wird eine Forderung aus einem Umsatzgeschäft langfristig zinslos gestundet, ist als Umsatzerlös nur der abgezinste Gegenwartswert anzusetzen, während in Höhe des Restbetrages laufende Zinserträge erzielt werden.[16]

10   Nach Abs. 1 sind die Umsatzerlöse „**netto**" auszuweisen, d.h. nach Abzug der deutschen Umsatzsteuer. Gleiches gilt auch für eine ausländische „Umsatzsteuer".[17] Erlaubt ist auch eine offene Absetzung der USt von den Bruttoerlösen.[18]

11   **Andere Verbrauch- und Verkehrsteuern** (Mineralöl-, Tabak-, Bier- und Sektsteuer) sind hingegen nicht nach § 277 Abs. 1 abzugsfähig und dürfen deshalb auf Grund des allgemeinen Saldierungsverbots (§ 246 Abs. 2) nicht von den Umsatzerlösen abgesetzt werden.[19] Die Beschränkung der Abzugsfähigkeit nach § 277 Abs. 1 auf die Umsatzsteuer verstößt auch nicht gegen Art. 28 der 4. EG-Richtlinie, wonach auch „andere unmittelbar auf den Umsatz bezogene Steuern" abgezogen werden können. Verbrauch- und Verkehrsteuern knüpfen nicht an den Umsatz, sondern an andere tatsächliche Vorgänge an (Entfernung aus dem Herstellungsbetrieb, vgl. etwa § 2 Abs. 1 BierStG).[20]

III. Bestandsveränderungen (Abs. 2)

12   Die **Erläuterung** des Postens Bestandsveränderungen hat nur Bedeutung für die GuV-Gliederung nach dem Gesamtkostenverfahren (§ 275 Abs. 2 Nr. 2). Nach Abs. 2 2. Halbs. sind Abschreibungen, die über die in der Kapitalgesellschaft sonst üblichen

---

[11] Dafür Baumbach/Hueck/*Schulze-Osterloh* § 42, 348 m.w.N; **a.A.** ADS 28b; Beck BilKomm-*Budde/Müller* § 278, 111.

[12] WP-Handbuch I F 286; ADS 29.

[13] ADS 30.

[14] ADS 30; HdR-*Sigle* 58; KK-*Claussen* §§ 275–277 HGB, § 158 AktG, 22. Weitergehend – Kürzung der Umsatzerlöse um einen möglichen Skontoabzug unabhängig von der tatsächlichen Inanspruchnahme und Ausweis eines nicht genutzten Skontos als Zinsertrag – Baumbach/Hueck/*Schulze-Osterloh* § 42, 345 f.

[15] ADS 33; Baumbach/Hueck/*Schulze-Osterloh* § 42, 346.

[16] WP-Handbuch I F 289; ADS 35; Beck BilKomm-*Förschle* 65.

[17] Statt aller nur Baumbach/Hueck/*Schulze-Osterloh* § 42, 347.

[18] WP-Handbuch I F 286.

[19] Ebenso HdR-*Sigle* 41; Baumbach/Hueck/*Schulze-Osterloh* § 42, 347. Ebenso – wenn auch mit Ausnahme für die Mineralölsteuer, da insoweit GoB: WP-Handbuch I F 287; ADS 38 sowie § 275, 204; **a.A.** – Pflicht zum offenen Abzug – Beck BilKomm-*Förschle* 66; MünchKomm-HGB-*Beater* 16. Vermittelnd – für Wahlrecht – Bonner HdR-*Lachnit/Ammann* 10.

[20] Vgl. näher Baumbach/Hueck/*Schulze-Osterloh* § 42, 347.

Abschreibungen hinausgehen, nicht unter § 275 Abs. 2 Nr. 2 auszuweisen, sondern unter Nr. 7b. Wegen der Abgrenzung des Postens gegenüber anderen Einzelposten vgl. oben die Erläuterungen zu § 275 Rdn. 16 ff.

IV. Gesonderter Ausweis bestimmter Aufwendungen und Erträge (Abs. 3)

1. Außerplanmäßige Abschreibungen (Abs. 3 S. 1)

Nach § 277 Abs. 3 S. 1 sind außerplanmäßige Abschreibungen auf Vermögens-   **13** gegenstände des Anlagevermögens nach § 253 Abs. 2 S. 3 sowie außerplanmäßige Abschreibungen auf Vermögensgegenstände des Umlaufvermögens nach § 253 Abs. 3 S. 3 jeweils gesondert in der GuV auszuweisen oder im Anhang anzugeben. Die **Pflicht zum gesonderten Ausweis** gilt gleichermaßen bei Anwendung des Gesamtkosten- wie auch des Umsatzkostenverfahrens.[21] Abschreibungen nach § 253 Abs. 2 S. 3 können bei der Gliederung der GuV nach dem Gesamtkostenverfahren in den Einzelposten nach Abs. 2 Nr. 7a, 12, 16 enthalten sein, Abschreibungen nach § 253 Abs. 3 S. 3 in den Posten Nr. 2, 5a, 7b, 8, 12, 16. Bei Anwendung des Umsatzkostenverfahrens betrifft die Pflicht zum gesonderten Ausweis die Posten Nr. 2, 4, 5, 7, 11, 15.[22] Eine **Angabe im Anhang** hat gegenüber dem gesonderten Ausweis in der GuV den Vorteil, daß nur zwei Angaben – Höhe der Abschreibungen nach § 253 Abs. 2 S. 3 und nach § 253 Abs. 3 S. 3 – erforderlich sind.

2. Erträge und Aufwendungen aus Verlustübernahmen, Gewinngemeinschaften und Gewinnabführungs- und Teilgewinnabführungsverträgen (Abs. 3 S. 2)

a) Allgemeines. In den Gliederungsschemata nach Art. 23–26 der 4. EG-Richtlinie   **14** und § 275 Abs. 2 und 3 sind – anders als in § 157 AktG a. F. – keine besonderen Posten für Erträge und Aufwendungen aus Verlustübernahmen, Gewinngemeinschaften etc. enthalten. Durch § 277 Abs. 3 S. 2 soll der **bisherige Rechtszustand erhalten bleiben**, was nach Art. 4 Abs. 1 der 4. EG-Richtlinie erlaubt ist. Anders als nach § 157 AktG a. F. wird die Frage des konkreten Ausweises in der GuV „dem pflichtgemäßen Ermessen der Unternehmen" überlassen.[23] In Betracht kommen der Ausweis in einem gesonderten Posten, durch Davon-Vermerk oder durch weitere Untergliederung. Im einzelnen gilt – entsprechend der Reihenfolge ihres Ausweises im Gliederungsschema – Folgendes:

b) Erträge aus Gewinngemeinschaften, Gewinnabführungs- und Teilgewinn-   **15** **abführungsverträgen.** Erträge einer Kapitalgesellschaft aus Gewinngemeinschaften, Gewinnabführungs- und Teilgewinnabführungsverträgen sind als Erträge der gewöhnlichen Geschäftstätigkeit gesondert unter einer entsprechenden Postenbezeichnung entweder vor oder nach dem Posten Abs. 2 Nr. 9 bzw. Abs. 3 Nr. 8 (Erträge aus Beteiligungen) auszuweisen.[24] Wegen des Begriffs der Gewinngemeinschaft, des

---

[21] ADS 48; Beck BilKomm-*Förschle* 5; **a. A.** – nur bei Gesamtkostenverfahren – KK-*Claussen* §§ 275–277 HGB, § 158 AktG, 65.
[22] ADS 49.
[23] Vgl. BTDrucks. 10/317 S. 85 zu § 253 HGB-E.
[24] WP-Handbuch I F 334; ADS 65; Bonner HdR-*Lachnit/Ammann* 28; KK-*Claussen*, §§ 275–277

HGB, § 158 AktG, 84; Beck BilKomm-*Förschle* 19. Für alternativen Ausweis vor Posten nach Abs. 2 Nr. 14 Baumbach/Hueck/*Schulze-Osterloh* § 42, 371.

Gewinnabführungs- und Teilgewinnabführungsvertrags vgl. §§ 291, 292 AktG. Für Zwecke des § 277 Abs. 3 S. 2 kommt es aber nicht auf die Rechtsform der beteiligten Unternehmen an.[25] Gesondert auszuweisen sind daher auch Erträge aus einem Gewinnabführungsvertrag zwischen zwei GmbH. Auch eine (typisch) stille Beteiligung stellt einen Teilgewinnabführungsvertrag dar.[26] Hinsichtlich des Zeitpunktes der Vereinnahmung der Erträge gelten die allgemeinen Grundsätze zur Aktivierung von Gewinnansprüchen, vgl. Erläuterungen zu § 252.

16   c) **Aufwendungen aus Verlustübernahmen.** Aufwendungen einer Kapitalgesellschaft aus Verlustübernahmen sind gesondert unter einer entsprechenden Postenbezeichnung als Teil des Ergebnisses der gewöhnlichen Geschäftstätigkeit vor oder hinter dem Posten nach Abs. 2 Nr. 13 bzw. Abs. 3 Nr. 12 (Zinsen und ähnliche Aufwendungen) auszuweisen.[27] Grundlage einer Verlustübernahme ist vorrangig § 302 AktG,[28] der aber auch bei Verträgen mit Unternehmen anderer Rechtsformen entsprechend gilt.[29] Ferner sind hier auch Verlustübernahmen wegen Vorliegens eines sog. qualifiziert faktischen Konzerns auszuweisen.[30] Soweit für künftige Verlustübernahmen Rückstellungen gebildet werden, ist ein solcher Aufwand als „Aufwand aus Verlustübernahme" gesondert nach § 277 Abs. 3 S. 2 auszuweisen.[31]

17   d) **Aufwendungen aus Gewinngemeinschaften, Gewinnabführungs- und Teilgewinnabführungsverträgen.** Aufwendungen aus Gewinngemeinschaften, Gewinnabführungs- und Teilgewinnabführungsverträgen gehören beim abführungspflichtigen Unternehmen zur Ergebnisverwendung. Sie sind deshalb unmittelbar vor dem Posten „Jahresüberschuß/Jahresfehlbetrag" (Abs. 2 Nr. 20, Abs. 3 Nr. 19) gesondert auszuweisen.[32]

18   e) **Erträge aus Verlustübernahmen.** Erträge aus Verlustübernahmen sind ebenfalls Teil der Ergebnisverwendung und deshalb beim ausgleichsberechtigten Unternehmen entsprechend vor dem Posten Abs. 2 Nr. 20 bzw. Abs. 3 Nr. 19 auszuweisen.[33]

19   f) **Dividendengarantien.** Aufwendungen aus Dividendengarantien gemäß § 304 AktG sind mit dem abzuführenden Gewinn der Tochtergesellschaft zu saldieren oder – soweit die Ausgleichszahlung die Gewinnabführung übersteigt – führen zu einem Ausweis unter „Aufwand aus Verlustübernahme".[34]

V. „Außerordentliche Erträge" und „außerordentliche Aufwendungen" (Abs. 4 S. 1)

1. Regelungsgehalt

20   Abs. 4 S. 1 definiert die Posten „außerordentliche Erträge" und „außerordentliche Aufwendungen": Darunter sind nunmehr – abweichend zu § 157 AktG a. F.[35] – solche Erträge auszuweisen, die „außerhalb der gewöhnlichen Geschäftstätigkeit der Kapital-

---

[25] Statt aller nur WP-Handbuch I F 336.

[26] Vgl. nur *Schulze-Osterloh* aaO; ADS 58.

[27] ADS 65; Beck BilKomm-*Förschle* 22; Baumbach/Hueck/*Schulze-Osterloh* § 42, 372; für Nr. 12a: WP-Handbuch I F 349.

[28] Statt aller ADS 60.

[29] Vgl. BGHZ 116, 37, 39 = NJW 1992, 505.

[30] Vgl. nur Baumbach/Hueck/*Schulze-Osterloh* § 42, 372.

[31] ADS 72; **a. A.** WP-Handbuch I F 350: Ausweis unter Posten 8, da unter Nr. 12a nur tatsächlich getragene Verluste ausgewiesen werden sollten.

[32] ADS 65; Baumbach/Hueck/*Schulze-Osterloh* § 42, 373.

[33] ADS 65; *Schulze-Osterloh* aaO.

[34] KK-*Claussen* §§ 275 – 277 HGB, § 158 AktG, 87; ADS 67.

[35] Nach § 157 Abs. 1 Nr. 14 AktG a. F. waren „außerordentliche Erträge" durch Davon-Vermerk innerhalb der „sonstigen Erträge" gesondert auszuweisen. Eine entsprechende Ausweispflicht für „außerordentliche Aufwendungen" als Teil der „sonstigen Aufwendungen" fehlte dagegen. Vgl. die Hinweise zum alten Recht bei

gesellschaft anfallen". § 277 Abs. 4 S. 1 entspricht Art. 29 Abs. 1 der 4. EG-Richtlinie. Statt von „normaler Geschäftstätigkeit" spricht Abs. 4 S. 1 von „gewöhnlicher Geschäftstätigkeit".

2. „… außerhalb der gewöhnlichen Geschäftstätigkeit"

a) Problemstellung. Weder die Richtlinie noch § 277 enthalten eine nähere Defi- **21** nition der Erträge und Aufwendungen, die „außerhalb der gewöhnlichen Geschäftstätigkeit anfallen". Wie sich auch aus einem Umkehrschluß aus Abs. 4 S. 3 ergibt, kann dem Merkmal der „Periodenfremdheit" keine Bedeutung für die Zuordnung zu den „außerordentlichen" Erträgen und Aufwendungen zukommen.[36] Anderenfalls hätte die gesonderte Erläuterungspflicht in Abs. 4 S. 3 neben derjenigen für die „außerordentlichen" Erträge und Aufwendungen nach Abs. 4 S. 2 keinen Sinn.[37] Periodenfremde Erträge und Aufwendungen sind folglich nicht mehr per se „außerordentlich".[38] Im übrigen besteht über die begriffliche Abgrenzung der „außerordentliche" Erträge und Aufwendungen im Schrifttum keine Einigkeit.

b) Meinungsstand. Nach überwiegender Ansicht sind „außerordentliche" Erträge **22** und Aufwendungen – in Anlehnung an angelsächsische Rechnungslegungsgrundsätze[39] – durch drei Merkmale gekennzeichnet: Sie müssen – nach Maßgabe der tatsächlichen Verhältnisse – der Art nach ungewöhnlich, selten im Vorkommen und von einiger materieller Bedeutung (wesentlich) sein.[40] Eine andere Auffassung spricht demgegenüber mit Rücksicht auf § 277 Abs. 4 S. 2 dem Kriterium der Wesentlichkeit jede Bedeutung ab und will allein auf die Merkmale Ungewöhnlichkeit und Seltenheit abstellen.[41] Nach einer dritten Auffassung liegen nur solche Geschäftsvorfälle „… außerhalb der gewöhnlichen Geschäftstätigkeit", die in eine vorausschauende Unternehmens- und Ertragsplanung nicht einbezogen werden können, die also nicht „einplanbar" sind.[42] Eine vierte Ansicht schließlich zieht ausschließlich das Kriterium der „Regelmäßigkeit" heran.[43]

c) Stellungnahme. aa) „Wesentlichkeit" kein Merkmal. Daß dem Gesichts- **23** punkt der „materiellen Bedeutung" bzw. „Wesentlichkeit" kein durchgreifendes Gewicht beizulegen ist, kann immerhin noch durch Umkehrschluß aus § 277 Abs. 4 S. 2 abgeleitet werden: Wenn das Gesetz eine Erläuterungspflicht für solche außerordentliche Erträge und Aufwendungen statuiert, „falls sie für die Beurteilung der Ertragslage nicht von untergeordneter Bedeutung sind", dann kann eine „Wesentlichkeit" im Sinne einer „nicht untergeordneten Bedeutung" kein Merkmal der außerordentlichen Erträge und Aufwendungen i. S. v. § 277 Abs. 4 S. 1 sein.[44] Denn ande-

---

HuRB-*Leffson/Großfeld* S. 70; *Niehus* DB 1986, 1293 f.

[36] So auch die Begr. RegE zu § 256 HGB-E, BTDrucks. 10/317 S. 86; ADS 75 f; Beck Bil-Komm-*Förschle* § 275, 218; Baumbach/Hueck/*Schulze-Osterloh* § 42, 365.

[37] HdR-*Isele* 112; *Bohl* WPg 1986, 35.

[38] KK-*Claussen* §§ 275 – 277 HGB, § 158 AktG, 108.

[39] Vgl. dazu *Niehus* DB 1986, 1294 ff; *Kuhlewind* US-amerikanische Rechnungslegung (1997) S. 207 f.

[40] ADS 79; WP-Handbuch I F 273, 357; Bonner HdR-*Lachnit/Ammann* 36 ff; Beck HdR-*Westermann* B 330 Rdn 14; etwas zurückhaltender – lediglich Indizwirkung – MünchKommHGB-

Beater 36; wohl auch KK-*Claussen* §§ 275–277 HGB, § 158 AktG 107 ff; *Bohl* WPg 1986, 35 f (der allerdings die satzungsfremden Geschäfte für außerordentlich hält).

[41] Beck BilKomm-*Förschle* § 275, 219; HdR-*Isele* 114, 117; Baumbach/Hueck/*Schulze-Osterloh* § 42, 365; *Winnefeld* G 350 f; ähnlich *Federmann* BB 1987, 1073 „Ungewöhnlichkeit des Sachverhalts der Art und Zeit nach".

[42] HuRB-*Großfeld/Leffson* S. 74 f; *Leffson* WPg 1986, 433 ff; zustimmend *Ballwieser* WPg 1987, 62.

[43] *Baetge/Fischer* Beiträge zum Bilanzrichtlinien-Gesetz (1987) S. 187.

[44] Vgl. *Baetge/Fischer* aaO S. 183.

renfalls hätte die Differenzierung des Abs. 4 S. 2 keinen Sinn. Der erstgenannten Ansicht ist allerdings zuzugeben, daß in der Praxis ein Ausweis unter den a. o. Erträgen und Aufwendungen häufig erst dann in Erwägung gezogen werden dürfte, wenn die Beträge nicht von „ganz untergeordneter Bedeutung" sind.[45] Insoweit mag die praktische Bedeutung des Problems gering sein. Dies ändert aber nichts daran, daß nach der Systematik des Gesetzes die „Wesentlichkeit" kein entscheidendes Merkmal darstellt.

24   **bb) Tatsächliche Verhältnisse als Beurteilungsgrundlage.** Des weiteren gilt, daß bei der Abgrenzung der a. o. Erträge und Aufwendungen allein die tatsächlichen wirtschaftlichen Verhältnisse im Geschäftsjahr maßgebend sind: Ein Geschäftsvorfall liegt also nicht schon deshalb „außerhalb der gewöhnlichen Geschäftstätigkeit", weil er gegen die Satzung der Gesellschaft verstößt.[46] Nur diese Auffassung entspricht dem Zweck der GuV als Instrument zur Darstellung der Ertragslage und der Generalnorm des § 264 Abs. 2 S. 1 („... den tatsächlichen Verhältnissen entsprechendes Bild ...").[47]

25   **cc) „Seltenheit" als ausschlaggebendes Merkmal des a. o. Ergebnisses.** Für die weitere Auslegung des Merkmals „außerhalb der gewöhnlichen Geschäftstätigkeit" ist am **Sinn und Zweck der Erfolgsspaltung** anzusetzen. Die Adressaten des Jahresabschlusses sollen ein „den tatsächlichen Verhältnissen entsprechendes Bild" der Ertragslage erhalten. Dazu sind solche „außerordentlichen" Erträge und Aufwendungen auszusondern, die nicht mehr als Ergebnis der „normalen" (so Art. 29 der 4. EG-Richtlinie) bzw. der „gewöhnlichen" Geschäftstätigkeit anzusehen sind.[48] Sie sind auszuklammern, weil sie so selten bzw. unregelmäßig auftreten, daß ihre Einbeziehung in das „gewöhnliche" Ergebnis ein unzutreffendes Bild von der gegenwärtigen und damit zugleich auch – bei einer einfachen Fortschreibung der Gegenwart als Prognose – der zukünftigen Ertragslage vermitteln würde. Eine derartige Bereinigung des „gewöhnlichen Ergebnisses" ist auch im Interesse einer Vergleichbarkeit der Ertragslage verschiedener Unternehmen geboten.

26   Für das Ziel einer solchen „Erfolgsspaltung" reicht es – entgegen überwiegender Ansicht – aus, auf das Merkmal der **„Seltenheit"** bzw. **„Unregelmäßigkeit"** abzustellen.[49] Unerheblich ist folglich, ob das betreffende Ereignis zusätzlich auch noch – sachlich – „ungewöhnlich" ist. Die Tatsache, daß ein bestimmter Vorgang für ein Unternehmen abstrakt betrachtet nicht ganz ungewöhnlich ist, rechtfertigt somit noch nicht die Einbeziehung in das Ergebnis der „gewöhnlichen" Geschäftstätigkeit, wenn der Vorgang beim konkreten Unternehmen aller Voraussicht nach nur „selten" eintritt. Anderenfalls würde die Erfolgsspaltung – und damit die Aussagekraft der GuV – zu sehr eingeschränkt und das a. o. Ergebnis bliebe auf ganz wenige Fälle beschränkt. So sind z. B. Auflösungen von Rückstellungen bzw. Gewinne und Verluste aus dem Abgang von Vermögensgegenständen des Anlagevermögens „an sich" nichts Außergewöhnliches. Gleichwohl gehören sie nach der hier vertretenen Ansicht zum a. o. Ergebnis, wenn sie nach den Verhältnissen des jeweiligen Unternehmens als „selten" anzusehen sind.[50] Unerheblich ist schließlich auch, ob die betreffenden Erträge und Aufwendungen „einplanbar" sind:[51] Objektiv „seltene" Ereignisse sind ohnehin kaum als planbar anzusehen. Umgekehrt besteht kein Grund, solche Vorgänge in das a. o.

---

[45] So Bonner HdR-*Lachnit/Ammann* 36.
[46] Ganz h. M., vgl. nur Baumbach/Hueck/*Schulze-Osterloh* § 42, 365; Beck HdR-*Westermann* B 330 Rdn 12; HuRB-*Großfeld/Leffson* S. 74; a. A. aber *Bohl* WPg 1986, 35.
[47] Zutreffend *Großfeld/Leffson* aaO.
[48] Im Ansatz auch ADS 78.
[49] So auch *Baetge/Fischer* aaO S. 187 ff.
[50] Zutreffend *Baetge/Fischer* aaO.
[51] **A. A.** *Leffson* WPg 1986, 434; HuRB-*Großfeld/Leffson* S. 74.

Ergebnis einzustellen, deren Eintritt zwar nicht für bestimmte Perioden „eingeplant" werden kann, mit deren regelmäßiger Wiederkehr aber zu rechnen ist. Nach der hier vertretenen Ansicht kommt es also allein darauf an, ob die Erträge und Aufwendungen nach den tatsächlichen Verhältnissen des Unternehmens als „selten" vorkommend anzusehen sind. Dafür ist unter Berücksichtigung der Erfahrungen der Vergangenheit eine Prognose aufzustellen, ob sich der entsprechende Vorgang innerhalb der nächsten – etwa zehn[52] – Geschäftsjahre wiederholen wird. Dabei ist für Erträge und Aufwendungen der gleiche Maßstab anzulegen.[53]

d) Einzelfälle.[54] Als a. o. Erträge und Aufwendungen kommen beispielsweise in **27** Betracht:[55] Gewinne und Verluste aus dem *Verkauf von Betriebsteilen, Beteiligungen und Betriebsgrundstücken*, sofern eine solche Veräußerung angesichts der Größe bzw. wirtschaftlichen Bedeutung des Objekts als „seltenes" Ereignis anzusehen ist, d. h. nicht regelmäßig vorkommt (z. B. beim Sale-and-lease-back des Verwaltungsgebäudes); außerplanmäßige Abschreibungen und sonstige Aufwendungen aus Anlaß „seltener" betrieblicher und außerbetrieblicher Ereignisse (z. B. *Betriebsstillegungen und andere größere Umstrukturierungen*); Enteignungen und Zerstörungen durch *kriegerische Einflüsse oder Katastrophen*; Erträge und Aufwendungen aus *Unternehmenssanierungen* (Gläubigerverzichte und öffentliche Zuschüsse) sowie Gesellschafterzuschüssen; Aufwendungen aus *Schadensfällen infolge Betrug, Unterschlagung* etc.; einmalige bzw. ganz außergewöhnliche Aufwendungen aus *strukturellen Änderungen des gesetzlichen Umfeldes* (Umstellungen des Sozial- und Steuersystems). Demgegenüber fallen folgende Erträge und Aufwendungen im Regelfall *nicht unter Abs. 4*, da sie mehr oder weniger regelmäßig anfallen: Gewinne und Verluste aus der *Veräußerung von Gegenständen des Anlage- und Umlaufvermögens*; *Auflösung von Rückstellungen* auf Grund allzu vorsichtigem Ansatz; *Währungsverluste*; *Steuernachzahlungen oder -erstattungen* (sofern nicht auf Grund einmaliger grundlegender Umstellungen des Steuersystems).

VI. Erläuterungspflichten (Abs. 4 S. 2 und 3)

1. Erläuterungspflicht für a. o. Erträge und Aufwendungen (Abs. 4 S. 2)

Nach Abs. 4 S. 2 sind die unter den Posten „außerordentliche Erträge" und „außer- **28** ordentliche Aufwendungen" ausgewiesenen Beträge **hinsichtlich des Betrags und ihrer Art im Anhang zu erläutern**, soweit sie für die Beurteilung der Ertragslage nicht von untergeordneter Bedeutung sind. Diese Erläuterungspflicht gilt nach § 276 S. 2 nicht für kleine Kapitalgesellschaften. Die Schwelle der Erläuterungspflicht läßt sich nur im Einzelfall und unter Berücksichtigung aller Umstände feststellen. Eine schematische Betrachtung (etwa 5 v. H. des Jahresergebnisses)[56] versagt nicht nur bei ausgeglichenem Ergebnis, sondern verkennt auch, daß es bei dem Kriterium „nicht

---

[52] Zu Recht ablehnend gegenüber einem Betrachtungszeitraum von 20 Jahren *Baetge/Fischer* aaO S. 188.

[53] Vgl. aber *Marx* WPg 1995, 476 ff mit der interessanten Beobachtung, daß in der Praxis der Ausweis a. o. Erträge zumeist hinter dem von a. o. Aufwendungen zurückbleibt.

[54] Vgl. die eingehende Übersicht über die Behandlung der Einzelfälle im Schrifttum bei *Federmann* BB 1987, 1073 ff.

[55] Vgl. auch ADS 80; KK-*Claussen* §§ 275–277 HGB, § 158 AktG, 109 f; Bonner HdR-*Lachnit/Ammann* 38; Beck BilKomm-*Förschle* 222 f.

[56] Vgl. die Nachweise zum Meinungsstand bei Bonner HdR-*Lachnit/Ammann* 42.

Rainer Hüttemann

von untergeordneter Bedeutung" um einen normativen Maßstab geht. Daher wird es vorrangig auf das Informationsbedürfnis eines vernünftig urteilenden Jahresabschlußadressaten ankommen.[57] Hinsichtlich der Beträge genügt die Angabe derselben. Darüber hinaus sind die Beträge verbal ihrer Art nach so weit zu erläutern, daß sich ein Leser des Jahresabschlusses ein zutreffendes Bild machen kann.

2. Erläuterungspflicht für periodenfremde Erträge und Aufwendungen (Abs. 4 S. 3)

29   Periodenfremde Erträge und Aufwendungen gehören nicht automatisch zu den a. o. Erträgen und Aufwendungen.[58] Soweit sie die Voraussetzungen des Abs. 4 S. 1 nicht erfüllen, gehen sie in die jeweiligen Posten des Gliederungsschemas ein. Um einen besseren Einblick in die Ertragslage des jeweiligen Geschäftsjahres zu gewähren, schreibt das Gesetz in Abs. 4 S. 3 vor, daß nicht nur die a. o., sondern alle[59] periodenfremde Erträge und Aufwendungen – entsprechend den a. o. Erträgen und Aufwendungen nach Abs. 4 S. 2 – im Anhang zu erläutern sind. Erträge und Aufwendungen sind „periodenfremd", wenn sie ihre wirtschaftliche Verursachung in Vorjahren haben[60] (z. B. Auflösung von Rückstellungen, Steuernachzahlungen und -erstattungen).

VII. Rechtsfolgen des Verstoßes gegen § 277 HGB

30   Hinsichtlich der Sanktionen bei Verstößen gegen § 277 gelten die zu § 275 gemachten Ausführungen entsprechend.

§ 278

Steuern

Die Steuern vom Einkommen und vom Ertrag sind auf der Grundlage des Beschlusses über die Verwendung des Ergebnisses zu berechnen; liegt ein solcher Beschluß im Zeitpunkt der Feststellung des Jahresabschlusses nicht vor, so ist vom Vorschlag über die Verwendung des Ergebnisses auszugehen. Weicht der Beschluß über die Verwendung des Ergebnisses vom Vorschlag ab, so braucht der Jahresabschluß nicht geändert zu werden.

Übersicht

	Rdn.			Rdn.
I. Normzweck und Allgemeines			2. Behandlung des zusätzlichen Auf-	
1. Regelungsgegenstand	1–4		wandes bzw. Ertrags	8
2. Anwendungsbereich	5		a) Zusätzlicher Aufwand durch	
II. Berechnung der Steuern (S. 1)	6		Körperschaftsteuererhöhung . .	9
III. Abweichung vom Gewinnverwen-			b) Zusätzlicher Ertrag durch	
dungsvorschlag (S. 2)			Körperschaftsteuerminderung .	10
1. Kein Zwang zur Änderung des			IV. Rechtsfolgen des Verstoßes gegen	
Jahresabschlusses	7		§ 278	11

---

[57] Ebenso ADS 83.
[58] Vgl. oben Rdn. 21.

[59] ADS 86; HdR-*Isele* 137.
[60] HdR-*Isele* 134.

Schrifttum

IdW St/HFA 2/1977 i.d.F. 1990, Zu den Auswirkungen der Körperschaftsteuerreform auf die Rechnungslegung, Fachgutachten und Stellungnahmen des *IdW*, Düsseldorf, Loseblatt; *Orth* Ausschüttungsbedingte Änderung des Körperschaftsteueraufwands, WPg 2001, 947; *Schulze-Osterloh* Jahresabschluß, Abschlußprüfung und Publizität der Kapitalgesellschaften nach dem Bilanzrichtlinien-Gesetz, ZHR 150 (1986) 532; *Sender* Jahresabschluß der GmbH und Berechnung des Körperschaftsteueraufwands, BB 1990, 1799; *Siegel* Gewinnverwendungsvorschlag und Körperschaftsteueraufwand in der Aktiengesellschaft, DB 1990, 1980; *Wimmer* Körperschaftsteueraufwand und aktienrechtliche Gewinnverwendung, DB 1982, 1177.

I. Normzweck und Allgemeines

1. Regelungsgegenstand

§ 278 regelt die **Berechnung der Steuern vom Einkommen und Ertrag.** Diese **1** sind nach S. 1 1. Halbs. auf der Grundlage des Beschlusses über die Verwendung des Ergebnisses zu berechnen; liegt ein solcher Beschluß im Zeitpunkt der Feststellung des Jahresabschlusses – wie im Regelfall – nicht vor, ist nach S. 1 2. Halbs. der Gewinnverwendungsvorschlag maßgebend. Für den Fall einer Abweichung des Gewinnverwendungsbeschlusses vom Gewinnverwendungsvorschlag bestimmt S. 2, daß der Jahresabschluß nicht geändert werden braucht.

Die Vorschrift beruht nicht auf der 4. EG-Richtlinie, sondern ist vom deutschen **2** Gesetzgeber im Interesse der Rechtssicherheit mit Rücksicht auf die Besonderheiten des bis 31. 12. 2000 geltenden Körperschaftsteuerrechts eingeführt worden.[1] Denn auf Grund des **gespaltenen Körperschaftsteuersatzes** im KStG 1977 für einbehaltene (zuletzt 40 v. H.)[2] und ausgeschüttete Gewinne (zuletzt 30 v. H.) hing der Körperschaftsteueraufwand vorrangig von der Ergebnisverwendung ab. Ferner war entscheidend, welche Teile des sog. verwendbaren Eigenkapitals (vgl. § 30 KStG) für die Ausschüttung als verwendet galten. Je nach Belastung des für die Ausschüttung verwendeten Eigenkapitals kam es zu einer Körperschaftsteuerminderung bzw. -erhöhung:

– Ausschüttungen aus EK 45 (alt):   KSt-Minderung von 45 v. H. auf 30 v. H.
– Ausschüttungen aus EK 40:   KSt-Minderung von 40 v. H. auf 30 v. H.
– Ausschüttungen aus EK 30:   keine Veränderung
– Ausschüttungen aus EK 02, 03:   KSt-Erhöhung von 0 v. H. auf 30 v. H.
– Ausschüttungen aus EK 01; 04:   keine Veränderung.

Unter dem KStG 1977 kam es somit je nach Ergebnisverwendung zu einer unterschiedlichen Steuerbelastung der Kapitalgesellschaft. Um den Informationsgehalt des Jahresabschlusses zu verbessern, ist nach § 278 S. 1 bei der Berechnung des Körperschaftsteueraufwandes die beschlossene bzw. vorgeschlagene Gewinnverwendung zugrundezulegen. Auf diese Weise soll möglichst vermieden werden, daß es auf Grund des späteren Gewinnverwendungsbeschlusses zu einem zusätzlichen Steueraufwand bzw. Steuerertrag kommt, der aus dem Jahresabschluß nicht ersichtlich ist.[3]

Nach der Änderung des Körperschaftsteuerrechts durch das **Gesetz zur Senkung 3** **der Steuersätze und zur Reform der Unternehmensbesteuerung** (Steuersenkungsgesetz – StSenkG) v. 23. 10. 2000[4] kommt § 278 nur noch für eine gewisse Übergangs-

[1] *Biener/Berneke* S. 235.
[2] I. d. F. des SteuerEntlG 1999/2000/2002 v. 24. 3. 1999, BGBl. I 1999, 402.

[3] Vgl. *Biener/Berneke* S. 235; *Schulze-Osterloh* ZHR 150 (1986) 549.
[4] BGBl. I 2000, 1433; zu den Auswirkungen auf § 278 eingehend *Orth* WPg 2001, 947.

Rainer Hüttemann

zeit praktische Bedeutung zu. Denn ab dem 1.1.2001 gilt für alle Körperschaften ein einheitlicher KSt-Satz von 25 v.H. Das Anrechnungsverfahren ist letztmalig anzuwenden für Gewinnausschüttungen, die in dem letzten nach dem 31.12.2001 beginnenden Wirtschaftsjahr erfolgen. Bezüglich der nach diesem Zeitpunkt erfolgenden Gewinnausschüttungen hat die Entscheidung über die Ergebnisverwendung somit grundsätzlich keinen Einfluß mehr auf die Körperschaftsteuerbelastung. Etwas anderes gilt jedoch für eine Übergangszeit von längstens 15 Jahren für Ausschüttungen aus Altrücklagen. Innerhalb dieses Übergangszeitraums kann es wegen der Übergangsregelungen auf Grund von Gewinnverwendungsentscheidungen zu KSt-Minderungen als auch zu KSt-Erhöhungen kommen (§§ 36 ff KStG i.d.F.- StSenkG).

4   § 278 hat – entgegen dem weitgefaßten Wortlaut „Steuern vom Einkommen und vom Ertrag" – nur Bedeutung für die **Körperschaftsteuer**, weil nur insoweit ein Zusammenhang zwischen Steueraufwand und Ergebnisverwendung besteht. Die Vorschrift gilt also z.B. nicht für die Gewerbeertragsteuer, deren Höhe vom Ausschüttungsverhalten nicht beeinflußt wird, und auch nicht für die Kapitalertragsteuer, die keinen Steueraufwand der Gesellschaft darstellt.

2. Anwendungsbereich

5   § 278 gilt unmittelbar für Kapitalgesellschaften, mangels Körperschaftsteuerpflicht aber nicht für Personenhandelsgesellschaften i.S.v. § 264a. Er findet des weiteren Anwendung auf eingetragene Genossenschaften (§ 336 Abs. 2 S. 1), auf Kreditinstitute (§ 340a Abs. 1) und Versicherungsunternehmen (§ 341a Abs. 1). Nach der Verweisung in § 5 Abs. 1 S. 2 PublG gilt sie im Grundsatz auch für publizitätspflichtige Gesellschaften i.S.d. PublG; jedoch ist diese Verweisung für Einzelkaufleute und Personengesellschaften ohne Bedeutung, weil sie nicht körperschaftsteuerpflichtig sind und daher die Problematik des gespaltenen Steuersatzes für sie nicht gilt.[5]

II. Berechnung der Steuern (S. 1)

6   Nach § 278 S. 1 1. Halbs. ist der Körperschaftsteueraufwand **auf der Grundlage des Gewinnverwendungsbeschlusses** zu berechnen.[6] Liegt ein solcher im Zeitpunkt der Feststellung des Jahresabschlusses nicht vor, ist nach S. 1 2. Halbs. vom **Ergebnisverwendungsvorschlag** auszugehen. Letzteres ist der Regelfall, weil bei der AG der Beschluß der Hauptversammlung über die Verwendung des Bilanzgewinns der Feststellung des Jahresabschlusses nachfolgt (vgl. §§ 172–174 AktG). Gleiches gilt für die GmbH, bei der ebenfalls die Feststellung des Jahresabschlusses Voraussetzung für den – möglicherweise zeitgleich erfolgenden – Beschluß über die Ergebnisverwendung ist. Demgegenüber hat S. 1 1. Halbs. nur Bedeutung in den Fällen der Berichtigung oder Änderung der Bilanz.[7] Das AktG verpflichtet den Vorstand nach § 170 Abs. 2 AktG zur Vorlage eines Gewinnverwendungsvorschlages. Bei der GmbH fehlt eine entsprechende Regelung. Gleichwohl wird mit Recht allgemein angenommen, daß § 278 S. 1 2. Halbs. auch für die GmbH gilt,[8] weil es auch insoweit einer gesetzlichen Vorgabe für die Berechnung des Steueraufwandes bedarf.[9]

---

[5] Statt aller ADS 8.
[6] Zur Ermittlung des Körperschaftsteueraufwandes vgl. Berechnungsbeispiele und Berechnungsformeln bei ADS 10 ff.
[7] *Schulze-Osterloh* ZHR 150 (1986) 550.

[8] Vgl. nur ADS 23; *Schulze-Osterloh* aaO; Beck Bil-Komm-*Budde/Müller* 14; *Sender* BB 1990, 1799.
[9] Näheres zur möglichen Form eines Gewinnverwendungsvorschlags bei der GmbH ADS 25.

III. Abweichung vom Gewinnverwendungsvorschlag (S. 2)

1. Kein Zwang zur Änderung des Jahresabschlusses

Weicht der Beschluß über die Ergebnisverwendung vom Vorschlag ab, hat dies **7** unter der Geltung des KStG 1977 auch eine Änderung des Körperschaftsteueraufwandes zur Folge. Gleiches gilt bei Ausschüttungen aus Altrücklagen während der Übergangszeit nach dem neuen KSt-Recht (vgl. Rdn. 1). Dazu bestimmt S. 2, daß der Jahresabschluß nicht geändert werden muß. Während bei der AG nach § 174 Abs. 3 AktG eine Änderung ausgeschlossen ist, besteht bei der GmbH grundsätzlich die Möglichkeit einer Bilanzänderung. Diese macht aber nach § 316 Abs. 3 eine Nachtragsprüfung erforderlich.

2. Behandlung des zusätzlichen Aufwandes bzw. Ertrags

Abweichungen des Gewinnverwendungsbeschlusses vom Gewinnverwendungs- **8** vorschlag können – je nach Art der Abweichung und den verwendeten Eigenkapitalteilen – zu einer Körperschaftsteuererhöhung bzw. -minderung führen.[10]

Rechtslage nach dem KStG 1977: Eine Körperschaftsteuererhöhung, d. h. ein **zusätzlicher Körperschaftsteueraufwand**, ergibt sich auf Grund des höheren Thesaurierungssteuersatzes zunächst dann, wenn entgegen dem Vorschlag weitere Teile des Bilanzgewinns einbehalten werden sollen. Ein zusätzlicher Steueraufwand kann aber auch im umgekehrten Fall zusätzlicher Ausschüttungen eintreten, sofern dazu nicht mit KSt belastete Rücklagen verwendet werden. Zu einer Körperschaftsteuerminderung, d. h. einem **zusätzlichen Ertrag**, kommt es vor allem dann, wenn abweichend vom Vorschlag weitere Teile ausgeschüttet werden. Eine Körperschaftsteuerminderung kann aber auch durch zusätzliche Einbehaltungen verursacht werden, wenn im Vorschlag Ausschüttungen aus nicht belasteten Rücklagen vorgesehen waren. In allen diesen Fällen stellt sich die Frage, wie ein solcher zusätzlicher Aufwand oder Ertrag bilanziell zu behandeln ist.

Rechtslage nach dem StSenkG: Bei Gewinnausschüttungen nach dem neuen KStG i. d. F. des StSenkG kann es bei Gewinnausschüttungen in folgenden Fällen zu einem zusätzlichen Aufwand bzw. Ertrag auf Grund von Änderungen der Ergebnisverwendung kommen: Eine KSt-Erhöhung kann nach § 38 Abs. 2 KStG bei Ausschüttungen aus EK 02 (Altrücklagen) eintreten. Zu einer KSt-Minderung kommt es demgegenüber gemäß § 37 Abs. 2 KStG bei Ausschüttungen aus EK 40 (Altrücklagen).

a) **Zusätzlicher Aufwand durch Körperschaftsteuererhöhung.** Bei einer **AG** ist **9** eine Körperschaftsteuererhöhung nach § 174 Abs. 2 Nr. 5 AktG im Gewinnverwendungsbeschluß gesondert anzugeben („… 5. Der zusätzliche Aufwand aufgrund des Beschlusses"). Zugleich ist der Bilanzgewinn in Höhe dieses zusätzlichen Aufwandes von der Gewinnverteilung ausgeschlossen (§§ 58 Abs. 4, 174 Abs. 2 AktG). Der höhere Steueraufwand führt nach § 174 Abs. 3 AktG auch nicht zur Änderung des Jahresabschlusses. Er erscheint deshalb weder in der Gewinn- und Verlustrechnung des betreffenden Geschäftsjahres noch des Folgejahres,[11] sondern ist im Folgejahr erfolgsneutral zu behandeln (Erhöhung der Steuerrückstellungen bzw. Minderung der Steuerzahlungen).[12] Bei einer **GmbH** fehlt eine entsprechende Regelung. Auch hier mindert der zusätzliche Aufwand den ausschüttungsfähigen Gewinn (§ 29 Abs. 1 S. 1

---

[10] Zum Folgenden vgl. auch ADS 27; Beck HdR-*Bullinger* B 338 Rdn. 26 ff.
[11] *Schulze-Osterloh* ZHR 150 (1986) 549.

[12] Vgl. ADS 30; ADS § 174 AktG Rdn. 45; Beck HdR-*Bullinger* B 238 Rdn. 28; KK-*Claussen* 7; HdJ-*Rürup* IV/1 Rdn. 414. Abweichend HdR-*Langer* 5.

Rainer Hüttemann

GmbHG a. E.). Darüber hinaus ist – entsprechend § 174 Abs. 2, 3 AktG – der zusätzliche Steueraufwand im Gewinnverwendungsbeschluß gesondert anzugeben und im Folgejahr erfolgsneutral zu erfassen.[13] Anders als bei der AG ist aber auch eine Änderung des Jahresabschlusses möglich (§ 278 S. 2).[14]

10   **b) Zusätzlicher Ertrag durch Körperschaftsteuerminderung.** Fraglich ist, wie im Fall einer Körperschaftsteuerminderung zu verfahren ist. Insoweit fehlen sowohl bei der AG als auch der GmbH besondere gesetzliche Regelungen. § 174 Abs. 2 Nr. 5 AktG erwähnt nur den „zusätzlichen Aufwand". Eine entsprechende Anwendung auf den Fall eines „zusätzlichen Ertrages" ist nicht geboten.[15] Dagegen spricht der Umstand, daß eine Körperschaftsteuerminderung den ausschüttungsfähigen Gewinn nicht erhöht. Vielmehr ist Gegenstand des Gewinnverwendungsbeschlusses nur der Bilanzgewinn laut Jahresabschluß (§§ 58 Abs. 4, 172 AktG).[16] Ein zusätzlicher Ertrag infolge einer Körperschaftsteuerminderung kann auch nicht – anders als ein zusätzlicher Aufwand – erfolgsneutral behandelt werden. Eine entsprechende Behandlung als Gewinnvortrag würde zwar die Verwendungskompetenz der Hauptversammlung im Folgejahr gewährleisten, deren Entscheidung gerade den Ertrag verursacht hat.[17] Sie scheitert aber an der geltenden Ausgestaltung des § 58 AktG[18] sowie daran, daß die Voraussetzungen für einen „Gewinnvortrag" – in früheren Jahren ausgewiesener Gewinn – nicht vorliegen.[19] Die Körperschaftsteuerminderung ist deshalb im Folgejahr erfolgswirksam zu behandeln (Minderung des Steueraufwandes), und zwar unabhängig davon, ob es sich um sog. ausschüttungsinduzierte Steuerminderungen[20] oder um einen zusätzlichen Ertrag aus der Rückgängigmachung einer vorgeschlagenen Ausschüttung aus unbelasteten Rücklagen (EK 02, 03) handelt.[21] Bei einer GmbH ist entsprechend zu verfahren, d. h. ein zusätzlicher Ertrag auf Grund einer Körperschaftsteuerminderung ist im Folgejahr erfolgswirksam zu behandeln.[22] Ferner ist auch eine Änderung des Jahresabschlusses möglich (§ 278 S. 2).

IV. Rechtsfolgen des Verstoßes gegen § 278

11   § 278 wird nicht direkt in der Bußgeldvorschrift des § 334 erwähnt. § 278 regelt die Berechnung der Steuern von Einkommen und Ertrag. Diese Berechnung geht in den Ansatz für Verbindlichkeiten bzw. Rückstellungen ein (vgl. §§ 246 Abs. 1, 249, 253 Abs. 1 S. 2). Daher ist ein Verstoß gegen § 278 mittelbar über § 334 Abs. 1 Nr. 1 Buchst. a, bzw. Nr. 1 Buchst. b sanktioniert.[23]

---

[13] ADS 32; Baumbach/Hueck/*Schulze-Osterloh* § 42, 465; HdJ-*Rürup* IV/4 Rdn. 416 f. Weitergehend – auch erfolgswirksame Behandlung möglich – HdR-*Bullinger* B 338 Rdn. 34; vgl. auch *Sender* BB 1990, 1801.

[14] Vgl. nur Baumbach/Hueck/*Schulze-Osterloh* § 42, 465.

[15] ADS § 174 AktG Rdn. 47; KK-*Claussen* § 174, 14.

[16] ADS § 174 AktG Rdn. 47; ADS 29; Beck HdR-*Bullinger* B 338 Rdn. 29.

[17] Aus diesem Grund für eine Behandlung als Gewinnvortrag *Siegel* DB 1990, 1980; vgl. dort auch den Vorschlag für eine Änderung des § 58 Abs. 2 AktG de lege ferenda.

[18] Beck BilKomm-*Budde/Müller* 27.

[19] ADS § 174 AktG 48.

[20] So ADS 174 AktG 48 f; Beck HdR-*Bullinger*

[21] B 338 Rdn. 31; HdR-*Langer* 6; Beck BilKomm-*Budde/Müller* 27; KK-*Claussen* § 174, 14; *IdW* St/HFA 2/1977 i. d. F. 1990 unter Anmerkungen a. E.

[21] ADS 174 AktG 48 f; *Bullinger* aaO; *Langer* aaO; a. A. *IdW* St/HFA 2/1977 i. d. F. 1990 unter Anmerkungen: „Entfällt aufgrund eines abweichenden Gewinnverwendungsbeschlusses eine KSt-Erhöhung, so teilt der zusätzliche Ertrag das Schicksal des entsprechenden Teils des Bilanzgewinns"; Beck BilKomm-*Budde/Müller* 27.

[22] ADS 32; Beck HdR-*Bullinger* B 338 Rdn. 34; weitergehend – alternativ auch erfolgsneutrale Behandlung ohne Änderung des Jahresabschlusses möglich – HdR-*Langer* 8; vgl. auch *Sender* BB 1990, 1801.

[23] Beck BilKomm-*Budde/Hensen* § 334, 25.

Vierter Titel
Bewertungsvorschriften

§ 279
Nichtanwendung von Vorschriften. Abschreibungen

(1) § 253 Abs. 4 ist nicht anzuwenden. § 253 Abs. 2 S. 3 darf, wenn es sich um eine voraussichtlich dauernde Wertminderung handelt, nur auf Vermögensgegenstände, die Finanzanlagen sind, angewendet werden.

(2) Abschreibungen nach § 254 dürfen nur insoweit vorgenommen werden, als das Steuerrecht ihre Anerkennung bei der steuerrechtlichen Gewinnermittlung davon abhängig macht, daß sie sich aus der Bilanz ergeben.

Übersicht

	Rdn.			Rdn.
I. Allgemeines und Normzweck	1–3		IV. Rechtsfolgen des Verstoßes gegen	
II. Einschränkungen des § 253 (Abs. 1)	4, 5		§ 279	7
III. Steuerliche Mehrabschreibungen (Abs. 2)	6			

Schrifttum

Schulze-Osterloh Die Rechnungslegung der Einzelkaufleute und Personenhandelsgesellschaften nach dem Bilanzrichtlinien-Gesetz, ZHR 150 (1986) 403.

I. Allgemeines und Normzweck

Auf den Jahresabschluß der Kapitalgesellschaften finden nach der Systematik der **1** §§ 238 ff die für alle Kaufleute geltenden allgemeinen Bewertungsregeln der §§ 252–256 des Dritten Titels Anwendung, soweit das Gesetz in den §§ 264 ff keine andere Regelung trifft. Solche Ausnahmen enthalten die §§ 279–283. § 279 bestimmt insoweit, daß Kapitalgesellschaften abweichend von den allgemeinen Regeln keine stillen Reserven nach § 253 Abs. 4 bilden dürfen. Ferner ist das Abschreibungswahlrecht des § 253 Abs. 2 S. 3 auf Finanzanlagen beschränkt. Schließlich dürfen steuerliche Mehrabschreibungen nach § 254 nur insoweit vorgenommen werden, als die sog. umgekehrte Maßgeblichkeit gilt. Alle diese Einschränkungen dienen dem Ziel, bei Kapitalgesellschaften **die Bildung stiller Reserven zu erschweren.**

§ 279 beruht auf Art. 35 und 39 der **4. EG-Richtlinie.** Abs. 1 S. 1 war erforderlich, **2** weil Art. 35 Abs. 1 Buchst. a und 39 Abs. 1 Buchst. a der 4. EG-Richtlinie Wertuntergrenzen für Vermögensgegenstände des Anlage- und Umlaufvermögens vorsehen. Des weiteren beschränkt Art. 35 Abs. 1 Buchst. c aa das Recht zur Vornahme von Wertberichtigungen wegen einer nicht dauernden Wertminderung auf Finanzanlagen. Diese Vorgabe wurde in Abs. 1 S. 2 umgesetzt. Abs. 2 entspricht den Richtlinienvorschriften zur umgekehrten Maßgeblichkeit (Art. 35 Abs. 1 Buchst. d und Art. 39 Abs. 1 Buchst. e).

Anwendungsbereich. Die Einschränkungen des § 279 gelten unmittelbar nur für **3** Kapitalgesellschaften und Personenhandelsgesellschaften i. S. v. § 264a. Für publizitätspflichtige Unternehmen sieht § 5 Abs. 1 S. 2 PublG keine entsprechende Anwendung des § 279 vor, so daß es insoweit bei den allgemeinen Bewertungsregeln bleibt. Damit können publizitätspflichtige Einzelkaufleute und Personengesellschaften z. B. stille Reserven nach § 253 Abs. 4 bilden[1] oder steuerliche Mehrabschreibungen auch außerhalb der umgekehrten Maßgeblichkeit vornehmen.[2] Für Kreditinstitute und Versicherungsunternehmen gilt § 279 mit gewissen Modifikationen.[3]

II. Einschränkungen des § 253 (Abs. 1)

4   **Nichtanwendung des § 253 Abs. 4.** § 279 Abs. 1 S. 1 verbietet es Kapitalgesellschaften, über die in § 253 Abs. 2 und 3 vorgesehenen Abschreibungen hinaus nach § 253 Abs. 4 weitere Abschreibungen „im Rahmen vernünftiger kaufmännischer Beurteilung" vorzunehmen. Sonstige Möglichkeiten zur Bildung stiller Reserven bleiben aber unberührt.[4] Die Einschränkung des § 279 Abs. 1 S. 1 gilt auch für Versicherungsunternehmen (§ 341b Abs. 2 S. 1). Für Kreditinstitute gilt die Sonderregel des § 340 f Abs. 1 S. 1, die einen niedrigeren Wertansatz erlaubt, „soweit dies nach vernünftiger kaufmännischer Beurteilung zur Sicherung gegen die besonderen Risiken des Geschäftszweigs der Kreditinstitute notwendig ist".

5   **Einschränkung des § 253 Abs. 2 S. 3.** § 279 Abs. 1 S. 2 beschränkt das Abschreibungswahlrecht nach § 253 Abs. 2 S. 3 wegen einer nur vorübergehenden Wertminderung. Solche Abschreibungen dürfen nur bei Finanzanlagen (§ 266 Abs. 2 A. III.) vorgenommen werden. Auf diese Weise wird der Tatsache Rechnung getragen, daß immaterielle Vermögensgegenstände und Sachanlagen i. d. R. bis zum vollständigen Wertverzehr im Unternehmen verbleiben und deshalb vorübergehende Wertminderungen das Unternehmen wirtschaftlich nicht berühren.[5] Erhalten bleibt aber die Abschreibungspflicht bei einer voraussichtlich dauernden Wertminderung (§ 253 Abs. 2 S. 3 a. E.).[6] Der Einschränkung des Abschreibungswahlrechts auf Finanzanlagen wird allgemein nur geringe praktische Bedeutung beigelegt, weil vorübergehende Wertminderungen ohnehin nur bei Finanzanlagen vorkommen dürften.[7] Für Kreditinstitute und für Versicherungsunternehmen gilt § 279 Abs. 1 S. 2 nicht (vgl. §§ 340a Abs. 2 S. 1, 341a Abs. 2 S. 1). An ihre Stelle treten die §§ 340e ff, 341b ff.

III. Steuerliche Mehrabschreibungen (Abs. 2)

6   § 279 Abs. 2 beschränkt die Möglichkeit, steuerliche Mehrabschreibungen nach § 254 S. 1 vorzunehmen, auf die Fälle der sog. umgekehrten Maßgeblichkeit: Sie sind also nur insoweit zulässig, als das Steuerrecht ihre Anerkennung bei der steuerrechtlichen Gewinnermittlung davon abhängig macht, daß sie in der Handelsbilanz vorgenommen werden. Seit der Einführung des § 5 Abs. 1 S. 2 EStG, demzufolge alle steuerrechtlichen Wahlrechte in Übereinstimmung mit der Handelsbilanz auszuüben sind, ist § 279 Abs. 2 bedeutungslos.[8] § 279 Abs. 2 betrifft nur rein steuerrechtlich

---

[1] Zu Auswirkungen auf den Bestätigungsvermerk nach § 6 Abs. 1 S. 2 PublG i. V. m. § 322 Abs. 1 vgl. *Schulze-Osterloh* ZHR 150 (1986) 420 f.

[2] Für Sonderposten mit Rücklageanteil gilt dagegen die Einschränkung des § 273 über § 5 Abs. 1 S. 2 sinngemäß, vgl. Beck BilKomm-*Ellrott/Gutike* 2.

[3] Dazu unten Rdn. 4 f.

[4] Vgl. Übersicht bei HdR-*Tietze* 6.

[5] ADS 11.

[6] Zur Abgrenzung zwischen einer nur „vorübergehenden" und „dauernden" Wertminderung vgl. statt aller ADS § 253, 476 ff.

[7] Vgl. HdR-*Tietze* 10.

[8] Vgl. näher HdR-*Tietze* 15 ff.

bedingte Abschreibungen. Die Vorschrift gilt also nicht, wenn die handelsrechtliche Zulässigkeit einer Abschreibung nicht allein auf § 254 S. 1 beruht.[9]

IV. Rechtsfolgen des Verstoßes gegen § 279

Der Verstoß gegen § 279 Abs. 1 S. 2 ist – anders als Zuwiderhandlungen gegen § 279 **7** Abs. 1 S. 1 und § 279 Abs. 2 – nach § 334 Nr. 1 Buchst. b als Ordnungswidrigkeit zu ahnden. Verletzungen des § 279 Abs. 1 S. 1 und Abs. 2 können aber als Vergehen nach § 331 Nr. 1 strafbar sein, wenn dadurch die Verhältnisse der Kapitalgesellschaft unrichtig wiedergegeben oder verschleiert werden.

§ 280
Wertaufholungsgebot

(1) Wird bei einem Vermögensgegenstand eine Abschreibung nach § 253 Abs. 2 Satz 3 oder Abs. 3 oder § 254 S. 1 vorgenommen und stellt sich in einem späteren Geschäftsjahr heraus, daß die Gründe dafür nicht mehr bestehen, so ist der Betrag dieser Abschreibung im Umfang der Werterhöhung unter Berücksichtigung der Abschreibungen, die inzwischen vorzunehmen gewesen wären, zuzuschreiben. § 253 Abs. 5, § 254 Satz 2 sind insoweit nicht anzuwenden.

(2) Von der Zuschreibung nach Absatz 1 kann abgesehen werden, wenn der niedrigere Wertansatz bei der steuerrechtlichen Gewinnermittlung beibehalten werden kann und wenn Voraussetzung für die Beibehaltung ist, daß der niedrigere Wertansatz auch in der Bilanz beibehalten wird.

(3) Im Anhang ist der Betrag der im Geschäftsjahr aus steuerrechtlichen Gründen unterlassenen Zuschreibungen anzugeben und hinreichend zu begründen.

Übersicht

	Rdn.			Rdn.
I. Allgemeines	1–4		4. Umfang der Wertaufholung	18, 19
II. Wertaufholungsgebot (Abs. 1)			5. Wertaufholung in Bilanz und GuV	20
1. Regelungsgehalt und Normzweck			6. Wertaufholungsrücklage	
a) Regelungsgegenstand	5		(§ 58 Abs. 2a AktG, § 29 Abs. 4	
b) Normzweck	6		GmbHG)	21
2. Inhaltliche Abgrenzung			III. Wertbeibehaltungswahlrecht	
a) Abgrenzung gegenüber			(Abs. 2)	
sonstigen Zuschreibungen und			1. Allgemeines	22
Nachaktivierung	7		2. Auswirkungen des StEntlG	
b) Rückgängigmachung steuer-			1999/2000/2002	23, 24
licher Abschreibungen	8, 9		3. Möglichkeit zur Rücklagen-	
c) Beschränkung der Wertauf-			bildung	25
holung auf Vermögensgegen-			4. Verhältnis der Teilwertzuschrei-	
stände	10, 11		bung zum Wertaufholungsgebot	26
3. Späterer Wegfall der Abschrei-			IV. Angaben im Anhang (Abs. 3)	27
bungsgründe	12		V. Übergangsvorschrift (Art. 24 Abs. 1	
a) Wegfall der Gründe früherer			und 2 EGHGB)	28
Abschreibungen	13–16		VI. Rechtsfolgen des Verstoßes gegen	
b) Kenntniserlangung	17		§ 280 HGB	29

---

[9] Übersicht bei HdR-*Tietze* 18.

Rainer Hüttemann

Schrifttum

Arbeitskreis Externe Unternehmensrechnung DB 2000, 681; *Baetge* Die neuen Ansatz- und Bewertungsvorschriften, WPg 1987, 126; *Cattelaens* Steuerentlastungsgesetz 1999/2000/2002: Teilwertabschreibung und Wertaufholung, DB 1999, 1185; *Dieterlen/Haun* Gewinnmindernde Rücklagen nach den Übergangsregelungen des Steuerentlastungsgesetzes 1999/2000/2002, BB 1999, 2020; *Döllerer* Handelsbilanz und Steuerbilanz nach den Vorschriften des Bilanzrichtlinien-Gesetzes, Beilage 12 BB 1987; *Feld* Auswirkungen des neuen steuerlichen Wertaufholungs- und Abzinsungsgebots auf die Handelsbilanz, WPg 1999, 861; *Groh* Steuerentlastungsgesetz 1999/ 2000/2002: Imparitätsprinzip und Teilwertabschreibung, DB 1999, 978; *Haeger* Zur Aufhebung des strengen Wertzusammenhangs im Steuerrecht, DB 1990, 541; *Harms/Küting* Das Wertaufholungsgebot – Eine zweckmäßige handelsrechtliche Schutzvorschrift – Stellungnahme zu dem Beitrag von Streim, WPg 1984, 219; *Harms/Küting/Weber* Die Wertaufholungskonzeption des neuen Bilanzrechts – Eine handels- und steuerrechtliche Analyse, DB 1986, 653; *Herzig/Rieck* Bilanzsteuerliche Aspekte des Wertaufholungsgebotes im Steuerentlastungsgesetz, WPg 1999, 305; *Küting/Harth* Die Übergangsregelungen des § 52 Abs. 16 EStG und die Folgen für die Handelsbilanz, DStR 2000, 214; *Leplow* Das Wertaufholungsgebot in der Handels- und Steuerbilanz (2002); *Mayer-Wegelin/Tietze* Einflüsse steuerlicher Entscheidungen auf das Wertaufholungsgebot, DB 1988, 509; *Moxter* Die Jahresabschlußaufgaben nach der EG-Bilanzrichtlinie: Zur Auslegung von Art. 2 EG-Bilanzrichtlinie, AG 1979, 141; *Müller-Dott* Zur Maßgeblichkeit von Handels- und Steuerbilanz bei der Wertaufholung, BB 1990, 2075; *Schulze-Osterloh* Die Maßgeblichkeit der Handelsbilanz für die Steuerbilanz, ihre Umkehrung und das Bilanzrichtlinien-Gesetz, FR 1986, 545; *Streim* Das Wertaufholungsgebot – Eine zweckmäßige handelsrechtliche Schutzvorschrift, WPg 1983, 671.

I. Allgemeines

1   § 280 enthält eine weitere besondere Bewertungsvorschrift für Kapitalgesellschaften und Personenhandelsgesellschaften i. S. v. § 264a. Nach den allgemeinen Bewertungsregelungen darf ein niedrigerer Wertansatz nach §§ 253 Abs. 2 S. 3, Abs. 4 und 5, 254 S. 1 auch dann beibehalten werden, wenn die Gründe dafür nicht mehr bestehen (§§ 253 Abs. 5, 254 S. 2). An die Stelle dieses Beibehaltungswahlrechts tritt bei Kapitalgesellschaften ein **Wertaufholungsgebot**: Nach § 280 Abs. 1 ist, wenn sich später herausstellt, daß die Gründe für den Ansatz eines niedrigeren Wertes nicht mehr bestehen, „der Betrag dieser Abschreibung im Umfang der Werterhöhung unter Berücksichtigung der Abschreibungen, die inzwischen vorzunehmen gewesen wären, zuzuschreiben." § 253 Abs. 5, § 254 S. 2 sind insoweit nicht anzuwenden. Dieses Wertaufholungsgebot, das auf der 4. EG-Richtlinie beruht und zu einer Änderung des bisherigen Bewertungsrechts geführt hat, wird jedoch in § 280 Abs. 2 durch ein *Beibehaltungswahlrecht* in den Fällen der umgekehrten Maßgeblichkeit wieder eingeschränkt. Danach kann von einer Zuschreibung nach Abs. 1 abgesehen werden, wenn das Steuerrecht ein Beibehaltungswahlrecht gewährt und die Beibehaltung in der Steuerbilanz davon abhängig macht, daß der niedrigere Wert auch in der Handelsbilanz beibehalten wird. Damit hängt die praktische Bedeutung des Wertaufholungsgebots im Handelsrecht weitgehend von der Ausgestaltung des Steuerrechts ab. Abs. 3 verlangt schließlich die Angabe des Betrags und die Begründung von im Geschäftsjahr aus steuerlichen Gründen unterlassenen Zuschreibungen.

2   § 280 Abs. 1 geht – was die Wertaufholungen bei Abschreibungen nach § 253 Abs. 2 S. 3 und Abs. 3 anbetrifft – zurück auf Art. 35 Abs. 1 Buchst. c dd, 39 Abs. 1 Buchst. d der **4. EG-Richtlinie.** Dagegen findet die Wertaufholung bei steuerlichen Mehrabschreibungen nach § 254 S. 1 in der Richtlinie keine Entsprechung.[1] Abs. 2 ist wieder-

---

[1]   Vgl. *Vogel* Rechnungslegungsvorschriften (1993) S. 97.

um eine Konsequenz der umgekehrten Maßgeblichkeit. Diese wird zwar in der 4. EG-Richtlinie in den Art. 35 Abs. 1 Buchst. d, 39 Abs. 1 Buchst. d anerkannt. Dabei ist aber zu beachten, daß sich der Anwendungsbereich des § 280 Abs. 2 gegenüber dem Zeitpunkt der Verabschiedung der Richtlinie erheblich erweitert hatte.[2] Bis zur Einführung der steuerlichen Wertaufholung durch § 6 Abs. 1 Nr. 1 S. 4 und Nr. 2 S. 3 EStG i. d. F. des Steuerentlastungsgesetzes 1999/2000/2002[3] war das handelsrechtliche Wertaufholungsgebot nach Abs. 1 praktisch durch Abs. 2 in ein Beibehaltungsrecht umfunktioniert worden. Damit wurden die Art. 35 Abs. 1 Buchst. c dd, 39 Abs. 1 Buchst. d im deutschen Recht durch die umgekehrte Maßgeblichkeit unterlaufen, was mit den Vorgaben der 4. EG-Richtlinie kaum vereinbar gewesen sein dürfte.[4] Abs. 3 wiederum beruht auf Art. 35 Abs. 1 Buchst. d, 39 Abs. 1 Buchst. e der Richtlinie.

Abweichend vom Regierungsentwurf sieht § 280 nicht mehr die – im Schrifttum **3** kontrovers diskutierte[5] – Einstellung des Zuschreibungsbetrages in eine sog. „Wertaufholungsrücklage" vor.[6] Statt dessen erlauben § 58 Abs. 2a AktG, § 29 Abs. 4 GmbHG, den Eigenkapitalanteil von Wertaufholungen in eine **Sonderrücklage** einzustellen.[7] Für diese besteht – anders als für die Wertaufholungsrücklage des Regierungsentwurfs – keine besondere Auflösungspflicht. Die Möglichkeit zur Bildung einer solchen Sonderrücklage aus Wertaufholungen kann insbesondere unter kompetenzrechtlichen Gesichtspunkten (alleinige Zuständigkeit der Verwaltung nach § 58 Abs. 2a AktG) von Interesse sein.

Anwendungsbereich. § 280 gilt zunächst für Kapitalgesellschaften und Personen- **4** gesellschaften i. S. v. § 264a, ferner – vorbehaltlich spezieller Modifikationen – auch für Kreditinstitute und Versicherungsunternehmen, die nach den §§ 340a Abs. 1, 341a Abs. 1 ihren Jahresabschluß nach den Vorschriften für große Kapitalgesellschaften aufstellen müssen. Dagegen findet § 280 auf eingetragene Genossenschaften (vgl. § 336 Abs. 2 S. 1) und publizitätspflichtige Unternehmen (vgl. § 5 Abs. 1 S. 2) keine entsprechende Anwendung.

II. Wertaufholungsgebot (Abs. 1)

1. Regelungsgehalt und Normzweck

a) **Regelungsgegenstand.** Nach § 280 Abs. 1 S. 1 ist eine frühere Abschreibung **5** nach §§ 253 Abs. 2 S. 3 und 3, 254 S. 1 durch Zuschreibung rückgängig zu machen, wenn sich später herausstellt, daß die Gründe für die frühere Abschreibung nicht mehr bestehen. Ist z. B. in früheren Jahren auf den Buchwert einer Beteiligung wegen stark rückläufiger Absatzchancen der Beteiligungsgesellschaft eine außerplanmäßige Abschreibung nach § 253 Abs. 2 S. 3 vorgenommen worden und stellt sich später heraus, daß die Absatzschwäche der Beteiligungsgesellschaft wieder überwunden werden konnte, dann ist der Buchwert der Beteiligung durch eine entsprechende Zuschreibung wieder anzupassen. Dabei wird nur die frühere außerplanmäßige Abschreibung rückgängig gemacht, d. h. die ursprünglichen Anschaffungs- und Herstellungskosten

---

[2] Dazu *Vogel* Rechnungslegungsvorschriften (1993) S. 97 f.
[3] Steuerentlastungsgesetz 1999/2000/2002 vom 24. 3. 1999, BGBl. I 1999, S. 402.
[4] Einen Richtlinienverstoß bejahend *Vogel* Rechnungslegungsvorschriften (1993) S. 99. Vgl. auch *Streim* WPg 1983, 683 „illoyal"; kritisch auch

HdR-*Küting/Zündorf* 106 ff; *Schulze-Osterloh* StuW 1991, 295.
[5] Vgl. *Streim* WPg 1983, 671 ff einerseits; *Harms/Küting* WPg 1984, 219 ff andererseits.
[6] Vgl. zur Entstehungsgeschichte näher *Biener/Berneke* S. 240 ff.
[7] Dazu unten Rdn. 21.

Rainer Hüttemann

bilden stets die Obergrenze für die Wertaufholung. Bei abnutzbaren Vermögensgegenständen sind zusätzlich die Abschreibungen zu berücksichtigen, die inzwischen vorzunehmen gewesen wären.

6　　　**b) Normzweck.** Das Wertaufholungsgebot dient einem zutreffenden Vermögensausweis und entspricht damit der Generalklausel des § 264 Abs. 2 S. 1 („true and fair
view"). Es steht auch im Einklang mit allgemeinen Bilanzierungsprinzipien:[8] Das Vorsichtsprinzip wird nicht verletzt, da eine Wertaufholung nur die **„Korrektur unnötig
gewordener Vorsicht"**[9] darstellt. Versteht man § 280 Abs. 1 als Korrektur eines – wie
sich später herausstellt – bloßen „Buchverlusts", verstößt die Zuschreibung auch nicht
gegen das Realisationsprinzip, welches ansonsten den Ausweis bloßer „Buchgewinne"
verbietet. Auch allgemeine Bewertungsprinzipien, insbesondere das Anschaffungs-
kostenprinzip, bleiben unberührt, da die historischen Anschaffungs- und Herstellungskosten stets die Obergrenze bilden. Schließlich wird auch nicht gegen die Bewertungskontinuität verstoßen, sondern wiederum nur eine frühere Durchbrechung
rückgängig gemacht. Im Ganzen dient das Wertaufholungsgebot damit gleichermaßen
den Interessen der Gesellschafter und Dritter, insbesondere der Gläubiger, an einem
„richtigen" Vermögensausweis.

2. Inhaltliche Abgrenzung

7　　　**a) Abgrenzung gegenüber sonstigen Zuschreibungen und Nachaktivierung.**
Das Wertaufholungsgebot nach § 280 Abs. 1 S. 1 und die Einstellung in die Sonderrücklage nach §§ 58 Abs. 2a AktG, 29 Abs. 4 GmbHG betreffen nur die Abs. 1 S. 1
genannten Zuschreibungen. Sie setzen also voraus, daß früher Abschreibungen nach
§§ 253 Abs. 2 S. 3 und Abs. 3, 254 S. 1 vorgenommen worden sind, deren Gründe später weggefallen sind. Nicht erfaßt sind damit der Fall der Berichtigung überhöhter –
also gesetzlich unzulässiger – Abschreibungen, die nach den Regeln einer Bilanzberichtigung zu korrigieren sind, sowie der Fall einer Rückgängigmachung planmäßiger
Abschreibungen i. S. v. § 253 Abs. 2 S. 1, z. B. wegen Änderung der Nutzungsdauer.[10]
Von einer Wertaufholung zu unterscheiden ist auch der Fall einer Nachaktivierung,
etwa als Konsequenz steuerlicher Außenprüfungen, der zudem nicht als Zuschreibung, sondern als Zugang zu erfassen ist.[11]

8　　　**b) Rückgängigmachung steuerlicher Abschreibungen.** Umstritten ist, ob und
unter welchen Voraussetzungen die Rückgängigmachung steuerlicher Abschreibungen nach § 254 S. 1 als Wertaufholung zu behandeln ist. Der Gesetzgeber wollte mit
der Nennung des § 254 S. 1 in § 280 Abs. 1 offenbar den Fall einbeziehen, daß die
steuerrechtlichen Anforderungen an eine Abschreibung später nicht mehr erfüllt werden, z. B. im Fall der Verbringung von Wirtschaftsgütern aus einem Fördergebiet vor
Ablauf der Bindungsfrist.[12] Die ausdrückliche Erwähnung des § 254 S. 1 in § 280
Abs. 1 spricht jedenfalls gegen die Ansicht, bei rein steuerlichen Abschreibungen
könne es nie zu einer Wertaufholung nach § 280 Abs. 1 kommen, weil es in diesen
Fällen an einem tatsächlichen Wertverfall fehle und entsprechend auch nie zu einer
relevanten Werterholung kommen könne.[13] Bei einer solchen Interpretation wäre die
Nennung des § 254 S. 1 aber ganz bedeutungslos.[14] Mit der ganz herrschenden Ansicht

[8] Zum folgenden eingehend *Streim* WPg 1983, 673 ff; Beck HdR-*Siegel* B 169 Rdn 13 ff; HdR-*Küting/Zündorf* 101 ff.
[9] So treffend *Moxter* AG 1979, 145.
[10] ADS 22, 24; Beck BilKomm-*Budde/Karig* 18.

[11] Beck HdR-*Siegel* B 169; HdR-*Küting/Zündorf* 6; a. A. – Zuschreibung – ADS 25.
[12] Vgl. *Biener/Berneke* S. 241.
[13] So aber Beck BilKomm-*Budde/Karig* 9.
[14] Konsequent Beck BilKomm-*Budde/Karig* 9.

ist § 280 Abs. 1 deshalb zum einen auf den Fall anzuwenden, daß die Voraussetzungen für eine steuerliche Abschreibung nachträglich wegfallen.[15] Das Gleiche gilt zum anderen für den Fall, daß eine zunächst vorgenommene steuerliche Abschreibung später rechtskräftig nicht anerkannt wird, weil die Voraussetzungen von Anfang an nicht vorlagen.[16] Damit kommt es nicht zu einer Bilanzberichtigung, sondern zu einer Wertaufholung im Jahr der rechtskräftigen Versagung der steuerlichen Abschreibung, was aber vom Gesetzgeber offenbar gerade bezweckt wurde.[17]

Von den vorstehend behandelten Fällen einer zwingenden Wertaufholung bei steuer- **9** lichen Abschreibungen ist die Frage zu trennen, ob und unter welchen Voraussetzungen **freiwillige Zuschreibungen** möglich sind. Dies ist vorrangig eine Frage der Bewertungsstetigkeit (§ 252 Abs. 2).[18] Kein Fall der Wertaufholung liegt insbesondere vor, wenn aus bilanzpolitischen Erwägungen eine nur steuerlich zulässige Abschreibung freiwillig rückgängig gemacht wird: Allein in dem höheren Ansatz in der Steuerbilanz liegt noch kein Wegfall des Abschreibungsgrundes i. S. v. § 280 Abs. 1 S. 1, der zu einer Wertaufholung in der Handelsbilanz führen müßte.[19]

c) Beschränkung der Wertaufholung auf Vermögensgegenstände. Nach § 280 **10** Abs. 1 S. 1 setzt eine Wertaufholung voraus, daß bei einem „Vermögensgegenstand" eine Abschreibung nach § 253 Abs. 2 S. 3 oder Abs. 3 oder § 254 S. 1 vorgenommen worden ist. Von einer Wertaufholung ausgenommen sind folglich Bilanzierungshilfen (z. B. aktivierte Aufwendungen für die Ingangsetzung und Erweiterung des Geschäftsbetriebs nach § 269) und Rechnungsabgrenzungsposten. Das Gleiche gilt – unabhängig von seiner Einordnung als Vermögensgegenstand – auch für einen derivativen Geschäfts- oder Firmenwert, der nach § 255 Abs. 4 sofort voll abgeschrieben werden darf.[20]

Da der Begriff „Vermögensgegenstand" sich nach dem HGB nur auf Aktiva **11** bezieht (vgl. § 246 Abs. 1), sind die §§ 253, 280 auf **Rückstellungen und Verbindlichkeiten** nicht unmittelbar anwendbar. Für Rückstellungen gilt, daß diese nach dem Stichtagsprinzip aufzulösen oder betragsmäßig zu mindern sind, wenn am Stichtag der Grund für den Ansatz ganz oder zum Teil weggefallen ist.[21] Für Verbindlichkeiten wird hingegen im Zusammenhang mit Fremdwährungsverbindlichkeiten im Schrifttum verschiedentlich eine entsprechende Anwendung des § 280 befürwortet. Ist bei einer Währungsverbindlichkeit z. B. der Kurs zunächst gestiegen mit der Folge, daß ein höherer Erfüllungsbetrag angesetzt worden ist, wäre demnach im Fall einer späteren Abwertung wiederum der ursprüngliche Erfüllungsbetrag anzusetzen, weil ein weitergehender Vorsorgebedarf nicht besteht.[22] Indes bedarf es insoweit einer Analogie zu § 280 nicht,[23] die zudem weder in der Richtlinie noch in der Entstehungsgeschichte des BiLiRiG eine Grundlage findet.[24]

---

[15] ADS 23; eingehend HdR-*Küting/Zündorf* 41 ff; Baumbach/Hueck/*Schulze-Osterloh* § 42, 322; Beck HdR-*Siegel* B 169 Rdn. 56; *Haeger* DB 1990, 546; *Mayer-Wegelin/Tietze* DB 1988, 510; a. A. Beck BilKomm-*Budde/Karig* 9.

[16] *Schulze-Osterloh* aaO; HdR-*Küting/Zündorf* 44 ff; *Haeger* DB 1990, 546; enger ADS 23: nur wenn man „bei vernünftiger Beurteilung mit einer steuerlichen Anerkennung rechnen" könnte; ebenso *Mayer-Wegelin/Tietze* DB 1988, 510; a. A. Beck HdR-*Siegel* B 169 Rdn. 57; Beck Bil-Komm-*Budde/Karig* 20.

[17] Vgl. *Schulze-Osterloh* ZHR 150 (1986) 558.

[18] Vgl. näher ADS 26; HdR-*Küting/Zündorf* 47 ff; Baumbach/Hueck/*Schulze-Osterloh* § 42, 320.

[19] So auch Beck HdR-*Siegel* B 169 Rdn. 31; a. A. ADS 26 a. E.

[20] ADS 11; Beck BilKomm-*Budde/Karig* 3.

[21] ADS 12; HdR-*Küting/Zündorf* 24.

[22] So HdR-*Küting/Zündorf* 25 f.

[23] Vgl. Beck HdR-*Siegel* B 169 Rdn. 44, der den ursprünglichen Erfüllungsbetrag als Untergrenze aus dem Realisationsprinzip ableitet.

[24] ADS 12.

Rainer Hüttemann

3. Späterer Wegfall der Abschreibungsgründe

12　　Nach § 280 Abs. 1 S. 1 ist eine Wertaufholung vorzunehmen, wenn sich in einem späteren Geschäftsjahr herausstellt, daß die Gründe für eine früher erfolgte Abschreibung nach § 253 Abs. 2 S. 3, Abs. 3 oder § 254 S. 1 nicht mehr bestehen. § 280 Abs. 1 enthält somit ein **sachliches** und ein **zeitliches** Element: Während der Wegfall der Abschreibungsgründe die maßgebliche sachliche Voraussetzung für eine Wertaufholung darstellt, ist die Kenntnis vom Wegfall der Abschreibungsgründe für den Zeitpunkt entscheidend, in dem die Wertaufholungspflicht entsteht.

13　　**a) Wegfall der Gründe früherer Abschreibungen.** In sachlicher Übereinstimmung mit Art. 35 Abs. 1 Buchst. d, 39 Abs. 1 Buchst. e der 4. EG-Richtlinie macht das Gesetz eine Wertaufholung davon abhängig, daß „die Gründe dafür" (d. h. die früheren Abschreibungen bzw. in der Terminologie der 4. EG-Richtlinie „der Wertberichtigungen") „nicht mehr bestehen". Fraglich ist, was das Gesetz mit „die Gründe dafür" meint. **Meinungsstand.** Nach einer Ansicht ist entsprechend dem Wortlaut des § 280 Abs. 1 S. 1 und der 4. EG-Richtlinie auf die *konkreten* sachlichen Gründe abzustellen, deretwegen in früheren Jahren die Abschreibung vorgenommen worden ist. Nur soweit diese ursprünglich maßgebenden Gründe in der Zukunft entfallen, besteht eine Wertaufholungspflicht. Eine solche enge Auslegung des Abs. 1 S. 1 hat zur Konsequenz, daß andere, die Abschreibung kompensierende Sachverhalte bei Fortbestand der ursprünglichen Abschreibungsgründe keine Wertaufholung rechtfertigen können.[25] Nach anderer Auffassung soll es dagegen ausreichen, daß nach den Verhältnissen am Abschlußstichtag eine niedrigere Bewertung nicht mehr gerechtfertigt ist. Maßgebend sei allein die *nominelle Wertsteigerung*, mag sie auch z. B. auf inflationären Entwicklungen oder anderen Tatsachen beruhen, die mit den ursprünglichen Abschreibungsgründen nichts zu tun haben.[26]

14　　**Stellungnahme.** Der weiten Interpretation des Merkmals „Wegfall der Gründe", wie sie der zweiten Meinung zugrunde liegt, ist nicht zu folgen. Gegen sie spricht nicht nur der klare Wortlaut des § 280 Abs. 1 S. 1 und der 4. EG-Richtlinie, sondern vor allem der *Normzweck des Wertaufholungsgebots*: Versteht man § 280 Abs. 1 S. 1 als „Korrektur unnötiger Vorsicht" und damit als bloße Rückgängigmachung einer bestimmten früheren Bewertungsabweichung, dann ist auf den *konkreten Abschreibungsgrund* abzustellen. Denn nur auf diese Weise wird verhindert, daß entgegen dem Vorsichts- und Realisationsprinzip ganz allgemein nicht realisierte Buchgewinne ausgewiesen werden. So kann z. B. eine frühere außerplanmäßige Abschreibung auf eine Beteiligung wegen Absatzeinbrüchen auf Grund veralteter Produkte nicht mit Hinweis auf Rationalisierungseffekte bei der Produktion rückgängig gemacht werden, solange das Produktprogramm nicht erneuert worden ist. Ebensowenig kann eine Abschreibung auf die Beteiligung wegen Verlusten in einem Geschäftsbereich durch eine Ertragsverbesserung im anderen Geschäftsbereich der Beteiligungsgesellschaft „ausgeglichen" werden. Nur soweit die Bewertung eines Vermögensgegenstandes *allein* von den jeweiligen Marktpreisen bzw. Börsenkursen abhängt, kommt es auf die Wertverhältnisse an. Denn in diesem Fall ist der „Grund" i. S. v. § 280 Abs. 1 S. 1 die Veränderung des Börsenkurses bzw. Marktpreises selbst, ohne daß noch zu fragen ist, welche Ereignisse für die Kurs- oder Preisschwankungen verantwortlich gewesen

---

[25] So HdR-*Küting/Zündorf* 12; Bonner HdR-*Hofbauer* 6; *Glade* 12.
[26] Baumbach/Hueck/*Schulze-Osterloh* § 42, 321; ADS 13 ff; Beck BilKomm-*Budde/Karig* 7; Beck

HdR-*Siegel* B 169 Rdn. 29; MünchKommHGB-*Lange* 21 f.

sind. Unter dieser Bedingung können auch inflationsbedingte Wertsteigerungen eine Zuschreibung rechtfertigen.[27] Auch in anderen Fällen ist genau zu prüfen, was als „der Grund" der Abschreibung anzusehen ist und ob dieser später weggefallen ist: Wurde z. B. eine Forderung im Vorjahr im Hinblick auf die mangelnde Bonität des Schuldners abgeschrieben und erfolgt nunmehr eine Sicherheitsleistung durch einen Dritten,[28] so ist eine Wertaufholung geboten. Dies liegt aber nicht daran, daß es auf die Identität der „Gründe" nicht ankommt,[29] sondern erklärt sich daraus, daß die Bonität des Schuldners mit der nachträglichen Sicherung für die Bewertung irrelevant geworden ist. Insoweit ist der Grund „mangelnde Bonität" entfallen.

Haben **mehrere Gründe** zu der Abschreibung geführt, so kann auch beim späteren   **15** Wegfall nur eines Grundes eine Wertaufholung in Betracht kommen. Dies hängt davon ab, ob der Wegfall auch nur eines Grundes ungeachtet des Fortbestehens der anderen eine – möglichweise auch nur teilweise – Wertsteigerung auslöst. Das läßt sich nur nach den Umständen des Einzelfalls beurteilen und hängt wesentlich davon ab, ob die betreffenden Gründe nur im „Zusammenwirken" oder unabhängig voneinander zu der Abschreibung geführt haben.

Geht man – mit der hier vertretenen Ansicht – davon aus, daß eine Wertaufholung   **16** eine „Identität zwischen Abschreibung und wertsteigerndem Ereignis"[30] voraussetzt, bedarf es auch einer entsprechenden **Dokumentation der Abschreibungsgründe.** Dies führt auch nicht zu einer „Art Ahnenforschung"[31] oder zu unvertretbarem Verwaltungsaufwand, sondern – gerade umgekehrt – zu einer Vereinfachung bei der Prüfung späterer Wertaufholungen: Während nach der weiten Auslegung des § 280 Abs. 1 S. 1 zu jedem Bewertungsstichtag die außerplanmäßig abgeschriebenen Vermögensgegenstände allgemein daraufhin zu beurteilen sind, ob „irgendeine" Wertaufholung eingetreten ist, muß nach der hier vertretenen Ansicht nur festgestellt werden, ob der konkrete Grund noch fortbesteht.

b) **Kenntniserlangung.** Die Wertaufholung ist in dem Geschäftsjahr vorzuneh-   **17** men, in dem sich „herausstellt", daß die Abschreibungsgründe nicht mehr bestehen. Für den Zeitpunkt der Wertaufholung ist somit die Kenntniserlangung entscheidend.[32] Gemeint ist aber nicht eine mehr oder weniger zufällige Kenntniserlangung; vielmehr geht das Gesetz stillschweigend von einer entsprechenden *Prüfungspflicht der Organe* aus:[33] Diese haben zum jeweiligen Jahresabschlußstichtag für alle betreffenden Vermögensgegenstände[34] zu prüfen, ob und inwieweit die Gründe für frühere Abschreibungen i. S. v. § 280 Abs. 1 S. 1 „nicht mehr bestehen".[35]

4. Umfang der Wertaufholung

Liegen die Voraussetzungen für eine Wertaufholung nach Abs. 1 S. 1 vor, „so ist der   **18** Betrag dieser Abschreibung im Umfang der Werterhöhung unter Berücksichtigung der Abschreibungen, die inzwischen vorzunehmen gewesen wären, zuzuschreiben". Das Gesetz **beschränkt** den Umfang der Wertaufholung durch Zuschreibung somit **in dreifacher Hinsicht:**

---

[27] Vgl. auch *Siegel* aaO.
[28] Beispiel nach ADS 14.
[29] So aber ADS 14; Beck BilKomm-*Budde/Karig* 6.
[30] HdR-*Küting/Zündorf* 11.
[31] Wie ADS 14 meinen.
[32] Statt aller ADS 17; Beck HdR-*Siegel* B 169 Rdn. 28.
[33] Vgl. nur ADS 18; Beck BilKomm-*Budde/Karig* 10.
[34] Zur Wertaufholung bei Bewertungsvereinfachungsverfahren ADS 19 ff.
[35] Zur Prüfungsintensität vgl. ADS 18.

Rainer Hüttemann

19   Zum einen darf die Zuschreibung nicht zu einem höheren Wertansatz führen als die ursprünglichen Anschaffungs- und Herstellungskosten. Diese bilden also stets die **Obergrenze** der Wertaufholung.[36] Zweitens ist die Wertaufholung auf den „**Umfang der Werterhöhung**" beschränkt. Es ist also konkret zu ermitteln, im welchem Maße auf Grund des Wegfall der ursprünglichen Abschreibungsgründe eine Werterhöhung eingetreten ist. Im Zusammenhang mit dem Wegfall der Gründe für steuerliche Mehrabschreibungen nach § 254 S. 1 kann das Merkmal der „Werterhöhung" allerdings nur entsprechend angewendet werden, weil es hier nicht um tatsächliche, sondern nur um steuerliche Wertanpassungen geht.[37] Bei der Ermittlung der Werterholung sind drittens die **Abschreibungen** zu berücksichtigen, „die inzwischen vorzunehmen gewesen wären". Es ist also nicht nur die außerplanmäßige Abschreibung durch Zuschreibung rückgängig zu machen, sondern es sind auch die Abschreibungen nachzuholen, die nach dem ursprünglichen Abschreibungsplan vorgenommen worden wären. Auf diese Weise wird gewährleistet, daß die Wertaufholung zu genau dem Wertansatz führt, der sich ohne die frühere außerplanmäßige Abschreibung ergeben hätte.[38]

5. Wertaufholung in Bilanz und GuV

20   Zuschreibungen nach Abs. 1 S. 1 bei Vermögensgegenständen des Anlagevermögens sind im **Anlagenspiegel** nach § 268 Abs. 2 S. 2 in der Spalte „Zuschreibungen" aufzuführen. Bei Vermögensgegenständen des Umlaufvermögens besteht keine entsprechende Angabepflicht. Zuschreibungen sind – unabhängig von der Einstellung in eine Wertaufholungsrücklage nach § 58 Abs. 2a AktG, § 29 Abs. 4 GmbHG – in der **GuV** auszuweisen, und zwar regelmäßig als „sonstige betriebliche Erträge" (§ 275 Abs. 2 Nr. 4).

6. Wertaufholungsrücklage (§ 58 Abs. 2a AktG, § 29 Abs. 4 GmbHG)

21   Der Gesetzgeber des BiRiLiG hat – entgegen dem früheren Regierungsentwurf – darauf verzichtet, für alle Wertaufholungen eine Pflicht zur Einstellung in eine „Wertaufholungsrücklage" vorzusehen.[39] Statt dessen sehen die §§ 58 Abs. 2a AktG, § 29 Abs. 4 GmbHG nur die **Möglichkeit zur Einstellung** in eine Wertaufholungsrücklage vor: Danach dürfen bei der AG Vorstand und Aufsichtsrat und bei der GmbH die Geschäftsführung mit Zustimmung des Aufsichtsrats oder der Gesellschaft den Eigenkapitalanteil von Wertaufholungen in „andere Gewinnrücklagen" einstellen. Dadurch soll es – wie es in der Gesetzesbegründung heißt[40] – der Verwaltung ermöglicht werden, die vom Wertaufholungsgebot betroffenen Beträge – als Gewinnrücklagen im Unternehmen zu halten.[41] Der einzustellende Eigenkapitalanteil ist die Differenz zwischen dem Betrag der Zuschreibung und der durch sie ausgelösten Steuerbelastung. Fraglich ist, ob die Steuerbelastung konkret nach der effektiven Steuerbelastung des übrigen Jahresergebnisses oder pauschal unter der Annahme einer isolierten Thesaurierung zu ermitteln ist.[42] Letzteres führt immer zu einem tendenziell niedrigeren Einstellungsbetrag. Die Wertaufholungsrücklage nach § 58 Abs. 2a AktG, § 29 Abs. 4 GmbHG darf nur im Jahr der Wertaufholung gebildet und nicht in späte-

---

[36] Allgemeine Ansicht, vgl. nur ADS 27.
[37] Vgl. ADS 29.
[38] Zu den möglichen Berechnungsmethoden vgl. Beispiele und Erläuterungen bei ADS 32 ff; HdR-*Küting/Zündorf* 71 ff.
[39] Vgl. oben Rdn. 3.

[40] BTDrucks. 10/4268 S. 124.
[41] Zum Verhältnis von § 58 Abs. 2a AktG zu Abs. 1 und 2 ADS § 58 AktG Rdn. 105 ff.
[42] Vgl. dazu näher Beck BilKomm-*Budde/Karig* 40 ff; Beck HdR-*Siegel* B 169 Rdn. 79 ff.

ren Jahren nachgeholt werden.[43] Das Gesetz enthält zudem keine ausdrückliche Verpflichtung, die Rücklage parallel zu Abschreibung oder Abgang des betreffenden Vermögensgegenstandes aufzulösen. Daher richtet sich ihre Auflösung ausschließlich nach den allgemeinen Grundsätzen über die Auflösung des Postens „andere Gewinnrücklagen".[44]

III. Wertbeibehaltungswahlrecht (Abs. 2)

1. Allgemeines

Nach § 280 Abs. 2 kann von einer Zuschreibung nach Abs. 1 abgesehen werden, **22** wenn der niedrigere Wertansatz bei der steuerrechtlichen Gewinnermittlung beibehalten werden kann und wenn Voraussetzung für die Beibehaltung ist, daß der niedrigere Wertansatz auch in der Bilanz beibehalten wird. Dieses **Beibehaltungswahlrecht** enthält eine wesentliche Einschränkung des Wertaufholungsgebots nach Abs. 1. Es ist an zwei Voraussetzungen geknüpft: Zum einen muß ein steuerliches Beibehaltungswahlrecht bestehen. Zum anderen muß für dieses Wahlrecht die sog. umgekehrte Maßgeblichkeit gelten, d.h. die steuerliche Anerkennung der Wertbeibehaltung muß von einem entsprechendem Wertansatz in der Handelsbilanz abhängig sein.

2. Auswirkungen des StEntlG 1999/2000/2002

Der Anwendungsbereich des Abs. 2 war nach Inkrafttreten des BiRiLiG durch die **23** Ausweitung der umgekehrten Maßgeblichkeit zunächst erheblich gewachsen. Spätestens seit ihrer Kodifizierung in § 5 Abs. 1 S. 2 EStG und der Aufgabe des strengen Wertzusammenhangs bei Wirtschaftsgütern des Anlagevermögens (§ 6 Abs. 1 Nr. 1 S. 4 EStG 1990) war das Wertaufholungsgebot des Abs. 1 praktisch durch Abs. 2 vollständig aufgehoben.[45] Dies hat sich mit der Neufassung des § 6 Abs. 1 Nr. 1 S. 4, Nr. 2 S. 3 EStG durch das Steuerentlastungsgesetz 1999/2000/2002 grundlegend geändert. Nach der **Einführung des steuerlichen Wertaufholungsgebots** bei der Teilwertabschreibung hat Abs. 2 keinen Anwendungsbereich mehr, weil für alle in § 280 Abs. 1 S. 1 erfaßten Vermögensgegenstände das steuerliche Wertbeibehaltungswahlrecht aufgehoben worden ist.[46] Dies bedeutet für die Kapitalgesellschaften und Personengesellschaften i. S. v. § 264a: Aufgrund der einfachen Maßgeblichkeit stimmt der Wertansatz in der Handelsbilanz jedenfalls dann mit dem der Steuerbilanz überein, wenn handelsrechtlich zwingend zuzuschreiben ist.[47]

Mit der Pflicht zur Zuschreibung werden die Bedenken, die im Hinblick auf die **24** **europarechtskonforme Umsetzung** des Art. 35 Abs. 1 Buchst. c dd, 39 Abs. 1 Buchst. d der 4. EG-Richtlinie bestanden, ausgeräumt.[48] Dem Normzweck des § 280 Abs. 1 HGB, nämlich einen zutreffenden Vermögensausweis sicherzustellen,[49] wird auf diese Weise entsprochen. Die Beibehaltung stiller Reserven, die aufgrund des Wegfalls der maßgeblichen Abschreibungsgründe nicht mehr gerechtfertigt erscheint, ist aufgrund der Neuregelung ausgeschlossen.[50]

[43] Beck BilKomm-*Budde/Karig* 46; Beck HdR-*Siegel* B 169 Rdn. 83.
[44] Beck BilKomm-*Budde/Karig* 48; **a. A.** Beck HdR-*Siegel* B 169 Rdn. 84.
[45] Vgl. etwa ADS 6; Beck BilKomm-*Budde/Karig* 23.
[46] Zur Rechtslage bis 1999 vgl. die Übersichten bei ADS 43 ff; Beck BilKomm-*Budde/Karig* 21 ff.

[47] *Herzig/Rieck* WPg 1999, 308.
[48] So auch *Herzig/Rieck* WPg 1999, 309; vgl. oben Rdn. 2.
[49] Siehe Rdn. 6.
[50] So auch *Herzig/Rieck* WPg 1999, 309.

Rainer Hüttemann

3. Möglichkeit zur Rücklagenbildung

25   Die Besteuerung der nunmehr zwingend aufzudeckenden stillen Reserven kann zu erheblichen steuerlichen Mehrbelastungen führen, die der Gesetzgeber durch die **Übergangsregelung** des § 52 Abs. 16 S. 3 EStG abzumildern sucht.[51] Danach kann in Höhe von vier Fünfteln des im Erstjahr aufgrund der Neuregelung entstehenden Gewinns eine den steuerlichen Gewinn mindernde *Rücklage* gebildet werden, die in den folgenden vier Jahren (Auflösungszeitraum) jeweils mit mindestens einem Viertel gewinnerhöhend aufzulösen ist. Sollte die Gesellschaft von dieser steuerlichen Wahlmöglichkeit Gebrauch machen, muß sie gemäß § 5 Abs. 1 S. 2 EStG bezüglich des Vermögensgegenstandes einen *Sonderposten mit Rücklageanteil* bilden (§§ 247 Abs. 3, 273 HGB).[52] Dies gilt aber wegen des Zwecks der umgekehrten Maßgeblichkeit, Ausschüttungen an die Anteilseigner nach Inanspruchnahme steuerlicher Vergünstigungen zu verhindern, nur dann, wenn die Gesellschaft auch in der Handelsbilanz einen Gewinn zuschreiben mußte. Andernfalls würde die strikte Übernahme des Sonderpostens mit Rücklageanteil die handelsrechtliche Erfolgsrechnung weiter verzerren.[53] Wird ein Sonderposten nicht gebildet, bedarf es einer passiven Steuerabgrenzung für die zukünftigen Mehrbelastungen aus der Auflösung der Rücklage.[54] Veräußert oder entnimmt das bilanzierende Unternehmen das betreffende Vermögensgut, so hat es noch in demselben Jahr den für das Gut verbleibenden Teil der Rücklage aufzulösen (§ 52 Abs. 16 S. 3 EStG). Gleiches gilt, wenn das Gut in dem Auflösungszeitraum erneut auf den niedrigeren Teilwert abgeschrieben wird (§ 52 Abs. 16 S. 5 EStG). Die Gesellschaft muß dann wiederum in entsprechender Weise in der Handelsbilanz verfahren und den gebildeten Sonderposten gewinnerhöhend auflösen.[55]

4. Verhältnis der Teilwertzuschreibung zum Wertaufholungsgebot

26   Nicht zu übersehen ist, daß zwischen der gesetzlichen Konzeption der Teilwertzuschreibung nach § 6 Abs. 1 Nr. 1 S. 4 bzw. Nr. 2 S. 3 EStG und der handelsrechtlichen Wertaufholungskonzeptionein wesentlicher **Unterschied** besteht: Die steuerliche Regelung sieht für jedes Wirtschaftsjahr eine Neubewertung der Wirtschaftsgüter vor. Demgegenüber setzt das handelsrechtliche Wertaufholungsgebot nach der hier vertretenen Auffassung voraus, daß die maßgeblichen Abschreibungsgründe tatsächlich entfallen sind; eine bloße Wertsteigerung als solche genügt nicht.[56] Insoweit stimmen Handels- und Steuerbilanz dann nicht überein, wenn ein Wirtschaftsgut trotz Fortbestehens der Abschreibungsgründe an Wert gewonnen hat und das bilanzierende Unternehmen von einer Zuschreibung in der Handelsbilanz absieht. In der Steuerbilanz ist gleichwohl zwingend zuzuschreiben. Die Steuerbilanz ist nicht an die Handelsbilanz aufgrund des Maßgeblichkeitsgrundsatzes anzugleichen, da § 6 Abs. 1 Nr. 1 S. 4 bzw. Nr. 2 S. 3 EStG eine steuerliche Sondervorschrift ist, die zwingend eine andere Bilanzierung verlangt. Man kann auch nicht aufgrund der umgekehrten Maßgeblichkeit nach § 5 Abs. 1 S. 2 EStG die Vorschrift des § 280 Abs. 1 S. 1 HGB insoweit der steuerrechtlichen Konzeption anpassen.[57] Denn bei der steuerlichen Wertaufho-

---

[51] Beck BilKomm-*Budde/Karig* 32c; *Herzig/Rieck* WPg 1999, 308.

[52] *Cattelaens* DB 1999, 1186; Beck BilKomm-*Budde/Karig* 32c; *Arbeitskreis Externe Unternehmensrechnung* DB 2000, 683 f.

[53] *Feld* WPg 1999, 871 f; *Küting/Harth* DStR 2000, 217; *Dieterlen/Haun* BB 1999, 2023 f; vgl. auch *BMF* DB 2000, 547 f.

[54] *Küting/Harth* DStR 2000, 217 ff.

[55] Beck BilKomm-*Budde/Karig* 32e; *Cattelaens* DB 1999, 1186.

[56] Vgl. oben Rdn. 14 ff.

[57] Im Ergebnis ebenso ADS (ErgBd) § 280 n. F. 12, 15; *Feld* WPg 1999, 866.

lung handelt es sich gerade nicht um ein steuerrechtliches Wahlrecht. Im übrigen wäre eine solche Vorgehensweise angesichts der eindeutigen Regelung in Art. 35 Abs. 1 Buchst. c dd der 4. EG-Richtlinie („wenn die Gründe der Wertberichtigungen nicht mehr bestehen") nicht richtlinienkonform.

IV. Angaben im Anhang (Abs. 3)

Nach § 280 Abs. 3 sind im Anhang besondere Angaben zu machen, soweit nach **27** Abs. 1 an sich gebotene Zuschreibungen auf Grund des Wertbeibehaltungswahlrechts nach Abs. 2 unterlassen worden sind. Anzugeben ist der Betrag der im Geschäftsjahr aus steuerlichen Gründen unterlassenen Zuschreibungen. Diese sind zugleich zu begründen.[58]

V. Übergangsvorschrift (Art. 24 Abs. 1 und 2 EGHGB)

Nach Art. 24 Abs. 1 und 2 EGHGB braucht bei Vermögensgegenständen des An- **28** lage- und Umlaufvermögens, die bereits in dem letzten nach altem Recht erstellten Jahresabschluß anzusetzen waren, das Wertaufholungsgebot – auch in küntigen Abschlüssen – nicht befolgt zu werden. Die Einschränkung gilt aber nicht für Abschreibungen, die ab Geltung des neuen Rechts vorgenommen worden sind und deren Gründe später wegfallen.

VI. Rechtsfolgen des Verstoßes gegen § 280 HGB

Ein Verstoß gegen § 280 Abs. 1 ist nach § 334 Abs. 1 Buchst. b bußgeld- und unter **29** den Voraussetzungen des § 331 Nr. 1 strafbewehrt. Zudem kann eine Verletzung des § 280 Abs. 1 zur Nichtigkeit des Jahresabschlusses nach § 256 Abs. 5 S. 1 Nr. 2 AktG führen, wenn dadurch die Vermögens- und Ertragslage der Gesellschaft vorsätzlich unrichtig wiedergegeben oder verschleiert wird. Ein Verstoß gegen § 280 Abs. 2 ist in § 334 Abs. 1 Nr. 1 nicht erwähnt, da es sich um ein Wahlrecht handelt. Zuwiderhandlungen gegen § 280 Abs. 3 – die in Zukunft wegen des steuerlichen Zuschreibungsgebots allerdings nicht mehr vorkommen können – sind nach § 334 Abs. 1 Nr. 1 Buchst. d als Ordnungswidrigkeit zu ahnden.

§ 281
Berücksichtigung steuerrechtlicher Vorschriften

(1) Die nach § 254 zulässigen Abschreibungen dürfen auch in der Weise vorgenommen werden, daß der Unterschiedsbetrag zwischen der nach § 253 in Verbindung mit § 279 und der nach § 254 zulässigen Bewertung in den Sonderposten mit Rücklageanteil eingestellt wird. In der Bilanz oder im Anhang sind die Vorschriften anzugeben, nach denen die Wertberichtigung gebildet worden ist. Unbeschadet steuerrechtlicher Vorschriften über die Auflösung ist die Wertberichti-

---

[58] Näheres zur Angabepflicht bei ADS 62 ff; Beck BilKomm-*Budde/Karig* 33 ff.

gung insoweit aufzulösen, als die Vermögensgegenstände, für die sie gebildet worden ist, aus dem Vermögen ausscheiden oder die steuerrechtliche Wertberichtigung durch handelsrechtliche Abschreibungen ersetzt wird.

(2) Im Anhang ist der Betrag der im Geschäftsjahr allein nach steuerrechtlichen Vorschriften vorgenommenen Abschreibungen, getrennt nach Anlage- und Umlaufvermögen, anzugeben, soweit er sich nicht aus der Bilanz oder der Gewinn- und Verlustrechnung ergibt, und hinreichend zu begründen. Erträge aus der Auflösung des Sonderpostens mit Rücklageanteil sind in dem Posten „sonstige betriebliche Erträge", Einstellungen in den Sonderposten mit Rücklageanteil sind in dem Posten „sonstige betriebliche Aufwendungen" der Gewinn- und Verlustrechnung gesondert auszuweisen oder im Anhang anzugeben.

Übersicht

	Rdn.			Rdn.
I. Allgemeines	1–3		5. Bilanzausweis	14, 15
II. Ausweis nur steuerrechtlich zulässiger Abschreibungen als Sonderposten mit Rücklageanteil (Abs. 1)		III.	Veränderungen des Sonderpostens mit Rücklageanteil und GuV (Abs. 2 S. 2)	16
1. Ausweiswahlrecht (Abs. 1 S. 1)	4–6	IV.	Angabe- und Begründungspflichten bei nur steuerrechtlich zulässigen	
2. Einstellungen in den Sonderposten mit Rücklageanteil	7–9		Abschreibungen (Abs. 2 S. 1)	17–19
3. Auflösung des Sonderpostens	10–12	V.	Rechtsfolgen des Verstoßes gegen	
4. Keine Saldierung von Einstellungen und Auflösungen	13		§ 281 HGB	20

Schrifttum

Förschle/Kropp Wechselwirkungen zwischen Handels- und Steuerbilanz beim Anlagevermögen nach dem Bilanzrichtlinien-Gesetz, WPg 1986, 152; *Haeger* Der Grundsatz der umgekehrten Maßgeblichkeit in der Praxis (1989); *Schneeloch* Abschreibungen und Zuschreibungen, WPg 1988, 661; *Veit* Zur Bedeutung formeller Bilanzpolitik, DB 1994, 2509; *ders.* Die Ausübung bilanzsummenrelevanter Ausweiswahlrechte durch große Kapitalgesellschaften, DB 1996, 641.

I. Allgemeines

1   § 281 Abs. 1 S. 1 regelt den Ausweis steuerlicher Abschreibungen, soweit diese nach §§ 254, 279 auch bei Kapitalgesellschaften zulässig sind. Die Vorschrift gewährt Kapitalgesellschaften ein Wahlrecht, diese Abschreibungen entweder durch Abzug auf der Aktivseite vorzunehmen (direkte Methode) oder als Wertberichtigung auf der Passivseite in den Sonderposten mit Rücklageanteil einzustellen (indirekte Methode). Dieses – durch das BiRiLiG neu eingeführte – **Ausweiswahlrecht** dient der Verbesserung des Einblicks in die Vermögens-, Finanz- und Ertragslage, der durch die aktivische Berücksichtigung steuerrechtlicher Abschreibungen in der Handelsbilanz infolge der umgekehrten Maßgeblichkeit nicht unerheblich beeinträchtigt wird.[1] Weitergehend enthielt der Regierungsentwurf (vgl. § 265 Abs. 2 HGB-E) sogar noch eine Pflicht zur indirekten Vornahme von steuerrechtlichen Abschreibungen, die jedoch in den weiteren Beratungen in ein Ausweiswahlrecht umgestaltet worden ist.[2] Dieses

---

[1] Statt aller ADS 5.

[2] Vgl. *Biener/Berneke* S. 242 ff; KK-*Claussen* 2.

eröffnet bilanzpolitische Spielräume zur Verkürzung der Bilanzsumme, die z.B. in Hinsicht auf die Einstufung einer Kapitalgesellschaft in eine der Größenklassen nach § 267 von Bedeutung sein können. Zugleich können die Gesellschaften entscheiden, ob sie durch steuerrechtliche Mehrabschreibungen stille Reserven bilden oder die entsprechenden Beträge offen ausweisen. Darin liegt ein wichtiges *bilanzpolitisches Instrument.*[3]

Die Einführung eines Wahlrechts zur indirekten Vornahme von steuerlichen **2** Abschreibungen soll als Konsequenz der umgekehrten Maßgeblichkeit nach Art. 35 Abs. 1 Buchst. d, 39 Abs. 1 Buchst. e der **4. EG-Richtlinie** zulässig sein.[4] Dies erscheint schon deshalb zweifelhaft, weil die Richtlinie einen Sonderposten mit Rücklageanteil nicht kennt.[5] Daran ändert auch die grundsätzliche Anerkennung der umgekehrten Maßgeblichkeit in Art. 35 Abs. 1 Buchst. d, 39 Abs. 1 Buchst. e nichts, da nach der Richtlinie Wertberichtigungen grundsätzlich nur auf der Aktivseite zum Ausdruck kommen dürfen, was im Zweifel auch für steuerliche Abschreibungen zu gelten hat.[6] Der Sonderposten mit Rücklageanteil nach § 281 Abs. 1 ist somit – ebenso wie der nach § 273 – nicht von der 4. EG-Richtlinie gedeckt.[7] Die unmittelbare Wirkung der Richtlinie läßt daher auch den Ausweis der Sonderposten als Rücklage und passivische latente Steuern zu.[8]

Anwendungsbereich. § 281 gilt zunächst für Kapitalgesellschaften und Personen- **3** handelsgesellschaften i.S.v. § 264a. Die Vorschrift findet ferner über die Verweisung in § 5 Abs. 1 S. 2 PublG auch auf publizitätspflichtige Gesellschaften sinngemäß Anwendung, und zwar ohne die Einschränkung des § 279 Abs. 2. Für Genossenschaften gilt sie – mit Ausnahme des Abs. 2 S. 1 – entsprechend (vgl. § 336 Abs. 2). Zur entsprechenden Anwendung bei Kreditinstituten und Versicherungsunternehmen vgl. §§ 340a Abs. 1, 341a Abs. 1, 2. Darüber hinaus erscheint eine freiwillige Anwendung des Wahlrechts bei allen Kaufleuten im Interesse einer Verbesserung des Einblicks in die Vermögens-, Finanz- und Ertragslage vertretbar.[9]

II. Ausweis nur steuerrechtlich zulässiger Abschreibungen als Sonderposten mit Rücklageanteil (Abs. 1)

1. Ausweiswahlrecht (Abs. 1 S. 1)

§ 281 Abs. 1 S. 1 gewährt ein **Wahlrecht** zwischen der aktivischen Absetzung von **4** steuerlichen Abschreibungen *(direkte Methode)* und der passivischen Vornahme der Abschreibungen durch Einstellung des entsprechenden Unterschiedsbetrages in den Sonderposten mit Rücklageanteil *(indirekte Methode)*.[10] Dieses Wahlrecht gilt für alle nach §§ 254 S. 1, 279 zulässigen steuerrechtlichen Abschreibungen. § 281 Abs. 1 S. 1 enthält nur ein Ausweiswahlrecht, d.h. setzt die Zulässigkeit der Vornahme von steuerlichen Mehrabschreibungen in der Handelsbilanz nach §§ 254, 279 voraus.

---

[3] Zur allgemeinen bilanzpolitischen Bedeutung des Wahlrechts eingehend ADS 16 ff; HdR-*Tietze* 19 ff; vgl. ferner *Veit* DB 1994, 2509 ff; zur Ausübung des Wahlrechts in der Bilanzpraxis vgl. *Veit* DB 1996, 641 ff.

[4] ADS 2. Zur steuerlichen Bedeutung des § 281 in Hinsicht auf § 8a KStG betreffend die Gesellschafterfremdfinanzierung siehe etwa Bonner HdR-*Heni* 14 ff.

[5] Vgl. dazu Erläuterungen zu § 273, 4.

[6] So überzeugend *Vogel* Rechnungslegungsvorschriften (1993) S. 93 f.

[7] *Vogel* aaO.

[8] *Vogel* aaO S. 113.

[9] Vgl. ADS 7; HdR-*Tietze* 3.

[10] Zu den Unterschieden zwischen direkter und indirekter Methode vgl. Beispiel bei ADS 11.

Rainer Hüttemann

5   Das Ausweiswahlrecht nach § 281 Abs. 1 S. 1 ist – ungeachtet der unterschiedlichen Einblicksgewährung – in den Grenzen des Willkürverbots frei auszuüben.[11] Fraglich ist, in welchem Maße das Gebot der Jahresabschlußklarheit eine **einheitliche Ausübung** für verschiedene Bilanzposten gebietet. Während nach einer Auffassung sogar eine unterschiedliche Ausübung des Wahlrechts für einzelne Bilanzposten[12] oder sogar einzelne Vermögensgegenstände[13] für zulässig gehalten wird, soll nach anderer Ansicht nur eine Differenzierung nach Abschreibungstatbeständen[14] oder Vermögensgruppen[15] – z. B. Anlage- und Umlaufvermögen oder Sach- und Finanzanlagen – zulässig sein. Eine dritte Auffassung fordert – vorbehaltlich der Grenze der Wesentlichkeit – eine strikt einheitliche Gebrauchmachung.[16] Für die letztere Ansicht sprechen der Wortlaut der Vorschrift („die … Abschreibungen") und das Gebot der Jahresabschlußklarheit,[17] da eine differenzierte Behandlung – selbst bei entsprechenden zusätzlichen Angaben – den externen Einblick in die Vermögens-, Finanz- und Ertragslage nicht unerheblich erschwert.[18]

6   Weitere Einschränkungen des Wahlrechts ergeben sich durch den **Stetigkeitsgrundsatz** (§ 265 Abs. 1 S. 1). Allerdings ist nach allgemeiner Ansicht im Schrifttum ein Übergang von der aktivischen zur passivischen Berücksichtigung steuerlicher Mehrabschreibungen wegen der damit verbundenen Verbesserung des Einblickssituation stets i. S. v. § 265 Abs. 1 S. 1 „sachlich begründet".[19]

2. Einstellungen in den Sonderposten mit Rücklageanteil

7   Wird die indirekte Methode gewählt, so ist nach § 281 Abs. 1 S. 1 „**der Unterschiedsbetrag** zwischen der nach § 253 in Verbindung mit § 279 und der nach § 254 zulässigen Bewertung" in den Sonderposten mit Rücklageanteil einzustellen. Insoweit bedarf es also einer *Gegenüberstellung* des ohne § 254 zulässigen handelsrechtlichen und des niedrigeren steuerrechtlichen Wertansatzes. Fraglich ist, wie die „nach § 253 in Verbindung mit § 279" zulässige Bewertung zu ermitteln ist. Zum Teil wird für den handelsrechtlich zulässigen Wertansatz auf die höchstmöglichen nicht steuerrechtlichen Abschreibungsbeträge abgestellt.[20] Die überwiegende Ansicht hält dagegen den ursprünglich in der Handelsbilanz vorgesehenen Wertansatz bzw. die in vergleichbaren Fällen praktizierten Bewertungsmethoden für maßgebend.[21] Diese Ansicht erscheint nicht nur aus Praktikabilitätsgründen vorzugswürdig, weil sie eine gesonderte Feststellung der handelsrechtlich zulässigen Höchstabschreibung überflüssig macht, sondern sie sichert auch die Vergleichbarkeit mit den Fällen, in denen von rein steuerlichen Abschreibungsmöglichkeiten kein Gebrauch gemacht wird.[22]

8   Im allgemeinen erfolgt die **Einstellung in den Sonderposten** mit Rücklageanteil im Jahr des handelsrechtlichen Abschreibungsbeginns, d. h. im Jahr der Anschaffung oder Herstellung des betreffenden Vermögensgegenstandes.[23] Spätere Zuführungen können sich aber in bestimmten Sonderfällen ergeben, so z. B. bei steuerlich vorverlegtem

---

[11] KK-*Claussen* 8.
[12] HdR-*Tietze* 20.
[13] Beck HdR-*Nordmeyer* B 212 Rdn. 180.
[14] Beck HdR-*Mundt* B 232 Rdn. 46.
[15] ADS 22 f; KK-*Claussen* 8; wohl auch HdJ-*Siegel* III/4 Rdn. 125, 127.
[16] Baumbach/Hueck/*Schulze-Osterloh* § 42, 183.
[17] HdJ-*Siegel* III/4 Rdn. 127.
[18] Ebenso *Siegel* aaO.
[19] ADS 21; HdR-*Tietze* 31; HdJ-*Siegel* III/4 Rdn. 125; MünchKommHGB-*Lange* 14.

[20] *Förschle/Kropp* WPg 1986, 154; *Schneeloch* WPg 1988, 663.
[21] ADS 28; Bonner HdR-*Hofbauer* 6; Baumbach/Hueck/*Schulze-Osterloh* § 42, 183; *Siegel* in HdJ III/4 104 f; HdR-*Tietze* 27; eingehend *Haeger* S. 103.
[22] Baumbach/Hueck/*Schulze-Osterloh* § 42, 183.
[23] ADS 29.

Abschreibungsbeginn[24] oder bei unterschiedlicher Inanspruchnahme steuerlicher Abschreibungen innerhalb eines Begünstigungszeitraums.[25] Einstellungen in späteren Perioden kommen auch dann in Betracht, wenn sich auf Grund des handelsrechtlichen Abschreibungsverlaufs (degressive Abschreibung) oder einer Zuschreibung nach vorangegangener außerplanmäßiger Abschreibung erst in Folgejahren ein entsprechender Unterschiedsbetrag ergibt.[26] Dagegen ist in den Fällen des Wertbeibehaltungswahlrechts nach § 280 Abs. 2 der Ansatz eines Sonderpostens nicht zwingend geboten, weil der nur steuerlich zulässige Wert bereits auf der Aktivseite beibehalten wird.[27]

Einstellungen in den Sonderposten mit Rücklageanteil sind nach § 270 Abs. 1 S. 2 **9** bereits **bei der Aufstellung der Bilanz** vorzunehmen.

3. Auflösung des Sonderpostens

Der Sonderposten mit Rücklageanteil nach § 281 Abs. 1 S. 1 ist zunächst **ent- 10 sprechend den steuerlichen Vorschriften** wieder aufzulösen, nach denen er gebildet worden ist (vgl. § 281 Abs. 1 S. 3). Gleiches gilt, wenn die steuerlichen Voraussetzungen für eine entsprechende Wertberichtigung von Anfang versagt werden oder sich später herausstellt, daß diese nicht vorlagen.[28]

Darüber hinaus bestimmt § 281 Abs. 1 S. 3 **zwei weitere Auflösungsfälle**: Der Son- **11** derposten ist zum einen aufzulösen, wenn die Vermögensgegenstände, für die er gebildet worden ist, aus dem Vermögen ausscheiden, wie z. B. im Fall einer Veräußerung. Ein etwaiger Buchgewinn bzw. Buchverlust (Differenz zwischen Veräußerungserlös und Restbuchwert) und ein Ertrag aus der Auflösung des Sonderpostens (sonstiger betrieblicher Ertrag) sind dabei gesondert zu erfassen.[29] Eine Auflösung des Sonderpostens hat nach § 281 Abs. 1 S. 3 zum anderen dann zu erfolgen, „wenn die steuerrechtliche Wertberichtigung durch handelsrechtliche Abschreibungen ersetzt wird". Damit ist der Fall gemeint, daß der Unterschiedsbetrag i. S. v. § 281 Abs. 1 S. 1 infolge einer planmäßigen oder außerplanmäßigen Abschreibung ganz oder teilweise entfallen ist, weil der handelsrechtliche Wertansatz unter den steuerrechtlichen gesunken ist. Ein weitergehender „negativer" Unterschiedsbetrag ist nicht zu berücksichtigen.[30]

Fraglich ist, wie in den Fällen des Ausscheidens von Vermögensgegenständen zu **12** verfahren ist, die nur zu **Übertragungen innerhalb des Sonderpostens mit Rücklageanteil** führen (von sog. unversteuerten Rücklagen nach § 273 zu Wertberichtigungen nach § 281 und umgekehrt). Erträge aus der Auflösung einer Wertberichtigung nach § 281 Abs. 1 S. 3 werden durch die Möglichkeit zur steuerlichen Übertragung der aufgedeckten Reserven nicht berührt. Sie sind als „sonstige betriebliche Erträge" in der GuV auszuweisen. Anders ist im umgekehrten Fall zu entscheiden, wenn also eine unversteuerte Rücklage bei Anwendung des Wahlrechts nach § 281 Abs. 1 S. 1 auf steuerliche Wertberichtigungen in Form eines Sonderpostens übertragen wird. Hier wechselt nur der Sonderposten seinen Charakter, was eine erfolgsneutrale Behandlung außerhalb der GuV rechtfertigt.[31]

[24] Vgl. ADS 30 ff; HdR-*Tietze* 42.
[25] Dazu näher ADS 32.
[26] ADS 33, 34.
[27] Vgl. dazu HdJ-*Siegel* III/4 Rdn. 95; Beck Bil-Komm-*Ellrott* 3.
[28] ADS 42.
[29] Vgl. Beispiele bei HdR-*Tietze* 44 f; ADS 37 f.

[30] ADS 40.
[31] So ADS 48; HdR-*Tietze* 74; Baumbach/Hueck/*Schulze-Osterloh* § 42, 185; HdJ-*Siegel* III/4 Rdn. 140; **a. A.** KK-*Claussen* 11; Beck HdR-*Mundt* B 232 Rdn. 94; Beck BilKomm-*Förschle* § 275, 105.

Rainer Hüttemann

4. Keine Saldierung von Einstellungen und Auflösungen

13　　Nach dem Grundsatz der Einzelbewertung (§ 252 Abs. 1 Nr. 3) und dem Saldierungsverbot (§ 246 Abs. 2) dürfen – vorbehaltlich des Falls der Übertragung unversteuerter Rücklagen – Einstellungen in den Sonderposten nicht mit Auflösungen desselben verrechnet werden.[32]

5. Bilanzausweis

14　　Der Sonderposten mit Rücklageanteil nach § 281 ist nach § 273 S. 2 in Erweiterung des Gliederungsschemas **vor den Rückstellungen** auszuweisen. Das Gesetz behandelt den Sonderposten nach § 273 und nach § 281 als Einheit (vgl. §§ 273, 281: „der Sonderposten").[33] Entsprechend § 273 S. 2 sind auch für die steuerlichen Wertberichtigungen die steuerrechtlichen Vorschriften in der Bilanz oder im Anhang anzugeben, nach denen sie gebildet worden sind (§ 281 Abs. 1 S. 2).[34] Eine betragsmäßige Aufgliederung des Sonderpostens entsprechend den zugrunde liegenden Steuervorschriften ist hingegen nicht geboten.[35]

15　　Das Gesetz behandelt den Sonderposten mit Rücklageanteil als Einheit, so daß eine Untergliederung in die beiden Komponenten „unversteuerte Rücklagen" und „steuerrechtliche Wertberichtigungen" nicht gefordert ist. Eine **Aufgliederung des Sonderpostens** ist aber angesichts der Unterschiede zwischen beiden Arten wünschenswert und zweckmäßig.[36] Ebenfalls nicht vorgeschrieben, aber im Interesse einer weitergehenden Information hilfreich ist ein „Sonderpostenspiegel", der die Entwicklung des Sonderpostens im Zeitablauf dokumentiert.[37]

III. Veränderungen des Sonderpostens mit Rücklageanteil und GuV (Abs. 2 S. 2)

16　　Nach § 281 Abs. 2 S. 2 sind die Erträge aus der Auflösung des Sonderpostens mit Rücklageanteil in der Gewinn- und Verlustrechnung in dem Posten „sonstige betriebliche Erträge" und Einstellungen in den Sonderposten in dem Posten „sonstige betriebliche Aufwendungen" **gesondert auszuweisen oder im Anhang anzugeben**.[38] Damit stellt das Gesetz klar, daß sie nicht zum außerordentlichen Ergebnis gehören. Bei der Darstellung der Veränderungen des Sonderpostens ist das Saldierungsverbot zu berücksichtigen, d. h. Auflösungen und Einstellungen dürfen nicht miteinander verrechnet werden.

IV. Angabe- und Begründungspflichten bei nur steuerrechtlich zulässigen Abschreibungen (Abs. 2 S. 1)

17　　§ 281 Abs. 2 S. 1 bestimmt, daß der Betrag der im Geschäftsjahr allein nach steuerrechtlichen Vorschriften vorgenommenen Abschreibungen, getrennt nach Anlage- und Umlaufvermögen, **im Anhang anzugeben ist**, soweit er sich nicht aus der Bilanz

---

[32] Vgl. nur ADS 36; Beck BilKomm-*Ellrott* 14; Baumbach/Hueck/*Schulze-Osterloh* § 42, 185.
[33] HdJ-*Siegel* III/4 Rdn. 2; Beck BilKomm-*Ellrott* 4.
[34] Dazu unten Rdn. 17 f.
[35] ADS 51.
[36] Vgl. dazu ADS 52 ff.
[37] Mögliche Darstellungsformen bei HdR-*Tietze* 70 ff; ADS 58 ff.
[38] Beispiele zur Darstellung bei ADS 63 f.

oder der GuV ergibt. Angabepflichtige Abschreibungen i. S. v. § 281 Abs. 2 S. 1 sind alle steuerrechtlichen Wertberichtigungen nach § 281 Abs. 1 S. 1, unabhängig davon, ob sie aktivisch oder passivisch ausgewiesen werden.[39] Eine Aufteilung in Anlage- und Umlaufvermögen ist nur geboten, wenn auch im Geschäftsjahr für beide Vermögensgruppen nur nach steuerrechtlichen Vorschriften vorgenommene Wertberichtigungen erfolgt sind.[40]

18 Über die Angabepflicht hinaus fordert § 281 Abs. 2 S. 1 auch eine **„hinreichende"** Begründung der allein nach steuerrechtlichen Vorschriften vorgenommenen Abschreibungen. Zum Umfang der Begründungspflicht trifft das Gesetz keine näheren Aussagen. Ihr wird durch die Angabe der steuerlichen Vorschriften, nach denen die Wertberichtigungen vorgenommen worden sind, genügt.[41] Zusätzliche Aussagen sind nicht erforderlich, weil der Zweck der Inanspruchnahme von steuerrechtlichen Abschreibungen – Steuerstundung etc. – ohnehin „klar" ist. Noch weitergehende Angabepflichten, etwa zu den steuerpolitischen Motiven und Zielsetzungen, hätten dagegen prohibitiven Charakter und dürften schon deshalb jenseits der gesetzgeberischen Intention liegen.

V. Rechtsfolgen des Verstoßes gegen § 281 HGB

19 Der Verstoß gegen § 281 Abs. 1 S. 2 oder 3 und Abs. 2 S. 1 stellt nach § 334 Abs. 1 Nr. 1 Buchst. d eine Ordnungswidrigkeit dar. Gleiches gilt für eine Verletzung der Angabepflicht nach § 281 Abs. 2 S. 2 über die Erwähnung des § 284 in § 334 Abs. 1 Nr. 1 Buchst. d. Darüber hinaus können Verstöße gegen § 281 ein Vergehen nach § 331 Nr. 1 darstellen. Unter den besonderen Voraussetzungen des § 256 Abs. 5 AktG kann ein Verstoß gegen § 281 schließlich auch die Nichtigkeit des Jahresabschlusses zur Folge haben.

§ 282
Abschreibung der Aufwendungen für die Ingangsetzung und Erweiterung des Geschäftsbetriebes

Für die Ingangsetzung und Erweiterung des Geschäftsbetriebs ausgewiesene Beträge sind in jedem folgenden Geschäftsjahr zu mindestens einem Viertel durch Abschreibungen zu tilgen.

Übersicht

	Rdn.		Rdn.
I. Allgemeines	1–3	3. Fehlmaßnahmen	9
II. Abschreibungspflicht	4	III. Rechtsfolgen eines Verstoßes gegen	
1. Abschreibungsbeginn	5, 6	§ 282 HGB	10
2. Mindestabschreibung und			
Abschreibungsfrist	7, 8		

---

[39] ADS 67; HdR-*Tietze* 79; KK-*Claussen* 16; Beck BilKomm-*Ellrott* 7.
[40] ADS 70.

[41] So auch ADS 71; Beck BilKomm-*Ellrott* 11; KK-*Claussen* 16; MünchKommHGB-*Lange* 25.

Schrifttum

Siehe Angaben zu § 269.

I. Allgemeines

1   § 282 enthält eine **besondere Abschreibungsregel** für Aufwendungen für die Ingangsetzung und Erweiterung des Geschäftsbetriebs. Sie setzt voraus, daß entsprechende Aufwendungen nach § 269 als Bilanzierungshilfe aktiviert worden sind. Wird vom Aktivierungswahlrecht nach § 269 Gebrauch gemacht, so sind die aktivierten Beträge nach § 282 „in jedem folgenden Geschäftsjahr zu mindestens einem Viertel durch Abschreibungen zu tilgen".

2   Die Vorschrift beruht auf Art. 34 Abs. 1 Buchst. a der **4. EG-Richtlinie**, demzufolge entsprechende Aufwendungen, soweit einzelstaatliche Rechtsvorschriften ihre Aktivierung gestatten, spätestens *nach fünf Jahren* abgeschrieben sein müssen.

3   Der **Anwendungsbereich** des § 282 entspricht dem des § 269. Zweifelhaft ist, ob Nichtkapitalgesellschaften, die die Bilanzierungshilfe des § 269 in Anspruch nehmen, dann auch § 282 beachten müssen.[1] Dies dürfte, soweit man § 269 überhaupt als GoB einordnet,[2] im Interesse der Jahresabschlußklarheit zu bejahen sein.

II. Abschreibungspflicht

4   Nach § 282 müssen die für die Ingangsetzung und Erweiterung des Geschäftsbetriebs ausgewiesenen Beträge „in jedem folgenden Geschäftsjahr zu mindestens einem Viertel" abgeschrieben werden.

1. Abschreibungsbeginn

5   Abschreibungsbeginn ist **das dem Jahr der Erstaktivierung folgende Geschäftsjahr**. Im Jahr der Aktivierung muß also noch keine Abschreibung erfolgen. Nach dem Sinn und Zweck der Vorschrift – Abschreibung spätestens innerhalb von fünf Jahren – ist aber auch eine freiwillige Abschreibung im Jahr der Aktivierung zulässig.[3] Das gleiche Ergebnis läßt sich auch dadurch erreichen, daß sogleich nur ein entsprechend geminderter Teilbetrag aktiviert wird.[4]

6   Zweifelhaft ist der Abschreibungsbeginn in den Fällen, in denen sich eine Ingangsetzung und Erweiterung und dementsprechend auch die **Aktivierung über mehrere Jahre** hinzieht. Während nach überwiegender Ansicht die Beträge jedes einzelnen Geschäftsjahrs gesondert nach § 282 abzuschreiben sind,[5] soll es nach anderer Auffassung zulässig sein, mit dem Beginn der Abschreibung (des Gesamtbetrages) bis zum Abschluß der (wesentlichen) Ingangsetzungs- und Erweiterungsmaßnahmen zu warten.[6] Gegen die zweite Ansicht spricht aber der Wortlaut der Vorschrift, der als Gegenstand der Abschreibung die „ausgewiesenen Beträge" bezeichnet. Auch Art. 34 Abs. 1 Buchst. a der 4. EG-Richtlinie spricht von den „Aufwendungen". Eine

---

[1] So Beck BilKomm-*Budde/Karig* 2; HdR-*Commandeur* 20; **a. A.** ADS 3.
[2] Dagegen oben § 269, 6.
[3] ADS 5; HdR-*Commandeur* 4; Baumbach/Hueck/ *Schulze-Osterloh* § 42, 97.
[4] ADS 5.
[5] So *Biener/Berneke* S. 245; Beck BilKomm-*Budde/ Karig* 4; HdR-*Commandeur* 6; HdJ-*Richter* II/9 Rdn. 127.
[6] ADS 7; Bonner HdR-*Hofbauer* 3; KK-*Claussen* 6.

Abweichung vom Wortlaut wird auch nicht vom Zweck der Bilanzierungshilfe nach §269 – Vermeidung oder Verringerung des Verlustausweises – gefordert. Es gibt keine „richtige" Abschreibung der Bilanzierungshilfe, vielmehr hat der Gesetzgeber bei der Gewährung und Einschränkung von Bilanzierungshilfen einen weiten Spielraum.

2. Mindestabschreibung und Abschreibungsfrist

Das Gesetz regelt in §282 nur die **Mindestabschreibung** in den folgenden **7** Geschäftsjahren („ein Viertel"). Als Geschäftsjahr gilt auch ein Rumpfgeschäftsjahr.[7] Eine höhere Abschreibung – auch eine sofortige Abschreibung des gesamten Betrages im ersten folgenden Geschäftsjahr – ist zulässig. In diesem Fall ist dann im letzten Jahr nur noch der Restwert abzuschreiben (Beispiel: Aktivierung in 01; Abschreibungsquote in 02 50%; in 03 30% und in 04 20%). Eine bestimmte Abschreibungsmethode ist vom Gesetzgeber nicht vorgesehen.[8]

Auf Grund der Mindestabschreibung ergibt sich – ohne Berücksichtigung des Jahres der Erstaktivierung – ein Zeitraum von **vier Jahren als längster Abschreibungszeitraum**. Zu einer kürzeren Abschreibungsdauer kann es jedoch bei freiwilligen höheren Abschreibungen kommen.[9] **8**

3. Fehlmaßnahmen

Eine Aktivierung von Ingangsetzungs- und Erweiterungsaufwendungen nach §269 **9** hängt zwar nicht von „zukünftigen Ertragserwartungen" ab,[10] ist aber jedenfalls dann ausgeschlossen, wenn es sich um **„Fehlmaßnahmen"** handelt, die nichts zur Ausweitung der Geschäftsumfangs beitragen. Stellt sich erst in den Folgejahren heraus, daß eine solche Fehlmaßnahme vorliegt, gebietet das Imparitätsprinzip eine außerplanmäßige Abschreibung analog §253 Abs. 2 S. 3.[11]

III. Rechtsfolgen eines Verstoßes gegen §282 HGB

Nach §334 Abs. 1 Nr. 1 Buchst. b ist ein Verstoß als Ordnungswidrigkeit zu ahn- **10** den. Unter den Voraussetzungen des §331 Nr. 1 ist eine Verletzung des §282 HGB darüber hinaus als ein Vergehen zu verfolgen. Wird der nach §282 vorgesehene Betrag nicht abgeschrieben, führt dies zur Überbewertung des Vermögensgegenstandes im Sinne des §256 Abs. 5 S. 1 Nr. 1 AktG. Dies hat, wenn die Überbewertung wesentlich ist, die Nichtigkeit des Jahresabschlusses zur Folge.

---

[7] ADS 14.
[8] *Biener/Berneke* S. 245; ADS 9; HdR-*Commandeur* 7.
[9] ADS 8.
[10] Str., vgl. dazu Erläuterungen zu §269, 11.
[11] Baumbach/Hueck/*Schulze-Osterloh* §42, 97; ähnlich HdR-*Commandeur* 13; ADS 15; Beck BilKomm-*Budde/Karig* 4.

Rainer Hüttemann

§ 283
Wertansatz des Eigenkapitals

Das gezeichnete Kapital ist zum Nennbetrag anzusetzen.

Schrifttum

Siehe Angaben zu § 272.

1   § 283 regelt den **Wertansatz** des Postens „Gezeichnetes Kapital". Die Vorschrift dient dem Grundsatz der Kapitalerhaltung, da sie einen niedrigeren Ansatz des Kapitals und damit verbundene Ausschüttungen verhindert. Zugleich wird klargestellt, daß Verluste eines Geschäftsjahrs nicht zu einer Minderung des Kapitals führen.[1]

2   Entgegen der zu weit gefaßten Überschrift – „Eigenkapital" – gilt § 283 **nur für den Ansatz des „gezeichneten Kapitals".** Dies ist bei der AG das Grundkapital und bei der GmbH das Stammkapital. Maßgebend ist grundsätzlich der Betrag des Grund- bzw. Stammkapitals, der am Abschlußstichtag im Handelsregister eingetragen ist,[2] soweit nicht ausnahmsweise eine Kapitalveränderung auch vor Eintragung wirksam wird.[3] Zum Ausweis von ausstehenden Einlagen und eigenen Anteilen vgl. § 272, 12 ff, 20 ff. § 283 gilt nicht für die Kapitalanteile der persönlich haftenden Gesellschafter einer KGaA (vgl. § 286 Abs. 2 AktG). Für Personenhandelsgesellschaften i. S. v. § 264a enthält § 264c Abs. 2 eine besondere Bestimmung. Für Genossenschaften enthält § 337 Abs. 1 eine Sonderregelung.

3   Fraglich ist, ob § 283 auch im **Liquidationsstadium** gilt. Hier sollen nach verbreiteter Ansicht der Abwicklungszweck und die besonderen Regelungen über die Kapitalerhaltung in der Liquidation einen einheitlichen Ausweis aller zur Abwicklung zur Verfügung stehenden Vermögensteile einschließlich der offenen Rücklagen in einem Bilanzposten (z. B. als „Liquidationskapital") gebieten (sog. Nettomethode).[4] § 283 wäre dann nicht anwendbar und Abwicklungsverluste würden unmittelbar zu einer Veränderung der Vermögensziffer führen.[5] Nach der Gegenansicht ist der gesonderte Ausweis der einzelnen Kapitalposten und somit auch des gezeichneten Kapitals nach § 283 während der Abwicklung beizubehalten, solange noch die Möglichkeit eines Fortsetzungsbeschlusses besteht.[6] Letzterer Auffassung ist zu folgen, da schon mit Rücksicht auf die Bedeutung des gezeichneten Kapitals als Maßstab für die Verteilung des Vermögens auch in der Liquidation ein Interesse an einem gesonderten Ausweis besteht.

4   Eine **Verletzung** des § 283 kann nach § 256 Abs. 5 Nr. 1 und 2 zur Nichtigkeit des Jahresabschlusses führen.[7] Ferner sieht § 334 Abs. 1 Nr. 1 Buchst. b die Ahndung einer Nichtbeachtung des § 283 als Ordnungswidrigkeit vor.

---

[1] Vgl. ADS 1, 7.
[2] Beck BilKomm-*Förschle/Kofahl* 3.
[3] Vgl. dazu die Erläuterungen zu § 272, 9.
[4] ADS 14a; Baumbach/Hueck/*Schulze-Osterloh* § 71, 17; KK-*Hüffer* § 270, 17, 40.
[5] ADS aaO.
[6] Scholz/*K. Schmidt* § 71, 21; *Förschle/Deubert* Sonderbilanzen, Rdn. 237; Hachenburg/*Hohner* § 71, 22. Für Wahlrecht ADS § 270 AktG, 67.
[7] Näheres bei ADS 22.

Fünfter Titel
Anhang

§ 284
Erläuterung der Bilanz und der Gewinn- und Verlustrechnung

(1) In den Anhang sind diejenigen Angaben aufzunehmen, die zu den einzelnen Posten der Bilanz oder der Gewinn- und Verlustrechnung vorgeschrieben oder die im Anhang zu machen sind, weil sie in Ausübung eines Wahlrechts nicht in die Bilanz oder in die Gewinn- und Verlustrechnung aufgenommen wurden.

(2) Im Anhang müssen

1. die auf die Posten der Bilanz und der Gewinn- und Verlustrechnung angewandten Bilanzierungs- und Bewertungsmethoden angegeben werden;
2. die Grundlagen für die Umrechnung in Euro angegeben werden, soweit der Jahresabschluß Posten enthält, denen Beträge zugrunde liegen, die auf fremde Währung lauten oder ursprünglich auf fremde Währung lauteten;
3. Abweichungen von Bilanzierungs- und Bewertungsmethoden angegeben und begründet werden; deren Einfluß auf die Vermögens-, Finanz- und Ertragslage ist gesondert darzustellen;
4. bei Anwendung einer Bewertungsmethode nach § 240 Abs. 4, § 256 Satz 1 die Unterschiedsbeträge pauschal für die jeweilige Gruppe ausgewiesen werden, wenn die Bewertung im Vergleich zu einer Bewertung auf der Grundlage des letzten vor dem Abschlußstichtag bekannten Börsenkurses oder Marktpreises einen erheblichen Unterschied aufweist;
5. Angaben über die Einbeziehung von Zinsen für Fremdkapital in die Herstellungskosten gemacht werden.

Übersicht

	Rdn.		Rdn.
I. Allgemeines		2. Übersicht über die gesetzlichen Regelungen zu Angabepflichten . . .	24
1. Gesetzliche Grundlagen und Anwendungsbereich		a) Angaben nach HGB	25
a) Gegenstand	1–4	b) Angaben nach EGHGB	26
b) Anwendungsbereich	5, 6	c) Angaben nach AktG	27
2. Zweck des Anhangs	7, 8	d) Angaben nach GmbHG	28
3. Grundsätze der Berichterstattung .		III. Allgemeine Angaben nach Abs. 2	
a) Anwendung der allgemeinen Grundsätze	9	1. Angaben der Bilanzierungs- und Bewertungsmethoden (Abs. 2 Nr. 1) .	29–31
aa) Klarheit und Übersichtlichkeit	10	a) Angabe der Bilanzierungsmethoden	32–34
bb) Wahrheit	11	b) Angabe der Bewertungsmethoden	
cc) Vollständigkeitsgebot und seine Einschränkung durch „Wesentlichkeitsgrundsatz"	12–15	aa) Allgemeines und Übersicht	35–38
dd) Stetigkeitsgebot	16	bb) Einzelne Angabepflichten	
ee) Sonstiges	17	(1) Angaben zu Vermögensgegenständen des Anlagevermögens	39
b) Verschiedene Formen der Angaben	18	(2) Angaben zu Vermögensgegenständen des Umlaufvermögens	40
c) Form und Gliederung	19, 20	(3) Angaben zu aktiven Rechnungsabgrenzungsposten	41
4. Freiwillige zusätzliche Angaben . . .	21, 22		
II. Inhalt des Anhangs (Abs. 1)			
1. Allgemeines	23		

     Rainer Hüttemann

	Rdn.		Rdn.
(4) Angaben zu Passivposten	42	d) Darstellung des Einflusses auf	
2. Angabe der Grundlagen für die		die Vermögens-, Finanz- und	
Umrechnung in Euro/DM		Ertragslage	57–59
(Abs. 2 Nr. 2)	43–45	4. Ausweis der Unterschiedsbeträge	
3. Angaben der Abweichungen von		bei Anwendung der Bewertungs-	
Bilanzierungs- und Bewertungs-		methode nach § 240 Abs. 4, § 256	
methoden und ihr Einfluß auf die		Satz 1 (Abs. 2 Nr. 4)	60–62
Vermögens-, Ertrags- und Finanz-		5. Angaben über die Einbeziehung	
lage (Abs. 2 Nr. 3)		von Zinsen für Fremdkapital in	
a) Überblick und Allgemeines	46–50	die Herstellungskosten	
b) Abweichungen von Bilanzie-		(Abs. 2 Nr. 5)	63
rungsmethoden	51–53	IV. Sanktionen bei Verletzung des	
c) Abweichungen von Bewertungs-		§ 284	64, 65
methoden	54–56		

Schrifttum

Budde/Förschle Ausgewählte Fragen zum Inhalt des Anhangs, DB 1988, 1457; *Coenenberg* Gliederungs-, Bilanzierungs- und Bewertungsentscheidungen bei der Anpassung des Einzelabschlusses nach dem Bilanzrichtlinien-Gesetz, DB 1986, 1581; *Döbel* Leitfaden für die Erstellung des Anhangs von Kapitalgesellschaften, BB 1987, 512; *Epperlein/Scharpf* Anhangangaben im Zusammenhang mit sogenannten Finanzinnovationen, DB 1994, 1629; *Farr* Der Anhang im Jahresabschluß der kleinen GmbH – Checkliste unter Berücksichtigung der neuen größenabhängigen Erleichterungen des HGB, GmbHR 1995, 31; *Förschle/Kropp* Die Bewertungsstetigkeit im Bilanzrichtlinien-Gesetz, ZfB 1986, 873; *Forster* Bewertungsstetigkeit – was sie ist und was sie nicht ist, Festschrift für v. Wysocki (Düsseldorf 1985) 29; *Hoffmann* Anmerkungen über den Grundsatz der Wesentlichkeit im Anhang, BB 1986, 1050; *Küffner* Der Anhang nach §§ 284, 285 HGB, DStR 1987, Beilage zu Heft 17; *Leffson* Wesentlich, HuRB 434; *Niehues* Freiwillige nicht GoB-konforme Angaben im Anhang und der Bestätigungsvermerk des Abschlußprüfers, WPg 1988, 93; *Schnapauff* Fragebogen zur Prüfung des Anhangs nach § 264 Abs. 1 S. 1 HGB, WPg 1986, 555; *Janz/Schülen* Der Anhang als Teil des Jahresabschlusses und des Konzernabschlusses, WPg 1986, 57; *Ossadnik* Wesentlichkeit als Bestimmungsfaktor für Angabepflichten in Jahresabschluß und Lagebericht, BB 1993, 1763; *Russ* Der Anhang als dritter Teil des Jahresabschlusses, 2. Aufl. (1986); *Schülen* Die Aufstellung des Anhangs, WPg 1987, 223; *ders.* Änderung von Bewertungsmethoden, BB 1994, 2312; *Selchert* Die sonstigen finanziellen Verpflichtungen, DB 1987, 545; *Selchert/Karsten* Inhalt und Gliederung des Anhangs, BB 1985, 1889.

I. Allgemeines

1. Gesetzliche Grundlagen und Anwendungsbereich

1   **a) Gegenstand.** Nach § 264 Abs. 1 S. 1 ist der Jahresabschluß einer Kapitalgesellschaft und Personenhandelsgesellschaft i. S. v. § 264a um einen Anhang zu erweitern, der mit der Bilanz und der Gewinn- und Verlustrechnung eine Einheit bildet. § 284 Abs. 1 bestimmt den **Inhalt des Anhangs**. Danach sind zum einen diejenigen Angaben zu machen, die zu den einzelnen Posten der Bilanz oder der Gewinn- und Verlustrechnung vorgeschrieben sind (*Pflichtangaben*). Zweitens sind diejenigen Angaben aufzunehmen, die im Anhang zu machen sind, weil sie in Ausübung eines Wahlrechts nicht in die Bilanz oder in die Gewinn- und Verlustrechnung aufgenommen wurden (*Wahlpflichtangaben*).

2   Die **gesetzliche Grundlage** des Anhangs bilden vorrangig die §§ 284 bis 288. Darüber hinaus enthalten die §§ 264 ff verschiedene Einzelbestimmungen, die zusätzliche

Angaben vorschreiben, vgl. z. B. § 264 Abs. 2 S. 2 und § 265. Weitere Angabepflichten finden sich etwa in Art. 28 Abs. 2 EGHGB sowie – rechtsformspezifisch – im AktG und im GmbHG. Daneben können weitere, gesetzlich nicht vorgeschriebene Angaben gemacht werden (*freiwillige Angaben*).[1]

Obwohl das Gesetz den Anhang – anders als den Lagebericht (§ 289) – dem Jahres- **3** abschluß zuordnet, spricht nichts gegen die Praxis, den Anhang, Lagebericht, weitere freiwillige Angaben sowie Bilanz und GuV in einem einheitlichen Druckstück, dem **Geschäftsbericht**, zusammenzufassen.[2] Die gesetzlichen Offenlegungspflichten werden durch die Verbreitung eines solchen Geschäftsberichts nicht berührt.

§ 284 beruht auf verschiedenen Artikeln der **4. EG-Richtlinie**: § 284 Abs. 1, 2 Nr. 1 **4** und 2 entsprechen Art. 43 Abs. 1; § 284 Abs. 2 Nr. 3 beruht auf Art. 31 Abs. 2 S. 2; § 284 Abs. 2 Nr. 4 entspricht Art. 40 Abs. 2 und § 284 Abs. 2 Nr. 5 setzt Art. 35 Abs. 4 S. 2 um.

b) Anwendungsbereich. Die Vorschriften über den Anhang gelten entsprechend **5** ihrer Anordnung im Zweiten Abschnitt *unmittelbar* nur für Kapitalgesellschaften und Personenhandelsgesellschaften i. S. v. § 264a. Kleine und mittelgroße Unternehmen (§ 267) können bei der Aufstellung und Offenlegung des Anhangs Erleichterungen in Anspruch nehmen (vgl. näher §§ 288, 326, 327).

Die Regelungen über den Anhang finden **darüber hinaus** nach § 336 Abs. 1 S. 1 **6** aber auch entsprechende Anwendung auf Genossenschaften. Auch Kreditinstitute und Versicherungsunternehmen haben nach §§ 340a Abs. 1, 341a Abs. 1 vorbehaltlich besonderer Modifikationen einen Anhang aufzustellen. Bei publizitätspflichtigen Unternehmen i. S. d. PublG, die nicht in der Rechtsform einer Personenhandelsgesellschaft oder eines Einzelkaufmanns geführt werden, ist der Jahresabschluß nach § 5 Abs. 2 S. 1 PublG um einen Anhang zu erweitern. Für diesen gelten die §§ 284, 285 Nr. 1 bis 5, 7 bis 13, §§ 286, 287 sinngemäß.

2. Zweck des Anhangs

Der Anhang bildet neben der Bilanz und der Gewinn- und Verlustrechnung den **7** dritten, eigenständigen Teil des Jahresabschlusses (vgl. § 264 Abs. 1 S. 1). Damit gilt auch für den Anhang die Generalnorm des § 264 Abs. 2 S. 1: Der Jahresabschluß hat unter Beachtung der Grundsätze ordnungsmäßiger Buchführung ein den tatsächlichen Verhältnissen entsprechendes Bild der Vermögens-, Finanz- und Ertragslage zu vermitteln. Entgegen der sog. Abkopplungsthese[3] beschränkt sich die Bedeutung des „true and fair view"-Prinzips auch nicht auf den Anhang, sondern hat gleichermaßen Bedeutung für die Bilanz und die GuV.[4] Jedoch wird das Einblicksgebot im Rahmen der Gewinnermittlung durch die Ausschüttungsbemessungsfunktion von Bilanz und GuV relativiert („… unter Beachtung der Grundsätze ordnungsmäßiger Buchführung …"). Da Bilanz, GuV und Anhang zusammen ein „den tatsächlichen Verhältnissen entsprechendes Bild der Vermögens-, Finanz- und Ertragslage" zu vermitteln haben, kommt deshalb dem Anhang eine wichtige Aufgabe im Rahmen der **Informationsfunktion des Jahresabschlusses** zu: Er dient dem besseren Verständnis und der Ergänzung von Bilanz und GuV.[5]

---

[1] Zur Zulässigkeit freiwilliger Angaben vgl. näher unten Rdn. 21 f.
[2] WP-Handbuch I F 422; ADS 3.
[3] Vgl. dazu eingehend § 264, 24.
[4] Siehe § 264, 26 ff.

[5] Vgl. ADS 6; *Russ* Der Anhang als dritter Teil des Jahresabschlusses S. 14 ff; Beck HdR-*Schülen* B 400 Rdn. 10 ff; Beck BilKomm-*Ellrott* 6; KK-*Claussen* §§ 284–288 HGB, § 160 AktG 10; HdR-*Dörner/Wirth* §§ 284–288, 1; HdJ-*Kupsch* IV/4

Rainer Hüttemann

8   Im Rahmen dieser „ergänzenden Informationsfunktion" lassen sich ausgehend von den gesetzlichen Regelungen zum Inhalt des Anhangs **drei Teilfunktionen** unterscheiden:[6] Der Anhang hat zum einen den Zweck, die Aussagekraft von Bilanz und Gewinn- und Verlustrechnung durch zusätzliche Angaben – z. B. zu den Bilanzierungs- und Bewertungsmethoden (vgl. § 284 Abs. 2 Nr. 1) oder zu Abweichungen von solchen (§ 284 Abs. 2 Nr. 3) – zu erhöhen (*ergänzende Informationsvermittlung*). Hierher gehören auch Angabepflichten zu solchen Sachverhalten, die in der Bilanz nicht vorkommen, z. B. die Angabe des Gesamtbetrags der aus der Bilanz nicht ersichtlichen sonstigen finanziellen Verpflichtungen (vgl. § 285 Nr. 3). Von besonderer Bedeutung ist dabei auch die ergänzende Angabepflicht nach § 264 Abs. 2 S. 2 beim Vorliegen besonderer Umstände. Zweitens kommt dem Anhang auf Grund der zahlreichen Ausweiswahlrechte gegenüber Bilanz und Gewinn- und Verlustrechnung eine wichtige Entlastungsfunktion zu. Um die Aussagekraft der Bilanz und Gewinn- und Verlustrechnung zu erhöhen und auf die wesentlichen Angaben zu konzentrieren, können andere Angaben wahlweise in den Anhang verlagert werden, z. B. die Darstellung des Anlagespiegels nach § 268 Abs. 2 S. 1. Drittens dient der Anhang zur Erläuterung bestimmter Sachverhalte über ihre rein zahlenmäßige Darstellung hinaus (*Erläuterungsfunktion*). So sind z. B. nach § 269 S. 1 2. Halbs. aktivierte Aufwendungen für die Ingangsetzung und Erweiterung des Geschäftsbetriebs zu erläutern.

3. Grundsätze der Berichterstattung

9   **a) Anwendung der allgemeinen Grundsätze.** Das Gesetz enthält keine besonderen Regelungen darüber, nach welchen Grundsätzen der Anhang aufzustellen ist.[7] Dies ist auch nicht erforderlich, weil der Anhang nach § 264 Abs. 1 S. 1 Teil des Jahresabschlusses ist und mithin auch die allgemeinen Grundsätze über die Aufstellung des Jahresabschlusses (§§ 242, 243) auf ihn entsprechend anzuwenden sind.[8] Diese sind zu „Grundsätzen gewissenhafter und getreuer Rechenschaft" zu konkretisieren.[9]

10   **aa) Klarheit und Übersichtlichkeit.** Zunächst muß der Anhang entsprechend § 243 Abs. 2 klar und übersichtlich sein. Die Angaben müssen also so bezeichnet werden, daß Irrtümer und Mißverständnisse soweit wie möglich ausgeschlossen sind und ein sachverständiger Dritter die Informationen in angemessener Zeit verstehen kann.[10] Eine Bezugnahme auf Paragraphen etc. ist nicht ausgeschlossen, darf aber nicht dazu führen, daß die entsprechenden Regelungen nur unter Heranziehung der jeweiligen gesetzlichen Vorschriften verständlich sind. Nicht ausreichend wäre daher etwa die Angabe: „Die nach § 285 Nr. 3 anzugebenden Beträge lauten X Euro."[11]

11   **bb) Wahrheit.** Ferner gilt der Grundsatz der „Wahrheit", d. h. die Angaben müssen den Bilanzierungsregeln und den gewählten Werten entsprechen.[12]

Rdn. 9 ff; *Selchert/Karsten* BB 1985, 1889 f; *Budde/Förschle* DB 1988, 1457; WP-Handbuch I F 421.

[6] Zum folgenden vgl. auch ADS 12 ff; abweichende Untergliederungen bei *Russ* Der Anhang als dritter Teil des Jahresabschlusses S. 20 f; Beck HdR-*Schülen* B 400 Rdn. 13.

[7] Anders noch § 160 Abs. IV S. 1 AktG a. F., der ausdrücklich auf die „Grundsätze einer gewissenhaften und getreuen Rechenschaftslegung" verwies.

[8] Vgl. nur ADS 17; KK-*Claussen* §§ 284–288 HGB, § 160 AktG 16; Beck BilKomm-*Ellrott* 10 ff.

[9] Baumbach/Hueck/*Schulze-Osterloh* § 42, 392; zu solchen Grundsätzen vgl. *Russ* Der Anhang als dritter Teil des Jahresabschlusses S. 81 f; *Schülen* WPg 1987, 225.

[10] Zum Gebot der Klarheit und Übersichtlichkeit siehe nur § 243, 9, 26 ff (*Hüffer*).

[11] Beck BilKomm-*Ellrott* 12; WP-Handbuch I F 430.

[12] Beck HdR-*Schülen* B 410 Rdn. 4.

cc) **Vollständigkeitsgebot und seine Einschränkung durch „Wesentlichkeits- 12 grundsatz".** Des weiteren muß der Anhang „vollständig" sein. Dies setzt voraus, daß über *alle* Sachverhalte berichtet wird, zu denen das Gesetz entsprechende Angaben vorschreibt.[13]

Der Grundsatz der Vollständigkeit unterliegt gewissen **Einschränkungen.** Zum **13** einen ist zu beachten, daß das Gesetz ausdrücklich bestimmte Angabepflichten auf „wesentliche Sachverhalte" beschränkt. So sind z. B. bei § 268 Abs. 4 S. 2 nur Beträge, „die einen größeren Umfang haben", anzugeben, und § 285 Nr. 12 beschränkt die Angabepflicht für nicht gesondert ausgewiesene Rückstellungen auf solche von „nicht unerheblichem Umfang". Weitere Ausprägungen der „Wesentlichkeit" finden sich in anderen Regelungen.[14]

Neben diesen speziellen Einschränkungen des Vollständigkeitsgrundsatzes ist zum **14** anderen aus dem Gebot der Klarheit und Übersichtlichkeit (§ 243 Abs. 2) ein allgemeiner **„Wesentlichkeitsgrundsatz"** bei der Berichterstattung im Anhang abzuleiten.[15] Denn nur so wird verhindert, daß durch eine übermäßige Anhäufung „unwesentlicher" Zahlen und Angaben der Anhang überhäuft und damit der Zugang zu den relevanten Informationen erschwert bzw. verschleiert wird.[16] Der Grundsatz der Wesentlichkeit entspricht damit zugleich dem Einblicksgebot aus § 264 Abs. 2 S. 1. Denn das Prinzip des „true and fair view" fordert, daß nur die für die Adressaten eines Jahresabschlusses entscheidungsrelevanten Sachverhalte offenzulegen sind, während alle nicht entscheidungsrelevanten Tatsachen vernachlässigbar sind.[17]

Eine **Konkretisierung** des Wesentlichkeitsgrundsatzes[18] kann nur für den jewei- **15** ligen Einzelfall und unter Berücksichtigung des Sinns und Zwecks der einzelnen Angabevorschrift erfolgen.[19] Rein quantitative Grenzen – z. B. eine 10 v. H.-Grenze – können allenfalls eine gewisse Hilfsfunktion übernehmen.[20] Letztlich entscheidend muß die konkrete Auswirkung einer Angabe bzw. Nichtangabe auf die Vermittlung des von § 264 Abs. 2 S. 1 geforderten Einblicks sein.

dd) **Stetigkeitsgebot.** Fraglich ist, ob und inwieweit die Gliederung des Anhangs **16** dem Stetigkeitsgebot nach § 265 Abs. 1 unterliegt.[21] Für eine Anwendung des § 265 Abs. 1 auf den Anhang sprechen der Wortlaut der Vorschrift („insbesondere") sowie der Umstand, daß § 265 Abs. 1 selbst nur eine Konkretisierung des Gebots der Klarheit und Übersichtlichkeit bzw. der Generalnorm darstellt.[22] Das Stetigkeitsgebot betrifft dabei zum einen die Ausübung der Ausweiswahlrechte und zum anderen die gewählte Gliederung bei den Pflichtangaben.[23]

---

[13] ADS 17; Beck BilKomm-*Ellrott* 11.

[14] Weitere Fälle bei *Russ* Der Anhang als dritter Teil des Jahresabschlusses S. 85 f; *Hoffmann* BB 1986, 1053.

[15] Ebenso Beck HdR-*Schülen* B 410 Rdn. 5; wohl auch ADS 23; a. A. – für Ableitung aus dem „true and fair view" – *Russ* Der Anhang als dritter Teil des Jahresabschlusses S. 86 f; HdR-*Dörner/Wirth* 5; *Ossadnik* BB 1993, 1763.

[16] Instruktiv *Hoffmann* BB 1986, 1051 f: „Verhinderung systematischer Desinformation"; vgl. auch ADS 23; KK-*Claussen* §§ 284–288 HGB, § 160 AktG 17; Beck BilKomm-*Ellrott* 13; Bonner HdR-*Krawitz* 10.

[17] Vgl. *Ossadnik* BB 1993, 1763.

[18] Vgl. dazu insbesondere *Hoffmann* BB 1986, 1050; instruktiv *Ossadnik* BB 1993, 1763 ff mit Vergleichen von Literaturansichten und empiri-

schen Befunden; vgl. auch *Russ* Der Anhang als dritter Teil des Jahresabschlusses S. 88 ff.

[19] So auch ADS 23; HdR-*Dörner/Wirth* 11.

[20] Ebenso HdR-*Dörner/Wirth* 11; WP-Handbuch I F 444.

[21] Dafür Beck BilKomm-*Ellrott* 26; Beck HdR-*Schülen* B 410 Rdn. 4, 43; MünchKommHGB-*Lange* 19; Baumbach/Hueck/*Schulze-Osterloh* § 42, 393; Bonner HdR-*Krawitz* 15; *Budde/Förschle* BB 1988, 1362; einschränkend ADS 27, anders ADS § 265, 7. Für entsprechende Anwendung HdR-*Weber* § 265, 7; a. A. – keine Anwendung – *Coenenberg* DB 1986, 1582; *Russ* Der Anhang als dritter Teil des Jahresabschlusses S. 233 f.

[22] Vgl. auch § 265, 6.

[23] Beck BilKomm-*Ellrott* 26.

     Rainer Hüttemann

17   **ee) Sonstiges.** Keine Anwendung finden die allgemeinen Grundsätze für die Gliederung (§ 265), soweit sich diese dem eindeutigen Wortlaut nach nur auf die Bilanz und die GuV beziehen. So bedarf es keiner Angabe von Vorjahresbeträgen nach § 265 Abs. 2.[24] Etwas anderes gilt aber dann, wenn z. B. in Ausübung eines Ausweiswahlrechts bestimmte Angaben statt in der Bilanz oder GuV im Anhang gemacht werden.[25] Die Entscheidung für einen bestimmten Ausweis darf die Einblicksqualität nicht beeinträchtigen. Gleiches gilt im Fall der Zusammenfassung von Einzelposten nach § 265 Abs. 7.[26] Nicht erforderlich sind nach § 265 Abs. 8 auch Leerposten.[27]

18   **b) Verschiedene Formen der Angaben.** Die gesetzlichen Vorschriften unterscheiden hinsichtlich der Art der Berichterstattung im Anhang verschiedene Formen von Angaben:[28] Dabei meint *„Angabe"* die bloße Nennung eines Gegenstandes ohne weitere Bemerkungen. Sie kann zahlenmäßig oder verbal erfolgen. Unter *„Aufgliederung"* ist eine zahlenmäßige Aufteilung einer Größe nach bestimmten sachlichen Merkmalen zu verstehen. Mit *„Ausweis"* ist die zahlenmäßige Nennung von Beträgen gemeint. Eine *„Begründung"* erfordert das verbale Aufzeigen von Gründen für ein bestimmtes Verhalten. *„Darstellung"* meint die quantitative und/oder verbale Aufbereitung eines Sachverhaltes. Dazu bedarf es über die bloßen Angaben hinaus einer weiteren Aufgliederung oder Erläuterung. Unter *„Erläuterung"* ist die weitergehende verbale und/oder zahlenmäßige Erklärung und Kommentierung eines Sachverhaltes über die reine Darstellung hinaus zu verstehen. Sie soll über die Voraussetzungen, Hintergründe und Konsequenzen eines Sachverhalts informieren.

19   **c) Form und Gliederung.** Der Anhang ist nach § 244 in deutscher Sprache und in DM/Euro aufzustellen. Eine besondere Unterzeichnung durch die aufstellenden Organe ist nicht erforderlich, vielmehr umfaßt die Unterzeichnung des Jahresabschlusses nach § 245 auch den Anhang als Teil desselben.[29] Das Gesetz schreibt im übrigen keine besondere Form des Anhangs vor. Erforderlich ist jedoch schon mit Rücksicht auf die unterschiedlichen Prüfungs- und Offenlegungspflichten eine klare Trennung zwischen Anhang und Lagebericht einerseits und einer freiwilligen zusätzlichen Berichterstattung andererseits.[30]

20   Das Gesetz enthält auch **keine besonderen Gliederungsvorschriften** für den Anhang. Grenzen der Gestaltungsfreiheit ergeben sich jedoch aus dem Gebot der Klarheit und Übersichtlichkeit (§ 243 Abs. 2). Dieses fordert zumindest eine Anordnung der Angaben nach sachlichen Gesichtspunkten.[31] Für die einmal gewählte Form der Gliederung gilt dann das Stetigkeitsgebot.[32] Im Schrifttum finden sich verschiedene Gliederungsvorschläge und Checklisten.[33] Danach könnte der Anhang z. B. in der folgenden Weise gegliedert werden (vgl. Wirtschaftsprüfer-Handbuch[34]):

     I.   Allgemeine Angaben zu Bilanzierungs- und Bewertungsmethoden und Grundlagen der Währungsumrechnung

---

[24] Statt aller ADS 20.

[25] ADS 20; Beck BilKomm-*Ellrott* 21; Beck HdR-*Schülen* B 410 Rdn. 44.

[26] ADS 20.

[27] WP-Handbuch I F 434.

[28] Vgl. zum weiteren ADS 24; Beck BilKomm-*Ellrott* 36; Bonner HdR-*Krawitz* 11; HdJ-*Kupsch* IV/4 Rdn. 30; WP-Handbuch I F 442.

[29] Vgl. nur Beck BilKomm-*Ellrott* 27.

[30] Beck BilKomm-*Ellrott* 27; *Schülen* WPg 1987, 224.

[31] So ADS 27; Beck BilKomm-*Ellrott* 25 f; WP-

Handbuch I F 435; *Selchert/Karsten* BB 1985, 1889.

[32] Vgl. oben Rdn. 16.

[33] Vgl. etwa ADS 28; Beck BilKomm-*Ellrott* 30; Bonner HdR-*Krawitz* 26; Baumbach/Hueck/*Schulze-Osterloh* § 42, 393; *Selchert/Karsten* BB 1985, 1890 ff; *Janz/Schülen* WPg 1986, 57 ff; *Schnappauf* WPg 1986, 555 ff; *Schülen* WPg 1987, 230 ff; *Döbel* BB 1987, 512 f; *Küffner* DStR 1987, Beilage zu Heft 17; *Farr* GmbHR 1995, 32 ff.

[34] WP-Handbuch I F 435; ähnlich ADS 28.

II. Erläuterungen der Bilanz und GuV
   1. Bilanz (jeweils in der Reihenfolge der Posten)
   2. GuV (jeweils in der Reihenfolge der Posten)
III. Sonstige Angaben
IV. Aufsichtsrat und Vorstand/Geschäftsführung.

4. Freiwillige zusätzliche Angaben

Das Gesetz bestimmt in den §§ 284 ff nur den gesetzlich vorgeschriebenen Inhalt **21** des Anhangs. Zu Recht wird aber allgemein angenommen, daß der Anhang freiwillig um zusätzliche Angaben ergänzt werden darf.[35] Gegenstand solcher **freiwilliger Angaben** können sein:[36] Allgemeine Abschlußerläuterungen, Angaben zu den Auswirkungen einer Geldwertverschlechterung (sog. Substanzerhaltungsrechnungen), Kapitalflußrechnungen, Prognoserechnungen, Öko- und Sozialbilanzen etc.

Freiwillige Angaben unterliegen dem Einblicksgebot nach § 264 Abs. 2 S. 1 sowie **22** der **Prüfung und Publizität**, soweit sie in den Anhang einbezogen werden.[37] Dies ist immer dann anzunehmen, wenn sie zusammen mit den Pflichtangaben in das als „Anhang" bezeichnete Schriftstück aufgenommen werden.[38] In diesem Fall darf durch die zusätzlichen Angaben die Aussagekraft des Anhangs nicht dadurch verschlechtert werden, daß der Leser etwa von den wichtigen (Pflicht-)Angaben abgelenkt wird.[39] Werden dagegen freiwillige Angaben deutlich abgesetzt außerhalb des Anhangs – insbesondere als gesonderter Teil des Geschäftsberichts – gemacht, unterliegen sie nicht dem Einblicksgebot und sind auch nicht Gegenstand der Prüfung und Offenlegung.[40]

II. Inhalt des Anhangs (Abs. 1)

1. Allgemeines

Nach § 284 Abs. 1 1. Alt. sind zunächst diejenigen Angaben im Anhang zu machen, **23** die zu den einzelnen Posten der Bilanz oder der Gewinn- und Verlustrechnung vorgeschrieben sind (sog. **Pflichtangaben**). Gesetzliche Grundlage solcher Pflichtangaben sind neben dem HGB das EGHGB und das AktG. Darüber hinaus sind nach § 284 Abs. 1 2. Alt solche Angaben in den Anhang aufzunehmen, die im Anhang zu machen sind, weil sie in Ausübung eines Wahlrechts nicht in die Bilanz oder in die Gewinn- und Verlustrechnung aufgenommen worden sind (sog. **Wahlpflichtangaben**). Derartige Wahlpflichtangaben sind im HGB, dem AktG und dem GmbHG geregelt. Besondere Angabepflichten für Genossenschaften, Kreditinstitute und Versicherungsunternehmen finden sich schließlich in §§ 338, 340b bis e und 341c Abs. 2 S. 2.[41] Schließlich kann der Anhang um freiwillige Angaben erweitert werden (vgl. oben Rdn. 21 f).

2. Übersicht über die gesetzlichen Regelungen zu Angabepflichten

Die folgende Übersicht enthält eine Zusammenstellung der gesetzlichen Vorschrif- **24** ten, die bei der Aufstellung des Anhangs einer Kapitalgesellschaft zu beachten sind. Sie umfaßt sowohl die Pflicht- wie auch die Wahlpflichtangaben und ist nach der Reihenfolge der Vorschriften und den verschiedenen Gesetzen geordnet.

---

[35] Vgl. Ausschußbericht BTDrucks. 10/4268, S. 110; ADS 30; Baumbach/Hueck/*Schulze-Osterloh* § 42, 452; Beck BilKomm-*Ellrott* 80; WP-Handbuch I F 445; *Niehus* WPg 1988, 93 ff.

[36] Zum folgenden vgl. näher WP-Handbuch I F 446 ff; Beck BilKomm-*Ellrott* 80.

[37] ADS 30, 36; Beck BilKomm-*Ellrott* 81 f.

[38] WP-Handbuch I F 445.

[39] ADS 30.

[40] ADS 35; Beck BilKomm-*Ellrott* 82.

[41] Vgl. näher ADS 49 ff.

Rainer Hüttemann

a) Angaben nach HGB

25   **§ 264 Abs. 2 S. 2**: Zusätzliche Angaben zur Vermittlung des in 264 Abs. 2 S. 1 geforderten Bildes;

§ 264c Abs. 1: Angabe der Ausleihungen, Forderungen und Verbindlichkeiten gegenüber Gesellschaften bei Personenhandelsgesellschaften i. S. v. § 264a;

§ 264c Abs. 2 S. 9: Angaben des Betrags der im Handelsregister gemäß § 172 Abs. 1 eingetragenen Einlagen, soweit diese nicht geleistet sind.

§ 265 Abs. 1 S. 2: Angabe und Begründung von Abweichungen in der Form der Darstellung und Gliederung aufeinanderfolgender Bilanzen und GuV;

§ 265 Abs. 2 S. 2 und 3: Angabe und Erläuterung von nicht vergleichbaren bzw. angepaßten Vorjahresbeträgen in Bilanz oder GuV;

§ 265 Abs. 3 S. 1: Vermerk der Mitzugehörigkeit zu anderen Posten der Bilanz;

§ 265 Abs. 4 S. 2: Angabe und Begründung einer Ergänzung des Jahresabschlusses nach der für die anderen Geschäftszweige vorgeschriebenen Gliederung;

§ 265 Abs. 7 Nr. 2: Gesonderter Ausweis von Posten, die im Jahresabschluß zwecks größerer Klarheit der Darstellung zusammengefaßt sind;

§ 268 Abs. 1 S. 2 2. Halbs.: Gesonderte Angabe eines vorhandenen Gewinn- oder Verlustvortrages, wenn die Bilanz unter Berücksichtigung der teilweisen Ergebnisverwendung aufgestellt wird;

§ 268 Abs. 2 S. 1: Darstellung des Anlagespiegels;

§ 268 Abs. 2 S. 3: Angabe der Abschreibungen des Geschäftsjahres in einer der Gliederung des Anlagevermögens entsprechenden Aufgliederung;

§ 268 Abs. 4 S. 2: Erläuterung von größeren Posten in den sonstigen Vermögensgegenständen, die erst nach dem Abschlußstichtag rechtlich entstehen;

§ 268 Abs. 5 S. 3: Erläuterung von größeren Beträgen im Posten „Verbindlichkeiten", die erst nach dem Abschlußstichtag rechtlich entstehen;

§ 268 Abs. 6: Angabe eines nach § 250 Abs. 3 in den aktiven Rechnungsabgrenzungsposten aufgenommenen Unterschiedsbetrages (Disagio);

§ 268 Abs. 7: Gesonderte Angabe der in § 251 bezeichneten Haftungsverhältnisse sowie der gewährten Pfandrechte und Sicherheiten; gesonderte Angabe solcher Verpflichtungen gegenüber verbundenen Unternehmen;

§ 269 S. 1 2. Halbs.: Erläuterung aktivierter Aufwendungen für die Ingangsetzung und Erweiterung des Geschäftsbetriebs;

§ 273 S. 2 2. Halbs.: Angabe der Vorschriften, nach denen ein Sonderposten mit Rücklageanteil gebildet worden ist;

§ 274 Abs. 1 S. 1: Gesonderte Angabe einer Steuerrückstellung;

§ 274 Abs. 2 S. 2: Gesonderter Ausweis und Erläuterung eines aktiven Steuerabgrenzungspostens;

§ 277 Abs. 3 S. 1: Gesonderte Angabe außerplanmäßiger Abschreibungen nach § 253 Abs. 2 S. 3 sowie Abschreibungen nach § 253 Abs. 3 S. 3;

§ 277 Abs. 4 S. 2: Erläuterung der außerordentlichen Erträge und Aufwendungen hinsichtlich ihres Betrags und ihrer Art, soweit diese nicht von untergeordneter Bedeutung sind;

§ 277 Abs. 4 S. 3: Erläuterung der periodenfremden Erträge und Aufwendungen hinsichtlich ihres Betrags und ihrer Art, soweit diese nicht von untergeordneter Bedeutung sind;

§ 280 Abs. 3: Angabe und hinreichende Begründung des Betrages der im Geschäftsjahr aus steuerrechtlichen Gründen unterlassenen Zuschreibungen;

§ 281 Abs. 1 S. 2: Angabe der steuerrechtlichen Vorschriften, nach denen eine Wertberichtigung gebildet worden ist;

§ 281 Abs. 2 S. 1: Angabe und hinreichende Begründung des Betrages der im Geschäftsjahr allein nach steuerrechtlichen Vorschriften vorgenommenen Abschreibungen getrennt nach Anlage und Umlaufvermögen;

§ 281 Abs. 2 S. 2: Angabe der Erträge aus der Auflösung von sowie der Aufwendungen aus der Einstellung in Sonderposten mit Rücklageanteil;

§ 284 Abs. 2 Nr. 1: Angabe der auf die Posten der Bilanz oder der Gewinn- und Verlustrechnung angewandten Bilanzierungs- und Bewertungsmethoden;

§ 284 Abs. 2 Nr. 2: Angabe der Grundlagen für die Umrechnung in Euro;

§ 284 Abs. 2 Nr. 3: Angabe und Begründung von Abweichungen von Bilanzierungs- und Bewertungsmethoden und gesonderte Darstellung ihres Einflusses auf die Vermögens-, Finanz- und Ertragslage;

§ 284 Abs. 2 Nr. 4: Angabe der Unterschiedsbeträge bei Anwendung einer Bewertungsmethode nach § 240 Abs. 4, § 256 S. 1, wenn die Bewertung im Vergleich zu einer Bewertung auf der Grundlage des letzten vor dem Abschlußstichtag bekannten Börsenkurses oder Marktpreises einen erheblichen Unterschied aufweist;

§ 284 Abs. 2 Nr. 5: Angaben über die Einbeziehung von Zinsen für Fremdkapital in die Herstellungskosten;

§ 285 Nr. 1a und b: Angabe des Gesamtbetrages der Verbindlichkeiten mit einer Restlaufzeit von mehr als fünf Jahren und des Gesamtbetrages der Verbindlichkeiten, die durch Pfandrechte oder ähnliche Rechte gesichert sind, unter Angabe von Art und Form der Sicherheiten;

§ 285 Nr. 2: Aufgliederung der in der Bilanz ausgewiesenen Verbindlichkeiten mit einer Restlaufzeit von mehr als 5 Jahren und der gesicherten Verbindlichkeiten für jeden einzelnen Posten;

§ 285 Nr. 3: Angabe des Gesamtbetrages der aus der Bilanz nicht ersichtlichen sonstigen finanziellen Verpflichtungen unter gesonderter Angabe der Verpflichtungen gegenüber verbundenen Unternehmen;

§ 285 Nr. 4: Aufgliederung der Umsatzerlöse nach Tätigkeitsbereichen sowie nach geographisch bestimmten Märkten, soweit sich die Tätigkeitsbereiche und Märkte untereinander erheblich unterscheiden;

§ 285 Nr. 5: Angabe des Ausmaßes der Beeinflussung des Jahresergebnisses und erheblicher künftiger Belastungen durch die Anwendung steuerrechtlicher Sondervorschriften;

§ 285 Nr. 6: Angabe der Belastung des Ergebnisses der gewöhnlichen Geschäftstätigkeit und des außerordentlichen Ergebnisses durch Steuern vom Einkommen und vom Ertrag;

§ 285 Nr. 7: Angabe der durchschnittlichen Zahl der während des Geschäftsjahres beschäftigten Arbeitnehmer getrennt nach Gruppen;

§ 285 Nr. 8a und b: Angabe des Materialaufwandes und Personalaufwandes bei Anwendung des Umsatzkostenverfahrens;

§ 285 Nr. 9a: Angabe der im Geschäftsjahr gewährten Gesamtbezüge für die Mitglieder des Geschäftsführungsorgans, eines Aufsichtsrats, eines Beirats oder einer ähnlichen Einrichtung;

Rainer Hüttemann

§ 285 Nr. 9b: Die Gesamtbezüge der früheren Organmitglieder einschließlich der Beträge der für diese Personengruppe gebildeten Pensionsrückstellungen;

§ 285 Nr. 9c: Vorschüsse, Kredite und Haftungsverhältnisse zugunsten von Organmitgliedern;

§ 285 Nr. 10: Angabe aller Mitglieder des Geschäftsführungsorgans und eines Aufsichtsrates;

§ 285 Nr. 11: Angaben zu Unternehmen, an denen ein Anteilsbesitz von 20 % oder mehr besteht (vgl. auch § 287 S. 2);

§ 285 Nr. 11a: Angabe von Name, Sitz und Rechtsform, deren unbeschränkt haftender Gesellschafter die Kapitalgesellschaft ist;

§ 285 Nr. 12: Erläuterung von nicht gesondert ausgewiesenen sonstigen Rückstellungen, wenn sie einen nicht unerheblichen Umfang haben;

§ 285 Nr. 13: Angabe der Gründe für die planmäßige Abschreibung eines Geschäfts- oder Firmenwertes;

§ 285 Nr. 14: Angabe von Namen und Sitz des Mutterunternehmens, das den Konzernabschluß für den größten Kreis von Unternehmen aufstellt, und des Mutterunternehmens, das den Konzernabschluß für den kleinsten Kreis von Unternehmen aufstellt, sowie im Falle der Offenlegung der von diesen Mutterunternehmen aufgestellten Konzernabschlüsse der Ort, wo diese erhältlich sind;

§ 285 Nr. 15: Angabe von Name, Sitz und gezeichnetem Kapital der Gesellschaften, die persönlich haftende Gesellschafter sind, soweit es sich um den Anhang des Jahresabschlusses einer Personenhandelsgesellschaft i. S. v. 3 264a handelt;

§ 286 Abs. 3: Angabe der Anwendung der Ausnahmeregelung nach § 286 Abs. 3 S. 1 Nr. 2 betreffend die Angaben über Beteiligungsgesellschaften nach § 285 Nr. 11;

§ 287 S. 3: Hinweis auf die besondere Aufstellung des Anteilsbesitzes und den Ort ihrer Hinterlegung (vgl. auch § 285 Nr. 11);

§ 291 Abs. 2 Nr. 3: Angabe von Namen und Sitz des ausländischen Mutterunternehmens bei befreiender Einbeziehung in dessen Konzernabschluß, Hinweis auf die Befreiung sowie Erläuterung der im befreienden Konzernabschluß abweichenden Bilanzierungs-, Bewertungs- und Konsolidierungsmethoden;

§ 292a Abs. 2 Nr. 4: Bezeichnung und Erläuterung der angewandten Rechnungslegungsgrundsätze beim befreienden Konzernabschluß nach § 292a.

§ 327 Nr. 1 S. 2: Ergänzende gesonderte Angabe bestimmter Bilanzposten, sofern eine mittelgroße Kapitalgesellschaft eine verkürzte Bilanz offenlegt.

b) Angaben nach EGHGB

26   **Art. 28 Abs. 2:** Angabe der in der Bilanz nach Art. 28 Abs. 1 nicht passivierten Rückstellungen für laufende Pensionen, Anwartschaften auf Pensionen und ähnliche Verpflichtungen;

Art. 42 Abs. 3 S. 3 EGHGB: Angabe des gezeichneten Kapitals in DM/Euro im Anhang statt Ausweises in der Vorspalte der Bilanz bei Umstellung auf Euro;

Art. 44 Abs. 1 S. 4 EGHGB: Angaben an Aufwendungen für die Währungsumstellung auf den Euro, die als Bilanzierungshilfe aktiviert wurden.

c) Angaben nach AktG

27   **§ 58 Abs. 2a S. 2:** Angabe des Betrages des Eigenkapitalanteils von Wertaufholungen und von bei der steuerrechtlichen Gewinnermittlung gebildeten Passivposten, die in andere Gewinnrücklagen eingestellt worden sind;

§ 152 Abs. 2: Angabe der während des Geschäftsjahres eingestellten und der für das Geschäftsjahr entnommenen Beträge der Kapitalrücklage;

§ 152 Abs. 3: Angabe der Beträge, die durch die Hauptversammlung aus dem Bilanzgewinn des Vorjahrs oder aus dem Jahresüberschuß des Geschäftsjahres in die Gewinnrücklagen eingestellt oder für das Geschäftsjahr entnommen worden sind, jeweils gesondert zu den einzelnen Posten der Gewinnrücklagen;

§ 158 Abs. 1 S. 2: Angaben zur Überleitung eines Jahresüberschusses/Jahresfehlbetrages zum Bilanzgewinn/Bilanzverlust;

§ 160 Abs. 1 Nr. 1: Angaben über den Bestand und den Zugang an Vorratsaktien einschließlich deren Verwertung;

§ 160 Abs. 1 Nr. 2: Angaben über den Bestand, den Erwerb oder die Veräußerung eigener Aktien unter Angabe der Zahl dieser Aktien und des auf sie entfallenen Betrages des Grundkapitals;

§ 160 Abs. 1 Nr. 3: Angabe der Zahl und des Nennbetrages der unterschiedlichen Aktiengattungen;

§ 160 Abs. 1 Nr. 4: Angaben über das genehmigte Kapital;

§ 160 Abs. 1 Nr. 5: Angaben zur Zahl der Bezugsrechte gemäß § 192 Abs. 2 Nr. 3, der Wandelschuldverschreibungen und vergleichbaren Wertpapiere;

§ 160 Abs. 1 Nr. 6: Angabe der Art und Zahl der Genußrechte, Rechte aus Besserungsscheinen und ähnliche Rechte;

§ 160 Abs. 1 Nr. 7: Angaben zum Bestehen einer wechselseitigen Beteiligung unter Angabe des Unternehmens;

§ 160 Abs. 1 Nr. 8: Angaben über das Bestehen einer Beteiligung an der Gesellschaft, die ihr nach § 20 Abs. 1 oder 4 mitgeteilt worden ist unter Angabe des Inhabers und ob sie den vierten Teil aller Aktien der Gesellschaft übersteigt oder eine Mehrheitsbeteiligung ist;

§ 240 S. 3: Erläuterungen über die Verwendung der aus der Kapitalherabsetzung und aus der Auflösung von Gewinnrücklagen gewonnenen Beträge;

§ 261 Abs. 1 S. 3: Angabe der Gründe für eine niedrigere Bewertung und der Entwicklung des Wertes oder Betrages;

§ 261 Abs. 1 S. 4: Bericht über den Abgang von Gegenständen und die Verwendung der Erlöse.

d) Angaben nach GmbHG

28 § 29 Abs. 4 S. 2: Angabe des Betrages des Eigenkapitalanteils von Wertaufholungen und von bei der steuerrechtlichen Gewinnermittlung gebildeten Passivposten, die in andere Gewinnrücklagen eingestellt werden;

§ 42 Abs. 3: Angaben zu Ausleihungen, Forderungen und Verbindlichkeiten gegenüber Gesellschaftern.

III. Allgemeine Angaben nach Abs. 2

1. Angaben der Bilanzierungs- und Bewertungsmethoden (Abs. 2 Nr. 1)

29 § 284 Abs. 2 Nr. 1 verlangt die Angabe der auf die Posten der Bilanz und der GuV angewandten Bilanzierungs- und Bewertungsmethoden. Auf Grund der zahlreichen Bilanzierungs- und Bewertungswahlrechte sind solche Informationen notwendig, damit der externe Jahresabschlußleser die Posten der Bilanz und GuV verstehen und beurteilen kann. Die Angabepflicht nach Abs. 2 Nr. 1 dient somit der **ergänzenden Informationsfunktion** des Anhangs.[42]

30   Das Gesetz unterscheidet insoweit zwischen Bilanzierungs- und Bewertungsmethoden, ohne beides näher zu definieren. Aus der Systematik der Rechnungslegungsvorschriften im HGB (vgl. die Überschriften des Zweiten bis Vierten Titels: „Bilanz", „Gewinn- und Verlustrechnung" sowie „Bewertungsvorschriften") läßt sich aber ableiten, daß das Gesetz mit **Bilanzierungsmethoden** die Entscheidungen über den Ansatz in der Bilanz und GuV – z. B. die Bildung einer Rückstellung – meint, während unter **Bewertungsmethoden** die Verfahren der Wertfindung – z. B. die angewandte Abschreibungsmethode – zu verstehen sind.[43]

31   Soweit bestimmte Angaben zu Bilanzierungs- und Bewertungsmethoden sich auf **mehrere Einzelposten** beziehen, können solche in allgemeiner Form vorangestellt werden. Bei den Angaben zu den Einzelposten ist dann ein Verweis möglich.[44]

32   a) **Angabe der Bilanzierungsmethoden.** Die Angabepflicht nach Abs. 2 Nr. 1 dient der Vermittlung eines den tatsächlichen Verhältnissen entsprechenden Bildes nach § 264 Abs. 2. Sie besteht deshalb auch nur soweit, wie das Einblicksgebot zusätzliche Informationen verlangt. Dies ist etwa zu verneinen, wenn die Bilanzierungsmethoden gesetzlich eindeutig festgelegt sind.[45] In diesem Fall erübrigen sich weitere Angaben zu Ansatz und Darstellung eines Bilanzpostens.

33   **Einzelfälle.** Eine Angabepflicht nach Abs. 2 Nr. 1 ist zum einen gegeben, wenn auf der Aktiv- bzw. Passivseite ein Ansatzwahlrecht einschließlich einer Bilanzierungshilfe besteht, z.B. bei Sonderposten mit Rücklageanteil (§§ 247 Abs. 3, 273), Pensionsrückstellungen (§ 249 Abs. 1 S. 1 i. V. m. Art. 28 Abs. 1 EGHGB), Rückstellungen für unterlassene Aufwendungen für Instandhaltung (§ 249 Abs. 1 S. 3), Aufwandsrückstellungen (§ 249 Abs. 2), aktive Rechnungsabgrenzungsposten (§ 250 Abs. 1), Disagio (§ 250 Abs. 3), Ansatz eines derivativen Geschäfts- oder Firmenwertes (§ 255 Abs. 4 S. 1), Aktivierung von Aufwendungen für Ingangsetzung bzw. Erweiterung des Geschäftsbetriebs (§ 269), Aktivierung eines aktiven Steuerabgrenzungspostens (§ 274 Abs. 2).[46] In diesen Fällen sind zusätzliche Angaben zu den Bilanzierungsmethoden zu machen, soweit solche Angaben im Einzelfall mangels „Wesentlichkeit" des entsprechenden Bilanzpostens nicht entbehrlich sind.[47] Angaben nach Abs. 2 S. 1 sind aber des weiteren auch dann erforderlich, wenn der Ansatzzeitpunkt – z. B. in Hinsicht auf die Gewinnrealisierung bei langfristiger Fertigung[48] – oder die Zuordnung zu einzelnen Bilanz- und GuV-Posten zweifelhaft ist.[49] Schließlich gehört zu den Bilanzierungsmethoden auch das Wahlrecht zur Aufstellung des Jahresabschlusses vor oder nach teilweiser bzw. vollständiger Ergebnisverwendung nach § 268 Abs. 1.[50]

34   Das Gesetz fordert **nur die Angabe** der Bilanzierungsmethoden, nicht aber die Begründung für die getroffene Entscheidung.[51]

---

[42] Vgl. nur ADS 12.
[43] Siehe etwa ADS 55; Baumbach/Hueck/*Schulze-Osterloh* § 42, 398; WP-Handbuch I F 454.
[44] ADS 54.
[45] H. M.: WP-Handbuch I F 458; ADS 56; KK-*Claussen* §§ 284–288 HGB, § 160 AktG 35; Baumbach/Hueck/*Schulze-Osterloh* § 42, 398; HdR-*Dörner/Wirth* 88; wohl auch HdJ-*Kupsch* IV/4 Rdn. 74; **a. A.** *Schülen* WPg 1987, 227.

[46] Übersichten bei ADS 58; Beck BilKomm-*Ellrott* 87.
[47] Zur Wesentlichkeit vgl. oben Rdn. 13 ff.
[48] Weitere Beispiele bei Beck BilKomm-*Ellrott* 91.
[49] Vgl. Baumbach/Hueck/*Schulze-Osterloh* § 42, 398.
[50] WP-Handbuch I F 459; zust. Beck BilKomm-*Ellrott* 88.
[51] ADS 59; Beck BilKomm-*Ellrott* 89.

b) Angabe der Bewertungsmethoden. aa) Allgemeines und Übersicht. Neben **35** den Bilanzierungsmethoden sind nach Abs. 2 Nr. 1 auch die „angewandten Bewertungsmethoden" anzugeben. Unter Bewertungsmethoden sind „bestimmte, in ihrem Ablauf definierte Verfahren der Wertfindung zu verstehen, die den GoB entsprechen".[52] Dazu gehören auch – vgl. nur die Überschrift zum Vierten Titel (§§ 279 ff) „Bewertungsvorschriften" und § 279 – die Abschreibungsmethoden.[53]

Zweck und sachliche Reichweite. Die Angaben zu den Bewertungsmethoden im **36** Anhang nach Abs. 2 Nr. 1 sind notwendig, weil das Gesetz für die einzelnen Posten von Bilanz und GuV vielfach verschiedene Bewertungsverfahren zuläßt. Ohne Kenntnis der Bewertungsmethoden, die den konkreten Wertansätzen zugrundeliegen, kann der Jahresabschluß deshalb für den externen Leser nicht das in § 264 Abs. 2 S. 1 geforderte Bild vermitteln. Umgekehrt folgt aus der inneren Verknüpfung der Angabepflicht mit dem Einblicksgebot des § 264 Abs. 2 S. 1, daß Angaben zu gesetzlich eindeutig festgelegten Bewertungsmethoden nicht erforderlich sind.[54] So sind auch Angaben zur Anwendung allgemeiner Bewertungsgrundsätze (§ 252 Abs. 1–6) entbehrlich. Soweit aber im Einzelfall hiervon in „begründeten Ausnahmefällen" (§ 252 Abs. 2) abgewichen wird, ist darüber zu berichten. Liegt in einer solchen Abweichung zugleich eine Abweichung von der bisherigen Bewertungspraxis, besteht allerdings eine vorrangige Angabepflicht nach § 284 Abs. 2 Nr. 3.[55]

Einzelfälle. Angaben nach Abs. 2 Nr. 1 sind danach also vor allem erforderlich, **37** soweit das Gesetz ausdrücklich Bewertungswahlrechte enthält, d. h. beim Festwertansatz (§ 240 Abs. 3 S. 1 i. V. m. § 256 S. 2), bei der Gruppenbewertung (§ 240 Abs. 4 i. V. m. § 256 S. 2), bei der Bemessung der planmäßigen Abschreibung (§ 253 Abs. 2 S. 1 und 2), bei Abschreibungen auf Finanzanlagen im Fall einer voraussichtlich nicht dauernden Wertminderung gemäß § 253 Abs. 2 S. 3 i. V. m. § 279 Abs. 1 S. 2, bei Abschreibungen von Vermögensgegenständen des Umlaufvermögens wegen künftiger Wertschwankungen nach § 253 Abs. 3 S. 3, bei Abschreibungen, die nur auf Grund steuerrechtlicher Vorschriften zulässig sind (§ 254 S. 1 i. V. m. § 279 Abs. 2), bei der Bemessung der Herstellungskosten, insbesondere der Einbeziehung von Gemein- und Verwaltungskosten und Fremdkapitalzinsen nach § 255 Abs. 2 und 3, bei der Abschreibung eines aktivierten Geschäfts- oder Firmenwertes (§ 255 Abs. 4 S. 2 und 3), bei der Anwendung von Verbrauchsfolgeverfahren nach § 256 S. 1 sowie beim Wertaufholungswahlrecht nach § 280 Abs. 2.

Umfang der Angabe. Das Gesetz fordert in § 284 Abs. 2 Nr. 1 nur die „Angabe" **38** der angewandten Bewertungsmethoden, aber keine Begründung. Die Angabepflicht besteht – in den Grenzen des Wesentlichkeitsgrundsatzes – für jeden einzelnen Bilanzposten. Um Wiederholungen zu vermeiden, können jedoch gleichlautende Angaben in einer Art „allgemeiner Teil" zusammengefaßt werden. Finden auf ein und denselben Bilanzposten verschiedene Bewertungsmethoden Anwendung, so ist durch zusätzliche Angaben deutlich zu machen, auf welche Teile des Bilanzpostens sich die jeweiligen Bewertungsmethoden beziehen.[56]

bb) Einzelne Angabepflichten. (1) Angaben zu Vermögensgegenständen des 39 Anlagevermögens.[57] Die *Ermittlung der Anschaffungskosten* ist nur in Sonderfällen

---

[52] So die Definition bei ADS 60; vgl. auch WP-Handbuch I F 454.
[53] Unstr., vgl. WP-Handbuch I F 454.
[54] So auch KK-*Claussen* §§ 284–288 HGB, § 160 AktG 46; *Küffner* DStR 1987, Beilage zu Heft 17, S. 7; ähnlich ADS 62; Beck BilKomm-*Ellrott* 100.

[55] ADS 64.
[56] WP-Handbuch I F 474.
[57] Zum folgenden vgl. ADS 65 ff; Beck BilKomm-*Ellrott* 106 ff; Bonner HdR-*Krawitz* 46; WP-Handbuch I F 463 ff.

Rainer Hüttemann

(Tausch bzw. Zuschüsse, soweit Beträge wesentlich) anzugeben. Bei einer *Bewertung von Vermögensgegenständen des Anlagevermögens mit den Herstellungskosten* ist stets anzugeben, ob und wie von den Einbeziehungswahlrechten nach § 255 Abs. 2 S. 3 und 4 Gebrauch gemacht worden ist. Für die *Einbeziehung von Fremdkapitalzinsen* in die Herstellungskosten besteht eine besondere Angabepflicht nach § 284 Abs. 2 Nr. 5. Bei den *planmäßigen Abschreibungen* sind die Abschreibungsmethode (linear, degressiv etc.) und die Nutzungsdauer – ggf. durch Verweis auf die AfA-Tabellen – anzugeben. Zu berichten ist auch über eine Sofortabschreibung geringwertiger Vermögensgegenstände sowie über die zeitanteilige Abschreibung im Jahr des Zugangs. Bei *außerplanmäßigen Abschreibungen* ist anzugeben, für welche Vermögensgegenstände bzw. Gruppen von Anlagegütern diese vorgenommen worden sind und ob es sich um außerplanmäßige Abschreibungen wegen einer nur vorübergehenden oder einer voraussichtlich dauernden Wertminderung handelt. Zudem besteht eine besondere Wahlpflichtangabe für Abschreibungen nach § 253 Abs. 2 S. 3 nach § 277 Abs. 3 S. 1. *Steuerrechtliche Abschreibungen* nach § 254 sind anzugeben, daneben besteht eine besondere Angabepflicht hinsichtlich des Betrages nach § 281 Abs. 2 S. 1. Über gesetzlich vorgeschriebene *Wertaufholungen und Zuschreibungen* nach § 280 Abs. 1 ist nicht zu berichten. Das – bei Ausübung nach § 280 Abs. 3 angabepflichtige – Wertbeibehaltungswahlrecht nach § 280 Abs. 2 ist nach Einführung des steuerrechtlichen Wertaufholungsgebots durch § 6 Abs. 1 Nr. 1 S. 4 EStG nF praktisch bedeutungslos geworden. Im Zusammenhang mit der *Aktivierung eines derivativen Geschäfts- oder Firmenwerts* sind Angaben zur Abschreibung zu machen. Über einen *Festwert nach § 240 Abs. 3* wird dagegen wegen des „Wesentlichkeitsgrundsatzes" regelmäßig nicht zu berichten sein, weil ein Festwert nach § 240 Abs. 3 nur zulässig ist, wenn der Gesamtwert für das Unternehmen von nachrangiger Bedeutung ist.

40   **(2) Angaben zu Vermögensgegenständen des Umlaufvermögens.**[58] Bei den Vorräten sind – bei Verwendung unterschiedlicher Bewertungsmethoden für einzelne Bestände getrennt nach Beständen – die angewandten Bewertungsmethoden anzugeben. Dabei ist insbesondere über die Anwendung von *Bewertungsvereinfachungsmethoden* (Lifo- und Fifo-Methode, Festwert- oder Gruppenbewertungsverfahren) zu berichten. Soweit Vermögensgegenstände mit den *Herstellungskosten* bewertet werden, sind Angaben über die Ausübung der Einbeziehungswahlrechte zu machen. Bei der *Anwendung des Niederstwertprinzips* (§ 253 Abs. 3 S. 1 und 2) sind der Grund der Abschreibung, ihre Art und die Grundsätze der Ermittlung des niedrigeren Wertes anzugeben. Angabepflichtig sind auch Abschreibungen wegen zukünftiger Wertschwankungen (§ 253 Abs. 3 S. 3), daneben besteht eine besondere Angabepflicht nach § 277 Abs. 3 S. 1. Auch *Abschreibungen auf Grund steuerlicher Vorschriften* auf einen niedrigeren Wert (§§ 254 S. 1 i. V. m. 279 Abs. 2) sind anzugeben.

41   **(3) Angaben zu aktiven Rechnungsabgrenzungsposten.** Fraglich ist, ob Angabepflichten hinsichtlich der „Bewertungsmethoden" bei aktiven Rechnungsabgrenzungsposten in Betracht kommen. Dagegen spricht zunächst, daß Rechnungsabgrenzungsposten keine Vermögensgegenstände sind und daher nicht der Bewertung nach § 253 unterliegen.[59] Andererseits gilt das Einblicksgebot aus § 264 Abs. 2 S. 1 für alle Bilanzposten. Soweit es um die Wertansätze bei Abgrenzungsposten geht, können deshalb im Interesse einer besseren Verständlichkeit nähere Angaben erforderlich sein,

---

[58] Vgl. dazu ADS 79 ff; Beck BilKomm-*Ellrott* 116 ff; Bonner HdR-*Krawitz* 52 ff; WP-Handbuch I F 469.

[59] ADS 85; Beck BilKomm-*Ellrott* 121; WP-Handbuch I F 471.

Rainer Hüttemann

soweit diese nicht bereits unter den „Bilanzierungsmethoden" gemacht worden sind. Zu berichten ist z. B. über die Ermittlung und Tilgung eines Disagios[60] oder über den Betrag eines aktiven Steuerabgrenzungspostens nach § 274 Abs. 2, insbesondere in Hinsicht auf die umstrittene Einbeziehung von steuerlichen Verlustvorträgen.[61]

(4) Angaben zu Passivposten. Auf der Passivseite sind insbesondere *Angaben zu* **42** *Bewertungsmethoden* bei Sonderposten mit Rücklageanteil, Rückstellungen und Fremdwährungsverbindlichkeiten zu machen:[62] So ist bei *Sonderposten mit Rücklageanteil* zu berichten, in welchem Umfang vom Passivierungswahlrecht (Voll- oder Teilansatz) Gebrauch gemacht worden ist und nach welchen Kriterien der angesetzte Betrag ermittelt worden ist. Ferner sind nach §§ 273 S. 2 i. V. m. 281 Abs. 1 S. 2 die steuerlichen Vorschriften anzugeben, nach denen der Posten gebildet wurde. Rückstellungen sind nach der gesetzlichen Bewertungsvorschrift des § 253 Abs. 1 S. 2 grundsätzlich „nur in Höhe des Betrags anzusetzen, der nach vernünftiger kaufmännischer Beurteilung notwendig ist". Auf Grund dieser eindeutigen gesetzlichen Vorschrift bestehen Angabepflichten zum einen nur dann, wenn mehrere Methoden zur Ermittlung des Rückstellungsbetrages in Betracht kommen (Bewertung von Rückstellungen für drohende Verluste auf Voll- oder Teilkostenbasis, Angaben zur angewandten versicherungsmathematischen Methode und dem gewählten Zinssatz bei der Bewertung von Pensionsrückstellungen[63] sowie des nicht durch Rückstellungen gedeckten Fehlbetrages, Wertansatz von Rückstellungen als Einzel- oder Sammelrückstellung, Ermittlung von Steuerrückstellungen nach § 274). Zum anderen sind Angaben erforderlich, wenn das Gesetz auch einen Teilansatz bei der Rückstellungsbildung zuläßt (Pensionsrückstellungen für Altzusagen, Aufwandsrückstellungen). Bei *Pensionsrückstellungen* sind zudem auch die besonderen Angabepflichten nach Art. 28 EGHGB zu beachten. Im Zusammenhang mit der Bewertung von *Rentenverbindlichkeiten* sind die angewandten Methoden zur Barwertermittlung anzugeben, für *Fremdwährungsverbindlichkeiten* besteht die besondere Angabepflicht nach § 284 Abs. 2 Nr. 2.

2. Angabe der Grundlagen für die Umrechnung in Euro/DM (Abs. 2 Nr. 2)

Enthält der Jahresabschluß „Posten, denen Beträge zugrunde liegen, die auf fremde **43** Währung lauten oder ursprünglich auf fremde Währung lauteten", so sind nach § 284 Abs. 2 Nr. 2 die Grundlagen für die Umrechnung in Euro/DM anzugeben. Die Pflicht zur **Währungsumrechnung** folgt aus § 244, wonach der Jahresabschluß in Euro/DM aufzustellen ist. Betroffen von der Umrechnung sind vor allem Fremdwährungsforderungen und Fremdwährungsverbindlichkeiten, ferner Anschaffungs- und Herstellungskosten in ausländischer Währung sowie Vermögensgegenstände in ausländischen Betriebsstätten.[64] Da insoweit verschiedene Umrechnungsmethoden denkbar sind, bedarf es aus der Sicht des externen Jahresabschlußadressaten zur Vermittlung des nach § 264 Abs. 2 S. 1 geforderten Bildes näherer Informationen über die angewandten Umrechnungsverfahren.

Die **besondere Angabepflicht** zur Währungsumrechnung in Abs. 2 Nr. 2 neben **44** der Angabepflicht betreffend die Bewertungsmethoden nach Abs. 2 Nr. 1 beruhen

---

[60] ADS 85; WP-Handbuch I F 471.
[61] Beck BilKomm-*Ellrott* 120; *Ordelheide* FS Havermann (1995) S. 611.
[62] Zum folgenden ADS 863 ff; Beck BilKomm-*Ellrott* 125 ff; Bonner HdR-*Krawitz* 55 ff.
[63] Vgl. etwa *Höfer* WPg 1988, 557.
[64] ADS 95; WP-Handbuch I F 475.

darauf, daß die Bewertungsvorschriften des HGB (§§ 252 ff, 279 ff) ebenso wie die 4. EG-Richtlinie keine besonderen Bewertungsgrundsätze zur Umrechnung enthalten.[65] Art. 43 Abs. 1 Nr. 1 der 4. EG-Richtlinie beschränkt sich vielmehr auf eine Angabepflicht zu der „Grundlage" der Umrechnung in die Landeswährung, da über die verschiedenen Umrechnungsmethoden in der EG keine Einigung erzielt werden konnte. Diese Richtlinienbestimmung hat der deutsche Gesetzgeber mit Abs. 2 Nr. 2 in das nationale Recht umgesetzt.

45   Das Gesetz verlangt nur die „Angabe der Grundlagen für die Umrechnung". Dies wird allgemein dahin verstanden, daß verbale **Angaben zur angewandten Umrechnungsmethode** hinreichend sind und die Angabe von Kurswerten nicht erforderlich ist.[66] Für Fremdwährungsforderungen und -verbindlichkeiten dürfte etwa die Angabe genügen, daß die Bewertung „nach Maßgabe des Wechselkurses zum Entstehungstag der Forderung oder Verbindlichkeit erfolgt ist, soweit nicht ein gesunkener bzw. gestiegener Wechselkurs eine Abwertung der Forderung (Niederstwertprinzip) oder eine Höherbewertung der Verpflichtung erforderlich gemacht hat".[67] Soweit verschiedene Positionen in sog. Bewertungseinheiten zusammengefaßt sind, ist dies ebenfalls anzugeben.[68] Die Angabepflicht bezieht sich im übrigen auf alle Einzelposten, in denen (wesentliche) Fremdwährungsbeträge enthalten sind. Eine zusammenfassende Erläuterung für gleichartige Umrechnungsgrundlagen ist zulässig.

3. Angaben der Abweichungen von Bilanzierungs- und Bewertungsmethoden und ihr Einfluß auf die Vermögens-, Ertrags- und Finanzlage (Abs. 2 Nr. 3)

46   a) **Überblick und Allgemeines.** Nach § 284 Abs. 2 Nr. 3 sind „Abweichungen von Bilanzierungs- und Bewertungsmethoden anzugeben und zu begründen" sowie „deren Einfluß auf die Vermögens-, Finanz- und Ertragslage gesondert darzustellen". Die Angabepflicht nach Abs. 2 Nr. 3 hat den Zweck, die *Vergleichbarkeit der Jahresabschlüsse* herzustellen.[69]

47   Die Berichtspflicht nach Abs. 2 Nr. 3 beruht auf Art. 31 Abs. 2 S. 2 der **4. EG-Richtlinie.** Sie ist daher – was Abweichungen von Bewertungsmethoden anbetrifft – zum einen im Zusammenhang mit dem Stetigkeitsgebot in § 252 Abs. 1 Nr. 6 zu sehen. Die Angabepflicht reicht aber ihrem eindeutigen Wortlaut nach über den Grundsatz der Bewertungsstetigkeit hinaus und betrifft auch Abweichungen von „Bilanzierungsmethoden". Für Abweichungen von der Darstellungsstetigkeit (§ 265 Abs. 1) besteht eine besondere Angabepflicht gemäß § 265 Abs. 1 S. 2.

48   Bei den Angabepflichten nach § 284 Abs. 2 Nr. 3 sind **folgende Einzelangaben** zu unterscheiden

- die Angabe und Begründung bei Abweichungen von Bilanzierungsmethoden,
- die Angabe und Begründung bei Abweichungen von Bewertungsmethoden,
- die gesonderte Darstellung des Einflusses dieser Abweichungen auf die Vermögens-, Finanz- und Ertragslage der Gesellschaft.

49   Angabepflichtig nach Abs. 2 Nr. 3 sind „Abweichungen" bei allen Posten in der Bilanz und der GuV. Einschränkungen ergeben sich jedoch aus dem Grundsatz der

---

[65] Vgl. dazu eingehend *Biener/Berneke* S. 251 ff.
[66] ADS 96; Beck BilKomm-*Ellrott* 136; KK-*Claussen* §§ 284–288 HGB, § 160 AktG 50; Baumbach/Hueck/*Schulze-Osterloh* § 42, 399; Bonner HdR-*Krawitz* 64 f; WP-Handbuch I F 476.

[67] So Formulierungsvorschlag im WP-Handbuch I F 476.
[68] Vgl. etwa HdJ-*Kupsch* IV/4 Rdn. 99.
[69] ADS 103; Beck BilKomm-*Ellrott* 140; Baumbach/Hueck/*Schulze-Osterloh* § 42, 400.

„Wesentlichkeit":[70] Nicht zu berichten ist deshalb über solche Abweichungen, die im bilanzrechtlichen Sinne „unwesentlich" sind. Ferner betrifft die Angabepflicht nur Methodenabweichungen, nicht dagegen den zugrunde liegenden Sachverhalt.[71] Hinsichtlich der Art der von Abs. 2 Nr. 3 geforderten Erläuterung ist zwischen „Angaben", „Begründung" und „Darstellung" zu unterscheiden (vgl. dazu oben Rdn. 18).

Die **sachliche Reichweite der Angabepflicht** nach Abs. 2 Nr. 3 ist umstritten. **50** Fraglich ist zum einen, ob die Angabepflicht nur Abweichungen von bisher angewandten Bilanzierungs- und Bewertungsmethoden[72] oder auch solche vom gesetzlichen Regelfall umfaßt.[73] Zum anderen ist zweifelhaft, ob Angaben bei gesetzlich vorgeschriebenen Abweichungen entbehrlich sind.[74] Beide Fragen müssen anhand des Sinn und Zwecks der Angabepflicht und vor dem Hintergrund des allgemeinen Einblicksgebots entschieden werden. Zwar spricht der Wortlaut („Abweichungen von Bilanzierungs- und Bewertungsmethoden" im Unterschied zu Abs. 2 Nr. 1 Angabe „der angewandten Bilanzierungs- und Bewertungsmethoden") für ein weites Verständnis des Abs. 2 Nr. 3 ohne Rücksicht auf die bisher angewandten Methoden.[75] Andererseits wird der „Abweichung vom gesetzlichen Regelfall" – z. B. bei einer Abweichung vom going-concern-Prinzip (§ 252 Abs. 1 Nr. 2) – bereits durch die Angabepflicht nach Abs. 2 Nr. 1 Rechnung getragen.[76] Daher kann Abs. 2 Nr. 3 ohne Informationsverlust auf Abweichungen gegenüber einer *bisher angewandten Methode* beschränkt werden. Nur für diese Fälle hat auch die Darstellung des Einflusses von Abweichungen auf die Vermögens-, Finanz- und Ertragslage einen besonderen Sinn. Der Zweck der Regelung erschöpft sich also in der Herstellung der Vergleichbarkeit aufeinanderfolgender Jahresabschlüsse.[77] Ferner ist § 284 Abs. 2 Nr. 3 – ebenso wie die Angabepflicht nach Abs. 2 Nr. 1[78] – auf Fälle sog. *Ansatz- oder Bewertungswahlrechte* zu beschränken.[79] Denn soweit Abweichungen allgemein gesetzlich vorgeschrieben sind und deshalb von allen Kapitalgesellschaften unter denselben Bedingungen vorgenommen werden müssen, ist das Vergleichbarkeitspostulat nicht berührt.

b) Abweichungen von Bilanzierungsmethoden. Abweichungen von Bilanzie- **51** rungsmethoden können nur im Rahmen von **Ansatzwahlrechten** erfolgen (Bsp.: Bildung von Aufwandsrückstellungen nach § 249 Abs. 2[80]). Für sie gilt der Grundsatz der Bewertungsstetigkeit (§ 252 Abs. 1 Nr. 6) nicht, so daß Abweichungen innerhalb der Grenzen des Willkürverbotes zulässig sind.[81] Eine Abweichung i. S. v. Abs. 2 Nr. 3 liegt vor, wenn ein Ansatzwahlrecht abweichend gegenüber dem vorangegangenen Jahresabschluß ausgeübt wird.[82] Soweit ein entsprechender Geschäftsvorfall im vorangegangenen Geschäftsjahr nicht stattgefunden hat, ist für die Frage, ob eine Abweichung vorliegt, ggf. auf frühere Jahresabschlüsse zurückzugreifen.[83]

Die Angabepflicht nach Abs. 2 Nr. 3 umfaßt ungeachtet besonderer Berichtspflich- **52** ten auch Abweichungen beim **Ansatz von Bilanzierungshilfen**, um auch insoweit die

---

[70] Vgl. oben Rdn. 14 f.

[71] Siehe nur ADS 108.

[72] ADS 109; HFA 3/97 WPg 1997, 541; wohl auch Baumbach/Hueck/*Schulze-Osterloh* § 42, 400.

[73] So aber Beck BilKomm-*Ellrott* 140; Bonner HdR-*Krawitz* 67; Beck HdR-*Schülen* B 420 Rdn. 54.

[74] Dafür ADS 118; WP-Handbuch I F 479; Beck HdR-*Schülen* B 420 Rdn. 61; Bonner HdR-*Krawitz* 78; a. A. Beck BilKomm-*Ellrott* 140.

[75] Insoweit zutreffend Beck BilKomm-*Ellrott* 140.

[76] Vgl. ADS 64.

[77] Baumbach/Hueck/*Schulze-Osterloh* § 42, 400; WP-Handbuch I F 477; unklar ADS 103 („insbesondere"); a. A. Beck BilKomm-*Ellrott* 140.

[78] Vgl. oben Rdn. 37 f.

[79] Ebenso die in Fn. 72 Genannten.

[80] ADS 111; Beck BilKomm-*Ellrott* 146; WP-Handbuch I F 478; a. A. aber HdR-*Dörner/Wirth* §§ 284–288, 113.

[81] Vgl. nur ADS 110; WP-Handbuch I F 478.

[82] Baumbach/Hueck/*Schulze-Osterloh* § 42, 400.

[83] *Schulze-Osterloh* aaO; siehe auch ADS 111.

Rainer Hüttemann

Vergleichbarkeit der Jahresabschlüsse herzustellen.[84] Angabepflichtig sind auch Abweichungen von Bilanzierungsgrundsätzen betreffend die **zeitliche Zuordnung von Erträgen und Aufwendungen** (z. B. bei langfristiger Fertigung).

53   Die Abweichungen sind **anzugeben** und zu **begründen**. Allerdings unterliegen Ansatzwahlrechte nicht dem Stetigkeitsgebot, jedoch sind zumindest die Gründe anzugeben, die zur Abweichung von den bisher angewandten Bilanzierungsmethoden geführt haben.[85]

54   c) **Abweichungen von Bewertungsmethoden.** Angesichts der zahlreichen Bewertungswahlrechte hat die Angabepflicht nach Abs. 2 Nr. 3 vor allem praktische Bedeutung für Abweichungen von Bewertungsmethoden. Eine Abweichung von Bewertungsmethoden i. S. v. Abs. 2 Nr. 3 liegt vor, wenn **Bewertungswahlrechte** anders als in vorangegangenen Jahresabschlüssen ausgeübt werden. Abweichungen von den in § 252 Abs. 1 geregelten allgemeinen Bewertungsmethoden, die nicht in der Vergangenheit angewandt worden sind, unterfallen nach der hier vertretenen Auslegung des Abs. 2 Nr. 3[86] der Angabepflicht nach Abs. 2 Nr. 1.[87]

55   Angabe- und begründungspflichtig nach Abs. 2 Nr. 3 sind **insbesondere:**[88] Änderungen bei der *Ermittlung der Anschaffungskosten*, z. B. durch Wechsel zwischen Lifo- und Fifo-Methode bzw. anderen Vereinfachungsverfahren; Abweichungen bei den Wahlrechten betreffend die *Einbeziehung der Gemeinkosten* in die Herstellungskosten nach § 255 Abs. 2 S. 3 und 4; *Wechsel bei Abschreibungsmethoden*, z. B. Übergang von der linearen auf die degressive AfA; freiwillige *Vornahme von außerplanmäßigen Abschreibungen*; *Änderungen bei der Bewertungsmethode für Rückstellungen*, z. B. beim Übergang von Einzelbewertung auf Pauschalbewertung oder infolge geänderter Berechnungsgrundlagen bei Pensionsrückstellungen; Änderungen bei der *Ermittlung der Herstellungskosten in der GuV* bei der Anwendung des Umsatzkostenverfahrens nach § 275 Abs. 3 Nr. 2.

56   Die Abweichungen sind **anzugeben** und zu **begründen**. Da für Änderungen der Bewertungsmethoden das Stetigkeitsgebot gilt, sind solche Abweichungen nur in „begründeten Ausnahmefällen" zulässig (§ 252 Abs. 2). Im Anhang sind deshalb die Gründe anzugeben, aus denen sich das Vorliegen eines solchen „Ausnahmefalls" ergibt.[89]

57   d) **Darstellung des Einflusses auf die Vermögens-, Finanz- und Ertragslage.** Um die Vergleichbarkeit aufeinanderfolgender Jahresabschlüsse zu gewährleisten, fordert das Gesetz über die Angabe und Begründung einer Abweichung hinaus auch die Darstellung ihres Einflusses auf die Vermögens-, Finanz- und Ertragslage. Damit wird der Tatsache Rechnung getragen, daß Methodenänderungen – z. B. der Übergang von der Teil- zur Vollkostenbewertung bei den Herstellungskosten – die Vermögens-, Ertrags- und Finanzlage erheblich verzerren können.[90] Damit gleichwohl in solchen Fällen eine Jahresabschlußanalyse durch externe Bilanzleser möglich bleibt, bedarf es dann näherer Informationen über den Einfluß der Änderungen der Bilanzierungs- und Bewertungsmethoden, um die *Vergleichbarkeit* der Zahlen in aufeinanderfolgenden Jahresabschlüssen sicherzustellen.

---

[84]   ADS 111; Beck BilKomm-*Ellrott* 146; Münch-
      KommHGB-*Lange* 66; Baumbach/Hueck/
      Schulze-Osterloh § 42, 400; **a. A.** *Budde/Förschle*
      DB 1988, 1463.
[85]   Vgl. nur Baumbach/Hueck/*Schulze-Osterloh*
      § 42, 400.
[86]   Siehe oben Rdn. 51.
[87]   ADS 115; **a. A.** Beck BilKomm-*Ellrott* 151.
[88]   Zum folgenden vgl. ADS 120 ff; Beck BilKomm-
      Ellrott 151 ff.
[89]   Beck BilKomm-*Ellrott* 151; ADS 111; *Schülen*
      WPg 1994, 2313.
[90]   Vgl. dazu nur *Biener/Berneke* S. 254.

Rainer Hüttemann

Einfluß von Abweichungen. Die Darstellungspflicht bezieht sich nur auf solche **58** Abweichungen, die nach Abs. 2 Nr. 3 angabe- und begründungspflichtig sind. Auswirkungen von Bilanzierungs- und Bewertungsmethoden, die nach Abs. 2 Nr. 1 angabepflichtig sind, müssen nicht dargestellt werden. Zu den Begriffen „Vermögens-, Finanz- und Ertragslage" vgl. Erläuterungen bei § 264 Rdn. 34 ff. Das Gesetz fordert eine „gesonderte" Darstellung für die einzelnen Änderungen der Bilanzierungs- und Bewertungsmethoden. Es ist deshalb nicht zulässig, die Auswirkungen aller einzelnen Abweichungen in einem (positiven oder negativen) Saldo zusammenzufassen.[91] Vielmehr fordert das Einblicksgebot, daß die unterschiedlichen Auswirkungen der einzelnen Änderungen erkennbar sind.

Art der Darstellung. Fraglich ist, ob der Darstellungspflicht mit rein verbalen **59** Angaben genügt werden kann.[92] Dafür könnte sprechen, daß das Gesetz eine Angabe von absoluten Zahlen – z. B. in Form von Unterschiedsbeträgen – nicht ausdrücklich fordert. Ferner hat der Gesetzgeber die im Regierungsentwurf vorgesehene Pflicht zur Angabe eines Unterschiedsbetrages in Anlehnung an § 160 Abs. 2 S. 5 AktG a. F. nicht übernommen.[93] Diese bezog sich indes nur auf Auswirkungen von Bewertungsänderungen auf die Ertragslage und kann daher nicht allgemein als Argument gegen zahlenmäßige Angaben verwandt werden.[94] Vielmehr ist als Maßstab zur Konkretisierung der Darstellungspflicht das allgemeine Einblicksgebot des § 264 Abs. 2 S. 1 heranzuziehen. Um ein den tatsächlichen Verhältnissen entsprechendes Bild zu ermitteln, sind aber bloße verbale Erläuterungen nicht ausreichend. Die Darstellung des Einflusses soll den Vergleich aufeinanderfolgender Jahresabschlüsse und damit eine externe Bilanzanalyse ermöglichen. Dies läßt sich nur mit zahlenmäßigen Angaben – im Einzelfall auch ggf. in Form von Verhältnis- und Prozentzahlen – gewährleisten.[95]

4. Ausweis der Unterschiedsbeträge bei Anwendung der Bewertungsmethode nach § 240 Abs. 4, § 256 Satz 1 (Abs. 2 Nr. 4)

Allgemeines. Wird im Jahresabschluß eine Gruppenbewertung (§ 240 Abs. 4) bzw. **60** eine vereinfachte Bewertung nach der Verbrauchsfolge nach § 256 S. 1 angewendet und führt diese Bewertung im Vergleich zu einer Bewertung anhand des letzten vor dem Abschlußstichtag bekannten Börsenkurses oder Marktpreises zu einem erheblichen Unterschied, dann müssen nach Abs. 2 Nr. 4 die „Unterschiedsbeträge pauschal für die jeweilige Gruppe ausgewiesen werden". Mit dieser Angabepflicht soll die Aussagekraft des Jahresabschlusses verbessert werden, indem Bewertungsunterschiede (Bewertungsreserven) aufgedeckt werden, die auf Grund vereinfachter Bewertungsverfahren gegenüber einer Tagespreisbewertung bestehen.[96] Die Regelung beruht auf Art. 40 Abs. 2 der 4. EG-Richtlinie.

Die **Angabepflicht** nach Abs. 2 Nr. 4 ist an drei Voraussetzungen geknüpft: **61** Anwendung eines Bewertungsverfahrens nach §§ 240 Abs. 4, 256 S. 1; Vorliegen eines Börsen- oder Marktpreises, Erheblichkeit des Unterschieds zwischen dem Durchschnitts- bzw. Festwert und einer Bewertung mit dem letzten Börsen- oder Markt-

---

[91] ADS 149; Baumbach/Hueck/*Schulze-Osterloh* § 42, 400; *Schülen* WPg 1987, 228; **a. A.** Beck Bil-Komm-*Ellrott* 170; HdJ-*Kupsch* IV/4 Rdn. 112.

[92] So Beck BilKomm-*Ellrott* 170; mit Einschränkungen auch HdR-*Dörner/Wirth* 116.

[93] Vgl. *Biener/Berneke* S. 255.

[94] **A. A.** wohl HdR-*Dörner/Wirth* 116.

[95] So HFA 3/97 WPg 1997, 542; *Schülen* WPg 1994, 2313; HdJ-*Kupsch* IV/4 Rdn. 100; ADS 148; Baumbach/Hueck/*Schulze-Osterloh* § 42, 400; KK-*Claussen* §§ 284–288 HGB, § 160 AktG 56; MünchKommHGB-*Lange* 77.

[96] Vgl. ADS 150; Beck BilKomm-*Ellrott* 180.

preis. Die Angabepflicht betrifft somit nur Vermögensgegenstände (nicht auch die in § 240 Abs. 4 genannten Schulden), für die ein Börsen- bzw. Marktwert feststellbar ist.[97] Sie kommt wegen des Niederstwertprinzips auch nur dann in Betracht, wenn der Börsen- oder Marktpreis über dem Buchwert liegt. Die Unterschiedsbeträge sind für „die jeweilige Gruppe" anzugeben. Dabei ist der Begriff der „Gruppe" in Anlehnung an Art. 40 Abs. 2 der 4. EG-Richtlinie an den unterschiedlichen Bewertungsverein-fachungsverfahren zu orientieren.[98] „Gruppe" sind somit z. B. alle nach der Lifo-Methode bewerteten Vermögensgegenstände.[99]

62   **Berechnung und „Erheblichkeit".** Auszuweisen ist nur der für die jeweiligen Gruppen ermittelte „pauschale" Unterschiedsbetrag, d. h. Auf- und Abrundungen sind möglich.[100] Der Unterschiedsbetrag ist durch eine *Vergleichsrechnung* zu ermitteln. Dabei sind die Vermögensgegenstände zum einen mit dem nach §§ 240 Abs. 4, 256 S. 1 gefundenen Bilanzwert, zum anderen mit dem Börsen- bzw. Marktpreis zu bewerten. Nach dem Sinn und Zweck der Angabepflicht – Information über Bewertungsunterschiede – ist der Börsen- und Marktpreis auch dann ungekürzt anzusetzen, wenn er über den letzten tatsächlichen Anschaffungskosten liegt.[101] Dagegen sind Bewertungsabschläge vom Börsen- bzw. Marktpreis (des Absatzmarktes) bei der Ermittlung des Unterschiedsbetrages für unfertige und fertige Erzeugnisse gerechtfertigt, um eine Angabe unrealisierter Gewinne zu vermeiden.[102] Nur „erhebliche" Bewertungsunterschiede sind anzugeben. Die „Erheblichkeit" ist nach der Größe des Unterschiedsbetrages im Verhältnis zum Wert der zugrunde liegenden Gruppe festzustellen.[103] Dabei wird im allgemeinen ein Unterschiedsbetrag als *erheblich* anzusehen sein, wenn er mehr als 10 v. H. des Wertes der jeweiligen Gruppe übersteigt.[104]

5. Angaben über die Einbeziehung von Zinsen für Fremdkapital in die Herstellungskosten (Abs. 2 Nr. 5)

63   Nach § 284 Abs. 2 Nr. 5 sind Angaben zu machen „über die Einbeziehung von Zinsen für Fremdkapital in die Herstellungskosten". Die Regelung beruht auf Art. 35 Abs. 4 S. 2 der 4. EG-Richtlinie und ist im Zusammenhang mit dem Bewertungswahlrecht nach § 255 Abs. 3 S. 2 zu sehen. Die Angabepflicht nach Abs. 2 Nr. 5 betrifft eine „Bewertungsmethode" und kann daher auch im Rahmen der Angaben nach Abs. 2 Nr. 1 erfüllt werden.[105] Verbale Angaben genügen,[106] dabei sind die betroffenen

---

[97] ADS 154; Baumbach/Hueck/*Schulze-Osterloh* § 42, 401; Bonner HdR-*Krawitz* 89; Beck Bil-Komm-*Ellrott* 184.

[98] So Baumbach/Hueck/*Schulze-Osterloh* § 42, 401; Bonner HdR-*Krawitz* 91; a. A. – Abgrenzung entsprechend §§ 240 Abs. 4, 256 S. 1 – ADS 152; WP-Handbuch I F 495; Beck BilKomm-*Ellrott* 183; HdR-*Dörner/Wirth* §§ 284–288, 123.

[99] Bonner HdR-*Krawitz* 91; insoweit im Ergebnis auch ADS 152 am Ende.

[100] WP-Handbuch I F 496.

[101] Ebenso Baumbach/Hueck/*Schulze-Osterloh* § 42, 401; Beck BilKomm-*Ellrott* 184; Bonner HdR-*Krawitz* 95; HdR-*Dörner/Wirth* §§ 284–288, 133; a. A. – vorsichtiger Abschlag – ADS 153; WP-Handbuch I F 494.

[102] ADS 154; Beck BilKomm-*Ellrott* 185; Baumbach/Hueck/*Schulze-Osterloh* § 42, 401; Bon-

ner HdR-*Krawitz* 95; a. A. – keine Berichterstattung in diesem Fall – HdR-*Dörner/Wirth* §§ 284–288, 129.

[103] Allg. Ansicht – wenn auch auf der Grundlage eines abweichenden Begriffs der „Gruppe" – vgl. ADS 155; Baumbach/Hueck/*Schulze-Osterloh* § 42, 401.

[104] Baumbach/Hueck/*Schulze-Osterloh* § 42, 401; Bonner HdR-*Krawitz* 92. Abweichend – bezogen auf alle vereinfacht bewerteten Vermögensgegenstände – ADS 155; ebenso wohl auch Beck BilKomm-*Ellrott* 182; für 10 v. H.-Grenze bezogen auf Bilanzposten HdR-*Dörner/Wirth* §§ 284–288, 135.

[105] ADS 156; Beck BilKomm-*Ellrott* 190.

[106] Statt aller WP-Handbuch I F 701.

Bilanzposten zu benennen und der Umfang – ganz oder teilweise Einbeziehung – anzugeben.[107] Zahlenangaben werden demnach nicht verlangt, können aber im Einzelfall als zusätzliche Angaben nach § 264 Abs. 2 S. 2 erforderlich sein.[108]

IV. Sanktionen bei Verletzung des § 284

Mitglieder des vertretungsberechtigten Organs bzw. des Aufsichtsrats können sich **64** durch das Unterlassen der nach § 284 geforderten Angaben nach § 331 Nr. 1 *strafbar* machen. Dies setzt voraus, daß infolge des Fehlens der Angaben die „Verhältnisse der Kapitalgesellschaft" im Jahresabschluß vorsätzlich unrichtig wiedergegeben werden. Ferner kann ein Verstoß gegen § 284 als *Ordnungswidrigkeit* nach § 334 Abs. 1 Nr. 1d geahndet werden. Darüber hinaus können fehlende Angaben für den Abschlußprüfer Anlaß sein, den *Bestätigungsvermerk* zu versagen oder einzuschränken.

Wird ein Anhang überhaupt nicht aufgestellt, führt dies gemäß § 256 Abs. 1 Nr. 1 **65** AktG zur **Nichtigkeit** der Feststellung des Jahresabschlusses.[109] Das Gleiche gilt bei unvollständiger oder fehlerhafter Berichterstattung im Anhang, wenn diese wesentlich ist.[110]

§ 285
Sonstige Pflichtangaben

Ferner sind im Anhang anzugeben:
1. zu den in der Bilanz ausgewiesenen Verbindlichkeiten
   a) der Gesamtbetrag der Verbindlichkeiten mit einer Restlaufzeit von mehr als fünf Jahren,
   b) der Gesamtbetrag der Verbindlichkeiten, die durch Pfandrechte oder ähnliche Rechte gesichert sind, unter Angabe von Art und Form der Sicherheiten;
2. die Aufgliederung der in Nummer 1 verlangten Angaben für jeden Posten der Verbindlichkeiten nach dem vorgeschriebenen Gliederungsschema, sofern sich diese Angaben nicht aus der Bilanz ergeben;
3. der Gesamtbetrag der sonstigen finanziellen Verpflichtungen, die nicht in der Bilanz erscheinen und auch nicht nach § 251 anzugeben sind, sofern diese Angabe für die Beurteilung der Finanzlage von Bedeutung ist; davon sind Verpflichtungen gegenüber verbundenen Unternehmen gesondert anzugeben;
4. die Aufgliederung der Umsatzerlöse nach Tätigkeitsbereichen sowie nach geographisch bestimmten Märkten, soweit sich, unter Berücksichtigung der Organisation des Verkaufs von für die gewöhnliche Geschäftstätigkeit der Kapitalgesellschaft typischen Erzeugnissen und der für die gewöhnliche Geschäftstätigkeit der Kapitalgesellschaft typischen Dienstleistungen, die Tätigkeitsbereiche und geographisch bestimmten Märkte untereinander erheblich unterscheiden;

---

[107] ADS 156; Baumbach/Hueck/*Schulze-Osterloh* § 42, 402.
[108] Baumbach/Hueck/*Schulze-Osterloh* § 42, 402.
[109] Vgl. BGH ZIP 1999, 1965 f; *Hüffer* § 256, 8;

Baumbach/Hueck/*Schulze-Osterloh* § 42a, 23; Scholz/*K. Schmidt* § 46, 37.
[110] *Hüffer* § 256, 8.

5. das Ausmaß, in dem das Jahresergebnis dadurch beeinflußt wurde, daß bei Vermögensgegenständen im Geschäftsjahr oder in früheren Geschäftsjahren Abschreibungen nach §§ 254, 280 Abs. 2 auf Grund steuerrechtlicher Vorschriften vorgenommen oder beibehalten wurden oder ein Sonderposten nach § 273 gebildet wurde; ferner das Ausmaß erheblicher künftiger Belastungen, die sich aus einer solchen Bewertung ergeben;

6. in welchem Umfang die Steuern vom Einkommen und vom Ertrag das Ergebnis der gewöhnlichen Geschäftstätigkeit und das außerordentliche Ergebnis belasten;

7. die durchschnittliche Zahl der während des Geschäftsjahrs beschäftigten Arbeitnehmer getrennt nach Gruppen;

8. bei Anwendung des Umsatzkostenverfahrens (§ 275 Abs. 3)
   a) der Materialaufwand des Geschäftsjahrs, gegliedert nach § 275 Abs. 2 Nr. 5,
   b) der Personalaufwand des Geschäftsjahrs, gegliedert nach § 275 Abs. 2 Nr. 6;

9. für die Mitglieder des Geschäftsführungsorgans, eines Aufsichtsrats, eines Beirats oder einer ähnlichen Einrichtung jeweils für jede Personengruppe
   a) die für die Tätigkeit im Geschäftsjahr gewährten Gesamtbezüge (Gehälter, Gewinnbeteiligungen, Bezugsrechte, Aufwandsentschädigungen, Versicherungsentgelte, Provisionen und Nebenleistungen jeder Art). In die Gesamtbezüge sind auch Bezüge einzurechnen, die nicht ausgezahlt, sondern in Ansprüche anderer Art umgewandelt oder zur Erhöhung anderer Ansprüche verwendet werden. Außer den Bezügen für das Geschäftsjahr sind die weiteren Bezüge anzugeben, die im Geschäftsjahr gewährt, bisher aber in keinem Jahresabschluß angegeben worden sind;
   b) die Gesamtbezüge (Abfindungen, Ruhegehälter, Hinterbliebenenbezüge und Leistungen verwandter Art) der früheren Mitglieder der bezeichneten Organe und ihrer Hinterbliebenen. Buchstabe a Satz 2 und 3 ist entsprechend anzuwenden. Ferner ist der Betrag der für diese Personengruppe gebildeten Rückstellungen für laufende Pensionen und Anwartschaften auf Pensionen und der Betrag der für diese Verpflichtungen nicht gebildeten Rückstellungen anzugeben;
   c) die gewährten Vorschüsse und Kredite unter Angabe der Zinssätze, der wesentlichen Bedingungen und der gegebenenfalls im Geschäftsjahr zurückgezahlten Beträge sowie die zugunsten dieser Personen eingegangenen Haftungsverhältnisse;

10. alle Mitglieder des Geschäftsführungsorgans und eines Aufsichtsrats, auch wenn sie im Geschäftsjahr oder später ausgeschieden sind, mit dem Familiennamen und mindestens einem ausgeschriebenen Vornamen, einschließlich des ausgeübten Berufs und bei börsennotierten Gesellschaften auch der Mitgliedschaft in Aufsichtsräten und anderen Kontrollgremien im Sinne des § 125 Abs. 1 Satz 3 des Aktiengesetzes. Der Vorsitzende eines Aufsichtsrats, seine Stellvertreter und ein etwaiger Vorsitzender des Geschäftsführungsorgans sind als solche zu bezeichnen;

11. Name und Sitz anderer Unternehmen, von denen die Kapitalgesellschaft oder eine für Rechnung der Kapitalgesellschaft handelnde Person mindestens den fünften Teil der Anteile besitzt; außerdem sind die Höhe des Anteils am Kapital, das Eigenkapital und das Ergebnis des letzten Geschäftsjahrs dieser Unternehmen anzugeben, für das ein Jahresabschluß vorliegt; auf die Berechnung der Anteile ist § 16 Abs. 2 und 4 des Aktiengesetzes entsprechend anzuwenden; ferner sind von börsennotierten Kapitalgesellschaften zusätzlich alle Beteiligungen an großen

Kapitalgesellschaften anzugeben, die fünf vom Hundert der Stimmrechte überschreiten;

11a. Name, Sitz und Rechtsform der Unternehmen, deren unbeschränkt haftender Gesellschafter die Kapitalgesellschaft ist;

12. Rückstellungen, die in der Bilanz unter dem Posten „sonstige Rückstellungen" nicht gesondert ausgewiesen werden, sind zu erläutern, wenn sie einen nicht unerheblichen Umfang haben;

13. bei Anwendung des § 255 Abs. 4 Satz 3 die Gründe für die planmäßige Abschreibung des Geschäfts- oder Firmenwerts;

14. Name und Sitz des Mutterunternehmens der Kapitalgesellschaft, das den Konzernabschluß für den größten Kreis von Unternehmen aufstellt, und ihres Mutterunternehmens, das den Konzernabschluß für den kleinsten Kreis von Unternehmen aufstellt, sowie im Falle der Offenlegung der von diesen Mutterunternehmen aufgestellten Konzernabschlüsse der Ort, wo diese erhältlich sind;

15. soweit es sich um den Anhang des Jahresabschlusses einer Personenhandelsgesellschaft im Sinne des § 264a Abs. 1 handelt, Name und Sitz der Gesellschaften, die persönlich haftende Gesellschafter sind, sowie deren gezeichnetes Kapital.

Übersicht

	Rdn.
I. Überblick	1–5
II. Einzelangaben	
1. Angaben zu den in der Bilanz ausgewiesenen Verbindlichkeiten (Nr. 1)	6, 7
a) Gesamtbetrag der Verbindlichkeiten mit einer Restlaufzeit von mehr als fünf Jahren (Nr. 1a)	8–10
b) Gesamtbetrag der gesicherten Verbindlichkeiten (Nr. 1b)	11–15
2. Aufgliederung der in Nr. 1 verlangten Angaben (Nr. 2)	16, 17
3. Angabe des Gesamtbetrages der sonstigen finanziellen Verpflichtungen (Nr. 3)	
a) Allgemeines und Zweck der Angabepflicht	18, 19
b) Abgrenzung der anzugebenden Verpflichtungen	20
c) Bedeutung für die Beurteilung der Finanzlage	21–23
d) Wichtige Einzelfälle	24
e) Umfang der Darstellung	25
f) Verpflichtungen gegenüber verbundenen Unternehmen	26
4. Aufgliederung der Umsatzerlöse nach Tätigkeitsbereichen sowie nach geographisch bestimmten Märkten (Nr. 4)	
a) Allgemeines und Zweck der Angabepflicht	27, 28
b) Umsatzerlöse	29
c) Aufgliederung nach Tätigkeitsbereichen und geographisch bestimmten Märkten	30–33

	Rdn.
d) Voraussetzung der Umsatzaufgliederung	34
e) Art der Darstellung	35, 36
5. Angabe des Ausmaßes der Ergebnisbeeinflussung und erheblicher zukünftiger Belastungen durch Anwendung steuerrechtlicher Vergünstigungsvorschriften (Nr. 5)	
a) Überblick und Zweck der Angabepflichten	37–41
b) Angabe der Ergebnisbeeinflussung (Nr. 5 1. Halbs.)	42
aa) Berichtpflichtige steuerliche Sachverhalte	43-45
bb) Ermittlung der Ergebnisbeeinflussung	46, 47
cc) Angabe des Ausmaßes	48
c) Angabe erheblicher künftiger Belastungen (Nr. 5 2. Halbs.)	49–52
6. Angabe des Umfangs der Belastung des Ergebnisses aus der gewöhnlichen Geschäftstätigkeit und des außergewöhnlichen Ergebnisses durch Steuern vom Einkommen und Ertrag (Nr. 6)	
a) Allgemeines und Zweck der Angabepflicht	53, 54
b) Einzelfragen	55–58
7. Angabe der durchschnittlichen Zahl der während des Geschäftsjahres beschäftigten Arbeitnehmer getrennt nach Gruppen (Nr. 7)	59–61
8. Angabe des Materialaufwands und des Personalaufwands bei Anwen-	

Rainer Hüttemann

Rdn.   Rdn.

dung des Umsatzkostenverfahrens
(Nr. 8a und b) 62–65
9. Angabe der Bezüge und anderer
Leistungen an Organmitglieder
(Nr. 9)
   a) Überblick und Zweck der
     Regelung 66–68
   b) Mitglieder von Organen 69
   c) Angabe der Gesamtbezüge für
     aktive Organmitglieder
     (Nr. 9a) 70, 71
   d) Angabe der Bezüge früherer
     Organmitglieder und Hinter-
     bliebener (Nr. 9b) 72–74
   e) Angabe der gewährten Vor-
     schüsse und Kredite sowie der
     eingegangenen Haftungs-
     verhältnisse (Nr. 9c) 75–77
10. Angabe aller Mitglieder des
Geschäftsführungsorgans und
eines Aufsichtsrats (Nr. 10) 78–81
11. Angaben zum Anteilsbesitz
(Nr. 11)
   a) Überblick und Regelungs-
     zweck 82–84

   b) Angaben zu Unternehmen, an
     denen ein Anteilsbesitz von
     mehr als einem Fünftel besteht
     aa) Reichweite der Angabe-
       pflicht 85
     bb) Berechnung des Anteils-
       besitzes 86, 87
     cc) Einzelangaben 88
   c) Zusatzangaben bei börsen-
     notierten Kapitalgesell-
     schaften 89–92
11a. Angaben zu Kapitalgesellschaften
& Co (Nr. 11a) 93
12. Erläuterung der nicht gesondert
ausgewiesenen Rückstellungen
(Nr. 12) 94–96
13. Angabe der Gründe für die planmäßige Abschreibung des
Geschäfts- oder Firmenwerts
(Nr. 13) 97, 98
14. Angabe des Namens und Sitzes
von Mutterunternehmen
(Nr. 14) 99–101
15. Angaben zu Komplementärgesellschaften (Nr. 15) 102

Schrifttum

Baumann Die Segment-Berichterstattung im Rahmen der externen Finanzpublizität, Havermann (Hrsg.) FS Goerdeler (1987) S. 1; *Bernards* Segmentberichterstattung in den Geschäftsberichten deutscher Unternehmen – theoretische und empirische Ergebnisse, DStR 1995, 1363;
Budde/Förschle Ausgewählte Fragen zum Inhalt des Anhangs, DB 1988, 1457; *Farr* Aufstellung,
Prüfung und Offenlegung des Anhangs im Jahresabschluß der AG, AG 2000, 1; *Flämig* Erhebliche Nachteile, HuRB S. 141; *Forster* Lagebericht, Prüfung und Publizität im Regierungsentwurf eines Bilanzrichtlinie-Gesetzes – Teil II –, DB 1982, 1631; *Gschrei* Die Berichterstattung
über den Anteilsbesitz im Jahresabschluß, BB 1990, 1587; *Haeger* Angabe der Ergebnisbeeinflussung durch steuerrechtliche Sachverhalte nach § 285 Nr. 5 HGB, WPg 1989, 441; *ders.* Angabe der künftigen Belastungen durch steuerrechtliche Sachverhalte nach § 285 Nr. 5 HGB, WPg
1989, 608; *Haller/Park* Grundsätze ordnungsmäßiger Segmetberichterstattung, ZfbF 1994, 499;
Hauschildt/Kortmann „Sonstige finanzielle Verpflichtungen" (§ 285 Nr. 3 HGB) als Gegenstand
der Berichterstattung – eine empirische Analyse, WPg 1990, 420; *Karrenbrock* Angaben im
Anhang bei steuerrechtlich begründeten Bilanzierungsmaßnahmen, BB 1993, 534; *ders.* Angaben
im Anhang über künftige Belastungen auf Grund der Inanspruchnahme von Steuervergünstigungen, BB 1993, 1045; *Russ* Der Anhang als dritter Teil des Jahresabschlusses, 2. Aufl. (1986);
Selchert Die Aufgliederung der Umsatzerlöse gemäß § 285 Nr. 4 HGB, BB 1986, 560.

I. Überblick

1   § 285 enthält einen **Katalog der Pflichtangaben**, die im Anhang einer Kapitalgesellschaft und einer Personenhandelsgesellschaft i.S.v. § 264a zu machen sind. Es
handelt sich um eine abschließende Aufzählung. Die Angaben betreffen zum einen
einzelne Posten der Bilanz und GuV, ferner aber auch sonstige Sachverhalte, wie z.B.
die Zahl der Arbeitnehmer.

§ 285 beruht weitestgehend auf Vorgaben der **4. EG-Richtlinie**, insbesondere aus 2
Art. 43.[1] § 285 Nr. 9a, 10 und 11 sind durch das KonTraG[2] geändert worden; § 285
Nr. 11a und 15 beruhen auf dem KapCoRiLiG.[3]

Die in § 285 geforderten Angaben sind **in jedem Anhang neu** zu machen. Bezug- 3
nahmen auf frühere Jahresabschlüsse sind unzulässig, für nicht verwirklichte Sachverhalte sind Fehlanzeigen aber nicht erforderlich.[4] § 285 fordert zwar gesonderte
Angaben zu allen gesetzlich vorgeschriebenen Einzelpunkten. Eine der gesetzlichen
Reihenfolge entsprechende Anordnung ist jedoch nicht geboten. Die vorgeschriebenen Angaben können deshalb auch im Zusammenhang mit anderen Angaben zu
gleichen Posten gemacht werden.[5]

§ 285 spricht allgemein von **„Angaben"**. Damit meint das Gesetz grundsätzlich nur 4
zahlenmäßige oder verbale Angaben. Nur im Einzelfall fordert das Gesetz eine „Aufgliederung" (Nr. 2 und 4) oder „Erläuterung" (Nr. 12). Darüber hinaus ist im Einzelfall zu entscheiden, ob weitergehende Berichtspflichten bestehen, weil diese zum Verständnis der geforderten Informationen notwendig sind.[6]

Ausnahmen von § 285 regeln die §§ 286, 287. **Größenabhängige Erleichterungen** 5
für kleine und mittelgroße Kapitalgesellschaften finden sich in § 288.

II. Einzelangaben

1. Angaben zu den in der Bilanz ausgewiesenen Verbindlichkeiten (Nr. 1)

Nach § 285 Nr. 1 sind zu den in der Bilanz ausgewiesenen Verbindlichkeiten fol- 6
gende Angaben zu machen: Zum einen ist der **Gesamtbetrag der Verbindlichkeiten
mit einer Restlaufzeit von mehr als fünf Jahren** (Nr. 1a) anzugeben, zum anderen
der **Gesamtbetrag der durch Pfandrechte oder ähnliche Rechte gesicherten Verbindlichkeiten** unter Angabe der Art und Form der Sicherheiten (Nr. 1b). Beide
Angabepflichten beruhen auf Art. 43 Nr. 6 der 4. EG-Richtlinie. Die Angaben nach
Nr. 1 sind – im Unterschied zur Aufgliederungspflicht nach Nr. 2 – von allen Kapitalgesellschaften zu machen.

Die Angabepflichten nach Nr. 1a und 1b betreffen **„die in Bilanz ausgewiesenen** 7
Verbindlichkeiten". Damit sind grundsätzlich – vgl. auch die Angabepflicht nach
§ 268 Abs. 5 S. 1 – die nach § 266 Abs. 3 C. auszuweisenden Passivposten gemeint.
Auszunehmen sind aber Anzahlungen auf Bestellungen (§ 266 Abs. 3 C. Nr. 3),[7] da
diese keine aktuelle Zahlungsverpflichtung zum Gegenstand haben, sondern als
passive Bilanzierungshilfe nur der erfolgsneutralen Erfassung des im übrigen schwebenden Geschäfts dienen.[8] Dies gilt unabhängig davon, ob die Anzahlungen unter den
Verbindlichkeiten oder nach § 268 Abs. 5 S. 2 offen von den Vorräten abgesetzt ausgewiesen werden.[9] Mangels Verbindlichkeitscharakter unterfallen auch Rückstellungen (§ 249) und Haftungsverhältnisse (§ 251) nicht der Angabepflicht nach Nr. 1.

---

[1] Vgl. näher die Erläuterungen zu den einzelnen
Angaben.

[2] BGBl. I 1998, 786.

[3] BGBl. I 2000, 154.

[4] Statt aller Beck BilKomm-*Ellrott* 1.

[5] ADS 3.

[6] Vgl. ADS 4.

[7] A. A. ADS 8; Beck BilKomm-*Ellrott* 5.

[8] Ebenso Baumbach/Hueck/*Schulze-Osterloh* § 42,
227; HdR-*Knop* § 268, 208; im Ergebnis auch –
keine praktische Bedeutung wegen typischerweise
kurzfristiger Rückzahlungsverpflichtung – Bonner HdR-*Krawitz* 9.

[9] A. A. – für Angabepflicht auch bei offen abgesetz-
tem Ausweis – ADS 8. Eine Angabe in diesem Fall
ablehnend Beck BilKomm-*Ellrott* 5.

Rainer Hüttemann

8   **a) Gesamtbetrag der Verbindlichkeiten mit einer Restlaufzeit von mehr als fünf Jahren (Nr. 1a).** Die Angabepflicht nach § 284 Nr. 1a ist im Zusammenhang mit der Vermerkpflicht nach § 268 Abs. 5 S. 1 (Verbindlichkeiten mit einer Restlaufzeit von bis zu einem Jahr) zu sehen. Zusammen erlauben beide Informationen eine liquiditätsbezogene Aufteilung der ausgewiesenen Verbindlichkeiten in solche mit einer Fälligkeit bis zu einem Jahr, zwischen einem und fünf Jahren und von mehr als fünf Jahren (kurz-, mittel- und langfristige Verbindlichkeiten).[10] Eine Angabe nach Nr. 1a ist entbehrlich, wenn schon in der Bilanz alle Verbindlichkeiten als kurzfristige nach § 268 Abs. 5 S. 1 vermerkt sind.

9   Entscheidend ist die „Restlaufzeit", nicht die vertragliche Gesamtlaufzeit. Die Restlaufzeit ergibt sich aus der Zeit zwischen Abschlußstichtag und der Fälligkeit der Verbindlichkeit. Dabei ist grundsätzlich die vereinbarte Fälligkeit maßgebend, nicht der beabsichtigte Zahlungstermin.[11] Eine beabsichtigte vorzeitige Tilgung bleibt somit außer Betracht,[12] da sie kaum nachprüfbar ist und erhebliche Spielräume bei der Angabepflicht eröffnen würde,[13] wodurch der vom Gesetz angestrebte Einblick in die Liquiditätslage übermäßig gefährdet würde. Unbeachtlich sind auch geplante, aber noch nicht vereinbarte Stundungen oder vorgesehene Zahlungsverweigerungen.[14] Eine vereinbarte Laufzeitverlängerung ist dagegen zu berücksichtigen. Soweit es an einer Laufzeitvereinbarung fehlt, ist auf den voraussichtlichen Rückzahlungszeitpunkt abzustellen.[15] Bei ratenweiser Tilgung sind nur die Teilbeträge mit Restlaufzeiten über fünf Jahre anzugeben.[16] Für einen sog. „Roll-over-Kredit" kommt es auf die frühestens mögliche Fälligstellung seitens des Gläubigers an.[17]

10   Das Gesetz fordert nur die Angabe des Gesamtbetrages der Verbindlichkeiten mit einer Restlaufzeit **von mehr als fünf Jahren**. Eine Angabe von Verbindlichkeiten mit einer Restlaufzeit bis zu fünf Jahren wird nicht verlangt.[18]

11   **b) Gesamtbetrag der gesicherten Verbindlichkeiten (Nr. 1b).** Nach Nr. 1b ist anzugeben der Gesamtbetrag der Verbindlichkeiten, die durch „Pfandrechte oder ähnliche Rechte gesichert sind". Ferner sind Art und Form der Sicherheiten anzugeben. Die Angabepflicht dient der Information darüber, in welchem Umfang das Vermögen der Gesellschaft durch Bestellung von Sicherheiten dem möglichen Zugriff neuer Gläubiger bereits entzogen ist.[19]

12   Die Angabepflicht gilt für alle Verbindlichkeiten (zum Begriff vgl. oben Rdn. 7) unabhängig von ihrer Laufzeit. Sie setzt eine **eigene Verbindlichkeit** voraus. Nicht anzugeben sind daher – anders als der Vermerk nach §§ 251, 268 Abs. 7 – solche Sicherheiten, die die Kapitalgesellschaft für Verbindlichkeiten Dritter gewährt hat.[20]

13   Das Gesetz spricht von Verbindlichkeiten, die „durch Pfandrecht oder ähnliche Rechte" gesichert sind. Der Begriff **„Pfandrecht"** ist im zivilrechtlichen Sinne zu verstehen. Gemeint sind damit die beschränkt dinglichen Rechte, die dem Gläubiger – wie es in § 1204 BGB heißt – das Recht geben, „Befriedigung aus der Sache zu suchen

[10] Vgl. auch Beck BilKomm-*Ellrott* 5.

[11] Baumbach/Hueck/*Schulze-Osterloh* § 42, 227; wohl auch Beck BilKomm-*Ellrott* 8; Bonner HdR-*Krawitz* 6.

[12] A. A. ADS 10 f; WP-Handbuch 516; HdR-*Dörner/Wirth* §§ 284–288, 141; HdJ-*Kupsch* IV/4 Rdn. 157.

[13] HdR-*Knop* § 268, 209.

[14] A. A. KK-*Claussen* §§ 284–288 HGB, § 160 AktG, 64.

[15] Beck BilKomm-*Ellrott* 8.

[16] WP-Handbuch I F 516.

[17] So Beck BilKomm-*Ellrott* 8.

[18] Bonner HdR-*Krawitz* 10; WP-Handbuch I F 516.

[19] Bonner HdR-*Krawitz* 11.

[20] Vgl. nur ADS 14.

(Pfandrecht)". Dazu zählen neben dem Fahrnispfand (§ 1204 ff BGB) an beweglichen Sachen, dem Pfandrecht an Forderungen und Rechten, den Grundpfandrechten gemäß §§ 1113 ff BGB (Hypothek, Grundschuld) insbesondere auch Pfandrechte an Schiffen und Luftfahrzeugen. Der Begriff **„ähnliche Rechte"** ist nicht näher definiert. Art. 43 Nr. 6 der 4. EG-Richtlinie spricht – ohne Differenzierung nach Pfandrecht etc. – von „dinglichen Sicherheiten".[21] Daher sind als „ähnliche Rechte" alle dinglichen Sicherungsrechte zu verstehen, die nicht Pfandrechte sind.[22] Dazu zählen Eigentumsvorbehalt, Sicherungsübereignung und Sicherungsabtretung sowie der Sicherungsnießbrauch.[23]

Umstritten ist, ob die Angabepflicht nach § 285 Nr. 1b auch sog. **„branchen-** **14** **übliche Sicherheiten"** – z. B. Eigentumsvorbehalte bei der Lieferung von Halbfabrikaten und Waren – umfaßt. Dies wird teilweise unter Hinweis auf den Gesetzeswortlaut verneint, der keine Anhaltspunkte für eine solche Einschränkung gebe.[24] Allerdings genüge insoweit ein „allgemeiner Hinweis".[25] Nach anderer Ansicht ist die Angabepflicht auf solche Besicherungen zu beschränken, mit denen der Verkehr nicht schon selbstverständlich rechnet.[26] Diese Auffassung ist vorzugswürdig, da sie den Anhang von inhaltsleeren „allgemeinen Hinweisen" freihält, die dem durchschnittlichen Jahresabschlußadressaten keine zusätzlichen Informationen vermitteln würden.[27] Aus den gleichen Erwägungen sind auch Hinweise auf gesetzliche Pfandrechte entbehrlich.[28]

Anzugeben nach Nr. 1b ist der **Betrag der gesicherten Verbindlichkeiten**, nicht **15** der Wert der Sicherheiten. Bei teilweiser Besicherung ist nur der besicherte Teilbetrag anzugeben. Darüber hinaus fordert das Gesetz auch die Angabe von Art und Form der gewährten Sicherheiten (z. B. Hypothek). Nicht gefordert sind dagegen Angaben dazu, welcher Betrag auf die einzelnen Arten von Sicherheiten entfällt. Die Angaben können – zusammen mit denen nach § 268 Abs. 5 S. 1, 285 Nr. 1a, Nr. 2 – in einem sog. *Verbindlichkeitenspiegel* zusammengefaßt werden.

2. Aufgliederung der in Nr. 1 verlangten Angaben (Nr. 2)

Nach § 285 Nr. 2 sind die nach Nr. 1a und b anzugebenden Gesamtbeträge der Ver- **16** bindlichkeiten mit einer Restlaufzeit von mehr als fünf Jahren und der gesicherten Verbindlichkeiten **„für jeden Posten der Verbindlichkeiten nach dem vorgeschriebenen Gliederungsschema"** aufzugliedern, wenn sich diese Angaben nicht aus der Bilanz ergeben. Die Angabepflicht nach Nr. 2 beruht ebenso wie die nach Nr. 1 auf Art. 43 Nr. 6 der 4. EG-Richtlinie. Der deutsche Gesetzgeber hat die Angabepflichten in zwei Nummern aufgeteilt, um von den größenabhängigen Erleichterungen nach Art. 44 Abs. 1 der 4. EG-Richtlinie Gebrauch machen zu können (vgl. § 288).

Die Aufgliederung kann **wahlweise im Anhang oder in der Bilanz** erfolgen. Sie ist **17** für jeden als Verbindlichkeit (vgl. oben Rdn. 7) ausgewiesenen Einzelposten vorzunehmen. Wird das Gliederungsschema in § 266 Abs. 3 C. gemäß § 265 Abs. 5 S. 1 und 2

---

[21] Ebenso auch Art. 14 der 4. EG-Richtlinie, so daß § 268 Abs. 7 und § 285 Nr. 1b trotz kleiner sprachlicher Abweichung gleich auszulegen sind, vgl. *Biener/Berneke* S. 176.

[22] Im Ergebnis ebenso ADS 16; Beck BilKomm-*Ellrott* 11.

[23] ADS 16; Beck BilKomm-*Ellrott* 10.

[24] ADS 17; WP-Handbuch I F 517; MünchKomm-HGB-*Lange* 16.

[25] ADS 18 f; WP-Handbuch aaO; *Lange* aaO.

[26] Beck BilKomm-*Ellrott* 12; Baumbach/Hueck/ *Schulze-Osterloh* § 42, 410; KK-*Claussen* §§ 284–288 HGB, § 160 AktG, 70; HdR-*Dörner/Wirth* §§ 284–288, 143.

[27] Baumbach/Hueck/*Schulze-Osterloh* § 42, 410.

[28] Gegen Angabepflicht auch ADS 17; WP-Handbuch I F 517.

Rainer Hüttemann

erweitert, sind auch diese Zusatzposten in die Aufgliederung einzubeziehen.[29] In Hinsicht auf die gebotenen umfangreichen Angaben kann ein sog. *Verbindlichkeitenspiegel* empfehlenswert sein, in dem alle gesetzlich vorgeschriebenen Vermerke und Angaben (§§ 268 Abs. 5 S. 1, 285 Nr. 1, 2) zusammengefaßt werden.[30]

3. Angabe des Gesamtbetrages der sonstigen finanziellen Verpflichtungen (Nr. 3)

18   **a) Allgemeines und Zweck der Angabepflicht.** Nach § 285 Nr. 3 müssen Kapitalgesellschaften im Anhang den Gesamtbetrag der **„sonstigen finanziellen Verpflichtungen"** angeben, „die nicht in der Bilanz erscheinen und auch nicht nach § 251 anzugeben sind, sofern diese Angabe für die Beurteilung der Finanzlage von Bedeutung ist". Die Angabepflicht nach Nr. 3 beruht auf Art. 43 Nr. 7 der 4. EG-Richtlinie, wobei die von der Richtlinie geforderten Angaben zu Pensionsverpflichtungen, die nicht als Rückstellungen in der Bilanz ausgewiesen sind, eine gesonderte Regelung in Art. 28 EGHGB erfahren haben.

19   Die Angabe der „sonstigen finanziellen Verpflichtungen" nach § 285 Nr. 3 dient – wie das Gesetz ausdrücklich feststellt – einer (verbesserten) „Beurteilung der Finanzlage" des Unternehmens und damit zugleich der Vermittlung des von § 264 Abs. 2 S. 1 geforderten Bildes.[31] Externe Jahresabschlußleser sollen einen **möglichst vollständigen Einblick in die Liquiditätslage** erhalten. Daraus erklären sich auch zugleich die beiden gesetzlichen Bedingungen für die Angabepflicht nach Nr. 3: Zum einen sind nur solche finanziellen Verpflichtungen gemeint, die aus der Bilanz (und GuV)[32] nicht ersichtlich sind (z.B. infolge des Nichtausweises schwebender Geschäfte oder auf Grund von Passivierungswahlrechten). Ferner muß ihre Angabe für die Beurteilung der Finanzlage „von Bedeutung sein" (Wesentlichkeitsprinzip).[33] Eine im Regierungsentwurf noch enthaltene beispielhafte Aufzählung[34] ist bewußt nicht in das Gesetz übernommen worden.[35]

20   **b) Abgrenzung der anzugebenden Verpflichtungen.** Aus dem Wortlaut des Nr. 3 läßt sich zunächst ableiten, daß nur *Zahlungsverpflichtungen* gemeint sind, weil nur diese Einfluß auf die Finanzlage haben können. Sach- und Dienstleistungspflichten fallen somit regelmäßig nicht unter die Angabepflicht.[36] Ferner sind auch nur eigene Verpflichtungen der Gesellschaft berichtspflichtig. Unerheblich ist, ob es sich um rechtliche (z.B. aus schwebenden Geschäften) oder faktische Verpflichtungen (z.B. unvermeidbaren zukünftigen Instandhaltungsaufwand) handelt. Entscheidend ist nur, daß die Auszahlung „unvermeidbar" ist.[37] Sodann setzt eine Angabe voraus, daß die finanzielle Verpflichtung nicht schon als Verbindlichkeit oder Rückstellung **in der Bilanz ausgewiesen ist.** Ferner geht auch ein Vermerk nach § 251 vor. Soweit die vorstehenden Kriterien erfüllt sind, kommt grundsätzlich eine Angabe im Anhang in Betracht.

21   **c) Bedeutung für die Beurteilung der Finanzlage.** Weitere Voraussetzung für eine Angabepflicht ist, daß die Angabe „für die Beurteilung der Finanzlage von Bedeutung ist". Diese *Einschränkung* läßt sich in zweifacher Hinsicht konkretisieren:

---

[29] ADS 27; WP-Handbuch I F 518; einschränkend – nur bei § 265 Abs. 5 S. 2 – Beck BilKomm-*Ellrott* 17.

[30] Näheres bei ADS 26; St/SABI 3/1986, WPg 1986, 670; Bonner HdR-*Krawitz* 19.

[31] Eingehend zur „Finanzlage" *Selchert* DB 1987, 545.

[32] Dazu sogleich Rdn. 22.

[33] Zur Wesentlichkeit im Anhang vgl. § 284, 13 ff.

[34] Vgl. § 272 Abs. 1 Nr. 2 HGB-E.

[35] Man wollte der weiteren Entwicklung nicht vorgreifen, vgl. BTDrucks. 10/317, S. 93.

[36] *Selchert* DB 1987, 546; Beck BilKomm-*Ellrott* 22; weitergehend – auch Beschaffungsschulden – ADS 49; HdR-*Dörner/Wirth* §§ 284–288, 151.

[37] *Selchert* DB 1987, 546.

Zum einen sind Angaben nur dann veranlaßt, wenn sich die betreffenden Informa- **22** tionen **nicht anderweitig aus dem Jahresabschluß ergeben**. Nicht erforderlich sind deshalb Angaben zu jährlich ungefähr gleichbleibenden laufenden Aufwandsposten, die sich bereits aus der GuV (z. B. Material- und Personalaufwand, Kreditzinsen) ablesen lassen. Insoweit geht der Ausweis in der GuV der Angabepflicht nach § 285 Nr. 3 vor.[38]

Zum anderen muß die Angabe **für den Einblick in die Finanzlage „von Bedeu-** **23** **tung"**, also „wesentlich" sein.[39] Fraglich ist, ob es für die Wesentlichkeit – wie es der Wortlaut nahelegt – in erster Linie auf den „Gesamtbetrag"[40] oder auch auf die einzelne finanzielle Verpflichtung ankommt.[41] Richtigerweise sind beide Aspekte zu verbinden. Einerseits können viele für sich betrachtet eher „unbedeutende" Einzelverpflichtungen in ihrer Summe durchaus für die Finanzlage von Bedeutung sein.[42] Andererseits läßt sich die „Bedeutung" des Gesamtbetrages ohne Kenntnis seiner Zusammensetzung, insbesondere der Art und Fälligkeiten der Einzelverpflichtungen, nicht sinnvoll beurteilen.[43] Nicht angabepflichtig sind danach in der Regel „übliche", kurzfristige finanzielle Verpflichtungen aus der kontinuierlichen Fortführung des Geschäftsbetriebs, die ohne weiteres erfüllt werden können (soweit nicht ohnehin schon aus der GuV ersichtlich).[44] Relative Kennzahlen – z. B. 10 v. H. der Bilanzsumme oder der ausgewiesenen Verbindlichkeiten[45] – haben allenfalls indizielle Bedeutung. Entscheidend ist die konkrete Finanzlage (vorhandene Zahlungsmittel, cash-flow, Verschuldung, Liquidität etc).[46] Unter diesem Gesichtspunkt ist auch die Verteilung der Fälligkeiten relevant.[47]

d) **Wichtige Einzelfälle.**[48] Nach Nr. 3 angabepflichtig sind insbesondere *Zahlungs-* **24** *verpflichtungen aus sog. schwebenden Geschäften*, insbesondere Dauerschuldverhältnissen, die nach allgemeinen Grundsätzen weder als Verbindlichkeit noch als Rückstellung ausgewiesen werden. Dazu zählen z. B. Zahlungspflichten aus Miet- und Leasingverträgen mit einer Restlaufzeit von mehr als einem Jahr und langfristigen Abnahmeverträgen.[49] Ferner sind anzugeben zukünftige *Verpflichtungen aus begonnenen Investitionsvorhaben*. Dies gilt nicht nur für bereits abgeschlossene (Teil-)Verträge, sondern darüber hinaus auch für noch nicht abgeschlossene Folgeaufträge, wenn zumindest ein wirtschaftlicher, faktischer Abschlußzwang besteht.[50] Weitere Beispielsfälle für Angabepflichten sind: Verpflichtungen aus *Verlustübernahmen* (vgl. § 302 AktG); Verpflichtungen aus zukünftigen *Großreparaturen*, soweit keine Passivierung nach § 249 Abs. 2 erfolgt; finanzielle Belastungen aus zukünftig notwendigen *Umweltschutzverpflichtungen*, soweit die Voraussetzungen für eine Rückstellungsbildung noch nicht vorliegen; Verpflichtungen aus *Vertragsstrafen*[51]; *Haftungsverhält-*

---

[38] Überzeugend *Selchert* DB 1987, 547; Bonner HdR-*Krawitz* 36.

[39] Zum Wesentlichkeitsgrundsatz vgl. allgemein § 284, 13 ff.

[40] So im Grundsatz ADS 74; WP-Handbuch I F 531; *Selchert* DB 1987, 548; wohl auch Baumbach/Hueck/*Schulze-Osterloh* § 42, 425; Bonner HdR-*Krawitz* 37; HdJ-*Kupsch* IV/4 Rdn. 227.

[41] Beck BilKomm-*Ellrott* 24; KK-*Claussen* §§ 284–288 HGB, § 160 AktG, 75.

[42] *Selchert* DB 1987, 548.

[43] So wohl auch ADS 74.

[44] ADS 73; Baumbach/Hueck/*Schulze-Osterloh* § 42, 425; Beck BilKomm-*Ellrott* 24; HdJ-*Kupsch* IV/4 Rdn. 227.

[45] Bonner HdR-*Krawitz* 38.

[46] Statt aller ADS 73; Beck BilKomm-*Ellrott* 25.

[47] ADS 74; **a. A.** wohl *Selchert* DB 1987, 548.

[48] Zum folgenden siehe auch die Übersichten bei ADS 42 ff; Beck BilKomm-*Ellrott* 37 ff; HdJ-*Kupsch* IV/4 Rdn. 217 ff.

[49] Vgl. nur ADS 43 f; Baumbach/Hueck/*Schulze-Osterloh* § 42, 423.

[50] Baumbach/Hueck/*Schulze-Osterloh* aaO; einschränkend ADS 46; Beck BilKomm-*Ellrott* 41.

[51] Dazu näher ADS 66 f; Beck BilKomm-*Ellrott* 38.

Rainer Hüttemann

nisse, soweit diese nicht schon nach § 251 vermerkt sind, z. B. Bürgschaftsverbindlich-keiten aus einer zukünftigen Erhöhung der Hauptschuld[52] oder die Haftung aus der Beteiligung an einer Personengesellschaft und sonstige gesellschaftsrechtliche Haf-tungstatbestände, z. B. aus § 24 GmbHG.[53]

25   **e) Umfang der Darstellung.** Das Gesetz fordert seinem Wortlaut nach nur die *zahlenmäßige* Angabe des „Gesamtbetrags" ohne weitere Aufgliederung nach Fristig-keiten.[54] Eine solche Angabe ist aber vielfach nicht geeignet, ein dem Prinzip des „true and fair view" entsprechendes Bild der Finanzlage zu vermitteln. Daher ist aus § 264 Abs. 2 S. 1 eine Pflicht zur Aufgliederung des Gesamtbetrages abzuleiten.[55] Insbeson-dere ist über einmalige und laufende Verpflichtungen getrennt zu berichten, bei letzte-ren genügt aber die Angabe des jährlichen Gesamtbetrags und der Laufzeit.[56] Ver-pflichtungen, die erst in späteren Perioden fällig werden, sind mit dem Erfüllungsbetrag anzugeben.[57]

26   **f) Verpflichtungen gegenüber verbundenen Unternehmen.** Verpflichtungen gegenüber verbundenen Unternehmen – z. B. aus Verlustübernahmen – sind nach § 285 Nr. 3 2. Halbs. gesondert anzugeben. Zum Begriff „verbundene Unternehmen" vgl. § 271 Rdn. 12 ff.

4. Aufgliederung der Umsatzerlöse nach Tätigkeitsbereichen sowie nach geographisch bestimmten Märkten (Nr. 4)

27   **a) Allgemeines und Zweck der Angabepflicht.** § 285 Nr. 4 verpflichtet große Kapitalgesellschaften unter bestimmten Voraussetzungen zu einer Aufschlüsselung ihrer Umsatzerlöse. Die Bestimmung beruht auf Art. 43 Abs. 1 Nr. 8 der 4. EG-Richt-linie.[58] Die Pflicht zur Segmentberichterstattung dient der Verbesserung des Einblicks in die Ergebnissituation bei großen Unternehmen, die auf unterschiedlichen Tätig-keitsfeldern und internationalen Märkten tätig sind. Denn je stärker ein Unternehmen diversifiziert ist, desto schwieriger ist es für den externen Rechnungslegungsadressa-ten, aus dem Jahresabschluß aussagekräftige Informationen über die Lage des Unter-nehmens abzuleiten. Durch die Aufgliederung der Umsatzzahlen in sachlicher und geographischer Hinsicht erhält der Bilanzleser einen Einblick in die unterschiedlichen Entwicklungen der verschiedenen Tätigkeitsbereiche und Märkte.[59] Es wird sichtbar gemacht, wieviel die verschiedenen Tätigkeitsbereiche zum Umsatz beitragen und wie das Unternehmen von Ausfuhren nach welchem Land abhängig ist.[60]

28   **Kleine und mittelgroße Kapitalgesellschaften** sind von der Pflicht zur Aufgliede-rung der Umsätze befreit. Große Kapitalgesellschaften können unter den Vorausset-zungen des § 286 Abs. 2 von einer Aufschlüsselung absehen. Für Versicherungsun-ternehmen gilt die vorrangige Regelung des § 341a Abs. 2 S. 2.

---

[52] Baumbach/Hueck/*Schulze-Osterloh* § 42, 423.
[53] ADS 58 ff, 63; Beck BilKomm-*Ellrott* 61 f.
[54] Zum Umfang der Berichterstattung in der Praxis vgl. Angaben bei *Hauschildt/Kortmann* WPg 1990, 420.
[55] Vgl. Baumbach/Hueck/*Schulze-Osterloh* § 42, 424; MünchKommHGB-*Lange* 35; ebenso wohl Beck BilKomm-*Ellrott* 27; Bonner HdR-*Krawitz* 47; HdR-*Dörner/Wirth* §§ 284–288, 164; a. A. – keine Aufgliederung – ADS 76; HdJ-*Kupsch* IV/4 Rdn. 229; WP-Handbuch I F 531.
[56] *Schulze-Osterloh* aaO; vgl. auch *IdW* SABl 3/1986 WPg 1986, 671.

[57] Beck BilKomm-*Ellrott* 30; HdR-*Dörner/Wirth* §§ 284–288, 166; Baumbach/Hueck/*Schulze-Osterloh* § 42, 424; Bonner HdR-*Krawitz* 44; **a. A.** – Abzinsung zulässig – ADS 78; HdJ-*Kupsch* IV/4 Rdn. 225; WP-Handbuch I F 533.
[58] Vgl. die Übersicht über die weitergehenden angelsächsischen Rechnungslegungsrechte bei *Haller/Park* ZfbF 1994, 506 ff.
[59] Zum Zweck der Umsatzaufgliederung vgl. nur ADS 84; *Selchert* BB 1986, 560 ff; *Haller/Park* ZfbF 1994, 499 ff.
[60] HuRB-*Flämig* S. 141.

b) Umsatzerlöse. Das Gesetz beschränkt die Pflicht zur Segmentberichterstattung **29** auf die „Umsatzerlöse". Damit verweist § 285 Nr. 4 auf den entsprechenden Begriff im Rahmen der GuV (vgl. §§ 275 Abs. 2 Nr. 1, Abs. 3 Nr. 1). Nach der gesetzlichen Definition in § 277 Abs. 1 sind dies die „Erlöse aus dem Verkauf und der Vermietung und Verpachtung von für die gewöhnliche Geschäftätigkeit der Kapitalgesellschaft typischen Erzeugnissen und Waren sowie aus von für die gewöhnliche Geschäftstätigkeit der Kapitalgesellschaft typischen Dienstleistungen nach Abzug von Erlösschmälerungen und der Umsatzsteuer". Soweit der Wortlaut des § 285 Nr. 4 von der Begriffsbestimmung in § 277 Abs. 1 in einzelnen Punkten abweicht (z. B. fehlt der Hinweis auf die Vermietung und Verpachtung), kommt dem keine sachliche Bedeutung zu. Gegenstand der Aufgliederung sind somit die in Position 1 des Gliederungsschemas der GuV ausgewiesenen Beträge.[61]

c) Aufgliederung nach Tätigkeitsbereichen und geographisch bestimmten **30** **Märkten.** Die Aufgliederungspflicht nach Nr. 3 hat zum einen nach „Tätigkeitsbereichen" und zum anderen nach „geographisch bestimmten Märkten" zu erfolgen. Das Gesetz enthält keine nähere Definition dazu, wonach die Tätigkeitsbereiche und die geographisch bestimmten Märkte abzugrenzen sind. Es findet sich nur der Hinweis, daß bei der Aufgliederung der Umsätzerlöse die „Organisation des Verkaufs" zu berücksichtigen ist.

Als Unterscheidungsmerkmale für **„Tätigkeitsbereiche"** kommen vor allem in **31** Betracht: Abnehmergruppen, Arten der Erzeugnisse bzw. Dienstleistungen, organisatorische Einheiten.[62] Welches die sachgerechte Aufgliederung ist, läßt sich nur im Einzelfall beurteilen. Ziel muß es sein, unterschiedliche Ergebnisrisiken in einzelnen Unternehmensbereichen transparent zu machen. Wie auch der gesetzliche Hinweis auf die „Verkaufsorganisation" zeigt, geht es dabei um *Absatzrisiken*.[63] Dagegen ist eine Abgrenzung nach Produktionsstandorten und Fertigungsverfahren regelmäßig nicht sachgerecht.[64]

Die Aufgliederung nach **„geographisch bestimmten Märkten"** meint Differen- **32** zierungen nach Kontinenten, Ländern und Ländergruppen (Inland-/Ausland) bzw. Regionen. Es geht um eine gebietsmäßige, erdkundliche Trennung der Märkte.[65]

Die Aufgliederung hat **unter „Berücksichtigung"** der Verkaufsorganisation zu **33** erfolgen. Das Bestehen unterschiedlicher Verkaufseinheiten für verschiedene Produkte, Dienstleistungen, Abnehmer bzw. geographisch bestimmte Märkte ist aber nur ein wichtiges Indiz für die Sinnhaftigkeit einer entsprechenden Aufschlüsselung.[66] Dagegen macht eine einheitliche Verkaufsorganisation eine Umsatzaufgliederung keineswegs entbehrlich. Vielmehr bleibt zu prüfen, ob trotz einheitlicher Organisation spezifische Risiken aus einzelnen Tätigkeitsbereichen oder geographisch bestimmten Märkten gegeben sind.[67]

d) Voraussetzung der Umsatzaufgliederung. Voraussetzung für eine Umsatz- **34** aufgliederung ist, daß sich die Tätigkeitsbereiche und geographisch bestimmten Märkte „untereinander erheblich unterscheiden". Nicht hinreichend ist, daß irgend-

---

[61] ADS 86; *Selchert* BB 1986, 563; HdR-*Dörner/ Wirth* §§ 284–288, 169.

[62] Vgl. etwa Baumbach/Hueck/*Schulze-Osterloh* § 42, 412; *Selchert* BB 1986, 563.

[63] ADS 89; HdJ-*Kupsch* IV/4 Rdn. 166.

[64] ADS 89; *Selchert* BB 1986, 564; **a. A.** wohl Bonner HdR-*Krawitz* 54; HdJ-*Kupsch* IV/4 Rdn. 165; Beck BilKomm-*Ellrott* 71.

[65] *Selchert* BB 1986, 563.

[66] ADS 93; *Selchert* BB 1986, 562.

[67] *Selchert* BB 1986, 562; HdJ-*Kupsch* IV/4 Rdn. 168; Bonner HdR-*Krawitz* 59; Baumbach/ Hueck/*Schulze-Osterloh* § 42, 412; **a. A.** – im Anschluß an *Forster* DB 1982, 1631 – Beck Bil-Komm-*Ellrott* 73; wohl auch ADS 93.

welche Unterschiede zwischen den Abnehmern, der Art der Produkte und Dienstleistungen bzw. den einzelnen Absatzmärkten bestehen. Auch eine quantitative Betrachtung nach Umsatzanteilen (z. B. mindestens 10 v. H.) ist nicht ausschlaggebend.[68] Nach dem Sinn und Zweck der Umsatzaufgliederung, Einblick in unterschiedliche Ergebnisrisiken zu gewähren, ist ein „erheblicher Unterschied" nur dann gegeben, wenn für die einzelnen Bereiche und Märkte *heterogene Risikoerwartungen von beachtlichem Gewicht* bestehen.[69]

35   **e) Art der Darstellung.** Da die Umsatzerlöse in der GuV wertmäßig ausgewiesen werden, ist dementsprechend auch eine *wertmäßige Aufgliederung* dieses Betrages gefordert. Die Aufgliederung kann entweder durch Angabe der Teilbeträge erfolgen oder durch Angabe der prozentualen Verteilung.[70] Dagegen ist die Angabe von Umsatzmengen weder hinreichend noch notwendig. Sie ist aber als Zusatzangabe zulässig.[71]

36   Eine einmal gewählte Art der Aufgliederung unterliegt dem **Stetigkeitsgebot**, d.h. von ihr darf in den Folgejahren nicht ohne sachlichen Grund abgewichen werden.[72] Anlaß für Änderungen kann z. B. eine Unternehmensumstrukturierung sein.

5. Angabe des Ausmaßes der Ergebnisbeeinflussung und erheblicher zukünftiger Belastungen durch Anwendung steuerrechtlicher Vergünstigungsvorschriften (Nr. 5)

37   **a) Überblick und Zweck der Angabepflichten.** Nach § 285 Nr. 5 ist das Ausmaß anzugeben, in dem das Jahresergebnis durch die Inanspruchnahme oder Beibehaltung steuerrechtlicher Sonderabschreibungen oder durch die Bildung von Sonderposten mit Rücklageanteil beeinflußt wurde. Die **Berichtspflicht** bezieht sich nicht nur auf die Auswirkungen von Maßnahmen, die im jeweiligen Geschäftsjahr vorgenommen worden sind, sondern umfaßt auch Folgewirkungen von steuerlichen Sachverhalten früherer Geschäftsjahre. Ferner ist das Ausmaß erheblicher künftiger Belastungen anzugeben.

38   Die Pflicht zur Angabe der Ergebnisbeeinflussung durch steuerrechtliche Sachverhalte beruht auf Art. 43 Abs. 1 Nr. 10 der 4. EG-Richtlinie. Der **Zweck der Angabepflicht** besteht darin, die ergebnismäßigen Auswirkungen bzw. künftigen Belastungen durch solche Bilanzierungs- und Bewertungsmaßnahmen sichtbar zu machen, die in der Handelsbilanz auf Grund der sog. umgekehrten Maßgeblichkeit ausschließlich in Anwendung steuerrechtlicher Vorschriften vorgenommen bzw. unterlassen wurden.[73] Soweit der Gesetzgeber die Inanspruchnahme von Steuervergünstigungen von einem entsprechenden Wertansatz in der Handelsbilanz abhängig macht, vermitteln Bilanz und GuV kein den tatsächlichen Verhältnissen entsprechendes Bild der Vermögens-, Ertrags- und Finanzlage (§ 264 Abs. 2 S. 1). Die Angabe nach Nr. 5 1. Halbs. soll dieses Informationsdefizit ausgleichen. Eine solche Berichtspflicht ist zudem notwendig, um die Vergleichbarkeit der Jahresabschlüsse von Unternehmen aus unterschiedlichen EG-Mitgliedstaaten zu gewährleisten, da nicht alle Mitgliedstaaten eine sog. umgekehrte Maßgeblichkeit kennen.[74]

---

[68] **A. A.** Beck BilKomm-*Ellrott* 72.

[69] So *Selchert* BB 1986, 562; Baumbach/Hueck/*Schulze-Osterloh* § 42, 412; ähnlich Bonner HdR-*Krawitz* 57 ff; HdR-*Dörner/Wirth* §§ 284–288, 175; HdJ-*Kupsch* IV/4 Rdn. 168.

[70] ADS 95; WP-Handbuch I F 553; Baumbach/Hueck/*Schulze-Osterloh* § 42, 412.

[71] Vgl. nur Bonner HdR-*Krawitz* 61.

[72] ADS 85; Beck BilKomm-*Ellrott* 70; Baumbach/Hueck/*Schulze-Osterloh* § 42, 412; *Selchert* BB 1986, 562.

[73] Vgl. etwa ADS 99; *Haeger* WPg 1989, 441; *Karrenbrock* BB 1993, 534.

[74] Siehe Begr. RegE, BTDrucks. 10/317, S. 94.

Darüber hinaus sind zur Verbesserung der Aussagekraft des Jahresabschlusses nach **39** Nr. 5 2. Halbs. auch die **künftigen Belastungen** anzugeben, die sich infolge der Umkehrung der Maßgeblichkeit aus der Inanspruchnahme von Steuervergünstigungen ergeben und wegen der umgekehrten Maßgeblichkeit aus der Bilanz nicht erkennbar sind.[75]

Die Berichterstattungspflicht nach § 285 Nr. 5 steht nicht in Widerspruch zum **40** **aktienrechtlichen Auskunftsverweigerungsrecht** nach § 131 Abs. 3 Nr. 2 AktG.[76] Nach dieser Regelung kann der Vorstand Angaben zu steuerlichen Wertansätzen oder der Höhe einzelner Steuern verweigern, da der steuerliche Gewinn nicht ausschüttungsfähig ist.[77] Demgegenüber verfolgt § 285 Nr. 5 eine andere Zielrichtung: Der Bilanzleser soll ein möglichst von steuerlichen Einflüssen bereinigtes Bild von der tatsächlichen Ertragslage des Unternehmens erhalten.[78]

Die Angabepflicht nach § 285 Nr. 5 unterliegt **größenabhängigen Einschränkungen**. So müssen kleine Unternehmen nach § 288 S. 1 keine Angaben machen. Mittelgroße Unternehmen müssen die Angaben zwar machen, können den Anhang aber ohne diese Angaben zum Handelsregister einreichen (§ 327 Nr. 2). **41**

b) Angabe der Ergebnisbeeinflussung (Nr. 5 1. Halbs.). Nach Nr. 5 1. Halbs. ist **42** zunächst das Ausmaß des Einflusses der umgekehrten Maßgeblichkeit auf das Jahresergebnis der Kapitalgesellschaft anzugeben.

aa) Berichtspflichtige steuerliche Sachverhalte. Die Angabepflicht nach Nr. 5 **43** 1. Halbs. betrifft nach dem Gesetzeswortlaut drei steuerrechtliche Sachverhalte: Die Inanspruchnahme oder Beibehaltung steuerrechtlicher Abschreibungen nach §§ 254 i. V. m. 279 Abs. 2; die Bildung eines Sonderpostens mit Rücklageanteil (§§ 247 Abs. 3 i. V. m. 273) sowie das Unterlassen einer Zuschreibung nach § 280 Abs. 2. Über den Wortlaut hinaus sind aber neben den Auswirkungen aus der Bildung von Sonderposten mit Rücklageanteil auch die Folgen einer späteren Auflösung zu berücksichtigen.[79] Unterlassene Zuschreibungen nach § 280 Abs. 2 sind seit der Einführung des steuerlichen Wertaufholungsgebots durch das StEntlG 1999/2000/2002 nicht mehr möglich. Nicht berichtspflichtig sind Ergebnisauswirkungen aus solchen steuerlichen Maßnahmen, für die die umgekehrte Maßgeblichkeit aus § 5 Abs. 1 S. 2 EStG nicht gilt, oder die nicht nur steuerrechtlicher Art sind, wie z. B. die Verminderung von Anschaffungs- oder Herstellungskosten um Investitionszulagen oder die Sofortabschreibung geringwertiger Wirtschaftsgüter.[80]

Die Angabepflicht umfaßt auch **Auswirkungen** von steuerrechtlichen Sachverhal- **44** ten **aus früheren Geschäftsjahren**. Zweifelhaft ist allerdings, wie weit zurück die Ergebniswirkungen früherer Maßnahmen erfaßt werden müssen. Nicht berichtspflichtig sind jedenfalls Beibehaltungen niedrigerer Wertansätze nach Art. 24 Abs. 1 und 2 EGHGB.[81] Im übrigen ist eine Beschränkung auf die Auswirkung solcher Maßnahmen, die unter der Geltung des neuen Bilanzrechts vorgenommen worden sind,[82] mit dem Gesetzeswortlaut aber nicht vereinbar.[83] Soweit Ermittlungsschwierigkeiten bestehen, kann die Ergebnisauswirkung solcher Altbestände analog Art. 24 Abs. 6 EGHGB geschätzt werden.[84]

---

[75] Vgl. *Karrenbrock* BB 1993, 1045.
[76] Tendenziell anders Bonner HdR-*Krawitz* 67; HdR-*Dörner/Wirth* §§ 284–288, 197.
[77] Vgl. etwa *Hüffer* § 131, 28.
[78] So *Karrenbrock* BB 1993 534; vgl. auch ADS 100.
[79] Vgl. nur ADS 115; Beck BilKomm-*Ellrott* 87; Baumbach/Hueck/*Schulze-Osterloh* § 42, 418; *Haeger* WPg 1989, 442.

[80] ADS 110; *Haeger* WPg 1989, 442.
[81] ADS 116; Bonner HdR-*Krawitz* 73; HdR-*Dörner/Wirth* §§ 284–288, 205.
[82] So etwa *Budde/Förschle* DB 1988, 1464.
[83] ADS 117; eingehend *Haeger* WPg 1989, 453; Bonner HdR-*Krawitz* 73.
[84] Siehe *Haeger* aaO.

Rainer Hüttemann

45   Anzugeben ist der Einfluß auf das **„Jahresergebnis"**, d. h. den in der GuV ausgewiesenen Jahresüberschuß und -fehlbetrag. Angaben nach Nr. 5 1. Halbs. sind deshalb unabhängig davon zu machen, ob das jeweilige Jahresergebnis positiv, negativ
oder ausgeglichen ist.[85]

46   **bb) Ermittlung der Ergebnisbeeinflussung.** Anzugeben ist die **zusammen-
gefaßte Auswirkung** aller berichtspflichtigen steuerrechtlichen Maßnahmen des
Geschäftsjahres einschließlich der Folgewirkungen solcher Maßnahmen aus früheren
Geschäftsjahren auf das Jahresergebnis.[86] Dazu sind zunächst Ergebnisminderungen
aus dem Ansatz niedrigerer steuerlicher Werte oder Einstellungen in Sonderposten mit
Rücklageanteil im Berichtsjahr mit Ergebniserhöhungen auf Grund geringerer
Restabschreibungen infolge von Sonderabschreibungen in früheren Geschäftsjahren
und Ergebniserhöhungen aus der Auflösung von Sonderposten zu saldieren. Für die
Berücksichtigung der Folgewirkungen – z. B. geringerer Restabschreibungen auf
Grund früherer steuerlicher Mehrabschreibungen – bedarf es regelmäßig einer fortlaufenden Nebenrechnung, in der die Auswirkungen solcher früheren Maßnahmen
über die gesamte Laufzeit festgehalten werden.[87]

47   Für das so ermittelte von steuerlichen Einflüssen bereinigte Ergebnis ist sodann
eine fiktive Steuerberechnung anzustellen.[88] Dies ergibt sich daraus, daß nach Nr. 5
1. Halbs. der Einfluß der Maßnahmen auf das Jahresergebnis nach Steuern anzugeben
ist. Daher ist **von dem bereinigten Jahresergebnis eine fiktive Steuerbelastung
abzuziehen.**[89] Nach überwiegender Ansicht ist dabei ein fiktiver Ertragsteuersatz auf
das bereinigte Jahresergebnis anzuwenden.[90] Dies bedeutet, daß der Vergleichsmaß-
stab für das Ausmaß der Ergebnisbeeinflussung das Jahresergebnis nach Steuern ohne
die Inanspruchnahme von Steuervergünstigungen wäre.[91] Nach anderer Auffassung
sind allein die Folgen der umgekehrten Maßgeblichkeit zu korrigieren, aber weiterhin
die Inanspruchnahme der Steuervergünstigungen zu unterstellen. Dies würde bedeuten, daß entsprechende fiktive latente Steuern nach § 274 Abs. 1 zu berücksichtigen
wären.[92] Der letztgenannten Ansicht ist zu folgen, weil nur sie dem Sinn und Zweck
der Angabepflicht entspricht: Im Interesse der Vergleichbarkeit der Jahresabschlüsse
soll die Ergebnisbeeinflussung auf Grund der umgekehrten Maßgeblichkeit angegeben
werden. Dazu ist das Jahresergebnis zu ermitteln, welches sich ohne umgekehrte Maßgeblichkeit, aber mit Inanspruchnahme der Steuervergünstigungen ergeben hätte.[93] Bei
der Ermittlung dieses fiktiven Jahresergebnisses nach Steuern unter Berücksichtigung
einer entsprechenden latenten Steuerbelastung ist für Zwecke der Körperschaftsteuer
nach dem KStG 1977 vom Thesaurierungssteuersatz auszugehen.[94]

48   **cc) Angabe des Ausmaßes.** Das Gesetz fordert nur die Angabe des „Ausmaßes"
der Ergebnisbeeinflussung, nicht aber die Angabe des Betrags. Rein verbale Angaben –

---

[85] ADS 104.
[86] Vgl. zum folgenden etwa ADS 105 f; *Haeger* WPg 1989, 446 ff; *Karrenbrock* BB 1993, 535.
[87] Beispiele bei ADS 106; Beck BilKomm-*Ellrott* 97; *Haeger* WPg 1989, 449.
[88] Vgl. etwa Bonner HdR-*Krawitz* 74; *Haeger* WPg 1989, 444.
[89] Statt aller Baumbach/Hueck/*Schulze-Osterloh* § 42, 418.
[90] So die h. M., vgl. ADS 106; Beck BilKomm-*Ellrott* 98; Bonner HdR-*Krawitz* 74; HdR-*Dörner/Wirth* §§ 284–288, 198; HdJ-*Kupsch* IV/4 Rdn. 179; *Haeger* WPg 1989, 444.

[91] Vgl. etwa HdR-*Dörner/Wirth* §§ 284–288, 198.
[92] So grundlegend *Karrenbrock* BB 1993, 538 ff; dem folgend Baumbach/Hueck/*Schulze-Osterloh* § 42, 418.
[93] *Karrenbrock* BB 1993, 539.
[94] *Karrenbrock* BB 1993, 539 f; Baumbach/Hueck/ *Schulze-Osterloh* § 42, 418; im Ergebnis ebenso – wenn auch ohne Berücksichtigung latenter Steuern – Beck BilKomm-*Ellrott* 98; HdJ-*Kupsch* IV/4 Rdn. 179; a. A. – auf hypothetische Gewinnverwendung abstellend – ADS 106; Bonner HdR-*Krawitz* 74; HdR-*Dörner/Wirth* §§ 284–288, 198; *Haeger* WPg 1989, 444.

z. B. „das Jahresergebnis wurde erheblich beeinflußt" – genügen aber nicht,[95] sondern es bedarf zumindest der *Angabe einer Größenordnung.*[96] In Betracht kommen damit in erster Linie prozentuale Angaben.[97] Wie sich aus dem von Nr. 5 2. Halbs. abweichenden Wortlaut ergibt, sind auch nicht erhebliche Abweichungen anzugeben, wenn sie nicht völlig unbedeutend sind.[98]

c) Angabe erheblicher künftiger Belastungen (Nr. 5 2. Halbs.). Neben der **49** Beeinflussung des Jahresergebnisses durch steuerrechtliche Maßnahmen nach Nr. 5 1. Halbs. fordert Nr. 5 2. Halbs. die Angabe „erheblicher künftiger Belastungen, die sich aus einer solchen Bewertung ergeben". Solche Belastungen resultieren daraus, daß die Auflösung der mittels steuerlicher Vorschriften gelegten stillen Reserven in späteren Perioden zwangsläufig eine entsprechende Erhöhung des Ergebnisses und damit der ergebnisabhängigen Aufwendungen nach sich zieht.[99]

Nach überwiegender und zutreffender Ansicht bedarf der Wortlaut der Regelung **50** einer **doppelten korrigierenden Auslegung:** Zum einen sind – wie sich aus Art. 43 Nr. 10 der 4. EG-Richtlinie entnehmen läßt – nur steuerliche Belastungen und keine Belastungen aus anderen ergebnisabhängigen Aufwendungen gemeint.[100] Zum anderen sind nicht nur künftige Ergebniseinflüsse aus niedrigeren steuerlichen Wertansätzen anzugeben. Vielmehr umfaßt die Angabepflicht über den zu engen Wortlaut („Bewertung") hinaus auch Belastungen aus der Bildung von Sonderposten mit Rücklageanteil, da nach dem Sinn und Zweck der Angabepflicht alle Arten von künftigen Belastungen aus Steuervergünstigungen angezeigt werden sollen.[101] Dabei sind nicht nur Maßnahmen aus dem abzuschließenden Geschäftsjahr zu berücksichtigen, sondern – wie sich im Zusammenhang mit Nr. 5 1. Halbs. ergibt – auch aus früheren Geschäftsjahren.[102]

Bei der Ermittlung der künftigen Belastungen ist von dem am Bilanzstichtag vor- **51** handenen **Bestand an verdeckten passivischen latenten Steuern** auszugehen, wie er sich ohne umgekehrte Maßgeblichkeit ergeben würde.[103] Dieser Betrag kann vereinfachend durch Multiplikation der auf Grund steuerlicher Vorschriften gelegten stillen Reserven mit dem (Thesaurierungs-)Steuersatz ermittelt werden.[104] Verlustvorträge sind belastungsmindernd zu berücksichtigen, eine Saldierung mit aktivischen latenten Steuerbeträgen findet nicht statt, da nur die künftigen Belastungen anzugeben sind.[105] Auch eine Abzinsung kommt – ebenso wie bei § 274 Abs. 1 – nicht in Betracht.

Die Angabepflicht nach Nr. 5 2. Halbs. setzt voraus, daß künftige Belastungen **52** „erheblich" sind. Die Erheblichkeit ist unter Berücksichtigung aller Umstände des

---

[95] Vgl. *Karrenbrock* BB 1993, 543; *Haeger* WPg 1989, 445.

[96] Statt aller ADS 102; Baumbach/Hueck/*Schulze-Osterloh* § 42, 418.

[97] *Haeger* WPg 1989, 446.

[98] Beck BilKomm-*Ellrott* 99; Baumbach/Hueck/*Schulze-Osterloh* § 42, 418; *Haeger* WPg 1989, 445; a. A. ADS 107.

[99] Vgl. *Karrenbrock* BB 1993, 1045; *Haeger* WPg 1989, 611.

[100] Vgl. *Biener/Berneke* S. 260; *Haeger* WPg 1989 611; *Karrenbrock* BB 1993, 1046; HdR-*Dörner/Wirth* §§ 284–288, 207; Baumbach/Hueck/*Schulze-Osterloh* § 42, 419; a. A. ADS 118; Beck BilKomm-*Ellrott* 105; HdJ-*Kupsch* IV/4 Rdn. 182; MünchKommHGB-*Lange* 96;

[101] Budde/Förschle DB 1988, 1464; Bonner HdR-*Krawitz* 83.

[101] Beck BilKomm-*Ellrott* 107; Bonner HdR-*Krawitz* 82; Baumbach/Hueck/*Schulze-Osterloh* § 42, 419; *Haeger* WPg 1989, 609; *Karrenbrock* BB 1993, 1046.

[102] *Karrenbrock* BB 1993, 1047.

[103] Vgl. *Karrenbrock* BB 1993, 1047; Baumbach/Hueck/*Schulze-Osterloh* § 42, 419; a. A. – kein Fall der Steuerabgrenzung – ADS 120; Bonner HdR-*Krawitz* 80; Beck BilKomm-*Ellrott* 106.

[104] Vgl. Erläuterungen zu § 274, 25.

[105] Ebenso Baumbach/Hueck/*Schulze-Osterloh* § 42, 419; a. A. – Saldierung – *Karrenbrock* BB 1993, 1049 ff.

Rainer Hüttemann

Einzelfalls zu bestimmen (absolute Höhe der Belastung, Vermögens-, Ertrags- und Finanzlage).[106] Hinsichtlich der Art der Angabe – „Ausmaß" – gelten die zu Nr. 5 1. Halbs. getroffenen Feststellungen entsprechend (vgl. Rdn. 48).

6. Angabe des Umfangs der Belastung des Ergebnisses aus der gewöhnlichen Geschäftstätigkeit und des außergewöhnlichen Ergebnisses durch Steuern vom Einkommen und Ertrag (Nr. 6)

53   a) **Allgemeines und Zweck der Angabepflicht.** Nach § 285 Nr. 6 ist im Anhang anzugeben, welcher Anteil des Ertragsteueraufwandes auf das Ergebnis aus der gewöhnlichen und aus der außergewöhnlichen Geschäftstätigkeit entfällt. Die Angabepflicht beruht auf Art. 30 Abs. 2 der 4. EG-Richtlinie. Mitgliedstaaten, die in Ausübung des Wahlrechts aus Art. 30 Abs. 1 abweichend vom Gliederungsschema der Art. 23–26 einen zusammengefaßten Ausweis der Steuern vom Einkommen und Ertrag in der GuV vorsehen, müssen danach eine Ertragsteueraufteilung im Anhang vorschreiben.

54   Die Pflicht zur Aufteilung des in der GuV angegebenen Ertragsteueraufwandes dient der **Verbesserung des Einblicks in die Ertragslage** der Gesellschaft, da sie eine annäherungsweise Ermittlung des ordentlichen bzw. außerordentlichen Ergebnisses nach Steuern erlaubt.[107]

55   b) **Einzelfragen.** Die Angabepflicht nach Nr. 6 dient der **Erläuterung der in der GuV ausgewiesenen Beträge.** Die Bezugsgrößen für die Ertragsteueraufteilung ergeben sich folglich aus den entsprechenden GuV-Posten „Ergebnis der gewöhnlichen Geschäftstätigkeit" (§ 275 Abs. 2 Nr. 14, Abs. 3 Nr. 13), „außerordentliches Ergebnis" (§ 275 Abs. 2 Nr. 17, Abs. 3 Nr. 16), „Steuern von Einkommen und Ertrag" (§ 275 Abs. 2 Nr. 18, Abs. 3 Nr. 17). Letztere umfassen die Körperschaftsteuer einschließlich des Solidaritätszuschlages, die Gewerbeertragsteuer sowie Kapitalertragsteuern.

56   Die **Angabepflicht nach Nr. 6 entfällt,** wenn in der GuV kein a. o. Ergebnis ausgewiesen wird.[108] Ferner ist nach dem eindeutigen Wortlaut – „Belastung" – eine Aufteilung auch dann nicht geboten, wenn im jeweiligen Geschäftsjahr überhaupt kein Ertragsteueraufwand entstanden ist. Dies gilt unabhängig davon, ob beide Teilergebnisse negativ bzw. null sind,[109] ein negatives Teilergebnis das positive andere überwiegt oder sich Verlustvorträge bzw. Ausschüttungen ausgewirkt haben.[110] Überwiegt ein positives Teilergebnis das negative andere, so ist nur anzugeben, daß der Steueraufwand nur das positive Teilergebnis belastet.[111] Die Angabe einer fiktiven Steuerminderung des positiven Teilergebnisses[112] ist dagegen nicht geboten, da das Gesetz nur die Aufteilung der „Belastung" fordert.[113]

57   Der in der GuV ausgewiesene Steueraufwand ist im Regelfall zweier positiver Teilergebnisse **im Verhältnis dieser Ergebnisse aufzuteilen.**[114] Dies gilt auch für Minderungen des Körperschaftsteueraufwandes durch Ausschüttungen, da sie sich nicht einem Teilergebnis zuordnen lassen.[115] Eine disproportionale Aufteilung ist aber bei

---

[106] Vgl. dazu näher *Karrenbrock* BB 1993, 1051; *Haeger* WPg 1989, 616.
[107] HdJ-*Kupsch* IV/4 Rdn. 186.
[108] Statt aller ADS 128, HdJ-*Kupsch* IV/4 Rdn. 187.
[109] So aber Bonner HdR-*Krawitz* 99.
[110] ADS 137 f; WP-Handbuch I F 573; HdJ-*Kupsch* IV Rdn. 187; a. A. Beck BilKomm-*Ellrott* 120; Bonner HdR-*Krawitz* 96, 99.

[111] ADS 136; Beck BilKomm-*Ellrott* 120; HdJ-*Kupsch* IV/4 Rdn. 192; WP-Handbuch I F 575.
[112] So aber Bonner HdR-*Krawitz* 97; *Budde/Förschle* DB 1988, 1465.
[113] Beck BilKomm-*Ellrott* 120.
[114] Vgl. nur ADS 132; Beck BilKomm-*Ellrott* 131 ff; *Baumbach/Hueck/Schulze-Osterloh* § 42, 429.
[115] ADS 133; Beck BilKomm-*Ellrott* 131.

Rainer Hüttemann

steuerfreien Einkommensteilen geboten, ferner bei Steuerminderungen durch Verlustvorträge, soweit diese aus einem bestimmten Teilergebnis herrühren, sowie bei gewer-
besteuerlichen Hinzurechnungen und Kürzungen.[116]

Anzugeben ist nur der „Umfang", in dem der Ertragsteueraufwand auf die Teil- **58**
ergebnisse entfällt. Eine betragsmäßige Angabe ist somit nicht geboten.[117] Nach dem
Willen des Gesetzgebers sollte es den Unternehmen überlassen bleiben, ob sie **Beträge**
angeben **oder Erläuterungen in allgemeiner Form** machen.[118] Damit bleibt die Angabepflicht im Anhang hinter dem Ausweis in der GuV nach Art. 23–26 der 4. EG-
Richtlinie zurück. Erforderlich ist aber zumindest die – wenn auch verbale – Angabe
von Größenordnungen, etwa in Prozentzahlen oder Bruchteilen (z.B.: „Der ausgewiesene Steueraufwand entfällt zu einem Fünftel auf das außergewöhnliche Ergebnis").[119] Eine gesonderte Aufteilung nach einzelnen Steuerarten ist nicht geboten.[120]

7. Angabe der durchschnittlichen Zahl der während des Geschäftsjahres beschäftigten Arbeitnehmer getrennt nach Gruppen (Nr. 7)

Nach § 285 Nr. 7 ist im Anhang die durchschnittliche Zahl der im Geschäftsjahr **59**
beschäftigten Arbeitnehmer getrennt nach Gruppen anzugeben. Die Angabepflicht
beruht auf Art. 43 Nr. 9 der 4. EG-Richtlinie und dient dem **Einblick in die Personal-
struktur der Gesellschaft**.[121] Nach § 285 Nr. 8 b sind zusätzlich Angaben zum Personalaufwand zu machen. Kleine Kapitalgesellschaften sind nach § 288 S. 1 von der
Angabepflicht nach Nr. 7 befreit.

Die Angabepflicht nach Nr. 7 ist nur unzureichend im Gesetz geregelt. So finden **60**
sich keine näheren Regelungen zum **Kreis der Arbeitnehmer** und der Ermittlung der
Durchschnittszahl sowie der Gruppeneinteilung. Im Hinblick auf die beiden ersten
Problemkreise können die zu § 267 Abs. 5 geltenden Grundsätze entsprechend heran-
gezogen werden.[122] Daher sind z.B. Auszubildende nicht in die Zählung einzubezie-
hen,[123] Teilzeitkräfte sind voll mitzuzählen.[124] Ferner ergibt sich die durchschnittliche
Arbeitnehmerzahl als vierter Teil der Summen aus den Arbeitnehmerzahlen zum
Quartalsende (vgl. § 267 Abs. 5).[125]

Hinsichtlich der **Gruppenbildung** läßt das Gesetz mangels näherer Regelung einen **61**
gewissen Spielraum. Vorrangig dürfte eine an arbeitsrechtlichen Kriterien orientierte
Einteilung angezeigt sein (Arbeiter, Angestellte, Leitende Angestellte). Weitere Untergliederungen nach Art der Bezahlung (tariflich, außertariflich), nach Qualifikation
(Facharbeiter, Hilfsarbeiter) oder Tätigkeitsbereichen (Verwaltung, Produktion etc.)
sind denkbar.[126]

8. Angabe des Materialaufwands und des Personalaufwands bei Anwendung des Umsatzkostenverfahrens (Nr. 8a und b)

Bei Anwendung des Umsatzkostenverfahrens sind der Material- und Personalauf- **62**
wand nach dem Gliederungsschema des § 275 Abs. 3 – im Gegensatz zum Gesamtkostenverfahren (vgl. § 275 Abs. 2 Nr. 5 und 6) – nicht gesondert auszuweisen. Um

---

[116] Vgl. näher ADS 134.
[117] ADS 129; Beck BilKomm-*Ellrott* 139; Baum-
bach/Hueck/*Schulze-Osterloh* § 42, 430.
[118] BTDrucks. 10/317, S. 93.
[119] WP-Handbuch I F 574.
[120] ADS 131.
[121] HdJ-*Kupsch* IV/4 Rdn. 231.
[122] Statt aller ADS 144 ff.

[123] ADS 146; Beck BilKomm-*Ellrott* 141; HdJ-
Kupsch IV/4 Rdn. 231; **a.A.** aber Bonner HdR-
Krawitz 103.
[124] AS 148; HdJ-*Kupsch* IV/4 Rdn. 231; Bonner
HdR-*Krawitz* 105.
[125] ADS 144; Beck BilKomm-*Ellrott* 142.
[126] Vgl. näher ADS 150 f.

dieses **Informationsdefizit gegenüber dem Gesamtkostenverfahren** zumindest teilweise auszugleichen,[127] sieht das Gesetz in § 285 Nr. 8a und b eine entsprechende Angabepflicht im Anhang vor.

63   Die Pflicht zur Angabe des Personalaufwandes beruht auf Art. 43 Abs. 1 Nr. 9 der **4. EG-Richtlinie.** Die Verpflichtung zur Angabe des Materialaufwandes geht dagegen auf eine autonome Entscheidung des deutschen Gesetzgebers zurück, der auf diese Weise Bedenken gegen das für Deutschland neue Umsatzkostenverfahren wegen seiner geringeren Informationskraft Rechnung tragen wollte.[128]

64   **Anwendungsbereich.** Die Angabepflicht nach § 285 Nr. 8b gilt für alle Kapitalgesellschaften. Dagegen besteht eine Pflicht zur Angabe und Offenlegung des Materialaufwandes (Nr. 8a) nur für große Kapitalgesellschaften. Mittelgroße Kapitalgesellschaften können ihren Anhang ohne diese Angabe zum Handelsregister einreichen (§ 327 S. 2 Nr. 2), kleine Kapitalgesellschaften sind nach § 288 S. 1 grundsätzlich von der Pflicht zur Angabe des Materialaufwandes befreit. § 285 Nr. 8a und b gilt schließlich nicht für Kreditinstitute (vgl. § 340a Abs. 2 S. 1). Versicherungsunternehmen sind von der Angabepflicht nach Nr. 8a befreit, für die Angabe des Personalaufwandes gelten Sonderregeln (vgl. § 341a Abs. 2 S. 2).

65   **Art der Angaben.** Die nach Nr. 8a und b geforderten Angaben entsprechen den bei Anwendung des Gesamtkostenverfahrens zu machenden Angaben (§ 275 Abs. 2 Nr. 5a und b und 6a und b).[129] Für die Ermittlung des Materialaufwandes gelten die zum Gesamtkostenverfahren getroffenen Feststellungen entsprechend. Dabei sind – wie in § 275 Abs. 2 Nr. 5a und b – Aufwendungen für Roh-, Hilfs- und Betriebsstoffe sowie bezogene Waren einerseits und Aufwendungen für bezogene Leistungen getrennt auszuweisen. Auch die Angabe des Personalaufwandes ist entsprechend § 275 Abs. 2 Nr. 6 aufzugliedern (getrennte Angabe der Beträge für Löhne und Gehälter einerseits und für soziale Abgaben und Aufwendungen für die Altersversorgung und Unterstützung mit Davon-Vermerk für Altersversorgung andererseits). Erforderlich ist die Angabe der entsprechenden Beträge, verbale Angaben genügen nicht.

9. Angabe der Bezüge und anderer Leistungen an Organmitglieder (Nr. 9)

66   **a) Überblick und Zweck der Regelung.** Nach § 285 Nr. 9 sind eine Reihe von Angaben zu den **Aufwendungen für die Leitungs- und Kontrollorgane** der Gesellschaft zu machen. Anzugeben sind zum einen die Gesamtbezüge der aktiven (Nr. 9a) und ehemaligen Mitglieder (Nr. 9b Satz 1 und 2) des Geschäftsführungsorgans, eines Aufsichtsrats, eines Beirats oder einer ähnlichen Einrichtung. Für die früheren Mitglieder dieser Organe sind darüber hinaus auch die gebildeten oder nicht gebildeten Pensionsrückstellungen anzugeben (Nr. 9b Satz 3). Schließlich sind die für beide Personengruppen gewährten Vorschüsse, Kredite und Haftungsverhältnisse anzugeben (§ 9 c). Die Angabepflicht nach Nr. 9a und b beruht auf Art. 43 Abs. 1 Nr. 12 der 4. EG-Richtlinie. Mit Nr. 9c ist Art. 43 Abs. 1 Nr. 13 in das deutsche Recht umgesetzt worden.

67   Alle diese Angaben dienen dem **Zweck,** die Gesellschafter, Arbeitnehmer und Gläubiger über die Leistungen der Gesellschaft an die Mitglieder der Leitungs- und Kontrollorgane zu informieren.[130] Allerdings ist dieser Einblick auf Angaben zu den Gesamtbezügen einerseits und Vorschüsse, Kredit- und Haftungsverhältnisse beschränkt.

---

[127] Statt aller Bonner HdR-*Krawitz* 108.
[128] Siehe BTDrucks. 10/4268, S. 110.

[129] Statt aller nur ADS 154 ff.
[130] ADS 159.

Die Angabepflicht unterliegt gewissen **Einschränkungen**. Angaben nach Nr. 9a **68** und b können unter den besonderen Voraussetzungen des § 286 Abs. 4 unterbleiben. Eine Angabepflicht entfällt ferner bei kleinen Kapitalgesellschaften (§ 288 S. 1).

b) **Mitglieder von Organen**. In persönlicher Hinsicht betrifft die Angabepflicht **69** nach Nr. 9 nur die Leistungsbeziehungen zwischen der Gesellschaft und den aktiven und früheren Mitgliedern der Leitungs- und Kontrollorgane der Gesellschaft. Das Gesetz fordert gesonderte Angaben für die Mitglieder der einzelnen Organe. Wer in welchem Zeitraum „Mitglied" ist, bestimmt sich nach den gesetzlichen Regelungen. Als angabepflichtige Organe nennt das Gesetz das Geschäftsführungsorgan, den Aufsichtsrat, einen etwaigen Beirat und ähnliche Einrichtungen. **Geschäftsführungsorgan** sind bei der AG der Vorstand, bei der KGaA die persönlich haftenden Gesellschafter und bei der GmbH die Geschäftsführer, jeweils einschließlich der stellvertretenden Vorstandsmitglieder und Geschäftsführer.[131] Nicht erfaßt sind mangels organschaftlicher Befugnisse Prokuristen oder Generalbevollmächtigte.[132] Bei Personenhandelsgesellschaften i. S. v. § 264a bezieht sich die Angabepflicht auf das Geschäftsführungsorgan der Komplementärgesellschaft (vgl. § 264a Abs. 2). Neben dem **Aufsichtsrat** erwähnt das Gesetz auch **„Beiräte und ähnliche Einrichtungen"**. Mit dieser weiten Angabepflicht sollen Umgehungen durch Einrichtung von „Beiräten" neben oder anstelle von Aufsichtsräten verhindert werden.[133] Dementsprechend ist für die Frage, ob ein Gremium einen „Beirat oder eine ähnliche Einrichtung" i. S. v. Nr. 9 darstellt, vorrangig darauf abzustellen, ob das Organ aufsichtsratsähnliche Funktionen hat.[134] Daran fehlt es z. B. bei Beratergremien, die nur der Pflege von Kundenbeziehungen dienen.[135]

c) **Angabe der Gesamtbezüge für aktive Organmitglieder (Nr. 9a)**. Nach Nr. 9a **70** sind zunächst die Gesamtbezüge der aktiven Mitglieder der Leitungs- und Kontrollorgane anzugeben. Nach der gesetzlichen Definition meint der Begriff der Gesamtbezüge „Gehälter, Gewinnbeteiligungen, Bezugsrechte, Aufwandsentschädigungen, Versicherungsentgelte, Provisionen und Nebenleistungen jeder Art". Zu den *Gehältern* und Gewinnbeteiligungen gehören neben den vertraglich zugesagten Bezügen auch freiwillig gewährte Zahlungen für die organschaftliche Tätigkeit. Unerheblich ist auch, ob die Bezüge in Geld oder Naturalleistungen gewährt werden.[136] Der Begriff *„Bezugsrechte"* ist durch das KonTraG[137] neu in das Gesetz eingefügt worden, um klarzustellen, daß auch Vorteile aus Aktienoptionsprogrammen nach Nr. 9a angabepflichtig sind. Angabepflichtig ist der Wert des Bezugsrechts, wie er sich aus dem Basiskurs und dem voraussichtlichen Kurswert im Zeitpunkt des Ausübungsrechts ergibt.[138] *Aufwandsentschädigungen* sind pauschalierte Beträge, nicht aber ein Auslagenersatz.[139] Unter den Begriff der *Versicherungsentgelte* fallen Versicherungsprämien, die die Gesellschaft für eine auf den Namen von Organmitgliedern lautende Lebens-, Pensions- oder Unfallversicherung zahlt, aus der das Organmitglied selbst berechtigt ist.[140] *Provisionen* sind nur angabepflichtig, wenn die provisionspflichtige Tätigkeit in den Pflichtenkreis des Organmitglieds fällt.[141] Zu den *Nebenleistungen* gehören alle sonstigen Leistungen, z. B. zinsgünstig gewährte Kredite oder eine kostenlose oder preisgünstige Überlassung von Wohnraum etc.[142]

---

[131] Vgl. ADS 162; HdJ-*Kupsch* IV/4 Rdn. 199.
[132] ADS 162; Bonner HdR-*Krawitz* 114.
[133] *Biener/Berneke* S. 261.
[134] ADS 165; Beck BilKomm-*Ellrott* 162.
[135] ADS 166.
[136] Vgl. ADS 176.
[137] BGBl. I 1998, 786.

[138] Beck BilKomm-*Ellrott* 170.
[139] Vgl. etwa ADS 178 f; Baumbach/Hueck/ *Schulze-Osterloh* § 42, 433.
[140] Statt aller ADS 180.
[141] Baumbach/Hueck/*Schulze-Osterloh* § 42, 433.
[142] Vgl. ADS 183.

Rainer Hüttemann

71   Nach § 285 Nr. 9a Satz 2 sind auch solche Bezüge anzugeben, die nicht ausgezahlt werden, sondern zur Aufstockung bestehender oder Gewährung neuer **Pensionsansprüche** jeder Art verwendet werden. Ferner besteht eine Angabepflicht nach Nr. 9a Satz 3 auch für Bezüge, die im Geschäftsjahr gewährt werden, bisher aber in keinem Jahresabschluß angegeben worden sind. Damit sind **Nachvergütungen** für frühere Geschäftsjahre gemeint. Diese sind gesondert anzugeben.[143]

72   **d) Angabe der Bezüge früherer Organmitglieder und Hinterbliebener (Nr. 9b).** Nach § 285 Nr. 9b sind die Gesamtbezüge anzugeben, die den früheren Mitgliedern des Geschäftsführungsorgans, eines Aufsichtsrats, Beirats oder einer ähnlichen Einrichtung und ihren Hinterbliebenen gewährt worden sind. Die Angaben sind wiederum jeweils für jede Personengruppe zu machen. Nr. 9a Satz 2 und 3 gelten entsprechend.

73   Das Gesetz definiert Gesamtbezüge als „**Abfindungen, Ruhegehälter, Hinterbliebenenbezüge und Leistungen verwandter Art**". Leistungen, die von einer selbständigen Pensionskasse oder einem Versicherungsunternehmen erbracht werden, sind nicht angabepflichtig, wenn der Empfänger einen eigenen Leistungsanspruch hat.[144] Abfindungen sind Zahlungen aus Anlaß des Ausscheidens. Ruhegehälter und Hinterbliebenenbezüge sind laufende Leistungen an das ehemalige Organmitglied und seine Angehörigen. Ist ein früheres Mitglied eines Gesellschaftsorgans zugleich aktives Mitglied eines anderen Organs (früherer Geschäftsführer als Mitglied im Aufsichtsrat), so sind seine Bezüge entsprechend aufzuteilen.

74   Ferner ist der Betrag der für diese Personen gebildeten Rückstellungen für laufende **Pensionen und Pensionsanwartschaften** sowie der Betrag der für diese Verpflichtungen nicht gebildeten Pensionsrückstellungen anzugeben. Insoweit handelt es sich um Teilbeträge der gebildeten Rückstellungen oder des Fehlbetrages nach Art. 28 Abs. 2 EGHGB. Die Angaben sind – wie sich aus Art. 43 Abs. 1 Nr. 12 der 4. EG-Richtlinie ergibt – für jede der in Nr. 9 genannten Personengruppen getrennt zu machen.[145]

75   **e) Angabe der gewährten Vorschüsse und Kredite sowie der eingegangenen Haftungsverhältnisse (Nr. 9c).** Nach § 285 Nr. 9c sind die den Mitgliedern des Geschäftsführungsorgans, eines Aufsichtsrats, eines Beirats oder einer ähnlichen Einrichtung gewährten Vorschüsse und Kredite anzugeben. Sinn und Zweck der Angabepflicht ist es, einen Einblick in die finanziellen Verflechtungen zwischen der Gesellschaft und ihren Organen zu vermitteln.[146]

76   Wie sich aus dem Wortlaut der Vorschrift – Bezugnahme auf die Eingangsworte zu Nr. 9 – und aus Art. 43 Abs. 1 Nr. 13 der 4. EG-Richtlinie ergibt, besteht keine Angabepflicht für Vorschüsse und Kredite an **frühere Organmitglieder**.[147]

77   **Einzelfragen.** Vorschüsse sind Vorauszahlungen der Gesellschaft an das Organmitglied für ihm zustehende, aber noch nicht fällige Ansprüche, z.B. auf Gehalt oder Gewinnbeteiligung. Demgegenüber sind unter Krediten alle Arten von Darlehensgewährung gegenüber Organmitgliedern zu verstehen. Anzugeben sind nicht nur die Höhe der Vorschüsse und Kredite, sondern auch – insbesondere für die Kredite – die Zinssätze, die wesentlichen Bedingungen (Tilgung, Laufzeit, Sicherheiten). Letztere sind zwar nur für jede Personengruppe insgesamt anzugeben, unterschiedliche Zins-

---

[143] ADS 184; HdJ-*Kupsch* IV/4 Rdn. 202; **a. A.** – Einrechnung in Gesamtbezüge - aber etwa Bonner HdR-*Krawitz* 125; HdR-*Dörner/Wirth* §§ 284–288, 247.
[144] ADS 186.

[145] ADS 193; Beck BilKomm-*Ellrott* 185; **a.A.** Baumbach/Hueck/*Schulze-Osterloh* § 42, 434.
[146] Statt aller ADS 196.
[147] Ebenso ADS 197; Beck BilKomm-*Ellrott* 190; Baumbach/Hueck/*Schulze-Osterloh* § 42, 435.

sätze und Bedingungen innerhalb der Personengruppe sind aber deutlich zu machen.[148] Das Gesetz verlangt des weiteren eine Angabe der im Geschäftsjahr zurückgezahlten Beträge. Um aber einen möglichst vollständigen Einblick in die finanziellen Bewegungen zwischen Gesellschaft und Organmitgliedern zu gewährleisten, ist nicht allein über die Verhältnisse am Bilanzstichtag, sondern weitergehend über die Entwicklung der Vorschüsse und Kredite während des Geschäftsjahrs zu berichten. Folglich sind auch der Anfangsbestand, die Zugänge und Rückführungen sowie der Endbestand anzugeben.[149] Neben den Vorschüssen und Krediten ist auch über die zugunsten der Organmitglieder eingegangenen Haftungsverhältnisse, insbesondere Bürgschaften oder Stellung von Sicherheiten, zu berichten. Auch diese Angaben sind gesondert für jede Personengruppe zu machen.

10. Angabe aller Mitglieder des Geschäftsführungsorgans und eines Aufsichtsrats (Nr. 10)

Nach § 285 Nr. 10 müssen im Anhang alle Mitglieder des Geschäftsführungsorgans **78** und eines Aufsichtsrats **namentlich und mit dem ausgeübten Beruf** angegeben werden. Diese Angabepflicht besteht ohne größenabhängige Erleichterungen für alle Gesellschaften, die nach HGB oder PublG einen Anhang aufzustellen haben. Darüber hinaus ist bei **börsennotierten Gesellschaften** auch die Mitgliedschaft in weiteren gesetzlichen Aufsichtsräten und anderen Kontrollgremien anzugeben. Die Angabepflicht hat keine Grundlage in der 4. EG-Richtlinie, sondern geht auf § 160 Abs. 5 AktG a. F. zurück.[150] Die namentliche Angabe der Organmitglieder soll der Anonymität der Kapitalgesellschaft entgegenwirken.[151] Die Pflicht zur Angabe der beruflichen Tätigkeit und weiterer Aufsichtsratsmandate ist durch das KonTraG[152] neu in das Gesetz aufgenommen worden. Der Gesetzgeber wollte dadurch den Finanzanlegern einen besseren Einblick in die individuelle Belastungssituation der Organmitglieder sowie mögliche Interessenkonflikte auf Grund weiterer Organmitgliedschaften gewähren.[153]

Die **Berichterstattungspflicht** betrifft sämtliche Mitglieder des Geschäftsfüh- **79** rungsorgans (einschließlich der stellvertretenden Vorstandsmitglieder oder Geschäftsführer)[154] und eines Aufsichtsrats. Mitglieder eines Beirats oder einer ähnlichen Einrichtung sind nur anzugeben, wenn dieses Gremium aufsichtsratsähnliche Aufgaben hat.[155] Nach Nr. 9c sind alle Organmitglieder anzugeben, „auch wenn sie im Geschäftsjahr oder später ausgeschieden sind". Die Angabepflicht umfaßt somit alle Mitglieder, die dem betreffenden Organ in der Zeit vom Anfang des Geschäftsjahres bis zur Aufstellung des Jahresabschlusses angehört haben[156] (also z.B. auch ein nach dem Bilanzstichtag aber vor Aufstellung berufenes Vorstandsmitglied).[157] Auf den Zeitpunkt der Feststellung des Anhangs kann wegen vorangehender Prüfung nicht abgestellt werden.[158] Anzugeben sind der Familienname und mindestens ein ausgeschriebener Vorname. Ferner sind Angaben zur Berufstätigkeit zu machen.[159] Dabei

---

[148] Vgl. ADS 201 f; Baumbach/Hueck/*Schulze-Osterloh* § 42, 435.

[149] ADS 196; Beck BilKomm-*Ellrott* 190; Baumbach/Hueck/*Schulze-Osterloh* § 42, 435; Bonner HdR-*Krawitz* 135; vgl. auch *Russ* Der Anhang als dritter Teil des Jahresabschlusses, S. 223.

[150] Vgl. *Biener/Berneke* S. 270.

[151] Siehe Bonner HdR-*Krawitz* 137.

[152] BGBl. I 1998, 786.

[153] BTDrucks. 13/9712, S. 17; vgl. auch *Farr* AG 2000, 5.

[154] Vgl. ADS 209; HdJ-*Kupsch* IV/4 Rdn. 235.

[155] ADS 207; Baumbach/Hueck/*Schulze-Osterloh* § 42, 436; Bonner HdR-*Krawitz* 138; Beck BilKomm-*Ellrott* 204.

[156] Baumbach/Hueck/*Schulze-Osterloh* § 42, 436.

[157] Vgl. ADS 208; Beck BilKomm-*Ellrott* 200; Baumbach/Hueck/*Schulze-Osterloh* § 42, 436.

[158] So aber ADS 208; Beck BilKomm-*Ellrott* 200.

[159] Zum folgenden vgl. näher Regierungsbegründung zum KonTraG BTDrucks. 13/9712, S. 17.

ist die tatsächlich ausgeübte hauptberufliche Tätigkeit, nicht der erlernte Beruf anzu-geben. Allgemeine Hinweise („Vorstandsmitglied") sind nicht ausreichend, sondern es ist die Funktion zu nennen (z. B. „Finanzvorstand"). Bei Aufsichtsratsmitgliedern ist zusätzlich der Arbeitgeber anzugeben, bei dem der Hauptberuf ausgeübt wird (z. B. „Gewerkschaftssekretär bei der X-Gewerkschaft").

80   Bei **börsennotierten Gesellschaften** (zum Begriff vgl. § 3 Abs. 2 AktG) ist für alle Organmitglieder auch über eine Mitgliedschaft in Aufsichtsräten und anderen Kon-trollgremien im Sinne des § 125 Abs. 1 S. 3 AktG zu berichten. Damit sind Mitglied-schaften „in anderen gesetzlich zu bildenden Aufsichtsräten" und in „vergleichbaren in- und ausländischen Kontrollgremien von Wirtschaftsunternehmen" gemeint. Gesetzlich zu bilden sind Aufsichtsräte vor allem bei der AG sowie in der mit-bestimmten GmbH. „Vergleichbare Kontrollgremien" sind etwa Verwaltungsräte in öffentlich-rechtlichen Unternehmen oder Boards ausländischer Unternehmen. Keine Wirtschaftsunternehmen sind z. B. karitative oder wissenschaftliche oder ähnliche Einrichtungen.[160] Die Angabepflicht besteht nach ihrem Sinn und Zweck – Einblick in mögliche Interessenkonflikte – unabhängig davon, ob für die Mitgliedschaft eine Ver-gütung gewährt wird.[161]

81   Nach § 285 Nr. 10 2. Halbs. sind schließlich der **Vorsitzende** des Aufsichtsrats, seine Stellvertreter und ein etwaiger Vorsitzender des Geschäftsführungsorgans (nicht aber ein Sprecher) als solche zu bezeichnen.

11. Angaben zum Anteilsbesitz (Nr. 11)

82   a) **Überblick und Regelungszweck.** § 285 Nr. 11 schreibt **verschiedene Angaben zum Anteilsbesitz** vor. Nach Nr. 11 Teilsatz 1 bis 3 sind Name, Sitz sowie weitere Daten von Unternehmen anzugeben, von denen die Kapitalgesellschaft oder eine für ihre Rechnung handelnde Person den fünften Teil der Anteile besitzt. Diese Angabe-pflicht beruht auf Art. 43 Abs. 1 Nr. 2 der 4. EG-Richtlinie. Der deutsche Gesetzgeber hat das Mitgliedstaatenwahlrecht betreffend den Prozentsatz der angabepflichtigen Beteiligungshöhe (1 bis 20 v. H.) mit der Begrenzung auf 20 v. H.-Anteile voll aus-genutzt. Durch das KonTraG[162] ist die Berichtspflicht für börsennotierte Kapital-gesellschaften durch Einfügung des 4. Teilsatzes erweitert worden. Solche Gesellschaf-ten haben zusätzlich alle Beteiligungen an großen Kapitalgesellschaften anzugeben, die fünf v. H. der Stimmrechte überschreiten.

83   Die Berichterstattung über den Anteilsbesitz verschafft dem Bilanzleser **Informa-tionen zu kapitalmäßigen Verflechtungen** zwischen der Kapitalgesellschaft und anderen Unternehmen. Gleichzeitig ermöglicht sie eine bessere Beurteilung der Engagements bei Beteiligungsgesellschaften, da die ausschließliche Erwähnung von Anschaffungskosten in der Bilanz kein genaues Bild von der Lage der Beteiligungs-unternehmen vermittelt.[163] Auf diese Weise wird der Einblick in die Vermögens-, Ertrags- und Finanzlage verbessert.[164]

84   Die Angaben nach Nr. 11 Teilsatz 1 bis 3 sind von **allen Kapitalgesellschaften** und Personenhandelsgesellschaften i. S. v. § 264a (unabhängig von ihrer Größenordnung) in jedem Anhang zu machen. Bezugnahmen auf frühere Jahresabschlüsse sind nicht möglich. § 287 gewährt jedoch die Möglichkeit, statt der Angabe im Anhang eine Auf-

---

[160] BTDrucks. 13/9712, S. 26 und 17.
[161] Beck BilKomm-*Ellrott* 202.
[162] BGBl. I 1998, 786.

[163] HuRB-*Flämig* S. 147.
[164] Bonner HdR-*Krawitz* 144; Beck BilKomm-*Ell-rott* 205.

Rainer Hüttemann

stellung des Anteilsbesitzes mit dem Anhang zum Handelsregister einzureichen, die dann nicht offengelegt wird (§ 325 Abs. 2 S. 2). Weitere Einschränkungen können sich aus § 286 Abs. 3 ergeben.

b) Angaben zu Unternehmen, an denen ein Anteilsbesitz von mehr als einem 85 **Fünftel besteht. aa) Reichweite der Angabepflicht.** Die Angabepflicht umfaßt Unternehmen, an denen die Gesellschaft mindestens 20 v. H. der Anteile besitzt. Der eigenen Beteiligung stehen Anteile gleich, die eine für Rechnung der Gesellschaft handelnde Person hält. Die Angabepflicht nach Nr. 11 reicht weiter als die Beteiligungsvermutung in § 271 Abs. 2 („den fünften Teil überschreiten"). Auf das Vorliegen einer Beteiligung kommt es daher für die Angabepflicht nicht an.[165] Maßgebend ist bei Nr. 11 1. bis 3. Teilsatz allein die kapitalmäßige Beteiligung ohne Rücksicht auf die Stimmrechte[166] (anders als bei den Zusatzangaben für börsennotierte Gesellschaften nach Nr. 11 4. Teilsatz). Der Begriff des „Unternehmens" umfaßt sowohl Kapital- als auch Personengesellschaften. Entscheidend ist aber, daß ein „Anteil am Kapital" besteht. Deshalb besteht keine Angabepflicht bei Personengesellschaftsbeteiligungen ohne kapitalmäßige Beteiligung, wie z.B. bei der typisch stillen Gesellschaft.[167]

bb) Berechnung des Anteilsbesitzes. Für die Ermittlung der Beteiligungshöhe 86 sind nach Nr. 11 3. Halbs. die in § 16 Abs. 2 und 4 AktG enthaltenen Regeln entsprechend anzuwenden. Diese **Verweisung** ist von der 4. EG-Richtlinie nicht vorgegeben. Gerade die Berücksichtigung auch des mittelbaren Anteilsbesitzes entsprechend § 16 Abs. 4 AktG führt zu einer Erweiterung der Angabepflicht gegenüber Art. 43 Abs. 1 Nr. 2.

Einzelfragen. Eigene Anteile sind gemäß § 16 Abs. 2 AktG bei der Berechnung der 87 Anteilshöhe nicht zu berücksichtigen, d.h. die Beteiligungsquote bestimmt sich nach dem Anteil am Nennkapital der Beteiligungsgesellschaft abzüglich der eigenen Anteile (Nettokapital).[168] Bei Personengesellschaften ist auf die festen und variablen Kapitalanteile abzustellen.[169] Ferner sind kraft der Verweisung auf § 16 Abs. 4 AktG nicht nur unmittelbare, sondern auch mittelbar gehaltene Anteile bei der Berechnung der Beteiligungsquote zu berücksichtigen. Insbesondere sind solche Anteile einzubeziehen, die einem von der Kapitalgesellschaft abhängigen Unternehmen (vgl. § 17 AktG) gehören. Maßgebend für die Berechnung der Beteiligungshöhe sind die Verhältnisse am Abschlußstichtag.[170]

cc) Einzelangaben. Anzugeben sind Name und Sitz der Beteiligungsgesellschaft; 88 ferner die Höhe des Anteils am Kapital als Prozentsatz sowie der Betrag des Eigenkapitals und des Ergebnisses des letzten Geschäftsjahres, für das ein Jahresabschluß vorliegt. *Name und Sitz* bestimmen sich nach der Handelsregistereintragung.[171] Hinsichtlich der *Höhe des Kapitals* sind genaue Prozentangaben für jede einzelne Beteiligungsgesellschaft geboten. Eine Rundung der Beteiligungsquoten ist im Interesse eines genauen Einblicks in die Art der Beteiligung unzulässig.[172] Der *Betrag des Eigenkapitals* meint den nach § 266 Abs. 3 A auszuweisenden Posten. Für Personengesellschaften ist die entsprechende Größe anzugeben. *Ergebnis* meint den Jahresüberschuß/Jahresfehlbetrag (§ 275 Abs. 2 Nr. 20, Abs. 3 Nr. 19). Für Beteiligungen an

---

[165] ADS 220.
[166] Vgl. nur Baumbach/Hueck/*Schulze-Osterloh* § 42, 437.
[167] ADS 226; Baumbach/Hueck/*Schulze-Osterloh* aaO; Beck BilKomm-*Ellrott* 206; **a. A.** aber Bonner HdR-*Krawitz* 148.

[168] Beck BilKomm-*Ellrott* 208.
[169] Vgl. Baumbach/Hueck/*Schulze-Osterloh* § 42, 437.
[170] *Gschrei* BB 1990, 1588.
[171] ADS 229.
[172] Beck BilKomm-*Ellrott* 221.

ausländischen Gesellschaften ist entweder eine Umrechnung vorzunehmen oder es sind zusätzlich Beträge in Euro/DM anzugeben. Die Beträge des Eigenkapitals und Ergebnisses bestimmen sich – wie sich aus Art. 43 Abs. 1 Nr. 2 der 4. EG-Richtlinie entnehmen läßt – nach dem *letzten festgestellten Jahresabschluß* der Beteiligungsgesellschaft.[173] Ein aktuellerer, aber noch nicht festgestellter Jahresabschluß kann auch nicht wahlweise herangezogen werden.[174]

89   **c) Zusatzangaben bei börsennotierten Kapitalgesellschaften.** Nach Nr. 11 4. Halbs. haben börsennotierte Kapitalgesellschaften im Interesse einer Transparenz des Beteiligungsbesitzes[175] weitergehend auch über alle „Beteiligungen an großen Kapitalgesellschaften" zu berichten, wenn diese „fünf vom Hundert der Stimmrechte überschreiten" (zum Begriff der „börsennotierten Kapitalgesellschaft" vgl. § 3 Abs. 2 AktG).

90   Anzugeben sind **Beteiligungen an „großen" Kapitalgesellschaften** (zum Begriff der großen Kapitalgesellschaft vgl. § 267 Abs. 3). Unerheblich ist, ob Beteiligungsgesellschaft ihren Sitz im In- oder Ausland hat. Anders als nach Nr. 11 1. Teilsatz sind nicht Anteile, sondern nur „Beteiligungen" anzugeben. Der Begriff der „Beteiligung" bestimmt sich nach § 271 Abs. 1 S. 2.

91   Voraussetzung für die Angabepflicht ist weiter, daß die Kapitalgesellschaft **mehr als 5 v. H. der Stimmrechte** besitzt. Stimmrechtslose Anteile sind daher ohne Rücksicht auf die Höhe der Kapitalbeteiligung berichtspflichtig. Die Art der Berechnung der Stimmrechtsquote ist gesetzlich nicht geregelt. Die systematische Nähe zu Teilsatz 3 spricht für eine entsprechende Anwendung des § 16 Abs. 2 und 4 AktG.[176]

92   Anzugeben sind **nur Name und Sitz** der betreffenden Beteiligungsgesellschaften. Die anderen nach Nr. 11 2. Teilsatz geforderten Angaben sind nicht zu machen. Eine Angabepflicht nach Teilsatz 4 entfällt, soweit schon Angaben nach Teilsatz 1 bis 3 erfolgt sind („zusätzlich").

11a. Angaben zu Kapitalgesellschaften & Co (Nr. 11a)

93   Nach Nr. 11a sind Name, Sitz und Rechtsform der Unternehmen anzugeben, deren unbeschränkt haftender Gesellschafter die Kapitalgesellschaft ist. Die Angabepflicht ist durch das KapCoRiLiG[177] in § 285 eingefügt worden und beruht auf Art. 43 Abs. 1 Nr. 2 i. d. F. der GmbH & Co-Richtlinie. Mit der Angabe nach Nr. 11a soll dem Bilanzleser Einblick in **Beteiligungen der Kapitalgesellschaft als persönlich haftender Gesellschafter** gewährt werden. Sie ist nach dem Wortlaut der Regelung unabhängig davon zu machen, ob das andere Unternehmen nach § 264a rechnungslegungspflichtig ist. Ausreichend ist, daß die Kapitalgesellschaft – sei es auch neben einer natürlichen Person – als unbeschränkt haftender Gesellschafter beteiligt ist. Die Angabe kann unter den Voraussetzungen des § 286 Abs. 3 S. 1 entfallen. Nach § 287 S. 1 können die nach § 285 Nr. 11 und 11a verlangten Angaben statt im Anhang auch in einer „Aufstellung des Anteilsbesitzes" gesondert gemacht werden.

---

[173] Baumbach/Hueck/*Schulze-Osterloh* § 42, 438; HdR-*Dörner/Wirth* §§ 284–288, 271 f; Bonner HdR-*Krawitz* 156; *Gschrei* BB 1990, 1588.

[174] **A. A.** Beck BilKomm-*Ellrott* 217; HdJ-*Kupsch* IV/4 Rdn. 240.

[175] Vgl. Bericht des Rechtsausschusses BTDrucks. 13/10038, S. 26.

[176] So Beck BilKomm-*Ellrott* 228.

[177] BGBl. I 2000, 154.

12. Erläuterung der nicht gesondert ausgewiesenen Rückstellungen (Nr. 12)

Die Erläuterungspflicht nach Nr. 12 betrifft die nach § 266 Abs. 3 B 3 in der Bilanz **94** ausgewiesenen „sonstigen Rückstellungen". Dazu zählen sämtliche Rückstellungen mit Ausnahme der Pensions- und Steuerrückstellungen. Soweit diese Rückstellungen nicht gesondert ausgewiesen, insbesondere in Ausübung des Wahlrechts nach § 265 Abs. 5 weiter untergliedert werden, müssen sie nach § 285 Nr. 12 erläutert werden, wenn sie einen nicht unerheblichen Umfang haben. Die Regelung beruht auf Art. 42 Satz 2 der 4. EG-Richtlinie. Die Erläuterungspflicht bezweckt einen besseren Einblick in die *Risikostruktur* auf Grund von ungewissen Verbindlichkeiten.[178] Sie besteht uneingeschränkt für große Kapitalgesellschaften. Kleine Kapitalgesellschaften sind von ihr befreit (vgl. § 288 S. 1), mittelgroße Kapitalgesellschaften können diese Angaben bei der Offenlegung des Anhangs unterlassen (§ 327).

Ob eine unter den sonstigen Rückstellungen ausgewiesene Rückstellung einen **95** „**nicht unerheblichen**" **Umfang** hat, bestimmt sich nach dem Gesamtbild der Bilanz (insbesondere der Relation der Rückstellung zum Gesamtumfang des Postens „sonstige Rückstellungen", ferner zum Gesamtbetrag des Fremdkapitals oder zur Bilanzsumme).[179] Ist bereits der Gesamtposten „sonstige Rückstellung" als unerheblich anzusehen, entfällt die Erläuterungspflicht.[180]

Das Gesetz verlangt eine „**Erläuterung**". Angaben zu Einzelbeträgen sind damit **96** nicht gefordert; erforderlich ist aber die Nennung der Rückstellungsarten und die Angabe von Größenordnungen.[181] Eine weitergehende Angabe der Gründe der Rückstellungsbildung ist nicht geboten, da die Erläuterungspflicht nur das Informationsdefizit aus einem zusammengefaßten Ausweis ausgleichen soll.[182]

13. Angabe der Gründe für die planmäßige Abschreibung des Geschäfts- oder Firmenwerts (Nr. 13)

Nach § 255 Abs. 4 S. 2 und 3 sind bei Aktivierung eines Geschäfts- oder Firmen- **97** wert zwei Arten von Abschreibungen zulässig: Entweder er wird in jedem weiteren Geschäftsjahr zu mindestens einem Viertel getilgt (§ 255 Abs. 4 S. 2). Oder die Abschreibung wird planmäßig über die Geschäftsjahre verteilt, in denen der Geschäfts- oder Firmenwert voraussichtlich genutzt wird (§ 255 Abs. 4 S. 3). Für diesen letztgenannten Fall verlangt § 285 Nr. 13 die **Angabe der Gründe, die zu der planmäßigen Abschreibung geführt haben**. Die Angabepflicht geht auf Art. 37 Abs. 2 S. 2 der 4. EG-Richtlinie zurück.

Unter den **Gründen** sind die Nutzungsdauer und die Abschreibungsmethode **98** anzugeben.[183] Eine bloße Bezugnahme auf die steuerliche Regelung des § 7 Abs. 1 S. 3 EStG genügt nicht.[184]

14. Angabe des Namens und Sitzes von Mutterunternehmen (Nr. 14)

Nach § 285 Nr. 14 sind bei **konzernangehörigen Kapitalgesellschaften** verschie- **99** dene Angaben zu machen, die den Zugang zum entsprechenden Konzernabschluß

---

178 HdJ-*Kupsch* IV/4 Rdn. 210.
179 Vgl. mit gewissen Unterschieden in den Beurteilungsmaßstäben ADS 241; Baumbach/Hueck/*Schulze-Osterloh* § 42, 408; Bonner HdR-*Krawitz* 163; HdJ-*Kupsch* IV/4 Rdn. 211.
180 *Epperlein/Scharpf* DB 1994, 1632.
181 ADS 242 f; Beck BilKomm-*Ellrott* 231.

182 Zutreffend Bonner HdR-*Krawitz* 166; Baumbach/Hueck/*Schulze-Osterloh* § 42, 408; MünchKommHGB-*Lange* 238; a. A. ADS 242; *Epperlein/Scharpf* DB 1994, 1632.
183 Beck BilKomm-*Ellrott* 235.
184 Baumbach/Hueck/*Schulze-Osterloh* § 42, 105.

erleichtern sollen.[185] Danach sind anzugeben der Name und Sitz des Mutterunternehmens, das den Konzernabschluß für den größten Kreis, und des Mutterunternehmens, das den Konzernabschluß für den kleinsten Kreis von Unternehmen aufstellt. Ferner ist darauf hinzuweisen, wo die aufgestellten Konzernabschlüsse erhältlich sind.

100   Ob ein Unternehmen ein „**Mutterunternehmen**" ist, bestimmt sich nach den Vorschriften über die Konzernabschlußpflicht (§ 290 Abs. 1 und 2). Voraussetzung für eine Angabe nach Nr. 14 ist des weiteren, daß das Mutterunternehmen einen Konzernabschluß tatsächlich – sei es auf Grund gesetzlicher Verpflichtung oder freiwillig – aufstellt.[186] Soweit von der Befreiung des § 291 Gebrauch gemacht wird, verlagert sich die Angabepflicht auf das nächsthöhere Mutterunternehmen,[187] so daß größter und kleinster Kreis deckungsgleich sein können.[188] Unterbleibt jedoch die Aufstellung des Konzernabschlusses seitens des Mutterunternehmens entgegen der gesetzlichen Verpflichtung, befreit dies die Tochterkapitalgesellschaft nicht von der Angabepflicht nach Nr. 14. Für die Angabepflicht kommt es nach dem Zweck der Regelung – Offenlegung von Konzernverflechtungen – auch nicht darauf an, ob die Kapitalgesellschaft in den Konzernabschluß einbezogen worden ist oder dies nach §§ 295, 296 unterblieben ist.[189]

101   Anzugeben sind zum einen **Name und Sitz** der Mutterunternehmen mit dem größten/kleinsten Konsolidierungskreis, soweit beide nicht – wie z. B. im zweistufigen Konzern – deckungsgleich sind. Ferner ist der **Ort** anzugeben, wo die Konzernabschlüsse erhältlich sind. Dies ist der Ort, an dem das Gericht seinen Sitz hat, bei dem der Konzernabschluß einzureichen ist.[190] Die Pflicht zur Angabe des Ortes entfällt im Fall eines freiwillig aufgestellten Konzernabschlusses.[191]

15. Angaben zu Komplementärgesellschaften (Nr. 15)

102   Nach Nr. 15 sind im Anhang des Jahresabschlusses einer Personenhandelsgesellschaft i. S. v. § 264a Name, Sitz und gezeichnetes Kapital der Gesellschaften anzugeben, die **persönlich haftende Gesellschafter dieser Personenhandelsgesellschaft** sind. Die Angabepflicht nach Nr. 15 ist durch das KapCoRiLiG[192] in § 285 eingefügt worden und beruht - anders als Nr. 11a – nicht auf Vorgaben der 4. EG-Richtlinie. Der Gesetzgeber bezweckt mit der Angabepflicht eine größere Transparenz über die Beteiligungsverhältnisse bei Kapitalgesellschaften und Co.[193] Anzugeben sind neben Name und Sitz auch das gezeichnete Kapital (vgl. zum Begriff § 272, 6 f). Handelt es sich bei den persönlich haftenden „Gesellschaften" z. B. um eine Stiftung, ist entsprechend das Grundstockvermögen anzugeben. Auf die Angaben kann unter den Voraussetzungen des § 286 Abs. 3 S. 1 verzichtet werden.

[185]   Vgl. etwa Bonner HdR-*Krawitz* 174.
[186]   ADS 251; Beck BilKomm-*Ellrott* 244.
[187]   ADS 251.
[188]   Baumbach/Hueck/*Schulze-Osterloh* § 42, 443.
[189]   ADS 252; Beck BilKomm-*Ellrott* 245; Bonner HdR-*Krawitz* 179; Baumbach/Hueck/*Schulze-Osterloh* § 42, 443.

[190]   ADS 254.
[191]   Beck BilKomm-*Ellrott* 247.
[192]   BGBl. I 2000, 154.
[193]   Vgl. BRDrucks. 458/99, S. 43.

§ 286

Unterlassen von Angaben

(1) Die Berichterstattung hat insoweit zu unterbleiben, als es für das Wohl der Bundesrepublik Deutschland oder eines ihrer Länder erforderlich ist.

(2) Die Aufgliederung der Umsatzerlöse nach § 285 Nr. 4 kann unterbleiben, soweit die Aufgliederung nach vernünftiger kaufmännischer Beurteilung geeignet ist, der Kapitalgesellschaft oder einem Unternehmen, von dem die Kapitalgesellschaft mindestens den fünften Teil der Anteile besitzt, einen erheblichen Nachteil zuzufügen.

(3) Die Angaben nach § 285 Nr. 11 und 11a können unterbleiben, soweit sie
1. für die Darstellung der Vermögens-, Finanz- und Ertragslage der Kapitalgesellschaft nach § 264 Abs. 2 von untergeordneter Bedeutung sind oder
2. nach vernünftiger kaufmännischer Beurteilung geeignet sind, der Kapitalgesellschaft oder dem anderen Unternehmen einen erheblichen Nachteil zuzufügen.

Die Angabe des Eigenkapitals und des Jahresergebnisses kann unterbleiben, wenn das Unternehmen, über das zu berichten ist, seinen Jahresabschluß nicht offenzulegen hat und die berichtende Kapitalgesellschaft weniger als die Hälfte der Anteile besitzt. Die Anwendung der Ausnahmeregelung nach Satz 1 Nr. 2 ist im Anhang anzugeben.

(4) Die in § 285 Nr. 9 Buchstabe a und b verlangten Angaben über die Gesamtbezüge der dort bezeichneten Personen können unterbleiben, wenn sich anhand dieser Angaben die Bezüge eines Mitglieds dieser Organe feststellen lassen.

Übersicht

	Rdn.		Rdn.
I. Überblick	1–4	2. Unterlassen der Angaben wegen erheblicher Nachteile (Abs. 3 S. 1 Nr. 2)	16
II. Schutzklausel (Abs. 1)	5–8		
III. Unterlassen der Aufgliederung der Umsatzerlöse (Abs. 2)	9–13	3. Unterlassen der Angaben über nicht offenlegungspflichtige Unternehmen (Abs. 3 S. 2)	17
IV. Unterlassen der Angaben zum Anteilsbesitz (Abs. 3)	14		
1. Unterlassen der Angaben wegen untergeordneter Bedeutung (Abs. 3 S. 1 Nr. 1)	15	V. Unterlassen der Angaben zu den Bezügen der Organmitglieder (Abs. 4)	18–24

Schrifttum

Bernards Segmentberichterstattung in den Geschäftsberichten deutscher Unternehmen – theoretische und empirische Ergebnisse, DStR 1995, 1363; *Biener* Die Transformation der Mittelstands- und GmbH & Co-Richtlinie, WPg 1993, 707; *Bleckmann* Wohl der Bundesrepublik Deutschland oder eines ihrer Länder, HuRB 461; *BMJ* Transformation der Mittelstandsrichtlinie in bezug auf die Organbezüge (§ 286), DB 1995, 639; *Feige/Ruffert* Zur Bedeutung der Ausnahmeregelung des § 286 Abs. 4 HGB, DB 1995, 637; *Flämig* Erhebliche Nachteile, HuRB 141; *GEFIU* Ausgewählte Probleme bei der Anwendung des Bilanzrichtlinien-Gesetzes, Bd. 1 (1986); *Kempter* Zum Recht des Vorstands, keine Angaben über die Gesamtbezüge von Organen der Gesellschaft zu machen, BB 1996, 419; *Klatte* Möglichkeiten des Verzichts auf Angabe von Organbezügen und Ergebnisverwendung, BB 1995, 35; *Kling* Argumente für den Verzicht auf die Angabe von Organbezügen, BB 1995, 349; *Niessen* Zu den jüngsten Entwicklungen des

Rainer Hüttemann

Bilanzrechts der Europäischen Gemeinschaft, WPg 1991, 193; *Pfitzer/Wirth* Die Änderungen des Handelsgesetzbuchs, DB 1994, 1937; *Ossadnik* Wesentlichkeit als Bestimmungsfaktor für Angabepflichten in Jahresabschluß und Lagebericht, BB 1993, 1763; *Selchert* Die Aufgliederung der Umsatzerlöse gemäß § 285 Nr. 4, BB 1986, 560; *Zimmermann* Zur Anwendung der Schutzklausel im Rahmen der Segmentberichterstattung im Einzel- und Konzernabschluß, DStR 1998, 1974.

I. Überblick

1   § 286 enthält bestimmte **Einschränkungen der Berichterstattungspflicht im Anhang**. Nach der allgemeinen Schutzklausel in Abs. 1 hat die Berichterstattung zu unterbleiben, soweit es für das Wohl der Bundesrepublik Deutschland oder eines ihrer Länder erforderlich ist. Abs. 2 räumt den Unternehmen die Möglichkeit ein, auf die Aufgliederung der Umsatzerlöse nach § 285 Nr. 4 zu verzichten, wenn diese geeignet ist, der Kapitalgesellschaft oder einer ihrer Beteiligungsgesellschaften erhebliche Nachteile zuzufügen. Abs. 3 und 4 regeln Ausnahmen von den Angabepflichten zum Anteilsbesitz (§ 285 Nr. 11) und den Gesamtbezügen der Organmitglieder (§ 285 Nr. 9a und b). Während die Schutzklausel des Abs. 1 dem öffentlichen Geheimhaltungsinteresse dient, geht es bei den Einschränkungen in Abs. 2 bis 4 um das vorrangige Interesse der Gesellschaft an einer Geheimhaltung bestimmter rechtlicher oder geschäftlicher Beziehungen.

2   Die Schutzklausel des § 286 Abs. 1 geht zurück auf § 160 Abs. 4 Satz 2 AktG a. F.[1] Die **4. EG-Richtlinie** enthält dagegen keine Grundlage für eine solche Einschränkung der Berichterstattungspflichten von Unternehmen. Ihre Vereinbarkeit mit dem EG-Recht ist daher zweifelhaft und kann allenfalls aus der – sachlich deutlich engeren – Vorschrift des Art. 296 Abs. 1 Buchst. a und b EG-Vertrag abgeleitet werden.[2] § 286 Abs. 2 beruht auf Art. 45 Abs. 2 i. V. m. Art. 45 Abs. 1 Buchst. b. Allerdings hat der deutsche Gesetzgeber von der Möglichkeit, den Verzicht auf eine Umsatzaufgliederung von einer vorherigen Zustimmung einer Verwaltungsbehörde oder eines Gerichts abhängig zu machen, keinen Gebrauch gemacht. Ferner fehlt auch eine entsprechende Angabepflicht bei Anwendung der Schutzklausel entsprechend § 286 Abs. 3 Satz 3, wie sie die 4. EG-Richtlinie auf Grund der Verweisung auf Art. 45 Abs. 1 Buchst. b der 4. EG-Richtlinie vorsieht. § 286 Abs. 3 Nr. 1 und 3 gehen auf Art. 43 Abs. 1 Nr. 2 Satz 2 und 3, § 286 Abs. 3 Nr. 2 auf Art. 45 Abs. 1 Buchst. b zurück. § 286 Abs. 4 findet schließlich seine Grundlage in Art. 43 Abs. 3 der 4. EG-Richtlinie, der durch Art. 4 der Mittelstandsrichtlinie[3] v. 8. 11. 1990 in den Art. 43 eingefügt worden ist.

3   Die Einschränkungen nach § 286 gelten für **alle Kapitalgesellschaften und Personenhandelsgesellschaften i. S. v.** § 264a, eingetragene Genossenschaften, Kreditinstitute und Versicherungsunternehmen sowie nach § 5 Abs. 2 S. 2 PublG entsprechend für Unternehmen, die nach dem PublG rechnungslegungspflichtig sind.

4   Das Gesetz kennt keine allgemeine Schutzklausel. § 286 hat somit **Ausnahmecharakter**. Dies bedeutet, daß die entsprechenden Tatbestände eng auszulegen und nicht auf andere Sachverhalte entsprechend anwendbar sind.[4] § 286 gestattet nur das Unterlassen von Angaben, nicht aber die Aufnahme falscher Angaben in den Anhang:

---

[1] BTDrucks. 10/317 S. 104.
[2] Vgl. dazu HuRB-*Bleckmann* S. 469.
[3] Richtlinie (90/604/EWG) v. 8. 11. 1990, ABl. EG Nr. L 317 v. 16. 11. 1990, S. 57; vgl. dazu näher

Niessen WPg 1991, 193 ff; *Biener* WPg 1993, 707 ff.
[4] Statt aller ADS 8.

Was im Anhang steht, muß also richtig sein.[5] Schließlich darf die Nichtangabe bestimmter Sachverhalte auf Grund von § 286 nicht dazu führen, daß der Jahresabschluß im Ganzen ein zu günstiges Bild von der Vermögens-, Ertrags- und Finanzlage vermittelt. Insoweit kann die Anwendung des § 286 ggf. zusätzliche Angaben nach § 264 Abs. 2 S. 2 erforderlich machen. Soweit das Gesetz der Gesellschaft ein bestimmtes Ermessen bei der Anwendung der Schutzklauseln gewährt, ist das Stetigkeitsgebot zu beachten.[6] Eine unterschiedliche Handhabung des § 286 in aufeinanderfolgenden Jahresabschlüssen bedarf deshalb der Rechtfertigung durch einen sachlichen Grund.

II. Schutzklausel (Abs. 1)

Nach § 286 Abs. 1 hat die Berichterstattung insoweit zu unterbleiben, als es für das **5** Wohl der Bundesrepublik Deutschland oder eines ihrer Länder erforderlich ist. Anders als bei den Einschränkungen nach Abs. 2 bis 4 enthält Abs. 1 eine zwingende **Unterlassungspflicht** (Berichterstattung „hat" zu unterbleiben). Bei der Prüfung, ob die Voraussetzungen des § 286 Abs. 1 erfüllt sind, steht den Organen, die den Jahresabschluß aufstellen, kein Ermessens- oder gerichtlich nicht überprüfbarer Beurteilungsspielraum zu.[7]

Die Vorschrift betrifft nach ihrer systematischen Stellung **nur die Berichterstat- 6 tung im Anhang.** Erfaßt sind nicht nur die nach §§ 284 Abs. 2, 285 zu machenden Angaben, sondern auch alle sonstigen rechtsformspezifischen Angabepflichten.[8] Angaben, die wahlweise in der Bilanz/GuV oder im Anhang gemacht werden können (sog. Wahlpflichtangaben) sind – unabhängig davon, wie das Ausweiswahlrecht ausgeübt wird – nicht erfaßt, weil anderenfalls die Regelung auch den Inhalt von Bilanz und GuV beeinflussen würde.[9]

Die Berichterstattung hat nach § 286 Abs. 1 insoweit zu unterbleiben, als es für das **7** „Wohl der Bundesrepublik Deutschland oder eines ihrer Länder erforderlich ist". Für die Anwendung der Schutzklausel bedarf es zunächst einer Konkretisierung des „Staatswohls".[10] Dieses ist nur bei der Berichterstattung über Umstände betroffen, die den Charakter von Staatsgeheimnissen (§ 93 StGB) haben (z. B. Angaben zu Rüstungsaufträgen).[11] Der betreffende Sachverhalt muß hoheitliche Interessen berühren,[12] ein rein wirtschaftliches Interesse von Bund oder Ländern (etwa auf Grund einer Beteiligung des Bundes oder der Länder) reicht nicht aus.[13] § 286 Abs. 1 stellt allein auf das Wohl des Bundes und der Länder ab. Interessen anderer staatlicher Einrichtungen oder der Gebietskörperschaften können somit Einschränkungen der Berichterstattungspflicht nicht rechtfertigen. Soweit das Wohl von Bund und Ländern berührt ist, bleibt weiter zu prüfen, ob und inwieweit („soweit") ein Verzicht auf Angaben „erforderlich" ist. Entscheidend ist die **„Notwendigkeit" der Nichtveröffentlichung,** auf

---

[5] Vgl. bereits RGSt 68, 245 zum Geschäftsbericht; ADS 8.

[6] ADS 8.

[7] HuRB-*Bleckmann* S. 462. Mißverständlich ADS 10: „Beurteilungsspielraum, der nach pflichtgemäßer Einschätzung auszunutzen ist".

[8] Baumbach/Hueck/*Schulze-Osterloh* § 42, 450; HdR-*Dörner/Wirth* §§ 284–288, 301.

[9] KK-*Claussen* §§ 284–288 HGB, § 160 AktG, 173; Baumbach/Hueck/*Schulze-Osterloh* § 42, 450;

einschränkend – „in der Regel" – HdJ-*Kupsch* IV/4 Rdn. 53; a. A. – für Anwendung der Schutzklausel – ADS 6; Beck BilKomm-*Ellrott* 1.

[10] Vgl. dazu auch HuRB-*Bleckmann* S. 462 ff.

[11] Vgl. KK-*Claussen* §§ 284–288, § 160 AktG, 175; Baumbach/Hueck/*Schulze-Osterloh* § 42, 450. Weitergehend offenbar ADS 14.

[12] Beck BilKomm-*Ellrott* 3.

[13] ADS 16.

eine Abwägung zwischen dem Informationsinteresse der Bilanzadressaten und dem öffentlichen Wohl kommt es dagegen nicht an.[14]

8　　Wird von der Schutzklausel nach § 286 Abs. 1 Gebrauch gemacht, so ist – wie durch Umkehrschluß aus § 286 Abs. 3 S. 3 zu schließen ist – **über die Anwendung nicht zu berichten**. Dafür spricht auch der Zweck der Vorschrift (Geheimhaltung von Staatsgeheimnissen).[15]

III. Unterlassen der Aufgliederung der Umsatzerlöse (Abs. 2)

9　　§ 285 Nr. 4 verpflichtet große Kapitalgesellschaften (vgl. § 288) zu einer Aufgliederung der Umsatzerlöse nach Tätigkeitsbereichen bzw. geographisch bestimmten Märkten. Diese **Aufschlüsselung kann** nach § 286 Abs. 2 **unterbleiben**, wenn sie nach vernünftiger kaufmännischer Beurteilung geeignet ist, der Kapitalgesellschaft oder einem Unternehmen, von dem die Kapitalgesellschaft mindestens den fünften Teil der Anteile besitzt, einen erheblichen Nachteil zuzufügen. Anders als in Abs. 1 steht die Anwendung der Schutzklausel nach Abs. 2 im pflichtgemäßen Ermessen der Organe, die den Jahresabschluß aufstellen. Die Bedeutung dieser Schutzklausel wird als gering eingeschätzt.[16]

10　　Voraussetzung für ein Unterlassen der Aufgliederung ist, daß diese geeignet ist, der Kapitalgesellschaft bzw. einer Beteiligungsgesellschaft (vgl. dazu unten Rdn. 12) einen „erheblichen Nachteil" zuzufügen. Dies ist **jeweils gesondert** für die Aufgliederung nach Tätigkeitsbereichen und nach geographisch bestimmten Märkten festzustellen. Je nach den Umständen kann dann nur eine Art der Aufgliederung unterbleiben.[17] Die Entscheidung über die Inanspruchnahme der Schutzklausel ist nach „**vernünftiger kaufmännischer Beurteilung**" zu treffen. Dies schließt eine willkürliche Anwendung der Ausnahmevorschrift aus.[18]

11　　Der **Begriff des „Nachteils"** ist nicht weiter im Gesetz geregelt. Ein konkreter materieller Schaden ist nach dem Gesetzeswortlaut nicht erforderlich, vielmehr reicht jede Beeinträchtigung – auch immaterieller Art (z.B. Imageverlust) – aus, die zu (erheblichen) wirtschaftlichen Nachteilen führen kann.[19] Als Nachteil kommen danach in Betracht: Eine Verschlechterung der Wettbewerbslage gegenüber konkurrierenden und nicht offenlegungspflichtigen Unternehmen, z.B. wenn aus der Aufgliederung Erkenntnisse über eine besondere Marktstellung, die Ertragskraft einzelner Produkte oder die Preiskalkulation bzw. Gewinnmargen auf regionalen Märkten gewonnen werden können;[20] u.U. auch Verschlechterungen des öffentlichen Ansehens der Gesellschaft durch Angaben über bestimmte Produkte, Tätigkeitsbereiche oder Exportstaaten;[21] Beeinträchtigung der geschäftlichen Beziehungen zu bestimmten Ländern auf Grund von Informationen über Lieferungen in Feindstaaten.[22] Die Nach-

---

[14] KK-*Claussen* §§ 284–288 HGB, § 160 AktG, 174; **a.A.** aber wohl ADS 11.

[15] ADS 17; KK-*Claussen* §§ 284–288 HGB, § 160 AktG, 172; Beck BilKomm-*Ellrott* 4; Baumbach/Hueck/*Schulze-Osterloh* § 42, 450; **a.A.** wohl HuRB-*Bleckmann* S. 468.

[16] So schon *Biener/Berneke* S. 272; ebenso der empirische Befund bei *Ossadnik* BB 1993, 1765 f.

[17] ADS 22.

[18] So Baumbach/Hueck/*Schulze-Osterloh* § 42, 413; HdR-*Dörner/Wirth* §§ 284–288, 181; KK-*Claussen* §§ 284–288 HGB, § 160 AktG, 177.

Weitergehend ADS 29, Bonner HdR-*Krawitz* 17.

[19] Vgl. eingehend HuRB-*Flämig* S. 149 f.

[20] Vgl. näher ADS 23; HdR-*Dörner/Wirth* §§ 284–288, 182; Beck BilKomm-*Ellrott* 5; Baumbach/Hueck/*Schulze-Osterloh* § 42, 413; HuRB-*Flämig* S. 151; *Selchert* BB 1986 564; *GEFIU* Ausgewählte Probleme bei der Anwendung des Bilanzrichtlinien-Gesetzes S. 26.

[21] Vgl. ADS 23; *Selchert* BB 1986, 564.

[22] HdR-*Dörner/Wirth* §§ 284–288, 183; Baumbach/Hueck/*Schulze-Osterloh* § 42, 413.

teile müssen „**erheblich**" sein. Eine bloß geringfügige Beeinträchtigung der wirtschaftlichen Interessen der Kapitalgesellschaft oder einer Beteiligungsgesellschaft, wie sie stets mit der Publizität von Unternehmensdaten verbunden ist, reicht nicht aus.[23] Die Nachteile müssen vielmehr ein Maß erreichen, daß sie für die wirtschaftliche Lage des Unternehmens im Ganzen „spürbar" sind.[24] Ausreichend ist die „**Eignung**" der Aufgliederung zur Nachteilszufügung. Eine größere Wahrscheinlichkeit etc. ist also nicht erforderlich.[25] Ausreichend ist vielmehr, daß eine ernsthafte Gefahr besteht, daß durch die Angabe erhebliche Nachteile eintreten.[26]

Neben den Nachteilen für die Kapitalgesellschaft können auch solche **Nachteile** **12** einen Verzicht auf die Aufgliederung rechtfertigen, die nur **bei einer Beteiligungsgesellschaft** zu befürchten sind. Dabei sind aber nur solche Unternehmen zu berücksichtigen, an denen die Kapitalgesellschaft einen Anteil von mindestens 20 v. H. des Kapitals hält. Mangels besonderer Berechnungshinweise können die in § 285 Nr. 11 enthaltenen Grundsätze entsprechend herangezogen werden.[27]

Wird von der Schutzklausel Gebrauch gemacht, so besteht nach dem Gesetzes- **13** wortlaut – anders als in § 286 Abs. 3 S. 3 – keine Pflicht, die Anwendung der Ausnahmeregelung im Anhang anzugeben. Dieser Unterschied zwischen den Schutzklauseln nach Abs. 2 und 3 findet in der 4. EG-Richtlinie keine Grundlage.[28] Es handelt sich offenbar um ein Redaktionsversehen, welches im Wege richtlinienkonformer Auslegung zu korrigieren ist.[29] Der Verzicht auf eine Umsatzaufgliederung nach § 286 Abs. 2 ist folglich **im Anhang anzugeben**.[30]

IV. Unterlassen der Angaben zum Anteilsbesitz (Abs. 3)

Nach § 286 Abs. 3 können die nach § 285 Nr. 11 und Nr. 11a vorgeschriebenen **14** Angaben zum Anteilsbesitz im Anhang unter bestimmten Voraussetzungen unterbleiben. Die Vorschrift gilt für alle Kapitalgesellschaften und solche Unternehmen, die nach § 5 Abs. 2 PublG zur Aufstellung eines Anhangs verpflichtet sind.

1. Unterlassen der Angaben wegen untergeordneter Bedeutung (Abs. 3 S. 1 Nr. 1)

Angaben zu Beteiligungsgesellschaften nach § 285 Nr. 11 und Nr. 11a sind nach **15** § 286 Abs. 3 S. 1 Nr. 1 verzichtbar, wenn diese für die Darstellung der Vermögens-, Ertrags- und Finanzlage der Kapitalgesellschaft nach § 264 Abs. 2 von „untergeordneter Bedeutung" sind. § 286 Abs. 3 S. 1 Nr. 1 ist **gesetzlicher Ausdruck des „Wesentlichkeitsgrundsatzes"**, der auch sonst die Berichterstattung im Anhang einschränkt. Als Ausnahmevorschrift ist sie eng auszulegen, da die gesetzliche Angabepflicht nach § 285 Nr. 11 und Nr. 11a eine Vermutung für die Erheblichkeit dieser Angaben begründet.[31] Für die Beurteilung der „untergeordneten Bedeutung" sind alle drei Elemente des Bildes i. S. v. § 264 Abs. 2 zu prüfen. Dabei ist vorrangig auf die Bedeutung des Beteiligungsengagements im Verhältnis zum Gesamtvermögen etc. abzustellen.[32]

[23] Vgl. HuRB-*Flämig* S. 150.
[24] So ADS 24; HdR-*Dörner/Wirth* §§ 284–288, 173.
[25] HdR-*Dörner/Wirth* §§ 284–288, 182.
[26] *Baumbach/Duden/Hopt* 2; ADS 25.
[27] ADS 27; Beck BilKomm-*Ellrott* 5.
[28] Siehe oben Rdn. 2.

[29] *Zimmermann* DStR 1998, 1975; Beck BilKomm-*Ellrott* 6; MünchKommHGB-*Lange* 36; vgl. auch *Bernhards* DStR 1995, 1366.
[30] **A. A.** ADS 20; Bonner HdR-*Krawitz* 19.
[31] ADS 33, 40; Baumbach/Hueck/*Schulze-Osterloh* § 42, 439.
[32] Vgl. näher ADS 36 ff; Beck BilKomm-*Ellrott* 8.

Soweit – wenn auch nur auf Grund einzelner Elemente – die Beteiligung nicht von untergeordneter Bedeutung ist, sind grundsätzlich alle in § 285 Nr. 11 und Nr. 11a geforderten Angaben zu machen. Beurteilungsmaßstab für die „Bedeutung" der Angaben ist zunächst das einzelne Beteiligungsunternehmen. Allerdings ist in dem Fall, daß einzelne Beteiligungsengagements für sich betrachtet nur von untergeordneter Bedeutung sind, die Ausnahmevorschrift dann nicht anwendbar, wenn zumindest bei einer Gesamtbetrachtung aller Beteiligungen Angaben erforderlich sind, um das von § 264 Abs. 2 geforderte Bild zu vermitteln.[33] Über den Verzicht auf Angaben nach § 286 Abs. 3 S. 1 Nr. 1 braucht im Anhang nicht berichtet zu werden.

2. Unterlassen der Angaben wegen erheblicher Nachteile (Abs. 3 S. 1 Nr. 2)

16   Auf Angaben nach § 285 Nr. 11 und Nr. 11a kann ferner verzichtet werden, wenn sie nach vernünftiger kaufmännischer Beurteilung **geeignet sind, der Kapitalgesellschaft oder dem anderen Unternehmen einen erheblichen Nachteil zuzufügen** (§ 286 Abs. 3 S. 1 Nr. 2). Hinsichtlich der Begriffe „vernünftige kaufmännische Beurteilung", „Eignung" zur Nachteilszufügung und „erheblicher Nachteil" gelten die zu § 286 Abs. 2 getroffenen Aussagen entsprechend.[34] Eine Anwendung der Schutzklausel nach Abs. 3 S. 1 Nr. 2 ist z. B. in Betracht zu ziehen, wenn das Beteiligungsunternehmen Produkte vertreibt, die mit den Erzeugnissen der Großkunden der Gesellschaft in Konkurrenz stehen, oder das Beteiligungsunternehmen auch für Konkurrenzunternehmen tätig ist.[35] Ferner können Angaben zu regional tätigen Vertriebsgesellschaften den Wettbewerbern Einblicke in die Gewinnmargen auf den jeweiligen Märkten gewähren.[36] Über die Anwendung der Schutzklausel ist nach Abs. 3 S. 3 im Anhang zu berichten.

3. Unterlassen der Angaben über nicht offenlegungspflichtige Unternehmen (Abs. 3 S. 2)

17   Nach Abs. 3 S. 2 kann die Angabe des Eigenkapitals und des Jahresergebnisses einer Beteiligungsgesellschaft unterbleiben, wenn **das betreffende Unternehmen seinen Jahresabschluß nicht offenzulegen hat und die Kapitalgesellschaft weniger als die Hälfte der Anteile besitzt.** Die Ausnahmeregelung gilt nur für die beiden genannten Angaben. Die Pflicht zu den anderen Angaben (Name, Sitz, Beteiligungshöhe) bleibt unberührt.[37] Die Regelung betrifft vor allem Personengesellschaften, die nicht zur Rechnungslegung und Offenlegung verpflichtet sind (vgl. aber § 264a), ferner – beschränkt auf die Nichtangabe des Jahresergebnisses – Unternehmen, die von der Vorschrift des § 9 Abs. 2 PublG Gebrauch machen. Kleine Kapitalgesellschaften sind dagegen nicht erfaßt, weil diese nach §§ 325, 326 die Bilanz und den Anhang offenzulegen haben, also jedenfalls hinsichtlich des Eigenkapitals und – wenn die Bilanz nicht nach § 268 Abs. 1 S. 2 aufgestellt wird – des Jahresergebnisses offenlegungspflichtig sind.[38] Der Ausnahmetatbestand umfaßt nur Beteiligungen mit einer Beteiligungsquote zwischen 20 und 50 v. H., da bei kleineren Beteiligungen ohnehin keine Angabepflicht

---

[33] ADS 40; Baumbach/Hueck/*Schulze-Osterloh* § 42, 439; Beck BilKomm-*Ellrott* 8; Bonner HdR-*Krawitz* 24.

[34] Vgl. oben Rdn. 10 f.

[35] Baumbach/Hueck/*Schulze-Osterloh* § 42, 440; ADS 44; Bonner HdR-*Krawitz* 26.

[36] *GEFIU* Ausgewählte Probleme bei der Anwendung des Bilanzrichtlinien-Gesetzes S. 26.

[37] ADS 46.

[38] ADS 48; KK-*Claussen* §§ 284–288 HGB, § 160 AktG, 182; MünchKommHGB-*Lange* 55; Baumbach/Hueck/*Schulze-Osterloh* § 42, 441; differenzierend nach Aufstellung der Bilanz gemäß § 268 Abs. 1 S. 2 Bonner HdR-*Krawitz* 30; **a. A.** Beck BilKomm-*Ellrott* 10; wohl auch HdR-*Dörner/Wirth* §§ 284–288, 281 f.

nach § 285 Nr. 11 besteht. Hinsichtlich der Berechnung der Beteiligungsquote gilt § 285 Nr. 11 3. Teilsatz entsprechend.[39] Die Anwendung der Regelung steht im pflichtgemäßen Ermessen der zuständigen Organe, darf also nicht willkürlich ausgeübt werden.[40] Ferner ist der Grundsatz der Ausweisstetigkeit zu beachten.[41]

V. Unterlassen der Angaben zu den Bezügen der Organmitglieder (Abs. 4)

Nach § 285 Nr. 9a und b sind mittelgroße und große Kapitalgesellschaften verpflichtet, die Gesamtbezüge der aktiven und früheren Mitglieder des Geschäftsführungsorgans, eines Aufsichtsrats, Beirats oder einer ähnlichen Einrichtung sowie die Hinterbliebenenbezüge anzugeben. Diese Angaben können nach § 286 Abs. 4 unterbleiben, **wenn sich anhand der Angaben die Bezüge eines Mitglieds dieser Organe feststellen lassen**. Die Schutzklausel des Abs. 4 gilt für alle Kapitalgesellschaften. Sie hat nur Bedeutung für die Angabepflichten im Anhang. Auskunfts- und Informationsrechte der Gesellschafter (§ 131 Abs. 1 AktG, § 51a GmbHG) bleiben dagegen unberührt, da § 286 Abs. 4 nur das Verhältnis der Gesellschaft zur Öffentlichkeit, nicht aber zu den Gesellschaftern betrifft.[42] **18**

Die Regelung des § 286 Abs. 4 dient dem **Datenschutz**.[43] Das persönliche Einkommen gehört zu den schutzwürdigen Daten der betreffenden Personenkreise. Diesem Gesichtspunkt kommt nach dem Willen des Richtliniengebers nicht nur bei kleinen und mittelgroßen Kapitalgesellschaften Bedeutung zu, weshalb Art. 4 der Mittelstandsrichtlinie auch bei großen Kapitalgesellschaften einen Verzicht auf entsprechende Angaben zuläßt. **19**

§ 286 Abs. 4 spricht – abweichend von Art. 4 der Mittelstandsrichtlinie („Status") – von „**Bezüge**". Der deutsche Gesetzgeber beabsichtigte damit aber eine keine Einschränkung gegenüber der Richtlinie, sondern nur eine sprachliche Abstimmung mit § 285 Nr. 9a und b („Gesamtbezüge").[44] **20**

§ 286 Abs. 4 setzt zunächst voraus, daß die betreffenden Organmitglieder, deren Bezüge sich aus der Angabe der Gesamtbezüge feststellen lassen, **als Person bekannt** sind. Dies ist für die in § 285 Nr. 10 genannten Personen grundsätzlich zu bejahen.[45] Im übrigen hängt es von den für die Jahresabschlußadressaten zugänglichen Informationen (Geschäftsberichte etc.) ab, ob sich der weitere Personenkreis (Mitglieder von Beiräten und ähnlichen Einrichtungen, frühere Organmitglieder, Hinterbliebene) ermitteln läßt.[46] **21**

Feststellbarkeit der Bezüge eines Mitglieds. Die Regelung ist nach Wortlaut und Zweck stets anwendbar, wenn die Gesellschaft überhaupt nur über ein Vorstandsmitglied oder einen Geschäftsführer bzw. ein einziges früheres Organmitglied verfügt, da dann die Angabe der „Gesamtbezüge" zugleich auch dessen persönliche Bezüge offenbart.[47] Fraglich ist, unter welchen Voraussetzungen die Schutzklausel bei mehr- **22**

---

[39] ADS 50.
[40] Statt aller Baumbach/Hueck/*Schulze-Osterloh* § 42, 441.
[41] Beck BilKomm-*Ellrott* 10.
[42] Vgl. OLG Düsseldorf DB 1997, 1609 (betreffend Auskunftsrecht des Aktionärs); *Klatte* BB 1995, 37; *Kempter* BB 1996, 420.
[43] Vgl. BTDrucks. 12/7912 S. 23; *BMJ* DB 1995, 639.

[44] *BMJ* DB 1995, 639; ebenso *Klatte* BB 1995, 36; *Feige/Ruffert* DB 1995, 637
[45] Vgl. nur Bonner HdR-*Krawitz* 48.
[46] Siehe näher ADS 53; *Klatte* BB 1995, 37.
[47] Statt aller ADS 54; Bonner HdR-*Krawitz* 53; *Pfitzer/Wirth* DB 1994, 1938.

Rainer Hüttemann

köpfigen Leitungs- und Kontrollorganen eingreift. In diesem Fall ist eine Anwendbarkeit jedenfalls dann gegeben, wenn nur eines der Mitglieder von der bericht-
erstattungspflichtigen Kapitalgesellschaft bezahlt wird, so daß sich die Angabe der
Gesamtbezüge wiederum mit den persönlichen Bezügen dieses Mitglieds deckt.[48]
Gleiches gilt in dem Fall, daß eines von zwei Mitgliedern im Berichtsjahr nur sehr kurz
für die Gesellschaft tätig war, so daß die Gesamtbezüge nahezu ausschließlich dem
anderen Mitglied zurechenbar sind.[49] Ferner ist § 286 Abs. 4 bei mehrköpfigen Organen anwendbar, wenn der Verteilungsschlüssel z. B. aus der Satzung bekannt ist.[50]

23 **Schutz vor Einblick in „durchschnittliche Pro-Kopf-Bezüge"?** Zweifelhaft ist
dagegen, ob es für die Anwendung des § 286 Abs. 4 bereits ausreicht, daß bei mehrköpfigen Organen aus der Angabe der Gesamtbezüge nach § 285 Nr. 9a und b unter
Berücksichtigung der Anzahl der Organmitglieder die durchschnittlichen Jahres-
bezüge der einzelnen Organmitglieder errechnet werden können. Dies wird vom BMJ
und der überwiegenden Ansicht mit dem Argument bejaht, ein schutzwürdiges Interesse der Organmitglieder bestehe bereits dann, wenn die Größenordnung der Bezüge
eines Mitglieds auf diese Weise geschätzt werden kann.[51] Nach dieser Auffassung ist
§ 286 Abs. 4 folglich schon dann anzuwenden, wenn die Zahl der Organmitglieder
bekannt ist und die Mitglieder in etwa gleich hohe Bezüge erhalten, so daß durch eine
Durchschnittsberechnung mehr oder weniger genau auf die Pro-Kopf-Bezüge der
Organmitglieder geschlossen werden kann.[52] Gegen eine derart weite Auslegung der
Schutzklausel ist zu Recht der Einwand erhoben worden, daß bei einer solchen
Betrachtung die Ausnahme von § 285 Nr. 9a und b zur Regel werde.[53] Dies wider-
spricht aber dem Sinn einer „Ausnahmevorschrift", wie es § 286 Abs. 4 nach seiner
systematischen Stellung ist.[54] Es gibt auch keinen Grund für die Annahme, daß der
Richtliniengeber dem Datenschutz einen solchen Vorrang vor dem Informationsinter-
esse der Öffentlichkeit eingeräumt hat. Schließlich spricht auch der Wortlaut der
Regelung gegen einen datenrechtlichen Schutz der durchschnittlichen „Pro-Kopf-
Bezüge". Das Gesetz fordert, daß sich die Bezüge eines Mitglieds „feststellen lassen".
Dies verlangt zwar keine exakte Ermittlung der individuellen Bezüge „in Mark und
Pfennig", aber doch eine hinreichend genaue Betragsangabe, was bei einer Durch-
schnittsgröße schon wegen der verschiedenen denkbaren Verteilungsschlüssel nicht
gegeben sein kann.[55] Dies gilt auch in dem Fall, daß der Durchschnittsbetrag auf
Grund tatsächlicher Gleichverteilung zufällig mit den tatsächlichen individuellen
Bezügen übereinstimmt.[56] Somit reicht die Möglichkeit einer Durchschnittsberechnung auf Grund der bekannten Zahl von Vorstandsmitgliedern für eine Anwendung
der Schutzklausel nicht aus.[57]

24 Das Vorliegen der Voraussetzungen des § 286 Abs. 4 ist für jede der in § 285 Nr. 9a
und b erwähnten Personengruppen **gesondert** zu prüfen.[58]

---

[48] ADS 55.
[49] *Klatte* BB 1995, 37.
[50] *Pfitzer/Wirth* DB 1994, 1939; ebenso OLG Düsseldorf DB 1997, 1609.
[51] Vgl. *BMJ* DB 1995, 639. Dem folgend *Kling* BB
1995, 349; *Kempter* BB 1996, 419; *Feige/Ruffert*
DB 1995, 638; wohl auch OLG Düsseldorf DB
1997, 1609: Schutz greife, wenn die Bezüge sich
„annähernd verläßlich schätzen lassen". Für Verzicht auf Angaben als Regelfall offenbar *Biener*
WPg 1993, 708.

[52] *BMJ* DB 1995, 639.
[53] *Pfitzer/Wirth* DB 1994, 1938.
[54] ADS 54.
[55] Bonner HdR-*Krawitz* 51.
[56] Bonner HdR-*Krawitz* 57.
[57] ADS 56a; Bonner HdR-*Krawitz* 51, 55; HdR-
Dörner/Wirth §§ 284–288, 261; Baumbach/
Hueck/*Schulze-Osterloh* § 42, 434a; *Pfitzer/
Wirth* DB 1994, 1938f; ebenso LG Köln DB
1997, 321.
[58] Bonner HdR-*Krawitz* 42.

§287
Aufstellung des Anteilsbesitzes

Die in § 285 Nr. 11 und 11a verlangten Angaben dürfen statt im Anhang auch in einer Aufstellung des Anteilsbesitzes gesondert gemacht werden. Die Aufstellung ist Bestandteil des Anhangs. Auf die besondere Aufstellung nach Satz 1 und den Ort ihrer Hinterlegung ist im Anhang hinzuweisen.

Übersicht

	Rdn.			Rdn.
I. Allgemeines	1		III. Hinterlegung	4
II. Aufstellung des Anteilsbesitzes	2, 3			

Schrifttum

Gschrei Die Berichterstattung über den Anteilsbesitz im Jahresabschluß, BB 1990, 1587; *Wehrheim* Angaben zum Anteilsbesitz im Einzel- bzw. Konzernanhang BB 1995, 454.

I. Allgemeines

§ 287 erlaubt den Kapitalgesellschaften, die nach § 285 Nr. 11 und Nr. 11a verlang- **1** ten Angaben zum Beteiligungsbesitz außerhalb des Anhangs in einer besonderen „Aufstellung des Anteilsbesitzes" zu machen. Soweit von diesem **Publizitätswahlrecht** Gebrauch gemacht wird, entfällt insoweit nach § 325 Abs. 2 S. 2 für große Kapitalgesellschaften die Bekanntmachung im Bundesanzeiger. Vielmehr genügt die Einreichung der Liste zum Handelsregister. Auf diese Weise wird der Bundesanzeiger von der Veröffentlichung der u.U. sehr umfangreichen Auflistung des Beteiligungsbesitzes entlastet, wodurch aber der Einblick in die finanziellen Verflechtungen der berichtenden Kapitalgesellschaft erschwert wird.[1] Für kleine und mittelgroße Kapitalgesellschaften besteht ein Vorteil nur dann, wenn sie den Anhang freiwillig veröffentlichen und davon die Angaben nach § 285 Nr. 11 und Nr. 11a ausnehmen wollen. § 287 betrifft aber nur den Ort der Berichterstattung über den Anteilsbesitz. Die Angabepflichten nach § 285 Nr. 11 und Nr. 11a selbst bleiben dagegen unberührt. Die Regelung beruht auf Art. 45 Abs. 1 Buchst. a der 4. EG-Richtlinie. Sie findet Anwendung auf alle Kapitalgesellschaften und Personenhandelsgesellschaften i. S. v. § 264a, Genossenschaften (§ 336 Abs. 2), Kreditinstitute und Versicherungsunternehmen. Sie gilt ferner entsprechend für Unternehmen, die nach § 5 Abs. 2 PublG publizitätspflichtig sind.

II. Aufstellung des Anteilsbesitzes

§ 287 gewährt ein Wahlrecht, die nach § 285 Nr. 11 und Nr. 11a geforderten An- **2** gaben „statt" im Anhang auch in einer Aufstellung des Anteilsbesitzes zu machen. Aus der Formulierung „statt" ist zu schließen, daß die gesamten Angaben entweder im Anhang oder in der Aufstellung zu erfolgen haben. Eine Aufspaltung mit einer Teilangabe im Anhang (etwa beschränkt auf die wesentlichen Beteiligungsgesellschaften)

---

[1] *Gschrei* BB 1990, 1589.

Rainer Hüttemann

und einer Restangabe in einer Aufstellung ist somit nicht zulässig.[2] Denkbar bleibt aber die Nennung einzelner Beteiligungen im Anhang als freiwillige, zusätzliche Angabe (mit entsprechendem Hinweis) neben einer vollständigen gesonderten Aufstellung des Anteilsbesitzes.[3]

3   Die Aufstellung des Anteilsbesitzes bleibt ein **Teil des Anhangs** (§ 287 S. 2). Sie unterliegt deshalb dem Stetigkeitsgebot, ist Bestandteil des Feststellungsbeschlusses und ist auch Gegenstand der Abschlußprüfung. Deshalb ist die Aufstellung auch erneut zu prüfen, wenn sie nach Vorlage des Prüfungsberichtes geändert wird. Aus der formalen Einbeziehung der Aufstellung in den Anhang folgt schließlich auch, daß die Aufstellung vor der Hauptversammlung auszulegen und der Hauptversammlung vorzulegen ist (§§ 175 Abs. 2 S. 1, 176 AktG) sowie einem Aktionär auf Verlangen eine Abschrift anzufertigen ist (§ 175 Abs. 2 S. 2 AktG);[4] bei einer GmbH ergibt sich die Vorlagepflicht gegenüber den Gesellschaftern aus § 42a Abs. 1 S. 1 GmbHG. Durch diese Einsichtsrechte werden die mit § 287 verbundenen Einschränkungen der Publizität zumindest gegenüber den Gesellschaftern wieder ausgeglichen.

III. Hinterlegung

4   Nach § 287 S. 3 ist auf die besondere Aufstellung des Anteilsbesitzes und den Ort ihrer Hinterlegung **im Anhang hinzuweisen**. Letzteres meint zunächst nur den Ort des Handelsregisters, bei dem die Aufstellung eingereicht worden ist. Zweckmäßig ist aber darüber hinaus auch die Angabe der Registernummer.

§ 288
Größenabhängige Erleichterungen

Kleine Kapitalgesellschaften im Sinne des § 267 Abs. 1 brauchen die Angaben nach § 284 Abs. 2 Nr. 4, § 285 Nr. 2 bis 8 Buchstabe a, Nr. 9 Buchstabe a und b und Nr. 12 nicht zu machen. Mittelgroße Kapitalgesellschaften im Sinne des § 267 Abs. 2 brauchen die Angaben nach § 285 Nr. 4 nicht zu machen.

Übersicht

	Rdn.		Rdn.
I. Allgemeines	1–4	III. Anhang der mittelgroßen Kapital-	
II. Anhang der kleinen Kapital-		gesellschaft	7
gesellschaft	5, 6		

Schrifttum

Vgl. die Angaben zu § 267.

---

[2] Ebenso Bonner HdR-*Krawitz* 5; KK-*Claussen* §§ 284–288 HGB, § 160 AktG, 184. **A. A.** Beck BilKomm-*Ellrott* 2; ADS 5.

[3] Bonner HdR-*Krawitz* 6.

[4] Vgl. *Wehrheim* BB 1995, 456.

I. Allgemeines

§ 288 enthält verschiedene **größenabhängige Erleichterungen** bei der Erstellung   **1**
des Anhangs. Kleine Kapitalgesellschaften (§ 267 Abs. 1) sind von den Angaben nach
§ 284 Abs. 2 Nr. 4, § 285 Nr. 2 bis 5, 7, 8a, 9a und b sowie 12 befreit. Mittelgroße Kapitalgesellschaften (§ 267 Abs. 2) brauchen die Angaben nach § 285 Nr. 4 nicht zu
machen. Die Befreiungsregelung für kleine Kapitalgesellschaften in Satz 1 beruht auf
dem Mitgliedstaatenwahlrecht in Art. 44 der 4. EG-Richtlinie, die Erleichterung für
mittelgroße Kapitalgesellschaften nach Satz 2 auf Art. 45 Abs. 2 der 4. EG-Richtlinie.

Der Anwendungsbereich des § 288 umfaßt nur Kapitalgesellschaften und Perso-   **2**
nenhandelsgesellschaften i. S. v. § 264a sowie – mit Modifikationen (vgl. § 336 Abs. 2
S. 1) – Genossenschaften. Das PublG kennt naturgemäß keine größenabhängigen
Erleichterungen, weshalb auch § 288 nicht von der Verweisung in § 5 PublG umfaßt
wird. Keine Anwendung findet die Vorschrift auch bei Kreditinstituten (vgl. § 340a
Abs. 2 S. 1) und Versicherungsunternehmen (§ 341a Abs. 2 S. 1).

Nach § 288 „brauchen" die betreffenden Gesellschaften die genannten Angaben   **3**
nicht zu machen. Die Inanspruchnahme der Erleichterungen steht mithin im **pflichtgemäßen Ermessen** der für die Aufstellung des Jahresabschlusses zuständigen Gesellschaftsorgane. Allerdings ist dabei der Stetigkeitsgrundsatz zu beachten. Der Gesellschaft ist es folglich verwehrt, ohne sachlichen Grund in aufeinanderfolgenden
Jahresabschlüssen von den Erleichterungsvorschriften unterschiedlichen Gebrauch
zu machen.[1]

Die größenabhängigen Erleichterungen nach § 288 betreffen nur die Erstellung des   **4**
Anhangs, lassen aber die **Einsichts- und Informationsrechte der Gesellschafter**
unberührt. So kann nach § 131 Abs. 1 S. 3 AktG jeder Aktionär die Vorlage eines vollständigen Jahresabschlusses einschließlich der nach § 288 nicht vorgeschriebenen
Angaben verlangen. Bei der GmbH fehlt eine entsprechende Regelung, so daß sich
eine entsprechende Pflicht nur aus der Satzung ergeben kann. Daneben bleibt aber das
Auskunfts- und Einsichtsrecht des GmbH-Gesellschafters nach § 51a Abs. 1 GmbHG
zu beachten.

II. Anhang der kleinen Kapitalgesellschaft

Kleine Kapitalgesellschaften (vgl. näher § 267 Abs. 1) brauchen nach § 287 S. 1 fol-   **5**
gende Angaben nicht zu machen:

§ 284 Abs. 2: Angabe der Unterschiedsbeträge bei Anwendung einer Bewertungsmethode nach § 240 Abs. 4, § 256 S. 1, wenn die Bewertung im Vergleich zu einer
Bewertung auf der Grundlage des letzten vor dem Abschlußstichtag bekannten Börsenkurses oder Marktpreises einen erheblichen Unterschied aufweist;

§ 285 Nr. 2: Aufgliederung der in der Bilanz ausgewiesenen Verbindlichkeiten mit
einer Restlaufzeit von mehr als 5 Jahren und der gesicherten Verbindlichkeiten für
jeden einzelnen Posten;

§ 285 Nr. 3: Angabe des Gesamtbetrages der aus der Bilanz nicht ersichtlichen sonstigen finanziellen Verpflichtungen unter gesonderter Angabe der Verpflichtungen
gegenüber verbundenen Unternehmen;

---

[1] ADS 4; Bonner HdR-*Krawitz* 3.

§ 285 **Nr. 4**: Aufgliederung der Umsatzerlöse nach Tätigkeitsbereichen sowie nach geographisch bestimmten Märkten, soweit sich die Tätigkeitsbereiche und Märkte untereinander erheblich unterscheiden;

§ 285 **Nr. 5**: Angabe des Ausmaßes der Beeinflussung des Jahresergebnisses und erheblicher künftiger Belastungen durch die Anwendung steuerrechtlicher Sondervorschriften;

§ 285 **Nr. 6**: Angabe der Belastung des Ergebnisses der gewöhnlichen Geschäftstätigkeit und des außerordentlichen Ergebnisses durch Steuern vom Einkommen und vom Ertrag;

§ 285 **Nr. 7**: Angabe der durchschnittlichen Zahl der während des Geschäftsjahres beschäftigten Arbeitnehmer getrennt nach Gruppen;

§ 285 **Nr. 8a**: Angabe des Materialaufwandes bei Anwendung des Umsatzkostenverfahrens;

§ 285 **Nr. 9a**: Angabe der im Geschäftsjahr gewährten Gesamtbezüge für die Mitglieder des Geschäftsführungsorgans, eines Aufsichtsrats, eines Beirats oder einer ähnlichen Einrichtung;

§ 285 **Nr. 9b**: Die Gesamtbezüge der früheren Organmitglieder einschließlich der Beträge der für diese Personengruppe gebildeten Pensionsrückstellungen;

§ 285 **Nr. 12**: Erläuterung von nicht gesondert ausgewiesenen sonstigen Rückstellungen, wenn sie einen nicht unerheblichen Umfang haben.

6   Über die vorstehend aufgezählten entfallenden Angabepflichten hinaus ergeben sich **weitere Erleichterungen** auf Grund von §§ 266 Abs. 1 S. 3, 274a und 276 S. 2.

III. Anhang der mittelgroßen Kapitalgesellschaft

7   Mittelgroße Kapitalgesellschaften (vgl. § 267 Abs. 2) sind nach § 287 S. 2 von der Pflicht zur Aufgliederung der Umsatzerlöse nach Tätigkeitsbereichen bzw. geographisch bestimmten Märkten (§ 285 Nr. 4) befreit.

Sechster Titel

Lagebericht

§ 289

(1) Im Lagebericht sind zumindest der Geschäftsverlauf und die Lage der Kapitalgesellschaft so darzustellen, daß ein den tatsächlichen Verhältnissen entsprechendes Bild vermittelt wird; dabei ist auch auf die Risiken der künftigen Entwicklung einzugehen.

(2) Der Lagebericht soll auch eingehen auf:
1. Vorgänge von besonderer Bedeutung, die nach dem Schluß des Geschäftsjahres eingetreten sind;
2. die voraussichtliche Entwicklung der Kapitalgesellschaft;
3. den Bereich Forschung und Entwicklung;
4. bestehende Zweigniederlassungen der Gesellschaft.

Übersicht

	Rdn.
I. Einführung	1
II. Grundlagen	2
1. Entstehungsgeschichte	3
a) Geschäftsbericht nach Handels- und Aktienrecht	5
b) Lagebericht nach der EG-Bilanzrichtlinie – das Zwei-Säulen-Konzept	8
c) Bilanzrichtlinie-übersteigende Erstreckungen	14
d) Konkretisierungen nach dem KonTraG	15
2. Lagebericht-Erstattung in der Praxis	18
a) Normatives Umfeld	18
b) Grundsätze ordnungsgemäßer Lagebericht-Erstattung	19
c) IDW-Verlautbarungen	23
3. Systematische Zusammenhänge	25
a) Lagebericht und Jahresabschluß	26
b) Lagebericht-Erstattung und Lageberichtsprüfung	36
c) Lagebericht und Ad-hoc-Meldung	42
III. Berichtsadressaten und Funktionen	43
1. Berichtsadressaten und Berichts- empfänger	44
2. Berichtsadressaten und inhaltliche Ausgestaltung des Lageberichts	47
3. Lagebericht-Erstattung und Informations-Interessen der Allgemeinheit	53
IV. Allgemeiner Teil des Lageberichts-Rechts	55
1. Die für die Berichtspflicht Verantwortlichen	56
a) Gesetzliche Vertreter der Kapitalgesellschaft	56
b) Aufsichtsrat	58
c) Abschlußprüfer	60
2. Umfang des Lageberichtskreises	61
a) Unternehmens-tragende Kapitalgesellschaften	62
b) Konzern	63

	Rdn.
c) Beteiligungsbesitz	66
d) Teilfunktions-Träger	67
3. Zusatzinformation zur Zweig- niederlassung (§ 289 Abs. 2 Nr. 4)	68
4. Der Lageberichtskreis konzern- abhängiger Gesellschaften	71
a) Konzernspezifische Zusatz- informationen	72
b) Informationsbeschaffung	74
5. Allgemeine Berichtsgrundsätze (§ 289 Abs. 1)	76
a) Diskussion der Rechtsgrund- lage	76
b) Die Rechtsgrundlagen im allge- meinen Zivilrecht	79
c) Die Hauptprinzipien der Lage- bericht-Erstattung	80
6. Publizität und Geheimhaltung (§ 286 analog?)	86
a) Regelung des Gemeinschafts- rechts	87
b) Konsequenzen für das deutsche Recht	90
c) Praktische Folgerungen	91
7. Reaktionen und Sanktionen	93
a) Reaktionen des Abschluß- prüfers	94
b) Haftung auf Schadenersatz	97
c) Öffentlich-rechtliche Sank- tionen	99
V. Die Lageberichtsteile im einzelnen	102
1. Zur normativen Grundstruktur der Lageberichts-Vorgaben (§ 289 Abs. 2)	103
2. Die Zukunftselemente innerhalb der Lagedarstellung (Abs. 1 HS 2, Abs. 2 Nr. 2)	109
3. Nachträgliche Vorgänge (Abs. 2 Nr. 1)	113
4. Lagebericht zu Forschung und Entwicklung (Abs. 2 Nr. 3)	116
5. Zweigniederlassungen (Abs. 2 Nr. 4)	118
VI. Freiwillige Zusatzangaben?	119

Schrifttum

Adler/Düring/Schmaltz Rechnungslegung und Prüfung der Unternehmen, 6. Aufl. (1995); *Baetge* Bilanzen, 4. Aufl. (1996); *Baetge/Kirsch/Thiele* Konzernbilanzen, 5. Aufl. (2000); *Baetge/ Fischer/ Paskert* Der Lagebericht – Aufstellung, Prüfung und Offenlegung (1998); *Baumbach/ Hopt* Handelsgesetzbuch, 30. Aufl. (2000); Beck'scher Bilanz-Kommentar, 4. Aufl. (1999); *Biener/ Berneke* Bilanzrichtlinien-Gesetz (abgekürzt: BiRiLiG) (1986); *Böcking* Zum Verhältnis von Rechnungslegung und Kapitalmarkt: Vom „financial accounting" zum „business reporting", ZfbF 1998, 17; *Böcking/Orth* Kann das KonTraG einen Beitrag zur Verringerung der Erwartungslücke leisten? WPg 1998, 351; *Böcking/Orth* Mehr Kontrolle und Transparenz im Unternehmensbereich durch eine Verbesserung der Qualität der Abschlußprüfung? BFuP 1999, 418; *Dörner/Bischof* Aufstellung des Lageberichts und Konzernlageberichts, Dörner/Menold/Pfitzer

Peter Hommelhoff

(Hrsg.), Reform des Aktienrechts, der Rechnungslegung und -prüfung (1999); *Dörner/Bischof* Zweifelsfragen zur Berichterstattung über die Risiken der künftigen Entwicklung im Lagebericht, WPg 1999, 445; *Druey* Information als Gegenstand des Rechts (1995); *Ensthaler* Gemeinschaftskommentar zum HGB, 6. Aufl. (1999); *Fey* Die Angabe bestehender Zweigniederlassungen im Lagebericht nach § 289 Abs. 2 Nr. 4 HGB, DB 1994, 485; *Forum Europaeum Konzernrecht* Konzernrecht für Europa, ZGR 1998, 672; *Friedrich* Der Lagebericht aus wettbewerbsrechtlicher Sicht, BB 1990, 741; *Gelhausen* Erläuterungen zu den für Kapitalgesellschaften geltenden ergänzenden Vorschriften zum Jahresabschluß und zum Lagebericht sowie zum Abhängigkeitsbericht, Institut der Wirtschaftsprüfer (Hrsg.), Wirtschaftsprüferhandbuch 1996, Band I, 11. Aufl. (1996), Abschnitt F; *Hartmann* Das neue Bilanzrecht und der Gesellschaftsvertrag der GmbH, 1986; *Hommelhoff* Die neue Position des Abschlußprüfers im Kraftfeld der aktienrechtlichen Organisationsverfassung, BB 1998, 2567, 2625; *ders.* Konzernspezifische Komplettierungen in der Rechnungslegung von Konzernunternehmen, Hübner/Ebke (Hrsg.), Festschrift für Bernhard Großfeld (1999) S. 443; *Hütten* Der Geschäftsbericht als Informationsinstrument (2000); *Kleindiek* Geschäftsleitertätigkeit und Geschäftsleitungskontrolle: Treuhänderische Vermögensverwaltung und Rechnungslegung, ZGR 1998, 466; *Knobbe-Keuk* Bilanz- und Unternehmenssteuerrecht, 9. Aufl. (1993); *Kropff* Der Lagebericht nach geltendem und künftigem Recht, BFuP 1980, 514; *Küting/Hütten* Die Lageberichterstattung über Risiken der künftigen Entwicklung, AG 1997, 250; *Küting/Weber* Handbuch der Rechnungslegung, 4. Aufl. (1995); *dies.* Handbuch der Konzernrechnungslegung (1989); *Lange* Grundsätzliche und unbegrenzte Pflicht zur Berichterstattung im Lagebericht? BB 1999, 2447; *Lange* Risikoberichterstattung nach KonTraG und KapCoRiLiG, DStR 2001, 227; *Lutter* Europäisches Unternehmensrecht, 4. Aufl. (1996); ders. (Hrsg.), Holding-Handbuch, 3. Aufl. (1998); *Müller* Der Lagebericht, Castan u. a. m. (Hrsg.), Beck'sches Handbuch der Rechnungslegung, Band I, Stand März 1999; Münchener Kommentar zum HGB, Band 4; München 2001; *Nonnenmacher* Abschlußprüfung und wirtschaftliche Lage des Unternehmens, Ballwieser u. a. m. (Hrsg.), Festschrift für Hermann Clemm (1996) S. 261ff; *Reittinger* Der Lagebericht, v. Wysocki/Schulze-Osterloh (Hrsg.), Handbuch des Jahresabschlusses in Einzeldarstellungen (1994); *Scholz* Kommentar zum GmbH-Gesetz, 8. Aufl. (1993); *C. Schwarz* Europäisches Gesellschaftsrecht (2000); *Selch* Die Entwicklung der gesetzlichen Regelungen zum Lagebericht seit dem Aktiengesetz von 1965 bis zum KapCoRiLiG von 2000, WPg 2000, 357; *Semler* Erläuterungs- und Lagebericht, Quartalsberichte sowie Formen der Publizität, Bierich u. a. m. (Hrsg.), Rechnungslegung nach neuem Recht, ZGR-Sonderheft 2 (1980) S. 177 ff; *Sieben* Offene Fragen bei der Erstellung und Prüfung des Lageberichts, Havermann (Hrsg.), Festschrift für Goerdeler (1987) S. 581 ff; *Stobbe* Der Lagebericht, BB 1988, 303; *Wiedmann* Bilanzrecht (1999).

I. Einführung

1   Innerhalb der Rechnungslegung, die Kapitalgesellschaften vorzulegen und zu veröffentlichen haben, ist der Lagebericht das zweite Informationsinstrument neben dem (aus Bilanz, Gewinn- und Verlustrechnung sowie Anhang zusammengesetzten) Jahresabschluß. Während in diesem die Lage der Gesellschaft ihren Niederschlag vornehmlich in Zahlen findet, dient der Lagebericht der verbalen Berichterstattung. Die Unternehmens- und die Prüfungspraxis haben dem Lagebericht, weil nur in einer Bestimmung ohne Detailvorgaben geregelt, wenig Bedeutung in der Vergangenheit beigemessen. Mittlerweile jedoch ist sein Stellenwert aufgrund vielfältiger Regelungen im KonTraG 1998 erheblich angewachsen. – Für die Kommentierung des § 289 hat dies Anlaß gegeben, den Inhalt dieser Bestimmung (unabhängig von ihrer praktischen Handhabung) betont rechtlich aufzuschließen. Dabei war vor allem und immer wieder auf die Vorgaben aus dem **Recht der Europäischen Gemeinschaft** zurückzugreifen. Dies führte nicht nur zu einem neuen **rechtskonzeptionellen Grundverständnis des Lageberichts**, sondern konsequent bei einer ganzen Reihe von Einzelpunkten zu Lösungen, die von denen der bisher geübten Praxis in Rechnungs-

legung und Abschlußprüfung abweichen. Die Kommentierung versteht sich daher auch als **Angebot an die Betriebswirtschaftslehre**, das interdisziplinäre Gespräch aufzunehmen.

II. Grundlagen

Die Verpflichtung mittelgroßer und großer Kapitalgesellschaften sowie ihnen **2** gleichgestellter Rechtsträger (unten Rdn. 14), neben dem Jahresabschluß zusätzlich einen Lagebericht zu erstatten (§§ 264 Abs. 1 S. 1, 289), beruht ideengeschichtlich auf der deutschen Aktienrechtsreform von 1884,[1] hat ihre Rechtsquellen heute jedoch im europäischen Gemeinschaftsrecht. Zur Interpretation des geltenden Lageberichts-Rechts dürfen deshalb nicht allein die aus dem bisherigen Recht, vor allem die aus dem Aktienrecht gewonnenen Erkenntnisse unbesehen auf das gemeinschaftsrechtlich geprägte Handelsbilanzrecht übertragen werden; vielmehr hat sich die Auslegung des § 289 zunächst und vor allem an den **Vorgaben des Gemeinschaftsrechts** zu orientieren.[2] Das wird im bislang zum Lagebericht vorliegenden Schrifttum weithin übersehen. Bedeutung gewinnt das Gemeinschaftsrecht aber schon bei der Bestimmung, wer nach dem Gesetzesplan Adressat der Lagebericht-Erstattung ist, und weitergehend sodann bei der Frage, welchen Sinn und Zweck der Gemeinschafts-Gesetzgeber und in seinem Gefolge der deutsche mit dem Lagebericht und seiner Erstattung verfolgen.

1. Entstehungsgeschichte

a) Geschäftsbericht nach Handels- und Aktienrecht. Erstmals mit der Aktien- **3** rechtsreform 1884 hatte der deutsche Gesetzgeber den Geschäftsleitern in Kommanditgesellschaften auf Aktien und Aktiengesellschaften vorgeschrieben, zunächst dem Aufsichtsrat und anschließend zusammen mit dessen Bemerkungen der Generalversammlung jährlich einen den Vermögensstand und die Verhältnisse der Gesellschaft entwickelnden Bericht vorzulegen (Artt. 185, 239 Abs. 2 ADHGB).[3] Diesem schon bald „Geschäftsbericht" genannten Bericht legte das Reichsgericht in Strafsachen erhebliches Gewicht bei und sah seine Funktion darin, die Bilanz und die Gewinn- und Verlustrechnung zu erläutern; diese Rechnungen bildeten zusammen mit dem Geschäftsbericht die Grundlage, um die Generalversammlung in die Lage zu versetzen, über die Entlastung der Organe, die Neuwahl des Aufsichtsrats und die Verteilung des Reingewinns zu beschließen.[4] Aus dieser Zwecksetzung leitete das Reichsgericht die Anforderungen im einzelnen ab, die an den Inhalt des Geschäftsberichts zu stellen seien.

Trotz der Tatsache, daß der Inhalt des Geschäftsberichts strafrechtlich abgesichert **4** war, blieb dieser in der Unternehmenspraxis der 20er Jahre so dürftig, daß dem Reichsjustizministerium Reformen unumgänglich erschienen.[5] Daher schrieb der durch die **NotVO des Reichspräsidenten von 1931** eingeführte § 260a für den (ab nun auch im Gesetzestext ausdrücklich so benannten) Geschäftsbericht eine ganze Reihe von

---

[1] Art. 185 ADHGB vom 18.7.1884, u.a. abgedruckt bei *Schubert/Hommelhoff* Hundert Jahre modernes Aktienrecht (1985) S. 573.

[2] Allg. zum Gebot Richtlinien-konformer Auslegung: *C. Schwarz* Europäisches Gesellschaftsrecht S. 151 ff m.w.N. vor allem aus der EuGH-Rechtsprechung.

[3] Fundstelle oben Fn. 1.

[4] RGSt 38, 195, 196 f; bestätigt in RGSt 41, 293, 298.

[5] *Schlegelberger/Quassowski/Schmölder* Verordnung über Aktienrecht (1932) § 260a HGB, Rdn. 1.

Peter Hommelhoff

konkreten Inhaltsangaben vor – so u. a., daß in ihm auch über die Beziehungen zu einer abhängigen Gesellschaft und einer Konzerngesellschaft[6] zu berichten sei (§ 260a Abs. 2). Die Funktion des so näher ausgestalteten Geschäftsberichts sahen die Gesetzesverfasser unverändert gegenüber dem bisherigen Recht darin, den Jahresabschluß zu erläutern und zu ergänzen, um der Generalversammlung die nötigen Unterlagen für ihre Entschließungen zu liefern.[7]

5   Das **Aktiengesetz 1937** hat diese normativen Vorgaben für den Lagebericht und seine inhaltliche Ausgestaltung in § 128 grundsätzlich unverändert übernommen und fortgeführt, wenn auch noch weiter ergänzt und verschärft.[8] Dabei ist die in § 260a bereits angelegte und in der damaligen Unternehmenspraxis ausgebaute Trennung zwischen einem allgemeinen Teil des Geschäftsberichts, der den Geschäftsverlauf und die Lage der Gesellschaft darlegt, und einem besonderen Teil, der den Jahresabschluß, also die Rechenwerke der Gesellschaft erläutert, im Aktiengesetz 1937 prägnant ausgeformt worden: Nach § 128 Abs. 1 sind Geschäftsverlauf und Gesellschaftslage darzulegen; nach § 128 Abs. 2 ist der Jahresabschluß zu erläutern. Diese Trennung hat der europäische Richtliniengeber später noch scharfkantiger konturiert (unten Rdn. 12 f).

6   An diese Regelung, die der Geschäftsbericht konzeptionell und im einzelnen im Aktiengesetz 1937 gefunden hatte, knüpfte auch das **Aktiengesetz 1965** mit seinen Bestimmungen in § 160 AktG an, erweiterte und konkretisierte jedoch die Erläuterungspflichten nach Abs. 2 und führte zusätzlich weitere Einzelangaben in Abs. 3 ein.[9] Unverändert blieb es der Hauptzweck des Geschäftsberichts, die Aktionäre zu unterrichten.[10]

7   Somit blieb der Geschäftsbericht über ein Jahrhundert lang in seinen drei Eckpunkten unverändert: *Funktional* ergänzte der Geschäftsbericht die Rechenwerke „Bilanz" und „Gewinn- und Verlustrechnung"; außerdem diente dieser Bericht dazu, Einzelangaben in den Rechenwerken zu erläutern. *Adressiert* war der Geschäftsbericht von Anbeginn vornehmlich an die (Kommanditaktionäre und) Aktionäre. Damit *zielte* er mit darauf ab, die in der General- bzw. Hauptversammlung zusammengetretenen **Aktionäre durch Informationen** in deren Entscheidungsfindung zu unterstützen.

8   **b) Lagebericht nach der EG-Bilanzrichtlinie – das Zwei-Säulen-Konzept.** Diese auf die Aktienrechtsnovelle 1884 zurückreichende Entwicklungslinie zum Recht des Geschäftsberichts hat die 4. Richtlinie der Europäischen Gemeinschaften vom 25. Juni 1978[11] mitsamt dem ihrer Umsetzung ins deutsche Recht dienenden Bilanzrichtlinien-Gesetz vom 19. Dezember 1985[12] abgebrochen. Das folgt zum einen aus der neuen Ordnung der Regelungsmaterie in der Richtlinie (unten Rdn. 12), zum anderen und vor allem jedoch aus dem Umstand, daß die einschlägigen Richtlinien-Bestimmungen aus sich heraus auf der Ebene des Gemeinschaftsrechts ausgelegt werden müssen, also ohne Rückgriff auf das als Vorbild dienende deutsche Recht und seine jahrzehntelange Entwicklung.[13]

---

[6] Zum Begriff der Konzerngesellschaft näher *Klausing* Reform des Aktienrechts (1933) S. 161 f; *Rosendorff* Das neue deutsche Aktienrecht[2] (1932) S. 131 f.

[7] *Schlegelberger/Quassowski/Schmölder* aaO § 260a HGB, 2 f.

[8] *Gadow* in Gadow/Heinichen GroßKomm AktG (1939) § 128 Rdn. 1.

[9] *Kropff* in Geßler/Hefermehl/Eckardt/Kropff (1973) § 160, 1; s. auch *Selch* WPg 2000, 357 ff mit Bericht zur Kontroverse um eine statische oder dynamische Interpretation der Berichtspflicht.

[10] *Kropff* in Geßler/Hefermehl/Eckardt/Kropff § 160, 7; etwas zurückhaltender RegE AktG 1965, BTDrucks. III/1915, S. 180.

[11] 78/660/EWG; u. a. abgedruckt in diesem Kommentar vor § 238; *Lutter* Europäisches Unternehmensrecht S. 147 ff.

[12] BGBl I S. 2355 – inkorporiert u. a. ins HGB als Drittes Buch „Handelsbücher" (§§ 238 ff HGB).

[13] Näher dazu *Lutter* JZ 1992, 593, 601; *C. Schwarz* Europäisches Gesellschaftsrecht S. 159 m. w. N.; zur Rspr. des EuGH s. *Hommelhoff* in Schulze (Hrsg.), Auslegung europäischen Privatrechts

Materiell hat die Bilanzrichtlinie der Gemeinschaft das deutsche Vorbild weit- **9** gehend übernommen, hat jedoch den im Aktienrecht bislang einheitlichen Geschäfts- bericht in zwei eigenständige Instrumente der Rechnungslegung aufgespalten: den die Rechenwerke erläuternden und ergänzenden *Anhang* nach Art. 43 auf der einen Seite und den die Lage der Gesellschaft darstellenden *Lagebericht* auf der anderen (Art. 46). Unterstrichen wird diese **Aufspaltung** durch die zuordnende Vorgabe in Art. 2 Abs. 1; danach besteht der Jahresabschluß einer AG, KGaA oder GmbH in Deutschland[14] aus der Bilanz, Gewinn- und Verlustrechnung und dem Anhang zum Jahresabschluß. Diese drei Unterlagen der Rechnungslegung bilden (so die Vorgabe des Richtlinien- gebers in Art. 2 Abs. 1 S. 2) eine Einheit, während der darstellende Lagebericht nach dem Konzept der Richtlinie gerade nicht zu dieser Einheit zählt und deshalb in seiner Eigenständigkeit gegenüber dem dreiteiligen Jahresabschluß betont wird.[15] Was den Richtliniengeber zu dieser Neuordnung veranlaßt hat, läßt sich den Erwägungsgrün- den zur Richtlinie[16] nicht entnehmen.

Bemerkenswert im Vergleich zur bis dahin geltenden Regelung im deutschen Ak- **10** tienrecht war für den Lagebericht nach Art. 46 der EG-Bilanzrichtlinie die *inhaltliche Vorgabe,* daß die Lage der Gesellschaft so darzustellen ist, daß ein den tatsächlichen Verhältnissen entsprechendes Bild entsteht (Abs. 1). Dies **true and fair view-Prinzip** wies mit dem Prinzip der gewissenhaften und getreuen Rechnungslegung nach § 160 Abs. 4 S. 1 AktG nur begrenzte Übereinstimmung auf.[17] Außerdem schrieb Art. 46 Abs. 2 für den Lagebericht unter bestimmten Voraussetzungen *zusätzliche Darlegun- gen* zu Vorgängen nach Geschäftsabschluß, zur voraussichtlichen Entwicklung der Gesellschaft und zum Bereich Forschung und Entwicklung vor.

Schon diese Abweichungen verbieten es, für die Richtlinien-Interpretation zum **11** Lagebericht direkt auf jene rechtlichen Erkenntnisse zurückzugreifen, die zum deut- schen Geschäftsbericht im Verlaufe der Jahrzehnte gesammelt worden sind. Hinzu- kommt, daß die Richtlinie mit ihren Einzelregelungen für alle EU-Mitgliedstaaten gilt; auch und vor allem deshalb verbietet sich der unmittelbare Auslegungs-Rückgriff auf das deutsche Recht: Dies dominiert weder die Richtlinie,[18] noch über diese das umge- setzte Nationalrecht in den anderen Mitgliedstaaten; mehr als eine Anregung hat das deutsche Recht dem europäischen Richtliniengeber nicht geliefert.

Wenn so die Richtlinie zwischen dem Jahresabschluß auf der einen Seite und dem **12** Lagebericht auf der anderen unterscheidet, dann ist sie in ihrem Konzept der Rech- nungslegung auf ein **Zwei-Säulen-Modell** hin angelegt.[19] Dabei enthält jede Säule eine

---

und angeglichenen Rechts (1999) S. 33 f mit Er-
widerung von *Everling* FS Lutter (2000) S. 42 ff.

[14] Die Erstreckung auf bestimmte offene Handels-
und Kommanditgesellschaften in Deutschland
nach Art. 1 Abs. 1 der Bilanzrichtlinie beruht auf
der GmbH & Co-Richtlinie vom 8.11.1990
(90/605/EWG).

[15] ADS 8: eigenständiger Bestandteil der unternehmerischen Rechnungslegung Beck BilKomm-*Ellrott* 1; MünchKommHGB-*Lange* § 283, 2; ganz
in diesem Sinne auch BGHZ 124, 111, 122 = BB
1994, 107, 109 f; OLG Köln ZIP 1993, 110, 112:
der Lagebericht als eigenständiger Teil der Rechnungslegung; LG Köln AG 1992, 238, 239: deutliche Trennung zwischen Jahresabschluß und
Lagebericht.

[16] S. die Fundstellen Fn. 11.

[17] S. etwa *Kropff* BFuP 1980, 514, 517 f; HdR-*Lück*
13; *Sieben* FS Goerdeler (1987) S. 584; a. A. ADS
29; *Biener/Berneke* BiRiLiG S. 276; *Gelhausen*
WP-Handbuch 1996 I, F 663: keine grundsätzliche Veränderung gegenüber den früheren Berichtsgrundsätzen. – Dem ist zu widersprechen:
während die frühere Vorgabe verhaltenssteuernd
angelegt war, zielt die des Gemeinschaftsrechts
auf ein bestimmtes Ergebnis ab. Lediglich in
ihren praktischen Auswirkungen werden diese
Unterschiede geringfügig sein.

[18] In diesem Sinne auch schon *E. Müller* Der Lagebericht B 500, 6; Scholz/*Crezelius* Anh. § 42a,
241.

[19] Zum französischen Recht: Ordelheide/KPMG
(Hrsg.), Transnational Accounting, Vol. I (1995)
S. 1255 ff – Zum englischen Recht: Ordelheide/

Peter Hommelhoff

in sich abgeschlossene Gesamtinformation. So gesehen dient der Lagebericht weder dazu, den Jahresabschluß zu erläutern,[20] (mit einigen Zusatzinformationen diesen punktuell) zu ergänzen[21] oder gar ihn in seinen Einzelaussagen zu korrigieren;[22] was insofern wegen der Ausschüttungsbemessungsfunktion der Rechenwerke[23] zu leisten ist, muß im Anhang geschehen, der Lagebericht ist hierfür der falsche Ort. Umgekehrt kann der Leser des Lageberichts nicht dazu angehalten werden, zusätzlich auf den Jahresabschluß zurückzugreifen, um den Inhalt des Lageberichts recht zu verstehen. Beide Instrumente der Rechnungslegung, also der Jahresabschluß ebenso wie der Lagebericht, müssen je aus sich heraus für ihre Adressaten verständlich sein. Für den Lagebericht nach der Bilanzrichtlinie folgt daraus zweierlei: Zum einen leitet er seine Funktionen nicht aus dem Jahresabschluß ab und zum anderen dient er konsequent nicht dazu, den Abschluß in seinem Informationsgehalt zu verdichten,[24] zu verbessern und abzurunden[25] oder gar richtigzustellen. Das ist der konzeptionelle **Unterschied des Lageberichts gegenüber dem deutschen Geschäftsbericht**, wie er aus der strukturellen Neuordnung der Rechnungslegung durch den Richtliniengeber folgt.[26] Hieraus fließen eine Reihe konkreter Konsequenzen (hierzu im einzelnen, aber auch zu den gleichwohl bestehenden Verzahnungen zwischen den beiden Säulen unten Rdn. 26 ff).

13   Dies Zwei-Säulen-Modell der Bilanzrichtlinie hat der deutsche Gesetzgeber im Bilanzrichtlinien-Gesetz **Gemeinschaftsrechts-konform umgesetzt**: Nach § 264 Abs. 1 S. 1 bilden Bilanz, Gewinn- und Verlustrechnung sowie Anhang im Jahresabschluß eine Einheit, der (von dieser abgesetzt) der Lagebericht nach §§ 264 Abs. 1 S. 1, 289 gegenübersteht.[27] Folgerichtig sind auch im deutschen Recht Jahresabschluß und Lagebericht in sich je abgeschlossene Instrumente der Rechnungslegung; und ebenso konsequent ist es nicht Aufgabe des Lageberichts, den Jahresabschluß in seinem Aussagegehalt zu ergänzen oder gar zu korrigieren. Das den tatsächlichen Verhältnissen entsprechende Lagebild, das der Jahresabschluß nach § 264 Abs. 2 zu vermitteln hat, ist das relativ wahre Bild des Jahresabschlusses unter Berücksichtigung seiner Ausschüttungsbemessungsfunktion. Dies „richtigzustellen", ist keineswegs Ziel des Lageberichts; geliefert werden den Adressaten der Rechnungslegung vielmehr zwei je eigenständige Lagebilder. – Zum Abgleich der beiden Informationssäulen über das Einklangsgebot aus § 317 Abs. 2 unten Rdn. 36 ff.

14   c) **Bilanzrichtlinie-übersteigende Erstreckungen.** Einen Lagebericht zu erstellen, hat der deutsche Gesetzgeber schon mit dem Bilanzrichtlinien-Gesetz zusätzlich den *Genossenschaften* auferlegt (§ 336 Abs. 1), ohne hierzu von der EG-Bilanzrichtlinie gezwungen worden zu sein (arg. Art. 1). Was den deutschen Gesetzgeber zu diesem

---

KPMG (Hrsg.), aaO, Vol. II, S. 2781 f; *Gräfer/ Demming* (Hrsg.), Internationale Rechnungslegung (1994) S. 422; *Hopcroft* Rechnungslegung und Grundsätze der Abschlußprüfung in Großbritannien und Deutschland – Ein Vergleich – (1995) S. 188 ff.
[20] So aber *Dörner/Schwegler* DB 1997, 285.
[21] So aber *Baetge* Bilanzen S. 637; *Dörner/Bischof* Aufstellung des Lageberichts, S. 373; *Lange* BB 1999, 2447; *Reittinger* Der Lagebericht Rdn. 4, 9, 10; *Sieben* FS Goerdeler S. 583; *Timm* ZIP 1993, 114, 116; MünchKommHGB-*Lange* § 289, 4 f m.w.N.
[22] So aber *Sieben* FS Goerdeler S. 587/594; *Stobbe* BB 1988, 303, 311; zutr. *Dörner/Bischof* Aufstel-

lung des Lageberichts S. 373; wie hier *Gelhausen* WP-Handbuch I F, 670 und soweit auch MünchKomm-*Lange* § 289, 20.
[23] Zur Ausschüttungsbemessungsfunktion und ihrer rechtspolitischen Würdigung: *Schön* ZGR 2000, 706, 725 ff.
[24] So aber HdR-*Lück* Rdn. 9; *Selch* WPg 2000, 357, 359.
[25] So aber *Schildbach/Beermann/Feldhoff* BB 1990, 2297, 2301.
[26] Andeutungsweise in diesem Sinne auch schon *Scholz/Crezelius* Anh. § 42a, 241.
[27] Zur Sehweise der Rechtsprechung oben Fn. 15.

Schritt veranlaßt hat, läßt sich den einschlägigen Gesetzesmaterialien, insbesondere der Begründung zum Regierungsentwurf des Bilanzrichtlinien-Gesetzes nicht entnehmen.[28] Aufschluß liefert dagegen die Begründung zur mit dem Bilanzrichtlinien-Gesetz ebenfalls neu gefaßten Bestimmung des § 5 *PublG*; danach hätte es weder im Interesse der (nach diesem Gesetz rechnungslegungspflichtigen großen) Unternehmen (und Konzerne), noch der Publizität gelegen, wenn die Neuregelung (auch zum Lagebericht) nicht auch auf diese Unternehmen übertragen worden wäre.[29] Gesetzgeberisches Motiv für diese Erstreckungen war mithin die konzeptionelle und strukturelle Einheitlichkeit der unternehmerischen Rechnungslegung in Deutschland. Allerdings gilt die Pflicht zur Erstattung eines Lageberichts nach der ausdrücklichen Einschränkung in § 5 Abs. 2 S. 1 PublG nicht für die nach diesem Gesetz rechnungslegungspflichtigen Personenhandelsgesellschaften und Einzelkaufleute. Vgl. MünchKomm-HGB-*Lange* § 289, 12. – Darüber hinaus haben alle Kreditinstitute (§ 340a Abs. 1) und alle Versicherungsunternehmen (§ 341a Abs. 1) unabhängig von ihrer Rechtsform und Größe einen Lagebericht zu erstatten. Dies beruht auf den Vorgaben branchenspezifischer Bilanzrichtlinien der EG.[30]

d) Konkretisierungen nach dem KonTraG. Angeregt durch die weltweite Corporate Governance-Diskussion,[31] vor allem aber auch in Reaktion auf eine Reihe spektakulärer Unternehmenskrisen und –zusammenbrüche,[32] entschloß sich der deutsche Gesetzgeber 1989, die Verwaltungsorgane der Gesellschaften und die Abschlußprüfer nachdrücklich mit den unternehmerischen Risiken zu konfrontieren und ihnen eine Reihe Risiko-bezogener Verhaltenspflichten explizit im Gesetzestext aufzuerlegen. Im Bereich der Rechnungslegung zählen zu diesen Pflichten zum einen u. a. die der Geschäftsleitung, im Lagebericht auch auf die Risiken der künftigen Entwicklung einzugehen (§ 289 Abs. 1 HS 2), und zum anderen die des Abschlußprüfers, zusätzlich zu prüfen, ob die Risiken der künftigen Entwicklung zutreffend dargestellt sind (§ 317 Abs. 2 S. 2), hierüber im Prüfungsbericht vorweg Stellung zu nehmen (§ 321 Abs. 1 S. 2) und im Bestätigungsvermerk darauf einzugehen, ob die Entwicklungsrisiken im Lagebericht zutreffend dargestellt sind (§ 322 Abs. 3 S. 2).

15

Nach der Überzeugung der Entwurfsverfasser und des Gesetzgebers läßt sich die Lage einer Kapitalgesellschaft, die das den tatsächlichen Verhältnissen entsprechende Bild auch wirklich vermittelt, nur dann zutreffend darstellen, wenn der Lagebericht auch Aussagen darüber enthält, mit welchen **Risiken** die **künftige Entwicklung** belastet ist.[33] Die Neuregelung im KonTraG dient mithin dazu, die allgemeine Vorgabe zur Lagebericht-Erstattung nach § 289 Abs. 1 durch eine Einzelvorgabe mit dem Ziel zu konkretisieren, die Aussagekraft des Lageberichts zu verbessern.[34] Mit der Einzelkonkretisierung hat der deutsche Gesetzgeber jüngst erneut auf ein Instrument der Gesetzgebung zurückgegriffen, das schon in der NotVO 1931 verwendet worden war (oben Rdn. 4). Seine Neuregelung widerspricht nicht den gemeinschaftsrechtlichen Vorgaben aus Art. 46 Abs. 1 der Bilanzrichtlinie.[35] Denn zum einen folgt aus dem

16

---

[28] Abgedruckt auch bei *Biener/Berneke* BiRiLiG S. 484.

[29] Abgedruckt auch bei *Biener/Berneke* BiRiLiG S. 584.

[30] S. dazu *Baumbach/Hopt* § 340, 1; § 341, 1.

[31] S. *Böckli* Der Schweizer Treuhänder 2000, 133; *ders.* SZW 1999, 1; *Hopt* ZGR 2000, 779 m. w. N.

[32] Vgl. u. a. *Hommelhoff* in Picot (Hrsg.), Corporate Governance (1995) S. 1 f; zur Neuregelung auch *Selch* WPg 2000, 357, 361 ff sowie eingehend

Hommelhoff/Mattheus in Dörner/Horvath/Kagermann (Hrsg.), Praxis des Risikomanagements (2000) S. 7 m. w. N.

[33] RegBegr. abgedruckt in *Ernst/Seibert/Stuckert* KonTraG, KapAEG, StückAG, EuroEG (1998) S. 92.

[34] S. auch *Forster* WPg 1998, 41, 46.

[35] Abgedruckt oben vor § 238; *Lutter* Europäisches Unternehmensrecht S. 165.

Peter Hommelhoff

„zumindest", daß das Recht des Lageberichts auch für die nationalen Gesetzgeber gestaltungsoffen, also gerade nicht auf der Gemeinschaftsebene abschließend geregelt ist. Und zum anderen ergibt sich die Ermächtigung zu mitgliedstaatlicher Konkretisierung aus dem Rechtscharakter der Richtlinie (Art. 249 EGV); sie will den Mitgliedstaaten Gestaltungsspielraum belassen.[36]

2. Lagebericht-Erstattung in der Praxis

17 In der Praxis unternehmerischer Rechnungslegung spielt der Lagebericht bisher offenbar keine besondere Rolle; sein Informationsgehalt wird neben dem des Jahresabschlusses als eher gering eingestuft.[37] Mancher führt dies auf die mangelnde Aufmerksamkeit zurück, die Unternehmen dem Lagebericht schenken, und darauf, daß noch nicht alle Unternehmen den Lagebericht als wichtiges Informationsmittel gegenüber der Öffentlichkeit erkannt haben.[38] Aber mit dieser Erklärung lenkt man doch zu stark von den Schwächen des bisherigen Rechts und seiner Interpretation ab:

18 **a) Normatives Umfeld.** Für den Jahresabschluß ist das Recht der Rechnungslegung bis in viele Einzelheiten hinein dicht durchgeregelt; das prägt die Akteure der Rechnungslegung und ihre Arbeitsweise. Deshalb bereiten ihnen konkretisierungsbedürftige Generalklauseln von der Art des § 289 Abs. 1 erhebliche Schwierigkeiten – zumal Konkretisierung und Subsumtion in diesem Bereich nur ganz ausnahmsweise in juristischen Händen liegen. Hinzu kommt, daß auch die Abschlußprüfer bislang nicht wirklich aufgerufen waren, die Lagebericht-Erstattung der Geschäftsleitungen effektiv zu überprüfen. Denn nach § 317 Abs. 1 S. 3 a. F. war der Lagebericht allein daraufhin zu überprüfen, ob er mit dem Jahresabschluß in Einklang steht und ob die sonstigen Angaben in ihm keine falschen Vorstellungen von der Unternehmenslage erwecken.[39] Dieser zurückgenommene Prüfungsauftrag erlaubte dem Abschlußprüfer im Ergebnis ein eher pauschal haltbares Plausibilitätsurteil zum Lagebericht der Geschäftsleitung.[39] Daher kann auch nicht verwundern, daß der Berufsstand der Wirtschaftsprüfer zum alten Recht keine „Grundsätze ordnungsgemäßer Lagebericht-Erstattung" entwickelt hatte, sondern erst jetzt, da das KonTraG den Prüfungsauftrag zum Lagebericht in § 317 Abs. 2 S. 1 n. F. nachdrücklich verschärft hat,[40] **Rechnungslegungsstandards für die Aufstellung des Lageberichts** verabschiedet hat.[41] Mit der Fülle ihrer Einzelanregungen bieten sie den rechnungslegungspflichtigen Gesellschaften kräftige Hilfestellung zur Konkretisierung der gesetzlichen Vorgabe aus § 289. Schon deshalb kann

---

[36] Instruktiv *Bleckmann* Europarecht[6] (1997) 414 ff; *Daig/Schmidt* in Groeben/Thiesing/Ehlermann (Hrsg.), Kommentar zum EGV[4] (1991) Art. 189, 39; *Magiera* in Hailbronner/Klein/Magiera/Müller-Graff (Hrsg.), Handkommentar zum Vertrag über die Europäische Union (1991) Art. 189, 14.

[37] Allerdings kann das Urteil über den tatsächlichen Gehalt von Lageberichten nur verzerrt ausfallen, wenn man ihre Aufgabe vornehmlich darin erblickt, Informationen bereitzustellen, die nicht schon im Jahresabschluß enthalten sind, und diesen abzurunden: *Schildbach/Beermann/Feldhoff* BB 1990, 2297, 2301; ähnlich *Stobbe* BB 1988, 303, 311: der Lagebericht als Korrektiv zum Jahresabschluß; damit wird die betont eigenständige Funktion des Lagebericht (oben Rdn. 12) verkannt.

[38] S. *Forster* WPg 1998, 41, 46; ganz in diesem Sinne schon *Stobbe* BB 1988, 303, 311: künftig werde

die Qualität der Lagebericht-Erstattung von der Publizitätspolitik der Unternehmensleitungen und von den Erwartungen der Abschlußadressaten abhängen, aber nicht von der gesetzlichen Verpflichtung aus § 289; s. auch *Hartmann* Bilanzrecht S. 38.

[39] Vgl. statt aller ADS § 317, 104; s. auch *Emmerich* in IDW (Hrsg.), Weltweite Rechnungslegung und -prüfung (1998) S. 340: „Aus heutiger Sicht wird man es wohl als eine Sünde des Berufsstandes ansehen müssen, daß man den Unternehmen in der Vergangenheit eine unzureichende Lagebericht-Erstattung gestattet hat".

[40] *Schindler/Rabenhorst* BB 1998, 1886, 1890f; *Forster* WPg 1998, 41, 45 f.

[41] IDW Rechnungslegungs-Standard: Aufstellung des Lageberichts (IDW RS HFA 1) vom 26.6. 1998 abgedruckt in IdW-Fachnachrichten 1998, 318.

damit gerechnet werden, daß sich der Aussagegehalt der Lageberichte erheblich verbessern wird.

b) Grundsätze ordnungsgemäßer Lagebericht-Erstattung. Angesichts der un- **19** endlichen Vielfalt, in der die Unternehmen mit ihren mannigfachen Aktivitäten dem Betrachter begegnen, und ihrer ganz unterschiedlichen Position im Wettbewerb hatte es sich für den Gesetzgeber bislang aus der Natur der Sache heraus verboten, die Verpflichtung der Gesellschaften, über ihre Lage zu berichten, durch ein dichtes Geflecht konkretisierender Einzelvorgaben zu materialisieren. Außerdem fehlten dem deutschen Gesetzgeber ebenso wie dem europäischen Richtliniengeber hinreichende Anschauung und Erfahrung zum Lagebericht. Deshalb waren beide Normgeber klug beraten, für den Inhalt des Lageberichts sich darauf zu beschränken, den Berichtsgegenstand, nämlich Geschäftsverlauf und Gesellschaftslage vorzugeben, sowie das Ziel, die Entstehung eines den tatsächlichen Verhältnissen entsprechenden Bildes (Art. 46 Abs. 1 Bilanzrichtlinie; § 289 Abs. 1). Berichtsgegenstand und -ziel sind als unbestimmte Rechtsbegriffe ausformuliert und erlauben damit nicht nur die geschmeidige Anpassung der Lagebericht-Erstattung an die Besonderheiten des konkreten Einzelfalles, sondern darüber hinaus die gestaltungsoffene Einbindung künftiger Entwicklungen in Wirtschaft und Unternehmen.

Für den Juristen wirft die Arbeit mit **unbestimmten Rechtsbegriffen** keine son- **20** derlichen Schwierigkeiten auf; namentlich der Richter unternimmt es immer wieder, unbestimmte Rechtsbegriffe vornehmlich anhand ihres Sinn und Zwecks, ggf. auch auf dem Weg über die Fallgruppen-Bildung, zu konkretisieren und damit für die Subsumtion handhabbar zu machen. Die mit einem solchen Vorgehen regelmäßig verbundene Rechtsunsicherheit erscheint überall dort noch als akzeptabel, wo ein ausreichend umfängliches Fallmaterial konkretisierende Unterbegriffe in genügendem Umfang und auch in angemessenem Tempo erwarten läßt. Daran jedoch fehlt es beim Lagebericht sowie seinen Berichtsgegenständen und -zielen nahezu vollständig: In der Unternehmenspraxis begegnen kaum Streitigkeiten zum Lagebericht und konsequent auch nur ganz vereinzelt Gerichtsurteile.[42] Das ist für Handlungspflichten wenig glücklich, die von nahezu 40 000[43] großen und mittelgroßen Kapitalgesellschaften und ihnen gleichgestellten Unternehmen eingehalten werden müssen; sie alle brauchen konkretisierte Handlungsvorgaben. Daß jede lageberichtpflichtige Gesellschaft selbst sich ihre Berichtpflichten erarbeitet, kann der Unternehmenspraxis nicht zugemutet werden.

Zu Recht hat es deshalb die Betriebswirtschaftslehre als ihre Aufgabe begriffen, **21** **Grundsätze ordnungsgemäßer Lagebericht-Erstattung** aufzustellen,[44] um die normativen Vorgaben für die unternehmerische Praxis und im Anschluß an deren Berichterstattung für die Abschlußprüfer handhabbar auszugestalten. Solche Grundsätze tragen wesentlich mit dazu bei, die bisher verbreitet nur wenig aussagekräftigen Lageberichte[45] der Praxis in ihrem Informationsgehalt qualitativ deutlich zu steigern; insofern profitieren vom Vorhaben, Grundsätze ordnungsgemäßer Lagebericht-Erstattung zu entwickeln, auch und vor allem die Adressaten der Rechnungslegung.

Allerdings wäre es verfehlt, solche Grundsätze aus dem tatsächlichen Verhalten der **22** zur Lagebericht-Erstattung verpflichteten Gesellschaften ableiten zu wollen. Einem

---

[42] BGHZ 124, 111, 122 = BB 1994, 107, 109 f.; OLG Köln ZIP 1993, 110, 112; LG Köln AG 1992, 238, 239 (sämtlich oben Fn. 15); LG Berlin AG 1997, 183, 185 (unten Fn. 158).
[43] S. *Selch* WPg 2000, 357, 365 f.
[44] Dazu *Baetge/Fischer/Paskert* Der Lagebericht S. 2; s. auch *Kropff* BFuP 1980, 514, 518; *E. Müller* Der Lagebericht B 510, 27.
[45] *Dörner/Bischof* Aufstellung des Lageberichts S. 372; *Lenz/Ostrowski* BB 1997, 1523, 1527; *Streim* FS Schneider (1995) S. 703, 712.

Peter Hommelhoff

solch' induktiven Vorgehen stehen bereits die vielfältigen Unterschiede entgegen, die Lageberichte in der Unternehmenspraxis deshalb aufweisen, weil bisher keine Standards zur formellen und materiellen Berichtsgestaltung existieren.[46] Vor allem jedoch würde man bei induktivem Vorgehen Umfang und Ausgestaltung der gesetzlichen Pflicht zur Lagebericht-Erstattung in die Hände der verpflichteten Gesellschaften und ihrer Geschäftsleitungen legen;[47] das geht nicht an. Deshalb sind die Grundsätze ordnungsgemäßer Lagebericht-Erstattung **aus dem Sinn und Zweck des § 289** unter Einbeziehung jener Ziele abzuleiten, die der europäische Richtliniengeber mit der Regelung in Art. 46 Abs. 1 der Bilanzrichtlinie verfolgt.[48] Nur eine derart betont rechtliche Deduktion ist methodisch rechtsverträglich;[49] das schließt es nicht aus, die rechtspraktischen Gepflogenheiten der rechnungslegungspflichtigen Gesellschaften zu berücksichtigen, soweit sie im Einklang mit Sinn und Zweck der Lagebericht-Erstattung stehen.

23 **c) IDW-Verlautbarungen.** Künftig werden diese rechtspraktischen Gepflogenheiten wesentlich von den beiden Standards gesteuert werden, die das Institut der Wirtschaftsprüfer in Deutschland e.V. (IDW) zum Lagebericht festgesetzt hat: zum einen vom „IDW Rechnungslegungsstandard: Aufstellung des Lageberichts (IDW RS HFA1)"[50] sowie zum anderen vom „IDW Prüfungsstandard: Prüfung des Lageberichts (IDW PS350)".[51] Diese Standards werden die Lagebericht-Erstattung der verpflichteten Gesellschaften deshalb wesentlich steuern, weil ihr Abschlußprüfer einen uneingeschränkten Bestätigungsvermerk zum Lagebericht nach § 322 Abs. 3 bloß dann erteilen darf, wenn der konkrete Lagebericht (nach der eigenverantwortlich gebildeten Überzeugung des Prüfers) im Einklang mit diesen Standards und ihren Vorgaben steht; hierzu ist der Abschlußprüfer berufsrechtlich gehalten (§ 43 Abs. 1 WPO: gewissenhafte Berufsausübung).[52] Freilich enthalten diese IDW-Standards keine authentische Interpretation des § 289, sondern lediglich die Fachmeinung besonders erfahrener und sachverständiger Angehöriger des Wirtschaftsprüferberufs.[53] Dennoch wird die Ausgestaltung der Lageberichte in Deutschland künftig von diesen Standards bestimmt sein; das entbindet den zur Streitentscheidung angerufenen Richter nicht davon, die IDW-Standards als solche auf ihre Übereinstimmung mit Gesetz und Richtlinie hin zu überprüfen und außerdem daraufhin, ob der einzelne Standard im vorliegenden Fall angewendet werden durfte oder ob von ihm wegen der konkreten Besonderheiten hätte abgewichen werden müssen.

24 Inhaltlich entspricht der „IDW-Rechnungslegungsstandard: Aufstellung des Lageberichts" einer Kommentierung zu § 289. Deshalb wird auf die im Standard verlautbarte Fachmeinung der Wirtschaftsprüfer zur jeweiligen Frage in diesem Kommentarabschnitt Stellung bezogen werden.

---

[46] *Bauchowitz* Die Lageberichtspublizität der Deutschen Aktiengesellschaft (1979) S. 177 und im Anschluß an diesen *Kropff* BFuP 1980, 514, 518; *E. Müller* Der Lagebericht B 510, 27.

[47] Zutreffend *Baetge/Fischer/Paskert* Der Lagebericht S. 2 Fn 5; ansatzweise auch schon *Räuber* BB 1988, 1285, 1286.

[48] *Clemm/Reittinger* BFuP 1980, 493, 497; *Kropff* BFuP 1980, 514, 518; *Räuber* BB 1988, 1285, 1286.

[49] Näher *Knobbe-Keuk* S. 42 m. w. N.; *Hüffer* § 238, 44.

[50] Abgedruckt in *IDW*-Fachnachrichten 1998, 318–332.

[51] Abgedruckt in *IDW*-Fachnachrichten 1999, 332–343.

[52] Näher *Kaminski* in IDW (Hrsg.), Wirtschaftsprüferhandbuch 1996, Bd I, S. 60.

[53] S. *Kaminski* aaO (Fn. 52); s. auch *Hüffer* § 238, 45.

3. Systematische Zusammenhänge

Die Regelungen in Art. 46 der EG-Bilanzrichtlinie und in § 289 sind mannigfach **25** auf den Ebenen der Gemeinschaft und des nationalen Rechts mit anderen Regelungen verknüpft. Von ihnen empfangen die Regelungen zur Lagebericht-Erstattung ebenso Auslegungs-Impulse wie sie umgekehrt auf die Interpretation dieser anderen Regelungen ausstrahlen. Das folgt aus den Grundsätzen zur rechtssystematischen Interpretation.[54]

a) Lagebericht und Jahresabschluß. Nach dem Zwei-Säulen-Modell der gemein- **26** schaftsrechtlich vorgeprägten Rechnungslegung (Rdn. 12) stehen sich der Jahresabschluß und der Lagebericht als zwei in sich je abgeschlossene Rechnungslegungs-Instrumente gegenüber (oben Rdn. 13). Ihre tiefgreifenden Unterschiede kommen bereits im Gesetzeswortlaut klar zum Ausdruck: Während der Jahresabschluß nach § 264 Abs. 2 darauf abzielt, ein den tatsächlichen Verhältnissen entsprechendes Bild der Vermögens-, Finanz- und Ertragslage der Kapitalgesellschaft *unter Beachtung der Grundsätze ordnungsgemäßer Buchführung* zu vermitteln,[55] fehlt diese Einschränkung im Zielprogramm für den Lagebericht:[56] Er hat die Lage der Kapitalgesellschaft so darzustellen, daß ein den **tatsächlichen Verhältnissen** entsprechendes Bild vermittelt wird. Damit ist die Lagedarstellung im Lagebericht von all' jenen Verzerrungen befreit, die über die Grundsätze ordnungsmäßiger Buchführung ihre Wurzel vor allem im Vorsichtsprinzip und seinen konkretisierenden Auffächerungen haben.[57] Allerdings ist es nicht etwa Aufgabe des Lageberichts, das im Jahresabschluß verzerrte Bild von der Gesellschaft zu korrigieren (oben Rdn. 12). Funktional gründen die Unterschiede zwischen Jahresabschluß und Lagebericht tiefer und konsequent gestaltet sich auch ihr Zusammenspiel komplizierter:

Auf die einschränkende Beachtung der Grundsätze ordnungsmäßiger Buchführung **27** mußte der deutsche Gesetzgeber in § 289 nicht nur wegen der Vorgabe aus Art. 46 Abs. 1 der Bilanzrichtlinie verzichten; er konnte dies vielmehr auch, weil der Lagebericht allein Informationszwecken dient, während der Jahresabschluß die zusätzliche Aufgabe hat, den ausschüttbaren Ertrag zu bemessen und auf diesem mittelbaren Weg überdies die Gläubiger der Kapitalgesellschaft zu schützen. Demnach fungiert der Jahresabschluß mit seinen Rechenwerken und dem Anhang als Instrument der Information und der Ausschüttungsbemessung zugleich; demgegenüber ist der Lagebericht allein und ausschließlich ein **Informationsinstrument.**[58]

Im betriebswirtschaftlichen Schrifttum konfrontiert man verbreitet die regulierte **28** Rechnungslegung in den Rechenwerken des Jahresabschlusses (Bilanz sowie Gewinn- und Verlustrechnung) als „financial accounting" mit dem „**business reporting**" in Anhang und Lagebericht; dies sei primär Kapitalmarkt-orientiert.[59] Dem ist zuzustimmen, soweit es um die Informationsfunktion des Lageberichts geht, zu widersprechen

---

[54] Zu diesem Auslegungskriterium in der Rechtsprechung des EuGH zum Gesellschafts- und Unternehmensrecht: *Everling* FS Lutter (2000) S. 38 f; *Hommelhoff* in Schulze (Hrsg.), Auslegung europäischen Privatrechts und angeglichenen Rechts (1999) S. 34 ff.

[55] Für das Gemeinschaftsrecht wird die Erlaubnis des deutschen Gesetzgebers, die Beachtung der GoB für den Jahresabschluß vorzugeben, letztlich aus Art. 2 Abs. 5 S. 3 der Bilanzrichtlinie hergeleitet: s. *Kleindiek* ZGR 1998, 466, 480 ff m. w. N.

[56] *Baumbach/Hopt* § 289, 1; *Dörner/Bischof* Aufstellung des Lageberichts S. 373; *Dörner/Schwegler* DB 1997, 285; *Selch* WPg 2000, 357, 366.

[57] Zum Vorsichtsprinzip *Baetge* Bilanzen S. 92 ff; *Knobbe-Keuk* S. 47 ff.

[58] *Küting/Hütten* AG 1997, 250, 251 im Anschluß an *Stobbe* BB 1988, 303.

[59] *Böcking* zfbf 1998, 17, 27 ff, 44 f im Anschluß an *Hax* FS Busse von Colbe (1988) S. 187 ff.

Peter Hommelhoff

jedoch hinsichtlich der Positionierung des Anhangs: Als integraler Bestandteil des Jahresabschlusses (arg. § 264 Abs. 1 S. 1) ist er in seinen Funktionen primär den Rechenwerken zugeordnet und damit unisolierbar mit dem „financial accounting" verbunden. Ebensowenig darf der Lagebericht nach geltendem Recht als vordringlich Kapitalmarkt-orientiert begriffen werden; das ist dies Instrument auch, aber nicht primär. Denn alle mittelgroßen und großen Kapitalgesellschaften müssen ihren Lagebericht unabhängig davon veröffentlichen, ob sie den Kapitalmarkt in Anspruch nehmen oder nicht (arg. §§ 325 Abs. 1, 326). Trotz dieser Einwände führt die Kapitalmarkt-orientierte Sehweise in der Betriebswirtschaftslehre weiter: Zeigt sie doch die Bedeutung, die dem eigenständigen Informationsgehalt des Lageberichts zukommt. Insofern lassen sich im „business reporting" bestätigende Parallelen zum hier verfochtenen Zwei-Säulen-Modell aufspüren.

29   Aber sogar hinsichtlich der **Information** unterscheiden sich Lagebericht und Jahresabschluß voneinander: Wegen des Stichtags-Prinzips für den Jahresabschluß[60] zeichnet dieser das Bild der Vermögens-, Finanz- und Ertragslage, das die Gesellschaft am Ende des Geschäftsjahres darbietet. Folgerichtig sind die Informationen im Jahresabschluß Zeitpunkt-bezogen und (da sie die Adressaten der Rechnungslegung erst erreichen, wenn die im Abschluß dargestellten Vorgänge und Zustände abgeschlossen sind) überdies Vergangenheits-orientiert. Deshalb liefert der Jahresabschluß wenig verläßliche Indikatoren, um die künftige Ergebnisentwicklung der Gesellschaft abzuschätzen.[61] Demgegenüber schreibt der Lagebericht die aus dem vergangenen Geschäftsverlauf herrührende Lage der Kapitalgesellschaft prognostisch in die Zukunft hinein fort;[62] diesen Zukunftsbezug im Lagebericht hat das KonTraG nunmehr zweifelsfrei in § 289 Abs. 1 HS 2 vorgegeben[63] und damit dem literarischen Streit über die statische oder dynamische Interpretation des Lagebegriffs entzogen.[64] Die informationellen Unterschiede lassen sich mithin so auf den Punkt bringen: Der retrospektiven Berichterstattung im Jahresabschluß steht die prospektive im Lagebericht gegenüber.[65]

30   Nicht allein in der zeitlichen Dimension weichen Abschluß- und Lageberichts-Informationen voneinander ab; auch in ihrer **Rechtsqualität** unterscheiden sie sich: Da der Jahresabschluß über die Information hinaus der Ausschüttungsbemessung dient (oben Rdn. 27), kommt im Bild der Vermögens-, Finanz- und Ertragslage nach § 264 Abs. 2 das Ergebnis einer Periodenabrechnung zum Ausdruck,[66] die auch, wenn nicht gar vornehmlich, von dieser Bemessungsfunktion gezeichnet ist. Das *Lagebild nach dem Jahresabschluß* ist somit aufs Engste mit dem Jahresergebnis verknüpft, wie es sich aus dem Abschluß unter Ausnutzung der zahlreichen bilanzpolitischen Gestaltungsspielräume ergibt; die „Abschlußlage" ist demnach konsequent Ergebnis-orientiert und insoweit partiell angesteuert. Daran vermögen auch die Korrekturen im Anhang nichts Rechtsgrundsätzliches zu ändern. – Demgegenüber soll die *Lagebericht-Erstattung* nach § 289 Aufschlüsse über die Erfolgsfaktoren und die Erfolgspotentiale liefern, die der Gesellschaft in der Zukunft für ihre Betätigung auf den

[60] Näher *Knobbe-Keuk* S. 51 ff
[61] *Nonnenmacher* FS Clemm S. 265.
[62] So schon *Baetge/Fischer/Paskert* Der Lagebericht S. 9; *Kropff* BFuP 1980, 51; jüngst Münch-KommHGB-*Lange* § 289, 4.
[63] Daher halten *Küting/Hütten* AG 1997, 250, 253, *Moxter* BB 1997, 722 sowie *Dörner/Bischof* WPg 1999, 445 diese Regelung für rein deklaratorisch.
[64] Für statische Auslegung: *Baetge/Fischer/Paskert* Der Lagebericht S. 30; Beck BilKomm-*Ellrott* 17;

[65] *E. Müller* Der Lagebericht B 510, 69; *Reittinger* Der Lagebericht 36; für dynamische Interpretation: ADS 84; *Baumbach/Hueck/Schulze-Osterloh* § 42, 456; *Gelhausen* WP-Handbuch Abschnitt F, 672; *Scholz/Crezelius* Anh. § 42a, 245; *Stobbe* BB 1988, 303, 306 f.
[65] Prägnant *Kleindiek* ZGR 1998, 466, 473; so auch *Lange* BB 1999, 2447; MünchKommHGB-*Lange* § 289, 4.
[66] *Nonnenmacher* FS Clemm S. 267.

Märkten zur Verfügung stehen werden;[67] darzustellen sind mithin im Lagebericht die Bestimmungsgründe für die wirtschaftliche Leistungsfähigkeit der Gesellschaft in der Zukunft. Für die zur Aufstellung des Lageberichts verpflichtete Geschäftsleitung (unten Rdn. 56 f) bedeutet dies: Sie hat die in der Gesellschaft vorhandenen Erfolgsfaktoren und -potentiale zu eruieren und daraufhin zu analysieren, ob und inwieweit sie für die künftige Marktbetätigung wirkkräftig sein könnten.[68] – *Zusammengefaßt* geht es im Lagebericht um die Darstellung und Analyse von Zukunftspotentialen unternehmerischer Betätigung[69] und im Jahresabschluß um die dargelegten Hauptelemente eines in der Vergangenheit erzielten Ergebnisses.

Grundsätzlich unterschiedlich konzipiert, wenn auch miteinander verzahnt sind **31** Jahresabschluß und Lagebericht hinsichtlich der die Gesellschaft betreffenden oder gar in ihr angelegten **Zukunftsrisiken**. Zum Begriff des Risikos und den korrespondierenden Berichtspflichten *Lange*, DStR 2001, 229ff. Dabei sind im Abschluß an vielen Stellen Einzelrisiken erfaßt, die sich auf bestimmte Vermögensgegenstände beziehen oder Rückstellungen (§ 249) zur Folge haben.[70] Zu verweisen ist insoweit etwa auf die Verpflichtung zu vorsichtiger Bewertung (§ 252 Abs. 1 Nr. 4), auf die Zwangsrückstellungen nach § 249 Abs. 1 oder auf das Abschreibungswahlrecht für Wertschwankungen (§ 253 Abs. 3 S. 3). Von diesen Einzelrisiken ist das unternehmerische Gesamtrisiko zu scheiden, das die Gesellschaft als solche im Wettbewerb auf den Märkten trifft; dies Gesamtrisiko aus künftiger unternehmerischer Betätigung wird wesentlich vom allgemeinen Konjunkturverlauf und von der Entwicklung in der Geschäftsbranche beeinflußt, der die Gesellschaft angehört.[71] Darzustellen ist das unternehmerische Gesamtrisiko im Lagebericht;[72] dabei fließen in dies die Einzelrisiken ein, die bereits im Jahresabschluß ihren Niederschlag gefunden haben. Insoweit sind Lagebericht und Abschluß miteinander verzahnt.

Allerdings wäre es rechtsunverträglich, wesentliche Risiken, denen bereits im Jahresabschluß Rechnung getragen wurde, im Lagebericht unberücksichtigt zu lassen, **32** also etwa den drohenden Ausfall eines Großschuldners mit einschneidenden Folgen für die künftige Vermögens- und Liquiditätslage der Gesellschaft in ihrem Lagebericht mit der Begründung auszusparen, dem Ausfall sei bereits im Jahresabschluß durch Wertberichtigung der Forderung entsprochen worden. Einem solchen Vorgehen steht nicht bloß der Umstand entgegen, daß dann die Zukunftsrisiken im Lagebericht unvollständig dargestellt wären; vor allem würde ein solcher Darstellungsverzicht dem Rechtskonzept des Zwei-Säulen-Modells (oben Rdn. 12) und konsequent dem Gedanken widersprechen, daß Lagebericht und Abschluß zwei in sich je abgeschlossene Regelungs-Instrumente sind (oben Rdn. 13).[73]

Schließlich unterscheiden sich Lagebericht und Jahresabschluß im **Darstellungs-** **33** **niveau**. Für den Abschluß schreibt bereits die Grundnorm des § 238 Abs. 1 vor, einem

---

[67] *Nonnenmacher* aaO (Fn 66) im Anschluß an *Streim* FS Schneider S. 717 ff.

[68] So auch HdR-*Lück* 10; *E. Müller* Der Lagebericht B510, 18; *Semler* Erläuterungs- und Lagebericht S. 200: unternehmerische Wertung der Geschäftsleitung.

[69] Das spezifisch Unternehmerische in der Lagebericht-Erstattung betonen zu Recht KK-*Claussen/Korth* § 289 HGB, 6; *E. Müller* Der Lagebericht B 500, 30; *Reittinger* Der Lagebericht 4; *Semler* Erläuterungs- und Lagebericht S. 200.

[70] ADS § 252, 74; HdR-*Selchert* § 252, 74.

[71] Vgl. ADS § 289, 68; Beck BilKomm-*Ellrott*, § 289, 17; s. auch IDW RS HFA 1 (Ziff. 24) (*IDW*-Fachnachrichten, 1998, 318, 322) sowie HdR-*Lück* 32 mit insoweit zweifelhafter Unterscheidung zwischen großen und mittelgroßen Gesellschaften. Vgl. auch MünchKommHGB-*Lange* § 289, 37 mit der Erläuterung verschiedener Risikobereiche.

[72] *Küting/Hütten* AG 1997, 250, 253.

[73] Im Ergebnis wie hier *Küting/Hütten* AG 1997, 250, 253.

sachverständigen Dritten die Möglichkeit zu verschaffen, einen Überblick über die Lage des Unternehmens zu gewinnen.[74] Für den publizierten Jahresabschluß einer Kapitalgesellschaft (§ 325) folgt daraus: Publizitätsadressaten, die nicht selbst sachverständig sind, benötigen schon nach dem Grundkonzept des Rechts der Rechnungslegung Aufbereitung des Jahresabschlusses, Transformation auf die Ebene des Nichtsachverständigen und Erläuterung. Diese Erläuterung leistet nicht der Anhang nach §§ 284 ff; denn er richtet sich an den sachverständigen Abschlußleser (arg. § 264 Abs. 1 S. 1: Einheit des Jahresabschlusses). Aufbereitung, Transformation und Erläuterung für den Nichtsachverständigen haben vielmehr zunächst und vor allem der Vorstand (§ 176 Abs. 1 S. 2 AktG) bzw. die Geschäftsführung[75] zu leisten; danach hat der Gesetzgeber auf die Wirtschaftspresse gesetzt, welcher der Jahresabschluß über das Handelsregister und (bei großen Kapitalgesellschaften) zusätzlich über den Bundesanzeiger zugänglich gemacht wird. In Kapitalmarkt-orientierten Gesellschaften kommen noch die Finanzintermediäre hinzu.

34   Für den Lagebericht gibt der Gesetzestext kein Darstellungsniveau vor; dabei spricht allerdings die Trennung, die § 264 Abs. 1 S. 1 im Anschluß an den insoweit noch deutlicheren Art. 2 Abs. 1 der Bilanzrichtlinie zwischen Jahresabschluß und Lagebericht zieht, dafür, daß die Niveauvorgabe für den Abschluß nicht auf den Lagebericht erstreckt werden sollte. Vielmehr ist umgekehrt aus der Tatsache, daß Art. 46 der Bilanzrichtlinie und in seinem Gefolge § 289 von einer verbalen Darstellung ausgehen,[76] zu schließen, daß sich der Adressat des Lageberichts sein Lagebild nicht aus Zahlen sollte erschließen müssen. Konsequent ist für die Darstellung im Lagebericht nicht auf das Verständnisniveau eines sachverständigen Dritten[77] abzustellen, sondern auf das eines **verständigen Berichtslesers**, der nicht ausgebildeter Betriebswirt sein muß.[78] Diese Auslegung steht im Einklang mit dem ersten Erwägungsgrund zur Bilanzrichtlinie: Wenn der Richtliniengeber vorzüglich die Gesellschafter durch Rechnungslegung und Publizität hat schützen wollen, dann mußte er sich, der Realstruktur von Kapitalgesellschaften in der Gemeinschaft folgend, an Gesellschaften als Leitbild orientieren, die zwar wegen ihres Finanzierungs- oder sonstigen Beitrags für die Aktivitäten ihrer Gesellschaft verständig, aber nicht stets sachverständig sind.

35   Somit ist für die Unterschiede zwischen Jahresabschluß und Lagebericht **zusammenfassend** festzuhalten: In Abgrenzung gegenüber dem Abschluß ist der Lagebericht als Instrument der Rechnungslegung durch eine Reihe von Eigentümlichkeiten gekennzeichnet: vor allem und zunächst durch seine ausschließliche Informationsfunktion, die es für den Lagebericht erlaubt, von der streckenweise Informations-verzerrenden Beachtung der Grundsätze ordnungsgemäßer Buchführung abzusehen; sodann durch den Zukunftsbezug des Lageberichts und die in ihm enthaltene Analyse der in der Gesellschaft verfügbaren Erfolgspotentiale für die künftige Marktbetätigung samt den aus dieser zu erwartenden unternehmerischen Gesamtrisiken; schließlich durch das Darstellungsniveau des Lageberichts: dieser ist auf den bloß verständigen Berichtsleser ausgerichtet. – Alles in allem weist der Lagebericht gegenüber dem Jah-

---

[74] Die EG-Bilanzrichtlinie enthält insoweit weder in ihrem Normtext, noch in ihren Erwägungen eine Vorgabe.

[75] Vgl. *Lutter/Hommelhoff* § 42a, 7f; tendenziell enger Baumbach/Hueck/*Schulze-Osterloh* § 42a, 5.

[76] Ausdrücklich Beck BilKomm-*Ellrott* § 289, 6 (Wortbericht); s. auch ADS § 289, 31 und *Wiedmann* § 289, 10 (in deutscher Sprache).

[77] So aber wohl *Dörner/Bischof* Aufstellung des Lageberichts S. 399: sachkundiger Adressat.

[78] So schon *Reittinger* Der Lagebericht 4; *Semler* Erläuterungs- und Lagebericht S. 198; **a. A.** *E. Müller* Der Lagebericht B 510, 26: qualifizierter Informationsempfänger (sophisticated reader).

resabschluß eine solche Vielzahl von Eigentümlichkeiten auf, daß ihre Zusammenstellung den Befund vom Zwei-Säulen-Modell der Rechnungslegung (oben Rdn. 12) und von den beiden je in sich abgeschlossenen Informations-Instrumenten (oben Rdn. 13) nachdrücklich bestätigt.

b) Lageberichts-Erstattung und Lageberichtsprüfung. Allerdings bedarf dieser **36** Befund der rechtssystematischen Überprüfung und Fortschreibung: Nach Art. 51 Abs. 1b der Bilanzrichtlinie hat der Abschlußprüfer auch zu prüfen, ob der Lagebericht mit dem Jahresabschluß in Einklang steht. Diese gemeinschaftsrechtliche Vorgabe hat der deutsche Gesetzgeber in § 317 Abs. 2 richtlinienkonform transformiert. Das „Einklangsgebot" führt deshalb zur Frage, ob das Konzept vom Zwei-Säulen-Modell (oben Rdn. 12) überhaupt aufrechterhalten werden kann oder nicht doch zumindest deutlich relativiert werden muß.

Gegenstand dieser „Einklangsprüfung" sind Detailinformationen im Lagebericht, **37** aber auch Gesamtinformationen, wenn und soweit die Informationen zugleich ihren Niederschlag im Jahresabschluß finden müssen oder auch nur gefunden haben:[79] etwa ein langfristiger Großauftrag, dessen Risiken für die künftige Ertragslage der Gesellschaft in deren Lagebericht als minimal dargestellt werden, während wegen eben dieses Auftrags im Jahresabschluß erhebliche Rückstellungen für drohende Verluste aus schwebenden Geschäften (§ 249 Abs. 1 S. 1) gebildet werden. Solche Doppelinformationen können sich zum Geschäftsverlauf und zur Lage der Gesellschaft finden, aber auch zu den Einzelangaben nach § 289 Abs. 2.[80] Doppelinformationen sind ebenfalls zur Gesamtlage der Gesellschaft vorstellbar: so z.B., wenn die künftige Ertragslage im Lagebericht wegen der in der Gesellschaft verfügbaren Erfolgspotentiale positiv beschrieben wird, während im Jahresabschluß nur minimale Erträge ausgewiesen sind, weil die Gesellschaft nicht-aktivierungsfähige Aufwendungen für Forschung und Entwicklung im Berichtszeitraum geleistet hatte.[81]

Ziel der „Einklangsprüfung" ist entgegen verbreiteter Ansicht nicht die Feststel-**38** lung, ob sich das im Lagebericht gezeichnete Bild der Gesellschaft mit dem deckt, das der Jahresabschluß vermittelt.[82] Denn für ein solches Prüfungsziel hätten der Richtliniengeber und in seinem Gefolge der deutsche Gesetzgeber die „Übereinstimmung" und nicht bloß den „Einklang" vorgegeben. Vor allem würde die Vorgabe, Jahresabschluß und Lagebericht müßten identische Informationen liefern, dazu zwingen, in den Lagebericht all' jene Informations-verzerrenden Elemente aus dem Jahresabschluß zu transponieren, die vor allem aus dem Vorsichtsprinzip und aus steuerrechtlich induzierten Wahlrechten herrühren.[83] Im Ergebnis läuft das „Deckungs"-Postulat darauf hinaus, in § 289 jenes einschränkende und relativierende „unter Beachtung der Grundsätze ordnungsmäßiger Buchführung" aus § 264 Abs. 2 S. 1 hineinzulesen; das aber steht im Widerspruch zum Wortlaut sowohl des Art. 46 Abs. 1 der Bilanzrichtlinie, als auch des § 289.

Deshalb ist die Forderung nach „Einklang" in § 317 Abs. 2 in der Weise auf den **39** Lagebericht und seine Ausgestaltung rückzubeziehen, daß Umstände, die in einem der beiden Rechnungslegungs-Instrumente „Jahresabschluß" und „Lagebericht" ihren Niederschlag finden müssen oder gefunden haben, auch im anderen Instrument zu

---

[79] ADS § 317, 105; HdJ-*Nonnenmacher* VI/1, 77; Baumbach/Hueck/*Schulze-Osterloh* §41, 61; *Wiedmann* § 317, 16; s. auch Beck BilKomm-*Förschle/Kofahl* § 317, 57.

[80] A.A. *Baetge/Fischer/Paskert* Der Lagebericht S. 55; Scholz/*Crezelius* Anh. § 42a, 260.

[81] S. HdJ-*Nonnenmacher* VI/1, 77.

[82] So aber ADS § 317, 105: übereinstimmende Ergebnisse; HdR-*Baetge/Fischer* § 317, 15: zwei Seiten derselben Medaille.

[83] Zutreffend HdJ-*Nonnenmacher* VI/1, 77.

Peter Hommelhoff

berücksichtigen sind, wenn und soweit dies nach den rechtlichen Vorgaben für dies andere Instrument erforderlich ist. Konkret: wenn etwa im Jahresabschluß in erheblichem Umfang Rückstellungen für drohende Verluste gebildet worden sind, dann dürfen die darin ausgedrückten Zukunftsrisiken im Lagebericht nicht unberücksichtigt bleiben. Sie aber müssen wegen der eigenständigen Informationsziele des Lageberichts ebenso eigenständig für das Instrument der Rechnungslegung aufbereitet und zugeschnitten werden. Oder: wenn der Jahresüberschuß einer Aktiengesellschaft allein auf der (im Rechenwerk korrekt abgebildeten) Auflösung stiller Reserven beruht, muß die Tatsache, daß die Gesellschaft im operativen Geschäft erhebliche Verluste erlitten hat, im Lagebericht klar und deutlich zum Ausdruck kommen.[84] – Insgesamt läuft daher das „Einklangs"-Postulat auf einen **Abgleich der Informationen in Jahresabschluß und Lagebericht** unter Berücksichtigung der spezifischen Zielsetzungen für diese beiden Rechnungslegungs-Instrumente hinaus – auf nicht mehr, aber auch nicht auf weniger.

40   Daraus folgt für das Zwei-Säulen-Modell insgesamt: Das „Einklangsgebot" aus Art. 51 Abs. 1b Bilanzrichtlinie, § 317 Abs. 2 widerstreitet ihm nicht. Der Gedanke je eigenständiger Gesamtinformation im Jahresabschluß einerseits und im Lagebericht andererseits (oben Rdn. 12 f) braucht nicht aufgegeben zu werden; ebensowenig die Feststellung, daß es nicht Aufgabe des Lageberichts ist, den Jahresabschluß in seinem Aussagegehalt zu ergänzen oder zu korrigieren. Allerdings zwingt das „Einklangsgebot" die rechnungslegungspflichtige Geschäftsleitung und den Abschlußprüfer dazu, vor dem endgültigen Abschluß ihrer jeweiligen Arbeiten die beiden Informationsinstrumente Jahresabschluß und Lagebericht daraufhin zu würdigen, ob sie in ihren Grundaussagen und informationellen Grundtendenzen nicht auseinanderlaufen.

41   Der **Geschäftsleitung** ist diese Aufgabe vor Beendigung der Aufstellungsarbeiten gestellt; sollten die beiden Instrumente der Rechnungslegung in ihrem informationellen Grundgehalt Divergenzen aufweisen, ist zu untersuchen, worin diese Divergenzen wurzeln. Ggf. muß der Informationsgehalt des Jahresabschlusses durch zusätzliche Anhangsangaben ergänzt oder korrigiert werden; der umgekehrte Weg, den Lagebericht abzuändern, scheidet aus, wenn durch diese konkrete Maßnahme das Kriterium „unter Beachtung der Grundsätze ordnungsmäßiger Buchführung" aus § 264 Abs. 2 in den Lagebericht hinein fortgeschrieben würde (oben Rdn. 13). – Sollte der **Abschlußprüfer** eine solche informationelle Grunddivergenz zwischen Jahresabschluß und Lagebericht feststellen, muß er hierauf nicht bloß im Prüfungsbericht an den Aufsichtsrat bzw. die Gesellschafter im Rahmen seiner Stellungnahme nach § 321 Abs. 1 S. 2 deutlich eingehen, sondern zusätzlich und vor allem erwägen, ob er den Bestätigungsvermerk wegen seiner Einwendungen nach § 322 Abs. 4 einschränken oder gar versagen muß – es sei denn, die Geschäftsleitung bereinigt die informationelle Grunddivergenz zwischen Jahresabschluß und Lagebericht noch vor deren Vorlage an den Aufsichtsrat bzw. die Gesellschafter.

42   **c) Lagebericht und Ad-hoc-Meldung.** Nach § 15 Abs. 1 S. 1 WpHG hat der Emittent bestimmter Wertpapiere unverzüglich neue Tatsachen aus seinem Tätigkeitsbereich zu veröffentlichen, wenn diese wegen ihrer Auswirkungen auf die Vermögens- oder Finanzlage des Emittenten oder auf seinen allgemeinen Geschäftsverlauf geeignet sind, den Börsenpreis der Wertpapiere erheblich zu beeinflussen. Mit dieser Formulierung hat sich der Gesetzgeber des Wertpapierhandelsgesetzes bewußt an den Rege-

---

[84] Zutr. schon *Dörner/Bischof* Aufstellung des Lageberichts S. 390; ähnlich *Küting/Hütten* AG 1997, 250, 253; a. A. *Reittinger* Der Lagebericht 10.

lungen in §§ 264 Abs. 2 S. 1, 289 orientiert.[85] Damit gewinnt die Auslegung dieser handelsrechtlichen Publizitätsvorschriften Bedeutung für die Interpretation der kapitalmarktrechtlichen Ad-hoc-Publizität und ihrer Voraussetzungen; nicht jedoch umgekehrt: Da die Ad-hoc-Publizität die Regelpublizität, namentlich die nach dem Handelsrecht, ergänzen soll,[86] lassen sich daraus, wie innerhalb des Wertpapierhandelsgesetzes „Lage" und „Geschäftsverlauf" interpretiert werden, keine Schlüsse darauf ziehen, wie diese Begriffe in § 289 auszulegen sind. Das Wertpapierhandelsgesetz trägt zum Verständnis des handelsrechtlichen Lageberichts selbst nichts bei, knüpft vielmehr für sein Instrument der Ad-hoc-Publizität lediglich an die Existenz des Lageberichts an.[87]

III. Berichtsadressaten und Funktionen

Zwar hat die Bilanzrichtlinie in Art. 47 (und in ihrem Gefolge in § 325)[88] bestimmt, **43** daß der Lagebericht zusammen mit dem Jahresabschluß offenzulegen ist. Von der Ermächtigung aus Art. 47 Abs. 2, daß kleine Kapitalgesellschaften ihren Lagebericht nicht zu veröffentlichen brauchen, hat der deutsche Gesetzgeber in § 326 Gebrauch gemacht.[89] Aber darüber, welchen Personen und Institutionen diese Veröffentlichung zugute kommen, wer dadurch informiert werden soll, verhalten sich weder das Handelsgesetzbuch, noch die Bilanzrichtlinie ausdrücklich. Eine erste Näherung erlaubt jedoch die Ermächtigungsgrundlage für die Bilanzrichtlinie im EG-Vertrag: Nach Art. 54 Abs. 3g EGV alt (= Art. 44 Abs. 2g EGV neu) ist diese im Interesse der Gesellschafter und Dritter erlassen. Diese „Dritten" hat der Europäische Gerichtshof dahin konkretisiert, zu ihnen zähle **jede an Informationen interessierte Person**[90] und nicht etwa nur der Gesellschaftsgläubiger;[91] denn Art. 54 Abs. 3g EGV unterscheide nicht zwischen verschiedenen Gruppen von Dritten und schließe auch keine Gruppe aus. – Dieser denkbar weite Kreis von Publizitätsadressaten gilt für die Rechnungslegung allgemein und damit zugleich für den Lagebericht. Konsequent steht es nur dem EU-Richtliniengeber, aber nicht dem nationalen Gesetzgeber frei, den Kreis der Publizitätsadressaten, insbesondere den der Lageberichtsadressaten zu beschränken.

1. Berichtsadressaten und Berichtsempfänger

Da mittelgroße und große Kapitalgesellschaften sowie börsennotierte (§ 267 Abs. 3 **44** S. 2) ihren Lagebericht zum Handelsregister einreichen müssen (§§ 325 f), steht er dort jedermann zur Einsichtnahme offen (§ 9 Abs. 1). Dies entspricht den Vorgaben aus dem Gemeinschaftsrecht (oben Rdn. 43). Adressat des Lageberichts ist mithin von

---

[85] S. den Bericht des Bundestags-Finanzausschusses, BTDrucks. 12/7918 S. 96; daß die Ertragslage nicht genannt ist, beruht offenbar auf einem Redaktionsversehen; s. auch *Pellens* AG 1991, 62, 64.

[86] *Kümpel* Assmann/Schneider (Hrsg.), Wertpapierhandelsgesetz[2] (1999) § 15, 59a; s. aber auch *Hommelhoff* ZGR 2000, 748, 758 ff.

[87] S. auch schon *Stobbe* BB 1988, 303, 305.

[88] Zur Transformation in deutsches Recht u. a. *Semler* Bierich u. a., Rechnungslegung S. 200 ff.

[89] Diese zunächst bloß für kleine Gesellschaften mbH vorgesehene Erleichterung ist vom Bundes-

tags-Rechtsausschuß im Verlaufe des Gesetzgebungsverfahrens auf kleine Aktiengesellschaften erstreckt worden, s. Bericht des Rechtsausschusses, abgedruckt bei *Biener/Berneke* Bilanzrichtlinien-Gesetz S. 453; kritisch hierzu *Kropff* ZGR 1988, 558.

[90] EuGH, Slg. 1997, 6843 = ZIP 1997, 2155, 2156 – Daihatsu mit Besprechung von *Crezelius* ZGR 1999, 252; *Schön* JZ 1998, 195.

[91] So jedoch der Standpunkt der überwiegenden gemeinschaftsrechtlichen Literatur; s. die Nachweise bei *Schulze-Osterloh* ZIP 1997, 2157.

Peter Hommelhoff

Rechts wegen jedermann, der an der Rechnungslegung der Gesellschaft interessiert ist, ohne daß es auf die Berechtigung dieses Interesses ankäme. Berichtsadressaten sind daher sowohl diejenigen, die bereits mit der Gesellschaft in Beziehung, insbesondere in Geschäftsbeziehungen stehen, als auch jene anderen, die erwägen, mit der Gesellschaft in Beziehung zu treten und für ihre Entscheidung Informationen benötigen: potentielle Gläubiger[92] ebenso wie z.B. potentielle Arbeitnehmer. Zur Allgemeinheit als Berichtsadressat unten Rdn. 53 f.

45   Wenn es aber das Ziel der gemeinschaftsrechtlich normierten Rechnungslegung ist, den Kreis der Publizitätsadressaten sehr weit zu ziehen und keine Gruppe Informations-Interessierter auszugrenzen (oben Rdn. 43), so stände es im Widerspruch zu diesem Konzept, zwischen den Berichtsadressaten auf der einen Seite und bloßen Berichtsempfängern auf der anderen zu unterscheiden, die lediglich reflexiv an den Informationen aus der Rechnungslegung einschließlich des Lageberichts teilnehmen. Hinsichtlich der Rechnungslegung und des Zugangs zu ihren Informationen darf es **keine hierarchisch abgestuften Zugangsbarrieren** geben; das verbietet das Gemeinschaftsrecht.

46   Das an den nationalen Gesetzgeber gerichtete Verbot, informationelle Zugangssperren zu errichten, hindert diesen jedoch nicht, den Informations-Zugang zu verbessern und dabei zwischen bestimmten Gruppen von Dritten zu differenzieren. So handelte der deutsche Gesetzgeber durchaus Gemeinschaftsrechts-konform, als er den **Mitgliedern des Wirtschaftsausschusses und des Betriebsrates** nicht zumuten wollte, beim Handelsregister in die Unterlagen zur Rechnungslegung Einblick zu nehmen, sondern statt dessen die Geschäftsleitung verpflichtete, Jahresabschluß und Lagebericht[93] dem Wirtschaftsausschuß von sich aus vorzulegen und zu erläutern (§ 108 Abs. 5 BetrVG). Einzelne Arbeitnehmer dagegen bleiben auf die Einsicht beim Handelsregister verwiesen.

2. Berichtsadressaten und inhaltliche Ausgestaltung des Lageberichts

47   Berichtsadressat ist jeder an Informationen über die Gesellschaft, an ihrem Geschäftsverlauf und ihrer Lage Interessierte (oben Rdn. 44). Daher richtet sich der Lagebericht an eine **Vielzahl von Adressaten**: innerhalb der Gesellschaft an die Gesellschafter, Aktionäre (oder Anleger) oder Genossen sowie an den Aufsichtsrat und seine Mitglieder; außerhalb der Gesellschaft an die unterschiedlichen Gläubiger, seien diese nun aktuelle oder auch nur potentielle: an (Finanz- oder Waren-) Kreditgeber, Lieferanten und Abnehmer, aber auch an die Arbeitnehmer und ihre Repräsentanten.

48   Die Tatsache, daß die publizierte Rechnungslegung samt Lagebericht als Informationsgrundlage zur Verfügung steht, hat der Gesetzgeber verschiedentlich aufgegriffen, um sie für **besondere Zwecke** fruchtbar zu machen. So gibt § 18 KWG den Kreditinstituten auf, Kredite in Höhe von mehr als DM 500 000 nur auszugeben, wenn das Institut sich zuvor die wirtschaftlichen Verhältnisse des Kreditnachfragers, insbesondere durch Vorlage der Jahresabschlüsse[94] hat offenlegen lassen. In vergleichbarer

---

[92] Sie sind in besonderem Maße Informationsbedürftig; zutr. *Friedrich* BB 1990, 741, 744; *Jansen* Publizitätsverweigerung und Haftung in der GmbH (1999) S. 45 f; *Schulze-Osterloh* ZIP 1997, 2157.

[93] Die Vorlagepflicht erstreckt sich auf den Lagebericht: *Fitting/Auffarth/Kaiser/Heither* Betriebs-

verfassungsgesetz[20] (2000) § 108 BetrVG, 29 m.w.N.; ebenso *Hanau/Kania* Erfurter Kommentar zum Arbeitsrecht (1998) § 108 BetrVG, 12.

[94] Sie umfassen auch den Lagebericht: *Boos/Fischer/Schulte-Mattler* Kommentar zu KWG und Ausführungsvorschriften (2000) § 18 KWG, 32 f; all-

Weise hat der Gesetzgeber die handelsrechtliche Rechnungslegung genutzt, um gemäß § 108 Abs. 5 BetrVG Wirtschaftsausschuß und Betriebsrat über die Lage der Gesellschaft und den Verlauf ihrer Geschäfte zu informieren (oben Rdn. 46).

Und schließlich ist in diesem Zusammenhang § 44b BörsG zu erwähnen; danach **49** haben **börsennotierte Aktiengesellschaften** mindestens halbjährlich einen Zwischenbericht zu erstatten, in dem ein den tatsächlichen Verhältnissen entsprechendes Bild der Finanzlage der Gesellschaft und ihres allgemeinen Geschäftsganges vermittelt wird.[95] Für diesen Zwischenbericht ist daher innerhalb der Gesellschaft auf dasselbe Datenmaterial zurückzugreifen, das jährlich ebenfalls für den Lagebericht aufbereitet werden muß. Damit ist die Lagebericht-Erstattung zugleich kapitalmarktrechtlich eingebunden, sie erfaßt Anleger und Gläubiger deshalb nicht bloß individuell, sondern zugleich institutionell: eben vom Kapitalmarkt her. Indes – nicht mehr vom geltenden Recht ist die in der Betriebswirtschaftslehre vorbereitete These gedeckt, der Lagebericht sei *primär* auf die Kapitalanleger ausgerichtet (s. oben Rdn. 28).

Aus der Vielzahl der Berichtsadressaten (oben Rdn. 47) und aus der funktionalen **50** Einbindung des Lageberichts in weiterreichende Funktionszusammenhänge folgt die **Rechtsfrage**, ob der Lagebericht seinem Inhalt nach auf diese Berichtsadressaten und ihre je unterschiedlichen Informationsbedürfnisse hin ausgerichtet werden muß oder ob es wenigstens bestimmte Adressatengruppen gibt, deren Interessen als Leitbild für die inhaltlichen Ausgestaltungs-Anforderungen des Lageberichts dienen; zu denken wäre dabei an die Gesellschafter und Anleger auf der einen Seite und die Gesellschaftsgläubiger auf der anderen.

Aber für eine solche inhaltliche Ausrichtung des Lageberichts auf die Informa- **51** tionsinteressen aller oder auch nur bestimmter Gruppen von Berichtsadressaten liefert das Gemeinschaftsrecht weder in der Bilanzrichtlinie, noch in der EG-vertraglichen Ermächtigung nach Art. 54 Abs. 3g EGV alt (= Art. 44 Abs. 2g EGV neu) einen hinreichend festen Anhalt. Insofern hat das europäische Recht nicht die Richtungsdiskussion aufgegriffen, wie sie im Zusammenhang mit der Aktienrechtsreform 1965 geführt worden ist: In ihr hat man das bis dahin überkommene Bilanzrecht (wohl fälschlich)[96] als primär auf die Gesellschaftsgläubiger bezogen begriffen und deshalb um eine zweite Ausrichtung auf die Aktionäre ergänzen wollen.[97] Eine solche Konzentration auf diese beiden Gruppen läßt sich, wie der Europäische Gerichtshof zu Recht judiziert hat (oben Rdn. 43), aus dem Begriff der „Dritten" in Art. 54 Abs. 3g EGV alt nicht herleiten.

Konsequent sind die der Rechnungslegung dienenden Informationen **nicht von 52 den Bedürfnissen bestimmter Adressaten** her rechtlich konzipiert und angeordnet,[98] sondern von der rechnungslegungspflichtigen Gesellschaft her, wenn auch gewiß nicht ohne jede Rücksicht auf Informationsinteressen, die sich der europäische Richtliniengeber als typisch vorgestellt hat. Dies werden auf der einen Seite die der Anteilseigner,

---

gemein zu den Kreditinstituts-bezogenen Informationspflichten: *Hütten* Geschäftsbericht S. 46 ff.

[95] Zur Verbindungslinie zwischen der handelsrechtlichen Rechnungslegung und der Zwischenberichterstattung nach dem Kapitalmarktrecht: *Hommelhoff* ZGR 2000, 748, 756 f m. w. N.; F. Schäfer (Hrsg.), Wertpapierhandelsgesetz, Börsengesetz, Verkaufsprospektgesetz (1999) § 44b BörsG, 1, 5–7.

[96] Zur aktuellen Diskussion eingehend *Kleindiek* ZGR 1998, 466 mit Fazit S. 489; s. auch *Budde* FS

Moxter (1994) S. 48 f; *Kropff* FS Baetge (1997) S. 68.

[97] Grundlegend *Gessler* BB 1961, 417, 419.

[98] So aber *Baetge/Fischer/Paskert* Der Lagebericht S. 11 f im Anschluß an *Moxter* FS Leffson (1976) S. 94 f; die dort verfochtene Unterscheidung zwischen Lageberichts-Adressaten und bloßen Lageberichts-Empfängern findet im geltenden Recht keine Stütze: weder in dem der Gemeinschaft, noch im deutschen.

Peter Hommelhoff

und auf der anderen die der Kreditgläubiger sein.[99] Für die einzelnen Gruppen der Rechnungslegungs-Adressaten (und damit auch für die Adressaten des Lageberichts) bedeutet dies: Sie müssen die in Jahresabschluß und Lagebericht enthaltenen Informationen so hinnehmen, wie sie ihnen nach dem Gesetz dargeboten werden und dargeboten werden dürfen; eine auf ihre besonderen Informationsinteressen hin zugeschnittene Ausgestaltung können sie von Gesetzes wegen grundsätzlich nicht verlangen, sondern nur auf der Grundlage einer konkreten Vereinbarung mit der Gesellschaft. Anders nur die Gesellschafter und Aktionäre: Sie können in Ausübung ihres individuellen Auskunftsrechts (§§ 51a GmbHG, 131 AktG) Zusatzinformationen zur Rechnungslegung verlangen[100] und überdies durch statutarische Vorgaben für eine noch informativere Ausgestaltung von Jahresabschluß und Lagebericht sorgen.[101] In Gesellschaften mit geschlossenem Gesellschafterkreis kommen namentlich statutarische Ausgestaltungsvorgaben für den Lagebericht in Betracht.[102]

3. Lagebericht-Erstattung und Informations-Interessen der Allgemeinheit

53   Da das Gemeinschaftsrecht die in der Rechnungslegung enthaltenen Informationen jeder interessierten Person zugänglich machen will,[103] ohne daß diese in irgendeiner Weise näher bestimmt oder eingegrenzt ist (oben Rdn. 43), können sich auch staatliche Stellen, die Wirtschaftspresse, Finanzintermediäre und Hochschullehrer dieser veröffentlichten Informationen zu ihren je eigenen Zwecken bedienen; die staatlichen Stellen etwa für statistische Zwecke, aber auch und vor allem für ihre Regional-, Struktur-, Arbeitsmarkt- und allgemeine Wirtschaftspolitik; die Hochschullehrer z. B. für Ausbildungszwecke.[104] So gesehen öffnet das Tatbestandsmerkmal „Dritte" in Art. 44 Abs. 2g EGV neu die Rechnungslegung nicht nur gegenüber einer Vielzahl von Individuen, sondern auch gegenüber **Institutionen**: gegenüber dem Kapitalmarkt, gegenüber den Gebietskörperschaften, Regierungen und Universitäten – kurzum: gegenüber der Allgemeinheit.[105] Diese ist zwar kein im Gemeinschaftsrecht angezielter Adressat der Rechnungslegung; aber dennoch ist das Regelungsprogramm der Gemeinschaft und in seiner Transformation auch das des deutschen Rechts zur Allgemeinheit hin geöffnet. Innerhalb der Rechnungslegung kommt dem Lagebericht dabei besondere Bedeutung zu: zum einen, weil seine Informationen nicht durch die „Grundsätze ordnungsmäßiger Buchführung" verzerrt sind (oben Rdn. 26), und zum anderen, weil das Darstellungsniveau, ausgerichtet auf den verständigen Leser (oben Rdn. 33 f), es erlaubt, die Lageberichts-Informationen ohne sachverständige „Übersetzung" selbst zur Kenntnis zu nehmen. Mithin ist der Lagebericht für die weiten Informationsinteressen der Allgemeinheit in herausragender Weise brauchbar.

54   Die Rechnungslegung nach dem Recht der Gemeinschaft ist demnach auch **gegenüber der Allgemeinheit geöffnet**.[106] Damit werden bruchlos jene Regelungsziele in

---

[99]   S. auch *Baetge/Fischer/Paskert* Der Lagebericht S. 12.

[100]   Zur Verknüpfung dieser Informationskanäle *Hommelhoff* ZIP 1983, 383, 391 f.

[101]   Es sind dies Ergänzungen zum Gesetz im Sinne des § 23 Abs. 5 S. 2 AktG (dazu *Röhricht* Groß-Komm AktG[4] (1997) § 23, 189 f); zur Ergänzungs-Fähigkeit des Rechts der Rechnungslegung näher *Hartmann* Bilanzrecht S. 240 ff.

[102]   *Hartmann* Bilanzrecht S. 36 ff; *Hommelhoff/Priester* ZGR 1986, 463, 472 f.

[103]   EuGH, Slg. 1997, 6843, 6865 = ZIP 1997, 2155, 2156 – Daihatsu.

[104]   Der gemeinschaftsrechtlichen Dimension sind im „Heberger"-Fall weder der Bundesgerichtshof (BGH ZIP 1994, 650) noch das Bundesverfassungsgericht (GmbHR 1994, 477) gerecht geworden.

[105]   *Gelhausen* WP-Handbuch I, F, 664 spricht von „Öffentlichkeit".

[106]   Tendeziell enger *Baetge/Fischer/Paskert* Der Lagebericht S. 11: die Öffentlichkeit zählt nicht zu den Adressaten des Lageberichts; s. auch *Stobbe* BB 1988, 303, 305.

das geltende Recht in Deutschland eingefügt, die seit der Verabschiedung des Publizitätsgesetzes 1969[107] die Rechnungslegung großer Unternehmen und Konzerne bestimmen: Ihre Bedeutung für die Allgemeinheit und deren Interessen an ihrem Wohl und Wehe macht ihre öffentliche Rechnungslegung unabhängig davon erforderlich, in welcher Rechtsform sie betrieben werden mit Ausnahme der Personenhandelsgesellschaften und Einzelkaufleute (oben Rdn. 14).[108] Soweit sie in einer Gesellschaftsform organisiert sind, die nun nach den Bilanzrichtlinien publizitätspflichtig ist, müssen sie (das betrifft vor allem die großen Gesellschaften mbH) nach handelsrechtlichen Regeln Rechnung legen und nicht länger nach denen des Publizitätsgesetzes.[109] Das aber hat an dem Ziel einer Rechnungslegung auch im Allgemeininteresse nichts geändert; auch in dieser Richtung ist das Gemeinschaftsrecht geöffnet.

IV. Allgemeiner Teil des Lageberichts-Rechts

Die Bestimmungen zum Lagebericht in § 289 sind vielfältig mit dem Recht der **55** Rechnungslegung verbunden; deshalb finden sich Anordnungen zu diesem Bericht auch an anderen Stellen – so etwa zur Aufstellungspflicht in § 264 Abs. 1 S. 1 oder zu den Aufstellungsprinzipien in §§ 243 Abs. 2, 244 (unten Rdn. 76). In ihrer Gesamtheit bilden diese Vorgaben außerhalb des § 289 den Allgemeinen Teil des Lageberichts-Rechts, während § 289 den besonderen Teil dieses Rechts inhaltlich auffächert und konkretisiert.

1. Die für die Berichtspflicht Verantwortlichen

a) Die **gesetzlichen Vertreter der Kapitalgesellschaft** sind nach § 264 Abs. 1 S. 1 **56** verpflichtet, den Lagebericht aufzustellen. Diese Aufgabenzuweisung kann sich in einer Aktiengesellschaft auf den Vorstand als gesetzliches Vertretungsorgan beziehen oder aber auf die einzelnen Mitglieder des Vertretungsorgans, also die Vorstandsmitglieder; der Gesetzeswortlaut ist insoweit unergiebig. Die EG-Bilanzrichtlinie erlaubt keinen näheren Aufschluß, weil sie allein auf die Gesellschaften abstellt, deren organisatorische Binnenstruktur hingegen nicht anspricht. Aus der Gesetzgebungsgeschichte des deutschen BilanzrichtlinienG und aus der Systematik im Dritten Buch des HGB folgt jedoch, daß die Aufstellung der Rechnungslegung und somit zugleich die des Lageberichts dem Vertretungsorgan zugewiesen ist: in der Aktiengesellschaft dem Vorstand[110] und in Gesellschaften mbH den Geschäftsführern in ihrer organschaftlichen Zusammenfassung, also der Geschäftsleitung.[111] Denn nach dem Regierungsentwurf des Bilanzrichtlinien-Gesetzes sah dessen § 148 AktGE vor, der Vorstand habe Jahresabschluß und Lagebericht aufzustellen[112] – eine Aufgabenzuweisung, wie sie in § 336 Abs. 1 klar und eindeutig für den Vorstand einer Genossenschaft beibehalten worden ist. Diese Organkompetenz ist in § 264 Abs. 1 S. 1 mit dem „gesetzliche Vertreter" nur deshalb generalisiert worden, weil der Bundestags-Rechtsausschuß die

---

[107] G vom 15. 8. 1969, BGBl I S. 1189; BGBl 1970 I S. 1113.

[108] Zum ganzen näher ADS VorPublG, 2; *Biener* PublG 1973, S. 2 f; *Baetge* Bilanzen S. 47; *Rittner* Wirtschaftsrecht² (1987) S. 147 ff.

[109] S. Allg. Begründung zum RegE Bilanzrichtlinie-Gesetz, abgedruckt bei *Biener/Berneke* Bilanzrichtlinien-Gesetz S. 26; Bericht des Bundestags-Rechtsausschusses, *Biener/Berneke* S. 578.

[110] I. E. wie hier *E. Müller* Der Lagebericht B 500, 22.

[111] Zum Organ „die Geschäftsführer" in der GmbH: *Lutter/Hommelhoff* § 6, 3f; *Rittner/Schmitt-Leithoff* Roweedder, GmbHG³ (1992) § 6, 3.

[112] U. a. abgedruckt bei *Biener/Berneke* Bilanzrichtlinien-Gesetz S. 134.

Peter Hommelhoff

für Aktiengesellschaften und Gesellschaften mbH übereinstimmend geltenden Regeln ins HGB überführt und dort zusammengefaßt hat; am Organbezug der Aufstellungspflicht hat der Gesetzgeber jedoch nichts ändern wollen.

57   Für die Aufstellung des Lageberichts und die Erledigung dieser Aufgabe **innerhalb des Vertretungsorgans** ergeben sich aus dem Organbezug der Pflichtenzuweisung Konsequenzen: Da nicht jedes einzelne Vorstandsmitglied, nicht jeder Geschäftsführer in die Berichts-Aufstellung initiativ und aktiv gestaltend eingreifen muß, genügt es (in Anwendung der zu § 91 Abs. 1 AktG entwickelten Grundsätze),[113] wenn das Gesamtorgan seiner Verantwortung in der Weise nachkommt, daß einem Mitglied des Vertretungsorgans (in der Regel dem für die Rechnungslegung zuständigen) in der Organ-internen Geschäftsverteilung die Aufgabe zugewiesen wird, einen Text für den Lagebericht zu entwerfen. Dieser Textentwurf ist sodann im Gesamtorgan zu beraten sowie ggf. abzuändern oder zu ergänzen. Über die endgültige Textfassung des Lageberichts, wie er in prüfungspflichtigen Gesellschaften dem Abschlußprüfer, in nichtprüfungspflichtigen dem Aufsichtsrat oder sogleich den Gesellschaftern zuzuleiten ist (§§ 320 Abs. 1, 170 Abs. 1 AktG, 42a Abs. 1 GmbHG), beschließt das Vertretungsorgan; erst mit diesem Beschluß ist der Lagebericht aufgestellt. Ob es hierbei der Zustimmung aller Organmitglieder bedarf oder lediglich einer wie auch immer definierten Mehrheit, richtet sich nach dem Organisationsrecht der konkreten Gesellschaft. Ohne nähere Bestimmung im Statut oder in der Geschäftsordnung des Vertretungsorgans entscheidet dies einstimmig.[114] Bei Mehrheitsentscheid (nach Gesellschaftsvertrag oder Geschäftsordnung) müssen jedoch überstimmte Organmitglieder dafür sorgen, daß inhaltlich gewichtige Divergenzen gegenüber dem verabschiedeten Text des Lageberichts in diesem als Mindermeinung verlautbart werden; zur Aufnahme dieser Divergenzen in den Lagebericht ist die Organmehrheit verpflichtet.[115]

58   b) Für Gesellschaften mit einem **Aufsichtsrat** stellt sich die Frage, ob dieser lediglich Empfänger des Lageberichts oder weitergehend (zumindest in Aktiengesellschaften) für dessen Inhalt in der Weise mitverantwortlich ist, daß er ihn neben dem Vertretungsorgan „Vorstand" feststellen muß. Zwar spricht § 172 S. 1 AktG nur davon, daß der Aufsichtsrat den Jahresabschluß billige; damit könnte jedoch die Rechnungslegung insgesamt einschließlich des Lageberichts gemeint sein. Eine solche Mitverantwortung des Aufsichtsrats auf gleicher Ebene mit dem Vorstand und mit derselben Intensität läßt sich jedoch für den Lagebericht aus § 172 AktG nicht herleiten; die Mitverantwortung hier beschränkt sich auf die Bilanzpolitik, die im Jahresabschluß verfolgt werden soll,[116] und auf die Bildung oder Auflösung von Rücklagen (§ 58 Abs. 2 AktG), erstreckt sich jedoch nicht auf die Rechnungslegung und Information der Gesellschaft über deren Lage und den Gang ihrer Geschäfte. Folglich entscheidet über den Lagebericht und seinen Inhalt der Vorstand allein.

59   Allerdings ist der Lagebericht Gegenstand **eigenständiger Pflichten des Aufsichtsrats**: Er hat u. a. den Lagebericht des Vorstands zu prüfen (§ 171 Abs. 1 AktG)[117]

---

[113] Dazu KK-*Mertens* § 91, 2; *Hefermehl* in Geßler/Hefermehl/Eckardt/Kropff (1973/74) § 91, 2; *Hüffer* Aktiengesetz⁴ (1999) § 91, 3.

[114] *Mertens* (Fn. 113), § 77, 7; *Hüffer* (Fn. 113), § 77, 6; Baumbach/Hueck/*Zöllner* § 37, 16.

[115] Zur vergleichbaren Rechtslage beim Vorstandsbericht nach § 90 AktG s. *Lutter* Information und Vertraulichkeit² (1984) S. 66.

[116] *Kropff* in Gessler/Hefermehl/Eckart/Kropff (1973) § 172, 10.

[117] Andeutend *Hoffmann-Becking* Münchener Handbuch des Gesellschaftsrechts², Bd 4 (1999) S. 604 f; *Hüffer* (Fn. 113) § 171, 2; *Köstler/Kittner/Zachert* Aufsichtsratspraxis⁶ (1999) 571; *Lutter/Krieger* Rechte und Pflichten des Aufsichtsrats³ (1993) S. 36; GroßKommAktG-*Brönner* § 171, 13.

und hierüber den Aktionären in der Hauptversammlung schriftlich zu berichten (§ 171 Abs. 2 AktG).[118] Dieselben Pflichten treffen den obligatorischen Aufsichtsrat in der GmbH (§§ 25 Abs. 1 Nr. 2 MitbestG, 77 Abs. 1 BetrVG 1952, 52 Abs. 1 GmbHG jeweils i.V.m. § 171 AktG). Deshalb darf es der Aufsichtsrat (ebensowenig wie der Abschlußprüfer) dem Vorstand nicht unbeanstandet durchgehen lassen, wenn der Lagebericht große Verluste im operativen Geschäft der Gesellschaft verschweigt, selbst wenn die Rechenwerke die Erlöse aus außerordentlichen Geschäften (§ 275 Abs. 2 Nr. 15, Abs. 3 Nr. 14) zutreffend ausweisen und damit dem Finanzanalysten einen klaren Schluß auf die wahre Lage der Gesellschaft erlauben. In diesem Falle muß der Aufsichtsrat auf Ergänzung und Korrektur des Lageberichts selbst dringen, bevor dieser den Aktionären oder Gesellschaftern und der allgemeinen Öffentlichkeit bekannt gemacht wird. Diese Korrekturpflicht folgt aus der eigenständigen Informationsfunktion des Lageberichts (oben Rdn. 12) und aus den besonderen Kenntnissen, die der Aufsichtsrat und seine Mitglieder aus den regelmäßigen Berichten des Vorstands (§ 90 Abs. 1, 2 AktG) erlangt haben.

c) Abschlußprüfer. In prüfungspflichtigen Gesellschaften, also in allen mittelgroßen und großen Kapitalgesellschaften (§ 316 Abs. 1 S. 1), in allen gemäß § 267 Abs. 3 S. 2 zum Kapitalmarkt hin orientierten Gesellschaften sowie in Genossenschaften (§ 53 GenG), haben Abschlußprüfer bzw. Prüfungsverband die Aufgabe zu prüfen, ob der Vorstand oder die Geschäftsführer (oben Rdn. 56 f) ihrer Pflicht zur Rechnungslegung auch durch ordnungsgemäße Berichterstattung im Lagebericht nachgekommen sind (§ 317 Abs. 1 S. 3). Speziell für den Lagebericht hat der Gesetzgeber im KonTraG das Prüfprogramm konzentriert und deutlich intensiviert.[119] Das soll nicht nur den Publizitätsadressaten zugute kommen (arg. § 322 Abs. 3), sondern auch und vor allem dem Aufsichtsrat; denn im an diesen adressierten Prüfungsbericht hat der Abschlußprüfer in seinem vorangestellten Prüferkommentar zum Lagebericht des Geschäftsleitungsorgans Stellung zu nehmen.[120] Sollte Anlaß zu kritischen Anmerkungen des Abschlußprüfers bestehen, so werden diese an exponierter Stelle im Prüfungsbericht verlautbart.[121] Darüber hinaus muß der Abschlußprüfer sein Testat einschränken oder gar versagen, falls die Berichterstattung im Lagebericht nicht unerheblich zu beanstanden sein sollte (§ 322 Abs. 4 S. 1); der Vermerk des Abschlußprüfers darf dann nicht mehr als „Bestätigungsvermerk" bezeichnet werden (§ 322 Abs. 4 S. 2). Wegen der eigenständigen Funktion des Lageberichts innerhalb der Rechnungslegung (Zwei-Säulen-Modell, oben Rdn. 12) kommt eine bloße Einschränkung des Testats nicht in Betracht, falls die Lagebericht-Erstattung unzureichend ist, insbesondere sich in nichtssagenden Leerformeln erschöpft; in solchen Fällen ist der Bestätigungsvermerk zu versagen.[122] Für alles Weitere und Nähere ist auf die Erläuterungen zu §§ 317, 322 zu verweisen.

60

---

[118] Zu den auch insoweit unzureichenden Aufsichtsratsberichten in der Praxis: *Theisen* BB 1988, 705, 710 f – resümierend; *ders.* DB 1997, 105, 108.

[119] Die stärker Problem-orientierte Gesamtprüfung soll speziell bei der Prüfung des Lageberichts stärker an die Erwartungen der Öffentlichkeit angepaßt werden (Begr RegE KonTraG, u.a. abgedruckt bei *Ernst/Seibert/Stuckert* KonTraG S. 95). Der in seiner Aussagekraft gesteigerte

Lagebericht und seine intensivierte Prüfung stehen in funktionalem Zusammenhang.

[120] Hierzu *Hommelhoff* BB 1998, 2567, 2570 ff.

[121] Zutr *Wiedmann* § 321 HGB, 34.

[122] Zu großzügig der Berufsstand der Wirtschaftsprüfer (IDW PS 350 – Prüfung des Lageberichts – Ziff. 26 f, abgedruckt in *IDW*-Fachnachrichten 1998, 336f: bloße Einschränkung des Bestätigungsvermerks).

Peter Hommelhoff

2. Umfang des Lageberichtskreises

61   Der Lagebericht soll die Publizitätsadressaten, namentlich die Anteilsinhaber und die Gesellschaftsgläubiger, darüber informieren, was die Geschäftsleitung mit den ihr anvertrauten Ressourcen unternommen und für die Zukunft auf den Weg gebracht hat. Aus dem Blickwinkel der Kapitalanleger geschaut interessiert diese die Verwendung des zur Verfügung gestellten Kapitals, wo auch immer dies eingesetzt ist und in welchem Aggregatzustand es sich auch immer befinden mag: Ob Maschinen damit erworben, Werbekampagnen betrieben, Schulden getilgt, in- oder ausländische Tochtergesellschaften etabliert oder strategische (Minderheits-) Beteiligungen erworben worden sind. Daher ist der **Lageberichtskreis in seinem Umfang** so weit zu ziehen, wie die Geschäftsleitung (angeleitet und zugleich begrenzt durch den statutarischen Unternehmensgegenstand ihrer Gesellschaft, §§ 23 Abs. 3 Nr. 2 AktG, 3 Abs. 1 Nr. 2 GmbHG)[123] mit den Ressourcen aktiv geworden ist oder aktiv zu werden unternommen hat.

62   a) Für **Unternehmens-tragende Kapitalgesellschaften** bezieht sich der Lageberichtskreis auf das gesamte Unternehmen der Gesellschaft mitsamt allen Betrieben, Zweigniederlassungen und sonstigen Organisationseinheiten, wo auch immer sie sich im **In- oder Ausland** befinden mögen. Dieser „Weltbezug" des Lageberichts folgt nicht nur aus der strukturellen Parallele zur weltweiten Öffnung des Konzernabschlusses gemäß § 294 Abs. 1,[124] sondern vor allem aus dem Ziel der Rechnungslegung auch im Einzelabschluß und -lagebericht, über Einsatz und Verwendung der zur Verfügung stehenden Ressourcen Rechenschaft ablegen zu lassen.[125] Mittelbare Bestätigung hat der „Weltbezug" des Lageberichts in § 289 Abs. 2 Nr. 4 für die Zweigniederlassungen gefunden: Wenn sich das Gesetz in Transformation des Art. 11 der Elften (Zweigniederlassungs-) Richtlinie[126] damit begnügt, die Angabe der bestehenden Zweigniederlassungen der Gesellschaft zu fordern (unten Rdn. 68 ff), so muß über die Aktivitäten der Zweigniederlassungen selbst schon im Lagebericht informiert werden; und da § 289 Abs. 2 Nr. 4 nicht zwischen in- und ausländischen Zweigniederlassungen unterscheidet, muß sich die Pflicht zur Lagebericht-Erstattung zugleich auf sämtliche Zweigniederlassungen im Ausland erstrecken – auch auf die in den Vereinigten Staaten oder in Fernost.

63   b) **Konzern.** Sollte die zur Erstattung des Lageberichts verpflichtete Gesellschaft an der Spitze einer Unternehmensgruppe, eines Konzerns stehen, so sind in den (Einzel-) Lagebericht der konzernherrschenden Mutter grundsätzlich auch die Aktivitäten und Perspektiven der nachgeordneten Konzerntochter- und -enkelgesellschaften miteinzubeziehen. Denn über die gesellschaftsrechtliche Beteiligung der Muttergesellschaft sind diesen im Konzern nachgeordneten Gesellschaften Ressourcen der Mutter zugeflossen, über deren Verwendung und Ertrag die Muttergeschäftsleitung rechenschaftspflichtig ist. Außerdem hat die Tatsache, daß die Muttergesellschaft über den ihr nachgeordneten Konzernbereich grundsätzlich auch in ihrem eigenen Lagebericht informieren muß, Niederschlag in der Erleichterung nach §§ 315 Abs. 3, 289 Abs. 3 gefunden.[127] Danach darf die Muttergesellschaft den (Einzel-) **Lagebericht mit dem**

---

[123] Zur Steuerungsfunktion des statutarischen Unternehmensgegenstandes eingehend *Tieves* Der Unternehmensgegenstand der Kapitalgesellschaft (1998) S. 267 ff.

[124] Damit ist das Dritte Buch des HGB in Umsetzung der 7. EG-Richtlinie über die Konzernrechnungslegung nach §§ 329 ff AktG 1965 hinausgegangen; diese erfaßte nur die Gesellschaf-

ten mit Sitz im Inland (§ 329 Abs. 2 S. 1 AktG 1965).

[125] *Kleindiek* ZGR 1998, 466, 467 f, 472 f.

[126] U. a. abgedruckt bei *Lutter* Europäisches Unternehmensrecht S. 272.

[127] Hierfür findet sich in der 7. Richtlinie keine ausdrückliche Vorlage; der deutsche Gesetzgeber hat jedoch die im Ratsprotokoll zu Art. 34 der

Konzernlagebericht zusammenfassen. Auf diesem Wege sollten Wiederholungen vermieden werden: Was bereits im Lagebericht der Muttergesellschaft ausgeführt worden ist, soll nicht noch einmal im Konzernlagebericht wiederholt werden müssen.[128] Eine solche Wiederholungsgefahr besteht vor allem bei Angaben, die das eigene Unternehmen der Konzernmutter betreffen, wenn also der Konzern als Stammhaus-Konzern[129] organisiert ist. Aber hierauf ist die Zusamenfassungs-Ermächtigung in § 315 Abs. 3 nicht beschränkt. Solche Wiederholungsgefahren können folglich auch von anderen Konzerngesellschaften als der Mutter herrühren. Deshalb ist davon auszugehen, daß sich nach der Vorstellung des Gesetzgebers im (Einzel-) Lagebericht der Muttergesellschaft auch Aussagen zum nachgeordneten Konzernbereich finden (müssen).

Andererseits hat der Gesetzgeber in § 315 Abs. 3 der Muttergesellschaft nur ein **64** Wahlrecht eingeräumt, hat also nicht von sich aus auf die Erstattung eines der beiden Lageberichte verzichtet. Vielmehr sieht der Gesetzgeber durchaus Sinn für einen Konzernlagebericht und daneben für einen (Einzel-) Lagebericht der Muttergesellschaft. Rechtsgrundsätzlich sind deshalb **beide Lageberichte in ihren Funktionen** gegeneinander abzugrenzen: Die Konzernrechnungslegung zielt darauf ab, die Vermögens-, Ertrags- und Finanzlage der in sie einbezogenen Unternehmen so darzustellen, als ob diese Unternehmen insgesamt ein einziges Unternehmen wären (arg. § 297 Abs. 3).[130] Zweck des Konzernlageberichts innerhalb der Konzernrechnungslegung ist es daher, das wirtschaftliche Gesamtgeschehen im Konzern verbal darzustellen; im Mittelpunkt des Konzernlageberichts steht die wirtschaftliche Einheit des Konzerns.[131] Demgegenüber reflektiert der (Einzel-) Lagebericht der Muttergesellschaft das Geschehen in den nachgeordneten Konzerngesellschaften ausschließlich aus ihrer Sicht und auch nur insoweit, wie es erforderlich ist, um die (gegenüber dem Gesamtkonzern) eigenständige Lage der Mutter zu erkennen. Konsequent muß das Geschehen im nachgeordneten Konzernbereich auch nur insoweit im (Einzel-) Lagebericht der Konzernmutter berichtet werden, wie es sich auf deren Lage auswirken kann. Oder anders formuliert: Da die nachgeordneten Konzerngesellschaften keine rechtlich unselbständigen Zweigniederlassungen sind, ist über sie und das Geschehen in ihnen nicht mit derselben Intensität wie über rechtlich unselbständige Betriebsabteilungen im Lagebericht zu informieren.

Damit bleibt es bei der Aussage, daß auch die nachgeordneten Konzerngesellschaf- **65** ten in den Lageberichtskreis der Mutter einbezogen sind – allerdings nur grundsätzlich. Alles Weitere bestimmt sich nach der **konkreten Konzernbeziehung:** So ist das gesamte Konzerngeschehen im (Einzel-) Lagebericht der Mutter abzubilden, falls diese nur Einzelfunktionen in Tochtergesellschaften ausgelagert hat (etwa den Vertrieb in Ländervertriebsgesellschaften) und sie das gesamte Konzerngeschehen zentral aus der Konzernspitze heraus leitet und steuert. Dem ist der Fall gleich zu erachten, daß

---

7. EG-Richtlinie (zusammengefaßte Anhangsangaben) abgegebene Erklärung (abgedruckt bei *Biener/Berneke* Bilanzrichtliniengesetz S. 856) auf die Zusammenfassung der Lageberichte erstreckt. Ein gemeinschaftswidriges Verhalten wird man darin nicht erkennen können.

[128] S. ADS § 315, 32; MünchKommHGB-*Lange* § 289, 45; HdR-*Lück* Konzernrechnungslegung § 315, 11; *Wiedmann* § 315, 10.

[129] Hierzu *Kraft* Lutter (Hrsg.), Holding-Handbuch[3] (1998) S. 60 f.

[130] Das Einheits-Postulat gilt über den Konzernabschluß hinaus auch für den Konzernlagebericht: *Baetge/Kirsch/Thiele* Konzernbilanzen S. 599; ADS § 315, 13; Beck BilKomm-*Ellrott*, § 315, 9; HdR-*Lück* § 315, 33; *Wiedmann* § 315, 3.

[131] ADS § 315, 12; s. auch *Baetge/Kirsch/Thiele* Konzernbilanzen S. 602.

Peter Hommelhoff

die wirtschaftlichen Risiken oder gar die Haftungsrisiken aus dem nachgeordneten Bereich über einen Unternehmensvertrag (§ 302 Abs. 1 AktG) oder gar eine Eingliederung (§§ 322 Abs. 1, 324 Abs. 3 AktG) auf die Muttergesellschaft durchschlagen und deren Geschäftsleitung deshalb das Geschehen im nachgeordneten Bereich zum Eingriff bereit kontrollieren muß, damit sich die Tochter- und Enkelrisiken nicht unbeherrschbar entwickeln. – Anders hingegen in **Holding-Konzernen**, in denen die Risiken im nachgeordneten Bereich wirksam gegenüber ihrem Durchschlag auf die Ebene der Muttergesellschaft abgeschottet sind – insbesondere, wenn in multinational tätigen Konzernen mit diversifizierter Produktions- und Vertriebsstruktur[132] sich die Mutter auf die Festlegung der Geschäftsfelder, Besetzung von Führungspositionen und die Steuerung der Finanzflüsse innerhalb des Konzerns sowie auf seine Koordination beschränkt.[133] Hier hat der (Einzel-) Lagebericht der Muttergesellschaft lediglich die Aufgabe, über deren eigene Aktivitäten zu informieren; über die der nachgeordneten Tochter- und Enkelgesellschaften dagegen bloß insoweit, wie diese für das Lagebild der Muttergesellschaft bedeutsam sind. Das Gesamtgeschehen im Konzern muß seinen Niederschlag im Konzernlagebericht finden. – In den Lagebericht der Mutter verlagern sich die Informationen wiederum, wenn diese als geschäftsleitende Holding an der Spitze eines durchgehend **vertraglich konzernierten Verbundes** steht (wie z.B. die Deutsche Bahn AG).

66   c) **Beteiligungen.** Die für den Konzern entwickelten Berichtsgrundsätze (oben Rdn. 63 ff) gelten im Ansatz ebenfalls für den Beteiligungsbesitz der lageberichtspflichtigen Gesellschaft: Grundsätzlich ist auch über Beteiligungsunternehmen zu berichten, aber nur insoweit, wie der (nach dem Unternehmensgegenstand der beteiligten Gesellschaft zulässige)[134] Beteiligungsbesitz und sein wirtschaftliches Schicksal für die Lage der beteiligten Gesellschaft und die Kenntnis von ihr bedeutsam ist. Sollte sich eine Versicherungsgesellschaft zu Zwecken der Kapitalanlage an einem Industrieunternehmen beteiligt haben, so interessieren für den Lagebericht der Versicherungsgesellschaft nur die Wertentwicklung der Beteiligung und deren Ertragspotential. Falls sich dagegen ein Automobilhersteller an einem anderen Hersteller beteiligt hat, um an dessen Erkenntnissen aus Forschung und Entwicklung teilzuhaben, so gewinnen allein diese für den Lagebericht der beteiligten Gesellschaft Bedeutung; insoweit ist das Beteiligungsunternehmen in ihren Lageberichtskreis einzubeziehen.

67   d) **Teilfunktions-Träger.** Die für die Unternehmens-tragende Gesellschaft statuierten Berichtsgrundsätze gelten in gleicher Weise für Gesellschaften, denen nach ihrem Unternehmensgegenstand unternehmerische Teilfunktionen zugewiesen sind – etwa der Vertrieb oder Forschung und Entwicklung. Hier umschließt der Lageberichtskreis alle unternehmerischen Aktivitäten dieser Gesellschaft (seien diese nun allein auf die Gruppe ausgerichtet, der diese Gesellschaft zugehört, oder zusätzlich auf außenstehende Dritte) einschließlich aller zur Ausfüllung dieser Aktivitäten stehenden Ressourcen. Diese können auch in der Beteiligung an einem Gemeinschaftsunternehmen bestehen (so mag die Forschungs- und Entwicklungsgesellschaft an einem Gemeinschaftsunternehmen zur Erforschung von Werkstoffen beteiligt sein; dann ist dies Unternehmen in den Lageberichtskreis der Forschungs- und Entwicklungsgesellschaft miteinbezogen). Zu den Besonderheiten, die sich aus der Konzerneinbindung eines solchen Teilfunktions-Trägers ergeben können, unten Rdn. 72 f.

---

[132] ADS § 315, 12 und im Anschluß an diese *Baetge/Kirsch/Thiele* Konzernbilanzen S. 599.

[133] S. *Lutter* in Lutter (Hrsg.) Holding-Handbuch (Fn. 129) S. 13 f.

[134] Hierzu zuletzt *Tieves* Unternehmensgegenstand (Fn. 123) S. 432 ff, 447 ff.

3. Zusatzinformationen zur Zweigniederlassung (§ 289 Abs. 2 Nr. 4)

Nach § 289 Abs. 2 Nr. 4 soll der Lagebericht auch auf bestehende Zweigniederlas- **68** sungen der Gesellschaft eingehen. Diese Bestimmung wurzelt in Art. 11 der 11. (Zweigniederlassungs-) Richtlinie aus 1989;[135] sie soll den Publizitätsadressaten einen Überblick über die geographische Verbreitung der Gesellschaft gewähren und ihnen auf diesem Wege eine noch bessere Beurteilung der Unternehmenslage ermöglichen.[136] Da die Niederlassung ein rechtlich unselbständiger Bestandteil der Gesellschaft ist (zur Definition der Zweigniederlassung unten Rdn. 70), fließen die Aktivitäten der Zweigniederlassung und die ihr zugeordneten Ressourcen etc. bereits in den Bericht der Gesellschaft nach § 289 Abs. 1 ein (oben Rdn. 62); deshalb sind die Angaben nach Abs. 2 Nr. 4 **Zusatzangaben**, zu denen die Gesellschaft nicht ohne weiteres nach Abs. 1 verpflichtet wäre. Entgegen dem scheinbaren Wortlaut („soll") hat die Geschäftsleitung zu den Zweigniederlassungen kein Berichtswahlrecht, sondern *muß* hierüber berichten, wenn die Gesellschaft eine oder mehrere Zweigniederlassungen hat[137] – sei es im In- oder im Ausland.[138]

Da es sich lediglich um Zusatzinformationen handelt, die zu den Zweigniederlas- **69** sungen geliefert werden müssen, sind nicht deren Aktivitäten etc. gesondert und eingehend zu behandeln, sondern lediglich insoweit, wie dies notwendig ist, um die geographische Verbreitung der Gesellschaft und das Gewicht ihrer Aktivitäten in den Zweigniederlassungen mit dem Ziel erkennen zu können, die Lage der Gesellschaft zu beurteilen; z. B.: die Gesellschaft betreibt ihre Geschäfte zu beträchtlichen Teilen in politisch instabilen Krisenregionen. Deshalb ist im Lagebericht aufzuführen, an welchen Orten im In- und Ausland Zweigniederlassungen der Gesellschaft bestehen und welche wesentlichen Veränderungen sich wegen Errichtung, Aufhebung, Sitzverlegung oder aus anderen Gründen gegenüber dem Vorjahr ergeben haben.[139] Um mögliche Auswirkungen einzelner Zweigniederlassungs-Aktivitäten auf die Lage der Gesellschaft beurteilen zu können, sind die Umsätze jener Zweigniederlassungen gesondert zu nennen, denen innerhalb der Gesamtumsätze der Gesellschaft (ggf. auch nur innerhalb eines Segmentes entspr. § 297 Abs. 1 S. 2) einiges Gewicht zukommt.[140] Bei einer größeren Zahl von (kleinen) Zweigniederlassungen gebieten es die Grundsätze der Wesentlichkeit und der Übersichtlichkeit des Lageberichts (unten Rdn. 82, 84), diese nach Zahl und geographischer Verbreitung zusammengefaßt darzustellen und nur für die wesentlichen Zweigniederlassungen den Ort zu nennen.[141]

Den **Begriff der Zweigniederlassung** definiert § 289 nicht; für seine Auslegung ist **70** auf Art. 11 der Zweigniederlassungs-Richtlinie zurückzugreifen. Dessen Interpretation wird auf der Ebene des Gemeinschaftsrechts im Wege rechtssystematischer Auslegung wesentlich durch ein Urteil des Europäischen Gerichtshofs[142] bestimmt. Diese

---

135 AblEG v. 30. 12. 1989 L 395/36; u. a. auch abgedruckt bei *Lutter* Europäisches Unternehmensrecht S. 269 ff.

136 *Fey* DB 1994, 485; s. auch ADS § 289, 120; *Veit* BB 1997, 461; *Wiedmann* § 289, 22: daneben habe das Unterlaufen nationaler Publizitätsvorschriften durch ausländische Gesellschaften mittels Zweigniederlassungen verhindert werden sollen.

137 *Fey* DB 1994, 485; s. auch *Hahnefeld* DStR 1993, 1596.

138 *Seibert* DB 1993, 1705, 1707; s. auch *Fey* DB 1994, 485, 486.

139 *Fey* DB 1994, 485, 486 – freilich gebietet es der Informationszweck des Lageberichts nicht, zusätzlich die abweichende Firmierung der Zweigniederlassung in den Lagebericht aufzunehmen.

140 A. A. *Fey* DB 1994, 485, 486: keinerlei (über Ort, abweichende Firmierung und mögliche Veränderung) hinausgehende Angaben.

141 Zutr. *Fey* DB 1994, 485, 486; **a. A.** *Hahnefeld* DStR 1993, 1596: jede Zweigniederlassung gesondert.

142 EuGH, Slg. 1978, 2183 = RIW 1979, 56.

Peter Hommelhoff

Erkenntnis erging zwar zu einer Zuständigkeitsfrage, hat aber die Arbeiten an der Zweigniederlassungs-Richtlinie offenbar geleitet. Die einzelnen Merkmale der Zweigniederlassung nach Art. 11 der Richtlinie und konsequent nach § 289 Abs. 2 Nr. 4 stimmen im wesentlichen mit denen überein, anhand derer die Zweigniederlassung im überkommenen deutschen Handels- und Gesellschaftsrecht definiert wird.[143]

4. Der Lageberichtskreis konzernabhängiger Gesellschaften

71   In nachgeordneten Konzerntochter- und Enkelgesellschaften bemißt sich deren Lage nicht allein nach ihren Erfolgen auf den Märkten, sondern auch und nicht selten ganz vordringlich danach, welche Aufgaben und unternehmerischen Freiräume ihnen die konzernherrschende Mutter innerhalb der Unternehmensgruppe zuweist.[144] Konsequent muß der Lagebericht der einzelnen untergeordneten Konzerngliedgesellschaft als zentrales Instrument eingesetzt und ggf. im Wege Funktions-orientierter Interpretation ausgebaut werden, um die konzernspezifischen Zusatzinformationen, soweit nötig, dem Publizitätsadressaten der jeweiligen Konzerngliedgesellschaft zu vermitteln. Insoweit hat sich ihr Lagebericht an der Maxime auszurichten, daß die Publizitätsadressaten über Stellung und Funktionen der Gliedgesellschaft im Konzern umfassend und hinreichend differenziert zu informieren sind sowie über die konzerninternen Geschäftsbeziehungen im einzelnen. Dabei kommt es nicht bloß auf die Vergangenheit der konzernabhängigen Gesellschaft an, sondern vor allem auf ihre Gegenwart und absehbar nähere Zukunft.

72   **a) Konzernspezifische Zusatzinformationen:** Für den Lagebericht einer konzernabhängigen Tochter- oder Enkelgesellschaft kommen diese (keineswegs abschließend aufgelisteten) Pflichtinformationen in Betracht: Identität der herrschenden Gesellschafter; Konzernorganigramm; Repräsentanten der konzernherrschenden Mutter in den Organen der nachgeordneten Gliedgesellschaft einschließlich der Doppelmandate; cash management; Konzernpolitik im Zusammenhang mit den eigenen Aktivitäten der Gliedgesellschaft einschließlich der für diese hieraus herrührenden Risiken; corporate opportunities sowie ihre Beeinflussung durch die Konzernpolitik und durch die Aktivitäten anderer Konzerngliedgesellschaften; Konzern-spezifische Risiken namentlich aus Haftungs- und Risikoübernahmen für andere Konzerngliedgesellschaften; Devisenrisiken speziell im Zusammenhang mit den Konzernaktivitäten; preis- und personalpolitische Vorgaben der Konzernmutter.

73   Diese Konzern-spezifischen Zusatzinformationen im Lagebericht konzernabhängiger Gesellschaften und die Verpflichtung zu ihrer Erstattung hängen nicht davon ab, ob sich die Konzerntochter- oder -enkelgesellschaft im **Alleinbesitz** eines konzernherrschenden Unternehmens befindet oder in bloßem **Mehrheitsbesitz**.[145] Denn für die Gläubiger der konzernabhängigen Gesellschaft und deren Möglichkeit, die aus der Geschäftsverbindung mit ihr herrührenden Risiken abzuschätzen, kommt es auf die Anteilsquote des herrschenden Unternehmens nicht an.

74   **b) Informationsbeschaffung.** Die Ausgangsinformationen, welche die Geschäftsleitung in der nachgeordneten Konzerngliedgesellschaft für die Konzern-spezifischen Zusatzinformationen im Lagebericht benötigt, muß sich die Geschäftsleitung von der konzernherrschenden Mutter und u. U. auch von anderen konzernverbundenen Unter-

---

[143] Im einzelnen *Fey* DB 1994, 485, 486; *Hüffer* vor § 13, 9 ff; MünchKommHGB-*Lange* § 289, 108.
[144] *Forum Europaeum Konzernrecht* ZGR 1998, 672, 699; zum folgenden s. auch schon *Hommel-*

hoff FS Großfeld (1999) S. 455 f sowie *Blaurock* FS Sandrock (2000) S. 83 ff, 85.
[145] *Forum Europaeum Konzernrecht* ZGR 1998, 672, 702.

nehmen besorgen. Insoweit ist die Geschäftsleitung auf die freiwillige Mitwirkung der anderen Konzerngliedgesellschaften, insbesondere des konzernherrschenden Unternehmens angewiesen. Denn auf dem Boden des geltenden Rechts haben weder die konzernabhängige Gesellschaft, noch ihre Geschäftsleitung einen einklagbaren Anspruch gegen andere Konzernglieder auf Information.[146]

Sollten sich dagegen andere Konzerngliedgesellschaften, namentlich das konzern- **75** herrschende Unternehmen einer solchen Kooperation **versperren**, so muß die Geschäftsleitung der konzernabhängigen Gesellschaft hieraus in deren Lagebericht die notwendigen Konsequenzen ziehen: Die Ausgangsinformationen, die sie für ein Konzern-spezifisch geprägtes Lagebild ihrer Gesellschaft nach pflichtgemäßem Ermessen zu benötigen glaubt, die ihr aber dennoch verweigert worden sind, muß die Geschäftsleitung im Geschäftsbericht konkret unter Angabe der sich verweigernden Konzerngliedgesellschaft benennen; außerdem hat die Tochter- oder Enkelgesellschaft zu begründen, wo und inwieweit die Informationsverweigerung die Wahrheit des Lagebildes beeinträchtigen kann. – Da der Lagebericht Teil der im öffentlichen Interesse bestehenden Rechnungslegung und Publizität der konzernabhängigen Gesellschaft ist, kann das konzernherrschende Unternehmen sogar im **Vertragskonzern** der nachgeordneten Geschäftsleitung keine Weisung erteilen, wie diese im Lagebericht zu informieren habe. Der Inhalt des Lageberichts einschließlich seiner Konzern-spezifischen Zusatzinformationen liegt in der ausschließlichen Verantwortung der Geschäftsleitung in der nachgeordneten Konzerngliedgesellschaft (§§ 264 Abs. 1 S. 1, 331 Nr. 1).

5. Allgemeine Berichtsgrundsätze (§ 289 Abs. 1)

a) Diskussion der Rechtsgrundlagen. Darüber, nach welchen Leitprinzipien der **76** Lagebericht aufzustellen und die in ihm enthaltenen Informationen darzubieten sind, enthalten die 4. EG-(Bilanz-)Richtlinie und auch § 289 keine ausdrücklichen Vorgaben. Damit fehlt eine Handlungsanweisung, wie sie noch § 160 Abs. 4 S. 1 AktG 1965 für den Inhalt des Geschäftsberichts statuiert hatte: „Der Bericht hat den Grundsätzen einer gewissenhaften und getreuen Rechenschaft zu entsprechen." Im Schrifttum war diese Handlungsanleitung unter Einbezug der dem Geschäftsbericht zugrundeliegenden Zwecke in eine Reihe konkreter Berichtsgrundsätze ausgemünzt worden:[147] Der Geschäftsbericht müsse wahr, vollständig, klar und deutlich sein. Von diesen Grundsätzen hat die Bilanzrichtlinie lediglich die der Klarheit und Übersichtlichkeit aufgegriffen (Art. 2 Abs. 2) und sie überdies auf den Jahresabschluß bezogen, also gerade nicht auf den Lagebericht. Konsequent spiegelbildlich die Regelungsstruktur im HGB: Der Jahresabschluß muß klar und übersichtlich sein (§ 243 Abs. 2). Für den Lagebericht und seine Ausgestaltungsprinzipien bleibt somit die Richtlinien-geprägte Gesetzeslage hinter der bis 1986 geltenden zurück.

Wenn auch im Schrifttum Einigkeit darüber besteht, daß die alten Berichtsgrund- **77** sätze der Wahrheit, Klarheit und Vollständigkeit unverändert für den Lagebericht nach § 289 fortgelten,[148] so wird dies Ergebnis doch auf **verschiedene Begründungsansätze** zurückgeführt. Nach der ersten Ansicht seien die genannten Berichtsgrund-

---

[146] Anders als BayObLG NJW 1975, 740, 741 dies anzunehmen scheint, kann man aus dem Konzernbeherrschungsverhältnis allein keinen durchsetzbaren Informationsanspruch herleiten.

[147] *Kropff* in Geßler/Hefermehl/Eckart/Kropff § 160, 10 ff; *ders.* BFuP 1980, 514, 417 f; s. auch KK-*Claussen* 1. Aufl. (1985) § 160, 5; *Morck* in Kol-

ler/Roth/Morck, § 289, 1; aus der betriebswirtschaftlichen Literatur *Moxter* Bilanzlehre[2] (1976) S. 123 ff.

[148] *Biener/Berneke* Bilanzrichtlinien-Gesetz S. 276; KK-*Claussen/Korth* 2. Aufl. (1999) § 289 HGB, 9; Baumbach/Hueck/*Schulze-Osterloh* § 42, 454.

sätze aus der Generalnorm des § 264 Abs. 2 herzuleiten, da ihre Einhaltung Voraussetzung dafür sei, daß der Lagebericht ein den tatsächlichen Verhältnissen entsprechendes Lagebild vermittle.[149] Nach einer zweiten Lehre folge der Grundsatz der
Klarheit und Übersichtlichkeit für den Lagebericht aus den Grundsätzen ordnungsgemäßer Bilanzierung und Rechenschaftslegung.[150] Ein dritter Begründungsansatz
stützt sich schließlich auf den Gedanken, jegliche Informationsvermittlung beruhe auf
den Prinzipien der Richtigkeit, Klarheit und Vollständigkeit und damit ebenfalls die
Lagebericht-Erstattung.[151]

78   **Stellungnahme:** Aus der Generalklausel des § 264 Abs. 2 lassen sich die Begriffs-
grundsätze für den Lagebericht aus Gründen des Gemeinschaftsrechts nicht herleiten.
Schon nach der Regelung in Art. 2 der 4. Richtlinie bezieht sich die Zielvorgabe des
den tatsächlichen Verhältnissen entsprechenden Lagebildes auf den Jahresabschluß
und nicht auf den Lagebericht. Außerdem unterscheidet der Richtlinientext zwischen
den Berichtsgrundsätzen der Klarheit und Übersichtlichkeit auf der einen Seite (Art. 2
Abs. 2) und dem wahren Lagebild auf der anderen (Art. 2 Abs. 3). Schließlich folgt aus
der Reihenfolge der Rechtssätze das Verständnis des Richtliniengebers, nach dem die
Prinzipien der Klarheit und Übersichtlichkeit nicht aus der Vorgabe eines wahren
Lagebildes folgen. Konsequent taugt auch nicht § 264 Abs. 2 als normativer Ansatz für
die Lageberichts-Grundsätze; hinzu kommt, daß die deutsche Generalklausel nicht
auf das unverfälscht wahre Lagebild abzielt, sondern nur auf das Lagebild „unter
Beachtung der Grundsätze ordnungsgemäßer Buchführung". Deshalb liefe ein Rückgriff auf § 264 Abs. 2 Gefahr, auf dem Weg über die so radizierten Lageberichts-
Grundsätze jene Informations-verzerrenden Impulse in den Lagebericht hineinzu-
tragen, die das Rechenwerk des deutschen Jahresabschlusses prägen.[152] So wird im
betriebswirtschaftlichen Schrifttum als einer der Berichtsgrundsätze über den Lagebericht der der Vorsicht mit der Forderung präsentiert, einer zu optimistischen Darstellung im Lagebericht durch eine (in Zweifelsfällen) stärkere Gewichtung negativer Angaben vorzubeugen.[153] Das steht im Widerspruch zur Berichtswahrheit (unten
Rdn. 83) und entmündigt den verständigen Adressaten des Lageberichts (oben
Rdn. 34). Letztlich bedarf es des Rückgriffs auf § 264 Abs. 2 auch deshalb nicht, weil
das wahre Lagebild dem Lagebericht bereits selbst und unmittelbar in § 289 Abs. 1
vorgegeben ist. – Ebensowenig sind die Berichtsgrundsätze über den Lagebericht auf
dem Weg über die Grundsätze ordnungsgemäßer Bilanzierung und Rechnungslegung
zu erschließen; denn über die Grundsätze ordnungsgemäßer Lageberichterstattung
(GoL)[154] würde die Primärverantwortung für die Interpretation des § 289 aus den
Händen der Juristen, insbesondere der Gerichte in die der fachkundigen Rechnungsleger übergehen. Dafür bedarf es einer Freigabe durch den Gesetzgeber (arg. § 342),
die aus rechtsstaatlichen Gründen besondere Voraussetzungen einhalten muß.[155]

79   **b) Die Rechtsgrundlage im allgemeinen Zivilrecht.** In Deutschland findet sich
die Rechtsgrundlage für die Grundsätze der Lageberichts-Erstattung im allgemeinen
Zivilrecht – nämlich im auftragsrechtlichen Anspruch des Auftraggebers auf die erforderlichen Nachrichten (§ 666 BGB). Danach hat der Auftragnehmer alle dem Auftraggeber unbekannten Informationen zu eröffnen, die diesen in die Lage versetzen, seine

---

[149] S. KK-*Claussen/Korth* § 281 HGB, 9 m. w. N.
[150] *Hüffer* § 243, 26.
[151] *Leffson* Die Grundsätze ordnungsmäßiger Buchführung⁷ (1987) S. 179.
[152] In dieser Richtung auch schon *Baumbach/Hopt*
§ 289, 1.

[153] *Baetge* Bilanzen S. 640.
[154] Dazu *Baetge* Bilanzen S. 638; *Baetge/Fischer/
Paskert* Der Lagebericht.
[155] Eingehend dazu *Schwab* BB 1999, 731, 783; s.
auch *Hellermann* NZG 2000, 1097, 1102.

Rechte wahrzunehmen, seine Pflichten zu erfüllen und sachgerechte Entscheidungen zu treffen.[156] Um diese Zwecke zu erfüllen, müssen die gewährten Informationen vollständig, richtig, verständlich und nachprüfbar sein.[157] Dies sind die Anforderungen, die nach allgemeinem Zivilrecht an Entscheidungs-notwendige (und nicht bloß -nützliche) Informationen gestellt werden müssen. Konsequent müssen auch die im Lagebericht nach § 289 zu vermittelnden Informationen wahr, klar, vollständig und nachprüfbar sein – letzteres allerdings nur, soweit dies auch nach den besonderen Zukunftsbezügen dieses Berichts möglich ist. So gesehen war im mittlerweile aufgehobenen § 160 Abs. 4 S. 1 AktG 1965 mit dem Postulat nach gewissenhafter und getreuer Rechenschaft nur ein zivilrechtliches Gebot ausformuliert, das letztlich in § 242 BGB wurzelt.[158] – Gemeinschaftsrechtliche Sätze, die einer solchen Rückbindung der Lagebericht-Grundsätze entgegenstehen könnten, sind nicht ersichtlich.

c) Die Hauptprinzipien der Lagebericht-Erstattung. Mustert man vor diesem **80** zivilrechtlichen Hintergrund die Lageberichts-Grundsätze durch, wie sie sich vor allem im Dialog zwischen Betriebswirtschaftslehre[159] und Prüfungspraxis herausgebildet und nun im IdW-Rechnungslegungsstandard: „Aufstellung des Lageberichts"[160] ihren Niederschlag gefunden haben, so ist zu den dort aufgelisteten Berichtsgrundsätzen der Vollständigkeit, der Richtigkeit sowie der Klarheit und Übersichtlichkeit zu bemerken:

Nach dem Grundsatz der **Vollständigkeit** muß der Lagebericht sämtliche Informa- **81** tionen enthalten, die ein verständiger Berichtsleser benötigt, um die wirtschaftliche Gesamtlage der Gesellschaft und ihres Unternehmens beurteilen zu können, ihren Geschäftsverlauf im vergangenen Geschäftsjahr[161] sowie ihre absehbar künftige Entwicklung unter Einschluß der Risiken. In dem so ausformulierten Vollständigkeits-Grundsatz stimmen die Vorgaben für die Prüfungspraxis mit den Anforderungen des Rechts überein. Denn eine mit Blick auf die Zielsetzungen des Lageberichts unvollständige Gesamtinformation würde die Entscheidungsgrundlagen des Berichtslesers aushöhlen. Wegen des Zwei-Säulen-Modells der Rechnungslegung (oben Rdn. 12 f) bleibt freilich zu betonen, daß die so definierte Gesamtlage der Gesellschaft ohne Rückgriff auf Angaben im Jahresabschluß verständlich sein muß, um vollständig zu sein. Erst recht dürfen, wie der IdW-Rechnungslegungsstandard (Ziff. 11) zutreffend ausführt, Angaben im Lagebericht nicht deshalb ausgespart bleiben, weil die Information bereits anderweit (etwa im Rahmen der kapitalmarktrechtlichen Berichterstattung nach § 44b BörsG oder § 15 WpHG) publiziert worden ist. Schließlich widerspricht es dem Vollständigkeits-Grundsatz, den Lagebericht bloß in gekürzter Fassung zu veröffentlichen, seine authentische Fassung dagegen auf Abruf oder im Geschäftsbericht zur Verfügung zu stellen.

Da der Lagebericht die Entscheidungs-notwendigen Informationen über die wirt- **82** schaftliche Gesamtlage der Gesellschaft zu liefern hat, muß er sich auf die **wesentlichen** Aspekte konzentrieren und darf sich nicht in einer unüberschaubaren Vielzahl

---

[156] MünchKommBGB-*Seiler* 3. Aufl. (1997) § 666, 5.

[157] RGZ 100, 150, 151 f; 127, 243, 244 f; MünchKommBGB-*Seiler* § 666, 8; s. auch *Druey* Information als Gegenstand des Rechts S. 243 ff.

[158] Ganz in diese Richtung auch schon LG Berlin AG 1997, 183, 185 – Brau und Brunnen.

[159] S. etwa *Baetge/Fischer/Paskert* Der Lagebericht S. 16 ff; *Reittinger* Der Lagebericht 7 ff; ADS § 289, 29 ff; Beck BilKomm-*Ellrott* § 289, 6 ff;

HdR-*Lück* § 289, 17 ff; *Stobbe* BB 1988, 303, 306.

[160] IDW RS HFA 1 v. 26. 6. 1998, abgedruckt in *IDW*-Fachnachrichten 1998, 318; übereinstimmend *Baumbach/Hopt* § 289, Rdn. 1.

[161] Dazu können auch besondere Ereignisse wie staatsanwaltliche Ermittlungen gegen die Gesellschaft zählen; vgl. LG Berlin AG 1997, 183, 185 – Brau und Brunnen.

ungewichteter Einzelpunkte erschöpfen.[162] Der Verzicht auf unwesentliche Details widerspricht nicht dem Vollständigkeitsgebot, ist vielmehr von Sinn und Zweck des Lageberichts gefordert. An welchen Stellen und mit welcher Intensität er in die Einzelheiten gehen muß, hängt von den konkreten Umständen der Gesellschaft, ihren Aktivitäten auf den verschiedenen Märkten einschließlich des Finanzmarktes, dem Geschäftsgang in seinem tatsächlichen Ablauf und von der künftigen Entwicklung samt ihrer absehbaren Risiken im Einzelfall, aber auch von der momentanen Situation der Gesellschaft ab; so ist in Krisenzeiten oder in Zeiten allgemein angespannter Wirtschaftslage eine umfangreichere Berichterstattung erforderlich.[163] – Bei Gesellschaften mit ganz unterschiedlichen Aktivitätsbereichen, insbesondere bei diversifizierten Gesellschaften sind die Einzelbereiche je für sich im Lagebericht darzustellen, wenn sie sich in ihren Erfolgs- und Risikopotentialen deutlich voneinander unterscheiden.[164] Trotz der Ausrichtung an der wirtschaftlichen Gesamtlage darf der Lagebericht die unterschiedlichen Potentiale nicht nivellierend zusammenfassen; auch das wäre eine unvollständige Information für den Berichtsleser.[165] – Allerdings kommt auch bei der Ausrichtung auf die konkreten Umstände eine solche auf die Informationsinteressen bestimmter Adressaten entgegen der Annahme im IdW-Rechnungslegungsstandard[166] nicht in Betracht, da rechtlich der Lagebericht nicht von den Bedürfnissen bestimmter Adressaten und Adressatengruppen her konzipiert ist (oben Rdn. 52).

83   Ebenfalls in Übereinstimmung mit den rechtlichen Anforderungen steht der Grundsatz der **Richtigkeit** (der Wahrheit), wie ihn der IdW-Rechnungslegungsstandard[167] entfaltet: Die Tatsachenangaben müssen zutreffend und nachprüfbar sein,[168] die Annahmen im Lagebericht müssen plausibel und widerspruchsfrei gegenüber dem Jahresabschluß und den allgemein bekannten Wirtschaftstatsachen sein und schließlich müssen die im Lagebericht gezogenen Folgerungen schlüssig sein. – Aus diesen Einzelanforderungen folgt der Beurteilungsspielraum, welcher der Geschäftsleitung bei der Aufstellung des Lageberichts zukommt. Er widerstreitet jedoch mitnichten dem Richtigkeitspostulat; denn für den Lagebericht kann es keine objektiv-absolute Wahrheit geben.[169]

84   Da der Lagebericht Entscheidungs-notwendige Informationen liefern soll, muß er im Interesse der Publizitätsadressaten **klar und übersichtlich** gestaltet werden.[170]

---

[162] Entgegen *Baetge* Bilanzen S. 639 f hängt die Reduktion auf die wesentlichen Angaben nicht mit einem wie auch immer zu definierenden Wirtschaftlichkeitsgrundsatz zusammen, sondern folgt aus den rechtlich fixierten Zielen des Lageberichts. Zur Funktion des Wesentlichkeitsgrundsatzes treffend MünchKommHGB-*Lange* § 289, 35.

[163] Zutr. HdR-*Lück* § 289, 20; zum ganzen auch *Sieben* FS Goerdeler (1987) S. 588 f.

[164] A. A. *Dörner/Bischof* Aufstellung des Lageberichts S. 379. – Entgegen IDW RS HFA 1 (Ziff. 10), *IDW*-Fachnachrichten 1998, 318, 320 kommt es für die Darstellung im Lagebericht wegen des Zwei-Säulen-Konzepts (oben Rdn. 12 f) nicht darauf an, ob die Angaben im Anhang (§ 285 Nr. 4) ausreichen oder nicht.

[165] Zur „Tiefenschärfe" als Teilaspekt der Vollständigkeit: *Druey* Information als Gegenstand des Rechts S. 244.

[166] *IDW*-Fachnachrichten 1998, 318, 320 (sub Ziff. 9).

[167] IDW RS HFA 1 (Ziff. 13), *IDW*-Fachnachrichten 1998, 318, 321; zu diesem Grundsatz näher *Baetge/Fischer/Paskert* Der Lagebericht S. 17; *Dörner/Bischof* Aufstellung des Lageberichts S. 380; MünchKommHGB-*Lange* § 289, 36–38.

[168] Unwahr ist eine Angabe etwa, wenn die Geschäftsleitung wider besseres Wissen die Lage der Gesellschaft als auskömmlich kennzeichnet, obwohl diese in einer Krise steckt (s. HdR-*Lück* § 289, 18).

[169] S. *Druey* Information als Gegenstand des Rechts S. 244; *Baetge/Fischer/Paskert* Der Lagebericht S. 17.

[170] Hierzu im einzelnen sowie zu möglichen Unterprinzipien (verständlich, genau, übersichtlich, vergleichbar) K/W/*Lück* § 289, 24; ein Teil dieser Unterprinzipien sind nach dem hier eingenommenen Standpunkt Ausformungen der Vollständigkeit.

Dazu gehört nicht nur ein logischer und nachvollziehbarer Gesamtaufbau des Berichts,[171] sondern auch und vor allem eine deutliche An- und Aussprache, die Probleme und Risiken nicht hinter diplomatisch-zarten Andeutungen verbirgt. Was der Gesetzgeber für den Prüfungsbericht fordert, nämlich die gebotene Klarheit (§ 321 Abs. 1 S. 1), gilt in grundsätzlich, wenn auch noch gesteigerter Weise für den an eine Vielzahl von Adressaten gerichteten Lagebericht. Da dieser mit den Berichten der Vorjahre und mit den nachfolgenden vor allem über die prognostischen Berichtsteile verknüpft ist, fordert der IdW-Rechnungslegungsstandard zutreffend einen jahresperiodisch grundsätzlich stetigen Berichtsaufbau.[172]

Im betriebswirtschaftlichen Schrifttum werden noch **weitere Berichtsgrundsätze** **85** präsentiert, so der der Informationsabstufung nach Art und Größe des Unternehmens und der Vorsichtsgrundsatz.[173] Während ersterer Teil des Vollständigkeitsgrundsatzes ist (oben Rdn. 81), widerstreitet letzterer dem Richtigkeitsgrundsatz (oben Rdn. 83), weil ihm die gefährliche Tendenz entspringt, Tatsachen verzerrt oder gar unzutreffend im Lagebericht anzugeben. Mithin verstößt ein wie auch immer näher konkretisierter Vorsichtsgrundsatz gegen die rechtlichen Anforderungen, die an die Lagebericht-Erstattung zu stellen sind. – Weitere Prinzipien als die genannten Hauptprinzipien der Vollständigkeit, Richtigkeit und Klarheit brauchen aus Rechtsgründen nicht eingehalten zu werden.

6. Publizität und Geheimhaltung (§ 286 analog?)

Anders als noch § 160 Abs. 4 S. 2 und 3 AktG 1965[174] für den vormaligen Ge- **86** schäftsbericht enthält § 289 keine Schutzklausel: weder ein Geheimhaltungsgebot zugunsten der Bundesrepublik oder eines ihrer Länder, noch ein Geheimhaltungswahlrecht zugunsten der Gesellschaft oder eines ihrer verbundenen Unternehmen. Dennoch wird auch für den Lagebericht verbreitet vertreten, in ihm könnten unter den aus dem alten Recht überkommenen Voraussetzungen ebenfalls Informationen ausgespart werden.[175] Zur Begründung stützt man sich, soweit rechtliche Argumente ins Feld geführt werden, vor allem auf rechtssystematische Erwägungen: Wenn § 286 für den Anhang das Unterlassen bestimmter Angaben ausdrücklich vorschreibe oder doch (innerhalb gewisser Grenzen und unter bestimmten Voraussetzungen) erlaube, dann wäre es wertungswidersprüchlich, wenn der Gesetzgeber für den Lagebericht die Veröffentlichung derselben Informationen anordnen würde. Deshalb sei § 286 auf den Lagebericht im Grundsatz entsprechend anzuwenden.[176] – Andere wollen vom Lagebericht eine rechtssystematische Brücke hinüber zum Auskunftsverweigerungsrecht aus § 131 Abs. 3 AktG schlagen.[177]

[171] Näher HdR-*Lück* § 289, 26.
[172] IDW RS HFA 1 (Ziff. 16), *IDW-Fachnachrichten* 1998, 318, 321; *Baetge* Bilanzen S. 639 spricht insofern von „Vergleichbarkeit".
[173] *Baetge* Bilanzen S. 640; s. aber auch (ein wenig relativierend) *Baetge/Fischer/Paskert* Der Lagebericht S. 25 f.
[174] S. KK-*Claussen* 1. Aufl. (1985) § 160, 80 ff; *Kropff* in Geßler/Hefermehl/Eckardt/Kropff § 160, 15 ff.
[175] ADS § 289, 54 (mit Einschränkungen); *Baetge/Fischer/Paskert* Der Lagebericht S. 13 f; KK-*Claussen/Korth* § 289, 12 (ohne Begründung); *Baumbach/Hopt* § 289, 1; *Dörner/Bischof* Aufstellung des Lageberichts S. 381 ff; *Gelhausen*

WP-Handbuch I, Teil F, 669; *Lange* BB 1999, 2447, 1451 ff (mit Einschränkungen); HdR-*Lück* § 289, 28 f; *E. Müller* Der Lagebericht B 510, 73 f.; *Reittinger* Der Lagebericht 23 ff (mit starken Einschränkungen); *Widmann* § 289, 11; s. auch schon *Kropff* BfuP 1980, 514, 521 f. – A. A. (keine Schutzklausel): Beck BilKomm-*Ellrott* § 289, 12; *Küting/Hütten* AG 1997, 250, 255.
[176] S. nur *Lange* BB 1999, 2447, 2451 und Münch-KommHGB-*Lange* § 289, 14, der dort allerdings auch § 131 Abs. 3 AktG erwähnt, aaO, Rdn. 15 im Anschluß an *Reittinger* Der Lagebericht 23.
[177] IDW RS HFA 1 (Ziff. 12), *IDW-Fachnachrichten* 1998, 318, 321; *Dörner/Bischof* Aufstellung

Peter Hommelhoff

87   **a) Regelung des Gemeinschaftsrechts.** Für die Frage nach einem Nachteils-vermeidenden Diskretionsschutz ist wegen des Gebots Richtlinien-konformer Auslegung zunächst und vor allem auf das Gemeinschaftsrecht zurückzugreifen: Ausgangspunkt für die Transformations-Bestimmung des § 286 ist in der 4. EG-(Bilanz-)Richtlinie die Regelung in Art. 45; sie bezieht sich auf die Anhangsangaben aus Art. 43 in bemerkenswert differenziert-zurückhaltender Weise: In Abs. 2 Unterabs. 2 enthält Art. 45 eine Ermächtigung an die Mitgliedstaaten (Staatenwahlrecht), kleine und mittelgroße Kapitalgesellschaften nach Art. 27 von der Verpflichtung *freizustellen*, ihre Umsatzerlöse nach Tätigkeitsbereichen aufgegliedert im Anhang (Art. 43 Abs. 1 Nr. 8) anzugeben. Daneben eröffnet Art. 45 Abs. 1 lit. a eine *Erleichterung* für die Präsentation des Anteilsbesitzes in der Form eines Staatenwahlrechts für alle Kapitalgesellschaften. Schließlich ermächtigen Abs. 1 lit. b und Abs. 2 Unterabs. 1 des Art. 45 die Mitgliedstaaten, die Gesellschaften von zwei Anhangsangaben *freizustellen*: von der Angabe des Beteiligungsbesitzes (Art. 43 Abs. 1 Nr. 2) und von der Angabe der nach Tätigkeitsbereichen aufgegliederten Nettoumsatzerlöse (Art. 43 Abs. 1 Nr. 8) – dies freilich nur unter der Voraussetzung und auch nur insoweit, wie der Gesellschaft (oder einem ihr verbundenen Unternehmen) durch die Veröffentlichung dieser Angaben ein erheblicher Nachteil zugefügt werden kann. Das Unterlassen dieser Angaben ist im Anhang zu erwähnen (Art. 45 Abs. 1 lit. b). – Damit enthält schon Art. 45 für den Anhang **keine generelle Schutzklausel** für sämtliche Informationen schlechthin, die der Kapitalgesellschaft zum Nachteil gereichen könnten, sondern bloß eine Schutzklausel für zwei präzise benannte Anhangsangaben und erst recht keine Schutzklausel zugunsten der Mitgliedstaaten, wie sie sich bis 1986 in § 160 Abs. 4 S. 2 AktG 1965 fand.

88   In Art. 45 kommt das **Konzept der 4. EG-Richtlinie** zum Ausdruck, das für alle Kapitalgesellschaften geltende Prinzip öffentlicher Rechnungslegung nur eng begrenzt durch Erleichterungen und Freistellungen zu durchbrechen. Oder anders formuliert: Was der Richtliniengeber zur Veröffentlichung vorschreibt, muß veröffentlicht werden – es sei denn, er selbst statuiert hiervon einzelne Ausnahmen. Und diese Ausnahmen beziehen sich, wie die Erwägungsgründe zur Bilanzrichtlinie und die zur Mittelstandsrichtlinie mehrfach belegen,[178] vor allem anderen auf die Gesellschaften mit geringer wirtschaftlicher und sozialer Bedeutung, also auf die kleinen und mittleren Gesellschaften. Mit diesem Grundkonzept wäre eine breitflächig wirkende Schutzklausel zugunsten aller Informations-benachteiligten Kapitalgesellschaften schlechthin und zugunsten des Wohls von Mitgliedstaaten schlicht unvereinbar. Denn seine Erwägungsgründe zur Erleichterung und zum Schutz publizitätspflichtiger Kapitalgesellschaften hat der EG-Richtliniengeber in einer Vielzahl einzelner und sehr präzise gesetzter Richtlinienbestimmungen zum Ausdruck gebracht: z. B. in Artt. 11, 27, 30, 37, 44, 45, 46 Abs. 3, 47, 51 Abs. 2.

89   Für den Lagebericht folgt aus alledem auf der Ebene des Gemeinschaftsrechts: Was der Richtliniengeber an Erleichterungen und Freistellungen beim Lagebericht hat gewähren wollen, ist in Art. 46 Abs. 3 präzise festgelegt: Wenn ein Mitgliedstaat von der gemeinschaftsrechtlichen Ermächtigung Gebrauch macht, brauchen die in seinem Gebiet domizilierenden kleinen Kapitalgesellschaften keinen Lagebericht zu erstatten, müssen dann aber über die erworbenen eigenen Aktien im Anhang berichten. Mithin hat der Richtliniengeber sogar bei den kleinen Kapitalgesellschaften noch einmal deren Erleichterungs- und Diskretionsinteresse gezielt gegen die Grundidee der Veröffent-

---

des Lageberichts S. 382; Ensthaler/*Marsch-Barner* § 289, 4.

[178] Abgedruckt u. a. bei *Lutter* Europäisches Unternehmensrecht S. 147 ff.

lichung aller Unternehmensdaten abgewogen. Vor diesem Regelungshintergrund des Gemeinschaftsrechts verbietet sich die Annahme, der (eingegrenzte) Diskretionsschutz aus Art. 45 Abs. 1 lit. b und Abs. 2 Unterabs. 1 lasse sich auf den Lagebericht nach Art. 46 im Wege des Analogieschlusses übertragen. Erst recht **ausgeschlossen** ist der Gedanke eines **allgemeinen und unbegrenzten Diskretionsschutzes für den Lagebericht**, soweit die Kapitalgesellschaft durch Lageberichts-Informationen einen Nachteil erleiden oder das Wohl der Bundesrepublik oder eines ihrer Länder die Geheimhaltung erfordern könnte. Für eine so weite, rechtlich kaum steuerbare und deshalb in hohem Maße manipulationsanfällige Durchbrechung der Grundprinzipien öffentlicher Rechnungslegung ist im Konzept der Bilanzrichtlinie kein Raum. Hätte der Richtliniengeber sein Konzept so weitgehend zur Disposition der Mitgliedstaaten und der publizitätspflichtigen Gesellschaften stellen wollen, so hätte er dies innerhalb der Allgemeinen Vorschriften in Artt. 2–7 der 4. Richtlinie getan; hierfür findet sich dort (und in den Erwägungsgründen) jedoch keinerlei Anhalt.

b) Konsequenzen für das deutsche Recht. Nationales Recht, insbesondere Richt- **90** linien-transformierendes Nationalrecht ist Richtlinien-konform auszulegen (Artt. 10, 249 Abs. 3 EGV).[179] Da die 4. EG-(Bilanz-)Richtlinie für den Lagebericht die Zurückhaltung von Informationen weder zum Wohl der Mitgliedstaaten, noch bei drohenden Nachteilen für die publizitätspflichtige Kapitalgesellschaft gebietet oder auch nur erlaubt, verstößt jede Interpretation des § 289 gegen das vorrangige Gemeinschaftsrecht, welche ein Einschränkung der vorgegebenen Informationen zur Folge hat. Deshalb verfängt weder das plakative Argument, es könne nicht nach § 289 geboten sein, was nach § 286 verboten ist,[180] noch der Gedanke, der Geschäftsleitung die Möglichkeit zu eröffnen, im Lagebericht all' das hintanzustellen, was sie auf Frage des Aktionärs diesem nach § 131 Abs. 3 AktG verweigern dürfte;[181] diese Bestimmung hat keine Wurzel im Gemeinschaftsrecht.[182] Konsequent handeln die Mitglieder der Geschäftsleitung nicht pflichtwidrig, insbesondere verstoßen sie nicht gegen ihre Verschwiegenheitspflicht, wenn sie im Lagebericht, angehalten durch ihre Verpflichtung aus §§ 264 Abs. 1 S. 2, 289, Informationen darbieten, deren Veröffentlichung ihrer Gesellschaft zum Nachteil oder gar Schaden gereichen kann. – Nach dem hier entwickelten Standpunkt muß das **Institut der Wirtschaftsprüfer** die einschlägige Passage in seinem Rechnungslegungsstandard „Aufstellung des Lageberichts"[183] korrigieren. Für eine Abwägung zwischen dem öffentlichen Interesse an Publizität und dem Diskretionsinteresse der publizitätspflichtigen Gesellschaft im konkreten Einzelfall läßt § 289 keinen Raum.[184] Schon der europäische Richtliniengeber hat einem möglichen Bedürfnis der Praxis, bestimmte Angaben im Lagebericht unterlassen zu dürfen, keine Rechnung getragen.[185]

c) Praktische Folgerungen. Daß es für den Lagebericht keinen Diskretionsschutz **91** gibt, sollte in seinen rechtspraktischen Konsequenzen freilich nicht überbewertet werden. Schon zum Staatsschutz nach § 286 Abs. 1 wurde vor Zeiten darauf hingewiesen,

[179] Allgemein zur Richtlinien-konformen Auslegung zuletzt eingehend *Schwarz* Europäisches Gesellschaftsrecht S. 151 ff.
[180] Oben Fn. 176.
[181] Oben Fn. 177.
[182] Zwar sieht Art. 31 Abs. 3 der 5. EG-(Struktur-) Richtlinie (abgedruckt u.a. bei *Lutter* Europäisches Unternehmensrecht S. 176 ff) eine § 131 Abs. 3 AktG grundsätzlich vergleichbare Schutzklausel vor; der Richtlinienvorschlag ist

jedoch bis heute nicht vom EU-Ministerrat verabschiedet worden.
[183] IDW RS HFA 1 (Ziff. 12), *IDW*-Fachnachrichten 1998, 318, 321.
[184] A. A. *Baetge/Schulze* DB 1998, 937, 943.
[185] In allen Äußerungen zur Schutzklausel beim Lagebericht ist die europäische Dimension des Problems bislang übersehen worden; zuletzt von *Lange* BB 1999, 2447, 2453; *ders.* in MünchKommHGB § 289, 14.

Peter Hommelhoff

der Regelung dürfe kaum praktische Bedeutung zukommen;[186] und für die Kapitalgesellschaft selbst: Im Regelfall werde es nicht erforderlich sein, zur Lagedarstellung vertrauliche Informationen zu veröffentlichen oder Einzelangaben zu machen, die zu erheblichen Nachteilen für die Gesellschaft führen können.[187] Andererseits zwingt eine schlechte oder auch nur sich verschlechternde Lage der Gesellschaft zur vollständigen und richtigen Darstellung im Lagebericht selbst dann, wenn dadurch die Gefahr einer self-fulfilling prophecy heraufbeschworen wird und die Gesellschaft befürchten muß, daß (so informiert) Gläubiger, Kapitalanleger und andere mehr die in ihrem Interesse gebotenen Reaktionen zum Nachteil der Gesellschaft entfalten werden. Der Lagebericht kennt **keine Schutzklausel** (oben Rdn. 90). Deshalb muß auch in diesem Falle die Lage der Gesellschaft ungeschminkt gezeichnet und darf sie nicht durch Verallgemeinerungen gestaltend geschönt werden;[188] ebensowenig kommt eine zeitliche Verschiebung des Lageberichts in Betracht.[189]

92   Im Gesetz findet sich zudem kein Anhalt dafür, Risiken für die Gesellschaft müßten erst dann im Lagebericht aufgedeckt werden, wenn sie nach ihrem Ausmaß oder ihrer Intensität **bestandsgefährdende Dimension** erreichten. Wenn nämlich schon zweifelhaft ist, ob Gesellschaften mit ausdrücklich vermerkter Bestandsgefährdung wirklich eine schlechtere Überlebenschance haben als unvermerkt gefährdete,[190] so stehen jedenfalls dem Diskretionsinteresse der Gesellschaft die nicht minder schutzwürdigen Belange und Interessen der aktuellen und potentiellen Gläubiger, der Kapitalanleger und Arbeitnehmer an unverfälschter Information über die wirtschaftliche Lage der Gesellschaft gegenüber.[191] Dieser Gegenbelange hat sich der Gesetzgeber des KonTraG in besonderer Weise mit der Vorgabe in § 289 Abs. 1 HS 2 angenommen, im Lagebericht sei auch auf die *Risiken* der künftigen Entwicklung einzugehen.[192] Hinzu kommt der institutionelle Aspekt: Publizität ist eine der zentralen Grundlagen privatautonom-eigenverantwortlichen Handelns und damit der rechtlich geordneten Wirtschaftsverfassung insgesamt.[193] Ein Bilanzrecht, das es den Kapitalgesellschaften erlauben würde, ihre wirtschaftliche Gesamtlage zu verschleiern oder gar zu schönen, würde seine Legitimität unterminieren.

7. Reaktionen und Sanktionen

93   Sollte die Geschäftsleitung ihren Informationspflichten aus § 289 überhaupt nicht oder zumindest nicht vollständig, richtig und klar (oben Rdn. 80 ff) nachkommen, so kann dies eine Vielzahl unterschiedlicher Reaktionen und Sanktionen nach Handels- und Gesellschaftsrecht, nach allgemeinem Zivil- und öffentlichem Recht, insbesondere nach Ordnungswidrigkeiten- oder sogar Strafrecht zur Folge haben. Aus dem Bereich des Handelsrechts kommen Reaktionen des Abschlußprüfers in Betracht (unten Rdn. 94 ff), aus dem des Gesellschaftsrechts stellen sich Fragen zur Abschlußfeststellung und zur Ergebnisverwendung (unten Rdn. 95 f). Im allgemeinen Zivilrecht

---

[186] *Biener/Berneke* Bilanzrichtlinien-Gesetz S. 272.
[187] ADS § 289, 54; HdR-*Lück* § 289, 28; *Reittinger* Der Lagebericht 25; s. auch schon *Kropff* BFuP 1980, 514, 522 mit konkretem Beispiel.
[188] Ensthaler/*Marsch-Barner* § 289, 4; verfehlt daher *Dörner/Bischof* Aufstellung des Lageberichts S. 382 f; gefährlich nachgiebig letzten Endes aber auch *Küting/Hütten* AG 1997, 250, 255 (sub IV a.E.); s. aber auch *Reittinger* Der Lagebericht 26 a.E.
[189] A.A. HdR-*Lück* § 289, 29.

[190] Grünbuch der Europäischen Kommission: Rolle, Stellung und Haftung des Abschlußprüfers in der Europäischen Union, abgedruckt u.a. in Wirtschaftsprüferkammer-Mitteilungen 1996, 279, 284 (Ziff. 3.19).
[191] Überzeugend *Kropff* BFuP 1980, 514, 522.
[192] Zutr. *Baetge/Schulze* DB 1998, 937, 943.
[193] *Nowotny* Funktion der Rechnungslegung im Handels- und Gesellschaftsrecht (1987) S. 218 f; für die USA s. *Hopt* ZGR 1980, 223, 235.

geht es um mögliche Schadenersatzansprüche von Gesellschaftern und Dritten (unten Rdn. 97 ff). Ordnungswidrigkeitenrechtliche und strafrechtliche Sanktionen finden sich fein abgestuft im Handelsgesetzbuch selbst (unten Rdn. 99 f).

a) Reaktionen des Abschlußprüfers. Das Zentralproblem der deutschen Ab- **94** schlußprüfung war bis zum KonTraG 1998 (und ist es wohl verbreitet auch noch heute) die „Erwartungslücke"[194]: Aus dem im Einklang mit den rechtlichen Vorgaben völlig uneingeschränkt erteilten Bestätigungsvermerk des Abschlußprüfers (§ 322) haben viele außenstehende Publizitätsadressaten den unzutreffenden Schluß auf eine fachmännische Überlebensgarantie für die Gesellschaft gezogen („gerad' testiert und schon falliert"). Dieser „Erwartungslücke" hat das KonTraG vornehmlich mit einer durchgreifenden Reform der Lagebericht-Erstattung zu begegnen versucht:[195] Ausbau des Lageberichts (§ 289 Abs. 1 HS 2), Ausbau und Verschärfung des Prüfungsauftrags an den Abschlußprüfer in Hinsicht auf die Lageberichte (§ 317 Abs. 2) und vor allem im an die allgemeine Öffentlichkeit gerichteten Bestätigungsvermerk eine gesonderte Prüfer-Äußerung zu den Lageberichten (§ 322 Abs. 3) samt einem eigenen Kommentar des Abschlußprüfers zur Lagedarstellung der Geschäftsleitung; insbesondere muß dieser darauf eingehen, ob die Geschäftsleitung die Risiken der künftigen Entwicklung im Lagebericht zutreffend dargestellt hat (§ 322 Abs. 3 S. 2). Damit kommt dem Lagebericht auch im Prüfungsabschnitt der Rechnungslegung zentrale Bedeutung zu. Dies bestätigt nicht nur ein weiteres Mal das oben (Rdn. 12 f) entwickelte Zwei-Säulen-Modell, sondern wirkt sich zugleich auf die Reaktionen des Abschlußprüfers für den Fall aus, daß die Geschäftsleitung den Lagebericht nicht in Übereinstimmung mit den gesetzlichen Vorgaben aufgestellt haben sollte:

Sollte die Geschäftsleitung der Kapitalgesellschaft, obwohl diese *nicht* nach § 264 **95** Abs. 1 S. 3 von der Aufstellung befreit ist, **keinen Lagebericht** aufgestellt haben, so ist der Bestätigungsvermerk nicht etwa bloß nach § 322 Abs. 4 S. 1 einzuschränken[196] oder zu versagen. Vielmehr kann der Abschlußprüfer überhaupt keine seine Prüfungstätigkeit abschließende Erklärung abgeben. Wenn die Geschäftsleitung nämlich ohne den vorgeschriebenen Lagebericht Rechnung legt, hat sie dem Abschlußprüfer keine grundsätzlich prüfungsfähige Unterlage zur Verfügung gestellt. Diese Qualifizierung beruht rechtlich auf dem besonderen Gewicht, das der Gesetzgeber im KonTraG dem Lagebericht beigemessen hat (oben Rdn. 94) und wird durch den gleichen Rang bestätigt, der dem Lagebericht im Vergleich zum Jahresabschluß nach dem Zwei-Säulen-Modell (oben Rdn. 12 f) zukommt. – Die fehlende Schlußbemerkung des Abschlußprüfers hat zur Folge, daß der Jahresabschluß nicht festgestellt und konsequent auch **kein Ergebnisverwendungsbeschluß** gefaßt werden kann; denn ein nur auf den Jahresabschluß bezogener Bestätigungsvermerk[197] kommt in lageberichtspflichtigen Kapitalgesellschaften wegen des rechtlichen Kontextes zwischen den Einzelheiten der Rechnungslegung (§ 264 Abs. 1 S. 1) nicht in Betracht. Sollte der Abschlußprüfer trotz fehlenden Lageberichts einen eingeschränkten Bestätigungsvermerk oder einen Ver-

---

[194] Zu ihr *Clemm* WPK-Mitteilungen 1995, 65; *Dörner* WPg 1995, 785.

[195] Näher *Böcking/Orth* WPg 1998, 351, 358 f; *Hommelhoff/Mattheus* AG 1998, 248, 258 m. w. N.

[196] A. A. IDW Prüfungsstandard: „Prüfung des Lageberichts" (IDW PS 350), abgedruckt in *IDW*-Fachnachrichten 1998, 332, 336 f (Ziff. 26); damit wird die *IdW*-Verlautbarung zum fehlen-

den Lagebericht aus 1993 (*IDW*-Fachnachrichten 1994, 7) inhaltlich unverändert fortgeführt, ohne die einschneidenden Veränderungen durch das KonTraG (oben Rdn. 94) zu berücksichtigen; wie das IdW auch Beck BilKomm-*Budde/Kunz* § 322, 67 a. E.

[197] So offenbar Beck BilKomm-*Budde/Kunz* § 322, 67 a. E.

sagungsvermerk (§ 322 Abs. 4 S. 2) erteilt haben, so ist dieser Vermerk rechtlich inexistent und schafft keine Grundlage für Abschlußfeststellung und Ergebnisverwendung.

96   Bei einem unvollständigen, ganz oder teilweise unrichtigen oder undeutlichen, also einem **mangelbehafteten Lagebericht** hängt es von Umfang und Gewicht sowie von den Auswirkungen des oder der Mängel im konkreten Einzelfall ab, ob der Abschlußprüfer dennoch ein uneingeschränktes Testat erteilen kann oder dies (mit Begründung, § 322 Abs. 4 S. 3) einschränken oder gar versagen muß. Zwar steht ein wegen des Lageberichts eingeschränkter oder versagter Bestätigungsvermerk weder der Feststellung des Jahresabschlusses entgegen, noch einem nachfolgenden Ergebnisverwendungsbeschluß.[198] In solchen Fällen jedoch muß die Geschäftsleitung damit rechnen, daß sowohl die Abschlußfeststellung als auch die Ergebnisverwendung mit der Begründung angegriffen werden könnten, für diese Entscheidungen habe der mangelhafte Lagebericht eine nur unzureichende Informationsgrundlage geliefert.

97   **b) Haftung auf Schadenersatz.** Geschäftsleiter, die ihrer Verpflichtung aus §§ 264 Abs. 1 S. 1, 289 nicht oder nur mangelhaft nachkommen, verletzen ihre Pflicht gegenüber der Gesellschaft und haften dieser ggf. nach § 43 Abs. 2 GmbHG, § 93 Abs. 2 AktG. In einem mehrköpfigen Geschäftsleitungsorgan sind nicht bloß die primär für die Rechnungslegung zuständigen Organmitglieder für den Lagebericht und seinen Inhalt verantwortlich, sondern sämtliche Mitglieder der Geschäftsleitung (oben Rdn. 56 f),[199] also auch der Leiter der Produktion oder der der Forschung und Entwicklung. Denn die Rechnungslegung ist seit alters obligatorische Plenaraufgabe der Geschäftsleitung und eines jeden ihrer Mitglieder im öffentlichen Interesse. Das kommt klar im Wortlaut des § 264 Abs. 1 S. 1 ("die gesetzlichen Vertreter") zum Ausdruck und gilt konsequent auch für den Lagebericht.

98   **Gegenüber den Publizitätsadressaten**, also gegenüber den Gesellschaftern und anderen außenstehenden Dritten (Gläubiger, Arbeitnehmer, Allgemeinheit) haften die Geschäftsleiter nach noch überwiegender,[200] wenn auch vereinzelt bestrittener Ansicht[201] nicht unmittelbar. Zwar dient die publizierte Rechnungslegung (und somit auch der Lagebericht) der Information des Rechtsverkehrs, namentlich der der aktuellen und potentiellen Gesellschaftsgläubiger. Aber die Vorschriften zur Rechnungslegung und zur Publizität erfüllen nicht die Voraussetzungen, die an ein Schutzgesetz im Sinne des § 823 Abs. 2 BGB zu stellen sind:[202] Sie stellen weder die Art ihrer Verletzung hinreichend klar und bestimmt fest, noch den Kreis der von ihnen geschützten Personen. Gerade der letzte Aspekt hat wegen des weiten Dritten-Begriffs im Schutzprogramm des Art. 44 Abs. 2g EGV (oben Rdn. 51) besondere Bedeutung. – Etwas anderes gilt nur dann, wenn ein Geschäftsleiter den Lagebericht einem Gesellschaftsgläubiger **aus konkretem Anlaß** mit Blick auf eine konkret anstehende Gläubiger-Disposition aushändigt und jener sodann im Vertrauen auf den Inhalt des Lageberichts Vermögensdispositionen trifft, die zum Nachteil des Gesellschaftsgläubigers ausschlagen. In einem solchen Fall kommt neben einer Haftung der Gesellschaft aus culpa in

---

[198]   So schon zur Vorgängerbestimmung des § 167 AktG 1965 *Kropff* in Geßler/Hefermehl/Ekkardt/Kropff § 167, 4; daran hat sich unter dem neuen Recht nichts geändert.

[199]   S. auch Beck BilKomm-*Budde/Karig* § 264, 12; *Lutter/Hommelhoff* § 42, 12; Baumbach/Hueck/*Schulze-Osterloh* § 41, 48.

[200]   Vgl. BGHZ 125, 366, 377 ff = NJW 1994, 1801, 1804; *Lutter/Hommelhoff* § 41, 4; Baumbach/

Hueck/*Schulze-Osterloh* § 41, 3; s. auch *Hüffer* § 238, 4, 23.

[201]   Scholz/*Schneider* 9. Aufl. (2000) § 43, 236a mit zahlreichen w. N.

[202]   BGHZ 125, 366, 379 = NJW 1994, 1801, 1804 unter Bezugnahme auf BGHZ 40, 306, 307 = NJW 1964, 396, 397.

contrahendo zusätzlich eine Geschäftsleiter-Eigenhaftung wegen in Anspruch genommenen besonderen persönlichen Vertrauens in Betracht.[203]

c) Öffentlich-rechtlich Sanktionen. Geschäftsleiter, die trotz Aufstellungspflicht **99** keinen Lagebericht *aufstellen*, können hierzu vom Registergericht durch Festsetzung eines **Zwangsgeldes** in Höhe von max. 5000 Euro angehalten werden (§ 335 S. 1 Nr. 1). Zwar bedarf es hierzu eines Antrags (§ 335 S. 2); allerdings ist die Antragsberechtigung nicht mehr wie nach dem alten § 335 S. 2 auf Gesellschafter, Gesellschaftsgläubiger oder den Betriebsrat begrenzt. – Sollten die Geschäftsleiter dagegen den Lagebericht nicht (oder nicht rechtzeitig) *veröffentlichen*,[204] so kann das Registergericht sie dazu durch ein **Ordnungsgeld** zwischen 2500 und 25000 Euro (aber auch hier nur auf Antrag) anhalten (§ 335a S. 1 Nr. 1, S. 3 und 4). Zwangsgeld und Ordnungsgeld können nebeneinander zum Zuge kommen (§ 335a S. 2). – Ob das unverändert aufrecht erhaltene Antragserfordernis im rechtspraktischen Ergebnis die Publizitätspflicht der Gesellschaften weiterhin ins Leere laufen läßt und damit ein erneutes Vertragsverletzungsverfahren nach Art. 226 EGV gegen die Bundesrepublik provoziert, muß die Zukunft weisen.

Mit einer **Ordnungswidrigkeitenbuße** bis zur Höhe von 50000 DM (§ 334 Abs. 1 **100** Nr. 3, Abs. 3) kann ein Geschäftsleiter belegt werden, wenn er bei der Aufstellung des Lageberichts einer Vorgabe über dessen Inhalt nach § 289 nicht nachkommt. In dieser qualifizierten Weise geschützt sind freilich nicht sämtliche gesetzlichen Vorgaben schlechthin, sondern allein die des § 289 Abs. 1, so daß der Berichtsinhalt nach Abs. 2 (Nachtrags-, Prognose- und Forschungsbericht) ordnungswidrigkeitenrechtlich ungeschützt bleibt. Der Sinn dieser Eingrenzung ist dunkel.[205]

Strafbar macht sich der Geschäftsleiter, der die Gesellschaftsverhältnisse im Lage- **101** bericht unrichtig wiedergibt oder verschleiert (§ 331 Nr. 1). Die Strafdrohung schneidet ein: Freiheitsstrafe bis zu drei Jahren oder Geldstrafe. Mit Blick auf den weit verbreiteten Irrtum über die angebliche Berechtigung, unter bestimmten Voraussetzungen Gesellschafts-nachteilige Informationen im Lagebericht unterlassen zu dürfen (Schutzklausel, oben Rdn. 86 ff), kommt diesem Straftatbestand herausragende Bedeutung für die Unternehmenspraxis zu. Denn zwar ist § 331 Nr. 1 nach § 15 StGB Vorsatzdelikt; es genügt jedoch bedingter Vorsatz. Zu allem Weiteren s. die Erläuterungen zu § 331.

V. Die Lageberichtsteile im einzelnen

Nach dem Gesetzeswortlaut des § 289 ist zwischen den Pflichtangaben nach Abs. 1 **102** und den bloßen Sollensangaben nach Abs. 2 scharf zu trennen; diese Unterscheidung war auch schon in Art. 46 der 4. EG-(Bilanz-)Richtlinie angelegt. Folglich trennt die Praxis, insbesondere die Prüfungspraxis zwischen den einzelnen Gegenständen der Lagebericht-Erstattung:[206] Geschäftsverlauf, Lage, wesentliche Risiken der künftigen Entwicklung nach § 289 Abs. 1 sowie Vorgänge von besonderer Bedeutung nach Geschäftsjahresschluß, voraussichtliche Entwicklung, Forschung und Entwicklung, Zweigniederlassung nach § 289 Abs. 2. Mithin werden die einzelnen Berichtsteile konsekutiv aneinandergereiht und nacheinander mit möglichen Einzelberichtsteilen kon-

---

[203] Hierzu Scholz/*Schneider* § 43, 224 m. w. N.
[204] Hierzu näher *Jansen* DStR 2000, 596.
[205] Zur Gesetzgebungsgeschichte *Biener/Berneke* Bilanzrichtlinien-Gesetz S. 477 ff.

[206] S. etwa und vor allem IDW RS HFA 1 (Ziff. 23 ff), *IDW*-Fachnachrichten 1998, 318, 322 ff.

Peter Hommelhoff

kretisiert.[207] Noch weiter die einzelnen Berichtsteile voneinander separierend und gegeneinander abgrenzend spricht man verbreitet vom Wirtschaftsbericht nach Abs. 1 und vom Nachtrags-, vom Prognose- und vom Forschungsbericht nach Abs. 2.[208] Die Praxis mißt dieser Unterscheidung deshalb einige Bedeutung zu, weil sie der Geschäftsleitung bei dem Bericht nach § 289 Abs. 2 glaubt die Möglichkeit eröffnen zu können, ausnahmsweise auf die Berichterstattung zu verzichten.[209] Diese Ausnahme leitet man aus dem „soll" in Abs. 2 ab; damit habe der Gesetzgeber einen geringeren Verpflichtungsgrad zum Ausdruck bringen wollen.[210] Damit stellt sich die Frage, wie die Bestimmungen in § 289 Abs. 2 mit denen aus Abs. 1 rechtlich verknüpft sind.[211]

1. Zur normativen Grundstruktur der Lageberichts-Vorgaben (§ 289 Abs. 2)

103   Zweifelhaft ist nach dem voranstehend (Rdn. 102) Ausgeführten mithin zweierlei: zum einen, ob das Recht von mehreren separaten Berichtsteilen ausgeht, und zum anderen, ob für diese Berichtsteile unterschiedliche Verpflichtungsgrade gelten. Beide Fragen bestimmen sich zunächst und vor allem nach dem Gemeinschaftsrecht, also nach Art. 46 der **Bilanzrichtlinie**.[212]

104   Auch die Richtlinie scheint nach ihrem Wortlaut von **konsekutiv angeordneten Berichtsteilen** auszugehen, für die unterschiedliche Verpflichtungsgrade gelten. Dafür sprechen zum einen die Kennung der Berichtsteile in Art. 46 Abs. 2 mit lit. a, b und folgende sowie die abweichenden Formulierungen „hat ... darzustellen" und „soll ... eingehen". Andererseits ist nicht zu verstehen, warum die Geschäftsleitung die Lage der Gesellschaft darzustellen *hat* und auch auf die voraussichtliche Entwicklung der Gesellschaft eingehen *soll* (Art. 46 Abs. 2 lit. b). Würde man diese beiden Vorgaben rechtlich unabgestimmt nebeneinander zum Zuge kommen lassen, dann würde sich die Lagedarstellung auf den Abschlußstichtag beziehen, wäre also statisch, während in der Vorgabe zur künftigen Entwicklung eine **dynamische Konzeption** für den Lagebericht angeordnet wäre. Beides ist nebeneinander nicht möglich. Ausgeschlossen ist aber auch eine Auflösung dieses Widerspruchs dahin, der Richtliniengeber habe es der Geschäftsleitung freistellen wollen, ob sie über die künftige Entwicklung der Gesellschaft berichten wolle oder nicht. Denn zum einen findet sich kein Anhalt für die Annahme, der Richtliniengeber habe das Grundkonzept des Lageberichts (statisch oder dynamisch) der einzelnen Geschäftsleitung zur freien Wahl überlassen. Und zum anderen wären die Lageberichte mehrerer Gesellschaften in ihrer Vergleichbarkeit wesentlich beeinträchtigt, wenn die einen statisch und die anderen dynamisch aufgestellt würden. Schließlich läßt der Wortlaut des Art. 46 Abs. 1 der Bilanzrichtlinie nicht erkennen, der Richtliniengeber habe das Ziel des Lageberichts, ein den tatsächlichen Verhältnissen entsprechendes Bild entstehen zu lassen, beliebig statisch oder dynamisch ausgestaltbar stellen wollen.

---

[207] Dazu die Handreichung des IdW im Anschluß an IDW RS HFA 1, *IDW*-Fachnachrichten 1998, 318, 328 ff.

[208] S. etwa ADS § 289, 98, 104 f; Beck BilKomm-*Ellrott*, § 289, 35, 40; HdR-*Baetge/Krumholz* I, 361; Ensthaler/*Marsch-Barner* § 289, 10 ff; ausführlich HdR-*Lück* § 289, 48 ff, 54 ff, 63 ff.

[209] S. KK-*Claussen/Korth* § 289 HGB, 14; Beck Bil-Komm-*Ellrott* § 289, 30; *E. Müller* Der Lagebericht B 510, 36 f; Ensthaler/*Marsch-Barner* § 289, 9; Baumbach/Hueck/ *Schulze-Osterloh* § 42, 457.

[210] Hieraus wollen ADS § 289, 97 und ihnen folgend Baumbach/Hueck/*Schulze-Osterloh* § 42, 457 eine Ermächtigung an die Geschäftsleitung herleiten, bei den Berichtsgegenständen nach Abs. 2 vom Bericht abzusehen, wenn die Information mit Nachteilen für die Gesellschaft verbunden sei.

[211] Hierzu zuletzt und grundlegend *Lange* BB 1999, 2447, 2448 f; jüngst MünchKommHGB-*Lange* § 289, 7–11.

[212] Abgedruckt u. a. bei *Lutter* Europäisches Unternehmensrecht S. 165.

Konzeptionelle Brüche lassen sich nur dann vermeiden, wenn man das „soll ein- **105** gehen" für die voraussichtliche Entwicklung als nähere **Konkretisierung der Lage-darstellung** nach Abs. 1 begreift: Zur Lagedarstellung gehören auch Ausführungen der Geschäftsleitung über die voraussichtlich künftige Entwicklung. Oder anders for-muliert: Für den Lagebericht gilt zwingend das dynamische Konzept; die Gesellschaft samt ihren Ressourcen und ihrer Position auf den verschiedenen Märkten ist in eben der Weise darzustellen, daß auch und vor allem erkennbar wird, welche Leistungs- und Ertragspotentiale in der Zukunft zur Wirkung gelangen können. Daraus folgt: Der Richtliniengeber wollte keinen abgesetzt eigenständigen Prognosebericht, son-dern eine **Einbeziehung** der voraussichtlich künftigen Entwicklung bei jedem einzel-nen Gegenstand des Lageberichts, soweit dieser Anlaß gibt, zu seiner voraussichtlich künftigen Entwicklung etwas zu verlautbaren. Diese muß, soweit tatsächlich geboten, immer wieder und eng mit den Einzelgegenständen der Lagebericht-Darstellung ver-knüpft werden; umgekehrt würde ein abschließender Abschnitt „Vorschau" oder „Ausblick" dem Konzept der 4. Richtlinie nicht gerecht. – Dieser Auslegung steht das „soll" in Art. 46 Abs. 2 nicht entgegen; denn es entspricht nicht deutscher Begrifflich-keit; und außerdem erlauben europäische Normtexte als Kompromiß im vielköpfigen Ministerrat nicht immer eine streng konsistente Formulierung.[213]

Dies Konzept einer integrierten Gesamtregelung zur dynamischen Ausrichtung **106** des Lageberichts gilt nach dem Grundsatz der Richtlinien-konformen Transformation (arg. Art. 10 Abs. 1 EGV) in strukturell gleicher Weise für die deutsche Regelung in § 289. Es sind keinerlei Anhaltspunkte ersichtlich, welche die Annahme rechtfertigen könnten, der deutsche Gesetzgeber habe mit seinen Bestimmungen zum Lagebericht ein eigenständiges Regelungskonzept ohne Rücksicht auf das des Gemeinschaftsrechts verfolgen wollen. Konsequent sind mehrere Einzelvorgaben in § 289 **funktional zusammenzufassen** und in dieser Zusammenfassung dann auch zu interpretieren: die Lagedarstellung nach § 289 Abs. 1 HS 1, die Berücksichtigung der Zukunftsrisiken nach Abs. 1 HS 2 sowie die „voraussichtliche Entwicklung der Kapitalgesellschaft" nach Abs. 2 Ziff. 2. Dagegen würde eine am Normtext und seiner Abfolge der Einzel-regelungen orientierte Lagedarstellung[214] in mehrfacher Hinsicht Gefahren herauf-beschwören: Zum einen würde Zusammenhängendes in Einzeldarstellungen zerlegt zumindest die Lageberichts-Adressaten verwirren, wenn nicht gar zu Informations-Verzerrungen führen; und zum anderen und vor allem verwässern zerlegte Einzel-darstellungen den dynamischen Zukunftsbezug des Lageberichts und nehmen ihm damit einen Teil seiner Bedeutung, die ihm innerhalb des Zwei-Säulen-Modells (oben Rdn. 12 f) gerade im Interesse der Publizitätsadressaten, namentlich auf den Kapital-märkten zukommen soll. – Deshalb sollte das **Institut der Wirtschaftsprüfer** seinen Rechnungslegungsstandard zur Aufstellung des Lageberichts (IDW RS HFA 1)[215] überprüfen; zeichnet dieser doch die normtextuale Trennung zwischen Lagedarstel-lung (Ziff. 25 ff), Zukunftsrisiken (Ziff. 29 ff) und künftiger Entwicklung (Ziff. 41 ff) scharf abgesetzt nach, obwohl der Standard die inhaltliche Verknüpfung zwischen die-sen Einzelabschnitten durchaus in Ziff. 41 erkennt, ohne jedoch hieraus die gebotenen Folgerungen für die Gesamtstrukturierung des Lageberichts zu ziehen.

---

[213] Vgl. *Bleckmann* ZGR 1992, 364; *Everling* ZGR 1992, 376; *Hennrichs* ZGR 1997, 66, 67 m. w. N.; *Lutter* JZ 1992, 593, 598 ff.

[214] Das gilt selbst dann, wenn man (wie z. B. *Baum-bach/Hopt* § 289, 2) § 289 Abs. 2 als Regelpflicht versteht.

[215] Abgedruckt in *IDW*-Fachnachrichten 1998, 318, 323 ff.

       Peter Hommelhoff

107   Separate „Risikoberichte" sowie „Zukunfts-" oder „Prognoseberichte" stehen mithin nicht im Einklang mit den gemeinschaftsrechtlich geprägten (oben Rdn. 8 ff) Bestimmungen zum Lagebericht in § 289. Vielmehr sind die Risikofaktoren und Zukunftselemente in die Lagedarstellung harmonisch zu integrieren. Eine solche Integration ist ebenfalls für die Zweigniederlassung der Gesellschaft (oben Rdn. 62) sowie für den Bereich Forschung und Entwicklung (§ 289 Abs. 2 Nr. 3) angezeigt. Denn gerade mit Blick auf das Leistungs- und Erfolgspotential der Gesellschaft in der Zukunft sind ihre Aktivitäten auf den Feldern Forschung und Entwicklung in aller Regel herausragend bedeutsam; in manchen Wirtschaftszweigen wie etwa der Pharmaindustrie hängt der Wert einer Kapitalgesellschaft und ihres Unternehmens nahezu ausschließlich von jenen Produkten ab, die die Gesellschaft künftig auf den Märkten wird anbieten können.

108   Anders hingegen die „**Vorgänge von besonderer Bedeutung nach Geschäftsjahresschluß**" (§ 289 Abs. 2 Nr. 1); über sie ist zu berichten, damit der Adressat aus der Stichtags-bezogenen, wenn auch zwingend Zukunfts-offenen Darstellung kein falsches Lagebild für den Zeitpunkt der Berichtsabfassung gewinnt.[216] So wäre es unzuträglich, wenn die Hauptversammlung den gesamten im Jahresabschluß ausgewiesenen Bilanzgewinn auszuschütten beschließen würde, obwohl ein überraschend nach Geschäftsjahresschluß eingetretenes Ereignis allen Anlaß bietet, zusätzlich finanzielle Risikovorsorge durch Rücklagen-Aufstockung zu treffen. Deshalb fallen unter die „Folgen von besonderer Bedeutung" nach Nr. 1 allein solche, die zu einer Korrektur der Lagedarstellung nach § 289 Abs. 1 gezwungen hätten, wenn sie bereits im dargestellten Geschäftsjahr eingetreten wären.[217] Daher sind diese Vorgänge von der Lagedarstellung nach Abs. 1 scharf **getrennt** zu halten, und sofern zu ihrer Darstellung nach Abs. 2 Nr. 1 Anlaß besteht, in einem eigenständigen „Nachtragsbericht" in der Weise zusammenzufassen, daß die Vorgänge dargestellt und ihre (voraussichtlichen) Auswirkungen auf die Lage erläutert werden.

2. Die Zukunftselemente innerhalb der Lagedarstellung (Abs. 1 HS 2, Abs. 2 Nr. 2)

109   Der Lagebericht muß Aussagen zur voraussichtlichen Entwicklung der Gesellschaft (§ 289 Abs. 2 Nr. 2) sowie zu den Risiken dieser künftigen Entwicklung (Abs. 1 HS 2) enthalten. Da die Entwicklung wesentlich von den Planungen und Vorhaben der Geschäftsleitung abhängt, stehen die hierauf bezogenen Aussagen im Lagebericht einer Aktiengesellschaft im engen Zusammenhang mit dem, was der Vorstand dem Aufsichtsrat nach § 90 Abs. 1 Nr. 1 AktG über die beabsichtigte Geschäftspolitik und andere grundsätzliche Fragen der Unternehmensplanung berichtet.[218] Auf eine hinreichende **Kohärenz zwischen Vorstandsbericht und Lagebericht** in diesem Bereich hat der Aufsichtsrat im Rahmen seiner Prüfung der Rechnungslegung (§ 171 Abs. 1 S. 1 AktG) zu achten. Entsprechendes gilt für Gesellschaften mbH.[219] **Inhaltliche Vorgaben** zu den Zukunftselementen im Lagebericht enthält das Gesetz wegen der Gesellschafts-individuellen Vielfalt aus guten Gründen nicht. Darstellungsziel ist es, die Berichtsadressaten über die Marktsituation, über die Leistungs- und Erfolgspoten-

---

[216] S. auch ADS § 289, 99; HdR-*Lück* § 289, 53.
[217] Überzeugend IDW RS HFA 1 (Ziff. 38), *IDW-Fachnachrichten* 1998, 318, 323 ff.
[218] S. *Hommelhoff* BB 1998, 2567, 2571.
[219] Zur Zuständigkeit für die Unternehmenspolitik *Lutter/Hommelhoff* § 37, 8; Scholz/*Schneider*

§ 37, 10 einerseits sowie Baumbach/Hueck/*Zöllner* § 37, 6g andererseits; s. auch Roth/*Altmeppen* § 37, 18 f.

tiale der Gesellschaft sowie über ihren voraussichtlichen Fortbestand oder ihre voraussichtliche Veränderung (hinreichend substantiiert und differenziert) ins Bild zu setzen. Wie die Geschäftsleitung dies Darstellungsziel erreichen will, ist in ihr pflichtgemäßes Ermessen gestellt.[220] Allerdings darf in der Darstellung nicht die Unsicherheit überspielt werden, die mit prognostischen Aussagen stets verbunden ist.[221] Trotz dieser Unsicherheit muß sich die Geschäftsleitung um möglichst realistische Annahmen bemühen und darf sich nicht von bloßen Wunschvorstellungen leiten lassen.

Integraler Bestandteil der Lageberichts-Aussagen zur voraussichtlich künftigen **110** Entwicklung der Gesellschaft ist die **Einschätzung der Geschäftsleitung**, welche Risiken für die Gesellschaft und ihr Unternehmen mit dieser Entwicklung verbunden sein können. Die Bedeutung der mit dem KonTraG eingeführten Vorgabe in § 289 Abs. 1 HS 2 liegt zum ersten darin, daß die Geschäftsleitung diese Risiken erfassen muß; insofern ist diese Neuregelung mit dem Risikofrüherkennungssystem verbunden, das § 91 Abs. 2 AktG allen Aktiengesellschaften verbindlich vorgegeben hat.[222] Zum zweiten zwingt § 289 die Geschäftsleitung, die Risiken einzuschätzen und zu bewerten. Und zum dritten schließlich sind die so erfaßten und bewerteten Risiken gegenüber den Publizitätsadressaten im Lagebericht zu verlautbaren. Die Geschäftsleitung darf also weder zu den Risiken vollständig schweigen, noch sie mit den Chancen der Gesellschaft in der Weise „saldieren", daß die Risiken im Lagebericht fortfallen oder auch nur bagatellisiert werden.[223] Das schließt auf der anderen Seite nicht aus, daß die Geschäftsleitung bei der Darstellung und Erläuterung der Risiken auch auf die Chancen näher eingeht, die mit ihnen verbunden sind.

Gerade die Risiko-bezogenen Aussagen im Lagebericht haben für dessen **Adressa-** **111** **ten** herausragende Bedeutung: für die Aktionäre und Gesellschafter bei ihren Entscheidungen über die Ergebnisverwendung und darüber, ob sie die Geschicke der Gesellschaft auch künftig denselben Leitern anvertrauen wollen (Entlastung), für die Kapitalanleger bei ihren Kauf- und Verkaufsentscheidungen sowie für die Geschäftspartner und Gläubiger der Gesellschaft bei ihrem Entscheid über die Begründung, Fortsetzung oder den Abbruch der Geschäftsbeziehung. Wegen dieser Zielsetzung der Risiko-Berichterstattung ist deren Gegenstand nicht das allgemeine Risiko unternehmerischer Betätigung; vielmehr kommt es betont auf die spezifischen Risiken der konkreten Gesellschaft an: Die Berichtsadressaten sollen erkennen können, ob, wodurch und wie stark die Leistungs- und Erfolgspotentiale dieser Gesellschaft künftig beeinträchtigt sein könnten. Deshalb muß über **alle Risiken** berichtet werden, die wesentlichen Einfluß auf die Vermögens-, Finanz- und Ertragslage der Gesellschaft haben, und nicht etwa bloß über Bestands-gefährdende Risiken.[224]

Zum **Zeithorizont** der Zukunftselemente trifft das Gesetz keine ausdrückliche **112** Bestimmung. Vom Zweck der Berichtsaussagen her ist eine Erfassung der Entwicklung und ihrer Risiken bis zur Vorlage des nächsten Lageberichts und damit für das kommende Geschäftsjahr, das bei Vorlage des Berichts an die Publizitätsadressaten zudem schon weit vorangeschritten ist, das Minimum. Im übrigen hängt es von der

---

[220] HdR-*Lück* § 289, 60; IDW RS HFA 1 (Ziff. 43), *IDW*-Fachnachrichten 1998, 318, 326.

[221] ADS § 289, 105.

[222] Hierzu u.a. *Hommelhoff/Mattheus* Dörner/ Horvarth/Kagermann (Hrsg.), Praxis des Risikomanagements (2000) S. 7 ff sowie *Seibert* FS Bezzenberger (2000) S. 420 ff – jeweils mit Hinweisen auf zahlreiche weitere Veröffentlichun-

gen; zur Erstreckung auf die GmbH s. *Hommelhoff* FS Sandrock (2000) S. 378 ff einerseits und *Altmeppen* ZGR 1999, 30 f andererseits. Zum Meinungsstand ausführlich *Drygala/Drygala* ZIP 2000, 300 ff.

[223] Beck BilKomm-*Ellrott* § 289, 27.

[224] Zutr Baumbauch/*Hopt* § 289, 1.

Peter Hommelhoff

Gesellschaft und den Märkten ab, auf denen sie aktiv ist, für welchen weitergehenden Zeitraum über die voraussichtliche Entwicklung etc. zu berichten ist, damit die Publizitätsadressaten die notwendigen Entscheidungsgrundlagen (oben Rdn. 111) erhalten. Das Institut der Wirtschaftsprüfer geht in seinem Rechnungslegungsstandard von einem regelmäßigen Mindestzeitraum von zwei Jahren, gerechnet vom Abschlußstichtag, aus.[225]

3. Nachträgliche Vorgänge (Abs. 2 Nr. 1)

113   Die Berichterstattung über Vorgänge von besonderer Bedeutung, die nach Abschluß des Geschäftsjahres eingetreten sind (§ 289 Abs. 2 Nr. 1), ist gegenüber der Stichtags-bezogenen Lagedarstellung zu separieren und auf jene Ereignisse zu konzentrieren, deren Verschweigen den Berichtsadressaten ein unzutreffendes Lagebild vermitteln würde (oben Rdn. 108). Nach diesem Kriterium bemißt sich zugleich, ob ein Vorgang „von besonderer Bedeutung" ist; maßgeblich sind daher die Lagedarstellung der Gesellschaft ohne diesen Vorgang und dessen Auswirkungen auf die Gesellschaft:[226] Wird die Gesellschaftslage durch diesen Vorgang mehr als minimal verändert? Mithin kommt es für die **„besondere Bedeutung"** nicht auf das absolute Gewicht eines Vorgangs an, sondern darauf, wie er sich auf die konkrete Gesellschaft und ihre Lagedarstellung auswirkt – sei es negativ oder auch positiv.[227]

114   Ein nach § 289 Abs. 2 Nr. 1 berichtspflichtiger Vorgang[228] kann mit der Gesellschaft und ihrem Unternehmen unmittelbar zusammenhängen (wie etwa ein Großfeuer mit Auswirkungen auf den Produktionsprozeß oder ein anhängig gewordenes Patentverletzungsverfahren, das ein für die Gesellschaft, ihre Umsätze und Erträge maßgebliches Produkt betrifft), muß dies aber nicht; auch Vorgänge ohne unmittelbaren Zusammenhang sind bedeutsam, wenn sie sich mittelbar auf das Leistungs- oder Erfolgspotential der Gesellschaft auswirken (wie etwa ein Bürgerkrieg in einem der Hauptabsatzgebiete, so daß Auslieferungen dorthin nahezu vollständig ausfallen).

115   Als nachträgliche Vorgänge sind in **zeitlicher Hinsicht** allein jene Vorgänge zu berichten, die nach dem Abschlußstichtag eingetreten und nicht als sog. wertaufhellende Tatsache bereits im Lagebericht ohnedies zu berücksichtigen sind:[229] Nicht mehr im Lagebericht zu berücksichtigen sind Vorgänge, die nach dessen Vorlage an den Abschlußprüfer (§ 320 Abs. 1) eintreten; hierüber hat die Geschäftsleitung ggf. die Aktionäre (§ 176 Abs. 1 AktG) bzw. die Gesellschafter[230] außerhalb des Lageberichts mündlich in der Gesellschafter- bzw. Hauptversammlung zu informieren. In börsennotierten Aktiengesellschaften kommt eine ad hoc-Meldung nach § 15 WpHG in Betracht.[231] Nicht zu folgen ist der weit verbreitet vertretenen Ansicht, nach § 289 Abs. 2 Nr. 1 seien auch jene Vorgänge berichtspflichtig, die *nach* der Berichtsaufstellung/-vorlage an den Abschlußprüfer, aber *vor* der Abschlußfeststellung (durch Vorstand und Aufsichtsrat (§ 172 AktG) oder durch die Hauptversammlung (§ 173 AktG) oder nach § 42a GmbHG (durch die Gesellschafter) eintreten[232]. Ein auf solche Vor-

---

[225] IDW RS HFA 1 (Ziff. 44), *IDW*-Fachnachrichten, 1998, 318, 326; so auch *Baumbach/Hopt* § 289, 1.

[226] So auch ADS § 289, 101; Beck BilKomm-*Ellrott* § 289, 33.

[227] Beck BilKomm-*Ellrott* § 289, 32.

[228] S. etwa die Auflistung möglicher Vorgänge bei HdR-*Lück* § 289, 56.

[229] S. HdR-*Lück* § 289, 55; KK-*Claussen/Korth* § 289 HGB, 20.

[230] Zur streitigen Frage, ob die GmbH-Geschäftsführer den Abschlußentwurf etc. den Gesellschaftern zu erläutern haben: *Lutter/Hommelhoff* § 42a, 32.

[231] So auch ADS § 289, 103.

[232] *Baetge/Fischer/Paskert* Der Lagebericht S. 38 f (bis zur Auslieferung des Lageberichts an seine Adressaten); KK-*Claussen/Korth* § 289 HGB, 21; Beck BilKomm-*Ellrott* § 289, 34; HdR-*Lück* § 289, 58 (bis zur Vorlage an die Hauptversamm-

gänge bezogener Nachbericht würde eventuell zur Nachtragsprüfung (§ 316 Abs. 3) zwingen[233] und dadurch die Abschlußfeststellung verzögern, wenn nicht gar (mit der Begründung nicht rechtzeitiger Vorabinformation der Aktionäre) torpedieren. Das ist der Gesellschaft und den am reibungslosen Fortgang ihrer Aktivitäten Interessierten nicht zumutbar. Deshalb muß es genügen, wenn die Geschäftsleitung **in der Haupt- bzw. Gesellschafterversammlung** über solche Vorgänge berichtet und dabei zugleich darauf hinweist, daß der Abschlußprüfer diesen Vorgang nicht mehr in seine Prüfung einbeziehen konnte. Wenn dadurch die Informationsinteressen anderer Publizitäts- adressaten, namentlich die der Gesellschaftsgläubiger teilweise unbefriedigt bleiben, so muß diese Benachteiligung, die längstens bis zur Veröffentlichung des nächsten Jahresabschlusses samt Lagebericht andauert, im Interesse der publizitätspflichtigen Kapitalgesellschaft hingenommen werden.

4. Lagebericht zu Forschung und Entwicklung (Abs. 2 Nr. 3)

Über Forschung und Entwicklung haben jene Gesellschaften (integriert in die **116** Lagedarstellung, oben Rn. 107) nach § 289 Abs. 2 Nr. 3 zu berichten, die auf solche Aktivitäten angewiesen sind, um mit ihren Produkten, Programmen oder Verfahren auf den Märkten wettbewerbsfähig zu bleiben. Die Berichterstattung über Forschung und Entwicklung ist Teil der Zukunfts-offenen Darstellung, in welcher wirtschaft- lichen Lage sich die Gesellschaft mitsamt ihren Leistungs- und Erfolgspotentialen im Wettbewerb befindet.[234] Ohne Bedeutung für die Berichtspflicht ist dabei, ob die Ge- sellschaft diese notwendigen Aktivitäten mit eigenen Kräften verfolgt oder ob sie sich dabei der Forschungs- und Entwicklungsleistungen anderer (konzernfremder) Unter- nehmen bedient; in diesem Falle muß auf solche Drittleistungen im Lagebericht hingewiesen werden. – Allein in Gesellschaften, deren ungeschmälerte Wettbewerb- fähigkeit keine Forschungs- oder Entwicklungsaktivitäten erfordert, braucht (selbst- verständlich) zu diesem Berichtsgegenstand nichts im Lagebericht verlautbart zu wer- den; dies (aber auch nur dies, s. oben Rdn. 103 ff) folgt aus dem „soll" in § 289 Abs. 2, wie es sich gleichlautend bereits in Art. 46 Abs. 2 der 4. EG-(Bilanz-)Richtlinie findet. – Anders hingegen, wenn Forschung und Entwicklung für die Wettbewerbsfähigkeit der Gesellschaft notwendig sind, diese aber dennoch hier nicht selbst oder über Dritt- leistungen aktiv ist; dann muß die Geschäftsleitung hierauf im Lagebericht eingehen und ihre Untätigkeit begründen.[235] Andernfalls hat der Abschlußprüfer seinen Bestäti- gungsvermerk einzuschränken.

Inhaltlich muß zu Forschung und Entwicklung so intensiv berichtet werden, daß **117** sich die Adressaten des Lageberichts ein treffendes Bild von der wirtschaftlichen Situation der Gesellschaft und von ihren voraussichtlichen Zukunftsaussichten ver- schaffen können. Von der Berichtspflicht umfaßt sind die Grundlagenforschung eben- so wie die angewandte Forschung und die experimentelle Entwicklung.[236] Dabei sind die Forschungs- und Entwicklungseinrichtungen, die Zahl der Beschäftigten, der Ge-

---

lung); *Reittinger* Der Lagebericht 48; *Wiedmann* § 289, 16.

[233] S. Beck BilKomm-*Ellrott* § 289, 35.

[234] Hierin liegen Sinn und Zweck dieser speziel- len Berichterstattungspflicht: ADS § 289, 113; *Baetge/Fischer/Paskert* Der Lagebericht S. 44 f; HdR-*Lück* § 289, 73; demgegenüber sieht Beck BilKomm-*Ellrott* § 289, 40 den Zweck dieser Berichtselemente vor allem darin, den For-

schungsaufwand zu kennzeichnen, dessen Ertrag ungewiß ist.

[235] ADS § 289, 112; Beck BilKomm-*Ellrott* § 289, 40; IDW RS HFA 1 (Ziff. 46), *IDW*-Fachnach- richten, 1998, 318, 327; *Reittinger* Der Lage- bericht 55; schwächer HdR-*Lück* § 289, 72.

[236] Näher *Baetge/Fischer/Paskert* Der Lagebericht S. 45; HdR-*Lück* § 289, 68 ff; eingehend E. *Mül- ler* Der Lagebericht B 510, 82 ff.

Peter Hommelhoff

samtaufwand und seine Entwicklung, finanzielle Zuschüsse Dritter sowie die globale Ausrichtung der Forschungs- und Entwicklungsaktivitäten mit jener Differenzierung und Tiefe darzustellen, wie sie notwendig sind, um die Zukunftsaussichten der Gesellschaft abschätzen zu können.[237] Konkrete Forschungs- und Entwicklungsvorhaben sind deshalb ebensowenig berichtspflichtig wie konkrete Ergebnisse in diesen Bereichen, solange sie noch keinen Niederschlag in Marktaktivitäten der Gesellschaft gefunden haben.[238] Darüber hinaus kommt eine Unterdrückung an sich berichtspflichtiger Gegenstände aus dem Bereich Forschung und Entwicklung (etwa wegen drohender erheblicher Nachteile für die Gesellschaft) nicht in Betracht,[239] weil weder die Bilanzrichtlinie, noch das deutsche Gesetz für den Lagebericht eine allgemeine Unterlassens-Ermächtigung nach dem Vorbild des § 286 kennen (Rdn. 86 ff).

118   5. Zur Berichterstattung über die **Zweigniederlassungen** der Gesellschaft (Abs. 2 Nr. 4) oben Rdn. 62, 68 ff.

VI. Freiwillige Zusatzangaben?

119   Verbreitet wird in der Praxis der Rechnungslegung zwischen den Pflichtangaben im Lagebericht und freiwilligen Zusatzangaben unterschieden;[240] zu ihnen zählt man z. B. den Abdruck von Tabellen und Grafiken oder die Darstellung einzelner Sachverhalte.[241] Um die Zusammenfassung von Pflichtangaben zum Jahresabschluß und zum Lagebericht einerseits und von freiwilligen Zusatzangaben andererseits auch terminologisch zu kennzeichnen, wird das einheitliche Druckwerk in der Unternehmenspraxis verbreitet als „**Geschäftsbericht**" benannt.[242] Dieser Unterscheidung zwischen den Pflicht- und den freiwilligen Zusatzangaben soll deshalb Bedeutung zukommen, weil sich weder die gesetzliche Prüfungspflicht aus § 317 Abs. 1 und 2 auf solche Zusatzangaben erstrecke, noch die Veröffentlichungspflicht aus § 325 Abs. 1;[243] denn beide Verpflichtungen sollen nur für den Jahresabschluß und den Lagebericht, aber nicht für darüber Hinausgehendes gelten.

120   Indes – die Praxis der freiwilligen Zusatzangaben **widerspricht dem Gemeinschaftsrecht** und dem Gesetz, weil sie die Berichtsadressaten zu verwirren geeignet ist.[244] Die 4. EG-(Bilanz-)Richtlinie kennt allein den Jahresabschluß (Art. 2 Abs. 1) und den Lagebericht (Art. 46), ordnet deren Prüfung in Art. 51 Abs. 1 an und verlangt schließlich die Offenlegung von Jahresabschluß und Lagebericht in näher bestimmten Verfahren (Art. 47). Zu anderen Berichtsgegenständen verhält sich das Gemeinschafts-

---

[237] Hierzu mit gewissen Nuancierungen im einzelnen: ADS § 289, 117 f; *Baetge/Fischer/Paskert* Der Lagebericht S. 46; Beck BilKomm-*Ellrott* § 289, 42; HdR-*Lück* § 289, 75 ff.

[238] Ähnlich IDW RS HFA 1 (Ziff. 46), *IDW*-Fachnachrichten 1998, 318, 327.

[239] So aber *Baetge/Fischer/Paskert* Der Lagebericht S. 47; s. auch Beck BilKomm-*Ellrott* § 289, 43; HdR-*Lück* § 289, 74; *Reittinger* Der Lagebericht 56.

[240] Beck BilKomm-*Ellrott* §289, 5; eingehend *E. Müller* Der Lagebericht B 520, 23 ff; MünchKommHGB-*Lange*, § 289, 17–23.

[241] ADS § 289, 14; *Baetge/Fischer/Paskert* Der Lagebericht S. 49; KK-*Claussen/Korth* § 289 HGB, 33.

[242] ADS § 289, 15; Beck BilKomm-*Ellrott* § 289, 5; MünchKommHGB-*Lange*, § 289, 23; eingehend *Hütten* Geschäftsbericht, passim.

[243] Beck BilKomm-*Ellrott* § 289, 5; vorsichtiger ADS § 289, 14: „... hat Folgen für ... Prüfung und ... Offenlegung".

[244] S. *E. Müller* Der Lagebericht B 520, 19; in wie starkem Maße Verwirrung zu besorgen ist, läßt sich den Praxis-erfahrenen Ausführungen von *Selchert/Erhardt/Fuhr/Greinert* Prüfung des Lageberichts (2000) S. 48 ff entnehmen, der Monographie „*Hütten* Geschäftsbericht" durchgehend, welchen Bedeutungsverlust der gemeinschaftsrechtlich vorgegebene Lagebericht innerhalb eines umfassenden „Geschäftsberichts" erleidet.

recht nicht; nach seiner Konzeption haben daher die Berichtsadressaten davon auszugehen, daß all' das, was die publizitätspflichtige Gesellschaft letztendlich in Zusammenhang mit Art. 47 veröffentlicht, durch die gemeinschaftsrechtlichen Bestimmungen zur Rechnungslegung gedeckt und konsequent vom Abschlußprüfer geprüft ist. Mit ungeprüften Zusatzangaben müssen die Publizitätsadressaten nach der Konzeption des Gemeinschaftsrechts nicht rechnen. Dies gilt in gleicher Weise für die transformierenden Bestimmungen im Handelsgesetzbuch; es ist kein Anhalt dafür ersichtlich, daß der deutsche Gesetzgeber unter Verstoß gegen den Grundsatz gemeinschaftstreuen Verhaltens vom Konzept der 4. EG-(Bilanz-)Richtlinie hätte abweichen wollen.

Die **drohende Verwirrung der Publizitätsadressaten** kann auch nicht dadurch **121** vermieden werden, daß deutlich zwischen den freiwilligen Zusatzangaben und den Pflichtangaben zum Lagebericht im Text unterschieden[245] oder daß durch den Titel „Geschäftsbericht" (oben Rdn. 119) auf solche Zusatzangaben hingewiesen oder daß diese erst im Anschluß an den Bestätigungsvermerk des Abschlußprüfers (§ 322)[246] plaziert werden. Denn Adressat des Lageberichts ist nicht der fachkundige, sondern bloß der verständige Berichtsleser (oben Rdn. 34); dessen Erwartungen lassen sich nicht durch Hinweise oder Gestaltungen, die nur Fachkundige erkennen und begreifen können, auf das zutreffende Maß zurückführen. Angesichts globalisierter Kapitalmärkte kommt dem auch deshalb besondere Bedeutung zu, weil ein Lagebericht außerhalb der Europäischen Union nicht bekannt ist.[247]

Alles, was eine Gesellschaft im Zusammenhang mit Jahresabschluß und Lage- **122** bericht im selben Druckwerk[248] veröffentlichen will, muß daher einem der gesetzlich vorgegebenen Instrumente der Rechnungslegung zugeschlagen und konsequent durch den Abschlußprüfer geprüft werden. Diesem Ergebnis widerspricht auch nicht das Darstellungsermessen der Geschäftsleitung (s. aber oben Rdn. 22). Zwar sind die Berichtsvorgaben für den Lagebericht nach § 289 Abs. 1 HS 1 (in Übereinstimmung mit Art. 46 Abs. 1 der 4. EG-Richtlinie) nur Mindestvorgaben („zumindest"), so daß es in der Tat in der Entscheidung der Geschäftsleitung liegt, *ob* sie mit ihrem Bericht über die gesetzlichen Mindestvorgaben hinausgehen will. Sobald sie sich aber dafür entschieden hat, ist sie im *Wie* nicht mehr frei: Das Berichts-Mehr ist in den (prüfungs- und publizitätspflichtigen) Lagebericht aufzunehmen und nicht etwa in eine zusätzliche Verlautbarung außerhalb des Lageberichts, aber im Zusammenhang mit ihm. Hiervon wäre drohende Verwirrung der Publizitätsadressaten zu besorgen (oben Rdn. 120).

---

[245] ADS § 289, 15: „Deutlich abgegrenzt im prüfungsfreien Teil des Geschäftsberichts"; Beck BilKomm-*Ellrott* § 289, 5; MünchKommHGB-*Lange* § 289, 23.

[246] Entgegen dem Wortlaut des § 322 Abs. 1 S. 1 HGB muß der Bestätigungsvermerk ebenfalls den Lagebericht abdecken, denn der Wortlaut des Vermerks bezieht sich entsprechend dem Prüfungsauftrag aus § 317 Abs. 2 HGB zwingend auch auf den Lagebericht (§ 322 Abs. 3

HGB); folglich muß der Bestätigungsvermerk dem Lagebericht nachfolgen.

[247] *Wiedmann* § 289, 25; Beck BilKomm-*Ellrott* § 289, 50 (hier liegt offenbar ein Druckfehler vor).

[248] Zutreffend weist *Reittinger* Der Lagebericht 57 darauf hin, die Gesellschaft solle eine separate Firmenbroschüre verteilen, wenn sie zur werbenden Selbstdarstellung mehr als ihre wirtschaftliche Lage verlautbaren wolle.

Peter Hommelhoff